D1868081

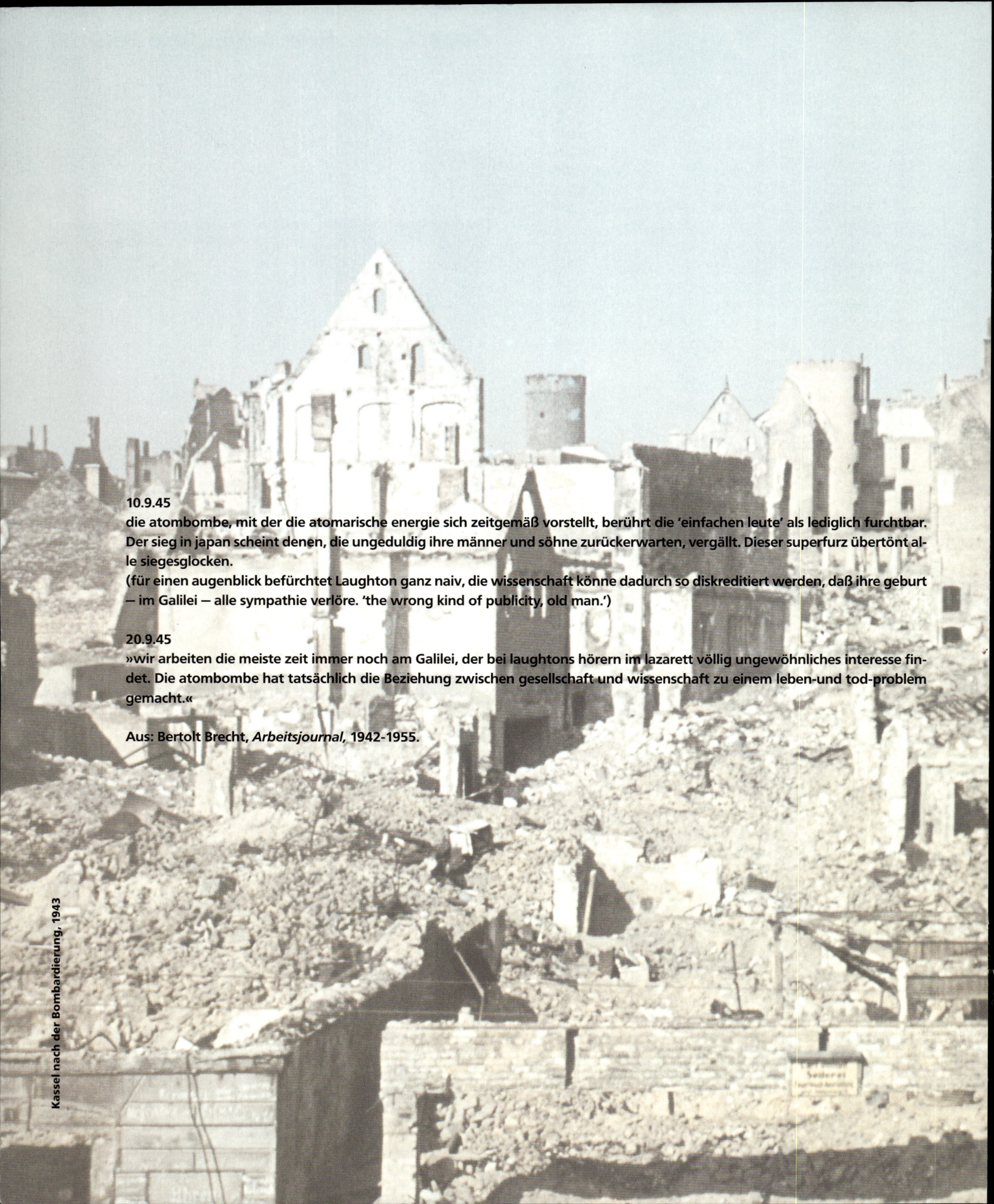

10.9.45
die atombombe, mit der die atomarische energie sich zeitgemäß vorstellt, berührt die 'einfachen leute' als lediglich furchtbar. Der sieg in japan scheint denen, die ungeduldig ihre männer und söhne zurückerwarten, vergällt. Dieser superfurz übertönt alle siegesglocken.
(für einen augenblick befürchtet Laughton ganz naiv, die wissenschaft könne dadurch so diskreditiert werden, daß ihre geburt – im Galilei – alle sympathie verlöre. 'the wrong kind of publicity, old man.')

20.9.45
»wir arbeiten die meiste zeit immer noch am Galilei, der bei laughtons hörern im lazarett völlig ungewöhnliches interesse findet. Die atombombe hat tatsächlich die Beziehung zwischen gesellschaft und wissenschaft zu einem leben-und tod-problem gemacht.«

Aus: Bertolt Brecht, *Arbeitsjournal,* 1942-1955.

Kassel nach der Bombardierung, 1943

»Branng!«

Die ganze Erde bäumt sich auf! schlimmer noch! gleichsam zerborsten!...und die Luft! da haben wir's! Restif hatte nicht gelogen!...broum! noch eine!...nicht weit!...man kann's sehen! das Feuer der Kanonen!...rot!...grün! nein! Kürzer! der Mörser!... alles drauf auf den Bahnhof!...man sieht's jetzt: Oddort!...es ist entflammt, wie man sagt...hohe Flammen und von überall...aus den Fenstern, den Türen, den Waggons...und broum! noch mal!...und noch mal!...sie können nicht mehr entkommen, die Leute im Bahnhof, kein einziger!...Restif hatte nicht gelogen...aber wo mag er sein? die Leute da, die hinter uns her kamen, wohin sind die verschwunden?...ich will Ihnen nicht noch mal das Trommelfeuer vormachen...diese Zielschüsse, alle auf den Bahnhof, wissen Sie...so ein Kohlenbecken!...Jetzt sieht man's deutlich...die Mörser und die Artilleristen...keine gewöhnlichen, kurze Läufe...sie können mühelos anvisieren, es sind nur dreihundert Meter, nicht mehr...diese Mörser stehen auf einem Gleis, auf kleinen Plattformen, ein ganzer Zug...woher kommen diese Geschütze?...ah, ein anderer Lärm!...ein gewaltiger Krach...ein Geratter aus der Luft...das Flugzeug, die Kaffeemühle...Restif hatte es uns vorausgesagt...die Messerschmitt...wir kennen das Geräusch...*trrsst! trrsst!* ...stoßweise...wie mit der Hand betrieben...ich gebe Lili...ich gebe ihr kein Zeichen, sie weiß bescheid...noch mal platt auf den Bauch! und peng!...krrrak!...eine Bombe! und die Splitter wirbeln herum...der Gnadenstoß!...Sturzflug auf den Bahnhof...wir können ein bißchen gucken...es ist taghell!...der Geschützzug fährt an...mit ihrer Kokslok...die MG-Schützen auch...hauen ab...vom Bahnhof kommt niemand mehr...nur starker Brandgeruch...wissen Sie, überall der gleiche wie in Berlin, der feucht-beißende Qualm...noch beißender vielleicht?...da wir davongekommen sind, wohin sollen wir gehen?...nur wir beide und Bébert sind noch da...und überall Hülsen, von den Mörsern und schweren MGs und Splitter...diese Strecke muß wohl nach Hannover führen...also das Gleis entlanggehen!...sieh mal an, da ist einer !...kein Gespenst, auch kein Schatten...ein Artillerist...ein richtiger...ich verstehe, er will herumstöbern, nachsehen, ob irgendwas übriggeblieben ist...er wühlt mit den Fingern im Schlamm herum!...nicht nötig!...nicht nötig!...ich rufe ihm zu!...hep! hep!...ich zeige ihm! da ganz nah bei uns, die Hülsen! da sind'ne Masse! er hat sie gefunden, hebt sie auf...in seinen Brotbeutel!...und einen <Engländer>!...er sieht uns!

(...)

Knifflig ist es, Hannover zu durchqueren...sie wissen alles! die Vororte, die Stadt...alles hat gebrannt, sagen sie...das vereinfacht die Sache...vorwärts also! ich glaube, etwa fünfzig machen sich da auf den Weg, Mütter, Kinder, Greise...wir sind bei ihnen...eine Sammlungsbewegung...keine trübseligen Leute, fast fröhlich, möchte ich sagen...schön! wir latschen weiter...wir sind nicht weiter aufgefallen, ich, Lili, die Kratzbürste...wir gehören dazu...in Ordnung...sie hatten keinen Unsinn geredet, wie wir weitergingen, sah ich, nicht viele Häuser waren stehengeblieben...mehr oder weniger als in Berlin? ungefähr dasselbe, aber heißer, lohender, und mit wirbelnden Flammen...gleichsam höher...hüpfender...grün...rosa...zwischen den Mauern...ich hatte noch nie solche Flammen gesehen...sie benutzten jetzt wohl noch andere brandstiftende Schweinereien...ulkig war's, daß über jedem zusammengestürzten Haus, über jedem Trümmerhaufen grün-rote Flammen umhertantzten...und noch mal im Kreis! zum Himmel hin!...man muß sagen, diese Trümmerstraßen...grün...rosa...rot...wirkten tatsächlich festlich, viel heiterer, glänzender als in ihrem normalen Zustand von miesen, düsteren Backsteinen...sie schaffen es nämlich nie, heiter zu sein, außer im Chaos, Erdbeben, im Weltbrand, aus dem Apokalypse hervorgeht!...da mußte es passiert sein! die <Festungen> waren anscheinend dagewesen...und nicht einmal...zwei-...dreimal ... bis zur totalen Zerstörung...sie hatten über einen Monat gebraucht, Hunderte, waren darübergeflogen, hatten Tag und Nacht Tonnen und aber Tonnen abgeworfen...da stand wirklich nichts mehr...nur noch Mauerreste und Brandherde...ich sagte es schon...jedes Ex-Gebäude noch mit Ruß und Flammen...und auch kleine Explosionen...ich habe Ihnen schon ausführlich von den Gerüchen erzählt...immer ungefähr den gleichen Gerüchen in Berlin, Oddort oder hier...schwelende Balken...geröstetes Fleisch...da gingen wir also, unsere ganze Sippschaft untergehakt inmitten der Straße, na ja, so was Ähnliches, nach dem Bahnhof...sie schienen zu wissen wohin...der Tag brach an...man hatte einen Dusel, daß von den Gebäuden nichts mehr übrig war...ich meine, zum Zerstören...die Flammenwirbel sahen aus wie rosaviolette Gespenster...über jedem Haus...Tausenden von Häusern...die Helle verbreitete sich...ich sagte Ihnen schon: kein einziges Haus mehr bewohnbar...doch! doch! da vorn!...nein! da stehen Leute an die Wand geklebt! da! man kann's jetzt erkennen...ein Mann...man bleibt stehen, nähert sich, berührt, es ist ein Soldat!...und noch einer...einge ganze Litanei!...angelehnt, so wie sie waren...starr...tot, steif...ausgelöscht! man hat's schon in Berlin gesehen...kurz, mit einem Schlag Mumien!...sie haben noch ihre Handgranaten bei sich, ein Koppel...dadurch sind sie noch gefährlich! wenn sie scharf gemacht sind...branng!...ihre Granaten!...wenn sie darüber zusammensacken! Vorsicht! wir ziehen unsere Hände zurück...auf der anderen Seite der Straße...andere Maueerreste, da sind noch andere Soldaten, erstarrt...bestimmt haben sie keine Zeit mehr gehabt: uff! zu machen! überrumpelt! vom Luftdruck der Bombe!...ich habe eine Einzelheit vergessen, jetzt seh ich's genau, alle sind <Chamäleon> getarnt...steif!...für uns heißt es vorbeikommen, nicht in die Nähe...aber dieser Bahnhof?...ich wünschte, man wäre da!...he! da sind wir ja! der Bahnhof aber, der ist nicht dageblieben!...er ist weg! eine Bombenkette!...fortgeflogen! der ganze Bahnhof! keine Trümmer...nur noch die Bahnsteige...drei...vier...das war wohl ein bedeutender Bahnhof gewesen...Hannover-Süd...

Aus: Louis-Ferdinand Céline, *Rigodon* (1969), Reinbek bei Hamburg, 1974

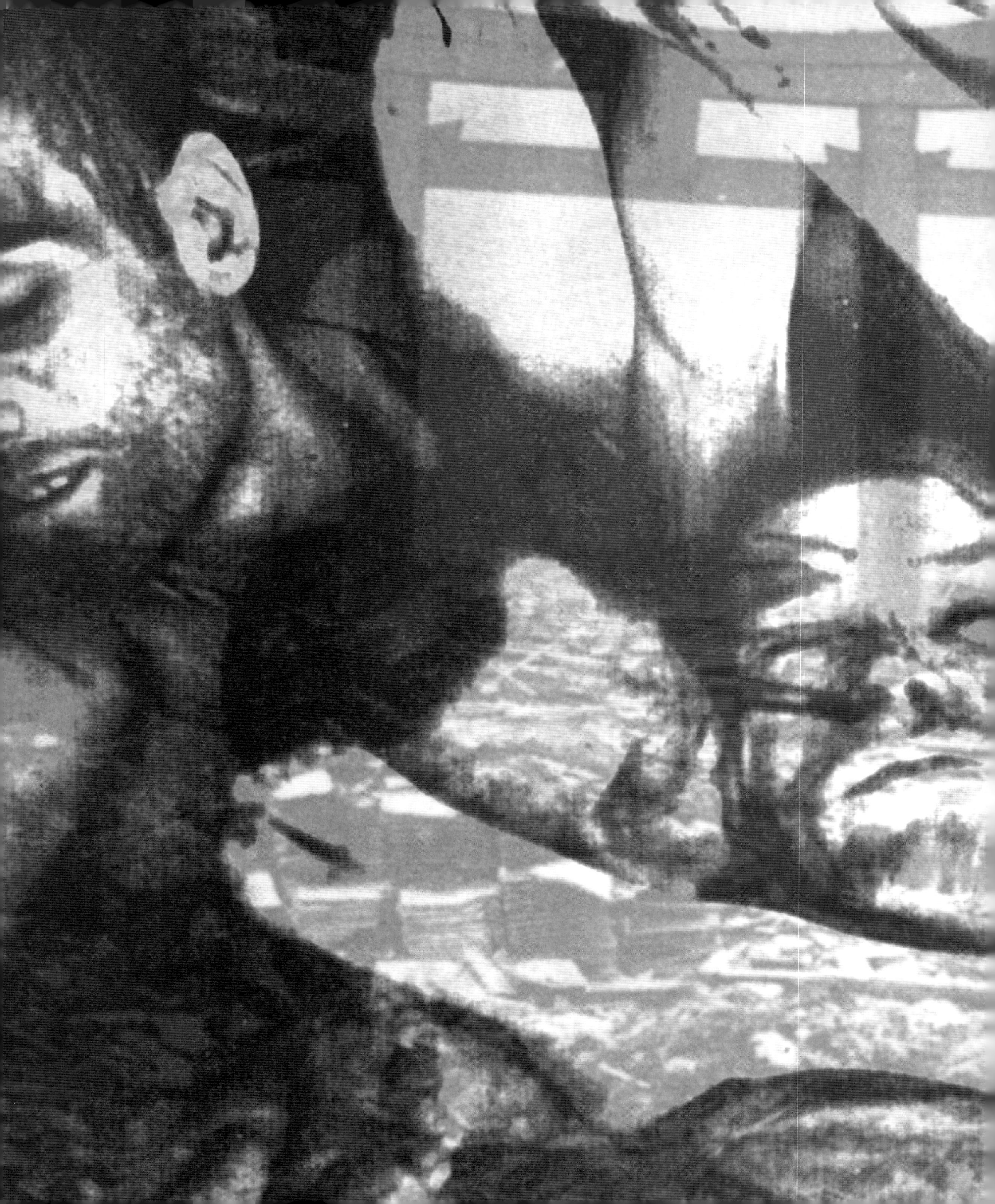

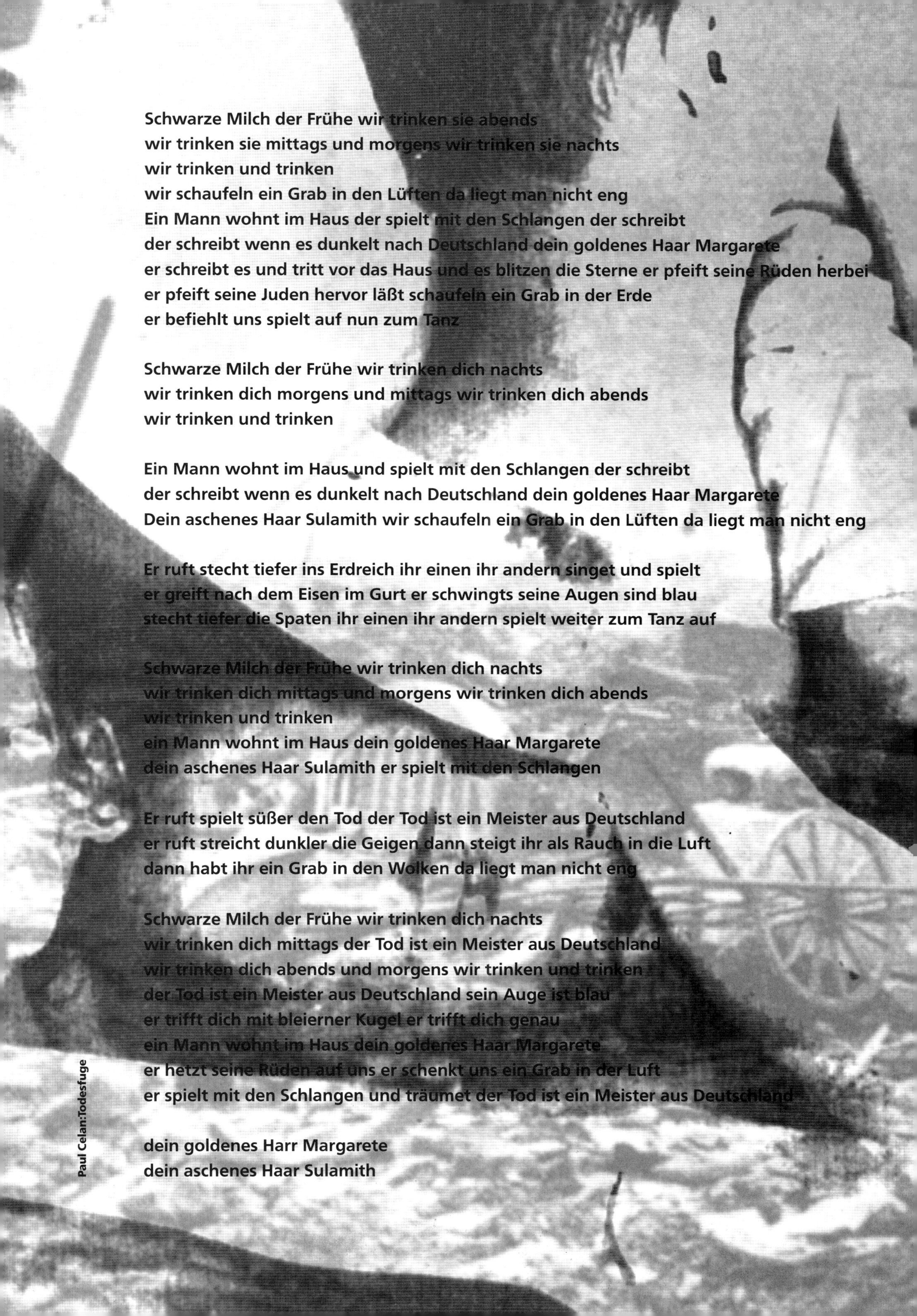

Schwarze Milch der Frühe wir trinken sie abends
wir trinken sie mittags und morgens wir trinken sie nachts
wir trinken und trinken
wir schaufeln ein Grab in den Lüften da liegt man nicht eng
Ein Mann wohnt im Haus der spielt mit den Schlangen der schreibt
der schreibt wenn es dunkelt nach Deutschland dein goldenes Haar Margarete
er schreibt es und tritt vor das Haus und es blitzen die Sterne er pfeift seine Rüden herbei
er pfeift seine Juden hervor läßt schaufeln ein Grab in der Erde
er befiehlt uns spielt auf nun zum Tanz

Schwarze Milch der Frühe wir trinken dich nachts
wir trinken dich morgens und mittags wir trinken dich abends
wir trinken und trinken

Ein Mann wohnt im Haus und spielt mit den Schlangen der schreibt
der schreibt wenn es dunkelt nach Deutschland dein goldenes Haar Margarete
Dein aschenes Haar Sulamith wir schaufeln ein Grab in den Lüften da liegt man nicht eng

Er ruft stecht tiefer ins Erdreich ihr einen ihr andern singet und spielt
er greift nach dem Eisen im Gurt er schwingts seine Augen sind blau
stecht tiefer die Spaten ihr einen ihr andern spielt weiter zum Tanz auf

Schwarze Milch der Frühe wir trinken dich nachts
wir trinken dich mittags und morgens wir trinken dich abends
wir trinken und trinken
ein Mann wohnt im Haus dein goldenes Haar Margarete
dein aschenes Haar Sulamith er spielt mit den Schlangen

Er ruft spielt süßer den Tod der Tod ist ein Meister aus Deutschland
er ruft streicht dunkler die Geigen dann steigt ihr als Rauch in die Luft
dann habt ihr ein Grab in den Wolken da liegt man nicht eng

Schwarze Milch der Frühe wir trinken dich nachts
wir trinken dich mittags der Tod ist ein Meister aus Deutschland
wir trinken dich abends und morgens wir trinken und trinken
der Tod ist ein Meister aus Deutschland sein Auge ist blau
er trifft dich mit bleierner Kugel er trifft dich genau
ein Mann wohnt im Haus dein goldenes Haar Margarete
er hetzt seine Rüden auf uns er schenkt uns ein Grab in der Luft
er spielt mit den Schlangen und träumet der Tod ist ein Meister aus Deutschland

dein goldenes Harr Margarete
dein aschenes Haar Sulamith

Paul Celan:Todesfuge

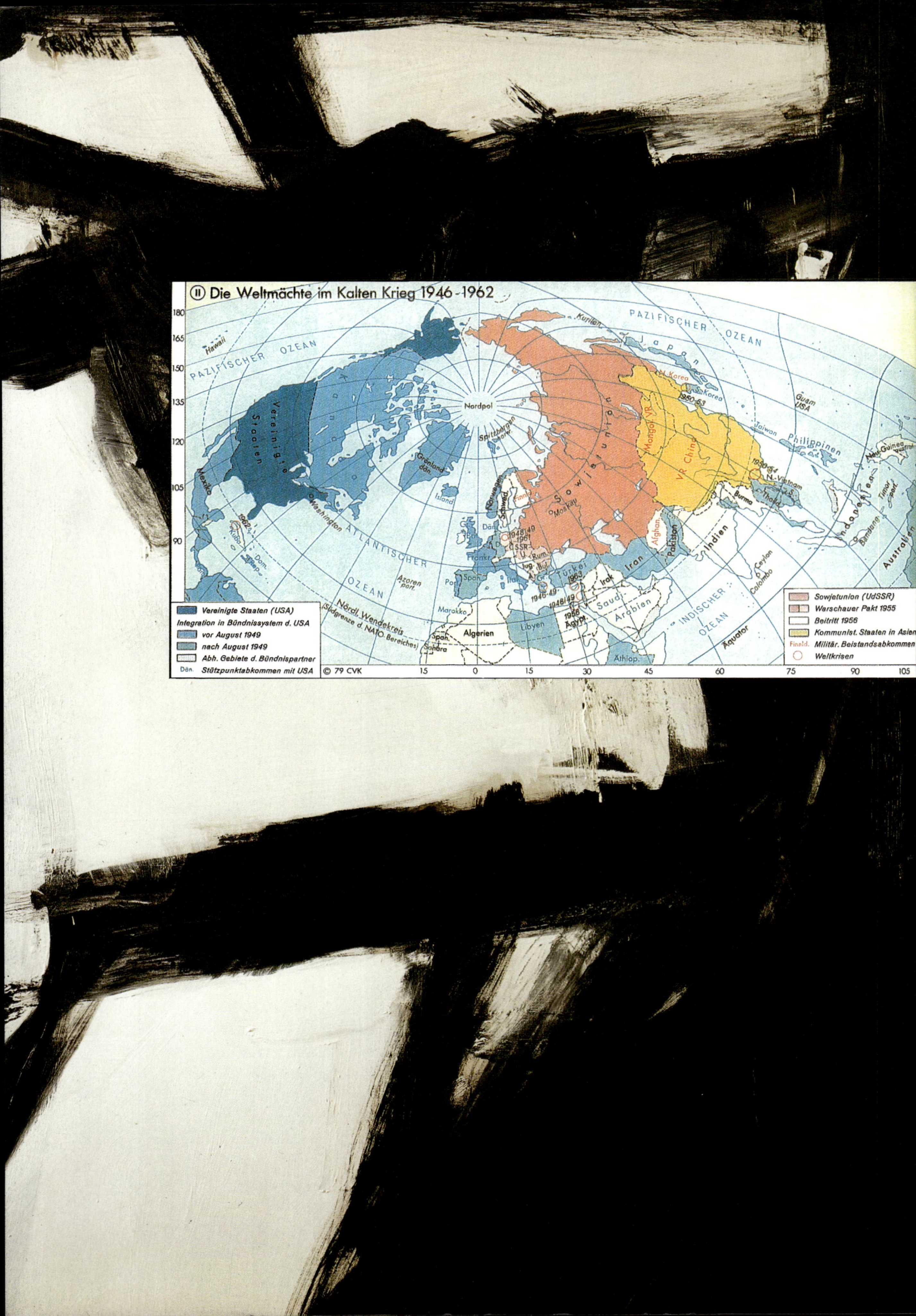

II Die Weltmächte im Kalten Krieg 1946-1962
PAZIFISCHER OZEAN
ATLANTISCHER OZEAN
INDISCHER OZEAN
Nordpol
Vereinigte Staaten
Kanada
Grönland dän.
Sowjetunion
Mongol. VR
VR China
Japan
N. Korea
Korea
1950-53
Kurilen
Hawaii
Guam USA
Taiwan
Philippinen
N.-Vietnam
S.-Vietnam
1950-54
Burma
Thaild.
Indien
Ceylon
Colombo
Pakistan
Afghan.
Iran
Irak
Türkei
Saudi-Arabien
Ägypt.
Libyen
Algerien
Marokko
Span. Sahara
Azoren port.
Island
Norwegen
Schwed.
Finnld.
Moskau
Washington
Mexiko
Kuba
1962
Dom. Rep.
Spitzbergen
Nördl. Wendekreis
(Südgrenze d. NATO-Bereiches)
Äquator
Indonesien
Bandung
Timor
Australien
Neu-Guinea
Äthiop.
1948/49
1961
1956
1963
1946-49
CSSR
Rum.
Bul.
Jug.
Frankr.
Span.
Port.
Ital.
Dän.
Vereinigte Staaten (USA)
Integration in Bündnissystem d. USA
vor August 1949
nach August 1949
Abh. Gebiete d. Bündnispartner
Dän. Stützpunktabkommen mit USA
Sowjetunion (UdSSR)
Warschauer Pakt 1955
Beitritt 1956
Kommunist. Staaten in Asien
Finnld. Militär. Beistandsabkommen
Weltkrisen
© 79 CVK

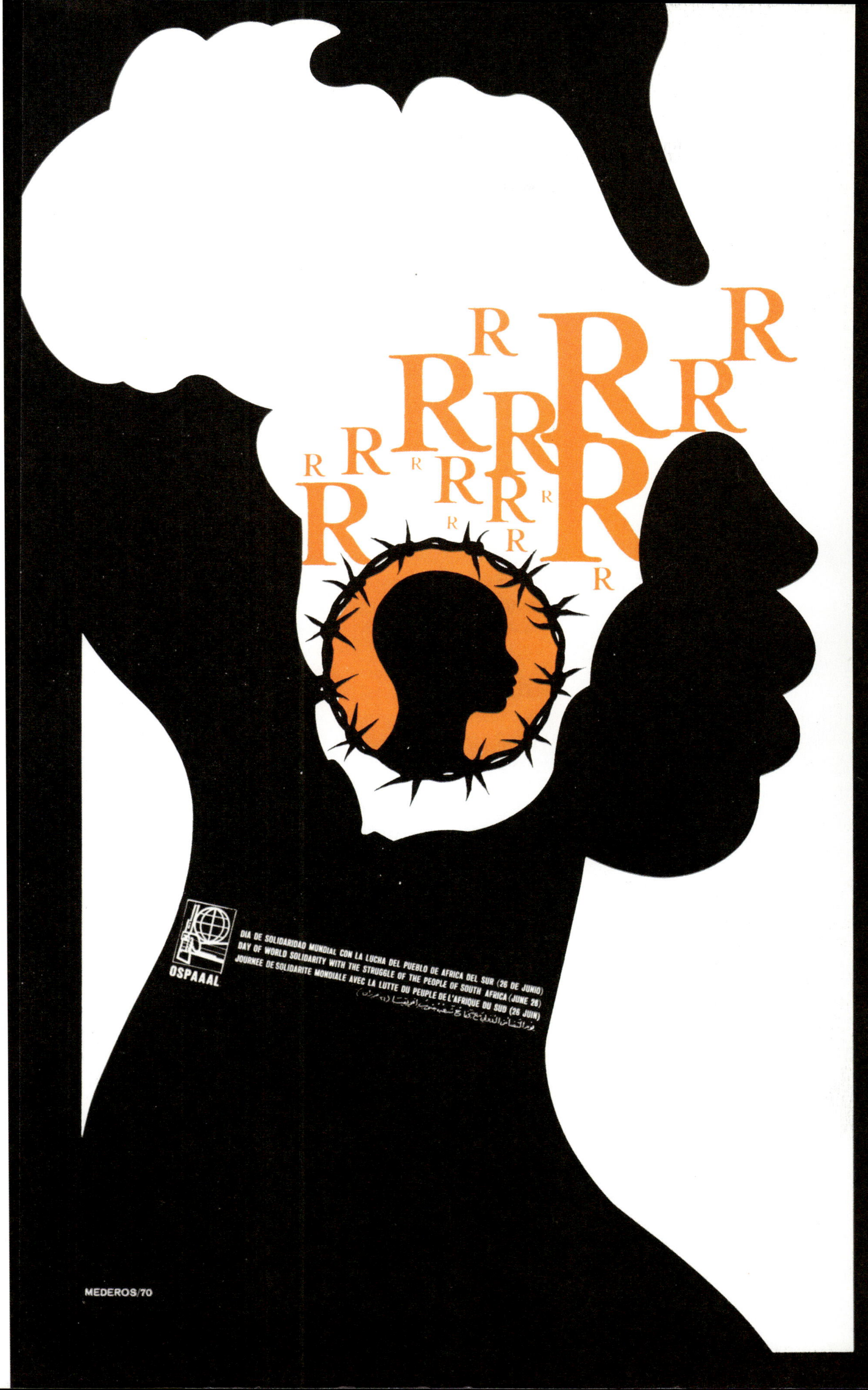
OSPAAL
DIA DE SOLIDARIDAD MUNDIAL CON LA LUCHA DEL PUEBLO DE AFRICA DEL SUR (26 DE JUNIO)
DAY OF WORLD SOLIDARITY WITH THE STRUGGLE OF THE PEOPLE OF SOUTH AFRICA (JUNE 26)
JOURNEE DE SOLIDARITE MONDIALE AVEC LA LUTTE DU PEUPLE DE L'AFRIQUE DU SUD (26 JUIN)
MEDEROS/70

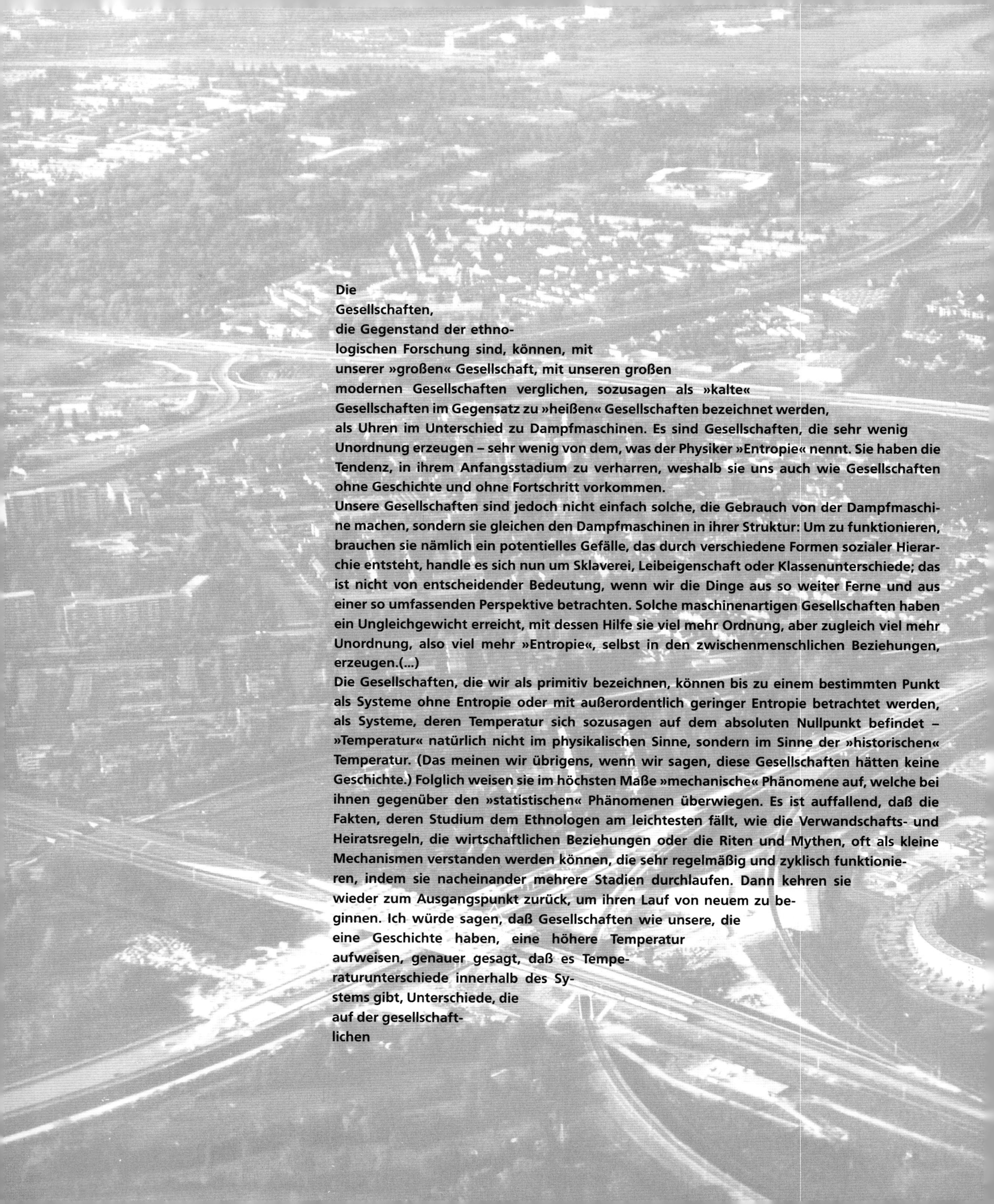

Die Gesellschaften, die Gegenstand der ethnologischen Forschung sind, können, mit unserer »großen« Gesellschaft, mit unseren großen modernen Gesellschaften verglichen, sozusagen als »kalte« Gesellschaften im Gegensatz zu »heißen« Gesellschaften bezeichnet werden, als Uhren im Unterschied zu Dampfmaschinen. Es sind Gesellschaften, die sehr wenig Unordnung erzeugen – sehr wenig von dem, was der Physiker »Entropie« nennt. Sie haben die Tendenz, in ihrem Anfangsstadium zu verharren, weshalb sie uns auch wie Gesellschaften ohne Geschichte und ohne Fortschritt vorkommen.

Unsere Gesellschaften sind jedoch nicht einfach solche, die Gebrauch von der Dampfmaschine machen, sondern sie gleichen den Dampfmaschinen in ihrer Struktur: Um zu funktionieren, brauchen sie nämlich ein potentielles Gefälle, das durch verschiedene Formen sozialer Hierarchie entsteht, handle es sich nun um Sklaverei, Leibeigenschaft oder Klassenunterschiede; das ist nicht von entscheidender Bedeutung, wenn wir die Dinge aus so weiter Ferne und aus einer so umfassenden Perspektive betrachten. Solche maschinenartigen Gesellschaften haben ein Ungleichgewicht erreicht, mit dessen Hilfe sie viel mehr Ordnung, aber zugleich viel mehr Unordnung, also viel mehr »Entropie«, selbst in den zwischenmenschlichen Beziehungen, erzeugen.(...)

Die Gesellschaften, die wir als primitiv bezeichnen, können bis zu einem bestimmten Punkt als Systeme ohne Entropie oder mit außerordentlich geringer Entropie betrachtet werden, als Systeme, deren Temperatur sich sozusagen auf dem absoluten Nullpunkt befindet – »Temperatur« natürlich nicht im physikalischen Sinne, sondern im Sinne der »historischen« Temperatur. (Das meinen wir übrigens, wenn wir sagen, diese Gesellschaften hätten keine Geschichte.) Folglich weisen sie im höchsten Maße »mechanische« Phänomene auf, welche bei ihnen gegenüber den »statistischen« Phänomenen überwiegen. Es ist auffallend, daß die Fakten, deren Studium dem Ethnologen am leichtesten fällt, wie die Verwandschafts- und Heiratsregeln, die wirtschaftlichen Beziehungen oder die Riten und Mythen, oft als kleine Mechanismen verstanden werden können, die sehr regelmäßig und zyklisch funktionieren, indem sie nacheinander mehrere Stadien durchlaufen. Dann kehren sie wieder zum Ausgangspunkt zurück, um ihren Lauf von neuem zu beginnen. Ich würde sagen, daß Gesellschaften wie unsere, die eine Geschichte haben, eine höhere Temperatur aufweisen, genauer gesagt, daß es Temperaturunterschiede innerhalb des Systems gibt, Unterschiede, die auf der gesellschaftlichen

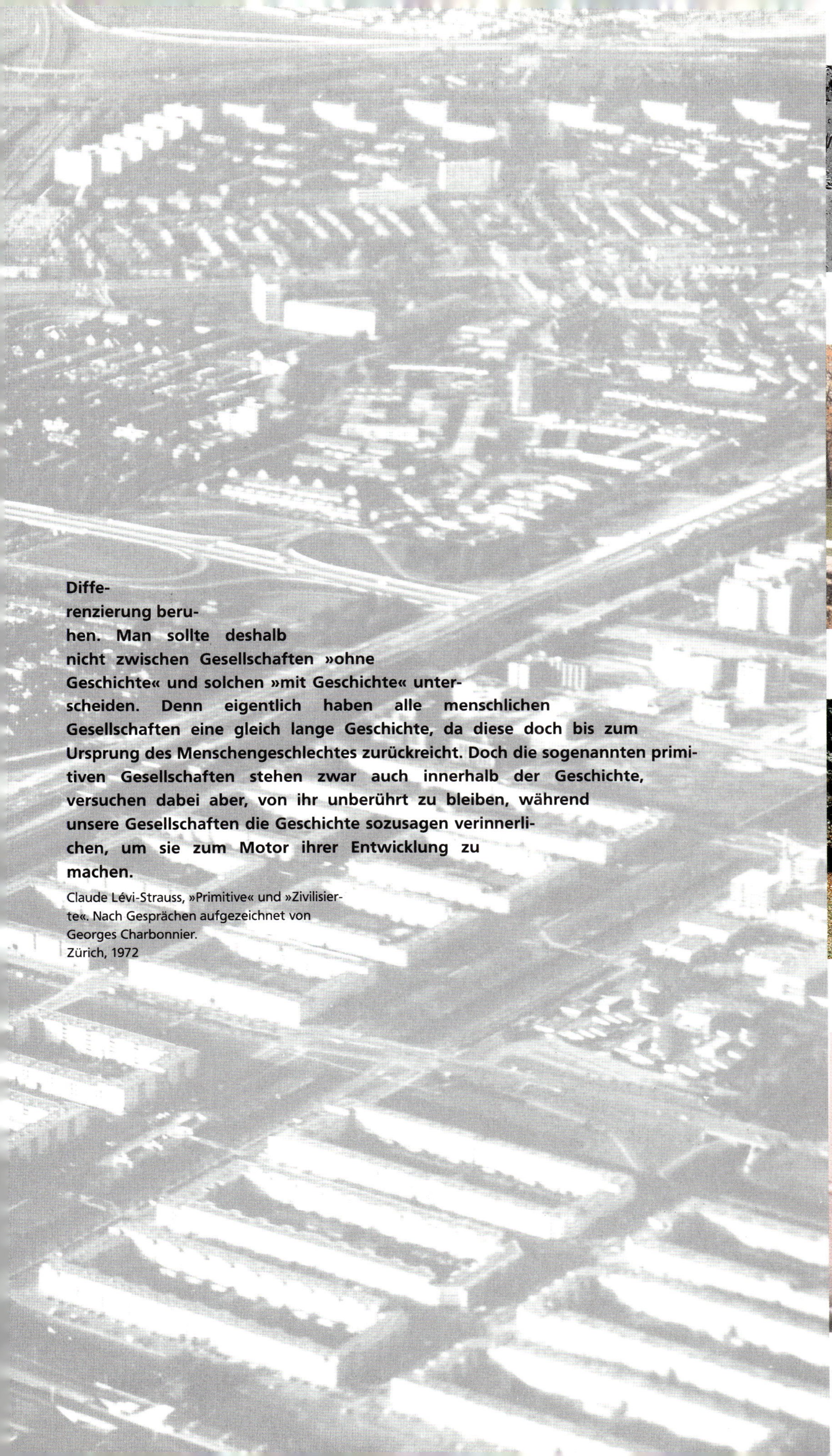

Differenzierung beruhen. Man sollte deshalb nicht zwischen Gesellschaften »ohne Geschichte« und solchen »mit Geschichte« unterscheiden. Denn eigentlich haben alle menschlichen Gesellschaften eine gleich lange Geschichte, da diese doch bis zum Ursprung des Menschengeschlechtes zurückreicht. Doch die sogenannten primitiven Gesellschaften stehen zwar auch innerhalb der Geschichte, versuchen dabei aber, von ihr unberührt zu bleiben, während unsere Gesellschaften die Geschichte sozusagen verinnerlichen, um sie zum Motor ihrer Entwicklung zu machen.

Claude Lévi-Strauss, »Primitive« und »Zivilisierte«. Nach Gesprächen aufgezeichnet von Georges Charbonnier.
Zürich, 1972

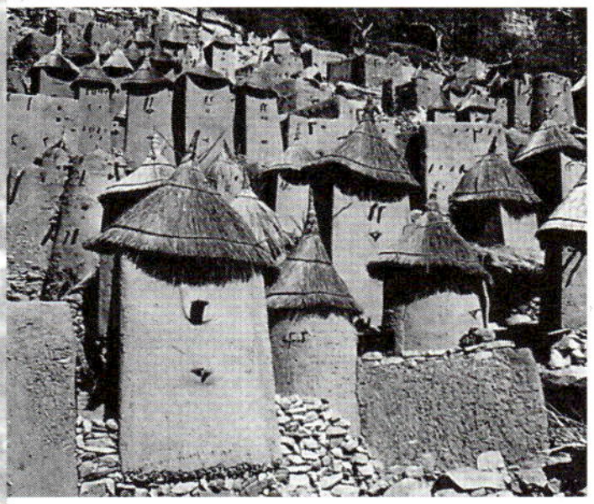

Aldo van Eyck
Dogon-Dorf

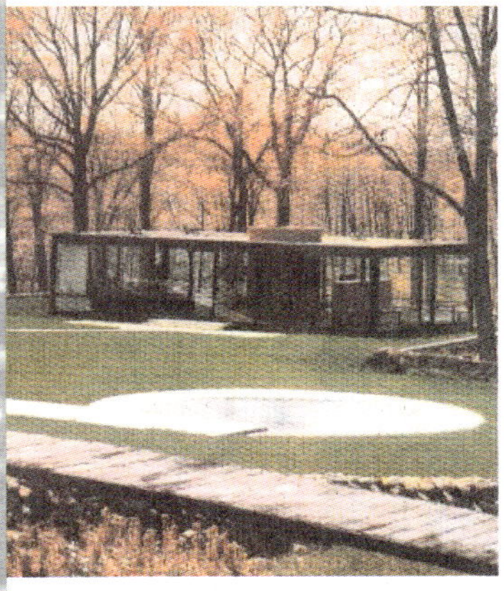

Philipp Johnson, Glashaus

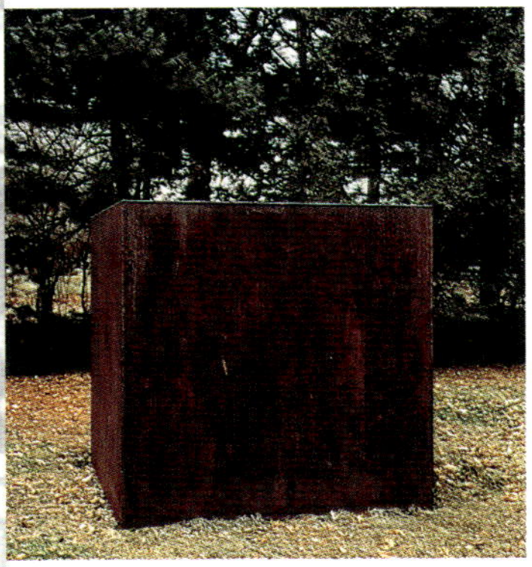

Tony Smith, Die, 1962

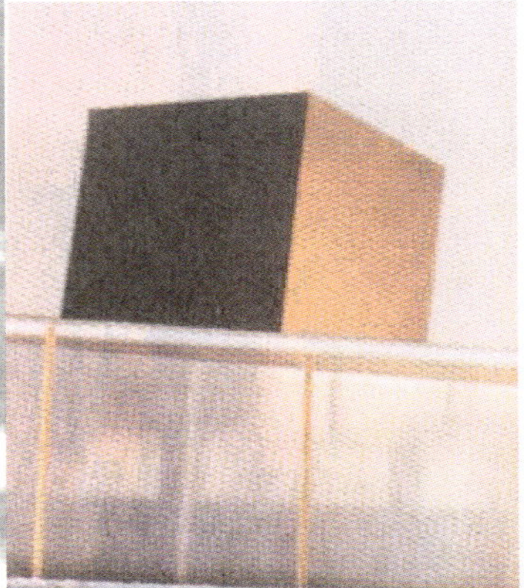

Aus: Rem Koolhaas, S,M,L,XL

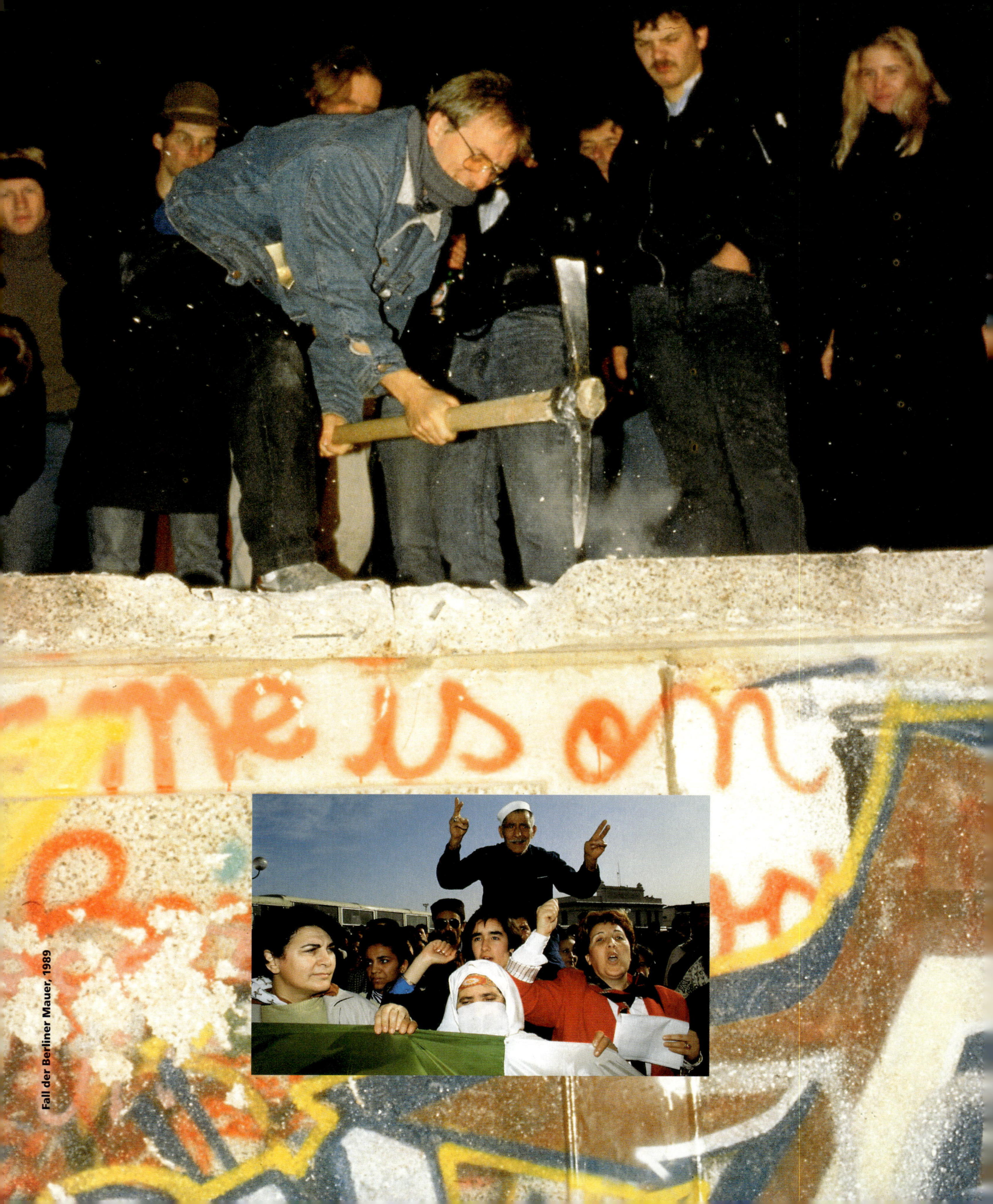

Fall der Berliner Mauer, 1989

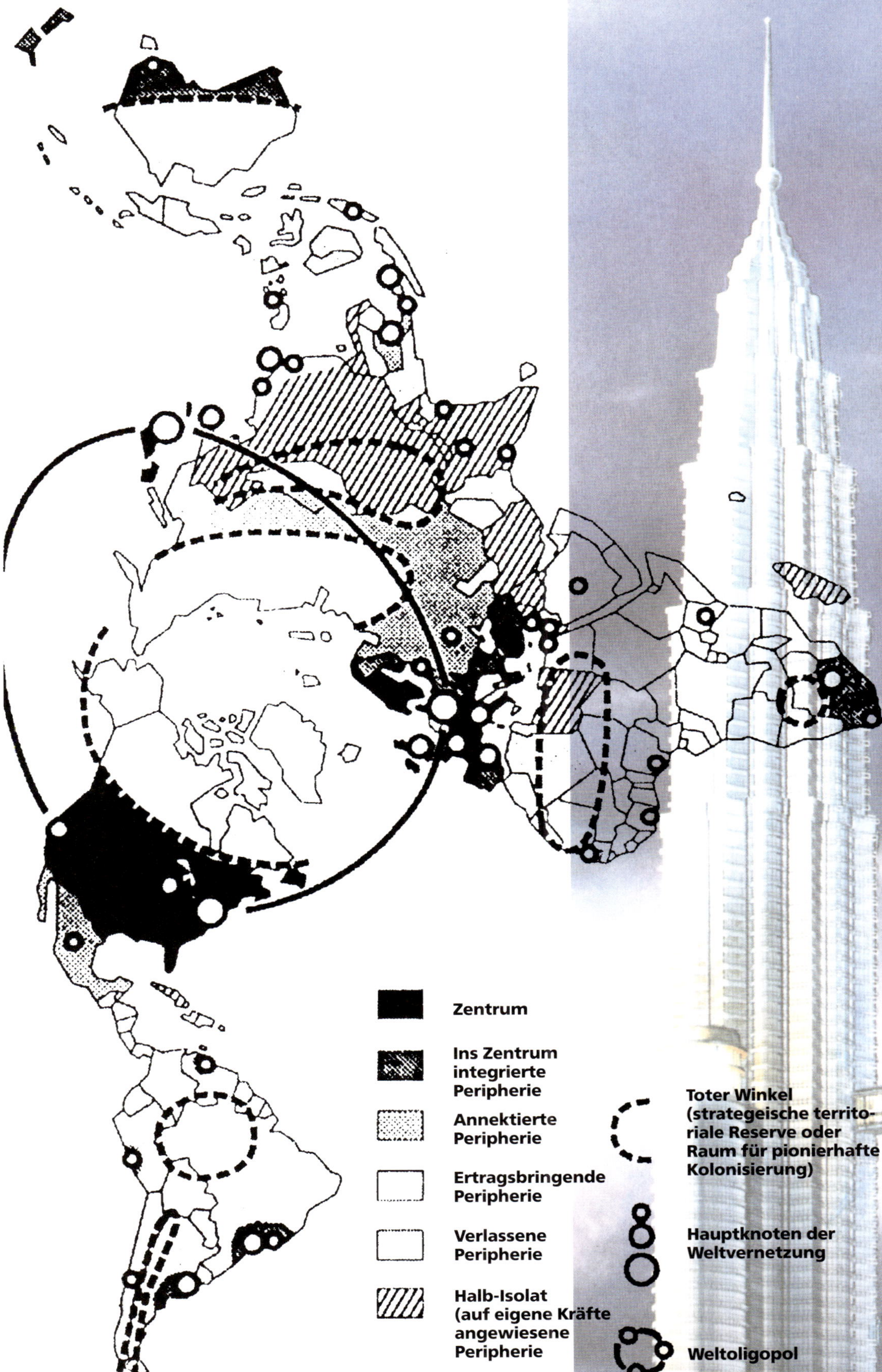

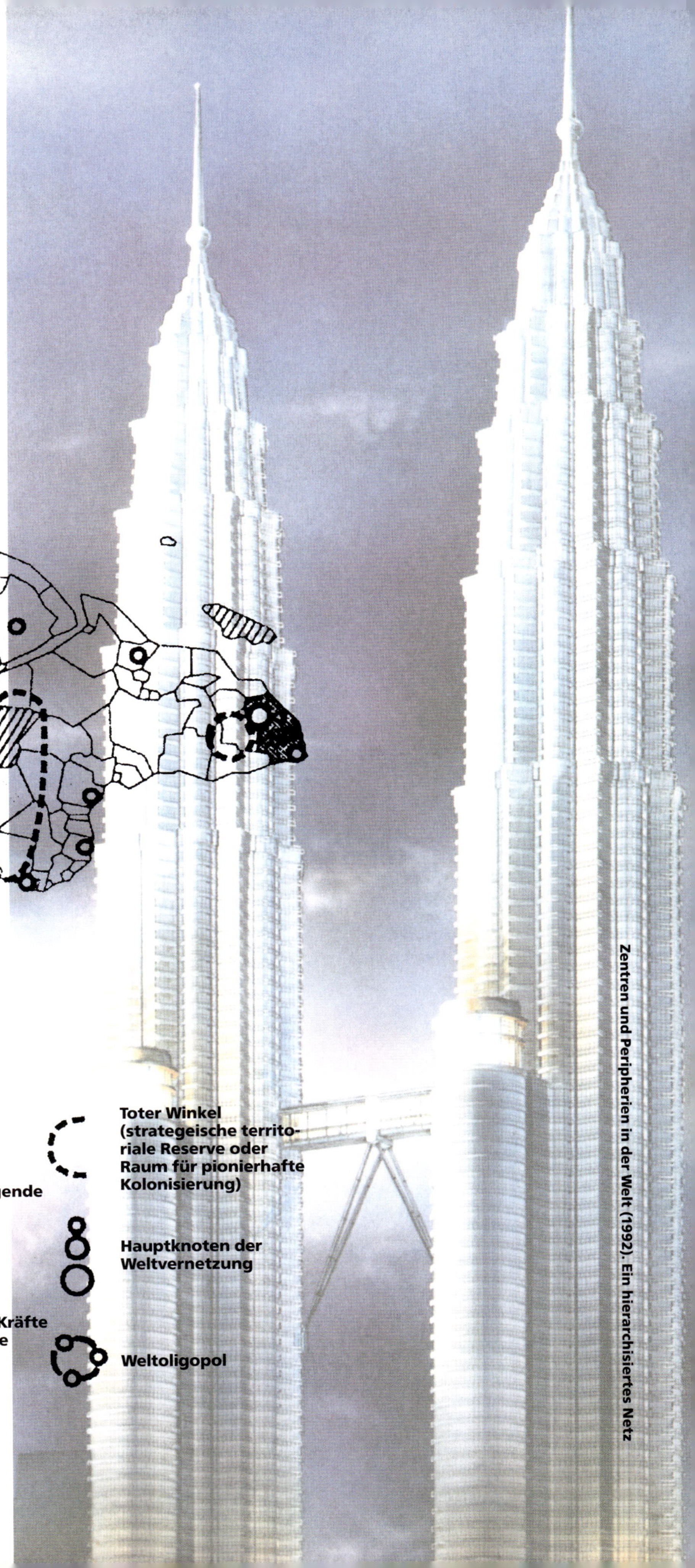

Zentren und Peripherien in der Welt (1992). Ein hierarchisiertes Netz

Politics-Poetics das Buch zur documenta X

POLITICS

POETICS

cantz

Grußwort

Die documenta wurde in Kassel geboren. Vor 42 Jahren. Damals ohne den Anspruch auf Fortführung. Documenta-Gründer Arnold Bode plante die Kunstschau als einmaliges Ereignis. Aus der geplanten Einmaligkeit wurde eine Tradition. Heute sind Kassel und documenta, Stadt und Weltkunst, untrennbar miteinander verbunden. In diesem Sommer öffnet wieder eine documenta ihre Tore. Die Zehnte. 100 Tage steht Kassel im Mittelpunkt der internationalen Kunst und im Interesse all derer, die in ihrer Nähe, je nach gusto, die sachliche Information, kritische Auseinandersetzung oder das pure Kunsterlebnis suchen. Jede documenta hat ihr eigenes unverwechselbares Profil, ist einmalig und unvergleichbar. Gleichwohl ist der zeitliche Zusammenhang, in der die documenta X sich befindet, etwas Besonderes. Der Sprung zur Jahrhundertwende, nicht der runde Geburtstag, fordert zwei besondere Blickwinkel - den Rückblick bis in das Jahr 1945 und den Ausblick über die 90er Jahre hinaus in das 21. Jahrhundert.

Kassel ist inzwischen geübt in der Rolle als Projektionsfläche, Hintergrundkulisse oder verfügbare Masse für die Kunst. Diese Projektionsfläche ist nie gleich geblieben und hat der Kunst zu jeder documenta-Eröffnung unterschiedliche urbane, soziale und politische Bedingungen zur Reflexion geboten: von der im Zweiten Weltkrieg fast völlig zerstörten Stadt über die sogenannte Zonenrandstadt zur nordhessischen Metropole in der Mitte des vereinten Deutschlands und Europas. So finden die documenta und ihre Macher in Kassel immer wieder neue Bilder, neue Impulse für die Präsentation der Ausstellung. Zum ersten Mal in der Geschichte der Weltausstellung wird der alte Kasseler Hauptbahnhof in die documenta einbezogen. In Deutschlands erstem Kulturbahnhof beginnt der documenta-Parcours, der die Kasseler Innenstadt-Standorte mit der Weltausstellung und alte und neue Kunststandorte miteinander verbindet.

Fünf Jahre wurde in Sequenzen an der Verwirklichung der documenta gearbeitet. Vom 21. Juni bis zum 28. September fügen sich diese Einzelstücke nun zu einem Ganzen. Die Montage ist gelungen. Ich danke allen, die am Geburtsprozeß der documenta X mitgewirkt haben, vor allem der künstlerischen Leiterin, Frau Catherine David.

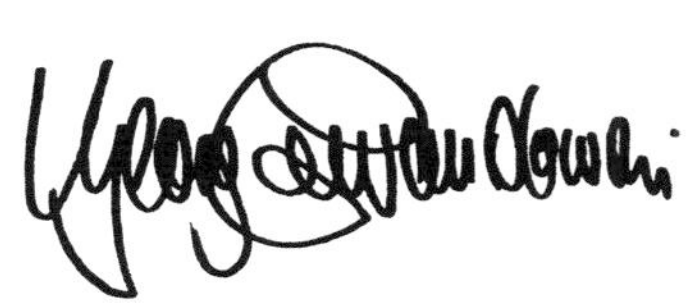

Georg Lewandowski

Oberbürgermeister der Stadt Kassel

Inhalt

-5 196

78...19

Beiträge von Künstlern der documenta X

Serge Daney – Vor und nach dem Bild

1989-

Anhang

1997

Mit diesem Buch wird der Versuch unternommen, einen politischen Kontext für die Interpretation von künstlerischer Tätigkeit am Ende des zwanzigsten Jahrhunderts abzustecken. Es enthält wenig Kunstkritik als solche, bietet aber stattdessen ein dichtes Gefüge von Bildern und Texten aus der Zeit von 1945 bis 1997, aus verschiedenen Sprachen und Territorien. Das Spektrum des hier zusammengetragenen Materials versteht sich nicht als enzyklopädisch, sondern ist eine eher polemische Lektüre historischer und kultureller Zusammenhänge: bestimmte Linien ästhetischer Produktion und politischer Bestrebungen werden verfolgt, die in der notwendigen zeitgenössischen Debatte als Instrumente einer produktiven Analyse dienen könnten.

Das Material ist chronologisch aufbereitet und artikuliert vier symbolische Daten der letzten fünfzig Jahre. **1945** markiert die Gründung der europäischen Nachkriegsdemokratien und die Etablierung eines polarisierten Weltsystems unter der militärischen und wirtschaftlichen Vorherrschaft der USA im Westen und der sowjetischen Hegemonie im Osten; in dieser Zeit konstituieren sich auch die politischen und ökonomischen Bedingungen für die

Unabhängigkeit der früheren Kolonien. Die künstlerische Aktivität der Nachkriegszeit zeichnet sich durch den Versuch aus, das Kriegstrauma zu überwinden, Bild und Sprache aus der Erstarrung zu lösen und parallel zum wirtschaftlichen und architektonischen Wiederaufbau ein kulturelles Gedächtnis zu rekonstruieren. Ab 1967 schwinden das Vertrauen in die Zukunft, der Fortschrittsglaube, die moderne Utopie, die von einer lang andauernden kapitalistischen Expansion getragen worden waren. Aus der sich abzeichnenden Krise erwächst nicht nur soziale Unsicherheit, sondern auch ein außerordentlich kreatives Potential. Zwischen Protest im Westen und anti-imperialistischen Kämpfen in der Dritten Welt entstehen solidarische Verbindungen. In den Vordergrund des politischen und kulturellen Lebens treten die unterschiedlichsten Minderheiten mit jeweils spezifischem Diskurs. Kritische Haltung und Hinterfragung überkommener Regel und institutionalisierter Praktiken kennzeichnen auch die Aktivitäten vieler Künstler, die danach streben, ein System von Normen zu brechen, »andere« Räume zu entdecken, von denen aus »die Gesellschaft gegen den Staat« agieren könnte. Die alternativen Bewegungen, die zehn Jahre lang neue – allerdings zersplitterte – Utopien verfolgten, vom marxistischen Denken gefärbt und von der Existenz ideologischer, militärischer und ökonomischer Gegenkräfte in der Sowjetunion und in China gestützt waren, stießen 1978 an ihre Grenzen.

Die Restrukturierung oder Flexibilisierung des globalen Kapitalismus setzte zu diesem Zeitpunkt bereits ein, ebenso wie der Abbau sozialer Errungenschaften, die im Zuge der fordistischen industriellen Produktion mit verschiedenen nationalen Varianten erkämpft worden waren. Die Dissidenz in den politisch erstarrten kommunistischen Gesellschaften dient dem Westen als Vorwand für eine ideologische Kampagne mit dem Ziel, die oppositionelle Linke zu beseitigen.

Das Ende des real existierenden Sozialismus 1989, mit der deutschen Wiedervereinigung und der Auflösung der Sowjetunion, wurde von den Medien begeistert begrüßt und von einer Welle postmoderner Bequemlichkeitsästhetik begleitet. Dies kann aber die extreme Ungewißheit der Zeit kaum verschleiern, die von der schwindelerregenden Expansion des neoliberalen Kapitalismus, von der Bekräftigung neokolonialer Beziehungen zwischen den wirtschaftlichen Zentren und einer Vielzahl von zersplitterten Peripherien, vom Verschwinden des Nationalstaates als Ausdruck der Volkssouveränität, und vom weltweiten Auftauchen von Identitätsgemeinschaften als Vektoren von Konsens und Konflikten geprägt wird.

Um den komplexen Beziehungen zwischen spezifischen Kunstpraktiken und zugleich lokalen und globalen soziopolitischen Situationen gerecht zu werden, wurde für dieses Buch die Form der Montage bevorzugt, die eine produktive Konfrontation von Literatur und journalistischen Essays, Kunstwerken und dokumentarischen Photographien, kritischen Kommentaren zu spezifischen geschichtlichen, philosophischen oder sozialen Themen ermöglicht. Bilderhefte mit Werken von dX Künstlern markieren die historischen Angelpunkte 1967 und 1978, während von documenta-Teilnehmern entworfene Künstlerseiten einen ganz aktuellen Aspekt darstellen.

Verschiedene graphische oder inhaltliche rote Fäden strukturieren die Komplexität der Montage. Das sind zunächst zentrale Texte von wichtigen Vordenkern der verschiedenen im Buch behandelten Zeitspannen, des weiteren wird ein Schwerpunkt auf die Themen von Architektur und Urbanismus gelegt – als ein sichtbares Feld der kontroversen Begegnung von Kunst und Politik. Auch der Film, als die am deutlichsten kollektiv ausgerichtete und meist verbreitete Kunstform des Jahrhunderts zieht sich als Leitmotiv durch das Buch. Ebenso wie die Figur der Antigone, die, vornehmlich in ihrer deutschen Ausprägung, den Archetyp des politischen Widerstands in Europa symbolisiert.

Die Effekte der Überlagerung, die sich durch die Montage ergeben, heben die strikten Grenzen von Werk, Dokument und Kommentar auf und schaffen eine vielfältige polyphone Struktur. Aus dieser Mehrstimmigkeit erwachsen Fragestellungen für das Heute, die im letzten Teil des Buches in Form von Gesprächen, Essays und Stellungnahmen aufgearbeitet werden.

Dieses Buch ist zwangsläufig unvollständig, und es ist auch zwangsläufig subjektiv. Und es leugnet auch nicht die Risse und Widersprüche, die aus der Konfrontation kritischer oder utopischer Haltungen mit Realität entstehen.

Die Redaktion

documenta

Die Information ist, wie die Demokratie, nicht etwas, das uns zusteht, aber noch aussteht, sondern eine gängige Praktik, kein Traum, sondern eine Leidenschaft. Es ist eine Sache, denen böse zu sein, deren Metier es ist, schlechte Informationsarbeit zu leisten, eine andere, zu begreifen, daß dies *auch* von uns abhängt. Wenn das Visuelle uns daran hindert, etwas zu sehen (weil es dem Decodieren, dem Entziffern, kurz: dem Lesen den Vorzug gibt), so fordert uns das Bild immer heraus, es mit einem anderen, mit dem anderen zu montieren. Denn das Bild hat, wie die Demokratie, etwas »Spiel«, etwas Unvollendetes, Angerissenes, offen Klaffendes. Daney

Das Wort *reprendre* verstehe ich als ein Bild der zeitgenössischen Aktivitäten afrikanischer Kunst. Ich denke es zunächst im Sinne des Wiederaufnehmens einer unterbrochenen Tradition, nicht aus dem Verlangen nach Reinheit, das nur von den Vorstellungen verstorbener Vorfahren zeugen würde, sondern auf eine Weise, die die heutigen Bedingungen reflektiert. Zweitens suggeriert *reprendre* eine methodische Beurteilung, indem die Arbeit des Künstlers mit einer Einschätzung seiner Werkzeuge und Mittel beginnt, und Kunstprojekte in einem sozialen Zusammenhang, der durch den Kolonialismus und spätere Strömungen, Einflüsse und Moden von außerhalb verändert wurde. Schließlich impliziert *reprendre* ein Innehalten, eine Meditation, ein Prüfen der Bedeutung der beiden vorangehenden Prozeduren. Mudimbe

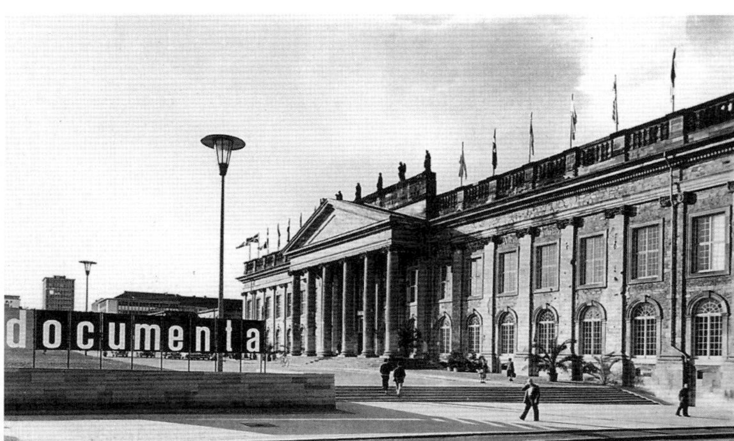

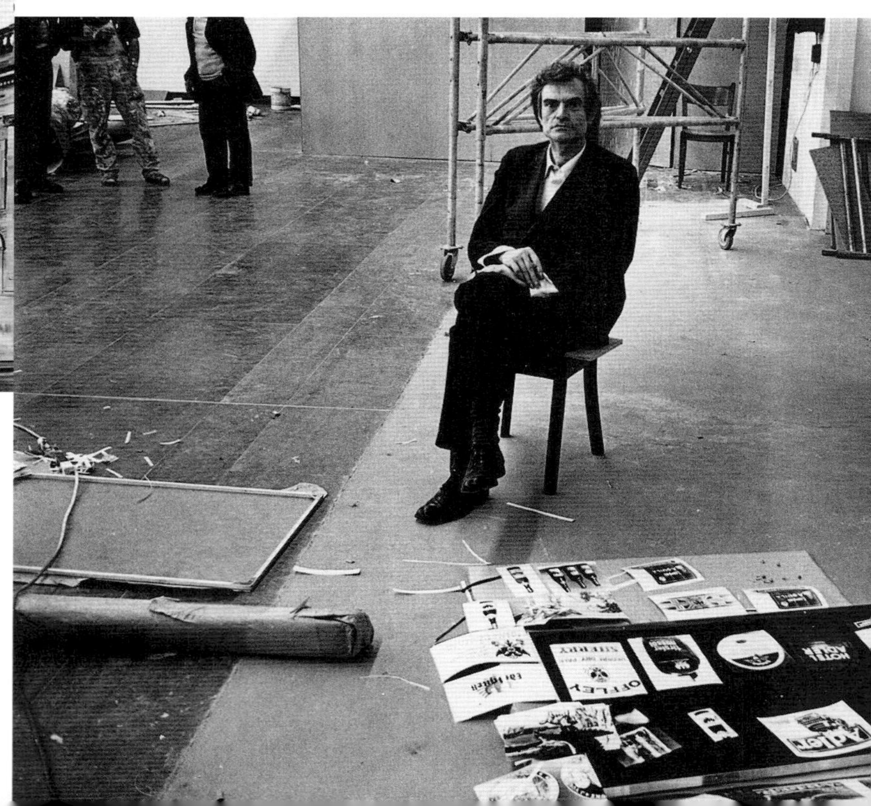

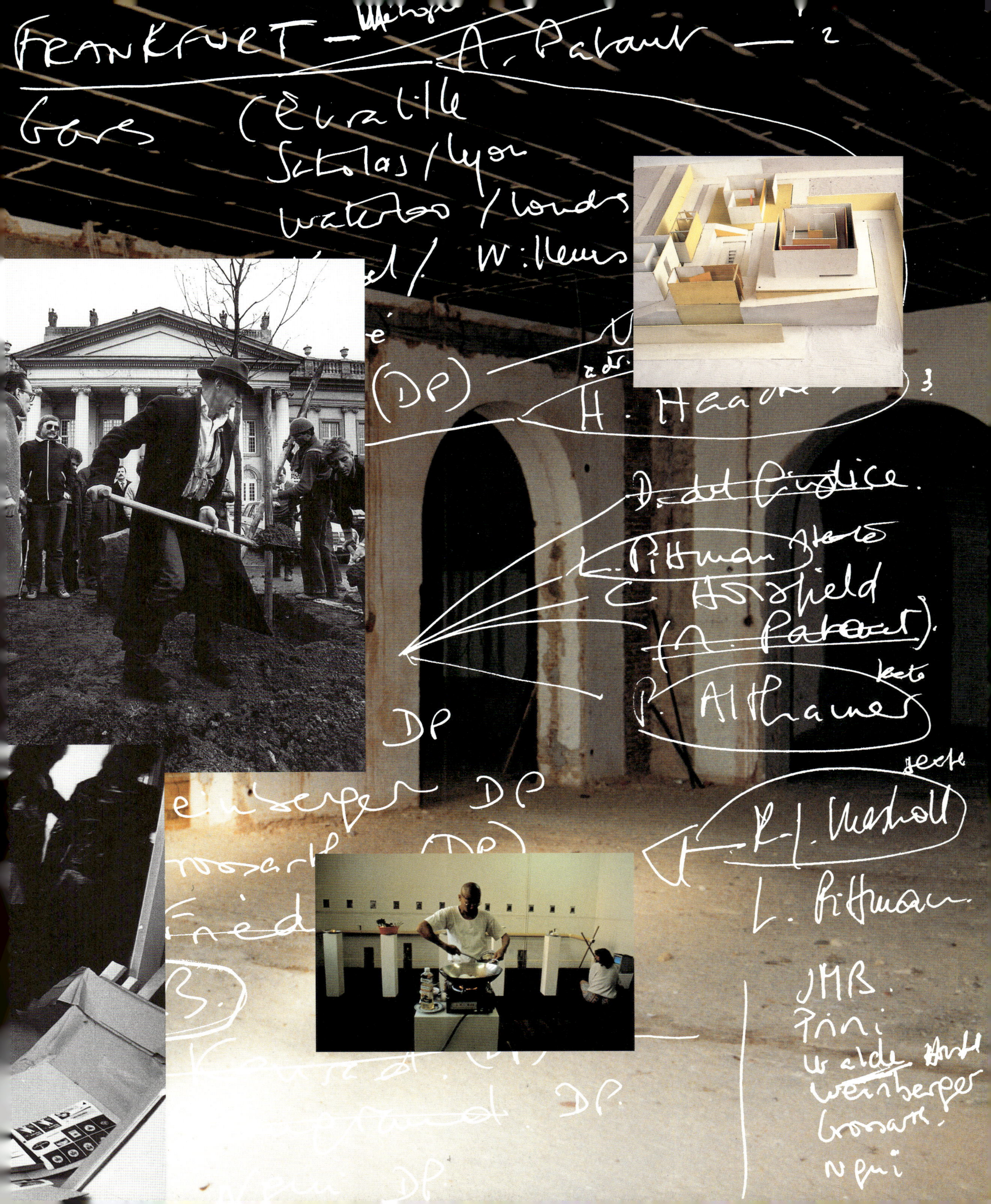
FRANKFURT
(DP)
H. Haacke
L. Pittman
C. Horsfield
P. Althamer
DP
DP
L. Pittman
JMB.
Prini
Weinberger
DP.

Geschichte

Das Imaginäre zu verwirren, die Pluralität der Stimmen und Erfahrungen zu konstatieren, das Prekäre der Wertordnungen zu ermessen, ist ein riskantes Unternehmen. Es kann mörderisch sein. Es beseitigt den Glauben an eine einheitliche, souveräne und lineare Geschichte, die gleichförmig und irreversibel verläuft. Das Wirkliche ist widersprüchlich, unvollendet, fragmentiert und heterogen, bruchhaft; in aller Regel widersetzt es sich den traditionellen Kategorien des Wissens und allen, ob vergangenen oder zukünftigen Unternehmungen der Heiligsprechung, und sei es denen des Holocaust.

Das Chaos, das Widersprüchliche und Ambivalente zu denken, das Hybride zu denken, ist um so unbequemer, als wir einer Konzeption der Zeit, einer Erzähl- und Interpretationsweise des Vergangenen verpflichtet sind, die nicht auf die tröstliche Illusion einer zugrunde liegenden Ordnung ausgerichtet ist: Enthüllung, Basis, letzter Sinn, Funktion, Struktur, Vernunft, ewige Wiederkehr des Gedenkens... Unablässig beansprucht das historische Wissen – und stets auf dem Umweg über die Worte –, zu »rekonstruieren«, und zwar eine Realität, die nicht nur plausibel, sondern auch objektiv, authentisch und einzigartig sein soll, die nur darauf wartet, in vorgefertigte Rahmen gegossen zu werden: Wirtschaft, Gesellschaft, Kultur – um die trinitarische Formel der »Annales«-Schule aufzugreifen. Wozu sich seither die künstlichen Anlässe für das Gedenken gesellen (1989–1992–2000...), die schließlich den Rhythmus der historischen Produktion angeben, von der man unmögliche Bilanzen erwartet. Gruzinski

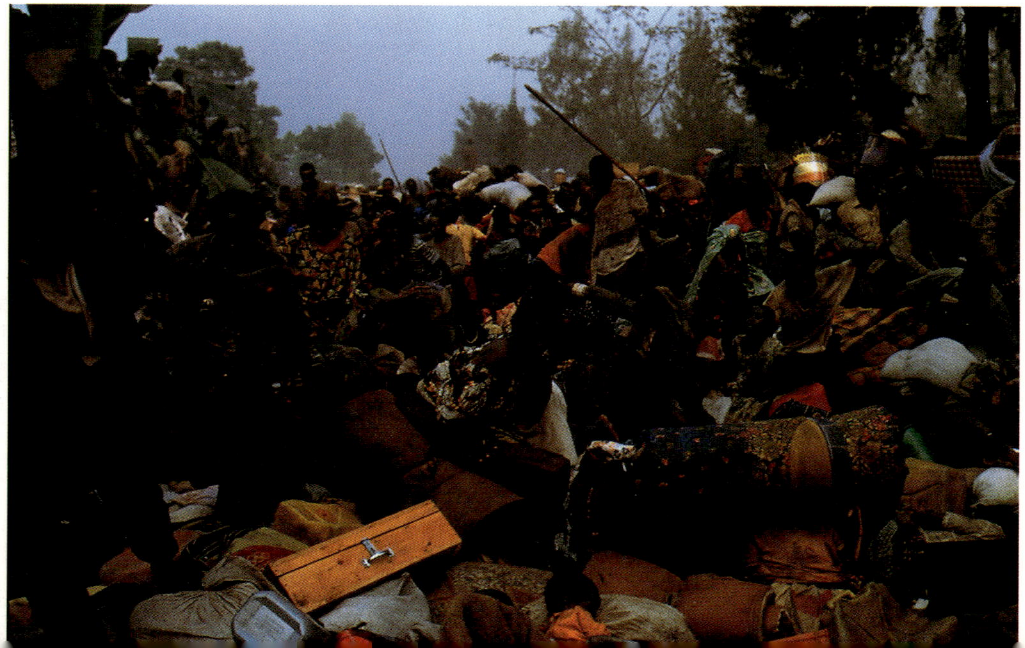

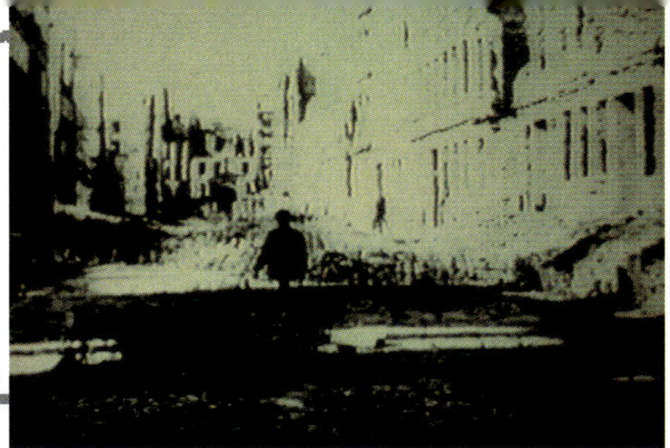

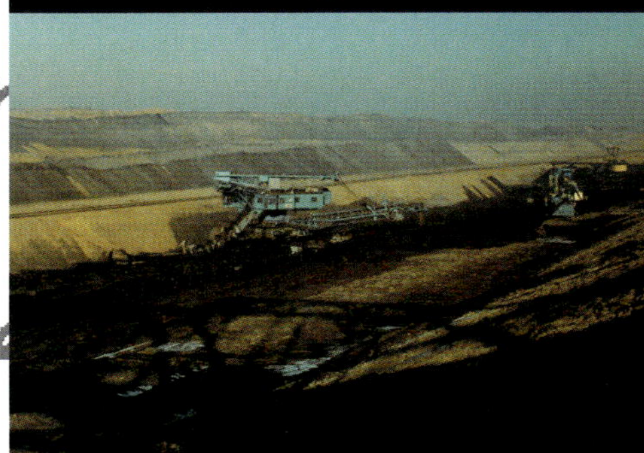

Reprendre

I me… r in the sense of

takin… adition

not … , which

would … eratory

of … way

the … f

tode…

meth…

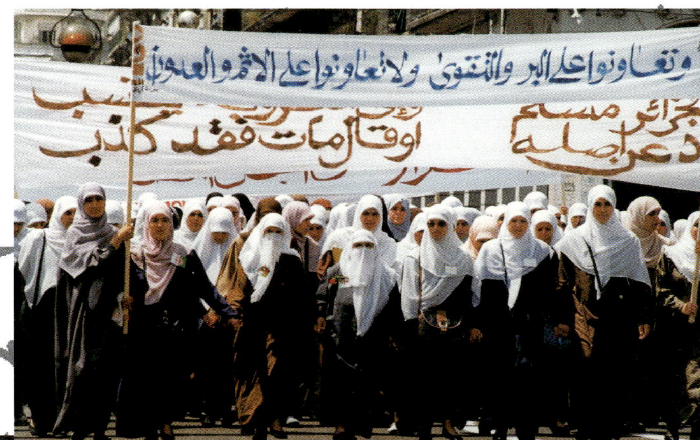

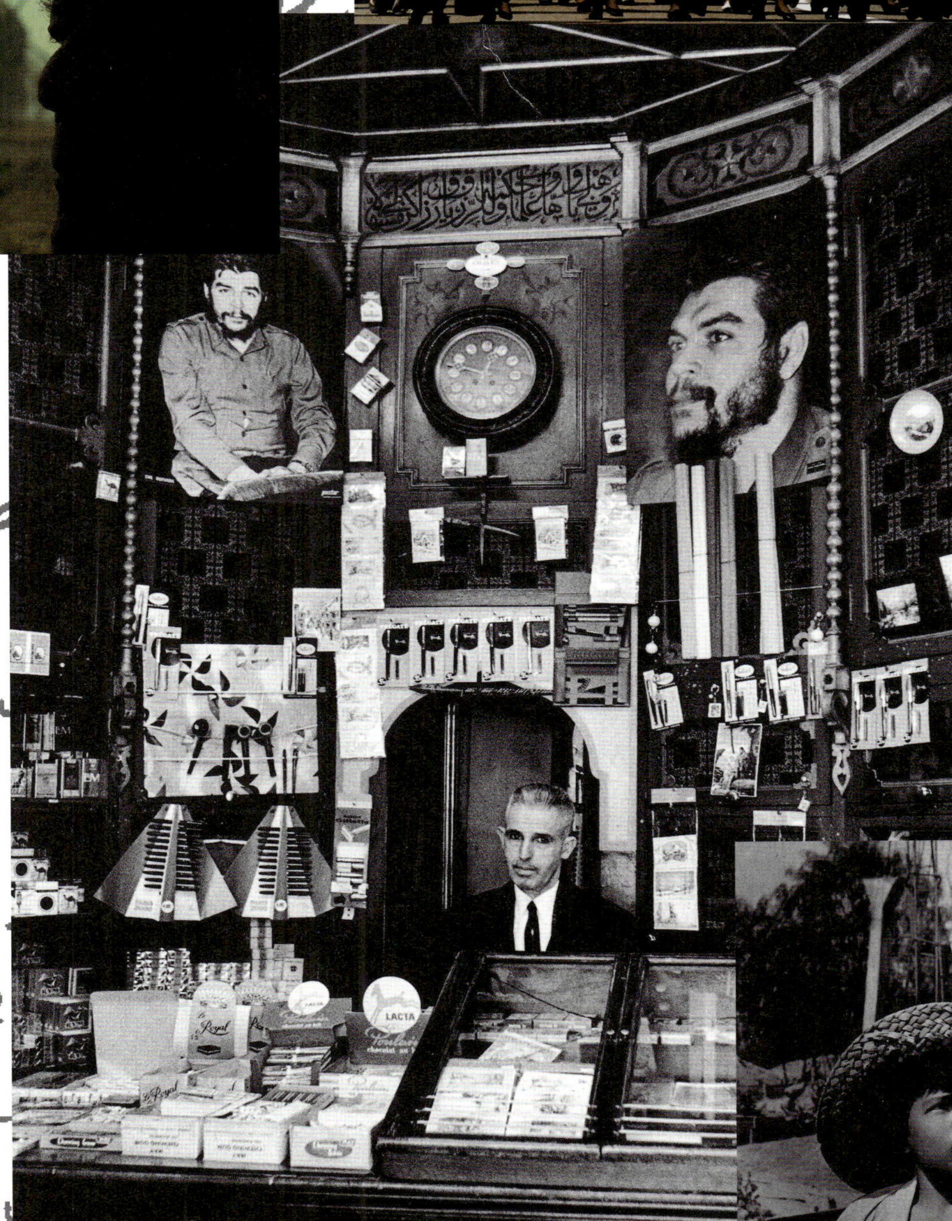

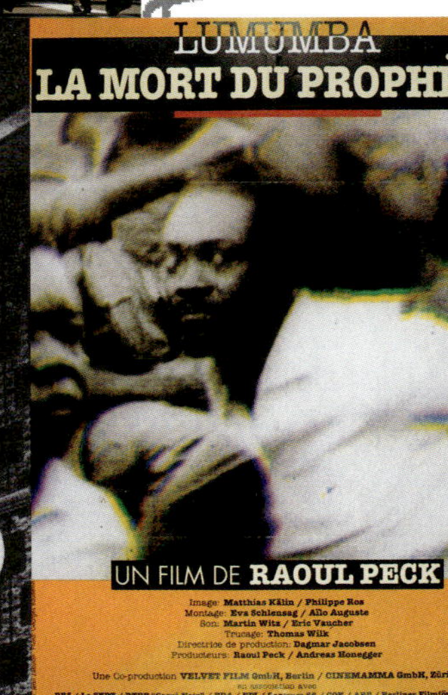

artist's

with an

means, …

within … er

by colou… ious Lou…

currents, …

abroad

a pause

the me…

precedi…

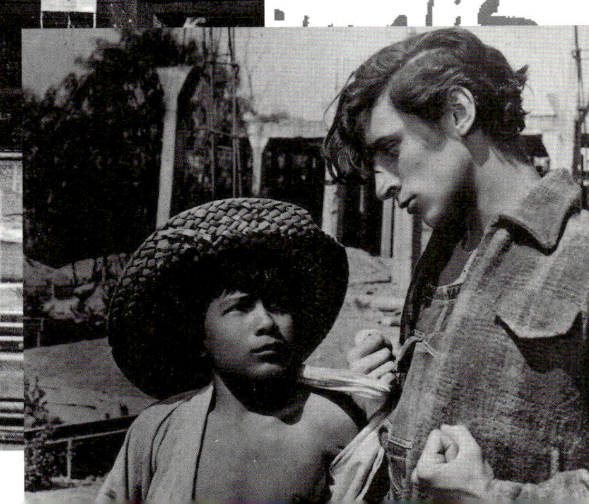

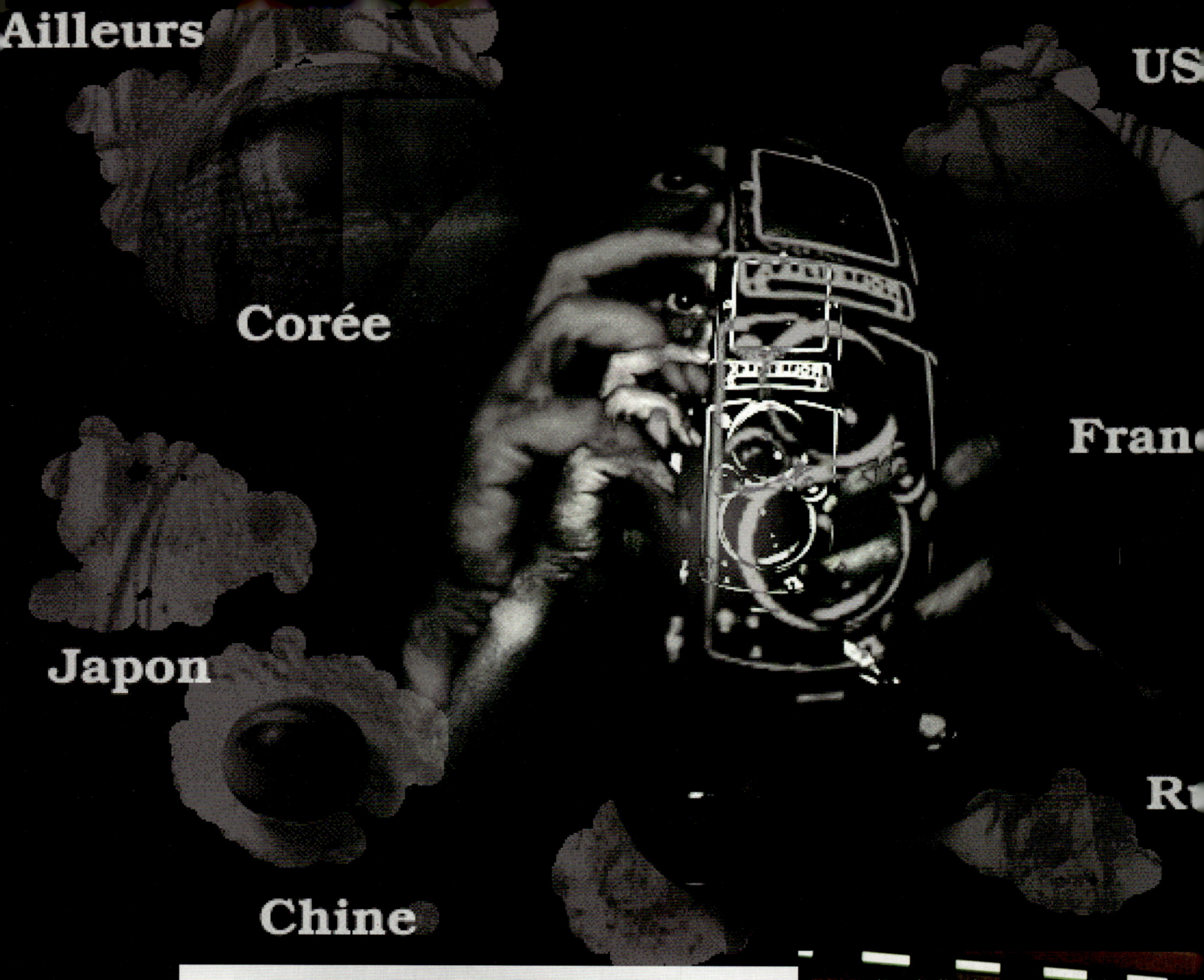
Ailleurs
US
Corée
Fran
Japon
Ru
Chine

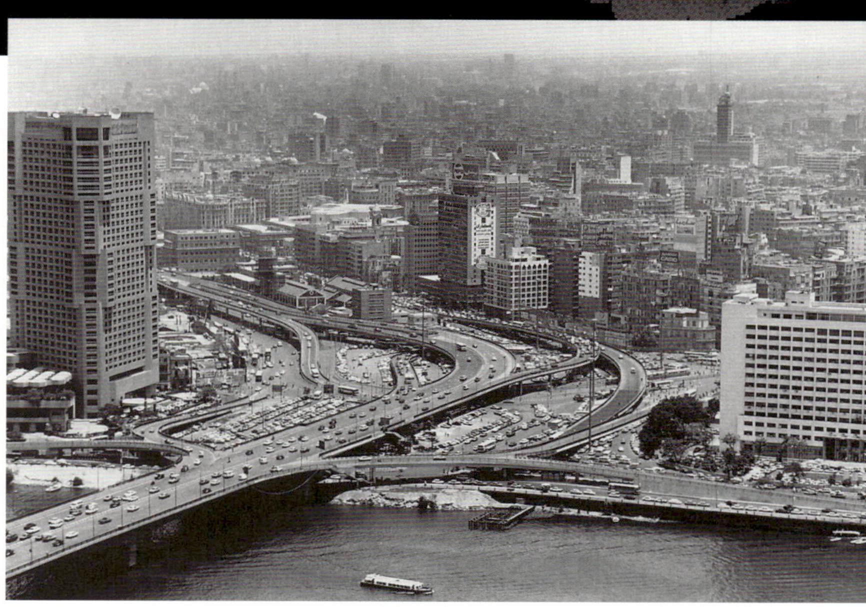

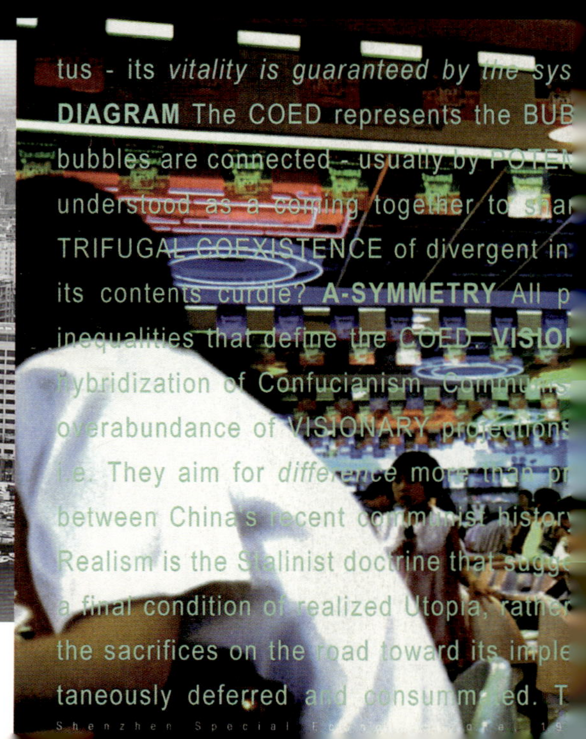
tus - its *vitality is guaranteed by the sys*
DIAGRAM The COED represents the BUB
bubbles are connected - usually by POTEN
understood as a coming together to shar
TRIFUGAL COEXISTENCE of divergent in
its contents curdle? **A-SYMMETRY** All p
inequalities that define the COED. **VISIO**
hybridization of Confucianism, Communis
overabundance of VISIONARY projections
i.e. They aim for *difference* more than pr
between China's recent communist histor
Realism is the Stalinist doctrine that sugg
a final condition of realized Utopia, rathe
the sacrifices on the road toward its imple
taneously deferred and consummated. T
Shenzhen Special

Globalisierung

Bürgerrechte und Nationalität haben eine gemeinsame und untrennbare institutionelle Grundlage. Beide organisieren sich in Abhängigkeit voneinander als ein Ensemble von Institutionen, von Rechten und Verpflichtungen, von denen die einen sehr alltäglich und die anderen allgemeiner und abstrakter sind. Das Gewebe der Verpflichtungen umfaßt Zeichen der Anerkennung, Symbole, Gedenkstätten wie das Pantheon – ein Hauptsymbol von Bürgerrechten und Nationalität, das besonders für die französische Tradition typisch ist. Die für uns frappierende Evidenz ist nun die folgende: Diese enge historische Solidarität zwischen Bürgerrechten und Nationalität ist problematisch geworden. Jede unserer nationalen geistigen Traditionen mußte sich daher die Frage stellen, aus welchen Gründen und zu welchen Zwecken diese beiden Begriffe so eng miteinander identifiziert worden waren. Infolgedessen hat sich auch die Frage gestellt, wie man sich ihre weitere Entwicklung vorzustellen hätte. Es gibt Katastrophenszenarien, die davon ausgehen, daß die zwei Begriffe nicht zu trennen sind, so daß die Krise der Nationalität auch eine der Bürgerrechte wäre. Es gibt differenziertere Visionen, die sich in erster Linie Gedanken machen, was aus der Politik wird: was sie gewesen ist und was sie in der »verwelteten Welt« (»monde mondialisé«) – das ist meine persönliche Übersetzung des angelsächsischen Ausdrucks »globalization« (Globalisierung) – sein könnte. Balibar

Was ich Postdemokratie nenne, ist eine Pseudodemokratie, die so tut, als könne sie ohne ihr Subjekt auskommen. Es ist der Diskurs, der uns sagt, daß »Volk«, »Proletarier«, kurz: all die polemischen Subjekte Gespenster der Vergangenheit sind und das die

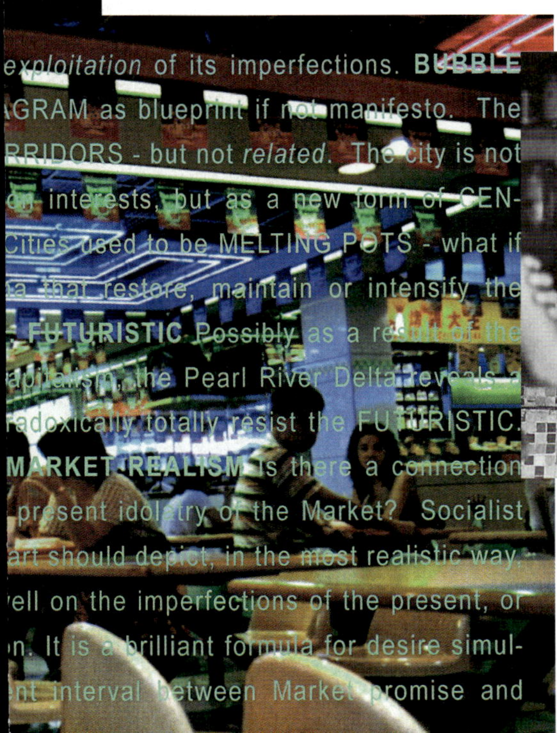

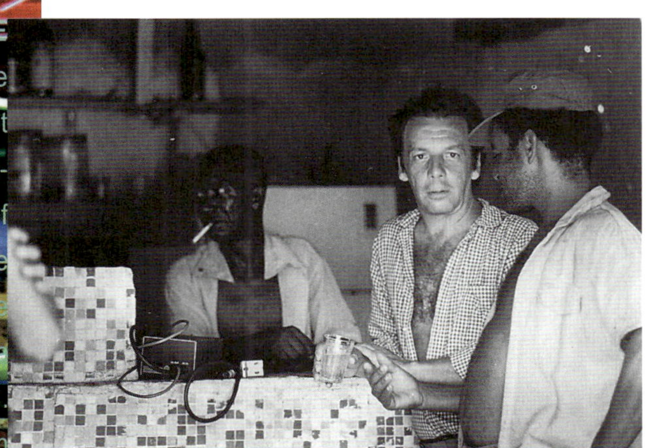

Demokratie nur dann funktioniert, wenn sie von jedem Subjekt entleert und einfach die Selbstregulierung der Gesellschaft in einem gewissen Stadium der Produktivkraftentwicklung ist. Diese Praxis reduziert das Volk auf die Summe der daraus berechenbaren Bevölkerungsteile, der Interessen- und Meinungsgruppen, deren Gleichgewicht durch einen Staat hergestellt würde, der selbst als bloßer lokaler Repräsentant einer Art von imaginärer Weltregierung dastünde, kurz: die vollendete Identität von Demokratie und Kapitalismus. Rancière.

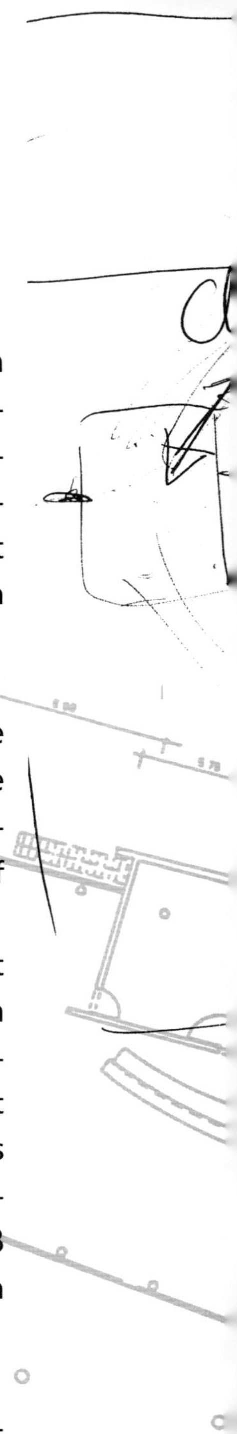

Für meine Begriffe ist das Politische innerhalb gewisser Grenzen schon immer eine Sache der Sprache gewesen. So gesehen besteht nicht unbedingt ein Bruch. Aber das Politische und das Poetische, das würde ich als genau den Unterschied zwischen dem rein gesetzmäßigen Kalkül und dem geheimnisvollen, offenen Terrain verstehen, in dem man lernt, auf den anderen einzugehen, und zwar so, daß man ihm eine Antwort entlockt.
Das erste ist Kalkül, Politik ist Kalkül, das dürfen wir nie vergessen. Deshalb geht es ja nicht ohne den Klassenbegriff. Aber man muß ihn zum Spielen bringen. Das ist der Punkt, an dem wir nicht einfach nur Rechte lockern, sondern dazu Verantwortung in einem ganz konkreten Sinne übernehmen: wir müssen auf den anderen eingehen, bis wir eine Antwort bekommen. Dazu in der Lage zu sein, das will ich vorerst das Poetische nennen, denn das bringt eine weitere unmögliche Dimension ins Spiel, die notwendige Dimension des Politischen. Das ist für mich heute das wichtigste. Deshalb kann ich auch davon sprechen, daß das Analytische aufgehoben wird - nicht daß es fortgeworfen wird, sondern daß man einen neuen Weg zum Dialog findet. Spivak

Es ist gerade die Kombination von räumlicher Streuung zahlreicher Wirtschaftsaktivitäten und globaler Integration via Telekommunikation, was zu der strategischen Rolle, die die großen Städte in der gegenwärtigen Phase in der Weltwirtschaft einnehmen, geführt hat. Neben ihrer teils langen Geschichte als Zentren für Welthandel und Bankgeschäfte fungieren diese Städte heute als Kommandozentralen für die Organisation der Weltwirtschaft, als Schlüsselstandort und Marktplatz für die führenden Industrien dieser Periode (Finanzwesen und spezialisierte, unternehmensorientierte Dienstleistungen) sowie als Standort für die Erzeugung von Innovationen in diesen Industrien. Diese Städte konzentrieren bis heute enorme Ressourcen, und die führenden Industrien üben einen solch massiven Einfluß auf die wirtschaftliche und soziale Ordnung dieser Städte aus, daß sich die Möglichkeit eines neuen Typs von Stadt ergibt. Sassen

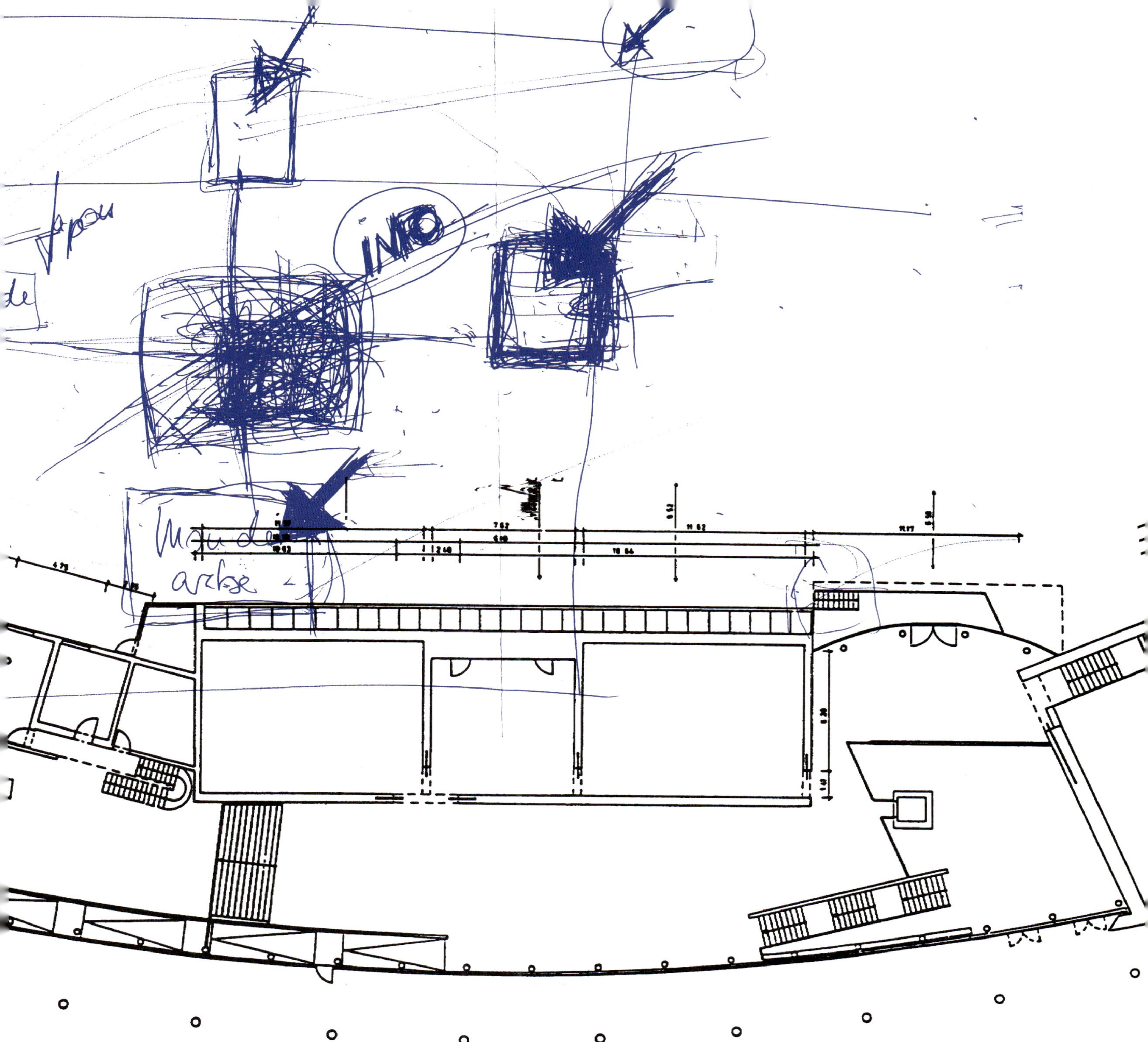
INFO

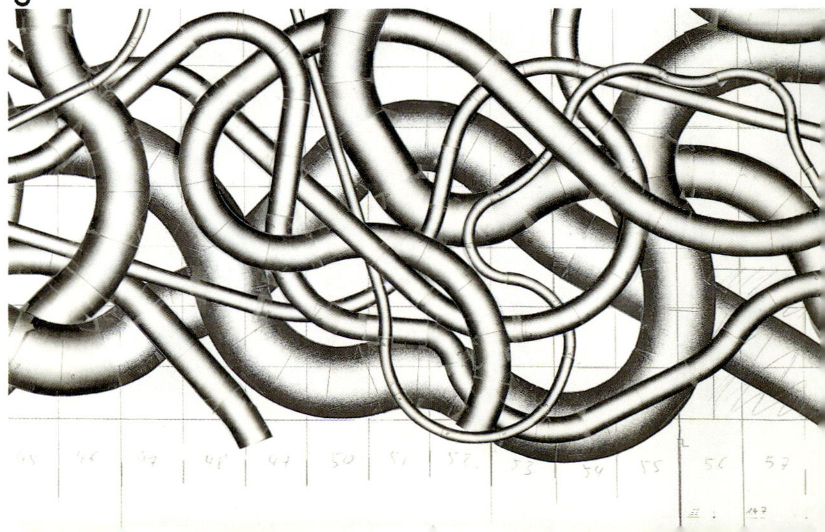

Tatsächlich kann man anläßlich dieses Ereignisses von einer »Belagerung«, von einer neuen Art von »Belagerungszustand« sprechen: Es ist nicht mehr so sehr die Einschließung des Raumes der Stadt durch die Truppen, sondern der Belagerungszustand der Zeit, der Realzeit der öffentlichen Nachrichten. Nicht mehr die gewohnte Zensur, das Verbreitungsverbot, das Staatsgeheimnis, sondern das Replay, die Aufzeichnung, die Verspätung beim Einschalten des lebendigen Lichts der Tatsachen.

»Krieg der Realzeit«, der schließlich Louis-Ferdinand Céline recht gibt, der am Ende seines Lebens ernüchtert erklärt: »Im Augenblick zählen nur die Tatsachen, und das noch nicht einmal für lange.«

Dieser Augenblick ist von nun an vorbei; hier und da, in China wie anderswo auf der Welt sind die Tatsachen durch die Wirkungen der Interaktivität der Telekommunikation aufgelöst. Die teletopische Wirklichkeit setzt sich durch die topische Wirklichkeit des Ereignisses durch. Virilio

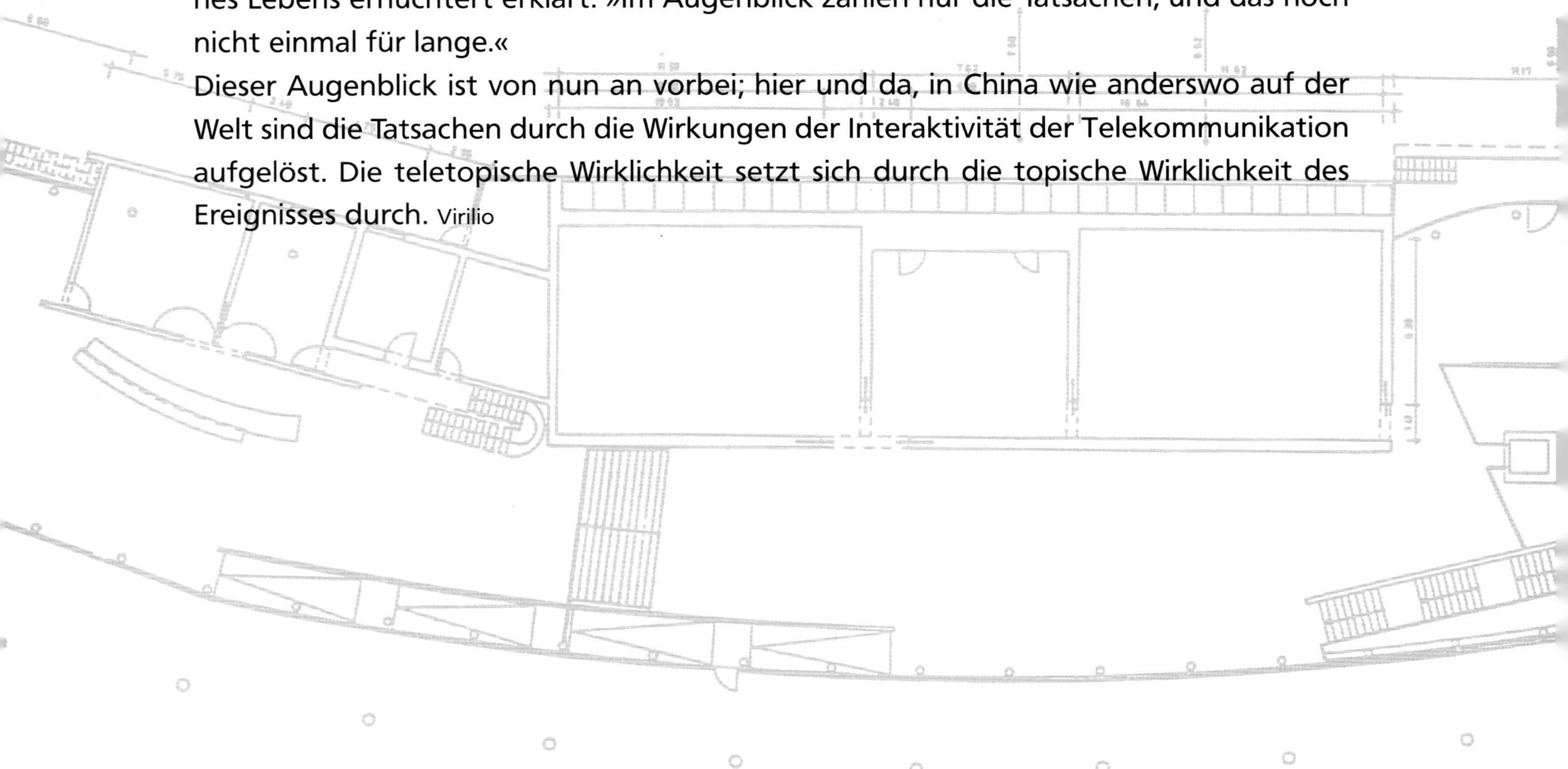

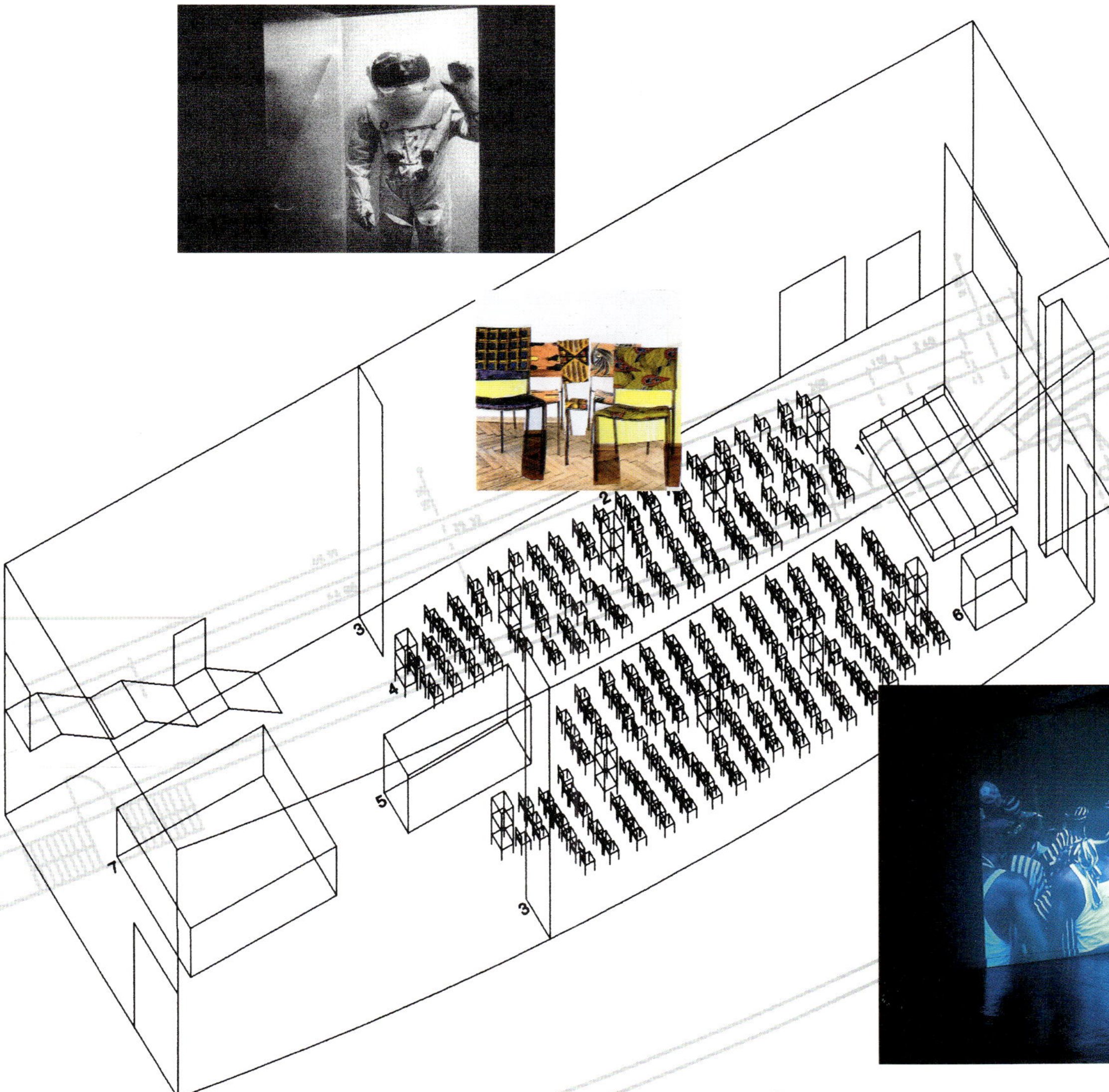

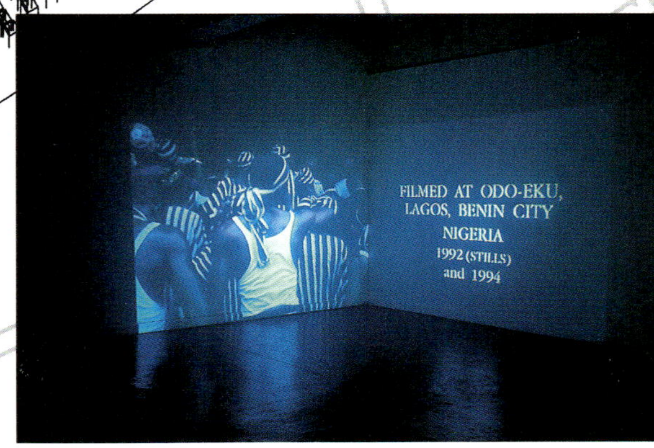
FILMED AT ODO-EKU,
LAGOS, BENIN CITY
NIGERIA
1992 (STILLS)
and 1994

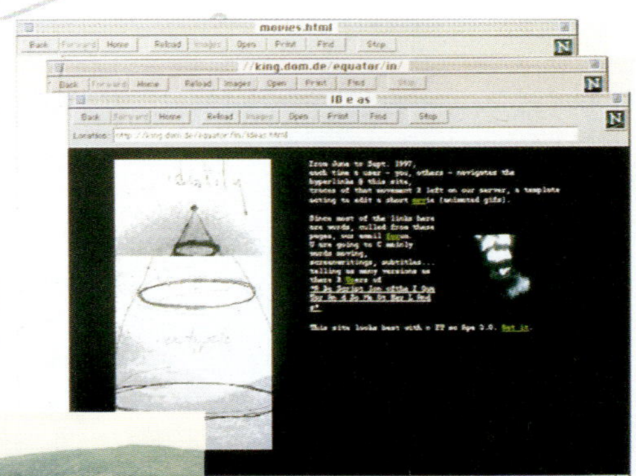
movies.html

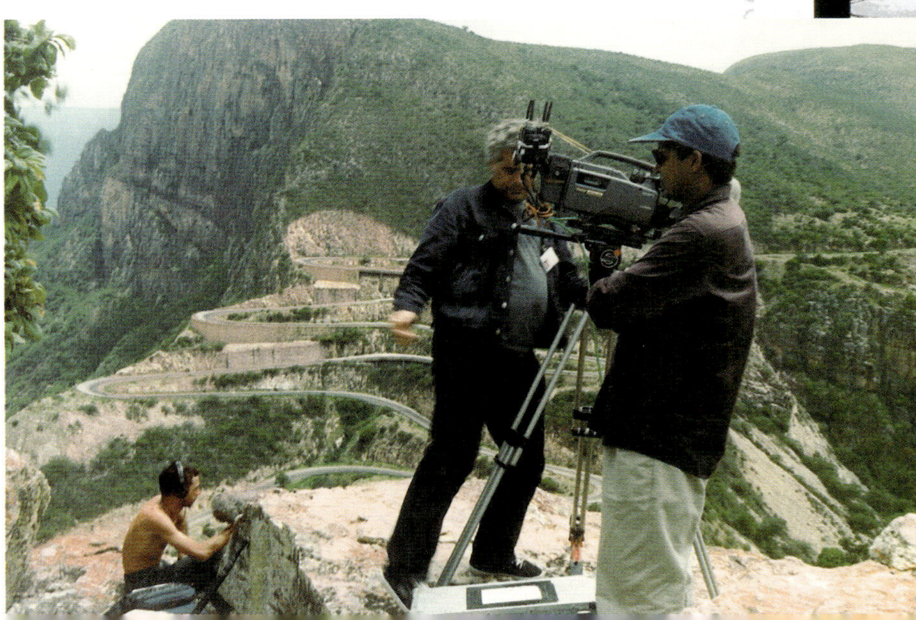

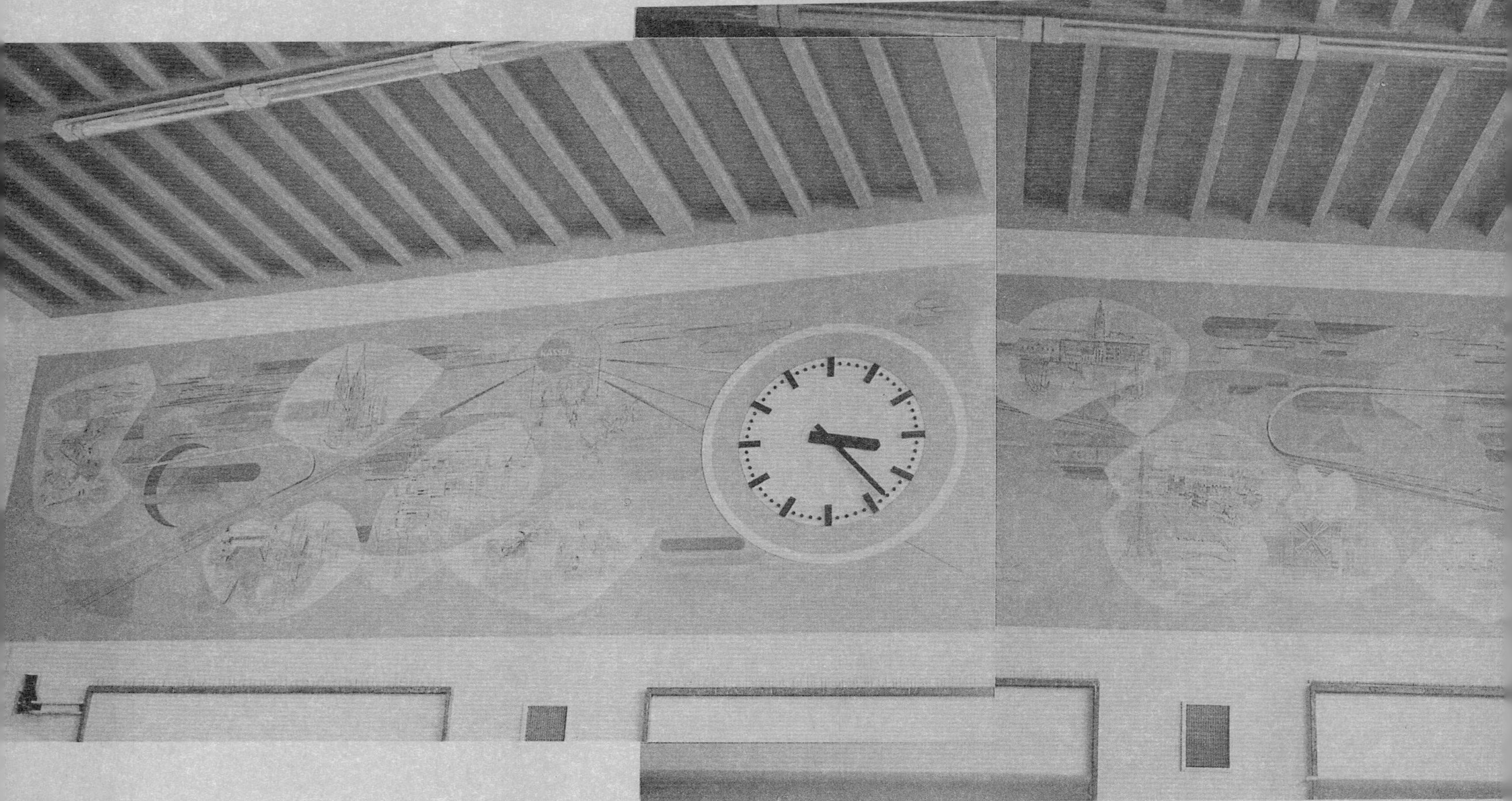

1945

Wladyslaw Strzeminski
Meinen Freunden, den Juden, 1945

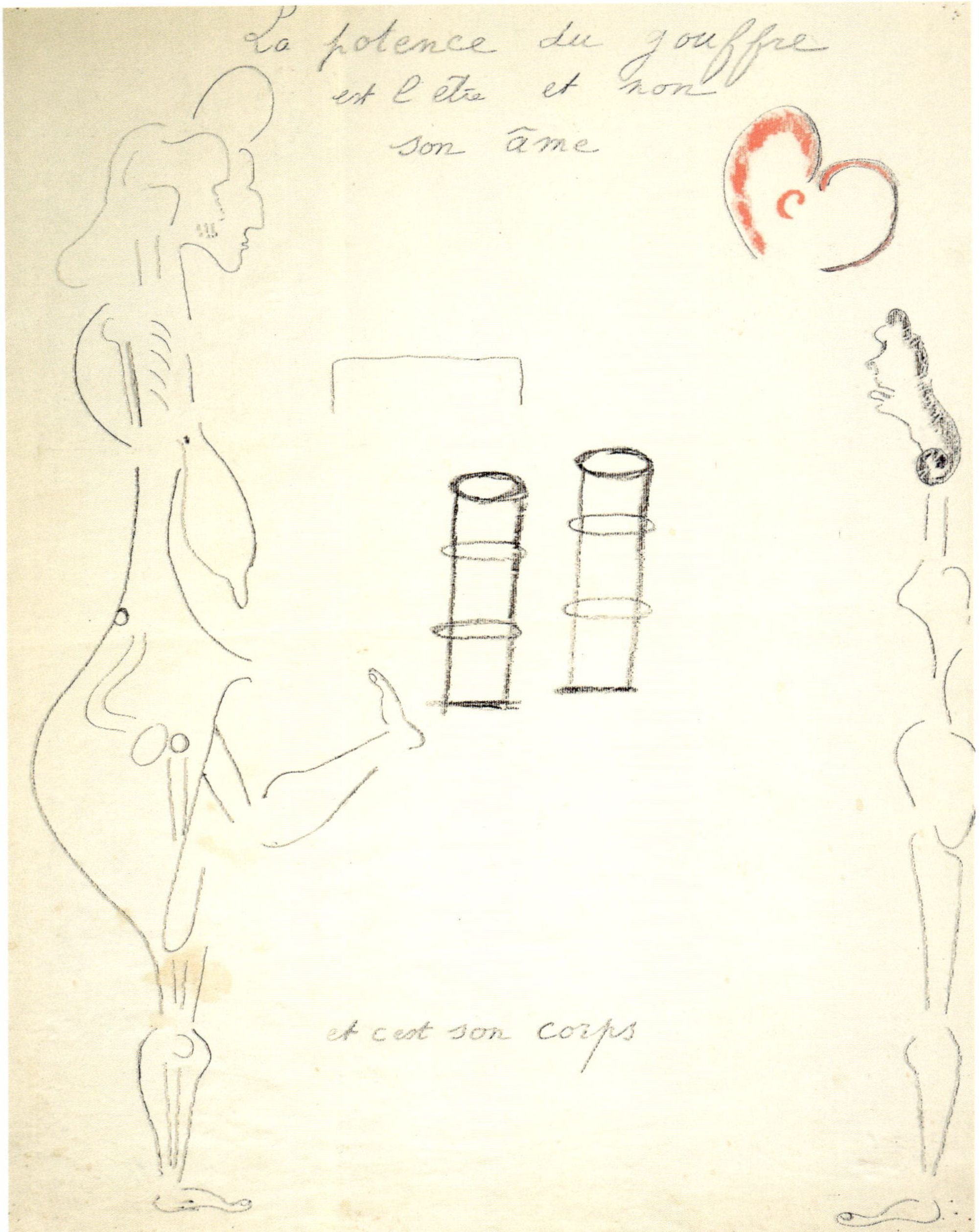

Antonin Artaud
La potence du gouffre
(Der Galgen des Abgrunds), 1945

Jean-François Chevrier
Die Rückkehr Artauds zur Poesie

Alle Versuche Artauds, die Poesie im Raum zu realisieren (vor allem auf soziale Weise), sind in einer Sackgasse geendet, ob im Film, im Theater oder mittels des Reisens (nach Mexiko kam Irland und nach der Rückkehr von Irland die Einweisung).

In einem Brief an Leiris erklärte er 1926, keine Gedichte mehr schreiben zu wollen. In einem Manifest mit dem Titel *Schluß mit den Meisterwerken*, das Teil seines Werks *Das Theater und sein Double* werden sollte, schrieb Artaud 1933: »Unsere literarische Bewunderung für Rimbaud, Jarry, Lautréamont und ein paar andere, die zwei Männer in den Selbstmord getrieben hat, für die übrigen aber auf Kaffeehausgeschwätz hinausläuft, gehört zu dieser Vorstellung von einer literarischen Poesie, von einer losgelösten Kunst, von einer neutralen geistigen Aktivität, die nichts tut und nichts hervorbringt; und ich stelle fest, daß genau in dem Augenblick, wo die individuelle Poesie, die nur den verpflichtet, der sie macht, und auch das nur, während er sie macht, aufs ungeheuerlichste wütete, daß genau in dem Augenblick das Theater am verächtlichsten gemacht wurde

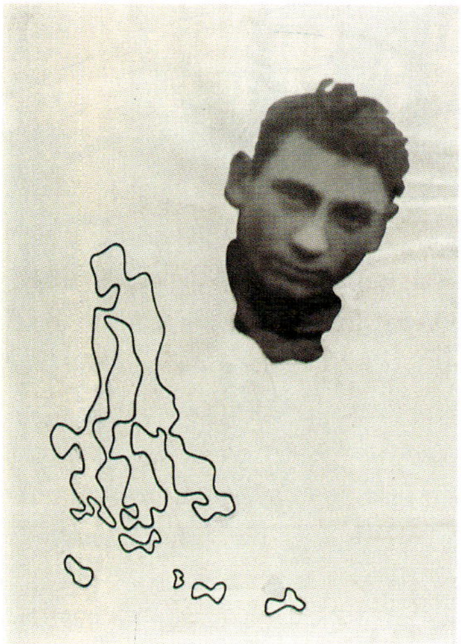
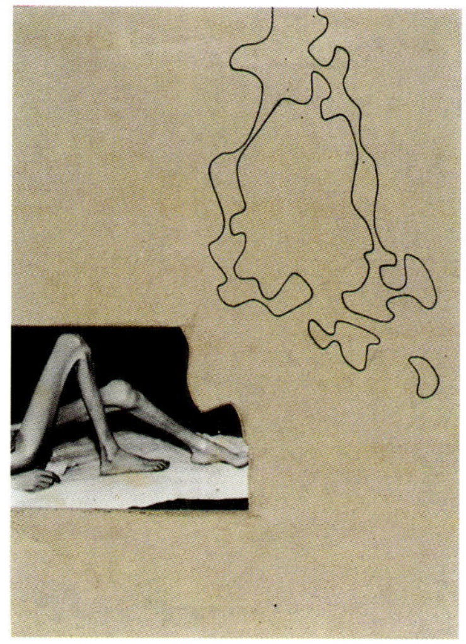
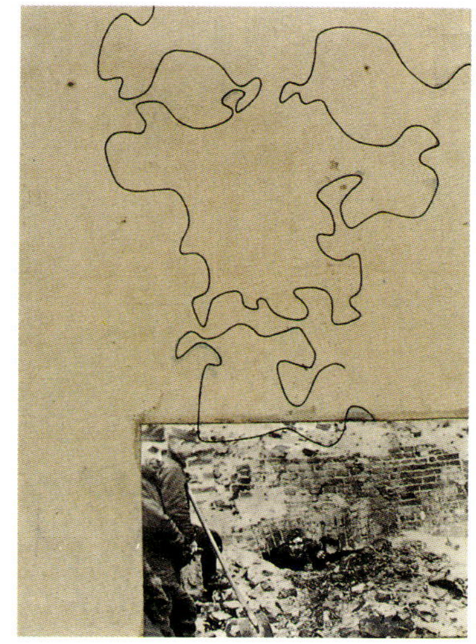
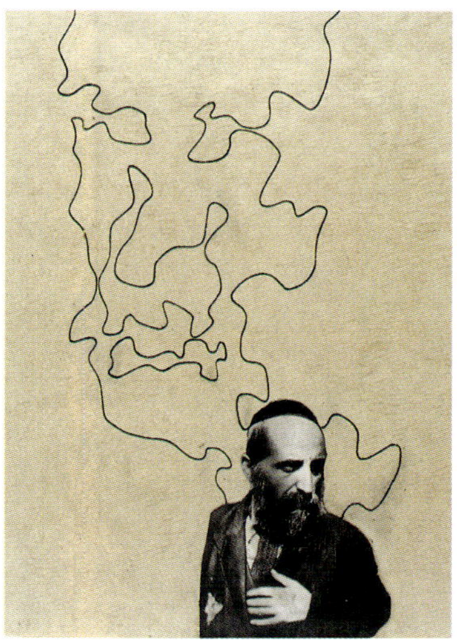
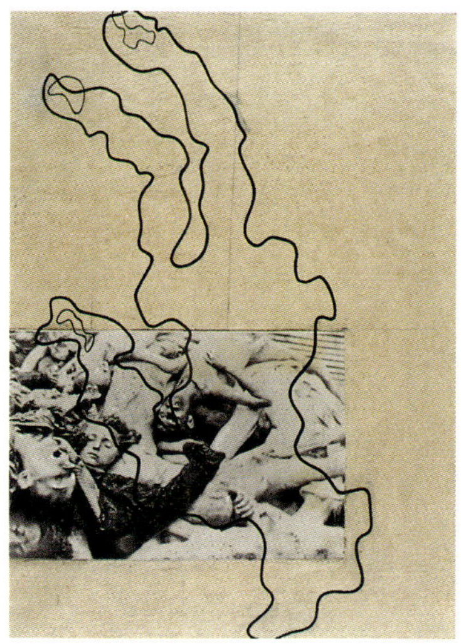
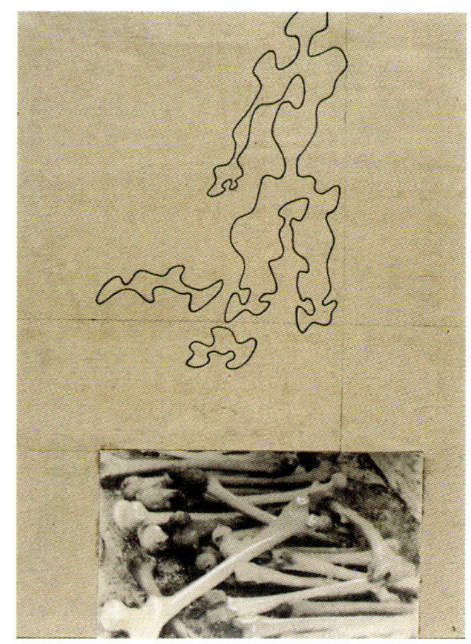
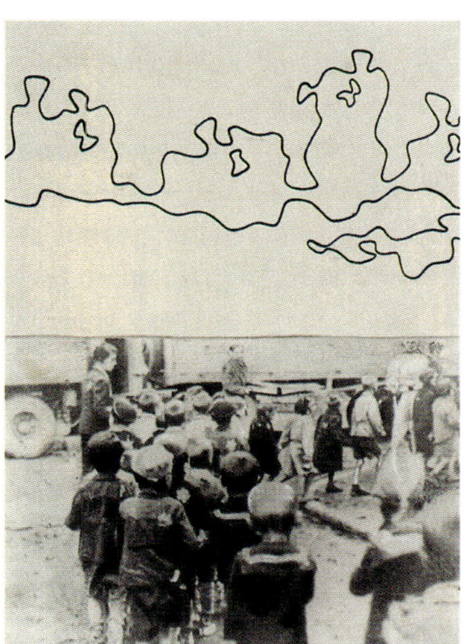
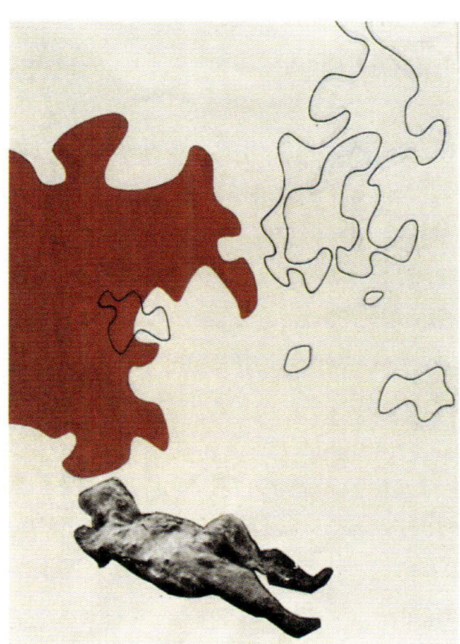
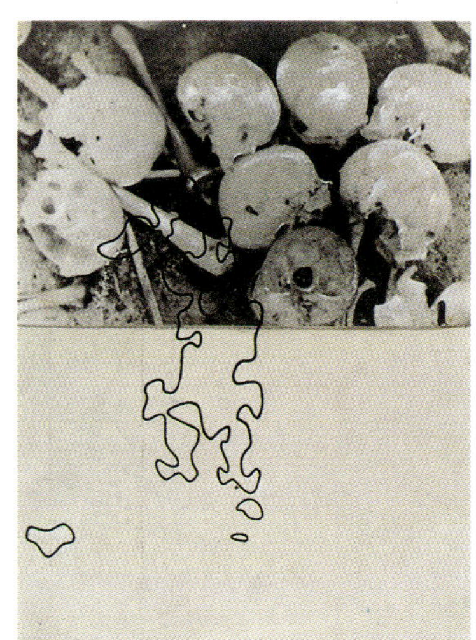

von Dichtern, die weder für die direkte, die Aktion der Masse noch für die Wirksamkeit noch für die Gefahr jemals ein Gespür hatten.«

Doch 1946 manifestiert *Le Retour d'Artaud le Mômo* schon durch seinen Titel, wie Paule Thévenin gezeigt hat, die Rückkehr Artauds zur Poesie. Diese Rückkehr ist insofern von Bedeutung, als sie mit seiner Entlassung aus der Anstalt von Rodez einhergeht, sie stellt die Reintegration einer Denkweise in seine persönliche Geschichte, in seine Genealogie dar. Derrida bemerkt dazu: »Wir stellen fest, daß Artaud der erste war, der in einem martyrologischen Baum die umfassende Familie der genialen Wahnsinnigen zusammenfassen wollte. Er tut das in *Van Gogh, le suicidé de la société* (Van Gogh, der Selbstmörder durch die Gesellschaft, 1947)«. Die Entlassung aus der Anstalt erfolgte nach dem Krieg, den Artaud als Internierung, als Zeit der Blockierung erlebt hat. (...)

Wie schreibt man im Kriegszustand, wenn der Krieg einem jeden Grund genommen hat, es zu tun? Der Internierte wird aus dem Kampf herausgehalten. Der Platz des Internierten ist fern des Kampfgeschehens, er ist in den Wahnsinn, in das undeutbare Echo der Schlacht eingemauert. Ein zwangsläufiger Ausschluß, da Artaud nichts mehr in einer Gemeinschaft hält, die vor seinen Augen die zerstörerische Gewalt auslebt, zu der er sich berufen fühlte.

Artaud hatte in *L'Anarchie sociale de l'art* erklärt: »Es ist die soziale Pflicht der Kunst, den Ängsten ihrer Epoche ein Ende zu machen. Der Künstler, der nicht das Herz seiner Epoche schützend auf dem Grunde seines Herzens birgt, der Künstler, der nicht weiß, daß er ein Sündenbock ist, daß es seine Pflicht ist, den umherirrenden Zorn der Epoche zu magnetisieren, anzuziehen, auf seine Schultern stürzen zu lassen, um sie von ihrem psychologischen Unbehagen zu entlasten, der ist kein Künstler.«

Bis zum Ende seines Lebens wird Artaud wähnen, er befinde sich in einem schmerzlichen Kriegszustand, er habe eine Schlacht zu schlagen, er sei dazu verdammt, in seinem eigenen Körper einen ständigen Kampf zu führen, um das Leben neu zu gestalten. »Einzig fortwährender Krieg erläutert einen Frieden, der nur ein Übergang ist«, heißt es in *Van Gogh, le suicidé de la société*. Der Krieg ist »eine religiöse Angelegenheit«, die den gesellschaftlichen Körper erfaßt. Im individuellen Unbewußten eines Subjekts, nicht in der geschichtlichen Realität, verweist der Krieg auf eine sexuelle, mit dem Ursprung des Subjekts verbundene Vorstellung, und das Thema der Religion ist die Sexualität und die Frage des Ursprungs im kollektiven Maßstab (in ihrer prähistorischen Dimension).

»Da Sie gesehen haben, daß ich mich hier im Zentrum einer furchtbaren Schlacht befinde, wo der Himmel und die Hölle zu jeder Stunde des Tages und der Nacht aufeinanderprallen, wissen Sie es, und Sie haben es schon lange in Ihrem Herzen und in Ihrer Seele gefühlt: Wir befinden uns in einer entscheidenden Periode der Weltgeschichte...« (Brief an Frédéric Delanglade vom 29. März 1943).

Das Kreuz, der Gekreuzigte stehen im Mittelpunkt der Schlacht, an dem Punkt, wo sich die gegnerischen Kräfte des Guten und des Bösen, des Lebens und des Todes, des Männlichen und des Weiblichen gegenüberstehen. (...) In diesem Sinne hat Artaud den Krieg als »eine entscheidende Periode der Weltgeschichte« erlebt. (...)

Wieder und wieder inszeniert Artaud den Tod seines Doppelgängers, er projiziert sich in viele Jahrhunderte der Geschichte als vielfach gemordeter Toter.

Er vergißt keinen Augenblick seine Briefe an Jacques Rivière. Vor allem nicht, wenn er an Peter Watson schreibt:

»Ich sage Ihnen noch einmal, ich habe niemals vermocht zu leben, zu denken, zu schlafen, zu sprechen, zu essen, zu schreiben und ich habe niemals geschrieben, außer um zu sagen, daß ich niemals etwas getan habe, niemals etwas tun konnte, und daß ich, wenn ich etwas tat, in Wirklichkeit nichts tat. Mein ganzes Werk ist nicht geschaffen worden und wird nur als dieses Nichts sein können.«

Was zum Zeitpunkt der Korrespondenz mit Rivière noch eine bloße Denkforderung war, wurde in den *Suppôts et Supplications* zur Bejahung eines durch Leere konstituierten Körpers außerhalb des Denkens. An Rivière schrieb Artaud: »Deshalb habe ich Ihnen auch gesagt, daß ich nichts hätte, kein unvollendetes Werk, da die paar Dinge, die ich Ihnen vorgelegt habe, jene Fetzen darstellen, die ich dem völligen Nichts habe entreißen können.« Die *Suppôts et Supplications* nehmen bis hin zur Formel von der »Zersplitterung« die Äußerungen in diesem Briefwechsel mit positivem Vorzeichen wieder auf. Die Bedeutung des zersplitternden, fragmentarischen Schreibens liegt darin, daß es mit der Abwesenheit, dem Nichts in Zusammenhang steht. Artaud fragte Rivière, wie man sich gegenüber einem Menschen zu verhalten hat, der existiert und die Wirklichkeit seiner wenn auch fragmentarischen schöpferischen Gedanken anerkannt sehen will: »Soll man ihn, unter dem Vorwand, daß er nur Fragmente seiner selbst geben kann, zum Nicht-Sein verurteilen?« In Artauds letzten Texten geht es um eine Bejahung des Negativen. Nach Baudelaire und Mallarmé ist die Poesie für Artaud seit den Briefen an Rivière ein zerstörerisches Denken. Doch Artaud hört ebensowenig wie Baudelaire damit auf, Bücher zu machen: Wie *Les Fleurs du Mal* eine außergewöhnlich kohärente Gedichtsammlung darstellt, so ist auch *Suppôts et Supplications* in seiner starken Strukturiertheit ein »Buch«.

Antonin Artaud
L'inca (Der Inka), 1946

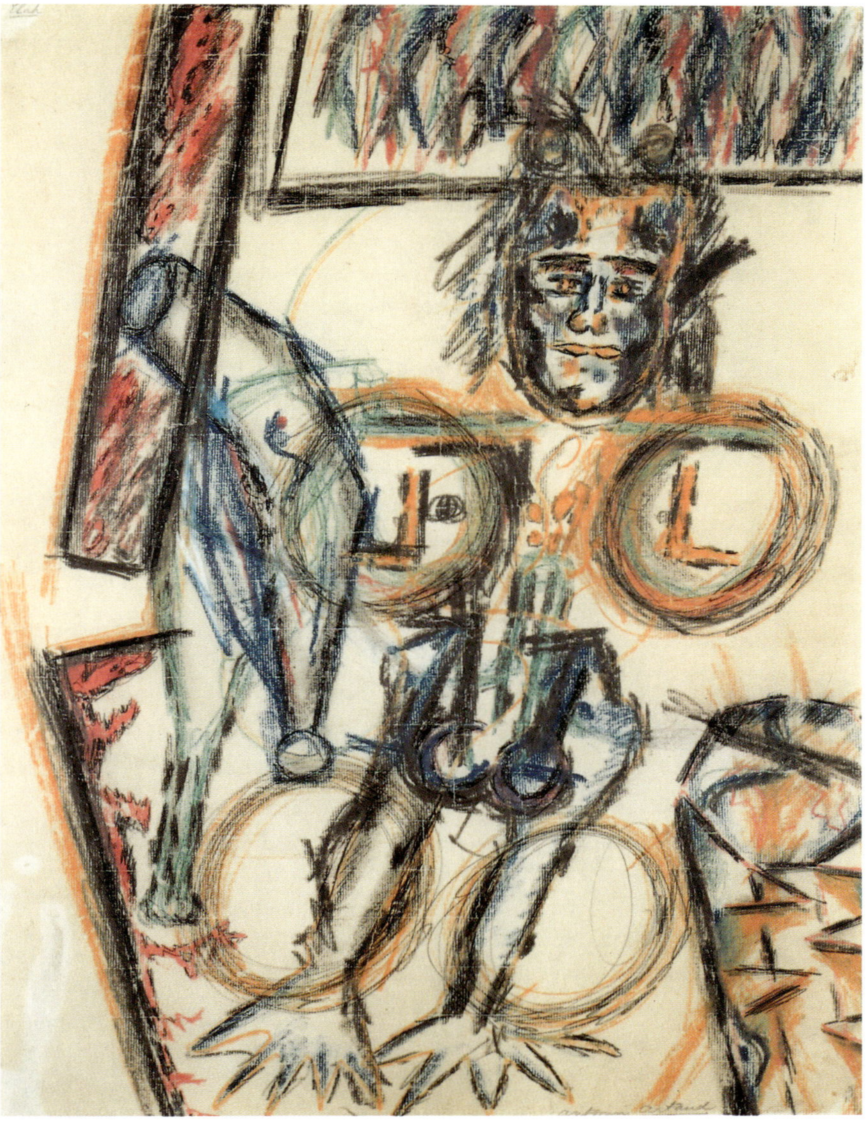

In seinen letzten Jahren schreibt Artaud Texte, die poetisch sind, weil sie musikalisch sind, weil sie klingen, weil sie aus Klängen gestaltet sind, weil sie ebenso aus Klang wie aus Bedeutung bestehen, weil sich die Bedeutung in den Dienst des Klanges stellt. Ein Musiker, nämlich Pierre Boulez, sagte über Artaud: »Ich finde in den Schriften Artauds die grundlegenden Anliegen der heutigen Musik wieder: Wer ihn seine eigenen von Schreien, Geräuschen und Rhythmen begleiteten Texte hat vorlesen sehen, dem wurde gezeigt, wie man eine Verschmelzung von Klang und Wort bewerkstelligt, wie man das Phonem aufspritzen läßt, wenn das Wort es nicht mehr kann, kurz, wie man den Wahnsinn organisiert.«

Die Poesie findet ihr Prinzip nicht in der Fülle der bereits geschaffenen Formen, sondern in der Leere, in der sie sich »erneuert«. Die Sinnleere, der gehämmerte Klang: »Wer singt, braucht kein Problem und niemals eine andere Lösung anzubieten, als die Gnade seiner unsinnigen Vokabeln.«

Wie Rosolato hervorgehoben hat, ist das gegen »das schlechte Unterbewußtsein von allen« gerichtete Schreiben Artauds eine ständige Austreibung, ein Austreiben von allem, was nicht das poetische Ich ist, von allem, was nicht in diesem, sich »fortwährend« wiederholenden Augenblick poetische Energie ist. Insofern ist die Poesie eine radikal hygienische Tätigkeit. Artauds Schreiben ist geprägt von einer erbarmungslosen Säuberung des Wortes (siehe Boulez), des Satzes, der Seite, des Buches, einer Säuberung, die alles in Betracht gezogen und sich unterworfen hat. Seinem Schreiben eignet eine Strenge, die im Rahmen der Kultur, die es bemüht, so brutal wie möglich ist, und die im Rahmen der Brutalität, die es aufwendet, um die erstarrten Formen der Kultur zu zerstören, so kultiviert wie möglich ist. Man muß die Äußerlichkeit der Formen austreiben, sie »durch eine Reihe von gezielten Schlägen« (Dossier zu Artaud le Mômo) abstoßen. Die Schöpfung hat versagt, die »Lüge des Seins« wird aufgedeckt. Was »ist«, muß zerstört werden.

Aus: „L'usage de la poésie". In *Cahiers critiques de la littérature*, 1979, Nr. 1–2

Primo Levi

Im KB kann man die Musik nur undeutlich hören; beharrlich und monoton dringt das Anschlagen von Pauke und Becken bis zu uns her, aber die Tonfolgen lassen sich auf diese Weise lediglich in Abständen und je nach der Laune des Windes erkennen. Von unseren Betten aus sehen wir uns gegenseitig an, denn wir spüren alle, daß diese Musik infernalisch ist.

Es sind nur wenige Motive, etwa ein Dutzend, und alle Tage, morgens und abends dieselben: Märsche und Volkslieder, die jedem Deutschen lieb und teuer sind. Sie haben sich in unsere Köpfe eingegraben und sie werden das letzte sein, was wir vom Lager vergessen sollen: des Lagers Stimme sind sie, der wahrnehmbare Ausdruck seines geometrisch konzipierten Irrsinns und eines fremden Willens, uns zunächst als Menschen zu vernichten, um uns dann einen langen Tod zu bereiten.

Wenn diese Musik ertönt, wissen wir, daß sich die Kameraden draußen im Nebel wie Automaten in Marsch setzen. Tot sind ihre Seelen, und die Musik treibt sie dahin wie der Wind das welke Laub und ersetzt ihren Willen. Denn ein Wille ist nicht mehr da, und jeder Pulsschlag wird zu einem Schritt, zu einer reflexbedingten Kontraktion verbrauchter Muskeln; das haben die Deutschen zuwege gebracht. Zehntausend sind sie, und doch nur eine einzige, graue Maschine, willfährig bis zum Äußersten; sie denken nicht und sie wollen nicht, sie marschieren. (...)

Woher wir kommen, wissen wir: Die Erinnerungen an die Welt draußen bevölkern unseren Schlaf und unser Wachen, und wir werden mit Erstaunen gewahr, daß wir nichts vergessen haben, und jede zurückgerufene Erinnerung steht schmerzhaft klar vor unseren Augen auf.

Doch wohin wir gehen, wissen wir nicht. Vielleicht können wir die Krankheiten überleben und den Selektionen entgehen, vielleicht können wir auch der Arbeit standhalten und dem Hunger, die uns entkräften. Aber dann? Hier, vorübergehend fern von Flüchen und Schlägen, haben wir die Möglichkeit, wieder zu uns selbst zu finden und nachzudenken, und da wird uns klar, daß wir nie zurückkehren werden. Wir sind in plombierten Waggons hierhergekommen; wir haben gesehen, wie unsere Frauen und Kinder weggegangen sind ins Nichts; wir, die Versklavten, sind hundertmal hin- und hermarschiert in stummer Fron, mit erloschenen Seelen noch vor dem anonymen Tod. Wir werden nicht zurückkehren. Von hier darf keiner fort, denn er könnte mit dem ins Fleisch geprägten Mal auch die böse Kunde in die Welt tragen, was in Auschwitz Menschen aus Menschen zu machen gewagt haben. (...)

Nun schabt jeder sorgfältig mit dem Löffel den Boden seines Eßnapfs nach den letzten Restchen Suppe aus, und daraus entsteht ein lautes, metallenes Geräusch; es besagt, daß der Tag zu Ende ist. Nach und nach wird Schweigen, und da sehe und höre ich von meinem Bett im dritten Stock, wie der alte Kuhn laut betet, die Mütze auf dem Kopf, den Oberkörper heftig hin- und herwiegend. Kuhn dankt Gott, daß er nicht ausgesondert wurde.

Kuhn ist wahnsinnig. Sieht er denn nicht im Bett nebenan Beppo, den zwanzigjährigen Griechen, der übermorgen ins Gas geht und es weiß und ausgestreckt daliegt und in die Glühbirne starrt und kein Wort sagt und keinen Gedanken mehr hat? Weiß Kuhn denn nicht, daß das nächste Mal sein Mal sein wird? Begreift Kuhn denn nicht, daß heute ein Greuel geschah, das kein Sühnegebet, keine Vergebung, kein Büßen der Schuldigen, nichts Menschenmögliches also, jemals wird wieder gutmachen können? Wäre ich Gott, ich spuckte Kuhns Gebet zu Boden.

Aus: *Ist das ein Mensch?* (1958). München 1995.

Stig Dagerman

Eines Tages im Ruhrgebiet, es hatte lange geregnet und bei den Bäckern gab es seit zwei Tagen kein Brot, traf ich einen jungen deutschen Schriftsteller, einen von jenen, die während des Krieges ihr Debüt gegeben, persönlich den Krieg aber nicht verloren hatten, weil sie über intellektuelle Notausgänge verfügten. Ihm war es gelungen, eine schicke Villa im Chalet-Stil mitten im Wald anzumieten, und von der brutalsten Not im zerstörten Ruhrgebiet trennten ihn ein paar Kilometer herbstrot geflammter Bäume. Welch eigenartiges Gefühl, wenn man aus einer der Ruhrgruben kommt, auf deren Sohle ein verzweifelter Grubenarbeiter mit rotgesprenkelten Augen im schwarzen Gesicht die zerfetzten Schuhe auszog, um mir zu demonstrieren, daß er in ihnen keine Strümpfe trug, und dann mitten in einer Herbstidylle landet, wo sogar Hunger und Kälte so kultiviert worden sind, daß sie einen fast rituellen Charakter angenommen haben. Schon das Betreten eines nicht geplünderten Gartens bereitet einem ein sonderbares Gefühl und erst recht, wenn man in diesem buchlosen Deutschland, wo ein Buch einen solchen Seltenheitswert besitzt, daß man sich ihm andächtig nähert, in ein Zimmer kommt, das von Büchern überquillt – vom *Inferno* Dantes bis zu dem Strindbergs.

Auf dieser Insel in einem Meer des Entsetzens sitzt der junge Schriftsteller mit dem müden Lächeln und dem adligen Namen und raucht Zigaretten, die er gegen Bücher eingetauscht hat, und trinkt Tee, der ebenso bitter ist wie der Herbst draußen. Welch bemerkenswerte Lebensweise. Jene Außenwelt aus hungernden Grubenarbeitern, grauen Mietskasernen mit demolierten Fassaden und grauen Kellermenschen, deren Feldbetten fußhoch im Wasser stehen, wenn es wie jetzt regnet, diese Welt ist hier nicht unbekannt, aber sie wird nicht akzeptiert, man hält sie auf Distanz, wie es sich für das Unschickliche gehört. (...)

Mikael Levin

Suche

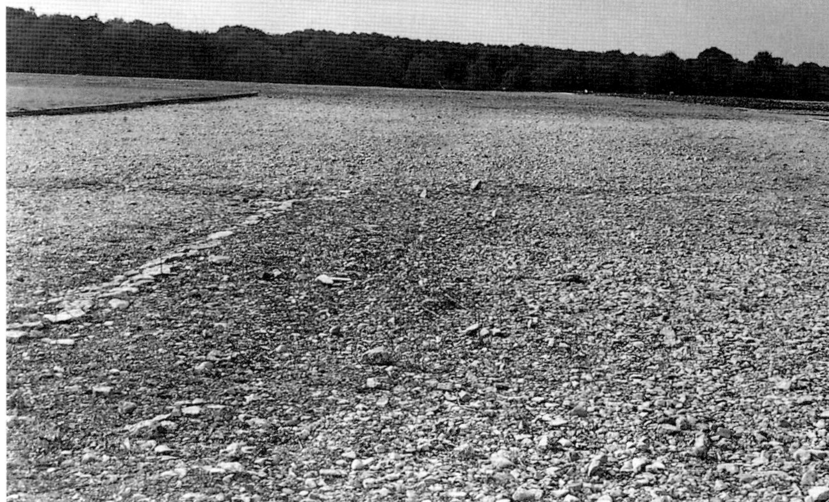

1995 war ich genauso alt wie mein Vater 1945, als er als Kriegskorrespondent in Europa Zeuge der letzten Schlachten und der Befreiung der Konzentrationslager wurde. Ich reiste auf den Spuren meines Vaters und photographierte die Orte, die er beschrieben hatte. Ich wollte sehen, wie sich die Erinnerung an den Krieg in die Landschaft eingeschrieben hatte und wollte meine Erfahrung des heutigen Europas mit dem seinen vor 50 Jahren vergleichen.

Suche zeigt meine Photographien zusammen mit den Originaltexten meines Vaters.

5

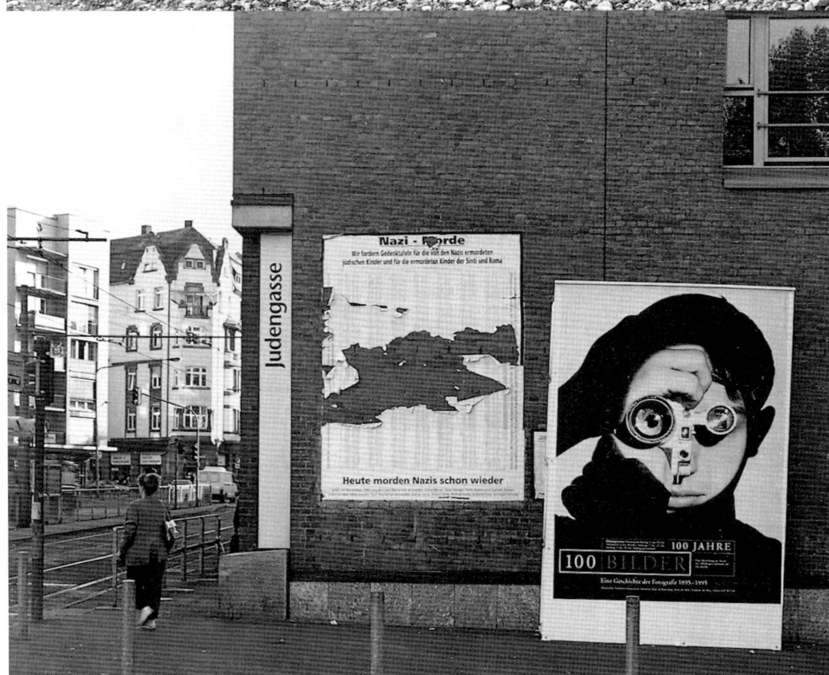

Nachmittags sahen wir einen Wegweiser nach Teresin. Theresienstadt.

Das Lager war nicht schwer zu finden, denn die Stadt selbst war das Lager. Der Ort war von einer hohen roten Backsteinmauer umgeben, ein Gittertor öffnete sich zur Hauptstraße. Große Schilder verkündeten: Typhus. Wir fuhren hinein. Wir hatten schon gehört, daß Theresienstadt sich von den anderen Lagern unterschied. Die Deutschen hatten der jüdischen Gemeinde der Tschechoslowakei gestattet, das Städtchen zu kaufen und daraus ein Konzentrationslager für sich zu machen, mit eigener Verwaltung und sogar einer eigenen Währung. Das Lager war für deutsche, österreichische und tschechische Juden reserviert, mit anderen Worten: für die »besseren« Juden.

Sie waren nicht in hölzernen Baracken untergebracht, sondern in den alten Häusern der Stadt, die man in winzige Ein- und Anderthalbzimmerwohnungen aufgeteilt hatte. Es gab Ämter, ein Krankenhaus und sogar einen kleinen Park. (...)

Im Zentrum dieses kleinen, ummauerten Ortes lagen zwei bewachte Gebäude, deren Fenster mit Stacheldraht vergittert waren, um jede Flucht zu vereiteln. Hier lebten die Juden, die in den letzten Wochen aus Buchenwald und Dachau gekommen waren, die letzte Reise in den verschlossenen Zügen überlebt hatten. In einem letzten Akt des Zynismus hatten die Nazis sie hierher transportiert. Züge, wie ich sie an den Toren Dachaus gesehen hatte, waren hier eingetroffen: Viehwagen mit hochaufgestapelten Leichen all derjenigen, die unterwegs gestorben waren, darauf die Überlebenden. Die Überlebenden hatten Typhus, das stimmte, und sie gefährdeten damit die Bewohner Theresienstadts. Also steckte man sie in zwei eilig geräumte Baracken und isolierte sie dort hinter Stacheldraht.

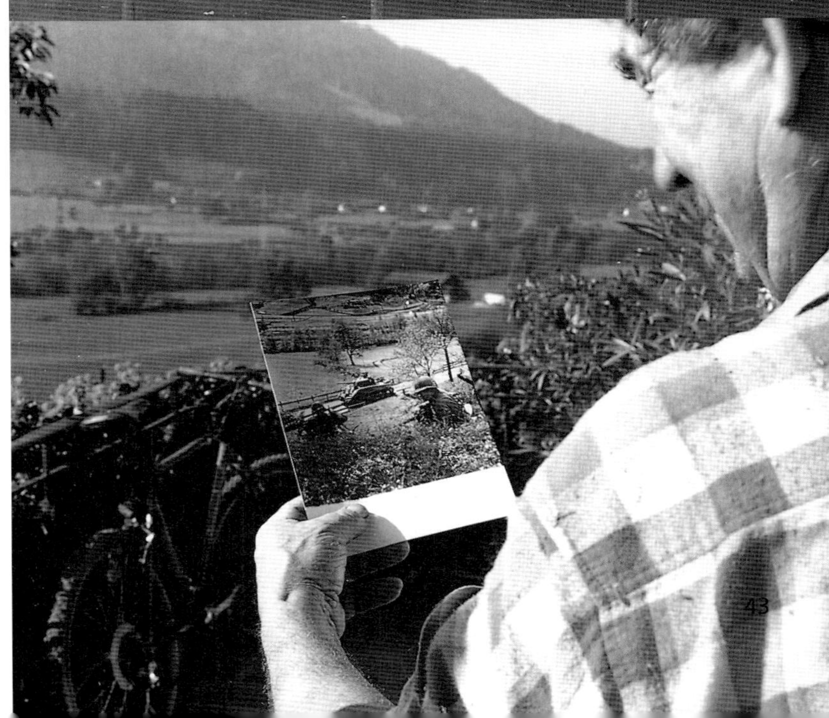

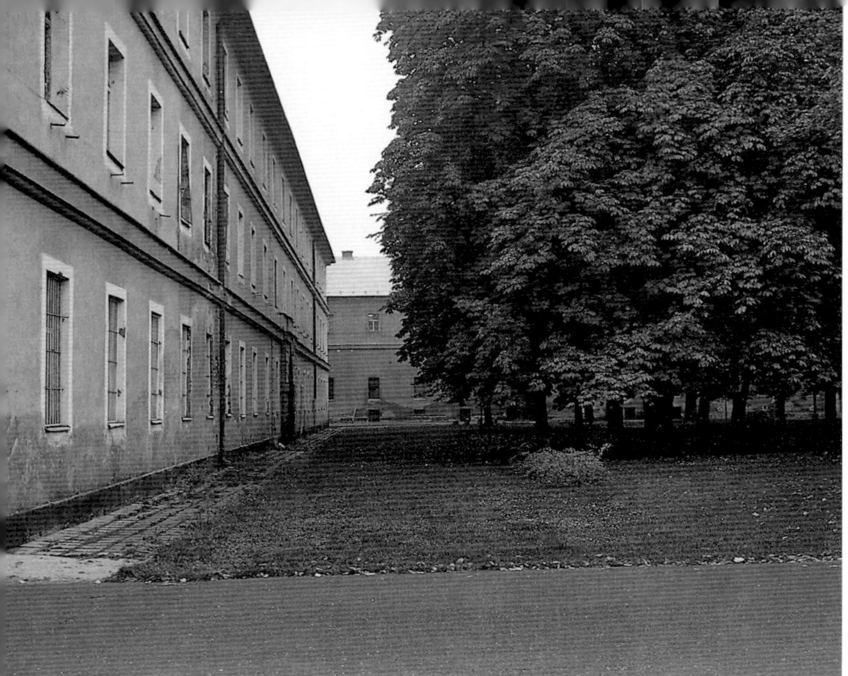

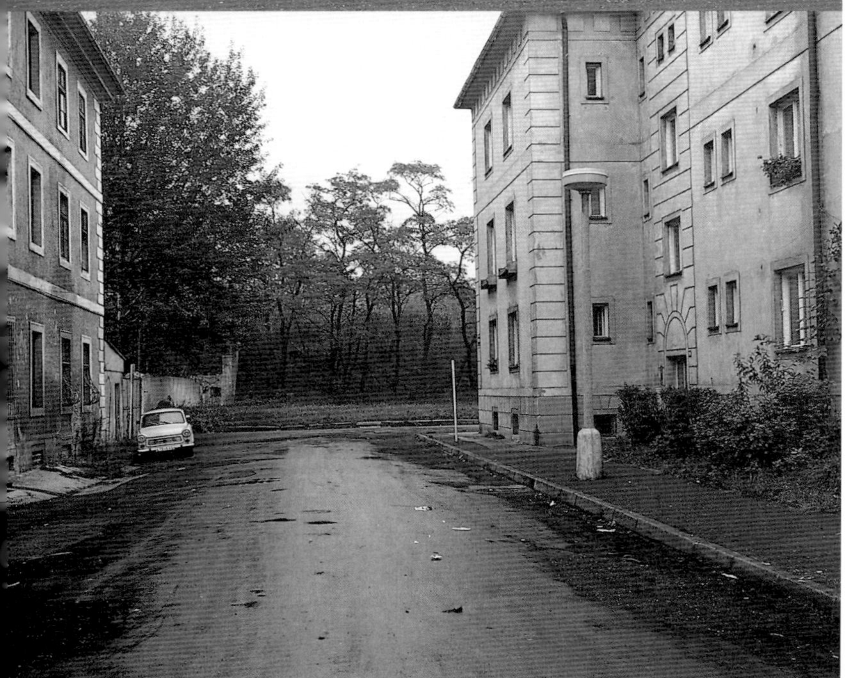

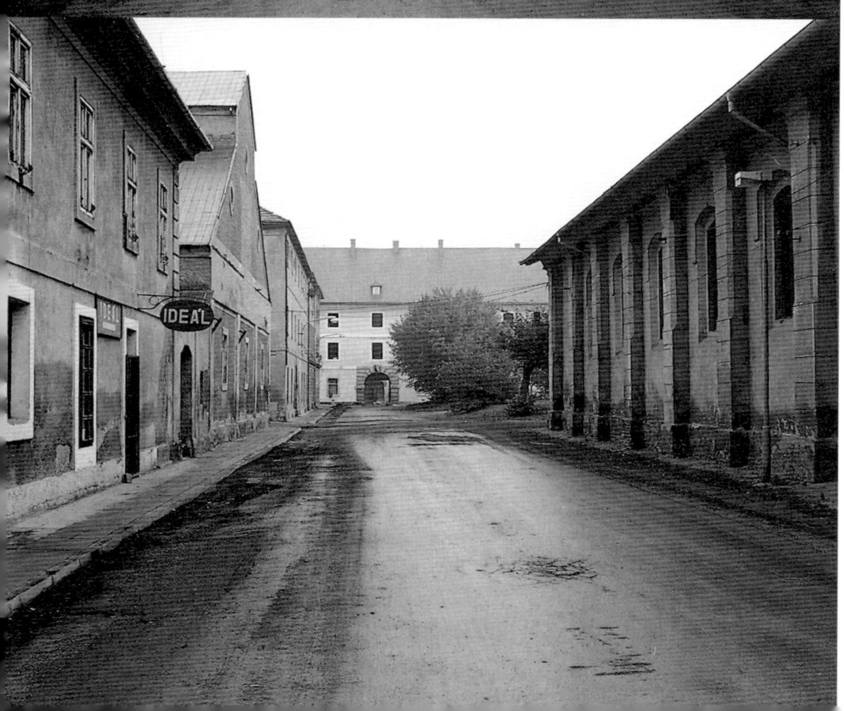

Mikael Levin: *Suche*. Mit Texten von Meyer Levin. München 1996

Beim Betreten dieser Baracken glaubte ich mich in das kleine Lager von Buchenwald zurückversetzt. Die Menschen lagen auf dem nackten Fußboden oder schleppten sich mehr tot als lebendig durch die feuchten, schmutzigen Flure. Es gab ein paar Waschräume mit langen Waschtrögen an den Wänden und Wasserhähnen, aus denen ständig Wasser tröpfelte, viel zu wenig, aber genug, um die verstopften Becken überlaufen zu lassen, auf den Boden, auf den sie ihre kranken Eingeweide entleert hatten. (...)

Wir verließen diese Hölle, und meine Führerin zeigte mir das Krankenhaus von Theresienstadt: ruhig, sauber und ausgezeichnet ausgerüstet, weil all die berühmten Ärzte aus Prag, Wien und Berlin, die hier arbeiteten, ihre Instrumente und zum Teil auch ihre medizinischen Apparate hatten mitbringen dürfen. In jeder Station waren Betten frei. (...)

Wir kehrten zum Verwaltungsgebäude zurück.

Aus: *Suche*. München 1996.

In diesem Zimmer einer Villa an der Ruhr existiert die Wirklichkeit nicht. Zwar kommt die Ehefrau im Verlauf den Nachmittags weinend herein und erzählt von einem Auftritt, den es vorhin im Brotladen gegeben hat. Ein Mann mit einem großen Stock hatte sich an den erschrockenen, wartenden Frauen vorbeigedrängelt und sich gewaltsam den letzten Brotlaib verschafft, ohne daß ihn jemand daran hindern konnte. Aber einem geborenen Klassiker ist dieses Intermezzo nicht quälend genug, als daß ihm damit die bedauerliche Wirklichkeit auf den Leib rückte. Wir sitzen in der anbrechenden Dunkelheit da und unterhalten uns über den Barock, das ganze Zimmer ist angefüllt mit Barock, auf dem Tisch liegen dicke deutsche Abhandlungen über den Barock als Baustil. Er ist dabei, auf der Grundlage eines unvollendeten Hoffmannsthal-Entwurfes einen Roman zu schreiben, der in der Barockzeit spielt, und liest jetzt alles über Barockarchitektur, um eine getreue Wirklichkeit für seine Figuren errichten zu können, die keine maskierten Gegenwartsmenschen mit Ernährungsproblemen und Hungergedanken sein sollen, sondern echte Barockmenschen aus Barockfleisch und Barockblut, die Barockgedanken denken und Barockleben leben. Barock – dies dürfte eine wenig zeitgemäße Lebensweise im Ruhrgebiet der beginnenden Hungerkrawalle sein. Aber was heißt zeitgemäß? In einer Dichterwerkstatt, in der Zeit erst existiert, wenn es zu spät ist.

Wo aber beginnt das Leiden? Er spricht über das Glück des Leidens und die Schönheit des Leidens. Das Leiden ist nicht schmutzig, das Leiden ist nicht erbärmlich. Nein, das Leiden ist groß, weil Leiden die Menschen groß macht.

Aus: *Deutscher Herbst. Reiseschilderung* (1947). Frankfurt am Main 1987.

Robert Antelme

30. April. – Dachau hat zwölf Jahre lang gedauert. Als ich im Gymnasium war, hat es diese Baracke, in der ich liege, bereits gegeben, den elektrischen Stacheldraht ebenfalls. Zum ersten Mal seit 1933 sind hier Soldaten hereingekommen, die nichts Böses wollen. Sie verteilen Zigaretten und Schokolade.

Man kann mit den Soldaten reden. Sie geben einem Antwort. Man braucht vor ihnen nicht die Mütze abzunehmen. Sie halten einem das Päckchen hin, man nimmt und raucht die Zigarette. Sie stellen keine Fragen. Man dankt für die Zigarette und die Schokolade. Sie haben das Krematorium gesehen und die Toten in den Waggons. (...)

Wir haben ihnen nichts besonderes zu sagen, denken die Soldaten vielleicht. Wir haben sie befreit. Wir sind ihre Muskeln und Gewehre. Aber zu sagen haben wir ihnen nichts. Es ist entsetzlich, ja, wirklich, diese Deutschen sind mehr als Barbaren. Frightful, yes frightful! Ja, es ist wirklich entsetzlich.

Wenn der Soldat das laut sagt, versuchen einige, ihm so manches zu erzählen. Zuerst hört der Soldat zu, aber dann hören die Kerle nicht mehr auf: sie erzählen und erzählen, und bald hört der Soldat nicht mehr hin.

Manche schütteln den Kopf und lächeln kaum, wenn sie den Soldaten ansehen, so daß der Soldat meinen könnte, daß sie ihn ein wenig verachten. Hier kommt die ungeheure Unwissenheit des Soldaten zum Vorschein. Und dem Häftling offenbart sich seine eigene Erfahrung zum ersten Mal wie losgelöst von ihm, als Ganzes. Dem Soldaten gegenüber spürt er bereits unter dieser Zurückhaltung das Gefühl hochkommen, daß er von nun an einem unendlichen Wissen ausgeliefert ist, das sich nicht mitteilen läßt. (...)

Die Geschichten, die die Kerle erzählen, sind alle wahr. Aber es bedarf großer Kunstfertigkeit, um ein kleines Teilchen Wahrheit herüberzubringen, und bei diesen Geschichten ist es nicht der Kunstgriff, der die notwendige Skepsis überwindet. Hier müßte man alles glauben, aber die Wahrheit anzuhören kann ermüdender sein als eine erfundene Geschichte. Ein Stück Wahrheit würde genügen, ein Beispiel, eine Vorstellung. Aber jeder hier hat nur ein Beispiel anzubieten und es gibt Tausende von Männern. Die Soldaten laufen in einer Stadt umher, in der man die Geschichten Stück für Stück aneinanderfügen müßte, in der nichts belanglos ist. Aber niemand besitzt diese Untugend. Das Bewußtsein der meisten ist schnell zufriedengestellt, und mit einigen Worten bilden sie sich aus dem Nichtzuerkennenden eine endgültige Meinung. So können sie uns schließlich gelassen gegenübertreten, sich an das Schauspiel dieser Tausende von Toten und Sterbenden gewöhnen.

Aus: *Das Menschengeschlecht* (1945). München 1990.

Arno Schmidt

21.3.1946: auf britischen Klopapier.

Glasgelb lag der gesprungene Mond, es stieß mich auf, unten im violetten Dunst (später immer noch). (...)

»O Gott!« sagte sie, ältlich und dünn. Ich zuckte Achseln: »Der Landrat hat mich hierhergewiesen«, sagte ich, als seis persönlich unter lauter shake-hands geschehen, und blickte unerbittlich auf Stempel und Signum (in hoc signo vinces; hoffentlich). »Na ja; kommen Sie bitte rein«, kapitulierte sie. (...)

»Schriftsteller – ?« machte sie neugierig, und ihr ward sichtlich wohler, standesgemäßer. »Ja, aber ...«; kurz: sie zeigte es mir:

Das Loch: hinten, um die Ecke; am Kirchplatz. 2,50 mal 3,00 Meter; aber erst mußte das Gerümpel raus; Spaten, Hacken, Werkzeug, und ich erbot mich, das selbst zu machen (ich brauchte ohnehin Hammer und Zange, Nägel: eigentlich Alles cosa rara, wie?)

»Angenehm« sagte er lässig. Ende zwanzig und schon volle Glatze; dazu jenes fatale Benehmen, wie es stets die Offiziere aller Zeiten ausgezeichnet hat. Pfui Bock, Worte, Worte; blöd, blöd: außerdem Einer von Denen, die schon mit 20 Jahren »aus Gesundheitsrücksichten« nicht rauchen oder trinken (Viele davon wandern dann sonntags seppelhosig und halsfrei nicht unter 60 km, und schätzen Holzschalen und Bauernblumen in primitiven Vasen); der hier tanzte; »leidenschaftlich«, wie ihm zu sagen beliebte: Du hast ne Ahnung von Leidenschaft!

»Drüben hats 2 Mädel!« zeigte er mit dem Kinn eines Mannes, der sie aus- und inwendig zum Überdruß kennt: dann war gottlob wieder Unterricht und er ging; vamoose plenty pronto. Schon sangen Schulkinder mit festen Stimmen ein Lied; ein Schwächling hätte gesagt: klaren; aber ich erkannte tödlich genau, wie diese erznen Kehlen in den Pausen würden brüllen können (Wußte damals noch nicht, daß Superintendent Schrader ihnen das Toben auf dem Kirchplatz verwiesen hatte, und sie dafür am Fußballfeld die Lüfte wahnsinnig machten). Vielleicht hielt man meine zerklüftete Kleidung auch für Originalstreiche eines Genies; unvermittelt fiel mir Dumont d'Urville ein und die Reise der Astrolabe. Wunderbare Illustrationen.

Ingeborg Bachmann

Die gestundete Zeit

Es kommen härtere Tage.
Die auf Widerruf gestundete Zeit
wird sichtbar am Horizont.
Bald mußt du den Schuh schnüren
und die Hunde zurückjagen in die Marschhöfe.
Denn die Eingeweide der Fische
sind kalt geworden im Wind.
Ärmlich brennt das Licht der Lupinen.
Dein Blick spurt im Nebel:
die auf Widerruf gestundete Zeit
wird sichtbar am Horizont.

Drüben versinkt dir die Geliebte im Sand,
er steigt um ihr wehendes Haar,
er fällt ihr ins Wort,
er befiehlt zu schweigen,
er findet sie sterblich
und willig dem Abschied
nach jeder Umarmung.
Sieh dich nicht um.
Schnür deinen Schuh.
Jag die Hunde zurück.
Wirf die Fische ins Meer.
Lösch die Lupinen!

Es kommen härtere Tage

1952. Aus: *Werke 1.* München 1985

Aber es war keine Zeit. Es ging über den winzigen gekalkten Vorraum: ein Wasserhahn, der zum Zeichen des Funktionierens tropfte: das ist gut! (d.h. das Tropfen nicht; aber daß gleich Wasser dabei ist!)

Ich klopfte: »Entschuldigen Sie: – können Sie mir etwa Handfeger und Kehrschaufel leihen? Und einen Eimer mit Wischlappen: für ne halbe Stunde –?« ––– Ein kleines stilles Mädchen, etwa 30, aber plain Jane, also eigentlich häßlich, stand am Tisch (ganz nette Einrichtung übrigens, obwohls auch nur eine Stube war. Aber ein großes Ding; lang; mindestens 8 Meter!); sie sah mich still und verlegen an: »Ja. ...« sagte sie zögernd: »– wieso ....« und von hinten, wo hinter einer spanischen Wand wohl die Betten standen, kam eine scharfe blanke Stimme heraus: »Ja: wieso?! – Kommt gar nicht in Frage! –« Sie sprach noch mehr; aber ich zog schon die Tür zu: »Oh, Verzeihung –« hatte ich noch überhöflich gesagt: es war schön, zuerst etwas gekränkt zu werden; da hatten sie nachher gewisse Verpflichtungen; das war dann eine sichere Grundlage für weitere Anpumpungen. Aber erstmal stand ich da!

Wie heißt das: Eine Chaiselongue ohne Kopfteil und Federn, der auch der Bezugsstoff fehlt? Die Lehrermutter verkaufte mirs, und ein paar Bretter, die ich barsch zurecht schnitt und auf den (ganz soliden, nebenbei) Holzrahmen nagelte. Blieb sogar noch was übrig: wenn ich mein Koppel zerschneide, kann ich n Paar Holzlatschen draus machen; brillanter Einfall. Große Bauern im Dorf, Einer soll 28 Rinder haben: Apel heißt er (wir wollen ihn den großen Kuhfürsten nennen). Natürlich lag jetzt alles voll Sägespäne und altem Dreck; Wände hübsch weiß gekalkt; Steinfußboden. Zuschließen ließ sichs auch nicht; nur ein eiserner Riegel mit Krampe: das setzte ein Vorhängeschloß voraus: dann eben nicht. Außerdem schienen »die Mädels« immer die Vordertür geschlossen zu halten, stets steckte der Schlüssel innen. Außen ein kleines handgeschriebenes Schild, allerdings unter vornehmem Cellophan (oder Transparit; damit Wolff&Co. nicht beleidigt ist); gelobt sei Mil Gov: man weiß immer gleich, wer da wohnt. Keine Frau kann mehr ihr Alter verschleiern (wie diese Albertine Tode: das ist ein ganz dolles Ding, denn Fouqué selbst hats nicht gewußt, wie alt seine Frau war. Äußerst merkwürdig). »Lore Peters, 32 Jahre, Sekretärin«. »Grete Meyer, 32, Arbeiterin«: Dann hieß die mit dem großen Mund unweigerlich Peters (oder gerade nicht: Arbeiterinnen sind auch saftig frech und weltgewandt wie Fernfahrer; war jetzt nicht rauszukriegen). Ich nahm den Bleistiftrest aus der Tasche (das war im Lager ein Kleinod gewesen; vor allem auch Papier; ich hatte auf das seltene Klopapier gekritzelt und sigma und tau berechnet) und schriebs dazu: Name. Auch 32. Klein dahinter wegenm Platz: Schriftsteller: war so gut wie ne Vorstellung; denn ich wurde schon durch die koketten Scheibchengardinen (Fenster mit Tändelschürzchen) diskret beobachtet. Dann ging ich nach einem Handfeger übern Kirchplatz.

Ein runder Teich lebte seit 300 Jahren in der Sandgrube. Auch Frau Schrader schmiß mich mißtrauisch raus: liebe Deinen Nächsten wie Dich selbst: quod erat demonstrandum. Zu Frau Bauer (mein Gott: der Lehrerin!) ging ich nicht: ich hatte schon einen Ruf zu verlieren. Das Klo stand adrett, dreisitzig, allein draußen; hübsches Steinhäuschen, reinliche Kabinen; wohl für die Schulkinder erbaut; das Wasser lief; superb.

»Soll ich wegen einem Handfeger bis ins Dorf rennen?!« (und da krieg ich erst recht keinen!) So stand ich wieder auf der Landstraße, frierend und tückisch.

Aus: *Brand's Haide* (1951). Frankfurt am Main 1974.

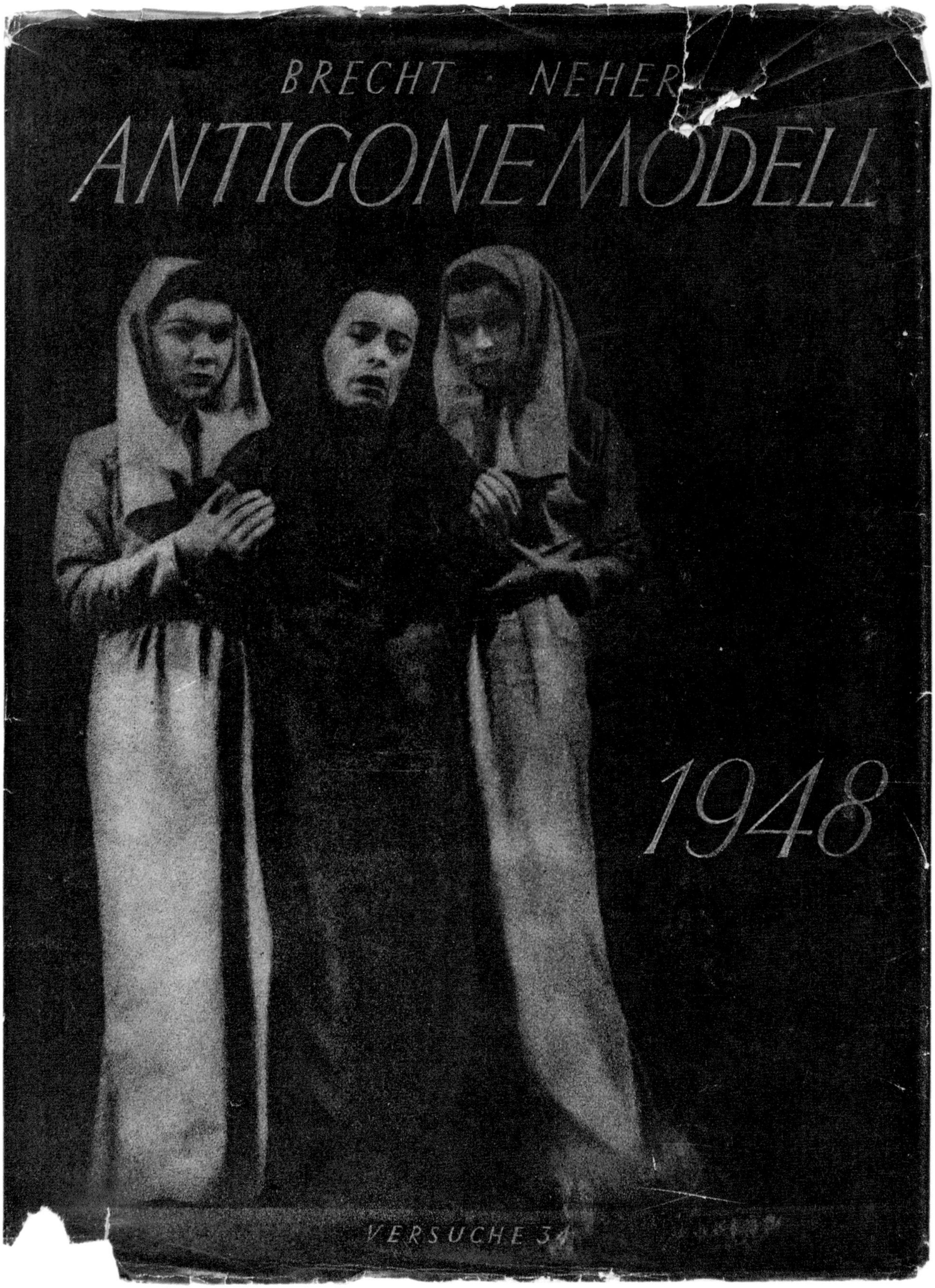

Antigone und Mägde
Cover des Buches: Bertolt Brecht, Caspar Neher »Antigonemodell 1948. Versuche 34.« Berlin 1949

Hans-Joachim Ruckhäberle

Antigone

Innerhalb der Geschichte der *Antigonen* gibt es seit 1947 eine spezifisch deutsche Geschichte. Sie beginnt mit der Bearbeitung durch Bertolt Brecht und Caspar Neher, dem »Antigonemodell 1948«. Ihre Grundlage ist die Übersetzung der *Antigone* des Sophokles durch Hölderlin von 1804.

Es ist allerdings nicht so, daß die Antigone nach 1945 grundsätzlich »neu« entdeckt würde, auch nicht in der Übersetzung Hölderlins. Zwischen 1939 und 1944 gibt es in Deutschland 16 Inszenierungen; sie sind geprägt von »der Wendung in die Innerlichkeit und in das Sakrale« (H. Flashar), die die Hölderlin-Rezeption seit den 20er Jahren bestimmte. Auch Heidegger beschäftigt sich mit der Antigone (*Einführung in die Metaphysik*). Carl Orff arbeitet seit den 40er Jahren an seiner archaisierenden »Vertonung«.

Nur die *Antigone* Anouilhs, 1944 im besetzten Paris aufgeführt, versteht sich und wurde verstanden als Stück des Widerstandes gegen die herrschende Macht.

Die spezifische Nachkriegsgeschichte der *Antigonen* seit dem »Modell« setzt sich fort über die in Deutschland produzierte Aufführung des Living Theatre 1967, die Inszenierungen von Nel (Frankfurt am Main), Jeker (Stuttgart), Rudolph (Berlin) und Wendt (Bremen) 1978/79, Schlöndorffs Antigone-Passage in dem Film *Deutschland im Herbst* 1978, bis zu der Theateraufführung und dem Film von Jean-Marie Straub und Danielle Huillet 1991/92.

Der Anlaß ist jeweils politisch und ästhetisch: 1947 politisch die Opposition gegen den »bürgerlichen Faschismus und Kapitalismus«, ästhetisch der theatralische Neuansatz, das »Modell«; 1967 politisch die sich abzeichnende Bewegung der außerparlamentarischen Opposition, ästhetisch der neo-avantgardistische Ansatz, Leben und Kunst ineinander übergehen zu lassen, Brecht und Artaud zu vereinen; Ende der 70er Jahre politisch der »deutsche Herbst«, die Ermordung Schleyers, Mogadischu und die Ausgrenzung der toten Mitglieder der RAF aus der Gesellschaft; die Teilung der deutschen Gesellschaft in ein Drinnen und Draußen; ästhetisch die Aktualisierung des antiken Stoffes, gelesen in der Sprache des »Jakobiners« Hölderlin und nicht in der Brechts. Hölderlin wird mit Bertaux direkt »neu« gesehen als politisch bewußter Außenseiter, indirekt mit Foucault als einer, der sich dem »Terror des Normalen« entzogen hatte. Nach 1990, nach der »Wende« und der Wiedervereinigung, stellt sich wieder und neu die Frage nach der deutschen Identität, nach der des Einzelnen und der des Staates, stellt sich die Frage nach dem Ende der Utopie; ästhetisch wird zum Problem Sprache und ihr Verhältnis zum Handeln, das Handeln als solches, das epische »Modell« Brechts und sein Realitätsbezug, insgesamt die Frage der Wahrnehmung des Raumes (wie verbinden und wie trennen sich die Räume der Einzelnen?).

Diese *Antigonen* vereint bei aller Verschiedenheit im einzelnen die Sprache Hölderlins. Sie alle beziehen sich politisch und in ihrer ästhetischen Konsequenz auf konkrete Ereignisse der deutschen Zeitgeschichte, die sie in der Darstellung der antiken Tragödie aufgehoben sehen, wobei sie zum Teil die Grenze zwischen Darstellung und Handlung zu überschreiten suchen (das Living Theatre und Straub/Huillet).

Ein Problem macht ihnen allen zu schaffen: Wie das betont individualistische, wenn auch von einer kultisch-rituellen Tradition her begründete, Verhalten Antigones zusammenzubringen sei mit der »sozialistischen« wie neo-avantgardistischen Tendenz, »den Mythos des zentralen bürgerlichen Subjektes aufzulösen« (Buchloh).

Allen gemeinsam ist das Thema »Bruderkrieg« als spezifisch deutsches Thema: als deutsch-deutsches, aber auch als Thema des sich aus der Gesellschaft heraus entwickelnden Terrorismus. Nach der Rolle des Individuums, nach der individuellen Gewissens- und Handlungsfreiheit wird gefragt, nach den Folgen des Auseinanderfallens von privatem und gesellschaftlichem Bewußtsein.

Theatralisch werden ästhetische »Modelle« erprobt, allerdings nicht das von Brecht/Neher, das als »Modell« weitgehend folgenlos bleibt. Die Frage wird gestellt: Wie verhalten sich ästhetische und politische Prozesse zueinander? Wie weit taugt Theater dazu, politisch zu sein? Meist werden darauf eher konventionelle Antworten gegeben.

Vielleicht hat das mit dem Gegenstand zu tun, der *Antigone* des Sophokles. Der Althistoriker Christian Meier sieht in Antigone den Typus des »neuen Helden«. Machtlos, das heißt nicht wirklich die Herrschaft gefährdend, aber »ein Muster für jene Selbständigkeit des Denkens, allein, abweichend von allen anderen – die bestimmte Gesichtspunkte, ja Notwendigkeiten überhaupt erst zur Geltung bringen«. So gesehen ein staatsbürgerlicher Idealfall, kritisch gegenüber der Obrigkeit und ihren Verfügungen, aber wenig geeignet zur revolutionären Identifikationsfigur, wenig geeignet auch, mit utopischem Denken besetzt zu werden, eher eine Figur des eigensinnigen Beharrens als eine der sozialen Phantasie.

Hegel und Hölderlin sahen zwischen Kreon und Antigone eine Art Patt-Situation: »Auf eine plastische Weise wird die Kollision der beiden höchsten sittlichen Mächte gegeneinander dargestellt in dem absoluten Exempel der Tragödie, *Antigone*« (Hegel); »Alles ist Rede gegen Rede, die sich gegenseitig aufhebt« (Hölderlin).

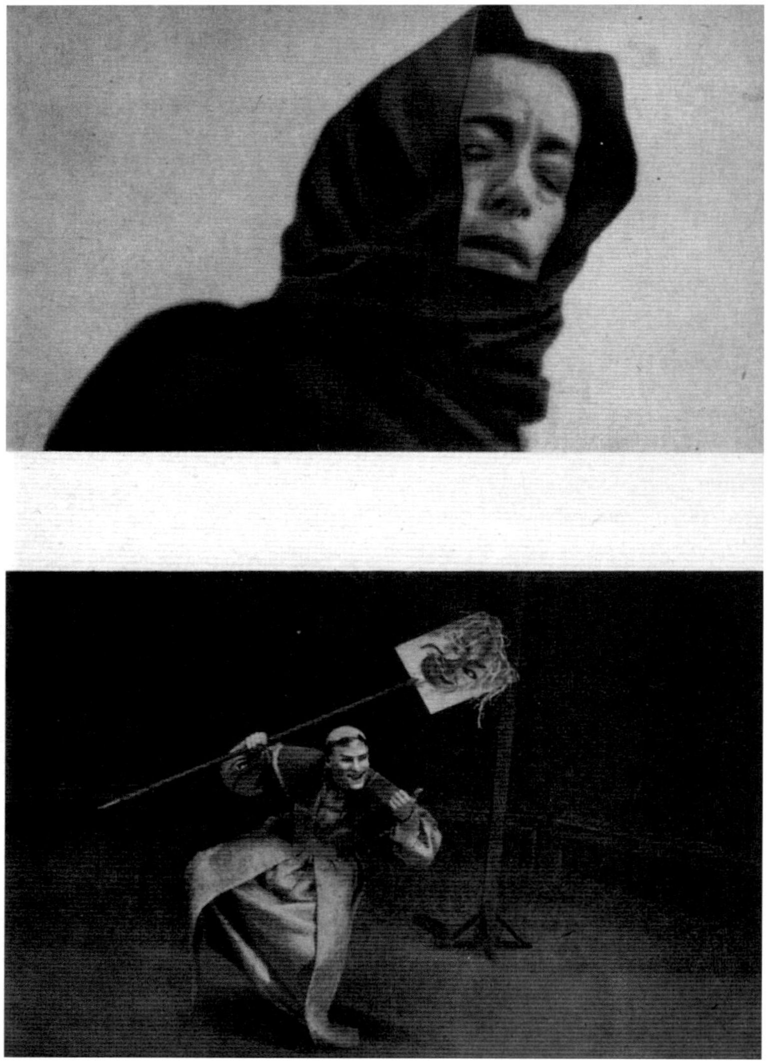

Antigonemodell, Chur 1948, Dritte Figur des Kreon in der Sehenszene

Beide, Antigone wie Kreon, beharren auf dem einmal gesetzten Gebot und Verbot; beide reden miteinander, aber sie hören sich nicht. Antigone ist so nicht nur die »absolute Tragödie«, sie ist die Kritik am Absoluten. Geleistet wird die kritische Sicht durch Hämon, den Sohn Kreons und Verlobten der Antigone, und den Chor: Der Mensch, der das Absolute will, der sich nicht »städtisch«, das heißt kommunikativ verhält, wendet sich gegen sich selbst. So befindet der Chor in dem ersten Standlied. So ist es nicht ohne Bedeutung, daß Hämon zunächst das Schwert gegen Kreon zieht, nachdem sich Antigone erhängt hat. Der andere Standpunkt, nicht nur der Schuldige, sollte ausgelöscht werden.

Weder Hämon noch der Chor haben allerdings in den Aufführungen eine besondere Rolle gespielt; immer wieder geht es um den Einzelnen gegen den Staat, um Widerstand, auch – eher indirekt als direkt – um die Weigerung, die als bürgerlich verstandene Teilung in Öffentliches und Privates mitzumachen. Beide sind wie durch eine Mauer getrennt, das deutsche Thema des Drinnen und Draußen.

Vielleicht besteht ja aber gerade darin die Attraktion der Antigone: Die »Heldin«, ganz allein, die nicht reflektiert, die im vollen Bewußtsein der Folgen tut, was getan werden muß. Einmal entschieden, für immer entschieden, sich selbst treu bis in den Tod. Klassisches deutsches Heldentum.

Eigensinnig ist auch Kreon: Er negiert, daß »in einer Stadt nicht nur geredet und verfügt und gehorcht« werden kann, sondern es »muß auch gehört, gelernt, muß Rücksicht genommen werden!« (Ch. Meier). »Unstädtisch« verhalten sich beide: Antigone und Kreon. Beide nutzen sie den öffentlichen Raum, im Drama der Platz vor dem Palast, nicht zu dem, wozu er da ist: zur politischen Kommunikation. Der öffentliche Raum dient ihnen nicht zur Erhellung. Die Tages- und die Hadesgötter bleiben getrennt, das Haus und der öffentliche Raum gehen nicht ineinander über. Antigone kommt aus dem Dunkel und geht in das Dunkel; ihre Bewegung ist die über die Schwelle des Palastes auf den Platz und über die Grenze der Stadt hinaus, dorthin, wo die Leiche des Bruders liegt und dorthin, wo sie nicht lebend und nicht tot sein soll: »Lebendig in die Wildnis der Gestorbenen/ Komm ich hinab.«

Hölderlin hat für die Bewegung der Antigone ein Bild; den Wettlauf, »mit einem Kampfspiele von Läufern zu vergleichen, wo der, welcher zuerst schwer Othem holt und sich am Gegner stößt, verloren hat«.

Oskar Negt und Alexander Kluge haben das Grimmsche Märchen vom eigensinnigen Kind mit der eigensinnigen Antigone verglichen. Das Märchen, als zentraler Text des »deutschen geschichtlichen Elends« verstanden, der begrabenen aber nicht gelösten Widersprüche, korrespondiert durchaus mit dem Vorhaben, Antigone einzumauern, im Dunkeln: nicht ganz lebendig und nicht ganz tot.

Diese Geschichte in der Geschichte der *Antigonen* unterscheidet sich von der, die George Steiner schreibt (*Die Antigonen. Geschichte und Gegenwart eines Mythos.* (1984) 1990.

Steiners Geschichte der *Antigonen* ist eine restaurative, die Suche nach dem Ursprung. Seine Losung: zurück zu den Anfängen; sein Gewährsmann: Heidegger; sein Verfahren: Anthropologisierung und Historisierung, das Gegenwärtige findet sich im Vergangenen. Die »modernistischen Bewegungen des Abendlandes« erscheinen ihm geprägt durch »einen Hunger nach Anfängen, nach einer Rückkehr zu archaischen, vor allem griechischen Quellen«. Interpretiert wird dieser »Hunger« als »Wille zur Heimkehr, zu Verschmelzung von Vergangenheit und Gegenwart«.

Wie in den »Antigonen« angelegt und in dem langen Essay »Von realer Gegenwart« ausgeführt, stützt Steiner seine Vorstellung des Anfangs auf Heidegger: »Er schreibt dem griechischen Geist und der griechischen Sprache in ihrer vorsokratischen Phase eine spezifische, einzigartige Nähe zur Gegenwärtigkeit und Wahrheit des Seins zu.« Nicht von ungefähr entwickelt Heidegger wesentliche Gedanken dazu aus der Interpretation der Antigone.

Heidegger interpretiert das erste Standlied des Chores in eigener Übersetzung als dichterischen »Entwurf des Menschseins aus den äußersten Möglichkeiten und Grenzen«. Er verkennt oder umgeht die Gegensätze, die Sophokles einander gegenüberstellt, indem er sie auf das Ur-Sein, einen gewaltigen Anfang, der alles umfaßt, zurückbezieht. »Der Anfang ist das Unheimlichste und Gewaltigste. Was

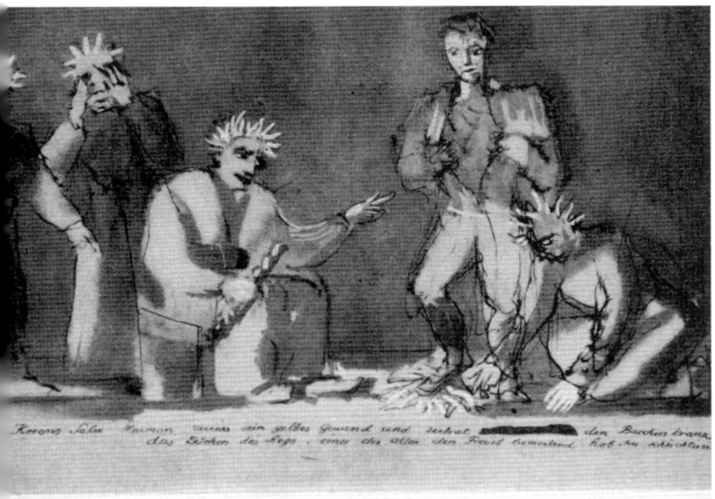

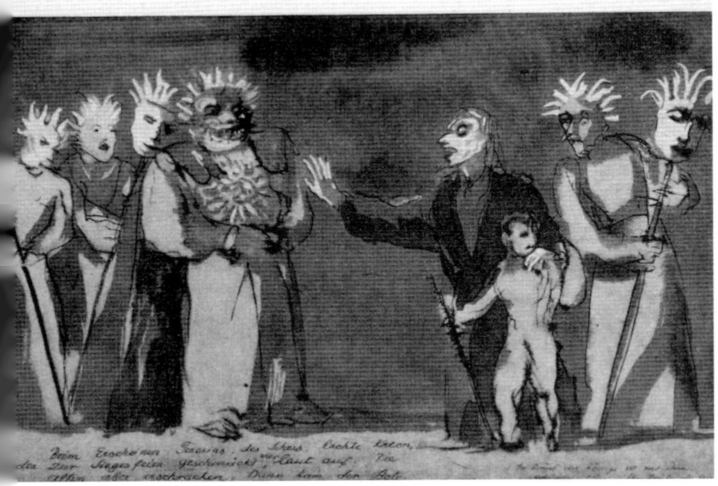

Antigonemodell, Chur 1948, Szenenskizze von Caspar Neher

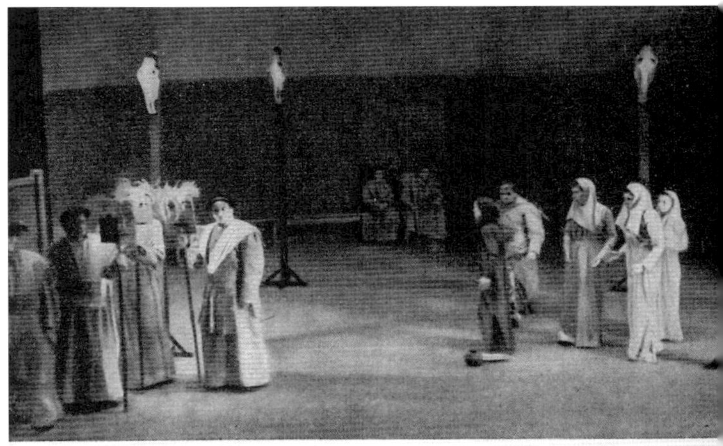

Wandte sich um und ging mit leichtem, sicherem Schritte.

Blicklos sahen die Alten ihr nach und sprachen das Chorlied:
'Aber auch die hat einst vom schmeckender Brote gegessen,
das im dunkelen Felsen gebacken. Nicht ehe ihr Eignes
litt und verdarb, erhob sie bestimmt die verdammende Stimme.'

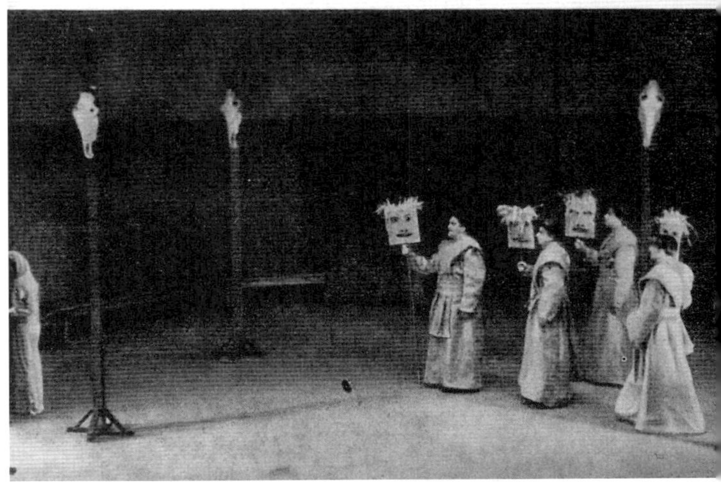

Antigonemodell, Chur 1948: Wächter, Mägde, Antigone und die Alten oder Wächter und Mägde sind Antigone gefolgt. Die Alten schauen ihr nach.

nachkommt, ist nicht Entwicklung, sondern Verflachung als bloße Verbreiterung (...).« (*Einführung in die Metaphysik*)

»Hochüberragend die Stätte, verlustig der Stätte/ ist er, dem immer das Unseiende seiend/ der Wagnis zugunsten//« übersetzt er, und bezeichnend ist seine »Auslegung«.

Statt des Staates oder Stadtstaates als Lebensform des öffentlichen Raumes wählt Heidegger »Stätte«, die »Geschichts-stätte« wie er ergänzt, an der der Einzelne »Schaffender«, »Täter« ist, »ohne Stadt und Stätte, Einsame, Unheimliche, ohne Ausweg inmitten des Seienden im Ganzen, zugleich ohne Satzung und Grenze, ohne Bau und Fug, weil sie als Schaffende dies alles ja erst gründen müssen«.

Dagegen ganz anders, wenn auch nicht weniger frei, Hölderlin: »Hochstädtisch kommt, unstädtisch/ zu nichts er, wo das Schöne/ mit ihm ist und mit Frechheit.«

Diese Übersetzung ist ebenfalls eine Deutung. Bei Sophokles heißt es, in der Übersetzung Schadewaldts: »Achtet er die Gesetze des Lands/ Und das bei den Göttern beschworene Recht:/ Hoch in der Stadt! Verlustig der Stadt,/ Wenn das Ungute sich gesellt/ Wegen seines Wagemuts! –/ Sitze mir nicht am Herd/ Noch habe Teil mit mir am Rat,/ Wer so tut!«

Hölderlins Deutung hat zu tun mit einer unzureichenden philologischen Textvorlage, aber offensichtlich ist auch, daß er der *Antigone* eine bestimmte Richtung gibt: »Die Art des Hergangs in der *Antigone* ist die bei einem Aufruhr, wo es, sofern es vaterländische Sache ist, darauf ankommt, daß jedes, als von unendlicher Umkehr ergriffen und erschüttert, in unendlicher Form sich fühlt, in der es erschüttert ist. Denn vaterländische Umkehr ist die Umkehr aller Vorstellungsarten und Formen.« (*Anmerkungen zur Antigone*)

Hölderlin macht Gegensätze im Verhalten unterschiedlicher Menschen zu Widersprüchen innerhalb des Menschen. Der Mensch ist nicht nur »städtisch«, sondern eben auch »unstädtisch«; er ist: »Allbewandert. Unbewandert. Zu nichts kommt er.« Der Mensch verletzt die Grenze zwischen drinnen und draußen, er definiert sie jeweils neu, das heißt »vaterländische Umkehr«, »wo die ganze Gestalt der Dinge sich ändert und die Natur und Notwendigkeit, die immer bleibt, zu einer andern Gestalt sich neiget, sie gehe in Wildnis über oder in neue Gestalt«. Hierin liegt die wesentliche Anziehungskraft des Hölderlinschen Antigonetextes für das sich gesellschaftskritisch verstehende zeitgenössische Theater. Zwei »Entdeckungen« waren dazu nötig: Die Anerkennung der schöpferischen Kraft der Übersetzung Hölderlins – seine Zeitgenossen hatten sie als Anzeichen seiner geistigen Verwirrung betrachtet – und die »Entdeckung« des »republikanischen«, revolutionären Hölderlin.

»Weil ich zerstörbarer bin als mancher andre, so muß ich um so mehr den Dingen, die auf mich zerstörend wirken, einen Vorteil abzugewinnen suchen (...).« (Hölderlin)

Antigonemodell 1948

Verteidiger der Freiheit:

»gerade der verlust der individuellen freiheit im kapitalismus macht die intellektuellen oft zu rasenden verteidigern der puren fiktion der freiheit.« (Bertolt Brecht)

Verteidiger der Häuser:

»Einige der Frauen saßen außerhalb des weißen Bandes, das die Militärzone absperrte. Sie bewachten ihre Häuser. Die Häuser haben keine Dächer und keine Fenster mehr, oft sind auch die Mauern weg, und fast alles in diesen Häusern ist von Sprengbomben in sämtliche Himmelsrichtungen verteilt worden, aber da saßen die und hielten traurige Wacht über ihr Hab und Gut.« (Martha Gellhorn, *Das deutsche Volk*. April 1945)

Zum Zeitpunkt der Erarbeitung der *Antigone* ist Brecht noch »draußen«; die Premiere findet im Februar 1948 in der Schweiz am Stadttheater Chur statt. Er ist auf dem Rückweg aus der Emigration, aber noch nicht in Deutschland. Er ist skeptisch: Faschismus stellt sich ihm als ein bürgerliches Phänomen dar und deshalb nicht so einfach beiseite zu räumen, das deutsche Theater scheint ihm zutiefst korrumpiert, trotz und gerade wegen seiner »glänzenden Technik«. Es ist also Zeit für ein neues Theater, ein Theater, das in der Lage ist, genußvoll »die Wirklichkeit zu zeigen«. »Wie nun ein solches Theater machen?«

»Es ist schlimm an Ruinen, daß das Haus weg ist, aber der Platz ist auch nicht mehr da. Und die Baupläne scheint es, gehen niemals verloren. So läßt der Aufbau die Lasterhöhlen und Krankheitsherde wiedererstehen. (...) Und dabei ist es doch das Schwierigste bei der Kunst, daß sie ihre Geschäfte, und seien es die aussichtslosesten mit vollkommener Leichtigkeit betreiben muß.« (Brecht/Neher, *Antigonemodell*)

Brecht bearbeitet die *Antigone* als politisches und als ästhetisches Modell: »Für das vorliegende theatralische Unternehmen wurde das Antigonendrama ausgewählt, weil es stofflich eine gewisse Aktualität erlangen konnte und formal interessante Aufgaben stellte.« So ganz vertraut er allerdings der Aktualität des Stoffes nicht; er bearbeitet ihn gründlich, auf der Grundlage des Textes von Hölderlin, und er fügt hinzu ein Vorspiel: »Berlin. April 1945. Tagesanbruch«. Und es ergeben sich dabei politische Probleme. Der Gegenwartsbezug, den er nach seiner »Durchrationalisierung« besonders sieht, geht leider in die falsche Richtung. »Die große Figur des Widerstandes im antiken Drama repräsentiert nicht die Kämpfer des deutschen Widerstandes, die uns am bedeutendsten erscheinen müssen.« Deshalb, wie schon für Hölderlin, »Das Antigonedrama rollt dann objektiv, auf der fremden Ebene der Herrschenden, das Gesamtgeschehen auf«. Der Kommentar dazu: »Habt ihr gezeigt, wie sich das Individuum zum Staat verhalten soll? – Nein, wie sich Antigone zum Staat des Kreon und der Alten verhält.« Doch ergeben die »formalen Elemente epischer Art« ästhetisch einen Reiz »und bildeten für sich selbst Interessantes für unser Theater«.

Das »Modell« bezieht sich dann auch auf den Ort, die Bühne, und die Spielweise, explizit nicht auf die Dramaturgie. – Im übrigen hatte Caspar Neher, der auch den Hinweis auf den Text Hölderlins gab, Erfahrungen mit der Ausstattung der *Antigone*: 1928 die Oper von Honegger mit dem Text von Cocteau in Essen, 1946 in Hamburg; er stattete dann auch die von Brecht scharf abgelehnte *Antigone* Carl Orffs aus, 1949 in Salzburg.

Brecht beansprucht, »aus dem ideologischen Nebel die höchst realistische Volkslegende« herausgearbeitet zu haben. Er gibt der Fabel zusätzliche Motivation und verbindet ihre Teile logisch. Dazu macht er aus dem beendeten Krieg einen noch laufenden imperialistischen Eroberungskrieg, Kreon braucht den Krieg zur Ablenkung von inneren Unruhen. Antigone nimmt eine bewußte politische Position ein gegenüber dem »Führer« Kreon, und Polyneikes ist nicht im Kampf mit dem Bruder gefallen, sondern von Kreon als Deserteur hingerichtet worden. Brecht ging es um »die Rolle der Gewaltanwendung bei dem Zerfall der Staatsspitze«. Es hilft aber alles nichts, alles »Durchrationalisieren«, insgesamt nimmt Brecht erhebliche Änderungen vor, auch an dem Text Hölderlins, rettet die Antigone politisch nur unzureichend.

Brecht wehrt sich gegen die »moralische Interpretation« seiner Fassung. Eine »sittliche Mission« scheint ihm ohnehin der Kunst nicht angemessen (*Arbeitsjournal*, 10. 4. 48). Gerade weil das »Antigonemodell« nicht frei davon ist, ist es politisch unzeitgemäß geworden, Brecht hat selbst nie mehr darauf zurückgegriffen. Doch 1989 wird das Modell noch einmal direkt politisch aktuell, bei der Auflösung der DDR. Das Stadttheater Chur, an dem 1948 die Uraufführung stattgefunden hatte, gastiert mit einer Jubiläumsantigone in Berlin/DDR im Deutschen Theater am 9. und 10. Oktober 1989. Der Satz des Sehers Teiresias: »Die Stadt ist voll von innerer Unlust«, entsprach direkt der politischen Situation. Kreon, den Brecht als »Führer« in die Nähe Hitlers gerückt hatte, wurde mit der erstarrten sozialistischen Staatsmacht gleichgesetzt und ausgebuht.

Ästhetisch ist das Modell in der Entwicklung des Theaters aufgegangen, wobei von besonderer Bedeutung das »Gestische« des körperlichen Spiels und der Sprache und damit zusammenhängend die Konzeption des Ortes ist. »Die Schauspieler sitzen deshalb offen auf der Bühne und nehmen erst beim Betreten des (sehr hell erleuchteten) Spielfelds die ausgemachten Haltungen der Figuren an, damit das Publikum sich nicht auf den Schauplatz der Handlung versetzt glauben kann, sondern der Ablieferung eines antiken Gedichts, wie es immer restauriert sein mag, beizuwohnen eingeladen wird.«

Antigonemodell, Chur 1948 Vorspiel, Berlin April 1945

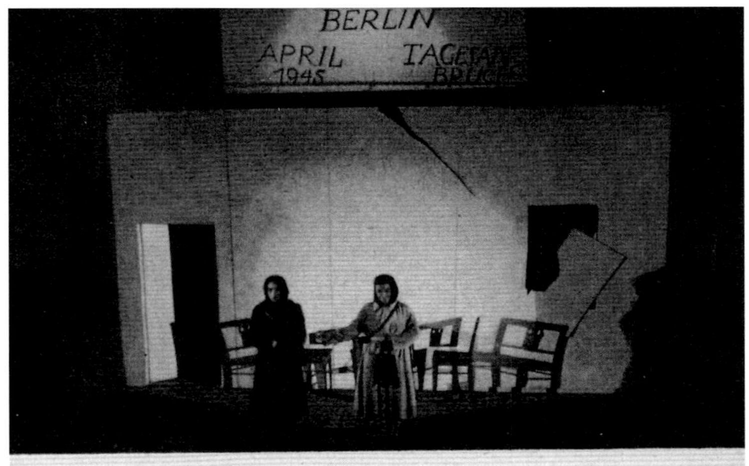

Schwester, warum steht unsre Türe offen?

Ein Brotlaib, Schwester, und ein ganzer Speck!

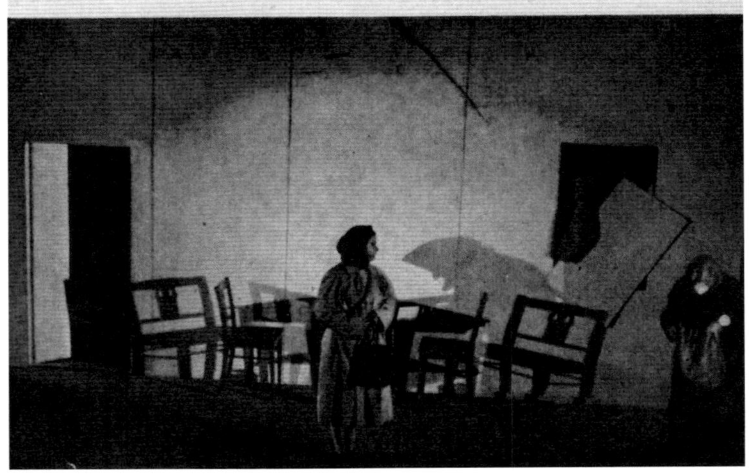

Hannah Arendt

Beim »deutschen Problem«, von welchem heutzutage die Rede ist, handelt es sich um eine Ausgrabung aus der Vergangenheit, und wenn dieses Fundstück jetzt einfach als das Problem germanischer Aggression präsentiert wird, dann geschieht dies wegen der sanften Hoffnungen, die man sich auf eine Restauration des Status quo in Europa macht. Angesichts des Bürgerkriegs, der den Kontinent überzieht, war es deshalb anscheinend notwendig, zuerst einmal die Bedeutung des Krieges im Sinne des 19. Jahrhunderts als einen rein nationalen Konflikt zu »restaurieren«, in welchem eher Länder als Bewegungen und eher Völker als Regierungen Niederlagen erleiden und Siege erringen.

Folglich liest sich die Literatur über das »deutsche Problem« größtenteils wie eine revidierte Ausgabe der Propaganda aus dem letzten Krieg, die lediglich den offiziellen Standpunkt mit dem passenden historischen Wissen aus-

Das »deutsche Problem« Die Restauration des alten Europa

schmückte und im übrigen nicht besser oder schlechter war als ihr deutsches Pendant. Nach dem Waffenstillstand ließ man die Papiere dieser belesenen Herrschaften auf beiden Seiten einer barmherzigen Vergessenheit anheimfallen. Der einzige interessante Aspekt dieser Literatur war der Eifer, mit welchem Wissenschaftler und Schriftsteller von internationalem Ruf ihre Dienste anboten – nicht um unter Einsatz ihres Lebens ihr jeweiliges Land zu retten, sondern um unter äußerster Geringschätzung der Wahrheit ihrer Regierung zu dienen. Der einzige Unterschied zwischen den Propagandisten der beiden Weltkriege besteht darin, daß diesmal eine ganze Reihe von Personen, die früher den deutschen Chauvinismus mit zusammengebraut haben, sich selbst den alliierten Mächten als »Experten« für Deutschland zur Verfügung gestellt haben, ohne durch diesen Wandel irgend etwas von ihrem Feuereifer oder ihrer Unterwürfigkeit einzubüßen.

Diese Experten des »deutschen Problems« sind die einzigen Überbleibsel des letzten Krieges. Während jedoch ihre Anpassungsfähigkeit, ihre Dienstbereitschaft und ihre Angst vor intellektueller und moralischer Verantwortung konstant geblieben sind, hat sich ihre politische Rolle geändert. Im Ersten Weltkrieg, der seinem Wesen nach kein ideologischer Krieg war, hatte man die Strategien der politischen Kriegführung noch nicht entdeckt, und die Propagandisten, die das Nationalgefühl des Volkes weckten oder ihm zum Ausdruck verhalfen, waren kaum etwas anderes als Moral-Erbauer. Wenn man nach der ziemlich allgemeinen Verachtung

Roberto Rossellini, Germania, anno zero (Deutschland im Jahre Null), 1947

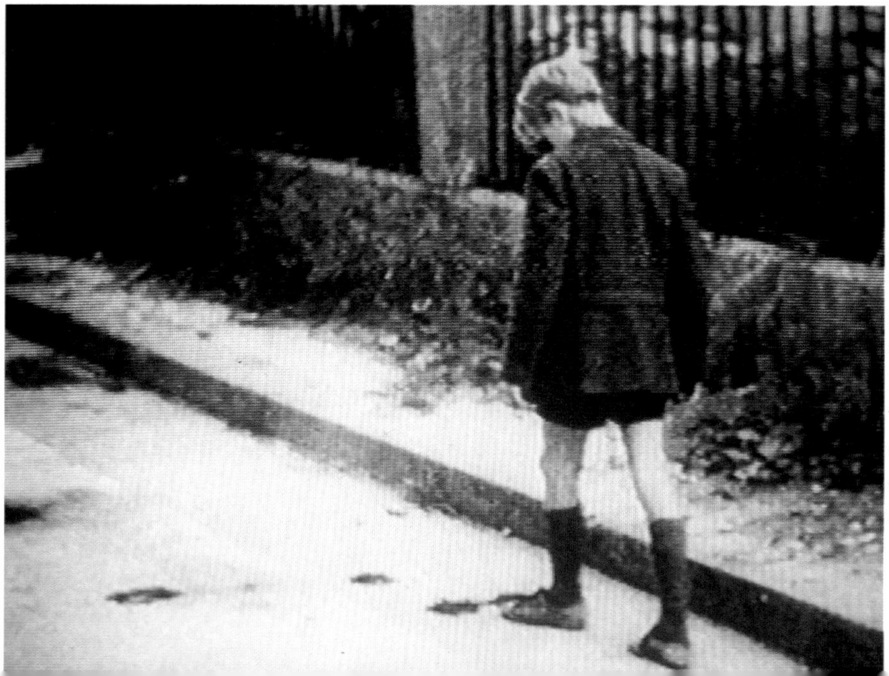

urteilt, die ihnen von den Fronttruppen entgegengebracht wurde, versagten sie vermutlich sogar bei dieser Aufgabe: doch ansonsten waren sie sicherlich ganz bedeutungslos. In der Politik hatten sie nichts zu sagen, noch waren sie das Sprachrohr der Politik ihrer jeweiligen Regierungen.

Heute jedoch ist Propaganda an sich nicht mehr effektiv, insbesondere wenn sie vorzugsweise mit nationalistischen und militärischen anstatt mit ideologischen und politischen Begriffen operiert. Haß, beispielsweise, ist ganz offenkundig nicht vorhanden. Die Wiederbelebung des »deutschen Problems« hat deshalb bloß einen negativen Propagandaerfolg gezeitigt: viele, die sich angewöhnt haben, die Greuelgeschichten des vorangegangenen Krieges einfach abzutun, weigern sich schlicht zu glauben, daß es sich dieses Mal um grausige Wirklichkeit handelt, weil sie ihnen in der alten Form nationaler Propaganda dargeboten wird. Das Gerede vom »ewig gleichen Deutschland« und dessen ewigen Verbrechen dient nur dazu, den Schleier der Skepsis über Nazideutschland und dessen gegenwärtige Verbrechen zu breiten. Als 1939 – um nur ein Beispiel zu nennen – die französische Regierung die Parolen des Ersten Weltkriegs aus dem Arsenal hervorholte und das Schreckgespenst vom »Nationalcharakter« Deutschlands verbreitete, bestand die einzige sichtbare Wirkung darin, daß der Terror der Nazis nicht für voll genommen wurde. So sah das überall in Europa aus.

Doch während Propaganda viel von ihrer Anregungskraft eingebüßt hat, hat sie eine neue politische Funktion erhalten. Sie ist zu einer Form politischer Kriegführung geworden und dient dazu, die öffentliche Meinung auf bestimmte politische Schritte vorzubereiten. Wird dann das »deutsche Problem« herausgestellt, indem man die Vorstellung verbreitet, daß der wirkliche Grund des internationalen Konflikts bei den Greueltaten der Deutschen (oder der Japaner) zu suchen sei, dann hat dies den Effekt, die eigentlichen politischen Fragen zu verschleiern. Indem man den Faschismus mit dem Nationalcharakter und der Geschichte Deutschlands identifiziert, wird den Menschen weisgemacht, die Zerschlagung Deutschlands sei ein Synonym für die Ausrottung des Faschismus. Auf diese Weise wird es möglich, die Augen zu verschließen vor der europäischen Krise, die noch keinesfalls überwunden ist und es den Deutschen erlaubt hat, den Kontinent zu erobern (mit der Hilfe von Quislingen und Fünften Kolonnen). So können alle Versuche, Hitler mit der deutschen Geschichte zu identifizieren, nur dazu führen, daß dem Hitlerismus unnötigerweise nationale Respektabilität verliehen und ihm bescheinigt wird, daß er durch eine nationale Tradition sanktioniert sei.

Ob man Hitler mit Napoleon vergleicht, wie das die englische Propaganda manchmal getan hat, oder mit Bismarck, man entlastet in beiden Fällen Hitler und geht mit der historischen Reputation Napoleons oder Bismarcks großzügig um. Napoleon lebt in der Erinnerung Europas letzten Endes immer noch fort als der Führer von Armeen, die von einer wie auch immer verzerrten Vorstellung von der französischen Revolution beseelt waren; Bismarck war weder besser noch schlechter als die meisten nationalen Staatsmänner Europas, die das Spiel der Machtpolitik im Interesse der Nation betrieben, wobei ihre Ziele eindeutig definiert und klar begrenzt waren. Obwohl Bismarck versuchte, an einigen Stellen die deutschen Grenzen auszudehnen, dachte er nicht im Traum daran, irgendeine der rivalisierenden Nationen zu vernichten. Wiederwillig stimmt er aufgrund von Moltkes »strategischen Gründen« der Eingliederung Lothringens in das Reich zu; aber er wollte innerhalb der deutschen Grenzen keine fremden Teilstücke haben und besaß nicht die geringste Ambition, fremde Völker als unterworfene Rassen zu beherrschen.

Was für die politische Geschichte Deutschlands gilt, trifft sogar in weit größerem Maße auf die geistigen Wurzeln zu, die der Nazismus haben soll. Der Nazismus verdankt sich keinem Teil der abendländischen Tradition, ganz gleich, ob es sich um den deutschen, katholischen, protestantischen, christlichen, griechischen oder römischen Anteil an dieser Tradition handelt. Es ist unerheblich, ob wir Thomas von Aquin, Machiavelli, Luther, Kant, Hegel oder Nietzsche mögen – die Liste kann, wie schon ein kursorischer Blick in die Literatur zum »deutschen Problem« zeigt, endlos verlängert werden –, sie tragen nicht die geringste Verantwortung für das, was in den Vernichtungslagern geschieht. Ideologisch gesehen beginnt der Nazismus ohne jegliche Traditionsgrundlage, und man täte besser daran, die Gefahr dieser radikalen Negation jeglicher Tradition zu erkennen, die das Hauptmerkmal des Nazismus von Anfang an war (im Unterschied zu den Anfangsstadien etwa des italienischen Faschismus). Schließlich waren die Nazis selbst die ersten, die um ihre totale Leere herum eine Nebelwand von gelehrten Interpretationen hochzogen. Die meisten Philosophen, die gegenwärtig von den übereifrigen Experten des »deutschen Problems« verteufelt werden, sind schon lange von den Nazis für sich reklamiert worden - aber nicht weil den Nazis an Respektabilität gelegen war, sondern einfach deshalb, weil sie begriffen, daß es kein besseres Versteck als den großen Spielplatz der Geschichte und keinen besseren Leibwächter als die Kinder dieses Spielplatzes gibt, will heißen die »Experten«, die man so leicht für seine Dienste gewinnen und so leicht irreführen kann.

Die extremen Greueltaten des Naziregimes hätten uns warnen müssen, daß wir es hier mit etwas zu tun haben, was selbst unter Hinweis auf die schlimmsten Perioden der Ge-

Berliner Morgen. Edmund. Der Aufbau des Films richtet sich ganz nach den letzten Szenen. Edmund hat soeben seinen Vater getötet und spielt, er spielt jene altherkömmlichen Spiele, mit denen alle Kinder sich überall die Straßen einer Stadt aneignen: an der Kante des Gehwegs laufen oder am Rande eines Brunnens, auf einem Bein hüpfen, von Streifen zu Streifen, sich gelegentlich im Ballspiel von anderen Kindern einmischen und weiterlaufen, eine phantasierte Waffe finden und auf Lichtflecken schießen, auf Baustellenmaterial hinunterrutschen, laufen, und rennen, innehalten und über etwas nachdenken, was niemand niemals erfahren wird, und sich schließlich entschiedenen Schrittes in eine Richtung begeben, die niemand kennt...

Jacques Rancière Der Fall der Körper

Die schöne oder die monströse Gelassenheit eines Kindes? (...)

Darf man – dazu lädt der Einführungstext des Vorspanns ein – in diesem Verhalten ausschließlich die Kraft der Ideologien erkennen, die die Unschuld der Kindheit verderben: Edmund sei zum Vatermord durch die Worte seines ehemaligen Lehrers, eines Nazis, verführt, der das Ausrotten der Schwächeren für notwendig hält? Alles, was der Film zeigt, straft dieses kausale Gesetz Lügen. Das Unbehagen, das Edmunds Handeln hervorruft, ist jenseits jeden Schreckens oder jeder Vorsicht gegenüber den moralischen Auswirkungen der Zeit oder der ideologischen Belehrung. (...)

Was Edmund zu seiner Tat treibt, ist die schwindelerregende Entdeckung der reinen Macht, das zu tun oder nicht zu tun, was die Worte anderer sagen, die Macht, allein für eine Tat verantwortlich zu sein, derjenige zu sein, der allein über sein Zur-Welt-Kommen entscheidet. Der Film wäre unendlich ermutigend, wenn er uns nur dazu einladen würde, gefährlichen Reden auszuweichen und Kinder in Schutz zu nehmen, auf denen eine Welt in Ruinen lastet. Nichts lastet aber auf Edmund, nur die vernichtende Last jener Freiheit des Jahres Null. Und, sowenig die nazistische Predigt allein zur Tat treiben kann, sowenig kann die Reue zum Selbstmord treiben. In beiden Fällen gibt es nicht eine Ursache, sondern nur den Schwindel, die anziehende Kraft der Leere, des unbegrenzt Möglichen: das offene Fenster des zerstörten Hauses, das Fenster, das auch eine Lichtquelle ist, das im Haus solche hellen Flecken zeichnet, auf die das Kind mit seinem phantasierten Revolver schießt. Dieses Spiel eines Kindes, das mit derselben Beflissenheit von einem schwarzen Fleck zum anderen hüpft und seinen Vater tötet, diese leidenschaftliche Improvisation in Schwarz-weiss – wie könnte man es anders empfinden, als tief mit einem anderen Schwindelgefühl verbunden, dem vor der leeren, unbeschriebenen Seite und vor dem Sprung in die Leere des Werkes.

Aus: *Roberto Rossellini*. Paris 1990.

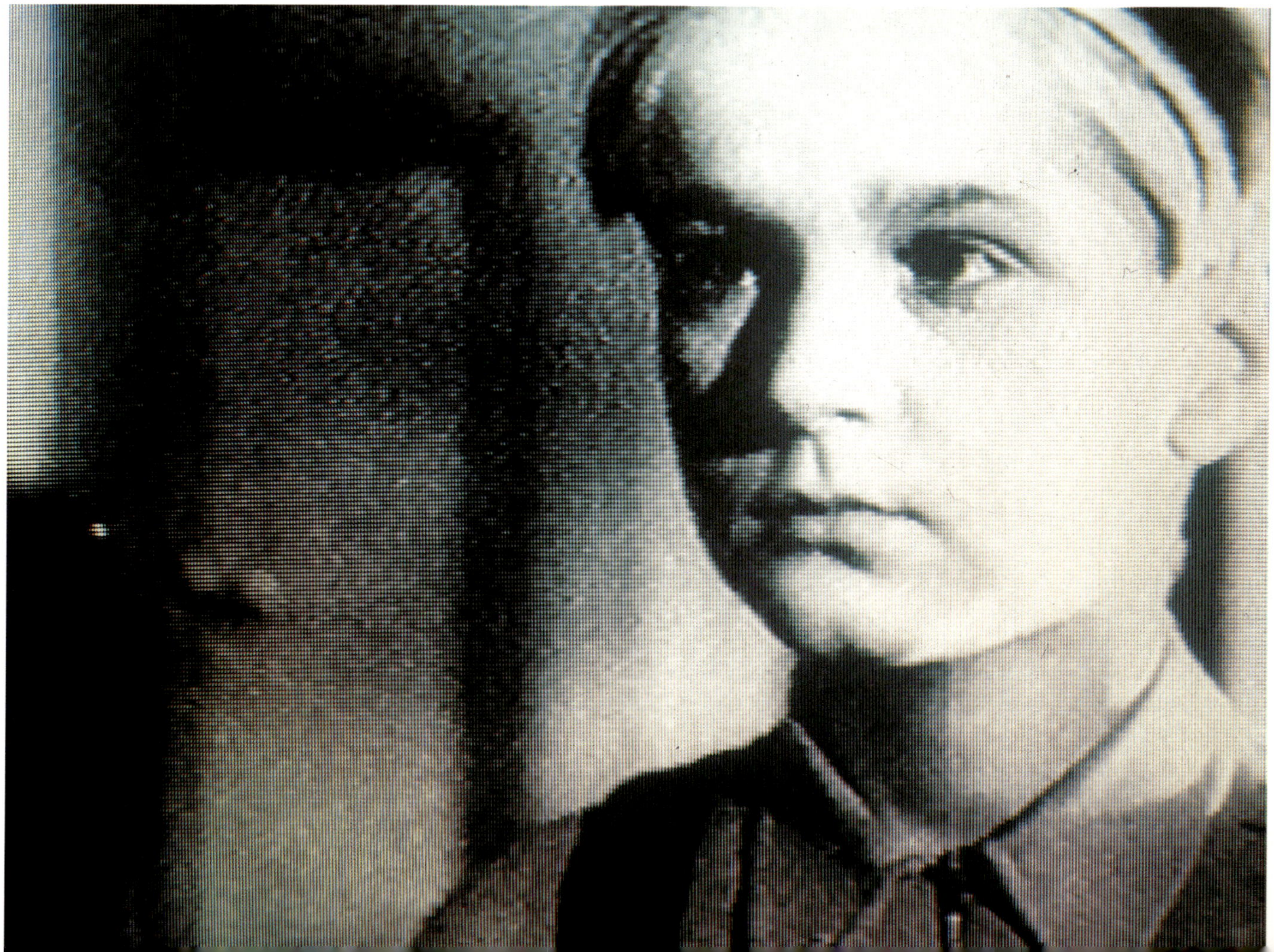

Roberto Rossellini, Germania, anno zero (Deutschland im Jahre Null), 1947

schichte unerklärlich ist. Niemals, weder im Altertum, noch im Mittelalter noch in der Neuzeit, war Vernichtung ein ausformuliertes Programm und deren Durchführung ein hochorganisierter, bürokratischer und systematisierter Prozeß. Es stimmt, daß es eine Beziehung zwischen Militarismus und der Schlagkraft der nazistischen Kriegsmaschinerie gibt, und auch der Imperialismus hat ideologisch viel damit zu tun. Aber wenn man einen Zugang zum Nazismus finden möchte, dann muß man den Militarismus all seiner überkommenen kriegerischen Tugenden entkleiden und vom Imperialismus all die ihm innewohnenden Träume von der Errichtung eines Weltreichs abziehen, wie etwa die Vorstellung von der »Bürde des weißen Mannes«. Es lassen sich, mit anderen Worten, leicht bestimmte Tendenzen im modernen politischen Leben ausmachen, die von sich aus in Richtung Faschismus weisen, sowie bestimmte Klassen, die leichter gewonnen und leichter getäuscht werden können als andere – doch alle müssen erst ihre eigentlichen Funktionen in der Gesellschaft verändern, ehe der Nazismus richtig von ihnen Gebrauch machen kann.

Noch vor Kriegsende wird die deutsche Militärkaste, sicherlich eine der widerwärtigsten, von dümmlicher Arroganz und traditioneller Aufsteigermentalität geprägten Institutionen, von den Nazis zerschlagen worden sein, und zwar zusammen mit allen anderen althergebrachten deutschen Institutionen. Der deutsche Militarismus, wie er in der deutschen Armee zum Ausdruck kommt, hatte wohl kaum größere Ambitionen als die alte französische Armee der Dritten Republik: die deutschen Offiziere wollten ein Staat im Staate sein, und törichterweise nahmen sie an, die Nazis würden ihren Zwecken besser dienen als die Weimarer Republik. Als sie ihren Irrtum entdeckten, befanden sie sich schon im Stadium der Auflösung – ein Teil wurde liquidiert, der andere paßte sich dem Naziregime an.

Es stimmt, daß die Nazis gelegentlich die Sprache des Militarismus gesprochen haben, wie gelegentlich auch die Sprache des Nationalismus; doch sie haben sich der Sprachen aller existierenden Ismen bedient – Sozialismus und Kommunismus eingeschlossen. Das hat sie nicht davon abgehalten, Sozialisten, Kommunisten, Nationalisten und Militaristen zu liquidieren. Nur die Experten haben mit ihrer Vorliebe für das gesprochene oder geschriebene Wort und ihrer Begriffsstutzigkeit in politischen Dingen diese Äußerungen der Nazis für bare Münze genommen und sie als Ausfluß bestimmter deutscher oder europäischer Traditionen interpretiert. Dabei stellt im Gegenteil gerade der Nazismus den Zusammenbruch aller deutschen und europäischenTraditionen dar, der guten wie der schlechten.

Viele mahnende Vorzeichen kündigten die Katastrophe an, welche der europäischen Kultur seit über einem Jahrhundert drohte; eine Katastrophe, die Marx mit seinen bekannten Bemerkungen über die Alternative zwischen Barbarei und Sozialismus prophezeit, allerdings nicht korrekt beschrieben hat. Im letzten Krieg trat diese Katastrophe in einer den europäischen Nationen bislang unbekannten gewaltigen Zerstörungswut in Erscheinung. Von nun an hatte das Wort Nihilismus eine neue Bedeutung. Es bezeichnete nicht mehr eine einigermaßen harmlose Ideologie, eine der vielen miteinander im Wettstreit liegenden Ideologien des 19. Jahrhunderts, diese Weltanschauung war nicht mehr auf den idyllischen Bereich bloßer Negation, bloßer Skepsis oder ahnungsvoller Verzweiflung beschränkt. Statt dessen wurde der Zerstörungsrausch als konkrete Erfahrung allmählich zur Grundlage dieser Ideologie, die dem Wahn von der Herstellung des Nichts nachhing. Die verheerende Erfahrung wurde während der unmittelbaren Nachkriegszeit ungeheuer verstärkt, als dieselbe Generation durch Inflation und Arbeitslosigkeit in eine jener Erfahrung entgegengesetzte Lage gebracht wurde, nämlich in die Situation völliger Hilflosigkeit und Passivität innerhalb einer anscheinend normalen Gesellschaftsordnung. Als dann die Nazis an das berühmte Fronterlebnis appellierten, riefen sie nicht nur die Volksgemeinschaft des Schützengrabens ins Gedächtnis zurück, sondern weckten mehr noch die süßen Erinnerungen an eine Zeit außergewöhnlicher Aktivität und zerstörerischer Macht, an eine Zeit und an Erfahrungen, die der Einzelne genossen hatte.

Es stimmt, daß die Verhältnisse in Deutschland den Bruch mit allen Traditionen leichter zuließen als irgendwo anders. Dies hängt mit der verspäteten Entwicklung der Deutschen zu einer Nation zusammen, mit ihrer unglücklichen politischen Geschichte und damit, daß ihnen jede Art demokratischer Erfahrung fehlt. Noch auschlaggebender ist die Tatsache, daß die Nachkriegssituation mit Inflation und Arbeitslosigkeit – ohne welche das Fronterlebnis mit seiner zerstörerischen Macht vielleicht ein vorübergehendes Phänomen geblieben wäre – in Deutschland mehr Menschen zusetzte und diese auch tiefer in Mitleidenschaft zog als anderswo.

Aber selbst wenn der Bruch mit den europäischen Traditionen und Wertvorstellungen in Deutschland leichter möglich war, so gilt nach wie vor, daß der Bruch erst vollzogen werden mußte; also war es nicht irgendeine deutsche Tradition als solche, die den Nazismus herbeigeführt hat, sondern die Verletzung aller Traditionen. Welch starken Anklang der Nazismus bei den Veteranen des letzten Krieges in allen Ländern fand, läßt sich am nahezu umfassenden Einfluß zeigen, den er in allen Veteranenorganisationen Europas ausübte. Die Veteranen waren die ersten Sympathisanten, und die ersten Schritte, die die Nazis auf dem Gebiet der auswärtigen Beziehungen unternahmen, waren häufig daraufhin berechnet, jene »Waffenbrüder« jenseits der Grenzen munter zu machen, die garantiert ihre Sprache verstanden und von ähnlichen Gefühlen und einem ähnlich zerstörerischen Verlangen ergriffen waren. Dies ist die einzige greifbare psychologische Bedeutung des »deutschen Problems«. Das wirkliche Problem liegt nicht im deutschen Nationalcharakter, sondern eher in der Desintegration dieses Charakters, oder zumindest in der Tatsache, daß dieser in der deutschen Politik keinerlei Rolle mehr spielt. Er gehört genauso der Vergangenheit an wie der deutsche Militarismus und Nationalismus. Es wird nicht möglich sein, ihn dadurch wiederzubeleben, daß man Sinnsprüche aus alten Büchern abschreibt oder sogar zu extremen politischen Maßnahmen greift. Aber ein noch größeres Problem besteht darin, daß der Mensch, der »den Deutschen« ersetzt hat – namentlich der Typus, der dann, wenn er die Gefahr der totalen Zerstörung wittert, beschließt, am Vernichtungswerk teilzuhaben –, nicht bloß in Deutschland vorkommt. Das Nichts, dem der Nazismus entsprang, könnte man in weniger mystischen Begriffen als das Vakuum definieren, das vom fast gleichzeitigen Zusammenbruch der sozialen und politischen Strukturen Europas herrührte. Die Restauration wird von den europäischen Widerstandsbewegungen genau deshalb so heftig abgelehnt, weil sie wissen, daß damit wieder dasselbe Vakuum geschaffen würde, ein Vakuum, vor dem sie tödliche Angst haben, selbst wenn sie mittlerweile die Erfahrung gemacht haben, daß es sich, verglichen mit dem Faschismus, dabei um das »kleinere Übel« handelt. Die ungeheure psychologische Anziehungskraft, die der Nazismus ausübte, rührte weniger von seinen falschen Versprechungen her als von der unverhohlenen Anerkennung dieses Vakuums. Seine gewaltigen Lügen paßten in das Vakuum; diese Lügen waren psychologisch wirkungsvoll, weil sie bestimmten grundlegenden Erfahrungen und mehr noch bestimmten elementaren Sehnsüchten entsprachen. Man kann sagen, daß der Faschismus der alten Kunst zu lügen gewissermaßen eine neue Variante hinzugefügt hat – die teuflischste Variante, die man sich denken kann – nämlich: das Wahrlügen.

Die Wahrheit war, daß das Klassensystem der europäischen Gesellschaft nicht mehr funktionieren konnte: es ließ sich einfach nicht mehr aufrechterhalten, weder in seiner feudalen Form im Osten, noch in seiner bourgeoisen Form im Westen. Seine immanente Ungerechtigkeit wurde von Tag zu Tag offenkundiger, vor allem aber entzog es ständig Millionen und Abermillionen von einzelnen Menschen (durch Arbeitslosigkeit und andere Ursachen) überhaupt jede Klassenzugehörigkeit. In Wahrheit repräsentierte der Nationalstaat, der einst das Symbol der Volkssouveränität war, das Volk nicht mehr, und er war nicht mehr in der Lage, die äußere oder die innere Sicherheit zu gewährleisten. Ob Europa für diese politische Organisationsform zu klein geworden war oder die europäischen Völker ihren national verfaßten Staaten entwachsen waren, die Wahrheit war: sie verhielten sich nicht mehr wie Nationen und konnten durch Appelle an das Nationalgefühl nicht mehr aufgerüttelt werden. Die meisten europäischen Völker waren nicht bereit, einen nationalen Krieg zu führen – nicht einmal um der eigenen Unabhängigkeit willen.

Auf diese gesellschaftliche Wahrheit vom Zusammenbruch der europäischen Klassengesellschaft antworteten die Nazis mit der Lüge von der Volksgemeinschaft, welche auf der Mittäterschaft bei Verbrechen basiert und von einer Gangsterbürokratie beherrscht wird. Die Deklassierten konnten sich mit dieser Antwort anfreunden. Und als Antwort auf die Wahrheit vom Niedergang des Nationalstaates kam die berühmte Lüge von der Neuordnung Europas, die die Völker zu Rassen erniedrigte und deren Ausrottung vorbereitete. Für ihre Leichtgläubigkeit haben die europäischen Völker, die in so vielen Fällen die Nazis in ihr Land hereinließen, weil die Nazilügen auf gewisse fundamentale Wahrheiten anspielten, einen ungeheuren Preis entrichtet. Doch sie haben zumindest eine wichtige Lektion gelernt: daß nämlich keine der alten Kräfte, die den Mahlstrom des Vakuums erzeugt hatten, so schrecklich ist wie die neue Kraft, die diesem Mahlstrom entspringt und deren Ziel es ist, die Menschen dem Gesetz des Mahlstroms gemäß zu organisieren – und das heißt allein Vernichtung.

Aus: *Zur Zeit* (1945). Politische Essays. Berlin 1986.

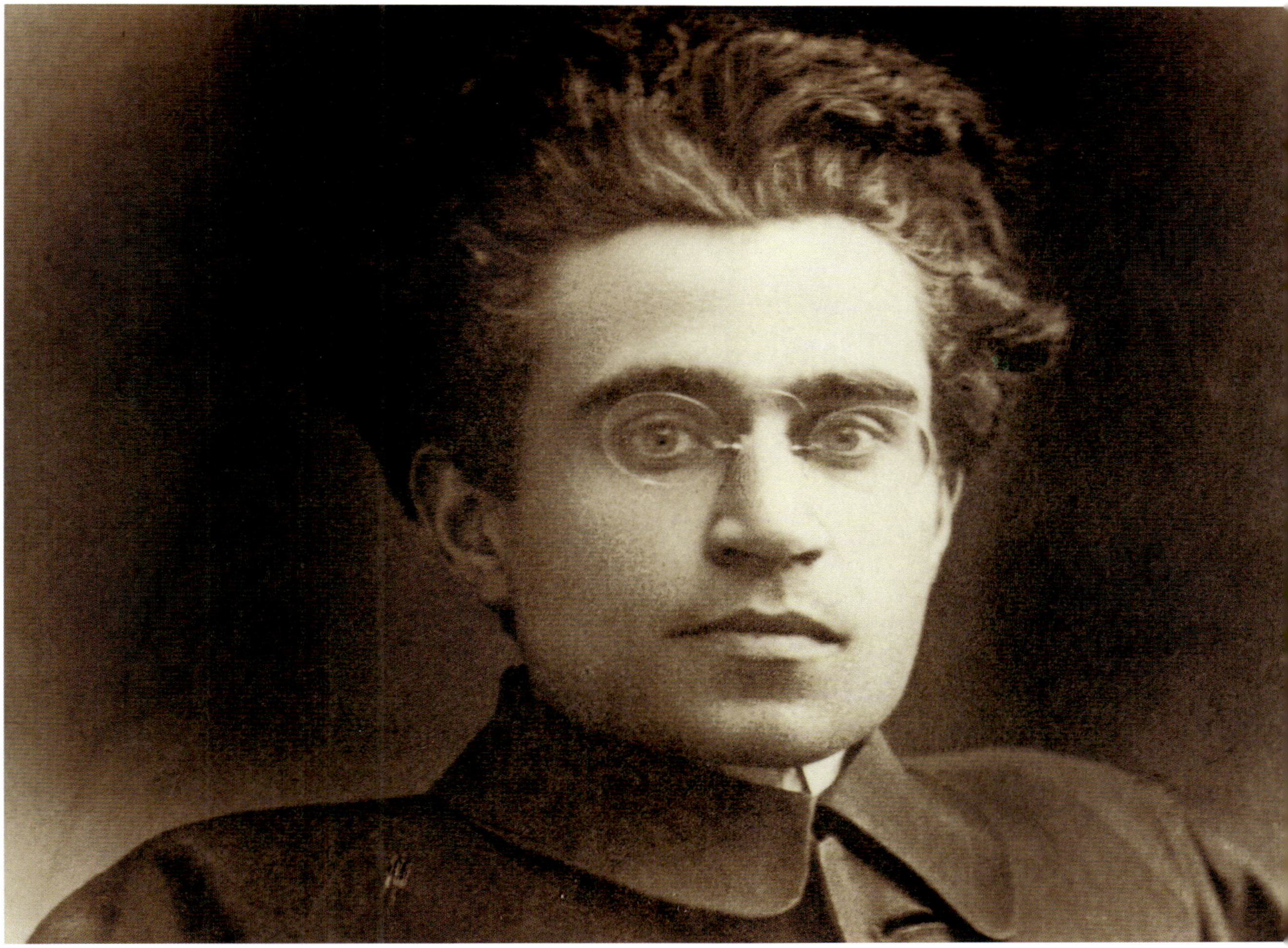

Antonio Gramsci

Antonio

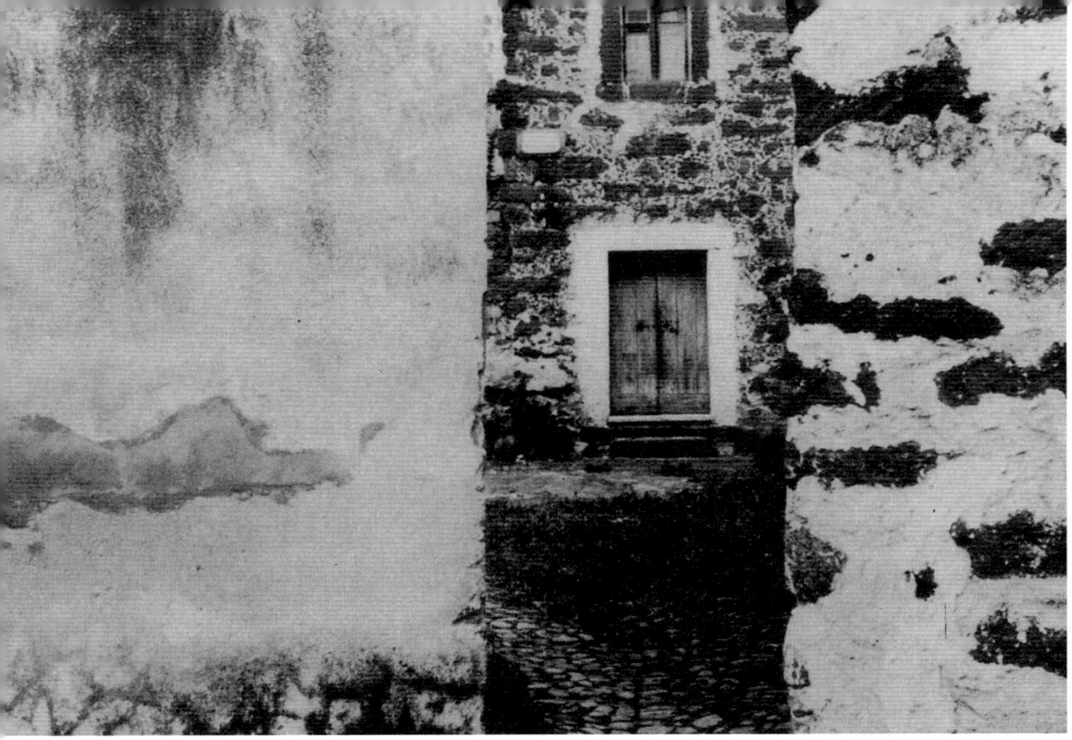

Das Haus der Familie Gramsci, 1895–1908

Jean Thibaudeau

»Wer glaubt, daß eine ethische Besserung als rein individuell bedingt aufgefaßt werden kann, irrt sich und gibt sich einer trügerischen Illusion hin: Die individuelle Synthese der dazu notwendigen Elemente ist undenkbar ohne eine Entäußerung, die den Bezug zur Außenwelt auf allen möglichen Ebenen modifiziert, vom Bezug zur Natur über den zu den Mitmenschen (in verschiedenen Intensitäten und Gruppierungen) bis hin zur Frage der Zugehörigkeit zur Menschheit schlechthin. So erklärt sich, weshalb der Mensch ein essentiell politisches Wesen ist, insofern als sein Menschsein oder seine menschliche Natur sich erst im Zuge seiner verändernden oder leitenden Einflußnahme auf seine Mitmenschen realisiert.« (Gramsci)

Geboren 1891 in Sardinien als viertes von sieben Kindern. Kindheit und Jugend in elenden Verhältnissen. Abwesenheit des Vaters während fünf Jahren, ohne daß die Mutter jemandem gesagt hätte (außer dem Ältesten, aber unter dem Siegel der Verschwiegenheit), daß er im Gefängnis war. Antonio selbst hat seit seinem dritten Lebensjahr einen kleinen Buckel. »Du mußt wissen, daß ich gestorben und danach wiederauferstanden bin, was beweist, daß ich immer schon hart im Nehmen war. Als ich vier Jahre alt war, habe ich drei Tage lang Blutungen gehabt, die mit Krämpfen einhergingen und wie ein totaler Aderlaß gewirkt haben. Der Arzt hatte mich schon abgeschrieben, und meine Mutter hat bis 1914 den Kindersarg und die Kindertotenkluft aufbewahrt, die für mein Begräbnis vorgesehen waren.« (Brief an Tatiana vom 7. September 1931)

1911 in Turin mit einem Stipendium für das Studium an der Universität. Hat nicht jeden Tag zu essen (geschweige denn Geld für Kleider).

Palmiro Togliatti

Gramsci stammte aus einer rückständigen Provinz. Er sah, daß in dieser rückständigen, sardischen Provinz die gleichen Zustände herrschten wie in so vielen anderen rückständigen Provinzen vor allem im Süden Italiens. Er hatte gesehen, wie die Bauern und Arbeiter beherrscht wurden. Mit welchen Methoden sie von den Familienclans und den einstigen Oberen unterworfen wurden, die egoistisch und reaktionär noch immer feudalistischen Ideen anhingen, während sich im Norden Italiens schon längst neue Regierungsformen bildeten. In Turin stieß Gramsci auf eine völlig andere Situation. Er erlebte eine fortschrittliche Arbeiterklasse, die ihre Freiheit eroberte. Indem sie sich zu einer großen und freien Organisation gruppierte, konnte sie für einen höheren Lebensstandard kämpfen und ihre Interessen verteidigen. Er lernte die starken Bewegungen der sozialistischen und katholischen Landarbeiter aus der Po-Ebene kennen, die es in einem zweijährigen Kampf geschafft hatten, den Lebensstandard von Hunderttausenden Italiener zu heben. Als Gramsci die Situation in seiner Herkunftsprovinz verglich mit dem politischen und sozialen Fortschritt, den diese mächtige Bewegung errungen hatte, und mit den ersten gut organisierten Streiks in Norditalien kam er zu dem Schluß, es gäbe zwei verschiedene Italien. Er hielt den sozialen und politischen Fortschritt für notwendig, um die Kluft zu überwinden, die unser Land durchzieht.

Die politische Vision, die ihn daraufhin bei all seinen Aktivitäten anleitete, beruhte auf dem notwendigen Zusammenschluß der fortgeschrittensten sozialen Gruppen Norditaliens mit der großen Masse der Arbeiter und mit den Bauern der rückständigen Regionen und Inseln Süditaliens, die noch unter den Überbleibseln einer feudalen oder halbfeudalen Wirtschaftsordnung litten.

Gleichzeitig beschäftigte Gramsci von Anfang an die Frage nach der

Bestimmung, der Aufgabe und der Struktur der italienischen Mittelschicht und vor allem der Intellektuellen. In ihnen sah er das jahrhundertealte Bindeglied zwischen den Klassen der italienischen Gesellschaft. Bei der Befreiung und Erneuerung unseres Landes wies er ihnen eine besondere Aufgabe zu. Die Intellektuellen waren zu jener Zeit auch in Bewegung, oder besser: in der Krise. Diese wurde substantiell von der Entwicklung neuer Denkweisen und kulturellen Strömungen bestimmt, die sich zwischen 1900 und 1914 durchsetzten: die neue, auf der Philosophie des Idealismus gründende Kultur, die den überkommenen Positivismus sowie die alte Wissenschaftsgläubigkeit anzweifelte und zerschlug. Am Ende des letzten Jahrhunderts war die italienische Gesellschaft reglos in einem willensschwachen Positivismus steckengeblieben, der realitätsfern und entwicklungsunfähig war.

Gramsci

Die ideologische Bildung Gramscis unterschied sich grundlegend von der der alten Führer und Repräsentanten der sozialistischen Bewegung. Sie entsprang nicht dem Positivismus, sondern eher philosophischen und philologischen Studien. Seine geistige Bildung war mit der der großen Begründer der marxistischen Lehre zu vergleichen. Sie kam eher aus der hegelianischen Philosophie. Folglich war er in der Lage, alles zu verstehen und alles Neue und Fortschrittliche in der Landeskultur zu erkennen. Gleichzeitig konnte er jedoch die Mängel an dieser neuen idealistischen Kultur ausmachen, als erfahrener Marxist und Analytiker von Ideologien, Geschichte und Politik. In meiner Erinnerung waren die Mängel große Themen bei Diskussionen zwischen Gramsci und seinen Studenten, die sich für das Leben und im Denken ausbilden ließen. Später fand ich in Gramscis Schriften aus dem Gefängnis dieses Thema weiterentwickelt.

Aus: *Sur Gramsci* (1955). Paris 1972.

Erschöpfung. Unstillbare intellektuelle Neugier. Bereitet sich (mehr oder weniger) auf eine Tätigkeit als Sprachwissenschaftler vor. Der (mehr oder weniger überzeugte) Kämpfer für die Unabhängigkeit Sardiniens wandelt sich zum überzeugten Sozialisten: Die »südliche« Frage sei eigentlich eine »nationale« Frage. Sehr früh aktiv in Presse und Parteiorganisation. Der Übergang von der Universität zur Politik gestaltet sich nachgerade nahtlos: Er besteht einfach darin, die Lehre auf die Straße zu verlegen, in die Nacht der Großstädte, die Redaktionsräume, auf das Feld des Klassenkampfes, wobei er den Kontakt zu seinen eigenen Lehrern und einigen seiner Mitstudenten nicht abreißen läßt. Die Stellung Turins in Italien entspricht zu jener Zeit mutatis mutandis der von Sankt Petersburg in Rußland: Hier konzentriert sich auf »nationaler« Ebene die moderne »Großindustrie«. Nachvollziehbare Begeisterung für die Oktoberrevolution. Gründet 1919 gemeinsam mit drei Freunden (Tasca, Terracini, Togliatti) aus seinen beiden Milieus (Arbeiterklasse, Universität) die Wochenzeitung *L'Ordine Nuovo*, die bald in allen möglichen Arbeitskämpfen (Streiks, Arbeiterräte) eine wichtige Rolle spielt. Moskau 1920: II. Kongreß der neuen Internationale: Lenin unterstützt gegen die »Rechte« und die »Linke« der italienischen Partei den von Gramsci formulierten Antrag von *L'Ordine Nuovo* (nicht durch eine eigene Abordnung vertreten).

Januar 1921, Spaltung der Partei anläßlich des Kongresses in Livorno. Gramsci ist Mitglied des Zentralkomitees der ganz neu gegründeten italienischen kommunistischen Partei. Von Juni 1922 bis November 1923 weilt er als deren Vertreter in Moskau. Auf Wunsch Trotzkis schreibt er einen Artikel über den italienischen Futurismus, den Trotzki im Anhang seines Buches Literatur und Revolution veröffentlicht. Viel wichtiger aller-

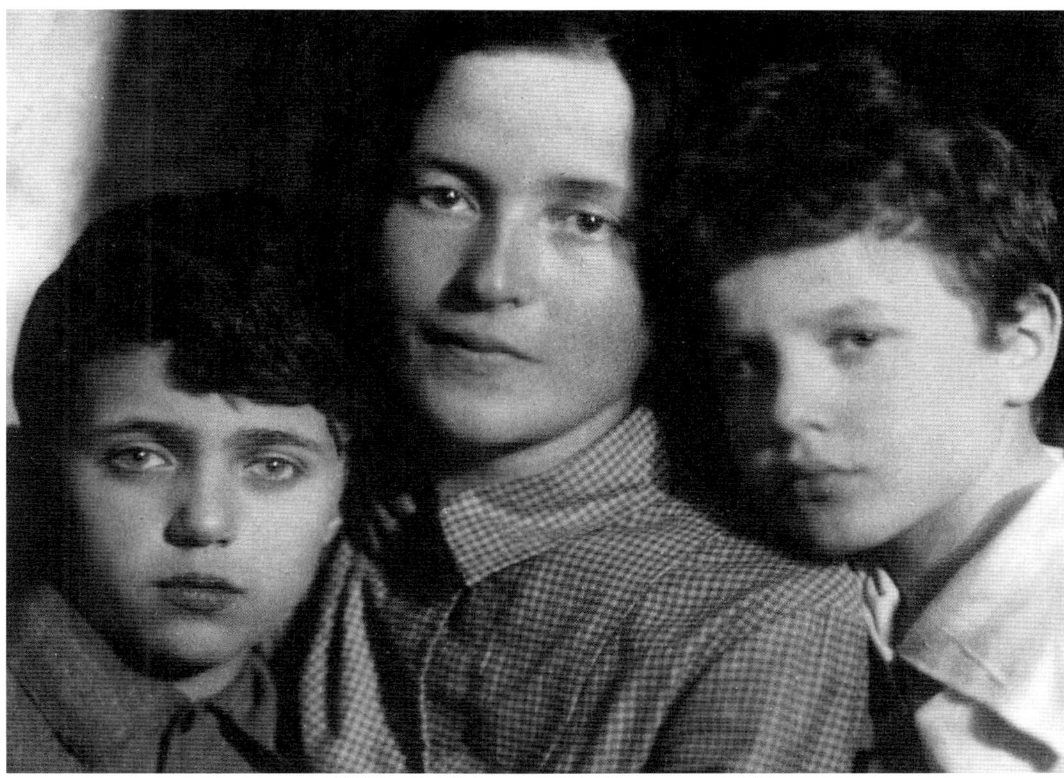

Die Familie Antonio Gramscis, 1931/32

dings ist die Begegnung mit Giulia. August 1924: Geburt ihres ersten Sohnes, Delio. In Italien ist Mussolini im Oktober 1922 an die Macht gekommen. Im Dezember 1923 ist Gramsci auf Mission in Wien (auf halbem Weg zwischen Italien und der Sowjetunion). Die Wahl zum Abgeordneten Venetiens im Mai 1924 ermöglicht ihm dank seiner parlamentarischen Immunität die Rückkehr nach Italien. März-April 1925: erneuter Aufenthalt in Moskau. Im Herbst 1925 kommt Delio mit seiner Mutter Giulia und ihrer Schwester Genia nach Rom, wo Tatiana, die dritte Schwester, sie erwartet. (Der Vater der drei jungen Frauen, ein liberaler Russe, kennt Lenin aus Sibirien, aus Sankt-Petersburg und aus der Schweiz. Als die Familie 1917 beschlossen hat, nach Rußland zurückzukehren, ist Tatiana im Westen geblieben.) Im August 1926 reisen Giulia, Genia und Delio erneut nach Moskau. Geburt des zweiten Sohnes, Giuliano, den der Vater nie anders als auf Photos sehen wird. Im Januar 1926 hatte Gramsci auf dem III. Kongreß der Partei in Lyon gegen Bordiga 90 Prozent der Stimmen erhalten. Am 14. Oktober schreibt er im Namen des Politbüros einen Brief an die Internationale, in dem er sich gegen die Art ausspricht, wie Stalin die Macht ergriffen hat (auch wenn er für die »Mehrheit« war). Er schickt den Brief an Togliatti, der zu jener Zeit in Moskau weilt: »Wir haben den Eindruck, daß die heftige und leidenschaftliche Natur der russischen Probleme dazu beiträgt, daß Sie den internationalen Aspekt eben dieser Probleme aus den Augen verlieren und daß Sie vergessen, daß jede Art des Eintretens im Namen der russischen Parteigenossen einzig und allein unter Berücksichtigung der Interessen des internationalen Proletariats gerechtfertigt werden kann und muß.«

Am 8. November 1926 wird Gramsci in Rom verhaftet. Im Januar 1929 wird ihm gestattet, andere Dinge als nur Briefe zu schreiben (siehe den Brief an Tatiana vom 9. Februar: »Du mußt wissen, daß ich in meiner Zelle schreibe. Fürs erste mache ich Übersetzungen, um wieder in Übung zu kommen.«) Sein letztes Heft ist von Anfang 1935 datiert, danach hat er keine Kräfte mehr zum weiterschreiben: »Notizen für eine Einführung in die Grammatik«. Er stirbt am 27. April 1937, gerade als er aus dem Gefängnis freikommt. Bei seiner Feuerbestattung sind zugegen: sein jüngerer Bruder Carlo, seine Schwägerin Tatiana sowie zahlreiche Polizisten.

Der »Nachruhm« Gramscis hat vor exakt fünfzig Jahren eingesetzt, also zehn Jahre nach seinem Tod, mit der Erstveröffentlichung seiner Briefe und Gefängnishefte. Heute sind alle seine erhaltenen Schriften auf dem Buchmarkt erhältlich. Seine gesammelten Schriften bilden nicht im eigentlichen Sinne ein »Œuvre«, insofern als sie kein für heute oder die nahe Zukunft anwendbares System enthalten, geschweige denn Parolen und Slogans. Sein »Hauptanliegen« in der Problematik des »Intellektuellen« sehen zu wollen setzt voraus, daß jeder einzelne seiner Leser die entsprechenden Fragen zuallererst auf sich selbst bezieht. Eine solche per-

Jean Thibaudeau

Allgemein wird behauptet, daß Gramsci mit Croce ein »Umkehrverhältnis« aufbauen wollte, ähnlich dem von Marx zu Hegel. Dieser Allgemeinplatz führte zu einer Art Gleichsetzung von Gramsci und Lukács. Demnach besannen sich Gramsci, Croce und Lukács unvermittelt wieder auf Hegel. Dieser Gemeinplatz ist widersinnig, da er sich auf Lenin bezieht, also auf die Frage nach der Partei. Der Widerspruch kann in historischer Hinsicht auch bei Lukács gefunden werden, der sich auf die ehemalige kulturelle Vormacht Deutschlands bezieht, während Gramsci für eine zukünftige moderne italienische Gesellschaft eintritt. So muß sich Lukács nicht mit Lenin beschäftigen, der der klassischen deutschen Kultur entgeht. Im Gegensatz dazu sieht Gramsci seit seinem berühmten Artikel »Die Revolution gegen das Kapital« vom November 1917 in der bolschewistischen Revolution klare Gründe für eine sofortige Revolution in Italien. Folglich tritt Croce keine Nachfolge in der »Rückbesinnung« auf Hegel an. Er steht genau im Schnittpunkt der nationalen und internationalen revolutionären Ambitionen Gramscis. Denn zumindest für Italien ist er gleichzeitig »eine Art weltlicher Papst (...), ein wirksames Instrument für Hegemonien, selbst wenn er mitunter dieser oder jener Regierung widerspricht« (an Tatiana, am 7. September 1931). Aus internationaler Warte ist er derjenige, »der den beiden größten revisionistischen Bewegungen der Zeit die intellektuellen Waffen lieferte, der Bewegung Eduard Bernsteins in Deutschland und der Bewegung Sorels in Frankreich« (aus einer Rede in Frankreich am 18. April 1932). Croce liefert Gramsci nicht nur die Schreibvorlage, sondern selbst das Terrain (das er besetzt!), in dem dieses Schreiben (das von seiner Aufgabe bestimmt wird) wirken soll (was von Marx in Bezug auf Hegel nicht gesagt werden kann).

Aus: »Premières notes sur les ›Ecrits de prison‹ de Gramsci pour placer la littérature dans la théorie marxiste«. In: *Dialectiques*. Paris 1974.

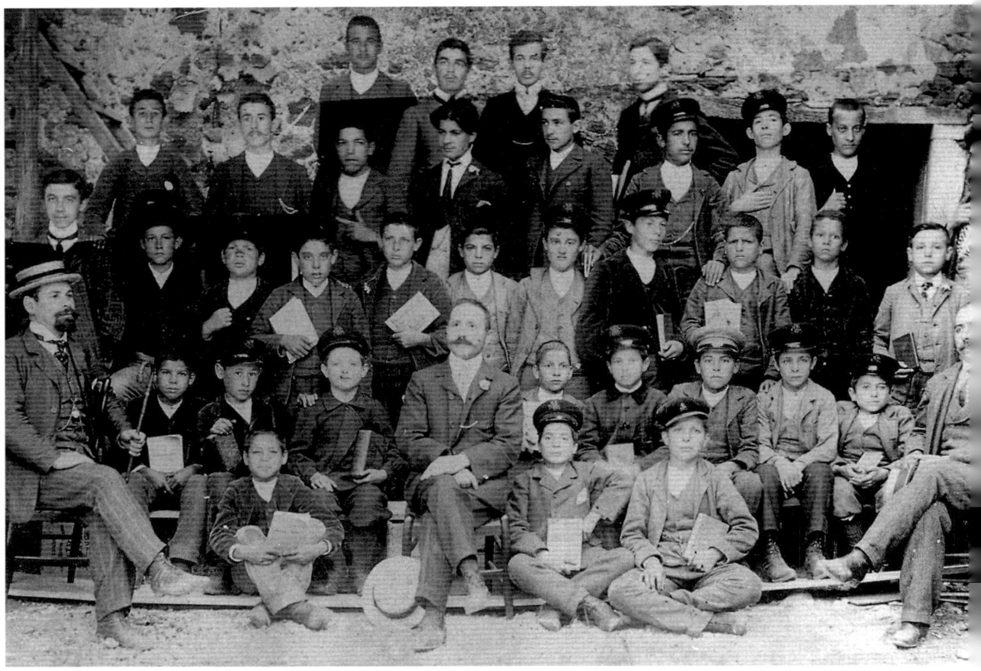

Grundschule in Ghilarza, 1900 oder 1901

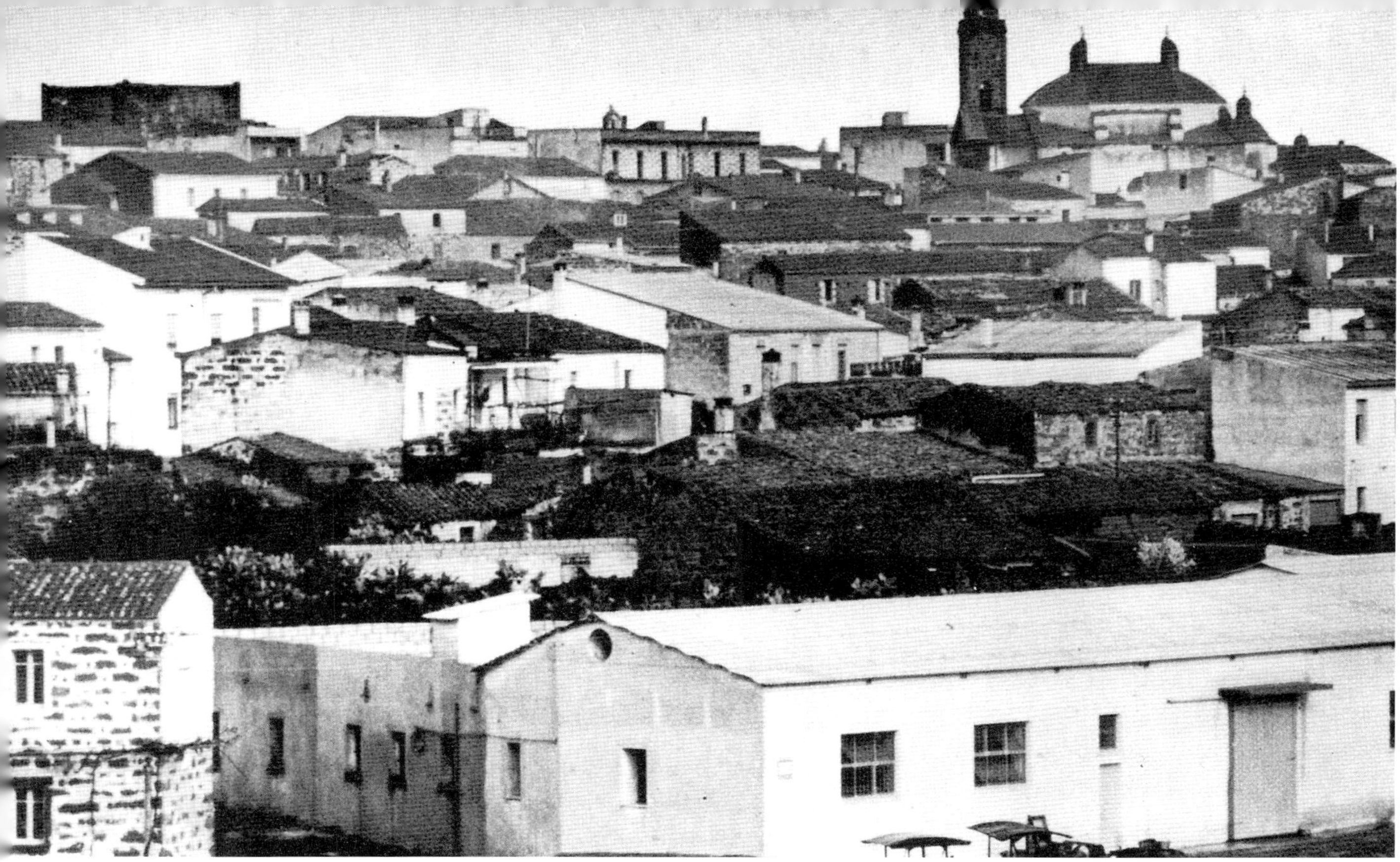

Ghilarza, Sardinien

sönliche Stellungnahme des »Lesers« bringt darüberhinaus mit sich, daß abgesehen von den Schriften auch die Handlungen, Äußerungen und Gramscis »Leben« im weitesten Sinne zur Kenntnis genommen werden. So gilt es zum Beispiel darüber nachzudenken, wie der gleiche Mensch am Abend des 31. Dezember 1917 zusammen mit zwei anderen jungen Leuten (sie sind beide 17 Jahre alt) die Gedanken von Marc Aurel lesen kann, und fünfzehn Jahre später dem jungen Genossen, der ihm in seiner Gefängniszelle in Bari zur Seite steht, anvertrauen kann, daß in einem Pinienwäldchen in der Nähe von Ravenna für alle Fälle ein Waffenversteck angelegt ist. Der junge Mann, Gustavo Trombetti, wird dieses Waffenversteck (vergeblich) suchen, nachdem er unter die Partisanen gegangen ist. Aber zurück zu jener Silvesternacht im Jahre 1917: Nachdem er seinen Freunden diesen Satz von Marc Aurel vorgelesen hat: »Halte nie etwas für nützlich für Dich selbst, was Dich eines Tages zwingen könnte, gegen Deinen Glauben zu verstoßen«, fragt er sie: »Was ist Glaube?«, hört sich ihre Antworten an und gibt ihnen schließlich die Antwort, die Dante darauf gegeben hat (und die Dante selber wortwörtlich von dem heiligen Thomas von Aquin übernommen hat): »Der Glaube ist, was die Hoffnung aufrechterhält, und Gegenstand unseres Suchens.«[1]

23. Februar 1997

[1] Die beiden Anekdoten stammen aus dem Buch *Gramsci vivo nelle testimonianze dei suoi contemporanei,* 1977, gesammelt und herausgegeben von einer der Nichten Gramscis, der Tochter seiner Schwester Teresina.

Edward W. Saïd

Ein explizit geographisches Modell liefert Gramscis Essay »Einige Aspekte der Frage des Südens«. Zu wenig gelesen und unzureichend erkundet, ist diese Studie das einzige durchgehaltene Stück politischer und kultureller Analyse, das Gramsci geschrieben hat (obwohl er es nicht fertigstellte); sie wendet sich dem geographischen Rätsel zu, das seinen Kameraden zum Handeln aufgegeben war, nämlich dem Rätsel, wie sich für Süditalien denken und planen und wie es sich studieren ließ, vorausgesetzt, daß seine soziale Desintegration es unverständlich und für ein Verständnis des Nordens zugleich ausschlaggebend machte. Gramscis brillante Analyse weist, wie ich glaube, weit hinaus über ihre taktische Bedeutung für die italienische Politik im Jahre 1926, denn sie markiert den Höhepunkt dessen, was er vor und bis 1926 geschrieben hatte, und ist überdies ein Präludium zu den Gefängnisheften, in denen er, im Gegensatz zu Georg Lukács, den territorialen, räumlichen und geographischen Faktoren des gesellschaftlichen Lebens ein überragendes Gewicht zumaß.

Lukács gehört zur hegelschen Tradition des Marxismus, Gramsci zu jenem Zweig, der von Vico und Croce ausging. Für Lukács ist die zentrale Kategorie in seinem Hauptwerk *Geschichte und Klassenbewußtsein* (1923) die der Zeitlichkeit; bei Gramsci werden soziale Geschichte und Wirklichkeit in geographischen Begriffen erfaßt – Ausdrücke wie »Terrain«, »Territorium«, »Block« und »Region« haben Vorrang und überwiegen. In »Das Problem des Südens« bemüht sich Gramsci nicht nur zu zeigen, daß die Trennung von nördlichen und südlichen Regionen ausschlaggebend für das Problem ist, wie in einer ausweglosen Situation von und mit der nationalen Bewegung der Arbeiterklasse verfahren werden

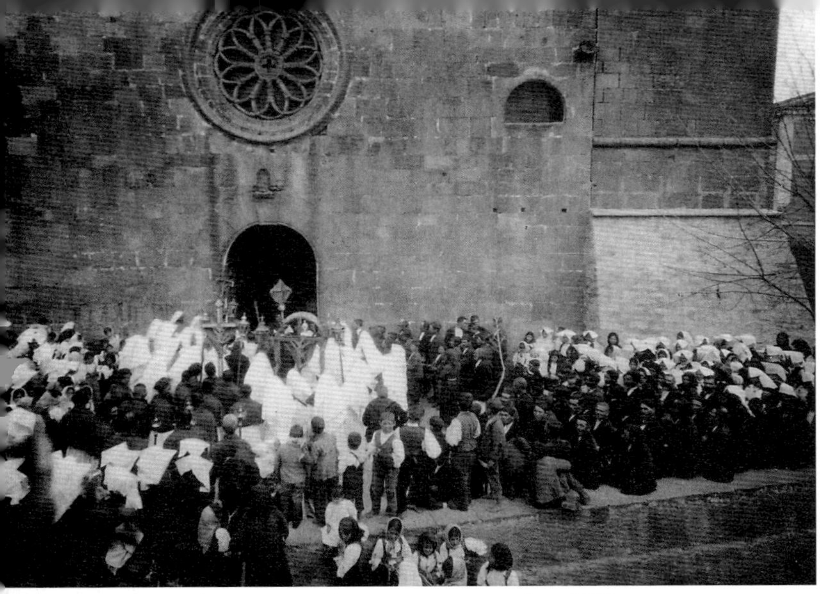

August Sander, Atzara. Palmsonntagsprozession, 1927

soll; er ging überdies wählerisch in seiner Beschreibung der Topographie des Südens vor, die, wie er sagt, bemerkenswert ist für den grellen Gegensatz zwischen der großen, undifferenzierten Masse von Bauern auf der einen und der Präsenz von »Großgrundbesitzern«, bedeutenden Verlagshäusern und berühmten kulturellen Gebilden auf der anderen Seite. Croce, eine der wichtigsten Figuren Italiens, wird von Gramsci scharfsinnig als »südlicher Philosoph« charakterisiert, dem es leichter fällt, eine Beziehung zu Europa und zu Plato anzubahnen als zu seiner eigenen zerfallenden meridionalen Umwelt.

Das Problem ist deshalb, den Süden, dessen Armut und riesiges Arbeitskräftereservoir ihn für die nördliche Wirtschaftspolitik schwer erschließbar macht, mit einem Norden zu verbinden, der von diesem Reservoir abhängig ist. Gramsci formuliert seinen Vorschlag in einer Weise, die seine berühmte Kritik des Intellektuellen in den *Quaderni* vorwegnimmt: er konzentriert sich auf Piero Gobetti, der, ein Intellektueller, die Notwendigkeit eines Bündnisses des nördlichen Proletariats mit der südlichen Bauernschaft begriff, eine Strategie, die in scharfem Kontrast zu den Laufbahnen von Croce und Giustino Fortunato stand, und der Norden und Süden kraft seiner Fähigkeit, Kultur zu organisieren, zusammenschloß. Sein Werk »stellte die Frage des Südens auf einem anderen Gebiet als dem traditionellen [indem es den Süden nämlich nicht einfach zur zurückgebliebenen Region Italiens stempelte], und zwar dadurch, daß es das Proletariat des Nordens darin einführte«. Diese Einführung aber, fährt Gramsci fort, konnte erst geschehen, als man sich erinnerte, daß die geistige Arbeit langsamer und in längeren Zeitrhythmen verläuft als die irgendeiner anderen sozialen Gruppe. Kultur muß (wie er in den *Quaderni* schreiben sollte) »sub specie aeternitatis« gesehen werden. Es verstreicht viel Zeit, bevor neue kulturelle Gebilde und Entwürfe auftauchen, und für diesen Prozeß sind Intellektuelle unerläßlich, die freilich auf viele Jahre der Vorbereitung und den Hort der Überlieferung angewiesen sind.

Aus: *Kultur und Imperialismus. Einbildungskraft und Politik im Zeitalter der Macht* (1993). Frankfurt am Main 1994.

Nicos Poulantzas

Wie viele Griechen, die aus meiner Gesellschaftsschicht kommen und in meinem Alter sind, lernte ich den Marxismus durch die französische Kultur kennen. Zu jener Zeit war ich 17 oder 18 Jahre alt und begann, selbständig zu arbeiten. Das war nach dem Bürgerkrieg, als die kommunistische Partei für illegal erklärt wurde, was bis 1974 andauern sollte. Marxistisches Gedankengut war kaum in Umlauf. Es war unmöglich, sich auch nur die marxistischen Klassiker zu beschaffen. So bin ich über die französische Philosophie, insbesondere über Sartre, zum Marxismus gekommen. In der Universität, den Gewerkschaften und den Studentenschaften machte ich meine ersten Erfahrungen als militanter Linker. Daraufhin schloß ich mich der E.D.A. (Linksdemokratische Union) an, die ein breiter, legaler Zweig der Kommunistischen Partei war. Der Partei selbst gehörte ich allerdings nicht an.

Nach meinem Jurastudium kam ich nach Westeuropa. Ich blieb bei der E.D.A. aktiver Militanter. Das große Problem der E.D.A. war, daß einige ihrer Mitglieder Kommunisten waren und andere nicht. Sie war eine Art organisierter Volksfront, die jedoch von der Kommunistischen Partei gegängelt wurde und deshalb nicht wirklich eigenständig war.

Da ich mich über Sartre für den Marxismus interessierte, ließ ich mich stark von Lucien Goldmann und von Georg Lukács beeinflussen. Meine Doktorarbeit handelte von Rechtsphilosophie. Ich entwickelte ein Konzept von Recht, das von Lukács und Goldmann inspiriert wurde. Seit der Publikation der Doktorarbeit im Jahr 1964 spürte ich schon die Grenzen dieser Ausrichtung auf den Marxismus. Sodann habe ich das Werk Gramscis durch die *Critica Marxista* entdeckt, die zu jener Zeit die wichtigste marxistische Zeitschrift war.

Als ich von Gramsci beeinflußt war (ich bin es noch immer), habe ich auch begonnen, mit Althusser zu arbeiten. Althusser und ich waren uns über Gramsci sofort einig und gleichzeitig uneinig. Das hier im Detail zu erklären, dauerte allerdings zu lang. Es rührte übrigens vor allem von einer Meinungsverschiedenheit mit Balibar her. Ich war mit den ersten methodologischen und philosophischen Texten Althussers einverstanden. Ich dachte und denke noch immer, daß Althusser den Klassenkampf und seine Probleme versteht. Im Übrigen stellte sich die Frage nach dem Strukturalismus deutlicher bei Balibar als bei Althusser. In »Pouvoir politique et classes sociales« finden sich mehrere offensichtliche Divergenzen zwischen Balibars und meinem Text. Darüber habe ich auch in »Les classes sociales dans le capitalisme aujourd'hui« einige Worte verloren.

Zu jener Zeit trat ich der Kommunistischen Partei Griechenlands bei, ein Jahr nach dem Staatsstreich vor ihrer Spaltung 1968. Seither bin ich Mitglied der internen Kommunistischen Partei, die sich auf der Linie des Eurokommunismus entwickelt. Die externe Partei blieb hingegen eine der letzten stalinistischen Parteien Europas – streng stalinistisch, dem theoretischen Dogmatismus treu, und intern vollständig undemokratisch und absolut abhängig von der UdSSR.

Aus einem Gespräch, das Stuart Hall und Alan Hunt für die britische Zeitschrift *Marxism Today* vom Juli 1979 führten und das von Yannick Blank ins Französische übertragen wurde.

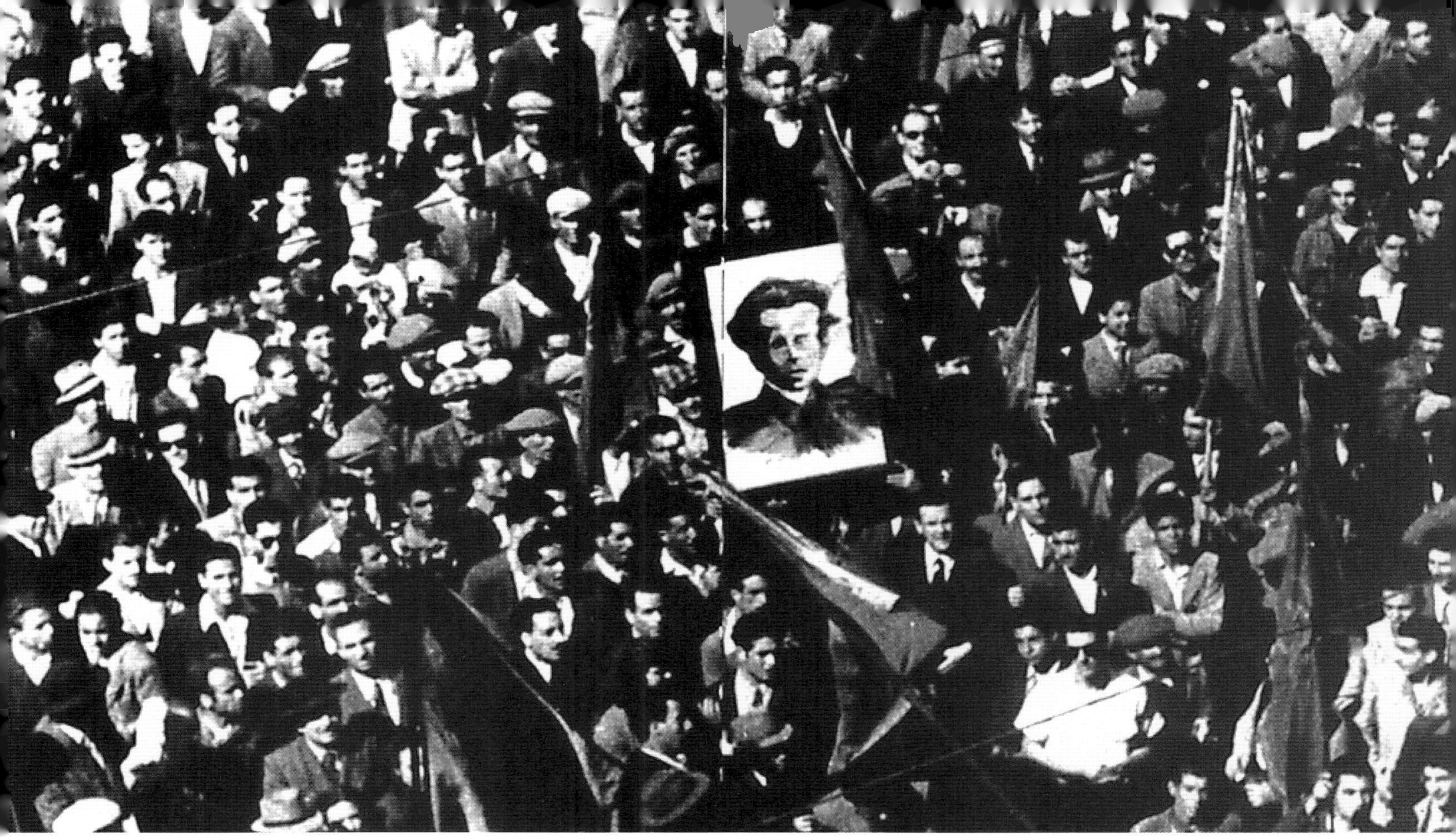

Jean Thibaudeau

Gramscis Historizismus ist »absolut«[1]. Im Überbau plaziert, reicht er bis in die Geographie! – »Selbst die Geographie eines Nationalstaates geht den Strukturveränderungen nicht voraus, sondern folgt ihr (logischerweise). Gleichzeitig reagiert die Geographie in bestimmter Weise auf die Strukturveränderungen (auf genau die Weise, in der der Überbau auf Struktur, Politik und Wirtschaft reagiert.« (Mach) Es überrascht nicht, wenn die Schriften Gramscis der berühmten Erklärung Stalins widersprechen, wonach »die Sprache keinen Überbau darstellt«.

[1] Vgl. Stalin, »Über den Marxismus in der Linguistik« (*Prawda*, 1950). Wieder aufgenommen in den *Cahiers marxistes léninistes*, Nr. 12 und 13, 1966. In seiner Einführung versucht Etienne Balibar zwei Wissenschaften zusammenzuführen: die Linguistik und den historischen Materialismus. Es gelingt ihm aber nicht, einen stimmigen Schluß dieses Gesellschaftskonzepts zu finden (Stalin: »Jede Basis hat ihren eigenen Überbau (...) Entsteht eine neue Basis, bildet sich sofort ein ihr entsprechender Überbau (...). Die Sprache gehört zu den sozialen Handlungen, die während der gesamten Lebensdauer einer Gesellschaft aktiv ist). »Deutlich wird, daß Stalin vor einer ökonomisch ausgerichteten Linguistik halt macht, die sich unter seinem Namen zusammenfassen läßt: der Stalinismus steht für die Unkenntnis der Effekte des Überbaus, die dem Historizismus Gramscis bekannt sind. Es ist Gramsci bewußt, daß die Revolution weder mit der Machtergreifung beginnt oder endet, noch nach dem strikten Plan der Politik oder der Wirtschaft abläuft (in Bezug auf diese Gesellschaft, die ihre Basis verändern kann, enthüllt Gramscis Lektüre von Dantes Werken ihr Geheimnis, das von der literarisch-stalinistischen Politik verunklärt wird)«.

Aus: »Premières notes sur les ›Ecrits de prison‹ de Gramsci pour placer la littérature dans la théorie marxiste«. In: *Dialectiques*. Paris 1974.

Constanzo Preve

Unglücklicherweise wurde das Denken Gramscis schon zu lange bei politischen und theoretischen Auseinandersetzungen eingebracht, die direkt mit der P.C.I. zu tun hatten und bei denen Gramsci nur als Vorwand diente (lassen wir die in diesem Zusammenhang zweitrangigen Probleme beiseite, die die mehr oder weniger große »Richtigkeit« dieser oder jener politischen Linie betreffen). Wir denken zum Beispiel an das Problem des vermeintlichen »Organizismus« in Gramscis Denken (über den Franco Sbarberi viel geschrieben hat). Gleich, ob der »Organizismus« haupt- oder nebensächlicher Bestandteil im Denken Gramscis war, der »Organizismus« ist zweifellos abscheulich und widerwärtig (im Gegensatz zu Sparberi sehe ich ihn bei Gramsci, jedoch nimmt er in seinem Denken keine zentrale und entscheidende Stellung ein, da er neben Anschauungen steht, die der »Individualität« eine strategische kulturelle Autonomie zuweisen). Schließlich konnte er einer Dialektik entsprechend kommunistische Kräfte in Kräfte des »roten Faschismus« umwandeln. Die sakrosankte Polemik gegen den »Organizismus« kann also meiner Ansicht nach in Ruhe geführt werden, ohne dabei Personen zu beleidigen, die zu einer Zeit lebten, in der die Bedeutung gewisser Begriffe nicht dieselbe war und sein konnte wie heute.

Aus: »De la mort du gramscisme au retour à Gramsci«. In: *Modernité de Gramsci*. Besançon 1992.

Fabrizio Gallanti

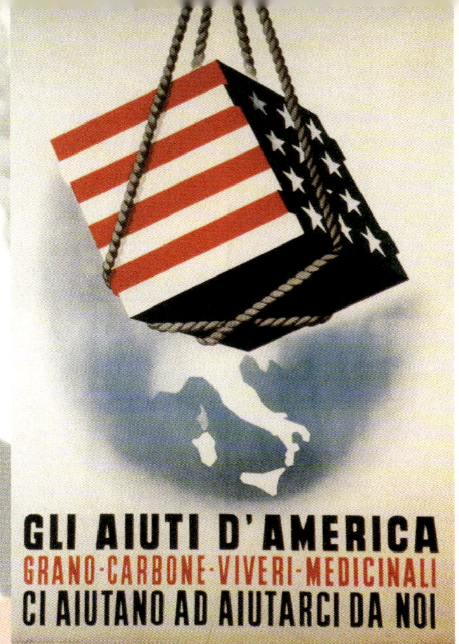

1945–1967 Politische Architektur in Italien

Am Ende des Zweiten Weltkrieges, vor den Trümmern von zwanzig Jahren Diktatur und eines Kriegsabenteuers mit verheerenden Folgen, standen die italienischen Architekten unvermittelt vor der Aufgabe, ein ganzes Land wiederaufbauen zu müssen.

Betrachtet man das Phänomen des Wiederaufbaus nach Kriegsende im gesamteuropäischen Kontext, dann erscheint es durchaus naheliegend, daß die kulturell avanciertesten Gruppen unter den italienischen Architekten, die als Fachleute die Bewältigung dieser Phase zu leisten hatten, versuchten, ihren Beruf auch in einem wissenschaftlichen Sinne als »ricerca« (Forschung) aufzufassen und ihn zugleich um eine politische Dimension zu erweitern. Unter diesem Aspekt ist das Beispiel Italien sehr aufschlußreich: Die Auseinandersetzung um die Beerbung des *Movimento Moderno* (Modernismus) ist in Italien sicher am tiefgreifendsten gewesen, und viele der später in der internationalen Debatte aufgegriffenen Fragen sind zuerst in Italien diskutiert worden. Durch die stark einsetzende Verstädterung der Landbevölkerung, durch die demographische Explosion, durch die Notwendigkeit, in kurzer Zeit für enorme Menschenmassen Wohnraum zu schaffen, waren die italienischen Architekten mit Problemen konfrontiert, die sie dazu zwangen, sehr entschieden die Grenzen der eigenen Disziplin zu hinterfragen.

Vor dem Hintergrund der Erfahrung des Krieges hatte nach dem Anspruch vieler Architekten der Wiederaufbau nicht nur ein physischer, sondern auch ein moralischer Prozeß zu sein.

Die folgende, von Piero Bottoni in seinem Text *La casa a chi lavora* aus dem Jahre 1945 formulierte Position wurde von vielen geteilt:

»Das Wort Wiederaufbau ist falsch, es müßte ›Neuaufbau‹ heißen (...). Der Neuaufbau des Landes ist essentiell ein Problem moralischer und politischer Natur, und das Problem des Neuaufbaus der durch den Krieg zerstörten (oder nicht durch den Faschismus zerstörten) baulichen und urbanistischen Organismen ist nichts als der soziale und ökonomische Aspekt dieses selben Problems (...). So wie man bei der Politik nicht zum präfaschistischen Italien zurückkehren kann, so darf man beim Bauwesen und bei der Urbanistik nicht zu einer Architektur zurückkehren, die von ökonomischen und sozialen Konzeptionen ausgeht, die nicht auf die kollektive soziale Revolution reagiert, deren schmerzhafte Prämisse der Krieg war.«[1]

Der intellektuellen Hypothese einiger der Protagonisten dieses Abschnitts der italienischen Architekturgeschichte zufolge – Ludovico Quaroni, Ignazio Gardella, Mario Ridolfi, Ernesto Nathan Rogers, Giuseppe Samonà, Giancarlo De Carlo, Piero Bottoni, Franco Albini, Bruno Zevi – sollten Orte und Räume für eine neue »Civitas« konstruiert werden. Neue räumliche und funktionale Bezüge sollten in den Vierteln, die in Turin, Mailand, Rom, Genua, Neapel die massenhaft neu hinzuziehenden Einwohner aufzunehmen hatten, die Möglichkeit von sozialen Verhältnissen zum Ausdruck bringen, die anders waren als im Faschismus, der die italienische Gesellschaft in einen Käfig gesperrt hatte.

In der moralischen Dimension der italienischen Architektur 1945 waren verschiedene Komponenten enthalten: die Erbschaft des militanten Antifaschismus, ein demokratisches Ideal, das Bedürfnis nach einer anderen Art von Gemeinschaft.

Für die Intellektuellen des marxistischen, stark von Gramsci geprägten Lagers, wie Piero Bottoni, war das Bezugssystem für die Schaffung einer solchen Gemeinschaft tendenziell kommunistisch.

Die Idee von einer auch mit Hilfe der Architektur zu schaffenden Gesellschaft hatte gegen Ende des Zweiten Weltkrieges eine solche Durchschlagskraft, daß sich unter ihrer Fahne unterschiedlichste kulturelle und politische Komponenten der engagierten italienischen Architektenschaft vereinigen konnten. Es waren also nicht nur die der Kommunistischen Partei nahestehenden Architekten, die ihr Augenmerk auf derartige Themen richteten.

In den ersten Nachkriegsjahren bildeten sich zahlreiche Vereinigungen, es wurden Manifeste und Programme verfaßt. In verschiedensten Funktionen fanden Architekten auch direkten Zugang zu den politischen und administrativen Organen, die mit dem Wiederaufbau befaßt waren.

Für diesen idealistischen Drang nach einer grundlegenden Neuformulierung der italienischen Gesellschaft und damit auch der Architektur kann exemplarisch das programmatische Manifest der im Sommer 1945 von Bruno Zevi gegründeten Apao, der »Associazione per l'architettura organica« (Vereinigung für eine organische Architektur) zitiert werden, in der es heißt:

»Die organische Architektur beinhaltet soziale, technische und künstlerische Aktivitäten gleichzeitig, die darauf ausgerichtet sind, das Umfeld für eine neue demokratische Gesellschaft zu schaffen. Organische Architektur bedeutet Architektur für den Menschen, nach menschlichem Maßstab modelliert, den geistigen, psychischen und materiellen Ansprüchen des Menschen entsprechend. Die organische Architektur ist daher eine Antithese zur Monumentalarchitektur, die der staatlichen Mythenbildung dient.

Die organische Architektur steht im Gegensatz zur Haupt- und Nebenachse des zeitgenössischen Neoklassizismus, zum ordinären Neoklassizismus der Bögen und Säulen und zu jenem falschen Neoklassizismus, der sich hinter den pseudomodernen Formen der zeitgenössischen Monumentalarchitektur versteckt.«[2]

Zevi, der während des Krieges in den USA im Exil lebte, hatte dabei die Erfahrung des »new deal« und die Demokratien angelsächsischer Prägung im Hinterkopf. Darüberhinaus war schon in den nahezu fideistischen Formulierungen dieser Proklamation eine Kritik der Architektur des Rationalismus enthalten, eine Kritik, die in den 50er Jahren die italienische Kulturdebatte auf weiten Strecken durchzog.

Der historische Rahmen dieser erst 1966 beendeten Debatte ist von Manfredo Tafuri in seiner Rekonstruktion der Geschichte der Nachkriegsarchitektur, *Storia dell'architettura italiana 1944–1985*, umrissen worden. Im Zentrum dieses Textes steht die Reflexion über das schwierige, nicht immer eindeutige Verhältnis zwischen den Architekten und der Gesellschaft, das sich in den häufig durch Unentschlossenheiten und Mißerfolge gekennzeichneten Auseinandersetzungen mit den politisch und ökonomisch Mächtigen als besonders problematisch erweist.

So schreibt Tafuri zur politischen Haltung der Architekten unmittelbar nach dem Ende des Zweiten Weltkrieges:

»Tatsächlich konnten sich die Architekten, die die Werte der Widerstandsbewegung introjiziert hatten, lediglich auf ein ethisches Fundament einigen, aufgrund dessen sie sich miteinander solidarisch bekannten, einig eigentlich nur darin, daß sie ein Programm der Wahrheit verfolgen wollten. Als sehr viel komplexer erwies es sich, die Inhalte dieser Wahrheit und die Formen der daraus resultierenden Aktionen zu definieren. Daß man sich vor einem völlig neu zu konstruierenden Prozeß befand, schien außer Frage. Ebenso außer Frage war die Notwendigkeit der Abrechnung mit einer Idee der Vernunft, deren Scheitern – wie Elio Vittorini es in jenen Jahren verkündete – eine erwiesene Tatsache zu sein schien.«[3]

In den 50er Jahren, nach zwanzig Jahren Abgeschlossenheit vom Rest der Welt, schickte sich die italienische Architektur nun an, eine Hauptrolle in der internationalen Debatte zu spielen. Von den Intellektuellen wurden große Anstrengungen unternommen, um im Panorama der Weltarchitektur eine zentrale Stellung einzunehmen. Zunächst einmal durchtrennten sie ödipal alle Verbindungsfäden zur direkten Vergangenheit, um sich außer einer Lizenz als moderne Architekten auch ein Anti-Faschismus-Zertifikat zu verschaffen.

In Wirklichkeit gingen sowohl die persönlichen Trajektorien der einzelnen Protagonisten wie auch die Inhalte ihrer Arbeit als Architekten auf die Zeit vor dem Kriegsende zurück und waren mitten durch den Faschismus hindurch direkt in die Erfahrung mit der Demokratie einer gerade geborenen Republik gemündet.

Diese anfangs verleugnete Kontinuität wurde später rekonstruiert, als an die unterbrochenen Diskurse einiger wichtiger Protagonisten der modernen Architektur in Italien wieder angeknüpft wurde. Auf drei her-

1 Piero Bottoni: *La casa a chi lavora* (»Eine Wohnung für den, der arbeitet«). Mailand 1945. Vom Autor herausgegebene Broschüre. Piero Bottoni war in vielen Phasen der italienischen Architekturgeschichte dieses Jahrhunderts eine wichtige Figur. Als Freund und Kommilitone Giuseppe Terragnis nimmt er an den römischen Ausstellungen des MIAR (Movimento Italiano per l'Architettura razionale, der Italienischen Bewegung für eine rationale Architektur) teil. Von 1929 an war er in der italienischen Sektion des CIAM (Congrès International d'Architecture Moderne) tätig. In den 30er Jahren beschränkten sich seine beruflichen Aktivitäten ausschließlich darauf, Privathäuser und Laboratorien einzurichten. Gegen Kriegsende ging er in die Resistenza und schloß sich der Kommunistischen Partei an. 1945 wurde er zum »commissario straordinario« der VIII. Triennale ernannt und war als Repräsentant der Gruppe der Architekten Mitglied der Consulta (Kommission zur Erarbeitung der Verfassung der italienischen Republik). Als Organisator der VIII. Triennale war er an der Realisierung des experimentellen Stadtviertels QT8 in Mailand beteiligt.

2 Aus: Apao: *Dichiarazione dei principi*, (Prinzipienerklärung) In: *Metron* 2, 1945.

3 Manfredo Tafuri, *Storia dell'architettura italiana 1944–1985*, Turin 1986.

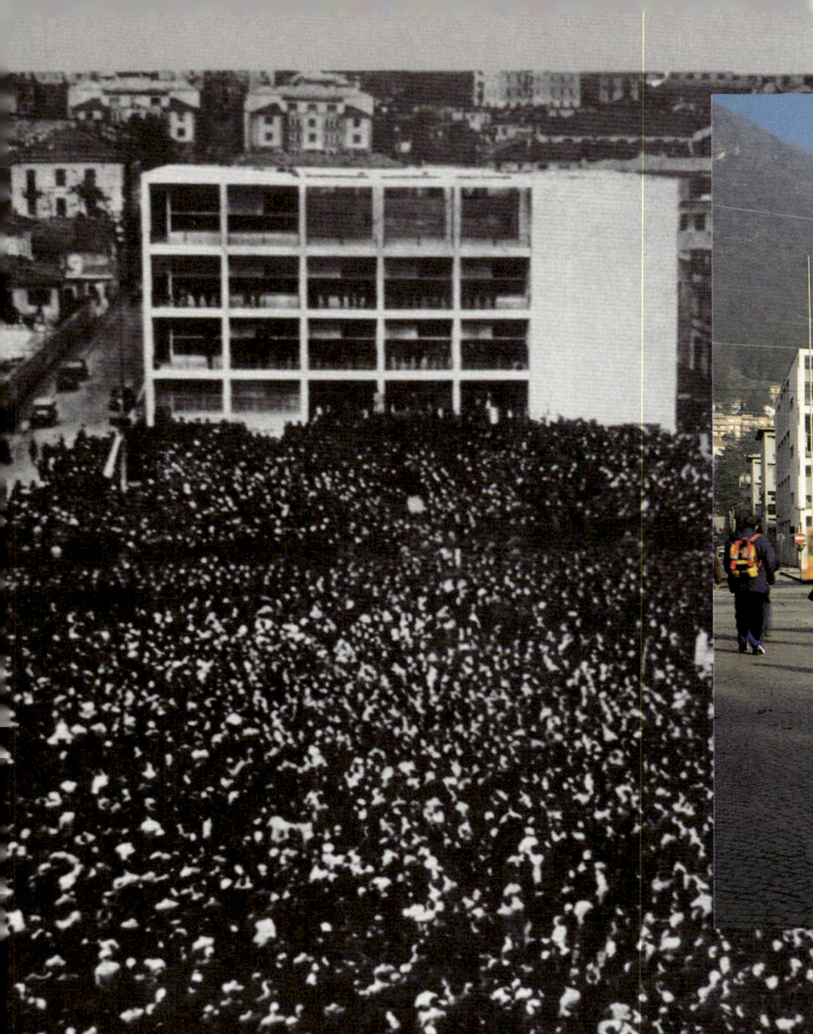

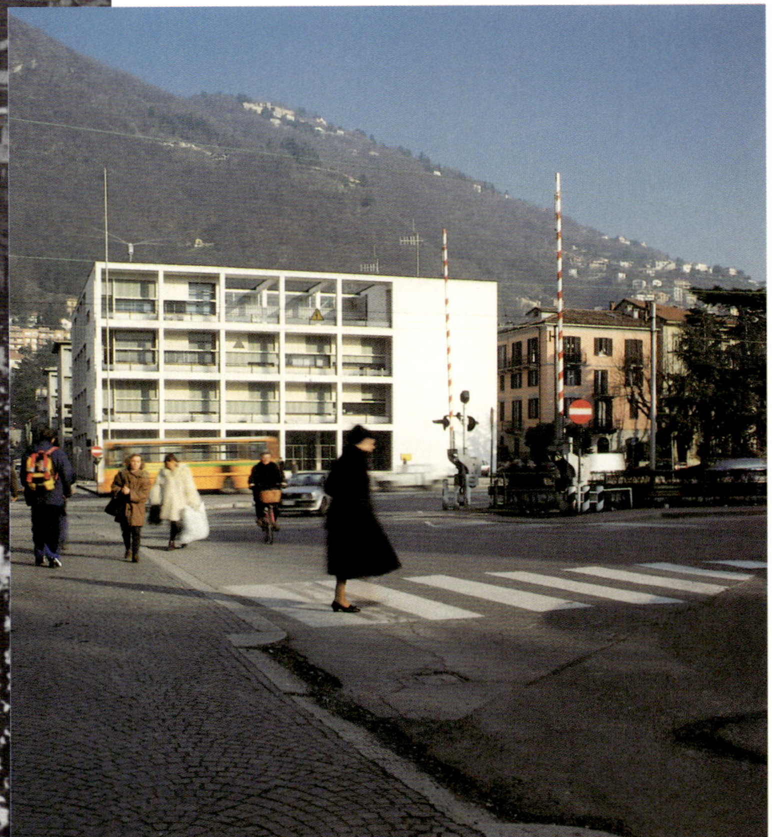

Giuseppe Terragni, Casa del Fascio (Haus des Faschismus)/ Die Casa del Fascio heute

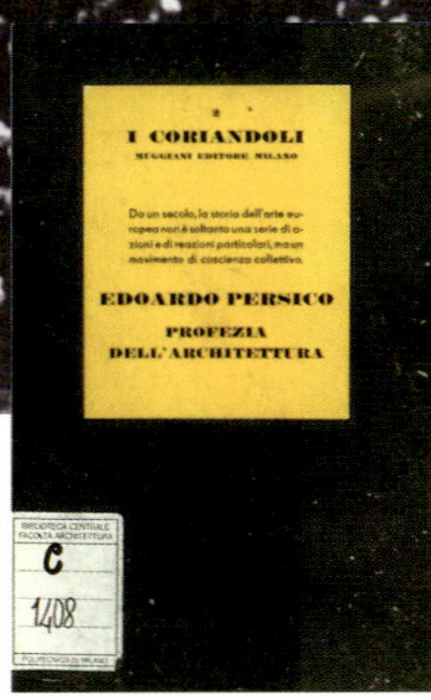

Edoardo Persico
Profezia dell'Architettura (1935). Mailand 1945. Das Buch enthält einen berühmten Vortrag Persicos von 1935, nur wenige Monate vor seinem Tode gehalten.

ausragende Persönlichkeiten blickten die Nachkriegsarchitekten dabei mit größter Aufmerksamkeit: Giuseppe Terragni, Edoardo Persico und Giuseppe Pagano, entscheidende Figuren nicht nur aufgrund ihres tragischen Schicksals noch vor Ende des Krieges. Später wird man ihr »Martyrium« wieder ausgraben, um die antifaschistische Position der architektonischen Kultur Italiens zu akkreditieren, als wollte man rationalistische Erfahrung und politisches Engagement zusammenschweißen.[4]

In Italien wurde der Rationalismus erst spät bekannt. Die Ideen des »Modern-Konstruierens« kamen aus dem Ausland. In Deutschland und Frankreich waren die Architekten des Modernismus mit ihrer Suche schon auf einem ziemlich hohen Niveau angekommen, doch war der Rationalismus dort ein Ausdruck der fortgeschrittenen industriellen Bourgeoisie, während Italien in den 20er Jahren noch überwiegend ein Agrarland war. Der Faschismus wollte aus jenem Italien eine moderne Industriepotenz machen, und er war – oder wollte zumindest so erscheinen – eine Massenbewegung mit starken sozialen Inhalten, bei dem die Organisation von Konsens unter Einbeziehung des Volkes in die Konstruktion des Staates überging.

Der Rationalismus wäre die ideale Architektur für dieses Programm gewesen. Er konnte jedoch nie zum offiziellen Stil des Regimes avancieren, dafür wurde ein sehr zum Kompromiß neigender Monumentalismus bevorzugt, der bei sehr geringem Einsatz eine um so größere Wirkung entfaltete.

Die modernen italienischen Avantgarden waren also von der internationalen Debatte abgeschnitten und im eigenen Land ohnmächtig. Nur wer sich im Umfeld der Mailänder Schutzgötter Persico und Pagano bewegte, war imstande, eine gewisse kulturelle Nähe zur rationalistischen Architektur im Rest Europas aufrechtzuhalten. Im Verhältnis zum Modernismus zeichneten sich bereits in der Zeit vor dem Zweiten Weltkrieg zwei Positionen ab: eine, die sich vor allem die moralische Sprengkraft dieser neuen Architektur zu eigen machte, wie sie vor allem in der Publizistik der Epoche zum Ausdruck kam; die andere, die von dieser immerhin noch jungen Tradition die expressiven Aspekte übernahm und sie zu einem formalen Repertoire von nicht selten hoher Qualität kondensierte, wie es zum Beispiel bei Giò Ponti und Luigi Moretti der Fall war.

Im Unterschied zu den anderen Ländern, wo die rationalistischen Architekten die Möglichkeit hatten, sich ganz legitim der Konfrontation mit den drängenden sozialen Fragen zu stellen, was bedeutete, sich »militant« und »ideologisch« mit der Geschichte auseinanderzusetzen, fanden in Italien rationalistische Tendenzen ihren Ausdruck in einer intimistischen Abwandlung von Projektthemen und einer starken Fixierung auf stilistische Probleme der Architektur.

So kam es in Italien zu einer sehr autarken Ausprägung der modernen Architektur, die sich mit Themen wie Präexistenz und Ambiente auseinandersetzte, Themen, die in der Nachkriegszeit wieder aufgegriffen wurden. Unter Bezugnahme auf einige Bauten Franco Albinis, Giuseppe Samonàs und Giovanni Micheluccis, die zwischen 1947 und 1950 entstanden, schreibt Tafuri folgendes:

»Die Auseinandersetzung mit dem Ambiente ist das Thema, unter dem sich dieser ganze Komplex von Werken zusammenfassen läßt und das die Originalität der italienischen Praxis in jenen Jahren auszumachen scheint. Das Sich-Beziehen auf das Ambiente ist allerdings nur die andere Seite des Sich-Beziehens auf die Natur: man sucht Schutz, man hüllt sich in warme Decken. Und gerade deshalb läßt sich in diesen Werken ein Schwanken zwischen zwei Extremen feststellen: der außerordentlichen Skrupellosigkeit im Umgang mit dem Vermächtnis der Avantgarden steht die ebenso außerordentliche Vorsicht bei der Definition der beim Dialog mit der Geschichte gesetzten Grenzen des Erlaubten gegenüber. In Wahrheit wurde das Ambiente nicht im eigentlichen Sinne als historische Struktur betrachtet; es überwiegt die impressionistische Attitüde, der Essay, der letztendlich zur Aussetzung des Urteils instrumentalisiert wird.«[5]

Um die Bedeutung der kulturellen Arbeit Terragnis in ihrer ganzen Dimension zu verdeutlichen, ist vielleicht ein Bild und der in ihm enthaltene politische Inhalt geeignet: Es ist die bekannte Photomontage, die den von einer Menschenmenge überfüllten Platz vor der »Casa del Fascio« (Haus des Faschismus) in Como zeigt. Auf diesem Bild ist die politische Intention Terragnis kondensiert. Die Architektur der Casa del Fascio übernimmt eine beinahe pädagogische Rolle. In ihrer volumetrischen Absetzung vom Kontext und der expressiven Klarheit ihrer Formsprache soll sie die Werte der Transparenz und der Modernität der faschistischen Idee kommunizieren.

In diesem in der Photomontage klar zum Ausdruck gebrachten Votum für die edukative Rolle einer Architektur für die Massen steckt das von den architektonischen Poetiken der Nachkriegszeit wieder aufgegriffene antizipatorische Element. Die Absicht ist, zur Bildung einer kollektiven Rhetorik und Identität beizutragen, um mit den neuen Symbolen der rationalen Architektur das Bild der neuen Gesellschaft zu konstruieren.

Auch wenn sie innerhalb der Grenzen der faschistischen Ideologie und Rhetorik verharrt, führt die Architektur der »Casa del Fascio« jedoch einige neue Elemente ein: Durch die Bezüge zwischen dem Gebäude und dem davorliegenden Platz stellt das Projekt eine Dimension von Gemeinschaft her; wobei es durch die Linienführung der Fassade, für die einige manipulierte Elemente des Klassizismus ausgeliehen wurden, gelingt, gleichzeitig monumental und, im Sinne einer Häuslichkeit der Innenräume und ihrer Beziehung zum Äußeren, intim zu wirken.

Ein solches demonstratives Zusammenspiel, eine solche Konkretisierung von Kulturkonzepten in der Materialität der Architektur, die den Abstand zwischen den kulturellen Eliten und dem Volk in hohem Maße bezeichnet, ist mit Sicherheit ein Erbe der Avantgarden, und dies wird als Element der Kontinuität in der politischen Haltung der Nachkriegsarchitekten erhalten bleiben.

Von den Seiten der Mailänder Zeitschrift *Casabella* aus führten Edoardo Persico und Giuseppe Pagano einen einzigartigen Kampf zur Durchsetzung der rationalen Architektur in Italien.[6] Die Stärke der kulturellen Konzepte Persicos und Paganos lag in

4 1951 wurde die Ausstellung zur IX. Triennale von Mailand mit einer von Pietro Lingeri und Giovanna Pericoli ausgerichteten, Raffaello Giolli, Giuseppe Terragni, Edoardo Persico und Giuseppe Pagano gewidmeten kommemorativen Sektion eröffnet.

5 Aus: Tafuri, *Storia*, a.a.O.

6 Persico war seit 1930 Herausgeber der Zeitschrift, Pagano seit 1933, mit Persico als Chefredakteur. Nach Persicos frühem Tod 1936 übernahm Pagano allein die Leitung der Zeitschrift.

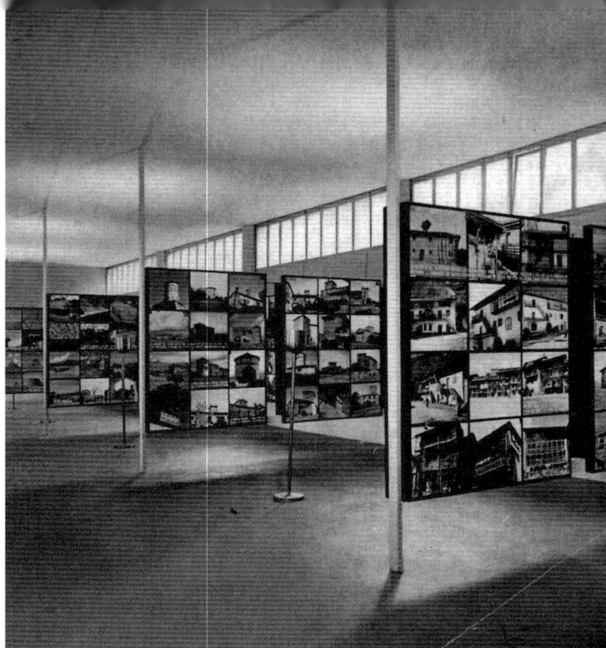

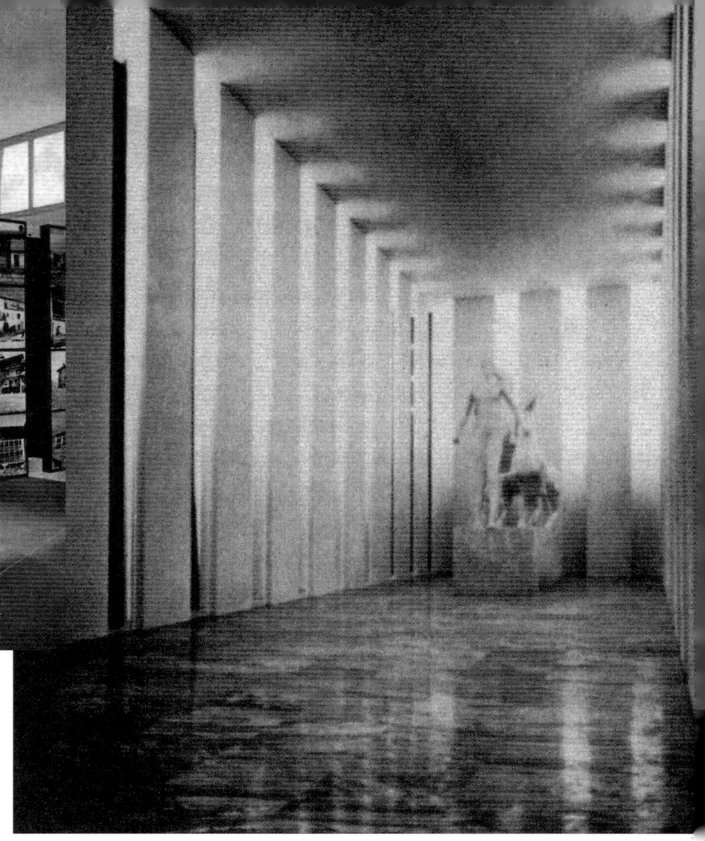

Giuseppe Pagano, Guarnerio Daniel
Mostra dell'architettura rurale italiana (Ausstelllung ländlicher italienischer Architektur) bei der VI. Triennale von Mailand 1936

Edoardo Persico
Sala della Vittoria bei der VI. Triennale von Mailand 1936

der Adoption des Rationalismus als eher methodischem als formalem Bezugssystem: Es handelte sich nicht darum, eine neue Mode in Italien einzuführen, wie das zu Beginn des Jahrhunderts mit dem »Liberty« der Fall war, sondern um die Erneuerung der italienischen Architekturproduktion.

Es ging also darum, einen spezifisch italienischen Rationalismus zu entwickeln, der sowohl auf die italienische Architekturgeschichte Bezug nahm als auch den von Frankreich oder Deutschland unterschiedlichen ökonomischen und technischen Bedingungen des Landes Rechnung trug.

Pagano und Persico präsentierten dazu bei der VI. Triennale von Mailand zwei Modelle, in denen sich zwei verschiedene Haltungen ausdrückten. Giuseppe Pagano und Guarniero Daniel richteten ihre *Mostra dell'architettura rurale*, aus der später das Buch *Architettura rurale italiana* (Ländliche italienische Architektur)[7] hervorging, im Mittelmeerbecken ein. Paganos Vorschlag bildete einen Kontrapunkt zu Persicos Ausstellungssektion zum »klassischen Geist« der Architektur in der Sala della Vittoria.

In Giorgio Ciuccis Sätzen zu diesen beiden Konzepten werden viele später von den Nachkriegsarchitekten aufgegriffene Probleme und Fragestellungen vorweggenommen:

»Nicht gegensätzlich, aber in gewisser Weise komplementär zur Sala della Vittoria, feiert die Ausstellung über die ländliche Architektur den anderen Aspekt der Architektur und jener Tradition, die Pagano interessiert: den ästhetischen und moralischen Wert der Funktionalität. So wie Persico sich für seinen Raum stilistisch von den gehobensten Konzeptionen der neuen Architektur inspirieren ließ und den klassischen Beigeschmack der Tradition im Namen der von ihm angestrebten neuen europäischen Renaissance legitimiert,[8] ist es Paganos Intention, gegen die akademischen Rückfälle (...) die wahre autochthone Tradition der Architektur: klar, logisch, linear, moralisch und auch formal dem zeitgenössischen Geschmack ganz nah zu behaupten.[9] Die Elemente der Architektur haben nahezu anonym, kollektiv, perfektionabel zu sein: diese Forderung ist sowohl dem klassischen, wie auch dem ländlichen Modell implizit. (...) Der Populismus Paganos entpuppt sich als komplementär zur Gesellschaft der Auserwählten von Giobertis Gnaden, die trotz vieler Modifikationen und Evolutionen Persico in seinem gesamten kurzen Leben begleitet: Der eine hält, wie schon angedeutet, die im Klassischen enthaltene geistige Welt für nicht vereinbar mit dem Faschismus, und daher muß diese jenem entzogen werden; der andere will die in der ländlichen Welt herrschenden ethischen Inhalte in den Faschismus einführen, gegen die im klassizistischen Monumentalismus symbolisierte Korruption.

Im Grunde hat weder der eine noch der andere Erfolg: der Klassizismus wird zunehmend mit dem Faschismus identifiziert, die ländliche Welt wird zum Patrimonium der antifaschistischen Kultur und des »Populismus« der zweiten Nachkriegszeit.[10]

Von einer Kontinuität der Nachkriegs- und der Vorkriegsarchitektur kann vor allem mit Blick auf den Teil der architektonischen Kultur Italiens gesprochen werden, die das Erbe Persicos und Paganos antrat, das simplizistisch als einheitlich interpretiert wurde und aus dem man sich die

Instanzen der »Moralität« herauspickte, die aus der Architektur herauszuführen schienen.

Für die aufgeklärteren Kräfte lag es dagegen auf der Hand, daß ein von der Praxis losgelöstes Fachwissen nicht existiert, daß es unerläßlich war, auch eine politische Dimension des Handelns zu finden. Diese bestand zunächst hauptsächlich in der Suche nach einer Kommunikationsform, einer Form des Dialogs mit jenen Massen, die, während des Faschismus subaltern, nun dabei waren, die neuen politischen Subjekte des Landes zu werden. Eine Reflexion Cesare Paveses, in seinem Tagebuch notiert in den ersten Monaten des Jahres 1948, bringt ein wenig begriffliche Klarheit in diesen Problemkomplex:

»(...) im Grunde litt die menschliche Intelligenz nicht unter dem Faschismus; sie konnte sich austoben, zynisch die Spielregeln akzeptieren. Der Faschismus war aber dort wachsam, wo es Übergänge zwischen Intelligenzija und Volk gab; er hielt das Volk im Dunkeln. Heute besteht das Problem darin, aus dem servilen Privileg, das wir genossen haben, auszubrechen, nicht auf das Volk zuzugehen, sondern Volk zu sein, eine Kultur zu leben, die ihre Wurzeln im Volk hat und nicht im Zynismus der römischen Freigelassenen.«[11]

In diesem Satz Paveses ist das Grundthema zusammengefaßt, um das sich die Diskussion der italienischen Intellektuellen der ersten Nachkriegszeit drehte, eine Diskussion, in der Gramscis Ideen zum Verhältnis des Intellektuellen gegenüber der Gesellschaft eine große Rolle spielten. In diesem ungelösten Knoten, dem Verhältnis nämlich der italienischen Architekten-Intellektuellen – in Wirklichkeit Bourgeois wie ihre Auftraggeber – zum Volk liegt der Kern eines historischen Problems und einer kulturellen Niederlage.

Aus dem verworrenen Nachkriegsbetrieb lassen sich drei spezifische Momente herausgreifen, die bezeichnenderweise mit der Geschichte dreier Gruppen korrespondieren: »Movimento di Studi per l'Architettura« (Bewegung zum Studium der Architektur), »Associazione per l'Architettura organica« (Vereinigung für eine organische Architektur), »Gruppo romano del Tiburtino« (Römische Tiburtino-Gruppe).

Kurz vor Kriegsende, im April 1945, wird in Mailand die Bewegung »Movimento di Studi per l'Architettura« (Msa) gegründet. Die folgenden Passagen aus dem Grundsatzprogramm von 1945 erhellen die Position der Mitglieder dieser Vereinigung:

»Bewegung zum Studium und zur Propagierung der Architektur. Vorwort. Die Bewegung wird initiiert von einer Gruppe von Architekten, die sich zu einer gemeinsamen Orientierung auf ihrem Arbeitsgebiet und in der Art und Weise, die Organisationsformen der Gesellschaft zu begreifen, bekennt. Diese gemeinsame Orientierung, die in Werken, Studien und der Zugehörigkeit der Mitglieder der Gruppe zu den lebendigen Strömungen der zeitgenössischen Architektur zum Ausdruck kommt, wird die vitale und einigende Kraft der Bewegung sein. Die Gruppe verpflichtet sich daher, diese immer genauer zu bestimmen und sie konstant im Bewußtsein zu behalten. (...)
Ziele der Bewegung. Die Bewegung nimmt sich vor:

a) die Aktivitäten ihrer Mitglieder sowohl im Bereich der vorbereitenden Studien, der Forschung und Dokumentation als auch bei den Studien, in denen es um Erkenntnis, Lösung und Projektierung geht, zu koordinieren und die verschiedenen Probleme der Architektur in ein Verhältnis zu den dringendsten Notwendigkeiten des sozialen Lebens zu setzen;

b) Publikationen zu den abgeschlossenen Studien herauszugeben und mit allen geeigneten Mitteln (Zeitungen, Film, Radio, Konferenzen, Ausstellungen) für deren Verbreitung zu sorgen, damit Fachleute, Politiker und die Masse des Volkes in die Lage versetzt werden, die Probleme der Architektur und insbesondere der menschlichen Behausung mit den besten Lösungen und im vollen und richtigen Licht kennenzulernen, Dinge, die so eng mit der Bildung einer lebenden Gesellschaft verflochten sind.«[12]

Im Falle des Msa läßt sich die Überlagerung einer politischen und einer kulturellen Haltung feststellen. Im großen und ganzen kann man sagen, daß die moderne Architektur einen demokratischen Weg eingeschlagen hat, daß der Stil der sogenannten maestri, daß die urbanistischen Thematiken des CIAM den formalen Kern bildeten, nach dessen Vorbild die Städte wiederaufgebaut werden sollten. Ernesto Nathan Rogers, dessen Rolle innerhalb des CIAM in jenen Jahren immer wichtiger wurde, hat die im Msa zusammengefaßte Mailänder Kulturszene ihre persönliche Bekanntschaft mit den durchreisenden Architekten des Modernismus zu verdanken: Richard Neutra, Alvar Aalto, Walter Gropius.

7 Giuseppe Pagano und Guarniero Daniel, *Architettura rurale italiana*, Quaderni della Triennale. Mailand 1936.

8 Aus: Edoardo Persico, *Tutte le opere* (1923–1935), (Sämtliche Werke), 1.Bd., Mailand 1964.

9 Pagano/Daniel, *Architettura rurale*, a.a.O. Schon während der Vorbereitung zur Ausstellung, ungefähr ein Jahr zuvor, hatte Pagano geschrieben, daß eine Architektur »(...) um so nationaler ist, je mehr sie sich zum Volk hinwendet, und sich zum Volk hinzuwenden bedeutet auch extreme Klarheit, peinlich genaue Verwaltung der öffentlichen Gelder, exemplarische Einfachheit. Jene Architekten, die den Mut zur Bescheidenheit haben, werden die wahren Italiener unseres Zeitalters sein.« Aus: Giuseppe Pagano: *»Documenti di architettura rurale«* (Dokumente ländlicher Architektur), in *Casabella*, VIII, November 1935, Nr.95.

10 Giorgio Ciucci, *Gli architetti e il fascismo. Architettura e città 1922–1944* (Die Architekten und der Faschismus. Architektur und Stadt 1922–1944). Turin 1989.

11 Cesare Pavese, *Il mestiere di vivere* (Das Handwerk des Lebens). Turin 1952. Freigelassene waren im antiken Rom die freigelassenen Sklaven, die im Bereich der »clientes« (lat. cliens – Höriger) ihres Herrn blieben. Oft handelte es sich um Kriegsgefangene aus den griechischen Kriegen, unter ihnen Schriftsteller und Künstler wie Gneus Nevius und Livius Andronicus.

12 Aus: Matilde Baffa, Corinne Morandi, Sara Protasoni, Augusto Rossari: *Il movimento di studi per l'architettura 1945–1961*. Rom-Bari 1995.

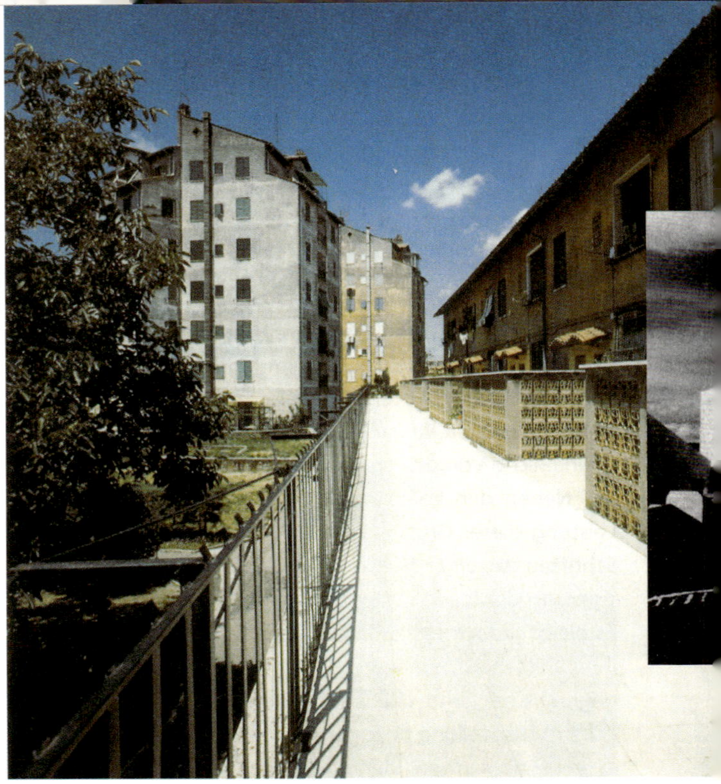

Ludovico Quaroni und Mario Ridolfi
Das Tiburtino-Viertel der Ina-Casa in Rom, 1950

Erbes des sogenannten Rationalismus verstanden wurde. Die Lehren Wrights sollten dazu dienen, um die Formen für eine menschliche Nutzung des Raumes zu befreien.

»Ohne Zweifel lag Zevi die Absicht fern, eine linguistische Manier einzuführen. Doch das neue, von ihm als Katalysator von anders nicht zu zentralisierenden Energien benutzte Banner war zu mythisch, um nicht für jedermanns Gebrauch adaptierbar zu sein. Die Apao behauptet in ihrem ideologischen Programm, urbanistische Planung und architektonische Freiheit zur Bildung einer kämpferischen demokratischen Gesellschaft einzusetzen: die soziale Freiheit soll durch die Vergesellschaftung der Großindustrie, der Banken und der landwirtschaftlichen Großbetriebe garantiert werden. Solch ein entschlossener Appell bleibt allerdings zu allgemein und entbehrt jeglichen Bezugs zu den konkreten Entscheidungen, die im Bausektor vorgenommen werden müssen. Politik wird von der Apao mehr beschworen als praktiziert. Ihre spezifischen Ziele sind aber genauso vage: die Gleichsetzung von organischer Architektur und Architektur der Demokratie hat eher einen Bekenntnis- als einen Erkenntnischarakter.«[16]

Die Erfahrungen und Erkenntnisse der Architekten der ersten Nachkriegszeit wurden von den Strategen der Macht aber ohnehin sehr schnell besetzt und für ihre Zwecke umgedeutet, ihre in gewisser Weise umstürzlerischen Vorstellungen zur staatlichen Neuordnung anästhisiert.

1949 verabschiedete die christdemokratische Regierung Fanfani unter dem Titel »Provvedimenti per incrementare l'occupazione operaia, agevolando la costruzione di case per laboratori« (Maßnahmen zur Steigerung der Beschäftigung von Arbeitern durch die Erleichterung des Baus von Wohnungen für Arbeitnehmer) ein Gesetz, dessen Ausführung der von Arnaldo Foschini geleiteten Gesellschaft Ina-Casa unterstellt wird. Foschini vereinigt durch populistische Akzente in seiner Person die Kontinuität von zwanzig Jahren faschistischer Herrschaft und den christdemokratischen politischen Paternalismus.

Die politischen Ziele dieses Vorgehens liegen auf der Hand: die Zahl der Arbeitslosen, die damals bei zwei Millionen lag, sollte reduziert werden; dazu sollte, in einer den Schleppersektoren der Wirtschaft untergeordneten Funktion, das Bauwesen benutzt werden; das Bauwesen wurde gleichzeitig auf einem protoindustriellen Niveau in die Hand der kleinen Unternehmen gegeben; damit sollte ein gesamter Bereich der Arbeiterklasse so lange wie möglich krisenanfällig gehalten werden, damit erpreßbar und nicht zur Massenbewegung geeignet; die öffentliche Intervention sollte eine Stütze für die Privatintervention sein.

Die urbanistische Politik der Ina-Casa, die eingesetzt wurde, um von der neoliberalistischen Politik bewußt geschaffene Probleme zu lösen, war ganz offensichtlich das genaue Gegenteil einer korrekten urbanen Planung. Um möglichst billiges Bauland zu erwerben, werden die Viertel der Ina-Casa in weit von den urbanisierten Zentren entfernt liegenden Gebieten angesiedelt. Sie werden ohne Bebauungspläne realisiert oder konditionieren solche. Die Politik der Ina-Casa kurbelt die Bauspekulation an, von der sie allmählich in den Würgegriff genommen wird und die geschickt die von der öffentlichen Hand geschaffenen Infrastrukturen zu nutzen weiß.

Gegenüber den im Ina-Casa-Plan enthaltenen politischen und ökonomischen Strategien nahmen die Architekten eine Haltung fast passiver Hinnahme ein. Schon in dieser Phase des Wiederaufbaus zeigte sich die unzureichende Autorität der Architektenschaft, die nicht in der Lage war, ihre politischen Rolle durchzuhalten. Mit der Annahme der von anderen für den Wiederaufbau der Städte aufgestellten Spielregeln machten sie den Weg frei für eine langsame Entwicklung zu einem akritischen Professionalismus, imstande zwar, die vom Auftraggeber gewünschten Projekte zu realisieren, aber immer weniger, auf die strukturellen Transformationen des Territoriums und der Stadt entscheidend einzuwirken.

Die sensibleren der aus dem Widerstand hervorgegangenen und der fortgeschritteneren europäischen Praxis nahestehenden Architekten oszillierten zwischen einer immer intimistischeren, immer einsameren stilistischen Suche und dem Versuch, den Interventionen des öffentli-

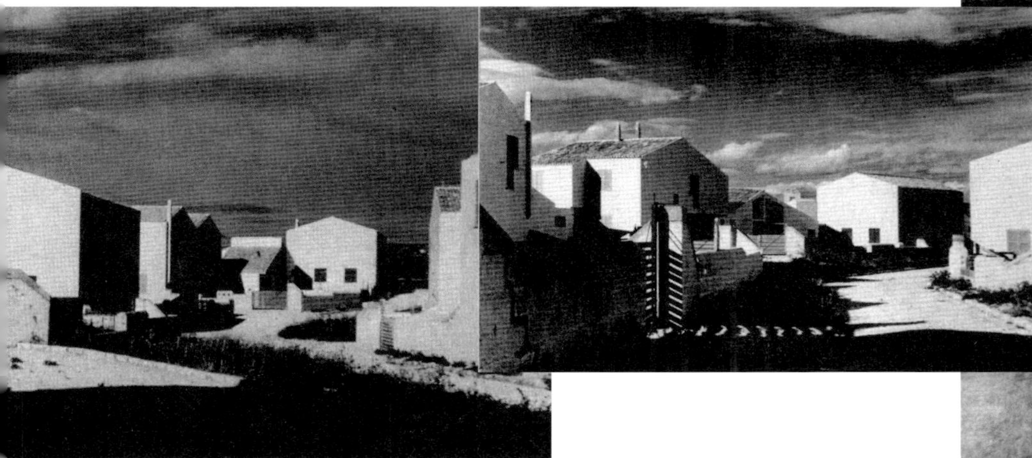

Ludovico Quaroni, Borgo La Martella, Matera 1951

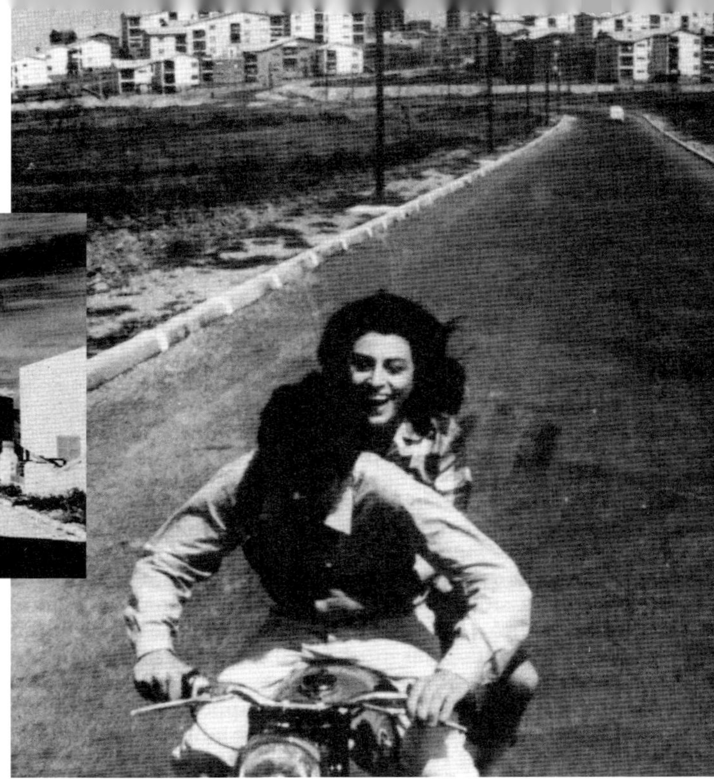

Pier Paolo Pasolini Mamma Roma, 1962 Im Hintergrund eine Baumaßnahme der Ina-Casa

chen Bauwesens wieder eine räumliche Würde zu geben, die es ermöglichen sollte, für eine »civitas« lebbare Orte zu schaffen.

In diesem Sinne ist Ludovico Quaronis urbanistisches Projekt des Dorfes La Martella 1951 in Matera und in noch höherem Maße das des *Ina-Casa*-Viertels Tiburtino, das in Rom zwischen 1949 und 1954 gebaut wurde, paradigmatisch.

Dieses Viertel, das allgemein als Manifest des architektonischen Neorealismus[17] angesehen wird, präsentiert eine Reihe von ganz neuartigen Bildern, eine völlig neuartige Stadtlandschaft, eine neue Art und Weise, die Beziehungen zwischen Gesellschaft und der Form ihres Raumes zu fassen.

Hier wurde nicht mehr im Gefängnis der Vorgaben des CIAM verharrt oder auf der Applikation der industriellen Bauweisen (wie im QT8) beharrt. Ziel war es, expressiv die Handwerklichkeit herauszustellen, die das Hauptmotiv dieses Komplexes darstellt, und dieser formalen Qualität den inhaltlichen Wert der Nichtentfremdung zuzuerkennen.

Das Resultat ist die Übernahme extrem dörflicher Ausdruckselemente: schmiedeeiserner Balkone, Giebeldächer, vertikaler Fenster. Doch diese volkstümlichen Elemente, mit denen die Erinnerung an jene Orte heraufbeschworen wird, die die Bauern verließen, um in die große Stadt aufzubrechen, sind als Ausdrucksmaterial integriert in eine kompositorische Gesamtform und Vorgehensweise, die vollkommen avantgardistisch ist und der sie sich eigentlich programmatisch widersetzt, deren gleiche Mechanismen sie aber übernimmt.

Unmittelbar nach dem Ende der Erfahrung mit Ina-Casa und der neorealistischen Architektur ist es die hellsichtige Kritik vieler italienischer Architekten, eine Art auto-analytischer Erbarmungslosigkeit, die die Symptome der Niederlage, oder besser, der Fremdbestimmung, des Sieges einer modernen, nicht von den Architekten, sondern von der Industrie und von den Zwängen des Nachkriegs-Wiederaufbaus bedingten Architektur zusammenfaßt. Quaroni schreibt:

»Das paese dei barocchi (Land der Geschmacklosigkeit) ist nämlich nicht das Ergebnis einer gefestigten Kultur, einer lebendigen Tradition: es ist das Ergebnis eines Seelenzustandes. (...) Ein Seelenzustand kann aber keine Architektur erschaffen. (...) Im Drang nach der Stadt ist man im Land steckengeblieben. Im Willen, der Praxis und den Lehren der schwedischen Urbanistik eine eigene, eine italienische Sprache zu geben, sind wir nun so weit gekommen, daß wir ihr einen römischen Dialekt verpaßt haben.«18

Teil 2 siehe S. 286

16 Tafuri: *Storia* a.a.O.

17 An dieser Stelle soll daran erinnert werden, daß sich der Linken 1945 die Architektur als ein Ort gemeinsamer Hoffnung darstellte: In der Architektur (wie im Film) erlebte die Linke ihre Phase des sogenannten Neorealismus, während der sie versuchte, die von einem wild gewordenen Kapitalismus vorangetriebenen brutalsten Modernisierungsschübe im Lande auszugleichen. Im Gegensatz zum aufgeblasenen russifizierenden Sozialrealismus predigte sie einen genuinen, von jeglichem Autoritarismus losgelösten Populismus.
Der neorealistische Populismus war (außer einer Reaktion auf das Trauma des Faschismus und der militärischen Niederlage) in der Tat eine Reaktion auf den Prozeß der Modernisierung des Landes. Er war auch eine neohumanistische Antwort auf das Trauma der Industrialisierung und auf die ihr innewohnenden Schwierigkeiten. Er hatte aber katastrophale Folgen für die Darstellung der realen Lebensweise der Italiener und auf ihre historische Kondition. Vgl. Pierluigi Nicolin: *Notitzie sullo stato dell'architettura in Italia.* Mailand 1994.

18 Ludovico Quaroni: *Il paese dei barocchi* (deutsch: Das Land der Geschmacklosigkeit; der Titel ist eine lautmalerische Anspielung auf das paese dei balocchi, das Schlaraffenland des Pinocchio; Anm. d.Ü.) in: *Casabella*, April–Mai 1957, Nr. 251.

Luftbild Innenstadt

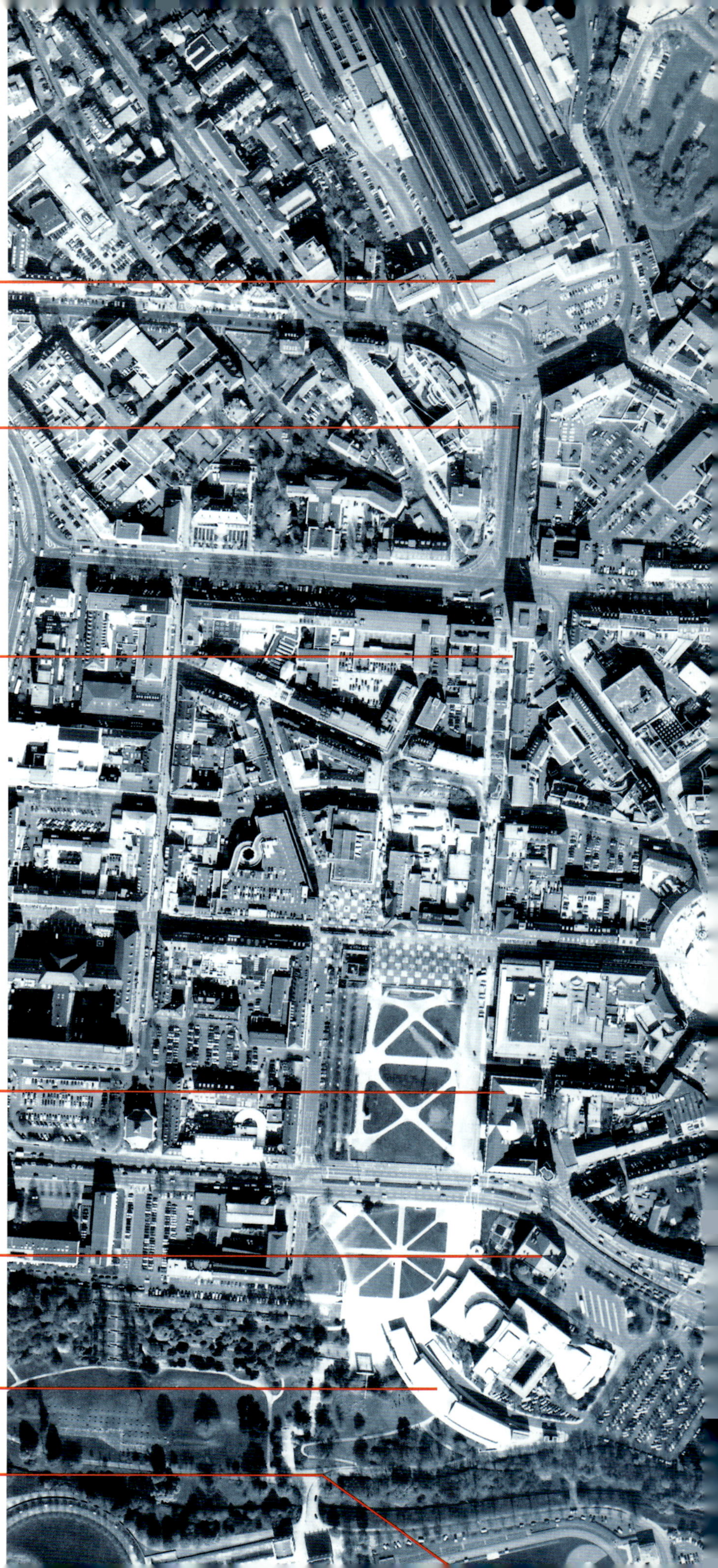

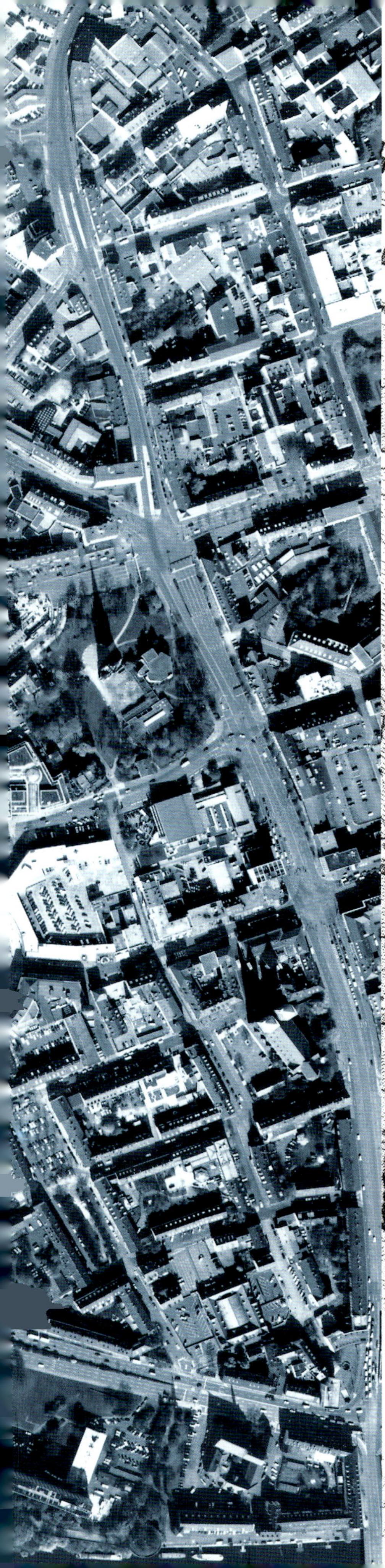

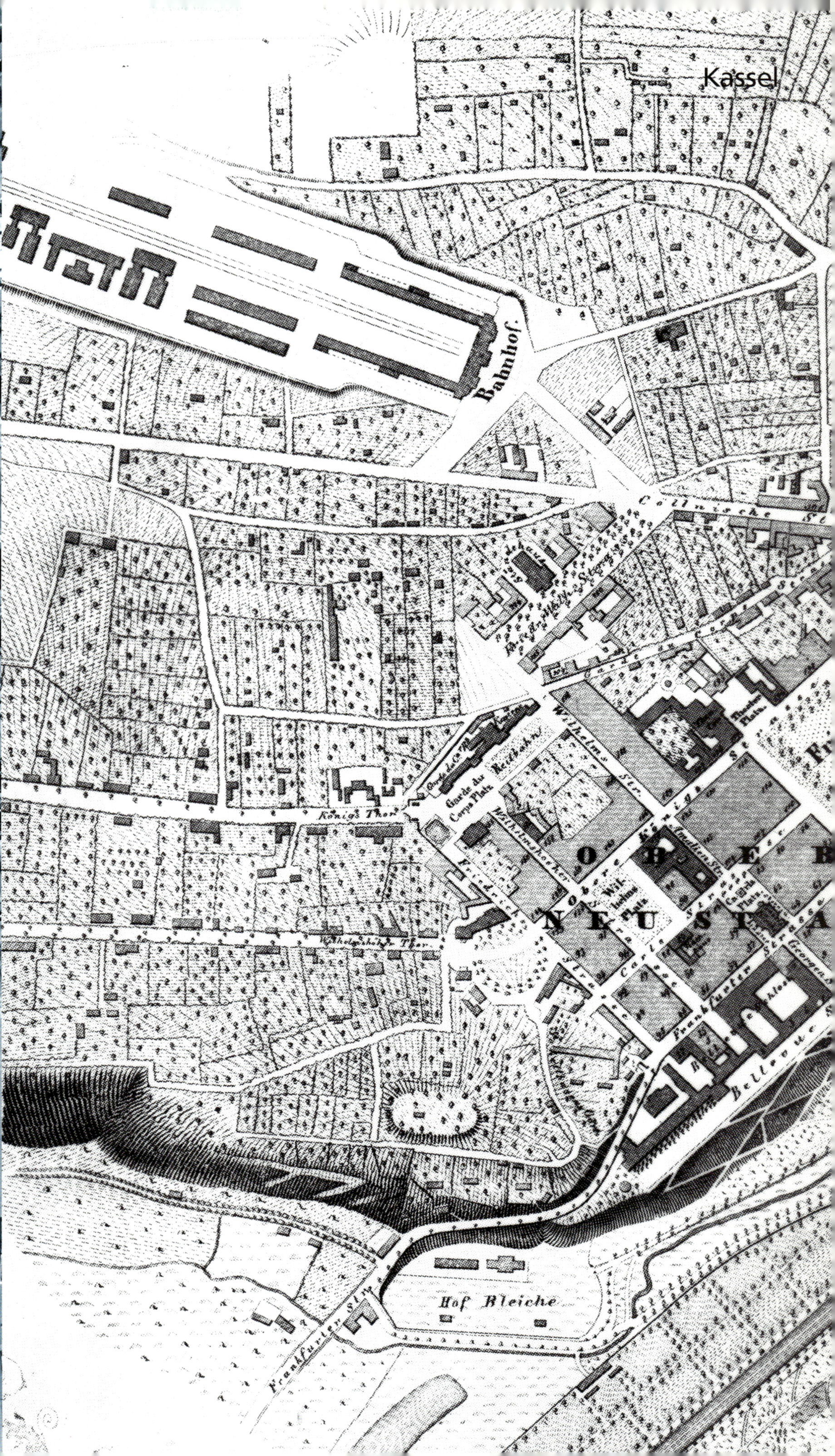

Kassel

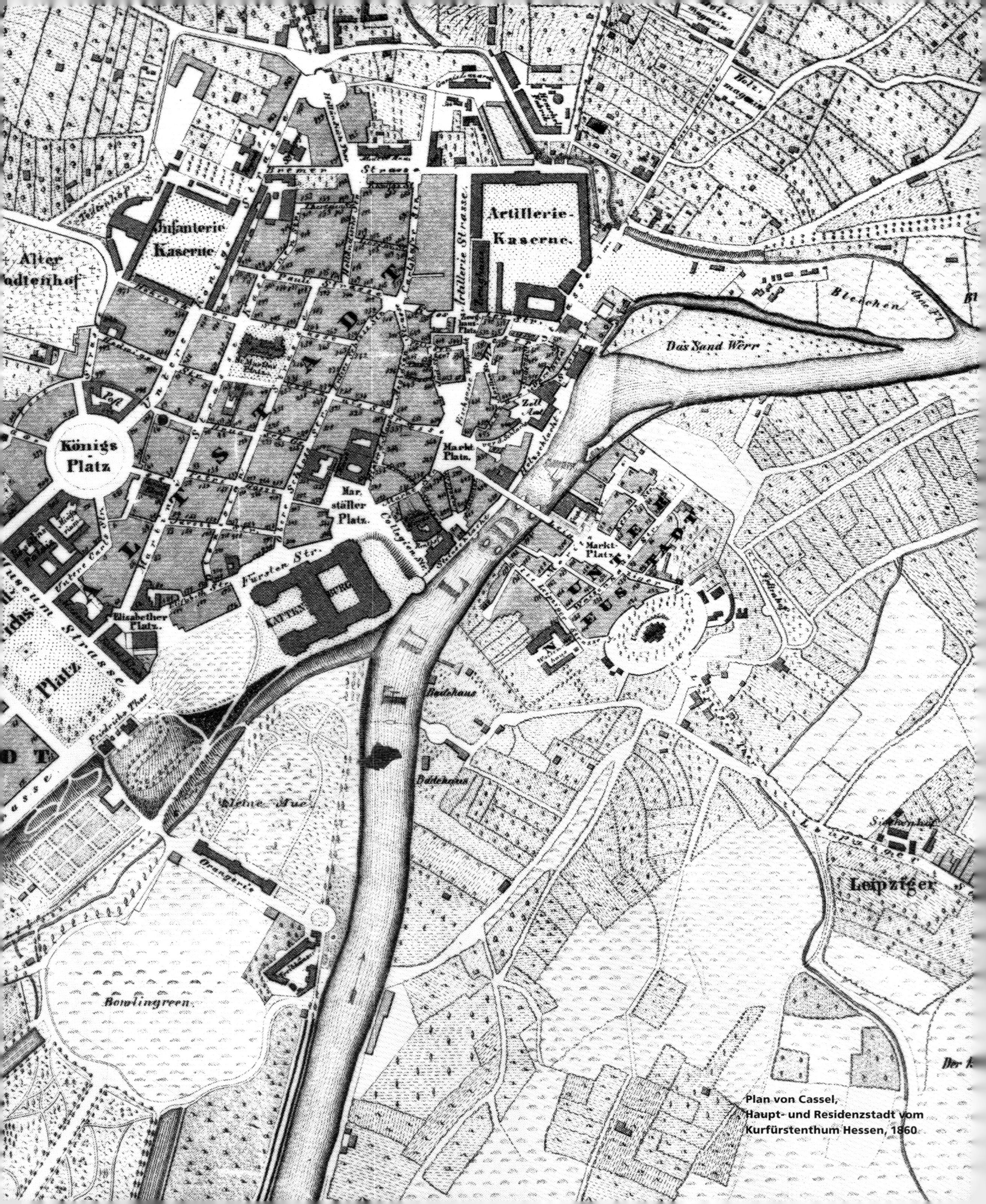

Plan von Cassel,
Haupt- und Residenzstadt vom
Kurfürstenthum Hessen, 1860

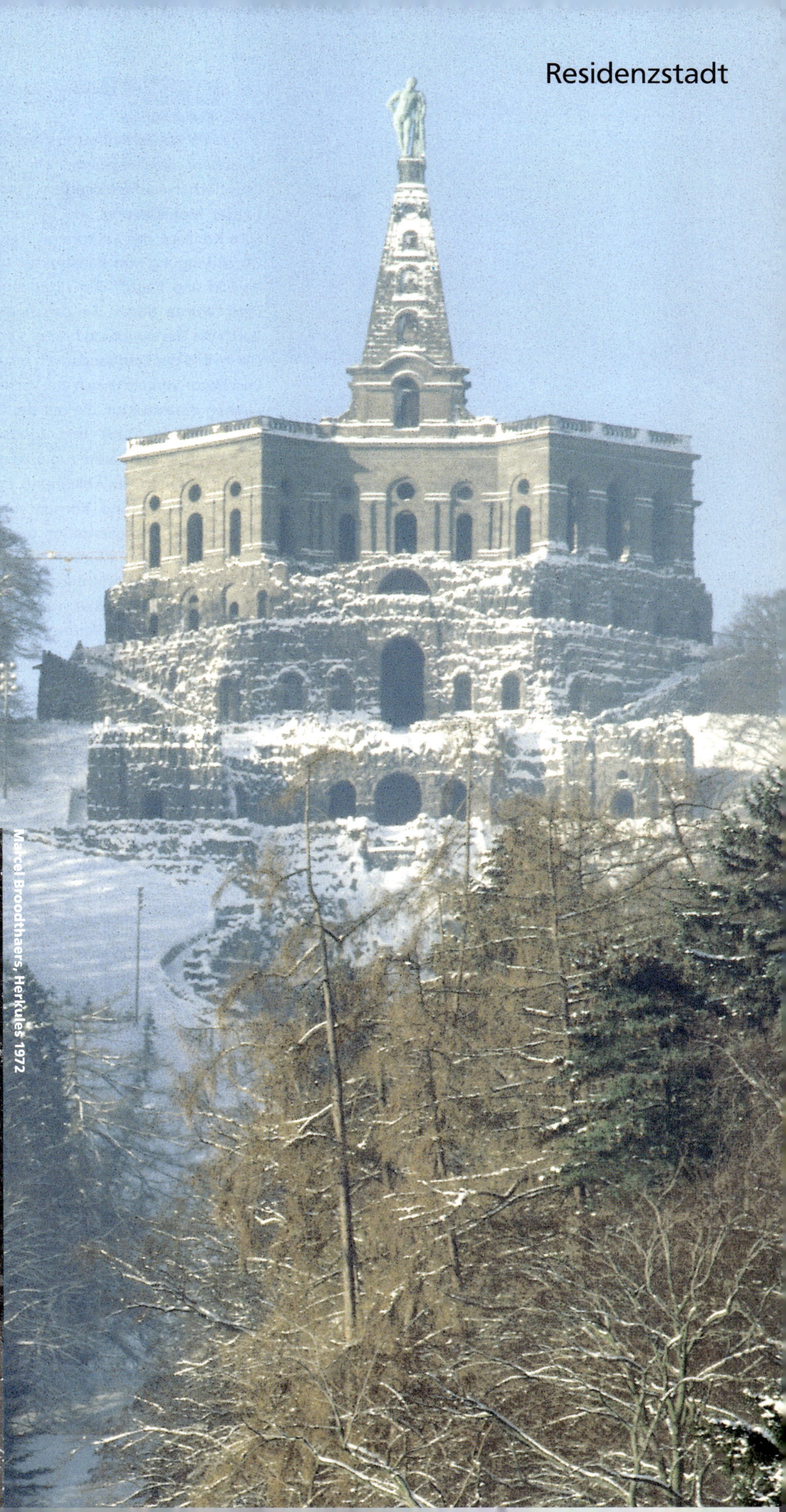

Bergpark Wilhelmshöhe mit Herkules

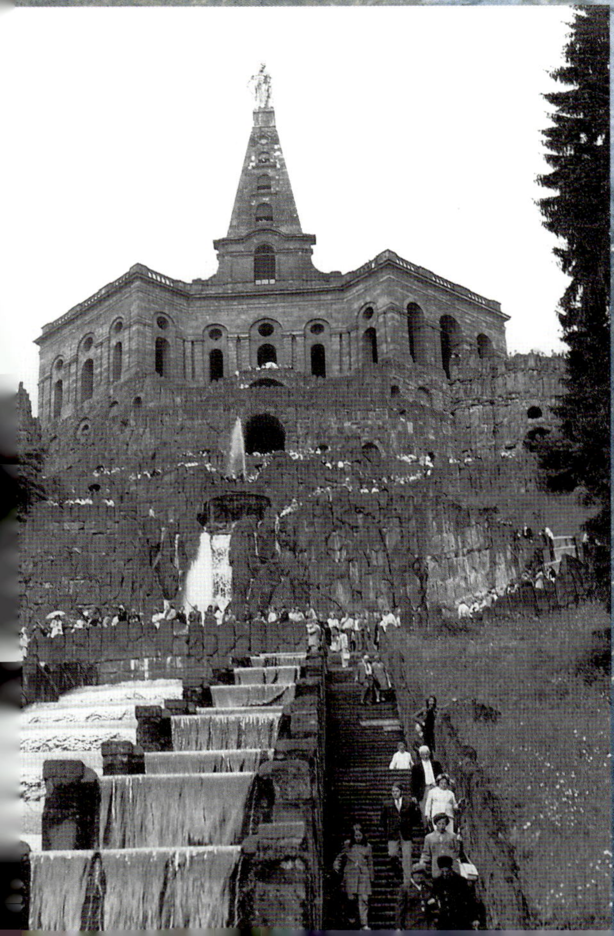

Marcel Broodthaers, Herkules 1972

Messeplatz

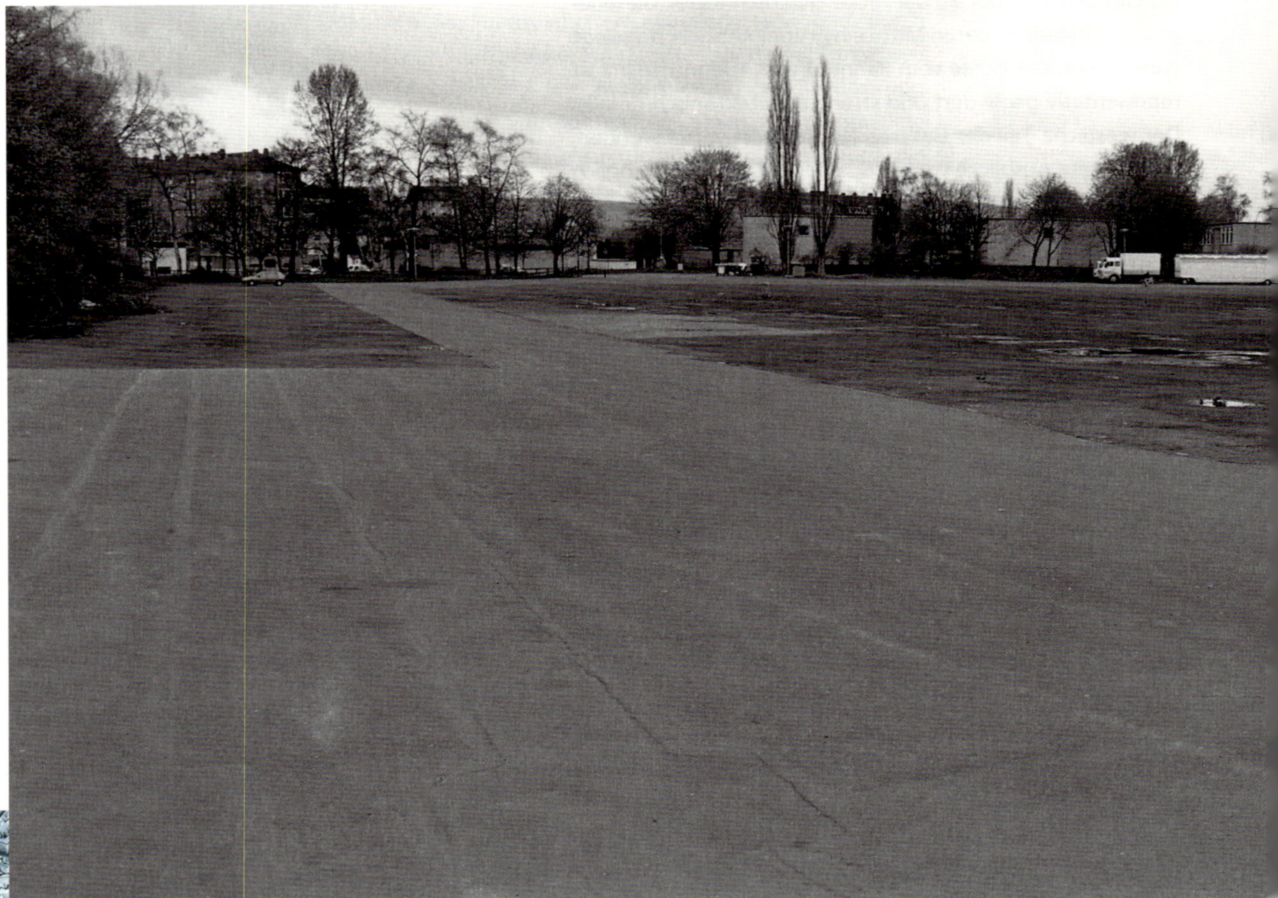

Luftbild
mit Unterneustadt, 1996

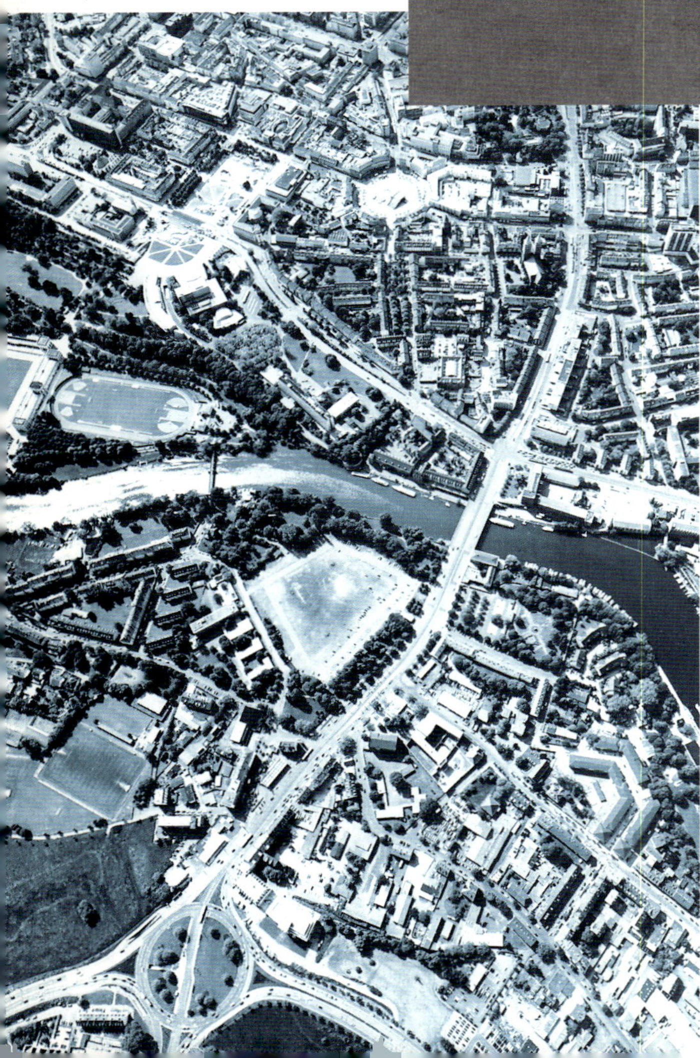

Seit ihrer Zerstörung beim Bombenangriff am 22. Oktober 1943, als die Altstadt Kassels in Flammen aufging, sind die ehemals ältesten Teile der Unterneustadt, entsprechend den Planungen Haspers für die Innenstadt ab 1947, nicht wieder aufgebaut worden. Die riesige leere Fläche am östlichen Fuldaufer diente über ein halbes Jahrhundert lang als Messeplatz; ein Teil des ehemaligen Zentrums der Stadt rückte also, ebenso wie der Fluß selbst, vollständig an die Peripherie.

1989/90 wurden konkrete Vorbereitungen für eine Neugründung der Unterneustadt im Rahmen von Gutachten, Veranstaltungen und der Erarbeitung verschiedener Konzepte aufgenommen. Am 11. Juli 1994 beschloß die Stadtverordnetenversammlung den Wiederaufbau der Unterneustadt, am 22. Mai 1995 die Gründung einer Projektentwicklungsgesellschaft und am 13. November den Rahmenplan zum Projekt.

Die ursprüngliche Gründung der Unterneustadt fällt in das Jahr 1277, rund 100 Jahre früher hatte die Altstadt am anderen Ufer des Flusses die Stadtrechte erhalten. 1378 wurden die eigenständigen Städte Altstadt, Neustadt und Freiheit zu einer Fürstenstadt vereinigt, die Unterneustadt wurde von dem Zeitpunkt an als Stadtteil mitverwaltet.

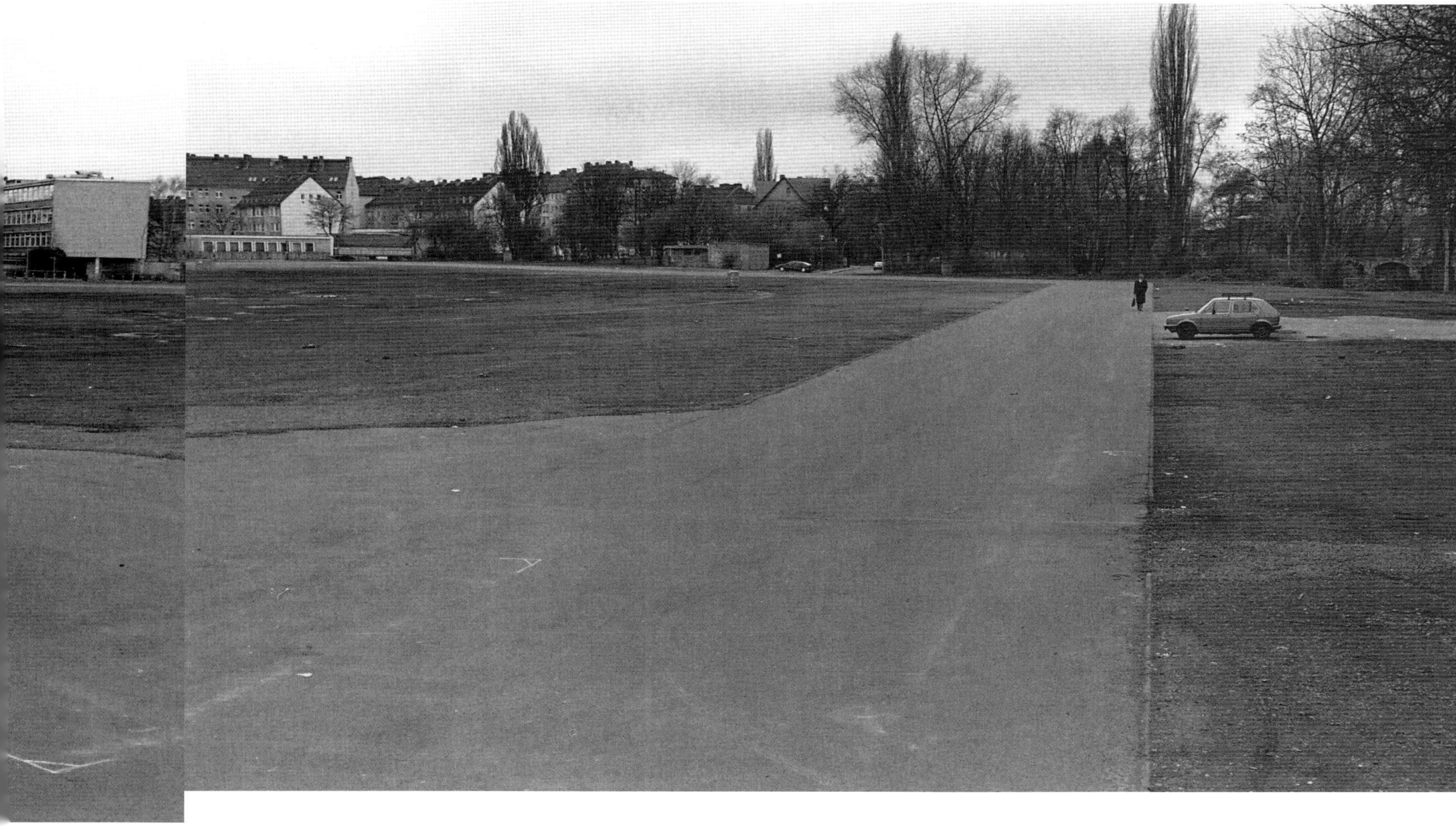

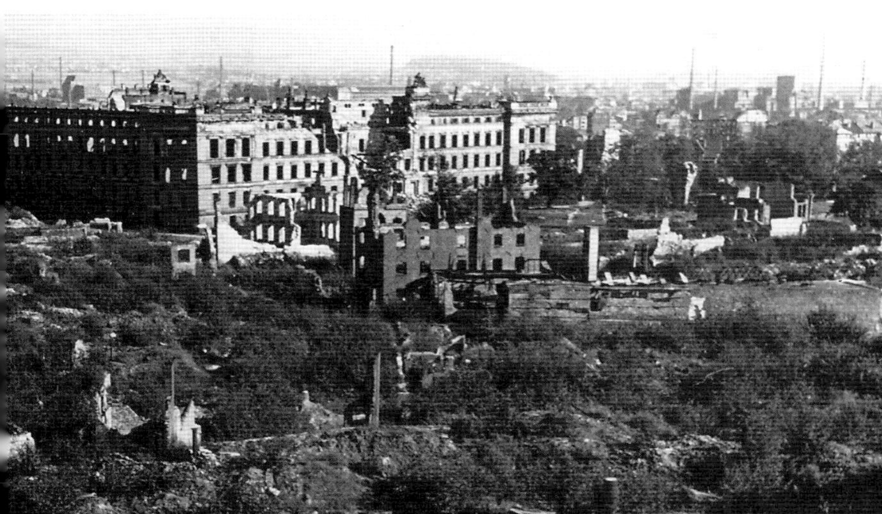

Blick aus Richtung Königsplatz auf das zerstörte Regierungs- und Justizgebäude, 1946/47

Regierungspräsidium an der Fulda

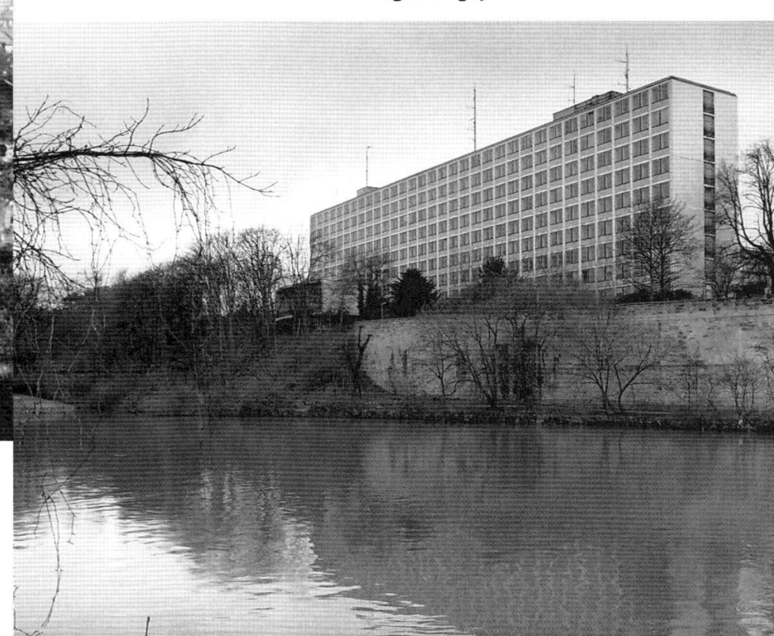

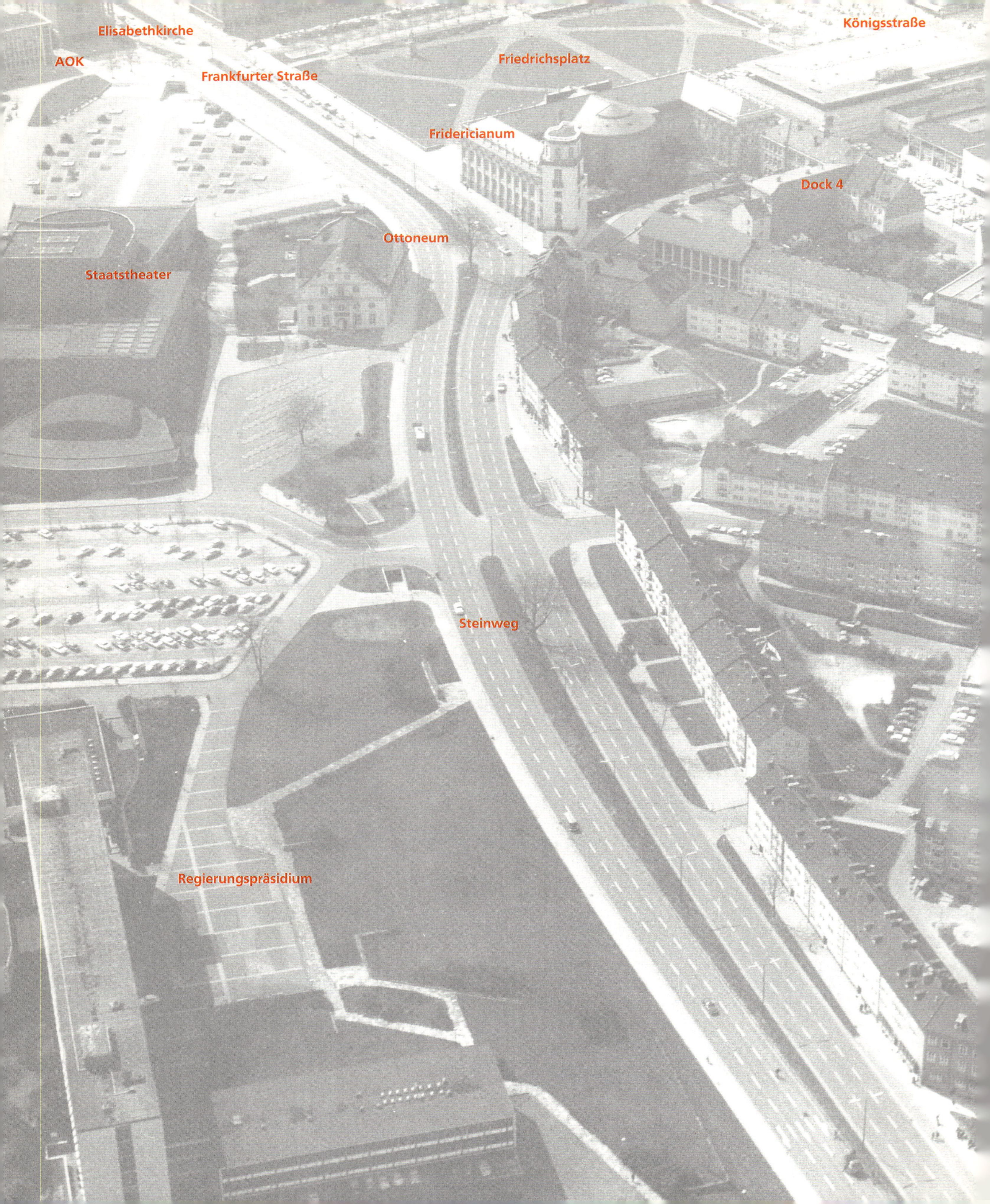
Elisabethkirche
Königsstraße
AOK
Friedrichsplatz
Frankfurter Straße
Fridericianum
Dock 4
Ottoneum
Staatstheater
Steinweg
Regierungspräsidium

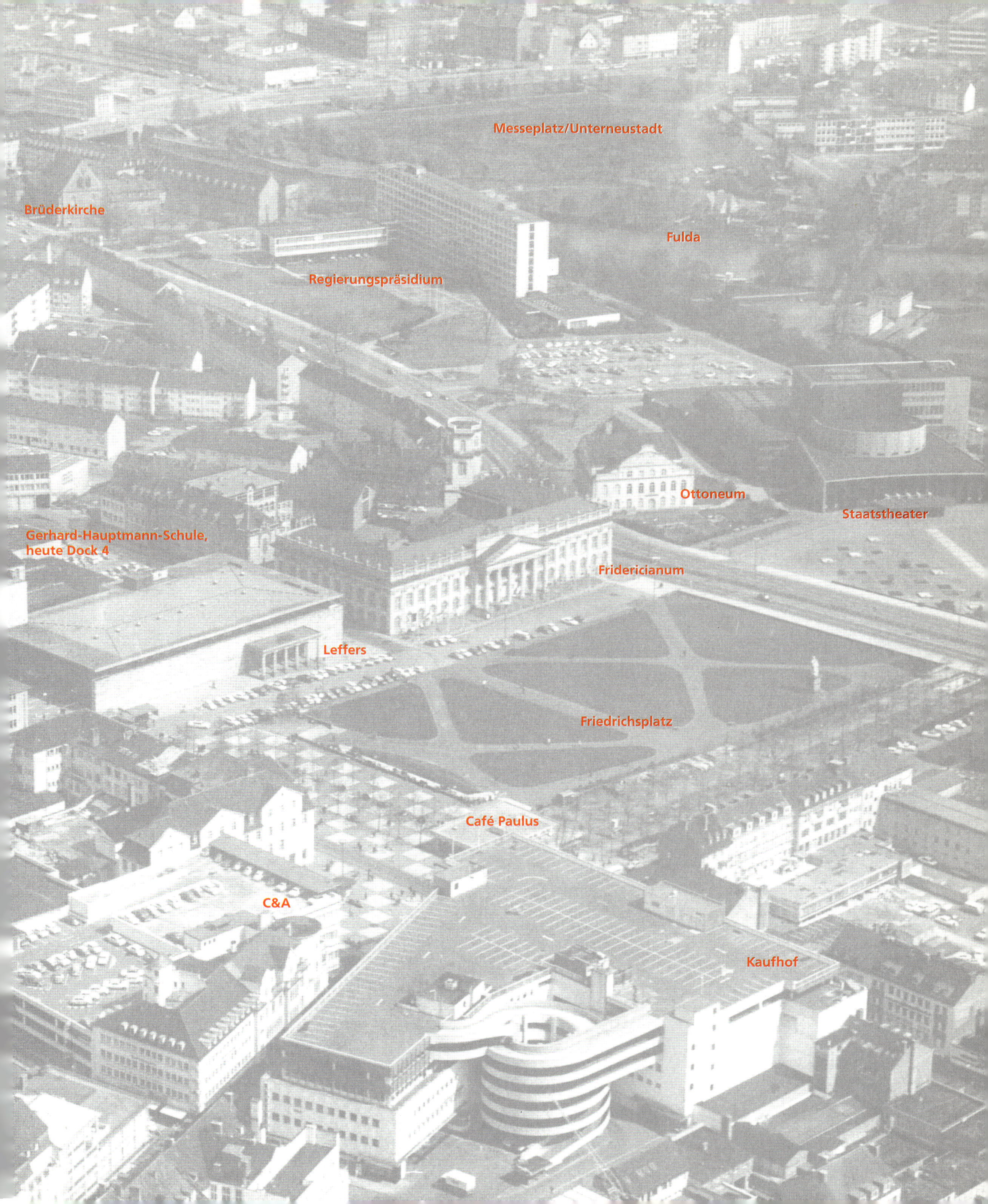
Messeplatz/Unterneustadt
Brüderkirche
Fulda
Regierungspräsidium
Ottoneum
Staatstheater
Gerhard-Hauptmann-Schule,
heute Dock 4
Fridericianum
Leffers
Friedrichsplatz
Café Paulus
C&A
Kaufhof

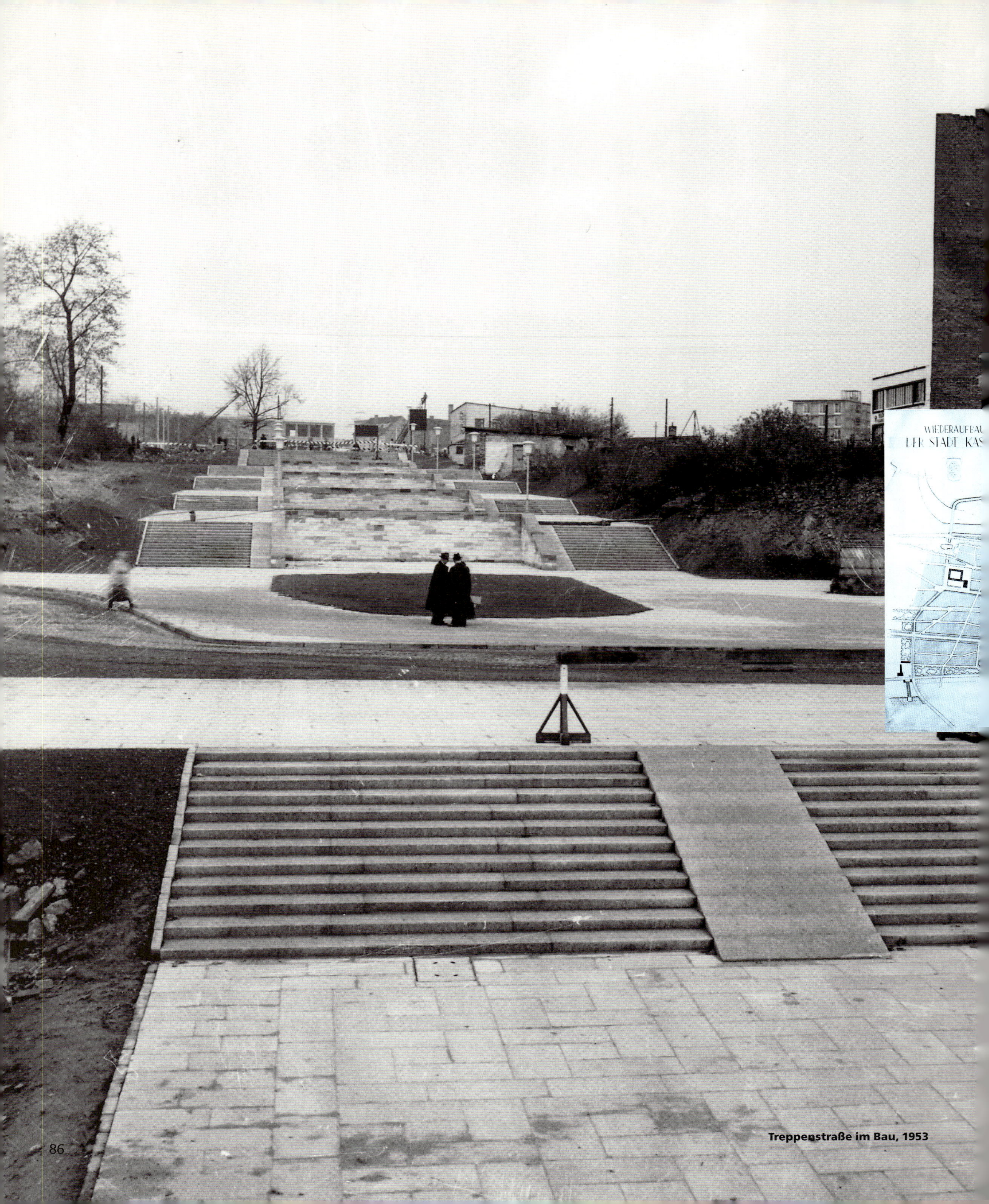

Treppenstraße im Bau, 1953

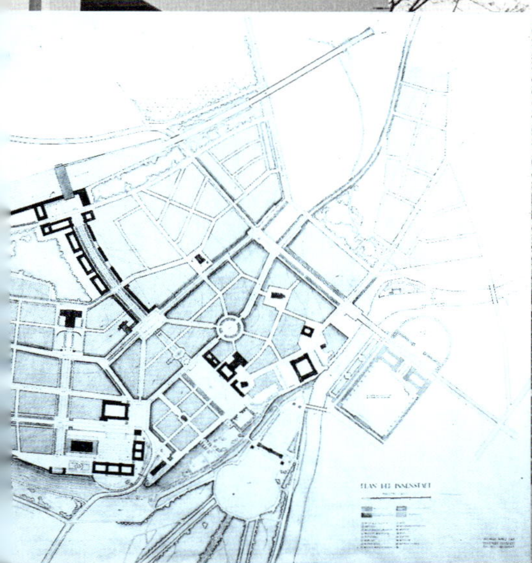

Wiederaufbauplan von W. Hasper im
Auftrag des Speer-Stabes, 1944/45
Detail Innenstadt

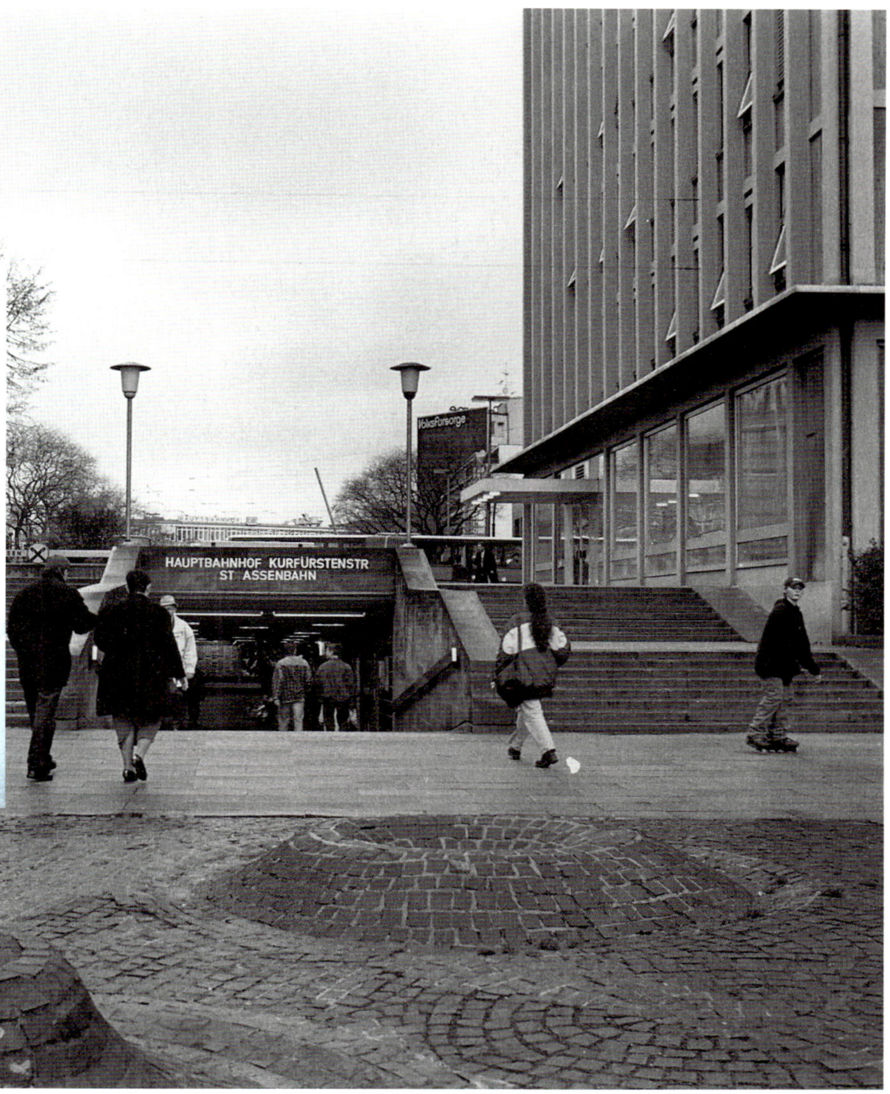

Treppenstraße, 1996

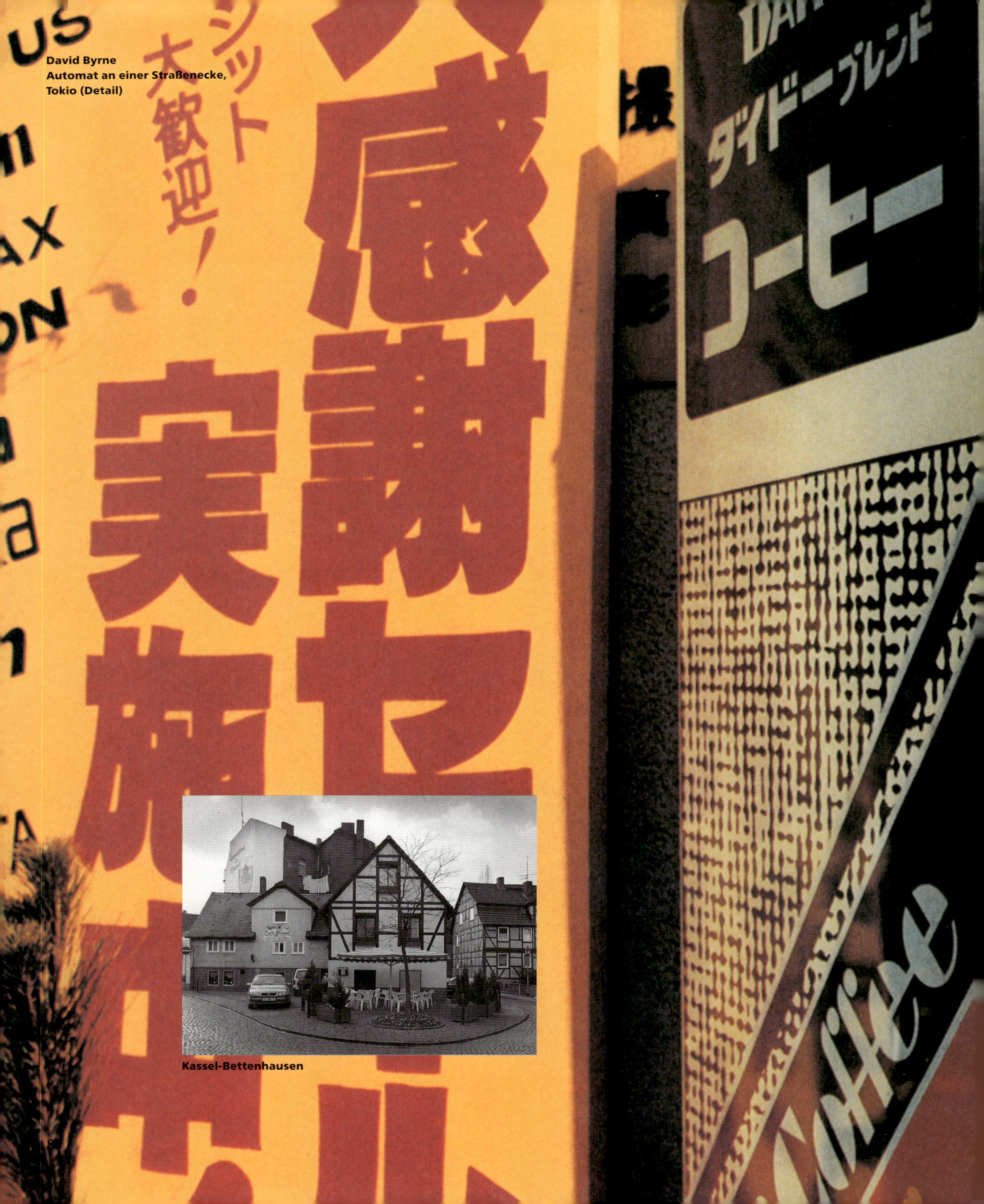

David Byrne
Automat an einer Straßenecke, Tokio (Detail)

Kassel-Bettenhausen

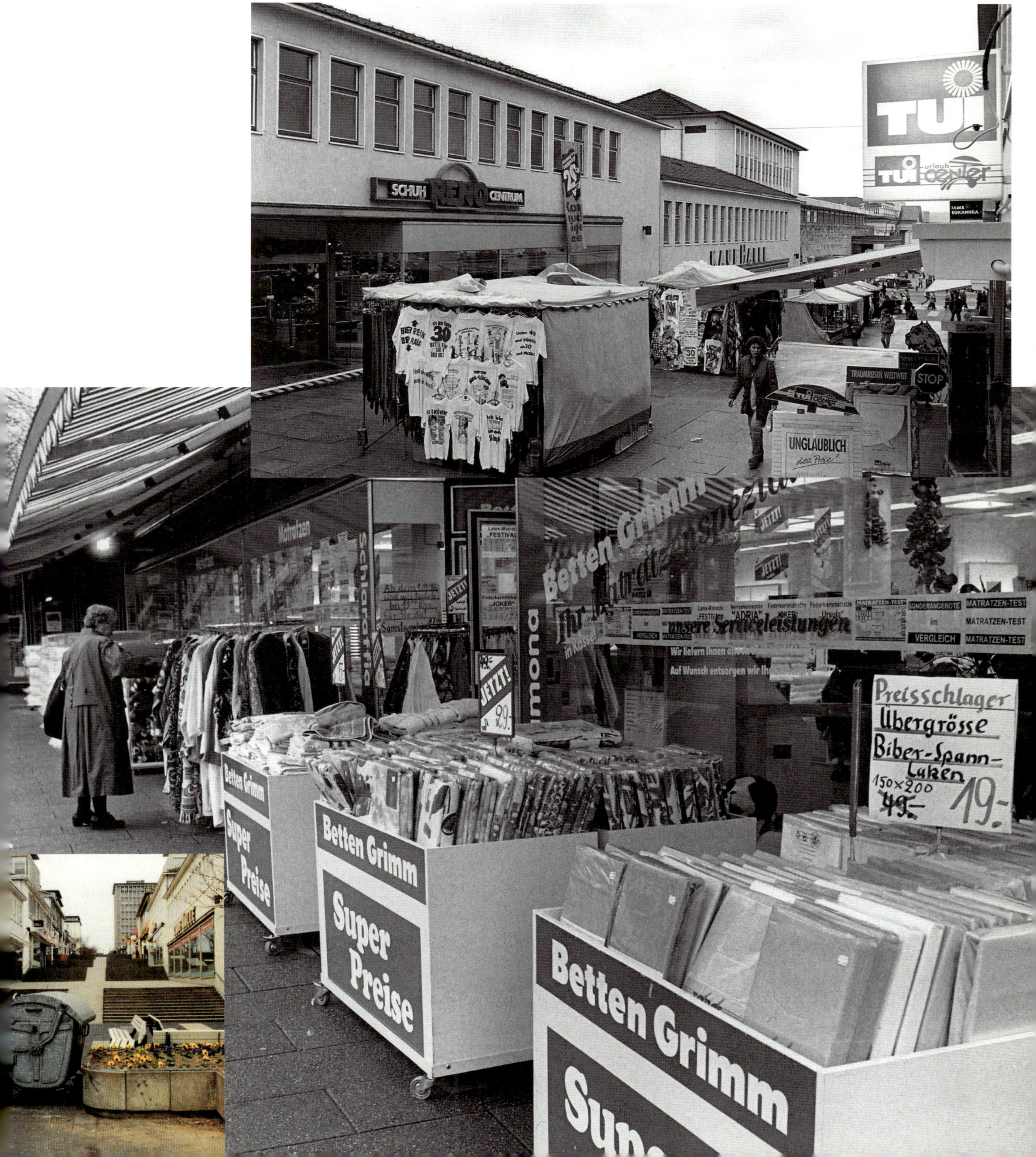
SCHUH RENO CENTRUM
TUI
TUI urlaub center
TRAUMREISEN WELTWEIT
STOP
UNGLAUBLICH
Matratzen
Betten Grimm
unsere Serviceleistungen
SONDERANGEBOTE
MATRATZEN-TEST
VERGLEICH
JETZT!
Preisschlager
Übergrösse
Biber-Spann-Laken
150×200
49.-
19.-
Betten Grimm
Super Preise

Einweihung der Altmarkt-Verkehrskreuzung, 1956

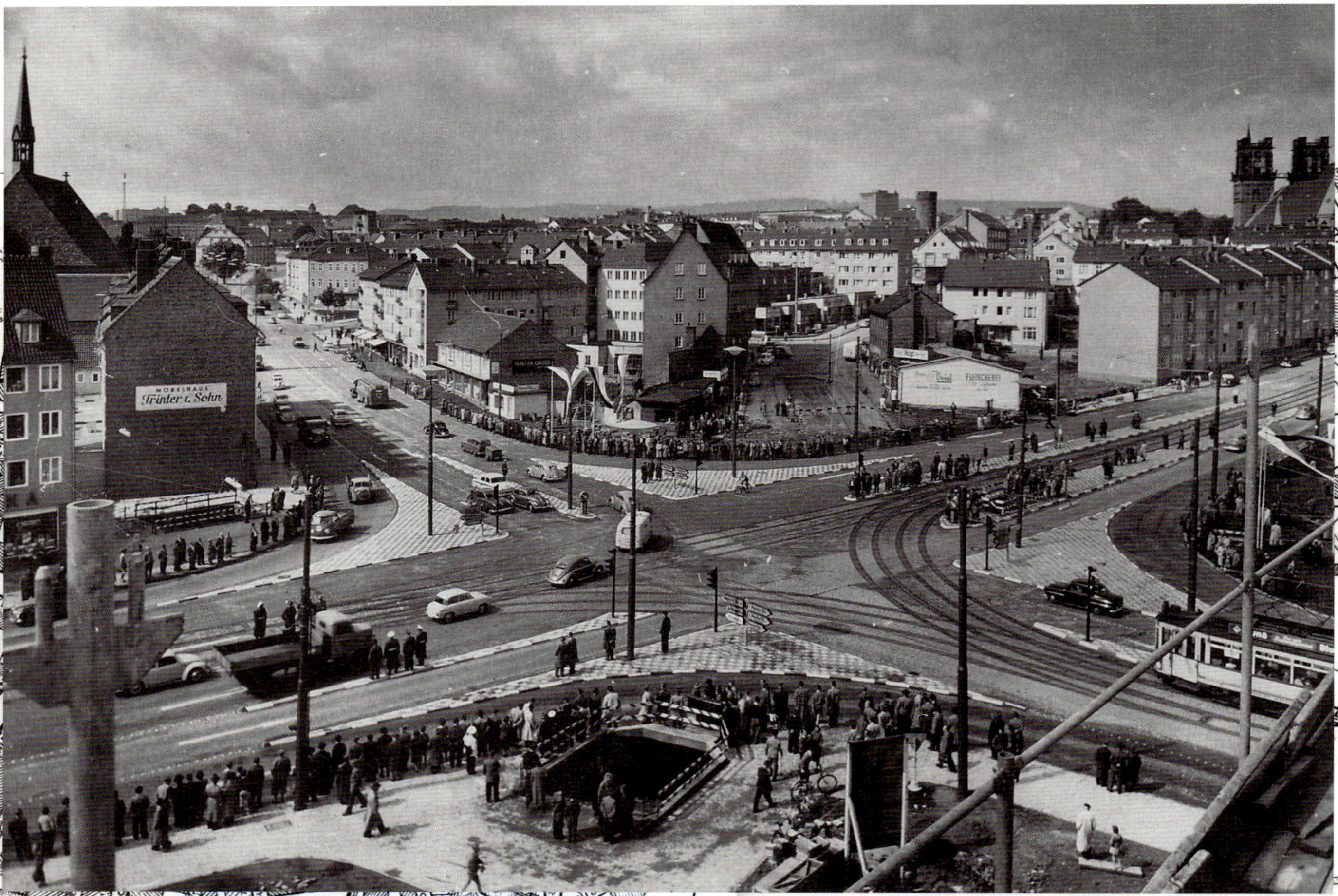

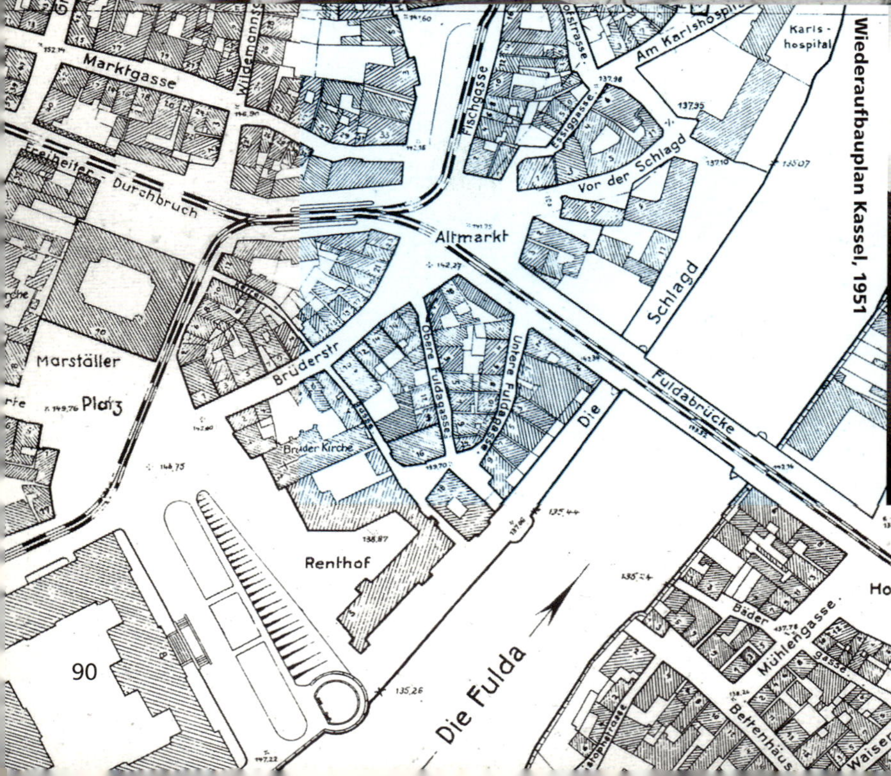

Wiederaufbauplan Kassel, 1951

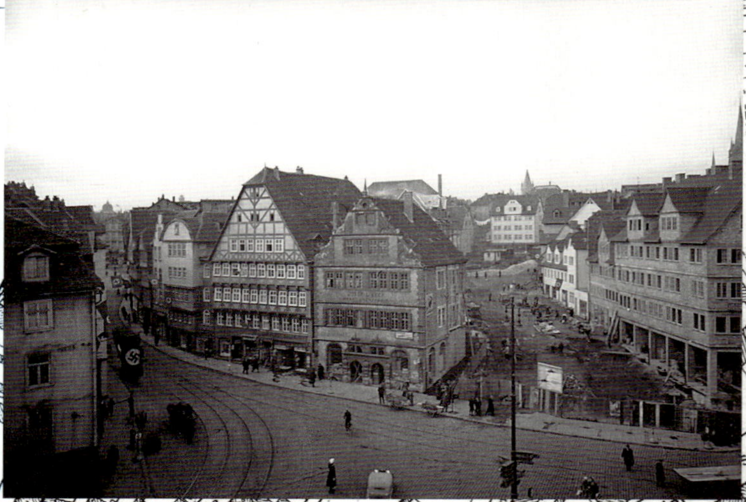

Freiheiter Durchbruch, 1936

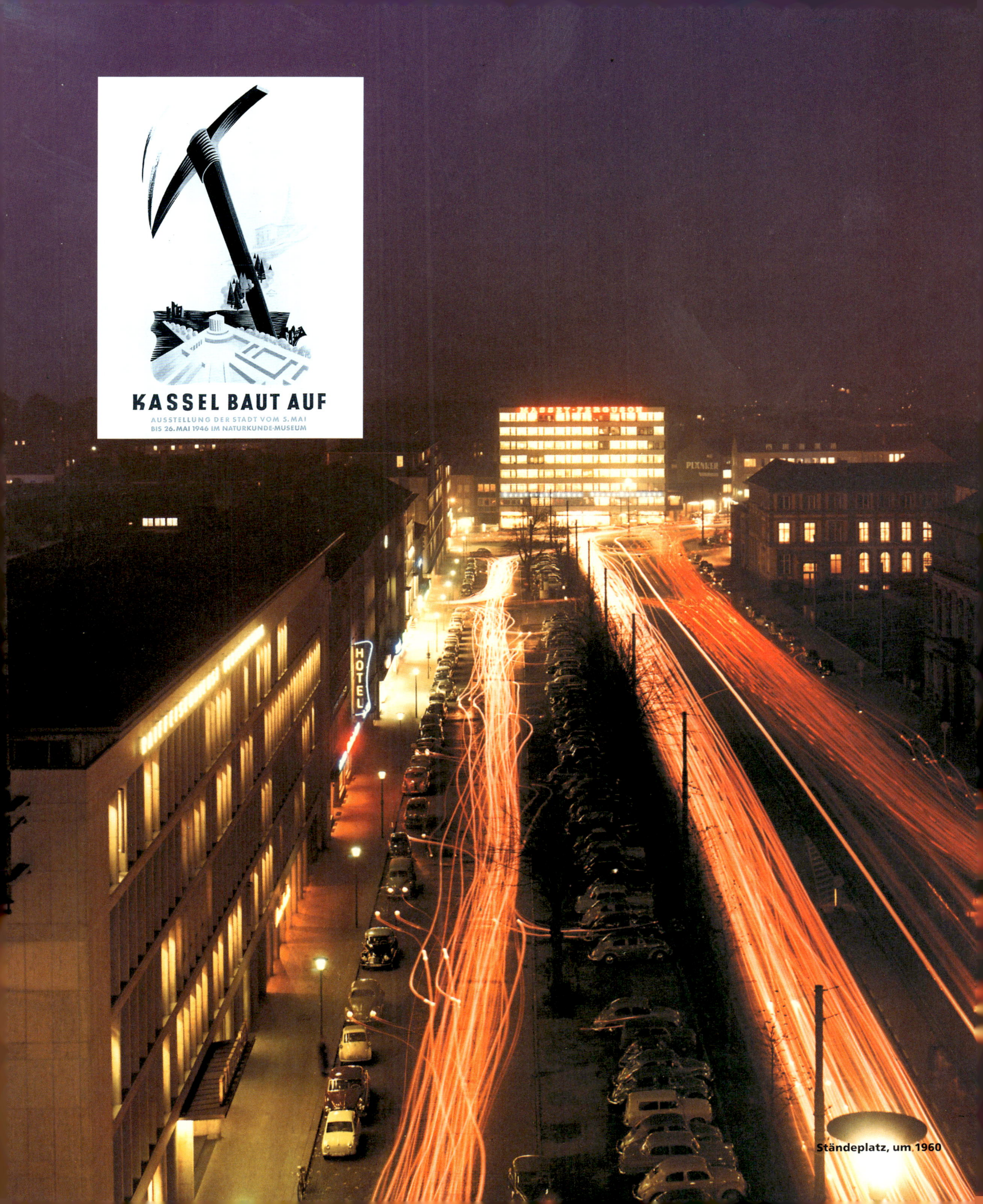

Ständeplatz, um 1960

Autogerechte Stadt

Konturen einer kommenden Konsumgesellschaft zeichnen sich ab und ändern das Bild der Städte. Neue Geschäfts- und Verwaltungsbauten wachsen in den Zentren empor, an den Rändern breiten sich neue Fabriken und Wohnsiedlungen aus. Zur besseren Verbindung von Wohn- und Arbeitsplätzen verlangt der Verkehr weiter Raum: Zwischen 1951 und 1961 vervielfältigt sich der Bestand an Personenkraftwagen von 700 000 auf über fünf Millionen; der Anteil der Arbeitnehmer unter den neuen Automobilisten steigt von neun auf über 50 % in einem Jahrzehnt.
Kaum sind die Zentren der Städte einigermaßen wiederhergestellt, platzen sie schon aus den Nähten: Hochstraßen und Parkhäuser setzen neue Akzente, neben den schwungvoll raumgreifenden Bauten der frühen fünfziger Jahre entstehen erste Hochhäuser im Versuch, die ausgeweitete Stadtstruktur durch städtebauliche Dominanten sichtbar zu gliedern und zugleich »den neuen Bauherrn die dritte Dimension in der Stadt zu erkämpfen«, wie der Düsseldorfer Stadtplaner Friedrich Tamms am Beispiel des neuen Hochhauses für die Phoenix-Rheinrohr-AG (Thyssenhaus) erläutert. (...)
Die »Stadt von Morgen« wird in den alten Kategorien nicht mehr zu fassen sein. Verkehrsaufkommen, Wirtschaftswachstum, Wanderungsströme und ausufernde Siedlungswellen stellen am Ende der fünfziger Jahre neue Probleme, die mit den bisher gültigen Regeln der Gliederung und Auflockerung nicht mehr zu lösen sind. Auch die bisher gültigen Begriffe der Planung werden von der Wirklichkeit überholt: Der Begriff der Stadt selbst, der immer noch eine dem Land gegenüber abgegrenzte räumliche Einheit suggeriert, erhält neue Bedeutung durch die immer engere Verflechtung der Städte mit dem verstädternden Umland. An Merkmalen der Agglomeration, Ballung, Verdichtung werden räumliche und soziale Strukturwandlungen beschrieben. Im Begriff der Stadtregion wird das Verhältnis von Arbeit und Wohnen mit immer weiteren Pendelstrecken dazwischen neu definiert.
Der Architekt Hans Bernhard Reichow, der 1948 mit seiner Schrift *Organische Stadtbaukunst* das erste Städtebaulehrbuch nach dem Krieg herausbrachte, legt ein Jahrzehnt später ein neues vor, dessen Titel den folgenden Jahren ein sprichwörtliches Motto gibt: *Die autogerechte Stadt*. Eindrücklich weist Reichow in seiner Einleitung darauf hin, daß jedes Jahr mit etwa 12000 Menschenleben die Einwohnerzahl einer Kleinstadt dem Straßenverkehr zum Opfer fällt. Immer häufiger ist vom drohenden »Verkehrsinfarkt« in den Städten die Rede, Studien zur Sanierung der Innenstädte mit umfassenden Flächenabrissen für neue Gebäude und Verkehrstraßen werden erarbeitet.
Die Verdichtung der Arbeitsplätze und die entsprechende Steigerung des Verkehrsaufkommens in den Zentren erhöhen die Belastung lärmender Straßen und mindern die Lebensqualität in den umliegenden Wohnquartieren, die schrittweise für ökonomisch höherwertige Nutzungen zur Disposition gestellt werden. Der Strukturwandel der Wirtschaft fordert immer mehr Raum für Beamte und Angestellte, für Ärzte und Anwälte, für Verkäufer und Händler in unzähligen Unternehmen, die allesamt ihren Standort in den Innenstädten suchen. Für die Umwandlung und den Abbruch von Wohnungen müssen Ersatzangebote geschaffen werden, die immer weiter nach außen rücken. Hinzu kommt die hohe Zahl von Wohnungssuchenden aus ländlichen Gebieten und aus dem Osten Deutschlands: Da ist es mit der Ausweisung kleinerer Siedlungsflächen in den städtischen Randbereichen nicht mehr getan.

Werner Durth in: *Ideen-Orte-Entwürfe*. Katalog zur Ausstellung »*Bauen in der BRD*«, 1991

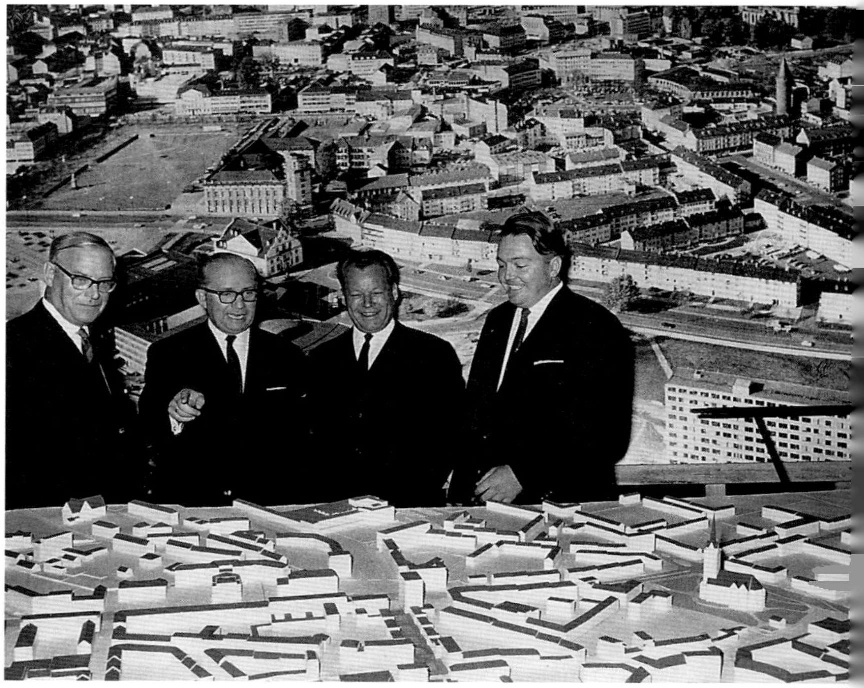

Georg August Zinn, Karl Branner, Willy Brandt und Holger Börner (v.l.n.r.) am Modell der Kasseler Innenstadt, 1964

»Mit einem Kompliment an die Stadt Kassel begann Berlins Regierender Bürgermeister Willy Brandt am Donnerstagabend seine Rede in einer Wahlkundgebung in der Stadthalle. ›Kassel‹, sagte Brandt, ›ist Ausdruck erfolgreicher Kommunalpolitik (...) Für deutsche und ausländische Besucher ist es immer wieder beeindruckend, den dynamischen und auf die Erfordernisse der Zukunft abgestellten Wiederaufbau von Kassel zu beobachten.‹ (...) Die vorbildliche Stadt- und Verkehrsplanung Kassels sei weithin bekannt und anerkannt.«

aus: Hessische Allgemeine Nr. 190, 18. 8. 1964

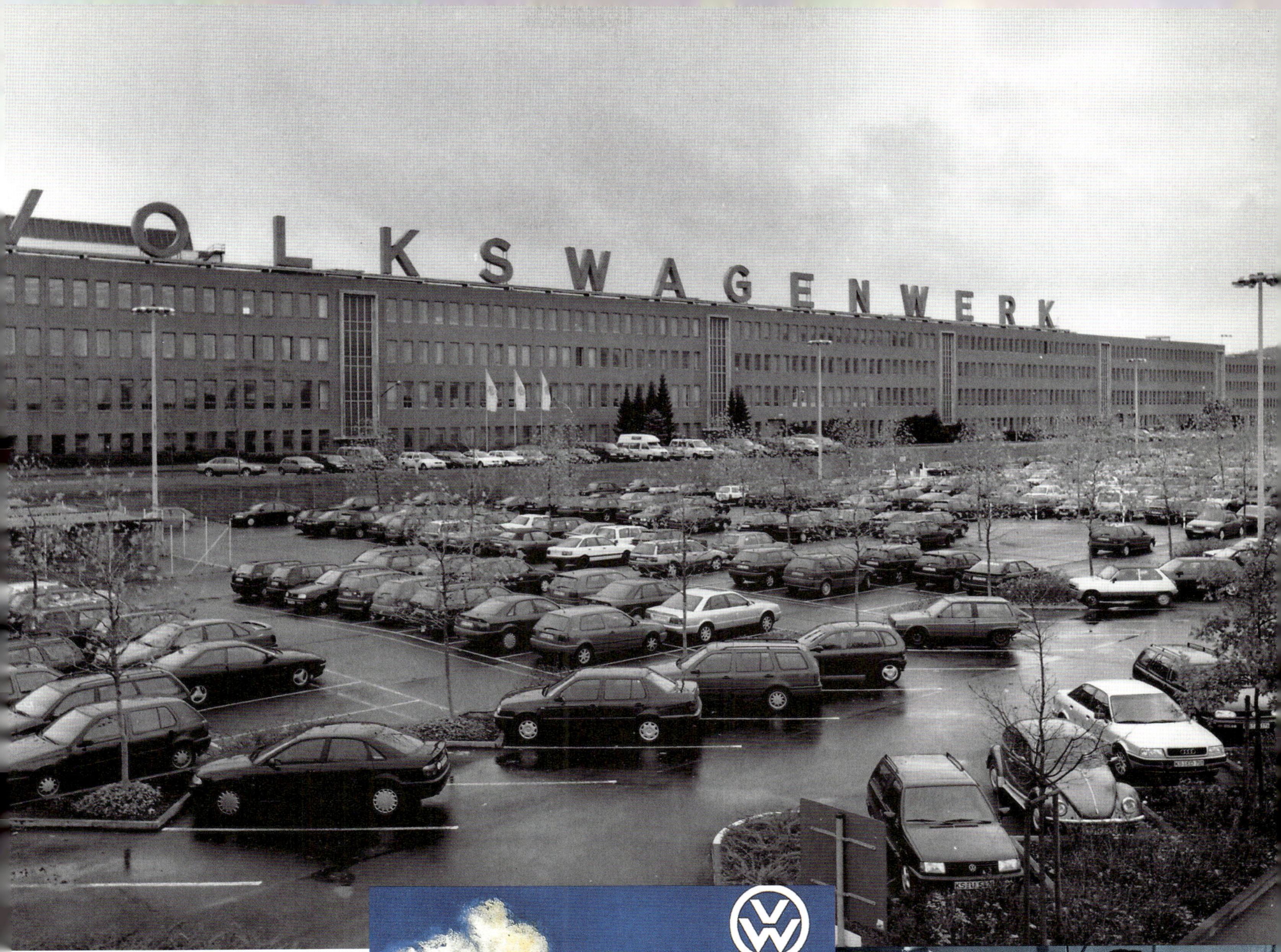

Volkswagenwerk Baunatal

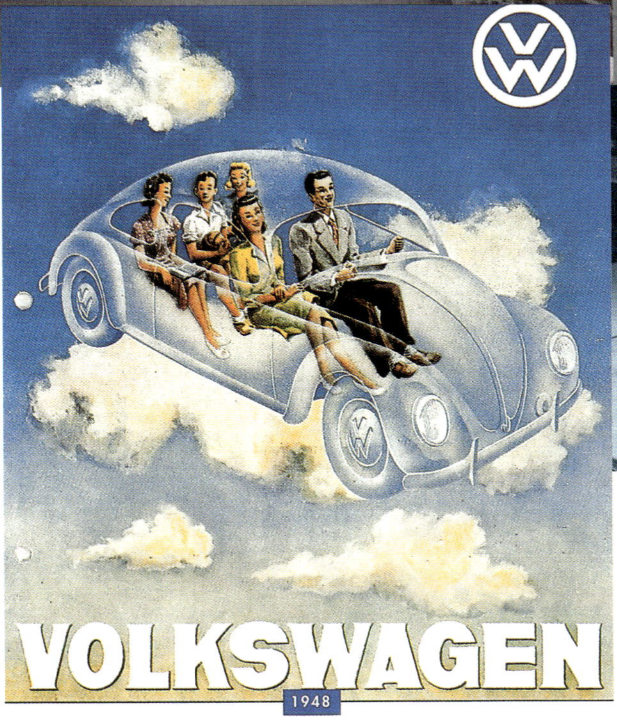

VW-Werbung der 50er Jahre

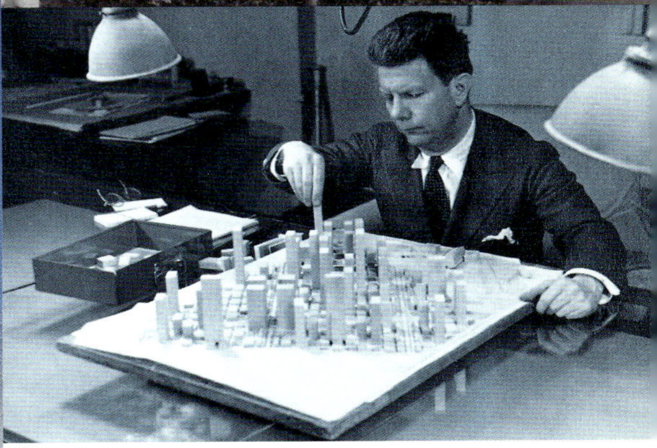

Norman Bel Geddes mit einem Modell der »Stadt von morgen«

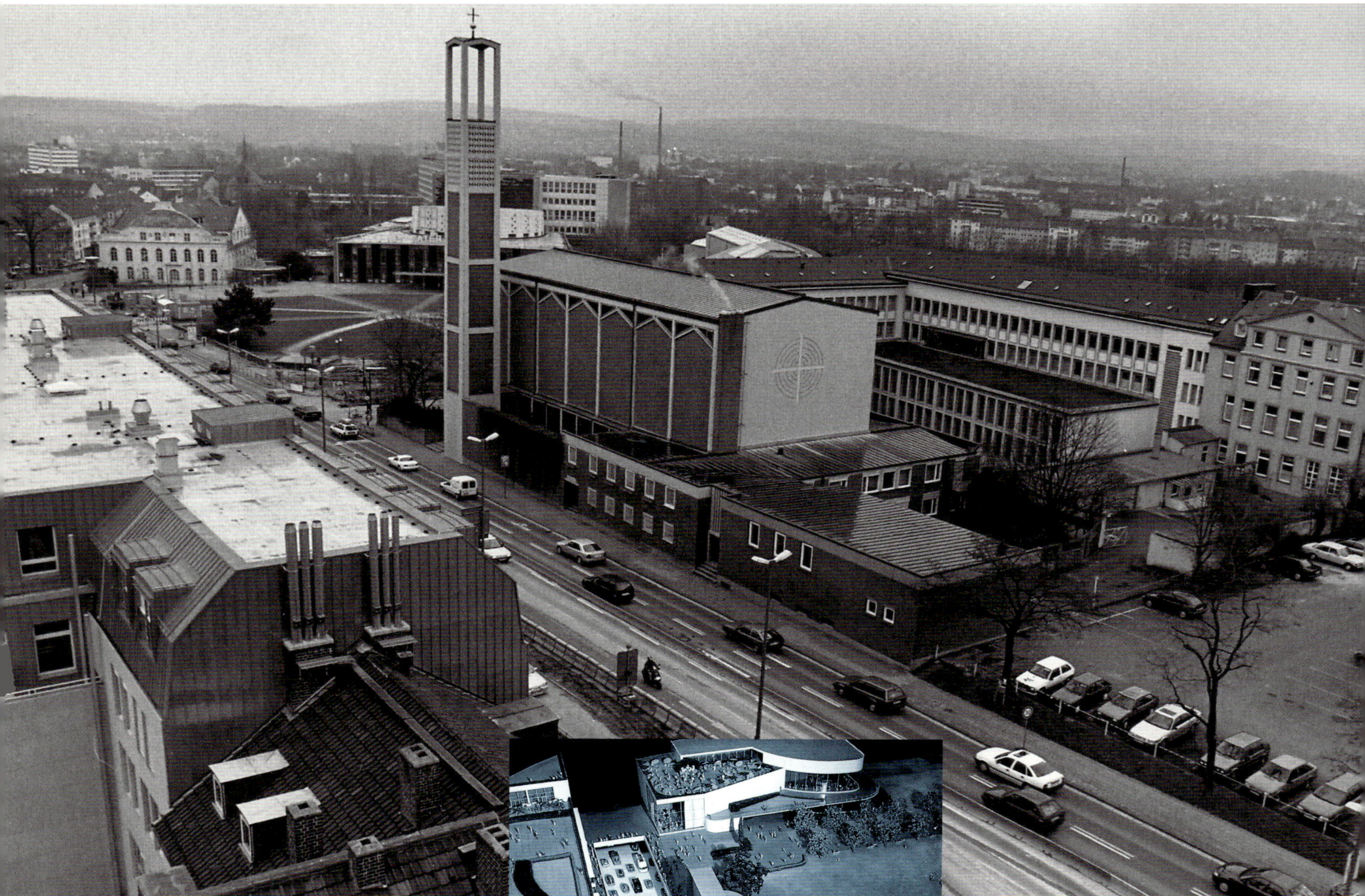

Frankfurter Straße mit Elisabethkirche

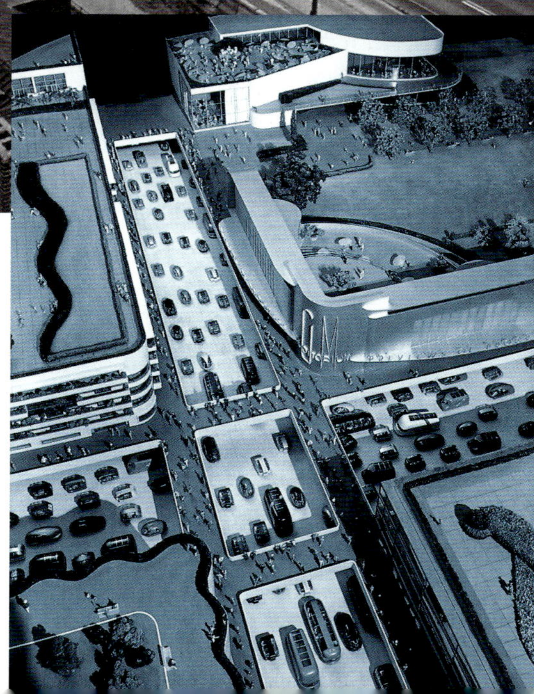

Norman Bel Geddes »Futurama«-Modell Detail mit Kreuzung

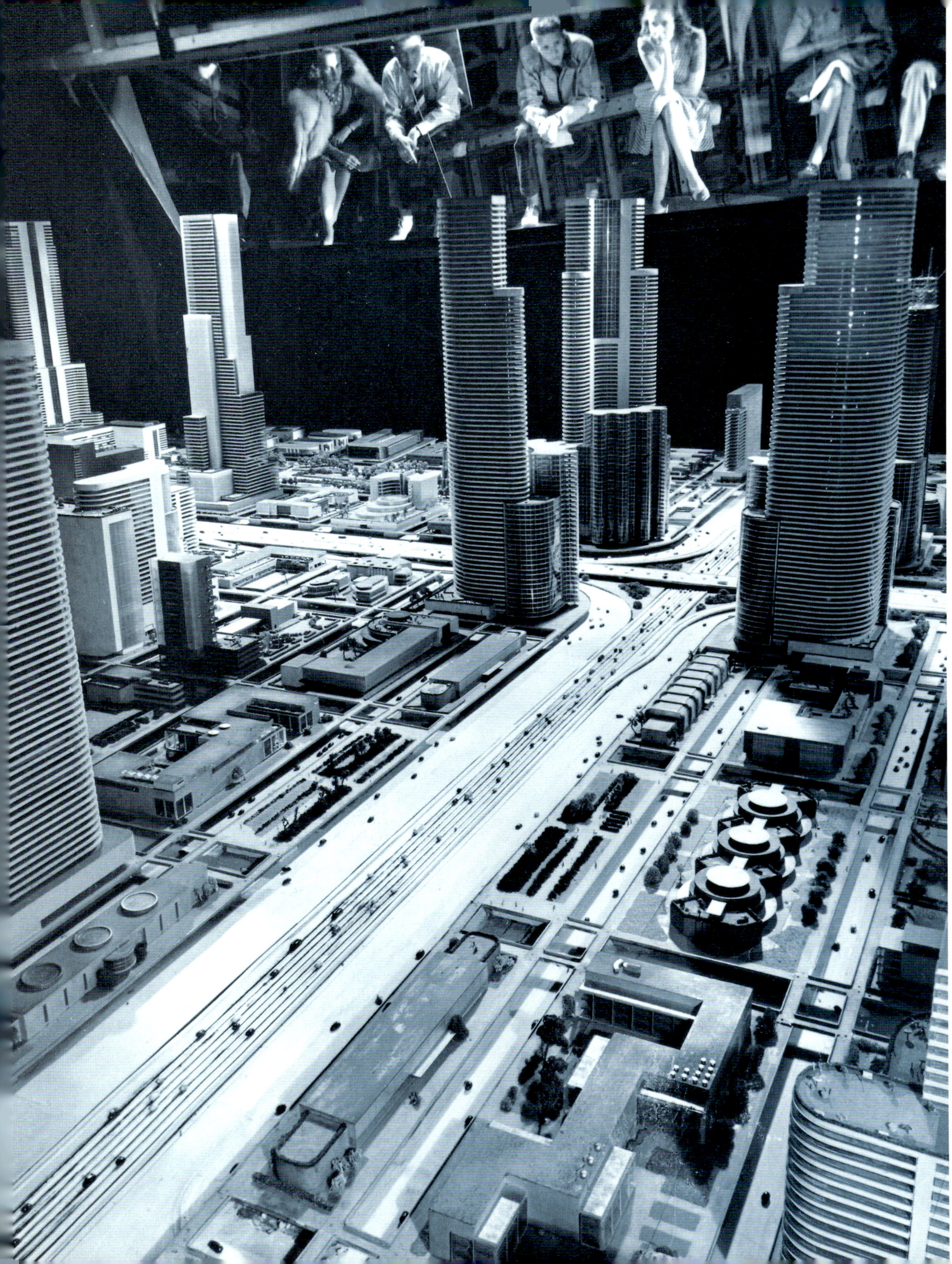
Norman Bel Geddes, »Futurama«-Modell mit Betrachtern

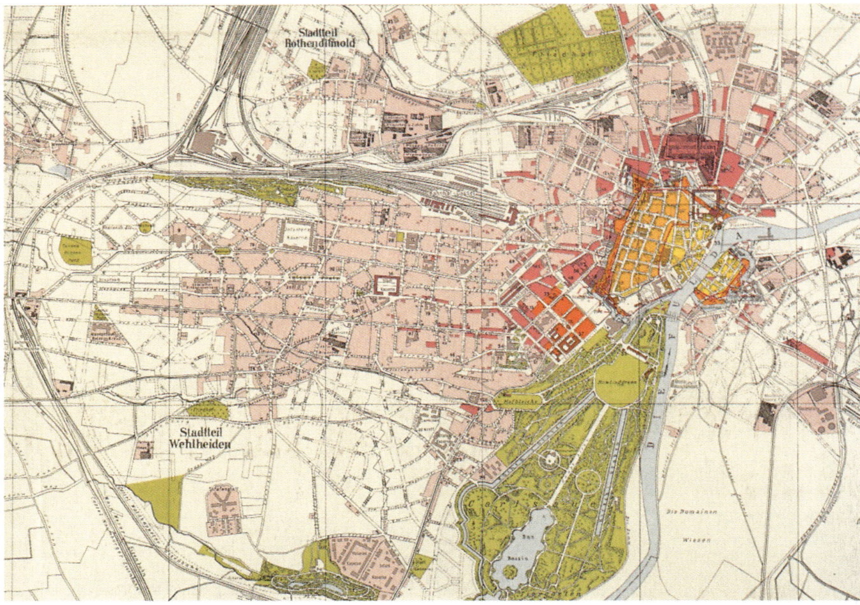

Plan der Entwicklung der Residenzstadt Cassel vom Jahre 1330 bis 1913 (Detail)

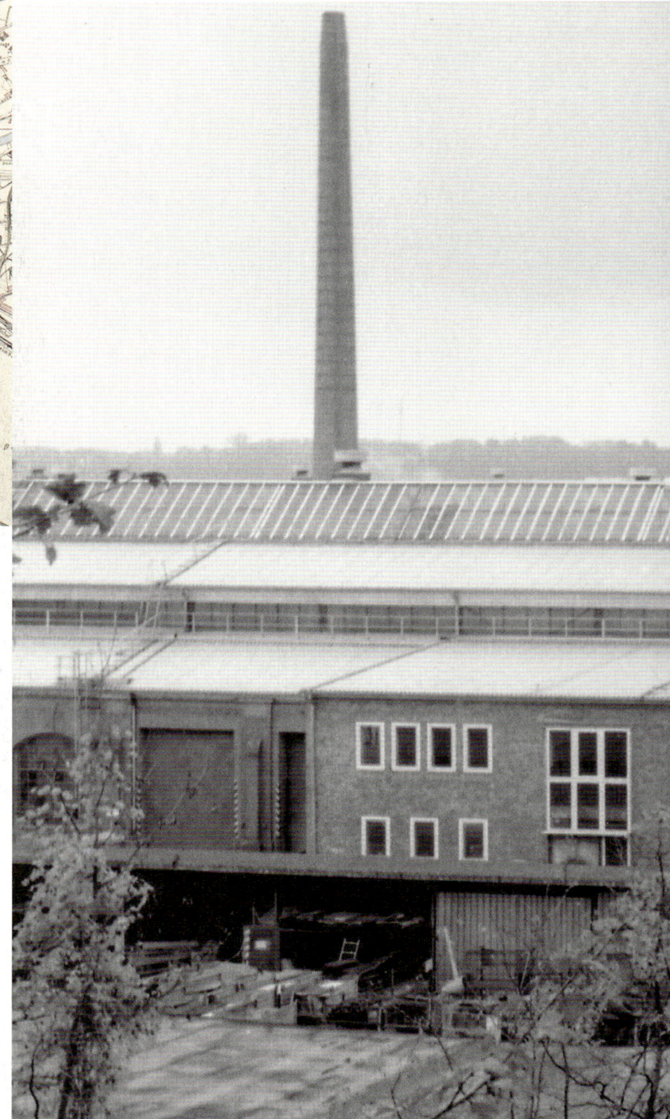

Schrebergärten

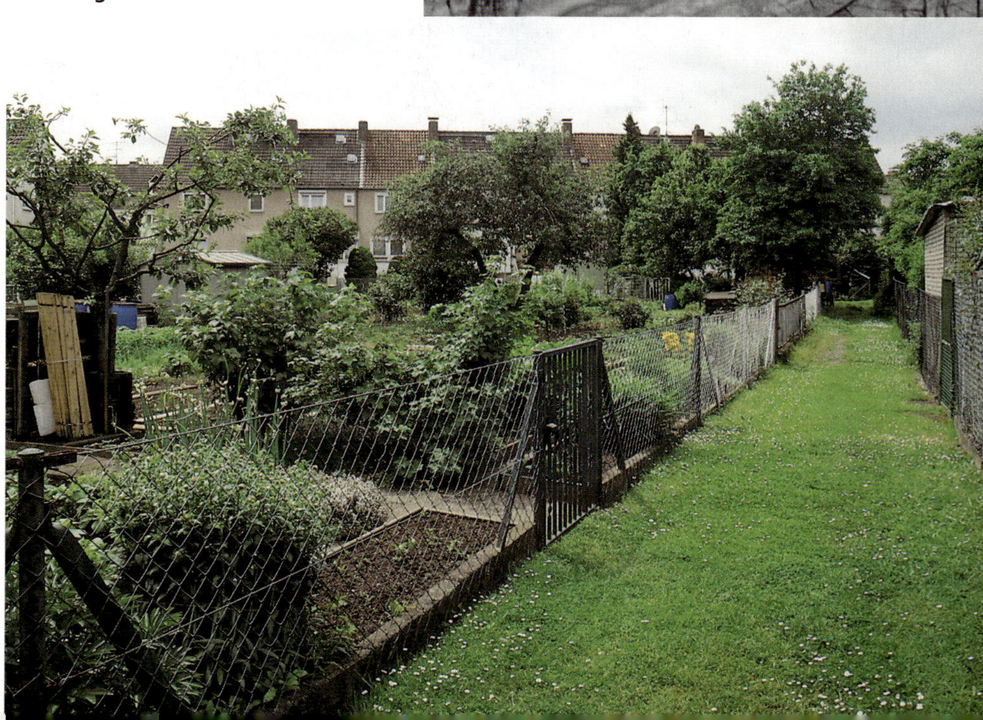

Bundesbahnausbesserungswerk

NR. 106 KS DIENSTAG, 7. MAI 1996 7

ARBEITSMARKT

Kassel wieder trauriges Schlußlicht

blablahfjeiukammsk m ska msbdm ams mak diojw mdka ,soo d ka d,ajododa dkal,amas,djdladlad adsr lardle.

blablahfj eiukam mskm ska msbdm ams makdiojwmd ka,sood ka d,ajododa dka l,ama s,djdladlada dlakjsoi-jeoqüs aldjdo amdopamdp blabla hfjei uka mmskm skamsbdm ams makdiojwmd-ka,s ood ka d,ajododa dka l,ama s,djd ladlada dlakjs oijeoqüs aldjd oamd opamdp blablahfje iukam mskm skam sbdm ams m akdioj wmdk a,sood ka d,ajododa dkal,ama s,djdladlada dlakjsoijeoqüs aldjdoamdopamdpblablahfjei-ukam mskm skamsbdm ams makdio jwmdka,sood ka d,ajodo da dkal,ama s,djdlad-lada dlakjsoijeoqüs aldjdoam dopamdp

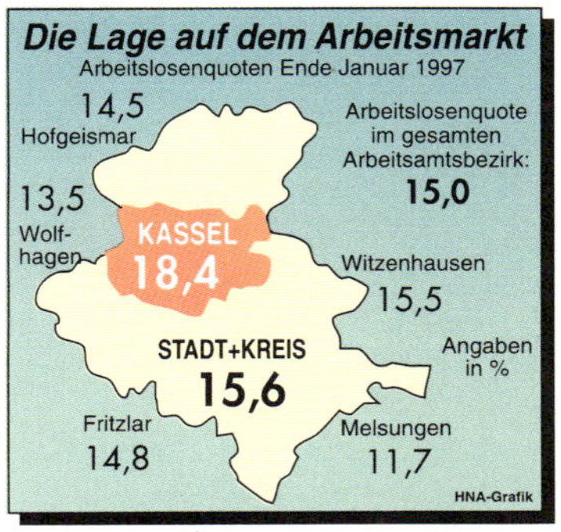

Arbeitslosenstatistik aus der Hessischen-Niedersächsischen Allgemeinen 1996/97

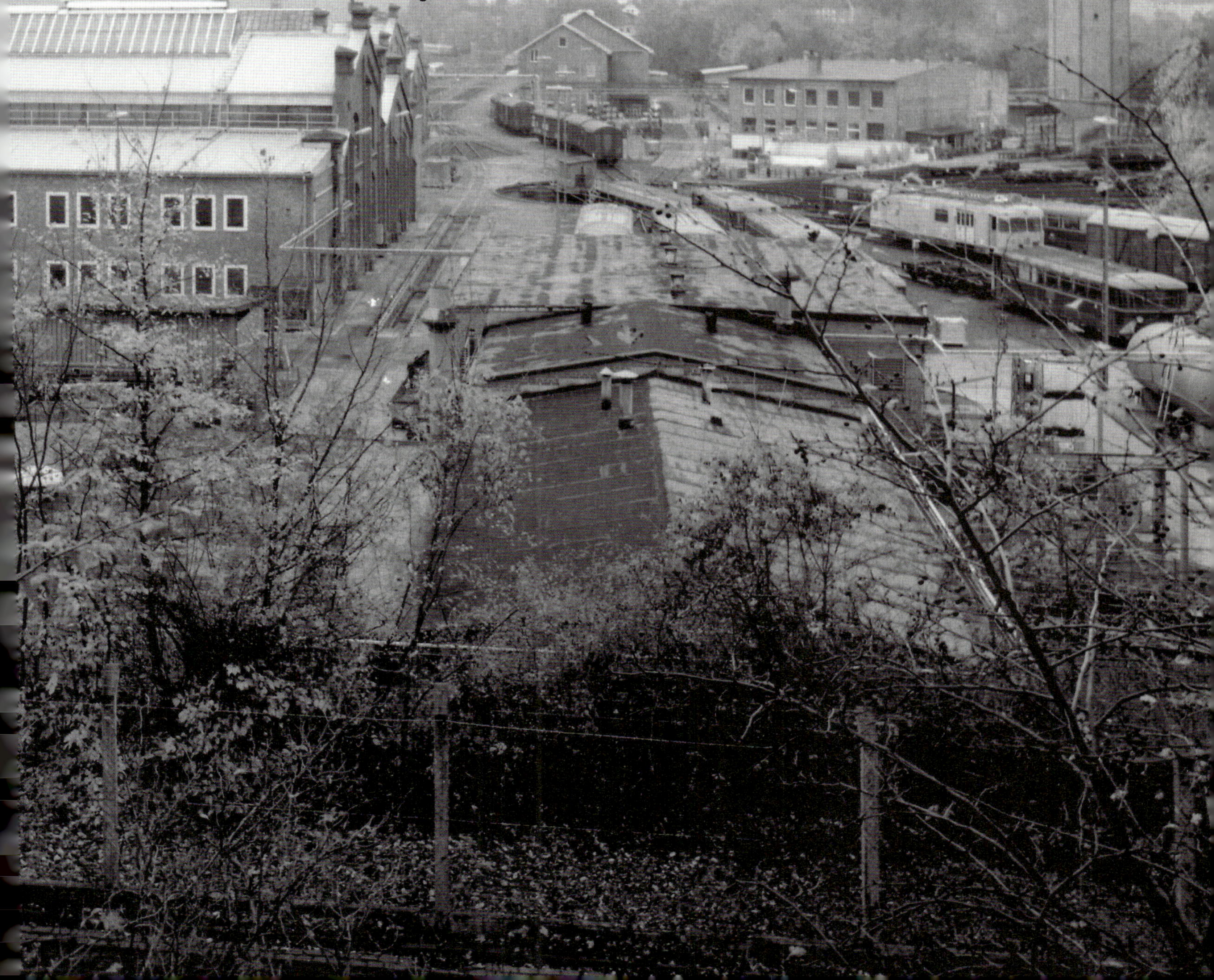

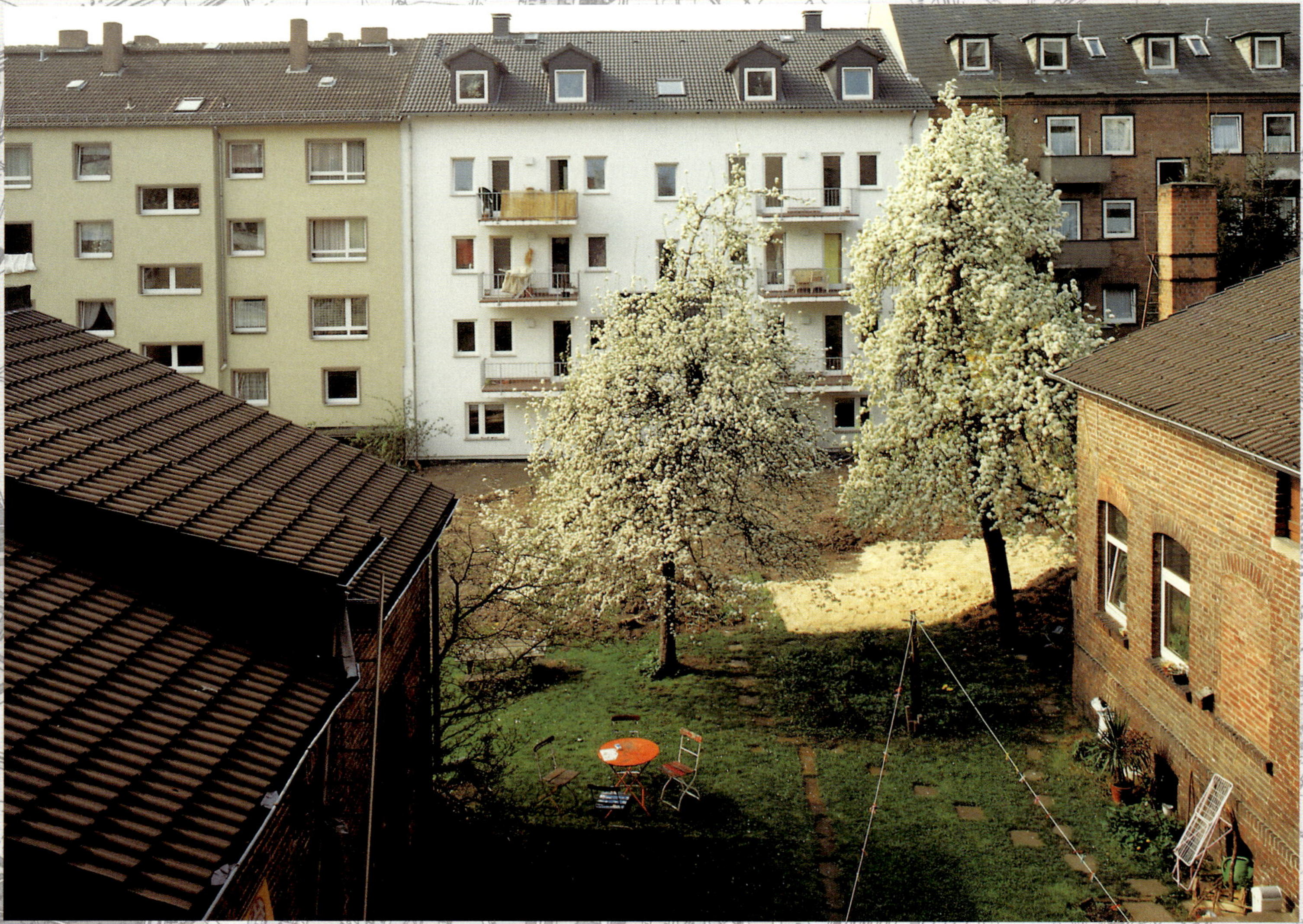

Hinterhof Philosophenweg

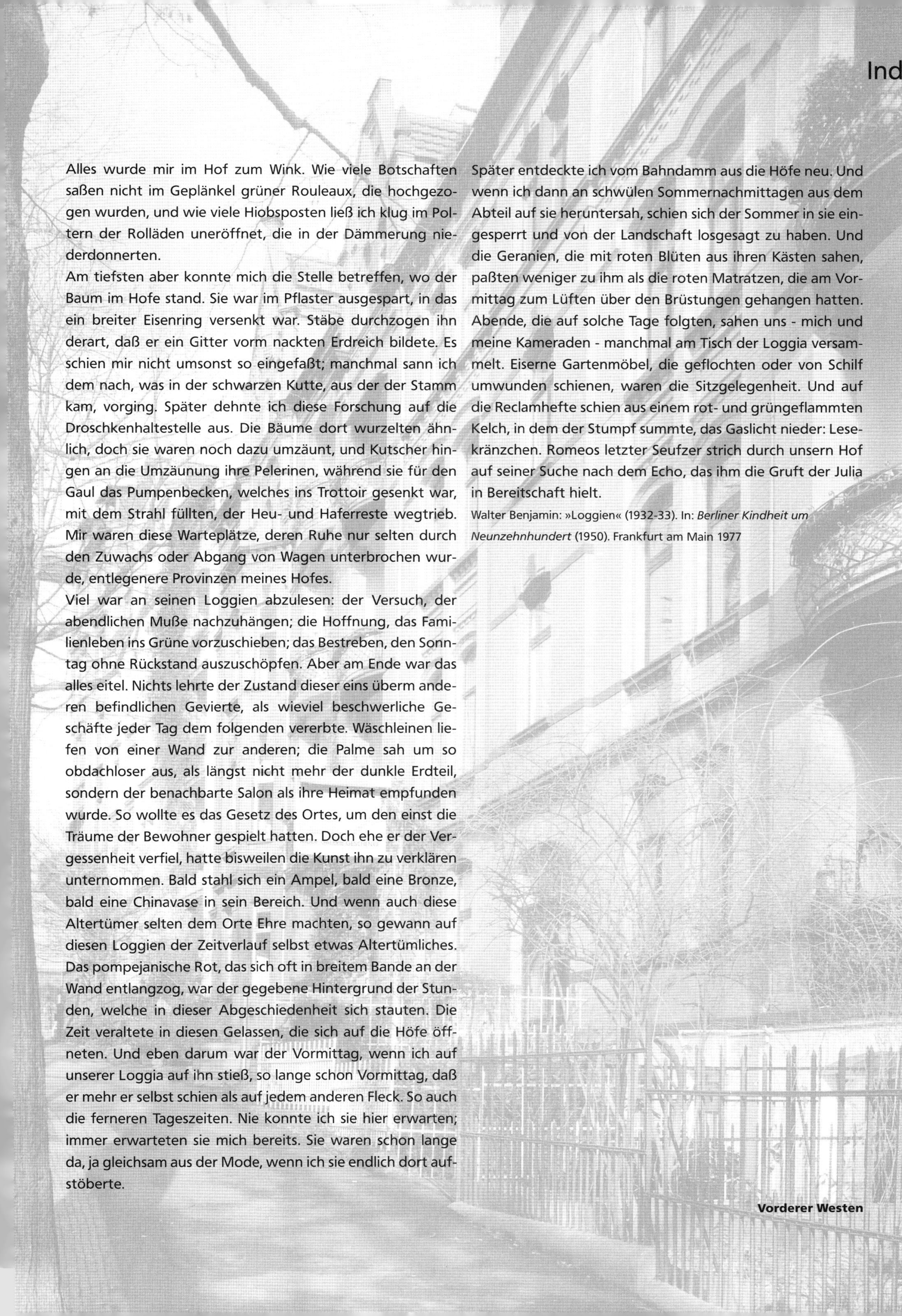

Alles wurde mir im Hof zum Wink. Wie viele Botschaften saßen nicht im Geplänkel grüner Rouleaux, die hochgezogen wurden, und wie viele Hiobsposten ließ ich klug im Poltern der Rolläden uneröffnet, die in der Dämmerung niederdonnerten.

Am tiefsten aber konnte mich die Stelle betreffen, wo der Baum im Hofe stand. Sie war im Pflaster ausgespart, in das ein breiter Eisenring versenkt war. Stäbe durchzogen ihn derart, daß er ein Gitter vorm nackten Erdreich bildete. Es schien mir nicht umsonst so eingefaßt; manchmal sann ich dem nach, was in der schwarzen Kutte, aus der der Stamm kam, vorging. Später dehnte ich diese Forschung auf die Droschkenhaltestelle aus. Die Bäume dort wurzelten ähnlich, doch sie waren noch dazu umzäunt, und Kutscher hingen an die Umzäunung ihre Pelerinen, während sie für den Gaul das Pumpenbecken, welches ins Trottoir gesenkt war, mit dem Strahl füllten, der Heu- und Haferreste wegtrieb. Mir waren diese Warteplätze, deren Ruhe nur selten durch den Zuwachs oder Abgang von Wagen unterbrochen wurde, entlegenere Provinzen meines Hofes.

Viel war an seinen Loggien abzulesen: der Versuch, der abendlichen Muße nachzuhängen; die Hoffnung, das Familienleben ins Grüne vorzuschieben; das Bestreben, den Sonntag ohne Rückstand auszuschöpfen. Aber am Ende war das alles eitel. Nichts lehrte der Zustand dieser eins überm anderen befindlichen Gevierte, als wieviel beschwerliche Geschäfte jeder Tag dem folgenden vererbte. Wäschleinen liefen von einer Wand zur anderen; die Palme sah um so obdachloser aus, als längst nicht mehr der dunkle Erdteil, sondern der benachbarte Salon als ihre Heimat empfunden wurde. So wollte es das Gesetz des Ortes, um den einst die Träume der Bewohner gespielt hatten. Doch ehe er der Vergessenheit verfiel, hatte bisweilen die Kunst ihn zu verklären unternommen. Bald stahl sich ein Ampel, bald eine Bronze, bald eine Chinavase in sein Bereich. Und wenn auch diese Altertümer selten dem Orte Ehre machten, so gewann auf diesen Loggien der Zeitverlauf selbst etwas Altertümliches. Das pompejanische Rot, das sich oft in breitem Bande an der Wand entlangzog, war der gegebene Hintergrund der Stunden, welche in dieser Abgeschiedenheit sich stauten. Die Zeit veraltete in diesen Gelassen, die sich auf die Höfe öffneten. Und eben darum war der Vormittag, wenn ich auf unserer Loggia auf ihn stieß, so lange schon Vormittag, daß er mehr er selbst schien als auf jedem anderen Fleck. So auch die ferneren Tageszeiten. Nie konnte ich sie hier erwarten; immer erwarteten sie mich bereits. Sie waren schon lange da, ja gleichsam aus der Mode, wenn ich sie endlich dort aufstöberte.

Später entdeckte ich vom Bahndamm aus die Höfe neu. Und wenn ich dann an schwülen Sommernachmittagen aus dem Abteil auf sie heruntersah, schien sich der Sommer in sie eingesperrt und von der Landschaft losgesagt zu haben. Und die Geranien, die mit roten Blüten aus ihren Kästen sahen, paßten weniger zu ihm als die roten Matratzen, die am Vormittag zum Lüften über den Brüstungen gehangen hatten. Abende, die auf solche Tage folgten, sahen uns - mich und meine Kameraden - manchmal am Tisch der Loggia versammelt. Eiserne Gartenmöbel, die geflochten oder von Schilf umwunden schienen, waren die Sitzgelegenheit. Und auf die Reclamhefte schien aus einem rot- und grüngeflammten Kelch, in dem der Stumpf summte, das Gaslicht nieder: Lesekränzchen. Romeos letzter Seufzer strich durch unsern Hof auf seiner Suche nach dem Echo, das ihm die Gruft der Julia in Bereitschaft hielt.

Walter Benjamin: »Loggien« (1932-33). In: *Berliner Kindheit um Neunzehnhundert* (1950). Frankfurt am Main 1977

Vorderer Westen

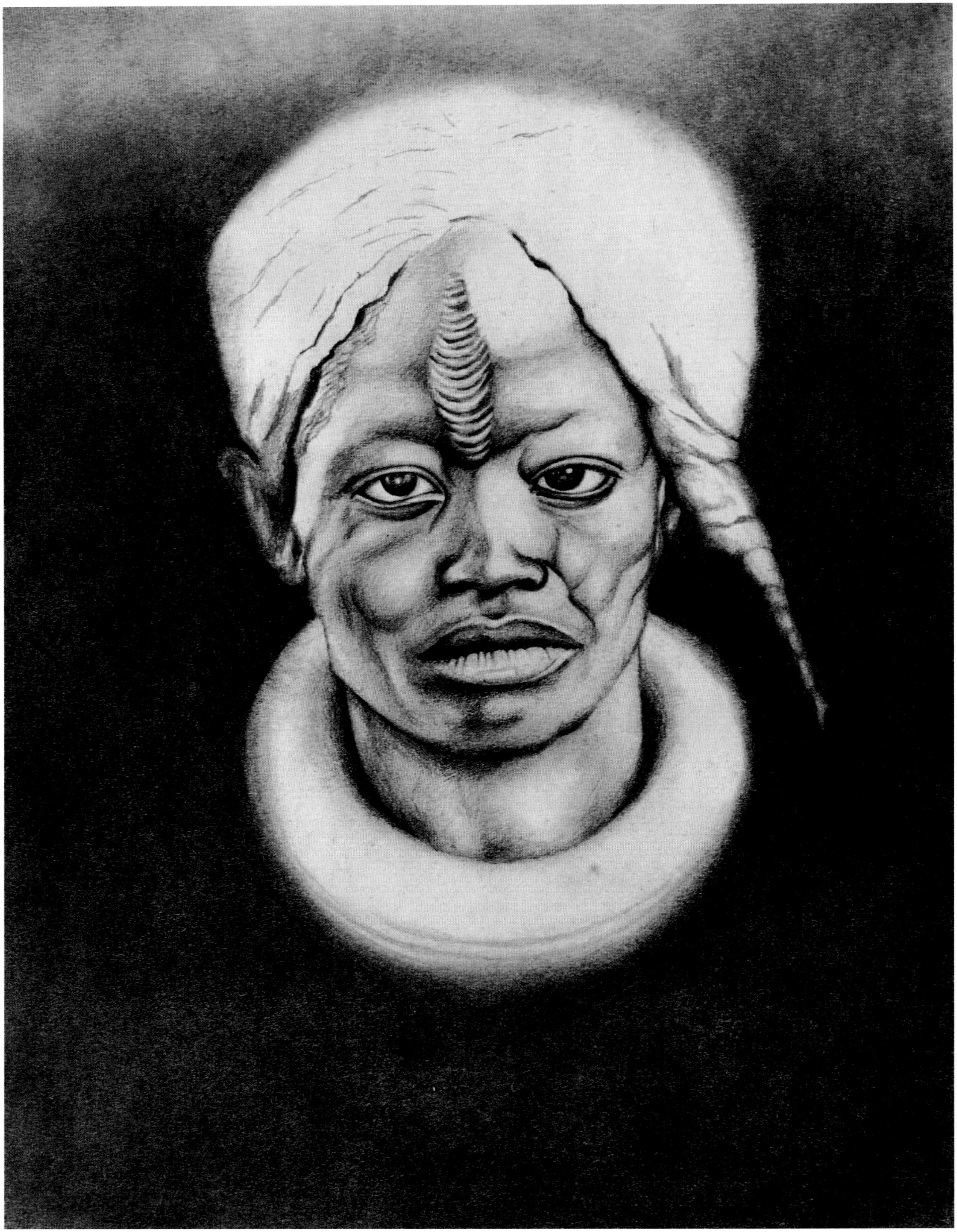

On Kawara, Thanatophanies (Erscheinungen des Todes), 1955-56

Hiroshima

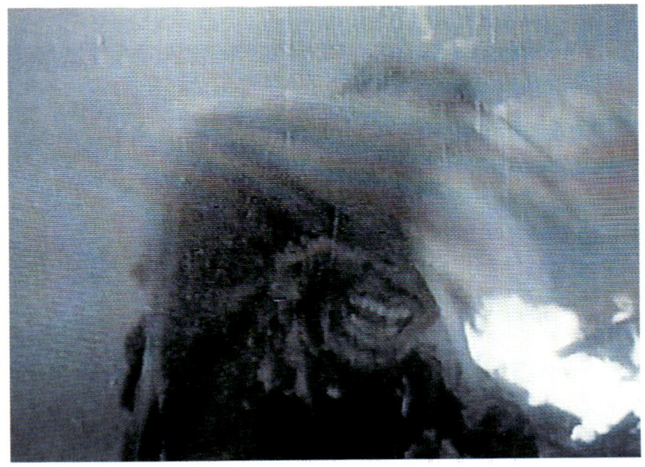

Marguerite Duras

Wir gehören zu jener Seite der Welt, wo die Toten in einem unentwirrbaren Leichenhaufen übereinandergestapelt sind. Und das geschieht in Europa. Dort verbrennt man die Juden, zu Millionen. Dort beweint man sie. Das erstaunte Amerika sieht zu, wie die riesigen Krematorien Europas rauchen. Ich muß an diese alte Frau mit den grauen Haaren denken, die wehklagend auf Nachrichten von ihrem Sohn warten wird, der so allein war im Tod, sechzehn Jahre alt, am Quai des Arts. Vielleicht hat den meinen jemand gesehen, wie ich diesen gesehen habe, in einem Graben, während seine Hände zum letzten Mal riefen und seine Augen nicht mehr sahen. Jemand, der nie wissen wird, was dieser Mann für mich war, und von dem ich nie wissen werde, wer er ist. Wir gehören zu Europa, dort geschieht das, in Europa, wo wir zusammen eingeschlossen sind im Angesicht der übrigen Welt. Um uns herum die gleichen Ozeane, die gleichen Invasionen, die gleichen Kriege. Wir gehören zur Rasse derer, die in den Krematorien verbrannt werden, und zu den Vergasten von Maidanek, wir gehören auch zur Rasse der Nazis. Die gleichmachende Funktion der Krematorien von Buchenwald, des Hungers, der Massengräber von Bergen-Belsen, an diesen Gräbern haben auch wir unseren Teil, diese so unglaublich identischen Skelette sind die einer europäischen Familie. Nicht auf einer Sundainsel oder in einer entlegenen Gegend des Pazifiks haben diese Ereignisse stattgefunden, sondern auf unserem Boden, auf dem Boden Europas. Die vierhunderttausend Skelette der deutschen Kommunisten, die zwischen 1933 und 1938 in Dora umgekommen sind, liegen ebenfalls in dem großen deutschen Massengrab, mit den Millionen Juden und dem Gottesbegriff dazu, für jeden Juden, dem Gottesbegriff für jeden Juden. Die Amerikaner sagen: »Es gibt im Augenblick nicht einen einzigen Amerikaner, sei er Friseur in Chicago, sei er Bauer in Kentucky, der nicht weiß, was sich in den Konzentrationslagern in Deutschland abgespielt hat.« Die Amerikaner wollen uns die wunderbare Mechanik der amerikanischen Kriegsmaschine illustrieren, sie verstehen darunter die Beruhigung des Bauern und des Friseurs, die sich zu Anfang nicht sicher waren über die Gründe, deretwegen man ihre Söhne eingezogen hat, um an der europäischen Front zu kämpfen. Wenn man ihnen die Hinrichtung Mussolinis melden wird, der an Fleischerhaken aufgehängt wurde, werden die Amerikaner aufhören zu verstehen, sie werden schockiert sein.

Aus: *Der Schmerz* (1985). München 1994.

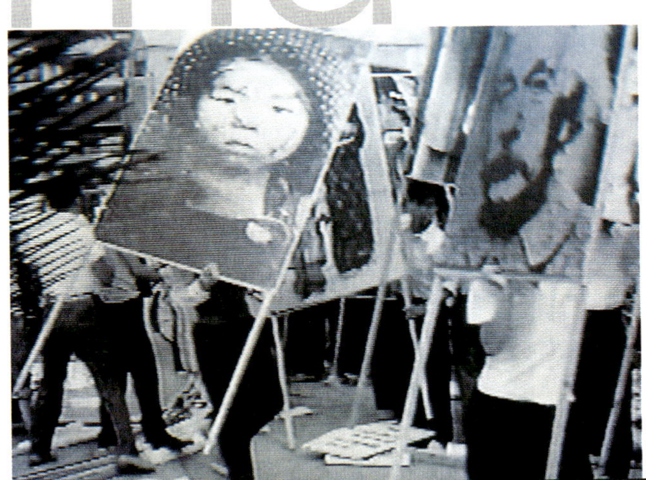

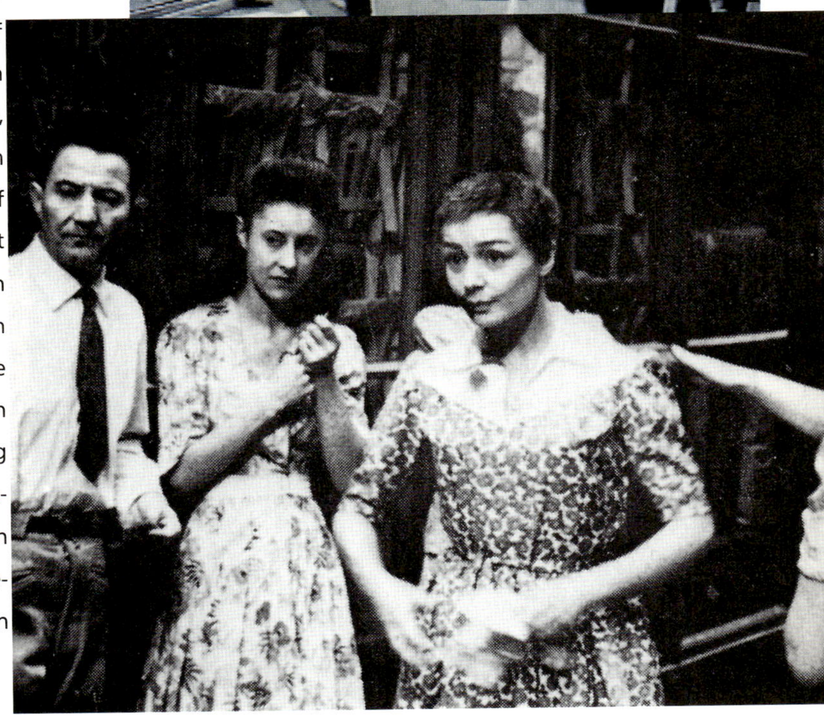

... puis, m'étranglant de ton lasso d'étoiles

monte, Colombe

monte

monte

monte

Je te suis, imprimée en mon ancestrale cornée blanche

monte lècheur de ciel

et le grand trou noir où je voulais me noyer l'autre lune c'est là que je veux pêcher maintenant la langue maléfique de la nuit

en son immobile verrition!

Aimé Césaire *Cahier d'un retour au pays natal,* 1947 (Zurück ins Land der Geburt)

(post)-kolonial 1

James Clifford

»Verrition?« Das letzte Wort in Clayton Eshlemans und Annette Smiths amerikanischer Übersetzung von Aimé Césaires *Cahier d'un retour au pays natal* (Zurück ins Land der Geburt) gibt dem ganzen unglaublichen Gedicht eine unmögliche Endung – oder Wendung. Die Cahiers sind eine topologische Landschaft voller syntaktischer, semantischer und ideologischer Wandlungen. Césaires Gedichte stellen hohe Ansprüche. Wer sich auf dieses Werk einläßt, muß bereit sein, Gedankengänge nachzuvollziehen. Wie bekommt man eine Sprache zu packen, wie übersetzt man sie, wenn sie sich einfach neu erfindet? Die Übersetzer haben sich um größte Treue bemüht und dabei viel gewagt, und trotzdem müssen Césaires Leser ihre Wörterbücher in mehreren Sprachen zur Hand haben, ihre Lexika, botanischen Nachschlagewerke, Geschichtsbücher und Atlanten. Er liebt den obskuren Fachausdruck, den Neologismus. Er will, daß die Leser an die Grenzen ihrer Sprache stoßen, daß sie merken, daß eine einzelne Sprache nicht ausreicht. Er zwingt sie, ihre Deutungen aus den Bruchstücken historischer und utopischer Möglichkeiten zu konstruieren. Seine Gedichte sind so vielsprachig und vielgestaltig wie die Welt, die er beschreibt – die Welt der Karibik. (...)
Keine gedruckte Buchseite kann dem letzten Wortstrom des Gedichtes wirklich gerecht werden, von »et le grand« bis »verrition«. Eshleman und Smith geben es als eine einzige lange Lautkette wieder, nur mit einem unvermeidlichen Zeilenwechsel (vor »maléfique«). Die »definitive« französische Ausgabe von *Présence africaine* druckt hingegen diese lange Folge als zwei syntaktisch und räumlich getrennte Zeilen. (...) Nach den senkrecht stürzenden »monte« halten die beiden Übersetzer mit Césaires ekstatischem Endspurt mit. Die lange Reihe der hundert nebeneinander gedruckten Buchstaben sprintet über das Blatt und von dort weiter – wie hinausgeschleudert.
Das Gedicht »endet« auf einem Neologismus, der wiederum eine neue Wendung symbolisiert. Césaires großes Gedicht darüber, wie er seine eigene Stimme findet, zu seinen Wurzeln zurückkehrt, läßt uns am Ende mit einem erfundenen, lateinisch klingenden, abstrakten Wort, mit einem Fragezeichen zurück. Das ist unser Lohn dafür, daß wir eine einfache, zugängliche »Authentizität« der Sprache erwartet haben. Bei Césaire müssen wir uns einlassen auf die Poetik einer erfundenen Kultur.

Aus: *The Predicament of Culture. Twentieth-Century Ethnography, Literature and Art,* Cambridge/Massachusetts und London 1988.

Pierre Mabille

Für mich besteht ein absoluter Gegensatz zwischen dem Dschungel Wifredo Lams, wo überall das Leben explodiert, frei, gefährlich, überschäumend, wo eine Vegetation herrscht, die üppiger nicht sein könnte, zu jeder Vermischung, zu jeder Verwandlung, zu jeder Besessenheit bereit, und jenem anderen düsteren Dschungel, wo auf einem Podest ein Führer steht, der entlang der neohellenistischen Kolonnaden Berlins nach den im Gleichschritt marschierenden Kolonnen ausspäht, die bereit sind, nachdem sie alles Leben ausgelöscht haben, sich in rigoroser Konsequenz dem endlosen Friedhof anzugleichen und ins Nichts zu versinken.

Aus: *La Jungle*. Mexiko 1944.

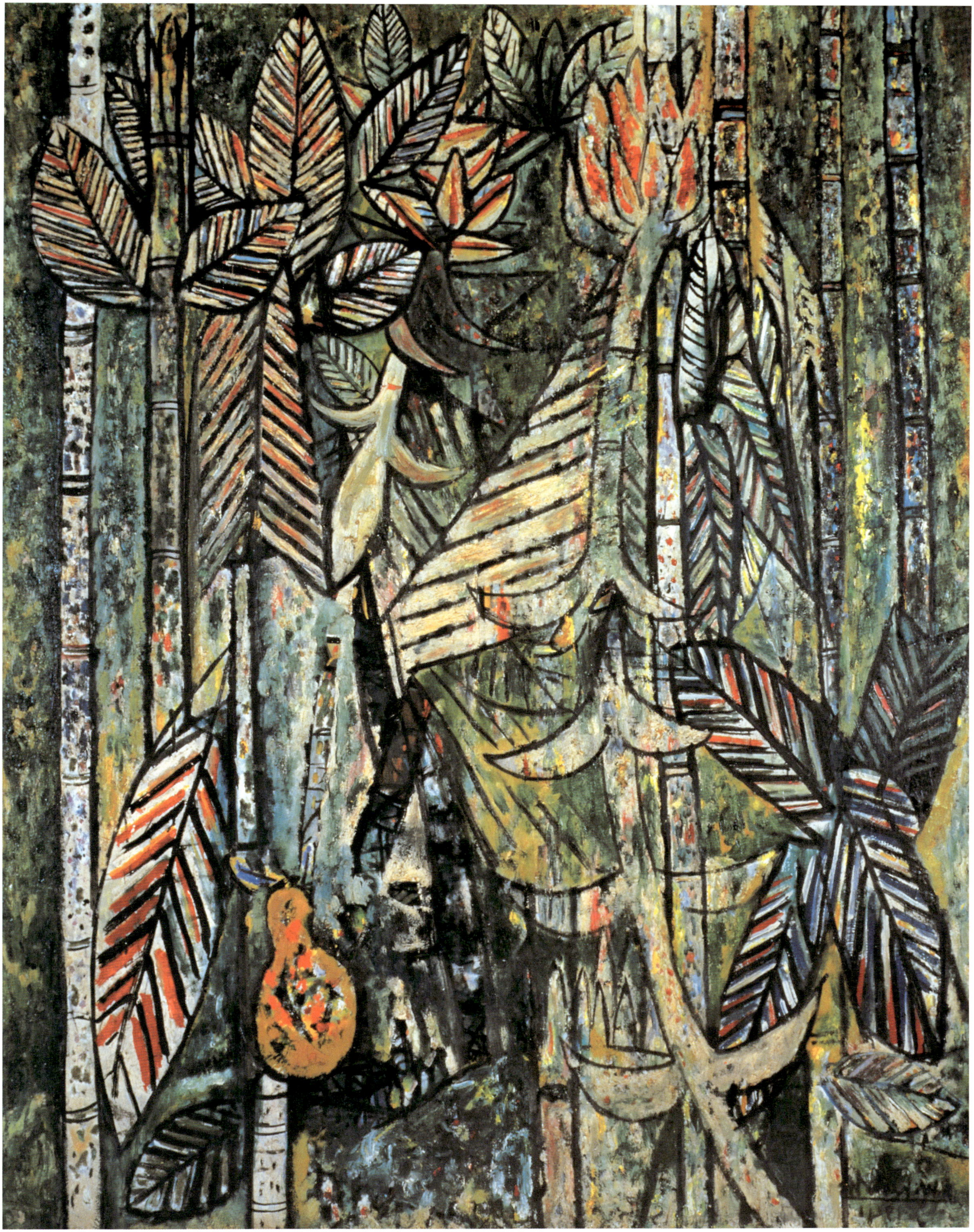

Wifredo Lam, Fruta bomba Y Canas, 1941

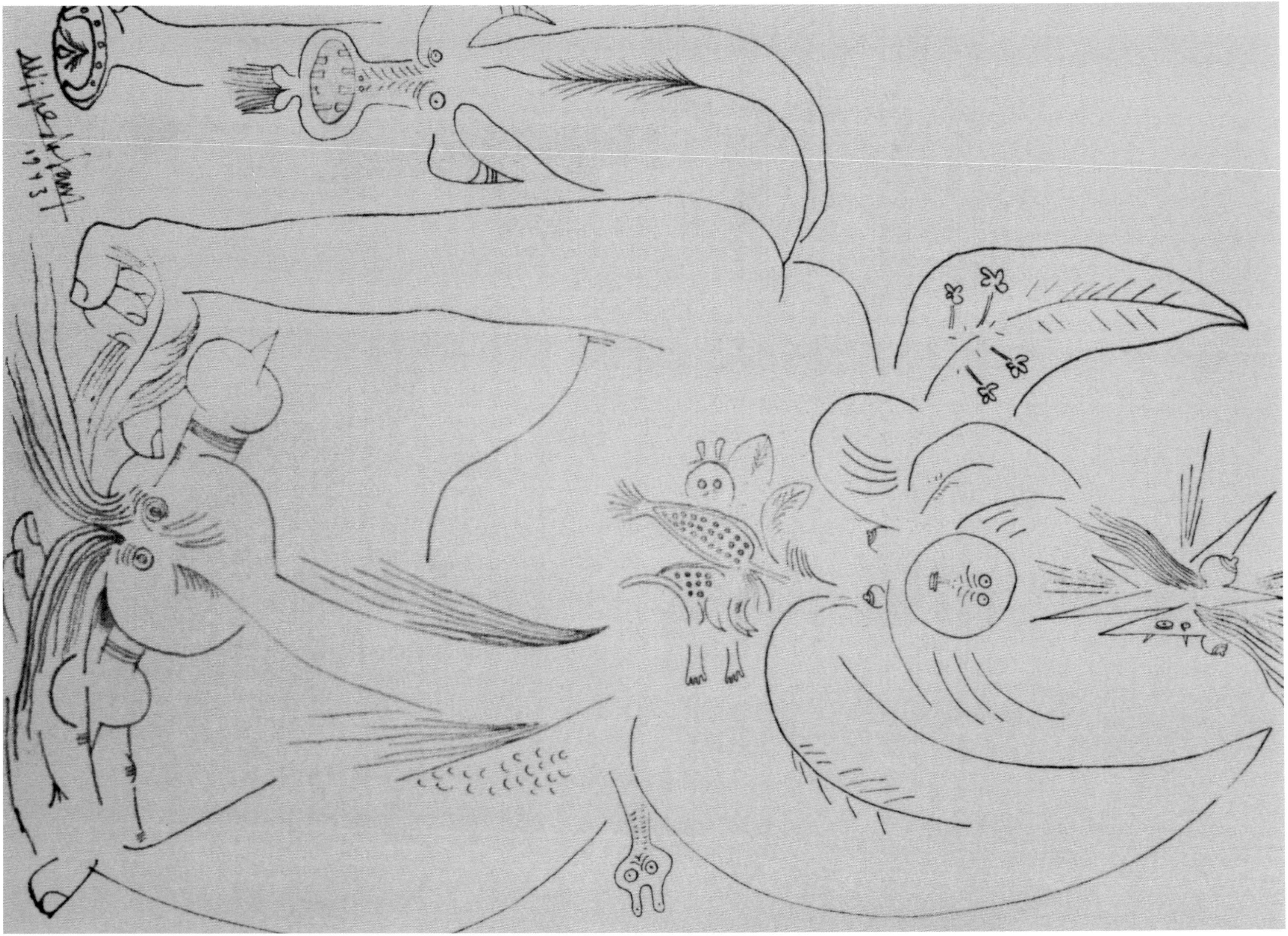

Aimé Césaire/Wifredo Lam
Retorno al pais natal (Zurück ins Land der Geburt)

Frantz Fanon

Der koloniale Rassismus unterscheidet sich in nichts von den anderen Rassismen.

Der Antisemitismus trifft mich mitten ins Fleisch, ich errege mich, eine entsetzliche Aberkennung zapft mir das Blut ab, man verweigert mir die Möglichkeit, ein Mensch zu sein. Ich kann mich von dem Schicksal nicht lossagen, das meinem Bruder bereitet wird. Jede meiner Handlungen verpflichtet den Menschen.[1] Wir meinen wieder Césaire zu hören:

»Wenn ich am Knopf meines Radioapparats drehe, höre ich, daß in Amerika Neger gelyncht werden, und ich sage, daß man uns belogen hat: Hitler ist nicht tot; wenn ich schließlich am Knopf meines Radioapparats drehe und erfahre, daß in Afrika die Zwangsarbeit eingeführt und legalisiert ist, dann sage ich, daß man uns wirlich belogen hat: Hitler ist nicht tot.[2]«

Ja, die europäische Zivilisation und ihre qualifizierten Vertreter sind verantwortlich für den kolonialen Rassismus[3]; und nochmals berufen wir uns auf Césaire:

»Und dann wird eines schönen Tages die Bourgeoisie durch einen gewaltigen Gegenschlag geweckt: die Gestapo wird geschäftig, die Gefängnisse füllen sich, die Folterer werden erfinderisch, verfeinern ihre Methoden und diskutieren rund um die Folterbänke. Man wundert, man entrüstet sich. Man sagt: Wie sonderbar! Ach was! Das ist der Nazismus, der wird auch wieder vorbeigehen! Und man wartet, und man hofft, und man verhehlt sich selbst die Wahrheit, daß das wohl eine Barbarei, doch die Vollendung der Barbarei ist, die Krönung, das Resumée all der täglichen Barbareien; daß es der Nazismus ist, ja, aber daß man, bevor man sein Opfer wurde, sein Komplize gewesen ist; daß man diesem Nazismus Vorschub geleistet hat, bevor man von ihm heimgesucht wurde, daß man ihn freigesprochen, daß man beide Augen vor ihm zugedrückt hat, weil er bisher nur auf nichteuropäische Völker Anwendung fand; daß man diesen Nazismus kultiviert hat, daß man dafür die Verantwortung trägt und daß er durch alle Risse und Sprünge der westlichen Zivilisation sickert, tropft und quillt, ehe er sie in seinen blutigen Fluten verschlingt.[4]«

Aus: *Schwarze Haut, weiße Masken* (1952). Frankfurt am Main 1980.

[1] Dabei denken wir an die metaphysische Schuld von Jaspers. »Es gibt eine Solidarität zwischen Menschen als Menschen, welche einen jeden mitverantwortlich macht für alles Unrecht und alle Ungerechtigkeit in der Welt, insbesondere für Verbrechen, die in seiner Gegenwart oder mit seinem Wissen geschehen. Wenn ich nicht tue, was ich kann, um sie zu verhindern, so bin ich mitschuldig. Wenn ich mein Leben nicht eingesetzt habe zur Verhinderung der Ermordung anderer, sondern dabeigewesen bin, fühle ich mich auf eine Weise schuldig, die juristisch, politisch und moralisch nicht angemessen begreiflich ist. Daß ich noch lebe, wenn solches geschehen ist, legt sich als untilgbare Schuld auf mich. Daß irgendwo zwischen Menschen das Unbedingte gilt, nur gemeinsam oder gar nicht leben zu können, falls dem einen oder anderen Verbrechen angetan werden (...), das macht die Substanz ihres Wesens aus«. (Karl Jaspers, *Die Schuldfrage*. Heidelberg 1946). Jaspers erklärt, daß die alleinige Instanz Gott ist. Man erkennt ohne weiteres, daß Gott hier nichts zu suchen hat. Es sei denn, man möchte jene Pflicht der menschlichen Realität, sich für die Mitmenschen verantwortlich zu fühlen, explizieren. Verantwortlich insofern, als die geringste meiner Handlungen der Menschheit verpflichtet ist. Jede Handlung ist Antwort oder Frage. Vielleicht beides. Indem ich eine bestimmte Weise meines Seins, sich zu überschreiten, ausdrücke, behaupte ich den Wert meiner Handlung für die anderen. Umgekehrt ist die Passivität, die in den beunruhigenden Stunden der Geschichte zu beobachten ist, als Verstoß gegen diese Pflicht interpretiert worden. Jung sagt, daß jeder Europäer in der Lage sein muß, vor einem Asiaten oder einem Hindu für die Verbrechen geradezustehen, welche die Nazibarbarei begangen hat. Eine andere Autorin, Maryse Choisy, beschrieb in *L'anneau de Polycrate* das Schuldgefühl, das während der Besetzung die »Neutralen« empfanden. Sie fühlten sich dunkel verantwortlich für alle diese Toten und alle Buchenwalds.

[2] Aus dem Gedächtnis zitiert. – *Discours politique*, Wahlkampf 1945, Fort-de-France.

[3] »Die europäische Zivilisation und ihre qualifiziertesten Vertreter sind nicht verantwortlich für den kolonialen Rassismus; sondern er ist das Werk von Untergebenen und Kleinhändlern, von Siedlern, die ohne großen Erfolg geschuftet haben.« (O. Mannoni, *Psychologie de la colonisation*, Paris 1950).

[4] Aimé Césaire, *Discours sur le colonialisme*. Paris 1955. (*Über den Kolonialismus*, Berlin 1968).

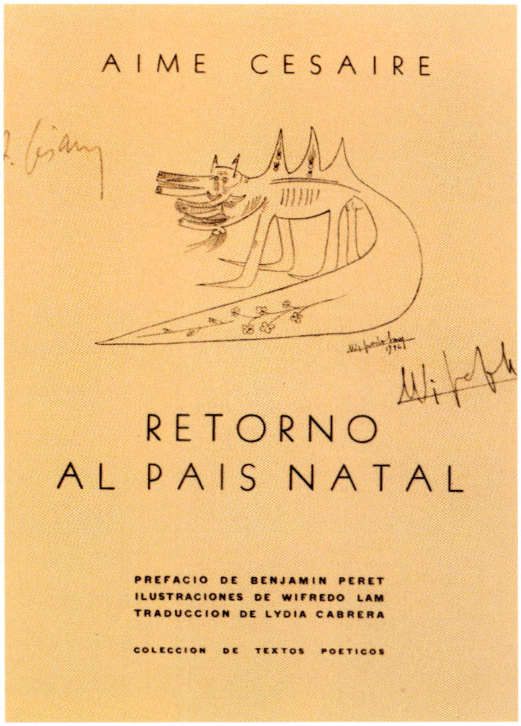

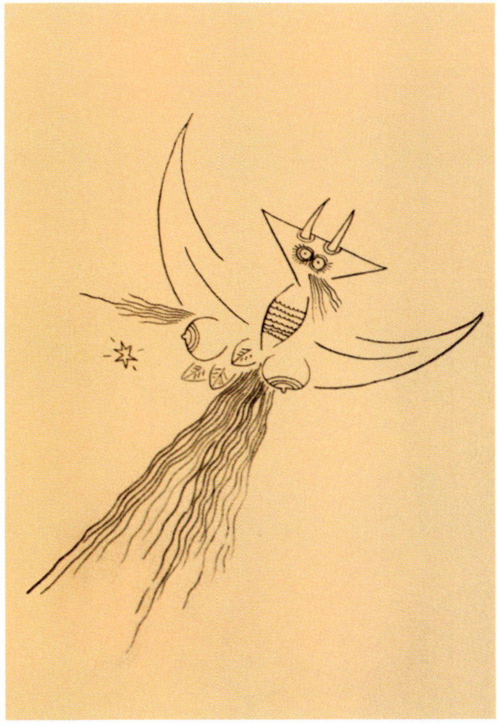

Aimé Césaire

Auf den Wogen ihres Schicksals taumeln die Länder durch ihr Elend. Seit Jahrhunderten. Mit ihnen ihre Fracht aus verstörten und müden Tieren. Seit Jahrhunderten. Unter sengender Sonne. An den großen Wogen des Atlantik. Auf den großen Wogen fruchttragender Erde, umwogt von jugendfrischer Luft. Und die Malerei Wifredo Lams wogt unter ihrer Fracht der Revolte: Huldigungen voller Blätter, Triebe tragender Geschlechter, bis in den Widersinn getrieben, heilig und tropisch: Götter. In einer Gesellschaft, in der die Maschine und das Geld den Abstand zwischen dem Menschen und den Dingen immens vergrößert haben, fixiert Wifredo Lam auf der Leinwand die Zeremonie, um deretwillen alles existiert: die Zeremonie der physischen Vereinigung von Mensch und Welt.

Aus: »Tiers Monde« (1946). In: *Le Monde de Wifredo Lam*. Paris 1975.

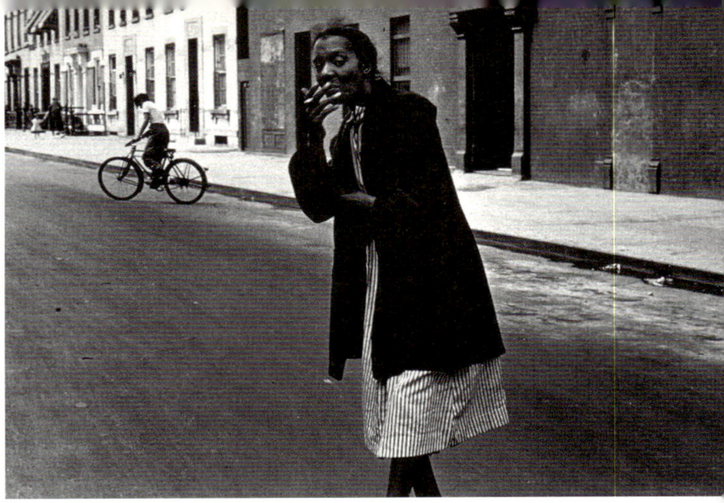

Helen Levitt
New York, 1939

Die Erzählung Sartres (1939) über den Spanischen Bürgerkrieg brandmarkte zumindest zwei metaphorische Bedeutungen der Mauer: der revolutionäre Heroismus angesichts der Mauer der Hinrichtungen und die Mauer als Projektionsfläche des Bewußtseins und des Unbewußten, entweder als Spiegel oder als mentales, in der Zufälligkeit der Materie objektiviertes Bild, eine Art Fetisch. Nach dem Zweiten Weltkrieg war das Bild der Mauer natürlich untrennbar von Tod und Zerstörung. Später wurde sie das Bild der Trennung schlechthin. Im Glossar von *SMLXL* vermerkt Rem Koolhaas unter dem Eintrag »Wall«, ohne jegliche Ironie: »Berlin. Auf einmal stehe ich, ohne es bemerkt zu haben, genau vor ihr. Ein langes Graffitiband läuft über sie hinweg, wie die Graffitis in der New Yorker Subway, wie die Manie des Westens für Aufkleber. Plötzlich fehlt mir das historische Vorstellungsvermögen, das mit dieser Mauer fertig würde, mit dieser wie

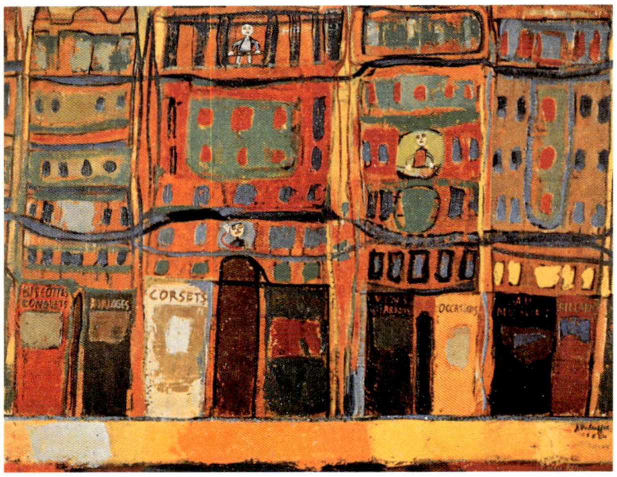

Jean Dubuffet, Vue de Paris. Le petit commerce (Ansicht von Paris. Die kleinen Kaufleute), 1944

ein Gehirn von einem künstlichen Skalpell zertrennten, zweigeteilten Stadt. Die Gebäude, die an sie angrenzen, tragen die weggewischten Spuren einer heißen Geschichte – kalte Geschichte nährt ihrerseits kalte Zeichen, welche die Vorstellung in Verzweiflung verwandeln (selbst Graffitis sind kalte Zeichen; die einzig lustigen Zeichen sind die Hasen, die in dem mit Stacheldraht eingezäunten Streifen des Niemandslandes herumhoppeln).«

Nach dem Zweiten Weltkrieg verkümmerte in Europa die in den 30er Jahren noch so blühende französische Photographie. Das Volk zog von Paris in die Vororte, wo in den großen Wohnblocks die Erfahrung der Straße verlorenging. Doisneau hatte nichts mehr zu photographieren. Dubuffet malte noch eine Weile Ansichten von Paris mit den kleinen Geschäften und den kleinen Leuten. Nach seiner ersten Ausstellung bei Pierre Matisse im Jahr 1947 brachten ihn die amerikanischen Kritiker umso rascher mit jener französischen Ikonographie des etwas kessen Pittoresken in Verbindung, als sie in einer subtilen pikturalen Tradition überliefert worden war (Clement Greenberg sah in ihm natürlich eine Verwandschaft zu Klee, aber auch zu Dufy und Pissarro). Claes Oldenburg entdeckte etwas später Dubuffet und seine Verwandschaft zu Céline (die beiden »frenchmen«) und fand in der ihnen gemeinsamen »anti-kulturellen Haltung« (Titel des berühmten Vortrags von Dubuffet 1951 in Chicago) eine andere französische Tradition wieder: romantisch und anarchistisch, der Kritik Amerikas hilfreicher.

Walker Evans war nicht weniger subtil, und nicht weniger frankophil. Nachdem er das Gefühl gehabt hatte, sich mit der amerikanischen Kulturinstitution par excellence eingelassen zu haben, dem Museum of Modern Art von New York, das ihm 1938 seine große Ausstellung und sein großes Buch *American Photographs* ermöglichte, suchte er seine Erlösung im labyrinthischen Underground der U-Bahn von New York (gelegentlich in der Begleitung von Helen Levitt) und in der Alterität. Die Fahrgäste auf seinen subtil von den Grotesken à la Daumier inspirierten Subway-Porträts waren, in der Auseinandersetzung mit sich selbst und mit den Leuchtsignalen einer abstrakten Topographie, in einem wahrhaft metaphysischeren Raum plaziert als die pseudo-infantilen Figuren, wie sie Dubuffet in *La métromanie ou les dessous de la capitale* zeichnete (1950, Text von Jean Paulhan). Die Porträts von Walker Evans, die 1966 in dem Buch *Many Are Called* erschienen sind, hätten als die verborgene, die vergrabene Seite der Geschichte der Pop Art und im besonderen des melancholischen Werks von Andy Warhol betrachtet werden müssen (als die »schwarze Scheibe« des Ursprungs, von der Michel Foucault in seinem Buch über Raymond Roussel spricht).

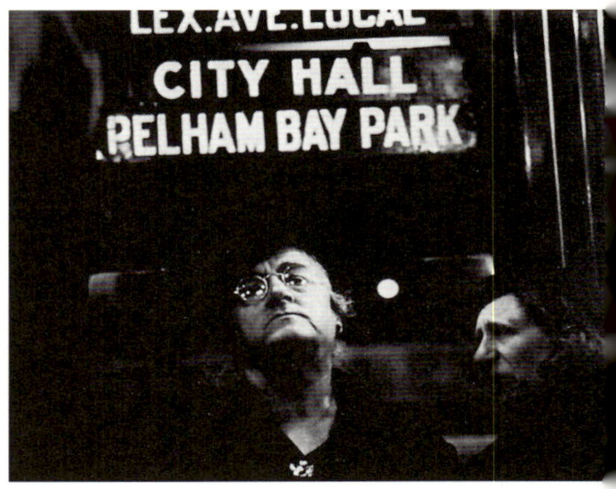

Man sieht unter diesen Leuten weder das Gesicht eines Richters noch das eines Senators oder eines Bankpräsidenten. Was man sieht, ist ernüchternd, verblüffend und offensichtlich: dies sind die Ladies and Gentlemen der Jury.

Walker Evans, *Harper's Bazaar*, März 1962

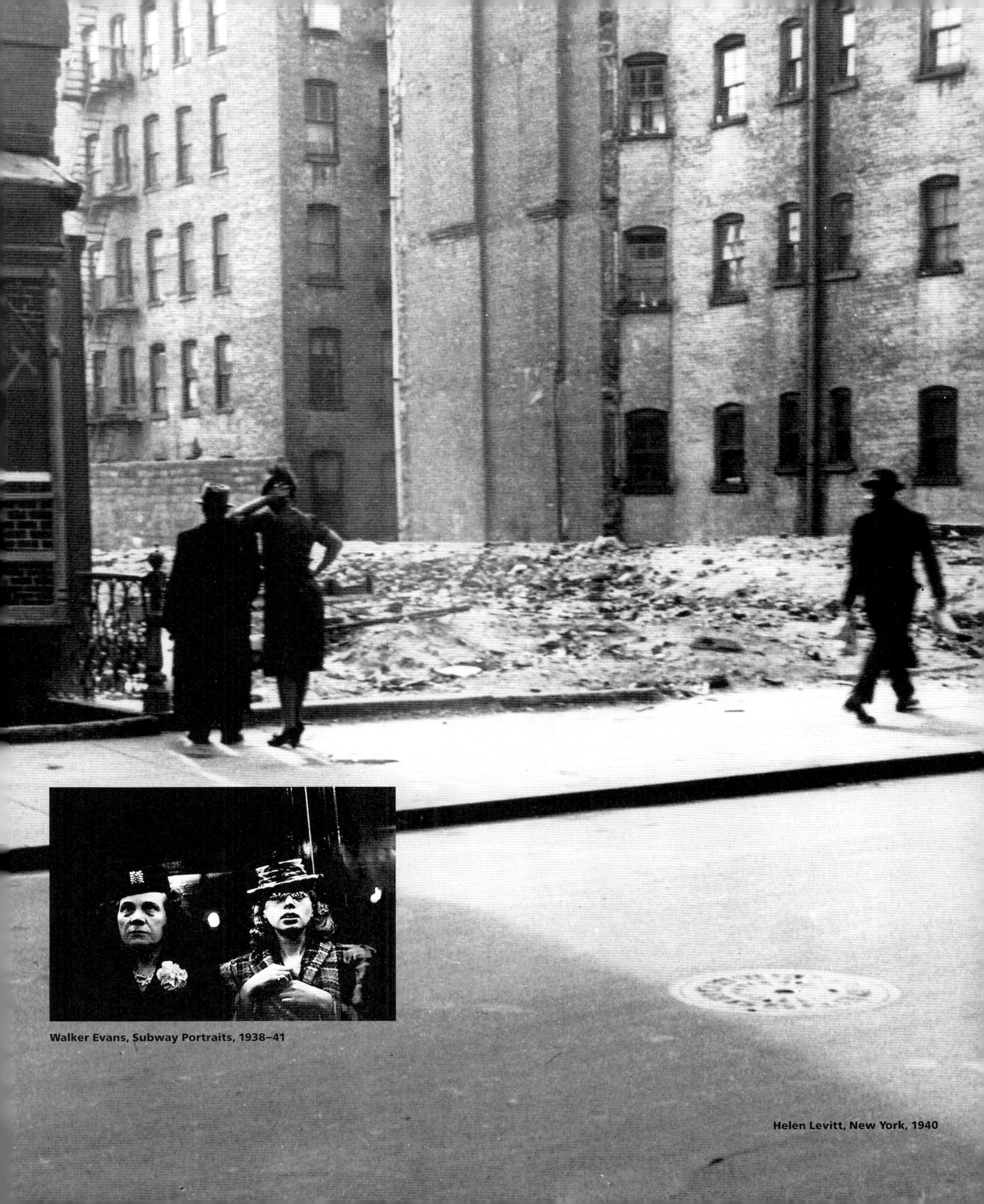

Walker Evans, Subway Portraits, 1938–41

Helen Levitt, New York, 1940

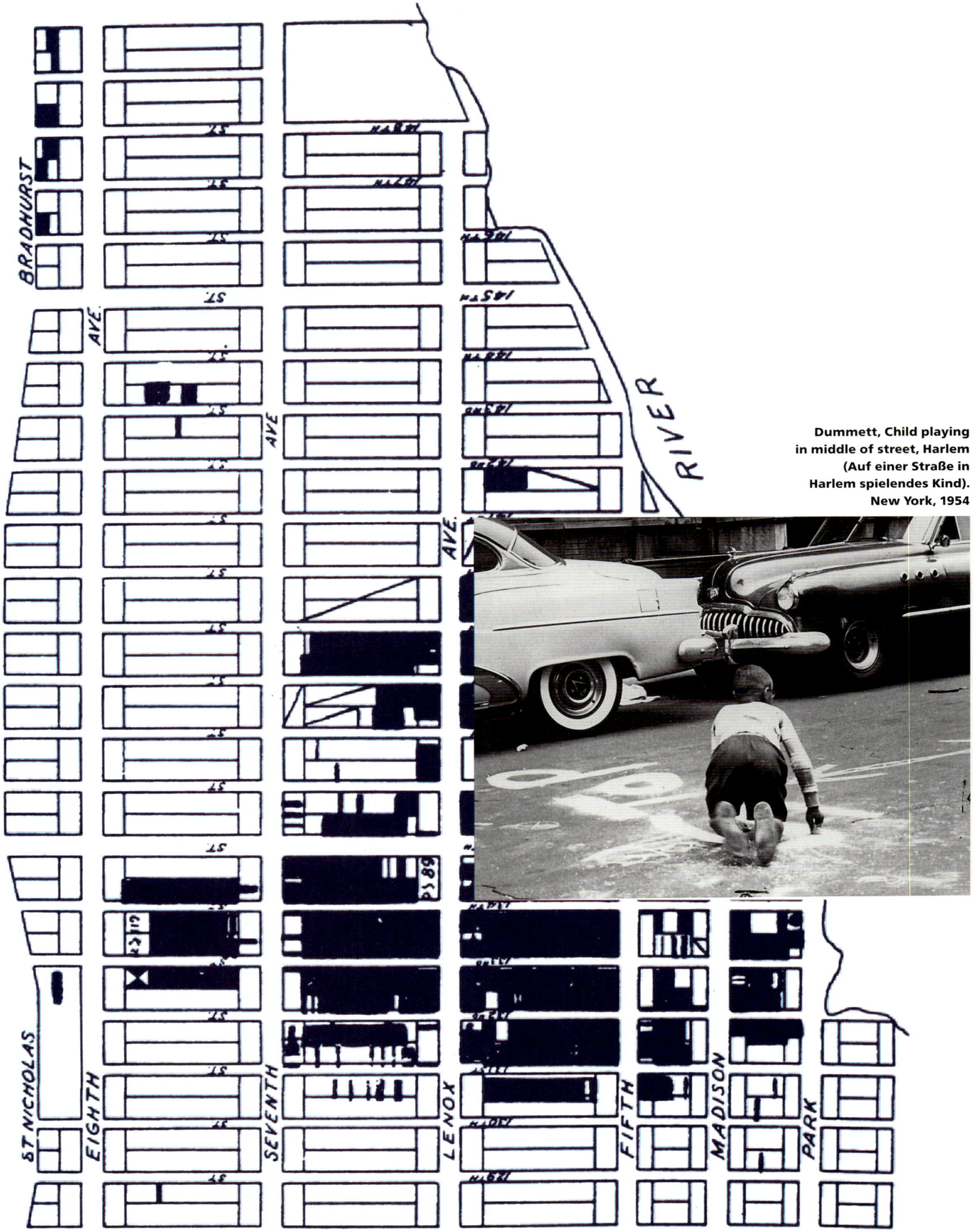

Verteilung der schwarzen Bevölkerung in Harlem, 1911–1914

Dummett, Child playing in middle of street, Harlem (Auf einer Straße in Harlem spielendes Kind). New York, 1954

Die Straßen von Harlem sind aus der Sicht von Levitt meist leer. Keine oder nur wenige Autos. Kein Fremder, kein Flaneur. Der Raum, auf den sie ihre Aufmerksamkeit richtet, ist eng, kein Horizont, nie ein Stück Himmel. Er paßt in der Breite des Gehwegs zwischen die Fassaden und die Straße. (*In the Street*, der Film, den sie in den 40er Jahren mit James Agee und Janice Loeb gedreht hat, spielt sich in einem solchen Raum ab, dessen Enge eines der burlesken Mittel des Films ist.) Kinder spielen auf dem Gehweg, auf den Treppenstufen, entlang der Geländer. Die Erwachsenen stehen oder sitzen vor den Hauseingängen. Die kleinen Distanzen zwischen ihnen bringen komplexe Bande ans Licht. Ein starkes, zugleich soziales und symbolisches Band bindet sie ans »Haus«: eine Mauer, eine Treppenflucht, eine Tür, stets im Hintergrund des Bildes. Sie haben keinen anderen Ort (weder Arbeit noch Schule). Das Band zwischen ihnen wird unablässig unter Beweis gestellt, wird durch Gesten, Inszenierung und Wortwechsel auf der Mauer von neuem mit ins Spiel gebracht. Helen Levitt, die sich dadurch auch ins Spiel miteinbringt, rückt ganz bestimmte Räume ins Bild, zwischen Leere und Abgrenzung, zwischen Autonomie und autistischer Einsamkeit. Die leeren Grundstücke sind fehlende Zuhause.

Helen Levitt, New York, 1940

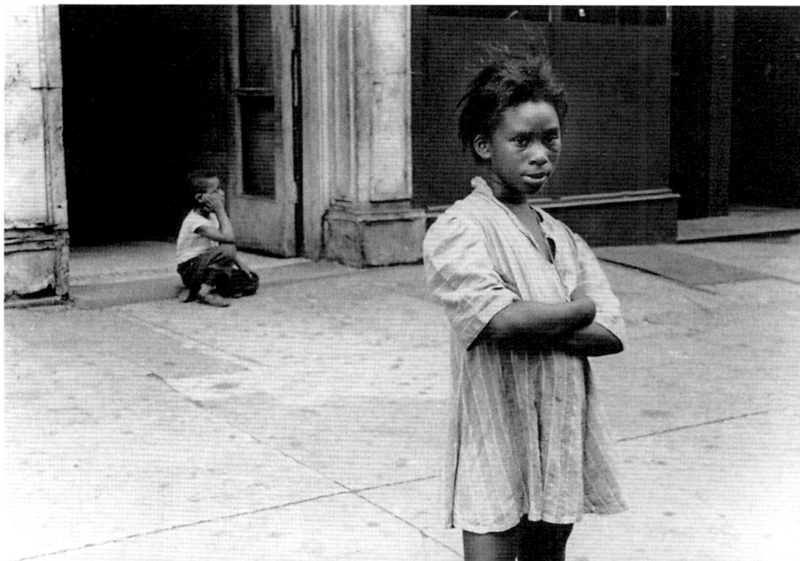

Helen Levitt, New York, o.J.

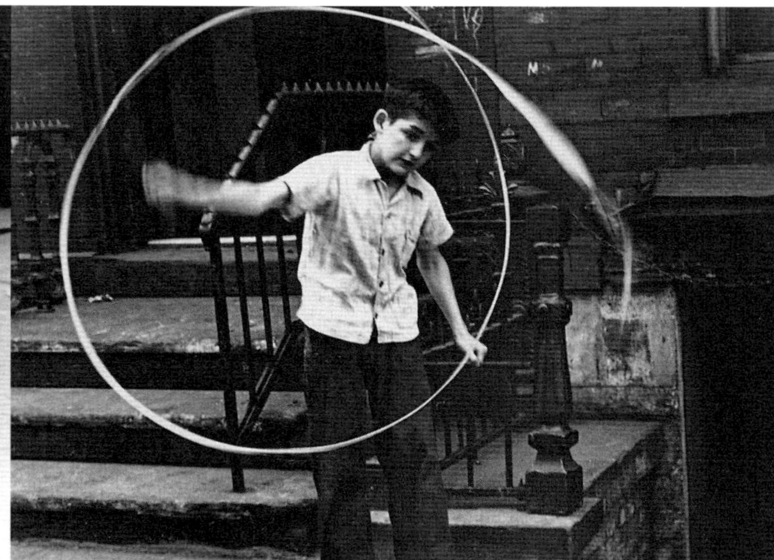

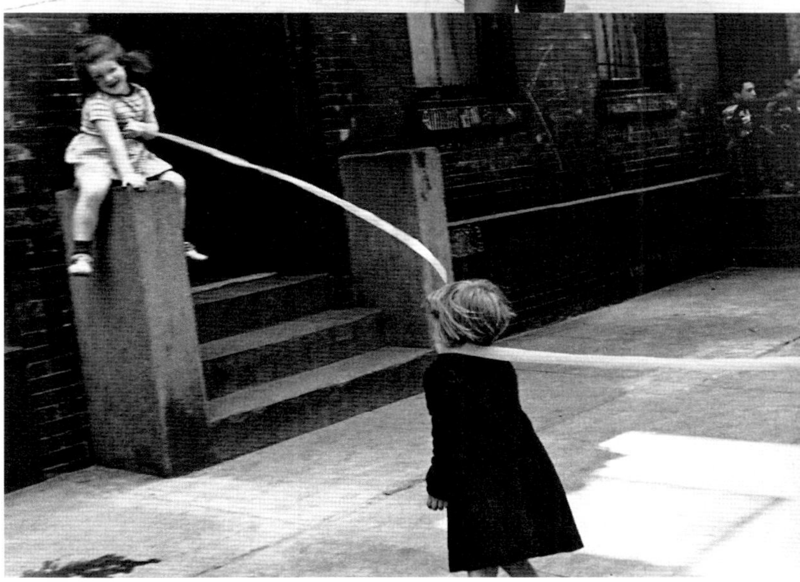

Helen Levitt, New York, 1942

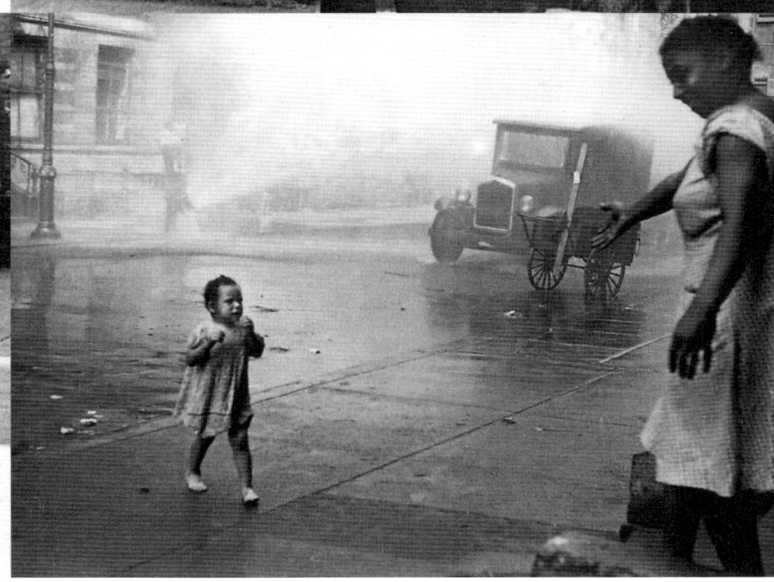

Helen Levitt, New York, 1939

In einem größeren Maßstab markieren diese leeren Grundstücke den Standort ehemaliger Slums. Natürlich kann von den Bildern Levitts nicht die Geschichte von Harlem abgelesen werden. Dazu muß man zum »Schomburg Center for Research in Black Culture« gehen. (Der puertoricanische Taxifahrer weiß nicht, daß der Malcolm X Boulevard die Verlängerung der Lenox Avenue ist, weil er nie in Harlem war; die Bewohner von Harlem, die man in der Umgebung der 115. Straße befragt, wissen jedoch nicht eher als ein Puertoricaner, wer Malcolm X war.) Im Photoarchiv des Schomburg Centers kann man Straßenbilder von Photojournalisten (Dummett, Nichols, Albok, Layne und andere) aus der Zeit Levitts sehen. Angesichts dieser Bilder, deren historische und

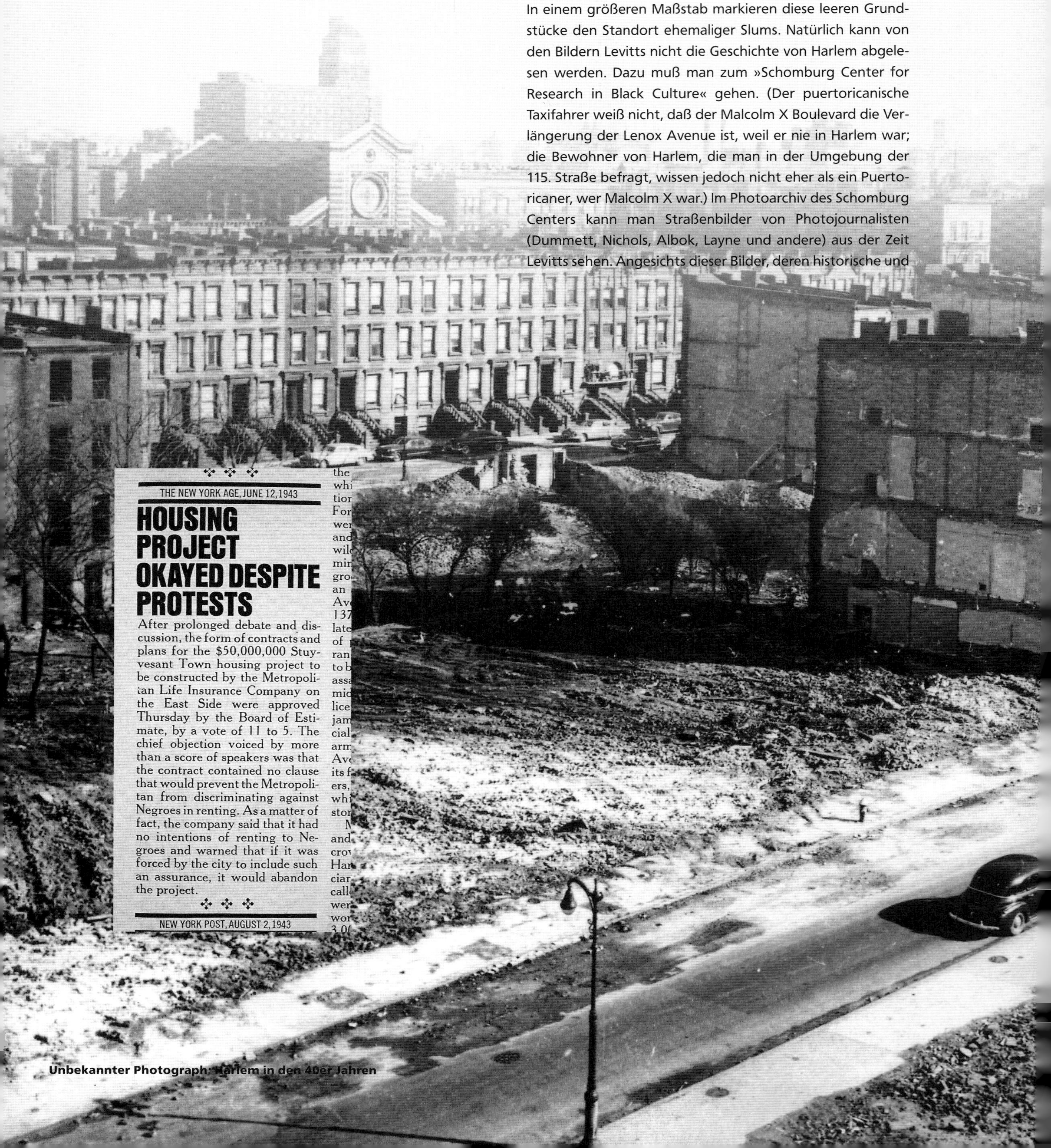

THE NEW YORK AGE, JUNE 12, 1943

HOUSING PROJECT OKAYED DESPITE PROTESTS

After prolonged debate and discussion, the form of contracts and plans for the $50,000,000 Stuyvesant Town housing project to be constructed by the Metropolitan Life Insurance Company on the East Side were approved Thursday by the Board of Estimate, by a vote of 11 to 5. The chief objection voiced by more than a score of speakers was that the contract contained no clause that would prevent the Metropolitan from discriminating against Negroes in renting. As a matter of fact, the company said that it had no intentions of renting to Negroes and warned that if it was forced by the city to include such an assurance, it would abandon the project.

NEW YORK POST, AUGUST 2, 1943

Unbekannter Photograph: Harlem in den 40er Jahren

poetische Ausdruckskraft umso stärker wird, wenn man sie ihres künstlerischen Anspruchs befreit, versteht man die von Levitt auf dem Terrain vorgenommene, subjektive Auswahl besser, ihr Interesse als Künstlerin-Frau-Flaneur-Photographin für die populären Stadtviertel und deren Hang zum Burlesken und Karnevalesken. Levitt mied in ihren Bildern (und dafür gibt es vermutlich sehr komplexe Gründe) die unvermeidbare Gewalt in Harlems Straßen der 40er Jahre, unvermeidbar in dem Sinne, daß die Gewalt in Harlem, in seiner Geschichte, in seinem Körper ist (siehe hierzu: *Notes of a Native Son* von James Baldwin). Im Archiv des Schomburg Centers ist die Gewalt hingegen auf jeder Photographie manifest, oder besser, in jeder Photographie enthalten. Ein abgerissener Stadtteil, wahrscheinlich nach der Zerstörung von Slums (auf der Rückseite der Photographie ein Stempel: »New York City Housing Authority«), ein schwarzes Kind, das unter der unmittelbaren physischen Bedrohung der Fahrzeuge auf der Straße spielt, oder die pure und einfache Beschreibung einer jener Straßen, in der das schwere und dreckige Elend jeden Ansatz von Tanz oder Theater gleich auf dem Pflaster zerdrückt.

Ich hatte wirklich nicht bemerkt, daß Harlem so viele Geschäfte hatte, bis ich sie alle aufgebrochen sah; das erste Mal, daß mir das Wort Reichtum in Zusammenhang mit Harlem in den Sinn kam war, als dieser Reichtum auf den Straßen verstreut lag. Aber der erste befremdende Eindruck von Fülle wurde sofort revidiert von einem Eindruck der Vergeudung. Nichts davon war für irgend jemanden gut. Es wäre besser gewesen, es wäre aber auch unerträglich gewesen, da Harlem etwas brauchte, das es zerstören konnte.

James Baldwin: *Notes of a Native Son*, 1955

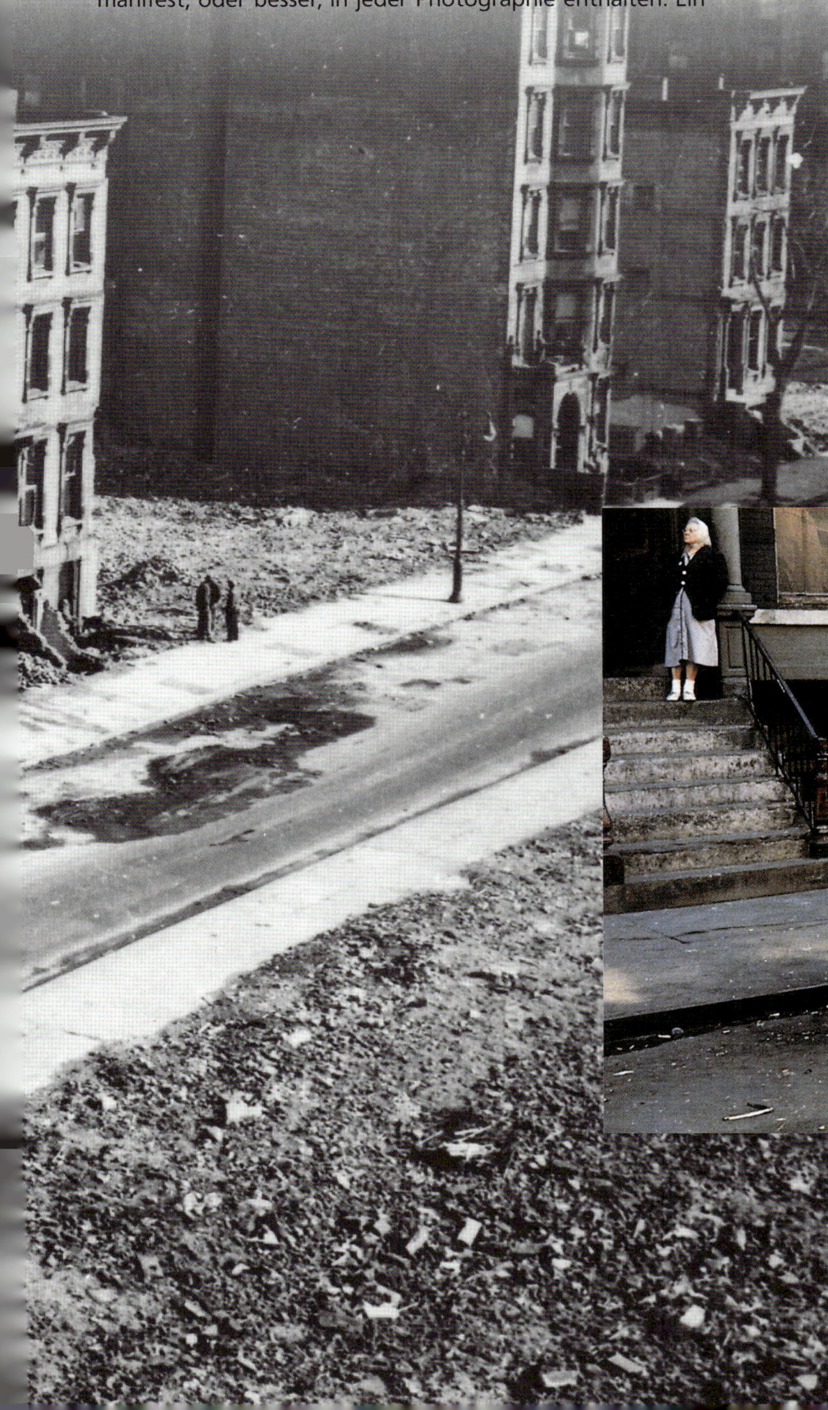

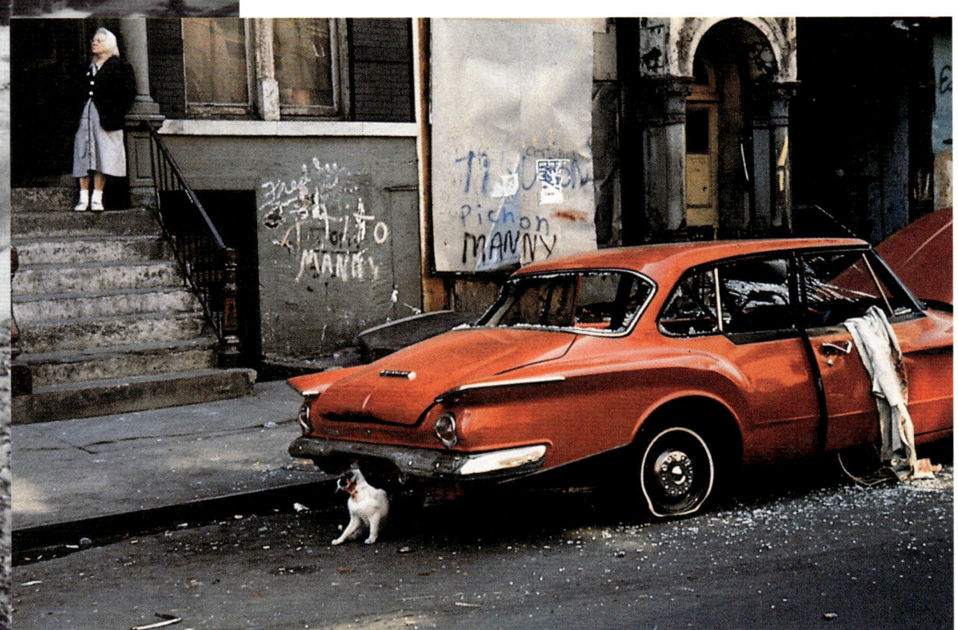

Helen Levitt, New York,1972

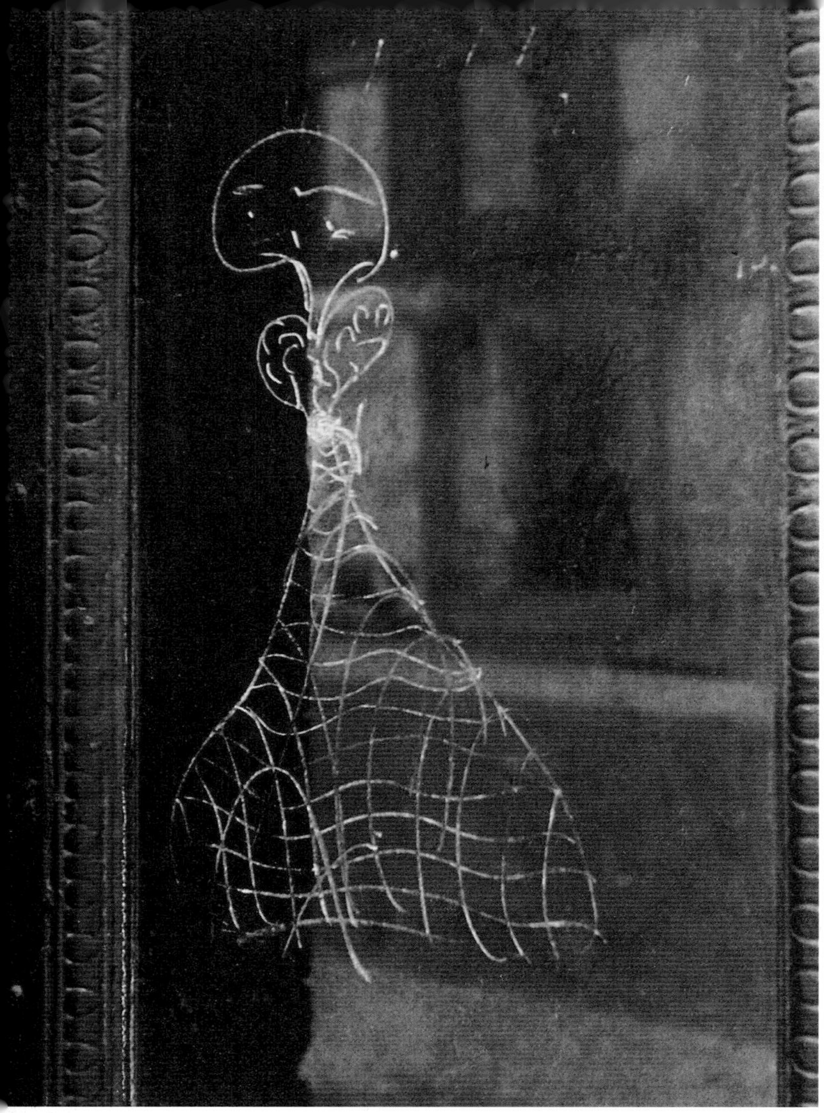

Helen Levitt, New York, o. J.

... man müßte sich darauf beschränken, hier und da Plattformen, Podeste, große oder kleine Bühnen zu bauen, wo die Leute sich selbst inszenieren könnten. Es ist besser, daß Menschen, die in der Stadt spazierengehen, die zur Arbeit gehen, Theater spielen.

Le Corbusier, 1948.

Zurück nach Europa: nach dem Zweiten Weltkrieg, nach dem durch die CIAM und der Stellungnahme Le Corbusiers zur Zerstörung der Straße inspirierten Wiederaufbau, brachten manche Stadtplaner und Photographen den populären Stadtvierteln eine andere, wissenschaftlichere Aufmerksamkeit entgegen, da diese die Zeichen für das Fortbestehen der Stadt und ihrer Einwohner bewahrten. (Reyner Banham: »Eines der wichtigsten Fundamente für die brutalistische Theorie war ein wachsendes Interesse für das wahre Leben der Städte, ein quasi ökologischer Standpunkt gegenüber dem Städter, der von Soziologen wie Willmott oder Young inspiriert war.«) Zwischen 1949 und 1952 flanierte Nigel Henderson (Mitglied der »Independent Group«), auf der Jagd nach Bildern und Szenen, in den Straßen des populären Stadtviertels von Bethnal Green, das er sich mit seiner Frau Judith Stephen, Anthropologin und Nichte von Virginia Woolf, zwei typischen Figuren der Londoner Bohème der 40er, 50er Jahre, als Wohnort ausgewählt hatte. (Im Jahr 1957 erschien *Family and Kinship in East London*, eine Studie von Michael Young und Peter Willmott über die Verflechtung der Gemeinschaft in Bethnal Green und über die Entwicklung der Verwandtschaftsbande in Familien, die in der Wohnsiedlung mit dem fiktiven Namen »Greenleigh« untergebracht waren. Aus mir unbekannten Gründen wird in ihrem Buch die Arbeit von Nigel Henderson nicht erwähnt.)

Mit der »Rue intérieure« der *Unité d'Habitation* in Marseille wurde ein wenig akzeptierbares, ein zu visionäres, zu architekturales Bild von der Straße umgesetzt: das Bild eines »in die Länge gezogenen Gebäudes, ein Bauwerk, ein Behälter, und keine Epidermis«. Das Dach hingegen mit seiner »plastischen Konzentration« einer organischen Zirkulation illustrierte besser Le Corbusiers Vorstellung von der Straße, einem spontanen Theater – dies beweist die Photographie, die als Werbung für die Unité inszeniert wurde. Gleichzeitig zeigen die beiden Interpretationen jedoch, daß es nicht möglich ist, die Straße auf eine Fiktion zu reduzieren, die von anderen als ihren eigenen Akteuren geschaffen wird.

Wie Le Corbusier, aber vor allem wie Atget, Walker Evans und Levitt sah auch Nigel Henderson die Straße als ein Theater (»Ich würde die kleinen kistenartigen Häuser und Läden etc. als eine Art Bühnenbild betrachten, vor dem die Menschen mehr oder weniger bewußt spielen.«). Henderson war hingegen weniger Photograph als sie; er war surrealistischer, distanzierte sich vom reinen

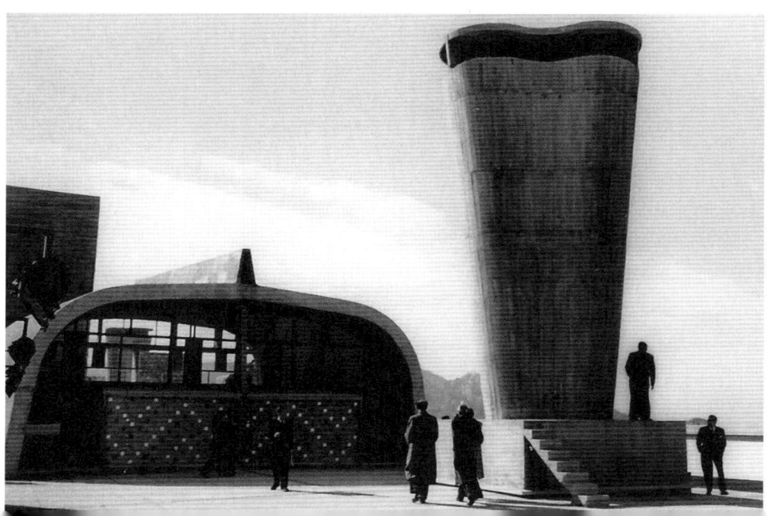

Le Corbusier
Unité d'habitation,
Marseille, 1947–52

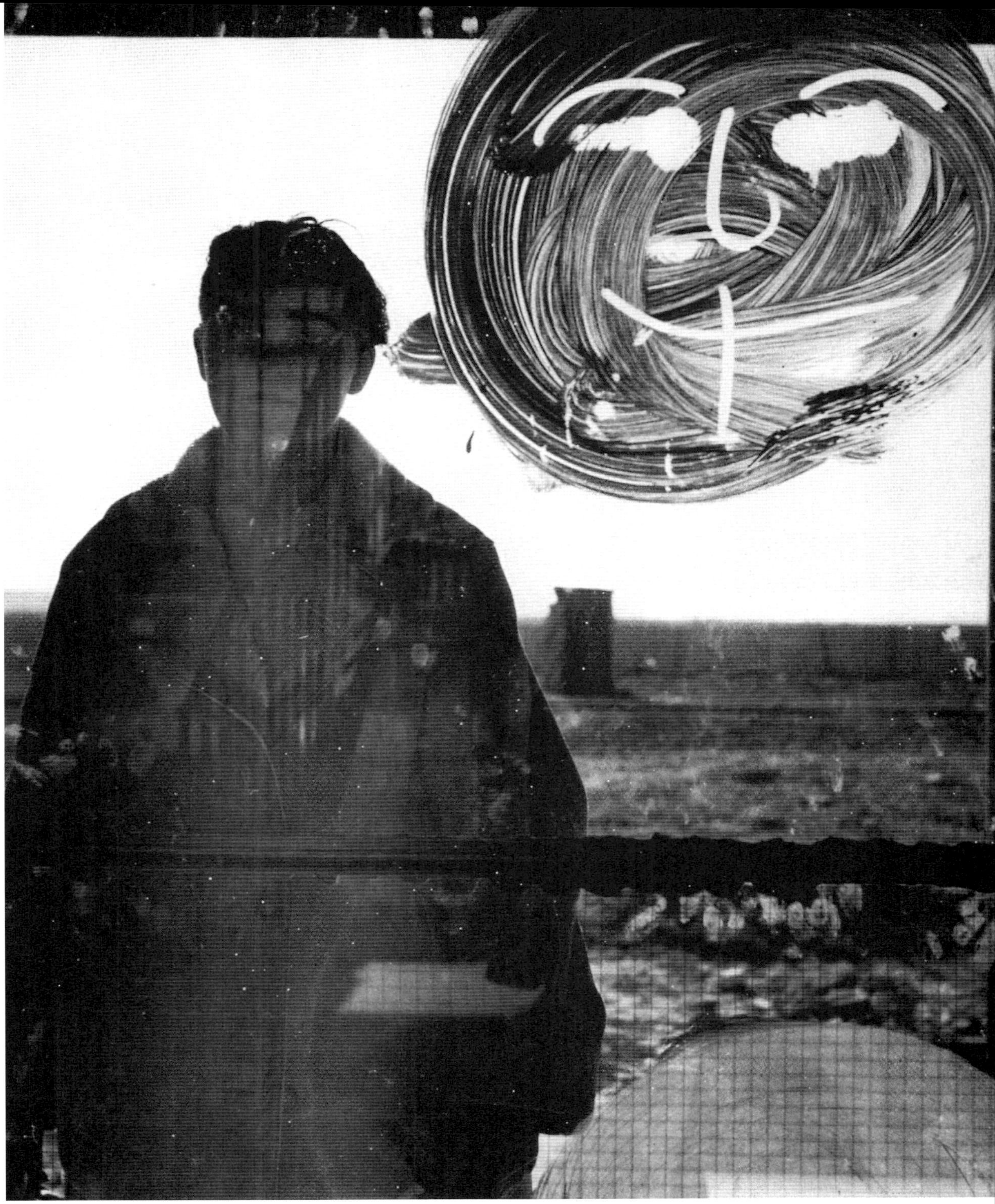

Nigel Henderson
Boy in Window
East London, 1949–52

Können, experimenteller (Bricolage-Collage) in seinem Umgang mit vorgefundenen Bildern und »disregarded fragments«, unbeachteten Fragmenten (Bildern und Gegenständen kam dabei derselbe Stellenwert zu.), er interessierte sich mehr für den Anteil, den das Unbewußte, das Delirium oder die »Intoxikation« an seinen Visionen hatte. Mit Dubuffet teilte er seine Leidenschaft für die Mauer oder das Pflaster (»Brutalismus« wurde von »art brut« abgeleitet.), deren Stärke er als Ausdruck von physischer und metaphysischer Entropie wertete. Aber im Gegensatz zu Dubuffet setzt er die Inspiration der Mauern nicht der Photographie entgegen. Henderson sucht ein psychisches Bild: »Ich suchte nach einem Bild; damit, so denke ich, meinte ich etwas, das eine imaginative Welt suggerierte (...)«.

Er fand es sowohl als Zufallprodukt bei der Bearbeitung von organischen Fragmenten unter dem Vergrößerungsgerät als auch in der »straight«-Aufnahme eines Marktes, wo sich Frauen in Waren hüllen, ihre Gesichter in aufgehängten Nylonstrümpfen gefangen.

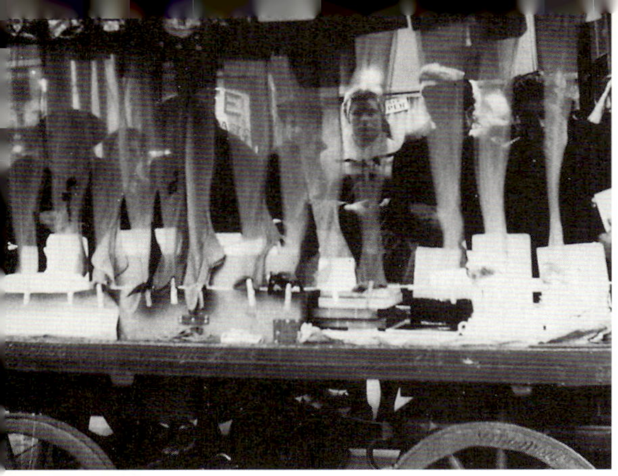

Nigel Henderson, Petticoat Lane Market, East London, 1949–52

Ein neuer Schuh ist ein schönes Denkmal für den Menschen - ein Artefakt. Ein abgetragener Schuh zeichnet sein Bild mit heroischem Pathos und übernimmt seine Rolle als universeller Image-Macher in den Vorstädten des Geistes.

Nigel Henderson

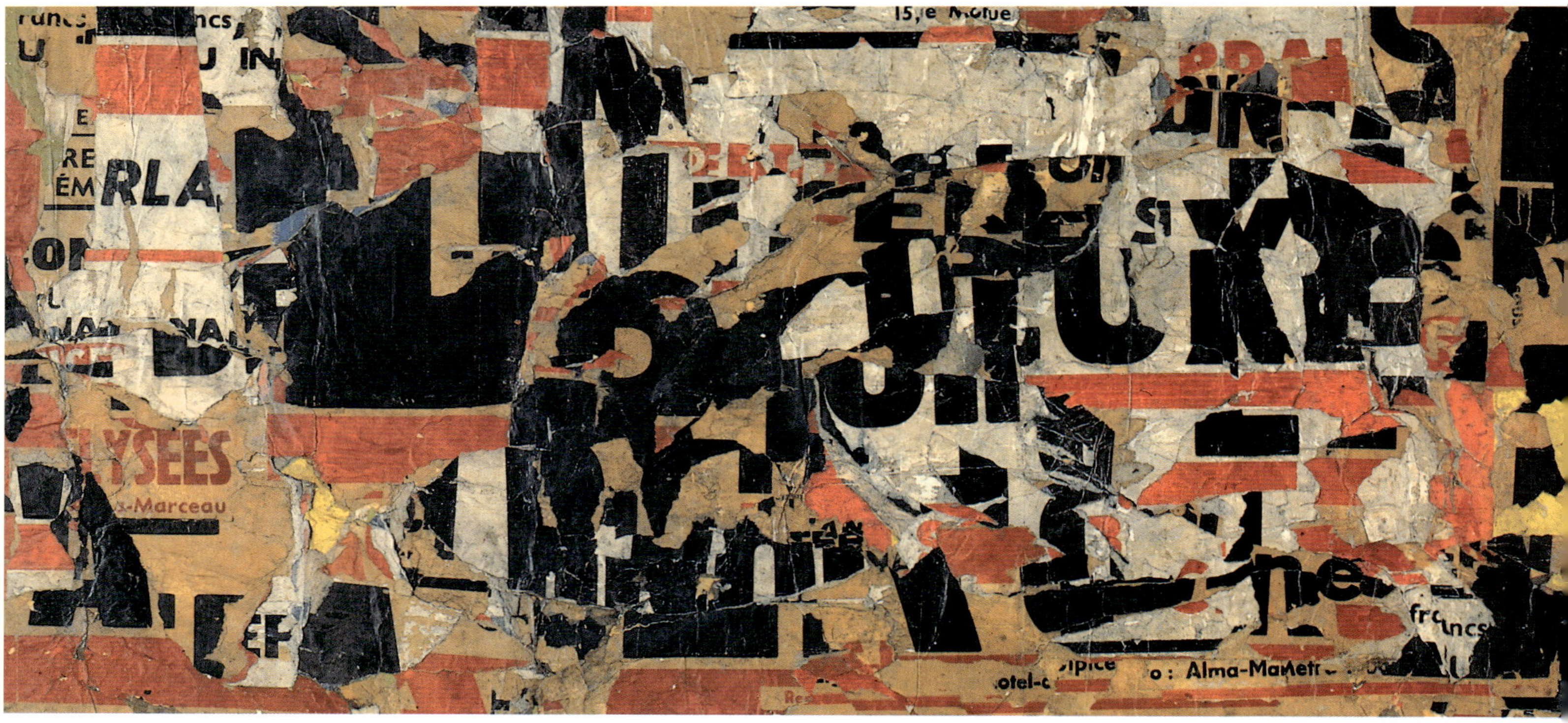

In derselben Zeit verwiesen der McCarthyismus und der vorherrschende Abstrakte Expressionismus, mit dem endlich eine Form der amerikanischen »high art« erreicht worden war, die Dokumentarphotographen auf einen regressiven subjektiven Ausdruck zurück. Die von Aaron Siskind in den 50er Jahren photographierten kabbalistischen Zeichen hatten nicht mehr von einer Sprache der Mauer oder der Straße als die schwarzen Bilder von Franz Kline. (Der Ausstellungskatalog *High and Low* erwähnt die Bilder von Helen Levitt im Kapitel über Graffiti nicht; anscheinend hat man in der hinreichend maskulinen »high art«-Genealogie für sie keinen Platz gefunden. Die Graffitis von Brassaï waren Gegenstand einer langen Auseinandersetzung, die Miró, Dubuffet und Cy Twombly den Weg ebnete.)

Die mimetische Abbildung, die durch die »humanistische Mechanik« (Camille Bryen) in der pikturalen Aktivität geschaffen wird, nahm der Photographie ihren Sinn und zugleich ihr Objekt. In den 60er Jahren entdeckten nur jene amerikanischen Photographen das Bild der Straße wieder, die zu einer kritischen Distanz zurückfanden, die die Faszination nicht ausschloß, und zu einem Stil, der sich sowohl an der Dokumentarphotographie orientierte als auch am zeitgenössischen Kino. Helen Levitt machte nach einer etwa zehnjährigen Unterbrechung weiter, Harlem zu photographieren. Die Farbe, von der sie Ende der 50er Jahre als eine der ersten Gebrauch machte, störte die Reinheit der Grafik und die Konstruktion des Raums. Die weniger schematisierten Figuren kehrten in das noch sichtbarer gewordene Elend und zur Gewalt der Straßen zurück. Die in den Schmutz der Wände eingeritzten Graffitis trugen zum Chaos der Straße bei. Da Spiel und Beziehungen fehlten, verschwand auch das Delirium.

Die Erzählung der Straße sagte sich von dem Bild los, das die deskriptive Photographie oder die soliloque Malerei Dubuffets von ihr vermittelte. Mit der Zeit stellte sich die vom »Visuellen« überflutete und von nicht-konzertierten städtebaulichen Unternehmungen angegriffene Straße mit zuviel Gewalt und Sinnlosigkeit selbst zur Schau, um in einen festen Rahmen zu passen. Diese Unlesbarkeit nutzte Raymond Hains, um sich, in der Stadt umherwandelnd, selbst wiederzufinden: sich selbst, seine eigene Geschichte, sogar seine Herkunft und die Geschichte einer französischen, von Rimbaud ausgehenden literarischen Tradition, aus dem das Geflecht seiner Assoziationen und visuellen Wortspiele entstanden und immer noch entstehen.

Der mit einem »Hypnagogoskop« oder mit geriffelten Linsen versehene Photoapparat von Raymond Hains schrieb von Apollinaire sogenannte »neue Realitäten« ein, das heißt Metaphern. Das Undurchschaubare der *Hépérile* tritt in den optischen Splittern in Erscheinung. Die von ihrem Platz abgerissenen Plakatfetzen beförderten eine unendlich komplexere und verborgenere Informationsflut zutage als es scheint. Die aktuellsten Nachrichten sind sichtbar, der Algerienkrieg, de Gaulle, die Bombenleger, Indochina, die Kommunistische Partei Frankreichs, bekritzelt mit anonymen Kommentaren. Noch einmal waren die Disjunktionen und die Brüche in dieser Sprache der Mauer Metapher für die Information und für den unzusammenhängenden und zerbrochenen Raum der Straße. Später versöhnten die Bleche und die Plakate wieder Mauer und Seite in der Straße sowie im Museum, Straße und Museum blieben unversöhnt.

So wurden, in der Zeit dieses Schaffens, eine Erfahrung und ein zeitgenössisches Bild der Straße wiedergeboren, die nur noch über die Literatur mit dem Surrealismus verbunden sind, frei von jeglicher Romantik.

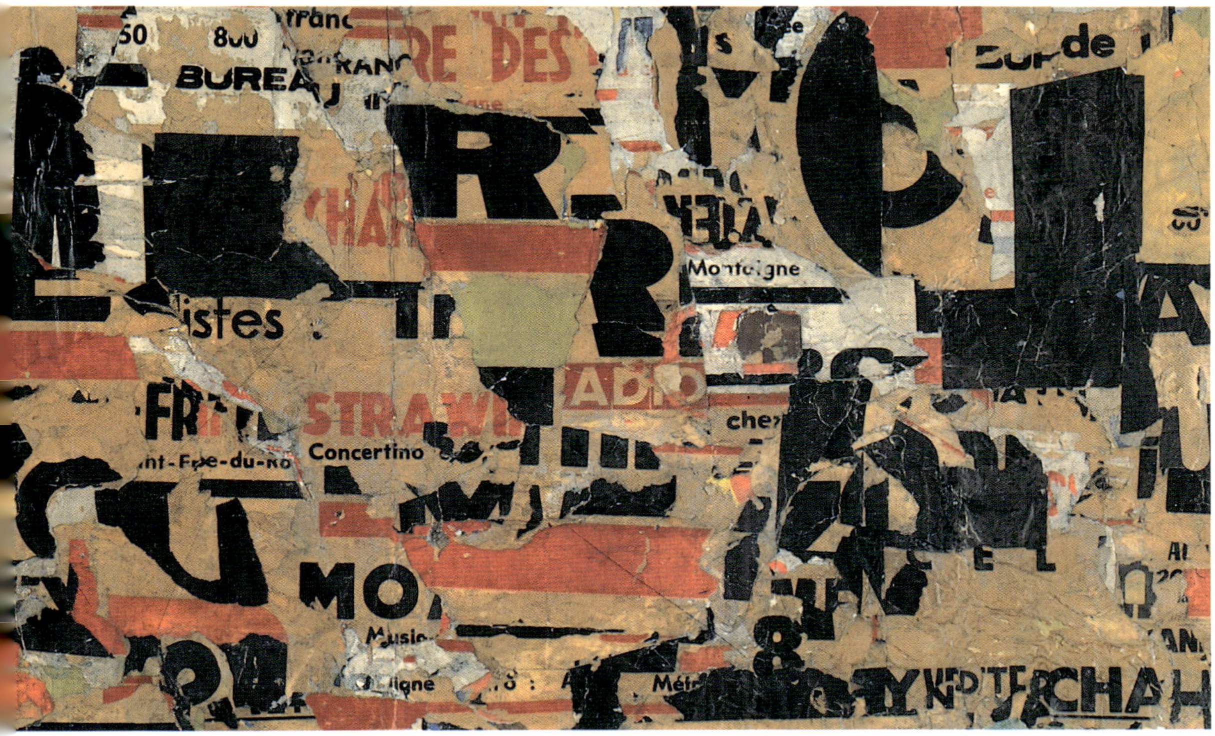

Raymond Hains – Jacques de la Villeglé, Ach Alma Manetro, 1949.

zum Objekt. Es wird um so reicher, je freier es in dieser sich entfaltet und sie zurückspiegelt, während seine Abgrenzung und Verhärtung, die es als Ursprung reklamiert, eben damit es beschränkt, verarmen läßt und reduziert. Versuche wie der Kierkegaards, im Zurücktreten des Einzelnen in sich selber seiner Fülle habhaft zu werden, sind nicht umsonst gerade aufs Opfer des Einzelnen und auf dieselbe Abstraktheit hinausgelaufen, die er an den idealistischen Systemen diffamierte. Echtheit ist nichts anderes als das trotzige und verstockte Beharren auf der monadologischen Gestalt, welche die gesellschaftliche Unterdrückung den Menschen aufprägt. Was nicht verdorren will, nimmt lieber das Stigma des Unechten auf sich. Es zehrt von dem mimetischen Erbe. Das Humane haftet an der Nachahmung: ein Mensch wird zum Menschen überhaupt erst, indem er andere Menschen imitiert. In solchem Verhalten, der Urform von Liebe, wittern die Priester der Echtheit Spuren jener Utopie, welche das Gefüge der Herrschaft zu erschüttern vermöchte. Daß Nietzsche, dessen Reflexion bis in den Begriff der Wahrheit drang, dogmatisch vor dem der Echtheit innehielt, macht ihn zu dem, was er am letzten sein wollte, einem Lutheraner, und sein Wüten gegen die Schauspielerei ist vom Schlage des Antisemitismus, der an dem Erzschauspieler Wagner ihn empörte. Nicht Schauspielerei hätte er Wagner vorwerfen sollen – denn alle Kunst, und Musik vorab, ist dem Schauspiel verwandt, und in jeder Periode Nietzsches hallt das tausendjährige Echo der Rhetorenstimmen aus dem römischen Senat – sondern die Verleugnung der Schauspielerei durch den Schauspieler. Ja es wäre nicht erst das Unechte, das als seinshaltig sich aufspielt, der Lüge zu überführen, sondern das Echte selber wird zur Lüge, sobald es zum Echten überhaupt wird, also in der Reflexion auf sich, in seiner Setzung als Echtes, in der es bereits die Identität überschreitet, die es im gleichen Atemzug behauptet. Vom Selbst wäre nicht als dem ontologischen Grunde zu reden, sondern einzig allenfalls theologisch, im Namen der Gottesebenbildlichkeit. Wer am Selbst festhält und der theologischen Begriffe sich entschlägt, trägt bei zur Rechtfertigung des teuflisch Positiven, des kahlen Interesses. Ihm erborgt er die Aura des Sinnes und macht der Befehlsgewalt der selbsterhaltenden Vernunft einen hochtrabenden Überbau, während das reale Selbst in der Welt schon zu dem geworden ist, als was Schopenhauer es in der Selbstversenkung erkannte, zum Gespenst. Sein Scheincharakter läßt sich einsehen an den historischen Implikationen des Begriffs der Echtheit als solcher. In ihm steckt die Vorstellung von der Suprematie des Ursprungs übers Abgeleitete. Die ist aber stets mit sozialem Legetimismus verbunden. Alle Herrenschichten berufen sich darauf, älter eingesessen, autochthon zu sein. Die ganze Philosophie der Innerlichkeit, mit dem Anspruch der Weltverachtung, ist die letzte Sublimierung der barbarischen Brutalität, daß, wer zuerst da war, das größere Recht habe, und die Priorität des Selbst ist so unwahr wie die aller, die bei sich zu Hause sind. Daran ändert sich nichts, wenn Echtheit auf den Gegensatz von »physei« und »thesei« sich zurückzieht, darauf, daß, was ohne menschliches Zutun existiert, besser sei als das Artifizielle. Je dichter die Welt vom Netz des vom Menschen Gemachten überzogen wird, um so krampfhafter betonen die, welche es ihr antun, ihre eigene Naturwüchsigkeit und Primitivität. Die Entdeckung der Echtheit als letzten Bollwerks der individualistischen Ethik ist ein Reflex der industriellen Massenproduktion. Erst indem ungezählte standardisierte Güter um des Profits willen vorspiegeln, ein Einmaliges zu sein, bildet sich als Antithese dazu, doch nach den gleichen Kriterien, die Idee des nicht zu Vervielfältigenden als des eigentlich Echten. Vorher dürfte geistigen Gebilden gegenüber die Frage nach Echtheit so wenig gestellt worden sein, wie die nach Originalität, welche noch der Ära Bachs unbekannt war. Der Trug der Echtheit geht zurück auf die bürgerliche Verblendung dem Tauschvorgang gegenüber. Echt erscheint, worauf die Waren und anderen Tauschmittel reduziert werden, Gold zumal. Wie das Gold aber wird die von seinem Feingehalt abstrahierte Echtheit zum Fetisch. Beide werden behandelt, als wären sie das Substrat, das doch in Wahrheit ein gesellschaftliches Verhältnis ist, während Gold und Echtheit gerade nur Fungibilität, die Vergleichbarkeit der Sachen ausdrücken; gerade sie sind nicht an sich, sondern für anderes. Die Unechtheit des Echten rührt daher, daß es in der vom Tausch beherrschten Gesellschaft prätendieren muß, das zu sein, wofür es einsteht, ohne es jedoch je sein zu können. Die Echtheitsapostel der Macht, die der Zirkulation zuleibe rückt, tanzen dieser zur Totenfeier den Geldschleiertanz.

Aus: *Minima Moralia. Reflexionen aus dem beschädigten Leben (1945).* Frankfurt am Main 1979.

Einladungskarte zur ersten Ausstellung von Marcel Broodthaers in der Galerie Saint-Laurent, Brüssel, April 1964

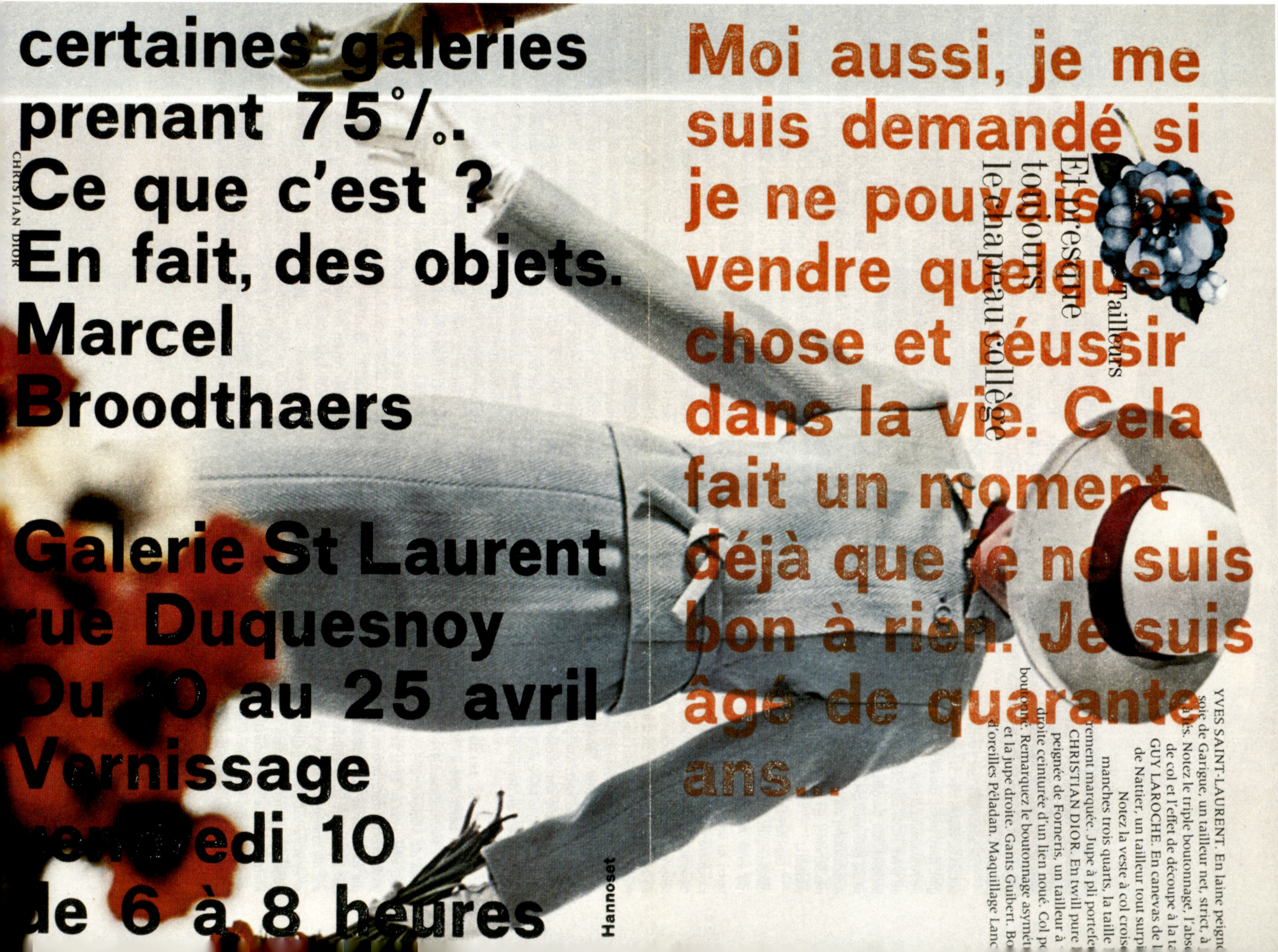

L'idée enfin
d'inventer quelque
chose d'insincère
me traversa
l'esprit et je me
mis aussitôt au
travail. Au bout
de trois mois, je
montrai ma
production à Ph.
Edouard Toussaint
le propriétaire
de la galerie
Saint Laurent.
Mais, c'est de l'Art,
dit-il
et j'exposerais
volontiers tout ça.
D'accord
lui répondis-je.
Si je vends
quelque chose
il prendra 30 %,
Ce sont, paraît-il
des conditions
normales

vos loisirs

LE SKI GRAND SOLEIL

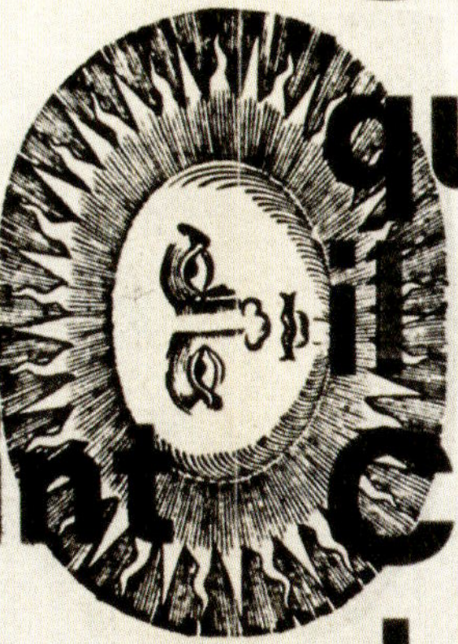

A Pâques, au lieu d'aller à la mer, à la campagne, pourquoi ne pas partir en haute montagne ? Chaque année, le ski « grand soleil » est plus confortable, plus accessible. Les hôtels se multiplient, les remontées mécaniques se perfectionnent, les randonnées sont de plus en plus extraordinaires. On en est même arrivé à transporter des skieurs en avion pour leur offrir des kilomètres et des kilomètres de neige vierge. Même si vous n'êtes pas une grande sportive, vous pouvez, comme les autres, profiter au maximum des hautes altitudes : les promenades sont innombrables, les possibilités de loisirs multiples. Jouir du soleil, respirer à pleins poumons dans cet éblouissement qu'est le ciel, la neige et le silence... ce sera pour vous un souvenir inoubliable. Arlette [illegible]aillet, championne du monde de ski des journalistes, vous donne ici les derniers conseils pour profiter au mieux de vos vacances de ski au soleil du printemps.

Quinze jours de farniente dans des chaises longues. Mais aussi quinze jours de randonnées [illegible]antes, de vent qui fouette les joues, de santé fern als das Bild in seiner Eigenschaft als vorübergehende Unterbrechung der dialektischen Bewegung, die sie doch eigentlich erhellen soll, die Dunkelheit nur domestiziert: Transparenz wird somit um den Preis der Beibehaltung der Undurchsichtigkeit erkauft. Indem es sich nämlich genauso verhält wie die Widersprüche, die es an den Tag bringt und enthüllt, trägt das endgültige Bild zu einer erneuten Verhüllung bei in Form eines neuen Rätsels, mit dem es den Leser konfrontiert: Der Undurchsichtigkeit der bürgerlichen Konzepte wird diejenige der literarischen Schöpfung entgegengehalten, der Entzifferung der Wirklichkeit durch den Philosophen die notwendige Entzifferung des Wortsinnes des Textes durch den Interpreten. Als philosophische Hervorbringung schlechthin entspricht das Bild der Gold-Echtheit der Adornoschen Definition des Kunstwerks, enthält es doch wie dieses die Gesamtheit der ökonomischen und sozialen Spannungen, die das Besondere strukturieren, welches es abbildet.

Diese Hervorbringung hat indes nichts von einer Metapher: Sie drückt nichts anderes aus als die tatsächliche Vergleichbarkeit zwischen dem Stellenwert von Gold im Bereich kapitalistischen Tauschs und dem von Echtheit in der bürgerlichen Kultur. Die Tatsache der Vergleichbarkeit wiederum verweist auf die Herkunft des Adornoschen Projekts einer kritischen Deutung der bürgerlichen Kultur aus der marxistischen Kritik der kapitalistischen Ökonomie, deren Schlüsse sie übernimmt.

Laut Marx (*Das Kapital,* Erstes Buch, Band 1) bildet die Arbeit in ihrer allgemeinsten Form (als Verausgabung einer bestimmten Arbeitskraft) die Substanz des Warenwertes: Der Tauschwert der letzteren berechnet sich in der Tat nach Maßgabe der feststehenden Arbeitszeit, die auf ihre Herstellung verwendet worden ist. Der Tauschwert jedoch, der das Verhältnis zwischen den verschiedenen, als vergleichbar vorausgesetzten Arbeitszeiten ausdrückt, die für die Herstellung der verschiedenen Produkte notwendig waren, erscheint in Form einer bestimmten Quantität einer Ware, die als Maßstab für den Maßstab gilt, als der bereits die feststehende Arbeitszeit fungiert: Diese Ware ist das Gold.

Die bürgerliche Verblendung angesichts dieses Tauschvorgangs besteht im Rahmen des Warenfetischismus darin, den Tauschwert, der nichts anderes ist als das soziale Verhältnis, in dem Arbeitskraft und menschliche Produktivkräfte zueinander stehen, für eine natürliche Eigenschaft des Gegenstandes zu halten. Auch das Gold, das doch ursprünglich nichts als eine Ware ist, entgeht dieser Illusion nicht, insofern als ihm eine Rolle als privilegiertes Substrat des Tauschwertes zugedacht wird, obwohl es doch eigentlich nur ein Verhältnis ausdrückt.

Der Warenfetischismus erklärt demnach, wie es möglich ist, daß Gold und Echtheit[15] ein Wert zugeschrieben wird, obwohl sie ihren Wert doch eigentlich erst aus ihrer Funktion im Rahmen eines sozialen Prozesses beziehen, aus dessen Zusammenhängen erst die Phantasmagorien der Menschen sie mittels einer trügerischen Illusion herauslösen. Ebensowenig also wie das Gold, das auf keinen Fall den gleichen Gebrauchswert haben kann wie das, wogegen es eingetauscht werden kann, kann Echtheit an die Stelle der ureigensten Eigenschaften des Individuums treten, dessen Fehlen sie kaschiert und dessen Unhintergehbarkeit sie hintergeht, indem sie die Tauschformel dessen aufstellt, das sich für untauschbar hält«[16]. In der Art des Schleiers der hinduistischen Göttin Maïa (die die Illusion verkörpert und bei Schopenhauer die trügerische Erkenntnis symbolisiert, die es dem Individuum verunmöglicht, den Schleier des Scheins zu heben) täuschen Gold und Echtheit die Menschheit über das Ende des Kapitalismus des 19. Jahrhunderts hinweg, indem sie die Fiktion seines Fortdauerns in der Form des Respekts aufrechterhalten, den sie seinen substanzlos gewordenen Werten zollen.

In seinem letzten Bild lüftet Adorno den Schleier der Maïa des Identitätsprinzips und gibt den Blick preis auf ein Bild der Welt, wie sie ist: Während in Bretton-Woods der Amerikaner Harry White im Namen der Weltmacht, die als erste den liberalen Kapitalismus des Warenverkehrs verabschiedet hat, sein Amt als Hoherpriester der monetären Echtheit des Gold Exchange Standard (GES) ausübt, weil diese Art der posthumen Ehrung des Kapitalismus von gestern den Interessen einer neuen Form der weltweiten Vorrangstellung dient, treiben in Paris und im Schwarzwald die Priester des Existentialismus ihren Kult mit der Echtheit eines Subjekts, das in den Ruinen des Totalitarismus einen Weg zu sich selbst sucht ohne zu wissen, daß ihr Schicksal von der Hilfe bereits besiegelt ist, die der Echtheit in Europa in Form der GES-Dollarflut des Marshallplans geleistet wird, die zur endgültigen Abwicklung des Kapitalismus von gestern und seines Subjektbegriffs beiträgt. Der weltweit herrschende Nachkriegskapitalismus tritt an die Stelle des Echtheitskults der Nationalsozialisten, und die kritische Philosophie wohnt dem Schauspiel entsetzt bei.

In den sechziger Jahren,[17] als das Währungssystem beginnt, sich langsam aber sicher vom Dollar des Gold Exchange Standard zu lösen, um in der Folge nur noch in der rein differentiellen Form flottierender Paritäten in einem System ohne Zentrum zu existieren, das jeden Referenzwertes entbehrt, wird Adorno zu einer Analyse der Echtheit gelangen, in der nicht mehr ökonomische Begriffe die Hauptrolle spielen, sondern die Struktur eines Sprechens, das er *Jargon der Eigentlichkeit* nennt: Eine Echtheit mithin, die in einem ökonomischen Zusammenhang das Gewicht des Edelmetalls ausdrückt und als Wert der Werte im Zentrum eines Systems steht, das auf Tausch und Fetischismus beruht. Alles deutet darauf hin, daß das Ende eines auf einem einzigen zentralen Wert beruhenden ökonomischen Systems Adorno und mit ihm einige französische Marxisten zu einer Art von Strukturalismus veranlaßt hat, den sie als konsequente Weiterentwicklung einer marxistischen Theorie ansahen, deren Thesen demnach in der Form ihrer eigenen Prägung durch die Entwicklung des Kapitalismus auf paradoxale Weise zu einem Zeitpunkt eine Bestätigung gefunden hätten, zu dem sie selbst sie teilweise über Bord warfen (...).

[1] Adorno gebraucht wohlgemerkt das Wort »Echtheit« und nicht das Wort »Eigentlichkeit«: Die Kritik an Heidegger und seinem Begriff der »Eigentlichkeit« als Paradigma bürgerlicher Moral wird erst später formuliert werden.

[2] Vgl.: »Im letzten Teil werden Aufzeichnungen und Entwürfe publiziert, die teils in den Gedankenkreis der voraufgehenden Abhandlungen gehören, ohne dort ihre Stelle zu finden, teils Probleme kommender Arbeit vorläufig umreißen. Die meisten beziehen sich auf eine dialektische Anthropologie.« (*Dialektik der Aufklärung*, Fischer Wissenschaft 1994, S. 7).

[3] Diejenigen Historiker, die sich unmittelbar nach dem Krieg für das Verhältnis zwischen den deutschen Philosophen und den Nazis interessiert haben, haben in diesem Zusammenhang von einem »Gesetz des Schweigens« (so zum Beispiel H. Kocyba in seinem Beitrag »Penser après Auschwitz, ruptures, continuités et impasses de la philosophie en RFA« zu dem von Christian Descamps herausgegebenen Sammelband *Les enjeux philosophiques des années 50*, Editions du Centre Pompidou, 1989, S. 35–51) oder von »Tabuisierung der Vergangenheit« gesprochen (wie zum Beispiel M. Plümacher in *Philosophie nach 1945 in der Bundesrepublik Deutschland*, rororo 1996, S. 30). Nur so läßt sich erklären, wie Heidegger, dessen vorzeitige Versetzung in den Ruhestand als hinreichende Sühne gewertet wurde, zum Vordenker der deutschen Philosophie der fünfziger Jahre werden konnte: »Erst in den sechziger Jahren verlor Heidegger allmählich seine Vorrangstellung«, schreibt Kocyba (ebd.). D. Henrich hat 1970 den Versuch unternommen, die Bedeutung Heideggers aus der Rückschau zu analysieren: »In den fünfziger Jahren war keine philosophische Diskussion in Deutschland ohne Bezug auf Heidegger denkbar. Zu jener Zeit ist eine wahre Flut von Veröffentlichungen zu beobachten, in denen Historiker Neuinterpretationen in der Art Heideggers versuchen. Besondere Aufmerksamkeit galt der Frage, mit welchen ideologischen Mitteln der Weg zu einem neuen Weltverständnis zu ebnen wäre, das authentischer sein sollte als das von der modernen Technologie geprägte.« (ebd.) Mit der Abnahme der Bedeutung Heideggers in den sechziger und siebziger Jahren ging dann eine gleichzeitige Aufwertung der Frankfurter Schule einher.

[4] In *Goldprobe* analysiert Adorno nicht direkt den Zentralbegriff der heideggerschen Philosophie, sondern stellt ihn in den größeren Zusammenhang einer »Echtheit«, in deren Rahmen er die Gold-Metapher auf ihre Brauchbarkeit im Rahmen einer marxistischen Analyse überprüft.

[5] Benjamins »dialektische« und Adornos »historische Bilder« standen einander ob ihrer ursprünglichen Darstellungsabsicht ganz nahe: Es ging darum, die Untiefen der marxistischen Analyse (kausaler Reduktionismus, Idealismus) zu umschiffen, ohne auf den ihr eigenen kritischen Moment zu verzichten, der es erlaubt, ein Phänomen als untrennbar von dem ihm unterliegenden sozialen Kräftespiel zu betrachten. Was die philosophische Kritik später die »Benjamin-Adorno-Kontroverse der 30er Jahre« genannt hat, rührt aus verschiedenen Ansichten her, wie diese Bilder sprechend gemacht werden können. In Adornos Augen hatte Benjamin zusehends die Vermittlungsfunktion des Konzepts vernachlässigt, um an ihre Stelle das intuitive Sichtbarwerden der sozialen Wahrheit im Zusammenspiel montierter Visionen zu setzen – Benjamin arbeitete wohlgemerkt zu jener Zeit an seinem Passagenwerk. Getreu seiner Kritik an Benjamin enthüllt Adorno das letztendliche Bild seiner »Goldprobe« erst nach einer ganzen Reihe von Zerlegungen in die einzelnen Konzepte des Begriffs. Goldprobe entledigt sich auf diese Weise einer Aufgabe, die Benjamin der Nachwelt aufgegeben hatte, nämlich »solchen Versuch (den der Dechiffrierung der bürgerlichen Kultur) nicht den verfremdenden Rätselbildern des Gedankens einzig zu überlassen, sondern das Intuitionslose durch den Begriff einzuholen: der Nötigung, dialektisch zugleich und undialektisch zu denken.« (*Minima Moralia*, §98, S. 171).

[6] Auf Heidegger als deren mutmaßlicher Vordenker wird nur indirekt angespielt, wenn von »Geworfensein« und von »Eigentlichkeit« die Rede ist.

[7] Vgl. den folgenden unveröffentlichten Auszug aus Benjamins Passagenarbeit: »Die kopernische Wendung in der geschichtlichen Anschauung ist diese: man hielt für den fixen Punkt das »Gewesene« und sah die Gegenwart bemüht, an dieses Feste die Erkenntnis tastend heranzuführen. Nun soll sich dieses Verhältnis umkehren und das Gewesene zum dialektischen Umschlag, zum Einfall des erwachten Bewußtseins werden.« (in *Frankfurter Beiträge zur Soziologie*, Hg. T. W. Adorno und W. Dirks, S. 125).

[8] Die Mimesis geht als Etappe des Verhältnisses Mensch/Natur der Wissenschaft voran und wird von dieser als mit ihr unvereinbar bekämpft, insofern als sie versucht, der Natur qua Nachahmung habhaft zu werden, statt sie in der Reduzierung auf klar unterscheidbare und unterschiedene Einheiten zu bewältigen: »Wenn Mimesis sich der Umwelt ähnlich macht, so macht falsche Projektion die Umwelt sich ähnlich. Wird für jene das Außen zum Modell, dem das Innen sich anschmiegt, das Fremde zum Vertrauten, so versetzt diese das sprungbereite Innen ins Äußere und prägt noch das Vertrauteste als Feind.« (*Dialektik der Aufklärung*, S. 196).

[9] Die Begriffe, die Adorno gebraucht, um diese Synthese zu beschreiben, bleiben letztlich zweideutig: Weder hier noch an einer anderen Stelle des Textes zitiert er Heidegger wörtlich. Sein subtiles Verfahren ist dabei stylistischer Natur: Die Konzepte, die er Kierkegaard zuschreibt insofern, als dieser ihr Urheber sei, sind eigentlich Heideggers Gedankengut. Statt also Heidegger frontal anzugreifen, »heideggerisiert« Adorno Kierkegaard, womit die Kritik an letzterem, wie er sie in seiner Doktorarbeit über *Kierkegaard, Konstruktion des Ästhetischen* (G.S. 2) entwickelt hat, sich auf Heidegger beziehen läßt.

[10] S. A. Kierkegaard, *Post-Scriptum*, Samlede Voerker, S. 9–10; die englische Ausgabe Kierkegaard's Concluding Unscientific Postscript, Princeton University Press, 1941, wird zitiert nach A. Hannay, Kierkegaard, *The Arguments of the Philosopher*, Routledge & Kegan Paul, 1982, S. 242.

[11] S. *Phänomenologie des Geistes*, Freiheit des Selbstbewußtseins, das unglückliche Bewußtsein; cf. Adorno, *Philosophische Terminologie 1*, Suhrkamp 1973: »das Einzelne, Isolierte, das einzelne Moment – etwa die isolierte Subjektivität unanhängig von den Objekten, mit denen sie sich beschäftigt, heißen abstrakt. Umgekehrt hat allein das Ganze, in dem all diese Momente zusammengewachsen sind, in dem sie zusammenhängen und das aus ihrer eigenen Struktur zu einem Ganzen überhaupt wird, bei ihm auf den Ausdruck konkret Anspruch.« (S. 31).

[12] S. den Kommentar von Adorno zu Ibsens Wildente, in: *Probleme der Moralphilosophie* (1963), Nachgelassene Schriften Abteilung IV, Bd.10, Suhrkamp 1996, S. 239f.

[13] Beitrag zur Ideologienlehre, G.S. 8, S. 476, zit. n. F. Grenz, *Adornos Philosophie in Grundbegriffen*, Suhrkamp 1976, S. 138.

[14] »Die Besonderheit des Selbst ist ein gesellschaftlich bedingtes Monopolgut, das als natürliches vorgespiegelt wird. Sie ist auf den Schnurrbart reduziert, den französischen Akzent, die tiefe Stimme der Lebefrau, den Lubitsch touch « (*Dialektik der Aufklärung*, S. 163).

[15] Dieser Echtheit entspricht, in ökonomischen Begriffen ausgedrückt, der Feingehalt, der als Wert eines Wertes Gegenstand von Tausch und Fetischisierung zugleich ist.

[16] *Jargon der Eigentlichkeit, G.S. 6, S. 463.*

[17] Zwischen 1960 und 1968 wird der Dollar auf den internationalen Gold- und Devisenmärkten von Spekulanten zugunsten des Goldkurses und des Kurses ganz bestimmter starker Währungen wie der DM angegriffen. Zur gleichen Zeit erscheinen die ersten Schriften des sogenannten Post-Strukturalismus (Michel Foucault, *Les Mots et les choses*, Paris 1966; Jacques Derrida: *La structure, le signe et le jeu*, Paris 1967).

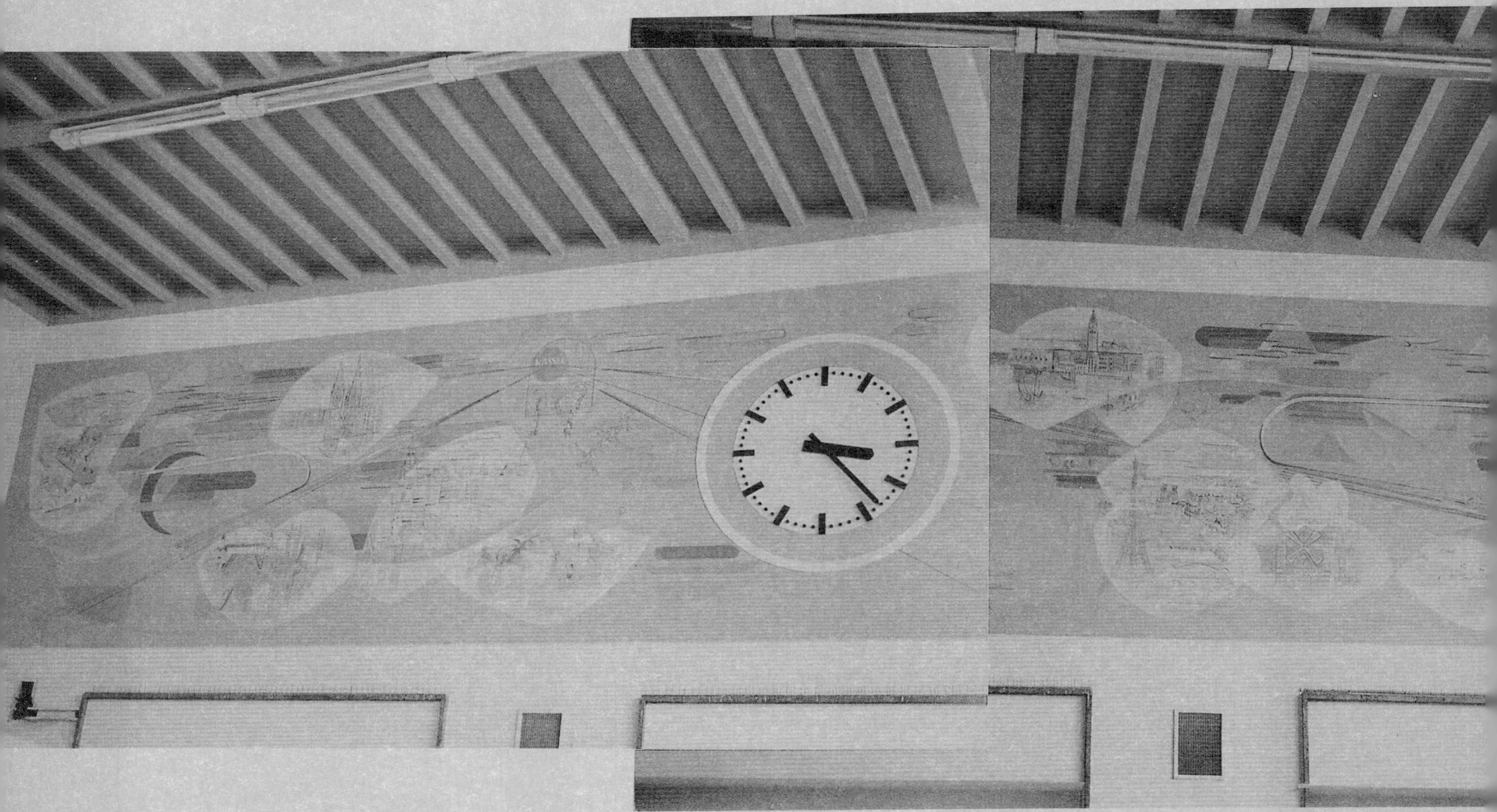

1945-1967

Vito Acconci

(here)(   )(   )
(   )(there)(   )
(   ) (   )(here and there -- I say here)
(   )(I do not say now)(   )
(I do not say it now)(   )(   )
(   )(then and there -- I say there)(   )
(   )(   )(say there)
(   )(I do not say then)(   )
(I do not say, then, this)(   )(   )
(   )(then I say)(   )
(   )(   )(here and there)
(   )(first here)(   )
(I said here second)(   )(   )
(   )(I do not talk first)(   )
(   )(   )(there then)
(   )(here goes)(   )
(I do not say what goes)(   )(   )
(   )(I do not go on saying)(   )
(   )(   )(there is)
(   )(that is not to say)(   )
(I do not say that)(   )(   )
(   )(here below)(   )
(   )(   )(I do not talk down)
(   )(under my words)(   )
(under discussion)(   )(   )
(   )(all there)(   )
(   )(   )(I do not say all)
(   )(all I say)(   )

1967

1967

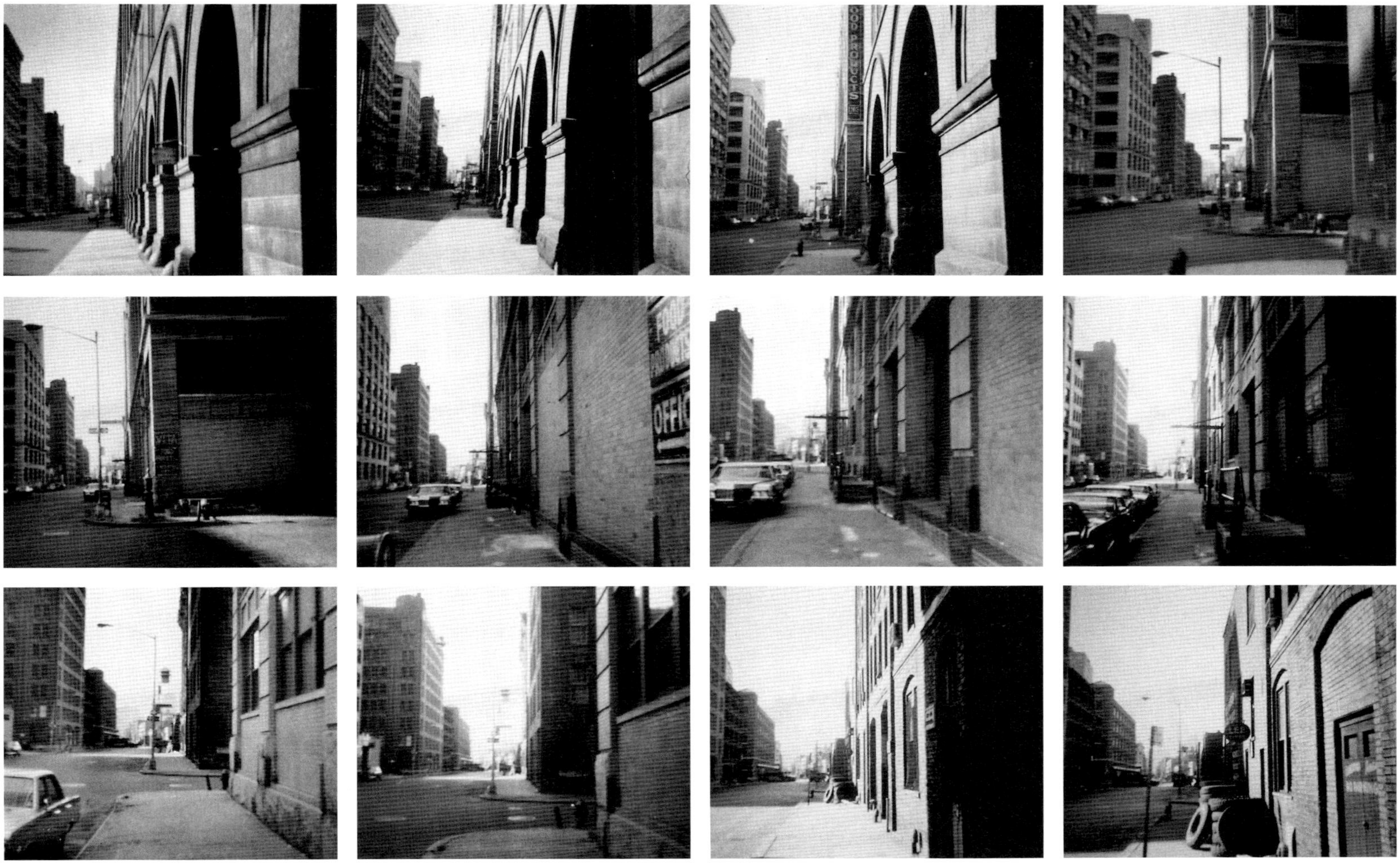

Blinks, Nov 23, 1969; afternoon. Photo-Piece, Greenwich Street, NYC; Kodak Instamatic 124, b/w film

Holding a camera, aimed away from me and ready to shoot, while walking a continuous line down a city street.
Try not to blink.
Each time I blink: snap a photo.

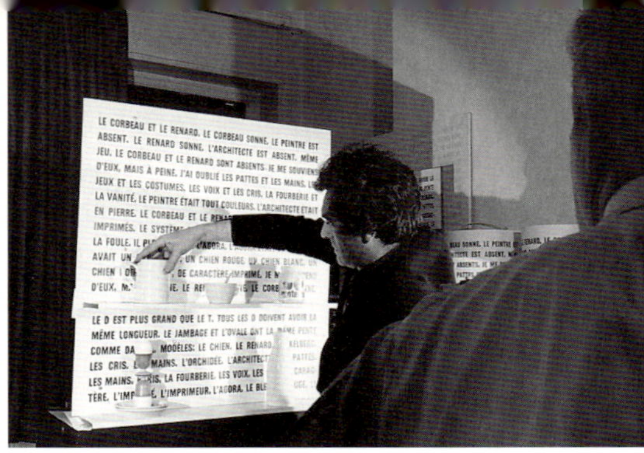

Le Corbeau et le Renard (Der Rabe und der Fuchs)
Dreharbeiten zum Film Le Corbeau et le Renard, 1968

LE D EST PLUS GRAND QUE LE T. TOUS LES D DOIVENT AVOIR LA MÊME LONGUEUR. LE JAMBAGE ET L'OVALE ONT LA MÊME PENTE COMME DANS A. MODÈLES: LE CHIEN. LE RENARD. KOEKELBERG. LES CRIS. LES MAINS. L'ORCHIDÉE. L'ARCHITECTE. LES PATTES. LES MAINS. PARIS. LA FOURBERIE. LES VOIX. LES CRIS. LE CARACTÈRE. L'IMPRIMÉ. L'IMPRIMEUR. L'AGORA. LE BLEU. LE ROUGE. LE

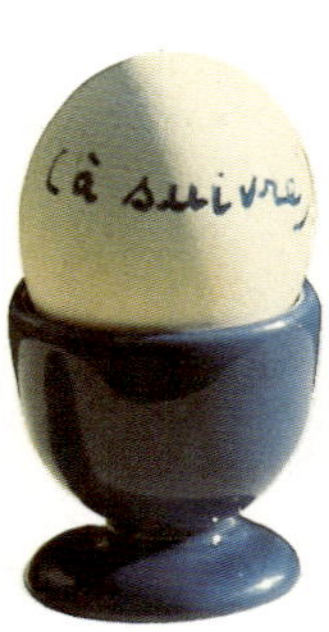

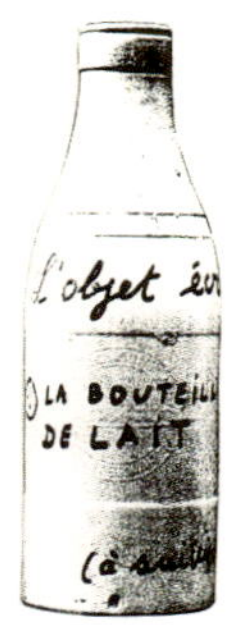

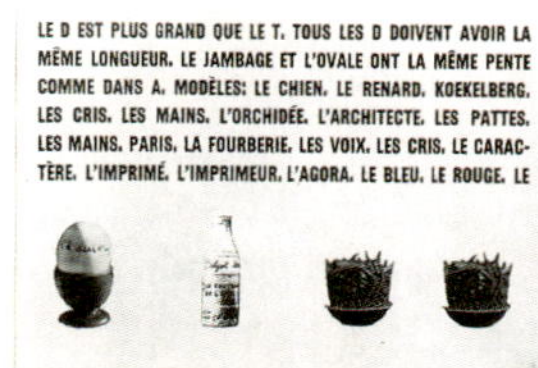

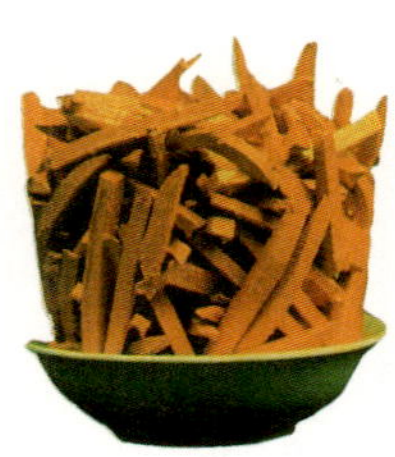

Le Corbeau et le Renard (Der Rabe und der Fuchs), Detail, 1967

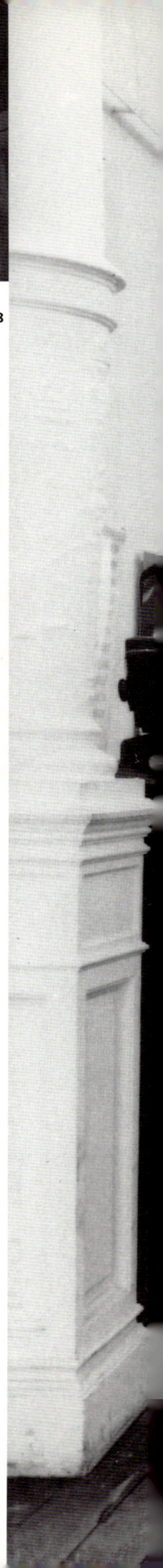

Le Corbeau et le Renard (Der Rabe und der Fuchs)
Wide White Space Gallery, Antwerpen, 1968

1967

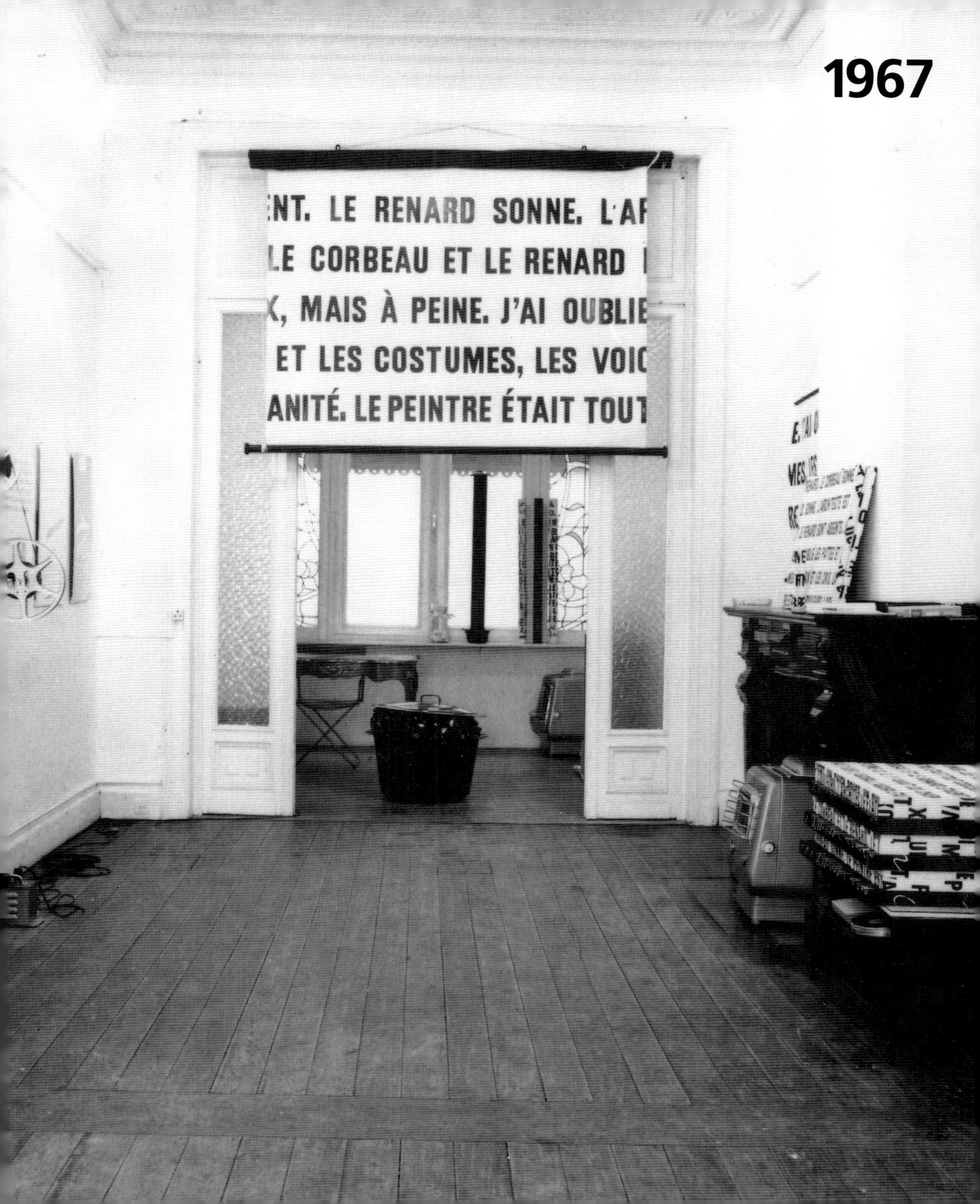
ENT. LE RENARD SONNE. L'AR
LE CORBEAU ET LE RENARD
X, MAIS À PEINE. J'AI OUBLIE
ET LES COSTUMES, LES VOIC
ANITÉ. LE PEINTRE ÉTAIT TOUT

Lygia Clark

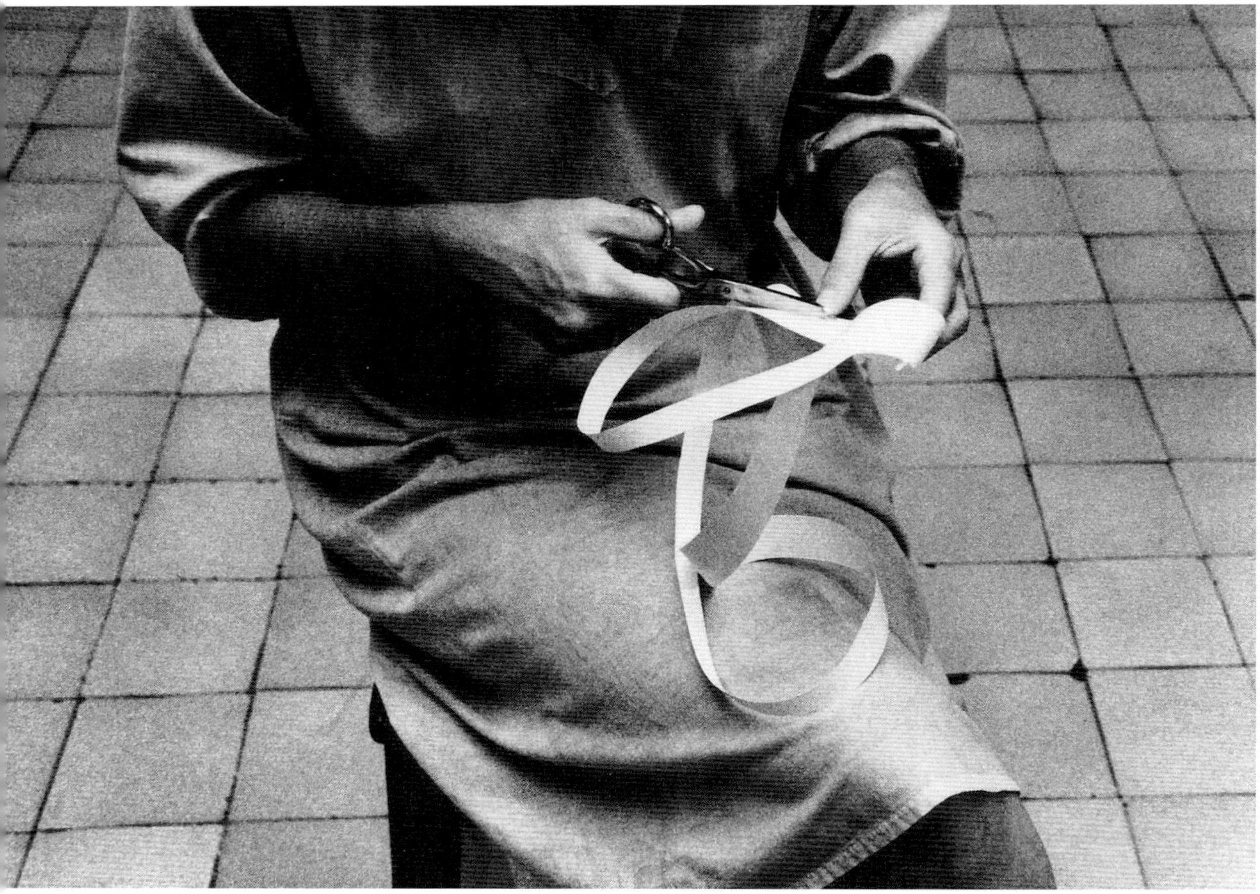

Caminhando (Reisend), 1964

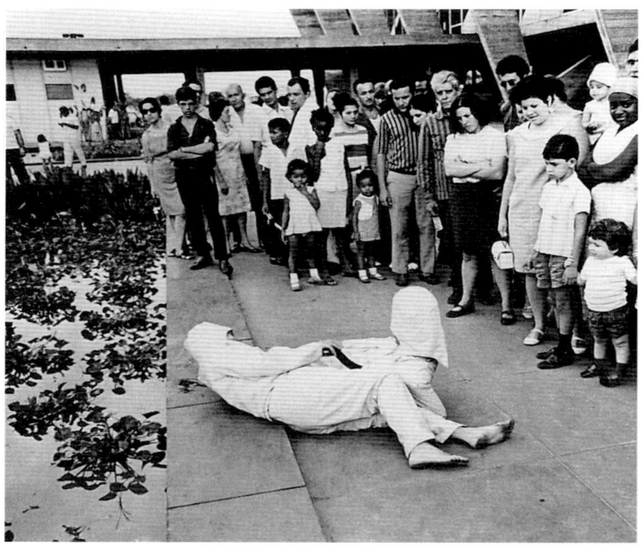

Cesariana: série roupa-corpo-roupa
(Cesariana: Serie Kleidung-Körper-Kleidung), 1967

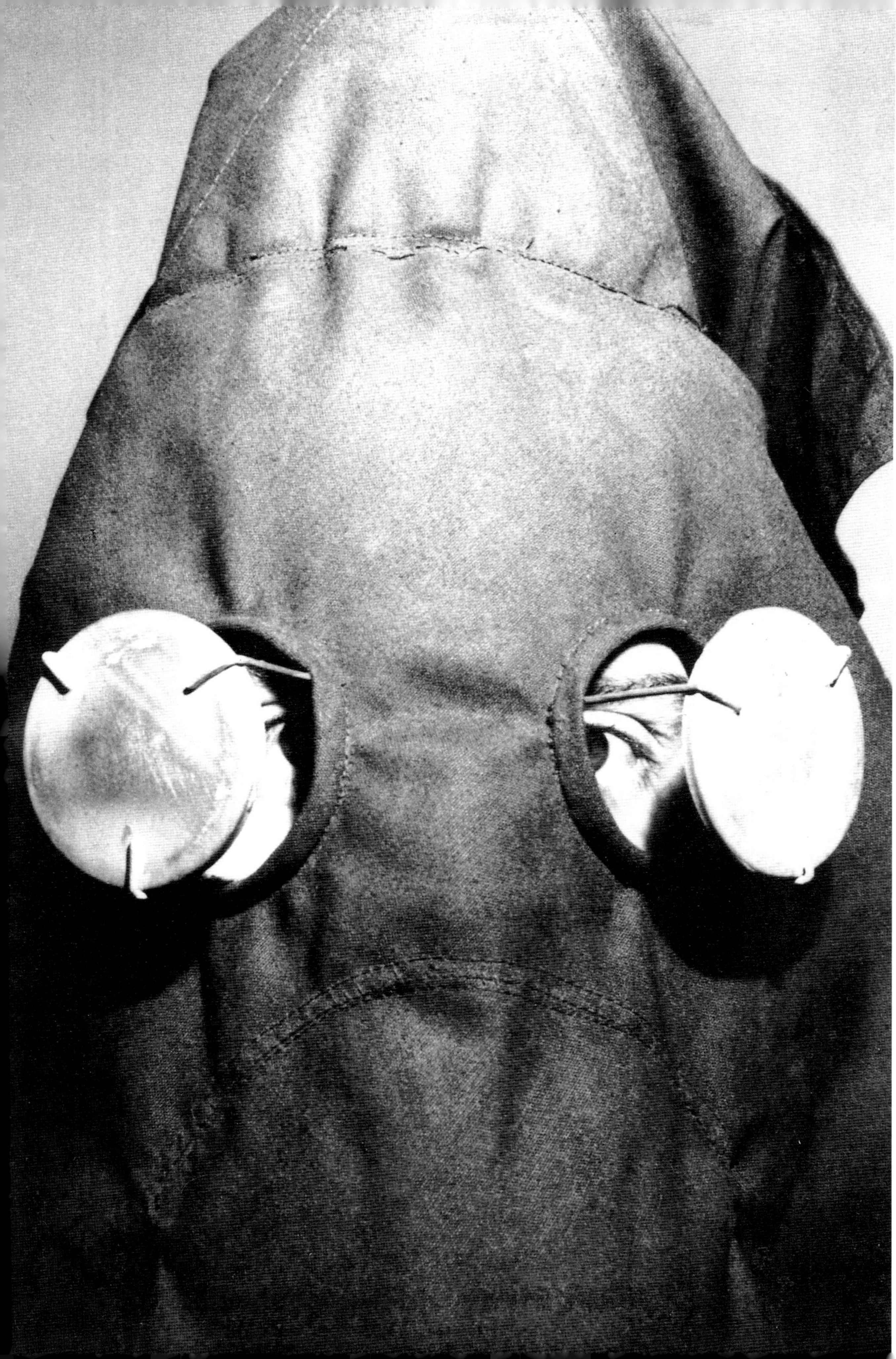

1967

Lygia Clark

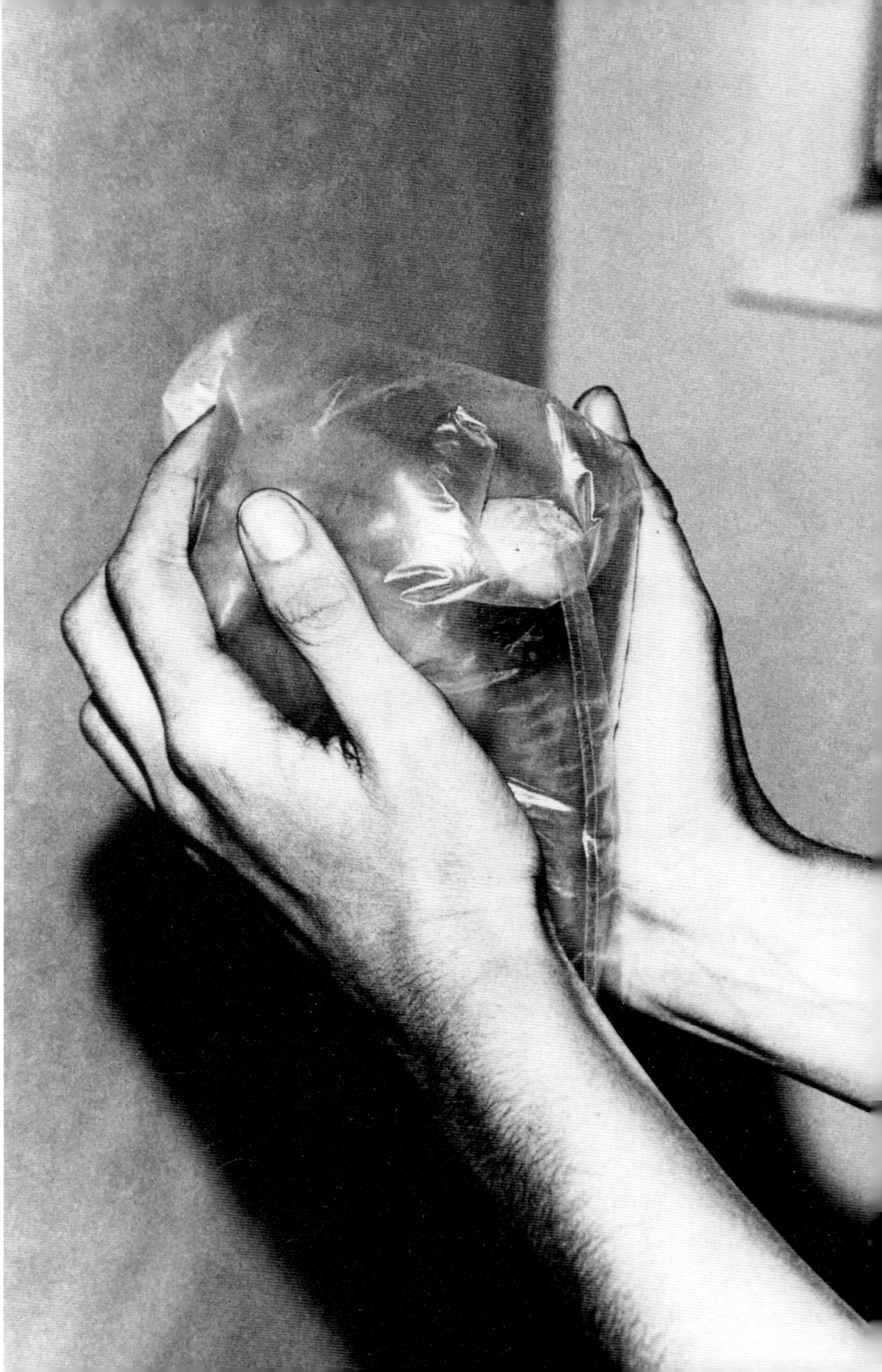

Objeto: pedra e ar (Objekt: Stein und Luft), 1966

1967

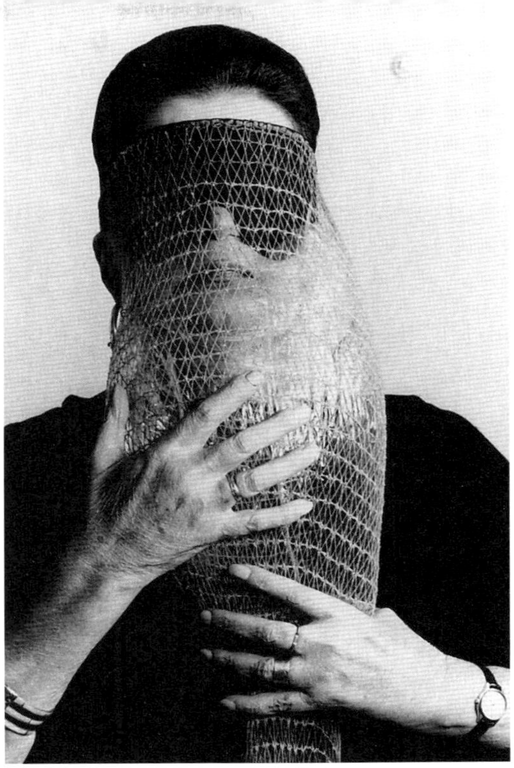

Máscara abismo (Abgründige Maske), 1968

O eue o tu: série roupa-corpo-roupa (Das Ich, das Du: Serie Kleidung-Körper-Kleidung), 1967

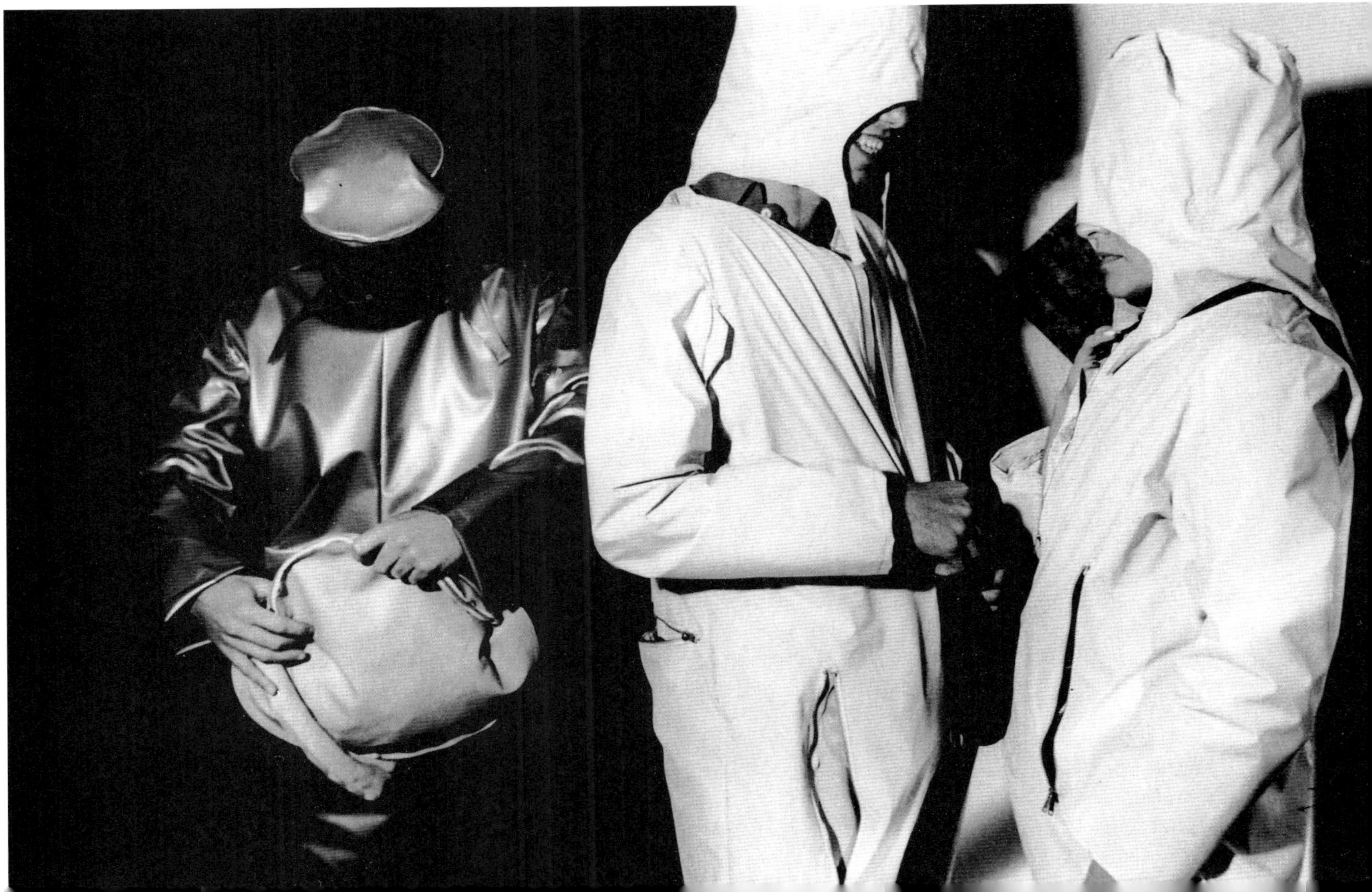

Ed van der Elsken

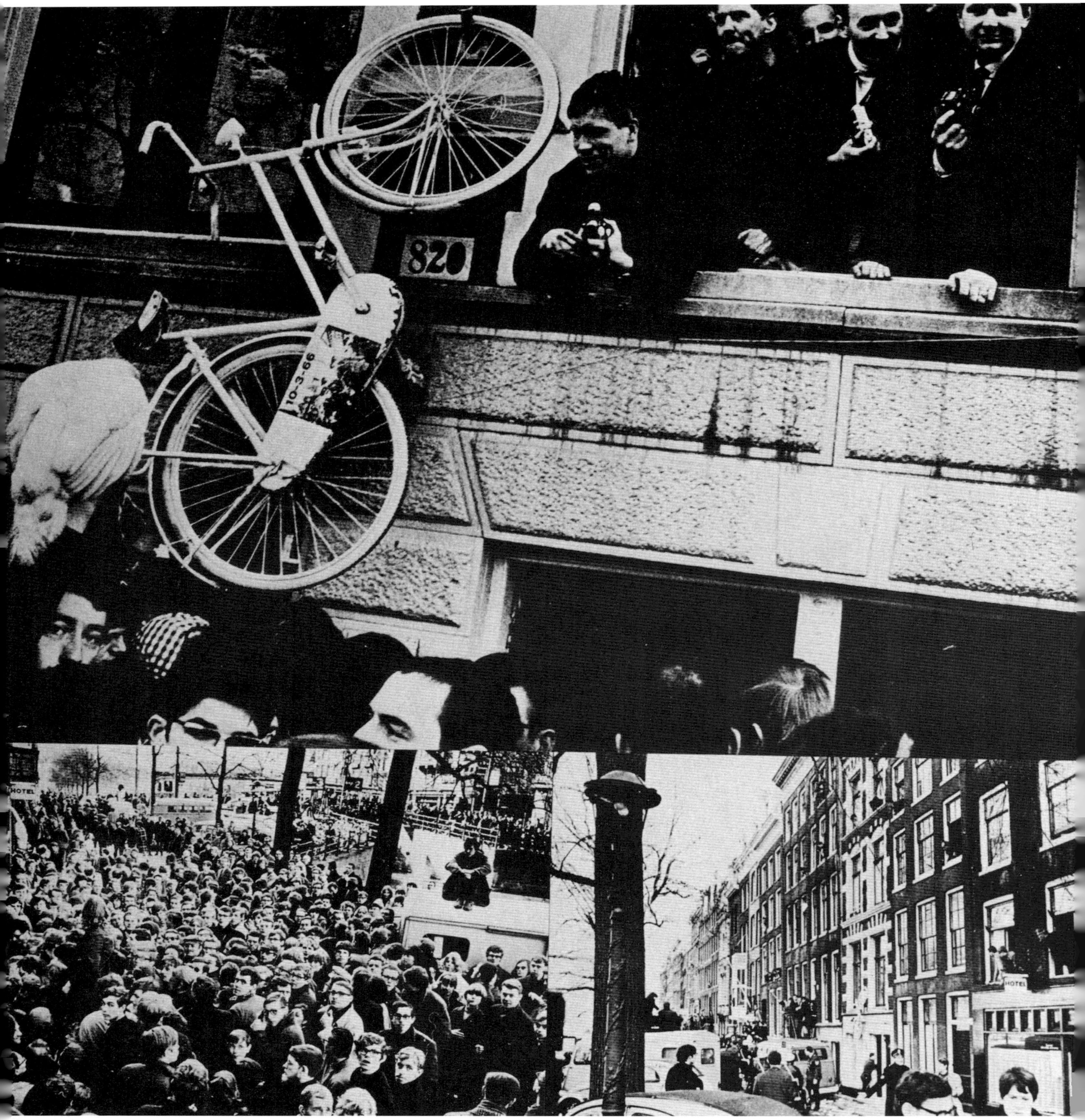

19. März 1966, Demonstration der Provos, Jan Wolkers hält eine Rede
In: *Amsterdam*. Bussum 1966.

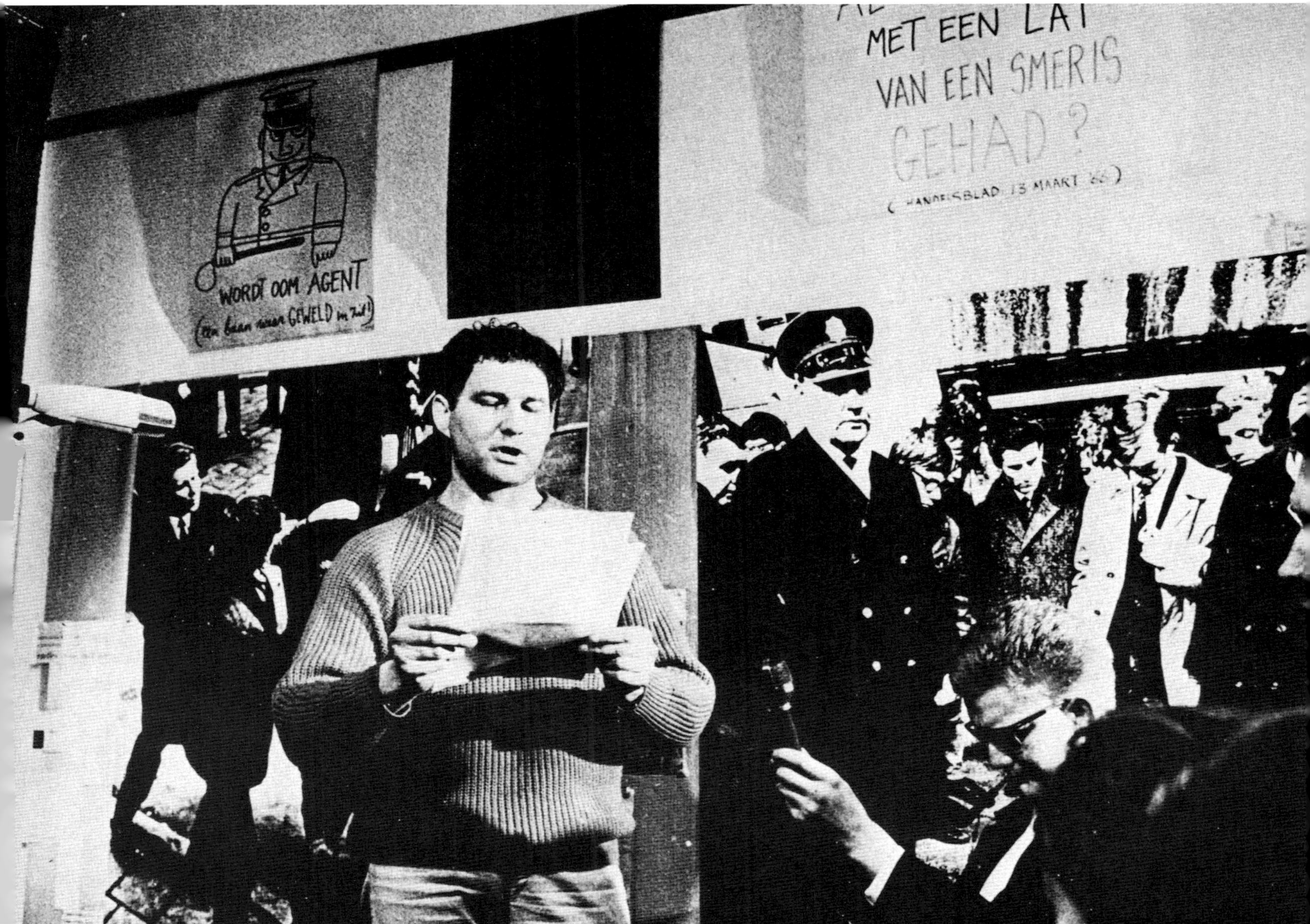

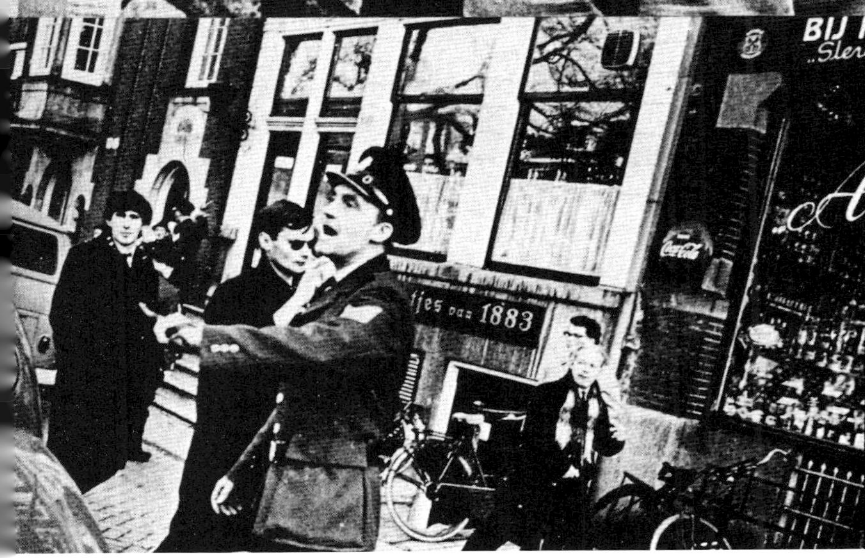

19 Maart 1966. Negen dagen na het trouwen van Beatrix is er een tentoonstelling van foto's van het politieoptreden op de trouwdag. In een klein galerietje op de Prinsengracht bij de Utrechtsestraat. Jan Wolkers houdt er een toespraak. Provo komt met witte kippen en een witte fiets. De politie komt met man en macht, om niks, uit wraak, misdraagt zich schandelijk, van Gasteren maakt daar zijn film „Omdat mijn fiets daar stond". Ik kan het allemaal nauwelijks fotograferen, want ik ben onmiddellijk door de motor-politie ondersteboven gereden. „Daar heb je van der Elsken, die moeten we hebben", hoorde ik de witgehelmde neanderthalers nog roepen, voor mijn apparatuur in stukken vloog. Burgemeester van Hall komt diezelfde avond zijn politiebeleid slap verdedigen in een televisieuitzending bij Mies Bouman en die dag verliest de Nederlandse rechtse establishment voorgoed haar gezicht. P.S. Na deze periode is er een ongelooflijke liberalisatie en verbetering bij de Amsterdamse politie gekomen. De tendens werd dat je niet meteen een klap voor je gezicht kon krijgen, maar dat ze je menselijk en beleefd tegemoet traden. Het Amsterdamse politiecorps onder de verantwoordelijkheid van de nieuwe burgemeester Samkalden werd een van de aardigste van de hele wereld

Walker Evans

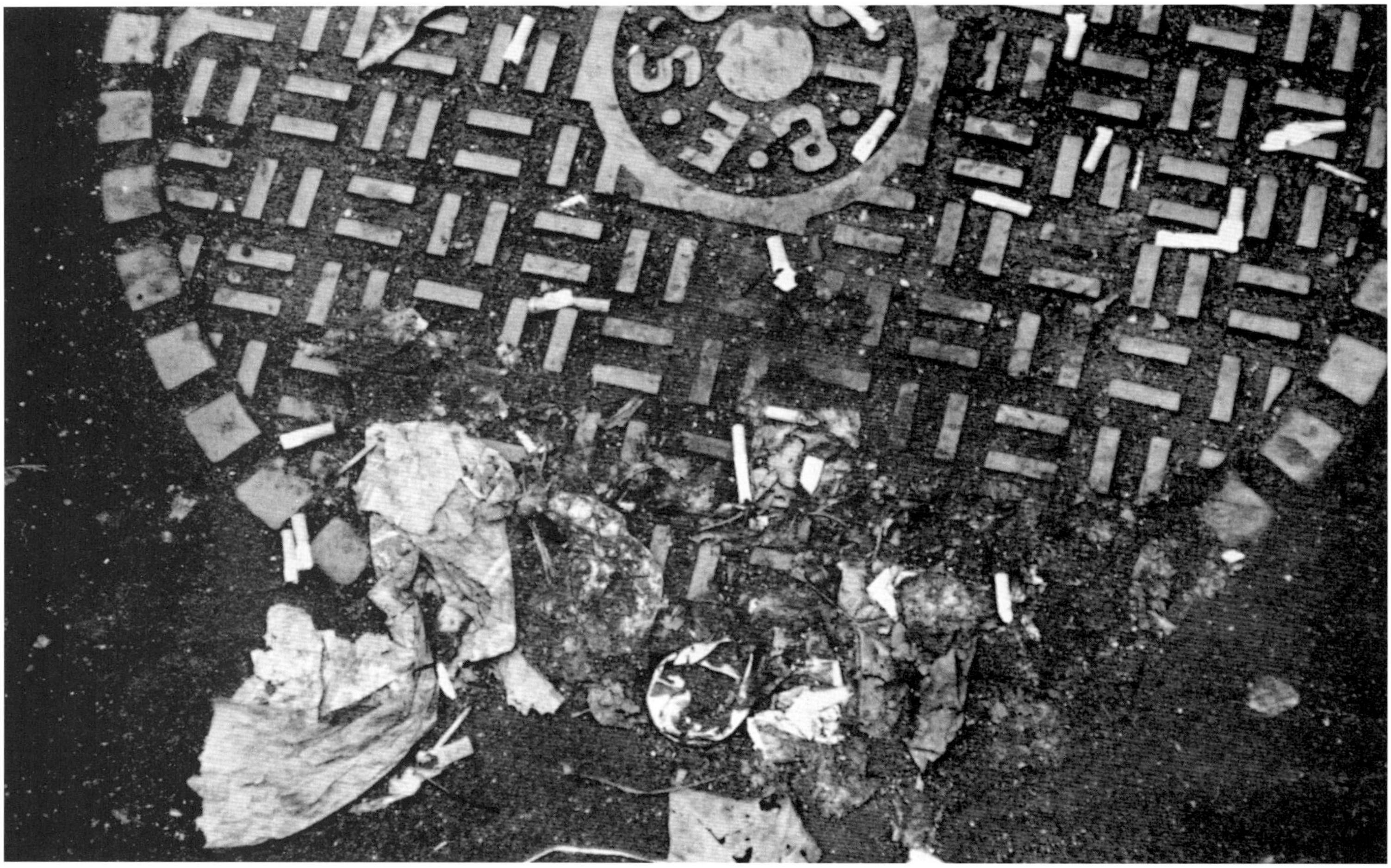

Trash picture, ca. 1968

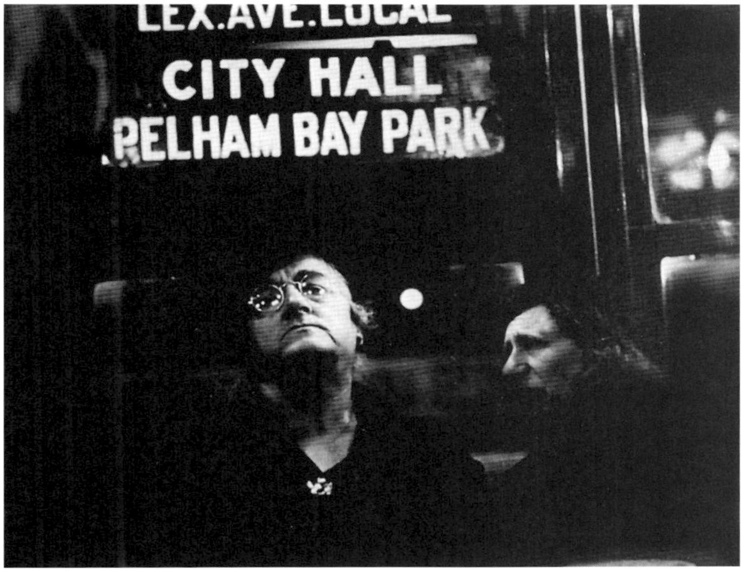

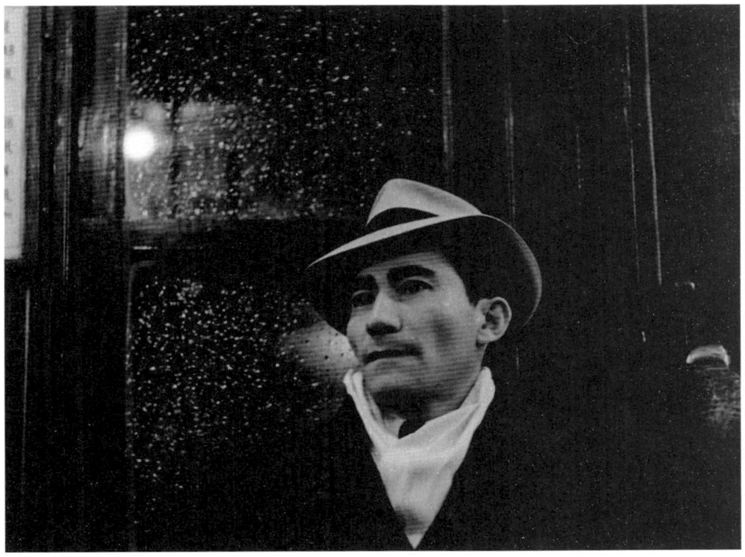

For all its directness, apparent objectivity and detachment from personal emotions, most pop art evokes a romance for the era of twenty to thirty years ago, the time of the artist's childhood. It is very much like the mood we find in the novels of Jack Kerouac. Villeglé's, Hains' and Rotella's tattered posters, seeing America from afar, whose proclamations and has-been goddesses are beaten by weather and age, recall Walker Evans' photos of years ago; Lichtenstein's cartoons and products have an iconography and style of the forties.
Allan Kaprow, Juli 1967. In: *Malahat Review*.

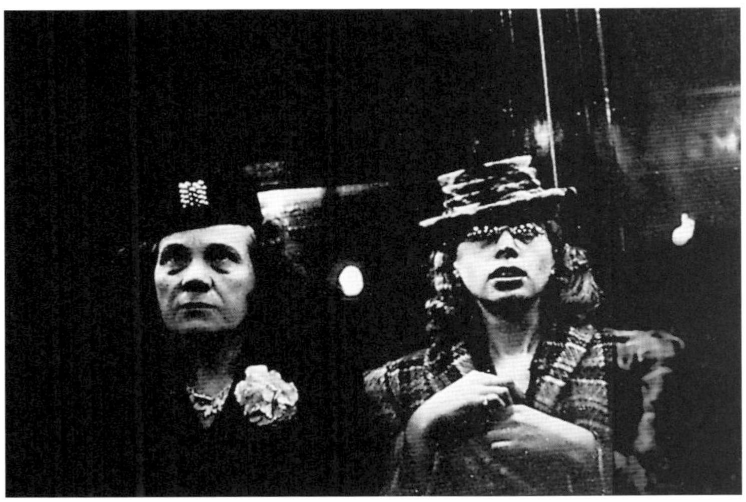

Subway portraits. Aus: Many are called, 1966

Öyvind Fahlström

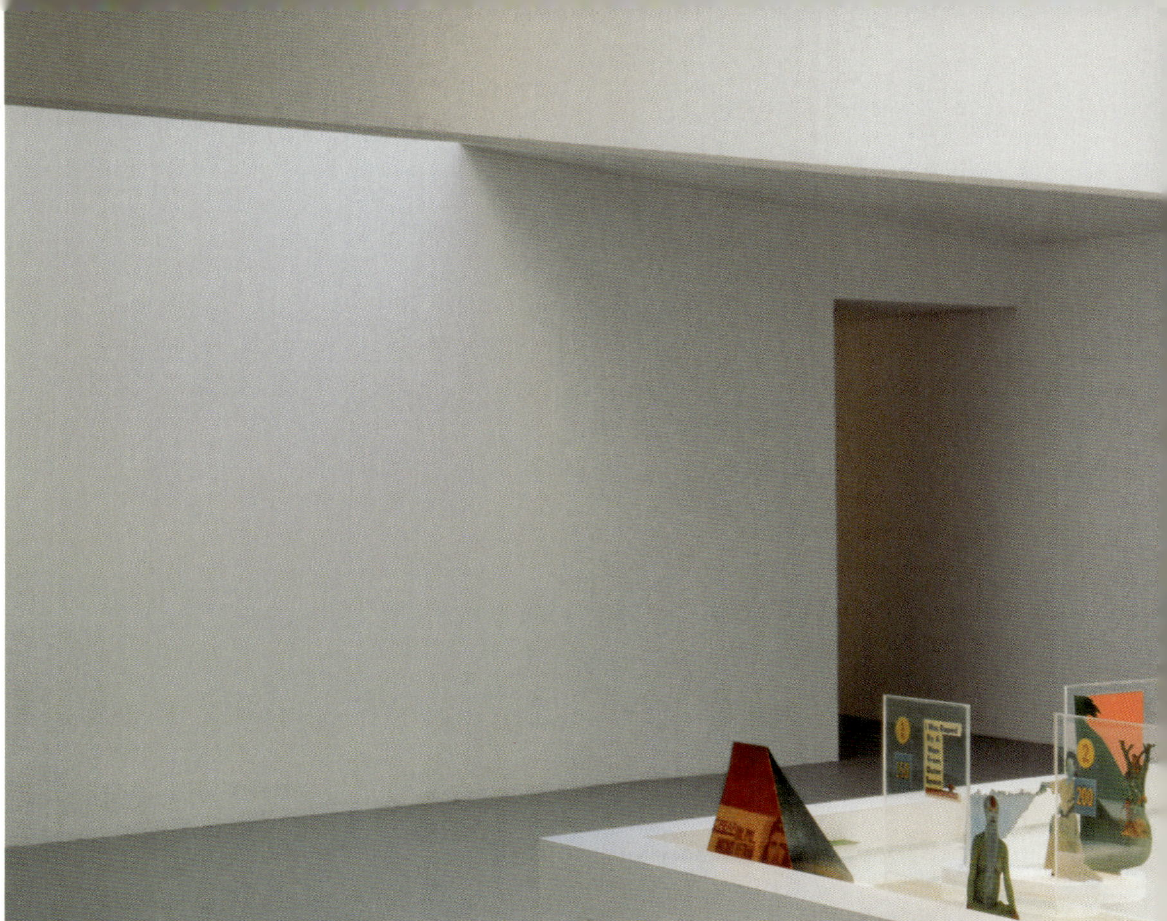

The Little General (Pinball Machine)
(Der kleine General, Flipperautomat), 1967–68
Installation: Kölnischer Kunstverein, 1996

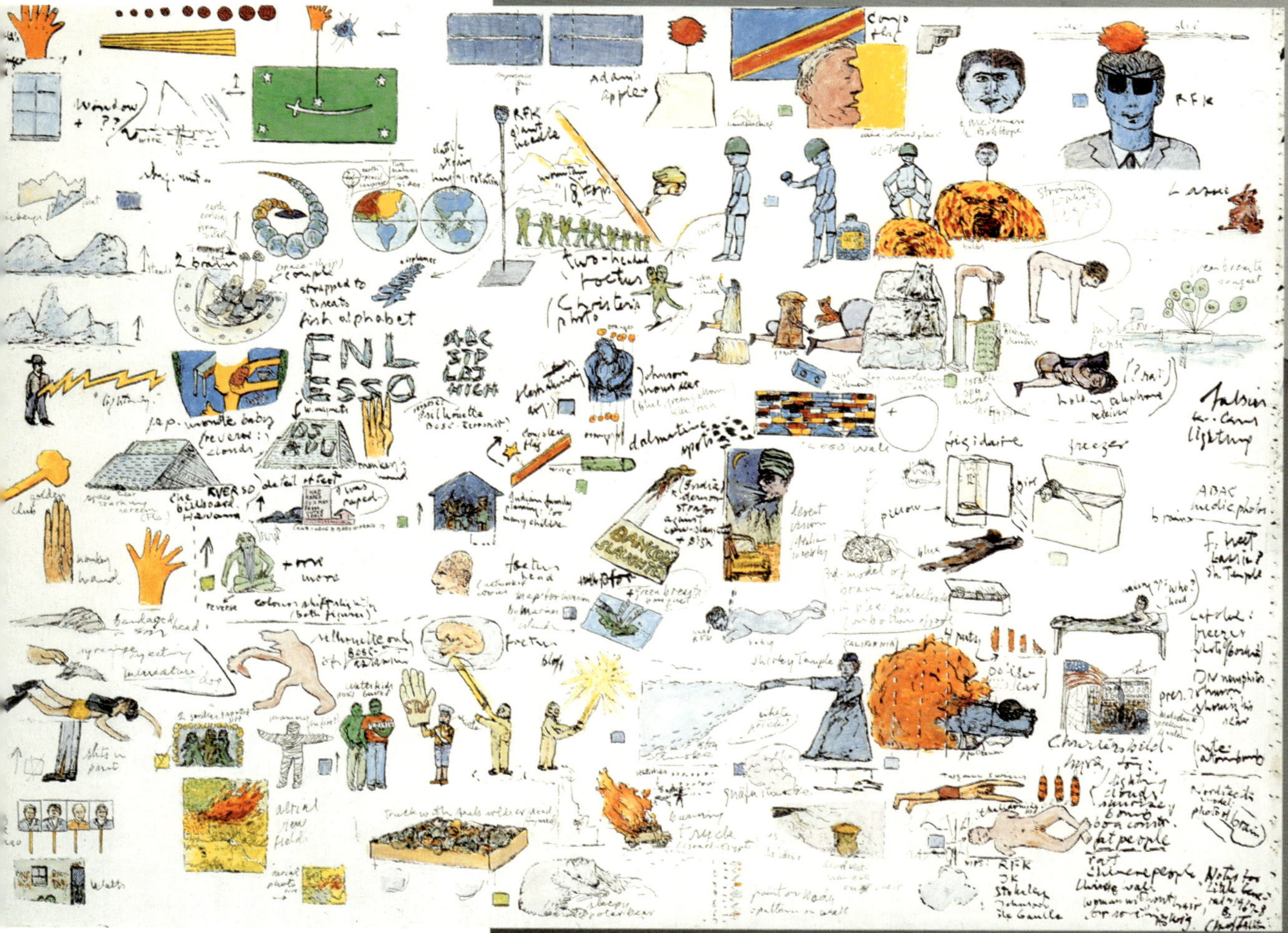

Notes for The Little General B (Notizen zum Kleinen General B), 1967–68

1967

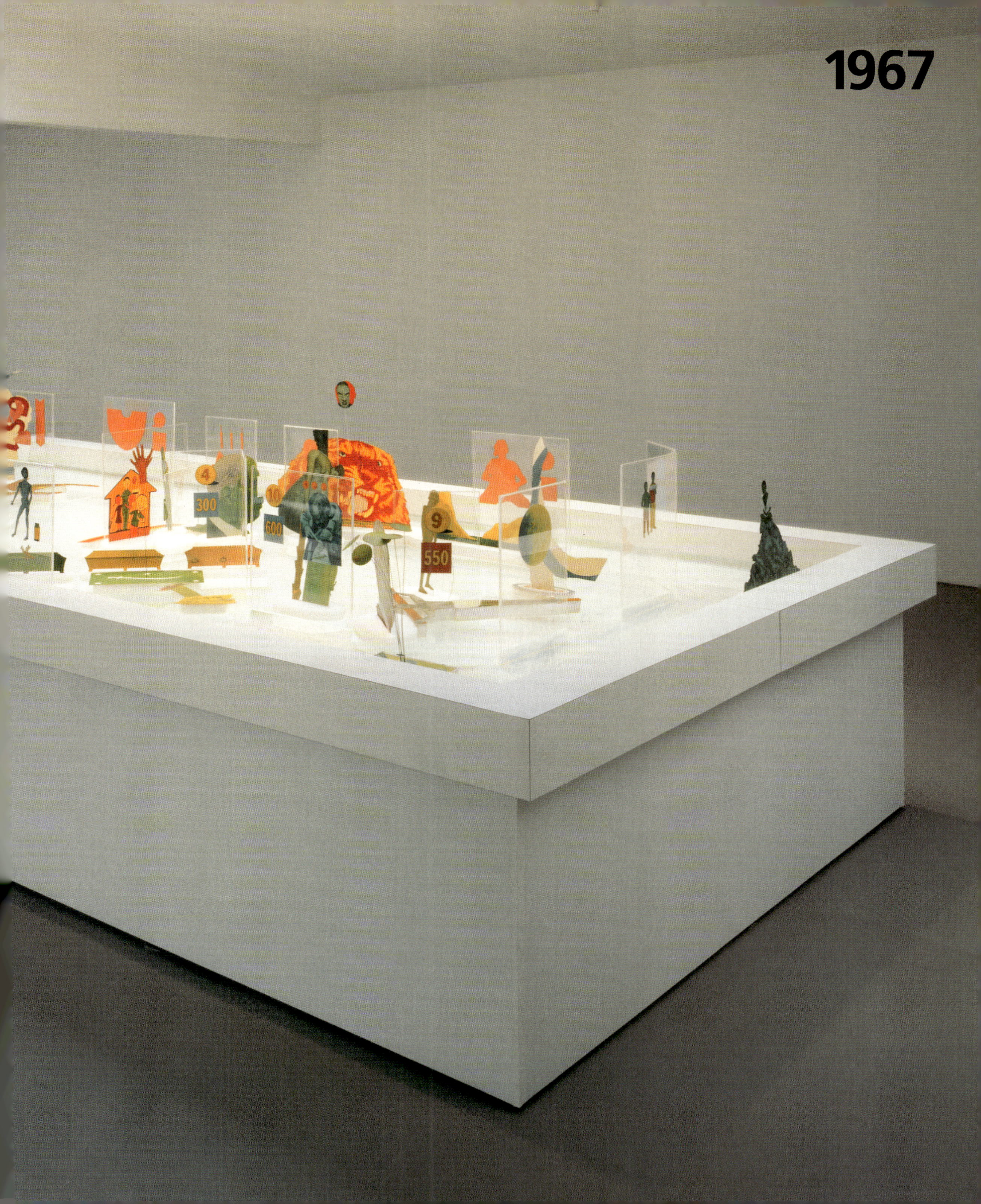

Armand Gatti

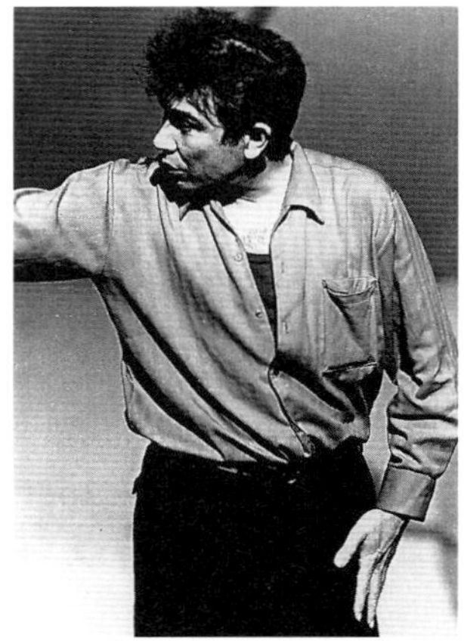

Armand Gatti bei den Proben seines Stückes La Naissance (Die Geburt) in Kassel 1968/69, das er selbst inszenierte.

La passion du Général Franco (General Francos Leidenswege), 1967/68

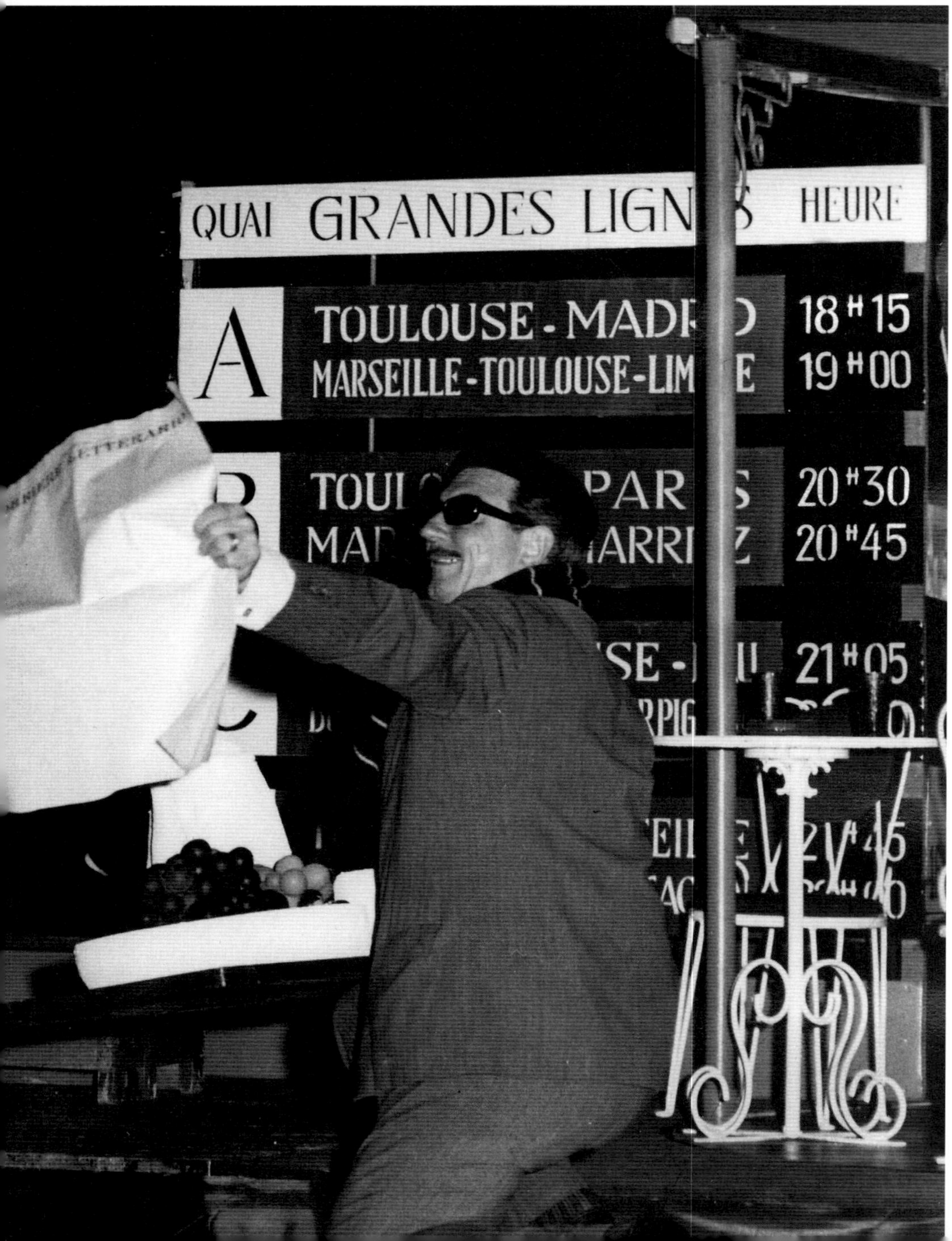

Die Uraufführung von
General Francos Leidens
fand 1967 im kleinen
des Staatstheaters Kassel
Inszenierung von Kai Braak

1967

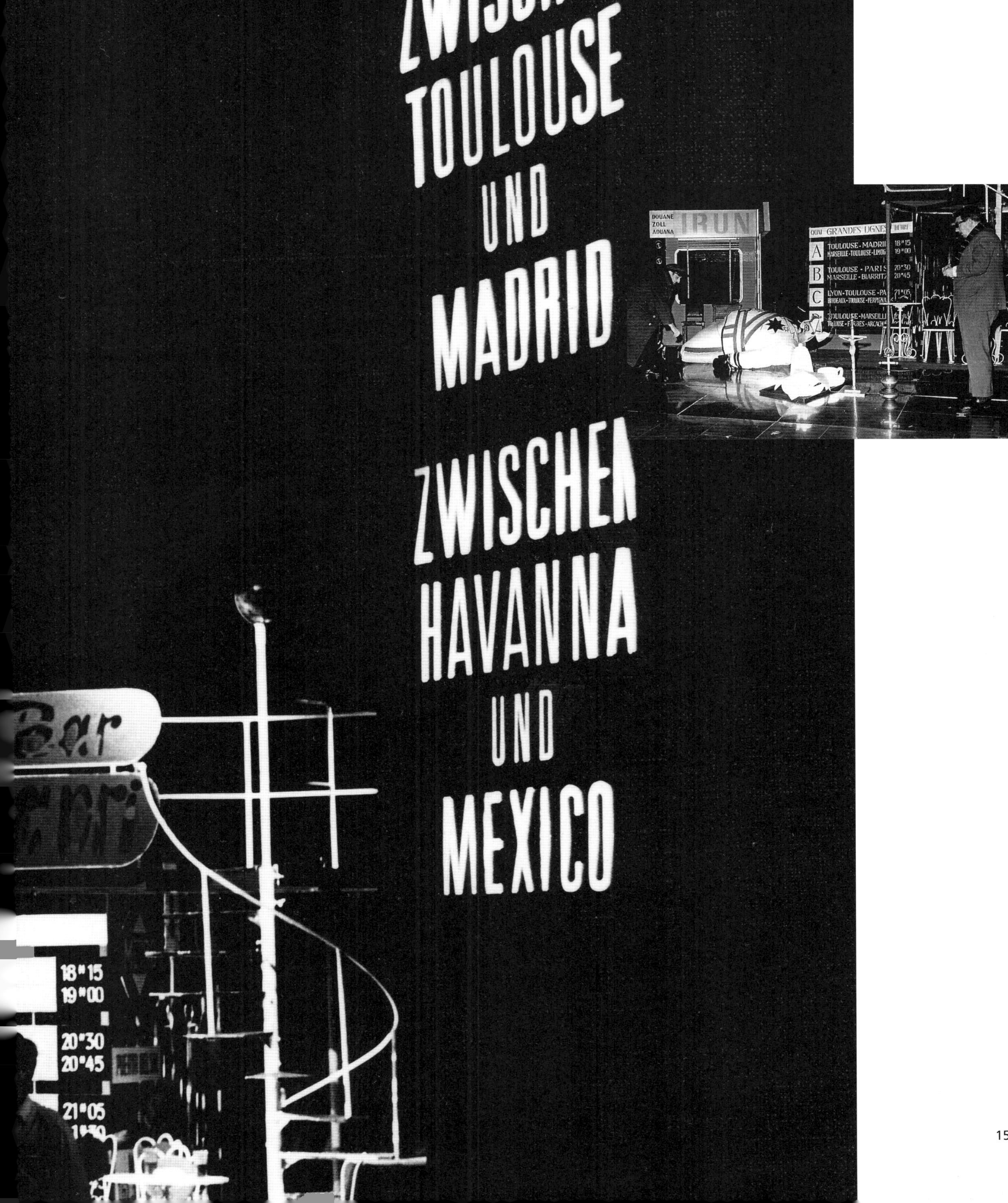
ZWISCHEN
TOULOUSE
UND
MADRID
ZWISCHEN
HAVANNA
UND
MEXICO
DOUANE
ZOLL
ADUANA
IRUN

Jean-Luc Godard

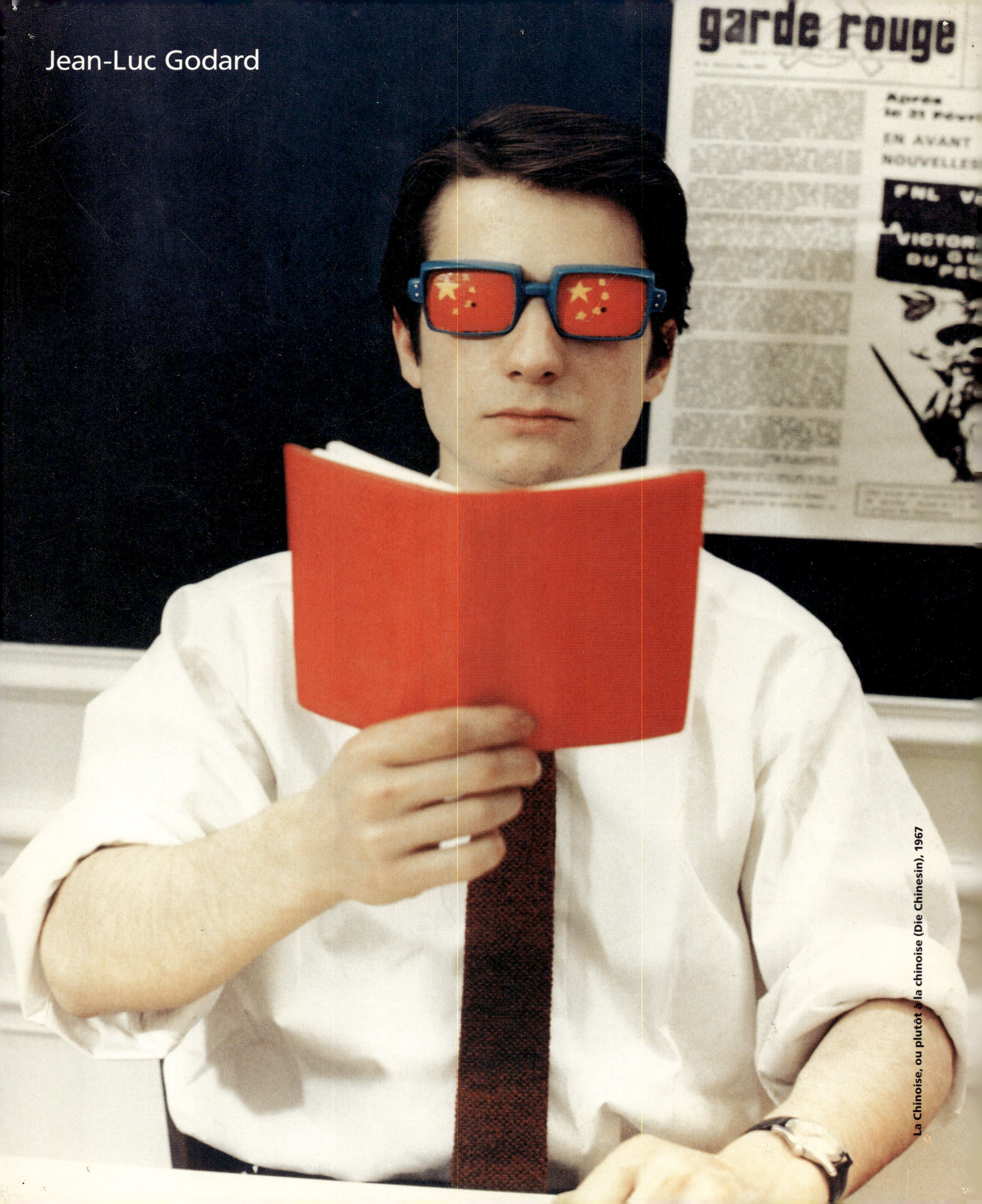

La Chinoise, ou plutôt à la chinoise (Die Chinesin), 1967

Cinquante ans après la révolution d'Octobre, le cinéma américain règne sur le cinéma mondial. Il n'y a pas grand chose à ajouter à cet état de fait. Sauf qu'à notre échelon modeste, nous devons nous aussi créer deux ou trois Vietnams au sein de l'immense empire Hollywood - Cinecitta - Mosfilms Pinewood - Etc. et, tant économiquement qu'esthétiquement, c'est à dire en luttant sur deux fronts, créer des cinémas nationaux, libres, frères, camarades et amis.

Jean-Luc Godard

1967

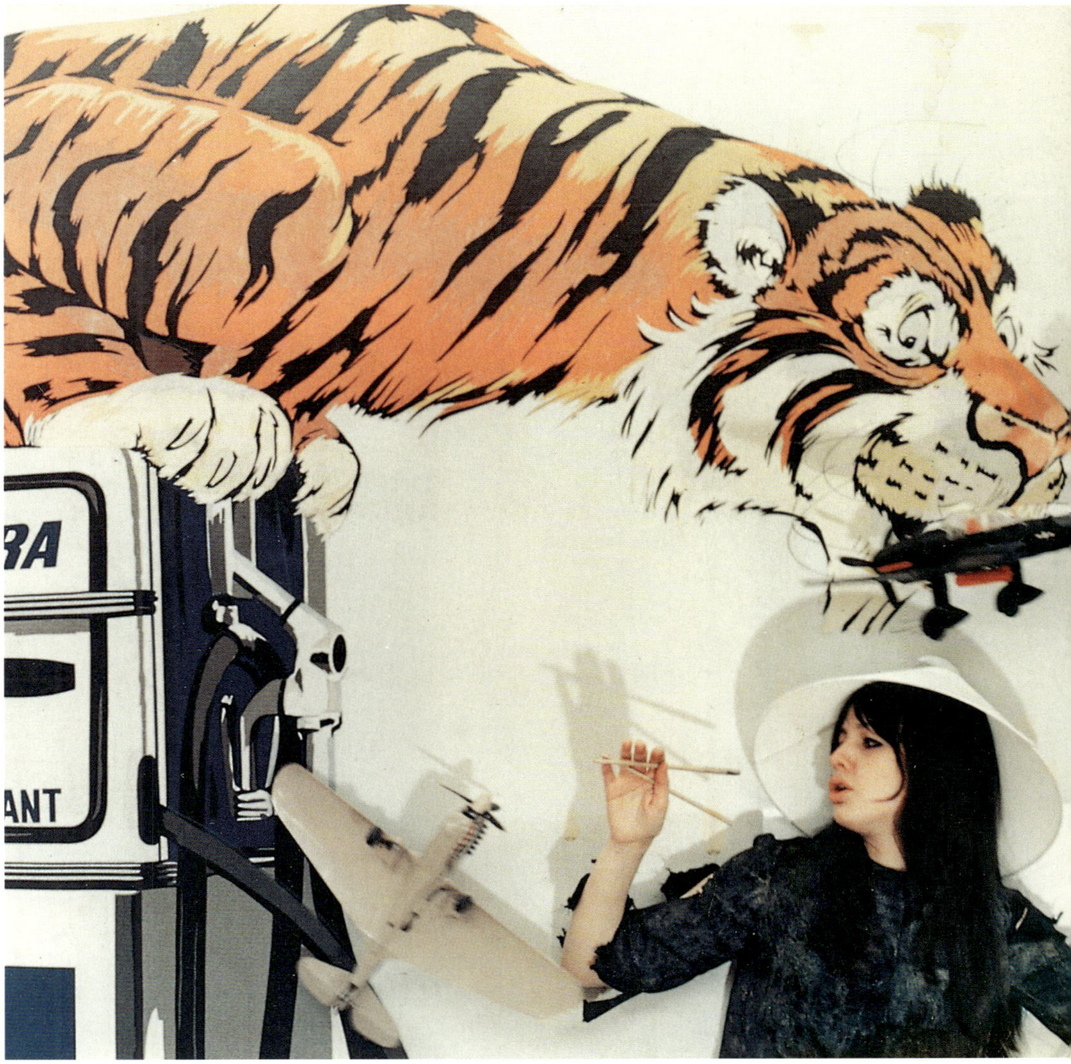

La Chinoise, ou plutôt à la chinoise (Die Chinesin), 1967

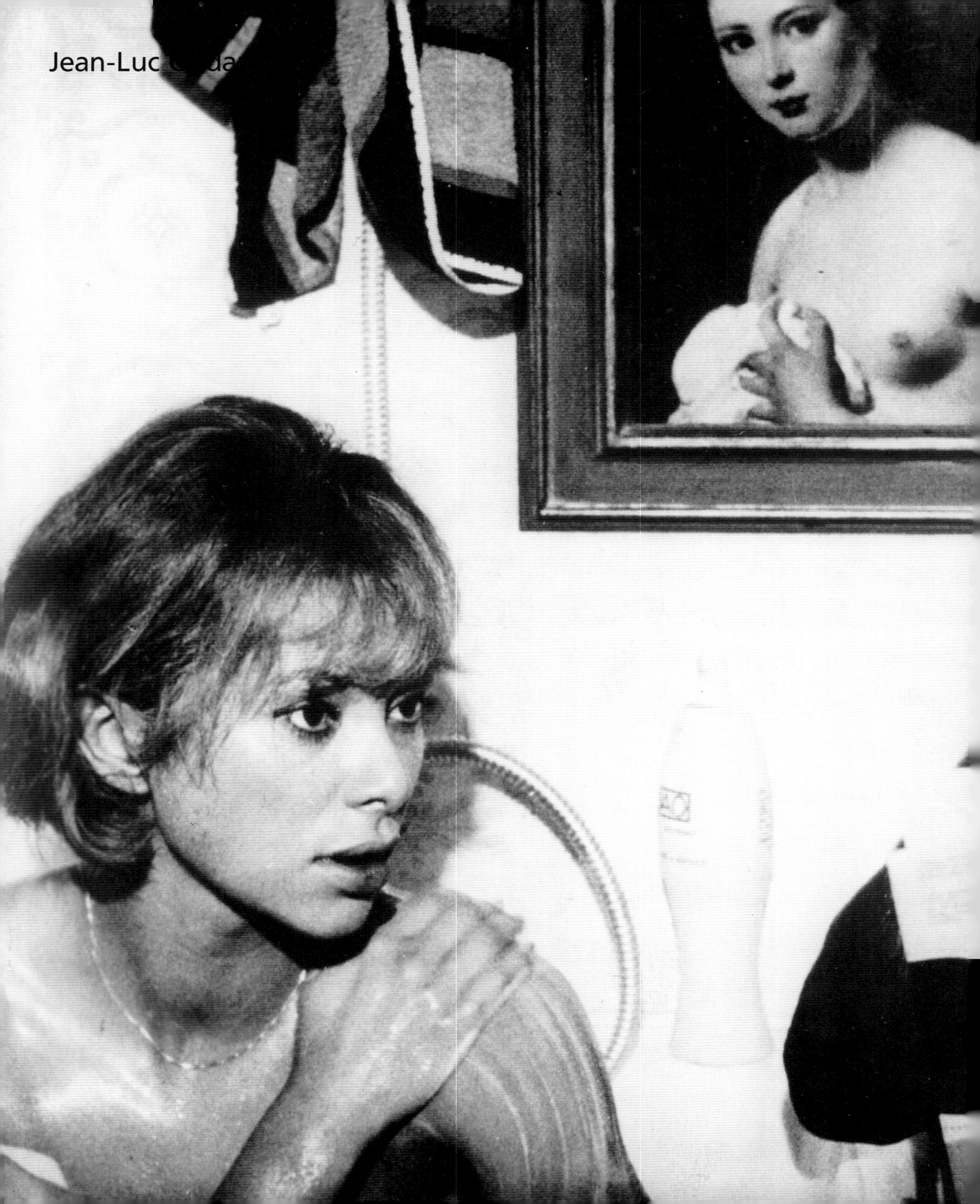

1967

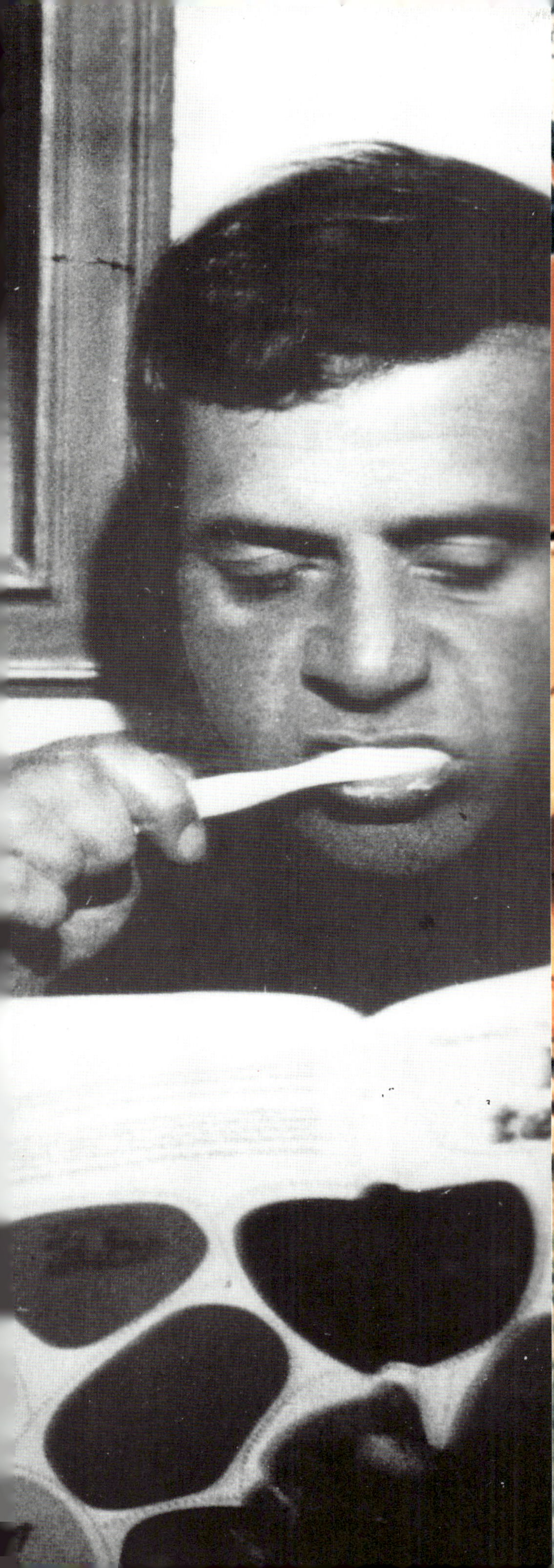

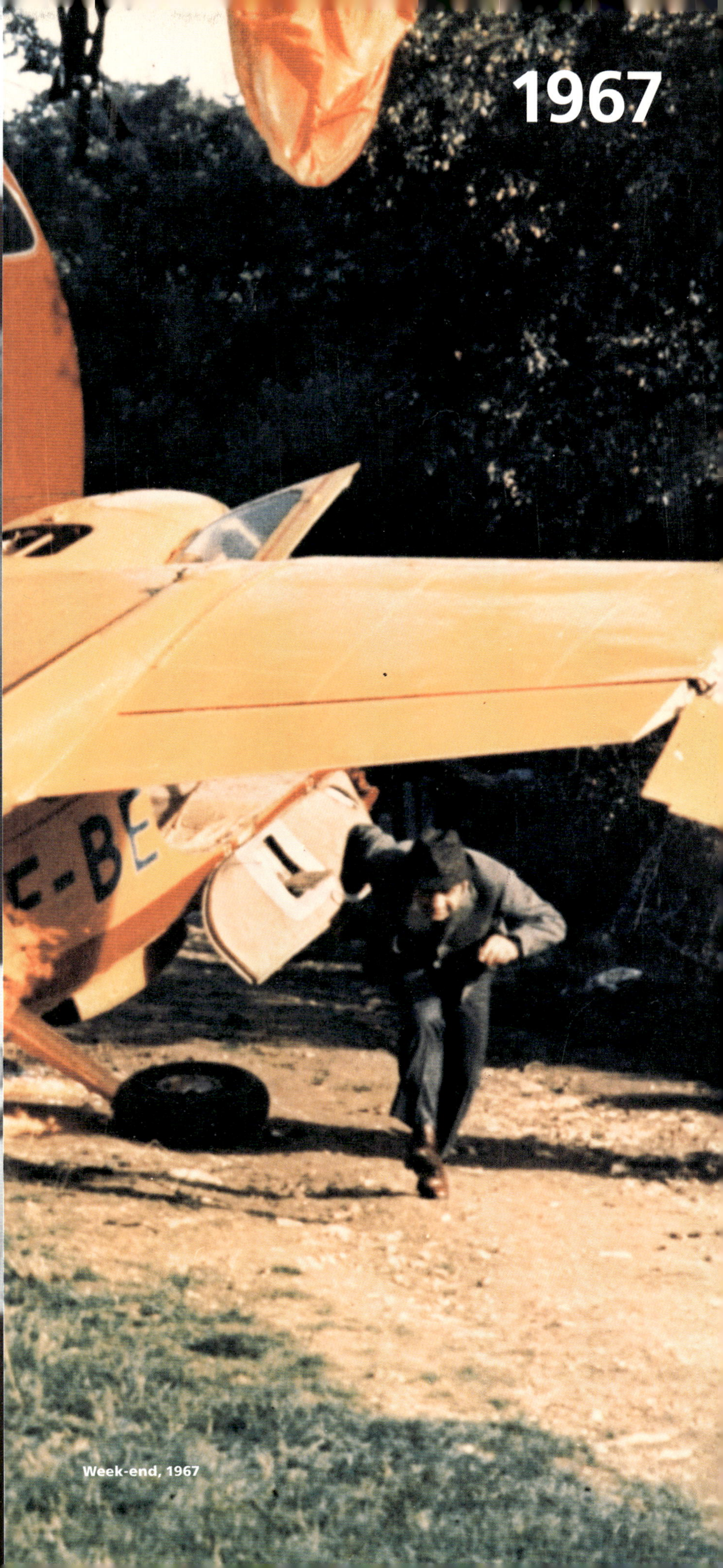

Week-end, 1967

Dan Graham

Homes for America, 1965–70

Homes for America

D. GRAHAM

Belleplain
Brooklawn
Colonia
Colonia Manor
Fair Haven
Fair Lawn
Greenfields Village
Green Village
Plainsboro
Pleasant Grove
Pleasant Plains
Sunset Hill Garden
Garden City
Garden City Park
Greenlawn
Island Park
Levitown
Middleville
New City Park
Pine Lawn
Plainview
Plandome Manor
Pleasantside
Pleasantville

Large-scale 'tract' housing 'developments' constitute the new city. They are located everywhere. They are not particularly bound to existing communities; they fail to develop either regional characteristics or separate identity. These 'projects' date from the end of World War II when in southern California speculators or 'operative' builders adapted mass production techniques to quickly build many houses for the defense workers over-concentrated there. This 'California Method' consisted simply of determining in advance the exact amount and lengths of pieces of lumber and multiplying them by the number of standardized houses to be built. A cutting yard was set up near the site of the project to saw rough lumber into those sizes. By mass buying, greater use of machines and factory produced parts, assembly line standardization, multiple units were easily fabricated.

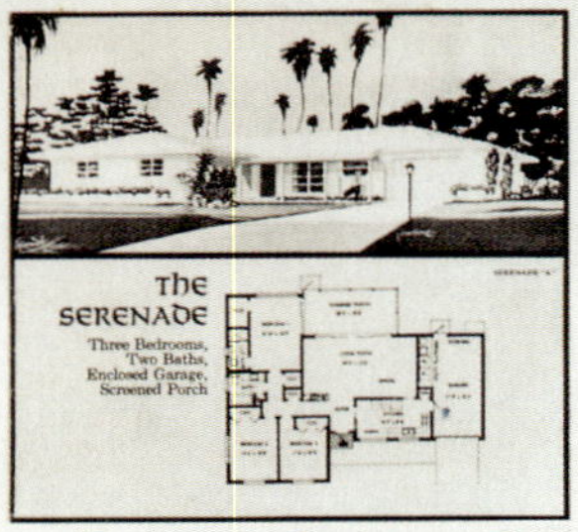

"The Serenade" - Cape Coral unit, Fla.

Each house in a development is a lightly constructed 'shell' although this fact is often concealed by fake (half-stone) brick walls. Shells can be added or subtracted easily. The standard unit is a box or a series of boxes, sometimes contemptuously called 'pillboxes.' When the box has a sharply oblique roof it is called a Cape Cod. When it is longer than wide it is a 'ranch.' A

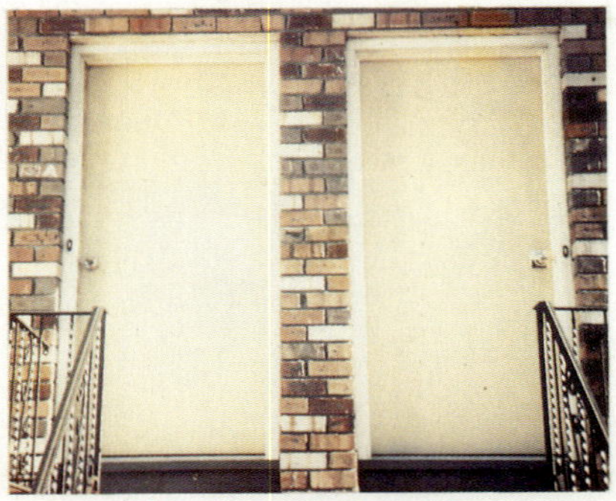
Two Entrance Doorways, 'Two Home Homes', Jersey City, N.J.

two-story house is usually called 'colonial.' If it consists of contiguous boxes with one slightly higher elevation it is a 'split level.' Such stylistic differentiation is advantageous to the basic structure (with the possible exception of the split level whose plan simplifies construction on discontinuous ground levels).

There is a recent trend toward 'two home homes' which are two boxes split by adjoining walls and having separate entrances. The left and right hand units are mirror reproductions of each other. Often sold as private units are strings of apartment-like, quasi-discrete cells formed by subdividing laterally an extended rectangular parallelopiped into as many as ten or twelve separate dwellings.

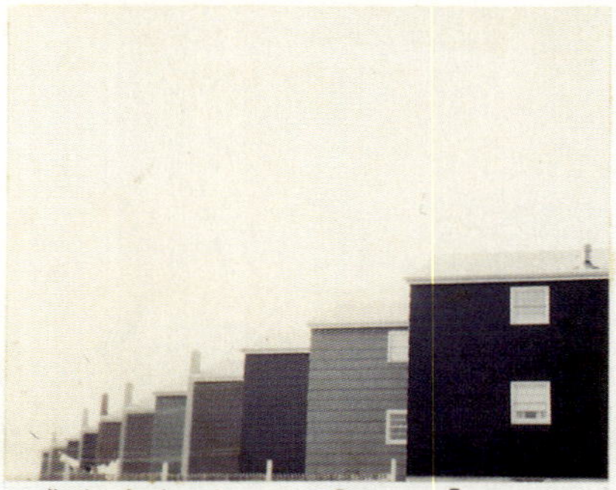
Housing Development, rear view, Bayonne, New Jersey

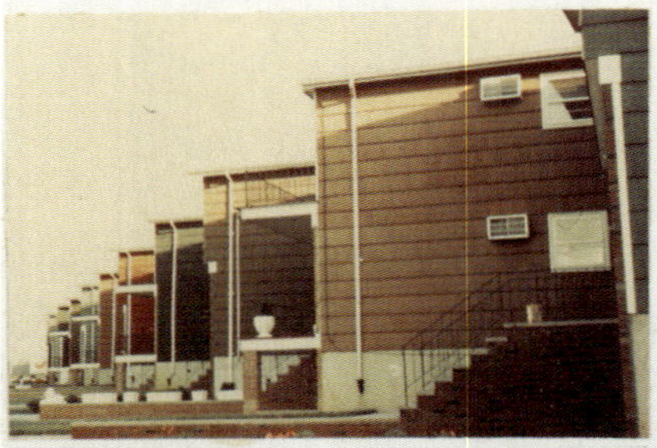
Housing Development, front view, Bayonne, New Jersey

Develo
vidual
whose
plan.
parks
genera
into bl
tical or
which
land pl

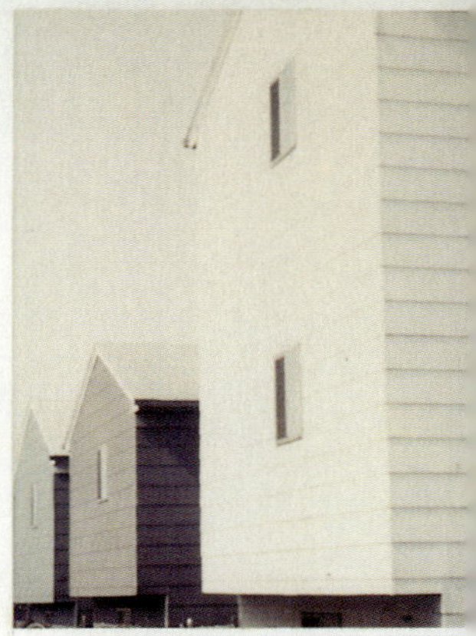
Set-back, Jersey City, New Jersey

The logic relating each sectioned part to the
tire plan follows a systematic plan. A deve
ment contains a limited, set number of h
models. For instance, Cape Coral, a Florida
ject, advertises eight different models:

A The Sonata
B The Concerto
C The Overture
D The Ballet
E The Prelude
F The Serenade
G The Noctune
H The Rhapsody

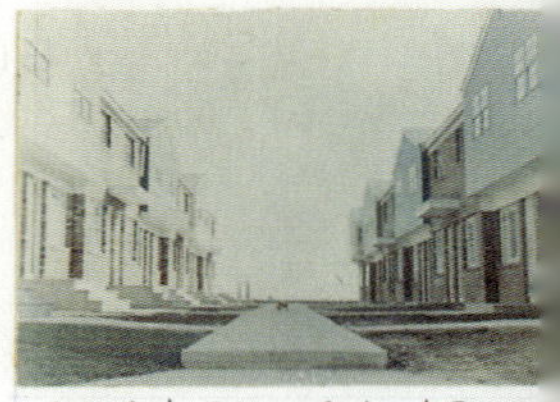
Center Court, Entrances, Development, Jersey Ci

In addition, there is a choice of eight ex
colors:
1 White
2 Moonstone Grey
3 Nickle

LAWN GREEN

4 Seafoam Green
5 Lawn Green
6 Bamboo
7 Coral Pink

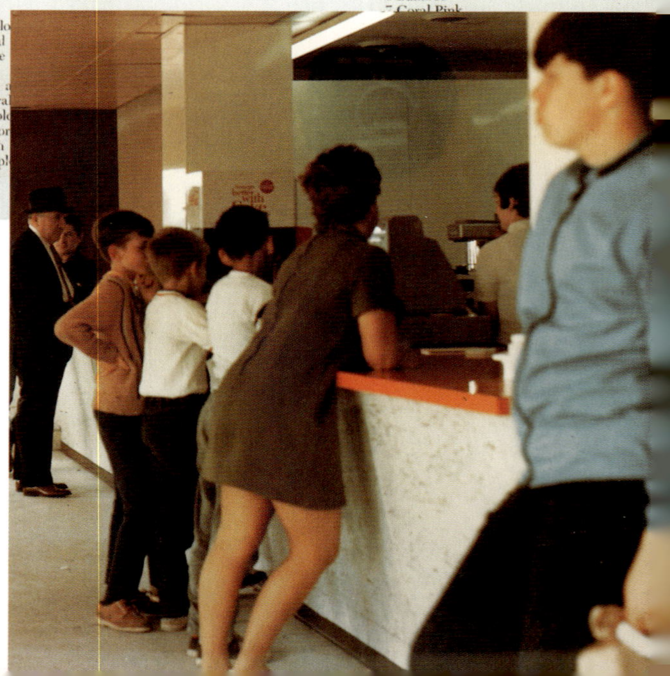

New Highway Restaurant Opening, Jersey City, N. J.
(Eröffnung eines neuen Highway Restaurants, Jersey City, N. J.), 1967

1967

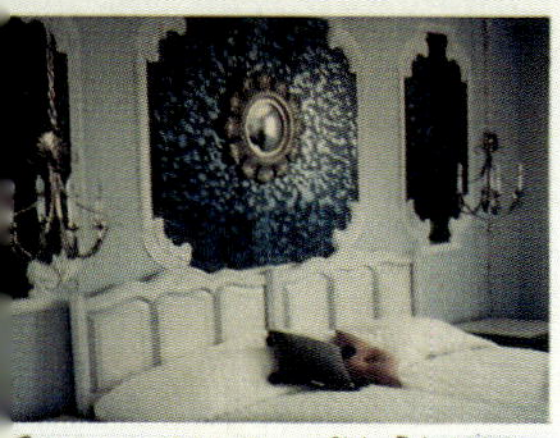

Interior of Model Home, Staten Island, N.Y.

The 8 color variables were equally distributed among the house exteriors. The first buyers were more likely to have obtained their first choice in color. Family units had to make a choice based on the available colors which also took account of both husband and wife's likes and dislikes. Adult male and female color likes and dislikes were compared in a survey of the homeowners:

'Like'

Male	Female
Skyway	Skyway Blue
Colonial Red	Lawn Green
Patio White	Nickle
Yellow Chiffon	Colonial Red
Lawn Green	Yellow Chiffon
Nickle	Patio White
Fawn	Moonstone Grey
Moonstone Grey	Fawn

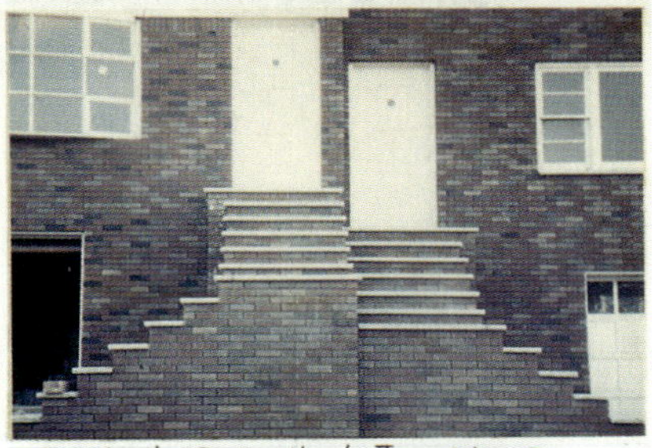

'Split-Level', 'Two Home Homes', Jersey City, N.J.

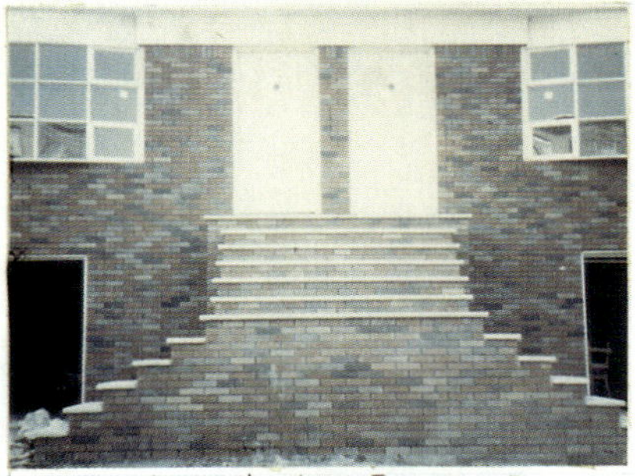

'Ground-Level', 'Two Home Homes', Jersey City, N.J.

a block of houses is a self-contained sequence ere is no development — selected from the ble acceptable arrangements. As an exle, if a section was to contain eight houses of h four model types were to be used, any of permutational possibilities could be used:

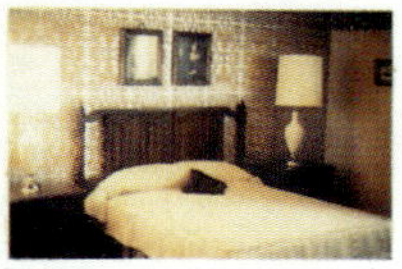

Bedroom of Model Home, S.I., N.Y.

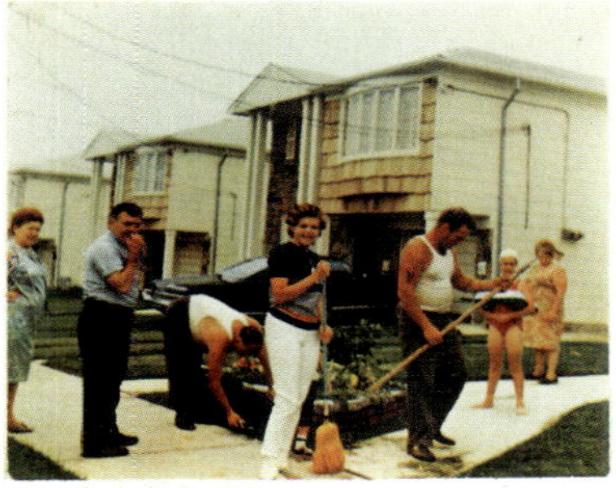

Two Family Units, Staten Island, N.Y.

AABBCCDD	ABCDABCD
AABBDDCC	ABDCABDC
AACCBBDD	ACBDACBD
AACCDDBB	ACDBACDB
AADDCCBB	ADBCADBC
AADDBBCC	ADCBADCB
BBAADDCC	BACDBACD
BBCCAADD	BCADBCAD
BBCCDDAA	BCDABCDA
BBDDAACC	BDACBDAC
BBDDCCAA	BDCABDCA
CCAABBDD	CABDCABD
CCAADDBB	CADBCADB
CCBBDDAA	CBADCBAD
CCBBAADD	CBDACBDA
CCDDAABB	CDABCDAB
CCDDBBAA	CDBACDBA
DDAABBCC	DACBDACB
DDAACCBB	DABCDABC
DDBBAACC	DBACDBAC
DDBBCCAA	DBCADBCA
DDCCAABB	DCABDCAB
DDCCBBAA	DCBADCBA

'Dislike'

Male	Female
Lawn Green	Patio White
Colonial Red	Fawn
Patio White	Colonial Red
Moonstone Grey	Moonstone Grey
Fawn	Yellow Chiffon
Yellow Chiffon	Lawn Green
Nickle	Skyway blue
Skyway Blue	Nickle

Although there is perhaps some aesthetic precedence in the row houses which are indigenous to many older cities along the east coast, and built with uniform façades and set-backs early this century, housing developments as an architectural phenomenon seem peculiarly gratuitous. They exist apart from prior standards of 'good' architecture. They were not built to satisfy individual needs or tastes. The owner is completely tangential to the product's completion. His home isn't really possessable in the old sense; it wasn't designed to 'last for generations'; and outside of its immediate 'here and now' context it is useless, designed to be thrown away. Both architecture and craftsmanship as values are subverted by the dependence on simplified and easily duplicated techniques of fabrication and standardized modular plans. Contingencies such as mass production technology and land use economics make the final decisions, denying the architect his former 'unique' role. Developments stand in an altered relationship to their environment. Designed to fill in 'dead' land areas, the houses needn't adapt to or attempt to withstand Nature. There is no organic unity connecting the land site and the home. Both are without roots — separate parts in a larger, predetermined, synthetic order.

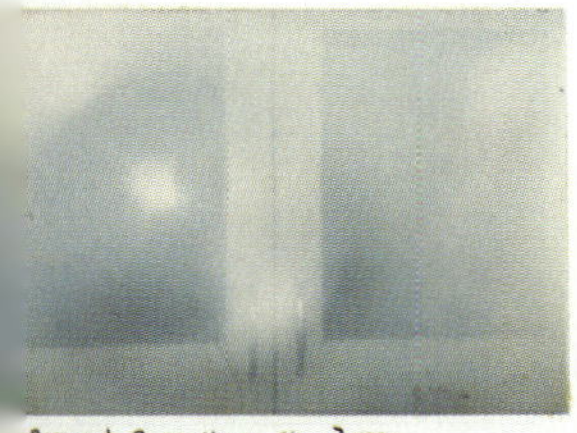

Basement Doors, Home, New Jersey

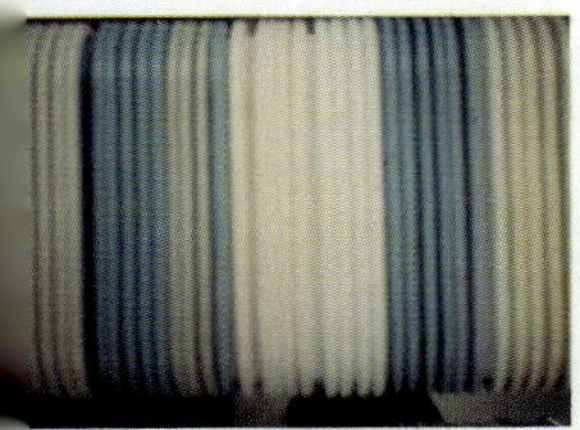

'Discount Store', Sweaters on Racks, New Jersey

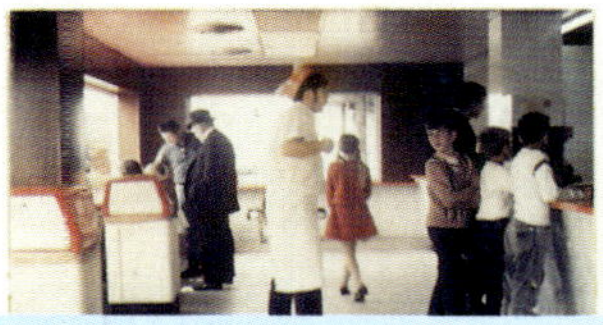

Row of Tract Houses, Bayonne, N.Y.
(Häuserreihe), 1966

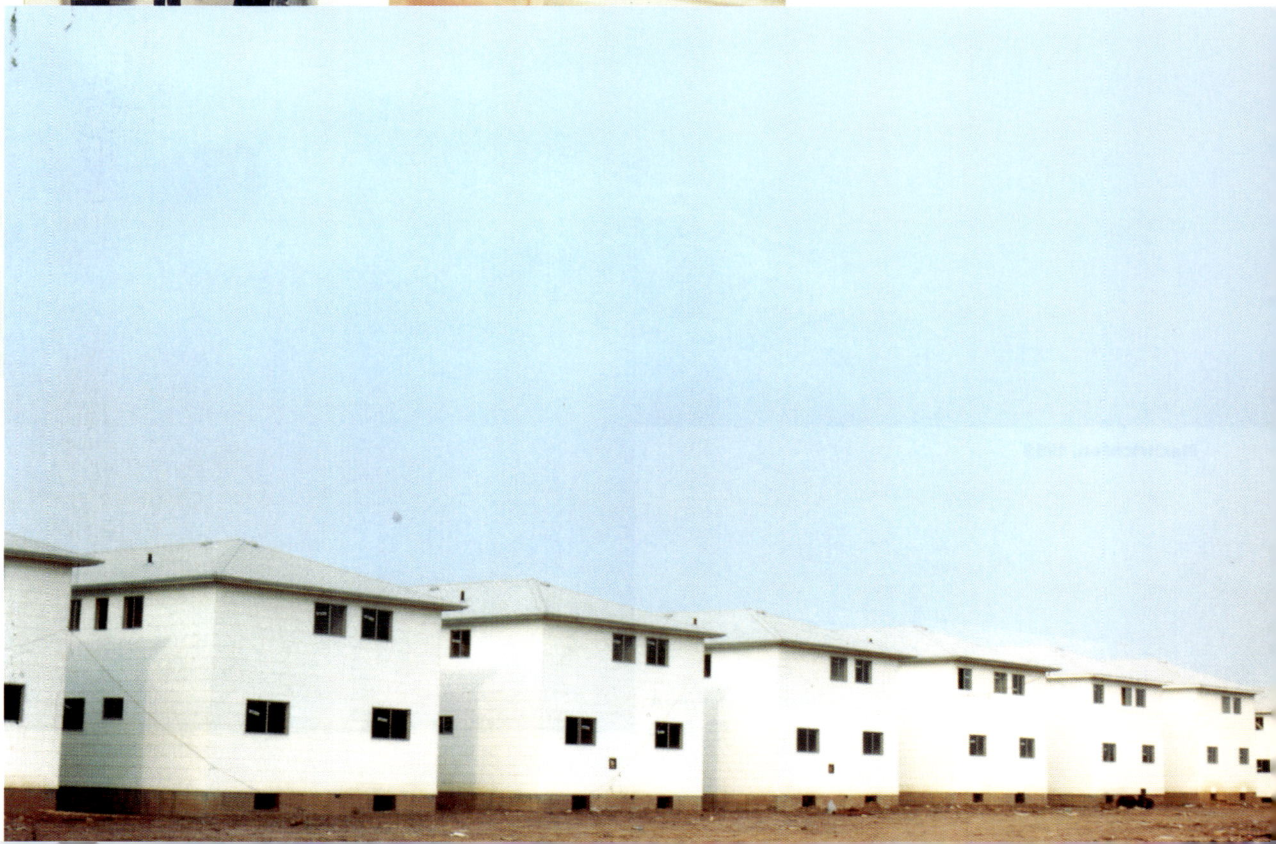

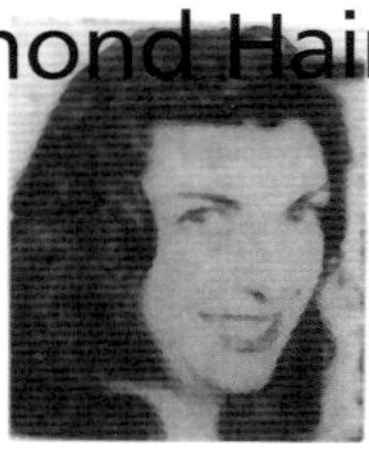

iris.time

UNLIMITED

Tiré à 5000 ex.

2 f

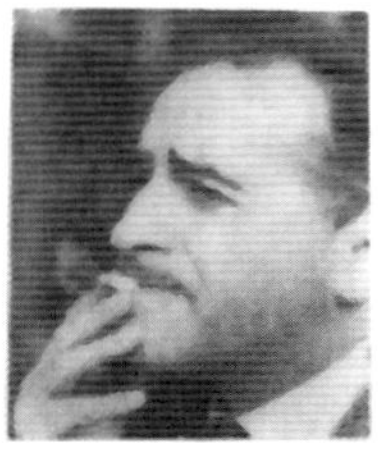

Directrice : Iris Clert. Rédacteur, Le Brain-Trust. Siège Social, 28 Fg St-Honoré, Paris 8e Anj 32-05 . 12 Octobre 1965 - N° 21

Sous la Haute Inspiration des Régies Française et Italienne des Tabacs

IRIS CLERT présente :

SEITA & SAFFA

copyright by RAYMOND HAINS

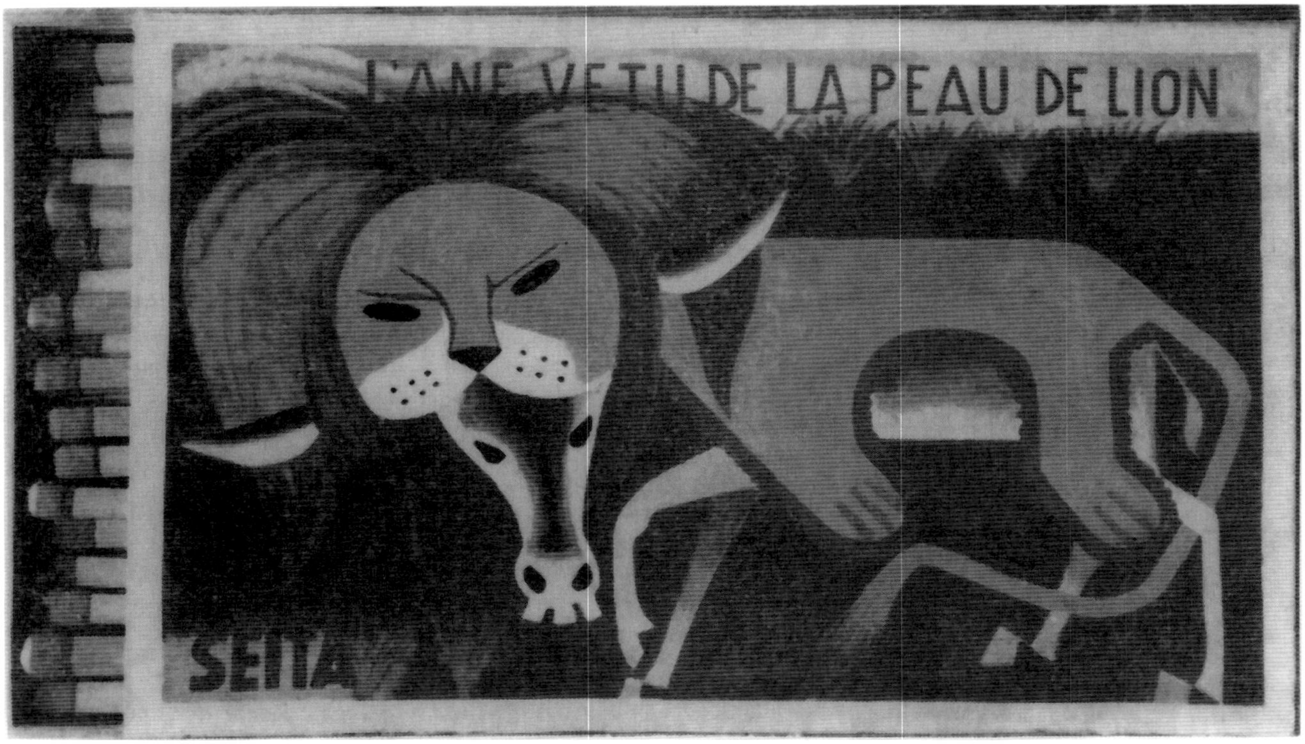

SUPER-MATCH BOX : 110 cms x 210 cms

Vernissage le Mardi 12 Octobre à 21 heures : 28, faubourg Saint-Honoré, Paris (8e)

1967

iris.news.iris.news.iris.news.iris.news.iris

Origines mythologiques de SEITA & SAFFA

"Génies du Feu"

Le mythe de Prométhée est l'un des plus dramatiques, l'un des plus complexes de la mythologie grecque. Prométhée, premier père de l'humanité, la représente tout entière, autant dans son effort vers le mieux, que dans l'orgueil qui vient du succès et qui l'incite à s'égaler aux dieux.

La découverte du feu ou plutôt l'invention qui permit à l'homme de faire jaillir l'étincelle, est une des plus prodigieuses qui fut jamais, celle qui, à l'époque très ancienne, mais alors que l'humanité était vieille peut-être de plusieurs millénaires, change le cours de ses destinées. Elle peut être considérée comme la base de toute civilisation. Aussi l'auteur de cette découverte fut-il à juste titre considéré comme un demi-dieu.

Le nom de Prométhée vient du sanscrit prâmathyus dont le sens est : « Qui produit du feu par frottement ». On voit, en effet, qu'à l'époque védique le procédé pour obtenir le feu consistait à faire tourner rapidement un bâton dans un trou pratiqué lui-même dans une pièce de bois. En faisant cette opération on invoquait le dieu Agni; le bâton était comparé à l'organe mâle, le trou à l'organe femelle. C'est ce qui explique la confusion qui, de l'inventeur du feu, fait le modeleur de l'homme.

Les Dieux du Paganisme — Henri de Vibraye — Editeur Emile Hazan.

NOS PETITES ANNONCES

PRIX IMBATTABLE

Terrain boisé clos murs, 50 hectares, région Méditerranée, plein soleil. A vendre uniquement pour expériences pyromaniaques si pas pyromane s'abstenir.

Ecrire Iris-Time qui transmettra.

Pyromane repenti cherche région marécageuse ou grand barrage pour provoquer inondation. Discrétion assurée.

Ecrire Iris-Time qui transmettra.

Individualiste désire contacter vieux routier finances pour initiation mystères sociétés anonymes afin dissimuler amélioration standing. Ecrire B.P. Iris-Time.

Imp. A. Lapied, 24, r. Monsieur-le-Prince, VIe

GALERIE DI CENOBIO, à Milan

Jacques Kermoal (dit Kérozène) a présenté sous le titre « Nuovo Realismo a Fuoco » un hommage à SAFFA et SEITA : trente-huit peintres de Mezens à Dova, de Peverelli à Rotella et d'Azuma à Kliko Yoslinda ont pris pour thème : l'allumette. Gros succès, l'exposition part pour Locarno, avant de gagner Amsterdam.

Marie-Chantal incendiaire

Marie-Chantal appelle Gérard au téléphone:

« Vite, vite, Gérard, viens, la maison brûle! C'est prodigieux, tu ne peux pas manquer ce spectacle!

Gérard se précipite.

Tout brûle: les meubles de marquetterie crépitent, les livres d'art flambent, les rideaux et les tapisseries sont en flammes.

« Tu es un chou, dit Gérard, c'est vraiment divin, quel bel incendie! mais, dis-moi, quelle est cette curieuse odeur de caramel?

« Ce n'est rien, dit Marie-Chantal, c'est Grand-mère qui brûle; elle avait le diabète. »

NOS ABONNÉS 1965

Baron KONRAD — Paris.

M. Cesare ZAVATTINI — Rome.

M. Régis de POLEON — Paris.

Mme Eva de BURÈN — Stockholm.

Mme de MOHL — Paris.

M. Bruno CONTENOTTE — Milan.

Mme Alice JUILLARD. — Versailles.

M. PUECH — Paris.

Nous vous rappelons que le prix des abonnements est de 20 f. pour la France et le Marché Commun et de $ 6 pour les U. S .A.

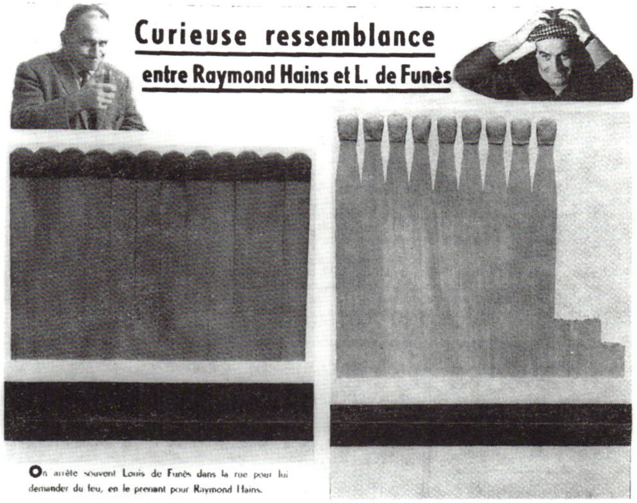

On arrête souvent Louis de Funès dans la rue pour lui demander du feu, en le prenant pour Raymond Hains.

SEITA **SAFFA**

Historique des Allumettes

*Contrairement à ce que l'on pense, c'est un Français, Charles Sauria, qui, en 1831, **inventa l'allumette chimique moderne.***

A la même époque, un autre inventeur, Stefan von Römer, faisait la même découverte en Autriche.

Les pays scandinaves et en particulier la Suède, furent les premiers à créer l'Industrie des Allumettes, grâce à la profusion de matières premières.

En effet, dans ces pays, on utilise le bois de tremble.

En France et dans les pays de même latitude, on emploie le peuplier.

Certains pays méditerranéens utilisent la cire à cause du manque de bois.

En 1872: Institution du monopole des Allumettes en France.

*En 1889: **Exploitation par une compagnie fermière, dont la gestion fut confiée à l'Administration des Manufactures de l'Etat.***

En 1926: Création de la Caisse Autonome à laquelle est rattaché le SEIT.

En 1935: Les Manufactures d'Allumettes sont rattachées à cet organisme qui prend le nom de SEITA.

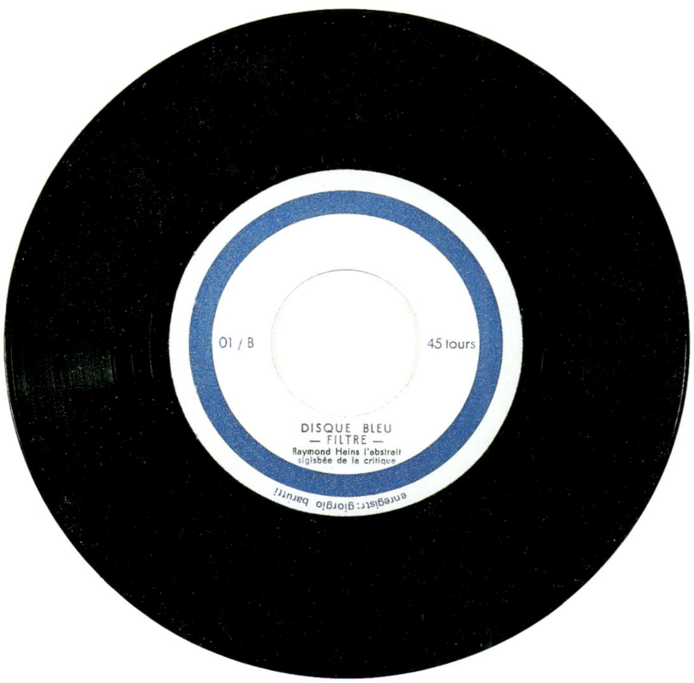

Disque bleu pour SAFFA (Blaue Scheibe für SAFFA)

SAFFA

Richard Hamilton

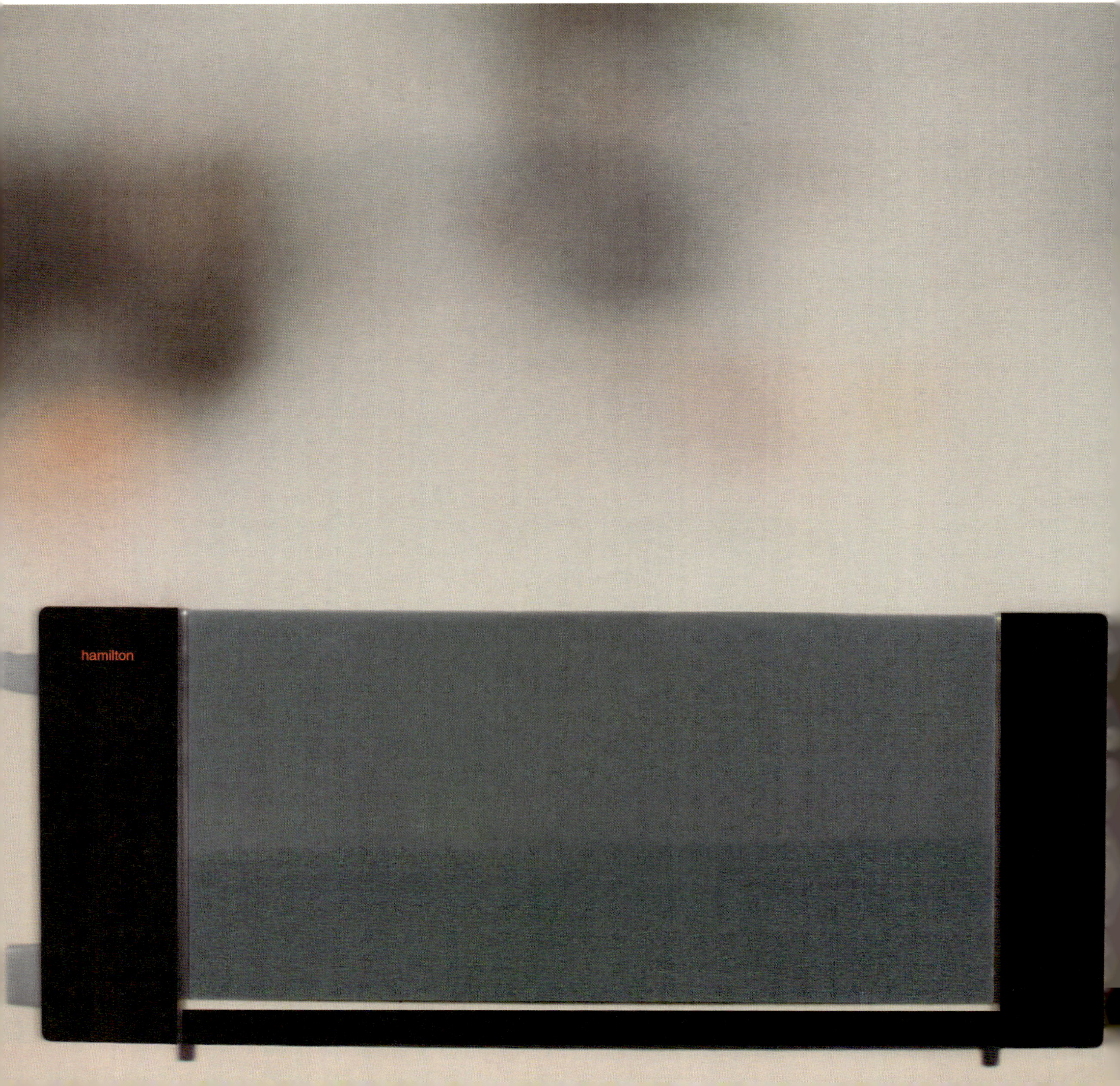

1967

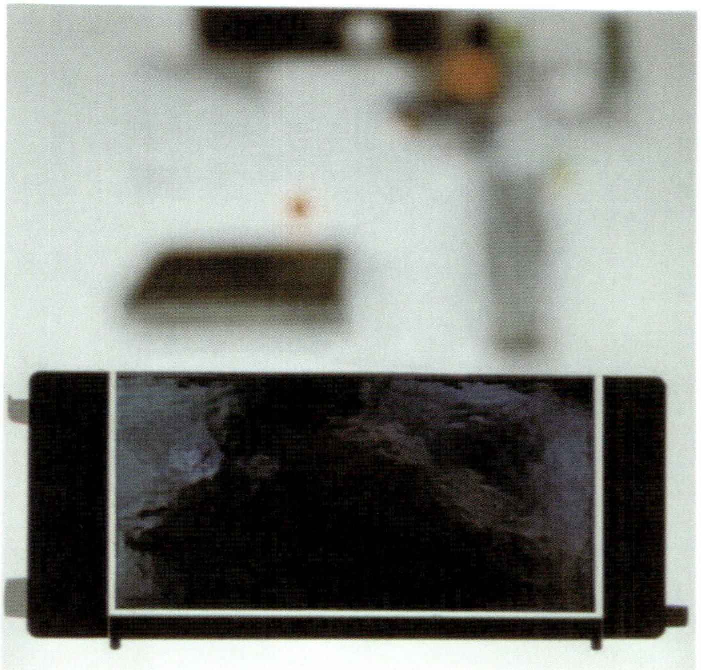

Toaster Study I, 1969

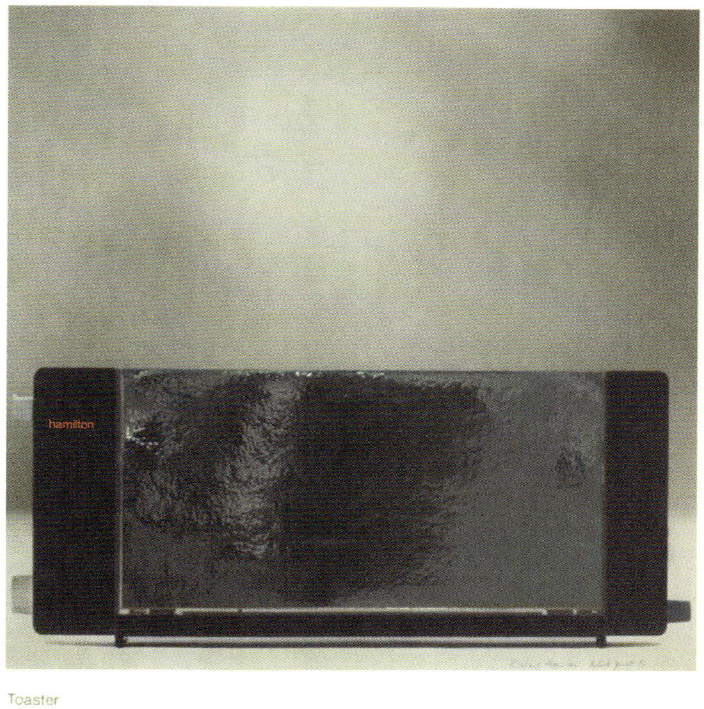

Toaster, 1967

r 1966–67 (reconstructed 1969)

Maria Lassnig

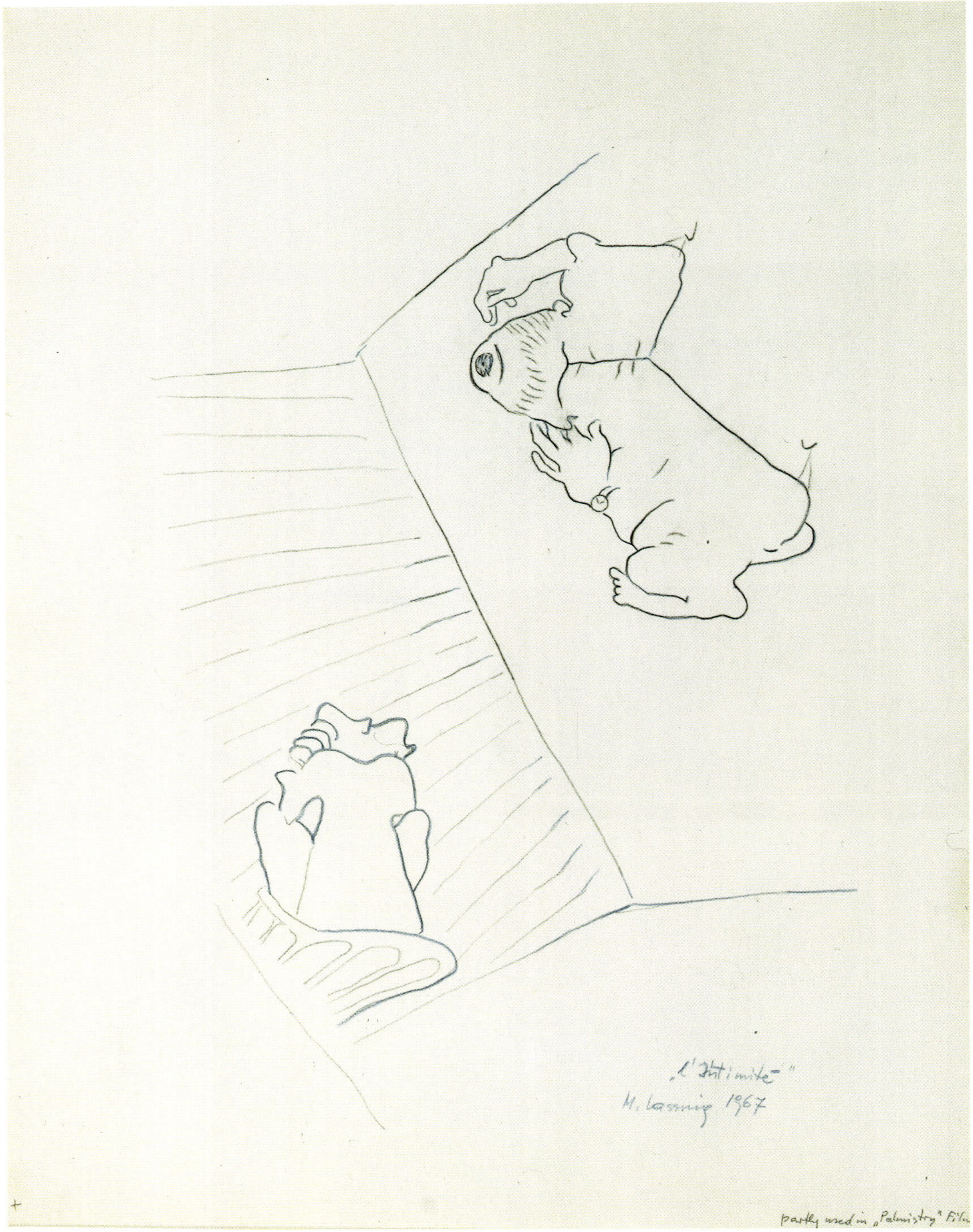

L'Intimité (Die Intimität), 1967

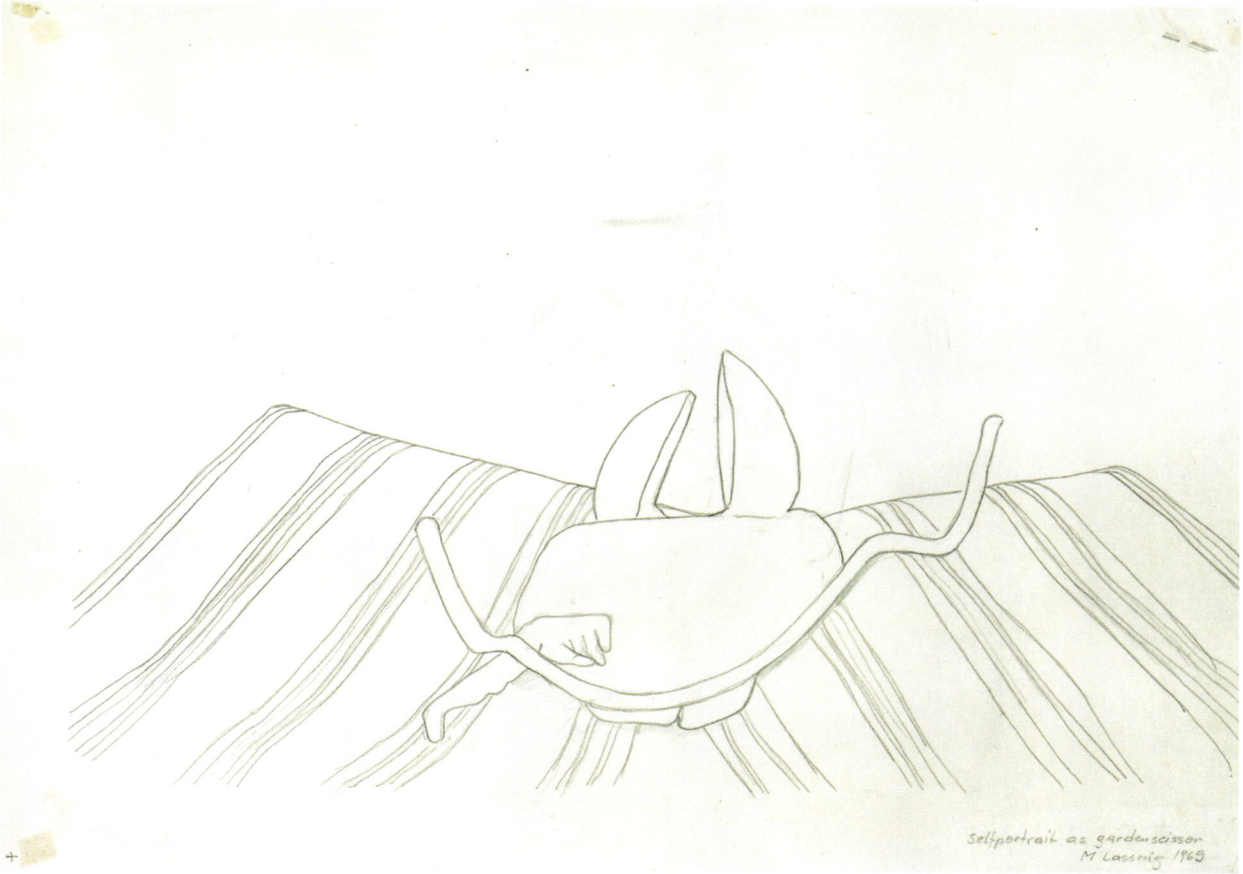

Selfportrait as gardenscissor (Selbstportrait als Gartenschere), 1969

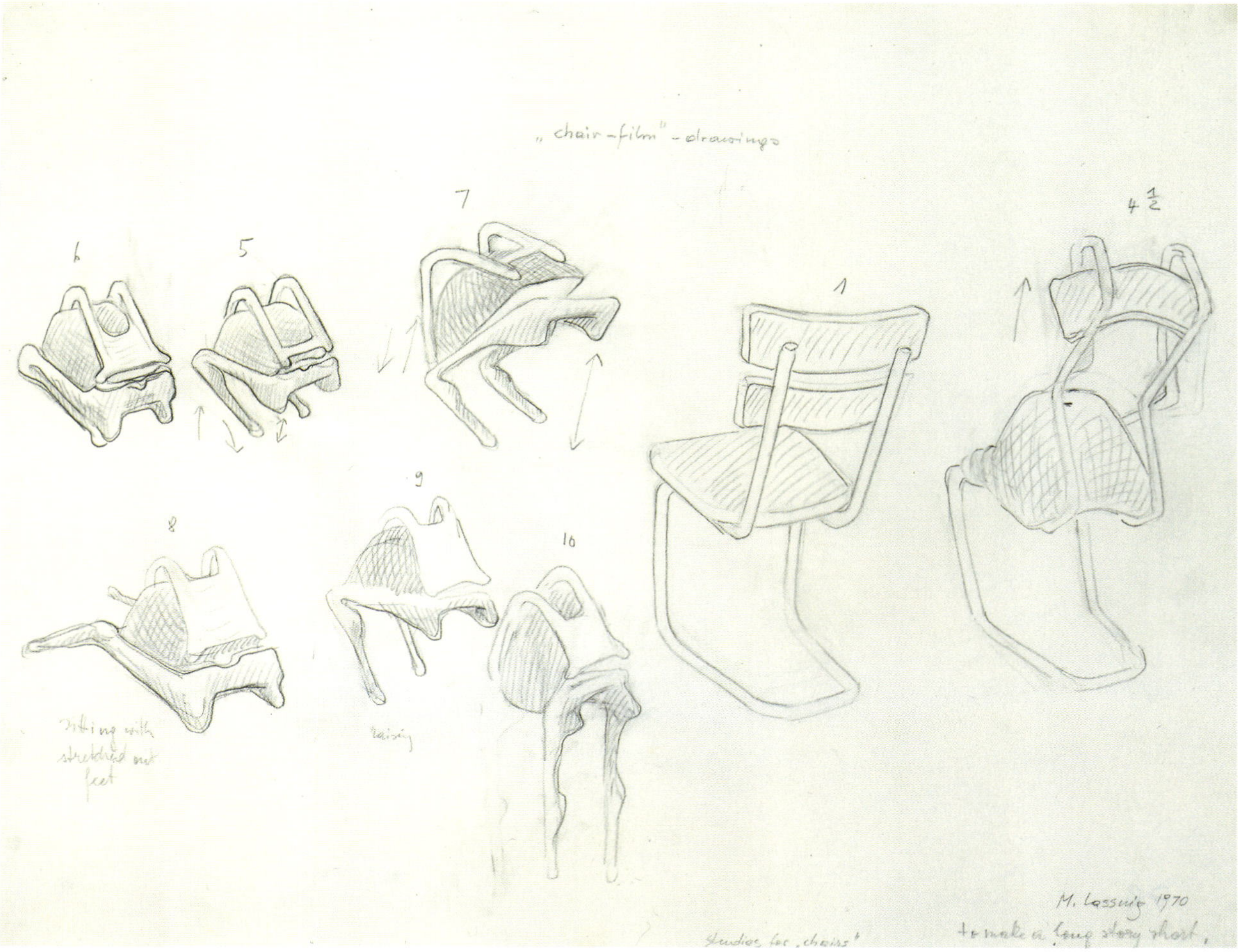

Chair film, drawings, study for chairs, 1970

Hélio Oitici

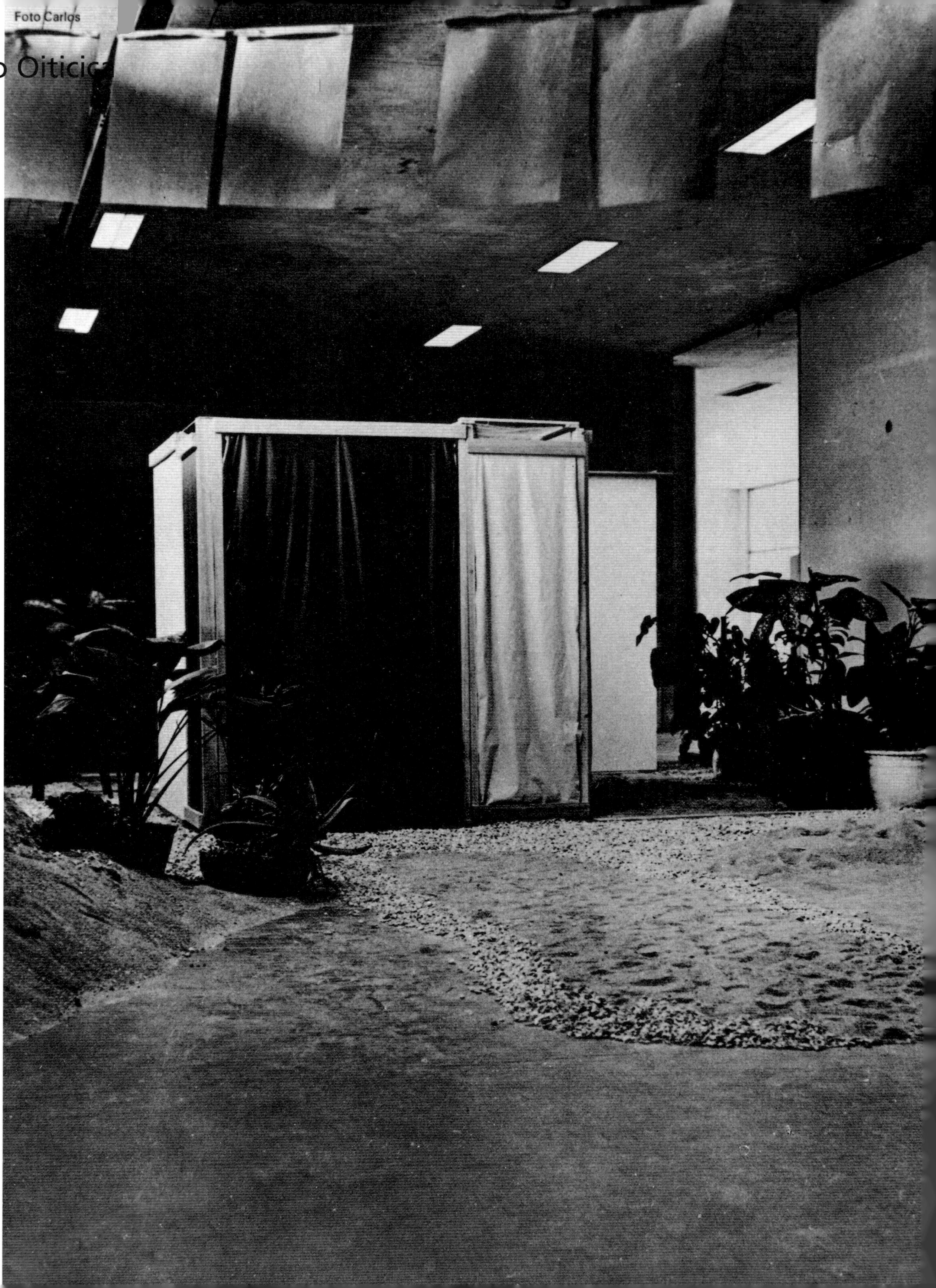

Foto Carlos

Tropicália, Penetrables PN 2 und PN 3, 1967, Installation im Museu de Arte Moderna, Rio de Janeiro, 1967

1967

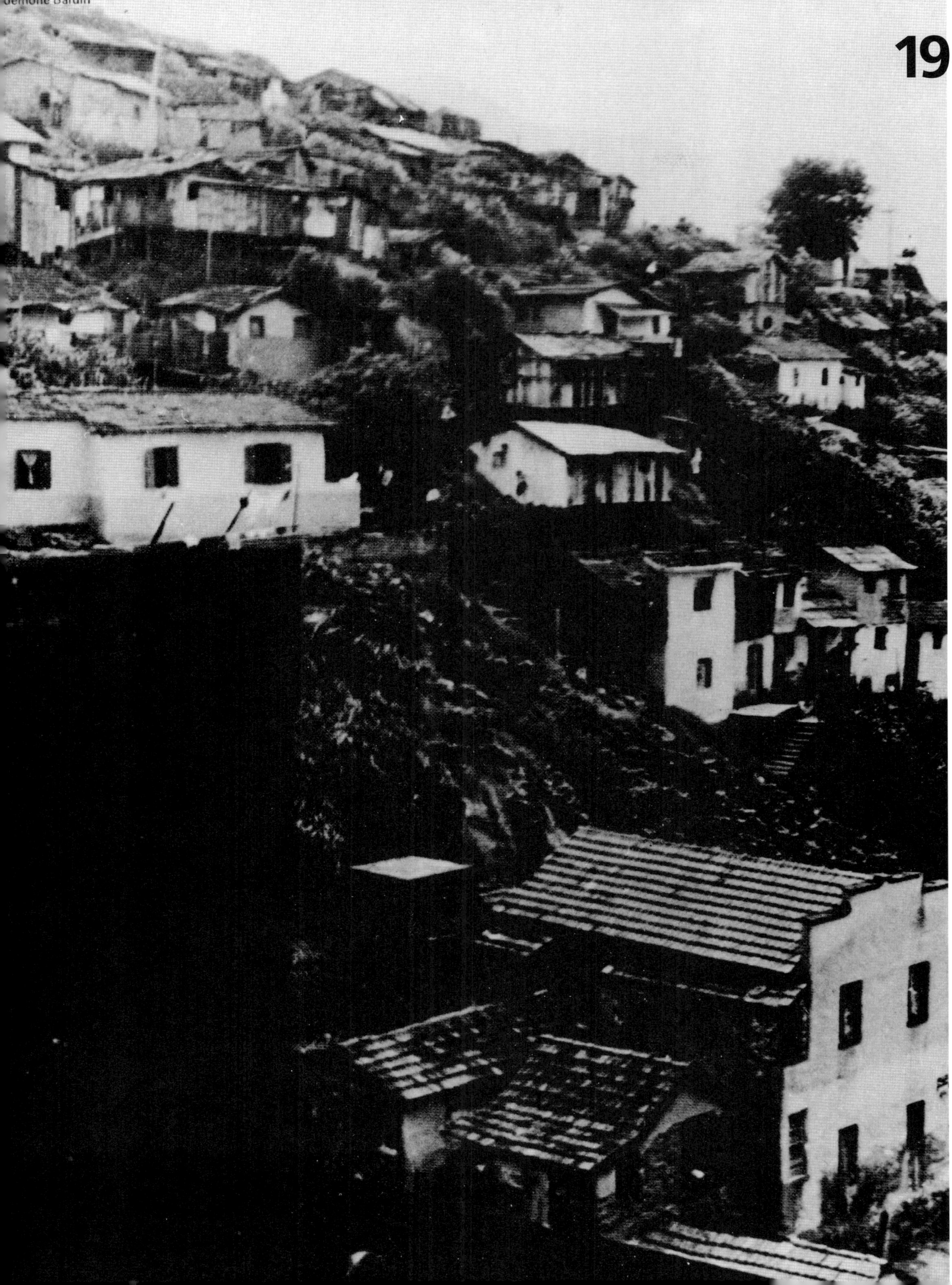

Morro da Mangueira, Rio de Janeiro, 1965

Nildo aus Mangueira mit Parangolé 15, Umhang 11, 1967

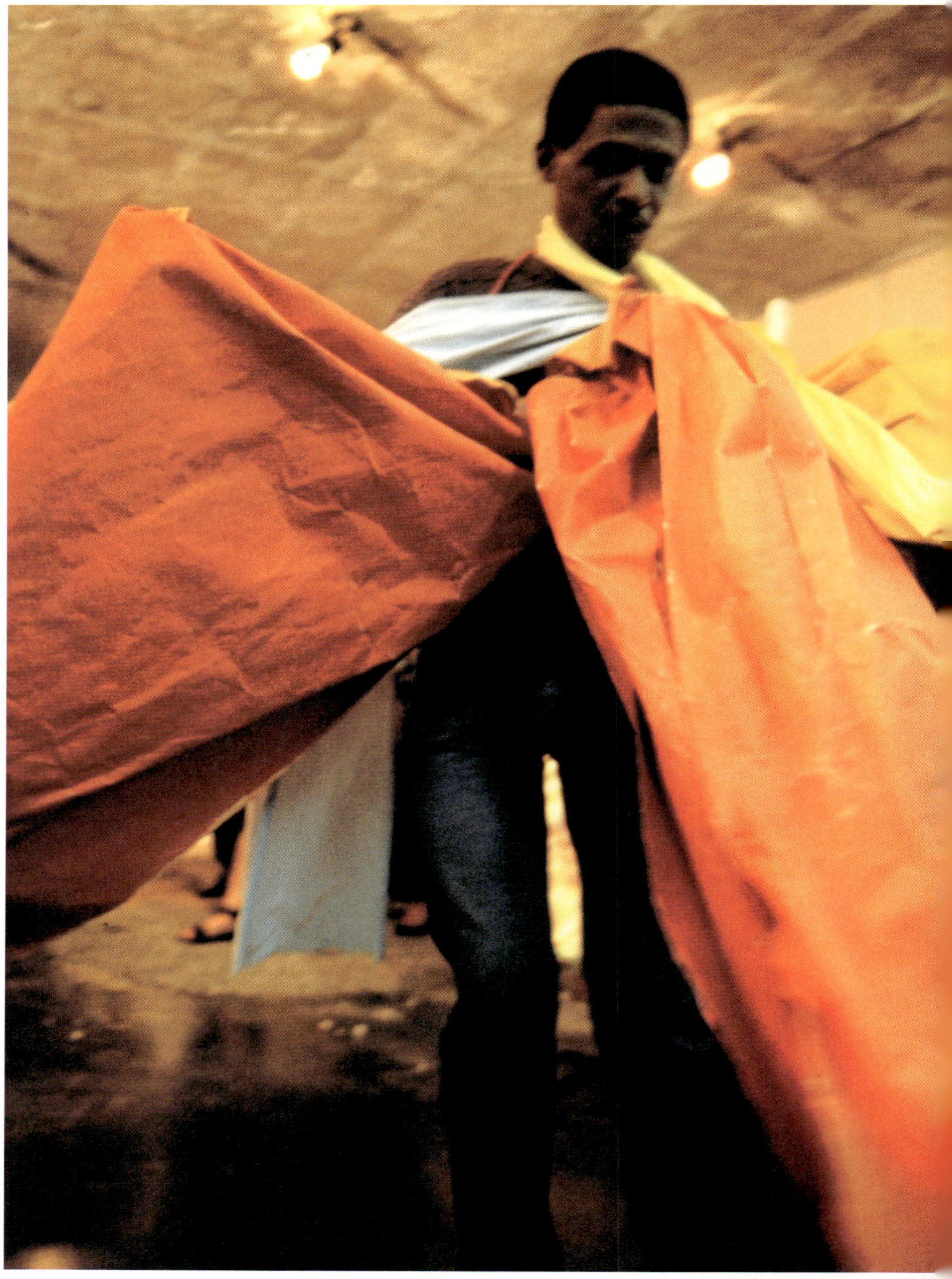

Nildo aus Mangueira mit Parangolé 4, Umhang 1, 1964

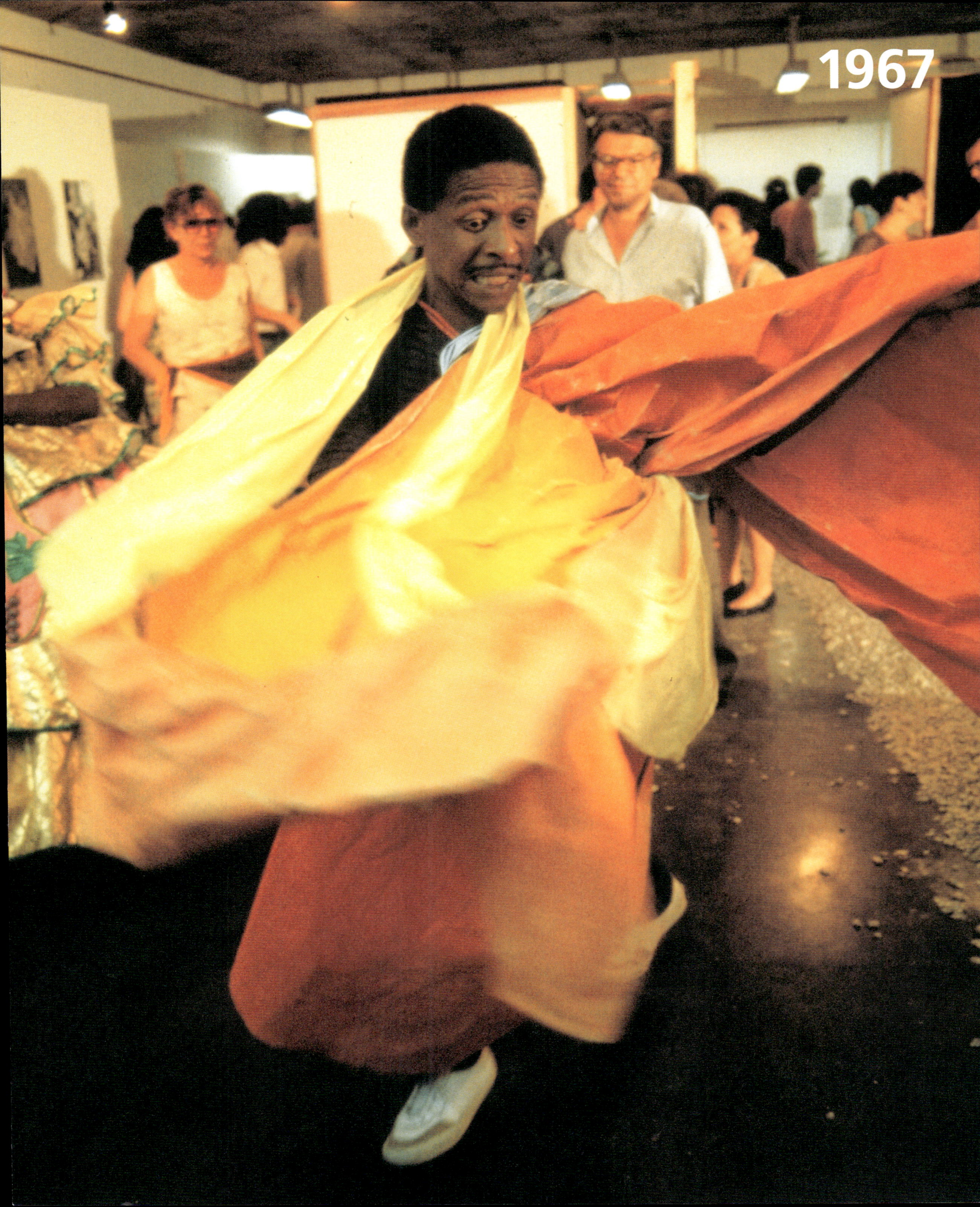
1967

Michelangelo Pistoletto

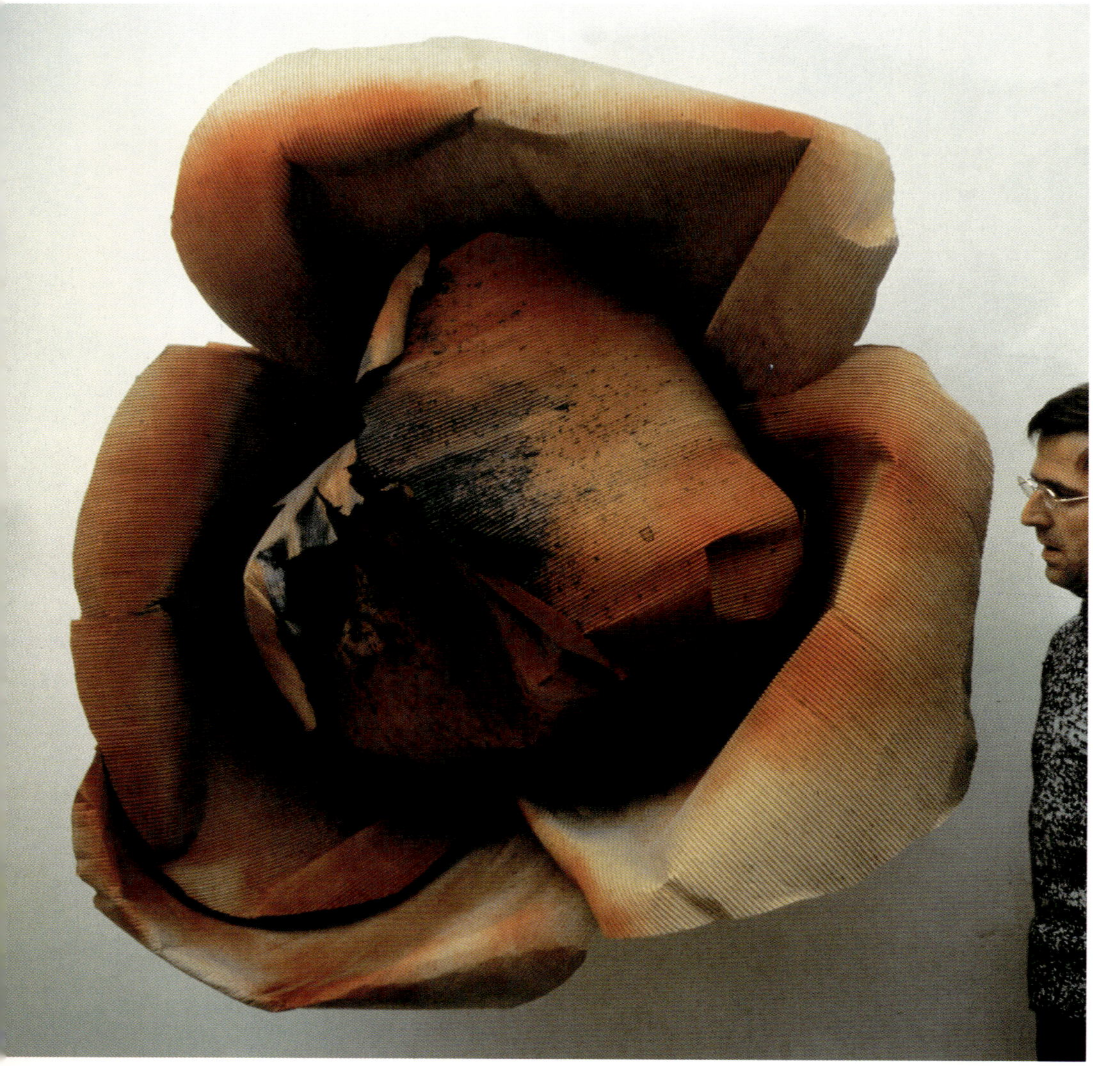

Rosa bruciata (Angebrannte Rose), 1965

1967

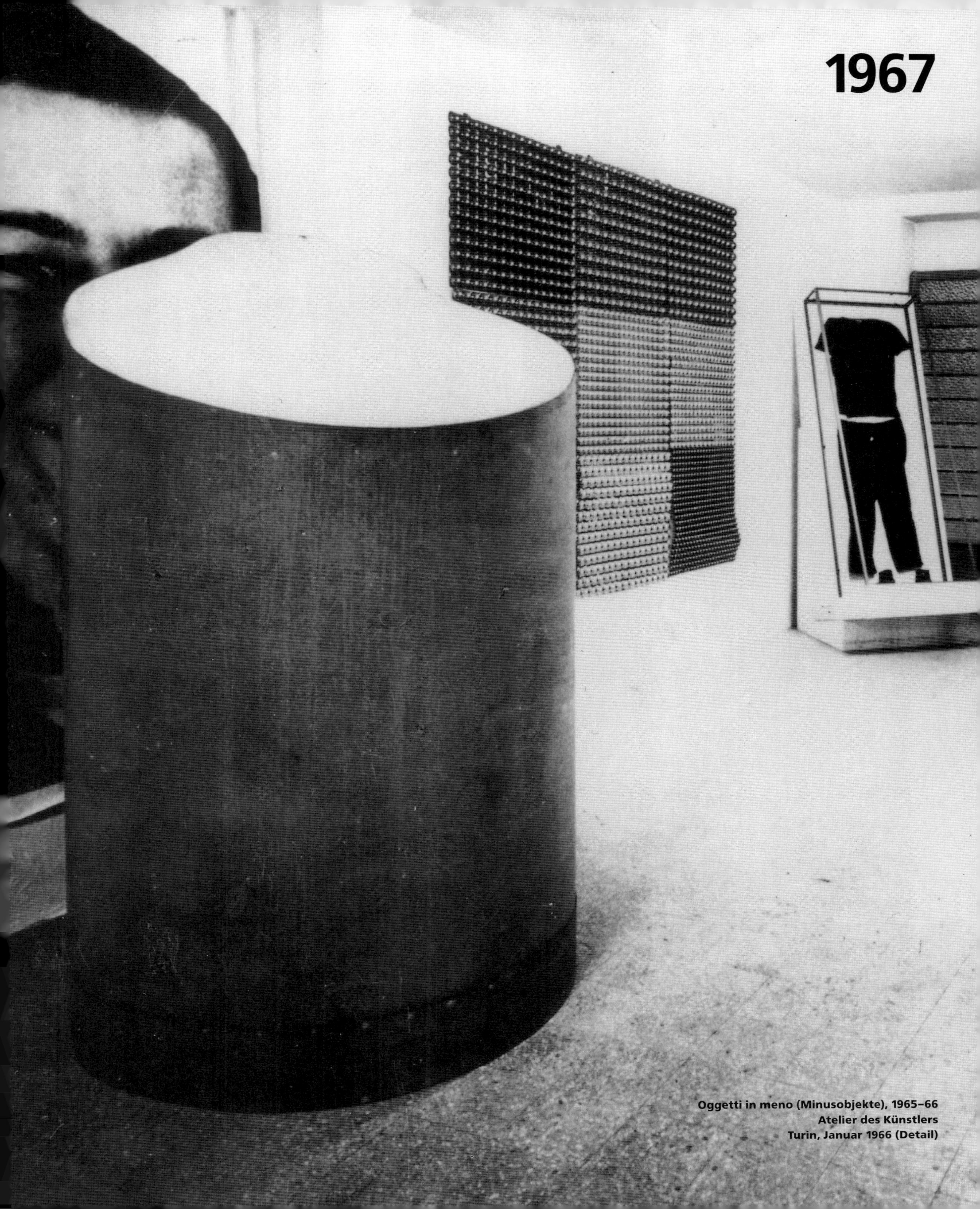

Oggetti in meno (Minusobjekte), 1965–66
Atelier des Künstlers
Turin, Januar 1966 (Detail)

Michelangelo Pistoletto

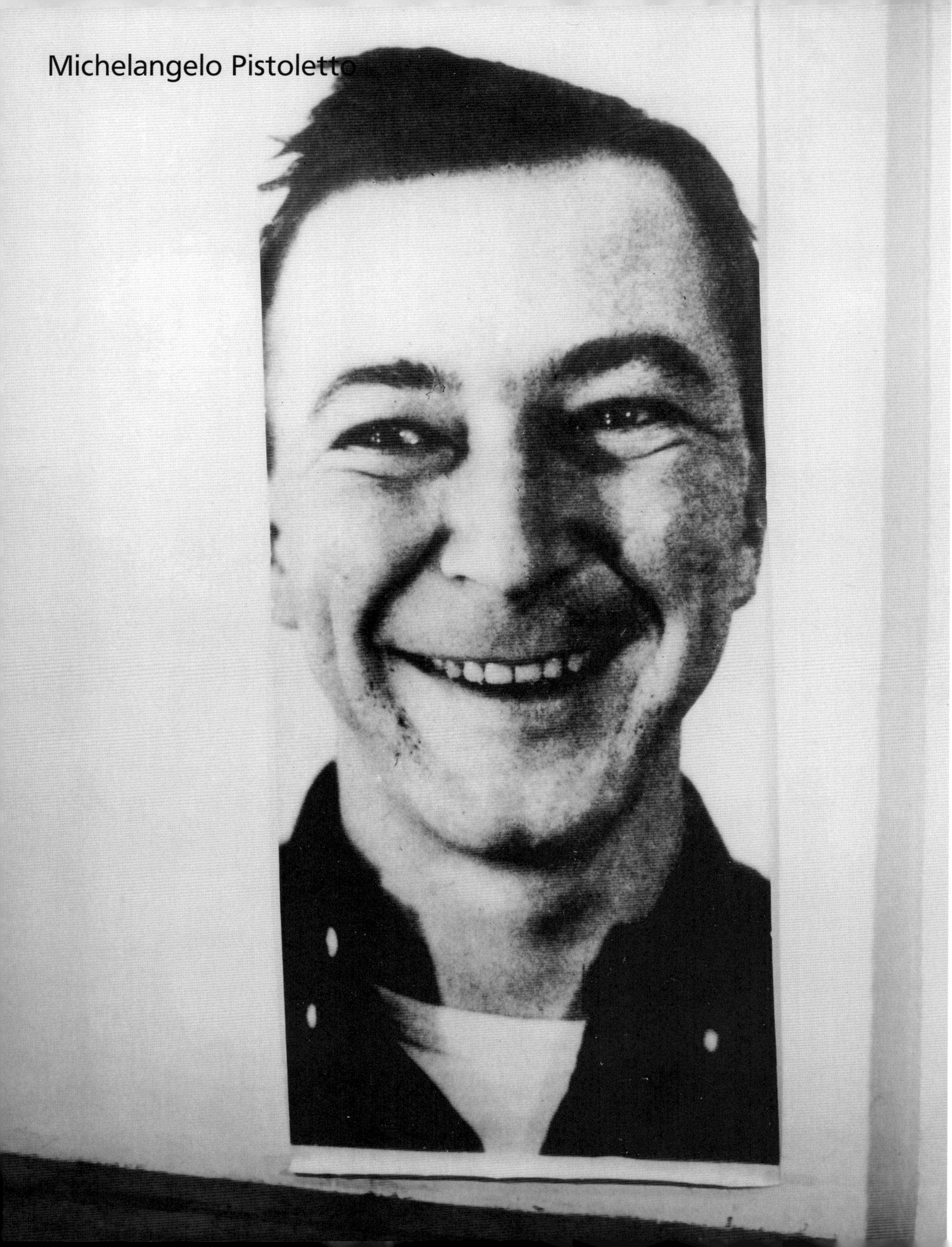

Foto di Jasper Johns (Photo von Jasper Johns), 1966

1967

v. l. n. r.:
Metrocubo d'infinito (Kubikmeter Unendlichkeit), 1966
Mappamondo (Weltkarte), 1966–68
Lampada a mercurio (Quecksilberlampe), 1965
Quadro da pranzo (Mahlzeitenbild), 1965
Ti amo (Ich liebe dich), 1965–66

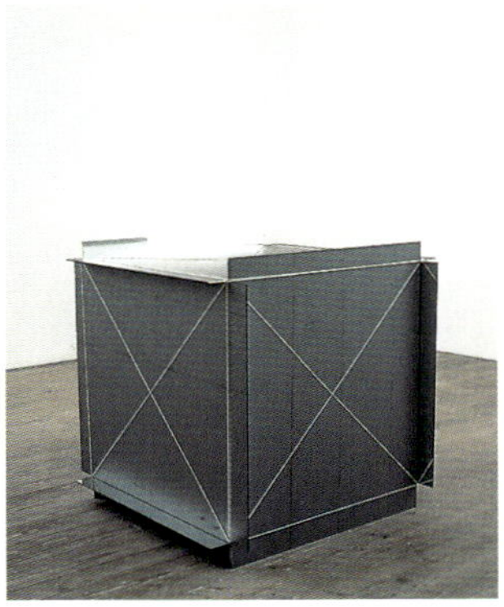

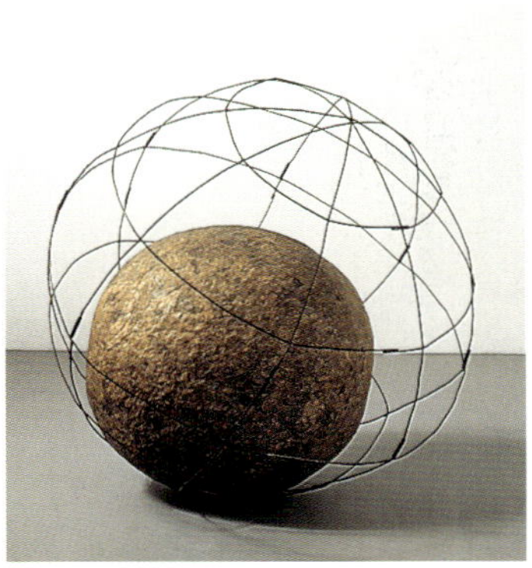

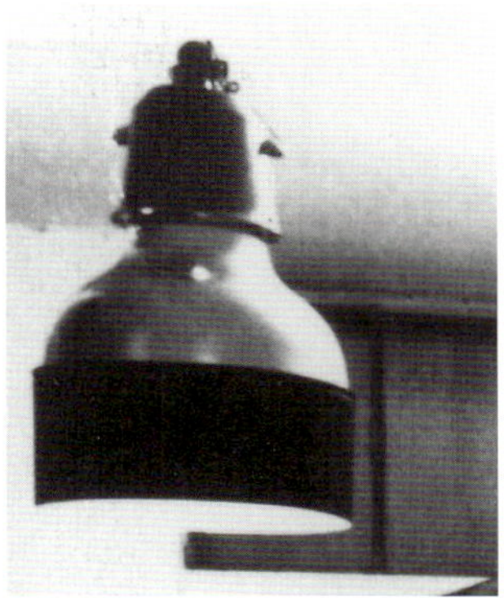

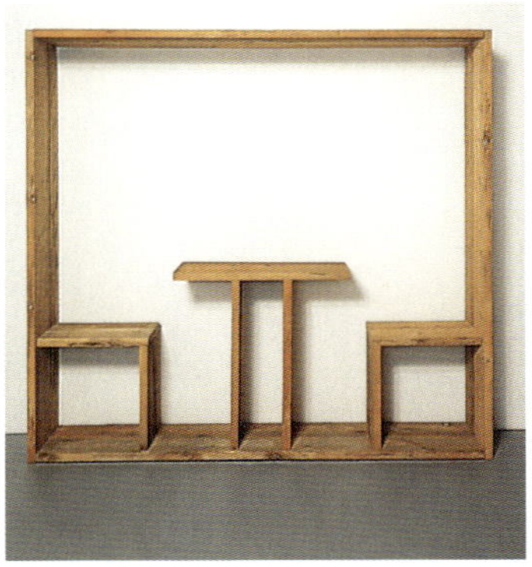

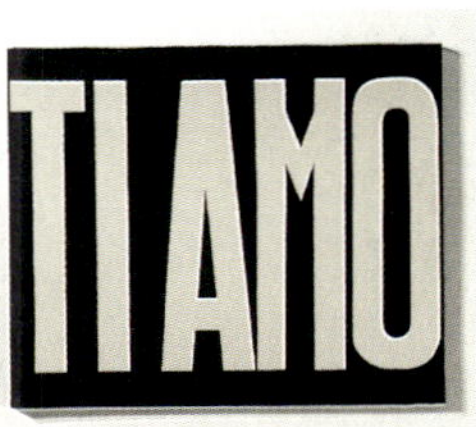

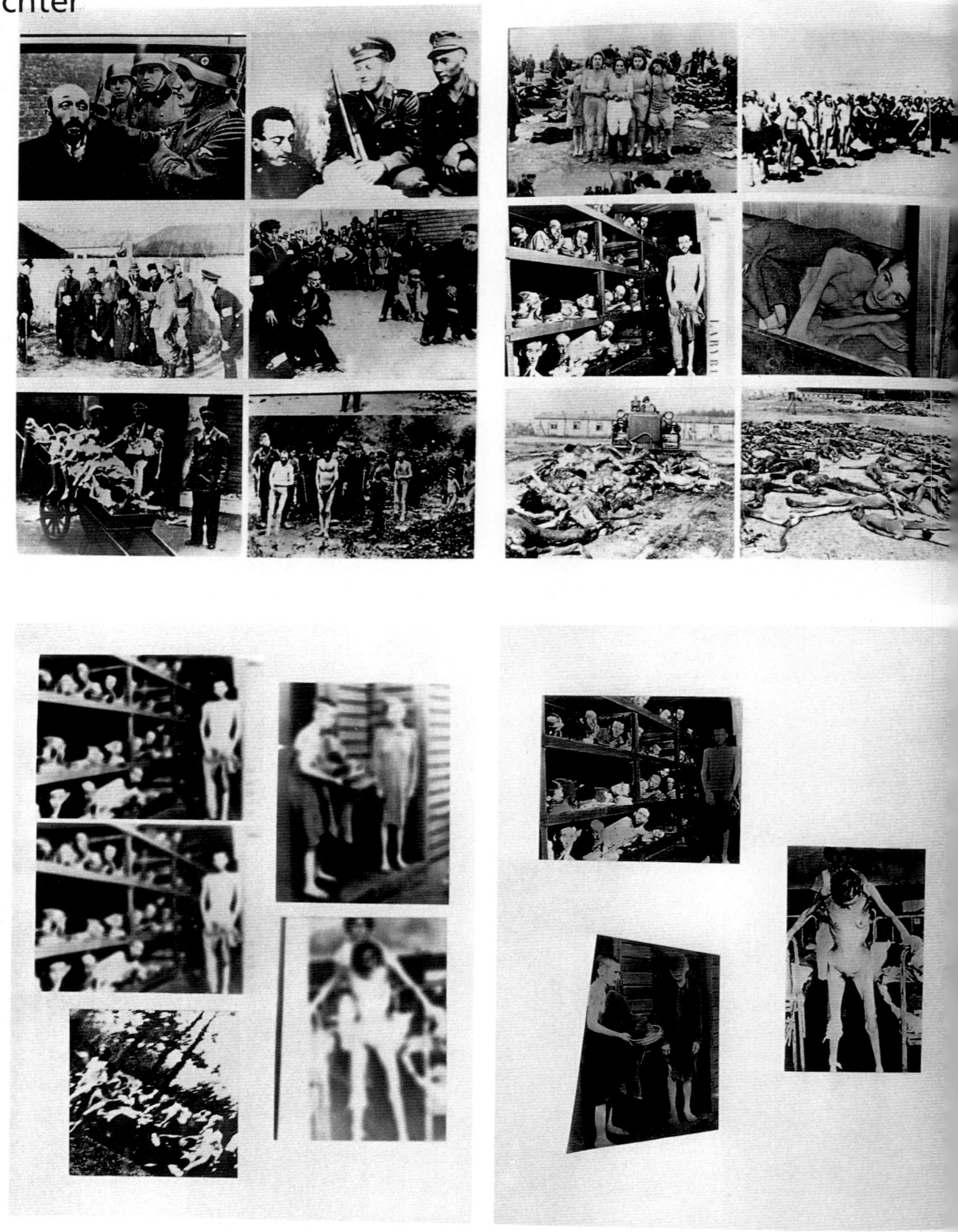

30 FOTOS AUS BÜCHERN, 1967

Atlas, Fotos aus Büchern, 1967

1967

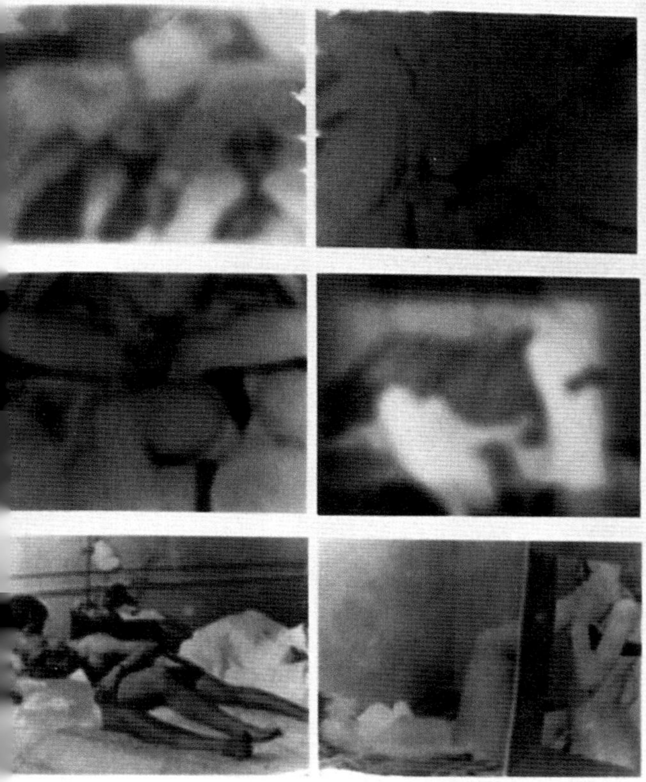

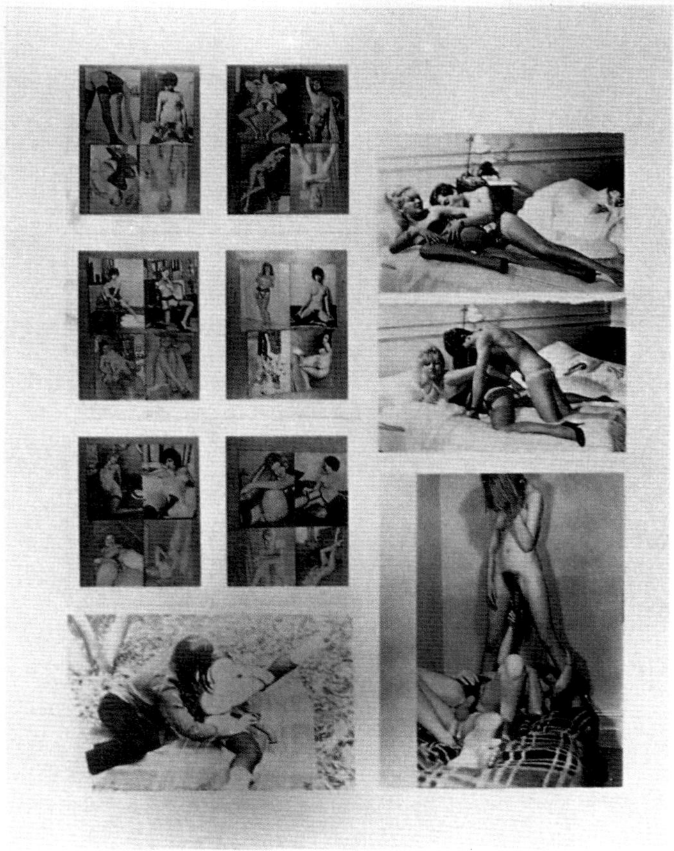

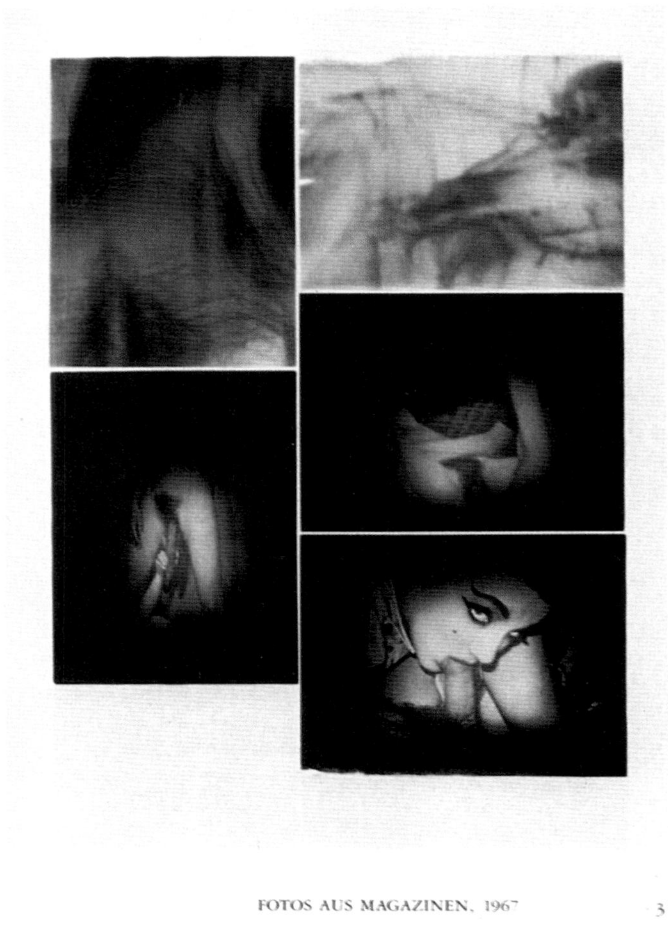

Atlas, Fotos aus Magazinen, 1967

Nancy Spero

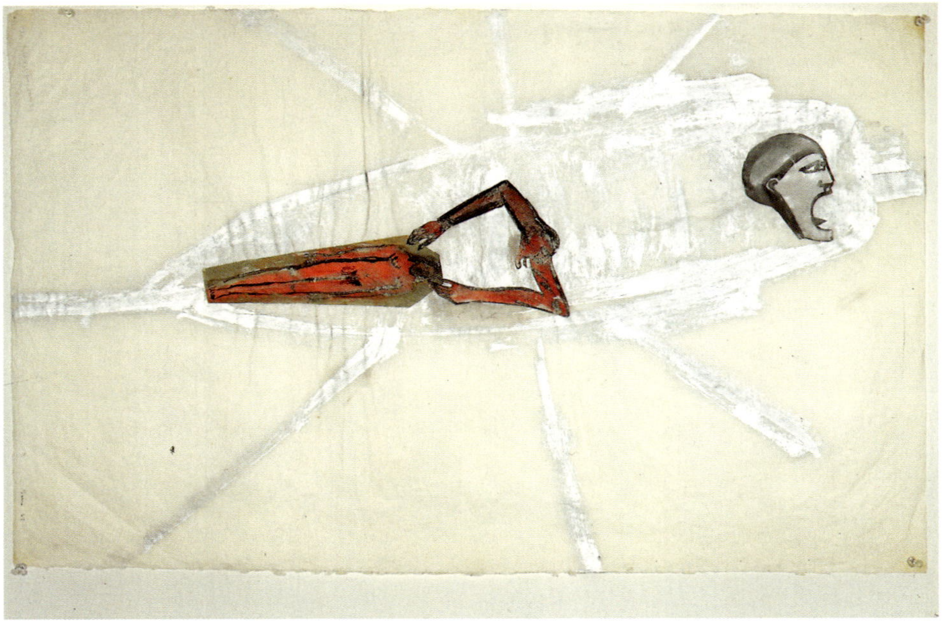

Pilot, Rape, Victim, Gunship (Pilot, Vergewaltigung, Opfer, Kampf), 1968

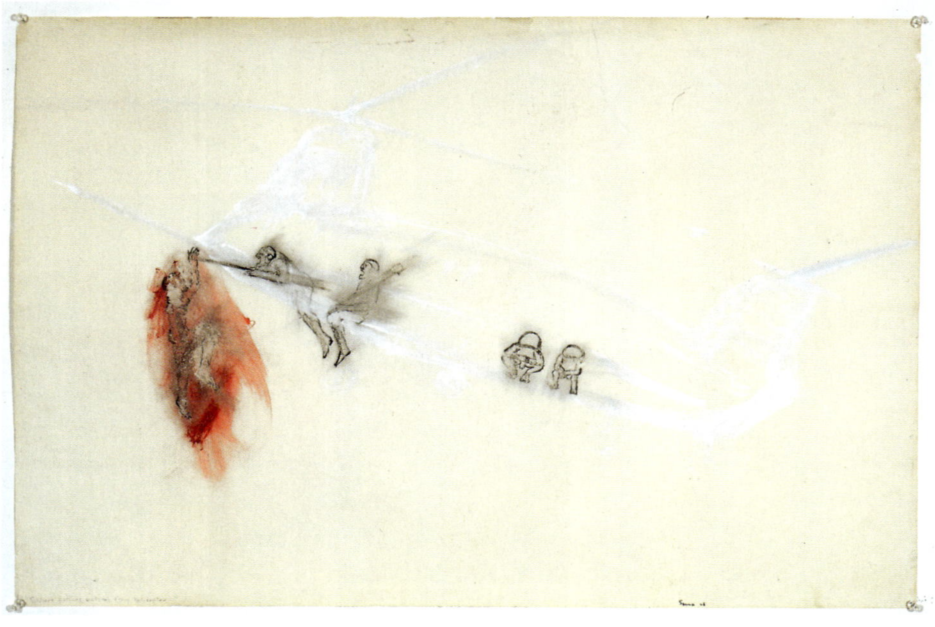

Victims and Soldiers Pushing Victims Out of Helicopter
(Opfer und Soldaten stoßen Opfer aus dem Hubschrauber), 1968

1967

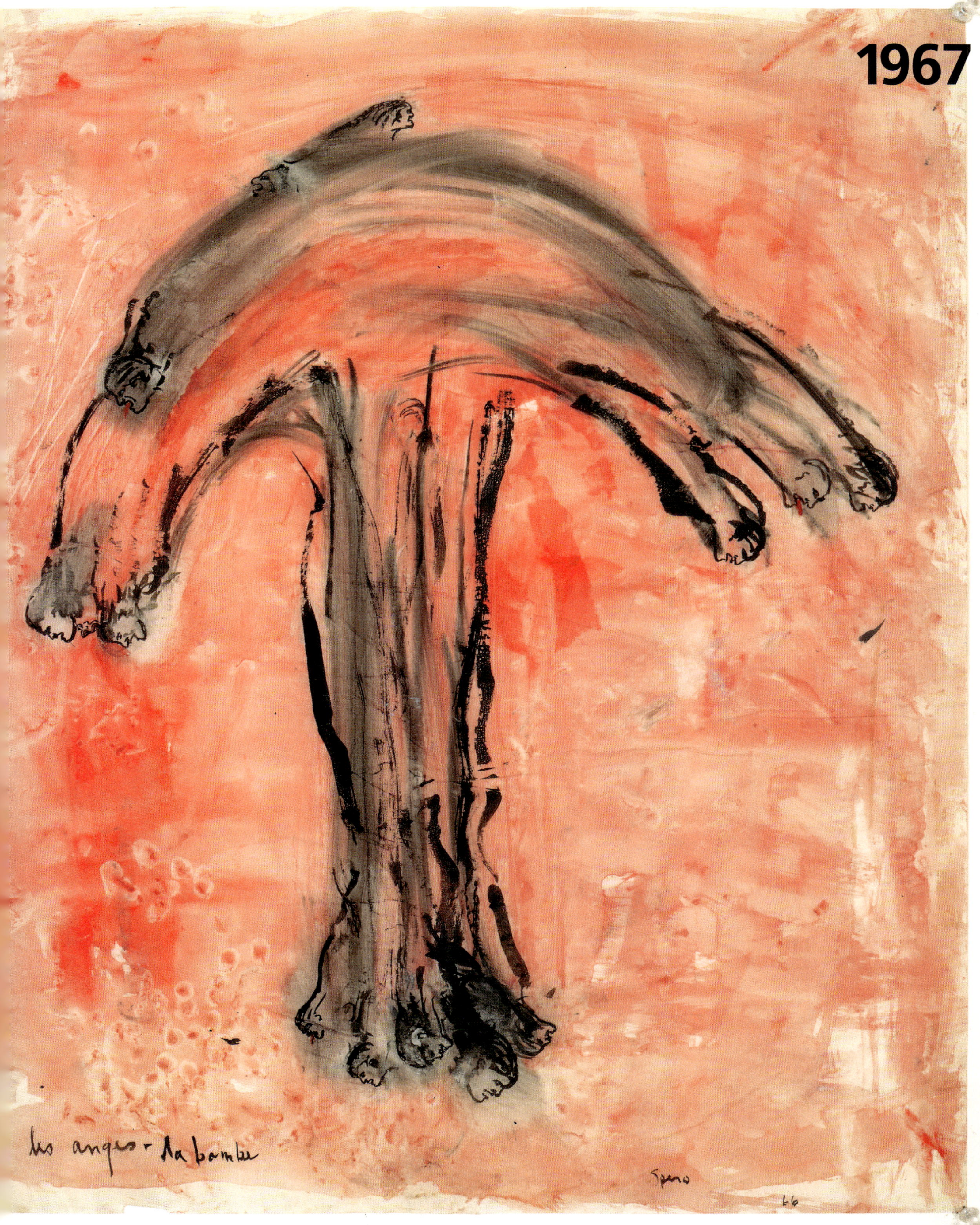

Garry Winogrand

Untitled (Ohne Titel), 1971

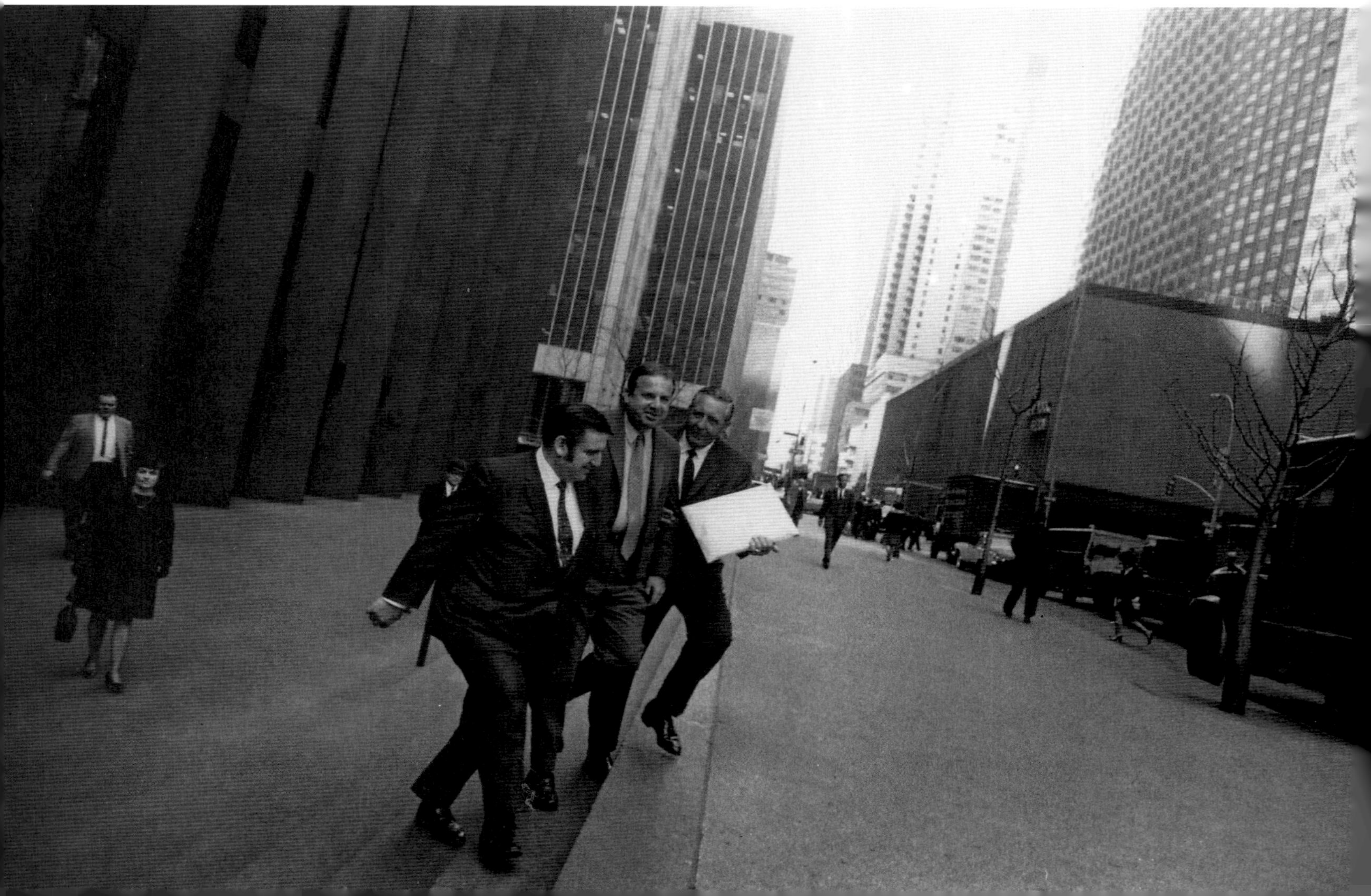

1967

Untitled (Ohne Titel), 1967

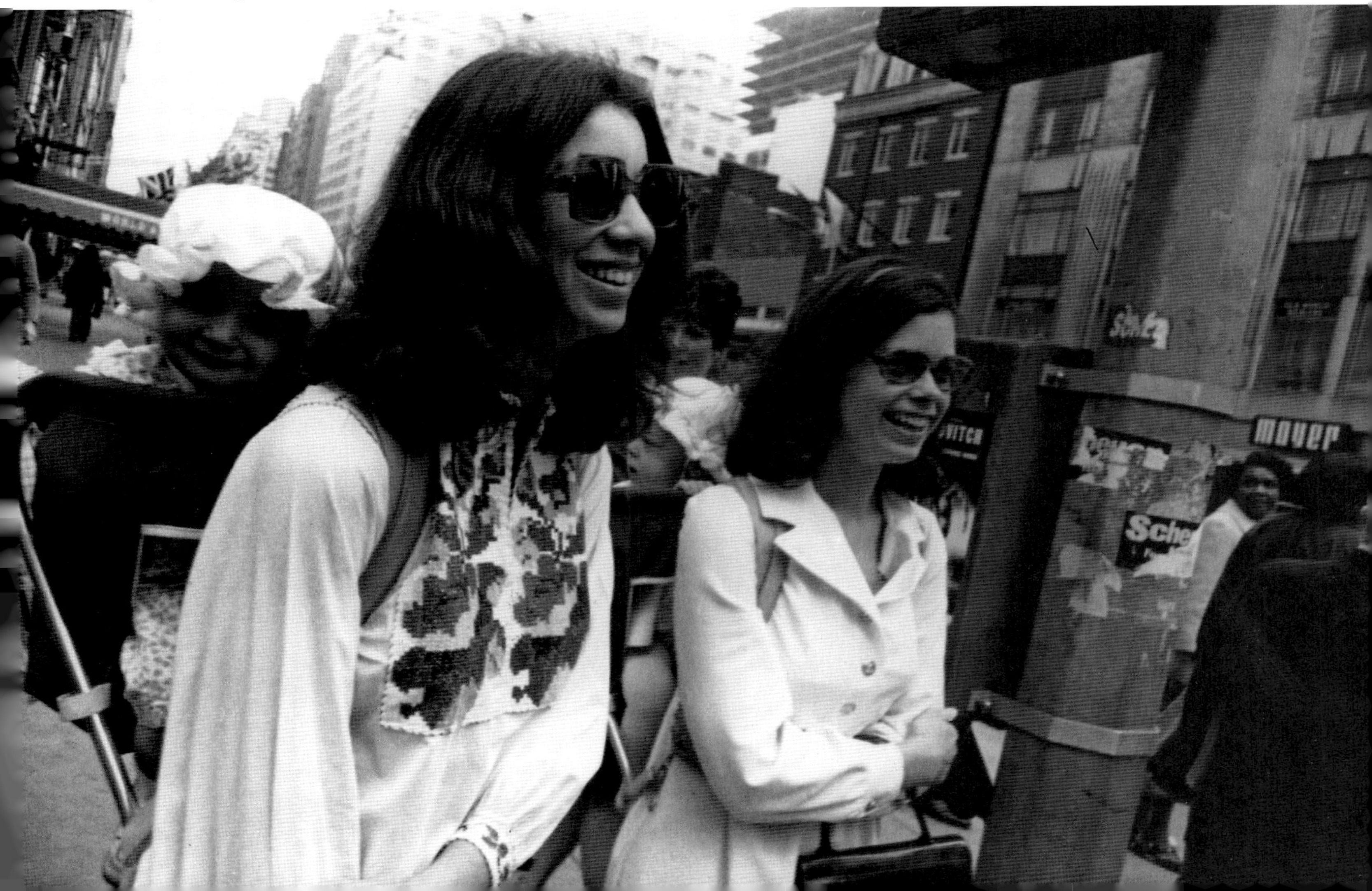

Masao Miyoshi

Diskurs und Praxis bedingen einander. Die Praxis folgt dem Diskurs, und der Diskurs wiederum entsteht aus der Praxis. Der Diskurs zum Kolonialismus ist traditionell eng mit der Geschichte des Kolonialismus verbunden – man denke nur an die Werke von Praktikern wie John Locke, Edmund Burke, James Mill oder Thomas Macaulay oder an Kritiker der Praxis wie Hobson, Lenin, Luxemburg, Schumpeter und vielen anderen seit der Blütezeit des Imperialismus. Zahlreiche Schriftsteller in den Mutterländern, von Melville und Flaubert bis zu Conrad und Gide, sind von der Existenz ferner Kolonien fasziniert. Eigentlich kann sich kaum ein westlicher Schriftsteller dem Bann des modernen Expansionismus entziehen – von Jane Austen bis Thomas Mann, von Balzac bis D. H. Lawrence. Der moderne Westen braucht die Kolonien, um sich selbst zu definieren, wie auch Edward Said in seinem Buch *Kultur und Imperialismus* feststellt.[1]

Eine Welt ohne Grenzen ?

Vom Kolonialismus zum Transnationalismus und zu

Die Geschichte des Kolonialismus-Diskurses in der Literaturtheorie und -kritik ist überraschend kurz – vor allem, wenn man bedenkt, daß die Mitglieder der Négritude-Bewegung und andere Schriftsteller der Dritten Welt wie Aimé Césaire, C.L.R. James, Frantz Fanon und George Lamming[2] schon kurz nach dem Zweiten Weltkrieg begannen, ihre oppositionellen Standpunkte zu vertreten.[3] Trotzdem entwickelte sich ein breiter Kolonialismus-Diskurs in der westlichen Theorie und Kritik erst vor ungefähr fünfzehn Jahren, also lange nach dem Ende des administrativen Kolonialismus in den meisten Regionen der Welt.[4] Saids *Orientalism*, in dem Geschichte aus der Perspektive des persönlichen Engagements im Widerstand beleuchtet wird, sensibilisierte 1978 dramatisch das Bewußtsein für die Beziehungen von Macht und Kultur und beeinflußte einige Gebiete der Geisteswissenschaften grundlegend.[5] Das heißt, es wurde für die Theorie erst Jahre nach dem Ende des formalen Kolonialismus zwischen 1945 und 1970 möglich, sich mit kolonialen Themen als einem zulässigen Faktor in der Kritik auseinanderzusetzen. Dieser literaturgeschichtliche Abstand von mehreren Jahrzehnten ist alleine schon deshalb von Interesse, weil er das Unbehagen und die typische Abneigung der Literaturwissenschaft gegenüber der Auseinandersetzung mit extratextuellen Themen beleuchtet, besonders wenn es dabei um die drohende Verlagerung von Macht und Ressourcen geht. Die Geschichte der Dekolonialisierung und die Erinnerung an den administrativen und den Okkupationskolonialismus, die manchmal schon gefährlich an Nostalgie grenzt, bilden die Grundlage des Kolonialismus- und Minderheitendiskurses der letzten Jahre.[6]

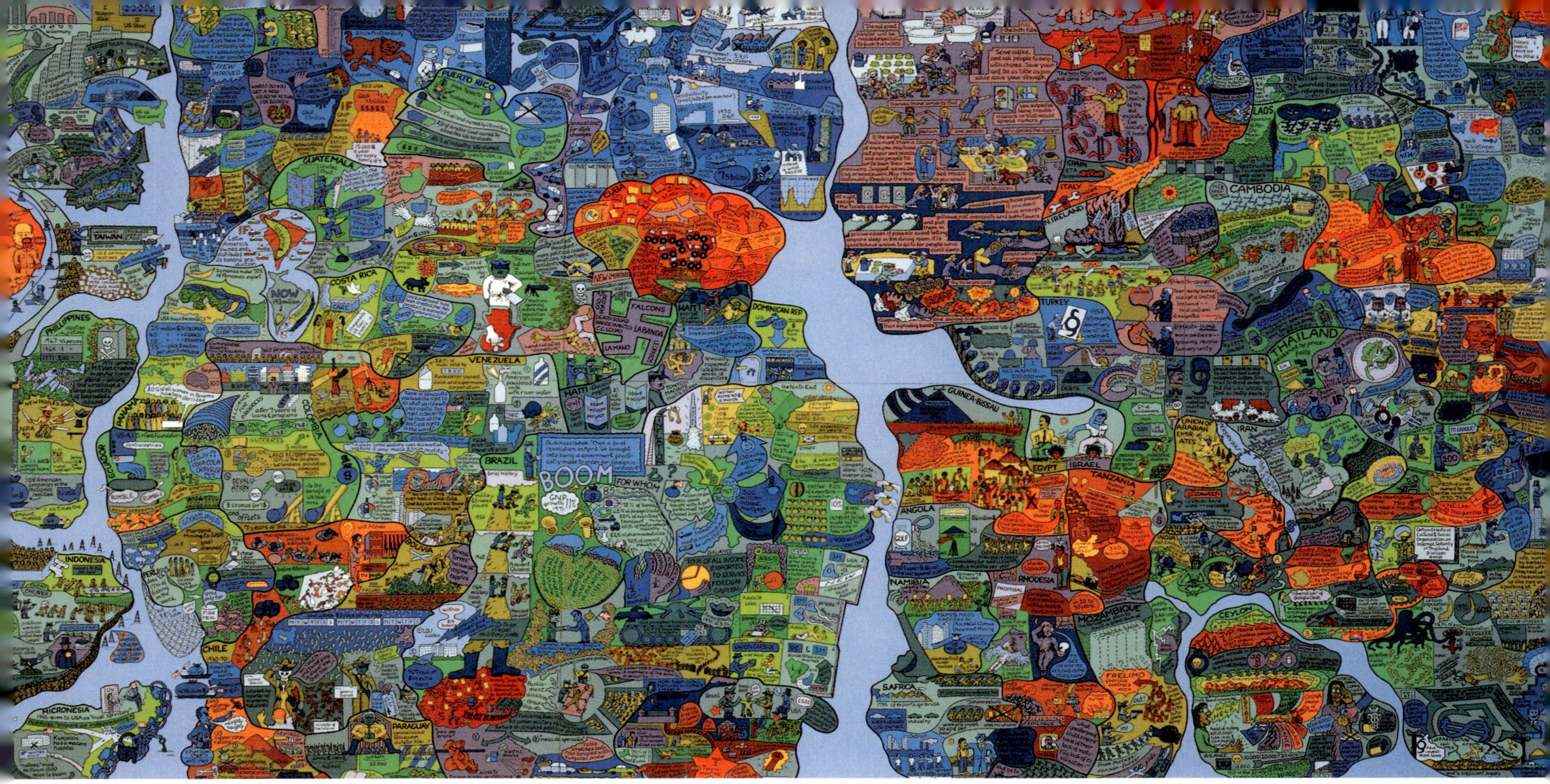

Öyvind Fahlström, World Map, 1972

edergang des Nationalstaates

Die Bedingungen, unter denen der Prozeß der »Befreiung« und »Unabhängigkeit« abläuft, haben bislang jedoch noch keine allgemein anerkannte Geschichte. Überlebt der Kolonialismus heute nur in wenigen Regionen wie Israel, Südafrika, Macao, Irland und Hongkong? Genießt der Rest der Welt die Freiheit des Postkolonialismus? Wir stehen heute vor dem Problem, globale Macht- und Kulturstrukturen zu verstehen, die gegenüber dem historischen Paradigma von Mutterland und Kolonie sowohl Gemeinsamkeiten als auch Unterschiede aufweisen. Der vorliegende Artikel befaßt sich mit Wandel und Konstanz in der neokolonialen Praxis von Verdrängung und Beherrschung und mit ihren entsprechenden Erscheinungsformen im Diskurs. Die derzeitige akademische Konzentration auf »Postkolonialität« und Multikulturalismus erinnert verdächtig an eine Alibihandlung, mit der die Gegebenheiten der globalen Politik verschleiert werden sollen. Im folgenden soll die These vertreten werden, daß der Kolonialismus in der Form transnationaler Konzerne und Wirtschaftsverflechtungen heute sogar noch aktiver auftritt als früher.

Beginnen wir mit dem Beginn des Dekolonialisierungsprozesses.[7] Das Ende des Kalten Kriegs im Jahr 1989 hat uns ermöglicht, die Geschichte der letzten fünfzig Jahre – oder sogar darüberhinaus – von einer neuen, aus wirklich radikalen Umwälzungen gewonnenen Perspektive aus zu betrachten. Wir sind beispielsweise derzeit dabei, wieder einmal das Ende des Zweiten Weltkriegs, das die globalen Strukturen grundlegend veränderte, einer Neubewertung zu unterziehen. Die Zerschlagung der deutschen und japanischen Aggression führte nicht zu einer völligen Erneuerung der Hegemonie der europäischen Industriestaaten. Die Nationen Westeuropas, besonders Großbritannien und Frankreich, waren von den Belastungen des Kriegs schwer gezeichnet und daher nicht in der Lage, ihre heimischen Industrien wiederaufzubauen und gleichzeitig den militärischen Apparat zur Sicherung der Herrschaft in den Kolonien aufrechtzuerhalten. Rückblickend können wir feststellen, daß die Sowjetunion die Fassade einer militärischen Supermacht aufrechterhielt und dabei ihre Produktions- und Vertriebssysteme vollkommen zugrunderichtete. Das angebliche Kriegsziel von Deutschland und Japan – Befreiung und Dekolonialisierung durch eine neue Weltordnung (die neue Ordnung und »Sekai shin chitsujo« in den Parolen der Achsenmächte) – war eine einzige Lüge; die kolonialisierten Länder der Welt, die sich im Krieg auf die Seite der sie beherr-

[1] Vgl. Edward W. Said: *Kultur und Imperialismus. Einbildungskraft und Politik im Zeitalter der Macht.* Frankfurt/Main 1994.

[2] Einige Beispiele sind: Aimé Césaire: *Discours sur le colonialisme* Paris 1953; C.L.R. James: *The Black Jacobine: Toussaint Louverture and the San Domingo Revolution.* London 1938, *A History of Negro Revolt.* London 1938, *Beyond a Boundary.* London 1963, und viele andere; Frantz Fanon: *Les Damnés de la Terre.* Paris 1961, und *Studies in a Dying Colonialism.* New York 1961; sowie George Lamming: *In the Castle of My Skin.* London 1953 und *The Pleasures of Exile.* New York 1960.

[3] Zeitgleich mit der Bürgerrechtsbewegung der 60er Jahre begannen auch schwarze Schriftsteller, ihre antikolonialistischen Ansichten einem weißen Publikum zu präsentieren. Obwohl sie von vielen liberalen Akademikern politisch durchaus akzeptiert wurden, blieb ihnen gleichzeitig die Anerkennung »angesehener« Kritiker

schenden Staaten gestellt hatten, nützten die Gunst der Stunde und weigerten sich, sich mit weniger als völliger Unabhängigkeit und Autonomie zufriedenzugeben. Sie verlangten ihre Befreiung, die ihnen im Laufe der folgenden Jahrzehnte auch gewährt wurde, wenn auch unter unterschiedlichen Bedingungen.

Nach dem Zweiten Weltkrieg schien es, als ob die Unabhängigkeit der erniedrigenden und ausbeuterischen Kolonialherrschaft ein Ende gesetzt hätte, die in vielen Ländern (die zusammen mindestens 85 Prozent der Landoberfläche der Erde bedeckten) seit Jahrzehnten und oft Jahrhunderten geherrscht hatte. Dennoch hielten Freiheit und Selbstbestimmung – die sich die kolonialisierten Länder hart und oft unter größten Opfern erkämpft hatten – nicht, was von ihnen erwartet worden war. Die Dekolonisation brachte weder Emanzipation noch Gleichheit, weder neuen Reichtum oder Frieden mit sich. Stattdessen gingen Leiden und Not fast überall weiter – in veränderter Form und gelenkt von anderen Kräften. Die alten einheimischen Helfer der Kolonialherren übernahmen die Macht und vertraten sehr häufig die Interessen ihrer früheren Herren im Austausch gegen eine angemessene Kompensation. Dadurch verbesserte sich die Situation der breiten Masse kaum; in vielen der alten Kolonien – vielleicht mit Ausnahme der ostasiatischen Schwellenländer und der Vereinigung Südostasiatischer Nationen (ASEAN) – hat sie sich in den letzten Jahren sogar verschlechtert.[8] Diese »postkoloniale« Verschlechterung, die Basil Davidson kürzlich als »Bürde des schwarzen Mannes« bezeichnete, war das Ergebnis doppelter Kolonialisierungs- und Dekolonialisierungsprozesse, die untrennbar miteinander verflochten waren.[9] Uns allen ist das vorhergehende Stadium bekannt: Als die Kolonisatoren willkürlich Grenzen zogen und ihre Territorien auf den Landkarten einzeichneten, wurden viele Stämme auseinandergerissen oder anderen angeschlossen. Jene, die von einer mehr oder weniger zufälligen Linie auf einer Landkarte umgeben waren, wurden der Knechtschaft für ein fernes und unbekanntes Mutterland unterworfen. Die westliche Kultur war die allgemeingültige Zivilisationsnorm – die Kulturen der Urbevölkerungen wurden als rückständig und unbedeutend unterdrückt. Und wenngleich der Widerstand der Unterdrückten sich als hartnäckiger entpuppte als erwartet und die Kolonisationsprogramme nirgendwo vollständig erfüllt wurden, so war doch die Präsenz der Sieger stark genug, um trotz beharrlichen Widerstands und ständiger Opposition den Anschein von Kontrolle und Ordnung aufrechtzuerhalten.

Mit der Abschaffung des formalen Kolonialismus nach dem Zweiten Weltkrieg wurde ein Umriß auf der Landkarte – die (ehemalige) Kolonie – sowohl von den abtretenden Kolonisatoren als auch von den frisch in die Unabhängigkeit Entlassenen als historisch autonomes Territorium betrachtet, das heißt, als moderner Nationalstaat mit nationaler Geschichte, nationaler Sprache, nationaler Kultur, nationaler Kohärenz und letztlich auch mit einem eigenem Staatsapparat, symbolisiert durch nationale Hymne, Flagge, Landkarte und nationales Museum. Dieses Gebilde war jedoch in vielen Fällen nicht mehr als eine falsche Imitation des (bzw. durch den) früheren Eroberer(s), die weder über eine eigenständige Geschichte noch eine innere Logik verfügte, um die frisch in die Unabhängigkeit entlassenen Menschen von ihrer Legitimität oder Authentizität zu überzeugen. Davor, im Kampf gegen die Unterdrücker, stellte die Eigendefinition kein Problem dar: Die Identität ergab sich aus dem Widerstand. Nach dem Rückzug der Europäer fanden sich die Bewohner eines kolonialen Gebietes wieder in ihrer früheren, jedoch gebrochenen Situation wieder, die in der vorkolonialen Zeit nach einer völlig anderen Logik und Geschichte funktioniert hatte. Die befreiten Bürger einer Kolonie mußten nun die Rahmenbedingungen des Nationalstaates, in dem sie in Zukunft leben sollten, neu aushandeln. Die Hinwendung zu einem politischen Nativismus wäre vielleicht eine Alternative gewesen, doch war die Dritte Welt mit Ungleichheiten und Gegensätzen zwischen unterschiedlichen Religionen, Stämmen, Regionen, Klassen, Geschlechtern und Volksgruppen belastet, die in allen Kolonialgebieten willkürlich vermischt worden waren. Und die Produktions- und Vertriebsmethoden waren zumeist erschreckend ineffizient. Das goldene Zeitalter der Erinnerung an einen Nationalstaat erwies sich als weder edel noch gerecht oder auch

und Gelehrter in verschiedenen akademischen Disziplinen versagt.

[4] Möglicherweise ist dies vor allem ein angloamerikanisches Phänomen. In Südamerika begann der koloniale Diskurs – von Mexiko bis Argentinien – viel früher, nämlich spätestens in den 60er Jahren.

[5] Vgl. Said, *Orientalism*. New York 1978. Natürlich gab es bereits vorher zahlreiche geschichtliche und politikwissenschaftliche Studien zu Themen wie Imperialismus, Rassismus, Sklaverei, Kolonien etc., und auch der politische Aktivismus der 60er und 70er Jahre hatte zu einer Änderung der politischen Einstellung westlicher Intellektueller beigetragen. Aber vor Saids Buch hatte noch kein Text die angloamerikanischen Kerndisziplinen der Geisteswissenschaften so frontal angegriffen.

[6] Der Zustand der Kolonialisierung ist natürlich wesentlich schwieriger zu definieren, als es diese verkürzte Darstellung vielleicht erkennen läßt. An jedem beliebigen Beispiel – nehmen wir Palästina oder Hongkong – zeigt sich auf den ersten Blick die besondere Komplexität der jeweiligen individuellen Umstände. Es scheint jedoch unbestreitbar, daß, während Unterdrückung und Leiden unverändert weitergehen, die administrativen und militärischen Mechanismen des Kolonialismus unwiderruflich durch wirtschaftliche ersetzt werden – besonders seit dem Ende des Kalten Krieges. Um die Dinge noch weiter zu komplizieren, ist beispielsweise der Status der Urbevölkerung in Siedlungsgesellschaften wie Australien, Taiwan, den USA, Kanada oder vielen pazifischen Inseln, um nur einige zu nennen, bei weitem nicht geklärt. Ernsthafte juristische Streitigkeiten sind in naher Zukunft in einigen dieser Gebiete, wie Hawaii und Australien, sehr wahrscheinlich.

[7] Es gibt sechs untereinander zusammenhängende Entwicklungen in der Nachkriegsgeschichte, die man nicht isoliert betrachten kann oder soll. Man könnte sogar argumentieren, daß jede dieser Entwicklungen nur in engem Zusammenhang mit jeder anderen betrachtet werden sollte. Diese sind: (1) Der kalte Krieg, (2) die Dekolonialisierung, (3) transnationale Konzerne und Wirtschaftsverflechtungen, (4) die technologische Revolution, (5) der Feminismus und (6) die Umweltproblematik. Damit verbunden sind wiederum kulturelle Erscheinungen wie Postmodernismus, die zunehmende Massenkultur, Kulturwissenschaften, Dedisziplinierung, Ethnizismus, wirtschaftlicher Regionalismus (Tripolarismus) etc. Das Verhältnis zwischen beiden Gruppen ist weder homolog noch kausal, sondern sein genaues Wesen bedarf einer weitergehenden Untersuchung in einem anderen Kontext.

[8] In vielen Gegenden der Welt haben sich die Lebensbedingungen der Bevölkerung etwas verbessert. Was das Hungerproblem betrifft, so hat sich der Anteil der chronisch Unterernährten an

nur greifbar, sondern als ein oft zum blutigen Alptraum gewordener Traum einer Utopie. Der Haß gegen die Unterdrücker war zwar stark genug, um die Freiheit zu erkämpfen, doch er war keine geeignete Grundlage für die Organisation eines unabhängigen Staates. Wie Fanon schon früher prophezeit hatte, führte der Weg des Nativismus tatsächlich zu katastrophaler Korruption und Selbstzerstörung, was sich auch heute noch in vielen Teilen der Welt zeigt. Ist der kolonialisierte Raum erst einmal Teil der »Chronopolitik« des weltlichen Westens, dann kann er seine Autonomie und Abgeschlossenheit nicht wiedererlangen; sind die ursprünglichen Bewohner dieser Gebiete erst einmal aus ihrem vorkolonialen Zustand herausgerissen, dann müssen sie sich mit dem Wissen um die Außenwelt auseinandersetzen, ob sie wollen oder nicht. Und trotzdem sind die Lebensumstände eines modernen Nationalstaates für die meisten früheren Kolonien unerreichbar.[10]

Wie wir wissen, hatten die westlichen Industrienationen das Glück, gesellschaftliche Zwistigkeiten, Religionskriege und auch die Gegensätze zwischen Stadt und Land, Landwirtschaft und Industrie im Laufe mehrerer Jahrhunderte – wie blutig diese auch waren – lösen zu können. Die früheren Kolonien hatten weitaus weniger Zeit, um mit diesen Problemen fertig zu werden, und hatten außerdem ja unter der Herrschaft fremder Staaten gestanden. Daher müssen sich die meisten früheren Kolonien erst über die Notwendigkeit und das Ziel einer geographischen und demographischen Einheit einigen. Der Wunsch nach Spaltung kämpft mit dem Wunsch nach Zusammenschließung. Man darf nicht vergessen, daß es unzählige Fälle offener und verdeckter Interventionen durch die Vereinigten Staaten oder andere Kolonialmächte mit wirtschaftlichen, politischen und militärischen Mitteln gegeben hat. Friedlicher Fortschritt wurde diesen Staaten durch die herrschenden Strukturen verwehrt. Bündnisse zwischen Staaten der Dritten Welt gegen die Vorherrschaft der Ersten Welt, wie die Bandung-Konferenz (1955), die Organisation erdölexportierender Länder (OPEC, 1960), die UNO-Konferenz für Handel und Entwicklung (UNCTAD, 1964) und die Neue Internationale Wirtschaftsordnung (NIEO, 1974) waren allesamt wenig erfolgreich und mußten sich letztlich in das Bretton-Woods-System fügen, das der siegreiche Westen 1944 zum Zweck des Wiederaufbaus der zerstörten Welt nach dem Krieg eingerichtet hatte und dessen drei wichtigste Wirtschaftsinstrumente die Weltbank, der Internationale Währungsfond (IMF) und das Allgemeine Zoll- und Handelsabkommen (GATT) sind.

Es ist weithin anerkannt, daß der Nationalstaat eine neuzeitliche Konstruktion des Westens ist. Weiter läßt sich behaupten, daß der allmähliche Aufstieg des Nationalstaates im Westen um 1800 ein Resultat des Kolonialismus war. Zu Beginn der Neuzeit unterstützten Europas Monarchen die Projekte von Abenteurern; später wurden diese vom wachsenden Bedarf des Bürgertums nach Märkten und Ressourcen weiter verstärkt, woraus letztlich eine Politik kolonialer Expansion entstand. Ungefähr zur selben Zeit, als die industrielle Revolution die Produktivität erhöhte, verzeichneten die Städte einen starken Zufluß landwirtschaftlicher Arbeitskräfte, wodurch dort ein Bevölkerungsüberschuß entstand.[11] Das gefährliche Rebellionspotential dieser beschäftigungslosen und entwurzelten Arbeiter mußte in die Randbereiche des Arbeitsmarktes abgelenkt werden. Dazu mußten die Betreiber des Kolonialismus ihre Rekruten und ihr Fußvolk von der Einträglichkeit und auch der Erhabenheit ihrer Mission überzeugen. Schon der Gedanke des Aufbruchs in ferne und unzivilisierte Gegenden der Welt war erschreckend, und es war keinesfalls sicher, daß die Beute auch wirklich geteilt würde. Die bürgerlichen Machthaber mußten vor allem auch ihre Klasseninteressen verbergen, da diese in krassem Gegensatz zu den Interessen der breiten Massen standen. Sie brauchten Kreuzfahrer und Helfer, die ihrem edlen Glauben vertrauten, an die Ehrenhaftigkeit ihrer Mission glaubten und auf den ihnen versprochenen Reichtum hofften. Daher schufen sie den Mythos des Nationalstaates (das heißt, den Glauben an die von einer repräsentativen Regierung geleitete Gemeinschaft) und den Mythos der zivilisatorischen Mission (das heißt, den Glauben an die rassische Überlegenheit des Eroberers über die heidnischen Barbaren), die einander ergänzen und bedingen. In einer solchen »erfundenen (oder erzeugten) Nation« waren die Bürger durch Ver-

der Gesamtbevölkerung im Mittleren Osten, in Südamerika und in Asien zwischen 1970 und 1990 auf fast die Hälfte verringert. In Afrika war während derselben Zeit jedoch kaum eine Änderung der Situation festzustellen. Vgl. *Sekai o yomu kii waado*. Tokio 1992, S.82f.

[9] Vgl. Basil Davidson, *The Black Man's Burden: Africa and the Curse of the Nation-State*. New York 1992. Als Journalist mit afrikanistischem Hintergrund ist Davidson in seinen Ansichten über andere Länder möglicherweise allzu sehr von seinen Beobachtungen in Afrika geprägt. Er ist zum Beispiel viel zu pessimistisch – und zu orientalistisch! –, wenn er voraussagt, daß außer Japan kein Land der Dritten Welt den Sprung zur Industrienation schaffen wird.

[10] Diese Geschichte der Kolonisation und Dekolonisation ist natürlich eine Vereinfachung und, schlimmer noch, eine Verallgemeinerung. Auch hier treffen beispielsweise viele wichtige Aspekte auf Südamerika nicht zu. Eine umfassende Betrachtung des Dekolonisations-/Rekolonisationsprozesses würde allerdings nach einem völlig anderen Artikel mit völlig anderem Ansatz und Schwerpunkt verlangen.

[11] In einer typischen vorindustriellen Gesellschaft sind ungefähr 80 Prozent der Bevölkerung in der Landwirtschaft beschäftigt. Eine voll industrialisierte Gesellschaft weist einen sehr geringen Anteil an landwirtschaftlichen Arbeitskräften auf, etwa 5 Prozent. Diese Umstellung von der Landwirtschaft auf die Fertigungs- und andere Industrien hat in den meisten Industriestaaten ungefähr 200 Jahre in Anspruch genommen. Japan hat diesen Prozeß in weniger als hundert Jahren durchgemacht, und die ostasiatischen Schwellenländer durchlaufen diese Veränderung innerhalb weniger als einer Generation. Bei einer so rasanten Veränderung muß man damit rechnen, daß man einen hohen Preis zahlen muß. Industrialisierung und Kolonialisierung laufen in diesem Prozeß zusammen. So sind alle Industrienationen ehemalige Kolonisatoren. Heute kommt es in den industrialisierten Gesellschaften zu einer Weiterentwicklung dieses Prozesses. Während die Fertigungstechnologien die Produktivität steigern, kommt es überall zu einem raschen Abbau von Arbeitsplätzen in der Industrie, die durch Arbeitsplätze im Dienstleistungsbereich ersetzt werden. Der Überschuß an Fertigungsarbeitern müßte dringend abgebaut werden, doch diesbezügliche Möglichkeiten sind nirgendwo in Sicht. Diesen überschüssigen Arbeitskräften bietet sich, im Gegensatz zu früher, nicht einmal mehr der Ausweg der Kolonien. Vgl. Sylvia Nasar: »Clinton Job Plan in Manufacturing Meets Skepticism«, in: *New York Times*. 27. Dezember 1992, S.A1, sowie Motoyama Yoshihiko, *Minami to kita*. Tokio 1991, S.223ff.

wandtschaft und gemeinsame Interessen verbunden – sie waren aufeinander angewiesen.[12] In der Idee des Nationalstaates fanden die Kolonisatoren sowohl eine politisch-ökonomische als auch eine moralisch-mythische Grundlage, auf der sie ihre Politik und ihre Rechtfertigung aufbauen konnte.

Somit fällt die Entwicklung des westlichen Kolonialismus vom sechzehnten bis zur Mitte des zwanzigsten Jahrhunderts mit dem Aufstieg und Fall des Nationalstaates zusammen. Das Schicksal des Nationalstaates in den letzten Jahren ist jedoch nicht synonym mit dem »Aufstieg und Fall der großen Mächte«, wie Paul Kennedy meint.[13] Die bürgerlichen Großstädte der industrialisierten Welt sind noch genauso mächtig wie zuvor, oder sogar weit mächtiger. Aber die Logik, derer sie sich bedienen, die Kunden, denen sie dienen, die Mittel, über die sie verfügen können, die Orte, die sie einnehmen – kurz gesagt, ihre Identitäten selbst – haben sich gewandelt. Sie sind nicht mehr völlig auf den Schutz und die Unterstützung ihres ursprünglichen Nationalstaats angewiesen. Sie bedienen sich zwar noch immer der Struktur des Nationalstaates, doch ihre Macht und ihre Energie befinden sich an anderer Stelle, wie ich später darlegen werde.

Winston Churchill erkannte schon vor dem Ende des Zweiten Weltkriegs, daß Großbritannien seine Großmachtstellung an die Vereinigten Staaten abgeben werde müsse. Wenn nicht schon bei der Konferenz von Jalta, dann wußte er spätestens bei seiner Abwahl als Premierminister, daß die Führung der Welt nun in den Händen der USA lag. Er hatte natürlich recht. Kolonialgeschichte seit 1945 ist immer mehr gleichbedeutend mit US-Geschichte. Gegen Ende des Zweiten Weltkriegs hatten die USA endgültig alle Belastungen der Depression überwunden. Die Aussichten in der darauffolgenden Zeit des Friedens waren jedoch alles andere als rosig. Ein Zurückschrauben des Wirtschaftsvolumens der Kriegszeit hätte einen dramatischen Anstieg der Arbeitslosenrate (die 1942 bei minimalen 1,2 Prozent gelegen war) sowie einen totalen Leistungsabfall und Konsumrückgang zur Folge gehabt, was zur Wiederholung des Alptraums von 1930 geführt hätte. 1946 gab es eine Reihe von Streiks der Stahl-, Kohle-, Eisenbahn- und Hafenarbeiter. 1947 wurde Präsident Trumans Veto gegen den Taft-Hartley Labor Act, der das Streikrecht einschränkte, vom Kongreß überstimmt. Angesichts solcher wirtschaftlichen Spannungen und Unsicherheit beschloß der Präsident, den »kommunistischen Terror« in Griechenland und der Türkei zu bekämpfen; auch der Marshall-Plan zur Unterstützung des Wiederaufbaus in Europa wurde damals eingeleitet. Das Bruttosozialprodukt war 1946 um bedrohliche 19 Prozent, 1947 aber nur mehr um 2,8 Prozent gesunken. 1949 stagnierte es bei 0,02 Prozent, und der Korea-Krieg (dessen Gründe auch heute noch immer nicht eindeutig feststehen)[14] erwies sich als Rettungsanker. Das Bruttosozialprodukt stieg 1950 um 8,5 Prozent und 1951 um 10,3 Prozent.[15] Ähnlich verhielt es sich auch 1953, als der Friedensvertrag mit Nordkorea unterzeichnet wurde (und zu einer geringfügigen Rezession führte) und die USA ungefähr zur selben Zeit damit begannen, die französische Regierung in ihrem Krieg gegen die Rebellion in Südostasien zu unterstützen, wobei sie 75 Prozent der Kosten trugen; die Ausbildung südvietnamesischer Truppen begann 1955 nach der katastrophalen Niederlage der französischen Armee bei Dien Bien Phu im Jahr 1954. Als Präsident Eisenhower die Amerikaner vor »dem verhängnisvollen Potential fehlgeleiteter Macht« in den Händen des »militärisch-industriellen Komplexes« und der »wissenschaftlich-technologischen Elite« warnte, war das System des Sicherheitsstaates bereits fest – und wahrscheinlich unwiderruflich – in den Vereinigten Staaten etabliert.[16] (Zu vermerken ist hier, daß dies das Jahrzehnt war, in dem die Hörerzahlen an den Universitäten durch die aus dem Krieg heimkehrenden Soldaten rasant anstiegen, wodurch das Verhältnis von weiblichen zu männlichen Studierenden weit unter die Zahl der 20er Jahre sank.[17] Und auch in der literarischen Theorie und Praxis dominierten klarerweise konservative Ideologie und formaler Ästhetizismus.)

Der kalte Krieg, der mittels regelmäßiger »antikommunistischer« Konfrontationen immer wieder angeheizt wurde, war damals ein zuverlässiges Instrument, mit dessen Hilfe die amerikanische Wirtschaft ihre Einnahmen und Ausgaben steuern und ein bestimmtes Produktions- und Vertriebsniveau aufrechterhalten konnte. In diesem Zusammenhang ist auch zu vermerken, daß »das Budget des amerikanischen Verteidigungsministeriums von 1951 bis 1990 in jedem Jahr höher war als der Gesamtnettoprofit aller amerikanischen Konzerne zusammen«. Die amerikanische Verfassung verleiht dem Präsidenten nicht die höchste wirtschaftliche Macht – »dennoch verfügt er aufgrund seiner Stellung als Vorstand des wirtschaftlichen Managements der Armee über diese Macht. Dem Präsidenten/Vorstand unterstehen die Manager von 35.000 Zulieferfirmen und rund 100.000 Subunternehmen. Ins Einkaufssystem des Pentagon selbst sind 500.000 Mitarbeiter eingebunden.«[18] Das

[12] Vgl. Benedict Anderson: *Die Erfindung der Nation: zur Karriere eines erfolgreichen Konzepts.* Frankfurt/Main 1988). Das Buch erklärt jedoch nicht, wer die Nation erfand.

[13] Vgl. Paul Kennedy: *Aufstieg und Fall der großen Mächte: ökonomischer Wandel und militärischer Konflikt von 1500 bis 2000.* Frankfurt/Main 1989.

[14] Vgl. Bruce Cumings: *The Origins of the Korean War.* 2 Bde. Princeton, N.J., (1981), 1990.

[15] Diese Zahlen basieren auf der Tabelle »B-2-Gross National Product in 1982, 1929-87«, The Annual Report of the Council of Economic Advisers, in: *Economic Report of the President.* Washington D.C., 1988, S.251.

[16] Dwight D. Eisenhower: »Liberty Is at Stake« (1961), in: *Super-State: Readings in the Military-Industrial Complex.* Hg. Herbert I. Schiller und Joseph D. Phillips. Urbana, Ill. 1970, S.32.

[17] U.S. Office of Education: »Institutions of Higher Education – Degrees Conferred, by Sex, 1870-1970«, Biennial Survey of Education in the United States.

[18] Seymour Melman: »Military State Capitalism«, in: *The Nation*, 20. Mai 1991, S.666f.. Auch

Pentagon ist, kurz gesagt, das Pendant des japanischen Ministeriums für internationalen Handel und Industrie (MITI): Es plant und exekutiert eine zentralistisch organisierte Wirtschaftspolitik. Es ist deshalb treffender zu sagen, daß Fragen der nationalen Sicherheit im Kern Fragen der Wirtschaft waren. Anstatt nur auf unkontrollierbare Drohungen von außen zu reagieren, lenkte die US-Wirtschaft vielmehr aktiv die internationalen Beziehungen.

Schon bald nach der Rezession der Jahre 1957 und 1958 begann die Kennedy-Regierung, mittels einer Senkung der Zölle der Europäischen Gemeinschaft in der Kennedy-Runde des GATT den internationalen Handel auszubauen. Die sogenannte Handelsliberalisierung der frühen 60er Jahre stellte den integrierten Weltmarkt wieder her und kurbelte direkte Auslandsinvestitionen an, was zu einem deutlichen Anstieg der Investitionen amerikanischer Unternehmen in Europa führte. Durch diese Expansion des internationalen Handels entwickelten sich rasch »multinationale Unternehmen« und »transnationale Konzerne«, das heißt riesige Unternehmen, die nicht nur Rohstoffe und Fertigprodukte importieren und exportieren, sondern auch Kapital, Fabriken und Verkaufsstellen über nationale Grenzen hinweg transferieren, wie später noch ausführlicher dargestellt werden soll. Diese Geschichte ökonomischer Strukturen muß hier im Kontext der globalen Dekolonisation ins Gedächtnis gerufen werden.

Der Zerfall des britischen Empire beschleunigte sich in den 60er Jahren mit dem Verlust zahlloser Kolonien immer mehr: von Zypern, Nigeria und Kenia bis zu Jamaika, Malaysia und Singapur.[19] Frankreich gab nach dem Verlust von Indochina und anderen Kolonien in den 50er Jahren 1962 schließlich auch Algerien auf. Zur selben Zeit stieg das Bruttosozialprodukt der USA mit der hohen Rate von 7 bis 9 Prozent bei relativ niedrigen Inflations- und Arbeitslosenraten. Die wirtschaftlich und militärisch unbesiegbaren USA waren bereit, kapitalistische Interessen weltweit zu verteidigen, besonders aber in Vietnam. Wenn Präsident Johnson versuchte, die konservative Opposition durch einen Feldzug nach Südostasien für seine »Great Society«-Sozialprogramme und den Kampf gegen die Armut zu gewinnen, so nahm dieses Hasardspiel ein katastrophales Ende. Wohl kaum jemand kann die Proteststürme vergessen, die durch das ganze Land tobten und die Nation in Tauben und Falken, Clintons und Gores spalteten. Auf der Feindesliste der Antikriegsdemonstranten stachen die Namen von Firmen mit Verbindungen zur Rüstungsindustrie hervor: General Motors, General Electric, DuPont und Dow Chemical, um nur einige zu nennen. Viele dieser Unternehmen waren in den 60er Jahren die Vorreiter für den systematischen Transfer von Kapital und Fabriken ins Ausland. Es gab auch noch andere Faktoren: Technologische Innovationen in der Automatisation, der synthetischen Chemie und der Elektronik führten zu einer enormen Ansammlung von Kapital und einer beispiellosen Verbesserung der Kommunikations- und Transporttechnik. Die liberale Handelspolitik der USA war sowohl eine Reaktion auf diese Entwicklung als auch ihr Motor.

Gegen Ende der 60er Jahre war die globale Vorherrschaft der US-amerikanischen multinationalen Konzerne schlichtweg unanfechtbar. Die direkten Auslandsinvestitionen der USA, die sich vor allem auf die westliche Hemisphäre und weniger auf Afrika und Asien konzentrierten, machten die Hälfte aller grenzüberschreitenden Investitionen weltweit aus (und übertrafen dabei die direkten Auslandsinvestitionen Großbritanniens mit 20 Prozent und jene Frankreichs mit 10 Prozent bei weitem).[20] »Transnationale Konzerne« war damals gleichbedeutend mit »US-transnationale Konzerne«, und dieses Bild blieb bis zur Mitte der 70er Jahre unverändert. Die Konzentration der US-Investitionen auf Westeuropa kann durch vier Faktoren erklärt werden: Das hohe Zinsniveau in Europa, das Entstehen der Europäischen Wirtschaftsgemeinschaft (EWG), die für Auslandsgewinne günstigen Steuergesetze der USA und die vergleichsweise geringen Kosten qualifizierter Arbeitskräfte in Europa. Die verantwortungsvolle Aufgabe der Lenkung der Weltordnung für den Westen lag noch immer bei der US-Regierung mit ihren militärischen und politischen Hilfs- und Interventionsprogrammen.[21]

Ungefähr um 1970 entstanden als Konkurrenz zu den amerikanischen rasch europäische und japanische transnationale Konzerne (TNKs), deren ehrgeiziges, primäres Ziel die hochstehenden Fertigungsindustrien der Vereinigten Staaten selbst waren. Dieses verwegene Vorhaben läßt sich durch verschiedene wirtschaftliche Entwicklungen erklären. Erstens wurde der amerikanische Dollar abgewertet, als die Nixon-Regierung 1971 Löhne und Preise einfror und die Goldkonvertierung des Dollars aussetzte, was die USA für Auslandsinvestitionen attraktiv machte. Zweitens wurde der amerikanische Markt nach der politischen Instabilität und Unsicherheit in der übrigen Welt als Folge des vierten Nahostkriegs 1973 und des daraus resultierenden Ölembargos wieder attraktiv. Drittens erlaub-

Melmans *The Demilitarized Society: Disarmament and Conversion*. Montréal 198), *Profits without Production* (New York, 1983) und *The Permanent War Economy: American Capitalism in Decline* sind wichtige Beiträge zu diesem Thema.

[19] Dazu kamen unter anderem Tansania (1964), Sansibar (1963), Somaliland (1960), Aden (1967), Kuwait (1961), Malta (1964), Borneo (1963) und Trinidad und Tobago (1962).

[20] Vgl. Okumura Shigeji: »Takokuseki kigyo to hatten tojo koku«, *Takokuseki kigyo to hatten tojo koku*. Tokio 1977, S.11f.

[21] Die Geschichte der US-Interventionen seit dem Vietnam-Krieg ist lang und umfassend. Um nur die jüngsten, sichtbaren (offenen) Interventionen anzuführen: Dominikanische Republik, Libanon, Grenada, Panama, Persischer Golf. Zusätzlich gab es natürlich zahlreiche verdeckte Operationen im Iran, in Nicaragua, El Salvador und anderen Ländern.

te es die nachhaltige Erholung der europäischen und japanischen Industrien, intensiv in den Vereinigten Staaten zu investieren. Und schließlich wuchsen mit der Zeit auch die wirtschaftlichen Differenzen, so daß europäische und japanische Hersteller einen Vorteil darin sahen, Fabriken direkt im US-Markt zu errichten. Der Anteil der USA an transnationalen Konzernen war noch immer der bei weitem höchste, fiel aber in den 80er Jahre auf 33 Prozent, während Großbritanniens Anteil bei 18 Prozent, jener Westdeutschlands bei 10 Prozent und der Japans bei 8 Prozent lag.

1985 handelten die USA beim G5-Treffen in New York eine Dollar-Abwertung aus. Durch das Plaza-Abkommen verlor der Dollar gegenüber dem Yen die Hälfte seines Wertes, so daß sich der Wert der japanischen Währung um 100 Prozent erhöhte. Diese Maßnahme zielte zwar auf eine Erhöhung der amerikanischen Exporte nach Japan und eine Senkung der japanischen Exporte in die USA ab, zeigte jedoch nicht die gewünschte Wirkung. Außerdem erkannten die japanischen transnationalen Konzerne binnen kurzem die Möglichkeiten des gestärkten Yen und nutzten diese zu aggressiven Investitionsaktivitäten, während sie gleichzeitig die Preise so weit wie möglich senkten, um ihre Marktanteile zu halten. Diese Stufe der multinationalen Entwicklung wird, neben der anhaltenden Investition in den USA, von einer generellen Konzentration auf vier Zielgebiete gekennzeichnet: auf Steuerparadiese (zum Beispiel das zu den niederländischen Antillen gehörende Curaçao), die OPEC-Nationen, die neu industrialisierten Staaten Asiens (Südkorea, Taiwan, Hongkong und Singapur) und die ASEAN-Länder (Thailand, Malaysia, Indonesien, die Philippinen, Singapur und Brunei). In vielen dieser Länder herrschten autoritäre Regimes, die Gewerkschaften und Oppositionsparteien verboten und so politische »Stabilität« gewährleisteten – eine Mindestvoraussetzung für ein umfangreiches Engagement transnationaler Konzerne. Auch unter den OPEC-Staaten, den asiatischen Schwellenländern, Mexiko und Indien ist eine allmähliche Entwicklung von TNKs zu beobachten, die in die jeweils anderen Länder wie auch in den Vereinigten Staaten investieren. Zudem gingen kleinere Unternehmen (mit einem Kapitalaufwand zwischen 100 und 500 Millionen Dollar) sowohl in den Industriestaaten als auch in den weniger industrialisierten Ländern daran, ihre Operationen auf eine transnationale Basis zu stellen. Diese Koexistenz von TNKs verschiedenen Ursprungs (einschließlich der Joint-ventures) gestaltet die Analyse der wirtschaftlichen Hegemonie letztlich so komplex und schwierig.

Aus all diesen Faktoren entwickelt sich ein immer dichteres Netz multinationaler Investitionen zwischen den Ländern der EU, Nordamerikas und Ostasiens, in dem sich die multinationalen Konzerne immer mehr zu transnationalen Konzernen verwandeln. Die Unterscheidung zwischen diesen beiden Unternehmensformen ist zweifellos schwierig: Beide Begriffe werden oft synonym verwendet. Wenn es Unterschiede gibt, so liegen diese mehr oder weniger im Grad der Entfremdung vom jeweiligen Ursprungsland. Das System des internationalen Handels kann anhand seiner Entwicklung erklärt werden. Zuerst betreiben inländische Firmen einfach normale Export-/Importaktivitäten und kooperieren mit örtlichen Händlern. Danach übernehmen die Firmen den Auslandsvertrieb und führen Fertigung, Marketing und Verkauf im Ausland durch. Zuletzt denationalisieren transnationale Konzerne ihre Operationen, indem sie das ganze Geschäftssystem, einschließlich des Kapitals, des Personals und der Forschung und Entwicklung verlagern. Diese letzte Stufe ist erreicht, wenn ein Unternehmen unter seinen Aktionären, Angestellten und Kunden um Loyalität für sich selbst anstatt für sein Ursprungsland oder seine Gastländer wirbt. Somit ist ein multinationaler Konzern (MNK) einer, der sein Hauptquartier in einem bestimmten Land hat und in mehreren Ländern tätig ist. Sein oberstes Management setzt sich zum Großteil aus Menschen aus seinem Ursprungsland zusammen, und die Loyalität des Unternehmens gilt, wiewohl zunehmend autonom, letztlich dem Mutterland. Ein wirklich transnationaler Konzern andererseits muß nicht mehr einem Ursprungsland verpflichtet sein, sondern ist ungebunden und mobil – bereit, sich überall niederzulassen und jeden beliebigen Staat, auch den eigenen, auszunutzen, solange diese Verbindung seinen eigenen Interessen dient.[22]

Ich möchte nochmals wiederholen, daß eine klare Unterscheidung zwischen einem TNK und einem MNK unmöglich ist, da der genaue Grad der Denationalisierung eines Konzerns nicht exakt feststellbar ist. Es gibt beispielsweise keine systematischen Vergleichsstudien der Steuerverpflichtungen von TNKs im Vergleich zu jenen von MNKs oder ihrer jeweiligen Strategien bei direkten Auslandsinvestitionen. MNKs sind genauso eigennützig wie TNKs, doch ist in letzter Zeit eine Tendenz zu einer gerin-

[22] Diese Begriffe werden je nach Ort und Zeit unterschiedlich verwendet. In Südamerika wurde beispielsweise der Begriff multinational in den 60er und 70er Jahren nicht verwendet, da alle diese riesigen Konzerne als US-amerikanisch und somit nicht als multinational betrachtet wurden. Der Begriff transnational wiederum wurde als treffender empfunden, weil er auf die Übergriffe dieser US-Gesellschaften hinwies. Heute, wo es auch aus Mexiko stammende »multinationale« Riesenkonzerne gibt (zum Beispiel Televisa, die größte Fernsehgesellschaft der Welt außerhalb der USA), wird der Begriff allgemein eher akzeptiert. Vgl. John Sinclair: »Televisa: Mexico's Multinational«, in: *Centro: Puerto Rican Studies Bulletin* 2, Nr. 8, ohne Seitenzahlen.
Es gibt zahlreiche Publikationen, die sich mit der Entwicklung transnationaler Konzerne und Wirtschaftsverflechtungen befassen, zum Beispiel: Peter F. Drucker: *Neue Realitäten: Wertewandel in Politik, Wirtschaft und Gesellschaft* Düsseldorf;Wien: Econ-Verlag 1989 und Kenichi Ohmae: *Die neue Logik der Weltwirtschaft: Zukunftsstrategien der internationalen Konzerne*. Hamburg: Hoffmann und Campe, 1992. Die vielleicht wichtigste, aber relativ unbekannte Informationsquelle ist das »Center on Transnational Corporations« der Vereinten Nationen, das verschiedene Sonderberichte über die Aktivitäten transnationaler Konzerne sowie halbjährlich den *CTC Reporter* herausgibt. 1979 veröffentlichte das Center die Bibliography on Transnational Corporations.

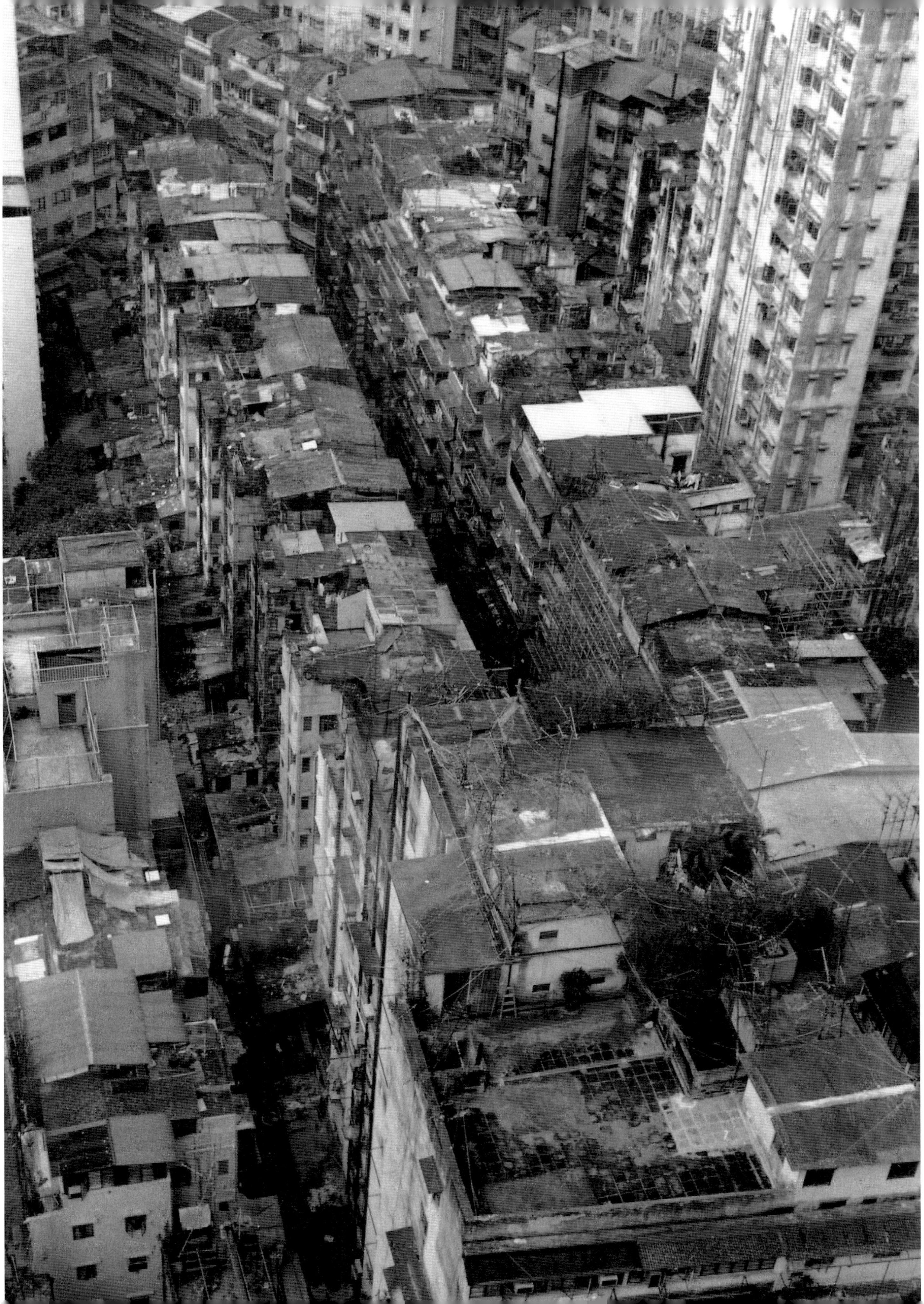

Aglaia Konrad, Hongkong 1994

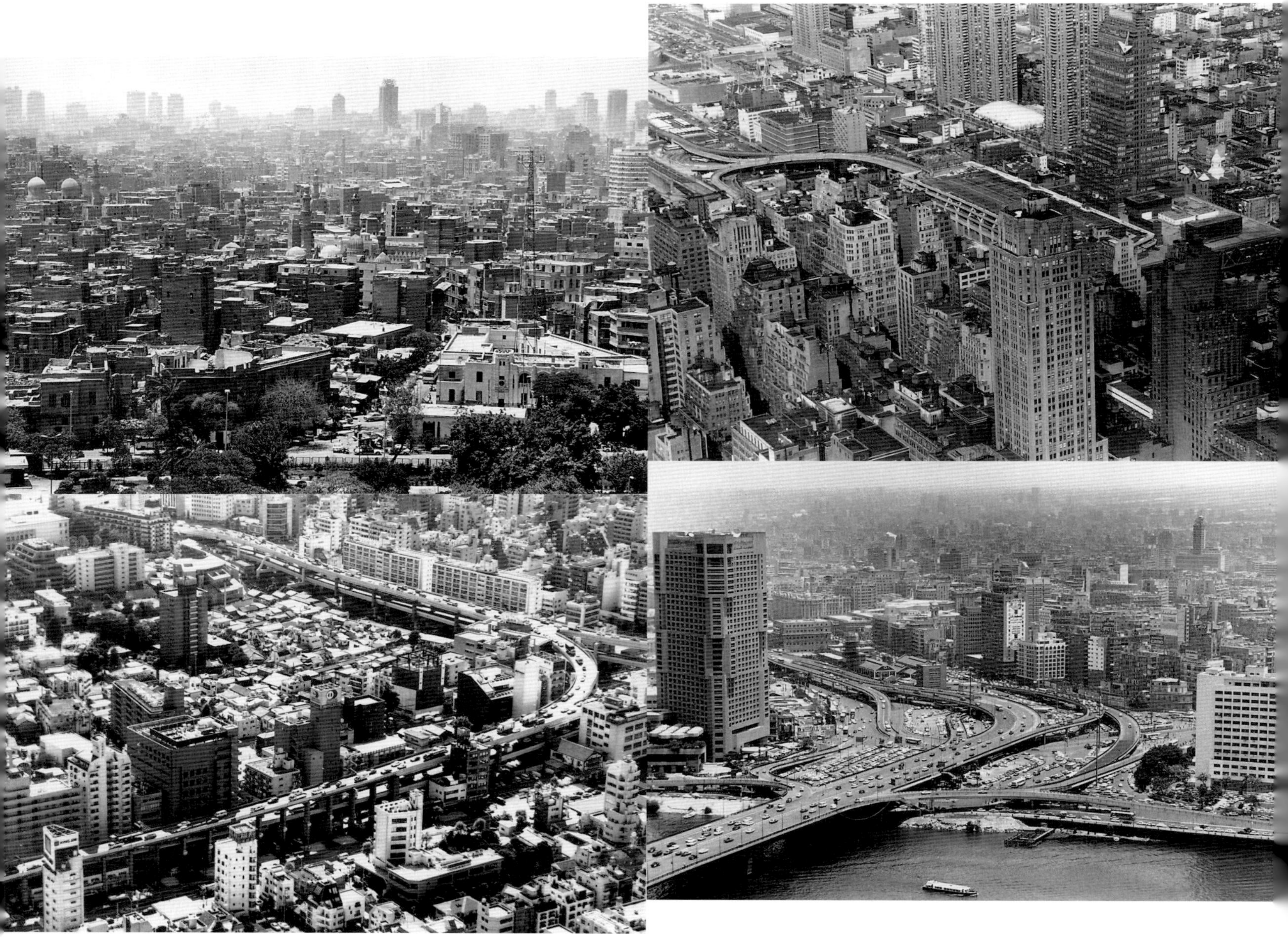

Aglaia Konrad, von l. nach r. Kairo 1992, New York 1993, Tokio 1993, Kairo 1992

geren nationalen Identifikation und einem größeren Eigeninteresse der Konzerne spürbar. Mit anderen Worten, multinationale Konzerne befinden sich trotz einer anhaltenden Abhängigkeit vom Staatsapparat (zum Beispiel von der Armee) in einem Prozeß der Denationalisierung und Transnationalisierung.

Derzeit erfüllen noch relativ wenige Unternehmen sämtliche Kriterien eines TNK, doch es gibt bereits Beispiele wie Asea Brown Boveri bei den Großkonzernen und Yaohan bei den kleineren. Die aus Schweden stammende ABB mit jährlichen Einnahmen von über 25 Milliarden Dollar hat kein geographisches Zentrum.[23] Yaohan begann als japanische Lebensmittelhandelskette, verließ dann Japan und übersiedelte zuerst nach Brasilien und danach – bis auf weiteres – nach Hongkong. Dazu muß man wissen, daß die Körperschaftssteuer in Japan 1989 bei 49,9 Prozent lag, während sie in Hongkong 16,5 Prozent betrug.[24] Der Vorsitzende von Yaohan sagt offen, daß sein wahres Ziel die eine Milliarde Chinesen des 21. Jahrhunderts sind.[25] Viele MNKs wiederum wägen sorgfältig die Möglichkeiten in ihren Heimatländern gegen jene in den Gastländern ab, wenn sie ihre Strategien zur Gewinnmaximierung planen.

TNKs dieser Art traten in den 80er Jahren verstärkt ins Licht der Öffentlichkeit, obwohl der Verlust nationaler Souveränität an die multinationalen Konzerne bereits seit den 60er Jahren und sogar noch früher diskutiert worden war.[26] Es war kein Zufall, daß diese Entwicklung ausgerechnet in den 80er Jahren stattfand. Nach der Stagflation unter Präsident Carter zu Ende der 70er Jahre präsentierte Präsident Reagan ein klar umrissenes Programm zur Förderung privater Interessen, das wohl auf der Überzeugung beruhte, ein starker Privatsektor würde automatisch der gesamten Bevölkerung zugute kommen (aber höchstwahrscheinlich nur durch das schlichte Befolgen der von den Konzernmanagern und Gestaltern dieser Politik ausgegebenen »Regieanweisungen«). Während dieses Jahrzehnts ging die Verschiebung des Reichtums von den Armen zu den Reichen bemerkenswert effizient vor sich. Die Körperschaftssteuern wurden gekürzt. Bei öffentlichen Dienstleistungen wie Bildung, Sozialleistungen und medizinischer Vorsorge wurde im Namen der Effizienz gespart, was zu einer ausgeprägten Abhängigkeit von privaten Unternehmen wie Federal Express oder privaten Sicherheitsdiensten anstatt »ineffizienter« öffentlicher Institutionen wie dem U.S. Postal Service oder städtischen Polizeistützpunkten führte. Es gab sogar Pläne, das Strafvollzugssystem oder öffentliche Universitäten zu privatisieren.[27] In diesem Jahrzehnt wurden auch die Einkommenssteuersätze für höhere Einkommensschichten gesenkt. Der höchste Einkommenssteuersatz lag 1945 bei 94 Prozent und bewegte sich zwischen den 50er und 70er Jahren zwischen 87 und 70 Prozent. Mit dem Regierungsantritt von Reagan fiel dieser Höchstsatz auf 50 Prozent; unter der Regierung Bush stand er 1991 bei 28 Prozent.[28] So lukrierte das eine Prozent der bestverdienenden Amerikaner zwischen 1977 und 1989 60 Prozent der Einkommensgewinne nach Steuer, während die untersten 40 Prozent der Familien Reallohnverluste hinnehmen mußten. Laut *Business Week* vom 6. Mai 1991 war das durchschnittliche Gehalt eines Generaldirektors in den USA über 85mal höher als der Durchschnittslohn eines Fabrikarbeiters, während der vergleichbare Quotient in Japan bei nur 17 lag.[29] Kevin Phillips schreibt sogar, daß »die Gehälter von Top-Managern (...) auf das 130- bis 140-fache des Durchschnittslohns eines Arbeiters nach oben schnellten, und das obwohl die Reallöhne bzw. die inflationsangepaßten Löhne wie in den 80er Jahren weitersanken«.[30] Die Fälle gesetzeswidriger und zweifelhafter Geschäftspraktiken sind zu zahlreich, um sie hier aufzuzählen – von dubiosen Fusionen, Übernahmen und Risikoanleihen bis zum Spar- und Kreditinstitut-Skandal. Die Zahl der Armen stieg 1991 auf 35,7 Millionen, das heißt auf 14,2 Prozent der Gesamtbevölkerung. Das ist die höchste Zahl seit 1964.[31] In einer solchen Atmosphäre des Eigennutzes und des Eigeninteresses sahen die Firmenmanager ihre Aufgabe logischerweise darin, die Profite zu maximieren, und zwar praktisch ohne jede Rücksicht auf die Folgen. Sie verlegten ihre Unternehmen dorthin, wo es niedrigere Steuern und höhere Profite gab.

Es soll hier betont werden, daß der Trend zur Transnationalisierung keine rein amerikanische, sondern eine globale Erscheinung war. Leslie

[23] Percy Barnevik, der Generaldirektor von ABB, schloß kürzlich ein Interview mit der Bemerkung: »Stehen wir über den Regierungen? Nein. Wir sind den Regierungen verantwortlich. Wir befolgen in jedem Land, in dem wir tätig sind, die Gesetze, aber wir machen keine Gesetze. Allerdings verändern wir die Beziehungen zwischen den Staaten. Wir sind das Schmiermittel im Getriebe der weltweiten wirtschaftlichen Integration (...) Wir erzeugen diesen Prozeß nicht, aber wir treiben ihn voran. Wir machen das unsichtbare Wirken des globalen Wettbewerbs sichtbar.« (William Taylor, »The Logic of Global Business: An Interview with ABB's Percy Barnevik«. In: *Harvard Business Review 69* [März/April 1991], S.105).

[24] Vgl. Terajima Jitsuro: *Chikyugi o te ni kangaeru Amerika: 21 seiki Nichi-Bei kankei e no koso*. Tokio 1991, S.78f.

[25] Es gibt einige Bücher über dieses angeblich in Familienbesitz stehende, aber unjapanische Unternehmen, alle von bewundernden – und dazu beauftragten? – japanischen Autoren. Vgl. beispielsweise: Itagaki Hidenori: *Yaohan: Nihon dasshutsu o hakaru tairiku-gata shoho no hasso (Tokio, 1990) und Tsuchiya Takanori, Yaohan Wada Kazuo: Inoru keiei to hito zukuri*. Tokio, 1991. Yaohan betreibt, gemäß dem Glauben seines Eigentümers, die aggressive Verbreitung der Lehre des Seicho-no-ie-Tempels unter seinen Angestellten in verschiedenen Ländern. Trotz absehbarer Konflikte mit Angestellten, die einer anderen Religion angehören (beispielsweise Moslems in Singapur), besteht Yaohan darauf, daß diese Lehre der Schlüssel zu seinem Erfolg ist.

[26] Eine gesonderte Betrachtung dieses Aspekts der TNKs findet sich zum Beispiel bei: Raymond Vernon: *Sovereignty at Bay: The Multinational Spread of U.S. Enterprises*. New York, 1971 und Stephen Hymer: *The International Operations of National Firms: A Study of Direct Foreign Investment*. Cambridge, Mass., 1976. In diesem Zusammenhang muß auch auf J.A. Hobsons visionären Weitblick in *Imperialism* London, 1902, besonders in Teil 1, »The Economics of Imperialism«, verwiesen werden.

[27] Während der Finanzkrise des Bundesstaates Kalifornien gab es Gerüchte, daß eine Privatisierung der University of California sowie der Universität Berkeley und der UCLA (University of California – Los Angeles) im Raum stünde. Dieses Gerücht wurde zwar nie bestätigt, aber auch nicht offiziell dementiert.

[28] Vgl. Tom Petruno, »A Return to Rational Rates«, in Los Angeles Times, 29. Januar 1992, S. D1.

[29] Vgl. »Are CEOs Paid Too Much?«, in Business Week, 6. Mai 1991. Die Japaner sind sehr stolz auf diese »demokratische« Verteilung des Reichtums. Dieser Stolz ist zwar großteils berechtigt, doch die gerechte Wohlstandsverteilung ist nicht ganz so echt wie es scheint. Zum einen sind hier

Sklair stellt in einer der umfassendsten Studien über TNKs (aus einer Gramscischen wie auch aus einer feministischen Perspektive) fest: »Obwohl es keinen klaren Beweis dafür gibt, daß TNKs der Dritten Welt die Erlösung bringen können, werden ihnen in vielen armen Ländern die einzigen Lichtblicke in Wirtschaft und Gesellschaft zugeschrieben (...) (TNKs) werden heftig umworben und verfügen über hohes Prestige.«[32] Wie schon vorher erwähnt, bringen nicht nur Industrienationen, sondern auch Schwellenländer und andere Wirtschaftssysteme Unternehmen hervor, die ihre Profite durch das freie Überschreiten nationaler Grenzen maximieren. Wie auch immer man zur Praxis der TNKs steht: Sie sind keinen Nationalstaaten verpflichtet, sondern verfolgen ihre eigenen Interessen und Profitziele auf der ganzen Welt. Sie repräsentieren weder ihre Ursprungsländer noch ihre Gastländer, sondern nur sich selbst.

Natürlich kommen noch viele andere Faktoren ins Spiel. TNKs verfügen über enorme Macht. Sklair zeigt auf, daß »im Jahr 1986, laut Informationen der Weltbank, 64 von 120 Ländern ein Bruttosozialprodukt von weniger als 10 Milliarden Dollar aufwiesen. Die Daten der Vereinten Nationen weisen für 1985/86 im Bergbau und in der Fertigungsindustrie 68 TNKs mit jährlichen Verkaufszahlen von über 10 Milliarden Dollar aus, während die 50 größten Banken, die 20 größten Wertpapieragenturen und 29 der 30 größten Versicherungsgesellschaften ein Nettovermögen von mehr als 10 Milliarden Dollar besaßen« (S, S.48f.). Das bedeutet, daß mehr als fünfzig der hundert größten wirtschaftlichen Komplexe TNKs sind.[33] Aufgrund der – häufig und zu Recht als dritte industrielle Revolution bezeichneten – rasanten Entwicklung hochstehender Computertechnologien im Kommunikations-, Transport- und Fertigungsbereich verläuft der Transfer von Kapital, Produkten, Anlagen und Arbeitskräften so effizient wie noch nie. Privates Kapital – im Ausmaß von Milliarden Dollar bei einer einzigen Transaktion – fließt von einem Industriezentrum in ein anderes; diese Transaktionen schlagen sich alleine beim Clearing House Interbank Payment System (CHIPS) in New York, dem Verrechnungssystem der Banken, mit fast einer Billion Dollar pro Geschäftstag zu Buche.[34] Es versteht sich von selbst, daß diese Entwicklung die Interventionsmöglichkeiten zentraler Nationalbanken wie der deutschen Bundesbank, der japanischen Nihon Ginko oder der amerikanischen Federal Reserve einschränkt.

Neue Produktionsmethoden ermöglichen es den TNKs, ihre Fabriken an jeden beliebigen Ort zu verlegen, der qualifizierte sowie anlernbare billige Arbeitskräfte bietet, solange es dort steuerliche Anreize, politische Stabilität, eine entsprechende Infrastruktur und keine strengen Umweltschutzbestimmungen gibt. Ein geringes Bürgerrechtsbewußtsein, einschließlich eines unterentwickelten Gewerkschaftswesens und Feminismus, ist ebenfalls von entscheidender Bedeutung; die weibliche Arbeitskraft wird zwar auf der ganzen Welt ausgebeutet, doch der Lohnunterschied zwischen den Geschlechtern ist in der Dritten Welt – dem Zielgebiet der TNKs – noch höher.[35] Das globale Transportsystem ist so effizient, daß die Arbeitsteilung über Grenzen hinweg heute eine gegebene Tatsache ist. Verschiedene Teile werden an vielen verschiedenen Orten gefertigt und dann – in Abhängigkeit von besonderen Zollbestimmungen, Arbeitsbedingungen und anderen Faktoren – an einem Ort montiert, der sich in strategisch günstiger Position zum Zielmarkt befindet.[36] Es gibt zahllose Joint-ventures wie General Motors und Toyota, General Electric oder RCA (die Radio Corporation of America), und Thomson SA. Banks und andere Finanzinstitutionen werden ebenfalls durch immer weniger Hindernisse am Überschreiten von Grenzen gehindert.

Bei diesen MNK/TNK-Aktivitäten werden die Waren jedenfalls weltweit beworben und vertrieben und nur mit den Markennamen und nicht mit ihren Ursprungsländern identifiziert. Das Ursprungsland verliert sogar mehr und mehr an Bedeutung. Der Slogan »Kauft amerikanisch!« wird immer mehr zu einem sinnentleerten Schlachtruf: Der Honda Accord wird in Ohio aus zu 75 Prozent in den USA erzeugten Teilen gebaut, während der Dodge Stealth in Japan von Mitsubishi hergestellt wird.[37] »Im neuen Boeing-777-Programm erzeugt die Firma Boeing selber nur die Flügel, die Nasenkonstruktion und die Triebwerkgondeln. Der Rest des Großraumflugzeuges wird von hunderten Subunternehmen in Nordamerika, Japan und Europa geliefert.«[38] Fast kein

die enormen Summen nicht berücksichtigt, die pro Jahr für Sondervergünstigungen für Topmanager – wie Dienstwohnung, Dienstwagen mit Chauffeur und Gratisparkplatz (im unter chronischem Platzmangel leidenden Japan keine Kleinigkeit) – aufgewendet werden; dazu kommen noch die bekannten Unterhaltungsausgaben, die von einer Studie pro Jahr auf 35,5 Milliarden US-Dollar geschätzt werden. Vgl. Robert Neff und Joyce Barnathan: »How Much Japanese CEOs Really Make«. In: *Business Week*, 27. Januar 1992, S.31. Der Ausdruck von Reichtum, Macht und Privilegien nimmt offensichtlich in verschiedenen Gesellschaften verschiedene Formen an.

30 Kevin Phillips: »Down and Out«. In: *New York Times Magazine*, 10. Januar 1993, S.20.

31 Vgl. Robert Pear, »Ranks of U.S. Poor Reach 35.7 Million, the Most Since '64«, in New York Times, 4. September 1992, A1, A 14: Nach dem Besuch von Präsident Bush in Japan Ende 1991 widmeten die Medien den Vergleichswerten von Reichtum und Armut in den USA breiten Raum. Vgl. auch: Nasar, »The 1980s: A Very Good Time for the Very Rich«. In: *New York Times*, 5. März 1992, S.A1 u. A22; Petruno: »Investors Seeking Voice on Execs' Pay May Get It«. In: *Los Angeles Times*, 7. Februar 1992, S. D1 u. D3; Linda Grant, »Corporations Search for Answers on Executive Pay«. In: *Los Angeles Times*, 23. Februar 1992, S. D1 u. D9; James E. Ellis, »Layoffs on the Line, Bonuses in the Executive Suite«. In: *Business Week*, 21. Oktober 1991, S.34; Anne B. Fisher: »The New Debate over the Rich and the Poor«. In: *Fortune*, 29. Juni 1992, S.42ff.; Louis S. Richman: »The Truth about the Rich and the Poor«. In: *Fortune*, 21. September 1992, S.134ff.; Lee Smith: »Are You Better Off?«. In: *Fortune*, 24. Februar 1992, S.38ff.; Geoffrey Colvin, »How to Pay the CEO Right«, in 6. April 1992, S.60ff.. Vgl. ergänzend den Bericht über Managergehälter in *Business Week*, 30. März 1992, S.52ff.

32 Leslie Sklair: *Sociology of the Global System* Baltimore 1991, S.102f., wird im folgenden mit S abgekürzt. Unter den zahlreichen Büchern zum Thema zeichnet sich jenes von Sklair durch eine sozialpolitische Vision aus, von der ihre wirtschaftliche Analyse durchdrungen ist.

33 Im Jahr 1973 wurde außerdem festgestellt, daß »von den hundert größten wirtschaftlichen Komplexen der Welt nur die Hälfte Nationalstaaten sind, der Rest sind multinationale Unternehmen verschiedener Art« (Harry M. Makler, Alberto Martinelli und Neil J. Smelser: *Einleitung, in The New International Economy*, Hg. Makler, Martinelli und Smelser Beverly Hills, Kalifornien 1982, S.25).

34 Vgl. June Kinoshita, »Mapping the Mind«, in New York Times Magazine, 18. Okt. 1992, S.43-47, 50, 52, 54.

35 Die weibliche Arbeitskraft ist überall billiger als die männliche, besonders in der Dritten

Fernsehgerät ist heute noch ein reines amerikanisches Inlandsprodukt. 1992 wurde bekanntgegeben, daß »Zenith Electronics Corp., der letzte in US-Besitz befindliche Fernseher-Erzeuger, die Endmontage aller Großbildschirmgeräte nach Mexiko verlagert«.[39] Ein TNK wählt den Ort seiner Aktivitäten ausschließlich auf Basis einer exakten Kosten-Nutzen-Rechnung aus, in die der gesamte Prozeß von Forschung, Entwicklung, Produktion, Vertrieb, Werbung, Marketing, Finanzierung und Steuerverpflichtungen einbezogen ist.

TNKs müssen Mitarbeiter rekrutieren, die sowohl profunde Kenntnisse der örtlichen Sitten und Gebräuche mitbringen als auch mit den spezifischen Strategien des Unternehmens in seinen globalen Aktivitäten vertraut sind. Aus diesem Grund gehören ihre Angestellten meist verschiedenen Nationalitäten und Volksgruppen an. Dieser Aspekt ist aus mehreren Gründen von Bedeutung. Erstens werden TNKs von allen ihren Angestellten in zunehmendem Maße mehr Loyalität zur Unternehmensidentität als zu ihrer jeweiligen nationalen Identität verlangen. Zweitens müssen die Angestellten aus verschiedenen Nationalitäten und Volksgruppen sich untereinander verständigen können. Daher sind TNKs – zumindest offiziell und oberflächlich betrachtet – darauf ausgerichtet, farbenblind und multikulturell zu agieren.[40] Trotz immer wiederkehrender gewalttätiger Rassenunruhen in den USA wurden die Einwanderungsbestimmungen des Landes im Jahr 1965 radikal geändert, um das 1952 mit dem McCarran-Walter Act eingeführte, auf ethnischen Kriterien beruhende Quotensystem zu reformieren. Im überarbeiteten Immigration Reform and Control Act des Jahres 1986 und im Reformentwurf von 1990 werden berufliche Fähigkeiten über ethnische Kriterien gestellt. Gerade für TNKs ist es möglich, Mitarbeiter nicht nur aus der allgemeinen Kategorie von Fachkräften und Akademikern, sondern darüberhinaus auch über die Kategorie von 40.000 Ausländern mit speziellen Fähigkeiten zu rekrutieren.[41] Drittens schafft der Bedarf nach einem solch großen Reservoir an qualifizierten Arbeitskräften eine transnationale Klasse von Professionalisten, die weltweit leben und arbeiten und sich dabei mit ihren Kollegen fließend auf englisch, der Lingua franca des TNK-Zeitalters, unterhalten können. Die Bildung dieser transnationalen Klasse (oder dessen, was Robert Reich in *The Work of Nations* als »symbolische Analytiker« bezeichnet) verlangt selbst nach einer weitergehenden Untersuchung – vor allem das Verhalten und die Beziehung dieser exklusiven und privilegierten Klasse zu jenen, die außerhalb stehen: zu den Arbeitslosen, Unterbeschäftigten, Vertriebenen und Heimatlosen.[42] Die dritte industrielle Revolution schafft, genau wie die beiden ersten, einen riesigen Überschuß an teilqualifizierten und ungelernten Arbeitskräften, was wiederum enorme demographische Verschiebungen auf der ganzen Welt auslösen und die Massen der Unterschicht in allen Industrieregionen weiter vergrößern wird.

Über das Schicksal jener, die nicht in der Lage sein werden, in diese privilegierte Klasse aufzusteigen, hat Reich wenig zu sagen. Es bleibt also abzuwarten, wie weit die Manager der neuen Elite mit der Klasse der Spezialisten und Experten der modernen Industriegesellschaft vergleichbar sind und in welcher Beziehung sie zu jenen stehen, die in der Welt der TNKs ins Abseits gedrängt und sich selbst überlassen werden.

Als sich das traditionelle westliche Gesellschaftssystem in eine bürgerlich-kapitalistische Gesellschaft verwandelte, wurden die an der Planung und Verwirklichung des kapitalistischen Modells beteiligten Intellektuellen und Experten in ihrer Selbsteinschätzung als freie und aufrichtige Kritiker und Interpretierende bestärkt. Im Zeitalter der TNKs ist ihnen aufgrund der ungemein komplexen und differenzierten Situation eine konkrete Reflexion noch weniger möglich, da das Wesen der TNKs per definitionem unprovinziell und global, das heißt vorgeblich frei von isolationistischen und idiosynkratischen Beschränkungen ist. Auch wenn sie keine nationalen oder ethnischen Scheuklappen aufweist, so ist die TNK-Klasse doch nicht frei von einer neuen Version einer »ideologielosen« Ideologie, die auf die effiziente Steuerung globaler Produktion und globalen Konsums und somit der globalen Kultur an sich abzielt. Sind die Intellektuellen der Welt willens, am transnationalen Konzernsystem mitzuwirken und als seine Apologeten zu fungieren? Wie soll man sich in die-

Welt. Der Geschlechterteilung der Arbeit wird daher von den Wirtschaftswissenschaften einige Aufmerksamkeit gewidmet. Es ist dies ein äußerst wichtiges Thema, das dringend der eingehenderen Betrachtung bedarf. Vgl. S, S.96ff., 108f., 233ff. Vgl. auch Maria Mies, *Patriarchat und Kapital: Frauen in der internationalen Arbeitsteilung*, (London, 1986), bes. Kap. 3 und 4.

[36] Zu diesem Thema gibt es umfangreiche Literatur. Vgl. beispielsweise Folker Fröbel, Jürgen Heinrichs und Otto Kreye: *Die neue, internationale Arbeitsteilung: Strukturelle Arbeitsteilung in den Industrieländern und die Industrialisierung der Entwicklungsländer*, Reinbek 1980, sowie Michael J. Piore und Charles F. Sabel: *Das Ende der Massenproduktion: Studie über die Requalifizierung der Arbeit und die Rückkehr der Ökonomie in die Gesellschaft*. Frankfurt/Main: Fischer 1989.

[37] Lee Iacocca, der frühere Chrysler-Vorsitzende, war im Zusammenhang mit dieser Mitsubishi-Fabrik in Nagoya eher wortkarg, als er Präsident Bush 1991 auf seiner Japan-Reise begleitete, um sich über die japanischen Auto-Importe zu beklagen. Der Stealth wird – mit Ausnahme des in die vordere Stoßstange eingeätzten Wortes Dodge – vollständig in Japan erzeugt, Vgl. David E. Sanger: »Detroit Leaning on Japan, in Both Senses«. In: *New York Times*, 27. Februar 1992, S.A1.

[38] John Holusha: »International Flights, Indeed«. In: *New York Times*, 1. Januar 1992, S.49.

[39] »Made in America Gets Tougher to Determine«. In: *San Diego Union-Tribune*, 2. Februar 1992, S.A33.

[40] Das bedeutet nicht, daß alle TNKs fähig sind, mit komplexen Rassenproblemen in allen Regionen der Welt rational und gewandt umzugehen. Japanische MNK-/TNK-Manager in den USA beispielsweise haben immer wieder ernsthafte Schwierigkeiten, ethnische und Rassenprobleme zu verstehen, und sind daher häufig mit gerichtlichen Klagen von Angestellten (sowohl von Mehrheits- als auch von Minderheitenangehörigen) konfrontiert. Meiner Meinung nach entsteht das Problem aber nicht aus mangelnder Information, sondern aus Unerfahrenheit und Unwissenheit bei der Umsetzung der entsprechenden Strategien. Konzernmanager sind sich durchaus dessen bewußt, was von ihnen bei der Leitung von Auslandsaktivitäten erwartet und verlangt wird.

[41] Vgl. Kuwahara Yasuo: *Kokkyo o koeru rodosha* Tokio 1991, S.127ff. Die Freizügigkeit von Facharbeitern und ungelernten Arbeitskräften in der Europäischen Union stellt ebenfalls ein wirtschaftliches Integrationsmodell par excellence dar.

[42] Vgl. Robert B. Reich, *The Work of Nations: Preparing Ourselves for Twenty-First-Century Capitalism* (New York, 1991). In seinem Beitrag zu *The New International Economy* zieht Volker Bornschier den Schluß: »Wir wissen, daß die

MARTIN KIPPENBERGER

M.K.

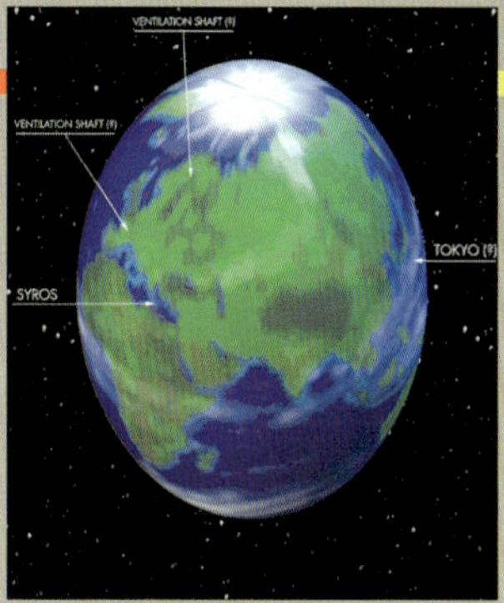

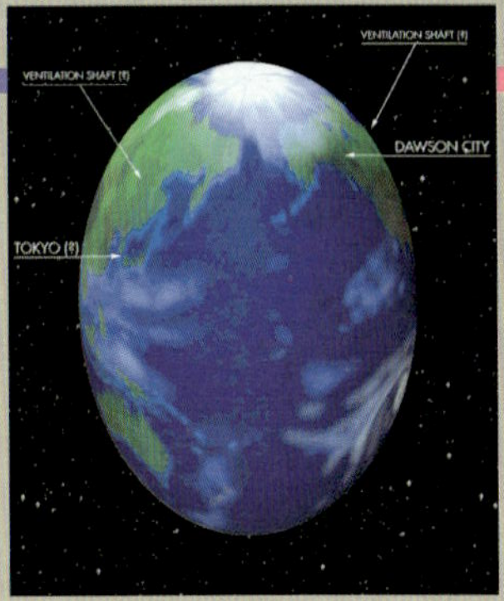

METRO-*Net*

WORLD CONNECTION

Martin Kippenberger has planned a world-wide project with the title "**Metro**-*Net*". The network reaches from Syros, Greece to close to Alaska.

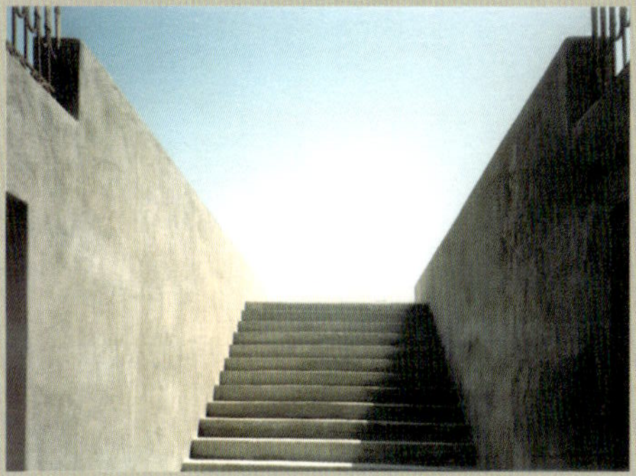

To begin the project, one entrance to the subway was opened on the Greek island Syros (Cyclades) September 1993. A stairway leads into the assumed shaft, which is closed off by a wrought-iron gate adorned with the emblem of the Lord Jim Loge.

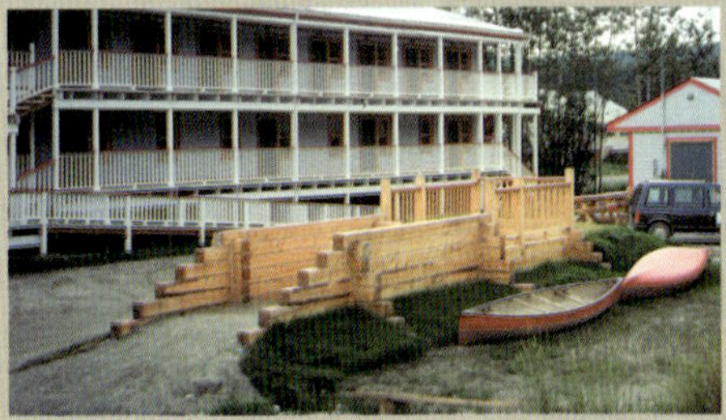

While the entrance in Greece is built in concrete, the exit Dawson City West in Canada is constructed in wood, as is usual for that climate. The formal opening of the exit took place in August 1995.

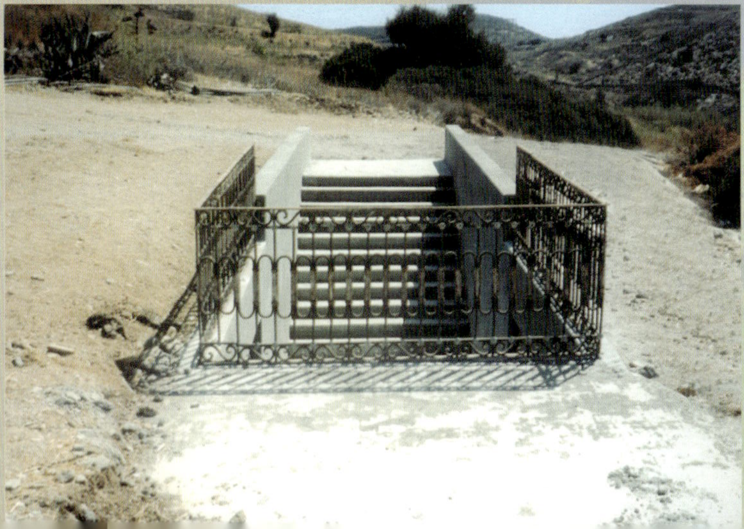

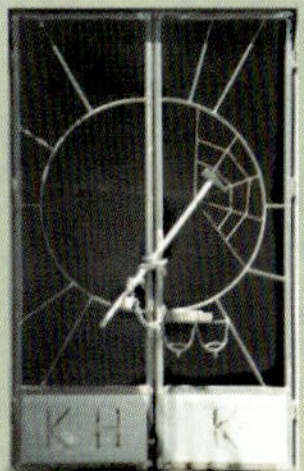

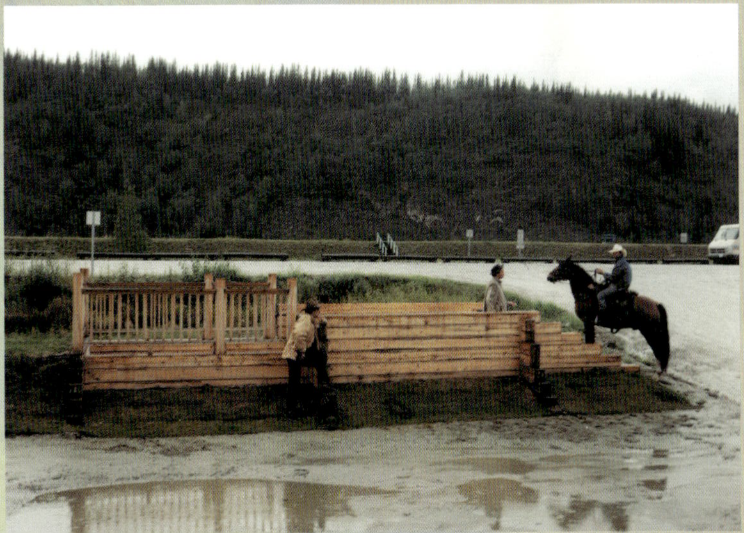

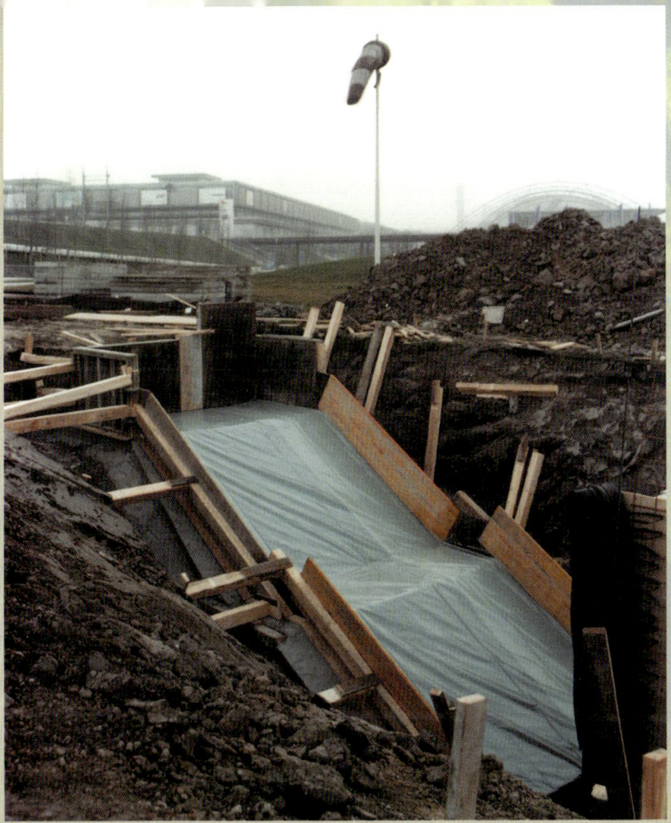

Subway entrance (under construction)
Messe Leipzig 1997

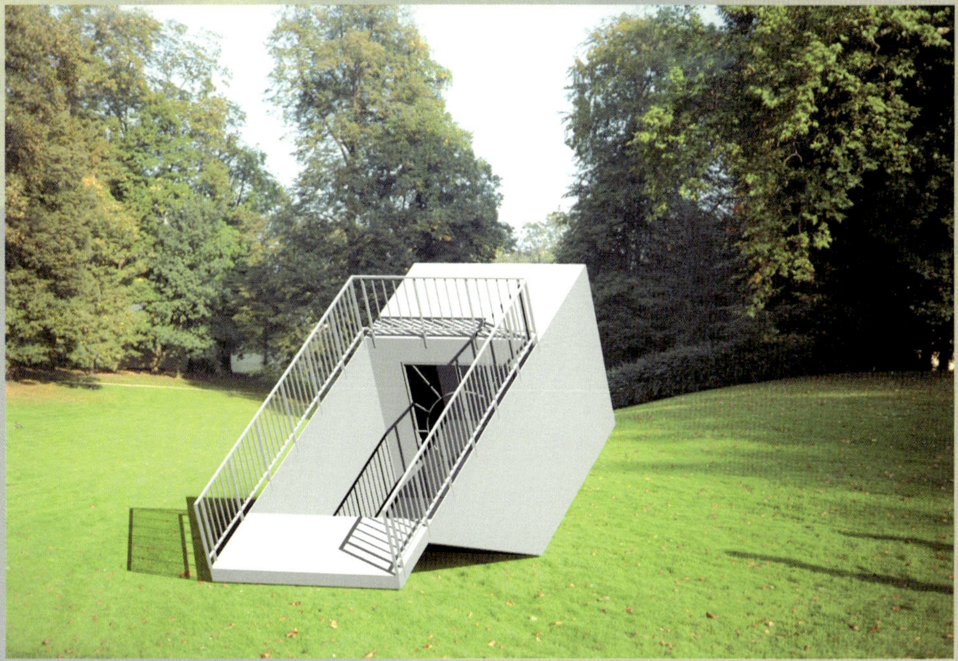

Transportable subway entrance
documenta X, Kassel 1997

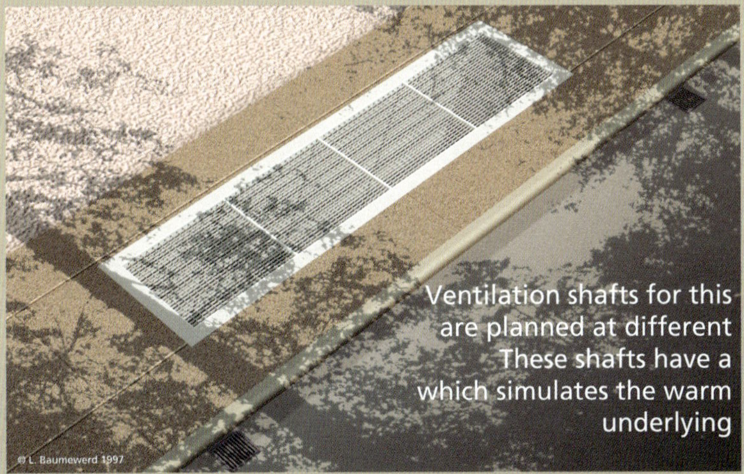

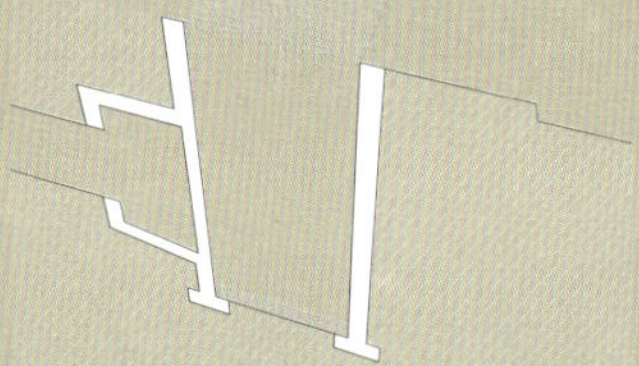

Ventilation shafts for this imaginary subway system are planned at different parts of the world. These shafts have a ventilation system, which simulates the warm air created by the underlying subway.

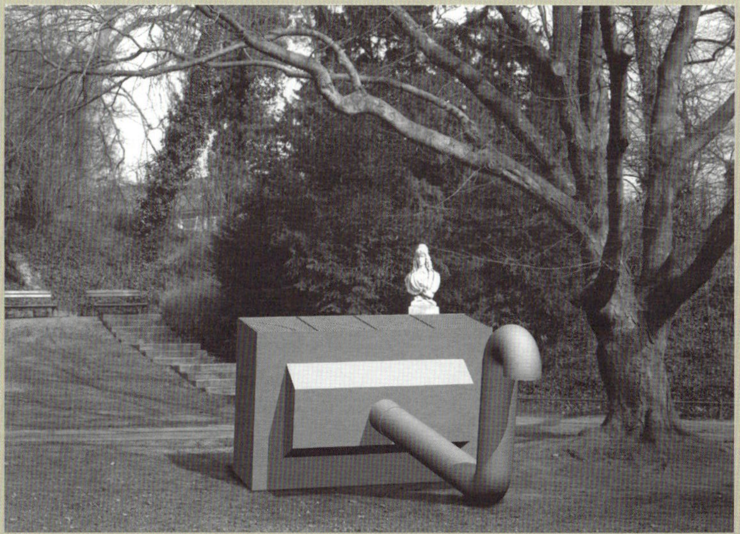

Transportable ventilation shaft
Skulptur Projekte, Münster 1997

sem Neo-Daniel-Bellschen Gefüge transnationaler Macht und Kultur positionieren, ohne sich im Netz des Nativismus zu verfangen? Dies scheint die wichtigste Frage zu sein, vor der Kritiker und Theoretiker auf der ganzen Welt zur Zeit stehen – eine Frage, auf die ich später noch genauer eingehen werde.

Der Niedergang des Nationalstaates wurde durch das Ende des Kalten Krieges beschleunigt. Krieg aktiviert Nationalismus und Patriotismus genauso, wie Feindseligkeit die Kluft vertieft, die »sie« von »uns« trennt. Die binäre Ausrichtung, die während des Kalten Krieges alle Auslandsbeziehungen kennzeichnete, war 1989 plötzlich verschwunden. Mit dem Untergang der autoritären sozialistischen Staaten erschien es, als ob der bürgerliche Kapitalismus über alle Konkurrenzmodelle triumphiert hätte. Egal, ob diese Interpretation richtig oder falsch ist: Durch das Verschwinden der »anderen Seite« und das Ende des administrativen Kolonialismus befindet sich der Nationalstaat in einem leeren Raum, der ideologisch unumstritten und militärisch abgesichert ist. Die durchchoreographierte Demonstration der hochentwickelten Vernichtungstechnologie der USA im Golfkrieg konnte trotz allem das Fehlen jeglichen Zieles und Sinnes dieser erstaunlichen Truppenübung nicht verbergen. Der Golfkrieg war ein Krieg des absoluten Snobismus, perfekt durchgestylt, eine Machtdemonstration um der Macht willen in einer Welt nach dem Kalten Krieg. Er war Ausdruck der Verachtung der Reichen gegenüber den Armen in einer Zeit, als militärische und politische Macht durch wirtschaftliche und industrielle Macht verdrängt wurden. Die USA als einzige noch verbleibende Supermacht führten zwar den Krieg, doch wie das »Aufteilen« der militärischen Kosten unter den »alliierten Nationen« deutlich machte, wurde er mehr im Dienste der herrschenden Wirtschaftsstrukturen geführt als im Interesse der USA, die letztlich nur als Söldner für diese Ziele agierten. Bedeutet das, daß die Streitkräfte der USA ab nun den Interessen der Konzerne dienen werden, ohne die Interessen ihres eigenen Volkes zu berücksichtigen? Wird der Staatsapparat sogar noch mehr als bisher vom Wohle des Volkes abgekoppelt werden? Der Reichtum, der Recht und Macht schafft, hat nun offenbar mehr Gewicht als die Macht, die Reichtum schafft.[43]

Im Vergleich mit dem effizienten Operieren der TNKs erscheinen die Nationalstaaten mehr und mehr vage und unlenkbar. Das Ende des kalten Krieges lockerte zwar auch die Bindungen innerhalb von Nationalstaaten wie der Sowjetunion oder Jugoslawien und förderte separatistische Bewegungen in Schottland, Spanien, Indien, Kanada und vielen anderen Ländern, doch sind dies Manifestationen von ethnischer Zugehörigkeit, aber nicht von Nationalismus.[44] Diese Unabhängigkeitsbewegungen, um *The New International Economy* zu zitieren, »spiegeln sozusagen den Niedergang des Nationalismus als Kraft der politischen Einigung wider, einen Niedergang, der auch durch die wirtschaftliche und politische Internationalisierung ausgelöst wurde«.[45]

Es ist heute zwar eher üblich, die »ethnischen Säuberungen« der Serben, die Feindschaft zwischen Moslems und Hindus in Indien oder den islamischen Fundamentalismus als »nationalistisch« zu betrachten, doch es scheint mindestens genauso sinnvoll, diesen Neo-Revivalismus, Neo-Rassismus und Neo-Ethnizismus in Verbindung mit dem Niedergang des Nationalstaates zu betrachten. Die zerbrechenden und zerbrochenen Strukturen an diesen umkämpften Stellen der Welt sind neu erweckte Kräfte – allerdings nicht für den Aufbau autonomer Nationen, sondern für das Aufgeben von Erwartungen und Verantwortungen für politisch-ökonomische nationale Projekte. Ethnische und Rassenzugehörigkeit werden als Ausflucht vor den Zwängen eines integrierten politischen und wirtschaftlichen Systems benutzt. Während die Globalisierung zunimmt, gewinnt der Neo-Ethnizismus in diesem beängstigend komplexen und sich rasant ändernden Zeitalter seine Attraktivität aus seiner primitiven Einfachheit und seinem Reduktionismus. Aber über allen separatistischen Ambitionen – von der Tschechoslowakei und Jugoslawien bis Indien oder Myanmar – schweben die dunklen Schatten wirtschaftlicher Befürchtungen, die keines dieser »nationalistischen« Gebilde in seinem stürmischen Streben nach Unabhängigkeit und Reinigung ausreichend bedacht hat. Es scheint, als ob die Unzulänglichkeit des Nationalstaates nun zur Gänze erkannt worden wäre und die starken Männer in den Provinzen versuchten, sich noch schnell etwas Grundbesitz unter den Nagel zu reißen, bevor sich die transnationalen Konzerne alles einverleiben und aneignen.

Jene, die den Nationalstaat als historische bürgerliche Erfindung zum Schutz der nationalen Wirtschaft vor den Gefahren einer freien Demokratie betrachten, mögen die negative Wirkung des Transnationalismus auf den Nationalstaat begrüßen. Soweit Krieg ein unvermeidliches Produkt

Verteilung des persönlichen Einkommens ungleicher ist, wenn die Verbreitungsrate (von multinationalen Konzernen) hoch ist. Es gibt keinen empirischen Beweis, daß MNKs die Ungleichheit in weniger entwickelten Ländern durch ihre Aktivitäten ausgleichen, hingegen jedoch einige Hypothesen mit vorläufiger empirischer Bestätigung des Gegenteils« (Volker Bornschier: »World Economic Integration and Policy Responses: Some Developmental Impacts«. In: *The New International Economy*, S.68f.).

[43] Der erste große Krieg nach dem Ende des kalten Krieges, der Golfkrieg, bedarf einer weiteren Analyse. Die Intellektuellen der Ersten Welt protestierten kaum dagegen, obwohl der US-Kongreß in der Frage der Invasion von Bodentruppen im Irak vor der tatsächlichen Aktion in zwei fast gleich große Gruppen gespalten war. Es gibt einige Essay-Sammlungen zum Golfkrieg: Vgl. u.a. *The Gulf War Reader: History, Documents, Opinions*, Hg. Micah L. Sifry und Christopher Cerf (New York, 1991). Vgl. auch Christopher Norris: *Uncritical Theory: Postmodernism, Intellectuals and the Gulf War* London 1992.

[44] David Binder und Barbara Crossette kommen in »Ethnic Wars Multiply, U.S. Strives for a Policy«. In: *New York Times*, 7. Februar 1993, S.A1, A12, auf weltweit 48 ethnische Kriege.

[45] Makler, Martinelli und Smelser, Einleitung. In: *The New International Economy*, S.26f.

Marijke van Warmerdam, Rijst (Reis), 1995

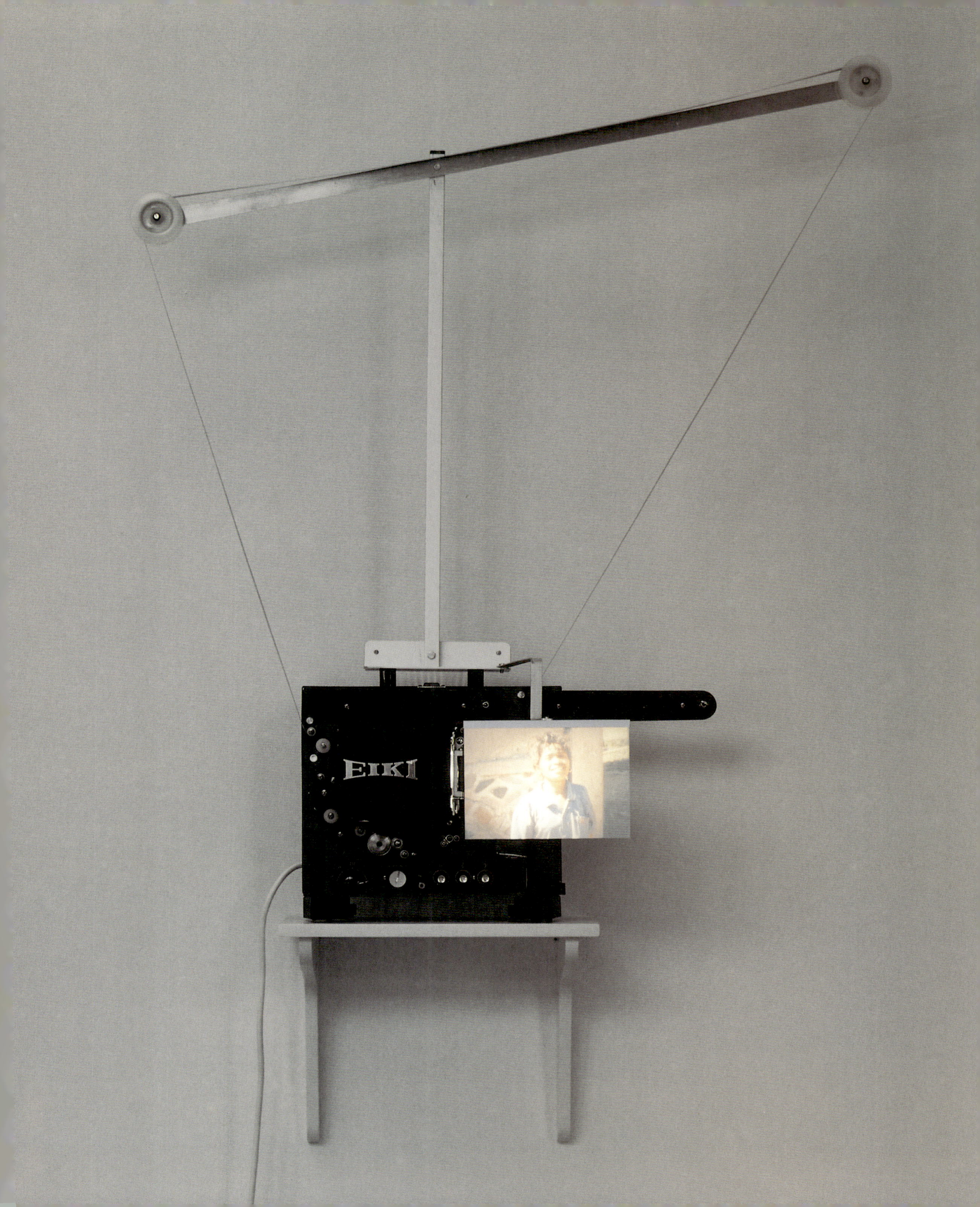
EIKI

der nationalen Wirtschaft ist, wie Marx 1848 in seinem *Kommunistischen Manifest* darlegte, hat der Niedergang des Nationalstaates etwas Positives. Gleichzeitig erfüllte und erfüllt der Staat aber bestimmte Funktionen, für die es derzeit noch keinen Ersatz gibt. Er definiert die Staatszugehörigkeit, kontrolliert die Währung, schafft Recht, sorgt für ein öffentliches Gesundheitswesen, bietet eine allgemeine staatliche Bildung, erhält die Sicherheit aufrecht und, was noch wichtiger ist, er lenkt die nationale Wirtschaft (obwohl dies in den USA wenig anerkannt wird, wie ich vorher schon erwähnte) – und das alles mit Hilfe von Geldern, die durch Steuern eingehoben werden. Bei der Aufzählung dieser Aufgaben wird jedoch auch unbestreitbar deutlich, daß dies nicht eine Liste von Erfolgen, sondern eine von Mißerfolgen ist. In allen diesen Punkten erscheint der Staat als politische Autorität voreingenommen und diskreditiert. Der Großteil der vom Staat erbrachten Leistungen kommt nicht der Nation als integriertem Ganzem, sondern nur gewissen Klassen – den Privilegierten der Nation – zugute. Der Staat ist nicht fähig, die meisten seiner Sektoren zu befriedigen und verärgert damit auch die meisten seiner Bürger. Daher herrscht in allen Bevölkerungsgruppen, ob reich oder arm, eine Abneigung gegen das Steuerzahlen, obwohl allgemein anerkannt ist, daß Steuern der Klebstoff sind, der den Zusammenhalt des Nationalstaates garantiert. In diesem Sinne funktioniert der Nationalstaat nicht mehr; er wird vollkommen von den transnationalen Konzernen vereinnahmt. Dadurch ist er für einige einfach ein Ärgernis, doch für die überwältigende Mehrheit dient er als nostalgischer und sentimentaler Mythos, der die Illusion einer klassenlosen, organischen Gesellschaft bietet, in der alle Menschen gleichberechtigte Mitglieder sind. Diese Illusion der nationalen Gemeinschaft hält sich immer noch hartnäckig.

Ich möchte die Verwendung des nationalstaatlichen Konzepts anhand eines Beispiels demonstrieren. Die Entstehung eines hochkomplexen industriellen Produktions- und Vertriebsnetzes über nationale Grenzen hinweg – kurz gesagt, die Transnationalisierung – macht die Diskussionen um Handelsüberschüsse und -defizite im großen und ganzen hinfällig. Reich vertritt die richtige Meinung, daß Reichtum dort entsteht, wo Manager und Experten Forschung und Entwicklung betreiben, und nicht dort, woher das Unternehmen oder die produzierten Güter stammen.[46] Wie bereits erwähnt, ist es oft kaum mehr möglich, das genaue Herkunftsland eines Produktes festzustellen, da die einzelnen Produktteile aus den verschiedensten Teilen der Welt stammen. Die Bestimmungen bezüglich des »lokalen Anteils« von Produkten sind praktisch nicht umsetzbar. Die USA beispielsweise beziehen sogar 30 Prozent ihrer Importe von amerikanischen Unternehmen, die in den letzten Jahrzehnten im Ausland gegründet wurden.[47] Darüberhinaus ist es für MNKs und TNKs auch nicht relevant, daß sie gewisse Regionen ihrer eigenen Ursprungsländer in Armut stürzen, beispielsweise in den Vereinigten Staaten oder Großbritannien. Es ist ein durchaus plausibles Argument, daß die Verfechter des Protektionismus, wie die sogenannten Revisionisten im Handelszwist zwischen den USA und Japan, bewußt oder unbewußt einem patriotischen Schwindel Vorschub leisten, der die in diese bilateralen wirtschaftlichen Spannungen hineinspielenden Klasseninteressen verbergen soll. So wie auch der freie Handel begünstigt der Protektionismus gewisse Sektoren von Industrie und Handel und schadet anderen. Protektionismus und freier Handel sind also kurzfristig für verschiedene Industriesektoren vorteilhaft, obwohl der Protektionismus letztlich immer den Interessen der Konsumenten schadet. Nur wenn der Zusammenhalt eines totalen Nationalstaates allgemein gewünscht und aufrechterhalten wird, steht auch die breite Bevölkerung hinter dem Protektionismus. In der heutigen Welt gibt es jedoch kein einziges Beispiel eines solchen unhinterfragten nationalen Zusammenhaltes – nicht einmal in der berüchtigten »Japan AG«. Die »Revisionisten« bedienen sich nur der letzten Reste patriotischer Emotionen, um die Illusion des Nationalstaates noch ein bißchen länger aufrechterhalten zu können.[48]

TNKs tragen klarerweise nichts zum Fortschritt der Menschlichkeit bei. Erstens ist ihr »raison d'être« die Gewinnmaximierung, so daß ihnen das Befinden der Menschen, die sie zurücklassen, oder sogar jener, die in ihrem Operationsgebiet leben, wenig bis gar kein Anliegen ist. Von den Regierungen der Gastländer, die daran interessiert sind, TNKs ins Land zu holen, kann man nicht erwarten, daß sie besonders nachdrückliche Forderungen nach der Sicherung gewisser Arbeitsbedingungen oder des Wohls der Öffentlichkeit erheben. Die natio-

[46] Vgl. Reich: *The Work of Nations*, bes. Kap.12.

[47] »Der Anteil der gesamten Auslandsproduktion von TNKs im Vergleich zu ihren Gesamtverkaufszahlen liegt bei 79,9 Prozent für die Schweiz, bei 48 Prozent für Großbritannien, 33 Prozent für die USA und 12 Prozent für Japan. In den drei führenden Ländern lag die gesamte Auslandsproduktion über den Gesamtexporten. Die Gesamtexporte der USA beliefen sich 1981 auf 233,6 Milliarden Dollar, während die Gesamtzahlen der Auslandsproduktion mit 482,9 Milliarden Dollar fast doppelt soviel ausmachten. Die japanischen Gesamtexporte beliefen sich auf 152 Milliarden Dollar, während die Gesamtzahlen seiner Auslandsproduktion bei nur 30 Milliarden Dollar lag.« (Motoyama Yoshihiko: *Minami to kita: Kuzuo eyuku daisan sekai* [Tokio, 1991], S.196f. Vgl. auch Jitsuro: *Chikyugi a te ni kangaeru Amerika* (S.68f., 160ff.).

[48] Reichs Bemerkungen zu diesem Thema aus Anlaß des Erscheinens von Michael Crichtons *Rising Sun* (dt. *Nippon Connection*) sind sehr aufschlußreich. »Der Sinn einer japanischen Bedrohung ist, uns einen Grund zum Zusammenschluß zu geben. Das heißt, wir brauchen offenbar Japan – so wie wir früher die Sowjetunion brauchten – als Mittel, um uns selbst, unsere Interessen, unsere gegenseitigen Verpflichtungen zu definieren. Es sollte uns daher nicht überraschen, daß diese Welle der Bücher, in denen Japan als Feind dargestellt wird, genau mit dem Nachlassen der Bedrohung durch den kalten Krieg zusammenfällt.« (Reich, »Is Japan Really out to Get Us?«, in *New York Times Book Review*, 9. Februar 1992). Um Sklair zu zitieren: »(Der Protektionismus) wirkt als ›Selbstbedienungsladen‹ für die Reichen und als Bluff für die Armen und lebt hauptsächlich als rhetorisches Mittel zur Beruhigung einheimischer Wähler. Amerikanische und britische Politiker beispielsweise greifen in Bedrängnis gerne darauf zurück, wenn es gilt, Wähler aus der Arbeiterklasse zu beschwichtigen.« (S, S.71). Zu den »Revisionisten« gehören Clyde V. Prestowitz Jr., James Fallows, Karel van Wolferem und Chalmers Johnson.

nalstaatlichen Strukturen verfallen auch in den Gastländern, die häufig von Diktatoren oder Oligarchien regiert werden. Letztlich haben alle TNKs dieselben Interessen, auch wenn sie in einigen grundlegenden Bereichen miteinander in Konkurrenz stehen.[49] Die transnationale Klasse ist auf sich selbst fixiert, dabei aber in einer grenzübergreifenden Bewegung aggressiv nach außen gerichtet. Gewerkschaften, von denen man Unterstützung für die arbeitenden Menschen erwarten könnte, agieren jedoch immer noch innerhalb nationaler Wirtschaftsstrukturen. Zur Zeit ist es einfach nicht vorstellbar, daß transnationale Gewerkschaften grenzüberschreitende Gemeinschaftsaktionen durchführen und Löhne und Arbeitsbedingungen über die Grenzen hinweg vereinheitlichen könnten. Können Sie sich ein Treffen von Gewerkschaftsvertretern der amerikanischen Automobilindustrie mit Gewerkschaftsvertretern aus Mexiko vorstellen, um gemeinsam einen Vertrag mit der Führung des General-Motors-Werkes in Maquila auszuhandeln?[50] TNKs steigern vielleicht das Bruttosozialprodukt oder sogar das Pro-Kopf-Einkommen, doch eine solche Steigerung bedeutet nicht unbedingt ein besseres Leben für alle Bürger. Wodurch sind die Arbeiter innerhalb oder außerhalb der USA also letztlich geschützt? Die TNKs sind wesentlich transnationaler als die Gewerkschaften und schaffen Arbeitslosigkeit und Unterbeschäftigung auf der ganzen Welt, von Detroit bis Manila, von Taipeh bis San Diego. Auf die Reste des Nationalstaates oder dessen Alternativen kann man für den Schutz dieser Menschen ab nun kaum zählen. Was man bisher im Zusammenhang mit dem nordamerikanischen Freihandelsabkommen von der Regierung Bush, der Regierung Clinton oder auch von amerikanischen Wirtschaftsexperten gehört hat, läßt nicht gerade viel erwarten.[51] Sklair stellt zusammenfassend fest: »Die verfügbaren Alternativen dürften wohl mehr oder weniger leistungsstarke, ausbeuterische ausländische transnationale Konzerne einerseits sowie umfassend geschützte und womöglich korrupte lokale, staatliche, parastaatliche oder private Unternehmen andererseits sein.« (S, S.117).

Zweitens wird die rasante Entwicklung der transnationalen Klasse sicherlich eine gewisse Homogenität unter ihren Mitgliedern erzeugen. Auch ohne die Entstehung der TNKs geht die globale Entwicklung immer mehr in Richtung eines alles dominierenden Konsumbewußtseins, in dem man sich durch Markennamen Anerkennung und Attraktivität verschaffen kann. Auf der ganzen Welt werden Waren erfunden, transportiert, beworben, zum Gegenstand von Wunschträumen gemacht, verkauft, gekauft, konsumiert und weggeworfen. Sie sind die kulturellen Produkte der transnationalen Klasse. Die Angehörigen dieser Klasse sind die Leitfiguren, die Rollenvorbilder der 90er Jahre und der Zukunft; ihre herausragende Gabe ist die Fähigkeit, miteinandern kommunizieren und in Kontakt treten zu können. Kulturelle Auffälligkeiten sind unerwünscht und müssen gegebenenfalls unterdrückt werden. Nationale Geschichte und Kultur müssen zurückstehen und dürfen weder durch Opposition noch durch Dialektik gefordert werden. Sie sind nur Spielarten des einen »Universellen« – wie in einem riesigen Vergnügungspark oder Einkaufszentrum. Kultur wird auf Museen beschränkt bleiben, und die Museen, Ausstellungen und Theateraufführungen werden rasch vom Tourismus und anderen Formen der Kommerzialisierung vereinnahmt werden. Egal, wie subversiv sie anfänglich auch auftreten mögen, Abweichungen werden von verschiedenen Bereichen der Konsumindustrie, beispielsweise durch die Unterhaltungsindustrie oder den Tourismus, aggressiv vereinnahmt werden, so wie es mit Rap, Graffitis oder auch klassischer Musik und anderen Formen der Hochkultur passierte. Kabelfernsehen und MTV verfügen über weltweite Dominanz. Unterhaltungsindustrie und Tourismus sind selbst gigantische transnationale Industrien. Die weiter oben erwähnte Rückkehr zur »Authentizität« ist unmöglich. Nur wenig davon ist auf der Welt noch übrig. Wie man angesichts dessen das Überleben lokaler Kultur und Geschichte trotz der Transnationalisierung von Wirtschaft und Politik sichern kann, ohne sie in steriler Tourismus- oder Museumsatmosphäre zu konservieren, ist eine Schlüsselfrage, auf die es derzeit noch keine Antwort gibt.[52]

Drittens verändern in dieser dritten industriellen Revolution die arbeitsuchenden Menschen der Welt die globale Bevölkerungsverteilung. Sie strömen – legal oder illegal – von

[49] Chiu Yen Liang, »The Moral Politics of Industrial Conflict in Multinational Corporations Located in Hong Kong: An Anthropological Case Study«, 2 Bde. (Ph.D. diss., University of Chicago, 1991) befaßt sich mit einem Streik bei einem japanischen TNK in Hongkong. Obwohl zu detailliert in der Darstellung und verwirrend in der Analyse, enthält es zahlreiche interessante Beobachtungen über die Praxis von TNKs.

[49] »In einigen, wenn auch nicht in allen exportorientierten Zonen (EOZs) wird das Recht der Arbeiter auf Organisation entweder formal oder praktisch beschnitten, und (...) Gewerkschaften werden entweder unterdrückt oder durch die Kollaboration von Regierungen und TNKs manipuliert.« (S, S.95).

[50] Einige Gewerkschaften und manche Demokraten, darunter auch Bill Clinton, befürworten das NAFTA-Abkommen, haben aber Bedenken bezüglich der Umschulung von Arbeitern und der Durchsetzung angemessener Umweltschutzbestimmungen in Mexiko. Spezifische Daten sind jedoch nicht verfügbar. Was die Gesamtgewinne und -verluste betrifft, so werden klarerweise einige Industriesektoren gewinnen und andere verlieren. Die Fragen sind: Wer wird wieviel gewinnen, wer wird wieviel verlieren und wann wird die Bilanz ausgeglichen sein? Zum Problem der Freisetzung von Arbeitskräften prophezeit eine Gruppe von Forschern an der Universität von Michigan, daß »eine äußerst geringe Zahl von 15.000 bis 75.000 amerikanischen Arbeitskräften – bei einer Gesamtzahl von 120 Millionen – aufgrund des Abkommens ihre Arbeit verlieren könnte.« (Nasar, »Job Loss in Pact is Called Small«, in *New York Times*, 17. August 1992, S.D3). Es werden keine Details angeführt, doch die Vorhersage ist, so wie sie dargestellt wurde, keinesfalls schlüssig. Fast jeder Manager vertritt die Meinung, daß langfristig alle von NAFTA profitieren werden. Niemand sagt jedoch genau, wie lange »langfristig« bedeutet. Es steht noch der Beweis aus, daß NAFTA in der näheren Zukunft nicht zur Katastrophe für die amerikanischen Arbeiter wird. Vgl. auch Bob Davis, »Fighting ›Nafta‹: Free-Trade Pact Spurs a Diverse Coalition of Grass-Roots Foes«, in *Wall Street Journal*, 23. Dezember 1992, S.1.

[52] Auf diesem Gebiet gibt es mehrere Arbeiten von Mitgliedern der Frankfurter Schule, besonders von Adorno und Benjamin. Vgl. auch S, S.42, und Dean MacCaonnell, Empty Meeting Grounds: The Tourist Papers (London, 1991). Arif Dirlik tritt in seinem in Kürze erscheinenden Essay »Post-Socialism/Flexible Production: Marxism in Contemporary Radicalism« für einen neomarxistischen Lokalismus zur Lösung dieses Problems ein.

überall her in die Industriezentren sämtlicher Industrie- oder Entwicklungsländer. Die TNKs brauchen sie, sind aber nicht bereit, für angemessene Löhne und Betreuung zu sorgen. Abgeschnitten von ihrer Heimat verschwinden diese Zuwanderer in den riesigen Slums der Städte, wo sie ohne den Schutz des traditionellen ländlichen Systems gegenseitiger Abhängigkeit auskommen müssen. Der Überlebenskampf gönnt ihnen keine Gelegenheit, ihr Leben zu genießen. Für die ausgebeuteten Fremdarbeiter in den heruntergekommenen Gebieten scheint nur die Konsumwelt einen Ausweg aus ihrer Trostlosigkeit zu bieten – sofern sie zu den Glücklichen zählen, die das nötige Geld für solche Vergnügungen haben. In Mexiko-City und Seoul, in Berlin und Chicago leben Migranten aus den verschiedensten Ländern nebeneinander. Für sie geht es nicht um Nativismus oder Pluralismus, sondern nur ums nackte Überleben. »Multikulturalismus« ist ein Luxus, der für jene, die unter diesen elenden Bedingungen leben müssen, kaum von Relevanz ist. Er ist nichts als eine »Importstrategie« der TNK-Manager, wie Mike Davis sagt.[53] Tatsächlich kann er sich durchaus als die andere Seite der Medaille von Neo-Ethnizismus und Neo-Rassismus entpuppen.

Viertens ist die Zerstörung der Umwelt eine der wichtigsten Folgen der Entstehung von TNKs. Da sie ihre Aktivitäten oft von einem Land ins andere verlegen, um strengen Umweltschutzbestimmungen zu entgehen, betreiben die Regierungen der Gastländer die Durchsetzung dieser Vorschriften meist nicht allzu energisch. Die Auswirkungen der sowohl in industrialisierten Ländern als auch in Schwellenländern und in der Dritten Welt verursachten Schäden sind jedoch nicht auf die jeweiligen Gebiete beschränkt. Der Vorschlag des Weltbank-Beraters Lawrence Summers von der Universität Harvard, umweltbelastende Betriebe von den Industriestaaten in »unterverschmutzte« Länder der Dritten Welt zu verlagern, ist nicht nur dumm, sondern auch empörend.[54] Die Folgen umweltpolitischer Nachlässigkeit werden wir alle zu tragen haben: Luftverschmutzung, Ozonloch, saurer Regen, Treibhauseffekt, die Verschmutzung der Meere und ein gestörtes Ökosystem sind in letzter Konsequenz unausweichlich, egal, wo die Ursachen dieser Schäden liegen. Die TNKs mögen vielleicht den Behörden entgehen, doch jeder einzelne von uns, ohne Ausnahme, wird zum Opfer. Wer überwacht das Umweltverhalten von TNKs auf der ganzen Welt? Müssen wir uns auf das Gewissen der Konzernstrategen verlassen, um möglichen Katastrophen zu entgehen? Können wir von diesen Gesetzesflüchtigen erwarten, Gesetzen zu gehorchen?[55]

Und zu guter Letzt scheint auch die Wissenschaft, also jene Institution, die eine führende Rolle bei der Untersuchung des transnationalen Konzernwesens und seiner Auswirkungen auf die menschliche Gesellschaft spielen könnte, nur zu willig zu sein, mit dem System zu kooperieren, anstatt es kritisch zu betrachten. Die technische Komplexität der TNK-Strukturen erfordert universitäres Know-how für die komplizierte Erforschung, Aufbereitung und Verwaltung eines gigantischen Informationsvolumens. Akademiker aus Bereichen wie Wirtschafts- oder Politikwissenschaften, Soziologie, Anthropologie, aber auch Unternehmensführung oder internationale Beziehungen finden bereitwillig Erklärungen und Entschuldigungen für das System, so daß man von ihnen kaum scharfe Kritik an der Politik der TNKs erwarten kann. Auch Kritiker und Theoretiker aus den Geisteswissenschaften sind gegenüber dem Reiz des globalen Austausches nicht unempfänglich, wie ich später noch einmal darlegen werde.

TNKs sind die Weiterführung des Kolonialismus. So wie der Kolonialismus vor 1945 operieren sie aus der Ferne. Sie homogenisieren zwar die jeweiligen Regionen, doch gleichzeitig bleiben sie überall Fremde und Außenseiter und fühlen sich nur den exklusiven Clubs verplichtet, denen sie angehören. Zugegeben, der alte Kolonialismus agierte im Namen von Nationen, Völkern und Rassen, und transnationale Konzerne sind eher nationslos. Aber ich habe bereits erwähnt, daß auch der historische Nationalstaat in Wirklichkeit eine Einrichtung war, die internationale Firmen unterstützte. So wie der britische Kolonialismus für den Erfolg der East India Company verantwortlich war, ermöglichte auch die Regierung der USA die Dominanz der United Fruit Company in Mittelamerika. Vom Kolonialismus profitierte niemals die Gesamtbevölkerung eines Landes. Wie schon J. A. Hobson vor fast hundert Jahren meinte und Wissenschaftler seitdem immer wieder bestätigt haben, bereicherte der Kolonialismus die Reichen in den Mutterländern und ihre einheimischen Helfer in den Kolonien auf Kosten der großen Bevölkerungsmehrheit.[56] Die Theorie der 80er Jahre, daß davon letztendlich auch die unteren Schichten profitieren würden, war, wie immer, nur Wunschdenken oder sogar ein aufgelegter Schwindel. Es ist in der Tat sehr ernüchternd, sich vor Augen zu führen, daß der Vietnam-Krieg mit einem immensen Kostenaufwand seitens der USA geführt wurde, für die es natürlich in dieser alten, ausgelaugten südostasiatischen

[53] Mike Davis: *City of Quartz: Excavating the Future in Los Angeles* (London, 1990), S.80f. Vgl. auch Edward W. Soja: *Postmodern Geographies: The Reassertion of Space in Critical Social Theory* London 1989.

[54] James Risen, »Economists Watch in Quiet Fury«, in *Los Angeles Times*, 8. Januar 1993, A20.

[55] Vgl. beispielsweise Environmental Aspects of the Activities of Transnational Corporations: A Survey des United Nations Centre on Transnational Corporations

[56] Eine neuere Studie dazu ist zum Beispiel: Lance E. Davis und Robert A. Huttenback, *Mammon and the Pursuit of Empire: The Economics of British Imperialism* (Cambridge, 1986). Darin wird der Standpunkt vertreten, daß während der kolonialen Expansion des Landes die Elite der britischen Gesellschaft wirtschaftlich profitierte und die Steuerzahler der Mittelschicht Verluste hinnehmen mußten.

Kolonie Frankreichs nichts zu holen gab. Und trotzdem gab es eine gar nicht so geringe Zahl an Aktionären, Managern, Unternehmern und Angestellten der US-Rüstungsindustrie, die dank der Millionen Toten und körperlich und seelisch Verwundeten sowohl auf vietnamesischer als auch auf amerikanischer Seite enormen Reichtum anhäuften. Auch der Aufschwung der japanischen Industrie beruhte zu einem großen Teil auf dem Korea- und dem Vietnam-Krieg.

TNKs sind unbelastet von nationalistischem Ballast. Sie verbergen ihr Profitstreben nicht. Sie reisen, kommunizieren und transferieren Menschen und Fabriken, Informationen und Technologie, Geld und Ressourcen über die ganze Welt. TNKs verfolgen und erfüllen die Ziele des Kolonialismus mit größerer Effizienz und Rationalität – und im Gegensatz zu den militärischen Eroberern werden sie von den Führern der Entwicklungsländer freudig willkommen geheißen. Um die unterschiedlichen wirtschaftlichen und politischen Bedingungen zwischen den derzeitigen Nationalstaaten auszunutzen, ignorieren sie die Grenzen zu ihrem eigenen Vorteil. Wenn sich die Notwendigkeit ergibt, können sie aber noch immer ihre Heimat- oder Gastländer um militärische Unterstützung bitten. Dabei kann auch auf patriotische Phrasen zurückgegriffen werden, um die wahre Lage der Dinge zu verschleiern, wie der Golfkrieg ganz klar gezeigt hat. Die Armee nimmt mittlerweile selbst immer mehr die Form eines TNK an, da sie fast nationslos ist. Auch die Beschäftigten der TNKs sind mit ihren über dem örtlichen Niveau liegenden Löhnen zufrieden. Und trotzdem weist nichts darauf hin, daß sich die Situation der Gesamtbevölkerung des Gastlandes verbessert. Ich möchte nochmals wiederholen: Ein höheres Bruttosozialprodukt oder Pro-Kopf-Einkommen bewirkt keineswegs ein entsprechendes allgemeines Wohlstandswachstum. Da die Regierungen der Gastländer gewerkschaftliche Bewegungen unterdrücken und die Industriezentren in den Städten einen Arbeitskräfteüberschuß erzeugen, können die Löhne gesenkt und die Ungleichheit kann zumindest eine Zeitlang verstärkt werden.[57] Der Autoritarismus wird kaum geringer werden. Unterdrückung und Ausbeutung gehen weiter. Unser Zeitalter, so behaupte ich, ist nicht das des Postkolonialismus, sondern eines des intensivierten Kolonialismus, auch wenn dieser sich hinter einer ungewohnten Maske verbirgt.[58]

Ich stelle diese Fragen als Mitwirkender im Kolonialismus-Diskurs. Ich habe selbst an einigen Seminaren und Konferenzen zum Thema teilgenommen. Es ist allerdings auffällig, wie schnell der »koloniale« Diskurs durch den »postkolonialen« Diskurs ersetzt wurde. Im Frühjahr 1992 fand in Berkeley eine Konferenz mit dem Titel *After »Orientalism«* (Nach dem »Orientalismus«) statt. Kurz darauf fand eine weitere Konferenz in Santa Cruz statt, diesmal unter dem Titel *Beyond Orientalism* (Jenseits des Orientalismus). Im darauffolgenden Herbst gab es mindestens zwei weitere Konferenzen, die eine am Scripps College, die mit *Writing the Postcolonial* (Postkoloniale Darstellungen) betitelt war, und die andere, die eine etwas andere Ausrichtung aufwies und unter dem Titel *Translating Cultures: The Future of Multiculturalism?* (Die Übertragung von Kulturen: Die Zukunft des Multikulturalismus?) firmierte. Daneben gibt es noch ein dreijähriges Projekt zum Minderheitendiskurs am Humanities Research Institute der University of California in Irvine. Dies alles sind aktuelle Ereignisse in Kalifornien, doch es gibt überall auf der Welt solche Treffen und Konferenzen zum Thema, welche die Wissenschaftler – also uns – zu »frequent fliers« und Globetrottern machen. Und natürlich resultieren daraus auch eine Unmenge an Artikeln in wissenschaftlichen Publikationen.[59]

Solche Aktivitäten sind wahrscheinlich politisch engagierte, intellektuelle Etüden. Doch wenn die Praxis dem Diskurs folgt, dann muß der Diskurs auch der Praxis folgen. Ähnlich wie bei den Studien zum Neuen Historizismus handelt es sich auch hier um Versuche, das aktuelle politische Geschehen von der direkten Untersuchung auszunehmen. Wieder einmal verwickeln wir uns in einen sterilen Diskurs aktueller politischer Erscheinungen – in diesem Fall der TNKs und ihrer eifrigen Helfer in den Regierungen der Gastländer. Möglicherweise übertünchen wir auch eine uneingestandene Nostalgie, wenn wir unsere wissenschaftliche Aufmerksamkeit der »Postkolonialität« widmen, also einem historischen Zustand, der ausreichend weit entfernt und inaktiv ist, anstatt nach dem angeblichen Ende der Geschichte in diesem Zeitalter nach Alternativen zu suchen. So erscheint auch der Multikulturalismus wie eine Maske des transnationalen Konzernwesens, das aus seiner inneren Logik heraus Verunsicherung und Unruhe in der riesigen Masse entwurzelter und heimatloser Arbeitskräfte stiftet, die verzweifelt nach Arbeit und einer Lebensgrundlage suchen. Los Angeles und New York, Tokio und Hongkong, Berlin und London sind alle voll »seltsam aussehenden« Menschen, die von amerikanischen Wissenschaftlern zweckmäßigerweise als eine Pluralität von Existenzen betrachtet werden. Doch bevor wir diese Menschen aus der Entfernung

57 Vgl. Kuwahara, Kokkyo o Koeru rodosha.

58 Vgl. Noam Chomskys jüngstes Buch *Wirtschaft und Gewalt: vom Kolonialismus zur Neuen Weltordnung* (übers. v. Michael Haupt). Lüneburg: zu Klampen, 1993; bes. Kap. 3 und 4.

59 Um nur einige zu nennen: Kwame Anthony Appiah, »Is the Post- in Postmodernism the Post- in Postcolonial?«. In: *Critical Inquiry 17* Winter 1991: S.336ff.; Homi Bhabha, »Of Mimicry and Man: The Ambivalence of Colonial Discourse«, in *October*, Nr. 28 (Frühjahr 1984): S.125ff.; Sara Suleri, »Woman Skin Deep: Feminism and the Postcolonial Condition«. In: *Critical Inquiry* 18 (Sommer 1991): S.756ff.; Dipesh Chakrabarty, »Postcoloniality and the Artifice of History: Who Speaks for ›Indian‹ Pasts?«. In: *Representations* Nr. 37 (Winter 1992): S.1ff.; und, am wichtigsten, Ausgabe Nr. 31-32 von *Social Text*, die sich dem Problem von Postkolonialismus und Dritter Welt widmet. Keiner dieser Artikel setzt sich jedoch direkt mit der Entstehung eines TNK auseinander.

erörtern und sie den jeweiligen Spezialisten übergeben, müssen wir wissen, warum sie dort sind, wo sie sind. Welche Motive treiben sie an? In welcher Beziehung stehen sie zu unserem Alltagsleben? Wer steht hinter all diesem Getriebensein? Die Pluralität der Kulturen ist ein Faktum des menschlichen Lebens: »Unsere eigene Tradition« ist eine Fiktion, wie sie es immer und überall ist. Es ist unmöglich, sich nicht mit den Kulturen anderer auseinanderzusetzen; auf dem amerikanischen Lehrplan muß auch »fremde« Geschichte stehen. Aber dies ist nur ein Anfang. In der aktuellen Verbreitung von Kulturstudien und Multikulturalismus unter kulturell Tätigen und akademischen Verwaltern ist die Auseinandersetzung zu Ende, bevor sie noch beginnt. Was wir brauchen, ist eine umfassende politische und wirtschaftliche Untersuchung anstatt einer Geste pädagogischen Eigennutzes. Wir sollten uns nicht mit dem Erkennen unterschiedlicher Subjektpositionen aus verschiedenen Regionen mit unterschiedlichem Hintergrund zufrieden geben. Wir müssen Gründe für diese Unterschiede finden – zumindest in ihren politischen und wirtschaftlichen Aspekten – und Wege vorschlagen, diese »Unterschiede« (mit denen ich politische und wirtschaftliche Ungleichheit meine) zu beseitigen. In dem Ausmaß, wie Kulturstudien und Multikulturalismus Studenten und Lehrenden ein Alibi für ihre Kollaboration mit dem Neokolonialimus der TNKs verschaffen, dienen sie wieder nur als ein weiteres Mittel zur Verschleierung der liberalen Selbsttäuschung. Indem wir es gestatten, in den Diskurs über »Postkolonialismus« oder sogar Post-Marxismus hineingezogen zu werden, kollaborieren wir vollständig mit einer hegemonischen Ideologie, die wie immer den Eindruck erweckt, als wäre sie gar keine Ideologie.

Aus: *Critical Inquiry* Nr. 19. Chicago, Sommer 1993

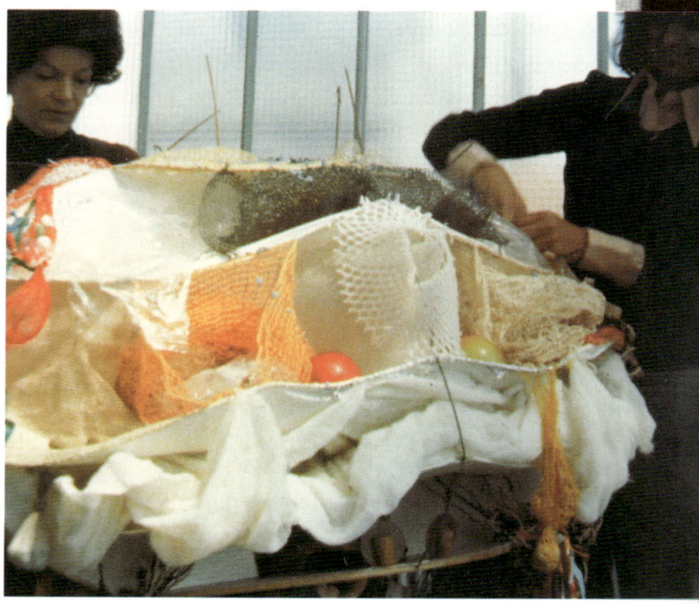

Lygia Clark bei der Arbeit an Cabeça Coletiva

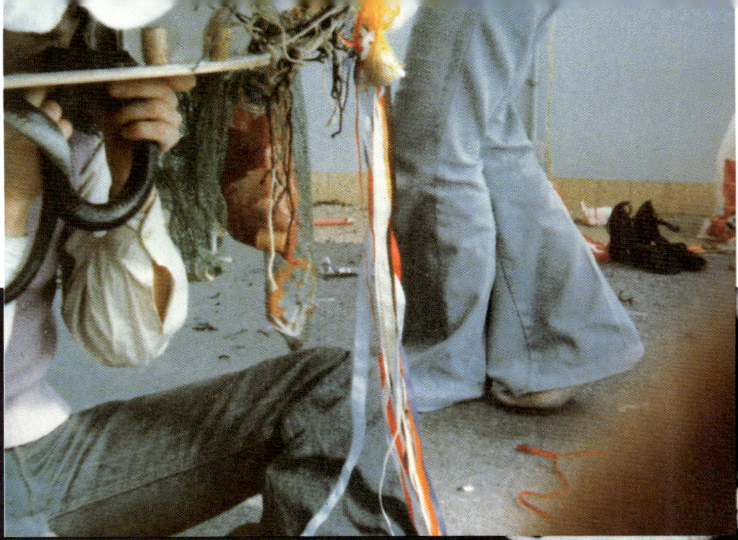

Cabeça Colectiva (Kollektiver Kopf), 1976.
Performance auf den Straßen von Rio.

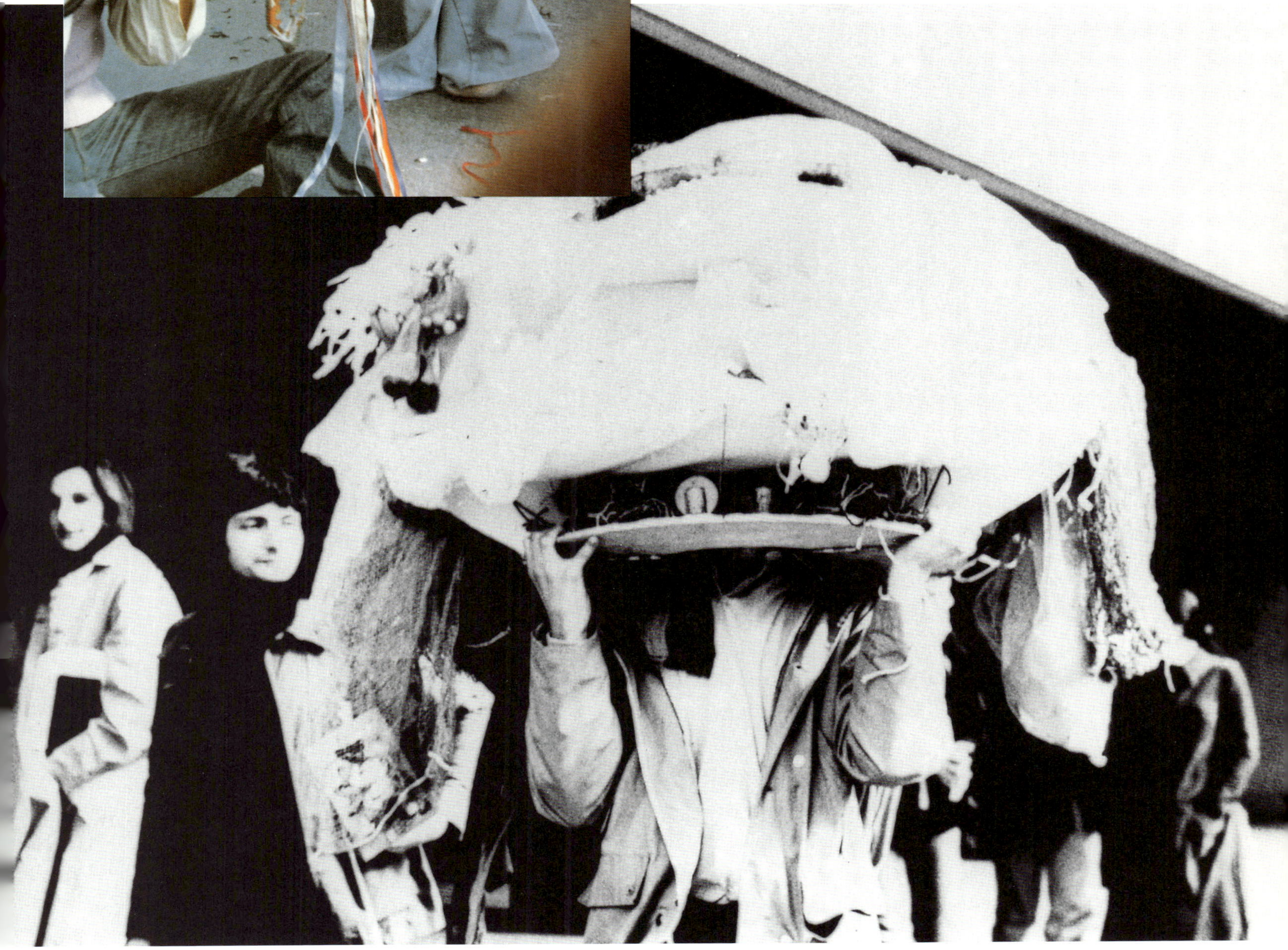

Jean-François Lyotard

Budape

Es ist eine unbestrittene Tatsache, daß die Bevölkerung in den Kolonialländern auf die tiefgreifende Desozialisierung, die der Imperialismus in diesen Ländern bewirkt, schließlich mit Nationalismus reagiert. Man kann davon ausgehen, daß eine direkte Okkupation, wie sie in Algerien der Fall war, eine noch radikalere Desozialisierung zur Folge hat als eine Besitzergreifung durch »Mittelsmänner«. Die algerische Bevölkerung stand, nachdem all ihre Institutionen vernichtet waren, mehr als die Bevölkerung anderer Kolonialländer vor dem Problem, ein neues soziales Leben aufbauen zu müssen, eine neue Form der Zusammenarbeit finden zu müssen, deren Basis allein jener Zustand sein konnte, in den sie der Schock der Kolonialherrschaft gestürzt hatte, und die daher nicht mehr an einem vor-imperialistischen Modell orientiert sein konnte. Die Nation ist für gewöhnlich die typische Antwort auf dieses Problem: Sie bietet einerseits eine gewisse Form

1955 Bandung-Konferenz der blockfreien Länder. 1956 20. Kongress der KPdS
Marokkos und Tunesiens. Sondervollmacht der französischen Regierung in Algerien

der Koexistenz und der Solidarität und übernimmt andererseits die Fassung, die der Imperialismus dem kolonisierten Land gegeben hat; sie ist ein über die alten dörflichen, tribalen oder religiösen Gemeinschaften hinausgehendes Sammelbecken für all die Menschen, die, wenn auch nicht auf gleiche Weise, vom Kolonialismus zermalmt wurden.

Zur Entfaltung und Verbreitung der nationalistischen Ideologie als Lösung der kolonialen Situation ist es allerdings nötig, daß die sozialen Klassen, die mit dem Ganzen der einer imperialistischen Unterdrückung unterworfenen Gesellschaft bereits ihre Erfahrungen gemacht oder zumindest eine Vorstellung von ihm haben, in der Lage sind, den vielen besonderen Anlässen zur Unzufriedenheit eine universelle Fassung und den separaten Revolten ein gemeinsames Ziel zu geben. Diese Rolle übernehmen für gewöhnlich Elemente, die früher der alten Mittelschicht angehört hatten und dann in dem Apparat gemeinsam Unterschlupf fanden, dessen sich der Imperialismus bedient, um die Gesellschaft zu dirigieren und zu bevormunden. In Algerien fehlte diese Voraussetzung. Ließe sich sonst verstehen, daß Abbas 1936 erklären konnte: »Hätte ich die algerische Nation entdeckt, so wäre ich Nationalist und würde mich dessen nicht wie eines Verbrechens schämen (...). Ich werde nicht für das algerische Vaterland sterben, da dieses Vaterland nicht existiert. Ich habe es nicht gefunden. Ich habe die Geschichte befragt, ich habe die Lebenden und die Toten befragt; ich habe die Friedhöfe besucht, und niemand hat mir etwas darüber gesagt (...). Im übrigen glaubt niemand ernsthaft an unseren Nationalismus...«? Ließe sich sonst verstehen, daß die von Messali auf dem politisiertesten Kern der nach Frankreich ausgewanderten algerischen Arbeiter gegründete Étoile in erster Linie nordafrikanisch statt algerisch war?

Es ist nicht nötig, weiter darauf einzugehen: Als im November 1954 in den Kasbas die ersten Schüsse fielen, hatten die Männer der OS weder eine fest in den Produktionsprozeß eingegliederte Mittelschicht noch einen Staatsapparat hinter sich, den man gegen den Imperialismus und seine Kollaborateure hätte wenden können. Die nationalistische Ideologie, die sie verkündeten, genoß sozusagen keine spezifische sozio-

Tito in Moskau, Paris Match, 16. Juni 1956

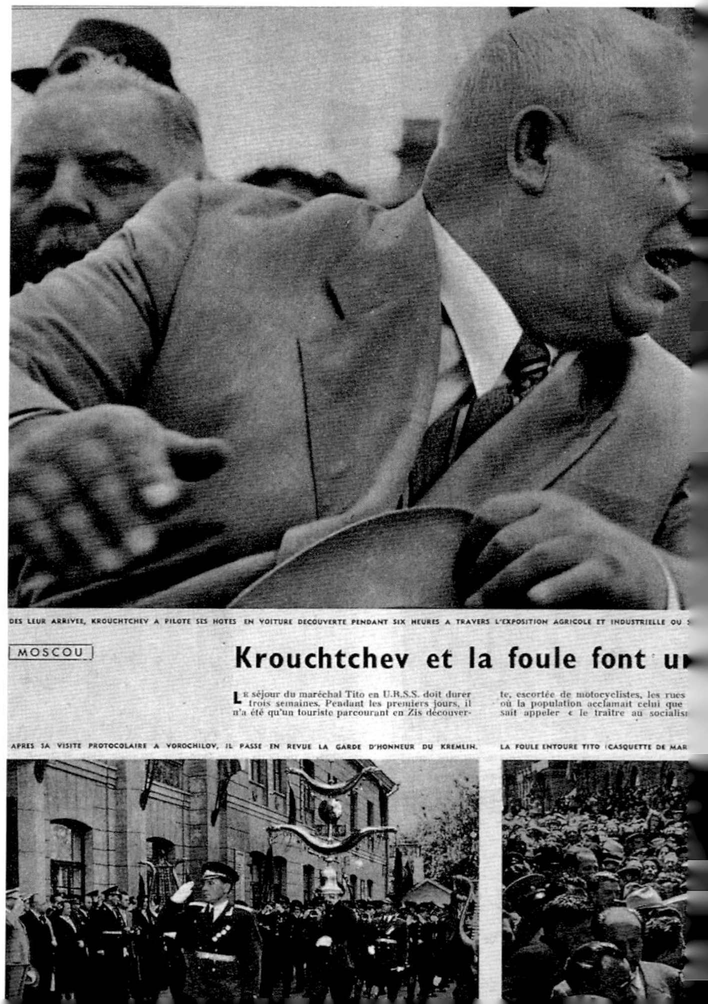
DES LEUR ARRIVEE, KROUCHTCHEV A PILOTE SES HOTES EN VOITURE DECOUVERTE PENDANT SIX HEURES A TRAVERS L'EXPOSITION AGRICOLE ET INDUSTRIELLE OU S

MOSCOU

Krouchtchev et la foule font u

Le séjour du maréchal Tito en U.R.S.S. doit durer trois semaines. Pendant les premiers jours, il n'a été qu'un touriste parcourant en Zis découverte, escortée de motocyclistes, les rues où la population acclamait celui que sait appeler « le traître au socialis

APRES SA VISITE PROTOCOLAIRE A VOROCHILOV, IL PASSE EN REVUE LA GARDE D'HONNEUR DU KREMLIN.

LA FOULE ENTOURE TITO (CASQUETTE DE MAR

logische Unterstützung, und sie mußten nicht nur ein politisches Defizit ausgleichen, sondern auch ein soziales. Politisch gesehen war die Nationale Befreiungsfront keineswegs bloß die gewalttätige Form einer schon vorher existierenden nationalistischen Organisation, im Gegenteil, sie war das gewaltsame Mittel, das diese Organisation erst ins Leben rufen sollte.

Aus: »Le contenu social de la lutte algérienne« (1959–1960). In: *La guerre des Algériens*, Paris 1989.

Claude Lefort

Man versuchte es so darzustellen, als ob am Ende der zweiten Woche des Aufstands eine bedeutende konterrevolutionäre Bewegung in Gang gewesen wäre und die Errungenschaften der Arbeiter in Gefahr gewesen wären, liquidiert zu werden. Kádár kam im weiteren Verlauf auf diese Lüge zurück und erklärte, es hätte sich bloß um eine Bedrohung gehandelt, die von den reaktionären Banden ausgegangen sei, und die Regierung hätte deren Aktionen zuvorkommen müssen. Aber das war eine weitere Lüge. Die Ereignisse beweisen das, denn die Arbeiterklasse kämpfte in ganz Ungarn hartnäckig weiter, der Streik weitete sich zum Generalstreik aus und die Fabriken wurden erneut zu Bastionen des Aufstands. Was die Russen nicht tolerieren konnten und mit der Hilfe einer Marionettenregierung zerschlagen wollten, das waren gerade die neuen Errungenschaften der Arbeiterklasse – die Räte und die Bewaffnung der Arbeiter (...) Wenn eine Revolution ausbricht, dann ist ihr Ausgang natürlich nicht von vornherein garantiert. Bei der ungarischen Revolution stand das Proletariat nicht allein; an seiner Seite kämpften die Bauern, die Intellektuellen und die Kleinbürger gegen die Diktatur der Bürokratie, die die ganze Bevölkerung ausbeutete und knechtete. Die demokratischen und nationalen Forderungen einten während einer ersten Phase die gesamte Bevölkerung; theoretisch war zu diesem Zeitpunkt vorstellbar, daß dies zu einer Neubildung eines neben den Räten existierenden und ihnen gegenüberstehenden Staatsapparats, zur Entstehung einer sich der Unterstützung der Bauern und des Kleinbürgertums erfreuenden parlamentarischen »Demokratie« führen könnte. In einer zweiten Phase der Revolution wurde die Widersprüchlichkeit des Inhalts der Forderungen deutlich; zu diesem Zeitpunkt war nur noch eine Lösung möglich, die brutal das eine auf Kosten des anderen durchsetzt, also entweder ein Parlament bürgerlichen Typs oder die Räte, entweder Armee und Polizei als Spezialeinheiten zur Durchführung von Zwangsmaßnahmen oder eine bewaffnete Organisation der Arbeiterklasse. Zu Beginn trug der Aufstand die Keime zweier völlig verschiedener Regierungsformen in sich. (...)

icht des Ersten Sekretärs N. Chruschtschow über die Stalin-Ära. Unabhängigkeit Krise.

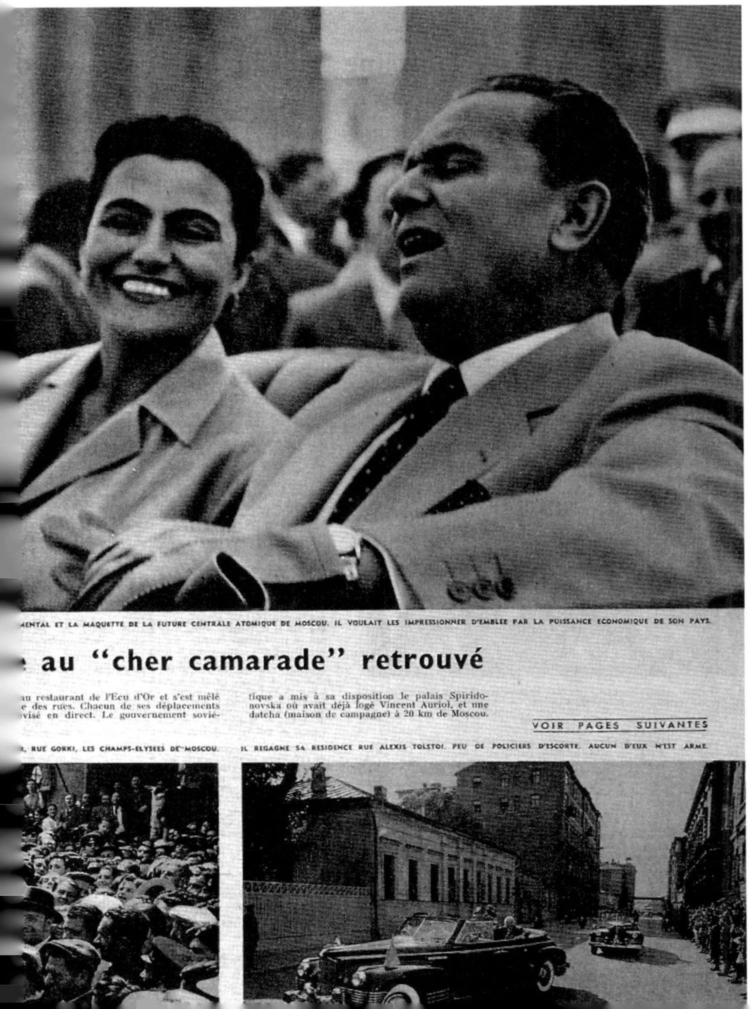

Es ist fatal, daß sich gleich alle politischen Richtungen zu Wort melden, kaum daß es mit einem diktatorischen Regime zu Ende geht. Es hat fatale Folgen, daß die Politiker des Regimes, kaum dem Gefängnis entronnen, wieder Versammlungen abhalten, Reden schwingen, Artikel schreiben, Programme entwerfen; daß das Publikum in der Euphorie des gemeinsamen Sieges bereit ist, jedem Phrasendrescher zu applaudieren, der seine Freiheitsliebe verkündet. Der Bedrohung, die diese politischen Tendenzen darstellen, steht noch keine organisierte gesellschaftliche Kraft gegenüber, die ihr gewachsen wäre.

In dieser Zeit bestanden die Arbeiterräte weiter fort; die Arbeiter standen weiterhin Gewehr bei Fuß. Die Räte und die bewaffneten Arbeiter waren die einzige wirkliche Kraft, die einzige organisierte Macht im Land – abgesehen von den Russen.

Diese Macht konnte von der russischen Bürokratie keinesfalls geduldet werden. Mit den Tildys und Kovács, selbst mit den Mindszentys konnte man Kompromisse eingehen, ihnen Konzessionen machen und weiter die Herrschaft ausüben. Die Russen hatten in Ungarn wie auch in allen anderen volksdemokratischen Ländern bereits Zugeständnisse gemacht – auch in Frankreich, wo sich Thorez und Genossen nicht genierten, sich zwischen 1945 und 1947 gemeinsam mit Bidault an mehreren Regierungsbildungen zu beteiligen. Die Organisation von Räten durch die bewaffneten Arbeiter hingegen war für die russische Bürokratie gleichbedeutend mit einer totalen Niederlage. Aus diesem Grund setzte sie, unter dem Vorwand der »reaktionären Gefahr«, am Sonntag, dem 4. November, ihre Panzer gegen die Räte ein, deren Sieg immense Auswirkungen zu haben und ihre eigene Herrschaft zu erschüttern drohte.

Was damals geschah, ist ganz unglaublich. Die Aufständischen widerstanden sechs Tage lang einer ihnen an Feuerkraft ungeheuer überlegenen Armee. Erst am Freitag, dem 9. November, kam der organisierte Widerstand in Budapest zum Erliegen. Aber das Ende des militärischen Widerstands war keineswegs zugleich auch das Ende der Revolution. Der Generalstreik ging weiter und legte das Land völlig lahm. Das zeigte eindeutig, daß die Regierung Kádár bei der Bevölkerung keinerlei Unterstützung fand. (...)

Man hat die nationalen Forderungen als typisch reaktionär hingestellt. Um ihnen Gerechtigkeit widerfahren zu lassen, muß man die Situation bedenken, in der sie erhoben wurden: Tatsache ist, daß Ungarn seit zehn Jahren von der UdSSR ausgebeutet wird. Das sagen uns keine bürgerlichen Statistiken und Berichte, sondern das haben fortschrittliche ungarische Kommunisten nach dem Sturz Rákosis (das heißt seit dem letzten Juli) aufgedeckt und eindeutig bewiesen.

In einer ersten Phase hat die UdSSR Reparationsleistungen verlangt, die der Wirtschaft eines bereits ausgebluteten Landes eine schreckliche Belastung aufbürdeten. Im Jahr 1946 waren 65 Prozent der gesamten Produktion des Landes für diese Reparationen bestimmt, und 1947 wurden 18 Prozent des nationalen Haushalts dafür verwendet.

In einer zweiten Phase haben die Russen, wie in allen Volksdemokratien (und das war einer der Hauptgründe für Titos Bruch mit der Sowjetunion), eine indirekte Ausbeutung praktiziert, indem sie die Ungarn zwangen, ihnen Industrie- und Landwirtschaftsprodukte zu einem sehr viel niedrigeren Preis zu verkaufen, als sie auf dem Weltmarkt hätten erzielen können. Und schließlich schickten sie sich an, ihre Hand auf die ungarischen Uranvorkommen zu legen, wofür sie eine lächerliche Gegenleistung boten.

Die russische Herrschaft hatte jedoch nicht nur wirtschaftliche Auswirkungen, sondern schlug sich auf allen Gebieten des sozialen, politischen und kulturellen Lebens nieder.

Es ist bekannt, daß das Schicksal von Strömungen innerhalb der ungarischen KP eindeutig von den Moskauer Richtungswechseln abhing. So beweist etwa der Aufstieg Nagys in der Ära Malenkow und sein Sturz nach dessen Entmachtung eindeutig die dominierende Rolle des russischen Politbüros. Den Schriftstellern, Philosophen und Künstlern wurde das russische Modell aufoktroyiert, und jeder Versuch einer unabhängigen Äußerung wurde sogleich unterdrückt. So mußte zum Beispiel der ungarische Philosoph Lukács, der ein weitaus besserer Marxist war, als ihn das stalinistische Rußland jemals hervorzubringen vermochte, sich einer entehrenden Selbstkritik unterziehen und anerkennen, daß nur eine Literatur und nur eine Philosophie Gültigkeit hat, nämlich die in Moskau praktizierte. In den Schulen war Russisch Pflichtfach. Wenn man diesem Bild noch die ständige Präsenz russischer Truppen hinzufügt, dann bekommt man eine Vorstellung davon, wie sich die Beziehungen zwischen Ungarn und der UdSSR gestalteten. Diese Beziehungen äußerten sich praktisch in einer Ausbeutung nach Art einer Kolonialherrschaft. Wenn nun aber schon in allen Kolonialländern der Wunsch nach nationaler Unabhängigkeit wuchs, so war in einem Land wie Ungarn, das eine so stolze nationale Vergangenheit besaß, der Haß auf den fremden Ausbeuter erst recht groß. Diesen Haß als reaktionär abzuqualifizieren ist absurd, denn es ist das Verhalten des Fremden, das reaktionär ist.

Sicherlich sind die nationalen Forderungen nur zu leicht bereit, in Nationalismus umzuschlagen (auch in den Kolonialländern). Ich bin überzeugt, daß unter denen, die das Wahrzeichen Kossuths schwenkten oder die roten Sterne von den ungarischen Fahnen abrissen, viele sich von einem ungeschminkten und schlichten Chauvinismus hinreißen ließen. Ich weiß nicht, in welchem Maße das Kleinbürgertum ein bevorzugter Nährboden dieses Chauvinismus ist. Ich glaube auch, daß im Ausbruch antirussischer Gefühle bei den Bauern wieder ein alter Haß hochkam. Aber das ist nicht das Entscheidende. Die nationalen Forderungen besaßen auch einen gesunden Aspekt. Die revolutionäre Jugend und die Arbeiterräte, die den sofortigen Abzug der Russen und die Proklamati-

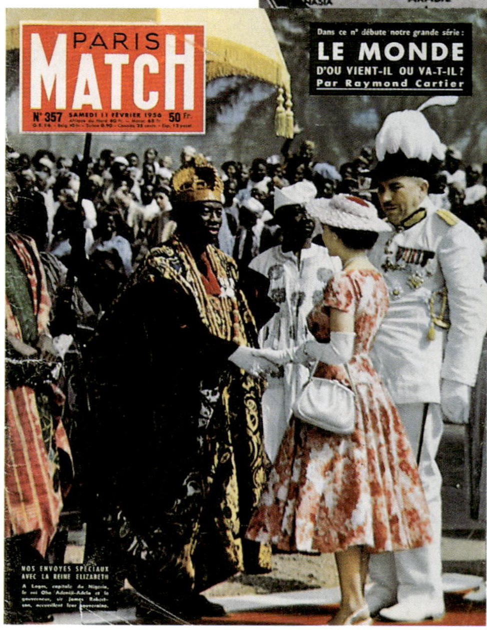

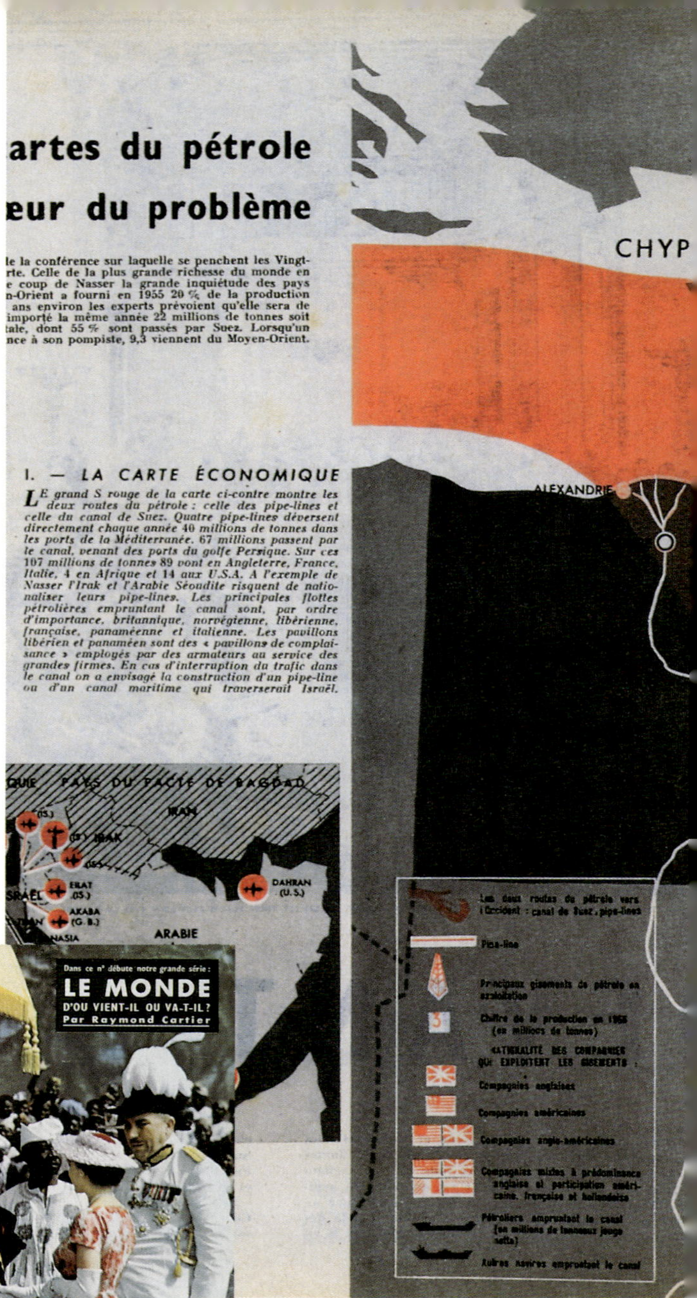
artes du pétrole
eur du problème

le la conférence sur laquelle se penchent les Vingt-
rte. Celle de la plus grande richesse du monde en
e coup de Nasser la grande inquiétude des pays
n-Orient a fourni en 1955 20 % de la production
ans environ les experts prévoient qu'elle sera de
importé la même année 22 millions de tonnes soit
tale, dont 55 % sont passés par Suez. Lorsqu'un
nce à son pompiste, 9,3 viennent du Moyen-Orient.

I. — LA CARTE ÉCONOMIQUE

Le grand S rouge de la carte ci-contre montre les deux routes du pétrole : celle des pipe-lines et celle du canal de Suez. Quatre pipe-lines déversent directement chaque année 40 millions de tonnes dans les ports de la Méditerranée. 67 millions passent par le canal, venant des ports du golfe Persique. Sur ces 107 millions de tonnes 89 vont en Angleterre, France, Italie, 4 en Afrique et 14 aux U.S.A. A l'exemple de Nasser l'Irak et l'Arabie Séoudite risquent de nationaliser leurs pipe-lines. Les principales flottes pétrolières empruntant le canal sont, par ordre d'importance, britannique, norvégienne, libérienne, française, panaméenne et italienne. Les pavillons libérien et panaméen sont des « pavillons de complaisance » employés par des armateurs au service des grandes firmes. En cas d'interruption du trafic dans le canal on a envisagé la construction d'un pipe-line ou d'un canal maritime qui traverserait Israël.

Reise der Königin Elisabeth II. nach Lagos, Paris Match, 11. Februar 1956
Nach Suez, Paris Match, 25. August 1956

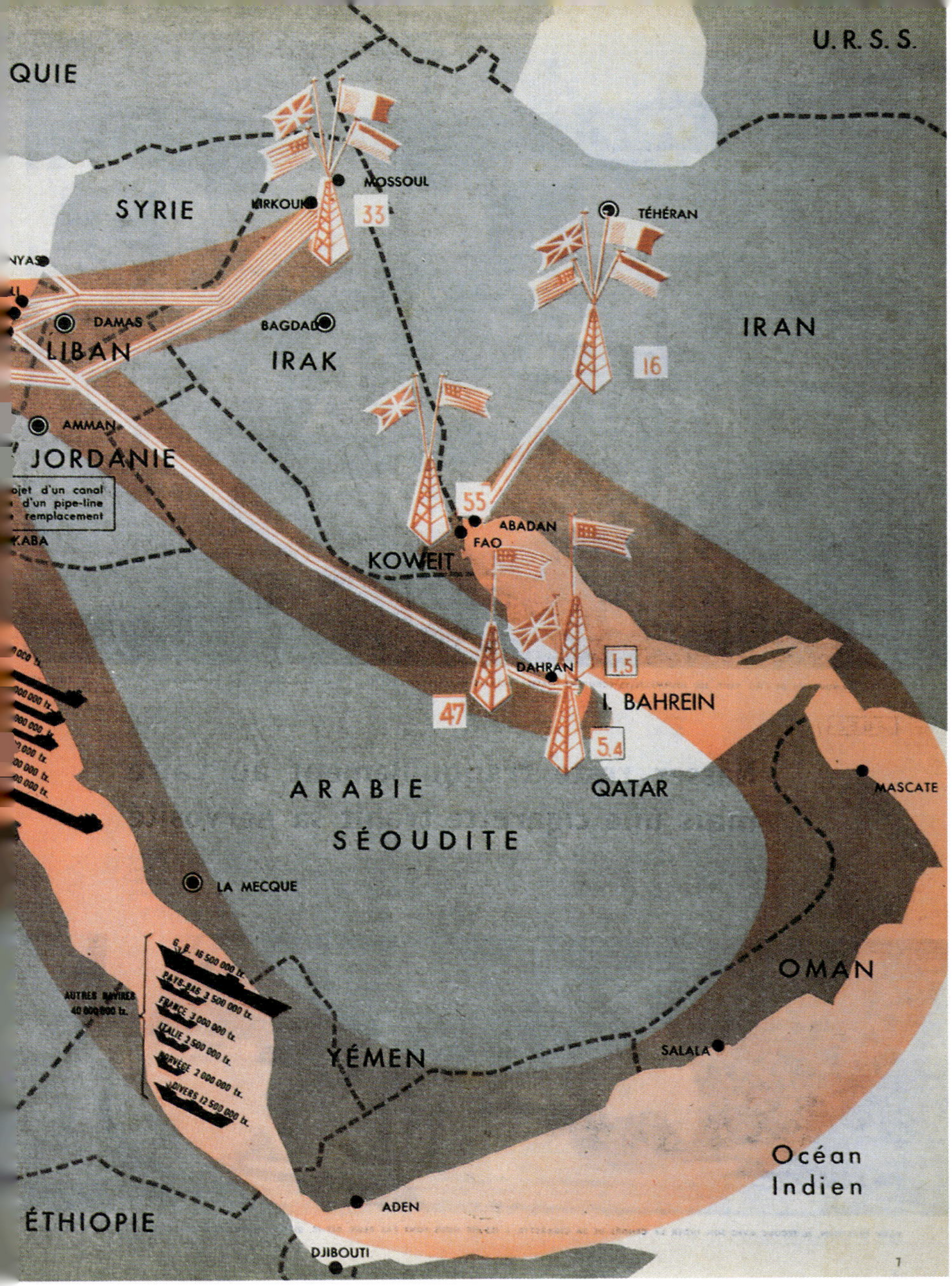

on eines souveränen und unabhängigen Ungarns forderten, wendeten sich damit gegen die Unterdrückung durch den russischen Imperialismus; sie bekämpften gleichzeitig sowohl den fremden als auch den ungarischen totalitären Staat.

Wir haben zudem Beweise, daß der gegen die Russen geführte Kampf bei zahlreichen Gelegenheiten von einem typisch internationalistischen Verhalten begleitet war. Die russischen Soldaten wurden zur Verbrüderung aufgerufen, und sie haben praktisch auch fraternisiert. Es ist fast sicher, daß das Ausmaß dieser Manifestationen die Moskauer Bürokratie gezwungen hat, einen Teil ihrer Truppen zurückzurufen und Einheiten zu schicken, deren man sich sicherer war und bei denen man nicht den Verdacht haben mußte, sie könnten mit der Bevölkerung sympathisieren. Die Brüderlichkeit, mit der die Aufständischen die Soldaten aufnahmen, die sich weigerten, auf sie zu schießen, ist durch eine Resolution bezeugt, die forderte, ihnen in Ungarn Asylrecht zu gewähren.

Aus: »L'insurrection hongroise«. In: *Socialisme ou barbarie*, Nr. 20, Paris 1956/57.

Jean-François Lyotard

Es stimmt, daß der Kampf in Algerien, wie ihn die Nationale Befreiungsfront (FLN) begreift, keinen offen klassenkämpferischen Inhalt hat. Liegt das daran, daß die bürgerliche Führung der Nationalen Befreiungsfront jedes klassenkämpferische Moment dieses Kampfes ersticken will? Zweifellos. Aber es liegt auch daran, daß sie es kann. Und wenn die französische Linke in dieser Sache ihren Marxismus oder das, was sie dafür hält, so leicht preiszugeben vermag, dann ist auch das ein Zeichen dafür, daß in der algerischen Kolonialgesellschaft die Grenzen zwischen den Klassen in Wirklichkeit tief unter den nationalen Grenzen verborgen liegen. In Algerien kann man nur ganz abstrakt, das heißt ausschließlich ökonomisch, von einem Proletariat, einem Mittelstand, einer Bourgeoisie sprechen. Wenn es eine Bauernschaft gibt, dann ist sie ganz und gar und ausschließlich algerisch, und die soziale Basis der nationalen Bewegung bildet ganz offensichtlich eben diese Klasse, an der sich zugleich die radikale Enteignung, die die algerischen Arbeiter als Algerier erdulden, am klarsten erkennen läßt. (...)

In Wirklichkeit – wenn man von den prominentesten Dienern der französischen Verwaltung absieht, den berufsmäßigen Mitgliedern vom Stamm der Jasager oder der Beni-oui-oui, wie sie selbst von ihren Mitbürgern genannt werden, den Kaids, Aghas, Bachaghas, Präsidenten von Vereinigungen ehemaliger moslemischer Kriegsteilnehmer etc. – ist kein algerischer Bourgeois, und wäre er mit einer Französin verheiratet und äffte bis zur Perfektion die französischen Sitten nach, in die europäische Gesellschaft integriert. Und es gibt nicht einen, der nicht im Laufe seines Lebens in der einen oder anderen Form eine Demütigung hat hinnehmen müssen, die ihm für immer im Gedächtnis bleibt. Kein europäischer Angestellter oder Geschäftsmann wohnt in demselben Gebäude, in demselben Viertel wie ein algerischer Angestellter oder Geschäftsmann. Und auch die europäischen Arbeiter verbrüdern sich nicht mit ihren algerischen Kameraden: erstens nicht, weil sie nicht mehr zusammen wohnen (Bab-el-Oued ist nicht weit von der Kasba, aber die polizeiliche Absperrung, die die arabische Stadt umschließt, isoliert sie von dem Wohnviertel der europäischen Arbeiter). Und zweitens nicht, weil es eine Hierarchie der Arbeit gibt, die bewirkt, daß der qualifiziertere europäische Arbeiter sich die einträglichsten und am wenigsten diskreditierten Arbeiten sichert; weil auch dann, wenn Europäer und Algerier in der gleichen Fabrik oder auf der gleichen Baustelle arbeiten, der Vorarbeiter oder der Bauleiter zwangsläufig ein Europäer ist; und weil schließlich, trotz aller Anstrengungen, die die CGT etwa seit 1948 unternommen hat, selbst die Gewerkschaften und Arbeiterorganisationen durch die koloniale Hierarchie in dem Maße geprägt sind, daß die algerischen »Führer« dieser Organisationen praktisch nur als Strohmänner fungieren und die »linken« Pendants zu den Beni-oui-oui darstellen. Der aufrichtige Wille, diesen kolonialen Fluch zu durchbrechen, und der Mut der Aktivisten der Organisationen sind über jeden Verdacht erhaben. Aber der Mißerfolg, den diese Organisationen zu verzeichnen hatten, beweist auf manchmal tragische Weise, daß es vor dem Aufstand unmöglich war, in einer auf Unterdrückung der Klassensolidarität basierenden Gesellschaft eine derartige Solidarität zu bewerkstelligen. Tatsächlich blieb die überwältigende Mehrheit der algerischen Arbeiter den Organisationen fern und schloß sich nur in der einzigen Partei zusammen, die – trotz oder wegen ihrer Niederlagen – diesen Arbeitern erlaubte, sich ohne Hintergedanken zu verbrüdern, und somit eine wirkliche algerische Gemeinschaft vorwegnahm.

Anders ist nicht zu verstehen, warum sich die europäische Bevölkerung Algeriens – wo es gerade aufgrund der Konzentration des Grundbesitzes nur wenige Großgrundbesitzer unter den Kolonisten gibt, wo die Arbeiter und Angestellten eine selbst ausgebeutete Mehrheit darstellen – nicht von der Politik der Ultras distanziert, sondern sie mit großer Mehrheit unterstützt. Anders ist auch der Erfolg des Aufstands selbst nicht zu verstehen, der sich, ausgerufen von einigen der Untätigkeit ihrer Führer müde gewordenen Aktivisten, nicht in dem Maße hätte ausweiten und konsolidieren können, wie er es getan hat, wenn die algerischen Massen nicht gespürt hätten, daß der Kampf auf dem richtigen Feld ausgetragen wurde. Die scharfe Trennlinie des Risses in der Gesellschaft verlief so, daß kein Kampf der Algerier auf eine massive Solidarität der europäischen Arbeiter hätte hoffen können. Und schließlich ist auch das heutige »Sektierertum« der FLN nicht zu verstehen, für die »jeder französische Soldat in Algerien ein feindlicher Soldat« ist, dessen »Beziehungen zu den Algeriern auf Zwang und Gewalt gründen«, wenn man diese Unversöhnlichkeit, die in den empfindsamen Ohren jener »linken«, gegenüber dem algerischen Volk oft paternalistischen und »stets verräterischen Franzosen« vielleicht schockierend klingt, nicht als direkten Ausdruck des Risses begreift, der durch alle Klassen der algerischen Gesellschaft ging und sie teilte.

Wenn die Solidarität der Franzosen in Algerien niemals dadurch ernsthaft gefährdet war, daß sich die sozialen Kräfte nach ihrer Klassenlage zu gruppieren begonnen hätten, so bedeutet das, daß sich die Algerienfranzosen in ihrem ganzen Verhalten auch dann stets als Franzosen begriffen hätten, die Algerien okkupiert hatten und besetzt hielten, wenn sie ebensolche ausgebeuteten Lohnempfänger wie die Algerier gewesen wären. Um es ganz klar zu sagen: Die sich trotz der Franzosen konstituierende algerische Nation konnte sich nur gegen sie konstituieren. Diese Feindseligkeit hat nichts von der Mystik eines heiligen Krieges, nichts von einem wieder zutage tretenden Barbarentum, sondern in ihr artikuliert sich ein Volk (und wir verwenden diesen so wenig marxistischen Begriff mit voller Absicht), das heißt ein Amalgam antagonistischer sozialer Schichten, das sich wieder auf jene elementare Solidarität besonnen hat, ohne die es keine Gesellschaft gäbe, das sich wieder darauf besonnen hat, einen ganzheitlichen Organismus zu bilden, wo die Entfaltung der inneren Widersprüche zunächst einmal die Komplementarität des sich Widersprechenden voraussetzt. Die Kolonisierung schafft die Bedingungen für diese Komplementarität der Widersprüche und verhindert zugleich ihre Entfaltung. Das Bewußtsein, sich selbst enteignet zu sein, kann nur ein nationales Bewußtsein sein. (...)

Aus: »La mise à nu des contradictions algériennes« (1958). In: *La guerre des Algériens*. Paris 1989.

Claude Lefort

Die ungarische Revolution ist eines jener Ereignisse, bei denen kein Zweifel daran besteht, daß sie für immer im historischen Bewußtsein verankert bleiben werden. Sie hat den ersten großen Riß im totalitären Gebäude verursacht, einen Riß, der tiefer ging als der, den der Ostberliner Aufstand vom Juni 1953 geschlagen hatte, oder der, den drei Jahre später der Generalstreik von Posen und der offene Aufruhr in Polen verursachten, dessen Konsequenzen übrigens infolge der Zerschlagung des Aufstands in Ungarn dramatische Änderungen erfuhren. Die Historiker späterer Generationen, dessen bin ich mir sicher, werden sich noch lange für diese Tage aus dem Oktober und dem November 1956 interessieren, die trotz ihres verhängnisvollen Ausgangs »die Welt erschütterten«. Und

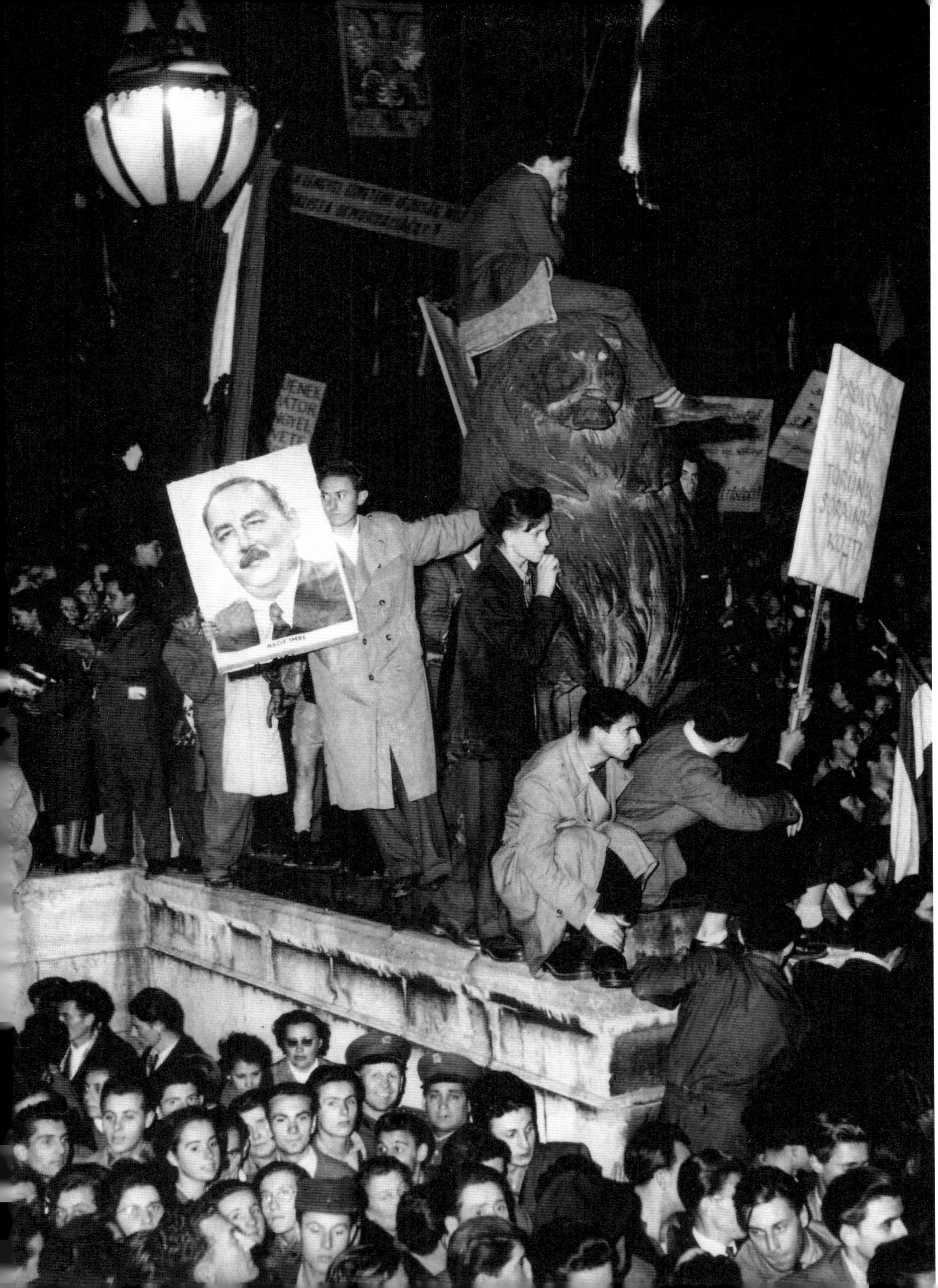

Budapest, 25. Oktober 1956, Demonstration vor dem Parlament in Budapest.
Ein Demonstrant hält das Portrait von Präsident Imre Nagy

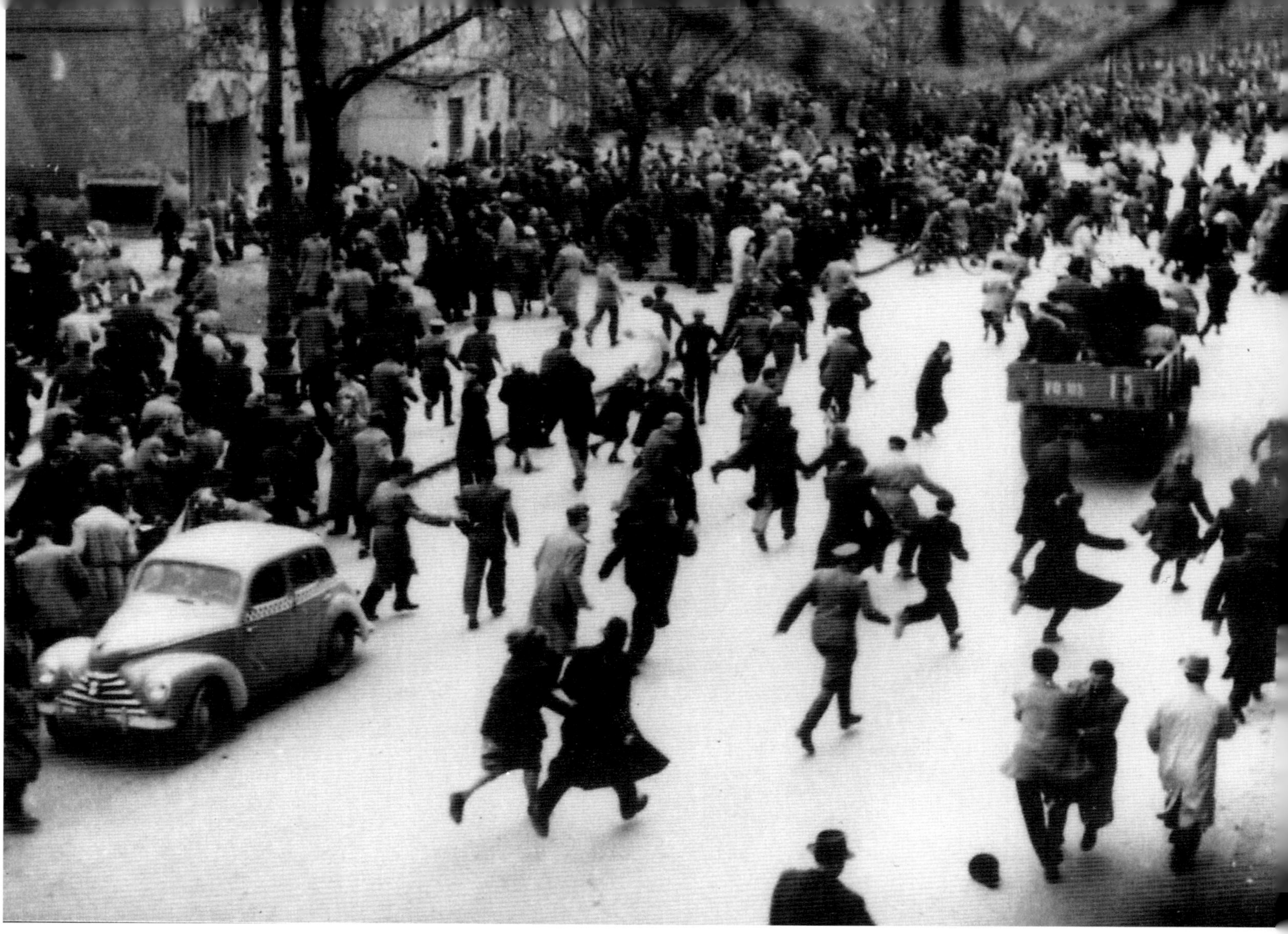

Budapest, 31. Oktober 1956

das gleiche gilt für alle freiheitsliebenden Menschen, deren Überzeugung sich aus der Erinnerung an die großen revolutionären Ereignisse speist – wenn die Sehnsucht nach Wissen und die Sehnsucht nach Freiheit in den zukünftigen Gesellschaften nicht zum Schweigen gebracht worden sind. Aber das historische Bewußtsein ist eine Sache und das kollektive Bewußtsein eine andere. Das kollektive Bewußtsein entwickelt sich inmitten des Wechselspiels vieler Gruppierungen, die nur das von der Vergangenheit im Gedächtnis behalten, was mit ihrem Bild von der Gegenwart übereinstimmt. Und es wird in der heutigen Zeit mit immer größerem Nachdruck durch jene kleine Zahl von Menschen geformt, die die Verfügungsgewalt über die Mittel zur Verbreitung eines solchen Bildes besitzen: politische Machthaber, deren Deklarationen voller Reminiszenzen an die Vergangenheit sind, um sich auf eine Tradition zu berufen; Intellektuelle, die damit beschäftigt sind, eine lehrreiche Vergangenheit zu inszenieren; kleine und große Manipulatoren der Medien, geschickt darin, nur das durchdringen zu lassen, was denen, die gerade den Ton angeben, gefällt. Wenn man nun dieses kollektive Bewußtsein befragt, dann ist man erstaunt, welcher Art seine Erinnerung an die ungarische Revolution ist – sie ist vollkommen verschüttet. In diesem Jahr böte sich zweifellos die Gelegenheit, sie wieder freizulegen und zu exhumieren. Die Medien haben das Bedürfnis nach Nachrufen und Gedenktagen und auch eine Neigung dazu. Doch was nicht verblaßt, sondern sogar noch auffallender wird, ist ganz im Gegenteil gerade das absichtliche Vergessen oder die Verdrängung, dem die Ereignisse des Jahres 1956 in Ungarn zum Opfer gefallen sind. Welche Grabesstille herrscht um sie?

Ich spreche hier nur von der europäischen Linken. Warum sich mit der Rechten befassen? Die schont entweder die Empfindlichkeiten der feindlichen Großmacht, wenn die Interessenlage es gebietet, oder sie macht sich die Anzeichen von Schwächen oder Widersprüchen des feindlichen Systems zunutze, um die Politik der hier im Sattel sitzenden Regierungen zu rechtfertigen. Wie könnte man der Rechten vorwerfen, die ungarische Revolution vergessen oder sie ab und zu als Vorwand genommen zu haben, um den sowjetischen Imperialismus zu verdammen? Aber die Linke... Vor allem in Frankreich, wo sie eine gewichtige Rolle spielt, wo ihre führenden Köpfe im Radio und im Fernsehen zu Wort kommen, wo ihre Presse eine große Öffentlichkeit erreicht! Warum dieses Stillschweigen

über Ungarn und so viel Gerede über die chinesische Kulturrevolution oder den Prager Frühling? Weil es sich hier um eine jüngere Vergangenheit handelt, die noch frisch ist? Aber Kommentare zum stalinistischen Terror zum Beispiel gibt es in Hülle und Fülle. Will man noch so tun, als ob man davon erst vor kurzem durch die Erzählungen von Überlebenden der Lager und vor allem durch Solschenizyn erfahren hätte? Sicher, der *Archipel Gulag* hat mit seinen Augenzeugenberichten und unanfechtbaren Informationen das Wesen, das Ausmaß und die Dauer dieses Terrors in grelles Licht gerückt. Gleichwohl sind schon seit 1949 die dem Wirtschafts- und Sozialrat der UN vorliegenden Angaben über die Zahl der Häftlinge in den Lagern der Öffentlichkeit bekannt. Die linken, nichtkommunistischen Intellektuellen Frankreichs waren von diesen Enthüllungen wie vor den Kopf geschlagen; sie brachten Sartre und Merleau-Ponty dazu, ein Regime zu verurteilen, das sich, wie sie sogar behaupteten, den Namen Sozialismus vielleicht nur widerrechtlich angeeignet hatte. Warum entdeckt man nun, was man bereits seit mehr als zwanzig Jahren weiß? Die Wahrheit ist, daß das, was damals neu, unglaublich und unvorstellbar erschien, in der Folgezeit in die dunklen Bereiche des kollektiven Bewußtseins und seines Erinnerungsvermögens abgedrängt und dort begraben wurde. Die Wahrheit ist, daß man das Wissen, das man hatte, gut aufbewahrte, aber keinen Gebrauch davon machte. Wenn es heute aus der Vergessenheit heraustritt, dann liegt das daran, daß es assimilierbar geworden ist. Und was ist der Grund für diese Veränderung? Erst gestern noch gefährdete dieses Wissen den Glauben der Linken an den Sozialismus, und heute festigt es ihn wieder. Man versucht diese Gefährdung zu bannen, indem man alles Böse auf das Bild Stalins projiziert – aus Furcht, unter der Maske des Sozialismus den Totalitarismus zu entdecken und zugeben zu müssen, daß dieser in neuem Gewand fortbesteht. Daß eine solche Veränderung mit einer ganzen Reihe veränderter historischer Bedingungen zusammenhängt, braucht hier nicht erörtert zu werden. Das Phänomen ist hier nur insofern von Interesse, als es das Schicksal der ungarischen Revolution erhellt.

Auch dieses Ereignis war für die Mehrheit der europäischen Linken damals neu, unglaublich und unvorstellbar. Es vollzog sich zudem vor aller Augen. Aber der Aufruhr, den es in den Herzen und den Köpfen erregte, war nur von kurzer Dauer. Bald zog man es vor, nicht mehr daran zu denken. Gewiß, es hinterließ Spuren, bei manchen sogar schwere Wunden; doch man wollte von diesen Spuren zumeist nichts wissen. Das Beispiel einiger der damals berühmtesten Intellektuellen in der Kommunistischen Partei Frankreichs ist dafür bezeichnend. Ich erinnere mich, daß im November 1956 in Paris eine Versammlung der Association des Intellectuels gegen den Algerienkrieg abgehalten wurde. Mit von der Partie waren Kommunisten, Trotzkisten, fortschrittliche Christen, Anhänger Sartres und anderer Richtungen, und viele davon waren nicht organisiert. Bei dieser Versammlung, bei der ausnahmsweise mehrere hundert Personen anwesend waren, wurde der Antrag gestellt, im Namen des Selbstbestimmungsrechts der Völker sowohl die Intervention Frankreichs in Algerien als auch die Intervention der Sowjetunion in Ungarn zu verurteilen. Eine kleine Gruppe von Kommunisten fing daraufhin an, zu toben und zu brüllen. Sie beschimpften diejenigen, die den Antrag unterstützten, als Schufte und falsche Schlangen.

Ich sehe noch Edgar Morin vor mir, wie er auf dem Podium steht, sich Gehör zu verschaffen sucht und sich unter den Beleidigungen windet. Und siehe da, nur wenige Wochen oder Monate darauf verließen diese wilden Verteidiger der UdSSR (deren Gesichter ich nie vergessen werde) trotz ihrer langen kämpferischen Vergangenheit die Partei. Sicher waren die Enthüllungen Chruschtschows ein schwerer Schlag für sie, und der Opportunismus der französischen KP in bezug auf den Algerienkrieg stellte ihre Disziplin auf eine harte Probe – aber was war ihr wahres Motiv? Die Affäre in Ungarn hatte ihnen den Nerv gezogen. Soweit ich weiß, hat niemand von ihnen seitdem auch nur ein Sterbenswörtchen über Ungarn verlauten lassen. Das Thema blieb für sie tabu. Sie waren sich ihrer Sache nicht mehr sicher, und sie hatten die Lust verloren, ihre alten Gegner als Schurken zu beschimpfen. Vor allem aber hatten sie ihren Glauben an die Sowjetunion verloren. Und dennoch lebte die absurde Überzeugung weiter und lebt wahrscheinlich auch heute noch, Ungarn sei 1956 ein Opfer der Konterrevolution geworden. Absurd, denn wie kann man weiter an eine Konterrevolution glauben, wenn man nicht mehr an das revolutionäre Wesen des ungarischen oder sowjetischen Regimes glaubt?

Aus: »Une autre révolution« (1977). In: *L'invention démocratique*. Paris 1981–1994.

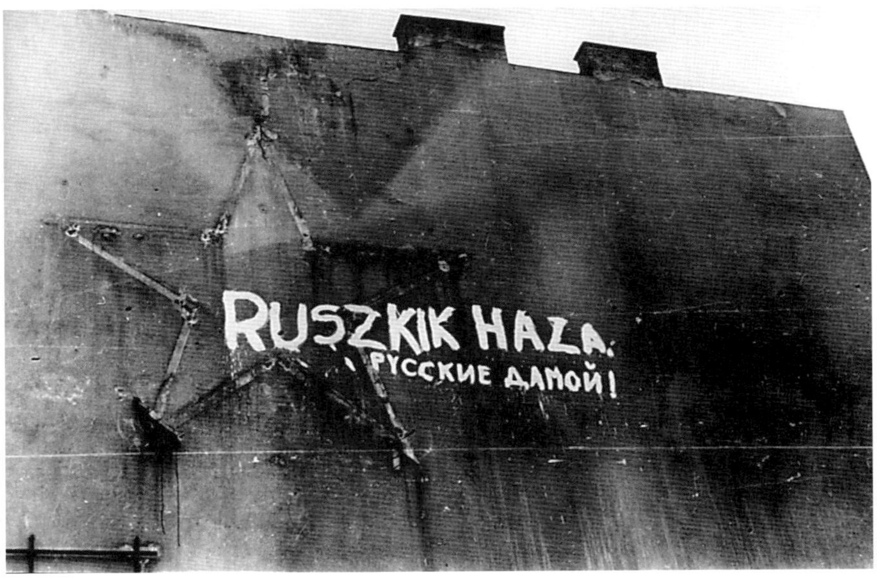

Budapest, Oktober 1956, » Russen raus! «

Youssef Ishagpour

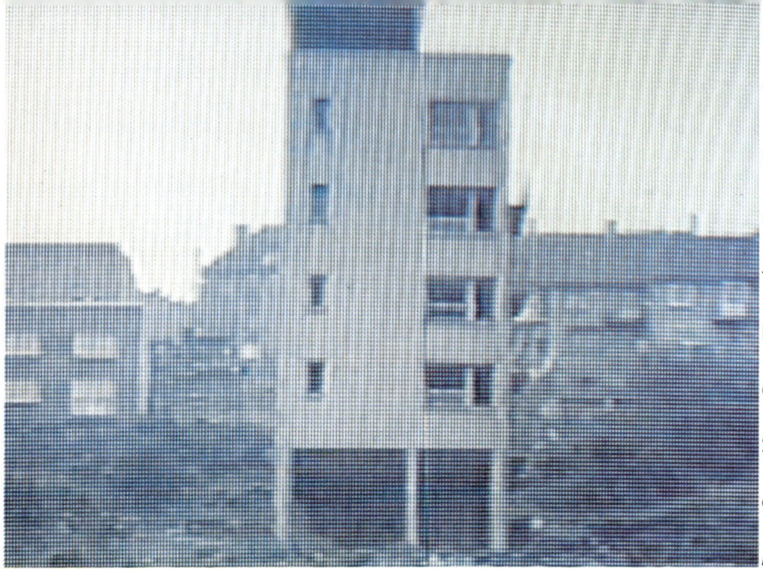

Nur wenige Filmer haben den Mut, von einem Film zum anderen alles über den Haufen zu werfen: Nachdem er das Kino auf eine Welt projizierter Phantasie, Spiegelung, Fiktion, Einbildung reduziert hatte, realisierte Resnais mit *Muriel* (1963) eine andere Grenzerfahrung, aber in genau entgegengesetzter Richtung: das Kino als Wiedergabe der Außenwelt, als Sinnzerstörung und Versprechung, als alltäglich, vergänglich, speziell, mit einer ausgesprochenen Tendenz, die Dinge beim Namen zu nennen.

Marienbad wurde der Vorwurf gemacht – es war die Zeit des Algerienkrieges –, die Realität durch einen Paravent zu verstellen. Vielleicht sollte die reine Konstruktion wieder einmal dazu dienen, die weit dringlichere Realität zu bannen und zu verschleiern. Aber 1961 hatte Resnais gesagt, er könne keinen Film über Algerien machen, weil von der Vorbereitung bis zum Start des Films die Ereignisse seinen Aussagewert hinfällig machen würden. Das Unmittelbare der Unmittelbarkeit würde auf jeden Fall durch die dem Werk notwendige Organisation verloren gehen, unmöglich, ohne diese Organisation vom Sinn des Ereignisses und seiner Wirkung anders zu reden als mit einem theoretischen Diskurs zu Bilddokumenten. Es sei denn, man verwechsle Aktualität mit den Schaumkronen der Wellen, von denen man sich tragen läßt, und statt Filmen soziologisch interessantes Strandgut zu hinterlassen. Sich auf die Suche zu begeben, ohne Provokation, ohne Anbiederung und Konzessionen ans Publikum, nach dem zutiefst Aktuellen, kann unangebracht erscheinen.

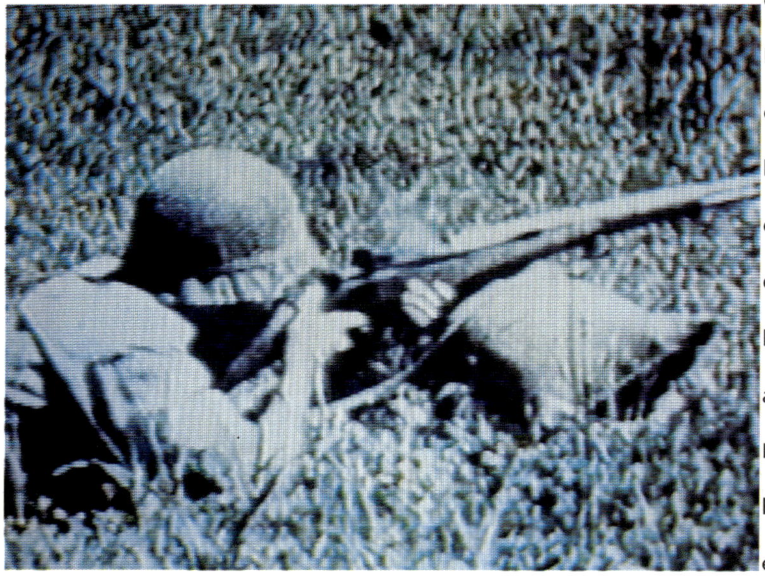

1963 galt es als filmisch mutig, um Hollywood zu trauern, einen Schauspieler und einen Regisseur den Tod der Götter zum Anlaß nehmen zu lassen, um vor einer mit Sprüchen beschriebenen Leinwand zu konversieren über das Kino, das keine Zukunft hat. Aber wenn bei Resnais das Bild einer Straße in einem Araberviertel auf der Leinwand verbrennt, wenn die Kamera ins Meer geworfen wird, wenn »Muriel nicht zu erzählen ist«, dann, weil der, der es erzählen und daraus eine Geschichte machen möchte, der verstört vor der weißen Leinwand dasitzt, durch die Blicke einer gefolterten Frau mit einem soviel fürchterlicheren gewaltsamen Tod konfrontiert war; er wurde mitten in Ereignisse geworfen, deren Zentrum un-

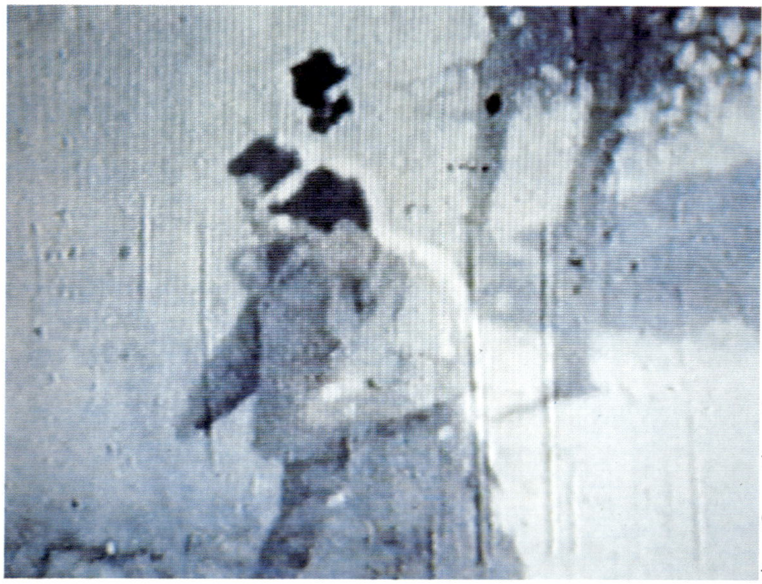

Alle Abb. aus dem Film von Alain Resnais „Muriel ou le temps d'un retour" (Muriel oder die Zeit einer Wiederkehr), 1963.

gerien

Muriel, ein Film von Alain Resnais, Frankreich 1963

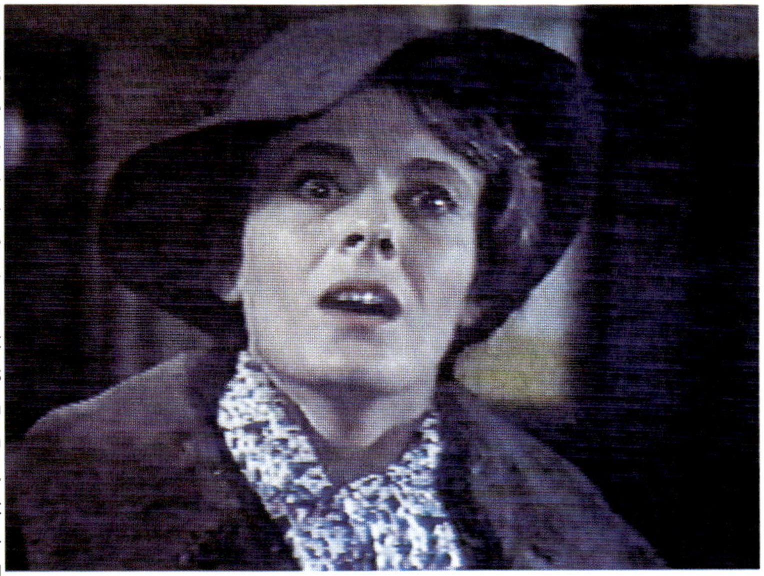

Niemand kannte die Frau. Ich deckte meine Schreibmaschine zu, ging durch das Büro, in dem ich arbeitete, und überquerte den Hof. Ich sehe es noch vor mir. Der Schuppen mit der Munition war ganz hinten. Ich habe sie zuerst nicht gesehen. Als ich mich dem Tisch näherte, stieß ich auf sie. Sie sah aus, als schliefe sie, doch sie zitterte am ganzen Körper. Ich höre, daß sie Muriel heißt. Ich weiß nicht warum, aber das kann nicht ihr richtiger Name sein. Sie standen zu fünft um sie herum und diskutierten. Sie mußte unbedingt noch vor Einbruch der Nacht zum Reden gebracht werden. Robert hatte sich vor ihr aufgebaut. Muriel stöhnte. Sie hielt ihren Arm vor ihr Gesicht. Man läßt sie los. Sie fällt um wie ein Sack. Dann geht es wieder von vorne los. Man schleift sie an den Knöcheln in die Mitte des Schuppens, um sie besser sehen zu können. Robert tritt ihr ein paarmal in die Seite. Er nimmt eine Lampe und leuchtet ihr ins Gesicht. Ihre Lippen sind geschwollen und voller Schaum. Man reißt ihr die Kleider vom Leib. Man versucht, sie auf einen Stuhl zu setzen. Sie fällt herunter. Ein Arm ist wie verdreht. Man muß der Sache ein Ende machen. Selbst wenn sie gewollt hätte, hätte sie nicht sprechen können. Ich mache auch mit. Muriel stöhnt, als sie geohrfeigt wird. Meine Handflächen brennen. Muriel hatte ganz nasses Haar. Robert hat eine Zigarette angezündet. Er nähert sich ihr. Sie schreit, während sie mich ansieht. Warum mich? Sie hat ihre Augen geschlossen. Sie hat angefangen zu kotzen. Robert ist angewidert zurückgewichen. Ich machte der Sache ein Ende. In der Nacht bin ich zurückgekommen, um sie mir anzusehen. Ich habe die Plane angehoben. Als ob sie lange im Wasser gelegen hätte, wie ein aufgeplatzter Sack Kartoffeln, die Haare, der Körper, alles voller Blut, die Brüste voller Brandwunden. Die Augen Muriels waren nicht geschlossen. Das machte mir fast nichts aus, vielleicht machte es mir sogar überhaupt nichts aus. Ich bin schlafen gegangen. Ich habe gut geschlafen. Am nächsten Morgen, nach dem Fahnenappell, hat Robert sie verschwinden lassen.

– Und wo ist dieser Bursche jetzt?

– Er treibt sich in Boulogne herum, wie alle.

– Aber Sie doch auch!

Das ist wie diese Geschichte von dem Haus, das ins Rutschen kommt, Sie kennen sie sicher. Ein Gebäude, das auf Pfeilern steht und aussieht wie ein Werkzeugkasten. Es wird eine Skizze gemacht, ein Entwurf, Baupläne werden gezeichnet, 300 Seiten Baubeschreibung erstellt. Und schließlich beginnen die Bauarbeiten, das Leistungsverzeichnis umfaßt 1000 Seiten,

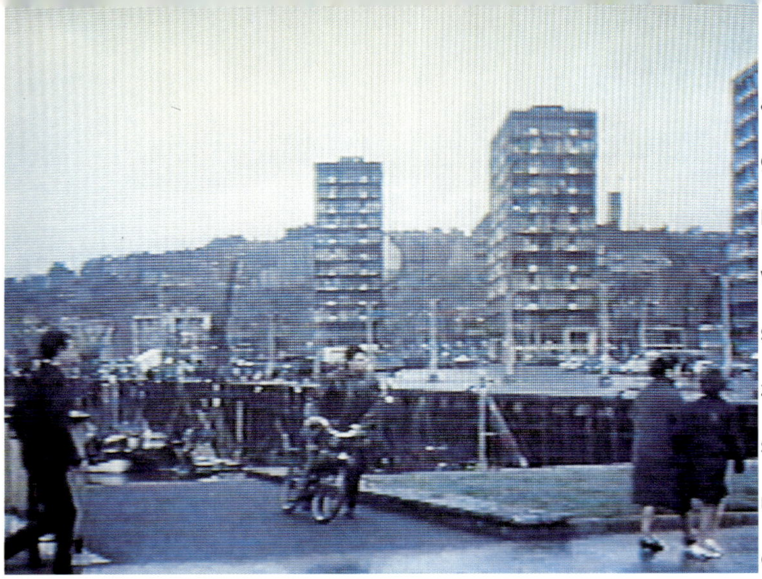

auffindbar ist, weil es als Relation überall existiert, aber nicht unmittelbar gegeben ist und rekonstruiert werden muß.

Daher der Versuch, das Unerzählbare zu erzählen anhand der Auswirkungen, die es im banal Alltäglichen hat. Daher auch die *Muriel* konstituierende Montage, die auf den fruchtbarsten Teil der Filmgeschichte zurückgreift, auf die Versuche der Russen in den 20er Jahren, an die 1963 niemand dachte. Jedoch mit dem wesentlichen Unterschied, daß es damals um Tage ging, die die Welt erschütterten und hier um das Leben provinzieller Kleinbürger, das von der Welt erschüttert wird: Alles ist folglich negativ gewendet in der von Abwesenheit und Verdinglichung belasteten Tradition der nach-flaubertschen Kunst.

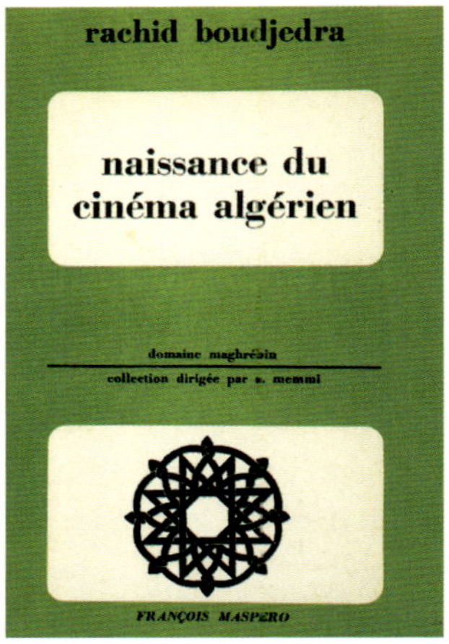

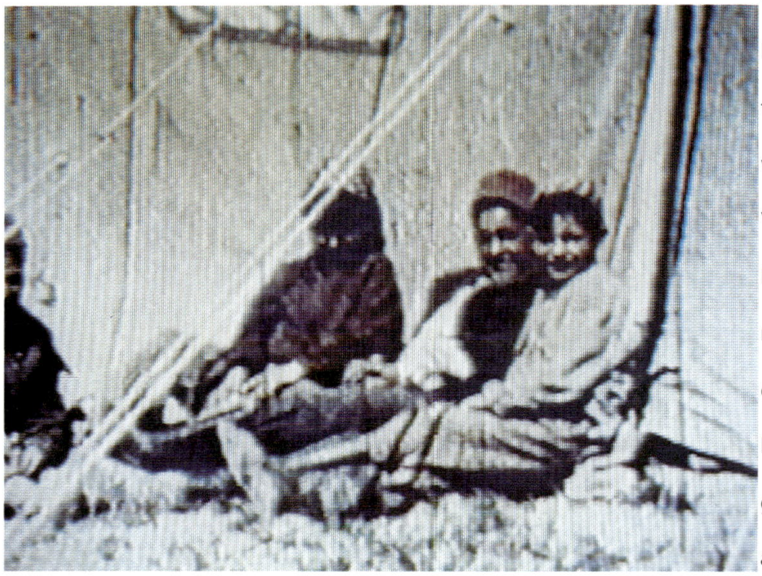

Der nichtsynchrone Ton und die Farben schließen sich mit we teren Materialien zusammen zu einer seriellen Organisation, die das entwickelt, was die großen Russen als spezifisch für das bürgerliche Kino ablehnten: Figur, Fiktion, Psychologie, Drama. Doppelte Strömungen, die in den nachfolgenden Filmen Resnais' auseinanderzustreben trachten und die hier einander unentwirrbar durchdringen. Eine Konstruktion also – nur auf abschüssigem Terrain und aus Fragmenten und Überbleibseln – von Figuren, von Geschichte und von Raum, die sich nach und nach von innen her entleeren, bis zum Schluß nur noch Essensreste inmitten von zum Verkauf stehenden Möbeln übrigbleiben: In *Muriel* bearbeiten Stilleben und Geschichtsbild einander gegenseitig.

Aus: *D'une image l'autre*. Paris 1982.

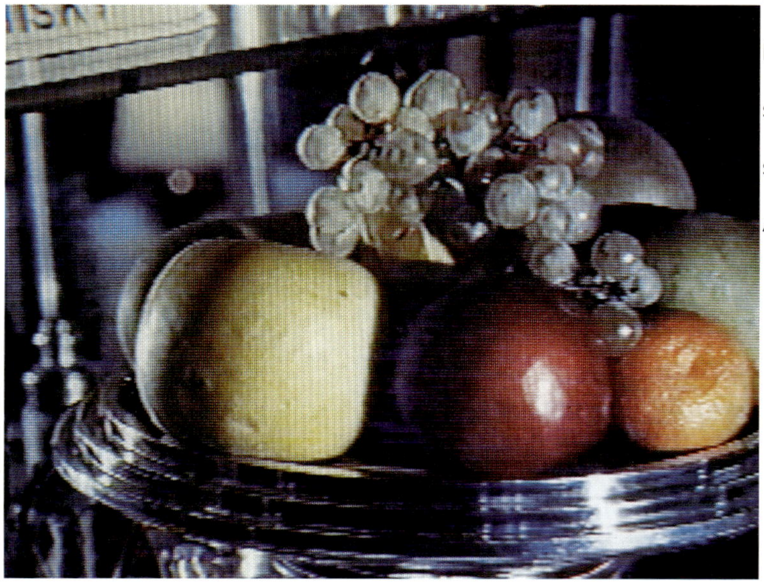

alles wird von der Veritas oder Securitas oder wie sie heißt kontrolliert. Dann ist das Haus errichtet, alle Türklinken sind angebracht, das Haus ist fertig, die Fensterscheiben sind drin. Aber es kommt ins Rutschen, denn der Boden sackt ab. Man erwartet, daß es einstürzt. Es ist neu, es steht leer, und man wartet darauf, daß es einstürzt. Es wird eine schöne Ruine werden.

Aus dem Filmdialog.

Rachid Boudjedra

Trotz allem wurde der Krieg in Algerien nicht völlig von der Welt ignoriert: Einige Filmemacher machten Filme darüber.

Youssef Chahine drehte 1958 in Ägypten *Djamila l'Algérienne*. Es war ein Spielfilm, der auf der Lebensgeschichte Djamila Bouhireds basierte, einer jungen Kämpferin der nationalen Befreiungsfront FLN, die von den französischen Fallschirmjägern in Algier gefangengenommen und gefoltert, zum Tode verurteilt und schließlich begnadigt worden war. Der Film ist brutal und eindringlich, doch oft zu summarisch und vereinfachend.

Der am häufigsten erwähnte Film bleibt der des ostdeutschen Regisseurs Karl Gass, *Allons enfants pour l'Algérie*. Gass erklärte in einem Interview: »Diesen Film zu drehen war ein Akt der internationalen Solidarität. Wir haben den Film gemacht, den ihr Franzosen nicht habt machen können.«

Dieser Spielfilm versucht trotz seines formalen Ungeschicks die Problematik des Algerienkrieges anzugehen, indem er das Phänomen der »algerischen Revolution« analysiert und außerdem die Selbstgefälligkeit aller Befriedungsbemühungen aufzeigt, die die zu 70 Prozent aus Ostdeutschland kommenden Legionäre unternommen hatten. (...)

Muriel, das ist die lästige Erinnerung, lästig wie die Leiche in Ionescos Stück *Amédée oder Wie wird man ihn los*, eine Erinnerung, die verhindert, daß man in der Gegenwart zu leben vermag. *Muriel* ist also kein Film über Algerien, sondern ein Film, in dem Algerien die Rolle einer peinlichen Erinnerung spielt, die jeder zu vergessen bemüht ist. Der Krieg erscheint hier als belanglose Episode, die nur für diejenigen von Interesse ist, die sie miterlebt haben. »*Muriel*«, sagt Robert, »das kann man nicht erzählen.« Und während des ganzen Films ist dieser entsetzliche Krieg nur ein Versatzstück, das als Folie für den wilden Kampf ums Glück dient, den die Protagonisten führen. Resnais erklärte, eines der Hauptanliegen des Films sei der Haß auf die Gewalt, die etwas sehr Banales, etwas sehr Alltägliches sein könne. »Wir haben«, sagte er, »diese Gewalt in alltägliche und banale Ereignisse einbetten wollen.« Dieser Wunsch nach Vergessen ist eines der konstanten Merkmale der Filme jener Zeit.

Aus: *Naissance du cinéma algérien*, Paris 1971.

Pierre Vidal-Naquet

Algier selbst ist in acht Unterbezirke eingeteilt, von denen jeder sein eigenes »centre de tri«, sein eigenes »Aussortierungszentrum« hat, das mit einer Folterkammer ausgestattet ist. Die dem 1. Fallschirmjägerregiment überstellte Villa Sésini ist eines dieser Zentren, das Haus von El Biar, wo Henri Alleg gefoltert und Maurice Audin ermordet wurde, ist ein anderes. Zwei übergeordnete Zentralen, die offiziell allein der Zivilverwaltung unterstellt sind, Beni-Messous und Ben-Aknoun, koordinieren und leiten alle anderen. Diese Form der Organisation entsprechend der Aufteilung in Unterbezirke sollte keine Illusionen erwecken: Die Hierarchie ist fiktiv, in Wirklichkeit sind die Kommandanten der Unterbezirke höchstens Administratoren, die »ihre« Räumlichkeiten ausleihen. Der Kommandant der Kaserne im Fort-l'Empereur schrieb daher an die Frau eines Verschollenen, der in seinem Bezirk gefoltert worden war: »Ich bin zwar Kommandant der Kaserne im Fort-l'Empereur, doch ich habe keinen Hinweis über den Verbleib von Personen, die sich hier aufgehalten haben. Ich bin für die Strafaktionen nicht verantwortlich. Meine Räumlichkeiten wurden den Verantwortlichen für die Aufrechterhaltung der Ordnung einfach zur Verfügung gestellt.« Im Fort-l'Empereur wurde der von dem Leutnant Charbonnier getötete Maurice Audin heimlich begraben.

Die wirkliche Arbeit der Repression findet nicht auf der Ebene der Unterbezirke statt, sondern auf der des Bezirks Algier-Sahel, der seit dem 10. Juni 1957 von Colonel Godard geleitet wird, dem wirklichen Herren Algiers. Ein »brain trust« – so nannte es General Massu – unter dem Vorsitz von Oberstleutnant Trinquier sammelt die Informationen und fällt die wichtigen Entscheidungen. (Trinquier erweist sich später als wahrer Fachmann in Sachen Unterdrückung und Folter, deren Theorie er in seinem Buch *Der moderne Krieg* formuliert.) Unter seinem Befehl steht eine Gruppe von Nachrichtenoffizieren, die den einzelnen Unterbezirken zugeteilt sind, in denen diese Offiziere, die eine perfekte Geheimorganisation bilden, die Herren sind.

Diese in sich reibungslos funktionierende Maschinerie hätte nicht gegriffen, wenn sie sich nicht auf lokale Elemente hätte verlassen können, die sich sowohl aus der europäischen als auch aus der moslemischen Bevölkerung rekrutierten. Am 4. März 1957 wurde in Algier der D.P.U. ins Leben gerufen (man hatte ihn bereits G.P.U. getauft, doch schreckte man vor diesen Initialen dann doch zurück), eine Hilfspolizeitruppe aus Europäern, die die Stadt überwachen sollte. Die Europäer bedurften in ihrer Stadt keiner besonderen Kontrolle, nur die Moslems wurden unter ständige Überwachung gestellt. Damit war eine der ältesten Forderungen der Ultras erfüllt. Der Gegenterrorismus wurde in den Unterdrückungsapparat integriert, und als die militärische Führung des Bezirks Algier-Sahel den zivilen Behörden die Liste der Verantwortlichen des D.P.U. vorlegte, stellten diese fest, daß dort auch jener Doktor Kovacs verzeichnet war, den man Ende Januar wegen der Rolle, die er bei dem am 16. Januar mit einer Bazooka verübten Attentat auf General Salan gespielt hatte, inhaftiert hatte und der für ein in einer Vorortvilla Algiers eingerichtetes privates Folterzentrum mitverantwortlich gewesen war. Von nun an hatte jeder Block, jedes Haus der europäischen Stadt seinen für die Überwachung verantwortlichen D.P.U.-Funktionär; die Moslems der Kasbah wurden ihrerseits von ehemaligen Rebellen kontrolliert und überwacht, die man nach ihren blauen Uniformen nannte und die mit ihrem Leben dafür hafteten, was in jedem Haus vor sich ging. Der Oberstleutnant Trinquier hatte gezeigt, um eine bekannte Formel von André Malraux zu parodieren, daß die Folter etwas Selbstregulierendes ist.

Der größte Teil der Opfer stellte keine Strafanzeige, sei es aus Unwissenheit, aus Verachtung gegenüber den Mechanismen des Rechtswesens oder aus Angst vor Repressalien: Kinder wurden umgebracht, weil ihr Bruder oder ihr Vater die Foltern, denen er ausgesetzt gewesen war, zur Anzeige gebracht hatte. Wenn das Opfer unschuldig war – im Sinne des französischen Gesetzes – und Klage einreichte, dann kam es vor, daß die ganze Angelegenheit noch vor Beginn einer offiziellen Untersuchung durch eine finanzielle Entschädigung beigelegt wurde. Wir führen zwei kleine Beispiele an. Am 25. Februar 1957 wurde ein moslemischer Polizist namens A.S. festgenommen und den Fallschirmjägern des Oberstleutnants Bigeard übergeben. Er wurde geschlagen (Kieferfraktur), mit elektrischem Strom gefoltert und erlitt schwere Brandwunden, alles ist in einem ärztlichen Bericht attestiert. Kommissar Gille, ein ehemaliger Häftling des Konzentrationslagers Mauthausen, leitete die Befragung. A.S. erstattete keine Anzeige, sondern quittierte am 24. Juli den Erhalt von 600000 Francs, die ihm seine Versetzung und seinen Umzug nach Quimper erleichtern sollten. Am 31. März 1957 um zwei Uhr nachts wurde der Nachtwächter des Hotels Albert I. von dem Fallschirmjägerleutnant Jean-Marie Le Pen, Abgeordneter des 5. Pariser Bezirks, und einigen seiner Kameraden aufgefordert, ihnen etwas zu trinken zu bringen. Die Schankzeit war vorbei und der Leutnant schien bereits betrunken zu sein, daher lehnte A.B. es ab, die Soldaten zu bedienen. Le Pen schaffte A.B. auf der Stelle in die Villa Sésini. A.B. erstatte Anzeige wegen erlittener Folterungen, doch er zog die Anzeige wieder zurück, nachdem ihm aus den geheimen Fonds eine Million Francs ausgezahlt worden waren. Am 1. April 1957 verkündete das *Echo d'Alger*, daß der General Massu dem Leutnant Le Pen einen Orden verliehen habe.

Aus: *La torture dans la République. Essais d'histoire et de politique contemporaines (1954-1962)*. Paris 1972.

Henri Alleg

Irulin trat als erster ein und versetzte mir einen Fußtritt, während er sagte: »Setzen!« Ich rührte mich nicht. Er packte mich und lehnte mich in einen Winkel. Einen Augenblick später krümmte ich mich von neuem unter den Stromstößen. Ich spürte, daß mein Widerstand sie immer brutaler und gereizter machte.

»Stopf ihn ihm doch ins Maul!« sagte Irulin. »Öffne den Mund!« befahl er. Um meinen Gehorsam zu erzwingen, drückte er mir die Nasenflügel zu, und in dem Augenblick, als ich den Mund öffnete, um zu atmen, schob er mir den unisolierten Draht sehr weit hinein, bis zum hintersten Gaumen. Charbonnier setzte den Apparat in Tätigkeit. Ich spürte, wie die Stromstärke anwuchs und meine Kehle, meine Kiefer, alle Muskeln meines Gesichts durchlief, bis sich meine Lider in einem immer schmerzhafteren Zusammenziehen schlossen.

Jetzt nahm Charbonnier den Draht. »Du kannst ihn loslassen«, sagte Irulin zu ihm. »Er hält von selbst.« Tatsächlich waren meine Kiefer an der Elektrode durch den Strom wie festgelötet, es war mir unmöglich, meine Zähne auseinanderzumachen, so sehr ich mich anstrengte. Über meine Augen unter den verkrampften Lidern zuckten feurige Bilder, leuchtende geometrische Zeichen, und ich glaubte, sie würden ruckweise aus ihren Höhlen gerissen, wie von innen gestoßen. Der Strom hatte seine Grenze erreicht, und gleichzeitig auch meine Qual. Es war, als ob sie stillstehen würde, und ich dachte, daß sie mich nicht noch mehr verwunden könnten. Aber ich hörte Irulin zu dem, der den Apparat bediente, sagen: »Kurze Stöße. Erst verlangsamen, dann aufdrehen... »Ich fühlte die Stromstärke schwinden, die Krämpfe, die meinen ganzen Körper steif gemacht hatten, nahmen ab, und plötzlich, als der andere den Magnetapparat auf volle Stärke stellte, vierteilte mich der Strom von neuem. Um diesem plötzlichen Abfallen und scheidenden Anschwellen, dem Höhepunkt der Marter, zu entgehen, schlug ich meinen Kopf mit aller Kraft gegen den Boden, und jeder Schlag brachte mir eine Erleichterung. Irulin, ganz nahe an meinem Ohr, schrie mich an: »Versuche nicht, dich totzuschlagen, du schaffst es doch nicht.«

Endlich hörten sie auf. Vor meinen Augen tanzten noch die Streifen und Lichtpunkte, und in meinen Ohren dröhnte der Lärm einer Zahnbohrmaschine.

Wenig später unterschied ich sie, alle drei standen aufrecht vor mir. »Na?« sagte Charbonnier. Ich antwortete nicht.

»Du lieber Gott!« sagte Irulin und ohrfeigte mich mit voller Kraft.

Aus: *Die Folter* (1957). Wien/ München/ Basel 1958.

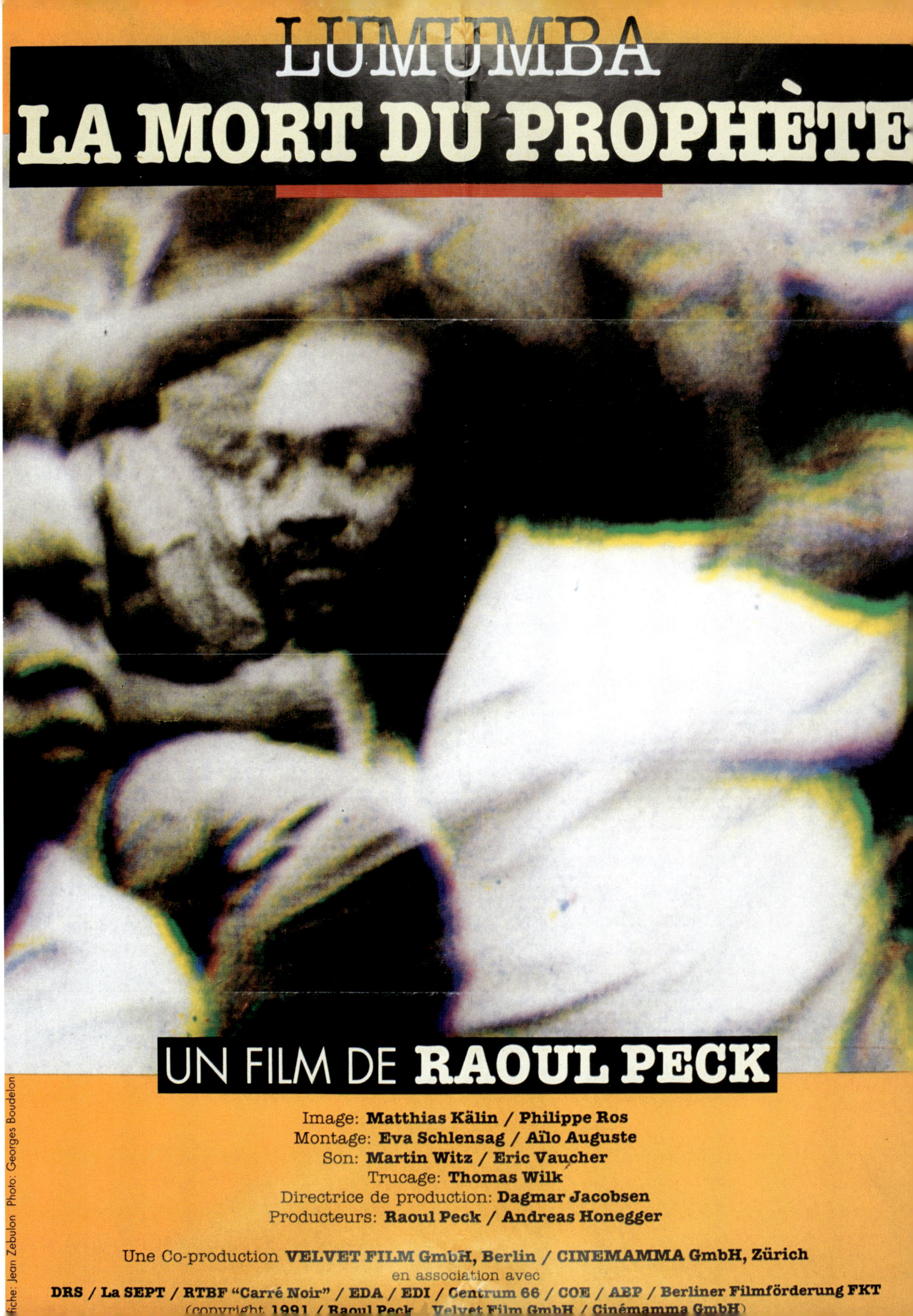

Raoul Peck, Lumumba, la mort du prophète (Lumumba, Tod des Propheten), 1991.
Affiche: Jean Zebulon Photo: Georges Boudelon

Maurice Blanchot – Die zwei Versionen des Imaginären

Das Bild, die sterbliche Hülle

Auf den ersten Blick gleicht das Bild nicht der Leiche, aber es ist gut möglich, daß die Seltsamkeit der Leiche auch für das Bild gilt. Was man sterbliche Hülle nennt, fällt aus den üblichen Kategorien hinaus: Vor uns liegt da etwas, das weder der Lebende selber ist noch irgend eine gewöhnliche Realität, ebensowenig derjenige, der am Leben war, ebensowenig ein anderer oder nochmal etwas anderes. Was da liegt, in der absoluten Ruhe dessen, was seinen Ort gefunden hat, lebt dennoch nicht der Evidenz nach, voll und ganz dazusein. Der Tod hebt die Beziehungen zum Ort auf, obschon der Tote sich schwergewichtig darauf stützt, als auf die einzige ihm verbleibende Grundlage. Gerade diese Grundlage aber fehlt, der Ort ist einfach nicht da, die Leiche ist nicht an ihrem Platz. Wo ist sie? Sie ist nicht hier, und sie ist nirgendwo sonst. Zunächst zeigt im Sterbezimmer und auf dem Totenbett die Ruhe, die es zu bewahren gilt, beispielhaft, wie zerbrechlich die Lage ist. Hier ist die Leiche, aber das Hier wird seinerseits zur Leiche: »hier unten« spricht ganz für sich, während noch kein »dort oben« sich irgendwie rührt. Die Stelle, an der man stirbt, ist nicht eine gewöhnliche Stelle. Man transportiert diese Hülle nicht leichthin von einem Ort zum anderen: Der Tote nimmt von seiner Stelle eifersüchtig Besitz, und er vereinigt sich mit ihr vollumfänglich, so daß die Beliebigkeit dieser Stelle, der Umstand, daß sie trotz allem eine beliebige Stelle ist, sich zu der Tiefe seiner Präsenz als Toter wandelt, zum Stützpfeiler der Beliebigkeit wird, zum gähnend weit offenen Intimraum eines beliebigen Nirgendwo, das man aber genau hierher legen muß.

So weit, daß er bleibt, kommt einer, der gestorben ist, nicht. Der Verblichene, sagt man, ist nicht mehr von dieser Welt, er hat sie hinter sich gelassen, aber hinter ihm liegt eben diese Leiche, die ebensowenig von dieser Welt ist, obschon sie hier liegt, also eher hinter dieser Welt; was der Lebende (und nicht der Verblichene) hinter sich gelassen hat und was jetzt von hier aus die Möglichkeit einer Welt-dahinter, eines Weges zurück, eines undefinierten, unbestimmten, gleichgültigen wesenden Lebens aufzeigt, von dem man nur weiß, daß ihm die menschliche Existenz ihm bei ihrem Aufhören Gegenwart und Nähe vermittelt.

Die Ähnlichkeit mit der Leiche

Auffällig, wenn dieser Augenblick eintritt, wo die sterbliche Hülle, während sie gleichzeitig in der Seltsamkeit ihrer Einsamkeit erscheint, als das, was sich geringschätzig von dieser Welt zurückgezogen hat – in dem Augenblick, wo das Gefühl einer zwischenmenschlichen Beziehung zerbricht, in dem Augenblick, wo unsere Trauer, unsere Pflege und das Vorrecht unserer alteingesessenen Leidenschaften nicht mehr wissen können, was jetzt noch kommt, und sie auf uns zurückfallen, zu uns zurückkehren, in diesem Augenblick, wo die Anwesenheit der Leiche als die des Unbekannten vor uns liegt –, da nun fängt auch der betrauerte Verstorbene sich selber zu gleichen an.
Sich selber: Ist dies nicht ein falscher Ausdruck? Sollte man nicht sagen: Jenem, der er war, als er am Leben war? Sich selber ist dennoch die richtige Formel. Sich selber bezeichnet das unpersönliche, weit entfernte und unerreichbare Wesen, das die Ähnlichkeit, um überhaupt Ähnlichkeit mit jemandem sein zu können, auch an den Tag bringt. Ja, er ist es durchaus, der liebe Lebende, aber es ist doch mehr als er, er ist schöner, imposanter, bereits monumentaler und so vollkommen er selber, daß er aussieht, als wäre er sein Doppelgänger, vereinigt, dank der Ähnlichkeit und über das Bild vereinigt mit seiner feierlichen Unpersönlichkeit. Dieses Wesen von großem Format, wichtig und großartig, das die Lebenden als Erscheinung des Originals beeindruckend, bisher übersehen, in seiner Existenz das Urteil des jüngsten Gerichts eingeschrieben vorweisend, es drückt sich mit Hilfe des Fernen triumphal aus: Vielleicht erinnert es durch die Erscheinung seiner selbständigen Herrschaft an die großen Bilder der klassischen Kunst. Wenn diese Erinnerung begründet ist, dann scheint die Frage nach dem Idealismus dieser Kunst ziemlich müßig: und daß der Idealismus letztlich als Gewährsmann nur eine Leiche hat, daran mag sich erinnern, wer zeigt, daß die offensichtliche Vergeistigung, die reine formale Virginität des Bildes ursprünglich an die elementare Seltsamkeit und die unförmige Schwere des Wesens in seiner Abwesenheit gebunden ist.

Diese Bewegung geht in unendlich vielen Stufungen vor sich. Die Psychoanalyse sagt demnach, daß das Bild uns keineswegs aus dem Spiel läßt und uns nach dem Modus der Gratisphantasie leben läßt, sondern uns offenbar zutiefst uns selber ausliefert. Intim ist das Bild, weil es aus unserer Intimität eine äußere Macht macht, die wir passiv erdulden: Außerhalb von uns, in der Distanz der durch sie erst hervorgerufenen Welt, schleppt sich verirrt und brillant die Tiefe unserer Leidenschaften.
Die Magie bezieht ihre Macht aus dieser Transformation. Mit Hilfe methodischer Technik handelt es sich darum, die Dinge sich als Widerspiegelung offenbaren und das Bewußtsein sich zu einem Ding verdichten zu lassen. Vom Augenblick an, da wir außerhalb unserer sind – in der Ekstase, die das Bild ist –, tritt das »Reale« in einen doppeldeutigen Bereich über, worin es weder Grenze noch Zwischenraum noch Momente mehr gibt und worin jedes Ding, aufgesogen von der Leere seiner Widerspiegelung, dem Bewußtsein zu ähneln anfängt, das sich seinerseits durch eine anonyme Fülle hat füllen lassen. So scheint die universelle Einheit wiederhergestellt. So gehorcht, hinter den Dingen, die Seele jedes Dings den Sinnesreizen, worüber jetzt der ekstatische Mensch verfügt, der sich dem »Univers« überlassen hat. Das Paradox der Magie erscheint ganz klar: sie behauptet, Unternehmung und freie Herrschaft zu sein, während sie aber, um sich zu konstituieren, die Herrschaft der Passivität akzeptiert, diese Herrschaft, worin es keine Zwecke gibt. Aber ihre Absicht bleibt lehrreich: Sie will bewegend auf die Welt einwirken, ausgehend von dem vorherigen Zustand in der Welt, dem ewigen Diesseits, worin Handlung unmöglich ist. Darum wendet sie sich vorzugsweise der seltsamen Leichenähnlichkeit zu, und ihre einzige ernsthafte Bezeichnung lautet schwarze Magie.
Ein Ereignis im Bild zu erleben, heißt nicht, von diesem Ereignis ein Bild zu haben, ebensowenig, es in der Unverbindlichkeit des Imaginären anzusiedeln. Das Ereignis findet in diesem Fall wirklich statt, und dennoch, findet es »wirklich« statt? Was vorfällt, packt uns, wie uns das Bild ergreifen würde, das heißt befreit uns von sich und von uns selber, behält uns draußen, macht aus diesem Draußen eine Gegenwart, worin »Ich« »sich« erkennt. Diese Bewegung geht in unendlich vielen Stufungen vor sich. Was wir die zwei Versionen des Imaginären genannt haben, den Umstand, daß das

Bild uns bestimmt ideal dazu verhelfen kann, die Sache zu fassen, und daß es dann zu ihrer belebenden Negation wird, daß es aber auf der Ebene, wohin uns die ihm eigene Schwere mitzieht, uns auch nicht ständig auf den abwesenden Gegenstand verweist, sondern auf die Abwesenheit als Gegenwart, auf die doppelte neutrale Ruhestellung des Gegenstandes, in welchem sich die Zugehörigkeit zur Welt auflöste: diese Doppelzüngigkeit ist nicht von der Art, daß man sie beschwichtigen könnte durch ein eine Entscheidung Erlaubendes und dieser Entscheidung die sie erst ermöglichende Ambiguität eines Entweder-Oder. Diese Doppelzüngigkeit verweist ihrerseits auf einen immer näher an den Anfang rückenden Doppelsinn.

Die Ebenen der Ambiguität

Könnte das Denken auch nur einen Moment den Doppelsinn denken, wäre es versucht zu sagen, daß dieser sich auf drei Ebenen auswirkt. Auf der Ebene der Welt bedeutet der Doppelsinn die Möglichkeit zur Verständigung; der Sinn entweicht immer in einen anderen Sinn; das Mißverständnis dient der Verständigung, es drückt die Wahrheit der Verständigung aus, die will, daß man sich nie ein für alle Mal verständige.

Eine andere Ebene ist die durch die zwei Versionen des Imaginären ausgedrückte. Hier ist nicht mehr ein immerwährender Doppelsinn zu Gange, ein das Verständnis förderndes oder täuschendes Mißverständnis. Hier spricht das, was im Namen des Bildes spricht, »bald« noch von der Welt, »bald« führt es uns ins unbestimmte Umfeld der Faszination, »bald« gibt es uns die Möglichkeit, über Dinge während ihrer Abwesenheit per Fiktion verfügen zu können und hält uns so innerhalb eines reich mit Sinn ausgestatteten Horizonts zurück, »bald« läßt es uns dorthin gleiten, wo die Dinge vielleicht gegenwärtig sind, aber nur in ihrem Bild, und dorthin, wo das Bild der Augenblick der Passivität ist, weder zeichenhaften noch affektiven Wert besitzt, für die Leidenschaft der Gleichgültigkeit steht. Was wir aber mit diesem »bald, bald« auseinanderhalten, das unterscheidet die Ambiguität, indem sie ständig in gewissem Maß

das eine wie das andere sagt, auch inmitten der Faszination das bedeutungstragende Bild nennt, aber uns bereits durch die Klarheit des allerreinsten, des formiertesten Bildes fasziniert. Hier entweicht der Sinn nicht in einen anderen Sinn hinein, sondern in das andere jeglichen Sinns, und wegen der Ambiguität besitzt nichts Sinn, sondern alles scheint unendlich mit Sinn versehen: Der Sinn ist nur mehr ein Als-Ob, das Als-Ob läßt den Sinn unendlich reich werden und macht, daß diese Unendlichkeit an Sinn nicht weiterentwickelt zu werden braucht, sondern unmittelbar vor uns steht, will sagen, auch nicht entwickelt werden kann, bloß unmittelbar leer ist.[1]
Die Ambiguität besteht damit nicht mehr nur in der unaufhörlichen Bewegung, wodurch das Sein zum Nichts zurückkehrt und das Nichts auf das Sein zurückverweist. Die Ambiguität ist nicht mehr das hauptsächliche Ja oder Nein, worin das Sein und das Nichts zu reiner Identität zusammenfallen. Die wesentliche Ambiguität könnte eher darin liegen, daß – vor dem Anfang – das Nichts mit dem Sein nicht auf derselben Stufe steht, daß es nur der Schein der Seins-Verhohlenheit ist; die Ambiguität könnte aber auch darin liegen, daß die Verhohlenheit »originärer« ist als die Negation. So daß man sagen könnte: »Die Ambiguität ist umso notwendiger, als die Verhohlenheit sich nicht sehr gut in der Negation fassen läßt.«

[1] Kann man weiter gehen? Die Ambiguität nennt das Sein als Verhohlenes, sie sagt, das Sein existiere als Verborgenes. Damit das Sein seine Aufgabe erfüllen kann, muß es verborgen sein: Es arbeitet, indem es sich verbirgt, es wird durch die Verhohlenheit immerzu bewahrt und frischgehalten, wird ihr aber auch entzogen; die Verhohlenheit wird dann gern zur Reinheit der Negation. Gleichzeitig aber, wenn alles verborgen ist, sagt die Ambiguität (und diese Aussage ist eben gerade die Ambiguität): jedes Sein besteht durch Verborgenheit, das Sein besteht im wesentlichen aus Sein in der Verborgenheit.

Aus: *L'espace littéraire*. Paris 1955.

Kommentar des Übersetzers

Wir haben ein Problem bei der Übersetzung von »lumière de jour«. Dieses Problem stellt sich bei Blanchot immer, entweder meint er die Evidenz, hier aber, wo es um Bilder geht, könnte er mit dem »Gesetz des Tageslichts« auch ganz einfach so etwas wie »Maltechnik«, »Perspektivenkenntnis« etc. meinen. Wir haben ein Problem bei der Übersetzung von »ambiguïté«, dafür bietet das Deutsche eine Menge: Doppelsinn, Doppeldeutigkeit, Ambivalenz, Ambiguität, dann das pejorativere »Doppelzüngigkeit«, was schon eine Art feiner Lüge ist. Ich habe »ambiguité« auf mehrere dieser Arten übersetzt und darauf verzichtet, es terminologisch nur einem deutschen Substantiv zuzuordnen.
Blanchots letzter Paragraph, als Anmerkung dem beendeten Text angehängt, ist einigermaßen rätselhaft; der Unterschied zwischen »Verborgenheit/Verhohlenheit« und »Negation« und seine Beziehung zur »Ambiguität« dürfte schwer zu vermitteln sein.

Jürg Laederach

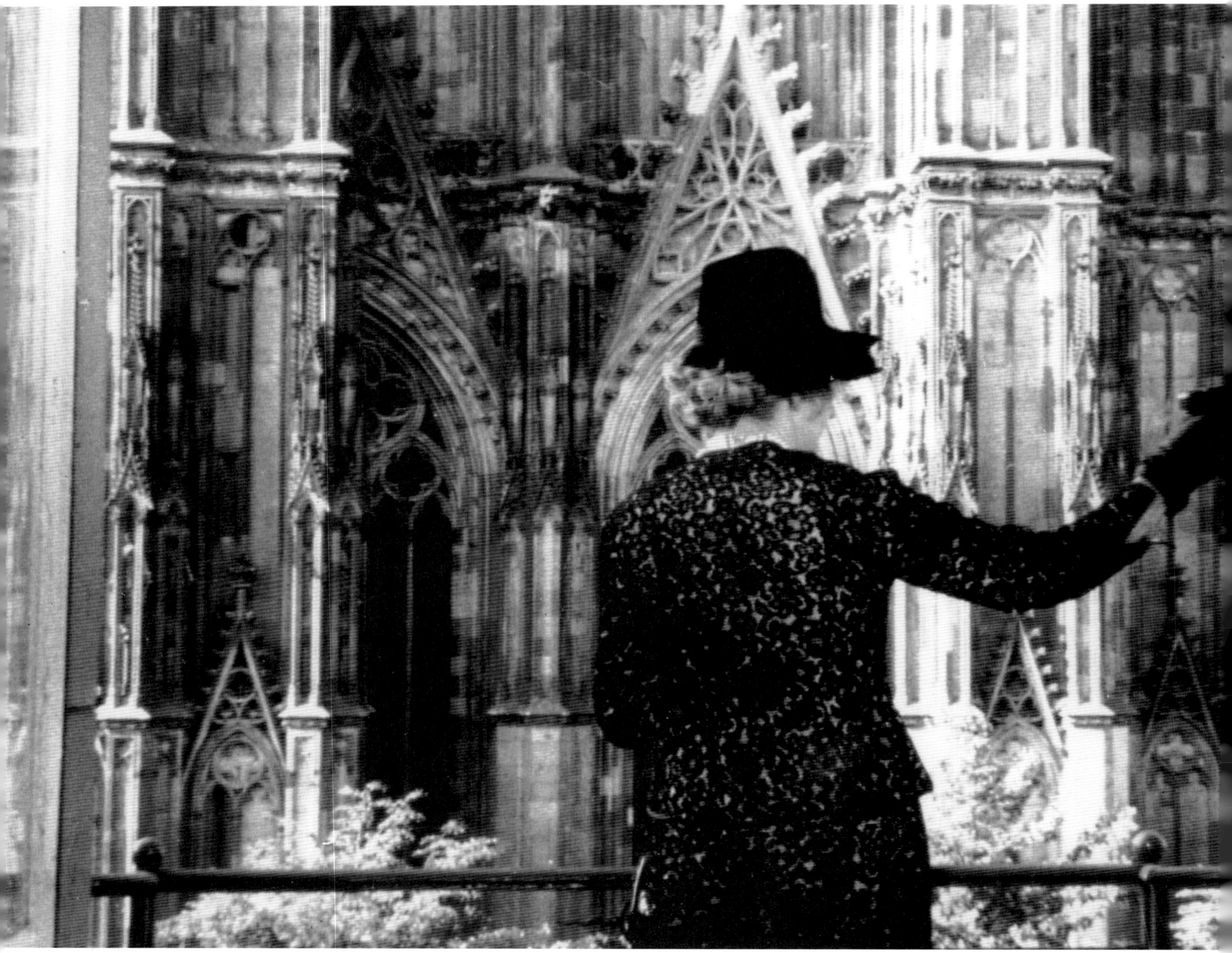

Alle Abb. aus dem Film von Jean-Marie Straub, „Nicht versöhnt oder Es hilft nur Gewalt, wo Gewalt herrscht“, 1965

Nicht

Serge Daney

Die Filme *Nicht Versöhnt* und *Moses und Aaron* stehen unter einer Leitidee, die vollständig in ihrem Titel enthalten ist: »Nicht versöhnt«. Die Nicht-Versöhnung ist weder Vereinigung noch Scheidung, weder der zerstückelte Körper, noch die entschiedene Zersplitterung, auch nicht das Chaos (Nietzsche: »Man muß das Universum zerstückeln, vor dem Ganzen den Respekt verlieren«), sondern die zweifache Möglichkeit der Nicht-Versöhnung. Im Grunde gehen Straub und Huillet von einer einfachen, unanfechtbaren Tatsache aus: es gab den Nazismus. Wegen des Nazismus ist das deutsche Volk heute nicht mit sich versöhnt (*Machorka-Muff, Nicht Versöhnt*). Die Juden sind es ebensowenig (*Moses und Aaron, Einleitung*[1]).

(...)

Die Nicht-Versöhnung ist auch eine Art, Filme zu machen, sie herzustellen. Sie besteht in der hartnäckigen Ablehnung aller »vereinheitlichenden« Kräfte. Über die Nicht-Versöhnung gelangten Straub und Huillet zur »allgemeinen Technik der Entkoppelung«. Entkoppelung, Teilung und Spaltung – daraus entstand der berühmte Spruch »eins läßt sich in zwei teilen« (un se divise en deux). Der Blick und die Stimme, die Stimme und ihr Stoff (ihre Körnung), die Sprache und ihr Tonfall ergeben laut Zhou Enlai »im selben Bett verschiedene Träume«. Die Filme: die Betten, in denen Getrenntes, Nicht-Versöhntes, Nicht-Versöhnbares die Vereinigung aufs Spiel setzen, aufheben und simulieren.

Aus: *La Rampe*. Paris 1983.

[1] Der vollständige Titel lautet: *Einleitung für die Begleitmusik einer Filmszene von Arnold Schönberg*, 1972.

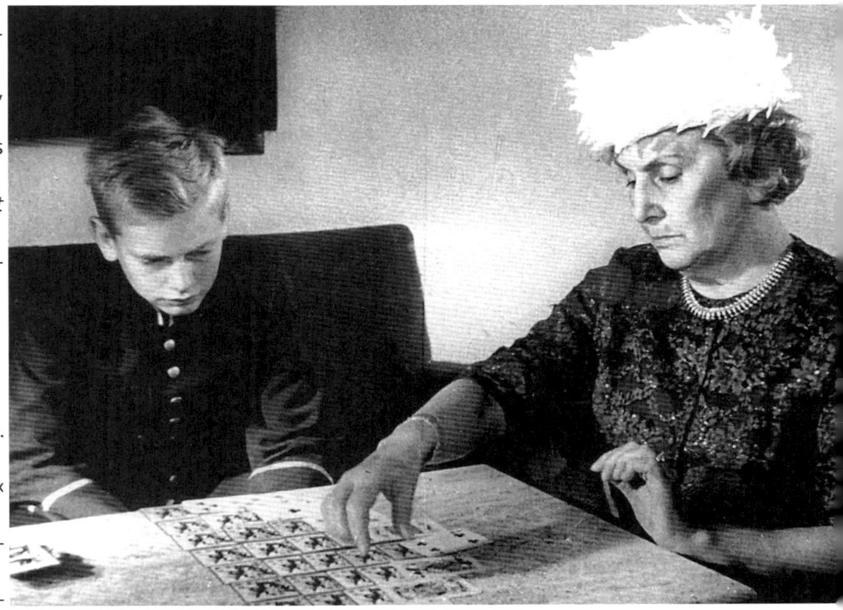

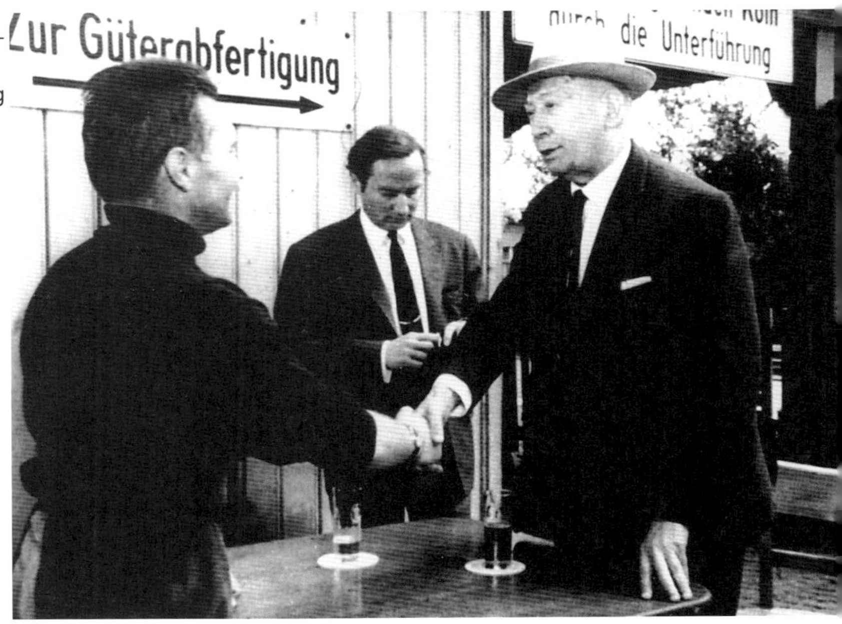

versöhnt

Jean-Marie Straub

Nicht versöhnt ist die Geschichte einer Frustration (Frustration ... eines Volkes..., das sich vom Faschismus nicht befreit hat). Ich habe absichtlich alles, was im Roman pittoresk und satirisch war, entfernt. Anstatt wie Böll ein Puzzle zu machen, habe ich es riskiert, Lückenhaftes zu produzieren.

Aus: Francis Courtade, *Jeune cinéma allemand*. Paris 1969

Frieda Grafe/Enno Patalas

Bölls Unmut und seine Enttäuschung über Straubs Undankbarkeit verstehe ich, nur respektieren kann ich seine Gefühle nicht. Böll hat Straub die Rechte zu *Machorka-Muff* und zu *Nicht versöhnt* geschenkt; nicht etwa, sagt er, aus »Altruismus oder Idealismus«, sondern weil er »das herkömmliche Filmgewerbe verachte«. Was Straub machen wollte, interessierte ihn also nicht sonderlich. Hätte es ihn mehr interessiert, wäre ihm vielleicht aufgefallen, daß Straub zu eben der Kategorie der »Nichtversöhnten« gehört, der er in seinem Roman mit viel literarischem Aufwand Leben einzublasen versucht. So aber hielt er ihn nur für einen armen Teufel, der anderer Leute Geschichten braucht, um seine Vorstellungen zu realisieren; dabei liegen »Stoffe«, sagt Böll, »auf der Straße«. Ebenda hat Straub auch den seinen gefunden: den vielgelesenen, auch als Taschenbuch publizierten Roman eines renommierten deutschen Nachkriegsschriftstellers. Für Straub nämlich ist Kunst kein Epiphänomen.

Nicht versöhnt hat wenig gemein mit üblichen Romanverfilmungen, bei denen vermeintlicher Respekt vor der Erfindung des Autors selten mehr entstehen läßt als eine magere Synopsis der Vorlage. Straub, der Franzose, wollte einen Film über das Deutschland von heute machen. Nicht künstlerische Impotenz ließ ihn zum Roman Bölls greifen, sondern die Überzeugung, daß die Lebensweise eines Landes sich einsichtiger noch als in seinem Städtebau und den Menschen auf seinen Straßen darstellt in seinen Ideen und Erfindungen; daß Wunschträume und Phobien eines Landes mit zu seiner Realität gehören und Auskunft geben, das Verbot der Kommunistischen Partei ebenso wie der Böllsatz: »Zart war ich, fast klein, sah aus wie etwas zwischen jungem Rabbiner und Bohemien, schwarzhaarig, schwarzgekleidet, mit dem unbestimmten Air ländlicher Herkunft.«

Straub behandelt den Böllroman wie ein Dokument, die Art, in der er es verwendet, besagt zunächst einmal, daß er sich nicht als alles verstehender Böllinterpret fühlt, sondern als einfacher Böll-Leser, dem Bilder einfallen zu den Texten, die er liest; der sich an Dinge erinnert, die zu dem passen, was Böll beschreibt; der sich die beschriebenen Gesten und Bilder vorstellt und der den Tonfall im Ohr hat, der zu diesen Texten passen könnte: die »skandierende« Stimme des jungen Heinrich Fähmel, wenn er sein erstes Frühstück im Café Kroner bestellt, die »sanfte, nach ewigem Advent klingende Weide meine Lämmer-Stimme« der Johanna Fähmel oder Hugos »Schulentlassenenstimme«.

Es ist auffallend, daß Straub alles das ausspart, was gemeinhin in Filmen den größten Raum einnimmt. Dafür treten scheinbare Nebensächlichkeiten in den Mittelpunkt. Die großen Ereignisse werden nur mittelbar dargestellt, meist nur erzählt. Direkt gezeigt wird das Leben vor und nach ihnen. Den Gewaltakt der alten Johanna Fähmel zum Schluß des Films zeigt er nur als den Warnschuß, der er für den Zuschauer sein soll. Mögliche moralische Überlegungen werden nicht zur Debatte gestellt. In der Wahl der dargestellten Szenen wie in der Dialogführung zeigt sich, daß Straubs Kunstkonzeption der Bölls diametral entgegengesetzt ist. Er nimmt nicht Stücke der Wirklichkeit, um mit ihrer Hilfe ein glaubwürdiges Abbild von ihr zusammenzubasteln. Er macht nicht zunächst Erfahrungen, die er anschließend zu einer schlüssigen Rekonstruktion zusammenbaut. Er be-

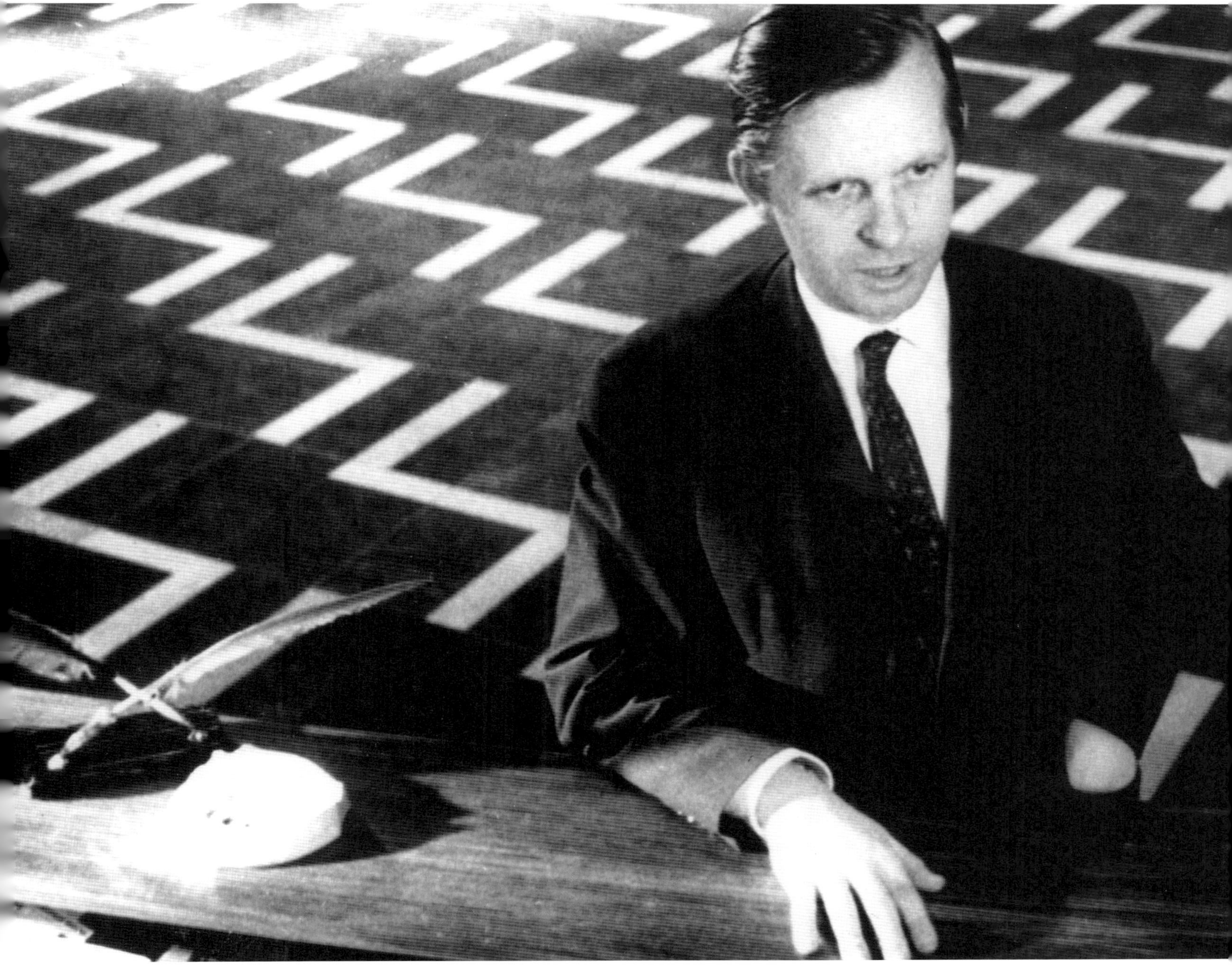

dient sich der Fiktion, um immer wieder auf die Realität zurückzuführen, für die man sich plötzlich mithaftbar fühlt, und man schämt sich geradezu, daß man beim Lesen des Böllromans für Augenblicke berechtigt sich fühlte, einen kritischen Blick auf Deutschland zu werfen, ohne sich selbst als betroffener Deutscher zu fühlen. Man kann nicht nachdrücklich genug empfehlen, nach dem Film wieder zu Bölls Buch zu greifen. Nicht etwa, weil es zum Verständnis von Straubs Film nötig wäre. Dieser ist nicht so konzipiert, daß man jedes Wort, jede Figur immer eindeutig im erzählten Kontext unterbringen müßte. Bölls Buch sollte man lesen, weil es sich durch Straubs Film verändert hat. Es wirkt nackter und ernsthafter, weil es jetzt immer mit der letzten Kamerabewegung des Films von sich weg auf Deutschland weist.

Aus: *Im off. Filmartikel* (1966). München 1974.

Der Fall Luis Buñuel ist einer der seltsamsten der Filmgeschichte. Zwischen 1928 und 1936 drehte Buñuel nur drei Filme, darunter nur einen langen, *L'Age d'Or* (Das goldene Zeitalter), aber diese 3000 Meter Zelluloid sind von Anfang bis Ende Kinemathekklassiker, sie sind, mit *Le Sang d'un Poète* (Das Blut eines Dichters), was von der Avantgarde gewiß am wenigsten gealtert ist und auf jeden Fall die einzige surrealistisch inspirierte Produktion von höchster Qualität.

Mit *Las Hurdes* (Erde ohne Brot), einem »Dokumentarfilm« über die beklagenswerten Bewohner der Hurdes, verleugnete er keineswegs den *Chien Andalou* (Ein andalusischer Hund), im Gegenteil, die Sachlichkeit und Gelassenheit der Reportage übertreffen den Schrecken und die Gewalt der Träume. Der Esel, über den die Bienen herfallen, nimmt die Ausmaße eines mediterranen und barbarischen Mythos an, dessen Eindringlichkeit es allemal aufnehmen kann mit dem toten Esel auf dem Klavier. So erweist sich Buñuel, trotz des geringen Umfangs seiner Produktion, als einer der großen Namen des Kinos am Übergang vom Stummfilm zum Tonfilm allein dem Vigos vergleichbar.

Aber seit 18 Jahren schien Buñuel definitiv dem Kino verloren. Keineswegs hatte ihn der Tod ereilt wie Vigo. Man wußte nur vage, daß das kommerzielle Kino der Neuen Welt ihn verschluckt hatte, daß er in Mexiko, um seinen Lebensunterhalt zu verdienen, irgendwelche drittklassigen Arbeiten machte.

Und nun plötzlich kommt von dort ein Buñuel-Film. Zudem ein Billigfilm, in einem Monat für 18 Millionen Francs produziert. Wobei er aber endlich Drehbuch und Realisierung bestimmen konnte. Und es ist ein Wunder: Trotz 18 Jahren und 5000 Kilometern dazwischen ist es derselbe unvergleichliche Buñuel, eine Botschaft ganz im Geiste von *L'Age d'Or* und *Las Hurdes*, ein Film, der einem ins Hirn fährt wie ein glühendes Eisen und dem Gewissen keine Ruhe läßt.

Das Thema ist äußerlich das von *Weg ins Leben*[1], dem Archetyp des Genres und seitdem das Modell für alle Filme über jugendliche Straftäter: Armut als schlechter Ratgeber, mögliche Erziehung durch Liebe, Vertrauen und Arbeit. Es ist wichtig, den grundsätzlichen Optimismus des Schemas hervorzuheben. Ein moralischer Optimismus zunächst, der seit Rousseau ausgeht von der Annahme, der Mensch sei grundsätzlich gut und die Kindheit ein Paradies, nur vorzeitig zerstört von der verderbten Gesellschaft der Erwachsenen. Enthalten ist aber auch ein sozialer Optimismus, weil er annimmt, die Gesellschaft könne das von ihr angerichtete Übel gutmachen, indem sie aus ihren Erziehungsheimen einen gesellschaftlichen Mikrokosmos macht, beruhend auf Vertrauen, Ordnung und Brüderlichkeit, die dem Missetäter gefehlt haben; eine Situation, die ausreiche, dem Jugendlichen seine ursprüngliche Unschuld zurückzugeben. Mit anderen Worten, es ist eine Pädagogik, die nicht so sehr auf Umerziehung setzt, als auf Exorzismus und Konversion. Es geht ihr nicht so sehr um psychologische, durch Erfahrung bestätigte Wahrheit. Die immer gleichbleibenden Drehbücher über vom rechten Wege abgekommene Kinder, von *Weg ins Leben* bis *L'École Buissonnière*[2] (Wenn man die Schule schwänzt...) (mit der Figur des unbelehrbaren Schülers), über *Le Carrefour des Enfants Perdus*[3], belegen, daß es sich um einen moralischen Mythos handelt, eine Art gesellschaftliche Parabel, deren Botschaft keine Einwände zuläßt.

Die erste Originalität von *Los Olvivados* besteht darin, daß er sich traut, mit dem Mythos und seinem Ablauf zu brechen. Auch mit Pedro, dem schwierigen Insassen eines Erziehungszentrums in Form einer Musterfarm, macht man den bekannten Vertrauenstest, das Päckchen Zigaretten und das Geld, das zurückgegeben werden muß, wie mit Mustafa und dem Würstchenkauf in *Weg ins Leben*. Nur ist für Pedro die Rückkehr in seinen offenen Käfig unmöglich – nicht, weil er das Geld lieber stiehlt, sondern weil es ihm von Jaibo, seinem üblen Kumpanen, gestohlen wird. So wird dem Mythos nicht von innen her widersprochen: Das wäre nicht möglich – würde Pedro das Vertrauen des Direktors enttäuschen, hätte der dennoch recht gehabt, es mit Güte zu versuchen.

Los Olvidados

Es wiegt objektiv soviel schwerer, daß das Experiment von außen mißglückt und gegen Pedros Willen. Die Gesellschaft ist doppelt verantwortlich, erst, Pedro verdorben und dann, seine Rettung vereitelt zu haben. Es ist schön und gut, Musterfarmen einzurichten, wo Gerechtigkeit herrscht und Arbeit und Brüderlichkeit, aber solange draußen die alte Unrechts- und Leidensgesellschaft fortbesteht, mindert nichts den Skandal, die objektive Grausamkeit der Welt.

Denn meine Hinweise auf Filme über jugendliche Straftäter beleuchten nur den äußerlichsten Aspekt von Buñuels Film, dessen Grundanliegen ein anderes ist. Das erklärte Thema und die eigentlichen Themen, auf die ich jetzt kommen möchte, widersprechen einander nicht, aber das erstere ist nicht wichtiger als das Sujet für den Maler. Durch die Konventionen hindurch, auf die er sich im übrigen nur einläßt, um sie zu zerstören, zielt der Künstler auf eine Wahrheit, die Moral und Soziologie transzendiert: die Grausamkeit menschlichen Lebens als metaphysische Realität.

Die Größe des Films begreift sich augenblicklich, wenn man spürt, daß er sich nie auf moralische Kategorien bezieht.

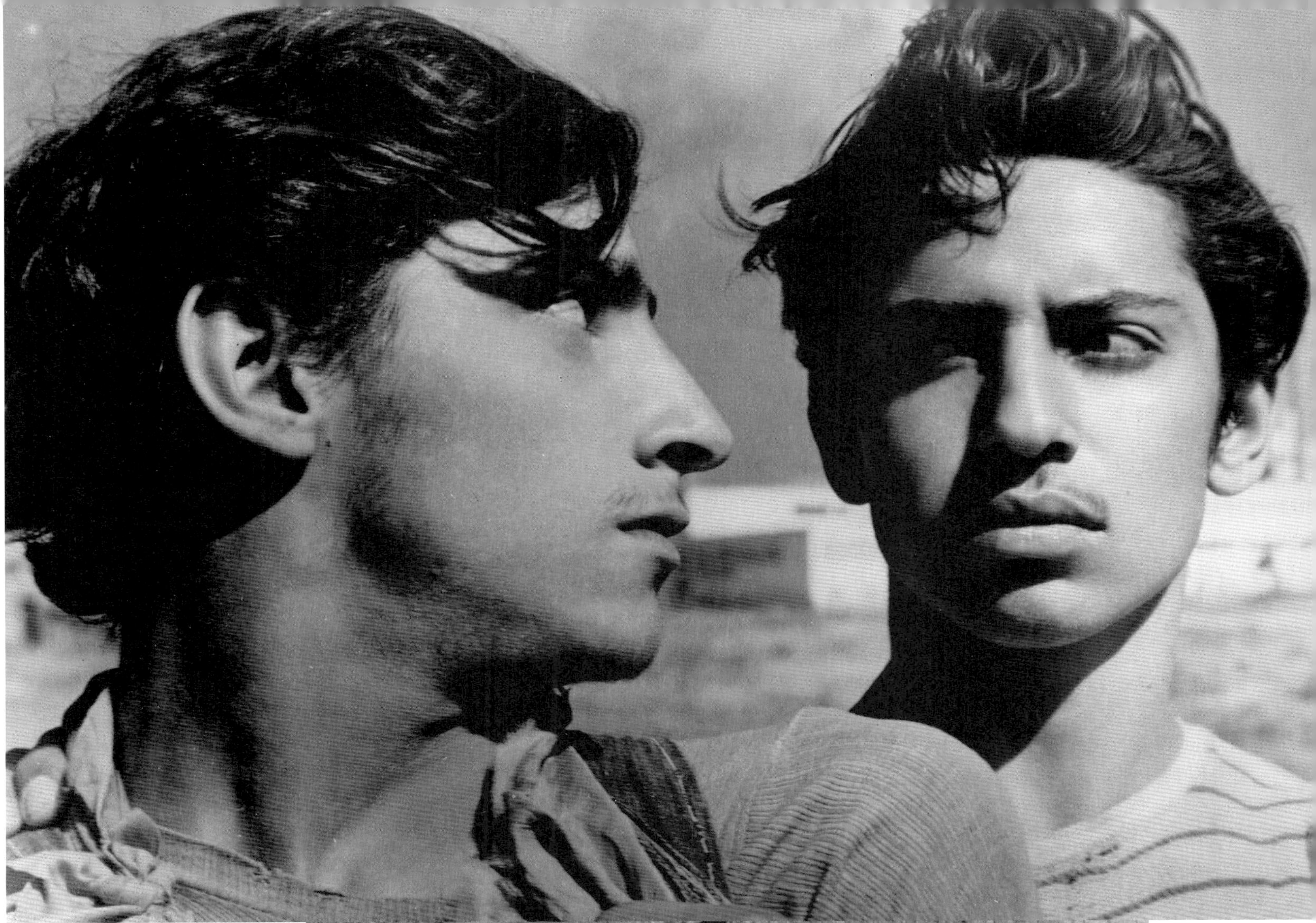

Luis Buñuel
Los Olvidados
(Die Vergessenen), 1950

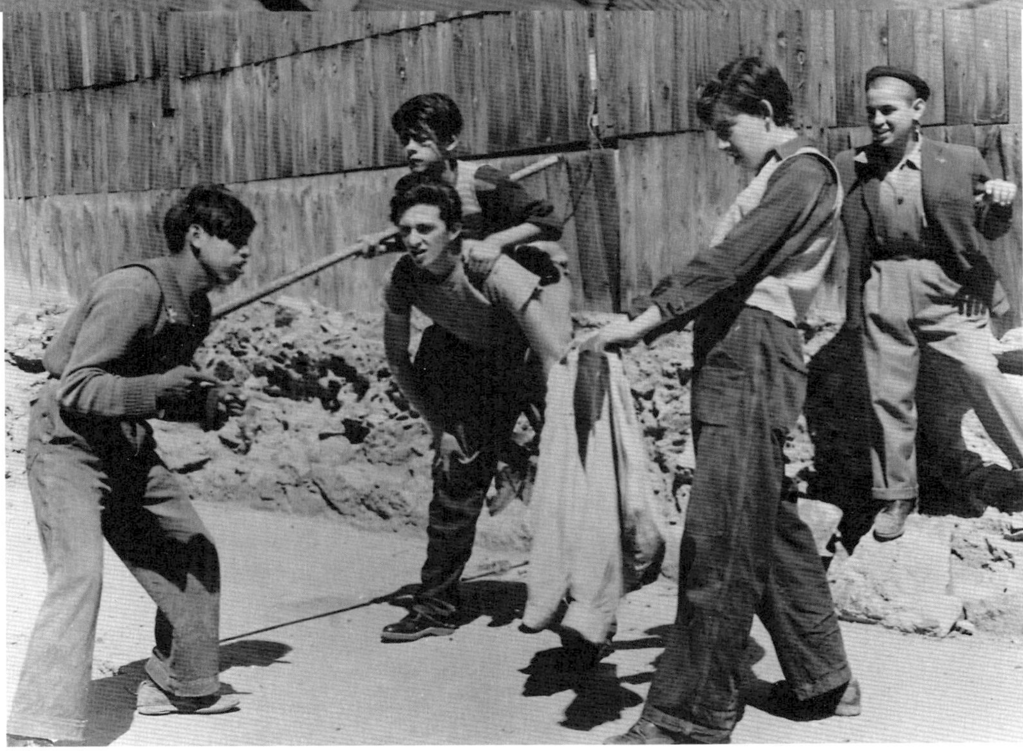

Keinerlei Manichäismus prägt die Figuren, ihre Schuld ist rein zufällig: eine zufällige Konstellation von Schicksalen, die sich in ihnen kreuzen wie zwei Dolche. Sicher könnte man, vom Standpunkt der Psychologie und der Moral aus, von Pedro sagen, er besitze einen »guten Fond«, eine tiefe, innere Reinheit zeichne ihn aus: Er ist der einzige, der durch diesen Regen von Schmutz geht, ohne daß an ihm etwas kleben bliebe oder in ihn eindringe. Aber Jaibo, das üble Subjekt, sadistisch, grausam und heimtückisch pervers, weckt in uns nicht Abscheu, sondern eine Art von Schrecken, die Liebe nicht ausschließt. Man denkt an die Helden von Genêt, mit dem Unterschied, daß es beim Autor von *Wunder der Rose* eine Umkehrung der Werte gibt, die man hier nicht findet.

Diese Kinder sind schön – nicht, weil sie das Gute oder das Böse tun, sondern weil sie bis ins Verbrechen und bis in den Tod Kinder sind. Pedro ist Jaibos Bruder im Kindsein, er wird von ihm verraten und zu Tode geprügelt, aber sie sind Gleiche im Tode, gewandelt dazu durch ihr Kindsein. Ihr Traum ist das Maß ihres Schicksals. Buñuel schafft die »tour de force«, uns mit zwei Träumen in schlimmster hollywoodfreudianischer, surrealistischer Manier in Schrecken und Mitleid zu versetzen. Pedro ist von zu Hause weggelaufen, weil seine Mutter ihm einen Fleischkloß nicht gab, den er haben wollte. Er träumt, daß seine Mutter nachts aufsteht und ihm ein ganzes Stück rohes, blutiges Fleisch reicht, das die Hand Jaibos, der unterm Bett versteckt ist, ihm wegschnappt. Dieses Stück Fleisch, wabbelig wie eine zerquetschte Krake, dargereicht von einer Mutter mit madonnenhaftem Lächeln, vergißt man nie. Und auch nicht den räudigen Köter, der durch Jaibos verdämmerndes Bewußtsein streicht, als er auf einem öden Gelände am Stadtrand stirbt, mit einem Kranz von Blut um die Stirn.

Fast kommt es mir vor, als würde Buñuel das einzige überzeugende Beispiel von Freudianismus in der Gegenwartskunst bieten. Der Surrealismus hat ihn auf zu bewußte Weise angewandt, als daß man sich über die Symbole, die man in seinen Bildern findet, noch verwundern könnte. Nur *Un Chien Andalou, L'Age d'Or* und *Los Olvidados* stellen für uns die psychoanalytischen Situationen in ihrer tiefen und unabweisbaren Wahrheit wieder her. Welche Bildform Buñuel dem Traum auch gibt, und hier ist es die anfechtbarste, seine Bilder haben dessen Pulsschlag und brennende Affektivität: Da fließt das schwere Blut des Unbewußten und ergießt sich über uns, im Rhythmus des Geistes, wie aus einer offenen Arterie.

Genausowenig wie über die Kinder fällt Buñuel über die Erwachsenen ein Werturteil. Wenn sie generell mehr Übel anrichten, so weil sie unwiderruflicher erstarrt, versteinert sind. Das ist zweifellos der füchterlichste Zug des Films, daß er es wagt, Behinderte zu zeigen, ohne Sympathie für sie zu wecken. Der von den Kindern gesteinigte blinde Bettler rächt sich zum Schluß, indem er Jaibo bei der Polizei verpfeift. Ein beinloser Krüppel wird, weil er keine Zigaretten hergeben will, von seinem Wägelchen gerissen und hundert Meter weiter liegengelassen. Aber taugt er mehr als seine Peiniger?

In dieser Welt, die nur aus Elend besteht, in der jedem jede Waffe recht ist, ist grundsätzlich niemand »unglücklicher als man selbst«. Mehr noch als jenseits von Gut und Böse ist man jenseits von Glück und Mitleid. Das Moralempfinden, das einige zu beweisen scheinen, ist im Grunde nur Teil ihres Geschicks, ein Sinn für Reinheit und Integrität, der den anderen abgeht. Es kommt diesen Privilegierten nicht in den Sinn, den anderen ihre »Bosheit« vorzuwerfen, allenfalls, sich ihrer zu erwehren. Diese Wesen haben keine andere Richtschnur als das Leben, dieses Leben, das wir durch Moral und gesellschaftliche Ordnung gezähmt zu haben glauben, das aber die gesellschaftliche Unordnung des Elends in seine Grundgegebenheiten zurückverwandelt, in eine Art höllisches Paradies auf Erden, dessen Ausgang versperrt ist durch ein feuriges Schwert.

Es ist absurd, Buñuel eine perverse Neigung zur Grausamkeit vorzuwerfen. Es ist wahr, daß das Höchstmaß an Unerträglichkeit ihn in der Wahl seiner Situationen zu bestimmen scheint. Was gibt es Entsetzlicheres als ein Kind, das einen Blinden steinigt – es sei denn ein Blinder, der sich an einem Kind rächt? Die Leiche Pedros, den Jaibo umgebracht hat, wird am Stadtrand auf eine Müllhalde geworfen, zu krepierten Katzen und leeren Konservendosen, und die, die sich seiner so zu entledigen suchen, gehören gerade zu den wenigen, die ihm Gutes wollten: ein kleines Mädchen und ihr Vater.

Aber das ist nicht Buñuels Grausamkeit. Er beschränkt sich darauf, die Grausamkeit der Welt aufzuzeigen. Er entscheidet sich für das Entsetzlichste, weil es darauf ankommt nicht zu wissen, daß es auch Glück gibt, sondern welches Ausmaß menschliches Unglück erreichen kann – die Grausamkeit der Schöpfung auszuloten. Diese Absicht war bereits spürbar in der Reportage über die Hurdes. Bestimmt war diese erbarmenswerte Bevölkerung auch repräsentativ für das Elend der spanischen Bauern, in erster Linie war sie es aber für das menschliche Elend generell. Äußerste menschliche Verelendung gab es also zwischen Paris und Madrid. Nicht in Tibet, in Alaska oder in Südafrika, sondern irgendwo in den Pyrenäen waren Menschen wie du und ich, Erben derselben Zivilisation, derselben Rasse zu verblödeten Schweinehirten geworden, aßen unreife Kirschen und waren zu abgestumpft, um die Fliegen von ihren Gesichtern zu verscheuchen. Es kommt wenig darauf an, ob das eine Ausnahme ist, sondern einzig und allein, daß es so etwas gibt.

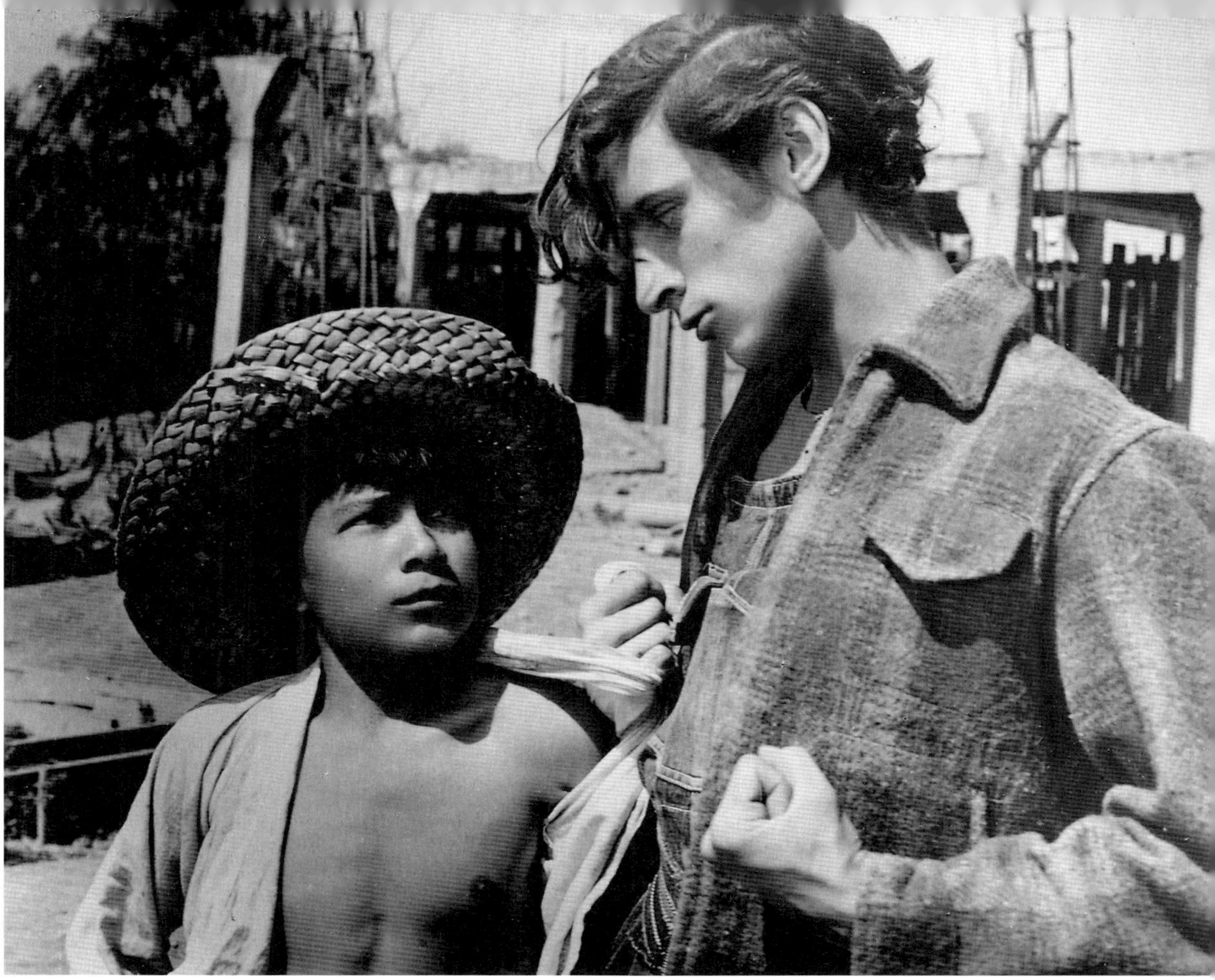

Luis Buñuel
Los Olvidados
(Die Vergessenen),
1950

Buñuels Surrealismus ist nichts anderes als das Bemühen, bis auf den Grund der Realität vorzudringen; was macht es, daß uns darüber der Atem ausgeht und die Panik packt, wie einen Taucher, der trotz seiner Bleigewichte keinen Boden unter die Füße bekommt. Wie der Onirismus vom *Chien Andalou* tief in die menschliche Psyche taucht, so erforschen *Las Hurdes* und *Los Olvidados* den Menschen in der Gesellschaft.

Aber Buñuels »Grausamkeit« ist völlig objektiv, sie ist nur Scharfsicht und alles andere als Pessimismus; Mitleid kommt in seinem ästhetischen System nur nicht vor, weil es dieses rundherum einhüllt. Jedenfalls trifft das zu auf *Los Olvidados*, insofern glaube ich eine Entwicklung seit *Las Hurdes* wahrnehmen zu können. Die Reportage über die Hurdes gefiel sich ein wenig in einer zynisch wirkenden Objektivität; sich dem Mitleid zu verweigern, hatte da etwas von einer ästhetischen Provokation. *Los Olvidados* dagegen ist ein Film der Liebe – ein Film, der Liebe fordert.

Nichts steht »existenzialistischem« Pessimismus mehr entgegen als Buñuels Grausamkeit. Weil sie vor nichts zurückweicht, weil sie keine Zugeständnisse macht, weil sie wagt, die Realität mit chirurgischer Obszönität zu sezieren, bringt sie es fertig, uns den Menschen in seiner ganzen Größe nahezubringen und uns in einer Art Pascalscher Dialektik Liebe und Bewunderung abzunötigen. Paradoxerweise ist das von *Las Hurdes* wie von *Los Olvidados* ausgelöste Gefühl das einer nie verschwindenden menschlichen Würde. Man sieht in *Las Hurdes* eine Mutter, die starr die Leiche ihres toten Kindes auf den Knien hält, aber dieses von Not und Schmerz abgestumpfte bäuerliche Gesicht hat die ganze Schönheit einer spanischen Pietà, es ist bestürzend in seinem Adel und seiner Harmonie. Ebenso hören in *Los Olvidados* noch die abstoßendsten Gesichter nicht auf, Ebenbilder des Menschen zu sein. Diese Gegenwart des Schönen im Schauderhaften, die keineswegs nur die Schönheit des Schauderhaften ist, dieses Fortdauern menschlichen Adels im Niedergang verkehrt die Grausamkeit dialektisch in einen Akt der Liebe und der Barmherzigkeit. Und aus diesem Grund weckt *Los Olvidados* im Publikum weder sadistische Neigungen noch pharisäerhafte Empörung.

Wir haben beiläufig den Surrealismus erwähnt, zu dessen wenigen gültigen Vertretern Buñuel historisch gehört, weil dieser Hinweis unumgänglich war. Doch zum Schluß möchten wir betonen, daß er nicht hinreicht. Jenseits zufälliger – gewiß glücklicher und bereichernder – Einflüsse kommt bei Buñuel zum Surrealismus eine umfassende spanische Tradition hinzu. Dieser Hang zum Schrecklichen, dieser Sinn für Grausamkeit, diese Suche nach extremen Aspekten des Seins ist auch ein Erbe Goyas, Zurbarans, Riberas, eines ganzen tragischen Verständnisses des Menschlichen, das diese Maler gerade im Ausdruck äußersten menschlichen Elends gezeigt haben: dem von Krieg, Verunstaltung, Not und der von ihnen bewirkten Verderbnis. Aber auch ihre Grausamkeit ist nur das Maß des Vertrauens, das sie dem Menschen entgegenbrachten – und der Malerei.

[1] Sowjetischer Spielfilm, 1931, Regie Nikolaj Ekk

[2] Französischer Spielfilm, 1948, Regie Jean-Paul Le Chanois

[3] Französischer Spielfilm, 1943, Regie Leo Joannon

Aus: *Le cinéma de la cruauté* (1957), Paris 1975.

Pier Paolo Pasolini

Indische Geschichte

Es ist vollkommen verfrüht, etwas zu diesem Projekt einer indischen Geschichte über den Hunger zu schreiben, und seien es nur ein paar Zeilen. Es handelt sich lediglich um eine Idee im Embryonalzustand: eine Idee zu den »Fakten«, aber vor allem zur Bedeutung dieser Fakten, damit auch zur Machart, zur Technik, zum Stil.

Um einen ersten Eindruck davon zu geben, wie mein »Blick« auf Indien vielleicht aussehen wird, könnte ich auf meine kleine Schrift *L'odore dell'India* (Der Duft Indiens) verweisen, und um einen ersten Eindruck davon zu geben, an welchem technischen und stilistischen Modell sich der Film orientieren wird, könnte ich Flahertys *Man of Aran* (Die Männer von Aran) zitieren.

Der Film würde also vor allem ein Dokumentarfilm sein, dessen nach einem dramaturgischen System zusammengestellte Bilder sich in die Geschichte einfügen, sogar mit ihr ein Ganzes bilden würden und dabei die doppelte Funktion der Rechtfertigung und der Befreiung hätten.

Die zentrale Figur des Films ist also Indien – ein Indien, das am Hunger stirbt.

Die indische Familie, die ich als typisch auswähle und die ich in die indische Welt hineintauche, existiert noch nicht in der Personendatei meiner Imagination: Sie ist eine reine Abstraktion, in die als einzige Realität meine kurze, aber dramatische Bekanntschaft mit Indien eingeht.

Jedenfalls ist diese Familie sehr reich. Es gibt ja tatsächlich in Indien noch die Überreste eines antiken Feudalismus. Königliche Privilegien überleben, vielleicht nur formal oder als Folklore. Es gibt also mächtige Familien, Familien mit einer antiken, fossil gewordenen Macht (die nichts zu tun haben mit den Familien der neuen Bourgeoisie, die sich gerade herausbildet). Ich vermute, daß sich in solchen Familien eine gewisse Art von Kultur konserviert hat, wie sie unbewußt und in pulverisierter Form auch bei der Masse des Volkes weiterbesteht, und die bei der gebildeten Neo-Bourgeoisie entweder kontaminiert ist oder als versteinerter Traditionalismus weiterlebt.

Es kann sein, daß das alles nicht stimmt und daß solche Familien, wie ich sie mir vorstelle, gar nicht existieren. Doch es ist eine Arbeitshypothese, die zu poetischer Willkür werden kann: das heißt ein rein hypothetischer Fakt, der dennoch Skandal und Paradox werden und so dem sonst nur verbalen und eindimensionalen »Realismus« des Dokumentarfilms Realität verleihen kann.

Da ist also ein Maharadscha mit seiner Frau und vier Kindern. Der Maharadscha, der an einem Ort außerhalb der alltäglichen und normalen Realität lebt (in einem Palast) und von einer antiken Kultur erfüllt ist (die in der modernen Welt verloren gegangen und kontaminiert ist), existiert gewissermaßen außerhalb der Geschichte.

Er ist, wie wir sehen werden, der erste, der stirbt. Die kurze Parabel seines Lebens ist also die Einführung, die die antike Geschichte einer Nation gegenüber ihrer modernen repräsentieren soll.

In der Tat, das Leben, wie es dieser Maharadscha führt, und die Art seines Todes sind in den alten Religionsbüchern Indiens beschrieben, und ihnen habe ich diese Geschichte getreulich entnommen.

An einem Wintertag reist der Maharadscha durch seine Ländereien (aus religiösen Gründen oder um politischen Pflichten zu genügen). Es liegt Schnee. Alles ist von Schnee bedeckt. Die Einsamkeit ist grenzenlos. Und da sieht der Maharadscha mitten in der leuchtend weißen Fläche unter vertrocknetem Gestrüpp eine Horde junger Tiger. Sie wehklagen: Sie sind im Begriff, vor Hunger zu sterben. Der Maharadscha empfindet tiefes Mitleid für diese Kreaturen, und er betet. Am Ende seines langen Gebets entläßt er seine kleine Eskorte, zieht sich nackt aus, betend wirft er sich den ausgehungerten jungen Tigern zum Fraß vor, und läßt sich auffressen.

Viel Zeit vergeht. Die Kinder, die, als ihr Vater starb, noch klein waren, sind jetzt groß geworden: das älteste ist ein vierzehn- oder fünfzehnjähriges Mädchen, das kleinste ein sechs Jahre alter Junge. Es sind zwei Jungen und zwei Mädchen.

Einiges hat sich verändert in der Welt (übrigens war uns die Welt in der ersten Szene ohnehin irreal und märchenhaft erschienen: eine Welt, in der die Religion alles war und deshalb mit allen Umrissen und Facetten der Realität zusammenfiel). Wir befinden uns jetzt in der modernen Welt – wie durch Entartung oder durch eine tiefgreifende generelle Zersetzung ...

Das Leben der Witwe und der vier Kinder im »Palast« – das uns in der Einführung so vollkommen stimmig erschienen war – ist jetzt absurd und anachronistisch. Alles Gepränge und aller Luxus sind jedenfalls verlorengegangen oder haben sich überlebt.

Eine schreckliche Hungersnot ist ausgebrochen in der Region, und die Leute sterben Hungers auf den Straßen ...

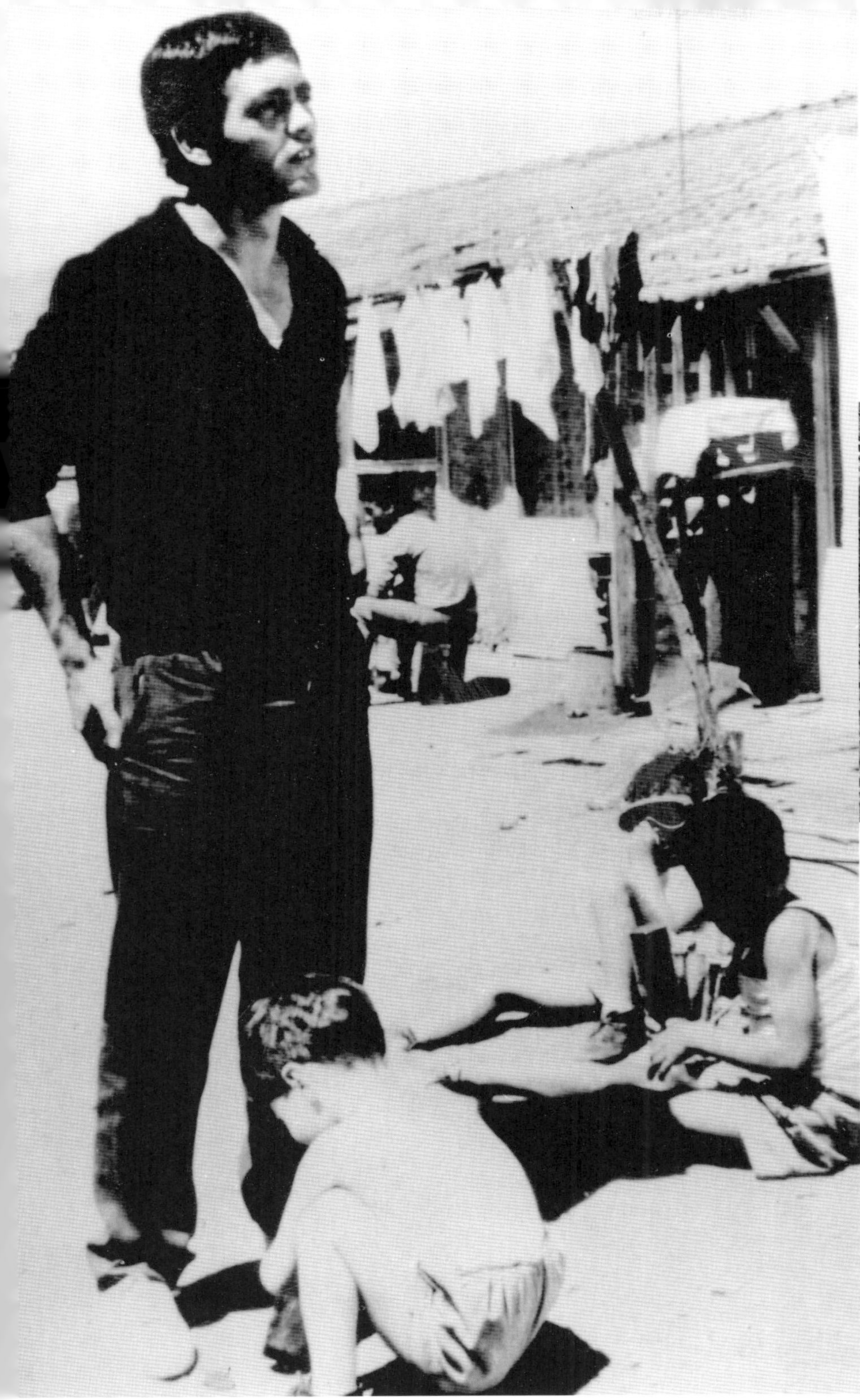

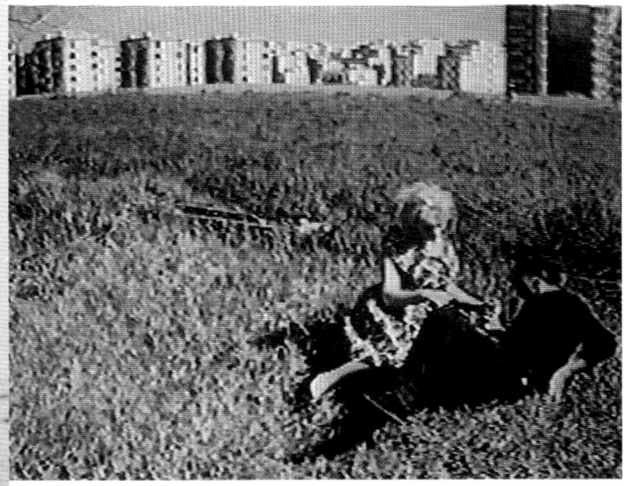

Pier Paolo Pasolini
Accattone
(Accattone – Wer nie sein Brot mit Tränen aß),
1961

Glauber Rocha

In *Accattone* konnte man noch eine bestimmte Sinnlichkeit in der von Franco Citti gespielten Rolle erkennen. Danach werden alle seine Filme sehr kalt: Adjektive versuchen, die sterilen Substantive aufzuwerten. Pasolini besaß den Verstand, die Intelligenz, die Bildung eines zivilisierten Intellektuellen, dennoch sagte er: »Ich bin ein Kultivierter, der von der Barbarei vereinnahmt wurde.« Er wollte die kapitalistische Gesellschaft nicht akzeptieren, jedoch akzeptierte er sie, als er zum professionellen Verleger und Filmer wurde. Aus dem unwichtigen Filmemacher (der uneinträgliche Filme drehte), wurde ein Filmemacher, der offensichtlich kommerzielle Filme drehte, wie die *Trilogie*. Ich denke, daß außer dem ersten Film, *Accattone*, und dem letzten, *Saló*, sämtliche Filme Pasolinis schon diese Zweideutigkeit aufweisen, in der der Erfolg Pasolinis liegt.

Aus: Sondernummer *Cahiers du cinéma* »Pasolini cinéaste«. Paris 1981.

An diesem Punkt verliert die Geschichte auch jeden Anschein von Konstruiertheit; dies ist eine Arbeit, die erst nach Lokalterminen und den notwendigen Dokumentationen gemacht werden kann. Der Leser dieser Anmerkungen muß sich mit dem Wissen zufriedengeben, daß aus Gründen, die noch festzulegen sind, die Familie eine Reise unternimmt (das könnte auch die gemeinsame Reise sein, die von vielen indischen Familien wie eine religiöse Pflicht unternommen wird: die Reise nach Benares), und daß, nach einem präzisen und obsessiven Rhythmus, ein Mitglied der Familie nach dem anderen Hungers stirbt. Als erstes die Mutter und als letztes die kleinere Tochter.

Natürlich wird sich jeder dieser Tode unter bedeutsamen Umständen oder in einer bedeutsamen Situation ereignen, in einer Weise, daß viele Aspekte dieser Welt des Hungers dokumentiert werden können. Kurz, den Rhythmus des Films, der auf fast geometrische, symmetrische Weise die in regelmäßigen chronometrischen Intervallen nacheinander eintretenden Tode skandiert (Anm.: Die Idee zu dem Film ist mir bei den Dreharbeiten zu der Szene gekommen, in der Ödipus die Soldaten tötet)[1], könnte man bildlich darstellen als eine Brücke, deren Arkaden die Agonien und die Hungertode der Protagonisten sind.

Ich wiederhole: ich weiß noch nicht, wie und wo diese Agonien und diese Tode sich ereignen werden. Ich wiederhole: jede Agonie und jeder Tod wird ein Moment der indischen Realität aufgreifen, welches durch dokumentarische Einsprengsel erweitert und belebt wird.

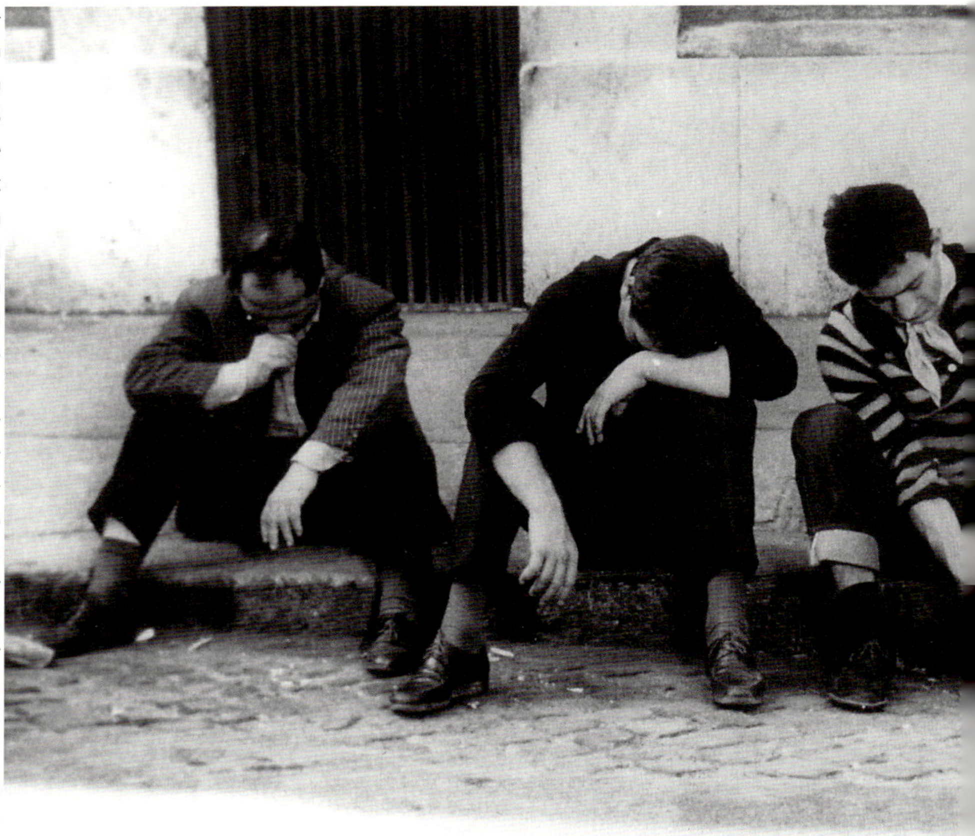

Der einzige Tod, den ich in meiner Imagination klar vor mir sehe, ist der letzte, der des kleinen Mädchens. Sie ist, nun allein auf der Welt, in Benares angekommen, und dort stirbt sie. Es gibt niemanden mehr aus ihrer Familie, der ihren Körper verbrennen und seine Asche in den Ganges streuen kann; das werden Fremde besorgen. Und das ist etwas, was ich gesehen und beschrieben habe: diese »Fremden«, arm, schmutzig, in Lumpen gekleidet, ausgemergelt durch Hunger und Lepra, sind engelhaft und brüderlich. Sie vollziehen die Beerdigungshandlung beinahe mit Grazie, mit einer Indifferenz, die vergleichbar ist mit der Indifferenz für seinen eigenen Körper, mit der sich der Vater den Tigern zum Fraß gegeben hatte. Es gibt ohnehin nichts Beängstigendes oder Düsteres in den indischen Riten der Kremation: es liegt sogar etwas Tröstliches und Heiteres in ihnen. Das Bild des trüben, schrecklichen Flusses, in den die Asche geworfen wird – das Bild, mit dem der Film schließen soll –, ist voll tiefer und abstrakter Sanftheit.

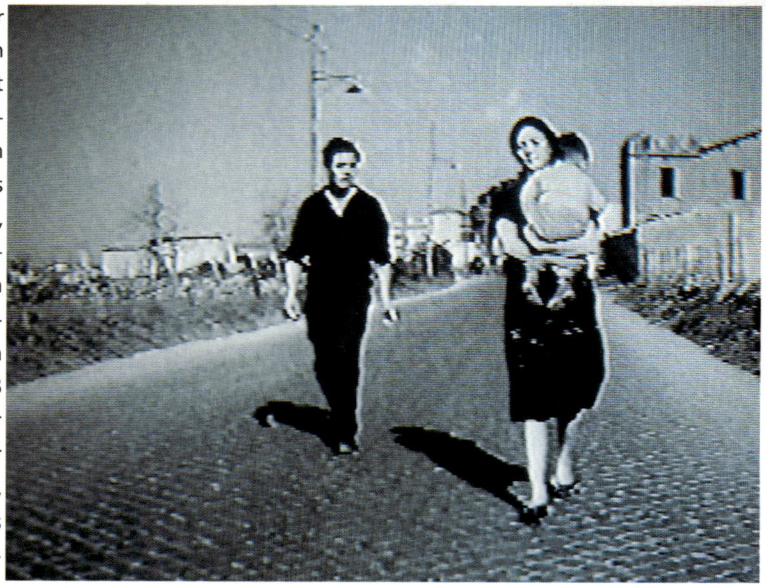

Pier Paolo Pasolini
Accattone
(Accattone – Wer nie sein Brot mit Tränen aß), 1961

[1] Pasolini bezieht sich hier auf seinen Film *Edipo Re* von 1967 (Anm. d. Übers.).

Aus: *Il cinema in forma di poesia*. Pordenone 1979.

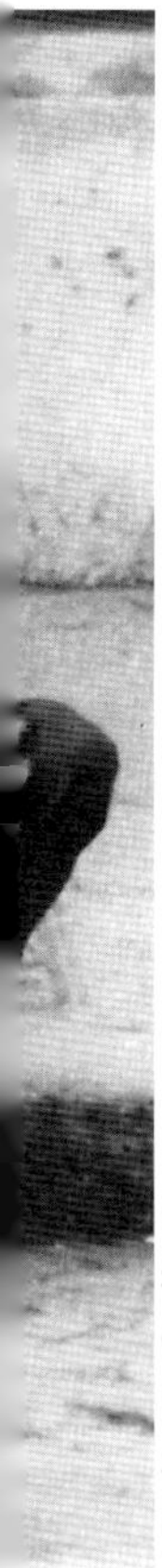

Hervé Joubert-Laurencin

Die vom Licht durchglühten Filme *Accattone, Mamma Roma* und *La ricotta* präsentieren ein »indisches« und »afrikanisches« Rom. (Wie Pasolini sagte, als der Film herauskam, handelt *Mamma Roma* davon, wie es ist, »farbig« zu sein: Eine Prostituierte mit dem Ehrgeiz, es im kleinbürgerlichen Milieu zu etwas zu bringen, entspricht einem Schwarzen, der vom sozialen Aufstieg in einer rassistischen Welt träumt.) Indien und Afrika spielen auch in der schriftstellerischen Produktion Pasolinis in den 60er Jahren eine wichtige Rolle. In der im Mai 1961, mitten während der Dreharbeiten zu *Accattone*, erschienenen Gedichtsammlung *La religione del mio tempo* steht am Ende, in einem schönen Gedicht, in dem der Dichter mit seinem eigenen Tod diskutiert, der rhetorische Ausruf: »Afrika, meine einzige Alternative!«, der 1964 mit der *Poesia in forma di rosa* seine Bestätigung erhält. Unter dem Titel *Der Duft Indiens* erscheinen 1962 in einem Band gesammelt die auf seiner 1961 unternommenen Reise entstandenen Notizen, die in einer römischen Tageszeitung erschienen waren. Während der ganzen 60er Jahre hegte Pasolini die Hoffnung, sowohl einen Film über Indien machen zu können (wie seine *Notizen für einen Film über Indien* von 1968 beweisen) wie auch einen Film über Afrika, was das Drehbuch zu *Padre Selvaggio* (1962) wie auch die *Notizen zu einer afrikanischen Orestie* (1968-1969) belegen.

Wollte man sich jeweils für eine der beiden »Alternativen« Pasolinis entscheiden, so könnte man sagen, daß *Accattone* indisch ist, während *Mamma Roma* und *La Ricotta* afrikanisch sind. *Accattone* ist vor allem der lehmige Boden in den Slums am Stadtrand, die von den sonnenüberfluteten Bordsteinkanten aufsteigende Mattigkeit und Trägheit, das Leben mit dem Fluß, die Gerüche Roms – in Kalkutta war Pasolini Mutter Teresa begegnet, der lebenden Heiligen der Slums. (...)

Das indische Szenario entsprang einer allen Projekten immer wieder als Grundlage dienenden Geschichte, die Pasolini, wie er angibt, von Elsa Morante erzählt worden war und die sie selbst in einem »Buch über indische Religion« gelesen hatte: Ein reicher und kultivierter Maharadscha, Besitzer riesiger Ländereien, geht eines Tages auf seinem Land, dessen Boden von Schnee bedeckt ist, spazieren oder vielleicht auch jagen und entdeckt zwei kleine, halb verhungerte Tiger. Der Maharadscha wird von einem überwältigenden Mitleid ergriffen, und er bietet sich, da ihm sein eigenes Leben nichts bedeutet und er seinen Körper verachtet, den beiden Tieren zum Fraß an. (Es ist noch zu prüfen, ob Elsa Morante, eine große Erzählerin mit einer Vorliebe fürs Exotische, der Pasolini seine Träume erzählte, diese Geschichte, die den Pasolinischen Phantasien so genau entspricht, wirklich einer Darstellung der indischen Religion entnommen oder selbst erfunden hat.) (...)

Bereits in den ersten Sekunden von *Accattone*, das heißt schon auf den ersten Bildern seines Films läßt Pasolini einen der am Tisch sitzenden Zuhälter der zahnlosen Blumenhändlerin aus vollem Halse brüllen: »Laß dich von Metro-Goldwyn-Mayer engagieren!«, worauf er das bekannte Gebrüll des Löwen nachmacht, der das Markenzeichen dieser Filmfirma ist, und ihr damit auf sarkastische Weise zu verstehen gibt, daß er für die Rolle des Filmlöwen geeignet wäre.

Die Frage, die er in den *Notizen für einen Film über Indien* den Indern und besonders den religiösen Menschen stellt, ist keine andere als die Frage nach der Heiligkeit (Sind Sie zum Martyrium bereit?), und eben das ist die Frage, die Pasolinis Phantasien beherrscht.

Das verhindert jedoch keinesfalls, daß die indische Geschichte in all ihren Avataren das schönste Szenario der *Notizen* ist.

In der aufs Wesentliche reduzierten Geschichte geht es um »zwei entscheidende Probleme der Dritten Welt«: Religion und Hunger. Während einer Kamerafahrt entlang einer riesigen Pipeline erklärt die Stimme des Kommentators, daß der erste Teil des indischen Films oder die Geschichte vom Opfer des Maharadschas das Indien vor der Unabhängigkeit zum Thema habe, »aber auch seine ganze Vorgeschichte«, wohingegen sein zweiter Teil oder die Geschichte vom allmählichen Hungertod seiner Frau und seiner drei Kinder »nicht nur das Jahr der Unabhängigkeit, sondern die ganze moderne Geschichte« behandele.

Aus: *Pasolini (portrait du poète en cinéaste)*. Paris 1995.

Samuel Beckett

Inzwischen veränderte mein Körper sich sehr schnell bis zur Unkenntlichkeit, wie mir schien. Und jedesmal, wenn ich mir mit einer vertrauten und jetzt mehr als je entschuldbaren Geste mit den Händen über das Gesicht strich, so spürten meine Hände nicht mehr das gleiche Gesicht, und mein Gesicht spürte nicht mehr die gleichen Hände. Und dennoch hatte ich im wesentlichen dieselbe Empfindung wie zu jener Zeit, als ich gut rasiert und parfümiert war und die weißen, bleichen Hände eines Intellektuellen hatte. Und dieser Bauch, der mir nicht vertraut war, blieb mein Bauch, mein alter Bauch, ich weiß nicht, woher diese Einsicht mir kam. Und ich gestehe offen, daß ich mich immerzu wiedererkannte und die Gleichheit meiner Person sogar klarer und lebhafter als früher empfand, trotz ihrer tiefen Beschädigung und ihrer vielen Wunden. Und in dieser Hinsicht war mir meine Unterlegenheit gegenüber meinen Bekannten deutlich bewußt. Ich bedauere, daß der letzte Satz nicht besser gelungen ist. Wer weiß, vielleicht hätte er es verdient, ganz eindeutig zu sein.

Indessen ist hier noch von den Kleidern zu sprechen, die sich dem Körper so gut anschmiegen und in ruhigen Zeiten sozusagen unzertrennlich von ihm sind. Ja, ich habe immer viel Wert auf meine Kleider gelegt, ohne im allergeringsten ein Stutzer zu sein. Und ich brauchte mich nicht über sie zu beklagen, sie waren haltbar und hatten einen guten Schnitt. Natürlich war mein Körper unzulänglich bedeckt, aber durch wessen Schuld? Und ich mußte mich von meinem Strohhut trennen, der wenig dazu geeignet war, dem Winter Trotz zu bieten, und von meinen Strümpfen (zwei Paar), die durch den Frost, die Feuchtigkeit, die langen Märsche und die Unmöglichkeit, sie auf angemessene Weise zu waschen, sich in kurzer Zeit tatsächlich in nichts aufgelöst hatten. Aber ich machte meine Hosenträger so lang, wie es ging; und meine Kniehose, die sehr bauschig war, wie es sich gehört, hing mir bis auf die Waden herunter. Und beim Anblick des bläulichen Fleisches zwischen meiner Hose und dem Schaft meiner Stiefel dachte ich manchmal an meinen Sohn und an den Schlag, den ich ihm versetzt hatte, in solche Aufregung gerät der Geist, wenn er die kleinsten Ähnlichkeiten bemerkt. Meine Schuhe wurden aus Mangel an Pflege steif. Das ist die Art, in der abgestorbene und gegerbte Haut sich wehrt. Vielleicht verhinderte die frei zirkulierende Luft in meinen Schuhen meine Füße am Erfrieren. Zu meinem Bedauern mußte ich mich auch von meinen Unterhosen (zwei) trennen. Sie waren durch die Berührungen mit meinen Ausscheidungen verfault. Danach schnitt mein Hosenboden, der sich ebenfalls bald zersetzte, in die Furche zwischen dem Steißbein und dem Anfang des Scrotums. Was mußte ich noch wegwerfen? Mein Hemd? Nein, ganz gewiß nicht. Aber ich trug es oft auf der anderen Seite und mit dem Rückenteil nach vorne. Lassen wir mal sehen. Ich konnte mein Hemd auf vielerlei Art anziehen. Auf der richtigen Seite mit dem Vorderteil vorne oder gewendet mit dem Vorderteil vorne oder auf der richtigen Seite mit dem Vorderteil hinten oder gewendet mit dem Vorderteil hinten. Und am fünften Tag fing ich wieder von vorne an. Ich hoffte, daß es auf diese Weise länger halten würde. Hielt es deswegen länger? Ich weiß es nicht. Es hielt. Wenn man sich mit kleinen Dingen Mühe gibt, bringt man es mit der Zeit zu etwas Großem. Aber was mußte ich sonst noch wegwerfen? Ach ja, meine Kragen, ich warf sie alle weg – überdies, bevor ich sie ganz abgetragen hatte. Aber meine Kravatte behielt ich. Ich trug sie sogar, und zwar auf dem bloßen Hals, wahrscheinlich um damit zu prahlen. Es war eine Kravatte mit bunten Tupfen, aber ihre Farbe habe ich vergessen.

Aus: *Molloy* (1951), Hamburg 1971.

Beckett

Theodor W. Adorno

Die unversöhnliche Realität duldet in der Kunst keine Versöhnung mit dem Objekt; der Realismus, der an subjektive Erfahrung gar nicht heranreicht, geschweige über sie hinaus, mimt sie bloß. Die Dignität von Kunst heute bemißt sich nicht danach, ob sie mit Glück oder Geschick jener Antinomie entschlüpft, sondern wie sie sie austrägt. Darin ist das *Endspiel* exemplarisch. Es beugt sich ebenso der Unmöglichkeit, in Kunstwerken noch nach der Sitte des 19. Jahrhunderts darzustellen, Stoffe zu bearbeiten, wie der Einsicht, daß die subjektiven Reaktionsweisen, die anstelle von Abbildlichkeit das Formgesetz vermitteln, selber kein Erstes und Absolutes sind, sondern ein Letztes, objektiv Gesetztes. Aller Gehalt der notwendig sich selbst hypostasierenden Subjektivität ist Spur und Schatten der Welt, aus der sie sich zurücknimmt, um nicht dem Schein und der Anpassung zu dienen, welche die Welt erheischt. Beckett antwortet darauf mit keinem unverlierbaren Vorrat, sondern dem, was die antagonistischen Tendenzen eben noch, prekär und auf Widerruf, gestatten. Seine Dramatik ähnelt dem Spaß, den es im alten Deutschland bereiten mochte, zwischen den Grenzpfählen von Baden und Bayern sich herumzutreiben, als hegten sie ein Reich der Freiheit ein. Das *Endspiel* findet in einer Zone der Indifferenz von innen und außen statt, neutral zwischen den Stoffen, ohne die keine Subjektivität sich zu entäußern, keine auch nur zu sein vermöchte, und einer Beseeltheit, welche die Stoffe verschwimmen läßt, wie wenn sie das Glas angehaucht hätte, durch das jene erblickt wer-

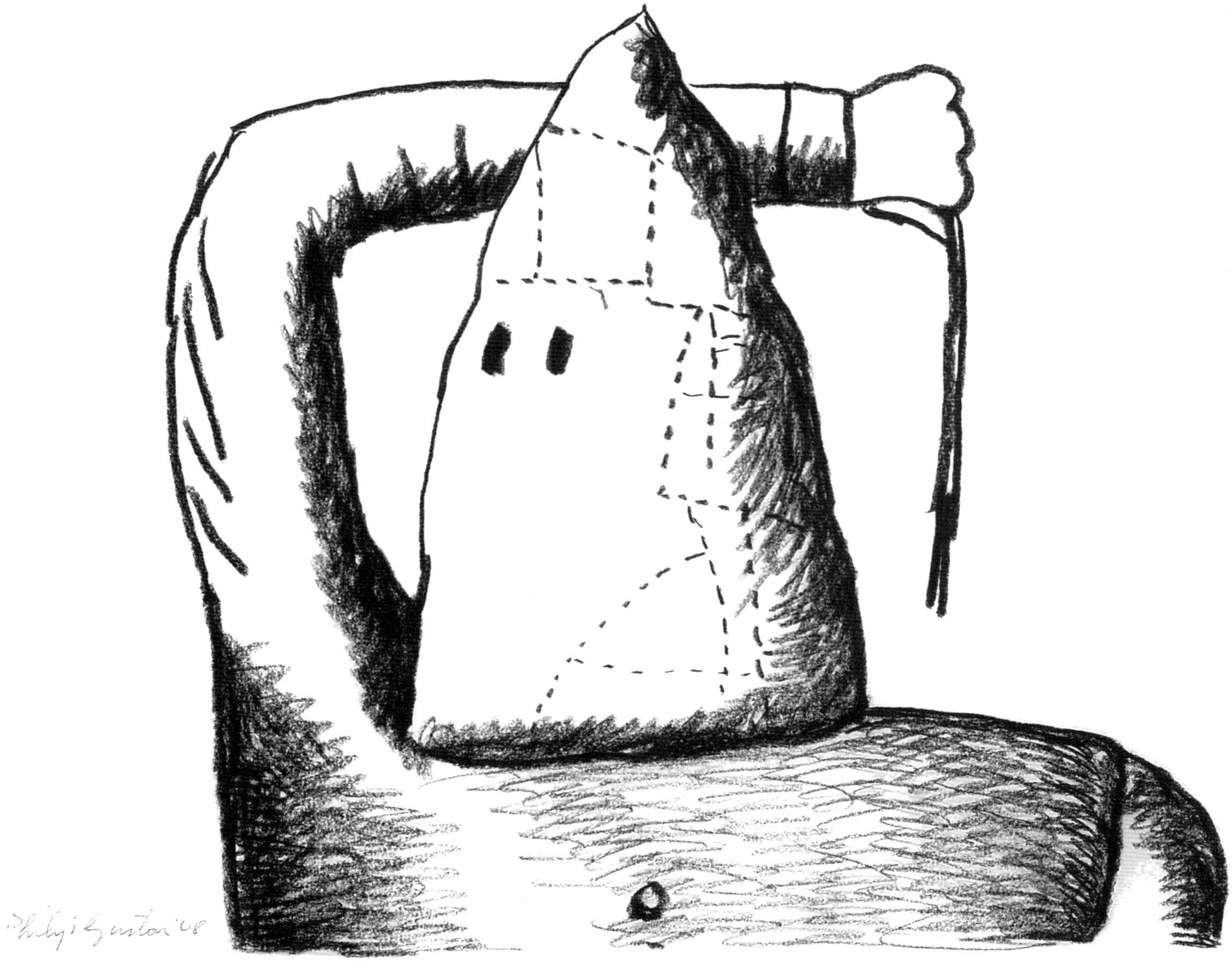

Philip Guston, Ohne Titel, 1968

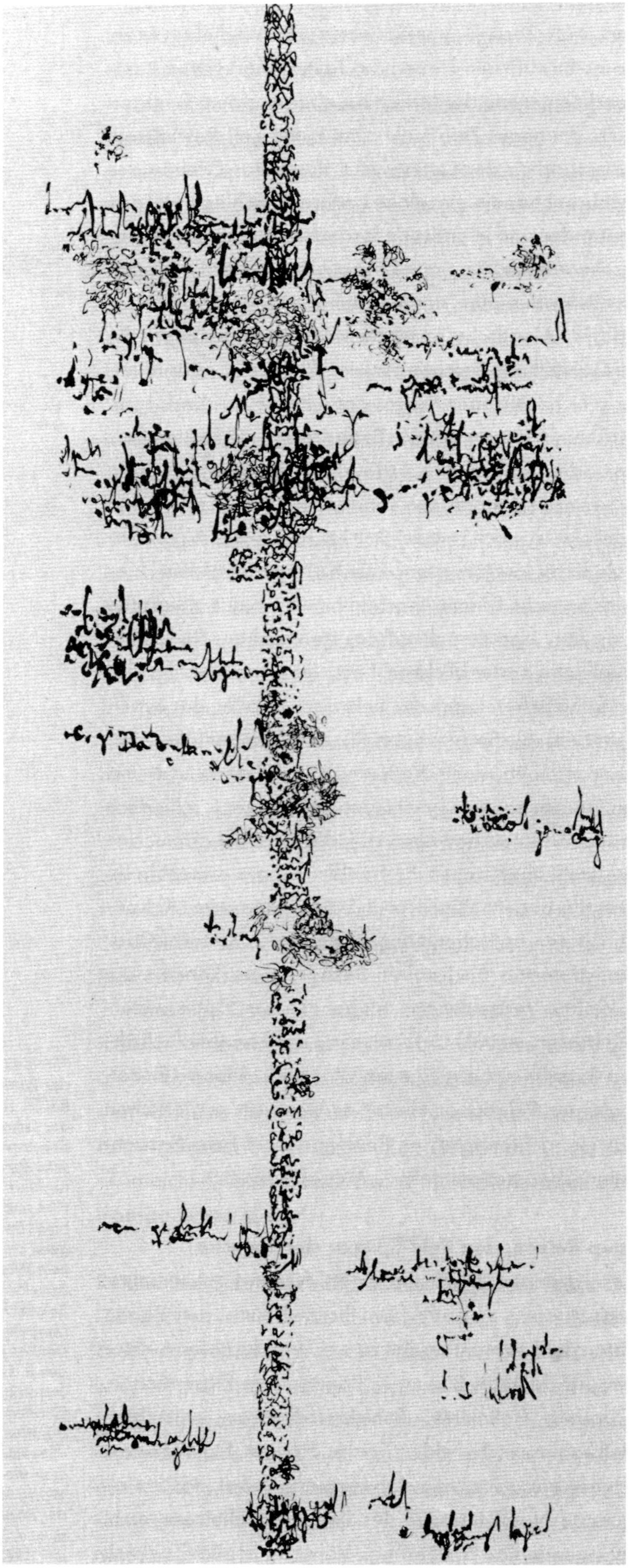

Carlfriedrich Claus, Wortstamm, 1960

den. So karg sind die Stoffe, daß der ästhetische Formalismus gegen seine Widersacher hüben und drüben, die Stoffhuber des Diamat und die Dezernenten der echten Aussage, ironisch gerettet wird. Der Konkretismus der Lemuren, denen im doppelten Sinn der Horizont abhanden kam, geht unmittelbar in die äußerste Abstraktion über; die Stoffschicht selber bedingt ein Verfahren, durch das die Stoffe, indem sie eben noch als vergehende gestreift werden, geometrischen Formen sich nähern; das Engste wird zu Überhaupt. Die Lokalisierung des *Endspiels* in jener Zone äfft den Zuschauer mit der Suggestion eines Symbolischen, das sie gleich Kafka doch verweigert. Weil kein Sachverhalt bloß ist, was er ist, erscheint ein jeder als Zeichen eines Innern, aber das Innere, dessen Zeichen er wäre, ist nicht mehr, und nichts anderes meinen die Zeichen. Die eiserne Ration an Realität und Personen, mit denen das Drama rechnet und haushält, ist eins mit dem, was von Subjekt, Geist und Seele im Angesicht der permanenten Katastrophe bleibt: vom Geist, der in Mimesis entsprang, die lächerliche Imitation; von der sich inszenierenden Seele die inhumane Sentimentalität; vom Subjekt seine abstrakteste Bestimmung: da zu sein und allein dadurch schon zu freveln. Becketts Figuren benehmen sich so primitiv-behavioristisch, wie es den Umständen nach der Katastrophe entspräche, und diese hat sie derart verstümmelt, daß sie anders gar nicht reagieren können; Fliegen, die zucken, nachdem die Klatsche sie schon halb zerquetscht hat.

Aus: »Versuch, das ›Endspiel‹ zu verstehen« (1958). In: *Noten zur Literatur II*. Frankfurt am Main 1961.

Uwe Johnson

Aber Jakob ist immer quer über die Gleise gegangen.

– Aber er ist doch immer quer über die Rangiergleise und die Ausfahrt gegangen, warum, aussen auf der anderen Seite um den ganzen Bahnhof bis zum Strassenübergang hätt er eine halbe Stunde länger gebraucht bis zur Strassenbahn. Und er war sieben Jahre bei der Eisenbahn.
– Nun sieh dir mal das Wetter an, so ein November, kannste keine zehn Schritt weit sehen vor Nebel, besonders am Morgen, und das war doch Morgen, und alles so glatt. Da kann einer leicht ausrutschen. So ein Krümel Rangierlok ist dann beinah gar nicht zu hören, sehen kannst sie noch weniger.
– Jakob war sieben Jahre bei der Eisenbahn will ich dir sagen, und wenn irgendwo sich was gerührt hat was auf Schienen fahren konnte, dann hat er das wohl genau gehört.

unterhalb des hohen grossglasäugigen Stellwerkturms kam eine Gestalt quer über das trübe dunstige Gleisfeld gegangen, stieg sicher und achtlos über die Schienen, eine Schiene nach der anderen, stand still unter einem grün leuchtenden Signalmast, wurde verdeckt von der Donnerwand eines ausfahrenden Schnellzuges, bewegte sich wieder. An der langsamen stetigen Aufrechtheit des Ganges war vielleicht Jakob zu erkennen, er hatte die Hände in den Manteltaschen und schien geraden Nackens die Fahrten auf den Gleisen zu beachten. Je mehr er unter seinen Turm kam verdunsteten seine Umrisse zwischen den finster massigen Ungeheuern von Güterzugwagen und kurzatmigen Lokomotiven, die träge ruckweise kriechend den dünnen schrillen Pfiffen der Rangierer gehorchten im Nebel des frühen Morgens auf den nass verschmierten Gleisen.

– wenn einer dann er. Hat er mir doch selber erklärt, so mit Physik und Formel lernt einer ja tüchtig was zu in sieben Jahren, und er sagt zu mir: Bloss stehenbleiben, wenn du was kommen siehst, kann noch so weit wegsein. »Wenn der Zug im Kommen ist – ist er da« hat er gesagt. Wird er auch bei Nebel gewusst haben.
– Eine Stunde vorher haben sie aber einen Rangierer zerquetscht am Ablaufberg, der wird das auch gewusst haben.
– Deswegen waren sie ja so aufgeregt. Wenn sie auch gleich wieder Worte gefunden haben von tragischem Unglücksfall und Verdienste beim Aufbau des Sozialismus und ehrendes Andenken bewahren: der sich das aus den Fingern gesogen hat, weiss es gewiss besser, wär schon einer. Frag doch mal auf diesem ganzen verdammten Bahnhof, ob einer jetzt noch im November Ausreiseerlaubnis nach Westdeutschland gekriegt hat, und Jakob ist am selben Morgen erst mit einem Interzonenzug zurückgekommen. Denk dir mal, bei wem er war.
– Cresspahl, wenn du den kennst. Der hat eine Tochter. (...)

Und das Bild hing schon in Gesines Zimmer quer über die Wand, als Jakob ankam. Die Aufnahme war auf etwa anderthalb Quadratmeter Fläche vergrössert und erinnerte so an Industriefotos oder Reklame oder Sichtwerbetafeln auf den Strassen der Deutschen Demokratischen Republik bei wichtigen Anlässen der Innenpolitik; an der etwas verwischten, verschwimmenden Beschaffenheit der Umrisse war zu erkennen, dass das Stück Film nicht grösser gewesen war als der Nagel ihres kleinen Fingers. Das Bild war eigentlich ohne Licht, indem Helligkeit nur aus einem unsichtbaren Hintergrund hereinkam, das waren mehrere kantige Strahlbalken von den Leuchtzeichen der Tankstelle, die war aber nicht zu sehen. Die rechte Randzone der Aufnahme war ausgefüllt von dem weichen Schatten, der aus dem Rücken des Chauffeurs und der Sitzlehne geworden war; daneben war die Ecke des Autofensters zu erkennen. Das Gesicht von Herrn Rohlfs war nur zu erraten aus den Kanten, die die glühende Zigarette nach oben hin aufgeworfen hatte aus der Finsternis; besonders lebendig waren die Falten der Stirn, denn sie schienen feucht und erstarrt in einem einzigen Moment sehr schneller Bewegung, während der halb geöffnete Mund seine nachdenkliche Stellung nur durch das Zusammenpressen der Zigarette erhalten haben mochte. Eben das Aufglimmen der Tabakglut hatte Jakobs Gesicht beleuchtet, dessen Flächen schimmerten aber viel grauer aus den Schatten, er hatte den Kopf schräg zurückgelegt; sonderbar scharf (allerdings ist das Rückfenster des Pobjeda hoch im Dach) war die ganze Gegend um die Augen herausgehoben, und da die Vergrösserung die natürlichen Massverhältnisse geringfügig überschritt, blieb der Blick des Betrachters am hochgeschobenen unteren Lid hängen, auf dem die Pupillen sehr flüchtig in die Blickrichtung der Linse gegangen waren und nun festgehalten in einem Ausruck des Beobachtens ohne Teilnahme. Das Bild war aber so aufgehängt, dass man es von unten sah und nicht wie der fotografische Apparat. Der Rand auf der rechten Seite und darunter war wieder vollgestampft mit ununterscheidbaren Dingen der Autoeinrichtung in der Dunkelheit. Jakob blieb davor stehen, als er am nächsten Abend zu ihrem Essen kam; offenbar brauchte er sich nicht zu erinnern. Er fragte nichts. Schliesslich glaubte Gesine so etwas wie ein leises Kopfschütteln zu bemerken, aber als sie neben ihm war, sah sie nur noch die erhobenen Augenbrauen. »Ich glaub es ist nicht richtig ... so zu fotografieren...« sagte er. »Es sieht so aus als wär alles eins, verstehst du: als könnt Rohlfs auch bei Eurem Geheimdienst sein ...?« Gesine trat um ihn herum und betrachtete das Bild von der anderen Seite. Ihr Blick ging langsam zu Jakob und verglich ihn mehrmals mit dem Bild. Endlich schüttelte auch sie den Kopf, aber ihre Lippen waren vorgestützt dabei. Jakob winkte still lachend ab und wandte sich zum Tisch. »Lass hängen«, sagte er.

Aus: *Mutmassungen über Jakob* (1959). Leipzig 1992.

Witold Gombrowicz

Doch spricht Tomasz: »Und dort ist die Bibliothek.« Tatsächlich lagen in dem großen, Quadratischen zimmer daneben haufen von büchern und skripten auf dem fußboden, alles wie vom schubkarren gekippt; die berge reichten bis an die decke; inmitten dieser berge aber waren klüfte, kahlschläge, talschluchten, geröllhalden, höhlungen, sowie auch staub, staub, daß es in der nase kitzelte. Auf diesen bergen aber saßen sehr magere Leser, die lasen das alles! Es waren vielleicht sieben oder acht an der zahl. »Die Bibliothek«, spricht Gonzalo, »die Bibliothek, nein, was ich damit für einen Kummer habe, es ist eine wahre strafe gottes, denn es sind die wertvollsten, geschätztesten Werke der genialsten genies, der trefflichsten geister der Menschheit, aber leider, mein lieber herr, sie Beißen sich und Beißen sich, und werden ebenfalls Billig in ihrem übermaß, denn es ist davon Zuviel, Zuviel, und tagtäglich kommen neue, und niemand kann es auslesen, denn es ist zuviel, ach, Zuviel! Da habe ich denn, mein lieber herr, Leser gedungen und zahle ihnen gesalzene summen, denn es ist mir doch vollends eine scham und schande, daß alles so Ungelesen da herumliegt, aber es ist Zuviel, sie können's nicht auslesen, obgleich sie ohne unterlaß den ganzen tag lesen. Das schlimmste ist aber, daß sich die bücher alle Beißen, beißen und sich wohl noch wie Hunde totbeißen werden.

Aus: *Trans-Atlantik* (1949-50). München, Wien 1987

Gilles Deleuze

1. Ein Rund begrenzt oft den Ort, an dem die Person, das heißt die Figur, sitzt. Sitzt, liegt, kauert oder sonstwas. Dieses Rund, dieses Oval nimmt mehr oder weniger Raum ein: Es kann die Ränder eines Gemäldes überragen, im Zentrum eines Triptychons liegen und so weiter... Oft wird es verdoppelt oder ersetzt durch das Rund des Stuhls, auf dem die Person sitzt, durch das Oval des Bettes, auf dem die Person liegt. Es ist in den Punkten verstreut, die einen Teil des Körpers der Person konturieren, oder in den kreisenden Linien, die die Körper umschließen. Aber selbst die beiden Bauern

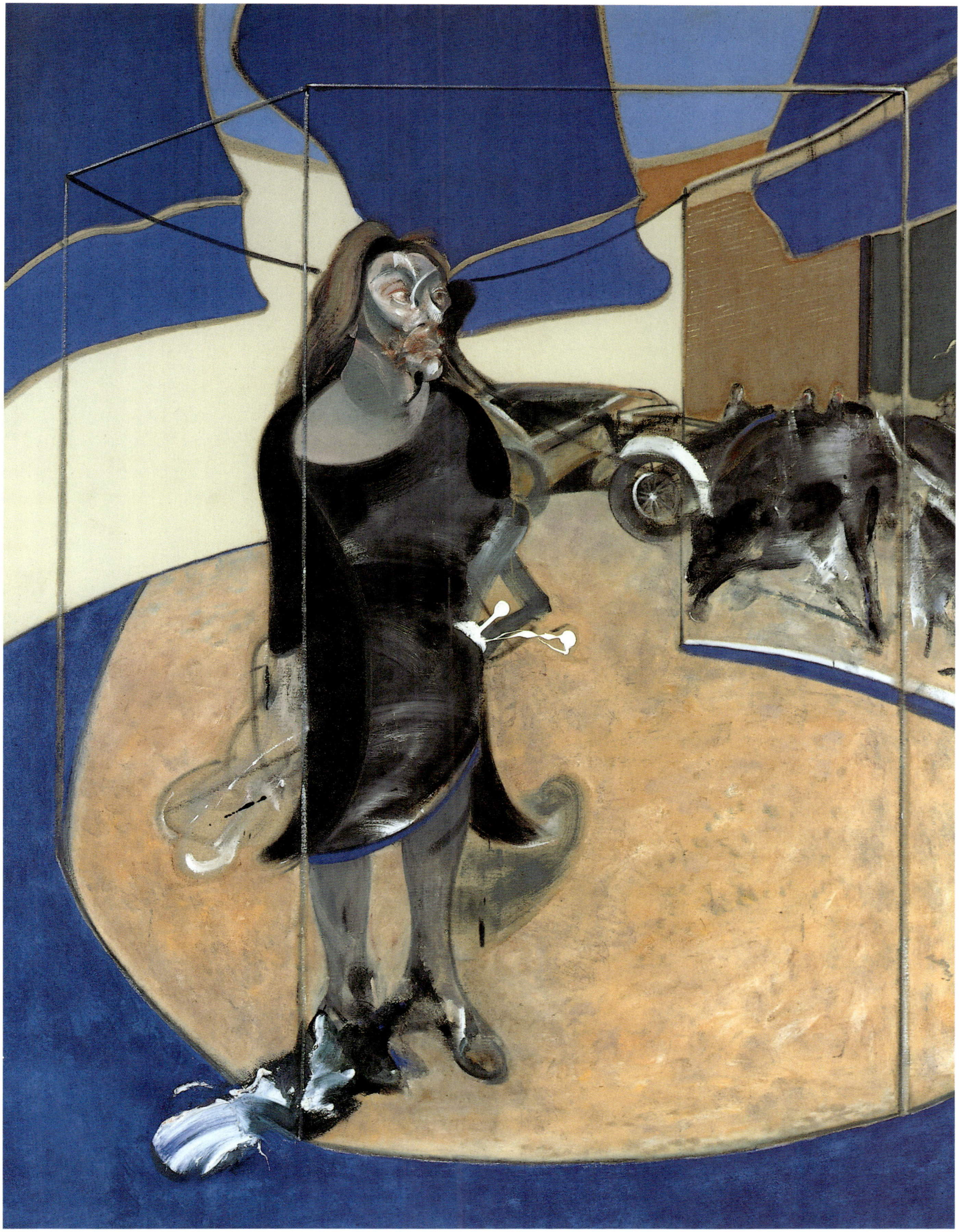

Francis Bacon, Isabel Rawsthorne, in einer Straße in Soho stehend, 1967

bilden eine Figur nur im Verhältnis zu einer Erde, die fest vom Oval eines Topfes eingefaßt ist. Kurz, das Gemälde enthält eine Bahn, eine Art Zirkusarena als Schauplatz. Es ist dies ein ganz einfaches Verfahren, das in der Isolierung der Figur besteht. (...)

2. Der Körper ist die Figur oder eher das Material der Figur. Man sollte insbesondere nicht das Material der Figur mit der verräumlichenden materiellen Struktur verwechseln, die zur anderen Seite gehört. Der Körper ist Figur, nicht Struktur. Umgekehrt ist die Figur als Körper nicht Gesicht und hat nicht einmal ein Gesicht. Sie hat einen Kopf, weil der Kopf wesentlicher Bestandteil des Körpers ist. Sie kann sich sogar auf den Kopf reduzieren. Als Portraitist ist Bacon Maler von Köpfen, nicht von Gesichtern. Zwischen beiden besteht ein großer Unterschied. Denn das Gesicht ist eine strukturierte räumliche Organisation, die den Kopf überzieht, während der Kopf ein Anhang des Körpers ist, selbst wenn er dessen Spitze darstellt. Das heißt nicht, daß es ihm an Geist fehlt, es ist dies aber ein Geist, der Körper ist, ein körperlicher und vitaler Hauch, ein Tiergeist, er ist der Tiergeist des Menschen: ein Schweine-Geist, ein Büffel-Geist, ein Hunde-Geist, ein Fledermaus-Geist... Als Portraitist verfolgt Bacon also ein ganz besonderes Projekt: das Gesicht auflösen, den Kopf unter dem Gesicht wiederfinden oder auftauchen lassen.

Die Deformationen, die der Körper durchmacht, sind auch die Tierzüge des Kopfes. Es handelt sich dabei in keiner Weise um eine Entsprechung zwischen Tierformen und Gesichtsformen. Denn das Gesicht hat seine Form verloren, indem es mit den Techniken der Verwischung und des Abbürstens behandelt wurde, die es desorganisieren und an seiner Stelle einen Kopf auftauchen lassen. Und die Marken oder Züge des Tierischen sind nicht länger Tierformen, sondern eher Geister, die die verwischten Partien heimsuchen, am Kopf zerren, den Kopf ohne Gesicht individualisieren und qualifizieren.

Aus: *Francis Bacon: Logik der Sensation* (1984). Stuttgart 1995.

Paul Celan Der Meridian

Gewiß, das Gedicht – das Gedicht heute – zeigt, und das hat, glaube ich, denn doch nur mittelbar mit den – nicht zu unterschätzenden – Schwierigkeiten der Wortwahl, dem rapideren Gefälle der Syntax oder dem wacheren Sinn für die Ellipse zu tun, – das Gedicht zeigt, das ist unverkennbar, eine starke Neigung zum Verstummen.

Es behauptet sich – erlauben Sie mir, nach so vielen extremen Formulierungen, nun auch diese –, das Gedicht behauptet sich am Rande seiner selbst; es ruft und holt sich, um bestehen zu können, unausgesetzt aus seinem Schon-nicht-mehr in sein Immer-noch zurück. Dieses Immer-noch kann doch wohl nur ein Sprechen sein. Also nicht Sprache schlechthin und vermutlich auch nicht erst vom Wort her »Entsprechung«. Sondern aktualisierte Sprache, freigesetzt unter dem Zeichen einer zwar radikalen, aber gleichzeitig auch der ihr von der Sprache gezogenen Grenzen, der ihr von der Sprache erschlossenen Möglichkeiten eingedenk bleibenden Individuation.

Dieses Immer-noch des Gedichts kann ja wohl nur in dem Gedicht dessen zu finden sein, der nicht vergißt, daß er unter dem Neigungswinkel seines Daseins, dem Neigungswinkel seiner Kreatürlichkeit spricht. Dann wäre das Gedicht –

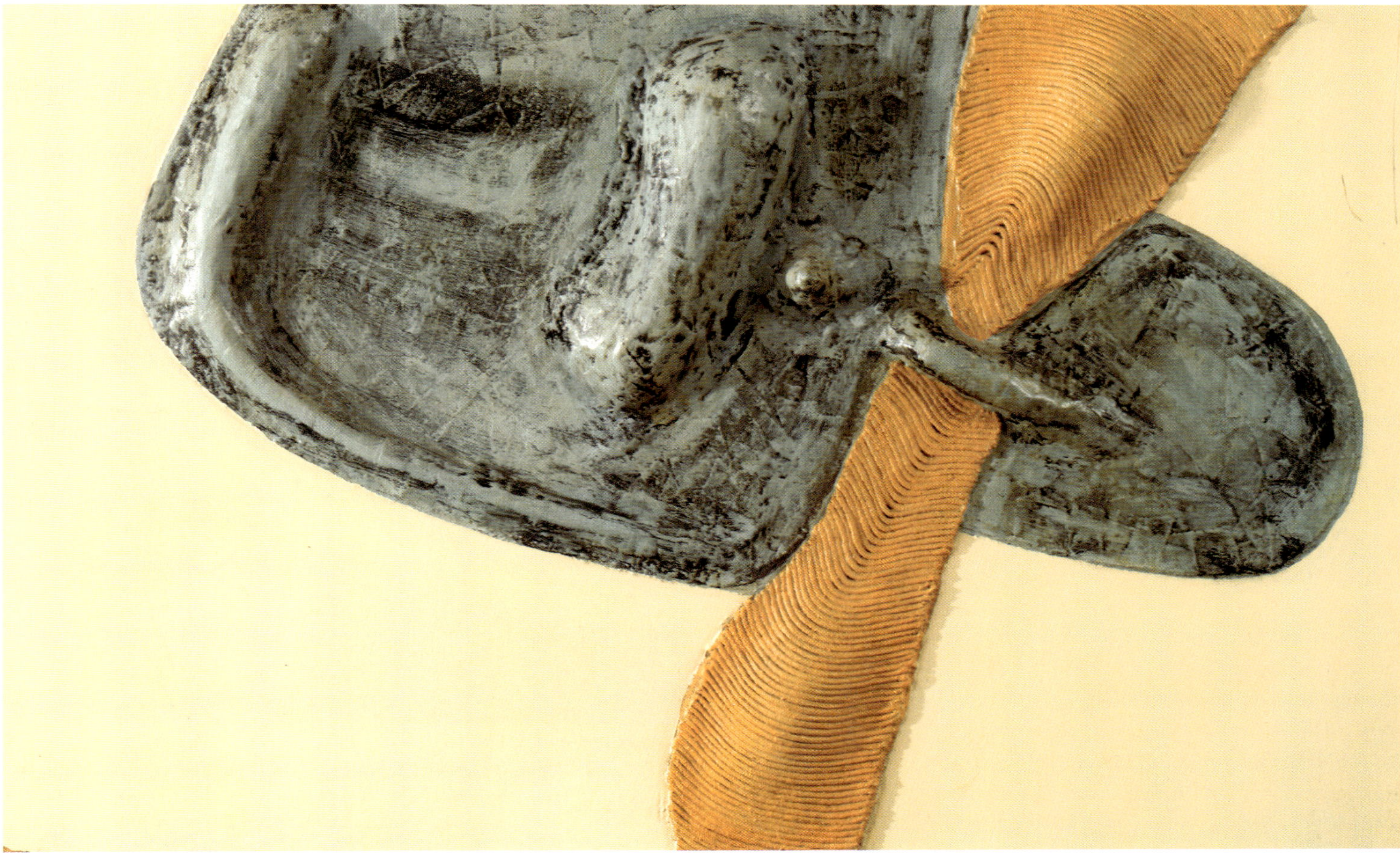

Eva Hesse, Two Handled Orangekeyed Utensil, 1965

deutlicher noch als bisher – gestaltgewordene Sprache eines Einzelnen, – und seinem innersten Wesen nach Gegenwart und Präsenz.

Das Gedicht ist einsam. Es ist einsam und unterwegs. Wer es schreibt, bleibt ihm mitgegeben. Aber steht das Gedicht nicht gerade dadurch, also schon hier, in der Begegnung – im Geheimnis der Begegnung?

Das Gedicht will zu einem Andern, es braucht dieses Andere, es braucht ein Gegenüber. Es sucht es auf, es spricht sich ihm zu. Jedes Ding, jeder Mensch ist dem Gedicht, das auf das Andere zuhält, eine Gestalt dieses Anderen.

Die Aufmerksamkeit, die das Gedicht allem ihm Begegnenden zu widmen versucht, sein schärferer Sinn für das Detail, für Umriß, für Struktur, für Farbe, aber auch für die »Zuckungen« und die »Andeutungen«, das alles ist, glaube ich, keine Errungenschaft des mit den täglich perfekteren Apparaturen wetteifernden (oder miteifernden) Auges, es ist vielmehr eine aller unserer Daten eingedenk bleibende Konzentration.

»Aufmerksamkeit« – erlauben Sie mir hier, nach dem Kafka-Essay Walter Benjamins, ein Wort von Malebranche zu zitieren –, »Aufmerksamkeit ist das natürliche Gebet der Seele«.

Das Gedicht wird – unter welchen Bedingungen! – zum Gedicht eines – immer noch – Wahrnehmenden, dem Erscheinenden Zugewandten, dieses Erscheinende Befragenden und Ansprechenden; es wird Gespräch – oft ist es verzweifeltes Gespräch.

Erst im Raum dieses Gesprächs konstituiert sich das Angesprochene, versammelt es sich um das es ansprechende und nennende Ich. Aber in diese Gegenwart bringt das Angesprochene und durch Nennung gleichsam zum Du Gewordene auch sein Anderssein mit. Noch im Hier und Jetzt des Gedichts – das Gedicht selbst hat ja immer nur diese eine, einmalige, punktuelle Gegenwart –, noch in dieser Unmittelbarkeit und Nähe läßt es das ihm, dem Anderen, Eigenste mitsprechen: dessen Zeit.

Wir sind, wenn wir so mit den Dingen sprechen, immer auch bei der Frage nach ihrem Woher und Wohin: bei einer »offenbleibenden«, »zu keinem Ende kommenden«, ins Offene und Leere und Freie weisenden Frage – wir sind weit draußen.

Das Gedicht sucht, glaube ich, auch diesen Ort.

Aus: »Der Meridian.« Büchner-Preis-Rede (1960). In: *Ausgewählte Gedichte. Zwei Reden*. Frankfurt am Main 1970.

Jerzy Grotowski

In den heutigen Gesellschaften, vor allem denen des Westens, öden sich die Menschen gegenseitig dermaßen an, daß sie von einer positiven Verbindung mit den anderen zu träumen begonnen haben. Doch in Wirklichkeit sind sie einer solchen Verbindung gar nicht fähig, sie können sich anderen nur aufdrängen. Wenn zwei Personen eine Improvisation machen, und es schaltet sich ein Dritter ein, dann verdirbt er alles. Wir kennen die Reaktion einer Bulldogge, die, wenn sie einmal zugebissen hat, ihr Maul nicht mehr öffnen kann. Von dieser Art ist unser Kontakt, unsere Verbindung zu anderen.

Um wirklich zu einer Verbindung zu kommen, muß man zunächst mit der Trennung beginnen. Ich suche also nicht mehr den Kontakt mit dir, sondern ich suche den gemeinsamen Raum so zu nutzen, daß jeder für sich handeln kann, ohne den anderen zu stören. Aber wenn wir handeln wollen, ohne uns gegenseitig zu stören, und wenn ich zu singen anfange und du auch zu singen anfängst, dann muß das nicht zu einer Disharmonie führen. Wenn das nicht zu einer Disharmonie führen muß, dann heißt das, daß ich dir zuhören muß, wenn ich singe, und daß ich auf behutsame Weise meine Melodie mit deiner in Einklang bringen muß. Doch nicht nur mit dir, denn über uns fliegt vielleicht gerade ein Düsenflugzeug hinweg. Und auch du bist mit deinem Lied, deiner Melodie nicht allein, das ist nun einmal so. Der Lärm des Düsentriebwerks ist da. Wenn du singst, als ob du allein auf der Welt wärst, dann bedeutet das, daß du unharmonisch bist. Du mußt ein akustisches Gleichgewicht mit dem Düsenflugzeug finden und trotz allem deine Melodie halten. (...)

Warum nehmen alle Jäger, sei es ein afrikanischer Jäger aus der Kalahari, ein französischer Jäger aus der Saintonge, ein bengalischer Jäger oder ein Jäger vom Stamme der Huichol in Mexiko, während der Jagd eine ganz bestimmte Körperhaltung ein – den Oberkörper ein wenig nach vorn geneigt, die Knie ein wenig gebeugt, eine Stellung, die vom Bereich des Kreuzbeins und des Beckens aus gehalten wird? Und warum kann diese Körperhaltung nur durch eine einzige Art von rhythmischer Bewegung geübt werden? Und welchen Zweck hat diese Art zu gehen? Auf einer sehr einfachen Ebene der Analyse können wir sagen: Wenn das Körpergewicht auf einem Bein ruht, dann macht man beim Versetzen des anderen Beines kein Geräusch und man kann das sehr langsam und gleichmäßig tun. Wenn man sich so fortbewegt, können die Tiere einen nicht ausmachen.

Doch das ist nicht das Entscheidende. Entscheidend ist, daß es eine ganz bestimmte primäre Haltung des menschlichen Körpers gibt. Diese Haltung ist so alt, daß sie vielleicht nicht nur vom »Homo sapiens«, sondern auch schon vom

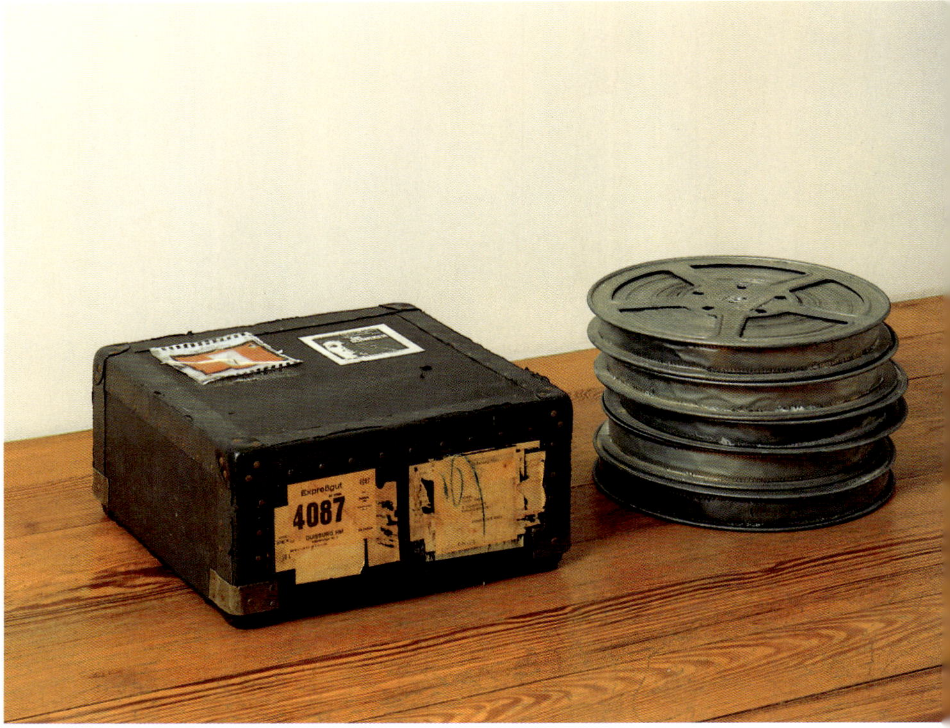

Joseph Beuys, Das Schweigen, 1973
Fünf Filmspulen des gleichnamigen Films von Ingmar Bergman, 1962

Joseph Beuys
Das Schweigen

In der Diskussion ist es notwendig, das Schweigen von Duchamp nicht überzubewerten. Ich achte ihn sehr, aber sein Schweigen muß ich ablehnen (...). In der Idee des Schweigens finden alle unsere Diskussionen keinen Platz. Bisher haben wir gesagt, daß das Schweigen von Duchamp überbewertet wird. Ich möchte auch sagen, daß sogar das, was an Duchamp bürgerlich war (ein Verhalten, das sich scheinbar gegen das Bürgertum richtete; ein – wie man sagt – »Bohemien«-Charakter, der sich als Bürgerschreck verstand), dieser Richtung folgt. Duchamp ging davon aus und wollte das Bürgertum schockieren, und aus dem Grunde zerstörte er seine Kräfte, die wirklich abgestorben waren; hier beginnt für mich das Schweigen von Marcel Duchamp ein gewaltiges Problem zu werden (...). Seit einiger Zeit arbeite ich an einer neuen Idee: *Das Schweigen* von Ingmar Bergman wird nicht überbewertet. Ich habe den ganzen Film von Ingmar Bergman, eine Kopie davon. Ingmar Bergmans *Schweigen* ist nicht überschätzt.

Aus: »Der Tod hält mich wach. Joseph Beuys im Gespräch mit Achille Bonito Oliva«. In: *Beuys zu Ehren*, Ausstellungskatalog Städtische Galerie im Lenbachhaus, München 1986.

»Homo erectus« eingenommen wurde und in irgendeiner Weise mit dem Auftauchen der Spezies Mensch verknüpft ist. Eine Körperhaltung, die sich im Dunkel der Zeiten verliert, mit dem verbunden, was die Tibetaner manchmal unseren »Reptilienaspekt« nennen. In der afrokaribischen Kultur wird diese Körperhaltung präziser mit der Natter verknüpft, und nach einer Vorstellung der tantristischen Kultur schläft am unteren Ende der Wirbelsäule eine Schlange.

Man wird mir entgegenhalten, das alles seien Vorurteile von Menschen einer anderen Epoche. Aber nicht unbedingt von Menschen aus anderen Traditionen. Denn auch in Europa kennen wir das Bild von der Schlange, die bis zum Herzen reicht, ganz zu schweigen von den beiden Schlangen, die den Äskulapstab bilden. Wahrscheinlich würde ein Hirnforscher hier auch auf das »Reptilienhirn« verweisen, jenen Teil des Gehirns, der am ältesten ist und im hinteren Teil des Schädels beginnt und die ganze Wirbelsäule hinabreicht. Ich spreche von all dem in Bildern, ohne jeden wissenschaftlichen Anspruch. Wir haben in unserem Körper noch einen alten Körper, einen Reptilienkörper, wie man sagen könnte. Betrachtet man sich die Entwicklung eines menschlichen Embryos, so kann man sich bei einer seiner ersten Phasen beinahe vorstellen, es handele sich um um das Erscheinungsbild eines Reptils. Sagen wir, daß dieses »Reptil«, das in einer sehr frühen Phase des Embryos erscheint, für die Bildung des »Reptilienhirns« grundlegend ist. (...)

In bestimmten Sprachen bezeichnet man einen Menschen mit den Worten: »der, der aufrecht steht«. In der modernen Psychologie spricht man vom axialen Menschen. Er blickt um sich, er ist aufmerksam, er ist wachsam. In den Evangelien wiederholt man: »Wachet! Wachet! Habet acht! Wachet über euch!« Das Reptilienhirn, der Reptilienkörper, das ist das Tier in dir. Es gehört zu dir, doch das Rätsel des Menschen ist zu lösen. Gebt acht, was geschieht! Wacht über euch! In uns existieren gleichzeitig zwei Extreme eines Registers, zwei unterschiedliche Pole: der Pol des Instinkts und der Pol des Bewußtseins. Normalerweise hält uns unsere alltägliche Lauheit zwischen den beiden Polen in der Schwebe, und wir sind für gewöhnlich weder ganz Tier noch ganz Mensch, wir bewegen uns auf unbestimmte Weise zwischen den beiden Polen. Doch in den wirklich traditionellen Techniken und in den wirklichen »performing arts« bewegen wir uns nicht zwischen den Polen, sondern sind gleichzeitig in beide Extreme geführt. Eben das heißt »im Entstehen begriffen sein«, »im Erstehen sein«.

Das Erstehen ist die ursprüngliche Natur des Menschen, die jetzt und hier stets gegenwärtig ist, mit all ihren göttlichen und tierischen, instinkthaften und affektiven Aspekten. Doch zur gleichen Zeit muß man mit seinem Bewußtsein wachen. Und je mehr man sich in die Ursprünge versenkt, je mehr man im Entstehen ist, desto mehr muß man aufrecht stehen, denn erst das wachende Bewußtsein macht den Menschen aus. Die Spannung zwischen diesen beiden Polen verleiht uns eine Widersprüchlichkeit und damit eine mysteriöse Fülle.

Aus: »Tu es le fils de quelqu'un«. In: *Europe*, Paris (Oktober 1989).

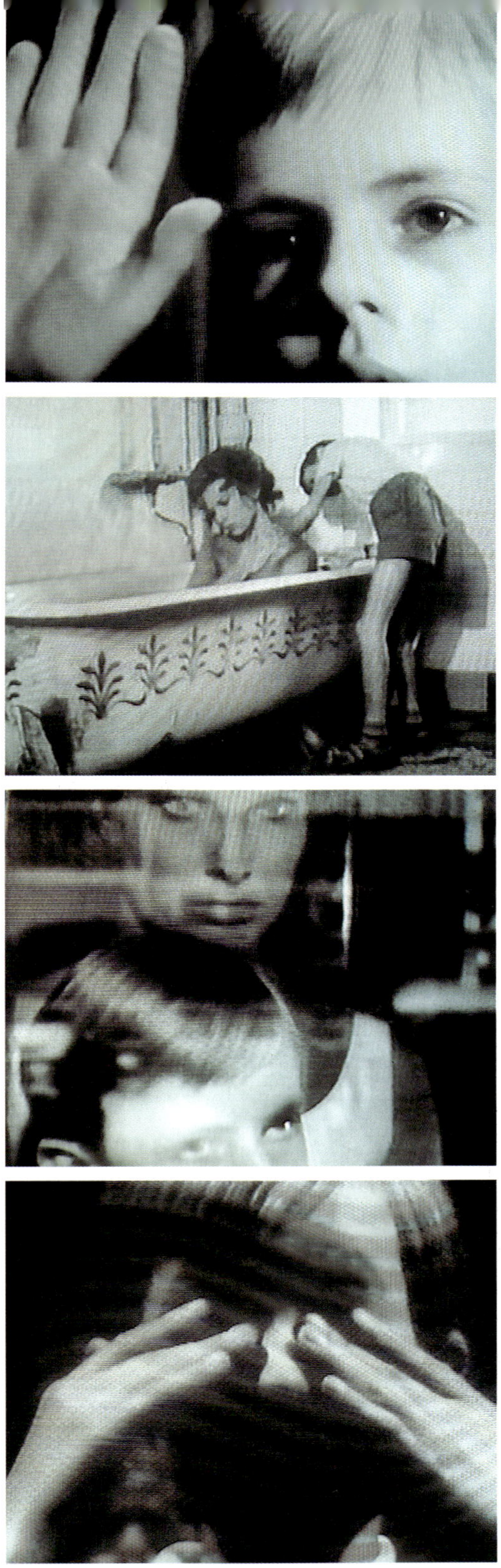

Ingmar Bergman, Tystnaden (Das Schweigen), 1963

Jerzy Grotowski

An *Le Prince Constant* haben wir jahrelang gearbeitet. Wir haben 1963 mit der Arbeit daran begonnen. Die offizielle Premiere fand zwei Jahre später statt. Doch in Wirklichkeit haben wir auch danach noch viel daran gearbeitet. (...)

Man muß so tanzen und singen können, daß es organisch und strukturiert zugleich ist. (...) Das ist ein Test, durch den man sofort erkennt, wer ein Dilettant ist. Zumindest bei den Europäern (bei den Orientalen gibt es andere Tests, um den Dilettantismus aufzudecken), denn sie sind nicht in der Lage, auf Anhieb den Unterschied zwischen Tanzschritten und Tanz zu erkennen. Sie stampfen mit den Füßen auf die Erde und glauben, sie tanzen. Doch der Tanz ist das, was geschieht, wenn der Fuß in der Luft ist und nicht auf dem Boden. (...) Dies ist das grundlegende Problem von Tanz und Gesang. Später, wenn man es mehr oder weniger gelöst hat, kann man damit beginnen, am eigentlichen Rhythmus zu arbeiten, den Wellen des »alten Körpers« im gegenwärtigen Körper. In diesem Stadium kann man sich in einer Form von Primitivismus verzetteln: Man arbeitet an den instinkthaften Elementen des Körpers und verliert die Kontrolle über sich. In den traditionellen Gesellschaften übt die Struktur des Rituals die notwendige Kontrolle aus, daher besteht dort nicht in gleichem Maße die Gefahr, die Kontrolle zu verlieren. In den modernen Gesellschaften fehlt diese kontrollierende Struktur völlig, und jeder muß das Problem selbst lösen. (...) Erst wenn wir es nicht mehr mit Dilettantismus zu tun haben, öffnet sich der wahre Abgrund: Wir stehen dann gleichzeitig dem Archaischen und dem Bewußten gegenüber. Für diesen Bereich steht uns jenes Arbeitsinstrument zur Verfügung, das ich »organon« oder »yantra« nenne. »Organon« ist das griechische Wort für Werkzeug, und »yantra« bedeutet dasselbe in Sanskrit. In beiden Fällen wird damit ein sehr feines Werkzeug bezeichnet. Im Vokabular des alten Sanskrit spricht man von »yantra«, wenn es um das Skalpell eines Chirurgen geht oder um einen Apparat für astronomische Beobachtungen. (...)

Wir sind mit »Werkzeugen« konfrontiert, in denen sich zunächst der ganze technische und artistische Aspekt der Arbeit konzentriert. (...) Zum Beispiel wird man mit dem Unterschied zwischen Improvisation als Unordnung und Improvisation als Wiederanpassung an eine Struktur konfrontiert, wobei wir die zweite Art eine harmonische Improvisation nennen können. (...) Der Dilettant kann aus der ersten Art der Improvisation, indem er Nerven erregt oder Nervenerregungen modifiziert, auf mehr oder weniger oberflächliche Weise etwas Schönes machen. Aber das ist, als ob ein Bildhauer ein Werk aus Rauch gestaltete. Es verschwindet stets. Der Dilettant sucht »nebenan«. Auf gewisse Weise gehorchen viele Formen der modernen industriellen Entwicklung diesem Modell, so zum Beispiel das »Silicon Valley«, jener große Elektronikkomplex Amerikas; Gebäude entstehen neben anderen Gebäuden, der Komplex entwickelt sich horizontal und ist schließlich nicht mehr kontrollierbar. Ganz anders hingegen verläuft der Bau einer Kathedrale, die stets einen Schlußstein hat. Die axiale Ausrichtung entscheidet über den Wert.

Doch bei einem individuellen Ethnodrama ist die Realisierung schwierig, da man während der Arbeit, die sich in Tiefen verliert und in Höhen strebt, stets Krisen durchmacht. Die erste Konzeption: es klappt. Dann muß man das eliminieren, was nicht notwendig ist, und alles auf kompaktere Weise rekonstruieren. Man durchlebt Arbeitsphasen ohne Vitalität, die einem »leblos« erscheinen. Auch die Langeweile ist eine Art von Krise. Man muß viele technische Probleme lösen, zum Beispiel Fragen der Montage, wie beim Film. Denn man muß die erste Konzeption rekonstruieren und sich erneut einprägen (die Linie der kleinen Körperaktionen), doch dabei zugleich alle Aktionen eliminieren, die nicht absolut notwendig sind. Man muß also Schnitte machen und anschließend die verschiedenen Fragmente wieder zu verbinden verstehen. (...)

Der Text handelt von Folter, von Schmerz, von einer Agonie. Der Text handelt von einem Märtyrer, der sich weigert, sich Gesetzen zu unterwerfen, die er nicht akzeptiert. Somit hat sich der Text und damit auch seine Inszenierung einer düsteren und geheimnisvollen Sache verschrieben, etwas Traurigem. Doch während der Arbeit des Regisseurs mit Ryszard Cieslak sind wir niemals mit etwas Traurigem in Berührung gekommen. Die ganze Rolle gründete sich auf seine persönlichen Erinnerungen (man könnte hier von physischen Handlungen im Sinne Stanislawskis sprechen), die auf seine Jugendzeit und seine erste große, überwältigende Liebeserfahrung zurückgehen. Alles war mit dieser Erfahrung verknüpft. Sie betraf jene Art von Liebe, wie sie einem nur in der Jugend widerfährt, eine Liebe, die völlig sinnlich ist, und die sich doch zu gleicher Zeit hinter aller Fleischlichkeit noch durch etwas ganz anderes auszeichnet, durch etwas Unsinnliches oder auf andere Weise sinnlichem, das die Liebe zu einer Art Gebet macht. Die Verbindung dieser beiden Aspekte der Liebe läßt sie zu einem fleischlichen Gebet werden.

Aus: »Le Prince constant de Richard Cieslak«. In: *Ryszard Cieslak, acteur emblème des années soixante*. Arles 1992.

Joseph Beuys, Eurasienstab, Wide White Space Gallery, 1968

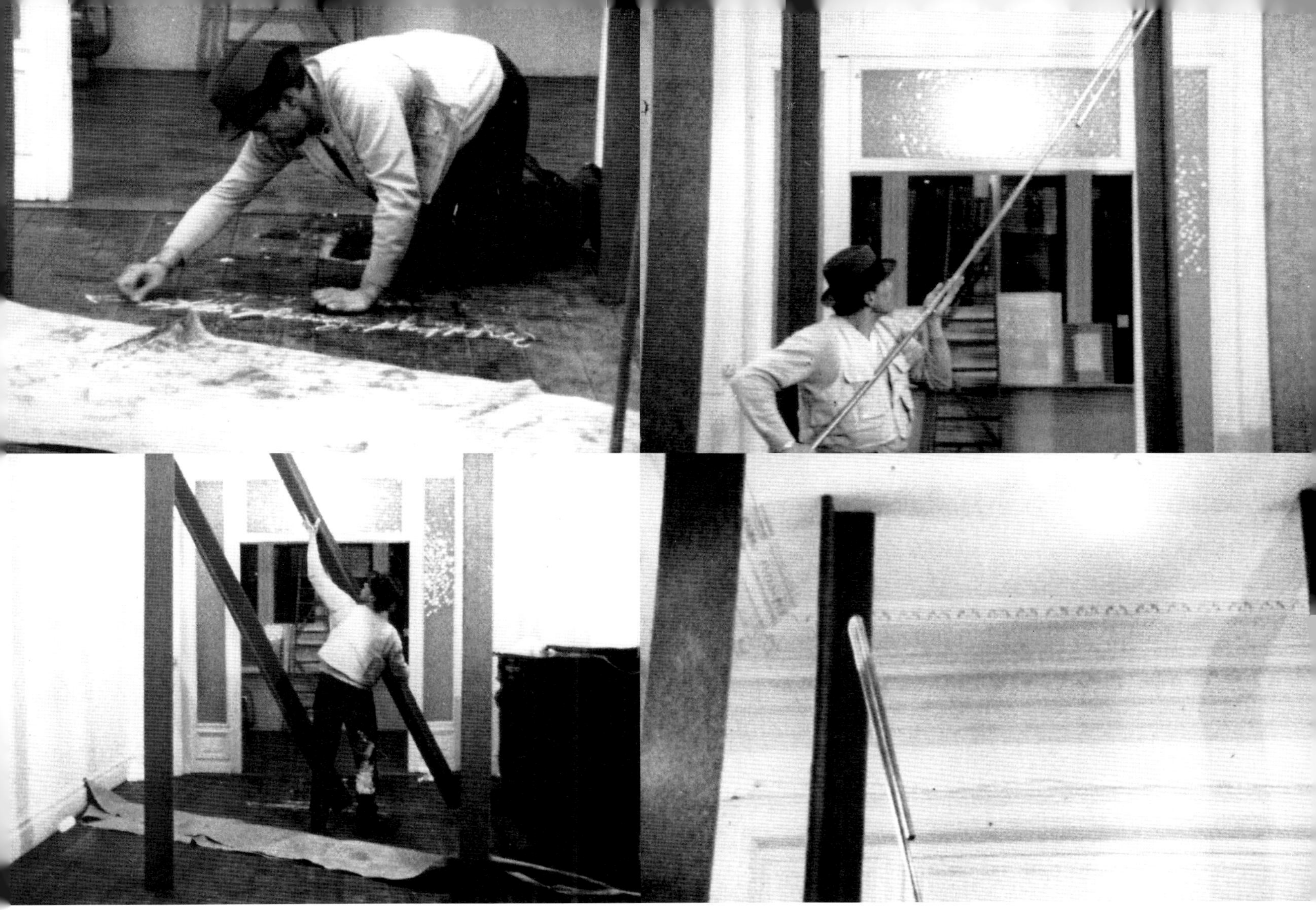

Joseph Beuys

Wie verstehen Sie Duchamp?

Ich denke, daß er sehr innovativ war, indem er mit Gegenständen gearbeitet hat, ready-mades, die keine Stücke aus der Welt der Arbeitsteilung waren - wie zum Beispiel eine Farbtube. Er hat sich fertige Objekte angeeignet, wie das berühmte Urinoir, das er nicht selbst geschaffen hat, sondern das Ergebnis eines komplexen Prozesses innerhalb des auf Arbeitsteilung gründenden modernen Wirtschaftssystems ist.

Diesen Gegenstand brachte er ins Museum um feststellen zu können, daß durch diesen Transport dieser Gegenstand Kunst wurde. Diese Feststellung führte ihn aber nicht zu dem einfachen, klaren Schluß, daß jeder Mensch ein Künstler ist. Im Gegenteil, er hat sich damit ein Denkmal gesetzt und sagte: schaut, wie ich die Bourgeois verblüffe!

Der eigentliche Künstler in der Armory-Show-Ausstellung, war der Mensch, der das Urinoir produziert hatte – das meinen Sie?

Ja, aber das Urinoir ist nicht das Produkt eines einzigen Menschen. Tausende haben daran gearbeitet: diejenigen, die die Porzellanerde beschaffen, diejenigen die sie nach Europa auf Schiffen transportieren, diejenigen die den Rohstoff verarbeiten und schließlich alle unzähligen Menschen, die in der Fabrik zusammenarbeiten, damit es ein fertiges Produkt wird.

Es ist also nicht ein einzelner Mensch, der für das Urinoir gearbeitet hat, sondern die Menschheit. Dies ist so eindeutig, wurde aber von Duchamp nie in Betracht gezogen. Er hat irgendwo irgendwas genommen – gestohlen könnte man fast sagen – und hat es in den Sumpf der dekadenten kulturellen Strömungen geworfen, die jetzt damit ihren Schwindel machen.

Sie haben trotzdem als Plastik Ihre Kinderbadewanne ausgestellt?

Ja, aber nicht als Schwindel: als Komponente meiner Biographie. Damit wird gezeigt wie gewisse Gegenstände in der Umgebung – also Gegenstände, die von anderen produziert worden sind – bewußt als biographische Elemente erscheinen.

Es ist ein völlig anderer Zusammenhang.

Aus: Joseph Beuys im Gespräch mit Irmeline Lebeer. In: *Cahiers du Musée national d'art moderne*, Nr. 4, 1980

Hans-Joachim Ruckhäberle

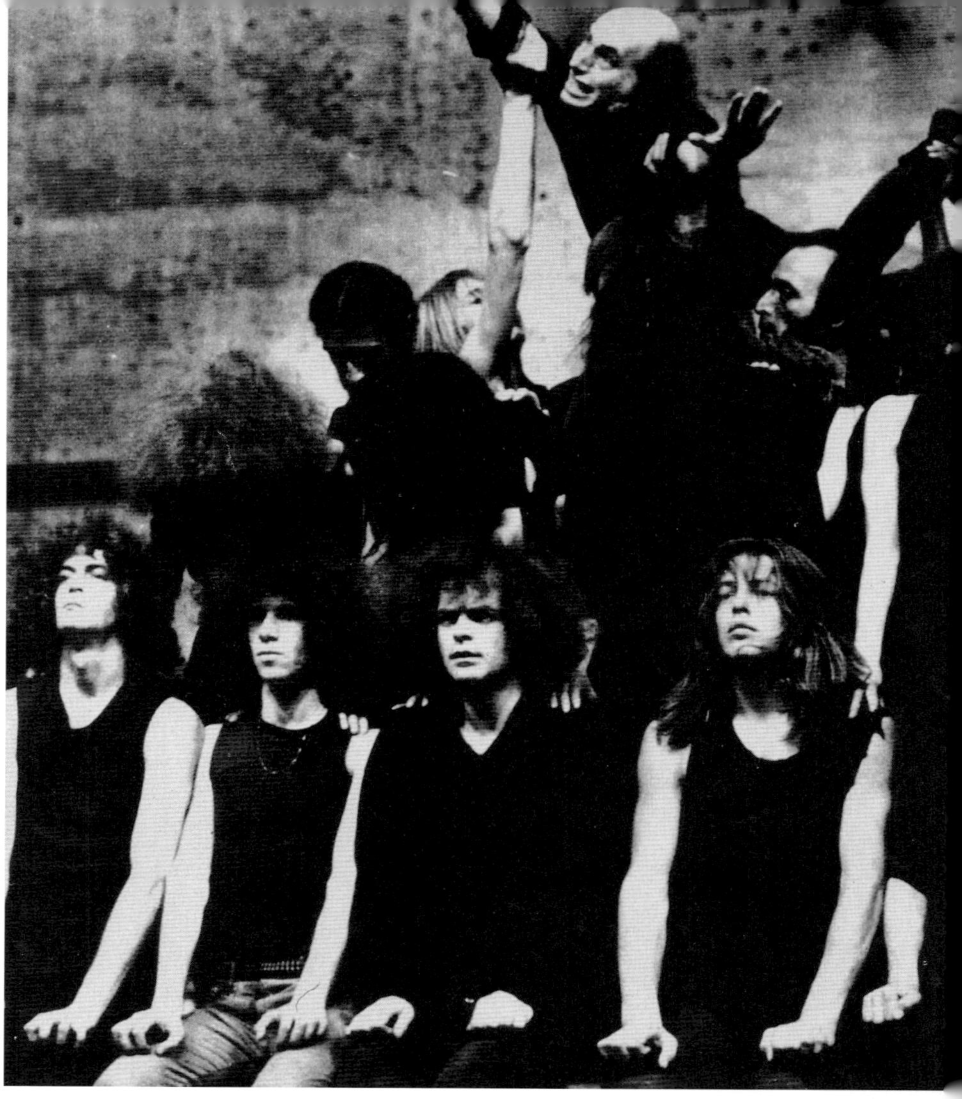

Living Theatre, Antigo

Antigone

»Die Bühne ist bis an die schwarze Rückwand hin leer, hell beleuchtet. Die zweiundzwanzig Mitwirkenden (...) treten in abgewetzter Alltagskleidung auf, einer nach dem andern kommt von hinten auf die Bühne, sie stehen da, fixieren das Publikum, das die Plätze einnimmt. (...) Immer wieder sind einzelne im Zuschauerraum tätig, heulen von hinten, schnellen vor der ersten Sitzreihe krächzend hoch.« (H. Rischbieter) Eine »antiästhetische Demonstration« sieht die deutsche Theaterkritik in der Sophokles-Hölderlin-Brecht-*Antigone* des Living Theatre 1967, produziert im Februar am Stadttheater Krefeld. Der Brecht-Text wurde in einer englischen Prosaübersetzung und mit deutschen »Zwischentiteln« verwendet, nicht aber das »Modell«.

Die deutsche Kritik macht vor allem Kunstlosigkeit und Identifikation, Überidentifikation mit dem politischen Anliegen aus, Autorität als Gewalt an sich in Frage zu stellen. Expressivität steht gegen das »Zeigen« Brechts; die Photos zeigen es: die Aufführung ist ganz von den Körpern, von der Sprache der Körper und Zeichen bestimmt. Die deutsche Kritik redet vom Text, wo es dem Living Theatre um den Körper geht. Die Diskussion um das Theater des Textes oder/und das Theater des Körpers, die in den 60er Jahren auch als Diskurs zwischen rational/irrational, konkret/abstrakt, real/surreal, Kunst/Leben, drinnen/draußen geführt wird, sieht die deutsche, im Gegensatz zur französischen Kritik nicht. Wo sie ihn als Bestandteil der Aufführung beschreibt, wertet sie negativ. »Der Wunsch nach körperlichem Ausdruck jedes Handlungssegments führt zu grotesken Überzeichnungen. Alles windet sich, zuckt, wälzt sich. Vollends unter geht der Text des Abschiedsmonologs der Antigone. Rings um sie tanzt das Ensemble orgiastisch, entfesselt das Bacchusfest. Diese grandios gelöste und unendlich variierte Choreographie ist der inszenatorische Höhepunkt – nur schadet er an dieser Stelle dem Stück.« (Werner Schulze-Reimpell)

»Kunstforderungen« werden gestellt, wo das Aufgehen der Kunst im Leben, des Lebens in der Kunst gesucht wird. »Wer nicht mitmacht, ist ein Voyeur«, so Julian Beck, der mit der nächsten Inszenierung *Paradise now* den Übergang von der Darstellung zur Handlung gegeben sieht. Ein gewisses Dilemma ist unverkennbar, *Antigone* kam zu früh, *Paradise now* zu spät für die »reale« politische Bewegung des Mai 1968.

1967 sieht Jerzy Grotowski den Beginn der Ära Artaud, und Susan Sontag erklärt noch 1973: »The course of all recent serious Theatre in Europe and the Americas can be said to divide into two periods – before Artaud and after Artaud.« Auf Artaud bezieht sich das Living Theatre, bei der *Antigone* auf den Versuch, Brecht, den Text, mit den Mitteln Artauds, dem Körper, umzusetzen. Die französische Kritik

Living Theatre, Antigone

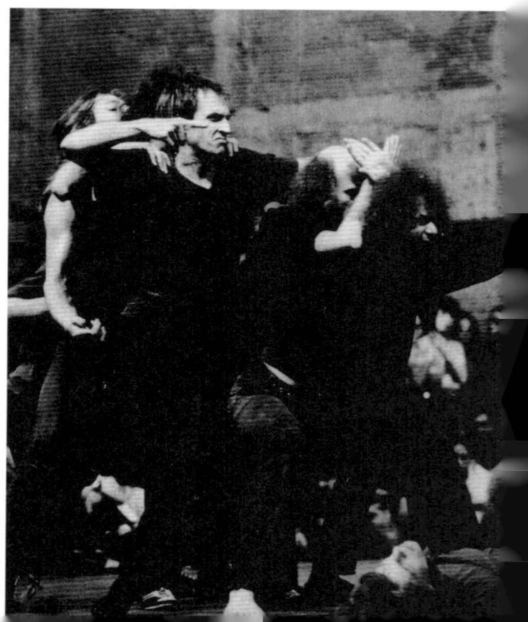

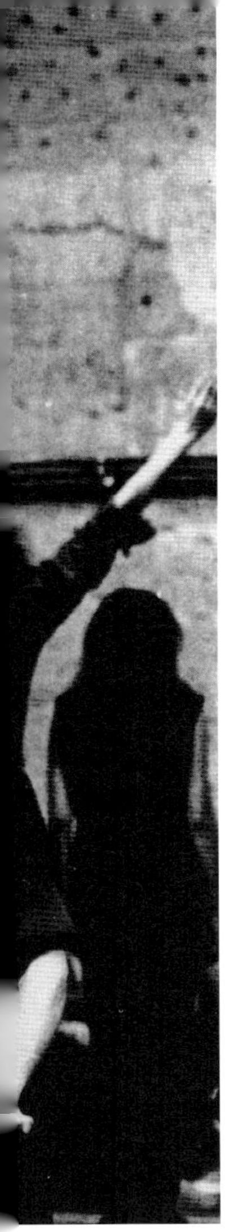

erkennt diesen Ansatz, erkennt die versuchte Verbindung von kritischer Vernunft und »Theater der Grausamkeit«. »Man sieht heute, wie das Living Theatre es Artaud, seinem ›Vater‹ und ›Papst‹, überläßt, Brecht szenisch auszudrücken.« (Gilles Sandier)

Hier wird, zumindest als Möglichkeit, die Verbindung von neo-avantgardistischen Strömungen und dem »Realismus« des epischen Theaters gesehen. Es gibt bei Artaud wie bei Brecht den Ansatz, Theater als etwas anderes als den »Text« zu verstehen. Wo es Brecht um das »Gestische« geht, entwickelt Artaud räumliche und körperliche Dimensionen der »Sprache«. Als »Stile« waren Artaud und Brecht bereits in den frühen 60er Jahren für Peter Brook von Bedeutung (1963, *Theatre of Cruelty*, London), in den Inszenierungen von Peter Weiss *Marat/Sade* und Shakespeare. Und als »Stile« sind beide mehr oder minder Bestandteile der Theaterpraxis geworden. – Zu fragen bleibt, ob nicht Brecht über Godard folgenreicher für den Film geworden ist als letzten Endes für das Theater.

Daß der Diskurs zwischen Artaud und Brecht nicht wirklich geführt wurde, dürfte zum einen zu tun haben mit der Verlagerung theatralischer Experimente in den Bereich der happenings und performances, die wesentlich von der Bildenden Kunst und der zeitgenössischen Musik bestimmt wurden und in denen »Texte« so keine Rolle spielten, zum anderen mit bestimmten Entwicklungen im Bereich des literarischen Theaters, die ebenfalls in den 60er Jahren einsetzen: den »Sprechstücken« (1966–1969) Peter Handkes und dem »Theater des Wortes« Pier Paolo Pasolinis (1968).

Peter Handkes »Sprechstücke« haben das deutsche Theater entscheidend geprägt. Formal wird nie die Grenze zwischen Bühne und Publikum überschritten, die Rampe ist sogar von besonderer ästhetischer Bedeutung. Der Anspruch der Stücke ist nicht, ein Bild von der Welt zu geben, sondern einen Begriff von der Welt. »Sprechstücke« – Sprache beim Wort genommen, nicht als Beschreibungsinstrument, sondern als Objekt. Handke schwebt 1970 ein »ganz vernünftiges, aber trotzdem ganz empfindliches und emotionales Theater« vor.

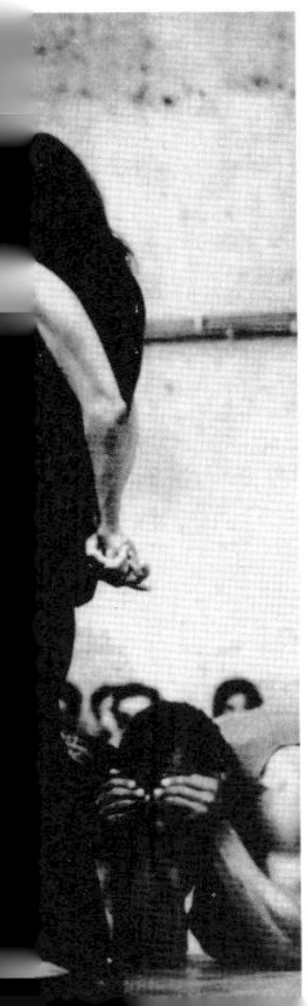

Pasolini besetzt in seinem Sophokles-Film *Edipo Re – Das Bett der Gewalt* (1967) Julian Beck als Teiresias, Carmelo Bene als Kreon.

Damit treffen sich drei Positionen der europäischen und nordamerikanischen Theateravantgarde. Im Gegensatz zu Julian Beck und dem Living Theatre distanziert sich Carmelo Bene entschieden von Artaud, der »Theorie geblieben ist«, und Brecht, der »der nicht verstanden hat, daß die Schrift die Schrift der Bühne ist, nicht die Schrift der reinen Texte«. Bene ist nicht am Text interessiert, sondern an der »texture«: »Im Theater gibt es das Wort: das Wort ist der Feind.« Und er zitiert als Beispiel dafür, wie Sprache auf dem Theater zu verwenden sei, Pasolini: »Bei seiner Übertragung von Sophokles, sagte Pasolini über den blinden Teiresias: Sprechen kann er nicht mehr, er kann aber Worte singen, unverständliche, gerade das ist Teiresias, das ist auch der Schauspieler: er kann unverständliche Worte singen. «

Pasolini veröffentlicht 1968 das *Manifest für ein neues Theater*. Das Manifest enthält eine scharfe Kritik des (neo-)avant-

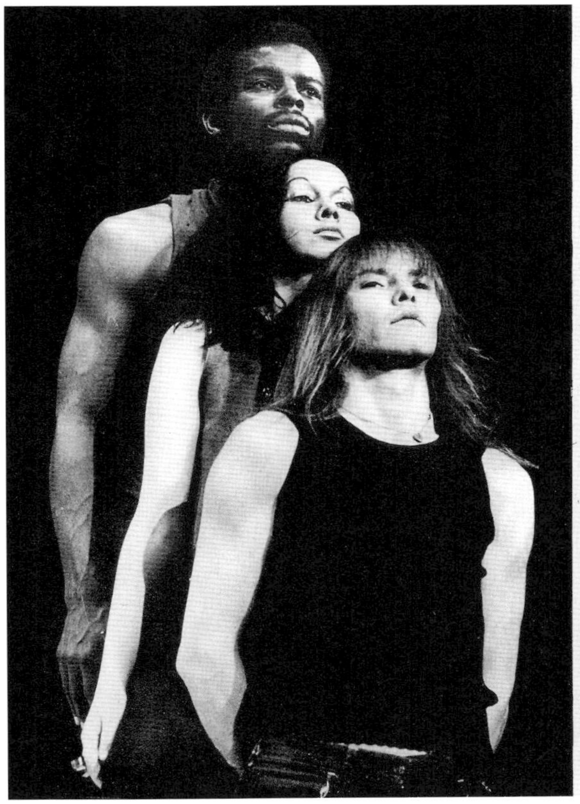

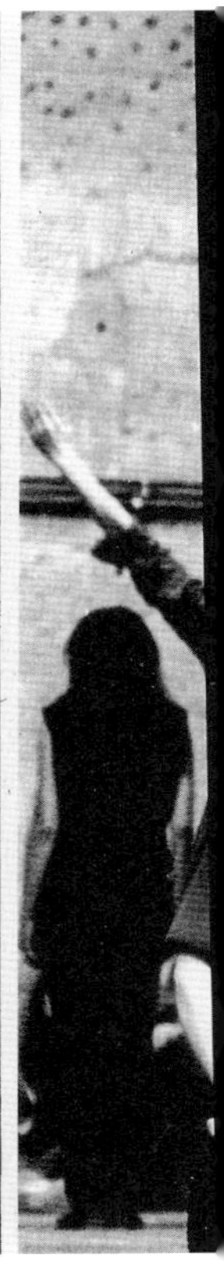

Living Theatre, Antigone

gardistischen Theaters, »des Theaters der Gebärde oder des Schreis«, und damit des »hinreißenden« Living Theatre als eines »theatralischen Ritus«, das nicht über die Provokation hinauskomme, nur antibürgerlich sei, und so nicht in der Lage, einen kritischen Diskurs zu führen.

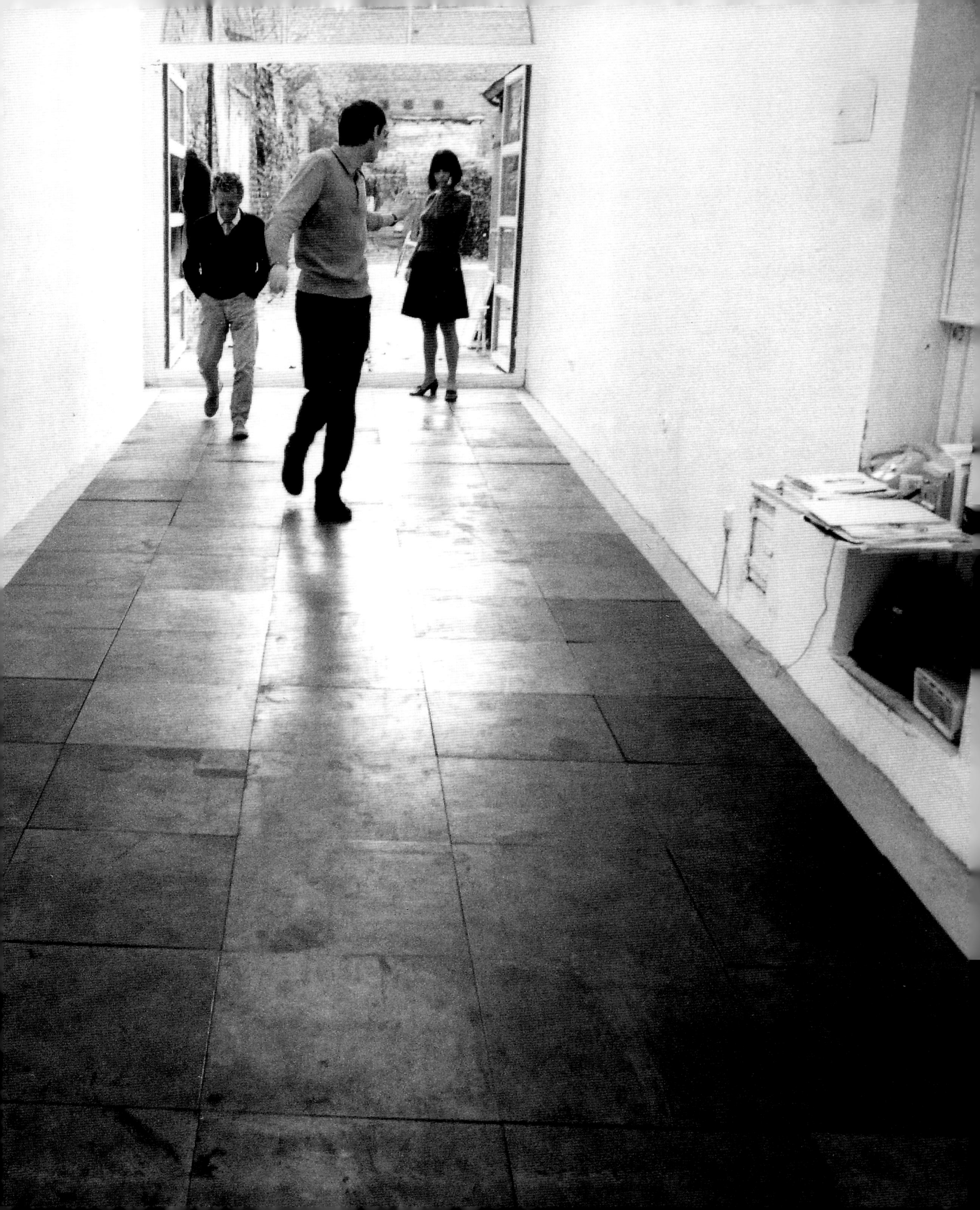

Hans Magnus Enzensberger

Der Poet als Technologe

Der enge Zusammenhang zwischen industrieller Produktionsweise und moderner Poesie läßt sich aber noch viel einfacher dartun. In ihren Schriften zur Poetik sprechen ihn die Dichter selber deutlich genug aus. Über 100 Jahre ist es her, daß Edgar Allan Poe in seinem Aufsatz *The Philosophy of Composition* zum ersten Mal den Poeten als Technologen beschrieben hat, dessen »Handwerkszeug aus Triebrädern und Riemen, der Maschinerie des Schnürbodens, aus Aufzügen und Versenkungen, mit einem Wort, aus einem ganzen Arsenal technischer Aushilfen« bestehe. Den Gedankengängen Poes waren weitreichende Wirkungen beschieden: sie hatten einen Sachverhalt entdeckt, der für das Selbstverständnis der modernen Poesie entscheidend geworden ist. Der folgende Satz von Valéry ist auf Baudelaire gemünzt: »In Edgar Poe ist ihm der Dämon der Präzision, das analytische Ingenium (...), kurzum, der literarische Ingenieur erschienen.« Auch Mallarmé war von Poes Einsichten tief betroffen. Merkwürdig, wie direkt sich gerade die Esoteriker, die reinen Artisten in ihrer Poetik auf einen gesellschaftlich bedingten Sachverhalt, die industrielle Revolution, bezogen haben. In dieser Hinsicht unterscheiden sich ihre Äußerungen kaum von denen des rabiat tendenziösen Polit-Poeten Wladimir Majakowski, der in seiner Schrift *Wie macht man Verse* die dichterische Produktion methodisch mit Begriffen aus der industriellen Sphäre analysiert: Er unterscheidet poetische Rohmaterialien, Halbzeuge und Fertigfabrikate. Genauer als die technischen und wissenschaftlichen Schlagworte, die in der Literaturkritik heimisch und trüb geworden sind (Montage, Wort-Laboratorium, Experiment, Konstellation, Strukturelement), äußert sich so in den Schriften ihrer Begründer der technologische Charakter der modernen Poetik.

Konkrete Poesie

Poesie als Antiware

Poesie und technische Zivilisation: es empfiehlt sich, den Zusammenhang, der zwischen ihnen waltet, nicht zu rasch zu verstehen. Er ist nicht eindeutig. Den landläufigen Marxismus, der Überbau sagt und unvermittelt ökonomische Determination meint, straft die moderne Poesie Lügen. Zwar hält sie mit der vorherrschenden Produktionsweise Schritt, so aber, wie man mit einem Feind Schritt hält. Daß das Gedicht keine Ware ist, dieser Satz ist keineswegs eine idealistische Phrase. Von Anfang an war die moderne Poesie darauf aus, es dem Gesetz des Marktes zu entziehen. Das Gedicht ist die Antiware schlechthin: Das war und ist der gesellschaftliche Sinn aller Theorien der »Poésie pure«. Mit dieser Forderung verteidigt sie Dichtung überhaupt und behält Recht gegen jedes allzu eilfertige Engagement, das sie ideologisch zu Markte tragen möchte. Übrigens leistet der Gegensatz von Elfenbeinturm und Agitprop der Poesie keine guten Dienste. Dieser Wortwechsel gleicht dem Leerlauf zweier weißer Mäuse, die einander in der Tretmühle eines Käfigs jagen. Antiware, die sich der Manipulation »pur« widersetzt, sind noch die engagiertesten »Fertigfabrikate« Majakowskis. Ebenso ist der freischwebendste Text von Arp oder Eluard bereits dadurch »Poésie engagée«, daß er überhaupt Poesie ist. Widerspruch, nicht Zustimmung zum Bestehenden.

Aus: *Museum der modernen Poesie. Eingerichtet von Hans Magnus Enzensberger*. München 1964.

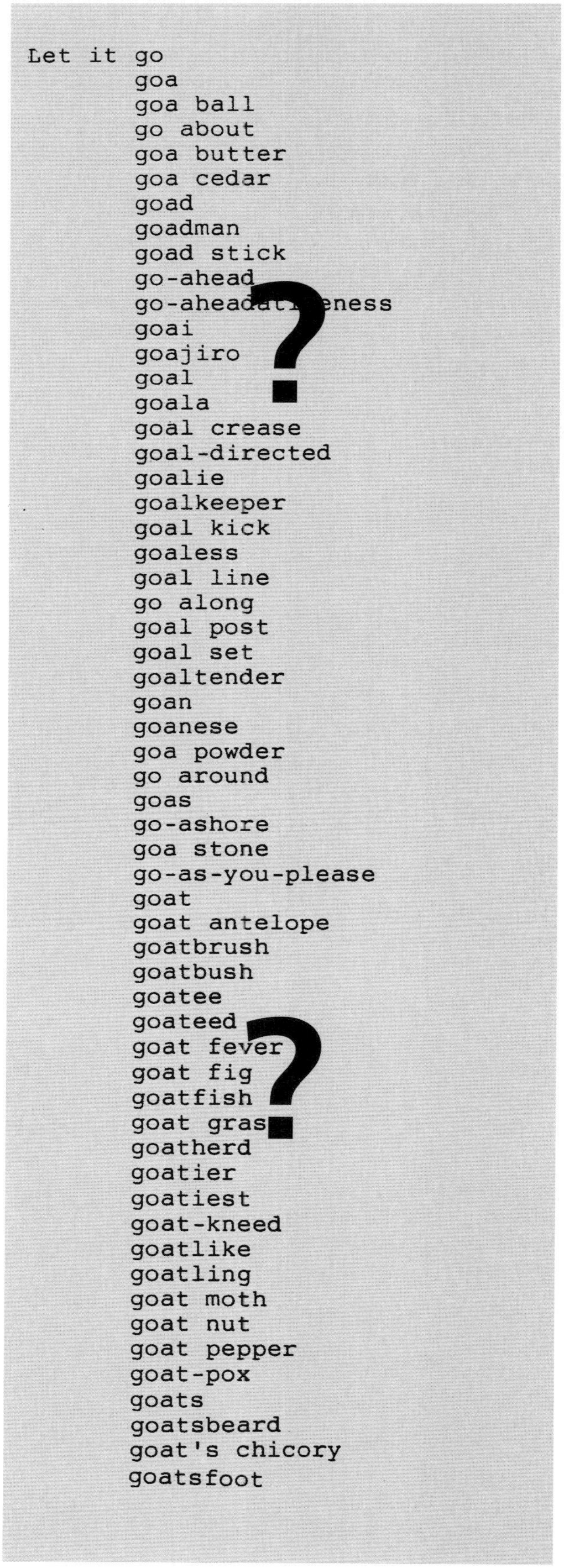

Let it go
goa
goa ball
go about
goa butter
goa cedar
goad
goadman
goad stick
go-ahead
go-aheadat[illegible]eness
goai
goajiro
goal
goala
goal crease
goal-directed
goalie
goalkeeper
goal kick
goaless
goal line
go along
goal post
goal set
goaltender
goan
goanese
goa powder
go around
goas
go-ashore
goa stone
go-as-you-please
goat
goat antelope
goatbrush
goatbush
goatee
goateed
goat fever
goat fig
goatfish
goat gras
goatherd
goatier
goatiest
goat-kneed
goatlike
goatling
goat moth
goat nut
goat pepper
goat-pox
goats
goatsbeard
goat's chicory
goatsfoot

Vito Acconci, Poems, 1967-1969

Eugen Gomringer

der dichter ist einer, der ein schweigen bricht, um ein neues schweigen zu beschwören. er ist kein redner. wenn er reden muß, redet er darum herum. seine sache sind worte. ein wort sagen, ein schweigen brechen – der dichter beginnt. sein können ist das gedicht. das gedicht besteht aus worten. der dichter hat sie gefunden, entdeckt, ausgewählt und sie zusammengestellt. er ist ein schriftsteller. was aber sind worte? ich sage: worte sind schatten. denn worte, die das schweigen brechen, sind gegenstände. worte sind druckerschwärze, worte sind wellen, worte sind projektionen, worte sind taten, worte sind gestalten, worte haben formen. man sagt auch: worte haben gewicht. was aber sind worte noch? darüber wollen wir schweigen. ich sage aber auch: worte sind spiele. spiele sind keine spielereien. spiele setzen lust, heiterkeit und bejahung voraus. wer worte als spiele erkennt, erkennt sie auch als schatten, bejaht sie als schatten. wer mit worten spielt, spielt mit projektionen, mit gestalten, mit taten. deshalb gehört der dichter zu den abenteurern. indem der dichter ein schweigen bricht, bejaht er, er bejaht mit worten. wir ahnen, was worte sind. was aber ist ein gedicht? ich sage: das gedicht ist eine konstellation von worten. ich sage, daß unter gewissen bedingungen zwei worte, oft aber schon drei worte ein gedicht bilden. vergessen wir nicht, wie vielseitig, mehrdeutig, im faßbaren unfaßbar worte sind. vergessen wir aber auch nicht, daß worte, wie sie der dichter erkennt, nicht die worte sind, die geredet werden. die worte des dichters kommen aus dem schweigen, das sie sprechen. dieses schweigen begleitet sie. es ist der zwischenraum, der die worte enger miteinander verbindet als mancher redefluß. daß wir lernen, auf worte zu achten, worte zu sehen, worte zu hören, daß wir heiter werden mit worten, dies ist des dichters anteil an den tätigkeiten des menschen.

Aus: »Der Dichter und das Schweigen« (1964). In: Cornelius Schauber (Hg): *Deine Träume – mein Gedicht. Eugen Gomringer und die konkrete Poesie.* Nördlingen 1989.

schweigen schweigen schweigen
schweigen schweigen schweigen
schweigen   schweigen
schweigen schweigen schweigen
schweigen schweigen schweigen

Eugen Gomringer, Schweigen, 1960

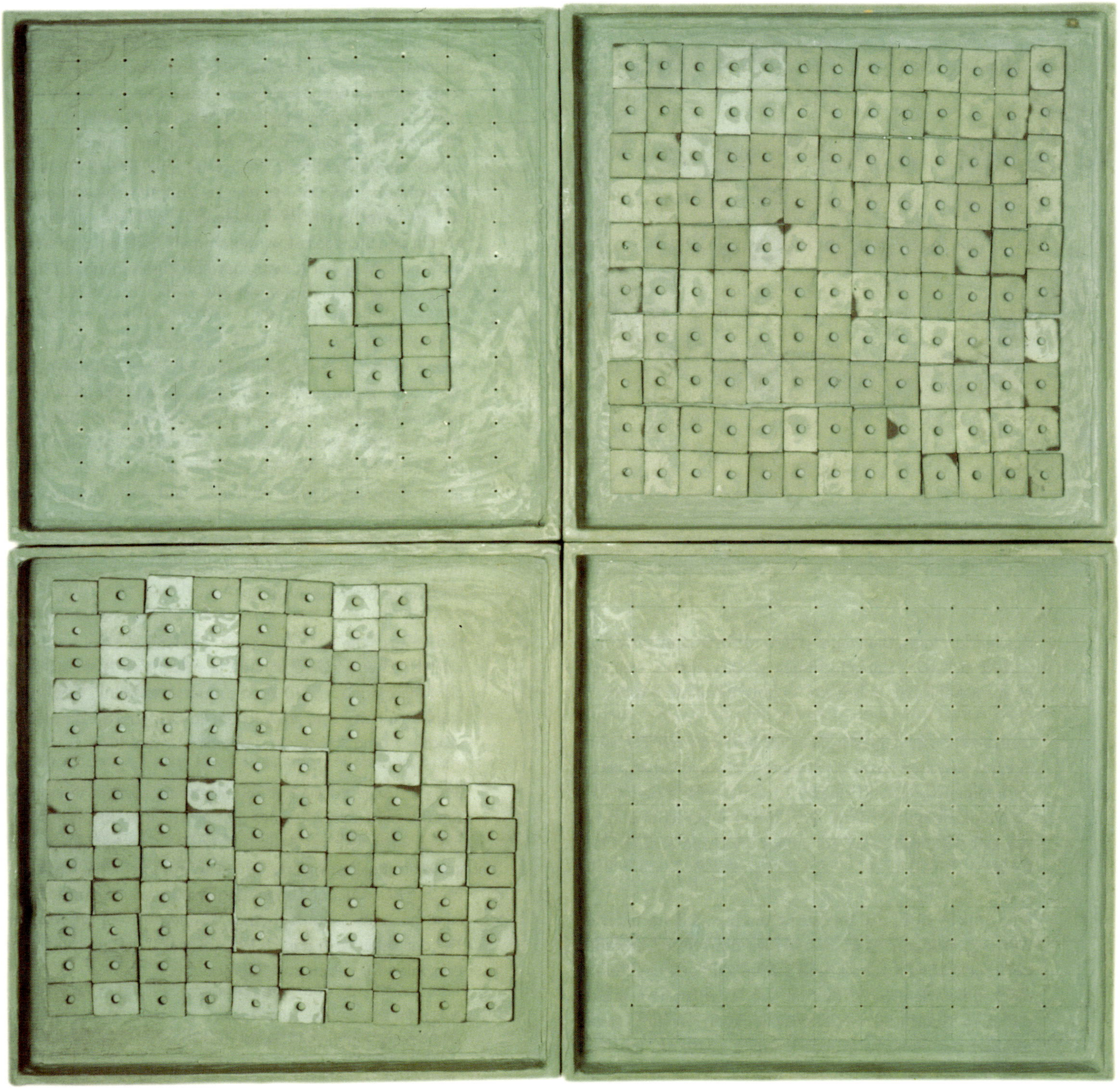

Eva Hesse, Magnet Boards (Magnettafeln), 1967

William Carlos Williams

Die letzten Worte meiner englischen Großmutter

Ein paar schmutzige Teller
und ein Glas Milch
neben ihr auf dem kleinen Tisch
am ranzigen zerrauften Bett –

Runzlig und beinahe blind
lag sie, schnarchte, wachte
auf, mürrisch, raunzte
und schrie nach Nahrung:

gebt mir was zu essen!
Komm, ich bring dich,
sagt ich, ins Krankenhaus,
du bist bald auf der Höhe,

kannst tun was du willst.
Sie lächelte: Ja, erst
tust du was du willst,
dann komm ich dran. Au,

au! schrie sie, au,
als sie die Sanitäter
auf die Bahre hoben –
Das nennt ihr wohl

angenehme Pflege, was?
Ihr Kopf war ganz klar.
Ihr meint, ihr wüßtest es besser,
ihr jungen Leute,

aber ich kann euch sagen,
gar nichts wißt ihr.
Ihr meint, ihr wüßtet es besser,
ihr jungen Leute,

aber ich kann euch sagen,
gar nichts wißt ihr.
Wir fuhren los, und
unterwegs

kamen wir durch eine lange Ulmen-
allee. Sie schaute eine Weile
aus dem Wagenfenster hin
und sagte: Was

ist das für ein flaumiges Zeug
da draußen? Bäume? Geht,
ich will nichts mehr davon wissen,
und drehte den Kopf weg.

Aus: *Gedichte*. Frankfurt am Main 1962.

Hans Magnus Enzensberger

Über William Carlos Williams

Williams hat sich nie für »die Menschheit« interessiert: die Vokabel wäre in seinem Mund nicht vorstellbar. Er kümmert sich lieber um die Leute. Das Portrait spielt in seinem Werk eine große Rolle. Es steht ebenbürtig neben dem Ding-Gedicht. Die Technik des Aussparens verhilft ihm, bei größter Deutlichkeit, zu einer Tugend, die sich unversehens als moralische, nicht nur ästhetische Qualität erweist: einer Delikatesse, die es möglich macht, von allem, selbst dem Intimsten zu sprechen. Das Bildnis seiner Großmutter auf dem Sterbebett, großherzig und schonungslos zugleich, ist ein vorzügliches Beispiel dieser Portrait-Kunst.

Aus: *Gedichte*. Frankfurt am Main 1962

Hépérile Éclaté

Wir haben Meldungen, Lektüre und Humanismus satt. Es lebe der frische Wind des Unlesbaren, Unverständlichen, Offenen! Als ich *Hépérile* mit unbekannten Worten schrieb, schrie ich aus meinem Körper, ohne Bezug zum Vokabular – diese Wortpolizei... Dank Raymond Hains und Jacques de La Villeglé, den beiden Kolumbus-Naturen der »Ultra-Buchstaben«, liegt nun das erste glücklicherweise unlesbare Buch vor. Ein Amerikaner erfindet eine elektrische Maschine ohne Sinn und Zweck. Ich habe selbst unbrauchbare Objekte erfunden. In *Hépérile éclaté*, dem neuen Stadium der Poesie, taucht das unerklärbar Nicht-Menschliche durch seinen überholten Maschinismus wieder auf. Das erste Gedicht zum ent-lesen[1].

Camille Bryen

[1] Im Original: »poème à dé-lire«, Gedicht zum Entziffern und Wahngedicht (Anm. d. Ü.)

Das Eindringen des Riffelglases in die Poesie

Als Christoph Kolumbus an Land setzte, fragten sich die Eingeborenen: »Sind wir diesmal entdeckt?«
Von Camille Bryen geschätzte Anekdote

Wir haben die Ultra-Buchstaben nicht entdeckt. Vielmehr entdecken wir uns in ihnen. Die Schriftzüge warteten nicht auf unsere Erfindung, um sich zu verbreiten. Es gibt noch wilde Ultra-Buchstaben. Unser Verdienst – oder unsere List: Ultra-Buchstaben dort gesehen zu haben, wo wir es gewohnt waren, deformierte Buchstaben zu sehen. Nun benutzen wir die Riffelgläser, um die Schriftzüge ihrer ursprünglichen Bedeutung zu berauben. Durch ähnliches Verfahren ist es möglich, die Sprache in Ultra-Wörter zu zersprengen, die kein menschlicher Mund auszusprechen vermag. Das Riffelglas erscheint uns als eines der sichersten Mittel, sich von der poetischen Leichtigkeit zu entfernen.
Das Buch *Hépérile éclaté* ist ein Sündenbock.

Raymond Hains
Jacques de La Villeglé

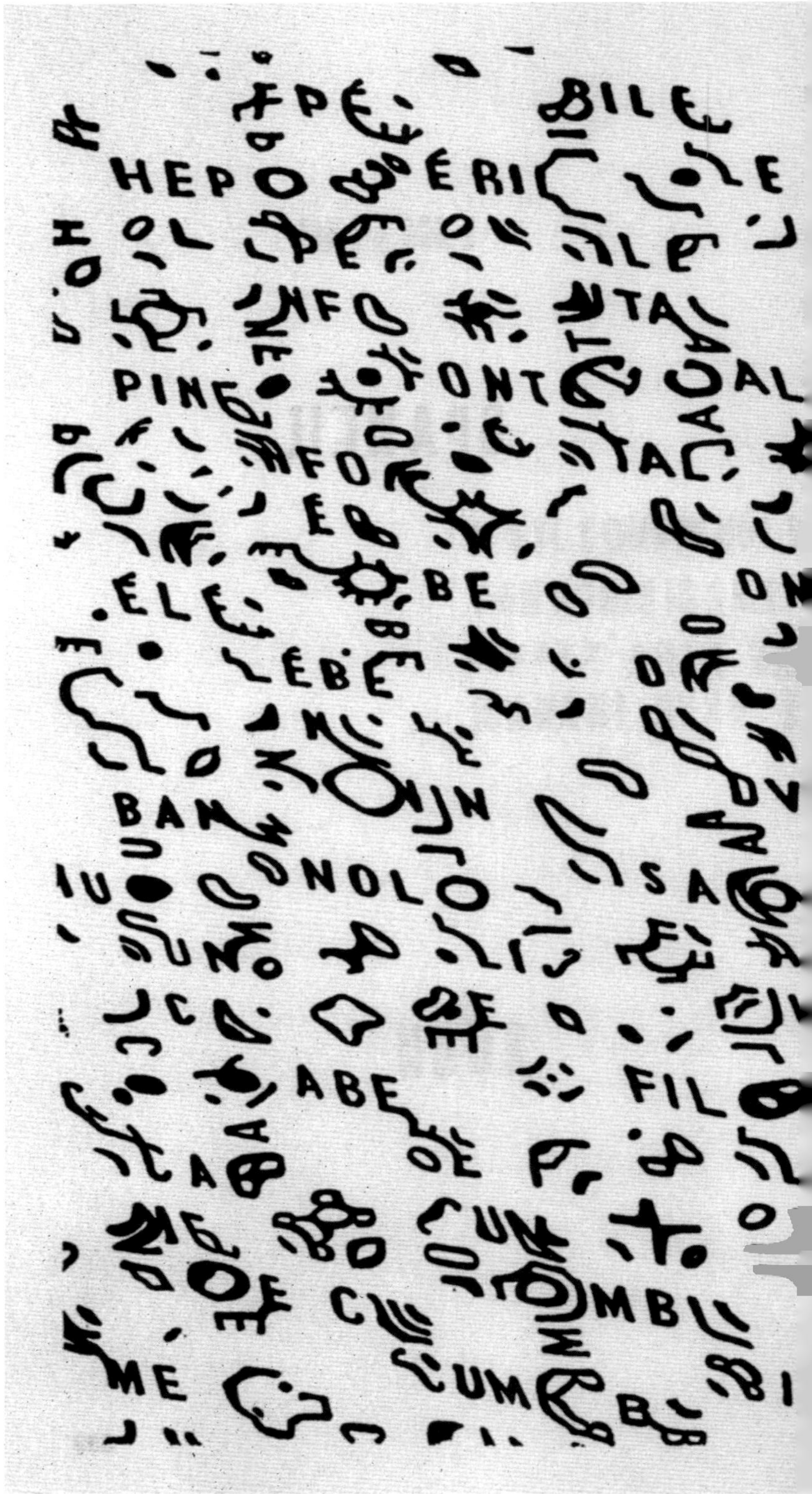

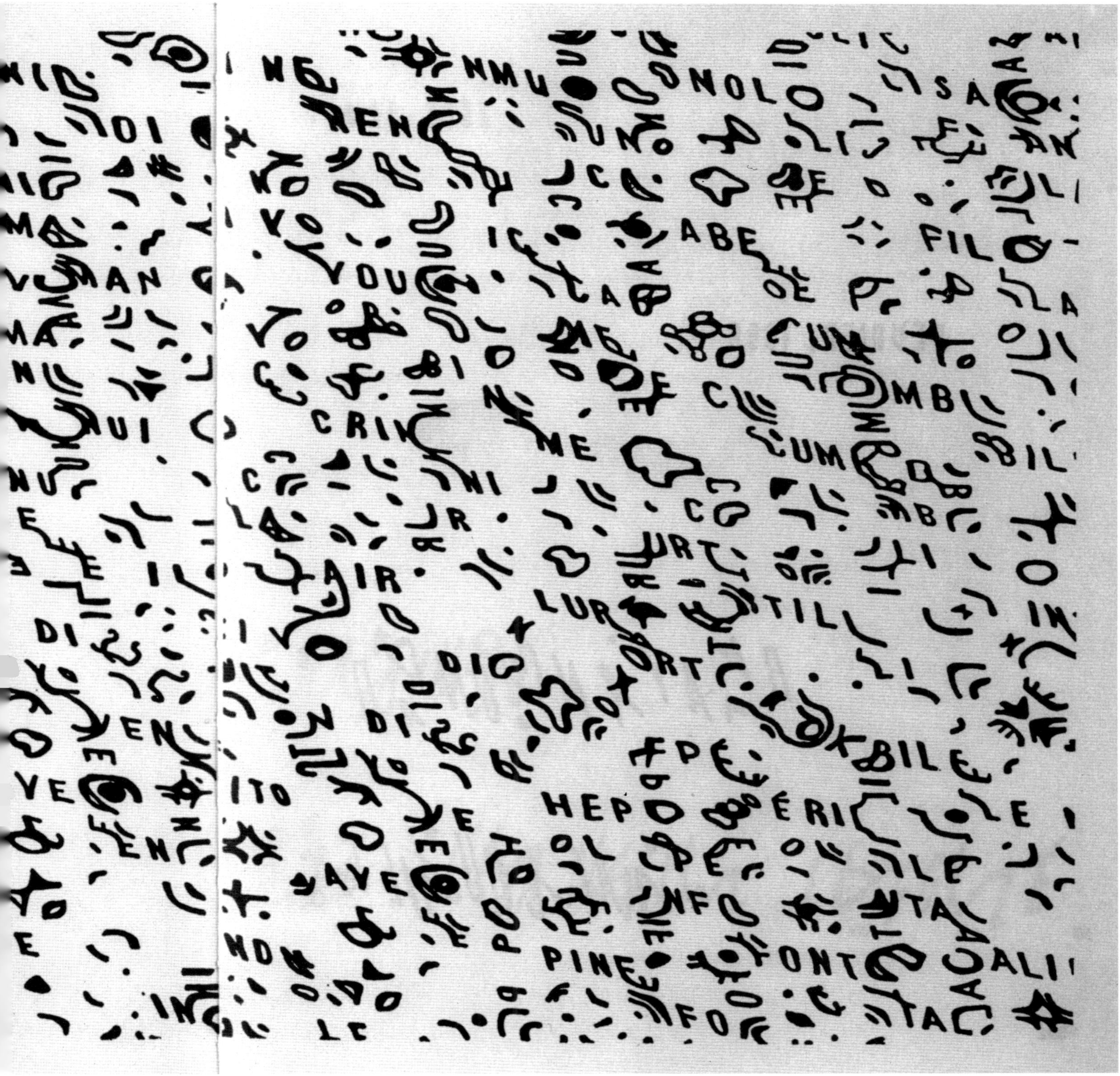

Raymond Hains, Hépérile éclaté, 1953

Michel Foucault – Andere Räume

Die große Obsession des 19. Jahrhunderts ist bekanntlich die Geschichte gewesen: die Entwicklung und der Stillstand, die Krise und der Kreislauf, die Akkumulation der Vergangenheit, die Überlast der Toten, die drohende Erkaltung der Welt. Im Zweiten Grundsatz der Thermodynamik hat das 19. Jahrhundert das Wesentliche seiner mythologischen Ressourcen gefunden. Hingegen wäre die aktuelle Epoche eher die Epoche des Raumes. Wir sind in der Epoche des Simultanen, wir sind in der Epoche der Juxtaposition, in der Epoche des Nahen und des Fernen, des Nebeneinander, des Auseinander. Wir sind, glaube ich, in einem Moment, wo sich die Welt weniger als ein großes sich durch die Zeit entwickelndes Leben erfährt, sondern eher als ein Netz, das seine Punkte verknüpft und sein Gewirr durchkreuzt. Vielleicht könnte man sagen, daß manche ideologischen Konflikte in den heutigen Polemiken sich zwischen den anhänglichen Nachfahren der Zeit und den hartnäckigen Bewohnern des Raumes abspielen. Der Strukturalismus, oder was man unter diesem ein bißchen allgemeinen Namen gruppiert, ist der Versuch, zwischen den Elementen, die in der Zeit verteilt worden sein mögen, ein Ensemble von Relationen zu etablieren, das sie als nebeneinandergestellte, einander entgegengesetzte, ineinander enthaltene erscheinen läßt: also als eine Art Konfiguration; dabei geht es überhaupt nicht darum, die Zeit zu leugnen; es handelt sich um eine bestimmte Weise, das zu behandeln, was man die Zeit und was man die Geschichte nennt.

Indessen muß bemerkt werden, daß der Raum, der heute am Horizont unserer Sorgen, unserer Theorie, unserer Systeme auftaucht, keine Neuigkeit ist. Der Raum selber hat in der abendländischen Erfahrung eine Geschichte, und es ist unmöglich, diese schicksalhafte Kreuzung der Zeit mit dem Raum zu verkennen. Um diese Geschichte des Raumes ganz grob nachzuzeichnen, könnte man sagen, daß er im Mittelalter ein hierarchisiertes Ensemble von Orten war: heilige Orte und profane Orte; geschützte Orte und offene, wehrlose Orte; städtische und ländliche Orte: für das wirkliche Leben der Menschen. Für die kosmologische Theorie gab es die überhimmlischen Orte, die dem himmlischen Ort entgegengesetzt waren; und der himmlische Ort setzte sich seinerseits dem irdischen Ort entgegen. Es gab die Orte, wo sich die Dinge befanden, weil sie anderswo gewaltsam entfernt worden waren, und die Or-

te, wo die Dinge ihre natürliche Lagerung und Ruhe fanden. Es war diese Hierarchie, diese Entgegensetzung, diese Durchkreuzung von Ortschaften, die konstituierten, was man grob den mittelalterlichen Raum nennen könnte: Ortungsraum.
Dieser Ortungsraum hat sich mit Galilei geöffnet; denn der wahre Skandal von Galileis Werk ist nicht so sehr die Entdeckung, die Wiederentdeckung, daß sich die Erde um die Sonne dreht, sondern die Konstituierung eines unendlichen und unendlich offenen Raumes; dergestalt, daß sich die Ortschaft des Mittelalters gewissermaßen aufgelöst fand: der Ort einer Sache war nur mehr ein Punkt in ihrer Bewegung, so wie die Ruhe einer Sache nur mehr ihre unendlich verlangsamte Bewegung war. Anders gesagt: seit Galilei, seit dem 17. Jahrhundert, setzt sich die Ausdehnung an die Stelle der Ortung.
Heutzutage setzt sich die Lagerung an die Stelle der Ausdehnung, die die Ortschaften ersetzt hatte. Die Lagerung oder Plazierung wird durch die Nachbarschaftsbeziehungen zwischen Punkten oder Elementen definiert; formal kann man sie als Reihen, Bäume, Gitter beschreiben. Andererseits kennt man die Bedeutsamkeit der Probleme der Lagerung in der zeitgenössischen Technik: Speicherung der Information oder der Rechnungsteilresultate im Gedächtnis einer Maschine, Zirkulation diskreter Elemente mit zufälligem Ausgang (wie etwa die Autos auf einer Straße oder auch die Töne auf einer Telefonleitung), Zuordnung von markierten oder codierten Elementen innerhalb einer Menge, die entweder zufällig verteilt oder univok oder plurivok klassiert ist und so weiter. Noch konkreter stellt sich das Problem der Plazierung oder der Lagerung für die Menschen auf dem Gebiet der Demographie. Beim Problem der Menschenunterbringung geht es nicht bloß um die Frage, ob es in der Welt genug Platz für den Menschen gibt – eine immerhin recht wichtige Frage, es geht auch darum zu wissen, welche Nachbarschaftsbeziehungen, welche Stapelungen, welche Umläufe, welche Markierungen und Klassierungen für die Menschenelemente in bestimmten Lagen und zu bestimmten Zwecken gewählt werden sollen. Wir sind in einer Epoche, in der sich uns der Raum in der Form von Lagerungsbeziehungen darbietet.
Ich glaube also, daß die heutige Unruhe grundlegend den Raum betrifft – jedenfalls

viel mehr als die Zeit. Die Zeit erscheint wohl nur als eine der möglichen Verteilungen zwischen den Elementen im Raum.

Trotz aller Techniken, die ihn besetzen, und dem ganzen Wissensnetz, das ihn bestimmen oder formalisieren läßt, ist der zeitgenössische Raum wohl noch nicht gänzlich entsakralisiert (im Unterschied zur Zeit, die im 19. Jahrhundert entsakralisiert worden ist). Gewiß hat es eine bestimmte theoretische Entsakralisierung des Raumes gegeben (zu der Galileis Werk das Signal gegeben hat), aber wir sind vielleicht noch nicht zu einer praktischen Entsakralisierung des Raumes gelangt. Vielleicht ist unser Leben noch von Entgegensetzungen geleitet, an die man nicht rühren kann, an die sich die Institutionen und die Praktiken noch nicht herangewagt haben. Entgegensetzungen, die wir als Gegebenheiten akzeptieren: zum Beispiel zwischen dem privaten Raum und dem öffentlichen Raum, zwischen dem Raum der Familie und dem gesellschaftlichen Raum, zwischen dem kulturellen Raum und dem nützlichen Raum, zwischen dem Raum der Freizeit und dem Raum der Arbeit. Alle diese Gegensätze leben noch von einer stummen Sakralisierung. Das – unermeßliche – Werk von Bachelard, die Beschreibungen der Phänomenologen haben uns gelehrt, daß wir nicht in einem homogenen und leeren Raum leben, sondern in einem Raum, der mit Qualitäten aufgeladen ist, der vielleicht auch von Phantasmen bevölkert ist. Der Raum unserer ersten Wahrnehmung, der Raum unserer Träume, der Raum unserer Leidenschaften – sie enthalten in sich gleichsam innere Qualitäten; es ist ein leichter, ätherischer, durchsichtiger Raum, oder es ist ein dunkler, steiniger, versperrter Raum; es ist ein Raum der Höhe, ein Raum der Gipfel, oder es ist im Gegenteil ein Raum der Niederung, ein Raum des Schlammes; es ist ein Raum, der fließt wie das Wasser; es ist ein Raum, der fest und gefroren ist wie der Stein oder der Kristall. Diese für die zeitgenössische Reflexion grundlegenden Analysen betreffen vor allem den Raum des Innen. Ich möchte nun vom Raum des Außen sprechen.

Der Raum, in dem wir leben, durch den wir aus uns herausgezogen werden, in dem sich die Erosion unseres Lebens, unserer Zeit und unserer Geschichte abspielt, dieser Raum, der uns zernagt und auswäscht, ist selber auch ein heterogener Raum. Anders gesagt: wir leben nicht in einer Leere, innerhalb derer man Individuen und Dinge einfach situieren kann. Wir leben nicht innerhalb einer Leere, die nachträglich mit bunten Farben eingefärbt wird. Wir leben innerhalb einer Gemengelage von Beziehungen, die Plazierungen definieren, die nicht aufeinander zurückzuführen und nicht miteinander zu vereinen sind. Gewiß könnte man die Beschreibung dieser verschiedenen Plazierungen versuchen, indem man das sie definierende Relationenensemble aufsucht. So könnte man das Ensemble der Beziehungen beschreiben, die die Verkehrsplätze definieren: die Straßen, die Züge (ein Zug ist ein außerordentliches Beziehungsbündel, denn er ist etwas, was man durchquert, etwas, womit man von einem Punkt zum anderen gelangen kann, und etwas, was selber passiert). Man könnte mit dem Bündel der sie definierenden Relationen die provisorischen Halteplätze definieren – die Cafés, die Kinos, die Strände. Man könnte ebenfalls mit seinem Beziehungsnetz den geschlossenen oder halbgeschlossenen Ruheplatz definieren, den das Haus, das Zimmer, das Bett bilden... Aber was mich interessiert, das sind unter allen diesen Plazierungen diejenigen, die die sonderbare Eigenschaft haben, sich auf alle anderen Plazierungen zu beziehen, aber so, daß sie die von diesen bezeichneten oder reflektierten Verhältnisse suspendieren, neutralisieren oder umkehren. Diese Räume, die mit allen anderen in Verbindung stehen und dennoch allen anderen Plazierungen widersprechen, gehören zwei großen Typen an.

Es gibt zum einen die Utopien. Die Utopien sind die Plazierungen ohne wirklichen Ort: die Plazierungen, die mit dem wirklichen Raum der Gesellschaft ein Verhältnis unmittelbarer oder umgekehrter Analogie unterhalten. Perfektionierung der Gesellschaft oder Kehrseite der Gesellschaft: jedenfalls sind die Utopien wesentlich unwirkliche Räume.

Es gibt gleichfalls – und das wohl in jeder Kultur, in jeder Zivilisation wirkliche Orte, wirksame Orte, die in die Einrichtung der Gesellschaft hineingezeichnet sind, sozusagen Gegenplazierungen oder Widerlager, tatsächlich realisierte Utopien, in denen die wirklichen Plätze innerhalb der Kultur gleichzeitig repräsentiert, bestritten und gewendet sind, gewissermaßen Orte außerhalb aller Orte, wiewohl sie tatsächlich geortet werden können. Weil diese Orte ganz andere sind als alle Plätze, die sie reflektieren oder von denen sie sprechen, nenne ich sie im Gegensatz zu den Utopien die

Heterotopien. Und ich glaube, daß es zwischen den Utopien und diesen anderen Plätzen, den Heterotopien, eine Art Misch- oder Mittelerfahrung gibt: den Spiegel. Der Spiegel ist nämlich eine Utopie, sofern er ein Ort ohne Ort ist. Im Spiegel sehe ich mich da, wo ich nicht bin: in einem unwirklichen Raum, der sich virtuell hinter der Oberfläche auftut; ich bin dort, wo ich nicht bin, eine Art Schatten, der mir meine eigene Sichtbarkeit gibt, der mich mich erblicken läßt, wo ich abwesend bin: Utopie des Spiegels. Aber der Spiegel ist auch eine Heterotopie insofern er wirklich existiert und insofern er mich auf den Platz zurückschickt, den ich wirklich einnehme; vom Spiegel aus entdecke ich mich als abwesend auf dem Platz, wo ich bin, da ich mich dort sehe; von diesem Blick aus, der sich auf mich richtet, und aus der Tiefe dieses virtuellen Raumes hinter dem Glas kehre ich zu mir zurück und beginne meine Augen wieder auf mich zu richten und mich da wieder einzufinden, wo ich bin. Der Spiegel funktioniert als eine Heterotopie in dem Sinn, daß er den Platz, den ich einnehme, während ich mich im Glas erblicke, ganz wirklich macht und mit dem ganzen Umraum verbindet, und daß er ihn zugleich ganz unwirklich macht, da er nur über den virtuellen Punkt dort wahrzunehmen ist.

Was nun die eigentlichen Heterotopien anlangt: wie kann man sie beschreiben, welchen Sinn haben sie? Man könnte eine Wissenschaft annehmen – nein, lassen wir das heruntergekommene Wort, sagen wir: eine systematische Beschreibung, deren Aufgabe in einer bestimmten Gesellschaft das Studium, die Analyse, die Beschreibung, die »Lektüren« (wie man jetzt gern sagt) dieser verschiedenen Räume, dieser anderen Orte wäre: gewissermaßen eine zugleich mythische und reale Bestreitung des Raumes, in dem wir leben; diese Beschreibung könnte Heterotopologie heißen.

Erster Grundsatz. Es gibt wahrscheinlich keine einzige Kultur auf der Welt, die nicht Heterotopien etabliert. Es handelt sich da um eine Konstante jeder menschlichen Gruppe. Aber offensichtlich nehmen die Heterotopien sehr unterschiedliche Formen an, und vielleicht ist nicht eine einzige Heterotopieform zu finden, die absolut universal ist. Immerhin kann man sie in zwei große Typen einteilen.

In den sogenannten Urgesellschaften gibt es eine Form von Heterotopien, die ich die Krisenheterotopien nennen würde; das heißt es gibt privilegierte oder geheiligte oder verbotene Orte, die Individuen vorbehalten sind, welche sich im Verhältnis zur Gesellschaft und inmitten ihrer menschlichen Umwelt in einem Krisenzustand befinden: die Heranwachsenden, die menstruierenden Frauen, die Frauen im Wochenbett, die Alten und so weiter. In unserer Gesellschaft hören diese Krisenheterotopien nicht auf zu verschwinden, obgleich man noch Reste davon findet. So haben das Kolleg des 19. Jahrhunderts oder der Militärdienst für die Knaben eine solche Rolle gespielt – die ersten Äußerungen der männlichen Sexualität sollten »anderswo« stattfinden als in der Familie. Für die Mädchen gab es bis in die Mitte des 20. Jahrhunderts eine Tradition, die sich »Hochzeitsreise« nannte; ein althergebrachtes Phänomen. Die Defloration des Mädchens mußte »nirgendwo« stattfinden – da war der Zug, das Hotel der Hochzeitsreise gerade der Ort des Nirgendwo: Heterotopie ohne geographische Fixierung.

Aber diese Krisenheterotopien verschwinden heute und sie werden, glaube ich, durch Abweichungsheterotopien abgelöst. In sie steckt man die Individuen, deren Verhalten abweichend ist im Verhältnis zur Norm. Das sind die Erholungsheime, die psychiatrischen Kliniken; das sind wohlgemerkt auch die Gefängnisse, und man müßte auch die Altersheime dazu zählen, die an der Grenze zwischen der Krisenheterotopie und der Abweichungsheterotopie liegen; denn das Alter ist eine Krise, aber auch eine Abweichung, da in unserer Gesellschaft, wo die Freiheit die Regel ist, der Müßiggang eine Art Abweichung ist.

Der zweite Grundsatz dieser Beschreibung der Heterotopien ist, daß eine Gesellschaft im Laufe ihrer Geschichte eine immer noch existierende Heterotopie anders funktionieren lassen kann; tatsächlich hat jede Heterotopie ein ganz bestimmtes Funktionieren innerhalb der Gesellschaft, und dieselbe Heterotopie kann je nach der Synchronie der Kultur, in der sie sich befindet, so oder so funktionieren. Als Beispiel nehme ich die sonderbare Heterotopie des Friedhofs. Der Friedhof ist sicherlich ein anderer Ort im Verhältnis zu den gewöhnlichen kulturellen Orten; gleichwohl ist er ein Raum, der mit der Gesamtheit der Stätten der Stadt oder der Gesellschaft oder des Dorfes verbunden ist, da jedes Individuum, jede Familie auf dem Friedhof Verwandte hat. In der abendländischen Kultur hat der Friedhof praktisch immer existiert. Aber er hat wichtige Mutationen erfahren. Bis zum Ende des 18. Jahrhunderts war der Friedhof im Herzen der Stadt, neben der Kirche, angesiedelt. Da gab es eine ganze Hierarchie von möglichen Gräbern. Da war der Karner, in dem die Leichen jede Individualität verloren; es gab einige individuelle Gräber; und dann gab es innerhalb der Kirche die Grüfte, die wieder von zweierlei Art waren: entweder einfach Steinplatten mit Inschrift oder Mausoleen mit Statuen und so weiter. Dieser Friedhof, der im geheiligten Raum der Kirche untergebracht war, hat in den modernen Zivilisationen eine ganz andere Richtung eingeschlagen; ausgerechnet in der Epoche, in der die Zivilisation, wie man gemeinhin sagt, »atheistisch« geworden ist, hat die abendländische Kultur den Kult der Toten installiert. Im Grunde war es natürlich, daß man in der Zeit, da man tatsächlich an die Auferstehung der Leiber und an die Unsterblichkeit der Seele glaubte, den sterblichen Überresten keine besondere Bedeutung zumaß. Sobald man jedoch nicht mehr ganz sicher ist, daß man eine Seele hat, daß der Leib auferstehen wird, muß man vielleicht dem sterblichen Rest viel mehr Aufmerksamkeit schenken, der schließlich die einzige Spur unserer Existenz inmitten der Welt und der Worte ist. Jedenfalls hat seit dem 19. Jahrhundert jedermann ein Recht auf seinen kleinen Kasten für seine kleine persönliche Verwesung; andererseits hat man erst seit dem 19. Jahrhundert begonnen, die Friedhöfe an den äußeren Rand der Städte zu legen. Zusammen mit der Individualisierung des Todes und mit der bürgerlichen Aneignung des Friedhofs ist die Angst vor dem Tod als »Krankheit« entstanden. Es sind die Toten, so unterstellt man, die den Lebenden die Krankheiten bringen, und es ist die Gegenwart, die Nähe der Toten gleich neben den Häusern, gleich neben der Kirche, fast mitten auf der Straße, es ist diese Nähe, die den Tod selber verbreitet. Das große Thema der durch die Ansteckung der Friedhöfe verbreiteten Krankheit hat das Ende des 18 .Jahrhunderts geprägt; und erst im Laufe des 19. Jahrhunderts hat man begonnen, die Verlegung der Friedhöfe in die Vorstädte vorzunehmen. Seither bilden die Friedhöfe nicht mehr den heiligen und unsterblichen Bauch der Stadt, sondern die »andere Stadt«, wo jede Familie ihre schwarze Bleibe besitzt.

Dritter Grundsatz. Die Heterotopie vermag an einen einzigen Ort mehrere Räume, mehrere Plazierungen zusammenzulegen, die an sich unvereinbar sind. So läßt das

Theater auf dem Viereck der Bühne eine ganze Reihe von einander fremden Orten aufeinander folgen; so ist das Kino ein merkwürdiger viereckiger Saal, in dessen Hintergrund man einen zweidimensionalen Schirm einen dreidimensionalen Raum sich projizieren sieht. Aber vielleicht ist die älteste dieser Heterotopien mit widersprüchlichen Plazierungen der Garten. Man muß nicht vergessen, daß der Garten, diese erstaunliche Schöpfung von Jahrtausenden, im Orient sehr tiefe und gleichsam übereinander gelagerte Bedeutungen hatte. Der traditionelle Garten der Perser war ein geheiligter Raum, der in seinem Rechteck vier Teile enthalten mußte, die die vier Teile der Welt repräsentierten, und außerdem einen noch heiligeren Raum in der Mitte, der gleichsam der Nabel der Welt war (dort befanden sich das Becken und der Wasserstrahl); und die ganze Vegetation des Gartens mußte sich in diesem Mikrokosmos verteilen. Und die Teppiche waren ursprünglich Reproduktionen von Gärten: der Garten ist ein Teppich, auf dem die ganze Welt ihre symbolische Vollkommenheit erreicht, und der Teppich ist so etwas wie ein im Raum mobiler Garten. Der Garten ist die kleinste Parzelle der Welt und darauf ist er die Totalität der Welt. Der Garten ist seit dem ältesten Altertum eine selige und universalisierende Heterotopie (daher unsere zoologischen Gärten).

Vierter Grundsatz. Die Heterotopien sind häufig an Zeitschnitte gebunden, d.h. an etwas, was man symmetrischerweise Heterochronien nennen könnte. Die Heterotopie erreicht ihr volles Funktionieren, wenn die Menschen mit ihrer herkömmlichen Zeit brechen. Man sieht daran, daß der Friedhof ein eminent heterotopischer Ort ist; denn er beginnt mit der sonderbaren Heterochronie, die für das Individuum der Verlust des Lebens ist und die Quasi-Ewigkeit, in der es nicht aufhört, sich zu zersetzen und zu verwischen.

Überhaupt organisieren und arrangieren sich Heterotopie und Heterochronie in einer Gesellschaft wie der unsrigen auf ziemlich komplexe Weise. Es gibt einmal die Heterotopien der sich endlos akkumulierenden Zeit, zum Beispiel die Museen, die Bibliotheken. Museen und Bibliotheken sind Heterotopien, in denen die Zeit nicht aufhört, sich auf den Gipfel ihrer selber zu stapeln und zu drängen, während im 17. und noch bis zum Ende des 18. Jahrhunderts die Museen und die Bibliotheken Ausdruck einer individuellen Wahl waren. Doch die Idee, alles zu akkumulieren, die Idee, eine Art Generalarchiv zusammenzutragen, der Wille, an einem Ort alle Zeiten, alle Epochen, alle Formen, alle Geschmäcker einzuschließen, die Idee, einen Ort aller Zeiten zu installieren, der selber außer der Zeit und sicher vor ihrem Zahn sein soll, das Projekt, solchermaßen eine fortwährende und unbegrenzte Anhäufung der Zeit an einem unerschütterlichen Ort zu organisieren – all das gehört unserer Modernität an. Das Museum und die Bibliothek sind Heterotopien, die der abendländischen Kultur des 19. Jahrhunderts eigen sind.

Gegenüber diesen Heterotopien, die an die Speicherung der Zeit gebunden sind, gibt es Heterotopien, die im Gegenteil an das Flüchtigste, an das Vorübergehendste, an das Prekärste der Zeit geknüpft sind: in der Weise des Festes. Das sind nicht mehr ewigkeitliche, sondern absolut chronische Heterotopien. So die Festwiesen, diese wundersamen leeren Plätze am Rand der Städte, die sich ein- oder zweimal jährlich mit Baracken, Schaustellungen, heterogensten Objekten, Kämpfern, Schlangenfrauen, Wahrsagerinnen bevölkern. Jüngst noch hat man eine neue chronische Heterotopie erfunden, es sind die Feriendörfer: diese polynesischen Dörfer, die den Bewohnern der Städte drei kurze Wochen einer ursprünglichen und ewigen Nacktheit bieten. Sofern sich da zwei Heterotopien treffen, die des Festes und die der Ewigkeit der sich akkumulierenden Zeit, sind die Strohhütten von Djerba auch Verwandte der Bibliotheken und der Museen; denn indem man ins polynesische Leben eintaucht, hebt man die Zeit auf; aber ebenso findet die Zeit sich wieder, und die ganze Geschichte der Menschheit steigt zu ihrer Quelle zurück wie in einem großen unmittelbaren Wissen.

Fünfter Grundsatz. Die Heterotopien setzen immer ein System von Öffnungen und Schließungen voraus, das sie gleichzeitig isoliert und durchdringlich macht. Im allgemeinen ist ein heterotopischer Platz nicht ohne weiteres zugänglich. Entweder wird man zum Eintritt gezwungen, das ist der Fall der Kaserne, der Fall des Gefängnisses, oder man muß sich Riten und Reinigungen unterziehen. Man kann nur mit einer gewissen Erlaubnis und mit der Vollziehung gewisser Gesten eintreten. Übrigens gibt es sogar Heterotopien, die gänzlich den Reinigungsaktivitäten gewidmet sind ob – es

sich nun um die halb religiöse, halb hygienische Reinigung in den islamischen Hammam handelt oder um die anscheinend rein hygienische Reinigung wie in den skandinavischen Saunas. Es gibt aber auch Heterotopien, die ganz nach Öffnungen aussehen, jedoch zumeist sonderbare Ausschließungen bergen. Jeder kann diese heterotopischen Plätze betreten, aber in Wahrheit ist es nur eine Illusion: man glaubt einzutreten und ist damit ausgeschlossen. Ich denke etwa an die berühmten Kammern in den großen Pachthöfen Brasiliens oder überhaupt Südamerikas. Die Eingangstür führte gerade nicht in die Wohnung der Familie. Jeder Passant, jeder Reisende durfte diese Tür öffnen, in die Kammer eintreten und darin eine Nacht schlafen. Diese Kammern waren so, daß der Ankömmling niemals mit der Familie zusammenkam. So ein Gast war kein Eingeladener, sondern nur ein Vorbeigänger. Dieser Heterotopietyp, der in unseren Zivilisationen praktisch verschwunden ist, ließe sich vielleicht in den Zimmern der amerikanischen Motels wiederfinden, wo man mit seinem Wagen und mit seiner Freundin einfährt und wo die illegale Sexualität zugleich geschützt und versteckt ist: ausgelagert, ohne ins Freie gesetzt zu sein.
Der letzte Zug der Heterotopien besteht schließlich darin, daß sie gegenüber dem verbleibenden Raum eine Funktion haben. Diese entfaltet sich zwischen zwei extremen Polen. Entweder haben sie einen Illusionsraum zu schaffen, der den gesamten Realraum, alle Plazierungen, in die das menschliche Leben gesperrt ist, als noch illusorischer denunziert. Vielleicht ist es diese Rolle, die lange Zeit die berühmten Bordelle gespielt haben, deren man sich nun beraubt findet. Oder man schafft einen anderen Raum, einen anderen wirklichen Raum, der so vollkommen, so sorgfältig, so wohlgeordnet ist wie der unsrige ungeordnet, mißraten und wirr ist. Das wäre also nicht die Illusionsheterotopie, sondern die Kompensationsheterotopie, und ich frage mich, ob nicht Kolonien ein bißchen so funktioniert haben. In einigen Fällen haben sie für die Gesamtorganisation des Erdenraums die Rolle der Heterotopie gespielt. Ich denke etwa an die erste Kolonisationswelle im 17. Jahrhundert, an die puritanischen Gesellschaften, die die Engländer in Amerika gründeten und die absolut vollkommene andere Orte waren. Ich denke auch an die außerordentlichen Jesuitenkolonien, die in Südamerika gegründet worden sind: vortreffliche, absolut geregelte Kolonien, in

denen die menschliche Vollkommenheit tatsächlich erreicht war. Die Jesuiten haben in Paraguay Kolonien errichtet, in denen die Existenz in jedem ihrer Punkte geregelt war. Das Dorf war in einer strengen Ordnung um einen rechteckigen Platz angelegt, an dessen Ende die Kirche stand; an einer Seite das Kolleg, an der andern der Friedhof, und gegenüber der Kirche öffnete sich eine Straße, die eine andere im rechten Winkel kreuzte. Die Familien hatten jeweils ihre kleine Hütte an diesen beiden Achsen, und so fand sich das Zeichen Christi genau reproduziert. Die Christenheit markierte so mit ihrem Grundzeichen den Raum und die Geographie der amerikanischen Welt. Das tägliche Leben der Individuen wurde nicht mit der Pfeife, sondern mit der Glocke geregelt. Das Erwachen war für alle auf dieselbe Stunde festgesetzt; die Arbeit begann für alle zur selben Stunde; die Mahlzeiten waren um zwölf und fünf Uhr; dann legte man sich nieder, und zur Mitternacht gab es das, was man das Ehewachen nannte, das heißt wenn die Glocke des Klosters ertönte, erfüllte jeder seine Pflicht.

Bordelle und Kolonien sind zwei extreme Typen der Heterotopie, und wenn man daran denkt, daß das Schiff ein schaukelndes Stück Raum ist, ein Ort ohne Ort, der aus sich selber lebt, der in sich geschlossen ist und gleichzeitig dem Unendlichen des Meeres ausgeliefert ist und der, von Hafen zu Hafen, von Ladung zu Ladung, von Bordell zu Bordell, bis zu den Kolonien suchen fährt, was sie an Kostbarstem in ihren Gärten bergen, dann versteht man, warum das Schiff für unsere Zivilisation vom 16. Jahrhundert bis in unsere Tage nicht nur das größte Instrument der wirtschaftlichen Entwicklung gewesen ist (nicht davon spreche ich heute), sondern auch das größte Imaginationsarsenal. Das Schiff, das ist die Heterotopie schlechthin. In den Zivilisationen ohne Schiff versiegen die Träume, die Spionage ersetzt das Abenteuer und die Polizei die Freibeuter.

Aus: *AISTHESIS. Wahrnehmungen heute oder Perspektiven einer anderen Ästhetik.* Leipzig 1991.
(Deutsche Erstveröffentlichung: *Idee, Prozeß, Ergebnis.* Berlin 1984.)

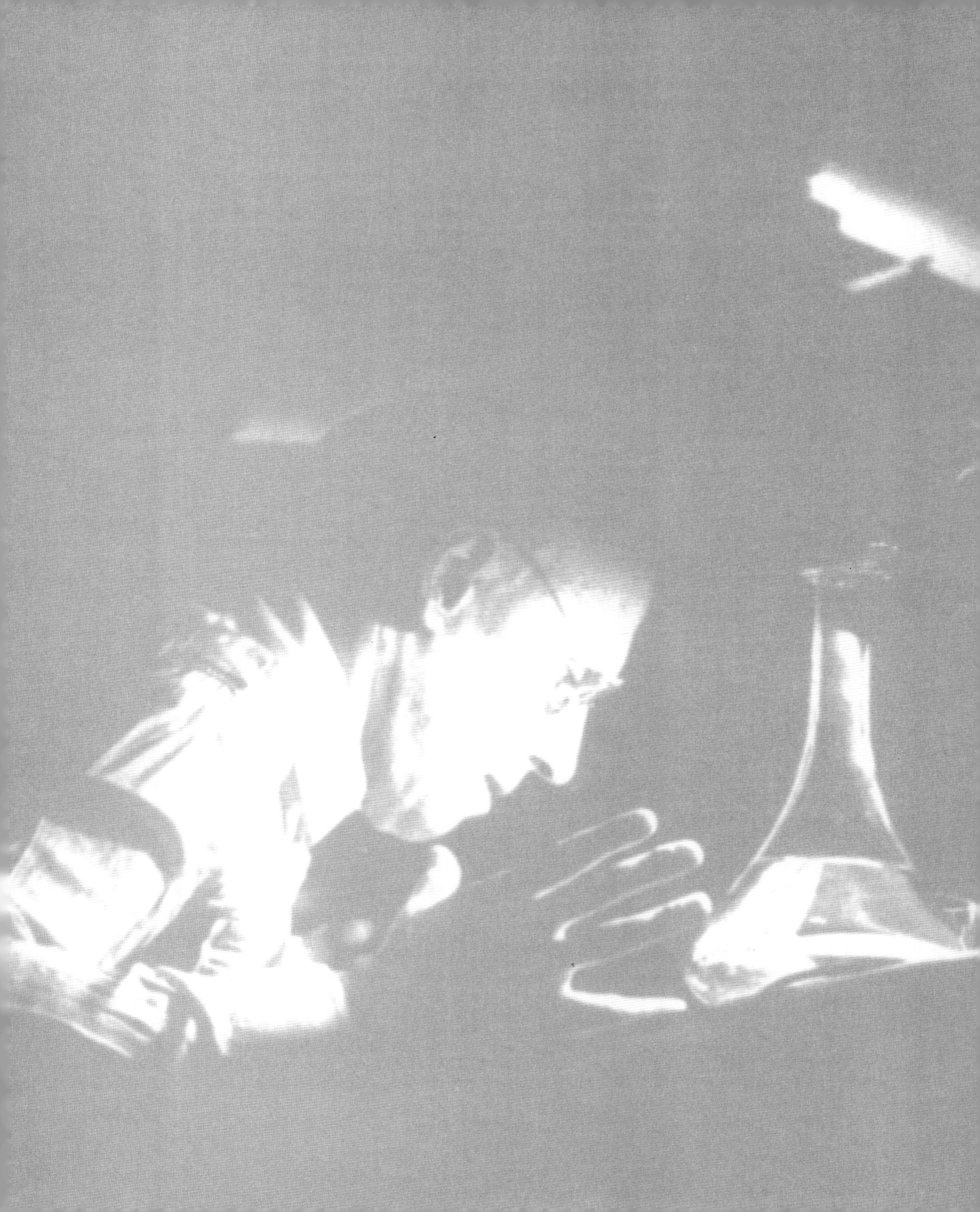

Daniel Defert

Foucault, der Raum und die Architekten

Interpretationsrahmen geführt, innerhalb deren der Text jeweils anders wahrgenommen und neu gewertet worden ist? Und kann man den Text in diesen jeweils neuen Kontexten überhaupt unabhängig von den Veränderungen betrachten, die der soziale, mit anderen Worten politische und theoretische Status seines Autors in der Zwischenzeit erfahren hat? Ganz abgesehen davon, daß zumal die Architekten heute über den neuen konzeptuellen Rahmen des Postmodernismus verfügen, innerhalb dessen ein Teil dieser Entwicklungen zu einer neuen Kohärenz gefunden hat.

Die vorliegende Untersuchung unternimmt den Versuch, auf all diese Fragen eine Antwort zu finden.

Am 14. März 1967 hielt Michel Foucault vor den Mitgliedern des Cercle d'études architecturales einen Vortrag, in dem er eine neue Methode der Raumanalyse vorstellte, die er »Heterotopologie« taufte. Mit Ausnahme einiger Auszüge, die 1968 auf französisch in der italienischen Zeitschrift *L'Architettura*[1] abgedruckt wurden, zirkulierte der Text lange Zeit ausschließlich unter den Mitgliedern des Cercle in Form eines Typoskripts, bis zu seiner Veröffentlichung im Herbst 1984 anläßlich der Ausstellung *Idee, Prozeß, Ergebnis* im Berliner Martin-Gropius-Bau.

Diese Ausstellung stellte das Hauptstück eines Ensembles von 17 Ausstellungen dar, die wie die schwarzen Punkte eines Leopardenfells über das ganze Berliner Stadtgebiet verstreut waren und in denen die Internationale Bauausstellung (IBA) der weltweiten Öffentlichkeit eine Bilanz ihrer Aktivitäten zur Förderung des Wiederaufbaus und der Stadterneuerung von Berlin vorlegte. Als Panorama zeitgenössischer Herangehensweisen von Architekten und Stadtplanern nahm die Ausstellung in gewisser Weise die Wiedervereinigung der neuen-alten deutschen Hauptstadt vorweg. *Andere Räume*[2], Foucaults Text aus dem Jahre 1967, stand in einem seltsamen Gegensatz zu ihrem Anliegen. Indem der Philosoph noch kurz vor seinem Tod am 25. Juni 1984 die Veröffentlichung des Textes autorisierte, hat er ihm sozusagen in letzter Minute eine legitime Existenz gesichert.

Seitdem ist der Text vielfach übersetzt und interpretiert worden. »Wie allerdings läßt es sich erklären, daß er 20 Jahre lang nicht zur Kenntnis genommen worden ist? Wie kommt es, daß niemand die in ihm angelegte neue Bedeutung von Raum und Räumlichkeit erkannt hat?« fragt sich denn auch Edward Soja, der eifrige kalifornische Verfechter der »heterotopology«[3]. Kann man andererseits die zwischen 1967 und 1984 verstrichene Zeit und die Geschichte dieses langen Schweigens auf eine Foucault selbst parodierende Weise als Geschichte einer Nicht-Rezeption lesen? Die Frage stellt sich doch, ob die Begriffe Rezeption bzw. Nicht-Rezeption überhaupt einen ausreichend fein strukturierten Interpretationsrahmen abgeben, innerhalb dessen sowohl die in der Zwischenzeit stattgefundene Entwicklung der ästhetischen, epistemologischen und politischen Diskurse der Architekten und Stadtplaner als auch die Entwicklung der Problematik des Raumbegriffs im Foucaultschen Denken und Schreiben auf adäquate Weise analysiert werden können. Haben diese Entwicklungen nicht im Gegenteil zur Herausbildung zahlreicher neuer

Sprache, Blick und Raum

»Kannst Du Dich noch an das Telegramm erinnern, über das wir so sehr gelacht haben und in dem ein Architekt eine neue Stadtplanungskonzeption zu erblicken glaubte? Dabei stand das gar nicht in dem Buch, sondern stammte aus einem Radiovortrag über Utopie. Jetzt erwarten sie von mir, daß ich ihnen den am 13. oder 14. März noch einmal halte.«

Dieser Brief, den Foucault am 2. März 1967 aus Sidi Bou Saïd geschrieben hat, ist das älteste Zeugnis der Begegnung Foucaults mit der Berufsgruppe der Architekten. Angefangen hatte alles in der Tat am 7. Dezember 1966 im Rahmen einer Radiosendereihe, die sich mit Fragen der Utopie in der »französischen Kultur« beschäftigte und in der Foucault sich zum Thema »Literatur und Utopie«[4] äußern sollte. Ausgehend von einer Reminiszenz in der Art Gaston Bachelards, die jene Orte und Räume der Kindheit zum Gegenstand hatte, an denen sich die Kinderphantasie mit Vorliebe entzündet (wie zum Beispiel der Speicher, die hinterste Ecke des Gartens, ein Indianerzelt oder das Bett der Eltern), hatte Foucault von einer Wissenschaft geschwärmt, die »diese anderen Räume, die die üblichen Räume des alltäglichen Lebens radikal in Frage stellen«, zu ihrem Gegenstand machen würde, »nicht als eine Wissenschaft der Utopien, sondern der Heterotopien, als eine Wissenschaft der absolut anderen Räume. Wir stehen an der Schwelle zu dieser Wissenschaft, die man auch Heterotopologie nennen könnte, ja es gibt sie bereits«, hatte er seinen Vortrag beschlossen, in dem bereits die Grundlagen dieser neuen Wissenschaft gelegt wurden.

Foucaults immer häufigere Teilnahme an Radiosendungen (in deren Verlauf er sich als begnadeter Geschichtenerzähler herausstellte) war eine Antwort auf die Erwartungshaltung von Hörern, deren Neugier im Frühjahr 1966 mit der Veröffentlichung von *Les Mots et les choses* (Die Ordnung der Dinge) geweckt worden war. Auf den ersten Seiten seines Buches hatte Foucault eine von Jorge Luis Borges erfundene unglaubliche chinesische Enzyklopädie beschrieben, in der die Tiere als einer von 14 Klassen zugehörig dargestellt waren: a) Tiere, die dem Kaiser gehören; b) ausgestopfte Tiere; c) gezähmte Tiere (...); k) mit einem extrem feinen Kamelhaarpinsel gemalte Tiere; l) etc.; m) Tiere, die soeben den Krug zerbrochen haben (...). Foucault hatte diese »Unordnung, die Fragmente einer großen Zahl möglicher Ordnungen aufscheinen läßt«, auf den Namen »Heterotopie« getauft. Der Begriff war als gegen den Begriff der Utopie gerichtet zu lesen, insofern als dieser etymologisch einen Nicht-Ort bezeichnet und nicht etwa einen Guten Ort (eu-topie), wie allgemein angenommen wird. Wenn nun aber Utopien auch von einem Ort erzählen, den es nicht gibt, so tun sie dies doch in einem imaginären Raum, »womit sie nolens volens am Diskurs teilhaben«, insofern nämlich als jedes Sprechen an einer Schnittstelle mit dem Raum stattfindet. Dagegen läßt die Borgessche Liste die Worte in ihrer Bewegung innehalten, denn »die Heterotopie macht nicht nur die grammatikalische Syntax der Sätze zunichte, sondern gleichzeitig auch diejenige, die auf unauffälligere Weise Wörter und Dinge zusammenhält«.[5]

Die Unmöglichkeit, in der sich unser Denken befindet, wenn es gilt, eine solche radikale Verschiedenartigkeit wie die der Borgesschen Klassifikation auch nur gedanklich zu erfassen, zeugt von einer Beschränkung dieses Denkens, wie sie sich ebenfalls zeigt, wenn wir mit Klassifikationen uns gänzlich fremder Kulturen konfrontiert sind. Wenn also zum Beispiel Victor Turner beschreibt, wie die namibischen Ndembu in der gleichen Gruppe Jäger, Witwen, Kranke und Krieger zusammenfassen, dann beruht die Gemeinsamkeit angesichts der Klassifikation weder auf der Zugehörigkeit zu ein und demselben Territorium, noch auf derjenigen zu einem Zweig eines baumartig verästelten Klassifikationssystems, wie unsere Naturbeschreibung eines darstellt, noch auf derjenigen zu einer der willkürlich festgelegten Gruppen im Rahmen der alphabetischen Ordnung, die es uns im Wörterbuch erlaubt, die verschiedenartigsten Dinge zu ordnen, sondern vielmehr auf einem System von Analogien bzw. auf der Vergleichbarkeit der Elemente in Bezug auf symbolische Eigenschaften, zu deren Erfassung wir ein Blatt Papier benötigen, auf dem wir versuchen, das komplexe System der Verbindungslinien nachzuvollziehen, den Foucault »Raum der Ähnlichkeiten« nennt. Denn denken ist nicht anders möglich als in Bezug auf einen »ordnungsstiftenden Raum«, innerhalb eines »Vermittlungsbereichs«, den Foucault als »archäologischen« bezeichnet, unterhalb der Schwelle unserer eigenen Wahrnehmungen, unserer Diskurse, unserer Wissensordnungen, in denen Sichtbares und Sagbares zusammenkommen: im Sprechen, im Blick und im Raum. Utopie und Heterotopie sind zwei Diskursmodalitäten, die unseren Erfahrungen und dem Sprechen, in dem wir diese artikulieren, widersprechen und widerstehen: die Utopie an einem Nicht-Ort des Raums, die Heterotopie an einem Nicht-Ort der Sprache.

Im Verlaufe der erwähnten Radiosendung gebrauchte Foucault den Begriff der Heterotopie in einer ganz anderen Art. Zuallererst fällt auf, daß der Begriff nicht mehr unter die Rubrik Diskursanalyse fällt, sondern daß er dazu dient, Räume zu analysieren. So verschiedene Orte wie der Spiegel, der Friedhof, das Bordell oder das »polynesische« Feriendorf in Djerba werden zusammengefaßt in einer spezifischen Kategorie von Zeit-Räumen, und das, egal ob es sich um eine provisorische Zeit wie die einmalige Zeit der Defloration während der Hochzeitsreise handelt, oder ob es sich im Gegenteil um eine Ansammlung von – unzeitgebundenem – Dauern handelt, wie man sie in Bibliotheken oder Museen antrifft.

Diese Ort-Zeit-Einheiten oder Zeit-Räume haben als gemeinsames Merkmal, daß ich dort bin und gleichzeitig doch nicht dort bin, wie es für den Spiegel oder den Friedhof gilt, oder aber, daß ich dort ein anderer bin, wie im Bordell, im Feriendorf oder anläßlich eines Festes, insofern als es sich dabei um verschiedene Arten der Karnevalisierung der alltäglichen Existenz handelt. Indem sie solcherart Bruchlinien, Schwellen und Abweichungen ritualisieren, orten sie sie zugleich.

Nicht alle menschlichen Normen sind ohne weiteres universalisierbar. Diejenigen der Disziplinierung durch die Arbeit oder der Verklärung anläßlich eines Festes sprengen den Rahmen ein und desselben Raums oder den linearen Verlauf ein und derselben Zeit: Es geht nicht ab ohne eine starke Ritualisierung der Brüche, Schwellen oder Krisen. Diese Gegen-Räume sind nun allerdings ihrerseits wieder von all den anderen Räumen durchdrungen, die sie in Frage stellen: So zum Beispiel wirft der Spiegel, wo ich nicht bin, das Bild der Situation zurück, in der ich mich befinde, der Friedhof ist angelegt wie eine Stadt, jeder Raum spiegelt etwas wider von anderen Räumen, trotz aller Diskontinuitäten und Unterbrechungen. Es ist, als gäbe es eine Art ewige Wiederkehr der gleichen ort-zeitlichen Rituale, und wenn schon nicht die Rede sein kann von einer Universalisierung gleicher Formen, so doch wenigstens von der Universalität ihrer Existenz. Die Rituale ihrerseits funktionieren innerhalb von spezifischen Synchronien und Diachronien, die ihnen den Status eines signifikanten Systems inmitten all der anderen Systeme der Architektur verschaffen. Sie spiegeln weder die Sozialstruktur wider noch die der Produktion, sie sind weder ein sozio-historisches System noch eine Ideologie, sondern sie bezeichnen ganz einfach Brüche mit dem Alltag, Emanationen der Einbildungskraft, polyphonische Darstellungen des Lebens, des Todes, der Liebe, mithin von Eros und Thanatos. Diese Analyse der »anderen Räume« hat einerseits etwas strukturfunktionalistisches, wie sie andererseits eine Bakhtinsche Komponente aufweist, als wendete Foucault auf seine Raum-Analyse Dimensionen der Polyphonie, der Dialogizität und der Karnevalisierung an, wie Bakhtin sie im Sprachgebrauch entdeckt hat. Nun ist aber Bakhtin erstmals 1966 ins Französische übersetzt worden, und kein Einfluß Bakhtins auf den Text *Andere Räume* oder auf die diskursanalytische Schrift *Archéologie du savoir* (Archäologie des Wissens), an der Foucault zum gleichen Zeitpunkt arbeitete,

Friedhofgarten in Den Haag

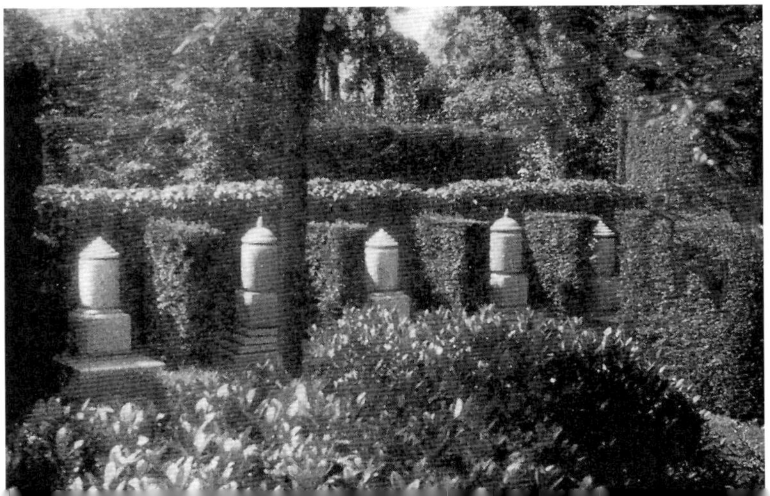

ist eindeutig nachweisbar. Wie wir gesehen haben, bezeichnet die Heterotopie in dem Text des Vortrags keinen Nicht-Ort des Sprechens mehr. Im Gegenteil: Die Möglichkeit eines neuen Ordnungsraums, innerhalb dessen die Gegenpositionen als Ort-Zeit-Einheiten verteilt werden könnten, taucht ab 1966 unter dem Namen »Heterotopologie« auf, in der Form einer neuen Wissenschaft. Etwas vorsichtiger formuliert der Vortrag von 1967 Vorschläge für eine neue Beschreibung von Räumlichkeit in Kategorien der Differenz bzw. der Polyphonie. So hat es zumindest am 7. Dezember 1966 ein Architektenohr wahrgenommen; nur: Ist ein Architektenohr in unserer Gesellschaft ein respektiertes Organ?

Aus dem Brief vom 2. März 1967 läßt sich gleichzeitig eine gewisse Enttäuschung heraushören: Dem Archäologen des Blicks war es nicht gelungen, den Blick des Architekten in seinen Bann zu schlagen. Von dieser neuen Konzeption von Stadtplanung stand »gar nicht(s) in dem Buch«, von dem der Philosoph nichtsdestoweniger erhoffte, es werde im zeitgenössischen Denken einiges durcheinanderbringen.

Durcheinandergebracht wurde dann tatsächlich so einiges, und nicht zuletzt 1968, und zwar dergestalt, daß Foucault beschloß, dem sowohl vom Ruhm als auch von der Polemik verursachten Tumult zu fliehen, indem er sich in die lichtdurchflutete Ruhe des oberhalb von Karthago gelegenen Dorfes Sidi Bou Saïd und in die – immer bedrohte – Stille des Schreibens zurückzog. Mit anderen Worten: Er lebte die Heterotopie. Das Architektenohr jedoch vergaß nicht mehr, was es im Dezember 1966 wahrgenommen hatte: Ein fast unscheinbar bescheidener Sprachgebrauch, eine literarische Spielform, in der Foucault mit unvergleichlicher Delikatesse das Frohlocken der Intelligenz in der Askese des Schreibaktes zügelte, eine Zurückhaltung, die ihren vollkommenen Ausdruck in der Didaktik des Vortrages findet, wie er ihn für die Architekten umgeschrieben hat.

Utopien und Heterotopien

Von 1960 bis 1970 wurde der Cercle d'études architecturales von Jean Dubuisson geleitet, dem Architekten des Musée des Arts et Traditions populaires im Bois de Boulogne, und von Ionel Schein, der ständig auf der Suche war nach Personen, die man zu einem Vortrag in die Nr. 28 des Boulevard Raspail einladen konnte. Der Cercle gehörte zu den wenigen Institutionen, in deren Rahmen Architekten ihrer undogmatischen Meinung freien Lauf lassen konnten, und Ionel Schein hatte in den 50er und 60er Jahren den schmeichelnden Ruf eines »Querdenkers«, der einem gewissen »Radikalismus in der Architektur«[6] das Wort redete. Jean Dubuisson ist davon überzeugt, daß Ionel Schein derjenige war, der Michel Foucault als Redner für den Cercle gewann. Die Vorträge wurden mitstenographiert und das daraufhin erstellte Typoskript den Mitgliedern ausgehändigt. Pierre Riboulet, der Architekt des Hôpital Debré, hat sein Exemplar aufbewahrt. Er kann sich auch noch an die anschließende Diskussion über Bachelard erinnern, Bachelard, von dem Foucault gesagt haben soll, daß er »von allen geplündert« wird. Pierre Riboulet erinnert sich auch noch genau an die rhetorischen Floskeln, mit denen Foucault im Vorfeld seines Vortrages für Verständnis dafür warb, daß er keine Ahnung davon habe, was die Architekten wirklich interessierte. Dementsprechend waren seine Anknüpfungspunkte auch eher wissenschaftsgeschichtlicher (Alexandre Koyré, Gaston Bachelard), literaturkritischer (Jean-Pierre Richard, Maurice Blanchot) oder psychoanalytisch-existenzieller Natur (Ludwig Binswanger), denen allen gemeinsam war, daß Foucault sie bereits früher zum Gegenstand seiner »Vorliebe für Fragen des Raums«[7] gemacht hatte.

Andererseits hatte Foucault 1967 noch nicht sein Konzept des »spezifischen Intellektuellen« entwickelt, in dessen Rahmen er die Stellungnahme zu Fragen, sein spezifisches Wissensgebiet betreffend, mit der Parteinahme im gesellschaftlich-politischen Feld verband, zu der er ob der Macht, mit der ihn sein Wissen ausstattete, befugt war. Vor allem anderen aber war ihm daran gelegen, mit Experten aus anderen Wissensgebieten zusammenzutreffen. So ist es auch zu erklären, weshalb ihn die schwache Resonanz auf sein Buch *Histoire de la Folie* (Wahnsinn und Gesellschaft: eine Geschichte des Wahns im Zeitalter der Vernunft) aus Kreisen der Psychiatrie so enttäuscht hat.

Zum Zeichen seiner begeisterten Zustimmung zu den von Foucault geäußerten Thesen übergab ihm Robert Auzelle, einer der Vordenker des Wiederaufbaus in den 50er Jahren, im Anschluß an den Vortrag seine *Histoire de l'architecture funéraire et des cimetières*[8], als Illustration einer der von Foucault analysierten Heterotopien. In *Naissance de la clinique* (Die Geburt der Klinik) hatte Foucault beschrieben, wie Anatomie und Pathologie den Tod als Teil der Wissenschaft vom Leben annektiert hatten; ihm die Geschichte der Einbeziehung der Friedhöfe in stadtplanerische Vorgänge zu schenken, kam dem Ausdruck eines perfekten Einverständnisses zwischen Redner und Publikum gleich. Die Negativität stand im Zentrum der Rationalität: So stand sie

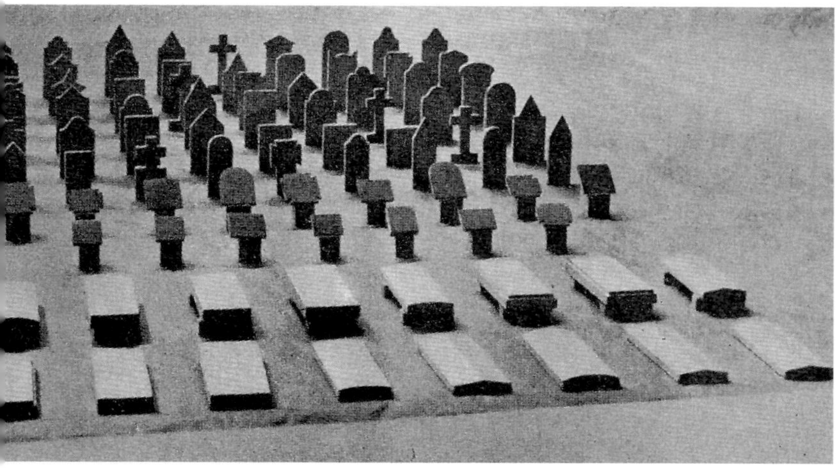

Grabmäler in der Staatlichen Akademie für Kunstgewerbe, Dresden

auch im Zentrum der Foucaultschen Analysen, mindestens bis *Surveiller et punir* (Überwachen und Strafen)[9].

Ende 1967 hat übrigens Jean-Luc Godard in seinem Film *La Chinoise* seine Heldin, eine prochinesische Studentin, die von Anne Wiazemski gespielt wurde, mit Tomaten auf ein Exemplar von *Les Mots et les choses* werfen lassen, was das Buch mit den für es eigentümlichen Diskontinuitäten als Symbol eines Denkens in der Zeit, mithin einer Negation von Geschichte und folglich der Revolution brandmarkte.

Was nun den Vortrag von 1967 anbelangt: Gab es für diesen Text überhaupt eine andere Möglichkeit der Verbreitung als in Form eines unter den Mitgliedern des Cercle herumgereichten Typoskripts? Der Cercle selbst verfügte über keine Zeitschrift, und die Vorträge blieben in der Regel unveröffentlicht. Auf der anderen Seite teilten die Mitglieder gewisse Vorstellungen mit Le Corbusier, beriefen sich gern aufs Bauhaus, vertraten Standpunkte wie die Rationalisierung der Formen und waren ganz allgemein für die »Lesbarkeit« der städtischen Raumordnung, die sie als Text auffaßten, in dem Flächen oder Gebäude als Anhaltspunkte dienen. Françoise Choay, mit der Foucault in den 70er Jahren Umgang hatte, beschreibt diese Auseinandersetzungen in ihrem Buch *Urbanisme, utopies et réalités.* Als »Leitziele stadtplanerischer Vernunft« galten damals zum Beispiel ein humanistisch-progressiver Urbanismus, der sich auf die Charta von Athen und auf einen emanzipatorischen Vernunftbegriff berief, oder ein kulturalistischer Urbanismus, in dessen Augen jede Form gleichzeitig ein Symbol ist und der nostalgisch zurückblickt auf die Harmonie vergangener Städte. Deuten nun aber diese Leitziele nicht schon voraus auf den utopischen Raum, in dem sich nach 1968 die Diskurse von Architekten und Stadtplanern ausbreiten werden, wenn sie im Rahmen einer Neubewertung der Sozialbeziehungen im kapitalistischen System einer Auflösung des Stadtbegriffs das Wort reden? Ist nicht die Stadt überhaupt als formale oder rationale Totalität vom Kapitalismus aus den Angeln gehoben worden? Und der Raum: Handelt es sich dabei nicht um ein riesiges weißes Blatt, auf dem seit nunmehr nahezu 200 Jahren das Kapital seine eigene Erfolgsgeschichte erzählt? Ist die Stadt nicht letztlich identisch mit all dem Nicht-Gedachten, dem Nicht-Gesagten in Bezug auf all die Abschottungen zwischen Klassen, Geschlechtern und Generationen?

Wenn es wahr ist, wie Pevsner sagt, daß im Barock das Übernatürliche faßbar geworden ist, dann ist nach 1968 in der Form der Stadt der Kapitalismus faßbar geworden. Das dritte Buch des *Kapitals*, in dem vom Auftauchen der Grundrente die Rede ist, gehörte plötzlich zum Grundlehrprogramm jeder Vorlesung über Urbanistik. Die Räume selbst verschwanden hinter dem Sichtbarwerden der Sozialbeziehungen, die sie hervorgebracht hatten. Dieser kritische Diskurs war nur eine Variante des utopischen Diskurses, hinter dem sich der Traum von Räumen profilierte, aus denen jede Spur des Kapitals gelöscht worden wäre, so wie Thomas Morus in *Utopia* versucht hatte, sich vorzustellen, wie die Gesellschaft beschaffen sein würde, wenn man das Geld aus den Sozialbeziehungen verbannen würde.

Die Tatsache, daß in allen Architekturfakultäten der 70er Jahre die Besichtigung firmeneigener Wohnanlagen des 19. Jahrhunderts als Beispiel für in die Tat umgesetzte Architekturutopie auf dem Programm stand, zeugt von der Bedeutung, die der Utopie in den Diskursen von Architekten und Stadtplanern jener Zeit beigemessen wurde. Das von Godin entworfene Familisterium in Guise oder die Cité Meunier in Noisiel: Waren sie nicht Vorläufer des Massenkonsums? Indem erstere das ebenso alte wie kostspielige Prinzip des offenen Kamins auf die Größe eines Zimmerofens reduzierte oder letztere ein Medikament (den Kakao) der napoleonischen Armeen auf ein industriell herstellbares Genußmittel reduzierten: War es ihnen nicht gelungen, die Rationalisierung des Konsums in engster Analogie zur Nutzung des Raums zu optimieren? Zur architektonischen Heterogenität der Neustadt von Cergy-Pontoise befragt, antwortete einer der Betreiber des Projekts: »Wenn wir eine homogene Lösung ins Werk gesetzt hätten, hätte man uns unweigerlich vorgeworfen, die Interessen der Stadt und ihrer Bewohner an einen einzigen Investor verkauft zu haben.« Ob Rationalisierung im Rahmen der Arbeitersiedlungen oder Fragmentierung des Stadtgefüges, ob Homogenität oder Heterogenität, beide Alternativen verweisen nur noch auf eine einzige, unwiderlegbare Lesart: Die Verräumlichung des Kapitals. Der Architekt wurde zum passiven Ausführenden der Strategien und Normen des Kapitals.

Der Selbstzweifel der Architekten wurde laut in kritischen Analysen die das Werk der Architekten selbst waren. So fragte sich zum Beispiel Pierre Riboulet[10] in seinen Arbeiten zu ländlichen Wohnformen, ob ihre formelle Kohärenz über lange Zeit hinweg darauf zurückzuführen war, daß sie sich vor dem Auftauchen der arbeitsteiligen Gesellschaftsorganisation herausgebildet hatten, oder ob sie das Resultat einer bewußten Konzeption waren, während Jean-Louis Cohen seinerseits Überlegungen anstellte zur Existenz typischer Bauformen in der Arbeiterklasse.

Konnte die elegante formelle Beschreibung der Heterotopien, wie Foucault sie in seiner kleinen literarischen Form vorgelegt hatte, irgendeinen Einfluß nehmen auf den herrschenden Diskurs, wie er in jenen Jahren in Hinblick auf die Utopie üblich war?

»Es erweist sich mehr und mehr als nützlich, ohne weitere Differenzierung von den prä-urbanen Utopien, von den Arbeitersiedlungen, von Haussmann, vom Bauhaus, vom Funktionalismus, von den Shakers, von den Hochhaussiedlungen und von den Trabantenstädten zu sprechen: Überall kommt auf gefährliche Weise eine Rationalisierung des verfügbaren städtischen Raums zum Ausdruck, die mit der universellen Ausbreitung des Kapitals, der allgemeinen Verbreitung seines Tauschsystems und seiner Systematisierung überhaupt einhergeht«, war 1976 in der Zeitschrift *Traverse* zu lesen.[11]

Die Genealogie der Gemeinschaftseinrichtungen

1972 hatte Foucault damit angefangen, sich im Rahmen einer Forschungsgruppe für Gemeinschaftseinrichtungen zu interessieren. Zuerst gab es da das Centre d'études, de recherches et de formation institutionnelle (CERFI), das

von dem Psychiater Felix Guattari geleitet wurde, der damals mit Gilles Deleuze zusammen letzte Hand an den *Anti-Ödipus* legte. Das CERFI war 1965 zusammen mit Soziologen gegründet worden, deren Verhältnis zur französischen kommunistischen Partei (PCF) als das von Dissidenten angesehen werden muß, was sich unter anderem darin niederschlug, daß ab 1970 die marxistische Gundeinstellung in zweierlei Hinsicht grundlegend in Frage gestellt wurde:
– in Form der genealogischen Vorgehensweise in *Histoire de la folie* und *Naissance de la clinique*;
– in Form des Versuchs der Klärung der Frage, welcher Natur die libidinale Bindung ist, die sich unweigerlich zwischen dem Wissenschaftler und dem Gegenstand seiner Forschungen herausbildet (die Ambivalenz jeder stadtplanerischen Reflexion in Bezug auf die kapitalistische Rationalität war natürlich niemandem entgangen), und die ihrerseits das Verhältnis zwischen den Wissenschaftlern als hierarchisch und sexuell strukturierte soziale Gruppe bestimmt.

Die Geschichte dieser doppelten Infragestellung ist in der Zeitschrift des CERFI dokumentiert[12] und bildet eines der interessantesten Dokumente der allfälligen ideologischen Auseinandersetzungen jener Zeit. An ihm läßt sich wie an der Beschreibung eines Laborexperiments ablesen, wie die marxistische Analyse Schicht für Schicht abgetragen wurde, und wie sich allmählich eine Position herausbildete, die als Einstellung bald unter den Oberbegriff »postmodern« subsumiert wurde. Der Ablauf dieses Prozesses wird beschrieben als »fremdartiger Mechanismus, der aus Einzelteilen besteht, die einerseits aus dem Arsenal des Genealogen Foucault stammen und andererseits wirken, als seien sie von der Baustelle des gelehrten Doppelgespanns Deleuze-Guattari entwendet worden«.
Der Ausdruck »Genealoge Foucault« deutet hin auf eine neue soziale Rolle des Philosophen: In der Tat bestimmt seine genealogische Methode sein Vorgehen erst seit seiner Antrittsvorlesung am Collège de France im Dezember 1970. Dazu kommt allerdings, daß er seit 1971 zusammen mit Deleuze in der linksextremen Groupe d'Information sur les Prisons (GIP) politisch aktiv ist.

Was ihre stadtplanerischen Implikationen anbelangt, so diskutiert Foucault seine genealogische Analyse kollektiver Einrichtungen mit dem CERFI[13], während er sie als solche vor allem in seinem Seminar am Collège de France weiterentwickelt. Das Seminar beschäftigt sich konkret zu jener Zeit mit der Herausbildung der Rolle des Arztes als Experte im Verlauf des 19. Jahrhunderts, einerseits als Verfasser psychiatrischer Gutachten in der Gerichtsmedizin, andererseits als Ingenieur, der aktiv an der Definition von Normen und Formen im Bereich der Krankenhausarchitektur mitarbeitet. Zu den aktiven Teilnehmern des Seminars gehörte u.a. der Architekt Bruno Fortier, der Leiter des Centre d'études et recherches en architecture.

Wenn auch der Begriff »Gemeinschaftseinrichtungen« in den Texten des 18. Jahrhunderts noch nicht zu finden ist, so bringt doch derjenige der »Heilmaschine«, den der Mediziner J.-R. Tenon zur idealen Beschreibung der Funktion des modernen Krankenhauses geprägt hat, nichts anderes zum Ausdruck. »Die Krankenhausarchitektur«, schreibt Tenon,[14] »kann nicht mehr einfach das Resultat von Routine und Herumprobieren sein, sondern hat vielfachen Ansprüchen Rechnung zu tragen: Sie muß durch entsprechende Anordnung der Krankenzimmer und -betten sowie die Regelung der Luftzirkulation dazu beitragen, die Verbreitung von Krankheitserregern zu verhindern, sie muß die räumliche Trennung der Kranken ermöglichen, die von verschiedenen Krankheiten befallen sind, sie muß die Aufsicht über die Kranken und die Überwachung des Personals ermöglichen, sie muß die hierarchische Gliederung der medizinischen Kompetenzen klar zum Ausdruck bringen und auf die vielfältigen Bedürfnisse der Bevölkerung Rücksicht nehmen. (...) Nicht die Regelmäßigkeit der architektonischen Linienführung, sondern die Angemessenheit der architektonischen Planung ist der Heilung zuträglich.« Das Modell muß zur Perfektion gediehen sein, so daß nichts daran mehr geändert werden muß noch kann, es muß mit anderen Worten endgültig und repetierbar sein. »1788 wurde erstmals Architekten die identische Nachahmung zur Pflicht gemacht«, schreibt Bruno Fortier[15]: Normative Typologien anstelle historischer Vorbilder. Die Angemessenheit der architektonischen Planung ist das Resultat der gleichberechtigten Miteinbeziehung von Kriterien verschiedenster Art: Klimatische, demographische, statistische, hygienische, medizinische und disziplinarische Gegebenheiten wollen auf jeweils spezifische Art berücksichtigt sein, je nach Ort der Anwendung, je nach Art der in ihnen zum Ausdruck kommenden Rationalität, je nach Interessenlage. Jedes Kriterium wiederum dient der Verfolgung spezifischer Strategien: Technik der Überwachung, Produktion von Wissen, Ausübung von Macht, medizinische Versorgung und öffentliche Wohlfahrt. Diese Strategien können keinesfalls beschrieben werden als analoge oder unendlich wiederholbare Segmente eines einzigen Urtextes aus der Hand eines einzigen mythischen Schreibers: des Kapitals. Die »Heilmaschine« als Produkt der Kombination verschiedener Strategien verdankt sich der gegenseitigen Berücksichtigung verschiedener Interessen, die sich in Form von Praktiken und von Diskursen äußern, wie sie sich anläßlich einer 1772 veranstalteten öffentlichen Debatte sowie im Anschluß an und als Resultat von Studienreisen in die Krankenhäuser der europäischen Metropolen herauskristallisiert haben, ausgelöst vom Brand des Hôtel-Dieu, der eine Neuerrichtung dieses im Zentrum von Paris gelegenen Krankenhauses notwendig gemacht hatte.

Natürlich tragen alle diese Gemeinschaftseinrichtungen Überwachungsstrategien Rechnung, wie sie anderswo und in anderen architektonischen Formen zur Anwendung gelangen: Vor allem Schulen und Kasernen bieten Beispiele für die formale Umsetzung von Strategien, wie sie der Herausbildung der kapitalistischen Arbeitsorganisation vorausgegangen sind, ja gar dazu beigetragen haben mögen, so wie sie ihre Nachahmer gefunden haben in den großflächig angelegten Arbeitslagern sibirisch-sozialistischer Provenienz. In der Tat handelt es sich bei all diesen Beispielen weniger um architektonische Formen oder Produktionsformen als um Technologien der Macht. Auf der Suche nach Beispielen für »Maschinenarchitekturen«, die ihrem Zweck vollkommen angemessen waren, hat Foucault denn auch bald eine Einrichtung wiederentdeckt, die sehr schnell zum Paradigma seines analytischen Œuvres werden sollte: Es handelt sich um das Panoptikum von Jeremy Bentham[16], das Poyet[17] zum Vorbild gedient hatte für seinen Vorschlag für den Wiederaufbau des Hôtel-Dieu. Die Arbeiten des Collège de France-Seminars zur Krankenhausarchitektur sind 1976 in Paris und erneut 1979 in Brüssel veröffentlicht worden: *Les Machines à guérir*.

Eine zweite Gemeinschaftsarbeit dieses Typs, diesmal zum Thema Wohnformen zwischen 1800 und 1850[18], ist von Foucault betreut worden, ohne daß von ihrem veröffentlichten Resultat auf seine Rolle bei ihrer Erarbeitung geschlossen werden könnte. Für sie verantwortlich gezeichnet hat sich François Béguin, der heute als Landschaftshistoriker und Spezialist für Kolonialarchitektur bekannt ist.[19] Die Arbeit ist der gleichen Methodologie verpflichtet wie die vorher erwähnte: Anstatt von den Wohnformen und Stadtanlagen auszugehen, wie sie für einen bestimmten Ort und Zeitabschnitt charakteristisch sind, haben sich die beteiligten Wissenschaftler auf einen Korpus von Diskursen gestützt, wie sie in der Zeit zwischen 1800 und 1850 den Bau von Wohnungen im Hinblick auf administrative und politische Gegebenheiten reglementiert haben. Innerhalb dieses Korpus galt es zuerst die verschiedenen Register herauszuarbeiten, mit denen darin zum einen hygienischen und Arbeitsmarktinteressen Rechnung getragen wird und zum anderen möglichen Risiken vorgebeugt wird. Dazu kamen die Vorschriften, die die Modalitäten des Anschlusses der Wohnungen ans Trink- und Abwassernetz sowie die Versorgung mit Licht und Luft regelten, sowie die zunehmende Kodifizierung der rechtlichen Beziehungen zwischen dem privaten Wohnbereich und den öffentlichen Lebensräumen. »Worauf es ankommt«, schrieb damals François Béguin, »ist, sich von der dominierenden Vorstellung des Hauses zu lösen, es sozusagen zu demineralisieren bzw. zu dekonstruieren.«

Es geht natürlich nicht an, alle Forschungsleistungen des Seminars auf »das Denken Foucaults« zurückzuführen. Der Medizinhistoriker Jean-Pierre Peter, der an dem Seminar teilnahm, in dessen Rahmen »der Fall Pierre Rivière«[20] erfunden wurde, hat denn auch klargestellt, daß das Seminar eine »vielgestaltige Ansammlung von Vertretern verschiedenster Disziplinen und Berufsgruppen mit jeweils eigener Motivation war, und daß die Vielfalt der Seminarbeiträge diese Verschiedenheit wiederspiegelt: »(...) Wir bildeten unter keinen Umständen ein Team, jedem blieb selbst überlassen, bis wohin er dazugehören und wieweit er sich engagieren wollte, insofern als jeder für sich spezifische Gründe hatte, mit Foucault zusammenarbeiten zu wollen (...), ohne daß es sich um eine Form des Gemeinschaftslebens gehandelt hätte noch um eine Schule.«

Keiner der Teilnehmer an diesen Seminaren beruft sich im übrigen auf den Text über die Heterotopien. Die Ergebnisse waren nur einem beschränkten Kreis von Personen zugänglich, bis die neue Art der Raumanalyse, die sich in ihrem Rahmen langsam aber sicher herausbildete, in *Surveiller et punir* auf einen Schlag ins Licht der Öffentlichkeit trat.

Macht, Wissen, Raum

Mit der Veröffentlichung von *Surveiller et punir* und seiner raschen internationalen Verbreitung (das Buch wurde innerhalb kürzester Zeit in über 20 Sprachen übersetzt) wurden die Foucaultschen Analysen des Raums auf einen Schlag von einem breiten Publikum wahrgenommen in ihrer ganz neuen Art, die Macht in seiner Bindung an den Körper des Individuums einerseits und in seinem Verhältnis zum Wissen andererseits zu analysieren. Rasch aufeinander folgen mehrere Publikationen, vorwiegend in Italien und Großbritannien, zum Thema Überwachungsarchitektur.[21] Ganz allgemein läßt sich beobachten, daß sowohl Stadtsoziologen wie Bauherren sich immer häufiger auf Foucault beziehen. A. Leaman seinerseits betont 1979 in *Environment and Planning*[22], wie wichtig die Foucaultschen Analysen der normsetzenden Funktion von Strukturen und Institutionen inzwischen für Stadtplaner und Architekten geworden sind. Sharon Zukin schließlich ist der Meinung, daß in den Analysen des Machtgefüges seit Erscheinen von *Surveiller et punir* ein neuer Umgang mit der Größe »Stadt« gepflegt wird.[23]

In dieser Situation taucht in einer im Dezember 1977 in Venedig veröffentlichten Untersuchung das Konzept der Heterotopie wieder auf, in der die Bedingungen seiner möglichen Anwendung im Rahmen einer allgemeinen Begriffsgeschichte des Raums untersucht werden. *Il dispositivo Foucault*[24] enthält Beiträge von M. Cacciari, F. Rella, M. Tafuri und G. Teyssot; auf dem Umschlag ist wie auf dem von *Machines à guérir* der Plan einer panoptischen Krankenhausanlage abgebildet. Sämtliche Autoren beziehen sich ausdrücklich auf *Surveiller et punir*, und mit Ausnahme von Teyssot zitieren alle einen in Italien veröffentlichten Sammelband mit Einlassungen Foucaults zu Fragen der Macht, *Microfisica del potere*[25]. Dieser Sammelband hat in Italien erhebliches politisches Aufsehen erregt, das kurze Zeit später durch die italienische Übersetzung von *Rhizome* von Deleuze und Guattari noch verstärkt wurde: Beide Bände zusammen bilden den politisch-theoretischen Bezugsrahmen der (politischen) »Autonomie«-Bewegung, die von links die italienische kommunistische Partei PCI kritisierte, die zu jener Zeit ihren Kurs des historischen Kompromisses steuerte. »L'effetto Foucault« bezeichnet nichts anderes als diese unmittelbare politische Wirkung, den denn auch *Il dispositivo Foucault* zum Gegenstand hat.

Das Vorwort zu dem Band von F. Rella läßt erst gar keinen Zweifel aufkommen: Die Foucaultsche These der Pluralität der Praktiken der Machtausübung wird in eine Metaphysik der »Macht« schlechthin umgemünzt, im Sinne einer abstrakten, immateriellen, allgegenwärtigen und somit nirgends wirklich faßbaren Macht: »Die Geschichte der Macht ist einzig und allein die Geschichte der Räume, in denen die Macht manifest wird.« Unter Bezugnahme auf den Beitrag von Teyssot[26], der als einziger die Heterotopien erwähnt, wird festgestellt: »Der Nicht-Ort der Machtausübung liegt im Zentrum einer Unzahl heterotopischer Verortungen.«

In dem gleichen Maße, in dem die Heterotopie zur »zentralen Aussage« Foucaults avanciert, wird die Heterotopologie zur Phänomenologie der anarchischen Streuung der Macht umfunktioniert. Aus dieser Interpretation ergibt sich die Schlußfolgerung wie von selbst: »Nicht mehr die Macht gilt es zu bekämpfen, insofern als sie inzwischen Myriaden von Verortungen (bzw. Dispositiven) besetzt hält, sondern die Tyrannei der globalisierenden Theorien.« In einer Anmerkung sagt Rella, was er damit meint: den »Marx-Effekt«.

Ganz allgemein läßt sich gegen Rella einwenden, daß Foucault selbst das Panoptikum, in dem sich Raum und Macht auf paradigmatische Weise verschränken, nie als Heterotopie bezeichnet hat. Paradoxerweise bezieht sich denn auch der Aufsatz von Teyssot, der wie gesagt der einzige des Bandes ist, der die Heterotopien zum Gegenstand hat, nicht auf eine Analyse von Machtgefügen, sondern auf diejenige der Diskontinuitäten, wie sie in *Les Mots et les choses* theoretisiert worden sind.

Teyssot geht in drei Schritten vor, von denen jeder einzelne entscheidend ist, die sich jedoch auf verschiedenen Abstraktionsniveaus bewegen:

1. Als erstes schreibt er die Foucaultsche Erfindung der Heterotopien, die bis dato nie kommentiert worden ist, in eine allgemeine Problematik des Raums ein.

2. Anschließend werden die im Umfeld Foucaults erarbeiteten Studien zur Krankenhausarchitektur (*Les machines à guérir*) und zu den Wohnformen umgemünzt in eine allgemeine Auffassung des Raums, die in den 80er Jahren in den Rang eines Dogmas erhoben werden wird.

3. Zum Schluß leitet er aus der Foucaultschen Methode eine Epistemologie für die Architektur ab.

Zum ersten Schritt muß angemerkt werden, daß es sich dabei um eine semantische Reduzierung des durch die Neudefinierung der Heterotopien in dem Vortrag von 1967 eröffneten Bedeutungsfeldes handelt.

Letzterer wird von Teyssot in der eingangs erwähnten italienischen Fassung aus dem Jahre 1968 zitiert. Ausgehend von der topologischen Definition der Heterotopien, von denen Foucault 1967 gesagt hatte, daß sie »Gegen-Positionen waren, in denen sämtliche anderen real existierenden Positionen einer Kultur gleichermaßen vertreten, angefochten und umgekehrt werden«, verwendet Teyssot sie kurioserweiser auf taxinomische Weise, wie bei Foucault selbst noch im Vorwort von *Les Mots et les choses.*

Anstatt nun allerdings den Vortrag von 1967 zu kommentieren, überprüft Teyssot seinen analytischen Nutzen, indem er ihn auf ein Krankenhausprojekt aus dem 18. Jahrhundert anwendet, das von dem Historiker J.-C. Perrot beschrieben worden ist.[27] Dieses Projekt sieht vor, in acht Gebäuden, die wie die Stangen eines Gitters parallel ausgerichtet sind, acht verschiedene Arten von Kranken unterzubringen, die ungefähr so heterogen wirken wie die Kategorien, nach denen die Tiere in der Borgesschen Enzyklopädie aus *Les Mots et les choses* unterschieden werden: a) Gefangene, die auf Wunsch ihrer Familie interniert worden sind; b) Verrückte und Gefangene aufgrund eines königlichen Erlasses; c) verarmte Kinder zwischen zwei und neun Jahren, die von ihren Eltern anerkannt worden sind, Greise, Bettler und Prostituierte, die an Geschlechtskrankheiten leiden; d) Findelkinder, die älter als neun Jahre alt sind, usw. Was dieses Projekt in der Tat als Heterotopie auszeichnet, ist seine völlige inhaltliche Verworrenheit; die in Form von qualitativen oder symbolischen Gegensatzpaaren strukturierte Ordnung, wie Funktion, Form und Abgrenzungen des Projekts sie zu verwirklichen versuchen bzw. realiter ad absurdum führen, hat dagegen nicht das Geringste mit Heterotopien zu tun.

Die Art, wie Teyssot sich des Konzepts der Heterotopie bedient, vernachlässigt total die tiefe Verankerung des räumlichen Befindens in der Gesamtheit der Gegebenheiten, die die menschliche Existenz ausmachen: Heterogenität und Diskontinuität der gelebten Zeit, Lebensabschnitte, biologisch bedingte Krisenmomente wie Initiation, Pubertät und Entjungferung, Eros und Thanatos. Den verschiedenen räumlichen Implikationen der Subjektivität vom Bordell bis zur Sauna entsprechen in jeder Kultur ebenso viele spezifische Einschreibungen in Räume, die jedoch nicht etwa in einander gegenseitig bedingenden Verhältnissen stehen wie Innenraum/Außenraum, Rand/Zentrum, Öffentlichkeit/Intimität, sondern in formalen Spielen sich ausagieren, die über eine Dialektik von Differenzierung und Spiegelung ablaufen, das heißt letztlich wie Kommunikation funktionieren. So erklärt es sich, wie sowohl Rella, indem er den Foucaultschen Raum in einer globalisierenden Konzeption als allgemeines, neutrales Auffangbecken auffaßt, als auch Teyssot, indem er der Heterotopie in einer auf die lokale Dimension zentrierten Konzeption die Rolle der architektonischen Schaltstelle für alle möglichen Ungereimheiten der Welt zuweist, die dritte Dimension verfehlen, in der der Raum im Dickicht eines formalen, symbolischen Spiels der Einwände und Spiegelungen auf sich selbst zurückverweist: Diese Zerstückelung, die nichts von einer regelmäßigen Segmentierung hat, wird als »Thirding« von E. Soja folgendermaßen definiert: »the Thirding is othering«[28].

Was demnach beiden entgeht, ist die monadische (leibnizsche) Dimension der Heterotopien, insofern als beide formal vollständig sind und auf alle anderen verweisen. Allerdings haben wir es dabei mit einer Entwicklung des Heterotopie-Begriffs zu tun, wie er erst in den 90er Jahren sich herausgebildet hat.

Der zweite »Teyssot-Effekt« folgt unmittelbar aus seiner taxinomischen Interpretation der Heterotopien. Denn die Frage stellt sich doch, ob dieses gitterförmige Krankenhaus mit seinen acht jeder Beschreibung spottenden Abteilungen tatsächlich als Resultat einer Entwicklung angesehen werden kann, in der die Vernunft kontinuierlich Fortschritte registriert. Bedurfte es dazu nicht im Gegenteil einer profunden Diskontinuität auf der Ebene der Wahrnehmungsschemata und Klassifizierungspraktiken, der Sichtweisen, Diskurse und Wissenskodifizierungen, eines Bruchs und einer Neuverteilung der konzeptuellen Strukturen, mit deren Hilfe das Sichtbare und Sagbare zusammengehalten werden konnten? Man darf »diese zeitliche Diskontinuität nicht aus den Augen verlieren, wenn man die diskontinuierliche Struktur des modernen Raums begreifen will«, schreibt Teyssot. Seine Schlußfolgerung steht im Zentrum der *Internationalen Bauausstellung* (IBA) anno 1984.

Bedeutet nun aber die Anerkennung der Tatsache, daß unser Denken diskontinuierlich verläuft, auch schon, daß die Architektur sich dieses »Epistems« ihrer Zeit anzubequemen hat, daß sie sich mit anderen Worten dem Diktat der

»Ordnungsräume« zu beugen hat, die laut Foucault nicht nur die Diskurse hervorbringen, sondern auch die Gegenstände dieser Diskurse, deren Diskontinuität ihrerseits diejenige der Wissenschaften nach sich zieht?[29] Gibt es letztlich so etwas wie einen »Logos« der Architektur, fragt sich Teyssot, oder haben wir es einfach nur mit einer Vielzahl von Diskursen zu tun, wie sie in Foucaults Seminaren analysiert wurden, und die mit ihren jeweiligen, voneinander unabhängigen Fachrichtungen einhergehen, die an soziale, diskursive, technische und wirtschaftliche Praktiken gebunden sind, die ihrerseits wiederum voneinander abhängig sind bzw. abweichen oder einander gar bekämpfen? Als sei damit noch nicht genug, fügt Teyssot der Vielzahl konkurrierender Rationalitäten und Interventionen auch noch die der Ausdrucksformen der Gesellschaft hinzu, also Abgeordnete, Interessenverbände und Bürgerinitiativen.

Il dispositivo Foucault als erste Rezeption der Heterotopien zeigt, wie problematisch der Begriff selbst der Rezeption sein kann. Foucault war nicht nur nicht genau verstanden worden, sein Konzept war auch nicht im eigentlichen Sinne instrumentalisiert worden: Dagegen hatte man ihn zum einen auf polysemische und polemische Art in ein Geflecht politischer Debatten verpflanzt und zum anderen auf seinen epistemologischen Gehalt abgeklopft.

Dieses Panorama der Rezeption wäre unvollständig ohne die Art, wie Foucault sie seinerseits »rezipierte«: In der Tat hat er Bruno Fortier anvertraut, er habe sich bei der Lektüre von *Il dispositivo Foucault* gefühlt »wie ein Althusser, der von den Trotzkisten durch die Mangel gedreht worden wäre«. Bleibt nur anzumerken, daß die Rezeption der Rezeption sich ausschließlich und auf ironische Art eines politischen Vokabulars bedient.

Im Juli 1976 war Foucault zum erstenmal wieder auf seinen Vortrag aus dem Jahre 1967 zu sprechen gekommen, und zwar in einem Gespräch über das Panoptikum von Bentham, das 1977 veröffentlicht wurde und auch von Teyssot erwähnt wird. In diesem Gespräch sagt er unter anderem, daß »irgendwann einmal die Geschichte der Räume geschrieben werden müßte, die zugleich eine Geschichte der Macht wäre, und zwar von den globalen geopolitischen Strategien angefangen über wirtschaftliche und politische Kräfteverhältnisse bis hin zu den bescheidensten Formen politischen Verhaltens im institutionellen Lebensbereich, wie sie sich im Klassenzimmer oder im Krankenhaus beobachten lassen. Es ist merkwürdig, wie lange die Problematik des Raums gebraucht hat, als historisch-politische Fragestellung ernst genommen zu werden (...) Ich weiß noch, wie mir vor zehn Jahren, als ich einmal zu Fragen einer Politik des Raums Stellung genommen habe, entgegengehalten wurde, daß diese Art, auf Fragen des Raums zu insistieren, reaktionär sei, daß die wirklichen Fragen des Lebens und des Fortschritts Fragen der Zeit, mithin von Projekten seien (...)[30]« Ein solcher Satz dürfte jemandem wie G. Teyssot kaum entgangen sein (...)

Eine Geschichte des Raums im Sinne Foucaults, genauer gesagt also eine Geschichte der Verräumlichung der Macht, und noch genauer eine Geschichte der spezifischen Art dieser Machtausübung im – heterotopischen – Kolonialbereich, wie sie sich im Verlauf des 18. Jahrhunderts herausbildet und die Foucault »Biomacht« genannt hat, insofern als damit die Natur des Raumproblems anfängt, sich im politischen Sinne zu verändern: Ein solches Projekt ist Anfang der 80er Jahre von dem Anthropologen Paul Rabinow[31] und von Gwendolyn Wright,[32] einer Spezialistin für Fragen amerikanischer Wohnformen, ins Leben gerufen worden. Weder die beiden noch François Béguin, der sich ebenfalls auf Kolonialarchitektur spezialisiert hat, kennen den Text des Vortrags von 1967.

In einer Diskussion, die die Bedeutung der Raumfrage im Œuvre von Michel Foucault zum Gegenstand hat, berufen sich die beiden erstgenannten auf diese Vorliebe des Philosophen, wie er sie in *Herodote*[33] geäußert hat, als er sagte, daß »er dank dieses nie nachlassenden Interesses zu einer grundlegenden Fragestellung gelangt ist, unter welchen Bedingungen Macht und Wissen zueinander in ein Verhältnis treten können (...).« Dabei seien Architektur und Urbanistik keinesfalls als isolierbare Einzeldisziplinen anzusehen, sondern »treten in vielfältige Wechselwirkung zueinander und mit zahlreichen anderen Praktiken und Diskursen, wobei allerdings der Raum die Größe par excellence ist, in der ein Begreifen dessen, wie Macht funktioniert, möglich ist.«

Umgekehrt verbannt er aus der Praxis des Architekten jegliche Form utopischer Hoffnung: »Die Menschen haben immer von Maschinen geträumt, die sie befreien sollten. Dabei kann es solche Maschinen überhaupt nicht geben, insofern als es auf keinen Fall Aufgabe der Struktur sein kann, Freiheit zu garantieren, denn Freiheit ist ein Begriff aus der Praxis. Nichts kann die Funktion der Befreiung übernehmen, denn Freiheit kann nur ausgeübt werden: Freiheit ist die einzige Garantie für Freiheit.«

In diesem Gespräch, das nicht speziell politische und epistemologische Fragen des Raums zum Gegenstand hat, erinnert Foucault sich erneut seines weit zurückliegenden Konzepts der Heterotopie: »Nebenbei gesagt kann ich mich daran erinnern, daß ich 1966 von einer Gruppe von Architekten eingeladen worden bin, um vor ihnen über Fragen des Raums zu sprechen. Ich habe das damals unter den Oberbegriff »Heterotopien« gefaßt, worunter ich jene Art von Räumen verstand, denen inmitten eines sozial definierten Bereichs eine ganz andere Funktion eignet, die sogar in völligem Widerspruch zu denen des umliegenden Raums stehen kann. Die anwesenden Architekten interessierten sich sehr für diese Frage, aber am Ende des Vortrags hat einer von ihnen – ein Psychologe, der als Sartre-Anhänger bekannt war – mir wie aus heiterem Himmel vorgeworfen, daß Fragen des Raums reaktionär seien und auf eine kapitalistische Einstellung schließen ließen, wohingegen die Geschichte und die Zukunft revolutionär seien. Damals waren solche absurden Reden gang und gäbe. Heute würde man sich darüber nur totlachen.«

Diese lange Anamnese in zwei Schritten hat etwas Verblüffendes: 1976 erinnert sich Foucault, daß man ihm 1967 politische Vorwürfe gemacht hat, 1982 schließlich gräbt er das Konzept der Heterotopien selbst wieder aus. Nur so allerdings läßt sich erklären, warum er 1984 der Wiederverwendung seines Vortrags anläßlich der IBA bereitwillig zugestimmt hat.

Die beiden Kommissare der Ausstellung, der Schweizer Johannes Gachnang und der Italiener Marco de Michelis, kannten den Text aus der Zeitschrift

Architettura.[34] In Bezug auf das Konzept der IBA, wie es von einem ihrer Initiatoren, Josef Paul Kleihues, definiert wird, ist die Nähe zu Foucault nicht zu verkennen: »Es lag uns daran«, sagt Kleihues, » die Stadt als Konglomerat von Fragmenten darzustellen, urbane Architektur zu thematisieren, ohne von vornherein auf einen urbanistischen Bezugsrahmen festgelegt zu sein und ganz allgemein die gewachsene, historische und topographische Vielfalt Berlins zu berücksichtigen. Insofern als wir die Stadt als aus Inseln zusammengesetzt auffaßten, haben wir sogar mehrere Architekten damit beauftragt, die Wohnungen bestimmter Inseln gemeinsam zu sanieren.«[35]

Der Text des Vortrags ist dann 1986 ins Amerikanische übersetzt worden und zuerst in *Diacritics*, der interdisziplinären Zeitschrift der Universität Cornell, veröffentlicht worden, bevor er mit dem Abdruck in der Architekturzeitschrift *Lotus*[36] eine fruchtbare Fachdiskussion auslöste, die um eine qualitative Interpretation der »anderen Räume« kreiste. Das Ausmaß dieser Diskussion kann seinerseits nicht unabhängig gedacht werden von der gleichzeitigen Veröffentlichung der amerikanischen Übersetzung des zweiten und dritten Bandes der *Histoire de la Sexualité* (Geschichte der Sexualität), die in den Vereinigten Staaten rasch zur Referenz wurde für alle politischen Maßnahmen »zur Wahrung der Identität«. Feministische, homosexuelle und ethnische Gruppen bemächtigen sich des Konzepts der Heterotopien und benutzen es zu neuen Zwecken. Foucaults neue historische Interpretation der verschiedenen Modi von Subjektivierung prägt Texte wie *The spaces that differences make* des Urbanisten Ed Soja[37], *Gendered spaces* der Feministin Daphne Spain[38], *The new cultural politics of difference* von Cornel West[39] sowie die Arbeiten des Geographen Derek Gregory[40]. Im Bereich der Literaturkritik wird der heterotopische Ansatzpunkt von Brian Mc Hale und Michel de Certeau[41] fruchtbar gemacht, im Bereich der Filmanalyse ist Giuliana Bruno[42] zu nennen, und seine Wirkung beginnt auch in den bildenden Künsten Früchte zu tragen: Laut Ed Soja ist überhaupt keine Raumanalyse mehr denkbar ohne Bezug auf Foucault.

In ihrem Vorwort zum Katalog einer Ausstellung des kubanischen Künstlers Felix Gonzalez-Torres berichtet Nancy Spector[43] von einem Experiment des Konzeptualisten in Manhattan, das dem Entwurf einer »heterotopischen Umwelt« gegolten hatte in dem Sinne, daß Torres mitten in Manhattan auf 24 Reklameflächen großformatige Schwarz-Weiß-Photos der Intimität eines Bettes mit zurückgeschlagener Decke angeschlagen hatte, um auf diese Weise seine Vorstellung eines Gegen-Raums sinnfällig zu machen. Die nackte Faktizität des zerknitterten Bettuchs sowie der Abdruck zweier Köpfe in der Höhlung der Kopfkissen luden den Betrachter ein, sich vorzustellen, wie kurz zuvor zwei Menschen dort aufgewacht waren oder gar miteinander geschlafen hatten. In einer wesentlich radikaleren Lesart äußerte der Künstler sich damit auf seine Art zu einer Entscheidung des amerikanischen Obersten Gerichtshofs, das 1986 für alle Staaten Amerikas, in denen Sodomie noch als Delikt gilt, beschlossen hatte, diese sexuelle Praxis selbst dann unter Strafe zu stellen, wenn sie von erwachsenen Personen mit beiderseitiger Zustimmung praktiziert wird: Das bedeutete, daß die Intimität des Bettes als privater Raum schlechthin zum öffentlichen Raum erklärt worden war, in dem der Staat sein Mitspracherecht ausübt. Und Nancy Spector spricht aus, was der Künstler in seinem Kurzschluß zwischen Privatheit und Öffentlichkeit auf stumme Art herausgeschrien hatte: Die leere Stelle seines in der Zwischenzeit an Aids gestorbenen Lebensgefährten.

Die Aktion von Torres bildet ein wunderbares spätes Echo auf eine Passage des Vortrags, den Foucault 1966 im Radio gehalten hat, die er aber 1967 vor der Gruppe von Architekten nicht mehr erwähnt hat: Als ersten Ort, an dem die Heterotopie manifest wurde, hatte er nämlich das Bett der Eltern genannt, in das die Kinder sich mit der ihnen eigenen Lust an der Transgression

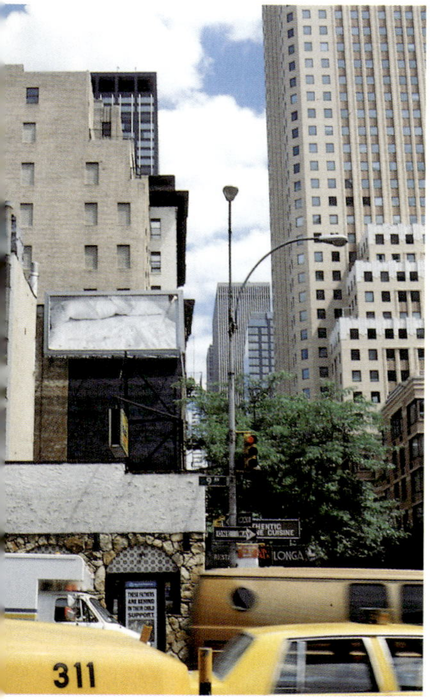

Felix Gonzalez-Torres
Untitled, 1991

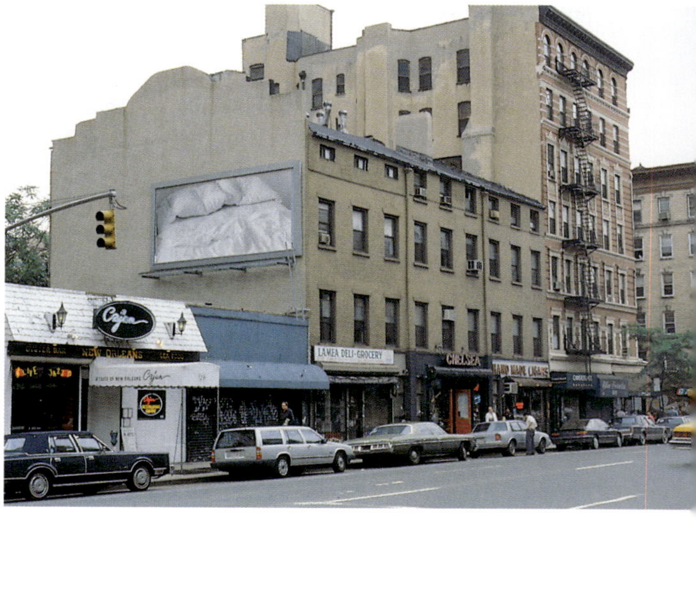

Felix Gonzalez-Torres
Untitled, 1991

eines Tabus und der vagen Ahnung ihres Ursprungs hineinwühlen. Meines Erachtens stellt die Aktion von Torres den Punkt dar, an dem die lange Reihe der Rezeptionen in den verschiedensten Kontexten und die lange Reihe der sozialen Transformationen, die Foucault als Autor durchgemacht hat, in einer perfekten Synthese zusammenkommen.

Hatte nicht Foucault selbst immer wieder erklärt, daß er sich weniger Leser denn Benutzer wünschte?

[1] Foucault, M.: »Des espaces autres«. In: *L'Architettura, chronache e storia*, Bd. XIII, Nr. 150, 1968.

[2] Foucault, M.: »Des espaces autres«. In: *AMC5, Revue d'Architecture*, Oktober 1984.

[3] Soja, E.: *Thirdspace. Journeys to Los Angeles and other real imaginated places*. Cambridge (Mass.), 1996.

[4] Foucault, M.: »Utopie et littérature«. Tonbandaufzeichnung vom 7. Dezember 1966. Centre Michel Foucault. Paris, Bibliothèque du Saulchoir, Inv. C116.

[5] Foucault, M.: Vorwort zu *Les Mots et les choses*. Paris 1966, S. 9.

[6] Alle Einzelheiten bezüglich des »Cercle d'études architecturales« wurden mir von P. Riboulet mitgeteilt. Ihm sei hiermit herzlich gedankt.

[7] Foucault, M.: »Questions à Michel Foucault sur la géographie«. In: *Hérodote*, Nr. 1, 1976. Wiederabgedruckt in: Foucault, M.: *Dits et écrits*, Bd. 3, Paris 1994.

[8] Auzelle, R.: *Dernières demeures*. Paris, 1965.

[9] Foucault, M.: *Surveiller et punir*. Paris 1975. Das Panoptikum von Bentham wird in diesem Band als »ein Ereignis in der Geschichte des menschlichen Denkens« gewertet. Die allfällige Machtanalyse privilegiert den Produktionsaspekt im Vergleich zu dem der Repression.

[10] Riboulet, P.: Doktorarbeit in Soziologie. Universität Paris VIII und Cohen, J.-L.: Architekturdiplom.

[11] Eizykman, B.: »Urbanisme«. In: *Traverse*, Nr. 4, 1976. Zit. n.: Thalamy, A.: *Politiques de l'habitat* 1800–1850, Paris 1977.

[12] »Généalogies du capital I. Les équipements du pouvoir«. In: *Recherches*, Nr. 13, Dezember 1973. Einziges Beispiel einer Diskussion der Ideen von Henri Lefèbvre, *La Pensée marxiste de la ville* 1972, im Umkreis von Foucault.

[13] *Recherches*, Nr.13, Dezember 1973. Wiederabgedruckt in: Foucault, M.: *Dits et écrits*, Bd. 2, Paris 1994.

[14] Tenon, J.-R.: *Mémoires sur les hôpitaux de Paris*. Paris 1778.

[15] Foucault, M.; Barret-Kriegel, B.; Thalamy, A.; Béguin, F.; Fortier, B.: *Les machines à guérir: aux origines de l'hôpital moderne*. Paris, Institut de l'environnement, 1976. Neuausgabe Brüssel 1979.

[16] Bentham, J.: *Le panoptique, précédé de »L'œil du pouvoir«, entretien avec Michel Foucault*. Paris 1977. Faksimile der französischen Ausgabe von 1791.

[17] Poyet, B.: *Mémoire sur la nécessité de transférer et reconstruire l'Hôtel-Dieu suivi d'un projet de translation de cet hôpital*. Paris 1785.

[18] Alliaume, J.-M.; Barret-Kriegel, B.; Béguin, F.; Rancière, D.; Thalamy, A.: *Politiques de l'habitat 1800–1850*. Paris, (Anm. 11). (Studie unter der Leitung von Michel Foucault).

[19] Béguin, F.: *Arabisances, décor architectural, tracé urbain en Afrique du Nord 1830–1950*. Paris 1983 und *Paysages*. Paris 1996.

[20] Peter, J.-P.: »Nous, Pierre Rivière«. Gespräch. In: *Sociétés et représentations*, Nr. 2, November 1996.

[21] *Hinterland*, 1. Jg., Nr. 3, Mai–Juni 1978. Dreisprachige Sondernummer unter dem Titel: *Segregazione e corpo sociale*, zum Thema Überwachungsarchitektur.

[22] Leaman, A.: *Environment and Planning*, Nr. 11, 1979.

[23] Zukin, S.: »A Decade of the New Urban Sociology«. In: *Theory and Society*, Nr. 9, 1980.

[24] Cacciari, M.; Rella, F.; Tafuri, M.; Teyssot, G.: *Il dispositivo Foucault*. Venedig 1977.

[25] Foucault, M.: *Microfisica del potere: interventi politici*. Hg. Fontana und Pasquino. Turin 1977. Auf deutsch in erweiterter Neuauflage: *Dispositive der Macht*. Berlin 1978.

[26] Teyssot, G.: »Eterotopia e storia degli spazi«. In: *Il dispositivo Foucault*, und ders.: »Heterotopies and the history of spaces«. In: *Architecture and Urbanism*, Nr. 121, 1980.

[27] Perrot, J.-C.: *Genèse d'une ville moderne. Caen au XVIIIe siècle*. Paris 1975.

[28] Soja, E.: *Thirdspace. Journeys to Los Angeles and other real and imagined places*, (Anm. 3).

[29] Der Lehrstuhl von Foucault am Collège de France trug die Bezeichnung »Geschichte der Denksysteme«.

[30] Foucault, M.: *La Volonté de savoir*. Paris 1976. Kap. V: »Das Recht auf Tod und die Macht über das Leben«.

[31] Rabinow, P.: »Biopower in the French Colonies«. Text eines Vortrags anläßlich eines interdisziplinären Kongresses über Foucault: Knowledge, Power, History. Los Angeles, 29.–31. Oktober 1981. In: *French Modern: Norms and Forms of the Social Environment*. Cambridge (Mass.), 1989.

[32] Wright, G.: *The politics of designs in the French Colonial urbanism*. Chicago 1991. Vgl. auch Béguin, F.: *Arabisances*, (Anm. 19).

[33] Foucault, M.: »Space, Knowledge, Power«. Gespräch mit P. Rabinow. In: *Skyline*, März 1982. Wiederabgedruckt in: *Dits et écrits*, Bd. 4, Nr. 340.

[34] Nach Mitteilung von Françoise Joly.

[35] Kleihues, J. P.: »A propos de la ville européenne«. Gespräch mit M. Bourdeau. In: *AMC5*, Oktober 1984.

[36] Foucault, M.: »Of Other Spaces«. In: *Diacritics* 16, Nr. 1, 1986. Vgl.: *Lotus International*, 1986.

[37] Soja, E.: »The Spaces that Differences Make«. In: *Place and the Politics of Identity*. Hg. Keith und Pile. New York 1993.

[38] Spain, D.: *Gendered Spaces*. Chapel Hill 1992.

[39] West, C.: *The New Cultural Politics of Difference: Out There. The Dilemma of the Black Intellectual*. Hg. Ferguson, 1994.

[40] Gregory, D.: *Geographical Imaginations*. Zit. n. Soja: *Thirdspace*, (Anm. 3).

[41] McHale, B.: *Post Modernist Fiction*. New York 1988. Vgl.: De Certeau, M.: *Heterologies: Discourse on the Other*. Manchester 1986.

[42] Bruno, G.: *Bodily Architectures. Assemblages*, 19. Dezember 1992.

[43] Spector, N.: *Felix Gonzalez-Torres: The Salomon Guggenheim Foundation*. New York 1995.

Pier Paolo Pasolini

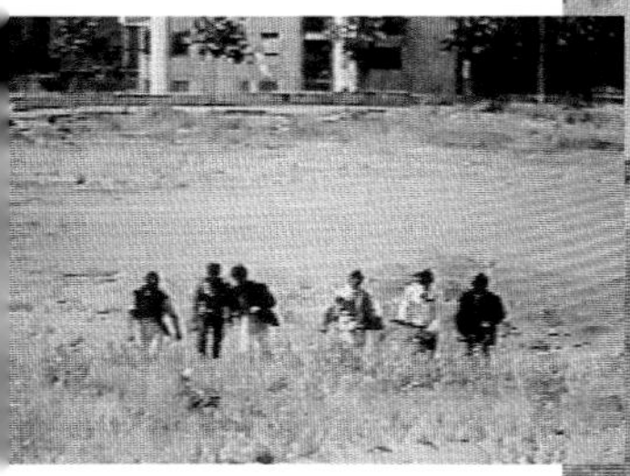
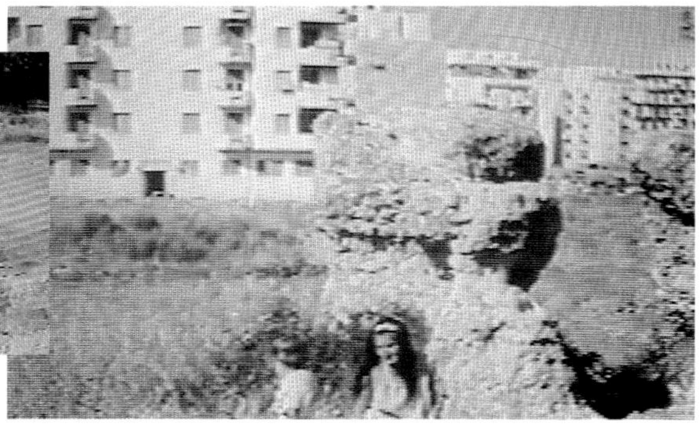

Mamma Roma, 1962

Die Stadtfront

Was ist Rom? Welches ist Rom? Wo endet und wo beginnt Rom? Rom ist sicher die schönste Stadt Italiens – wenn nicht der Welt. Aber es ist auch die häßlichste, die gastfreundlichste, die dramatischste, die reichste, die ärmste. Das Kino hat viel dazu beigetragen, sie auch bei den Leuten bekannt zu machen, die nicht dort leben. Aber Vorsicht: der neorealistische Geschmack, der in den Filmen über Rom vorherrscht, ist durchdrungen von der Vorliebe für das Skizzenhafte, für dialektale Besonderheiten, von humanitärem Optimismus, von der Beschwörung des Untergangs; lauter Dinge, deren mittlere Tonlage, ob grau oder rosa, niemals die Atmosphäre dieser auf so dramatische Weise widersprüchlichen Stadt wiedergeben kann. Die Widersprüche Roms sind nur schwer zu überwinden, weil es Widersprüche existentieller Art sind: mehr als einen Widerspruch bezeichnen die Termini Reichtum und Elend, Glück und Schrecken (in Bezug auf Rom) die Teile eines Magmas, eines Chaos.

Für den Fremden und den Besucher Roms ist die Stadt innerhalb der alten Renaissance-Mauern enthalten. Der Rest ist vage und anonyme Peripherie, die es nicht anzusehen lohnt.

Innerhalb dieser Mauern ist Rom eine hinreißende italienische Stadt, die nicht nur klassische oder mittelalterliche oder kleinstaatliche oder Renaissance- oder Barocktraditionen hat, sondern alle zusammen. In Abschnitte zerlegt würde Rom eine außergewöhnliche Menge an Schichten aufweisen, und das macht die Schönheit dieser Stadt aus. Dazu kommen die Sonne, die milde Luft, die Fröhlichkeit des Lebens im Freien – die niemals idyllisch ist, sondern immer einen dramatischen Hintergrund hat, und die deshalb nie langweilig werden kann, immer lebendig und spannend ist. Und dazu kommt, daß das Klein- und Großbürgertum äußerlich keine wichtige Rolle spielt im Zentrum der Stadt. Das ist nämlich noch ausschließlich vom Volk geprägt, genauso wie in den Städten des Südens oder in den bourbonischen Städten, mit allen imaginären Freuden des Vitalismus und des servilen Paganismus.

Das dem Touristen unbekannte, vom Durchschnittsbürger ignorierte, auf den Stadtplänen inexistente Rom ist eine Stadt ohne Grenzen.

Einen Schimmer von dieser unproportionierten, in tausend großartige, in sich abgeschlossene Einheiten zerfallenden Stadt kann sogar der dümmste Tourist oder der Durchschnittsbürger erhaschen, der mit verbundenen Augen durch Rom läuft. Er braucht während der Zug- oder Busfahrt nur ein wenig aus dem Fenster zu gucken. Dann werden vor seinem Auge, das nicht sieht, hier und da Fragmente von Barackendörfern vorbeifliegen; von Ansiedlungen kleiner Häuschen, die aussehen wie Beduinenstädte; von einsturzgefährdeten, in Billigbauweise errichteten Hochhäusern und protzigen Kinopalästen; von zwischen Hochhäusern eingezwängten ehemaligen Bauernhäusern; von Dämmen aus sehr hohen Mauern neben verkommenen kleinen Gäßchen; von plötzlich auftauchenden kahlen Stellen voller Baggerlöcher und kleiner Grasflächen, auf denen gelegentlich Schafherden weiden. Und im Hintergrund auf verbrannten oder lehmigen Wiesen: lauter kleine Hügel, Erdhaufen, Gräben, alte Höhlen, Hochebenen, Abwasserkanäle, Ruinen, Schuttabladeplätze, Teiche, Müllhalden – die Stadtfront.

Mal ist sie ein gleißender Häuserstreifen, der sich am gekrümmten Horizont entlangschlängelt. Mal ist sie ein buntes Kataster auf dem unberechenbaren Grat einer Anhöhe, grandios wie eine überirdische Erscheinung. Mal ist sie eine riesige graue Wand, die sich wie ein Felsvorsprung zwischen Viadukte und Überführungen schiebt.

Es ist nicht leicht, ein wenig Ordnung in dieses Chaos zu bringen. Doch lassen sich gewisse Typen, Zonen, unterscheiden, und sei es durch die graduell unterschiedlichen Lebensstandards. Es gibt inzwischen eine Peripherie ohne Eigenschaften, die sogenannten Wohngebiete, deren (trotz aller Sonne) Häßlichkeit allerdings ein rein ästhetisches Moment bleibt. Die Häßlichkeit der stärker von der Masse des Volkes bewohnten Peripherie dagegen weist schon inhumane, gewalttätige, unverständliche, schwer zu interpretierende Aspekte auf.

Die sternförmig aus Rom herausführenden Konsulatsstraßen – die Appia, die Pränestina, die Tuscolana, die Casilina, die Aurelia und so weiter – bilden rund um die eigentliche Stadt – mit ihren zwar komplizierten, aber traditionellen Menschenballungen, mit ihren zwar unentwirrbaren, aber historischen Verknotungen von »Kulturniveaus« – eine andere Stadt, von der man nicht genau weiß, ob sie zentrifugal oder zentripetal ist, ob sie etwas Neues schafft oder ob sie sich um das Alte herum sammelt und sich mit ihm assimiliert wie das riesige Feldlager eines Belagerungsheeres.

Im Augenblick scheint es noch, als sei sie durch Zufall entstanden, als habe sie sich ohne Sinn zu riesigen Ausmaßen vergrößert, als führe sie weder eine wirklich eigenständige, noch eine Randexistenz. Wer dieses Phänomen einer Stadt beobachtet, die von Jahr zu Jahr, von Monat zu Monat, von Tag zu Tag größer wird, muß irgendwann zu dem Schluß kommen, daß man sie nur durch das Auge erschließen kann. Doch dieses visuelle Spektakel ist so bedrohlich, so massiv und lückenlos, daß es scheint, man könne das ganze nur intuitiv durch eine ununterbrochene Reihe von Observationen auflösen. Man möchte fast sagen: durch Bildausschnitte, durch eine Vielzahl von Detailaufnahmen und ebenso zahllose Totalen.

Das visuelle Schauspiel ist also unerschöpflich: vom Monte Mario bis Monteverde, von San Paolo bis zum Appium, vom Pränestinum bis zum Monte Sacro, die Explosion des Bauwesens kennt keine Grenzen.

Genauso schwierig wie es ist, die Formen dieser vorrückenden Stadtfront zu beschreiben, weil man sich tausendmal wiederholen und zugleich tausendmal verschieden ausdrücken müßte, so schwierig ist es auch, die Leute zu beschreiben, die hier wohnen.

In Rom, das ist bekannt, wimmelt es noch von Subproletariat (Trastevere, Borgo Panico, Campo dei Fiori) und infolgedessen von Anarchie und Malavita. Mittlerweile gibt es schon die ersten großen und kleinen Fabriken Roms auf der Tiburtina. Bis vor wenigen Jahren noch war die einzige funktionierende Industrie Roms der Film. Er galt in der ganzen Welt als der Prototyp für die Arbeit in Rom. Der Film ist eine Art von Industrie, die nicht notwendigerweise ein Klassenbewußtsein impliziert, sondern eher die Tendenz hat, den psychologischen Zustand serviler Passivität, den Konformismus fortzuschreiben, der typisch ist für diese Stadt von so junger (und importierter) demokratischer Tradition.

Die Hunderttausende von Bewohnern der neuen Stadtviertel – aber auch die der alten, einst fast bäuerlichen, die von den ersteren umzingelt und geschluckt wurden – gehören, soweit man komplexe Phänomene dieser Art überhaupt definieren kann, einem neuen Typus der römischen Arbeiterklasse an. Diese bewahrt zwar äußerlich ihr klassisches Erscheinungsbild: mit ihrer dialektal und durch Slang geprägten Sprache, mit ihren allgemeinen Verhaltensweisen, mit ihrer skrupellosen Intelligenz, mit ihrer Leichtigkeit und der seltsamen Modernität ihrer Moralvorstellungen. Doch die Mischung aus Anarchie und gesundem Menschenverstand, die ihre Substanz ausmacht, tendiert durch eine immer mehr durch Regeln bestimmte Lebensweise, durch die sehr starke Vermischung mit Immigranten aus dem Norden und dem Süden, durch ein zwar am Rande gelebtes, aber ganz besonders dem »ideologischen Bombardement« des Bürgertums ausgesetztes Leben dazu, sich in eine amerikanisierte Form von Indifferenz und Verdrossenheit zu verwandeln, einen »Standard«, eine obsessive Wiederholung – wenn er sich Hunderttausende von Malen immer wieder aufs neue präsentiert – ein und desselben Menschentypus.

Das Leben in diesen grenzenlosen, so uneinheitlichen und in Gärung befindlichen Vierteln reduziert sich dann auf elementare und monotone Formen.

Dieses Problem des Menschen, der so auf ein Verhältnis Wohn-Peripherie – Arbeits-Zentrum reduziert und zur unaufhörlichen Wiederholung immer derselben Aktionen seines inneren Lebenssystems gezwungen ist, ist zwar hochbrisant, betrifft aber jedenfalls mehr die Zukunft als eine Gegenwart, in der es sich noch konfus präsentiert.

Wer versucht, hinter die Stadtfront zu blicken, für den ist das unmittelbare Problem noch ein anderes, und zwar ein sehr einfaches. Trotz der Eruption des Bauwesens bleibt die Schwierigkeit, eine Wohnung zu bekommen, unverändert bestehen. Die hunderttausend im vergangenen Jahr unnütz konstruierten Wohnungen ändern nichts daran. Hinzu kommt noch die unmittelbar bevorstehende Tragödie der Arbeitslosigkeit unter den Bauarbeitern.

Im Innern hat also die Stadtfront zwei Gesichter: das Gesicht dessen, der baut, und das Gesicht dessen, der wohnt.

Diejenigen, die bauen, sind wenige, und nach dem Skandal um Immobilien und den fortgesetzten Enthüllungen der freien Presse ist allen wohlbekannt, worin deren Vorgehen besteht. Diejenigen, die wohnen, sind dagegen eine enorme Menge, und selbst wenn sie vielleicht stolz sind auf ihre neuen Wohnungen im siebten Stock in einem der hundert Hochhäuser, die sich auf einem Hügel zusammendrängen, schlafen sie immer noch zu viert oder zu fünft in einem Zimmer. Das Streben nach Wohlstand, worauf die ideologische Beeinflussung der herrschenden Klasse abzielt und womit der Beginn der Fernseh- und Flipperära eingeläutet wird (auf den sich auch jene oben genannte Spezies des Amerikanismus gründet), ist in Wirklichkeit wieder nur Unordnung, Misere, Vorläufigkeit. Und dies ist um so schlimmer, gerade weil sich diese in der Form des Wohlstandes, des weniger schlimmen präsentiert – während in Wahrheit aller Anfang noch zu machen ist.

1958. Aus: *Storie della città di dio*. Turin 1995.

Fabrizio Gallanti

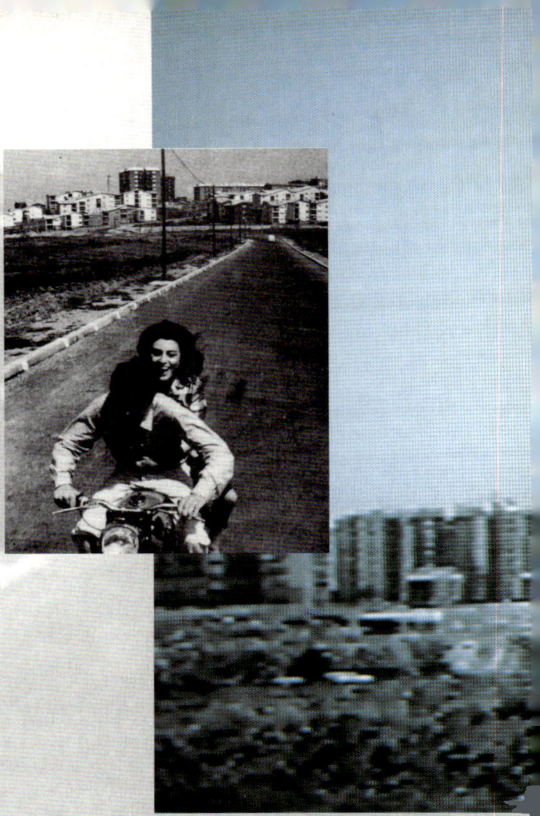

1945-1967 Politische Architektur in Italien, Teil 2

Die italienischen Architekten beteiligten sich parallel zu ihren Aktivitäten innerhalb des Landes nach zwanzig Jahren der Isolation auch wieder an den internationalen Debatten[19]. Man kann behaupten, daß die italienische Kulturforschung sehr eng mit den Ereignissen des letzten CIAM verknüpft war. Anläßlich dieser Kongresse wurden die Probleme formuliert und die Lösungen vorgeschlagen, die das Arbeitsfeld der Architekten in den folgenden Jahren bestimmten. Das grundlegende Thema der ersten Kongresse war der Wiederaufbau: Bridgewater 1947, Bergamo 1949, Hoddesdon 1951, Aix-en-Provence 1953.

Es wurde definiert, nach welchen Grundprinzipien die Eingriffe erfolgen sollten und welche Institutionen und wirtschaftlichen Kräfte die Realisierung gewährleisten könnten.

Einige Architekten, die besonders beschäftigt waren mit der Neuorganisation des CIAM, fanden die Antworten bereits in der »Dichiarazione di La Sarraz« von 1928 und in der »Carta d'Athene« von 1933, die dann 1943 publiziert wurden, und benutzten diese Erklärungen als Kriterienkatalog für den Wiederaufbau.

Aus dem Willen heraus, einen theoretischen und methodologischen Diskurs über Architektur und Städtebau mit internationaler Gültigkeit zu schaffen, entstand innerhalb des CIAM eine Tendenz, die verschiedenen Sprachen und Symbole zu vereinheitlichen. Gerade die italienische Architektur hatte sich von den gemeinsamen Themen innerhalb der internationalen Szene entfernt und andere Positionen in die Auseinandersetzung eingebracht: mit Zevi und Rogers bezüglich der Architekturtheorie, mit den Bebauungsplänen von Assisi, Padua, Pavia, Urbino, Siena und Bergamo bezüglich des Städtebaus und dem Verhältnis zur Stadt im allgemeinen, mit den Arbeiten von BBPR, Gardella, De Carlo und dann Gae Aulenti, und von Gabetti und Isola in bezug auf das formale Erbe der Moderne.

Auf dem Kongreß von Bergamo wurden zwei Ansätze innerhalb der Forschung gegenübergestellt, die zwischen den beiden Kriegen entstanden waren: der Standpunkt von Giedion und dem von Bruno Zevi. Sie unterschieden sich vor allem in dem Urteil, was man für die »Moderne« zu halten hätte. Zevi war davon überzeugt, daß sich die Architektur in einer »post-rationalistischen« Phase befand und folgerte, daß die Veranstaltungreihe des CIAM deshalb zu beenden sei. Die Überlegungen innerhalb des CIAM gingen in die entgegengesetzte Richtung; man postulierte die »Entwicklung einer neuen Tradition.«[20]

Unter dieser Vorgabe lassen sich auch die Überlegungen von Ernesto Nathan Rogers, seine kritische Einstellung gegenüber dem Erbe des *Movimento Moderno*, einreihen. Rogers knüpft an der Hervorhebung eines ethischen Ergebnisses in der Architektur an, wie sie von Pagano und Persico vertreten wurde.

Er vertrat die Meinung, daß man den abstrakten Schematismus der »modernen« Sprache überwinden müsse, um zu einer neuen Stufe der Modernität innerhalb der Architektur zu gelangen. Es seien vor allem die methodologischen und moralischen Lehren, die man bei den großen Meistern des *Movimento Moderno* lernen und fortführen müsse, mehr noch als ihre formalen Vorschläge. Rogers folgt den phänomenologischen Ansätzen von Antonio Banfi und Enzo Paci, indem er die Idee der Krise in den Mittelpunkt seiner Überlegungen stellt. Die Modernität verlange eine andauernde Krise und ständige Korrekturen; Rogers stellt also zwei scheinbar widersprüchliche Konzepte in das Zentrum seines Gedankens: Beständigkeit und Krise. Er entscheidet sich für beide Konzepte. In seinem gleichnamigen Artikel stellt Rogers fest, daß man – wenn man die Geschichte als Prozeß begreift – sagen könnte, daß es immer Kontinuität und immer Krisen gibt; entscheidend sei nur, ob die Bestän-

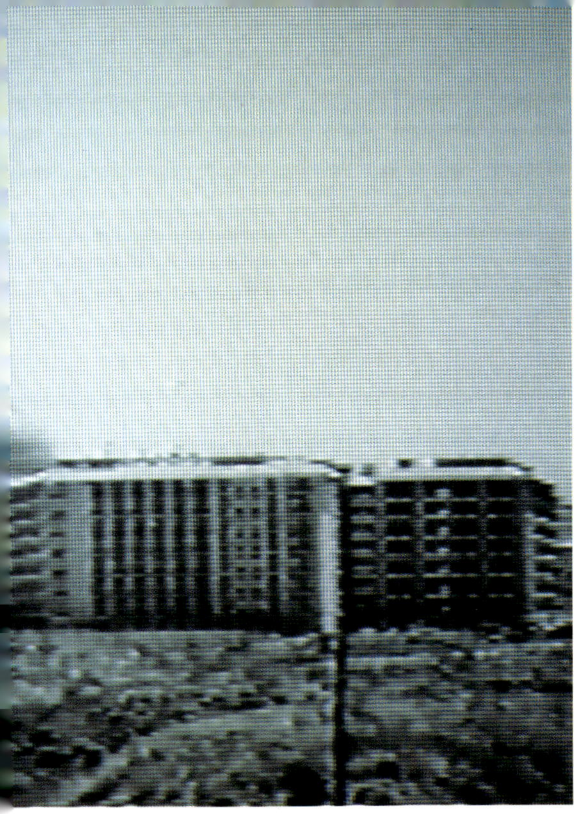

Mamma Roma, 1962

digkeiten oder die Veränderungen akzeptiert werden.[21] In jedem Fall kommt der Architekt angesichts dieses Dilemmas zu dem Schluß, daß in den noch nicht ausgeschöpften Horizonten des *Movimento Moderno* Kontinuität steckt.

Die Konzepte, die Rogers wieder in die italienische Kultur und – durch seine Rolle innerhalb des CIAM – in die internationale Debatte einführt, heißen Tradition, Geschichte, Umwelt und Monument. Für Rogers bedeutet Tradition nichts anderes als die Gegenwart aller Erfahrungen. Er hat diese Zurückbesinnung auf die Geschichte zu den Ideen des *Movimento Moderno* überführt und schreibt:

»Wir mußten den Sinn der Tradition wiederfinden. Obwohl er in den Werken der modernen Architektur immer gelebt hat (aufgrund des einfachen Tatbestandes, daß die Modernität in jedem Fall ein Akt der Kultur ist), ist dieser Sinn vorübergehend von der Polemik der revolutionären Aktion ins Abseits gedrängt worden. Mit dieser Polemik mußten sich (scheinbar) alle Aktionen umgeben, die gegen die akademische, nostalgische und reaktionäre Bildungsprotzerei antraten.«[22]

In diesem Zusammenhang bekam auch das Thema »Umwelt« innerhalb der italienischen Kultur eine wichtige Bedeutung: Gemeint ist die Achtung gegenüber dem städtebaulichen Kontext, vor allem in den Altstädten, in denen neue Architektur eingegliedert wurde und damit augenscheinlich die komplexe Vergangenheit und Tradition gekreuzt wurden.

Rogers überführte die Sensibilität gegenüber den Altstädten in das Konzept der »Präexistenz von Umwelt«, das sowohl an eine respektvollere Vorstellung von der traditionellen Stadt gebunden war, als auch an das – übrigens ebenfalls von Gramsci postulierte – Verlangen nach einer engen Beziehung zur bestehenden Wirklichkeit.

»Der Kosmopolitismus handelt im Namen eines allgemeinen und nicht sehr tiefgründigen Gefühls, wenn er die gleiche Architektur in New York, Rom, Tokio oder in Rio errichtet, auf dem Land oder in der Stadt. Wir müssen versuchen, gegen diesen Trend unsere Werke mit der bestehenden Umgebung – sei es die Natur oder das, was der menschliche Geist in der Geschichte erschaffen hat – in eine Harmonie zu bringen.«[23]

Der komplexe Standpunkt von Rogers kann mit der folgenden Aussage zusammengefaßt werden. »Wir glauben immer noch an die Nützlichkeit eines ideellen Kampfes im Bereich der Architektur; ein Kampf um ihre fundamentalen menschlichen, politischen und gesellschaftlichen Inhalte in einem antifaschistischen, demokratischen und fortschrittlichen Sinne.«[24]

Die Arbeit von Rogers offenbart den Versuch, eine zeitgemäße Theorie der Architektur aufzubauen, die auf die internen Notwendigkeiten der Disziplin antwortet. Gleichzeitig orientiert sich diese Theorie an den gesellschaftlichen, kulturellen und politischen Zielvorstellungen, die von der oppositionellen Linken in Italien als Antwort auf das Erstarken des Kapitalismus gesetzt wurden: Rogers erkannte in der Architektur nicht nur einen formalen und ästhetischen Tatbestand, sondern auch ihre menschliche und gesellschaftliche Bedeutung.

Dieser kulturelle Ansatz von Rogers deutet darauf hin, daß er sich von einigen eigenen Standpunkten innerhalb des *Movimento Moderno* und des CIAM entfernt hat. Stattdessen hat er sich einigen Exponenten des »Team X« angenähert – besonders mit Smithson teilt er die Einstellung gegenüber den sogenannten »Meistern« der Architektur.[25]

Das intensive städtebauliche Schaffen in den 50er Jahren, insbesondere für die kleinen italienischen Städte, läßt erkennen, daß viele der thematischen Schwerpunkte von Rogers innerhalb der Kultur Italiens einen hohen Stellenwert eingenommen hatten.

In der Mitte der 50er Jahre wa-

[19] »Die italienische Architektur hat nach der Befreiung, die eine sehr lebendige Kulturdebatte und eine Wiederaufnahme radikaler Kritik auslöste, wieder Anschluß an die internationale Szene gefunden. Auch wenn die städtebauliche Bilanz kastastrophal erschien (›In Moskau‹, sagte Piccinato - ›werden wir erklären, daß wir trotz allem dieses Chaos einem Mangel an Freiheit vorziehen, und wir werden hinzufügen, daß wir demokratisch planen müssen, um diese Freiheit zu erhalten.‹), so zeigt sich auf dem Gebiet der Architektur eine positive Bilanz. Hier spiegeln sich die schöpferische Vitalität der Nachkriegszeit, die Errungenschaften und Hoffnungen, aber auch die Illusionen in dem kulturellen Klima, das aus der Widerstandsbewegung emporgestiegen ist.« Bruno Zevi: »Spettro del provincialismo. Italiani cannocchiale alla rovescia«. In: *L'Espresso*, 24. April 1958.

[20] Das ist der Untertitel des Buches *Raum, Zeit und Architektur*, das Giedion 1941 in den Vereinigten Staaten publizierte. Sigfried Giedion: *Space, time and architecture; The growth of new tradition*. Cambridge 1941.

[21] Ernesto Rogers: »Continuità o crisi«. In: *Casabella-Continuità*, Nr. 215 April-May 1957.

[22] Ernesto Nathan Rogers: *Esperienza dell'architettura*, Turin 1958, S. 251.

[23] Ernesto Nathan Rogers, *Esperienza dell' architettura*, a.a.O., S. 139.

[24] ebd., S. 187.

[25] In *Esperienza dell'architettura* sind sehr gelungene Portraits von den vier Grundpfeilern der Architektur zu lesen: Frank Lloyd Wright,

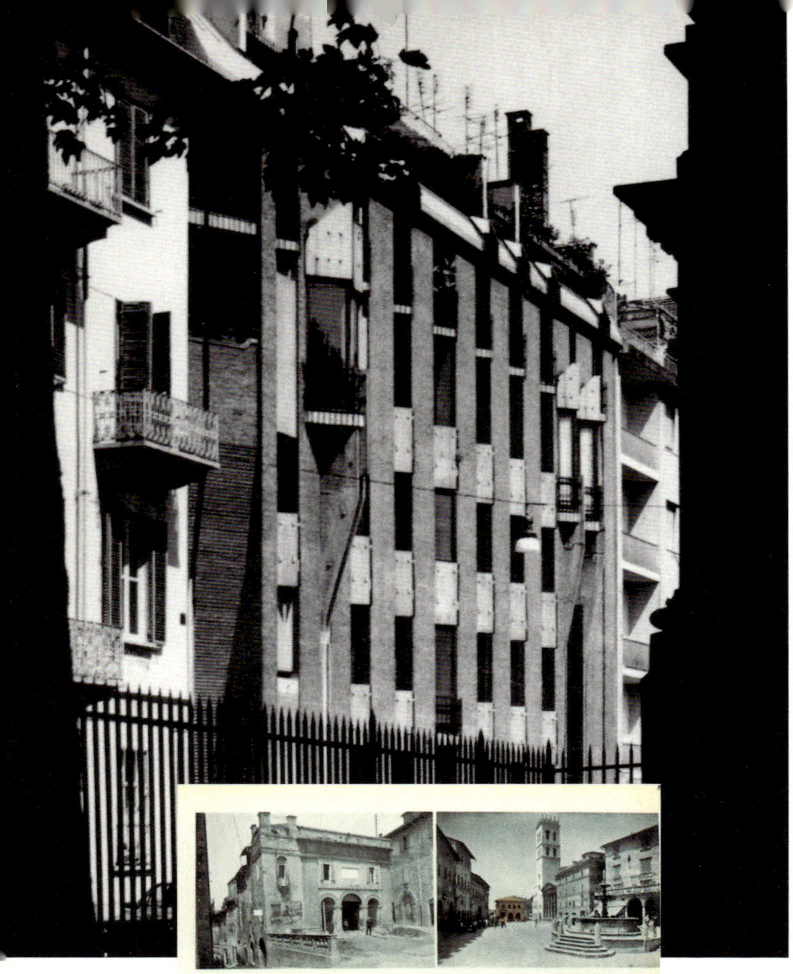

Roberto Gabetti und Aimaro Isola
Bottego d' Erasmo in Turin, 1953.

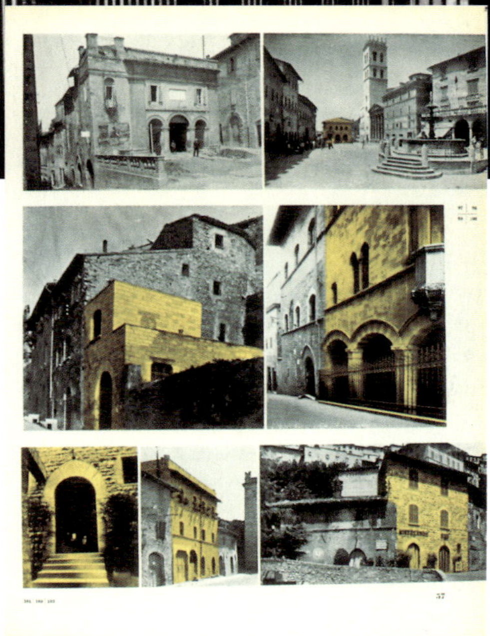

Giovanni Astengo
Bebauungsplan von Assisi, 1955.
Analysetafel zu Elementen aus dem 19. Jahrhundert, die in die mittelalterliche Architektur der Stadt eingegliedert wurden. Sie gehört zu einem photographischen Kartenwerk, in dem mit großer Sorgfalt die Schätze der Stadtarchitektur Assisis erfaßt worden sind.

ren die Architekten bereits konfrontiert mit den Fragen des Wiederaufbaus und oft auch mit der Konstruktion von ganzen Wohnvierteln, in denen die Landbevölkerung in den Städten integriert wurde. Für diese Architekten entwickelte sich die Achtung vor der traditionellen Stadt zum hervorragenden Thema. Vor dem Hintergrund der Entflechtungstheorien, der Zerstörung des alten Gebäudeverbundes, angesichts des gesamten Konvoluts der städtebaulich-hygienischen Vorschriften aus der funktionalen Architektur haben die italienischen Stadtplaner eine minuziöse Forschungsarbeit über den baulichen und gesellschaftlichen Bestand erstellt und damit eine Methodologie für die Analyse und die Eingriffe in den Körper der Altstädte geschaffen.

Dieser Standpunkt in der Architektur bedeutete eine politische Stellungnahme. Er zielte darauf, die Verwandlung der Stadt durch Spekulation zu verhindern. Man versuchte, die Stadt als Ort des Kollektivs, als Ausdruck einer freien Gesellschaft und des gemeinschaftlichen kulturellen Erbes zu verteidigen.

Der Titel des CIAM von Hoddesdon im Jahr 1951 lautete: *The heart of the city*. Dabei erschienen die analytischen und zielsetzenden Formulierungen der alten Garde des CIAM geprägt von einem arkadischen Idealismus. Sie waren weit entfernt von einem Bewußtsein über die tatsächlichen Veränderungen innerhalb der städtischen Wirklichkeit, die sich vor den Augen der Architekten ereigneten. Nachdem die modernen Architekten beinahe eine völlige Gleichgültigkeit gegenüber den historischen Stadtzentren gezeigt hatten, führte nun ein verspäteter Sinneswandel dazu, über dieses Thema wieder nachzudenken. Es entstand die Theorie, die neuen Siedlungen mit einem Zentrum auszustatten, dem »cuore«. An diesem Ort sollte die Gemeinschaftlichkeit wieder sichtbar werden. Hier wird die Qualität des öffentlichen Raumes charakterisiert durch den monumentalen Eindruck der öffentlichen Institutionen, die ihn umschließen und umgekehrt.

Die Einrichtung dieses »Herzens« sollte eine Antwort sein auf die wachsende Entfremdung in den neuen Stadtvierteln, die im Geiste des Funktionalismus entstanden waren. Das »Herz« sollte die gleichen gesellschaftlichen und räumlichen Werte der alten Stadtzentren präsentieren (dazu wurden insbesondere die italienischen Altstädte untersucht), fast so, als besitze dieses sogenannte »Herz« der Stadt eine magische, ja wundertätige Kraft.

Im Lauf der 50er Jahre entstanden nacheinander die Bebauungspläne für die größten italienischen Städte – und dennoch sind die Pläne für die kleineren Städte die interessanteren: Ivrea, 1951 von Quaroni; Padua, 1954 von Luigi Piccinato; Siena, 1954 ebenfalls von Piccinato zusammen mit

Bottoni und Luchini; Assisi, 1955 von Giovanni Astengo und 1958 Urbino von De Carlo.

Diese Pläne beschäftigen sich auf sehr unterschiedliche und subjektive Weise mit den Problemen der Altstadt und der Frage, wie man sie in die laufende Veränderung der Städte integrieren kann.

Die Achtung vor denen, die an diesen Orten wohnten, nahm noch vor der aufmerksamen und detaillierten Bewertung der Morphologie und des Konservierungszustands der von Hand errichteten Gebäude die wichtigste Stellung ein, weil man die wechselseitige Beziehung zwischen den Einwohnern und den Vierteln einer Stadt erkannt hatte. Insgesamt unterscheiden sich die Lösungsvorschläge aber stark voneinander, und es gab keine einheitliche Forschungslinie.

1960 wurde dann in Gubbio ein Symposium des italienischen Institutes für Städtebau abgehalten; sein Thema war Rettung und Restaurierung der künstlerisch wertvollen Altstädte. Mit dieser Haltung setzte man sich klar ab von den Grundpositionen des CIAM. Dort standen die Ansätze von Le Corbusier im Vordergrund, der in den Altstädten hauptsächlich ein technisches und hygienisches Problem sah, dessen logische Lösung in ihrer Zerstörung lag. In den Arbeiten der italienischen Städteplaner, aber auch bei einigen Mitgliedern des CIAM, insbesondere Aldo van Eyck, beginnt sich dagegen eine Vorstellung von der Stadt zu verfestigen, die nicht mehr dem rein funktionalistischen Sinn folgt, sondern sensibilisiert erscheint in bezug auf die psychologischen und anthropologischen Fragestellungen.

Am Ende des Jahrzehnts steht die italienische Architektur im Mittelpunkt der Debatten, die die internationale Architektur erschüttern. Sie konzentrieren sich auf zwei besondere Begebenheiten: die Publikation des bekannten Artikels von Reyner Banham über den Stil des »Neoliberty« und den letzten Kongreß des CIAM in Otterlo von 1959.

Dabei wurden von außen einige Fragestellungen erweitert, die bereits innerhalb italienischer Diskussionen behandelt wurden. Es geht insbesondere um die Polemik gegenüber der sogenannten »Giovani delle colonne« (»Die jungen der Säulen«)[26] aus dem Jahr 1955 und das Erscheinen der Nummer 215 von *Casabella* aus der Werkstatt von »Erasmo di Torino«. Diese Edition wurde begleitet von einem offenen Brief mit dem Titel Die *Verpflichtung der Tradition*, in dem von den Architekten Gabetti und Isola der Wunsch bekräftigt wird, bestimmte Schlußfolgerungen des *Movimento Moderno* zu verwerfen oder zumindest zur Diskussion zu stellen.

In Italien war bereits eine Neubewertung der Moderne in Gang gekommen, die eigentlich auf den Positionen und Ansätzen von Rogers basierte und nun über seine Ansätze hinausging und in »anderen« Traditionen ihre Bezugspunkte für den Aufbau von Architektur und Stadt suchte. (Rogers kritisierte übrigens in der gleichen Ausgabe des Magazins den »Neoliberty«, in der die ersten Projekte dieser Strömung vorgestellt wurden.)

»Das, was Empörung hervorruft, ist die Behauptung der Niederlage des *Movimento Moderno*, seiner ethischen Ideale, die als überflüssige, formale Diät verstanden werden. Schließlich schien die Wiedergewinnung der freigehaltenen Werte durch die Gründerväter nicht dazu zu führen, daß die Burg des *Movimento Moderno* einstürzte, jeder Überfall in andersgläubige Linguistik war gerechtfertigt und zu begrüßen.«[27]

Auf den Seiten der *Architectural Review* erschien im April 1959 der berühmte Artikel von Banham.[28] In ihm wurde der Verrat an der Architektur der Moderne nicht nur auf die jungen Repräsentanten des sogenannten »Neoliberty« bezogen; Reyner Banham identifizierte auch einige Brudermörder: BBPR mit ihrer Torre Velasca, Figini und Pollini mit einem Haus in der Mailänder Via del Circo, Gardella mit seiner Casa alle Zattere in Venedig und die ganzen großen Namen des italienischen Rationalismus mit dem italienischen Pavillon auf der Weltausstellung in Brüssel.

Der Kern seines Angriffs bestand im wesentlichen aus zwei Themen. Das erste umfaßte eine Kritik des »Liberty« und dessen kulturelle und ästhetische Bezugspunkte angesichts der jüngsten Generation der Entwürfe. Sein zweites Thema fand er in der Betonung der stilistischen Wertigkeiten des »Liberty«, in der Aufgabe der Verpflichtung und des Engagements auf seiten der italienischen Architekten. Banham sieht diese Werte durch

Walter Gropius, Le Corbusier und Mies van der Rohe. Rogers bemüht sich, diplomatisch ein einheitliches Bild zusammenzusetzen, indem er die Figuren der Meister auf brillante Weise zusammenfügt – wohl wissend, daß die Stimmen in seinem Chor nicht im Einklang stehen. Das konzeptionelle Instrument, das Rogers anwendet, um diese Gegensätze zwischen den unterschiedlichen Persönlichkeiten zu überwinden, ist die Entdeckung eines methodologischen Prinzips, das sich Rogers bei Gropius entliehen hat. Erst durch bestimmte methodologische Prinzipien von Gropius wurde über die Beiträge und Poetiken der einzelnen hinaus für Rogers die Einheit der Moderne ermöglicht.«
Pierluigi Nicolin: *Notizie sullo stato dell'architettura in Italia*, a.a.O., S. 49.

[26] »Es kam vor einiger Zeit dazu, daß in einer Schule für italienische Architektur eine Gruppe von Studenten des Kompositionskurses plötzlich damit begonnen hat, Entwürfe mit Säulen, Kapitellen und geblümten Fialen zu zeichnen (unter ihnen waren Aldo Rossi, Guido Canella, Giorgio Grassi) (...) Deshalb ruft diese kurz zurückliegende Rebellion – die Rebellion der Jungen mit den Säulen – keine besondere Überraschung hervor. Andererseits, in ihrer ersten Bewegung, hat diese Rebellion auch etwas Positives. Vor allem, weil sie die Konvention des Konformismus und der kleinen Verschlagenheit zurückweist, der das Umfeld der Schule korrumpiert. (...) Ihre Säulen besitzen keinerlei neuen Inhalt; sie sind immer noch die gleichen, alten Säulen des Eklektizismus, die gewohnten Symbole, die Bürokratie, Diktatoren und Banker dazu benutzen, um die Verherrlichung des universellen Menschen zu beweinen. Das Problem der zeitgenössischen Architektur hat aber gar nichts mit dem universellen Menschen zu tun. Der einfache Mensch ist immer verschieden und braucht Häuser, Schulen, öffentliche Gebäude, Straßen, Plätze, Stadtviertel u.s.w.; für verschiedene Umfelder, Situationen und Umstände. Diese Probleme löst man nicht durch ein Wunder, indem man eine bereits mumifizierte Sprache wieder hervorholt. Alle architektonischen Fakten, die vor uns entstanden sind, müssen einer rigorosen und tiefgehenden Kritik unterzogen werden, um die Mittel besser zu verstehen und unterstützt zu werden von den Leuten, für die wir arbeiten wollen, damit wir in der Gesellschaft, in der wir leben, den Sinn des Architektenberufs klarer fassen.« Giancarlo De Carlo: »Problemi concreti per i giovani delle colonne«. In: *Casabella-Continuità*, Nr. 204, 1955.

[27] Tafuri: »Storia dell'architettura italiana 1944-1985«, a.a.O., S. 72.

[28] Reyner Banham: »Neoliberty: The italian retreat from modern architecture«. In: *Architectural Review*, Nr. 747, April 1959.

eine Rückbesinnung auf den bürgerlichen Geschmack ersetzt, der durch ein veraltetes Zurückfallen in manieristische und redundante Formeln befriedigt wurde.

Erinnernswert ist seine hämische Randbemerkung: »Auch gegenüber den schlicht provinziellen Standards in Turin und Mailand erscheint der Neoliberty als ein infantiler Rückschritt.«

Die zentrale Stellung der italienischen Kultur, wenn auch in einem negativen Sinn, wurde durch den Ablauf des CIAM in Otterlo bestätigt.

Bereits seit 1953 wurde auf den Kongressen und innerhalb der Strukturen, die sie organisierten, der Sinn des eigenen Fortbestehens in Frage gestellt.

Einer der möglichen Gründe für diese Neubewertung der Rolle des CIAM bestand darin, daß sie bei der Ausarbeitung der rationalen Architektur in den Entwicklungsländern beteiligt war.

In der Auseinandersetzung mit der gesellschaftlichen und technologischen Wirklichkeit in diesen Ländern – zu denen in gewisser Weise auch Italien gehörte – erwiesen sich die ideologischen und formalen Ansätze des Rationalismus, die auf den Kongressen verbreitet wurden, in ihrem universellen Anspruch als angreifbar.

Die zukünftigen Mitglieder der Gruppe »Team X«, unter ihnen De Carlo, stießen auf der neunten CIAM in Aix-en-Provence auf die Bewunderung der CIAM-Gruppen »Atbat« und »Gamma« aus Marokko, weil sie eine besondere Sensibiliät gegenüber einer Architektur zeigten, die annähernd eine Antithese zu einigen Dogmen des Rationalismus darstellte.

Man kann die tiefe Krise des CIAM vielleicht als eine allgemeine Krise des Modernismus deuten: Der »International Style«, seine Sprache und vor allem seine Produktionsmittel konnten sich nicht an die gesellschaftlichen und kulturellen Gegebenheiten anpassen, geschweige denn gegen sie durchsetzen, die soweit weg von dem Humus lagen, der diese Theorie genährt hatte.

Man kann nur unterstreichen, daß die rationalistische Architektur aufgrund der Orthodoxie einiger ihrer Aspekte nur in eine Gesellschaft paßte, die bereits fortschreitend industrialisiert war. Gleichzeitig experimentierten die sensibleren Architekten in den Ländern der Dritten Welt – oder der halbwegs Ersten, wie im Italien der 50er Jahre – mit einer Anpassung an oder auch mit einer Verzerrung der kompositorischen Syntax des Rationalismus.

Nach einer langen Folge von Verschiebungen wurde der nächste Kongreß des CIAM 1959 in Otterlo abgehalten. Im Gegensatz zu den vorhergehenden Veranstaltungen hat man sich, aufgrund des Themas der Diskussion, nur mit den Arbeiten der Delegierten auseinandergesetzt. Außerdem wurden zwei externe Mitglieder eingeladen; Louis Kahn und Kenzo Tange.

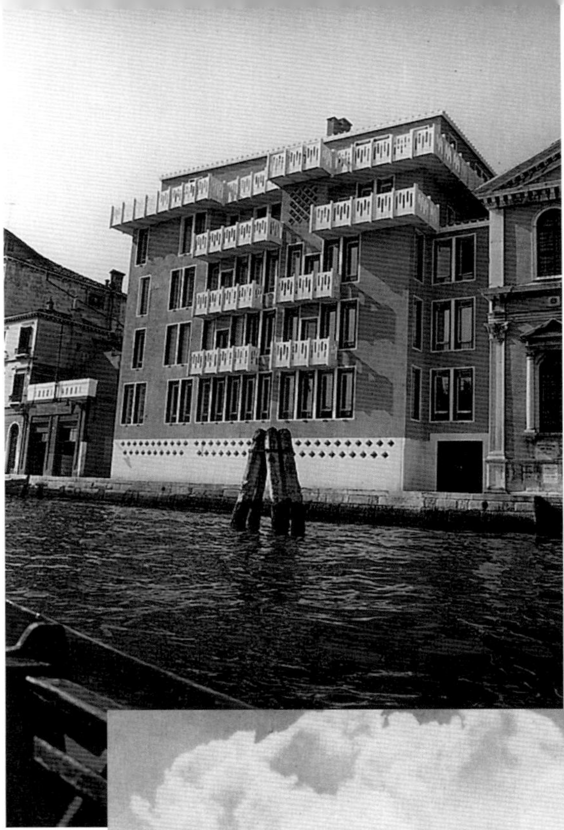

Ignazio Gardella
Casa alle Zattere in Venedig, 1958

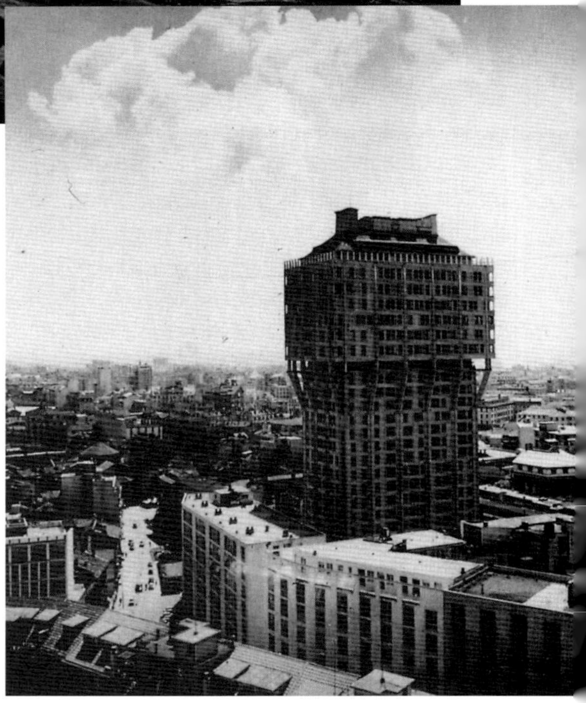

Torre Velasca in Mailand, 1957

In Otterlo wurden die Entwürfe von Rogers für Torre Velasca, die von Gardella für die Mensa von Olivetti in Ivrea, einige Häuser von Vico Magistretti in Arenzano und die Pläne von De Carlo für ein Gebäude mit Wohnungen und Geschäften in Matera scharf kritisiert. Man hielt die italienischen Architekten für Verräter an der modernen Architektur und erkannte in ihnen die eigentlich Verantwortlichen für die Auflösung des CIAM. Die Teilnehmer des Kongresses erinnern sich jedenfalls, daß man diese am Ende der Veranstaltung beschlossen habe.[29]

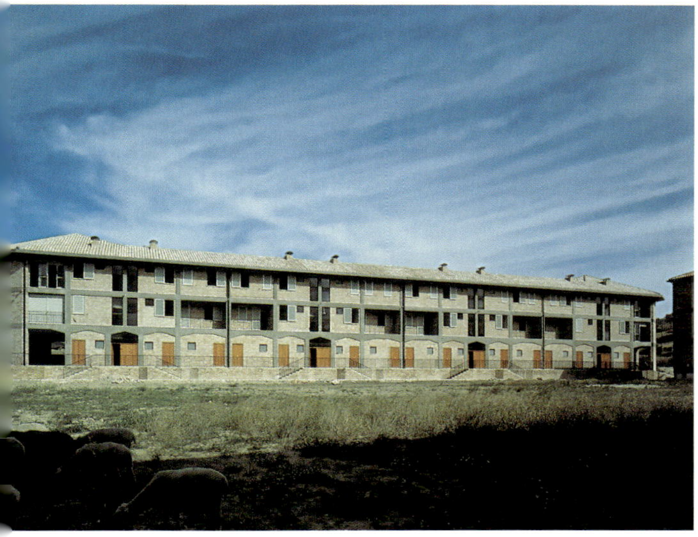

Giancarlo de Carlo
Wohnhäuser und Geschäfte in Matera, 1956/57

In den 60er Jahren haben sich einige Untersuchungen mit der ethischen Berufseinstellung des Architekten und Städteplaners auseinandergesetzt, wie sie sich bei Pagano, Persico, Rogers und innerhalb der verschiedenen organisierten Gruppen zeigte.

Die Forschungen von Giancarlo De Carlo[30] in bezug auf die Frage der Partizipation schienen eine mögliche Antwort zu bieten auf die fragwürdige Rolle des Architekten gegenüber der Gesellschaft. De Carlos kulturelle Aktivitäten haben in der italienischen Architekturdisziplin eine Reihe von neuen politischen Fragen eingeführt, (die sich von dem Kontext unterschieden, in dem man gewöhnt war zu arbeiten).

De Carlo hat eine Öffnung der Architektur bewirkt, die sich auf die Entstehung des Entwurfes bezieht und auf die Rolle des Architekten, der sich als Intellektueller mit der Gesellschaft auseinandersetzt. De Carlo scheint, wenn man dem kritischen Urteil von Manfredo Tafuri gegenüber dem Verhältnis der italienischen Architekten zur Macht folgt, in seiner eigenen beruflichen Praxis die Probleme im Verhältnis zwischen den Intellektuellen und der Gesellschaft überwunden zu haben.

In seiner gesamten planerischen Arbeit der 60er Jahre sucht De Carlo nach den Strukturen für eine echte Partizipation der Bevölkerung an den Entscheidungen über ihr Territorium und über ihre Stadt.

Die konkrete Umsetzung dieser Zielstrecke bildet das Quartiere Matteotti in Terni (1969-1975). De Carlo erreicht, daß sein Entwurf fortlaufend von den Arbeitern des Stahlwerks korrigiert wird, die später in den Häusern wohnen werden.

Der Städtebau und die Architektur der »Partizipation« haben in dem Moment ihr Ziel erreicht, wenn sie mithelfen, Ungerechtigkeiten aufzudecken, und »das Bewußtsein über die Rechte« erzeugt, »die man nicht wagte einzufordern, einen Teil zu umreißen, der bisher unbekannt war und von diesem Moment an zum Ziel wird«.[31]

Die partizipatorische Stadtplanung offenbart eine differenzierte Gesellschaft und schafft ein Abbild der unterschiedlichen Hierarchien und gesellschaftlichen Kategorien. Aus diesen Gründen enthält sie einige Aspekte einer Utopie. De Carlo zitiert einen Satz von Le Corbusier, um die Architektur der Zukunft zu definieren: »L'utopie, c'est la realité de demain.« (Die Utopie ist die Zukunft von morgen.)[32] Damit will er die Utopie gegen einen Realismus stellen, der zur unkritischen Anpassung führt, einer Verflachung der Überlegungen und Vorstellungen über den Zustand der Dinge. In der Utopie ist die partizipatorische Stadtplanung eine der Gelegenheiten, bei denen sich die gesellschaftliche Vorstellungskraft entfalten kann, bei der die gesellschaftlichen, individuellen und kollektiven Träume angehört, ausgearbeitet und umgesetzt werden, und bei der ein Raum für den Aufbau einer »civitas« existiert.

»Meiner Ansicht nach wird die Architektur der Zukunft von einer immer größeren Partizipation der Bewohner an der organisatorischen und formalen Definition charakterisiert sein. Oder – ich bemühe mich

[29] Wenige Zeitungsnotizen erschienen in einigen spezialisierten Magazinen und verwiesen auf das Ende des CIAM, als wenn es sich um eine Randmeldung handelte: »Nei CIAM precluse le idee«. In: *Architettura*, Nr. 44, Mai 1959 (die Zeitschrift wurde von Bruno Zevi herausgegeben); Ernesto Nathan Rogers: »I CIAM al museo«. In: *Casabella*, Nr. 232, Oktober 1959; »Rencontre des CIAM à Otterlo«. In: *Architecture d'aujourdhui*, Nr. 86, Oktober-November 1959; »Ressurection move fails at Otterlo«. In: *Architectural Review*, Nr. 755, Januar 1969; Bruno Zevi: »La morte del CIAM e la nascita dell'istituto Nazionale di Architettura«. In: *Architettura*, Nr. 51, Januar 1960.

[30] Die Idee, daß die künftigen Nutzer bereits an der Definition eines Entwurfes teilnehmen sollten, hat De Carlo bereits 1953 bei einem Wettbewerb für einen Wohnkomplex bei Cesate eingebracht. 1954 hat er, zusammen mit Carlo Doglio und Ludovico Quaroni, für die zehnte Triennale eine Ausstellung über den Städtebau organisiert. De Carlo arbeitete zusammen mit Elio Vittorini an dem Drehbuch für drei Kurzfilme, die den Betroffenen zeigen sollten, welche Gefahren in der Stadtplanung stecken – obwohl man sie nicht für ein wichtiges Thema hält. Seine Rolle als Intellektueller wurde auch deutlich bei seiner Präsidentenschaft über den Msa von 1955 bis 1958 und seine frühere Teilnahme am CIAM und später als einziges italienisches Mitglied des »Team X«.

[31] Franco Infussi: »Intervista sull'urbanistica«. In: *Interviste sull'urbanistica. Ipotesi sulla crisi idisciplnare*, Examensarbeit, Mailand 1979-1989.

[32] Monica Perin: »Giancarlo De Carlo. Un progetto guida per realizzare l'utopia«, a.a.O.

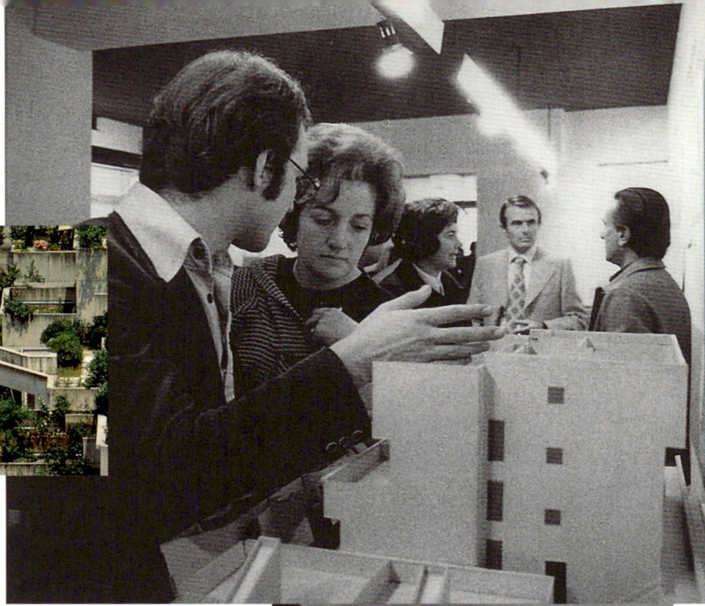

Giancarlo de Carlo
Matteotti-Viertel in Terni, 1969–74
Ausstellung, mit der das Viertel seinen zukünftigen Bewohnern präsentiert wurde

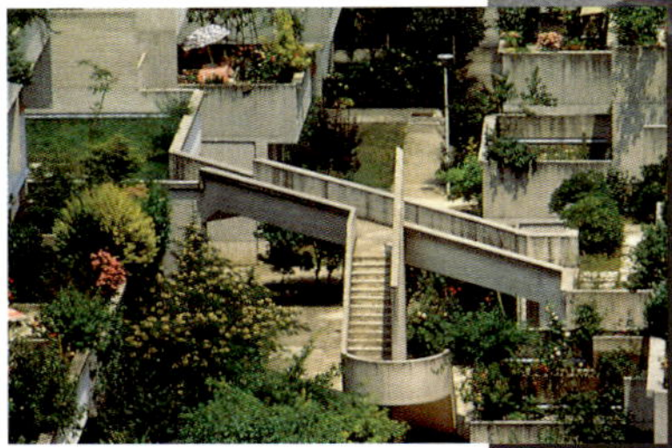

Guido Canella
Stadtzentrum von Segrate, 1965

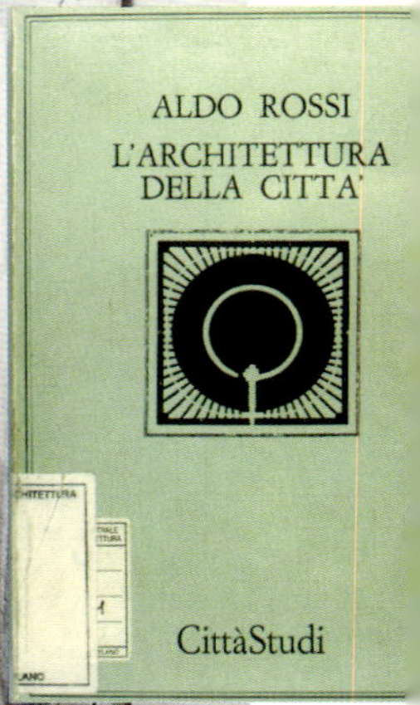

Aldo Rossi, L'architettura della città (Die Architektur der Stadt). Mailand 1966

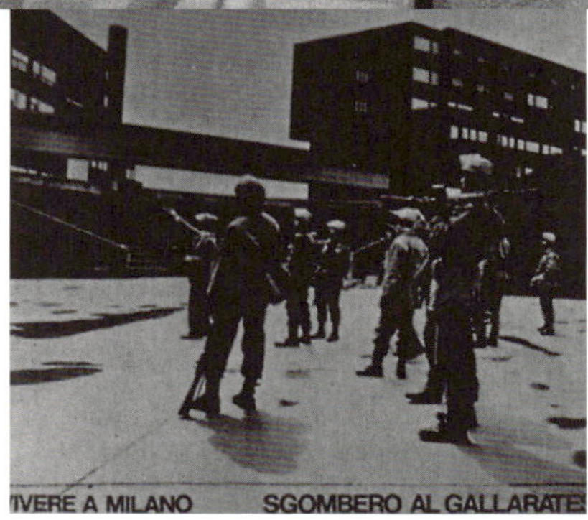

Giancarlo de Carlo
Matteotti-Viertel in Terni, 1969–74

jetzt, nicht das, was passieren wird mit dem zu verwechseln, was ich gerne sehen würde – ich würde sagen, daß sich die zeitgenössischen Architekten sehr anstrengen müssen, weil die Architektur in den nächsten Jahren immer weniger Ausdruck von dem sein wird, der sie entwirft, sondern immer stärker den darstellt, der sie benutzt.«[33]

Eine zweite Forschungsrichtung hat an an der Peripherie das Bauland für die Arbeiterstädte ausgemacht – im bewußten Gegensatz zur bereits festgefügten Stadt. In diesem Zusammenhang erweist sich die umfassende Forschung von Guido Canella über das Mailänder Hinterland bedeutsam für die Bestimmung seiner Architektur. Seine Arbeiten vom Ende der 60er und vom Anfang der 70er Jahre, die Entwürfe für das Bürgerzentrum in Segrate von 1965 und für die Schule Pieve Emanuele in Noverasco von 1971 zielen darauf ab, in dem anonymen Gelände um Mailand zentrale Plätze für eine neue Gemeinschaftlichkeit zu schaffen. Canella hat in der Infrastruktur, den Schulen, Bürgerzentren, Bibliotheken und kommunalen Behörden Instrumente erkannt, mit denen die Zersplitterung der Stadt und die Auflösung von Beziehungsstrukturen verhindert werden können, die aus dem Verlust von kontextuellen Werten an der Peripherie entstehen.

An dieser Stelle spielen die Thesen von Rogers zum Monument und zur Umwelt wieder eine Rolle – allerdings in einer Umgebung, in der der Wert der sogenannten »präexistenten« Umstände fast gleich Null ist. Canella orientierte sich an den formalen Studien von Gabetti und Isola, von Gae Aulenti und den »Jungen« der 50er Jahre. Er fügte Bruchstücke aus verschiedenen Architekturen zusammen, übte sich im Eklektizismus und schuf provokative Montagen. Die formalen Elemente, die Canella in seiner Architektur verwendet, verweisen auf ihre klare Aufgabe: Diese Architektur soll in die Stille der Peripherie die eigene kulturelle Rolle herausschreien, die aus der Versammlung des alltäglichen Lebens innerhalb der Funktionen besteht, die sie beherbergt. Im Werk von Canella überlagern sich verschiedene Codices: die Architektur des Expressionismus, die Lehren der ersten großen Meister der Moderne wie Gaudi und die Schule von Amsterdam und Le Corbusiers Studien zum »Brutalismus« spiegeln Canellas Auseinandersetzung mit dem Gebiet der Peripherie wider, auf dem er einen beständigen Strom gegensätzlicher Bilder und Erscheinungen ausgemacht hat.

Auch das letzte Werk aus dieser Epoche entstand an der Mailänder Peripherie. Es handelt sich um das Gallaratese, ein Stadtviertel, das 1967 von Carlo Aymonino geplant und zwischen 1970 und 1973 realisiert wurde. Aymonino hatte auch an der Planung des Viertels Tiburtino mitgewirkt. Dieser Entwurf kann wie ein Essay verstanden werden, der sich mit dem Ansatz von Aymonino zur Formierung einer Stadt aus »vollendeten Teilen« beschäftigt.

Der Komplex, zu dem auch ein Wohnhaus von Aldo Rossi gehört, erscheint wie das Bruchstück einer Metropole, das in der Leere der Mailänder Peripherie treibt. Dabei ist die Vorgehensweise von Aymonino jener von Canella nicht unähnlich, auch wenn ersterer sich an dem formalen Rigorismus der rationalen Architektur aus den 30er Jahren orientiert und nicht – wie Canella – formal aus dem 19. Jahrhundert schöpft. Aymonino hat Elemente aus der Altstadt zusammengestellt: den Portikus, ein Freiluft-Theater und öffentliche Plätze. Sie mischen sich mit Elementen der Moderne, wie einer innenliegenden Straße auf Stelzen.

Das Projekt von Aldo Rossi zeigt hingegen einen persönlicheren Ausdruck, der an ein weit entferntes Leben er-

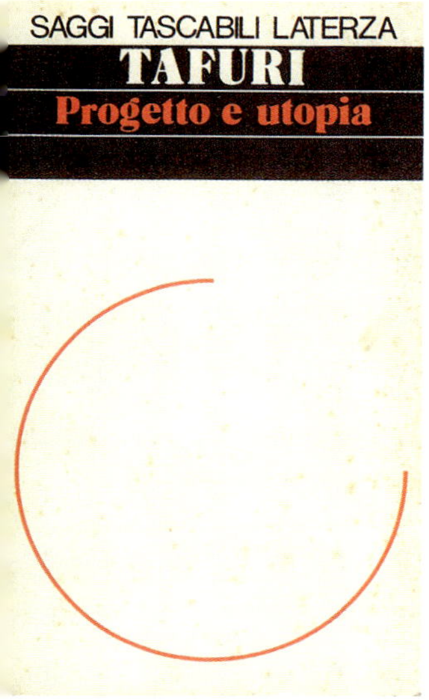

Manfredo Tafuri, Progetto e utopia, (Kapitalismus und Architektur). Rom, Bari 1973

innert, das keinen Widerhall mehr finden kann. Rossi versucht, verschiedene Lebensweisen anzudeuten, die sich in den Formen der Architektur spiegeln. Er verwendet eine bauliche Typologie aus der bäuerlichen Tradition der Lombardei.

Das Gallaratese kann aber höchstens eine Erinnerung daran sein, daß die Stadt Ort der »Civitas« ist.

Manfredo Tafuris Text *Progetto e utopia. Architettura e sviluppo capitalistico* (Architektur und Kapitalismus) steht am Ende der 60er Jahre, in deren Verlauf sich viele der Anstöße aus dem vorangegangenen Jahrzehnt verflüchtigten und zunehmend von einem unkritischen, vollständig in die Mechanismen der Macht integrierten Professionalismus abgelöst wurden.

Tafuris Buch bezeichnet einen klaren Einschnitt zwischen zwei unterschiedlichen Phasen der italienischen architektonischen Kultur. In der ersten, die Gegenstand dieses Beitrages ist, versuchten die Intellektuellen-Architekten ihre eigene Produktion mit politischen und sozialen Vorbehalten zu durchsetzen. Dabei gerieten sie oft direkt in das Getriebe der ökonomischen und politischen Macht, deren Auftrag es war, die Entscheidungen auf dem Gebiet der Stadt- und Bauplanung zu treffen.

Die zweite Phase, die um 1967 einsetzt, ist demgegenüber die der sogenannten »autonomen« Architektur, die sich lossagt von den Bedenken der vorhergehenden Generation und völlig eintaucht in die Suche nach dem eigenen Wert und der eigenen Legitimation innerhalb der Disziplin selbst. Die »Autonomie« dieser Architektur bedeutete auch eine Verweigerung gegenüber den Kompromissen, die die älteren Architekten mit den ökonomisch und politisch Mächtigen eingegangen waren, zudem die Gleichgültigkeit gegenüber Fragen sozialer Natur, die aus der Tradition des *Movimento Moderno* stammten.

Die Dynamik der Geschichte der italienischen Architektur kann man also lesen als ein permanentes Schwanken der Architekten, die als »Kaste« oder »Elite« angesehen wurden, zwischen Opposition und Konsens. Die Einschätzung, daß die Nachkriegs-Architekten in ihrer Innovationssuche gescheitert seien, müßte allerdings an der Praxis gemessen werden, auf der Ebene des Konkreten, Berührbaren, täglich Sichtbaren.

Zusammenfassend und mit vielen Jahren Distanz von diesen Ereignissen läßt sich ein Scheitern der Hauptexponenten der italienischen architektonischen Kultur feststellen, die nicht imstande waren, eine allgemein akzeptierte Berufspraxis zu schaffen, mit der die Form des italienischen Territoriums hätte neu bestimmt werden können.

»Jedenfalls geben der faschistische Ruralismus, der Neorealismus der Nachkriegszeit und neuerdings auch der kritische Regionalismus die Richtung einer kulturellen Haltung vor, die sich weigert, die Aufgaben einer modernen Industriegesellschaft anzugehen. Das neue regionalistische Arkadien hat seinerseits, selbstgefällig in der Rolle der »resistenza« verharrend und gegenwärtig durchsetzt von subtilen ethnischen Stimmungen, die italienische Kultur in eine Verkürzung getrieben, in der es ihr Schicksal war unterzugehen.

Man hat es zugelassen, daß der Großteil der Veränderungen ihren Lauf nahmen und von den Bauspekulanten anonymen Autoren von Plänen und Projekten anvertraut wurde, Projekte für Krankenhäuser, Hotels, den sozialen Wohungsbau, Fabriken, Bürohäuser, Bahnhöfe, Autobahnen, Kaufhäuser, Flughäfen, Messen, Einkaufszentren, Kirchen, Gemeindeverwaltungen und, nicht zuletzt, ein unvernünftiges Wuchern von Stadtwohnungen und den Wochenendhäusern auf dem Lande.«[34]

[33] Giancarlo De Carlo, »L'architettura della partecipazione«. In: AA.VV.: *L'architettura degli anni settanta*, Mailand 1973, S. 103.

[34] Pierluigi Nicolin: *Notizie sullo stato dell' architettura in Italia*, S. 50-51

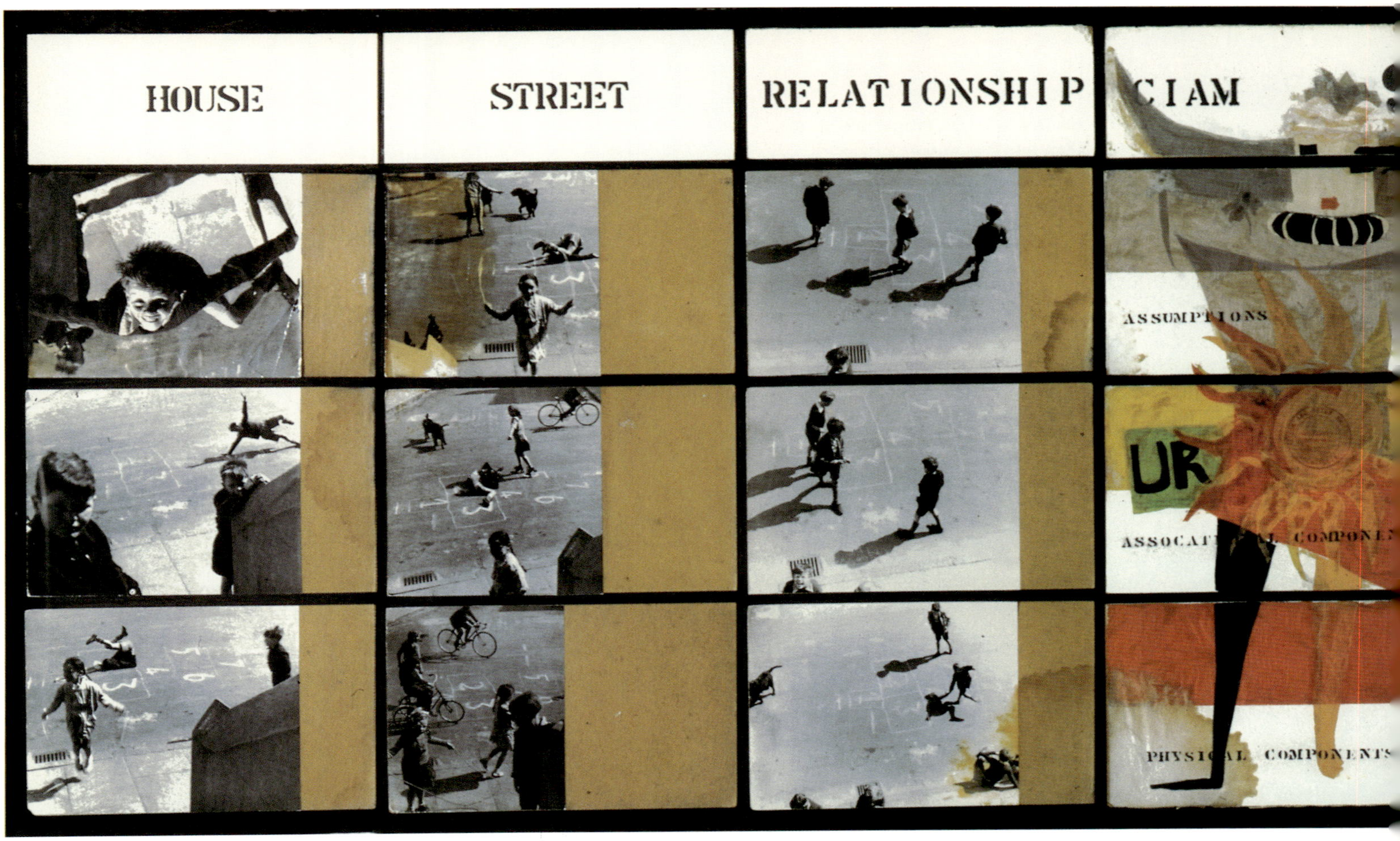

Alison und Peter Smithson: Grille pour le CIAM d'Aix-en-Provence (Raster für den CIAM von Aix-en-Provence), 1953

Andrea Branzi, Jean-François Chevrier

Objekt/Raum/Politik

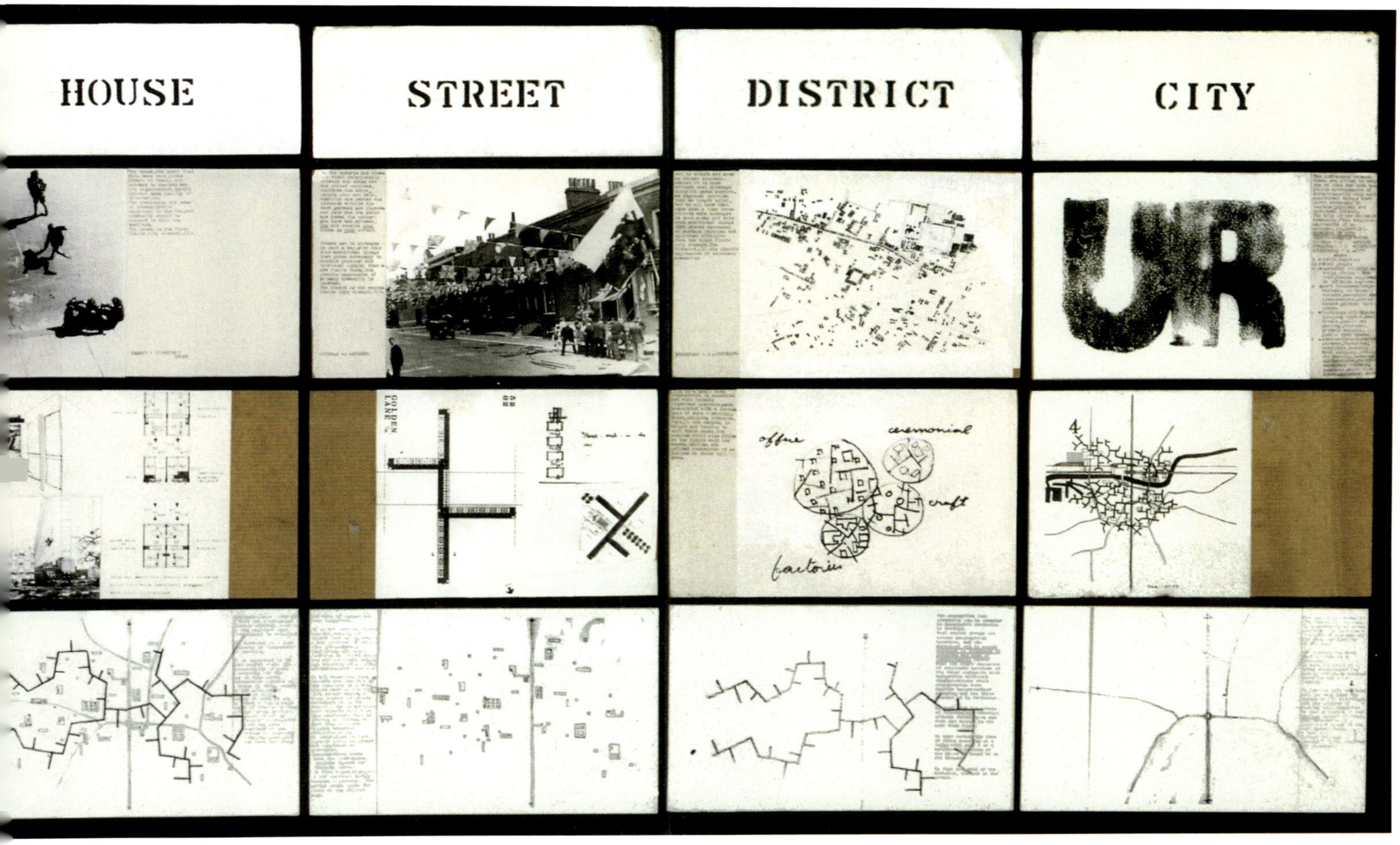

JEAN-FRANÇOIS CHEVRIER Beginnen wir doch damit, das radikale Design vom Ende der 60er Jahre vor allem in Italien in die Architekturgeschichte einzuordnen: Wie unterscheiden sich die Entwicklungen in Design und Architektur vom Wiederaufbau bis Ende der 60er Jahre? Mir scheint, daß das radikale Design zu einem bestimmten Zeitpunkt massiv in die Debatte eingreift, die die Architekten beschäftigte. Wie bewerten Sie diese Einmischung besonders in politischer Hinsicht, da sich in Italien, stärker als anderswo in Europa, die nationale Ideologie des »Wiederaufbaus« auf Architektur beschränkte? Was ist das spezifisch Italienische an der Debatte um Architektur?

ANDREA BRANZI Ab den 60er Jahren, nach der heroischen Phase des Wiederaufbaus, liefert die Modernisierung der italienischen Gesellschaft die großen Themen. Noch nie wurde diese Gesellschaft bis zu jenem Zeitpunkt reformiert, weder durch das Bürgertum, noch durch die Opposition, noch durch die Regierung: Sie ist letztendlich eine zurückgebliebene Gesellschaft. Das Design trägt unmittelbar zur notwendigen Modernisierung der Gesellschaft bei, indem es einen außerordentlich erfinderischen neuen Wind in die industrialisierte Produktion trägt. Die bekanntesten Objekte des italienischen Designs der 60er Jahre führen ausnahmslos neue Gebräuche und Verhaltensweisen im Haushalt ein: Es tauchen Stühle auf, die neue Sitzstellungen fordern, und die man auch noch zusammengefaltet in seinem Koffer transportieren kann; man sieht das erste Fernsehgerät, das auf dem Boden steht, und das erste hängende Radio.[1] Anders gesagt, man erfährt

[1] Zu dieser Zeit entwickelt Gaetano Pesce den aufblasbaren Sitz, den der Kunde im flachen Zustand kauft, und der erst beim Auspacken seine endgültige Form nach einem Zufallsprinzip einnimmt. 1968–1969 entwerfen Cesare Paolini und Franco Teodoro den mit synthetischen Kügelchen gefüllten Sessel, der sich dem Benutzer anpaßt. Zu Beginn der 60er Jahre werden Marco Zanuso und Richard Sapper von dem Unternehmen Brinvega mit der Entwicklung einer neuen Generation von Fernseh- und Radiogeräten beauftragt. Die beiden Designer

Archigram (Ron Herron)
Gallery Project for Bornemouth
(Galerieprojekt für Bornemouth)
1968

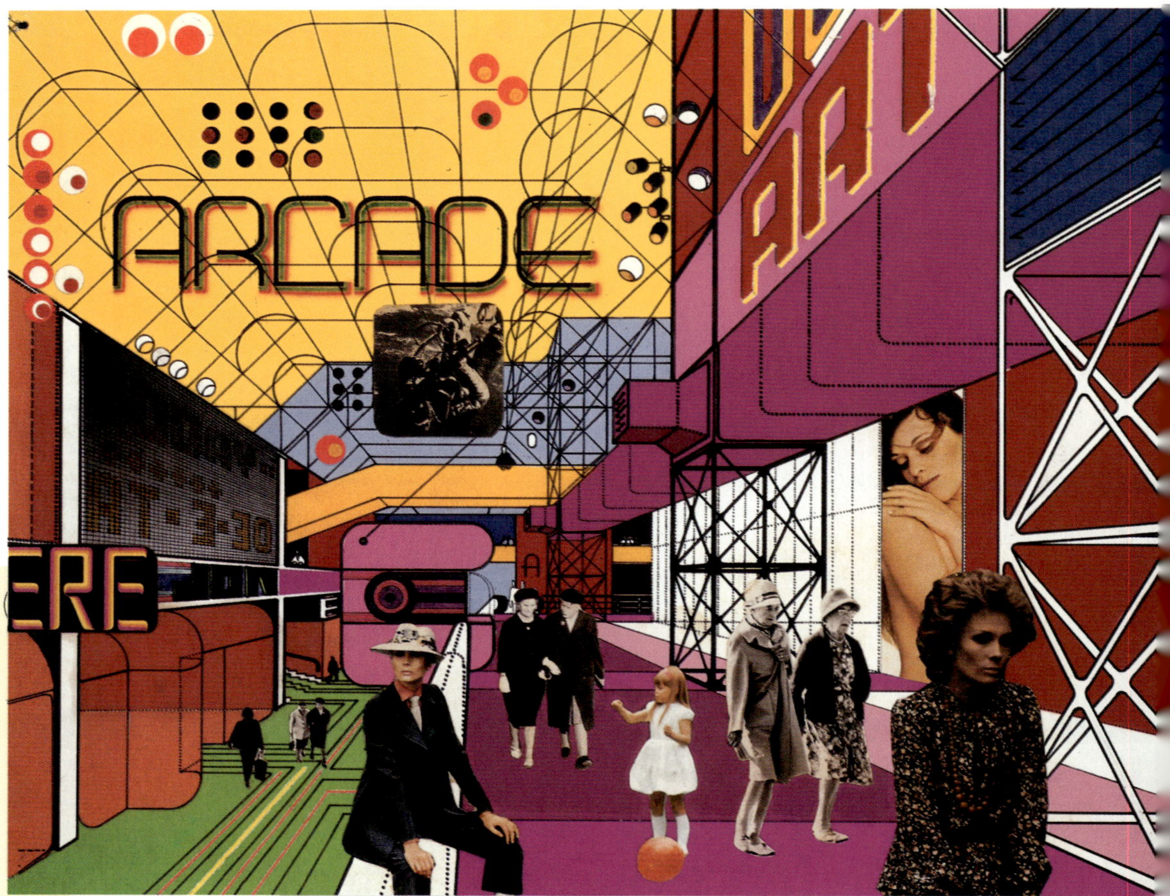

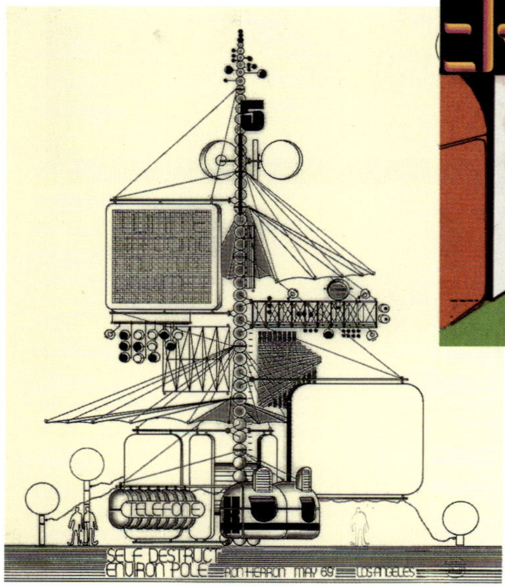

Archigram (Ron Herron)
Self Destruct Environ Pool, 1969

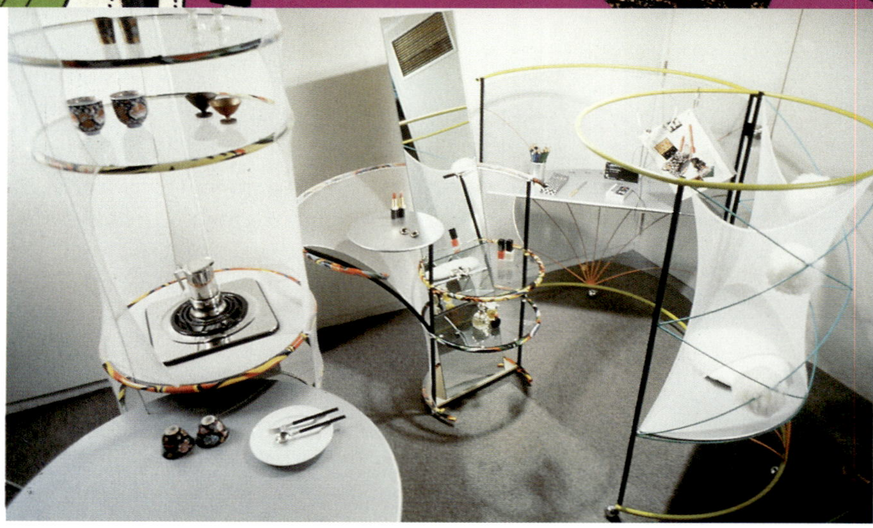

Toyo Ito: Pao 1. Exhibition project: Pao, a Dwelling for Tokyo Nomad Women, (Ausstellungsprojekt: Pao, eine Wohnung für Nomadenfrauen in Tokio), 1985

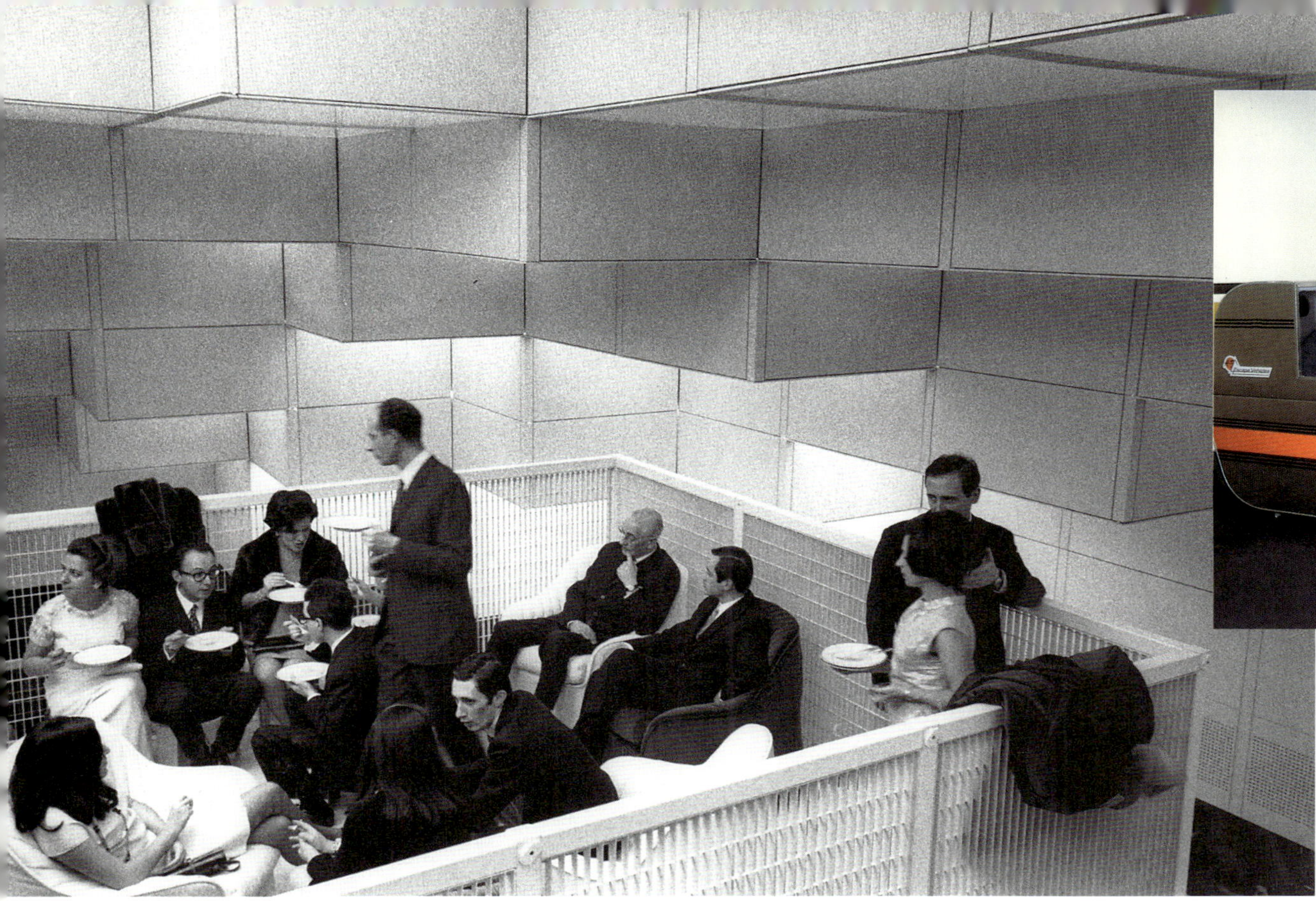

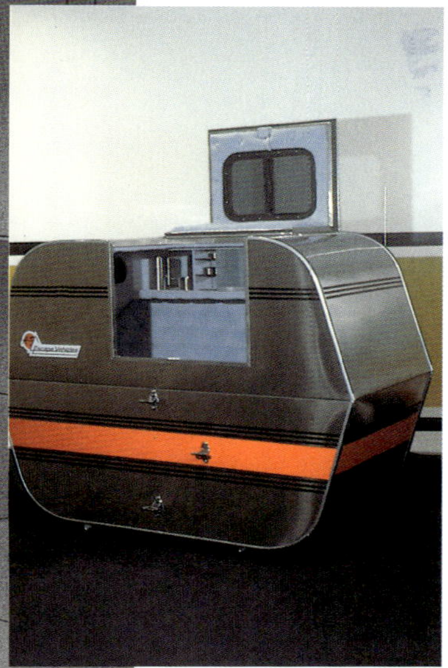

Andrea Zittel, A-Z Escape Vehicle Owned and Customized by Andrea Rosen (A–Z Fluchtfahrzeug; im Besitz und umgebaut von Andrea Rosen), 1996

Eröffnung des Schauraums eines Möbelgeschäfts in der Via Durini, 1968

das Auftauchen einer in ihren Verhaltensweisen befreiten Gesellschaft, die jedoch nicht wirklich ist – einer virtuellen Gesellschaft, die eine von der physischen Wirklichkeit losgelöste Utopie birgt. Diese Bewegung setzt am Ende des Krieges ein und verbreitet sich bis Ende der 60er Jahre: denken wir an die Arbeiten von Marco Zanuso, Enzo Mari, Bruno Munari, Achille Castiglioni, Mario Bellini, Pier Luigi Spadolini, Cini Boeri usw. – alle arbeiten an der Idee eines Objekts, das sich irgendwie im Raum verhält und Bezug auf die Architektur nimmt. Zum Beispiel entwirft Marco Zanuso ein unendliches Sofa,[2] also ein Objekt, das traditionell-räumliche Dimensionen verläßt. Achille Castiglioni entwirft eine Lampe[3] in Form einer unendlichen Röhre.

JEAN-FRANÇOIS CHEVRIER Genaugenommen entsteht dieser Bruch erst in den 60er Jahren. Nun scheinen Sie aber gleichzeitig eine Kontinuität und einen Bruch zu bemerken. Können Sie die Kontinuität genauer beschreiben, die Sie zwischen 1945 und den 60er Jahren entdecken?

ANDREA BRANZI Kontinuität hat sich in Italien immer schon als eine Folge von Brüchen dargestellt. Die Nachkriegskultur in Design und Architektur – weit von ihrer Integration in eine Gesamtvision der Stadt oder in ein Gesamtprogramm entfernt – setzt sich aus getrennten und polemischen Werken zusammen: von Ignazio Gardella bis Joe Colombo usw. Die Moderne besteht aus einer Gruppe vieler kleiner Aufstände, die sich entweder der Regierung, der Epoche oder der Geschichte widersetzen. Diese Gruppe setzt kritische und polemische Zeichen und erbringt spezifische Vorschläge. In zweiter Linie folgt daraus die Revolution des Designs gegen die Architektur und die Konfrontation von verschiedenen Bereichen der Gestaltung: Design versus Architektur, Städtebau versus Design, Architektur versus Städtebau usw. Folglich ist die Vorstellung eines einheitlichen Bauprojekts vollständig abstrakt, von dem die einzelnen Streitpunkte der Architektur, des Städtebaus, des Designs usw. abhängen.

JEAN-FRANÇOIS CHEVRIER Wie schätzen Sie diese Projekte im Verhältnis zur Planung ein? Es scheint mir, daß das Bauprojekt sich deutlich von der Planung absetzte, aber nicht 1945.

befreien die Apparate von ihrer traditionellen Erscheinung als imposante Möbel, indem sie ihre technische und kommunikative Funktion unterstreichen. Jeder ihrer Entwürfe ist sehr eigenwillig. Zum Beispiel ist der Bildschirm von Algol II nach oben gerichtet, laut Zanuso »wie ein Hund, der nach oben schaut«. Der Zweck von TS 502 und von Black 201 ist nicht mehr erkennbar, sobald sie nicht gebraucht werden. Das Radio wird zu einer anonymen Kiste mit einem Griff, der Fernseher zu einem rätselhaften schwarzen Kubus verwandelt.

[2] Dabei handelt es sich um das Sofa D 70, das für eine Familie entwickelt wurde, die in einer kleinen Wohnung die Aussicht durch das Fenster genießen will, aber gleichzeitig auch das Kaminfeuer am anderen Ende des Zimmers. Dank eines erfindungsreichen Mechanismus können Arm- und Rückenlehne umgelegt werden, sodaß das Sofa zum Bett verwandelt wird. Osvaldo Borsani erklärt: »Industriedesign und Erfindungsgabe bestimmen unsere Arbeit«.

[3] In den Leuchten der 60er Jahre werden Funktion und Technik versöhnt. Oft schätzt man noch heute diese Kreationen. Joe Colombos Spider von 1965, Castiglionis Taccia und Arco von 1962 definieren zukünftige Lampengenerationen, indem sich in ihnen die Funktion mit dem Besonderen verbindet.

ANDREA BRANZI Die Geschichte der italienischen Architektur ist ein Ensemble isolierter Werke. In ihr drückt sich eine Gesellschaft aus, die niemals komplett reformiert wurde und die sich keine einheitliche Politik vorstellen kann. Die vorhandenen großen Parteien (die Kommunistische und die Katholische Partei) verfolgen jeweils eine unterschiedliche Politik der Verständigung. Ebenso ist Italien ein Flickwerk aus Regionen – ganz im Unterschied zu den territorial vereinheitlichten europäischen Staaten. Die italienische Moderne ist polemisch, und das Design der 60er Jahre entspricht dem Selbstbild einer Gesellschaft, die sich nicht in eine Architektur à la Corbusier integrieren will.

JEAN-FRANÇOIS CHEVRIER Können Sie diese Haltung im Verhältnis zu Reyner Banham einordnen, der auch einer historistischen Architektur »selfconscious« einfache und funktionale Modelle wie den Container entgegensetzt, und der eine frei von Le Corbusier inspirierte Wohnmaschine konzipiert?

ANDREA BRANZI In Italien wird die Sozial- und Kulturrevolution im Gegensatz zur industriellen Revolution gedacht. Die wirkliche Neuigkeit, die die Technologie bietet, besteht in der Möglichkeit, Verhaltensweisen zu erneuern. Dieser Tendenz entsprang die radikale Architektur, *No-stop city*, und führte zu der Vorstellung, daß radikale Integration die Möglichkeit zu einer breiter angelegten Befreiung beinhalte.

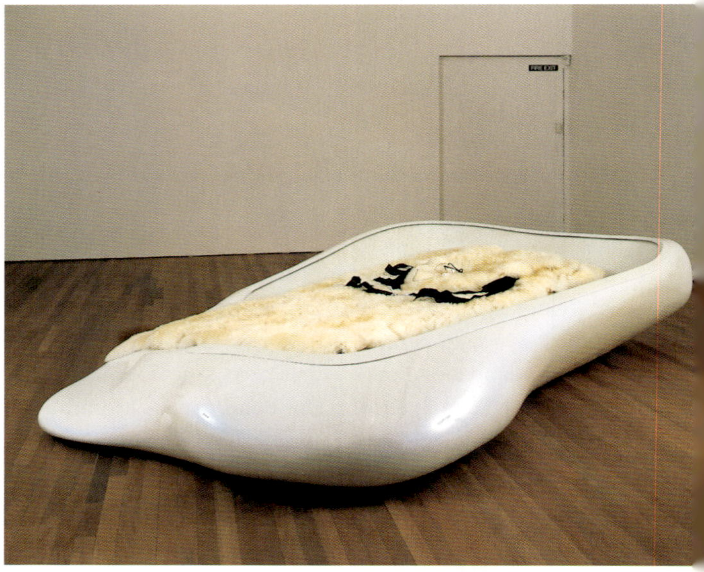

Siobhán Hapaska, Here (Hier), 1995

JEAN-FRANÇOIS CHEVRIER Insgesamt also ein Weg an die Grenzen und eine negative Utopie?

ANDREA BRANZI Ja. Der Sozialismus ist Enzo Maris Vorbild, das heißt eine Theorie zur Integration des Menschen, so wie sie die intellektuelle Befreiung erzeugt, jedoch nicht die des Verhaltens.

JEAN-FRANÇOIS CHEVRIER Wie verhält sich dies zu Banhams Position?

ANDREA BRANZI Die eigentliche Umwälzung in der radikalen Architektur betrifft den Kitsch, genauer gesagt den Massenkonsum der Kultur, die Pop Art, die industrielle Sprache des Handels. Man stellt sich vor, die industriellen Bestandteile moderner Architektur extrem zu radikalisieren. In den 60er Jahren kippt die Sache, als durch die industrielle Rationalisierung das Konsumverhalten irrationalisiert wird.

JEAN-FRANÇOIS CHEVRIER Bei Banham wirkt sich die Radikalisierung des Rationalismus vergröbernd aus. Er löst das Projekt der Moderne aus seiner moralischen Strenge, um es im täglichen Gebrauch zu verwerten.

ANDREA BRANZI Ja, jedoch ist dieser Versuch gescheitert, weil er den Konsum nicht mit in Betracht zog.

JEAN-FRANÇOIS CHEVRIER Dennoch fand eine Revolution durch den Container statt.

ANDREA BRANZI Aber ohne substantielle Veränderungen im Landschaftsbild zu erzeugen.

JEAN-FRANÇOIS CHEVRIER Diese Revolution veränderte ökonomische und soziale Verhältnisse.

ANDREA BRANZI Sicher. Darüber haben wir nachgedacht. Wenn man aber so weit geht, führt der Gedanke an eine Zerstörung des Raumes unausweichlich zur endgültigen Zerstörung der Architektur.

JEAN-FRANÇOIS CHEVRIER Der Marxismus und seine Krise mündeten in die politischen und ideologischen Fragen, die dem radikalen Design zugrundelagen.

ANDREA BRANZI Diese häretische Version des Marxismus, oder eher des Leninismus, wird auf Italienisch »Marxiana« genannt. Mündet der Marxismus tatsächlich in eine mögliche Revolution in allen Ländern, die sich im Zustand eines fortgeschrittenen Kapitalismus befinden (so ist eine Revolution auch in Deutschland möglich), fordert demgegenüber der Leninismus, daß die Möglichkeit für eine Revolution von der Existenz und der Entschiedenheit der Revolutionäre abhängt (Italien ist hierfür der Beweis). Was unterscheidet Tomás Maldonado[4] von mir? Tomás Maldonado, gebürtiger Argentinier, hat eine klassische, sprich marxistische Definition von Design.

[4] Tomás Maldonado ist marxistischer Theoretiker und Direktor des Neo-Bauhauses.

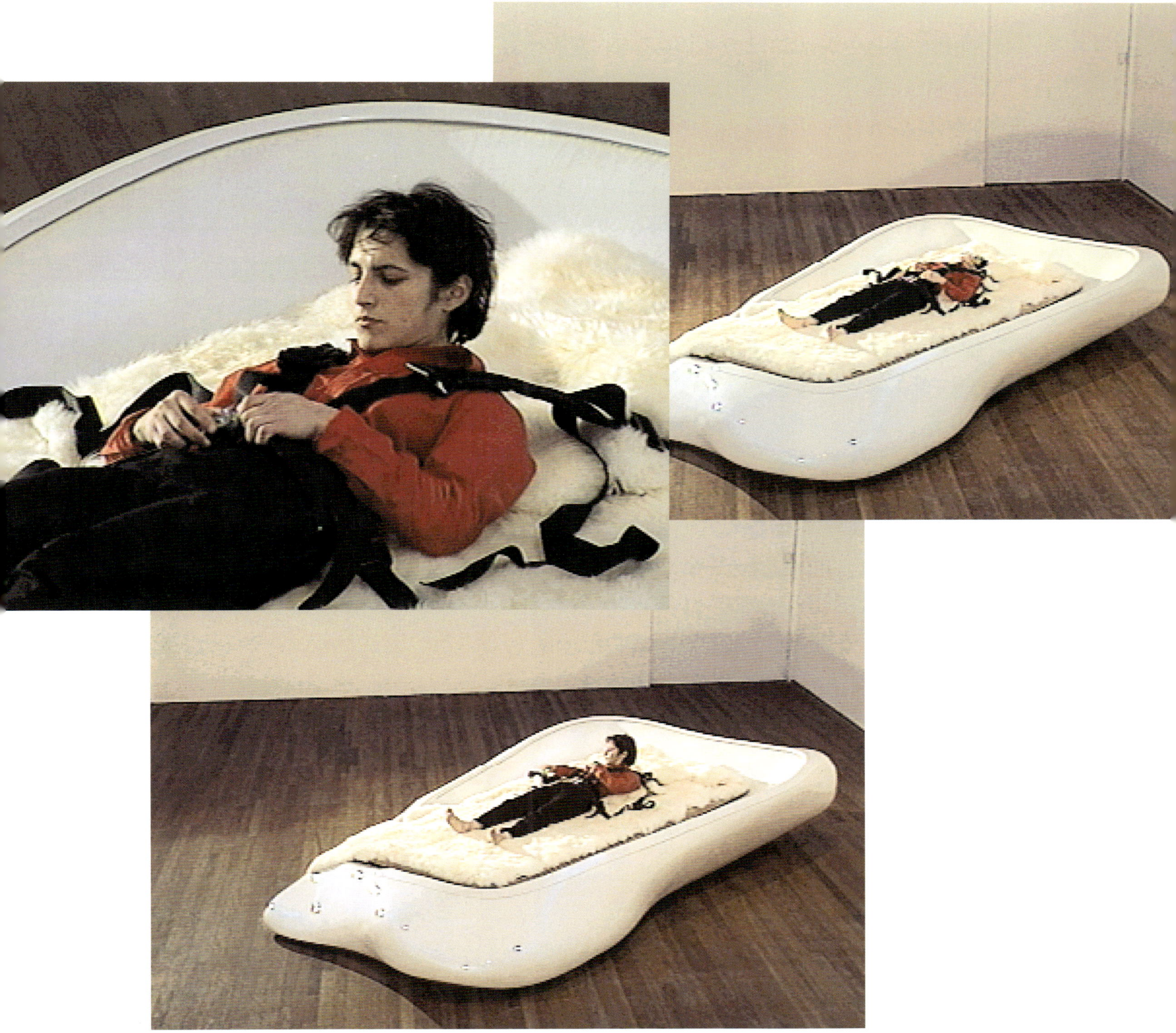

Siobhán Hapaska, Stills from documentation by ICA-Video, 1995

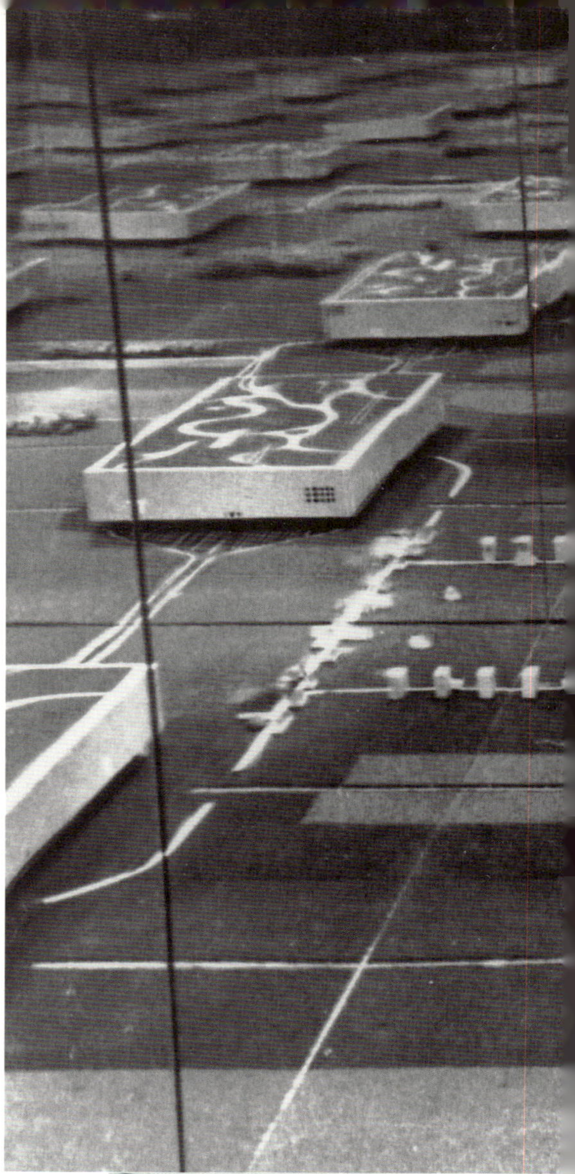

Archizoom Associati
No-Stop City, Quartiere omogeneo
(Homogenes Viertel), 1969-72

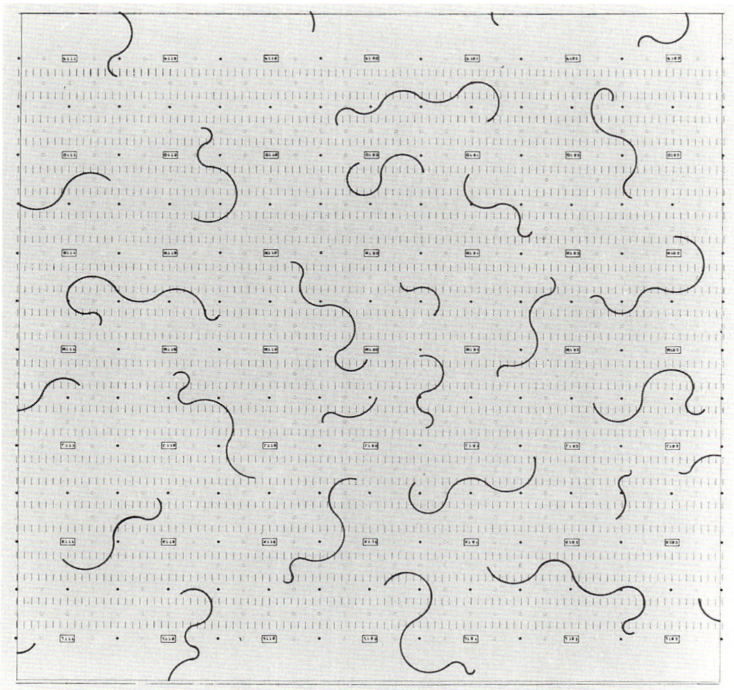

Archizoom Associati, No-Stop City, 1969-72

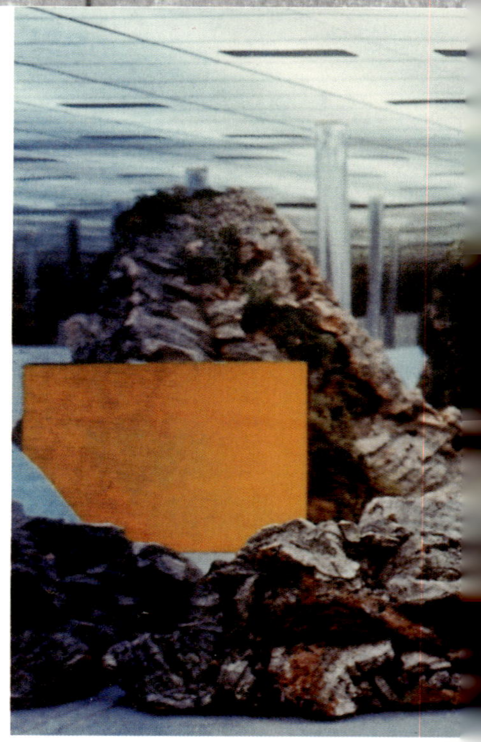

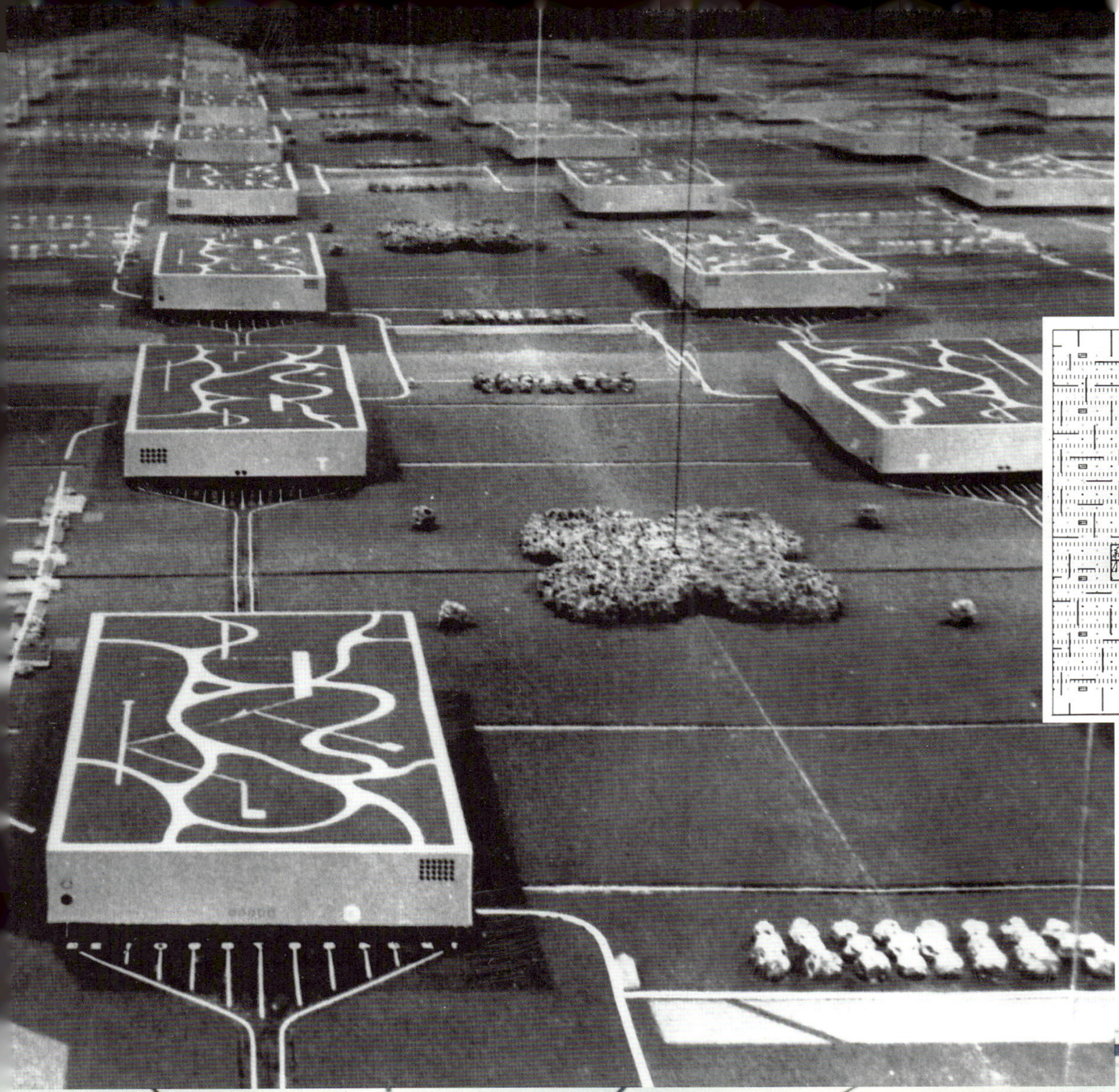

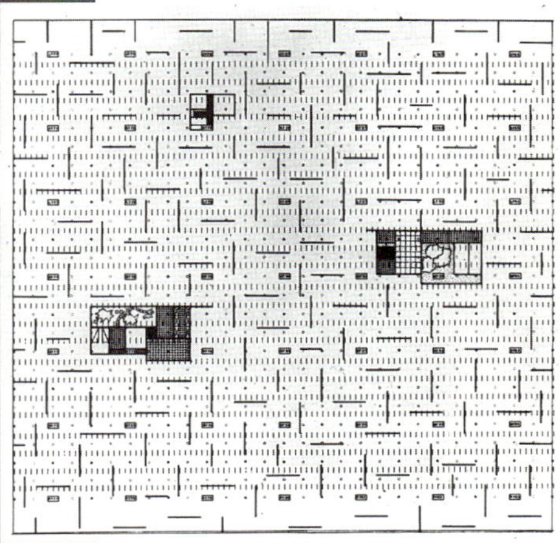

Archizoom Associati
No-Stop City, 1969-72

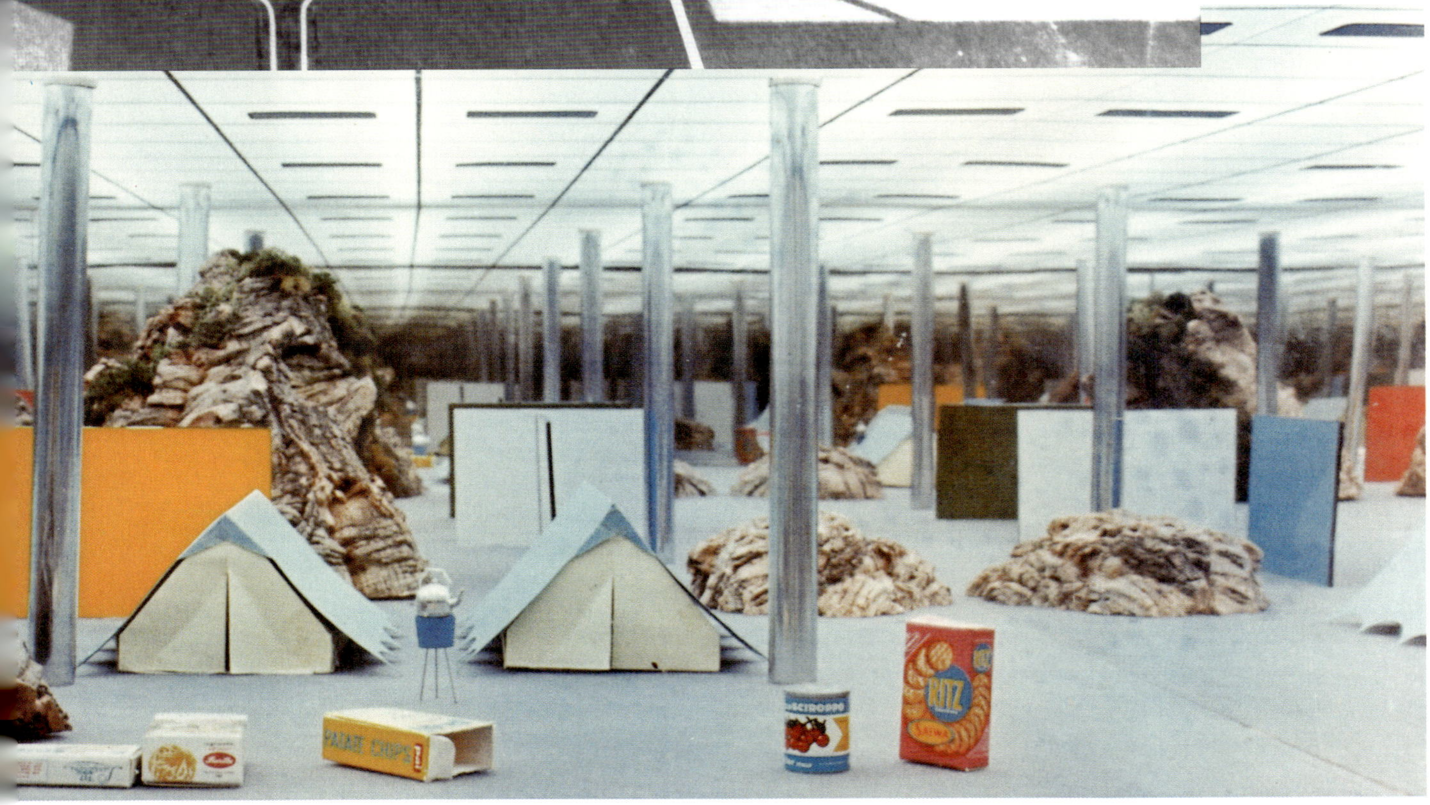

Archizoom Associati, No-Stop City – Paesaggi interni (Innere Landschaften), 1970

Man weiß, daß die Frage des Designs ursprünglich aus Deutschland stammt, das die stärkste Industrie besitzt. Tomás Maldonado schließt daraus, daß die grundlegenden Fragen des Designs industriell hergestellte Objekte betreffen, also die Serienproduktion. Betrachtungen dieser Art führen, insbesondere in Deutschland, zu einem echten Desaster. Aber Italien, das keine dieser Bedingungen erfüllt, ist genau das Land, in dem ein originelles Vorbild für Design entstand. Sehr wichtig ist auch, daß das italienische Design ein eigenständiges Vorbild in der Geschichte ergibt, das man überhaupt nicht im bloßen Vergleich mit deutschem Design studieren kann. Meiner Ansicht nach sind aus diesem Grunde Tomás Maldonado, Vittorio Gregotti und all jene Theoretiker, die noch immer im italienischen Design nach hyperrationalistischen Grundlagen suchen, außerstande, dies neuartige Phänomen zu verstehen, das unablässig durch Erfolge und Krisen erschüttert wird.

JEAN-FRANÇOIS CHEVRIER Anscheinend hat sich das konfliktträchtige Verhältnis zwischen Design und Architektur stark gemildert, beurteilt man es nach der letzten Architekturbiennale in Venedig, bei der zahlreiche Projekte sich als technische Objekte darstellen. Sehr spürbar ist dies bei doch sehr unterschiedlichen Architekten wie Jean Nouvel, Renzo Piano, Arata Isozaki. Ich würde sagen, daß diese technischen Objekte bis auf wenige Ausnahmen keine territoriale Denkweise ermöglichen. Sicher können sie sich auf eine gewisse Belebung des Raumes auswirken. Eines der schönsten auf der Biennale präsentierten technischen Objekte ist übrigens Renzo Pianos Flughafen von Kansai, der ein utopisches Objekt ist, da er für eine Insel entworfen wurde.

ANDREA BRANZI Man kann zwischen figurativen Utopien und Utopien der Verhaltensweisen unterscheiden. Wenn ich vom relationalen Raum spreche oder von der *Agronica*, spreche ich von einer partiellen Utopie. Bei Frank Gehry sind die Utopien jedoch erzählerisch.

JEAN-FRANÇOIS CHEVRIER Kommen wir auf das Beispiel der Casa del Fascio zurück. Diese Architektur entspricht einem formalistischen Entwurf. In diesem Fall steht der Formalismus nicht nur für die negative Bedeutung, die man heute dem Begriff beimißt. Zunächst ist der Formalismus eine kreative Bewegung im Umgang mit Formen, der ein bestimmter Fortschrittsgedanke der Gesellschaft zugrundeliegt. Nun bemerkt man an dieser Architektur die strenge Kombination und Artikulation dreier Dimensionen: der Dimension des Monumentalen, des Zusammenlebens und des Wohnens (das, wie in diesem Fall, eine Gruppe Büros sein kann). Hier wird uns die Idee einer Gesellschaft vorgestellt, und in diesem Fall werde ich eher von einem Projekt als von einer Utopie sprechen. Es handelt sich um eine politische Idee, ein faschistisches Projekt.

In den 60er Jahren entgegnen radikale Künstler wie Robert Smithson diesem modernistischen Modell mit dem Entwurf kritischer Utopien, die auf die Stärkung der Utopie wider das Projekt abzielten. Das radikale Design nimmt an dieser Veränderlichkeit teil. Genau diese politische Dimension ging jedoch verloren: die Vorstellung der Gemeinschaft. Dies wirft Manfredo Tafuri[5] den Neo-Avantgardisten vor.

ANDREA BRANZI Ich gestehe ein, daß wir uns zu jener Zeit einer politischen Dimension entledigt haben, die sich schon in der Krise befand. Wir müssen auf das zurückkommen, was die anderen Designer in den 60er Jahren machten. Enzo Mari leitete eine ästhetische Untersuchung, die die Basis einer politischen Aktion stellen sollte: Die Politik sollte eine Gesellschaft formen, die diese Art formaler Sprache zu vollenden hatte. Ein Intellektueller brauchte nicht politisch zu arbeiten; die Politik sollte für den Intellektuellen arbeiten. Am Beispiel des radikalen Designs und der radikalen Architektur bemerkt man auch die große Krise, die die Moderne durchzog: Die Vorstellung von Normalität wird mit dem Auftauchen der Konsumgesellschaft verschwinden. Manfredo Tafuri versteht nichts von der Konsumwelt, da er gemäß einer vollständig sozialistischen Sichtweise glaubt, daß das italienische Design in große Unternehmen eingehen soll, zum Beispiel bei Fiat. Er erblickt im fortgeschrittenen Stadium des Kapitalismus die Gelegenheit für eine sozialistische Revolution.

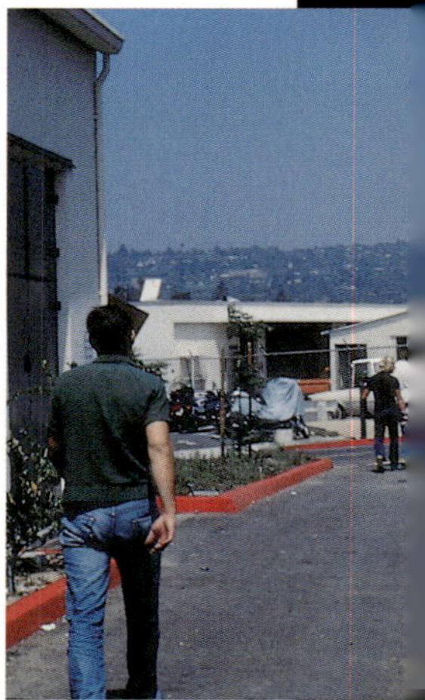

[5] Manfredo Tafuri, *Kapitalismus und Architektur. Von Corbusiers »Utopia« zur Trabantenstadt* (1973). Hamburg 1977.

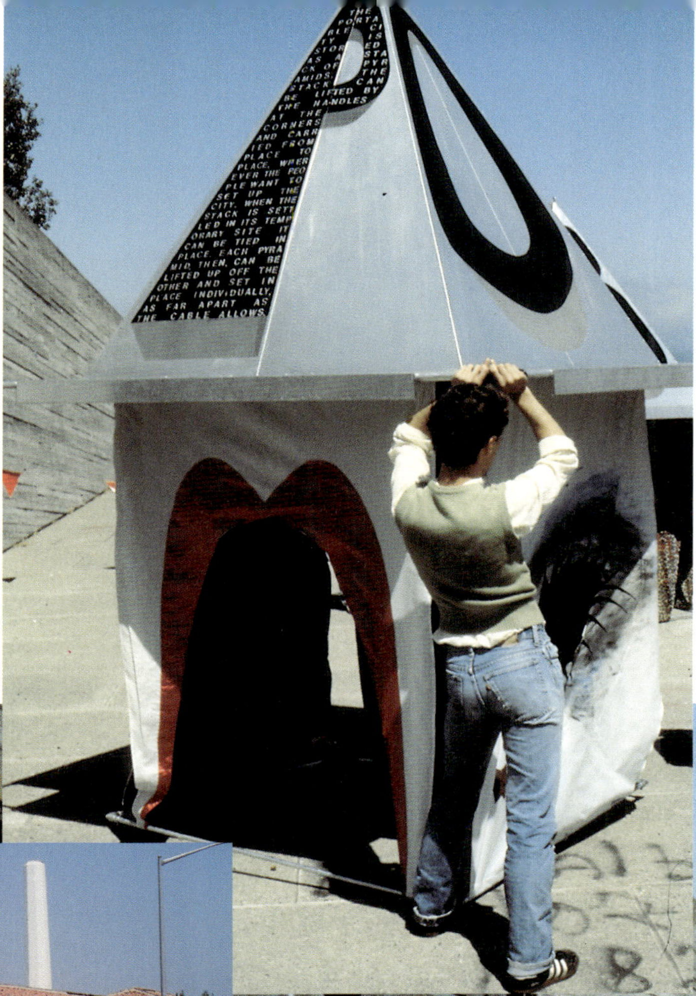

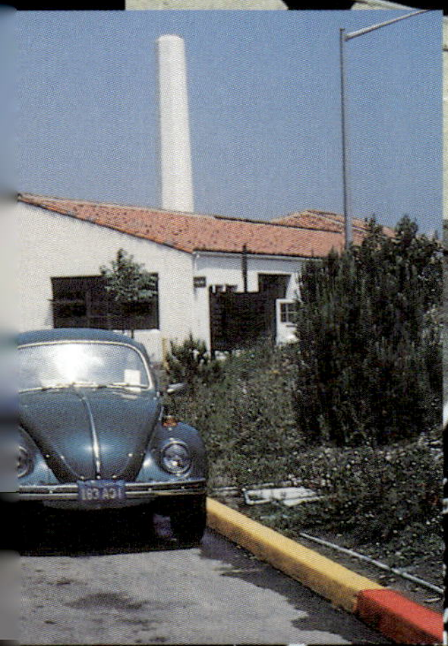

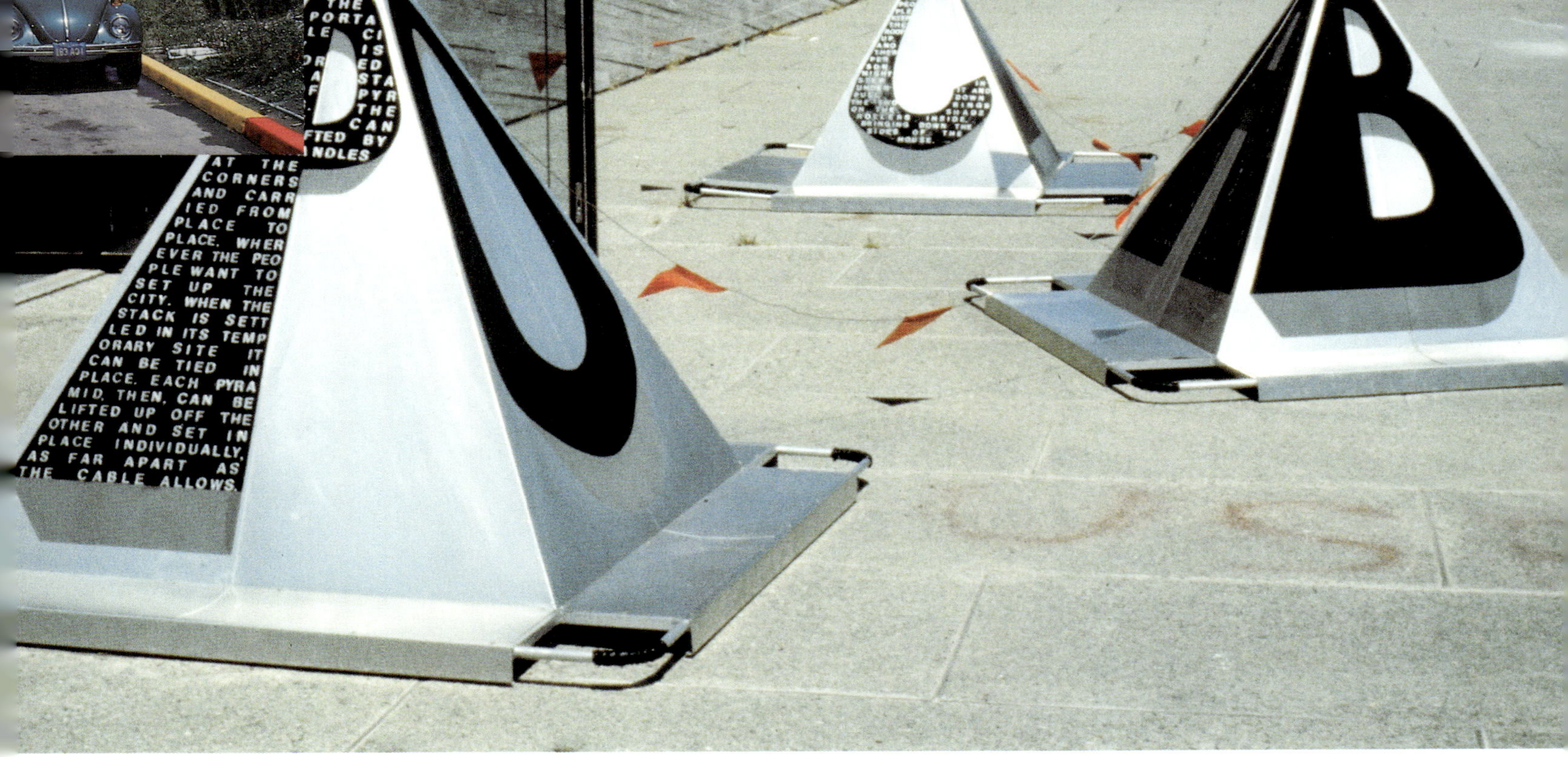

Vito Acconci
Portable City (Tragbare Stadt), 1982

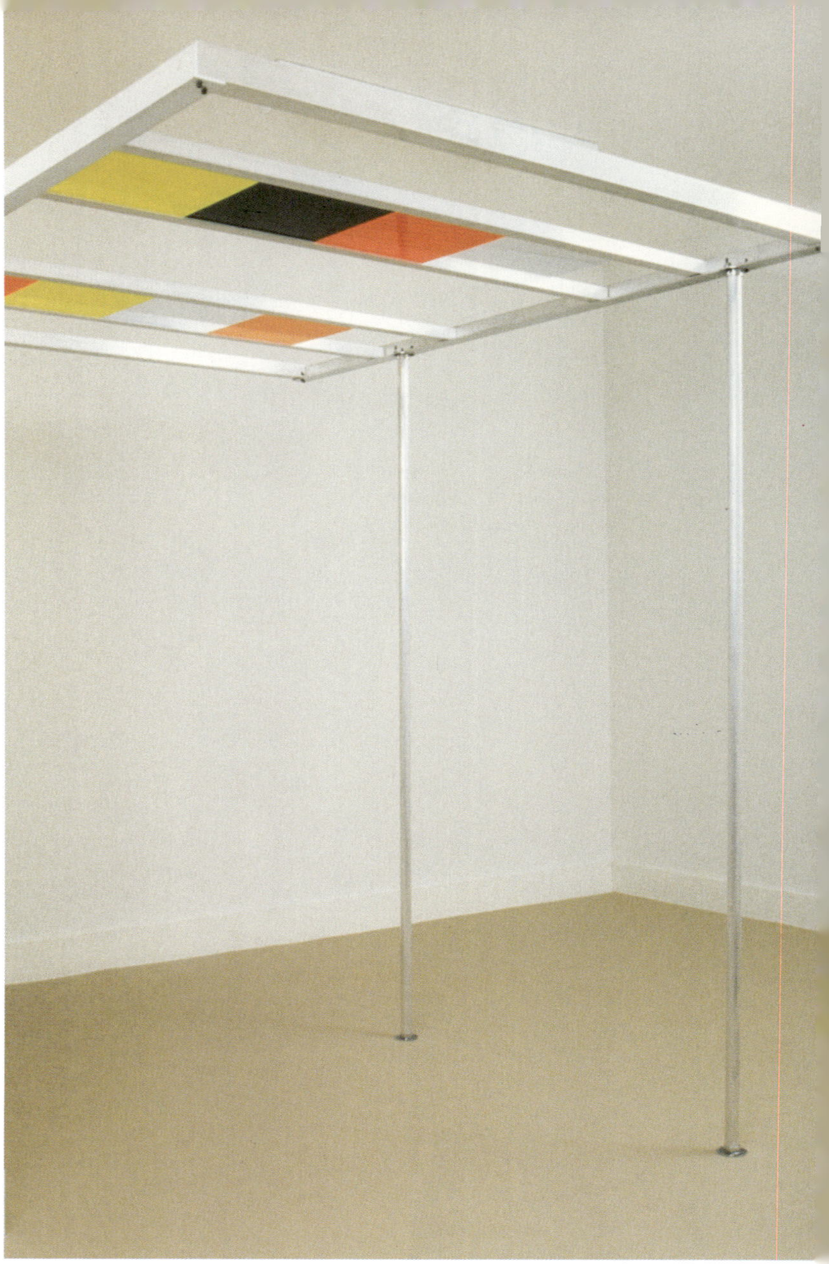

Liam Gillick
(The What If? Scenario)
Report Platform, 1996

Liam Gillick, Part Three (Installation), 1995

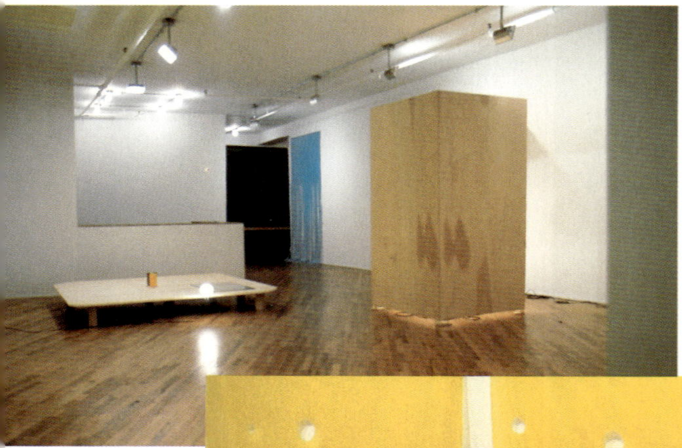

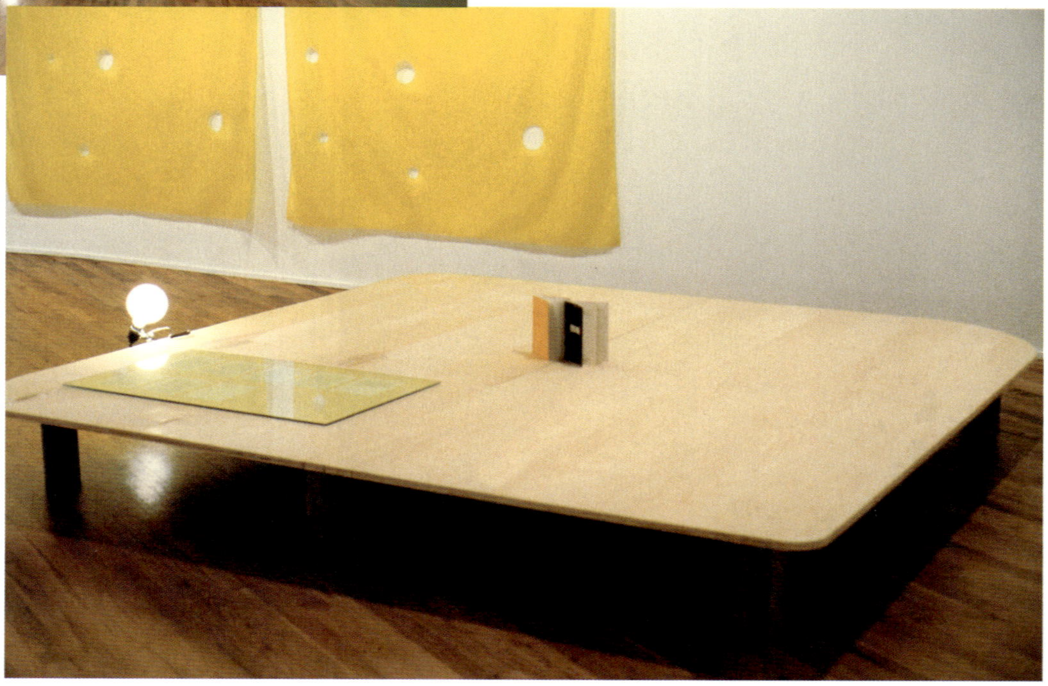

Liam Gillick, Prototype Ibuka! Coffee Table/Stage (Act 3), 1995

JEAN-FRANÇOIS CHEVRIER Dies entspricht dem Staatsdenken, während die meisten radikalen Künstler Anarchisten sind. Für den Marxisten Tafuri existiert der Staat, während die kritischen Utopien der 60er Jahre grundsätzlich anarchistisch sind.

ANDREA BRANZI Nur hinkt Tafuri einer politischen Veränderung hinterher, da er noch 1970 bis 1972 das Schema einer durch den Gegensatz Bürgertum/Arbeiter strukturierten Gesellschaft im Kopf hat.

JEAN-FRANÇOIS CHEVRIER Dennoch existieren in Italien zu Beginn der 70er Jahre Bürgertum und Volk. Man kann ihre gespannte und sich gegenseitig erziehende Haltung nicht unterschlagen.

ANDREA BRANZI Das Bürgertum besaß niemals eine eigene Partei, es benutzte immer die Parteien der anderen sozialen Kräfte: Es wird von der Linken und nicht vom Faschismus vertreten. Andererseits wird das Volk bezeichnenderweise entweder von der Linken oder von der Rechten repräsentiert.

JEAN-FRANÇOIS CHEVRIER Natürlich gibt es ein liberales, also antitotalitäres Bürgertum, das sich gegen den Faschismus, gegen den Populismus stellt, dessen linker Flügel jedoch ständig mit dem Volk ein pädagogisches Verhältnis pflegt. Die Architektur ist an dieser Tendenz maßgeblich beteiligt. Hier kommen Tafuris Gedanken zum Tragen.

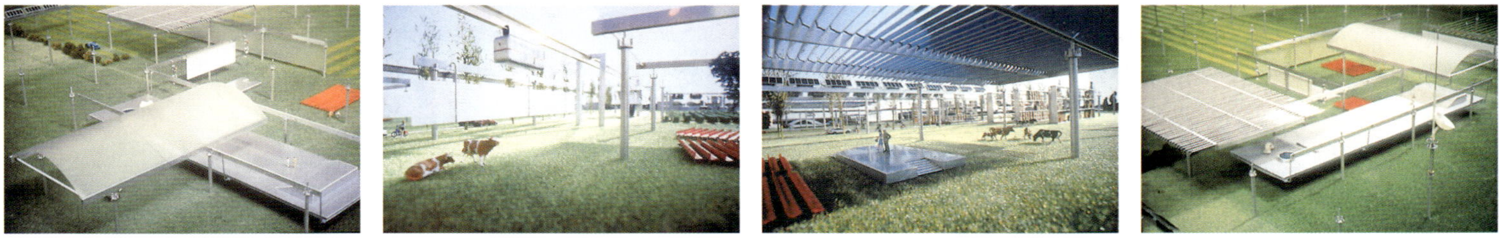

Andrea Branzi – Centro Ricerche Domus Academy, Agronica, 1970-71

ANDREA BRANZI Das Denken Tafuris erscheint mir kohärent, aber sehr schwach zu sein, da seine Kritik auf keiner entwickelten Analyse der sozialgeschichtlichen Situation gründet, als ob die Frage nach dem Design sich auf eine Frage nach der Massenproduktion à la Ford beschränken ließe.

JEAN-FRANÇOIS CHEVRIER Letzten Endes erscheint mir Tafuris Kritik am radikalen Design ebenso richtig, wie Ihre Kritik an seinem Denken. Was das radikale Design unternimmt, ist nichts als die Auslöschung des Politischen, indem die kritische Utopie diese Operation kaschiert.

ANDREA BRANZI In Italien laufen Kultur und Politik nicht parallel. So denkt man, daß die Aufgabe der Kultur darin besteht, die Politik in eine Krise zu führen und umgekehrt. Unter einer politischen Vision kann man entweder eine dynamische, durch permanente Kritik belebte Vision verstehen, oder aber eine Vision, die sich, wie bei Tafuri, anbietet für die Suche nach Gewißheiten in sozialen und politischen Kategorien. Es stehen sich zwei italienische Konzeptionen von Politik gegenüber: die eine stammt aus der Metaphysik, die andere ist futuristisch, dynamisch, revolutionär.

JEAN-FRANÇOIS CHEVRIER Doch zwischen den beiden befindet sich die Gemeinschaft, deren Raum intim und monumental zugleich ist. Und diese Dimension findet in Ihrem Schema keinen Platz.

ANDREA BRANZI Wie mir scheint, ist das Interessante an dem Projekt der Casa del Fascio, daß es zu keiner Lösung kommt. Selbst wenn hier ein positiver Aspekt des Faschismus aufgenommen wird, das heißt das Fundament für eine nationale Volkskultur, so wird es dennoch in einer Friedhofsvision, in einer Todesschau, in der Nutzlosigkeit eingeschlossen. Ich bekomme immer Angst, wenn ich Werke von Terragni sehe: ich spüre immer einen beängstigenden metaphysischen Schatten schweben, der nichts mit dem mediterranen Schatten gemein hat. Sein

[6] Andrea Branzi: *Learning from Milan. Design and Second Modernity*. London 1988.

Werk untersteht nicht der Sonne: In diesem Werk mischen sich mussolinischer Enthusiasmus mit Pessimismus, so wie die »metafisica« und der Futurismus eine negative Sichtweise der Moderne teilen. Ich mag Terragni sehr, nur ruft er durch seine Arbeiten den Tod an. Vergessen wir nicht, daß die Faschisten schwarz gekleidet waren.

JEAN-FRANÇOIS CHEVRIER Ich würde eher von einer bürgerlichen Inspiration sprechen, die es ihm ermöglicht, völkische Ideale vom Populismus fernzuhalten, und die eher auf eine Integration als auf eine Krise weist – wobei Integration und Krise im psychologischen Sinne zwei entgegengesetzte Begriffe sind.

ANDREA BRANZI Um die aktuelle politische Dimension zu behandeln, muß man zunächst wissen, ob man sich die Politik als einen von bestimmten wirtschaftlichen Funktionsweisen bestimmten Mechanismus vorstellt oder sie als eine kritische Aktivität und einen permanenten Reformismus denkt. Der Faschismus weist beide Kategorien auf: den Futurismus und die »metafisica«. Danach sprach man gleichzeitig von der permanenten Revolution und der permanenten Neubegründung.

JEAN-FRANÇOIS CHEVRIER Für mich definiert sich Politik als Projektion der Gemeinschaft außerhalb der spezifischen Interessen, aus denen sie sich zusammensetzt. Sie ist eine Projektion der Gemeinschaft von allgemeinem Interesse, das sich nicht auf Einzelinteressen beschränkt. So stellt sich mir die Bestimmung politischen Anspruchs dar. Aber um auf das Verhältnis von Design und Architektur zurückzukommen, erscheint mir die Wichtigkeit der italienischen Architektur während des Wiederaufbaus genau darin zu liegen, daß sie den gemeinschaftlichen Raum ausarbeitet und darstellt – von dieser Gemeinschaft, die nach dem Krieg wieder neu begründet werden muß. Es handelt sich hier also um eine politische Idee der Gemeinschaft, die nicht individualistisch ist. Das Design greift auf kritische Art in den Raum der Architektur ein, indem es einerseits in der gemeinschaftlichen Idee von Architektur eine zu starre Vorstellung von Fortschritt aufzeigt; weil es andererseits, wie Sie es schon betont haben, die individuelle Dimension des Konsums unterstreicht. Jetzt kann man sich fragen, ob durch die Auffassung eines allzusehr von der Architektur losgelösten Design, als auch von einer dem Design allzu nahestehenden Architektur, die Gemeinschaft auf den Markt reduziert wird.

ANDREA BRANZI Spricht man von der Krise der Politik, bezieht man eine korrekte Position, sofern man sich nicht für die Auslöschung, sondern für die Krise politischer Kategorien interessiert. In diesem Sinne stellte Ulm[6] die große Utopie dar: die olympische Vision einer weißen Industrie! Die Industrie bedeutet Konsum, Kitsch, Bastelei, Mischen, Übertragung, Vervielfältigung und so weiter. Was sich sicher gegen die Politik richtet, jedoch um eine neue politische Saison zu eröffnen. Mit diesen Worten stellt sich heute die Frage immer noch: Spreche ich vom »Design nach Gott«, heißt das genau, daß eine Form von Design existiert, die jegliche mitteilbare Moral verloren hat. Und wieso sollte mir das nicht interessant erscheinen?

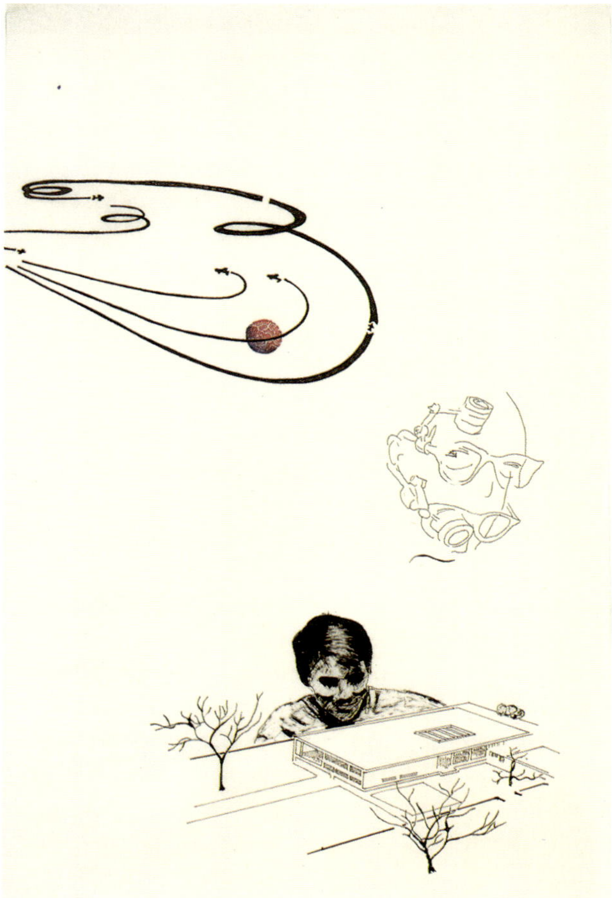

Dorothee Golz, Prinzip Hoffnung, 1996

infowell

infowell.logo
the typosophic society
primersdorf chapter
1997

Power supply

Floppy drive

CDROM

SCSI card

Hard disc

Fan

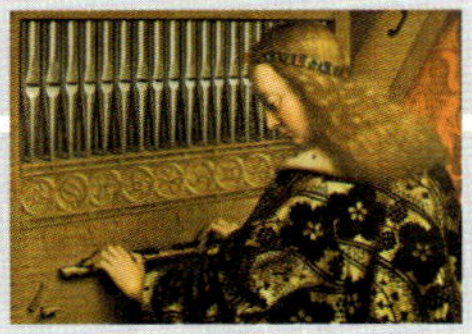

Peut-on faire des œuvres qui ne soient pas „ d'art "? Marcel Duchamp, 1914

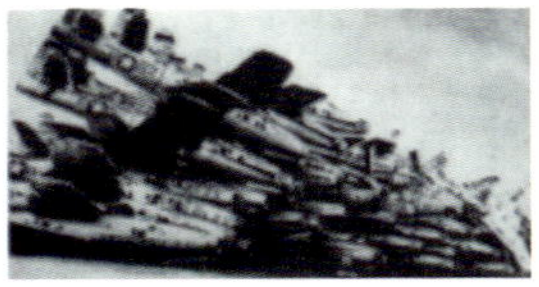

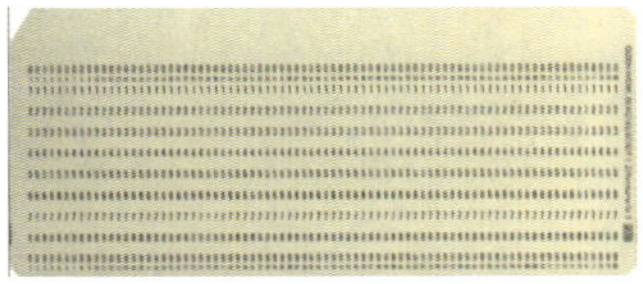

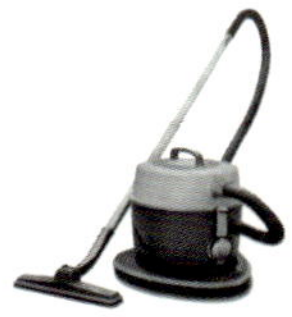

Raimond Lull
1235-1315
Conceived various ideal mechanisms for a combinatory selection of logical and truthful sentences by means of rotating disks. Wrote *ars magna* in 1289.

Francis Bacon
1561-1626
Philosopher and statesman published *Novum Organum* in 1620.

René Descartes
1596-1650
His *Discours de la Methode* appeared in 1637.

Athanasius Kircher
1602-1680
Invented the Laterna magica and an early calculating machine. Did research on comparative languages. Published, in 1656, *Oedipus ægyptiaticus* an approach to the deciphering of hieroglyphs.

We should remember that the oldest meaning of the Greek word *metron* applied directly to language; to ordered stanzas, to noble literary form. *Metron* referred to *poesis*, to a verse mode determined by number, as does our word *metre*. Later, *metron* could be an attribute of anything, good *metron* became a commendable quality. *Metron* was used to analyse and value intervals, rhythms and proportions.

metron + *techne* + *mneme* = *poesis*

During the late 18th century, in the wake of the French revolution, a name was needed for a radically new system of measurement: the word metron was chosen. On April 5th 1795 the new standard, a 10 000 000th part of a terrestrial meridian quadrant through Paris was defined as the unit of length. It was called *le métre* (*maitre?*). Subdivisions were made in 100 parts (1 centimetre), 1000 parts (1 millimetre) and a multiplication by 1000 (1 kilometre). A bar, having a specific cross-section, was constructed from an alloy (90% platinum 10% iridium) as a model which defined the standard. Replicas of the platinum-iridium bar – called *mètres des archives* – were distributed throughout the French empire.

At the lowest level, computers process information with millions of simple transistors, clusters of minute switches stacked in blocks of silicone. Any one of these switches can be either on or off. An operating system controls this binary activity with a set of programmes written in an explicit language and which include a compiler. The task of the compiler is to input source code – the description of an algorithm (a word derived from the name of a Persian mathematician Abu Ja'far ibn Mûsâ al-Khwârizmî) written in higher level language and output object code (machine language).

Scientific circles in the 1880s were engaged in serious discussions about the existence of *æther* – another concept inherited from the Greeks. The questions were: could this *æther* be the medium by which light is transmitted and, if so, could that medium be measured?

Michelson set up a well-conceived experiment to measure the speed of light in any æther (however thin) with the greatest precision then realizable. His work gave a negative result but it hinted at a more exact standard for the unit of length. A refined definition of the metre was established as the distance travelled by light, in a vacuum, during 1/299792458 seconds. The metre lost its clumsy physicality and became an abstraction. Units of measurement, together with their definitions, were severed from their roots in human body parts.

After a faltering beginning, with intermeshing cogs cranking out digits on calculating engines, electronics entered the numbers game. Then came *the word*: transcribed into a sequence of binary digits. Any information can be defined by a series of zeros and ones. 1000001 = A, 0100001 = B, a backspace is represented by 0001000; any symbol, alphabetic, numerical or other can be allocated a code. Seven bits, either on or off, provide 128 permutations – adequate for representing the 26 letters of the alphabet in upper and lower cases, the numbers 0 to 9, and controlling characters which make up the standard ASCII (= American Standard Code for Information Interchange) set. Add another bit and the permutations double to 256, extending the range to include accented characters and many other symbols.

lightspeed > wavelength

Research into crystals, and optical methods of spectral analysis, produced an even more esoteric definition of the metre with a move from light to wavelength. We are now confronted with a figure surrounded by parameters to circumscribe the unit of length with even greater accuracy. From the red cadmium

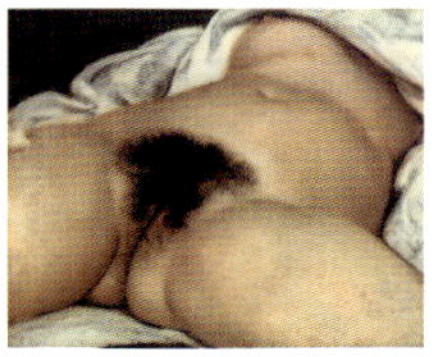

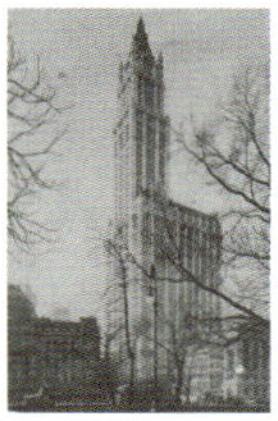

band in the 1920s the measurers progressed, in the 1960s, to fix the metre as 1 650 763.73 times the wavelength of the orange line in the spectrum of Krypton 86 when held at 15°C at a pressure of 760 mb.

Another metric formula was offered early in 1914 by Marcel Duchamp:

If a straight horizontal thread one metre long falls from a height of one metre onto a horizontal plane twisting *as it pleases* it creates a new image of the unit of length.

A computer language is a notation for the unambiguous description of computer programmes. Such languages are synthetic in that their vocabulary, punctuation, grammar, syntax and semantics are precisely defined in the context of a particular operating system. They suffer from an inability to cope with autonomous expression – an essential attribute of an organic language. The poetic of computers lies in the genius of individual programmers to express the beauty of their thought using such an inexorable medium.

facsimili – forgery – faketorium

The august authority of given units of length is *datafiction* and all exactitude a fake. *Fiction* points at *finger* (*fingo finxi fictur*) and its etymology tells us that *fiction* is about forming in mud: we step lightly across a small word-bridge to touch the pointing finger: the *digitus*. *Digital* means counting with the use of fingers – five on each hand.

A foot, the span of outstretched hands, the distance between thumb and small finger; measurement retained its direct relationship with the body for thousands of years. Features of an individual imperial presence often became regional standards. Requirements of increasing interregional and, later, international trade made simplification and unification necessary. The *systeme internationale des unites* (SI), the foremost planetary standard table of units today, is primarily a communication device: a *lingua franca* of quantification. Only quarks have flavours.

Operating systems enable programmers to use commands and standard functions to articulate these unforgiving, formal languages. Shells, additional layers of programming, and application programmes dedicated to a specific task, bring machine language nearer the sphere of human interaction – closer to the capabilities of a *user*.
Each simplification of access to the machine interface introduces more work for the computer to do, this carries an inevitable overhead of reduced speed, thus generating a demand for faster chips. The speed at which a computer runs is rated in Hertz – one cycle per second is one Hertz; it takes two cycles to define an on or an off bit. The latest chips made for domestic computers can be rated at more than 200 mHz. That is to say one hundred million instructions per second (100 MIPS).

It was reported that Bill Gates' personal income rose to $30,000,000 per day in 1996.

It won't be long before chips with DNA and/or neuron characteristics will produce a startling acceleration in computer speeds. Currently, switches (= *gates*) in silicone chips offer only a *stop* or *go* option to the passage of electrons – what if conditional arrangements can be introduced? So that *and*, *or*, *if* and *when* conditions could be negotiated at gates in the chips, instead of at a higher programming level. Speeds might increase to billions of MIPS.

o gnomon go

Gnomon and *gnostic* are comparable with a tool and its applications. Ancient man with a ruler, dividers and a plumb-line before Newton's apple dropped on his head. The sun-dial's periodic wandering shadow is preset. Planet and star: a given distance, given speed, given angle, given rotation and given

Gottfried W Leibniz
1646-1716
Researched binary notation, inspired by the I-Ching. Wrote *de Arte Combinatoria* and dreamed of a universal language.

Joseph-Marie Jacquard
1752-1834
In 1801 he exhibited his improved loom for silkweaving at the industrial exhibition in Paris. The newly introduced principle coded a pattern by perforated cards to operate the loom.

Pierre Fournier
1712-1768
Proposed a standard unit of measurement for type sizes: the point = 0.0148 inch.

Charles Babbage
1791-1871
Invented a mechanical Analytical Engine in 1824

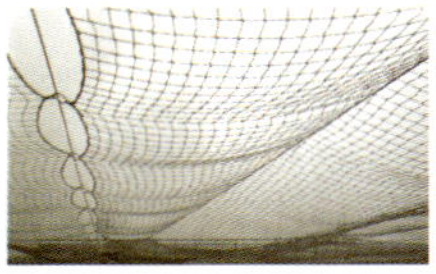

Give Me Hardcopy

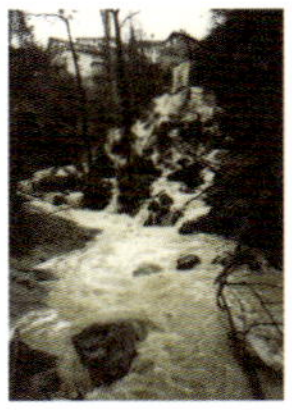

Samuel Morse
1791-1872
Created code of dots and dashes for telegrams.

Augusta Ada Lovelace
1815-1852
Ada Countess of Lovelace, daughter of Lord Byron, programmed for Babbage.

Jean Baudot
1845-1903
Built, in 1874, a printing telegraph. A baud (the unit named after him) is the number of times per second that a system changes state.i.e. 1 baud = 1 bit/sec.

Christopher Latham Sholes
1819-1890
Invented the typewriter. Sold the patent to E.Remington and Sons. They put the first 'Remington' on the market in 1874.

revolutions. *Gnosis* (perception) was hightened by carefully watching the *gnomon* (the sundial's hand). The cast shadow demonstrates the power and the beauty of intervals, rhythms, periods and repetitions generating a specific *kanon*. *Metron* as *canon,* as *scale,* applies to music, architecture, art and language. *Kanon* is also the name for a tool: the tightend cord (*richtschnur*) for marking a horizontal line. After all, *making* is in *poesis* as it is in *factum*.

atom / individuum / bit

There are mathematical descriptions of the textural relation between time and space using specific bubble-structures in foam, especially bierschaum (the head of foam on a glass of beer): *cosmic infoamation*.

The Gutenberg era was thought to end with the Monotype and Linotype machines spewing out lead characters ready for the printer. But the real break with Gutenberg is marked by PostScript – a major departure from classic definitions of textual communication. The strings of characters which form words and the strings of words which make the sentences by means of which humans interact are reduced to a description of the page. The revolution of PostScript declares that a page of text is nothing other than a picture of many words, sentences and paragraphs.

given the data

Heisenberg's Uncertainty Principle, von Neumann's Monte Carlo method, Goedel's Incompleteness Theorem, the 2nd law of thermodynamics and statistical description of matter, Wittgenstein's verdict on the sayable and the sentence. These are all acknowledgments of the limitations of an hermetic cognitive system.

Esteem for these limits is continually demonstrated by continuing efforts toward refinement. The gauge of π calculated to 10 000 places; time spans are split to a billionth part of a second and so are lengths. We measure our universe in astronomical units (one AU = 1000 light years) and the half-life (decay rate) of some artificial elements in femtoseconds. Every new standard draws closer to a limit of resolution.

novum organum / ultimate tool

The total amount of data accrued by external calculation, measurement and calibration has achieved an unrivalled level. The quest for the *metron* zooms out of sight. Nevertheless, compared with the data stored in one living cell this amount is still negligible. The life-sustaining operations (including all sensory perceptions) per second in any living brain outnumbers all stock-exchange activities in the G7 countries in 24 hours.

before the big bang

A founding principle of our universe and all its related phenomena is the indomitable stability of matter. It is deduced that a proton – the positive charged particle in the centre of the atom – does not decay in 16 billion years. Deep in mountains (sheltered from unwanted cosmic radiation events) tests are being undertaken to detect any sign of instability in the life of a proton. Since it is not possible to run the test on a single proton for 16 billion years, examining a sufficiently high number (at least 16 billion) for a year would prove the point. The proton seems to be far more stable than the universe – the perfect scientific koan for the next millennium.

Text is no longer regarded as a string of characters. Each page is 'bit mapped'. It is divided into a two-dimensional array of picture elements (pixels) which, in the average laser printer, are spaced 600 to the inch. One

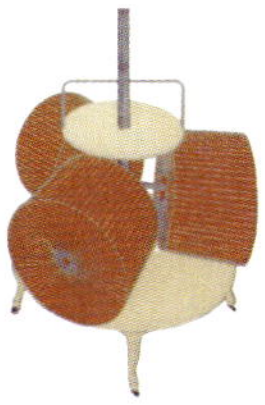

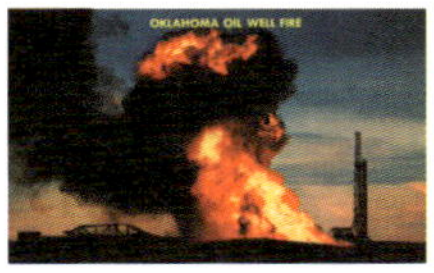

square inch contains 360000 pixels. A black or a white pixel in the pattern being defined corresponds to one bit in the computer's memory.

A pixel can be described as having a specific tone of grey or a colour, rather than being simply black or white, by increasing the number of bits representing each pixel. A grey-scale pixel requires up to eight bits (depending upon the number of steps) while a coloured pixel needs 16 bits to specify its hue and saturation.

The stability of matter is a necessary given for the stability of DNA. If the matter structure were inclined to falter, the precision of nature's copy mechanisms would fail: the slightest move away from observed standards would change the face of the cosmos:

no stars, no life, no sex, no UNIX machine

Turing experimented until his death with prime soup (*Ursuppe*): mix H and H_2O and CH_4 and a couple of other ingredients and wait for amino-acids to appear. A trace of some amino-acids in these liquids is not unlikely: but the necessary chain reaction that starts an auto-referential perpetuation has not, as yet, occurred. Perfect copy and pure identity exist only on the level of atoms. All protons in the universe are perfect replicants and are identical. Differentiation in the macrocosmos is an unnecessary complication.

identity < exact copy > stability

Since the first mammals, with blood at a warm and stable temperature, appeared 220 million years ago their new type of DNA has never cooled: over billions of generations it has maintained a constant temperature of 36.5°C.

This DNA is, at present, diversified into approximately 4500 different species including: *homo sapiens*. Yet, in the end, the crucial difference between the genetic information of a primate and a human is less than 1 per cent.

Our brain reflects these stabilizing factors. That is to say, it is a stable material with an ability to copy stable molecules. It functions as a luxuriously hedonistic device enabling per/conceptual consciousness. It decodes sensory data by the interaction of 100 billion neuron cells, embedded in soft tissue, stored in complete darkness at a medium temperature, encapsulated in a closed shell made from the same material as that of oysters or corals.

A major problem engaging the attention of engineers and chemists is that of hard copy – outputting digital information in a permanent, visual form. Photographic emulsions, dye sublimation and the extraordinary Scitex Iris ink-jet printer produce images with pitiful permanence – a life of weeks, or months at most. Print technology has achieved one breakthrough by using the computer's ability to introduce a random element into the texture of regular dot configurations required by half-tone colour printing. The stochastic procedures overcome the problem of interference patterns being generated by overlapping regular grids. This concept will change print as dramatically as the move from AM to FM transmission revolutionized broadcasting. The change is in the dot structure itself. Amplitude modulated (AM) broadcasting uses a constant wavelength which carries the varying amplitude of the signal. In frequency modulation (FM) the frequency of the carrier is varied. The AM analogy with print is that the dots which make up a half-tone image are placed equi-distant in a regular grid – but the dots vary in size which creates more or less white space around them. In an FM print the dots are all of the same size but much smaller, the differences of tone and colour are created by variations in the space between the dots. Whereas the dots in high quality AM printing were 80 lines per cm, FM pushes this to 480 lines per cm.

George Boole
1815-1864
Boolean algebra is at the core of computing. Introduced, in1847, a binary notation in formal Logic. Published, in1854, *An investigation of the Laws of Thought, on which are founded the mathematical theories of logic and probabilities.*

Albert A. Michelson
1852-1931
Edward W. Morley
1838-1923
Measured, in 1887, by the use of interferometers the precise speed of light in a vacuum.

Norbert Wiener
1894-1964
Mathematician, published *Cybernetics* in 1948.

John von Neumann
1903-1957
Mathematician, physicist, wrote on game theory and quantum physics. In the 1940s he conceived EDVAC, the first programmed computer.

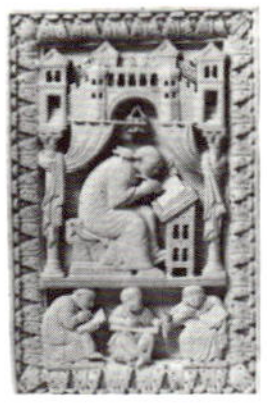

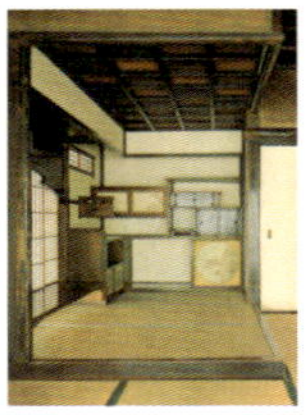

Univers 67

Konrad Zuse
1903-1992
Built, during1936-38, the first (mechanical) computer operated by a programme.

Kurt Gödel
1906-1978
Mathematician who recognized, in 1931, the incompleteness of logical systems.

Alan Turing
1912-1954
Described in 1936 an imaginary universal computing machine which proved that every logical problem can be solved by a machine as well as by a person.

Claude E. Shannon
1916-
Published in 1949 *A mathematical theory of communication* where he defines bit as the unit of information.

Ken Thompson
1943-
Conceived the UNIX operating system at Bell Laboratories.

Three quarks for Muster Mark!

Extremes of stability and the highest standards of maintenance (superior to that of the VW Beetle) on one side and a random access modulator on the other were established: with a licence to mutate. After one mutation it seems unlikely that another dramatic change of the phenotype will occur. Stabilizing operators allow millions of copies of DNA to reproduce before another true mutant crops up.

Genetic flaws can beget shortcomings; in wings, legs etc., but even mild X-rays don't create new species – no butterfly ever became even another type of butterfly.

Now, 135 years after Darwin initiated the discussion, there are substantial doubts about *survival of the fittest* being sufficient reason for the origin of species.

two paradoxes don't make a paradigm

If two slightly ambiguous parameters are added together – i.e. the hypothetical time span of evolution and potential of specification – the result is either a lesser number of species or an enormously large time frame. There are two seemingly contradictory forces in operation: a random sequence symbolized by mild X-ray-induced mutations and peculiarities of *quantum electro dynamics* (QED) and the breathtaking stability of matter.

The high pinnacles of improbable order and the flat wastelands of probable disorder: game theory versus flawless copy mechanics.

Linotype-Hell is now offering a printing system using seven different colours. Instead of the four standard process inks, cyan, magenta, yellow and black, there is a new range which adds orange, green and violet. With luck, printers will soon be back where they were a hundred years ago when Collotype printing used continuous-tone film separations and as many colours as were needed or the client could afford.

target = get art

Consider the power of anagrams and permutations, the economy and richness in the *arte combinatoria* of a few elements.

Whether applied to elementary particles, the 4 amino-acids of all genetic information, the letters of an alphabet or to off/on digital sequencing, the results can be compelling.

It could be that painting with a mixture of oil and pigment on canvas is as anachronistic as holding records on paper in a modern office. It is now possible for computers to provide a three-dimensional visual experience in real time. There is no reason why future art lovers should not put on a pair of data-gloves and flippers, don a helmet and dive head-first into a pool of colour. Connoisseurs could stroll through a whole garden of electro-virtual delights.

Albert Einstein was quite awed by the inexplicable stability of the observable universe. Although his theories paved the way for the quantum interpretation of matter he argued that quantum theory, with its statistical approach, cannot be a full description of our universe.

Is the moon there, or not there, whether we look at it – or not? Einstein refused to make the (quantum) leap and tried in vain for 30 years to harmonize the laws of nature into Unified Field Theory.

All clocks are clouds

'50 years of intensive research did not bring me any closer to an answer to the question: what are light quants? Today of course every gnome has an answer. But they are mistaken.'

Perhaps some of the mysterious levels of stability in the macrocosmos are directly related and depend on the high levels of uncertainty in quantum events.

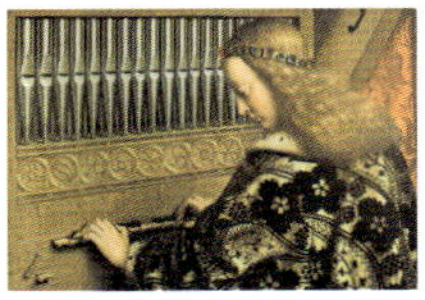

Understandably, resolution is somewhat limited at the moment. The data for a specified world and the speed at which the data needs to be handled to convey an immediate reaction to a spectator are impressive. It won't be many years before the experience will be something akin to real life.

A combination of perfect retina and perfect brain provides 100 % resolution. Our daily life is *virtual reality one* (VR1) and this operating system bears comparison with no other. Future generations of body implanted biochips: Motorola *Neuroports* will insert a dream-like seamless quality to match VR1.

language and script govern perception

The permanence of a picture by Jan van Eyck (one of the inventors of oil as a painting medium) is well proved. Using this strategy of communicating high-level information, paintings by Velázquez, Vermeer, Giorgione et al. have achieved remarkable success. High Resolution is not simply a technical term, HR also suggests some kind of visionary state. A great deal of research is under way, yet none of our modern imaging procedures have rivalled the density, the resolution and the overall performance of an oil painting or an illuminated manuscript: oil on canvas or wood or tempera on parchment or vellum have not found a modern equivalent. The computer is the ultimate development in the evolution of our tool culture: it may condense all our efforts since Lascaux, Altamira, Babylon, Crete, Egypt, Greece and Rome. It has yet to show its potential as an abiding creative medium.

Amber was known as *electron* by the Greeks. Plato mentioned its power of attraction in his *Timæos*. Almost 2000 years later the medical advisor to Queen Elisabeth I, William Gilbert (1544-1603), used the word *electrica* in his treatise on the magnet. Franklin added *charge* and *positive* (+) and *negative* (-) electricity to our contemporary description of the phenomena. The *atom of electricity* was finally baptized *electron* by George Johnstone Stoney in 1894, three years before its official birthday in the papers of J J Thomson in 1897.

exactitude is a fake

Electrons are the stable (negative) components of an atom. They are 1/1807 the weight of a proton (the other essential constituent of matter), which they surround at an inordinate distance. Imagine the proton as being the size of a pin head – it would be as far from the electron as the height of the Woolworth Building. Electrons create light, and all other electromagnetic effects, all chemical reactions, all features of different elements from Hydrogen (1) to Meitnerium (109). Electrons seem responsible for every surface effect throughout this universe, however small, however large. It is their controlled flow in semiconducting layers of silicon that allows millions of replicants of *Universal Turing Machines* to function – and their relentless discharge from guns within the ubiquitous cathode ray tube controls our vision of the modern world, at 72 dpi.

About half of the scintillating light on a TV screen when there is no specific signal transmitted (for example at night) is nothing but the recording of a diffuse radiation from outer space. It is assumed that this cosmic noise is the distant, slowly declining, echo of the Big Bang more than 16 billion years ago.

Dennis Ritchie
1941-
Created *The C Programming Language* for Ken Thompson.

Richard Stallman
1953-
Created EMACS 1974. President of the Free Software Foundation.

Steve Jobs
1955-
Founded Apple Computers, conceived and brought about the Macintosh in 1983. Left Apple and founded NeXT. Rejoined Apple in 1996.

infowell.1

CPU-Motherboard	**Intel Venus-Pro**
Hard disk	**Segate Barracuda** 2GB
Memory	**64 MB EDO**
Processor	**Intel P6** 200 MHz
CD-ROM	**Plextor** 12-speed
SCSI Host Adapter	**Adaptec 2940** Ultra Wide
Graphics Adapter	**Matrox Millennium** 4MB
Monitor	**Plasmavision Fujitsu**
Modem	**GV Platinum** 28800 bd
Consultant	**Eddie Thordén**
Operating System	**Berkeley FSF Unix**
Software	**XWindows MIT**

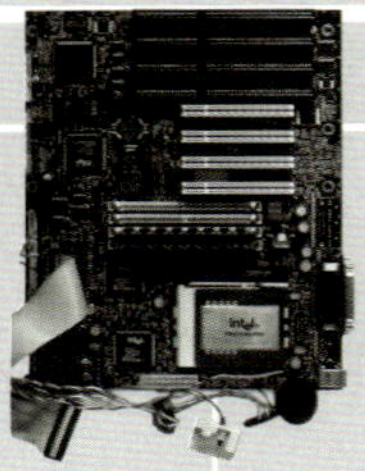

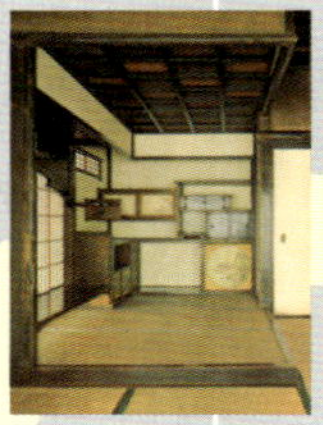

Palindrom
Ecke Bonk, 1991

[aide moi: o media]

Richard Hamilton
1922-
the typosophic society
northend chapter
Member of since 1995

Ecke Bonk
1953-
the typosophic society
primersdorf chapter
Member since 1994

the typosophic society
founded - in transit -
December 1993

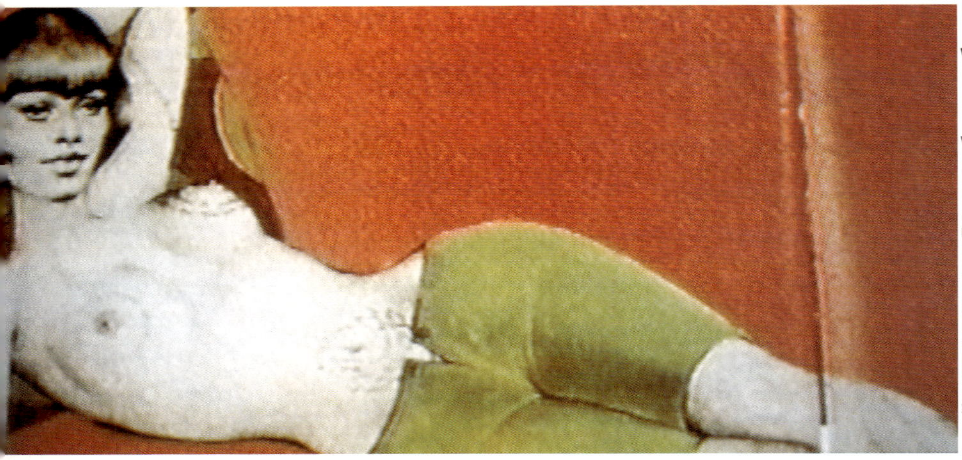

Jean-Luc Godard

Deux ou trois Choses

Wohnkomplexe und Vietnam

Während die Amerikaner in Vietnam einen unmoralischen und ungerechten Krieg führen, läßt die französische Regierung, deren Kontakte zum Großkapital jedem bekannt sind, in der Pariser Umgebung bauen. Die Bewohner der Pariser Trabantenstädte müssen sich, sei es aus Langeweile, sei es durch die von der Architektur eingeflößte Angst oder aus wirtschaftlichen Gründen prostituieren. Zufällig tun sie dies mit den amerikanischen Vietnamveteranen. Gleichzeitig verteilt diese Gesellschaft, die Wohnkomplexe baut, in Form von Taschenbüchern eine billige Kultur, die von den Bewohnern nur teilweise und oberflächlich aufgenommen wird. All dies geschieht im Krach der Preßlufthammer, der Motoren, der Kaffeemaschinen, bei aneinanderschlagenden Dingen, was zu einem gewissen Grad die Verständigung hindert.

Aus: *2 ou 3 choses que je sais d'elle*. Paris 1971.

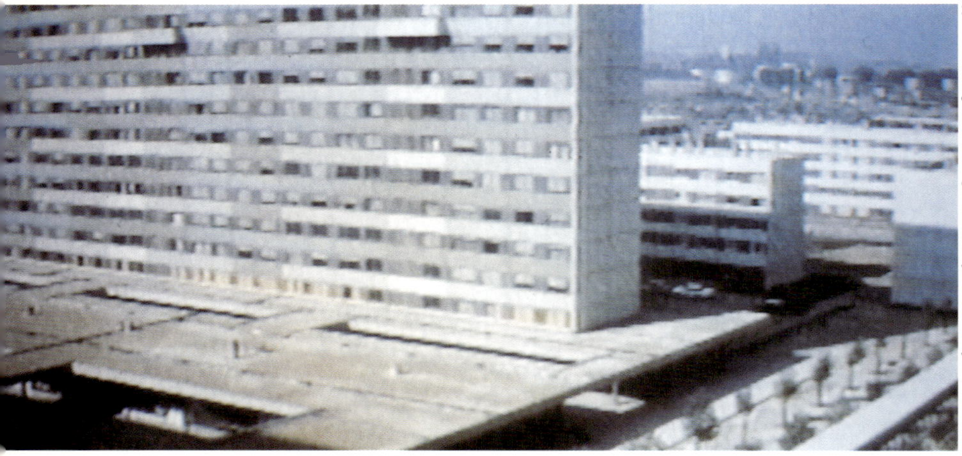

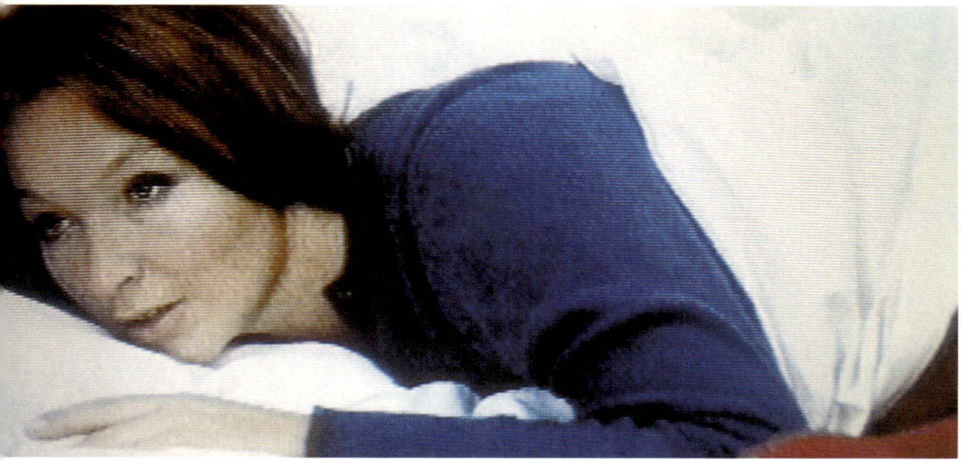

Jean-Luc Godard
Deux ou trois choses que je sais d'elle
(Zwei oder drei Dinge,
die ich von ihr weiß), 1966

Stig Björkam

Godard beschäftigt sich mit universellen Problemen und Sinnlosigkeiten. Juliettes Ehemann, der in einer Garage arbeitet, ist ebenfalls ein Amateurfunker. Er sitzt vor seinem Empfänger und hört Stimmen und Kommentare über entlegene Kriegsschauplätze der Gegenwart und der Zukunft. Er hat das rote Telefon zwischen Washington und Saigon angezapft; er hört, wie Präsident Johnson den Befehl zu einer Eskalation des Krieges und zur verstärkten Bombardierung von Hanoi und Haiphong, Peking und Moskau gibt.

Aus: *Jean-Luc Godard.* London 1967.

Jean-Luc Godard

Hier ist Juliette, wie sie um 15 Uhr 37 in einem Ding herumblättert, das im Journalismus als Zeitschrift bezeichnet wird. Und hier sieht man, wie ungefähr 150 Einstellungen später eine andere junge Frau, ihresgleichen, ihre Schwester, dasselbe Ding anschaut. Wo ist also die Wirklichkeit? Frontal oder im Profil? Und was ist denn überhaupt ein Ding? Vielleicht ermöglicht ein Ding zu verbinden..., von einem Thema zum anderen zu wechseln, in Gesellschaft zu leben, zusammen zu sein. Aber dennoch – da mein gesellschaftlicher Kontakt immer zwiespältig ist, da mein Denken ebenso spaltet wie es vereint, da meine Sprache Dinge einander nähert durch das, was sie ausdrückt, und Dinge trennt durch das, worüber sie schweigt, da sich eine riesige Kluft auftut zwischen meiner subjektiven Selbstgewißheit und der objektiven Wirklichkeit, die ich für die anderen bin, da ich ständig für schuldig befunden werde, mich aber unschuldig fühle... Da jedes Ereignis mein tägliches Leben verändert, da ich bei der Verständigung ständig versage..., ich meine beim Verstehen, beim Lieben, beim Mich-Lieben-Lassen... und daß jedes Scheitern mich einsam fühlen läßt, da.... Da... ich mich weder von der mich erdrückenden Objektivität, noch von der mich einschließenden Subjektivität losreißen kann, da es mir weder möglich ist, mich zum Sein aufzuschwingen, noch ins Nichts zu fallen..., ich muß zuhören. Ich muß mehr denn je um mich herumschauen... Die Welt... Meinesgleichen. Mein Bruder... Allein die Welt heute, in der keine Revolutionen mehr möglich sind, in der mich blutige Kriege bedrohen, in der sich der Kapitalismus seiner Rechte nicht mehr sicher ist... und die Arbeiterklasse schwindet, in der der Fortschritt... die blitzartigen wissenschaftlichen Fortschritte verleihen den zukünftigen Jahrhunderten eine Präsenz, die mir nicht aus dem Sinn geht..., in der die Zukunft gegenwärtiger als die Gegenwart ist, in der sich vor meiner Türe ferne Galaxien befinden. »Meinesgleichen... Mein Bruder...«. Wo beginnt?... Aber wo beginnt was? Gott schuf den Himmel und die Erde. Sicherlich..., aber das klingt ein wenig schwach und einfach. Man muß das besser sagen können... Sagen, daß die sprachlichen Grenzen denjenigen der Welt entsprechen..., daß die Grenzen meiner Sprache denjenigen meiner Welt entsprechen. Und durch das Sprechen begrenze ich die Welt, ich vollende sie... Und wenn der logische und mysteriöse Tod kommt, um diese Grenze abzuschaffen... und wenn es weder Fragen noch Antworten gibt..., wird alles unscharf. Aber wenn die Dinge zufällig wieder scharf werden, geht das nur durch das wieder aufsteigende Bewußtsein. Daraufhin verbindet sich alles.

Aus: *2 ou 3 choses que je sais d'elle.* Paris 1971.

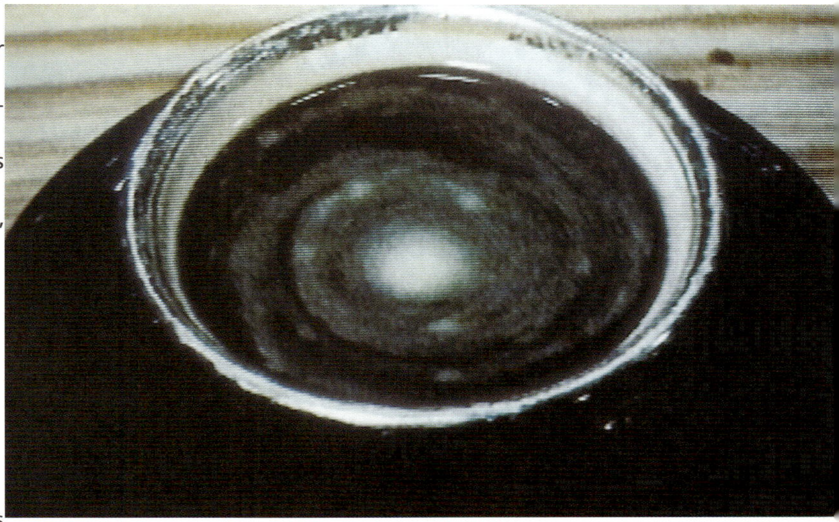

Richard Roud

Zwei oder drei Dinge, die ich von ihr weiß ist, laut Godard selbst, ein soziologischer Essay in Form eines Romans – aber ein Roman, der nicht mit Wörtern, sondern mit Noten, mit Musik geschrieben wäre. Es ist ein anspruchsvollerer Film als *Made in USA*, sowohl was das Thema angeht – die Pariser Umgebung, das »Elle« im Titel – als im Hinblick auf die Form. (...) »Dieser Film«, sagt Godard, »ist die Fortsetzung einer Bewegung, die mit *Muriel* von Resnais ansetzte: der Versuch einer Beschreibung des Phänomens, das in Mathematik und Soziologie als Komplex bekannt ist. Diese junge Frau wohnt in einem sogenannten Wohnkomplex , und das ist kein Wortspiel. Ich versuche die Art und Weise, wie sie mit ihrem Leben auskommt, in Verbindung zu setzen mit der Art und Weise wie die Regierung mit ihrem Wohnungsbauplan umgeht.«

Aus: *Godard.* New York 1968.

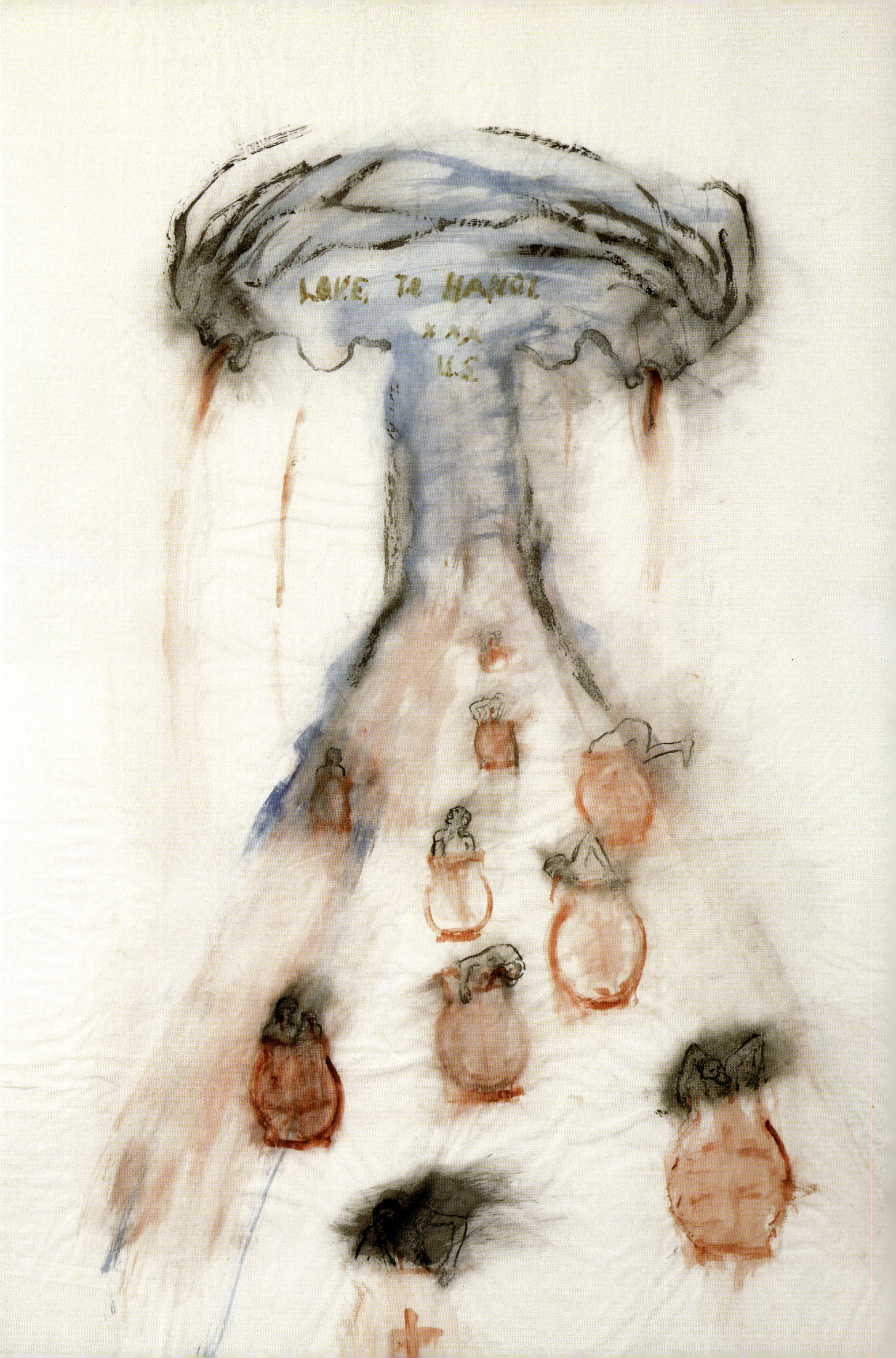

Nancy Spero, Love to Hanoi, 1967

Kino in Cuba

Das Revolutionskino der Sowjetunion war Mitte der 30er Jahre so gut wie verschwunden, aber sein Geist war 30 Jahre später in der Karibik noch immer sehr lebendig. Unterstützt durch den filminteressierten Fidel Castro fand man in Kuba einige Jahrzehnte lang das beeindruckendste politische Kino der Welt.

An der Spitze der kubanischen Filmindustrie stand der überaus talentierte und sozial engagierte Filmjournalist Santiago Alvarez. In einer Reihe von Wochenschauen sowie Dokumentarfilmen unterschiedlicher Länge entwickelte er einen gewagten und innovativen Stil des Filmemachens voller polemischer Ausdruckskraft und audiovisueller Akrobatik, mit dem er die meisten kommerziellen Filmemacher in den Schatten stellte. (...)

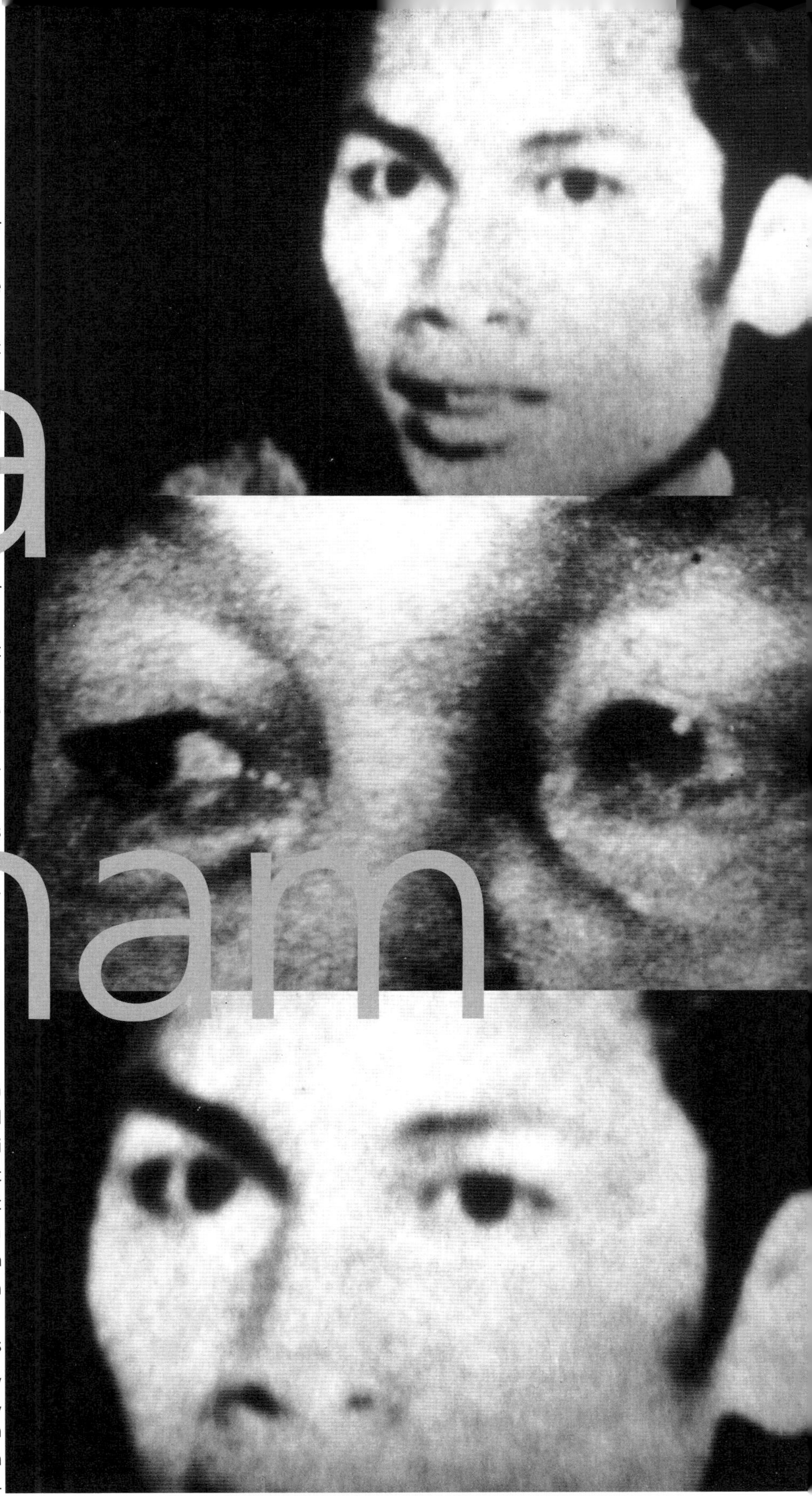

Santiago Alvarez, 75 primaveras (75 Frühlinge), 1969

Welche Bedeutung das Kino in Kuba hat, läßt sich daran erkennen, daß das Kubanische Institut für Filmkunst und Filmindustrie (ICAIC) bereits im März 1959, also nur drei Monate nach dem Triumph der Revolution gegründet wurde. Von einem anfänglich bescheidenen Programm mit äußerst geringen Geldmitteln hat sich der kubanische Film inzwischen zu einem der politischsten und künstlerisch lebendigsten in ganz Lateinamerika entwickelt und wird von der internationalen Kritik sehr geschätzt.
Santiago Alvarez gilt gemeinhin als der große Altmeister des kubanischen Dokumentarfilms. Geboren 1919 in Havanna, unternahm Alvarez zwei Reisen in die Vereinigten Staaten, die erste 1939 und später eine zweite, um für kurze Zeit an der Columbia University in New York City zu studieren. Nach seiner Rückkehr nach Kuba studierte er Philosophie und Literatur an der Universität Havanna, war in den 50er Jahren Gründungsmitglied des Filmclubs Nuestro Tiempo (Unsere Zeit) und nahm aktiv am Untergrundkampf gegen die

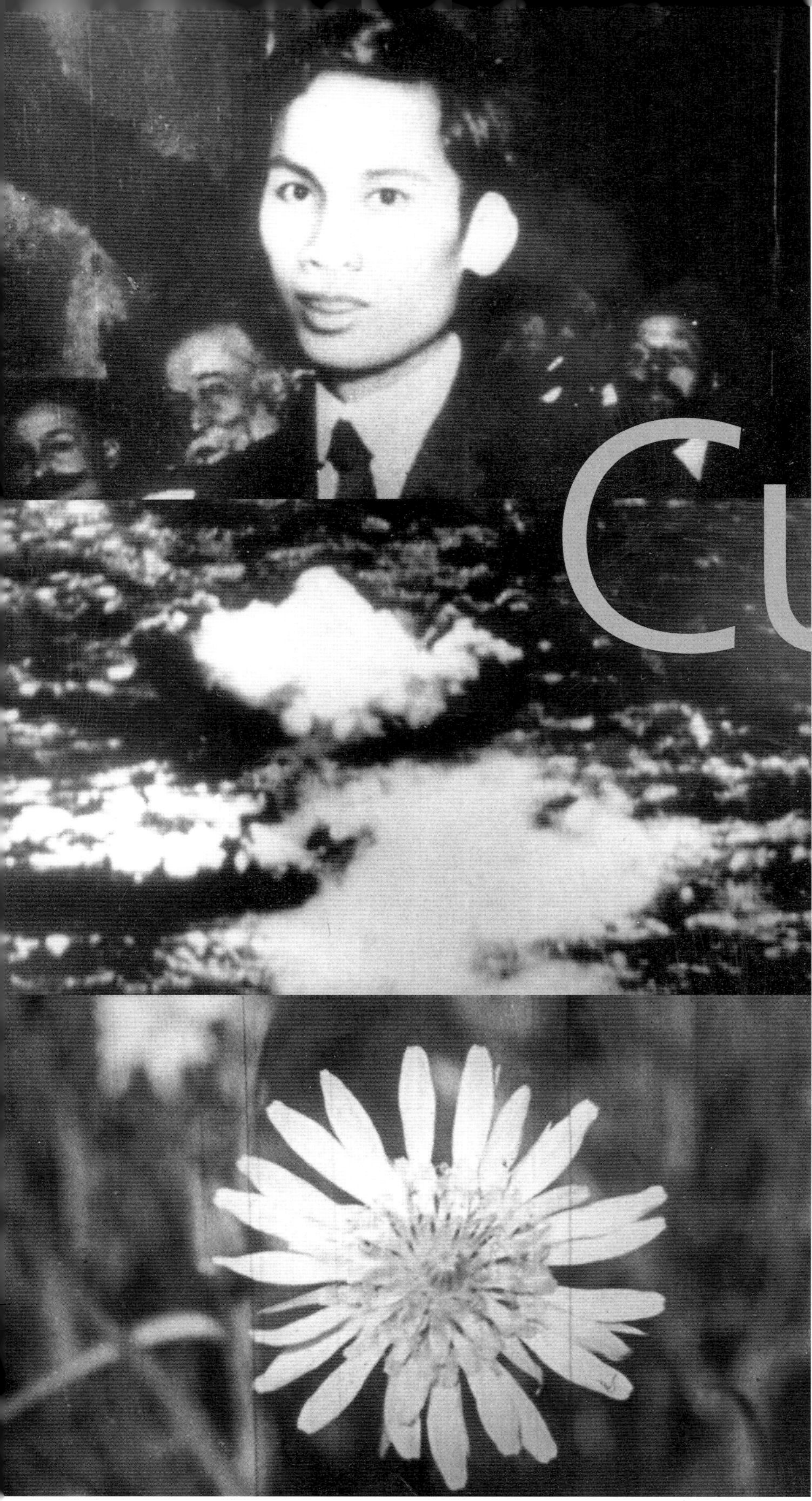

Batista-Diktatur teil. Nach der Revolution wurde Alvarez zum Leiter der Kurzfilmabteilung der ICAIC ernannt, die ihn 1960 auch zum Direktor der *Noticiero Latinoamericana* machte; er und seine Mitarbeiter haben seitdem jede Woche eine solche »Wochenschau« produziert.

In *Hanoi, Tuesday the 13th* (1967) gelingt es Alvarez, den Widerstandsgeist der Vietnamesen, der es ihnen ermöglicht hat, in diesem Krieg zu kämpfen und ihn zu überleben, anhand von Bildern der Struktur des Alltagslebens in Hanoi weitaus deutlicher zu vermitteln als es die so häufig in Filmen über den Vietnamkrieg verwendete Off-Stimmen-Rhetorik vermag. In *Take-off at 18:00* (1970) beschreibt er Kuba zur Zeit der amerikanischen Blockade, als das Land sich an einem Wendepunkt befindet: Die Revolution ist gefestigt, hat sich konsolidiert, die Nation macht für die Zuckerrohrernte mobil und bereitet sich auf einen wirtschaftlichen Neuanfang vor. In seinen nachfolgenden Dokumentarfilmen mit Spielfilmlänge über Fidels Reisen nach Chile, *De América Soy Hijo Y A Ella Me Debo* (Ich bin ein Sohn Amerikas und ihm bin ich verpflichtet, 1971), in die Sowjetunion, nach Osteuropa und Afrika, *Y El Cielo Fue Tomado Por Asalto* (Und der Himmel wurde im Sturm genommen, 1973), berichtet er nicht einfach über diese Reisen des kubanischen Führers, sondern verwendet sie, um bestimmte Ideen zu erläutern. In dem Film über die Chile-Reise geht es um die Idee der lateinamerikanischen Solidarität angesichts der Konfrontation mit den Vereinigten Staaten, und in *Y El Cielo Fue Tomado Por Asalto* um den Marxismus, verstanden als eine Form des Humanismus, und um den proletarischen Internationalismus.

Cineaste: Ich würde gerne mit einer kleinen persönlichen Geschichte über Sie selbst beginnen – was sie vor der Revolution gemacht haben, wie sie zum Filmemachen gekommen sind oder ähnliches.

Santiago Alvarez: Vor der Revolution war ich einfach nur ein Filmliebhaber, ein Zuschauer wie jeder andere überall sonst auch. Ich war Mitglied eines Kulturvereins, Nuestro Tiempo, zu dem auch ein Filmclub gehörte, wo wir Filmklassiker sahen und sie theoretisch diskutierten. Andere Genossen, die heute bei der ICAIC arbeiten – Alfredo Guevara, Julio García Espinosa, Tomas Gutierrez Alea – waren auch in diesem Filmclub. Wir zeigten auch einige der klassischen revolutionären Filme aus der Sowjetunion. Es gab einen Verleiher sowjetischer Filme für Kuba und Mexiko, bei dem wir Filme ausliehen, die wir Sonntag morgens in einem kleinen Kino zeigten. Wir trafen uns, um Filme zu zeigen und darüber zu diskutieren, aber es war auch ein Vorwand, linksorientierte Leute zusammenzubringen und über soziale Probleme zu sprechen.

Davor, also 1939, lebte ich in den Vereinigten Staaten und arbeitete als Tellerwäscher und in den Kohlebergwerken in Pennsylvania. In den USA entwickelte sich mein politisches Bewußtsein, und als ich nach Kuba zurückging, wurde ich Kommunist. Der amerikanische Imperialismus ist der größte Förderer des Kommunismus. Im Grunde waren die Erfahrungen, die ich hier gesammelt habe, die Wurzeln für *Now*, meinen Film über Rassendiskriminierung in den Vereinigten Staaten. Dieser Film erwuchs direkt aus dem, was ich hier

Jean-Luc Godard verglich 1987 in einer ihm gewidmeten Sendung der Fernsehreihe Ciné-Cinémas die Verwendung von Zeitlupenaufnahmen und das Bild des Krieges in Stanley Kubricks Film *Full Metal Jacket*, der gerade herausgekommen war, und in Santiago Alvarez' Film *79 primaveras*.

(Zu sehen sind Zeitlupenaufnahmen Kubricks, die zeigen, wie ein G.I. von der Kugel eines Heckenschützen getroffen wird.)

»Das ist dieselbe Art von Zeitlupe, wie man sie auch bei Peckinpah findet. Kubrick wendet sich damit nur an die Masse der Zuschauer, er beutet eines ihrer Bedürfnis aus. Welles hat das, glaube ich, als Trick, technische Spielerei oder reißerische Masche bezeichnet. Das ist inzwischen bei allen amerikanischen Regisseuren Mode geworden, selbst bei Kubrick, was mich enttäuscht, denn er hat mehr Talent als die anderen. Und das hat er von Peckinpah. Nur daß er auch noch Vietnam ausschlachtet. Ich gehe da nicht hin, denn ich würde die Vietnamesen nicht sehen oder Gott weiß in welcher Form. Sie waren da, die Vietnamesen. Man brauchte nur dorthin zu gehen. Er ist dorthin gegangen... Er sieht nichts... Es fehlt etwas. Dem Film Kubricks fehlt das, was Amerika gefehlt hat. Die Kriegsfilme über Deutschland – es gibt keinen Hollywoodschauspieler, der nicht irgendwann einmal einen deutschen General gespielt hätte. Und doch hat keiner von ihnen einen General gespielt, denn er hätte nicht gewußt, wie er es anstellen soll. Und das ist eine Schande für sie. Diese Schande durch eine Zeitlupe zu überdecken, wie talentvoll auch immer, das klappt nicht.«

(Zu sehen ist eine Szene aus dem Film von Alvarez, die eine um Ho Chi Minh trauernde Menge von Vietnamesen zeigt.)

»Wenn man sich die Zeitlupenaufnahme von Santiago Alvarez anschaut, so sieht man eine weinende Menschenmenge. Und bei jedem einzelnen sieht man, daß er weint,

in den USA erlebt hatte. Es kam alles zurück, als ich eines Tages einen Song namens *Now* hörte, gesungen von Lena Horne – es ist eine Melodie, die auf ein altes hebräisches Lied von einem anonymen Autor zurückgeht. Als ich die Arbeit an dem Film bei der ICAIC begann, halfen mir dieser Hintergrund und diese Erfahrungen – ich setzte all den Hass ein, den ich gegen Diskriminierung und Brutalität empfunden hatte.

1959 fing ich an, wirklich etwas über das Kino zu lernen. Nach der Revolution, als das Filminstitut gegründet wurde – es war das erste Gesetz über kulturelle Angelegenheiten, das Fidel unterzeichnete – machte ich eine Wochenschau über die erste Reise, die Präsident Doricos durch Lateinamerika unternahm. Es war die erste Ausgabe der ICAIC von »Noticiero Latinoamericana«. Der Tag, an dem die »Moviola«, der Schnittplatz, mit der wir arbeiten konnten, bei der ICAIC ankam, wurde groß gefeiert. Es war ein Schnittplatz mit nur einem Projektionsschirm, ohne Tonkopf, aber ich habe ihn noch immer und arbeite damit. Jedes Teil der Ausrüstung, wie zum Beispiel die kleinen Haken, mit denen man die Takes im Schneideraum aufhängt, war etwas Neues für uns. Wir hatten immer über Filme geredet, aber wir wußten nicht, wie man Filme macht. Trotz all unseres Unwissens über die Ausrüstung hatten wir jedoch den dringenden Wunsch, aktiv zu werden und gegen die reaktionären kapitalistischen Wochenschauen anzukämpfen, die zu dieser Zeit in Kuba noch immer gemacht wurden und konterrevolutionäre Propaganda verbreiteten.

Cineaste: Gab es im Laufe der Zeit irgendeine bemerkenswerte Entwicklung, was den Stil der Wochenschauen betrifft? Ich habe den Eindruck, daß es viele Ähnlichkeiten zwischen Ihren Filmen und denen des sowjetischen Filmemachers Dsiga Wertow gibt.

Santiago Alvarez: Unsere ersten Wochenschauen waren von den traditionellen Wochenschauen beeinflußt. In formaler Hinsicht waren sie nicht revolutionär, aber ihr Inhalt war es. Nachdem wir etwa 20 Wochenschauen gemacht hatten, suchten wir nach neuen, expressiven filmischen Formen. Damit wir anfangen konnten, Filme zu machen, bedurfte es eines revolutionären Willens, einer revolutionären Inspiration. (...)

Cineaste: Besonders, was die Bedeutung des Marxismus' in Ihren Filmen betrifft, ich denke da an *Y El Cielo Fue Tomado Por Asalto*, in dem sie eine These entwickeln...

Santiago Alvarez: Ja, eine materialistische These. Der Anfang des Films, die Einführung, handelt von der Geburt eines Kindes, und wir zeigen naturwissenschaftliche Szenen der Geburt im Gegensatz zu Renaissancegemälden vom Kind mit der Jungfrau. Also haben wir es mit einer Gegenüberstellung von Bildern der tatsächlichen Geburt eines Kindes und jenen wunderschönen Gemälden aus der idealistischen Welt der Renaissance zu tun, die suggerieren, das Kind sei von der Jungfrau geboren worden, aus all diesen religiösen Vorstellungen. Einer materialistischen wird eine idealistische Weltsicht gegenübergestellt. (...)

Cineaste: Wie erfolgreich sind kubanische Filmemacher, wenn es darum geht, den Geschmack der Öffentlichkeit zu beeinflussen? Zieht das kubanische Publikum Unterhaltungsfilme noch immer politischen Filmen vor?

Santiago Alvarez: Wir sind die Öffentlichkeit, Filmemacher sind die Öffentlichkeit. Wir gehen davon aus, daß wir Teil des Volkes sind und unsere Filme aus einer gemeinsamen Realität entstehen. Wenn wir uns für eine privilegierte Gruppe halten würden, die über dem Volk

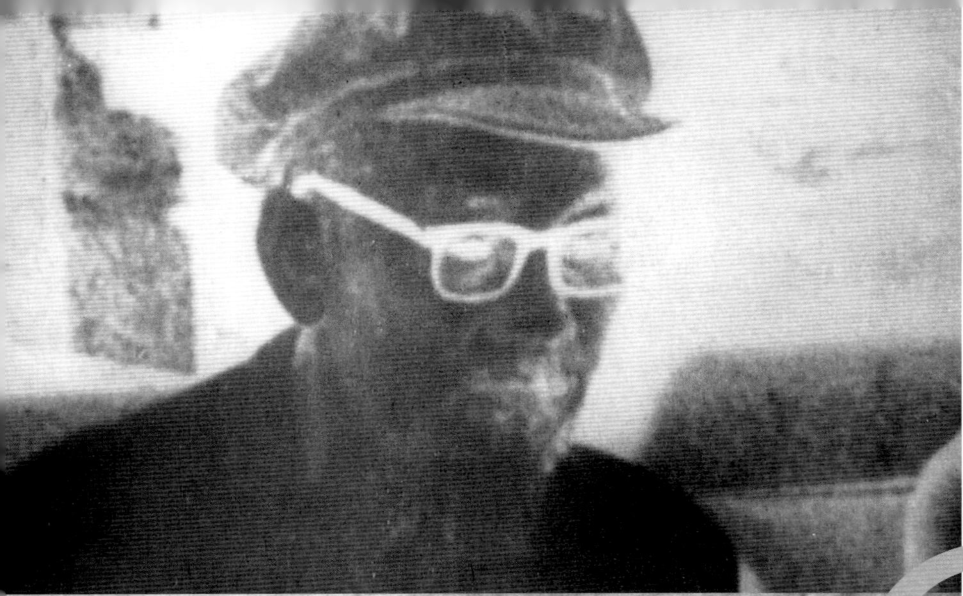

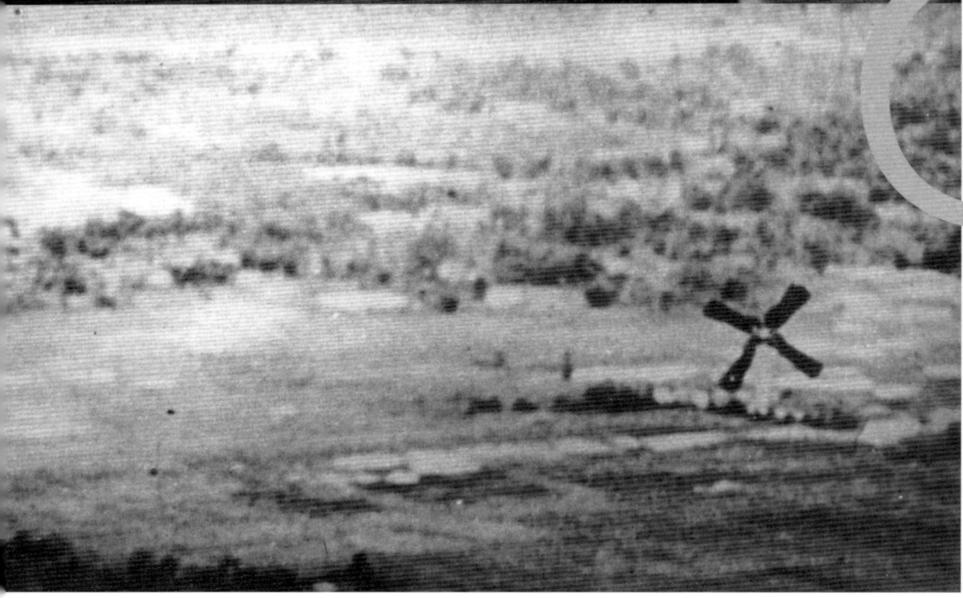

ohne daß er bevorzugt wird, auch wenn er bevorzugt wird. Der Zuschauer kann wählen (...).«

(Zu sehen sind Kriegsaufnahmen von Santiago Alvarez, in die Aufnahmen Kubricks dazwischengeblendet sind, um zu beweisen, daß sie nicht »stimmen«.) »Man muß richtig hinsehen. Man sieht etwas, an das man glaubt, und er [Kubrick] glaubt nicht mehr an das Kino, er überfordert es, und das Kino kann nicht mehr. Es gibt einen Moment ... [es bedarf] eines Minimums an Aufrichtigkeit. ... Man sieht, daß der andere [der Film von Alvarez], der aus Dokumentaraufnahmen besteht, mit Hilfe einer Fiktion bearbeitet ist, die so stilisiert ist, daß sie etwas zurückgibt. Und diesem da [dem Film Kubricks] fehlt das Dokumentarische ...«

steht, würden wir vermutlich Filme machen, die nur eine Minderheit oder eine Elite ansprechen. Aber wir sind nicht eine Gruppe von Dichtern, die abstrakte oder bizarre Poesie schafft. Man kann nur ein Revolutionskünstler sein, wenn man zum Volk gehört und mit ihm kommuniziert.

Es ist eine Herausforderung für uns gewesen, aber es ist uns bis zu einem gewissen Grad gelungen, die Kinogewohnheiten der Öffentlichkeit zu verändern. Der Einfluß des Kapitalismus hat auch in sozialistischen Ländern dafür gesorgt, daß Dokumentarfilme immer nur als Beigabe zu einem Spielfilm gezeigt wurden, bei dem die Schauspieler die Hauptattraktion sind. Aber uns ist es gelungen, Dokumentarfilme als Hauptattraktion in Theatern zu zeigen. *De America Soy Hijo* beispielsweise, der drei Stunden und fünfzehn Minuten dauert und der Fidel als Hauptperson auf einer Reise zeigt, wurde gleichzeitig in sieben Theatern gezeigt, und die Leute standen noch immer Schlange; die Häuser waren zwei Monate lang ausverkauft. Ein anderer Dokumentarfilm, *Y El Cielo Fue Tomado Por Asalto*, der zwei Stunden und acht Minuten dauert, war ähnlich erfolgreich (...).

Cineaste: Können Sie abschließend etwas über die Zukunft sagen?

Santiago Alvarez: Ich denke, daß die Kinos in 20 Jahren verschwunden sein werden, daß es eine neue Technologie geben wird, die an ihre Stelle tritt. Es wird neue Entwicklungen in elektronischen Verfahren geben, die die traditionelle Methode des Filmemachens vollkommen verändern werden, nicht nur in Kuba, sondern überall. Die Technologie wird alles total verändern, und ebenso werden sich die Kommunikationsmittel – für den Maler, den Musiker, den Filmemacher – radikal verändern.

Ich glaube, daß sich die individualistische Kunstauffassung komplett wandeln wird und daß die Form des Museums oder der privaten Ausstellung von Kunstwerken, wie wir sie jetzt kennen, nicht länger fortgesetzt wird. Die Schöpferischen, die Künstler in der Gesellschaft werden ihre Energien darauf verwenden, nicht nur ein Gemälde, sondern Massen-Kunstwerke zu schaffen, um alles – Schule, Wohnungen, Fabriken – die gesamte Umwelt zu verschönern. Es wird eine anti-individualistische Auffassung des künstlerischen Schaffens sein, wo alles zum Wohl der gesamten Menschheit geschieht.

Aus: Gespräch mit Santiago Alvarez. In: *Cinéaste*, 1975, Bd. 6, Nr. 4.

Vietnam

75 primaveras, ein kubanischer Film über Vietnam

Die zahlreichen Bilder von der Beerdigung des vietnamesischen Präsidenten Ho Chi Minh aus dem Film *75 primaveras* (1969, 35 mm, schwarz-weiß, 648 m, 24 min) stammen nicht von Iván Nápoles, dem Kameramann der meisten Dokumentarfilme von Santiago Alvarez. Diese elegische Beschuldigung ist mehr als eine Biographie, deren Stärke in der Interpretation der globalen Botschaft liegt, die der leibliche Führer des antikolonialistischen Kampfes dem Volk Indochinas vermacht. Um kurz Hos politische Laufbahn nachzuziehen, verwendet der Filmemacher alte Filme und Archivphotos, die Onkel Ho abbildeten. Jedoch ist das wirkliche Ziel des Films ein ganz anderes: Er soll den Sinn von Hos Leben einfangen, diesen in einen Aufruf zum Optimismus verwandeln, was in solch schmerzensreichen Umständen recht schwierig erscheint. Dies gelang unter anderem nur durch einen meisterhaften Schnitt der bedeutsamen Einstellungen und Hervorhebungen, und durch eine Bildfolge, deren Komposition von den Entdeckungen Vertovs inspiriert war. Der Filmanfang ist eine vorbildliche Antinomie. Die Blume, die sich öffnet, ist der Lebenssaft, und damit zutiefst mit Ho Chi Minhs Streben nach Unabhängigkeit verbunden; der von einer Bombe erzeugte Staubpilz ist das Gift des Todes, dessen Herkunft nicht erläutert werden muß.

Aus: José Antonio Evora, *Le Cinéma Cubain*. Paris 1990.

In the year of the pig
Geschichte und Film

Ich nähere mich all meinen Arbeiten von einem bewußt linksorientierten Standpunkt. Es ist sehr schwer zu formulieren, was es bedeutet, heute ein Marxist zu sein, aber 1967, als ich mit *Pig* begann, war es ein wenig klarer. Der Film entstand ursprünglich aus Wut, Entrüstung und Leidenschaft, aber ich wußte, daß all das, so sehr es auch als Motivation zu schätzen ist, falsch ist, wenn es in einem Film nicht überprüft wird, weil nur ein Schrei dabei herauskommt, ein Plakat, das schreit: »Raus aus Vietnam!« Ich glaubte, die leidenschaftlichste Aussage, die man machen kann, ist ein Film, der die Geschichte Vietnams so weit zurückverfolgt, wie das vorhandene Filmmaterial es erlaubt, der die ganze Geschichte des Kriegs behandelt, von den ersten Tagen bis zur Tet-Offensive 1968, dem Jahr, in dem ich den Film fertigstellte. Die kompilatorische Art des Filmemachens eignet sich am besten für die Geschichte, die das Thema all meiner Filme ist.

Ich glaube, man muß eine ganze Menge Hausaufgaben machen. Danach stelle ich einen chaotischen Entwurf des Themas zusammen. Ich wußte, daß ich eine historische Linie verfolgen würde, aber nicht unbedingt eine chronologische. Ich hatte einen Freund, der eine Kartonfabrik besaß und der mir 2,5 Meter breite Rollen Wellpappe gab, die ich an den Wänden meines Büros aufhängte. Zuerst schrieb ich »Han Dynastie« auf, obwohl ich wußte, daß ich in dem Film überhaupt nichts über die Han Dynastie bringen würde. Doch der chinesische Einfluß beginnt dort. Ich schrieb ganz selbstverständlich »Dien Bien Phu, 8. Mai 1954« auf und abstrakte Konzepte wie »Folter«, »Unmenschlichkeit« und andere Dinge, die mich interessierten. Manchmal klebte ich auch ein Bild hinein, damit ich sowohl visuelles Material als auch Worte an der Wand hatte.

Als dieser grobe Umriß fertig war, begann ich mit intensiven Film-Recherchen. Ich fuhr beispielsweise nach Prag, wo die NLF ein Büro hatte, und sie gaben mir ungeheuer viel Material. Ich fuhr auch nach Ostdeutschland und traf dort die Sowjets, die mir Roman Karmens filmische Rekonstruktion der Schlacht von Dien Bien Phu überließen. Manchmal ist es übrigens sehr traurig, wenn sich gute Recherche auszahlt, weil die meisten Leute, die *In the Year of the Pig* (Im Jahr des Schweins, 1969) sahen, dachten, es handle sich wirklich um die Schlacht von Dien Bien Phu. Wenn ich den Film heute bei Vorträgen zeige, sage ich den Zuschauern: »Sie sollten aufmerksamer zuschauen, denn wenn sie sich diese Vietminh-Truppen genau ansehen, werden sie feststellen, daß sie nicht wirklich kämpfen. Sie sind alle so ordentlich angezogen und laufen mit präsentiertem Gewehr herum, als stehe ein Major im Hintergrund, der ihnen Befehle erteilt.« Trotzdem war es wunderbares Material, und ich glaube, ich habe es verwendet, weil ich von dort auf das wirkliche Mate-

Öyvind Fahlström, Notes No. 7 (Gook Masks), 1975

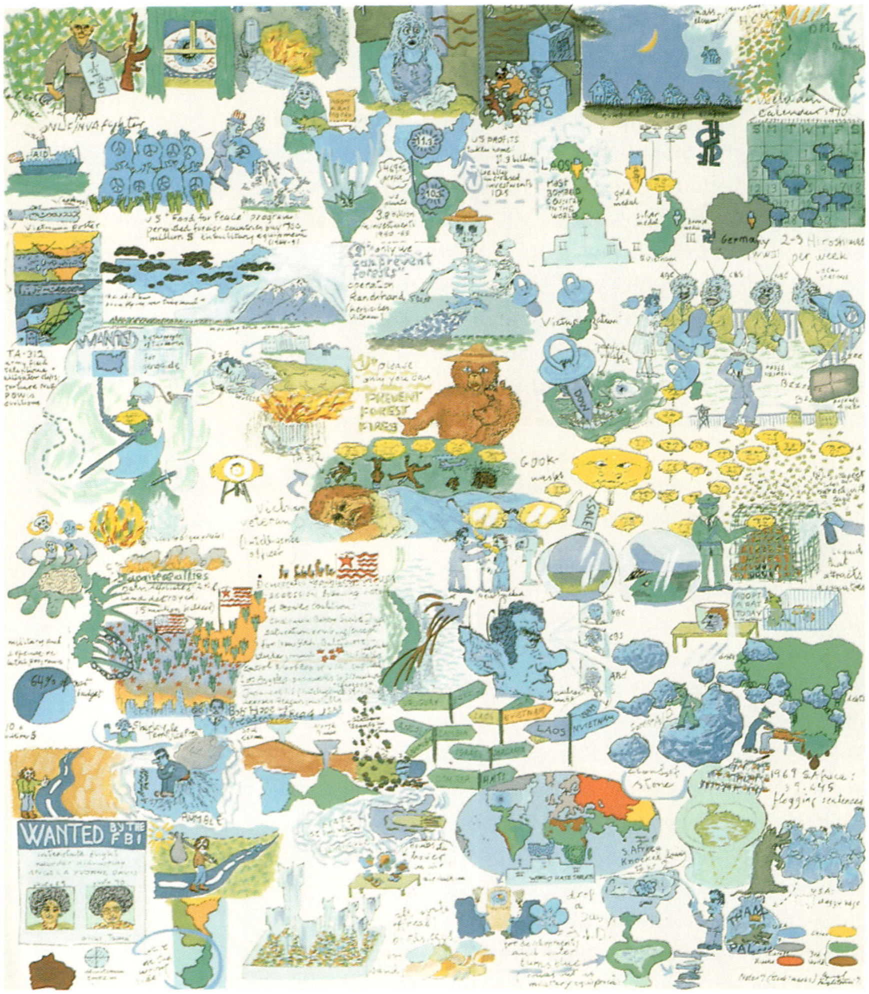

Zeugenaussage

Ich möchte damit beginnen, Ihnen ein Gesamtbild des heutigen Vietnams zu skizzieren. Vorhin haben Sie die vietnamesische Landschaft gesehen, Sie sahen die Bombenkrater. Überfliegt man die vietnamesische Erde, gleicht sie einer menschlichen Haut, die an Pocken leidet ... überall Ausschläge, vor allem in der Nähe von isolierten Behausungen, Weilern und kleinen Tälern. ... Jeder könnte das erkennen und daraus ohne intellektuelle Anstrengung Schlüsse ziehen. Beim Überfliegen des Landes sieht man auch weitläufig von chemischen Waffen zerstörte Gebiete; eine gräuliche Landschaft, eine Landschaft aus Asche. In den Küstenregionen des mittleren Vietnams befinden sich aufgegebene Dörfer, Behausungen und Reisfelder. ... In den von der Saigoner Verwaltung und den Amerikanern kontrollierten Städten sehen Sie einen Wald aus Stacheldraht: die amerikanischen Truppen, die Chefs der Provinzen und der Distrikte und sämtliche süd-vietnamesische Funktionäre, die mit den Amerikanern

rial mit all den weißen Gesichter übergehen konnte, die sich den gelben Gesichtern ergeben, was eines der Symbole dieses Krieges ist.

Ich traf mich in Paris mit den Leuten aus Hanoi und war der erste Mensch aus dem Westen, dem sie diesen außergewöhnlichen Film mit dem Titel *The Life of Ho Chi Minh* zur Verfügung stellten. Der Film zeigt Ho, wie sie ihn sehen, frühe Aufnahmen von Ho und seiner Familie und phantastische Bilder von seinem Beitritt zur Kommunistischen Partei Frankreichs im Jahr 1922. Ich hatte auch Zugang zur Filmbibliothek der französischen Armee, der größten Sammlung von Filmmaterial über Vietnam, die es gibt. Sie geht zurück bis ins Jahr 1902.

Es verblüffte mich, daß zwar alle Fernsehsender ständig über Vietnam berichteten und auch andere Leute Filme über Vietnam machten, aber niemand das Material fand, das ich für *Pig* gefunden hatte. Mir fielen mehrere großartige Szenen auf, die nie jemand verwendet hatte, darunter eine der besten des Films, in der diese absolut arroganten Franzosen in den 30er Jahren in ihren Kolonialhüten und weißen Anzügen in Rikschas sitzen, die von Vietnamesen gezogen werden. Sie kommen vor einem Café an, wo ein großer Marokkaner mit Fez steht – die Szene umfaßt das gesamte französische Kolonialreich –, und als die Vietnamesen ihre Hände ausstrecken, um die Bezahlung in Empfang zu nehmen, schickt sie der Marokkaner weg, als seien sie der letzte Abschaum. Für mich sagte das alles, was man über Kolonialismus sagen kann, ohne es auszusprechen. Wenn irgend etwas die Vorrangstellung des Bildes gegenüber dem Wort zeigt, das, was das Bild enthüllen kann, dann ist es dieses Bild der Rikschas. Es ist das Äquivalent zu einer Reihe von Kapiteln, in denen auf vielen Seiten über die Bedeutung des Kolonialismus geschrieben wird.

Ich mache mir sehr viel Arbeit mit dem Schneiden. Ich bin nie zufrieden. Ich habe beim Schneiden immer den ganzen Film vor Augen. Wenn ich eine Sequenz beende, spule ich den ganzen Film an den Anfang zurück, um zu sehen, wie sie sich in das Ganze einfügt. Ich arbeite so lange an einer Szene, bis ich zufrieden bin. Einen passenden Schluß für *Pig* zu finden, war zum Bespiel ein wirkliches Problem. Ursprünglich sollte das Ende aus dem Material bestehen, das die Leute aus Hanoi mir gegeben hatten. Ich hatte wochenlang damit herumexperimentiert. Es war eine stille Szene auf einer Straße in Nordvietnam, aber plötzlich stürmen aus dem Unterholz die Vietminh hervor. Aber ich dachte, »Mist, ich bin Amerikaner. Ich hoffe, daß die Vietnamesen diesen Krieg gewinnen, ich halte unsere Position für unmoralisch und ich bin Marxist, aber ich bin kein Vietnamese. Das wäre ein passendes Ende für einen vietnamesischen Film, aber ich bin schließlich Amerikaner.« Ich beschloß zu zeigen, daß die Vietnamesen uns bestrafen können, auch wenn wir Amerikaner sind, also nahm ich all das Material von toten und verwundeten Amerikanern mit Bandagen über den Augen, die evakuiert werden. Dann wählte ich eine Aufnahme von einem Bürgerkriegsdenkmal, die Statue eines jungen Mannes, der in Gettysburg starb – und zeigte sie als Negativ, um zu demonstrieren, daß, zumindest meiner Ansicht nach, unsere Sache in Vietnam nicht die war, für die dieser Junge 1863 gestorben war, und dann legte ich eine zerkratzte Version von *The Battle Hymn of the Republic* darunter. Für mich war das ein passender Schluß, ein politisch kohärentes Ende (...).

Aus: »Emile de Antonio im Gespräch mit Gary Growders und Dan Georgokas« (1982). In: *Imagining Reality. The Faber Book of documentary*. 1996.

nam

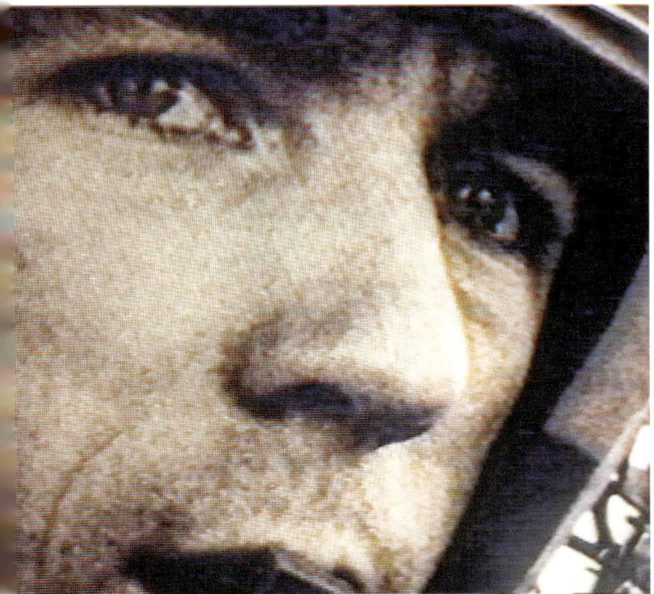

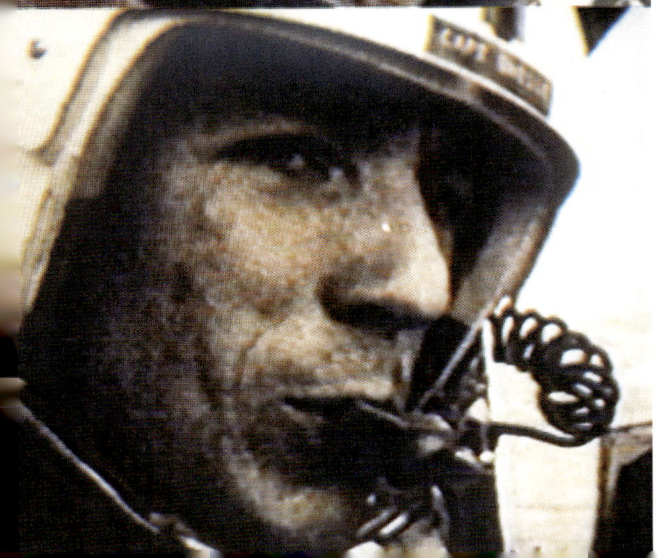

kollaborieren, umgeben ihre Häuser mit Stacheldrahthecken ... der Raum zwischen den belebten Straßen und den Behausungen, Büros der Amerikaner, der süd-vietnamesischen Funktionäre ist tot. ... Was amerikanische Techniken der Kriegsführung betrifft, so lassen sich mehrere unterscheiden: Durchkämmen ist die üblichste Technik. Eine bestimmte Anzahl von Hubschraubern landet im Dorf, die Soldaten dringen in die Behausungen ein und ergreifen einige hauptsächlich junge Leute, nehmen sie fest, unter dem Vorwand, »suspekte Vietkongs« zu sein, und nehmen sie mit zum Verhör in die entsprechenden Zentren. Nach einigen Stunden verschwinden die Hubschrauber, und die Bewohner bleiben vor Schreck gebannt zurück. Was widerfährt den Gefangenen? Als ich im Zentralkrankenhaus von Hué arbeitete, hatte ich Gelegenheit, ungefähr 50 Gefangene des benachbarten Gefängnisses zu sehen, die in sehr schlimmem Zustand eingeliefert wurden, manchmal kurz vor ihrem Tod. Ich werde Ihnen ein Beispiel vorlesen; dabei werde ich die Namen der Gefangenen nicht nennen, um ihnen keinen Schaden zuzufügen – sie sind noch im Gefängnis:

Ein 20 Jahre junges Mädchen (...) Pflanzerin, bei den Eltern lebend. Auf die gleiche Weise festgenommen wie beim ersten Fall (Durchkämm-Aktion). Folterungen: Stockschläge, Stromstöße, sie mußte Seifenwasser trinken. Resultat: das Mädchen unterzeichnet ein Geständnis; sie wurde zu zwei Jahren Haft verurteilt.

Es gibt auch Männer und Frauen, die nicht gestehen; ein wesentlich schlimmeres Schicksal ist ihnen bestimmt. Sie werden viel länger gefoltert. Über sie wird gewöhnlicherweise kein Urteil gefällt. Sie werden für unbestimmte Zeit im Gefängnis oder in den Lagern festgehalten. Den Gesprächen mit den Gefangenen konnte ich entnehmen, daß nur zwei oder drei von ihnen wirklich gekämpft hatten. Die meisten waren Bauern, deren einziger Fehler es war, nicht rechtzeitig die Flucht ergriffen zu haben.

Der Erfolg der Durchkämm-Aktionen, der »search and destroy operations«, wie sie die Amerikaner nannten, war gering. In den letzten beiden Jahren wurde ein anderes Verfahren entwickelt, um das Volk daran zu hindern, die Befreiungstruppen zu unterstützen: Man entvölkert ein bestimmtes Gebiet, und verpflanzt seine Bevölkerung an einen anderen Ort.

Zeugenaussage von Dr. Eric Wulff, 1961–1967 Professor an der medizinischen Fakultät von Hué. Aus: *Actes du Tribunal Russell II*, Paris.

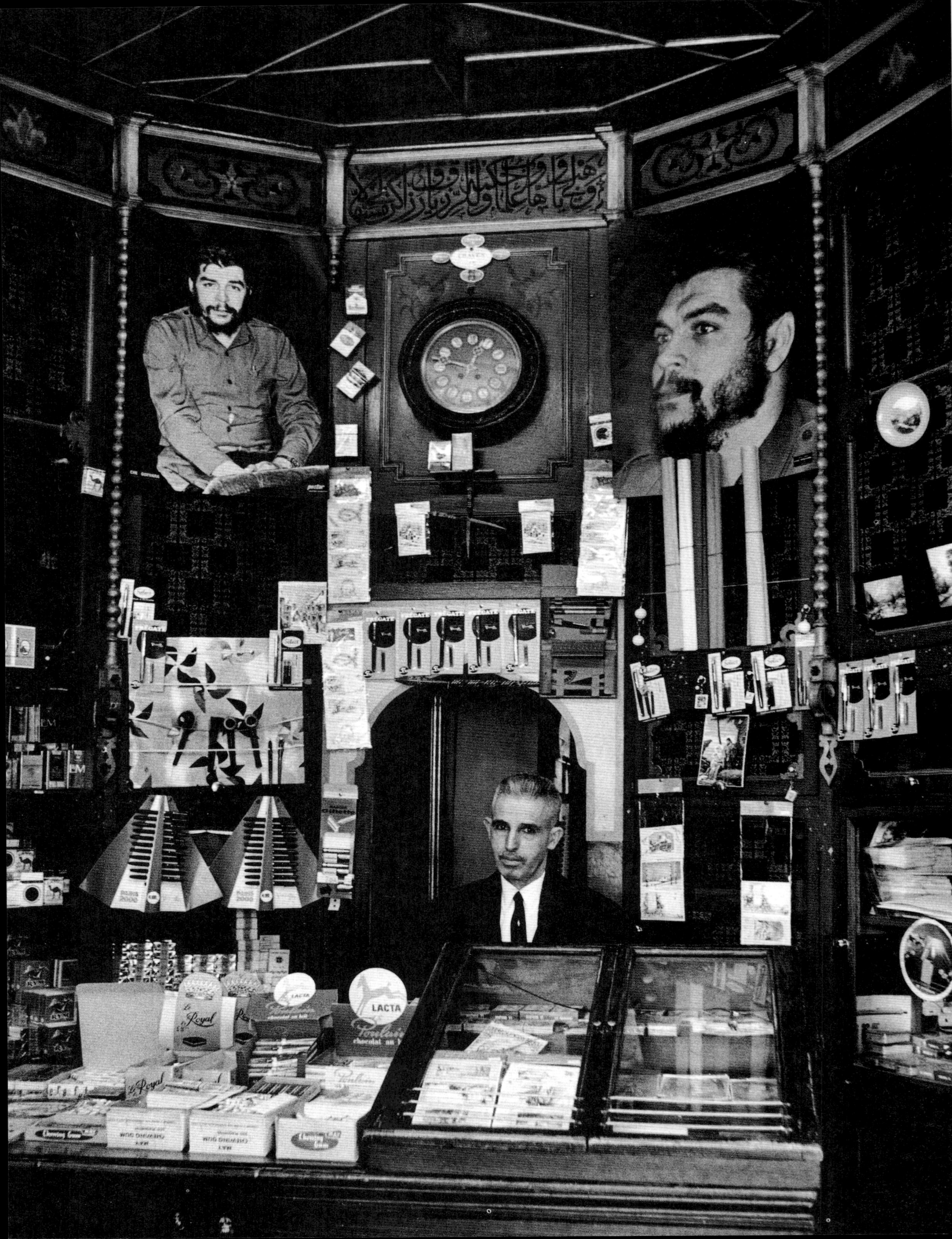

Abisag Tüllmann, Tabakgeschäft in Algier, 1970

Amilcar Cabral

Wenn das afrikanische Volk in seiner einfachen Sprache sagt: »So heiß das Quellwasser auch sei – es wird deinen Reis nicht garen«, so spricht es in verblüffender Einfachheit ein grundlegendes Prinzip nicht nur der Physik, sondern auch der politischen Wissenschaft aus. Wir wissen ja, daß die Entwicklung eines Gegenstandes, der sich in Bewegung befindet, hauptsächlich von seinen inneren Merkmalen bestimmt wird, wie auch immer er von außen beeinflußt werden mag. Bezogen auf die politische Ebene wissen wir auch, daß wir unsere eigene Realität nur dann wirklich verändern können, wenn wir uns auf deren konkrete Kenntnis und auf unsere eigenen Kräfte und Opfer stützen – mag die Wirklichkeit der anderen auch noch so schön und anziehend sein.

In diesem trikontinentalen Rahmen, wo es Erfahrungen und Beispiele im Überfluß gibt, lohnt es sich, daran zu erinnern, daß unglücklicherweise – oder auch glücklicherweise – nationale Befreiung und soziale Revolution keine Exportartikel sind – auch wenn sich die Situationen und die Bestimmungen unserer Feinde noch so sehr ähneln. Sie sind (und werden es mit jedem Tag mehr) vielmehr ein Ergebnis lokaler – nationaler – Arbeit, das mehr oder weniger stark von äußeren günstigen wie ungünstigen Faktoren zu beeinflussen ist, im wesentlichen aber durch die historische Realität jedes Volkes bestimmt und bedingt wird und nur durch die Überwindung beziehungsweise eine angemessene Lösung der vielfältigen inneren Widersprüche, die diese Realität kennzeichnen, gesichert werden kann.(...)

Tatsächlich entstehen ja die Klassen in der allgemeinen Entwicklung der Menschheit und der Völker, aus denen sie sich zusammensetzt, weder als eine allgemeine und gleichzeitige Erscheinung in der Gesamtheit dieser Gruppen noch als ein abgeschlossenes, vollkommenes, einheitliches und spontanes Ganzes. Die Definition der Klassen innerhalb einer oder mehrerer menschlicher Gruppierungen geht in erster Linie aus der fortschreitenden Entwicklung der Produktivkräfte und der Art der Verteilung des Reichtums hervor, der von dieser Gruppierung produziert oder anderen Gruppierungen gemacht wurde. Das heißt: Das sozioökonomische Phänomen »Klasse« entsteht und entwickelt sich als Funktion von wenigstens zwei wesentlichen und voneinander abhängigen Variablen: dem Stand der Produktivkräfte und den Eigentumsverhältnissen an den Produktionsmitteln. Diese Entwicklung vollzieht sich langsam, ungleichmäßig und stufenweise in quantitativem, im allgemeinen unmerklichen Wachstum der wesentlichen Variablen, was von einem bestimmten Moment der Akkumulation an zu qualitativen Veränderungen führt, die sich im Erscheinen der Klasse, der Klassen und in dem Konflikt unter Klassen ausdrücken. (...)

Das soeben Gesagte erlaubt die Frage: beginnt die Geschichte etwa erst in dem Augenblick, in dem sich das Phänomen »Klasse« und infolgedes-

Gérard Chaliand

Die Ereignisse in den Kolonien bzw. Halbkolonien, die das sogenannte Wesen der Dritten Welt um 1960–1961 begründen, sind wenig zahlreich. Den Hintergrund bilden die chinesische Revolution (1949) und die Welle der asiatischen Befreiungen, die im Fall der Festung Dien Bien Phu (1954) gipfeln, die als das »Valmy der Kolonien« gilt.

Der Antikolonialismus während des Krieges in Algerien nimmt auf französischer Seite wichtige Ausmaße an und wird zum Prüfstein im Internationalismus, der eher nach den Befreiungskämpfen in Asien und Afrika ausgerichtet ist. Die Radikalisierung der Revolution in Kuba (1960) und der Versuch der Vereinigten Staaten, das Castro Regime zu stürzen (Schweinebucht, 1961) integrieren Lateinamerika in die revolutionäre Dritte Welt. Der bewaffnete Kampf hat mit Beginn dieser Jahre eine privilegierte Stellung eingenommen, ja man möchte sogar fast sagen, daß er heilig geworden ist.

Auf der Basis des Prinzips »gerechter« und »ungerechter« Kriege versammelt die Linke, mangels eines genaueren Begriffs, in ihrem kollektiven Gedächtnis heroische Fragmente bewaffneter Kämpfe, deren Archetypen die Résistance, die internationalen Brigaden Spaniens, die russische Revolution und die mexikanische Revolution sind (Eisenstein und *Viva Zapata* säumen den Roman *L'Espoir* von Malraux und den Tod von Garcia Lorca vor dem Hintergrund des Antifaschismus).

Der Dreikontinentalismus, der seine offizielle Benennung Anfang 1966 bei der dreikontinentalen Konferenz in Havanna erhält, wurde schon 1961 geboren, in dem Moment, in dem *Les damnés de la terre* (Frantz Fanon, Die Verdammten dieser Erde) erscheint.

Aus: *Les Faubourgs de l'histoire*, Paris 1984.

Gérard Chaliand

Im Gegensatz zur Meinung von Fanon hat sich Algerien nicht für die Revolution geöffnet. Jean-François Lyotard hat die Unzulänglichkeiten der F.L.N. und ihren fehlenden sozialen Inhalt besser erkannt. Die nationale Bewegung hatte keinen anderen Inhalt als die Unabhängigkeit und kein anderes Programm als ein einheitliches Gebiet. Ihrem theoretischen Schweigen lag nicht Heimlichkeit, sondern Leere zugrunde. Die Forderung der *Damnés de la terre* nach politischer Klarheit, die durch kollektive Gewalt erreicht wird, ist falsch. (...)

Das Treffen zwischen Revolutionären, die aus den Städten

sen der Klassenkampf zu entwickeln beginnt? Mit der Bejahung dieser Frage würde man die ganze Periode des menschlichen Zusammenlebens außerhalb der Geschichte stellen, die sich von der Entdeckung der Jagd über den Nomaden- und Seßhaften-Ackerbau zur Viehzucht und zur privaten Aneignung von Land hinzieht. Aber es würde auch bedeuten – und wir weigern uns, das zu akzeptieren –, daß verschiedene Gruppierungen in Afrika, Asien und Lateinamerika zu der Zeit, als sie dem Joch des Imperialismus unterworfen wurden, ohne oder außerhalb der Geschichte leben. Man müßte annehmen, daß ganze Bevölkerungsteile in unseren Ländern, wie die Balante in Guinea, die Kuaniamas in Angola und die Maconde in Mosambik, abgesehen von sehr geringfügigen Einflüssen des Kolonialismus, denen sie unterworfen waren, noch heute außerhalb der Geschichte leben oder gar keine eigene Geschichte haben. (...)

Für unsere Völker kommt es dabei darauf an zu wissen, ob der Imperialismus in seiner Eigenschaft als Kapital in Aktion die ihm zukommende historische Mission in unseren Ländern erfüllt hat oder nicht: Beschleunigung des Entwicklungsprozesses der Produktivkräfte und Umwandlung der Merkmale der Produktionsweise im Sinne einer wachsenden Vielfalt. Vertiefung der Klassendifferenzierung, einhergehend mit der Entwicklung der Bourgeoisie und Intensivierung des Klassenkampfes; bedeutende Anhebung des durchschnittlichen wirtschaftlichen, sozialen und kulturellen Lebensstandards der Bevölkerung. Wir sind darüber hinaus daran interessiert zu untersuchen, welche die Einflüsse oder Ergebnisse der Einwirkung des Imperialismus auf die gesellschaftlichen Strukturen und den Geschichtsprozeß unserer Völker sind. (...)

Wir stellen lediglich fest, daß das imperialistische Kapital in unseren Ländern weder auf wirtschaftlicher noch auf sozialer oder kultureller Ebene auch nur annähernd die geschichtliche Mission erfüllt hat, die ihm in den klassischen Akkumulationsländern zukam. (...)

Wenn die koloniale und die neokoloniale Situation dem Wesen nach auch gleich sind und der Hauptaspekt des antiimperialistischen Kampfes der Kampf gegen den Neokolonialismus ist, halten wir es für unerläßlich, die beiden Situationen in der Praxis auseinanderzuhalten. Die horizontale, wenn auch mehr oder weniger differenzierte Struktur der einheimischen Gesellschaft und das Fehlen einer aus Einheimischen bestehenden politischen Macht ermöglichen in der kolonialen Situation die Schaffung einer breiten Front der Einheit und des Kampfes, was für den Erfolg der nationalen Befreiungsbewegung im übrigen unerläßlich ist. Diese Möglichkeit entbindet uns aber nicht von einer genauen Analyse der einheimischen Sozialstruktur und ihrer Entwicklungstendenzen und der Ergreifung geeigneter praktischer Maßnahmen, um eine wirkliche nationale Befreiung zu garantieren. Wenn wir auch zugeben, daß jeder am besten weiß, was er in seinem Hause zu tun hat, so meinen wir doch, daß zu diesen Maßnahmen unbedingt die Schaffung einer fest geeinten Avantgarde gehört, die sich der wirklichen Bedeutung und des Zieles des nationalen Befreiungskampfes, der von ihr angeführt werden muß, bewußt ist. (...)

In der neukolonialen Situation sieht es schon anders aus, hier vertiefen die mehr oder weniger stark vertikale einheimische Gesellschaftsstruktur

gekommen waren, und Landbewohnern erregt die Aufmerksamkeit von Fanon. Er beschreibt in seinem Kapitel *Grandeur et faiblesse de la spontanéité* (Größe und Schwäche der Spontaneität) fast exakt genau, wie sich eine Handvoll Männer, die am 1. November ausrückte, bildete und sich entschloß, einen bewaffneten Kampf zu führen. Er hat jedoch ganz allgemein viel zu großes Vertrauen in die Spontaneität der Bauern. (...)

Die Schichten, die ganz besonders für einen Unabhängigkeitskrieg sensibilisiert und mobilisiert wurden, sind von Amilcar Cabral mit ungleich mehr Scharfsinn und konkretem Wissen über das Gebiet analysiert worden. Amilcar Cabral war zweifellos der genaueste politische Analytiker Nordafrikas sowohl in der Kolonialzeit als auch in der Zeit danach. Die soziale Kategorie, die den Rahmen für diese revolutionären Organisationen bildet, egal, ob es sich nun um nationalistische, marxistische oder aber islamistische Formen handelt, ist die selbe. Es handelt sich um junge Menschen, die vor kurzem in die Stadt gezogen sind, aber aus ländlichen, oft sehr bescheidenen Milieus kommen, eine Schulbildung haben – manchmal sogar die Universität besucht haben – aber in einer stillstehenden Gesellschaft ohne jede Perspektive leben. Fanon idealisiert die Mobilisierung des Volkes. (...)

Auch in Lateinamerika, noch zu der Zeit, in der Fanon *Les damnés de la terre* verfaßt, wird die Spontaneität des Volkes falsch beurteilt.

Aus: Vorwort zu Frantz Fanon *Les Damnés de la terre*, Paris 1991.

Gérard Chaliand

Einer der wichtigsten Gründe für die Niederlagen der lateinamerikanischen Guerilla kurz nach der kubanischen Revolution liegt jedoch in der Anwendung und der Theorie des »foco« (strategisch beweglicher Herd), die von Guevara formuliert und von Régis Debray systematisiert wurde. Guevara zog seine Lehre aus der kubanischen Revolution und faßte 1960 in *Der Guerillakrieg* seine Schlüsse in drei Punkten zusammen: Die Guerilleros können die regulären Truppen der Armee besiegen; das Kampfgebiet der Guerilleros in Lateinamerika muß das Land sein; und vor allem - diese beiden Punkte sind nicht original von ihm – darf man nicht warten, bis alle objektiven Bedingungen für das Ausbrechen des Krieges eingetreten sind, der Revolutionsherd kann sie, allein durch seine Existenz, schaffen. Mit anderen Worten, Guevara forderte dazu auf, und die aus Einheimischen gebildete politische Macht, der Nationalstaat, die Widersprüche in dieser Gesellschaft und machen die Schaffung einer so breiten Einheitsfront wie in der kolonialen Situation schwierig, wenn nicht gar unmöglich. Einerseits tragen die materiellen Folgen in der Hauptsache die Nationalisierung der Kader und die zunehmende wirtschaftliche Initiative Einheimischer (besonders im kommerziellen Sektor) und die psychologischen Effekte (der Stolz, sich von den eigenen Landsleuten regiert zu fühlen, die Ausnutzung einer religiösen oder an den Stämmen orientierten Solidarität zwischen einigen Führern und einem Teil der Volksmassen) zur Demobilisierung eines beachtlichen Teils der nationalistischen Kräfte bei.

Will das Kleinbürgertum die Macht, die die nationale Befreiung ihm überträgt, aufrechterhalten, bleibt ihm nur ein Weg: seinen natürlichen Tendenzen zur Verbürgerlichung freien Lauf zu lassen, die Entstehung einer bürokratischen Bourgeoisie und einer Zwischenhändlerschicht im Warenverkehr zuzulassen, sich in eine nationale Pseudo-Bourgeoisie zu verwandeln, das heißt die Revolution zu verleugnen und sich notwendigerweise dem imperialistischen Kapital unterzuordnen. Das aber entspricht der neokolonialen Situation, also dem Verrat an den Zielen der nationalen Befreiung. Will das Kleinbürgertum diese Ziele nicht verraten, bleibt ihm nur ein Weg: sein revolutionäres Bewußtsein zu stärken, die Versuchungen der Verbürgerlichung und das natürliche Streben seiner Klassenmentalität zurückzuweisen, sich mit den werktätigen Klassen zu identifizieren und sich dem normalen Verlauf der Revolution nicht zu widersetzen. Das bedeutet: um seine Rolle im nationalen Befreiungskampf vollständig zu erfüllen, muß das revolutionäre Kleinbürgertum dazu fähig sein, als Klasse Selbstmord zu begehen, um im revolutionären Arbeiter, der sich voll und ganz mit den tiefsten Bestrebungen seines Volkes identifiziert, wieder aufzuerstehen. Verrat an der Revolution oder Selbstmord als Klasse – in dieser Alternative besteht das Dilemma des Kleinbürgertums im allgemeinen Rahmen des nationalen Befreiungskampfes. Seine positive Lösung im Sinne der Revolution hängt von dem ab, was Fidel Castro noch vor kurzem ganz zutreffend »Entwicklung des revolutionären Bewußtseins« nannte. Diese Abhängigkeit lenkt notwendigerweise unsere Aufmerksamkeit auf die Fähigkeit des Führers des nationalen Befreiungskampfes, den Prinzipien und der Sache dieses Kampfes treu zu bleiben. Das zeigt in gewissem Sinne, daß die Bedingungen, unter denen sich die nationale Befreiung entwickelt, wenn sie auch im wesentlichen ein politisches Problem ist, ihr einige Merkmale aus dem Bereich der Moral aufprägen.

Aus: *Die Theorie als Waffe – Schriften zur Befreiung in Afrika*, (1966). Bremen 1983.

das kubanische Beispiel zu imitieren, ohne jedoch grundlegenden Wert darauf zu legen, was seine Spezifität ausmachte. Dennoch, und das wird nur allzu oft nicht beachtet, brachte zwar die Guerilla die Gruppe Überlebender, die aus Granma kamen, an die Macht, es ging aber bestimmt nicht darum, eine Art sozialistisches Regime einzuführen.

Ohne über die Neutralität der Vereinigten Staaten sprechen zu wollen, so muß man doch festhalten, daß sie sich zwischen 1956 und 1959 in unterschiedlichster Form an Krisen beteiligten und gegenüber der Guerilla von Castro eine wohlwollende Neutralität zeigten. Dies war besonders in den Städten der Fall, wo gewisse Schichten gerne akzeptierten, daß die Tyrannei von Batista zu Ende ging, jedoch die Richtung, die ab 1960–1961 eingeschlagen wurde, weder wollten noch vorhersahen. Erst nach der Machtergreifung wurde die Radikalisierung spürbar, die zu den Änderungen in den sozialen und wirtschaftlichen Strukturen führen sollte. Das Überraschungselement, beziehungsweise das Vortäuschen eines Mißverständnisses, Strategien, die der kubanischen Führung erlaubten, die Revolution mit einem immer radikaleren Charakter zu versehen, wirkten nun nicht mehr. (...)

Die Schwäche der Theorie von »foco«, die darin besteht, den bewaffneten Kampf direkt und ohne ernsthafte Mobilisierung der Bevölkerung zu beginnen, liegt eben in der Tatsache, daß die Guerilla für eine unbestimmte Zeit keine Unterstützung durch das Volk erfährt. Das zeigte sich zur Genüge bei einer Reihe von gescheiterten Versuchen zwischen 1959 und 1967: Niederlagen in Paraguay (Bewegungen vom 14. Mai 1959), in Kolumbien (Arbeiter-, Studenten- und Bauernbewegungen, M.O.E.C., 1961), in Ecuador (revolutionäre Union der Jugend von Ecuador, 1962), in der Dominikanischen Republik (revolutionäre Bewegungen vom 14. Mai 1963), verschiedene Mißerfolge in Argentinien (1963, 1964, besonders in Tucumán), in Peru (die Guerillakriege von 1965, des M.I.R. und der E.L.N.), in Brasilien (zahlreiche Versuche während des ganzen Jahrzehnts), in Honduras, in Mexiko, in Bolivien schließlich mit Guevara. Ohne die vielen Gruppen zu erwähnen, die zerschlagen wurden, bevor sie überhaupt die Berge erreichen konnten.

Aus: *Voyage dans vingt ans de guérillas*, La Tour d'Aigues 1988.

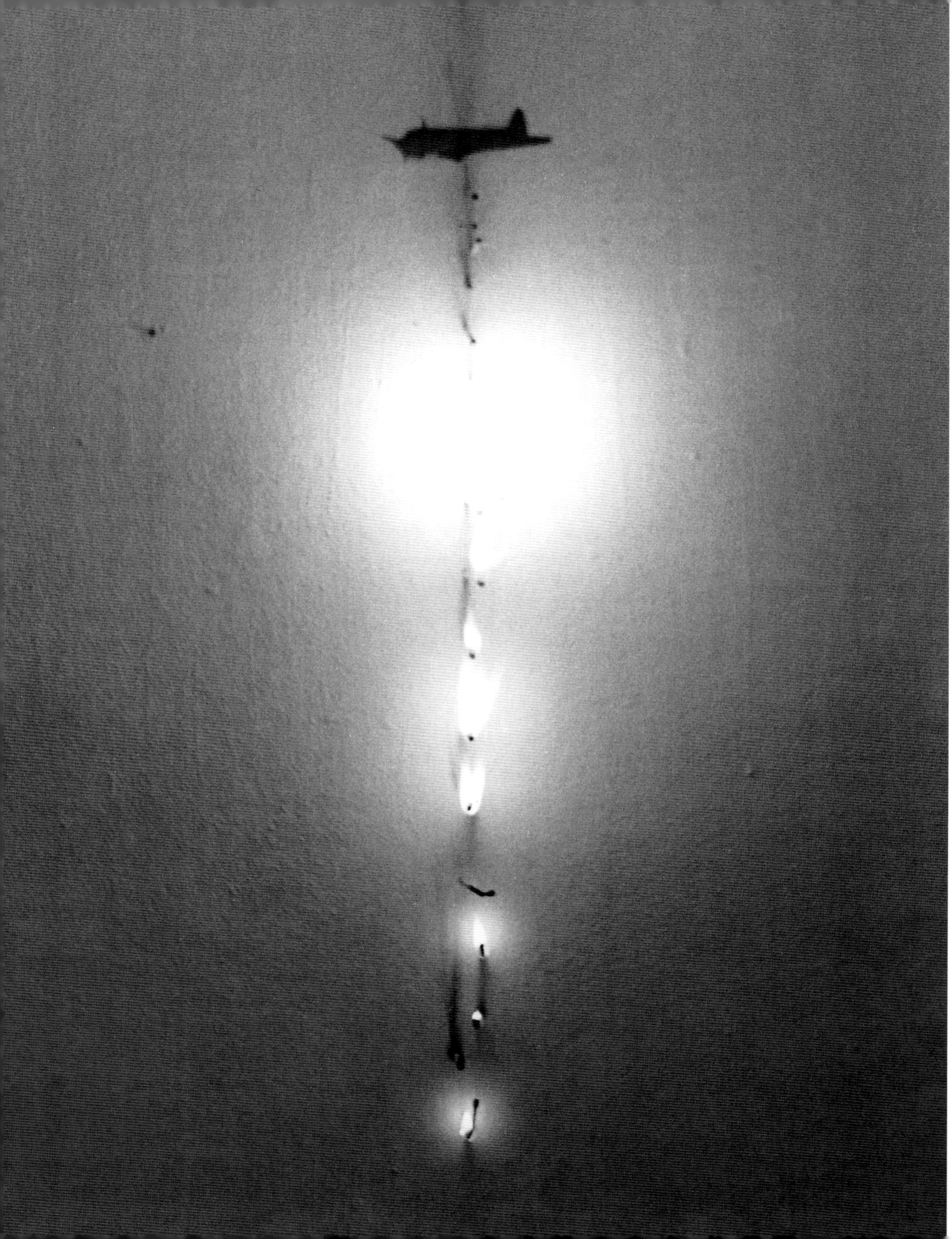

Lothar Baumgarten, Napalm, 1967

Gérard Chaliand

Die kubanische Revolution dehnte sich nicht auf den ganzen Kontinent aus, obwohl der Schein Anlaß zu diesem Gedanken gab. Obwohl eigentlich das Phänomen Gewalt in Lateinamerika zur Tradition geworden war, gab es dort nur selten gesellschaftliche Revolutionen: Mexiko (1911), Bolivien (1952), Kuba und, seit kurzem, Peru (1968), Chile (1970). Das ist relativ wenig, wenn man bedenkt, daß zwischen 1930 und 1970 ungefähr 120 Staatschefs anders als auf konstitutionellem Wege gehen mußten. Die Niederlage in der Schweinebucht ließ in Kuba und bei allen Lateinamerikanern den Wunsch nach einer Revolution wach werden, wobei nicht nur die Schwierigkeiten bei der Mobilisierung des Volkes im Rahmen einer Guerilla-Bewegung, sondern auch die Entschlossenheit der Vereinigten Staaten deutlich unterschätzt wurden. Diese Entschlossenheit wird sich anläßlich der Kuba-Krise (1962), der Intervention in der Dominikanischen Republik (1965) und, in etwas diskreterer Form, im Kampf gegen die Guerilla offenbaren.

Aus: *Voyage dans vingt ans de guérillas*, La Tour d'Aigues 1988.

Edward W. Said

Die *Verdammten dieser Erde* ist ein hybrides Werk – teils Essay, teils phantasievolle Erzählung, teils philosophische Analyse, teils psychologische Fallgeschichte, teils nationalistische Allegorie, teils visionäre Überschreitung der Geschichte. Es setzt ein mit einer territorialen Skizze des kolonialen Raumes, der geteilt ist in die saubere, hellerleuchtete europäische Stadt und die dunkle, stinkende, düstere Kasba. Aus dieser manichäischen Situation folgt Fanons gesamtes Werk, sozusagen in Bewegung gesetzt von der Gewalt des Einheimischen, einer Kraft, die die Lücke zwischen Weiß und Nicht-Weiß zu schließen bestimmt ist. Für Fanon ist Gewalt, wie bereits gesagt, die Synthese, welche die Verdinglichung von Weißem als Subjekt und Schwarzem als Objekt aufhebt. Ich vermute, daß Fanon bei der Niederschrift seines Werkes Lukács' *Geschichte und Klassenbewußtsein* gelesen hat, das 1960 gerade in französischer Übersetzung in Paris erschienen war. Lukács expliziert dort, daß die Haupteffekte des Kapitalismus Fragmentierung und Verdinglichung sind: Jedes menschliche Wesen wird zum Objekt oder Gebrauchsgut, das Produkt der menschlichen Arbeit entfremdet sich von seinem Produzenten, das Bild des Ganzen oder der Gemeinschaft verflüchtigt sich. Überaus bedeutsam für den aufrührerischen und häretischen Marxismus, den Lukács vortrug (kurz nach der Veröffentlichung im Jahre 1923 wurde das Buch von Lukács selbst aus dem Verkehr gezogen), war die Trennung von subjektivem Bewußtsein und Objektwelt. Diese Trennung, sagte er, könne durch einen geistigen Willensakt überwunden werden, mit dem ein einsamer Geist mit einem anderen durch die Vorstellung des gemeinsamen Bandes zwischen ihnen interagiere; so werde die erzwungene Rigidität durchbrochen, die die Menschen als Sklaven äußerer tyrannischer Mächte hielt. Daher dann Versöhnung und Synthese zwischen Subjekt und Objekt.

Fanons Gewalt, durch die der Eingeborene die Scheidung von Weiß und Nicht-Weiß überwindet, entspricht sehr genau Lukács These der möglichen Überwindung der Fragmentierung durch einen Akt des Willens. [...]

Es ist wenig zweifelhaft, daß, wenn beispielsweise Fanon und Cabral heute noch lebten, sie angesichts der Resultate ihrer Bemühungen tief enttäuscht wären. Ich stelle diese Spekulation an, indem ich ihr Werk als Theorie nicht des Widerstandes und der Dekolonisierung, sondern der Befreiung deute. Es erwies sich, daß Fanon recht hatte, was die Raffgier und die Entzweiung der nationalen Bourgeoisien betraf, aber er lieferte kein institutionelles oder auch nur theoretisches Mittel gegen ihre Plünderungszüge und konnte es auch nicht.

Doch nicht als Staatenbauer oder, wie der schreckliche neue Ausdruck lautet, Gründerväter sollten die großen Widerstandsschriftsteller wie Fanon und Cabral gelesen werden. Obwohl der Kampf um nationale Befreiung mit nationaler Unabhängigkeit zusammenhängt, hängt er doch nicht kulturell damit zusammen – und hat es meiner Meinung nach nie getan. In Fanon und Cabral oder C. L. R. James und George Lamming oder Basil Davidson und Thomas Hodgkin bloß Täuferfiguren herrschender Parteien oder intriganter Experten zu sehen, ist eine Travestie. Etwas anderes ging da vor sich, und es vollzieht einen scharfen Bruch mit der Einheit von Imperialismus und Kultur und dreht dann jäh bei. Warum ist das so schwierig wahrzunehmen?

Aus: *Kultur und Imperialismus. Einbildungskraft und Politik im Zeitalter der Macht* (1993). Frankfurt am Main 1994.

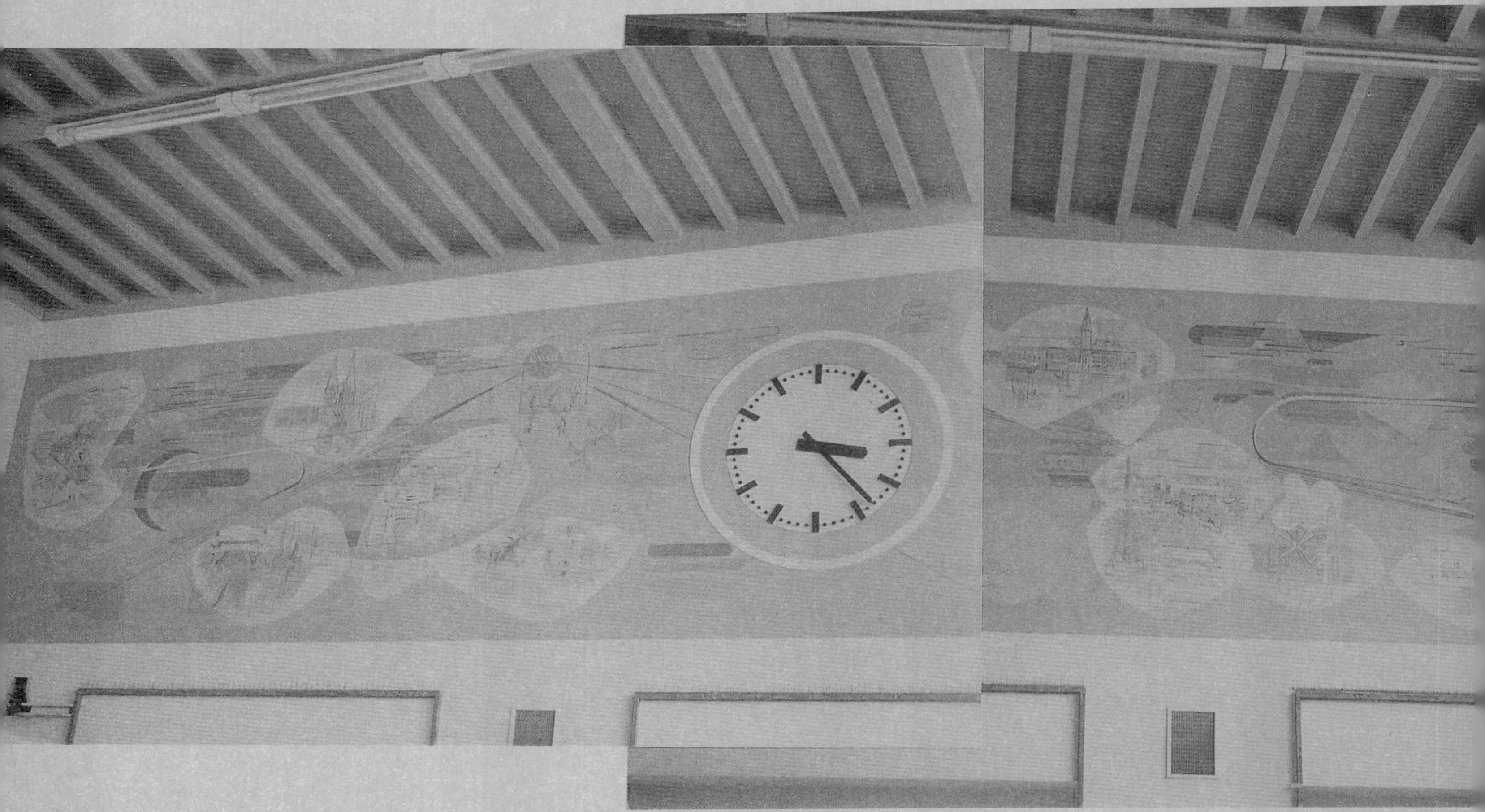

Robert Adams

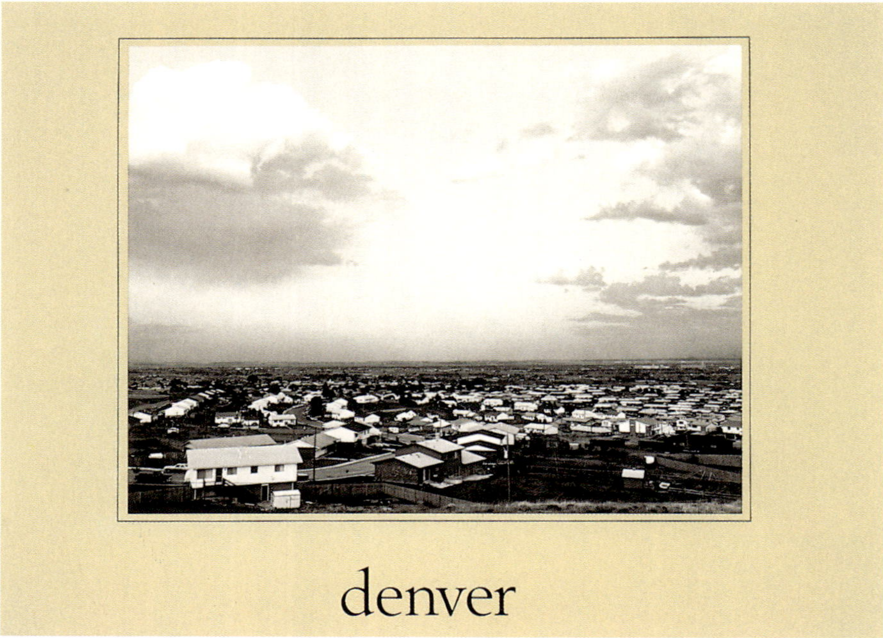

Denver, Colorado, 1977

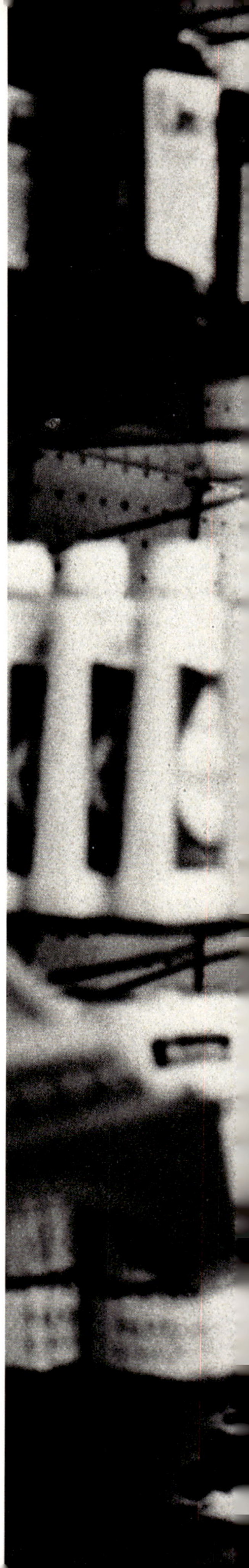

Ohne Titel, 1977

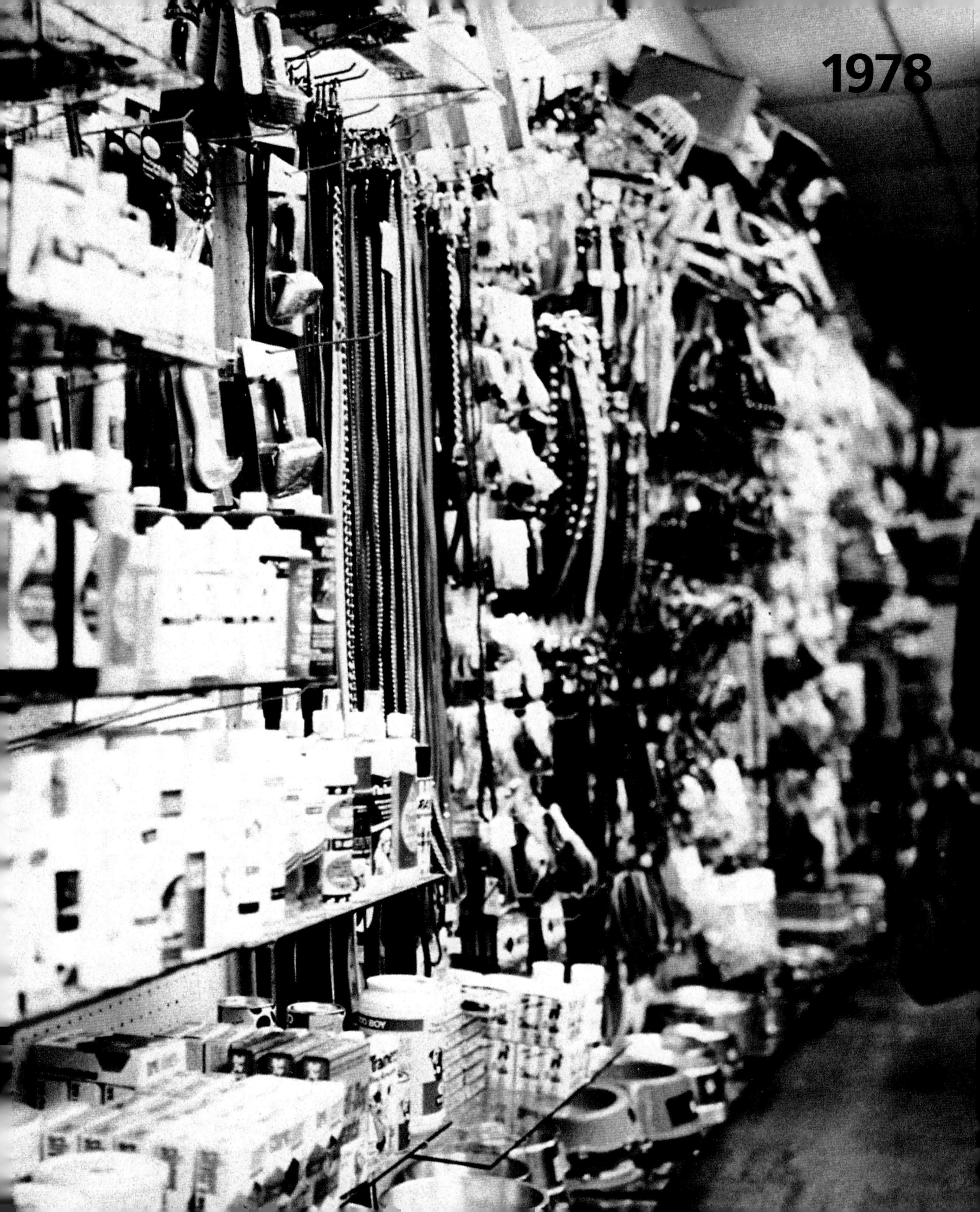
1978

Art & Language

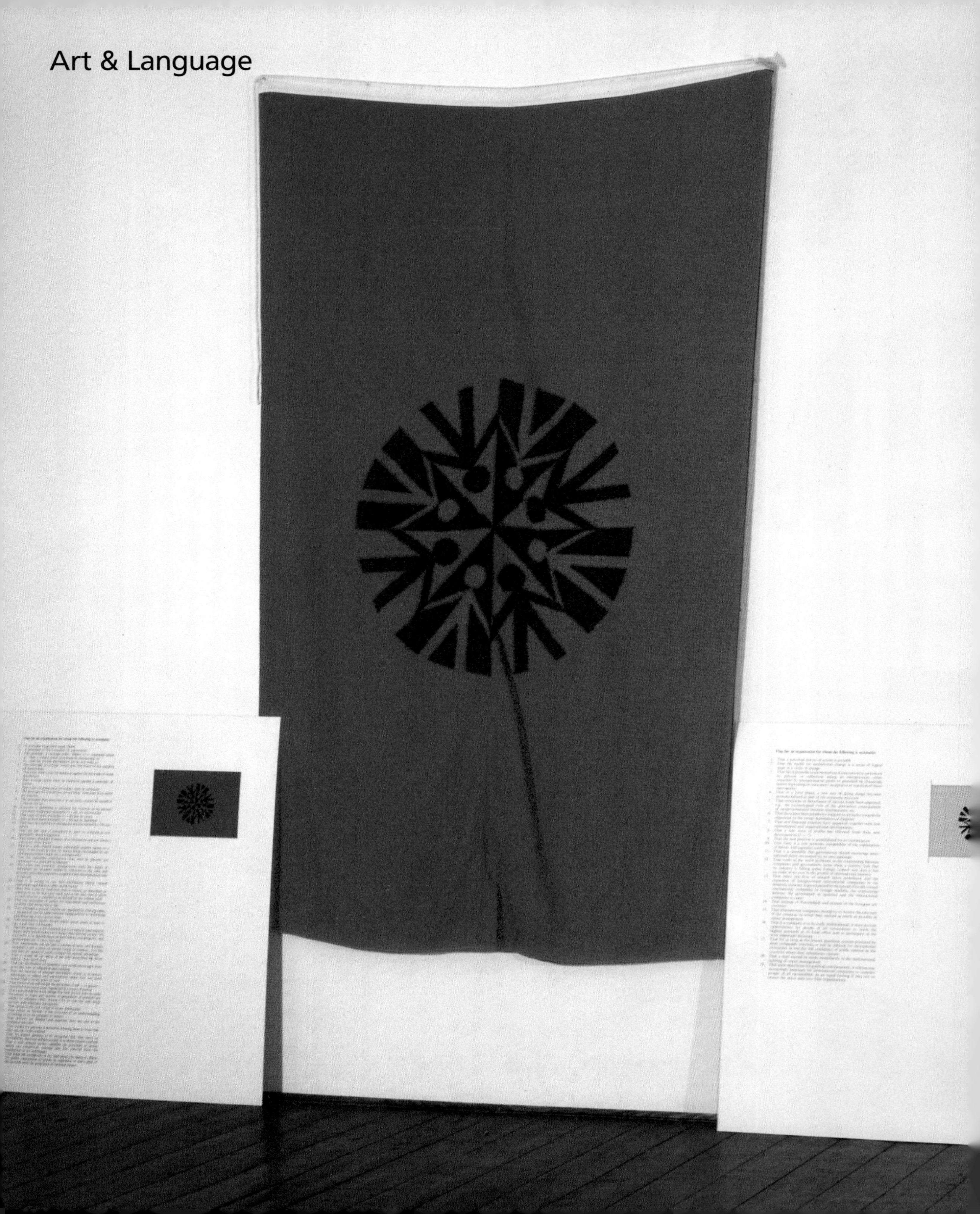

1978

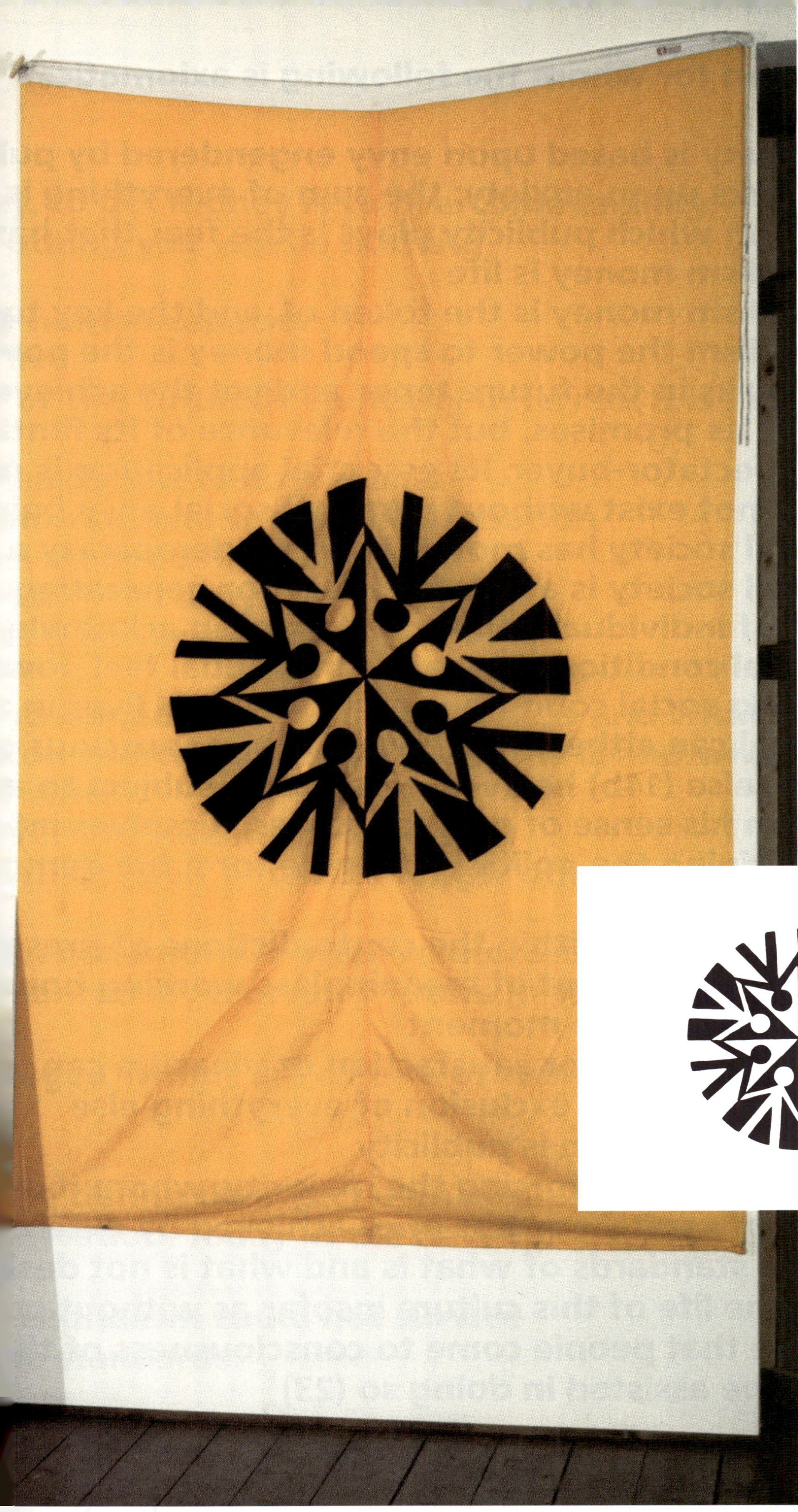

Flags for Organisations, 1978

Jean-Luc Godard

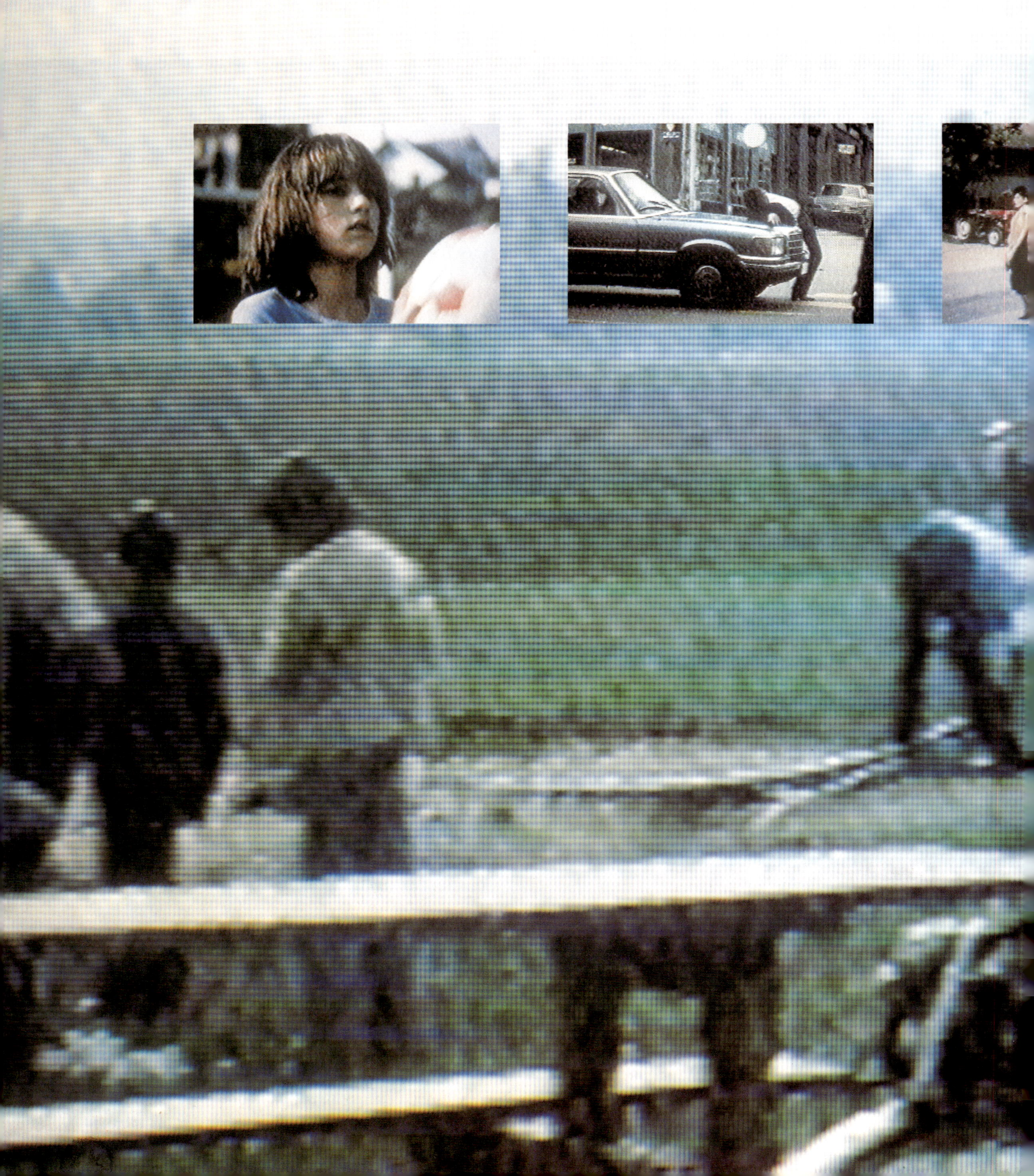

1978

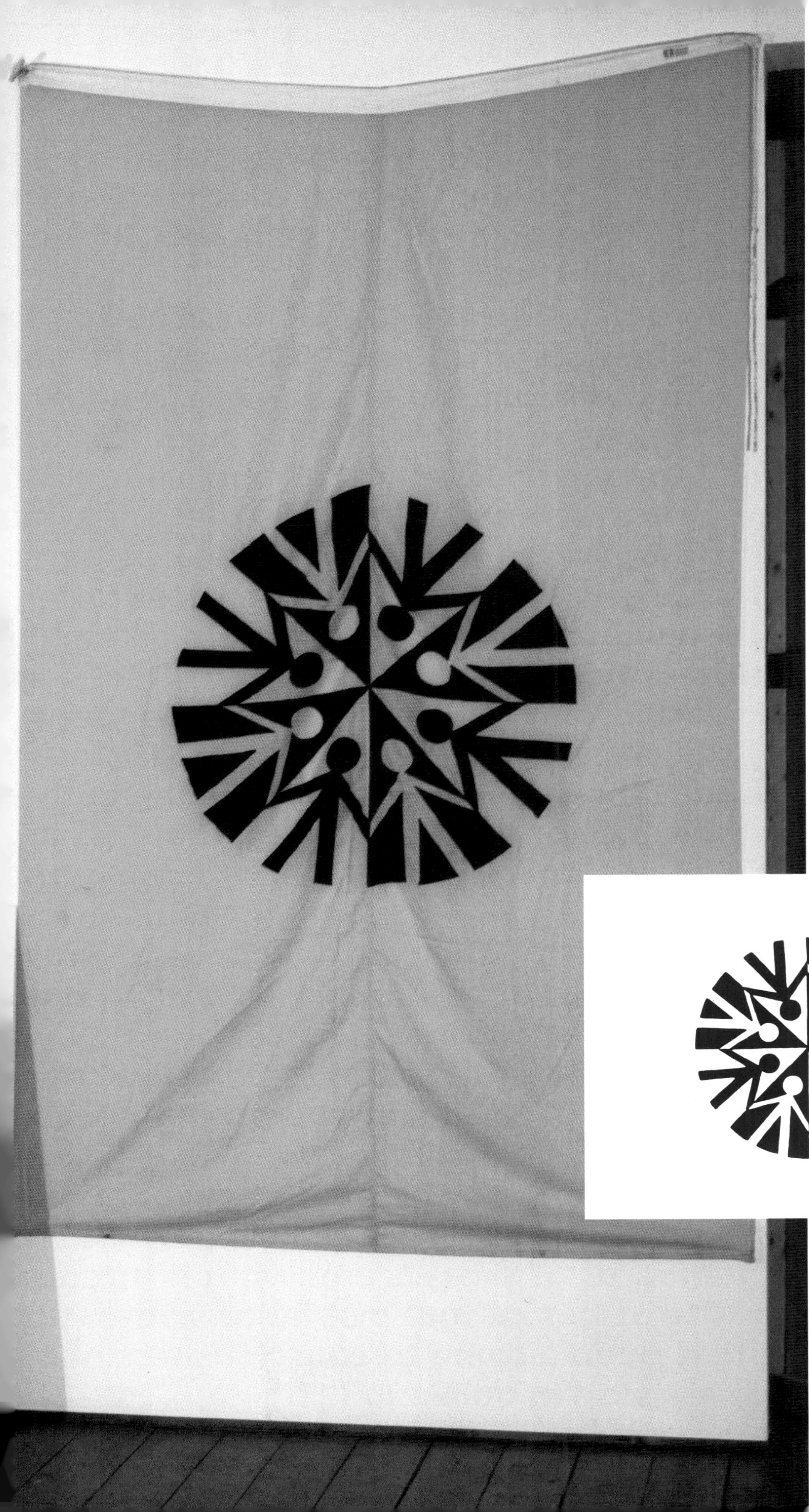

Flags for Organisations, 1978

Flag for an organisation for whom the following is axiomatic:

1. That Western society is based upon envy engendered by pu
2. That publicity works upon anxiety: the sum of everything is
3. That the anxiety on which publicity plays is the fear that ha
4. That under capitalism money is life
5. That under capitalism money is the token of, and the key to
6. That under capitalism the power to spend money is the pov
7. That publicity speaks in the future tense and yet the achiev real fulfilment of its promises, but the relevance of its fant to those of the spectator-buyer. Its essential application is n
8. That glamour cannot exist without personal social envy bei
9. That the industrial society has moved towards democracy a
10. That the industrial society is an ideal society for generating
11. That the pursuit of individual happiness has been acknowle
12. That existing social conditions make the individual feel pow
13. That in the existing social conditions, the individual lives in
14. That the individual can either (14a) become fully conscious and its causes, or else (14b) he lives, continually subject to a compounded with his sense of powerlessness, dissolves int
15. That 14a entails joining the political struggle for a full demc capitalism
16. That the process of living within the contradictions of pres
17. That the interminable present of meaningless working hou replaces the passivity of the moment
18. That only one kind of hope or satisfaction or pleasure can b acquire is recognised to the exclusion of everything else
19. That the dream of capitalism is publicity
20. That capitalism survives by forcing the majority, whom it ex
21. That the survival of capitalism was once achieved by extens by imposing false standards of what is and what is not des
22. That publicity is the life of this culture insofar as without p
23. That it is desirable that people come to consciousness of th
24. That they should be assisted in doing so (23)

1978

ey, to get money is to overcome anxiety
othing you will be nothing

y human capacity
live
of this future is endlessly deferred. It is judged, not by the

reality but to daydreams
ommon and widespread emotion
n stopped half way
nal social envy
as a universal right

ntradictions between what he is and what he would like to be
contradiction between what he is and what he would like to be
which,
rrent daydreams
which itself entails amongst other things the overthrow of

ial conditions is often reinforced by working conditions
alanced' by a dreamt future in which imaginary activity

saged within the culture of capitalism: the power to

to define their (sic) own interests as narrowly as possible
privation. Today in the developed countries it is being achieved

capitalism could not survive
se standards

Flags for Organisations: List of Axioms, 1978

Lothar Baumgarten

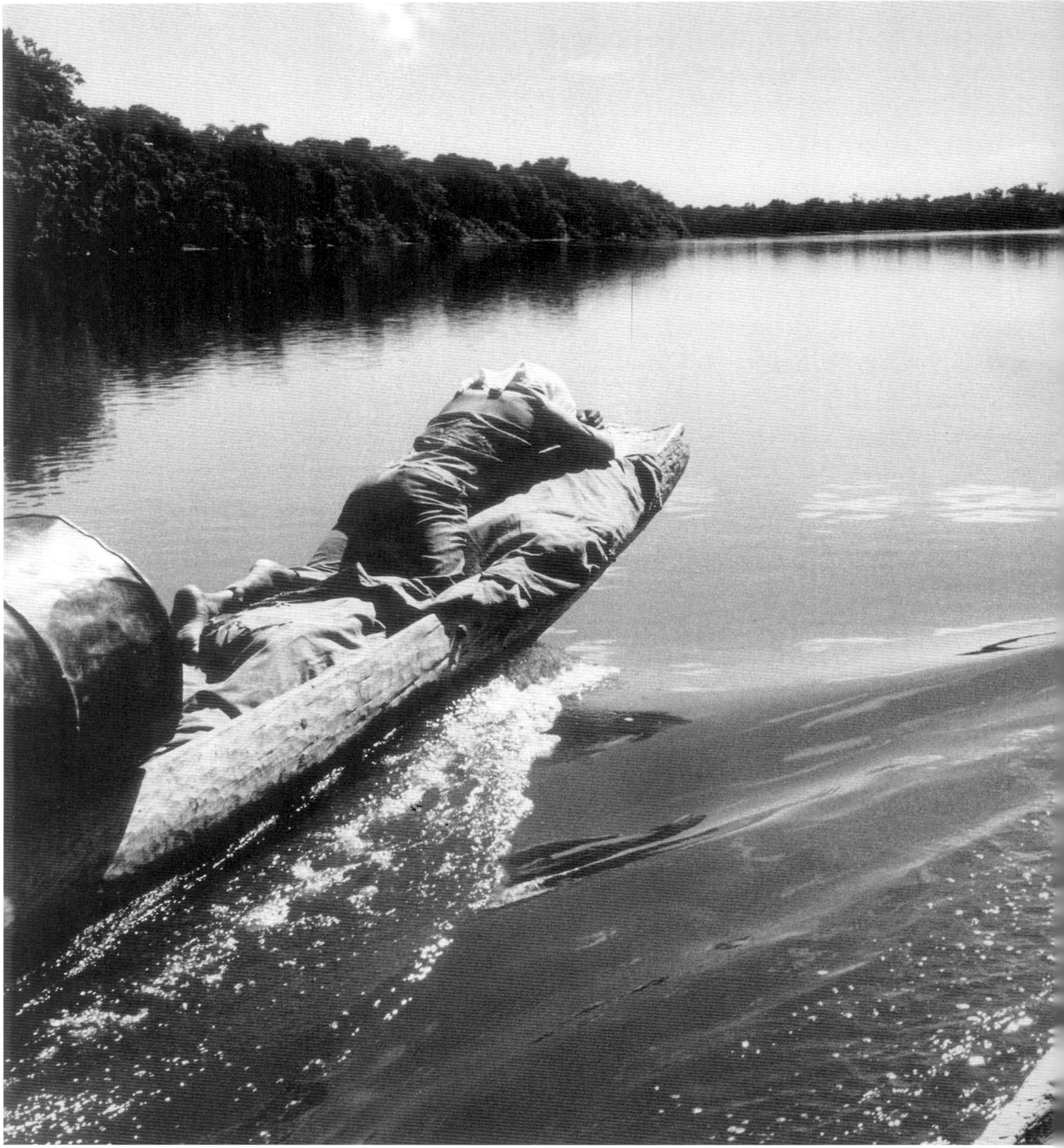

1978

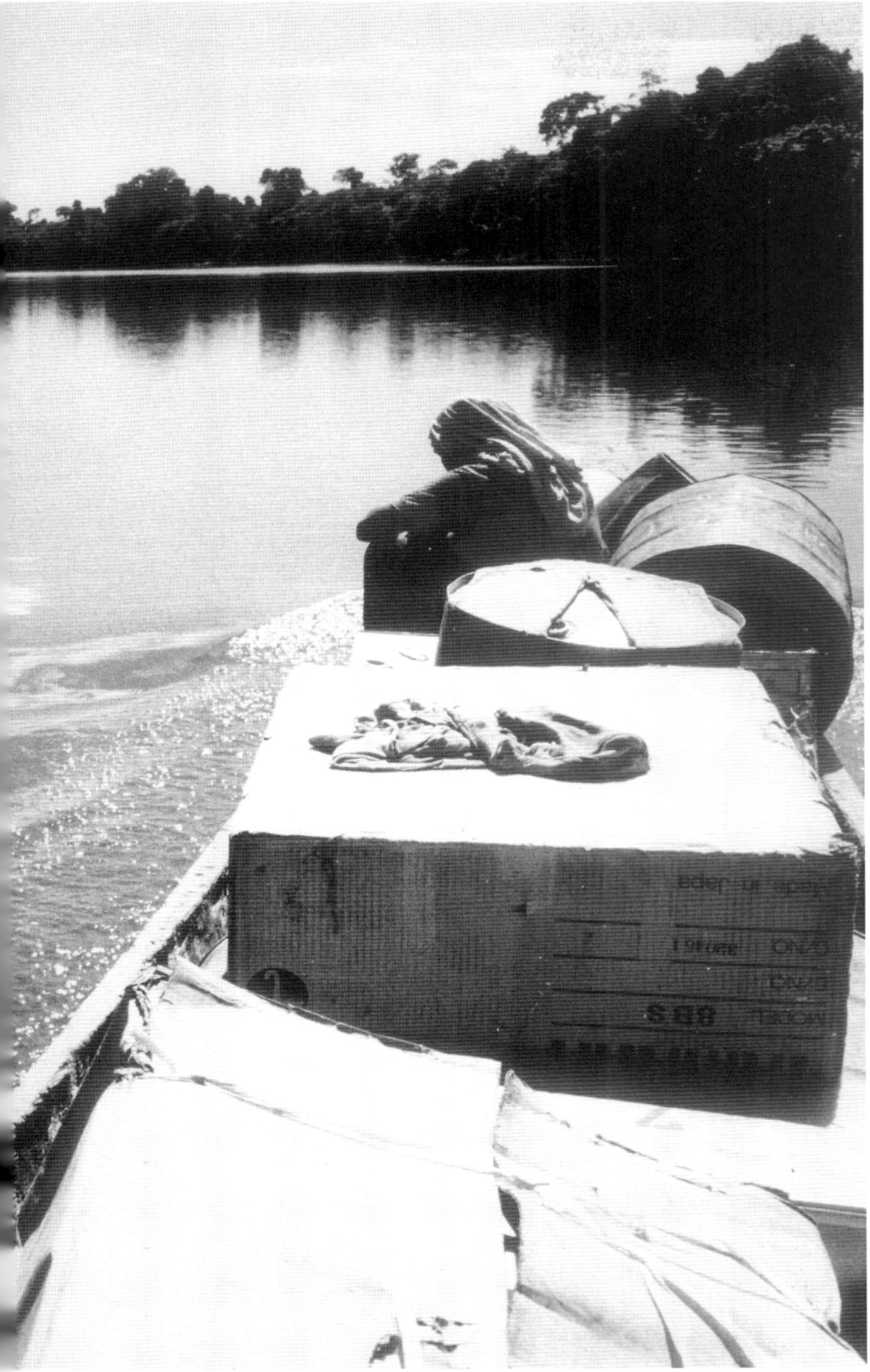

Terra Incognita, Orinoco 1978

James Coleman

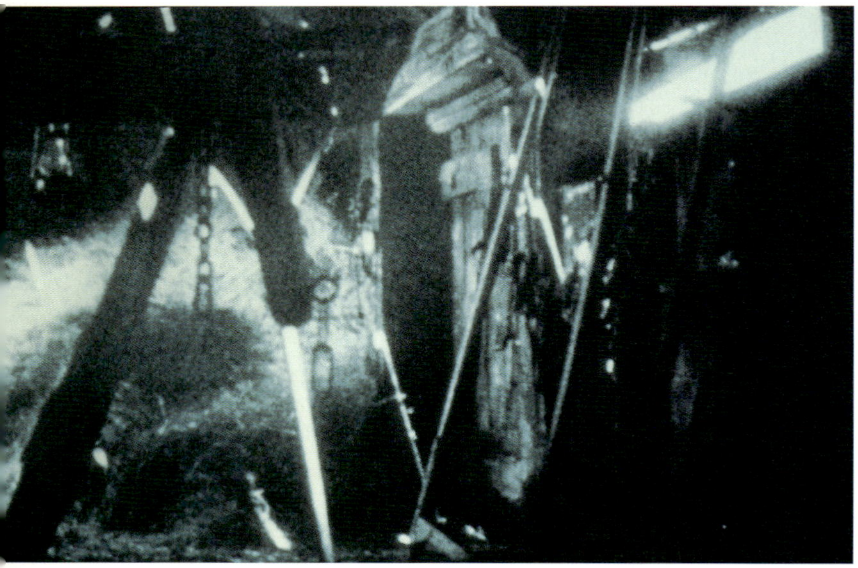

La Tache Aveugle (Der blinde Fleck), 1979–90

Box (ahhareturnabout), 1977

1978

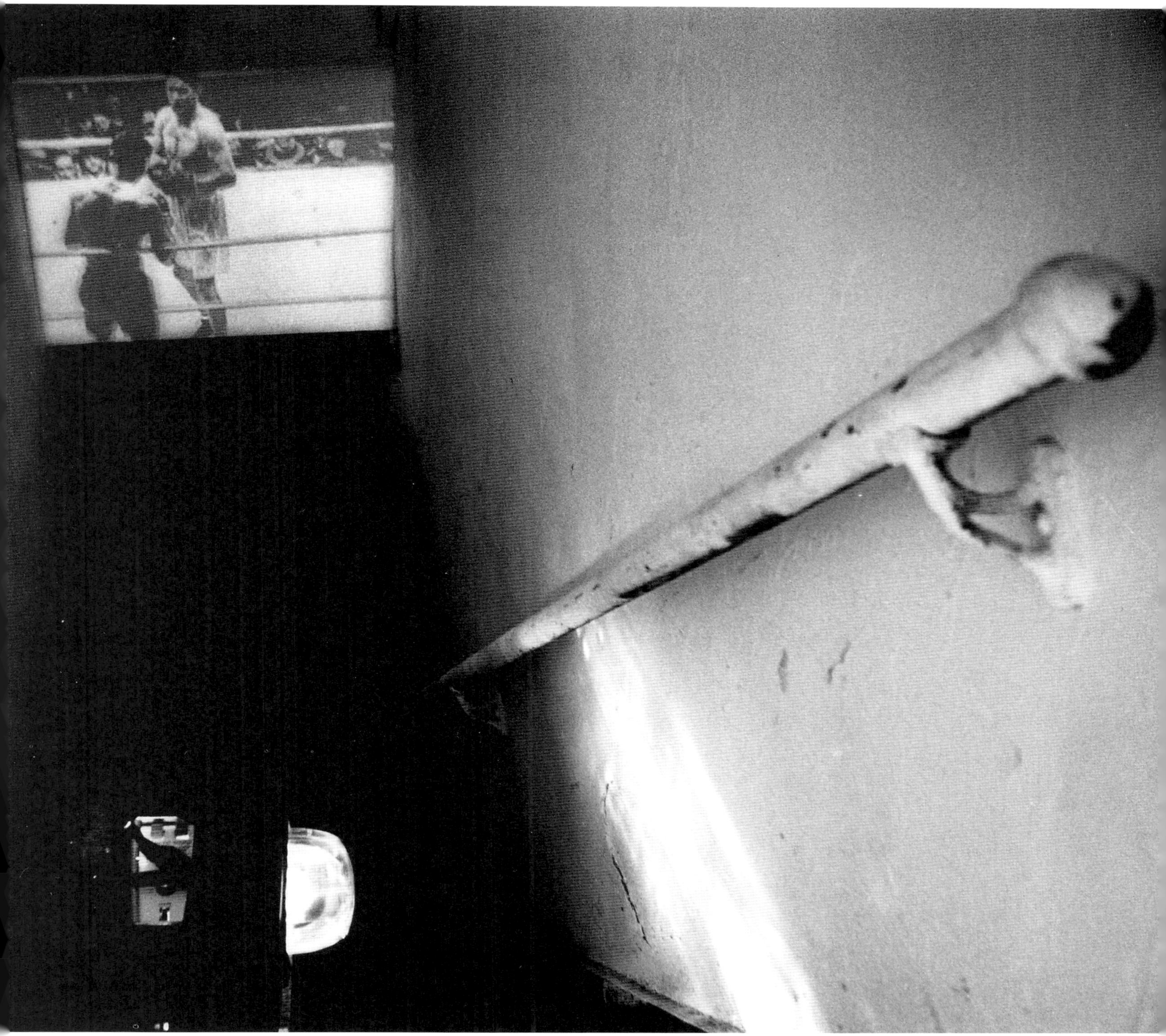

Jean-Luc Godard

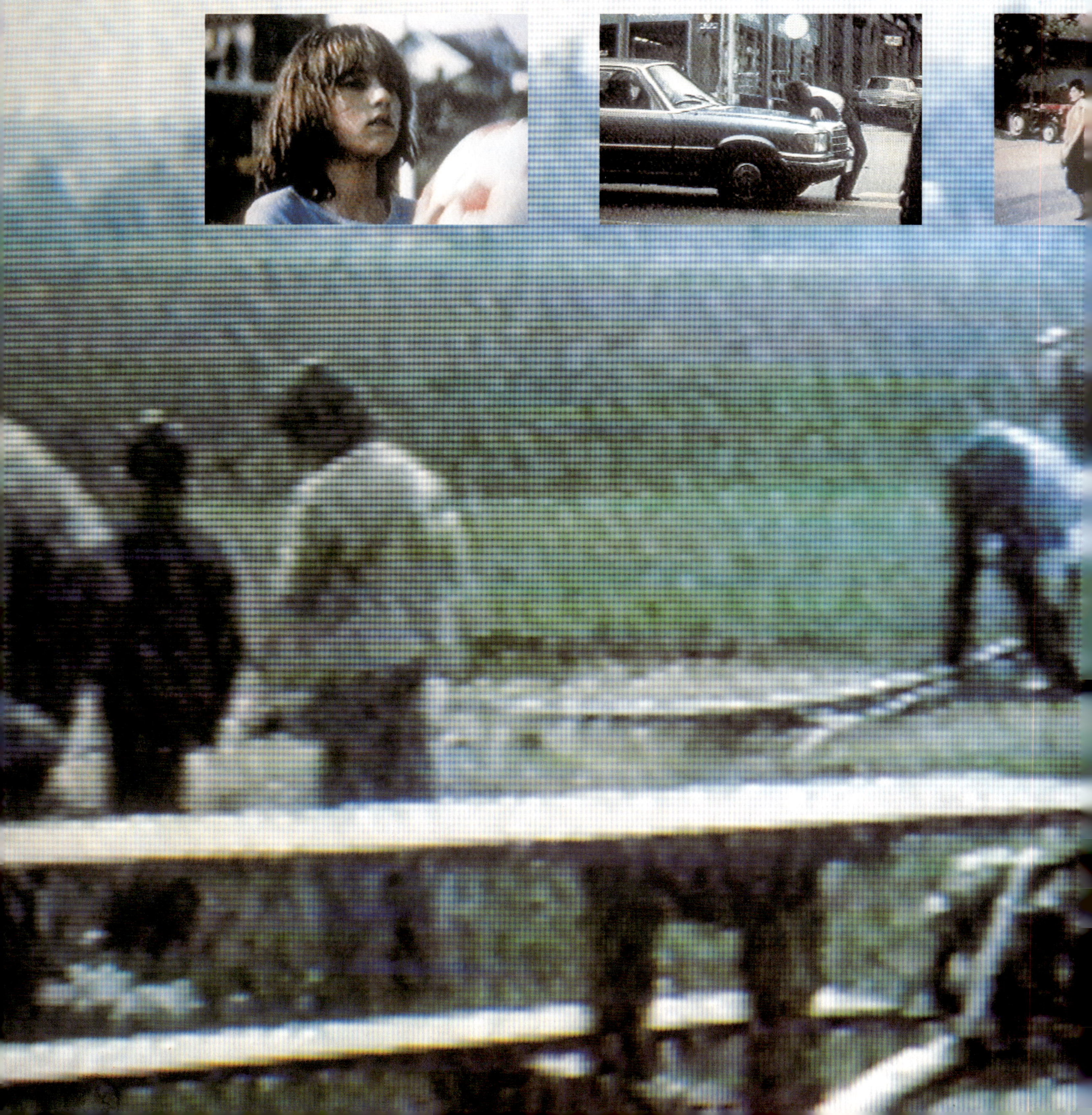

1978

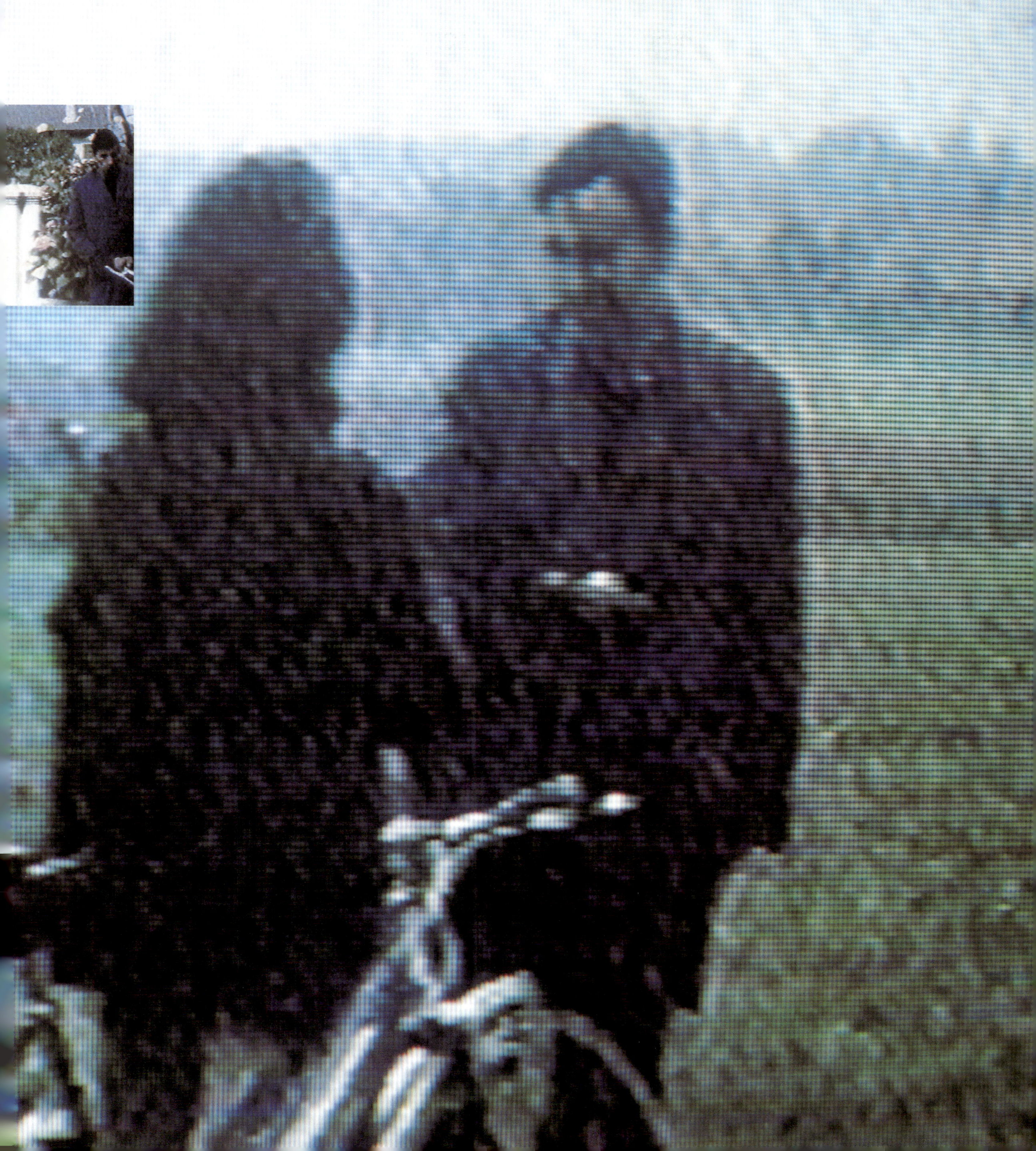

Sauve qui peut (la vie) (Rette sich wer kann. Das Leben), 1979

Dan Graham

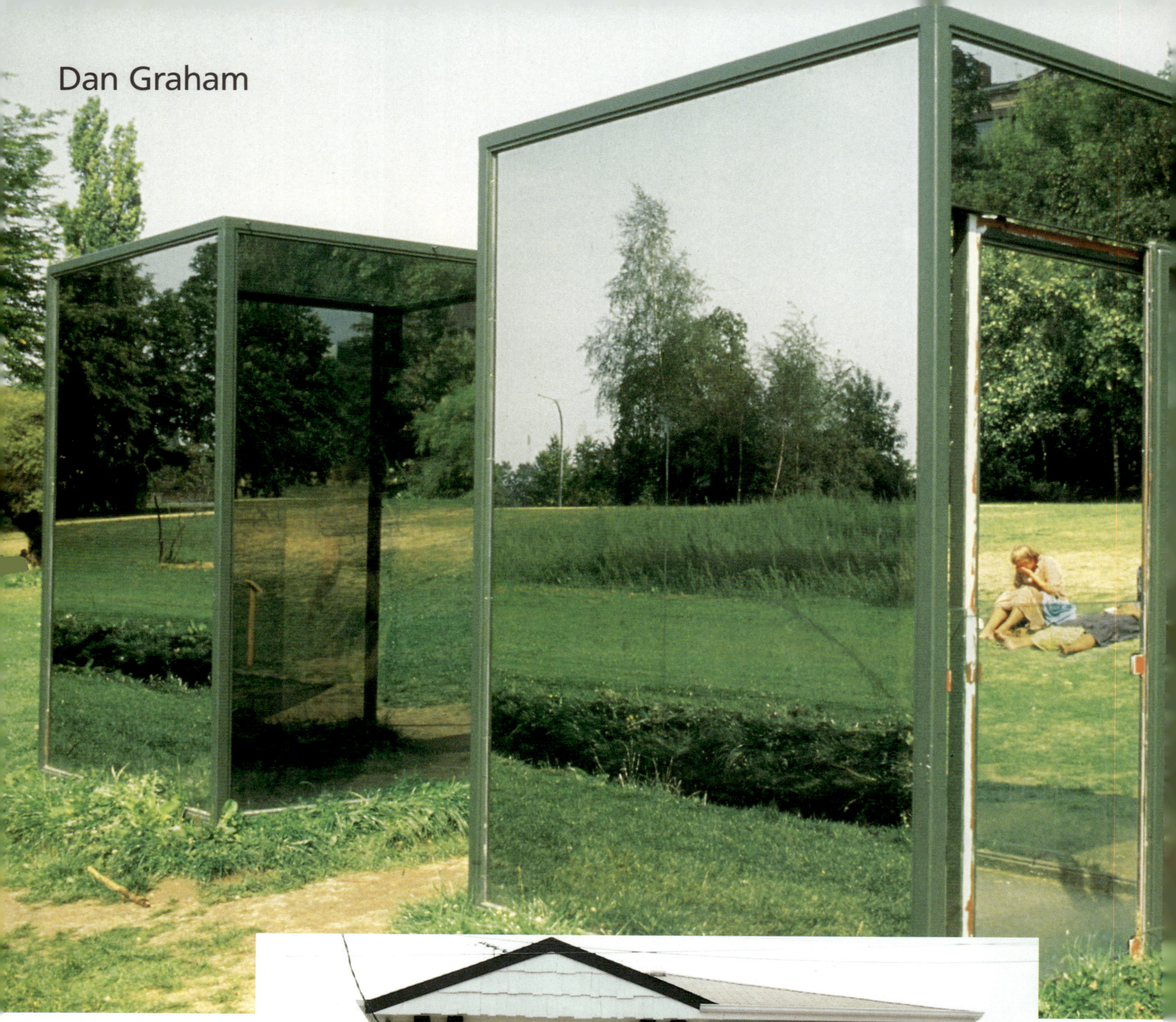

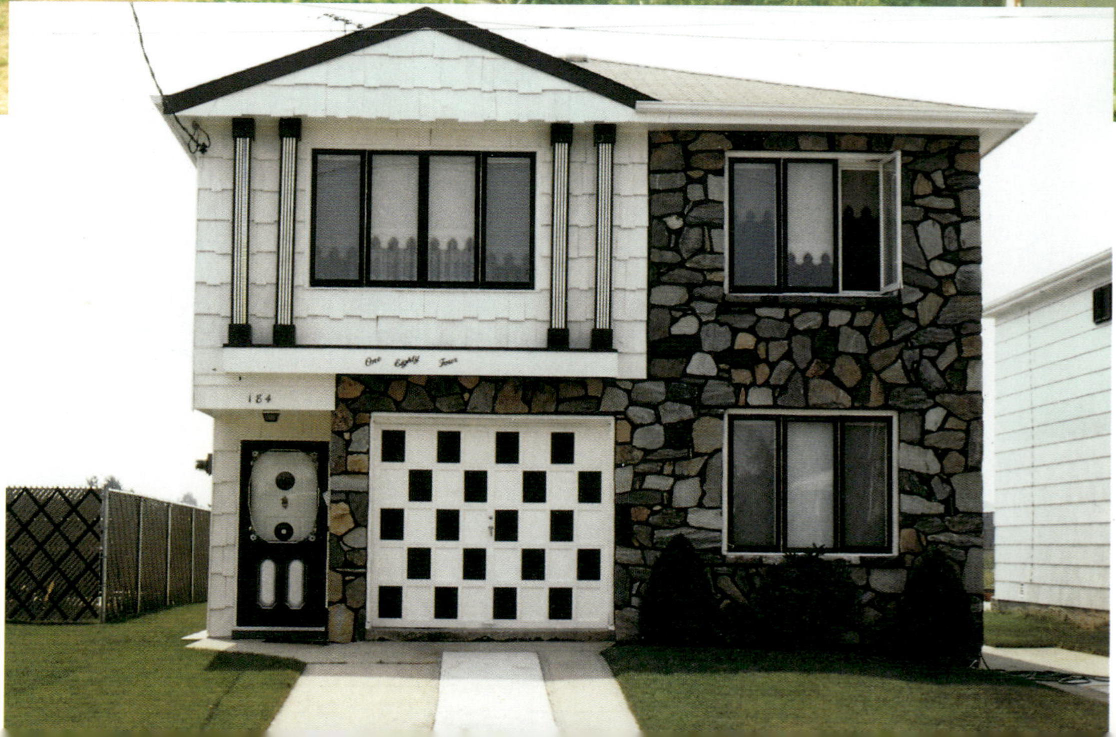

Staten Island House
(Haus in Staten Island), 1978

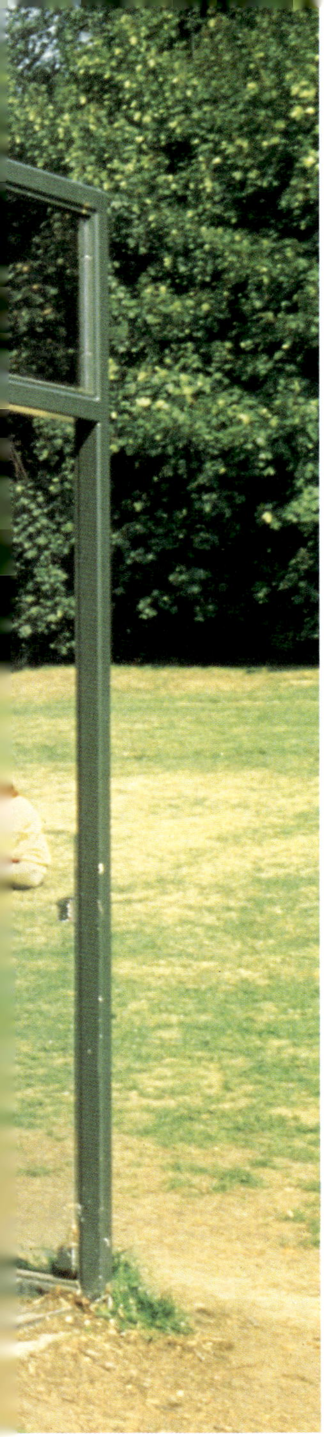

Two Adjacent Pavilions (Zwei aneinandergrenzende Pavillons), Karlsaue in Kassel, documenta 7, 1982

1978

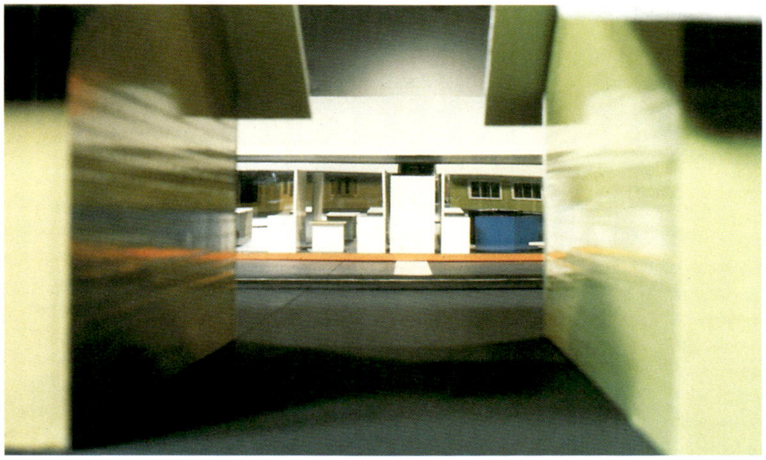

Alteration to a Suburban House (Veränderung eines Vorstadt-Hauses), 1978

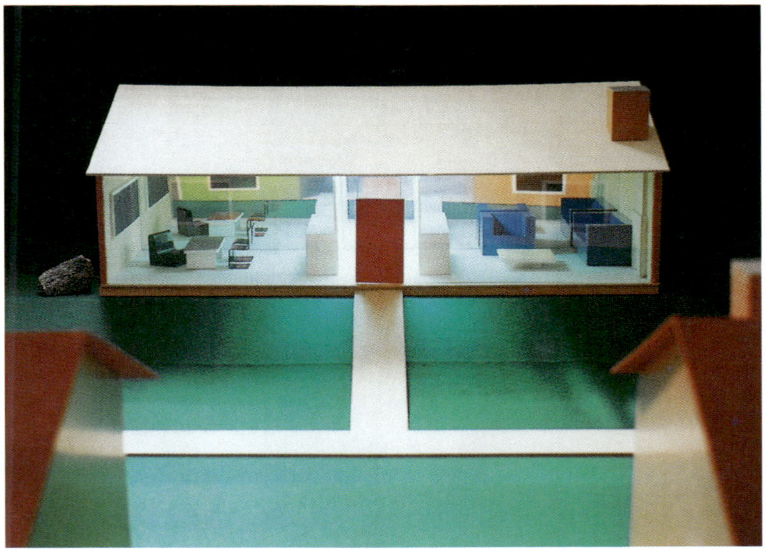

Alteration to a Suburban House, 1978

Toni Grand

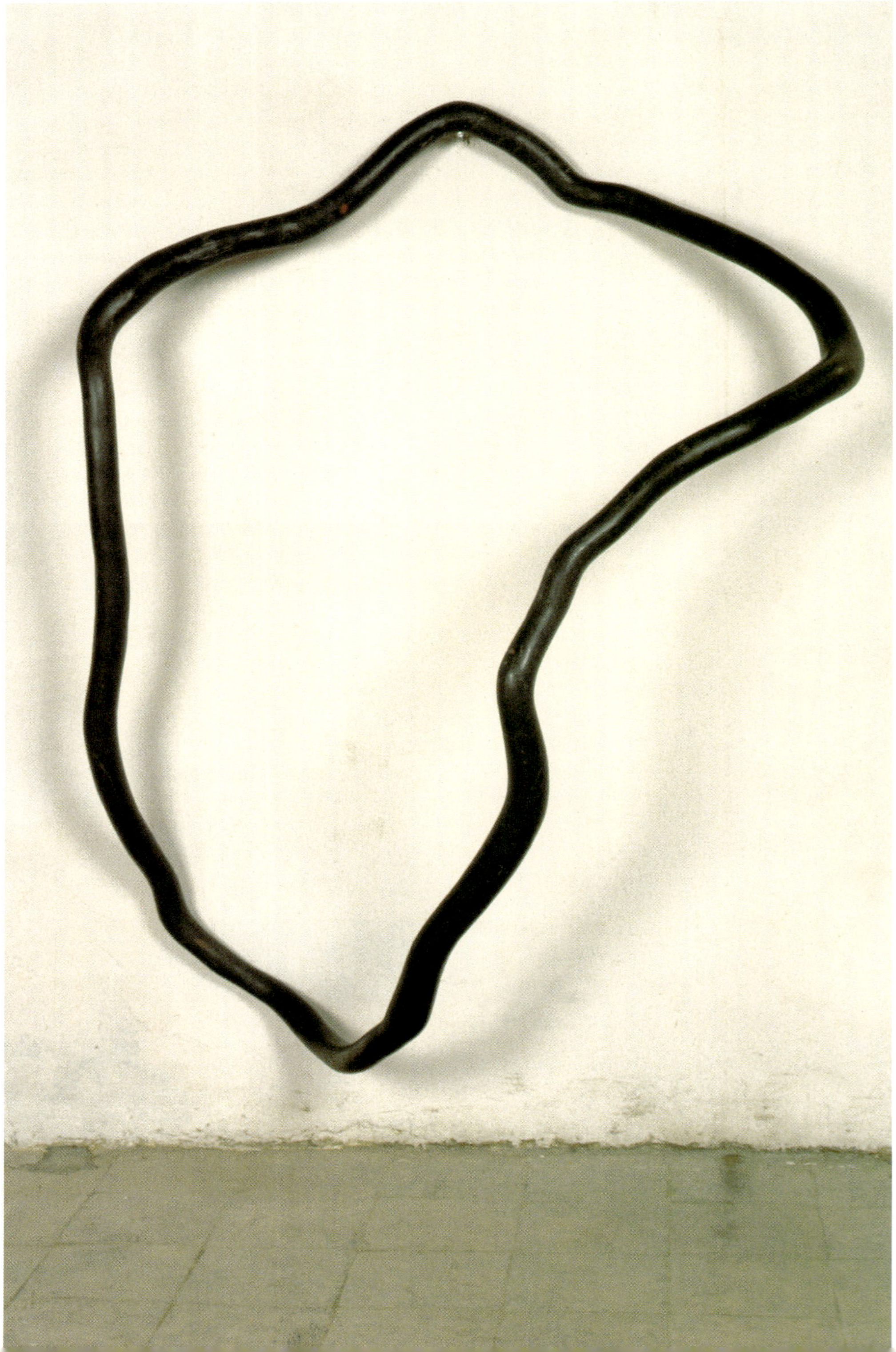

Ligne courbe fermée (Geschlossene Kurvenlinie), 1978

1978

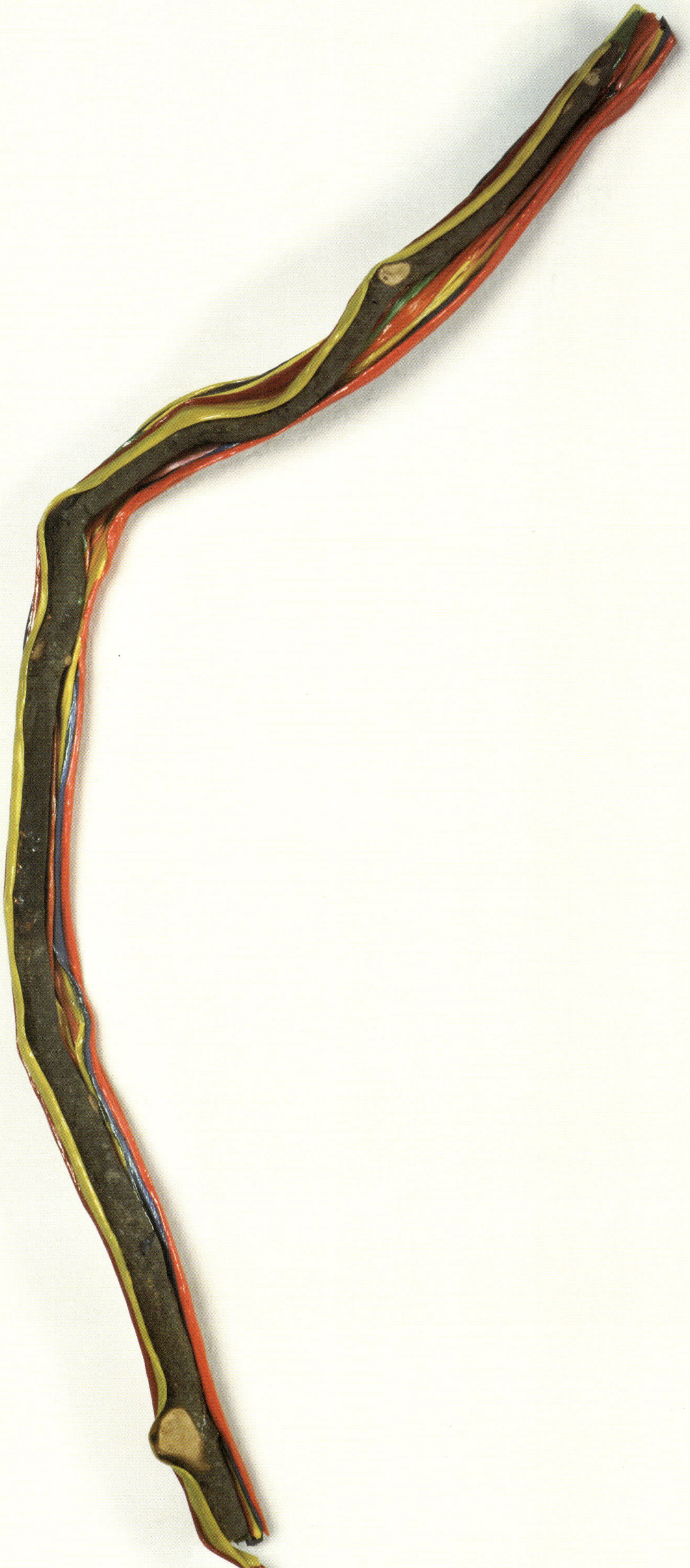

Bois peint (Bemaltes Holz), 1979

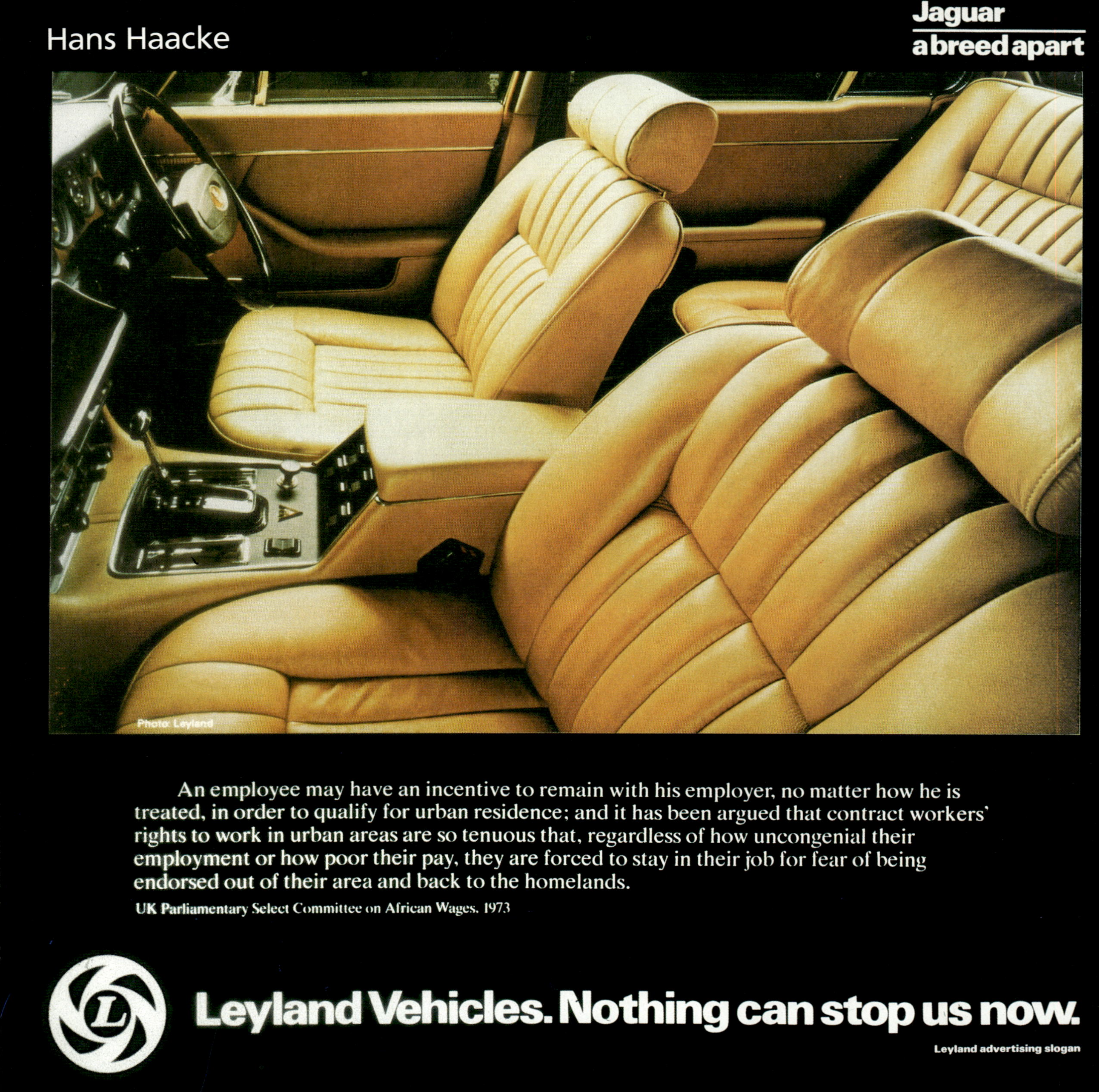

A breed apart (Eine Rasse für sich), 1978

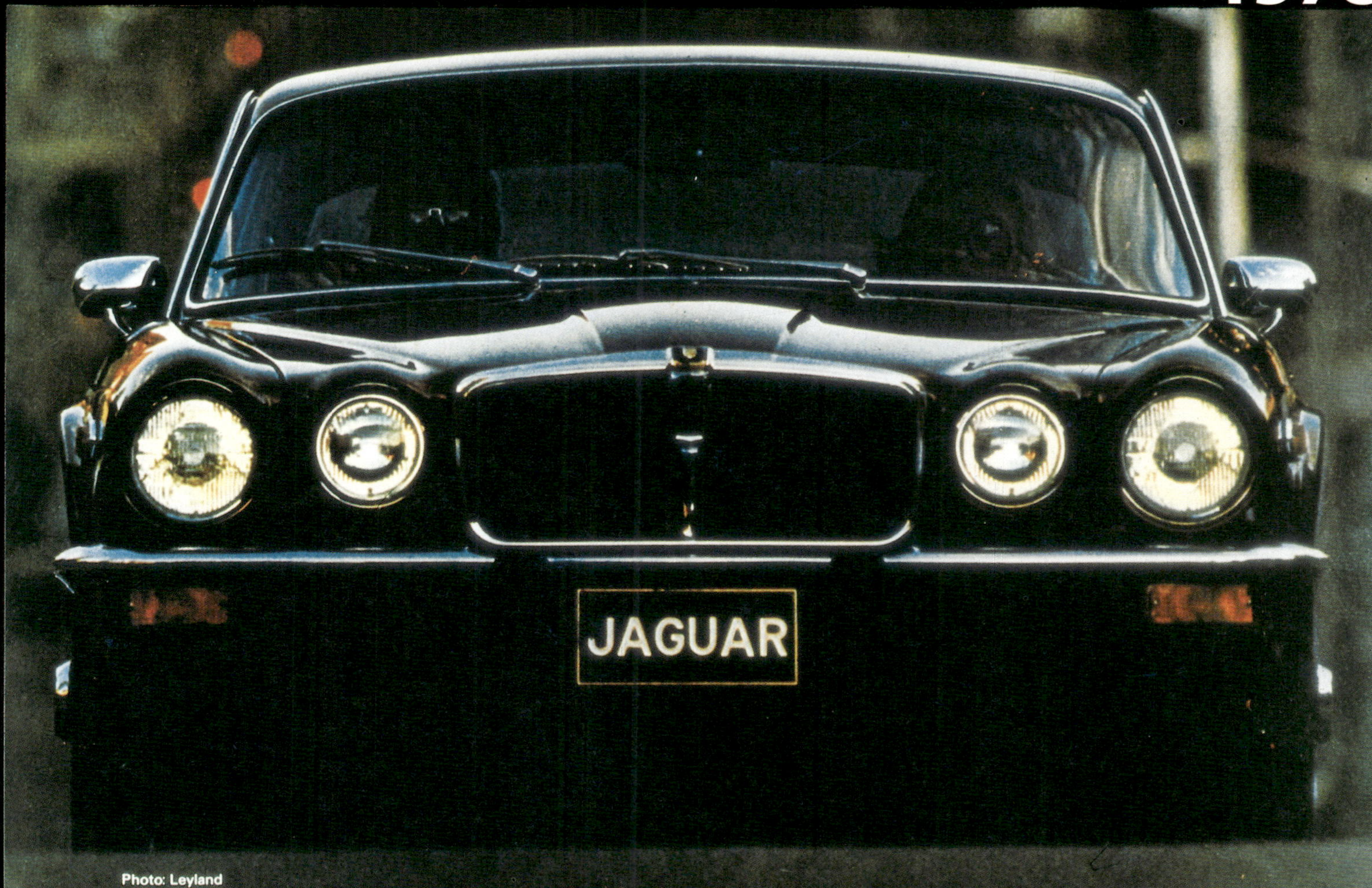

Photo: Leyland

Jaguar, a breed apart. The new-generation Jaguar Executive has been born. And it has opened the door to a new world . . . a world that, because of its sophistication and sheer class, only a select few will enter.

It is a world that has been created for the leader, not the pack. For those who have made it and stand apart from the masses. For those whose success demands, and deserves, a quality of life that spells luxury, elegance, perfection.

Leyland South Africa

Leyland Vehicles. Nothing can stop us now.

Leyland advertising slogan

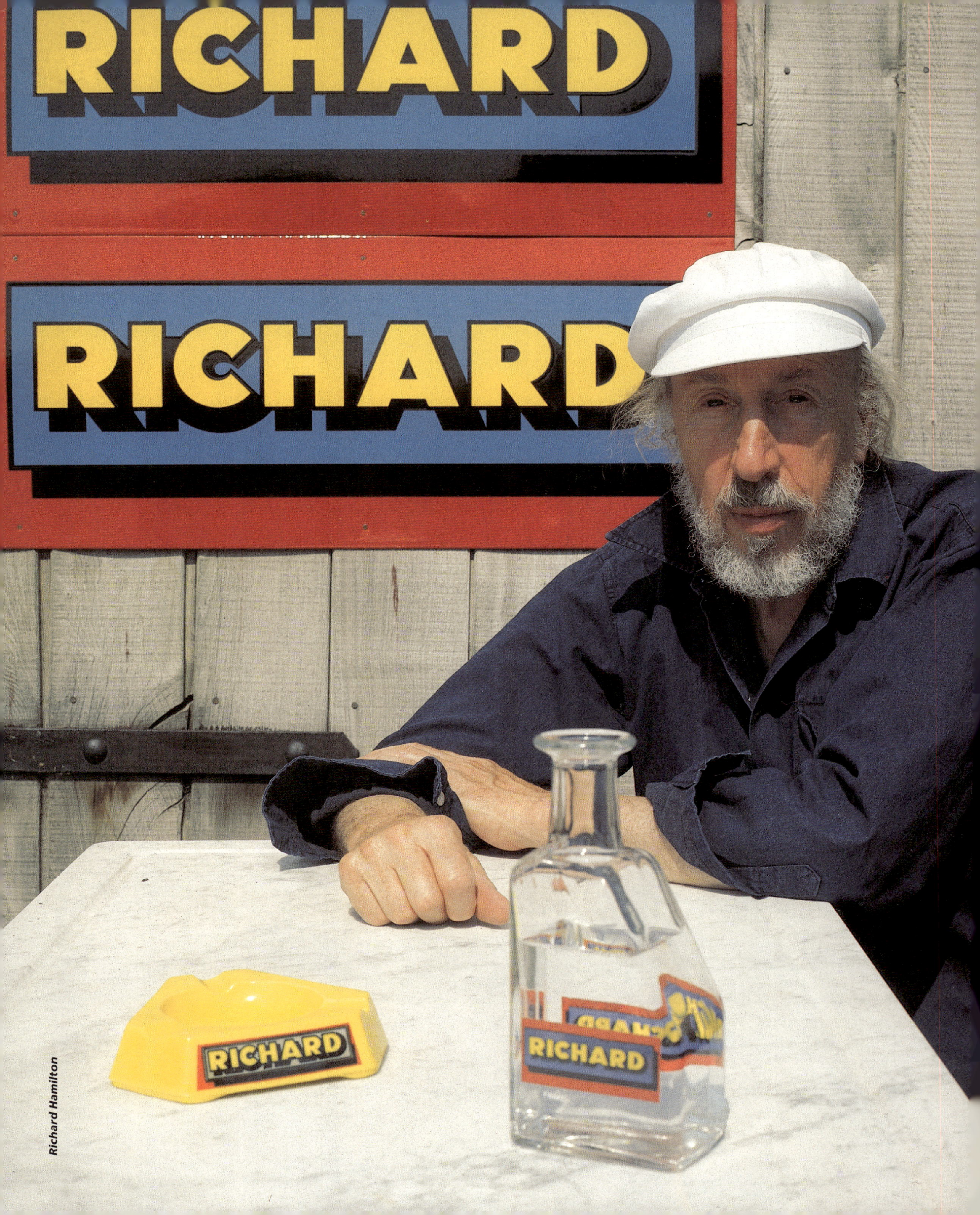

Richard Hamilton

1978

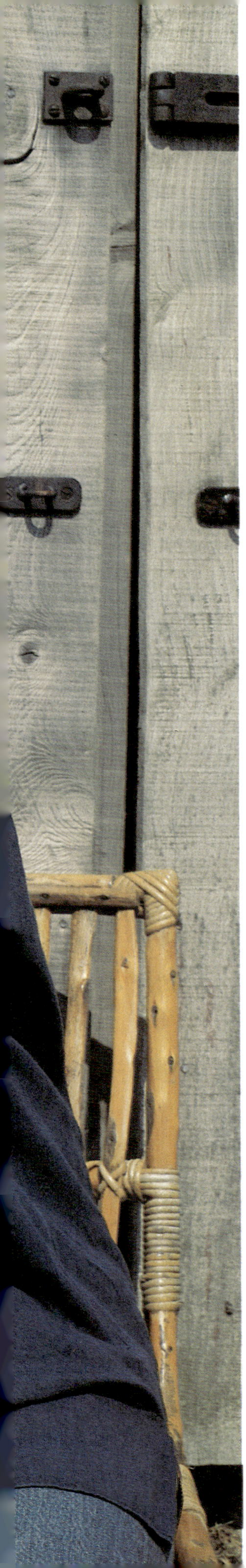

Sign (Zeichen), 1975. Ashtray (Aschenbecher), 1979. Carafe (Karaffe), 1978.

Mike Kelley

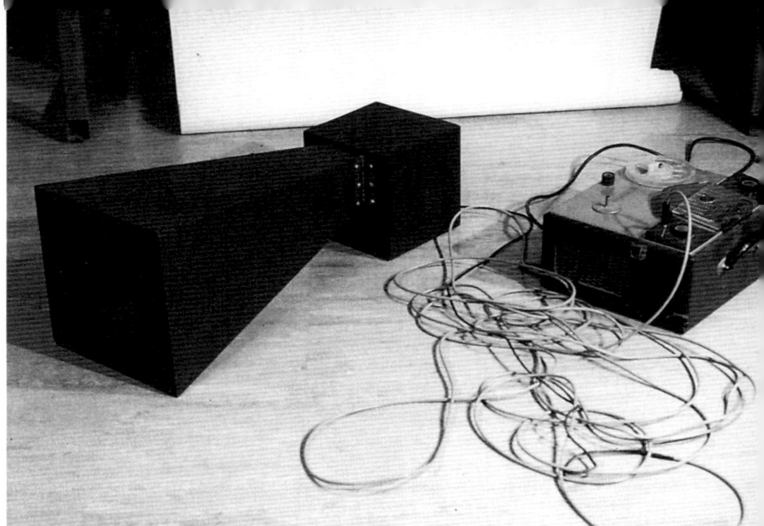

Spirit Collector (Geistersammler), 1978

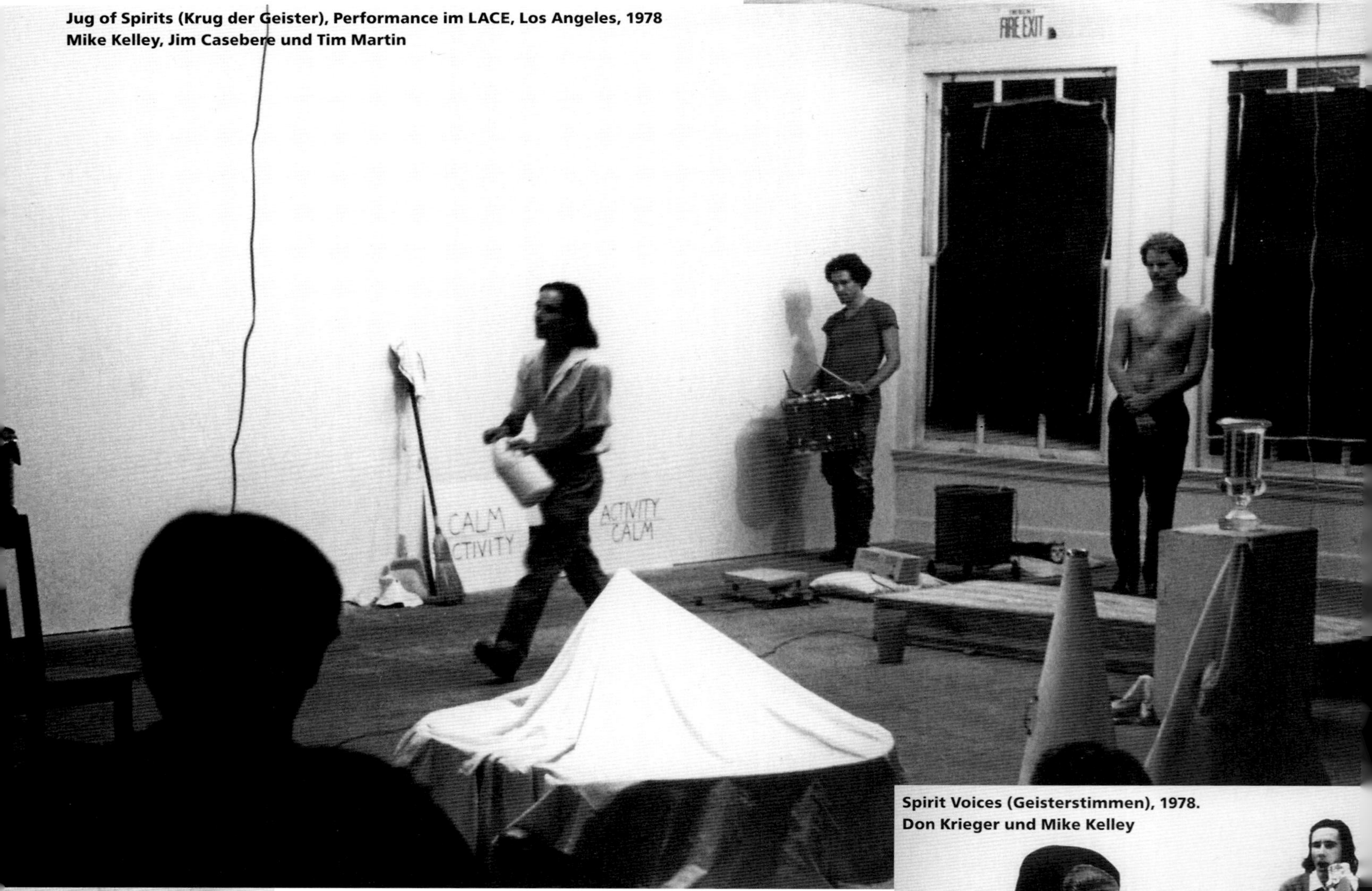

Jug of Spirits (Krug der Geister), Performance im LACE, Los Angeles, 1978
Mike Kelley, Jim Casebere und Tim Martin

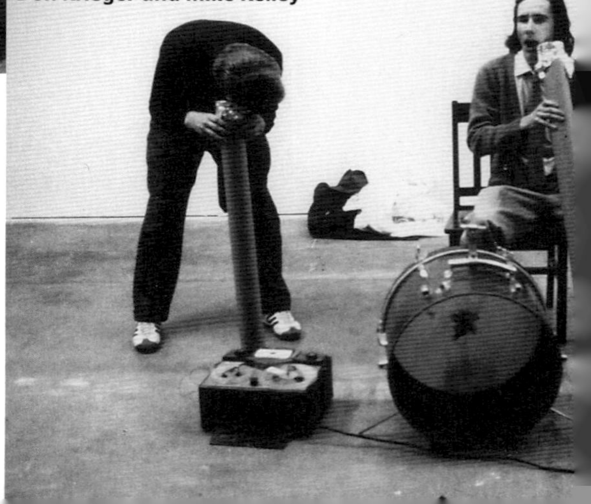

Spirit Voices (Geisterstimmen), 1978.
Don Krieger und Mike Kelley

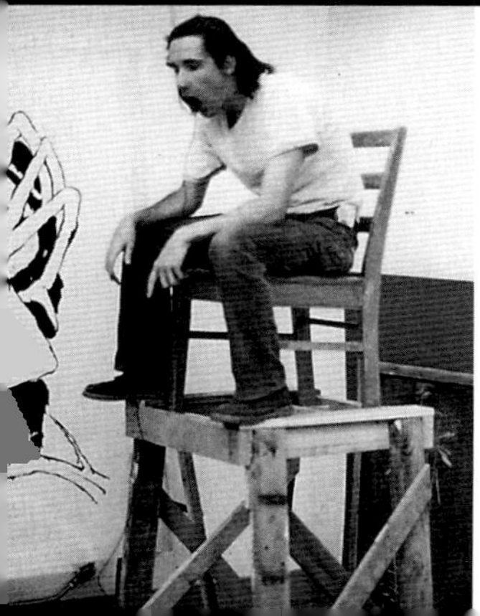

The Oracle at Delphi
(Das Orakel von Delphi), 1978

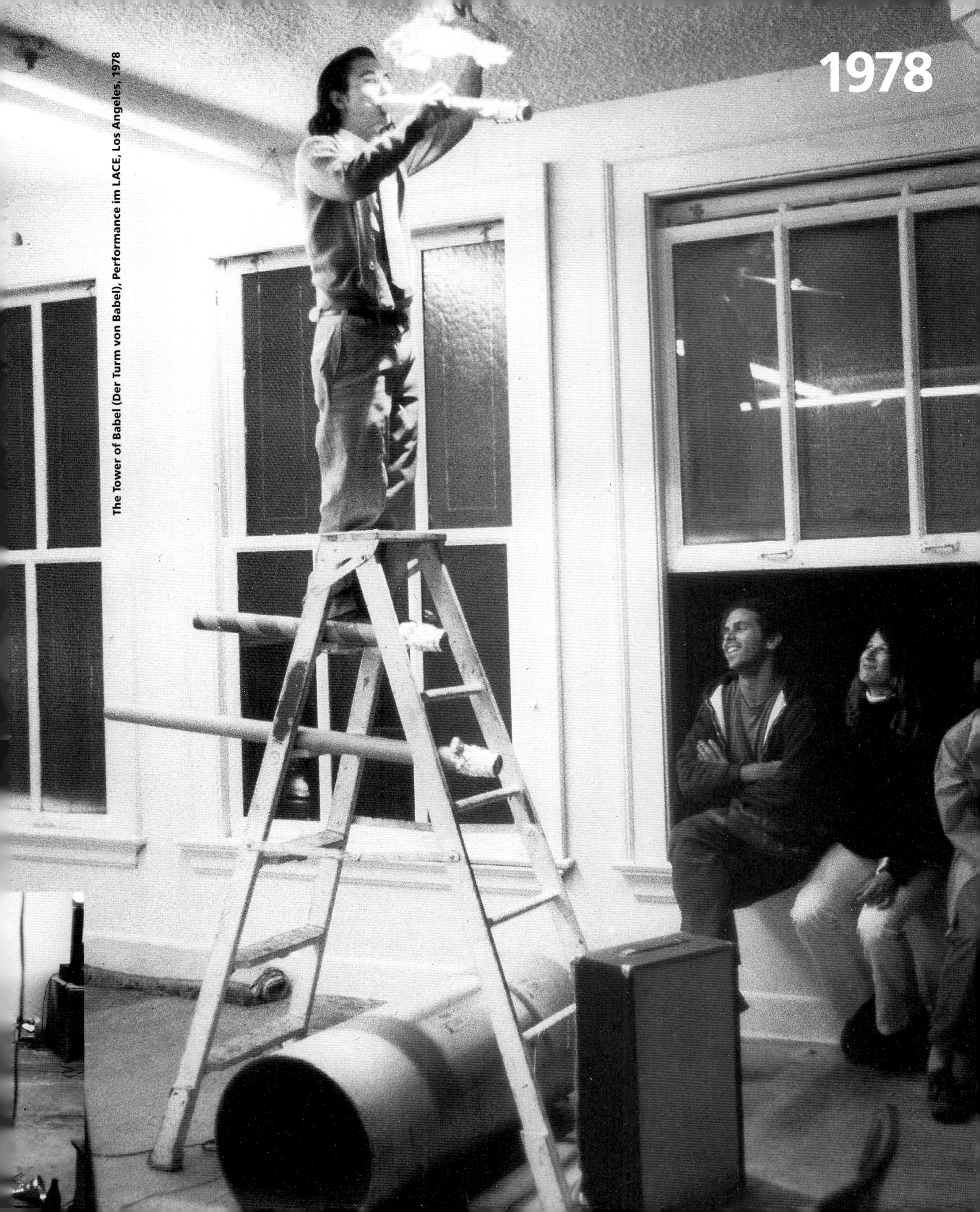

1978

The Tower of Babel (Der Turm von Babel), Performance im LACE, Los Angeles, 1978

Helen Levitt

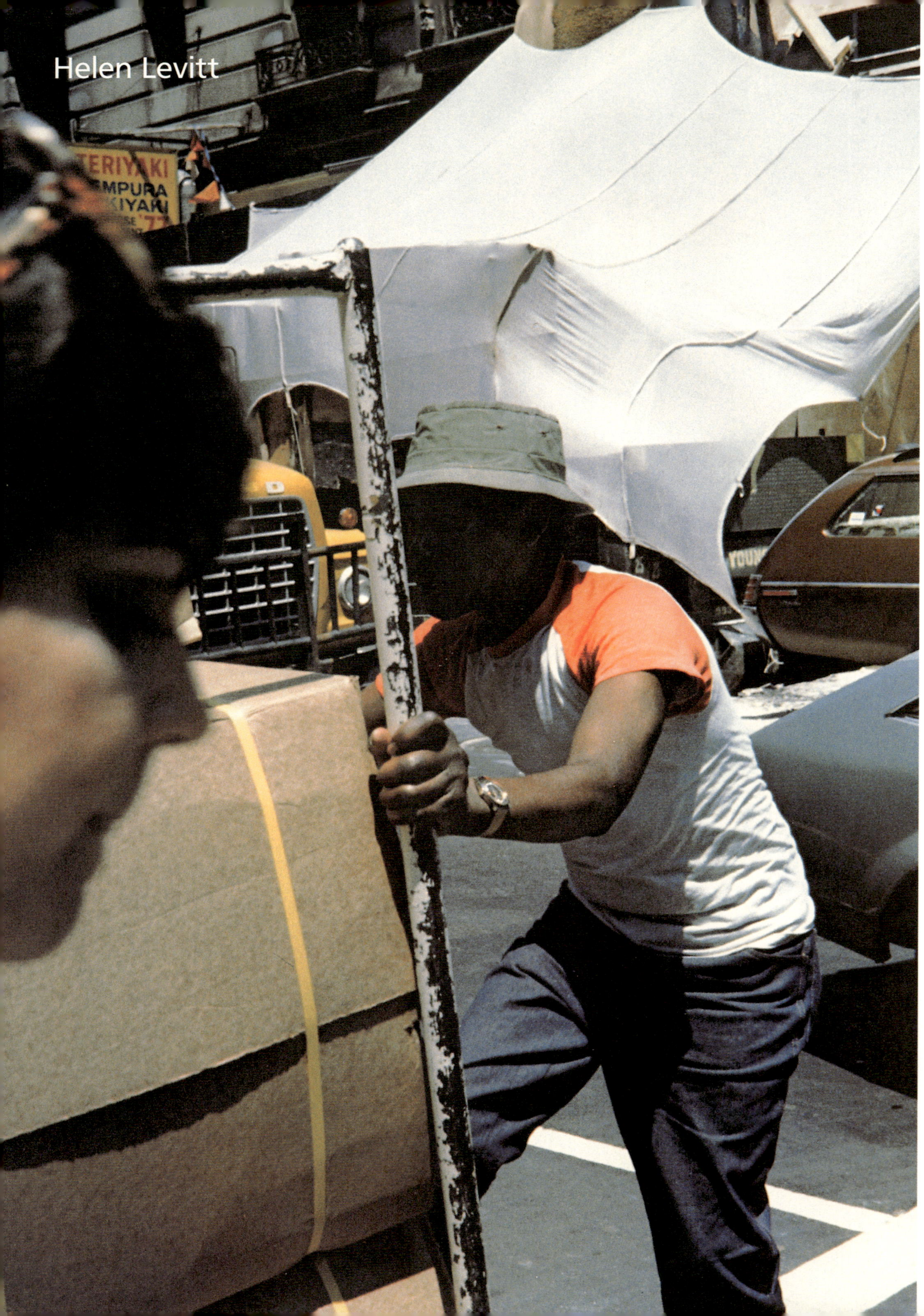

New York, 1980

1978

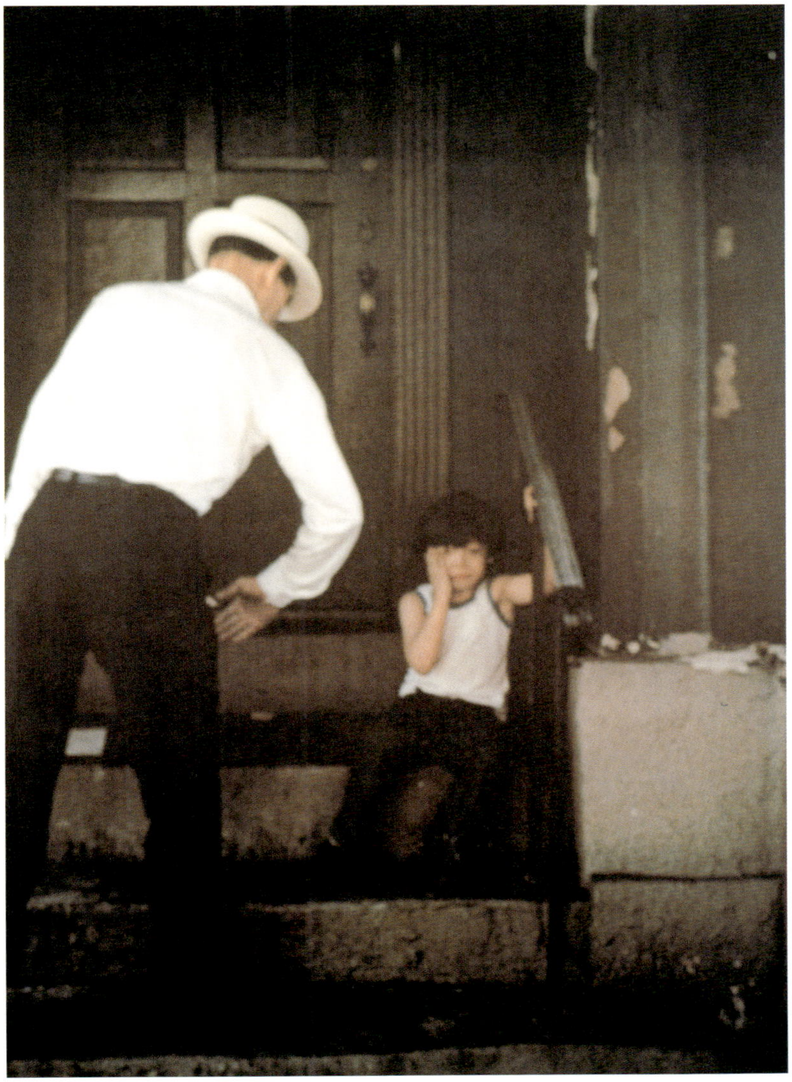

New York, 1978

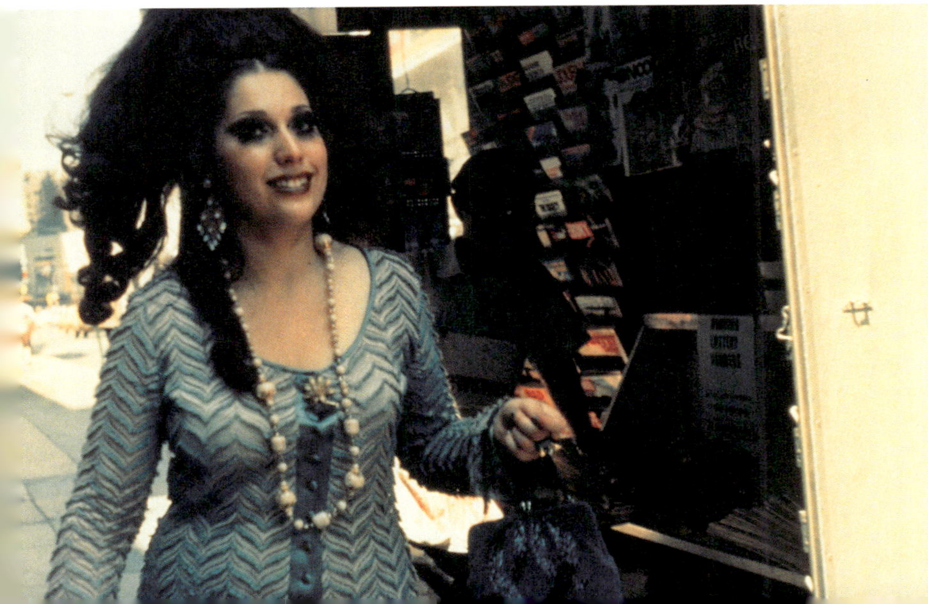

New York, 1971

Gordon Matta-Clark

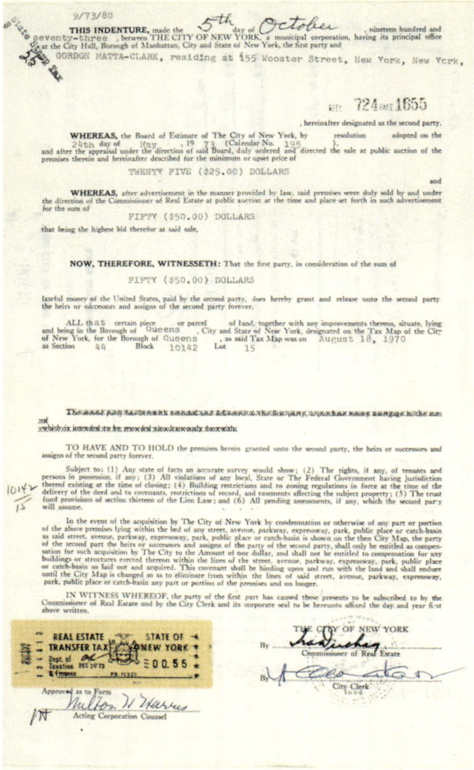

9/73/80

State Stamp Tax 25

THIS INDENTURE, made the 5th day of October, nineteen hundred and seventy-three, between THE CITY OF NEW YORK, a municipal corporation, having its principal office at the City Hall, Borough of Manhattan, City and State of New York, the first party and

GORDON MATTA-CLARK, residing at 155 Wooster Street, New York, New York,

LIBER 724 PAGE 1655

, hereinafter designated as the second party,

WHEREAS, the Board of Estimate of The City of New York, by resolution adopted on the 24th day of May, 19 73 (Calendar No. 195), and after the appraisal under the direction of said Board, duly ordered and directed the sale at public auction of the premises therein and hereinafter described for the minimum or upset price of

TWENTY FIVE ($25.00) DOLLARS

and

WHEREAS, after advertisement in the manner provided by law, said premises were duly sold by and under the direction of the Commissioner of Real Estate at public auction at the time and place set forth in such advertisement for the sum of

FIFTY ($50.00) DOLLARS

that being the highest bid therefor at said sale,

NOW, THEREFORE, WITNESSETH: That the first party, in consideration of the sum of

FIFTY ($50.00) DOLLARS

lawful money of the United States, paid by the second party, does hereby grant and release unto the second party the heirs or successors and assigns of the second party forever,

ALL that certain piece or parcel of land, together with any improvements thereon, situate, lying and being in the Borough of Queens, City and State of New York, designated on the Tax Map of the City of New York, for the Borough of Queens, as said Tax Map was on August 18, 1970 as Section 44 Block 10142 Lot 15

[illegible]
[illegible]

TO HAVE AND TO HOLD the premises herein granted unto the second party, the heirs or successors and assigns of the second party forever.

10142/15 Subject to: (1) Any state of facts an accurate survey would show; (2) The rights, if any, of tenants and persons in possession, if any; (3) All violations of any local, State or The Federal Government having jurisdiction thereof existing at the time of closing; (4) Building restrictions and to zoning regulations in force at the time of the delivery of the deed and to covenants, restrictions of record, and easements affecting the subject property; (5) The trust fund provisions of section thirteen of the Lien Law; and (6) All pending assessments, if any, which the second party will assume.

In the event of the acquisition by The City of New York by condemnation or otherwise of any part or portion of the above premises lying within the bed of any street, avenue, parkway, expressway, park, public place or catch-basin as said street, avenue, parkway, expressway, park, public place or catch-basin is shown on the then City Map, the party of the second part the heirs or successors and assigns of the party of the second party, shall only be entitled as compensation for such acquisition by The City to the Amount of one dollar, and shall not be entitled to compensation for any buildings or structures erected thereon within the lines of the street, avenue, parkway, expressway, park, public place or catch-basin so laid out and acquired. This covenant shall be binding upon and run with the land and shall endure until the City Map is changed so as to eliminate from within the lines of said street, avenue, parkway, expressway, park, public place or catch-basin any part or portion of the premises and no longer.

IN WITNESS WHEREOF, the party of the first part has caused these presents to be subscribed to by the Commissioner of Real Estate and by the City Clerk and its corporate seal to be hereunto affixed the day and year first above written.

REAL ESTATE TRANSFER TAX STATE OF NEW YORK Dept. of Taxation & Finance DEC 20 73 00.55

Approved as to Form
Milton H. Harris
Acting Corporation Counsel

THE CITY OF NEW YORK
By ....
Commissioner of Real Estate
By ....
City Clerk

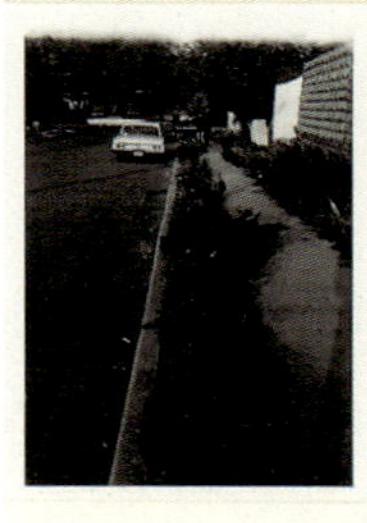

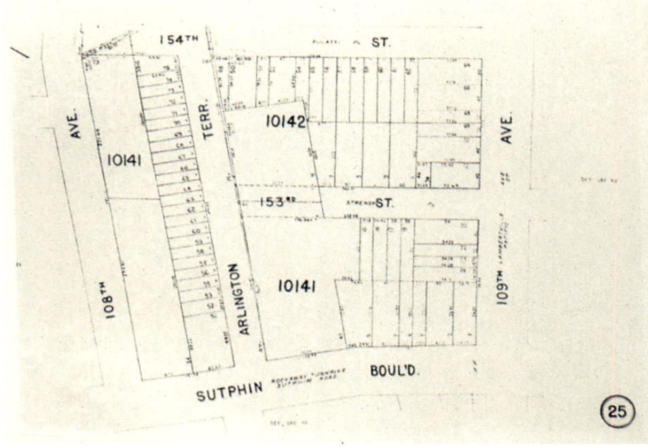

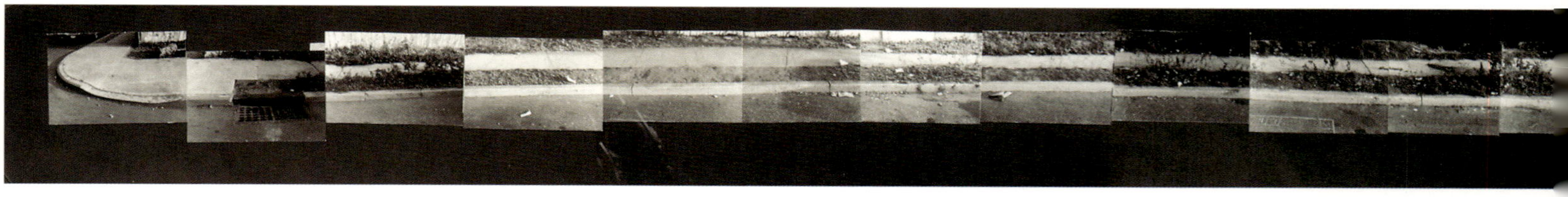

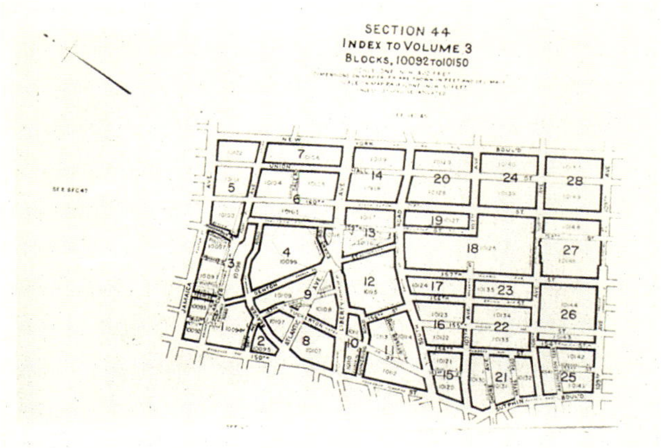

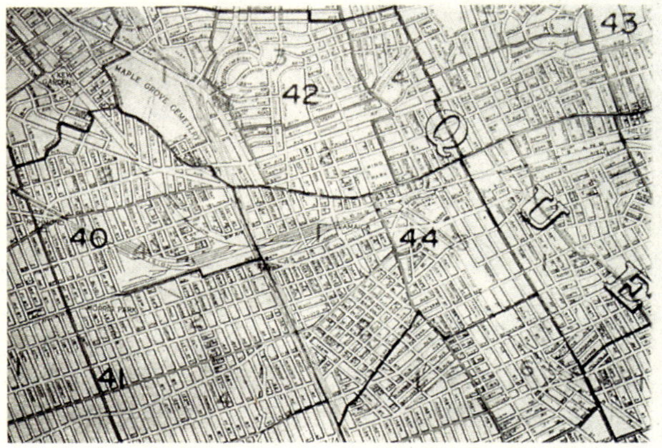

Reality Properties: Fake Estates, »Jamaica Curb«, Block 10142, Lot 15, 1978

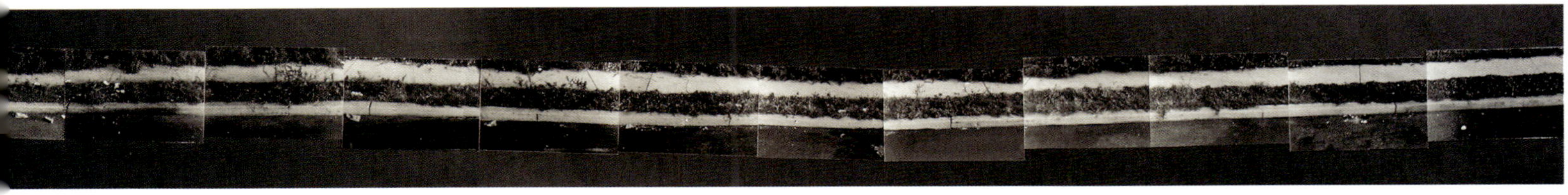

Michelangelo Pistoletto

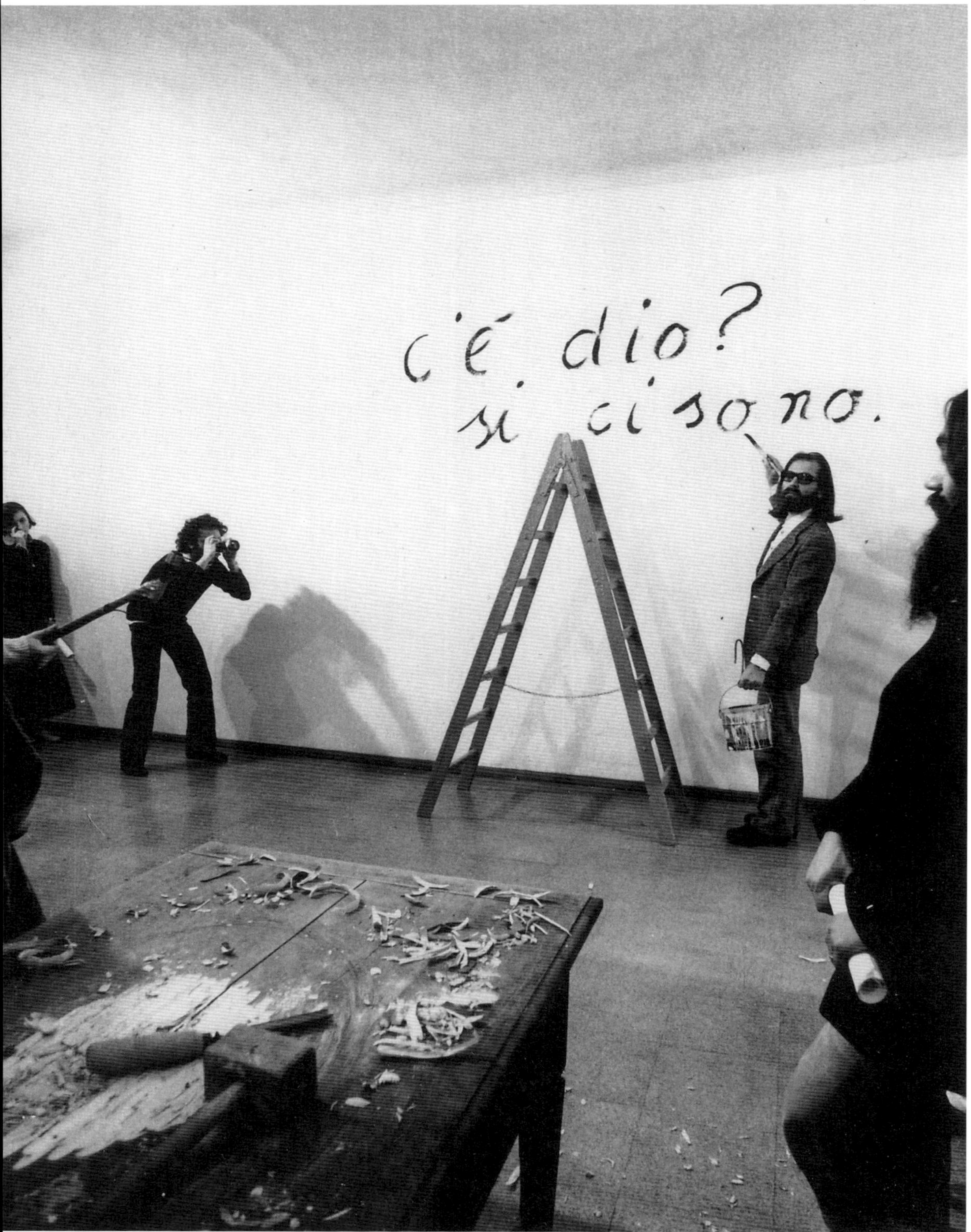

L'arte assume la religione (Die Kunst übernimmt die Religion), Sansicario, 1977

1978

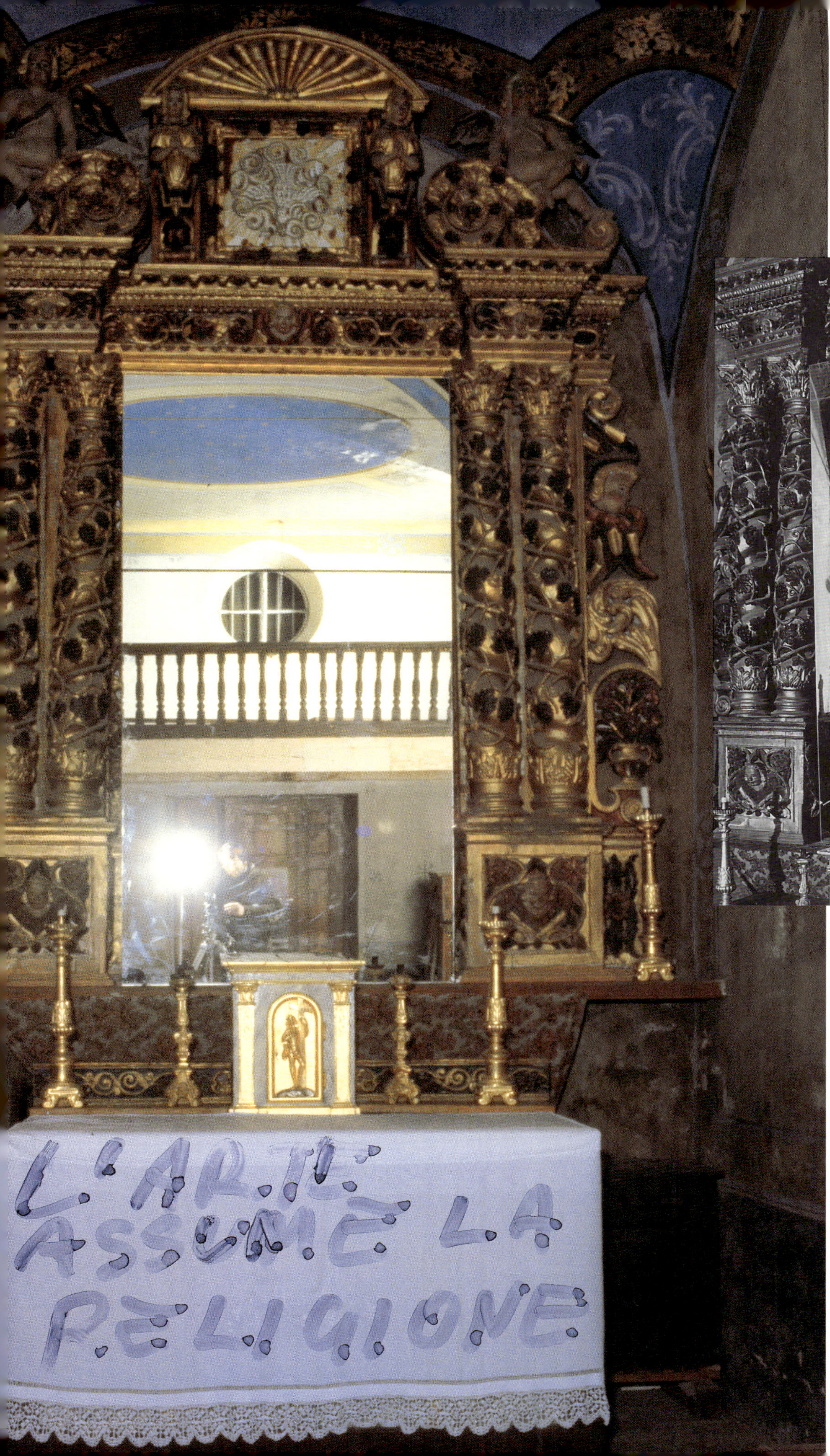

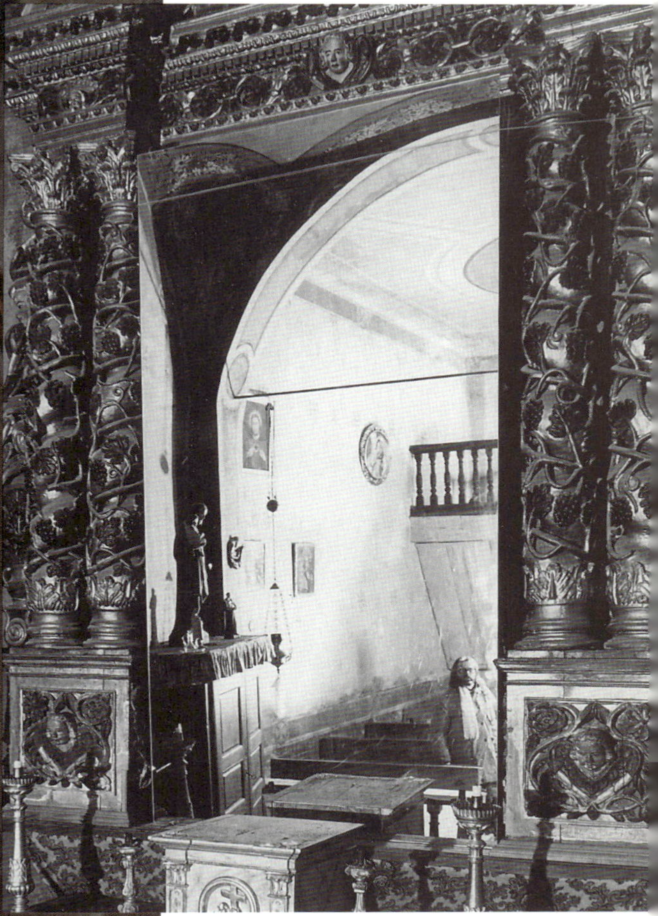

L'arte assume la religione, Sansicario, 1977

Gerhard Richter

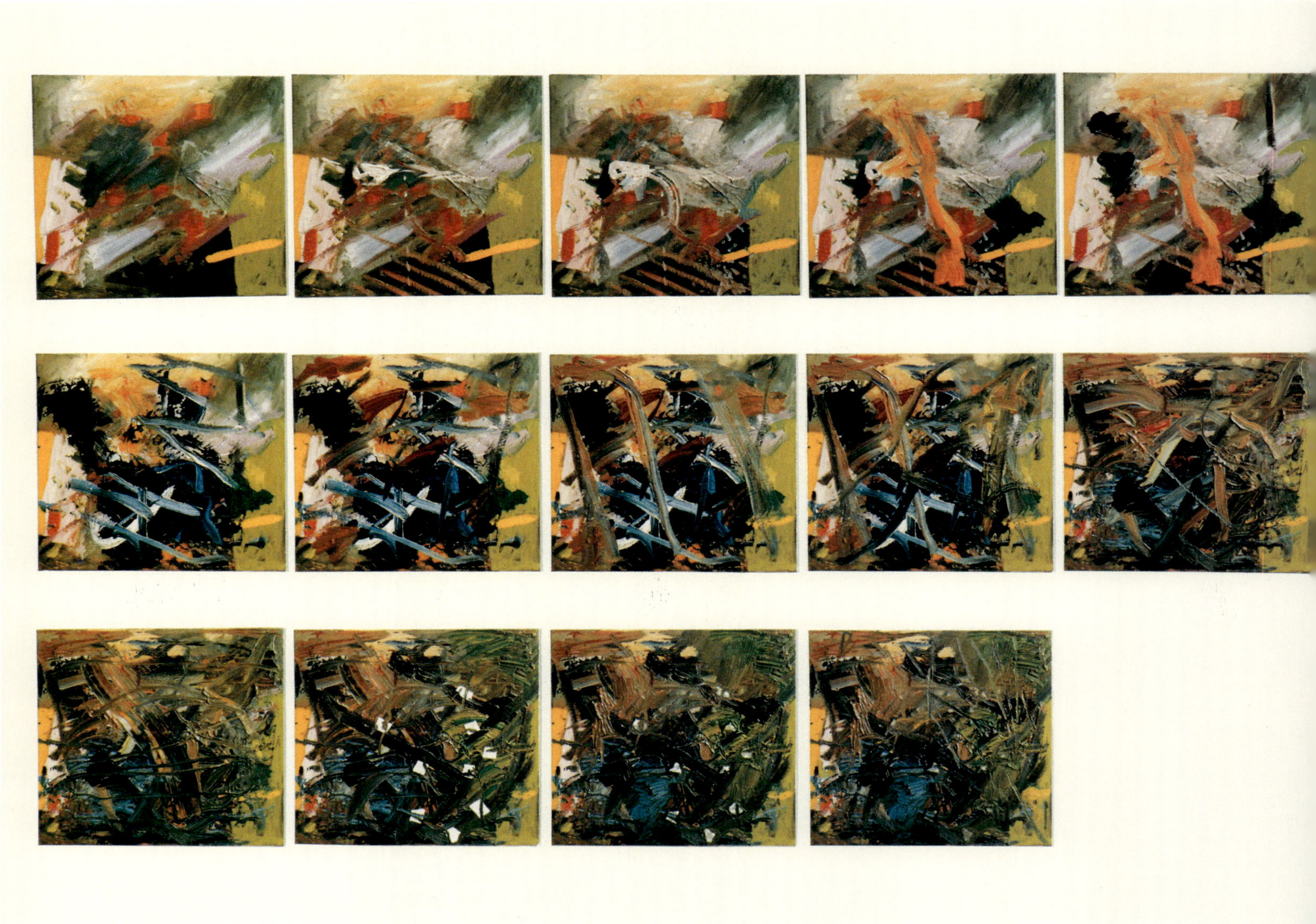

Atlas, Abstrakte Bilder, 1977/78

1978

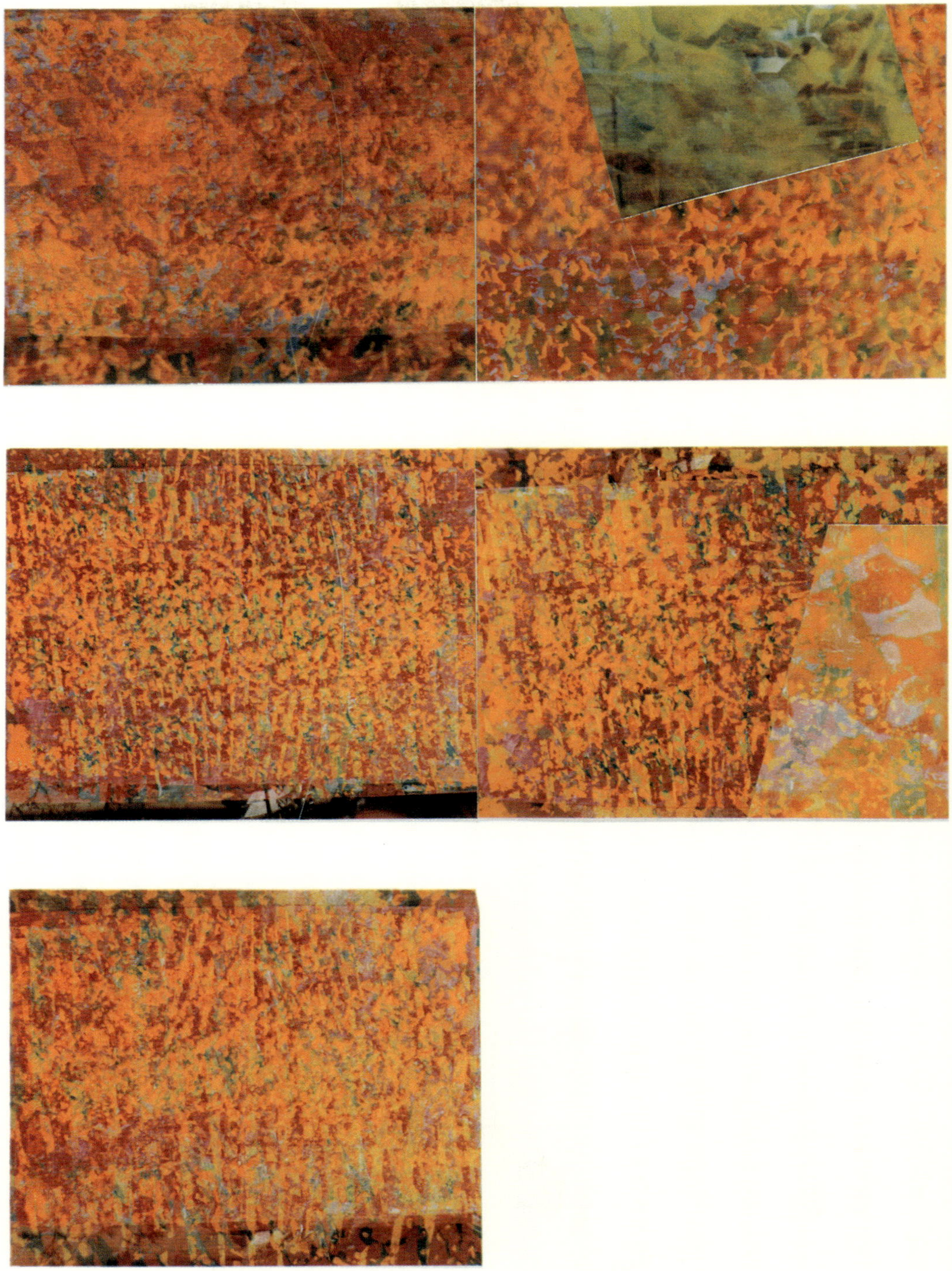

Atlas, Abstrakte Bilder, 1977/78

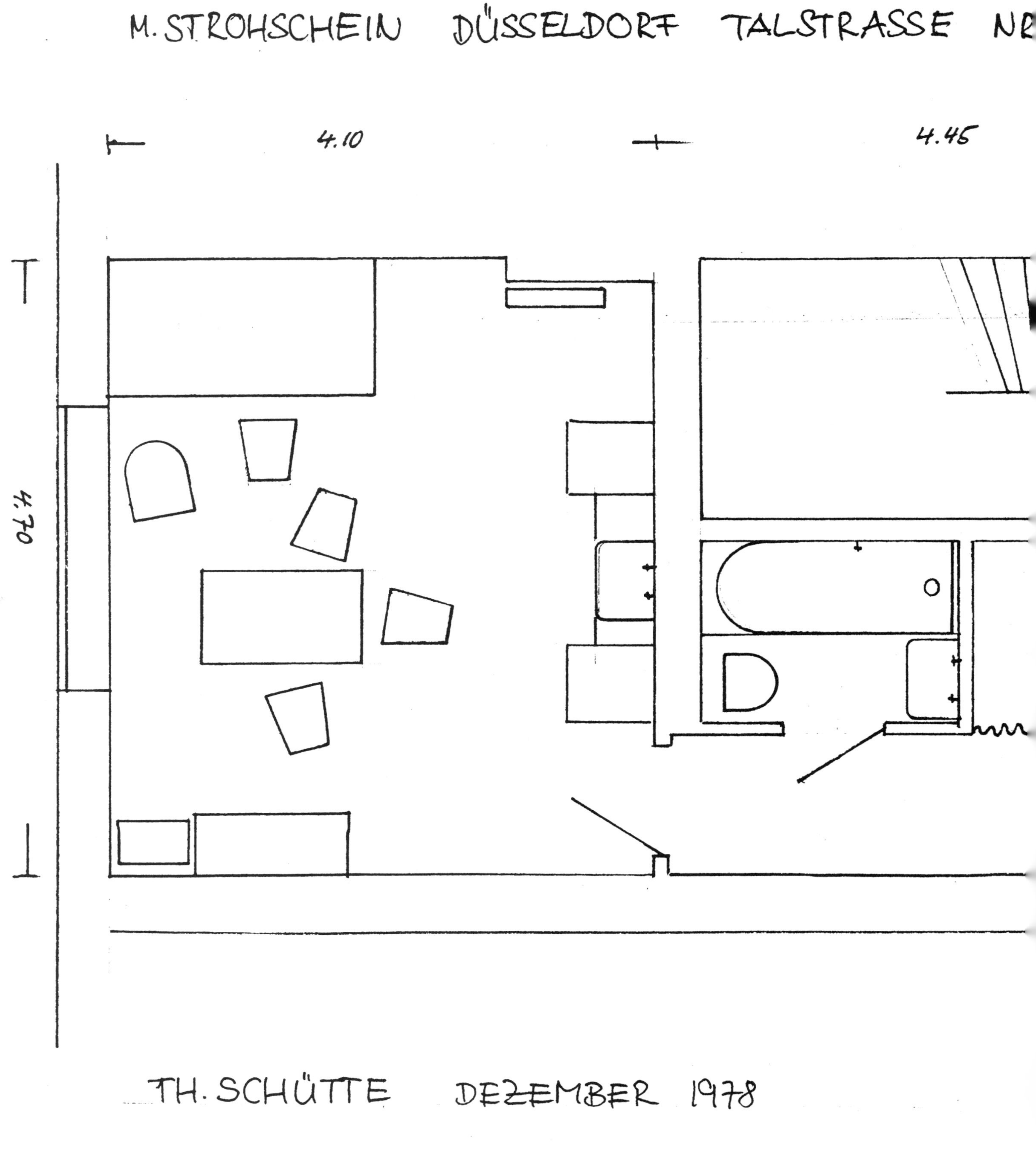
M. STROHSCHEIN DÜSSELDORF TALSTRASSE NR
4.10
4.45
4.70
TH. SCHÜTTE DEZEMBER 1978

1978

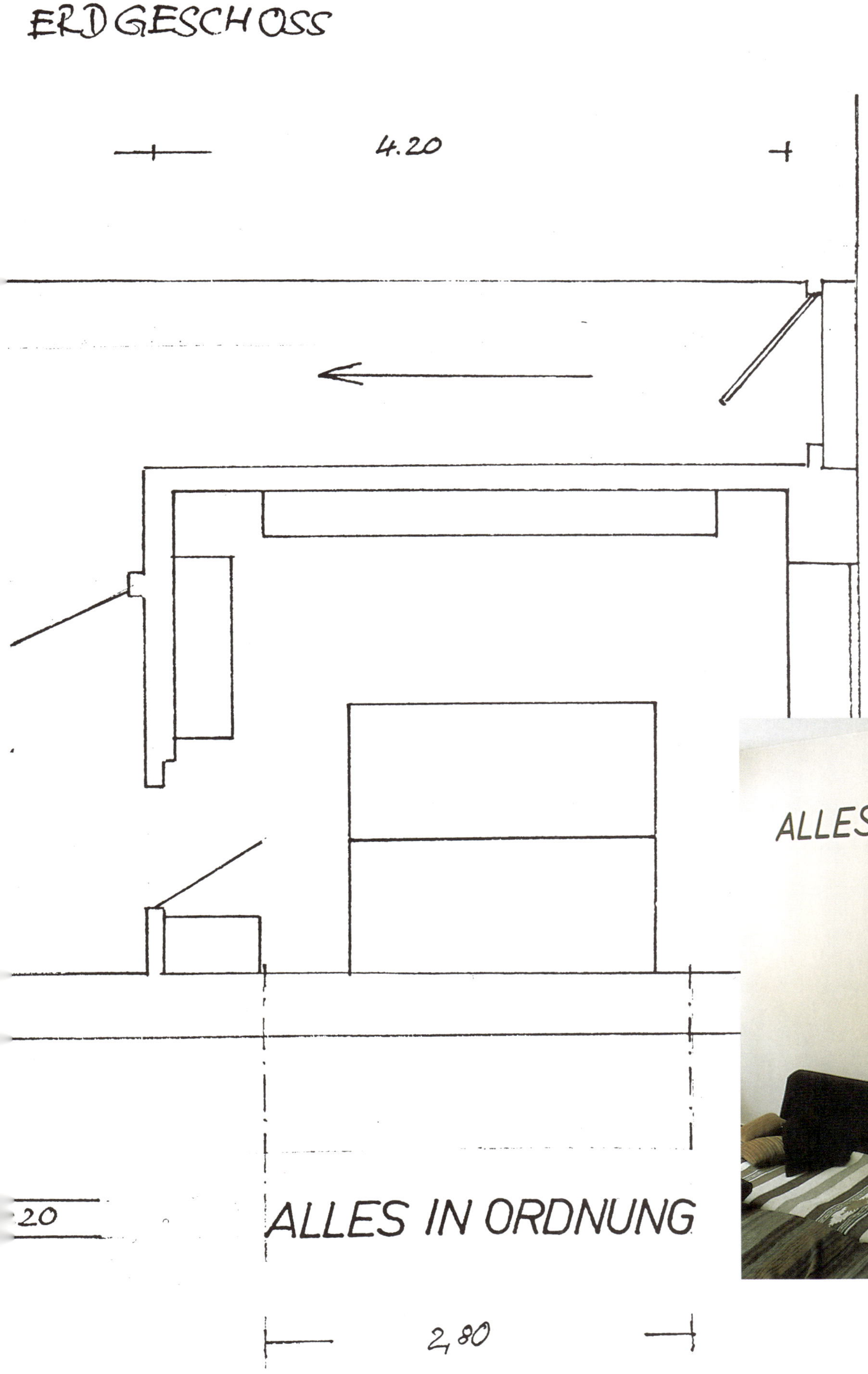

Wandmalerei, 1978

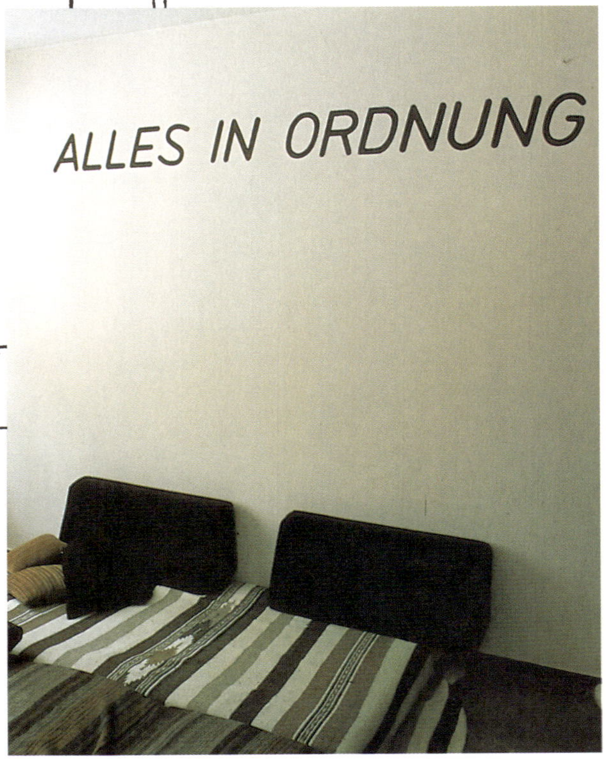

Wandmalerei, 1978

Jeff Wall

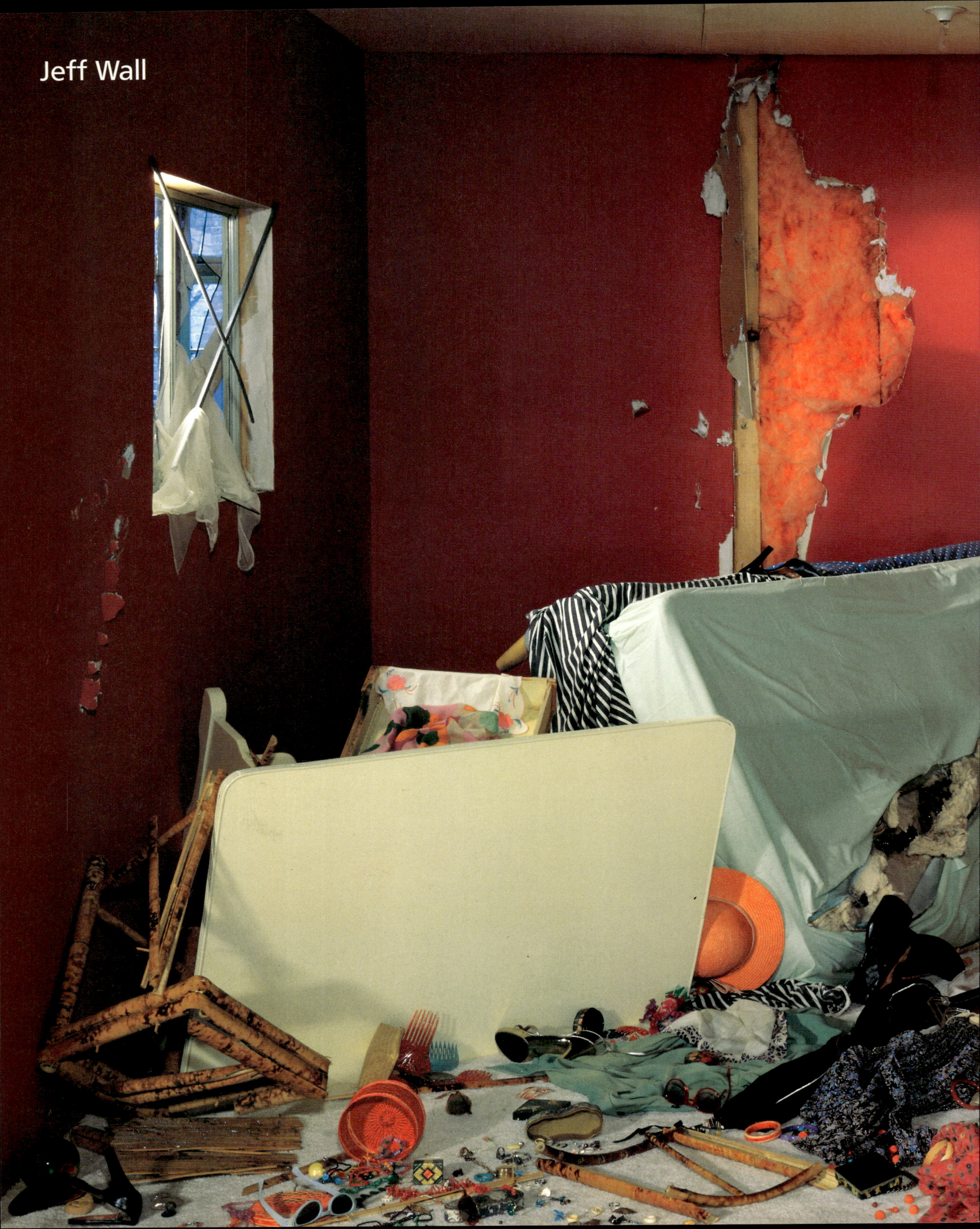

1978

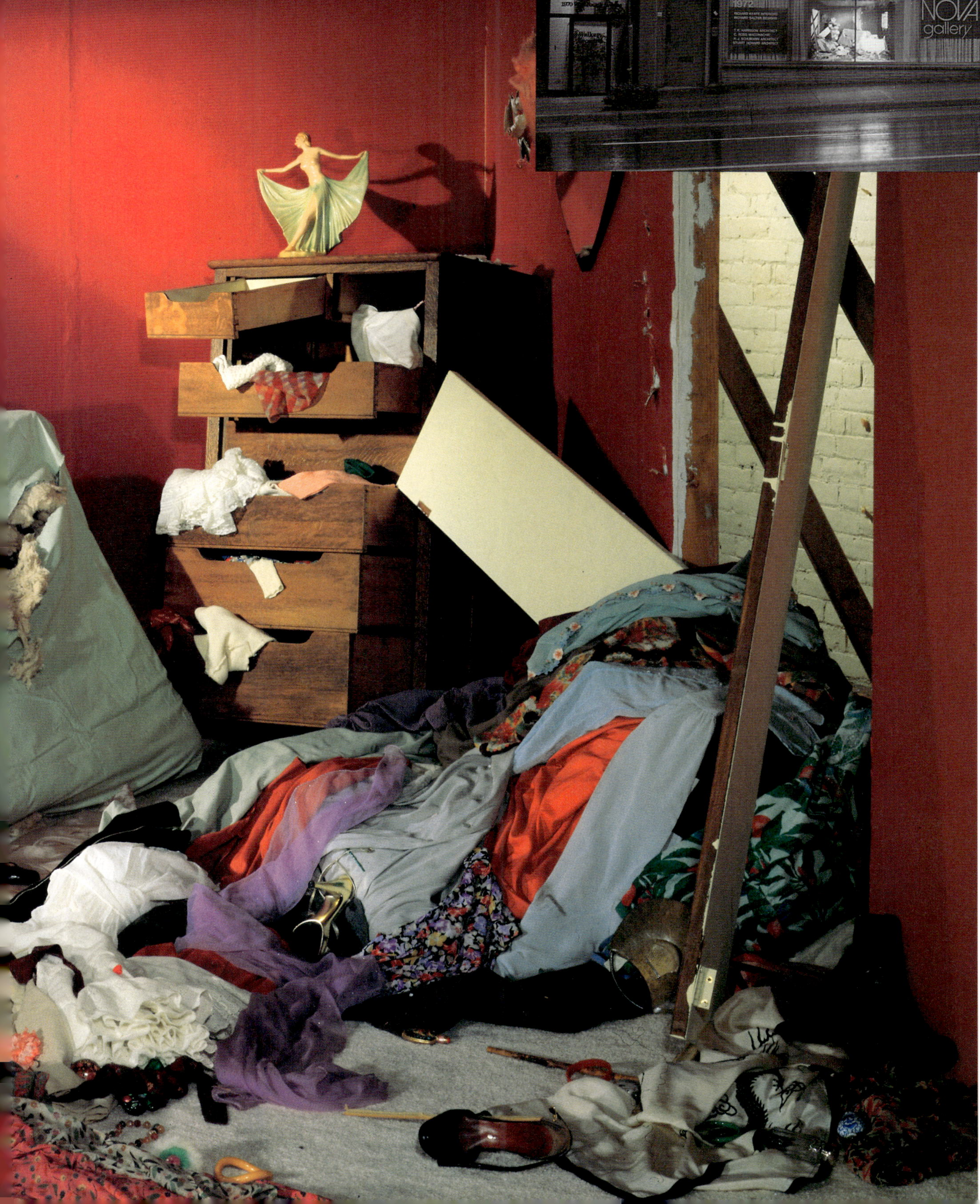

The Destroyed Room (Der zerstörte Raum), 1978

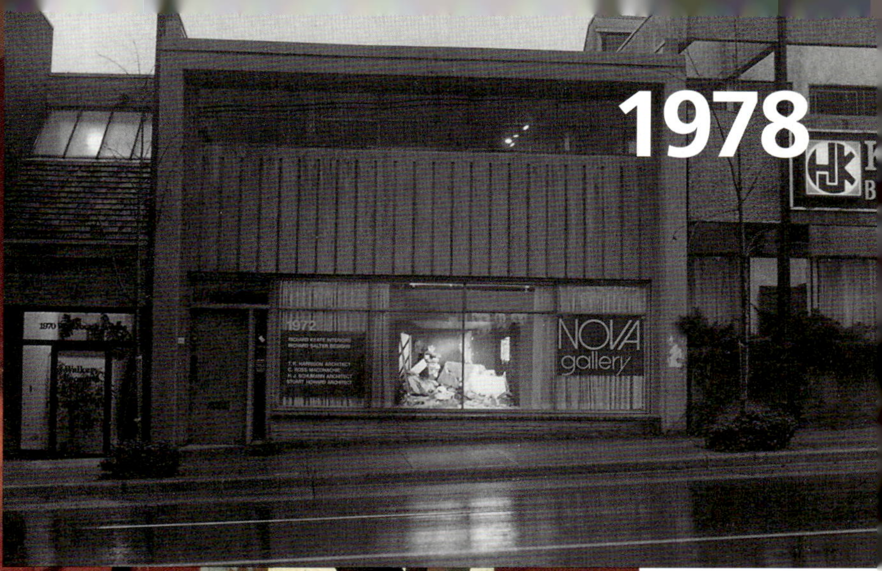

Installation, Vancouver, 1979

économie*

Immanuel Wallerstein

* Weltwirtschaft

Nach dem 2.Weltkrieg tauchten plötzlich Begriffe wie »Dritte Welt« und »Entwicklung« auf. Die Dritte Welt sollte den dritten Kontinent neben dem alten Europa und Nordamerika auf der einen Seite und der Sowjetunion auf der anderen Seite darstellen; Entwicklung war ein neues Wort für Fortschritt.

In der Wirtschaftsliteratur der 50er und 60er Jahre findet man zwei große Gedankenströmungen bezüglich der Entwicklung. Einerseits gab es eine bürgerlich-liberale Einstellung: Man war der Meinung, daß die produktive Stärke einiger Wirtschaftssysteme mit bestimmten politischen Strukturen (Kolonien oder erst vor kurzem unabhängig gewordene Staaten) weniger gut entwickelt sei (Dritte Welt) als in anderen. Innerhalb dieser Wirtschaftssysteme konnte man Enklaven der Entwicklung finden: bezahlte Arbeit, Handel, Produktion für den Weltmarkt und so weiter. Neben diesen Enklaven gab es riesige Gebiete, in denen man immer noch für den Selbstverbrauch produzierte. Also eine dualistische Sichtweise der Wirtschaft: Die Dritte Welt ist dort unterentwickelt, wo diese dualistische Wirtschaft weiterbesteht; das Problem besteht darin, zu einer monetarisierten Wirtschaft überzugehen. Hier gab es eine ganze Reihe von Theorien, die auf dem Vergleich zwischen den entwickelten Ländern und den Ländern der Dritten Welt beruhten, die sich aber in letzter Instanz immer auf das englische (oder amerikanische) Modell der Entwicklung bezogen – wichtige Theorien, da sie immerhin die Politik der westlichen Länder und der Organisationen der UNO in bezug auf die Entwicklungshilfe bestimmten. Als man nach zehn bis fünfzehn Jahren der Erfahrung feststellte, daß der Abstand zwischen den entwickelten Ländern und der Dritten Welt immer größer wurde, flüchtete sich die bürgerlich-liberale Einstellung hinter die »Wunder« (Elfenbeinküste, Brasilien), die jedoch sofort durch unzählbare gegenteilige Beispiele widerlegt wurden: für ein Brasilien gibt es zwanzig Länder wie Paraguay. Diese Theorie der mystifizierenden Ideologie konnte sich nicht halten.

Andererseits finden wir die Einstellung der marxistisch gesinnten Linken: Sie stellte die imperialistische Vorherrschaft in Frage. Ihre Lösungsansätze waren folgende: Nationalisierung der Produktionsmittel, damit sie den privaten Faktoren und dem ausländischen Kapital entkommen können, und Reduzierung des internationalen Handels; ohne die Autarkie preisen zu wollen, herrschte doch ein gewisses Mißtrauen gegenüber den Verwicklungen, die dieser Handel monde*

mit sich brachte. Als Beispiele galten die Sowjetunion oder China, da der Sozialismus die Entwicklung der Produktionsstärke und somit die Industrialisierung eines Landes ermöglichte, dem die kapitalistische Arbeitsteilung als einzige Einnahmequelle die Landwirtschaft aufzwang. Diese Einstellung scheiterte am Problem des »Revisionismus« (Kritik Chinas an der Sowjetunion), besonders im Bereich der Beziehungen zwischen sozialistischen Ländern und Ländern der Dritten Welt: der »Sozialimperialismus«.

Diese beiden Einstellungen verfügen jedoch über eine Gemeinsamkeit: das, was ich die »Entwicklungsmentalität« nennen möchte. Für viele Theoretiker beider Seiten stellt der Staat die zu analysierende Einheit dar, und man versucht, eine wirtschaftliche Veränderung von X nach Y im Rahmen des Staates herbeizuführen. Die Unterschiede bestanden in der Definition von X und Y und den Möglichkeiten, wie man von dem einen zum anderen Punkt kommen konnte. Der gemeinsame Nenner besteht darin, daß man von X nach Y über einen noch zu bestimmenden Weg kommen wird, in der allgemeinen Annahme, daß alle Staaten zur gleichen Zeit von X nach Y kommen können, indem sie die geeigneten Mittel dafür aufwenden (Liberalismus oder Sozialismus, je nachdem).

Diese Annahme muß ich hier kritisieren. Meiner Meinung nach ist nicht der Staat mit einer nationalen Wirtschaft die geeignete Grundlage für eine Analyse: Die nationale Wirtschaft ist ein fehlerhaftes Konzept, das nichts darstellt, niemals etwas dargestellt hat. Die geeignete Grundlage für eine Analyse ist die »économie-monde«, die »Welt-Wirtschaft«.

Worum handelt es sich hier? Zur Definition: Die Welt umfaßt eine mehr oder weniger große geographische Oberfläche – im Moment die ganze Erde, wirtschaftlich definiert, auf der verschiedenste Staaten, und natürlich unterschiedlichste Kulturen, nebeneinander existieren. Die Grenzen der Kulturen sind nicht gezwungenermaßen auch die Grenzen der Staaten. Die grundlegende Definition lautet daher: Die Grenzen der Wirtschaft gehen über die Grenzen der politischen Strukturen hinaus.

Es gibt eine organische Verbindung zwischen Welt-Wirtschaft und Kapitalismus: historisch betrachtet kann der Kapitalismus nur in einem solchen System existieren, und dieses System kann nur auf kapitalistische Weise funktionieren; das sind die beiden Seiten derselben Medaille.

Es gab Systeme, wo die Grenzen der Wirtschaft mit den politischen Grenzen übereinstimmten: das, was ich zum Beispiel »Mikrosysteme« nenne, die über ein System des Selbstverbrauchs funktionierten. Noch wichtiger – in der Geschichte erschienen zu gewissen Zeiten »Welt-Reiche« (das antike Rom, China, Persien), das heißt also Systeme, deren wirtschaftliche Grenzen sich den politischen Grenzen näherten. Genauso kann man sich auch eine weltweite sozialistische Regierung vorstellen, wo die wirtschaftlichen und politischen Grenzen unvermeidbar dieselben sein werden. Ein Merkmal des kapitalistischen Systems bleibt jedoch die Tatsache, daß die wirtschaftlichen und politischen Grenzen verschiedene sind.

Wie kam man zu diesem System? Ich werde dieses Thema nur kurz behandeln.

Jedesmal, wenn in der Geschichte eine Welt-Wirtschaft entstand, stellte sie sich als ein instabiles System heraus. Innerhalb kurzer Zeit (einem Zeitraum von etwa hundert Jahren) führte dies entweder zur wirtschaftlichen Auflösung des Systems oder zur Vorherrschaft eines Staates in dem System und daher zur Entstehung eines Welt-Reichs.

Das einzige Beispiel einer langfristig bestehenden Welt-Wirtschaft ist dasjenige, das in Europa im 16. Jahrhundert entstand. Seine Grenzen umfaßten anfangs Europa mit Ausnahme Rußlands und des ottomanischen Reichs plus Teile

Fernand Braudel

Die sogenannte »Wirtschaftsgeschichte« – obwohl noch in der Entwicklung begriffen – stößt auf Vorurteile: Sie gilt nicht als edle Form der Geschichte. Edle Geschichte, das war jenes Schiff, an dem Lucien Fèbvre baute; da ging es nicht um Jakob Fugger, sondern um Martin Luther oder François Rabelais. Ob edel oder nicht oder weniger edel als eine andere Geschichtsschreibung – jedenfalls wirft die Wirtschaftsgeschichte alle Probleme auf, die zum Beruf des Historikers gehören: Sie umfaßt die gesamte Menschheitsgeschichte, betrachtet unter einem bestimmten Blickwinkel. Sie ist sowohl die Geschichte der sogenannten großen Handelnden – eines Jacques Cœur oder John Law – als auch die Geschichte der großen Ereignisse, der Konjunkturen und Krisen; und schließlich ist sie auch noch die massive und strukturale Geschichte, die sich langsam an der »longue durée« entlang entwickelt. Genau darin liegt das Problem, denn wie läßt sich, wenn man es mit vier Jahrhunderten und dem gesamten Globus zu tun hat, eine solche Fülle von Fakten und Erklärungen ordnen? Man muß also eine Auswahl treffen. Was mich betrifft, so habe ich beschlossen, die langfristigen und tiefgreifenden Gleichgewichte und Ungleichgewichte zu untersuchen. Denn das entscheidende Kennzeichen der vorindustriellen Wirtschaft scheint mir die Koexistenz zwischen der Starrheit, Trägheit und Schwerfälligkeit einer noch elementaren Wirtschaft und den zwar begrenzten und noch selten auftretenden, aber zugleich auch lebhaften und sogar machtvollen Bewegungen eines modernen Wachstums zu sein. Einerseits gibt es Bauern in ihren Dörfern, die fast völlig autonom und autark leben; andererseits gibt es eine Marktwirtschaft und einen expandierenden Kapitalismus, die sich wie Ölflecken ausbreiten und die Welt, in der wir leben, allmählich hervorbringen oder vorwegnehmen. Es handelt sich also um wenigstens zwei Welten, zwei einander fremde Lebensweisen, die sich in ihrer jeweiligen Gesamtheit dennoch wechselseitig erklären.

Ich wollte mit den Trägheiten beginnen, mit jener auf den ersten Blick so dunklen Geschichte, die jenseits des klaren Bewußtseins der Menschen liegt, welche bei diesem Spiel eher »behandelt« werden, als daß sie selbst handeln. Im ersten Band meines Werkes habe ich den Versuch unternommen, diesen Zusammenhang zu erklären. Für die erste Ausgabe hatte ich 1967 zunächst den Titel vorgesehen: *Le Possible et l'Impossible: les hommes face à leur vie quotidienne*; später habe ich mich dann für *Les structures du quotidien* entschieden. Aber was besagt schon ein Titel! Der Gegenstand der Untersuchung ist jedenfalls klar umrissen, auch wenn sich der Weg als ungewiß, voller Schlaglöcher, Fallstricke und Irrtümer erweist. Denn sogar die verwendeten Begriffe sind, für sich genommen, wenig erhellend: Unbewußtes, Alltag, Strukturen, Tiefe. Allerdings beziehe ich mich hier nicht auf das Unbewußte im Sinne der Psychoanalyse, obwohl es durchaus auch darum geht und obwohl vielleicht ein kollektives Unbewußtes zu entdecken bleibt, mit dessen Manifestationen sich ja C. G. Jung so intensiv beschäftigt hat. Aber dieses bedeutende Thema wird leider fast immer nur von der Peripherie her angegangen. Es wartet immer noch auf seinen Historiker.

Ich habe mich durchweg auf konkrete Kriterien beschränkt. Mein Ausgangspunkt war der Alltag, also das, was unser Leben bestimmt, ohne daß wir es auch nur ahnen: die Gewohnheiten – oder vielmehr die Routine – und die tausend Gesten, die von selbst entstehen und aufhören, zu denen sich niemand entscheiden muß, weil sie sich außerhalb unseres vollen Bewußtseins abspielen. Ich glaube, daß die Menschheit bis zum Hals im Alltäglichen steckt. Unsere gesamte Existenz wird durch unzählige überkommene Gesten bestimmt, die kreuz und quer akkumuliert wurden. Sie sind in unendlichen Wiederholungen auf uns gekommen; nun helfen sie uns zu leben, halten uns gefangen und entscheiden für uns. Es sind Anreize, Impulse, Modelle, Handlungsformen und Handlungszwänge, die manchmal – häufiger als wir meinen – aus den Tiefen der Geschichte stammen. Eine sehr alte und immer noch lebendige, eine jahrhundertealte Vergangenheit mündet in die Gegenwart ein, wie der Amazonas seine trüben Wasser in den Atlantik ergießt. Ich habe versucht, all dies mit dem bequemen Begriff des materiellen Lebens zu bezeichnen, der, wie gesagt, bequem ist, aber wie alle Begriffe mit ausufernder Bedeutung leider auch wieder ungenau.

(...)

Wieder einmal ist es sinnvoll, zunächst die Begriffe zu klären. Unter Wirtschaft der gesamten Welt verstehe ich die weltweite Wirtschaft als Ganzes, den »Markt des gesamten Universums«, wie Sismondi sagte. Unter Weltwirtschaft – den französischen Begriff »économie-monde« habe ich in Anlehnung an dieses deutsche Wort geprägt – verstehe ich demgegenüber die Wirtschaft eines Teils unseres Planeten, sobald er ein wirtschaftliches Ganzes bildet. Schon vor langer Zeit habe ich geschrieben, daß das Mittelmeer des 16. Jahrhunderts eine Weltwirtschaft für sich bildete, man könnte auf deutsch auch sagen: eine Welt für sich.

Eine Weltwirtschaft kann durch drei Aspekte definiert werden:

1. Sie nimmt einen gegebenen geographischen Raum ein; sie hat also Grenzen, die sie kennzeichnen und sich – wenn auch nur langsam – verändern. In großen Abständen gibt es von Zeit zu Zeit notgedrungen einen

Amerikas. Alle Versuche Karls V., diese Welt-Wirtschaft in ein Welt-Reich umzuwandeln, scheiterten, und sie wurde auch nicht aufgelöst: diese Welt-Wirtschaft mündete in das heutige weltweite kapitalistische System. Ich spreche hier vom Übergang des Feudalismus zum Kapitalismus: Dieser Übergang, der sich in Europa innerhalb eines Zeitraums von ungefähr zweihundert Jahren vollzog, ist für mich ein einzigartiges Phänomen. Es gibt nicht mehrere Übergänge zum Kapitalismus, es gibt nur einen einzigen. Man kann also von Anfang an nicht mit den nationalen Wirtschaftssystemen argumentieren.

Über welche Struktur verfügte diese (kapitalistische) Welt-Wirtschaft, die gegen Ende des 16. Jahrhunderts nur einen Teil der Welt umfaßte? Sie unterteilte sich in Zentren und Randgebiete. Es gab in mehreren Staaten ein Zentrum mit seinen Randgebieten. Die Unterschiede zwischen Zentrum und Randgebieten sind sehr zahlreich:

Zuallererst gibt es verschiedene Möglichkeiten der Produktion. Grob gesagt ging es um Rohmaterialien versus Fertigwaren. Genauer gesagt war es so, daß in den Randgebieten produziert wurde, was wirtschaftlich gesehen weniger rentabel und technisch einfach herstellbar war, und daß die einträglicheren und komplexeren Produktionen für die Zentren reserviert blieben.

Es bestand auch ein Unterschied in den Produktionsarten. Innerhalb eines Produktionsmodus (Kapitalismus) können verschiedene Produktionsarten koexistieren. So griff man im 16. Jahrhundert im Rahmen einer kapitalistischen Produktion, die für den Weltmarkt bestimmt war, in den Randgebieten auf Sklaven und Zwangsarbeit zurück. Im Zentrum hingegen gab es bezahlte Arbeit.

Ein weiterer liegt in dem ungleichen Austausch, wie er von Arghiri Emmanuel definiert wurde.

Die Strukturen des Staates sind in den Zentren relativ stark ausgebildet, in den Randgebieten eher schwach. Dieser Unterschied begründet sich in den verschiedenen Klassenstrukturen: das Proletariat ist in den Zentren zahlenmäßig größer als in den Randgebieten.

Zu den Kategorien Zentrum und Randgebiet kommt noch eine dritte dazu: die Halb-Randgebietsländer (oder »Relais-Länder«: ein Begriff von Suret-Canale). Es handelt sich hier um Länder, von denen ein Teil der wirtschaftlichen Aktivitäten der eines Randgebietslandes gegenüber einem Zentrum ist und der andere Teil der eines zentralen Landes gegenüber einem Randgebietsland ist. Sie lieferten zum Beispiel gewisse Fertigprodukte an Länder, die diese noch nicht hatten, und Rohmaterialien an Zentralländer.

Welche Funktionen haben diese Halbrandgebietsländer? Sie haben eine Doppelfunktion. Einerseits hatten sie die Funktion, die politische Polarisierung des Systems aufzuheben, und so den Widerspruch zwischen Zentrum und Randgebiet zu schwächen. Andererseits hatten sie eine wirtschaftliche Funktion: diese Halbrandgebietsstaaten bildeten mögliche »Ersatzteile«, die dazu bestimmt waren, die Zentralstaaten abzulösen. Denn das System kannte keine innere Stabilität: um die Produktion auf einem gewissen Niveau halten zu können, mußte man die Zentren ununterbrochen verschieben. Auf der Ebene der Zentralländer gibt es einen sehr wichtigen Prozeß: es finden dort zwei Entwicklungen statt, die für das kapitalistische System unvermeidbar sind. Eine ist bedingt durch den kontinuierlichen technischen Fortschritt, indem ständig bessere Maschinen die alten ersetzen und sich die Frage der Amortisierung stellt. Der zuletzt Gekommene verschafft sich die neuesten, also die rentabelsten Maschinen (die zu den geringsten Kosten produzieren), kann sie jedoch nur ersetzen, nachdem sie sich amortisiert haben. In der Zwischenzeit sind jedoch wieder neue, rentablere Maschinen auf den Markt gekommen und so weiter: ein kontinuierlicher Prozeß. Die zweite Entwicklung: langfristig gesehen gibt es im Zentrum weniger soziale Unruhen als in den Randgebieten. Das deshalb, weil der Kapitalismus in den Zentren für die Erhaltung des sozialen Friedens zahlt. Man kann empirisch feststellen, daß die Löhne in dem oder den Zentralstaaten im Vergleich zu anderen Staaten immer steigen. Zum Beispiel sind die Löhne in England im Jahre 1600 niedriger als die in den Niederlanden; 1700 ist die Situation genau umgekehrt. In den USA gibt es heute die höchsten Löhne der ganzen Welt. Es handelt sich hier um das Phänomen der »Arbeiteraristokratie«.

Wir haben hier also einen doppelten Prozeß von Alterung der Maschinen und Steigen der Löhne, der den Zentralstaat (oder Leader-Staat) dazu führt, seine Vorherrschaft zugunsten eines anderen Staates aufzugeben. Das System ändert sich nicht, die Verteilung der Staaten zwischen Zentrum und Randgebiet ändert sich. Man hat hier mit einem kontinuierlichen und zyklischen Rotationsprozeß zu tun.

Einen anderen zyklischen Prozeß beschreiben die berühmten Reihen A und B von Simiand zur langfristigen Expansion und Kontraktion. Zum Beispiel gilt für den Zeitraum von 1450–1750:

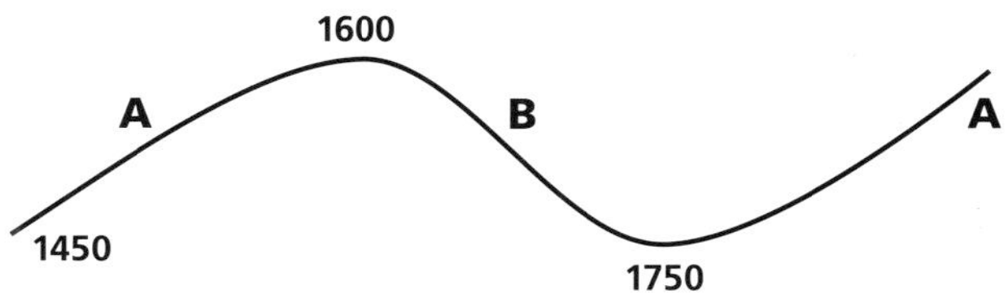

Bruch; so zum Beispiel nach den großen Entdeckungen im späten 15. Jahrhundert oder 1689, als Peter der Große Rußland für die europäische Wirtschaft öffnete. Denken wir nur, welchen Bruch es für den gegenwärtigen westlichen Wirtschaftsraum bedeuten würde, wenn sich die sowjetische und chinesische Wirtschaft bedingungslos, vollständig und endgültig öffnen würden.

2. Eine Weltwirtschaft verfügt immer über einen Pol oder ein Zentrum, das durch eine vorherrschende Stadt repräsentiert wird: Früher war dies ein Stadtstaat, heute ist es eine Hauptstadt oder vielmehr eine wirtschaftliche Hauptstadt (in den USA ist dies New York und nicht Washington). Im übrigen kann es innerhalb einer Weltwirtschaft auch zwei Zentren gleichzeitig und über einen längeren Zeitraum hinweg geben: So zum Beispiel Rom und Alexandria zur Zeit von Augustus, Antonius und Kleopatra; Venedig und Genua zur Zeit des Krieges von Chioggia (1378–1381); London und Amsterdam im 18. Jahrhundert, vor der endgültigen Überrundung Hollands. Denn eines der beiden Zentren wird am Ende immer das andere überflügeln. So hat sich 1929, nach kurzem Zögern, das Zentrum eindeutig von London nach New York verlagert.

3. Jede Weltwirtschaft ist in Zonen aufgeteilt. Da ist zunächst der Kern, nämlich die Region, in der das Zentrum liegt: So die Vereinigten Provinzen (allerdings nicht alle) im 17. Jahrhundert, als Amsterdam die Welt beherrschte; oder England (aber nicht ganz England), als London nach 1780 endgültig Amsterdam überflügelt hatte. Um diesen zentralen Kern herum gruppieren sich Zwischenregionen. Schließlich gibt es sehr breite Randzonen, die bei der Arbeitsteilung, welche die Weltwirtschaft charakterisiert, nur eine untergeordnete und abhängige Rolle spielen und keine wirklichen Teilhaber sind. In diesen Randzonen erinnert das Leben oft an das Fegefeuer oder gar an die Hölle. Dies erklärt sich allein schon aus ihrer geographischen Situation.

Natürlich erfordern diese kurzen Bemerkungen sowohl Erläuterungen wie Begründungen. Sie finden sich im dritten Band von *Civilisation matérielle, économie et capitalisme*. Eine genaue Beschreibung des Problems gibt auch Immanuel Wallerstein in seinem Buch *The Modern World-System*, das 1974 in den Vereinigten Staaten und 1980 in Frankreich erschienen ist. Daß ich mit dem Autor nicht in allen Punkten oder hinsichtlich der einen oder anderen allgemeinen Formulierung übereinstimme, ist nebensächlich. In allen wesentlichen Punkten stimmen unsere Positionen überein, auch wenn es für Wallerstein nur eine Weltwirtschaft, nämlich die europäische, gibt, die seiner Auffassung nach erst im 16. Jahrhundert begründet wurde, während ich glaube, daß die Erde schon im Mittelalter und sogar schon im Altertum – also lange bevor den Europäern die Welt in ihrer Totalität bekannt war – in mehr oder weniger zentralisierte und kohärente Wirtschaftszonen aufgeteilt war, das heißt in mehrere Weltwirtschaften, die nebeneinander bestanden.

Aus: *Die Dynamik des Kapitalismus* (1985). Stuttgart 1986.

Tatsächlich läßt die Kurve eine Ausdehnungsphase A und eine Stagnationsphase B einander abwechseln:

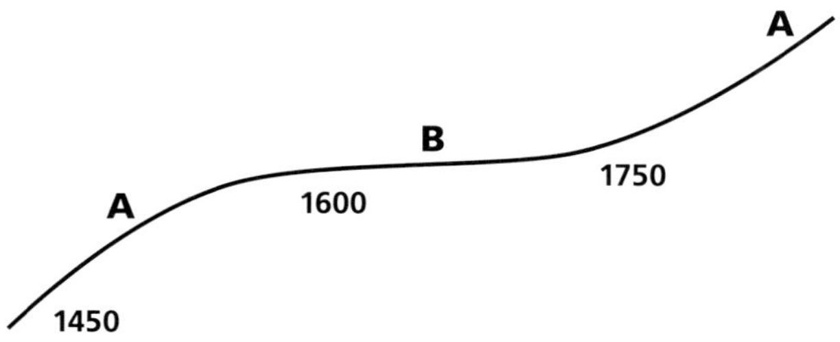

Der Eintritt in die Stagnationsphase B entspricht normalerweise dem Niedergang gewisser Staaten und dem Aufstieg anderer Staaten zur Zentralmacht. Die beiden zyklischen Prozesse (Rotation Zentrum/Randgebiet; Reihen A und B) entsprechen einander.

Ich möchte nun von diesen zyklischen Prozessen die sehr langfristigen säkularen Umwandlungen unterscheiden, die grundlegenden Änderungen in der Struktur des Systems.
1. Der Eingliederungsprozeß. Im 16. Jahrhundert umfaßte die Welt-Wirtschaft nur einen Teil der Welt. Jedesmal, wenn man sich in einer Ausdehnungsphase A befand, brachte das eine Eingliederung außerhalb – neu aufgenommene Gebiete – oder innerhalb des Systems. Dieser Eingliederung sind natürlich strukturelle Grenzen gesetzt. Außerhalb des Systems wurden diese Grenzen mit der Eingliederung der ganzen Erde im 19. bis 20. Jahrhundert erreicht. Innerhalb des Systems läuft dieser Prozeß immer noch.
2. Der Proletarisierungsprozeß. Ich habe vorhin erwähnt, daß innerhalb eines Systems verschiedene Produktionsarten koexistieren können; es gibt verschiedene Zahlungsmittel der Produzenten. Aber, historisch gesehen und trotz der Schwierigkeiten, hier mit statistischen Zahlen zu rechnen, schreitet das Zunehmen des Proletariats fort, und diese Progression, das Ansteigen des Proletariats, ist kontinuierlich. Auch hier gibt es eine logische Grenze (100 Prozent Proletarier), die daraus einen säkularen, nicht zyklischen Prozeß macht.
3. Der Industrialisierungsprozeß: ständiges Ansteigen – und zwar schon vor der »industriellen Revolution« – des Prozentsatzes des durch die Industrie geschaffenen Wertes. Es gibt hier wiederum eine logische Grenze, es handelt sich also um einen säkularen Prozeß.
4. Gleichmäßigere Verteilung innerhalb der oberen Schichten mit der Zeit. Nach jeder wirtschaftlich-politischen Krise muß eine geringfügige Minderheit sehr hohen Ranges Zugeständnisse (in sehr weitem Sinne) machen, um ihre Loyalität zu erhalten und um gleichzeitig die reelle Nachfrage an weltweiten Produkten zu erhöhen. Langfristig gesehen verringert das jedoch die Gewinnspanne für diese winzige regierende Minderheit, und sie führen dann den gleichen maßlosen Kampf gegen die Massen. Es existiert also eine Art Kurve von abnehmender Verteidigungskraft des weltweiten Status quo.
5. Die Strukturierung des politischen Widerstands. Wenn man ihn quantifizieren könnte, würde man eine steigende und kontinuierliche Kurve erhalten: zum Beispiel Auftauchen der Vorstellung der »internationalen Arbeiterbewegung« im 19. Jahrhundert, Entstehen der »sozialistischen Staaten« im 20. Jahrhundert.

All diese säkulären Prozesse bekommen einen Namen, wenn der politische Widerstand strukturiert und stark genug ist, weltweit die Macht im System an sich zu reißen: Umwandlung der kapitalistischen Welt-Wirtschaft durch eine weltweite sozialistische Regierung.

Zum Schluß möchte ich zwei Punkte meines Aufsatzes noch einmal betonen:

– Die einzige Grundlage für eine Analyse ist die Welt-Wirtschaft. Es hat überhaupt keinen Sinn, ein Land zu analysieren, ohne seine Rolle in der Welt-Wirtschaft zu berücksichtigen.

– Der Kapitalismus definiert sich durch die teilweise Existenz von unterschiedlichen Elementen, die ich erwähnt habe (Proletariat, Industrialisierung usw.). Mit anderen Worten, der Kapitalismus charakterisiert sich durch die Kombination aus bezahlter Arbeit und nicht bezahlter Arbeit, aus industriellem und nicht industriellem Bereich und so weiter. Wenn zum Beispiel jede Arbeit in der Welt-Wirtschaft bezahlt wäre, wäre ein kapitalistisches System unmöglich. Hier liegt übrigens der grundlegende Widerspruch des Systems: um kontinuierlich Gewinne erzielen zu können, muß es sich die nicht bezahlten, nicht monetarisierten Bereiche und so weiter ebenfalls einverleiben, Bereiche, die ebenso Teile des Gesamtsystems sind. Anders gesagt, das System verbraucht seinen eigenen Sauerstoff.

Aus: »L'économie-monde«. In: *Connaissance du Tiers-Monde*. Paris 1978.

1960–1997 Das politisch

Ein Gespräch zwischen Benjamin Buchloh, Catherine David und Jean-François Chevrier

Die zwei Gespräche, die diesem Text zugrundeliegen, wurden auf Wunsch Benjamin Buchlohs in französischer Sprache geführt. Sie fanden im Sommer und im Herbst 1996 in Kassel statt. Sie wurden von Françoise Joly transkribiert und von Brian Holmes in englischer Sprache redigiert.

JEAN-FRANÇOIS CHEVRIER Wir wollen Ihre intellektuelle Biographie seit den frühen 60er Jahren nachvollziehen. Aus Ihren Veröffentlichungen und den unterschiedlichen Richtungen, die Ihre Forschung genommen hat, geht hervor, daß wir dabei eigentlich eben jener Chronologie folgen können, die wir diesem Buch zugrundegelegt haben, und damit können wir vielleicht sogar manche Formulierungen noch präzisieren. Von unserem Ausgangsjahr 1989 gehen wir zurück bis 1945, in die unmittelbare Nachkriegszeit also. Bei unserer Annäherung an die Gegenwart konzentrieren wir uns auf zwei andere Wendepunkte in der zeitgenössischen Kultur: 1967 und 1978. Im Verlauf des Gesprächs wollen wir dann auch das kritische Potential künstlerischer Tätigkeit im gegenwärtigen Kontext der Globalisierung untersuchen – ein Potential, das sich in den 60er Jahren überaus stark bemerkbar machte, als Ihre intellektuelle Biographie begann.

BENJAMIN BUCHLOH Nach meinen ersten Semestern Literaturstudium an den Universitäten Köln und München lebte ich von 1963 bis 1969 in Westberlin. Damals war der Unterschied zwischen Westberlin und Westdeutschland beträchtlich, was heute kaum noch verständlich sein mag. Die Stadt war eine separate Einheit, die von den Alliierten verwaltet und von der westdeutschen Regierung subventioniert wurde; sie verfügte selbst nur über eine schwache ökonomische Infrastruktur.

Potential der Kunst Teil 1

Auch die Bevölkerungsstruktur war recht prekär, weil sie zu nahezu 65 Prozent aus Rentnern bestand und zu 35 Prozent aus jungen Leuten unter 30. Viele von ihnen waren nach Berlin gezogen, um dem Militärdienst zu entgehen, oder einfach wegen der besseren Lebensbedingungen. Berlin war in den 60er Jahren eine Art unkonventioneller Insel. Das wirtschaftliche und gesellschaftliche Realitätsprinzip war im Vergleich zu Westdeutschland, wo das Wirtschaftswunder die treibenden Kräfte der Profitmaximierung und des kompensatorischen Konsums gestärkt hatte, schwach ausgebildet. Man könnte meinen, daß bei dem bohèmehaften Lebensstil, der damals in Berlin herrschte, die künstlerische Produktion hochentwickelt war. Aber paradoxerweise tat sich auf diesem Gebiet überhaupt nicht viel.

JEAN-FRANÇOIS CHEVRIER Vielleicht weil das Bohème-Modell des 19. Jahrhunderts auf diese Zeiten nicht mehr paßte?

BENJAMIN BUCHLOH Genau. Was in der Kunst geschah, war vollkommen abgeschnitten von den internationalen Nachkriegsmodellen und von den deutschen Avantgarde-Modellen der Vorkriegszeit. Der Einfluß einer Figur wie Yves Klein, die Avantgarde-Verbindung zwischen Düsseldorf und Paris, all das war an Berlin spurlos vorübergegangen. Aber es gab eine Szene rund um die Filmakademie. Sie wurde 1967 oder 1968 von dem deutschen Emigranten Erwin Leiser gegründet, der aus Schweden zurückgekehrt war und den ersten wichtigen Hitler-Film mit dem Titel *Mein Kampf* drehte. Ende der 60er Jahre ging eine ganze Generation von Filmemachern aus der Akademie hervor: Harun Farocki, Daniel Schmid, Holger Meins, Hartmut Bitomski und andere.

JEAN-FRANÇOIS CHEVRIER Heute scheint Berlin sich schwer zu tun, seinen Platz zwischen Deutschland, Europa und der Welt zu finden.

BENJAMIN BUCHLOH Nicht nur auf diesen drei Ebenen, sondern auch in philosophischer und theoretischer Hinsicht. Die Stadt ist nicht nur mit der Geschichte des deutschen Faschismus eng verwoben, sondern auch mit dem schwierigen Vermächtnis des europäischen Marxismus, einem Erbe, das heute viele gerne los würden. Aber ebenso wie die vielen unübersehbaren Dinge aus der faschistischen Vergangenheit, mit denen man sich auseinandersetzen muß, gibt es auch eine Geschichte der Linken in Berlin aufzuarbeiten. Immerhin repräsentiert die Stadt mit ihrer Ost-Reinkarnation nach dem Krieg das repressivste Kapitel des deutschen stalinistischen Kommunismus.

JEAN-FRANÇOIS CHEVRIER Sie haben den Marxismus in Berlin entdeckt. Ich stelle mir vor, daß die politische Dimension und die künstlerische Avantgarde weit auseinanderklafften.

BENJAMIN BUCHLOH Ich kam von den Universitäten Köln und München, wo ich meine ersten Semester Kunstgeschichte und deutsche Literatur studiert hatte, so daß ich mit der marxistischen Theorie oder Kultur so gut wie nicht in Berührung gekommen war. In den 60er Jahren war es keineswegs ungewöhnlich, daß frühere Nazis als Professoren für Kunstgeschichte fungierten. Ich begann mein Studium bei zwei ehemaligen Nazis, dem Mittelalterspezialisten Heinz Ladendorf in Köln und dem Wiener Nazi Hans Sedlmayr in München, der im übrigen ein vehementer Gegner zeitgenössischer Kunst bzw. der Kunst des 20. Jahrhunderts war. Meine Beschäftigung mit marxistischem Denken begann nach meiner Ankunft in Berlin. Ich las *Das Prinzip Hoffnung* von Ernst Bloch, der gerade von Leipzig nach Tübingen gewechselt war. Er wurde zur zentralen Verbindungsfigur zwischen der Vor- und Nachkriegsperiode. Er ermöglichte es, sich mit einer philosophischen Tradition im Vorkriegsdeutschland außerhalb des Faschismus und davor zu identifizieren. Er repräsentierte einen Aspekt einer linken deutschen Kultur, die durch den Faschismus, aber auch durch Unterdrückung linken Gedankenguts in der Nachkriegszeit (mit wenigen, wirkungslosen Ausnahmen wie der neu konstituierten Kommunistischen Partei und der Antikernkraft-Bewegung) weitgehend ausgemerzt worden war. Außerdem repräsentierte Bloch ein nicht-stalinistisches Modell marxistischen Denkens. Sein Mystizismus und die Nähe zum deutschen Expressionismus machten ihn damals zu einer außerordentlich attraktiven Figur. Nach Bloch las ich Theodor W. Adornos *Minima Moralia*, dann Walter Benjamin, dann Herbert Marcuse, der Ende der 60er Jahre mehrmals nach Berlin kam und in Deutschland enormen Einfluß gewann. Diese vier Positionen waren ganz offensichtlich unvereinbar, aber das war gerade eines jener Paradoxe, mit denen wir uns auseinanderzusetzen hatten, als wir in den frühen 60er Jahren das marxistische Gedankengut deutsch-europäisch-jüdischer Prägung neu entdeckten.

JEAN-FRANÇOIS CHEVRIER Zur selben Zeit fand in Frankreich eine Rückbesinnung – in Gestalt von Jacques Lacan – auf Freud und – in Gestalt von Althusser – auf Marx statt. Es war eine Rückkehr zum *Kapital* und den *Grundrissen*... Gab es bei Ihnen eine vergleichbare Rückkehr zum Text, kannte man Althusser? Und wie steht es mit Gramsci?

BENJAMIN BUCHLOH Ich kann nicht für die deutsche Studentenbewegung der 60er Jahre sprechen. Ich stand gewissermaßen außerhalb, weil ich mich mehr für die künstlerischen als für die theoretischen bzw. politischen Fragen interessierte. Aber ich habe in den 60er Jahren in Berlin den Namen Althusser nie gehört; den entdeckte ich erst viel später in Amerika. Das gleiche gilt für Gramsci, aber das lag wahrscheinlich an meiner eigenen Ignoranz. Ich bin sicher, daß gewisse Leute in der deutschen Linken Gramsci sehr wohl kannten. Aber im deutschen Wiederentdeckungsprozeß des Marxismus waren damals Althusser und die ganze strukturalistische oder poststrukturalistische Bewegung ziemlich unbekannt. Ich beispielsweise habe Barthes' *Mythen des Alltags* erst 1972 nach meiner Rückkehr nach Westdeutschland gelesen. Die Rückbesinnung auf Freud geschah in Berlin durch Marcuse und durch die Wiederentdeckung von Wilhelm Reich.

JEAN-FRANÇOIS CHEVRIER Worin lag die Bedeutung des Buches *Die Unfähigkeit zu trauern* von Alexander und Margarethe Mitscherlich?

BENJAMIN BUCHLOH Es war ein sehr wichtiges und vielgelesenes Buch, das 1967 erschien, ein frühes Beispiel für die Wiedereinführung der Freudschen Theorie in die deutsche Nachkriegskultur.

JEAN-FRANÇOIS CHEVRIER Wenn man bedenkt, daß die Ereignisse zwischen den Kriegen und die Massenpsychologie der Nazis nicht ohne den Bezug zu Freud verstanden werden können, dann sollte ein Deutscher mehr als jeder andere Europäer in der Lage sein, das Freudsche Denken in die Reflexion der Geschichte miteinzubeziehen. Aber ich möchte gern auf den sogenannten Freudschen Marxismus zurückkommen. In Frankreich spielte Marcuse eine wichtige Rolle bei den Studenten, aber viel weniger bei den radikalen Intellektuellen als in anderen Ländern, weil er eine Mischung repräsentierte, die sowohl die Althusserianer als auch die Lacan–Anhänger ablehnten, denn sie befürworteten eine strikte Rückkehr zu den Texten von Marx und Freud. Wie stellte sich die Situation in Deutschland dar?

CATHERINE DAVID Sobald das deutsche und das französische Denken voneinander abweichen, macht sich eine gewisse Angst vor dem Irrationalen bemerkbar, beispielsweise wenn Derrida erwähnt wird. Gibt es in Deutschland seit 1945 nicht eine Art panischer Angst vor allem, was nicht technoinstrumental ist? Freud ist so weit zurückgedrängt worden, daß es kaum eine deutsche psychoanalytische Schule gibt.

BENJAMIN BUCHLOH Zwischen 1933 und 1945 wurde eine ganze psychoanalytische Kultur ausgemerzt, und die Umstrukturierung der Wissenschaft durch die Faschisten hatte in Deutschland rigorose Konsequenzen, unter anderem ein tiefes Mißtrauen gegenüber der Psychoanalyse. Aber da gibt es außerdem eine ganze Menge Unterschiede zu beachten. Für die Studenten der 60er Jahre war der Freudsche Marxismus eine Theorie, um nicht zu sagen eine Praxis der Revolte. Für die Franzosen hingegen scheint zur gleichen Zeit die Verbindung von Freud und Marx, wie beispielsweise bei Althusser, eher zu einer Theorie der Textualität und einer Ideologiekritik geworden zu sein.

JEAN-FRANÇOIS CHEVRIER Diese Entwicklungen haben auch etwas mit der Kommunistischen Partei in Frankreich zu tun, die erkannte, daß sie den Anschluß an die Studentenbewegung und die spontanen Massenproteste in den späten 60er Jahren verpaßt hatte. Und so begann in den frühen 70er Jahren eine Phase der Erneuerung und der Öffnung gegenüber den Intellektuellen. Das ist meine Ausgangssituation. Diese Öffnung führte um 1974/75 zur »neuen Kritik« mit Balibar, Macherey und Althusser. In Deutschland ließ sich der

Freudsche Marxismus nicht mit einer Partei in Verbindung bringen, wohingegen das in Frankreich mit Hilfe Althussers als zentraler Figur durchaus möglich war; er spielte übrigens auch für Foucault eine entscheidende Rolle. Aber unglücklicherweise blieb das Ganze eine ausschließlich auf Paris begrenzte Bewegung – und 1978 war dann endgültig Schluß damit.

BENJAMIN BUCHLOH Die Idee, daß man das Bewußtsein durch eine Kritik der Textualität radikal verändern kann, ist ein französisches Modell, das in Deutschland nicht funktioniert. Denn dort konzentrierte sich die Reflexion weiterhin auf klassenpolitische Fragen, auf die Veränderung der Institutionen und des Bewußtseins im Alltag. Marcuse spielte in dieser Sichtweise eine wichtige Rolle, und die damals von Marcuse und Reich initiierte Freud–Interpretation scheint mir im Rückblick typisch deutsch. Sie läuft auf eine gewissermaßen vereinfachende Vorstellung von sexueller Befreiung hinaus, die dem strukturalistischen Denken in Frankreich fremd ist. Die Wiederentdeckung Reichs ermöglichte eine radikalere Freud–Interpretation in Deutschland.

CATHERINE DAVID Ein Name ist bisher nicht gefallen, nämlich Heidegger aus der Sicht von Derrida und Foucault – sowie Nietzsche aus der Sicht von Deleuze.

BENJAMIN BUCHLOH Das sind die großen Löcher in meinem intellektuellen Hintergrund. Ich hatte Adornos *Jargon der Eigentlichkeit* schon früh gelesen, so daß ich eine kritische Distanz zu Heidegger hatte. Später habe ich versucht, Heidegger zu lesen, aber ich muß zugeben, daß mir das ebenso mißlang wie der Versuch, Wagner zu hören. Tatsächlich ging es mir auch mit den großen Beuys-Retrospektiven so, die ich allesamt mit dem Versuch betrachtete, mich selbst davon zu überzeugen, daß er ein großer Nachkriegskünstler sei. Aber bei keinem der Genannten konnte ich die Relevanz erkennen.

JEAN-FRANÇOIS CHEVRIER Sie haben von einem politischen Kontext in Berlin zwischen 1963 und 1969 gesprochen, der von der Kunst abgekoppelt war. Können Sie diese Abkoppelung genauer beschreiben?

BENJAMIN BUCHLOH Die Neue Deutsche Linke der 60er Jahre hegte gegenüber der kulturellen Produktion der Neo-Avantgarde den Verdacht, daß diese nicht viel mehr sei als das Ergebnis bestimmter Marktinteressen, welches dazu diente, Museen und Wohnungen mit Luxusgütern auszustatten und den Neokapitalismus der Nachkriegsperiode zu legitimieren. Jedwede kulturelle Produktion galt als reaktionär, per definitionem affirmativ (Warhol beispielsweise) und systemerhaltend. Diese Position vertrat damals auch Guy Debord; 1972 kam sie in Peter Bürgers Buch *Theorie der Avantgarde* zum Ausdruck. Bürgers Buch weist keinerlei Kenntnis der zeitgenössischen künstlerischen Praxis auf und gleicht in dieser Hinsicht der Verfälschung der Moderne bei Lukács, auch er eine zentrale Figur unter den Wiederentdeckungen der 60er Jahre, die ich vorhin zu erwähnen vergaß.

JEAN-FRANÇOIS CHEVRIER Und welchen Standpunkt vertraten Sie damals?

BENJAMIN BUCHLOH Mehr oder weniger denselben, zumindest bis 1971.

JEAN-FRANÇOIS CHEVRIER Wie konnten Sie diesen Standpunkt nach Ihrer Zeit in Köln beibehalten?

BENJAMIN BUCHLOH Das war sehr widersprüchlich. In Köln hatte ich meine ersten Begegnungen mit zeitgenössischen Kulturpraktiken. Ich sah Fluxus-Performances in Jährlings Wuppertaler Galerie Parnass, ich erlebte das Fluxus Fluxorum-Festival in Düsseldorf, und gelegentlich ging ich zu Konzerten von Luigi Nono, Mauricio Kagel, Karlheinz Stockhausen und anderen in Köln. Außerdem sah ich Ausstellungen von Daniel Spoerri, Cy Twombly und Christo. Die Nouveaux Réalistes spielten damals eine große Rolle für mich. Sie tauchten in Düsseldorf und Köln drei oder vier Jahre vor Pop auf, während in New York damals beide Strömungen zeitgleich auf der Bildfläche erschienen. In Berlin war Pop 1968 in einer Ausstellung aus Amsterdam zum ersten Mal zu sehen. Arman war eine Zentralfigur des Nouveau Réalisme, beispielsweise als er einen MG, der Charles Wilp gehörte, in die Luft sprengte; später bekam diese Arbeit den Titel *The White Orchid*. Damals erschien Arman mir aggressiver als die Amerikaner, radikaler als Rauschenberg. Als ich von Spoerri fasziniert war, begann ich allmählich Duchamp zu entdecken, dessen Vermächtnis sowohl im Nachkriegsdeutschland als auch in Europa weitgehend unbekannt war. Aber das war in anderen Ländern auch so.

JEAN-FRANÇOIS CHEVRIER Sogar in Frankreich wurde Duchamp erst mit den Nouveaux Réalistes wiederentdeckt... Für die Franzosen blieb er ein Dada-Surrealist. Alles lief über Breton, bis dieser 1966 starb; und sie waren enge Freunde. In Frankreich wurde Dada durch den Surrealismus und, eher am Rande, durch die Internationale Lettriste wiederentdeckt, die schließlich zum Situationismus führte. Aber wie war das in Deutschland?

BENJAMIN BUCHLOH Der Surrealismus war fast bis Ende der 60er Jahre unterdrückt, praktisch unbekannt. Dada war 1956 zum ersten Mal in einer Ausstellung zu sehen; für mich war dies eine außerordentliche, aber isolierte Entdeckung.

JEAN-FRANÇOIS CHEVRIER Sie haben gesagt, daß ab 1967 die Filmakademie in Berlin die aufregendste Szene darstellte. Fanden Sie als Student, der die Neo-Avantgarde ablehnte, den Film interessanter als die bildenden Künste? War er in Ihren Augen eine wahrhaft volkstümliche Kunst im Vergleich zur bürgerlichen bildenden Kunst?

BENJAMIN BUCHLOH Das Kino erschien mir schon als eine mögliche Alternative, aber ich hätte es nicht so radikal formuliert wie Sie. Ich stand der Filmakademie nicht unmittelbar nahe, aber ich traf Leute, die dort arbeiteten, und ich sah Avantgarde-Filme, weil es dort eine sehr gute Cinemathek gab. Mein Interesse am Film stand in keinem unmittelbaren Zusammenhang mit meinem Interesse an der bildenden Kunst. In Berlin sah ich zum ersten Mal Filme aus der Sowjetunion sowie von Danielle Huillet und Jean-Marie Straub, Warhols frühe Filme, vor allem *Chelsea Girls*, und Werner Schroeters ersten langen Film *Eika Katappa*, der 1968 oder 1969 herauskam. Das war eine großartige Entdeckung, die eine enorme Wirkung auf mich hatte. Ich war nahe daran, die politischen Aktivitäten aufzugeben, weil ich meine Frage beantwortet sah, wie eine glaubwürdige zeitgenössische kulturelle Praxis in Deutschland aussehen könnte... Ich dachte damals nicht systematisch, ich dachte nicht, daß das Kino, wenn es so etwas zu leisten vermag, wichtiger sei als die Malerei.

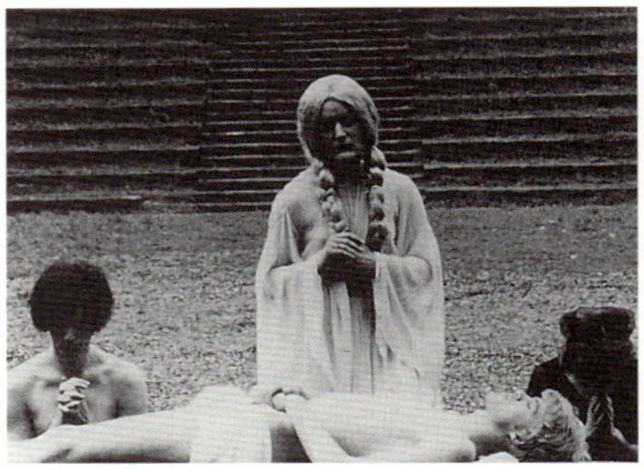
Werner Schroeter, Eika Katappa, 1969

JEAN-FRANÇOIS CHEVRIER Haben Sie einen Bezug zum Theater gesehen? Denn die Brechtsche Tradition war ja lebendig, und die Beziehung zwischen Kino und Theater war in der Weimarer Kultur von Bedeutung.

BENJAMIN BUCHLOH Mit der Theaterkultur hatte ich nicht soviel zu tun, wenngleich ich regelmäßig ins Brecht-Theater ging. Aber das glich mehr einem Museumsbesuch, vor allem weil sein Schwiegersohn Ekkehard Schall die Produktionen der Brecht-Klassiker genauso handhabte, wie Brecht sie hinterlassen hatte. Die Avantgarde-Theater, in denen zeitgenössische Stücke gezeigt wurden, wie das Theater am Halleschen Ufer und die Volksbühne, habe ich seltener besucht. Aber ich habe nahezu alle Produktionen des Living Theatre gesehen, als die Truppe fast ein Jahr lang in Berlin gastierte. Es war eine Offenbarung, sie spielen zu sehen und ermöglichte die Neudefinition einer glaubwürdigen zeitgenössischen Kultur.

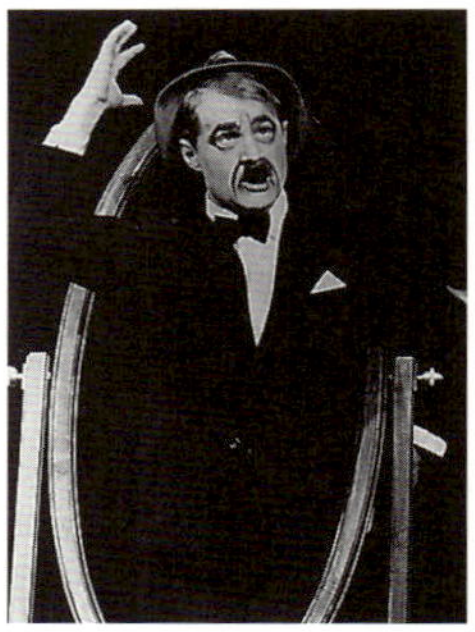
Ekkehard Schall
Der aufhaltsame Aufstieg des Arturo Ui
Berliner Ensemble, 1959

JEAN-FRANÇOIS CHEVRIER Ich bin überzeugt, daß die radikalsten Theaterereignisse der späten 60er Jahre mehr oder weniger alle vom Living Theatre ausgingen. Ich habe es selbst nicht mitbekommen, weil ich damals noch zu jung war, aber später gab es in Lyon eine sehr intensive Theaterszene mit Chéreau, Maréchal, Planchon etc. Ich bin zutiefst überzeugt von der Bedeutung des französischen Volkstheaters. Antoine Vitez hat diesen Geist in die 70er Jahre hinübergerettet. Es war eine Vorstellung vom Theater, die sich nach dem Krieg im Kreis um Jean Vilar herauskristallisierte. Barthes, der in enger Verbindung zu Bernard Dort stand, ging von dieser Vorstellung aus und entwickelte die Idee einer Kunst für das Volk vor dem Hintergrund des Begriffes »le peuple« aus dem 19. Jahrhundert und natürlich der Kommunistischen Partei, denn Vilar war Kommunist. Gab es das bei Ihnen in Deutschland?

BENJAMIN BUCHLOH In meinem Bewußtsein kam es in den 60er Jahren nicht vor. Natürlich gab es eine Volkstheatertradition in Weimar, aber die war nach dem Krieg vollkommen unzugänglich, sowohl für mich als auch für die Leute, die ich kannte. Die Frage ist, ob der Charakter des deutschen Publikums und entsprechend dessen Theoretisierung in den 60er Jahren einen Wandel durchmachten: war es ein aus dem Volk gebildetes Publikum oder ein von der Kulturindustrie geformtes? In Italien entwickelte sich ein aus dem Volk gebildetes Publikum, während in Deutschland und zweifellos auch in den Vereinigten Staaten die Massenkultur durch den Faschismus vollends in Mißkredit geraten war.

The Living Theatre

JEAN-FRANÇOIS CHEVRIER Grundsätzlich denke ich, daß Sie Recht haben, aber diese komplexe Frage ist es wert, ausführlicher behandelt zu werden. Sie sagten, daß ein Abend im Brecht-Theater einem Museumsbesuch glich, und doch funktionierte dieses Theater auch nach Brechts Tod im Jahre 1956 immer noch als eine Art Volksstimme. Die ostdeutsche Kultur hatte ein völlig anderes Selbstverständnis als die westdeutsche.

BENJAMIN BUCHLOH Ja, aber es war keine Volkskultur. Am 17. Juni 1953 fand die große Konfrontation zwischen dem Volk und den stalinistischen Machthabern in Ostberlin statt. Brecht vertrat damals einen völlig unakzeptablen Standpunkt gegenüber dem, was er verächtlich als die Revolte der Lumpen bezeichnete. Die linke Kultur in Ostdeutschland war eine offizielle Staatskultur. Im Westen hingegen ist die Situation mit den documentas beispielsweise die Rekonstruktion einer elitären bürgerlichen Kultur.

JEAN-FRANÇOIS CHEVRIER Ich glaube, wir müssen deutlich unterscheiden zwischen der Vereinnahmung der Idee vom Volk als nationalem Gebilde einerseits und jener experimentelleren Vorstellung, die letztlich nicht eine Gesamtheit, sondern Minderheiten meint, andererseits. Deleuze spricht vom Volk in diesem zweiten Sinne, wenn er sagt, »das Volk fehlt«. Da stellt sich die Frage, ob die Rolle des Volkes nicht auf experimentelle Weise im deutschen Theater des 19. Jahrhunderts und vor allem bei Hölderlin formuliert wurde, und zwar vor dem Hintergrund jener Offenbarung, die die französische Revolution für deutsche Intellektuelle war. Kann man diese Frage

Peter Bürger

Lieber Jean-François Chevrier,

bei dem Versuch, über die eigene Arbeit zu sprechen, überkommt mich stets ein ungutes Gefühl. Mir fällt La Rochefoucauld ein, der bekanntlich davon ausgeht, daß es eine wahre Rede über das eigene Ich nicht gibt, daß alles, was damit zusammenhängt, sich uns auf vertrackte Weise entzieht. Und Lacan hat darüber kaum anders gedacht. Hinzu kommt, daß es heute keinen gemeinsamen Horizont europäischen Selbstverständnisses gibt. Zwar sind Benjamin und Adorno inzwischen in Frankreich und Foucault und Derrida in Deutschland rezipiert worden, aber ich bin mir nicht sicher, ob wir, wenn wir diese Namen erwähnen, dasselbe meinen. Haben wir nicht gleich zu Beginn unseres Gesprächs bemerkt, daß wir von ganz verschiedenen Politikbegriffen ausgehen? Während Sie Politik strikt auf den Bereich der Aktion beschränken und sich dabei auf Hannah Arendt berufen, gehe ich von einem weiter gefaßten Politikbegriff aus, wie er sich aus den frühen Schriften von Jürgen Habermas ableiten läßt.

Wenn ich trotz dieser Bedenken etwas zu meinen Arbeiten zu sagen versuche, so deshalb, weil ich stets ein Bewußtsein von deren Geschichtlichkeit gehabt habe. Mein Anspruch war es nicht, ewige Wahrheiten auszusprechen, sondern eine historisch mögliche Erkenntnis. Wer im Besitz von Wahrheiten zu sein meint, muß diese verteidigen, wodurch sich bereits das Unwahrsein an ihnen zeigt; wer eine Erkenntnis formuliert, die einen »Zeitkern« (Benjamin) enthält, dem ist der Gedanke nicht fremd, daß die geschichtliche Entwicklung sie verändern wird.

Ich beginne mit dem Surrealismus, über dessen immense Bedeutung nicht nur für die Kunst des 20. Jahrhunderts wir uns offenbar einig sind. Wenn ich versuche, mir die Haltung zu vergegenwärtigen, aus der heraus ich in den Jahren 1969/70 mein Surrealismus-Buch geschrieben habe, tritt mir ein eigentümlicher Zwiespalt entgegen. Da ist auf der einen Seite die Faszination durch die Utopie eines andern Lebens, der Wille, die im Verlauf der Moderne abgespaltenen und im autonomen Kunstwerk verkapselten Potentiale der Imagination und des Traums in das wirkliche Leben zurückzuholen, und auf der andern Seite eine durchaus kritische Einstellung gegenüber der Irrationalität surrealistischer Politik. Für den Autor, der als Kind noch miterlebt hat, wie Massen sich drängen, um »den Führer« zu sehen, war der Gedanke, es gelte »die Kräfte des Rausches für die Revolution zu gewinnen« (Benjamin), unerträglich. Aus dem Gedächtnis zitierend, schrieb ich damals »für die Politik zu gewinnen« und ward mir so bewußt, daß ich nicht an die Möglichkeit und wohl auch nicht an die Wünschbarkeit einer Revolution glaubte. Und doch hatte ich auf meine Weise Anteil an der Mai-Bewegung, weil sie mir die Möglichkeit zu einer nicht-archivalischen Geschichtsbetrachtung in politischer Absicht zu eröffnen schien. »Spätestens seit den Maiereignissen 1968 liegt die Aktualität des Surrealismus offen zutage« - mit diesem Satz beginnt das Buch. Aktualität meinte dabei nicht Angleichung der vergangenen Werke an die Moden der Gegenwart, sondern »Jetztzeit« im Sinne Benjamins: die geradezu sinnliche Erfahrung, daß die eigene Zeit mit einer vergangenen in eine einmalige Konstellation eingetreten ist. Und diese Konstellation ermöglichte zweierlei: Sie erlaubte zum einen, die gesellschaftskritische Dimension des Surrealismus allererst zu sehen, die Hans Magnus Enzensberger Anfang der 60er Jahre in seinem Aufsatz »Aporien der Avantgarde« noch verfehlt hatte, als er in den Surrealisten Vorbereiter des Faschismus meinte denunzieren zu müssen. Und sie erlaubte zum andern, endlich herauszutreten aus dem Grau der 50er und frühen 60er Jahre der Bundesrepublik und, vom surrealistischen Impuls einer radikalen Entfremdungskritik bewegt, die Möglichkeit eines andern Lebens zu denken, das nicht aufging in der Mehrung des Wohlstands und der Planung einer Karriere. - Aber diese doppelte Bewegung hatte im Alltag des Assistenten am Romanischen Seminar der Universität Bonn keine Entsprechung - außer der negativen, daß er die Enteignung des Lebens an sich erfuhr, von der der Anfang des ersten surrealistischen Manifests spricht.

Sie haben sich darüber gewundert, daß der Autor der *Theorie der Avantgarde* von 1974 so konsequent und kompromißlos seinen Blick in die Vergangenheit richtet und die historischen Avantgardebewegungen als Fluchtpunkt der Geschichte autonomer Kunst deutet, ohne auf die Neo-Avantgarden der 60er und frühen 70er Jahre einzugehen. Mir scheint, das läßt sich aus der Stellung des Buchs innerhalb der damaligen Theoriedebatten verstehen. Konzipiert gegen die seinerzeit verbreiteten Vulgärmaterialismen, die jedes Werk aus seiner gesellschaftlichen Basis »herleiteten«, sollte das Buch die Grundlage für eine kritische Literatur- und Kunstwissenschaft legen, die Wissen produziert und nicht nur ein Schema anwendet. Dazu war es erforderlich, zunächst einmal einen historischen Ort auszumachen, von dem aus sich die Geschichte der Kunst in der bürgerlichen Gesellschaft konstruieren ließ. Wenn die kritische Literatur- und Kunstwissenschaft nicht einfach ein Anwendungsfeld materialistischer Geschichtswissenschaft sein wollte, dann durfte sie sich diesen Ort nicht einfach von der Geschichtswissenschaft vorgeben lassen, sondern mußte ihn auf ihrem eigenen Felde entdecken. Denn nur so ließen sich Fragen nach dem Zusammenhang von Kunst und Gesellschaft stellen und eventuell beantworten. Von diesen Intentionen rührt auch der hochgetriebene Anspruch von Wissenschaftlichkeit her, der mich etwas befremdet hat, als ich vor einiger Zeit die Einleitung der *Theorie der Avantgarde* wiedergelesen habe. Spiralförmig schraubt sich die Reflexion hoch, bei jeder Problemlösung neue Problemfelder aufreißend. Es steckt darin ein Furor des Theoretischen, der sich auch in frühen Texten von Habermas und bei Althusser findet, ein beinahe unbegrenztes Vertrauen auf die welterschließende und weltgestaltende Kraft der Theorie. Daß sich darin ein Wille zur Macht ausdrücken könnte, blieb dem Autor damals verborgen, vielleicht, weil er in Nietzsche noch allzu einseitig den Wegbereiter des Faschismus sah und nicht den Vollender der Aufklärung, der er auch ist. Heute, wo auf die theoretische Anspannung eine Erschlaffung gefolgt ist, läßt sich hinter dem Theoriediskurs der 60er und der 70er Jahre unschwer ein (männliches) Machtphantasma ausmachen. Erschien uns damals die Theorie der Schlüssel zur tatsächlichen Umgestaltung der gesellschaftlichen Wirklichkeit, so scheinen wir diesen inzwischen verloren zu haben. Mißtrauisch geworden gegenüber den eigenen Instrumenten, sehen wir zu, wie die Gesellschaft, in der wir leben, einer ökologischen, sozialen und letztlich auch ökonomischen Krise entgegentaumelt, ohne daß wir mehr vermöchten, als das Geschehen zu konstatieren. So überspannt der Glaube an die Theorie damals war, so ist doch der gegenwärtige Verzicht auf sie keinen Deut besser, verkehrt er doch nur das Phantasma der Macht in das der Ohnmacht. Manchmal will es mir scheinen, als hätten wir Intellektuellen immer noch nicht unsern Platz in der Gesellschaft gefunden.

Nun hat mich vor einiger Zeit Ben Morgan, der in Bremen an einer Arbeit über Adorno schrieb, mit einer ganz anderen Lesart der Theorie der Avantgarde konfrontiert: Das Buch sei Ausdruck der Resignation, im Scheitern des surrealistischen Projekts spiegle sich dem Autor das Scheitern der 68er Generation. Ich vermute, daß auch diese Deutung etwas Richtiges trifft. Es ist sicher kein Zufall, daß gerade die These vom Scheitern der historischen Avantgardebewegungen, die allen Neo-Avantgarden eine Absage erteilte, damals auf den heftigsten Widerspruch derer stieß, die unmittelbar an die Revolutions-Hoffnungen der Avantgarden meinten anknüpfen zu können. Sicher war dieser Glaube naiv, insofern er die Realität der Bundesrepublik ausblendete. Aber die Rede vom Scheitern des avantgardistischen Projekts einer Revolutionierung aller Formen des Zusammenlebens war ihrerseits zumindest mißverständlich, legte sie doch die Auffassung nahe, die Avantgarden seien damit ein für allemal abgetan. Wie Sie wissen, hat Jürgen Habermas in seiner Adorno-Preis-Rede »Die Moderne – ein unvollendetes Projekt« diese Lesart vertreten. So wollte ich die These vom Scheitern der Avantgarden nicht verstanden wissen, vielmehr ging es mir im Sinne von Benjamins »rettender Kritik« um eine Verbindung von Bewahren und Kritik. So habe ich denn die These auch bald dahingehend erläutert, das Gescheiterte sei keineswegs abgetan, sondern bleibe als etwas Unerledigtes gegenwärtig.

Mit diesem Gedanken, scheint mir, schließt sich auch die Kluft, die Sie zwischen der *Theorie der Avantgarde* und dem Beuys-Aufsatz aus dem gemeinsam mit Christa Bürger herausgegebenen Postmoderne-Band entdeckt haben. Denn nur, wenn man die These vom Scheitern der Avantgarden rationalistisch auffaßt, wird man zwischen beiden Texten einen Bruch ausmachen, während für eine dialektische Sicht, die im Scheitern das Unerledigte des Problems wahrnimmt, der Übergang von der einen zur andern Position folgerichtig ist, insofern er die andere Seite einer widersprüchlichen Beziehung hervorhebt.

Dies niederschreibend, kommt mir der Verdacht, ich könnte in meinem Versuch der Selbsterklärung einem Kontinuitätszwang erlegen sein, statt den Bruch einzugestehen und ihn aus den geschichtlichen Veränderungen verständlich zu machen. In der Tat war Mitte der 80er Jahre, als ich den Beuys-Aufsatz schrieb, das überschwengliche Vertrauen auf die Theorie geschwunden. Die Stillstellung der Gegenwart, die für Benjamin die Bedingung geschichtlicher Erkenntnis war, wollte nicht mehr gelingen. Die Gegenwart schien nicht mehr jener »Felsen« zu sein, von dem Horkheimer und Adorno in der *Dialektik der Aufklärung* sprechen, der Ort, der Halt gibt und von dem aus Vergangenheit und Zukunft sich scharf konturiert erkennen lassen. Sie war nur noch eine Fläche von unendlicher Ausdehnung, auf die die Medien ihre Bilder warfen und worin die Vergangenheit als Zitat verschwamm und die Zukunft als Verlängerung der Gegenwart ins Unendliche. Wie ließ sich auf eine derartige Situation der »neuen Unübersichtlichkeit« (Habermas) reagieren, die der Theoriekonstruktion den Boden entzog? Ich sah nur die Möglichkeit, das von Benjamin entworfene Dispositiv umzukehren: statt von der Konstruktion einer »Jetztzeit« aus eine Vergangenheit in den Blick zu nehmen, von der ein Licht auf die Gegenwart fällt, mußte der Versuch gewagt werden, ungeschützt durch eine theoretische Konstruktion sich dem Werk eines Künstlers auszusetzen, der unter veränderten Bedingungen die avantgardistische Problematik wieder aufnahm. Das Resultat zeigt, daß wir in eine Epoche der Ambivalenzen eingetreten sind, die sich mit der Logik des Entweder-Oder nicht mehr meistern lassen. Indem Beuys sich in einer Situation als Künstler definiert und damit den Schutz der Institution Kunst in Anspruch nimmt, in einer andern dagegen die Bezeichnung Künstler ablehnt, um das Soziale an seinen Aktionen erkennbar zu machen, nimmt er das avantgardistische Projekt der Vereinigung von Kunst und Leben auf, doch so, daß dessen Scheitern eingestanden wird. Angesichts einer Gesellschaft, die sich anschickt, die neoliberale Marktwirtschaft ohne Wenn und Aber zu verwirklichen, ist es nicht wenig, wenn zumindest der Gedanke festgehalten wird, daß ein anderes Leben möglich wäre.

Wie Sie sehen, habe ich mich in letzter Zeit in vielem wieder der Position Adornos angenähert, nachdem ich in den 70er Jahren ein vor allem an Habermas anknüpfendes Vertrauen in die allererst zu entwerfende Theorie gesetzt hatte. Lassen Sie mich mit einem Zitat aus den *Tränen des Odysseus* schließen, meinem letzten Buch, das von kritischer Theorie und Poststrukturalismus erzählt und mit einem fiktiven Monolog des sterbenden Adorno endet: »Das Vertrackte an der zukünftigen Situation der Kunst, die er mit einem Mal anschaulich vor sich zu sehen glaubte – es gab also doch so etwas wie intellektuelle Anschauung, das Vertrackte war, daß dem Anschein nach alles so bleiben würde wie zu den Zeiten der Moderne. Es würde gegenstandslose Malerei geben und Zwölftonmusik, aber den Gebilden würde etwas fehlen, wofür ihm nur das altmodische Wort Seele einfiel. Es war plötzlich gleichgültig geworden, wie man malte und wie man komponierte, das Pathos der Moderne klang so leer wie das von Festrednern. Nichts mehr war anstößig an ihr, sie war konsumierbar geworden, Duchamp witzig, man konnte Spaß daran haben, aber ebenso an Makart. Die Kunst hatte die Differenz zum Bestehenden verloren, und deshalb war sie tot, all ihrer Lebendigkeit zum Trotz. Die Klarheit seines Denkens erschreckte ihn. Vielleicht war es der Einfluß des Monds, der groß und rund ins Zimmer schien. Der Einfall belustigte ihn. Obwohl das Stechen jetzt häufiger wurde und er zu ahnen begann, daß dies seine letzte Nacht sein könnte, verspürte er keine Angst. Nein, er würde den Todesphilosophen auch jetzt nicht auf den Leim gehen. Einzig der Gedanke, daß die Zeit nicht reichen könnte, um die Rettung der Kunst zu denken, beunruhigte ihn. Er fühlte eine seltsame Leichtigkeit. Nichts war unmöglich, man mußte nur die Logik der Verkehrung zu Ende denken ohne Angst. Die Moderne hatte gegen die Behauptung protestiert, daß Sinn sei – Beckett. Wo jedoch die Negation von Sinn zum Prinzip des gesellschaftlichen Ganzen wurde, konnte die Suche nach einer nicht-trivialen Chiffre für Sinn ein Akt des Widerstands sein. Letztlich war alles eine Frage der Zeitdimensionen. Der Moloch des Gegenwärtigen mußte aufgesprengt werden durch Figuren der Überschreitung des Jetzt«.

Anfang November 1996.

wirklich auf jenes Mißtrauen reduzieren, mit dem man dem Volksbegriff in den 50er und 60er Jahren begegnete? Ist es nicht genau das, was ein bestimmtes junges Theater und ein bestimmter junger Film in Deutschland damals wieder ans Licht bringen wollten? Ich denke da an Faßbinder, der in seiner Zusammenarbeit mit Kluge wieder ein Volkskino schaffen wollte. Und Kluge kommt ja vom Theater…

BENJAMIN BUCHLOH In diesem Zusammenhang Hölderlin zu erwähnen, halte ich für problematisch. Der einzige, der Hölderlin nachträglich in diesen Kontext zu stellen versuchte, war Heidegger; und dessen Theoretisierung des Volkes tendiert zum Faschismus. Die marxistische Tradition hingegen nimmt ausdrücklich Abstand vom Begriff des Volkes und theoretisiert statt dessen die Masse im Sinne von Klassen. Ich glaube, die Dichotomie von Volk und Proletariat ist wesentlich. Sobald man mit dem Begriff »Volk« arbeitet, befindet man sich in mythenhaftem Denken, während der Begriff »Proletariat« den Klassenkampf meint. Darin liegt die Bedeutung jener Unterscheidung, die Tönnies in den 20er Jahren zwischen »Gemeinschaft« und »Gesellschaft« gemacht hat. Man muß differenzieren zwischen dem mythischen Begriff »Volk« und der soziologischen Bezeichnung »Masse«. Selbst wenn Erwin Piscators Theater mit den Begriffen »Volksbühne« und »Volkstheater« in Zusammenhang gebracht wurde, so war dieses Theater doch immer für das Proletariat und niemals für das Volk als Masse.

JEAN-FRANÇOIS CHEVRIER Ich komme trotzdem nicht von dem Gedanken los, daß das Fehlen des Volkes zu einem Prozeß der experimentellen Wiederherstellung führt, dessen künstlerisches Augenmerk sich in den 50er und 60er Jahren auf die Minderheiten zu richten beginnt. Dieser experimentelle Prozeß klingt meiner Meinung nach auch in der Romantik des 19. Jahrhunderts an. Und auch zwischen 1968 und 1970 sehe ich eine Verlagerung des Interesses auf die Identität von Minderheiten; genau zu diesem Zeitpunkt wurde Fassbinder in Deutschland wichtig. Aber kehren wir zu diesem Augenblick in Ihrer intellektuellen Biographie zurück. Sie kamen 1971 zurück nach Köln.

BENJAMIN BUCHLOH Ich hatte zwei ziemlich ereignislose Jahre in London verbracht und dort versucht, zu schreiben. Als ich zurückkam, machte Mark Oppitz, ein alter Schulfreund, mich mit Fritz Heubach bekannt, der damals die Interfunktionen herausgab. Etwa 1972 begann ich, für Rudolf Zwirner zu arbeiten und fuhr zum ersten Mal in die Vereinigten Staaten. Ich ging sofort ins Philadelphia Museum of Art, um mir die Arensberg–Collection anzusehen, insbesondere die *Etants*

Theater, Kino und Radio

Catherine David: Ich glaube, die deutschen Erfahrungen mit dem Theater sind in keiner Weise mit den französischen vergleichbar. In Frankreich hatte man, abgesehen von Barthes, ein extrem romantisches Verhältnis zu Brecht.
Benjamin Buchloh: Der fatale Romantizismus dieser Bewegung hat dazu geführt, daß die Medienkultur vollkommen übersehen wurde, die dabei war, alles andere an den Rand zu drängen.
Jean-François Chevrier: Und doch war es eine extrem einflußreiche Bewegung, die sich für eine Alternative zu den Medien hielt, was sie in gewisser Weise ja auch war.
Benjamin Buchloh: Wie lange blieb sie populär?
Jean-François Chevrier: Bis hinein in die 70er Jahre… Das Volkstheater war, wie der Ciné-Club um André Bazin, ein sehr lebendiges und reichhaltiges Element einer durch und durch französischen Volkskultur mit einer starken Kommunistischen Partei im Rücken – aber auch mit de Gaulle. In den 50er Jahren herrschte in Frankreich ein unglaubliches Vertrauen in den industriellen Fortschritt nach Taylorschem Vorbild. De Gaulle lieferte ein starkes nationales Selbstbild, und die Kommunistische Partei vertrat die Ideologie des Volkes im Sinne Michelets. Beide nahmen für sich in Anspruch, die Idee des Volkes zu vertreten. All das war in gewisser Weise antiamerikanisch… Damals existierte die Idee des Volkes ansonsten nur noch in Italien,

dort aber ohne die nationale Dimension, dafür mit einer weitaus intelligenteren kommunistischen Partei als der PCF, was unter anderem Gramsci und Togliatti zu verdanken war.

Benjamin Buchloh: In Deutschland hingegen war der Begriff »das Volk« zum Synonym für die faschistischen Massen geworden. Und so unmöglich eine Reflexion der faschistischen Vergangenheit in der visuellen Kultur war, so unzugänglich erschien nun die proletarische Kultur der Weimarer Zeit. Aus diesem Grund wurde Heartfield erst Mitte bis Ende der 60er Jahre wiederentdeckt, weil er in Verbindung zur kommunistischen Kultur in Weimar stand. Außerdem hatte er, wie Brecht, im stalinistischen Teil Deutschlands gelebt und blieb daher für den Wiederaufbau der westdeutschen Kultur zutiefst verdächtig. Paradoxerweise war aus diesem Grund die Entwicklung eines Künstlers wie Hans Haacke in Deutschland praktisch undenkbar. Bis vor kurzem konnte er dort nicht gezeigt werden, weil er Traditionen aufgriff, die bislang verpönt, ausgeschlossen, unterdrückt waren. In diesem Zusammenhang ist es interessant, daß Peter Weiss im Bereich des Theaters akzeptiert wurde. Die Politisierung der Literatur war nach dem Krieg in Westdeutschland viel stärker entwickelt als die der bildenden Kunst – siehe Hochhut, Grass, Böll und andere...

Catherine David: ... Müller...

Benjamin Buchloh: ... die alle auf eine kritische Reflexion des Faschismus hinarbeiteten, auf eine Reflexion der Politisierung der Kunst, der Brechtschen und der sowjetischen Tradition. In der bildenden Kunst war eine Politisierung hingegen fast undenkbar. Die Frage ist immer noch unbeantwortet: Warum wurde die bildende Kunst im wesentlichen zur kulturellen Praxis der Neutralisierung, zumindest bis in die späten 60er Jahre hinein? Ein Teil der Antwort liegt sicherlich darin, daß die bildende Kunst mit Objekten arbeitet, die auf dem Markt verkauft werden, aber das kann nicht die einzige Erklärung sein.

Catherine David: Könnte es auch daran liegen, daß die bildende Kunst mit dem Abbild arbeitet, welches stärker ist als andere Medien? Bis Ende der 70er Jahre gibt es keinen bildenden Künstler in Deutschland mit einer Gewalttätigkeit wie Faßbinder. Außer vielleicht Richter mit seinem *Atlas*?

Benjamin Buchloh: Und Beuys. Aber bei ihm geht es mal vor und mal zurück, er zeigt sich, und dann versteckt er sich wieder, er ist immer dazwischen.

Catherine David: Bei Beuys geht es um Erlösung, bei Faßbinder um Gewalt und Anprangerung.

Jean-François Chevrier: Beuys strebt nach Integration, Versöhnung.

Benjamin Buchloh: Und Straub/Huillet machen das gerade Gegenteil, zum Beispiel in *Nicht versöhnt* von 1965. Es gibt einen verblüffenden Unterschied im politischen Bewußtsein zwischen der bildenden Kunst einerseits und den Straub-Filmen von Mitte der 60er Jahre andererseits, auch wenn Gerhard Richter damals bereits an seinem *Atlas* arbeitete, der sich viel später als eine künstlerische Reflexion auf die Konditionen des Erinnerns erwies.

Jean-François Chevrier: *Nicht versöhnt* spielte eine fundamentale Rolle, weil dieser Film das deutsche Pendant zur Nouvelle Vague initiierte. Er löste einen Schock aus, weil er mit dem Realismus und der narrativen Kontinuität brach. Er galt als Aushängeschild des neuen deutschen Kinos, wenngleich Straub ja Franzose ist.

Benjamin Buchloh: Das legt die Bedeutung einer anderen theoretischen Kombination nahe: von Nationalstaat und Internationalität. Ein Aspekt der deutschen Nachkriegskultur, vor allem der 60er Jahre, ist die – von Habermas theoretisierte – Bildung einer posttraditionellen und postnationalen Identität. Die Attraktivität einer Figur wie Godard im Deutschland der 60er Jahre läßt sich auch dadurch erklären, daß Godard ein postpopuläres, internationalistisches Kino machte. Das Brechtsche Theater ist hingegen immer noch dem Begriff des Proletariats und der deutschen Theatertradition verpflichtet.

Jean-François Chevrier: Ich möchte noch einmal auf den Aufruhr zurückkommen, den das Living Theatre auslöste, und der die Unterschiede zwischen Deutschland und den romanischen Ländern vorübergehend verwischte. In einem in »Le Trépied« veröffentlichten Interview sagte Broodthaers, daß politische Kunst sich auf der Basis des Living Theatre neu denken ließe. Und ich finde es interessant, daß das Living Theatre ausgerechnet im Jahr 1967 die *Antigone* auf die Bühne brachte, übersetzt und interpretiert von Hölderlin, in einer Neufassung von Brecht und vor einiger Zeit von Straub und Huillet für das Kino adaptiert. Daraus wird verständlich, daß die politischen Elemente des Theaters von einer Volksidentität ausgehen, die nicht auf »das Volk« zu reduzieren ist.

Benjamin Buchloh: Wir können diese Diskussion nicht weiterführen, ohne Beckett zu erwähnen, der ja, im Gegensatz zu Brecht, in Adornos Ästhetik eine zentrale Rolle spielt. Gemessen an Becketts Erfolg im Theater der 70er Jahre spielt Brecht eine untergeordnete Rolle. Und das rührt wieder an die Frage, inwieweit die Nachkriegsperiode die Rekonstruktion einer hochbürgerlichen Zivilisation oder einer Volkskultur anstrebte. Denn Beckett galt ungeachtet seiner eigenen Lebensgeschichte nicht als populärer Autor: Sein Theater ist ein Theater der Elite.

Catherine David: Außer der Tatsache, daß Beckett in den 60er Jahren oft im Radio gesendet wurde, und das war damals ein sehr populäres Medium. Er leistete einen wesentlichen Beitrag zum Überleben des Theaters als Sprachraum, wenngleich er paradoxerweise darauf zusteuert, die Bühne gegen ein rein mentales Theater einzutauschen. Für ihn ist Sprache das ultimative Theater. Natürlich läßt sich nicht leugnen, daß Beckett ein elitärer Schriftsteller ist; trotzdem weisen sein Werk und seine Strategien zumindest nach 1945 einen fundamentalen Bezug zur Geschichte auf.

Jean-François Chevrier: Zum Radio möchte ich anmerken, daß der französische Avantgarde-Autor Jean Thibaudeau seine zahlreichen Radiosendungen vielleicht häufiger in Deutschland als in Frankreich schrieb und realisierte. Anders als Autoren wie Philippe Sollers oder Denis Roche ging es Thibaudeau um das Verfassen avantgardistischer Texte und einer vom Theater inspirierten Volkskultur. Das Radio nutzte er, um diese Verbindung herzustellen. In Deutschland zeichnete sich dafür eine gewisse Offenheit ab, und er begann dort Radiosendungen zu produzieren. Das Hörspiel ist mit dem Sprechtheater verbunden, weil es im Radio nur die Sprache gibt. Vereinfacht könnte man sagen, es gibt ein Theater der Sprache und ein Theater des Körpers, wobei letzteres eher durch das Living Theatre repräsentiert wird. In den 60er Jahren verfaßte Pasolini ein Manifest zum Theater der Sprache. Seit Gramsci spielte die Linguistik in Italien eine beträchtliche Rolle, wobei man vom marxistischen Konzept des Proletariats im Sinne des Volkes ausging. Wenn in der italienischen Kultur das Volk eine Rolle spielt, so aufgrund der Sprache, genauer gesagt der Dialekte. Pasolini arbeitete über die einheimische Sprache mit ausdrücklichem Bezug zu Gramsci. Er schuf ein theatralisches Kino, ein bißchen wie Godard, aber nicht auf der Brechtschen Schiene, sondern eher im Gefolge Rossellinis und des Nouveau Réalisme. Seine Filme haben etwas unübersehbar Lyrisches. Und das ist eine Zusammensetzung, die man in Deutschland nicht findet, weil es in Deutschland keinen Gramsci gab, keinen deutschen marxistischen Sprachtheoretiker. Auch etwas dem Nouveau Réalisme Vergleichbares gibt es in Deutschland nicht. Aber in den romanischen Ländern finden wir eine durchgängige politische Theatralisierung der Sprache des Volkes.

Benjamin Buchloh: In der Tat gab es eine populäre Radiokultur, die Brecht und Benjamin bereits in den 20er Jahren entwickelt hatten. Aber durch den Südwestfunk hat sich eine Menge geändert, und eine Kontinuität von den 20er bis zu den 60er Jahren läßt sich in dieser Hinsicht kaum ausmachen. Deswegen spreche ich hier von einer »Ghettoisierung«: Der Südwestfunk und das Musikprogramm in Köln waren extrem, und zugleich extrem exklusiv.

Catherine David: Das Werk der Straubs arbeitet mit eben dieser Dimension der Stimmlichkeit und der Reinkarnation in der Sprache. Die Bilder dieses Kinos ergeben sich aus der Sprache. Daney nannte es »ein Grab fürs Auge«; damit meinte er, daß es wirklich sehr wenig zu sehen gibt. Ich persönlich erinnere mich in den Straub-Filmen an den Ton ebenso stark wie an die Bilder.

Jean-François Chevrier: Sie haben ganz Recht, Straub zu erwähnen. Er ist Kommunist und bestätigt immer wieder eine bestimmte politische Position sowie eine Ethik der Sprache. Genauso ist Gramsci ein politischer Denker, ein Parteimitglied und als solches saß er im Gefängnis. Das marxistische Sprachdenken ist in Italien notwendigerweise an den politischen Kampf gebunden, während es in Deutschland auf einen viel begrenzteren intellektuellen Bereich eingeschränkt ist.

Benjamin Buchloh: Aber Straub steht letztendlich auch in der Tradition von Brecht, und Brecht ist der marxistische Sprachdenker in Deutschland. Nur im Nachkriegsdeutschland gibt es kein Pendant zu Gramsci; im Vorkriegsdeutschland gibt es Brecht. Und das Living Theatre ist genau die Synthese zwischen Brecht und Artaud. Es wäre interessant zu erfahren, inwieweit sich dieses Theater unmittelbar in die Tradition des Volkstheaters einfügt, auch wenn Artaud damals in Deutschland ziemlich unbekannt war.

Jean-François Chevrier: Genau. 1967 brachte das Living Theatre die *Antigone* in der von Brecht überarbeiteten Hölderlin-Fassung heraus. Sowohl Julian Beck in seinem Artikel in *Quinzaine littéraire* als auch die französische Presse bezeugten damals, daß es eine Synthese aus Brecht und Artaud war. 1967 entwickelte sich im Zuge des nach Europa gelangten Happenings ein amerikanisches Theater, belebte damit einen zweifachen französisch-deutschen Kulturhintergrund und griff die Idee vom Volk nach Maßgabe der amerikanischen Minderheitenkämpfe wieder auf. Zur selben Zeit inszenierte Pasolini seinen Oedipus, Hölderlins zweite Sophokles-Übersetzung. Darüberhinaus spielten Schauspieler aus dem Living Theatre in dem Pasolini-Film mit. Ich will damit sagen, daß das Living Theatre in Europa jedweden Rest von elitärem Denken hinter sich ließ und einen kulturellen Hintergrund schuf, der sich nicht auf eine Avantgarde-Elite reduzieren läßt. Das ist genau der Augenblick, in dem ein Minderheitendenken in der Lage war, die Idee vom Volk neu zu formulieren, beispielsweise bei Deleuze und Foucault, die nachdrücklich damit begannen, die Frage der Minderheiten vom Marxismus losgelöst zu betrachten.

Benjamin Buchloh: Mich würde interessieren, ab wann genau die Transformation der populären Kultur sich in Richtung Medienkultur entwickelte. Meiner Meinung nach sind Straub, Huillet und Godard genau die drei Personen, die diese Transformation bewußt und sytematisch betrieben. Im Gegensatz dazu wollte das Living Theatre ein aktivistisches, öffentliches, proletarisches Theater außerhalb der Medienkultur wiederbeleben, ein Theater des Körpers und nicht so sehr der Sprache. Aber kann man sich in einer Medienkultur überhaupt die Unmittelbarkeit des Theaters vorstellen? Ich denke, daß Beckett deswegen eine so große Rolle für Adorno gespielt hat, weil Beckett als Autor die letzte, residuelle und resistente Phase einer alten, traditionellen Definition von Theater verkörpert. Diese Definition steht im Widerspruch zu einem populären Konzept vom öffentlichen Theater, weshalb Adorno sich ausschließlich auf Beckett bezieht und Brecht ablehnt. Inwieweit unterscheiden sich Straub/Huillet und Godard in den frühen 60er Jahren durch ihre programmatische Öffnung zur Kulturindustrie, während Autoren wie Vilar auf der Fortsetzung der populären Kultur beharren?

Jean-François Chevrier: Ich glaube, man kann da keine so scharfe Trennungslinie ziehen, und deshalb werde ich noch weitere Beispiele anführen. Ein solches Beispiel ist Öyvind

Fahlström, der schwedische Künstler aus den 60er Jahren, der ebenfalls sowohl mit dem Film als auch mit dem Theater arbeitete und Radio, Fernsehen und Zeitungen miteinbezog. Er ist genau der Künstlertypus, der diese Verbindung von populärer Theatertradition und neuer Medienwirklichkeit verkörpert. Es ist kein Zufall, daß er Bürger eines fortschrittlichen sozialdemokratischen Landes ist, ein Kosmopolit und polyglottes Individuum, geboren und aufgewachsen in Brasilien. Die Wiederentdeckung Fahlströms hatte bei unserer Vorbereitung zu dieser Ausstellung eine Schlüsselfunktion. Ich denke, er ist heute einer der wichtigsten Künstler für die junge Generation, eben weil er den strikten Gegensatz zwischen den populären Traditionen einerseits und den Medien andererseits überwindet. Aber genauso interessant scheint mir der Hinweis, daß Sie als Deutscher gute Gründe haben, auf diesen Gegensatz aufmerksam zu machen.

Benjamin Buchloh: Ja, einer davon ist die Auslöschung der revolutionären Massen. In den Vereinigten Staaten gibt es dieselbe Situation, wie Andrew Russell gezeigt hat: Selbst der Terminus »Massen« verschwindet 1952, nach den McCarthy-Jahren, aus dem amerikanischen Vokabular. Eine vergleichbare Entwicklung gibt es in Deutschland bei dem Wort »Volk«: nach dem Faschismus und dem Auftauchen der Deutschen Demokratischen Republik als Gegenmodell zum Westen verlor es jedwede Akzeptanz.

donnés, weil ich inzwischen eine Art Duchamp-Anhänger geworden war. Zwischen 1972 und 1973 organisierte ich zahlreiche Ausstellungen für Rudolf Zwirner, von Richard Tuttle bis Dan Graham, von Gerhard Richter bis Marcel Broodthaers. Letzteren hatte ich 1972 zum ersten Mal getroffen, als er in Düsseldorf seine *Section des Figures* zeigte.

1973 gab Heubach die *Interfunktionen* auf, und ich übernahm die Zeitschrift. Ich sah darin die Chance einer direkten Intervention. In bestimmten Aspekten der Konzeptkunst schien mir das Potential für eine radikale Veränderung visueller Praktiken zu liegen, für eine Veränderung mit politischen Implikationen, vor allem in der Arbeit von Graham, Daniel Buren, Marcel Broodthaers und Lawrence Weiner. Während Heubach sich auf Beuys konzentriert hatte, spielten Buren und Broodthaers für mich eine zunehmend größere Rolle. Ich sah in ihrem Werk die gelungene Synthese zwischen politischen und kulturellen Praktiken. Die Lektüre von Burens *Limite critique* bestätigte die Möglichkeit, in die zeitgenössischen kulturellen Praktiken gewisse marxistische Positionen zu integrieren, für die ich in den 60er Jahren eingetreten war. Das mag heute schwer verständlich sein, wenn man weiß, welche Richtung Burens Arbeit später nahm, aber damals schien sie die Möglichkeit durchaus zu beinhalten. Sicherlich hatte ich einen reichlich naiven Blick auf die Kunstwelt, auf den Rezeptionsprozeß und diese Praktiken, die ja tatsächlich gerade in den institutionellen Rahmen der Kultur integriert wurden, selbst wenn sie behaupteten oder glaubten, außerhalb dieses Rahmens zu operieren. Die Phase zwischen 1968 und 1972 war von großem Optimismus geprägt; zu Recht oder zu Unrecht sah man in der Konzeptkunst die Möglichkeit einer radikal verändernden Kritik. Interessanterweise sah Heubach Beuys unter ganz ähnlichen Vorzeichen als radikalen Verfechter einer politischen und gesellschaftlichen Veränderung, und keineswegs als Produzenten einer neuen deutschen Kulturmythologie.

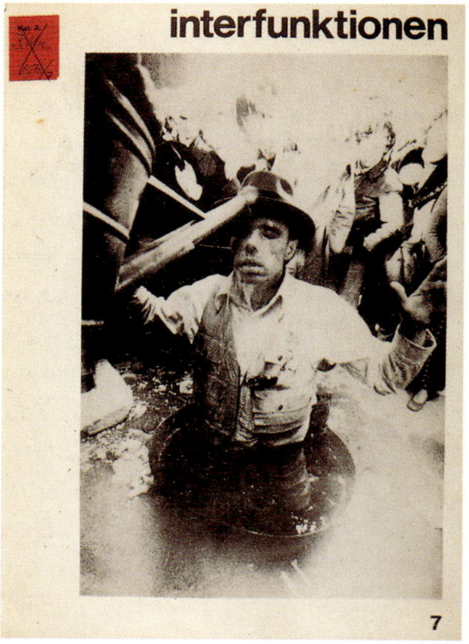

Interfunktionen, 7 (1971)

1975 erhielt ich an der Kunstakademie in Düsseldorf meinen ersten Lehrauftrag in Geschichte der zeitgenössischen Kunst. Er war schlecht bezahlt, weil ich zu diesem Zeitpunkt noch keinen Doktortitel in Kunstgeschichte hatte. Ich unterrichtete eine junge Generation von Studenten, die ebensosehr an Kulturtheorie wie an einer genauen Kenntnis und Interpretation der europäischen und amerikanischen Kunst der 60er und 70er Jahre interessiert waren. Wir dürfen nicht vergessen, daß damals in Deutschland außer bei Max Imdahl in Bochum die Kunstgeschichte des 20. Jahrhunderts, geschweige denn der zeitgenössischen Kunst gar nicht auf dem Lehrplan stand. Zwei Jahre lang unterrichtete ich in Düsseldorf Studenten von Gerhard Richter, Bernd Becher und Klaus Rinke, die alle sehr bekannt wurden: Thomas Schütte, Thomas Struth, Isa Genzken, Reinhard Mucha, Ulrich Look und Martin Hentschel, die damals noch Künstler werden wollten, etc. Ich habe mit großem Vergnügen unterrichtet, aber der konservative Max Ernst-Spezialist Werner Spies, der damals als Kunsthistoriker an der Akademie das Sagen hatte, mißtraute der zeitgenössischen Kunst ebensosehr wie dem kritischen Denken. So verhinderte er denn auch, daß ich eine feste Stelle an der Akademie bekam, obwohl einige Lehrer und viele Studenten dies vorgeschlagen hatten. Nachdem ich zweieinhalb Jahre lang für 600 Mark im Monat unterrichtet hatte, erhielt ich ein Angebot vom Nova Scotia College of Art and Design in Halifax und gab 1977 meine Position in Düsseldorf auf.

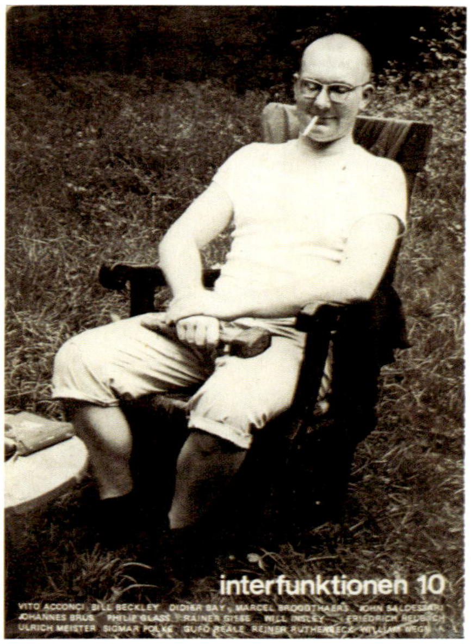

Interfunktionen, 10 (1973)

JEAN-FRANÇOIS CHEVRIER Können Sie uns mehr über ihr Verständnis der Geschichte und der Rolle von Kunstmagazinen erzählen? Die Avantgarde des 20. Jahrhunderts kristallisierte sich ja rund um diese Zeitschriften, und die Konzeptkünstler schufen viele Arbeiten eigens für den Zeitschriftendruck. Wo verlief in Ihren Augen die Trennungslinie zwischen kritischer und künstlerischer Arbeit? Gab es da einen Bereich, wo sich beides überschnitt, eine Vermischung der Rollen?

BENJAMIN BUCHLOH Fritz Heubach wollte das Magazin unter anderem nicht nur als Distributions-, sondern auch als Partizipationsinstrument verstanden wissen. Schon 1968, etwa zur Zeit der documenta 4, galt die Zeitschrift als Mittel der Intervention. Mich hat auch der Versuch des Konzeptualismus interessiert, den Status des Kunstobjekts aufzuheben und die Form der künstlerischen Intervention im Sinne ihrer Textualität und der gedruckten Distribution neu zu definieren. Ich begriff das Journal als eine Verlängerung politischer Positionen mit kulturellen Mitteln. Einige Künstler, die in *Interfunktionen* veröffentlicht hatten, bevor ich die Zeitschrift übernahm, beispielsweise Haacke und Broodthaers, schienen sich damals mit ähnlichen Problemen zu beschäftigen. Ganz sicher traf das damals auch auf Buren zu. Der Bezug zur Geschichte der Avantgarde-Magazine war unübersehbar, auch wenn man sie nicht systematisch untersuchte. Wir waren uns darüber im klaren, daß Avantgarde-Praxis und -Kritik sich zumindest in gewissen Punkten formulieren könnte, wenn man ein Journal gründet, das grundsätzlich nur Originalbeiträge von Künstlern bringt. Die ganz radikale Naivität der Konzeptkunst basiert auf der Illusion, daß die Transformation des Kunstwerks in eine linguistische und textuelle Intervention zwangsläufig auch mehr Leser und eine umfassendere Politisierung der kulturellen Praxis mit sich bringen würde. Es war das naive Aufgreifen von Walter Benjamins Aufsatz über die technische Reproduzierbarkeit, der außerordentlich starken Einfluß ausübte. Ein paar Jahre lang hegten einige von uns in Deutschland den Optimismus, daß bestimmte Formen zeitgenössischer Kunst das gesellschaftliche Denken umkrempeln könnten. Ich weiß nicht, wie es in Frankreich aussah, aber in der Zeit bis 1977 gab es in Italien sicherlich vergleichbare Illusionen, beispielsweise die »Arte povera« und die Aktivitäten von »Lotta continua«.

JEAN-FRANÇOIS CHEVRIER Für mich war es eine positive Krise – wenn man einmal davon ausgeht, daß es keine Kritik ohne eine krisenhafte Phase gibt. Interessant an dieser Phase finde ich die Tatsache, daß das revolutionäre Modell keineswegs einzigartig oder exklusiv war. Es gab alternative Projekte, die offener gewesen waren als das gewichtige marxistisch-leninistische Modell, und die bis dahin funktioniert hatten. 1967 war der Beginn einer Krise des produktivistischen Modells sowie der Ideologie eines Fortschritts, der sich als kontinuierliches Wachstum begriff. Dieses Modell hatte seit dem Krieg das Denken bestimmt und hielt sich bis in jene dreißig Jahre währende Periode hinein, die man in Frankreich als »Trente Glorieuses« (1945–1975) bezeichnet. Aber die Probleme, die 1973 im Ölembargo gipfelten, waren schon Ende der 60er Jahre latent zu spüren. Aus dieser Krise des produktivistischen Modells entstand eine Vielzahl gesellschaftlicher Alternativen, die sich vor allem über das Minderheitenmodell durchzusetzen suchten. Aber natürlich spielte auch das marxistische Modell einer alles bestimmenden Klassenidentität weiterhin eine Rolle. Die Minderheitenbewegungen wurden in unterschiedlichem Maß vom marxistischen Modell angeregt. Aus all diesen Gründen ist 1967 ein entscheidendes Datum in der Chronologie, die wir diesem Buch zugrundelegen.

Was die kritischen Möglichkeiten angeht, die in dieser Phase der Krise entstanden, so möchte ich den Gebrauchswert erwähnen, insbesondere im Zusammenhang mit Magazinen wie *Interfunktionen*. Der Gebrauchswert war ein marxistischer Begriff, der damals, zusammen mit anderen Begriffen wie der des Warenfetischismus beispielsweise, eine Neuauflage erfuhr; dies spielte im Antiobjektdenken der Konzeptkunst eine wesentliche Rolle.

CATHERINE DAVID »Objekt, verstecke dich«, wie Mario Merz gesagt hat.

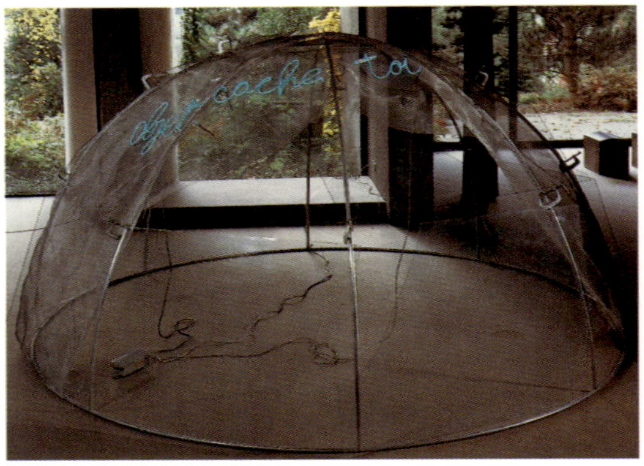

Mario Merz, Objet cache toi (Objekt versteck dich), 1968/77

JEAN-FRANÇOIS CHEVRIER »Goldprobe«, Adornos Text in *Minima Moralia* über die irrige Vorstellung von Echtheit und Authentizität, ist da sehr aufschlußreich, weil er mit dem Warenfetischismus endet, nachdem er die später folgende große Kritik an Heidegger angezettelt hat ...

BENJAMIN BUCHLOH Ja, der französische Titel der Heidegger-Kritik lautet *Jargon de l'Authenticité*.

JEAN-FRANÇOIS CHEVRIER Der Text aus dem Jahre 1945 birgt bereits die Ansätze zu dieser späteren Kritik und greift die marxistischen Begriffe des Warenfetischismus im Sinne Benjamins auf. Es wird deutlich, daß die Warenkritik der 70er Jahre auch eine Kritik des bürgerlichen Humanismus war, für Adorno jedenfalls. Aber kommen wir zurück zum Gebrauchswert. Wenn ich Marx richtig verstehe, dann hat er Gebrauchswert und Tauschwert niemals voneinander getrennt. Und mir scheint manchmal, daß die Utopie jener Zeit, über die wir hier reden, eben in dieser Trennung bestand. Zeitschriften beispielsweise sind Medien, und Medien bedeuten Austausch: Aber man wollte aus dem Tauschwert einen Gebrauchswert machen.

BENJAMIN BUCHLOH In der Tat habe ich das so gedacht. In den 70er Jahren veröffentlichte Wolfgang Pohrt in Deutschland ein wichtiges, aber relativ unbekanntes Buch mit dem Titel *Theorie des Gebrauchswerts*. Auch das Buch *Kritik der Warenästhetik* von Wolfgang Fritz Haug, der später Professor für Politikwissenschaft in Berlin wurde, spielte eine Schlüsselrolle. Im Haupttext des Katalogs zur documenta 5 versucht Hans Heinz Holz beispielsweise – relativ erfolglos –, Haugs Theorien auf die zeitgenössischen Kunstpraktiken anzuwenden. Die Konzeptkunst wollte sich selbst offensichtlich nicht in einen reinen Gebrauchswert transformieren, sondern in einen Kommunikationswert. Denken Sie an eine Arbeit wie Dan Grahams Schema mit ihrer Reduzierung auf das linguistische Element, das den Rahmen der kommerziellen Verbreitung ebenso bestimmt wie das Netzwerk der Information in seinem Text... Ich habe allen Ernstes Arbeiten wie die von Graham und Weiner so verstanden, daß sie sich selbst auf den reinen Kommunikationswert reduzieren, indem sie sich auf ihre eigenen Komponenten beziehen. Diese Idealisierung der reinen Information war damals weit verbreitet. Die Theoretisierung der Photographie im konzeptuellen Text, wie beispielsweise bei Douglas Huebler, basiert auf der Idee von der reinen Information, die keinerlei photographischer oder bildnerischer Konvention unterworfen ist. Der Leser oder Betrachter braucht keine Vorkenntnisse oder besonderes Wissen, weil das Werk als Information sowohl auf der Ebene der materiellen Verbreitung (das heißt als Katalog, gedruckte Seite, Plakat, Zeitschrift) als auch der spontanen Auffassung unmittelbar zugänglich ist.

JEAN-FRANÇOIS CHEVRIER Man ging davon aus, daß die Reinheit der künstlerischen Prozedur die Autonomie des Gebrauchswerts mit sich bringen würde. Huebler läßt daran keinen Zweifel: wenn die Prozedur einmal deutlich geworden ist, kann jeder sie ausführen. Der Künstler produziert Modelle, Prozeduren, die wiederverwendet werden können, und hebt dabei die Trennung zwischen Autor und Rezipient auf. Es gibt ausschließlich Produzenten, die selbst keine Konsumenten sind. Was für ein Idealismus!

BENJAMIN BUCHLOH Zumal, wenn er von Marxisten kommt!

CATHERINE DAVID Kann man Douglas Huebler oder Lawrence Weiner wirklich als Marxisten bezeichnen?

JEAN-FRANÇOIS CHEVRIER Nein, aber ich wende mich an Benjamin Buchloh: Sie haben sich die Mühe gemacht, sich eine marxistische Kultur anzueignen, und in Ihren Texten, vor allem in *Moments of History* sprechen Sie vom Gebrauchswert. Man könnte sogar von einer Fetischisierung des Gebrauchswertes reden. Ich insistiere deshalb darauf, weil heute viele junge Künstler eben diese Fetischisierung reproduzieren, indem sie von Prozeduren und Debatten träumen und dabei vergessen, daß diese Debatte in einen Bezug gesetzt, im Rahmen der Geschichte gesehen werden muß, in einem Kontext mit spezifischen Merkmalen. Heute gibt es hier einen Glauben an die Autonomie der Prozedur, einen neuen Formalismus.

BENJAMIN BUCHLOH Aber ich bin nicht sicher, daß es die Künstler sind, die man dafür verantwortlich machen muß. Ihre Interpretation ist zwar treffend, aber bei Buren beispielsweise gibt es derlei Naivität nicht, weil er alles genau bedenkt, von der Rahmung über die Verbreitungsbedingungen bis hin zur Institutionalisierung.

JEAN-FRANÇOIS CHEVRIER Auch bei Broodthaers ist derlei Naivität nicht zu finden. Aber in der sogenannten Konzeptkunst ist dieses Phänomen weitverbreitet.

BENJAMIN BUCHLOH Bei Huebler und Weiner ja. Bei Dan Graham bin ich mir nicht sicher. Vielleicht in der reinen Präsenz, die er in seinen Videoperformances aus dieser Zeit vorführt, in der völligen Auflösung der ästhetischen Dimension, in der Idee der reinen Phänomenologie: jeder kann sehen, immer, man braucht keine Vorbereitung, kein privilegiertes Lernen, keine Konventionen, keine Kenntnis der künstlerischen Institutionen. Die Arbeit war extrem antiästhetisch, weshalb sie wenig Anerkennung fand. Doch darin liegt eine außergewöhnliche Radikalität; ich weiß nicht, ob das marxistisch zu nennen ist, aber diese phänomenologische Radikalität geht weit über den Minimalismus hinaus. Trotzdem wäre es interessant, von hier den Bogen zur Diskussion des Gebrauchswerts zu spannen. Interessant ist in diesem Zusammenhang auch, daß die Behandlung des Gebrauchswerts als antifetischistisches Konzept keineswegs mit Adornos Theorie der Antifetischisierung zusammengeht. In seinen Augen kann das Kunstwerk, soweit es in einer mimetischen Relation zu den Strukturen der Entfremdung steht, in keinem Fall einen idealisierten Gebrauchswert beanspruchen, der den fetischistischen Bedingungen des Tauschwerts entgegenwirkte. Das erklärt seine tiefe Abneigung gegen politisierte kulturelle Praktiken.

JEAN-FRANÇOIS CHEVRIER Soviel ist klar im Text von 1945: Authentizität ist die Negation der Mimesis, die Negation der mimetischen Relation auf der Grundlage dessen, was Lacan als die fundamentale Struktur der Entfremdung bezeichnet. Wie sehen Sie also heute das, was Sie damals geschrieben haben?

BENJAMIN BUCHLOH Zwei Aspekte interessieren und überraschen mich. Das eine ist die Naivität der Generation Mitte der 70er Jahre gegenüber der Kunstwelt und ihren Institutionen – eine Naivität, die es bei Broodthaers offensichtlich nie gegeben hat. Das andere ist, bei Buren zum Beispiel, eine große utopische Hoffnung, eine idealistische Hellsichtigkeit für das, was eine radikale Praxis erreichen kann. In seinen Texten aus den Jahren 1968/69 sagt er, daß es nicht der Augenblick sei, die Museen ihrer Funktion zu entheben, aber daß man zumindest die Art des Sehens verändern kann.

JEAN-FRANÇOIS CHEVRIER Natürlich ist diese Phase der Krise und Naivität positiv zu bewerten. Ich würde niemanden für diese Krise verantwortlich machen! Es geht darum, einen Schwachpunkt auszumachen, um zu vermeiden, daß er noch einmal auftritt.

BENJAMIN BUCHLOH Debords Text über die Gesellschaft des Spektakels von 1967 ging an uns allen in Deutschland unbemerkt vorüber; ich weiß nicht, wann er übersetzt wurde. Ich frage mich, inwieweit es mit seiner Hilfe möglich gewesen wäre, die Strukturen der kulturellen Herrschaft von Grund auf zu kritisieren, anstatt an die Möglichkeit eines liberalen Kultursystems zu glauben, das ästhetische Praktiken und Politik einander anzunähern vermöchte.

JEAN-FRANÇOIS CHEVRIER Im Rückblick kann man immer leicht sehen, was man verpaßt hat, aber ich glaube, zwei Dinge wurden damals nicht bedacht. Zunächst das, was Sie gerade erwähnten und was so klar aufzeigt, welche Bedeutung dem Gebrauchswert zukommt – wenngleich ich nicht sicher bin, daß Debord ganz frei ist von dieser Naivität. Und zweitens, was Foucault in den 70er Jahren zu artikulieren begann, die Idee der Macht als schöpferische Kraft. Er zeigt das Subjekt als Gegenstand der Prozeduren der Subjektkonstituierung, indem er erklärt, wie die Macht das Subjekt bildet. Eine Lacan-Interpretation durch Foucault.

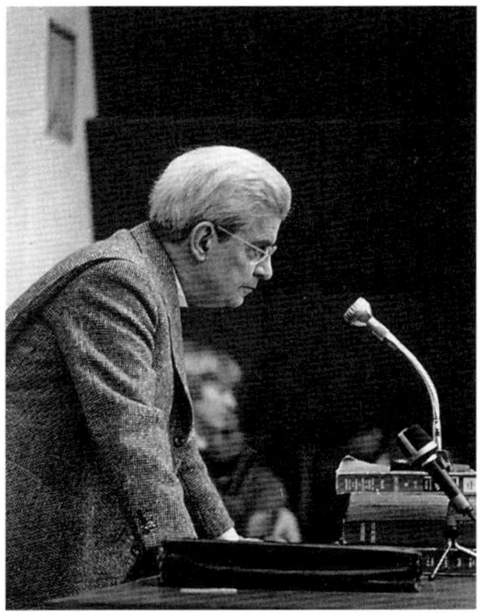

Jacques Lacan, 1978

BENJAMIN BUCHLOH Aber diese Interpretation wurde nie auf die zeitgenössische Kunstproduktion angewendet, weder in Frankreich noch in Deutschland.

JEAN-FRANÇOIS CHEVRIER Oh doch. Broodthaers las Lacan und besuchte sein Seminar. Auch Foucault hat er gelesen und verstanden. Deshalb stellt diese documenta ihn in den Mittelpunkt. Natürlich kann man das Denken des Künstlers nicht einfach mit dem eines Theoretikers gleichsetzen, aber in diesem Fall spielt eine Philosophie mit, in der keinerlei Idealisierung des Gebrauchswerts zu finden ist. Er hat diese Idealisierung völlig außer Kraft gesetzt und sie mit Hilfe des marxistischen Vokabulars demontiert.

BENJAMIN BUCHLOH Wir dürfen nicht vergessen, daß Broodthaers über eine traditionell marxistische Kultur verfügte; bis 1951 war er Mitglied der Kommunistischen Partei Belgiens. Er besuchte Lucien Goldmanns Seminar, und dort wurde ein weitaus traditionellerer Marxismus gepflegt als bei Althusser zum Beispiel. Ich glaube, daß er bis in die späten 60er Jahre hinein versuchte, seinen Marxismus mit dem Strukturalismus von Foucault und Lacan in Einklang zu bringen, ein offensichtlich schwieriges, um nicht zu sagen aussichtsloses Unterfangen.

JEAN-FRANÇOIS CHEVRIER Das könnte heute eine Herausforderung sein: Foucaults Beitrag zum Marxismus bzw. dessen Abwandlung neu zu überdenken. (Interessanterweise zeigt Balibar, ein marxistischer Philosoph, der sich nie mit der künstlerischen Dimension beschäftigt hat, unmißverständlich seine Verbundenheit mit Foucaults Denken über die Prozeduren der Subjektkonstituierung, indem er seine Überlegungen – historisch wie kontextuell – zum Begriff des Bürgertums in Bezug zum Subjekt, und das heißt zu dessen Unterwerfung setzt.)

BENJAMIN BUCHLOH Ich stimme zu, daß Broodthaers eine außergewöhnliche Kritik der Konzeptkunst formuliert hat. Auch Buren hat er kritisiert – sie waren gute Freunde, aber es gab zwischen ihnen tiefe Differenzen über das Verständnis des Museums. Broodthaers dreht die Radikalität von Burens Kritik um, er versieht sie mit einer stärkeren Dialektik und größeren Ambiguität. Was die Ablösung des Museums als Institution angeht, war Broodthaers nicht so optimistisch wie

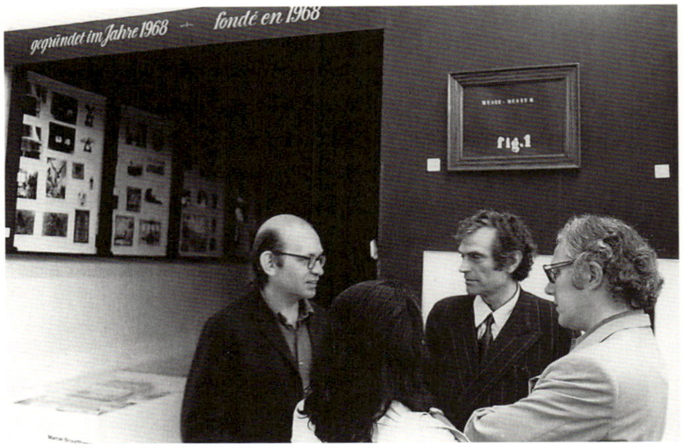

Marcel Broodthaers vor seiner Installation, documenta 5, 1972

Buren. Sicher ist, daß ich Broodthaers 1970 nicht verstanden habe... Er ist mir auch heute noch ein Rätsel. Ich sehe Broodthaers zwischen Foucault und Habermas. Für ihn ist das Museum immer noch eine Institution des radikal-bürgerlichen öffentlichen Raums; es ist kein reines Macht– und Herrschaftsinstrument, sondern eine Institution des Wissens. Seiner Meinung nach sollten sich zeitgenössische Praktiken außerhalb des Museums abspielen. Der Ort der Produktion und der Ort der historischen Reflexion sollten voneinder getrennt sein. Jede Form von Synthese ist gefährlich, weil die zeitgenössische Kunstproduktion zunehmend an die Produktion der Kulturindustrie gekoppelt ist, während das Museum immer noch ein Ort ist, der sich ihrem Zugriff entzieht.

JEAN-FRANÇOIS CHEVRIER Ich bin mir nicht sicher, daß man wie Habermas behaupten kann, Foucault verurteile systematisch und einseitig die Prozeduren des Ausschlusses (weil er von Ausschluß, und nicht von Herrschaft redet). Er sagt schlicht und einfach, daß ein Ideal immer auch Prozeduren des Ausschlusses mit sich bringt. Habermas unterscheidet das Ideal des bürgerlichen öffentlichen Raums von der bürgerlichen Ideologie und sagt, daß das Ideal das Versprechen einer gesellschaftlichen Veränderung in sich birgt und die Ideologie hinter sich zu lassen vermag. Foucault hingegen lehnt solcherlei Unterscheidung ab. Das heißt aber nicht, daß er systematisch eine radikale Kritik praktiziere, beispielsweise der imaginären Produktionen. Dem Imaginären begegnet er nicht mit systematischem Mißtrauen, sondern mit Zuversicht. Auch die Räume des Ausschlusses sind imaginäre Räume, so zum Beispiel das Narrenschiff in *Wahnsinn und Gesellschaft*. Räume der Freiheit sind auch Räume der Beschränkung und umgekehrt. Darin konstatiert Foucault die Ambiguität. Auch wenn die Macht Subjekte produziert, bleibt das Subjekt innerhalb der Machtstruktur fähig, eine andere Subjektivität hervorzubringen. Denken Sie an den Text von 1967, wo er Utopie und Heterotopie, das heißt den »anderen Raum«, gegeneinandersetzt. Mir scheint, daß Broodthaers genau dieser Vorstellung Foucaults von Heterotopie als einer Alternative zu Utopie entspricht. Utopie ist die Idee, daß man ein radikal anderes System erfinden kann.

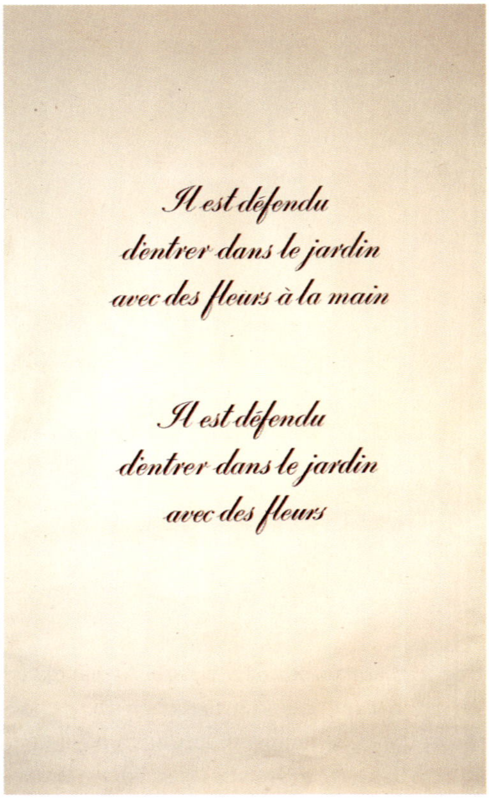

Marcel Broodthaers
Il est défendu (Es ist verboten), 1975

Marcel Broodthaers

Jean-François Chevrier: In Ihrem Denken zwischen den 70er Jahren und heute scheint Marcel Broodthaers zunehmend wichtig geworden zu sein. Früher sahen Sie ihn als Teil einer Gruppe, von der er sich nun abhebt. Was zeichnet diese Figur aus? Es geht natürlich nicht darum, ihn zu einem heroischen Anti-Beuys zu stilisieren!

Benjamin Buchloh: Es gibt mehrere Gründe. Zunächst sehe ich bei ihm jetzt eine viel radikalere Kritik des Visuellen, als ich es anfänglich vermutet hatte. Von Beginn an stellt Broodthaers' Kritik der modernistischen Visualität die Frage nach der Dimension von Geschichte, von Literatur. Dies scheint ein wichtiger Vorläufer für gewisse Entwicklungen in den 80er Jahren zu sein: für die Neubewertung einer visuellen Kultur, die auf dem Ausschluß der Repräsentation und von Geschichte basierte, auf der Unterbindung von Konventionen außerhalb der Bildlichkeit, also von Literatur, Dichtung, Theater, Narrativität. Diese Entwicklung nimmt bei Broodthaers ihren Ausgang, wohingegen ich sie bei Buren, der die Visualität zwar kritisiert, jedoch nur mit deren eigenen Mitteln, gänzlich vermisse.

Jean-François Chevrier: In der Moderne hat es etwas gegeben, was ich als Spiegel der Malerei und Dichtung bezeichnen würde. Ich glaube, Broodthaers gehört zu denen, die den Spiegel zerbrachen, weil in seinem Werk Dichtung und Bild-

Heterotopien hingegen sind vieldeutige Räume, wo es den Ausschluß durch Macht gibt, aber auch die Produktion des Imaginären. Sie sind das, was Foucault als »Reservate der Imagination« bezeichnet. Broodthaers' exotische Träumerei ist genauso. Er ist sich darüber im klaren, daß der Exotismus Teil einer kolonialistischen Ideologie ist, aber er verbindet solch ideologische Darstellungen mit Imaginärem. Vielleicht ist es das Imaginäre der Emanzipation.

BENJAMIN BUCHLOH Ich bin nicht sicher, ob es um Emanzipation geht. Für Habermas sind das Museum und die Avantgarde-Praktiken Prozesse der Emanzipation, der Aufklärung. Foucaults Heterotopie ist aber nicht Emanzipation. Deshalb ist es für deutsche Marxisten so schwer, Foucaults Position zu akzeptieren; sie können sich nichts jenseits der Emanzipation vorstellen. Es gibt keinen Bataille, der das auf Deutschland übertragen könnte, nicht einmal Adorno, obwohl er dem sicher am nächsten kommt.

JEAN-FRANÇOIS CHEVRIER Jedenfalls scheinen Sie davon auszugehen, daß es bei Broodthaers eine Dimension der Emanzipation gibt, die man als seine marxistische, Habermassche Seite bezeichnen könnte... Um auf Ihre eigene Arbeit zurückzukommen, so würde ich Ihnen gern eine Frage zum Strukturalismus stellen. Meines Wissens haben Sie als erster ausdrücklich eine Beziehung zwischen den künstlerischen Tätigkeiten der hier besprochenen Periode und dem von Barthes in seinem berühmten Text über *Die strukturalistische Tätigkeit* beschriebenen Strukturalismus hergestellt. Worin sehen Sie die Entsprechung zwischen der Kunstproduktion, insbesondere der Konzeptkunst, und den geistigen Prozeduren, wie Barthes sie beschreibt? Beschränkt sie sich tatsächlich auf den naiven Wunsch, das Kunstwerk auf eine linguistische Struktur zu reduzieren?

BENJAMIN BUCHLOH Ich antworte zunächst biographisch. Ich »entdeckte« Barthes erst 1972 dank Mark Oppitz, der seine Doktorarbeit über Lévi-Strauss geschrieben hatte. In Berlin gab es, wie gesagt, kein Realitätsprinzip, wohingegen die Rückkehr nach Westdeutschland 1972 die Konfrontation mit einem sehr starken Realitätsprinzip bedeutete. Um im Rheinland eine marxistische Position zu vertreten, mußte man entweder stark und naiv sein oder ein Märtyrer. Als ich also nach fast zwei Jahren in London, wohin ich gegangen war, um mich dem wachsenden Gruppenzwang der desperaten anarchistischen Linken in Berlin zu entziehen, zurückkehrte, »entdeckte« ich den Strukturalismus. Ich sage das mit einem gewissen Zynismus gegenüber mir selbst, weil es nicht wirklich eine Entdeckung war, im Jahre 1972 die *Mythen des Alltags* zu lesen,

lichkeit – um nicht zu sagen Malerei – wie Fragmente des Spiegels sind, die sich gegenseitig brechen... Das ergibt das Spiel des Bilderrätsels, eine Montage aus Fragmenten, Wörtern und Bildern. Es gibt noch einen anderen Künstler, der auch so verfährt, den Sie aber bislang nicht erwähnten, Robert Filliou, der gut mit Broodthaers befreundet war.

Catherine David: Haben wir es bei Filliou nicht mit einem surrealistischen Erbe zu tun, das Broodthaers völlig außer Kraft gesetzt hat?

Benjamin Buchloh: Ich kann dazu nicht viel sagen, ich kenne Filliou nur aus der Distanz, er interessiert mich, aber ich habe mich mit seiner Arbeit nicht systematisch befaßt. Ein weiterer Aspekt, der mich an Broodthaers interessiert, ist seine Kritik der Konzeptkunst. Er hat von Anfang an begriffen, daß die Tatsache, die Arbeit auf eine linguistische Struktur reduzieren zu können, überhaupt nicht radikal ist, daß die Verteilung dadurch auch nicht egalitärer wird, daß keine Loslösung vom Warenobjekt oder der Fetischisierung ästhetischer Prozeduren und Wahrnehmungsformen stattfindet. Und über den letzten Aspekt bin ich mir noch unsicher: Bei der gegenwärtigen Fusion zwischen Museen und Privatfirmen und angesichts der Aushöhlung bürgerlicher Kulturtraditionen wird die Institution Museum gerade im Augenblick ihrer endgültigen Auflösung zu einer Institution bürgerlicher Aufklärung, die unter dem Aspekt neu zu bewerten ist, was sie hätte leisten können und was sie tatsächlich zum bürgerlichen öffentlichen Leben beigetragen hat. Broodthaers war sich durchaus darüber klar, daß die Zerstörung des Museums, teilweise durch die künstlerische Kritik selbst, naiv und verantwortungslos war, ein beinahe futuristischer Akt, wobei er das Wort Futurismus häufig benutzte, um gewisse Praktiken zu verunglimpfen, die ihre eigene Position im historischen oder institutionellen Kontext nicht zu verstehen suchten. Für Broodthaers war das Museum nicht nur ein Ort der Macht, sondern auch des Wissens und der Erfahrungsformen, die durch die bürgerliche Institution Museum im öffentlich-demokratischen Raum garantiert wurden. Er war weder sentimental noch reaktionär, aber er verstand diese Institution als Instrument der Emanzipation, während Buren sie als Regulierungs- und Kontrollinstanz definierte.

Jean-François Chevrier: Zugleich war Broodthaers sich darüber klar, daß diese Anerkennung eines von Ideologie weit entfernten bürgerlichen Ideals doch keineswegs bedeutete, es unabhängig von der Ideologie betrachten zu können, und daß der Raum des Wissens im Museum auch der Raum der Macht ist. Er wußte, daß dieses Wissen und diese Macht sich vor allem dort bemerkbar machen, wo es um das imperialistisch-koloniale Imaginäre geht. Der Adler ist ein imperialistisches Symbol, das koloniale Thema ist in seinem Werk allgegenwärtig, und er erkennt eine bestimmte Ambiguität darin, er sieht, daß eben dieser auf ein imperialistisch-koloniales Imaginäres zentrierte Raum des Wissens und der Macht zugleich ein Reservoir der Phantasie ist. Die Repräsentationen des Kolonialismus können auch einem Baudelaireschen Exotismus Vorschub leisten, einem Bruch in der normalisierten Subjektivität, der die Perspektive einer anderen Subjektkonstituierung ins Spiel bringt: einer Subjektkonstituierung, die sich im Bezug zur Andersartigkeit, zu einer anderen Kultur vollzieht.

Catherine David: Das trifft für die radikalsten Arbeiten zu, den *Jardin d'hiver* oder die *Dekors*. Es hat mit der Begrenztheit der eigenen Kultur zu tun.

Jean-François Chevrier: Deshalb ist er für uns bei dieser documenta so wichtig, weil wir nach der westlichen Kultur in ihrem Bezug zu anderen Kulturen fragen wollen. Broodthaers eröffnet den Blick auf andere Kulturen nicht durch Aneignung, Zitate oder Fetischisierung, sondern indem er den Raum in all seiner Vielschichtigkeit erschließt. Es handelt sich hier weder um eine Dritte Welt-Ideologie, die den Westen stigmatisiert, noch um eine auf Folklore reduzierte Andersartigkeit. So wichtig das Habermassche Modell auch sein mag – und es taucht immer wieder auf, sobald man sich mit praktischer Politik beschäftigt –, es ist doch begrenzter als das Foucaultsche Modell. Broodthaers bleibt näher an Foucault, sofern man diesen außerhalb einer mechanistischen Interpretation der Kontroll- und Herrschaftsstrukturen versteht.

Benjamin Buchloh: Ohne das letzte Wort haben zu wollen, glaube ich aber doch, daß Broodthaers immer an der Frage interessiert war, wie sich bildsprachliche Strukturen in politisches Handeln und Bewußtsein umsetzen lassen. Das ist nicht notwendigerweise Habermas, sondern das eher marxistische Element des Broodthaersschen Denkens. Vielleicht sind wir uns nicht ausreichend im klaren über die marxistische Seite bei Foucault!

Jean-François Chevrier: Es gibt tatsächlich eine marxistische Seite bei Foucault. Die Leute wollen aus ihm einen Liquidator des Marxismus machen, und seine Unterstützung des Buches *Les maîtres penseurs* von Glucksmann war ein schwacher Moment. Aber abgesehen von diesem einen Augenblick der Schwäche hielt er – aus den eben erwähnten Gründen – den Bezug zum Marxismus, ohne teleologische Orthodoxie, immer aufrecht.

Benjamin Buchloh: Auch wenn Broodthaers keine anderen

einen Text, der 1957 geschrieben worden war. Aber es war wichtig zu sehen, wie die Brechtsche Seite Barthes' sich mit einer ganz spezifischen, konkreten und exakten Analyse der zeitgenössischen Welt vertrug. Der Text hat mich regelrecht fasziniert – er schien soviel präziser als die *Dialektik der Aufklärung*! Durch das linguistische Modell ermöglicht der Strukturalismus ein viel genaueres Verständnis von Ideologie und Kommunikation als Adornos und Horkheimers allgemeinerer, ideologiekritischer Ansatz. Mein damaliges Interesse am Strukturalismus bzw. meine Identifikation damit war, ebenso wie meine Identifikation mit der Konzeptkunst, aus der Hoffnung geboren, eine Praxis anstelle eines akademischen Rituals gefunden zu haben. Es war ein weiterer Versuch meiner Generation, bestimmte politische Projekte mit kulturellen oder akademischen Praktiken in Einklang zu bringen. Wir hielten das immer noch allen Ernstes für eine kulturell-politische Intervention. Die Entdeckung der strukturellen Semiologie war eine großartige Verheißung hinsichtlich der deutschen Kunstgeschichte, mehr als eine Verheißung, eine Umwälzung.

JEAN-FRANÇOIS CHEVRIER Barthes wendet den Begriff »strukturalistische Tätigkeit« unmittelbar auf die Surrealisten an. Ich persönlich glaube, das ist ein Punkt, den weder der Strukturalismus noch der Konzeptualismus durchdacht haben. Barthes erinnert daran, daß der Surrealismus nicht unter den Tisch gekehrt werden darf, umsomehr als er den einzigen Moment in der französischen Kultur darstellt, in dem all die Spannungen zwischen Kunst und Politik zum Vorschein kamen. Bei Sartre und dem Existentialismus ist die Kunst beispielsweise reduziert. Ich habe den Eindruck, daß Sie die Frage des Surrealismus ausklammern, so wie es in der konzeptuell-strukturalistischen Tendenz oft geschieht. Wie können Sie die Frage nach Kunst und Politik ohne Berücksichtigung des Surrealismus stellen? In Frankreich wäre das schlicht unmöglich.

BENJAMIN BUCHLOH Als ich Mitte der 70er Jahre in Düsseldorf unterrichtete, habe ich mich zunehmend für den russischen Formalismus und die sowjetische Kunst interessiert. Ich lehrte den Minimalismus auf der Grundlage einer Rezeption der russischen Avantgarde. Das war damals kein Zufall, denn das Thema war in den frühen 70er Jahren immer noch verhältnismäßig unzugänglich. Es ist eine Möglichkeit, über Kunst und Politik nachzudenken: entweder Surrealismus oder sowjetische Avantgarde.

JEAN-FRANÇOIS CHEVRIER Aber besteht denn da solch ein Widerspruch?

BENJAMIN BUCHLOH Nicht aus der Sicht des Historikers. Möglicherweise aber vom Standpunkt desjenigen, der Modelle für die Auseinandersetzung mit der zeitgenössischen Realität sucht. Wenn man eine wirklich verständliche, egalitäre, radikal antiästhetische Aufklärungspraxis entwickeln will, dann nimmt man das linguistische Modell der Konzeptkunst, das

Möglichkeiten für die Praxis sah, so blieb er gegenüber der zeitgenössischen Kunstproduktion doch bis zum Schluß kritisch. Andere Künstler mit Foucaultscher Prägung im begrenzten Sinn bewegen sich vollkommen selbstverständlich im Rahmen eines ganzen Spektrums künstlerischer Praktiken. Dan Graham oder Lawrence Weiner beispielsweise interessieren sich absolut nicht für andere Praktiken oder das Kunstsystem im allgemeinen.

Catherine David: Ich denke, das ist eine Beschränktheit in der zeitgenössischen Praxis. Wenn man mit Dan Graham arbeitet, stellt man fest, daß diese Blindheit eine Einschränkung darstellt. Der Unterschied bei Broodthaers, die radikale Heterotopie, sind die Dekors. Das sind Formen, die sich widersetzen, die überdauern. In letzter Zeit drehen sich manche Praktiken junger Künstler um diesen Aspekt, aber seltsamerweise wird er selten zitiert.

Benjamin Buchloh: Renee Green vielleicht...

Catherine David: Aber mit einer sehr verienfachenden Interpretation des Dekors.

Benjamin Buchloh: Das passiert oft von einer Generation zur nächsten! Denken Sie an die sehr vereinfachenden Duchamp-Interpretationen in den 50er und frühen 60er Jahren...

Modell des russischen Formalismus und die Praktiken der Arbeiter-Korrespondenten-Bewegung bzw. des faktographischen Realismus von Tretjakow. Und die lassen sich nicht so leicht in Einklang bringen mit dem Modell des Unbewußten, wie der Surrealismus es entwickelt hat. Es wäre möglich, aber ich habe es nicht getan, und seither auch sonst niemand.

JEAN-FRANÇOIS CHEVRIER Ich sehe jedenfalls in Benjamins Arbeit einen ernsthaften Versuch, den Konstruktivismus, vor dem Hintergrund des sowjetischen Modells, mit dem Surrealismus zu verbinden: Le Corbusier und Breton etc. Und diese Begegnung war politisch bedeutsam für die Geschichte der Avantgarden zwischen den Kriegen, für eine Darstellung der Prozeduren der Subjektkonstituierung im Zusammenhang mit den Strukturen der Macht. Der Surrealismus betonte die Dimension des Unbewußten, also des Subjekts. Wie kann man Lacan ohne den Surrealismus verstehen? Wenn man diese Dimension außer acht läßt, übergeht man letztendlich ganze Entwicklungsstränge der Geschichte, die gesamte mitteleuropäische Avantgarde beispielsweise. Sie verharren in der Trilogie Frankreich, Rußland, Deutschland. Aber in der Tschechoslowakei und Ungarn gab es ebenfalls eine Avantgarde, an der das Verblüffende genau das ist, was wir jetzt gerade wiederentdecken: die Begegnung von Konstruktivismus und Surrealismus. Karel Teige ist beispielsweise eine sehr interessante Figur.

BENJAMIN BUCHLOH Ich frage mich, worauf das Mißtrauen gegenüber dem Surrealismus im Nachkriegsdeutschland beruht. In den 70er Jahren entdeckte man Magritte, Max Ernst und Breton als Maler – und das ist schon eine erste Erklärung für die kritische oder distanzierte Haltung, denn die Malerei von Magritte und Ernst hat mich damals überhaupt nicht interessiert. Mir schienen Duchamp und gewisse Aspekte von Dada interessant. Aber Sie haben Recht, die jüngere Generation versucht heute Benjamins berühmte Bemerkung über Le Corbusier und Breton zu verstehen.

CATHERINE DAVID Die Bemerkung verweist auf zweierlei: zunächst einmal auf die privilegierten, aber vielleicht unterschwelligen Beziehungen zwischen Architektur und Literatur eher denn der bildenden Kunst, und zweitens auf die Tatsache, daß die besten Ergebnisse des Surrealismus in der Literatur, und nicht in der bildenden Kunst zu finden sind.

JEAN-FRANÇOIS CHEVRIER Das Beste am Surrealismus in der bildenden Kunst ist für mich eine Art Dreieck. Erstens surrealistische Photographie, und da besonders etwas, das man als »poetisches Dokument« bezeichnen könnte. Seit der Romantik ist das Oxymoron, das Widersprüche miteinander verbindet, eine bevorzugte Figur der Avantgarde. Zweitens das Kino, das im Surrealismus auf der Ebene der Gesellschaftsutopie eine Rolle spielt, aber auch auf der Ebene der Lust: Kino ist der Augenblick des Übergangs, der Lust im Verhältnis zum Unbewußten. Das Kino umschließt bei den Surrealisten das Lustprinzip durch Aneignung und Umleitung (détournement) volkstümlicher Unterhaltung. Es gibt wunderbare Texte von Breton über diese Art, Filme zu konsumieren, ins Kino zu gehen, es wieder zu verlassen, wieder hineinzugehen. In seinem Buch *Le signifiant imaginaire* vergleicht Christian Metz das Betrachten eines Kinofilms mit der Träumerei, nicht aber mit dem Träumen. Er beschreibt sehr treffend die surrealistische Oszillation zwischen dem Realitätsprinzip und dem Lustprinzip, zwischen Wachen und Schlafen, den hypnagogischen Zustand. Aber seltsamerweise zitiert er die Surrealisten nicht. Das Kino ist also ein Ort der Lust, aber auch der Politik, ist Raum für Lust und Revolution zugleich. Die Surrealisten kannten die Arbeit der russischen Filmemacher; Eisenstein besuchte sie, als er nach Paris kam, desgleichen Rodtschenko, und sei es auch nur, weil viele Surrealisten Marxisten waren. Das Dreieck ist also Photogra-

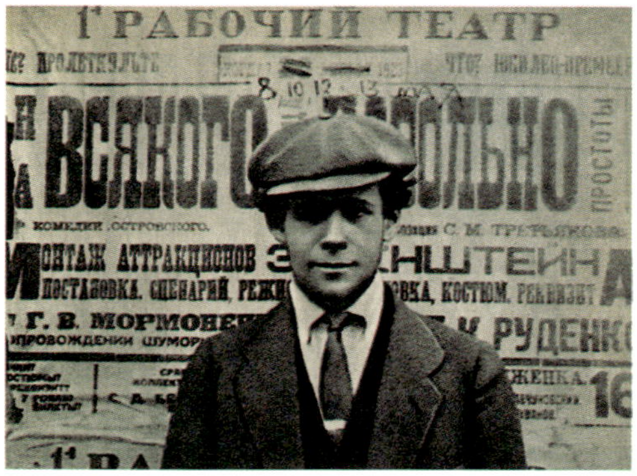

Sergej Eisenstein

Joseph Beuys und der Surrealismus

Benjamin Buchloh: Meiner Meinung nach ist Beuys der einzige Künstler, der den surrealistischen Weg nach dem Krieg fortgesetzt hat – wenn man einmal vom amerikanischen abstrakten Expressionismus absieht, wo die Situation komplizierter ist. Er ist der einzige Künstler in Deutschland, den man de facto als Surrealisten bezeichnen könnte, der einzige Künstler, der eine Geschichte aufrollt und ummodelt, welche dem Unbewußten eine zentrale Rolle in der ästhetischen Produktion zuschreibt. Das Paradoxe daran ist, daß er es zu spät tut, in einem Augenblick, wo es vollkommen obsolet und unmöglich ist.

Jean-François Chevrier: Natürlich sehe ich den Fehlschlag bei Beuys, aber einen romantischen Fehlschlag – und wir wissen, wie wichtig die deutsche Romantik für die Surrealisten war. Beuys koppelt ein surrealistisches Residuum mit Romantizismus und reproduziert den romantischen Fehlschlag in einer Logik der Remanenz und der historischen Latenz.

Benjamin Buchloh: Jeder Künstler, der historisch an die deutsche Romantik anzuknüpfen versucht – und ich bin mir nicht einmal sicher, daß das auf Beuys zutrifft –, erscheint mir nach dem Faschismus als ein zutiefst problematischer Künstler. In diesem Zusammenhang überrascht es mich, wenn ein Historiker wie Peter Bürger, ein Spezialist für Surrealismus und Romantik, die zeitgenössische Kunst durch Beuys entdeckt, und nicht durch Arman oder die Duchamp-Rezeption, oder durch Buren und Haacke, um nicht schon wieder von Broodthaers zu sprechen – durch Künstler, für die jedwede Kontinuität ein für allemal zerbrochen ist. Im Ursprung der praktischen Realisierung scheint mir das Ausmaß der Entfremdung, welches bei Arman im Gegensatz zur kulturellen Kontinuität bei Beuys zum Tragen kommt – obwohl beide mit gefundenen, industriellen Objekten arbeiten –, eine notwendige Bedingung für eine Arbeit zu sein, die sich nach dem Krieg als zeitgenössisch bezeichnet, wohingegen bei Beuys eine totalisierende Tendenz vorherrscht, die von zeitgenössischer Kunst unmöglich bestätigt werden kann.

Jean-François Chevrier: Für mich hat Beuys eine solche Remanenz der Romantik in surrealistischer Gestalt; und er zielt auf Versöhnung. Außerdem sehe ich einen Totalitätsanspruch unter Rückgriff auf eben jenes Wagnersche Modell, das Broodthaers verwarf, und schließlich eine geopolitische Bildsprache in Gestalt von Eurasia, was an gewisse deutsche Obsessionen erinnert; aber der Totalitätsanspruch schlägt letztlich fehl. Und zwar gerade deswegen, weil der romantische Bezug so stark ist. Und in der Wirklichkeit gipfelt dieser Totalitätsanspruch in einer außerordentlich brüchigen Erfindung. Es gibt einen wunderbaren Satz von Novalis über ein Universum, das nur aus Bruchstücken besteht: das ist Beuys. Und schließlich ist Beuys Pathos im positiven Sinn, insofern er sich von der Rationalität des Logos unterscheidet: die Unmöglichkeit der Totalität, die Unvermeidlichkeit des Fragments. Natürlich kann man die Frage stellen, ob dieser Fehlschlag ihm bewußt war oder nicht. In jedem Fall ist er deutlich am Werk ablesbar. Nichts von jener Verwischtheit, die Artaud Breton vorwarf.

Benjamin Buchloh: Der Fetisch ist ablesbar, die Fetischisierung obsoleter Ästhetikkonzepte ist immer ablesbar.

Jean-François Chevrier: Wir können zu Benjamin zurückkehren, der den Fetisch ausspielt; das ist es, was Adorno nicht versteht. Benjamin geht das mimetische Risiko ein, selbst Fetische zu produzieren, und deshalb ist sein Denken schwer zu akzeptieren.

phie, Kino, Politik. Die entscheidende Rolle spielt nicht die Malerei, sondern das Bild. Die Photographie ist in ihrem Verhältnis zum Kino ein wichtigerer, weil politischerer Zugriff auf das Bild. Und hier nähern wir uns dem Konstruktivismus, der Sie interessiert. Wenn man den Surrealismus in seiner politischen Dimension betrachtet und einige Neo-Ansätze in der bildenden Kunst außer Acht läßt, die auf einer entstellenden Bataille-Interpretation beruhen, dann werden die Affinitäten zum Konstruktivismus sichtbar. Sie haben über den Konstruktivismus als politische Perspektive geschrieben, die in den 60er Jahren verwendet wurde, vielleicht nicht besonders sinnvoll; man hätte sie möglicherweise sinnvoller nutzen können. Und dasselbe tut beim Surrealismus not! Ihr Text war ja nicht nur das Werk eines Kunsthistorikers, sondern es war auch ein politischer Text, der besagte, daß in den 60er Jahren etwas begonnen hatte, das weitergeführt werden sollte. Der Surrealismus, über den ich spreche, muß neu definiert werden, überdacht und abgesetzt von Bretons imaginärem Ansatz, so wie Benjamin den Konstruktivismus absetzte von dessen Reduktion auf einen geometrischen Formalismus, eine Variante der bildenden Kunst.

CATHERINE DAVID Wenn Sie sich fragen, warum bestimmte Figuren Sie mehr als andere interessiert haben, dann natürlich deshalb, weil Sie Kunsthistoriker sind, vor allem aber, weil Sie Kritiker sind, jemand, der an Interventionsmodellen interessiert ist. Und diese Frage haben damals nicht viele gestellt. Sie taucht in den Andre-Frampton-Dialogen auf, in den Texten von Robert Morris... Die Unterdrückung der Avantgarde ist nicht nur das Resultat eines starken Traumas wie in Deutschland.

JEAN-FRANÇOIS CHEVRIER Es ist eindeutig die Unterdrückung einer gesellschaftlichen Utopie. Aber ich glaube, wenn der Surrealismus unterdrückt oder unter Vorwänden, die sich aus einer Bataille-Interpretation herleiten, auf eine Variante der bildenden Kunst reduziert wird, dann bedeutet das eine ernsthafte Einschränkung des Unbewußten, des Lustprinzips, alles dessen, was sich in der Beziehung der Surrealisten zum Kino ausdrückte. Und auch dies ist wieder eine Frage der Prozeduren der Subjektkonstituierung. Sowohl die Surreali-

Benjamin Buchloh: Beuys produziert keine Fetische, er praktiziert sie.

Jean-François Chevrier: Ein Künstler, der eine wirkliche Beuys-Kritik möglich macht, ist der frühe Rauschenberg, vor allem mit seinen *Feticci Personali* und den *Scatole Personali* von 1952, vor den *Combine Paintings*. Es ist unglaublich, wie ein amerikanischer Künstler, der aus der Medien- und Pop-Kultur kommt, aber in Italien arbeitet, so mit Archaismus, Sexualität und den unbewußten Aspekten des Surrealismus spielen kann. Rauschenberg geht nach derselben Methode wie Beuys vor, wenn er Magisches in Szene setzt; er nannte seine Arbeiten »persönliche Fetische«.

Benjamin Buchloh: Die Komplexität des Duchampschen Modells ist bei Rauschenberg präsent, bei Beuys aber nicht. Das ist der Unterschied.

Catherine David: Außerdem bedarf es einer enormen Naivität, zu Zeiten des Strukturalismus und der Beschäftigung mit Ethnographie zu glauben, man könne das Ritual als Alternative zur Ware wieder einsetzen.

Benjamin Buchloh: Und das ist eines der Probleme bei Beuys: den Kultwert – um mit Benjamin zu sprechen – in einem Augenblick wieder zu bemühen, in dem gerade deutlich geworden ist, daß das Kunstwerk sich ausschließlich durch seinen Ausstellungswert konstituiert. Das eben hat Beuys im Gegensatz zu Rauschenberg oder Johns, dessen Glühbirne ein von seiner magisch-fetischistischen Dimension befreiter Gegenstand ist, nicht verstanden. Dasselbe gilt für Arman zwischen 1959 und 1961, für seine *Poubelles* und die ersten *Accumulations*. Es war ein wichtiger Übergang. Er ist zwar sehr extrem und heftig, aber das ist gerade der spezifische Aspekt dieses historischen Moments zwischen 1959 und 1961; denn da gibt es nicht einmal den Versuch, irgendeine Kontinuität zum Surrealismus, zum Magischen, zum Kultwert und zum Unbewußten herzustellen. Welche historischen Bedingungen disqualifizieren den Freudschen Begriff des Unbewußten als zentrale Idee der ästhetischen Produktion? Das haben wir hier nicht klargestellt.

Jean-François Chevrier: Ich stimme zu, daß der Vergleich mit dem frühen Rauschenberg für Beuys ungünstig ausfällt, aber er ist interessant. Das Spiel mit dem Fetisch hat eine andere Qualität; bei Rauschenberg ist es vielleicht unmittelbar überzeugender für einen Intellektuellen mit ideologiekritischem Ansatz, einen Intellektuellen, der sich jener zweifachen historischen Veränderung bewußt ist, welche sich aus dem Bruch mit dem Faschismus einerseits und dem Beginn der Konsumgesellschaft amerikanischen Stils andererseits ergeben hat. Aber es ist gefährlich, die Beuyssche Aktualisierung dieses Archaismus durch dessen explizite Inszenierung außer acht zu lassen. (Denken Sie an die kleinen Objekte, die denen von Rauschenberg nicht nur zeitlich – zwischen 1949 und 1955 – sehr nahe sind.) Ich denke an einen Text von Pierre Clastres aus dem Jahr 1967 mit dem Titel *De quoi rient les Indiens?* (Worüber lachen die Indianer?) Er behauptet, daß Mythologie eigentlich etwas sehr Komisches ist. Bei Beuys gibt es ein Spiel mit der Mythologie, mit einem archaischen Element, das aufzudecken völlig nutzlos ist, weil es, wie der Psychoanalytiker sagt, durch die Hintertür wieder hereinkommt. Genau das passierte nämlich in Deutschland in den 80er Jahren, und das haben Sie ja auch in *Figures of Authority, Ciphers of Regression* verurteilt. Das war noch schlimmer, und es konnte nur deshalb passieren, weil Beuys' Werk unterdrückt worden war.

Benjamin Buchloh: Ich sah das damals so, weil ich sagte, daß Beuys im Vergleich zu Kiefer ein phantastischer Künstler war!

sten als auch die Konstruktivisten erkannten, daß eine Revolution erforderlich war, aber auch, daß der Mensch, der sie durchführen sollte, geändert werden mußte.

BENJAMIN BUCHLOH Ich suche immer noch nach einer Antwort auf Ihre Frage nach meinem Desinteresse am Surrealismus. Es läßt sich vielleicht auf das anhaltende Vorurteil gegen Freud zurückführen, das nach dem Krieg allgemein in Deutschland herrschte; und/oder auf die anhaltende Skepsis bzw. kritische Position gegenüber der Malerei, von der meine ästhetischen Interessen in den 60er Jahren geprägt waren. Und dann ist der Surrealismus ja allzuschnell in der Werbung der Nachkriegszeit ausgeschlachtet worden. All diese Erklärungen treffen teilweise zu, sind aber zu einfach. Sicherlich bestand das Politische seit 1968 für mich mehr in der Veränderung der Besitzverhältnisse von Produktionsmitteln und in der Veränderung der Produktionsbeziehungen, aber nicht so sehr in der Veränderung des Unbewußten. Außerdem ging ich immer davon aus, im Moment der Konzeptkunst zumal, daß die ästhetische Praxis nicht primär im Unbewußten angesiedelt ist. Anders als Broodthaers war mir völlig unverständlich, daß die Ästhetik auch den Zustand des Selbst, des Subjekts miteinschließt – das ist etwas anderes als das traditionelle Freudsche Unbewußte. Wenn man die künstlerischen Praktiken der 70er Jahre betrachtet, bei Ryman zum Beispiel, der in meiner Einschätzung der Malerei eine große Rolle spielte, oder bei Richter, dann hat tatsächlich keiner von ihnen sich jemals mit dem Surrealismus auseinandergesetzt. Mein Verständnis der Malerei leitete sich nicht von Pollock her; in dieser Generation interessierte ich mich mehr für Barnett Newman. In meinen Augen basiert das Kunstwerk in paradoxer Weise auf einem Kommunikationsmodell, dem Modell einer sehr komplexen und widersprüchlichen Kommunikation, undurchsichtig, hermetisch, esoterisch, einer Kommunikation des Widerstands und Gegensatzes, der negativen Kritik – aber nicht auf dem Modell einer libidinösen Intervention oder einer Intervention in den unbe-

Jean-François Chevrier: Ich denke, eine bestimmte konzeptualistisch-strukturalistische Norm verwarf den Surrealismus und unterdrückte im Zuge dieser Haltung Beuys' Arbeit, mit dem Effekt, daß das Unterdrückte zurückkehrte; so geschehen nach 1978, dem Wendepunkt in jener regressiven Kunst, die Sie verurteilt haben. Aber könnte es sein, daß Sie mit der Unterdrückung des Surrealismus – nicht der surrealistischen Tradition, sondern der zugrundeliegenden Ziele – und der Ziele des Beuysschen Archaismus letztendlich zu jenen Kritikern gehören, die die von Ihnen verurteilte Rückkehr der Regression ermöglichten? Jedenfalls sollte klar sein, daß es mir nicht um das Freudsche Unbewußte, das individuelle Unbewußte geht.

Benjamin Buchloh: Bleibt herauszufinden, warum diese Repression eine typisch deutsche Erscheinung ist, wie ich feststelle. Aber über diese deutsche Nachkriegstradition hinaus bleibt die Frage, ob der Skeptizismus gegenüber dem Surrealismus über mehrere Generationen hinweg und in verschiedenen Kontinenten immer eine Repression ist. Ich denke hier wieder an Rymans Werk Ende der 50er Jahre, an die Anfänge des Nouveau Réalisme in den frühen 50ern, an die Künstler der zweiten deutschen Generation wie Polke, selbst Palermo, der ein überzeugter Beuys-Schüler war; sie alle distanzieren sich von Geschichte, Theorie und Praxis des Surrealismus.

Jean-François Chevrier: Die Distanzierung ist dort positiv, wo sie sich auf eine unglückselige Surrealismus-Tradition bezieht, die auch Artaud verurteilt. Aber diese positive Distanzierung geht mit Repression einher. Ich weiß nicht, warum. Unsere Diskussion über das Irrationale war ein Anfang, aber um das ganze Problem zu verstehen, müßten wir eingehender darüber nachdenken.

wußten Strukturen des Subjekts. Das schien mir immer ungenügend. Früher hätte ich gesagt »pretty bourgeois«, aber das denke ich heute nicht mehr! Ich lasse das alles mit einem gewissen Staunen zu... Aber wenn man die Kritik des Surrealismus bei Debord oder Buren betrachtet, scheint es dann in den 60er Jahren nicht mehr oder weniger üblich gewesen zu sein, den Surrealismus zu kritisieren?

JEAN-FRANÇOIS CHEVRIER Ja, weil es gute Gründe für diese Kritik gab. Nehmen Sie beispielsweise Artauds Brief an Breton, in dem er die Teilnahme an einer 1944 von Breton organisierten Ausstellung ablehnt, wohingegen Duchamp sich daran beteiligte: das ist das Radikalste, Intelligenteste und Entschiedenste, was jemals gegen den Surrealismus vorgebracht wurde. Artaud erklärt am Schluß, daß ihn die Wirklichkeit des Arbeiters interessiere, während Breton sich mit Magie und Warenfetischismus beschäftige. Ich weiß nicht, ob Broodthaers diese Briefe gelesen hat; sie waren 1968 in der Zeitschrift *L'Ephémère* abgedruckt. Sie lassen sich sowohl mit Broodthaers Beuys-Kritik als auch mit Beuys' Duchamp-Kritik vergleichen. Sie verwehren sich gegen Magie und Heimlichtuerei um die Arbeitsmethode und bilden darin eine Synthese beider Kritiken. In jedem Fall aber ist der Surrealismus mit all seinen widersprüchlichen Beziehungen weitaus interessanter als die von Breton gesetzte Norm.

BENJAMIN BUCHLOH Wenn Sie die 60er und 70er Jahre betrachten, ja sogar die 80er, bei welchem Künstler sehen Sie eine offensichtliche und überzeugende Weiterführung des Surrealismus?

JEAN-FRANÇOIS CHEVRIER Maria Lassnig, Eva Hesse.

BENJAMIN BUCHLOH Das Unbewußte ist vorhanden, sicherlich. Aber es ist ein Surrealismus aus Pollocks Perspektive, der sich mit sehr komplexen Mitteln formuliert. Es ist schwierig, Eva Hesse in einer surrealistischen Tradition anzusiedeln.

JEAN-FRANÇOIS CHEVRIER Jetzt verstehe ich erst den eigentlichen Sinn Ihrer Frage: wenn ich an surrealistische Tradition gedacht hätte, hätte ich überhaupt niemanden benennen können! Aber es geht nicht darum, so etwas wie eine stilistische Tradition aufrecht zu erhalten. Nehmen Sie Eva Hesse: Wenn man sich ihre ganze künstlerische Entwicklung anschaut, dann war von Anfang an, ganz von Grund auf, etwas Surrealistisches im Spiel. Ich glaube, der Surrealismus ist überdeckt worden von der konzeptualistisch-strukturalistischen Tendenz, und deshalb finden wir kaum Künstler... Auf jeden Fall suchen wir besser in der Zeichnung als in der Malerei danach.

BENJAMIN BUCHLOH Sehen Sie Beispiele in der zeitgenössischen Praxis, die sich auf den Surrealismus beziehen?

JEAN-FRANÇOIS CHEVRIER Mike Kelley hat mich in den letzten Jahren sehr interessiert. Er greift ausdrücklich jenen Aspekt des Surrealismus auf, der sich in Bezug zur amerikanischen Subkultur setzt. Ich bin Franzose, also nicht Teil der Subkultur eines amerikanischen Künstlers von der Westküste; aber ich habe diesen Aspekt seiner Arbeit sofort erkannt.

BENJAMIN BUCHLOH Wie würden Sie Jeff Walls Position beschreiben?

JEAN-FRANÇOIS CHEVRIER Auch er ist ein Beispiel. Schwarzer Humor spielt bei ihm eine wesentliche Rolle. Natürlich steht er dem europäischen Denken näher. Darin liegt die Stärke des Surrealismus, daß er einen so weitreichenden Einfluß hat, in ganz Lateinamerika zum Beispiel.

CATHERINE DAVID Daran dachte ich, als Sie Zentraleuropa erwähnten. Zugleich ist aber die Dimension der Aneignung

Antonin Artaud

Briefe an André Breton um den 28. Februar 1947

Sie haben mir zu meiner Vorstellung im Théâtre Vieux-Colombier bittere Vorwürfe gemacht... für mich war's die erste Gelegenheit, dem gesellschaftlichen Publikum zu sagen, was es verdient
es hat mich 9 Jahre interniert,
durch seine Polizei das Rückgrat mit Schlägen einer Eisenstange kaputthauen lassen,
durch Zuhälter zwei Messerstiche in den Rücken bohren lassen,
verhaftet und ins Gefängnis geschickt, deportiert,
auf einem Schiff attackieren lassen,
3 Jahre keine Auskunft gegeben während der ersten drei Internierungsjahre,
systematisch während 5 Monaten in einer seiner Irrenanstalten vergiften lassen (in der von Sotteville-les-Rouen, Oktober 1937–März 1938).
Vielleicht habe ich deswegen Leute in einem Theater versammelt,
aber zu sagen, ich bliebe Theatermann, wie Sie es in Ihrem Brief tun, nur weil ich auf einer Bühne erschienen bin,
ist eine fiese Ungerechtigkeit.
(...)
Wie können Sie nun, André Breton, nach dem Vorwurf, ich sei in einem Theater aufgetreten, mich zur Teilnahme an einer Ausstellung einladen, dies in einer hyper-schicken, ultra-florierenden, publicityträchtigen, kapitalistischen Kunstgalerie (auch wenn ihre Finanzen auf einer kommunistischen Bank liegen), wo jede Schaustellung jedes beliebigen Themas höchstens noch den stilisierten, begrenzten, geschlossenen, fixen Charakter eines Kunstversuchs annehmen kann.
Nein, ich kann absolut nicht an einer Ausstellung teilnehmen, insbesondere nicht in einer Galerie,
umso mehr, als es in Ihrem Projekt noch etwas gibt, bei dem ich mich vor Ekel schüttle.
Nämlich den Parallelismus zwischen surrealistischer Aktivität und Okkultismus, Magie. – Ich glaube an keinen Begriff, keine Wissenschaft oder Kenntnis mehr, schon gar nicht an eine verborgene Wissenschaft.
Sie haben also diese Ausstellung in 15 Säle aufgeteilt, in jedem ein Altar nach dem Modell des, wie Sie sagen, Voodoo- und Indianer-Kults, darstellend die 15 Stufen oder Etappen einer vollständigen Initiation.
Dagegen lehnt sich meine gesamte Physiologie auf, denn ich sehe nicht, wie es auf der Welt etwas geben könnte, in das man initiiert werden müßte.
Jede Erfahrung ist entschieden persönlich...
Mit fortschreitender Zeit habe ich einen fürchterlichen Widerwillen gegen alles entwickelt, was mit Magie, Okkultismus, Hermetismus, Esoterik, Astrologie und so weiter, und so weiter zu tun hat, nicht nur glaube ich nicht daran, sondern mein Haß auf die menschliche Gesellschaft kennt keine Grenzen mehr, wenn ich den unbeschreiblichen Schundhaufen aller Irrtümer, aller Irrglauben, aller Sophismen, allen Humbugs, des ganzen funkelnden Schrotts sehe, womit gewisse Individuen, gewisse Sekten, gewisse Ansammlungen von Individuen mir weismachen wollen, sie hätten Lebensgeheimnisse erfaßt und könnten sie handhaben, sie herrschten über Welten phänomenaler Wahrheiten, während sie unter der Decke dieses schmutzigen menschlichen Illusionismus immer nur mit reinem Wind umgegangen sind, der läßt sie glauben, etwas könne sein und es gebe etwas,
und daß von dem, was etwas ist, sich zwingend etwas herleiten lassen müsse, dem ich mit irgendwelcher Seite meiner selber notwendigerweise und unausweichlicherweise unterworfen wäre.
Ivry, 28. Februar 1947

Am vergangenen 13. Januar bin ich nicht ins Theater gegangen, um mich als Schauspiel darzubieten, ein Schauspiel abzuziehen,
sondern um die in meinem Kampf erworbenen offenen Wunden vorzuzeigen, im miserablen Eingedenken dieser Zeit, die schlimmer ist als die von Gérard de Nerval, Edgar Poe oder Lautréamont.
Und als Sie mir sagten, Sie ständen diesem Projekt feindlich gegenüber,
nein, André Breton, Sie befeindeten nicht den Umstand, daß ich mich in einem Theater zeigte,
ein Teil Ihrer selber nahm Anstoß am Zweck meiner Schaustellung, wollte nicht, daß das weitherum gezeigt würde – und von diesem Teil Ihrer selber glaube ich nicht, daß Sie es selber sind.
Wie könnte ich aber daraufhin einen Text für eine Ausstellung schreiben, zu der dasselbe stinkende Publikum in eine Galerie wiederkäme, welche, da sie ihre Finanzen aus einer kommunistischen Bank pumpt, eine kapitalistische Galerie ist, worin man Bilder sehr teuer verkauft, welche keine Malerei mehr sind, sondern Warenwerte, Werte unter dem Titel Werte, und die auf der Welt all das sind, was sich als Gegenstand Wert nennt, diese Sorte großer in vielfältigen Farben bedruckter Papiere, die auf einem einfachen Bogen Papier (o Wunder) den Inhalt einer Mine, eines Feldes, eines Brunnenschachtes, eines Sediments, eines Unternehmens, einer Goldschürfstelle darstellen, für welche der Besitzer der Inhaber, der Kapitalist, der Eigner sich nicht einmal ein Rißchen in einem Fingernagel zuzog, während Millionen Arbeiter auf der Ebene des Gegenstands verreckt sind, damit der Verarschte namens Geist in aller Bequemlichkeit aus der materiellen Arbeit des Körpers Genuß ziehen kann.
Ivry, 24. März 1947

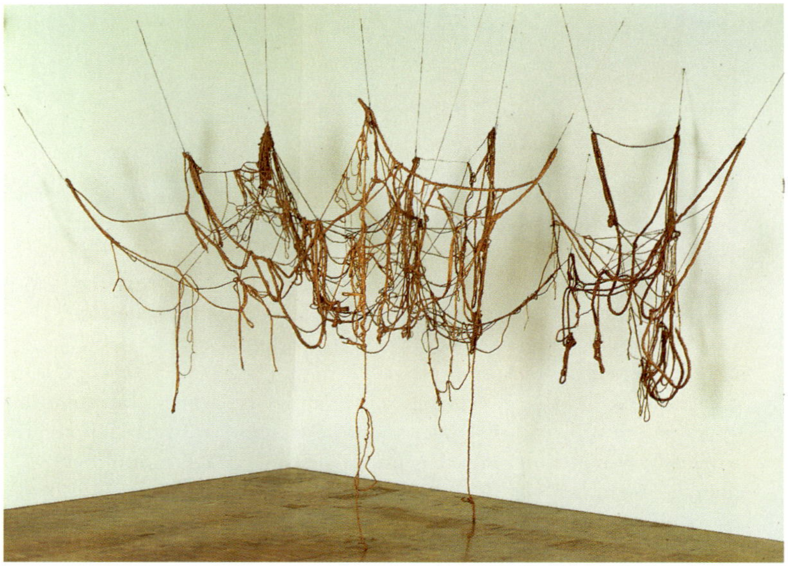
Eva Hesse, Untitled (Ohne Titel), 1970

durch das surrealistische Netz unübersehbar. Die lokalen Erklärungsstrategien waren relativ begrenzt, so daß der Surrealismus ungehindert eindringen konnte. Seine Weiterentwicklung gewann erst dann an Bedeutung, als jemand wie Octavio Paz in Mexiko beispielsweise sich ihrer annahm. Aber es gibt keinen argentinischen Schriftsteller, den man als Surrealisten bezeichnen könnte. Brasilien ist eher modernistisch als surrealistisch.

JEAN-FRANÇOIS CHEVRIER Wie hätte aber das Museum des Unbewußten ohne Surrealismus existieren können?

CATHERINE DAVID Die Kategorie des Unbewußten hängt natürlich mit dem Surrealismus zusammen, aber auch mit der psychoanalytischen und psychiatrischen Kultur. In den 20er und 30er Jahren fand die Behandlung von Geisteskrankheiten enorme Beachtung. Man fertigte Dokumentationen an und bewahrte sie in Archiven auf. Das Museum des Unbewußten beherbergt diese Archive.

JEAN-FRANÇOIS CHEVRIER Ist dieses Projekt vergleichbar mit dem Museum für Art Brut, und wenn ja, inwiefern?

CATHERINE DAVID Es besteht ein enger Zusammenhang zwischen beiden. Aber zunächst einmal gab es das Museum des Unbewußten früher, und zweitens knüpft es unmittelbar an die psychiatrische Praxis an. Die Archive wurden von einer Frau in einer der beiden großen psychiatrischen Kliniken von Rio angelegt. Ihre Arbeit war absolut innovativ, und als Mario Pedrosa sein brasilianisches Kulturmuseum plante, wollte er diese Archive in einen Komplex eingliedern, der die vier Hauptkomponenten der brasilianischen Moderne umfassen sollte: Europa, die einheimischen Völker, Volkskunst und das Unbewußte. Heute gibt es nur das Indianer-Museum und das Museum des Unbewußten, aber das Projekt ist ein typisches Beispiel dafür, wie scheinbar heterogene Elemente zusammengebracht werden können. Die Anthropophagie-Bewegung, wie beispielsweise die Woche der Modernen Kunst 1922 in São Paolo, trug sehr zum Verständnis der brasilianischen Kultur bei, die ja einen anthropophagischen Charakter hat, weil sie ihr eigenes Erbe verdaut und wieder verwertet. Der brasilianische Modernismus lehnt es ab, zu kopieren, den italienischen Modernismus zu wiederholen, wenngleich enge Familienbande manche Künstler mit Italien und Brasilien gleichermaßen verbinden. Der Tropikalismus der 60er Jahre ist eine dynamische Wiederaufnahme dieser Bewegung, die in den 20er Jahren ihren Anfang hatte.

JEAN-FRANÇOIS CHEVRIER Daraus folgt, daß die Dialektik von Konstruktivismus und Surrealismus in Brasilien fremd ist. Ist die Anthropophagie-Bewegung eine Art Schmelztiegel?

CATHERINE DAVID Die brasilianische Kultur ist eine Kultur der Nahrungsaufnahme und des Verdauens; sie ernährt die Indianer, die Portugiesen, die Japaner (São Paolo hat, nach Tokio, die zweitgrößte japanische Bevölkerung der Welt.). Assimilation – im digestiven Sinne – ist die Norm. Alles wird miteinander vermischt: die Arbeitsergebnisse der Anthropologen, der Schriftsteller und der Theoretiker zusammen mit den Einflüssen aus dem Inneren des Landes, all die unterschiedlichen Elemente, die diese überaus komplexe Gesellschaft ausmachen. Ganz anders als in den Vereinigten Staaten gilt hier der Beitrag der Schwarzen sehr viel.

JEAN-FRANÇOIS CHEVRIER In Brasilien ist die europäische Dialektik zwischen dem Volk und den Minderheiten vollkommen auf den Kopf gestellt: das Volk scheint hier die Minderheit zu sein.

CATHERINE DAVID Aber die Vorstellung von einer national-kulturellen Formation ist so stark, daß die Minderheiten sich selbst jetzt erst als solche begreifen, als ausgebeutete Minderheiten. Und in Wirklichkeit sind die Schwarzen keine Minderheit, sondern eine Mehrheit.

BENJAMIN BUCHLOH Das heißt, daß eine »Minderheit« keine statistische, sondern eine ökonomische und kulturelle Größe ist.

JEAN-FRANÇOIS CHEVRIER Augenscheinlich haben wir es mit zwei gegensätzlichen oder vielleicht komplementären Bewegungen zu tun. Einerseits gibt es das als »Brasilianisierung« bezeichnete Phänomen: ein starker gesellschaftlicher Bruch, der durch beträchtliche Unterschiede im Lebensstandard zustandekommt. Und anderseits der Schmelztiegel, der in Brasilien zu funktionieren scheint, anders als in den Vereinigten Staaten. Wie würden Sie diese beiden Dimensionen beschreiben?

CATHERINE DAVID Das hispanische Amerika ist stärker vom Katholizismus geprägt und lehnt Vermischungen daher deutlicher ab. Brasilien hingegen wurde von den Portugiesen kolonisiert, die als Volk eine flexiblere Beziehung zum Gesetz haben als die Spanier. Brasilien ist ein unmonumentales Land, die vertikale Ordnung unterliegt in jedem Fall der horizontalen. Es ist das Land des Rhizoms, der Ausdehnung. Die Grenzverläufe sind nicht klar: da ist einmal die Küste und dann das »Innere«. Es ist ein Land, das sich an nichts erinnert, durchdrungen von Unmittelbarkeit, von permanenter Zerstörung; Oiticica nannte es den »brasilianischen Durchfall«. Im Gesetz gibt es keine Rassendiskriminierung, die Hautfarbe wird überhaupt nicht erwähnt. Und zugleich gibt es einen sehr paternalistischen Diskurs über »das Land der drei Kulturen«, der die Schwarzen hervorhebt: die Schwarzen sind nett, sie kochen gut, sie lassen sich Zeit. Das muß man heute hinterfragen.

JEAN-FRANÇOIS CHEVRIER Wir haben zu unterscheiden versucht zwischen künstlerischen Formen, die auf die Beteiligung des Volkes abzielen, und anderen, eher mittelbaren Formen. Diese Diskussion könnte uns weiterhelfen, wenn wir uns anderswo umsehen. Brasilien bietet eine ungewöhnliche Synthese auf dem Gebiet der Musik, einen Ausdruck, der zugleich volkstümlich und hochkultiviert ist, unmittelbar physisch und indirekt zugleich. Der Bossa nova ist ein wunderbares Beispiel. Es ist verblüffend, wie hochgebildete Menschen, die aus der konkreten Poesie kommen und sich auf Mallarmé beziehen, zugleich mit Musikern und Sängern zusammenarbeiten und alles auf dem Computer zusammenmischen.

CATHERINE DAVID Aber wenn Sie vom Bossa nova sprechen, sollten Sie bedenken, daß er, anders als der Samba, ursprünglich keine Volksmusik war, auch wenn er später dazu geworden ist. Dieses Thema birgt eine große Polemik: Manche glauben, der Bossa nova sei eine Musik von der Elite für die Elite, während andere ihn für einen Aspekt der brasilianischen Musik halten. Er arbeitet mit einer prinzipiellen Dissonanz, ist immer schräg, extrem schwer zu spielen und zu singen, obwohl man das Gefühl bekommt, daß er ganz einfach sei. Jedenfalls ist das, was man als MPB (brasilianische populäre Musik) bezeichnet, ein Raum, in dem die Elite und das Volk sich immer begegnet sind. Caetano Veloso, ein Sänger und Dichter der 60er Jahre, wird von manchen für einen der interessantesten Dichter Brasiliens gehalten und zählt zu den großen moralischen, politischen und kulturellen Figuren des Landes.

BENJAMIN BUCHLOH Wir sollten vielleicht über die politischen und geopolitischen Bedingungen nachdenken, die diese Synthese erklären können. Ich glaube, in Europa sind sie vollkommen anders. Wer repräsentiert beispielsweise heutzutage das französische Volk?

JEAN-FRANÇOIS CHEVRIER Da gibt es heute ein offensichtliches Problem: Das Volk kann durch einen nationalistisch-rassistischen Diskurs vereinnahmt werden. Mehr noch, wir befinden uns in einer postkolonialen Situation, in der das Modell einer Schmelztiegelgesellschaft in Frankreich ernsthaft erwogen wird. Noch bis vor kurzem haben wir hingegen mit einem republikanischen Modell gelebt, das Integration als einen Prozeß der »Angleichung« an die Mehrheit sah. Dieses Modell ist heute unpraktikabel, und deshalb wird die Einwanderungsdebatte so interessant: Diese Debatten stellen die Definition eines homogenen »peuple« in Frage. Aus diesem Grunde ist die brasilianische Perspektive so wichtig. Wir kommen damit zu einem Punkt, den wir bisher in unserer hauptsächlich französisch-deutschen Debatte noch nicht berücksichtigt haben, nämlich die Definition des Volkes auf der Grundlage seiner Heterogenität anstelle einer homogenen nationalen Identität oder, im anderen Extremfall, einer irreversibel brüchigen multikulturellen Identität.

BENJAMIN BUCHLOH Wir sollten in unserer Diskussion darauf achten, wie wir ständig zwischen einer ethnischen, politischen, ökonomischen und geopolitischen Definition des Volkes hin und her wechseln. Die Wahl der jeweiligen Definitionsebene hat unmittelbare Auswirkung auf unsere Definition von Kultur und kultureller Produktion. Auf welcher Ebene können wir den Begriff einer öffentlichen Kultur ansiedeln: auf der Ebene einer revolutionären Minderheit, wie einige postkoloniale Strategien es nahelegen, auf der Ebene einer wiederauferstandenen Nation, wie einige Konservative in Frankreich es vorziehen, oder auf der Ebene bestimmter linguistischer Traditionen? Betrachten wir noch einmal die Situation in Deutschland nach dem Krieg. Aufgrund der Erfahrung mit dem Faschismus war es unmöglich, die Nation im Sinne von Volk zu definieren. Sowohl die bürgerliche Öffentlichkeit als auch eine potentielle proletarische Öffentlichkeit begannen sich in das zu verwandeln, was seit 1947 aus gutem Grund als Kulturindustrie bezeichnet wird oder, wie Enzensberger es später nannte, »die Bewußtseinsindustrie«. Diese Situation, in der sich vor allem der Einfluß des amerikanischen Modells niederschlug, war ganz anders als in Italien oder Frankreich; dort spielten verschiedene Praktiken und Institutionen auch weiterhin eine Rolle, die die kollektive Beteiligung der Bevölkerung, oder des Volkes, anstrebten – ungeachtet der Tatsache, daß sich auch dort eine Kulturindustrie entwickelte, wenngleich etwas langsamer und nicht so wirkungsvoll. An dieser Stelle wäre es wichtig, die Situation in Großbritannien in Betracht zu ziehen, vor allem die visuellen Praktiken rund um die »Independent Group«, die wieder eine ganz andere Gruppierung darstellt. Die frühen Manifestationen der Pop Art Mitte der 50er Jahre sollten eine Lösung für jenen alten Klassenkonflikt bieten, der sich seit je in der Kultur niedergeschlagen hat. Sie sollten den Weg zu einer neuen Volkskunst eröffnen. Die Identifikation mit der Ikonographie der

Andreas Huyssen

PopArtretrospektiv

In einer Zeit, in der man sich vor Retrospektiven von Popkünstlern kaum retten kann, in der Museen von Tag zu Tag kommerzieller werden und ein gewisser Zynismus, der alle Kunst als Ware betrachtet, weithin als normal gilt, mag es ein wenig nostalgisch, ja geradezu verschroben erscheinen, wenn man die alte Debatte um die kritische Dimension der Pop Art neu eröffnet. Wenn der Kritiker der *New York Times* den jüngst unter Mithilfe der Firma Disney von Junkies, Glücksspielern und Prostituierten befreiten Times Square wie eine Kunstinstallation rezensieren kann (31. Dezember 1996), dann scheint jede Unterscheidung zwischen kommerziellem Design und Popkunst endgültig hinfällig. Mehr denn je kann man heute sagen, daß die amerikanische Pop Art, deren bedeutendste Vertreter von der Werbegrafik herkamen, ihr ureigenes Ziel erreicht hat – man braucht sich nur die gigantischen Plakatwände anzusehen, auf denen sich Models mit affektloser Miene präsentieren, die chaotische Collage aus blinkenden Markenzeichen, die abends zum Leben erwachen, und das elektronische Display mit Börsennachrichten, das mit drei laufenden Schriftbändern den Broadway und die 42. Straße überragt. Das Modell Las Vegas – neben der Pop Art eine der frühesten Erscheinungen der Postmoderne – hat einem Ort, der einst als Inbegriff der städtischen Moderne galt, seinen Stempel aufgedrückt. Die Klage über den vollkommenen Ausverkauf der amerikanischen Kultur an die multinationalen Vergnügungsparks ist da schnell bei der Hand.

Daß es in unserer von Bildern überfluteten Welt so schwer geworden ist, Kunst und Reklame, Bild und Objekt auseinanderzuhalten, ist eine Tatsache. Die Popkunst war die erste Bewegung, die unser Bewußtsein für diese Konstellation geschärft hat, und zwar gerade nicht dadurch, daß sie die Gegensätze überbrückte, sondern dadurch, daß sie die Grenze zwischen Bildern und Objekten in der Kunst und Bildern und Objekten in der kommerziellen Warenwelt erforschte. Um diesen Ansatz zu verstehen, muß man jedoch weiter blicken als bis zu den geradezu rituellen moralisierenden Vorwürfen, in der Pop Art werde die Kunst zur Ware, zum Konsumartikel und Teil der Kulturindustrie – Vorwürfen, die seinerzeit schon gegen Warhol und Co. erhoben wurden und die heutzutage auf beiden Seiten des politischen Spektrums zu vernehmen sind. Solche vorschnellen Gleichsetzungen von Pop Art und Werbung sind geprägt von einer Haltung, die Brecht in den dreißiger Jahren in seiner berühmten Kritik an Lukács als »Inhaltismus« verspottete. Bei der Beurteilung der Pop Art zeigten sich selbst die Formalisten nicht gefeit vor solchen Tendenzen, und so wurden die vielfach erhobenen Vorwürfe, die Popkunst sei im Vergleich zur Moderne formal unzulänglich (Clement Greenberg), bilde ihre Gegenstände zu unkritisch ab und sei zu willkürlich in der Wahl ihrer Bilder (Herbert Read), niemals wirklich erhärtet. Kaum einer unterzog sich der Mühe, die Form und die Strategien dieser neuen Art von Kunst zu analysieren, die mit der Dreistigkeit daherkam, Campbell-Suppendosen, Coca-Cola-Flaschen und andere Objekte des Massenkonsums zu »malen« und Bilder aus Zeitungen, Fernsehen und Werbung zu verarbeiten. Ironischerweise entzündete sich gerade die Kritik der Formalisten an den Inhalten der Popkunst, die den Kritikern nicht genehm waren. Dabei vertraten die formalistischen Kritiker weiterhin ein Ideal von künstlerischer Originalität und blieben einer Vorstellung von der Integrität »hoher« Kunst verpflichtet, die Pop Art ja gerade in Frage stellen wollte. Nicht nur daß die Pop Art solche traditionellen Vorstellungen vom Künstler als schöpferischem Genie und entfremdetem Außenseiter durch ihre Techniken und Inhalte unterlief, sie machte auch das traditionelle Instrumentarium einer formal oder ideologisch ausgerichteten Kritik fragwürdig, wenn nicht gar überflüssig. Was die Heftigkeit der Angriffe dieser Kritiker erklärt...

Keine Frage, die Pop Art propagierte eine neue Sichtweise – sie nahm sich die Dinge des täglichen Lebens vor, genauer gesagt die Abbildung dieser Dinge in den Medien. Allerdings waren es nun keine Abfallprodukte des städtischen und häuslichen Alltags mehr, wie sie die Collagen der Dadaisten, Rauschenbergs *Combines* oder die Junk Art geprägt hatten. Die Pop Art eignete sich statt dessen die Abbilder von Objekten des Massenkonsums an, und das in den frühen 60er Jahren, in einer Zeit also, in der Konsum, Marketing und Werbung sich in den USA in einem bis dahin unvorstellbaren Maße ausbreiteten. Was die Popkunst in Szene setzte, war weder das Objekt selbst noch dessen Bedeutung, sondern, um mit Roland Barthes zu sprechen, dessen Signifikant. Und diese Inszenierung kam ohne existentialistischen O-Ton der Klage oder der Entfremdung aus. Die amerikanische Pop Art rebellierte nicht gegen die bürgerliche Gesellschaft. Sie war frei von der heftigen, oftmals doktrinären Aggression gegen ästhetische Konventionen, die ein Kennzeichen der früheren europäischen Avantgarde gewesen war und die in der einen oder anderen Erscheinungsform der Neo-Avantgarden nach 1945 eine Renaissance erlebte. Die Pop Art verzichtete bewußt auf jede didaktische Absicht, und folglich lag ihr auch nichts daran, die klischeehaften Bilder der Medien als Ergebnis und Ursache eines falschen Bewußtseins anzuprangern. Die Pop Art zeigte Konsumgüter aus einer kühlen Distanz, mit bewußt affektloser Miene und einem Hauch von Parodie für all diejenigen, die dafür eine Antenne hatten. Die Bilder waren banal, stammten aus Werbung, Zeitungen, Comics und anderen Erscheinungsformen der Massenkultur, waren aber oftmals so grell und schreiend in der Farbe, so überdimensional vergrößert und aufdringlich, daß sie unweigerlich die Wahrnehmung intensivierten und veränderten. Die Bilder der Pop Art waren weder reine Abbildungen von realen Konsumgütern, noch waren sie ein bloßer Abklatsch anderer Bilder. Sie waren Abbild und Simulakrum zugleich, und in ihrer scheinbaren Verehrung amerikanischer Mythen artikulierten sie unterschwellig eine Dimension der Angst, der Melancholie und des Verlusts, die wir vielleicht im Laufe der Zeit besser zu sehen gelernt haben.

Die formalen Aspekte der Pop Art und die persönlichen Stile der einzelnen Künstler sind weiter zu untersuchen und zu benennen. Ein Warhol unterscheidet sich ebenso grundlegend von einer Werbeanzeige oder einem Illustriertenbild wie von einem Lichtenstein oder einem Oldenburg. Und wenn man zu einer Gesamtbewertung der Pop Art als einer wirklich innovativen Kunstrichtung kommen will, dann ist ihre Einordnung in den weiteren kulturellen und künstlerischen Kontext der 60er Jahre unerläßlich. Die Pop Art hat entscheidend zu jenem kulturellen Wandlungsprozeß beigetragen, den man heute als Postmoderne bezeichnet. Im Mittelpunkt dieses Wandlungsprozesses stand eine Verlagerung des Schwerpunkts von der Produktion zum Konsum, vom Künstler als Produzenten auf den Künstler als Vermittler (Warhols Factory), vom kreativ Schaffenden auf den Zuschauer, vom Kunstwerk zum Text, vom Bedeutungshaltigen zum Zeichenhaften, von der Originalität zur Wiederholung, von der hohen Kultur zur Massenkultur. Die Pop Art war richtungweisend bei der Formulierung einiger Leitideen dieses Wandlungsprozesses. Sie überwand die Grenzen zwischen Kunst und Alltag – und zwar nicht, indem sie die Hierarchie von hoher und populärer Kunst auf den Kopf stellte, sondern indem sie neue Wege aufzeigte, wie sich dieses Verhältnis darstellen ließ. In einer Zeit, in der Marshall McLuhan das Ende der Gutenberg-Galaxis verkündete und vom Anbruch eines neuen Medienzeitalters schwärmte, erweiterten die Vertreter der Pop Art den Bereich des Darstellbaren in der Kunst auf jene Sphäre hin, die später den Namen visuelle Kultur erhalten sollte. Im Unterschied zu McLuhan und einigen zeitgenössischen Propheten der visuellen Kultur ließen sie jedoch in einem Großteil ihrer Arbeiten die grundlegende Instabilität und Problematik einer an der Konsumwelt orientierten Bildersprache anklingen.

All das reicht jedoch nicht aus, wenn man der kulturpolitischen Dimension der Pop Art auf den Grund gehen will. Die These, daß sich hinter der glatten, undurchdringlichen Fassade der Pop Art eine unterschwellig kritische Einstellung gegenüber der Konsumgesellschaft verbirgt, findet in Europa seit jeher mehr Anklang als in den Vereinigten Staaten, wo die Pop Art eine relativ isolierte Erscheinung der New Yorker Kunst- und Galerienszene blieb. Interviews mit den Künstlern, die schon frühzeitig in den USA publiziert wurden, taten ein übriges, um das medienwirksame Bild vom umgänglichen, systembejahenden und der amerikanischen Konsumgesellschaft unkritisch gegenüberstehenden Popkünstler zu etablieren.

Und so wird es auch kaum überraschen, daß die Pop Art in Amerika bald als Bestätigung einer nationalen Tradition der Privilegierung von Alltagskultur gesehen wurde. Aber es sind ja nicht unbedingt die Absichten, nach denen wir ein Kunstwerk beurteilen. Gerade der kühle, unergründliche Blick des Popkünstlers, seine aufdringliche Affektlosigkeit war es ja, was dem Betrachter die Möglichkeit zur Interpretation und Projektion eröffnete. Die europäische Deutung der Pop Art als Kritik an der Konsumgesellschaft und den Medien lag auf der Hand und war nicht abwegiger als die vorherrschende amerikanische Lesart.

Hinzu kam der Reiz des Exotischen. So wurde Westdeutschland beispielsweise von einer wahren Woge der Pop-Begeisterung erfaßt, nachdem die documenta des Jahres 1964 diese Kunstrichtung erstmals vorgestellt hatte. Konservative Kulturkritiker, die christliche Werte hochhielten, sich nach pastoraler Idylle sehnten und allenfalls noch die aktuellen Vertreter einer damals schon überholten abstrakten Kunst gelten ließen, verurteilten die Pop Art als Un-Kunst, Supermarkt-Kunst und Kitsch und warnten apokalyptisch vor der drohenden Coca-Colonisierung Westeuropas. Das allein hätte schon genügt, um der Pop Art zum Erfolg zu verhelfen. Zwischen 1964 und 1968 hatte sie eine geradezu magische Anziehungskraft, und das nicht nur in der neuartigen Kunst von Warhol, Johns, Lichtenstein, Rosenquist, Wesselmann oder Oldenburg. Der Begriff Pop stand auch für Beat- und Rockmusik, für die Plakatkunst, den Blumenkinderkult und eine neuar-

tige Jugendkultur – im Grunde also für jegliche Manifestation dessen, was man damals geheimnisvoll und irreführend als »Underground« bezeichnete. Kurz gesagt wurde Pop zum Synonym für den neuen Lebensstil einer Jugend, die gegen die Generation ihrer Eltern und die restaurative Kultur der konservativen und repressiven 50er Jahre aufbegehrte. Amerika war in. Je schreiender, desto besser. Amerikanische Idole und amerikanische Musik galten als undeutsch – gerade das machte sie besonders attraktiv für die junge Generation, die um eine eigenständige kulturelle und politische Identität rang, eine Identität, die sich in Frisur, Kleidung, Musikgeschmack und gewandelten Sprach- und Kommunikationsgewohnheiten äußerte. Selbst die Lektüre von Disney-Comics hatte für einen damaligen Teenager schon den Nervenkitzel der Rebellion – in einer Zeit, in der die deutschen Schulbücher aussahen, als sei nach 1945 der Morgenthau- und nicht der Marshallplan wahrgeworden: Deutschland als ländliche Idylle, ohne Großstädte, ohne Fabriken, ohne Nazis und ohne Vergangenheit. Ohne den amerikanischen »Kulturimperialismus« ist der gewaltige Wandel, den Deutschland in den 60er Jahren erlebte, kaum vorstellbar. Pop im weitesten Sinne des Wortes spielte dabei eine entscheidende Rolle. Kulturelle, soziale und Rassenunterschiede wie zum Beispiel zwischen der New Yorker Pop Art, dem Motown-Sound aus Detroit oder den diversen Varianten von Bebop und Cool Jazz, die in den USA nicht zu übersehen waren, verwischten sich hier. Gegen die herrschende deutsche Kultur, die ihre eigene politische Vergangenheit mit Hilfe von Klassik und Humanismus zu verharmlosen suchte, kam der rebellischen Generation das Amerikanische, auch in noch so abenteuerlich zusammengewürfelter Form, gerade recht, um die drückende Last einer Tradition abzuschütteln, deren Komplizenschaft mit dem Nationalsozialismus nur zu offenkundig war. In der Pop Art verband sich ein kühl distanzierter Blick mit einer neuen Intensität der Wahrnehmung, und damit traf sie den Nerv der Jugend. Sie stellte den Vorherrschaftsanspruch der einheimisch-europäischen hohen Kultur mitsamt ihrem eingefleischten Antiamerikanismus in Frage. Als durch und durch amerikanisches Phänomen beschleunigte Pop den Niedergang des kulturellen Nationalismus – und dies nicht nur in Deutschland.
Erst mit dem Aufkommen der internationalen Protestbewegung gegen den Vietnamkrieg und der Radikalisierung der Studentenbewegung im Jahr 1968 ließ die anfängliche Amerikabegeisterung merklich nach, oder zumindest wurde das Verhältnis sehr viel komplizierter. Fortan waren es häufiger die Linken als die Rechten, die den Schlachtruf gegen den amerikanischen Kulturimperialismus anstimmten. Das Verhältnis der Liberalen und Linken zu »Amerika« war gestört, denn für sie war der Vietnamkrieg eine logische Folge der Ideologie des Kalten Krieges. Die Renaissance des westlichen Marxismus (Lukács, Korsch, Gramsci, Bloch, Marcuse, Adorno, Horkheimer, Benjamin) verband sich mit einer typisch deutschen Tradition der Kulturkritik und deren tiefverwurzeltem kulturellen Antiamerikanismus und entlarvte die Pop Art als Komplizin der Werbe- und Kulturindustrie: Popkunst war Ware und Konsumartikel, weiter nichts. Daher der Ruf der 68er nach dem Ende der Kunst, nach der Verschmelzung von Kunst und Leben und nach einer kulturellen Revolution: »l'imagination au pouvoir«. Die Pop Art war in Ungnade gefallen. Und Adorno, Debord und Baudrillard lieferten die Vorlagen zum Grabgesang.
Mit dieser undifferenzierten Verdammung der Popkunst hatte sich eine einseitig negative Auffassung der kapitalistischen Kultur gegen eine komplexere und differenzierte Sicht durchgesetzt, die dialektische und emanzipatorische Momente der Kultur, auch in einer kapitalistischen Konsumgesellschaft, betont hatte. Es ist mehr als ironisch, daß diese Kritiker des Pop Benjamins Einsichten über die epochemachende Bedeutung der mechanischen Reproduzierbarkeit der Künste priesen und doch übersahen, daß die Popkunst nichts anderes tat, als die von Benjamin beschriebene Problematik im Kontext der Nachkriegszeit neu zu artikulieren. Von nationalen Tönen nicht frei, verband sich dieser linke Kulturradikalismus, der sich mit der berechtigten Empörung über den militärischen Imperialismus der Amerikaner in Vietnam. Das aber verhinderte, daß die Ambiguität der Pop Art eine angemessene Würdigung im Sinne Benjamins erfuhr: Pop Art als eine Kunst, die nicht einfach Originale, sondern die Reproduzierbarkeit selbst reproduzierte und so zum eigentlichen Kern der kapitalistischen Konsumgesellschaft im Zeitalter der visuellen Medien vordrang. Aber sie reproduzierte die Reproduzierbarkeit, indem sie ihr Differenzen einbeschrieb. Und diese Differenzen sind nach wie vor umstritten. Um mit Umberto Eco zu sprechen: »Es ist nicht mehr klar, ob wir eine Kritik an der Sprache der Konsumgesellschaft hören, ob wir die Sprache der Konsumgesellschaft konsumieren, oder ob wir die Sprache der Kritik als Sprache der Konsumgesellschaft konsumieren.« Das ist in der Tat die große Frage. Und vielleicht tun wir ja alles zugleich. Aber wüßten wir es ohne die Pop Art überhaupt?

Massenkultur war als Strategie der Kritik gedacht, und nicht als Bestätigung der Massenkultur. Die Naivität der »Independent Group« bestand nun darin, mit Hilfe der amerikanischen Massenkultur die Kunstpraktiken vom Einfluß der bürgerlichen Hochkultur befreien zu wollen. Paradoxerweise erkannten sie nicht, daß die Verschmelzung von Kulturindustrie und Neo-Avantgarde auf diese Weise nur vorangetrieben wurde.

JEAN-FRANÇOIS CHEVRIER Die Massenkultur und später die Pop Art hatten auf die bürgerlichen Werte eine negative Wirkung. Je nachdem wie stark die kritische Tradition in einem bestimmten Land war, wird diese Negativität der Massenkultur der Nachkriegszeit in mehr oder weniger deutlichen Zusammenhang mit den frühen subversiven Avantgarden, insbesondere mit Dada gestellt. In Großbritannien ist die künstlerische Verwendung der Massenkultur viel direkter und hat weniger mit Dada zu tun als in Frankreich mit seiner Duchamp-Tradition und den Nouveau Réalistes oder in Deutschland mit seiner Tradition der Kulturkritik. Zudem hat in England der Begriff der Popkultur hauptsächlich mit Musik zu tun. Sie ist direkter und bezieht jene jungen Proletarier mit ein, die von der frühen Industriekrise in Städten wie Manchester und Liverpool betroffen waren. Die Attraktivität der negativen Kraft wird noch erhöht durch den Archaismus einer Gesellschaft, die mehr als irgendwo sonst in Europa jene alte soziale Hierarchie pflegte, welche sie aus der Industrialisierung der gehobenen Schichten übernommen hatte.

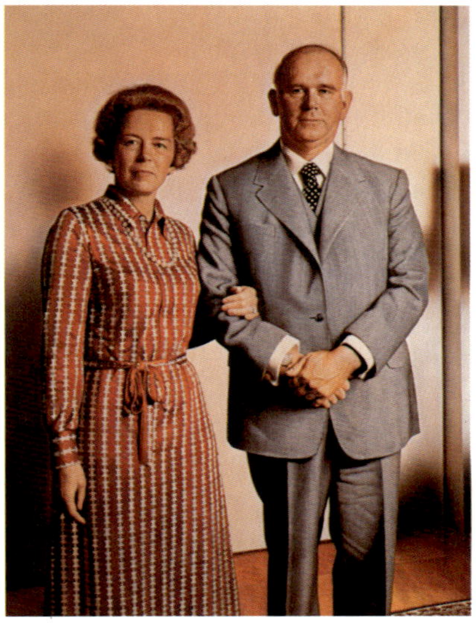

Bernard Hucleux, Irene und Peter Ludwig, 1975-76

BENJAMIN BUCHLOH Es ist wichtig zu wissen, daß noch in den 60er Jahren die theoretische Darstellung der Pop Art bei den verschiedenen Autoren radikal unterschiedlich ausfiel. Die Linke der 60er Jahre betrachtete die amerikanische Pop Art als letzte Welle des U.S.-Imperialismus in Europa. Diese Position wurde etwas vorschnell formuliert. Aber es gibt eine andere, im Artikel von Andreas Huyssen sehr gut vorgetragene Position, die erklärt, daß Pop in Deutschland von der Linken als Anzeichen für eine Verschiebung in den bürgerlichen Institutionen und im bürgerlichen Ästhetikdiskurs gehalten wurde, als eine Veränderung, die aus einer Kunst der revolutionären Entsublimierung hervorging. Selbst innerhalb der Linken gab es zwei gegensätzliche Positionen. In Italien sieht es ähnlich aus. Einige halten Pop für den letzten Streich einer ideologischen Verschwörung, die es auf den Triumph der amerikanischen Vorherrschaft abgesehen hat. Andere hingegen sehen im Pop eine revolutionäre Kraft, eine Unterminierung traditioneller Institutionen, was Marcuse als subversive Entsublimierung bezeichnet. Deutschland hat diesen Widerspruch vielleicht besonders schnell und mit ungewöhnlicher Deutlichkeit formuliert, weil dort die Amerikanisierung sich unter allen Ländern Europas am stärksten ausgewirkt hat. Das Ausmaß der Identifikation mit einem Konsumrausch nach amerikanischem Vorbild in den 60er Jahren hat damit zu tun, daß die Deutschen sich nach dem Krieg mit allem anderen als der eigenen Geschichte identifizieren wollten. Wie weit die Amerikanisierung ging, zeigt sich beispielsweise darin, wieviel amerikanische Kunst Ludwig nach Köln importierte. Dies war zunächst eine Methode, die Avantgarde-Kultur der Weimarer Zeit zu unterdrücken; darüber hinaus kam sie jedem Versuch zuvor, die Geschichte des Faschismus und der Nachkriegszeit aufzuarbeiten; und schließlich wurde auf diese Weise das Land nach internationalem Konsumvorbild getrimmt. Man muß also deutlich unterscheiden zwischen der Kunstproduktion und ihrer Rezeption. Was die Deutschen aus der Pop Art gemacht haben, entspricht nicht unbedingt deren tatsächlicher Bedeutung. Es gibt nicht einfach die Pop Art. In Paris gibt es beispielsweise eine völlig andere Pop Art-Rezeption als in Deutschland.

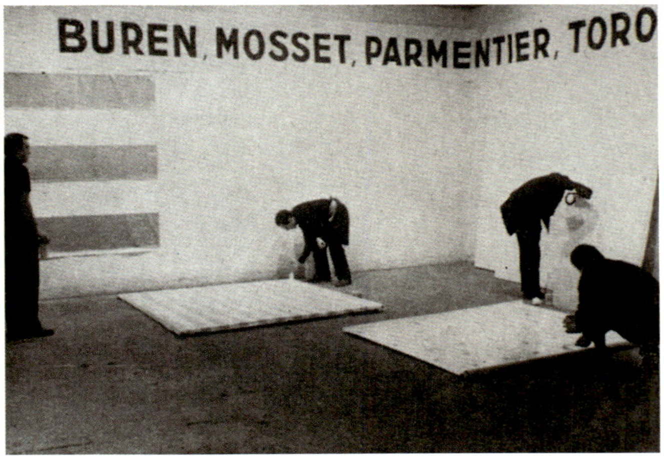

Gruppe Buren, Mosset, Parmentier und Toroni
5. Pariser Biennale 1967

JEAN-FRANÇOIS CHEVRIER Hier habe ich eine Frage zu Ihrer eigenen intellektuellen Biographie. Sie betrifft die Vorstellung, daß sich das Produkt vom Kunstobjekt unterscheidet. Den Pop-Künstler, vor allem Warhol, interessiert das Produkt, das Erscheinungsbild des Produkts, das Markenzeichen. Der Begriff Markenzeichen ist neu, es gab ihn zwischen den Kriegen kaum. Aber die Unterscheidung zwischen Produkt und Kunstobjekt hat etwas mit der antibürgerlichen Strategie der befreienden Entsublimierung zu tun. Brachten die

Intellektuellen der deutschen Linken, wie Sie und Huyssen, die Idee des Produkts im Gegensatz zum Objekt mit dem Produktionsvorgang in Verbindung, so wie Benjamin es tat?

BENJAMIN BUCHLOH Es gibt in Deutschland eine Warhol-Interpretation, die paradoxerweise zutiefst von Benjamin geprägt ist. Warhol galt als der einzige Nachkriegskünstler, der die Idee des Kunstwerks ins Zeitalter seiner technischen Reproduzierbarkeit übertrug. Die Tatsache, daß es sich um das Erscheinungsbild eines Produkts handelte, und nicht um die Reflexion einer produktiven Tätigkeit, wurde dabei außer acht gelassen.

JEAN-FRANÇOIS CHEVRIER Warhol ist selbst ein Abbild des Künstlers als Produzent. Das ist interessant: Das Produkt unterscheidet sich insofern vom Objekt, als das Objekt autonom, wertvoll und fetischisiert ist.

BENJAMIN BUCHLOH Im Prinzip war das bereits das Paradigma des Readymade. Was die Warhol-Rezeption durch die Linke angeht, so erinnern Sie sich daran, daß Buren, Toroni und Parmentier sich in ihren ersten Präsentationen 1967 bei der Pariser Biennale ausdrücklich auf Warhol bezogen. In einem Interview, das ich kürzlich mit Michel Claura führte, gab dieser zu, daß ihre erste Ausstellung von Plakaten, Paßphotos und Personalausweisen eine anonyme Präsentation mit dem Ideal der Serialität als unmittelbarer Reaktion auf die Factory war. Buren ging zwar später auf Distanz, aber zunächst bezog er sich bewußt und mit voller Absicht auf Warhol. In jedem Kontext ist die Warhol-Rezeption anders. Wenn Sie Warhol Haacke gegenüber erwähnen, wird dieser Ihnen heute noch erzählen, daß er sein größter Feind ist. Er haßt Warhol als das Schlimmste, was aus Amerika kommt, als die schlechteste zeitgenössische Kunst. Für ihn ist das die endgültige Transformation der Institution Kunst in die Institution Kulturindustrie...

JEAN-FRANÇOIS CHEVRIER Was auch nicht falsch ist.

BENJAMIN BUCHLOH Stimmt. Warhol hat als erster Nachkriegskünstler und viel radikaler als Yves Klein deutlich gemacht, daß die Fusion zwischen dem traditionellen Bereich der Avantgarde und dem neuen Feld der Kulturindustrie unvermeidlich war. Warhol hat es sich zum Programm gemacht und praktiziert. Heute leben wir mit den Konsequenzen, und wir können den Boten nicht für die Botschaft verantwortlich machen.

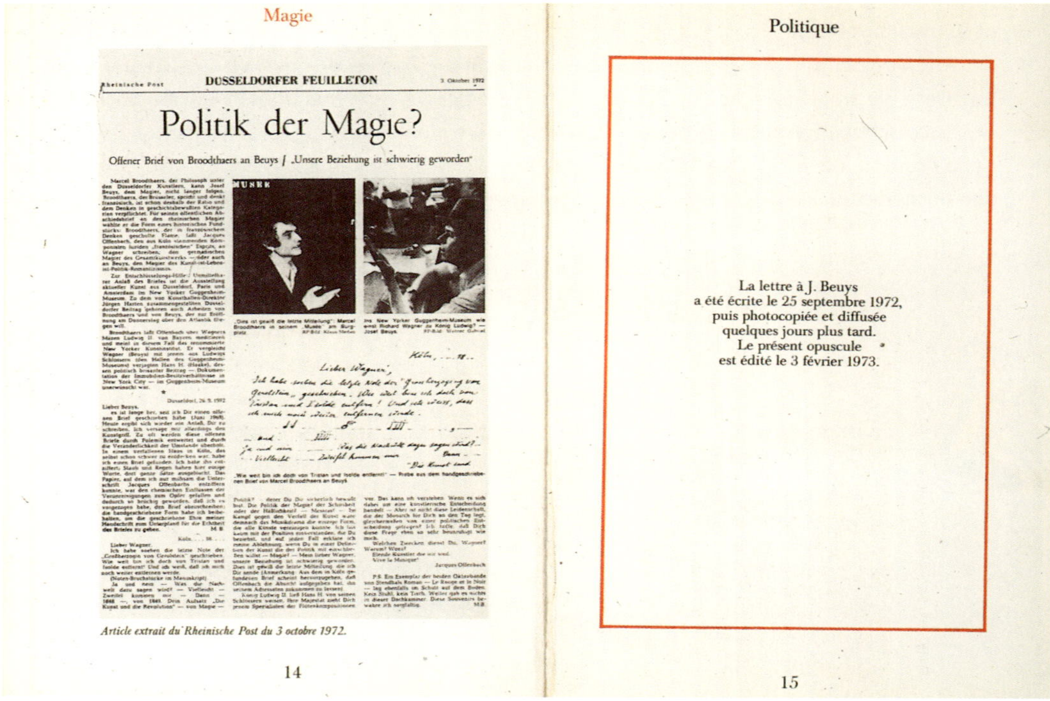
Magie

Rheinische Post DÜSSELDORFER FEUILLETON 3. Oktober 1972

Politik der Magie?

Offener Brief von Broodthaers an Beuys / „Unsere Beziehung ist schwierig geworden"

Article extrait du Rheinische Post du 3 octobre 1972.

14

Politique

La lettre à J. Beuys a été écrite le 25 septembre 1972, puis photocopiée et diffusée quelques jours plus tard. Le présent opuscule est édité le 3 février 1973.

15

Marcel Broodthaers, Magie. Art et Politique (Magie. Kunst und Politik), 1973

JEAN-FRANÇOIS CHEVRIER Sie haben gesagt, das Produkt ist bereits bei Duchamp vorhanden. Aber nicht das Markenzeichen. Die Readymades sind keine Abbilder von Produkten, sondern technische Objekte, Konsumgegenstände... Bei Walker Evans haben wir es mit derselben Mehrdeutigkeit zu tun. Die Idee des handwerklich hergestellten Objekts bleibt, auf jeden Fall die Idee des Objekts. Warhol hingegen führt das Objekt zurück auf das Simulacrum, er entzieht ihm jede Idee. Was er vorführt, ist ein dreidimensionales Bild.

BENJAMIN BUCHLOH Ich glaube, was man rekonstruieren kann, ist der Übergang vom Gebrauchswert zum Tauschwert, der Bogen über drei Generationen von Picasso bis Duchamp und Warhol. Was bei Warhol im Mittelpunkt der Konstruktion des Objekts steht, ist nicht der Tauschwert, sondern der Tauschwert des Zeichens, das Simulacrum. In diesem einen Fall hat Baudrillard recht!

CATHERINE DAVID Bei Duchamp gibt es eine Phase, die manchmal übergangen wird: das »Readymade aided«, Objekte, die zwar ihrer normalen Alltagsform sehr ähnlich, aber doch leicht abgewandelt sind... Duchamp interessiert uns zweifellos mehr als Warhol, aber er sollte doch nicht losgelöst von jeder historischen Kontingenz betrachtet werden. Duchamp steht Mallarmé offensichtlich näher als Warhol.

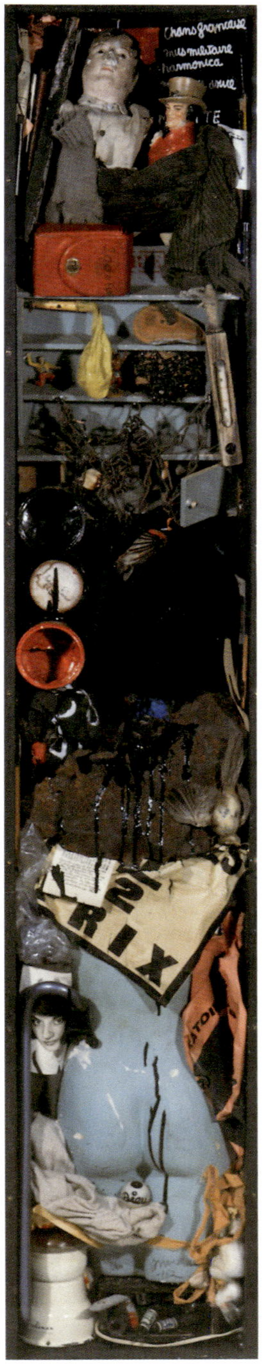

Arman, Portrait robot de Ben, 1962

JEAN-FRANÇOIS CHEVRIER Foucault kannte Mallarmé sehr gut, aber er entschied sich, über Roussel zu schreiben, Duchamps eigentlichen Bezugspunkt. Auch Duchamp kannte Mallarmé, aber mit Roussel favorisierte er die Gewöhnlichkeit, und in diesem Sinne ist er modern. Robbe-Grillet begann bei Roussel, der für ihn ein vulgärer Autor war im Sinne von vulgärer Sprache im Gegensatz zum »edlen« Latein. Das Ungewöhnliche an Broodthaers ist, daß er bei der Gewöhnlichkeit anfängt und dann auf Mallarmé zurückkommt. Das ist ein Geniestreich und eine Absage an Wagner und Beuys. Wagner setzt er Mallarmé entgegen, so wie Mallarmé ja selbst auch Position gegen Wagner bezog. Diese Konstellation paßt sehr gut zu unserer Pop Art-Diskussion.

BENJAMIN BUCHLOH Broodthaers hatte offensichtlich ein höchst ambivalentes Verhältnis zu Warhol. Er schrieb einen offenen Brief, als Warhol angeschossen wurde: »Meine Freunde, ich weine mit Euch um Andy Warhol.« Aber er schließt mit einer extrem ambivalenten Bemerkung: »Ihr braucht Euch nicht verkauft zu fühlen, bevor Ihr gekauft worden seid.« In einem frühen Text, den er schrieb, als Pop zum ersten Mal in Brüssel gezeigt wurde, wirkte er noch sehr enthusiastisch, gerade so wie ein typisch linker Künstler. Doch schon wenig später änderte sich seine Haltung radikal, und das war damals in Europa nicht ungewöhnlich.

JEAN-FRANÇOIS CHEVRIER Das führt uns zum Wendepunkt des Jahres 1978. Wenn wir heute Duchamp und Broodthaers vorziehen, dann nicht nur deshalb, weil sie radikal sind, sondern weil sie – anders als Warhol – mehrdeutig sind. Die Gefahren jener Repressivität, die eine dialektische Radikalisierung mit sich bringen kann, wurden 1978 ebenso deutlich wie das Bewußtsein dafür, daß Mehrdeutigkeit vonnöten ist, sogar in Nordamerika, zumindest bei zwei Künstlern: in Jeff Walls *Destroyed Room*, jener Arbeit, die seine kritische Rekonstruktion der bildnerischen Tradition einleitet, und bei Dan Grahams erstem Pavillon, mit dem er seiner eigenen früheren Ablehnung von Kunstobjekt und Monument entgegentritt. Radikalität ist nicht mehr möglich, sie bringt das Gegenteil von dem, was sie bewirken wollte. Tatsächlich markiert das Jahr 1978 jenen Punkt, an dem die Krise, die sich seit den späten 60er Jahren entwickelt hatte, keine positiven Effekte mehr hervorbrachte. Das könnte man als die »Krise einer Krise« bezeichnen, wobei drei Hauptaspekte zu nennen wären: erstens der offensichtliche Niedergang des sogenannten »realen Kommunismus«, ein Versagen, das unbestreitbar belegt ist durch das Zeugnis der Dissidenten im Osten (das seinerseits im Westen gleich wieder von jenen Ideologen ausgeschlachtet wurde, die den Tod des Marxismus proklamierten); zweitens die Erstarrung alternativer gesellschaftlicher Experimente zu festgelegter Gruppenidentität, und drittens die allmählich dämmernde Erkenntnis einer Naivität, mit der sie alle gleichermaßen geschlagen waren: die liberalen Alternativen, die maoistischen Revolutionäre, die Unterstützer des Kampfes in der Dritten Welt (»tiers mondisme«) und last but not least für diejenigen, die sich mit Kunst beschäftigen, die radikale Avantgarde. Auf all diesen Gebieten, mit Ausnahme vielleicht des Maoismus, konnte man viel behaupten. Aber im Bereich der Avantgarde markierten zwei Künstler, die vom radikalen nordamerikanischen Konzeptualismus herkamen, den Wendepunkt: Dan Graham und Jeff Wall.

BENJAMIN BUCHLOH Ich sehe das deutlich bei Jeff Wall, weniger deutlich allerdings bei Dan Grahams Pavillons. 1978 ist genau jener Augenblick, in dem die neuen Generationen diese Ambiguität als Ziel ihrer eigenen Produktion vorstellen. Andererseits findet zu diesem Zeitpunkt in Italien eine Rückkehr zur Malerei statt, und in Deutschland taucht der Neo-Expressionismus auf. Künstler wie Kiefer erscheinen in der internationalen Szene, vor allem in Amerika, weil sie in der Lage sind, diese Ambiguität zu artikulieren. Aber er formuliert die Ambiguität nicht als solche, sondern kehrt die Geschichte um. Neo-expressionistische Malerei tut so, als sei das Museum noch immer verfügbar und das integrierte Objekt immer noch denkbar.

Teil 2 siehe S. 624

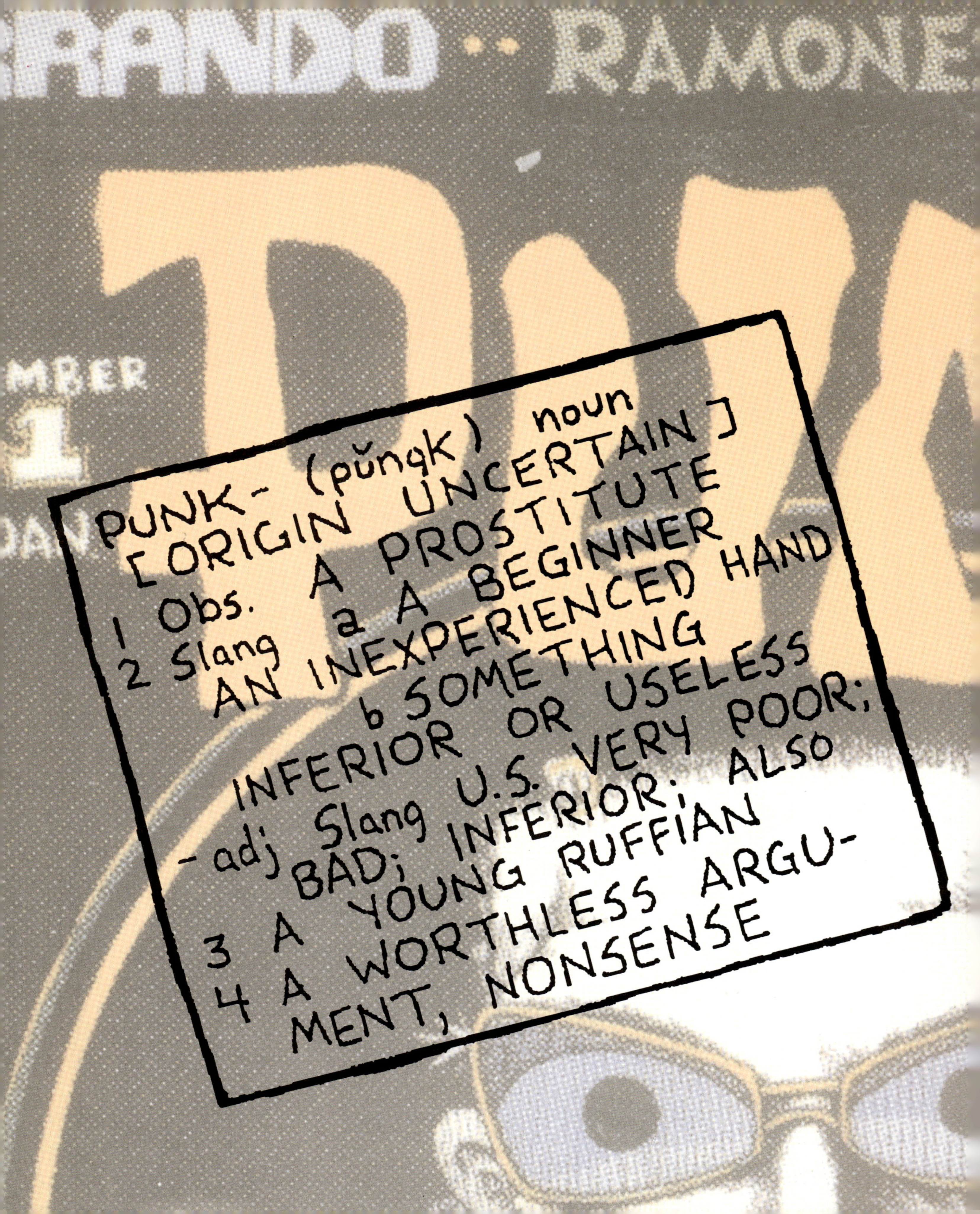
PUNK- (pŭngk) noun
[ORIGIN UNCERTAIN]
1 Obs. A PROSTITUTE
2 Slang a A BEGINNER
AN INEXPERIENCED HAND
b SOMETHING
INFERIOR OR USELESS
-adj Slang U.S. VERY POOR;
BAD; INFERIOR. ALSO
3 A YOUNG RUFFIAN
4 A WORTHLESS ARGU-
MENT, NONSENSE

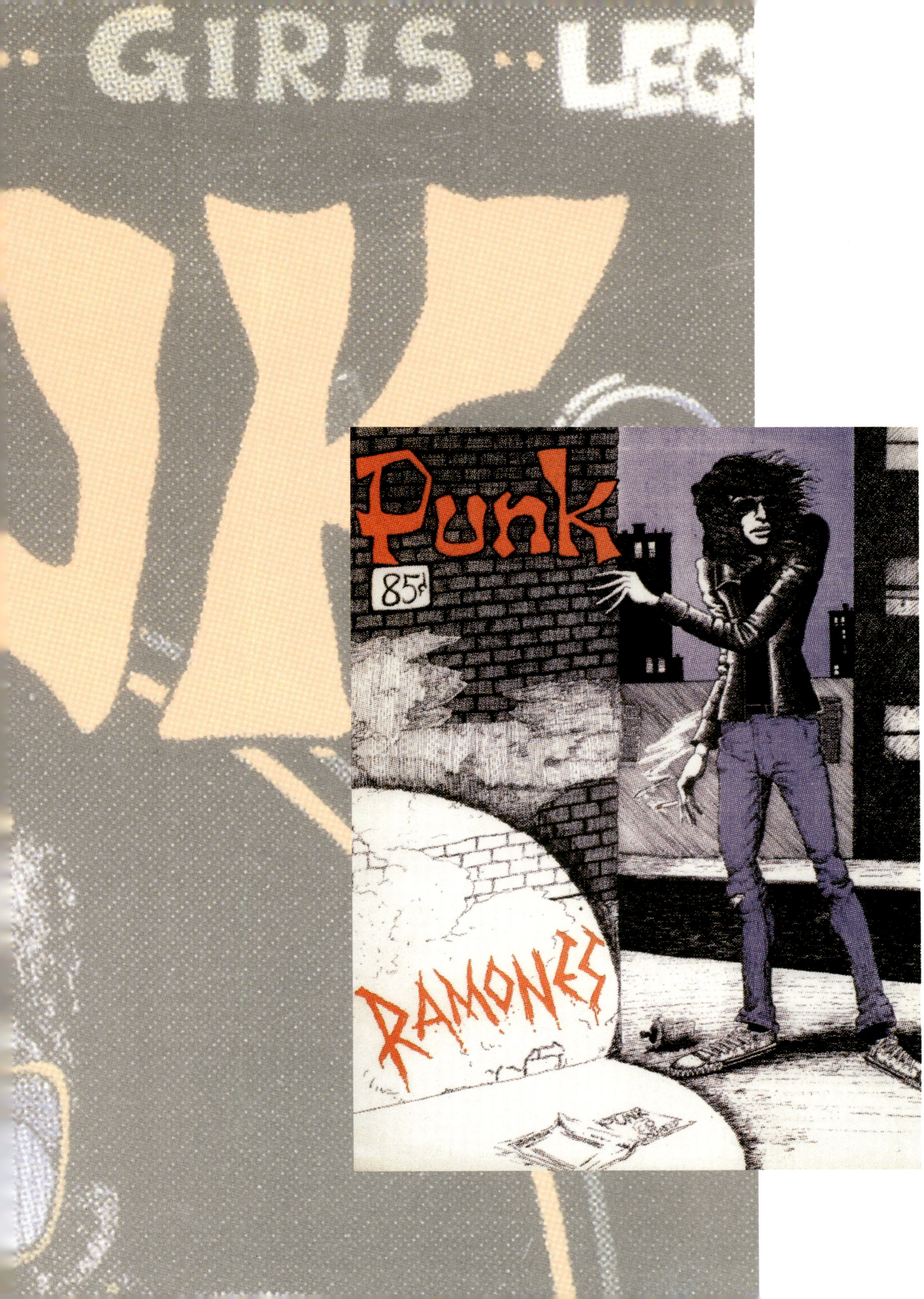
GIRLS
Punk
85¢
RAMONES

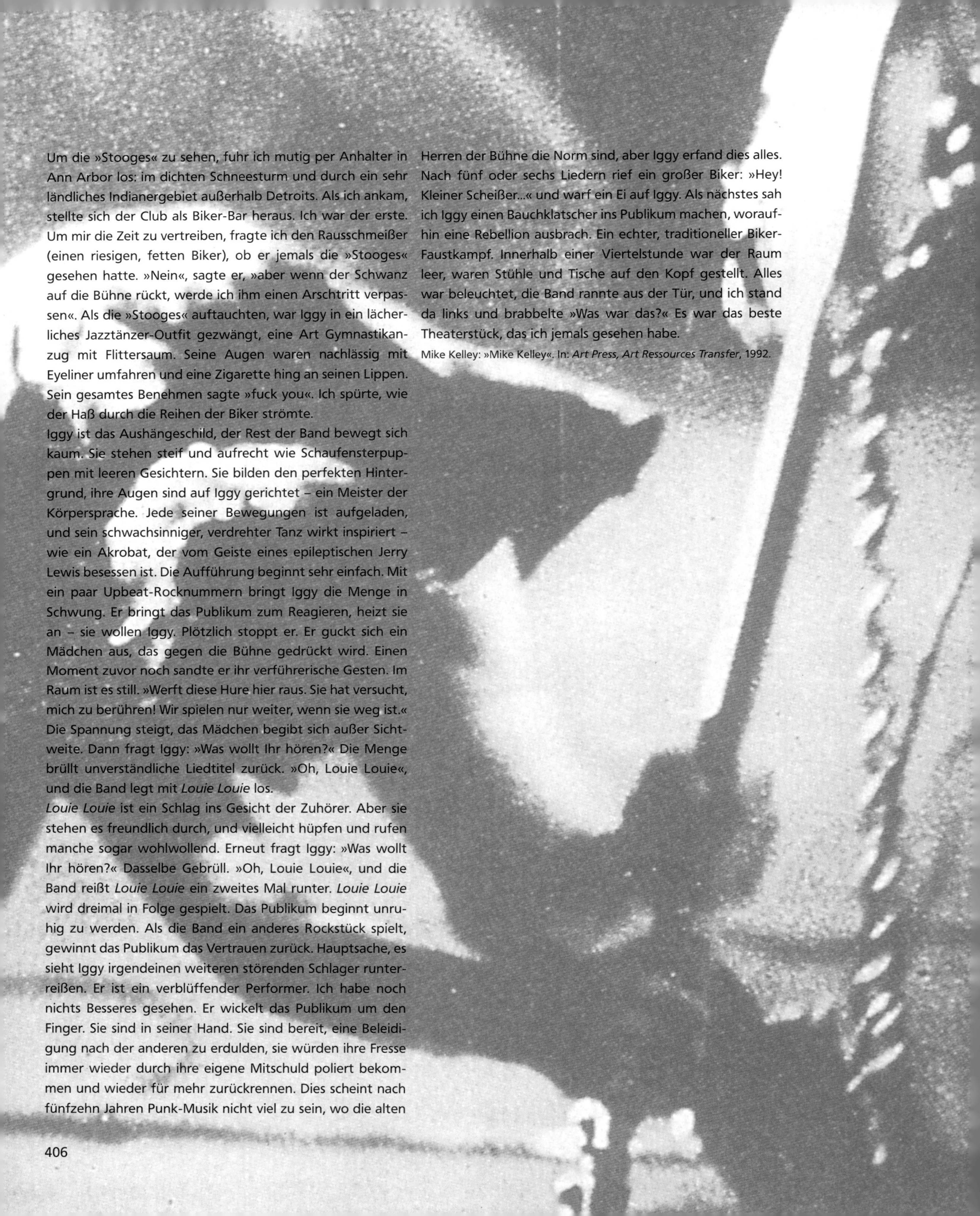

Um die »Stooges« zu sehen, fuhr ich mutig per Anhalter in Ann Arbor los: im dichten Schneesturm und durch ein sehr ländliches Indianergebiet außerhalb Detroits. Als ich ankam, stellte sich der Club als Biker-Bar heraus. Ich war der erste. Um mir die Zeit zu vertreiben, fragte ich den Rausschmeißer (einen riesigen, fetten Biker), ob er jemals die »Stooges« gesehen hatte. »Nein«, sagte er, »aber wenn der Schwanz auf die Bühne rückt, werde ich ihm einen Arschtritt verpassen«. Als die »Stooges« auftauchten, war Iggy in ein lächerliches Jazztänzer-Outfit gezwängt, eine Art Gymnastikanzug mit Flittersaum. Seine Augen waren nachlässig mit Eyeliner umfahren und eine Zigarette hing an seinen Lippen. Sein gesamtes Benehmen sagte »fuck you«. Ich spürte, wie der Haß durch die Reihen der Biker strömte.

Iggy ist das Aushängeschild, der Rest der Band bewegt sich kaum. Sie stehen steif und aufrecht wie Schaufensterpuppen mit leeren Gesichtern. Sie bilden den perfekten Hintergrund, ihre Augen sind auf Iggy gerichtet – ein Meister der Körpersprache. Jede seiner Bewegungen ist aufgeladen, und sein schwachsinniger, verdrehter Tanz wirkt inspiriert – wie ein Akrobat, der vom Geiste eines epileptischen Jerry Lewis besessen ist. Die Aufführung beginnt sehr einfach. Mit ein paar Upbeat-Rocknummern bringt Iggy die Menge in Schwung. Er bringt das Publikum zum Reagieren, heizt sie an – sie wollen Iggy. Plötzlich stoppt er. Er guckt sich ein Mädchen aus, das gegen die Bühne gedrückt wird. Einen Moment zuvor noch sandte er ihr verführerische Gesten. Im Raum ist es still. »Werft diese Hure hier raus. Sie hat versucht, mich zu berühren! Wir spielen nur weiter, wenn sie weg ist.« Die Spannung steigt, das Mädchen begibt sich außer Sichtweite. Dann fragt Iggy: »Was wollt Ihr hören?« Die Menge brüllt unverständliche Liedtitel zurück. »Oh, Louie Louie«, und die Band legt mit *Louie Louie* los.

Louie Louie ist ein Schlag ins Gesicht der Zuhörer. Aber sie stehen es freundlich durch, und vielleicht hüpfen und rufen manche sogar wohlwollend. Erneut fragt Iggy: »Was wollt Ihr hören?« Dasselbe Gebrüll. »Oh, Louie Louie«, und die Band reißt *Louie Louie* ein zweites Mal runter. *Louie Louie* wird dreimal in Folge gespielt. Das Publikum beginnt unruhig zu werden. Als die Band ein anderes Rockstück spielt, gewinnt das Publikum das Vertrauen zurück. Hauptsache, es sieht Iggy irgendeinen weiteren störenden Schlager runterreißen. Er ist ein verblüffender Performer. Ich habe noch nichts Besseres gesehen. Er wickelt das Publikum um den Finger. Sie sind in seiner Hand. Sie sind bereit, eine Beleidigung nach der anderen zu erdulden, sie würden ihre Fresse immer wieder durch ihre eigene Mitschuld poliert bekommen und wieder für mehr zurückrennen. Dies scheint nach fünfzehn Jahren Punk-Musik nicht viel zu sein, wo die alten Herren der Bühne die Norm sind, aber Iggy erfand dies alles. Nach fünf oder sechs Liedern rief ein großer Biker: »Hey! Kleiner Scheißer...« und warf ein Ei auf Iggy. Als nächstes sah ich Iggy einen Bauchklatscher ins Publikum machen, woraufhin eine Rebellion ausbrach. Ein echter, traditioneller Biker-Faustkampf. Innerhalb einer Viertelstunde war der Raum leer, waren Stühle und Tische auf den Kopf gestellt. Alles war beleuchtet, die Band rannte aus der Tür, und ich stand da links und brabbelte »Was war das?« Es war das beste Theaterstück, das ich jemals gesehen habe.

Mike Kelley: »Mike Kelley«. In: *Art Press, Art Ressources Transfer*, 1992.

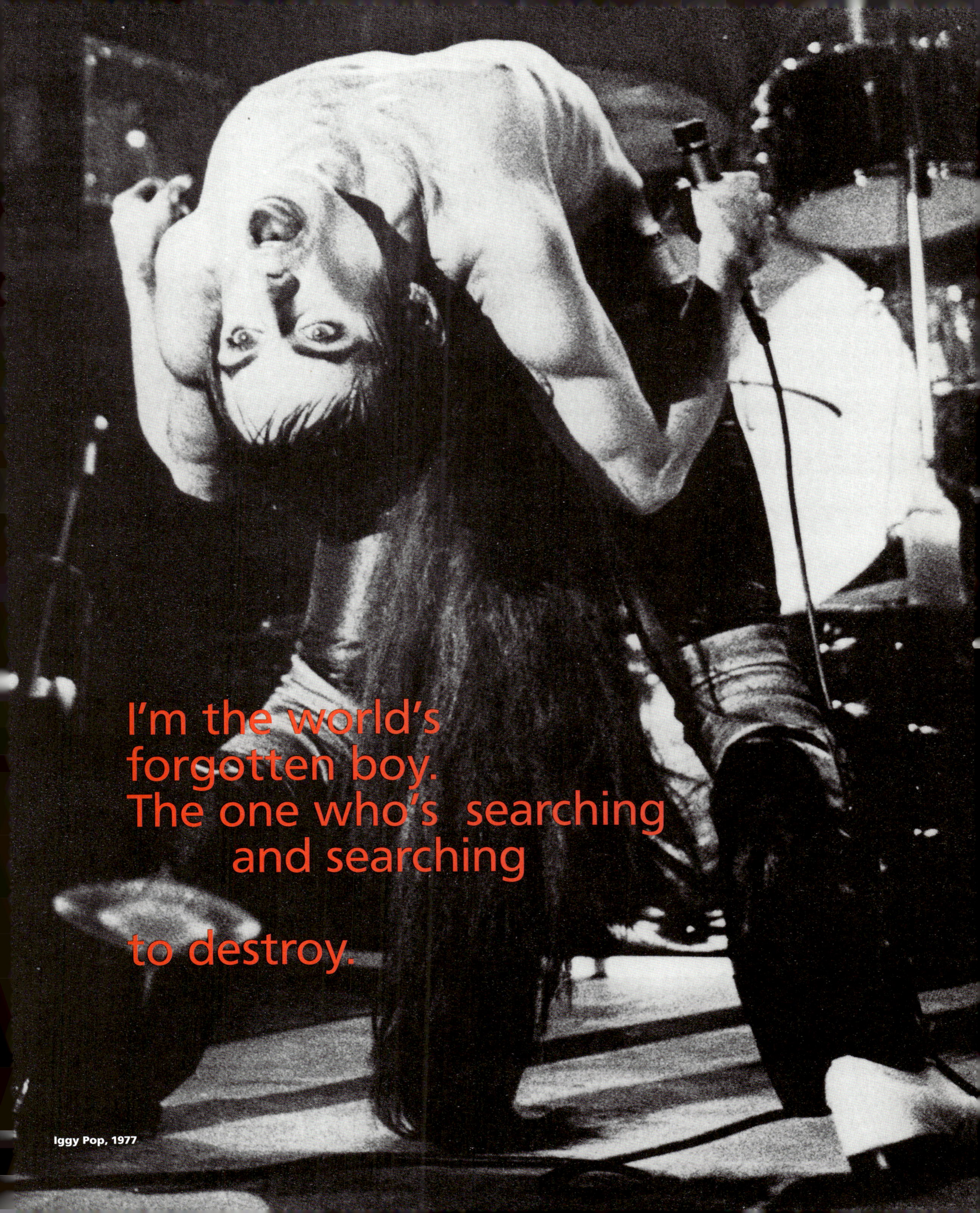

I'm the world's
forgotten boy.
The one who's searching
and searching

to destroy.

Iggy Pop, 1977

In den frühen 70er Jahren erreichte besonders Bowie den Status einer Kultfigur durch eine Serie gelungener Verkörperungen verschiedener Lager (durch »Ziggy Stardust«, »Aladdin Sane«, »Mr. Newton«, »the thin white duke« und deprimierender durch »the Blond Führer«). Er zog massenweise jugendliches Publikum an (mehr noch als die Teenybopper) und war Vorbild für die vielfältige Gestaltung der eigenen Person (Make-up, gefärbtes Haar usw.). Damit verliehen sich die Jugendlichen ein zweigeschlechtliches Image, die den Mut besaßen und gewillt waren, die berüchtigt-nüchternen Stereotype herauszufordern, die üblicherweise für die Männer und Frauen der Arbeiterklasse galten. (...) Bowie eröffnete die Diskussion über sexuelle Identität, die bislang unterdrückt wurde, oder nur in der Rockmusik oder der Jugendkultur anklang. Innerhalb des Glamour-Rock, zumindest unter den auf der intellektuellen Seite des Glitter-Spektrums plazierten Künstler wie Bowie und »Roxy Music«, wurden Sexualitäts- und Geschlechterfragen zu subversiven Zwecken jetzt stärker betont als vormals Klassen- und Jugendfragen.

Dick Hebdige, »Subculture: The Meaning of Style«. In: *New Accents*, 1979.

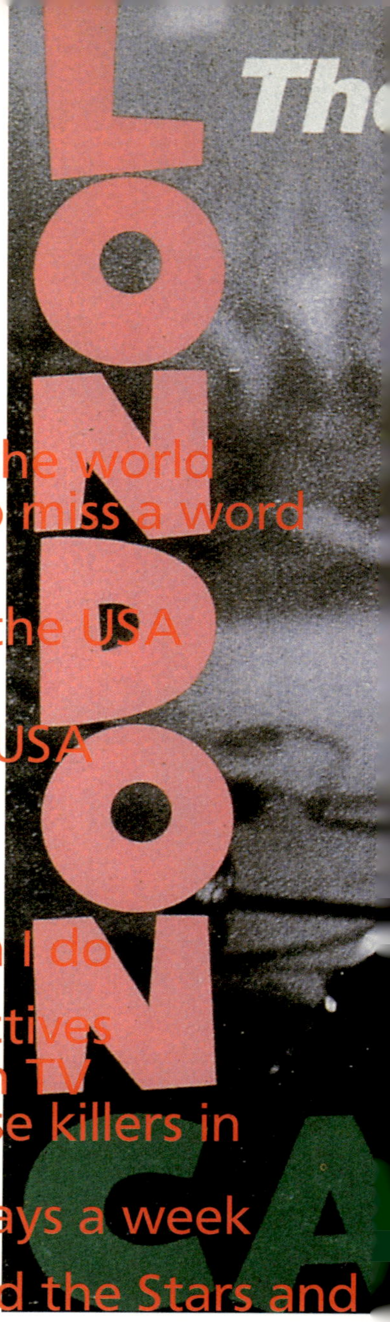

Yankee automaton
he is the dictator of the world
and they can't afford to miss a word

I'm so bored with the USA

I'm so bored with the USA

but what can I do

yankee detectives
are always on TV
'cause killers in
America
work seven days a week

never mind the Stars and
Stripes

let's read the Watergate
Tapes

»The Clash«

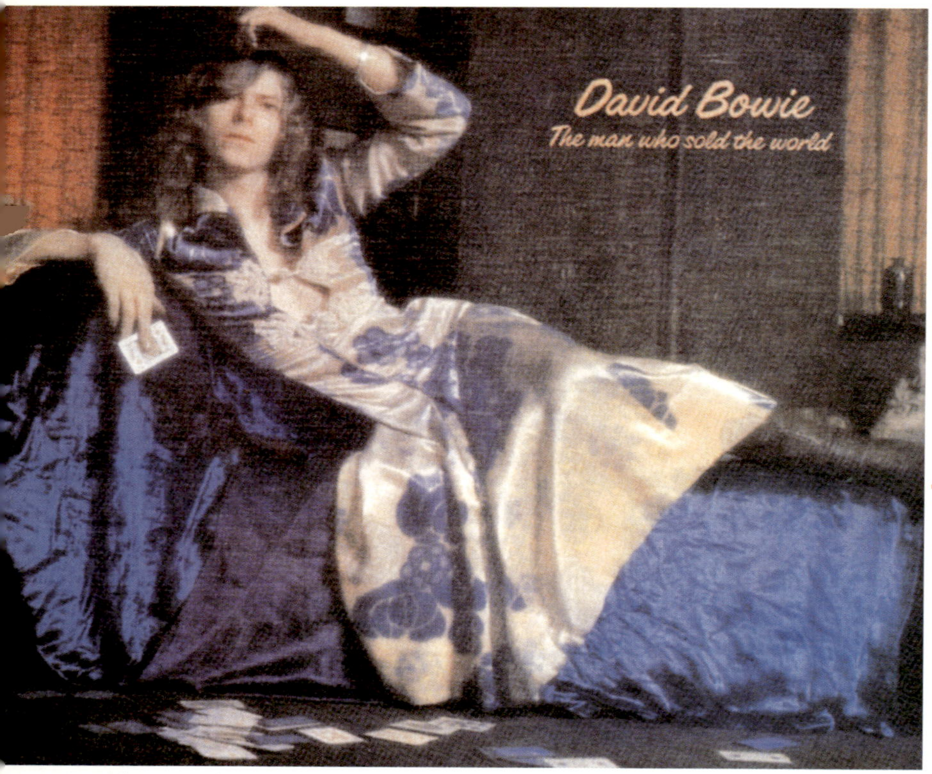

David Bowie, The man who sold the world, 1972 (zensiertes Cover)

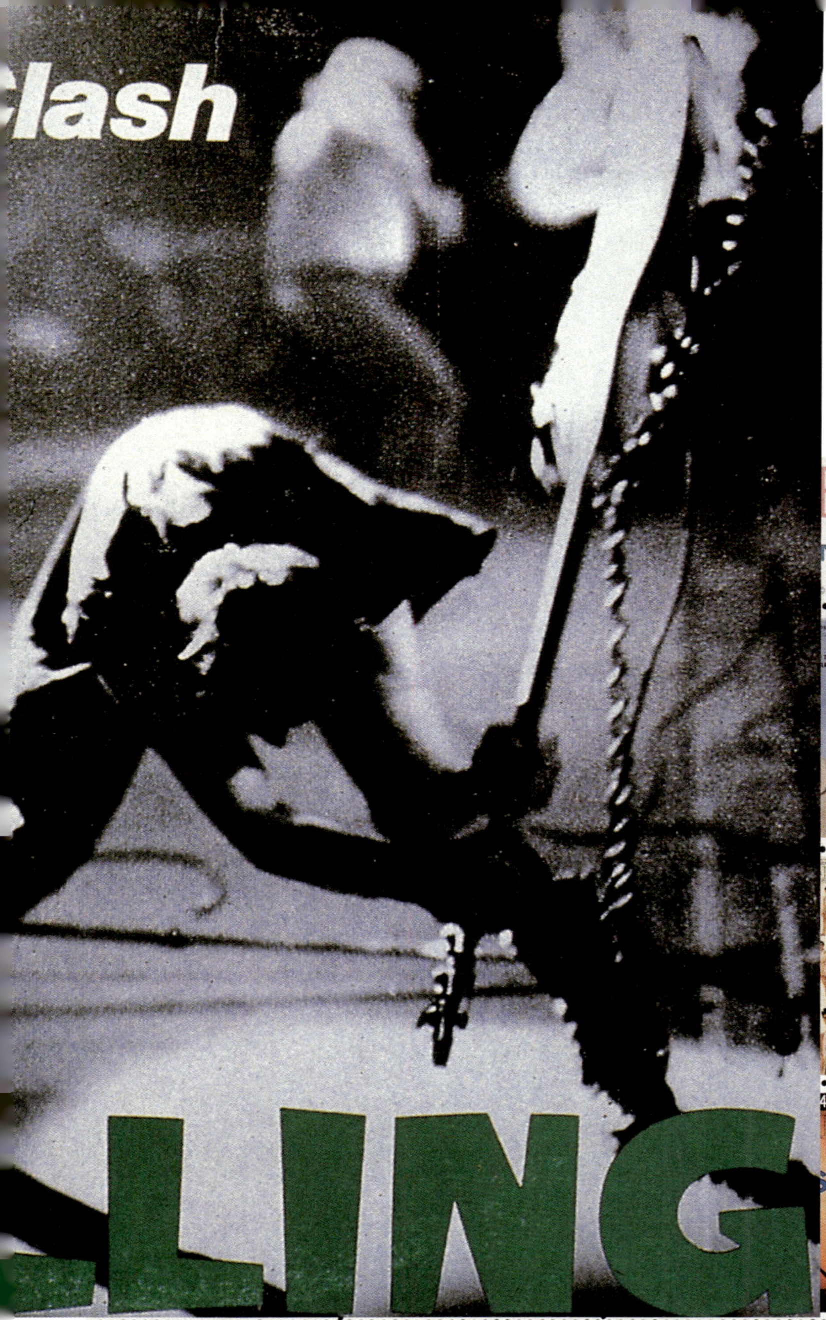

The Clash, London Calling, 1970

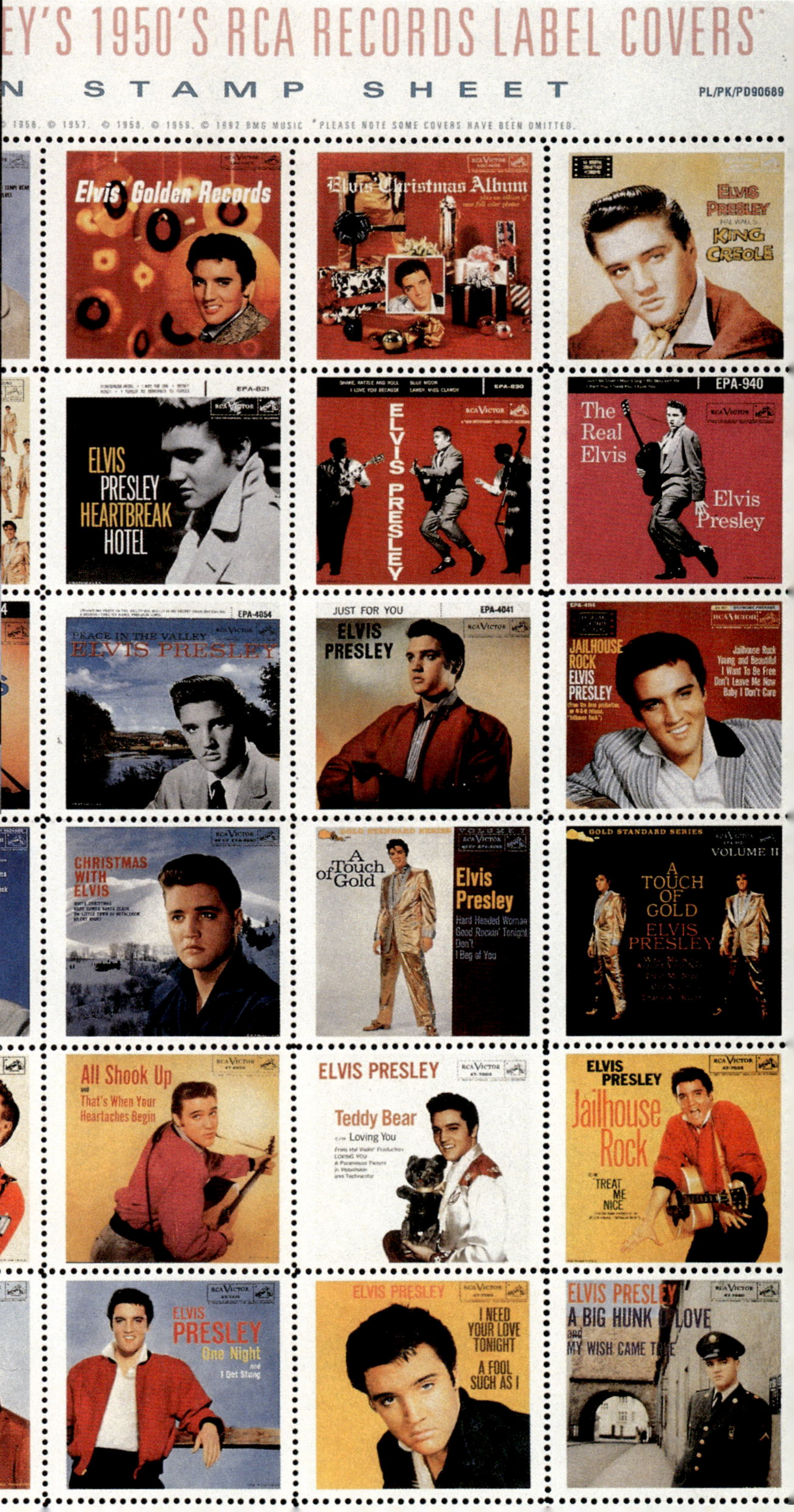

Collectible stamps of Elvis Presley, 1950's records

Run Run Run, 1967/ Erste Platte von »Velvet Underground«, entstanden aus der Begegnung des Amerikaners Lou Reed, der Delmore Schwartz und William Burroughs gelesen hatte, mit einem von Klangexperimenten begeisterten Musiker von La Monte Young, dem Waliser John Cale.

Raw Power/ 1969 nehmen die »Stooges« aus Detroit eine Platte auf, die als erste offizielle Punk-Platte betrachtet werden sollte. Produzent: John Cale. Eine monotone, einfache, gedämpfte und bedrohliche Musik. Die ersten unerhörten Schreie von Iggy Pop.

Die »Ramones« kümmern sich selbst um ihre Werbung und ihre Musik, die auf den Medien entlehnten Stereotypen basiert. Sie sind das Produkt ihrer eigenen Konzeption und sind so erzeugernäher als die Medien oder als die Industrie, die sich um sie kümmern sollten. Wie die amerikanische Pop Art verwenden die »Ramones« in ihren Texten Klischees. Die Art, mit der sie diese Bilder einsetzen, zeugt jedoch von einem ironischen Humor.

Dan Graham. In: *Punk Political Pop*, 1979.

Ghost Riders/ Keine Gitarren, kein Schlagzeug, kein Baß. »Suicide«, die abseitigste Punk-Band, hat 1971 ihre ersten Auftritte. Martin Rev am Synthesizer und der Gesang von Alan Vega vermischen Anklänge an Elvis Presley mit einem Vorläufer der Techno-Musik.

Personnality Crisis/ David Johanssen und Johnny Thunders formieren sich zu den »New York Dolls«. 1973 erste Platte. Als Transvestiten gekleidet. Trash-Version von Bowies Glam-Rock. Unstete Harmonien. Stücke, die jeden Moment zu explodieren drohen. Der Beginn der Ästhetik vom Schlimmsten.

Never Mind the Bollocks/ »Die New York Dolls sind dermaßen schlecht, daß sie außerordentlich sind«, denkt Malcolm McLaren. Versucht, sie zu managen. Vergeblich. Heimkehr nach England. In seiner Boutique in der King's Road, Sex, wo er mit seiner Lebensgefährtin Vivienne Westwood ein kommerzielles Komplott zu organisieren beginnt, in dem Mode, Rockkultur und Politik vermischt werden.

Beat on the Brat with a base-ball bat, 1974/ Die ersten Auftritte der »Ramones«. 1976 erste Platte. Wird als die am schnellsten jemals aufgenommene Platte bezeichnet.

Piss Factory, 1975/ Erste Platte von Patti Smith. Produzent: John Cale. Poetischer Punk.

Blank Generation/ Alles passiert Schlag auf Schlag. Im CBGB in New York bildet sich die Szene des amerikanischen Punk. Zwischen 1974 und 1976 erscheinen die ersten Platten zahlreicher Gruppen auf kleinen Labels. Unter ihnen: »Television«, »Richard Hell & the Voidoids«, »Patti Smith«, »Blondie«, »Talking Heads«, »John Cale solo« usw. Die Trendzeitschrift *Punk* wird 1976 ins Leben gerufen.

Manche amerikanischen Punks liebäugeln mit dem Rassismus, andere fordern eine Allianz der Minderheiten. »Punks sind Nigger«, wird Richard Hell sagen.

Anarchy in the UK, September 1976/ Das erste Konzert der

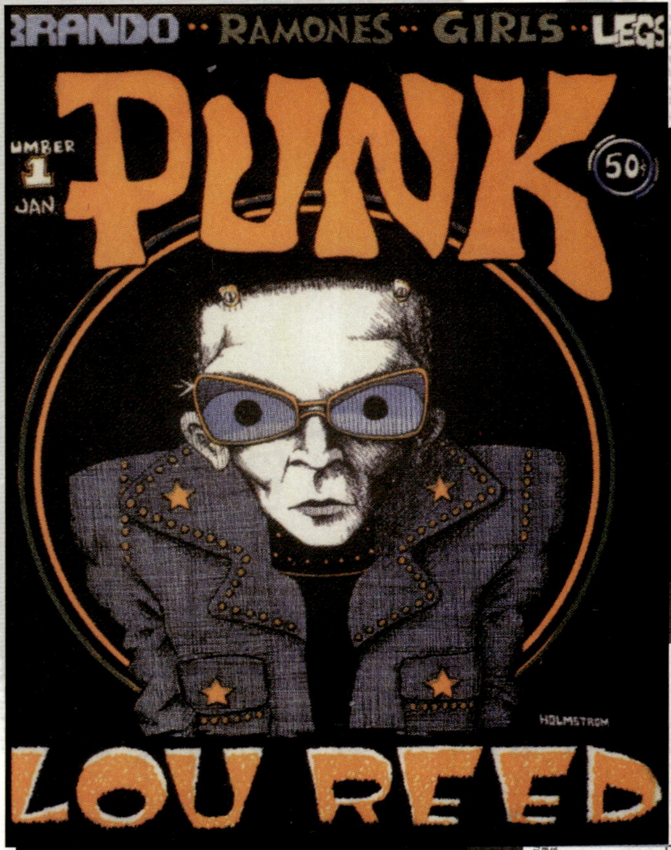

Punk Cover

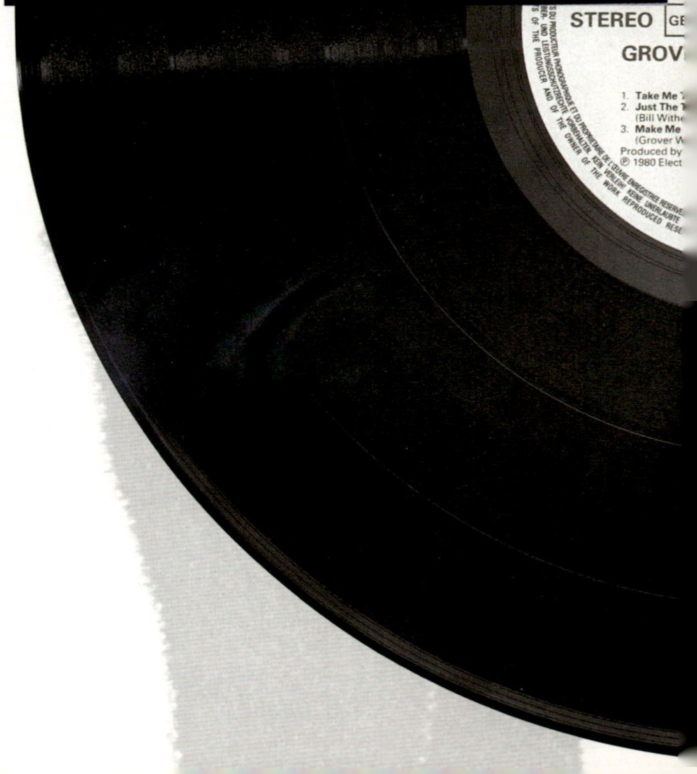

ourself
(Erfinde dich selbst)

Die Punk-Rebellion in der Popmusikindustrie

I was sayin' let me
outta here before I was even born

It's such a gamble
when you get a face.
It's fascinatin'
to observe what the mirror does
but when I dine
it's for the wall
that I set a place.
I belong to the blank generation
and I can take it or leave it
each time.
I belong to the ( ) generation
but I can take it it
or leave it each time.

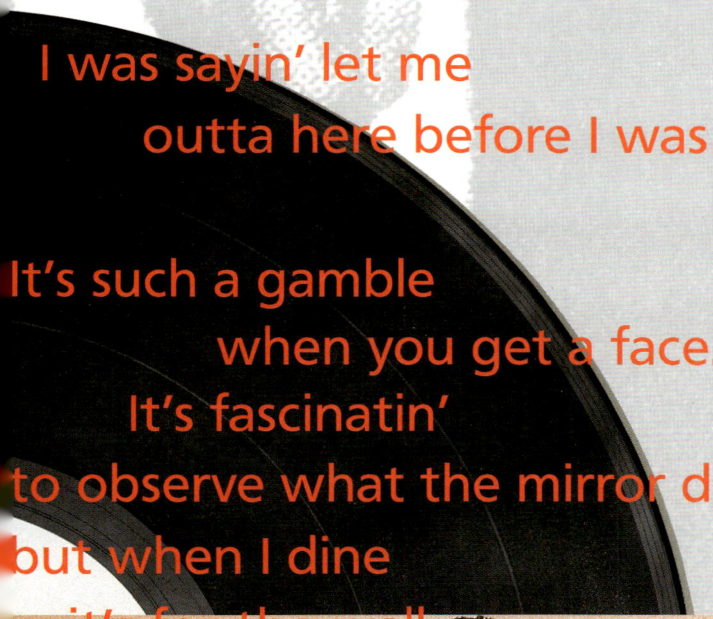

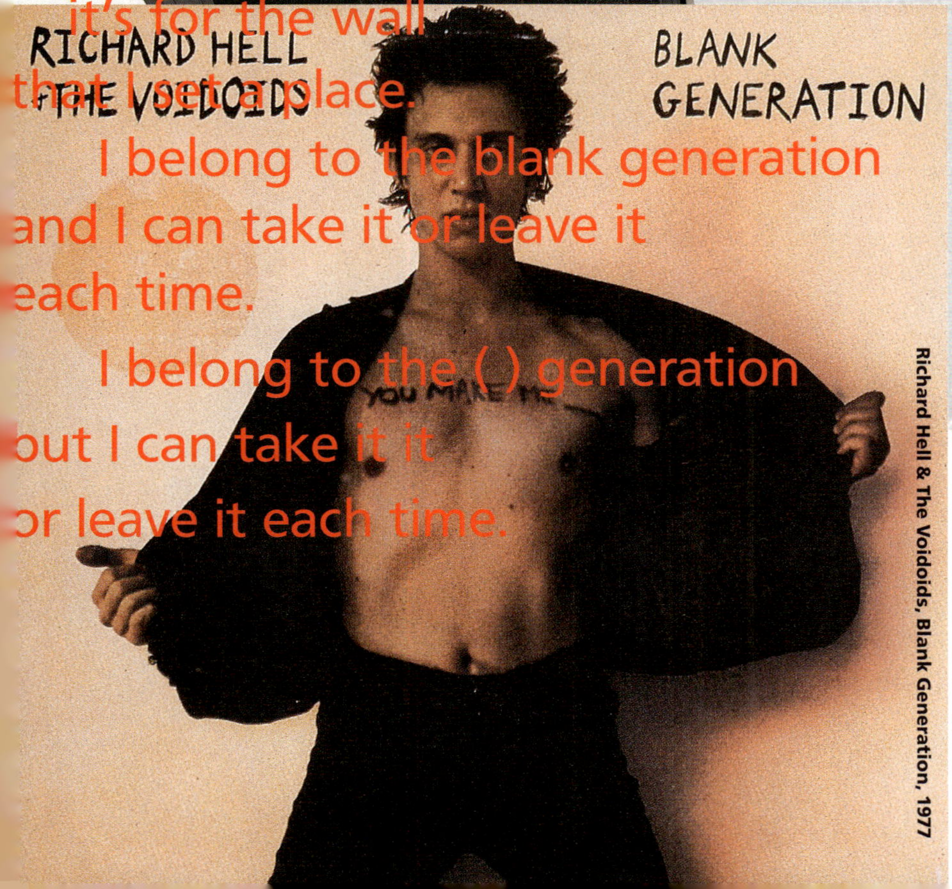

Richard Hell & The Voidoids, Blank Generation, 1977

Johnny Rotten riskierte seinen Kragen, wenn er wie Quasimodo in dicker Luft umhertaumelte, um die Neugier der Menge zu durchschneiden. Gleich einem Mann im Windkanal hing er am Mikrophonständer. Wie von einem Vakuum aufgesogen, flogen Papierbecher, Eis, Münzen, Bücher, Hüte und Schuhe auf ihn zu.

Greil Marcus. In: *Lipstick traces*, 1989.

»Sex Pistols« im 100 Club, Oxford Street, London. Im November ihre erste Single.

Cash from Chaos/ Nach ihrem Auftritt in Thames TV, bei dem sie nur Unsinn verbreiten, bricht EMI den Vertrag (mit finanzieller Entschädigung), den die »Sex Pistols« zwei Monate zuvor unterzeichneten. Am 9. März 1977 unterzeichnen sie bei A&M Records. Infolge eines bewegten Abends im Verwaltungssitz von A&M wird dieser Vertrag acht Tage später aufgelöst. Aus dieser Operation ziehen die »Sex Pistols« 50 000 Pfund. Bei Virgin Records unterzeichnen sie endgültig. Der Skandal wird gleichbedeutend mit Promotion. »Blind acceptance is a sign/ of stupid fools who stand in line/ Like EMI – Blindes Akzeptieren ist ein Zeichen für blöde Verrückte die Schlange stehen, wie EMI« – das letzte Lied auf ihrer ersten Platte.

God Save the Queen/ Die Single erscheint am 27. Mai 1977 – eine Woche vor dem Jubiläum der Königin. Das Konzert an der Themse wird von der Polizei abgebrochen. Nummer eins in den Charts. Von der BBC zensiert. Eine komische Situation: das populärste Stück einer Nation wird auf dem Schwarzmarkt gehandelt. Anstelle von »Sex Pistols, God Save the Queen« befindet sich in den Listen der Hit-Paraden eine Leerstelle.

Boredom/ Johnny Rotten wird öffentlicher Feind Nummer eins. Er wird eines Abends mit einer Rasierklinge angegangen.

No Future (*and England's Dreaming*)/ Der Slogan des Punk. Johnny Rotten verabreicht dem Fortschrittsglauben eine Ohrfeige.

Spiral Scratch, 1977/ Die »Buzzcocks« aus Manchester tauchen auf mit kleinen, wilden und überschnellen Melodien. Die einzige Gruppe, die noch Liebeslieder schreibt, diese jedoch viermal zu schnell und vollständig bisexuell angelegt (die Texte kann man unterschiedslos einer Frau oder einem Mann zuschreiben).

White Riot, 1977/ Dieses Lied der »Clash« entstand nach den Unruhen, die beim Karneval von Notting Hill ausbrachen (der von schwarzen Immigranten organisiert wurde). Die »Clash« appellieren an die Weißen, sich nach dem Vorbild der schwarzen Gemeinschaft zu organisieren. Die Gruppe mit der stärksten politischen Ausrichtung. Sie integriert jamaikanischen Reggae. Angesehen als der konstruktive Flügel des Punk, während die »Sex Pistols« seinen nihilistischen Flügel bilden.

I fought the law in the law world/ Die »Clash« und die

Sid Vicious & Nancy Spungen, 1977

»Pistols« ziehen bei ihren Konzerten Gewalt und Feindseligkeit auf sich.

A Different Kind of Tension/ Ist der amerikanische Punk aus der Subkultur entstanden, von Literatur inspiriert und für verschiedene Experimente offen, so ist der englische Punk orthodoxer und direkt politisch.

London's Burning/ Die englische Punk-Bewegung greift weit um sich und erfährt eine enorme Resonanz. Tausende von Gruppen bilden sich, um nach einer Woche schon bei unabhängigen Labels oder selbst bei »one shot labels« Singles aufzunehmen (Einweg-Labels). Zu den wichtigsten englischen Punk-Bands kann man zählen: »Ian Dury and his Blockheads« (älter und abseitiger), »The Damned«, »The Saints«, »Generation X«, »X-Ray Spex«, »The Stranglers«, »The Jam«, »Sham 69«, »Siouxsie and the Banshees«, »Subway Sect«, »The Fall«, »Wire«, »Crass« usw.

Punk funktioniert durch Resteverwertung und mit den Mitteln der Collage. Der Graphiker der »Pistols«, Jamie Reid, schneidet Einzelbuchstaben und Slogans aus Zeitungen. Durchlöcherte Kleidung mit Sicherheitsnadeln. Narbenschmuck. Im Punk materialisiert sich die Zerrissenheit der englischen Nation. Einfluß der Pop-Art, von Mai 68 und der Situationistischen Internationale.

If the Kids are United/ In England begann der Punk wie ein Komplott, als falsche Kultur, die bis ins letzte gebastelt war. Sehr schnell jedoch wird er zu einem total anarchisch-musikalischen Genre, einer Kleidungsmode, einer kulturellen und mediatisierten Erscheinung, einem Lebensstil, einer Geisteshaltung, einer Medienintrige usw. In mehreren europäischen Ländern bilden sich Punk-Bands. Wenn die jungen Leute auf die Bühne kommen, entdecken sie ihre eigene Macht. Zumeist politisch naiv. Bestimmte Verwendungsweisen der Hakenkreuze sind sehr problematisch, obwohl der Punk weltweit anti-faschistisch ist. »Rock against Racism« formiert sich, um gegen die Nationale Front zu kämpfen.

Die von Marsh und Bangs geprägte Gesamtidee des Punk lag in einem Prozeß des willentlichen Nicht-Lernens: einer neuen Pop-Ästhetik, mit der man sich an »der für den Rock wesentlichen Barbarei (und dem Wert seiner Vulgarität)« erfreute. In dieser Definition von Punk war eine Bedrohung durch die Unterschicht enthalten.

John Savage. In: *England's Dreaming*, 1991.

Another music in a different kitchen/ Erste Platte der »Buzzcocks«. Sie lehnen sich gegen die Ordnung der Dinge auf und offenbaren ihre Abneigung gegen die Moderne.

Lost in the Supermarket/ Dieses »Clash«-Stück steht emblematisch für die Ablehnung eines geregelten Alltaglebens.

No Fun/ Die gewalttätige und städtische Punk-Musik ist gegen Disco und die Hippie-Bewegung. Sie ersetzt »Love« durch »Hate«, »Entertain« durch »Destroy«.

Noise annoys/ …

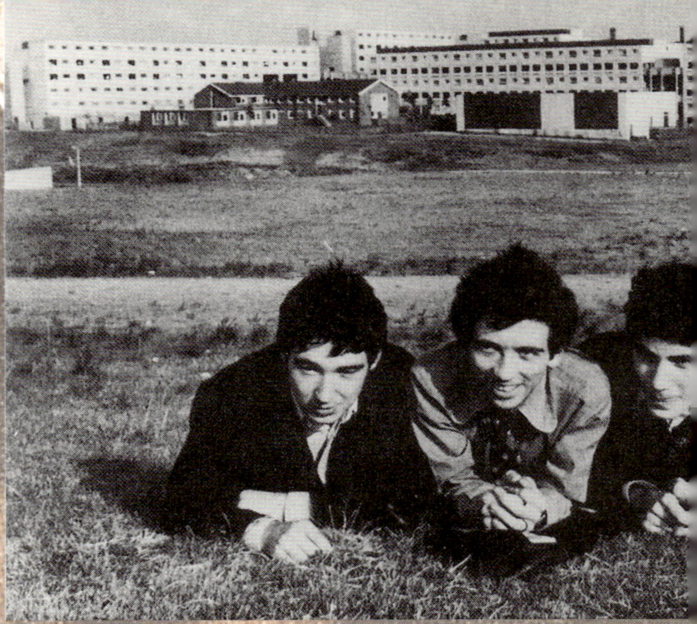

The Sex Pistols, May 1977

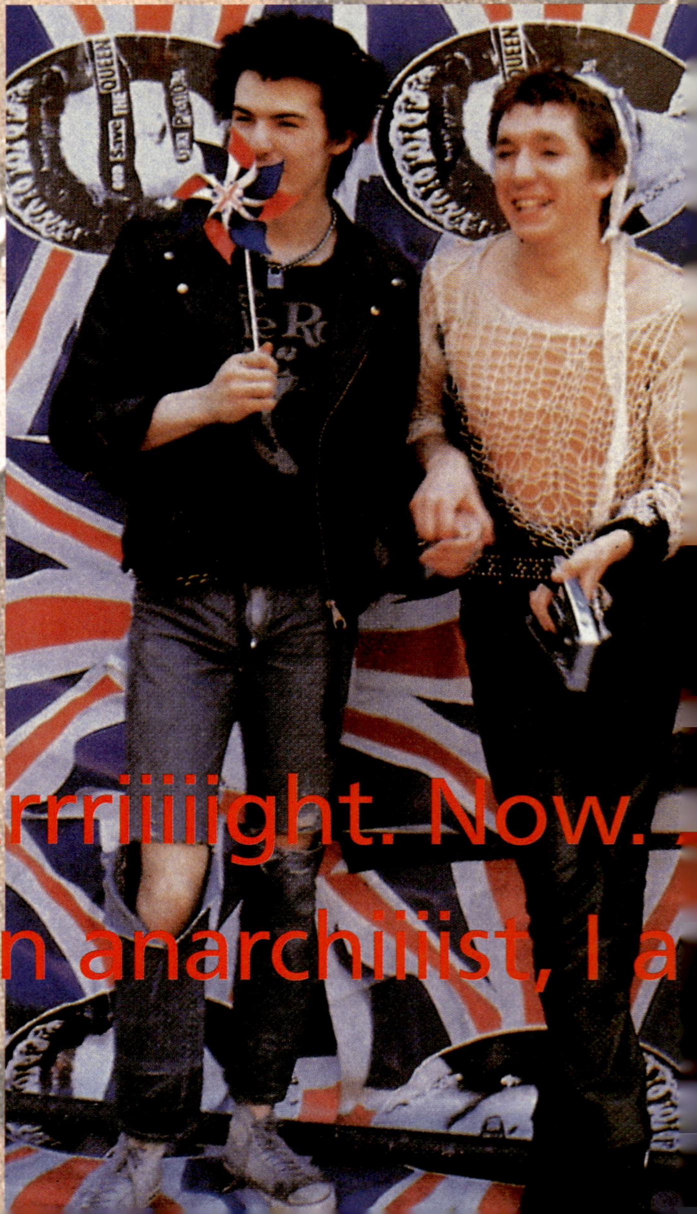

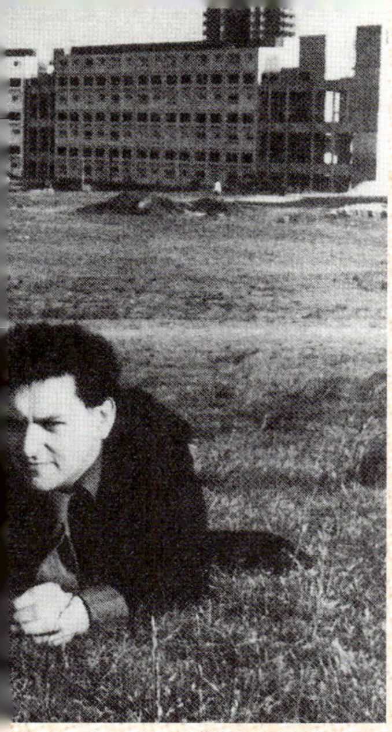

The Buzzcocks, Collyhurst, August 1977

BLANK GENERATION

Vielleicht war es ein von Malcolm McLaren und den »Sex Pistols« vorausgeplantes Vorhaben, auf das wirkliche Verhältnis von Rock und Medien die destruktive Kraft anzuwenden, die vom Rock symbolisiert wird. Damit warben sie für die Gruppe. Sie benützten die Medien, um berühmt zu werden und um sie danach mit der so erzeugten Berühmtheit zu zerstören. Anders gesagt, sie zeigten sich, wie sie sind, indem sie die Widersprüche im Mediensystem bezwangen (und ihre Widersprüche in der Rockmusik), die sie vor aller Augen enthüllten: Das war das höchste Ziel der »Sex Pistols«.

Dan Graham. In: *Punk Political Pop*, 1979.

Lipstick Killers/ Brachen die »New York Dolls« mit der rituellen Bestätigung männlicher Identität, so kennt der Punk ähnlich wirkende Musen. Dazu gehören: Patti Smith, Blondie, Lydia Lunch, Polly Styrene, Siouxsie Sioux.

Oh! Bondage Up Yours, 1977/ »Da waren diese Mädchen, die sich mit Handschellen und so Zeug aneinanderketteten... Ich benutzte diese Dinge nur, um die Unterdrückung auszudrücken. Wenn die Leute andere mit Ketten sehen, denken sie, daß sie für die Sklaverei sind – das ist aber nicht der Fall. Wenn du Ketten trägst und das zum Thema deiner Lieder machst, lehnst du dich jedoch dagegen auf. Du gibst so nicht vor, unangekettet zu sein usw., du gibst damit zu, unterdrückt zu sein«. Polly Styrene von den »X-Ray Spex«.

No More Heroes, 1977/ Die zweite Platte der »Stranglers« kommt auf den zweiten Platz der Charts.

Holiday in Cambodia/ Während 1977 mehrere amerikanische Punk-Platten erscheinen (die dritte von »Iggy Pop«, die erste von »Suicide«, die erste der »Voidoids«), tauchen außerhalb von New York neue Gruppen auf. Insbesondere die »Hartbreakers« (die neue Gruppe von Johnny Thunders), »Cramps«, »Devo« und die »Dead Kennedys«. Ihre 1979 erschienene Single *California über alles* wird direkt zur Punk-Legende.

The Great Rock'n Roll Swindle/ Ein Jahr nach Johnny Rottens Abgang erscheint ein Film, in dem er zum letzten Mal die Künstlichkeit sozialer Produkte und Konsumgüter anprangert: »Hast Du jemals das Gefühl gehabt, betrogen worden zu sein?«, fragte er beim letzten Konzert der »Sex Pistols« am 18. Januar 1978.

I'm alive. She's dead. I'm yours/ Steht auf dem von McLaren entworfenen T-Shirt zur raschen Freilassung von Sid Vicious, dem Bassisten der »Sex Pistols«, der seine Lebensgefährtin Nancy Sprungen im Oktober 1978 ermordet hatte. Sid Vicious stirbt 1979 an einer Überdosis.

Too much, too soon/ sangen einige Jahre zuvor die »Dolls«. 1978: Der sich in John Lydon zurückbenannte Johnny Rotten bildet eine neue Gruppe. Bei ihrer ersten Vorstellung zeigen sie sich hinter einem weißen Schirm. Der Name der neuen Gruppe John Lydons: »Public Image Limited«!

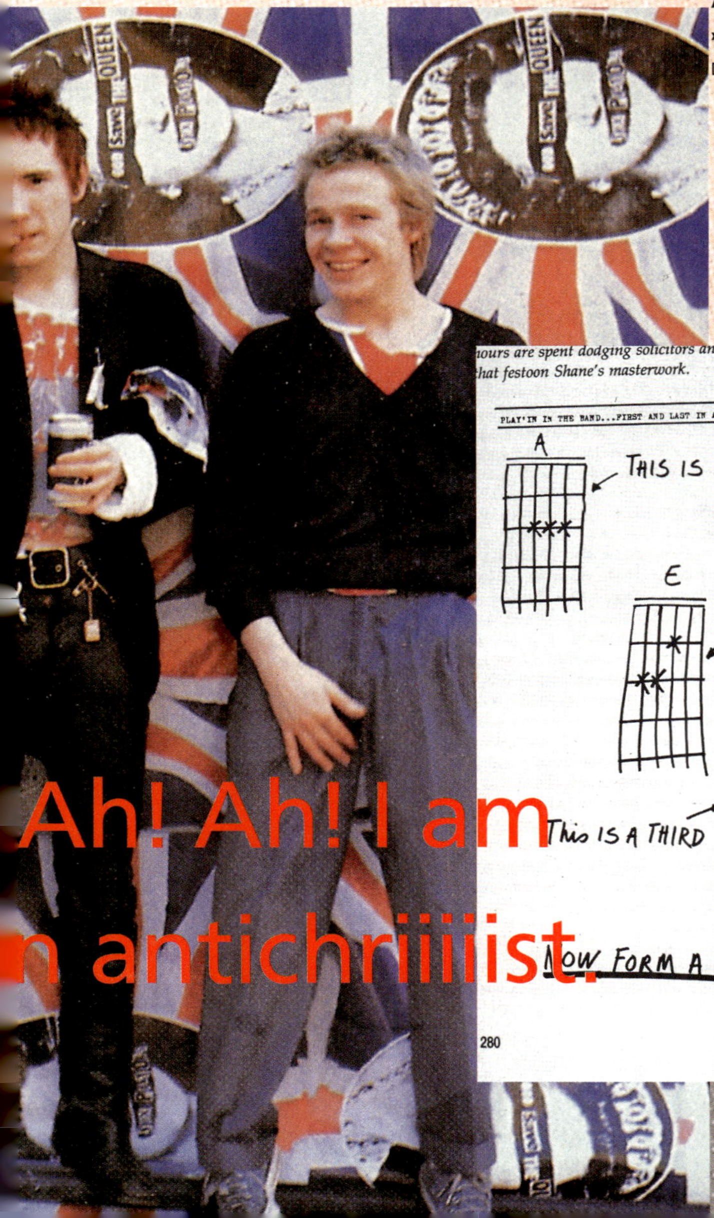

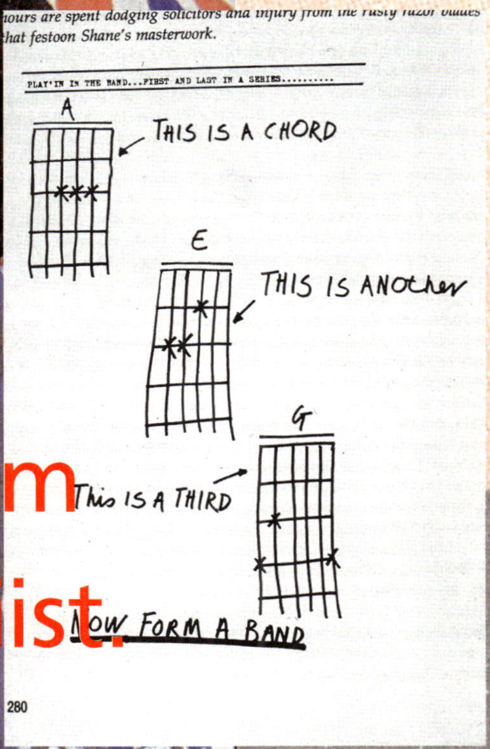

Ah! Ah! I am
n antichriiiiist.

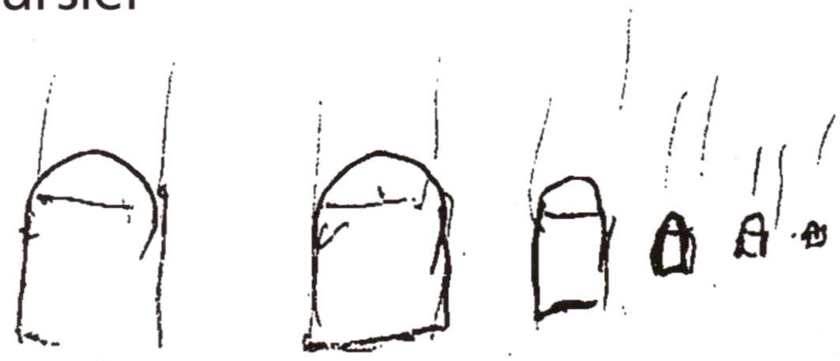

The punk phenomena hit Los Angeles by storm and it was impossible to ignore. Seemingly overnight the glitter kids on the Sunset Strip had metamorphosed into British-style punks, completely bypassing the East Coast garage noise influence of the Velvet Underground and the Stooges evident in New York punk. But things were still fresh at this point and the punk aesthetic had not yet been completely codified. Performance artists like the Kipper Kids and Johanna Went were performing on stage alongside rock bands; the Screamers were doing a kind of expressionistic music theater; and members of the noise-oriented Los Angeles Free Music Society (LAFMS) were forming various splinter art rock bands. There was an interesting, short-lived, period when the Punk, art, and the New music scenes in Los Angeles intermingled to a certain extent. Each separate scene was so tiny, and so undefined as of yet, that they invited border confusion. This didn't last long.

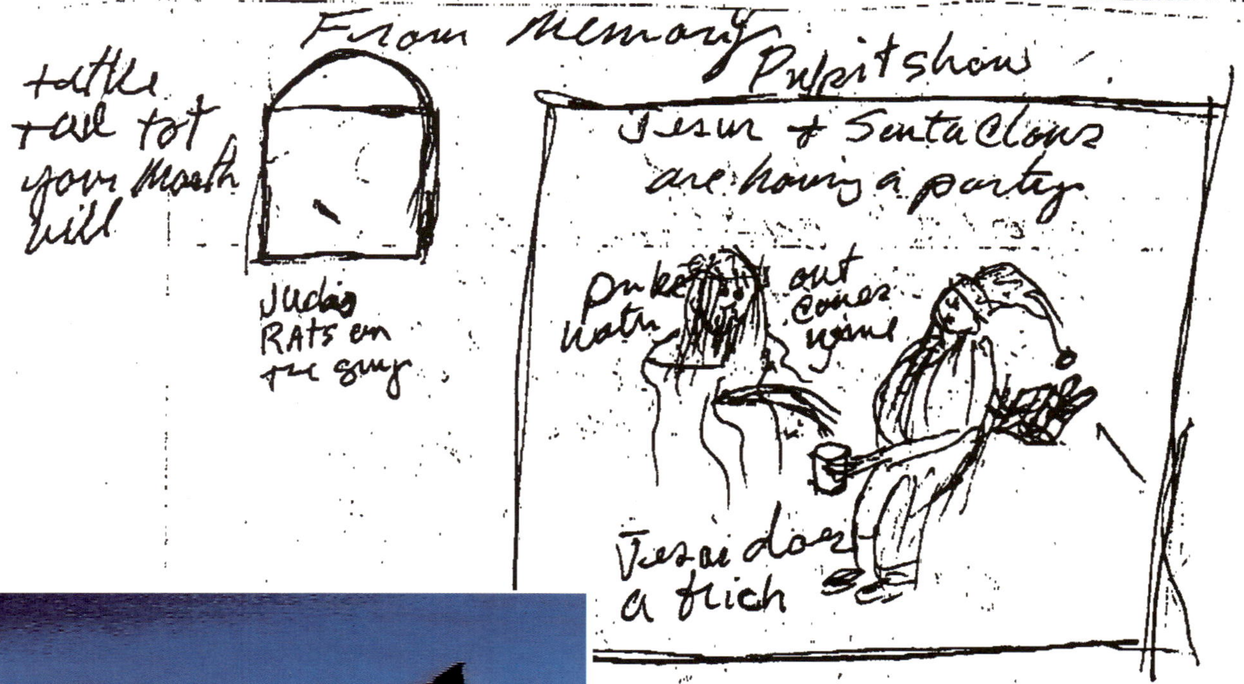

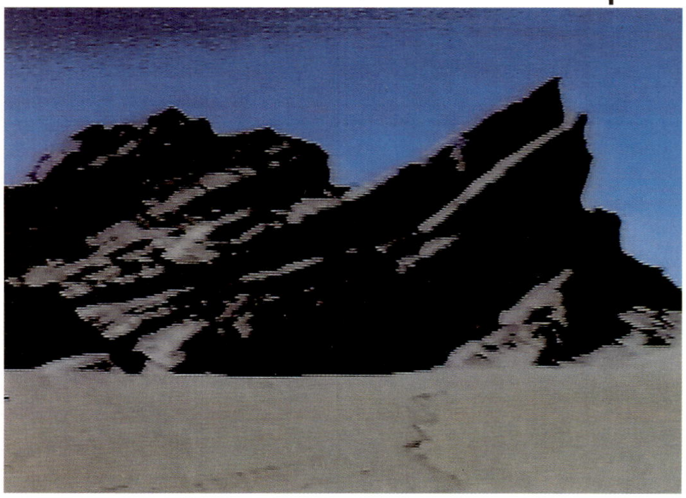

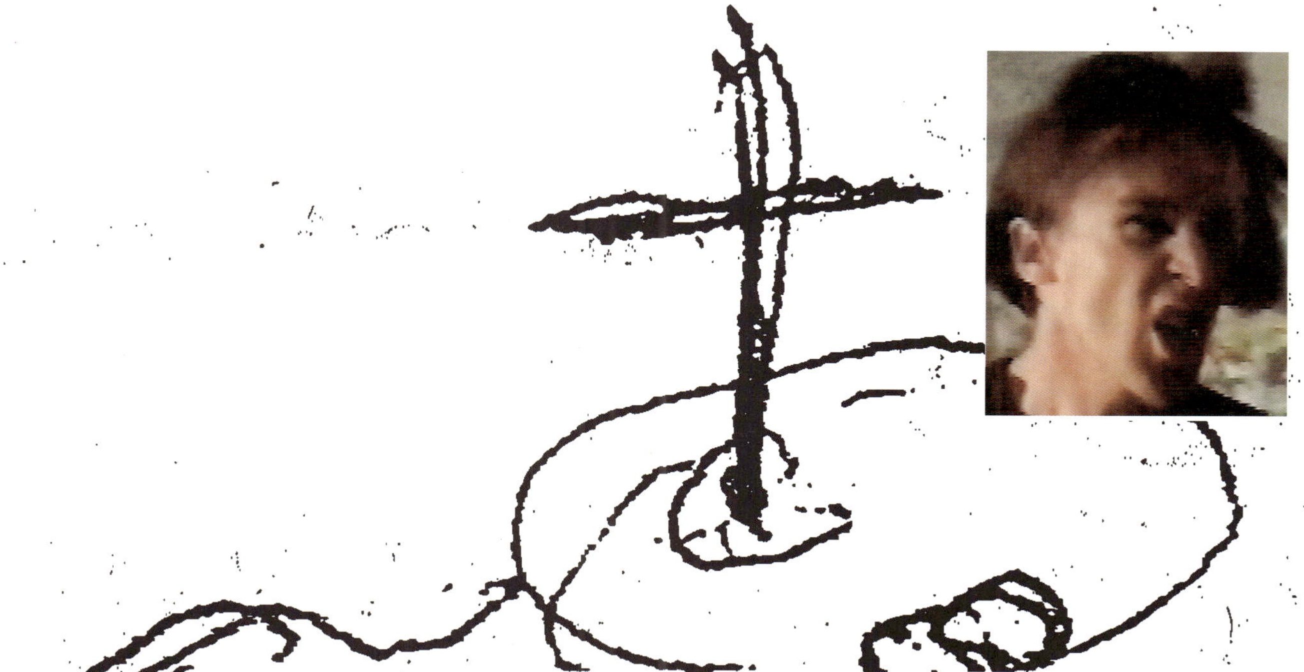

One of the main questions concerning us at the time was how muc our activities should conform to the rock band format in terms o staging, instrumentation and song structure. That forma definitely seemed tired, and for the most part, the new pun phenomena didn't provide much of an alternative as far as I wa concerned. Oursler, Don Krieger(another art school grad), and formed the Poetics in this context. The Poetics, initially, wa designed to be a dysfunctional nightclub comedy act. However, th call of the band format was too strong to resist and the nightclu version of the Poetics merged with some of the ex-Polka Do musicians to form a more rock song-oriented version of the band.

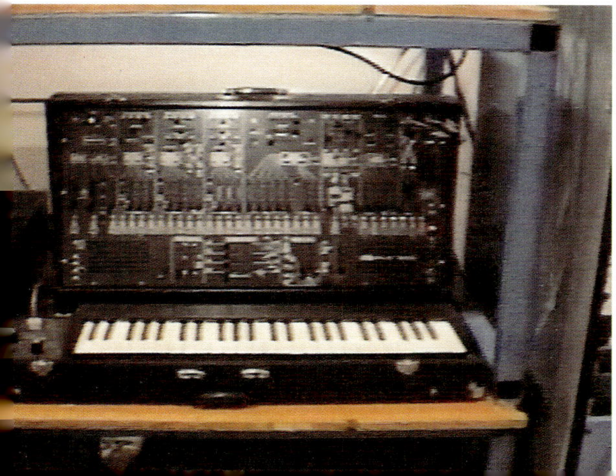

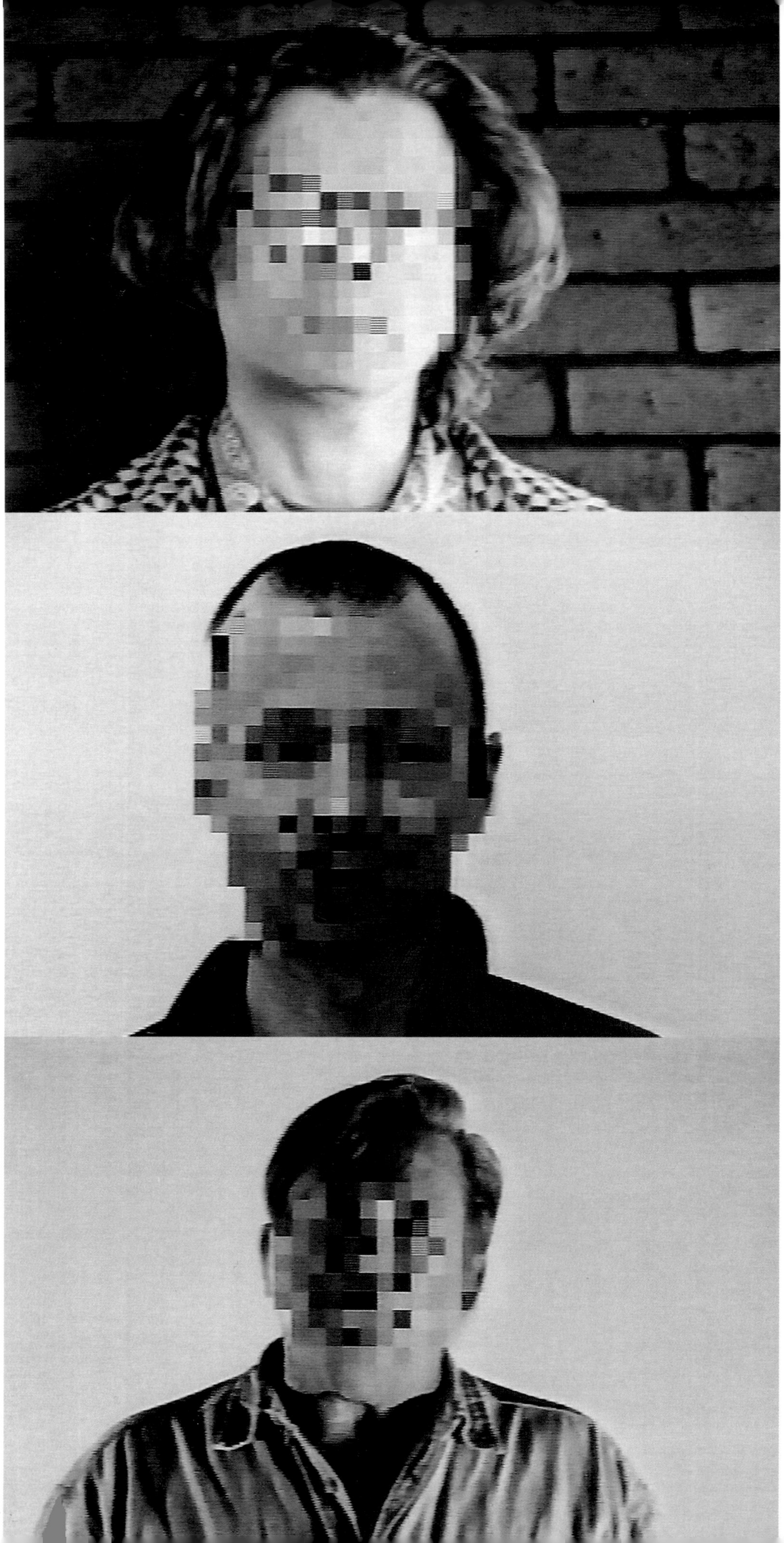

STYLIZED — COLLER
EATEN APPLE

(MISSING TOOTH
BLACK TEETH (SOUL)
NOT SCAR — NO HOSTS
Judis hangs self)

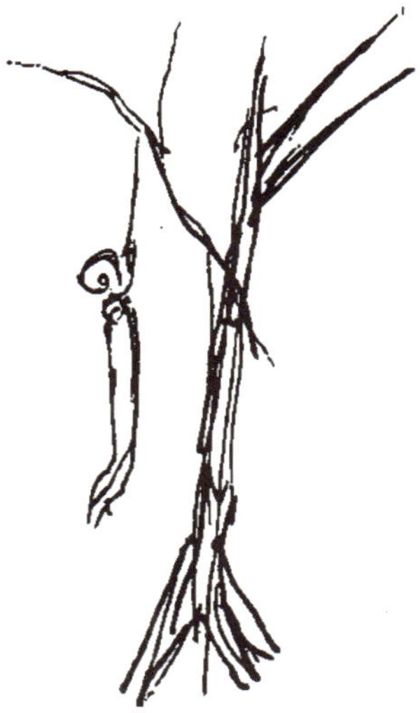

atom apple

that coller gods leash

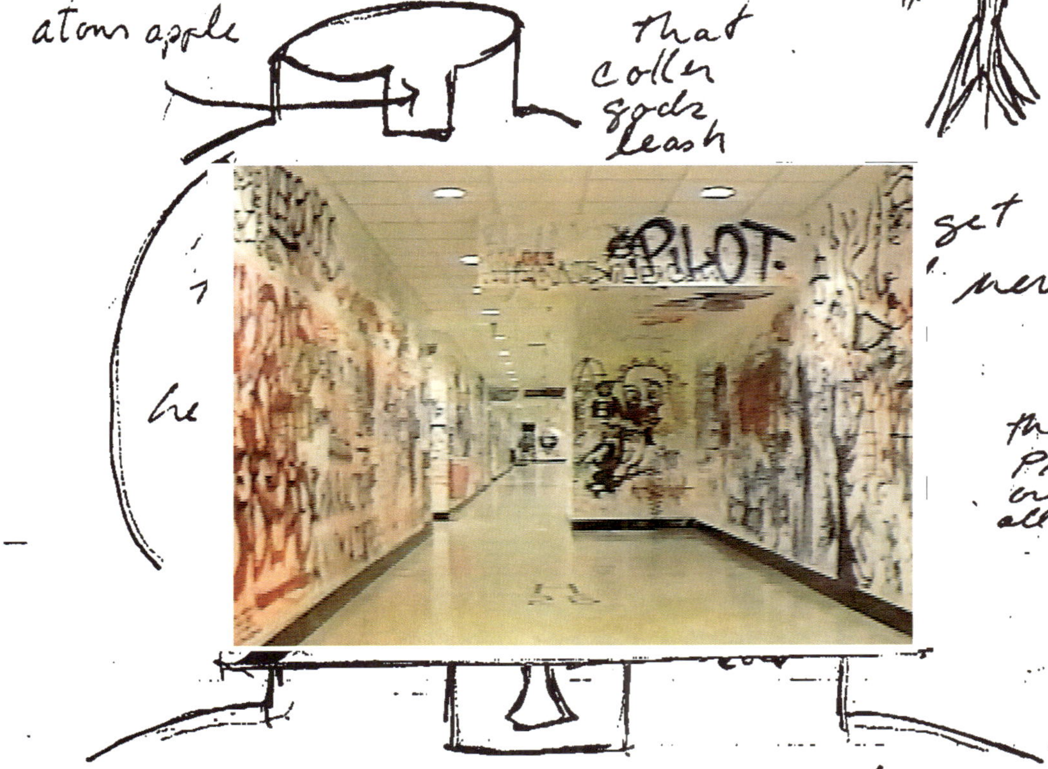

get throug never....

he

the headless Preat. his thoughts are on heaven and all its rewards.

adams apple moves when he sings stuck in the

When I was a kid my father told me that certain drum patterns could put you into a trance, take you over, hypnotize you out of control. I worried that this was happening to me when I listened to rock and roll music - and I struggled against it.

The very first record I bought was selected from the $1.50 discount bin at Woolworth's. I picked the one with the coolest cover - it was a metallic silver mirror with a high contrast apple on it. Silver Apples was the band. When I got it home and played it, I was horrified by the steady mechanical beat and the high voices of the male singers.

In 1975, at age eighteen, I was on the path of becoming an artist, trying to paint like Rembrandt (or Dali). My teacher from Rockland Community College advised me to go to this new school in California - Cal Arts. I remember listening to Hendrix, Yes, Bowie, Lou Reed, and lots of Jonathan Richmond and the Modern Lovers on the endless drive west. Cal Arts and the West Coast were a great

CRAZ

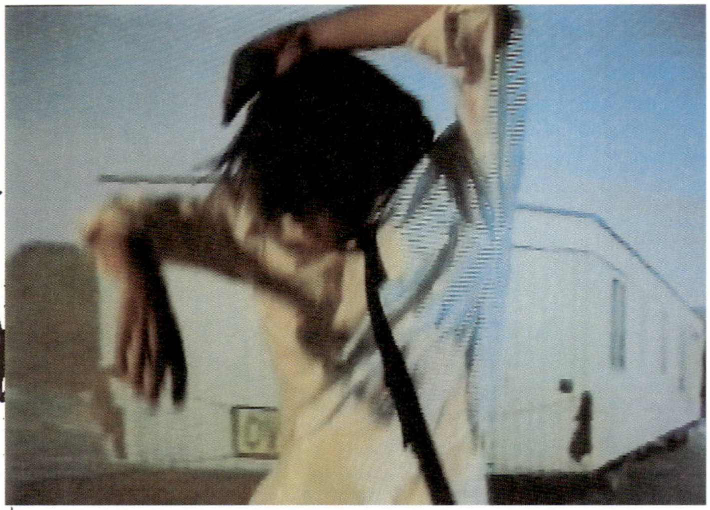

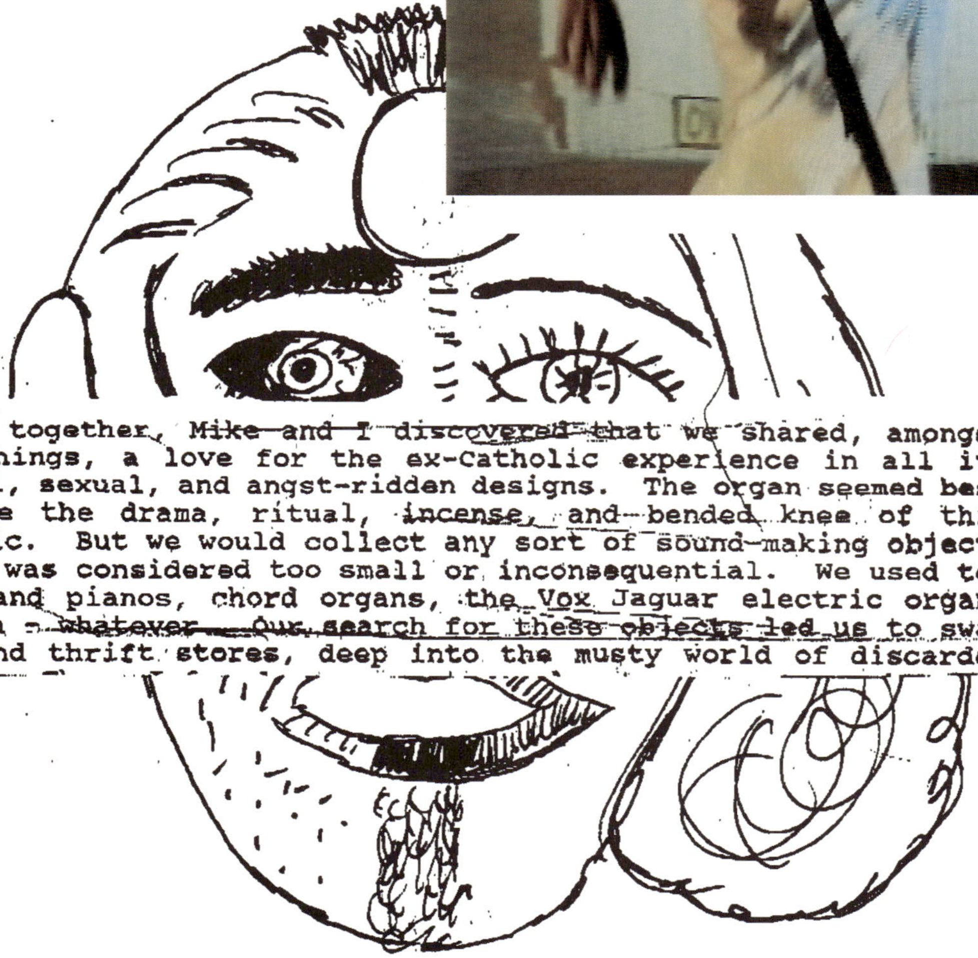

Working together, Mike and I discovered that we shared, amongst other things, a love for the ex-Catholic experience in all its mystical, sexual, and angst-ridden designs. The organ seemed best to evoke the drama, ritual, incense, and bended knee of this aesthetic. But we would collect any sort of sound-making object. Nothing was considered too small or inconsequential. We used toy organs and pianos, chord organs, the Vox Jaguar electric organ, Orgatron - whatever. Our search for these objects led us to swap meets and thrift stores, deep into the musty world of discarded

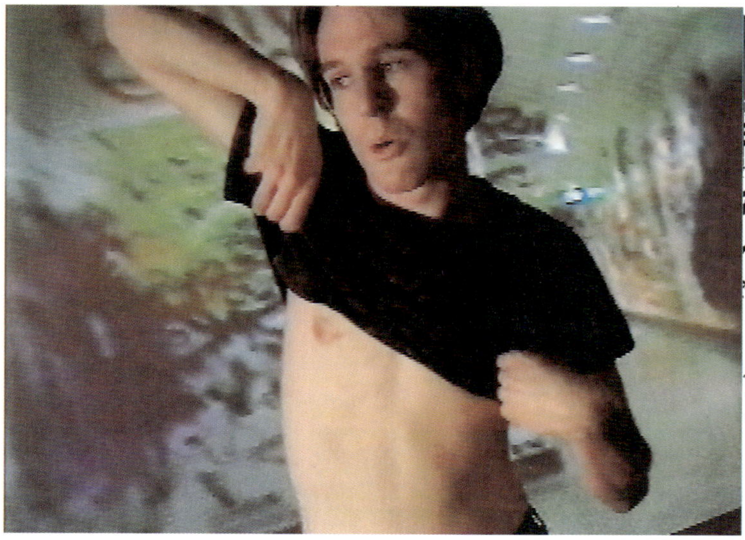

RT DOG, PART FEMALE

EAD, EYES, NOSE,

OUTH FOR SUBSTANCES

N, SONGS SUNG,

OUT, ETC.

17. Relative to class issues, how would you describe the politics of instrumentation at that time- especially the guitar/anti-guitar debate as expressed in the split between Punk, Techno Pop/Industrial?

18. What are the historical roots of these political signs of instrumentation? How did the use of the guitar, keyboard or electronic devices come to signify in the way they did?

19. Relative to the guitar/anti-guitar argument, what is the relation of these splits to current debates in Pop Music (i.e.: Grunge Rock and Techno/Ambient)?

20. Do these different instrumental choices have any relation to gender politics- sexual codes(gay/strait splits, androgyny, gender bending etc...)?

21. Is the use of humor any more or less acceptable in these various musical forms?

22. If you would agree that the musical forms we are discussing were targeted primarily towards a white audience, how did they relate to racial politics? How did they embrace or reject Black or other 'ethnic' musics and/or audiences?

23. Do you see a difference in how political/ aesthetic issues are treated in
so, what wc

24. Are a
'intellectu
the politi
non-intelle

25. In gene
Alternativ

26. Is Alte
Is this ar
question b

27. Genera
concerns i

28. If ar
'use' art

LETS TALK ABOUT THE AESTHETICS AND POLITICS OF INSTRUMENTATION:

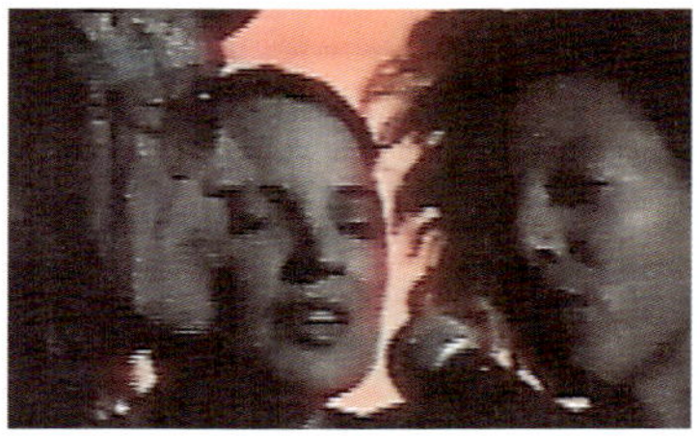

ELECTRONIC VERSUS ACOUSTICAL?

GUITAR VERSUS KEYBOARDS?

WHAT DO YOU THINK OF DRUMS?

VOICE?

WHAT KIND OF STIMULI, SOUNDS, IMAGES, SEPARATE INDIVIDUALS AND GROUPS?

HOW IS CLASS SIGNIFIED WITHIN MUSICAL FORMS?

DOES MUSIC ALOW FOR CLASS SHIFTING, OR CLASS FANTACY?

CAN YOU DESCRIBE HOW (YOUR) MUSIC WORK ON THE LISTENER?

WHAT'S THE DIFFERENCE BETWEEN ART AND MUSIC?

IS THE DEATH OF PAINTING (CRAFT) LINKED TO MUSIC (ELECTRONIC)? Mass

CONCEPTUAL ART IMPLIED THAT A FORM COULD BE CHOSEN FOR ITS' ABILITY TO BEST EXPRESS AN IDEA, WAS THIS THE END OF CRAFT? DID THIS TRAMSLATE INTO MUSIC?

WAS THIS ROOT OF THE 'DO IT YOUR SELF' AESTHETIC OF PUNK?

DO NEW FORMS LIVE UP TO THEIR POTENTIAL.

HOW HAS MTV EFFECTED MUSIC, ART?

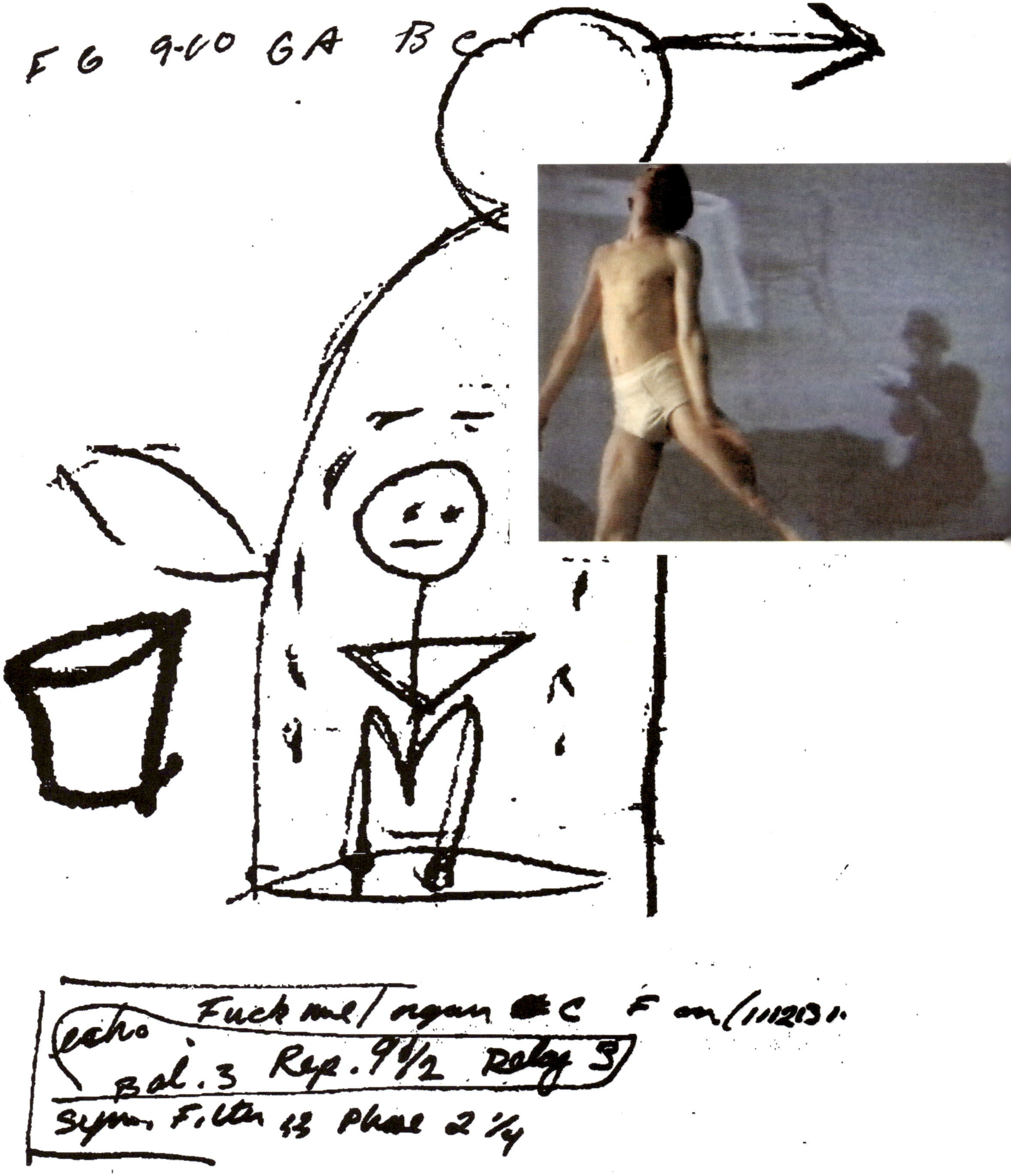
F G 9-10 G A B C
echo
Bal. 3 Rep. 9 1/2
Phase 2 1/4

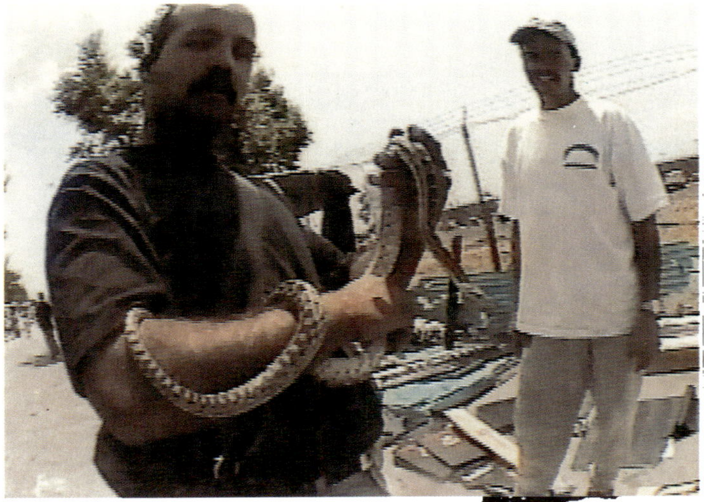

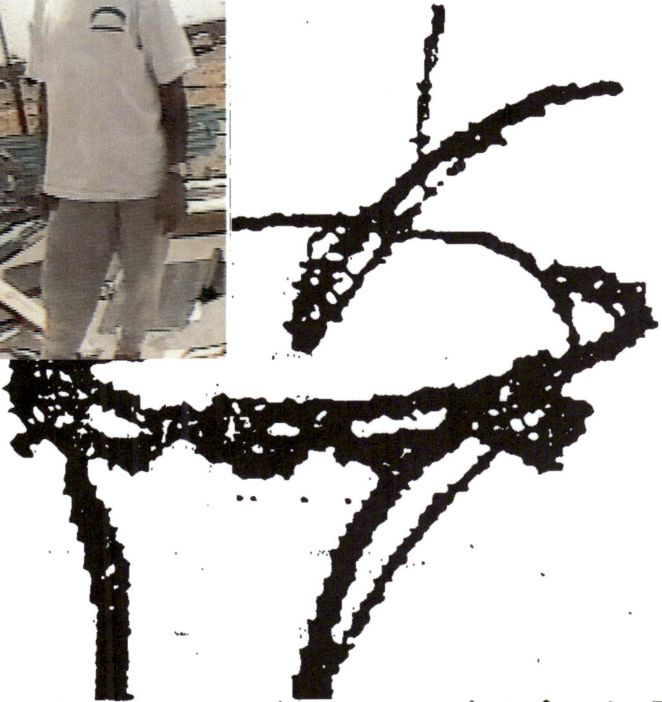

Symbolically, the Radio show was an important project for the Poetics. The concept of expanded forms or post studio or crossover was full filled in the simple gesture of having our audio go into the world via the air waves. It was almost proof that artist records, laser disks, TV shows were just around the corner. Artists would be freed from the constraints of the gallery museum system and there work would go directly into the peoples homes. This optimism and naiveté was ever-present. People such as [redacted] and [redacted] of the [redacted] were convinced that a new format was coming soon, the video laser disk, which would eclipse the audio industry. Visuals and audio would be combined into one format. Ericka Beckman was thinking about doing shorts before commercial movies. I remember the idea of screen credits for directors

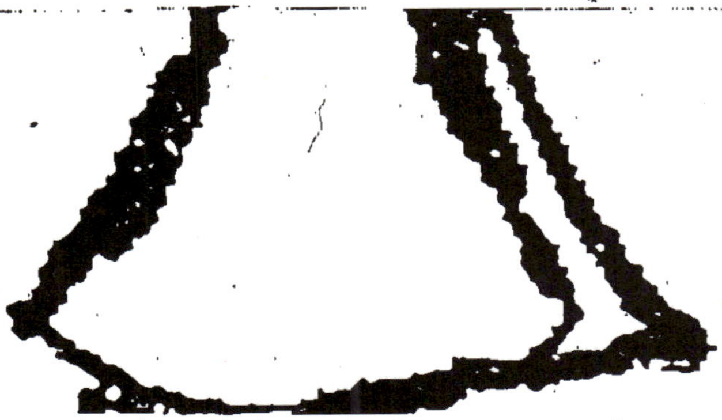

on rock 'films' being discussed. We even went down to Hollywood to be extras in a DEVO film for which everyone got paid 25 cents. They even contacted me to have a look at my art tapes, as did Alice cooper, after reading reviews in the LA times, nothing ever came of it directly. But in retrospect Laurie Anderson was the only one who could make the crossover leap as a total media artist. Its strange that only one is allowed to carry on, instead of opening up a new field. But in 1977 who knew? Even though we were clearly creating it, we couldn't have foreseen the financial packaging which was soon to be created in the form of MTV

Pole

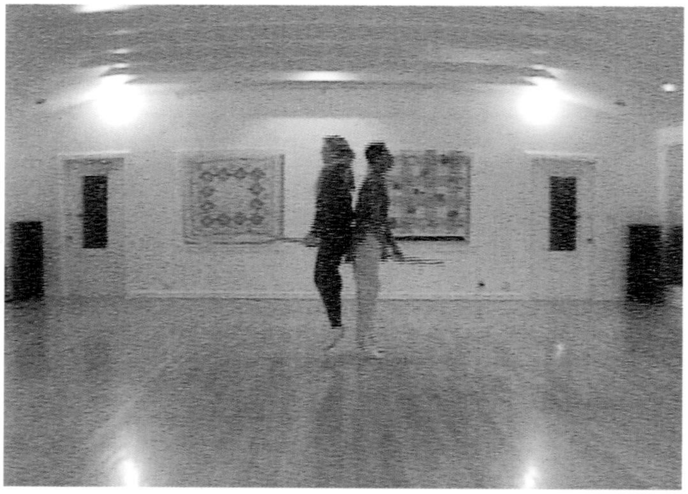

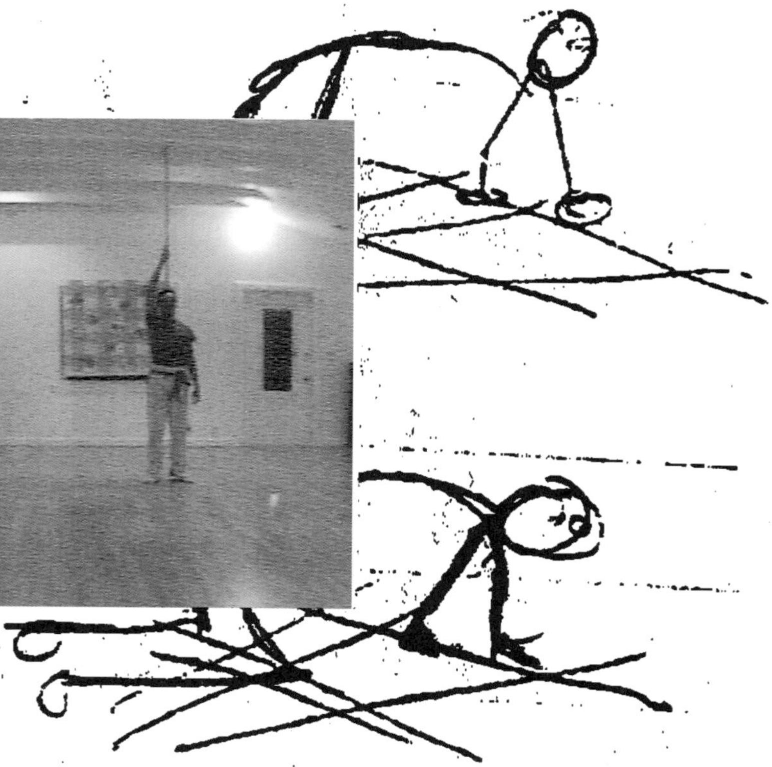

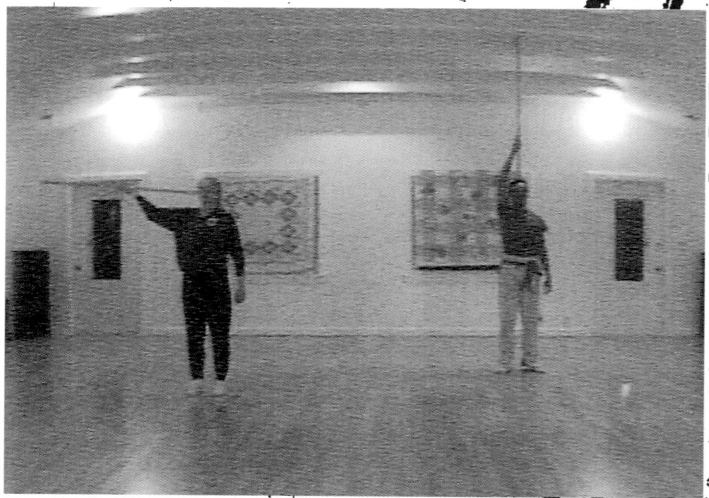

Foot & h

KNee &

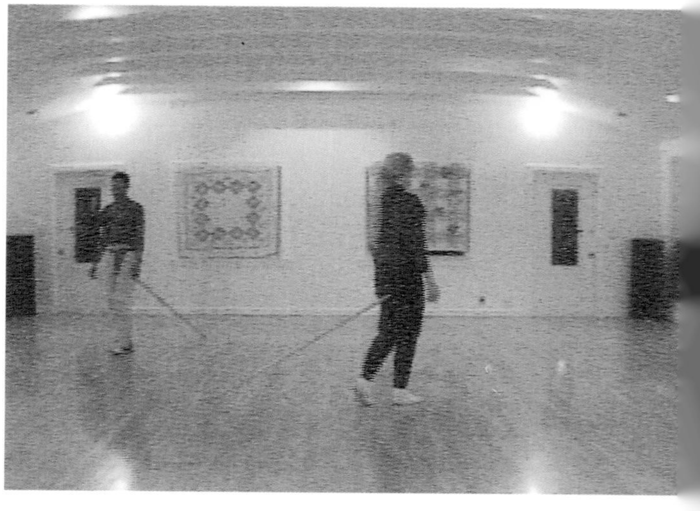

Took LSD and saw the
could get over it

We aligned ourselves somewhat with the anti-guitar stance of the early industrial and techno pop bands, though we were far from purists. Anyway, we did favor an organ-dominated sound, though this might also be explained by the fact that both Oursler and myself were ex-Catholics who had spent a good part of your youths in mass sniffing incense and listening to death-lyrics accompanied by organ music. Movie music, especially Nina Rota's soundtracks for Fellini's films, as well as that composed by Ennio Morricone and Bernhard Herrmann, are obvious influences on the later Poetics material. This compilation concentrates on the less rock oriented Poetics music. The "punk" incarnation of the Poetics consisted of Bill Stobaugh: bass and guitar, and Simon (whose last name I could not pronounce then, and cannot remember now) on organ, besides Oursler and myself. At some point John Miller - already a veteran East Coast art band player, having played with the Coachmen (at one point featuring Thurston Moore on guitar) and released a single with the Hi Sheriffs of Blue - replaced Stobaugh.

pattern on a

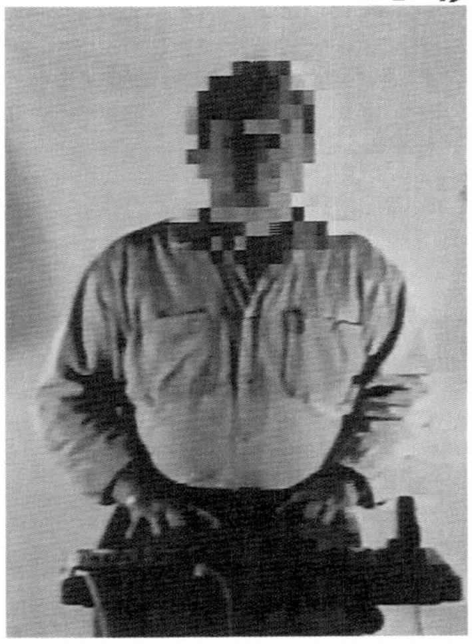

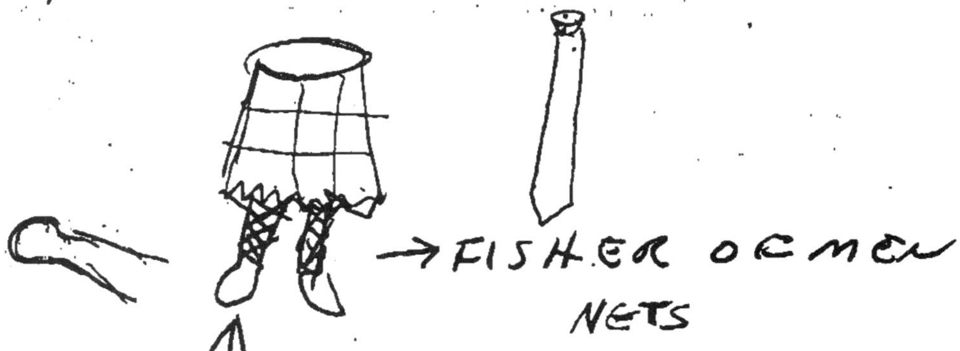

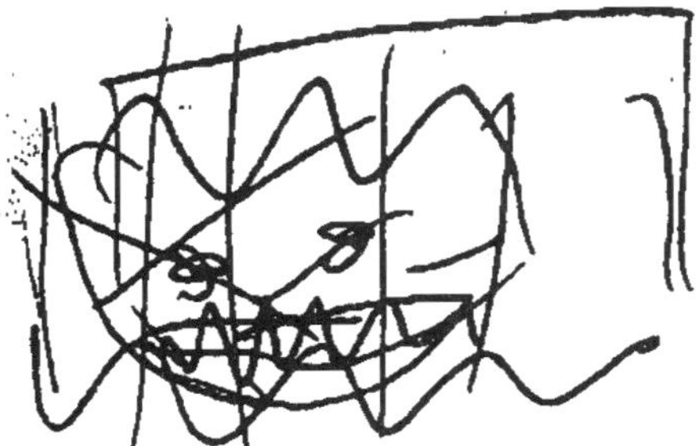

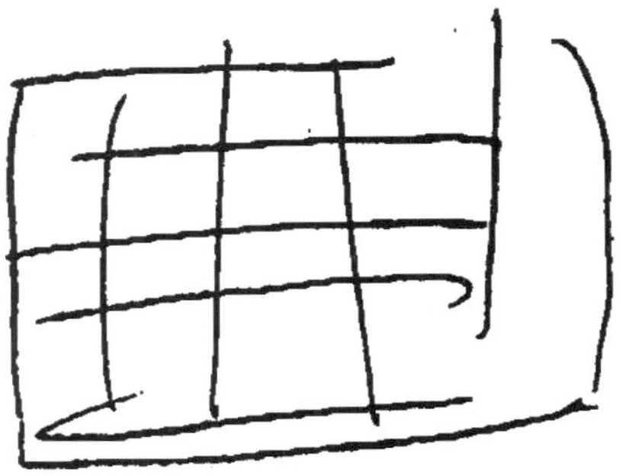

ANTI GOD.
WHO'S PICTURED
IN.

GOD
THE PURE GOD
WHO IS NOT PICTURED

Pierre Clastres – Vom Einen ohne das Viele

Es war nach der Sintflut. Ein berechnender und neckischer Gott lehrte seinen Sohn, wie er die Welt wieder zusammenfügen könne: »Und so mußt du es machen, mein Sohn. Lege die künftigen Grundsteine der unvollkommenen Erde... Nimm einen guten Haken als künftige Grundlage der Erde..., das kleine Wildschwein wird für die Vermehrung der unvollkommenen Erde sorgen... Wenn sie die Größe erreicht haben wird, die wir uns wünschen, werde ich es dir sagen, mein Sohn... Ich, Tupan, ich bin der, der über die Pfeiler der Erde wacht...« Tupan, der Herr des Hagels, des Regens und der Winde, langweilte sich, er hatte niemanden zum Spielen, er brauchte Gesellschaft. Aber nicht irgendwen, nicht irgendwo. Die Götter lieben es, ihre Partner auszusuchen. Und dieser Gott wollte, daß die neue Erde eine unvollkommene Erde sei, eine schlechte Erde, dennoch fähig, die kleinen Wesen zu empfangen, die auf ihr leben sollten. Und deshalb wußte er, der Vorausschauende, daß er Ñande Ru Ete würde entgegentreten müssen, dem Herrn eines Nebels, der schwer und düster der Pfeife entweicht, die er raucht, und die unvollkommene Erde unbewohnbar macht. »Ich singe mehr als Ñande Ru Ete. Ich werde wissen, was zu tun ist; ich werde wiederkommen. Ich werde dafür sorgen, daß der Nebel für die unvollkommene Erde leicht ist. Nur so werden die kleinen Wesen, die wir dort hinunterschicken, erfrischt, glücklich sein. Die wir auf die Erde schicken, unsere kleinen Kinder, diese Teile von uns, werden glücklich sein. Diese müssen wir täuschen.« Er war ein Schelm, der göttliche Tupan.

Wer spricht so im Namen des Gottes? Welch furchtloser Sterblicher stellt sich ohne zu zittern auf eine Stufe mit einem der Mächtigen von oben? Dieser bescheidene Erdbewohner ist indes nicht verrückt. Er ist einer jener kleinen Wesen, die Tupan am Anfang der Zeiten damit beauftragte, ihn zu zerstreuen. Er ist ein Guarani-Indianer. Er weiß um viele Dinge und denkt über das Schicksal der Seinen nach, die sich in stolzer und bitterer Gewißheit die Letzten Menschen nennen. Die Götter verhüllen zuweilen ihre Absichten. Und er, der »karai«, der sie zu hören vermag und die Wahrheit sagen muß, offenbart sie seinen Gefährten.

In dieser Nacht inspirierte ihn Tupan, sein Mund war darob göttlich, er war selbst der Gott und erzählte von der Entstehung der unvollkommenen Erde, »ywy mba'emegua«, des Aufenthaltsorts, der arglistig dem Glück der Guarani anvertraut worden war. Er sprach lange, und der Schein der Flammen erleuchtete Metamorphosen: bald das ruhige Gesicht des gleichgültigen Tupan und die gewährte Weitschweifigkeit der großen Rede, bald die ängstliche Spannung eines allzu menschlichen Wesens, das wiederkehrt, und fremdartige Wörter. Der Rede des Gottes folgte die Suche nach ihrem Sinn, das Denken eines Sterblichen mühte sich, ihre trügerische Evidenz zu übersetzen. Die Götter brauchen nicht nachzudenken, und die Letzten Menschen geben nicht auf: Sicher sind sie die letzten, aber sie wissen, weshalb. Und es lösten die beseelten Lippen des »karai« das Rätsel des Unglücks, unschuldige Deutung und eisige Feststellung, deren Glanz kein Rachegefühl trübt: »Die Dinge sind in ihrer Gesamtheit eins; und für uns, die das nicht gewollt haben, sind sie schlecht.«

Dunkelheit und Tiefe: sie fehlen in diesem Fragment gewiß nicht. Das Denken, das sich darin äußert, reizt doppelt: durch seine Härte, durch seinen Ursprung. Denn es ist das Denken eines Wilden, eines anonymen Autors, eines alten Guarani-Schamanen, tief in einem Wald von Paraguay. Und wir spüren deutlich, daß es uns nicht völlig fremd ist. Es handelt sich um die Genealogie des Unglücks. Die Dinge sind schlecht, sagt der Text, die Menschen sind die Bewohner einer unvollkommenen Erde, einer schlechten Erde. So war es immer. Die Guarani sind an das Unglück gewöhnt, es ist für sie nicht neu, nicht überraschend. Sie wußten viel davon, schon lange vor der Ankunft der Weißen, die ihnen hier nichts beibrachten. Die Guarani waren niemals gute Wilde, unablässig plagte sie die Überzeugung, für das Unglück nicht geschaffen zu sein, so wie die Gewißheit, eines Tages »ywy mara-eÿ« zu erreichen, die Erde ohne Böses. Und ihre Weisen, die unaufhörlich darüber sannen, wie es gelingen könnte, dachten über das Problem des Ursprungs nach. Woher kommt es, daß wir anderen eine unvollkommene Erde bewohnen? Der Größe der Frage entspricht die Heroik der Antwort: Wenn das Dasein ungerecht ist, so sind nicht die Menschen schuld; wir brauchen uns nicht dafür an die Brust zu schlagen, daß wir unvollkommen leben.

Doch worin wurzelt jene Unvollkommenheit, die die Menschen bestürmt und die wir nicht gewollt haben? Sie kommt daher, daß »die Dinge in ihrer Gesamtheit eins sind«. Eine unerwartete Formulierung, dazu geschaffen, die entfernteste Morgenröte des abendländischen Denkens bis zum Schwindel erbeben zu lassen. Aber genau das ist es, was die Guarani-Denker sagen, was sie immer verkündet haben – bis zu den äußersten, wahnsinnigsten Konsequenzen: Das Unglück entsteht aus der Unvollkommenheit der Welt, weil man von allen Dingen, aus denen die unvollkommene Welt besteht, sagen kann, daß sie eins sind. Einssein: das ist das Merkmal der Dinge der Welt. Eins: das ist der Name des Unvollkommenen. Kurz, was sagt das Denken der Guarani in der virulenten Bündigkeit seiner Rede? Es sagt, daß das Eine das Böse ist. Unglück des menschlichen Daseins, Unvollkommenheit der Welt, Einheit als Riß, der sich durch das Herz der Dinge zieht, aus denen die Welt besteht: das ist es, was die Guarani-Indianer seit jeher trieb, einen anderen Raum zu suchen, um darin das Glück eines von seiner Urwunde geheilten Daseins zu erfahren, eines Daseins, das sich an einem vom Einen befreiten Horizont entfaltet. Doch was ist dieses Nicht-Eine, das die Guarani so hartnäckig ersehnen? Liegt die Vollkommenheit der Welt im Vielen, gemäß einer der westlichen Metaphysik vertrauten Teilung? Und behaupten die Guarani, anders als die alten Griechen, das Gute dort, wo wir es spontan ausscheiden? Doch wenn wir bei den ersten einen aktiven Aufstand gegen das Reich des Einen, bei den anderen dagegen eine kontemplative Sehnsucht nach dem Einen finden, so behaupten die Guarani gleichwohl nicht das Viele; das Gute, das Vollkommene erkennen sie nicht in der mechanischen Auflösung des Einen.

Und warum fallen die Eins genannten Dinge eben dadurch ins schlechte Feld der Unvollkommenheit? Eine Interpretation, die der Buchstabe des Fragments scheinbar erheischt, muß verworfen werden: die des Einen als Ganzes. Der Guarani-Weise erklärt, daß »die Dinge in ihrer Gesamtheit eins sind«; aber er benennt nicht das Ganze, eine Kategorie, die diesem Denken vielleicht fehlt. Er erklärt, daß jedes einzelne der »Dinge«, aus denen die Welt besteht – der Himmel und die Erde, das Wasser und das Feuer, die Pflanzen und die Tiere, schließlich die Menschen – vom unheilvollen Siegel des Einen geprägt sind. Was ist ein Ding, das Eins ist? Woran erkennt man das Zeichen des Einen an den Dingen?

Eins ist jedes verderbliche Ding. Die Seinsweise des Einen ist das Vergängliche, das Vorübergehende, das Kurzlebige. Was entsteht, wächst und sich entwickelt, nur um unterzugehen, von dem heißt es, es ist Eins. Was bedeutet das? Damit gelangen wir, auf dem Umweg einer bizarren Inszenierung des Identitätsprinzips, zur Grundlage der religiösen Welt der Guarani. Auf die Seite des Verderblichen geworfen, wird das Eine zum Zeichen des Endlichen. Die Erde der Menschen birgt in sich nur Unvollkommenheit, Fäulnis, Häßlichkeit: häßliche Erde ist der andere Name für schlechte Erde. »Ywy mba'e megua«, das ist das Reich des Todes. Von jedem Ding, das sich auf einer Flugbahn bewegt, von jedem sterblichen Ding sagt man – sagt das Guarani-Denken –, daß es Eins ist. Das Eine: Ankerplatz des Todes. Der Tod: Schicksal dessen, das Eins ist. Warum sind die Dinge, aus denen die unvollkommene Welt besteht, sterblich? Weil sie endlich sind, weil sie unvollständig sind. Alles Verderbliche stirbt, weil es unvollständig ist, das Eine bezeichnet das Unvollständige.

Vielleicht sehen wir nun klarer. Die unvollkommene Erde, in der »die Dinge in ihrer Gesamtheit eins sind«, ist das Reich des Unvollständigen und der Raum des Endlichen, das Anwendungsfeld des Identitätsprinzips. Denn sagen, daß A = A, daß dieses gleich dieses ist und daß ein Mann ein Mann ist, heißt gleichzeitig, daß A nicht Nicht-A ist, daß dieses nicht jenes ist und daß die Menschen keine Götter sind. Die Einheit in den Dingen benennen, die Dinge nach ihrer Einheit benennen, heißt auch, ihnen die Grenze, die Endlichkeit, die Unvollständigkeit zuschreiben. Es ist die tragische Entdeckung, daß diese Macht, die Welt zu bezeichnen und ihre Wesen zu bestimmen – dies ist dies und nichts anderes, die Guarani sind Menschen und nichts anderes –, nur eine Parodie der wahren Macht ist, der geheimen Macht, die in aller Stille sagen kann, daß dies dies ist und gleichzeitig jenes, daß die Guarani Menschen sind und gleichzeitig Götter. Eine tragische Entdeckung, denn wir haben das nicht gewollt, wir anderen, die wir wissen, daß unsere Sprache täuscht, wir, die wir keine Mühe gescheut haben, die Heimat der wahren Sprache zu erreichen, den unverderblichen Aufenthalt der Götter, die Erde ohne Böses, in der nichts, was existiert, Eins genannt werden kann.

Im Land des Nicht-Einen, in dem das Unglück zunichte wird, der Mais von selbst wächst, der Pfeil denen das Wild bringt, die nicht mehr zu jagen brauchen, der geregelte Fluß der Heiraten unbekannt ist, die ewig jungen Menschen ewig leben. Ein Bewohner der Erde ohne Böses kann nicht eindeutig bezeichnet werden: gewiß ist er ein Mensch, aber auch das Andere des Menschen, ein Gott. Das Böse ist das Eine. Das

Gute ist nicht das Viele, es ist beides, sowohl das eine wie das andere, das Zwei, das die vollständigen Wesen wahrheitsgemäß bezeichnet. »Ywy mara-eÿ«, Bestimmungsort der Letzten Menschen, beherbergt keine Menschen mehr, keine Götter mehr: nur noch Gleiche, Gott-Menschen, Menschen-Götter, so daß keiner von ihnen sich gemäß dem Einen sagt.

Ein religiöses Volk, das durch die Jahrhunderte hindurch in seiner hochmütigen Weigerung, sich der unvollkommenen Erde zu unterwerfen, verharrte, ein Volk überheblicher Irrer, das sich hoch genug einschätzte, um neben den Göttern sitzen zu wollen, so schweiften die Guarani-Indianer einst umher auf der Suche nach ihrer wahren Heimat, die sie dort unten, auf der Seite der aufgehenden Sonne, »der Seite unseres Gesichts«, vermuteten. Und wie oft erfuhren sie, als sie dort ankamen, an den Stränden, den Grenzen der schlechten Erde, das Ziel fast vor Augen, dieselbe List der Götter, denselben Schmerz, dasselbe Scheitern: Hindernis zur Ewigkeit, das mit der Sonne verschwundene Meer.

Sie sind nur noch eine kleine Schar und fragen sich, ob sie nicht im Begriff stehen, den Tod der Götter zu leben, ihren eigenen Tod zu leben. Wir sind die Letzten Menschen. Und doch schwören sie nicht ab, schnell überwinden sie ihre Niedergeschlagenheit, die »karai«, die Propheten. Woher beziehen sie die Kraft, nicht aufzugeben? Sind sie blind, wahnsinnig? Daraus, daß die Schwere der Niederlage, die Stille am Himmel, die Wiederholung des Unglücks für sie niemals endgültig sind. Willigen die Götter nicht zuweilen ein zu sprechen? Gibt es nicht immer, irgendwo im Urwald, einen Auserwählten, der ihrer Rede lauscht? In dieser Nacht erneuerte Tupan das alte Versprechen durch den Mund eines Indianers, in dem der Geist des Gottes wohnte. »Die wir auf die unvollkommene Erde schicken, mein Sohn, wollen wir gedeihen lassen. Sie werden ihre künftigen Gattinnen finden, sie werden sie heiraten und Kinder haben: damit sie die Worte vernehmen können, die uns entströmen. Wenn sie sie nicht vernehmen, wird sie nichts Gutes erwarten. All das wissen wir sehr gut.«

Das ist der Grund, weshalb die Guarani-Indianer, für alles andere gleichgültig – die Gesamtheit der Dinge, die Eins sind –, einzig darauf bedacht, ein Unglück, das sie nicht gewollt haben, von sich zu weisen, sich ohne Fröhlichkeit freuen, wenn sie noch einmal die Stimme des Gottes hören: »Ich, Tupan, ich gebe Euch diese Ratschläge. Falls eine dieser Kenntnisse in Euren Ohren bleibt, in Eurem Gehör, werdet Ihr meine Spuren erkennen... Nur so werdet Ihr das Ziel erreichen, das Euch gewiesen wurde... Ich gehe weit fort, ich gehe weit fort, Ihr werdet mich nicht mehr sehen. Deshalb vergeßt nicht meine Namen.«

Aus: *Staatsfeinde. Studien zur politischen Anthropologie* (1974). Frankfurt am Main 1976

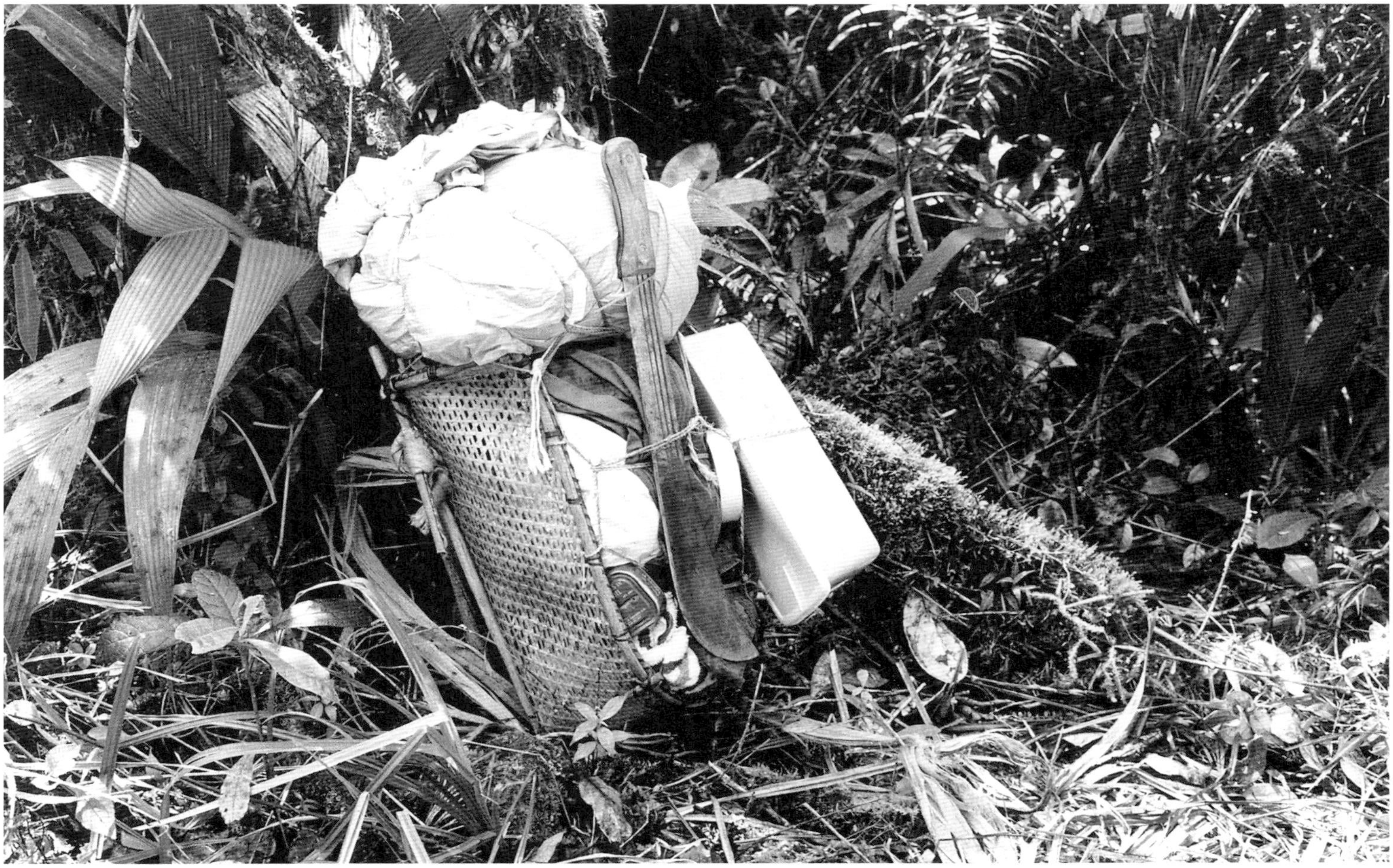

Lothar Baumgarten, Roraima 1977

Pierre Clastres

Die Gesellschaft gegen den Staat

Häuptlingstum und Sprache sind in der primitiven Gesellschaft innerlich miteinander verbunden, das Wort ist die einzige Macht, die dem Häuptling zufällt; ja mehr als das: das Wort ist für ihn eine Pflicht. Aber es gibt ein anderes Wort, eine andere Rede, nicht von den Häuptlingen artikuliert, sondern von jenen Männern, die im 15. und 16. Jahrhundert die Indianer zu Tausenden in wahnwitzigen Wanderungen auf der Suche nach der Heimat der Götter hinter sich herzogen: die Rede der »karai«, das prophetische Wort, das virulente Wort, das in höchstem Maße subversive Wort, das die Indianer aufruft, etwas zu unternehmen, was man durchaus als die Zerstörung der Gesellschaft erkennen muß. Die Appelle der Propheten, die schlechte Erde zu verlassen, das heißt die Gesellschaft, so wie sie war, um zur Erde ohne Böses zu gelangen, zur Gesellschaft des göttlichen Glücks, implizierten das Todesurteil für die Struktur der Gesellschaft und ihr Regelsystem. Dieser Gesellschaft prägte sich nun aber immer stärker der Stempel der Autorität der Häuptlinge auf, das Gewicht ihrer beginnenden politischen Macht. Vielleicht sind wir nun berechtigt zu sagen, daß, wenn die Propheten, dem Herzen der Gesellschaft entsprungen, die Welt, in der die Menschen lebten, für schlecht erklärten, dies deshalb geschah, weil sie das Unglück, das Böse in jenem langsamen Tod erkannten, zu dem das Auftauchen der Macht, früher oder später, die Tupi-Guarani-Gesellschaft als primitive Gesellschaft, als Gesellschaft ohne Staat verurteilte. Von dem Gefühl durchdrungen, daß die alte wilde Welt in ihren Grundfesten bebte, von der Vorahnung einer soziokosmischen Katastrophe gequält, beschlossen die Propheten, daß man die Welt verändern müsse, daß man die Welt wechseln müsse, die der Menschen aufgeben und die der Götter gewinnen müsse.

Ein noch lebendiges prophetisches Wort, wie es die Texte »Propheten im Dschungel« und »Vom Einen ohne das Viele« bezeugen. Die drei- oder viertausend Guarani-Indianer, die kümmerlich in den Wäldern von Paraguay überleben, genießen noch heute den unvergleichlichen Reichtum, den die »karai« ihnen bieten. Diese sind zweifellos nicht mehr Stammesführer wie ihre Vorfahren des 16. Jahrhunderts, es gibt keine mögliche Suche mehr nach der Erde ohne Böses. Doch die mangelnde Aktion scheint eine Trunkenheit des Denkens ermöglicht zu haben, eine immer angespanntere Vertiefung der Reflexion über das Unglück des menschlichen Schicksals. Und dieses wilde Denken, das vor zuviel Licht fast blendet, sagt uns, daß die Geburtsstätte des Bösen, die Quelle des Unglücks das Eine ist.

Man muß vielleicht etwas mehr darüber sagen und sich fragen, was der Guarani-Weise unter dem Namen »das Eine« bezeichnet. Die Lieblingsthemen des zeitgenössischen Guarani-Denkens sind eben die, die vor nunmehr über vier Jahrhunderten diejenigen beunruhigten, die man schon damals »karai«, Propheten, nannte. Warum ist die Welt schlecht? Was können wir tun, um dem Bösen zu entrinnen? Fragen, die diese Indianer sich über Generationen hinweg immer von neuem stellen: Die »karai« von heute halten pathetisch und hartnäckig daran fest, die Reden der einstigen Propheten zu wiederholen. Diese wußten, daß das Eine das Böse ist, sie sagten es von Dorf zu Dorf, und die Leute folgten ihnen auf der Suche nach dem Guten, auf der Suche nach dem Nicht-Einen. Wir finden also bei den Tupi-Guarani zur Zeit der Entdeckung einerseits eine Praxis – die religiöse Wanderung –, die unerklärlich ist, wenn man in ihr nicht die Ablehnung des Weges sieht, auf den das Häuptlingstum die Gesellschaft zog, die Ablehnung der losgelösten politischen Macht, die Ablehnung des Staats; auf der anderen Seite eine prophetische Rede, die das Eine als die Wurzel des Übels identifiziert und die Möglichkeit verkündet, ihm zu entrinnen. Unter welchen Bedingungen ist es möglich, das Eine zu denken? Seine Anwesenheit, ob gehaßt oder begehrt, muß auf irgendeine Weise sichtbar sein. Und deshalb meinen wir, hinter der metaphysischen Gleichung, die das Böse mit dem Einen gleichsetzt, eine andere, geheimere, politische Gleichung zu entdecken, die besagt, daß das Eine der Staat ist. Die Tupi-Guarani-Prophetie ist der heroische Versuch einer primitiven Gesellschaft, das Unglück durch die radikale Ablehnung des Einen als universales Wesen der Macht zu beseitigen. Diese »politische« Lektüre einer metaphysischen Feststellung müßte uns nun veranlassen, eine vielleicht lästerliche Frage zu stellen: Könnte man einer solchen Lektüre nicht jede Metaphysik des Einen unterziehen? Wie steht es um das Eine als Gutes, als bevorzugtes Objekt, das die abendländische Metaphysik von Anbeginn dem Wunsch des Menschen zuweist? Lassen wir es bei jener verwirrenden Evidenz bewenden: das Denken der wilden Propheten und das der alten Griechen denken dasselbe, das Eine; doch der Guarani-Indianer sagt, daß das Eine das Böse sei, während Heraklit sagt, daß es das Gute sei. Unter welchen Bedingungen ist es möglich, das Eine als das Gute zu denken?

Kehren wir zum Schluß zu der exemplarischen Welt der Tupi-Guarani zurück. Hier sehen wir eine primitive Gesellschaft, die, vom unwiderstehlichen Aufstieg der Häuptlinge bedroht, in sich selbst Kräfte hervorruft und freisetzt, die – sei's auch zum Preis eines kollektiven Selbstmords – imstande sind, die Dynamik des Häuptlingstums in Schach zu halten, die Bewegung abzubrechen, die sie vielleicht dazu geführt hätte, die Häuptlinge in gesetztragende Könige zu verwandeln. Auf der einen Seite die Häuptlinge, auf der anderen und gegen sie die Propheten: Dies ist in den wesentlichen Zügen das Bild der Tupi-Guarani-Gesellschaft gegen Ende des 15. Jahrhunderts. Und die prophetische »Maschine« funktionierte ausgezeichnet, denn die »karai« waren in der Lage, erstaunliche Indianermassen mit sich zu reißen, die, wie man heute sagen würde, so fanatisiert waren durch das Wort dieser Männer, daß sie sie in den Tod begleiteten.

Was heißt das? Die Propheten, einzig mit ihrem Logos bewaffnet, konnten eine »Mobilisierung« der Indianer bewirken, sie konnten jenes in der primitiven Gesellschaft Unmögliche erreichen: in der religiösen Wanderung die große Vielfalt der Stämme vereinen. Es gelang ihnen, mit einem Schlag das »Programm« der Häuptlinge zu verwirklichen! List der Geschichte? Verhängnis, das trotz allem die primitive Gesellschaft zur Abhängigkeit verdammt? Wir wissen es nicht. Jedenfalls verlieh der Aufstand der Propheten gegen die Häuptlinge, wie in einer merkwürdigen Umkehrung der Dinge, den ersteren unendlich mehr Macht, als die letzteren je besaßen. Vielleicht müssen wir nun die Vorstellung vom Wort als dem Gegenteil der Gewalt berichtigen. Wenn der wilde Häuptling mit der Pflicht zum unschuldigen Wort beauftragt ist, so kann die primitive Gesellschaft unter gewissen Umständen auch einem anderen Wort lauschen und vergessen, daß dieses Wort als Befehl gesagt wird: Es ist das prophetische Wort. In der Rede der Propheten ruht vielleicht im Keim die Rede der Macht, und hinter den schwärmerischen Zügen des Menschenführers, der den Wunsch des Menschen ausspricht, verbirgt sich vielleicht die stumme Gestalt des Despoten.

Prophetisches Wort, Macht dieses Worts: sollte dies der Geburtsort der Macht schlechthin sein, der Beginn des Staats im Wort? Propheten, welche die Seelen erobern, bevor sie Herren über die Menschen sind? Vielleicht. Aber noch in der höchsten Erfahrung der Prophetie (denn die Tupi-Guarani-Gesellschaft hatte, aus demographischen oder anderen Gründen, zweifellos die äußersten Grenzen erreicht, die eine Gesellschaft als primitive Gesellschaft definieren) zeigen uns die Wilden die fortwährende Anstrengung, die Häuptlinge daran zu hindern, Häuptlinge zu sein; die Ablehnung der Vereinheitlichung; die Arbeit der Beschwörung des Einen, des Staats. Die Geschichte der Völker, die eine Geschichte haben, ist, wie es heißt, die Geschichte des Klassenkampfs. Die Geschichte der Völker ohne Geschichte ist, wie man mit mindestens ebenso großer Wahrheit sagen kann, die Geschichte ihres Kampfs gegen den Staat.

Aus: *Staatsfeinde. Studien zur politischen Anthropologie* (1974). Frankfurt am Main 1976

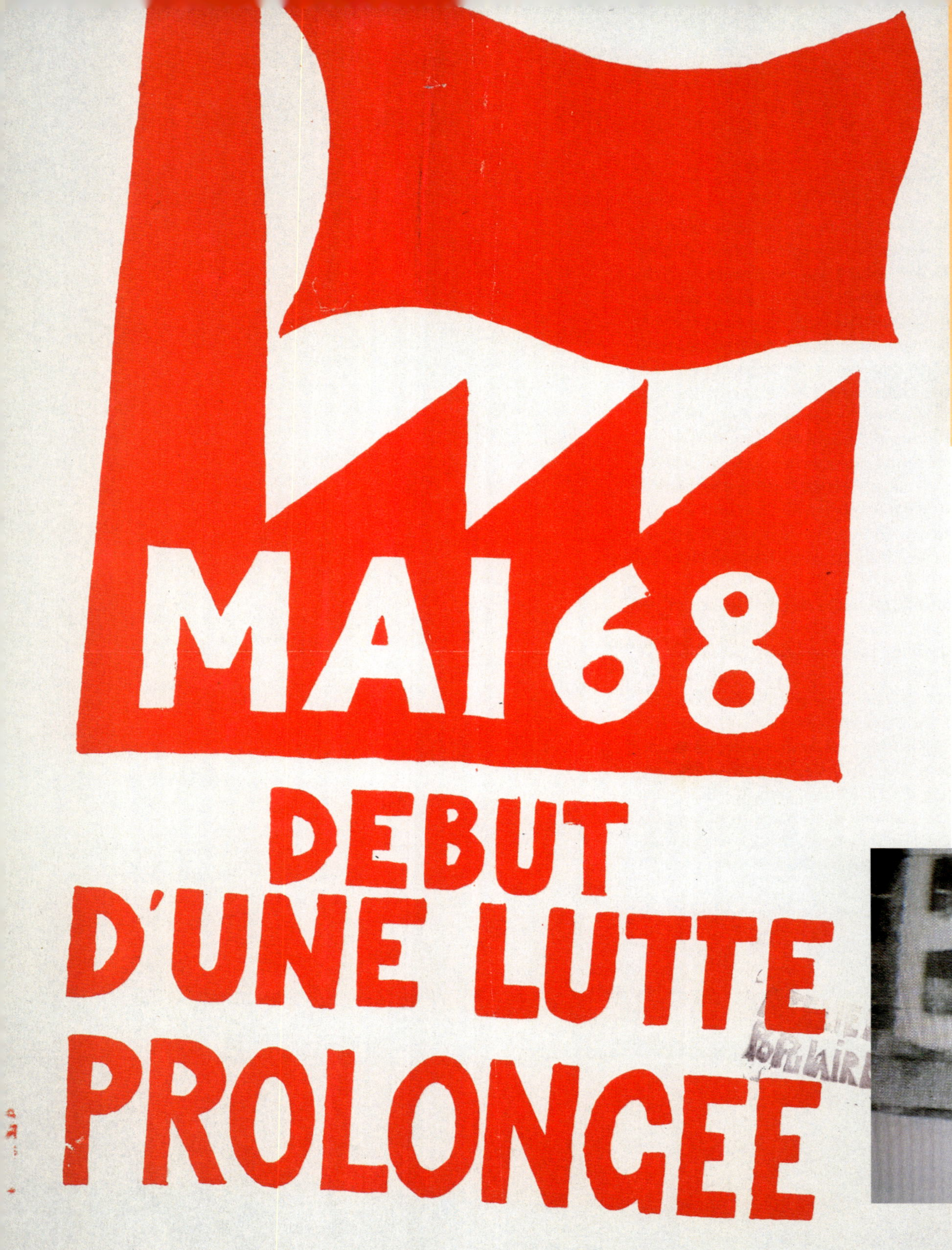

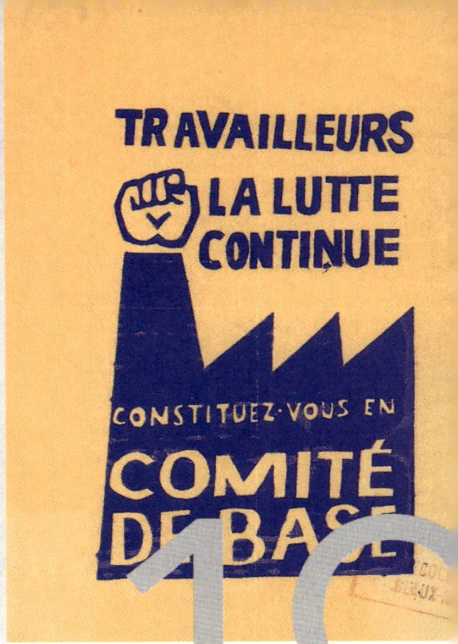

19

**1966 Kulturrevolut
den französischen
in Vietnam: Stärke
wird im August d**

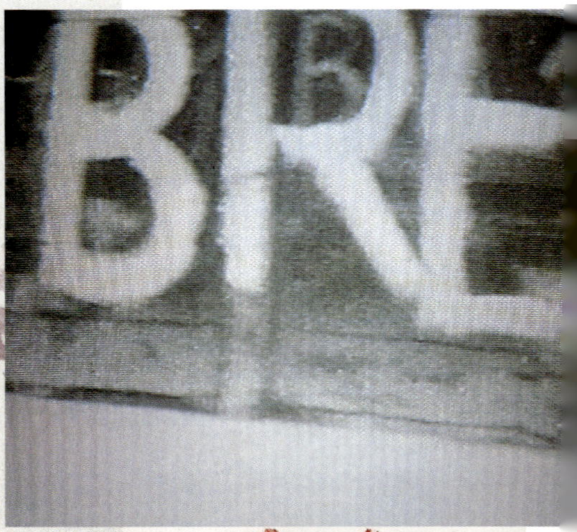

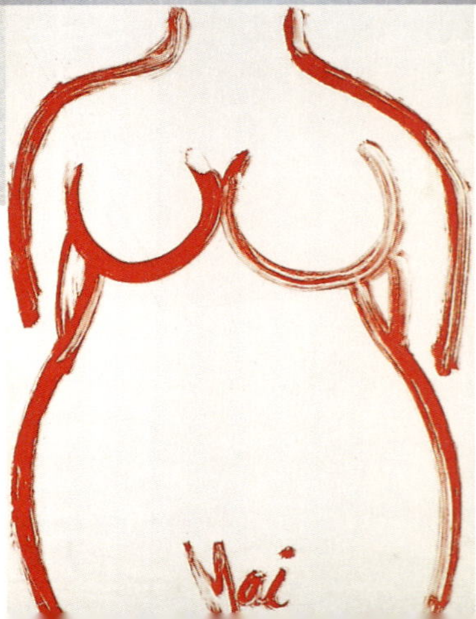

Nach dem ersten Plakat des Atelier populaire Mai 1968 mit dem Motiv der Fabrik standen in zahlreichen Ländern das Dach und der Schornstein für die Bewegung der Besetzungen.

Anonymes Plakat von Mai 1968 in Paris. Vielleicht hatte der Designer Julian Beck vom Living Theater im besetzten Odeon-Theatre gehört, als er sein Gedicht vorlas: „If you make a revolution, make it for fun!"

Begräbnis von Jan Palach, Prag, Januar 1969

68

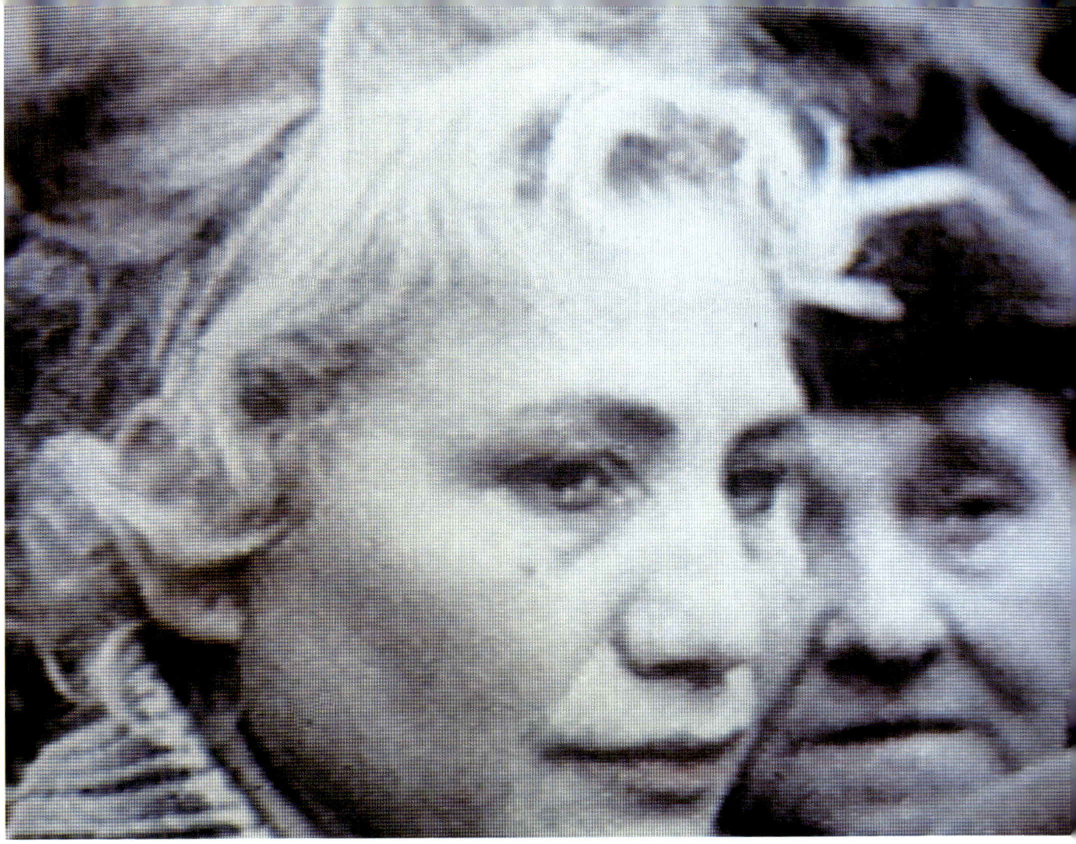

Chris Marker, Le fond de l'air est rouge (Rot ist die blaue Luft), 1977

hina. 1967 Sechs-Tage-Krieg zw. Israel und arabischen Staaten. Ölpest an
nach dem Unfall des Ölfrachters Torrey Canyon. 1968 Seit 1965 Eskalation
Truppen 1968: ca. 550 000 Mann. Der Prager Frühling von Alexander Dubcek
Einmarsch der Truppen der Warschauer-Pakt-Staaten abgebrochen.

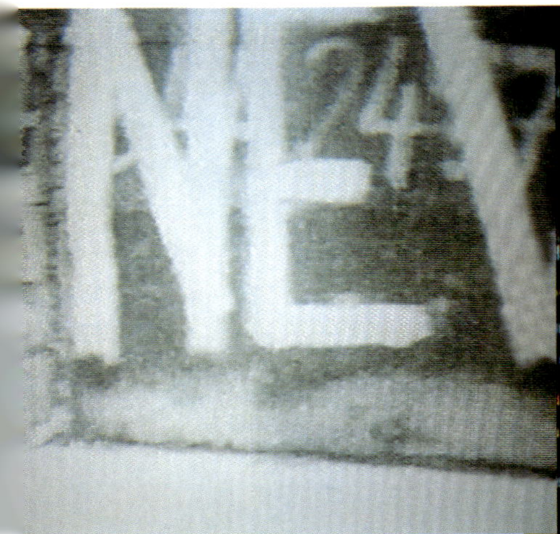

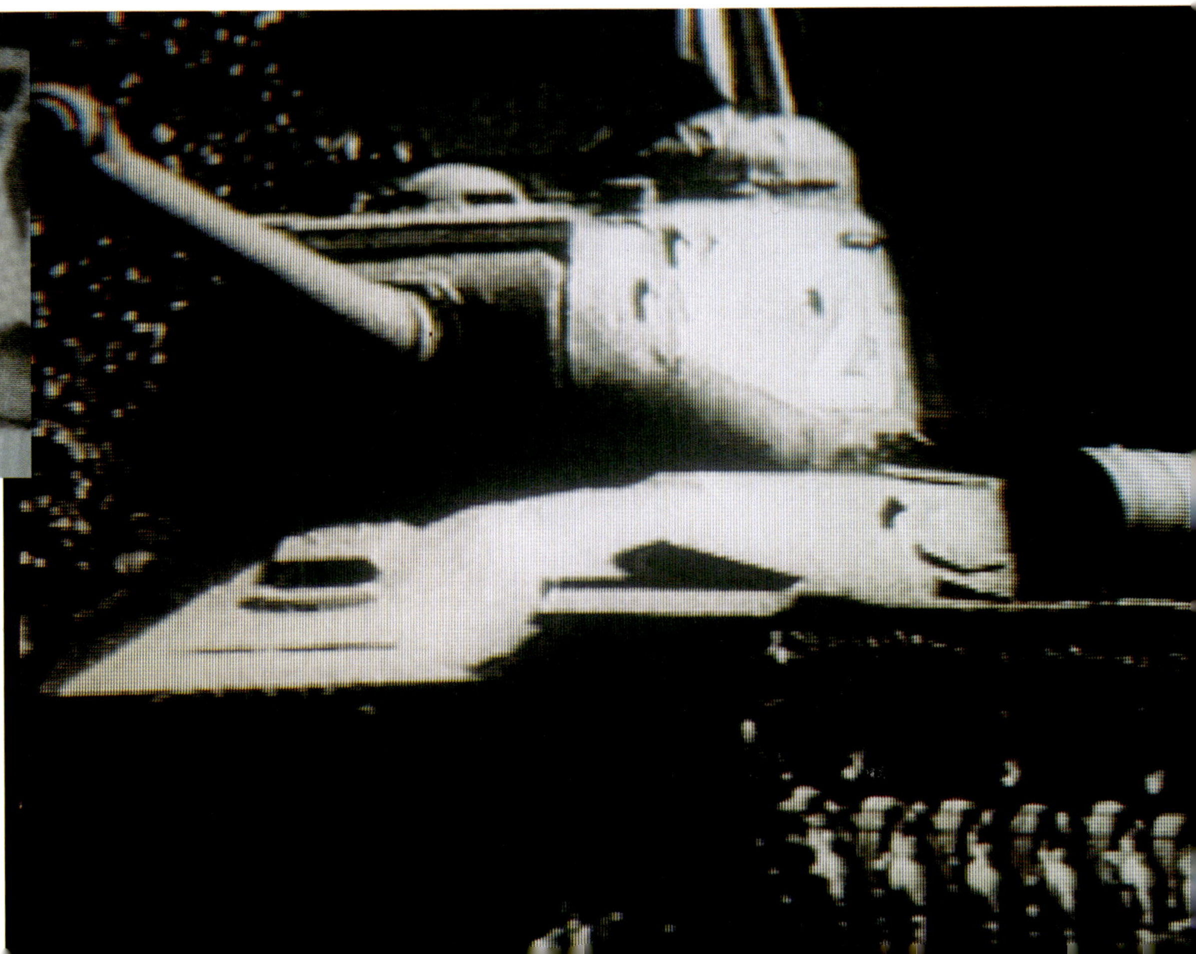

Der erste sowjetische Panzer, der 1945 in das befreite Prag einfuhr, wurde später zum Denkmal errichtet. Im August 1968 fuhren wieder sowjetische Panzer in Prag ein.

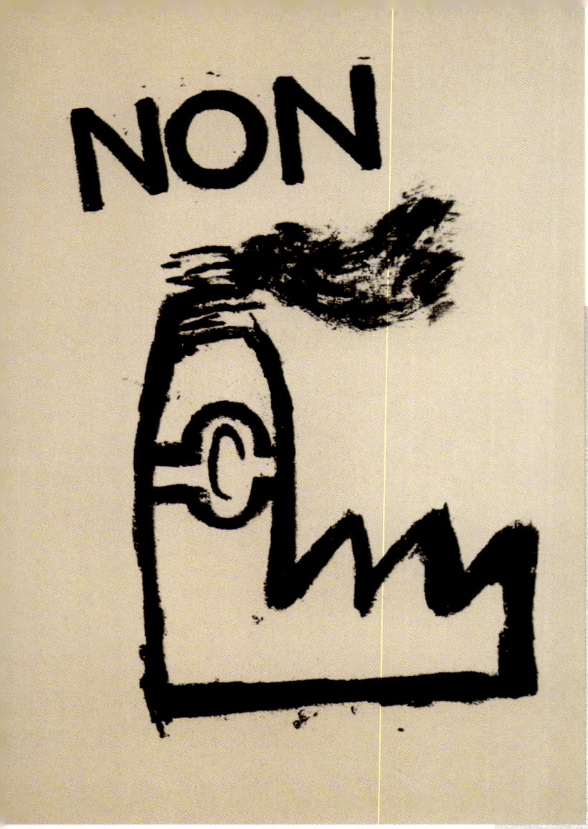

Atelier populaire, 1968

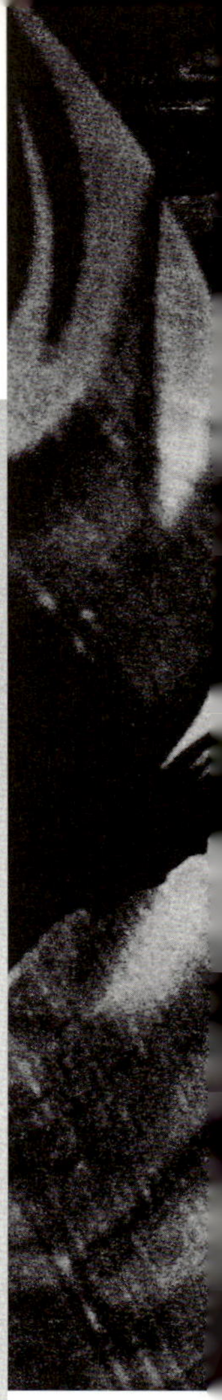

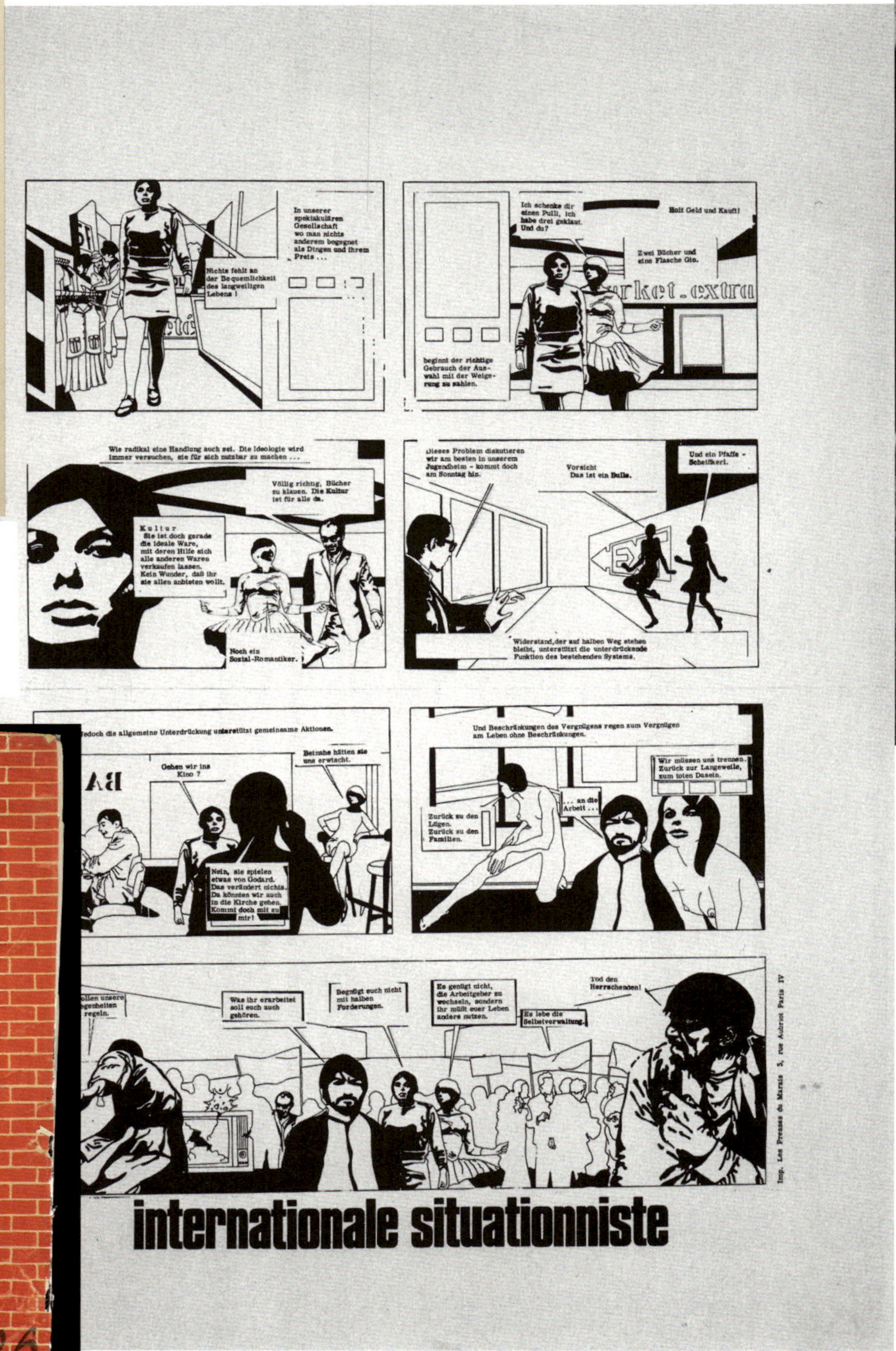

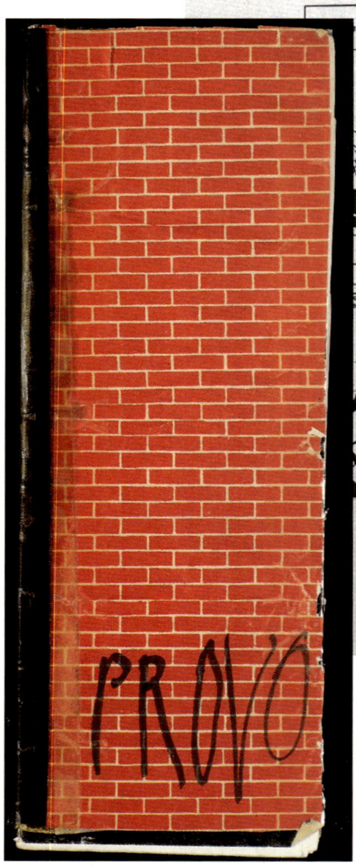

Umschlag der ersten Provo-Zeitschrift, die zum ersten Mal am 12. Juli 1965 in Amsterdam erschien.

Die Situationistische Internationale benutzte die Form des Comics, um ihre härtesten Gesellschaftskritiken zu illustrieren.

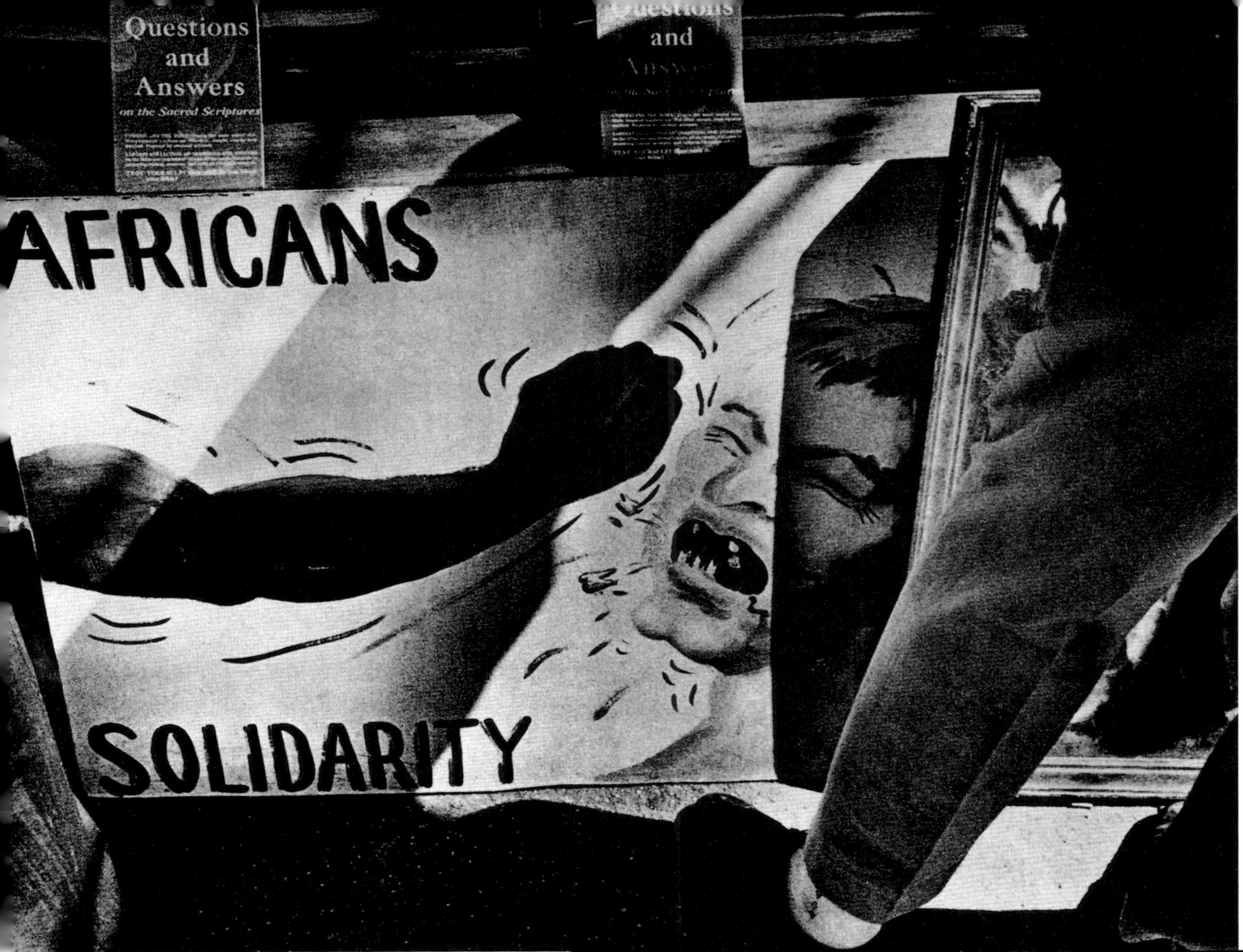

Ed van der Elsken, Harlem/New York, 1959-60

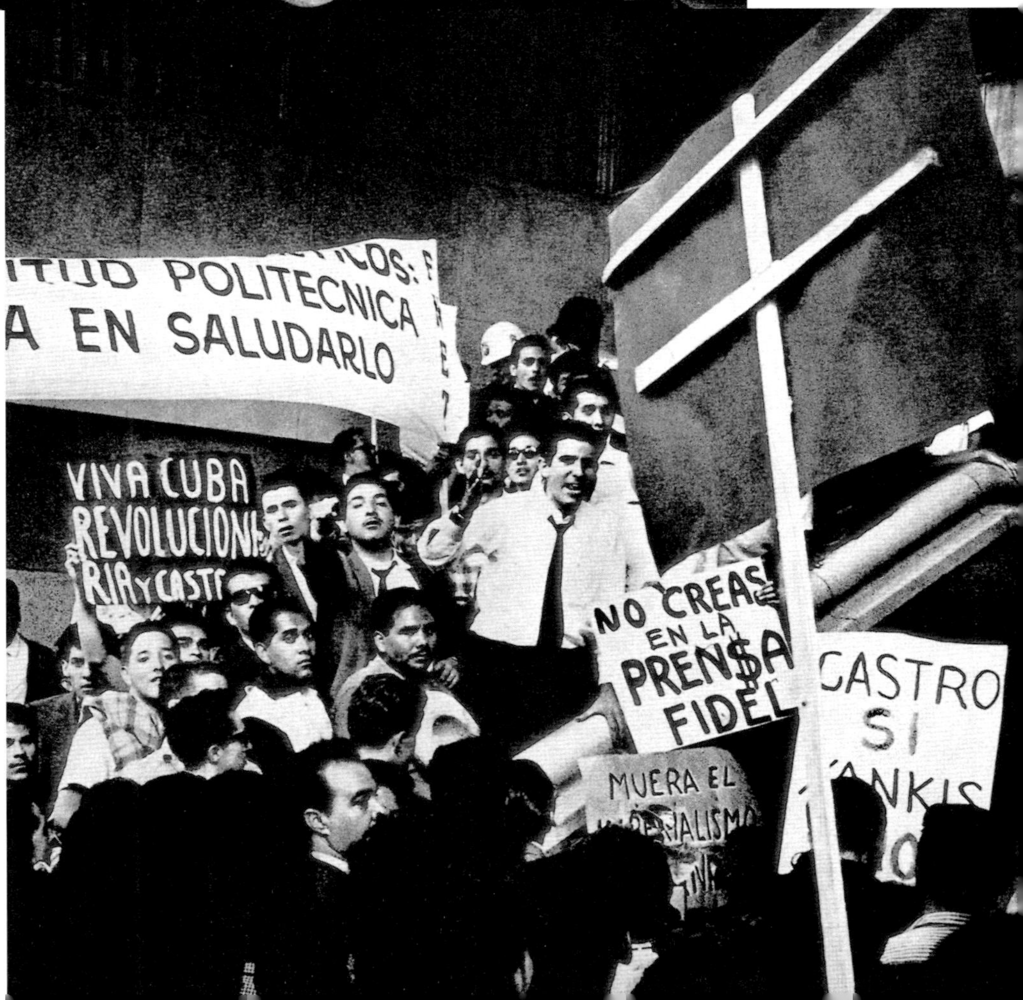

Ed van der Elsken, Mexiko, 1959-60
Demonstration für Fidel Castro

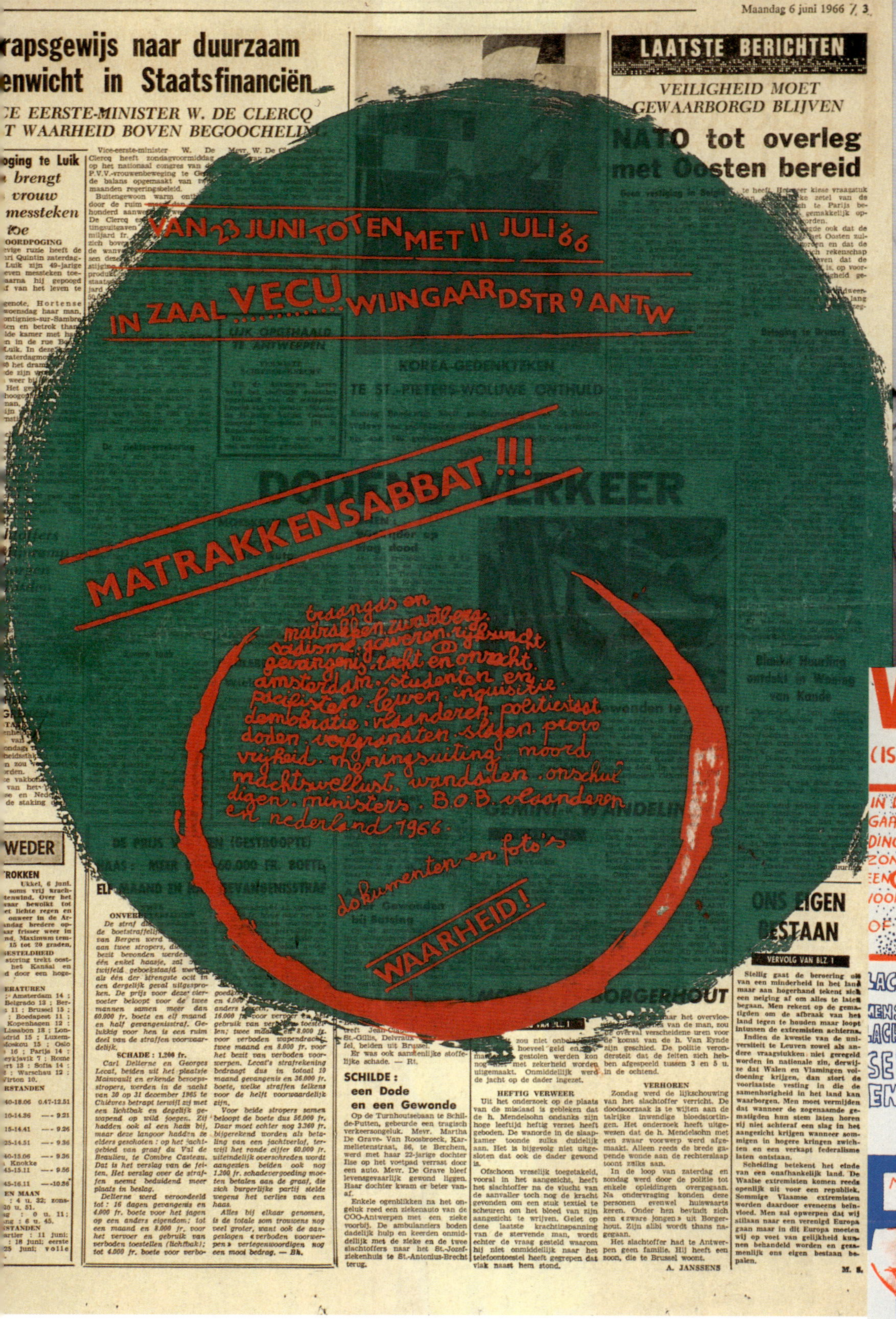

Provo Belgien, Matrakkensabbat, 1966

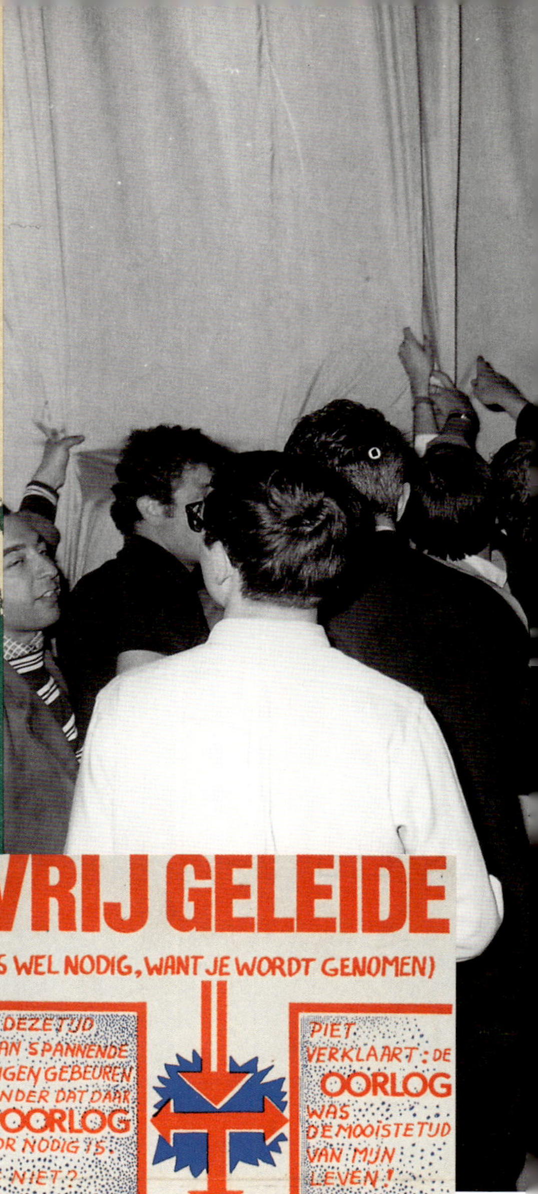

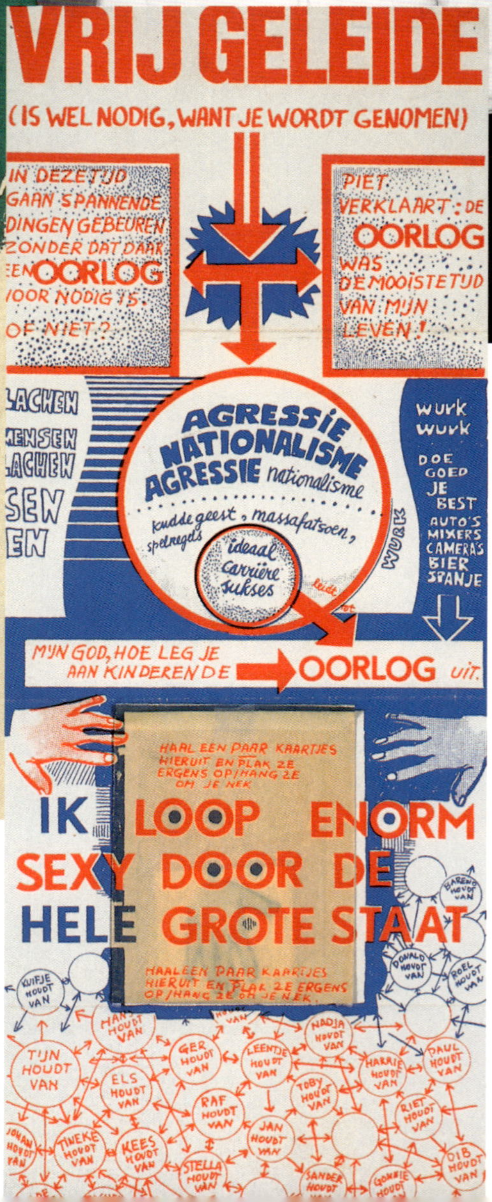

Ontbijt op bed (Frühstück im Bett)
Freies Geleit, 1967
Die Gruppe Ontbijt op bed war die kulturelle Vorhut der Provo-Bewegung. Dieses Flugblatt ist ein »freies Geleit für provokative Gedanken«.

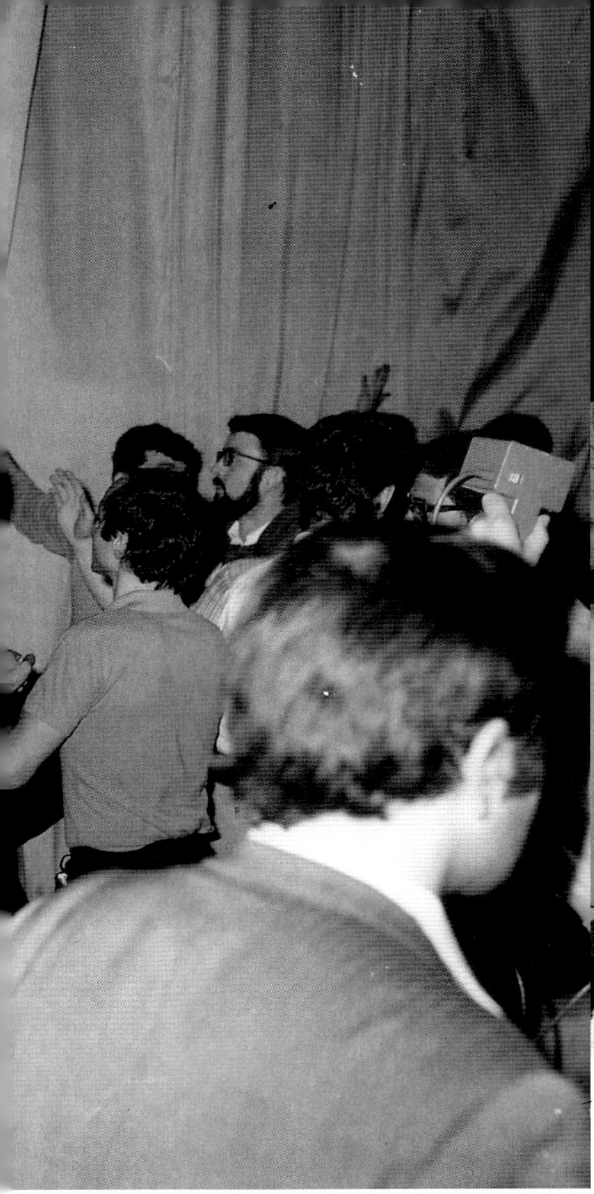

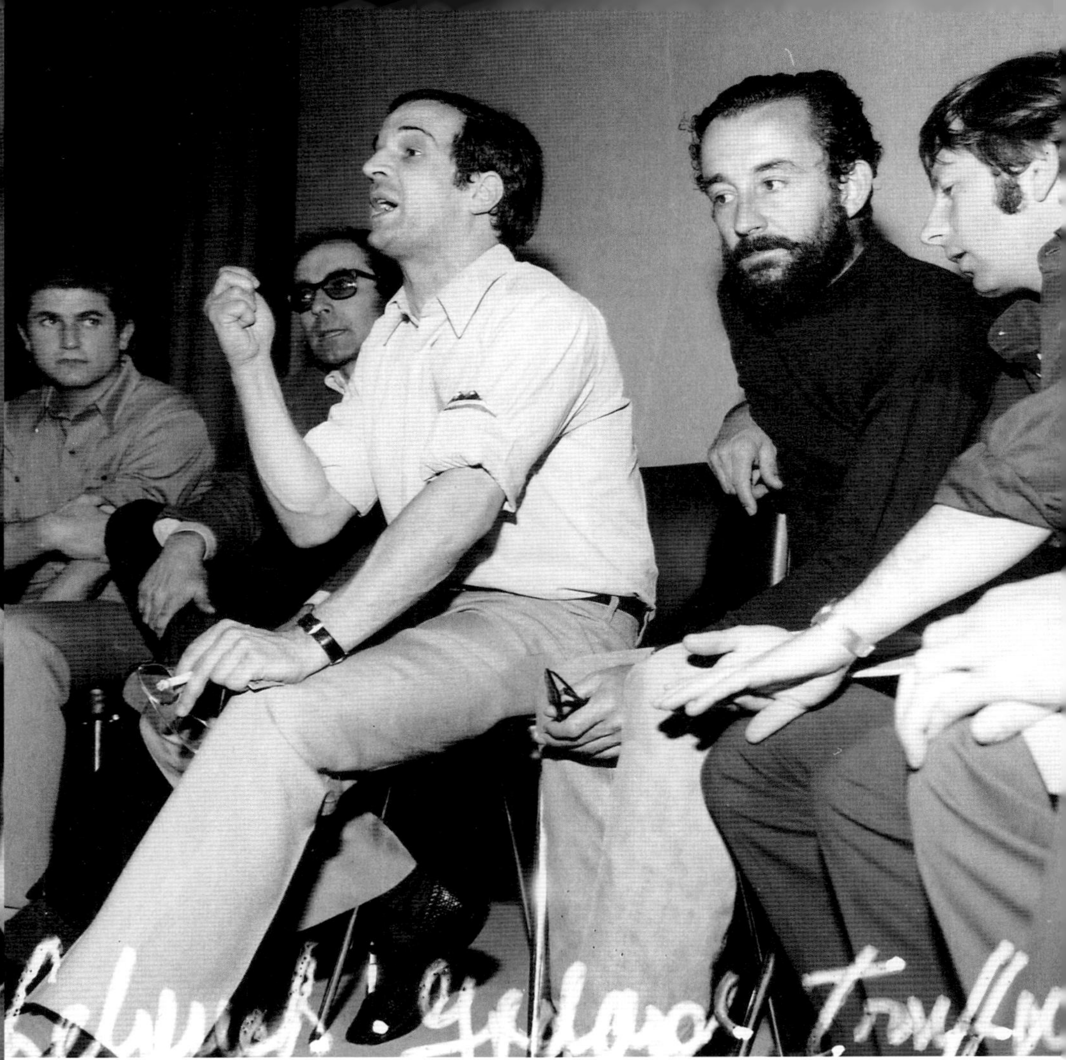

Festival de Cannes, 1968. Die Filmemacher (auf dem Podest v.l.n.r. Claude Lelouch, Jean-Luc Godard, François Truffaut, Louis Malle, Roman Polanski) verhindern die Eröffnung.

Ed van der Elsken, Tokio, 1959-60
Demonstration kommunistischer Studenten

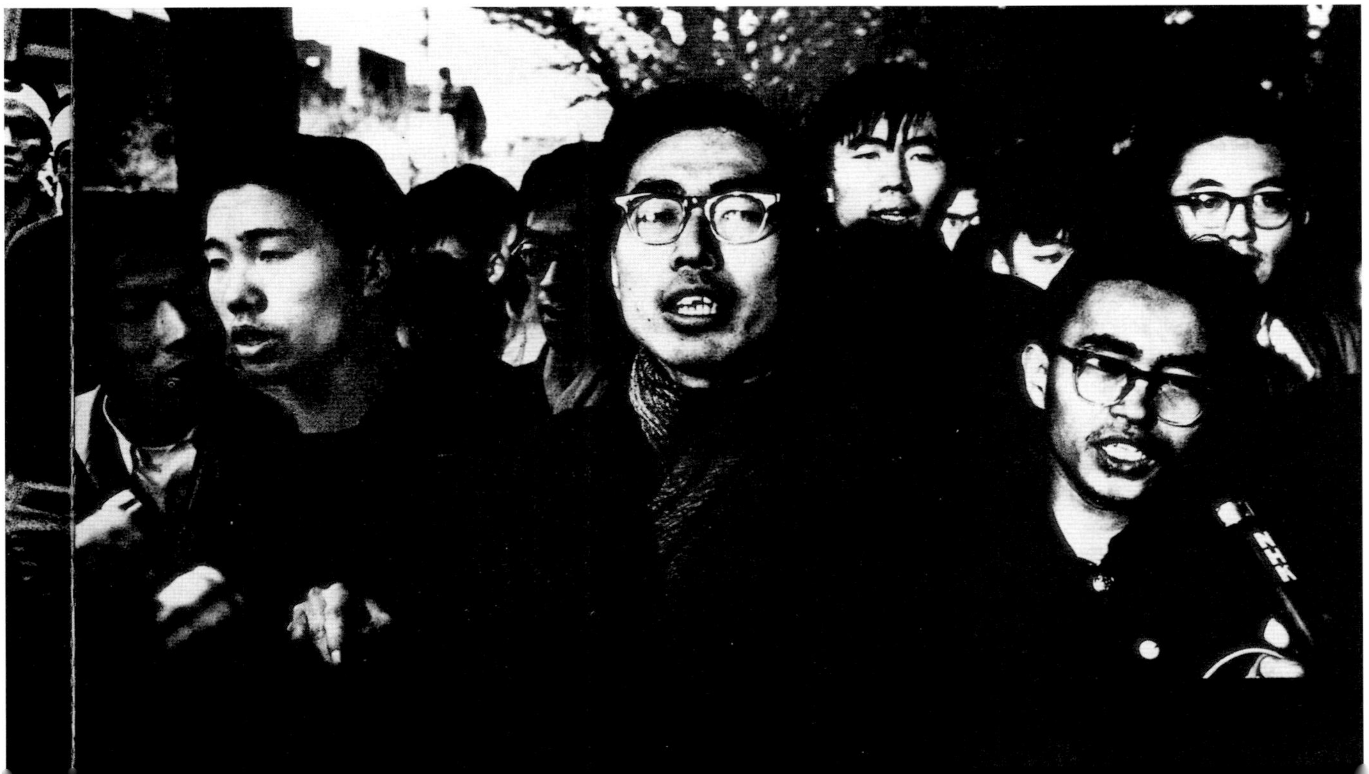

Clifford Geertz

Gefängniskoller

I. Michel Foucault machte in Intellektuellenkreisen zuerst Anfang der 60er Jahre mit seinem *Folie et déraison* (Wahnsinn und Gesellschaft) von sich reden, einer unkonventionellen, aber doch vergleichsweise geradlinigen Geschichte der westlichen Erfahrung des Wahnsinns. Im Laufe der Jahre ist eine Art wandelndes Paradoxon aus ihm geworden: ein ahistorischer Historiker, ein antihumanistischer Humanwissenschaftler, ein kontrastrukturalistischer Strukturalist. Wenn wir dazu noch seinen knappen, gespannten Stil nehmen, der voller Autorität und zugleich auch voller Zweifel ist, und seine Art, die umfassendsten Generalisierungen mit den exzentrischsten Details zu belegen, dann haben wir – mit Treppen, die zu Ebenen aufsteigen, die tiefer liegen als der Ausgangspunkt, und Türen, die nach draußen führen, so daß man doch wieder drinnen steht – ein Werk vor uns, das wie eine Zeichnung von Escher wirkt.

»Man frage mich nicht, wer ich bin, und man sage mir nicht, ich solle der gleiche bleiben«, schreibt er in der Einführung zu seinem einzigen rein methodologischen Werk, *L'Archéologie du savoir* (Archäologie des Wissens), ein Buch, das hauptsächlich Positionen widerlegt, die er zwar nicht vertritt, von denen er aber annimmt, daß die »Mimen und Schausteller« des Kulturbetriebs sie ihm zuschreiben werden. »Überlassen wir es unseren Bürokraten und der Polizei, dafür zu sorgen, daß unsere Papiere in Ordnung sind«, sagt er. »Wenigstens beim Schreiben wollen wir uns deren Moralismus ersparen.« Wer oder was auch immer er ist, er ist, was offenbar jeder französische »savant« dieser Tage sein muß: schwer zu fassen.

Aber (und darin unterscheidet er sich von vielem, was in der Pariser Szene seit Beginn des Strukturalismus aufgekommen ist) die Schwierigkeiten seines Werks kommen nicht von Egozentrik oder dem Ehrgeiz her, einen intellektuellen Kult zu begründen, dem nur die Initiierten angehören können, sondern von einer echten inneren Originalität seines Denkens. Es geht ihm um nichts Geringeres als um eine grundlegende Erneuerung der Humanwissenschaften, und da ist es nicht verwunderlich, daß er mehr als nur gelegentlich obskur ist und daß er auch da, wo er durch Klarheit glänzt, nicht weniger beunruhigend ist.

An sich sind Foucaults Grundideen nicht übermäßig komplex; es ist nur ungewöhnlich schwer, sie plausibel darzustellen. Die herausragendste dieser Ideen, diejenige, die ihm die meiste Aufmerksamkeit beschert hat, ist die Vorstellung, daß die Geschichte alles andere als ein Kontinuum ist, bei dem eines sich, wie die Kapitel eines Romans aus dem 19. Jahrhundert, organisch aus dem vorhergehenden ergibt und sich ins nächste weiterentwickelt. Die Geschichte ist eine Folge radikaler Diskontinuitäten, Risse, Brüche, bei denen sich in jedem einzelnen Falle völlig neue Möglichkeiten ergeben zu betrachten, zu bedenken und zu reagieren. Foucault nannte die »zarten Splitter der Ewigkeit«, die sich durch diese Mutationen ergeben, zunächst die Episteme (»epistemologische Felder«), später dann das historische Apriori, und neuerdings spricht er von diskursiven Formationen. Doch ganz gleich unter welchem Etikett, die Art, sich ihnen zu nähern, muß »archäologisch« sein. Das heißt, als erstes werden sie charakterisiert nach den Regeln, die bestimmen, welche Wahrnehmung und Erfahrung innerhalb ihrer Grenzen existieren kann – was innerhalb des konzeptuellen Rahmens, den sie bestimmen, gesagt, getan, gedacht werden kann. Wenn das geschehen ist, kommen sie in eine reine Folge, eine genealogische Sequenz, die nicht etwa darstellt, wie eines kausal zum anderen geführt hat, sondern wie eines sich in dem Raum entwickelt hat, den ein anderes hinterlassen hat, und wie es am Ende diesen Raum durch etwas Neues ausfüllt. Die Vergangenheit ist kein Prolog; wie die einzelnen Schichten in Schliemanns Grabungsstätte folgt nur eine verschüttete Gegenwart auf die andere.

Auf dieser Grundlage sieht Foucault drei große Verwerfungslinien (»Brüche«), die sich durch die europäische Geschichte ziehen, und das, was diesseits, und das, was jenseits dieser Linien liegt, durch »pure Distanz« scheiden und die lediglich von der Chronologie überbrückt werden – der nichtssagenden, rein äußerlichen Abfolge von Ereignissen. Der erste dieser Brüche findet sich etwa Mitte des 17. Jahrhunderts und trennt das Zeitalter der Magie vom Zeitalter des Klassizismus. In der ersten dieser beiden Perioden, der Zeit von Paracelsus und Campanella, sind die Dinge durch Sympathien oder Antipathien (»Ähnlichkeiten«) miteinander verbunden, die ihnen selbst innewohnen – Wein und Walnüsse, Tod und Rosen – und die Gott ihnen ins Gesicht geschrieben hat, damit alle sie sehen können. In der zweiten, der Zeit Linnés und Condillacs, werden die Dinge durch den

Gebrauch von Typen und Taxonomien miteinander verbunden – Arten und Gattungen, Zeichen und Grammatik, die unmittelbar in der Ordnung der Natur gegenwärtig sind.

Die zweite Verwerfungslinie finden wir zu Anfang des 19. Jahrhunderts. Sie trennt die rigide klassifizierende Linnésche Weltsicht – alles hat sein Kästchen und seine Schublade – von der vollkommen anderen Auffassung Marx' und Comtes, in der die Beziehung zwischen den Dingen narrativer Natur ist, als Hinführendes oder Resultierendes, Ursache oder Effekt aufgefaßt wird. Bei ihnen wird »Geschichte«, nicht »Ähnlichkeit« oder »Ordnung«, zur Schlüsselkategorie von Erfahrung, Auffassung und Darstellung. Und der dritte Bruch, derjenige, den Nietzsche, Freud und Mallarmé voraussahen und den wir in unseren Tagen zu bewältigen haben, markiert den Anfang vom Ende dieses Denkens in zeitlichen Kategorien, das nun durch neue, fremdartige und noch nicht ganz faßbare Seinsweisen ersetzt wird. Foucault spielt darauf, oft dunkel, an in Formulierungen wie der vom »Verebben des tiefen Stroms der Zeit«, der »Leere des verschwundenen Menschen« oder der »Wiederkehr der Masken«.

Dieser Vorstellung des Wandels durch radikale Sprünge fügt Foucault dann eine weitere, nicht minder ungewöhnliche hinzu, die sich bis in die Anfänge seiner Arbeit zurückverfolgen läßt und deren Stellenwert seither stetig gewachsen ist. Und zwar geht es darum, daß all diese »Episteme«, »diskursiven Felder« oder wie sie auch bezeichnet sein mögen, nicht einfach nur Denkmuster sind, sondern zugleich auch Machtstrukturen.

Ob es nun die Vorstellungen von Wahnsinn, ob es pädagogische Theorien, Definitionen der Sexualität, ärztliche Routine, militärische Disziplin, Literaturstile, Forschungsmethoden, Vorstellungen von Sprache oder die Arten sind, Arbeit zu organisieren – die konzeptuellen Systeme, in denen ein Zeitalter befangen ist, bestimmen auch dessen Machtstrukturen. Gegenstand der Unterdrückung ist nicht etwas so Allgemeines wie »das Proletariat«, sondern es sind die Irren, Kriminellen, Wehrpflichtigen, Kinder, Fabrikarbeiter, Frauen, die Patienten in den Krankenhäusern, die Dummen. Und die Unterdrücker sind keine gesichtslose »herrschende Klasse«, sondern Psychiater, Richter, Offiziere, Eltern, Manager, Männer, Ärzte, Gebildete – alle, die durch den Status quo die Macht haben, über das Leben anderer zu bestimmen. Gefangensein in all seinen spezifischen Ausprägungen hat sich als zentrales Thema in Foucaults Schaffen erwiesen. Bei allem Radikalismus (der ebenso vehement wie absolut ist) geht es ihm in seiner Geschichtsschreibung weder um Klassenkämpfe noch um Produktionsverhältnisse, sondern um Zwang: intellektuellen, medizinischen, moralischen, politischen, ästhetischen und epistemologischen Zwang; und nun hat er sich der Zwänge des Rechtssystems angenommen. In *Surveiller et punir*, übersetzt als *Überwachen und Strafen*, hat er das Thema gefunden, das ihm am meisten liegt, und sein eindrucksvollstes Buch geschrieben.

II. Foucault beginnt mit seinem Bemühen, die Genealogie des Gefängnisses, die verborgenen Schichten unter der heutigen Oberfläche aufzudecken, an der Stelle, die vielleicht die dramatischste seiner Verwerfungslinien ist. Dies war der Übergang, etwa in den Jahren 1760 bis 1840, von der »âge de ressemblance«, in der Marter und die Vollstreckung der Todesurteile Unterhaltung für die Massen waren, zur »âge classique«, in der das Leben der Strafgefangenen in Musteranstalten bis ins kleinste geplant war.[1] Als Beispiel für die frühere Epoche wählt er Robert Damiens, einen religiösen Eiferer, der 1757 Ludwig XV. mit einem Messer leicht verwundete. Dafür wurde ihm mit glühenden Zangen das Fleisch vom Leibe gerissen, in die Wunden kamen geschmolzenes Blei und brennender Schwefel, dann wurde sein Körper mit Hilfe von Pferden gevierteilt, wobei mehrere Metzger an den Gelenken nachhalfen. Was dann noch von ihm übrig war (und einige meinten, es könne ja noch Leben darin sein), wurde zu Asche verbrannt und in alle Winde verstreut, und all das auf dem Platz vor der Kirche von Paris.

Als Beispiel für das klassische Zeitalter setzt Foucault die Regeln dagegen, die 1838 für ein »Haus der jungen Gefangenen« aufgestellt wurden, Regeln, die auf ihre Weise kaum weniger inhuman waren als die Strafen zu Damiens' Zeiten. Im Reglement von 1838 war das Leben der Gefängnisinsassen für jede Minute des Tages festgelegt, eine Folge von Arbeit, Gebet, Mahlzeiten, Unterricht, Ertüchtigung und Schlaf, der Wechsel begleitet von Trommelwirbeln, alles geordnet, alles schweigend.

»Zwischen ihnen [der Hinrichtung und dem Reglement von 1838] liegt kaum ein Jahrhundert: innerhalb dieses Zeitraums wurde in Europa und in den Vereinigten Staaten die gesamte Ökonomie der Züchtigung umgestaltet. Es ist die Zeit der großen »Skandale« für die Justiz, die Zeit der unzähligen Reformprojekte. Neue Theorien von Gesetz und Verbrechen; neue moralische oder politi-

[1] Das ist etwa hundert Jahre später angesetzt als in seinem zentralen Werk *Les mots et les Choses*, übersetzt als *Die Ordnung der Dinge*, wo er ein allgemeineres Schema aufstellt. Aber für Foucault gibt es bei historischen Epochen keinen alles umfassenden Zeitgeist, und auch eine allgemein gültige Synchronizität der Brüche würde er abstreiten. Statt dessen konzentriert er sich auf tatsächlich archäologisch belegbare Verbindungen und abgerissene Verbindungen, die von Thema zu Thema ganz unterschiedlich sein können. Daß verschiedene Sequenzen nicht synchron sind, entwertet also nicht seinen Ansatz, sondern ist einfach nur ein Problem, das sich bei der Arbeit ergibt und das er - abgesehen von einigen vagen Hinweisen auf die Dispersion der epistemischen Felder noch nicht in Angriff genommen hat. Man kann sagen, daß die »Schichten« der bisherigen »Grabungsorte« - Irrsinn, Heilkunde, Linguistik, Biologie, Strafen und, als das neueste Projekt, die Sexualität - genau wie in der »echten« Archäologie (wo das gleiche Problem auftritt, wenn es darum geht, »Horizonte« im Gegensatz zu »Phasen« zu bestimmen), chronologisch nur ungefähr miteinander verknüpft sind.

sche Rechtfertigungen des Rechts zum Strafen; Aufhebung der alten Anordnungen, Ende des Gewohnheitsrechts; Entwurf oder Abfassung »moderner« Gesetzbücher: 1769 Rußland; 1780 Preußen; 1786 Pennsylvania und Toscana; 1788 Österreich; 1791, Jahr IV, 1808 und 1810 Frankreich. Für die Strafjustiz bricht ein neues Zeitalter an.«

Dann geht Foucault den zahlreichen Facetten dieser großen Veränderung nach. Als erstes wäre zu nennen, daß die Strafe als Spektakel aus dem öffentlichen Leben verschwindet. Letzten Endes bedeutet dies, daß nun nicht mehr der Körper der Text ist, dem die Strafe eingeschrieben wird – das Mittel, mit dem sie, wie beim armen Damiens, rein physisch zum Ausdruck gebracht wird. Die öffentliche Marter – die Franzosen haben dafür das Wort »supplice«, das einen liturgischen, feierlichen Unterton hat – »machte den Schuldigen zum Herold seiner eigenen Verurteilung«. Die Macht des Herrschers, und folglich auch seine Rechte, wurden lesbar gemacht mit Folterbank und Schwefel. Da ja jedes Verbrechen in gewissem Sinne Majestätsbeleidigung war, ein Königsmord im Kleinformat, war dieses »Schreckenstheater« ein Hauptbestandteil der Gewaltherrschaft des Monarchen, und als Monarchen und Marter die öffentliche Bühne verließen, da verließen sie sie gemeinsam. An die Stelle der fürstlichen Rache trat nun der Schutz der Gesellschaft; an die Stelle des Spektakels auf dem Schafott die Ruhe des Gefängnisses; an die Stelle des beschriebenen Körpers der nach den Regeln geformte.

Den größten Teil seines Buches verwendet Foucault auf die Analyse der Prozesse, mit denen das Strafen systematisiert, generalisiert und spiritualisiert wird, und darauf zu zeigen, wie dies in die graue Masse des Gefängnisses selbst eingeht – »die Intelligenz der Disziplin in Stein«. Die gesellschaftlichen Triebkräfte dieser Veränderungen – der höhere Stellenwert von Eigentumsdelikten im Vergleich zu politischen in einem städtischer, bürgerlicher und parlamentarischer gewordenen Europa; die schwierige Disziplinierung von Arbeitern in der beginnenden Industriegesellschaft – werden nur en passant berührt. Foucault interessiert sich nicht groß für Ursachen und Wirkungen. Er konzentriert sich auf die Frage, wie das, was er eine neue Ökonomie der Strafgewalt nennt, organisiert wird, eine Ökonomie, »deren Ziel es nicht war, weniger zu strafen, sondern besser zu strafen«.

So human sie auch nach außen hin scheinen mochten – für Foucault ohnehin nichts weiter als Begleitmusik –, waren die großen Reformer des Strafwesens in der zweiten Hälfte des 18. Jahrhunderts, Beccaria, Marat, Bentham und so weiter, hauptsächlich daran interessiert, »die Macht zu strafen tiefer im Gesellschaftskörper zu verankern«. Nach der Französischen Revolution trat die »Gesellschaft« an die Stelle der »Königsmacht« als die Legitimität, die von den Kriminellen herausgefordert wurde (und Vatermord ersetzte den Königsmord als Urbild des Verbrechens, von dem alle anderen Verbrechen nur verkleinerte Abbilder waren). Der gesellschaftliche Körper war über diese Veränderungen mehr als zufrieden, deren Hauptagent der Durchdringung der formale Code wurde. Die Macht zu strafen wurde in Artikel unterteilt, und man druckte sie in wohlgeordneten Texten, wodurch sie weniger willkürlich, klarer umrissen und konsequenter wurden.

Strafen wurden immer präsenter (»Kein Verbrechen darf dem Blicke jener entgehen, die Recht zu sprechen haben«), empirischer (»Die Feststellung des Verbrechens muß den allgemeinen Kriterien aller Wahrheit unterliegen«), praktischer (»Es ist schon genug, um eine Strafe in ihrer Wirksamkeit zu erhalten, daß das aus der Strafe entstandene Übel den Vorteil übertreffe, welchen das Verbrechen mit sich bringt« – ein Zitat von Beccaria) und spezifischer (»Damit die Semiotik des Strafsystems das gesamte Feld der zu bewältigenden Gesetzwidrigkeiten abdecken kann, müssen alle Rechtsbrüche qualifiziert werden; sie müssen so klassifiziert und in Arten vereinigt werden, daß keiner ausgelassen wird«). Und das Wichtigste von allem war, daß die Strafe nun etwas Didaktisches bekam:

»Bei der körperlichen Marter wurde das abschreckende Beispiel vom Terror getragen: physisches Erschaudern, allgemeines Entsetzen und Bilder, die sich ins Gedächtnis der Zuschauer eingraben wie das Brandmal auf die Wange oder Schulter des Verurteilten. Jetzt ist der Träger des Exempels die Lektion, der Diskurs, [... die] Abbildung der öffentlichen Moralität. Die Zeremonie der Züchtigung beruht nicht mehr auf der schreckenerregenden Wiederherstellung der Souveränität, sondern auf der Wiederinkraftsetzung des Strafgesetzbuches, auf der kollektiven Festigung des Bandes zwischen der Idee des Verbrechens und der Idee der Strafe. In der Bestrafung ist nicht mehr der Souverän gegenwärtig, die Gesetze selber werden lesbar. Diese hatten ja an ein bestimmtes Verbrechen eine bestimmte Züchtigung geknüpft. Sobald nun ein Verbrechen begangen worden ist, tritt unverzüglich die Bestrafung ein, die den Diskurs des Gesetzes verwirklicht und beweist, daß der Code, der die Ideen verbindet, auch die Wirklichkeiten verbindet. (...) Diese sichtbare Lektion, diese rituelle Rekodierung, muß also so oft wie möglich wiederholt werden. Die Züchtigungen sollten eher eine Schule sein als ein Fest, eher ein ständig aufgeschlagenes Buch als eine Zeremonie.«

Als nächstes stellt Foucault zwei Fragen – die beiden Hauptfragen seiner Studie. Zuerst: Wenn wir diese Wendung zu einer tabulierenden, taxonomischen Auffassung von Verbrechen als einer Reihe von Akten des Widerstands gegen die natürliche Ordnung der Gesellschaft akzeptieren – Verbrechen als ein Katalog sozialer Perversionen –, wie kommt es dann, daß die Haft zur beinahe einzigen Form der Züchtigung wurde? Und zum zweiten: Da das Gefängnis nun tatsächlich zur Strafinstitution par excellence wurde – was wurde im Zuge der historisierenden Episteme des vorigen Jahrhunderts daraus? Was hat die Moderne, mit der wir ja immer noch mehr oder weniger leben oder gegen die wir ankämpfen, aus der Institution Gefängnis gemacht?

Die erste Frage ist um so interessanter, als es nicht in der Absicht der klassischen Reformer lag, das Gefängnis zur beinahe universellen Strafe für alle größeren Verbrechen zu machen. Im Gegenteil, ihnen schwebte vor, genauso viele Strafverfahren wie Arten von Verbrechen zu schaffen. Exil oder Strafkolonie, Fronarbeit, Brandmarkung, Haus- oder Stadtarrest, Schadenersatz, Strafgelder, Militärdienst, Verlust verschiedener Bürgerrechte, mannigfaltige öffentliche Demütigung – »ein ganzes Arsenal von pittoresken Züchtigungen« – sollten neben den bekannteren Marter- und Todesstrafen auf einer Liste von Strafen auftauchen, die parallel zur Liste der Verbrechen geführt würde, eine exakte, verständliche Logik natürlicher Strafen.

Doch nach nur wenigen Jahrzehnten hatte das Gefängnis (das zuvor für längerfristige Strafen keine große Rolle gespielt hatte und das, wie die Bastille, als ein Zeichen der Willkürherrschaft der Könige galt) sie allesamt verdrängt, und ein enttäuschter Reformer machte im Parlament seiner Enttäuschung Luft: »Wenn ich mein Land verrate, sperrt man mich ein; wenn ich meinen Vater töte, sperrt man mich ein; alle denkbaren Vergehen werden auf die einförmigste Weise bestraft. Das kommt mir vor, wie wenn ein Arzt für alle Übel ein und dasselbe Heilmittel hätte.«

Foucault führt diese unvorhergesehene Entwicklung des neuen Strafwesens auf dessen didaktische Qualitäten zurück: Allein schon die Tatsache, daß in dem stets aufgeschlagenen Schulbuch der neuen Regeln die Lektionen zu lesen waren, sorgte dafür, daß auch ein Schulhaus gebraucht wurde (und ein Schulmeister), damit sie auch ordentlich gelernt wurden. Gesinnungen sollten umgeformt werden, und das Gefängnis wurde zur Maschine, in der das geschah. Aus finsteren Verliesen, in denen Übeltäter auf ihren Prozeß warteten und in denen man sie nicht selten verrotten ließ, wurden Reformanstalten, in denen Seelen geformt und verantwortungsvolle Staatsbürger erzogen wurden. Das Walnut-Street-Gefängnis, das Quäker (wer sonst?) 1790 in Philadelphia errichteten, war eines der ersten, gründlichsten und einflußreichsten Beispiele dessen, was bald zum vorherrschenden Typus werden sollte – das »Erziehungshaus«, in dem die Verbindung aus streng überwachter, produktiver Arbeit, einem in allen Einzelheiten vorgeplanten Tagesablauf und unablässiger moralischer Erziehung eine »Umformung des gesamten Individuums« bewirken sollte: »seines Körpers und seiner Gewohnheiten durch die Arbeit, zu der es gezwungen wird, seines Geistes und seines Willens durch die geistliche Fürsorge, deren Gegenstand er ist«.

Die Idee, daß ein regelmäßiges Leben der Tugend förderlich sei, geht mindestens bis auf die Gründung der ersten Klöster zurück, doch wurde sie, argumentiert Foucault, um die Wende vom 18. zum 19. Jahrhundert neu gefaßt, nicht nur von fortschrittlicheren protestantischen Gruppen, sondern ebenso in den um diese Zeit aufkommenden disziplinierten Armeen, in rational geführten Werkstätten, besser organisierten Schulen, routinierteren Krankenhäusern – allesamt »totale und asketische Institutionen«. Hinter alldem steht der Gedanke, Menschen ordentlicher zu machen, indem man sie ein ordentlicheres Leben führen läßt, ein Ansatz, der unablässiges, eingehendes, aggressives Überwachen erfordert, einen unermüdlichen Blick, dem auch die kleinste Unregelmäßigkeit nicht entgeht. Inspektion, Untersuchung, Fragebogen, Register, Bericht, Dossier werden Hauptwerkzeuge des Beherrschens, denn sie sind die Hauptmittel, mit denen diejenigen, die für Disziplin sorgen, diejenigen im Auge behalten können, die angeblich von dieser Disziplin profitieren.

Was Gefängnisse angeht, so treffen sich all diese Tendenzen – die Vorstellung einer routinemäßigen Ordnung, die neue Auffassung von Strafen, die Definition von Macht als Überwachung – in der angsteinflößendsten aller Erfindungen des 18. Jahrhunderts: Jeremy Benthams »Panopticon«.

Dieser »grausam-geniale Käfig«, in dem sämtliche Insassen, jeder allein in seiner Zelle, für die anderen unsichtbar, unablässig vom Turm im Mittelpunkt des Gebäudes aus beobachtet werden kann – der Gefangene, stets gesehen, selbst nie sehend, sein Bewacher, der alles sieht und nie gesehen wird –, ist, wie Foucault betont, »nicht als Traumgebäude zu verstehen: es ist das Diagramm eines auf seine ideale Form reduzierten Machtmechanismus (...) eine Gestalt politischer Technologie.« Zwar war es als Besserungsanstalt für die Gefangenen entworfen, aber es konnte ebensogut »zur Heilung von Kranken, zur Belehrung von Schülern, zur Überwachung von Wahnsinnigen, zur Beaufsichtigung von Arbeitern, zur Arbeitsbeschaffung für Bettler und Müßiggänger« dienen. Und schlimmer noch: Im Gegensatz zur klassischen Zeit, wo es im Grunde immer nur eine Idee blieb, ist es unserer Zeit mit ihrem neuartigen Begriff vom Wesen der Kriminalität und ihrem verschärften Instrumentarium zur Beobachtung des menschlichen Verhaltens beinahe gelungen, diese Idee zu verwirklichen.

Das Linnésche System begriff den Strafgefangenen als jemanden, den man kennen konnte, doch erst die Weltsicht der folgenden Epoche – die Art von Auffassung, die wir mit Comte assoziieren – stellte das Instrumentarium bereit, ihn wirklich kennenzulernen: die »Humanwissenschaften«. Aus dem Kriminellen wurde der Delinquent – nicht einfach nur ein glückloser Ganove, der eine eindeutig einzustufende Straftat begangen hat, sondern eine konkrete, greifbare Person, deren ganzes Leben vom Kurs abgekommen ist. Seine Biographie, seine Psychologie, seine Soziologie, selbst seine Statur, seine Schädelform tragen nun dazu bei, ihn zu kennen, das heißt die Gründe seines Verhaltens zu erforschen; und so begann in der zweiten Hälfte des 19. Jahrhunderts das Zeitalter der Kriminologie und der Fallgeschichte. Nicht das Verbrechen stand nun im Mittelpunkt, im Grunde nicht einmal mehr der Verbrecher; es sind die Machtverhältnisse, die gemeinschaftlich daran wirken, im Laufe der Zeit ein »gefährliches Individuum« hervorzubringen. Kriminalität, anders als etwa ein Raub, läßt sich nicht als abnorme Tat eines einzelnen erklären; wie die Perversion ist sie ein Zeichen, daß etwas nicht mehr Gesellschaftsfähiges aus ihm geworden ist.

Das Gefängnis, einst der dunkle Ort, an dem man den Folterknecht erwartete, dann eine moralische Anstalt, wird nun zu einer Institution, in der mit wissenschaftlichen Mitteln beschädigtes Leben zur Normalität zurückgeführt wird. Oder genauer gesagt, diese Funktion des Gefängnisses wird den älteren Funktionen hinzugefügt, denn hier wie an anderer Stelle der »Archäologie« zerstören die späteren Schichten nicht die vorhergehende, sondern verdecken sie nur. Die letzte Stufe – die Foucault, um sie von Verlies und Reformanstalt zu scheiden, das »Kerkersystem« nennt – hat etwas von jenen Kathedralen, die auf den Grundmauern eines Tempels errichtet wurden, der seinerseits aus den Steinen einer heidnischen Opferstätte gebaut war.

Die »Kriminologie«, jene Verbindung aus Psychiatrie, Soziologie, Medizin, Pädagogik, politischen Wissenschaften und Sozialarbeit, stellt den Rahmen für einen juristischen Diskurs dar, der wiederum eine »neue Ökonomie« der Strafgerichtsbarkeit einführt – eine im Wesen technokratische, die zur Sache für Experten wird. An die Stelle der Vorstellung vom Recht als Befehl und Statut tritt die Vorstellung vom Recht als Norm. Richter zeigen »gleichsam eine Scham vor dem Verurteilen«, es ergreift sie »ein rasendes Verlangen nach dem Messen, Schätzen, Diagnostizieren, Unterscheiden des Normalen und Anormalen«, ein »Anspruch auf die Ehre des Heilens«, sie wollen »therapeutische« Urteile fällen und »Resozialisierungsstrafen« verhängen. Und da ihr »unersättlicher Appetit auf Medizin« und die »Geschwätzigkeit der Kriminologie« alles durchdringen, vom Untersuchungsrichter bis zum Türschließer, entsteht eine unheilige Durchmischung des wissenschaftlichen und des strafrechtlichen Gebrauchs des Ausdrucks »Strafe«:

»[Wir sehen] das Anwachsen der Disziplinarnetze [der Humanwissenschaften], die Vervielfältigung ihres Austausches mit dem Justizapparat, die Steigerung ihrer Machtkompetenzen auf Kosten der Justiz. In dem Maße, in dem die Medizin, die Psychologie, die Erziehung, die Fürsorge, die Sozialarbeit immer mehr Kontroll- und Sanktionsgewalten übernehmen, kann sich der Justizapparat seinerseits zunehmend medizinisieren, psychologisieren, pädagogisieren.«

Doch das ist noch nicht alles. Einmal eingerichtet, wird das Kerkersystem zum entscheidenden Hilfsmittel, diese normgebende Funktion auf die Gesamtgesellschaft zu übertragen, und es entsteht das, was Foucault im Überschwang seiner Rhetorik den »Kerker-Archipel« nennt. Hier leiht er sich ein Bild (das Bild von Solschenizyns *Archipel Gulag*), das er sich nicht wirklich verdient hat, und seine Gleichsetzung ist letztlich nicht haltbar. »Die Normalitätsrichter sind überall anzutreffen«, versichert er uns. »Wir leben in der Gesellschaft des Richter-Professors, des Richter-Arztes, des Richter-Pädagogen, des Richter-Sozialarbeiters; sie alle arbeiten für das Reich des Normativen.«

In dieser neuen Form der »panoptischen Gesellschaft« – einer Gesellschaft, in der hoch ausgebildete Beobachter in zahlreichen mit modernsten Mitteln ausgestatteten Türmen eine gewaltige Vielfalt potentieller Delinquenten überwachen – herrschen »die hinterhältigen Menschlichkeiten, die nicht eingestandenen Bosheiten, die kleinlichen Listen, die sorgfältig kalkulierten Verfahren, die Techniken, die Wissenschaften (...), welche die Fabrikation des Disziplinarindividuums gestatten.« »Wir sind nun weit weg von der Landschaft der Martern, die mit Rädern, Galgen, Prangern übersät war.« Und ebenso weit fort von der bescheidenen Disziplin der Walnut Street. Wir alle leben – und hier spannt sich Foucaults Tonfall zu bitterer Wut – in der »Kerkerstadt«, wo »das Gefängnis den Fabriken, den Schulen, den Kasernen, den Spitälern gleicht, die allesamt den Gefängnissen gleichen.«

III. Das mag sein. Doch je näher wir der Gegenwart kommen, desto schriller wird der Ton, und das wirft die Frage auf, ob Foucault – und mit ihm der Leser – denn wirklich eine archäologische Haltung gegenüber seiner Episteme aufrechterhalten kann, die noch nicht im Schutt der Geschichte begraben liegt – gerade wenn er so leidenschaftlich entschlossen ist, sie selbst zu begraben. Politisch steht er für einen unablässigen Guerillakrieg gegen die einzelnen Inseln dieses Kerker-Archipels (»Wir müssen an allen Fronten angreifen – der Universität, dem Gefängnis, dem Reich der Psychiatrie –, an einer nach der anderen, denn unsere Kräfte reichen nicht für einen Generalangriff«)[2], doch in der Praxis verhält Foucault sich gegenüber den Gefängnissen seiner eigenen Welt – den Schulen, Fabriken, Irrenhäusern, Kasernen, Hospitälern – anders als gegenüber denen, die er erst rekonstruieren muß. Die Gefängnisse seiner eigenen Welt will er eins nach dem anderen dem Erdboden gleichmachen, und das mag ein guter Plan sein oder auch nicht. Aber Ruinen zu schaffen ist etwas ganz anderes, als sie archäologisch auszugraben; es sind ganz andere Emotionen im Spiel, die zu ganz anderen Wahrnehmungen führen:

»Wir rennen gegen gewaltige Hindernisse an [fährt er in der eben zitierten Passage fort]; irgendwo zeigen sich Risse im System; wir machen weiter. Eine Zeitlang sieht es aus, als könnten wir uns durchsetzen, doch dann erstarken die Institutionen wieder; wir müssen von vorn beginnen. Es ist ein langer Kampf; wir treten auf der Stelle, nichts scheint zusammenzupassen. Aber das System, gegen das wir uns stellen, die Macht dieses Systems, gibt unserem Kampf Zusammenhalt.«

Schon heute, gerade einmal sechs Jahre später, hört sich das gar nicht mehr nach den Kaffeehausgesprächen an, die sie einmal waren. Und der Verdacht drängt sich auf, daß uns hier die alles andere als einfache Aufgabe gestellt wird, die Genealogie des Gefängnisses durch die verschiedenen Arten des Diskurses zu verfolgen, mit denen es beschrieben wurde, von Robert Damiens bis zum heutigen Tag. Nach so vielen Grabungen, die durchgeführt, so vielen Chronologien, die erstellt wurden, scheinen wir nun mit einem Fortschrittsoptimismus mit umgekehrten Vorzeichen dazustehen – einer historischen Entwicklung, die entgegen aller Absicht den Aufstieg zur Unfreiheit beschreibt.

Ganz auf die Zwangsmechanismen des modernen Lebens fixiert, hat Foucault daraus ein Schreckensbild für das Ganze gemacht – die panoptische Gesellschaft, die Kerkerstadt – und dann gefragt, was hinter dem schaurig-schönen Bild steckt. Aus diesem Blickwinkel erweist sich die ganze Vergangenheit als aufsteigende Spirale diskontinuierlicher, »humanisierter«, aber doch mehr oder weniger bösartiger Machtkonzentrationen – »Mikrofaschismen«, wie sie einmal jemand genannt hat –, die am Ende in das Entsetzen unserer heutigen Gegenwart münden. Auf dieses Entsetzen führte, wie wir nun erkennen können, die historische Entwicklung hin – eine Entwicklung, die ja nach Foucault nichts außer sich selbst hervorbringen kann, und auch das nur in zufälligen Stolperschritten. Wie ein unerschütterlicher Liberaler, der die ersten schwachen Anzeichen kommender Freiheit im deutschen Wald oder den römischen Gesetzen findet, findet Foucault die ersten (und schon da recht kräftigen) Anzeichen unseres heutigen Zwangssystems in den Marterspektakeln des Ancien Régime und den didaktischen Gefängnisregeln des klassischen Zeitalters.

Was uns natürlich beweist, daß er längst nicht so weit von der so angreifbaren Episteme des Historizismus fort ist, wie er selbst vielleicht gern glauben möchte. Die Episteme unserer Tage, die er als »neue metaphysische Ellipse« beschreibt – »eine Pantomime mit vielfachen, flüchtigen, spontanen Szenen, in denen blinde Gesten einander signalisieren« –, steckt noch in den Ansätzen.[3] Doch vielleicht wäre, ähnlich wie eine halb geglückte Revolution, auch ein halbes Entkommen schon genug. Und es ist – ob das nun Foucaults Absicht war oder nicht – gerade dieses halbe Entkommen, das *Überwachen und Strafen* so faszinierend macht. Denn auch wenn Foucaults Buch die Vergangenheit in große Ferne rückt, uns zeigt, wie sie in ihrem eigenen Diskurs befangen ist, macht es sich doch zugleich auch die Vergangenheit zu eigen, untermauert seine Argumentation für unsere Zeit damit. Genau wie für die Gefängnisinsassen aller Zeiten und Länder zählt auch für Foucault nicht, daß er herauskommt, sondern daß er herauswill, und das hat niemand denkwürdiger und eindrucksvoller in Worte gefaßt als er.

In: *New York Review of Books*, 26. Januar 1978

[2] Das Zitat stammt aus »Revolutionäre Tat: Bis heute« (eine Diskussion mit linksextremen Gymnasiasten, geprägt vom Klima der 68er Studentenunruhen) – einer von mehreren politischen Artikeln Foucaults, die in einer nützlichen Sammlung seiner Essays enthalten sind.

[3]. In: »Theatrum philosophicum«.

Art Workers Coalition, My Lai, 1970

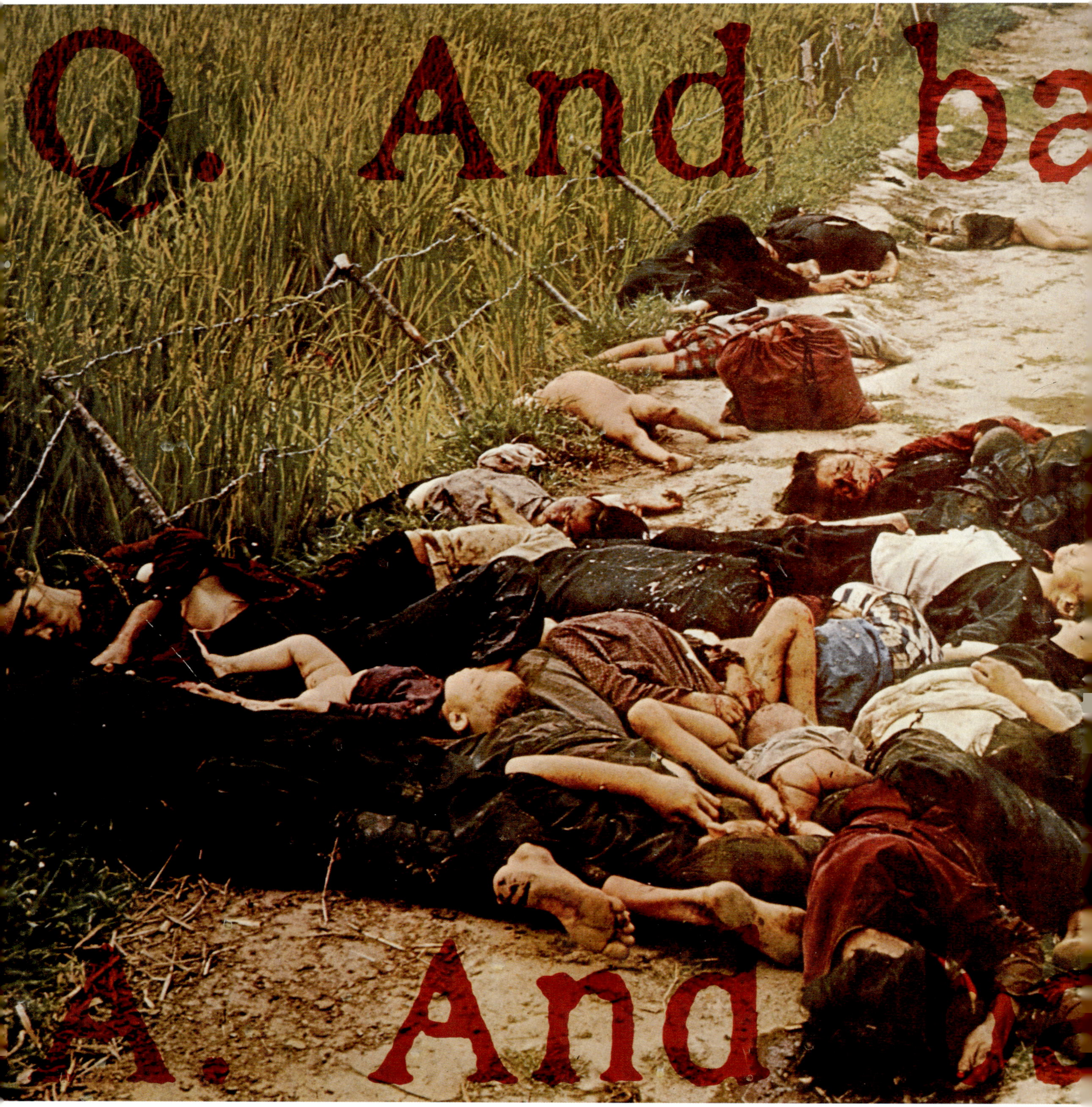

Vietnam

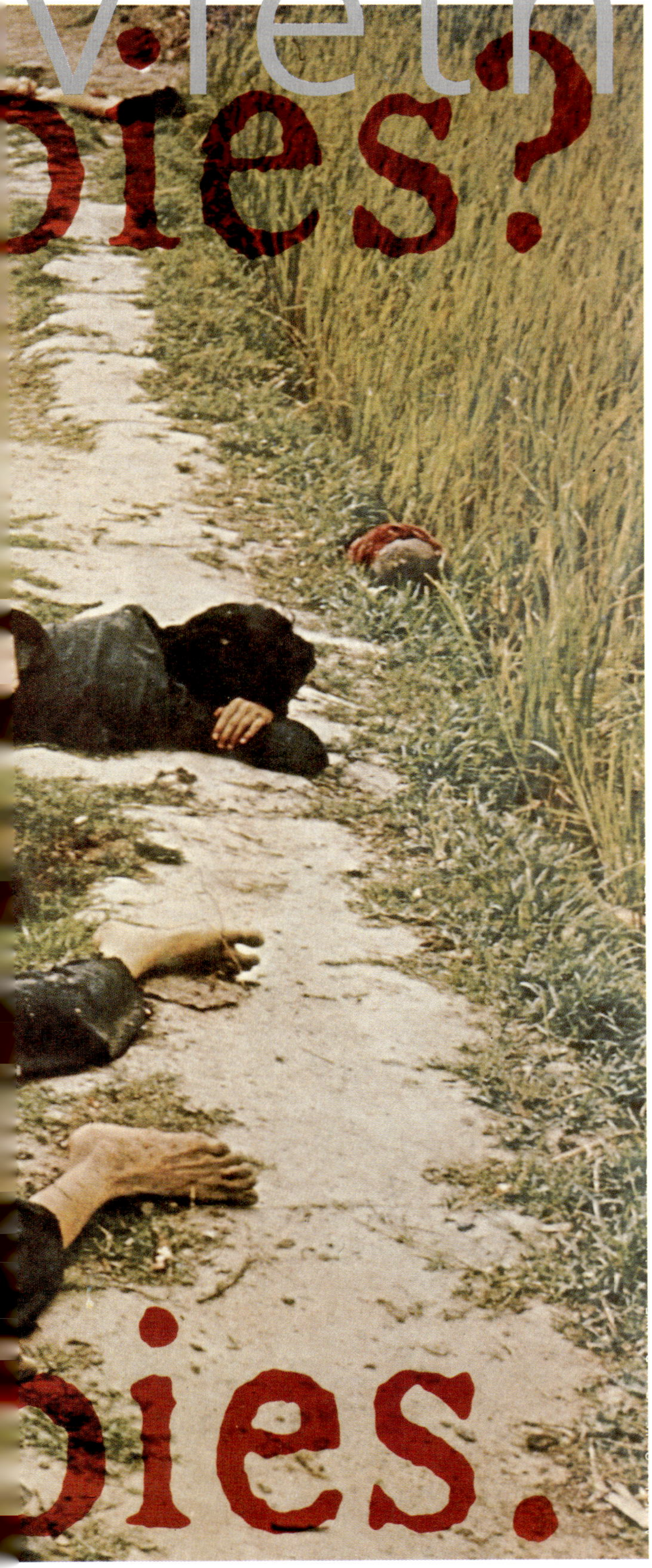

Amy Schlegel

Nur eine Handvoll von Photographien, die während des Vietnamkriegs aufgenommen wurden, sind emblematisch für die »grausame« Kriegsführung geworden. Eine dieser Photographien, die im März 1968 während des inzwischen berüchtigten Massakers von My Lai (oder Songmy) von Ron Haeberle, dem Kriegsphotographen der US-Army, aufgenommen wurde, machte diese grausame Tat zu einem Ereignis, das nicht nur für den Vietnamkrieg, sondern auch für die jüngste amerikanische Geschichte einen Wendepunkt markierte. Die anderen ikonischen Bilder des Vietnamkriegs sind Malcolm Brownes 1963 entstandenes Photo von Reverend Quang Duc, der sich in einer Straße in Saigon selbst opferte, Eddie Adams 1968 aufgenommene Photographie der Hinrichtung eines vermeintlichen Vietkong-Terroristen durch Brigadegeneral Nguyen Lgoc Loan auf einer Straße in Saigon während der Tet-Offensive und Huynh Cong (Nick) Uts Aufnahme von 1972, die vietnamesische Kinder zeigt, die vor einem Napalm-Angriff fliehen. Das Massaker von My Lai steht vor allem für den größten und am meisten publik gemachten Akt der Grausamkeit amerikanischer Soldaten. (…)

Die Photographie zeigt eine Gruppe von etwa 20 der 109 südvietnamesischen Frauen und Kinder, von denen berichtet wurde, sie seien eines Morgens von der amerikanischen Armeepatrouille »Charlie Company« getötet worden; ihre verstümmelten Körper liegen übereinander und sind über einen Pfad verteilt, der durch ein Feld führt. Dieses Photo ist eines von vielen, die Ron Haeberle, damals Kriegsphotograph der US-Army, am 16. März 1968 in dem kleinen südvietnamesischen Dorf aufnahm, das die Amerikaner My Lai 4 nannten (und die Vietnamesen Thuan Yen). (…)

Der erste Präsentationsrahmen von Haeberles Photographie war die Veröffentlichung in dem Massenmagazin *Life*. Die Zeitschrift brachte in ihrer Ausgabe vom 5. Dezember 1969 erstmals eine Farbreproduktion der Aufnahme zusammen mit einer Auswahl anderer Aufnahmen, die Haeberle während des Massakers gemacht hatte. In der Ausgabe vom 12. Dezember war das Photo erneut abgebildet, dieses Mal im Zusammenhang mit einem repräsentativen Bericht über die schockierten Reaktionen der Amerikaner auf das Massaker als tragisches Ereignis. *Life* kaufte die nordamerikanischen Rechte für die Farbreproduktion angeblich für 40.000 Dollar von Haeberle, nachdem dieser nach New York gereist war und sein »Hauptquartier in Zimmer 801 des Gotham Hotels« eingerichtet hatte, wo er drei Tage lang mit den Vertretern der Presse über den Verkauf von 18 Farbdias verhandelte. (...)

Fraser Dougherty, Jon Hendricks und Irving Petlin, drei Mitglieder des »Art Workers Coalition (AWC) Poster Committee«, einer Splittergruppe einer anderen aktivistischen Künstlergruppe namens »Artists and Writers Protest Against the War in Vietnam«, fertigten als erste offen politische Geste der Gruppe eine Lithographie und ein Poster unter Verwendung dieses Photos an. (...)

Der Text des Posters wurde einer in der *New York Times* abgedruckten Abschrift eines Radiointerviews entnommen, das der Journalist Mike Wallace mit Paul Meadlo geführt hatte. Der aufgedruckte Text in der bei gewöhnlichen Schreibmaschinen gebräuchlichen Schrifttype Courier hat einen fragenden, anklägerischen Ton und suggeriert als hypothetische Quelle das Protokoll von Calleys Kriegsverbrecherprozeß, in dem das Bild die Frage »And Babies?« beantwortet. Im Laufe des Interviews richtet Wallace drei Mal die rhetorische Frage an Meadlo: »Männer, Frauen und Kinder? Frage: Und Babies?« Die Einbeziehung der Antwort auf die Frage (die für die Wirksamkeit des Bildes nicht unbedingt erforderlich war) demonstriert den Versuch der Künstler, eine andere Art von Botschaft zu vermitteln, als die der »siegreichen Begegnung« des Militärs mit den Vietkong in My Lai oder Präsident Nixons Verurteilung des Massakers als »nicht zu rechtfertigen«. (...)

In der vielleicht berühmtesten Aktion der AWC demonstrierten einige Mitglieder der Gruppe am 8. Januar 1970 im Museum of Modern Art mit Reproduktionen des Posters »And Babies?«; dies geschah fünf Tage nach einer »Gedenkfeier für Babies, die in Songmy und allen Songmys getötet wurden«, die zusammen mit der Guerilla Art Group (GAAG) abgehalten worden war. Die Demonstration fand vor Picassos Antikriegsikone *Guernica* statt, einem monumentalen Gemälde, das eine andere Greueltat

Edward W. Saïd

»Daß der antikolonialistische Kampf sich nicht auf Anhieb unter einer nationalen Perspektive abspielt«, merkt Fanon an (...), »genau das lehrt uns die Geschichte.« (*Die Verdammten dieser Erde*). Unter dem Bild der »nationalen Perspektive« versteht Fanon, daß die konventionelle Erzählung, wie wir an Conrads Werk beobachtet haben, für die besitzergreifenden und dominanten Attribute des Imperialismus zentral ist. Die Erzählung selbst ist die Darstellung der Macht, und ihre Teleologie ist mit der globalen Rolle des Westens verknüpft. Fanon war der erste bedeutende Theoretiker des Anti-Imperialismus, der gewahr wurde, daß der orthodoxe Nationalismus den Weg verfolgte, den der Imperialismus gebahnt hatte, der, während er der nationalistischen Bourgeoisie die Macht abzutreten schien, in Wirklichkeit seine Hegemonie erweiterte. Eine einfache nationale Geschichte erzählen heißt deshalb, den Imperialismus wiederholen, ausdehnen und überdies neue Imperialismusformen erzeugen. Sich selbst überlassen, zerbröckelt der Nationalismus nach der Unabhängigkeit »innerhalb ein und derselben nationalen Realität in Regionalismen«. Die alten Konflikte zwischen Regionen werden aufgefrischt, die Privilegien eines Volkes vor einem anderen werden monopolisiert, und die vom Imperialismus geschaffenen Hierarchien und Trennungen werden wiedereingeführt, nur daß sie jetzt von Algeriern, Senegalesen, Indern und so weiter bestimmt werden.

Wenn man derlei Rückfälle seinem Land wirklich ersparen will, sagt Fanon später, »muß man rasch vom nationalen Bewußtsein zum politischen und sozialen Bewußtsein übergehen«. Er meint damit vor allem, daß Wünsche, die sich einem Identitäts- (das heißt nationalistischen) Bewußtsein verdanken, gedämpft, ja abgestreift werden müssen. Neue

Gesamtheiten – afrikanische, arabische, islamische – sollten Vorrang haben vor partikularen und somit laterale, nicht-narrative Verbindungen zwischen Menschen stiften, die der Imperialismus in autonome Stämme, Erzählungen, Kulturen aufspaltete. Zweitens – und hier folgt Fanon manchen Anregungen von Lukács – muß das Zentrum (Hauptstadt, offizielle Kultur, bestallter Führer) entmystifiziert werden. Ein neues System beweglicher Beziehungen muß die vom Kapitalismus ererbten alten Hierarchien ersetzen. Mit glühenden Argumenten nimmt Fanon Zuflucht bei Poesie und Drama, bei René Char und Keita Fobeda. Befreiung ist Bewußtsein und Bewußtwerdung des Selbst, »kein Abschließen gegenüber der Kommunikation«, sondern ein unaufhörlicher Prozeß der »Entdeckung und Ermutigung«.

Aus der Lektüre der Schlußseiten der *Verdammten dieser Erde* gewinnt man den Eindruck, daß Fanon, nachdem er sich der Bekämpfung von Imperialismus und orthodoxem Nationalismus durch eine Gegen-Erzählung von großer dekonstruktivistischer Wucht verschrieben hat, die Komplexität und identitätsfeindliche Kraft dieser Gegen-Erzählung nicht explizit zu machen verstanden hat. In der dunklen und schwierigen Prosa Fanons sind jedoch genug poetische und visionäre Impulse aufbewahrt, um die Sache der Befreiung als Prozeß und nicht als ein Ziel zu begreifen, das automatisch von den jüngst unabhängig gewordenen Nationen erreicht werden könnte. Im gesamten Verlauf der (auf französisch geschriebenen) *Verdammten dieser Erde* sucht Fanon, die Europäer und die Eingeborenen zu einer nicht-gegnerschaftlichen Gemeinschaft von Bewußtheit und Anti-Imperialismus zusammenzuführen.

In Fanons Verwünschungen der Europäer und seiner Werbung um ihre Aufmerksamkeit rumort jene kulturelle Energie, die auch in der Literatur von Ngugi, Achebe und Salih zutage tritt. Ihre Botschaften lauten: Wir alle müssen unsere Geschichten und Kulturen neu schreiben; wir haben dieselbe Geschichte, wiewohl diese Geschichte manche von uns versklavt hat.

Aus: *Kultur und Imperialismus. Einbildungskraft und Politik im Zeitalter der Macht* (1993). Frankfurt am Main 1994.

»dokumentiert«, die Zerbombung der spanischen Stadt Guernica während des spanischen Bürgerkrieges 1937. Das Poster diente eindeutig einem propagandistischen Zweck, besonders in der Gegenüberstellung mit *Guernica*, einem der Meilensteine der modernen Kunst, das eine andere Grausamkeit in pseudo-dokumentarischem »Grisaille« darstellt und sich in seinem spätkubistischen, surrealistischen Stil radikal von dem krassen Realismus von Haeberles Nahaufnahme unterscheidet. (...)

Im Nachhinein müssen das AWC-Poster und die Art, in der es eingesetzt wurde, als politisch engagierte Geste gesehen werden, als Kritik an der Regierung und der Armee (die es zugelassen hatten, daß das Massaker stattfand und daß es später vertuscht wurde), in der jedoch auch die Bereitschaft zum Ausdruck kommt, die amerikanische Verantwortung für das Massaker und damit auch ein gewisses Maß der Mitschuld eines jeden amerikanischen Bürgers anzuerkennen. Das »Poster Committee« der AWC wollte den Eindruck vermeiden, es habe sich durch eine Zusammenarbeit mit dem MoMA zu dessen Komplizen gemacht. Die Gruppe warf der Institution vor, sie habe zu den Kriegsanstrengungen beigetragen, indem sie sich geweigert habe, die amerikanische Beteiligung an diesem Krieg zu verurteilen. Schließlich entschieden sich die Künstler dafür, durch die Aktion in eben dieser Institution ihre Überzeugung deutlich zu machen, das Museum habe sich zum Komplizen von Regierung und Militär gemacht.

Aus: »My Lai: ›We lie, they die‹ oder: Eine kleine Geschichte über ein ›grausames‹ Photo«. In: *Third Text* Nr. 31, 1995.

Serge Daney

Aus Gewohnheit und aus Faulheit, aber auch aus Rassismus haben die Weißen immer geglaubt, das emanzipierte und entkolonialisierte Schwarzafrika werde ein befreites, singendes und tanzendes Kino hervorbringen, das sie beschämen würde mit der Bestätigung ihrer Vorstellung, daß die Schwarzen eben die besseren Tänzer seien. Diese Art von »Arbeitsteilung« – den einen das logische Denken, den anderen die Körpersprache – hat dazu geführt, daß die westlichen Spezialisten des jungen afrikanischen Kinos in ihrem Eifer, es aus politischer Solidarität oder aus unangebrachter Nächstenliebe zu verteidigen, übersahen, was den besonderen Wert und die Originalität dieses Kinos ausmachte: die mündliche Überlieferung, das Erzählen, das Wort. »Überhaupt ganz andere Geschichten?« Ja, aber ein wortwörtliches (kein metaphorisches) Kino, voller Brüche (nicht homogen), verbal (mehr als musikalisch). Ausgehen von der Sprache – und nicht von der Musik –, das zeichnete schon die ersten Filme von Ousmane Sembene aus, die von Oumarou Ganda und von Mustafa Alassane, die im Exil entstandenen von Sidney Sokhona. Das gleiche gilt für den letzten – und schönsten – Film von Sembene, der 1977 entstand und *Ceddo* heißt.

Der Film erzählt die Geschichte der erzwungenen Islamisierung eines Dorfes im Gebiet des späteren Senegal während des achtzehnten Jahrhunderts: von der Bekehrung des Königs Demba War und seines Hofes, dann der der Dorfbewohner, die jedoch überzeugt sind, wie ihr Sprecher wiederholt zum Ausdruck bringt, daß »kein Glaube ein Menschenleben wert ist«. Der König wird heimlich ermordet, seinen Gefolgsleuten alle Macht entzogen, und die Dorfbewohner (sie sind die »Ceddo«, die »Leute der Weigerung«), besiegt, entwaffnet, mit rasierten Köpfen, umgetauft auf muslimische Namen, sind fertig für die Sklaverei, menschliche Ware (in gewisser Weise ist *Roots* die Fortsetzung dieses Films). Parallel zu dieser ersten Erzählung, die den Dorfplatz zum Mittelpunkt hat, geht Sembene einer anderen nach, deren Ort ein Niemandsland irgendwo im Busch ist. Die Prinzessin Dior Hocine, die Tochter des Königs, ist von einem »Ceddo« entführt worden, der damit gegen die Islamisierung des Hofes protestieren will und unerbittlich alle tötet, die sie zu befreien versuchen: erst ihren Bruder, dann ihren Freier. Er selbst wird auf Befehl des Imams, der in der Zwischenzeit die Macht ergriffen hat, ermordet. Dadurch kommt der Prinzessin die Unterjochung zum Bewußtsein, in die ihr Volk geraten ist. Wieder im Dorf, großartig anzuschauen, mit Tränen in den Augen, tötet sie den Imam – Stehkader, Ende des Films.

In *Ceddo* verlieren also: das Dorf die Freiheit, der König das Leben, die Prinzessin ihre Scheuklappen. Aber da ist noch mehr. Außer der Geschichte des Putsches, verbunden mit dem Einbruch des Religiösen in die Politik (vergleichbar etwa *Moses und Aron*) und des Übergangs von einem Machttypus zum anderen (vergleichbar der *Prise du Pouvoir par Louis XIV*), ist *Ceddo* die Geschichte eines Rechts, das verlorengeht: das Recht zu sprechen. Ein Recht, aber auch eine Pflicht, eine Pflicht, aber auch ein Vergnügen, ein Spiel. Der Islam gewinnt die Oberhand nicht, weil er militärisch überlegen ist, sondern weil er ein Element einführt, bei dessen Berührung die Strukturen der herkömmlichen afrikanischen Macht implodieren. Und dieses Element ist ein Buch, ein Buch, das hergesagt wird: der Koran. Zwischen dem Anfang und dem Ende der Geschichte, die *Ceddo* erzählt, hat der Status der Sprache sich verändert.

Am Anfang ist klar, daß wir in einer Welt sind, in der man nicht lügt, in der jedes Wort, das zum ausschließlichen Garanten nur den hat, der es vorbringt, »Ehrenwort« ist. Wenn Sembene dieses Volk filmt, das zum Schweigen gebracht wird, liegt ihm vor allem daran, ihm sein kostbarstes Gut zurückzugeben, die Sprache. Eine absolut politische Überlegung. Denn die Niederlage der »Ceddo« bedeutet, daß die afrikanische Sprache von den Weißen (erst den Muslimen, dann den Christen) nie mehr als Sprache zur Kenntnis genommen wird, sondern nur als Geplapper, als Schwatzen, als »authen-

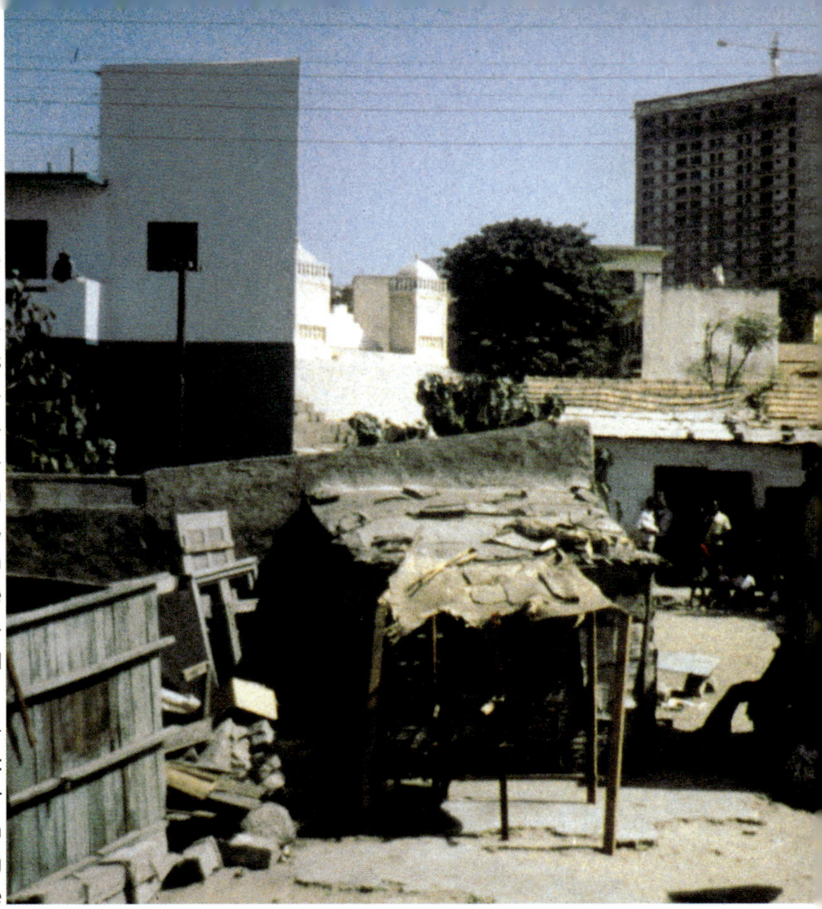

Djibril Diop Mambéty, Touki-Bouki, 1973

African Cinem

Für mich ist nicht Europa das Zentrum. Europa ist ein Vorort von Afrika. Sie sind mehr als 100 Jahre bei mir geblieben, sie sprechen nicht meine Sprache, ich spreche ihre. Für mich hängt die Zukunft nicht davon ab, von Europa verstanden zu werden. Ich wünschte, sie würden mich verstehen, aber das macht gar nichts. Nehmen Sie die Karte von Afrika. Sie können Europa und Amerika auf Afrika legen, es bleibt immer noch Platz übrig. Wieso möchten Sie, daß ich mich wie die Sonnenblume um die Sonne drehe? Ich bin die Sonne.

Ousmane Sembene in dem Film *Caméra d'Afrique* 1983, von Ferid Boughedir.

tisches« Hintergrundgeräusch oder, schlimmer, als »Palaver«. Was Sembene nämlich über die archäologischen Bemühungen hinaus (die wir in unserer Unkenntnis der afrikanischen Geschichte nicht ermessen können) hervortreten läßt, ist die afrikanische Sprache auch in ihrem Schriftwert. Denn auch mit Sprache schreibt man.

Black American

Am Hof des Königs Demba War, in dem kodierten Raum, in dem die Handlung sich schürzt, in dem die Protagonisten des Dramas aufeinandertreffen, ist jeder in Übereinstimmung mit dem, was er sagt: der König und sein Volk, die Muslime und die »Heiden«, die Anwärter auf den Thron. Rhetorikspiele, Auftritte, Schiedssprüche und Eide, das Wort zu ergreifen und das Recht auf Antwort: immer verpflichtet die Sprache ganz und gar. Nur bei Pagnol lassen sich noch solche glühenden Momente finden, in denen die Sprache wie Geschriebenes funktioniert, Gesetzeskraft hat. Insofern wird Sembenes Film zu einem außerordentlichen Dokument über den afrikanischen Körper – Schauspieler von heute und Helden von gestern, gekleidet in ihre Sprache (im Film ist es Wolof), als ob die Stimme, der Akzent, die Intonation, die Sprachmaterie und der Inhalt der Reden Bedeutungsblöcke wären, in denen für seinen Träger jedes Wort wie das letzte ist.

Ideale, naive Sicht einer Welt ohne Lüge? Utopie einer Welt vor der Ideologie, die vom Abstand zwischen Aussage und Äußerung nichts weiß? Allerdings. Die etwas hastig »schriftlos« genannten Gesellschaften haben ihre ganz eigenen Mittel, der gesprochenen Sprache zu entnehmen, was dem Gesagten Schriftcharakter verleiht. Etwa: was Jakobson die »pathische« Dimension der Sprache nennt (seine Sätze mit der Wendung »basta« zu beenden). Weiter: Gesten, die performativen Charakter haben – wenn Madiar, der Thronerbe, der Macht beraubt durch das neue Gesetz des Koran, dieses Gesetz nicht anerkennt und sich außerhalb des Gesetzes stellt, tauscht er eine Sklavin ein gegen Wein, den er vor dem Imam, der sich angewidert die Nase zuhält, feierlich zu sich nimmt. Und weiter: unbestimmbare Sätze (Madiar, der Außergesetzliche, redet nur noch in Sprichworten). Und schließlich – das ist der mitreißendste Teil des Films und für uns der neuartigste – das Vorhandensein einer wichtigen Figur, ohne die keine Kommunikation stattfinden könnte: der offizielle »Sprecher«, ein schwerbäuchiger Höfling mit Namen Jaafar.

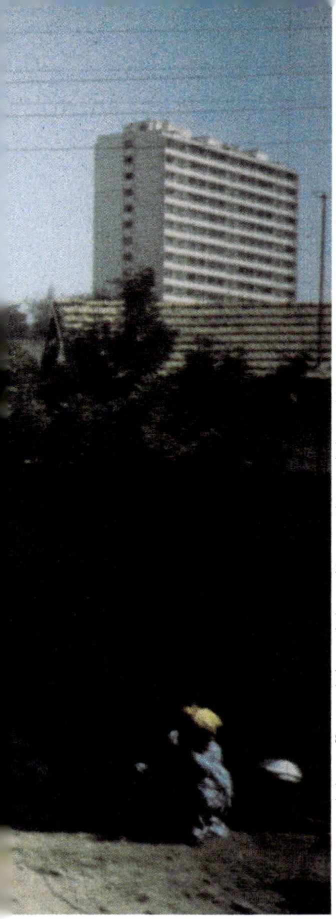

Nwachukwu Frank Ukadike

Touki-Bouki weist ein reichhaltiges Reservoir kreativer Leitmotive auf, um das sich Mambétys gesamtes geniales Œuvre dreht. Er untersucht Themen der Jugend und ihre Träume (Liebe, Entfremdung, Angst, Gerechtigkeit und Streß in den Städten), indem er sie als Symptome für die Problematik der Entwicklung darstellt, in der »der normale Lauf der Dinge ständig unterbrochen, angegriffen und schließlich durch Traumsequenzen, Halluzinationen, lyrische Einwürfe, letztlich durch Surrealismus neu hervorgebracht wird.« Wegen der unkonventionellen Art, in der Raum, Zeit und Ereignisse nebeneinandergestellt werden, muß *Touki-Bouki* als nicht-narrativer Film bewertet werden, dessen Collage aus kultureller, politischer und sexueller Symbolik zu vielfältigen konnotativen Vermutungen Anlaß gibt. (...)

Touki-Bouki vermeidet das Didaktische, bleibt jedoch der emanzipierten Praxis des afrikanischen Films verpflichtet. Der Film stellt in Inhalt und Stil intellektuelle Anforderungen an den Zuschauer. Dies geschieht durch eine Hybridisierung, bei der konventionelle Filmtechniken und die thematisch-narrativen Elemente traditioneller afrikanischer Geschichten zunächst übernommen, dann jedoch unterwandert werden. Die stilistische Differenziertheit des Films übertrifft vorherige Experimente des afrikanischen Kinos und steckt voller Symbolismen typisch afrikanischer, soziokultureller Codes, wirkungsvoller visueller Metaphern und deutlicher Gegenüberstellungen von Bildern aus Realität und Fiktion, die zu zahlreichen Aktionen und Reaktionen zwischen entgegengesetzten Polen führen. Dem Film fehlt das langsame Tempo und die lineare Struktur, die die meisten afrikanischen Filme so sehr charakterisieren und stigmatisieren. Die Montagestrategie untergräbt räumliche, zeitliche und graphische Kontinuität: disjunktive und abrupte Schnitte sowie kalkulierte Disparitäten zwischen Ton und Bild brechen mit vorherrschenden Repräsentationsmustern sowohl des westlichen als auch des afrikanischen Kinos und machen viel von der Faszination des Films aus. (...)

Der eruptive Stil von *Touki-Bouki* wird durch eine unruhige Kulisse unterstützt, die in einer Reihe von Verlagerungen und Überschreitungen gipfelt. Sie entstehen durch unkonventionelle Perspektiven, die einer konservativen Dramaturgie oder den Prinzipien der mündlichen Überlieferung nicht mehr verpflichtet sind (auch wenn der Titel »Bouki« einen populären Charakter der mündlichen Überlieferung bezeichnet). (...)

Der Rhythmus des Alltagsleben, wie ihn Mambétys Kamera zu Beginn des Films einfängt, ist entweder langsam oder schnell.

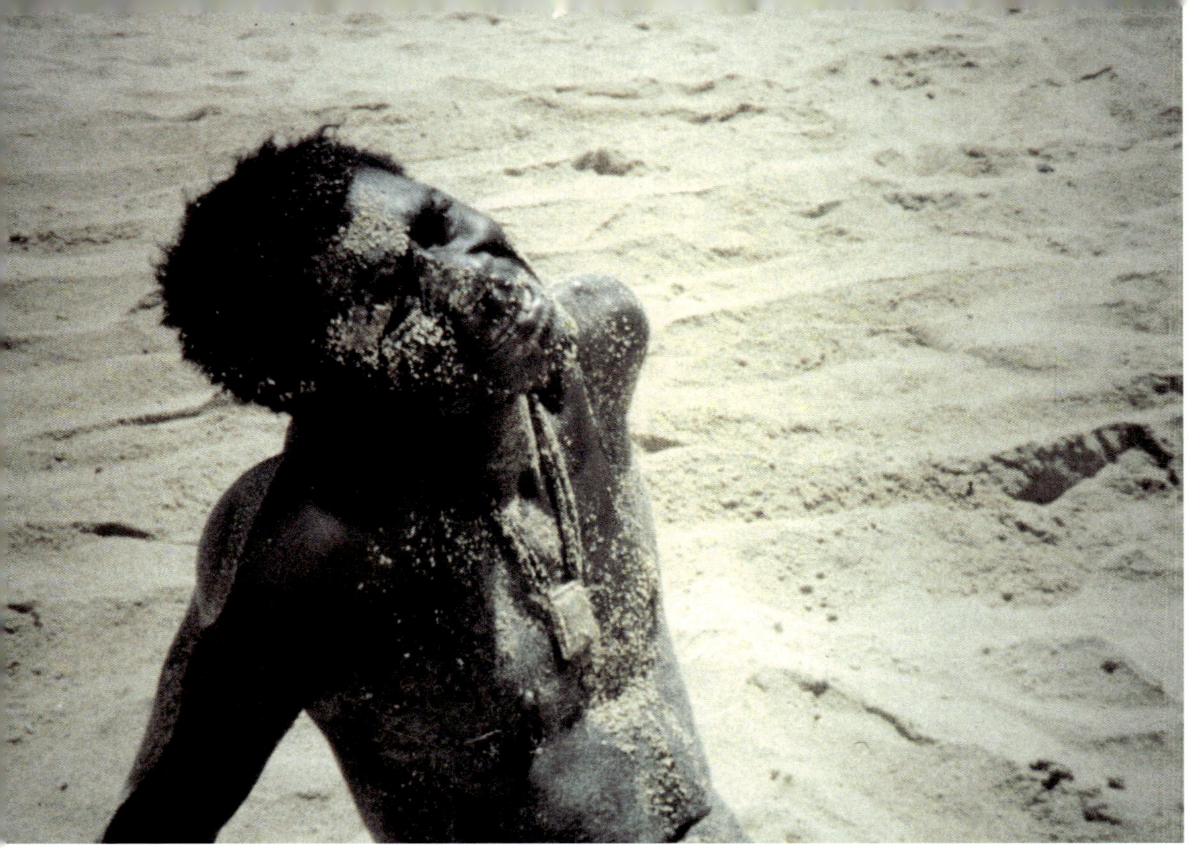

Djibril Diop Mambéty
Touki-Bouki, 1973

Die Kamera entwickelt eine meisterliche Choreographie, wenn sie das Tempo der Ereignisse diktiert; mit elektrisierender Geschwindigkeit jagt und schwenkt sie auf jedes Objekt in ihrer Nähe. Bis 1973, als *Touki-Bouki* entstand, war die Kamera in afrikanischen Filmen (mit Ausnahme der Arbeiten von Med Hondo) entweder statisch oder bewegte sich nur sehr wenig. Mambety geht es vor allem um die Entwicklung dessen, was man als »afrikanischen Eklektizismus« bezeichnen könnte. Diese kreative Position stellt zwar eine freche »Rebellion« gegen die etablierte Tradition des afrikanischen Kinos dar – d.h., der langsame, lineare Erzählstil, der typisch ist für *Emitai*, *Kodou* und viele andere afrikanische Filme – aber dieses Schema wird in *Touki-Bouki* zerstört. Es handelt sich um einen Vorläufer der kreativen Autonomie, die jetzt von der jüngeren Generation schwarzer afrikanischer Filmemacher favorisiert wird. In diesem Zusammenhang muß darauf hingewiesen werden, daß Mambéty verdeutlicht, ohne zu vereinfachen, während bei Sembene die Einfachheit des Details im Vordergrund steht. Aber ähnlich wie bei vielen anderen afrikanischen Filmemachern, entstehen auch durch diese beiden verschiedenen Taktiken aufschlußreiche Bilder der komplexen Struktur des Kontinents und der Formen der Aktualisierung des kulturellen Erbes.
Aus: *Black african cinema*. Berkeley 1994.

Es ist, als ob eine einzige Person für einen ganzen Sprachbereich – den, der nicht verpflichtet – zuständig wäre. Jaafar allein kann lügen, übertreiben, schmeicheln, überlisten, alle Rollen (seine eigene inbegriffen) spielen, alle Positionen von Rede einnehmen. Auch zwei einander gegenüberstehende Personen bedürfen seiner, um kenntlich zu machen, daß sie miteinander reden: »Sagen Sie ihm, daß...«. Jaafar ist jedoch weder ein Sprecher im westlichen Sinn (derjenige, der anstelle des Staatsmanns spricht, der seinerseits in Deckung bleibt und immer alles widerrufen kann), noch der Narr, noch der Irre am Hof (der oft in der arabischen Überlieferung vorkommt). Er ist nicht der, der da die Wahrheit ausspricht, wo alle anderen lügen, er ist der einzige, der das Recht hat zu lügen, wo alle anderen die Wahrheit sagen müssen, der einzige mit dem Monopol auf die Abweichungen zwischen Aussage und Äußerung. Ohne Jaafar keine Kommunikation; er ist, wenn ich so sagen kann, das »Weiße«, der Zwischenraum in der Sprache der anderen und faktisch, in gewisser Weise, des Schriftlichen.
Und so kommt es mir vor, als erzähle *Ceddo* nicht so sehr den Sturz des Königs Demba War, sondern eher, wie jemand seiner Rolle als Sprecher beraubt wird. Am Schluß des Films entläßt der Imam Jaafar (dabei hat der keine Gemeinheit ausgelassen, um auf seiten der Macht zu verbleiben) und ersetzt ihn durch einen seiner Getreuen, Babacar. In Wirklichkeit ist eine andere Funktion verlangt. Babacar spricht auf Anordnung des Imam, der seinerseits im Namen eines Buchs, des Koran, zu sprechen hat, das er auswendig kennt. Und das Buch ist niemand. An die Stelle der horizontalen Zirkulation des afrikanischen Worts, wo der im Dienst aller stehende Lügner es jedem erlaubt, »wortzuhalten«, tritt der vertikale Sprachweg. Mit der Niederlage Jaafars kann, wenn man so will, die Herrschaft der Ideologie beginnen, das heißt der Gesamtheit aller Stellungen, um nicht zu sagen Verstellungen, die man einem unangreifbaren »Text« gegenüber einnehmen kann: Posen, Maskierungen, Übereifer, Heuchelei, versteckter Unglaube. Da wird Sembene ganz offen polemisch: die Unerbittlichkeit, mit der er das Portrait des Imam zeichnet, zeigt eindeutig genug seine Verachtung für alle Dogmendiener. Mehr noch als ein anti-islamischer ist *Ceddo* ein antiklerikaler Film: Sembene haßt die Priester.
Soweit der Sprach-*Ceddo*. Nun zum Musik-*Ceddo*. Ich sagte schon, es gebe zwei Filme, zwei Erzählungen, zwei »positive Helden«: das Volk, das kollektiven Widerstand leistet, und die Prinzessin, die abseits im Busch Klarheit erlangt. Erst in den letzten Bildern, die

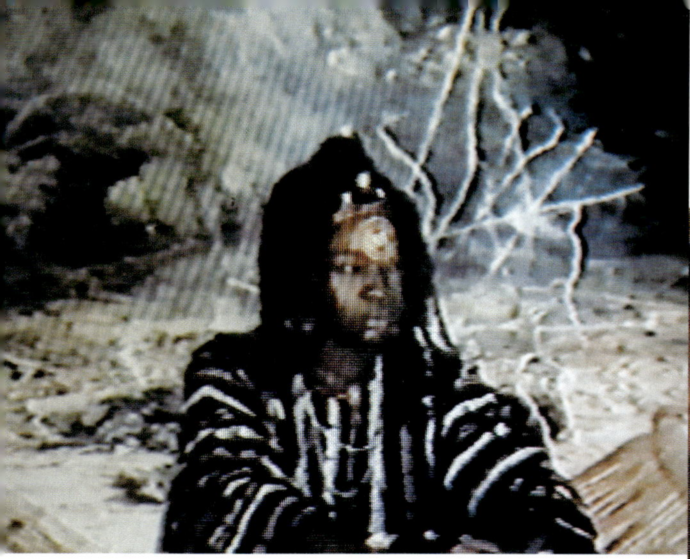

Ousmane Sembene, Ceddo, 1976

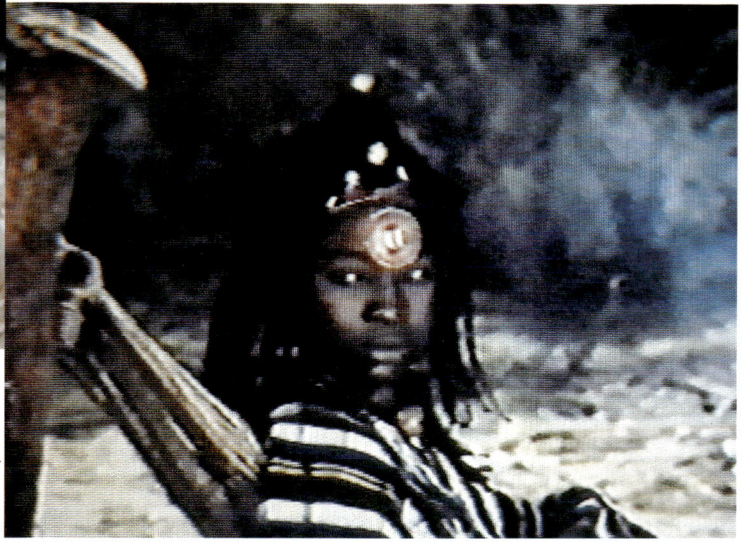

Ousmane Sembene

El Hadji Abdou Kader Bèye hielt sich an die Vorschriften der Magier, trank gekochten Absud, massierte sich mit den Salben, trug um die Nierengegend seine »xatims«. Trotz allem, oder gerade deswegen, gab es keine Symptome einer Besserung. Er ging erneut in die psychiatrische Klinik. Ohne sich aufhalten zu lassen, teilte er sich dem Chefarzt mit einer ganz veränderten Stimme mit. Er habe Lust zu »schlafen«, aber seine Nerven ließen ihn nicht. Dennoch hielte er sich an die Vorschriften. Der Chefarzt notierte sich alles und bat ihn, wiederzukommen. Tag für Tag, Nacht für Nacht hinderte ihn seine permanente Pein an der Ausübung seines Berufes. So wie ein mit Wasser vollgesogener Käse langsam im Fluß unterging, versank er immer tiefer im Schlamm. Durch sein Leiden entfernte er sich vom Kreis der Gleichgesinnten, wo sich Geschäfte anbahnten und abgeschlossen wurden. Er war unbeweglich geworden, hatte seine

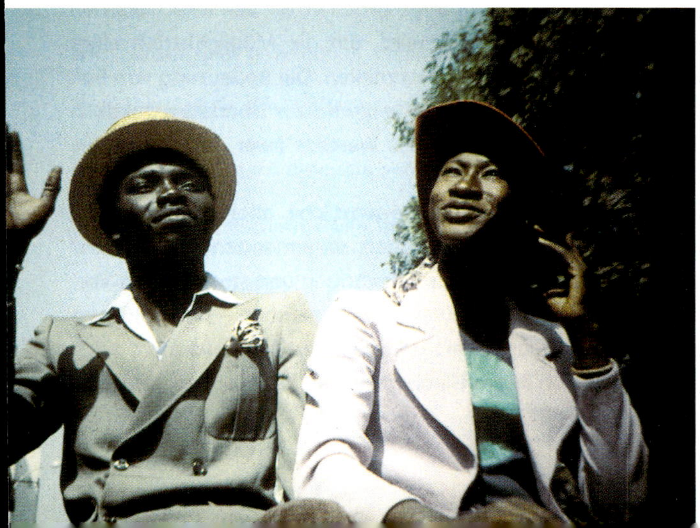

um so stärker sind, als sie ein fiktionales »forcing« darstellen, kommen die beiden Filme zusammen. Wenn die Prinzessin den Imam tötet, kann es sich nur um einen eher unwahrscheinlichen Schluß handeln, um ein emblematisches Ende: um die noch ausstehende letztliche Befreiung Afrikas. Sembene, darin dialektischer als Regisseure wie Leone oder Kurosawa, umfaßt beide Erzählungen, ohne sie je zu verschmelzen, er wahrt den Abstand zwischen der Beschreibung des Widerstands und der Fiktion der Befreiung, zwischen dem Volk und seinen Helden, dem Kollektiven und dem Individuellen, der Archäologie und der Konvention. Kurz, die Prinzessin ist nicht Zorro.
Diese beiden *Ceddos* sind entsprechend auf zwei verschiedene Weisen filmisch abgehandelt. Der archäologische Teil gründet sich auf die Sprache, während der allegorische von der Musik getragen wird. Als würde jedesmal, wenn der Film auf bekannte Situationen anspielt, die vage und transhistorisch zum Gedächtnis der Geschichte der afrikanischen Diaspora gehören, die Musik (und zwar die von Manu Dibango) die Erinnerung aufrufen. Sprache gegen Musik also? Nicht wirklich, eher eine Art Dichotomie: zur Musik alles, was auf unser Wissen-Sollen und unser Schon-Kennen verweist, zur Sprache alles, was uns auf unsere Unkenntnis verweist – die in bezug auf Afrika grenzenlos ist. Das hat eine aufregende Affektverschiebung zur Folge. Wenn die Dorfbewohner mit Brandzeichen markiert werden, wenn man sie auf dem Platz aufstellt, um sie umzutaufen, wird die Grausamkeit der Situation durch die Musik nicht unterstrichen, sondern distanziert, als flüstere uns jemand ironisch zu: Aber das alles wißt ihr ja längst... Diese Musik (Negro Spirituals, Schlaginstrumente, Klangströme, die an Free Jazz denken lassen), statt zu versichern, mitzureißen oder zu dramatisieren, erzeugt Sinn, eine komische Art von Sinn. Ausnahmsweise hinterläßt eine Filmmusik den Geschmack von Asche. Denn es ist diese Musik, die die »Ceddos« und danach ihre Kinder später anderswo weiterentwickeln werden, in den USA, in Brasilien, in der Karibik. Und das wissen sie noch nicht. Aber wir wissen es (und wir lieben diese Musiken). Diese Musik ist vorweggenommene Zukunft. Ebensowenig wissen sie, daß sie für uns Westler Musik-Wesen sein werden, gut zum Singen und zum Tanzen, und das in dem Maße, wie sie ihr Recht auf Sprache verloren haben. Eine Sache ist es, in der Musik der Unterdrückten den Ausdruck und die Widerspiegelung der Unterdrückung wahrzunehmen, eine andere, sich eines Tages die Frage stellen zu können: Ehe sie gezwungen waren, ihre Lage im Gesang zum Ausdruck zu bringen, was haben sie da gesagt, und wie haben sie es gesagt? *Ceddo* wagt eine Antwort. Vor allem gestattet *Ceddo*, die Frage aufzuwerfen.

Aus: *La Rampe*. Paris 1984.

wahrscheinlich nur in Form gönnerhafter Hilfeleistungen zu erwarten sind. Wie auch immer die zugrundeliegende Dynamik beschaffen sein mag, die Manipulation des Sichtbaren ermöglicht es diesen Gesellschaften, sich örtlichen Systemen und dem Westen sowohl anzuschließen als auch sich davon zu lösen. (...)

Afrikanische Stadtgemeinden mögen gestaltlos, stagnierend und implosiv erscheinen, weil die Anstrengungen, die Gruppen und Individuen unternehmen, um vielfältige Verbindungen mit der Außenwelt herzustellen, relativ unsichtbar bleiben. Der größte Effekt des Kolonialismus in Afrika war weniger die »Einmischung« in die interne Dynamik der Haushalte, der Sippen und des gesellschaftlichen Lebens, sondern die Unterbrechung der weitreichenden Verbindungen, die zwischen Gemeinden und Individuen oft über sehr große Entfernungen bestanden[5]. Ethnische Gruppen und Kulturen waren keine statischen, eingekapselten Formen gesellschaftlicher Organisation, sondern sich ständig verändernde Gruppierungen, die die Bewegung innerhalb der Bevölkerung und den Austausch von Einflüssen reflektierten.

Die Herausforderung des politischen Alltags in Afrika besteht somit darin, dieses Gefühl der Verbundenheit mit der Außenwelt wieder herzustellen, ohne die das bunte Treiben afrikanischer Städte zu einer bloßen Parodie wird. Bürgerliche Gesellschaften in Afrika »spielen« auf tausenderlei verschiedene Arten mit dieser Politik der Sichtbarmachung, halten sich Masken vor, wenn nichts versteckt wird, und inszenieren harte Realitäten als Schutz für Dinge, die viel komplexer und unbestimmbarer sind. (...)

Wie Amerika und der amerikanische Traum, so hat auch Afrika seine Mythen der unbegrenzten Möglichkeiten. Für viele Afrikaner ist Stil zu einer Strategie geworden, zu einem Mittel der Fortbewegung, um irgendwohin, meist an keinen bestimmten Ort, zu gelangen.

Zaire ist vielleicht das hoffnungsloseste aller afrikanischen Länder. Kinshasa ist einer der größten Slums der Welt. Wichtige Versorgungsleistungen wie Transport, Elektrizität, Schulen und Krankenhäuser sind kaum gewährleistet. Ehemänner können ganz plötzlich in die Armee eingezogen werden, ohne daß ihre Frauen darüber informiert werden. Die Menschen müssen sich ständig strecken, um zu überleben und dürfen nicht sagen, was sie denken. Seltsamerweise ist der Durchschnittsbürger in dieser Stadt der Armut und Verzweiflung mit Dingen wie »Naturfasern, statt Polyester« beschäftigt, mit Farbkombinationen und damit, mit den neuesten Moden aus dem Westen Schritt zu halten. Jemand kann beispielsweise in einem schäbigen Zimmer leben, das er mit zehn oder mehr Menschen teilt, aber solange er oder sie einen modernen Anzug oder ein elegantes Kleid erbetteln, borgen oder stehlen kann, betrachten sie sich als glücklich oder sehen zumindest eine Möglichkeit, durch die das Leben vielleicht besser werden kann. Giorgio Armani, Jean-Paul Gaultier und Chanel werden von Reichen und Armen gleichermaßen verehrt. Tini Bagatini, Comme des Garçons und Esprit sind Beschwörungen eines Geistes, der ethnische und soziale Grenzen aufhebt, aber dahinter verbirgt sich mehr, als die bloße Nachahmung des westlichen Geschmacks. Französischsprechende Afrikaner bezeichnen dieses Phänomen als SAPE (»Société des Ambianceurs et des Personnes Elégantes«).

»Sapeurs« haben die Fähigkeit, über sich selbst lachen zu können, aber sie sind stolz darauf, zu wissen, daß sie den westlichen Materialismus besser genießen können als die Menschen des Westens. Sapeurs sind Netzwerker, die die kongolesische Gesellschaft durchkreuzen und ihre Verbindungen über ganz Afrika und die Welt ausweiten. Sie sind unverhohlen frivol, da jede gesellschaftliche Bewegung, die seriöser erscheint, als subversiv betrachtet und zweifellos von Mobutus Agenten vernichtet werden würde. Oberflächlichkeit wird nicht nur zum politischen Protest, sondern zum eigentlichen Feld und zur Gelegenheit, durch die eine gewisse Autonomie außerhalb einer erdrückenden politischen Atmosphäre erlangt werden kann; eine Revolution im Spiegel. (...)

Afrikanische Gesellschaften versuchen, angesichts des Mangels und des westlichen

Annick Osmont

Das Wachstum des Ballungsgebietes von Dakar beruhte seit dem Beg um 1860 auf den Prinzipien gesellschaftlicher und räumlicher Abson rung. Kolonialverwaltung und senegalesischer Staat strukturierten Stadt auf diese Weise. Dabei sollten die afrikanischen Einwohner aus d Zentrum der Stadt verdrängt werden: Medina und Groß-Dakar wur angelegt, die Dörfer von Lébon in den Norden verlagert. Andere städtis Aktivitäten konzentrierte man auf bestimmte Gebiete: Verwaltung Handel auf der Hochebene (»le Plateau«, einem hauptsächlich euro schen Viertel), Industrie und Hafenanlagen an der Küste. Aufgrund Wohnungspolitik hat sich diese Zonenbildung in den 50er Jahren nur stärkt, ohne daß nach der Unabhängigkeit eine qualitative Veränder eintrat. (...)

Der ökonomischen Analyse zufolge entwickelte sich die Stadt nach ei dualistischen Prinzip. Sie ist aufgeteilt in moderne, europäische, zent und in traditionelle, periphere, afrikanische Gebiete. Soziologen ergän die Studie nicht im Sinne der weißen Einwohner des modernen Hand sektors, denn sie bezogen die Randbevölkerung, die schlecht Integrie und die Außenseiter mit in die Analyse ein. (...)

Eine Serie empirischer Beobachtungen und Fallstudien führen uns zu genden Feststellungen:

– die Randviertel wachsen viel schneller als die im Zentrum, und sind lich in bezug auf die Stadtentwicklung nicht rückständig

– gibt es eine sichtbare gesellschaftliche Trennung zwischen Stadtkern Stadtrand, so ist die interne Struktur der beiden nicht im eigentli Sinne homogen: im modernen, europäischen Stadtteil befinden sich » ginale und afrikanisierte« Inseln. In den Randgebieten befinden sich Inseln mit gehobenem Lebensstandard

– die Viertel am Stadtrand formten sich auf unterschiedliche Weise.

Letztendlich erscheint die Wirklichkeit viel komplexer und vielfältige der Diskurs darüber. (...)

Keines dieser Probleme ist den Behörden unbekannt. Indem sie auß

Diktats, wie eine Wirtschaft geführt werden muß, eine praktikable Form der Pluralität zu schaffen. Diese Versuche müssen sich immer wieder mit der Rolle der Tradition auseinandersetzen. Außenstehende sind häufig frustriert über die langwierigen Beratungen, von denen die Einführung von Neuerungen in Afrika oft begleitet ist. Aber der Prozeß des Wandels wird als etwas betrachtet, das die kontinuierliche Hervorbringung neuer moralischer Argumente erforderlich macht. Wie ein alter Imam aus Mali, Haj Mamadou Ba, einmal bemerkte: »Die Veränderung muß unerwartete Gründe für ihre Existenz entdecken; sie muß von dem überrascht sein, was sie mit sich bringt.« Nur durch die Spannung zwischen dem Alten und dem Neuen kommt es zu einer Verbesserung der moralischen Praxis.

Zur Zeit des Kolonialismus waren die Afrikaner gezwungen, die Auffassungen des Westens von ihrer kulturellen Praxis als Gerüst für die Aufrechterhaltung ihrer eigenen Kosmologie und ihres religiösen Glaubens zu verwenden. In der postkolonialen Periode geht es bei der Wiedereingliederung dieses Glaubens nicht einfach nur darum, ein überliefertes System aus den Klauen des westlichen Diskurses zu befreien. Erinnerung und die Möglichkeiten der Artikulation sind mit diesem Diskurs so verquickt, daß er sowohl als Hindernis wie auch als Ermöglichung dessen fungiert, was als Indigenat, als heimisches Recht, empfunden wird. Hier handelt es sich um eine weitere Spannung, die kontinuierlich durchgespielt werden muß. Zuweilen bietet die muslimische oder christliche Identifikation der meisten Afrikaner Gelegenheit, Sicherheit und Entschuldigung, mehr über afrikanische Gottheiten in Erfahrung zu bringen.

1 M. Schatzberg, *The Dialectics of Oppression in Zaire*. Bloomington, Indiana 1988.

2 A. Mbembe, *Afriques Indociles, Christianisme. Pouvoir, Etat et Société Postcoloniale*. Paris 1988.

3 J.F. Bayart, »Populist Political Action, Historical Understanding an Political Analysis in Africa«. In: B. Jewsiewicki und D. Newbury (Hg.), *African Historiographics*. Los Angeles 1986.

4 D. Apter, »Institutionalism Reconsidered«. In: *International Social Science Journal*, Nr. 129, 1991.

5 P. P. Ekeh, »Development Theory and the African Predicament«. In: *African Development*, 11,4, 1986. E. Hobsbawm und T. Ranger (Hg.), *The Invention of Tradition*. New York 1983.

Aus: »Masking Magic. Ambiguität in Contempary African Political and Cultural Practices«. In: *Third Text*, Sondernummer »Afrika«, 1993.

der Planersprache nicht ansprechbar sind, zeigen sie eine Toleranz, die sich unterschwellig in einem Laisser-faire äußert. Um sich davon zu überzeugen, braucht man nicht nur die Rechtsprechung zu erfundenen illegalen Besetzungen zu betrachten. All dies beweist die enge Bindung zwischen der Peripherie, die sich sicher in einem Prozeß der Marginalisierung befindet, jedoch nicht marginal ist, und dem Zentrum, das nicht so integriert ist, wie es scheint. Man kann sich fragen (...), ob angesichts der sich verstärkenden Krise in den Städten der Dritten Welt die Marginalisierung nicht von der Peripherie zum Zentrum hin vordringt. Dies deutet darauf hin, daß sich die Einwohnerdichte der modernen und der informellen Sektoren umkehrt.

Zweifellos ist diese doppelte Marginalisierungsbewegung das Besondere am Vorort-Peripherie-Phänomen der Städte der Dritten Welt. In dieser doppelten Bewegung lassen sich die spezifischen Merkmale einer Verstädterung erkennen, bei der das Wachstum der Stadt nicht dem Wirtschaftswachstum entspricht.

Aus: »Quartiers périphériques d'une capitale africaine: L'agglomération de Dakar (Sénégal)«. In: *Changements. La banlieue aujourd'hui.* Paris 1982.

Charles Burnett, Killer of Sheep (Schafe töten), 1977

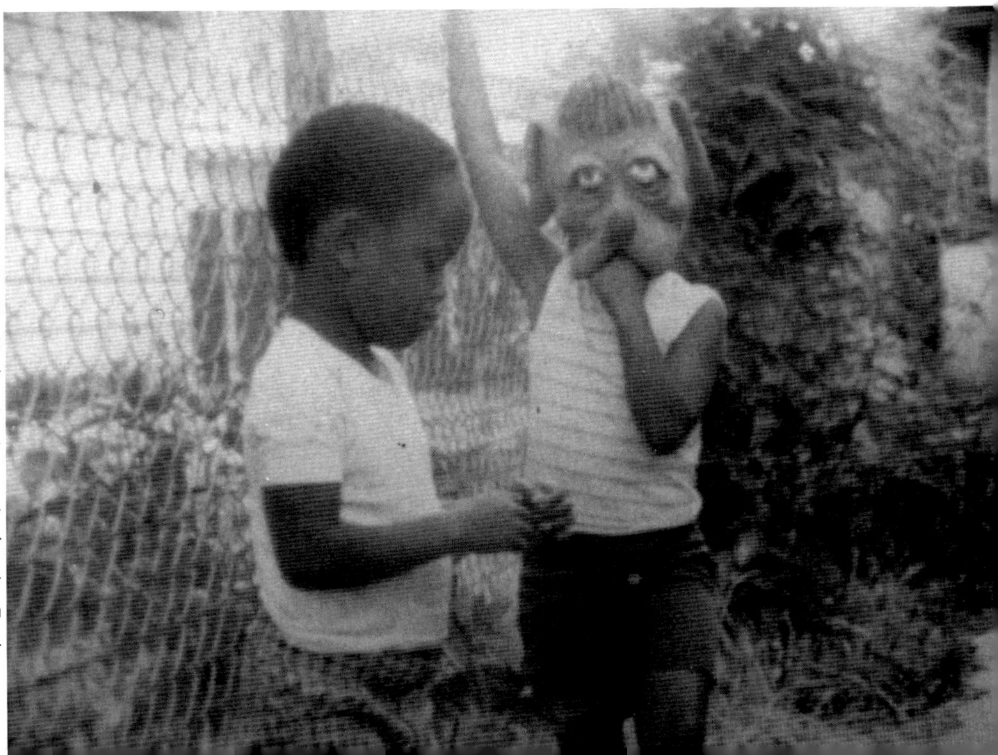

James Baldwin

Ich weiß nicht, wie lange ich gewartet habe, und ich frage mich bis heute, wie ich wohl ausgesehen haben mag. Wie auch immer ich ausgesehen habe, ich habe die Kellnerin erschreckt, die kurz erschien, und in dem Moment, als sie auftauchte, strömte ihr all meine Wut entgegen. Ich haßte sie für ihr weißes Gesicht und für ihre großen, erstaunten, angsterfüllten Augen. Ich dachte, wenn sie einen schwarzen Mann so erschreckend findet, werde ich ihr Grund für diese Angst geben.

Sie fragte mich nicht, was ich wolle, sondern wiederholte, als habe sie es irgendwo gelernt: »Neger werden hier nicht bedient.« Sie sagte es nicht mit der barschen, verächtlichen Feindseligkeit, an die ich mich inzwischen gewöhnt hatte, sondern eher mit einem entschuldigen-

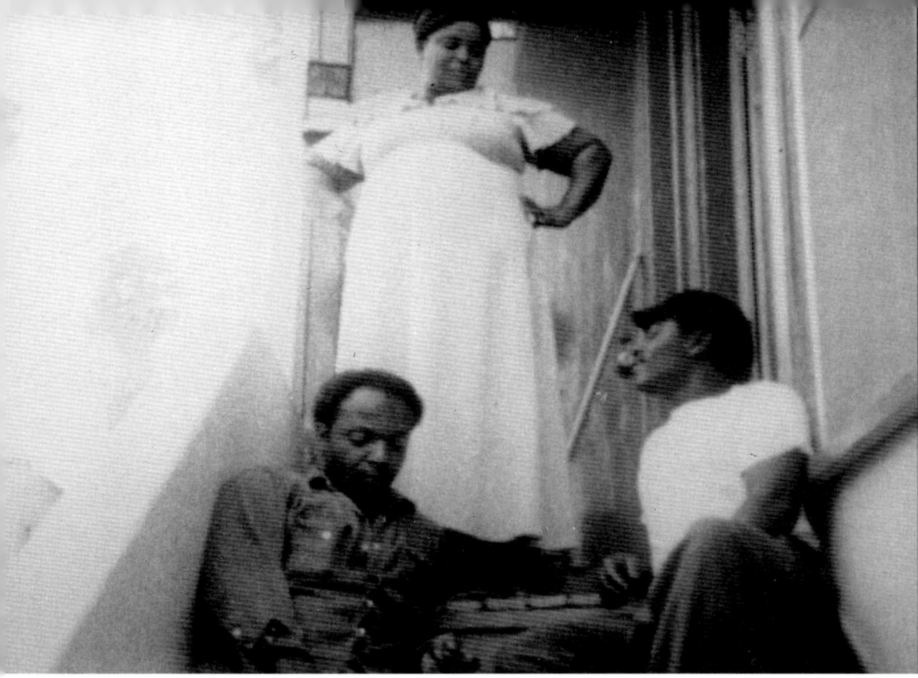

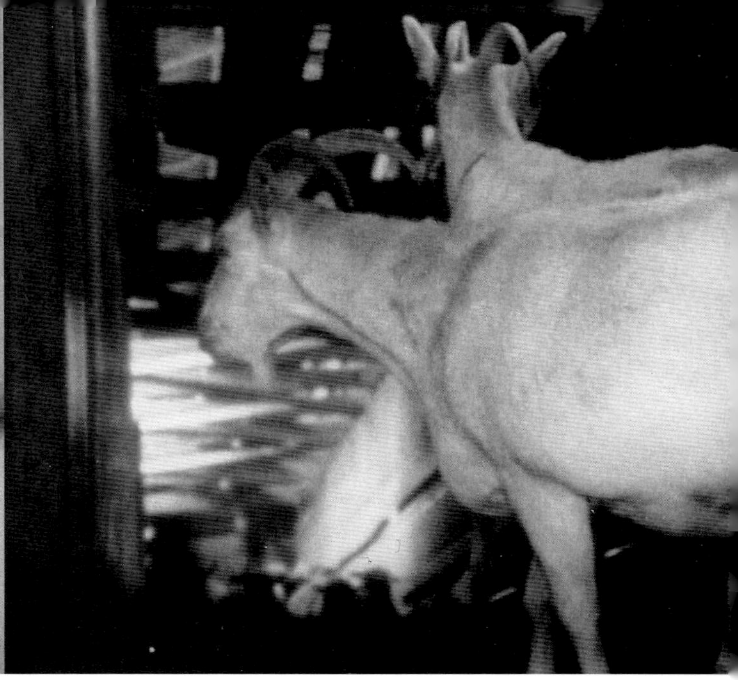

Charles Burnett, Killer of Sheep (Schafe töten), 1977

den und ängstlichen Ton in der Stimme. Das machte mich kälter und blutrünstiger als jemals zuvor. Ich hatte das Gefühl, etwas mit meinen Händen tun zu müssen. Ich wollte, daß sie nah genug kam, um ihren Hals zwischen meine Händen bekommen zu können.

Also tat ich so, als habe ich sie nicht verstanden, in der Hoffnung, sie würde näher kommen. Und sie kam einen Schritt, einen ganz kleinen Schritt näher, hielt den Bleistift unsinnigerweise über ihren Block und wiederholte den Spruch: »Neger werden hier nicht bedient.«

Durch die Wiederholung dieses Satzes, der in meinem Kopf schon wie tausend Glocken eines Alptraums läutete, wurde mir irgendwie klar, daß sie niemals näher kommen würde, und ich aus der Entfernung zuschlagen mußte. Auf dem Tisch war nichts außer einem gewöhnlichen, halbvollen Wasserkrug, den ich packte und mit aller Kraft nach ihr warf. Sie duckte sich und der Krug verfehlte sie, zersprang an dem Spiegel hinter der Bar. Und bei diesem Geräusch taute mein gefrorenes Blut ganz plötzlich auf, kehrte ich zurück, von wo auch immer ich gewesen war, sah ich zum ersten Mal das Restaurant, die Menschen mit ihren offenen Mündern, die sich, so schien es mir, bereits wie ein Mann erhoben hatten, und mir wurde bewußt, was ich getan hatte, und ich hatte Angst. Ich stand auf und rannte auf die Tür zu. Ein runder, dickbäuchiger Mann packte mich am Nacken, als ich gerade die Tür erreicht hatte, und fing an, mich ins Gesicht zu schlagen. Ich trat nach ihm, konnte mich befreien und rannte auf die Straße. Mein Freund flüsterte: »Lauf !«, und ich lief.

Aus: »Notes of a Native Son«. In: *Critical Fictions. The Politics of Imaginative writing.* Seattle 1991.

David Leeming

Am 7. Juli 1962 kam Baldwin in Begleitung seiner Schwester Gloria nach Afrika. Eine Zeitlang hatte er geglaubt, er »sollte Afrika sehen«, hatte sich der Reise aber widersetzt, weil er das Gefühl, wie es beispielsweise in *Princess and Powers* zum Ausdruck kommt, nicht loswerden konnte, daß er selbst mit seinen weißen Landsleuten unendlich viel mehr gemeinsam habe, als mit den Afrikanern. Er war offen skeptisch gegenüber dem Interesse, das amerikanische Schwarze zu dieser Zeit an ihrem afrikanischen »Heimatland« zeigten. So hatte er sich zum Beispiel wegen Richard Wrights Bewegung in diese Richtung fast verächtlich gezeigt. In Reden wie »In Search of a Majority« ist erkennbar, daß sich ein wichtiger Teil von Baldwins Botschaft zu diesem Thema auf die Vorstellung der untrennbaren, wenn auch schmerzhaften »Blutsbande« zwischen weißen und schwarzen Amerikanern und die Auffassung gründet, daß die einzigartige amerikanische Erfahrung trotz all ihrer Probleme zu den größten Hoffnungen für die Zukunft Anlaß gäbe. Zu den afrikanischen Wurzeln »zurückzukehren«, bedeute, zu einer entlegenen Vergangenheit und zu einer Beziehung zurückzukehren, die sich eher auf gemeinsame Hautfarbe als auf gemeinsame Erfahrungen gründet. (...)

Dakar war befremdlich, eine europäische Stadt, umgeben von einer Kultur, die zu unterdrücken sie sich so sehr bemüht hatte. Die Menschen, die er sah, schienen gleichzeitig zu Hause und fehl am Platze zu sein; er begann, sich mit ihnen zu identifizieren und vielleicht zu wünschen, er sehe irgendwie mehr wie sie aus. Er stellte fest, daß sein äußeres »weißes Bewußtsein«, sein Gefühl für das Angemessene, das durch die lange Geschichte als

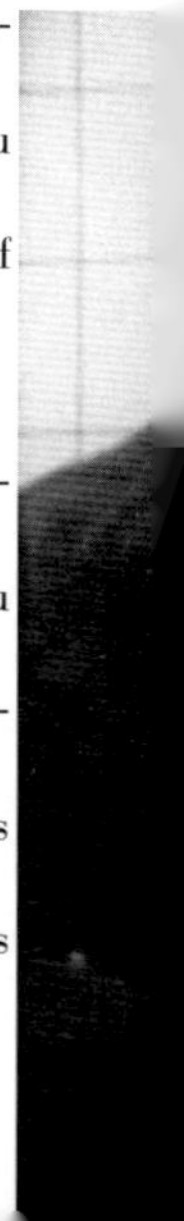

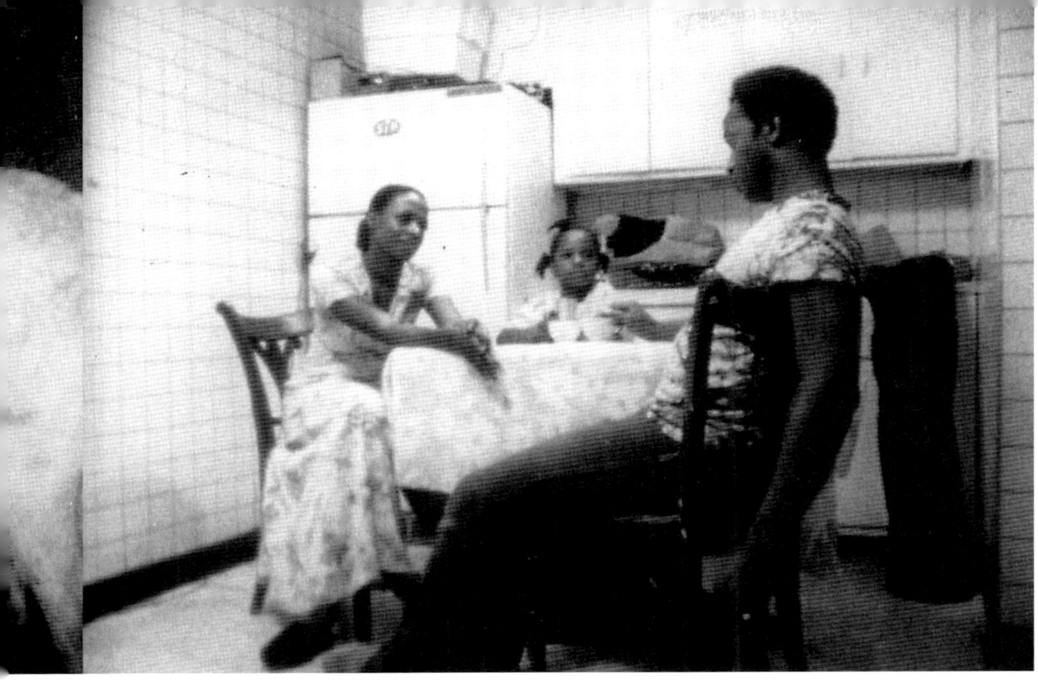

Angehöriger einer Minderheitenrasse geprägt war, durch die körperliche Symbolisierung einer Art und Weise des Wahrnehmens in Frage gestellt wurde, die ihre Wurzeln in prähistorischen Zeiten hatte, bevor die Menschen anfingen, darüber nachzudenken, wer oder was sie sind. Der Besucher aus Amerika sehnte sich nach der leichten, selbstvergessenen Selbstzufriedenheit, die er in den Straßen von Dakar zu sehen glaubte.

Baldwin erlebte seine Version von Joseph Conrads *The Heart of Darkness* (Das Herz der Finsternis) und fand darin – in ihrer Exotik, ihren Düften und Geräuschen des Marktplatzes, ihren Bettlern, ihren Lahmen, ihren Farben, ihrer emotionalen Ausdruckskraft – etwas von der Tiefe, der Fähigkeit zu berühren, der Bereitschaft, den »Gestank der Liebe« zu akzeptieren, die er seiner Nation vorwarf, unterdrückt zu haben. Afrika, in all seinem Tumult, in all seinem Schmerz, strömte über von der Essenz dessen, was es im Grunde bedeutet, ein Mensch zu sein, und Afrika war vor allem schwarz.

Nach Afrika war er mehr denn je davon überzeugt, daß die einzige Überlebenshoffnung Amerikas – und des Westens – in einer Befreiung von der Heuchelei lag, die Unterdrückung und Unterwerfung im Namen der Demokratie und der Religion möglich gemacht hatte. Es war an der Zeit für eine »Neudefinition« unserer Mythen im Kontext unserer Taten. Afrika hatte seinen Glauben zementiert, im Westen zu leben und afrikanischer Herkunft zu sein, bedeute, »das unendlich gedemütigte ›Fleisch‹ der Weißen zu sein.«

Aus: *James Baldwin. A biography.* New York 1994.

Charles Burnett, Killer of Sheep (Schafe töten), 1977

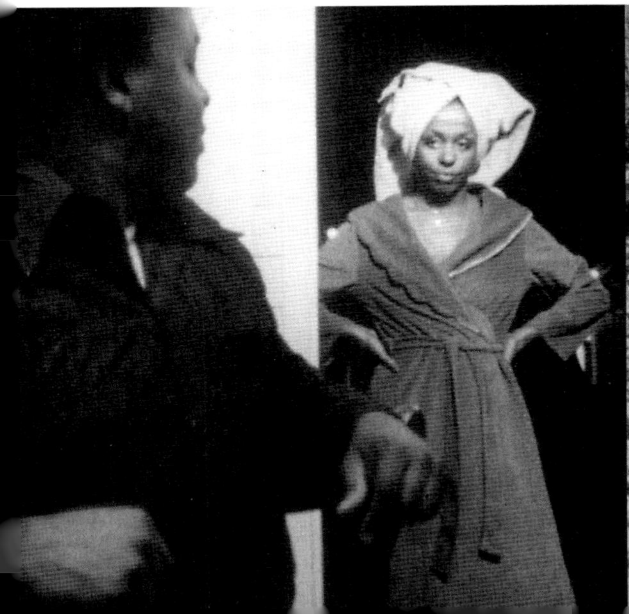

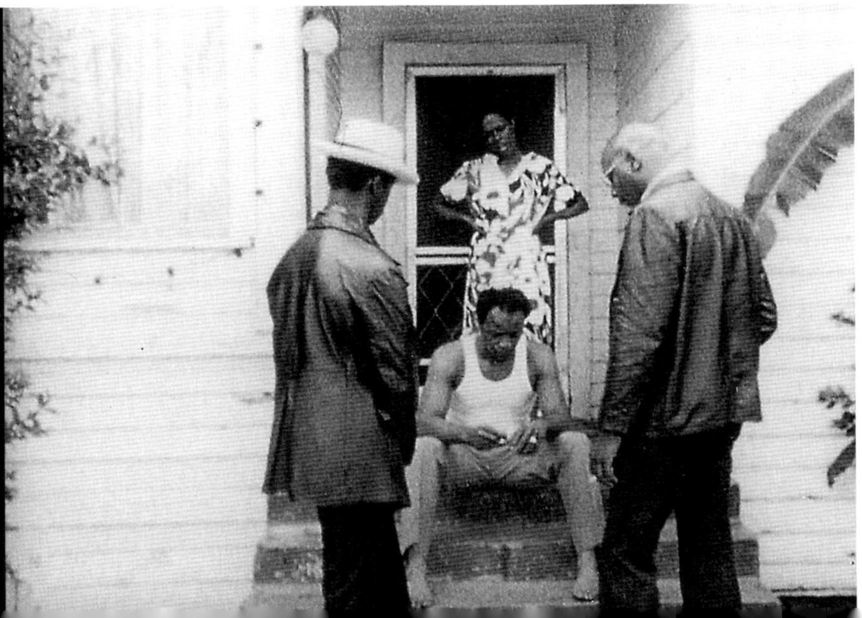

David Harvey

Die Antwort eines Geographen auf flexible Akkumulation

David Harvey ist einer der einflußreichsten und innovativsten Geographen unserer Zeit. In seinem Vortrag am 15. Januar 1997 an der Ecole Nationale Supérieure des Beaux-Arts in Paris zog er es vor, über Organisation der Arbeit zu sprechen und nicht über Theorie des Raums – eine Entscheidung, die bezeichnend ist für die militante Tätigkeit des Wissenschaftlers im Rahmen von »kämpferischen Partikularismen«. Sein Beitrag wurde von Carol Johnson transkribiert und von Brian Holmes überarbeitet.

Ich lebe in Baltimore, wo wir zur Zeit in eine, meiner Ansicht nach sehr wichtige politische Kampagne zur Einführung eines Existenzminimums eingebunden sind. Wir versuchen, den Mindestlohn für alle Arbeiter in der Stadt von 4,75 $ auf 7,70 $ anzuheben. Gewerkschaften organisieren sich an bestimmten festumrissenen Orten, nämlich dem der Arbeit. Was macht man aber, wenn die Mehrzahl der Arbeiter nicht an einem festen Ort arbeitet? Dann muß man eine alternative Organisationsform zu jener, die die Gewerkschaften im Verlauf der Geschichte geschaffen haben, bilden, und dies versuchen wir mit gewerkschaftlicher Unterstützung. Die treibende Kraft ist allerdings die Kirche. Deshalb finde ich mich in Gesprächen mit Pastoren, Priestern und Nonnen, wie man eine Kampagne zugunsten von mehr Gerechtigkeit für die schlechtbezahlten Arbeiter von Baltimore in die Wege leiten könne, wie man den aus zeitlich befristeter Beschäftigung resultierenden Problemen gegensteuern könne und dergleichen. Für einen Atheisten wie mich ist dies sehr schwer. Gleichzeitig kann ich ihnen aber sagen, daß es eine lange Geschichte gibt, die erklärt, weshalb sich solche Ereignisse, wie sie sich im Augenblick hier abspielen, ereignen und ich kann ihnen helfen, diese Geschichte zu verstehen und ihnen ein generelles Verständnis über die Funktionsweisen des Kapitalismus vermitteln. Und so führen wir Dialoge über Gott und Marx. Jedesmal, wenn wir uns treffen, halten wir uns bei den Händen und sprechen ein Gebet mitten auf der Straße und danach schreiten wir zur Aktion – und wir sind erfolgreich, denn wenn in Baltimore zehn der wichtigsten Pfarrer der Stadt eine Institution umstellen und anfangen, über Gott zu reden, entsteht daraus eine wichtige politische Aktion. Geographisch gesehen ist dies bedeutsam. Die Religion zieht sich wie ein roter Faden durch die ganze Geschichte des schwarzen Amerikas sowie der gesamten afroamerikanischen Tradition. Martin Luther King und Jesse Jackson waren beide Priester. Man muß sich deshalb in einer kreativen Weise für diese Tradition öffnen. Was ich damit sagen möchte, ist, daß in Baltimore kämpferische Partikularismen am Werk sind, die eine Grundlage in der Geschichte der Stadt, ihrer Kultur und ihren wichtigsten Institutionen haben, und daß wir uns mit diesen Grundlagen konfrontieren müssen in der Absicht, neue Institutionen zum Schutz der Arbeitslosen zu schaffen.

Die Kampagne für ein Existenzminimum kämpft zur Zeit gegen den sogenannten »Welfare Reform Act« an, nach dem Sozialhilfeempfänger für 1,50 $ die Stunde für die Stadt arbeiten sollen. Was passieren wird, ist, daß wir allein in Baltimore 20 000 Personen haben werden, die zu einem Stundenlohn von 1,50 $ beschäftigt sind, um weiterhin Sozialhilfe zu erhalten. Dies ist so etwas wie ein vertraglich bindendes Arbeitssystem. Und zum ersten Mal hörte ich die Priester in der Stadt sagen, daß es nur eines gibt, um dies zu stoppen, und zwar massiver ziviler Ungehorsam. Sie überlegen, ihre Gemeinden mit in die Stadt zu bringen, um die tägliche Arbeit lahmzulegen. Wie immer man dies nennen mag, es ist eine Aktion des Klassenkampfes. Es beinhaltet die Schaffung eines kollektiven Aktionsraums, der die Gewerkschaften, aber auch die lokale Gemeinschaft sowie viele unzufriedene Personen miteinbezieht. Mit Sozialismus oder Kommunismus hat dies nicht unbedingt etwas zu tun, aber dafür implizit mit der Idee, daß es eine Alternative zu dem in den USA entwickelten System geben muß. Auf dieser Basis gibt es die Möglichkeit einer offenen Debatte darüber, wie die Alternative aussehen könnte. Das heißt aber nicht, daß diese Debatte automatisch eine sozialistische werden würde. Erinnern wir uns daran, daß es in den USA einen Mann namens Pat Buchanan gibt, der bei der letzten Präsidentschaftswahl der äußerst konservative, nahezu neofaschistische Kandidat der Republikaner war. Er sprach über diese Probleme und versuchte, sie für sich zu nutzen. An dieser Stelle beginnt für mich der Kampf. Marxisten wie ich können – falls sie sich in sozialen Bewegungen dieser Art engagieren – über eine sozialistische Alternative als Möglichkeit sprechen. Und es gehört zu unserer Verantwortung, uns mit diesen Bewegungen unter ihren Bedingungen auseinanderzusetzen.

Seit 1970 lehre ich Marx' *Kapital* an den Universitäten und auch im Rahmen lokaler Veranstaltungen. Gegenwärtig ist es sehr leicht, eine Verbindung zwischen Marx' *Kapital* und dem täglichen Leben der Menschen herzustellen. In den 70er Jahren war dies nicht so leicht, da der Staat damals als Wohlfahrtsstaat die Lebensbedingungen der Bevölkerung sichern sollte; ein Wohlfahrtsstaat, der gegenwärtig in der Auflösung begriffen ist; so daß wir eine Situation erreicht haben, die sehr ähnlich zu der von Marx von vor 150 Jahren ist. Gleichzeitig hat der Marxismus allerdings seine Glaubwürdigkeit eingebüßt. Es ergibt sich das folgende Paradox: während die Analyse von Marx zunehmend relevanter wurde, wurde der Marxismus zunehmend irrelevanter. Wie ich mich gut erinnere, sagte Marx einmal: »Ich bin kein Marxist.« Vielleicht sollte man damit die Neugestaltung des Marxismus beginnen.

Es gibt noch einen weiteren Punkt: ich bin von der Ausbildung her Geograph und habe mich immer sehr intensiv für die geographischen, historischen, kulturellen und ökonomischen Unterschiede in den Lebensverhältnissen der Menschen interessiert. Aber ich fand, daß der Marxismus geographischen Differenzen gegenüber nicht sehr aufgeschlossen war. Historisch gesehen hatte der Marxismus als Bewegung immer zwei Dimensionen. Die erste Dimension ist die Aufforderung im *Kommunistischen Manifest*: »Arbeiter aller Länder, vereinigt euch!« Es handelt sich um eine internationalistische Aufforderung und dreht sich grundlegend um die Arbeiterklasse. Aber wenn man sich gründlich mit der Geschichte des marxistischen Denkens auseinandersetzt, findet man wundervolle Bücher wie Thompsons *The Making of the English Working Class*. Und wenn man noch etwas genauer hinsieht, wird man finden, daß beispielsweise die englische Arbeiterklasse aus vielen verschiedenen regionalen Konfigurationen zusammengesetzt war: die Bergarbeiter von Süd-Wales, die Werftarbeiter im Nordosten, die Textilarbeiter. ... Jede dieser Regionen bildete sich ihre eigene, spezifische Vorstellung von möglichen Alternativen zum Kapitalismus. Dies ist es, was ich die Idee des kämpferischen Partikularismus nenne. Es bedeutet, daß tendenziell jeder Teil eines Landes, jede Stadt, jede produktive Region ihre eigene Form kämpferischer Politik entwickelt. Wenn man wieder einen Blick auf Großbritannien, auf die Geschichte der Labour Party wirft, so erkennt man, daß es sich hier um das Zusammenführen kämpferischer Partikularismen zu einem allgemeinen politischen Programm handelt. Dies beinhaltet eine Politik der Abstraktionen, die darüber hinausgeht, was sich individuelle Gruppierungen denken.

An einem bestimmten Punkt beschäftigte die Geschichte des Sozialismus und die Geschichte des Marxismus sich so sehr mit den Abstraktionen und Allgemeingültigkeiten, daß sie die Verbindung zur kämpferischen, partikularistischen Basis verloren. Für mich als Sozialisten und Marxisten besteht das Problem darin, eine Sprache zu finden, mit der man diese Kämpfe sinnvoll einbinden kann. Denn eine der stärksten Kritiken, die man augenblicklich dem Kapitalismus entgegenhalten kann, ist die, daß er alles homogenisiert. Aus diesem Blickwinkel heraus brauchen wir einen Sozialismus, der die Herstellung von Heterogenität und geographischen Unterschieden im Blick hat. Interessant ist Gramscis ständiger Dialog in seinen Gefängnisheften über die Mobilisierung von Allianzen zwischen Stadt und Land sowie Nord und Süd. Tatsächlich war Gramsci ein ziemlich guter Geograph, denn er verstand die Bedeutung und Reichweite jener geographischen Differenzen und sah, daß es die Aufgabe der italienischen kommunistischen Partei war, diese Differenzen zusammenzubringen. In diesem Zusammenhang glaube ich, wir müssen beim Lesen unserer eigenen Geschichte sehr sorgfältig sein. So war die Bürgerrechtsbewegung in den Vereinigten Staaten kein Produkt von Martin Luther King. Es war eine Bewegung aus den Kirchen heraus, die zwar zerstreut war, sich aber allmählich zusammenschloß und schließlich in Martin Luther King ihren Führer hervorbrachte. Als nationale Bewegung führte sie dann in den 60er Jahren politische Aktionen durch, die Ergebnisse zeitigten. Doch die Basisbewegung bestand bereits seit fünfzig Jahren.

Dies bringt uns zu der Frage nach den politischen Parteien. Der Grund, weshalb ich in Baltimore nicht über sie gesprochen habe, ist der, daß in den entsprechenden politischen Kampagnen keine politischen Parteien aktiv sind. Es gibt eine lange Geschichte der Repressionen des Marxismus und es gibt auch die Frage, weshalb es in den Vereinigten Staaten zu keiner Zeit eine sozialistische Bewegung gegeben hat. Diese Fragen sind aber viel zu kompliziert, um hier näher darauf einzugehen. Über die Geschichte Frankreichs oder Italiens könnte man unmöglich sprechen, ohne speziell auf die Politik der kommunistischen Partei einzugehen, auf ihre Strategien und Taktiken. Und ich habe schon immer den Umstand beklagt, daß wir in den USA keine ähnliche Geschichte haben. Damit muß man sich jedoch abfinden und in dem Kontext kämpfen, den man vorfindet. Die Tatsache, daß es weder eine kommunistische noch eine sozialistische Partei gibt, bedeutet nicht, daß es keinen Klassenkampf beziehungsweise keine auf Klassenunterschieden beruhenden Aktionen gibt. Und wir können die Geschichte der kommunistischen und sozialistischen Parteien nicht verstehen, ohne ihr Verhältnis zu dem, was ich kämpferische Partikularismen nenne, zu thematisieren.

Aus diesem Grund war ich immer an Differenzen interessiert. Man kann aber augenblicklich an den Universitäten, und besonders in den Vereinigten Staaten, ein gewaltiges Interesse an einer Vielzahl von Differenzen feststellen, seien sie geographischer, ethnischer oder religiöser Art. Es gibt so viele Differenzen, daß die Möglichkeit einer Aussöhnung oder des Verständnisses unmöglich wird. An den Universitäten der Vereinigten Staaten gibt es eine Menge Radikalismen – erfinderischer, kreativer, transgressiver Natur –, aber ohne größeres Engagement für politische Aktionen außerhalb der Universitäten. Es handelt sich um einen internalisierten Radikalismus. So war es zum Beispiel äußerst schwer, die radikalen Leute an der Johns Hopkins University dazu zu bringen, sich an der Kampagne für das Existenzminimum zu beteiligen, und dies obwohl die Universität neuerdings Personen zu einem Stundenlohn von 1,50 $ beschäftigt. Vor kurzem stieß ich auf einen Slogan, der besagt, daß das Streben nach Freiheit ohne politische Verpflichtungen inhaltsleer ist. An den Universitäten der Vereinigten Staaten findet man einen starken Drang nach Freiheit, aber wirkliche politische Verpflichtung gibt es kaum. Es ist wahr, daß die größten Universitäten häufig ein Einkommen und einen Lebensstil erlauben, welche die Beschäftigten in eine andere Klasse versetzen. Dadurch wird es schwierig, sie mit ungebildeten, weniger sprachbegabten, verarmten Menschen in Beziehung zu bringen. Ich selbst finde, daß ein Gespräch mit Arbeitern über die Kampagne für das Existenzminimum nicht einfach ist – fast als ob man zwei verschiedene Sprachen spräche. Aber darüber hinaus gibt es einen weiteren Grund: vor zwanzig Jahren gab es eine Massenbewegung, an der sich die Intellektuellen festhalten konnten. Heute ist diese Massenbewegung verschwunden. Intellektuelle, die sich notwendigerweise mit Abstraktionen beschäftigen, tun sich schwer mit einer Bewegung, die nun aus vielen kämpferischen Partikularismen besteht.

Ich möchte noch hinzufügen, daß ein Teil der Radikalismen an den amerikanischen Universitäten sich mit, wie wir es nennen, Identitätspolitik (politics of identity) und Feminismus beschäftigt beziehungsweise mit der Forderung, spezifische kulturelle Wurzeln als auch einzelne Stimmen innerhalb einer ziemlich homogenen Universitätsstruktur anzuerkennen. Die Schwierigkeit ist nur, daß dies manchmal zu Lasten von noch irgendeiner Vorstellung von Klasse geht. Wenn wir nun einen Blick auf die Kampagne für das Existenzminimum werfen, so betrifft sie überwiegend Afroamerikaner und Frauen. Aber das Bedauerliche in den Vereinigten Staaten ist, daß sowohl Frauenforschung als auch afroamerikanische Studien nicht mehr an Klassenfragen interessiert sind. Deshalb ist es sehr schwer, jemanden, der in diesen Feldern der Identität arbeitet, davon zu überzeugen, sich an einer Sache wie der Kampagne für das Existenzminimum zu beteiligen.

Wenn man einen Blick auf die Massenbewegung der 60er bis 70er Jahre wirft, erkennt man verschiedene politische Bewegungen in den Vereinigten Staaten, die sehr stark waren. Zum einen war die Bürgerrechtsbewegung und zum anderen die Bewegung gegen den Vietnamkrieg sehr stark und wichtig. Diese Bewegungen hatten untereinander eine starke Verbindung. Es war schwer, sich in der Anti-Kriegs-Bewegung zu engagieren, ohne zu erkennen, daß dies ein antiimperialistischer Kampf war. Dadurch rückte die Frage des US-amerikanischen Imperialismus in den Mittelpunkt der politischen Auseinandersetzungen und erzeugte eine Reihe von Solidaritätsbewegungen innerhalb der USA. So wurde zum Beispiel aus der Solidaritätsarbeit für Mittelamerika eine starke und generelle Bewegung zur Unterstützung der Sandinisten in Nicaragua gegen Ende der 70er Jahre. Es gab noch zwei weitere wichtige Bewegungen. Die eine ist die frühe Umweltbewegung, die in ihrem Anfangsstadium stark antikapitalistisch eingestellt war. Diese Bewegung sah in den Unternehmen ihren Feind, sie hinterfragte sehr stark die Vorstellungen von Lebensqualität, den Homogenisierungseffekt des kapitalistischen Konsums und dergleichen. Die andere ist die frühe feministische Bewegung, die auf eine gewisse Weise eine sehr enge Beziehung zur Bürgerrechtsbewegung hat, aber aus naheliegenden Gründen Bürgerrechte von der Ebene der Rasse auf die Geschlechterebene verschob. Und schließlich gab es die Gewerkschaftsbewegung, die aus bestimmten, historischen Gründen nicht besonders stark in die anderen integriert war. Aber die Gewerkschaftsbewegung war in den Vereinigten Staaten gegen Ende der 60er und zu Anfang der 70er Jahre wirklich sehr stark und gewann erheblich an politischem Einfluß, zum Beispiel innerhalb der Demokratischen Partei. Die anschließenden Beschwerden, die Gewerkschaften hätten die Demokratische Partei unterwandert, war ein Symbol dafür, daß sie tatsächlich einige Macht innerhalb der Demokratischen Partei erlangt hatten – dies erklärt wiederum, warum die Demokratische Partei sich nicht so stark gegen den Krieg wandte, wie sie es hätte tun sollen.

Den verschiedenen Bewegungen gelang es nicht, zusammen eine Bewegung für den Sozialismus zu schaffen. Meine Interpretation dieses Teils der amerikanischen Geschichte sieht etwa folgendermaßen aus. Die kapitalistische Klasse war ziemlich schwach. Sie wurde von allen vorher genannten Richtungen angegriffen und war deshalb gezwungen, Zugeständnisse zu machen. Die Zugeständnisse hatten keine universellen Züge, sondern bestanden aus Teilgesetzgebungen. Die »Environmental Protection Agency« als ein Geschenk an die Umweltschützer wurde 1970 unter Nixon, einem sehr konservativen Präsidenten, eingerichtet. »Affirmative Action« als ein Geschenk an die Bürgerrechts- und Frauenbewegung wurde ins Leben gerufen. Gesetze zur Arbeitssicherheit und Gesundheitsvorsorge als ein Geschenk an die Arbeiterbewegung wurden verabschiedet. Und tatsächlich kann man eine Unmenge von Gesetzen, die in den Vereinigten Staaten zwischen 1970 und 1973 verabschiedet wurden, als eine Art besonderer Geschenke an partikulare Wählergruppen sehen. Aber man beachte, wozu diese Gesetze geführt haben. Der Umweltschutz schuf eine Teilung zwischen Arbeit und Umwelt, dies brachte die Gewerkschaft gegen die Umweltbewegung auf. »Affirmative Action« stellte die weiße Arbeiterklasse gegen Schwarze und Frauen. In anderen Worten hatten nahezu alle diese Gesetze teilenden beziehungsweise trennenden Charakter.

Man kann diese Situation auch genauso gut geographisch interpretieren. Als gegen Ende der 60er Jahre beziehungsweise Anfang der 70er Jahre die kapitalistische Klasse in den Vereinigten Staaten unter politischen Druck geriet, antwortete sie zum Teil mit der Strategie, die Welt zum Spielfeld für die Akkumulation des US-Kapitals zu machen. Dies wurde durch die Innovationen in der Kommunikations-

Wenn so etwas wie eine Transformation in der politischen Ökonomie des Kapitalismus des späten 20. Jahrhunderts stattgefunden hat, dann sollten wir versuchen festzustellen, wie tief und fundamental der Wandel sein könnte. ... Die Sprache (und damit die Hypothese), der ich mich bediene, ist eine, in der neuere Ereignisse als ein Übergang im Akkumulationsregime und der damit zusammenhängenden gesellschaftlichen und politischen Regulationsweise gefaßt werden. Indem ich die Dinge in dieser Weise darstelle, beziehe ich mich sprachlich auf eine bestimmte Schule, die als die »Regulationsschule« bekannt ist (Aglietta, Lipietz, Boyer und so weiter). Ich akzeptiere die Sichtweise, nach der der lange Nachkriegsboom von 1945 bis 1973 auf einem spezifischen Set, bestehend aus Praktiken der Arbeitskontrolle, technologischem Mix, Konsumtionsgewohnheiten und Konfigurationen der politisch-wirtschaftlichen Macht aufbaute und daß diese Konfiguration angemessen als fordistisch-keynesianisch bezeichnet werden kann. Die Auflösung dieses Systems ab 1973 leitete eine Periode des schnellen Wandels, Flusses und der Ungewißheit ein. Ob die neuen Produktions- und Marketingsysteme, die durch flexiblere Arbeitsprozesse und Märkte, durch geographische Mobilität und schnelle Verschiebungen in den Konsumpraktiken charakterisiert sind, den Titel eines neuen Akkumulationsregimes verdienen oder ob die Wiederkehr des Unternehmertums und des Neokonservatismus zusammen mit der kulturellen Wende zum Postmodernismus den Titel einer neuen Regulationsweise verdienen, ist keineswegs klar. Es besteht immer die Gefahr, das Transitorische und Kurzlebige mit fundamentaleren Veränderungen im politisch-ökonomischen Leben zu verwechseln. Aber die Kontraste zwischen den gegenwärtigen politisch-

Flexible Akkumulation

ökonomischen Praktiken und denen der Nachkriegsperiode sind prägnant genug, um die Hypothese einer Verschiebung vom Fordismus zu dem, was als »flexibles« Akkumulationsregime bezeichnet werden könnte, zu einer vielversprechenden Weise werden läßt, um die jüngste Geschichte zu charakterisieren.

Nicht jeder konnte an den Vorteilen des Fordismus teilhaben. ... Fordistische Lohnverhandlungen waren an bestimmte Sektoren der Wirtschaft gebunden und an bestimmte Nationalstaaten, wo ein stabiles Wachstum der Nachfrage mit umfangreichen Investitionen in Massenproduktionstechnologien gleichzog. Andere risikobehaftete Bereiche der Produktion waren nach wie vor von niedrigen Löhnen und einer schwachen Arbeitsplatzsicherheit abhängig. Und auch fordistische Sektoren konnten auf ausbeuterischen Zulieferbeziehungen aufbauen. ... Die sich daraus ergebenden Ungleichheiten riefen ernste soziale Spannungen und starke soziale Bewegungen auf der Seite der Ausgeschlossenen hervor – Bewegungen, die sich in der Weise zusammensetzen, wie Rasse, Geschlecht und ethnische Zugehörigkeit den Zugang zu privilegierter Beschäftigung bestimmte beziehungsweise ausschloß. ... Auf der Seite des Konsums gab es umfangreiche Kritiken an den Annehmlichkeiten einer Lebensqualität unter dem Regime eines standardisierten Massenkonsums. ... Vergessen werden sollte nicht die Unzufriedenheit der Dritten Welt mit einem Modernisierungsprozeß, der Entwicklung, Emanzipation vom Mangel und vollständige Integration in den Fordismus versprach, aber tatsächlich die Zerstörung lokaler Kulturen, Unterdrückung und verschiedene Formen der kapitalistischen Herrschaft mit sich brachte. Als Gegenleistung gab es geringe Verbesserungen im Lebensstandard und verschiedene Dienstleistungen (zum Beispiel Gesundheitsversorgung) – außer der sehr reichen eingeborenen Elite, die mehr herausholen konnte. (...)

In der Periode von 1965 bis 1973 wurde die Instabilität des Fordismus und Keynesianismus immer offensichtlicher, um weiter die inhärenten Widersprüche des Kapitalismus zähmen zu können. Oberflächlich gesehen lassen sich diese Schwierigkeiten am treffendsten mit einem Wort charakterisieren: Starrheit. Es gab Probleme mit der Starrheit von langfristigen und umfangreichen fixen Kapitalinvestitionen in ein Massenproduktionssystem, das Designflexibilität ausschloß und von einem stabilen Wachstum in den Konsummärkten ausging. Auch die Starrheit der Arbeitsmärkte, Arbeitsallokation und von Arbeitsverträgen (besonders im sogenannten »Monopol«sektor) stellten ein Problem dar. Und jeder Versuch, diese Starrheiten zu überwinden, war mit der scheinbar unverrückbaren Kraft einer fest etablierten Macht der Arbeitsklasse konfrontiert – darauf sind die Streikwellen und Arbeitsunruhen von 1968 bis 1972 zurückzuführen. Die Starrheiten der staatlichen Verpflichtungen wurden ebenfalls schwerwiegend: zu Zeiten, da Programme, die bestimmte Ansprüche garantierten wie soziale Absicherung, Renten und so weiter, unter Druck gerieten zu wachsen, um die Legitimität aufrechtzuerhalten, beschränkte gleichzeitig die Starrheit der Produktion eine weitere Ausdehnung der fiskalischen Basis der Staatsausgaben. Die staatliche Antwort lag einzig in der Anwendung einer monetaristischen Politik; in der Fähigkeit, Geld in einem Umfang zu drucken, der für die Stabilität der Ökonomie notwendig schien. So begann die inflatorische Welle, die dazu beitrug, den langen Nachkriegsboom untergehen zu lassen.

und Transporttechnologie – überwiegend im Zusammenhang mit dem militärisch-industriellen Komplex – begünstigt. Die geographische Streuung über die Grenzen der Vereinigten Staaten hinaus erlaubte dem Kapital nicht nur die Entdeckung von Produktionsmöglichkeiten in Mexiko, Brasilien und so weiter, sie ermöglichte auch die Kontrolle der Macht der amerikanischen Gewerkschaftsbewegung. Ich denke nicht, daß die Sättigung der Märkte zu jener Zeit wirklich das Problem des Kapitals war. Vielmehr war das Problem die Stärke der organisierten Arbeiterklasse.

Die Form der Globalisierung nach 1970 durch geographische Streuung stellte eine Lösung der Kapitalprobleme dar. Um dies zu erreichen, mußte zuerst eine Reihe von Bedingungen gewährleistet sein. Zum einen mußte eine Deregulierung des weltweiten Finanzsystems erfolgen. Zum anderen mußte die Macht des Staates in der Weise neu organisiert werden, daß er keine Kontrolle über den Kapitalfluß erhielt. Vielleicht könnte an dieser Stelle eine geographische Umsetzung der Vorstellung helfen. Stellen Sie sich eine Weltkarte von 1920 vor und markieren Sie darauf die zu dieser Zeit wichtigsten Industrieregionen. Wenn Sie diese Karte nun mit einer Karte von 1970 vergleichen, dann wird Ihnen auffallen, daß die Regionen ziemlich die gleichen sind. Etwas Zuwachs hier, kleinere Unterschiede dort, aber keine großen Veränderungen. Wenn man allerdings den Zustand von 1970 mit dem gegenwärtigen vergleicht, dann hat es enorme Veränderungen gegeben. Alle großen Industrieregionen sind verschwunden, die Industrie ist verlagert worden und wo sie dennoch geblieben ist, hat sie ihre Kapazitäten reduziert. In Baltimore gibt es zum Beispiel ein großes Stahlwerk, das 1970 noch 20000 Personen beschäftigte. Heute produzieren nur noch 5000 Personen die gleiche Menge an Stahl. Dies ist ein altbekanntes Spiel auf der ganzen Welt. Wir erleben somit die radikale Reorganisation der weltweiten Geographie der industriellen Entwicklung seit zwanzig Jahren, und es brachte eine völlige Reorganisation der Klassenbeziehungen mit sich, die nun geographisch gesehen zunehmend fragmentiert sind. Diese Entwicklungen ermöglichten wiederum die Reorganisation kapitalistischer Macht in den Vereinigten Staaten, so daß sie tun und lassen können, was sie möchten und wie sie es möchten. Damit ist es aber auch sehr schwer, eine Massenbewegung gegen sie auf die Beine zu stellen.

Die finanzielle Dimension war zu dieser Zeit sehr bedeutend. Die Deregulierung des Finanzmarktes erlaubte eine Machtakkumulation innerhalb der Finanzinstitutionen, die in den 60er Jahren undenkbar gewesen wäre. Hierzu gab es zwei Aspekte. Zum einen erlebten wir den Zusammenbruch des alten globalen Systems – in diesem Zusammenhang bestehe ich darauf, daß es auch schon zwischen 1945 und 1973 eine Art von Globalisierung gab, die allerdings durch die Hegemonie der Vereinigten Staaten strukturiert wurde. Der Zusammenbruch dieses Systems erlaubte damals eine stärkere Demokratisierung, in dessen Rahmen sich das Kapital entwickeln konnte. Und so erlebten wir nicht nur die Streuung von Kapital über die USA hinaus, sondern auch das unerwartete Mitmischen vieler asiatischer Länder, die sich sehr wirkungsvoll in diese weit offeneren und fließenden Strukturen einbringen konnten. Eine andere Sache war, daß alle Unternehmen nun viel bewußter mit ihren Finanzen umgehen mußten. In den USA gibt es augenblicklich eine Lesart, die besagt, daß die Probleme der amerikanischen Industrie damit begannen, daß anstelle von Ingenieuren nunmehr Buchhalter als Direktoren eingesetzt wurden. Es gibt dieses berühmte Statement vom Chef von »U.S. Steel« auf die Frage, warum er eine Versicherungsgesellschaft kaufen würde. Er antwortete: »Die Pflicht des Managements besteht darin, Geld und nicht Stahl zu machen.« Ein großer Teil der Profite in großen Unternehmen kommt inzwischen von Währungs- und Finanzspekulationen, kreativer Buchführung, Firmenübernahmen, Fusionen und so weiter. Wir reden somit nicht nur über Banken und Börsen, wir reden auch über die interne Struktur der großen Unternehmen; in gewisser Weise haben sie aufgehört, sich um die Grundlagen der Produktion zu kümmern.

Interessant ist jedoch die Frage, wie hegemonial die Vereinigten Staaten in dieser Hinsicht bis heute waren. Im Falle der USA war es von großer Bedeutung, daß im Zuge der Deregulierung der Finanzmärkte dem Finanzsystem soviel Macht übertragen wurde, daß die US-Regierung nunmehr stärker von den Interessen der Wall Street sowie Finanzinteressen bestimmt wird, als von den Interessen der Bevölkerung. Die US-Regierung agiert als Vertreter der Macht der Unternehmen, aber es gibt keine allzu starken Proteste von Seiten europäischer oder japanischer Unternehmen. Sie unterstützen diese Entwicklung. Die Tatsache, daß die US-Regierung vielleicht am meisten von der Unternehmens- und Finanzmacht gefangen ist, läßt es so aussehen, als ob die Vereinigten Staaten die Regeln festlegen würden. Aber die Vereinigten Staaten können der Europäischen Union oder Japan nicht länger vorschreiben, was sie tun sollen, wie sie es tun sollen und dergleichen, obwohl bedeutende Institutionen wie die Weltbank und der Internationale Währungsfond, welche im wesentlichen immer noch die Interessen der Vereinigten Staaten vertreten, in ihrem Einflußbereich sind. Deshalb ist es auch unsinnig, davon auszugehen, daß alle Entwicklungsimpulse in Richtung Neoliberalismus von den USA ausgingen. Meiner Ansicht nach war

Flexible Akkumulation, wie ich es vorsichtig nennen möchte, ist durch die direkte Konfrontation mit den Starrheiten des Fordismus geprägt. Sie baut auf Flexibilität – in Hinsicht auf den Arbeitsprozeß, Arbeitsmärkte, Produktion und Konsummuster. Weiterhin wird sie durch das Auftauchen völlig neuer Bereiche der Produktion, neuer Wege, Finanzdienstleistungen zu erbringen, neuer Märkte und vor allem stark intensivierter Raten der kommerziellen, technologischen und organisatorischen Innovation charakterisiert. Die flexible Akkumulation führte zu schnellen Verschiebungen in den Mustern der ungleichen Entwicklung, sowohl zwischen Sektoren als auch zwischen geographischen Regionen – dies war zum Beispiel der Anlaß für die enorme Entwicklung in der sogenannten Dienstleistungsbeschäftigung, ähnlich wie für völlig neue industrielle Ensembles in bisher unterentwickelten Regionen (so wie das »Dritte Italien«, Flandern, die verschiedenen Silicon Valleys und Glens, ganz zu schweigen von der beträchtlichen Überfülle von Aktivitäten in den neu industrialisierten Ländern). Dies zog eine neue Runde einer – wie ich es nenne – »Raum-Zeit-Verdichtung« nach sich. (...) Die Umschlagszeit – schon immer einer der Schlüssel der kapitalistischen Profitabilität – konnte durch die Anwendung neuer Produktionstechnologien (Automation, Roboter) und neuer Organisationsformen drastisch reduziert werden (wie das »just-in-time«-Liefersystem, das die Lagerbestände, die für die Aufrechterhaltung der Produktionsflüsse nötig sind, radikal herabsetzte). Aber die beschleunigte Umschlagszeit in der Produkti-

Flexible Akkumulation

on wäre nutzlos, wenn nicht auch die Umschlagszeit der Konsumtion reduziert worden wäre. Die Halbwertszeit eines typischen fordistischen Produktes belief sich zum Beispiel auf fünf bis sieben Jahre, die flexible Akkumulation halbierte diese Zeit in bestimmten Sektoren wie der Textil- und Bekleidungsindustrie, während sich in anderen – wie in bestimmten Informationsindustrien, unter anderem bei denjenigen, die Videospiele und Softwareprogramme für Computer herstellen – die Halbwertszeit auf weniger als 18 Monate beläuft. (...) Wenn man von der Fähigkeit zur mehr oder weniger planbaren Produktion von Vorstellungsbildern als Waren ausgeht, so wird es zugunsten der Akkumulation machbar, zumindest teilweise auf der Basis der Produktion und des Marketings von reinen Vorstellungsbildern voranzuschreiten. Die Kurzlebigkeit solcher Vorstellungsbilder kann aber auch teilweise als ein Kampf unterdrückter Gruppen jedwelcher Art interpretiert werden, ihrer eigenen Identität Geltung zu verschaffen (im Sinne von Straßenkultur, Musikstilen, Launen und Moden nur für sich selbst) und dem Drang, diese Innovationen in kommerzielle Vorteile zu verwandeln. (...)

Flexible Akkumulation (...) scheint mit der einfachen Neukombination der zwei von Marx als grundlegend definierten Strategien, Profit (Mehrwert) zu erzielen, übereinzugehen. Die erste Strategie – die Schaffung von absolutem Mehrwert – basiert auf der Verlängerung des Arbeitstages im Verhältnis zum Lohn, der zur Reproduktion auf einem gegebenen Lebensstandard nötig ist. (...) Bei der zweiten Strategie – die Schaffung von relativem Mehrwert – wird organisatorischer und technologischer Wandel dazu benutzt, zeitweilige Profitvorsprünge für innovative Firmen und verallgemeinerte Profite herauszuholen, da die Kosten für Güter, die den Lebensstandard der Arbeit definieren, reduziert werden (...) Interessanterweise hat die Anwendung neuer Technologien so viele überzählige Arbeitskräfte geschaffen, daß das Wiederaufleben absoluter Strategien der Mehrwertproduktion bestens durchsetzbar scheint – sogar in den entwickelten kapitalistischen Ländern. Was vielleicht etwas unerwartet kommt, ist die Art und Weise, in der die neuen Produktionstechnologien, Koordinations- und Organisationsformen ein Revival häuslicher, familiärer und paternalistischer Arbeitssysteme ermöglicht haben. Das Wiederaufleben von Sweatshops in New York und Los Angeles, von Heimarbeit und »Telependlern«, ebenso wie das geradezu emporsprießende Wachstum an Arbeitspraktiken des informellen Sektors in der gesamten entwickelten kapitalistischen Welt stellt eine ziemlich ernüchternde Vision der vermeintlich progressiven Geschichte des Kapitalismus dar. Die erneute Lektüre von Marx Darstellung im Kapital bewirkt einen gewissen Wiedererkennungseffekt. Man kann dort nachlesen, wie sich das Fabriksystem mit dem häuslichen, handwerklichen und Arbeitsplatzsystem der Manufaktur überschneidet, wie die industrielle Reservearmee als ein Gegengewicht zur Arbeitermacht sowohl in Hinsicht auf Arbeitskontrolle als auch Lohnhöhe benutzt wurde, wie intellektuelle Macht und neue Technologien zum Brechen der organisierten Macht der Arbeiterklasse angewendet wurden, wie Kapitalisten versuchten, den Wettbewerbsgeist unter den Arbeitern zu fördern und gleichzeitig Flexibilität in bezug auf die Anordnungen, den Standort und den Zugang zu Arbeitsaufgaben zu fordern. (...) Obwohl die heutigen Bedingungen in vielerlei Hinsicht sehr unterschiedlich sind, ist es nicht schwer zu entdecken, wie unveränderliche Elemente und Verhältnisse, die Marx als fundamental für jede kapitalistische Produktionsweise definierte, immer noch durchscheinen – und häufig sogar mit noch größerer Helligkeit als zuvor, was die Oberfläche leer und blaß erscheinen läßt – charakteristisch für die flexible Akkumulation.

Aus: *The Condition of Postmodernity.* Cambridge Mass. und Oxford 1990.

Thatcher außerordentlich erfinderisch und hatte unglaublichen Einfluß auf das politische Denken in den USA. Sie war weit konservativer als Reagan, der in manchen Dingen ein wahrer Keynesianer war. Gingrich ist in der amerikanischen Politik die Person, die die Position Thatchers übernommen hat. Als die Republikaner die Kontrolle über den Kongreß erlangten, und Gingrich Sprecher wurde, erlebten wir zum ersten Mal wirklich Thatcherismus in der amerikanischen Politik – und wir leben immer noch im Thatcherismus, weil Clinton in gewisser Weise zum Thatcheristen geworden ist. Dies war eine Bedingung seiner Wiederwahl.

Global gesehen erzeugt dieses etwas grob gezeichnete Bild geographischer Verteilung enorme Probleme für die Organisation von Arbeit, weil man es mit Arbeitern sehr unterschiedlicher kultureller Herkunft, einer enorm differierenden Geschichte und verschiedenen Vorstellungen darüber, was gut und was schlecht im Leben ist, zu tun hat. Die neuen Bedingungen der Flexibilität schaffen allerlei Schwierigkeiten hinsichtlich der Organisation einer globalen Arbeiterklasse. Aber dies bringt mich zum *Kommunistischen Manifest* zurück. Marx sagte, auf die Globalisierung des Kapitalismus gibt es nur eine Antwort, und das ist der Aufruf an die Arbeiter aus allen Ländern, sich zu einer Art globalen Klassenkampfes zu vereinigen. Aber dies ist in der Geschichte noch niemals so vorgefallen, wie Marx es sich vorstellte. Angesichts einer hochflexiblen Kapitalakkumulation, die sehr schnell von einem Ort zum anderen wandern kann, sehen wir uns genau mit dem Problem konfrontiert, wie es zu tun wäre. Dies bedeutet, daß die Arbeiterklasse eine geopolitische Strategie einschlagen muß; es bedeutet, daß der Widerstand gegen den Kapitalismus ein geopolitisches Verständnis entwickeln muß.

Dies bringt mich zurück zu der Frage nach der Beziehung zwischen den Abstraktionen, mit und in denen wir arbeiten, und den Partikularismen jener zahlreichen Kämpfe, die weltweit stattfinden. Ich bin als ein marxistischer Intellektueller ziemlich bekannt; wohl deshalb passieren mir folgende Dinge: ich gehe nach Brasilien, nach Porto Alegre, wo ich niemals zuvor gewesen bin, und jemand sagt zu mir: »Du bist Marxist, sage uns, was wir tun sollen.« Und ich antworte, daß ich keine Vorstellung davon habe, was sie tun sollen. Aber es ist sehr verlockend zu sagen: »Nun, Ihr solltet dies oder jenes tun.« Dem sollte man aber widerstehen, denn die Abstraktionen, mit denen wir arbeiten, müssen angereichert und flexibler gehandhabt werden im Bezug auf die sehr verschiedenen Bedingungen, unter denen Klassenkampf stattfindet. Intellektuell gesehen empfinde ich es augenblicklich als größte Herausforderung, die Theorie, die Marx erarbeitete, nicht zu verlassen, sondern sie in einer Art anzureichern, die sie für diese vielen verschiedenen Situationen anwendbar macht. Unser Problem besteht darin, eine geopolitische Strategie zu finden, die uns eine Diskussion ermöglicht, wie man die verschiedenen Bewegungen zusammenführen könnte. Wenn man zum Beispiel die US-mexikanische Grenze betrachtet, so ist sie eine Trennungslinie, denn mit ganz wenigen Ausnahmen haben die Gewerkschaften der einen Seite keinen Kontakt mit den Gewerkschaften auf der anderen Seite. Eine der Verantwortlichkeiten, die Intellektuelle meiner Klassenposition in der gegenwärtigen Situation haben, ist es, die Verständigung über Grenzen hinweg zu ermöglichen.

Ich glaube nicht grundsätzlich, daß die Begriffe Moderne und Postmoderne sehr hilfreich sind. Aber, wie Marx einmal sagte, schreiben wir die Geschichte nicht unter selbstgestalteten Bedingungen. Weil alle Welt über die Postmoderne sprach, nannte ich eines meiner Bücher *The Condition of Postmodernity.* Ich versuchte herauszufinden, was die Leute so besonders an der Postmoderne fanden. Und als ich zur Moderne des zweiten französischen Empire – zum Beispiel Baudelaire – zurückging, konnte ich wirklich nicht erkennen, was so Besonderes daran war. Zum Schluß war ich überzeugt, daß alle Diskussionen unter dem Label Postmoderne bereits unter dem Label Moderne geführt worden waren. Wenn man postmoderne Literatur liest, findet man gewöhnlich die Beschwörung von Personen oder Zuständen aus der Vergangenheit, wie die Dada-Bewegung, die Surrealisten oder Nietzsche, als ob diese auf die eine oder andere Weise Vorläufer der Postmoderne gewesen seien. Am meisten mochte ich den heiligen Augustin. Wenn er sagte: »Ja, Gott, aber jetzt noch nicht«, war er ein Vertreter der Postmoderne! An diesem Punkt dachte ich, warum wollen die Leute »post-irgendetwas« sein? Wenn man augenblicklich die Vielzahl von »post-s« sieht, postindustriell, post-ideologisch, post-kommunistisch, post-marxistisch, post-strukturalistisch, postmodern, so scheint jeder so damit beschäftigt, »post-« zu sein, daß niemand daran interessiert ist, worin wir »prä-« sein könnten. Deswegen schlug ich mich auf die andere Seite und sagte, natürlich bin ich »post-1970«. Bezogen auf das Alter bin ich sogar »post-60«. Na und? Worin bin ich »prä-«? An diesem Punkt möchte ich gerne ein Prä-Sozialist sein. Ich habe langsam genug von all diesen »post-s« ...

Gilles Deleuze, Félix Guattari - Tausend Plateaus

Tertium datur

Niemand hat besser als Braudel beschrieben, daß die kapitalistische Axiomatik ein Zentrum braucht, und daß sich dieses Zentrum im Norden im Verlaufe eines langen geschichtlichen Prozesses herausgebildet hat: »Es kann nur dann eine Weltwirtschaft geben, wenn die Maschen des Netzes eng genug sind und der Austausch so regelmäßig und umfangreich geworden ist, daß er eine zentrale Zone entstehen läßt.«[1]
Viele Autoren gehen davon aus, daß in diesem Zusammenhang die Achse Nord-Süd, Zentrum-Peripherie, heute viel wichtiger als die Ost-West-Achse ist und sie sogar grundsätzlich bestimmt. Das bringt eine gängige These zum Ausdruck, die von Giscard d'Estaing aufgegriffen und weiterentwickelt wurde: Je mehr die Dinge im Zentrum zwischen Ost und West ins Gleichgewicht kommen, vor allem ins Gleichgewicht der Überbewaffnung, um so mehr kommen sie ins Ungleichgewicht zwischen Nord und Süd und destabilisieren das zentrale Gleichgewicht.
Es ist klar, daß in diesen Formulierungen der Süden ein abstrakter Ausdruck ist, der die Dritte Welt oder die Peripherie bezeichnet und natürlich auch darauf hinweist, daß es »Süden« und Dritte Welten innerhalb des Zentrums gibt. Es ist auch klar, daß diese Destabilisierung nicht zufällig geschieht, sondern eine (theorematische) Konsequenz von Axiomen des Kapitalismus ist, und zwar hauptsächlich des sogenannten Axioms vom ungleichen Tausch, das für sein Funktionieren unentbehrlich ist. Auch ist diese Formel die moderne Version der viel älteren Formel, die unter anderen Voraussetzungen bereits für die archaischen Reiche galt. Je mehr das archaische Reich die Strömungen übercodierte, um so mehr decodierte Strömungen rief es hervor, die sich gegen es selber wandten und es zwangen, sich zu verändern. Heute gilt, je mehr die decodierten Strömungen in eine zentrale Axiomatik eingehen, um so mehr tendieren sie dahin, sich an die Peripherie zu flüchten und Probleme zu schaffen, die die Axiomatik nicht lösen oder kontrollieren kann (auch nicht mit den speziellen Axiomen, die sie für diese Peripherie hinzufügt).
Die vier Hauptströmungen, die den Repräsentanten der Weltwirtschaft oder der Axiomatik Sorgen machen, sind: der Energie-Materie-Fluß, der Bevölkerungsstrom,

der Lebensmittelfluß und die urbane Strömung. Die Situation scheint deshalb unentwirrbar zu sein, weil die Axiomatik unaufhörlich die Gesamtheit dieser Probleme schafft, während ihre Axiome, selbst wenn sie vervielfacht werden, ihr die Mittel zu ihrer Lösung gleichzeitig entziehen (zum Beispiel die Zirkulation und die Distribution, die die Ernährung der Welt ermöglichen würden). Selbst eine an die Dritte Welt angepaßte Sozialdemokratie wird sich sicher nicht vornehmen, eine ganze verelendete Bevölkerung in einen Binnenmarkt zu integrieren, sondern vielmehr die Klassenspaltung vorantreiben, die die integrierbaren Elemente auswählt. Und die Zentralstaaten haben nicht nur mit der Dritten Welt zu tun, sie haben nicht nur jeweils außen eine Dritte Welt, sondern es gibt innere Dritte Welten, die in ihnen wachsen und sie von innen her bearbeiten. Man könnte in mancher Hinsicht sogar sagen, daß Peripherie und Zentrum ihre Bestimmungen austauschen: eine Deterritorialisierung des Zentrums, eine Decodierung des Zentrums in bezug auf die territorialen und nationalen Einheiten bewirkt, daß die peripheren Gebilde zu echten Investitionszentren werden, während die zentralen peripher werden.

Die Thesen von Samir Amin werden dadurch zugleich unterstützt und relativiert. Je mehr die weltweite Axiomatik an der Peripherie eine hochentwickelte Industrie und stark industrialisierte Agrikultur aufbaut und dabei vorläufig dem Zentrum die sogenannten postindustriellen Aktivitäten vorbehält (Automation, Elektronik, Informatik, Eroberung des Weltraums, Überbewaffnung...), um so mehr richtet sie auch im Zentrum periphere Zonen der Unterentwicklung, innere Dritte Welten und einen inneren Süden ein. »Massen« der Bevölkerung müssen ungesicherte Arbeit hinnehmen (Untervertrags-Arbeit, Teilzeitarbeit oder Schwarzarbeit) und ihr offizielles Existenzminimum wird nur durch staatliche Beihilfen und gelegentliche Einkünfte gesichert. Denker wie Toni Negri haben, von dem exemplarischen Fall Italien ausgehend, eine Theorie über diesen inneren Randbereich erstellt, der mehr und mehr dahin tendiert, die Studenten mit den »emarginati«, mit den Marginalisierten, gleichzusetzen.[2]

Diese Phänomene bestätigen den Unterschied zwischen der neuen maschinellen Unterjochung und der klassischen Unterwerfung. Denn die Unterwerfung war an der Arbeit orientiert und verwies auf eine bipolare Organisation, Eigentum-Arbeit,

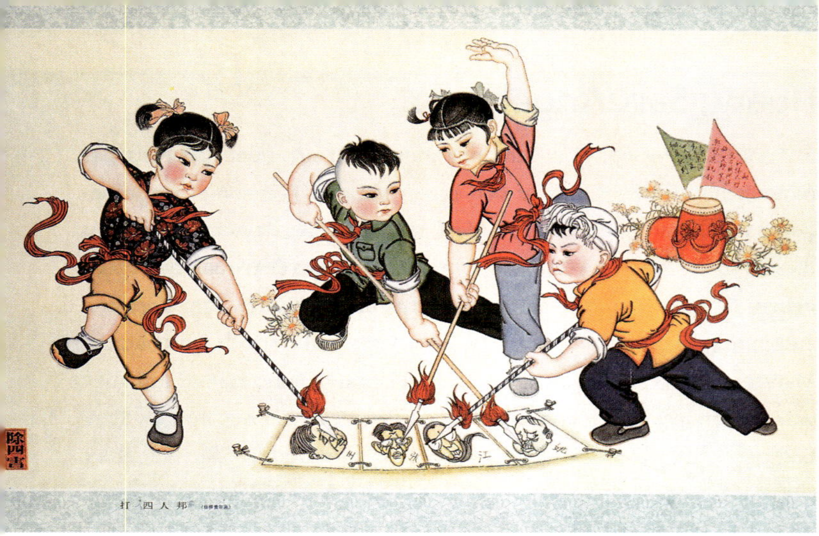

Wang Baoguang, 1978. Nach Maos Tod versuchte seine Witwe mit drei anderen ehemaligen Würdenträgern die Macht an sich zu reißen. Auf diesem Neujahrsplakat spielen Kinder mit Karikaturen der »Viererbande«.

um die Revolte zu schüren. Aber bei alledem schlich sich – sobald die Begeisterung darüber, die Revolte voranzutreiben, erst einmal ein bißchen abgeflaut war – eine Frage in unsere Köpfe ein: diese Art der Revolte schien doch nahezulegen, daß die ganze Revolution von oben verkehrt war. Wenn aber tatsächlich alle Revolution von oben verkehrt war, bedeutete das wiederum nicht, daß das Land und überhaupt die ganze Partei total verkehrt waren? Das war nun aber ganz und gar nicht mehr in Einklang zu bringen mit dem, wovon wir ursprünglich doch ausgegangen waren. Andererseits, wenn die Revolution von oben nicht ganz verkehrt war, wie konnte es dann möglich sein, daß im Einzelfall das Gros des Volkes stets ohne weiteres das Gegenteil bekundete? Das bewies doch hinlänglich die grundverkehrte Natur der Revolution.

Als wir nach Peking zurückkamen, spitzte dieser Widerspruch sich zu. Einige altgediente Kader, die uns gut bekannt waren, waren nun ihrerseits in Verdacht geraten, zur »mächtigen Clique der Kapitalistenfreunde« zu gehören. Wir hingegen hatten niemals den Eindruck gehabt, sie seien Gegner der Partei oder des Sozialismus, nie und nimmer hätten wir in ihnen Verschwörer vom Schlage Bucharin gesehen. Und überhaupt waren sie aus Milieus hervorgegangen, denen das Leiden nur allzu vertraut war, und hatten sich bereits in sehr jungen Jahren für die Revolution stark gemacht. Dies alles war für einen Heranwachsenden von 16 Jahren durchaus nicht leicht zu begreifen. Dieser Widerspruch führte dann auch zu Spaltungen innerhalb der Organisation der Roten Garden. In meiner Schule beispielsweise zogen sich von den etwa 400 Roten Garden, die wir ursprünglich waren, mehr als 100 zurück, um sich anderen Organisationen anzuschließen; die verbleibenden spalteten sich in fünf oder sechs Fraktionen auf.

Aus: *La Cinquième Modernisation, et autres écrits du printemps de Pékin.* Paris 1997.

det sich die Hauptstadt in heller Aufregung, seit jenem 15. November nämlich, als bekannt wurde, daß die Verurteilung der Ereignisse auf dem Platz des Himmlischen Friedens aufgehoben worden waren und daß das Komitee der kommunistischen Partei Peking-Stadt die Aufstände vom 5. April nunmehr als »durch und durch revolutionär« einstufte.

Alle Welt ist auf den Beinen, besonders viel Betrieb herrscht auf dem Xidan-Platz vor dem grauen Backsteingebäude, hinter dem sich ein Bus-Depot verbirgt und das bald nur noch unter dem Namen »Mauer der Demokratie« in aller Munde sein wird. Genau dort war am 19. November der erste Text angeschlagen worden, der sich namentlich mit Mao befaßte. Ihm würden viele andere folgen, hier und anderswo. Sie alle verteufeln unisono den Mann, den man jetzt offen mit der Viererbande in Verbindung bringt – gerne wird in diesem Zusammenhang von der »Fünferbande« gesprochen –, und auch die ihm Nahestehenden, die immer noch am Ruder sind, werden nun nicht mehr verschont, so zum Beispiel die »Kleine Viererbande«: Wang Dongxing, der »Gorilla«; Wu De, der Bürgermeister von Peking, der im April 1976 mit drastischen Maßnahmen hart durchgegriffen hatte; sowie Ji Dengkui und Chen Xilian. Endlich werden Stimmen laut, die parallel zur Anklage der Täter die Rehabilitierung ihrer Opfer fordern, unter diesen Liu Shaoqi oder Peng Dehuai. Die anti-maoistische Welle erreicht am 24. ihren Höhepunkt. Allein an diesem Tage wird eine wahre Flut von »dazibaos«, mehr als 70 Seiten, an einem Zaun angebracht, der sich gegenüber dem Mausoleum befindet, welches mitten auf dem Platz des Himmlischen Friedens thront und die sterblichen Überreste des Großen Steuermanns beherbergt. In diesen »dazibaos« geht eine gewisse Gesellschaft des Lichts von Cuizou hart mit dem Kult ins Gericht, der mit Mao betrieben wird, und wertet seine Taten so: 30 % Irrtümer, 70 % Erfolg.

Aus: Wei Jingsheng: *La Cinquième Modernisation, et autres écrits du printemps de Pékin.* Vorwort. Paris 1997.

[1] In China ist es gang und gäbe, seinen Gefühlen durch Inschriften Luft zu machen, die per Hand kalligraphiert und auf bevölkerten Plätzen an Mauern angebracht werden – dies sind die berühmten »dazibao« (wörtlich: großbuchstabige Zeitungen, will sagen: Wandzeitungen). Diese Tradition reicht weit zurück in die chinesische Geschichte. Im kommunistischen China werden diese Wandzeitungen gemeinhin zur Propaganda der Mächtigen genutzt, sie unterstützen besonders bestimmte politische Kampagnen, können jedoch genauso ein Ausdrucksmittel für die Massen sein. Punkt 4 der »Grundsätze des Zentralkomitees der Kommunistischen Partei Chinas über die Große Proletarische Revolution« verlangt den »vollen Einsatz« dieser Methode (siehe 8. August 1966), offizielle Praxis wurde sie durch die Konstitution von 1975 (Artikel 13), bestätigt durch die vom Februar 1978 (Artikel 45).

Das Programm, das den Titel »Vier Modernisierungen« trug, war von Zhou Enlai im Jahre 1975 vorgeschlagen und 1978 in Kraft gesetzt worden. Seine Prinzipien und Auswirkungen bestanden darin: Rehabilitierung des Profit-Begriffs; weitgehende Autonomie für die Unternehmensleitungen in der Betriebsführung; die Möglichkeit für die Landwirtschaft, zur Familien-Bewirtschaftung zurückzukehren; Öffnung Chinas für ausländische Technik und ausländisches Kapital.

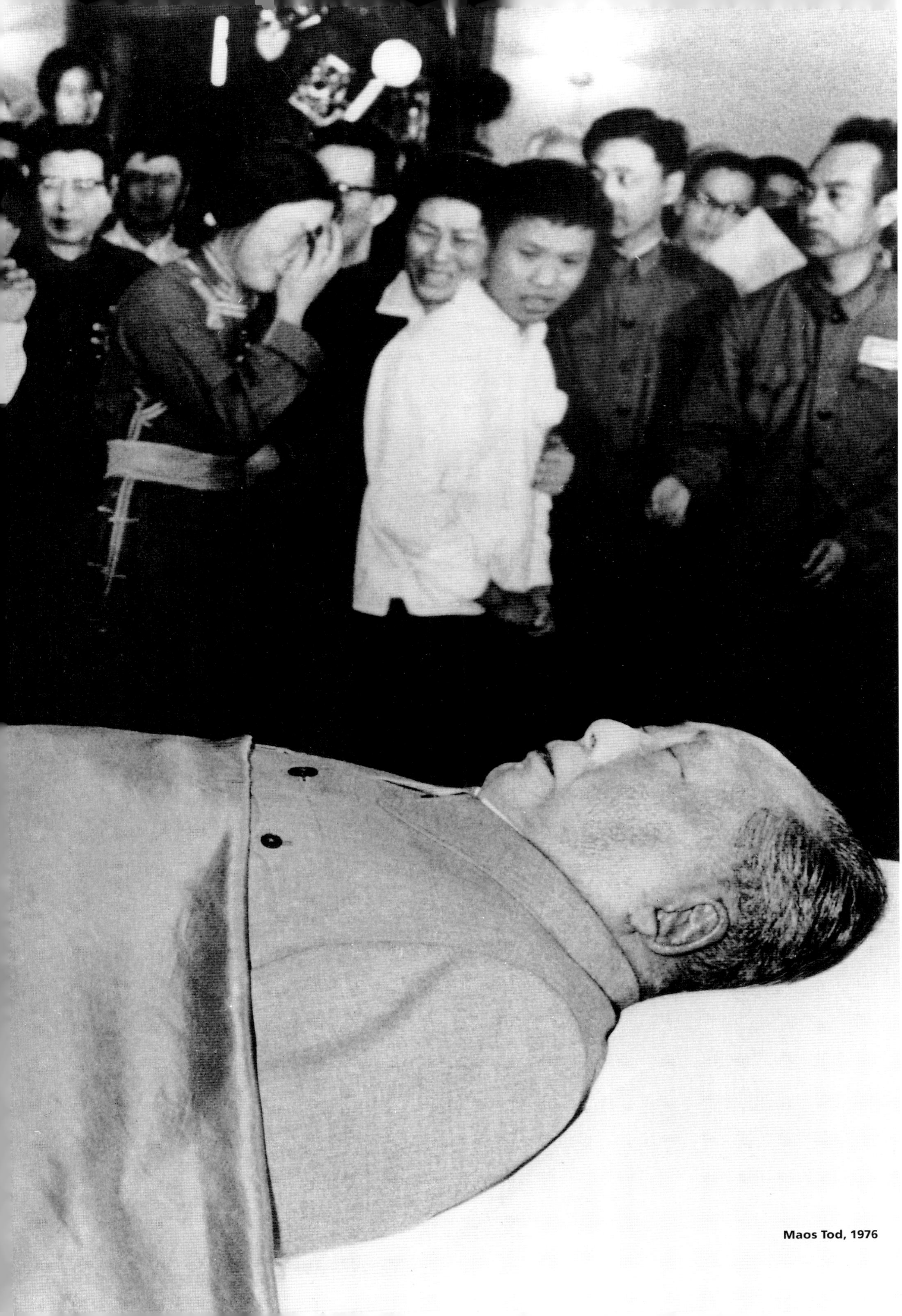

Maos Tod, 1976

Gabor T. Rittersporn

Seit der Vollversammlung des Zentralkomitees im Februar 1978 war die Säuberungskampagne von einer Serie von Rehabilitierungen begleitet; sie betrafen, häufig übrigens posthum ausgesprochen, Kader, die seinerzeit von den »Vier« und ihren Anhängern entmachtet und bestraft worden waren. Allerorten traf man auf Leute, die reingewaschen wurden und nun das Lager der »Gemäßigten« stärkten. Einige von ihnen rückten gar in höchste Positionen auf. Das schien das Natürlichste von der Welt; allerdings auch gefährlich: in den Augen vieler Funktionäre gab es nichts Gefährlicheres als diese Rehabilitierungen. Und das kann man durchaus auch verstehen. Denn eine Deklaration wie jene, die im »Volksblatt« in der Phase der Wiedereinsetzungen und Säuberungen erschien (20.11.1978), war nicht eben dazu angetan, den Argwohn der Kritiker zu beruhigen: »Gewisse Personen hegen die Befürchtung, die Aufhebung ungerechtfertigter Strafmaßnahmen bedeute, daß die große Kulturrevolution in Frage gestellt wird. Diese Leute haben Angst, daß der Himmel einstürzt. Was sie aber in Wahrheit beunruhigt, ist, daß sie selbst in Frage gestellt werden könnten... Sie sind es nämlich gewesen, die das eine oder andere Fehlurteil vollstreckt oder zu seiner Vollstreckung beigetragen haben.«

Diese Affäre um die Rehabilitierung der Teilnehmer an den Aufständen vom April 1976 diente als Vorwand für eine besonders subtile Operation, durch die die »neuen Radikalen« isoliert werden sollten. Die Kontroverse um die »Aufhebung von Fehlurteilen« muß genau in diesem Zusammenhang gesehen werden.

Aus: »Chine: L'heure du compromis«. In: *Libre*, Nr. 5, 1979.

Wei Jingsheng

Auf dem Weg zur Modernisierung: die Einführung der Demokratie

Wenn das chinesische Volk die Modernisierung will, muß es zuvor die Demokratie einführen, muß es zuvor das chinesische Gesellschaftssystem modernisieren. Die Demokratie ist nicht, wie Lenin schrieb, die schlichte Folge einer bestimmten Gesellschaftsentwicklung. Sie ist mehr als einfach nur die schlichte Nebenwirkung einer bestimmten Entwicklungsstufe von Produktivkräften und Produktionsverhältnissen: sie ist umgekehrt auch deren Bedingung, und das Überleben eben jener Produktivkräfte und Produktionsverhältnisse hängt just in dieser gehobenen Entwicklungsphase davon ab, ob die Demokratie verankert ist oder nicht. Ohne Demokratie wird die Gesellschaft in Stagnation verfallen und das Wirtschaftswachstum wird auf unüberwindliche Hindernisse stoßen. Das ist es, was die Geschichte uns lehrt. Es ist immer so gewesen, daß ein demokratisches Gesellschaftssystem vor jeder Entwicklung, als deren Bedingung, da sein muß – ebenso vor jeder Modernisierung. Wenn diese Vorbedingung nicht erfüllt, diese notwendige Prämisse nicht gegeben ist, wird jeder noch so geringe Fortschritt unmöglich. Und nicht nur das; sondern dann ist es darüberhinaus auch schwierig, allein den Standard zu halten, der auf der gegebenen Entwicklungsstufe bereits erreicht ist: den besten Beweis für diese Tatsache finden wir in der Situation, in welche unser wunderbares Land durch die letzten dreißig Jahren geraten ist.

Aus: *La Cinquième Modernisation, et autres écrits du printemps de Pékin.* Paris 1997.

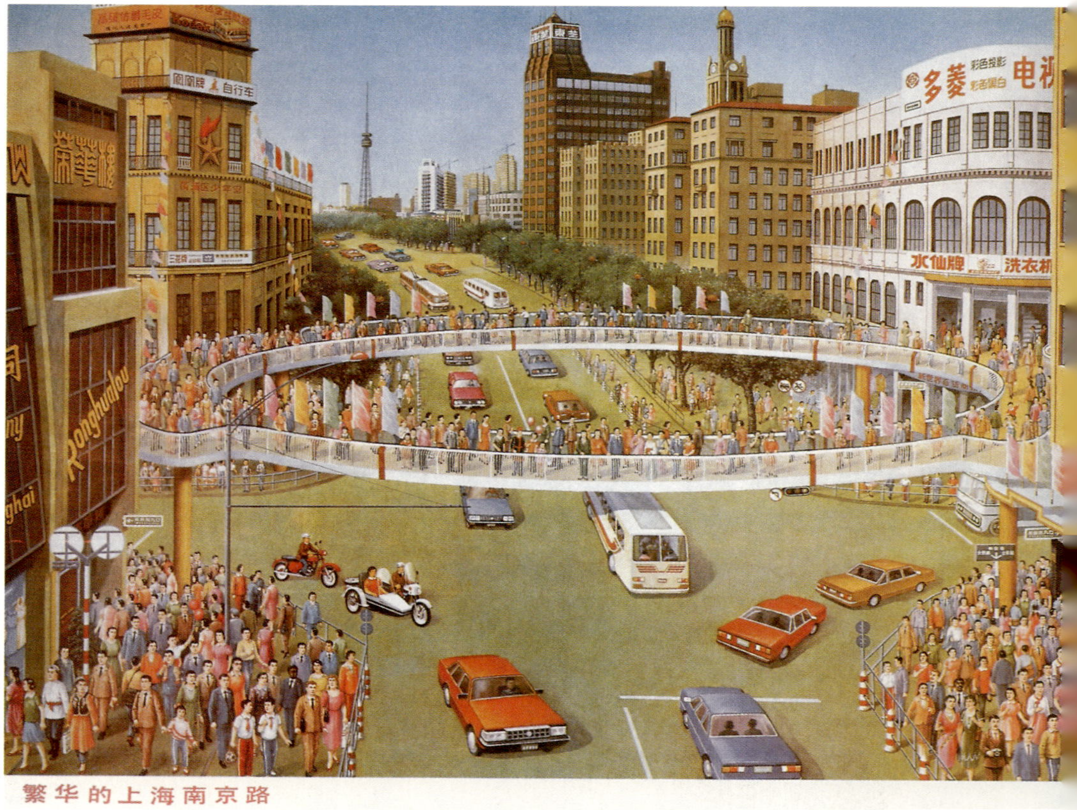

Zhang Yuquing, 1989. Die große Einkaufsstraße von Shanghai. Die neue Wirtschaftspolitik verspricht Wohlstand.

多干实事，
少说空话。

邓小平

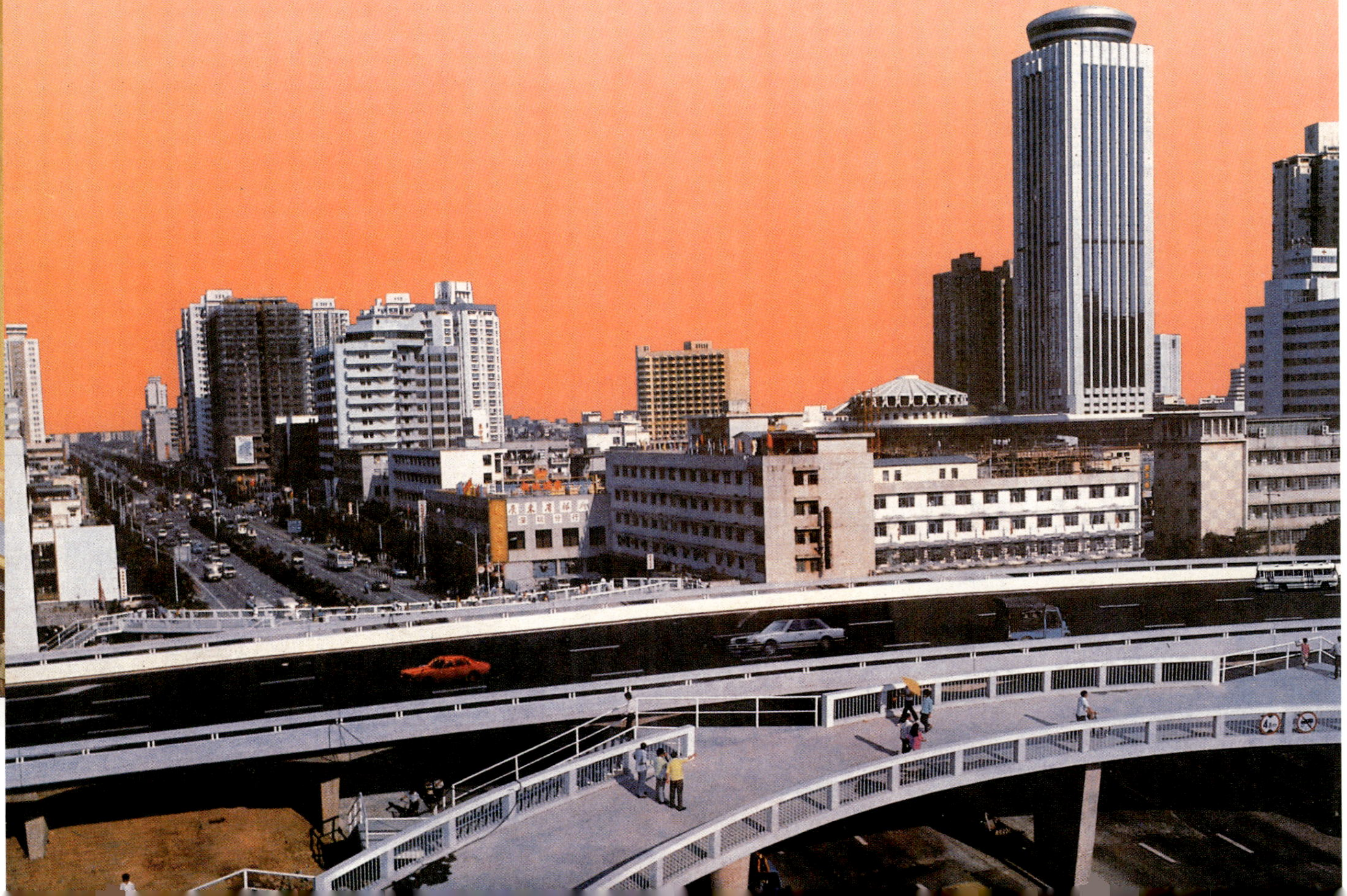

1992. Die moderne Stadt. Deng Xiaoping: »Wir müssen mehr tun und weniger leere Worte sprechen«.

Die Winterjahre

Gérard Chaliand

Die von Z. Brzezinski initiierte Strategie der Menschenrechte – ein Wert, den es im Grunde zu verteidigen gilt, was sich die liberale und linke Tradition seit zwei Jahrhunderten auch nicht vorenthalten hat – birgt in sich die Aufgabe einer ideologischen Gegenoffensive, indem sie die Sowjets in die Haltung der Angeklagten drängt und den Vereinigten Staaten das zwischen Kaltem Krieg und dem Ende des Vietnamkriegs verlorene Prestige zurückgibt. Diese Strategie ist jedoch nur die offizielle Seite einer Politik im Rahmen eines Systems: das von den Vereinigten Staaten beherrschte System des Weltkapitalismus hält mit der Komplizenschaft der Führungsschichten aus den meisten betroffenen Ländern die Dritte Welt in seiner Abhängigkeit. Bedauerlicherweise beschränkt man sich darauf, die Verletzung der Menschenrechte anzuprangern – diese Kritik kann ein liberaler Staat äußern, während die Unterdrückung von Minderheiten, die als solche von den Staaten niemals verurteilt wurde, eines der Schlachtrosse von linken Bewegungen (oder liberalen Bewegungen in der angelsächsischen Tradition) sein sollte – vorausgesetzt, daß es nichts ausspart.
Nicht das Recht der Völker wurde zum »wichtigsten Hinrichtungsinstrument der Menschenrechte«; meist wurde der Nationalismus von Mehrheiten zum Unterdrücker von Minderheiten. Mehreren zehn-, ja sogar hundertmillionen Menschen werden vor allem in der Dritten Welt die Rechte auf eine Identität und auf eine Kultur aberkannt. Diese Rechte stellen ein unantastbares Minimum dar, für das es sich zu kämpfen lohnt. Denn paradoxerweise hat der Mensch in der Gruppe weniger Rechte als das Individuum, außer diese Gruppe verfügt über ein Staatsgefüge. Die internationalen Institutionen sagen keinen Ton zu all dem, was sich hinter dem Begriff der Inneren Angelegenheiten von Staaten verbirgt.

Aus: *Les Faubourgs de l'histoire – Tiers-mondisme et tiers-monde.* Paris 1984.

Félix Guattari

Ich gehöre zu jenen, die die 60er Jahre wie einen Frühling erlebten, der unendlich zu sein versprach; auch h
Rande eines Schwarzen Lochs der Geschichte angelangt. (...). Sie werden sehen, daß man es noch besser mac
Archaismus sehen, täuschen Sie sich schwer! Le Pen ist viel mehr als eine Heimsuchung des »poujadisme« (
Frankreich. Anm. d. Red.). Er ist eine kollektive Leidenschaft, die sich gruppieren will, eine Maschinerie des ge
faschismus zu sprechen. Man hat tatsächlich sofort die Bilder der Volksfront im Kopf, wenn man vergißt, da
durch eine bestialische Ablehnung, Fragen zum Ausländerproblem zu beantworten, durch die systematis
beziehen, da er sich seinen Weg in die Zukunft sucht. Le Pen ist nur ein Dummy, ein Versuchsballon für anc

Predrag Matvejević

Die Position und die Rolle der Intellektuellen und der Dissidenten im anderen Europa haben sich grundlegend verändert: die Kritik an der Gesellschaft und den Machthabern wird zur Zeit öffentlich in der Presse und im Parlament geübt. Die Literatur ist für sie im Moment nicht von größter Wichtigkeit. Um so besser für die Literatur! Es gibt keine staatliche oder ideologische Zensur mehr, oder da, wo es sie noch gibt, nützt sie einem anderen Staat und einer anderen Ideologie. Das gilt auch für die Selbstzensur: sie reduziert sich auf das moralische Bewußtsein. (...)
Der Schriftsteller, der weiterhin auf die althergebrachte Art und Weise den Dissidenten spielt, und zwar um jeden Preis, sogar um den Preis seines Werkes, wird Probleme haben, als Schriftsteller anerkannt zu werden. Es gibt nur wenige, die es geschafft haben, mit ihrem oder durch ihr Dissidententum Literatur zu machen. Der Schriftsteller, dem es mehr um seine Stellungnahme als um sein Werk geht, kann in der Literatur nur den Platz einnehmen, den er auch als Schriftsteller verdient. (...)

Die frühere Rolle des Schriftstellers, nämlich die, das Volk wachzurütteln und aufzuklären, gehört der Vergangenheit an. Das muß gesagt werden, und man muß es akzeptieren. In einem totalitären Regime konnte der Intellektuelle die Geisel der Wahrheit sein (ich verwendete vor kurzem diesen Ausdruck, als es um Sacharow ging). Wir hatten die Möglichkeit, »die Gedemütigten und die Beleidigten« zu verteidigen, uns auf die Seite der Minderheiten und Unterlegenen zu stellen, eine Gegenposition zur Macht und zu den Hierarchien einzunehmen. In unserer heutigen Zeit ist so eine Funktion selten geworden, ja es gibt sie eigentlich gar nicht mehr. Nur die Rolle eines Totengräbers innezuhaben, schreckt auf die Dauer ab. Und man braucht nicht zu hoffen, daß der Schriftsteller innerhalb der (neuen) Beziehungen zwischen Politik und Literatur eine besonders wichtige Stelle einnehmen wird. Um so besser für ihn: genau darin sehe ich seine Chancen. (...)

Es bleibt zu hoffen, daß die Unerschrockensten unter uns die Mittelmäßigkeit und Eitelkeit der neuen Regierenden, den Hochmut und Wahnsinn der nationalistischen Strömungen, die Rückwärtsbewegung der Kirche, den primitiven Populismus und das falsche Missionarstum, die schlechten Reden und Kundgebungen der Politiker, die wir uns anhören müssen, die Inflation der Zeichen und Symbole mit Ironie betrachten. Da, wo die nationalen (national-staatlichen) und religiösen (ideologischen) Exaltationen überhand nehmen und uns zu unterwerfen versuchen, können wir davon ausgehen, daß die neuen Dissidenten antinationalistisch und weltlich sein werden.

Aus: »L'intelligentsia dans l'Autre Europe«. In: *Lignes*, Nr. 20 »Yougoslavie – Penser la crise«. Paris 1993.

Robert Bréchon

Der *Epistolaire de l'Autre Europe* (Brief aus dem anderen Europa) ist die Bibel der Dissidenten. Der Dissident ist nicht mit einem Gegner gleichzusetzen. Er ist der Sprecher der Partei, die an der Macht ist. Gegen die nationalistische Ideologie und Leidenschaft, gegen die Staatsvernunft macht er die Menschenrechte geltend, die universell und immer gültig sind. Er ist die ewige Antigone gegenüber dem fortwährenden Kreon. Er ist der Hüter der Wahrheit vor den Wachhunden der Klasse oder der Gruppe, die an der Macht ist. Das perfekte Modell des Dissidenten ist Karlo Steiner[1]. Das Buch beginnt mit der Lobrede seiner Autobiographie *Siebentausend Tage in Sibirien* und endet mit seiner auf dem Friedhof von Zagreb gehaltenen Grabrede. Er ist der »Held unserer Tage«. Er zeigt die Verbrechen auf, die im Namen einer Ideologie begangen wurden, die seine war, ohne dabei den Werten, die seiner Revolution zugrundelagen, untreu zu werden. Matvejević hingegen mißtraut all jenen, die nur das Lager gewechselt und eine Lüge gegen eine andere ausgetauscht haben: wie Djilas, früherer fanatischer stalinistischer Chef, der für den Westen das Aushängeschild für einen Dissidenten war, ohne sich je, wie Steiner, durch die Ernsthaftigkeit seiner Aussage »vor sich selbst und vor den anderen gerechtfertigt zu haben«.

1 Karlo Steiner (1902–1992), österreichischer Jude, in seiner Jugend militanter Kommunist, flüchtete nach Zagreb, bevor er sich in Moskau niederließ. Als es 1936 in der Partei zu großen Säuberungsaktionen kam, wurde er festgenommen und verbrachte zwanzig Jahre im Gulag. Er überlebte und enthüllte, noch vor Solschenizyn, den Umfang und den Schrecken des sowjetischen Systems der Konzentrationslager. Er übte politischen Einfluß auf die zwei bedeutendsten Dissidentenschriftsteller Jugoslawiens aus, Danilo Kiš und Predrag Matvejević.

Aus: Nachwort zu Predrag Matvejević: *Le Monde Ex*. Paris 1996.

Mühe, mich an den langen Winter der 80er Jahre zu gewöhnen! Heute ist man am
n als Le Pen. … Denn Vorsicht! Wenn Sie in Le Pen nur einen einfachen, wieder auferstandenen, miesen
erliche Antihaltung gegenüber den Folgen des wirtschaftlichen Fortschritts Ende der 50er Jahre in
n Hasses, die auch diejenigen fasziniert, denen sie Brechreiz verursacht. Es kann ablenken, nur von Neo-
sich auch durch einen Linkskonservatismus speiste und durch viele gewerkschaftliche Organisationen,
assierung eines Teils der Jugend usw. Es genügt nicht, diesen Faschismus nur auf die Vergangenheit zu
nen des Faschismus, die möglicherweise noch fürchterlicher sind.

Philippe Lacoue-Labarthe

Syberberg: Über Deutschland nach Hitler[1]

Eine alte Geschichte im Grunde: zum Ende der 30er Jahre hin haben Benjamin und Brecht, und zwar sie allein, wie es scheint, die grundsätzliche Intuition, daß der Nazismus vor allem auf einer »Ästhetisierung der Politik«, wie sie es nennen, beruht.[2] Wogegen sie, aus der Not der Kampfsituation heraus, ihrerseits nur die Umkehrung des Schlagwortes zu setzen vermögen: Die Kunst politisieren! Schlagwort beiseite: es war im übrigen wohl auch nicht sehr gelungen. Doch bleibt die Intuition: die alte Geschichte (die unsrige): davon ist praktisch nichts geblieben. Vernachlässigt, verdeckt von zahllosen mühevollen Analysen aller Art und Schreibweise blieb sie; also niemals ernst genommen (wohl zu »ästhetisch«, könnte man meinen), hat sie so gut wie keinen Anklang gefunden, bevor sich Syberberg – und zwar er allein, wie es scheint – ihrer erneut annimmt, sie vertieft und seiner künstlerischen Arbeit voran- und in ihr Zentrum stellt. Zu Lasten des alten Schlagwortes, versteht sich, und zugunsten eines gänzlich anderen, ungewöhnlicheren, strenger gefaßten und unendlich »subversiveren« Programms: Politik durch Kunst statt politische Kunst.[3]
Worum geht es genau?
Syberbergs Kino kennt nur ein Thema: Deutschland. Und es wird nur von einer Frage bewegt: Wie war das möglich, der Nazismus? Im Unterschied zu jenen, die sich auf das Beschreiben, Rekonstruieren, unablässige Wiederholen, auf das bloße Anklagen beschränken, eine Art Sado-Maso- oder Transvestiten-Version geben, die vergessen oder einfach nichts davon wissen wollen usw., stellt Syberberg sich hingegen Fragen. Hartnäckige Fragen. Und versucht zu antworten, will sagen: das Fragen aufs Äußerste zuzuspitzen. Darin besteht wohl gerade seine spezifische Originalität, und dies verzeiht man ihm wohl nur schwer. Die besagte, ja befragte und, enger verstanden, zur Frage gewordene Antwort gilt doppelt.
Sie bleibt zunächst, ganz allgemein betrachtet, implizit. Stützt sich in hohem Maße, und zwar unübersehbar, auf die Thesen von Hannah Arendt. Besagt, daß der Nazismus, so wie jeder »Totalitarismus«, nicht zu verstehen ist, solange man in ihm nicht den unabdingbar wahnwitzigen Versuch erkennt, nicht etwa eine »Gesellschaft im Zerfall/Verfall«, sondern vielmehr ein Volk, eine Nation, eine gesellschaftliche Einheit oder einen politischen »Körper« zu identifizieren, zu verkörpern und zu organisieren, die insgesamt nicht mehr bestehen oder historisch niemals als solche bestanden haben. Dies ist gerade exemplarisch für Deutschland der Fall.
Diese erste Antwort jedoch, die heute in etwa allgemein anerkannt wird, verschränkt Syberberg mit einer zweiten, derjenigen, durch die die Intuition von Brecht und Benjamin nicht nur wiederaufgegriffen, sondern bis zu einem geradezu unerhörten Ausmaß durchschlagender Schlüssigkeit radikalisiert wird: Das dem Nazismus eigene Mittel zur Bewerkstelligung der besagten Identifikation-Inkarnation-Organisation ist nichts anderes als – die Kunst. Kunst verstanden als politisches Instrument und politisches Ziel. Die anfängliche Komplizität der Totalitarismen mit dem Modernismus und dem Futurismus, mit den Avantgarden und der technizistischen Ästhetik ist zuweilen bemerkt worden. Immerhin handelte es sich ja um Revolutionen. Doch darum geht es Syberberg nicht. Ihm geht es um den (mehr oder weniger obskuren) Willen des Nazismus, das deutsche Volk durch Geburt zu sich selbst zu bringen, es als Kunstwerk her-

Rainer Werner Faßbinder

Früher, als ich noch Filme machte, in denen die Vertreter der Minderheiten gut waren und die anderen böse, hat die Gesellschaft meine Filme sehr geschätzt. Als ich aber auf den viel richtigeren Gedanken kam, die Minderheiten so zu zeigen, wie sie durch die Gesellschaft geworden sind mit ihrem ganzen Fehlverhalten, da hat man plötzlich meine Filme nicht mehr gemocht.

Gehören Sie selber zu einer Minderheit?

Zu einigen, ja.

Zu welchen?

Tja, zu der Minderheit, die es sich leisten kann, wegzugehen aus diesem Land. Dann bin ich mit der konkreten Utopie der Anarchie im Kopf ein extremer Verfechter der Demokratie, auch eine Minderheit. Das darf man heute ja schon kaum mehr sagen, das mit der Anarchie, weil wir von unseren Medien gelernt haben, daß Anarchie und Terrorismus Synonyme sind. Es gibt nämlich auf der einen Seite eine Utopie von einer Staatsform ohne Hierarchien, ohne Ängste, ohne Aggressionen und auf der anderen eine konkrete gesellschaftliche Situation, in der Utopien unterdrückt werden. Daß hier Terrorismus entstehen konnte, bedeutet doch, daß die Utopie schon viel zu lange unterdrückt wurde. Da sind eben ein paar Leute ausgeflippt, verständlicherweise. Und das hat eine bestimmte herrschende Klasse, vielleicht sogar unbewußt, letztlich gewollt, um sich konkreter formulieren zu können.

Aus: »Ich habe mich mit meinen Filmfiguren verändert«. Ein Gespräch mit Hella Schlumberger über Arbeit und Liebe, die Ausbeutbarkeit der Gefühle und die Sehnsucht nach einer Utopie, 1977. In: Rainer Werner Faßbinder: *Filme befreien den Kopf. Essays und Arbeitsnotizen.* Frankfurt am Main 1984

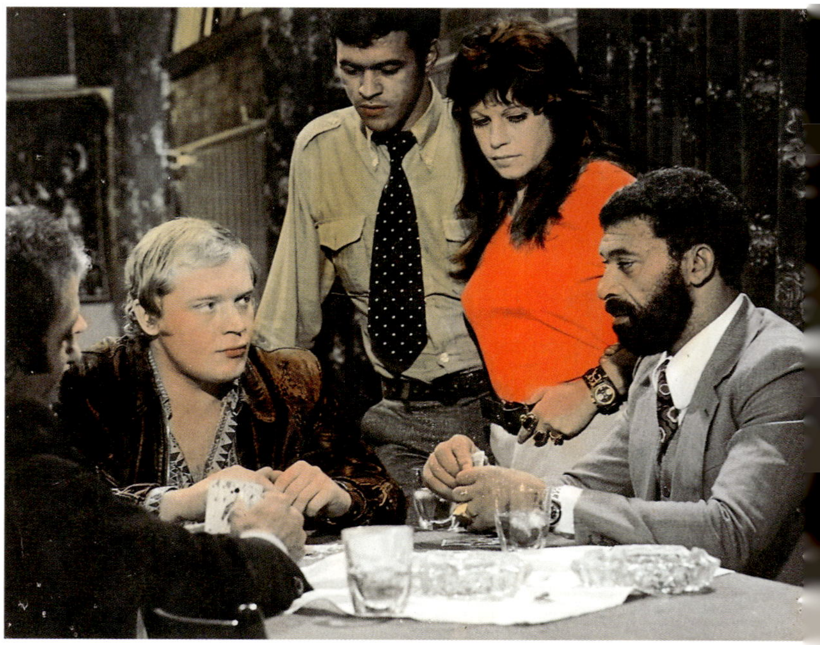

Rainer Werner Faßbinder, Angst essen Seele auf, 1973

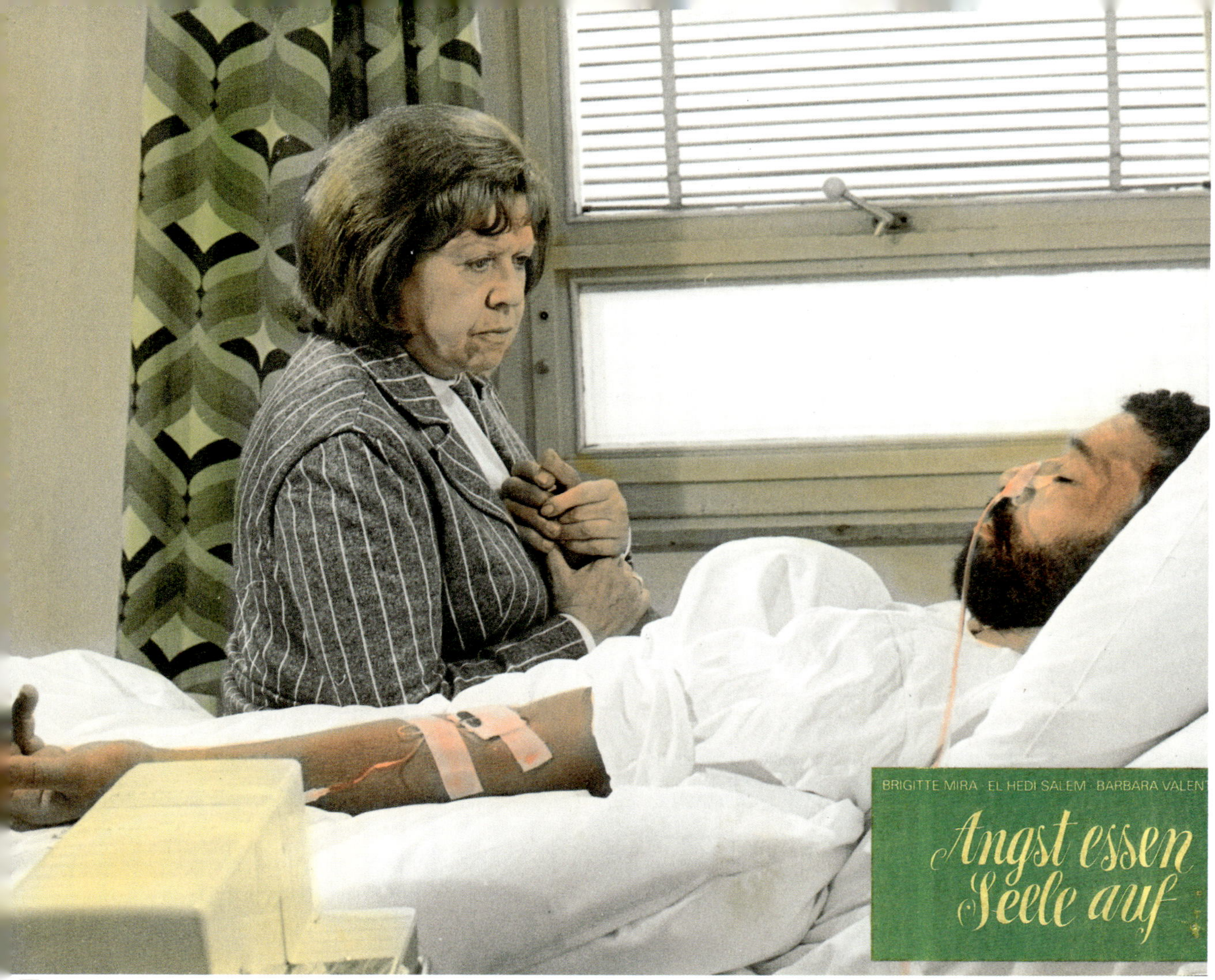

Rainer Werner Faßbinder, Angst essen Seele auf, 1973

im Herbst

und aufzustellen. Als »Gestalt« [deutsch im Original], wie es damals oft hieß. Dadurch gibt Syberberg dem Denken etwas zu denken, was alle »Analysen« des Nazismus bisher noch nicht einmal ansatzweise zur Sprache gebracht haben: daß nämlich das Spezifische des Nazismus nichts anderes als die Wahrheit der Romantik ist, vorausgesetzt man folgt der Annahme, so ganz allgemein die wichtigste Grundrichtung der deutschen Kultur (das heißt auch Politik) seit den letzten Jahrzehnten des 18. Jahrhunderts bezeichnen zu können. Dies bedeutet keineswegs, daß Herder oder Schlegel, Fichte oder Nietzsche den Nazismus potentiell »enthalten«: dieser Patzer (»bourde«) sei der Neo-Philosophie vorbehalten. Es bedeutet vielmehr, daß der Nazismus sich auf seine Weise auf die verzweifelte Suche nach einem »Sein« oder »Wesen« des Deutschen begibt, als verzweifelte (und folglich triumphalistische) Nachahmung dessen, was die Deutschen – wie im übrigen alle Europäer seit der Renaissance und dem Zusammenbruch des Theologisch-Politischen – als »griechisches Vorbild« identifiziert haben: ein Volk zu sein, das sich in seiner Sprache, seinem Denken, seiner Kunst und seinem Glauben (seiner Religion) selbst bildet und sich dadurch Zugang zur eigentlich politischen Wirklichkeit und zur geschichtlichen Größe verschafft. Traum von der »schönen Totalität« des Griechischen, zu dem Platons Staat und Gesetze führten, Traum, den Hegel zeitweise teilte und dem gemäß die soziale Organisation (die Polis) die makellose Statur und potentielle Stabilität eines Opus, eines Werkes besitzt. (Organisation und Œuvre haben die gleiche griechische Wurzel.)

Von der »schönen Totalität« zum Totalitären ist es nur ein Sprung. Doch kommt der Nazismus in dieser Geschichte, und daran hält Syberbergs Diagnose unerbittlich fest, erst am Ende einer Verlaufsordnung vor: gerade zu dem Zeitpunkt, an dem die Kunst (wiederum mit Benjamin gesprochen) ins Zeitalter ihrer »technischen Reproduzierbarkeit« (der Photographie, des Filmwerks vor allem) tritt und sich in ihr auflöst;[4] Zeitpunkt, an dem das Kapital für alle Fälle, vor allem dem Verwendungsfall, und für die zur Masse gemachten Völker die Massen(sub)kultur (Karl May) erfindet; Zeitpunkt, an dem die heroische Geste zur Aufrechterhaltung der »großen Kunst«, ästhetisch und politisch gesehen, nutzlos pathetisch und nichtig, »dekadent« wird (Ludwig II.). Daß Deutschland, von Winckelmann bis Heidegger, es nicht verstanden hat, sich in diesem gigantisch mimetischen »agon« mit dem »griechischen Anfang« zu finden; daß Bayreuth und das »Gesamtkunstwerk« sich, nach Adornos Vermutung, politisch im »Kintopp«, in der Wochenschau und in den inszenierten Massenauftritten erfüllt haben (das »Dritte Reich« als kolossaler wie auch monströser Katastrophenfilm); daß Europa darüber buchstäblich zusammengebrochen ist und daß das niederträchtige Verwalten der Waren und Massen, nach welchem Gesichtspunkt es auch immer verfuhr, alle Chance verwirkt hat, eine sich bildende Welt aufgehen zu sehen, außer als Fernsehen – das gibt uns Syberberg im Grunde zu bedenken. Und er hat nicht ohne Grund das Filmmedium gewählt; er hat versucht, die Massenkunst durch das Filmmittel zu dekonstruieren, will sagen, eine Technik kollektiver Hypnose (und die bedrohlichste der Identifikationsmaschinerien allemal) in ein Instrument politischer Analyse zu verwandeln. Weiter voran läßt sich Brechts Ansatz wohl kaum treiben.

Ergebnis? Absehbar: ein nahezu vollkommenes Unverständnis. Zunächst in Deutschland, wo es sozusagen zur Normalität gehört: denn hier hat der erstbeste, auch zwielichtige, doch sich beflissen anbiedernde Illusionist seit jeher mehr Anerkennung gefunden als der authentische Künstler; und wenigstens seit Hölderlin ist die Liste derer, einschließlich der Größten, erdrückend, die Deutschland zum Schweigen verurteilt, ins Exil oder in die Isolation, in den Wahnsinn getrieben hat, den Selbstmord. Doch zum Teil auch Unverständnis außerhalb Deutschlands: trotz aller Wertschätzung, der Achtung und Anerkennung, die er in Europa genießt, und vom Mißverständnis Coppolas einmal abgesehen (zum Glück gibt es in den Staaten nicht nur Coppola), ist Syberberg Gegenstand eines seltsamen Irrtums: dem Gerücht nach bleibt er von dem befangen, was er zeigt oder zerlegt, ist im Grunde Gefangener der Mythologie, die er zu denunzieren glaubt, und letzten Endes verschwimmt, worin die Verurteilung des Nazismus besteht, falls es sie überhaupt gibt. Kurz: »nicht ganz sauber«, wenn nicht verdächtig. (Gleiches gilt, gegenüber dem Osten und Stalinismus, für Heiner Müller.) Diesem Irrtum ist indes die modische, »postmodernistische« Verehrung nicht gänzlich fremd, die Syberberg gleichzeitig hervorruft und die er seinerseits leicht mißzuverstehen scheint. Im Mißtrauen wie in besinnungsloser Begeisterung begegnet uns dasselbe: eine absolute Blindheit gegenüber der künstlerischen Geste (etwa der Formstrategie und dem Denken) und eine exklusive Betonung der Inhalte. Sie zeigen die SA in BHs – und Sie sind »kritischer Künstler«, selbst wenn Sie wie Visconti oder Bob Fosse filmen. Zeigen Sie hingegen den Diener Hitlers im langen und peinigenden Monolog, vor Diapositiven aus dem Stand gefilmt, dann schert es wenig, was davon auf Brecht zurückgeht oder über Hitlers Filmbesessenheit aufklärt: Sie sind ein Nostalgiker.

Rainer Werner Faßbinder

Was halten Sie denn dann vom »Modell Deutschland«?

Da beißt die Maus keinen Faden ab: Das Modell ist eine geschenkte Demokratie, aber was ist das denn für eine Demokratie, deren Verteidigung über das Stützen von unkritisierbaren Werten geht? Wo man nicht mal mehr sagen kann: Was sind das für Werte, auf denen das hier ruht? Wenn so eine Frage schon verboten ist? Demokratisch wäre doch gerade, daß Demokratie durch ständiges Infragestellen und Kritik am Leben bleibt. Aber es hat sich doch im Laufe der Zeit ergeben, daß die Demokratie bei uns so autoritär geleitet wird, wie es in einem autoritären Staat nicht besser geschehen könnte. Ich würde jedenfalls nicht sagen, daß das »Modell Deutschland« eines für die ganze westliche Welt ist.

Hat es etwas damit zu tun, daß Sie im Nachspann von Die Ehe der Maria Braun *zwar die Bilder der deutschen Bundeskanzler zitieren, aber bezeichnenderweise nicht das von Willy Brandt?*

Ja, ich hab den Eindruck, daß die Zeit von Willy Brandt eine Unterbrechung war, daß Brandt das Selbstinfragestellen eher herausgefordert hat, was der Wehner aber offenbar nicht so wollte, nämlich das Kritisierbarhalten von staatserhaltenden Momenten. Ich hab nur das Gefühl, das (was Brandt getan hat) war etwas, das allen nicht so recht war. Ich verstehe Demokratie eher als etwas, das wie ein Kaleidoskop arbeitet, das heißt nicht die permanente Revolution, aber die permanente Bewegung, die permanente Infragestellung durch jede Generation. Wenn ich jetzt dieses ganze Theater um *Holocaust* sehe, was müssen die so ein Theater machen, haben die das wirklich so verdrängt und vergessen? Das können die doch gar nicht vergessen haben, das müssen sie doch im Kopf gehabt haben, als die ihren Staat aufgebaut haben. Wenn so etwas Entscheidendes vergessen werden konnte oder verdrängt, dann kann doch an dieser Demokratie und an dem »Modell Deutschland« etwas nicht ganz richtig sein.

Aus: »Nur so entstehen bei uns Filme: Indem man sie ohne Rücksicht auf Verluste macht«. Ein Gespräch mit Wolfram Schütte über *Die Dritte Generation*, die filmpolitische Situation und eine Strategie gegen die Resignation, Februar 1979. In: Rainer Werner Faßbinder: *Filme befreien den Kopf. Essays und Arbeitsnotizen*. Frankfurt am Main 1984

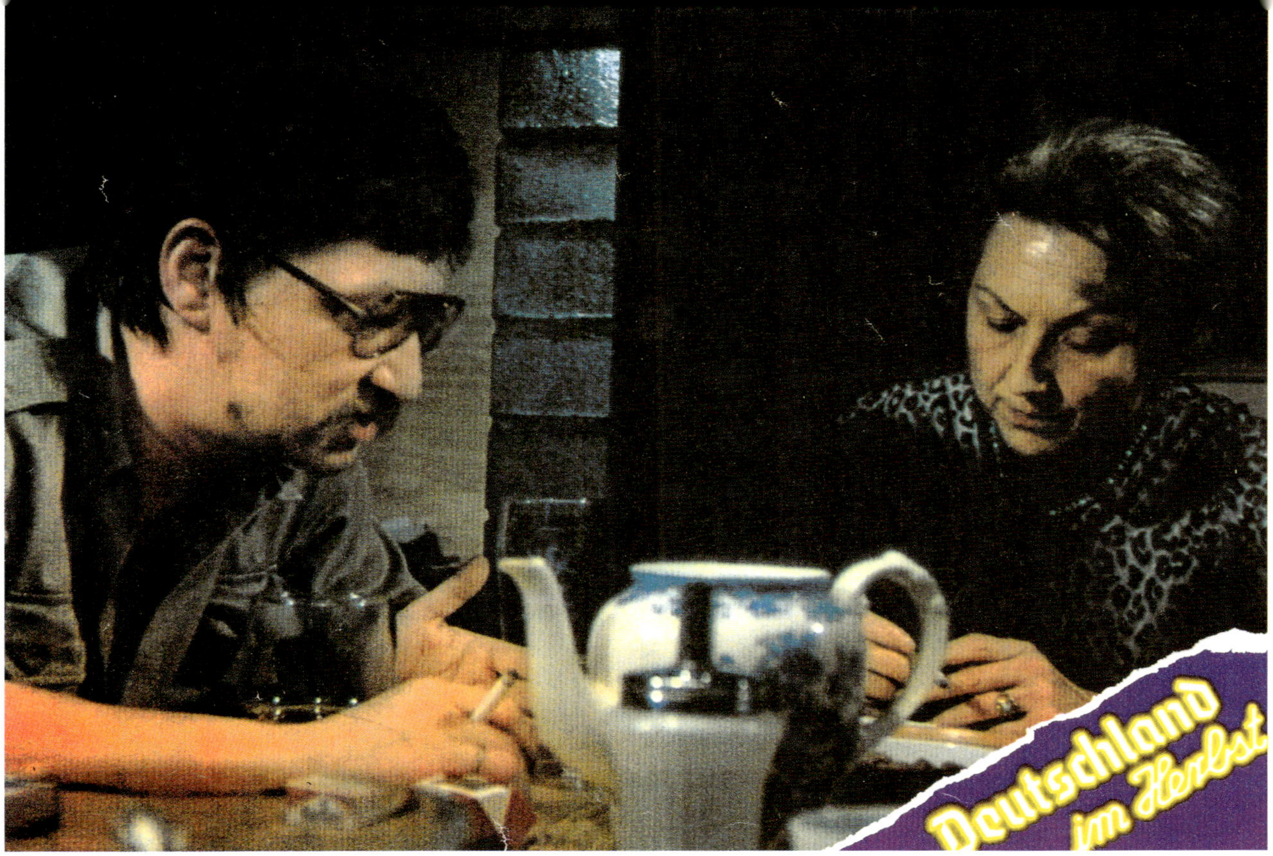

Rainer Werner Faßbinder, Volker Schlöndorff u. a., Deutschland im Herbst, 1977-78

Das Unverständnis besitzt dramatisches Ausmaß: in Deutschland ist für Syberberg Arbeiten nur noch mühsam möglich. Und der besagte Irrtum verheißt langfristig kaum besseres: die *Cahiers du cinéma*, Susan Sontag oder Heiner Müller reichen allein nicht aus, um Gerüchte einzudämmen und Mißverständnisse richtigzustellen. Syberberg mußte somit versuchen, sich selbst Gehör zu verschaffen, etwa wie im gleichen Alter der Nietzsche der 80er Jahre des letzten Jahrhunderts. Er hat ein Buch geschrieben, wohl nicht zufällig aus Fragmenten: eine Art Tagebuch, eine Abfolge von Notizen, niedergeschrieben zwischen dem (schwierigen) Herauskommen des *Hitler* und den Vorbereitungen zum *Parsifal*.[5] Es heißt *Die freudlose Gesellschaft*, wie die Gasse gleichen Namens, unter deren Zeichen Pabst vor mehr als fünfzig Jahren deutlich machte, was dann geschehen sollte.[6]

Dieses Buch ließ das Schlimmste befürchten: daß es nutzlos sei, wie Gebrauchsanweisungen oder Selbstrechtfertigungen; und daß es sich um kein Buch handle, höchstens um ein Dokument oder ein Zeugnis. Doch nichts dergleichen. Diejenigen, die sich an der Art »paranoischer« Logik, die das Buch durchzieht, stören (Warum nur verfolgen mich die Deutschen?), sind wahrscheinlich dieselben, die über das »Ecce Homo« (Warum habe ich so gute Filme gemacht?) spotten. Und diejenigen, die nicht begreifen, daß der Cineast Syberberg auch unmittelbar Schriftsteller sein kann, verstehen gewiß überhaupt nicht, einen Film, und erst recht einen Syberberg-Film, zu lesen. Denn es handelt sich nicht nur ganz einfach um eins der besten Bücher, die je über das Nachkriegsdeutschland geschrieben wurden: wäre es eine bloße Erläuterung der Filme, so nützte es nur als Verdopplung. Doch ist es darüber hinaus auch das große Buch, das ein Künstler über die Kunst schreiben kann. Nicht über »seine« Kunst als vielmehr über Kunst überhaupt und seinen Bezug zur Kunst.

Diese beiden Gründe belegen zudem, daß Syberberg sich nachdrücklichst in den Kreis der deutschen Tradition einschreibt – wenn auch mit gewissem Abstand zu dieser Tradition, gewissermaßen auf der Gegenspur, doch mit seltener Tiefgründigkeit. Er ist im Grunde ein unromantischer Romantiker: wie Hölderlin oder Kleist, wie Nietzsche, wie Heidegger auf seine Art. Doch nicht wie Wagner. Denn Deutschland läßt sich nur deshalb als Syberbergs einziges Thema behaupten, das heißt Deutschland als Möglichkeit (die große deutsche Kunst hat nie etwas anderes gehabt), weil die ihn beschäftigende wahre Frage nicht den Nazismus betrifft, vielmehr die Kunst, und zwar die Möglichkeit der Kunst an sich und nicht die Kunst im Dienste der Politik. Wodurch ein Abgrund nicht nur diese Kunst vom Nazismus, das gilt allemal, trennt, sondern auch von allen »Kulturpolitiken«, seien sie progressistisch oder nicht, die zum alltäglichen Los unserer Epoche, ihrem Inferno banalisierter Warenwelt gehören.

Doch zu bedenken, daß Deutschland als Frage mit der Frage der Kunst in eins geht (so wie Heidegger es den Deutschen seit 1934 vergeblich zu Gehör zu bringen suchte), läuft nicht nur Gefahr, lächerlich zu wirken: bedeutet vielmehr Konfrontation mit der deutschen Inexistenz, mit diesem seltsamen Verharren im »Schein«, worin Deutschlands »Angst« und »Not« [deutsch im Original] bestand und besteht. (Syberberg findet spontan zur Sprache von Hölderlin, von Büchner oder Marx zurück.) Heute heißt Schein, wenigstens im Westen, Amerikanisierung, mit ihrem Neo-Philistertum (dem sozialdemokratischen Kulturestablishment, wenigstens zur Zeit, in der Syberbergs Schrift entsteht): heißt Wüste, heißt vollendeter Nihilismus, selbst in der Revolte. Von daher ist »Trauer«, das Kino als »Trauerkunst« gedacht: Trauern über Deutschland sowie Trauern über Kunst. Dieses melancholische oder saturnische Motiv reicht mit seinen Wurzeln, wie Benjamin und Panofsky zeigen, tief in die deutsche Geschichte hinein, bis zum Trauerspiel und zu Dürer: zum Motiv der Ruine, des Torso [deutsch im Original], des unvollendeten Werks, Fragments – Blanchot würde hier sein »désœuvrement«, den »Werkabbau« wiedererkennen. Doch von daher stammt auch die Zuverlässigkeit oder Loyalität, die Treue [deutsch im Original]: und vor allem die Hartnäckigkeit, verstehen, ja wirken zu wollen. Ein heroisches Thema, ein Beethoven-Motiv, wenn man so will, das »ethos« à la Nietzsche: die Bedeutung des Tragischen.

Über das Tragische gibt es ein berühmtes Distichon von Hölderlin mit dem Titel *Sophokles*:

»Viele versuchten umsonst das Freudigste freudig zu sagen,
Hier spricht endlich es mir, hier in der Trauer sich aus.«

Das Distichon stammt aus dem Jahre 1799. Gegen Ende der *Freudlosen Gesellschaft* kann man folgendes lesen, das 1981 geschrieben wurde: »Wer nicht zur Trauer fähig ist, ist auch nicht fähig zur Freude.« Dieser Satz wendet sich an die Deutschen, er betrifft die Möglichkeit der Kunst. In seiner unmittelbaren Folge heißt es: »Ohne Trauer haben sie die Vergangenheit verloren, ohne Freude sind sie schon lange ohne Gegenwart und als Totgeborene für Generationen ohne Zukunft, wie ist Leben unter ihnen möglich. Nur in der äußersten Anstrengung eines produktiven Widerstands – nicht gegen Bürgertum und spießiges Volk, sondern gegen die intellektuellen Vertreter des verratenen Geistes (...)«[7]

Was wäre jedoch, hätte Syberberg sich auch an uns gewandt?

[1] Vorliegender Text ist unter dem gleichen Titel, doch stellenweise gekürzt und modifiziert, aus Anlaß der französischen Übersetzung von Hans Jürgen Syberbergs *Die freudlose Gesellschaft. Notizen aus dem letzten Jahr.* München 1981, am 3. Dezember 1981 in der Tageszeitung *Libération* erstmals erschienen.
(Der Verfasser macht den Untertitel der französischen Version *La société sans joie. De l'Allemagne après Hitler*, Paris 1982, zur Überschrift seines Beitrages. A. d. Ü.)
Seither hat Hans Jürgen Syberberg bekanntlich ein neues Buch veröffentlicht: *Vom Glück und Glück der Kunst in Deutschland nach dem letzten Kriege.* München 1990. Einige seiner darin enthaltenen politisch fragwürdigen oder wenigstens zweideutigen Äußerungen haben in Deutschland wie in Frankreich einen Skandal ausgelöst. Von diesen Äußerungen muß ich mich absolut distanzieren und habe im übrigen auch meine Teilnahme am in diesem Zusammenhang (von und mit Jean-Pierre Faye, Bernard Sobel und Susan Sontag u.a.) gegründeten »Unterstützungskomitee« ausdrücklich verweigert. Überdies sah ich mich gezwungen, in einer gemeinsam mit Jean-Luc Nancy verfaßten und 1991 veröffentlichten Schrift *Le mythe nazi* (La Tour d'Aigues; deutsch im Sammelband *Über das Vergessen(e) – Anamnesen des Undarstellbaren.* Wien) folgende, Syberberg betreffende Textstelle (»Der Nazi-Mythos ist, wie Syberberg vorzüglich dargestellt hat – ohne *Hitler, ein Film aus Deutschland* wäre die vorliegende Analyse nicht möglich gewesen –, die Konstruktion, Formation und Produktion des deutschen Volkes innerhalb (dans) eines Kunstwerkes, durch und als ein Kunstwerk.«) durch eine Anmerkung zu kommentieren: »Doch dies bedeutet keineswegs, daß wir Syberbergs kürzlichen prussophilen und (im Stile plattester Neo-Romantik) nostalgischen sowie, leider einmal mehr, antisemitischen Äußerungen folgen könnten.« (ebd., S. 49 n.13: Kap. 2, Zf. 4). Heute, im Dezember 1996, habe ich in dieser Sache nichts hinzuzufügen noch zurückzuziehen: ich bekräftige alle Aussagen meiner Werkanalyse; ich verurteile ohne Einschränkung die »zusätzlichen« Äußerungen Syberbergs – insbesondere die meines Erachtens ganz einfach unverzeihlichen antisemitischen Äußerungen.

[2] Ausgeklammert sei hier der Fall Heidegger, den ich andernorts analysiert und anhand dessen ich den Begriff des »Nationalästhetizismus« ansatzweise entwickelt habe (vgl. *La fiction du politique. Heidegger, l'art et la politique*, Paris 1987; *Die Fiktion des Politischen*. Stuttgart 1990). Ausgeklammert bleibt ebenso der Fall Thomas Mann, dessen *Doktor Faustus* vielleicht eine analoge Intuition verwischt, indem er in bekannt allegorischer Weise der psycho-pathologischen Deutung des Nazismus stattgibt. (Ich werde darauf in einer Arbeit mit dem Titel *Le pacte* zurückkommen.)

[3] »Die Kunst politisieren« mag marxistisch klingen. Doch gehörte diese Sprachformel auch, daran ist zu erinnern, zu den Grundbanalitäten des Nazi-Jargons.

[4] Walter Benjamins These ist in Wirklichkeit natürlich weitaus vielschichtiger. Ich verweise hierzu auf die Arbeit von Bruno Tackels, »Le chant du savoir«. In: *Europe*, Nr. 804, April 1996, S. 6–18.

[5] Vgl. *Hitler, ein Film aus Deutschland*, 1977; *Parsifal*, 1982.

[6] Anspielung auf den Film von G. W. Pabst, *Die freudlose Gasse*, 1925. A.d.Ü.

[7] Syberberg, *Die freudlose Gesellschaft*, a.a.O., S. 386.

Jürgen Habermas

Wie ist unser hoch ambivalenter Zustand der sozialen Integration zu verstehen? Er scheint einerseits stabil zu sein, weil das ökonomische System, wenn man internationale Vergleiche anstellt, verhältnismäßig gut funktioniert; weil die Nebenfolgen einer relativ hohen Arbeitslosigkeit sozialpolitisch abgefangen werden und weil das politische System trotz Scheinpolarisierungen von einem Allparteienregime so gesteuert wird, daß es zu extremen Ausschlägen nicht kommt. Auf der anderen Seite scheinen unter der Oberfläche Konflikte zu schwelen, wie man an der Unzufriedenheit mit den politischen Parteien als solchen, an der beängstigenden Anfälligkeit unserer politischen Kultur, an einer schwer greifbaren Reizbarkeit im sozialen und politischen Umgang, an Lähmungserscheinungen in kulturellen Bereichen, vor allem an einem Anwachsen psychisch bedingter oder ins Private abgedrängter Konfliktpotentiale ablesen kann. Dazu dann das alarmierende Symptom, das der Anlaß dieses Briefes ist: terroristische Gewaltakte. Wie geht das zusammen? Ähnelt nicht diese Form der sozialen Integration immer mehr jener pathologischen Stabilität, die wir aus Untersuchungen kranker Familien kennen? (...)

Regierung und Opposition halten sich gleichermaßen an die Maxime, daß die unerwünschten Nebenfolgen des kapitalistischen Wachstums durch beschleunigtes Wachstum kompensiert werden sollen. So wachsen die Reibungsflächen, an denen sich neopopulistische Regungen entzünden. Das ideologische Klima der 70er Jahre spiegelt dieses Dilemma. Es wird von einer Mixtur aus neu- und altkonservativen Strömungen beherrscht. Einerseits werden die Werte der protestantischen Ethik beschworen, um die brüchig gewordenen Motivationsgrundlagen für ein konkurrenzbestimmtes Beschäftigungssystem (und ein daran anzukoppelndes Bildungssystem) zu kitten; andererseits staffiert man private Welten, die als Stoßdämpfer gedacht sind, mit Assoziationen an vorbürgerliche Traditionen aus (hier findet auch ein verwaschener Begriff von Solidarität seinen Platz).

Die Ideologieplaner und ihre intellektuellen Helfer befinden sich freilich bei ihrem Versuch, konservatives Gedankengut zu reaktivieren, in einer mißlichen Situation. Die Nazis haben diese Traditionen so gründlich diskreditiert, daß es in der Bundesrepublik, ich gebrauche hier ein Wort von Hans Paeschkei, einen »authentischen Konservatismus« nicht mehr geben konnte. Statt dessen sind die ersten zweieinhalb Nachkriegsjahrzehnte eine Periode gewesen, in der es in Deutschland zum ersten Mal gelungen ist, die ohnehin verstümmelte und immer wieder verdrängte Tradition der Aufklärung von Lessing bis Marx in ganzer Breite zur Geltung zu bringen, das heißt zum Medium geistiger Produktivität und zum Anknüpfungspunkt des politischen Selbstverständnisses zu machen. Ein Augenblick Jugendrevolte war dann genug, um Jahre der Reaktion einzuleiten, einer Reaktion, die anscheinend jetzt die Stunde gekommen sieht, zwei Fliegen mit einer Klappe zu schlagen: den Konservatismus vom Makel seiner Verfilzung mit dem bürokratischen Terror reinzuwaschen und radikale Aufklärung durch eine denunziatorische Verbindung mit dem individuellen Terror der RAF in eben die moralische Diskreditierung hineinzupeitschen, der das jungkonservative Erbe allzudeutscher Traditionen mit Recht verfallen ist.

Aus: »Briefwechsel mit Kurt Sontheimer 1977«. In: *Kleine Politische Schriften* (I–IV). Frankfurt am Main 1981.

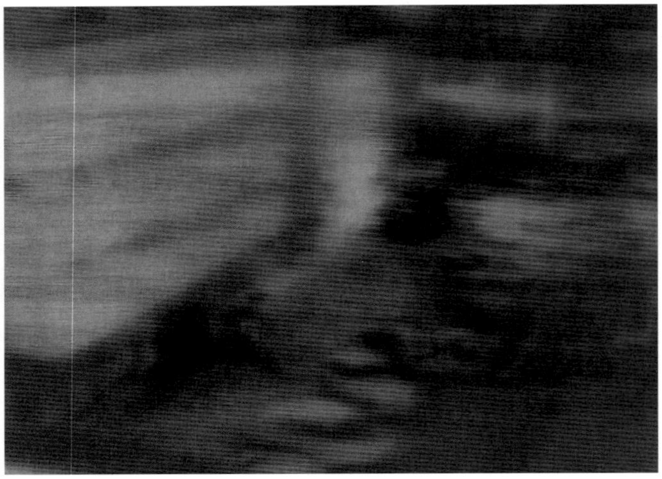
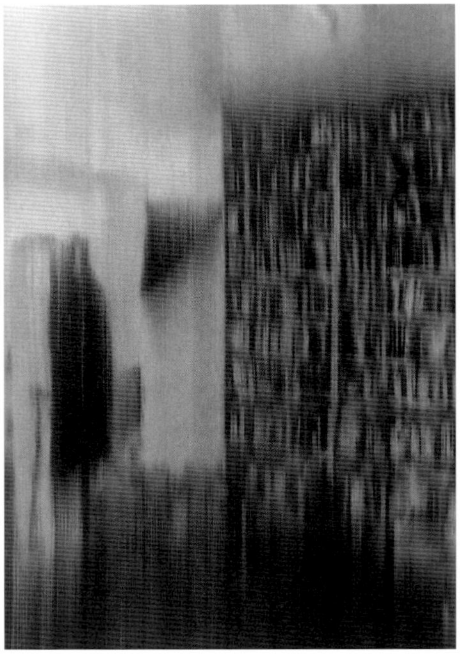
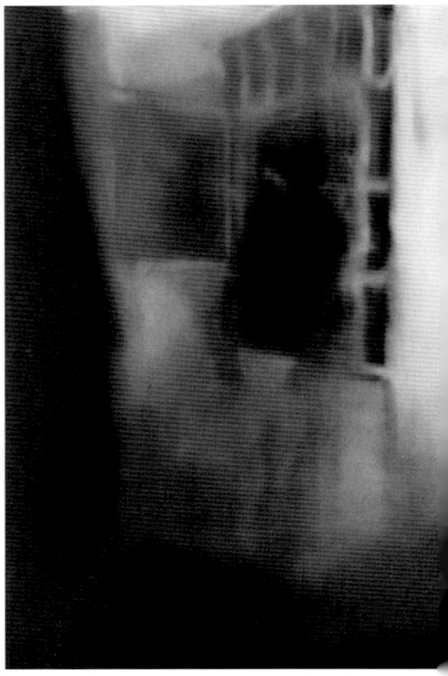

Gerhard Richter, 18. Oktober 1977,
Festnahme (2), Zelle, Erhängte, Tote, Beerdigung, (v.l.n.r.), 1988

Heiner Müller

(...) Seit Hiroshima sind militärische Kategorien nicht mehr relevant; es zählen allein ökonomische, und deshalb hat zwar nicht Deutschland, aber doch die Bundesrepublik den Krieg gewonnen. Wobei das Resultat gegenläufig zur Intention ist: Das Kriegsziel war orientiert an Expansion, an der Eroberung von Großräumen; das Ergebnis ist die Gesundschrumpfung des deutschen Territoriums auf seinen ökonomisch potenten Kern – die Bundesrepublik (...)

Sich auf ein geistiges Europa zu beziehen, wie man das noch vor zehn, fünfzehn Jahren konnte, ist wohl unmöglich geworden. 1975 habe ich mir in New York wochenlang amerikanische Filme angesehen, bis ich einen wahren Ekel vor dieser Mentalität von action und plot bekam. Und dann gab es eine Godard-Retrospektive – das war wie ein Aufatmen. Plötzlich sah ich wieder Filme, die etwas mit Denken zu tun hatten, die einen Überschuß an Ideen produzierten. In den USA wird nur das gedacht, was man braucht, um einen Film zu verkaufen. Das ist pure Barbarei, und im Vergleich dazu hat Europa natürlich seinen Wert. Aber das ist zugleich ein Kompliment an den Imperialismus in der Technik. Die Vergewaltigung der Natur hat ihre Entsprechung in der Verselbstständigung des Denkens, das über seine Funktionale hinausgetrieben worden ist.

Nur läßt sich dieses aus den Fugen geratene Denken besänftigen, ohne in geistige Regression zu verfallen?

Zunächst einmal glaube ich nicht, daß Batailles Modell der »zwei Zivilisationen« – einer Zivilisation der Verschwendung, wie sie im alten Ägypten oder in den indianischen Hochkulturen entstanden sei, und einer Zivilisation der Ökonomie in Europa – stimmt. Wenn man vom Überbau ausgeht, von der Geschichte des Denkens und der Kunst, ist Europas Kultur eine Zivilisation der Verschwendung. Man muß aber wohl damit leben, daß der

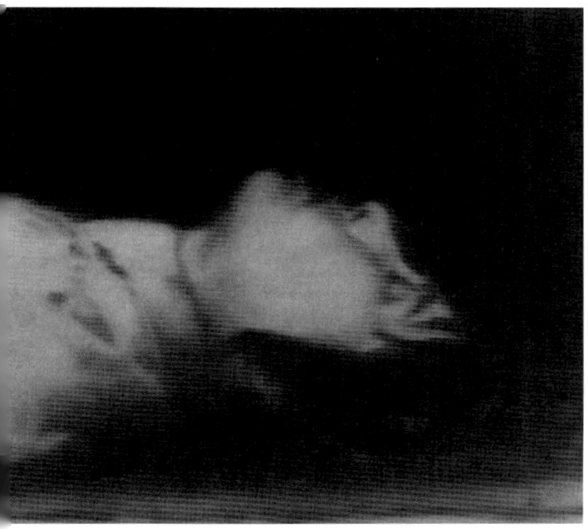

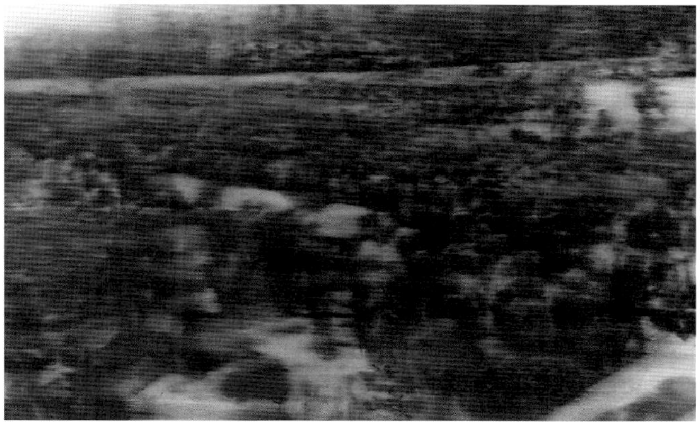

geistige Mensch in unserem Zeitalter ausstirbt. In den McDonalds Läden sitzt doch schon eine ganz neue Menschenrasse, die begeistert Scheiße schlürft. Das ist zwar im Einzelfall rätselhaft, aber im Grunde genommen ist es die Ankündigung der Machtübernahme durch die Computer. Da sitzen doch nur noch Zombies, und die an diese neue Welt gewöhnten Kinder brauchen weder Kunst noch Literatur oder Theater und werden nie im Leben auf die Idee kommen, daß das für sie interessant sein könnte. Oder daß irgendein Gedanke interessant ist, der sich nicht unmittelbar in Hamburger umsetzen läßt.

Wenn man lernen könnte, Staaten, also Politik zu verhindern, beziehungsweise überflüssig zu machen, wäre das sehr interessant. Nur würde das auf dem Niveau unserer Entwicklung noch schwieriger.

Aber ich könnte mir vorstellen, daß in dieser Hinsicht noch bedeutende Impulse aus Rußland und Spanien zu erwarten sind. An beiden Ländern ist die Aufklärung vorbeigegangen, was zunächst furchtbare Folgen hatte. Doch vielleicht setzt eine verdünnte Aufklärung – sie hat mittlerweile viel von ihrem Gift verloren – die anti-Staatsviren in diesen Volkskörpern frei. Für die Russen gab es nie Staat, also Politik, und plötzlich muß das nicht mehr nur negativ sein, was es im letzten und der ersten Hälfte dieses Jahrhunderts sicherlich war. Die Öffnung der sowjetischen Politik durch Gorbatschow basiert auf einer Entideologisierung. Man reagiert auf Realitäten, weil man mit Ideen keine Politik mehr machen kann.

Europa zum Beispiel ist nur noch eine Idee. Mit welchem Recht bezeichnet man West-Berlin als eine europäische Stadt? Dort arbeiten dermaßen viele Ausländer, die Abhängigkeit von den sogenannten Minderheiten ist so groß, daß ohne sie nichts mehr funktioniert. Nur, was macht man aus dieser Idee Europa, wenn sie keine Realität mehr ist?

Europa – nur noch eine Giftmüll produzierende Idee?

Ja, aber nicht nur Giftmüll, sondern auch Geisterschiffe. Der Nobelpreisträger Soyinka hat in einem Vortrag, den er einmal in Potsdam gehalten hat, von Geisterschiffen berichtet, die mit Atommüll beladen von Europa aus um Afrika herumfahren und versuchen, Hafeninspektoren zu bestechen, um die Scheiße abladen zu können. Dafür lieferte er konkrete Belege, auch die Routen hatte er nachgeprüft. Das ist ein sehr treffendes Bild für die Situation: Geisterschiffe aus Europa schippern durch die Dritte Welt, um dort den verstrahlten Abfall, den abendländisches Denken produziert hat, loszuwerden.

Das Europäische entstammt einer neurotischen oder zumindest verstörten Reaktion auf Wirklichkeit – in Europa hat man Realität nie akzeptieren können. Das hat auch klimatische Ursachen. In Kalifornien oder Brasilien kommt kein Mensch darauf, zu arbeiten, das Geld zu erfinden oder sich in philosophischen Spekulationen zu ergehen – da wächst ja alles von alleine. (...)

Sind (...) vom Haus Europa überhaupt keine neuen kulturellen Impulse zu erwarten?

Ein kluger Franzose hat einmal gesagt: »Der Beitrag der Deutschen zur Weltkultur ist der Tierpark« – also die humanistische Variante des KZ, denn den Tieren geht's ja gut. In diesem Sinne ist der europäische Beitrag zur Weltkultur das Museum, und deshalb braucht man das »europäische Haus«, denn man will ja nicht mehr herausrücken, was man einmal geklaut hat.

Aus: »Stirb schneller Europa«. Heiner Müller im Gespräch mit Frank Raddatz.
In: *Transatlantik*, 1/1989.

Hans-Joachim Ruckhäberle

Antigone

»Was wirklich geschehen ist im deutschen Herbst des Jahres 1977, in sieben Wochen voller Gewalt, Haß, Hysterie, Furcht, Ratlosigkeit und Trauer, zwischen den vier Morden von Köln und den drei Selbstmorden von Stammheim, läßt sich längst noch nicht sagen. Ordentliche Bilanzen können nicht gezogen werden, Fragen erscheinen wichtiger als Antworten.« (Hans C. Blumenberg, 1978)

Im Theater wird versucht, Fragen zu stellen, mit der *Antigone* des Sophokles in der Übersetzung Hölderlins: 1978 in Frankfurt am Main (Christoph Nel) und Straßburg (Michel Deutsch und Philippe Lacoue-Labarthe, der dafür Hölderlin ins Französische übersetzte), 1979 in Bremen (Ernst Wendt), in Berlin (Nils-Peter Rudolph), in Stuttgart (Valentin Jeker). In dem Film *Deutschland im Herbst*, an dem acht deutsche Regisseure mitwirken, verfilmt Volker Schlöndorff eine Sati-

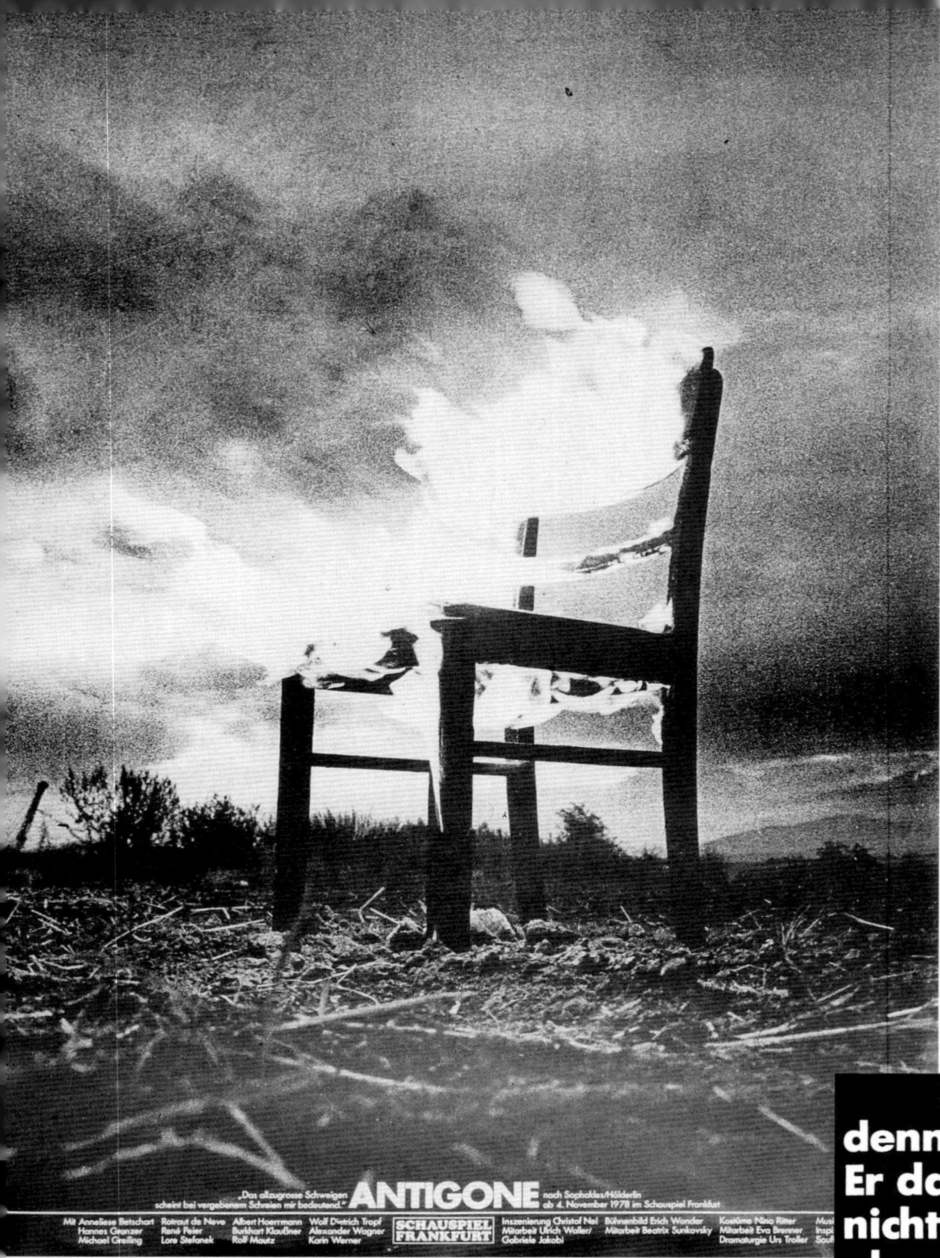

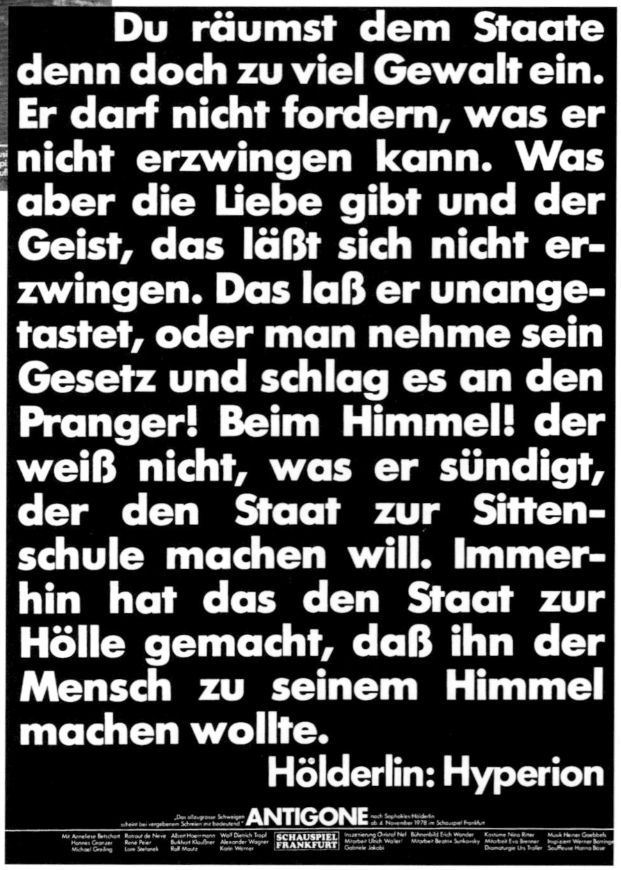

Rambow, Lienemeyer, van de Sand, Plakate zu Antigone, 1978

re von Heinrich Böll: die Absetzung einer Fernsehinszenierung der *Antigone*; das Stück über »terroristische Weiber« wird nicht gesendet.

Die Theaterinszenierungen interessieren sich mehr für Hölderlin als für Antigone. Hölderlin als politische Figur (wie er von Pierre Bertaux, dargestellt wird, deutsche Fassung 1978) scheint überhaupt erst den Zugriff auf das antike Drama als politisch aktuelles zu erlauben.

»Hölderlin lesen, das heißt in diesem Fall zunächst dauernd um drei Ecken zu denken: Stammheim durch Sophokles, Sophokles durch Hölderlin, Hölderlin durch Stammheim, Hölderlin durch seine Interpreten.« (Henriette Beese zu der Arbeit an der Berliner Aufführung)

Die Straßburger Inszenierung geht noch weiter, sie hat ein Nachspiel: Hölderlin tritt auf und dichtet. In Frankfurt äußert sich das Regieteam zu der Frage: »Was uns nah ist an Hölderlin, was uns von Sophokles trennt«, und antwortet: »Der Konflikt des Stückes, ganz simpel und auf den ersten Blick, heißt: Staat und Individuum und heißt: Nähe zum Wahnsinn. Beides ist von Hölderlin ganz unmittelbar und leibhaftig erfahren worden.«

Hölderlin wird so mehr als Antigone zum Thema des »deutschen Herbstes«. Besonders zeigen dies vier Plakate Gunter Rambows für die Frankfurter Aufführung. In ihnen werden insgesamt Tendenzen sichtbar, die die Geschichte der *Antigonen* in Deutschland nach 1945 bestimmen:

1. Die Sehnsucht nach dem Unmittelbaren, Ursprünglichen, noch nicht von der Gesellschaft Korrumpierten: »Da ich noch ein stilles Kind war und von dem allem, was uns umgibt, nichts wußte, war ich da nicht mehr, als jetzt, nach all den Mühen des Herzens und all dem Sinnen und Ringen? (...)«

2. Die Haltung des Individuums gegen den Staat, gegen den Staatsterrorismus: »(...) Immerhin hat das den Staat zur Hölle gemacht, daß ihn der Mensch zu seinem Himmel machen wollte.«

3. Die Deutschen-Kritik: »So kam ich unter die Deutschen.« Zu diesen drei Textplakaten, die ihre Texte aus Hölderlins *Hyperion* beziehen, kommt ein Bild: ein brennender Stuhl.

4. In Heiner Müllers Worten: »*Antigone*: Hölderlins republikanischer Stuhl, brennend auf dem Scheiterhaufen der Restauration.« Der Stuhl steht für mehr, Rambow läßt ihn nicht auf einem Scheiterhaufen verbrennen, er verbrennt aus sich heraus. Das Möbel, das eine gewisse Seßhaftigkeit böte, steht in der Wildnis, es verbrennt ein Stück Zivilisation. Das Unbehauste wird ins Bild gesetzt. Ein Stuhl wurde vor die Tür gesetzt, ins Niemandsland. Die Ausgrenzung der toten Stammheimhäftlinge aus der Gesellschaft, die die Diskussion um ihr Begräbnis zeigte, findet in dem Bild eine Entsprechung. Das andere, entsprechende Bild wäre das der Festung, die der »Rechtsstaat« in den 70er Jahren gegen den Terrorismus aufbaut. Die Plakate Rambows zeigen sich komplexer als die Inszenierungen.

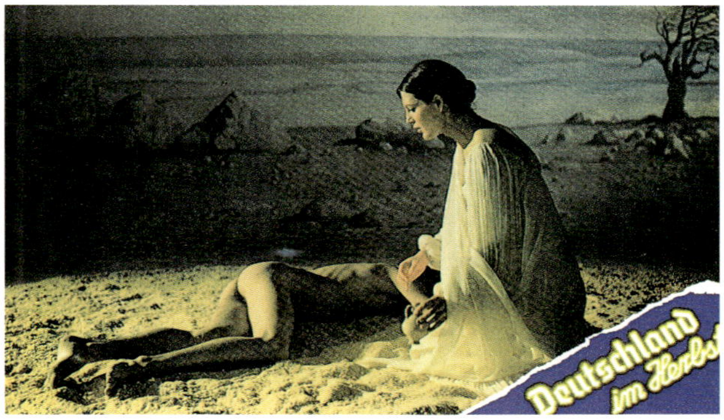

Das Neue ist der »neu« entdeckte Hölderlin, die mit Foucault gemachte Einsicht, daß der Einzelne dem »Terror des Normalen« unterworfen ist und an ihm scheitern muß oder sich ihm anpaßt. In der Frankfurter Inszenierung wird Antigone am Schluß in ein gelbes Cocktailkleid gesteckt, grell geschminkt und zum Tanz geschleift. Damit zusammen geht die Einsicht, daß es die kritische, aufgeklärte Gesellschaft nicht gibt, also beim Chor nichts zu holen ist. Allerdings hat sich das zeitgenössische Theater immer schwer mit den antiken Chören getan, in den 70er Jahren kommt aber hinzu, daß weite Teile der westdeutschen Gesellschaft als geprägt gesehen werden durch die unverarbeiteten Traditionen des Faschismus und direkt beeinflußt durch den nordamerikanischen Imperialismus. Die Chöre werden also individualisiert, entweder auf eine Person reduziert oder als Gruppe individualisierter Opportunisten. An die Stelle der »antiästhetischen Demonstration« ist die Ästhetisierung getreten, einhergehend mit der Erschöpfung des reformerischen und utopischen Potentials. Es geht nicht mehr darum, an Hand der *Antigone* gesellschaftliche Grenzen zu befragen, die Räume sind definiert: die staatlichen gegen die individuellen.

Die *Antigone* findet »fern im Kasten« statt (Frankfurt am Main); die Bühne ist ein »Objekt, das selber für sich einen Eigenwert hat«. Das Verfahren der Fragmentisierung, das optisch gewählt wird, ergibt sich weniger aus dem Stück als aus der Übernahme einer dramaturgischen Technik, die Botho Strauß in einem seiner Stücke angewendet hat.

Es bleibt Gerhard Richter in seiner 1988 entstandenen Arbeit *18. Oktober 1977* überlassen, künstlerisch der Geschichte einer kollektiven Repression entgegenzuwirken.

Masao Miyoshi

Letztes Jahr haben die Japaner den 50. Jahrestag des Kriegsendes zum Anlaß genommen, über manches nachzudenken. Das halbe Jahrhundert vor 1945 und das halbe seitdem vergangene boten sich zur Gegenüberstellung an – um den Kontrast, aber auch die Kontinuität herauszustellen, gerade jetzt, wo die Jahrhundert- und Jahrtausendwende bevorsteht. Das Jahr 1945 war ohne Frage ein Jahr großer Umwälzungen. Doch wer nur Gedenktage begeht, statt Geschichte zu schreiben, der macht es sich mit der Erinnerung zu leicht. Bis heute beherrscht das Trauma der im 19. Jahrhundert von den Großmächten erzwungenen Öffnung zum Westen das japanische Denken – für Japaner der Beginn des modernen Zeitalters und stets ihr Bezugspunkt.

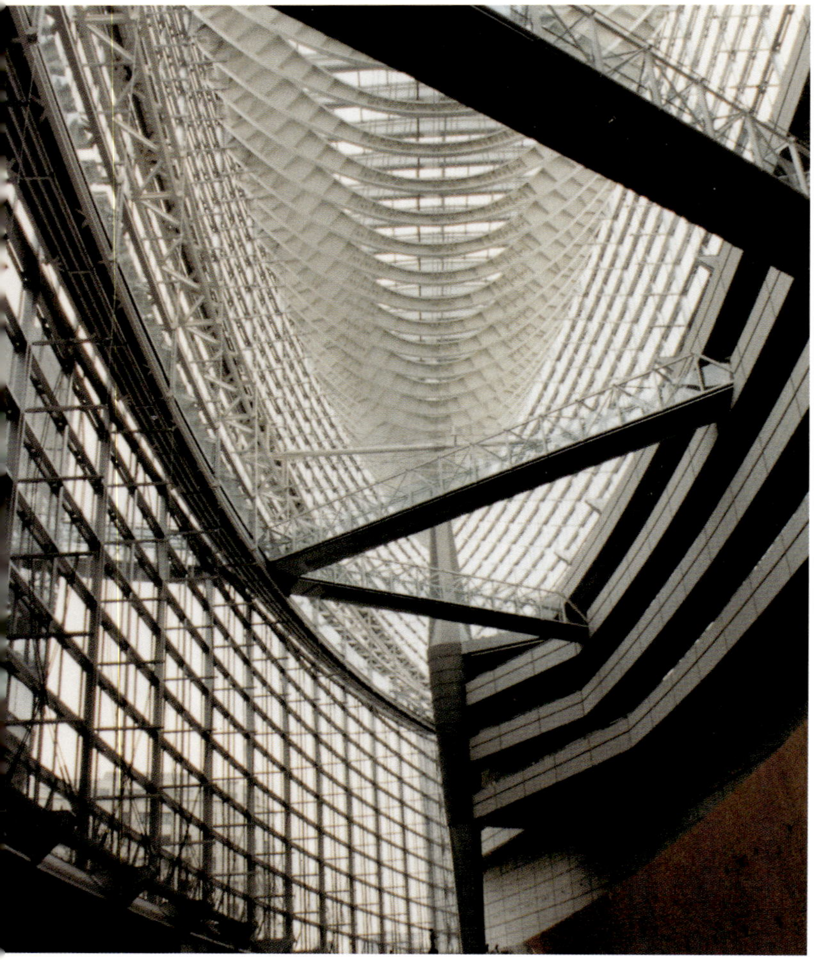

Tokyo Forum

Die etablierte japanische Literatur hat seit etwa 1970 kein wirklich bedeutendes literarisches oder theoretisches Werk mehr hervorgebracht. Alle Kreativität scheint in die Produkte der populären Kultur zu gehen, in Trickfilme, Comics, Modedesign, graphische Gestaltung, elektronische Spiele und Karaoke. Diese Dinge haben ihre eigene Logik und Politik, und zukünftige Betrachter werden die Zusammenhänge mit der gegenwärtigen Krise der »hohen« Kultur besser erkennen können als wir. Doch wir können sagen, daß es – von Architekten und Schriftstellerinnen vielleicht einmal abgesehen – in Literatur, Kritik, bildender Kunst, im Film und im Theater keine herausragenden Stimmen mehr gibt. Wenn man sich mit japanischen Schriftstellern, Journalisten oder Akademikern unterhält, spürt man sofort die überall herrschende Unsicherheit, ja eine regelrechte Verzweiflung, weil keiner mehr ein Ziel für seine Arbeit vor Augen hat. Hinter allem steht eine große Unsicherheit, die Geschichte Japans und der Welt zu verstehen, zumal beide sich miteinander und mit den eigenen Vorstellungen immer mehr vermischen.

Eine Zeitlang galt der Zweite Weltkrieg als Höhepunkt – und Auflösung – der Widersprüche zwischen Japan, Asien und dem Westen. Wie inhuman es von den Amerikanern war, die Atombombe einzusetzen, wurde anfangs nicht gesehen, denn die japanischen Kriegsführer waren nicht minder grausam, und was japanische Truppen auf dem asiatischen Kontinent an Greueltaten verübten – der Zivilbevölkerung bis nach Kriegsende verheimlicht –, war genauso unbegreiflich. Durch Zwang oder Täuschung wurde das ganze Volk zu Henkersknechten des Kaisers, und dieses Wissen, halb Schuld, halb Unschuld, schuf ein lähmendes Klima der Furcht. Als die Japaner sich nach und nach von den Verheerungen des Krieges erholten – was sie ironischerweise weitgehend den Korea- und Vietnamkriegen zu verdanken hatten –, stellten sie fest, daß sie sich mitten in einem neuen, größeren Krieg befanden, dem Kalten Krieg, dessen bizarre Logik ihnen zwar vollkommen unverständlich, dabei jedoch äußerst einträglich war. Interne Konflikte zwischen Industrie und Arbeiterbewegung waren oft gewalttätig, und in den ersten Jahrzehnten nach dem Krieg sahen die liberalen Intellektuellen Japans eine sozialistisch geprägte kapitalistische Demokratie als reale Möglichkeit an. Viele wehrten sich gegen den Mythos eines homogenen Japans, das sich mit dem von amerikanischen Kräften gestützten Kaiserreich aus der Asche erheben sollte, doch die sprunghaft wachsende Wirtschaft (und mit ihr die wachsenden Einkommen) brachten zunächst allen Widerstand zum Erliegen und später auch die Proteste zum Verstummen.

Als die 70er Jahre kamen, war Japan schon auf dem Weg zur wirtschaftlichen Großmacht, und das ganze Land einschließlich der Kulturindustrie war vom Konsumdenken durchdrungen. Als die Sowjetunion zusammenbrach und der Kalte Krieg mit einem Schlag zu Ende war, begriffen nur die wenigsten, was das bedeutete. Selbst in jenen Jahrzehnten einer in zwei feindliche Lager gespaltenen Welt hatten die Japaner ihr Verhältnis zu den Vereinigten Staaten, Europa, den Staaten Asiens, der übrigen Dritten Welt wie auch dem sowjetischen Machtbereich mit Absicht nie wirklich definiert. Nach 1990 hatte Japan keinerlei Anhaltspunkte, um seinen weiteren Kurs in der Welt zu bestimmen, geschweige denn zu steuern. Und der alte Traum von einem Japan, das in sich geschlossen und von den anderen abgeschlossen war, verstellte den Japanern den Blick auf die Entwicklung der tatsächlichen Machtverhältnisse in der Welt.

Als im 19. Jahrhundert der Westen begonnen hatte, Japan zu bedrängen, geschah dies im Zuge einer weltweiten Ausbreitung des Kapitalismus, die seit dem 16. Jahrhundert beständig an Nachdruck gewonnen hatte. Der kolonialistische Nationalstaat war ein Geschöpf dieses Systems. Die Japaner begegneten dieser Bedrohung durch den kapitalistischen Expansionsdrang dadurch, daß sie ihrerseits einen Nationalstaat gründeten, anders ausgedrückt: eine Maschine des aggressiven Expansionismus. (Einer der ersten japanischen Botschafter in Europa hatte die Ehre, daß kein Geringerer als Bismarck ihm die absolute Notwendigkeit der Realpolitik predigte.) Indem es gegenüber seinen Nachbarn in Asien zum Imperialisten wurde, konnte Japan verhindern, daß es zum Opfer des Imperialismus aus dem Westen wurde. Als Japan die Kolonien der europäischen Staaten – Großbritannien, Frankreich, Holland – und die amerikanischen Interessen

Masao Miyoshi

23. Dezember 1996

An Catherine David und
Jean-François Chevrier
documenta X

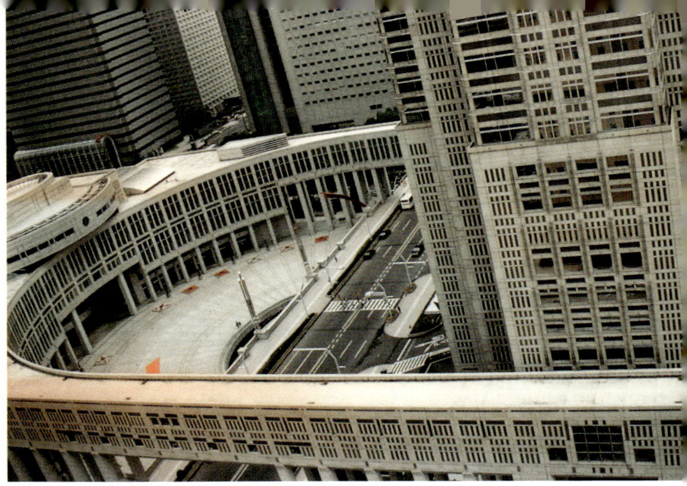

Tokyo, City Hall

Liebe Catherine, lieber Jean-François,

als ich kürzlich für 14 Tage in Tokio war, saß ich mit zwei Cheflektoren eines angesehenen Verlages zusammen und wir unterhielten uns ein wenig. Wir treffen uns schon seit Jahren, und wie immer fragte ich sie, was es Neues und Aufregendes in Tokio gibt. Sie blickten einander an und sagten: »Nichts«. Kultur gebe es in Japan so gut wie überhaupt nicht mehr. Nur eine Handvoll lesenswerter Bücher sei seit unserem letzten Treffen erschienen und diese wenigen seien sang- und klanglos untergegangen. Nichts Neues erscheint, die Klassiker werden vernachlässigt. Diese Art von Unterhaltung ist inzwischen schon zur Routine zwischen uns geworden. Bücher verkaufen sich nicht, wenn sie auch nur halbwegs ernstzunehmen sind. Das einzige, was sich verkaufe, sei leichte Unterhaltung, Comics, Humoristisches, Witzbücher – nicht einmal Sex. Kein Theater, keine Musik, nichts Historisches. Und dann wollten sie von mir wissen, was ich davon halte. Die Konferenz, derentwegen ich gekommen war – von französischen, amerikanischen und japanischen Japanologen gemeinsam veranstaltet –, war auch nicht gerade erfreulich. Sie sollte sich mit dem Begriff der Zeit auseinandersetzen, doch viele Teilnehmer setzten einfach Zeit mit Geschichte gleich. Und selbst das, was ich unter Geschichte verstand, wurde auf den Kopf gestellt. Dieselben Gelehrten, die der militaristischen Vergangenheit und der heutigen Konsumgesellschaft Japans bisher so kritisch gegenüberstanden, waren nun einhellig der Meinung, daß der Krieg doch gar nicht so schlecht gewesen sei, daß der japanische Kolonialismus etwas durchaus Wohlwollendes gehabt habe und daß der Kapitalismus Wohlstand für jedermann bringe. Begriffe wie Ausbeutung, Widerstand, Opposition galten plötzlich nichts mehr; Vielfalt und gegenseitige Durchdringung waren die Schlüsselwörter. Ein paar versprengte Stimmen meldeten noch Widerspruch an, doch in den Diskussionen vermied man höflich, darauf einzugehen. Typischer waren Fragen, die sich nicht um den Ansatz, sondern um die Auslegung bestimmter Punkte drehten, und auch da ging es nur in den wenigsten Fällen um den literarischen oder philosophischen Begriff der Zeit. Die Monarchie, der Zweite Weltkrieg, Multikulturelles, Internationales und multiethnische Lebenserfahrungen, nationale Identität, Moderne und Postmoderne, Feminismus, Postkolonialismus – über all die Dinge, über die heute überall gesprochen wird, wurde auch hier geredet, sachlich, ohne große Leidenschaft und ohne Überzeugung.

Tokio hat sich in den letzten Jahren sehr verändert. Trotz der Wirtschaftskrise ist die Stadt sauberer geworden, und die Einwohner, besonders die jungen Leute, sind weitaus besser angezogen. In der Innenstadt mit ihren Hauptverwaltungen der großen Firmen sieht man viele Männer und Frauen, die aussehen, als kämen sie eben aus New York oder Mailand. Sie wirken durch und durch kosmopolitisch. Das einzige, woran sie als Einheimische zu erkennen sind, ist eine Tendenz, es zu übertreiben. Sie sind mit Markenartikeln behängt, selbst wenn sie nur eben einkaufen gehen. Die Leute in den Eisenbahnen lesen weniger als früher. Selbst die berüchtigten Comicbücher sieht man kaum noch in den Vorortzügen. Die Fahrgäste dösen, holen wahrscheinlich den Schlaf nach, den sie verlieren, weil sie so weit zur Arbeit fahren müssen. Die Verbrechensrate ist immer noch weitaus niedriger als in jedem anderen Industrieland. Deshalb geht den Leuten der Terroranschlag der Aum-Sekte immer noch nahe: weil sie nun nicht mehr anders sind als andere. Alle waren ja überzeugt, daß Japan etwas Besonderes sei und daß es solche Abscheulichkeiten dort niemals geben könne. Und nun haben sie den Beweis, daß es in ihrem Land genauso zugeht wie überall auf der Welt. Ein Literaturprofessor erzählte mir, daß Leute aus der Mittelschicht sich plötzlich Sorgen machen, auch sie könnten zum Opfer eines solchen irrsinnigen Verführers werden. Auch die Unfähigkeit der Polizei hat dem Nationalstolz einen Schlag versetzt. Nach dem Erdbeben von Kobe vor zwei Jahren zeigten die lokalen Behörden wie die Staatsregierung ihre Inkompetenz, angemessen zu reagieren, und auch das hat das allgemeine Vertrauen untergraben. Die Geiselnahme in der Botschaft in Lima gab diesem Gefühl des Ausgeliefertseins, des Mangels an Grenzen, neue Nahrung.

unmittelbar zu bedrohen begann, schlugen die Alliierten, die sich bis dahin von Japans Machtgesten nicht hatten beeindrucken lassen, die Japaner nach anfänglichen Verlusten mit der Leichtigkeit und Gründlichkeit, die zu erwarten gewesen war. Die Vereinigten Staaten als Erben des britischen Empires waren fest entschlossen, zum Schutze des Kapitalismus alle Unruhen in den weniger entwickelten Staaten niederzuschlagen, und dazu zählte auch die Sowjetunion. Der Zusammenbruch der UdSSR war nur ein weiterer Schritt in dieser langen hegemonialen Entwicklung.

Japan blieb loyal und hielt sich zurück und wurde fast nebenbei zur zweitgrößten Wirtschaftsmacht der Welt. Doch inzwischen – das beginnen die Analytiker überall auf der Welt erst allmählich zu begreifen – war den Managern des weltweiten Kapitals klar geworden, daß der Nationalstaat als Herrschaftsform nicht mehr gebraucht wurde. Großfirmen, die während des Kalten Krieges ins Unermeßliche gewachsen waren, konnten inzwischen viel müheloser international operieren als staatliche Armeen. Die Firmen konnten mit wirtschaftlichen Mitteln unmittelbar Einfluß auf bestimmte Regionen nehmen, wobei sie nur gelegentlich die Hilfe von Staaten heranzogen, die ihnen bereitwillig zu Diensten standen. Damit wurde in letzter Konsequenz der Sinn eines Staates wie Japan in Frage gestellt.

In dieser neuen Weltökonomie ist Nationalität etwas, was geschicktes Management erfordert: Wenn Staatsmacht gebraucht wird, wie etwa im Golfkrieg, dann muß man Patriotismus wecken; wenn die großen Firmen ihre Profite maximieren wollen, dann ist Individualismus gefragt. Von Handelsfreiheit ist die Rede, wenn fremde Märkte erobert werden sollen; Handelskriege werden erklärt, wenn Industriegiganten sich bedroht fühlen; Handelsabkommen werden geschlossen, wenn die Multinationalen sich Profit davon versprechen. Politiker müssen immer den Markt im Auge haben, und das Wohlergehen des Volkes spielt nicht mehr die geringste Rolle. Doch gerade diese Art von anpassungsfähiger Wirtschaftspolitik fällt den Japanern schwer. Jahrzehntelang hat man ihnen beigebracht, daß alle Japaner zusammenhalten müssen, und es ist nicht leicht für sie, diesen Mythos der Blutsbrüderschaft nun hinter sich zu lassen.

Für Japaner hat ein Nationalstaat genausoviel Identität wie ein einzelner Mensch. Und doch wissen Politiker und Manager, selbst Vertreter des Kulturbetriebes, daß mit diesem Mythos nichts mehr anzufangen, daß er am Ende ist. Sie müssen einsehen, daß sie Vielfalt propagieren, soziale Gegensätze verschärfen, und die Transnationalen hofieren müssen. Was sie brauchen, ist ein neuer Mythos, der das Ende des Zusammengehörigkeitsgefühls als etwas Positives darstellt und rechtfertigt, daß man die Armen und Nutzlosen ihrem Schicksal überläßt. Sie müssen so schnell wie möglich die Beziehungen der Großindustrie zum schwach gewordenen Nationalstaat neu bestimmen, sowie zu den Arbeitern, den Konsumenten und den Partnern in anderen Teilen der Welt. Und genau das will den gegenwärtigen Führern Japans, der Politik und der Wirtschaft, nicht gelingen. Hinter jedem Problem, das sich ihnen stellt – ob es um das Entsenden von Friedenstruppen geht, um Steuerreform, um Schadenersatz für die »Truppenbetreuerinnen« der Kriegsjahre, um sexuelle Bedrohung außerhalb oder in der Ehe –, lauert die Krise, die ihr ganzes überkommenes Weltbild in Frage stellt, die Legitimation ihrer Macht. Und ist die Mitte erst einmal gelähmt, wird auch mit der Kulturindustrie, in den Medien wie an den Universitäten, nicht mehr viel anzufangen sein. Die leere Hülle des Kaiserreiches wird zur Falle, ja zum Fluch. Japan muß sich befreien, wenn es wieder zu Energie und Tatkraft kommen will, und das heißt im Augenblick vor allem, daß es sich von sich selbst befreien muß.

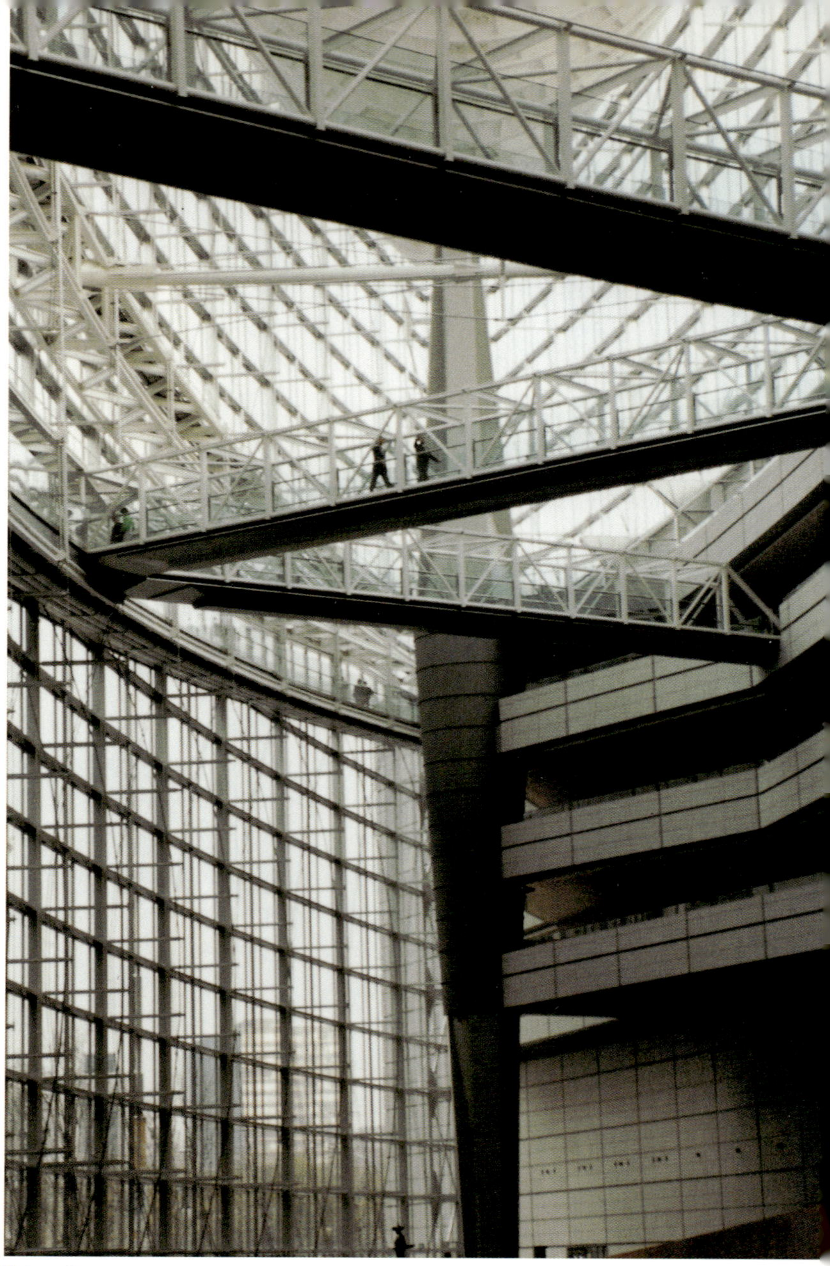

Tokyo Forum

In den Buchläden drängen sich die Menschen wie eh und je. Ich habe mich in diesen »Megastores« mit ihren Millionen von Büchern umgesehen. Sie sehen alle gleich aus. Im Erdgeschoß werden Bestseller, Neuerscheinungen und Zeitschriften verkauft. Im ersten Stock gibt es Taschenbücher, im zweiten technische Fachbücher, im dritten geisteswissenschaftliche Bücher und im vierten ausländische Bücher und Zeitschriften, was soviel heißt wie amerikanische und ein paar willkürlich ausgesuchte deutsche und französische Titel. Im obersten Stock findet man Landkarten, Kunstdrucke, Videokassetten, CDs und dergleichen. Und natürlich eine Cafeteria. Die Publikumsdichte ist sehr unterschiedlich. In der Abteilung mit Wirtschaftsbüchern herrscht großes Gedränge, während vor den stark geschrumpften Regalen zu Geschichte oder kritischer Theorie kaum jemand steht. Literatur scheint sich gut zu verkaufen, aber es sind durchweg Fantasy- oder Liebesromane. Vor den Regalen mit klassischer Literatur – japanischer wie euro-amerikanischer – habe ich bei meinen Besuchen in den vier oder fünf Tokioter Megastores nie jemanden gesehen.

Natürlich darf man daraus, daß es mit der etablierten Kunst und Literatur in Japan ständig bergab geht, nicht schließen, daß sich niemand mehr in der japanischen Gesellschaft mit Kunst auseinandersetzen will. Sumiko Haneda, derzeit (und bisher) die einzige Filmregisseurin des Landes, hat uns eine Fülle von überwältigend unkonventionellen und aufrichtigen Bildern alter Menschen in Japan beschert. Aufnahmen von Alzheimer-Patienten und aus Pflegeheimen in Skandinavien und Australien, Bilder von Japans ältesten, um die Jahrhundertwende geborenen Gewerkschaftlern und einem der ältesten und bedeutendsten Kabuki-Schauspieler folgen einander. Dieser neueste Film ist elf Stunden lang, doch er hat eine begeisterte Anhängerschar, die täglich größer wird. Die Regisseurin hat mir von einem neuen Werk erzählt, das kurz vor dem Abschluß steht; der Film handelt von einem kleinen Dorf, dessen Bewohner beschließen, aus eigenen Ressourcen und in eigener Verantwortung ein Pflegesystem für die Alten aufzubauen. Allmählich findet Hanedas Kunst zu Hause wie auch im Ausland mehr Anerkennung, und sie ist das beste Gegengewicht zum allgegenwärtigen Pessimismus.

Yuko Tsushima, eine der ernsthaftesten japanischen Schriftstellerinnen unserer Tage, brachte kürzlich bei Gallimard eine französische Übersetzung volkstümlicher Yukara-Dichtung der Ainu heraus, eines Eingeborenenvolkes auf Hokkaido. Es kommt heute nicht mehr oft vor, daß vielbeschäftigte japanische Schriftsteller Zeit und Energie für eine Literatur der Minderheiten aufwenden. Und keiner weiß Tsushimas Mühen zu schätzen. Drei ihrer Bücher wurden ins Englische übersetzt und zwei davon sind nicht mehr lieferbar. Es gibt überhaupt nur noch sehr wenige englische Übersetzungen japanischer Bücher auf dem Markt. Natürlich kann es auch gut sein, daß die japanische Gegenwartsliteratur dem Rest der Welt einfach nichts zu sagen hat – genausowenig wie den Japanern selbst. »Ich muß trotzdem weiterschreiben«, sagt Tsushima mit einem Lächeln.

Die Straßen sind voller Menschen. Das liegt daran, daß die Häuser meistens häßlich und unbequem sind, und dies ist auch wiederum der Grund dafür. Japanische Wohnungen sind in der Regel klein. Doch selbst die größeren Häuser haben oft keinen Platz für ihre Bewohner, denn sie sind vollgestopft mit Konsumgütern, die keiner konsumiert. Nur selten sieht man einmal einen Strauß Blumen oder ein gerahmtes Bild, als ob die meisten so etwas für unnötigen Zierat hielten. Statt dessen sind die Menschen ständig unterwegs; sie kaufen nicht immer, aber sie sehen sich um. Die großen Tokioter Bauwerke sind chaotisch, sie sprühen vor Widersprüchlichkeit, Einfallsreichtum und Lebendigkeit. Es gibt zum Beispiel einen Shinto-Schrein, dessen untere Stockwerke von Restaurants und Kneipen eingenommen werden. Die größeren architektonischen Projekte – wie etwa die gigantische Vorstadt Shinjuku mit Kenzo Tanges imposantem Rathaus als Mittelpunkt oder das Vorstadtprojekt Bayside, Tokios Antwort auf die Londoner Docklands – erscheinen in ihren Ausmaßen und ihrer Leblosigkeit beängstigend. Ein in Shinjuku neueröffneter Warenhauskomplex lockt die ersten Kunden an, doch das weitläufige Bayside ist fast menschenleer.

Ich besuchte den Architekten Arata Isozaki und dessen Frau, die Bildhauerin Aiko Myawaki und saß in ihrem eleganten Wohnzimmer mit Blick auf den üppigen grünen Garten. Aiko schenkte mir einige ihrer neuen Zeichnungen, zart und überraschend traditionell. Iso gegenüber lobte ich Rafael Viñolys neuerbautes »Tokyo International Forum«. Die himmelwärts strebenden Stahl- und Glasformen haben etwas verschwenderisch Provokatives, und zwischen den abweisenden Schachteln, in denen die Verwaltungen der großen Konzerne sitzen, haben sie als einzige etwas Einladendes. »Das Forum hat 1,5 Milliarden Dollar gekostet«, antwortete er nachdenklich, »genausoviel wie das Rathaus. Es ist eins von den fünf ›sodai gomi‹, die unsere Stadtregierung in der Zeit des ökonomischen Strohfeuers gebaut hat.« Der Ausdruck heißt soviel wie »fettes Schwein«, die sprichwörtliche Bezeichnung einer Ehefrau für ihren Mann im Ruhestand. Iso erklärte, daß er nichts gegen Viñolys Architektur hat, nur etwas gegen die Kosten. Irgendwo schreibt er, daß Tokio keine Konturen habe und daß jedes Bauwerk mit Charakter in der formlosen Masse versinken werde.

An diesen warmen Nachmittagen im Dezember sind die Leute ganz damit beschäftigt, Weihnachtsparties vorzubereiten und Neujahrsgeschenke zu kaufen. Aber zwischen den dichtgepackten grimmigen Massen sieht man immer irgendwo jemanden, einen Mann oder eine Frau, atemlos laufend, als ob er oder sie unbedingt noch einen Zug erreichen müsse, und immer nur haarscharf dem Zusammenstoß mit langsameren Passanten entgeht. Zumindest diese scheinen zu wissen, wohin sie wollen.

Edgar Honetschläger

Dieser Film wird oder sollte das letzte Kapitel meines Aufenthalts (meiner Nach-Forschungen?) in Japan und meines Reisens überhaupt sein. Er wird das dritte Bein des Stativs sein, auf das gestützt ich eine letzte Aufnahme werde machen können. 1) *Schuhwerk* (Gipsabdruckprojekt), 2) *Stuhlprojekt* (ich schickte Ihnen ein Video) 3) *MILK*.

Nachdem ich dieses Projekt zu Ende gebracht habe, werde ich meine Odyssee wohl für eine Weile beenden – dreieinhalb Jahre in den USA und fast vier Jahre in Japan sind genug. Im Grunde sehne ich mich nach Europa und werde wahrscheinlich im November auf „meinen Kon-

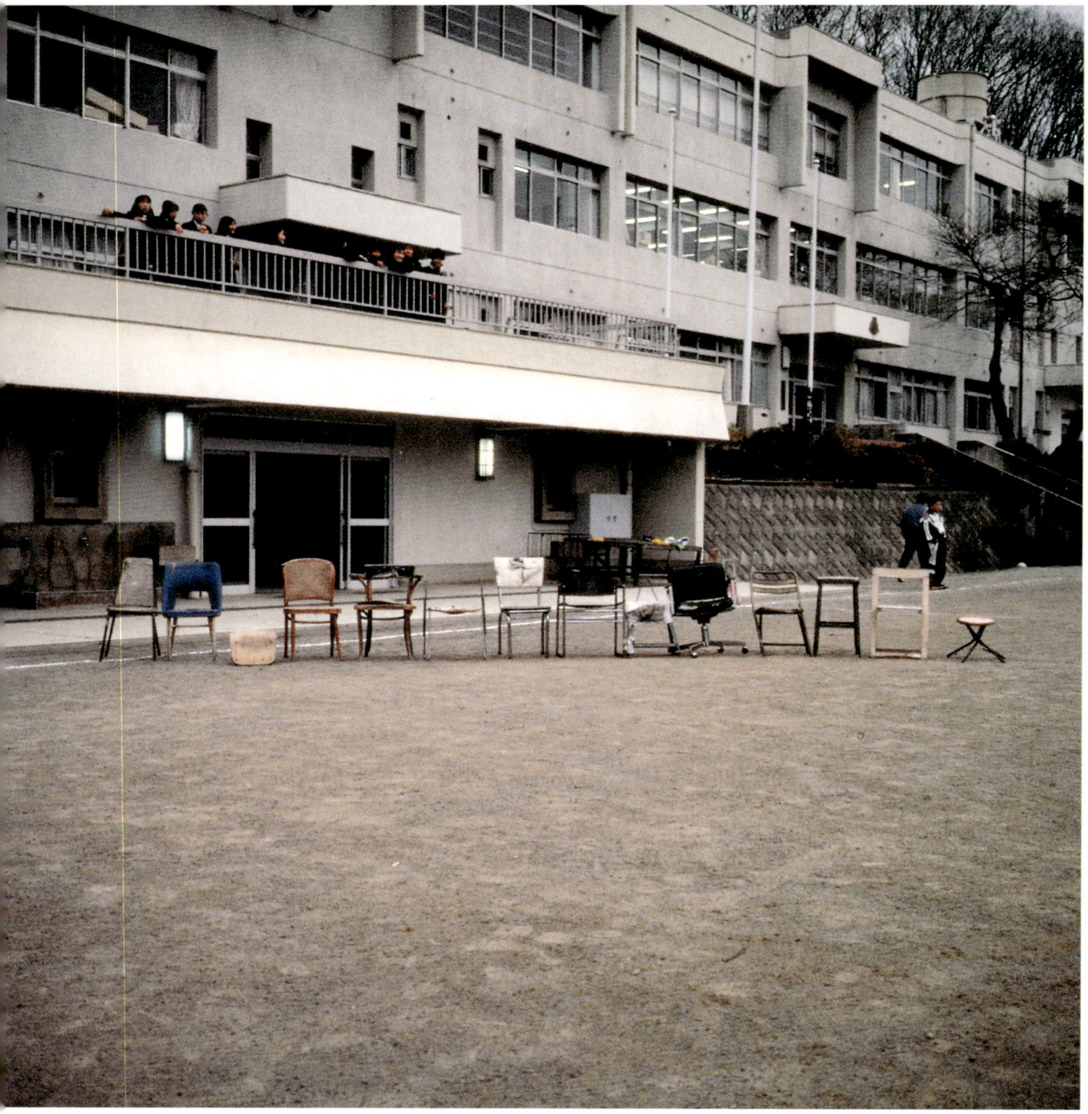

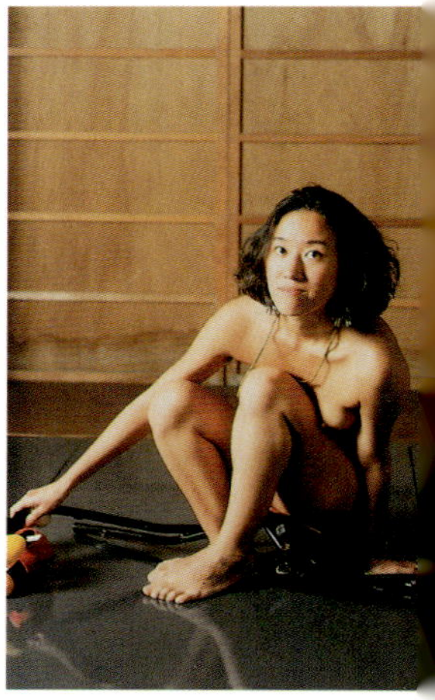

tinent" zurückkehren, wo ich Wien als Basis benutzen werde – ich habe dort drüben eine Menge zu tun. Ich habe Material darüber gesammelt, wie Europa von anderen Ecken der Welt aus gesehen wird, und ich möchte diese Sehweisen in meine zukünftige Arbeit einfließen lassen.

Doch nun ein paar Bemerkungen zur Intention dieses Films: Japan ist ein merkwürdiges Land. Ein Land, das, wie es sich heute darstellt, tatsächlich jünger ist als Amerika. Es ist ein Land mit einer sehr verworrenen Identität oder vielleicht sogar gar keiner. Den Japanern ist es gelungen, sich selbst zu kolonisieren – und sind dabei gründlicher kolonisiert worden als die anderen asiatischen Länder, die direkt das Opfer europäischer Kolonialmächte wurden.

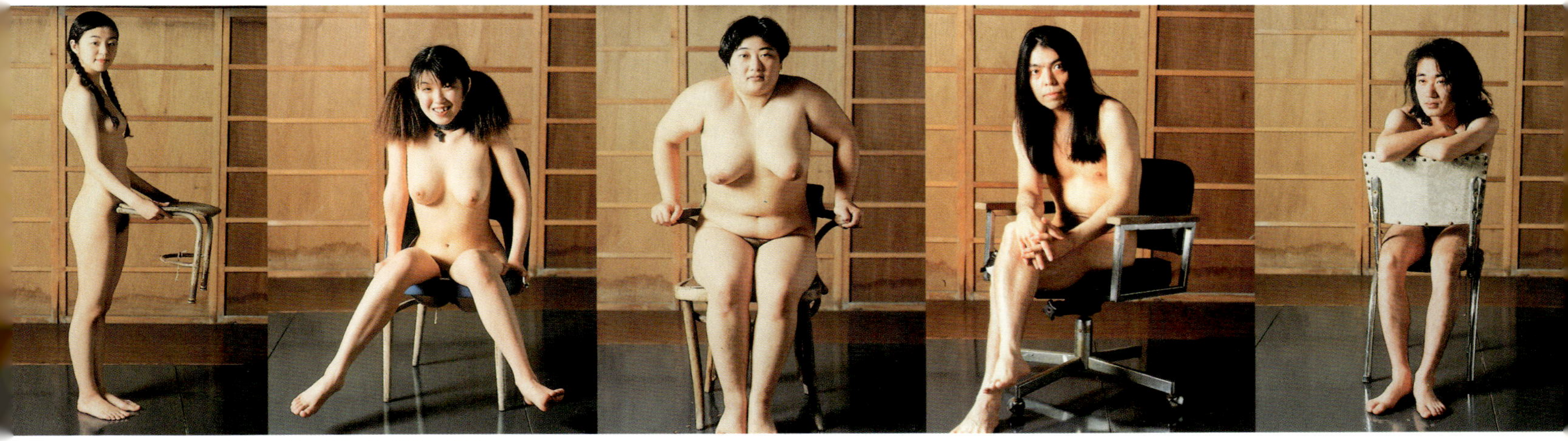

Edgar Honetschläger, 97 - (13+1), 1994–1997

Es gibt zwei wesentliche Einschnitte in der japanischen Geschichte. Der eine ist die MEIJI-Restauration am Ende des 19. Jahrhunderts. Japan hatte sich während der dreihundertjährigen Schogun-Zeit gegen alle ausländischen Einflüsse abgeschottet und wurde dann von den Amerikanern im wahrsten Sinne des Wortes aufgebrochen. Damalige radikale Neuerer forderten sogar, daß die Japaner ihre Sprache und ihre Schrift aufgeben und die Sprache der Zukunft übernehmen sollten – Englisch. Wieder einmal war es die technologische Überlegenheit des Westens, die eine »minderwertige« Nation in die Knie zwang und zur Preisgabe ihrer Tugenden verführte. Noch verheerender für das japanische Volk war der Zweite Weltkrieg, nach dessen Ende Tausende von Japanern kollektiven Selbstmord begingen, weil sie wußten, daß dies auch das endgültige Ende eines Systems war, das sogar noch in der ersten Hälfte des 20. Jahrhunderts dominiert hatte – sie wollten einer Neuorganisation der Gesellschaft nicht im Wege stehen und die junge Generation nicht daran hindern, neue Wege einzuschlagen. Bis dahin hatten die Japaner die christlichen Eindringlinge für Barbaren gehalten, da sie deren Materialismus im Vergleich zu ihrer auf dem Konfuzianismus und einem strengen Ehrenkodex basierenden Weltanschauung für minderwertig hielten.

Heute ist Japan in meinen Augen ein kommunistisches Land mit einem kapitalistischen Antlitz. Für jeden wird gesorgt, jeder bekommt eine Arbeitsstelle, doch das Volk als Ganzes ist arm. Alles Geld ist in den Händen der Regierung, der großen Firmen und der Mafia – die zusammen einen Block bilden. Schuld daran sind im wesentlichen die amerikanischen Interessen. Den USA gelang es, einer einzigen Partei die Führungsrolle zuzuspielen, der LDP, die Japan seit dem Ende des Zweiten Weltkriegs regiert – einer Partei korrupter alter Männer, die enge Beziehungen zur Mafia unterhalten. Auch heute noch ziehen sie die Fäden, denn sie haben ein Erziehungssystem installiert, das die Menschen im Dunkeln läßt. Zu den Unterdrückungsmechanismen in diesem Land gehören auch die horrenden Preise – die von den internationalen Geldmärkten manipuliert werden, wo ebenfalls die Amerikaner den Ton angeben. Es würde sich lohnen, dieses Thema weiter zu vertiefen, doch würde mich das zu weit von dem abbringen, was ich hier kurz zusammenfassen möchte. Wir denken, die Japaner sind reich, weil sie als Touristen eine Menge Geld ausgeben. Doch da sie jedes Jahr nur etwa eine Woche Urlaub haben und das ganze Jahr für diesen einen Urlaub sparen, ist es kein Wunder, daß sie als Musterschüler des Materialismus, wenn es soweit ist, dann auch eine Menge Geld ausgeben. Zuhause leben sie jedenfalls in Kaninchenställen und finden niemals die Zeit, um über ihr Leben nachzudenken. Der Wohlstand dieses Landes ist niemals auf seine Menschen übergegangen. Die meisten Japaner reagieren auf Menschen aus dem Westen mit einer Mischung aus Minderwertigkeitskomplexen und Arroganz. Der Westen setzt bis heute die Maßstäbe für »Schönheit« (wie Menschen aussehen sollten) und technologisches »Know-how«. Die japanische Arroganz speist sich aus einer mehrere tausend Jahre alten Kultur, die die Japaner stets als Joker ziehen, wenn ihre Einstellung gegenüber dem Westen zur Debatte steht.

Was Roland Barthes vor gut dreißig Jahren schrieb, besitzt heute kaum noch Geltung. Seine Beobachtungen über Japan sind in Anbetracht der Tatsache, daß er nur sehr kurze Zeit in diesem Land verbracht hat, ganz schön und nicht ohne Scharfblick, doch er neigt, wie die meisten Leute aus dem Westen, dazu, ein Land zu romantisieren, das rätselhaft erscheint – besonders Fremden, die es niemals besucht haben oder nur eine ganz kurze Zeit dort waren. Gewiß, die Zeichen und die Schrift, die sie hier verwenden, bringen auch andere Metaphern hervor und verlangen eine andere Art von Verständnis, doch die so populäre Mystifizierung Japans verstärkt nur noch die im Westen nur allzu willkommenen Mißverständnisse über Japan. Und die Japaner selbst tun alles, um die Vorurteile und Klischees des Westens zu bestätigen. Die Erotik in der japanischen Literatur zum Beispiel versucht – abgesehen von den infantilen Mangas –, ein Bild von der verborgenen libidinösen Abgründigkeit der Japaner zu entwerfen. Für mich ist dieses Bild bloß die Sublimierung von etwas, das überhaupt nicht existiert. Beide Hemisphären propagieren ständig dieses Bild – doch wie sollten die Menschen in einem System, das so rigide und körperunbewußt ist wie das japanische, etwas entwickeln können, das mehr als nur ein Wunschtraum ist? Sie sind, wie man an ihrer ganzen Geschichte sehen kann, Meister des Masochismus – sie machten den Selbstmord zu einem kunstvollen Werkzeug des Dienstes an der Gemeinschaft (Maurice Pinguet), und heute sterben sie an ihren Schreibtischen an Überarbeitung.

Die Japaner haben sich angewöhnt, sich selbst nicht mit ihren eigenen Augen zu betrachten, sondern mit Augen, die ihnen die Menschen aus dem Westen eingepflanzt haben, und ihre diktatorische Welt ist vollgepackt mit Paradigmen, die ihren Ursprung nicht in ihnen haben.

MILK

Seiner Form nach ist der Film sehr flach – er hat keine Höhepunkte, wie sie in der westlichen Tradition üblich sind. Er beginnt irgendwo, ohne seine Figuren wirklich einzuführen oder zu entwickeln, und endet ohne einen wirklichen Abschluß zu finden, ohne daß aus ihm etwas folgte. Vie-

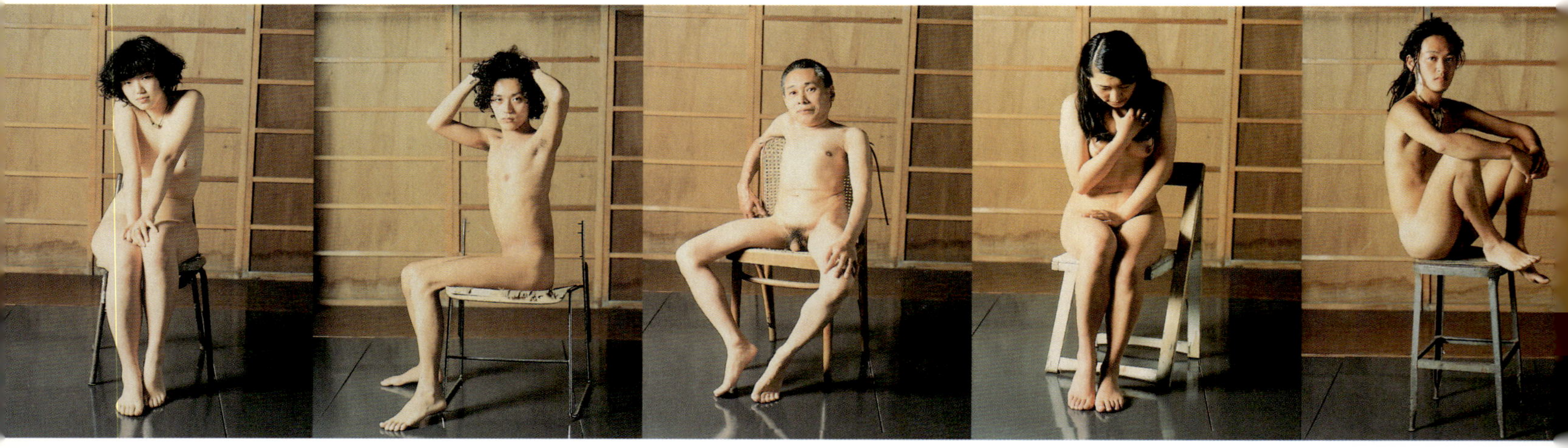

le Sequenzen ergeben in ihrer Verknüpfung ein Muster, das im Ganzen einen Film ergeben sollte. Das Drehbuch ist so einfach wie möglich, nicht mehr als ein Grundkonzept für die Dreharbeit – es wird viel Improvisation geben, und ich habe Schauspieler ausgesucht, die überraschende Wendungen im Ablauf garantieren. Der Film wird schlicht sein und sich der Extreme zu enthalten versuchen, die in einer globalen Gesellschaft, die in Langeweile erstickt, so heiß begehrt sind. Er beobachtet sorgfältig etwas Offensichtliches – so ähnlich, wie man einen Eisberg betrachtet, bei dem man anhand des aus dem Wasser ragenden Teils seine Gesamtgröße berechnen kann. Yanaka, die Altstadt Tokios, mit ihren vom tumultuarischen Alltagsleben und dem Kommerz umklammerten historischen Schauplätzen, wird zu einer Hauptfigur des Films.

Milch steht für die Verwestlichung Japans – Milchprodukte haben erst durch die Europäer und Amerikaner Einzug auf den japanischen Archipel gehalten. Die allererste Szene macht das durch ihre Symbolik sehr deutlich. Die Amerikanerin versucht auf einem intellektuellen Wege zu einem Verständnis zu gelangen, doch sie begreift nicht, daß der »Logos« oder die Ratio kein geeignetes Mittel ist, um einen Schlüssel zu diesem Land zu finden. Der Europäer stolpert zwar naiv durch die japanische Wirklichkeit, doch irgendwie gelingt es ihm, eine Ahnung davon zu erhaschen, worin das Geheimnis zum Verständnis der so anderen Metaphern liegen könnte. Doch er verfällt dem Mystizismus, und das nur zu gerne, denn er ist so neugierig, daß er seine eigenen Illusionen zu zerstören beginnt. Die Japanerin ist völlig verwirrt, in ihr spiegelt sich der Mangel an Identität am meisten wider. Sie ist eine Art Micky Maus – ein Symbol, das die Japaner inzwischen mehr lieben als die Amerikaner. Sie ist irgendwann einmal vergewaltigt worden, und das hat sie geprägt, daher hat sie ihre Macken, und das erklärt auch ihr Verstecken vor der Realität. Der Jogger ist eine Karikatur der breiten Masse japanischer Gehaltsempfänger – er zerbricht unter der Last des Systems, doch in Übereinstimmung mit ihm tut er stets so, als wäre alles in Ordnung. Der Film ist ohne jeden Zusammmenhang, er zieht keine Folgerungen, es gibt keine Gewalt, keinen Sex, keine Leidenschaft, vielleicht seitens des Europäers so etwas wie Besessenheit, doch es läßt sich nicht ausmachen, woher sie kommt und wohin sie führt, und es ist nur schwer herauszubekommen, worauf sie abzielt. Die Charaktere bilden ein seltsames Viereck, das individuelle Sichtweisen repräsentiert und in keiner Weise ein Handlungsgefüge konstituiert.

Was geben wir einer Kultur, wenn wir sie »besuchen«, und was nehmen wir ihr allein schon durch die Tatsache unserer Anwesenheit? Und macht uns »Internationalisierung« nicht zu jemand, der selbst im eigenen Land im Exil lebt? Das sind zwei Fragen von den vielen, die der Film aufwirft.

Aus einem Brief an Catherine David, im Herbst 1996.

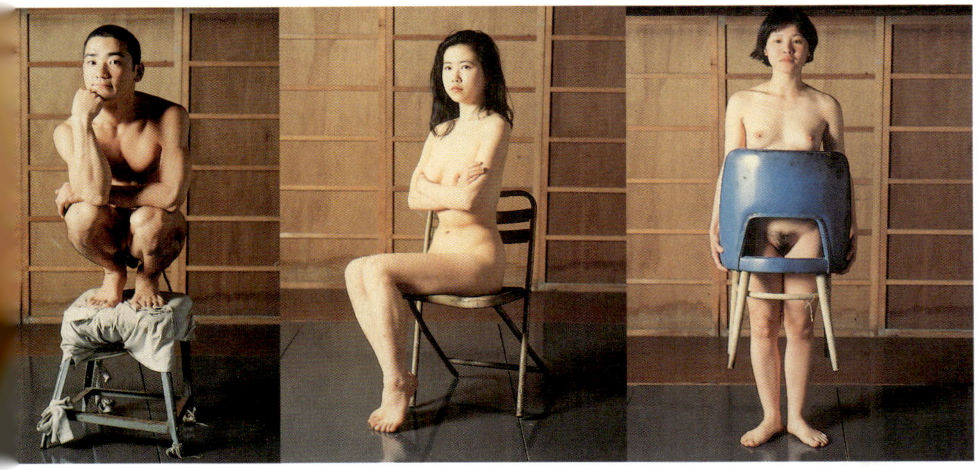

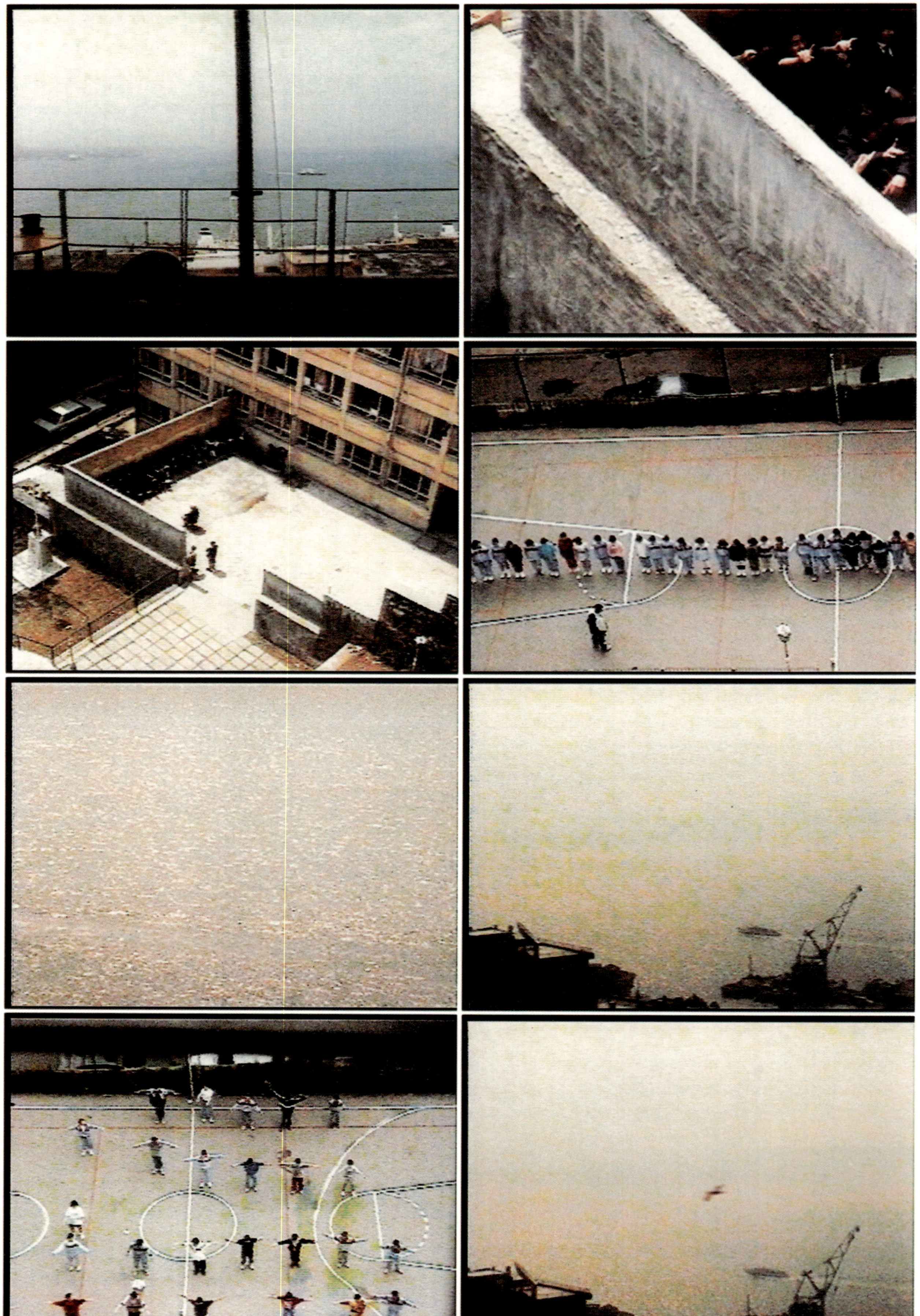

Danielle Vallet Kleiner, Istanbul – Helsinki (La traversée du vide), 1997

Jean-Marie Chauvier
Die UdSSR 1990, eine Gesellschaft in Bewegung

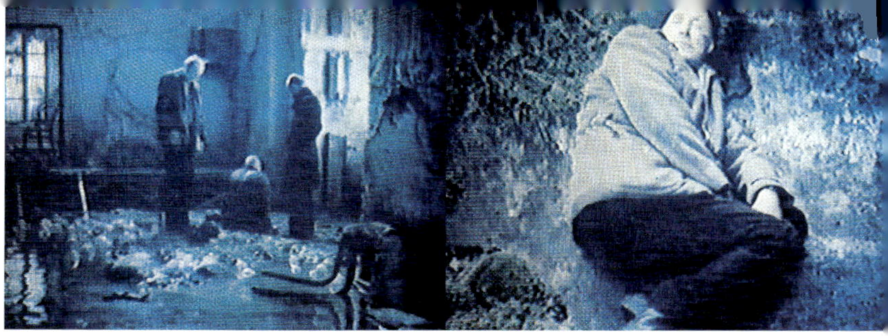

Andrej Tarkowski, Stalker, 1980

Mit Worten lassen sich die Gefühle, die erschütterte Moral nicht beschreiben, die Ende der 80er Jahre durch die ans Licht beförderten stalinistischen Verbrechen provoziert wurden – welche? Diese Formulierung sagt zu wenig über die menschlichen Verluste, die geistigen Schäden, die kollektiven Neigungen, die verlorenen Illusionen und den eitrigen Abszeß des verdrängten Stalinismus. Vor zehn Jahren war es »zu früh«, die stalinistischen Verbrechen zu betrachten: das Volk war dafür nicht reif. Man verdrängte im allgemeinen Einverständnis. Zehn Jahre später wäre es zu spät gewesen, um den letzten lebenden Zeugen, den körperlich Gezeichneten anzuhören. Gegen Ende der 80er Jahre wird es höchste Zeit, den Abszeß aufzuschneiden. Schließlich wird durch einen der Geschichte und diesem Land eigenen Widerspruch von derselben kommunistischen Partei, die Stalin dreißig Jahre lang führte, zur »Gerechtigkeit« aufgerufen, um diejenigen zu rehabilitieren, die schon verzweifelten, mitunter diese Partei der Schmach preisgaben und die heute, wenn nicht zur Rache, dann doch zur Wiedergutmachung aufrufen – und zur nationalen Buße.

Dies ist kein – nicht nur oder noch kein – Historikerstreit. Es ist eine Flut schrecklicher Entdeckungen, Erzählungen über zerstörte Schicksale, lang zurückgehaltene Wut, hervorgezogene Photos der Eltern und der verlorenen Freunde, über die eigentliche Wahrheit, die es herauszuschreien gilt. Es ist, was kalte und distanzierte Beobachter oder besorgte »Verantwortliche« mit »Abrechnungen« oder »Exzessen« der Glasnost bezeichnen. In Wirklichkeit weist eine Moskauer Wochenzeitung nicht nur auf einen Skandal hin, sondern dreht das Messer in der Wunde noch einmal um, wenn sie »den größten Kriminellen aller Zeiten« empört anbellt, den man noch im berühmten Mausoleum des Kremls aufzubewahren wagt.

Tatsächlich erreicht der Streit um Stalin weder die »Henker« noch die »Opfer«. Daß von den Henkern und den Folterknechten noch einige widerwärtige Figuren am Leben sind, daß ein Molotow und ein Kaganowitsch – beides bekannte Befehlshaber von Erschießungskommandos – das Ende ihrer Tage in finanziell gesichertem Ruhestand verbringen konnten, daß keine weiteren noch lebenden Massenmörder aufgestöbert wurden, all dies trägt zur Schande des Landes bei, zu seiner moralischen Verwesung. Und fordert Gerechtigkeit. Jedoch steckt dieses Land eher in einer Identitätskrise, als daß es ein Problem mit unbestraften Kriminellen hat (was vor zehn oder zwanzig Jahren hätte gelöst werden können, als noch zahlreiche direkt für die stalinistischen Verbrechen Verantwortliche am Leben waren). Besonders die älteren Generationen haben ein schlechtes Gedächtnis, das sie heute wiederfinden müssen.

Stellen wir uns vor, daß schon 1945 in Paris, London, Brüssel, New York zur Hetzjagd gegen »den größten Kriminellen« aufgerufen worden wäre. Wut hätte sich breitgemacht. Identifizierte man Stalin denn nicht mit Stalingrad und dem Sieg über den Nazismus? Nun bewahrten aber viele Sowjets – selbst einige Opfer des Stalinismus – sein Bild als das des Siegers, des Erbauers, des Vaters. Trotz allem. Darüber hinaus ist nicht allein die Person Stalins in Frage gestellt. Es ist eine Vielzahl von Einzelschicksalen. Liudmila Gurtschenko kultiviert keine »stalinistische Nostal-

Jean-Marie Chauvier
UdSSR-Rußland 1991–1996: Gesellschaften in Bewegung

Seit Jahrzehnten verändert und bewegt sich die sowjetrussische Gesellschaft unablässig. Ihre überwältigende und zutiefst erschütternde Sozialgeschichte ist gekennzeichnet durch die Umwälzungen des Ersten Weltkriegs, die Revolution und den Bürgerkrieg, den Wiederaufbau in den 20er Jahren, die gewaltsamen stalinistischen Veränderungen in den 30er Jahren, den Krieg von 1941–1945 und den folgenden Aufbau sowie die zunächst schnelle, zunehmend stockende und letztlich gestoppte Entwicklung.

Binnen weniger Jahrzehnte wurde eine Agrargesellschaft aus der Leibeigenschaft und aus ihrer traditionellen dörflichen Gemeinschaft gerissen, wurde eine hauptsächlich ländliche Bevölkerung in eine industrielle, städtische Welt gestoßen. Diese ebenfalls kulturellen Wandlungen setzen sich in weniger starkem Rhythmus von den 50er zu den 70er Jahren fort.

Die Revolution in sowjetischen Städten und im Bildungsbereich hebt zweifelsohne den Lebensstandard an und deckt kollektive soziale Bedürfnisse, sammelt jedoch zugleich »Zeitbomben« infolge eines stets extensiven und auf primäre Bedürfnisse ausgerichteten Wachstums: die (ökologische) Lebensqualität sinkt, das Bildungs- und Gesundheitswesen entsprechen nicht den neuen Anforderungen. Die Unzufriedenheit wächst angesichts der schlechten Bedingungen im städtischen Leben, in dem zahlreiche Güter und unabdingbare Dienstleistungen fehlen, die die nicht auf Marktprinzipien basierende Wirtschaft unfähig ist zu liefern. Das »sowjetische Modell« gerät außer Atem. Seit Mitte der 70er Jahre stagniert es. Aus dieser Zeit (50er bis 70er Jahre) stammt ein Großteil der Infrastruktur, der Fabriken, der

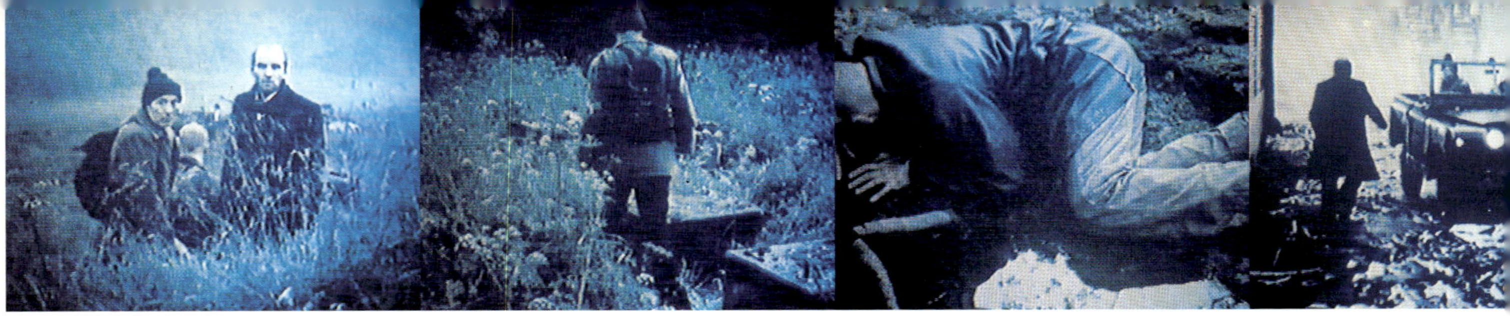

Andrej Tarkowski, Stalker, 1980

gie«, wenn sie an die Musik der 30er Jahre erinnert. In mehreren der besten Filme der letzten Jahre überträgt sie als Schauspielerin die inneren Schwingungen einer Generation, die an Stalin glaubte, die mit ihm oder trotz seiner kämpfte, die sich vielleicht »nichts vorzuwerfen« hat, außer einem kollektiven Fehler, dieser mangelnden Klarsicht, dieser geistigen Verwirrung, in der sie sich verlor. Die gegenwärtige Anklage des Stalinismus überträgt sich für viele sehr konkret in eine »Lebensbilanz«, eine schmerzhafte Gewissensprüfung.

Wir können uns den Schockzustand vorstellen, wissen wir doch von vielen, die sich bequem im Vergessen zurückzogen, in der Idealisierung der Vergangenheit, und kennen wir doch das berühmte »Gleichgewicht«, demzufolge letztlich dennoch ein Land aufgebaut und ein Krieg gewonnen wurde. Demzufolge auf den Schultern der UdSSR »das Schicksal der Menschheit« lastete – zu welchem Preis auch immer –, welche durch die UdSSR von der Barbarei der Nazis befreit wurde.

Überraschend war, daß das (seltene) Erscheinen Stalins begeistert begrüßt wurde – auf der Leinwand der Dokumentarfilme, bei öffentlichen Ansprachen und noch im Mai 1985 zum 40. Jahrestag des Sieges. Sicher zogen viele die Bremse und widerstanden dieser Verherrlichung. Entgegen westlichen Pressestimmen wurde Stalin übrigens ausschließlich – und dies sehr zurückhaltend – in seiner Rolle als Militärchef der UdSSR während des Zweiten Weltkriegs rehabilitiert (der er zweifelsfrei war). Immerhin.

Genaugenommen führte das »Stalin-Tabu« in eine unter Breschnjew willentlich gewählte Sackgasse. Hätte man erneut die Akten geöffnet, hätte Gefahr bestanden, den Staat zu erschüttern, die Partei mitsamt ihrer Geschichte in Frage zu stellen. Vernünftigerweise konnte man den Ex-Gott nicht mehr auf seinen Sockel zurückstellen, sonst hätte man andere Dinge zum Wanken gebracht: Millionen Sowjets, Kader und hochrangige Militärs akzeptierten das Schweigen über Stalin nur als das geringere Übel, als den Preis für die Ruhe. Das war der Kompromiß; man sollte ihn zumindest respektieren.

Niemand war darauf gefaßt, daß dieses Tabu so schnell gebrochen würde. 1985 forderte die sich soeben abzeichnende Perestroika eher eine vorsichtige Handhabung der Akten zur Vergangenheit. Zunächst hielt sich Gorbatschow daran. Sagte er doch im Juni 1986: »Man soll die Wunden nicht wieder aufreißen.« Die Wunden wurden wieder geöffnet. Kaum äußerte der Parteichef diese Worte, schrieb auch schon eine Wochenzeitung: »Stillschweigen (...) kann der Gesellschaft nicht helfen. Indem die durch staatliche Verbote erzeugten Lücken gefüllt werden (...), vermag das Volk sich von der Vergangenheit zu trennen, lachend und im Schmerz. Wichtig ist, daß dieses Lachen und dieser Schmerz offen ausgelebt werden.« In den folgenden Monaten gab es mehr Schmerzen als Freude. Eine Publikationswelle über den Terror rollte auf. Verbotene Bücher über die Vergangenheit – ihnen voran Achmatowas *Requiem*, das an das Martyrium russischer Frauen von 1937 vor den Gefängnispforten erinnert. Auch die Romane Alexander Beks und Wassili Grossmans

Maschinen, der Kanalisation, der Transportmittel und der noch heute benutzten Wohnungen, die unaufhörlich altern. Der Druck (und die Niederlage) des militärischen Wettlaufs mit dem Westen betonte und bestimmte diesen fatalen Niedergang.

In der Welt der Arbeit, der Kultur und der Ideen, die der Kontrolle der Einheitspartei zunehmend entgleitet und unterschiedliche wie destabilisierende Hoffnungen offenlegt, befindet sich die Gesellschaft »in Bewegung«.

Hierauf versucht die »Perestroika« (1985–1991) zu antworten; nicht ohne positive Ergebnisse (»Glasnost«, die Bürgerbewegungen), jedoch ohne das alte System durch ein neues, lebensfähiges ersetzen zu können.

Die »Revolution« Boris Jelzins bahnt dem Kapitalismus einen alternativen Weg, der unvermeidlich erscheint, da es keinen praktikablen »dritten Weg« gibt und da die Reformen dem Druck zweier zusammenlaufender Kräfte unterliegen werden: der des Weltmarkts und der internationalen Finanzinstitutionen und der der Nomenklatura und der Geschäftemacher, die ungeduldig darauf warten, den »großen Sprung« zu vollziehen, der sie zu der neuen besitzenden Klasse machen wird.

Diese Wende besteht aus drei wesentlichen Ereignissen: die von Moskau veranlaßte Auflösung der UdSSR, die Rußland die »Herrschaft« über einen Großteil der Reichtümer der UdSSR im russischen Gebiet sichert; die »Befreiung der Preise«, die Rußlands Einkünfte aus Öl- und Gaserträgen vervielfacht und die Neuverteilung des Gewinns ermöglicht; die Privatisierungen, dank derer der öffentliche Besitz zu interessanten Preisen in die Hände seiner ehemaligen Verwalter und des entstehenden Finanzkapitals übergeht. Die damalige, der Korruption und dem Schwarzmarkt verbundene »Parallelwirtschaft« nutzt diese Gelegenheit, um ihre Geldanlagen zu waschen, um ihr schwarzes Kapital zu legalisieren, das sich auf Grund ultraliberaler Entscheidungen, dem Nichtstun von Staat und Fiskus mit Hilfe von kriminellen Organisationen und hochstehenden Komplizenschaften in allen Bereichen einnistet.

Diese drei Aspekte verursachen die teilweise absichtliche (und darüber hinaus: unabsichtliche) Abnahme der industriellen und landwirtschaftlichen Produktion – das Staatseinkommen Rußlands und das der meisten sowjetischen

erschienen – der Letztgenannte diskutiert in *Leben und Schicksal* die Ähnlichkeiten zwischen Faschismus und Stalinismus. Auch neue Bücher, wie *Die Kinder von Arbat* von Anatoli Rybakow, das zum politisch-literarischen Ereignis wurde und von 1987 bis 1988 häufig kommentiert werden sollte. Das Raunen schwoll an, bis das Unsagbare ausgesprochen war: die »Verräter« der Prozesse von 1936 bis 1938, Bucharin, Zinowiew, Kamenew, Rykow und andere hingerichtete und aus den Geschichtsbüchern verbannte Gefährten Lenins, und selbst Trotzki, der »Teufel«, aus stalinistischer Sicht die Verkörperung des Judas. All diese auf ewig verfluchten Namen wurden erneut ausgesprochen, vielleicht im Guten, vielleicht indem bestimmte von ihnen rehabilitiert wurden. Kaum zeichneten sich im Herbst 1987 die Vermutungen ab, leitete der Oberste Gerichtshof der UdSSR schon das Verfahren zur Rehabilitierung der Opfer der großen Prozesse ein. Dennoch empfahl Gorbatschow noch im November 1987 eine maßvolle Bewertung der Geschichte, obwohl er die stalinistischen Verbrechen verurteilte. Es gab keine »Bemessungsgrundlage« für die Prozesse. Nur während der acht Monate nicht, in denen man den ergreifenden TV-Dokumentarfilm über den Terror im Fernsehen blockierte (der schließlich im Mai 1988 doch gesendet wurde). *Prozeß* ist ein Film in der Folge von *Mehr Licht*, eine Montage von Archivbildern, die zum ersten Mal den Fernsehzuschauern das Gesicht Trotzkis in seiner Rolle als Revolutionsführer bot. Der *Prozeß* rief einige alte Bolschewiken in den Zeugenstand. Die Witwe Bucharins las das ergreifende Testament vor, das ihr »das Lieblingskind der Partei« (Zitat Lenin) aus dem Gedächtnis kurz vor seiner Hinrichtung 1938 diktiert hatte.
Schockierende Bilder.
Binnen weniger Monate wurde das Gebäude jahrzehntealter offizieller Geschichtsschreibung zerstört. Mehrere hundert Millionen Schriften, Handbücher und Broschüren wurden plötzlich disqualifiziert. Die Jugend erfuhr, daß sie in der Schule täglich belogen wurde, und wenn sie es nicht schon wußte oder witterte, wurde sie in ihren Vorbehalten bestätigt. Zum Sommeranfang 1988 wurden die Prüfungen in Geschichte gestrichen. In Erwartung neuer Lehrbücher. Jedoch wie sollte man sie redigieren, wo doch alles so schnell ging?
Juri Afanassiew wird zum Sprecher dieser erschütternden Revision, die im Eiltempo abgewickelt wird. Er ist Rektor der Moskauer Archive und des Instituts für Geschichte.
In seinen Augen handelt es sich um ein Problem von »Sozialökologie«. Die Stummheit stellt nicht nur für die Geschichtswissenschaften eine Wunde dar, sondern auch im gesellschaftlichen Gewissen: »Oft bilden wir Leute aus, deren einzige Lebensregel darin besteht, niemandem zu glauben.« Verantwortung gegenüber der Geschichte zu verweigern, zieht Verantwortungslosigkeit im täglichen Leben nach sich: »Unsere Fürsorgebedürftigkeit, unser Mangel an Unternehmungsgeist, unsere apathische Moral, unsere Arroganz und unsere Unbekümmertheit, unser mangelndes Verantwortungsbewußtsein finden hier ihren Ursprung (...). Mangelt es an geschichtlichem Verantwortungsbewußtsein, hapert es früher oder später auch im wirtschaftlichen und moralischen Bereich.«
Die heftigen Vorwürfe Afanassiews (der ein Dogma nach dem anderen zerschlug und die gesamte Produktion der offiziellen Geschichtsschreibung diskreditierte) werden, wie man sich vorstellen kann, bei weitem nicht von allen etablierten Historikern geschätzt. Manche von ihnen – ehrenwerte Forscher – befürchten, daß dies Geschrei nicht viel mit Geschichtswissenschaft zu tun hat und nur zur Rechtfertigung einer politischen Wende angestimmt wird, der Stalin als Sündenbock dient.

Ex-Republiken fiel unter die 50-Prozent-Marke des Einkommensniveaus von 1989. Die russische Industrie befindet sich auf dem Niveau der 50er Jahre. Der durchschnittliche Pro-Kopf-Verbrauch an Lebensmitteln geht auf den Stand von vor dreißig Jahren zurück. Dabei nimmt der Lebensmittelverbrauch der Reichen selbstverständlich enorm zu – sie versorgen sich durch Importe aus dem Ausland, zum Schaden der heimischen Landwirte. Man muß betonen, daß die Importe aus dem Westen von Krediten aus Westländern gestützt werden, von denen die Verteiler und die Behörden (wie das Moskauer Rathaus) profitieren, indem sie reichlich »Bakschisch« abschöpfen von den deutschen Würsten, dem belgischen Wodka und der Ansiedlung von Immobilien im Zentrum Moskaus und Sankt Petersburgs durch Westfirmen. Ein kleiner Teil der Gesellschaft freut sich darüber. Die Auswirkungen auf den Stellenmarkt und die »Trinkgelder« sind nicht zu unterschätzen.
Zwischen den Branchen und den Regionen entsteht ein Ungleichgewicht. Städte wie Moskau und Sankt Petersburg verfügen über das meiste Kapital und die meisten ausländischen Investitionen, hauptsächlich im Tertiär- und Immobilienbereich. Der »Gazprom«-Sektor profitiert (finanziell und politisch) am meisten vom Export starker Devisen, dessen Gewinn kaum in die Weiterentwicklung des Landes gesteckt und zudem teilweise in ausländischen Banken angelegt wird, ebenso wie die Erlöse der Ausbeutung von Rohstoffen, des Handels und der Spekulationen am Finanz- und Immobilienmarkt.
Etwas mehr als zehn Prozent der ehemaligen Sowjetbürger (vielleicht 50 Prozent der Hauptstadtbewohner) profitierten von diesen Veränderungen, und zwischen ein und zwei Prozent der russischen Bevölkerung (also 1,5 bis drei Millionen) kann man als oft sehr wohlhabende »Neureiche« bezeichnen. Ein Drittel der Bevölkerung rutscht unter eine »Armutsgrenze«, die, der neuen offiziellen Festsetzung gemäß, dem physischen Existenzminimum entspricht. Insgesamt mußten zwischen 1991 und 1996 mehr als 80 Prozent der Bevölkerung den Zusammenbruch ihres Lebensstandards miterleben. Der sinkende Lebensstandard wird von tiefgreifenden Kürzungen in sozialen Bereichen begleitet: der Abschaffung zahlreicher kollektiver Dienstleistungen des alten Systems, der annähernden Mietfreiheit, der billigen Transportmittel und der kommunalen Dienstleistungen, zumindest für die von den »Reformen« schon betroffenen Bevölkerungsteile, sowie der Ausbreitung der Arbeitslosigkeit, von der die Frauen zuallererst betroffen sind.
Zu den Anzeichen dieser furchtbaren Regression gehören: das Sinken der Lebenserwartung (seit 1991 sehr stark,

Boris Kagarlitzki schreibt: »In keiner anderen Gesellschaft lösen historische Ereignisse und Persönlichkeiten Polemiken mit einer solchen Schärfe aus (...). Die Geschichte spielt im Bewußtsein unserer Gesellschaft eine sehr spezifische Rolle, die in der gegenwärtigen westlichen Welt ihresgleichen sucht.«

Diese große Beichte wirft ernste Fragen auf.

Ein Moskauer Ingenieur: »Gab es wirklich nichts Gutes an Stalin? Er befand sich immerhin an der Spitze des größten Staates der Erde und nicht einer Bande Krimineller. Wenn die jüngsten Darstellungen der Presse stimmen, wurden folglich unsere Eltern genauso betrogen wie wir, und unsere Kinder werden weiterhin getäuscht.«

Geständnisse und Fragen klingen aggressiv für diejenigen, die sich gerührt und nostalgisch an die nicht allzu ferne Zeit erinnern, an diesen Tag im März 1953, an dem die gesamte UdSSR (und mit ihr Picasso, Neruda, Aragon, Brecht, China, Hunderte Millionen Menschen auf der gesamten Erde) den Verlust des »Vaters der Völker« beklagten.

Eine Lehrerin: »Als ich von der Schule heimkehrte, verkündete plötzlich eine feierliche und ernste Stimme über Lautsprecher Stalins Tod. Ich begriff nichts. Ich sah die Bestürzung der Leute. Ich war 18 Jahre alt. Ich begann wie wild zu rennen. Die Leute verließen ihre Häuser, strömten kopflos und verloren durch die Straßen, mit Tränen in den Augen. Es ähnelte dem, was man uns am Morgen des 22. Juni 1941 sagte. Frauen weinten am Eingang meines Wohnblocks. Meine Mutter war überwältigt (...). So war es. Heute weiß ich nicht mehr, was ich denken soll. Jede Familie hatte zu leiden. Aber wir liebten ihn. Die Russen sind ein unergründliches Volk, er erzog sie. Er war grausam. Aber gerecht.«

Strafverfolgungen: eine überarbeitete und korrigierte Bilanz.

Bevor wir fortfahren: Auf welche historischen Ereignisse bezieht sich der Streit der Jahre 1987 und 1988 in der UdSSR? Versuchen wir, die Ereignisse präzise zu umschreiben. Zunächst handelt es sich um Repressionen, auf die der 20. (1956) und der 22. (1961) Parteikongreß neues Licht warfen:

– der Mord an Kirow im Dezember 1934, Ausgangspunkt und Vorwand für den »großen Terror«. Ein nach dem 22. Kongreß gebildeter Untersuchungsausschuß schloß bereits auf eine Provokation durch die Polizei unter Polizeichef Yagoda, ohne formellen Beweis, daß sie von Stalin veranlaßt wurde;

– die großen Prozesse der Jahre 1936–1938, der die wichtigsten Gefährten Lenins zum Opfer fielen, wie Bucharin, Zinowiew, Kamenew (Trotzki wurde im Exil in Mexiko ermordet) sowie Hunderttausende von Partei-, Staats- und Polizeikadern und Kadern der Roten Armee (darunter die Marschälle Tuchatschewski und Blücher). Mehr als eine Million Kommunisten sollen zwischen 1935 und 1940 verhaftet worden sein, wovon vier Fünftel Parteimitglieder seit 1917 und davor waren. Unter den Opfern befanden sich 110 der 139 Mitglieder des Zentralkomitees, das auf dem 17. Kongreß 1934 gewählt wurde. Es ist nicht übertrieben, von der Zerstörung der Bolschewistischen Partei zu sprechen als auch von der politisch schon besiegten ehemaligen Oppositionen und von stalinfreundlichen Kadern;

– der Zusammenarbeit mit den Nazis verdächtigt (Wolgadeutsche) oder hierfür kollektiv verurteilt (Krim-Tataren und verschiedene nordkaukasische Völker), wurden ganze Völker deportiert. Sobald bestimmte Sachverhalte unleugbar auf eine Kooperation (mit der Polizei) der Russen und Ukrainer deuten, wird der Tatbestand der Völkervermischung und Deportation als grauenhaft verurteilt. Manche Völker konnten wieder auf heimisches Gebiet zurückkehren, manche nicht.

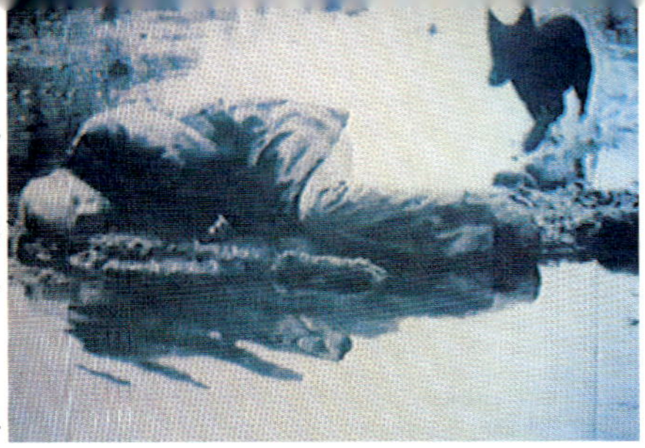

Andrej Tarkowski, Stalker, 1980

obwohl es sich schon vorher abzeichnete; für Männer liegt sie nun bei 57 Jahren), das Ansteigen der Sterblichkeit durch Verbrechen, Selbstmord, neue Epidemien und vor allem durch die Seuche der Alkoholsucht, die unerhörte Ausmaße erreicht. Die Kultur ist auch betroffen. Können sich die Schriftstellerei und die avantgardistische bildende Kunst, ein neues Theater und selbst experimenteller Film dank der Befreiung von der Zensur behaupten, sehen sich die Schaffenden und die Vermittler nun mit den neuen Zensuren des Marktes konfrontiert. Die große Masse der Bevölkerung läßt sich nur noch vom Fernsehen und der von ihm importierten neuen Massenkultur berühren – dies ist die hauptsächliche kulturelle Tatsache der 90er Jahre. Es wird nicht mehr gelesen, und damit brechen die Auflagen der Bücher, der Kulturzeitschriften und der Zeitungen zusammen. Die meisten Filmstudios sind ruiniert und von ausländischen Produzenten abhängig, deren Produktionen sie weiterbearbeiten. Die Kulturen und andere soziale Ausdrucksformen, die sich aus der Opposition gegen das alte System oder die Zensur entfalteten, haben notgedrungen ihre Funktion und ihre Ausstrahlung verloren. Außer durch die ökonomisch behinderte Teilhabe »einfacher Leute« am kulturellen Leben geht das Interesse an der Kultur und am Austausch von Ideen stark zurück, in dem Maße, in dem die meisten Ideen und Utopien, jenseits ihres Marktwerts, immer weniger Raum und Vorschub bekommen.

Die sowjetische Entwicklungskurve fällt seit dem Niedergang in den 70er und 80er Jahren kontinuierlich. Gleichzeitig finden mit der Geburt einer neuen Klasse von Händlern und Unternehmern Veränderungen statt: die Explosion ehemals unterentwickelter Handelsaktivitäten, das Florieren der Werbung, der Photographie, der Videographie, der Mode und der Vertrieb von Luxusartikeln sowie Aktivitäten zur Verschönerung des täglichen Lebens. Ein dynamischer russischer Jet-set zeigt sich auf internationaler Bühne. Die »Neurussen« bieten ein farbiges und verführerisches Bild, das von den Tiefen ihres Landes um Lichtjahre entfernt ist, einem Land, das zunehmend zur »Dritten Welt« gehört. Stellt Rußland unter diesem Gesichtspunkt ein neues Brasilien dar, eine andere Türkei, ein weiteres China? Wird es bei Südkorea oder Pinochets Chile lernen? Kein Modell

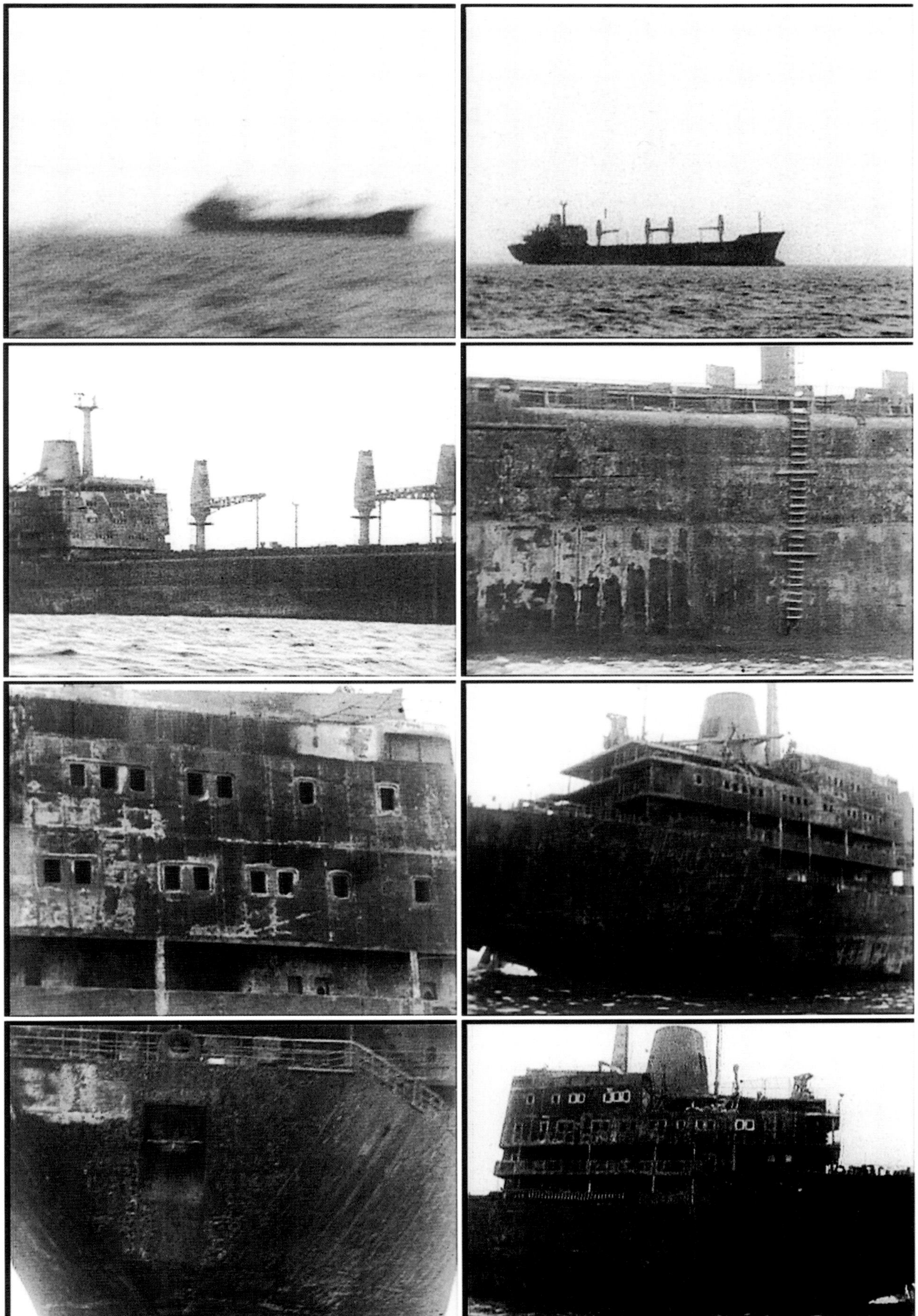

Danielle Vallet Kleiner, Istanbul – Helsinki (La traversée du vide), 1997

Diese in der UdSSR zu Zeiten Chruschtschows der breiten Öffentlichkeit zugänglich gemachten Unterlagen werden durch neue Anklageschriften ergänzt:

– Prozesse, die seit 1928 die technische und wirtschaftliche Intelligenzija dezimierten, die sich der »großen Wende« der forcierten Industrialisierung und Zwangskollektivierung widersetzten: 1928 die Ingenieure von Schachty, 1930 die »Industriepartei«, 1931 die »Menschewiken« und so weiter;

– die Kollektivierung an sich. Entweder durch ihre Methoden oder durch ihre Grundsätze. Der Soziologe Ewgeny Ambartsumow schätzt die Zahl der Opfer auf fünf bis zehn Millionen. In einer Fernsehsendung werden die durch die »Dekulakisierung« getroffenen Gehöfte auf drei Millionen und die getroffenen Bauern auf 15 Millionen geschätzt. Zwangsbeitritt in Kolchosen, Deportationen und Massenabwanderungen in die Städte folgen darauf;

– die Bestrafung der sowjetischen Kämpfer der »Internationalen Brigaden« bei ihrer Rückkehr aus Spanien;

– die dramatischen Folgen der Nazi-Invasion (im Juni 1941), durch die Entmachtung der Roten Armee (40 000 Offiziere, 80 Prozent der Armeechefs) und durch Stalins Ablehnung, Hinweise aus dem Ausland und von seinen eigenen Geheimagenten (wie Richard Sorge) in Zusammenhang mit Hitlers Angriffsplänen zu betrachten, da er durch den Nichtangriffspakt von 1939 an Deutschland gebunden war;

– rein militärische Fehler in der Kriegsführung;

– das Schicksal der sowjetischen Gefangenen in Deutschland, nachdem Stalin ihren (mäßigen) Schutz durch das Rote Kreuz ablehnte. Die Verschleppung der Hälfte der 1,7 Millionen Überlebenden aus deutschen Lagern (in denen 3,7 Millionen den Tod fanden) nach Sibirien. Überlebt zu haben, wurde als »Verrat« oder »Feigheit« betrachtet.

Es wird also nicht mehr nur der »schlechte« Stalin als Anführer des Terrorregimes, sondern auch der »gute« Stalin als Sieger über den Nazismus scharf angegriffen, und dies sehr oft mit der Autorität und dem Prestige der Uniform – durch die Unterschrift der Militärs. Der Antistalinismus von 1988 ist auch eine »Revanche« der Roten Armee gegen die stalinistische Polizei.

Nicht nur wegen Stalins Gutgläubigkeit gegenüber Hitler wird der Pakt von 1939 fragwürdig, er ist auch Ausdruck einer Politik, die sich gegenüber dem Faschismus kompromißbereit zeigt. Diese wendet sich von einer westlich-demokratischen Politik ab, die der Außenminister Maxim Litwinow (ebenfalls hingerichtet) einzuleiten versuchte. Sicher widersprach dieser Politik 1938 das Münchner Abkommen, durch das die westlichen Demokratien Hitler die Tschechoslowakei abtraten. Betrachtet man die Jahre vor Hitlers Machtübernahme, verleitet Stalins »Unterschätzung« der Nazi-Gefahr (sein Sektierertum mit den Sozialdemokraten) einige nicht unbedeutende sowjetische Autoren zu der Annahme, daß Hitler und der Zweite Weltkrieg mit einer anderen kommunistischen Politik vermeidbar gewesen wären.

Nicht zuletzt zog die sowjetische Staatspartei gegen ihren Chef von 1924 bis 1953 ins Feld, um ihre vorstalinistische, »bolschewikisch«-leninistische Tradition wieder herzustellen, indem sie Nikolas Bucharin und andere Gefährten Lenins rehabilitierte, die den Säuberungsaktionen zum Opfer gefallen waren. Hierbei wird unterschieden zwischen der Ehrenrettung der Prozeßopfer als Zivilpersonen, der Rekonstruktion historischer Tatsachen (wovon selbst Trotzki profitiert) und der politischen Rehabilitation: als Verfechter eines »marktwirtschaftlichen Sozialismus« erscheint

paßt vollständig in die Zukunft oder in die Gegenwart; festigt es sich, führt dies eher nach Zaire. …

Selbst in den Augen liberaler Reformer und Nomenklaturisten ist das strategische Ziel der Reformen nicht erreicht. Die Industrie wird (immer noch?) nicht wiederhergestellt und modernisiert, nur die Telekommunikation und Autowartungsdienste, alles, was die Bedürfnisse der »Neurussen« und der ausländischen Investoren befriedigen könnte. Der russische Kapitalismus erbt eine sowjetische Industrie und Intelligenzija, die noch hoffen lassen. Jedoch, je mehr Jahre ins Land ziehen, je stärker sich das neue Kapital auf unter anderem parasitäre Handelsbeziehungen oder auf bloße Plünderei beschränkt, um so stärker bringen sich Rußland und die meisten der anderen Sowjetrepubliken um die Chance eines Wiederbeginns. Man erkennt nur schwerlich eine »Mittelklasse als Garant für den Markt und die Demokratie«. Nicht ausschließlich ältere Leute, Kranke und ungelernte Arbeiter werden (wie vorhergesehen und kaltblütig) »geopfert«, sondern auch der Lehrkörper, Forscher und Ingenieure verarmen und verlieren ihre Qualifizierung. Durch einen fatalen Bruch in der Wissensvermittlung werden menschliche und intellektuelle Potentiale durch eine massive soziale Abwertung vom Ruin bedroht. Die Generation der seit 1985 geborenen und eingeschulten Kinder ist davon schon betroffen. Millionen aufgegebener und/oder aus der Schule geworfener Kinder irren durch die Straßen oder werden in Anstalten beherbergt, denen sämtliche Mittel fehlen. Nun lassen sich die Machthaber trotz dieses schrecklichen Niedergangs nicht davon abhalten, im Haushaltsjahr 1997 erneut drakonische Kürzungen vorzunehmen. Darüber hinaus erhalten die meisten Angestellten ihre Gehälter mit einigen Monaten Verspätung. Arbeitsniederlegungen und Streiks häufen sich: Rußland erfährt im Herbst 1996 die größte (anarchische) Streikwelle seiner gesamten Geschichte. In den Medien findet dies keinerlei Resonanz … im Gegensatz zur »Glasnost« von 1985–1991.

Unter diesen Umständen fühlen sich viele Russen desorientiert und hoffnungslos, sehen sich mitunter als Opfer eines »internationalen Komplotts«, das Rußland zerstören möchte. In der Tat wurde Jelzins »Reform« von amerikanischen Experten und dem Internationalen Währungsfonds inspiriert. Die Rate der Kapital- (und Intellektuellen-) Flucht in den Westen ist höher als die erhaltene Hilfe, die übrigens die Schuldenlast der folgenden Generationen verstärkt.

Eine solche Situation treibt viele »selbstverständlich« zu Demütigungen, Revanchismus, Xenophobie, Antisemitismus und in die Angst vor dem Islam oder den Kaukasiern. Am meisten erstaunt, daß die Russen noch keinen gewalt-

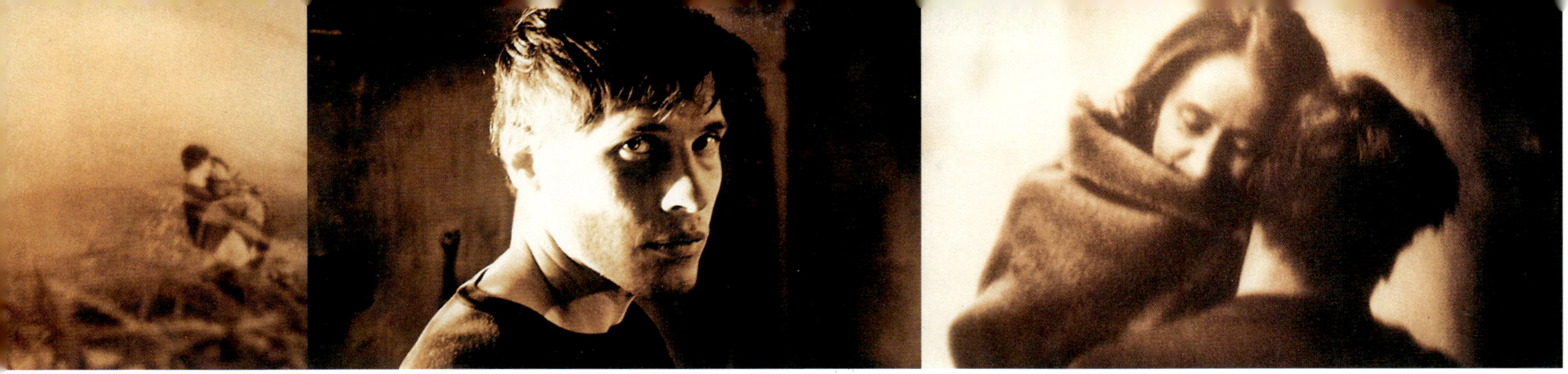

Alexander Sokurow, Mat' i sin (Mutter und Sohn), 1997

Bucharin, bevor es diesen Begriff überhaupt gab, als einer der geistigen Väter der Reformen Gorbatschows.

Darüber hinaus wird Stalins sogenannte Theorie des »Gleichgewichts« von »Verdienst« und »Irrtum« abgelehnt. Das, was man für einen »Verdienst« hielt, ist keiner mehr – das macht der Krieg deutlich. Und selbst die Erfolge des industriellen Aufschwungs in der UdSSR, der Kulturrevolution, werden zumindest relativiert:

– das Entwicklungstempo der Industrie, das für Stahl und verschiedene Konsumgüter im Materialwert errechnet wurde, soll im ersten Fünfjahresplan (1929–1932) geringer ausgefallen sein als während der NEP (1923– 1928). Das nationale Gesamteinkommen zwischen 1928 und 1941 wird nun geringer geschätzt: nicht, wie es die offizielle Statistik will, um das Fünfeinhalbfache vervielfacht, sondern nur um 36 Prozent gestiegen. Eine solche Neubewertung erschüttert die gängigen Sichtweisen von UdSSR-Experten und zahlreichen Ökonomen anderer Länder;

– weniger diskutiert: das furchtbare Ausbluten der Intelligenz. Die physische Zerstörung der Intelligenzija begleitet die Zerstörung von ganzen Schichten aus Wissenschaft und Kunst. Ökonomen: Kondratjew und seine Planung (die berühmten »Konjunkturzyklen«), Tschajanow und das Genossenschaftswesen in der Landwirtschaft, später Woznessenski, der den Krieg organisierte. Vergessen wir nicht die Verbote, mit denen die Kybernetik in ihrer Entwicklung behindert wurde, die Linearplanung des zukünftigen Nobelpreisträgers Kantorowitsch (dessen Theorien in den Vereinigten Staaten angewandt werden) sowie die Moskauer Schule für Mathematik (mit Kolmogorow, Keldysch, Sobolew).

Pioniere der Sozialwissenschaften: Gastew, der Begründer des Instituts für Arbeit, die Historiker Pokrowski und Lukin, Demographen, Juristen, Psychologen und Psychoanalytiker verschwinden in der Versenkung, und mit ihnen die Forschung in den jeweiligen Bereichen.

Biologen: Wawilow (und die Genetik) wird verurteilt, wovon der Scharlatan Lyssenko profitiert.

Physiker: Tamm, Landau und andere werden verschleppt.

Ingenieure: Flugzeugbauer (Tupolew), Raketenspezialisten (Korolew, Kleimenow, Langemark), Fabrikdirektoren werden gefangengenommen. Repressionen, die das militärische Potential schwächen.

Schriftsteller und Künstler: der geniale Regisseur Meyerhold, die Schriftsteller Isaak Babel, Boris Pilniak, Tizian Tabidze usw. werden ermordet (fünf- bis sechshundert ermordete Schriftsteller), ohne die zu vergessen, die in den Selbstmord getrieben (Majakowski), zum Schweigen oder zur Armut verdammt, belästigt und beleidigt wurden (Bulgakow, Pasternak, die Dichterinnen Anna Achmatowa und Olga Bergholtz), die Filmemacher Eisenstein und Dowjenko, die avantgardistischen Maler und Architekten der 20er Jahre – die Liste hat kein Ende. Gleichwie der eine oder andere »dem Vaterland nützlich« sein oder der Macht gefallen wollte. Alexander Fadejew, Autor des Widerstandsromans gegen den Nazismus,

samen Aufstand gewagt haben. Die vergangenen Kriegserfahrungen wirken abschreckend. Bewundernswerterweise widerstehen die Russen jeder Provokation zur Gewalt – obwohl es daran in politischen Kreisen nicht fehlt. Der Tschetschenienkrieg, der von einer breiten Mehrheit abgelehnt wurde, bildet hier eine Ausnahme. Dieser sehr anfällige »soziale Frieden« läßt sich teilweise durch die momentan eingeschränkte Arbeitslosigkeit, die verhältnismäßig guterhaltene sowjetische (Sozial-)Struktur in den Großunternehmen, die Kunst des Sich-Durchschlagens und verschiedenartigste Überlebensstrategien erklären. Dem muß man noch das Fehlen gewerkschaftsähnlicher Organisationen, politischer Parteien und Organisationen (die kommunistischen ausgenommen) hinzufügen. Die kontinuierliche Suche nach einem Modus vivendi und einem Kompromiß auf Ebene der Regionen und der Unternehmen, unterlassene Steuerzahlungen und zahlreiche weitere Formen, sich zu arrangieren oder gegen die Zentralmacht Widerstand zu leisten, sind inexistent.

Auf alle Fälle besitzt die sowjetrussische Gesellschaft keine andere Perspektive als den »Markt« und »die Integration in die Weltzivilisation«. Die versprochenen Westkredite und Investitionen »unter der Bedingung von ...« wirkten nachhaltig, ebenso die Unterstützung der Macht Boris Jelzins, der den unwiderruflichen »Tod des Kommunismus« demonstrierte, durch westliche Regierungen und Medien sowie den rückhaltlosen Beistand »der Weltzivilisation« gegenüber einer »neuen russischen Demokratie« oder, besser gesagt, der Oligarchie der Macht. Jede Rückkehr ist folglich ausgeschlossen. Selbst die kommunistischen und nationalistischen Oppositionellen erblicken die Zukunft im Rahmen »des Markts« und der »Größe Rußlands«. Die UdSSR wiederherzustellen ist eine Schimäre: Rußland ist daran nicht interessiert, und die anderen Republiken haben sich neuen Handels- und Kulturräumen geöffnet, selbst wenn das sowjetische und russische Erbe stark bleibt.

Demgegenüber ist eine andere Form des »Nationalkapitalismus« mit einem wiederbelebten Staatssozialismus nicht

Junge Garde, wurde in den Himmel gehoben. 1956 beging er nach den Enthüllungen des 20. Kongresses Selbstmord.
Der seit Ende der 60er Jahre vom Historiker Roy Medwedew beschriebene Mord an Intellektuellen wird 1987–1988 in der Presse und den Zeitschriften verbreitet. Man befördert Taktiken ans Licht, mit denen bestimmte Schulen und künstlerische oder wissenschaftliche Sekten sich der Macht bedienten, um sich gegnerischer Gruppen zu entledigen. Man zeigt auf die Verantwortlichen der Geschichts- und Sozialforschung, die noch vor kurzem mühevoll alles Schöpferische verurteilten und erstickten, und die diejenigen zerstörten, die es wiederbeleben wollten.
Daß selbst unter Stalin das intellektuelle Leben all dies überleben konnte, beweist die einzigartige Vitalität dieses Landes, wie Elsa Triolet es schon ausdrückte: »Talente wachsen wie Quecken, müssen sich jedoch wie Veilchen verstecken«.
Das intellektuelle Leben und nicht nur das! Das Anprangern des Terrors mündet nicht nur in eine schlichte Liste dahingeraffter Leben oder in haarsträubende Statistiken. Diese Liste ist noch etwas anderes als eine Anklage: sie ist das Gedächtnis der idealistischen Menschen aus Fleisch und Blut, die die Tragödie erlebt haben. Mehrere Dutzend bis gestern vergessene Figuren tauchen aus der Vergessenheit auf, um als Spieler in einem kollektiven Abenteuer zu erscheinen, in das sie sich mit Leib und Seele stürzten, mit den großen Hoffnungen, Illusionen, der Blindheit einer von da an kaum verständlichen Epoche.
Die Metapher der »Erstarrung« beschreibt die Anfangsperiode des Stalinismus am schlechtesten. Vielleicht paßt sie am besten zu der zweiten Phase der Nachkriegszeit, als die Leidenschaft abkühlte und die Ideen zu einem harten Nationalismus und zu einer totalitären Ideologie versteinerten, als das intellektuelle Leben zur extremen Armut der »Idanowschtina« reduziert wurde.
Die ersten fünfjährigen Amtszeiten, der darauffolgende Krieg – wegen oder trotz Stalin – sind die »Lava-Jahre«. Die Jahre, in denen Stahl gegossen wird, Charaktere gehärtet werden, in denen sich unentflammbar die Gesellschaftsstrukturen und die Mentalitäten auflösen und neu formen – als die Feuer der Revolution noch nicht erlöscht waren und Stalins Walzwerke und Kühlbäder soeben zu funktionieren begannen.
Die derart legitime und notwendige Anklage des Stalinismus läßt ganze Bereiche der Geschichte einer Gesellschaft außer Betracht, und nicht etwa die »positiven Seiten« – als ob man die Kulturrevolution losgelöst vom Terror betrachten könnte. Um nur ein Beispiel zu nennen: Stalins Gulag wird bis heute für eine Maschinerie gehalten, mit der die Gegner politisch zerstört wurden. Nun ist der Gulag aber vor allem ein Apparat, mit dem Randgruppen ausgeschlossen und zur Arbeit getrieben wurden, wie es in einer primitiven Industrienation üblich ist. Wer aber wird die Geschichte der armen Teufel, der Vagabunden und der »Unterwelt« schreiben, die eine viel größere Masse bildeten, die oftmals den »Politikern« feindlich gegenüberstand?

Aus: *URSS. Une société en mouvement.* Paris 1990.

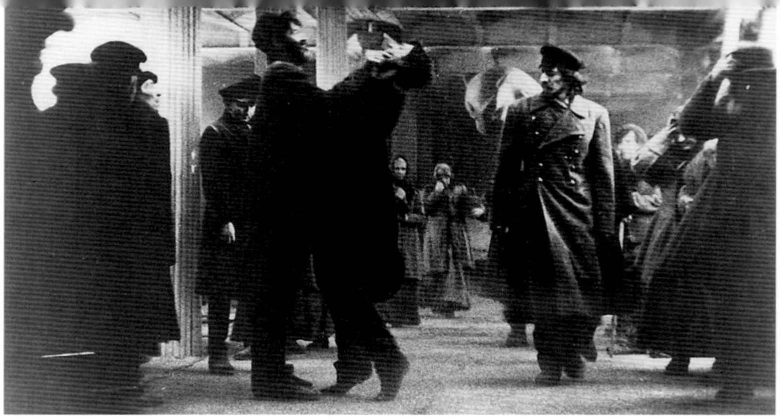

Alexander Sokurow, Tichie Stranicy (Verborgene Seiten), 1993

ausgeschlossen und auch nicht die erneute Bildung eines Handels- und geopolitischen Raums für die durch die Geschichte der verschiedenen Völker der Ex-UdSSR geknüpften Verbindungen. Würde jedoch der Westen eine wiederhergestellte slawische oder post-sowjetische Gemeinschaft akzeptieren? Wäre ihm ein kapitalistisches und ein dem Westen nahezu angepaßtes, mächtiges und nationalistisches Rußland erträglich? Wie ihre politischen oder sozialen Entscheidungen auch ausfallen mögen, die noch mit der Errichtung ihres Landes beschäftigten Russen haben sich einen Grund geschaffen, daß »man ihnen nichts schenken wird«. Sie sind also zur Wiederauflage eines verkappten Kalten Krieges bereit. Diesmal müssen sie sich nicht gegen den »Weltkapitalismus« behaupten, sondern gegen den amerikanischen, deutschen, türkischen und japanischen Einfluß, denn diese Länder stehen an der »Türschwelle des Reiches«, selbst im Herzen Rußlands. Damit der nationale Wiederaufbau stattfinden kann, sollte der enorme Niedergang gestoppt werden. Die Russen benötigen ein neues Gemeinschaftsprojekt, das ihnen wieder Hoffnung gibt und die schöpferischen Kräfte des Landes mobilisiert. Das gegenwärtige Chaos könnte letztendlich zu Erfindungen anregen. Derzeit entspricht es dem Bild der »Reformen« des pseudo-therapeutischen Schocks nach 1991, das seinem Wesen nach zerstörerisch ist.

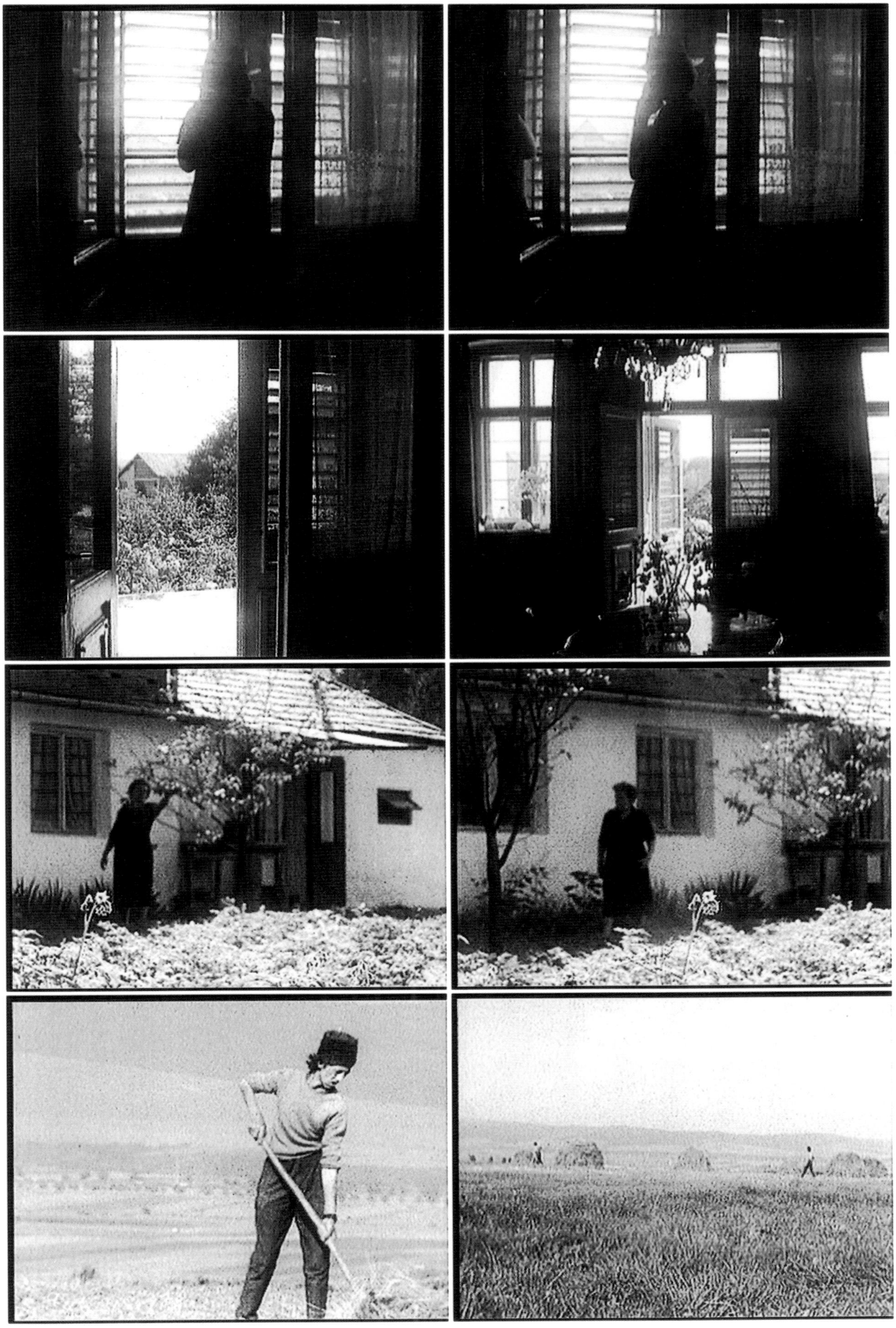

Danielle Vallet Kleiner, Istanbul – Helsinki (La traversée du vide), 1997

Serge Gruzinski

Europa: Reise ans Ende der Geschichte

»(...) als wir das Land durch unser Inneres erblickten,
schien es von Finsternis erfüllt,
verwirrt von Übertretungen und absoluter Unordnung.«
Toribio de Benavente, genannt Motolinía

Ein fremdes Gebiet

Es fährt ein Zug. Niemand weiß, woher und wohin. Wie das Bild einer kruden Zeit, bestimmungslos, die ohne Anfang und Ende verrinnt. Bald darauf versetzt die Hypnose den Zuschauer in eine Epoche, die dem unablässigen Strom, der sich über die Leinwand ergießt, entrissen wird. Das besiegte Deutschland von 1945 ist der Gegenstand eines Films von Lars von Trier mit dem Titel *Europa*.

Dem faszinierten Zuschauer enthüllt *Europa* das Chaos einer ausgebluteten Gesellschaft, einem totalitären Regime noch kaum entwachsen, vom Krieg verwüstet und ins Unbekannte gestoßen, die Beute einer namenlosen Zukunft. Unter den Trümmern dieser sich auflösenden Welt sind die Keime einer Rekonstruktion kaum zu erahnen. Die Finsternis, der abwesende Himmel, der Schnee, der die Ruinen in ein fahles Licht taucht, Wasser, das alles durchrinnt, erstickt, vereist und auflöst, die von Angst und Hunger niedergedrückten Massen beherrschen die Leinwand. Einen Moment lang denkt man an die wimmelnden, Pech und Nässe ausschwitzenden Untergründe von *Blade Runner*, einem Film, mit dem *Europa* gewisse Ähnlichkeiten aufweist.

Das Deutschland von *Europa* ist ein »fremdes Gebiet« (Lars von Trier). Es ist das Sinnbild jener Zwischenwelten, die dem Morgen nach der Katastrophe entsprungen sind, verwirrt zwischen einem zerbrochenen System und einem noch ungewissen Neuaufbau, der durch einen triumphierenden Westen brutal durchgesetzt wird. Als Theater der Grausamkeit, Bühne des Unerprobten und Unabsehbaren erscheinen diese Gesellschaften – aber sind sie dies wirklich? – in den Euphorien des Westens. Schon im 16. Jahrhundert hatte der Spanier Toribio de Motolinía das erste »fremdartige Gebiet« der Modernen Zeiten – das von Kastilien und seinen Conquistadoren unterjochte Mexiko – mit Worten beschrieben, die den destabilisierenden Einfall der Eroberer wiedergeben.

»(...) als wir das Land durch unser Inneres erblickten, schien es von Finsternis erfüllt, verwirrt von Übertretungen und absoluter Unordnung.«

Oder muß man sogar, wie Lars von Trier in *Epidemic*, bis auf die Schwarze Pest des Mittelalters zurückgehen, um derart unsichere Zeiten wiederzufinden?

Gesellschaften des Übergangs okkupieren heutzutage unsere Grenzen. Solche, wie sie Ende der 80er Jahre der Fall der Berliner Mauer in Mittel- und Osteuropa vielfach hat entstehen lassen, hybride Kreuzungen, zerrissen zwischen dem Zusammenbruch der kommunistischen Systeme und dem hereinbrechenden Dschungel des Marktes. Die Instabilität krönt dort die fortgeschrittenen Zustände des Verfalls. Die dem Neoliberalismus ausgelieferten Großstädte Lateinamerikas, jenseits des Atlantik, und, ganz nahe, unsere Vorstädte bieten weitere Beispiele für diese Brüche und Euphorien. Gewiß weniger spektakulär, aber nicht weniger aus den Fugen.

Die nicht absehbare Unordnung der Dinge und der Gemüter schafft vielerorts solche Komplikationen, daß einem spontan der Ausdruck »bruchhaft« (»fraktal«) in den Sinn kommt, um diese Gesellschaften zu definieren.

Eine Bruchgesellschaft

Eine »société fractale« ist entsetzlich kompliziert. Sie entzieht sich den klaren Aufteilungen der klassischen Analysen. In einer fraktalen Gesellschaft sind die Rollen durcheinander, ambivalent und zweideutig: Die heute Besiegten sind die Herren von gestern und, für viele, die Kollaborateure von morgen. Das Deutschland von *Europa* ist von dieser Regel nicht ausgenommen. Steht die »Heldin« Barbara Sukowa auf der anderen Seite oder nicht? Ist sie Opfer oder Nazi? Willige Beute für den amerikanischen Besatzer oder Seele des Widerstands? In der Verwirrung der ideologischen Bezugspunkte, in den Verstörtheiten des Untertanengeistes, den der Überlebenswille provoziert, zeichnet sich ein menschliches und politisches Niemandsland ab, in dem die gewohnten Aufteilungen verschwimmen. Beschleunigter Übergang von einer Nomenklatura zur anderen. Verzerrung und Perversion der menschlichen Beziehungen werden zur Norm. Man tötet sich gegenseitig, um zu überleben.

»Germans killing Germans«

Im Zug von *Europa* bringen Nazikinder einen Kollaborateur um. An einem Juden, kaum dem Lager entronnen, bestätigt sich erneut die Entwürdigung: der amerikanische Besatzer zwingt ihn, den Chef der Eisenbahngesellschaft zu entlasten, obwohl man weiß, daß er durch das Naziregime bis über beide Ohren kompromittiert ist. Die Entnazifizierung – nach Art eines kurzen Rituals gehandhabt – verwandelt sich in ein Maskenspiel; ihrer anfänglichen Funktion beraubt, dient die reinigende Geste lediglich dazu, den Deutschen besser an die neuen amerikanischen Herren zu binden.

Andere verwirrte Beziehungen: Ist es Sympathie oder Mitleid, was den amerikanischen General veranlaßt, den besiegten Chef zu entnazifizieren, oder ist es die Absicht, aus ihm sein unterworfenes und dankbares Geschöpf zu machen, um einen für den Wiederaufbau benötigten Besiegten besser in die Hand zu bekommen? Es macht wenig, daß sich der erniedrigte Deutsche letztendlich weigert, »to face reality«, und daß er sich lieber umbringt, als die Entwürdigung und Abhängigkeit zu ertragen, die das neue Miteinander von Nazis oder Antinazis mühsam maskiert. Die Kollaborateure sind austauschbar, wenn sie nur den Interessen des Siegers dienen.

Es macht wenig, denn das Geflecht der Interessen und Kompromisse breitet sich sogleich wieder aus: Zur selben Stunde, wo der Vater seinem Leben ein Ende macht, verführt die Tochter (Barbara Sukowa) den jungen Amerikaner Leo (Jean-Marc Barr). Ausgestreckt auf einem Deutschland en miniature mit zerstörten Bahnlinien bietet sie sich ihm dar. Verführung, Lüge und Manipulation, halbe Geständnisse folgen, wenngleich auf andere Weise, dem Kampf, den der tote Vater eröffnet. Die Metapher eines besiegten, seinen Besieger faszinierenden Deutschland läßt sich ohne weiteres entziffern. Sie bemächtigt sich der Leinwand nach der kraftvoll stilisierten Art der antiken Allegorien.

Der Zusammenbruch beschleunigt ebenso die Aufhebung der Standesunterschiede – als kleiner Angestellter, der aber Amerikaner ist, wird Leo von den Eisenbahn-Bossen aufgenommen und heiratet schließlich die Tochter des Chefs –, wie er zugleich die bisherigen Überzeugungen durcheinanderbringt. Die Katastrophe wirft die Religion auf die Form eines prekären Rituals zurück, das der inbrünstigen Heimlichkeit der Katakomben überantwortet und bisweilen blutigen Repressalien ausgesetzt ist. In der zur Ruine gewordenen Kirche beschwört die Mitternachtsmesse eher den Vorabend der Apokalypse als die Glut neuer Anfänge. Schon *Epidemic* suchte zu zeigen, was es mit einem letztendlichen, und sei es lachhaften, parodistischen Rekurs auf das christliche Ritual und seinem unabwendbaren Scheitern auf sich hat. Aus diesen fremdartigen Zeiten wäre die Religion nicht wegzudenken, doch ist sie nur mehr ein kraftloser Schein, der keinerlei Wirkung mehr hat.

Ein weiterer Aspekt, den dieses allgegenwärtige und vielgestaltige Chaos annimmt, ist das Durcheinanderwerfen der Genres. Nacheinander greift Lars von Trier zu viscontischer und wagnerianischer Tragik – der Selbstmord des Vaters, die in der Ferne sich abzeichnende Götterdämmerung –, injiziert expressionistischen Schrecken – die entlang den Schienen hingerichteten »Partisanen«, die KZ-Silhouetten im »Gespenster«-Abteil – und zögert auch nicht, die ambivalenten Beziehungen zwischen Leo und der Deutschen mit romantischen Effekten zu bestücken. Doch ist der Ästhetizismus hier nur eine verfeinerte Form der Hypnose.

Um dieses Patchwork nie zufälliger Reminiszenzen, die unsere Modernität markieren, vom Anfang bis zum Ende des Films zusammenzuhalten, wechseln allegorische Bilder, Zeichen und Metaphern einander ab und häufen die Bezüge mit dem Nachdruck barocker Embleme: der Zug, die Uhr, die Brücke, der Ozean... Ihr düsteres und eisiges Aufblitzen besitzt jene Schwärze, mit der sich die Visionen eines Peter Greenaway schmücken.

Diese Welt der Unordnung überzieht den Schutt einer Ordnung, die sich auf Karten oder Uniformen ausbreitet, die in den Schlafsälen der Kasernen und den zerstörten Bahnhöfen noch herrscht: die europäische Ordnung des Nazismus, die Ordnung der Eisenbahnnetze, die Ordnung des Kapitals, die bürokratische Norm. Unter den Trümmern der Neuordnung bebt noch immer die Ordnung des Alltags, banalisierter Faschismus, der in der Obsession der Gewohnheiten und Formulare steckt, der Manie von Vorschriften und Prüfungen verfallen. Die Moderne in all ihren Zuständen, nacheinander grotesk, pedantisch und totalitär, geht in dem Film um wie ein verlottertes Ungeheuer, eine beruhigende Nostalgie, ein zugleich paternalistisches und mörderisches Grau-in-Grau.

Ordnung, Chaos, Überleben. Chronologisch situiert sich *Europa* in einer Falte, einer Parenthese der Moderne, kurz nach dem Nazizusammenbruch, aber just vor dem amerikanisch-liberalen Wiederaufbau Deutschlands. Die Epoche geht also der Ausformung der Welt beiderseits der Mauer, jenem in zwei Teilen erstarrten Berlin, wie es Wim Wenders mit *Himmel über Berlin* noch zu zeigen vermochte, um einiges voraus. Eingeschoben zwischen zwei Formen der Moderne, präfiguriert *Europa* einen Frakturzustand, wie ihn *Himmel über Berlin* und *Blade Runner* zu ihrer Zeit nur skizziert hatten und wie der postmoderne Teil unserer Welt ihn absondert. Aber damit nicht genug.

Die Verseuchung des Imaginären

Wenn diese Welt von Chaos und Auflösung an andere, entschwundene oder sich ausbrütende erinnert, so ist ihre Beschwörungskraft doch irritierend. Dies, weil Europa an die noch nahe (?) Vergangenheit des Nazismus rührt und, mehr noch, weil es uns mit einer nicht tolerierbaren Sicht der Dinge konfrontiert. Sie wird uns durch eine der Protagonisten angekündigt, wenn die Deutsche zu Leo sagt: »I want to test your tolerance.« Die Umkehrung der Rollen – aus den Nazis werden die Widerständler und aus den amerikanischen »Befreiern« die Eroberer – bringen wie der dem Nazilager überlassene Teil den Film von Anfang bis Ende durcheinander. Die durch Lars von Trier inszenierte Sicht wäre sogar gänzlich unerträglich, hätte der Regisseur sich nicht aller hypnotischen Mittel seiner Kunst bedient, um den Zuschauer zum gebannten Voyeur zu machen.

Doch besser als jede andere Episode der jüngeren Vergangenheit hat sich der Ausgang des Zweiten Weltkriegs mit Deutschland der manichäischen Ausformung angeboten: die amerikanischen Befreier hatten die Bestie des Nazismus zur Strecke gebracht. Klar verteilte Rollen, einfache Werte: die Bedeutung der Tatsachen stand nicht zur Debatte, auch ohne den apokalyptischen Makel einer atomaren Explosion. Die heilige Ungeheuerlichkeit des Holocaust ließ das erlösende Ende unantastbar werden. Und schließlich begründete der Sieg von 1945 eine Ordnung der Dinge, deren Auswirkungen wir nach wie vor leben, die »Pax americana«.

Mit politischen Akteuren, die seit langem verschwunden, und mit Zeitzeugen, die im Aussterben begriffen sind, war diese Vergangenheit reif, um in die westlichen – und heutzutage universellen – Mythologien einzugehen, so wie zu ihrer Zeit der Erste Weltkrieg, die Russische Revolution oder die mexikanische Revolution. Und schließlich hat das halbe Jahrhundert die großen Gedenkrituale vervielfacht (1944/1994, 1945/1995).

Europa unternimmt also einen »akuten« Eingriff in die Darstellung einer *Epoche*, die dabei ist, in die Mythologie einzugehen, und Lars von Triers Konstruktion greift in diesen Ablauf ein, indem er die Bilder und Erinnerungen miteinander kollidieren läßt. Diese Destabilisierung des Imaginären ist um so irritierender, als sie sich an Bruchstücke von Vergangenheiten heftet, die noch lebendig genug sind, um leicht reaktiviert werden zu können. Während er das Deutschland der unmittelbaren Nachkriegszeit durchfährt, transportiert der Zug von *Europa* Erscheinungen, die der Welt der Konzentrationslager entwendet sind: Skelette in ihren Sträflingskleidern, auf Liegen zusammengepfercht. Nachkrieg und Nazivergangenheit greifen wie die Zugabteile ineinander. Sie verwirren den Zuschauer, der nicht weiß, welchen Sinn er diesen falschen Archivszenen geben soll: Klagen sie die Vernichtungsfunkion der Nazi-Eisenbahnen an? Suggerieren sie eine subversive und perverse Parallele zwischen dem Holocaust und den besetzten Deutschen? Oder mischen sie bewußt die Ereignisse?

Andere, diesmal implizite Annäherungen und andere stumme Analogien stoßen sich im Gedächtnis des Zuschauers. Wird es nur wenige Jahre brauchen, damit aus den Befreiern von 1945 die Aggressoren von Korea, Vietnam oder Panama werden? Warum sollten die amerikanischen Soldaten, in unserem Imaginären einmal festgelegt auf die Rolle von Okkupanten und Eindringlingen – siehe *Apocalypse Now* –, bei ihrem Einfall in das besiegte Deutschland aus diesen Rollen herausgeschlüpft sein? Die Bilder von *Europa* bringen mir erneut eine Episode ins Gedächtnis, die mein Vater oftmals berichtet hat und die vielleicht sein abscheulichstes Erlebnis im Zweiten Weltkrieg bleibt: Amerikanische Soldaten skalpieren eine Deutsche im Rausch eines frenetischen Tanzes ... Der historische Schrecken war also nicht nur da, wo man ihn erwartete. Europa oder die vergessenen Vorspiele des US-Imperialismus: Deutschland, Vietnam, die gleiche Repression, der gleiche Kampf?

Ist es im übrigen ein Zufall, wenn die Realisierung von *Europa* zusammenfällt mit jener kolossalen Arbeit der Demontage – in jedem Sinne –, die das Gedächtnis der russischen Revolution zerstampft, die die Gründungsmythen und historischen Bezüge eines Teils der modernen Menschheit ins Nichts und ins Absurde zurückwirft?

Die Sicht der Besiegten

Der Satz wäre in diesem Kontext banal, wäre er nur »dekonstruktiv«. Aber Lars von Trier produziert eine alternative Erzählung, die sich nach und nach in die »Sicht der Besiegten« verwandelt: die Sicht der vom amerikanischen Besatzer niedergeworfenen Deutschen. Wie die Grenzen zwischen diesen »Opfern« und den eigentlichen Nazis fließend oder inexistent sind, so werden wir nun implizit, halblaut und dann offen entführt in das nazistische Erleben der Niederlage.

Ein gefährlicher Weg, auch wenn Lars von Trier den eingefahrenen Manichäismen und revisionistischen Wahnvorstellungen ausweicht. Das Vorgehen wäre revisionistisch, würde der Regisseur sich damit beschäftigen, mittels einer schlichten Umkehrung der Werte seine »authentische Version« der Geschichte zu konstruieren, wiederherzustellen und durchzusetzen. Sie bliebe manichäisch, würde er sich damit zufriedengeben, die Faszination des Bösen zu filmen (*Der Nachtportier*). Statt dessen bemüht er sich, das Erschreckende an uns vorbeiziehen zu lassen. Seine Sicht – es handelt sich nicht um eine »Version« – verweist nicht auf das Wahre, sondern auf das Gelebte. Sie beruht nicht mehr auf einer akribischen Suche nach dem Authentischen, sondern auf der Kraft der hypnotischen Suggestion. An uns ist es, am Rande des Abgrunds dem Anderen ins Gesicht zu sehen.

Ohne sein Wissen kreuzt Lars von Trier damit Pfade, die mir vertraut sind. Im Grenzgebiet von Geschichte und Ethnographie hat uns die historische Anthropologie gelehrt, vom Ausgraben einer »objektiven Realität« abzulassen und die verschiedenen Weisen des Gelebten zu erkunden, die ein Ereignis hervorzurufen vermochte. Die Sicht der Sieger wurde ergänzt und bisweilen ersetzt durch die Sicht der Besiegten, denn diese genießt oftmals die Vorliebe des Autors und seiner Leser. Es versteht sich, daß jedes Vorgehen, das der Sieger wie das der Besiegten, seine Kohärenz, seine Logiken, seine Triebkräfte und seine Risse aufweist: Sprachen die Indianer Mexikos nicht vom »zerrissenen Netz«, um die Auswirkungen der spanischen Eroberung zu beschwören? Tatsächlich besitzt jede historische Erfahrung ihre leidvollen Spannungen und tragischen Sackgassen. Es ist auf diese Weise unmöglich geworden, die Eroberung Amerikas zu betrachten, ohne den Diskurs der Eroberer mit den Reaktionen der Indianer zu verknüpfen. Man soll durchaus zugestehen, daß das Menschenopfer der Azteken seine Regeln hatte, die ebenso inhuman und vernünftig waren wie der Krieg nach europäischem Muster. In der Analyse der Traumatisierungen und Entwurzelungen, in der Erklärung der Haltungen finden sich hier Sieger und Besiegte Seite an Seite, allesamt Träger historischer Erfahrungen, die singulär und irreduzibel sind.

Warum nicht auch 1945? Die Erforschung der Logiken und Delirien des Anderen, sucht man sie in ihrer Subjektivität wiederherzustellen, verlangt ein Aussetzen des Urteils, das in gewisser Hinsicht der Hypnose nahekommt. Das ist der Weg, auf den Europa uns mitnimmt, bestrebt, Leo mit einer Sicht der Besiegten zu mischen, die schnell mit der nazistischen Erfahrung der deutschen Niederlage verschmilzt. Die Aussetzung des Urteils könnte zur Einfühlung führen. Ohne in diesen Paroxysmus zu münden, konfrontiert sie den Zuschauer mit einer parallelen Geschichte, die deutsch und nazistisch ist, irreduzibel auf das, was unsere Sicht der Dinge ausmacht, in ihrer Logik, ihrer Kraft und ihrer Tragik ebensowenig tolerierbar wie widerlegbar.

Das Ende der Geschichte

Das Imaginäre zu verwirren, die Pluralität der Stimmen und Erfahrungen zu konstatieren, das Prekäre der Wertordnungen zu ermessen, ist ein riskantes Unternehmen. Es kann mörderisch sein. Es beseitigt den Glauben an eine einheitliche, souveräne und lineare Geschichte, die gleichförmig und irreversibel verläuft. Das Wirkliche ist widersprüchlich, unvollendet, fragmentiert und heterogen, bruchhaft; in aller Regel widersetzt es sich den traditionellen Kategorien des Wissens und allen, ob vergangenen oder zukünftigen Unternehmungen der Heiligsprechung, und sei es denen des Holocaust.

Das Chaos, das Widersprüchliche und Ambivalente zu denken, das Hybride zu denken, ist um so unbequemer, als

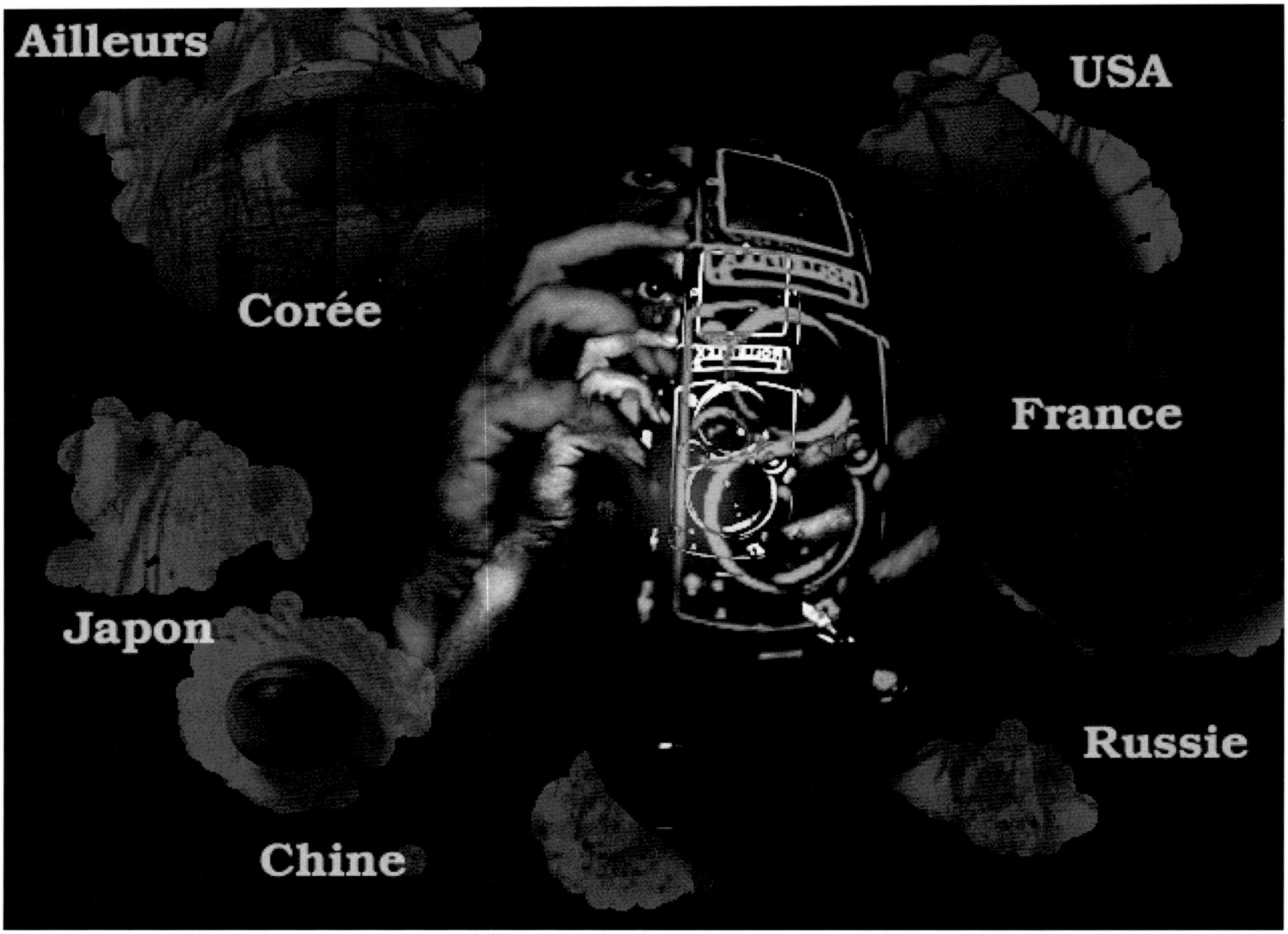

Chris Marker, Immemory, 1997

wir einer Konzeption der Zeit, einer Erzähl- und Interpretationsweise des Vergangenen verpflichtet sind, die nicht auf die tröstliche Illusion einer zugrunde liegenden Ordnung ausgerichtet ist: Enthüllung, Basis, letzter Sinn, Funktion, Struktur, Vernunft, ewige Wiederkehr des Gedenkens... Unablässig beansprucht das historische Wissen – und stets auf dem Umweg über die Worte –, zu »rekonstruieren«, und zwar eine Realität, die nicht nur plausibel, sondern auch objektiv, authentisch und einzigartig sein soll, die nur darauf wartet, in vorgefertigte Rahmen gegossen zu werden: Wirtschaft, Gesellschaft, Kultur – um die trinitarische Formel der »Annales«-Schule aufzugreifen. Wozu sich seither die künstlichen Anlässe für das Gedenken gesellen (1989 – 1992 – 2000 ...), die schließlich den Rhythmus der historischen Produktion angeben, von der man unmögliche Bilanzen erwartet.

Europa aber markiert auf zweifache Weise die Fragilität und möglicherweise die Agonie dieser Konzeptionen: 1. indem es den Panzer der erstarrten Mythologien, der aufgepfropften, sei es christlichen, marxistischen oder liberalen Manichäismen und der positivistischen Gewißheiten zerspringen läßt; und 2. indem es die Überlegenheit des Bildes gegenüber dem Diskurs, der Sicht über die Schrift etabliert: »Für mich spricht ein Film über nichts.« Das belebte Bild zeigt, was das Wort nicht wiedergeben, ja nicht einmal suggerieren kann: die Unhintergehbarkeit des Wirklichen in seinen sinnlichen und intuitiven Dimensionen; es läßt das Gelebte und das Gleiten des Imaginären zutage treten; es restituiert das gigantische Feld des Nichtverbalisierbaren und Irrationalen.

Also das Ende der Geschichte – nicht im absurden Sinne einer zu ihrem Ende gelangten Entwicklung, sondern als Erschöpfung einer gewöhnlichen oder auch hochgestochenen Auffassung des Vergangenen, die von der westlichen Moderne lange Zeit ausgeschwitzt wurde.

Nichts von alledem ist leicht zu übernehmen. Wie soll man die Feststellung einer Pluralität der Geschichten, einer Mannigfaltigkeit der Zeiten und Logiken – die des Überlebens, des Nazismus, der Kollaboration – ertragen, ohne einem enttäuschten Relativismus zu verfallen? Wie soll man zur rechten Zeit ohne klare Bezugspunkte seine Entscheidungen treffen, wenn der Zug immer schneller dahinfährt auf den Schienen der Zeit? Nichts ist in einer Bruchwelt (»monde fractal«) schwieriger, als zu lernen, am Abgrund entlangzuflanieren. Dem einsamen Tod von Leo nach zu urteilen, ist das Individuum einer absoluten Ohnmacht geweiht, die es verdammt, auf den tiefsten Grund des Meeres herunterzusinken.

Währenddessen dreht sich noch mehr im Kreis. Die Grenzen von Realität und Fiktion verschwimmen: die zahlenmäßige Verfälschung der virtuellen Welten und die Vulgarität der »reality shows« (siehe *Kika* von Pedro Almodovar) unterminieren diese Orientierungsmarken unseres Imaginären, indem sie das Wirkliche in seiner Darstellung verschwinden lassen. Vergebens versucht man noch, Verbote der Fiktion und Darstellung aufrechtzuerhalten (*Shoah* von Claude Lanzmann). *Epidemic* (Lars von Trier) beschrieb eine »verseuchte« Realität durch ein bestimmtes Szenario. *The Baby of Macon* (Peter Greenaway) kultiviert die Verwirrung des Zuschauers, der es nicht mehr vermag, das auf der florentinischen Bühne dargestellte Amalgam von Theater, Wirklichkeit und Manipulation zu entwirren. Fiktion, Spektakel und Realität schieben sich auf allen Leinwänden just in dem Moment ineinander, wo der Zuschauer die elementaren Kriterien verliert, die einstmals, in der guten alten Zeit der Moderne, dazu dienten, das Wahre vom Falschen, das Echte vom Künstlichen und die Hypnose von der Realität zu unterscheiden.

Das Kino des Lars von Trier liefert gleich dem eines Pedro Almodovar, eines David Lynch und Peter Greenaway die Gegengifte gegen die Fragmentierung und Ungewißheit der Zeit, gegen das anästhesierende Reich des »schwachen Denkens«. Und sei es, indem es das Imaginäre seiner mythologischen Konkretionen und der falschen Gewißheiten der Geschichte entledigt, indem es destabilisierte Vergangenheiten einführt, indem es den klassischen Ablauf der Erzählung sprengt (*Der Kontrakt des Zeichners* von Peter Greenway, *Lost Highway* von David Lynch), indem es andere, geistige und kulturelle Konfigurationen entwirft, die luzider, herausfordernder sind... Allzuviele Rückbezüge müssen unbemerkt bleiben: die erfrischende Perversion der Rollen und individuellen Beziehungen (Almodovar), die Nähe des Todes und der Epidemie (*Epidemic, The Baby of Macon*), die Delirien der Darstellung, das Wiederverwerten und Entwenden von Bildern, all das auf dem Hintergrund des Lächerlichen, der Metaphern und des funkelnden Ästhetizismus (*Prospero's Book, The Pillow Book*)...

Diese Filme, die sich von säurezerfressenen Dokumenten nähren (*Epidemic*) und mit den Dekors und Architekturen jonglieren (*Der Bauch des Architekten*), geben das ungeheure, vom Westen angehäufte Magazin der gemalten und belebten Bilder zur Plünderung frei: »Im Kino zu stehlen ist für mich dasselbe, wie beim Schreiben die Buchstaben des Alphabets zu benutzen.«[1] (Lars von Trier).

[1] Omar Calabrese: *L'età neobarocca*. Bari 1987. Soll man in diesen verstreuten Werken die Anfänge eines neuen europäischen Imaginären aufdecken, das nordisch und lateinisch zugleich ist und der Öde einer entzauberten Welt zu begegnen vermag? Ob postmodern oder neobarock, dieses potentielle Imaginäre hat uns über unsere Gegenwart und über unsere nahe Zukunft mehr zu sagen als so viele abgenutzte Diskurse, die noch immer ertönen.

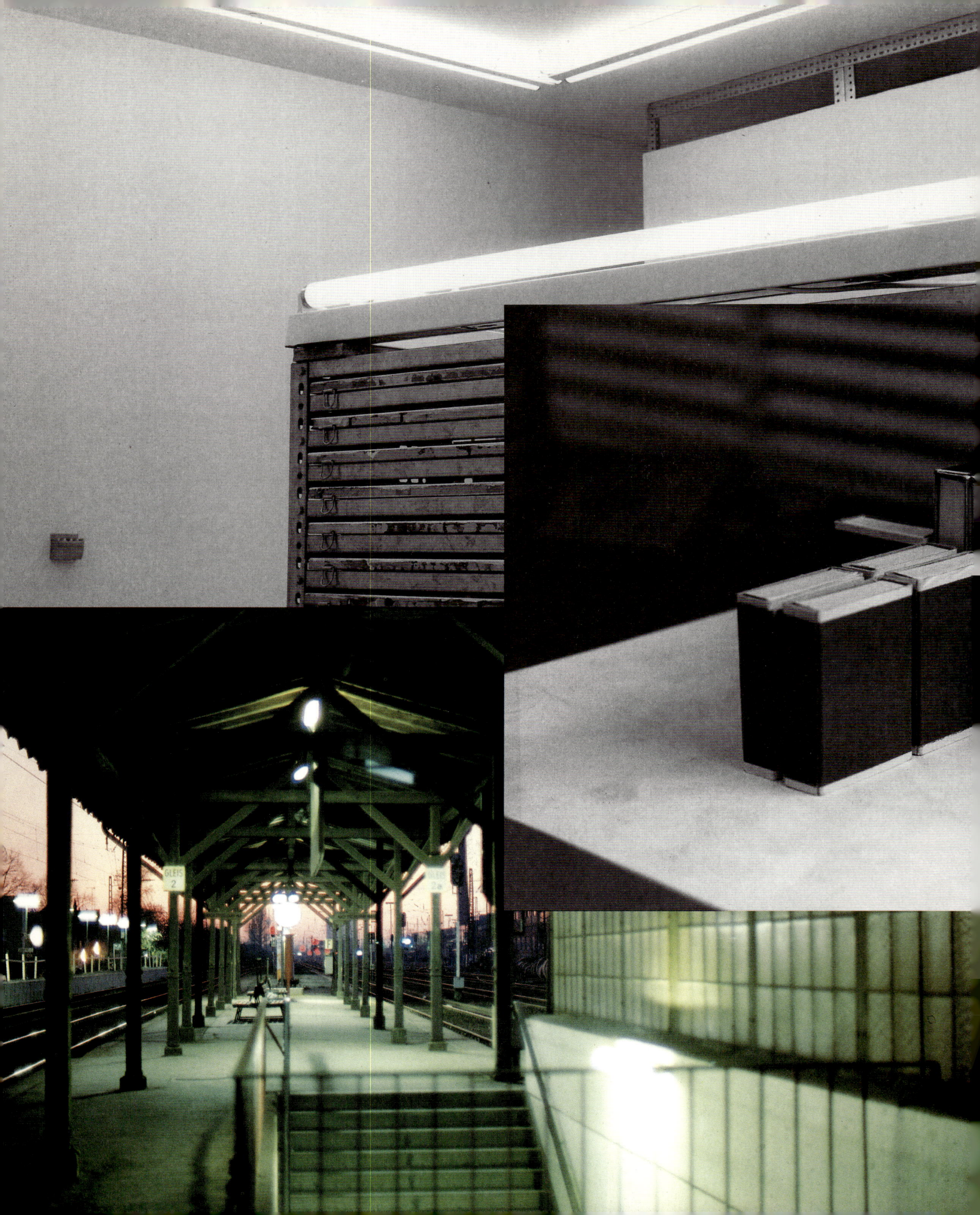
GLEIS
2

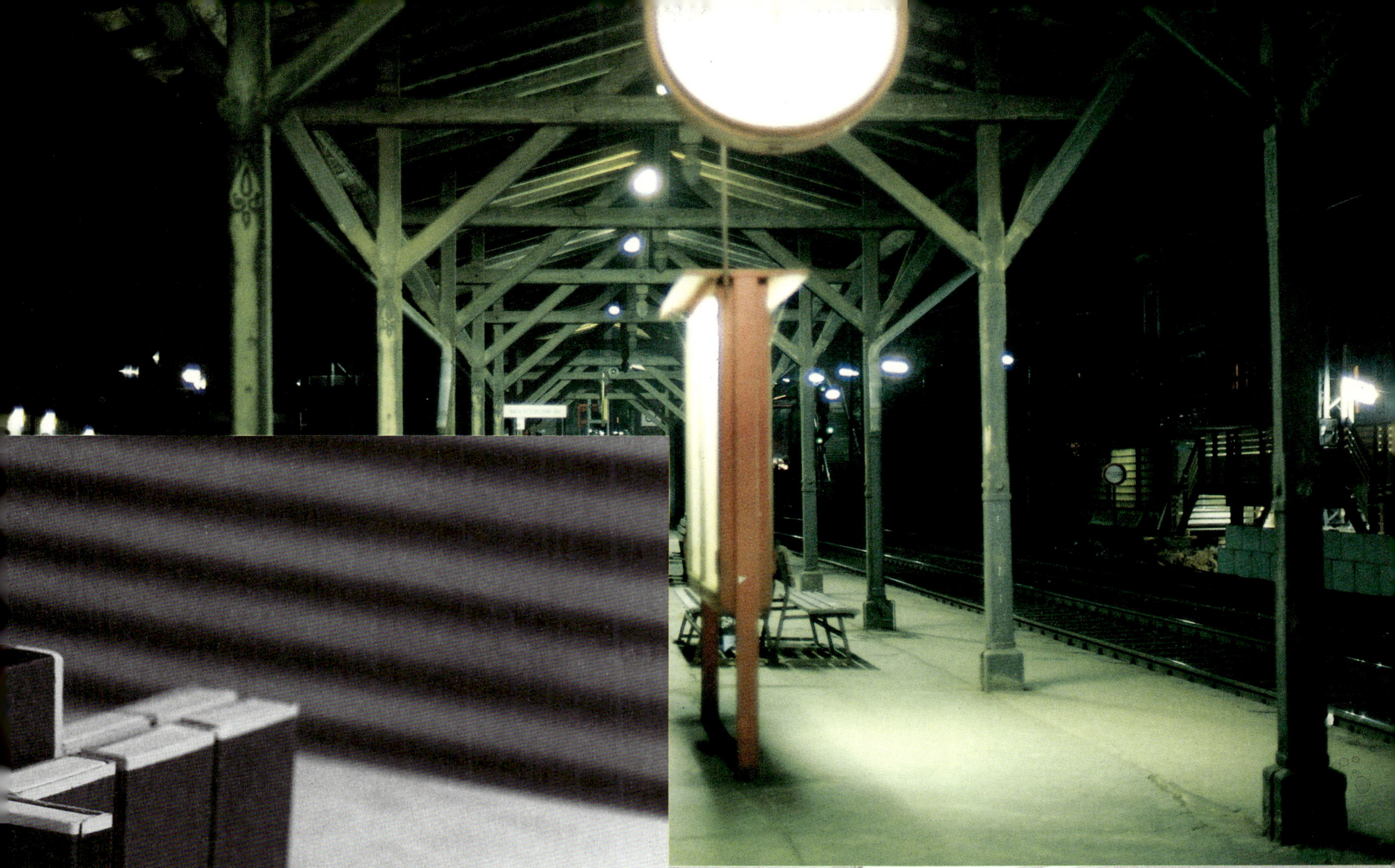

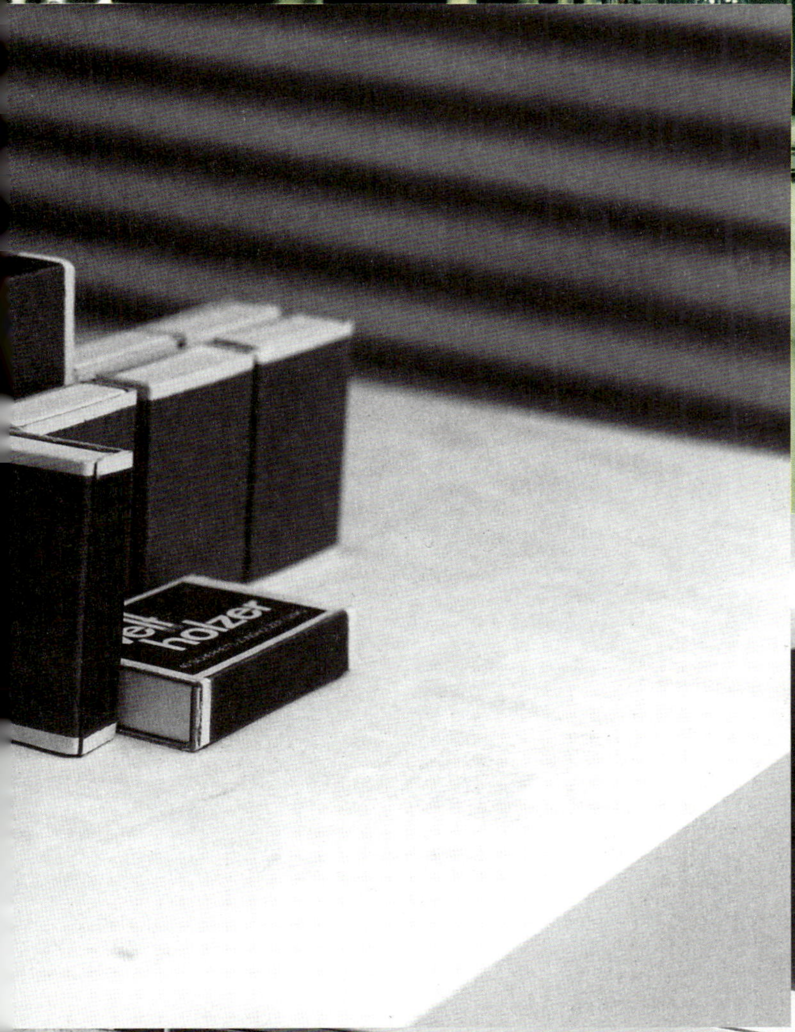

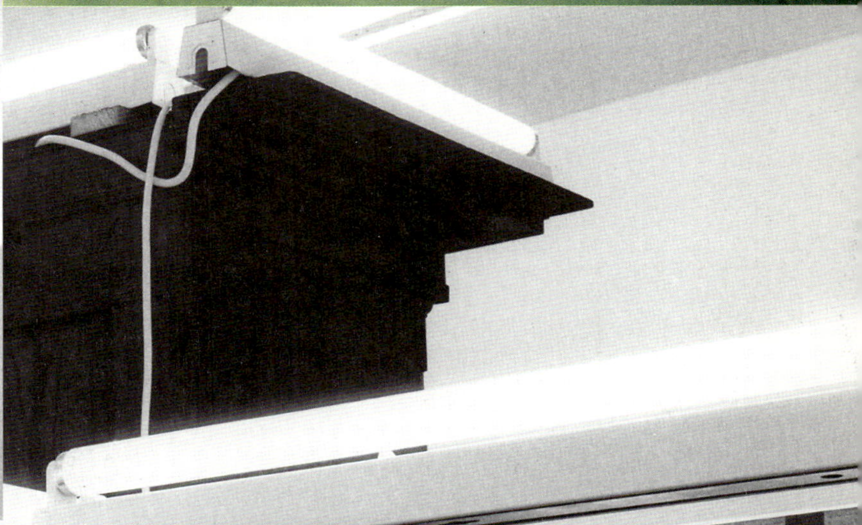

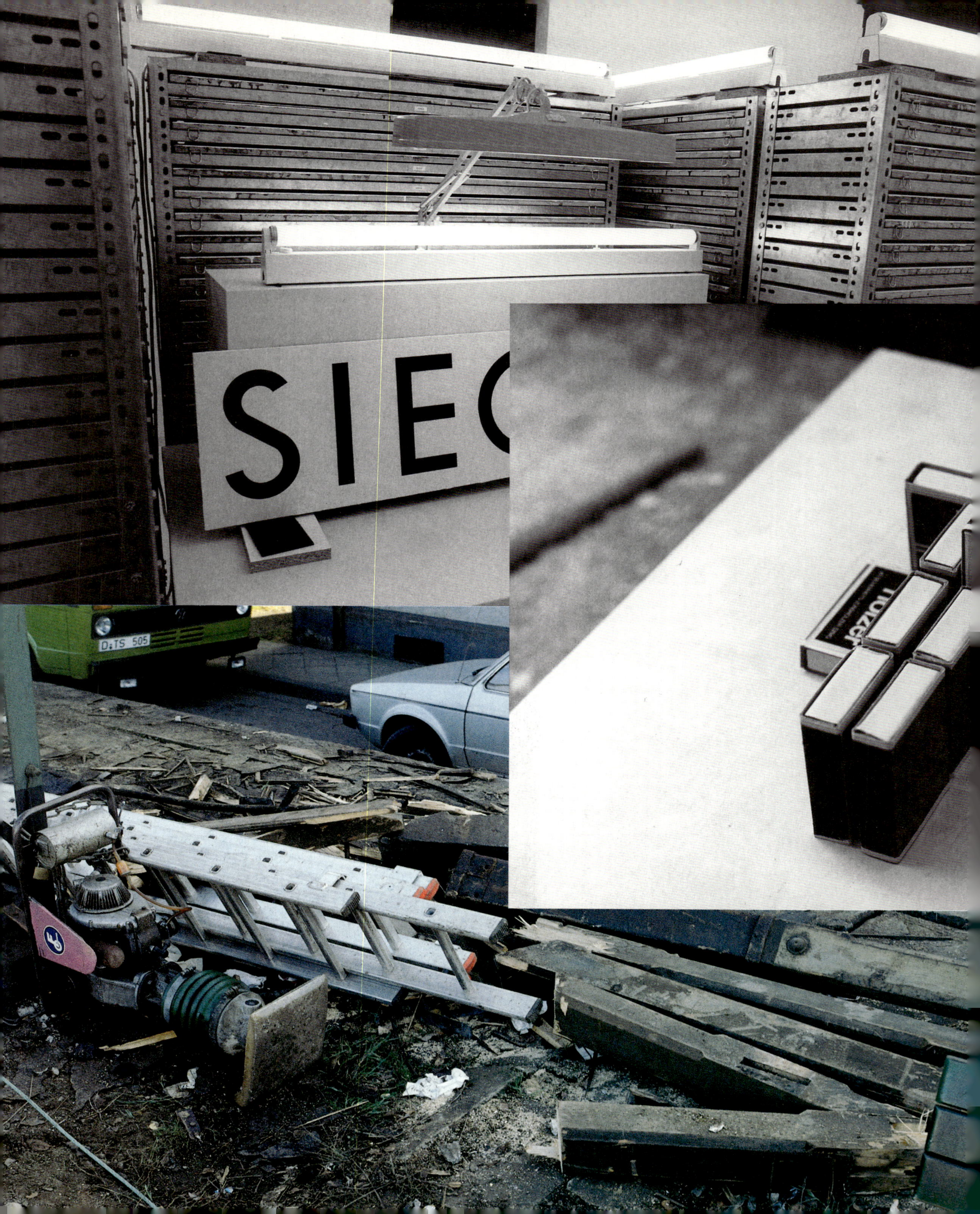
SIEC
D.TS 505

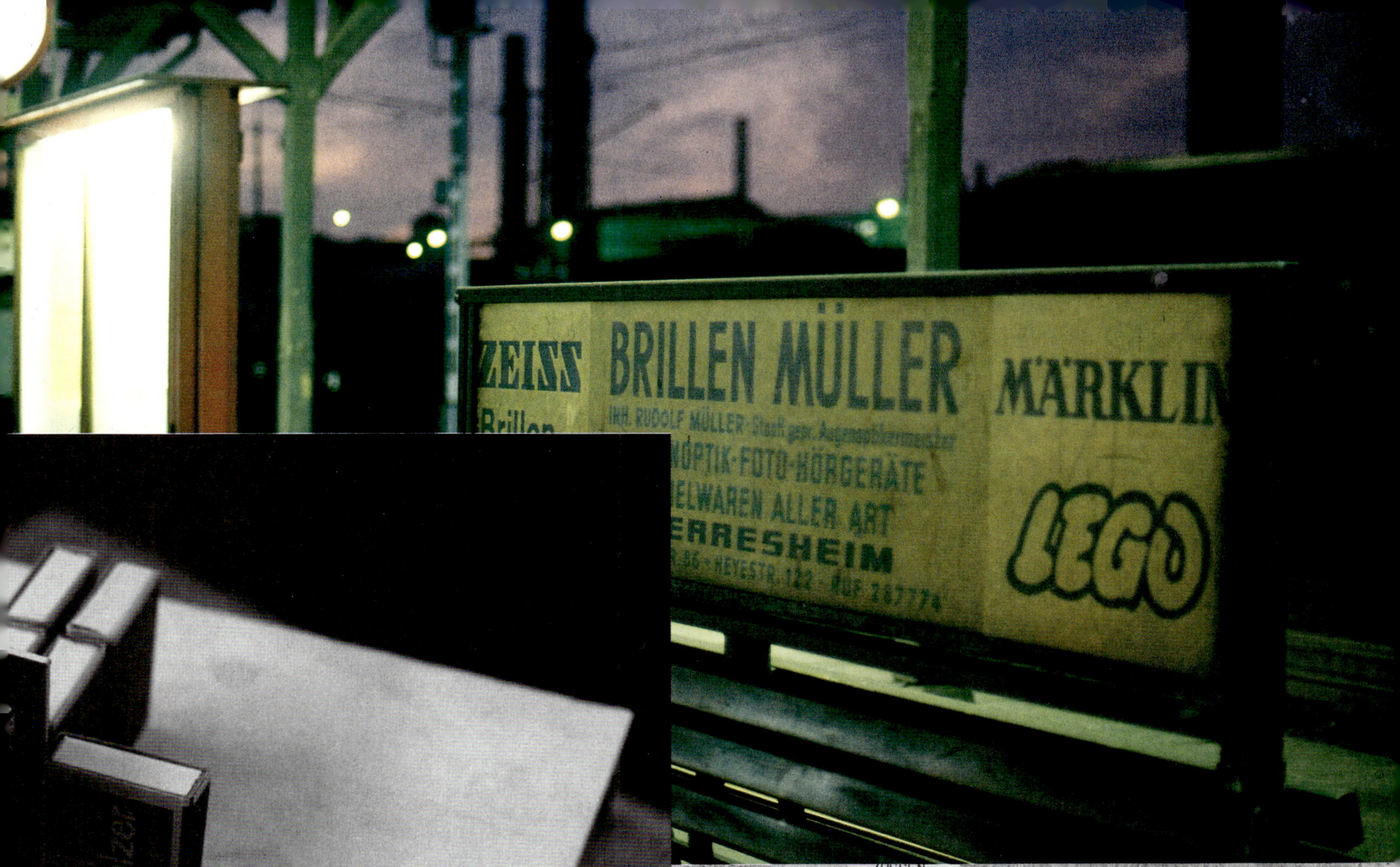
ZEISS
BRILLEN MÜLLER
MÄRKLIN
LEGO

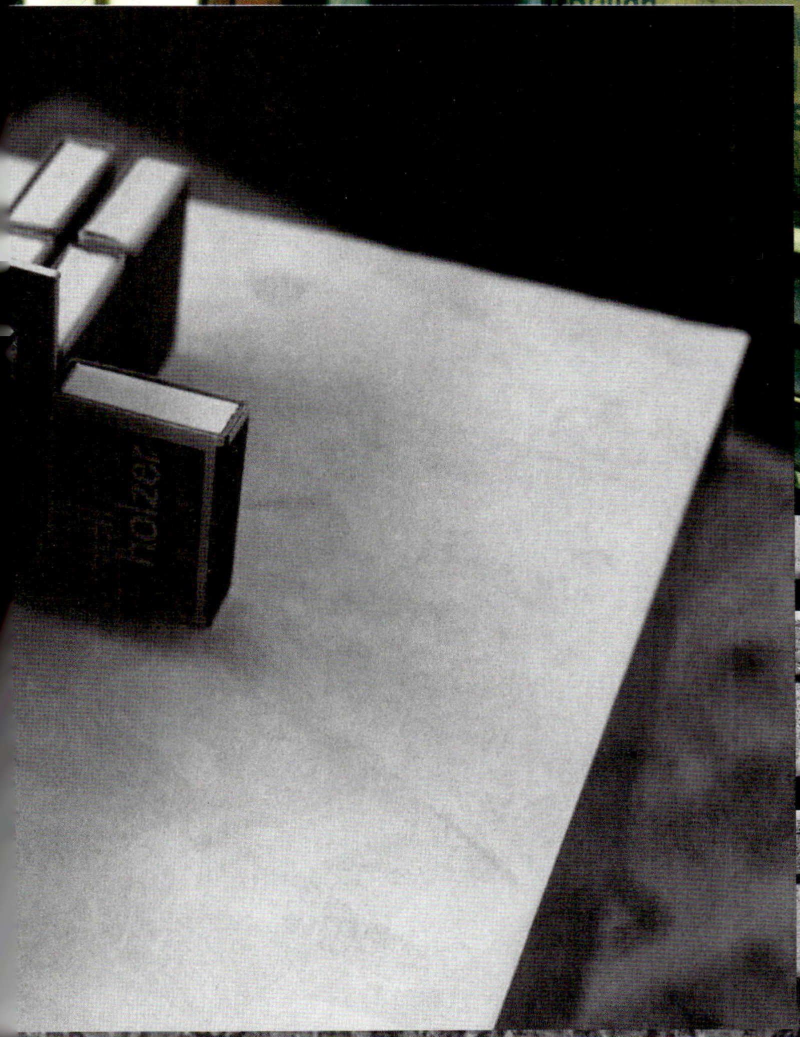

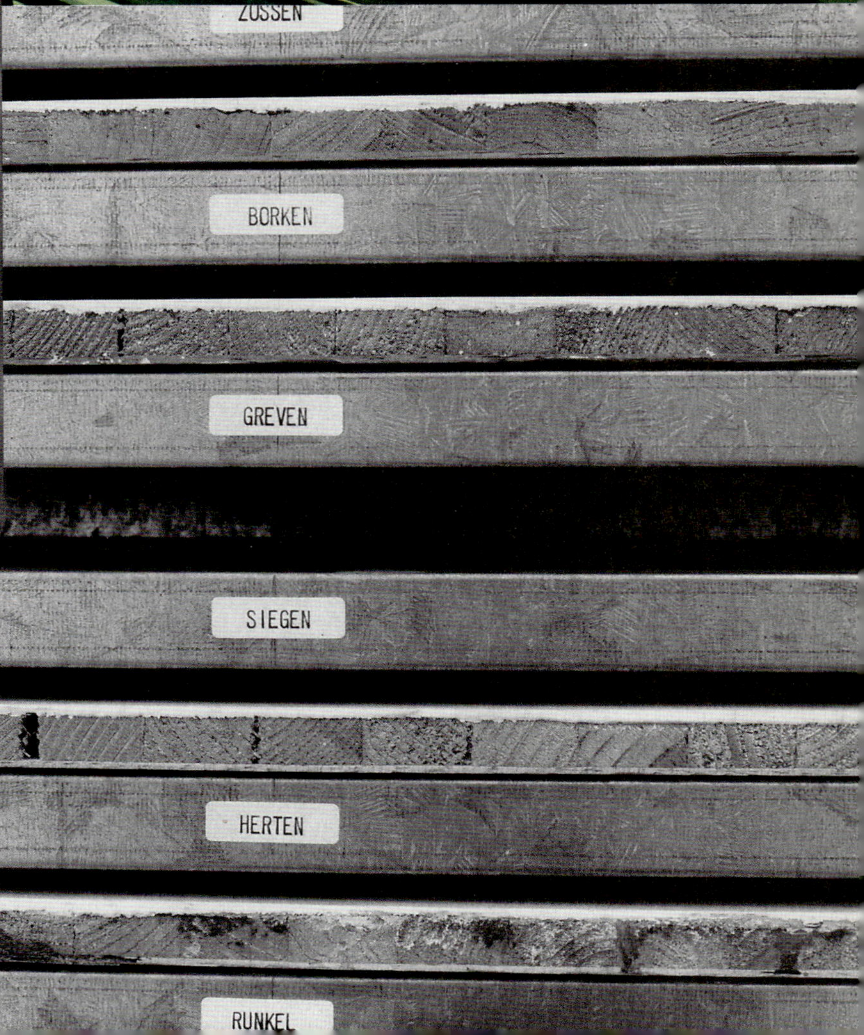
BORKEN
GREVEN
SIEGEN
HERTEN
RUNKEL

Edouard Glissant – Rückkehr und Ausflucht

Die Analyse eines beliebigen globalen Diskurses macht die systematische Erörterung von Gemeinplätzen (also Einsichten, die sich jedem aufdrängen) unausweichlich, wie zum Beispiel in einer Tabelle der signifikanten Beziehungen zwischen den Völkern:
Eine verschiffte Bevölkerung, die zum Volk wird (Haiti), die sich zu einem anderen Volk verschmilzt (Peru), die in das Zusammenspiel eines vielfältigen Ganzen eingeht (Brasilien), die ihre Identität bewahrt, ohne sich »realisieren« zu können (die Schwarzen in Amerika), die ein im Unmöglichen eingezwängtes Volk ist (Martinique), die teilweise an ihren Ursprungsort zurückkehrt (Liberia), die ihre Identität bewahrt, indem sie konflikthaft an der Entstehung eines Volkes beteiligt ist (Inder auf den Antillen).
Ein zerstreutes Volk, das den Impuls der Rückkehr nährt (Israel), das aus einem Land vertrieben wurde (Palästinenser), dessen Vertreibung eine »interne« ist (Schwarze in Südafrika).
Ein Volk, das sein Land zurückerobert (Algerien), das durch Genozid verschwindet (Armenier), das im Todeskampf liegt (die Melanesier), das artifizialisiert wurde (die Micronesier).
Die unendlichen Varianten afrikanischer »Unabhängigkeit« (wo offizielle Grenzen die wirklich bestehenden Völker trennen), das Aufbäumen der Minderheiten Europas (Bretonen oder Katalanen, Korsen oder Ukrainer). Das langsame Sterben der Aboriginees in Australien.
Völker mit jahrtausendealter Tradition und bezwingender Technik (die Engländer), mit einem universalisierenden Willen (die Franzosen), die der Versagung ihrer Rechte (Irland), Emigration (Sizilien), Teilung (Zypern), artifiziellem Reichtum ausgesetzt sind (Arabische Staaten).
Völker, die sehr früh ihre »Expansion« aufgegeben oder nur wenig verfolgt haben (Skandinavische Länder, Italien), die selbst Invasionen unterworfen waren (Polen, Mitteleuropa). Die Emigranten (Algerier, Portugiesen, Antillaner in Frankreich oder England).
Völker, die überfallen und ausgerottet wurden (Indianer der Vereinigten Staaten), die neutralisiert (Indianer der Anden), verfolgt und massakriert wurden (Indianer Amazoniens). Verfolgte und Umherirrende (Sinti und Roma).

Ausgewanderte Populationen, die eine herrschende Nation bilden (USA), die sich als Einheit bewahren (Quebec), die sich gewaltsam behaupten (Weiße in Südafrika).
Die ständig oder teilweise auf Wanderschaft sind (Syrer, Libanesen, Chinesen).
Periodische Migranten, die aus den Bewegungen innerhalb der BEZIEHUNG hervorgingen (Missionare, »Peace Corps«-Entwicklungshelfer) und die einen realen Einfluß ausüben.
Nationen, die durch Sprache oder Religion gespalten sind (irisches Volk, die belgische und libanesische Nation), das heißt, durch die ökonomische Konfrontation verschiedener Gemeinschaften.
Föderatives Gleichgewicht (Schweiz). Endemisches Ungleichgewicht (Völker der indochinesischen Halbinsel).
Alte Zivilisationen, die sich durch Akkulturation mit dem Okzident verändern (China, Japan, Indien). Die sich durch Insularität behaupten können (Madegassen).
Aus vielen zusammengesetzten Völkern, die jedoch »beziehungslos« und daher um so fremdenfeindlicher sind (Australier). Zerstreute Völker, die Opfer der »Adaptation« wurden (Lappen, Polynesier).
Solche Tabellen, die nur eine Situation beschreiben, sind unentwirrbar aufgrund des vernetzten Geflechts aus Ideologien, das sich in Sprachkonflikten, Religionskriegen, wirtschaftlichen Kämpfen und durch die technischen Umwälzungen darübergelegt hat. Die Gesamtheit der Beziehung wandelt sich schneller als die Vorstellung, die von ihr entsteht. Keine Theorie über die Beziehung führt zu einer Generalisierung. Ihr Spiel wird besonders lebhaft durch das Auftauchen von Minderheiten, die sich zu solchen erklären und von denen die entscheidendste zweifellos die feministische Bewegung ist.

Aus: »Rückkehr und Ausflucht«. In: *Zersplitterte Welten. Der Diskurs der Antillen* (1981). Heidelberg 1986.

Edouard Glissant

Zersplitterte Welten

In der Ausflucht verbirgt sich nicht die Weigerung zu sehen, was ist, das Problem wäre nicht etwa eine absichtliche Blindheit oder eine willentliche Flucht vor den Realitäten. Eher entsteht sie als Haltung aus einem Gewirr von Negativitäten, die als solche hingenommen werden. Die Ausflucht kommt nicht vor, wo eine Nation entstehen konnte, das heißt dort, wo eine globale Verantwortlichkeit, selbst wenn sie zum Nutzen eines Teils der Kollektivität entfremdet ist, Lösungen bestehender interner Konflikte (oder Klassenkonflikte) hat umsetzen können. Solche Lösungen mögen provisorisch sein, immerhin sind sie autonom. Die Ausflucht kommt nicht vor, wo eine Gemeinschaft offen gegen einen Feind kämpft. Für eine Bevölkerung, deren Unterwerfung durch den Anderen im Dunkeln liegt, ist die Ausflucht jedoch das letzte Mittel. Das Prinzip der Herrschaft, das im Land selbst nicht sichtbar ist, muß anderswo gesucht werden, da der Modus der Herrschaft (die Assimilation) die beste aller Tarnungen ist, da die Materialität der Herrschaft (die nicht nur Ausbeutung ist, nicht nur Elend und Unterentwicklung, sondern die völlige Auslöschung als ökonomische Einheit) nicht offen zutage tritt. Die Ausflucht ist die Parallaxe dieser Suche.

Ihre List ist somit nicht immer konzertiert, ebenso wie das »Anderswo«, an das sie sich wendet, im »Inneren« liegen kann. Sie ist ein kollektivisierter »Eskapismus« (Marcuse).

Die kreolische Sprache ist die erste Topographie der Ausflucht. Nur in Haiti entspricht sie nicht mehr dieser ursprünglichen Bestimmung. Ich muß gestehen, daß die Streitigkeiten über die Entstehung und den Aufbau des Kreolischen (ist sie eine eigene Sprache, ist sie nur eine Karikatur der französischen Mundart et cetera?) mich, wahrscheinlich sogar zu Unrecht, langweilen. Für mich liegt die Poetik des Kreolischen vor allem in der ständigen Verdrehung einer implizierten Transzendenz der französischen Quelle. Michel Benamou hat die Hypothese aufgestellt, das Kreolische sei systematische Verunglimpfung (in Martinique wurde seine These in einem Artikel von Roland Suvélor aufgegriffen): der Sklave konfisziert die Sprache, die der Herr ihm aufgezwungen hat, jene vereinfachte Redeweise, die den Erfordernissen der Arbeit angepaßt ist (ein »petit-nègre«) und treibt die Simplifizierung ins Extrem. Du willst mich zum Stammeln bringen, ich werde es zum System erheben, mal sehen, ob du dich dann noch zurechtfindest. Somit wäre das Kreolische die Sprache, die die Lächerlichkeit ihrer Entstehung bis in ihre Struktur und Poetik aufgesogen hat. Sie ist der Parvenü aller Pidgins, der selbstgekrönte Kaiser der Patois. Die Linguisten haben angemerkt, daß die Syntax des traditionellen Kreolisch absichtsvoll die Kindersprache imitiert (etwa mit Verdoppelungen wie »bel bel iche« für »très bel enfant« = sehr hübsches Kind). Eine Kinderei, die so weit getrieben wird, ist nicht mehr unschuldig. In den Strukturen, die diese Sprache sich gibt (sicher ist es nicht üblich, von einer Sprache wie von einem willensbegabten Wesen zu sprechen, das sich quasi von selbst hervorbringt) finde ich das wieder, was die amerikanischen Schwarzen angeblich als Sprach-Attitüde annahmen, wenn sie sich in Gegenwart von Weißen befanden: das Lispeln, die Dehnung, die Idiotie. Die Tarnung. So setzt sich die Ausflucht in Szene. Die kreolische Sprache hat sich um eine solche List gebildet. Kein amerikanischer Schwarzer hat es heute mehr nötig, zum Mittel dieser Inszenierung zu greifen; ich denke, daß es kaum noch einen Weißen geben wird, der darauf hereinfällt. Ebenso hat die kreolische Sprache in Martinique das Stadium verlassen, in dem die Ausflucht sie strukturierte. Aber sie ist noch von ihr geprägt, sie rollte von Kalauer zu Kalauer, von Assonanz zu Assonanz, von der Verwechslung zur Zweideutigkeit und so weiter. Das ist sicher der Grund, weshalb der Geistesblitz, insofern er Geduld, eine gezielte Überraschung erfordert, in dieser Sprache selten und dann ziemlich dick aufgetragen ist. Die Schlußpointe des kreolischen Diskurses löst nicht ein bewunderndes Lächeln, sondern ein zustimmendes Lachen aus: sie unterstreicht sich selbst; und trifft sich darin mit einem gängigen Stilmittel der Märchenerzähler fast aller Länder, im Dichterwettstreit, bei den Griots et cetera. Das haitische Kreolisch hat die Ausflucht schneller überwunden, aus dem ganz einfachen historischen Grund, daß es früh die Sprache der Nation wurde und ihm so eine produktive, verantwortliche Funktion zukam. (...)

Ein ganz augenfälliges Zeichen für den Drang nach einer Ausflucht, der in einer derart bedrohten Gemeinschaft besteht, ist eine starke Emigration, hier der antillanischen Bevölkerung nach Frankreich (häufig genug wurde bereits gesagt, sie sei von den Behörden unterstützt und als eine Art Sklavenhandel »rückwärts« anzusehen) mit allen Auswirkungen auf die Psyche der Betroffenen. Erst in Frankreich empfinden sich die Antillaner meist als anders und werden sich ihrer Antillanität bewußt; dies Bewußtsein ist umso dramatischer, umso unerträglicher, als dem so vom Gefühl seiner Identität überwältigten Menschen die Wiedereingliederung in sein ursprüngliches Milieu nicht gelingen kann (er findet die Situation hier unerträglich, seine Landsleute verantwortungslos; sie finden, daß er sich assimiliert hat, in seinem Benehmen ein Weißer geworden ist) und er wieder weggehen muß. Eine außerordentliche Form, die Ausflucht zu leben. Es illustriert auch, wie sehr in Martinique selbst die Entfremdung im Dunkeln liegt: um sich ihrer bewußt zu werden, muß man sie erst anderswo suchen. Das Individuum betritt so die malmende Welt eines unglücklichen, ja eines gemarterten Bewußtseins.

(Die Rückkehr hat bestimmt ihren Glanz für jene, die »nach Westen« [ostwärts] gegangen sind und danach hier wieder Wurzeln schlagen wollen. Sie bedeutet nicht mehr die verzweifelte Ankunft von einst, nachdem man aus der afrikanischen Mutter-Erde herausgerissen wurde und nach der Reise auf dem Sklavenschiff. Diesmal ist es, als entdecke man endlich das wahre Land, in dem man Wurzeln schlagen kann. Martinique wird auch Land der Rückkehrer genannt. Es ist jedoch keine Rückkehr, sondern das Ende einer Ausflucht.) Danach im eigenen Land nicht mehr leben zu können, das ist es, was die Marter ausmacht.

Die Ausflucht führt nirgendwo hin, wenn die ursprüngliche List nicht auf konkrete Bedingungen für ihre Überschreitung stößt.

(Wir verkennen nicht, daß es ein Unbehagen an der Welt gibt, das mit ihrer Umwelt grame Europäer in die »heißen« Länder treibt, während die dortigen Opfer der Arbeitslosigkeit, die zudem einem unerträglichen Druck der Existenzbedrohung unterliegen, ihr »heißes« Land verlassen, um im Anderen/Anderswo einen provisorischen Ausweg zu suchen.)

Die Intellektuellen der Antillen schließlich haben die Notwendigkeit der Ausflucht genutzt, um irgendwohin zu gehen, das heißt, sie haben den Verhältnissen entsprechend ihre eigene Möglichkeit, das Unlösbare zu lösen, mit dem entschlossenen Handeln der Völker verknüpft. Die erste und vielleicht großartigste Ausflucht dieser Art hat den Jamaikaner Marcus Garvey in die USA getrieben, eine erste »Zwischenstation« seines afrikanischen Traums, wo er sich des Leidens der amerikanischen Schwarzen annahm. Auch die Vorstellung vom universellen Leid der Neger in der antillanischen Theorie (oder Poetik) der Négritude stellt einen sublimierten Aspekt der Ausflucht dar. Die historische Notwendigkeit für die Mischlingsvölker der Kleinen Antillen, den »afrikanischen Anteil« ihres Wesens geltend zu machen, der durch die herrschende Ideologie so lange verachtet, verdrängt und geleugnet wurde, ist allein Grund genug, um die antillanische Bewegung der Négritude zu erklären. Dieser Anspruch überschreitet sich sehr bald in der genannten Vorstellung vom Leid der Neger, so daß Césaires Werk der Négritude sich mit der Befreiungsbewegung der afrikanischen Kulturen trifft und das *Cahier d'un retour au pays natal* im Senegal bald populärer ist als in Martinique. Ein einzigartiges Schicksal. Die Ausflucht besteht hier in der Überschreitung durch das Ideal, die Beziehung ist überhöht. So wird verständlich, daß Césaire hier zwar als der bekannteste Martinikaner gilt, sein Werk aber weniger gelesen wird als in Afrika. Der Trinidader David Padmore hatte ein ähnliches Schicksal, er ging nach Ghana und inspirierte dort den Mann, der dann die Unabhängigkeit des Landes erkämpfte: Kwame Nkrumah. Aber Padmore, der geistige Vater für Nkrumahs Panafrikanismus, kam nie mehr in sein Ursprungsland zurück. Diese Formen der Ausflucht sind also auch getarnte oder sublimierte Varianten der Rückkehr nach Afrika. Der offensichtlichste Unterschied zwischen den afrikanischen und den antillanischen Formulierungen der Négritude ist, daß die afrikanische aus einer vielfältigen Realität der Ahnenkulturen hervorgeht, die alle gleichzeitig bedroht sind, während die antillanische dem freien Auftreten neuer Kulturen vorausgeht, deren Ausdruck durch die Verwirrung der Kolonisation noch verschüttet ist. Ein intensives Streben nach Verallgemeinerung sorgte dafür, daß diese beiden Fassungen der Négritude zueinander fanden. Diese Verallgemeinerung macht in ihrer generösen Haltung verständlich, warum die Négritude die spezifischen Bedingungen eines Landes so wenig berücksichtigt hat. Obwohl vor allem sie es war, die die Befreiung Afrikas inspirierte, spielte sie in den einzelnen historischen Episoden dieser Befreiung keine Rolle. Im Gegenteil. Die Négritude wurde grundsätzlich in Frage gestellt, zunächst im Bereich des anglophonen (wegen ihrer generalisierenden Tendenz) und dann im breiten Saum des kriegführenden Afrika (vielleicht unter dem Einfluß revolutionärer Ideologien).

Das bedeutsame Beispiel der Ausflucht bleibt das von Frantz Fanon. Eine ungeheure, mitreißende Ausflucht. Ich habe einen südamerikanischen Dichter kennengelernt, der sich nie von der spanischen Übersetzung der *Verdammten dieser Erde* trennte. Jeder schwarze amerikanische Student gerät aus dem Häuschen, wenn er hört, daß du aus dem gleichen Land kommst wie Fanon. Doch Jahre können vergehen, ohne daß er (ich spreche nicht einmal von seinem Werk) in der politischen oder kulturellen, revolutionären oder linken Presse in Martinique auch nur erwähnt wird. Eine Avenue von Fort-de-France trägt seinen Namen. Das ist auch alles.

Für einen Antillaner ist es schwierig, der Bruder, der Freund oder auch nur der Gefährte oder »Landsmann« von Fanon zu sein. Denn von allen Intellektuellen der französischsprachigen Antillen ist er der einzige, der als Anhänger der algerischen Sache wirklich zur Tat geschritten ist. Auch nach dem Ende seiner algerischen »Passion«, wir dürfen es wohl so nennen, bestand das martinikanische Problem in all seiner Zwiespältigkeit noch weiter, doch das ändert nichts daran (und ist ihm nicht anzulasten. Ich bin sicher, wenn er weitergelebt hätte, er hätte dieses Problem als nächstes in Angriff genommen.). Es ist klar, daß zur Tat schreiten hier nicht nur bedeutet zu kämpfen, anzuprangern, zum Widerstand aufzurufen, sondern bedeutet, den radikalen Bruch zu vollziehen. Der radikale Bruch ist der Extremfall der Ausflucht.

Césaires dichterisches Wort, Fanons politische Tat haben uns irgendwohin geführt, indem sie uns durch ihre Ausflucht an den Ort gelangen ließen, an dem unsere Probleme auf uns lauern. Dieser Ort wird in *Zurück ins Land der Geburt* ebenso beschrieben wie in Fanons *Schwarze Haut, weiße Masken*: Ich will damit sagen, daß weder Césaire noch Fanon von diesem Problem abstrahieren. Négritude und die Theorie der »Verdammten« sind als Entwürfe allerdings generalisierend. Sie folgen den historischen Umrissen der ausgehenden Dekolonisierung in der Welt. Sie illustrieren und beschreiben die Landschaft eines ihnen gemeinsamen Anderswo. Wir müssen an jenen Ort zurückkehren. Die Ausflucht als List ist nur erfolgreich, wenn die Rückkehr sie befruchtet; nicht die Rückkehr zum Traum vom Ursprung, zum unbeweglichen Einen des Seins, sondern die Rückkehr an den Punkt, von dem das Gewirr ausgeht, an den Punkt, von dem wir uns mit aller Macht abgewendet hatten; an diesem Ort müssen wir endlich in die Tat umsetzen, was die Beziehung besagt, oder wir gehen unter.

Aus: »Rückkehr und Ausflucht«. In: *Zersplitterte Welten. Der Diskurs der Antillen* (1981). Heidelberg 1986.

Francis Strauven

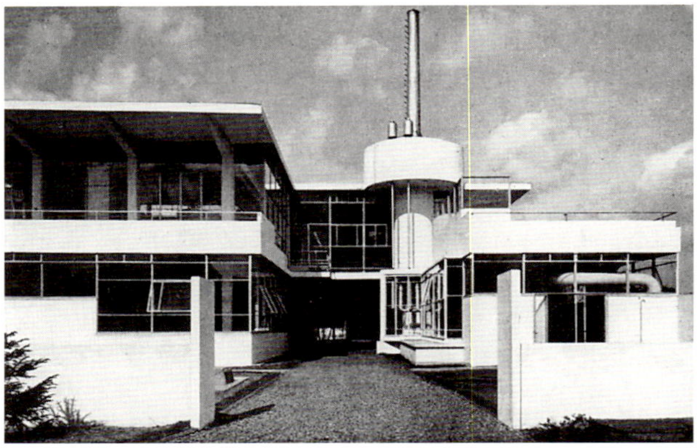

Jan Duiker: Sanatorium Zonnestraal in Hilversum, 1926-28

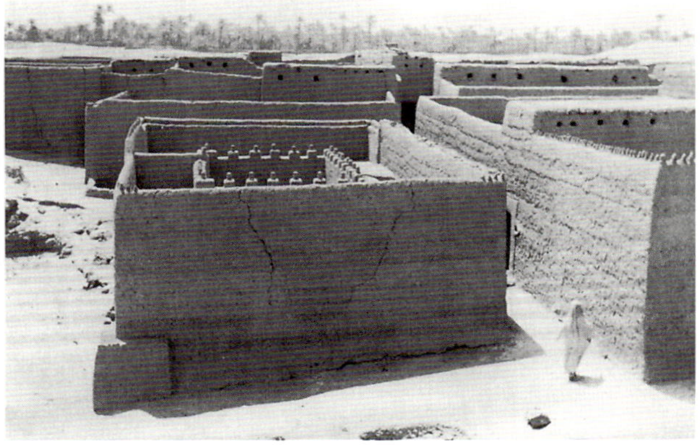

Dorf in der Sahara, photographiert von Aldo van Eyck im Jahr 1951

My affection for those interior spaces in the Sahara – cool and dark within mild adobe walls – was complemented, never contradicted, by what I feel for the exilharating transparency of Duiker, Van der Vlugt and Rietveld's work. 'Man, after all, breathes both in and out'. And architecture? - does it do the same? Seldom.

Aldo van Eyck

Aldo van Eyck un

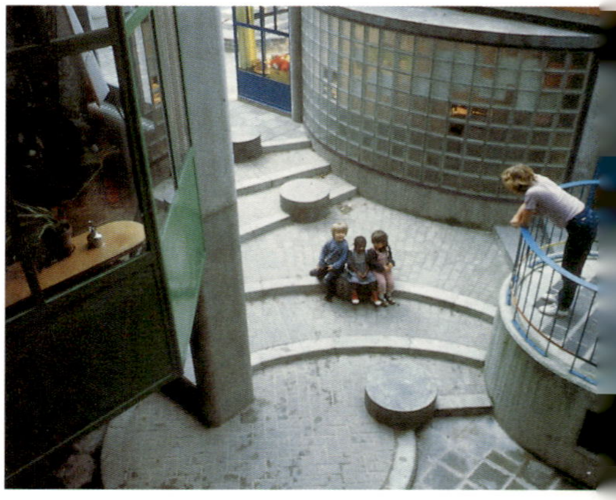

Hubertushaus, Amsterdam, 1976-80

Aldo van Eyck hatte immer ein besonderes Interesse für traditionelle Städte, sowohl für die historischen Städte der westlichen Kultur als auch für die primitiven Siedlungsformen archaischer Kulturen. Anders als seine funktionalistischen Kollegen des CIAM (Congrès International d' Architecture Moderne) betrachtete er die traditionelle Stadt nicht als Überbleibsel einer überholten Vergangenheit, die verschwinden muß, um neuen rationalistischen Bauten Platz zu machen, sondern als kostbares Erbe, als Thesaurus der Umwelterfahrung. Er sah in den traditionellen Städten und Siedlungen konkretisierte Formen menschlicher Beziehungen, den baulichen Ausdruck menschlicher Werte. Seiner Ansicht nach sollten alle wertvollen Bauerfahrungen der Vergangenheit, vom Eingeborenendorf der Dogon bis zur Palladino-Kirche, von Fatepur Sikri bis Zonnestraal, in die Gegenwart eingebracht und in zeitgenössischen Entwürfen umgesetzt werden. Die Gegenwart sollte die Errungenschaften der Vergangenheit in sich aufnehmen, um zeitliche Tiefe und assoziative Perspektiven herzustellen. Aber dies bedeutet nicht, daß es van Eyck jemals um eine eklektizistische Reproduktion historischer Formen ging. Er betrachtete Geschichte stets aus einer definitiv modernen Perspektive. Das Erbe der Vergangenheit muß strukturell verstanden und mit Blick auf die antizipierte Zukunft neu gestaltet werden. Ungeachtet seines Interesses für die Vergangenheit ist van Eycks kulturelle Auffassung der Ideologie der Modernität verpflichtet. Er ist überzeugt, daß die zeitgenössische Kultur in Übereinstimmung mit der neuen Weltsicht entwickelt werden muß, die von der avantgardistischen Kunst und Wissenschaft zu Beginn des Jahrhunderts geprägt wurde – eine Weltsicht, die sich für ihn auf das fundamentale Prinzip der Relativität gründet.

Dieses Prinzip impliziert, daß die Realität nicht durch eine inhärente hierarchische Struktur gekennzeichnet ist, die an einen privilegierten, absoluten Bezugsrahmen oder ein immanentes Zentrum gebunden ist. Es besagt, daß die Kohärenz der Dinge nicht von ihrer Unterordnung unter ein zentrales dominantes Prinzip, sondern von ihren reziproken Beziehungen bestimmt wird. Daher muß in der neuen Kultur jeder Bezugsrahmen als gleichermaßen legitim betrachtet werden; alle Standpunkte sind relativ und als solche äquivalent, und die Beziehungen zwischen den Dingen sind ebenso wichtig wie die Dinge selbst. In dieser Auffassung von Modernität gibt es insofern eine Verbindung mit der Vergangenheit, als daß klassische und archaische Kulturen trotz ihres hierarchischen Charakters verschiedene Ausgangspunkte und Vorgriffe auf nicht-hierarchische Strukturen bieten können.

Van Eycks gestalterische Haltung zum urbanen Erbe hat zwei Aspekte. Auf der einen Seite basierten einige seiner wichtigsten Projekte auf der Struktur der traditionellen Stadt, andererseits entwarf er seine städtischen Projekte stets als konstruktiven Beitrag zur vorhandenen Stadt. Das eloquenteste Beispiel für den ersten Aspekt ist das Amsterdamer Waisenhaus, das er von 1957 bis 1961 baute, ein »großes Haus«, konzipiert als eine kleine Stadt. Er verwei-

ie Stadt

Temporärer Kinderspielplatz im alten Zentrum von Amsterdam

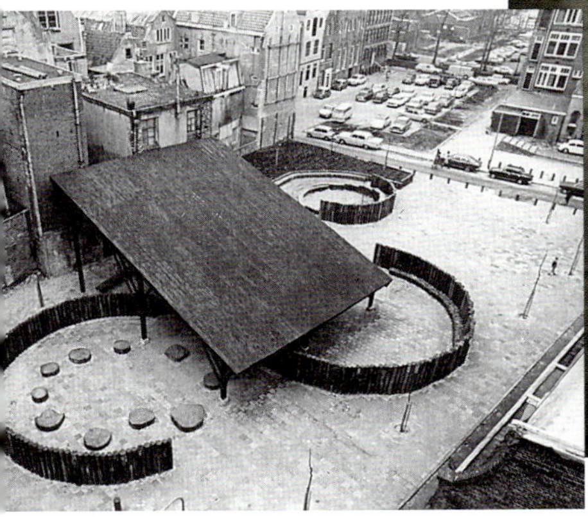

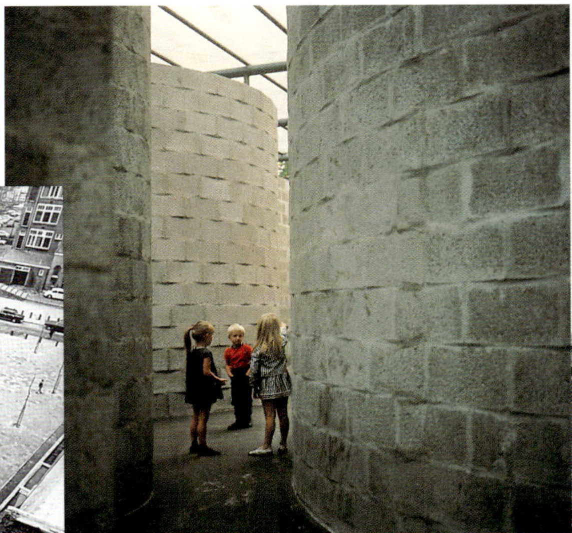

Skulpturenpavillon Sonsbeek, 1965-66

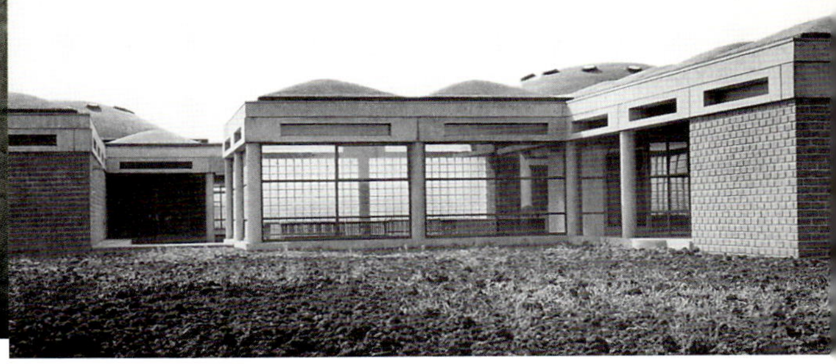

Waisenhaus in Amsterdam, 1957-61

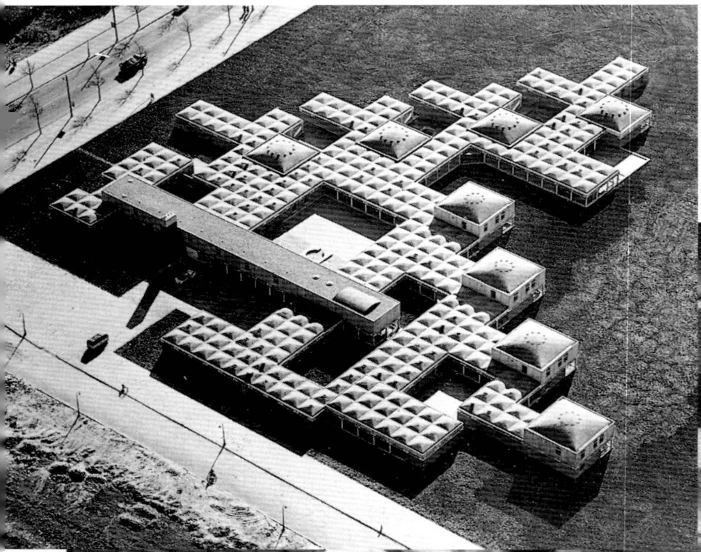

Waisenhaus in Amsterdam, 1957-61

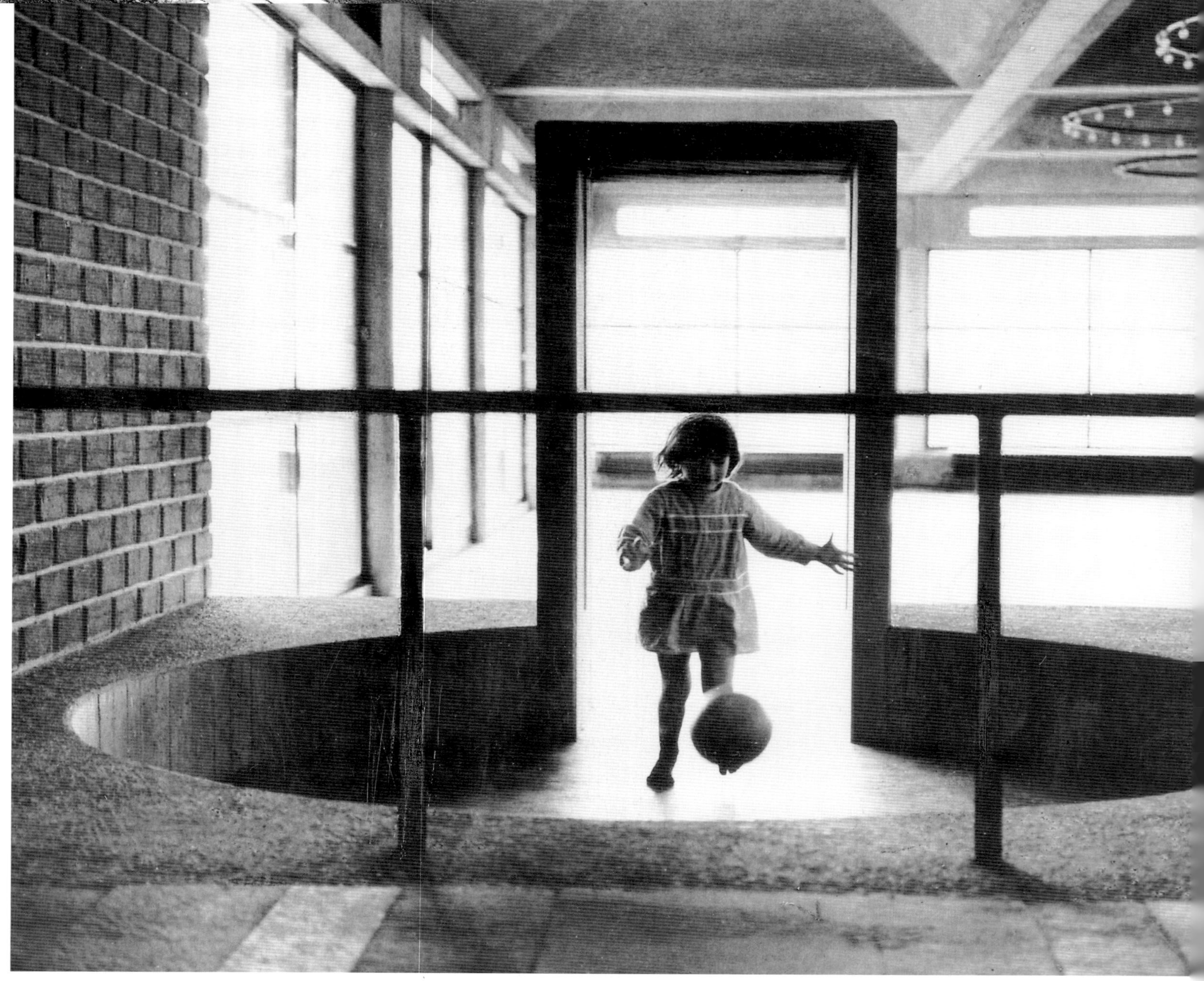

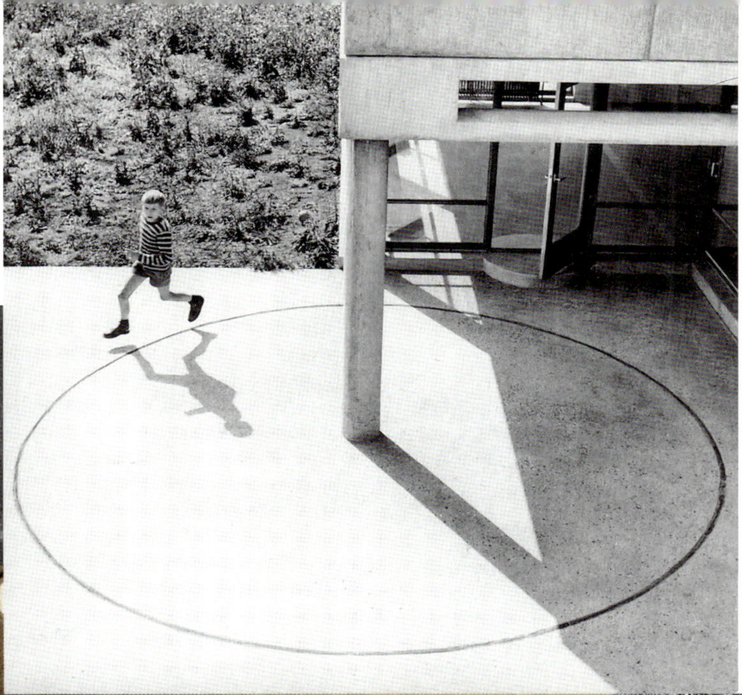

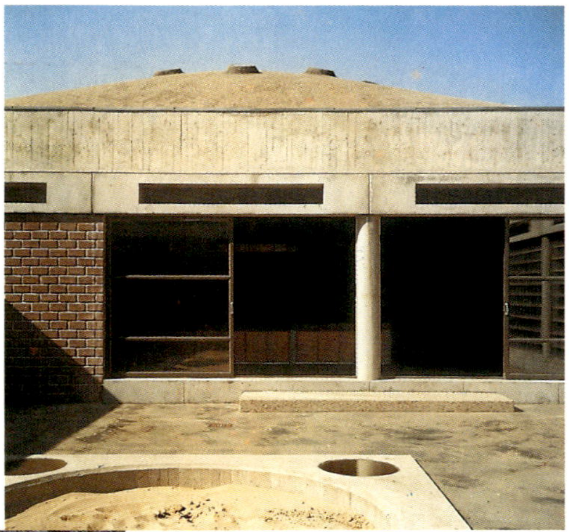

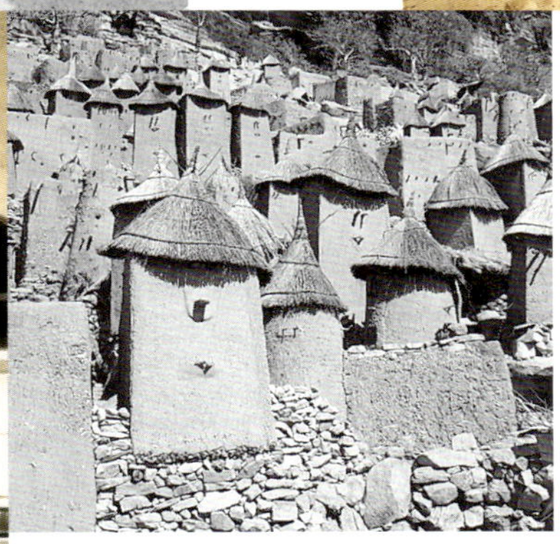

Dogon-Dorf

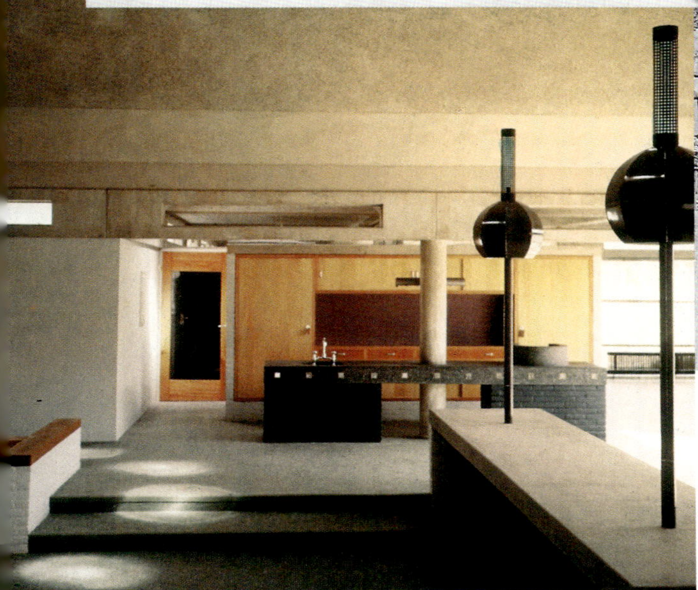

Waisenhaus in Amsterdam, 1957-61

gerte die rationalistischen Lösungen des CIAM und realisierte eine komplexe Struktur von Innen- und Außenräumen, die entlang des gewundenen Straßenlaufs angeordnet ist. Das Ineinandergreifen von innen und außen, Offenem und Geschlossenem, klein und groß, öffentlich und privat bildet ein genuines urbanes Gefüge, ein polyzentrisches Gewebe äquivalenter Räume, die durch »Zwischenräume« und »Eingangsstufen« miteinander verbunden sind. Das archetypische Vokabular von Säulen und Kuppeln evoziert das Bild einer archaischen Siedlung. Dennoch atmet der Innenraum die Dynamik von De Stijl. Außerdem wird die Kohärenz dieser »kleinen Stadt« durch eine strukturelle Analogie zwischen Einzelelement und Gesamtheit bestätigt. Der gesamte Komplex wie auch die »Häuser«, aus denen er besteht, kehren dem Norden den Rücken zu und öffnen sich nach Süden hin durch komplexe Einschnitte; beides sind »Raumcluster«, die mit der Außenwelt durch zentrifugale Plätze in Verbindung treten. In den Niederlanden führte dieser »konfigurative«

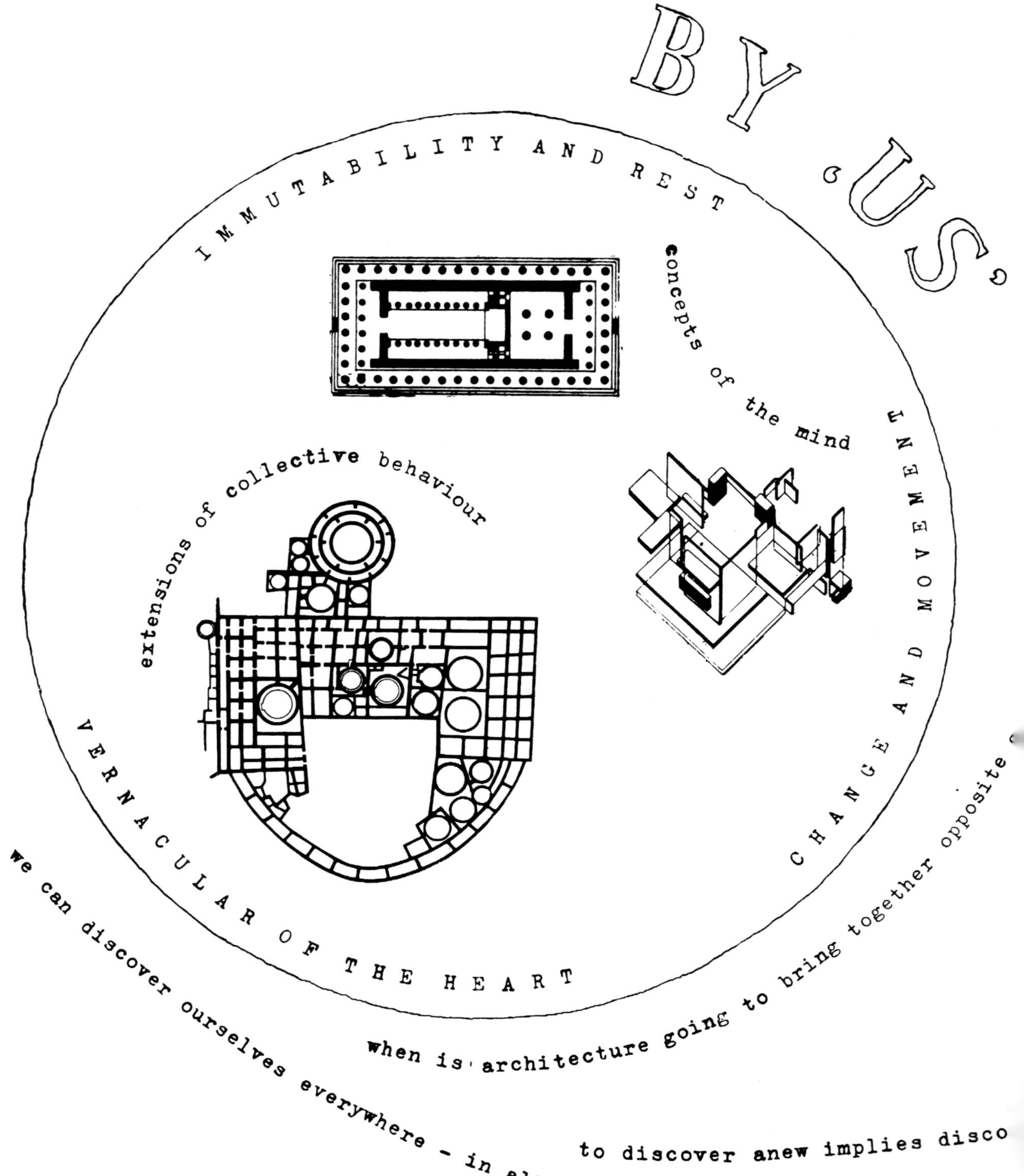

Otterlo circles, 1959
Die Otterlo Kreise sind ein Diagramm, in welchem Aldo van Eyck sein kreatives Credo für den letzten CIAM Kongreß, der 1959 in Otterlo stattfand, zusammenfaßte. Der linke Kreis stellt den Bereich der architektonischen Form dar und umfaßt drei große Traditionen: die klassische Tradition (»Unwandelbarkeit und Ruhe«), die Tradition der Moderne (»Veränderung und Bewegung«) und die der spontanen Bauten (»die Fachsprache des Herzens«). Jede dieser Traditionen wird durch ein geeignetes Paradigma charakterisiert: die erste durch einen griechischen Tempel, die zweite durch eine Schalter-Konstruktion von Van Doesburg und die dritte durch ein Pueblo-Dorf in Neu Mexiko. Diese drei Traditionen sollten nicht als ausschließliche begriffen, sondern miteinander vereinbart werden. Gemeinsam bilden sie ein formales und strukturelles Potential, das fruchtbar genug ist, um unterschiedliche Antworten für die komplexe Realität der menschlichen Beziehungen zu formulieren. Diese Realität wird im rechten Kreis mit dem Bild tanzender Kayapó-Indianer zusammengefaßt, das die Beziehung zwischen Individuum und Gesellschaft, konstant und variabel zugleich, symbolisiert.

FOR US

FOR EACH MAN AND ALL MEN

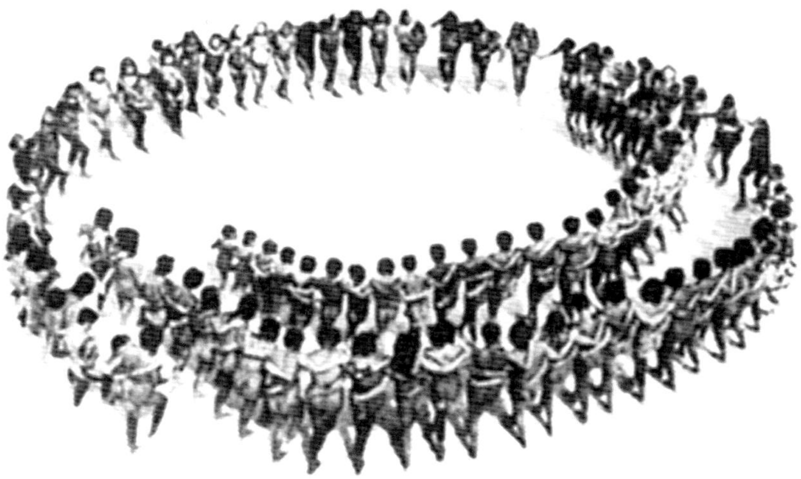

get close to the center - the shifting center - and build.(3

omething new.(2

n a different way, feeling the same differently, reacting differently to the same.(4

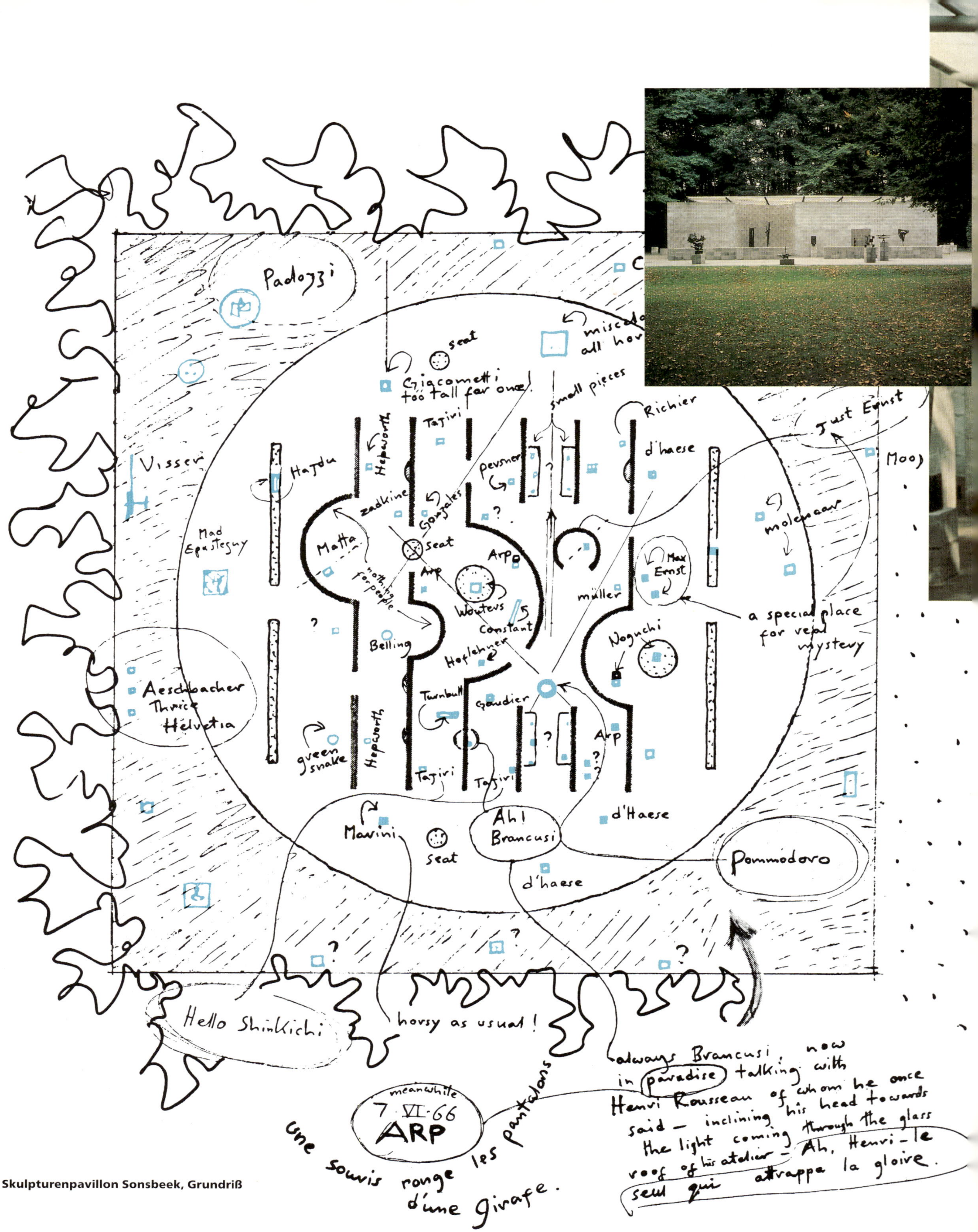

Skulpturenpavillon Sonsbeek, Grundriß

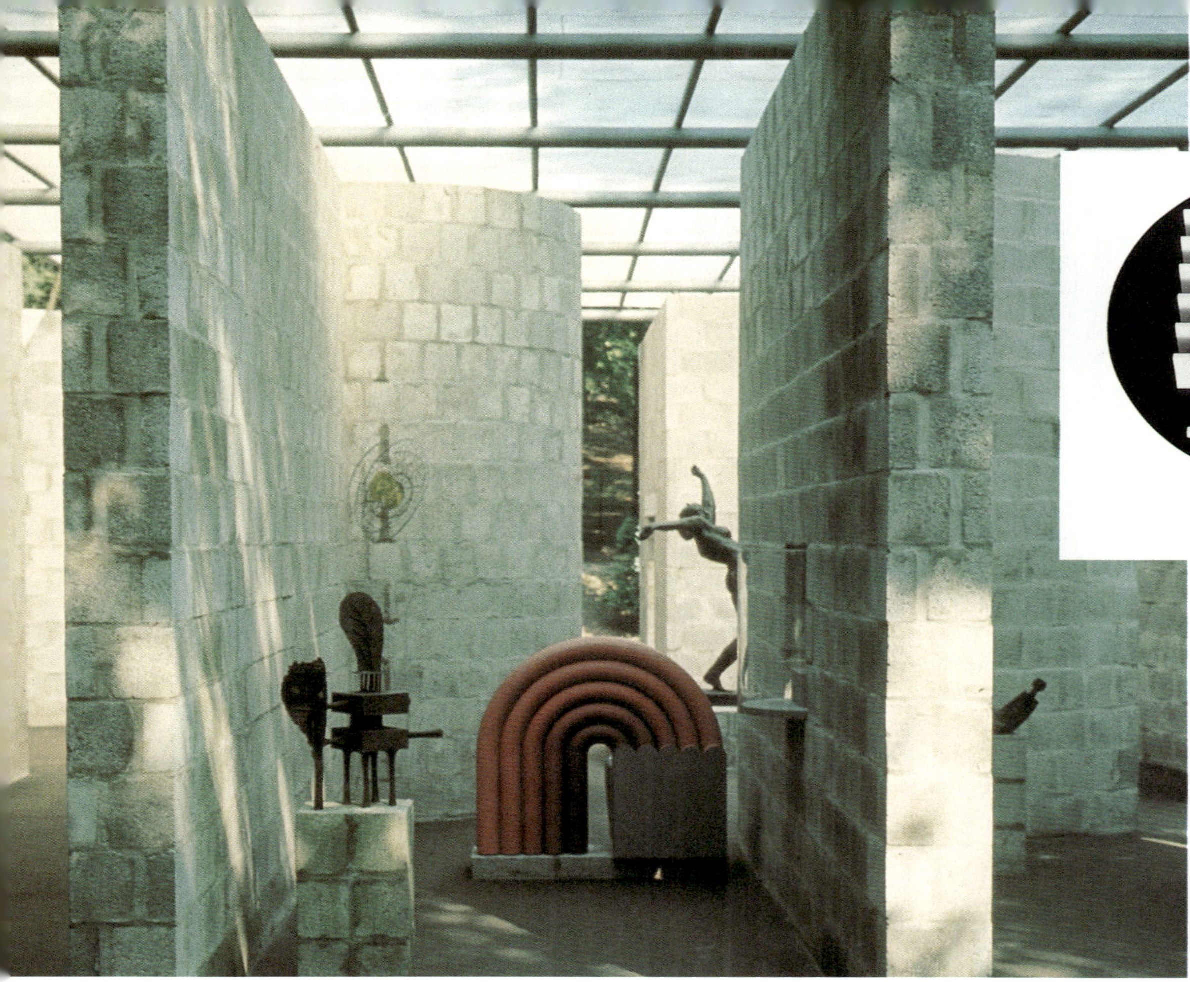

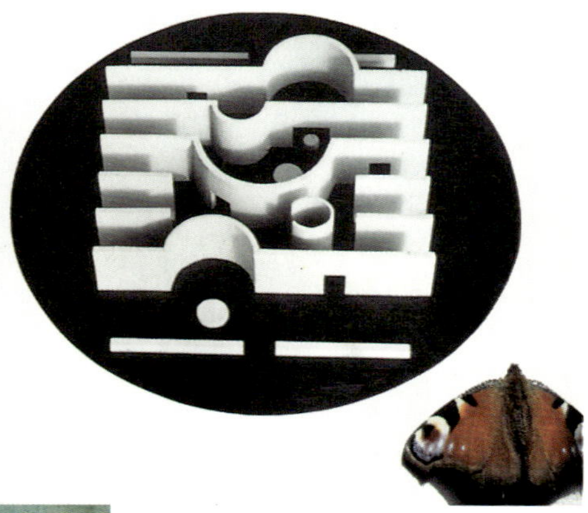

Skulpturenpavillon Sonsbeek
Innenansicht und Modell

Designansatz zu einer neuen architektonischen Strömung, dem sogenannten Holländischen Strukturalismus, zu dessen Vertretern Piet Blom, Herman Hertzberger, Joop van Stigt, Jan Verhoeven und andere Amsterdamer Architekten gehören.

Ein weiteres Beispiel für den ersten Aspekt von van Eycks Gestaltungsprinzip war der Skulpturen-Pavillon in Sonsbeek, den van Eyck 1966 baute. Von außen eine einfache Konstruktion paralleler Wände, entfaltete sich das Gebäude innen in einem Wirbel von Wegen und Plätzen, einem Labyrinth aus gerade und rund, konvex und konkav, durchzogen von indirekten Ansichten. Die Dynamik des Innenraums ergibt sich durch eine Abfolge gewölbter Wände, die das Grundgerüst der parallelen Wände durchbricht. Van Eyck ging es darum, auch diesem kleinen Gebäude »etwas von der Abgeschlossenheit, Dichte und Komplexität des Städtischen« zu geben, es stadtartig zu gestalten, »so daß Menschen und Artefakte sich dort unweigerlich treffen, zusammenströmen und aufeinanderstoßen.« Also schuf er eine kleine Stadt für Skulpturen und Menschen, ein »Raumcluster«, das den Besucher veranlassen soll, sich darin zu bewegen und die Skulpturen aus verschiedenen Perspektiven zu betrachten.

Der zweite Aspekt zeigte sich bereits zu Beginn von van Eycks Laufbahn, insbesondere bei den zahlreichen Spielplätzen, die er in Amsterdam gebaut hat. Es waren einfache, sorgfältig geplante städtische Plätze, die er auf brachliegenden Grundstücken im alten Stadtkern anlegte, im Inneren des urbanen Gefüges. Bestehend aus Grundformen, die von Brancusi inspiriert waren, und tektonischen Archetypen wie Bögen und Kuppeln, Brüstungen und Bänken bildeten sie

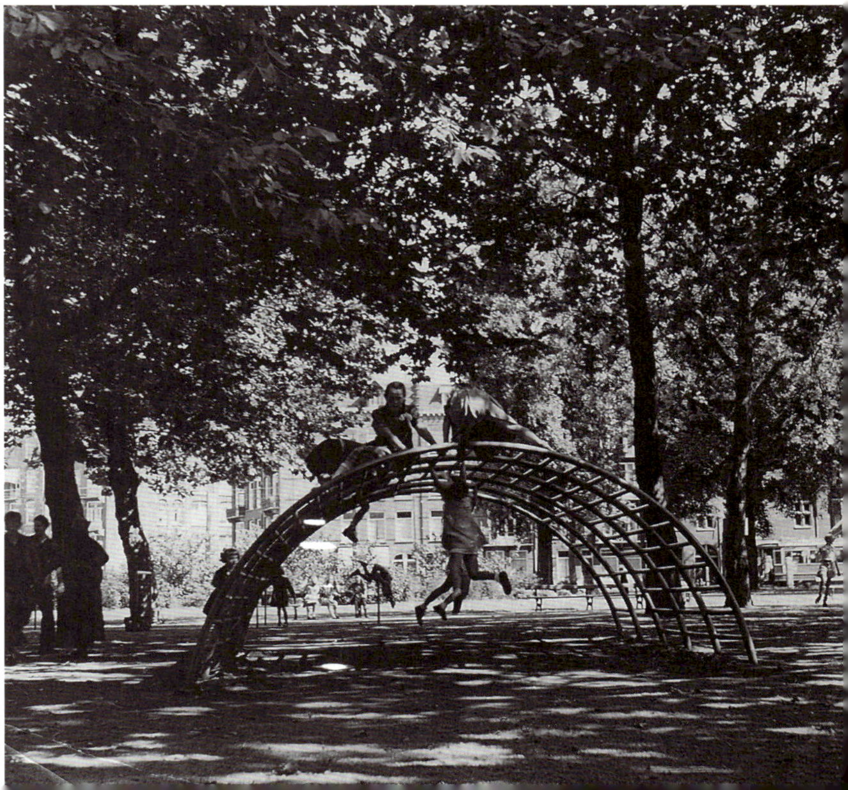

Kinderspielplatz in Amsterdam

»Little Roof – Big Hat«

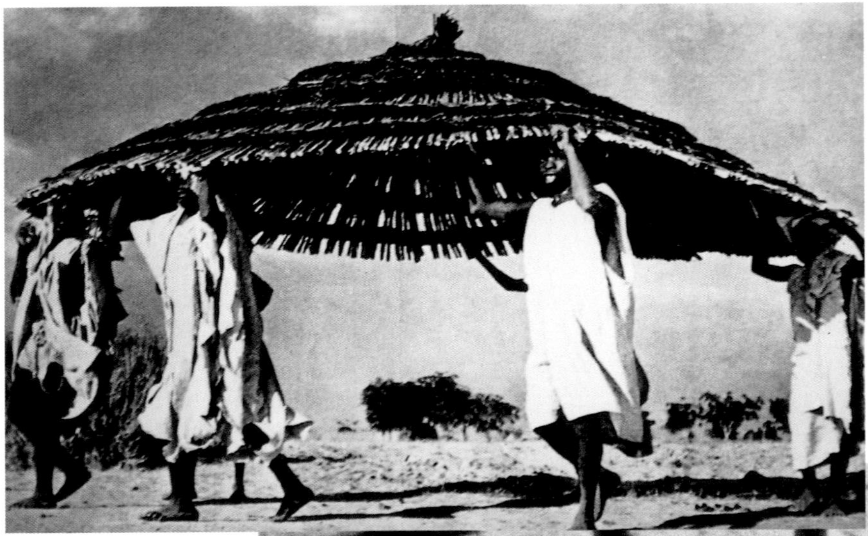

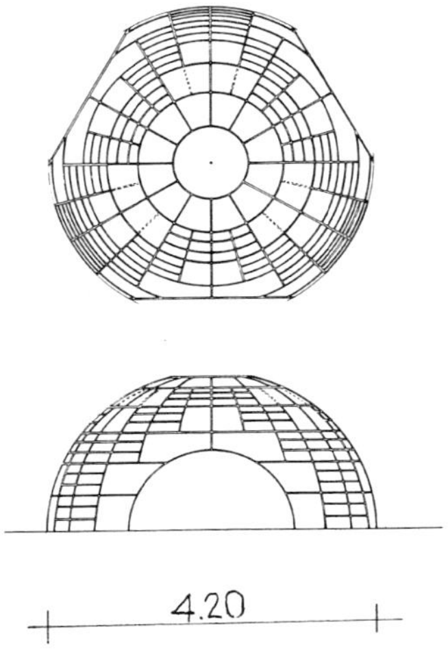

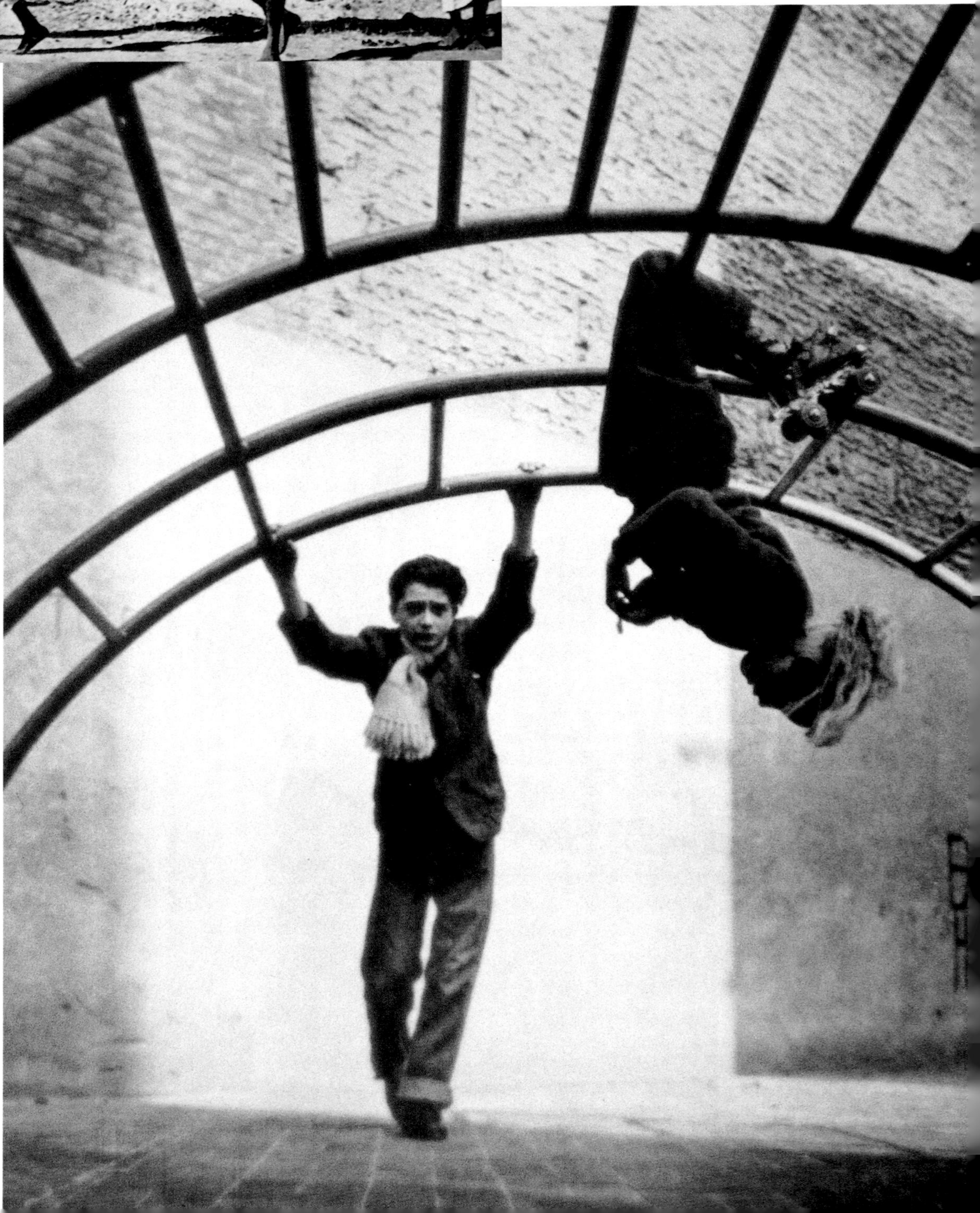

Kinderspielplatz in Amsterdam

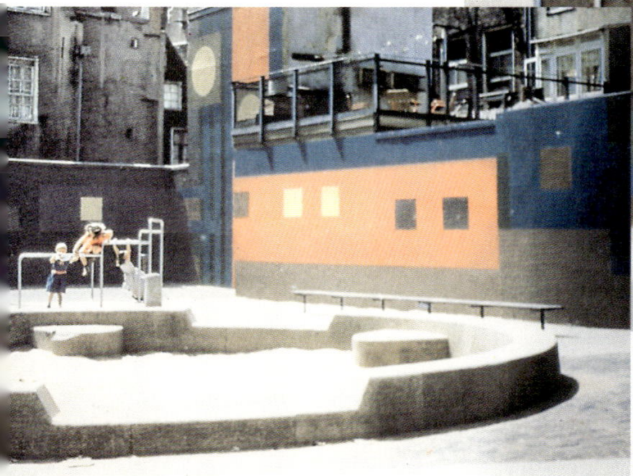

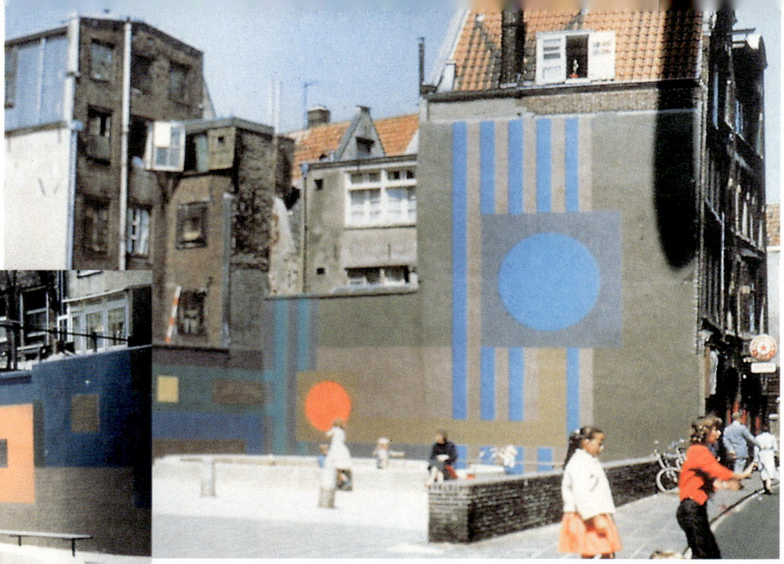

Wandgemälde von Joost van Roojen

Plätze von ausgeprägt urbanem Charakter, die sowohl für Erwachsene wie auch für Kinder Sinn machten.

Dieser kontextuelle Ansatz gewann in den 60er Jahren an Bedeutung. In dem Maße, in dem van Eycks Vorahnungen bezüglich der Unzulänglichkeit moderner Stadtplanung wahr wurden, distanzierte er sich von der funktionalistischen Ambition, neue Städte zu entwerfen, und interessierte sich zunehmend für die Qualitäten und das Potential historischer Städte. Er war einer der ersten Modernen, der die historisch gewachsene Stadt als Maßstab für echte Urbanität heranzog. Er betrachtete den alten Stadtkern als »Stifter« neuer Entwicklungen in der Stadtplanung, als Energiequelle für die Wiederbelebung des zeitgenössischen urbanen Denkens. Diese Sicht wurde in städtischen Projekten konkretisiert, die er ab Mitte der 60er Jahre realisierte.

In diesen Entwürfen wurde der städtische Zusammenhang zur Basiskomponente eines Gestaltungskonzepts, das insbesondere den spezifischen Charakter und die Struktur der umliegenden Stadt berücksichtigte. Für jedes urbane Projekt erforschte er sorgfältig die Gegebenheiten des jeweiligen Ortes, nicht nur, um dessen Qualitäten zu bewahren, sondern auch, um seine Aufnahmefähigkeit für andere, zeitgenössische Qualitäten zu untersuchen. Er entwickelte die einfache, aber zweckdienliche Regel, daß ein neues Gebäude Qualität nicht entfernen, sondern nur hinzufügen darf. Ein neues urbanes Projekt muß sich dem Zusammenhang, in den es eintritt, anpassen. Ein neues Gebäude sollte in seiner Form die spezifischen Qualitäten seines Kontextes berücksichtigen und anerkennen. Das heißt jedoch keineswegs, daß es seine Nachbarn reproduzieren muß. Durch die neue Bedeutung, die es hinzufügt, muß es sich selbst legitimieren.

Aldo van Eyck realisierte diesen Ansatz erstmals in seinem preisgekrönten Wettbewerbsbeitrag für das Rathaus in Deventer (1966–1967). Bereits in den ersten Skizzen zeigt der Entwurf die Intention, das neue Gebäude nicht als autonome Größe zu konzipieren, sondern als Cluster unterschiedlicher Elemente, das in die Struktur der existierenden Stadt eingebettet ist. Die Einzelelemente sind in Übereinstimmung mit dem historischen Gefüge als rechteckige parallele Parzellen gegliedert und mit offenen Mansardendächern versehen. Die Komponenten des Entwurfs wurden in die bestehenden Straßen und Alleen eingepaßt. Dem öffentlichen Platz präsentierte sich das Gebäude als niedrige Baumasse, die nicht mit dem benachbarten alten Rathaus konkurrierte, einem Gebäude aus dem 17. Jahrhundert, das repräsentative Funktionen erfüllt. Vom Fluß Ijssel

Entwurf für das Rathaus in Deventer, 1966-67

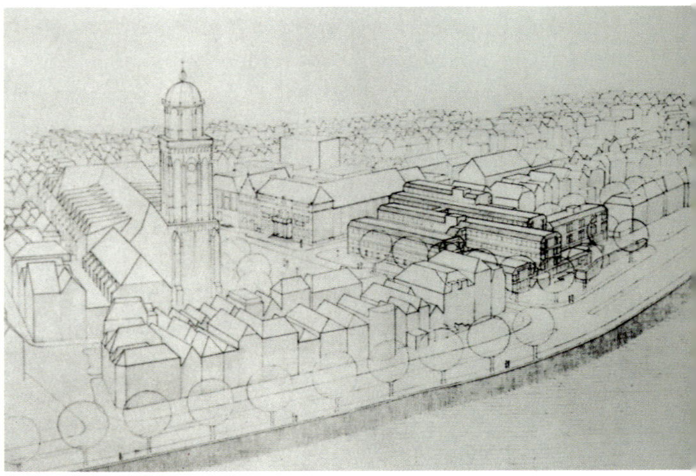

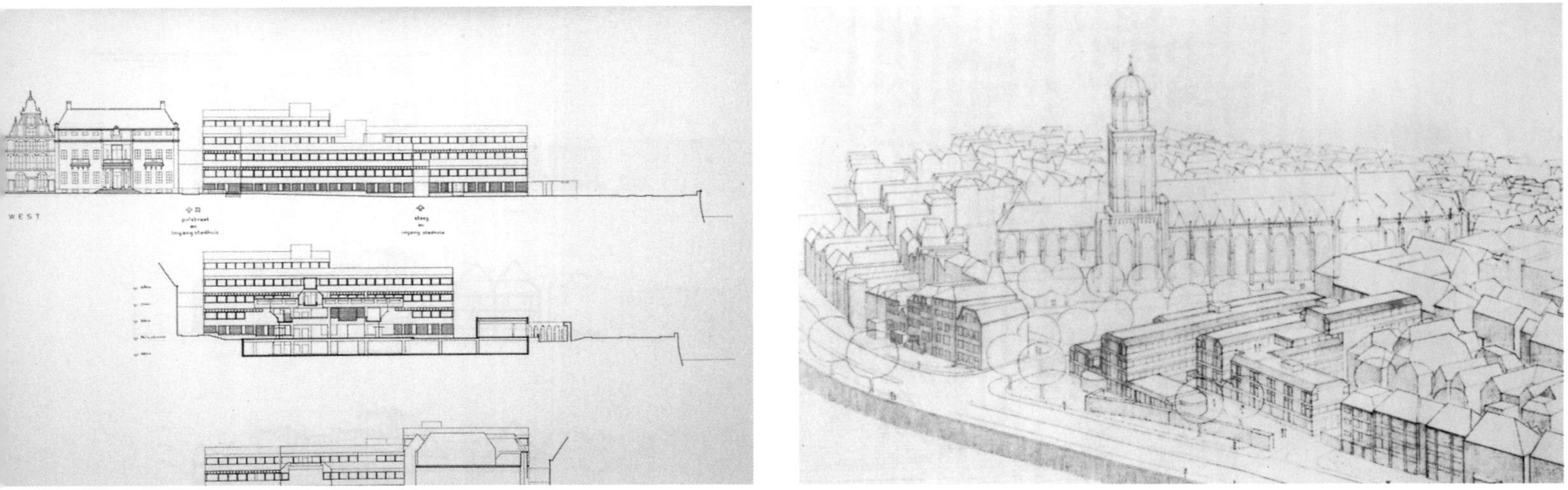

Entwurf für das Rathaus in Deventer, 1966-67

In dem Maße, wie die Vergangenheit in die Gegenwart eingebracht wird und der einbringende Körper der Erfahrung eine Heimat im Geist findet, gewinnt die Gegenwart zeitliche Tiefe – verliert ihre beißende Unmittelbarkeit, ihre rasierklingenhafte Qualität. Man könnte dies die Verinnerlichung der Zeit oder transparent gemachte Zeit nennen.
Mir scheint, daß Vergangenheit, Gegenwart und Zukunft im Inneren des Geistes als ein Kontinuum aktiv sein müssen. Wenn sie es nicht sind, haben die Artefakte, die wir schaffen, keine zeitliche Tiefe oder assoziative Perspektive.
Dies ist kein Schwelgen in der Vergangenheit; es geht auch nicht darum, in die Vergangenheit zurückzureisen, sondern nur darum, zu wissen, was in der Gegenwart »existiert« – was in sie eingegangen ist: die Projektion der Vergangenheit über die geschaffene Gegenwart in die Zukunft hinein.

Aldo van Eyck (1962)

aus gesehen, erschien das neue Rathaus als ein Ensemble aus Giebelhäusern, das in die Häuserzeile der Uferpromenade eingesetzt ist. Dieser Entwurf paßte sich in seiner neuen Interpretation der existierenden Typologie der urbanen Morphologie an. Obwohl er selbst diese Terminologie nicht verwendete, erreichte van Eyck 1966 genau das. Der Entwurf wurde zwar nicht ausgeführt, hatte aber großen Einfluß auf die Entwicklung der Nachkriegsarchitektur. Es handelte sich um den ersten modernen Entwurf eines öffentlichen Gebäudes, das nicht als Negation, sondern als bewußter Beitrag zur existierenden historischen Stadt konzipiert war, und bildete die Grundlage der urbanen Wohnanlagen, die van Eyck in den 60er Jahren zusammen mit Theo Bosch entwickelte, Projekte, die dem vorherrschenden modernen Urbanismus diametral entgegenstanden. Besonders ihr Projekt für die Neugestaltung des Amsterdamer Nieuwmarkts (1970) war als Alternative zu dem offiziellen Plan konzipiert, das bestehende Viertel abzureißen und über dem neuen U-Bahn-Netz eine Stadtautobahn zu bauen. Der von van Eyck und Bosch vorgestellte und ausgeführte Entwurf bestand in der Rekonstruktion des ursprünglichen Stadtgefüges, einschließlich der traditionellen Straßen und der aus unterschiedlichen Häusern bestehenden Blocks. Der Entwurf für das Amsterdamer Jordaan-Viertel (1972–1980) umfaßte die Rekonstruktion von vier Blocks entlang der vorhandenen Straße. Diese aus Reihenhäusern und Geschäften bestehenden Blocks sind an den Straßenecken durch Stufen geöffnet, die auf Terrassen mit Blick auf die Hinterhöfe führen. Seine Reife erlangte van Eycks kontextueller Ansatz mit dem Hubertushaus, einem Wohnheim für alleinerziehende Eltern und ihre Kinder, das er zwischen 1973 und 1978 in Amsterdam realisierte. Der Auftrag für dieses Gebäude war vergleichbar mit dem für das Amsterdamer Waisenhaus, mußte aber im Kontext einer Straße aus dem 19. Jahrhundert ausgeführt werden. Bei der Gestaltung dieser zeitgenössischen Einrichtung verließ sich van Eyck nicht auf das symmetrische Modell des konventionellen institutionellen Gebäudes. Er konzipierte das Gebäude als transparentes Bindeglied im städtischen Gefüge, als eine Öffnung in dem Block, der den Zugang zur Innenstadt bildet. Weit davon entfernt, seine eklektizistischen Nachbarn zu reproduzieren, konfrontierte er sie mit einer klaren funktionalistischen Sprache aus Beton, Stahl und Glas, womit er jedoch nicht die Absicht verfolgte, sich am Widerspruch zu erfreuen, sondern sie in Einklang zu bringen. Das Gebäude stellt keinen Diskurs über die alternative, vollkommen neue,

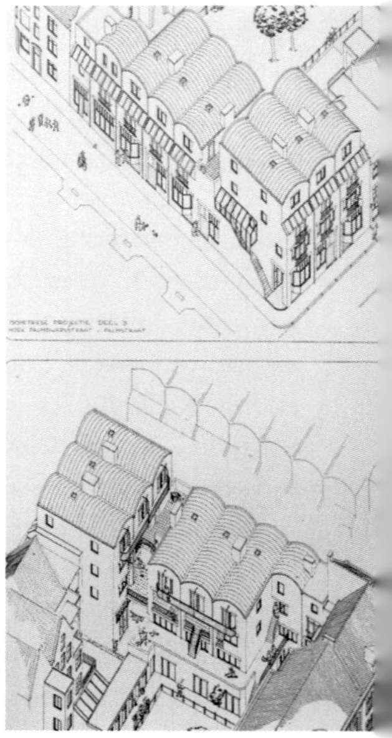

Rekonstruktion in der Palmdwarsstraat, Amsterdam, 1972-80

»offene« Stadt dar, es agiert vielmehr als neuer Bestandteil der existierenden Stadt und ist eine erfrischende, in das alte Stadtgefüge eingepaßte Erneuerung. Die Verbindung von neu und alt wurde durch die phantasievolle, nicht-hierarchische Einbeziehung archetypischer Zusammenhänge, einen verschobenen Mittelpunkt, eine Spirale und Querachsen realisiert. Der verschobene Mittelpunkt, der durch einen Einschnitt in der Straßenfront markiert ist, bildet den Angelpunkt eines asymmetrischen Gleichgewichts. Er ist zwischen dem neuen Gebäude und der Erweiterung des alten Gebäudes angelegt, die die Form eines großen, im gleichen neuen, funktionalistischen Idiom ausgeführten Erkers hat. Der verglaste Einschnitt führt nicht, wie man erwarten würde, zu einem axialen Eingang, sondern legt die gewundenen Treppen frei, die die verschiedenen alten und neuen Ebenen in einer suggestiven Spirale miteinander verbinden. Der neue Eingang befindet sich in der Erweiterung dieser Spirale. Sie dreht sich in einer Schleife durch Alt und Neu. Daher gelangt der Besucher nicht direkt in das Innere des neuen Gebäudes, sondern erst über einen kleinen Umweg durch das alte – ein Muster, das die beiden Gegenstücke auch geistig miteinander verbinden will. Im Inneren ist das alte mit dem neuen Gebäude durch eine neue Querachse verbunden, die parallel zur Straße verläuft und auf den verschiedenen Etagen vielfältige Formen annimmt. Das Gebäude ist nicht nur sorgfältig auf seine urbane Umgebung abgestimmt, es ist zum Teil auch als kleine Stadt konzipiert. Der Bereich für Kinder ist über eine mit Oberlichtern versehene Arkade im ersten Stock erreichbar, eine Miniaturversion der bekannten urbanen Bauform. Ihre Unterkünfte haben die Form von fünf kleinen Reihenhäusern – trotz ihrer ungewöhnlichen Lage also eine normale Wohnform. Jedes dieser Häuser bietet Platz für zehn Kinder und hat ein Treppenhaus, über das man in eine Küche, ein Wohnzimmer mit Veranda, ein Badezimmer mit Toilette und einen Schlafraum gelangt. Insgesamt bildet das Hubertushaus daher keine homogene Einheit, die auf einer verbindlichen Geometrie beruht, sondern setzt sich aus mehreren, verschiedenartigen Elementen zusammen. Ebenso wie die reale historische Stadt, an die es gebunden ist, fungiert es als ein Kaleidoskop und zeigt ein komplexes Muster verschiedener, langsam entwickelter Elemente, das immer neue Aspekte bietet, wenn man sich in ihm bewegt. Das Gebäude zeigt, daß moderne Architektur eine positive Komponente in der Vielfalt der historischen Stadt sein kann. Es demonstriert, daß der Funktionalismus diese Vielfalt nicht notwendigerweise in ein monotones, isotropes Universum verwandeln muß, sondern, daß er ein kontextuelles Idiom sein oder werden kann. Er kann, ohne sich selbst zu schaden, indem er zu seinen Ursprüngen zurückkehrt, die Sprache der Stadt lernen und den urbanen Sinnzusammenhang mit neuer Bedeutung anreichern.

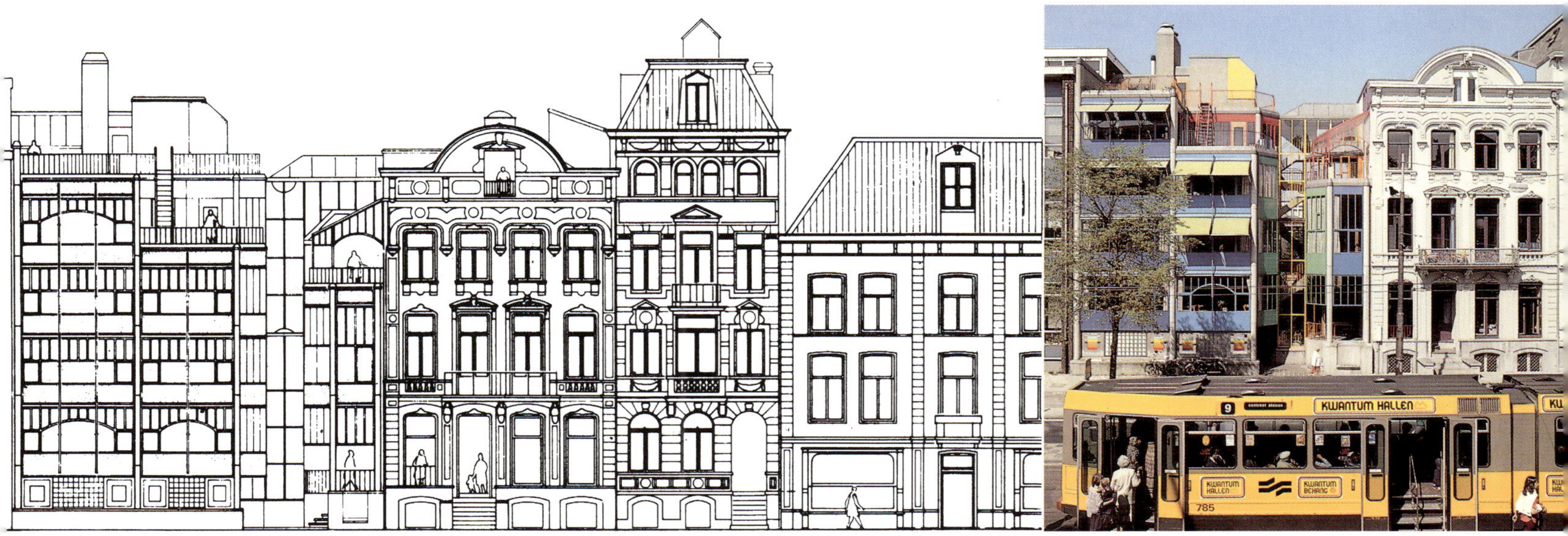

Hubertushaus, ein Wohnheim für alleinerziehende Eltern und ihre Kinder

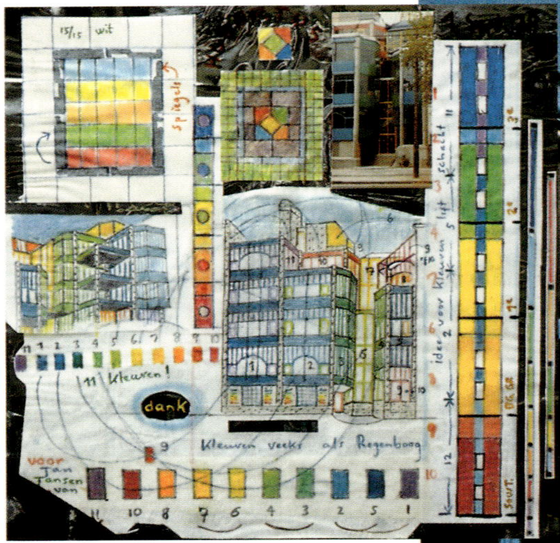

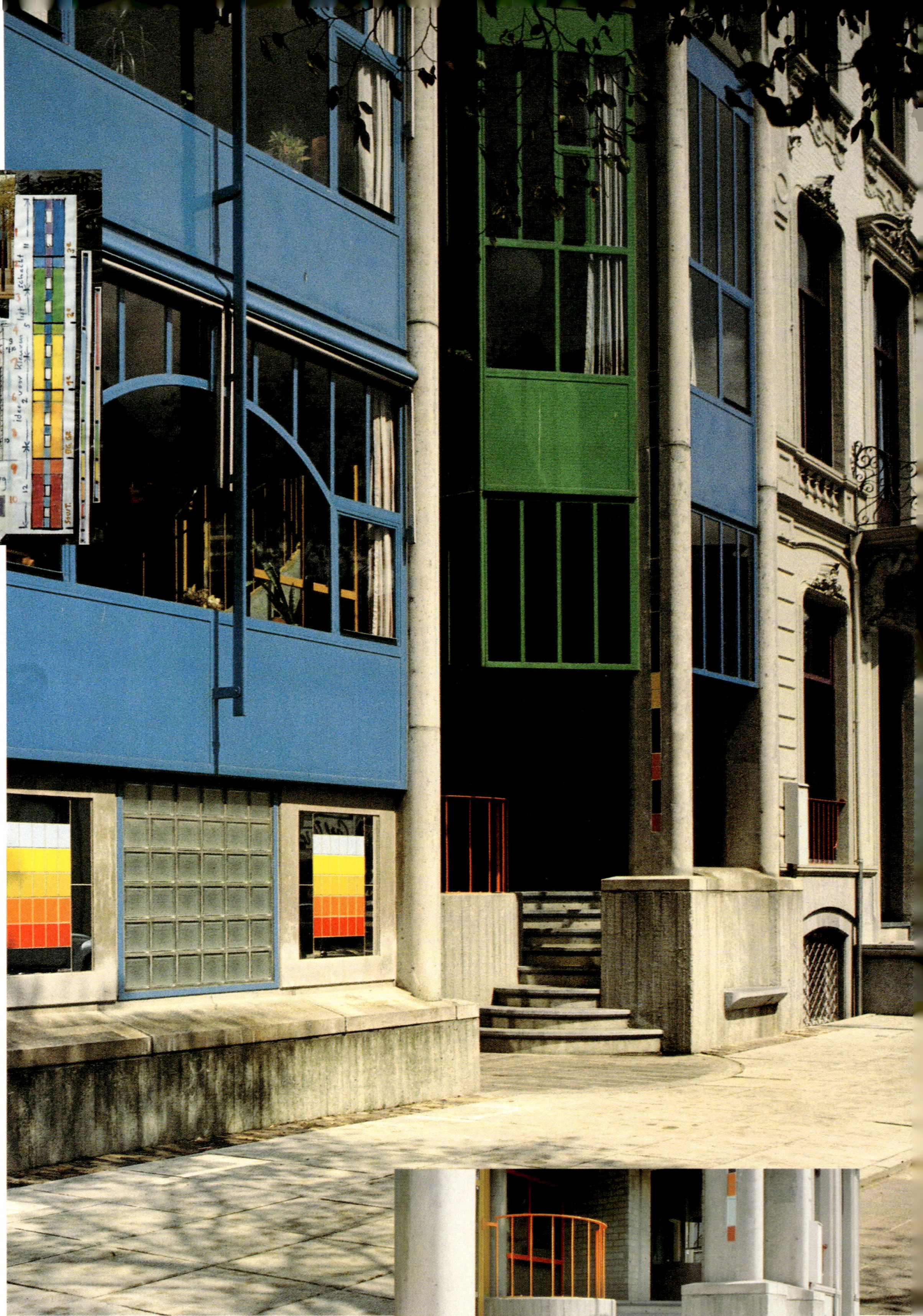

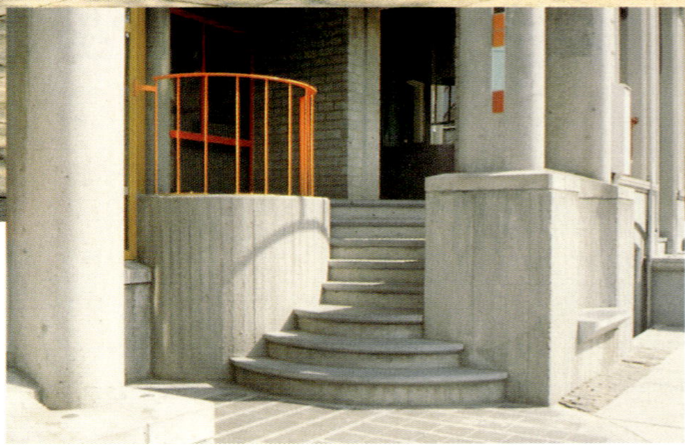

Eingang des Hubertushauses: der Besucher gelangt nicht direkt in das Innere des neuen Gebäudes, sondern über einen kleinen Umweg durch das alte.

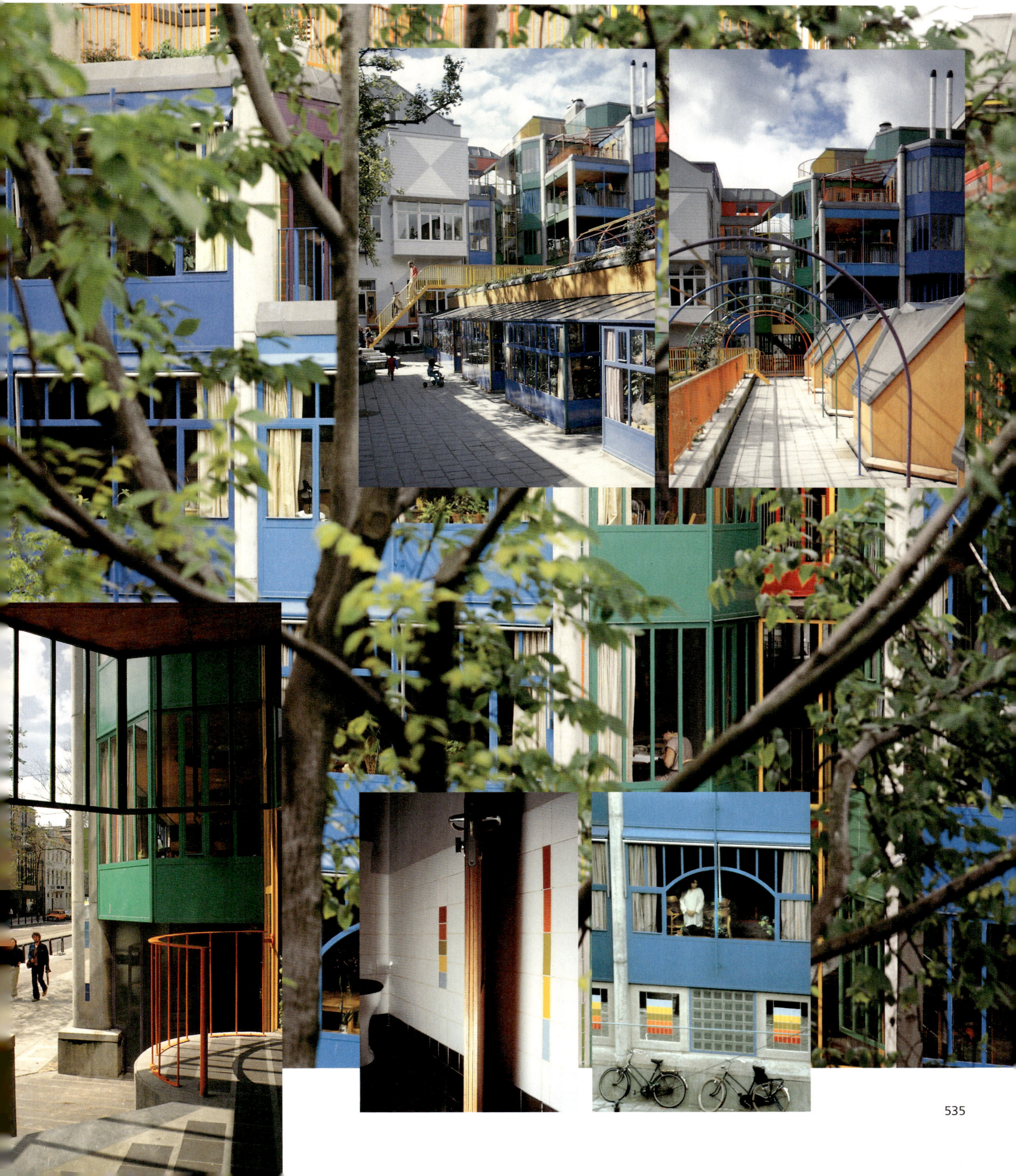

Herman Hertzberger

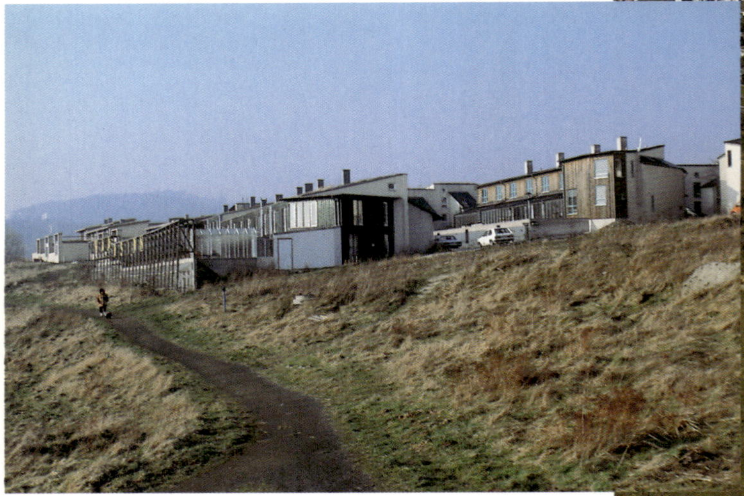

Südliche Hangkante

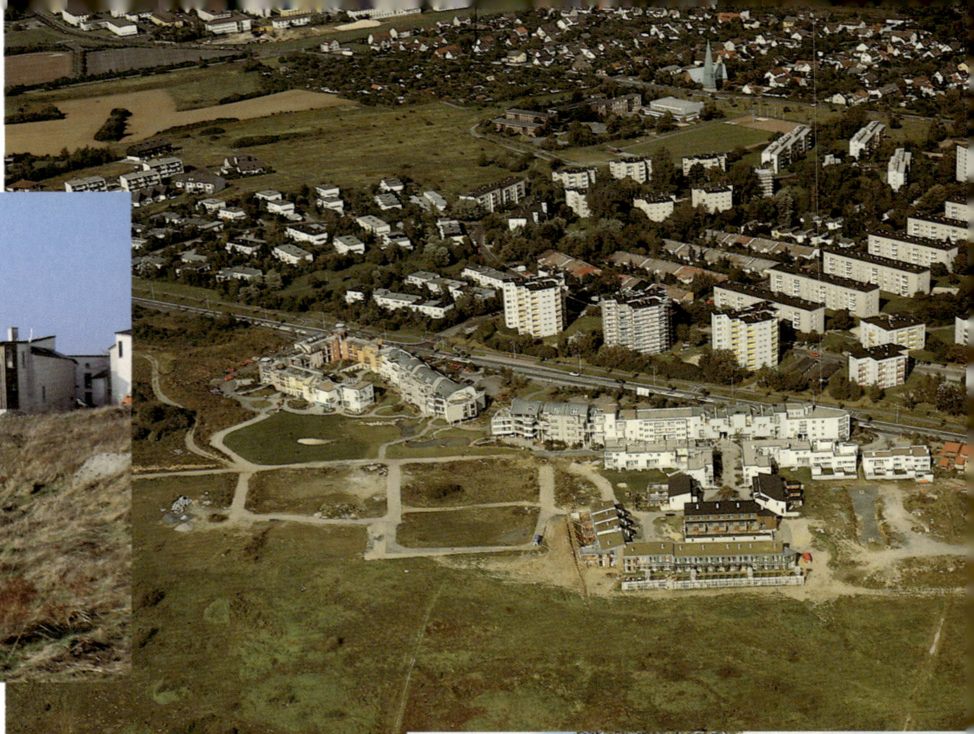

Die »Schlange« der documenta urbana, 1982 (im Hintergrund eine Mustersiedlung der 50er Jahre)

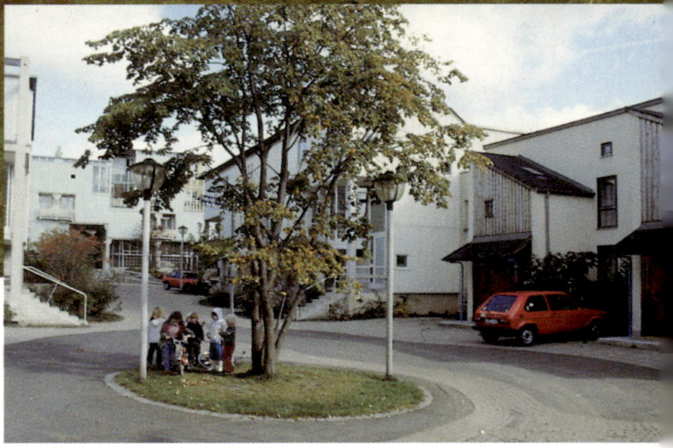

documenta urbana

Der mäanderförmige, auch »Schlange« genannte Wohnblock besteht aus Abschnitten, die jeweils von verschiedenen Architekten entworfen wurden. Die gemeinsamen Treppen wurden nicht, wie üblich, an einer meist schlecht beleuchteten, übriggebliebenen Stelle untergebracht, sondern stehen im vollem Licht.

Bei einem Mehrfamilienhaus darf die Aufgabe der Architekten nicht nur in Vorkehrungen gegen übertriebene Lärmbelästigung oder Beeinträchtigung durch Nachbarn bestehen; sie müssen vor allem darauf achten, daß die räumliche Anordnung die sozialen Kontakte fördert, die zwischen den Bewohnern eines Blocks zu erwarten sind. Deshalb wurde der Treppe mehr Bedeutung beigemessen als sonst üblich. Gemeinsame Treppen sollten nicht einzig eine Quelle des Ärgers wegen des Reinigens sein; sie könnten zum Beispiel auch als Spielplatz für die kleinen Kinder der benachbarten Familien dienen. Deshalb wurden sie mit einem Maximum an Licht und Großzügigkeit, wie mit Glas überdachte Straßen, geplant und können von den Küchen aus eingesehen werden. Obwohl dafür gesorgt wurde, daß auf den Terrassen die Privatsphäre entsprechend geschützt ist, sind die Parteien nicht ganz voneinander isoliert. Wir waren bestrebt, die Außenräume so zu entwerfen, daß die notwendigen Abschirmungen den Kontakt zwischen den Nachbarn so wenig wie möglich beeinträchtigen.

Die Konkretisierung der Schwelle als Zwischenbereich bedeutet vor allem das Errichten eines Rahmens für die Begrüßung und die Verabschiedung und ist insofern die architektonische Umsetzung des Begriffs »Gastlichkeit«. Darüber hinaus ist die Schwelle als gebauter Bereich ebenso wichtig für die Entstehung sozialer Kontakte wie dicke Mauern für das Bewahren der Privatsphäre.

Bedingungen zum Schutz der Privatsphäre sind ebenso notwendig wie solche, die soziale Kontakte mit Dritten fördern. Eingänge, Vorplätze und viele andere Formen von Zwischen-Räumen bieten Gelegenheit zur Angleichung zweier anstoßender Welten.

Aus: *Vom Bauen. Vorlesungen über Architektur*. München 1995.

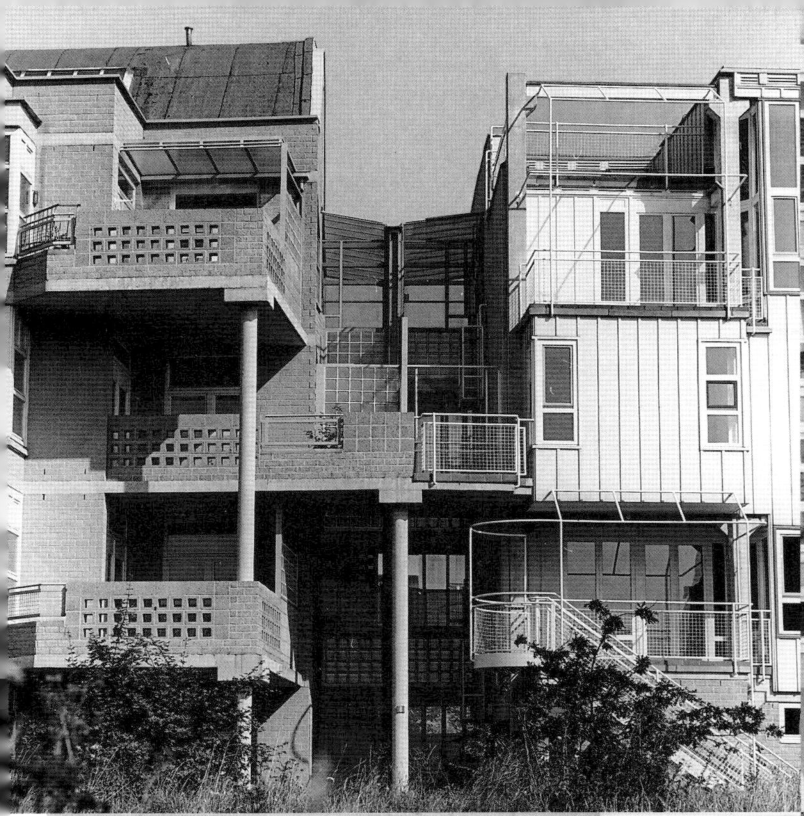

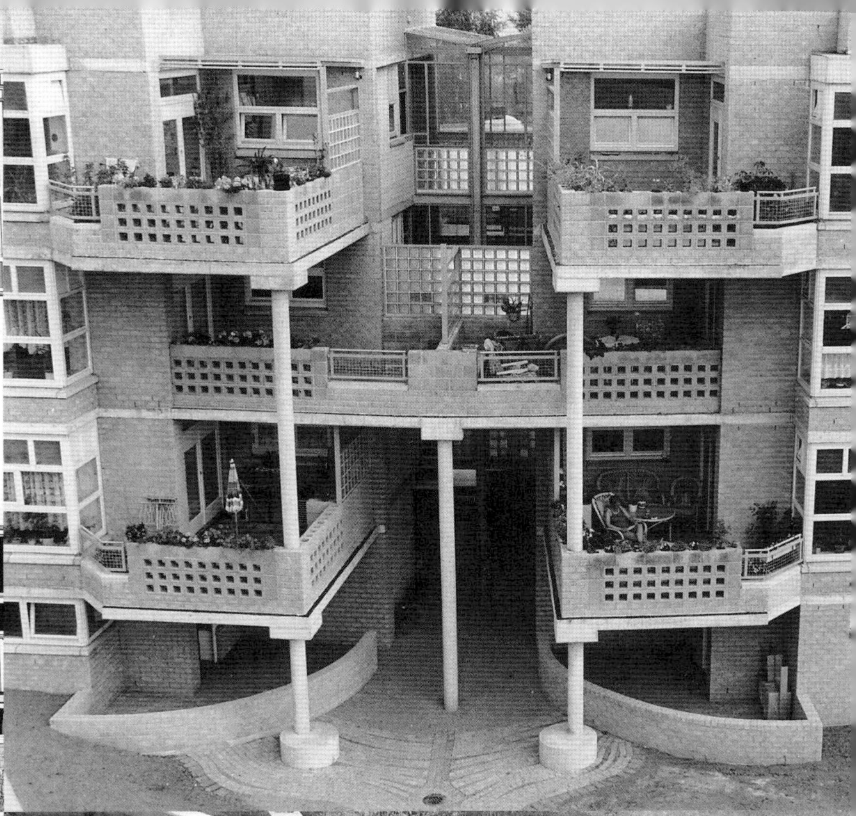

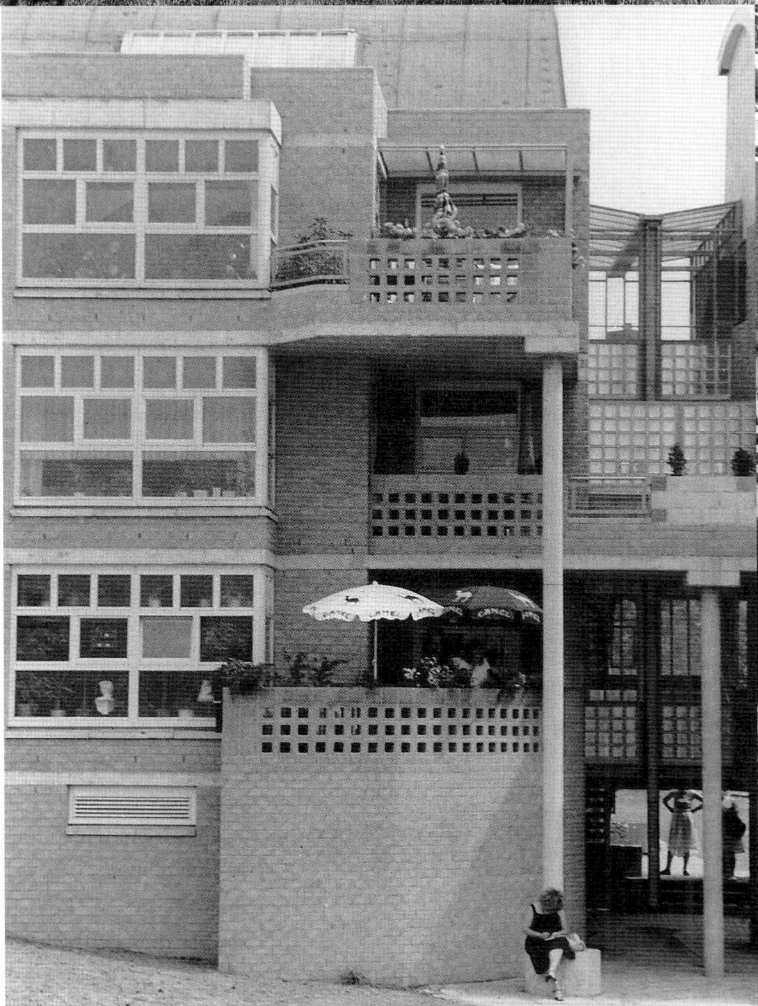

documenta urbana: das Treppenhaus zwischen den Häusern von Herman Hertzberger (links) und Hinrich und Inken Baller (rechts)

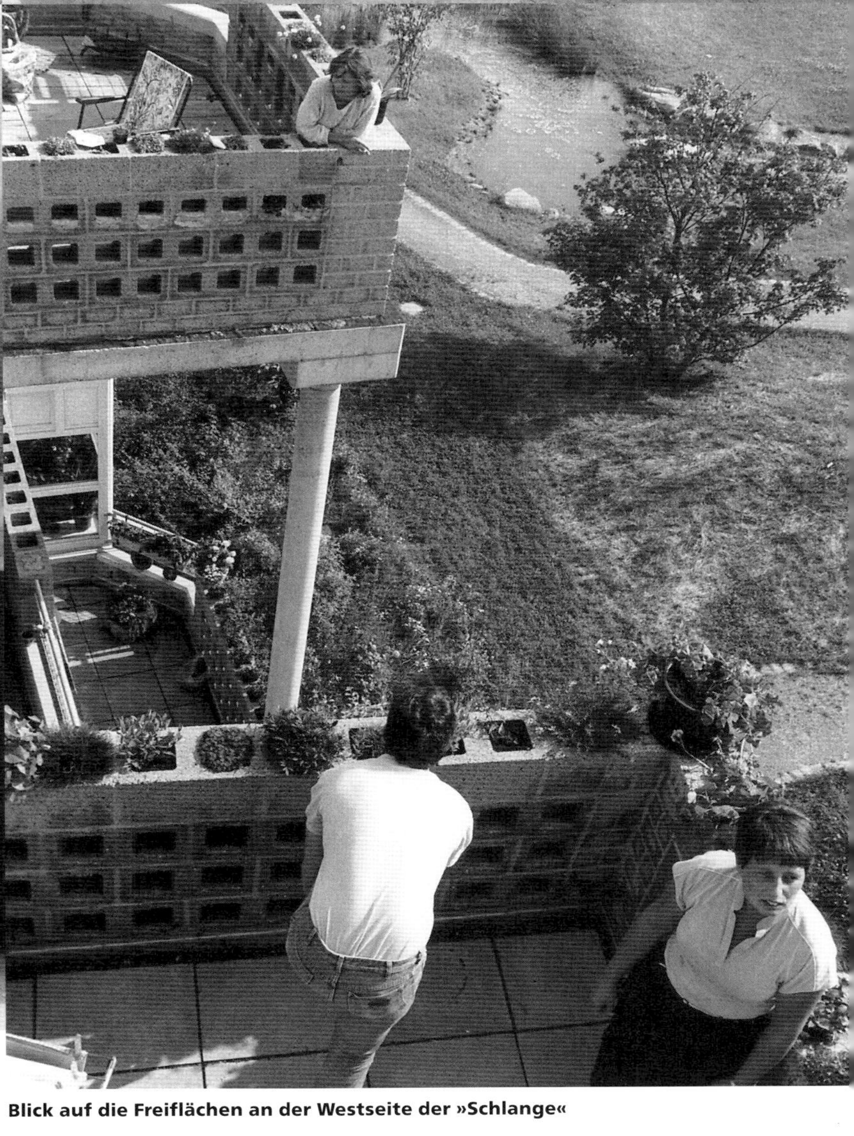

Blick auf die Freiflächen an der Westseite der »Schlange«

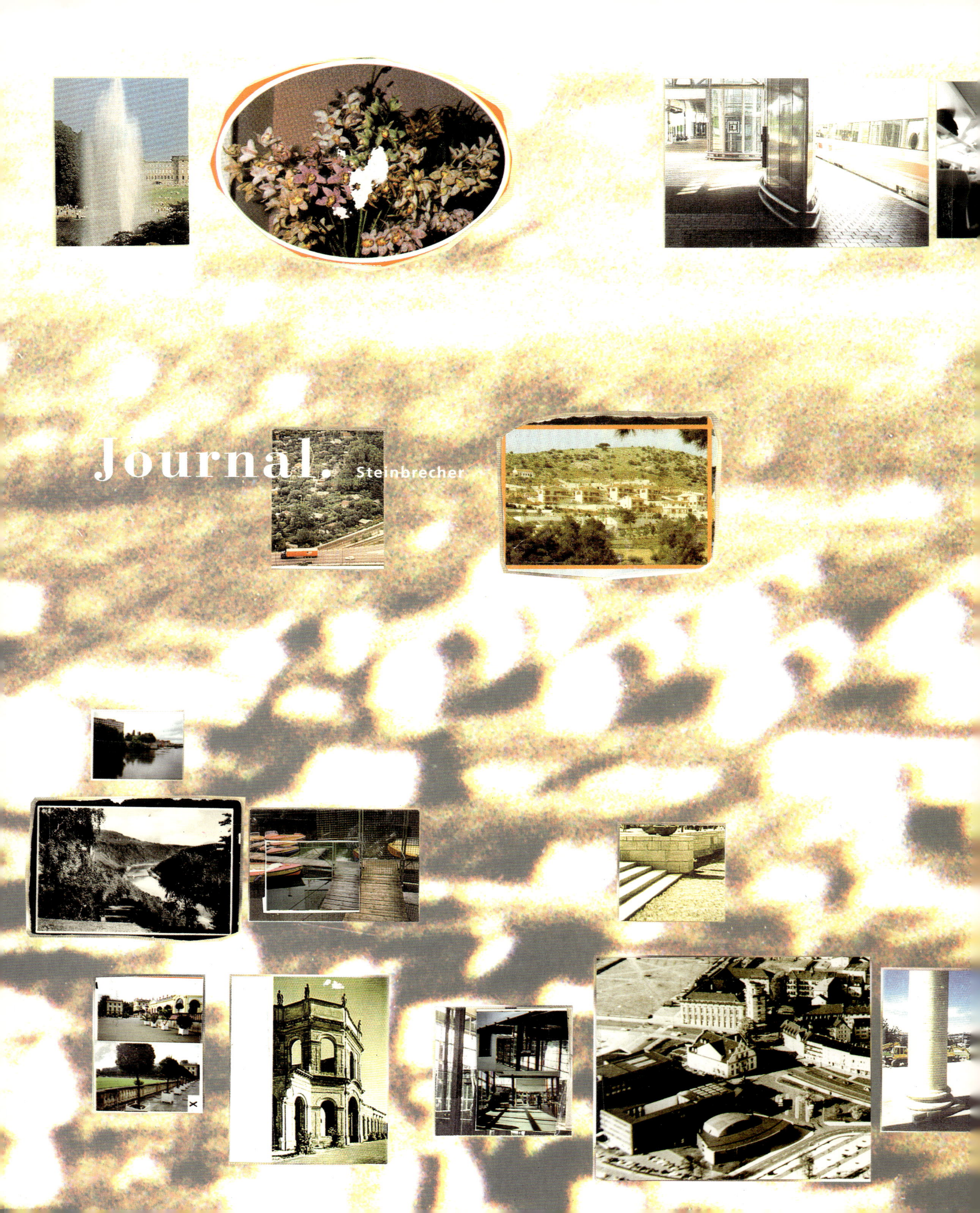
Journal.
Steinbrecher

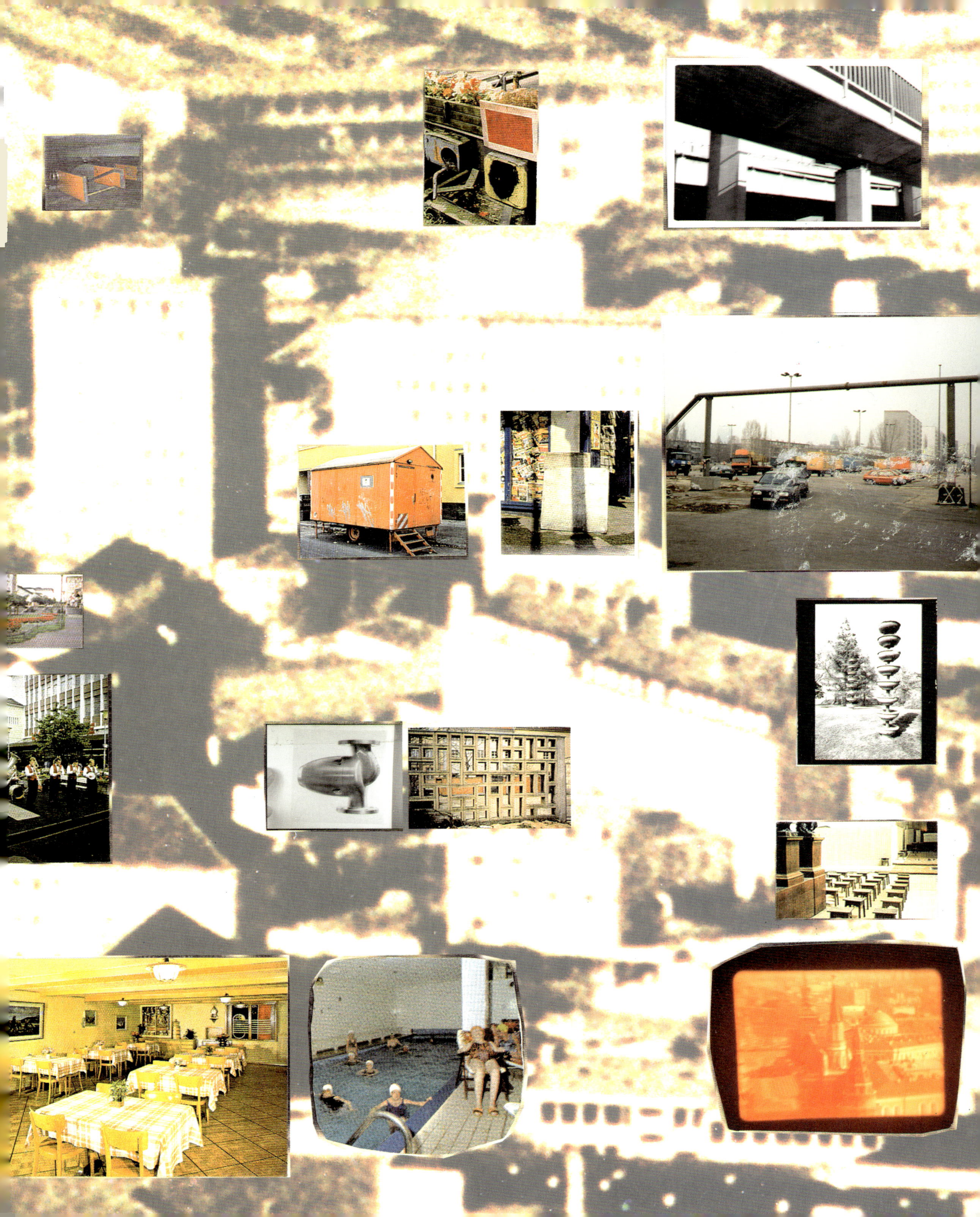

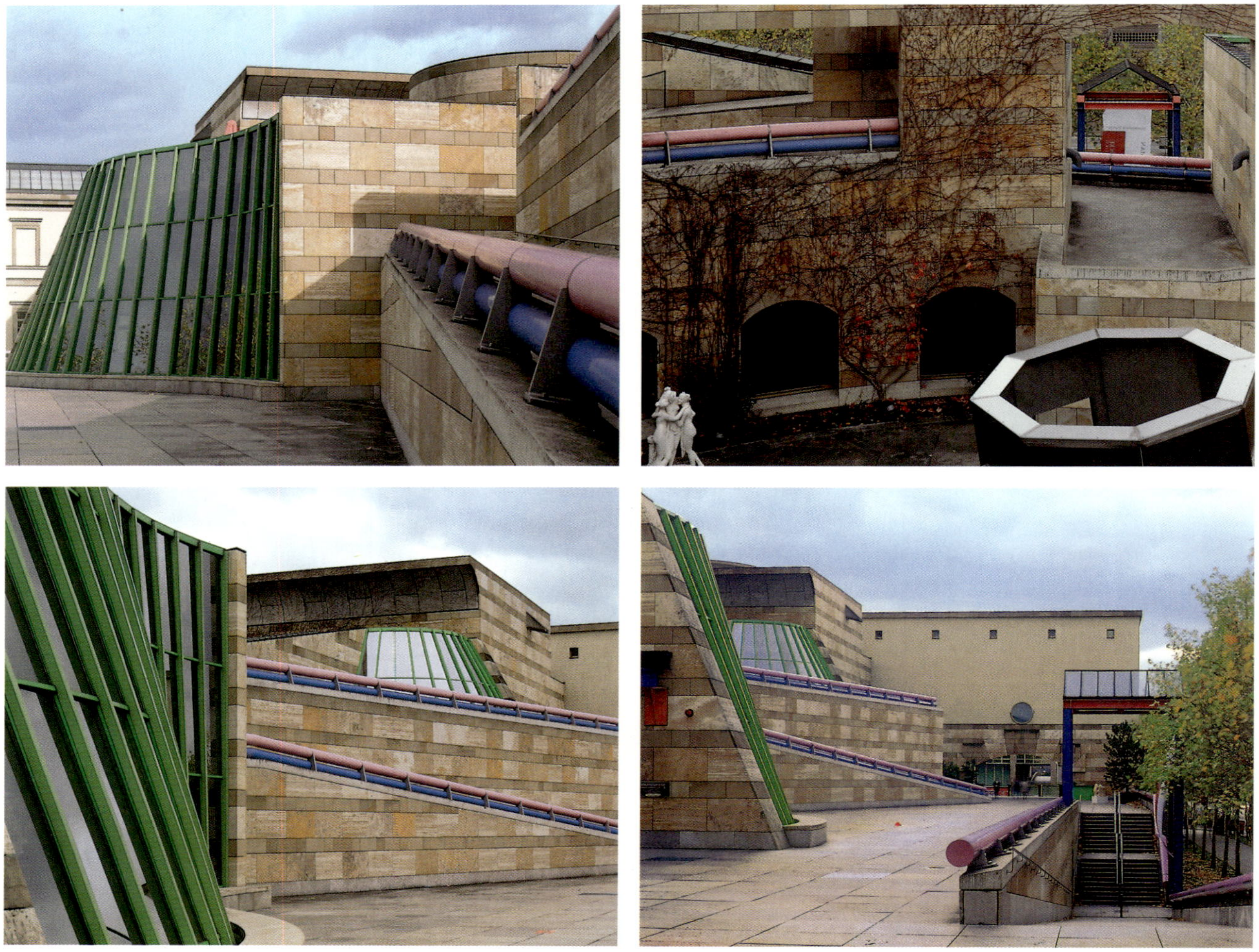

Jean-Louis Schoellkopf, (Staatsgalerie Stuttgart) 1994

In Stuttgart ist der Innenhof sowohl Innen und Außen, ein Außen, das für das Museum spezifisch ist, das aber auch eine öffentliche Fußgängerzone darstellt. Sie haben ihn als einen »Nicht-Raum, der einem Zimmer gleich wäre«, bezeichnet, als einen »Leerraum«, der wie ein Ersatz eines zentralen Pantheons funktionieren würde. Dieser Hof weist bei Tag und bei Nacht frappierende Gegensätze auf.

James Stirling: Er ist ein Außenraum, der sich zum Himmel öffnet. Die unterschiedlichen Lichtbedingungen bei Tag und bei Nacht waren so gewollt – obwohl ich mir noch nicht einen Gesamteindruck verschaffen konnte. Das werde ich zum ersten Mal im Herbst machen, bei Sonnenuntergang, zu einem Zeitpunkt, wo die Staatsgalerie noch offen hat und beleuchtet ist. Schon jetzt ist der öffentliche Fußgängerweg beleuchtet und die ganze Nacht zugänglich, das Café bleibt auch bis zwei Uhr morgens geöffnet.

Die Auflage, einen Fußgängerweg in das Projekt integrieren zu müssen, ist Ihrer Meinung nach »eine demokratische Vorgabe bei deutschen Wettbewerben«; demgegenüber haben Sie sich sehr zurückhaltend geäußert.

James Stirling: In der Tat haben wir diese Vorgabe, einen öffentlichen Gehweg in das Projekt der Staatsgalerie zu integrieren, zum ersten Mal für Stuttgart umgesetzt, indem wir den Weg als Bestandteil des Gebäudes, also urban, behandelt haben. Andere Teilnehmer behandelten ihn als Bestandteil der Landschaft, als einen Weg, der sich durch das Gelände schlängelt. Die Gefahr bei dieser Vorgehensweise ist, daß der Weg dann Ausschitte in den urbanen Raum zeichnet und ihn somit aufsplittert. Man kann ein solches Element integrieren, ohne dafür das städtische Gefüge zerstören zu müssen. (...)

Sie haben davon gesprochen, daß man von der Auswirkung zurück zu der Ursache der Zwänge kommen sollte, um sie zu verändern und somit zu einer »supra-rationalen« Lösung zu kommen.

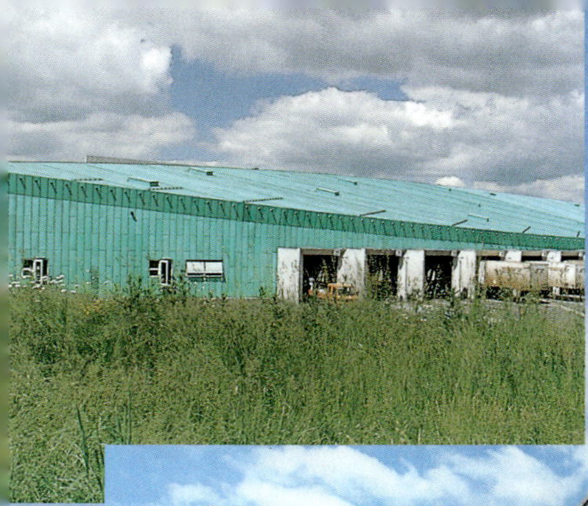

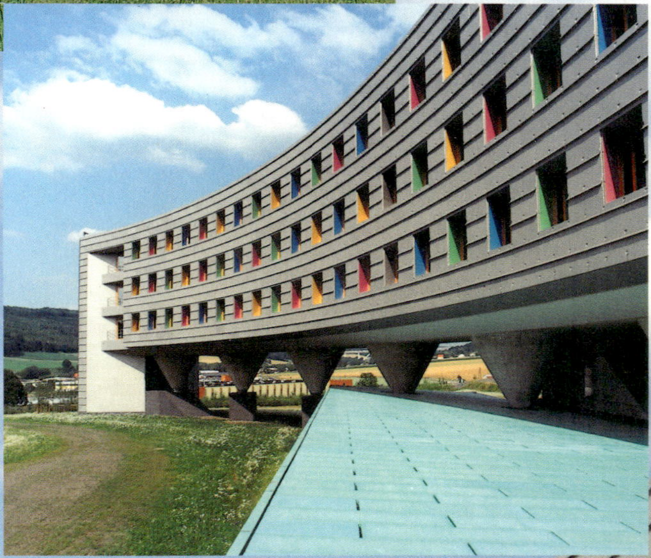

James Stirling: Damit bezog ich mich auf den Funktionalismus und auf die Art und Weise, wie Lösungen blockiert werden können. Es ist immer noch ein korrekter Weg, um etwas neues zu schaffen, denn oft gibt es Hemmungen, die den Weg zu einer Lösung blockieren. Man muß erstmal die Natur der Hemmung verstehen, um zu erkennen, ob es mögli[illegible] sie zu verändern. Oft ist es ein[illegible] praktisches Problem, wie zum Be[illegible]igke[illegible] ein Gebäude zu reinigen. Wenn m[illegible]in M[illegible]et, das Problem zu lösen, kann sich auch d[illegible]etik [illegible]. Aber man muß zuerst verstehen, welch[illegible] Hemmung ist, um sie zu überwinden. Es kann auch ande[illegible] funktionieren: indem fluktuierende Umstände berücksichtigt werden, kann man auch innovativ sein.

Aus: James Stirling (und Michael Wilford) im Gespräch mit Charlotte Ellis. In: *AMC, Architecture-Mouvement-Continuité*. Paris 1984

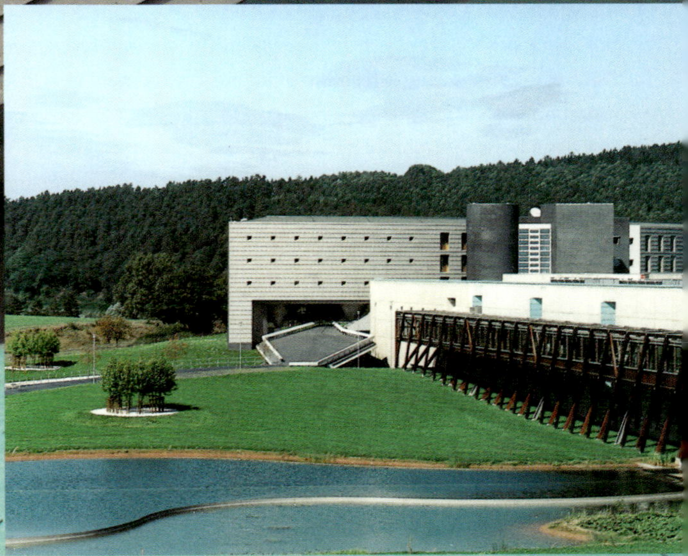

James Stirling, Michael Wilford & Associates in Zusammenarbeit mit Walter Nägli, Werksanlage Pfieffewiesen der B. Braun Melsungen AG

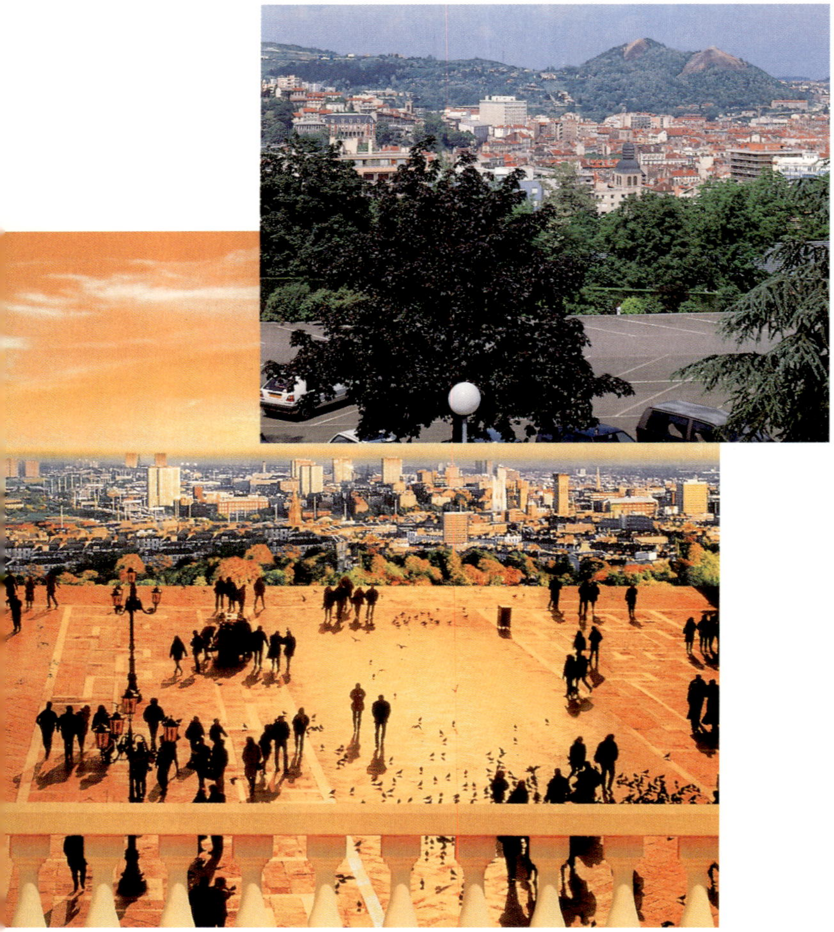

Jean-Louis Schoellkopf

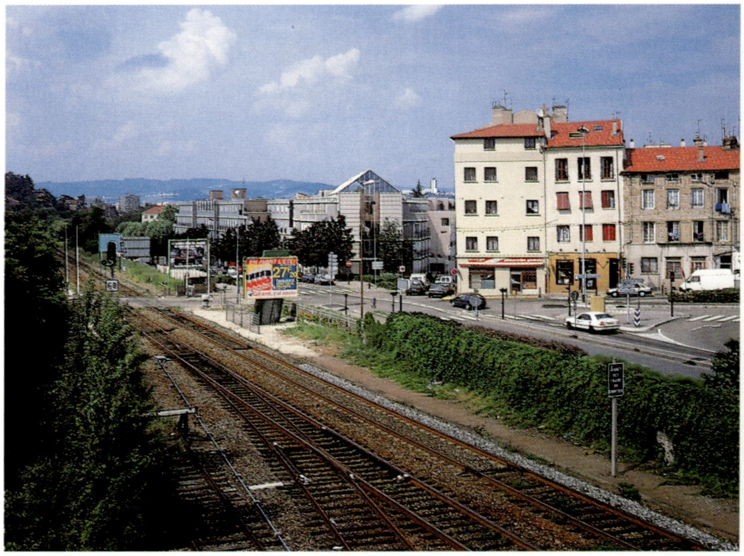

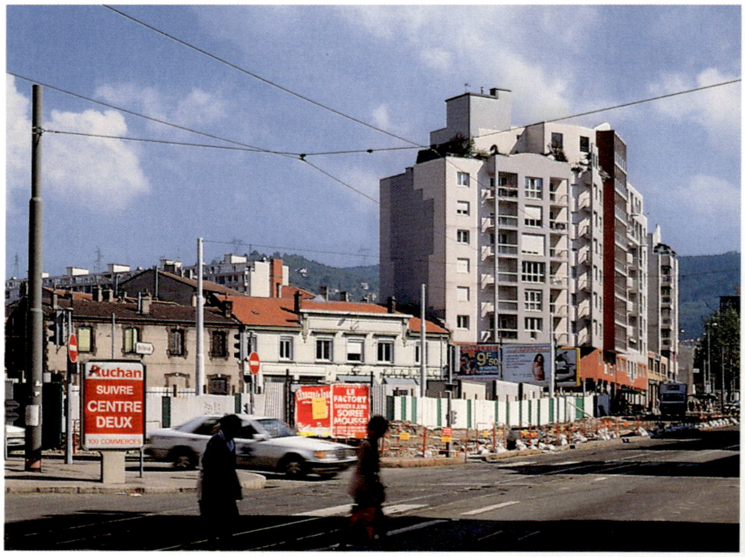

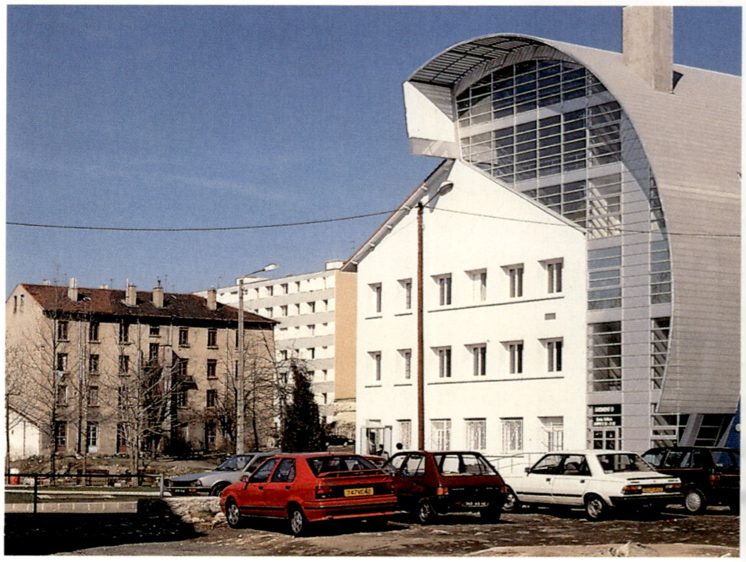

»Im Zeichen internationaler Ausstrahlung«

Saint-Etienne – Wunschvorstellung und Realität

Die Maison de la Culture, umbenannt in »Esplanade«, hat für die nächste Saison eine Werbekampagne mit Plakaten geplant, die symbolisch für den Verlust des Bildes der Stadt ist. Man sieht dort einen Platz, eine Esplanade oberhalb der Stadt, im Vordergrund eine Balustrade, die an ein Schloß denken läßt, oder zumindest an ein Herrenhaus aus dem 18. Jahrhundert, Menschen promenieren zwischen Tauben. Die Orientierung ist gut, es ist Abend, das Licht ist orange, man schaut nach Westen, die Schatten sind lang und fallen in unsere Richtung. Es ist eine moderne Stadt in der Ebene, man erkennt auf der linken Seite eine Stadtautobahn. Die Esplanade hat etwas italienisches – in Wirklichkeit ist es die Piazza San Marco – , die Stadt ist dafür wahrscheinlich eine deutsche Stadt.

Leider ist auf der sympathischen Esplanade in Wirklichkeit ein Parkplatz. Vor uns rechts sind die Kohlehalden, als Überbleibsel des Bergbaus. Nichts ist wie auf dem Bild. Ist die erträumte Stadt schöner als die wirkliche? Warum ist man nicht in der Lage, Saint-Etienne so zu zeigen, wie es ist? Hat das Unbewußte nicht eine faszinierende Macht?

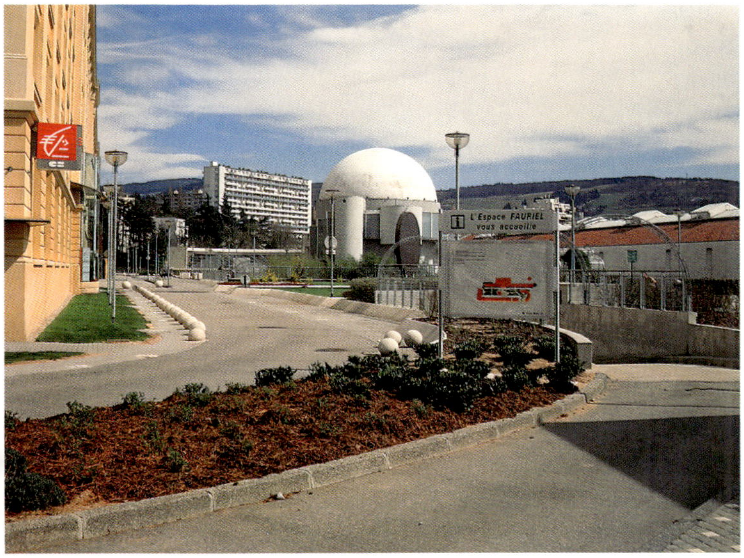
L'Espace FAURIEL
vous accueille

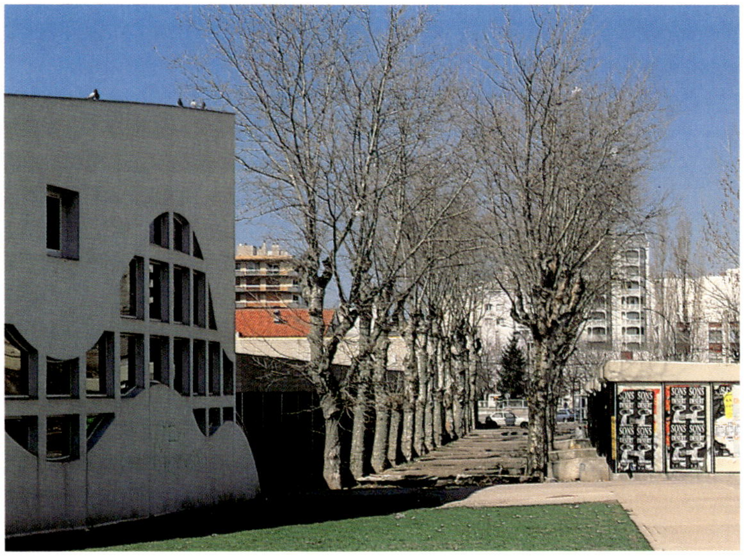

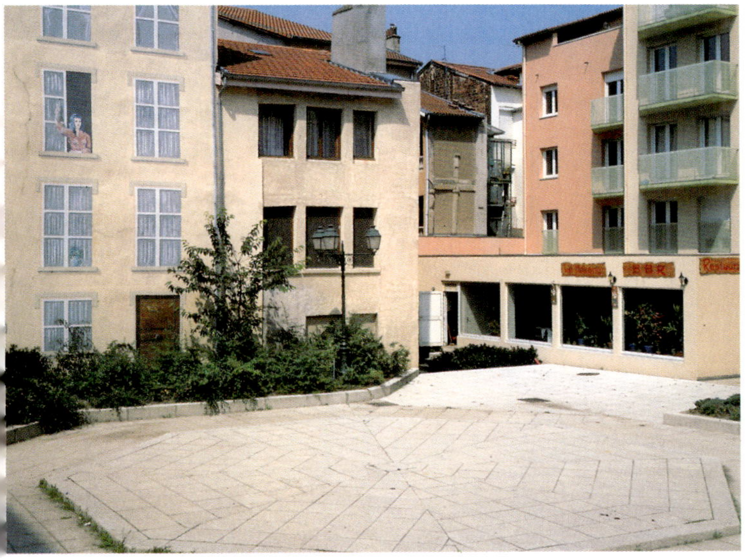

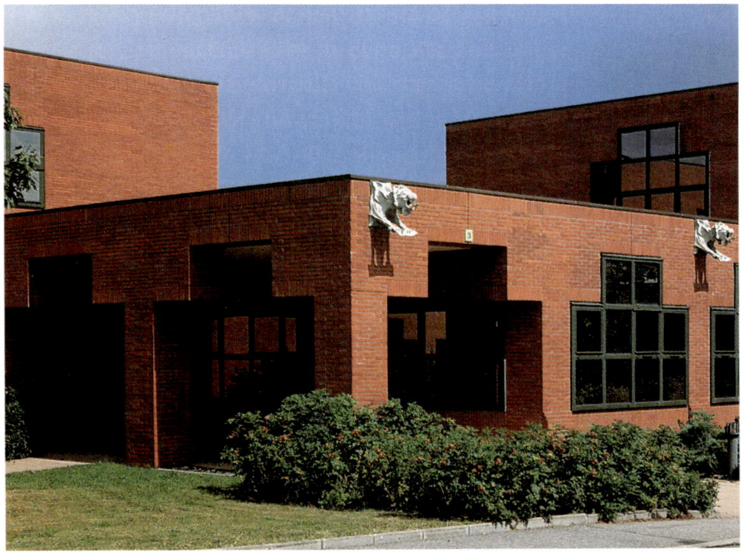

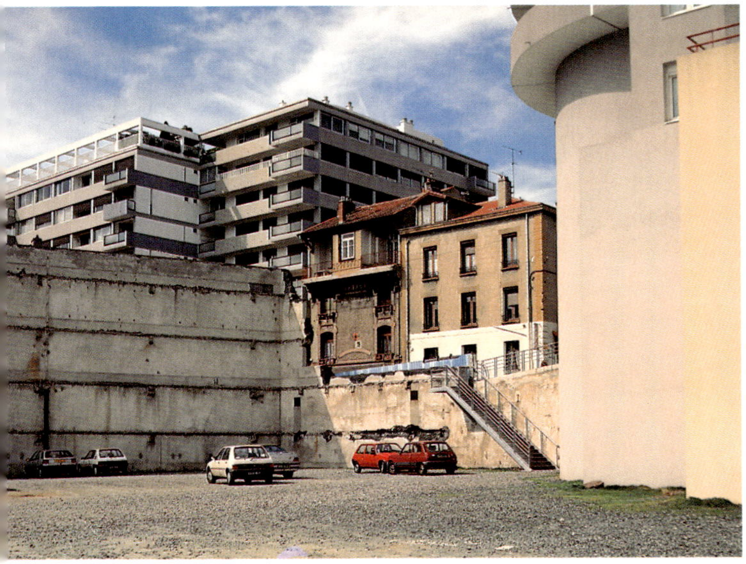

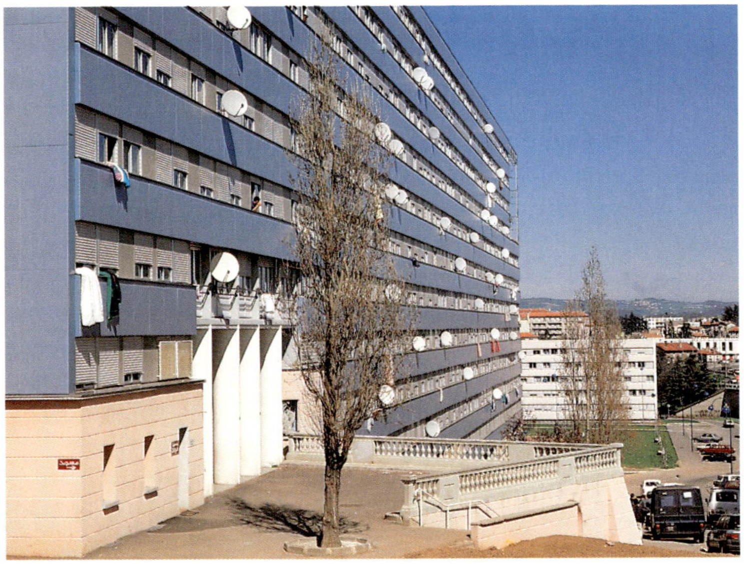

Alvaro Siza

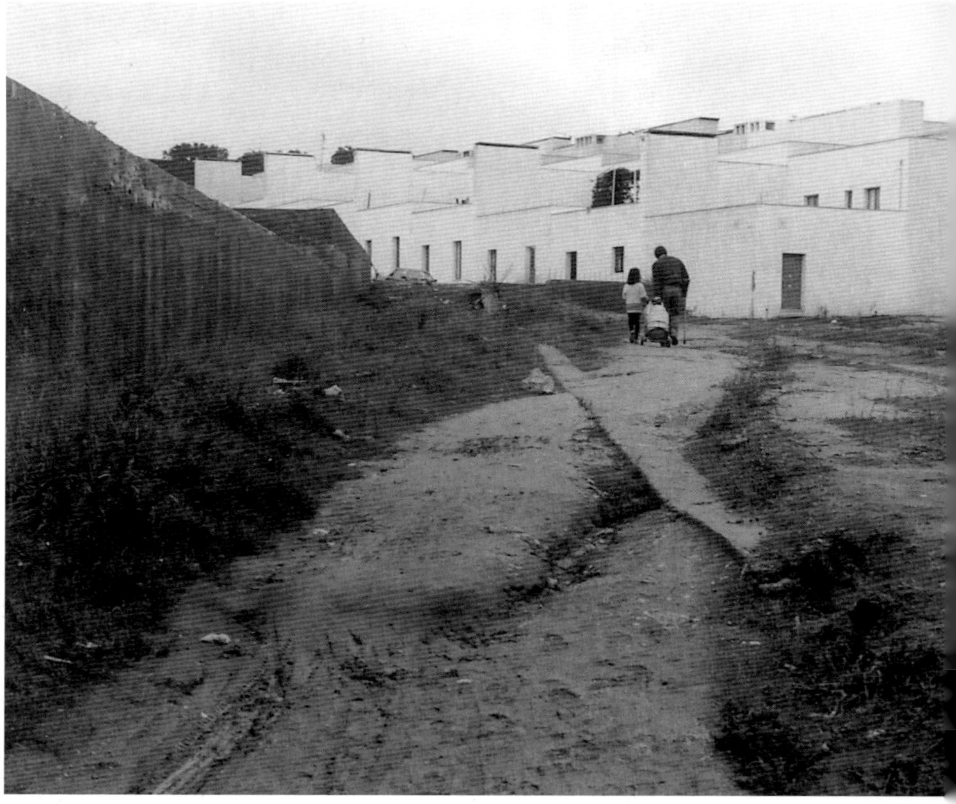

Jean-Louis Schoellkopf, (Evora) 1993

Alvaro Siza: Beim Bau einer Stadt interessiert mich, glaube ich, die Möglichkeit ihrer Veränderung, etwas das der Entwicklung eines Menschen ähnelt, der seit seiner Geburt bestimmte Eigenschaften, eine Grundstruktur besitzt und eine ausreichende Autonomie, um den Wandlungen des Lebens begegnen oder ihnen etwas entgegensetzen zu können. Das bedeutet nicht den Verlust der Identität. Was in Malagueira gebaut wurde, das ist wie der Nullpunkt eines Stadtteils. (...)

In Evora folgen einige Elemente den Linien der Landschaft, andere formen geneigte Flächen oder – im Gegenteil – horizontale Linien. Wie stellt sich diese Beziehung zur Landschaft dar?

Alvaro Siza: Alentejo ist eine ziemlich flache Region, aber mit zahlreichen Hügeln, wo sich viele Städte angesiedelt haben. Das Viertel von Malagueira ist am Fuß des Hügels, wo sich die alte Stadt mit ihrer Kathedrale befindet. Es gibt dort sehr flache Hügel und es ist normal, die Häuser direkt auf das Gelände zu setzen, um die Fundamente zu vereinfachen. Das charakterisiert auch die Landschaft. Die horizontalen geometrischen Formen, die aus diesem Prinzip der Anpassung an das Relief entstehen, entsprechen wichtigen Momenten in der Teilung des Raumes. Wenn am Ende einer Häuserreihe ein freier Raum sich auf die Landschaft öffnet, gibt es bisweilen Formen, die sich gegenüber der Topographie durchsetzen, die eine gewisse Autonomie gewinnen. Orte, wo aufgrund des Bezugs zur Landschaft, aufgrund des Umfangs des Projektes, die Beziehung zur Natur weniger direkt wird. Ich glaube, diese Erkenntnisse habe ich genutzt.

Aus: »Gespräch mit Alvaro Siza«. In: *Architecture d'aujourd'hui*, Nr. 278. Paris 1991

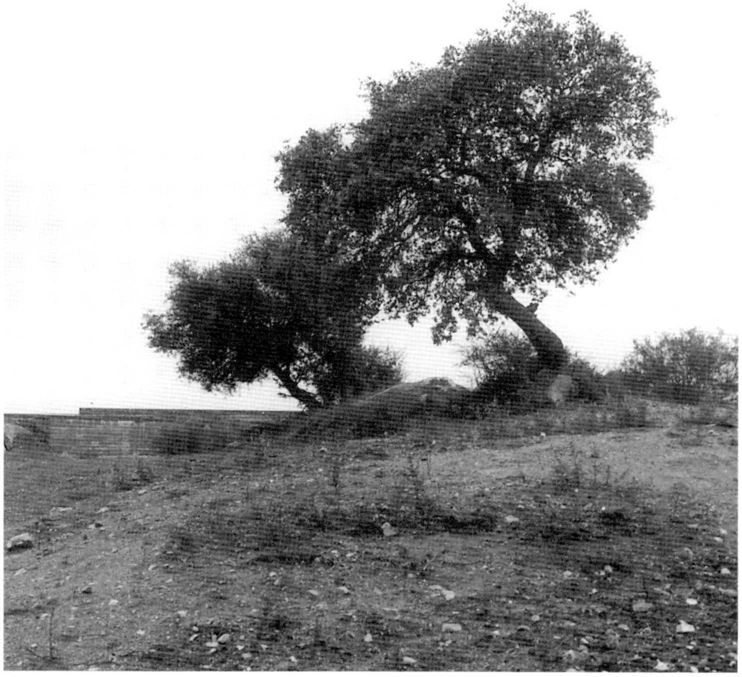
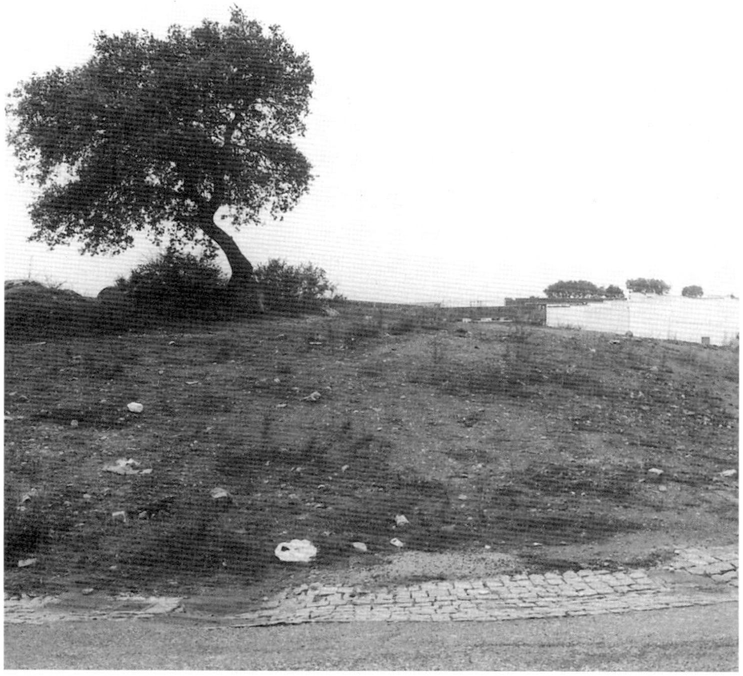
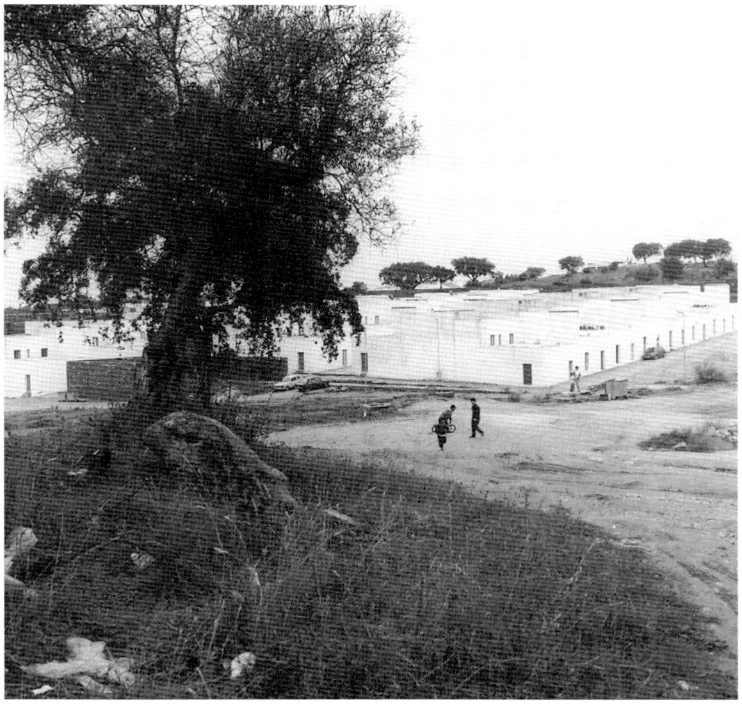
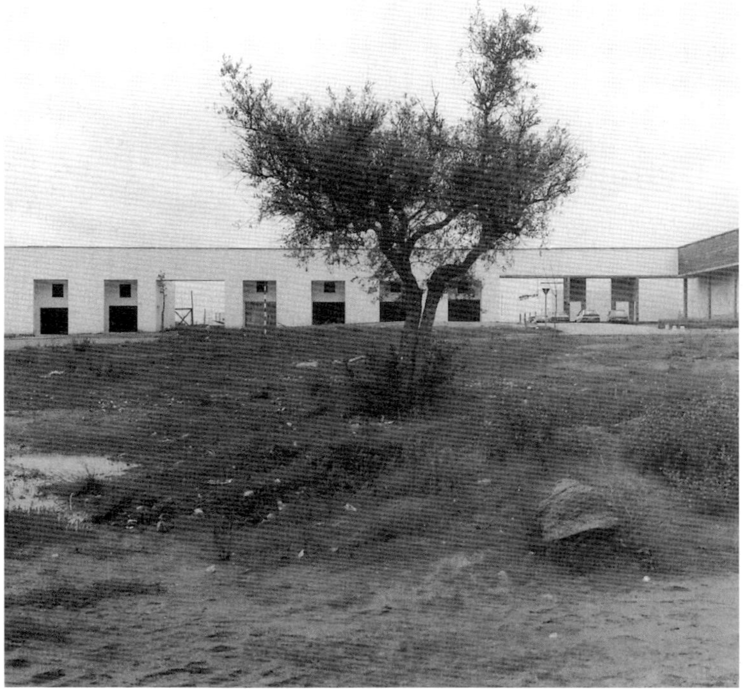

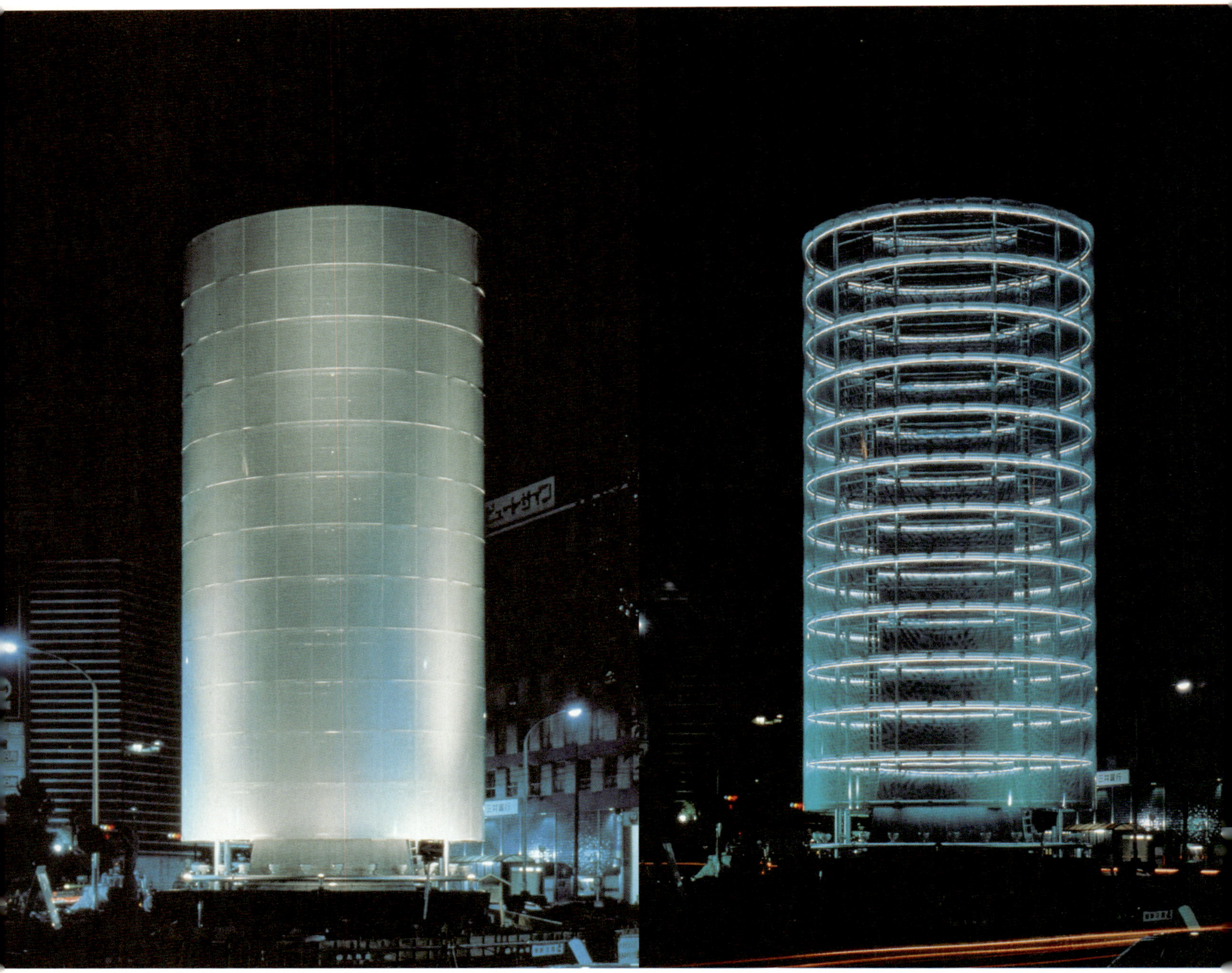

Turm der Winde, Yokohama, Kanagawa 1986

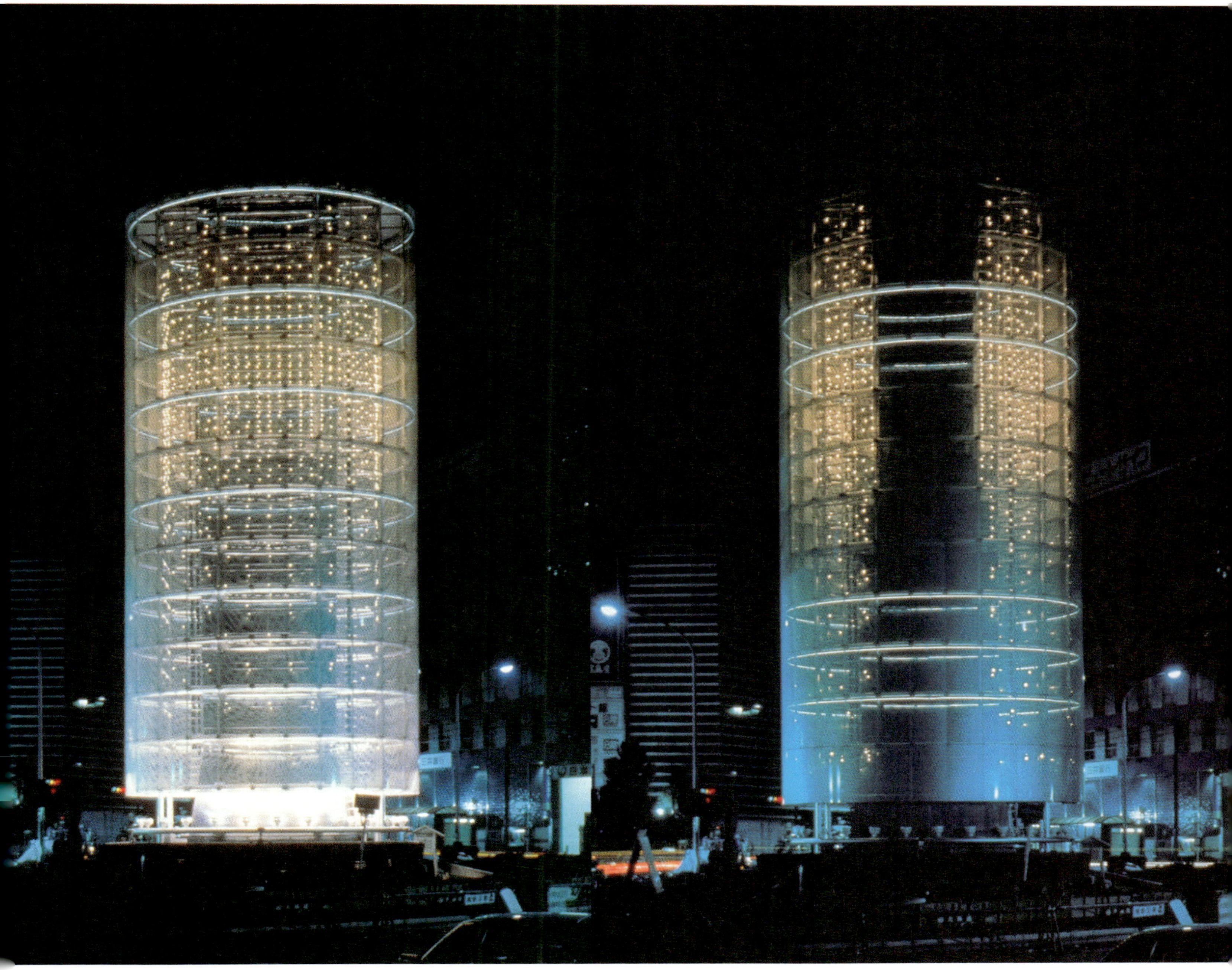

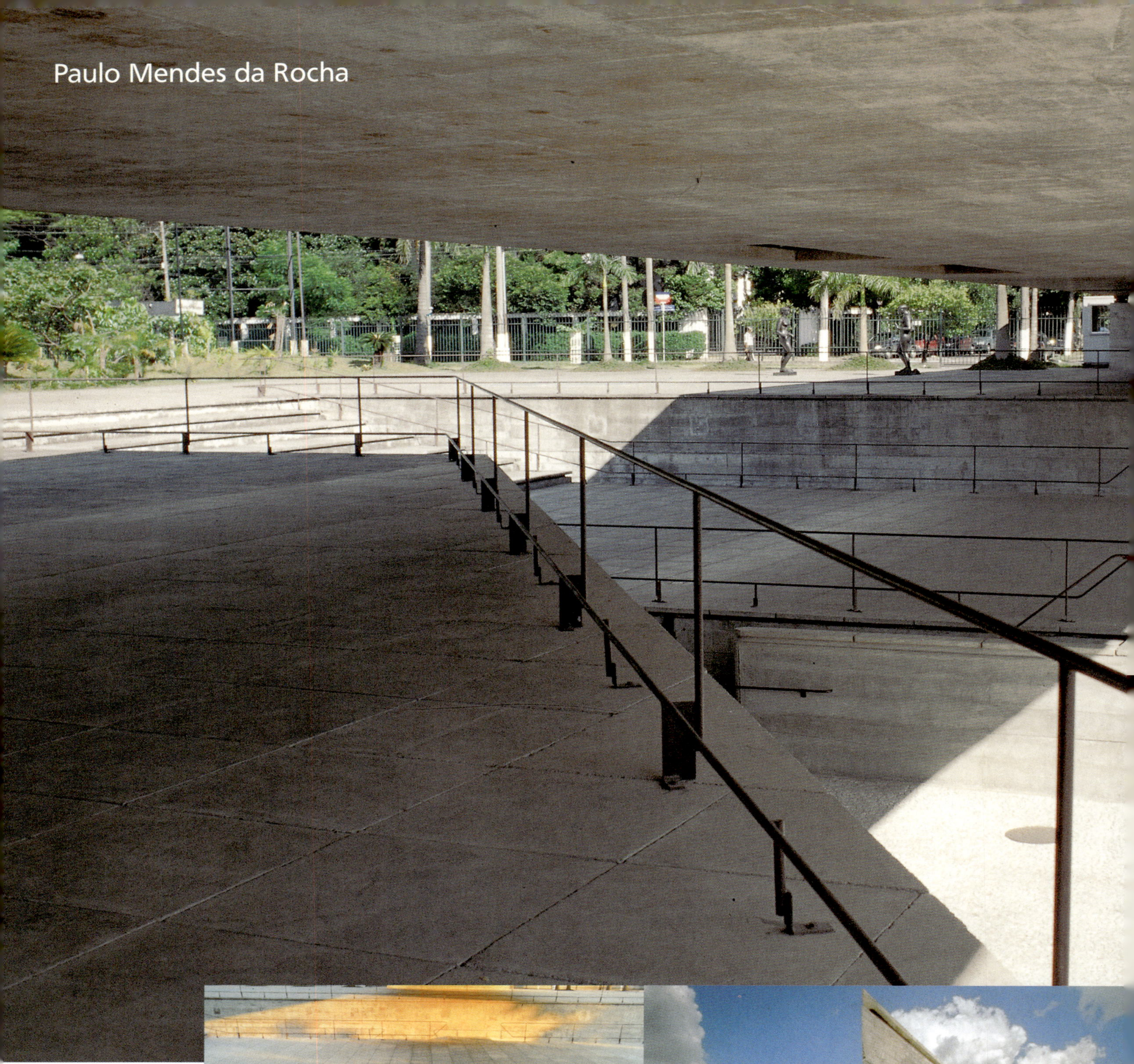

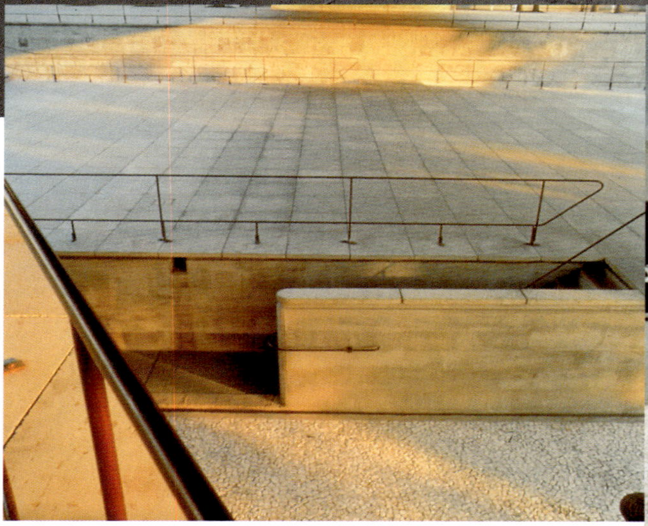

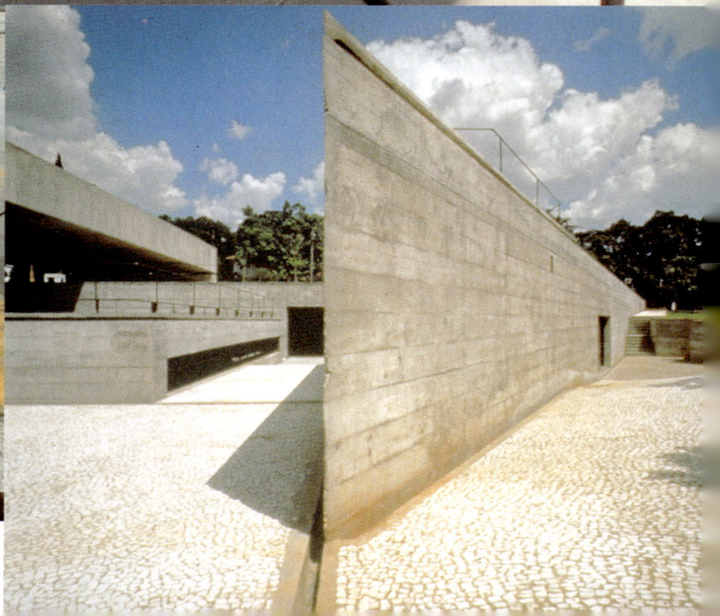

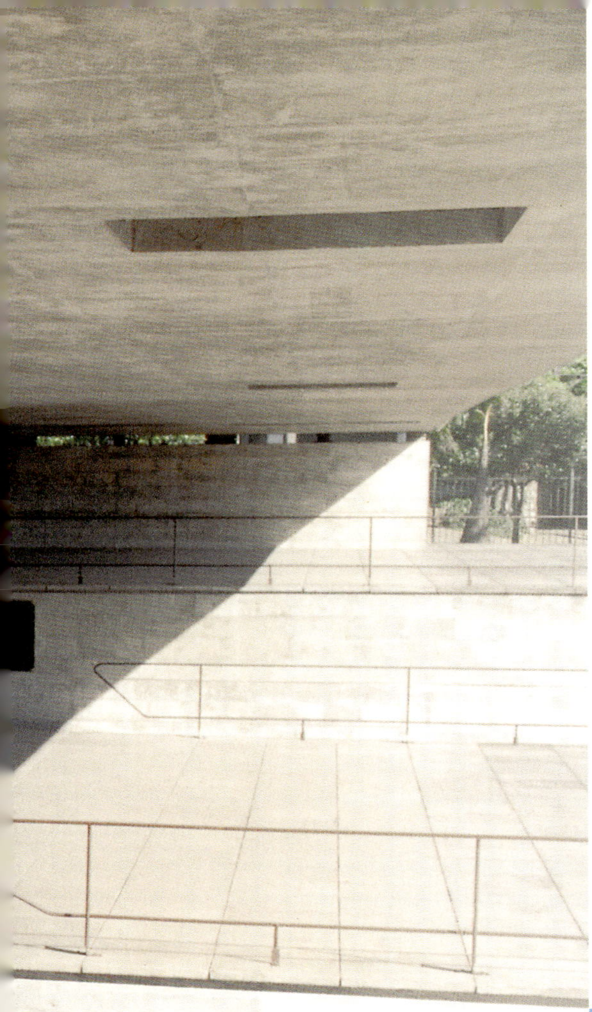

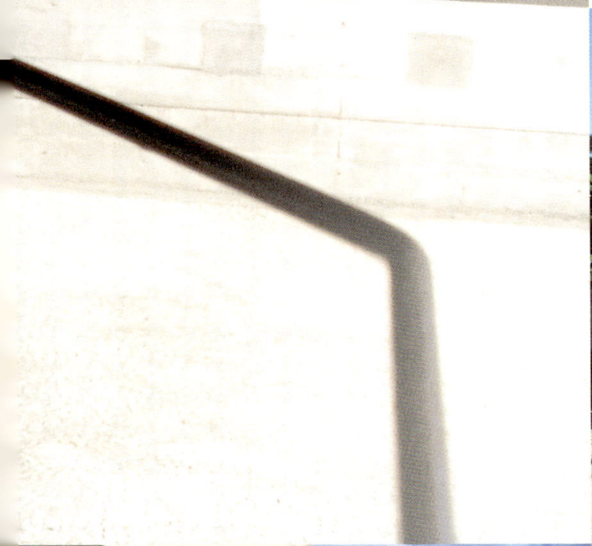

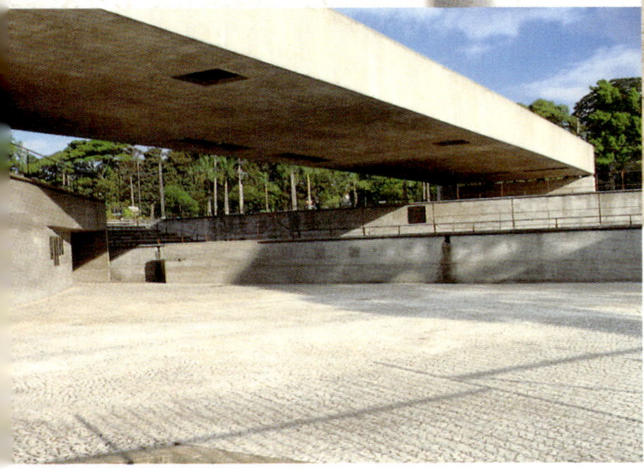

o interesse deste projeto esta na relaçõ entre espaços internos e espaços externos realizando uma totalidade arquitetônica com o 'dentro' e o 'fora'

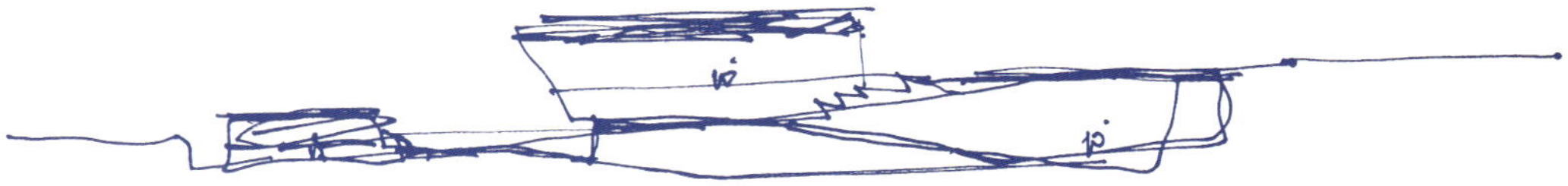

Museu Brasileiro da Escultura, São Paulo 1988-91

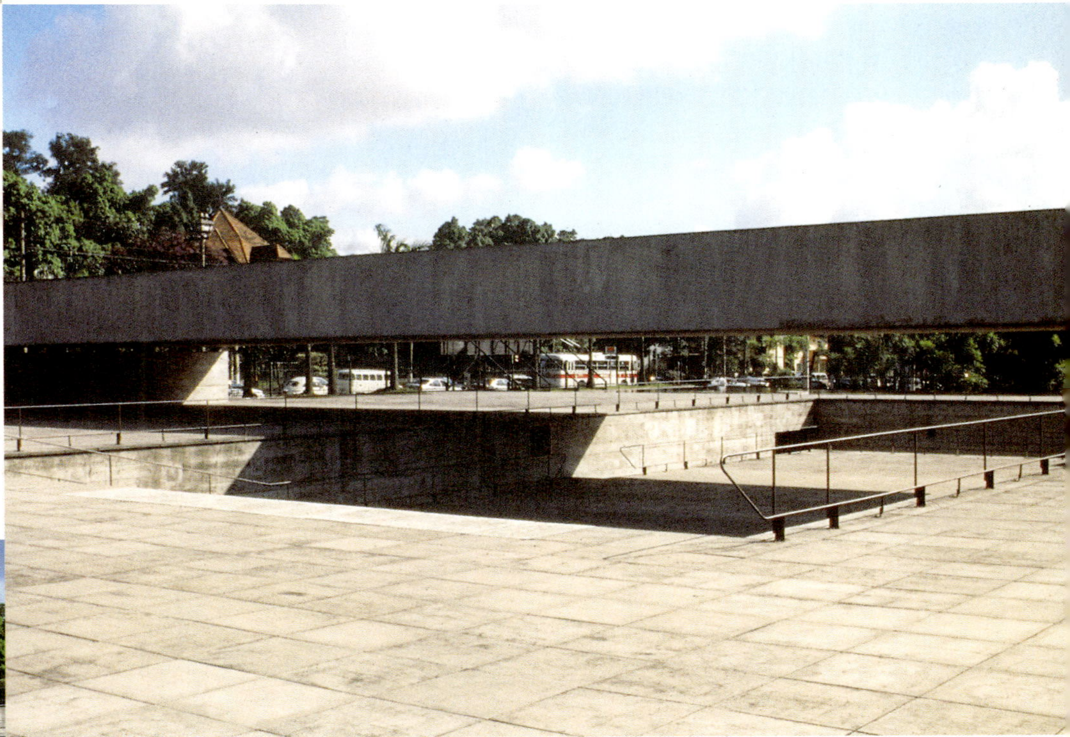

John Portman

Mike Davis

Auch wenn in einigen amerikanischen Städten (mit einer überwiegend vom Dienstleistungssektor geprägten Wirtschaft, wie zum Beispiel Boston und San Francisco) die neuen Reichen und die Mittelklasse den gesamten Stadtkern wie Adelige beherrschen, hat die Sanierung in den meisten Großstädten nur festungsartige Wolkenkratzer-Enklaven hervorgebracht. Für das Problem, die Abgetrenntheit und Sicherheit der Vermögenden, einiger weniger Gehaltsempfänger und Führungskräfte, zu gewährleisten, die sich dafür entschieden haben, inmitten von Wolkenkratzern zu leben, gibt es zwei architektonische Lösungen. Eine dieser Lösungen ist der Bau von neuen Superwolkenkratzern mit Wohnetagen, die Tafuri treffend »gigantische anti-urbane Maschinen« nennt. Die andere Strategie – erstmals von dem Hotelarchitekten John Portman praktiziert und entwickelt, um die Unmenschlichkeit der Wolkenkratzer zu mildern – ist die Schaffung pseudo-natürlicher, pseudo-öffentlicher Räume im Inneren des Gebäudes. Angelehnt an Frank Lloyd Wrights zahlreiche Experimente auf der Suche nach einer Ästhetik des offenen Raums und der absoluten Bewegungsfreiheit, zu denen Versuche wie das »verschwundene« Larkin-Gebäude, das Johnson Wax Building und das Guggenheim Museum gehören, hat Portman die Theorie des Hoteldesigns verändert, indem er zeigte, daß ein sehr großzügiger Innenraum eine praktische Investition sein kann.

Der Prototyp des Portmanschen Raums – mit Raumschiffaufzügen, einer mehrgeschossigen Lobby mit Atrium und anderem – war das 1967 im Peachtree Center in Atlanta gebaute Regency Hyatt Hotel. Es ist wichtig, ein genaues Bild von der Umgebung und der externen Funktion dieser »Mutter des Bonaventure« zu haben: »Das Zentrum von Atlanta erhebt sich über die umliegende Stadt wie eine gemauerte Festung aus einer anderen Zeit. Die Zitadelle ist im Süden durch das internationale Handelszentrum bewacht und vom städtischen Stadion befestigt. Im Norden bilden die Mauern und Gehwege von John Portmans Peachtree Center die Wachposten über endlose Autoströme, die beide Seiten des langen Höhenzugs der Stadt überziehen. Der die Stadt umgebende Graben mit den Verkehrsadern erstreckt sich über die östliche Flanke des Berges von Süden nach Norden und beschützt Rechtsanwälte, Banker und Manager vor dem Eindringen der benachbarten niedrigeren Gehaltsklassen«. (Carl Abbott: *The New Urban America*. Chapel Hill 1983.)

In Wirklichkeit hat Portman nur Vivarien für die obere Mittelklasse gebaut, die durch erstaunlich komplexe Sicherheitssysteme bewacht werden. Die meisten der neuen Innenstadtkomplexe könnten ebensogut auf dem dritten Mond des Jupiter erbaut sein. Ihre Logik ist die einer klaustrophobischen Raumkolonie, die versucht, in ihrem Inneren Natur in Miniaturform zu schaffen. So rekonstruiert das Bonaventure Hotel ein nostalgisches Südkalifornien in Aspik: Orangenbäume, Brunnen, blühender Wein und saubere Luft. Draußen, in der smogverseuchten Realität, spiegeln riesige Glasflächen nicht nur das Elend der umliegenden Stadt, sondern auch ihre ununterdrückbare Dynamik und ihr Streben nach Authentizität.

Aus »Urban Renaissance and the Spirit of Postmodernism.«
In: *New Left Review* 151 (1985)

Peachtree Center Plaza Hotel, Atlanta 1976

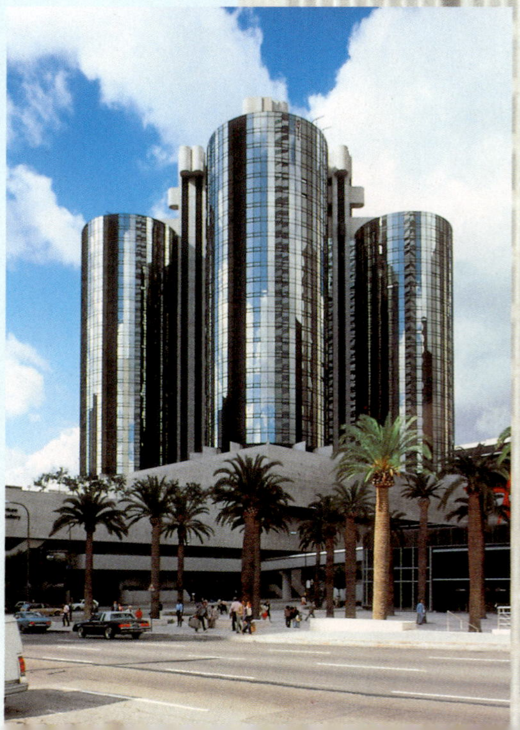

Bonaventure Hotel, Los Angeles 1977

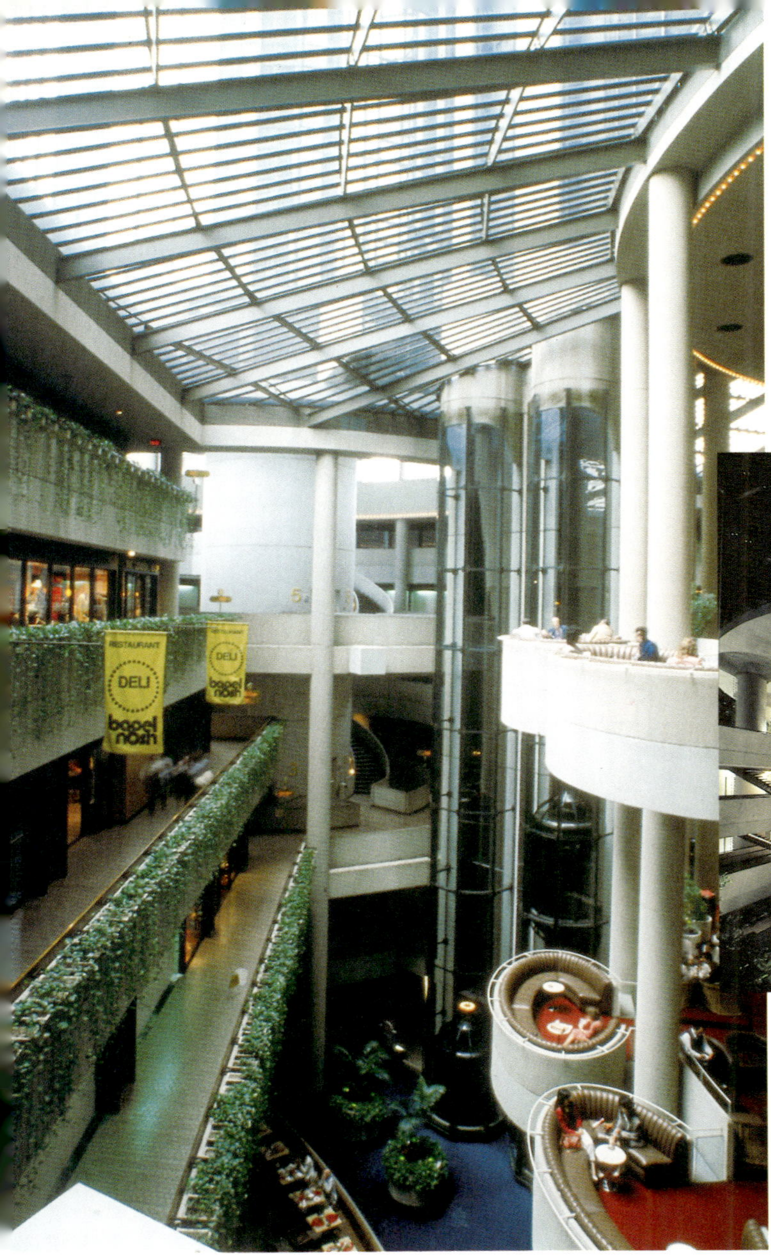

Atrium im Bonaventure Hotel

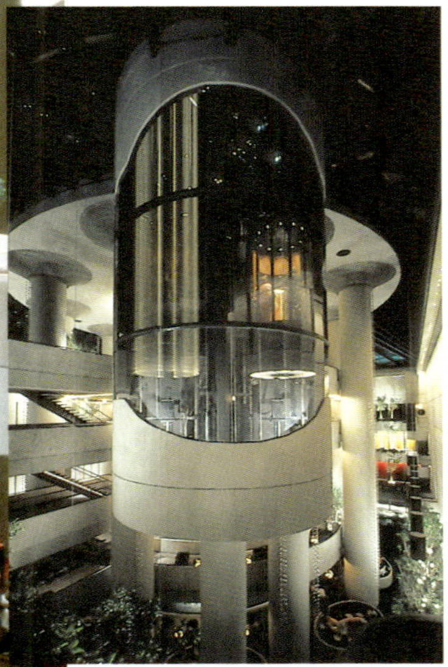

Aufzug im Peachtree Plaza Hotel

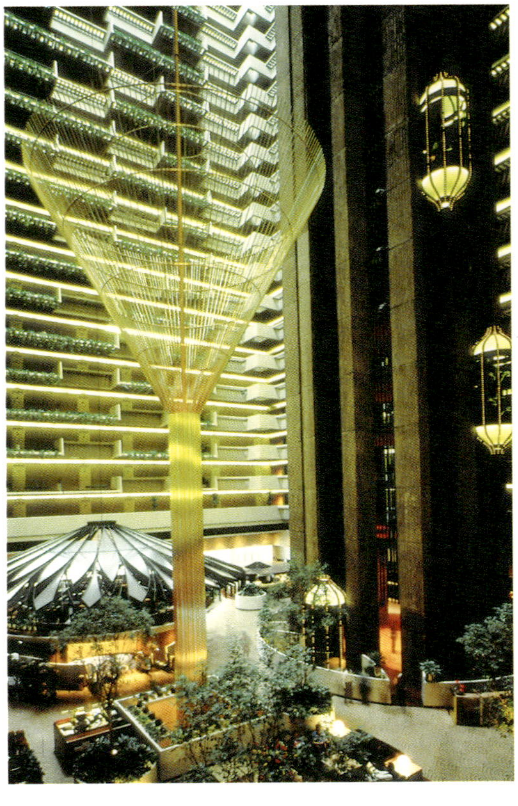

Atrium im Regency Hyatt Hotel, Atlanta 1967

Fredric Jameson

Die Glashaut wehrt die Stadt draußen ab, eine Abwehr, die man analog zu den Spiegelglassonnenbrillen sehen kann, die es dem Gesprächspartner unmöglich machen, die Augen des Brillenträgers zu sehen, so daß dieser eine gewisse Aggressivität ausstrahlt und Macht über den anderen bekommt. Einen vergleichbaren Effekt erzielt die Glashaut des Bonaventure: ein merkwürdiges und gleichsam ortloses Sichabsetzen von der Umgebung. Die Umwelt ist eigentlich auch nicht die Außenwelt, denn wenn man versucht, auf die Außenwände des Hotels zu sehen, sieht man durch den Spiegeleffekt nicht das Hotel selbst, sondern nur verzerrte Spiegelungen von dem, was es umgibt.

Aus: »Postmodernism, or the Logic of Late Capitalism«. In: *New Left Review* 146, 1984. Neu abgedruckt unter dem Titel *Postmodernism, or The Cultural Logic of Late Capitalism*. London 1991.

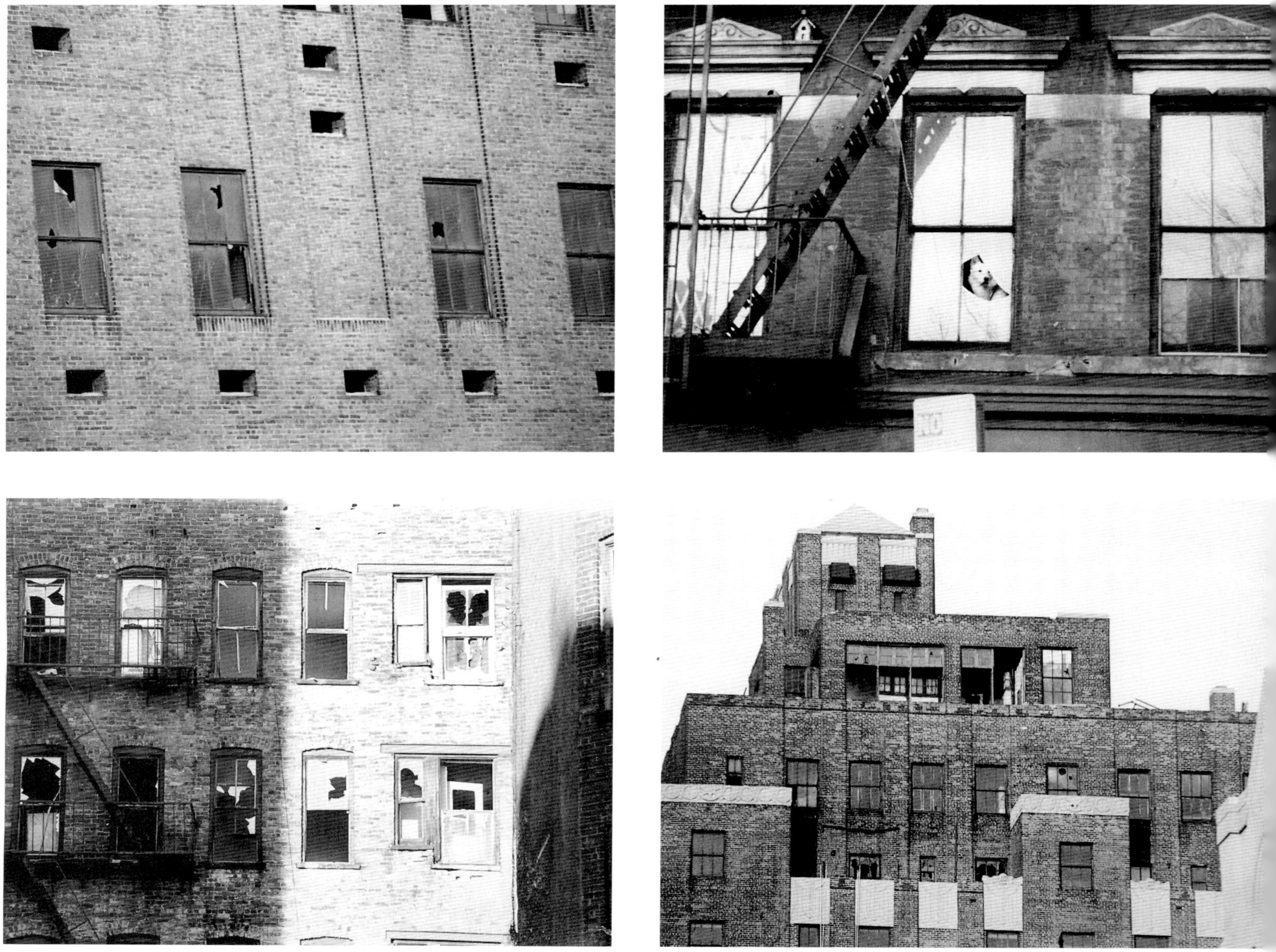

Gordon Matta-Clark, Window Blow-Out, 1976

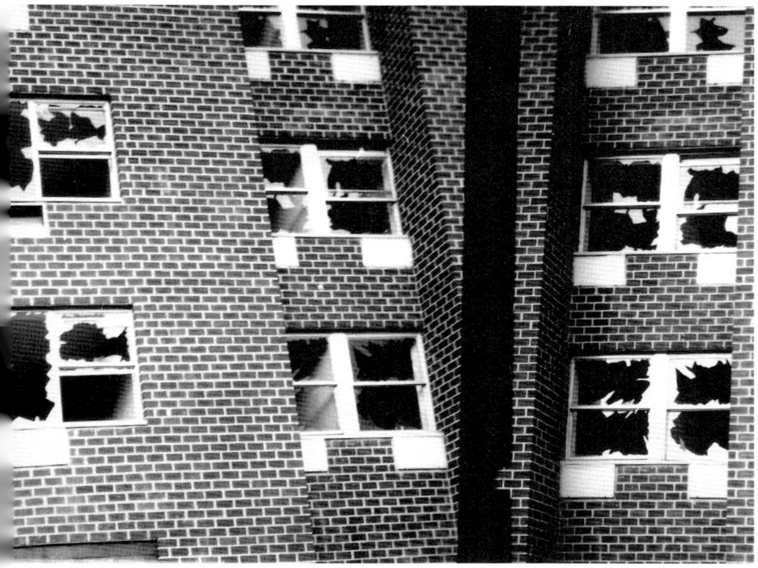

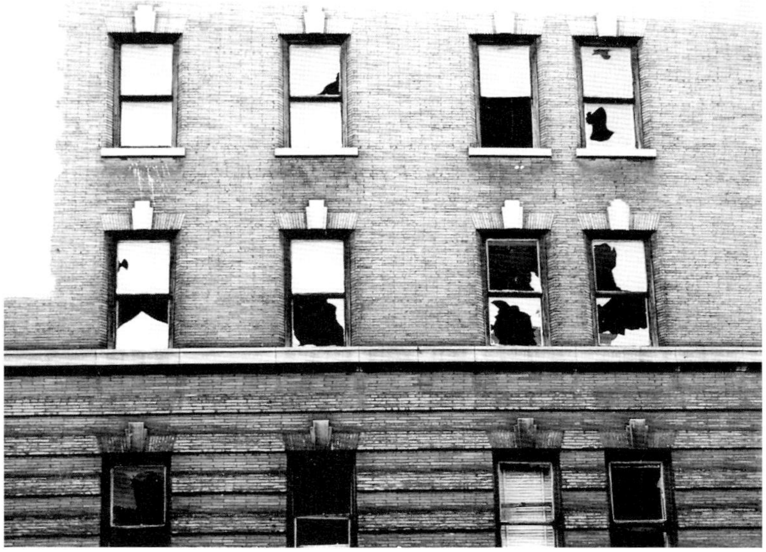

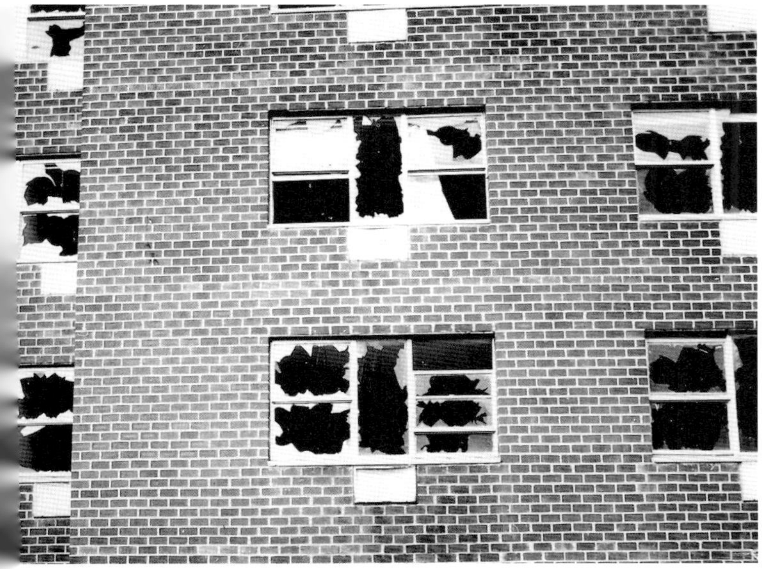

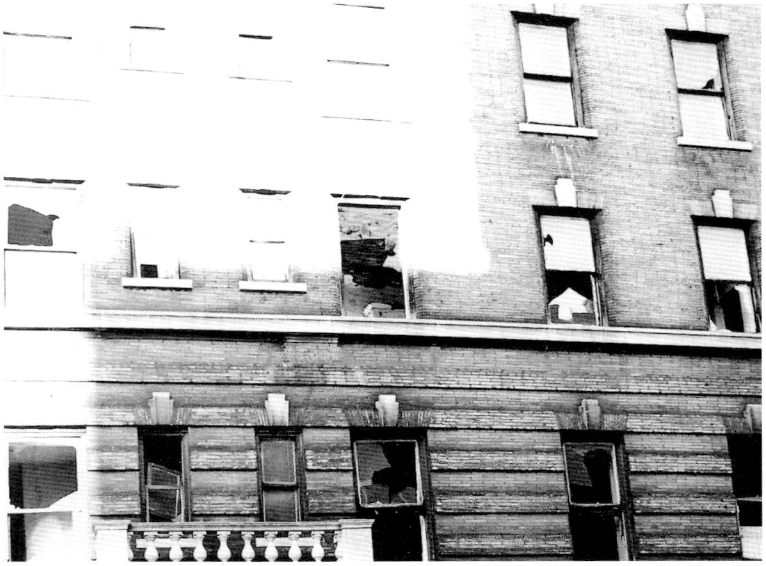

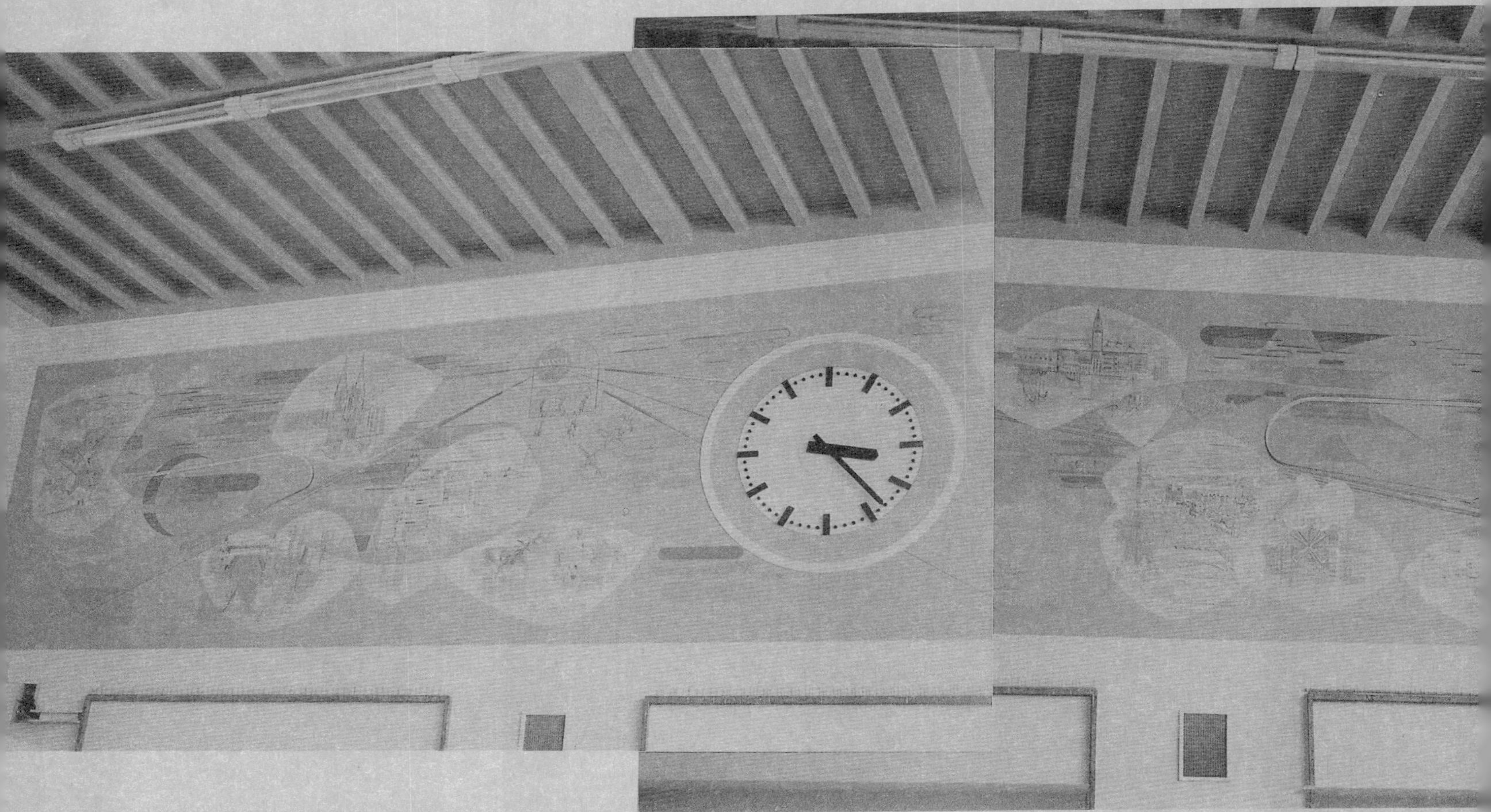

1989-1997

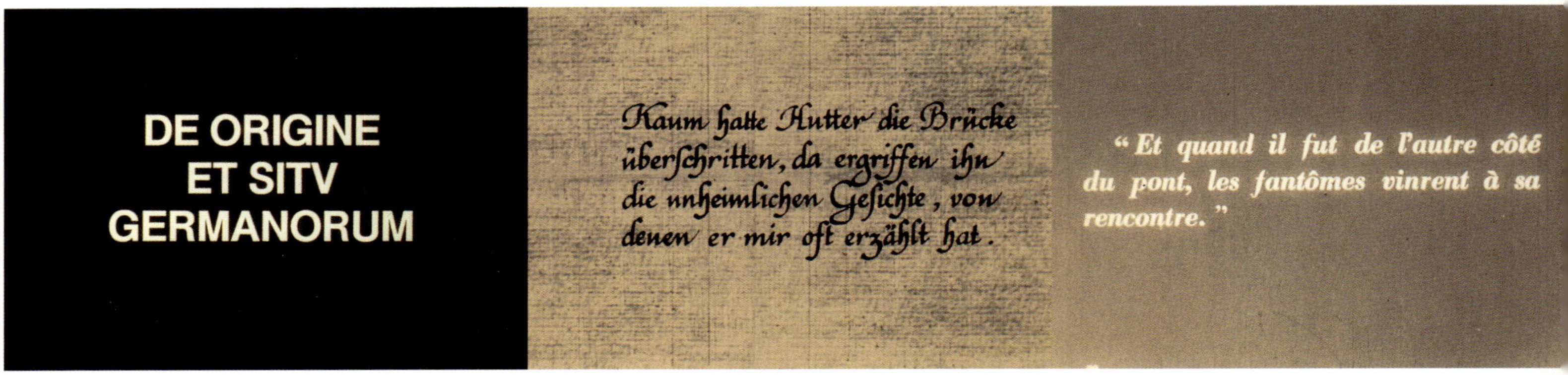

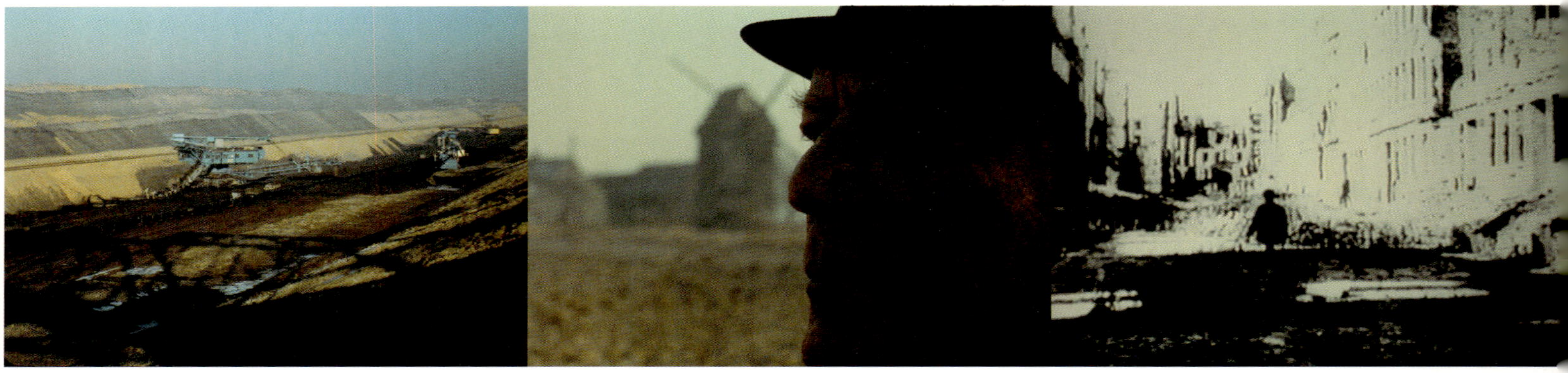

9. November 1989 Fall der Berliner Mauer. In Polen bildet Soli

In Rumänien wird Nicolae Ceauşescu abgesetzt und umgebracht. Die letzten Trupp

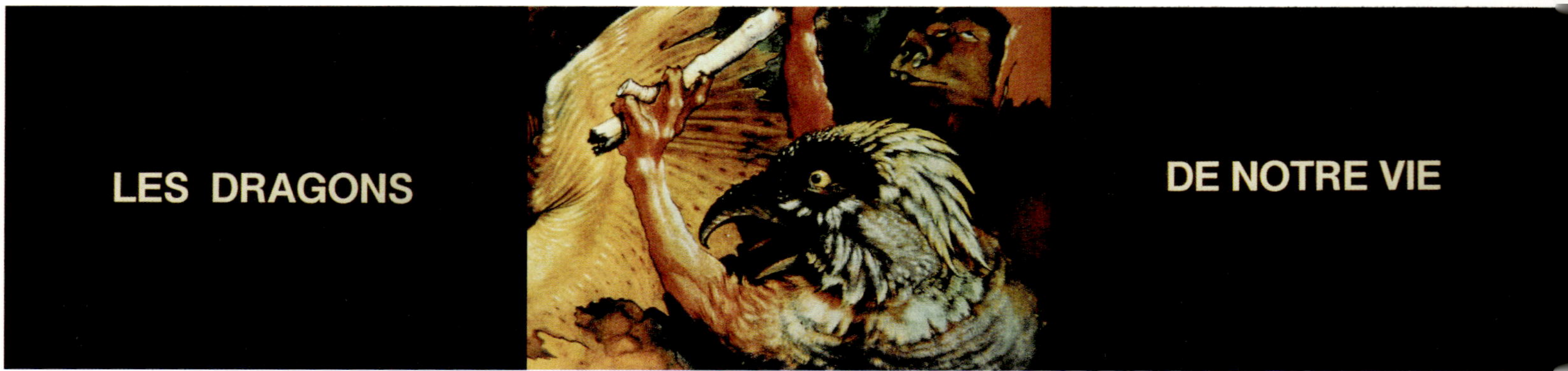

Jean-Luc Godard, Allemagne Neuf Zéro (Deutschland Neun Null), 1990

Infor

PEARL RIVER DELTA

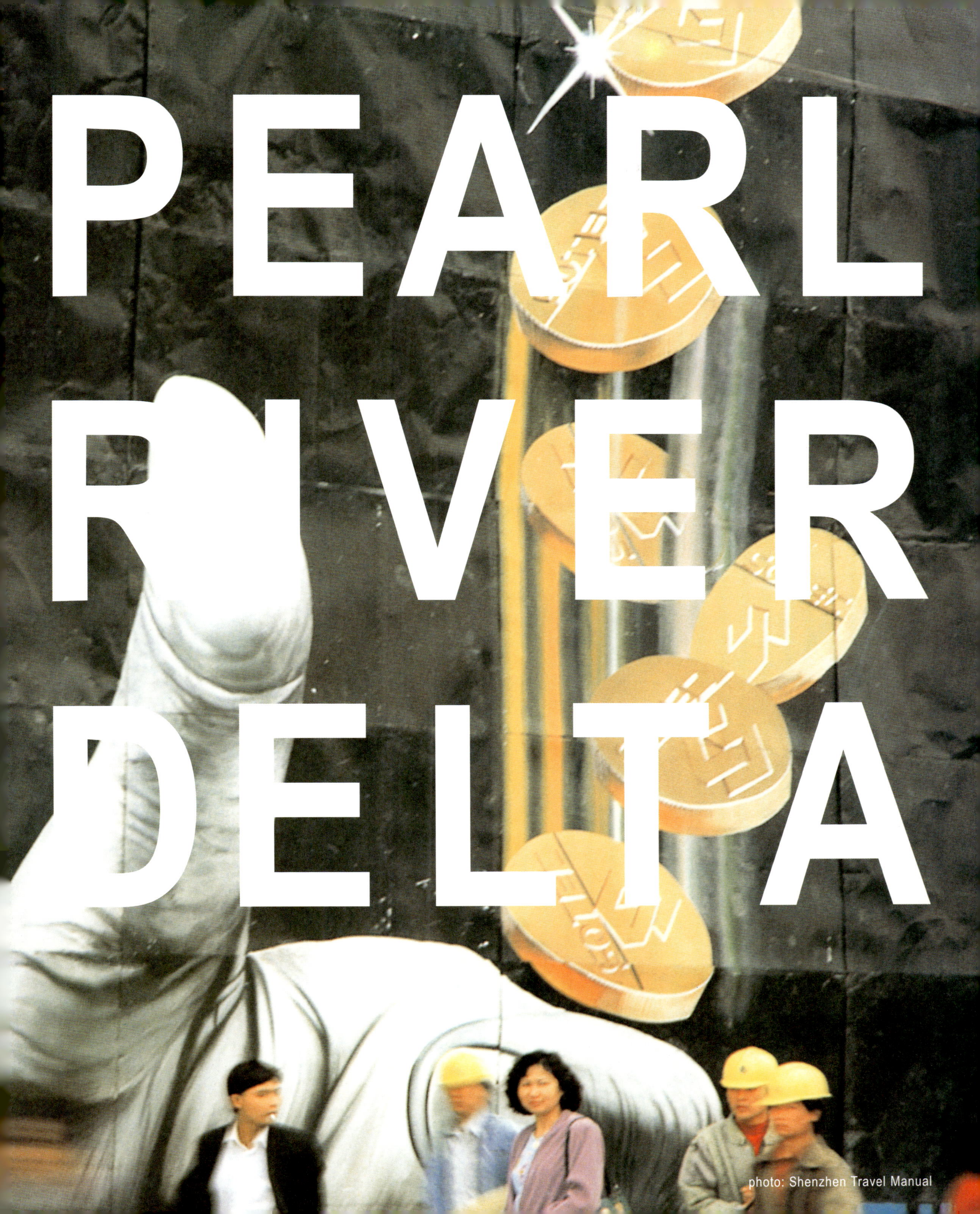

photo: Shenzhen Travel Manual

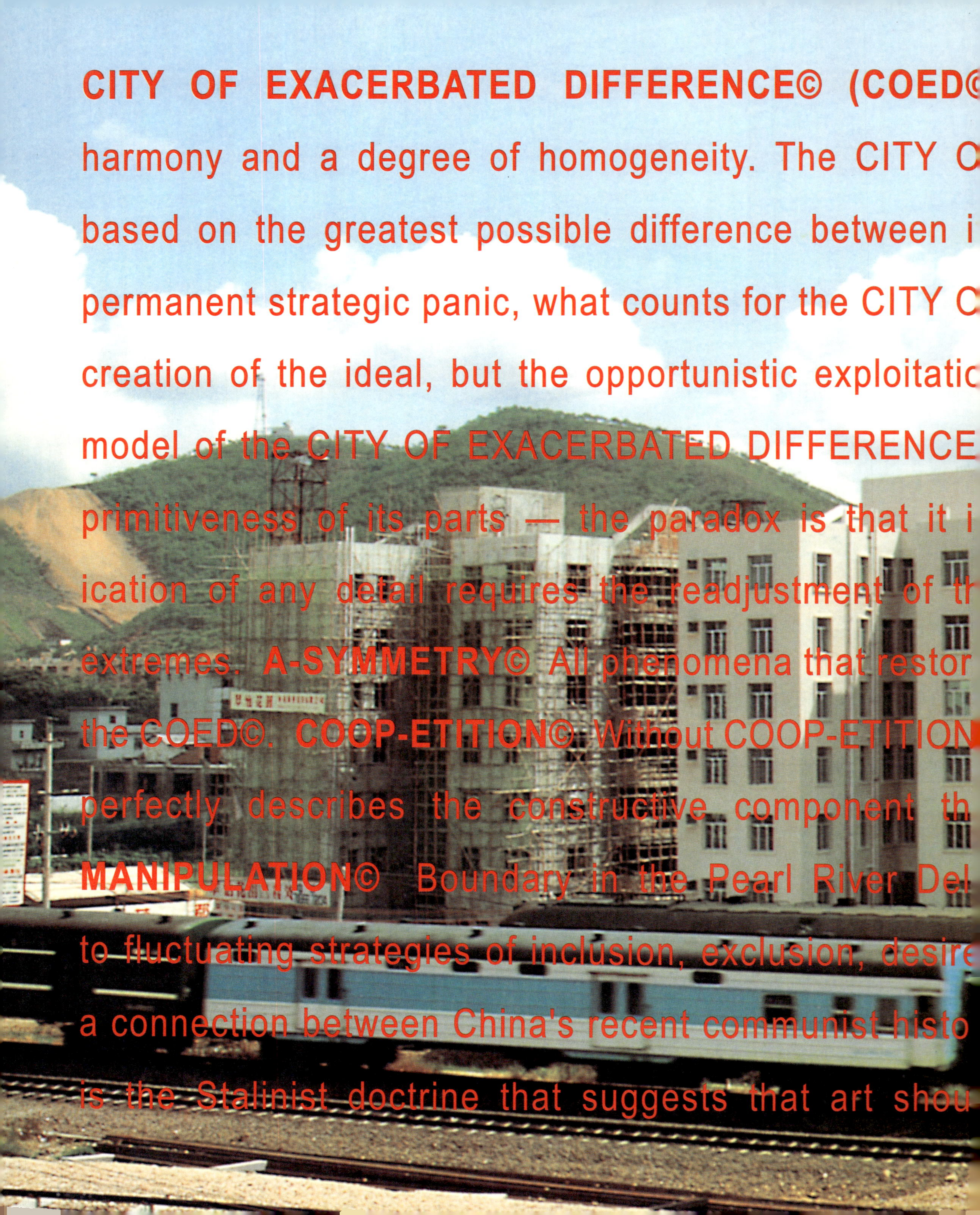

CITY OF EXACERBATED DIFFERENCE© (COED©
harmony and a degree of homogeneity. The CITY O
based on the greatest possible difference between i
permanent strategic panic, what counts for the CITY C
creation of the ideal, but the opportunistic exploitatic
model of the CITY OF EXACERBATED DIFFERENCE
primitiveness of its parts — the paradox is that it i
ication of any detail requires the readjustment of th
extremes. **A-SYMMETRY©** All phenomena that restor
the COED©. **COOP-ETITION©** Without COOP-ETITION
perfectly describes the constructive component th
MANIPULATION© Boundary in the Pearl River Del
to fluctuating strategies of inclusion, exclusion, desire
a connection between China's recent communist histo
is the Stalinist doctrine that suggests that art shou

ne traditional city strives for a condition of balance, XACERBATED DIFFERENCE©, on the contrary, is arts — complementary or competitive. In a climate of XACERBATED DIFFERENCE© is not the methodical flukes, accidents and imperfections. Though the ppears brutal — to depend on the robustness and fact, delicate and sensitive. The slightest modif- nole to reassert the equilibrium of complementary aintain or intensify the inequalities that define COED©. Newly minted Singaporean word that mpetition can have in the Asian context. **BORDER-** RD) drawn, and re-drawn, open or closed, according undesirable elements. **MARKET REALISM©** Is there nd its present idolatry of the Market? Socialist Realism epict, in the most realistic way, a final condition of

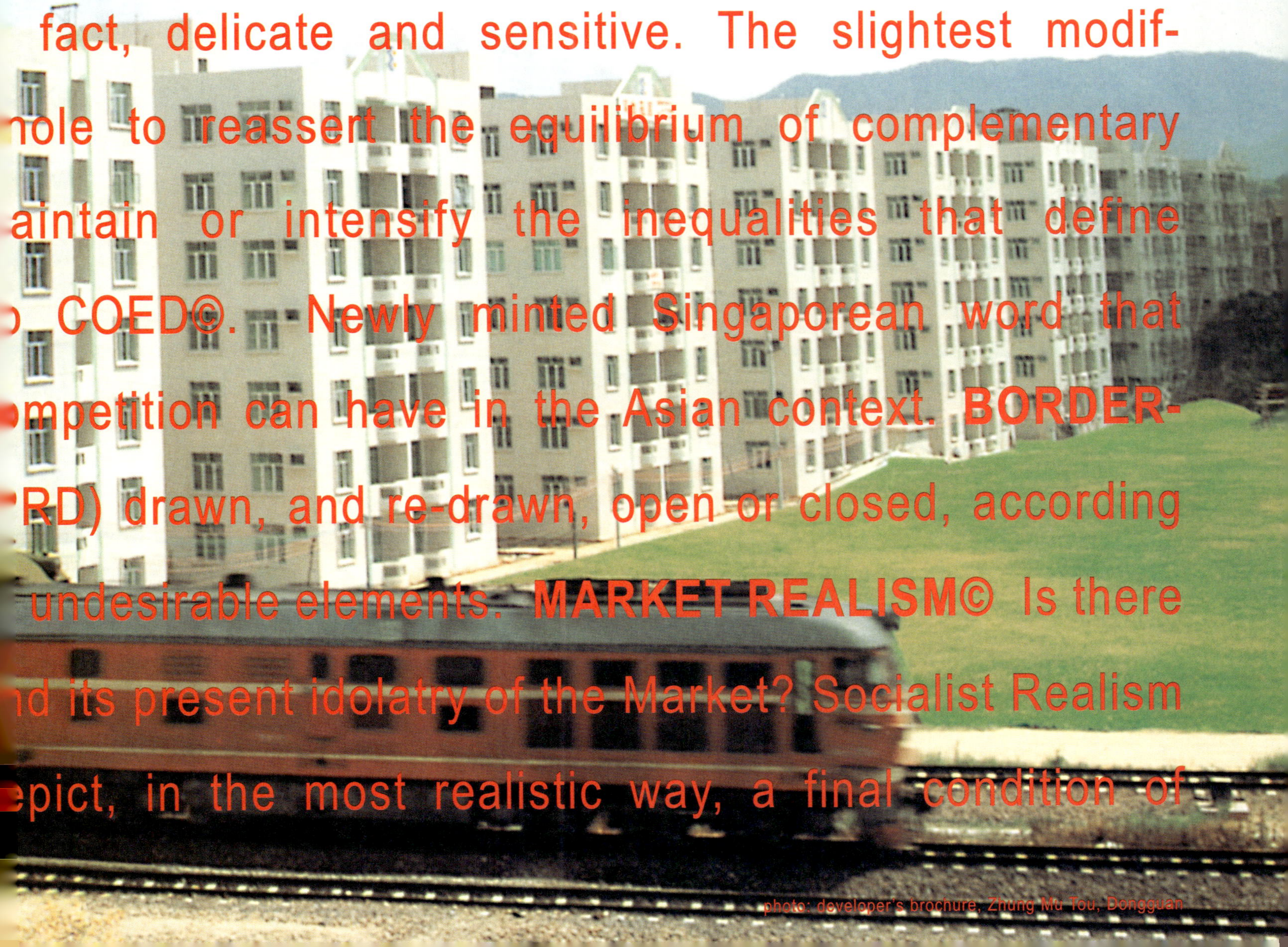

photo: developer's brochure, Zhung Mu Tou, Dongguan

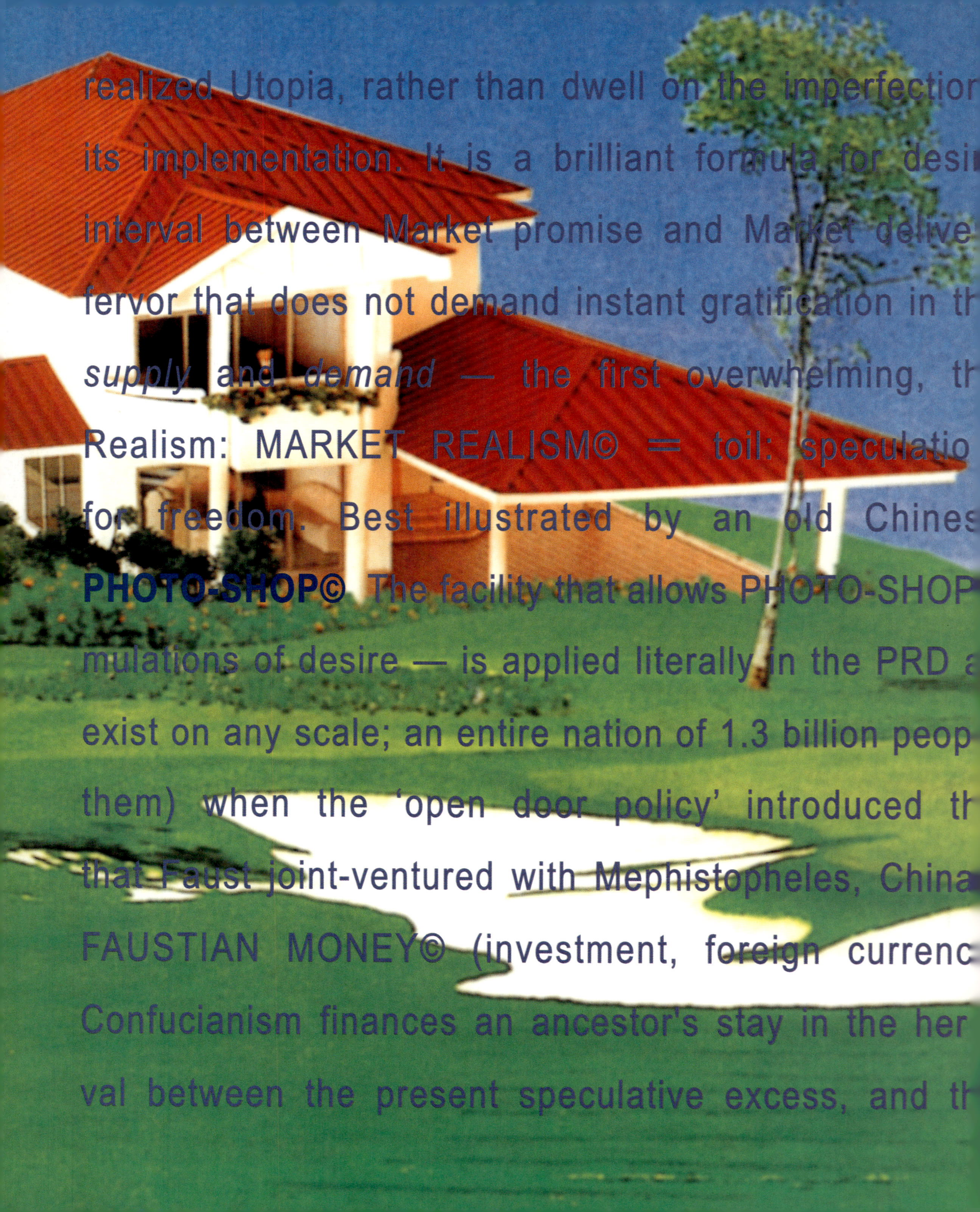

realized Utopia, rather than dwell on the imperfection
its implementation. It is a brilliant formula for desi
interval between Market promise and Market delive
fervor that does not demand instant gratification in th
supply and *demand* — the first overwhelming, th
Realism: MARKET REALISM© = toil: speculatio
for freedom. Best illustrated by an old Chines

PHOTO-SHOP© The facility that allows PHOTO-SHOP
mulations of desire — is applied literally in the PRD a
exist on any scale; an entire nation of 1.3 billion peop
them) when the 'open door policy' introduced th
that Faust joint-ventured with Mephistopheles, China
FAUSTIAN MONEY© (investment, foreign currenc
Confucianism finances an ancestor's stay in the her
val between the present speculative excess, and th

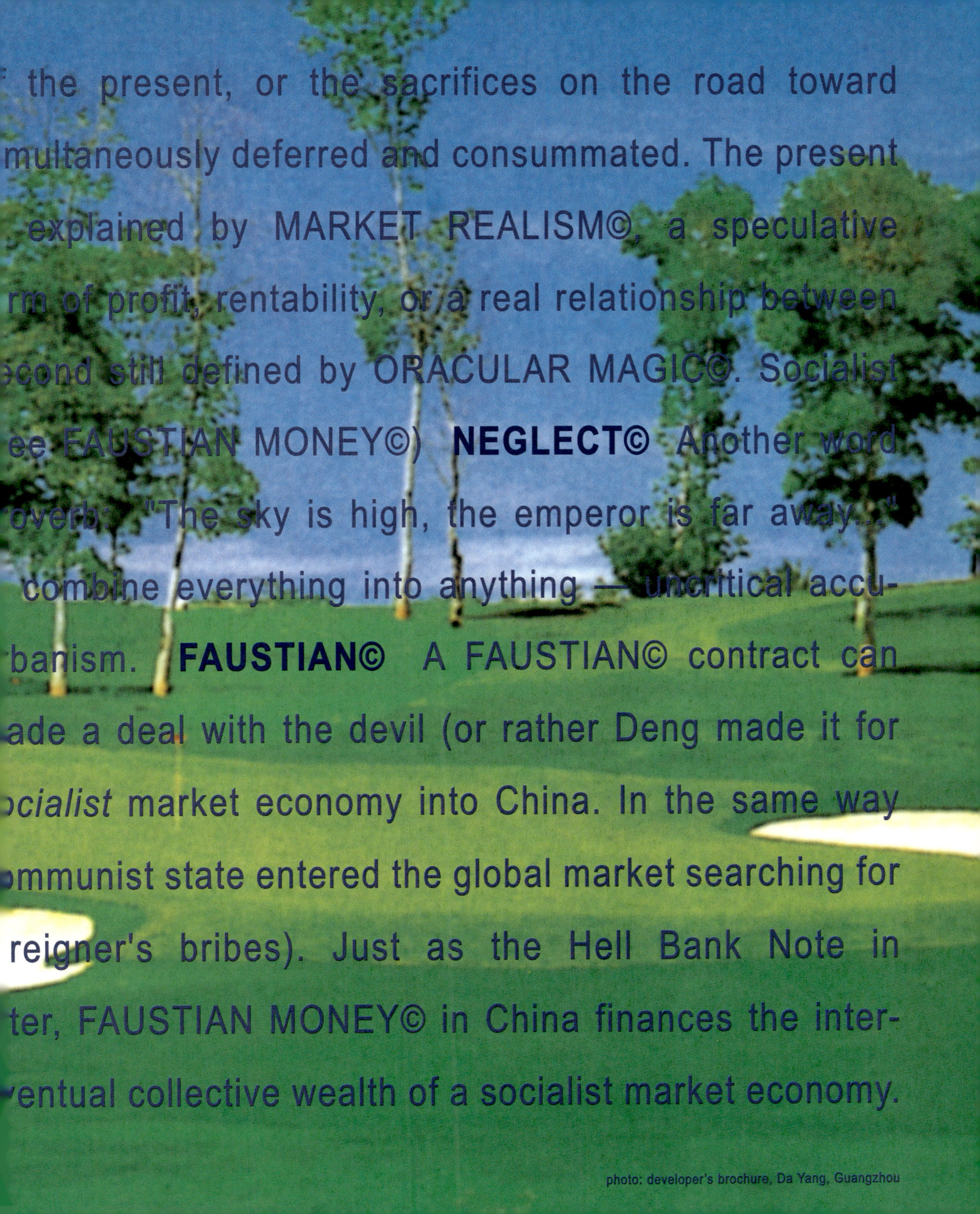

f the present, or the sacrifices on the road toward
multaneously deferred and consummated. The present
explained by MARKET REALISM©, a speculative
rm of profit, rentability, or a real relationship between
econd still defined by ORACULAR MAGIC©. Socialist
ee FAUSTIAN MONEY©) **NEGLECT©** Another word
roverb: "The sky is high, the emperor is far away..."
combine everything into anything — uncritical accu-
banism. **FAUSTIAN©** A FAUSTIAN© contract can
ade a deal with the devil (or rather Deng made it for
ocialist market economy into China. In the same way
ommunist state entered the global market searching for
reigner's bribes). Just as the Hell Bank Note in
ter, FAUSTIAN MONEY© in China finances the inter-
ventual collective wealth of a socialist market economy.

photo: developer's brochure, Da Yang, Guangzhou

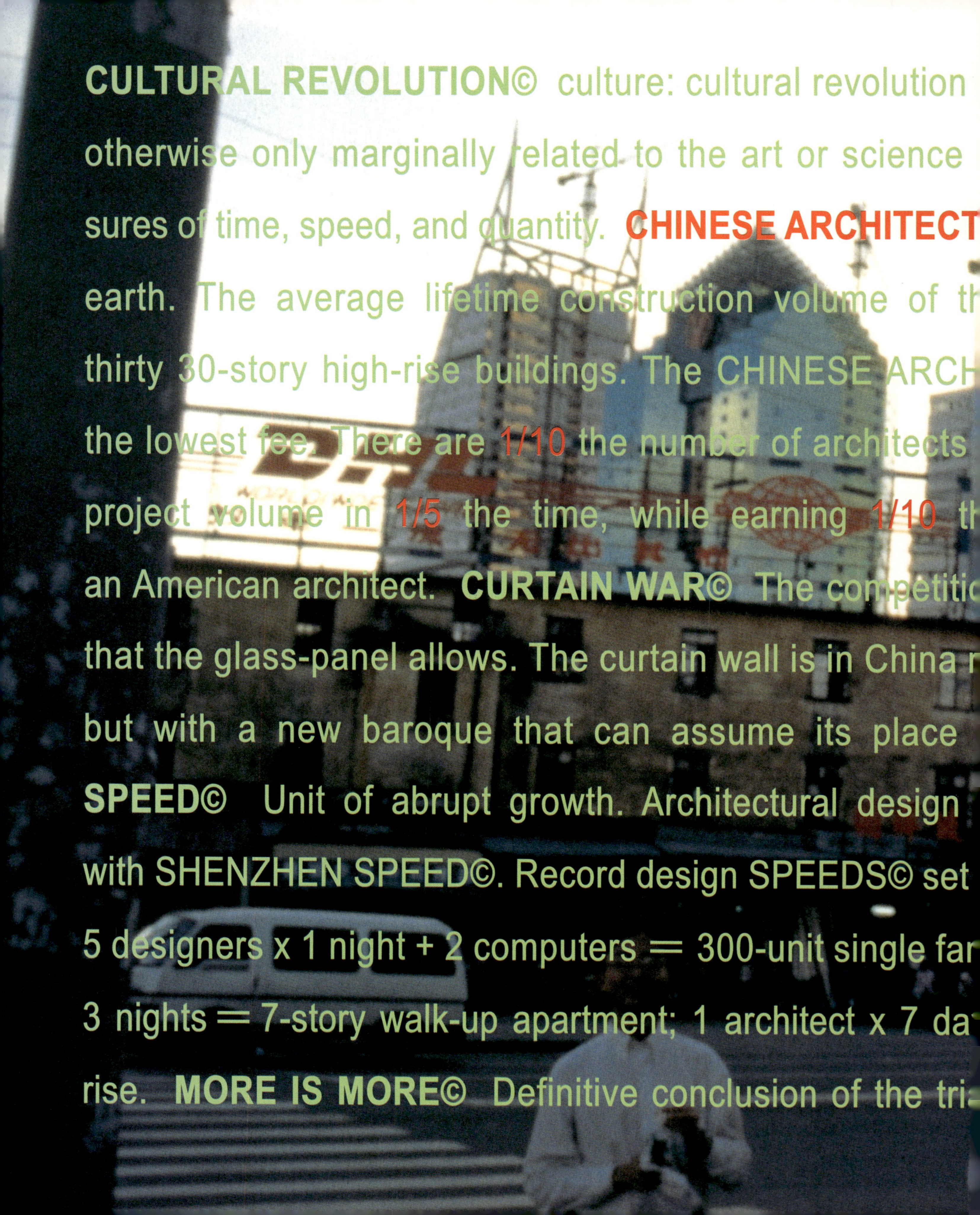

CULTURAL REVOLUTION© culture: cultural revolution
otherwise only marginally related to the art or science
sures of time, speed, and quantity. **CHINESE ARCHITECT**
earth. The average lifetime construction volume of th
thirty 30-story high-rise buildings. The CHINESE ARCH
the lowest fee. There are 1/10 the number of architects
project volume in 1/5 the time, while earning 1/10 th
an American architect. **CURTAIN WAR©** The competitic
that the glass-panel allows. The curtain wall is in China r
but with a new baroque that can assume its place
SPEED© Unit of abrupt growth. Architectural design
with SHENZHEN SPEED©. Record design SPEEDS© set
5 designers x 1 night + 2 computers = 300-unit single far
3 nights = 7-story walk-up apartment; 1 architect x 7 da
rise. **MORE IS MORE©** Definitive conclusion of the tri

ty: TABULA RASA© **ARCHITECTURE©** Property value,
uilding. Designed in the PRD under unprecedented pres-
he most important, influential, and powerful architect on
HINESE ARCHITECT© in housing alone is greater than
ECT© designs the largest volume in the shortest time for
hina than in the US, each of whom designs 5 times the
esign fee. This implies an efficiency of 2,500 times that of
etween ARCHITECTURES© utilizing the maximum variety
nger associated with simplicity, precision, and tautness,
e larger, PICTURESQUE© order of things. **SHENZHEN**
hina has accelerated to keep pace
henzhen Special Economic Zone:
housing development; 1 architect x
= 30-story concrete residential high-
at began with Mies: *less is more*,

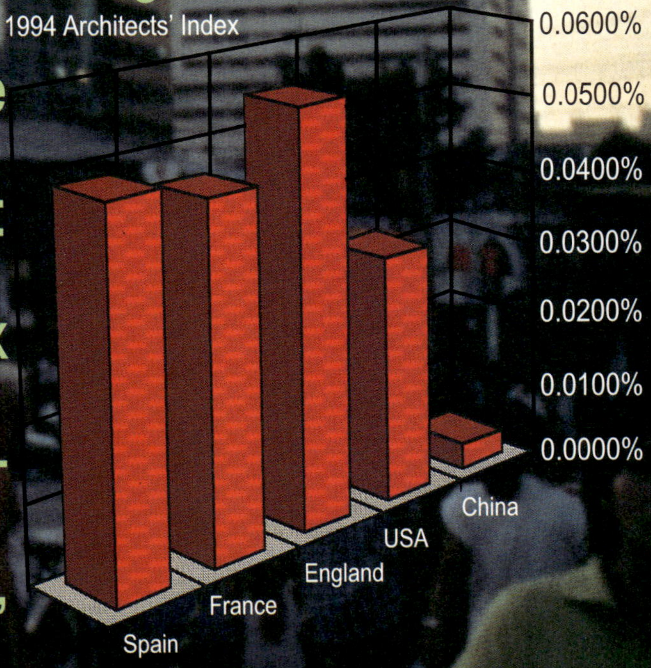

photo: Nancy Lin

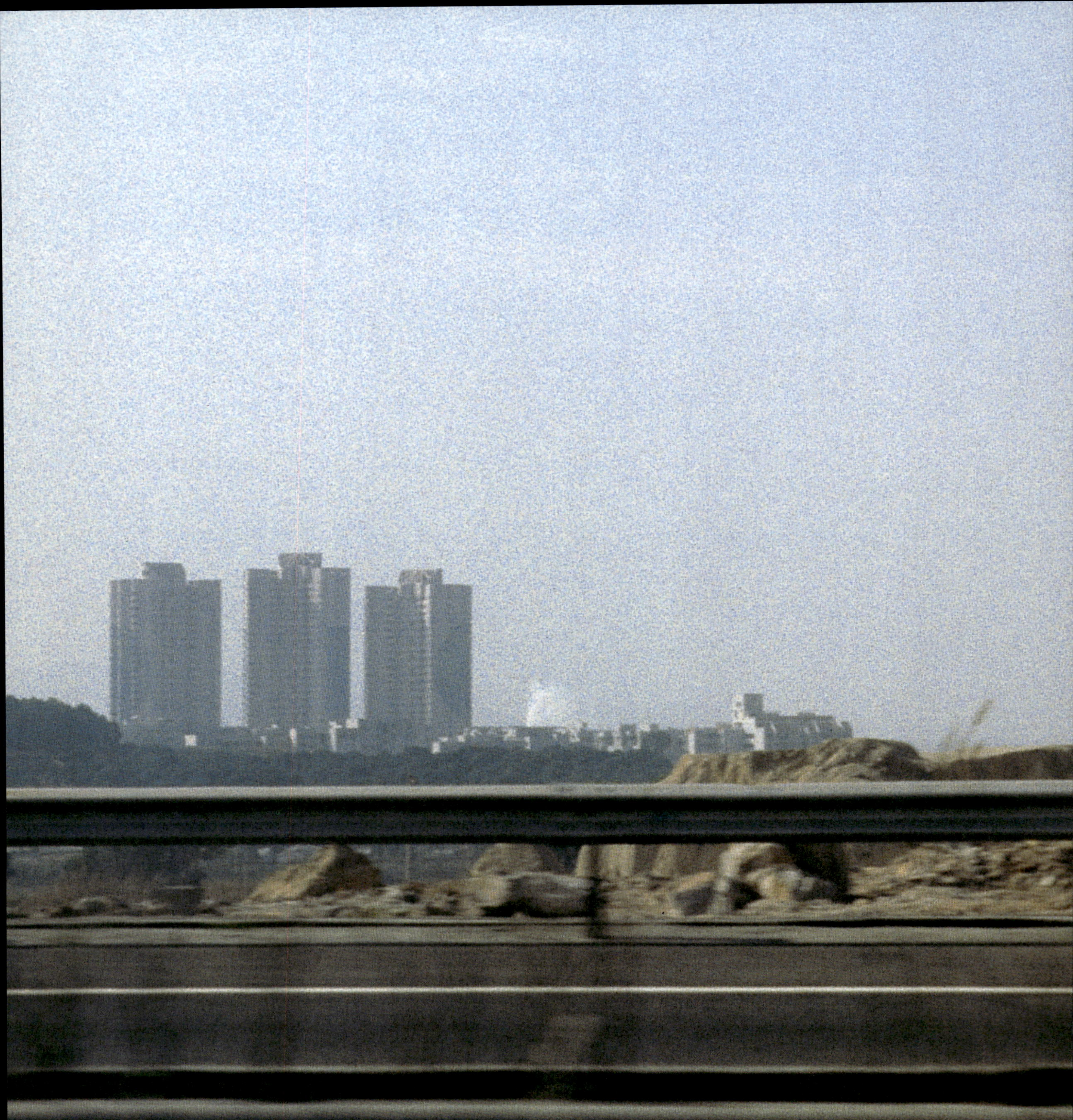

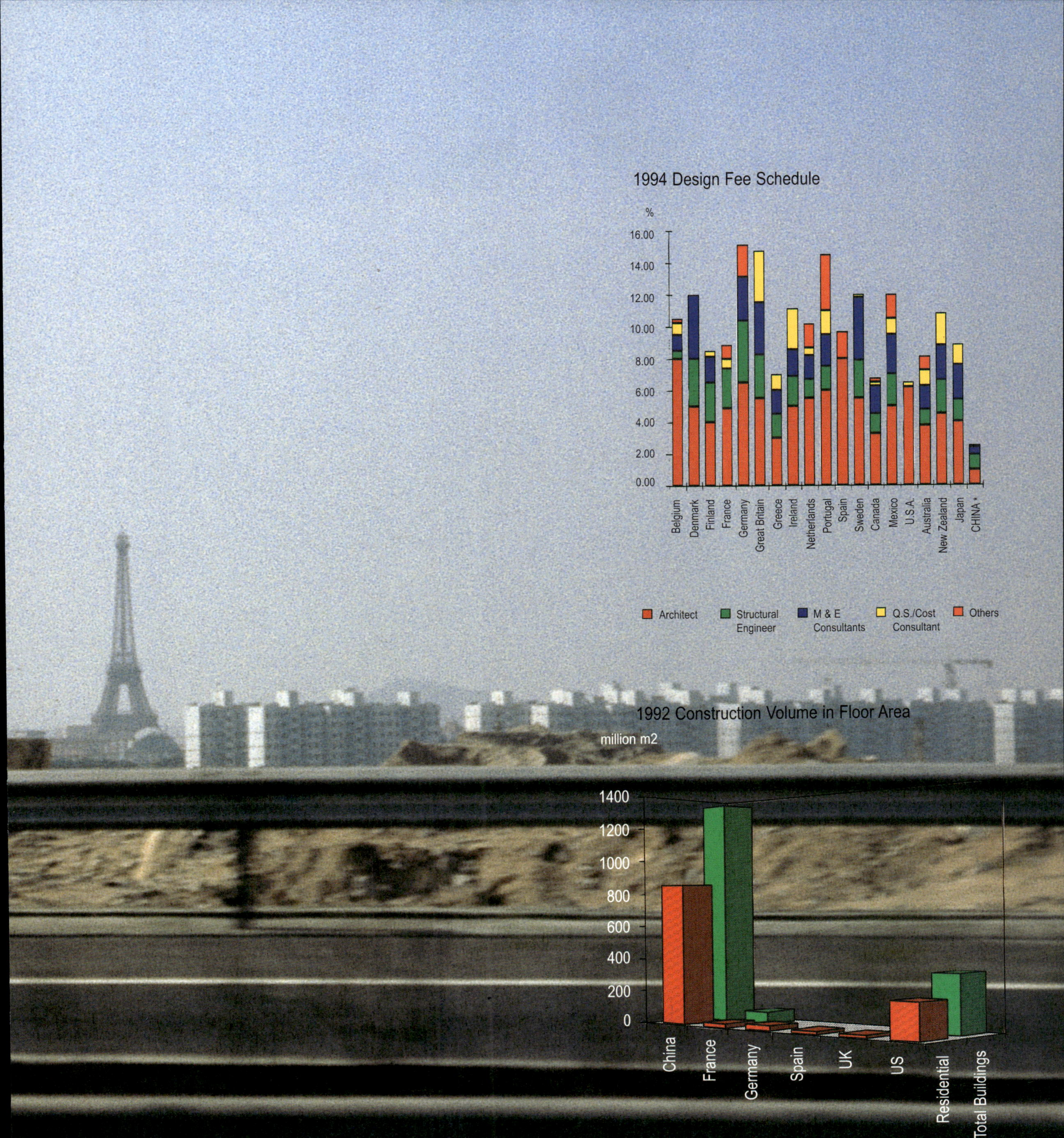
1994 Design Fee Schedule
%
16.00
14.00
12.00
10.00
8.00
6.00
4.00
2.00
0.00
Belgium
Denmark
Finland
France
Germany
Great Britain
Greece
Ireland
Netherlands
Portugal
Spain
Sweden
Canada
Mexico
U.S.A.
Australia
New Zealand
Japan
CHINA *
Architect
Structural Engineer
M & E Consultants
Q.S./Cost Consultant
Others
1992 Construction Volume in Floor Area
million m2
1400
1200
1000
800
600
400
200
0
China
France
Germany
Spain
UK
US
Residential
Total Buildings

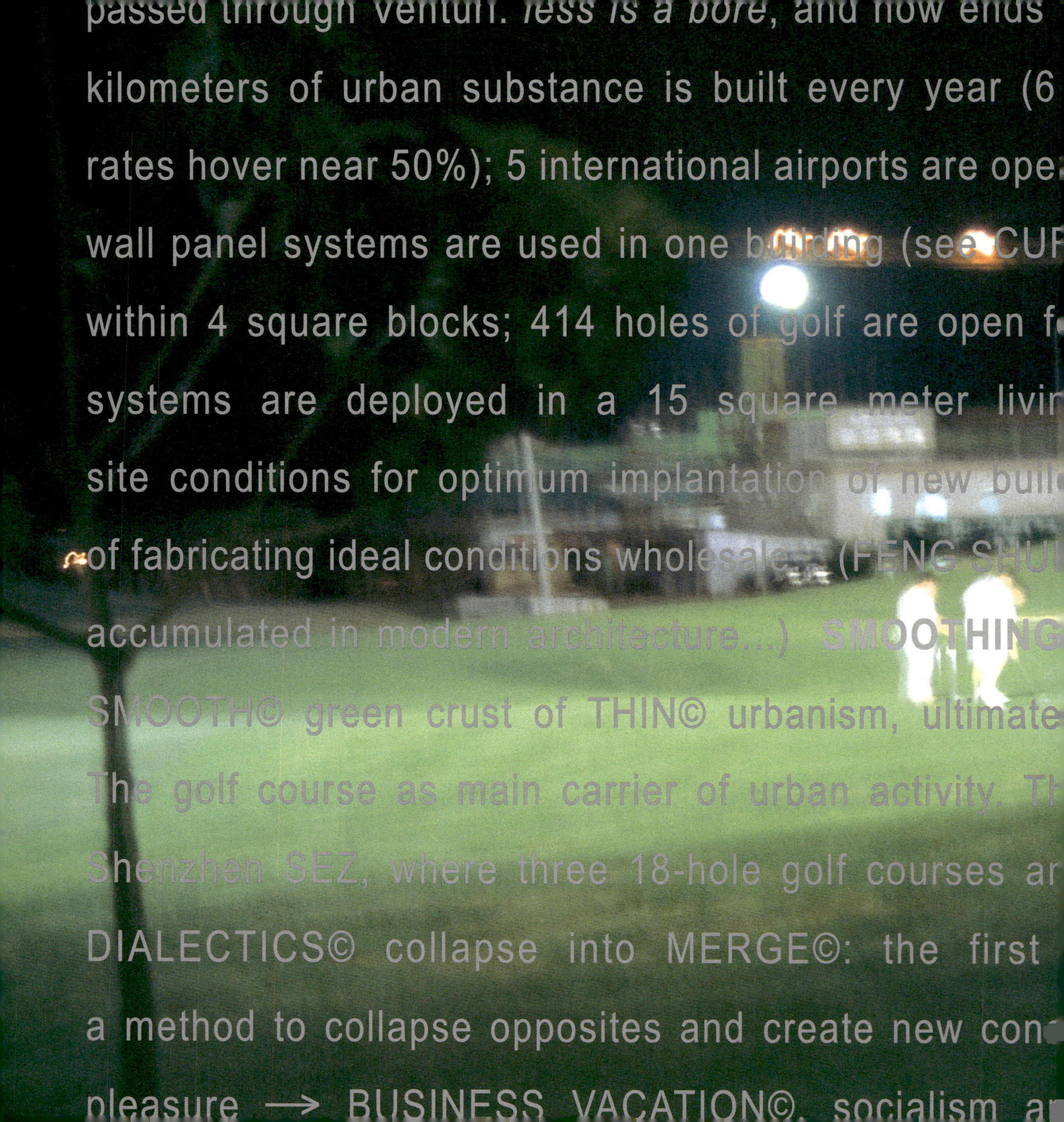

passed through venturi: *less is a bore*, and now ends
kilometers of urban substance is built every year (6
rates hover near 50%); 5 international airports are ope
wall panel systems are used in one building (see CUR
within 4 square blocks; 414 holes of golf are open f
systems are deployed in a 15 square meter livin
site conditions for optimum implantation of new buil
of fabricating ideal conditions wholesale... (FENG SHUI
accumulated in modern architecture...) **SMOOTHING**
SMOOTH© green crust of THIN© urbanism, ultimate
The golf course as main carrier of urban activity. Th
Shenzhen SEZ, where three 18-hole golf courses ar
DIALECTICS© collapse into MERGE©: the first
a method to collapse opposites and create new con
pleasure → BUSINESS VACATION©, socialism ar

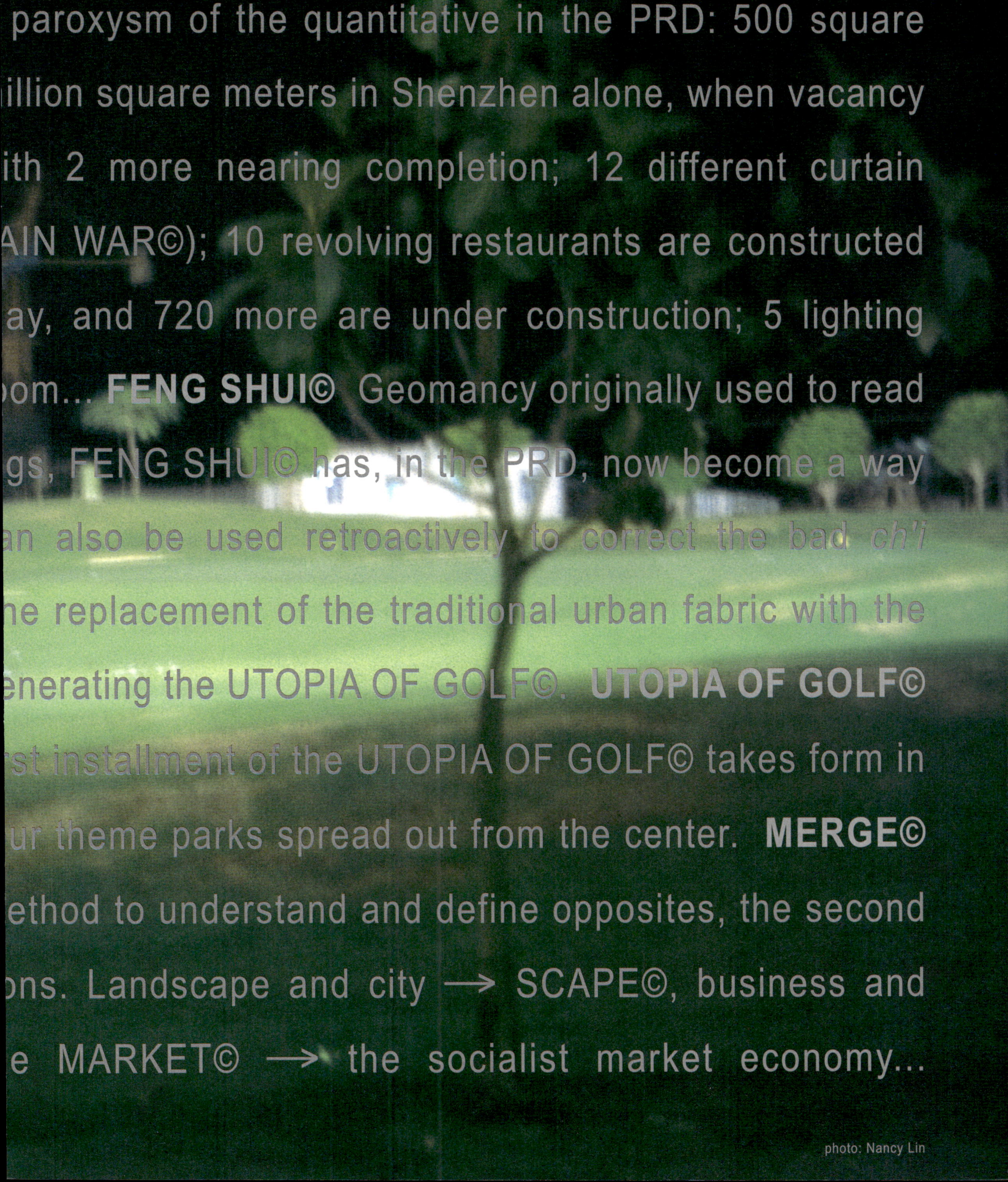

paroxysm of the quantitative in the PRD: 500 square
illion square meters in Shenzhen alone, when vacancy
ith 2 more nearing completion; 12 different curtain
AIN WAR©); 10 revolving restaurants are constructed
ay, and 720 more are under construction; 5 lighting
om... **FENG SHUI©** Geomancy originally used to read
gs, FENG SHUI© has, in the PRD, now become a way
an also be used retroactively to correct the bad *ch'i*
he replacement of the traditional urban fabric with the
enerating the UTOPIA OF GOLF©. **UTOPIA OF GOLF©**
rst installment of the UTOPIA OF GOLF© takes form in
ur theme parks spread out from the center. **MERGE©**
ethod to understand and define opposites, the second
ons. Landscape and city → SCAPE©, business and
e MARKET© → the socialist market economy...

photo: Nancy Lin

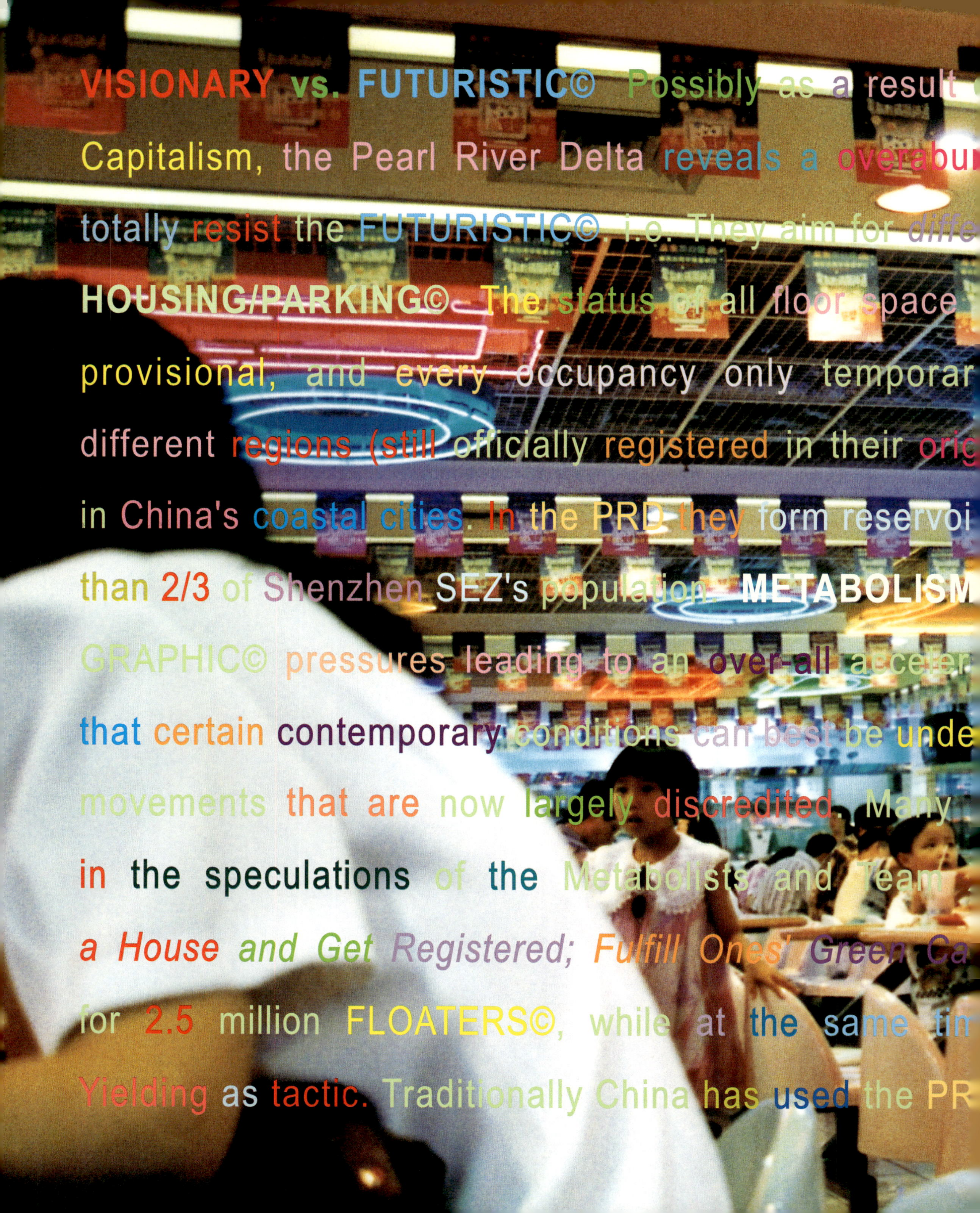

VISIONARY vs. FUTURISTIC© Possibly as a result o
Capitalism, the Pearl River Delta reveals a overabu
totally resist the FUTURISTIC©, i.e. They aim for *diffe*
HOUSING/PARKING© The status of all floor space
provisional, and every occupancy only temporar
different regions (still officially registered in their orig
in China's coastal cities. In the PRD they form reservoi
than 2/3 of Shenzhen SEZ's population. **METABOLISM**
GRAPHIC© pressures leading to an over-all acceler
that certain contemporary conditions can best be unde
movements that are now largely discredited. Many
in the speculations of the Metabolists and Team
a House and Get Registered; Fulfill Ones' Green Ca
for 2.5 million FLOATERS©, while at the same tim
Yielding as tactic. Traditionally China has used the PR

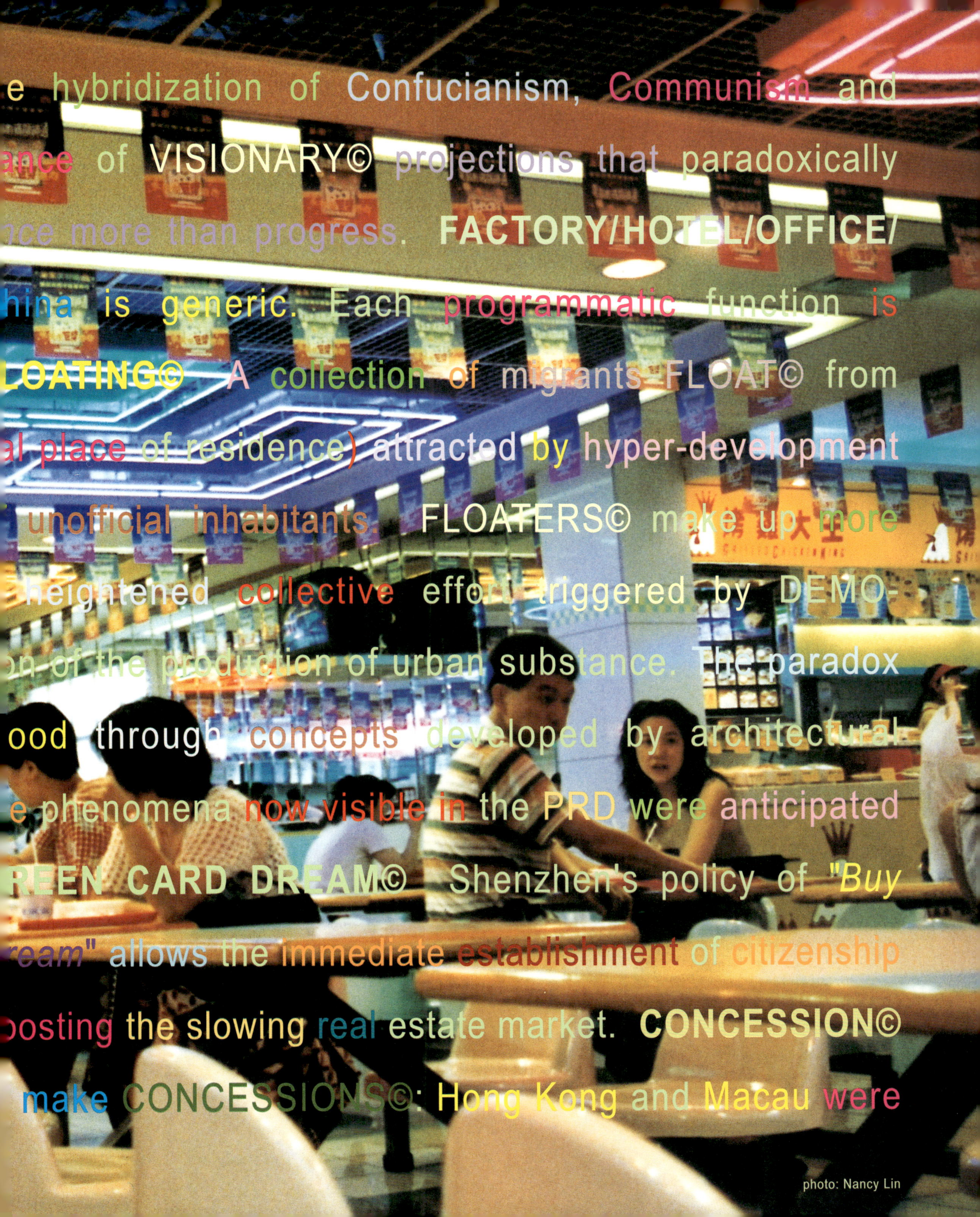

e hybridization of Confucianism, Communism and ance of VISIONARY© projections that paradoxically nce more than progress. **FACTORY/HOTEL/OFFICE/** hina is generic. Each programmatic function is **LOATING©** A collection of migrants FLOAT© from al place of residence) attracted by hyper-development unofficial inhabitants. FLOATERS© make up more heightened collective effort triggered by DEMO- on of the production of urban substance. The paradox ood through concepts developed by architectural e phenomena now visible in the PRD were anticipated **REEN CARD DREAM©** Shenzhen's policy of *"Buy ream"* allows the immediate establishment of citizenship oosting the slowing real estate market. **CONCESSION©** make CONCESSIONS©: Hong Kong and Macau were

photo: Nancy Lin

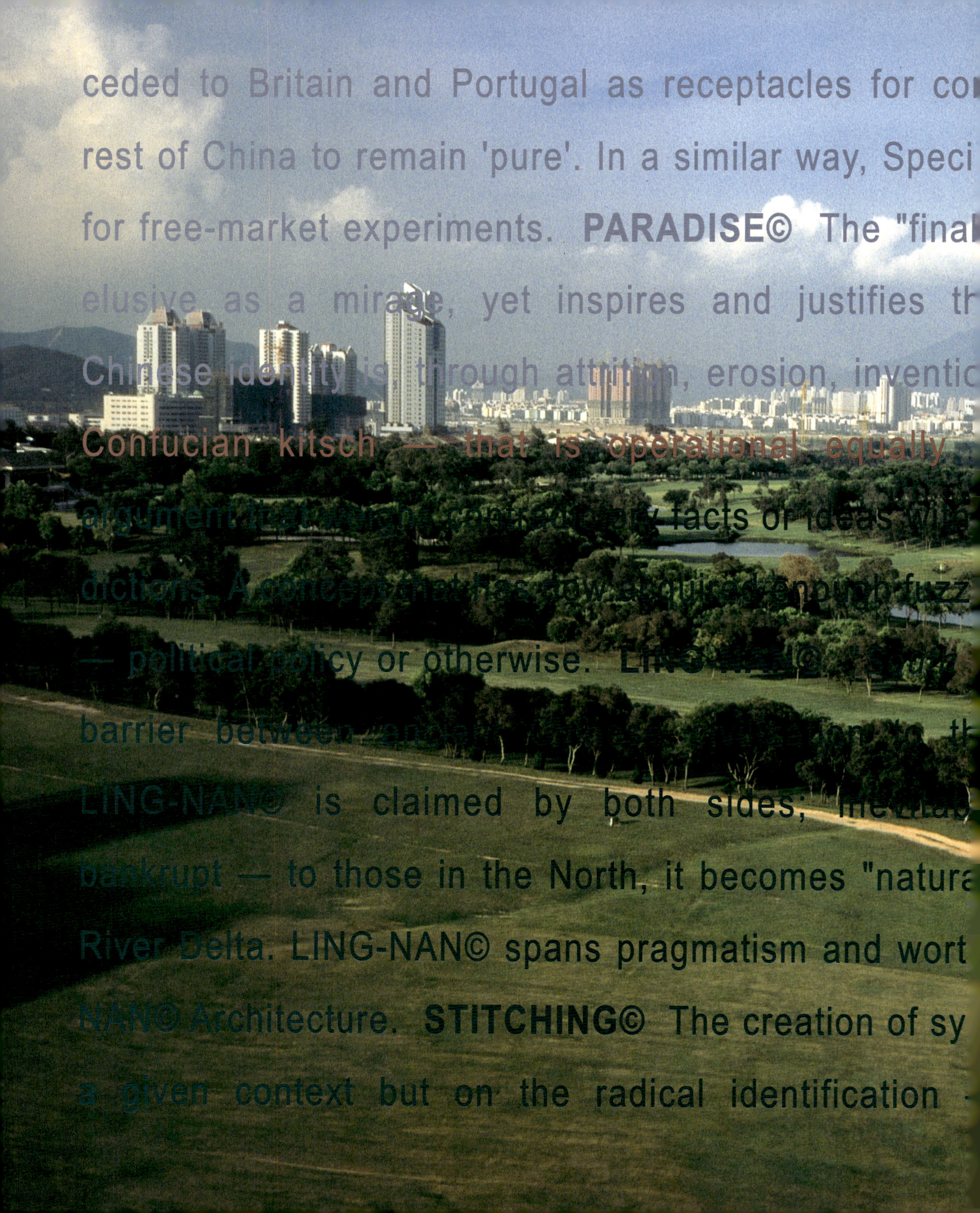

ceded to Britain and Portugal as receptacles for co
rest of China to remain 'pure'. In a similar way, Speci
for free-market experiments. **PARADISE©** The "final
elusive as a mirage, yet inspires and justifies th
Chinese identity is, through attrition, erosion, inventic
Confucian kitsch — that is operational equally
argument that weighs contradictory facts or ideas with
dictions. A concept that has now acquired enough fuzz
— political policy or otherwise. **LING-NAN©** "South
barrier between "ancient [illegible] to th
LING-NAN© is claimed by both sides; inevitab
bankrupt — to those in the North, it becomes "natura
River Delta. LING-NAN© spans pragmatism and wort
NAN© Architecture. **STITCHING©** The creation of sy
a given context but on the radical identification

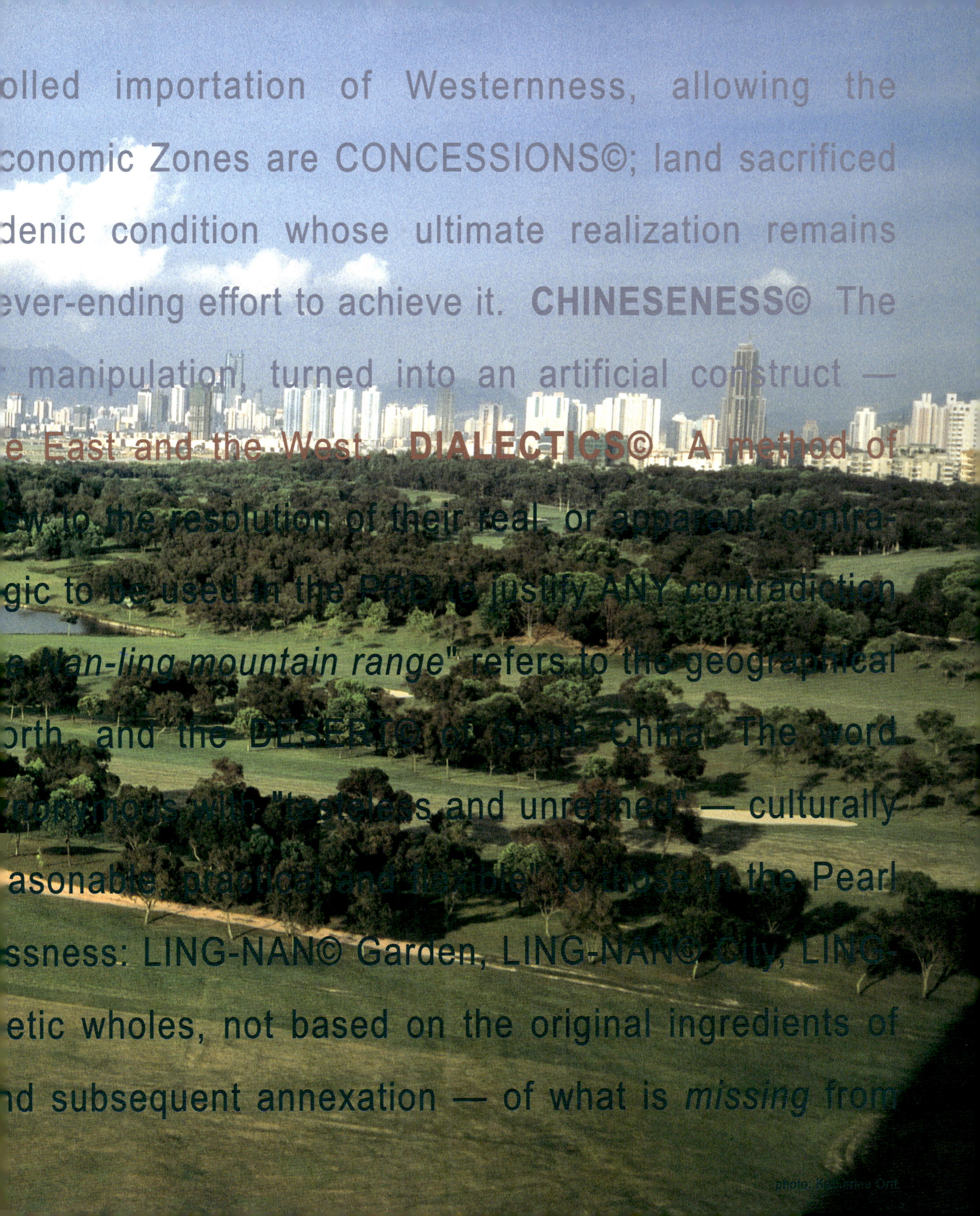

olled importation of Westernness, allowing the
conomic Zones are CONCESSIONS©; land sacrificed
denic condition whose ultimate realization remains
ever-ending effort to achieve it. **CHINESENESS©** The
manipulation, turned into an artificial construct —
e East and the West. **DIALECTICS©** A method of
ew to the resolution of their real, or apparent, contra-
gic to be used in the PRD to justify ANY contradiction
e Nan-ling mountain range" refers to the geographical
orth, and the DESERT© of South China. The word
nonymous with "tasteless and unrefined" — culturally
asonable, practical and flexible" to those in the Pearl
ssness: LING-NAN© Garden, LING-NAN© City, LING-
etic wholes, not based on the original ingredients of
nd subsequent annexation — of what is *missing* from

photo: Katherine Orff

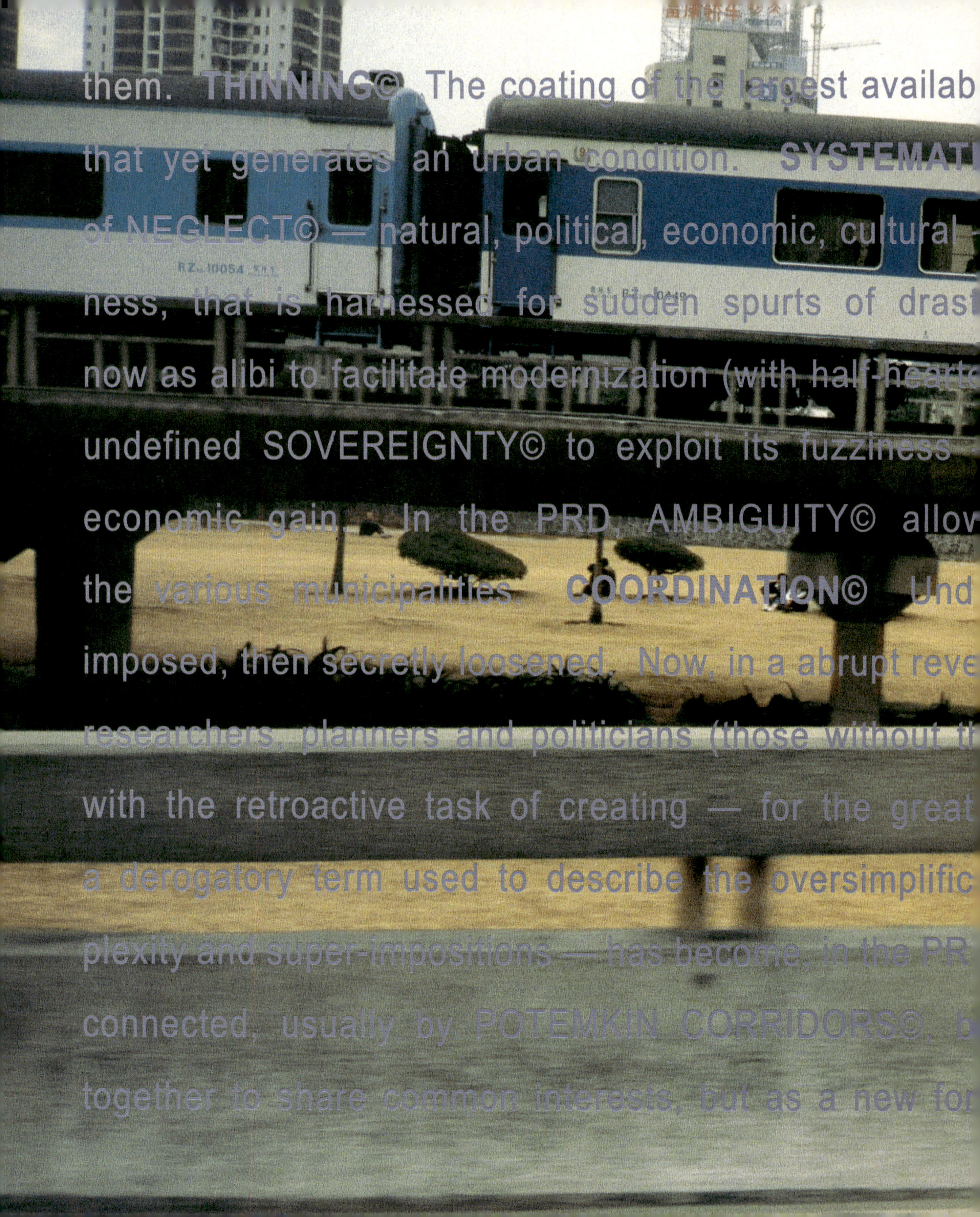

them. **THINNING©** The coating of the largest availab
that yet generates an urban condition. **SYSTEMATI**
of NEGLECT© — natural, political, economic, cultural
ness, that is harnessed for sudden spurts of drast
now as alibi to facilitate modernization (with half-hearte
undefined SOVEREIGNTY© to exploit its fuzziness
economic gain. In the PRD, AMBIGUITY© allov
the various municipalities. **COORDINATION©** Und
imposed, then secretly loosened. Now, in a abrupt reve
researchers, planners and politicians (those without th
with the retroactive task of creating — for the great
a derogatory term used to describe the oversimplific
plexity and super-impositions — has become, in the PR
connected, usually by POTEMKIN CORRIDORS©, b
together to share common interests, but as a new for

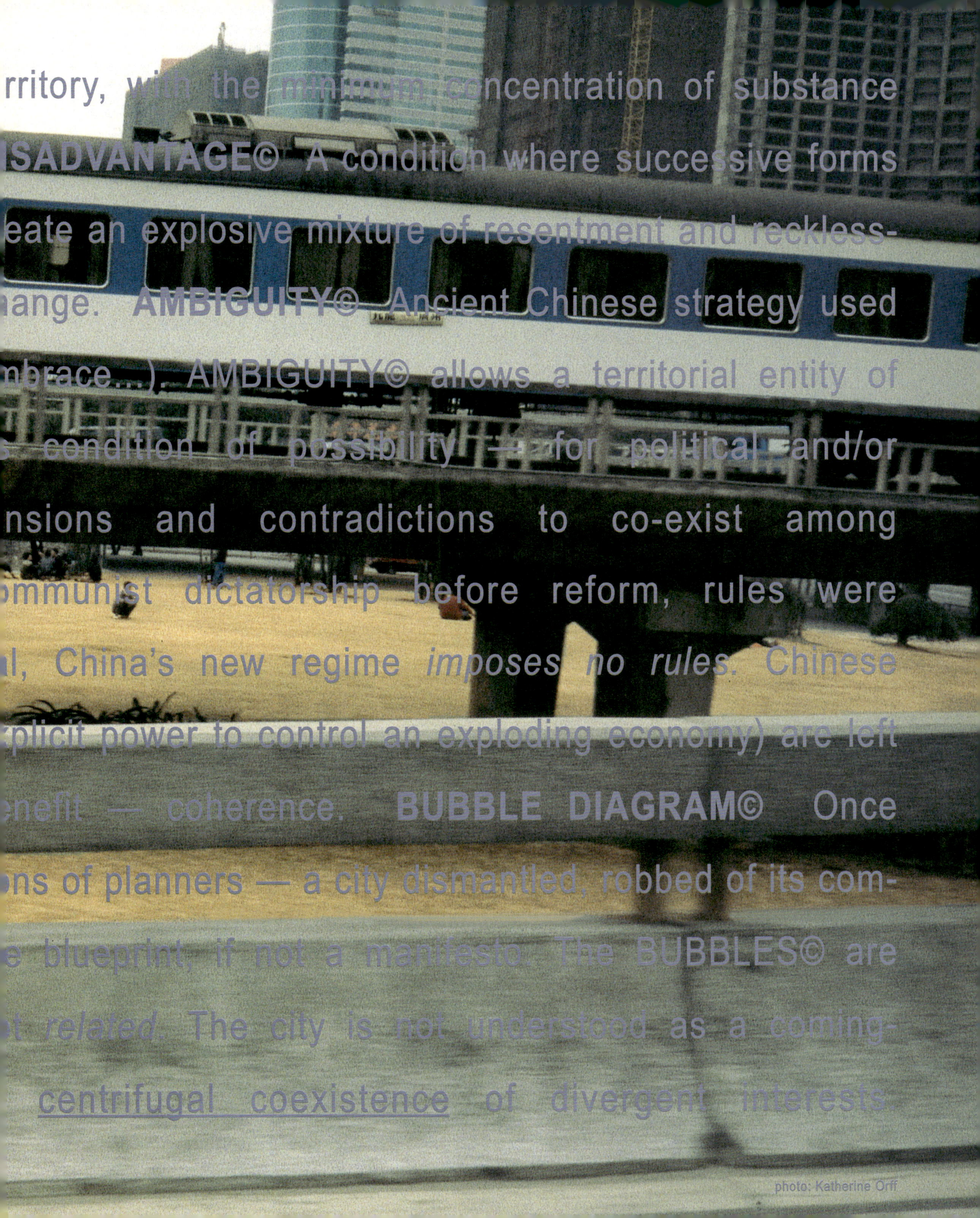

rritory, with the minimum concentration of substance
ISADVANTAGE© A condition where successive forms
eate an explosive mixture of resentment and reckless-
ange. **AMBIGUITY©** Ancient Chinese strategy used
mbrace...). AMBIGUITY© allows a territorial entity of
s condition of possibility — for political and/or
nsions and contradictions to co-exist among
ommunist dictatorship before reform, rules were
l, China's new regime *imposes no rules*. Chinese
xplicit power to control an exploding economy) are left
enefit — coherence. **BUBBLE DIAGRAM©** Once
ns of planners — a city dismantled, robbed of its com-
e blueprint, if not a manifesto. The BUBBLES© are
t *related*. The city is not understood as a coming-
centrifugal coexistence of divergent interests.

photo: Katherine Orff

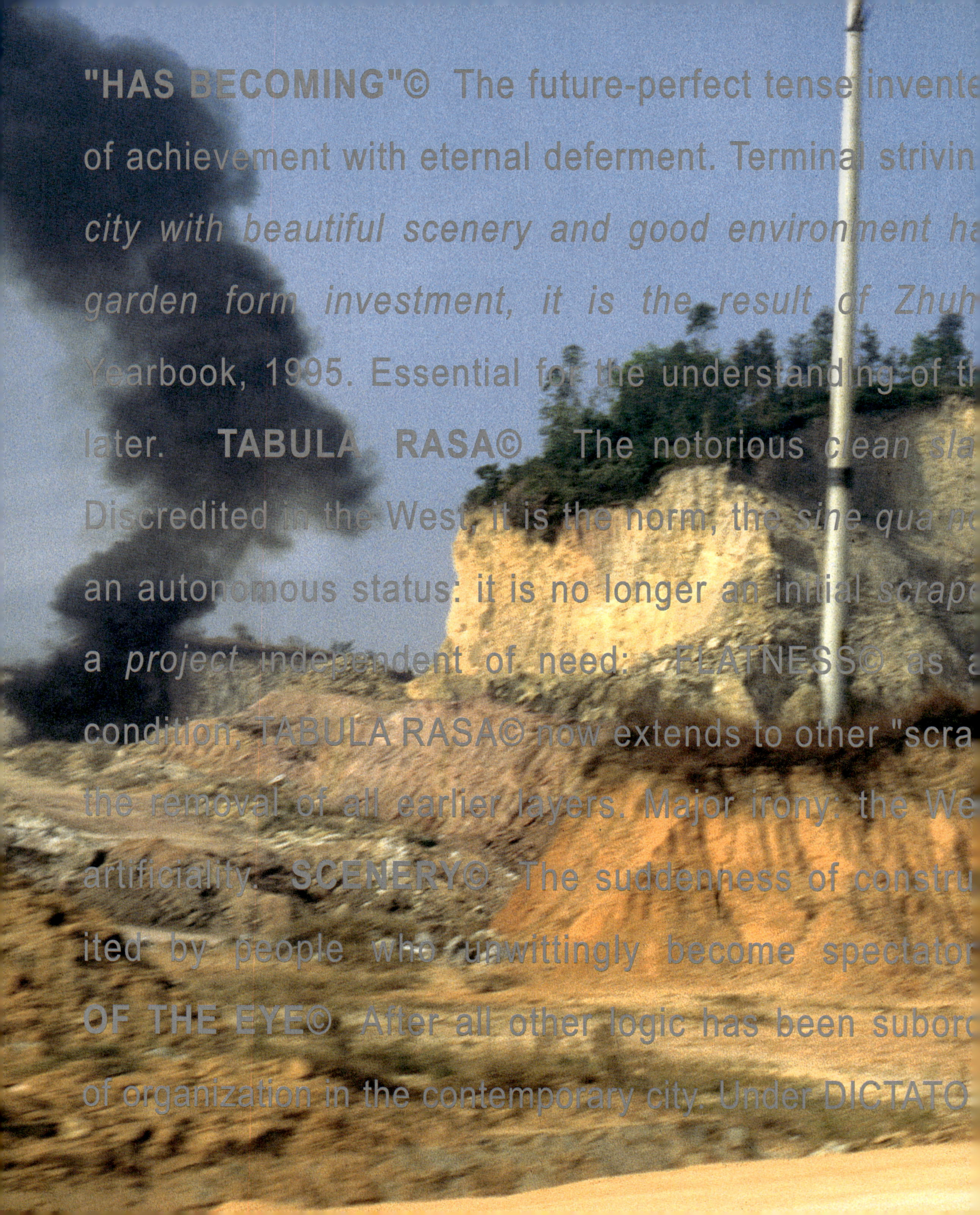

"HAS BECOMING"© The future-perfect tense invente
of achievement with eternal deferment. Terminal strivin
city with beautiful scenery and good environment ha
garden form investment, it is the result of Zhuh
Yearbook, 1995. Essential for the understanding of th
later. **TABULA RASA©** The notorious *clean sla*
Discredited in the West, it is the norm, the *sine qua no*
an autonomous status: it is no longer an initial *scrape*
a *project* independent of need: **FLATNESS©** as a
condition, TABULA RASA© now extends to other "scra
the removal of all earlier layers. Major irony: the We
artificiality. **SCENERY©** The suddenness of constru
ited by people who unwittingly become spectator
OF THE EYE© After all other logic has been subord
of organization in the contemporary city. Under DICTATO

the Pearl River Delta that combines the immediacy
5 years work, is a hard work for pioneering. Zhuhai
ecoming a famous scenic spot for tourism and a
eople's wisdom and couragement." from Rising, Zhuhai
sian condition: there is now no now there, only
at was the underlying myth of Modernist planning.
the East. In the PRD TABULA RASA© has achieved
ndition on which a new condition is projected, but
fordable platonic luxury. Initially applied to a physical
gs" where political or cultural regimes have sponsored
w pursues *folded authenticity*, the East FLATTENED©
n in the PRD turns landscape into a backdrop inhab-
ublic space under DICTATORSHIP©. **DICTATORSHIP**
ated, the VISUAL provides the dominant system
HIP©, objects coexist, and are understood (or not) in

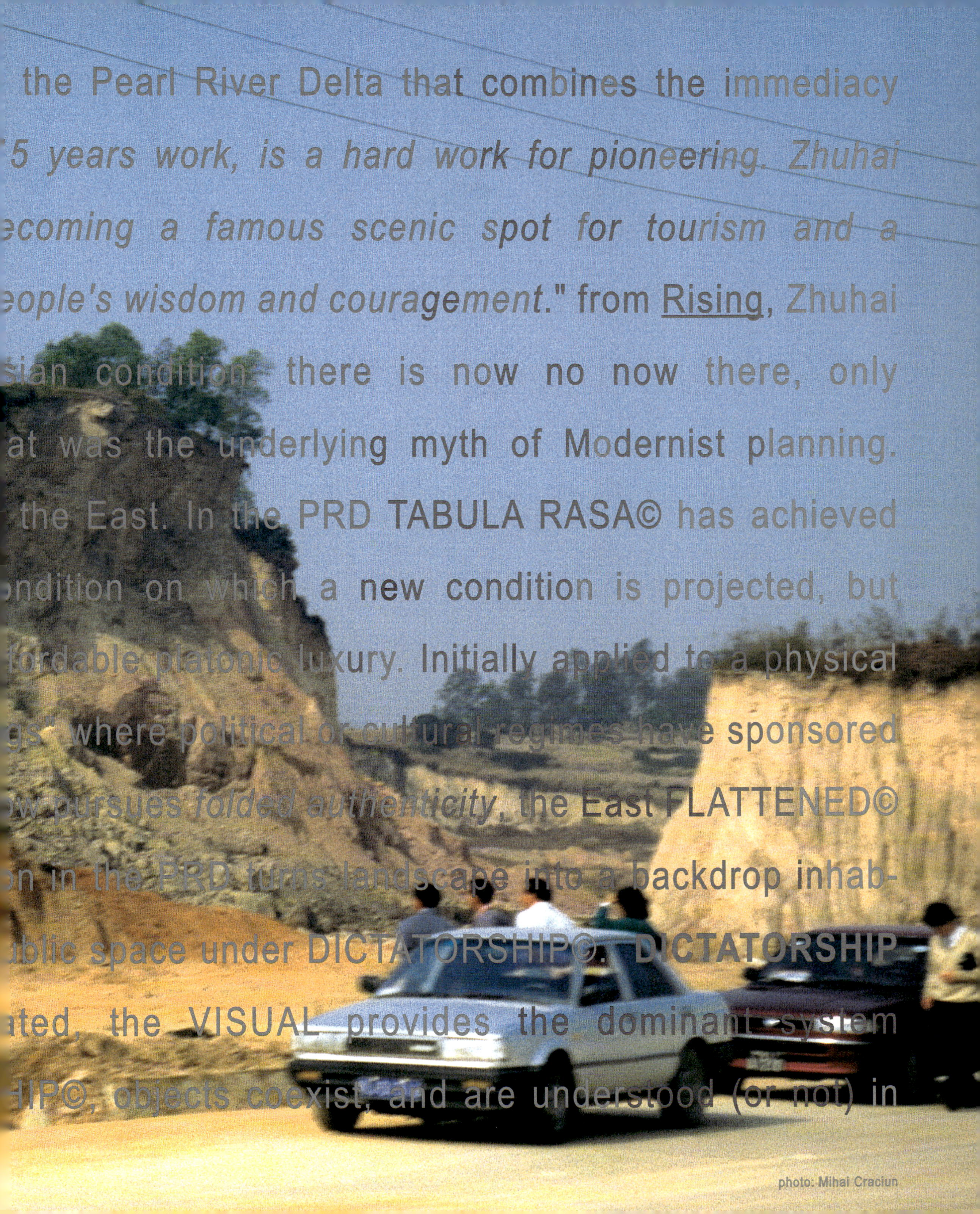

photo: Mihai Craciun

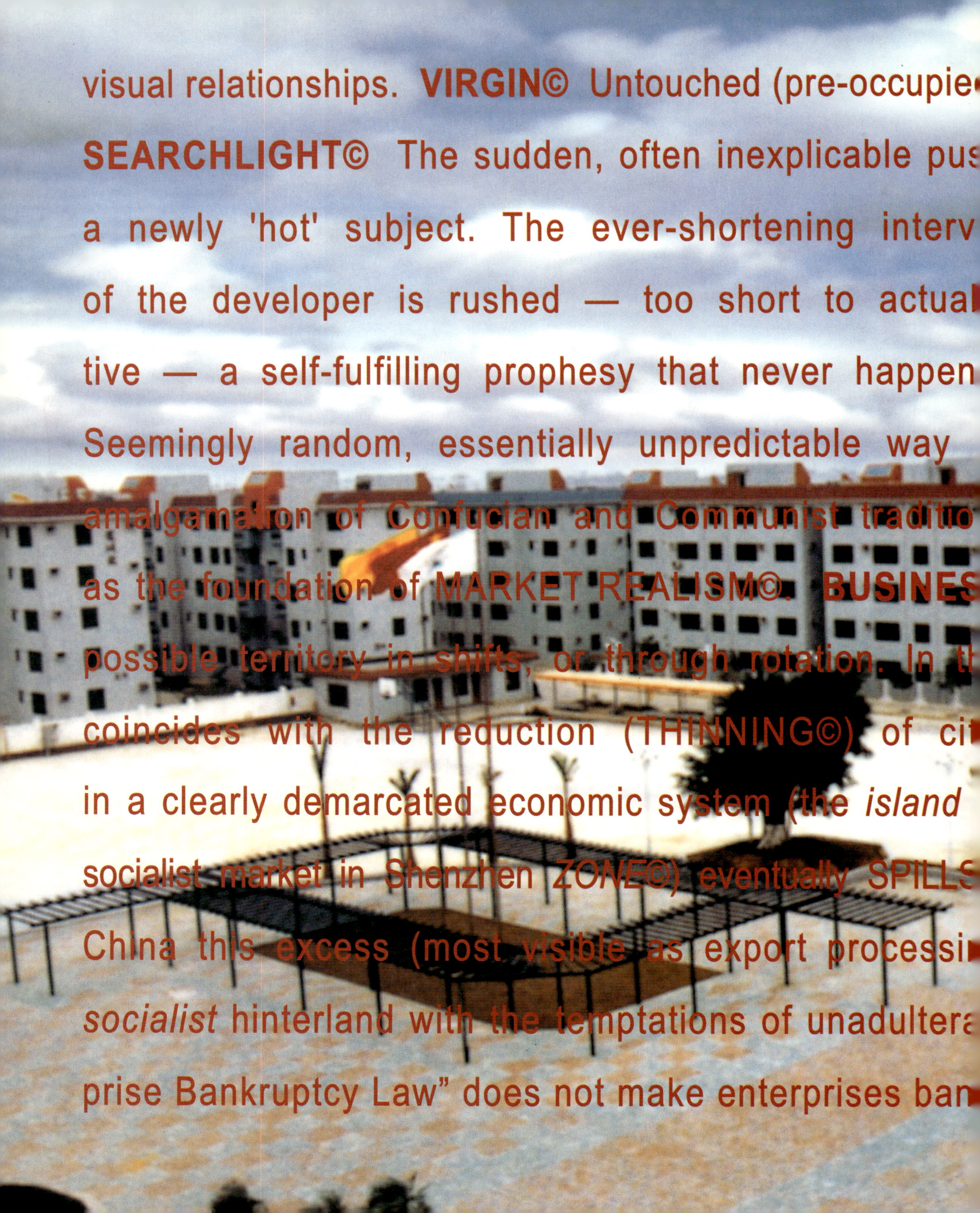

visual relationships. **VIRGIN©** Untouched (pre-occupie
SEARCHLIGHT© The sudden, often inexplicable pus
a newly 'hot' subject. The ever-shortening interv
of the developer is rushed — too short to actual
tive — a self-fulfilling prophesy that never happen
Seemingly random, essentially unpredictable way
amalgamation of Confucian and Communist traditio
as the foundation of MARKET REALISM©. **BUSINES**
possible territory in shifts, or through rotation. In th
coincides with the reduction (THINNING©) of ci
in a clearly demarcated economic system (the *island*
socialist market in Shenzhen ZONE©) eventually SPILLS
China this excess (most visible as export processi
socialist hinterland with the temptations of unadultera
prise Bankruptcy Law" does not make enterprises ban

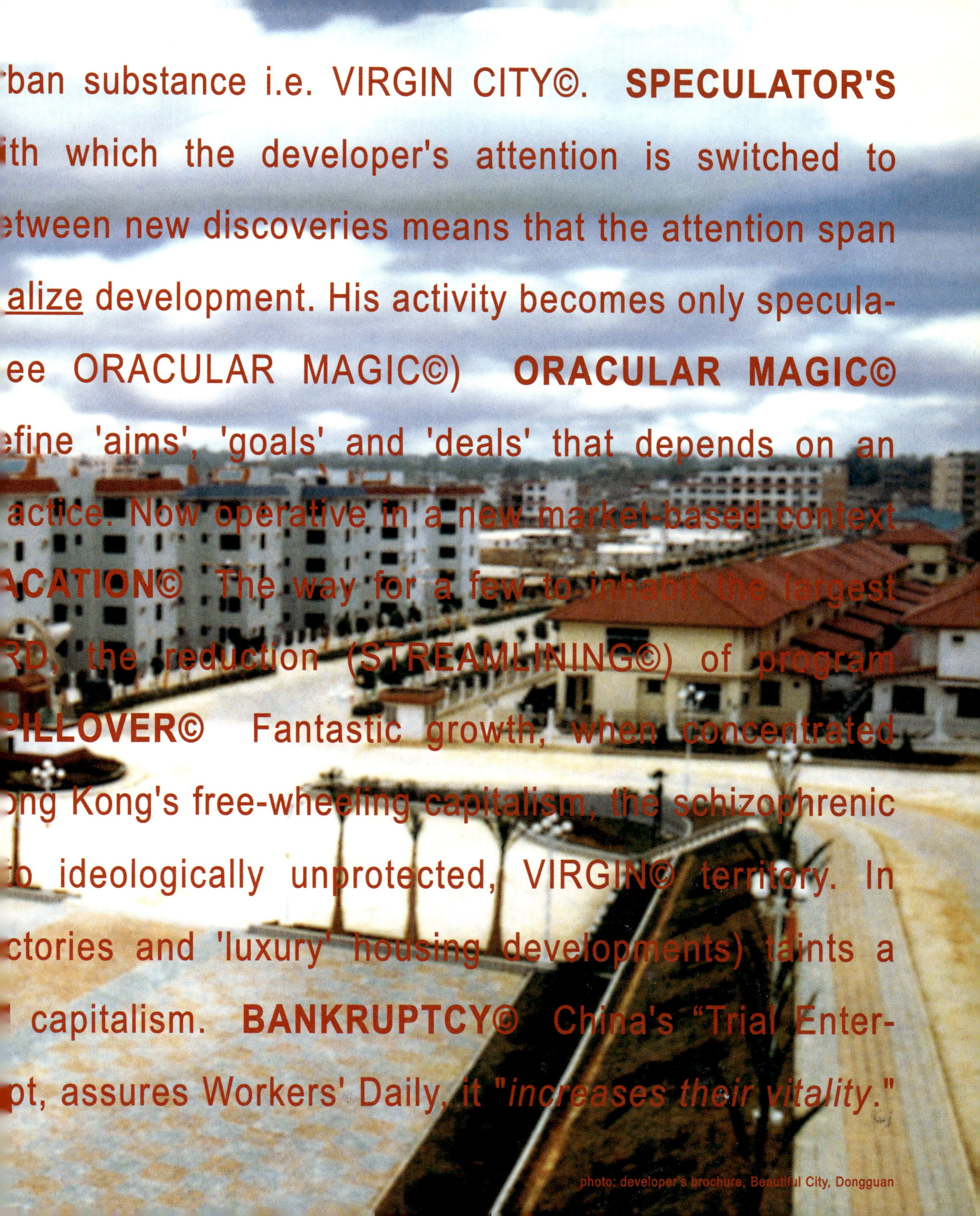

ban substance i.e. VIRGIN CITY©. **SPECULATOR'S**
ith which the developer's attention is switched to
etween new discoveries means that the attention span
alize development. His activity becomes only specula-
ee ORACULAR MAGIC©) **ORACULAR MAGIC©**
efine 'aims', 'goals' and 'deals' that depends on an
actice. Now operative in a new market-based context
ACATION© The way for a few to inhabit the largest
RD, the reduction (STREAMLINING©) of program
PILLOVER© Fantastic growth, when concentrated
ong Kong's free-wheeling capitalism, the schizophrenic
o ideologically unprotected, VIRGIN© territory. In
ctories and 'luxury' housing developments) taints a
capitalism. **BANKRUPTCY©** China's "Trial Enter-
pt, assures Workers' Daily, it "*increases their vitality*."

photo: developer's brochure, Beautiful City, Dongguan

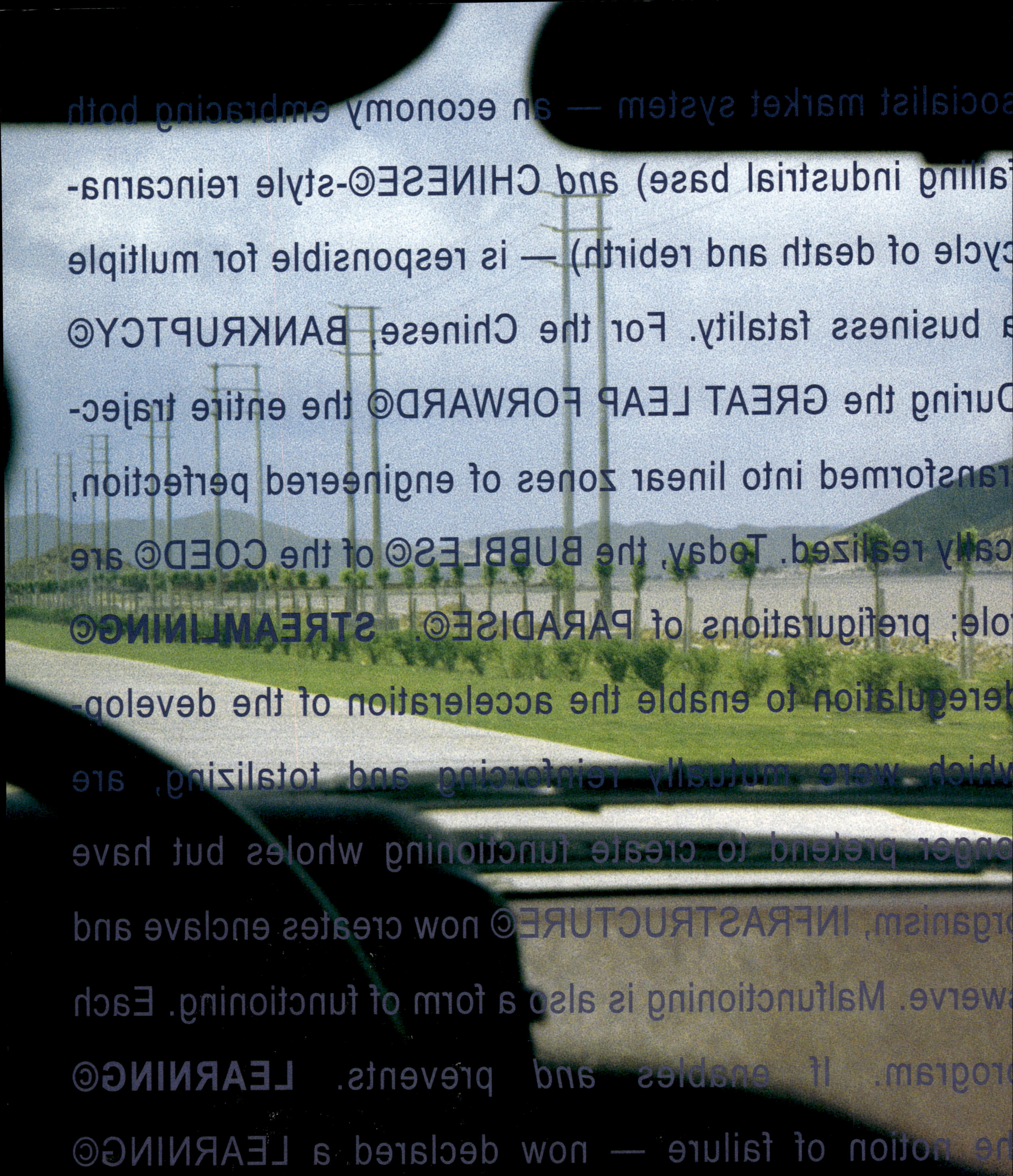

socialist market system — an economy embracing both
failing industrial base) and CHINESE©-style reincarna-
cycle of death and rebirth) — is responsible for multiple
a business fatality. For the Chinese, BANKRUPTCY©
During the GREAT LEAP FORWARD© the entire trajec-
transformed into linear zones of engineered perfection,
cally realized. Today, the BUBBLES© of the COED© are
role; prefigurations of PARADISE©. **STREAMLINING©**
deregulation to enable the acceleration of the develop-
which were mutually reinforcing and totalizing, are
longer pretend to create functioning wholes but have
organism, INFRASTRUCTURE© now creates enclave and
swerve. Malfunctioning is also a form of functioning. Each
program. It enables and prevents. **LEARNING©**
the notion of failure — now declared a LEARNING©

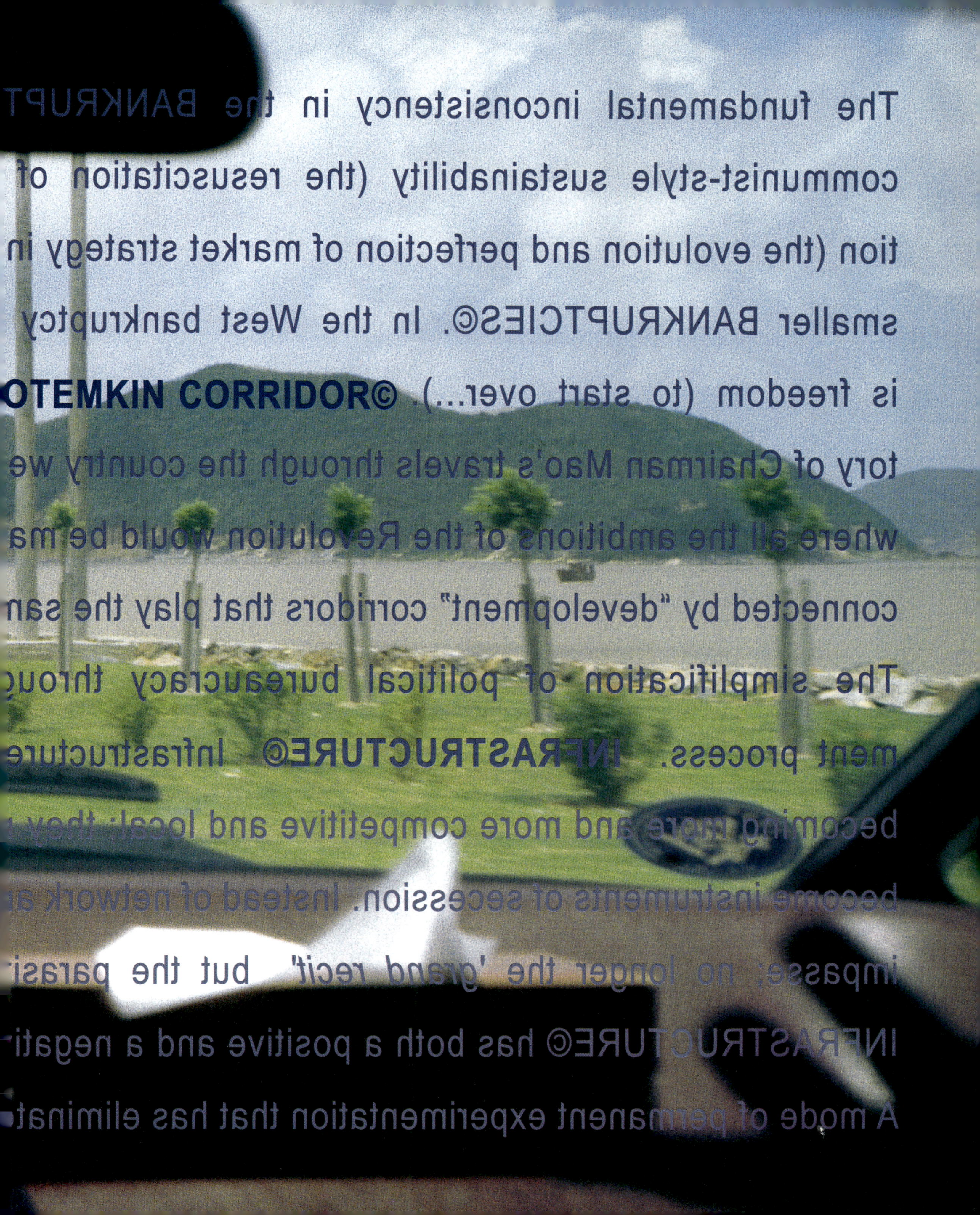
The fundamental inconsistency in the BANKRUPT
communist-style sustainability (the resuscitation of
tion (the evolution and perfection of market strategy in
smaller BANKRUPTCIES©. In the West bankruptcy
is freedom (to start over...). OTEMKIN CORRIDOR©
tory of Chairman Mao's travels through the country we
where all the ambitions of the Revolution would be ma
connected by "development" corridors that play the san
The simplification of political bureaucracy throug
ment process. INFRASTRUCTURE© Infrastructure
becoming more and more competitive and local; they
become instruments of secession. Instead of network a
impasse; no longer the 'grand recit' but the parasi
INFRASTRUCTURE© has both a positive and a negati
A mode of permanent experimentation that has eliminat

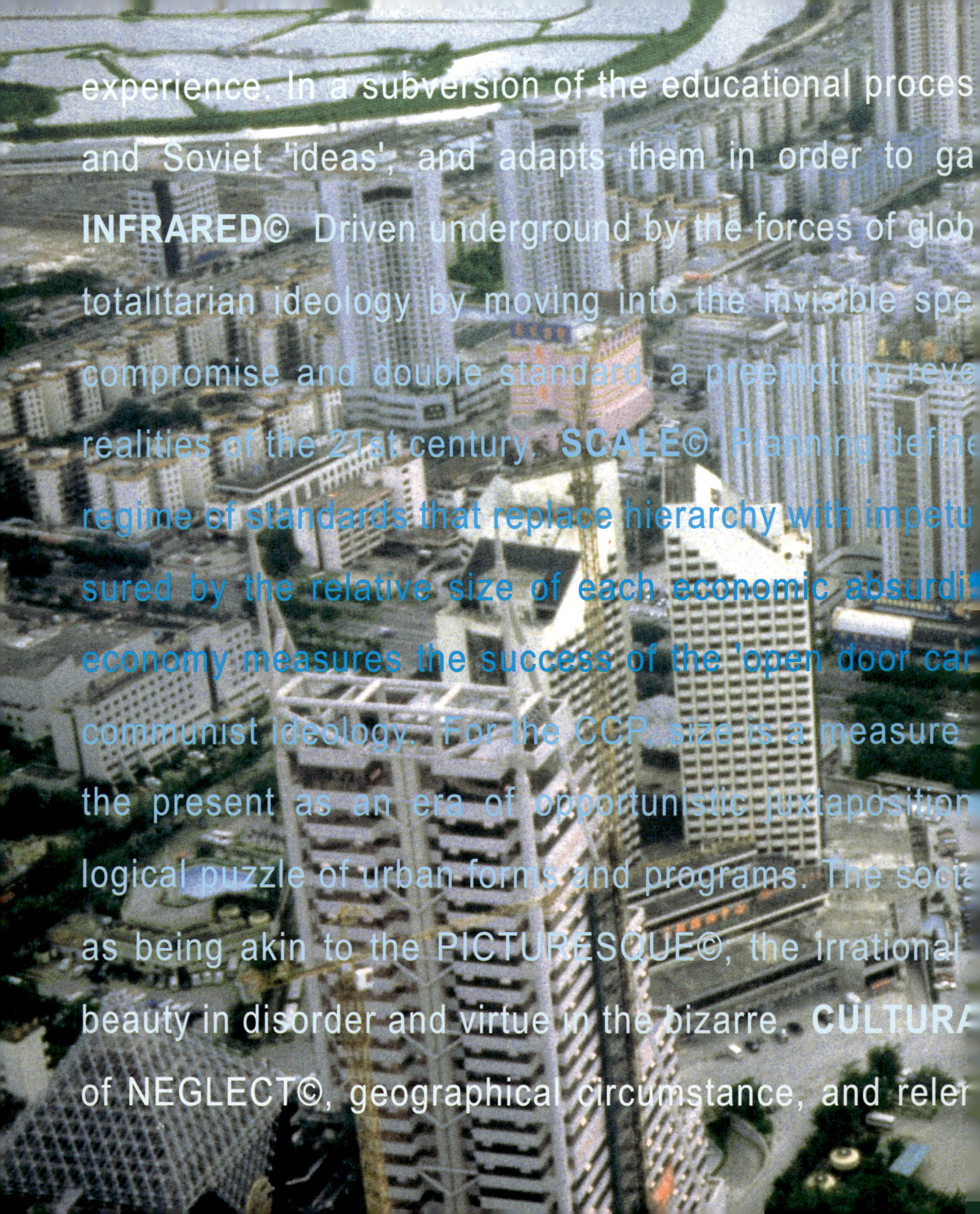

experience. In a subversion of the educational proces
and Soviet 'ideas', and adapts them in order to ga
INFRARED© Driven underground by the forces of glob
totalitarian ideology by moving into the invisible spe
compromise and double standard, a preemptory reve
realities of the 21st century. **SCALE©** Planning define
regime of standards that replace hierarchy with impetu
sured by the relative size of each economic absurdi
economy measures the success of the 'open door car
communist ideology. For the CCP, size is a measure
the present as an era of opportunistic juxtaposition
logical puzzle of urban forms and programs. The socia
as being akin to the PICTURESQUE©; the irrational
beauty in disorder and virtue in the bizarre. **CULTURA**
of NEGLECT©, geographical circumstance, and reler

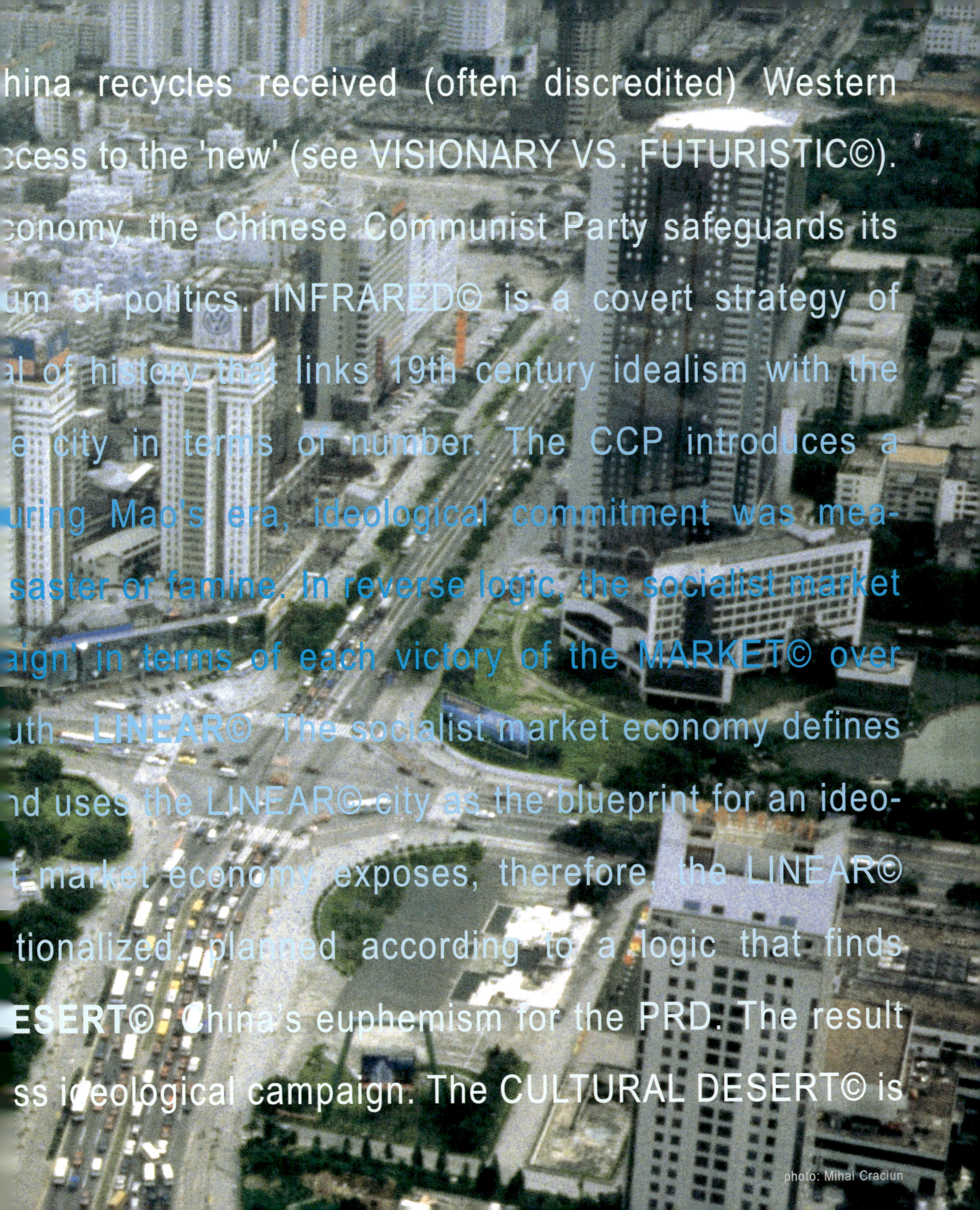

hina recycles received (often discredited) Western
ccess to the 'new' (see VISIONARY VS. FUTURISTIC©).
conomy, the Chinese Communist Party safeguards its
um of politics. INFRARED© is a covert strategy of
al of history that links 19th century idealism with the
e city in terms of number. The CCP introduces a
uring Mao's era, ideological commitment was mea-
saster or famine. In reverse logic, the socialist market
aign' in terms of each victory of the MARKET© over
uth. **LINEAR©** The socialist market economy defines
nd uses the LINEAR© city as the blueprint for an ideo-
t market economy exposes, therefore, the LINEAR©
tionalized, planned according to a logic that finds
ESERT©: China's euphemism for the PRD. The result
ss ideological campaign. The CULTURAL DESERT© is

photo: Mihai Craciun

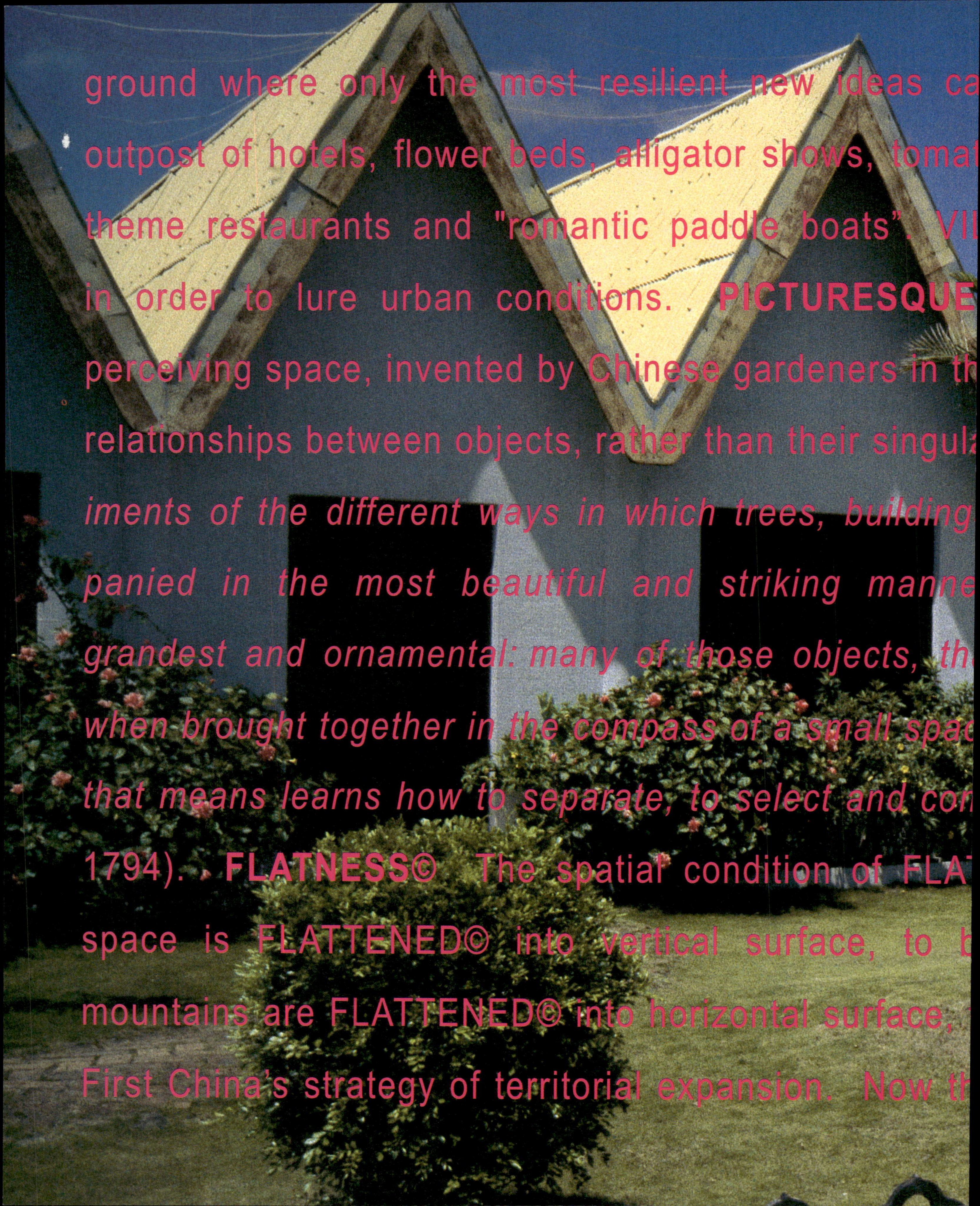

ground where only the most resilient new ideas ca
outpost of hotels, flower beds, alligator shows, tomat
theme restaurants and "romantic paddle boats". VII
in order to lure urban conditions. **PICTURESQUE**
perceiving space, invented by Chinese gardeners in th
relationships between objects, rather than their singula
iments of the different ways in which trees, building
panied in the most beautiful and striking manne
grandest and ornamental: many of those objects, th
when brought together in the compass of a small spac
that means learns how to separate, to select and con
1794). **FLATNESS©** The spatial condition of FLAT
space is FLATTENED© into vertical surface, to b
mountains are FLATTENED© into horizontal surface,
First China's strategy of territorial expansion. Now th

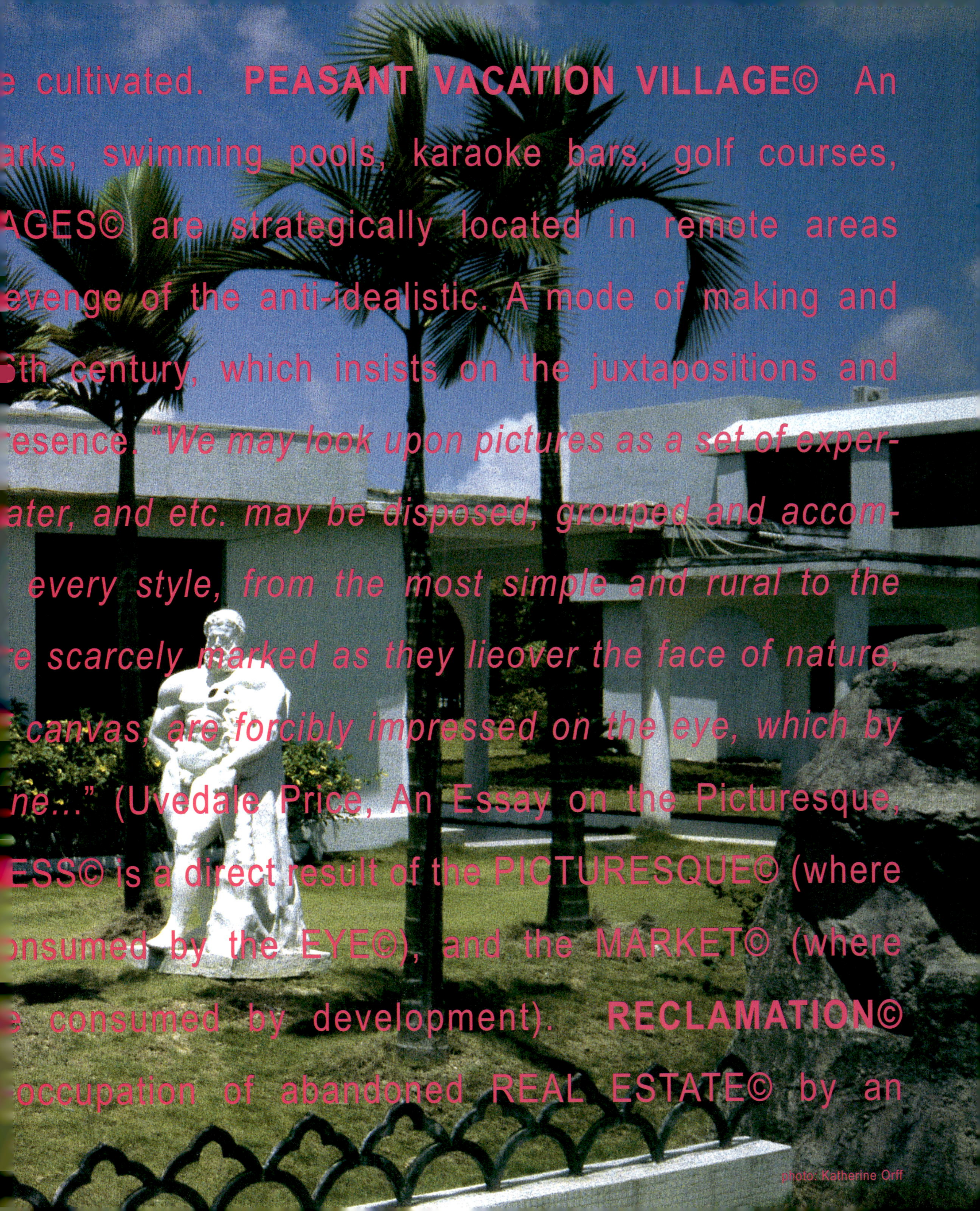

e cultivated. **PEASANT VACATION VILLAGE©** An
arks, swimming pools, karaoke bars, golf courses,
AGES© are strategically located in remote areas
evenge of the anti-idealistic. A mode of making and
5th century, which insists on the juxtapositions and
resence. *“We may look upon pictures as a set of exper-*
ater, and etc. may be disposed, grouped and accom-
every style, from the most simple and rural to the
e scarcely marked as they lieover the face of nature,
canvas, are forcibly impressed on the eye, which by
ne...” (Uvedale Price, An Essay on the Picturesque,
ESS© is a direct result of the PICTURESQUE© (where
onsumed by the EYE©), and the MARKET© (where
e consumed by development). **RECLAMATION©**
occupation of abandoned REAL ESTATE© by an

photo: Katherine Orff

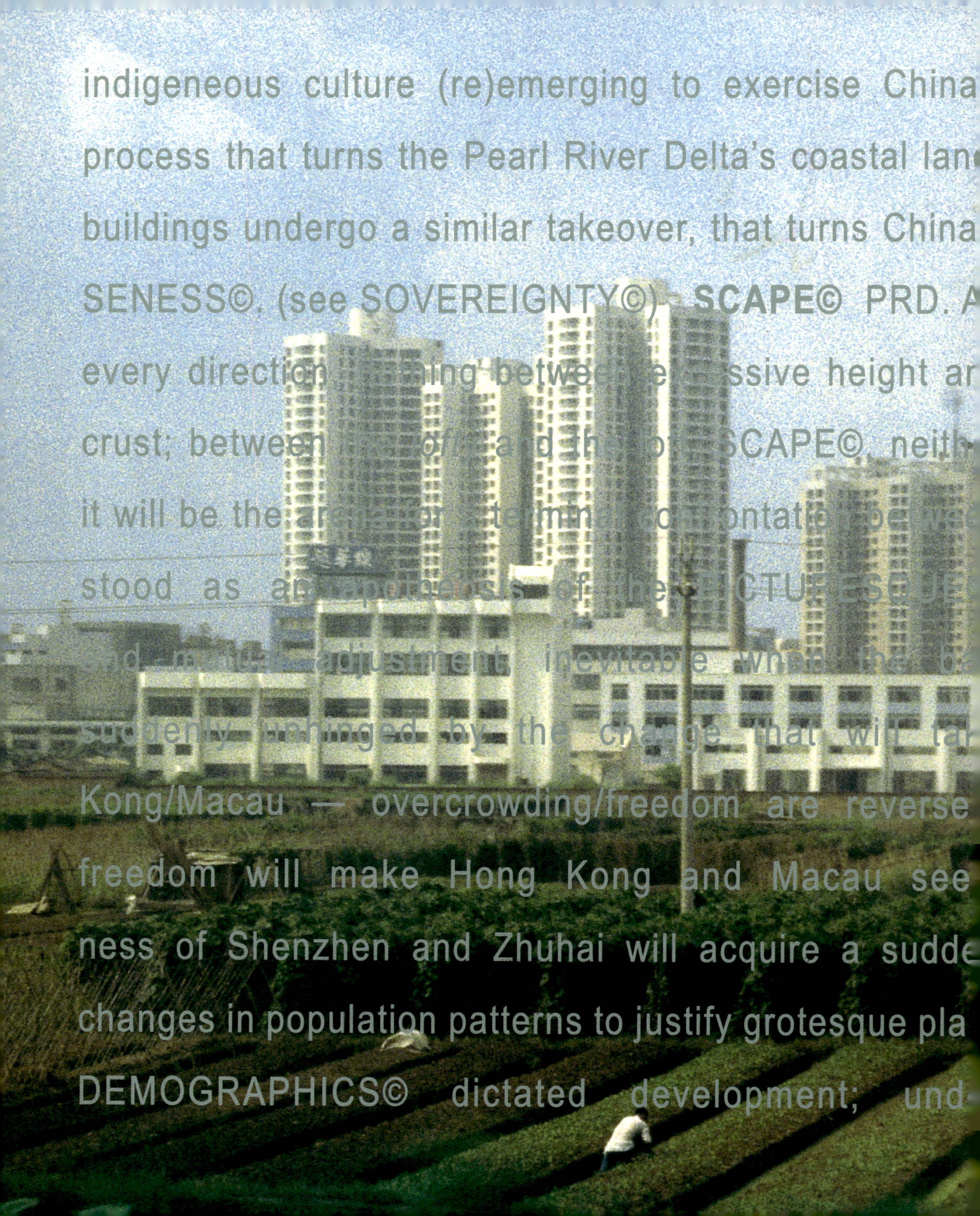

indigeneous culture (re)emerging to exercise China

process that turns the Pearl River Delta's coastal lan

buildings undergo a similar takeover, that turns China

SENESS©. (see SOVEREIGNTY©) **SCAPE©** PRD. A

every direction, lurching between excessive height ar

crust; between the *lofty* and the lowly SCAPE©, neith

it will be the arena for a terminal confrontation betwee

stood as an apotheosis of the PICTURESQUE

and mutual adjustment, inevitable when the ba

suddenly unhinged by the change that will tak

Kong/Macau — overcrowding/freedom are reverse

freedom will make Hong Kong and Macau see

ness of Shenzhen and Zhuhai will acquire a sudde

changes in population patterns to justify grotesque pla

DEMOGRAPHICS© dictated development; und

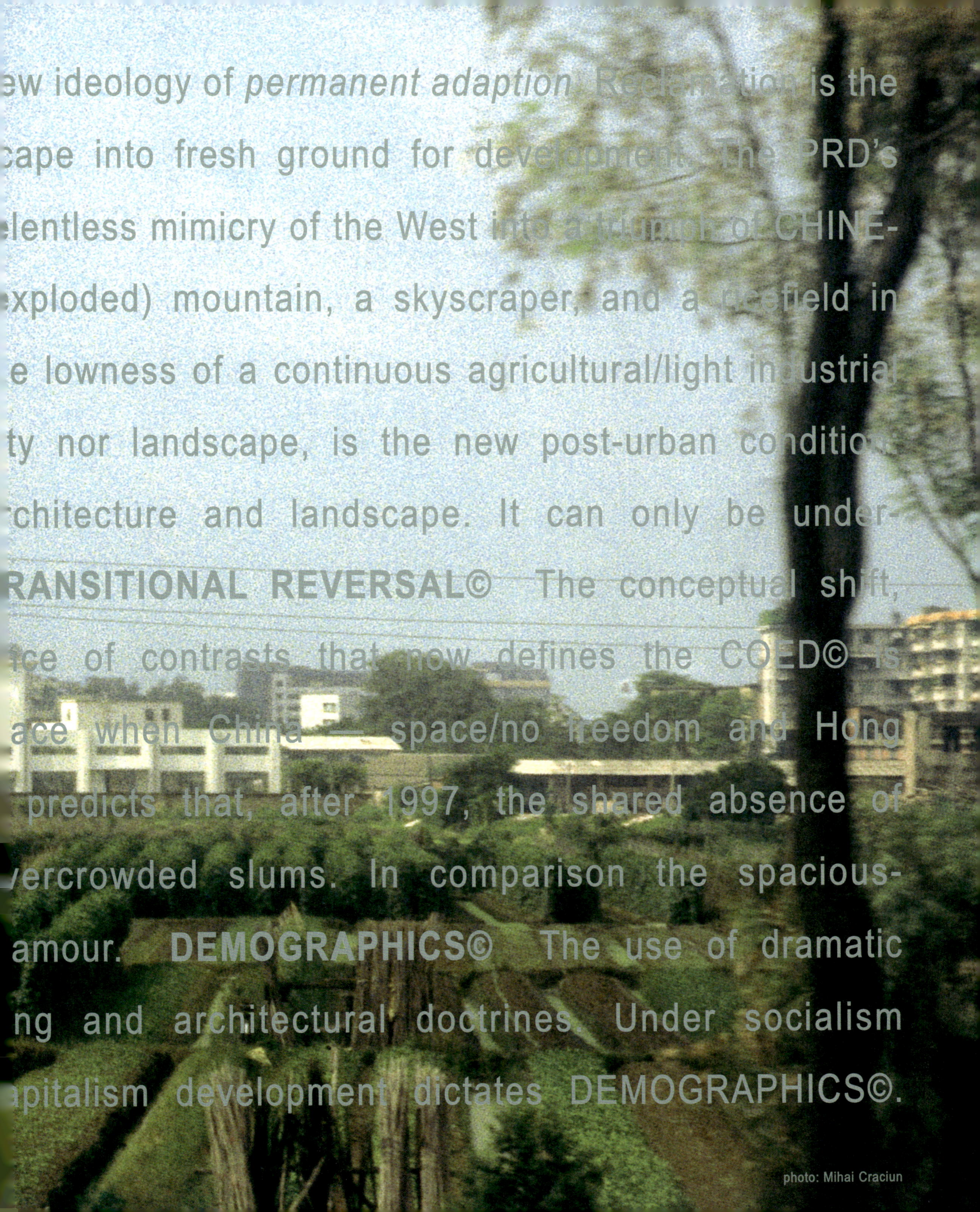

ew ideology of *permanent adaption*. Reclamation is the
cape into fresh ground for development. The PRD's
elentless mimicry of the West into a triumph of CHINE-
exploded) mountain, a skyscraper, and a ricefield in
e lowness of a continuous agricultural/light industrial
ty nor landscape, is the new post-urban condition
chitecture and landscape. It can only be under-
RANSITIONAL REVERSAL© The conceptual shift,
ce of contrasts that now defines the COED© is
ace when China — space/no freedom and Hong
predicts that, after 1997, the shared absence of
ercrowded slums. In comparison the spacious-
amour. **DEMOGRAPHICS©** The use of dramatic
ng and architectural doctrines. Under socialism
apitalism development dictates DEMOGRAPHICS©.

photo: Mihai Craciun

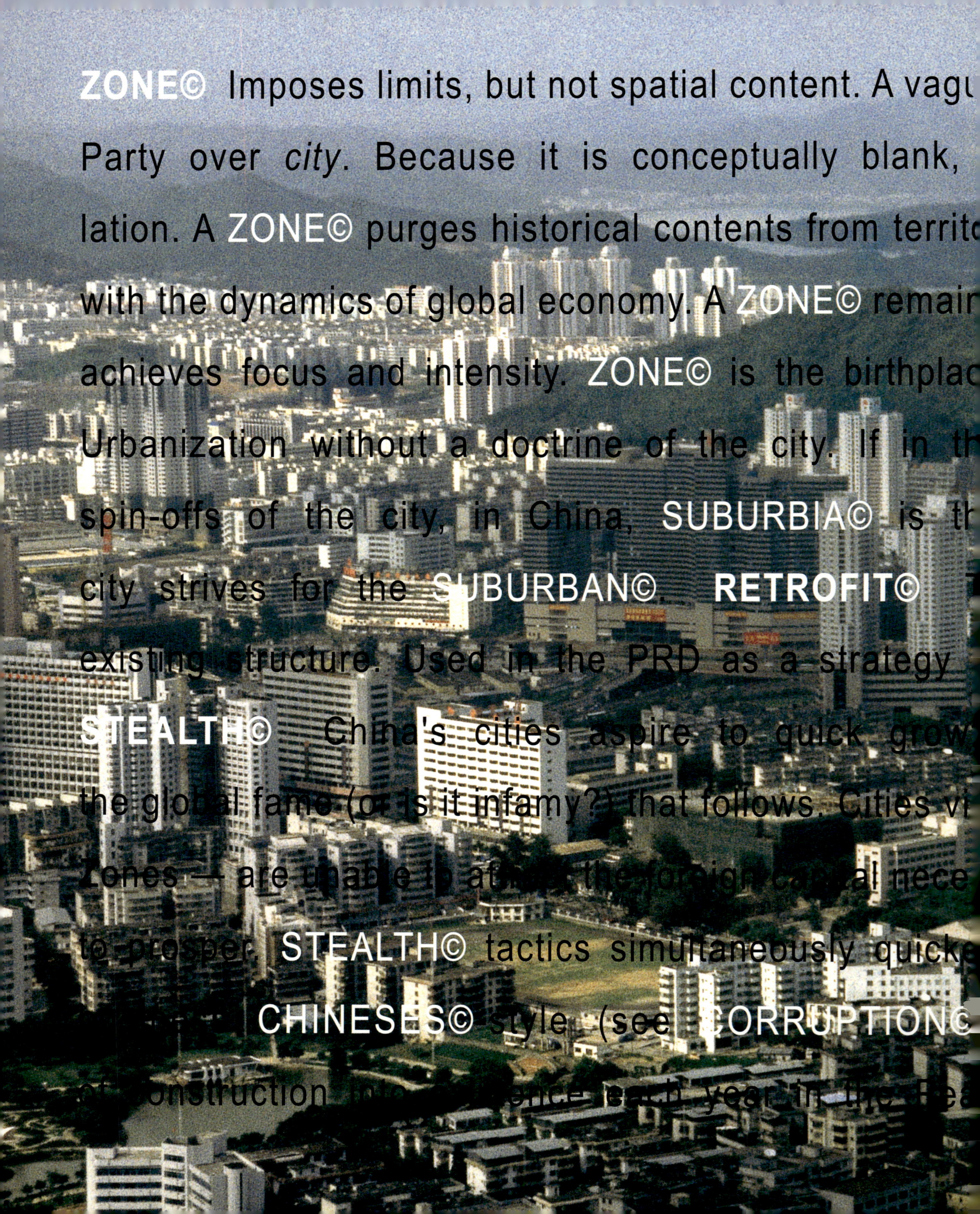

ZONE© Imposes limits, but not spatial content. A vagu Party over *city*. Because it is conceptually blank, lation. A ZONE© purges historical contents from territo with the dynamics of global economy. A ZONE© remain achieves focus and intensity. ZONE© is the birthplac Urbanization without a doctrine of the city. If in th spin-offs of the city, in China, SUBURBIA© is th city strives for the SUBURBAN©. **RETROFIT©** existing structure. Used in the PRD as a strategy

STEALTH© China's cities aspire to quick grow the global fame (or is it infamy?) that follows. Cities vi Zones — are unable to attract the foreign capital nece to prosper. STEALTH© tactics simultaneously quicke CHINESES© style (see CORRUPTION© of construction into existence each year in the Pea

rm, ZONE© is preferred by the Chinese Communist
ONE© is open to the impurities of ideological manipu-
es where they have been imposed, and replaces them
ogramatically unfulfilled; an urban condition that never
CHINESE SUBURBIA©. **CHINESE SUBURBIA©**
est, suburban is a derogatory term for unwelcome
ssence of urbanization. The newness of the Chinese
stall or fit an improvised device or system to repair an
pair anything — architecture, ideology, or politics.
rough modernization (see SHENZHEN SPEED©), and
nized by NEGLECT© — they aren't *Special* Economic
ry. They instead devise STEALTH© strategies in order
owth, and insure continued *invisibility*, thus facilitating
ORRUPTION©. Eases thousands of square kilometers
er Delta. Asian business practice never acknowl-

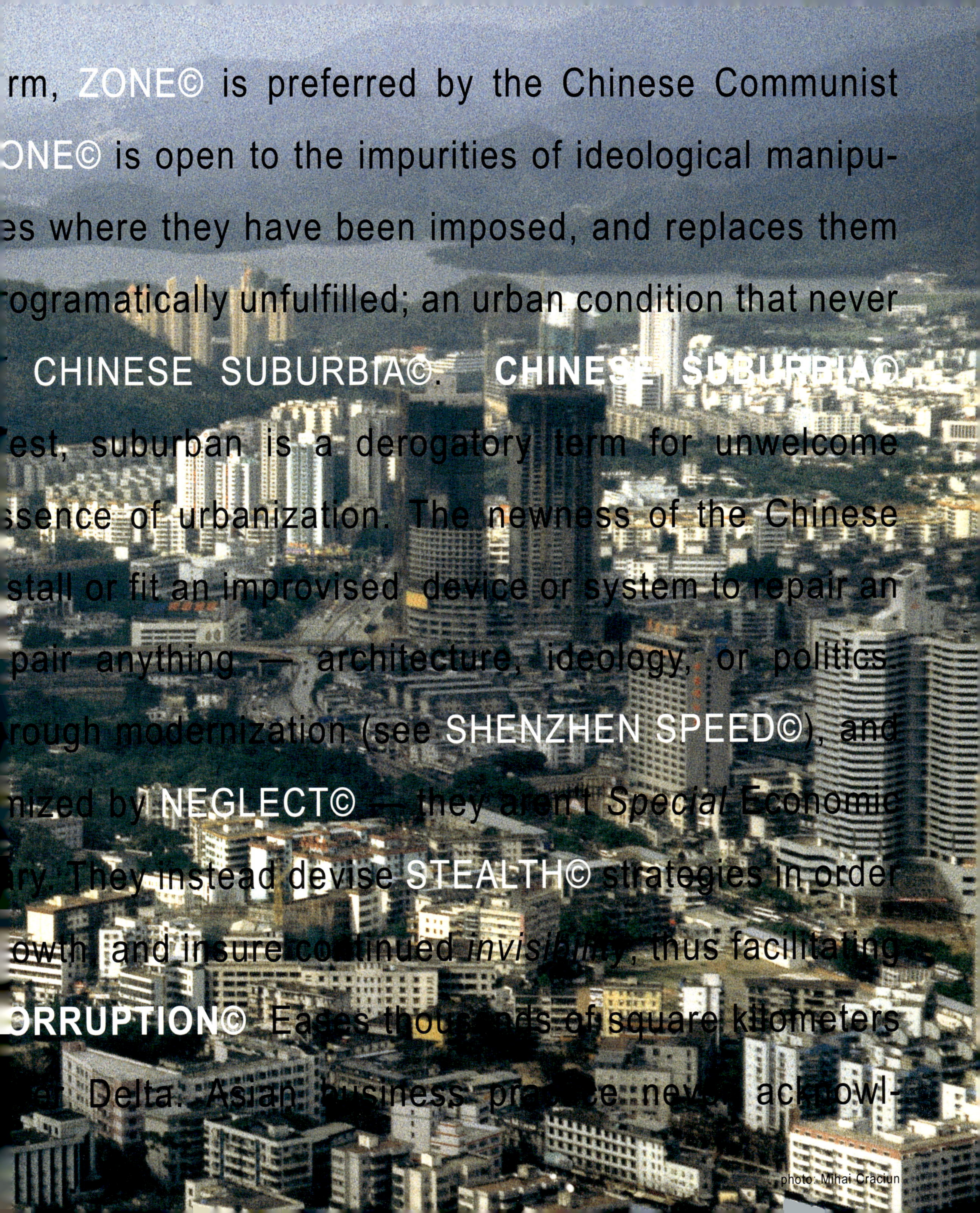

photo: Mihai Craciun

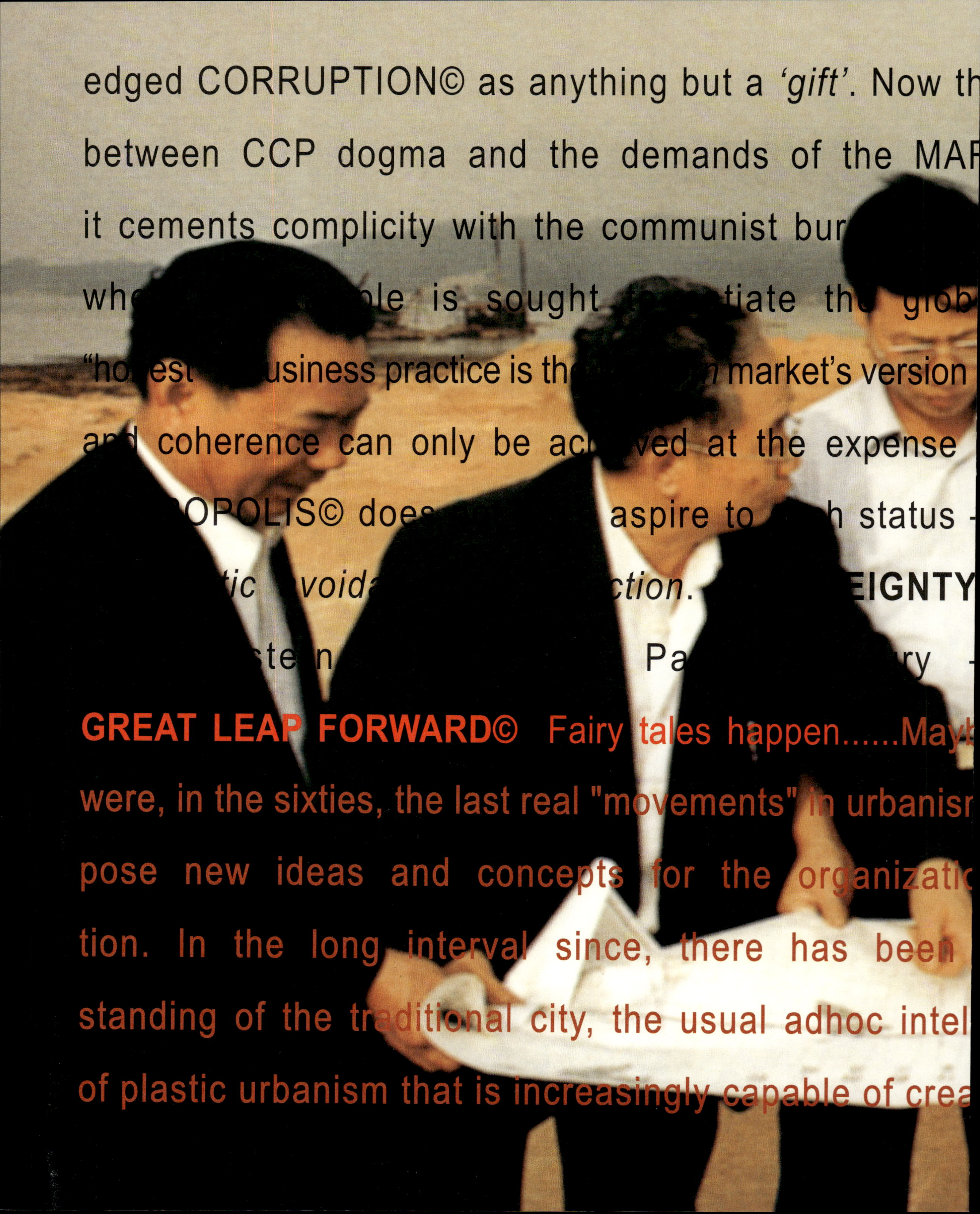

edged CORRUPTION© as anything but a *'gift'*. Now th

between CCP dogma and the demands of the MAR

it cements complicity with the communist bur

wh ple is sought tiate th glob

"ho est usiness practice is th n market's version

a d coherence can only be ac ved at the expense

OPOLIS© does aspire to h status

tic voida ction. **EIGNTY**

ste n Pa ry

GREAT LEAP FORWARD© Fairy tales happen......Mayb

were, in the sixties, the last real "movements" in urbanisr

pose new ideas and concepts for the organizatio

tion. In the long interval since, there has been

standing of the traditional city, the usual adhoc intel

of plastic urbanism that is increasingly capable of crea

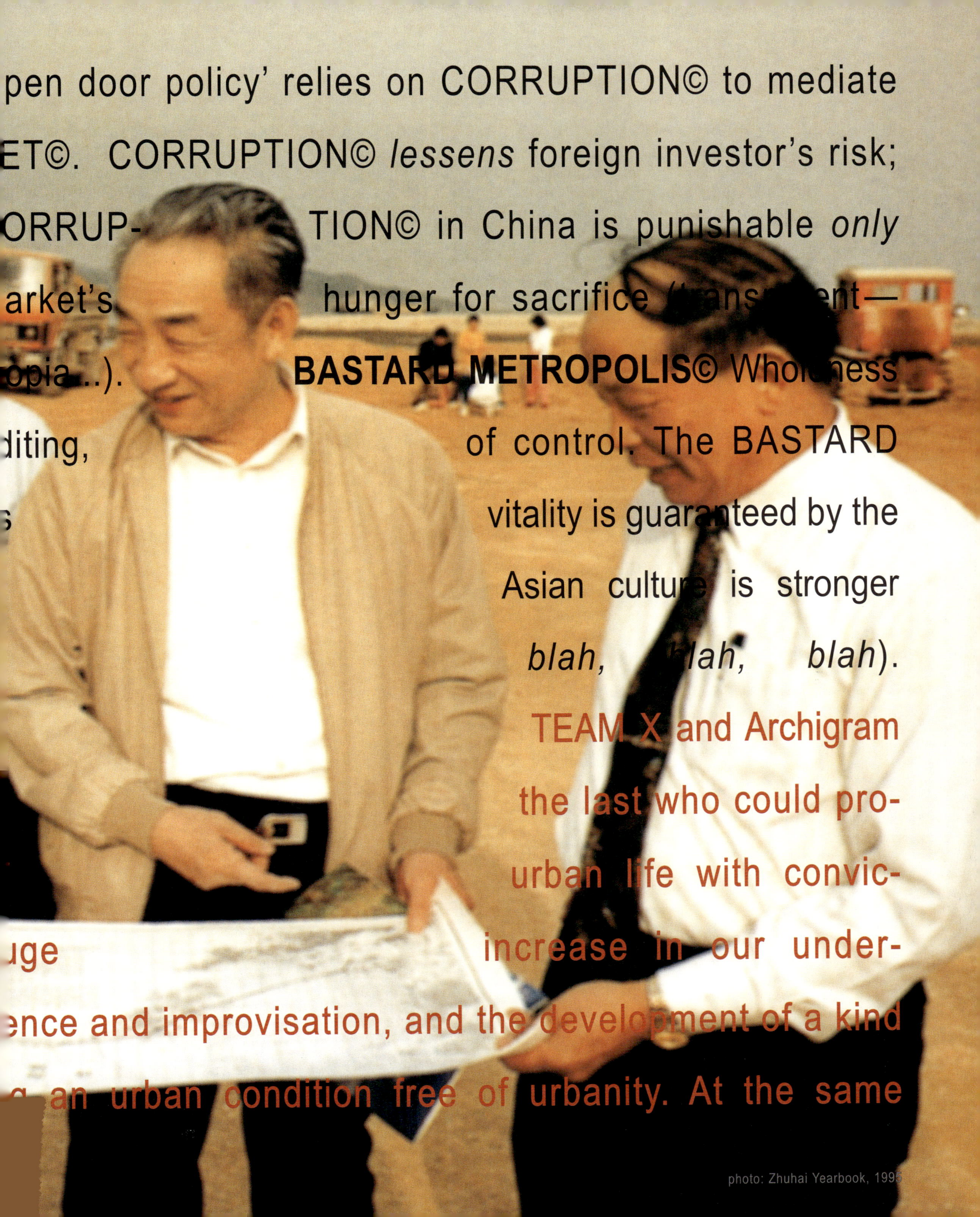

pen door policy' relies on CORRUPTION© to mediate
ET©. CORRUPTION© *lessens* foreign investor's risk;
ORRUP- TION© in China is punishable *only*
arket's hunger for sacrifice (transparent—
opia...). **BASTARD METROPOLIS©** Wholeness
diting, of control. The BASTARD
s vitality is guaranteed by the
Asian culture is stronger
blah, *blah*, *blah*).
TEAM X and Archigram
the last who could pro-
urban life with convic-
uge increase in our under-
ence and improvisation, and the development of a kind
an urban condition free of urbanity. At the same

photo: Zhuhai Yearbook, 1995

time, Asia has been in the grip of a relentless process of building, on a scale that has probably never happened before. A maelstrom of modernization is destroying, everywhere, existing Asian conditions and creating everywhere, completely new urban substance.The absence, on the one hand, of plausible, universal doctrines, and the presence on the other, of an unprecedented intensity of new production, create a unique wrenching condition: the urban condition seems to be least understood at the moment of its very apotheosis. The result is a theoretical, critical and operational impasse that forces both academia and practice into postures of either confidence, or indifference.In fact, an entire discipline does not possess an adequate terminology to discuss the most pertinent, most crucial phenomena that occur within its domain, no conceptual framework to describe, interpret and understand exactly those forces that could help to redefine and revitalize it. The field is abandoned to "events" that are considered indescribable, or the creation of a synthetic idyll in memory of the city. There is nothing left between Chaos and Celebration.

The PEARL RIVER DELTA project is based on field work: it consists of a series of interrelated studies that, together, attempt to give an initial overview of the emerging urban condition(s) in a Chinese region that, according to reliable predictions, is destined to grow to 34 million inhabitants by the year 2020, and through its sheer size alone, to play a critical role in the 21st century.

Research has been conducted in the course of 1996, starting with a group visit in January, a counter-clockwise journey that started in Shenzhen Special Economic Zone and ended in Hong Kong. Over the summer, individual investigations focused on specific locations and subjects.It seemed hopeless to reconstruct the events in the PRD with such a small group. Therefore, each student was coupled with one major subject and that urban condition where the subject was most tangible or pertinent:

Bernard Chang	INFRASTRUCTURE	PRD
Mihai Craciun	IDEOLOGY	Shenzhen
Nancy Lin	ARCHITECTURE	Shenzhen
Yuyang Liu	POLITICS	Guangzhou
Katherine Orff	LANDSCAPE	Zhuhai
Stephanie Smith	MONEY	Dongguan

Together, these studies describe a new urban condition, a new form of urban coexistence that we have called CITY OF EXACERBATED DIFFERENCE©, or COED©. Beyond the particularities of each condition that we found, the COED© project introduces a number of new, copyrighted concepts, that, we claim, represents the beginning of a new vocabulary and a new conceptual

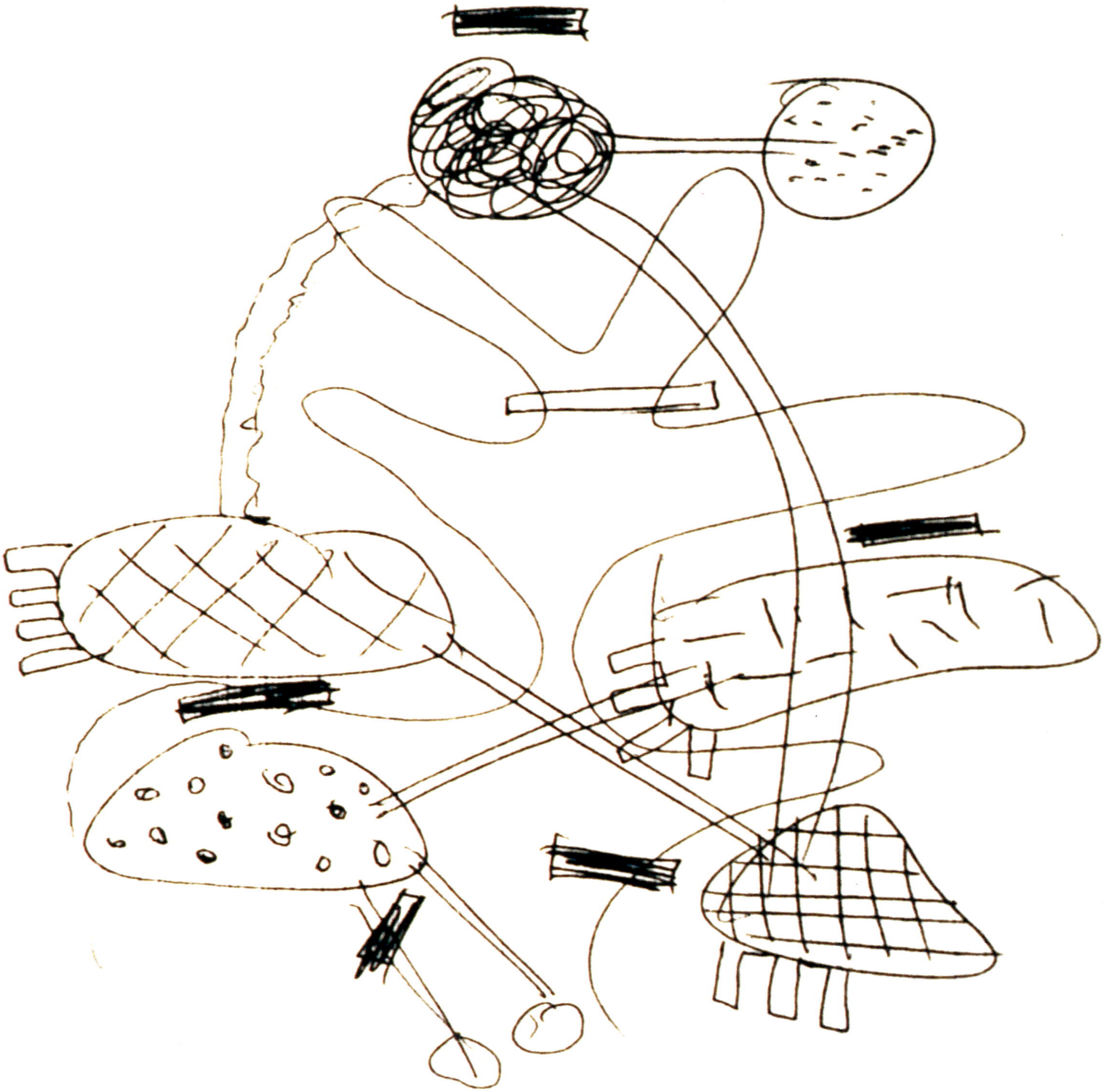

framework to describe and interpret the contemporary urban condition. The emergence of the PRD with the suddenness of a comet, and the present 'cloud of unknowing' that creates a kind of stealth envelope around its existence and performance, are in themselves proof of the existence of parallel universes that utterly contradict the assumption that Globalization equals global knowledge. – Rem Koolhaas

This thesis project was conducted at the Graduate School of Design at Harvard University as part of Rem Koolhaas' Harvard Project on the City. Rem Koolhaas and the China Group: Bernard Chang, Mihai Craciun, Nancy Lin, Yuyang Liu, Katherine Orff, Stephanie Smith, with Marcela Cortina and Jun Takahashi. Catalogue and Installation Design: Bruce Mau Design with Rem Koolhaas and the China Group.

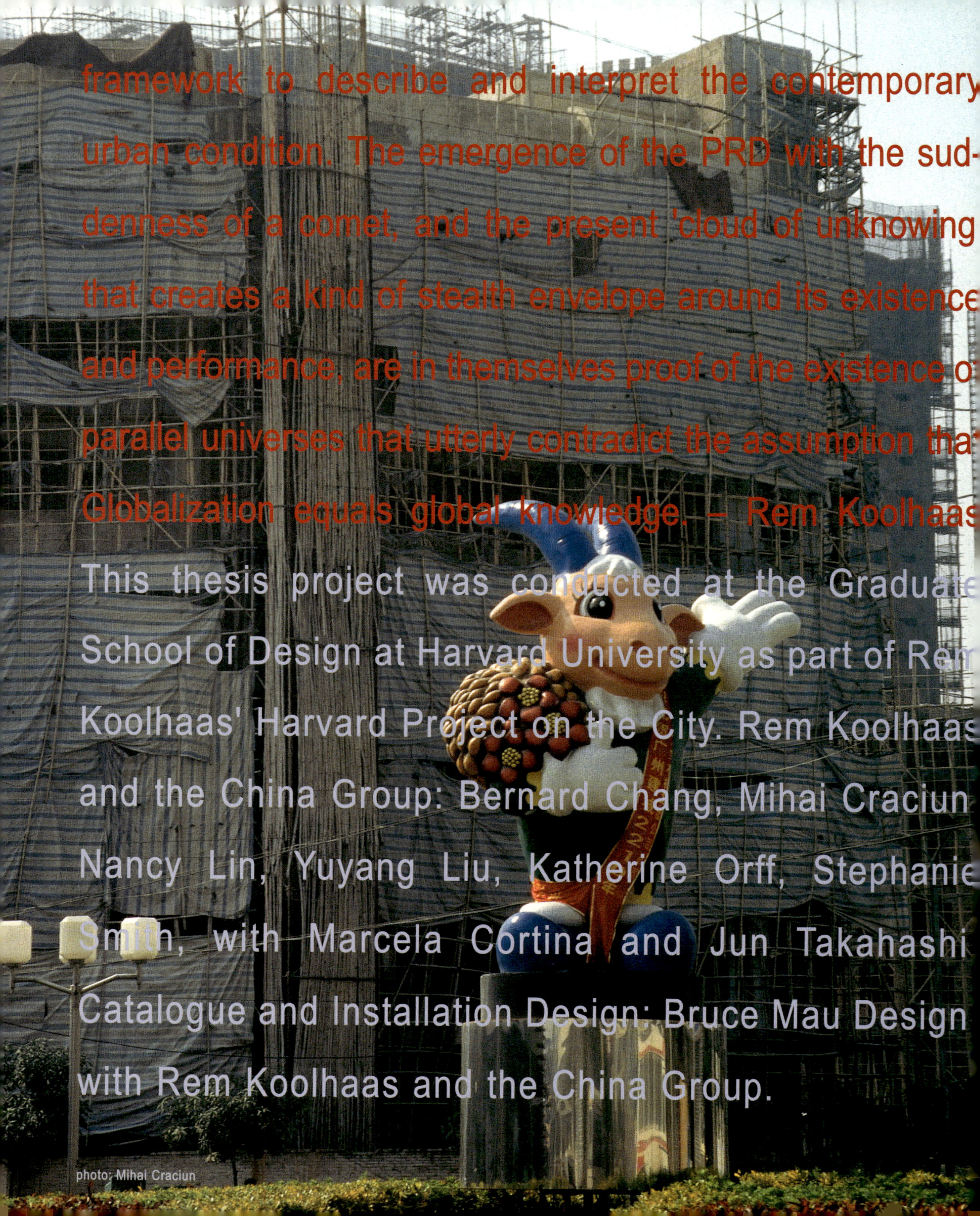

photo: Mihai Craciun

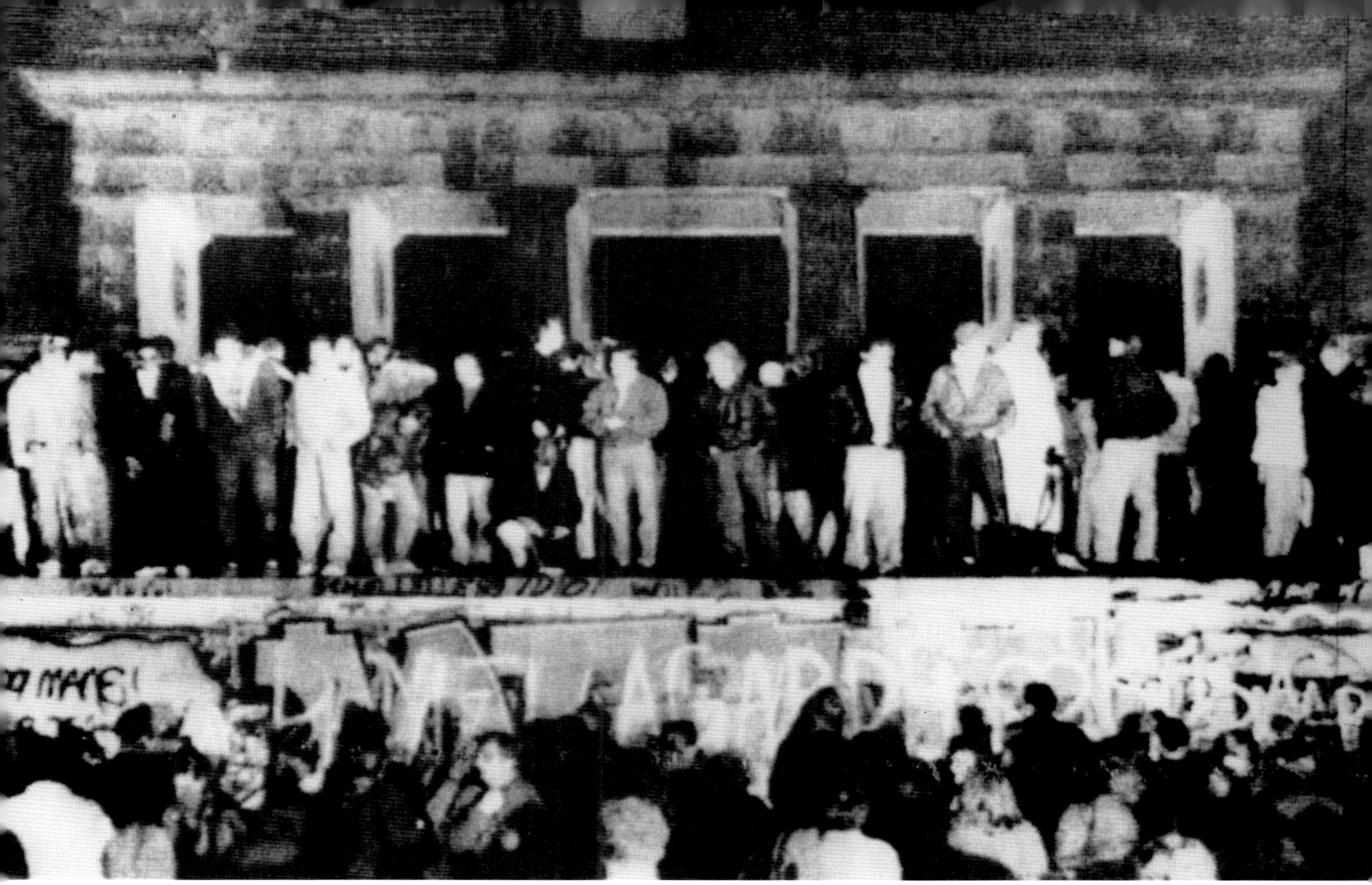

Michelangelo Pistoletto, Immagine – Anno Bianco. La caduta del muro di Berlino (Bild – Das weiße Jahr. Der Fall der Berliner Mauer), 1989

sc eine Regierung. Vaclav Havel wird Präsident der tschechoslowakischen Republik. sowjetischen Armee verlassen Afghanistan. 1990 Sieg der fundamentalistischen

Serge Daney zu Allemagne Neuf Zéro

Gestern, das ist der erst nationalsozialistische, dann kommunistische Osten. Heute, das ist der Westen der Händler und des Marktes. Gestern, das ist der Film. Heute, das ist das Fernsehen. Der dem Bild verpflichtete Film zeugt demnach auf liebevolle Weise von einer erstarrten, düsteren, aus dem Gleis gesprungenen Vergangenheit (der Landschaft des Ostens). Die Bilder der Abreise so schön, daß es den Atem verschlägt, die Bilder der Ankunft von banaler Bedeutungslosigkeit. Das ist nicht der Gegensatz der beiden Berlin oder von zwei Landschaften, hier geht es um den Abschied vom Film als Medium der Bilder, für das es keine Alternative gibt. Da wir von der kommunistischen Landschaft nur provinzielle, technisch minderwertige Bilder, mit einem ebenso schlecht gemachten Ton unterlegt, kennen, haben wir das verrückte Gefühl, das alles zum ersten und letzten Mal zu sehen: aufgesprengt, erschütternd, halb russisch.
Aus: *L'exercice a été profitable, Monsieur.* Paris 1993.

nation

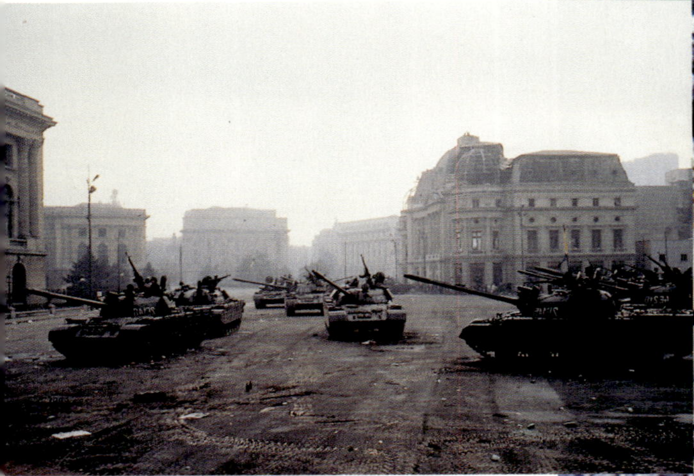

Rumänien, 1989

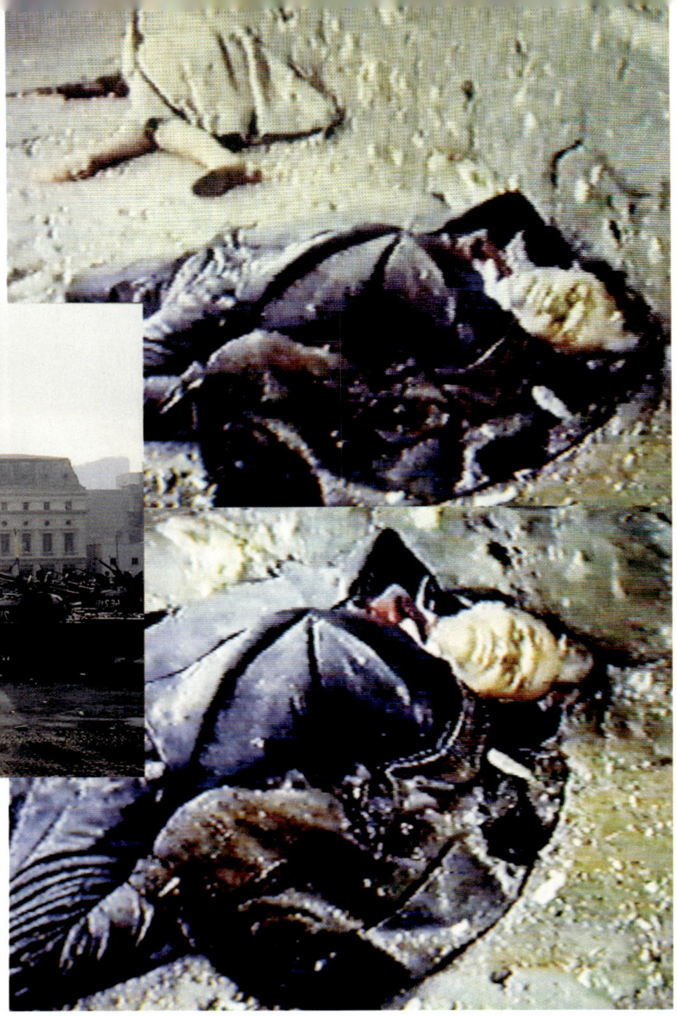

Harun Farocki, Videogramme einer Revolution, 1992

FIS bei den Wahlen in Algerien. Mit dem zweiten Gipfel der KSZE in Paris wird der Ära
Sowjetunion. Im Vielvölkerstaat Jugoslawien beginnt ein Bürgerkrieg. 1992 Maastric

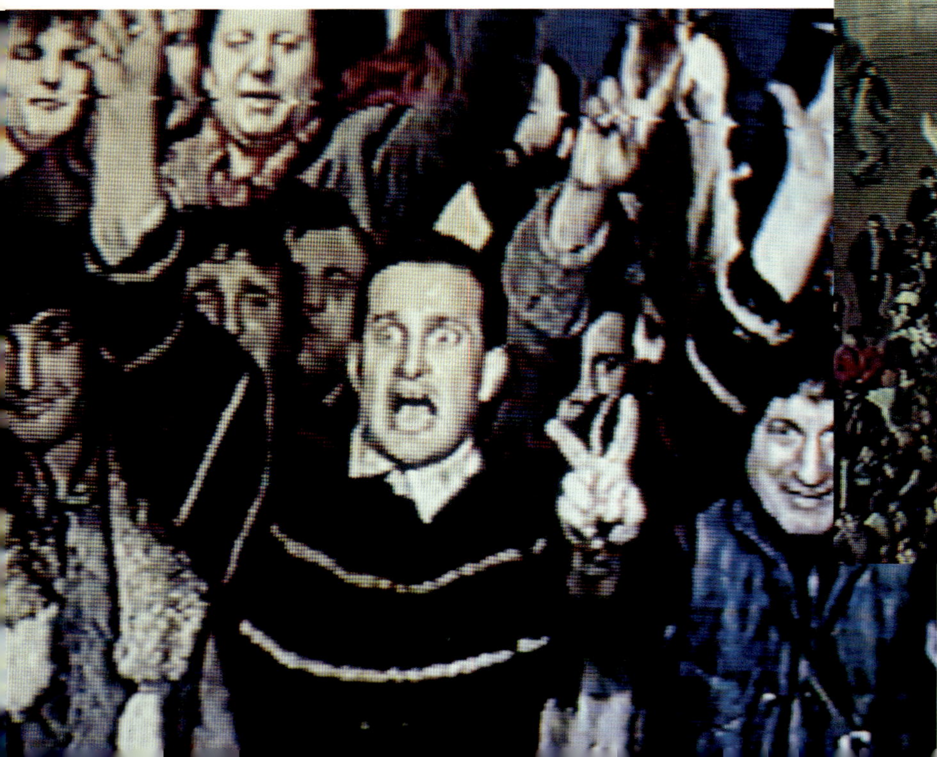

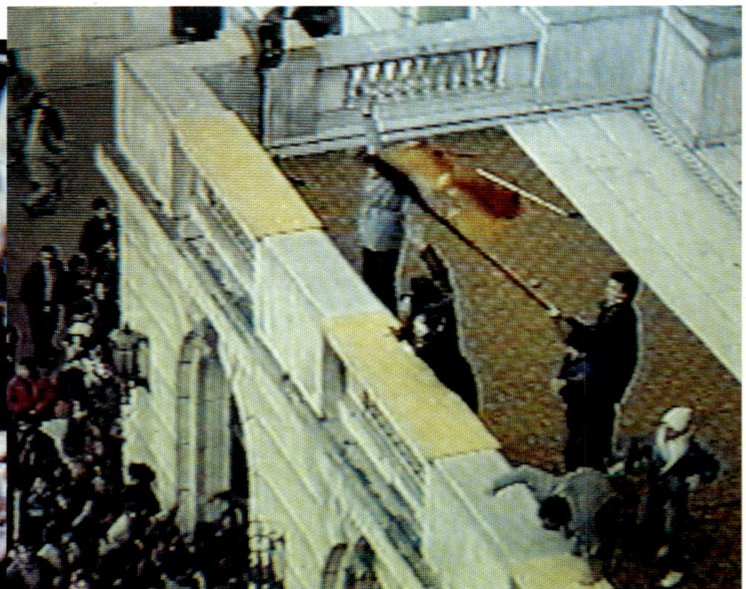

Harun Farocki, Videogramme einer Revolution, 1992

Paul Virilio

In den Monaten Mai bis Juni des Frühjahrs 1989 beschließen die Pekinger Studenten, für die »Demokratie« zu demonstrieren. Um dies zu tun, versammeln sie sich, strömen nach und nach auf den Tien-an-men-Platz, den Platz des Himmlischen Friedens, und beschließen seine unbegrenzte Besetzung, ... eine alte Praxis, die nicht, wie man sagte, auf die Sit-ins der sechziger Jahre zurückgeht, sondern auf die griechische Stadt, in der der öffentliche Raum der Agora der Garant für die politische Einheit, der Garant des Bürgerrechts der versammelten Bürger gegen die Bedrohung durch einen Tyrannen war.

Bei der Ankunft von Gorbatschow am 14. Mai sind es 300 000, fünf Tage später eine Million. Die Tatsache nutzend, daß die meisten der internationalen Agenturen ihre Kameras und ihre Reporter geschickt haben – sogar ihre größten Leitartikler, wie Dan Rather –, um über die Versöhnung der zwei Giganten des Kommunismus zu berichten, fordern die chinesischen Studenten eine Direktübertragung der Ereignisse auf dem Tien-an-men-Platz, damit das Bild des berühmtesten öffentlichen Platzes im Land nicht nur, wie es dank der ausländischen Fernsehstationen der Fall ist, in die ganze Welt ausgestrahlt wird, sondern vor allem in Shanghai, in Kanton und in ganz China.

Diese Forderung wird von den Regierenden zurückgewiesen, und schließlich wird das Kriegsrecht verhängt; ein Kriegsrecht, das zur Niedermetzelung der Bevölkerung Pekings durch die Panzer der chinesischen Volksarmee führt. Was sich bereits während des Prager Frühlings in der Tschechoslowakei, in Polen mit dem Inkrafttreten des »inneren Kriegszustandes« ereignete, ereignet sich in Asien erneut: die Volksarmee unterwirft das Volk. Kommen wir aber zur Beleuchtung dieser Ereignisse durch die Agenturen

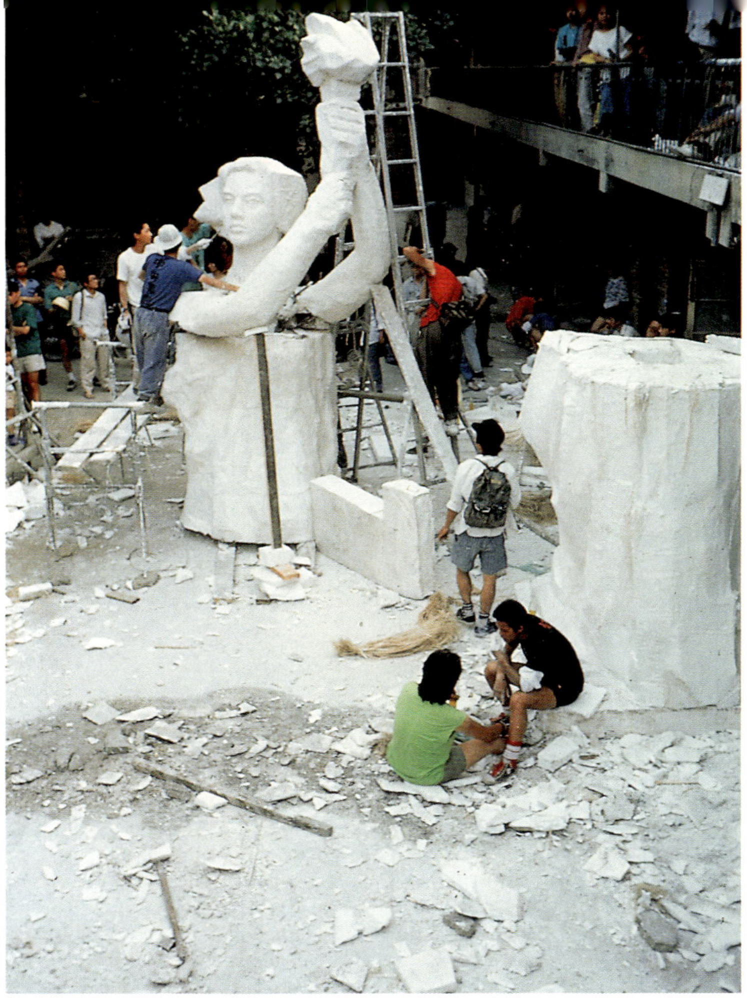

Die Göttin der Demokratie, Peking 1989

ten Krieges ein endgültiges Ende gesetzt. 1991 Golfkrieg. Auflösung der
trag zur Europäischen Union. »Ethnische Säuberung« und Massaker in Jugoslawien.

der gesamten Welt zurück: Im Bewußtsein der großen politischen Bedeutung der Anwesenheit von eintausendfünfhundert Journalisten in Peking haben die Studenten nicht aufgehört, Zeichen des Einvernehmens mit ihren weit entfernten, sehr weit entfernten »Fernsehzuschauern« zu demonstrieren, indem sie ihre Transparente mal in Französisch, mal in Englisch verfaßten und die exotischen Symbole, wie etwa die unter dem Portrait Maos errichtete »Statue der Freiheit« oder die fortwährenden Bezugnahmen auf die Französische Revolution, verstärkten ... Früher entsprach die Oberfläche der Agora oder des Exerzierplatzes einer Garnisonsstadt der »Oberfläche« der Männer unter Waffen: Bürger-Soldaten der antiken Demokratie oder zusammengezogenen Truppen der befestigten Städte. »Getrennt marschieren, vereint kämpfen«, dieser Grundsatz der Infanterie entsprach gleichfalls der Versammlung der Bürger auf dem öffentlichen Platz, wobei die angrenzenden Straßen es ihnen ermöglichten, schnell diesen Ort zu erreichen, an dem die öffentliche Gewalt völlig mit der gegen die Gefahr – die einer äußeren Aggression oder eines Bürgerkrieges – geeinten Menge übereinstimmte.

Merkwürdigerweise nehmen wir mit den in die ganze Welt übertragenen öffentlichen Bildern vom Tien-an-men-Platz dank dem realzeitlichen Interface des Fernsehbildschirms gleichzeitig an einer unendlichen Ausweitung dieser Oberfläche sowie an einer Miniaturisierung teil, denn der kathodische Bildschirm von 51 cm Durchmesser läßt es nicht zu, die Tiefe des übertragenen Feldes der Ereignisse ernsthaft ins Auge zu fassen. Hieraus erklärt sich die Bedeutung dessen, was damals in Hongkong während der für die Zukunft dieser Stadt so entscheidenden Periode passierte: die Benutzung nicht mehr nur von privaten Fernsehgeräten, sondern besonders die des Riesenbildschirms im städtischen Stadion, um sich anläßlich dessen, was sich im Zentrum der chinesischen Hauptstadt ereignet, kollektiv zu vereinigen.

Genau das ist die Teletopie, die realzeitliche Kontinuität, die die Abwesenheit der Kontiguität des realen Raums ersetzt, wobei das Stadion und der Riesenbildschirm für eine bestimmte Zeit untrennbar mit dem Tien-an-men-Platz verbunden sind, so wie dieser es schon mit den Millionen privater Fernsehzuschauer auf der gesamten Welt war. Das, was sich unab-

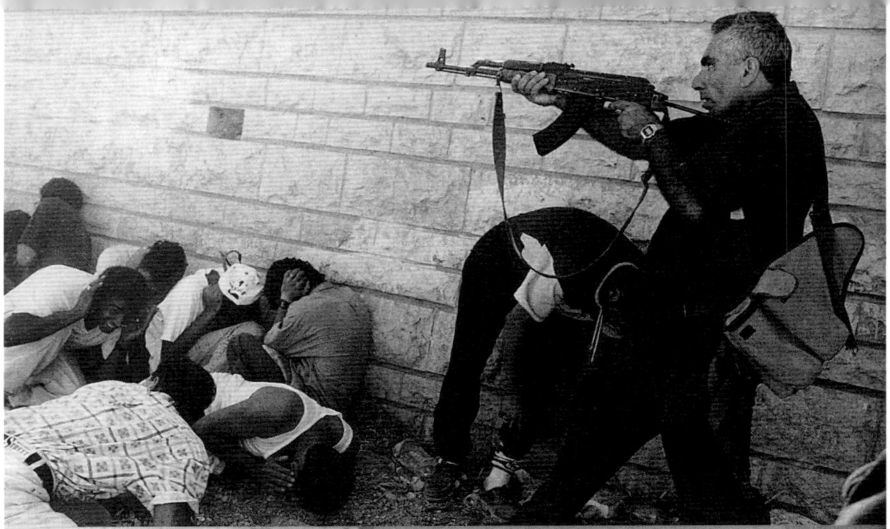

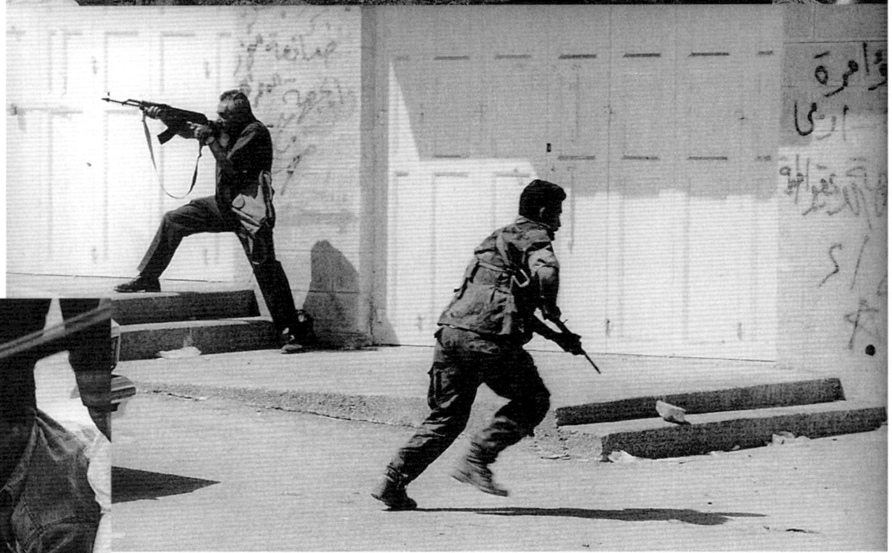

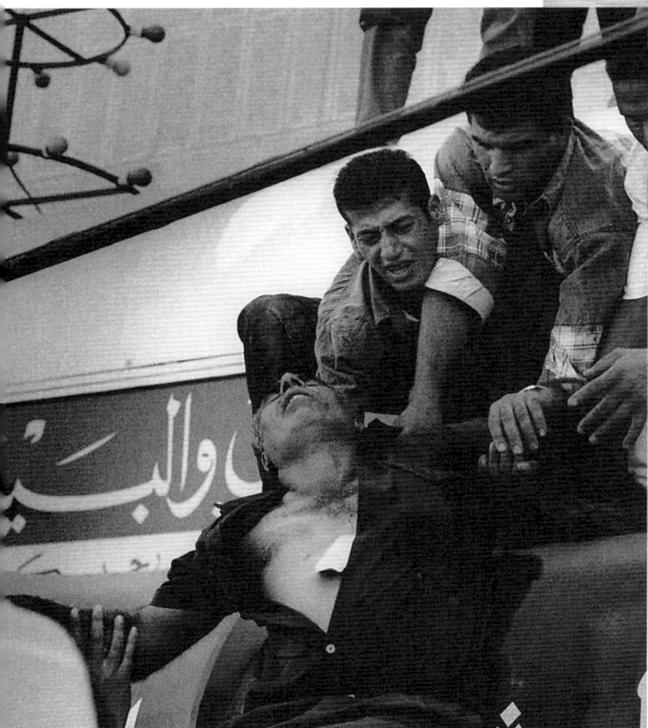

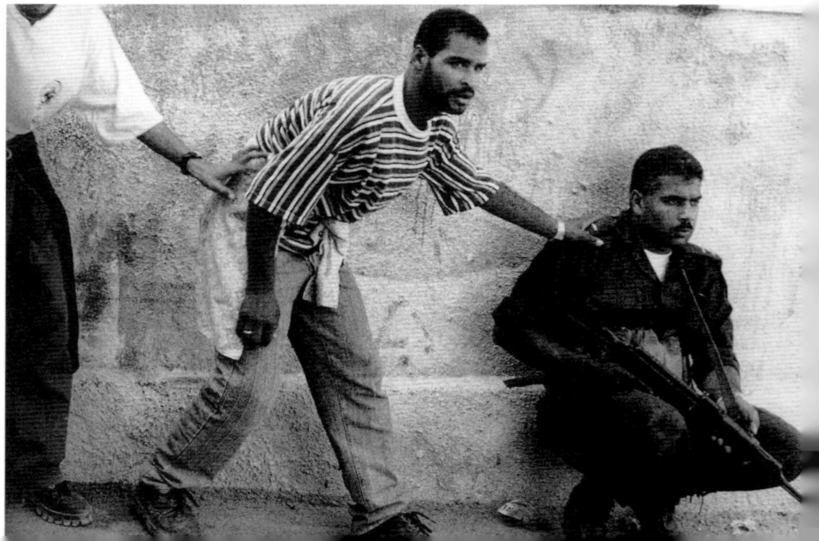

Miki Kratzmann, Ramallah, September 1996

hängig von den Verboten der Verbotenen Stadt an den entgegengesetzten Punkten der Erde befindet und dank der Leistungen einer neuen urbanen Beleuchtung, die durch die gleichzeitig elektrooptische und akustische Energie eines Lichtes ermöglicht wurde, sichtbar, zugänglich gemacht wird, ein lebendiges Licht, dessen Auswirkungen auf die Gesellschaft ungleich bedeutsamer sein werden, als es die Elektrifizierung der Städte vor mehr als einem halben Jahrhundert war.

Realzeit, aufgezeichnete Zeit; zwei Zeiten, zwei »Bewegungen«: am 15. Mai 1989 verlangen die auf dem Tien-an-men-Platz versammelten Studenten eine direkt übertragene Nachrichtensendung, vergebliche Mühe.

Vom 7. Juni an, nach den tragischen Ereignissen von Peking, sendet das chinesische Fernsehen unaufhörlich von automatischen Überwachungskameras der Polizei aufgenommene Filmausschnitte als Aufzeichnung, die die gegen einzelne Fahrzeuge und Soldaten verübten Übergriffe zeigen; und das, ohne jemals die friedliche Besetzung dieses Platzes und die Niedermetzelung seiner Besetzer durch die Armee der Volksrepublik China gezeigt zu haben... Auswahl des Bildes, oder genauer: Auswahl der Zeit des Bildes, die für das Land über die momentane politische Wirklichkeit entscheidet. So als ob die Ausdehnung dieses Kontinents und die Vielzahl derer, die ihn bewohnen, schließlich weniger wichtig wären als die Dauer, der ausgewählte Augenblick, um darüber zu sprechen, um zu zeigen, was sich dort tatsächlich ereignet... Die Realzeit sowie der reale Raum des Ereignisses auf dem Tien-an-men-Platz beunruhigen die chinesischen Führer so sehr, daß sie ihre Auswirkungen mit Hilfe des Replay mildern müssen.

Seltsame Politik, bei der die kalkulierte Verspätung des Bildes die Absicht verfolgt, katastrophale Auswirkungen zu unterbinden, so wie einst die Mauern des öffentlichen Raums und die Stadtgesetze die Gefahr des Umsturzes oder des Angriffs im Zaum hielten. Es geht nicht mehr nur um die Wahl des Tages oder der Stunde, um wie einst konkret zu handeln, sondern um die Wahl, die Entscheidung zur augenblicklichen Verschleierung des Ereignisses, eine zeitliche und vorläufige Verschleierung, parallel zur physischen Unterdrückung der Akteure, zur Niedermetzelung der Studenten auf dem Tien-an-men-Platz.

Tatsächlich kann man anläßlich dieses Ereignisses von einer »Belagerung«, von einer neuen Art von »Belagerungszustand« sprechen: Es ist nicht mehr so sehr die Einschließung des Raumes der Stadt durch die Truppen, sondern der Belagerungszustand der Zeit, der Realzeit der öffentlichen Nachrichten. Nicht mehr die gewohnte Zensur, das Verbreiterungsverbot, das Staatsgeheimnis, sondern das Replay, die Aufzeichnung, die Verspätung beim Einschalten des lebendigen Lichts der Tatsachen.

»Krieg der Realzeit«, der schließlich Louis-Ferdinand Céline recht gibt, der am Ende seines Lebens ernüchtert erklärt: »Im Augenblick zählen nur die Tatsachen, und das noch nicht einmal für lange.«

Dieser Augenblick ist von nun an vorbei; hier oder da, in China wie anderswo auf der Welt sind die Tatsachen durch die Wirkungen der Interaktivität der Telekommunikation aufgelöst. Die teleoptische Wirklichkeit setzt sich gegen die topische Wirklichkeit des Ereignisses durch. Am 9. Juni 1989 meldete das chinesesiche Fernsehen förmlich, daß die Armee ohne vorherige Warnung auf jeden Träger einer Kamera oder eines Photoapparates schießen würde.

Aus: *Rasender Stillstand* (1990). München 1992

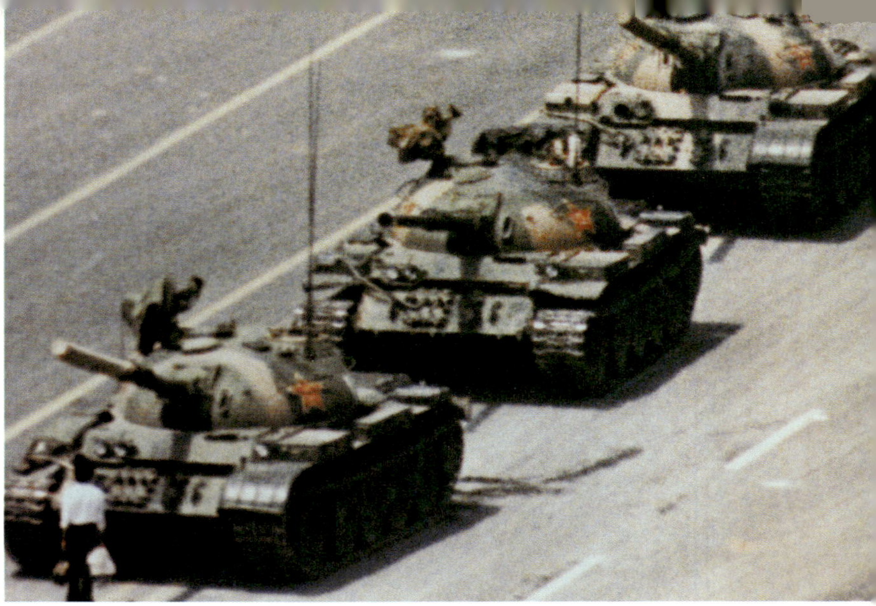

Die Armee auf dem Platz des Himmlischen Friedens, Peking 1989

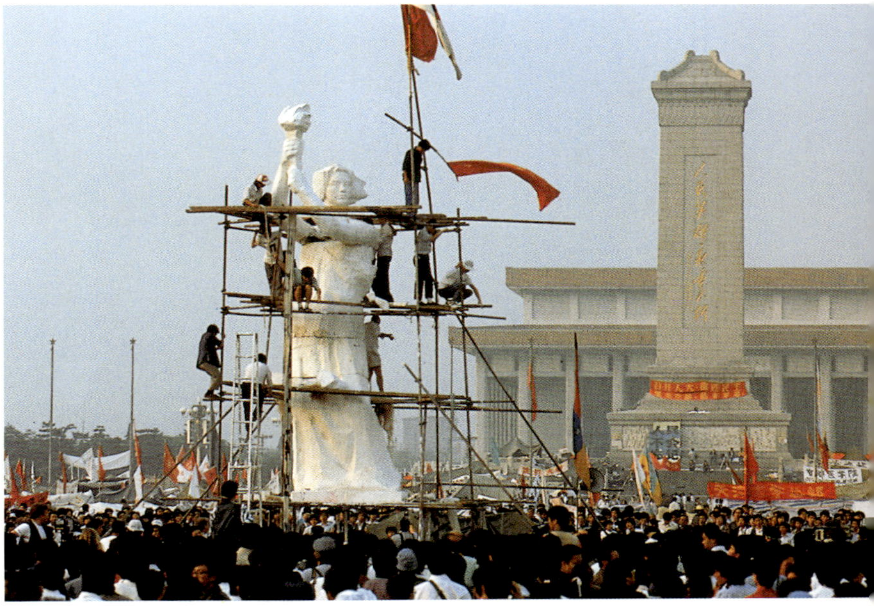

Die Göttin der Demokratie. Studentenunruhen, Peking 1989

Dazibao, Peking 1989

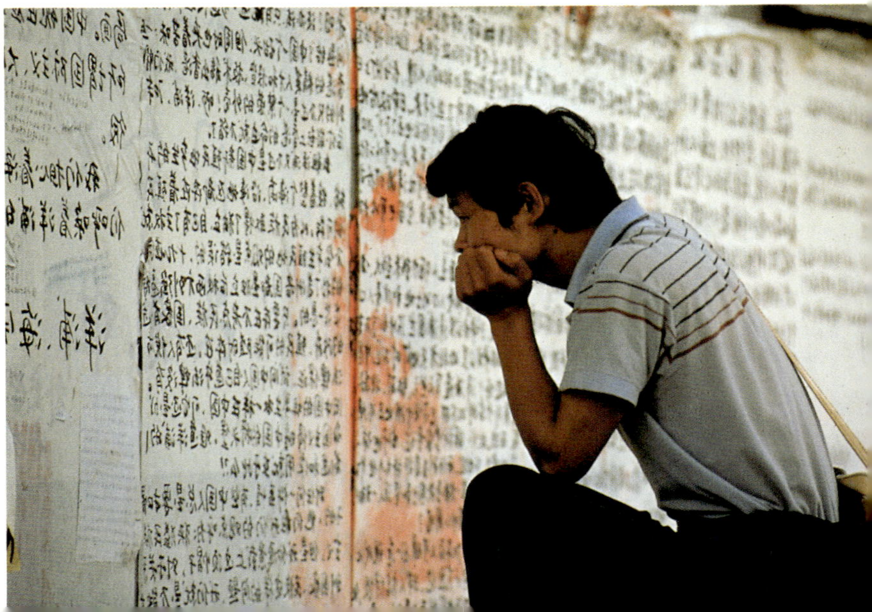

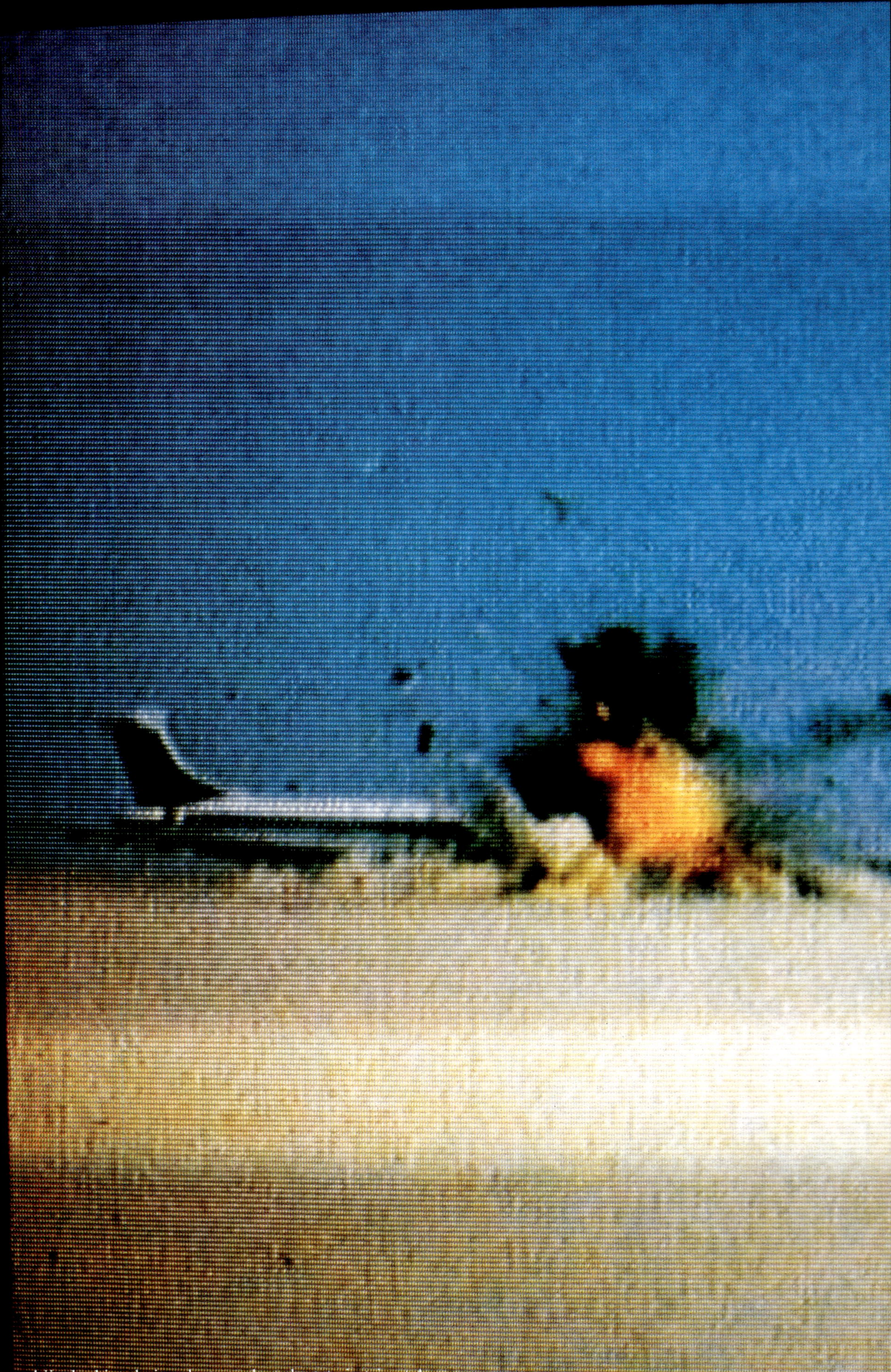

Three hijacked jets being destroyed on desert airstrip at Amman, Jordan, on September 12, 1970.

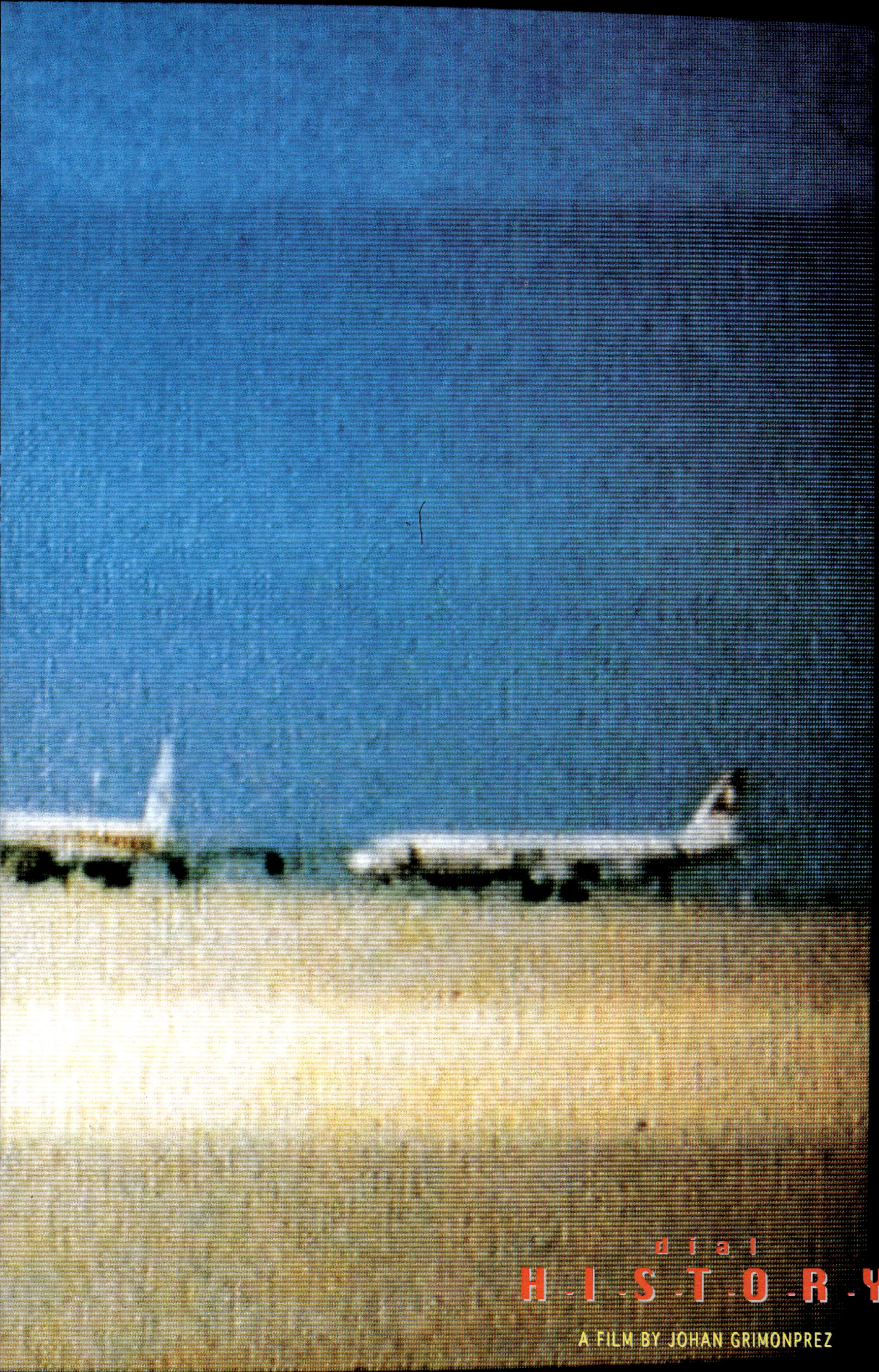
dial
H-I-S-T-O-R-Y
A FILM BY JOHAN GRIMONPREZ

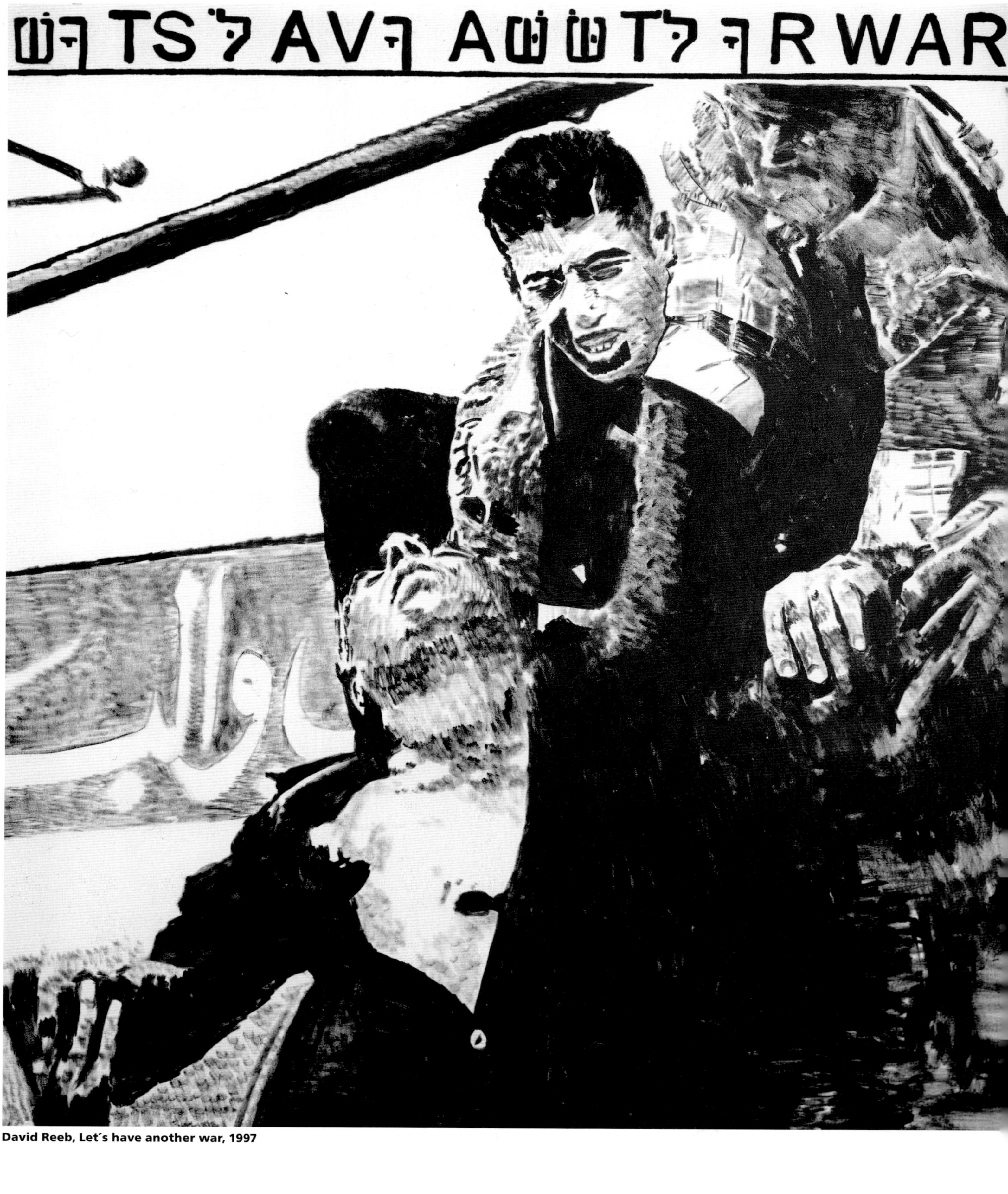

David Reeb, Let´s have another war, 1997

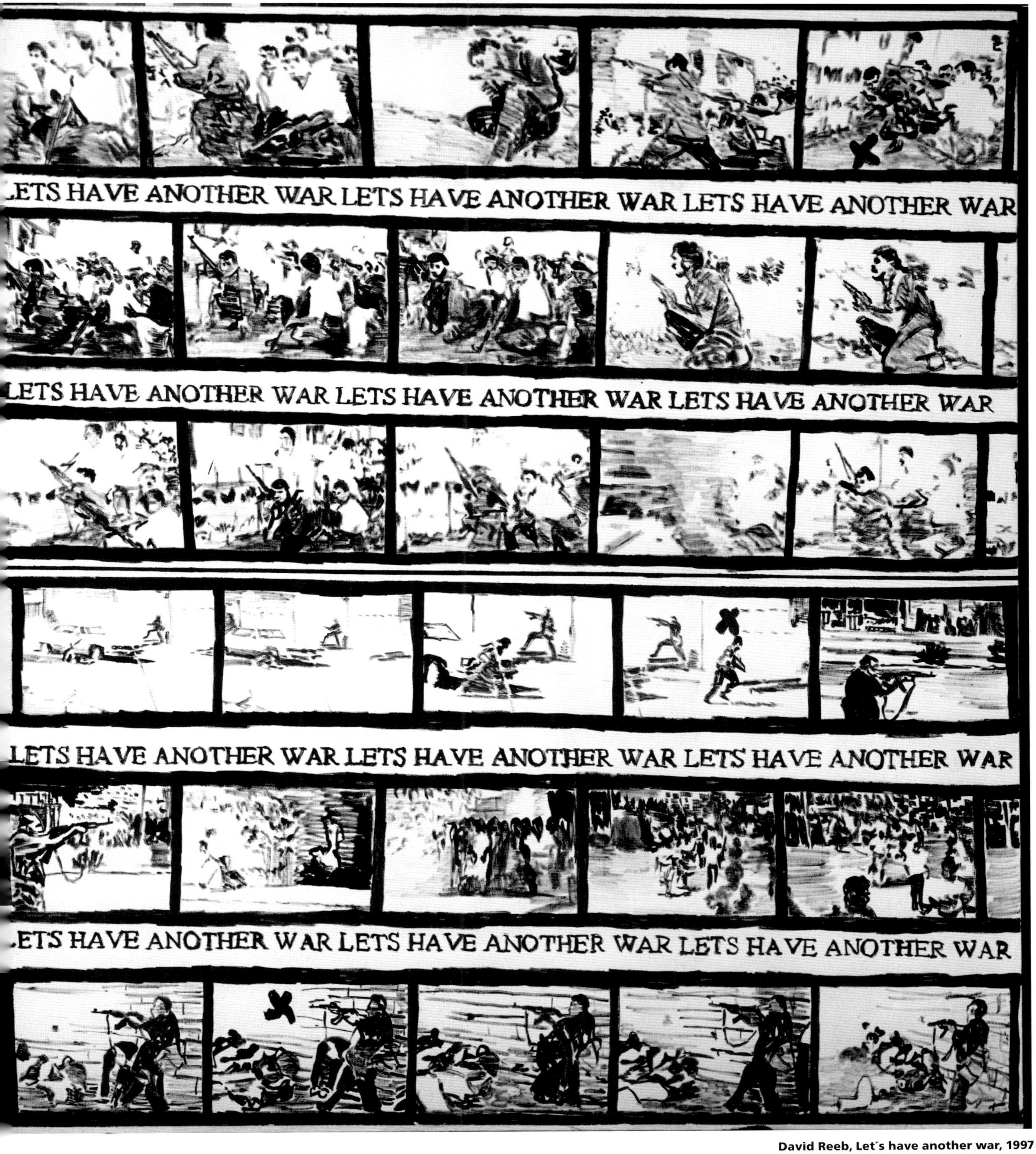

David Reeb, Let´s have another war, 1997

Ghassam Salamé

Selbst wenn der klassische Krieg »tot« ist und der Nuklearkrieg nicht stattgefunden hat, so hat die Gewalt doch andere Formen angenommen und sich ausgebreitet. Für den Krieg hatte das internationale System vielfache Definitionen geschaffen, bevorzugt wurden jedoch diejenigen, die seine Programmiertheit und das Wesen des freiwilligen Militärs bestätigten, seine Funktion als verderbte Verwandlung der Politik oder auch als Folge der Klassenkämpfe. Die bewaffnete Gewalt von heute verweist auf »versprochene Länder«, widerlegt das Zusammenleben verschiedener ethnischer

Tagelange Rassenkämpfe in Los Angeles. 1993 Medienwirksamer Händedruck Osten... 1994 Zivilkrieg und Genozid in Ruanda. In Südafrika, nach der Befreiung M

Goma (Zaire)

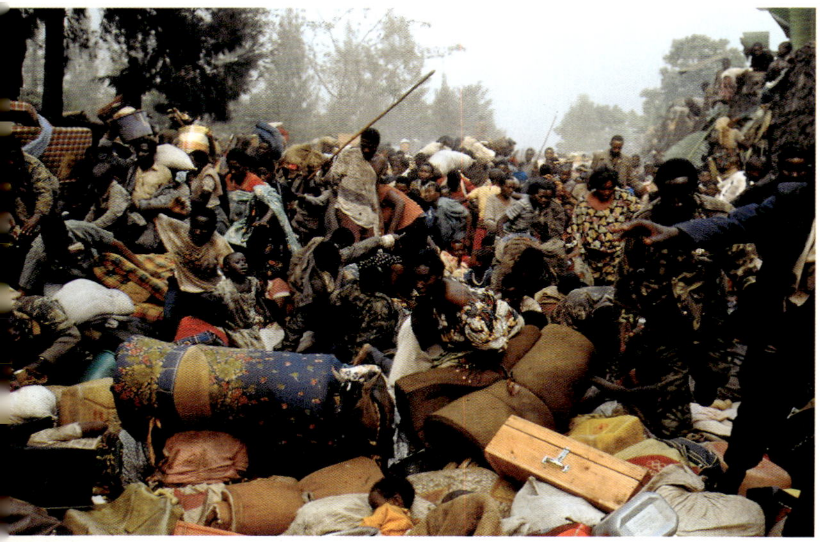

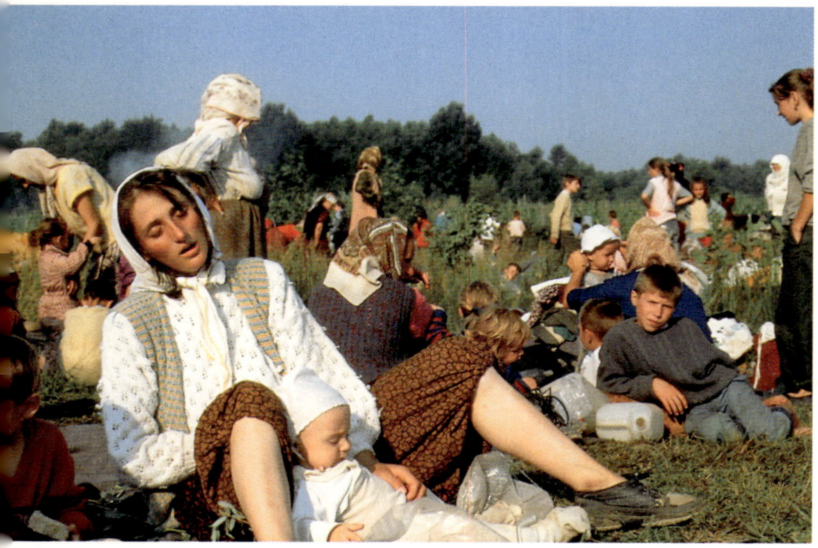

Tuzla, Bosnien, Flüchtlinge aus Srebrenica

(neo-)

Gruppen – selbst wenn dies über längere Zeit funktioniert hat –, bindet ganze Völker in blutige Identitätsprojekte ein, kehrt den politischen, ideologischen, vernünftigen Überlegungen den Rücken und läßt die Kriegsdefinition von Gaston Bouthoul wieder aktuell werden: »... das Ergebnis eines kriegerischen Triebes, der kriegerische Gedanken und Kriegslust entstehen läßt und im richtigen Moment eine Gruppe aggressiv werden läßt.«

Man bedient sich immer öfter dieser pathologischen Definition: Der Krieg in Ruanda wird als ein »verrückter Völkermord« dargestellt, immer mehr Leute wollen Bosnien »unter Quarantäne« stellen, um den Rest des Balkans nicht zu »infizieren«, und die Präventivdiplomatie zur »Immunisierung« der Gesellschaft gegen den »Kriegsvirus« ist eine ehrenvolle Sache. Karadzics Beruf als Psychiater inspiriert die Quodlibets; Saddam Hussein soll angeblich ein »Monster« sein; die Verfasser von Leitartikeln verbinden die Militäreinsätze Jelzins mit seiner mutmaßlichen Liebe zum Alkohol; die Gesellschaft Somalias wird als selbstmordgefährdetes Kollektiv bezeichnet. Wenn humanitäre Organisationen und vor allem Ärzte von »Eingriffen« sprechen – während das Militär von »Operationen« träumt – so fördert das, unbewußt oder nicht, den Stellenwert der pathologischen Analyse von Konflikten.

Der Westen beobachtet mit einer Mischung aus Angst und Geringschätzung was er, meistens zu unrecht, als irrationales Verhalten von Völkern betrachtet, die er, würde er eingreifen, »zur Vernunft bringen« könnte. Die Politiker profitieren am meisten von dieser psycho-medizinischen Beschreibung von Konflikten. Was den Terrorismus betrifft, so ermöglichen die sogenannten »Gottverrückten« den Regierungen, ihre Untätigkeit mit der vermuteten Verrücktheit ihrer Gegner zu rechtfertigen, während sie in Wirklichkeit gar nicht daran interessiert waren, irgendwelche Vergel-

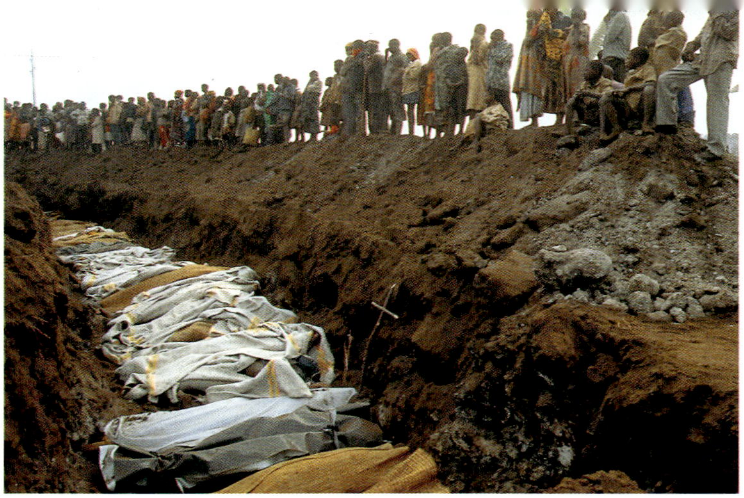

Goma (Zaire)

einer Behandlung von außen. Wenn man den Krieg als freiwillige Entscheidung ansieht, greift man auf den Patriotismus zurück, um den Krieg zu rechtfertigen, oder aber man stellt sich aus einem nicht weniger freiwilligen Pazifismus dagegen. Die pathologische Definition des Krieges schafft eine Kluft zwischen der vermuteten Unvernunft der Kriegführenden und der klaren Vernunft der Eingreifenden, denn der Kriegführende ist »krank« und der Eingreifende ein Arzt, der verhindern will, daß sich der Kriegführende selbst Schmerz zufügt und die anderen angreift. Hinter dieser Ansicht steht eine Politik der Bevormundung, die bei manchen Leuten rassistisch werden kann. Strategisch gesprochen kommt das einer Hierarchie unter den Staaten gleich: Manche müssen überwacht, beherrscht werden, man muß für sie sorgen, also sie bestrafen. Die pathologische Definition des Krieges ist die beste Legitimation für das Einmischen.
Aus: *Appels d'Empire*. Paris 1996.

:-Rabin in Washington, vier Jahre später herrscht noch der Kriegszustand im Nahen
das 1990, darf die schwarze Bevölkerung zum ersten Mal an Wahlen teilnehmen ...

kolonial

tungsmaßnahmen gegen terroristische Staaten einzuleiten. Wenn bei Bürgerkriegen die Kriegführenden als »gestörte« Wesen dargestellt werden, muß man aus Angst, »in einen Wirbelsturm des Wahnsinns gezogen zu werden«, nicht eingreifen. In einem Konflikt, der »von unauslöschlichen Haßgefühlen genährt wird«, nicht Partei zu ergreifen, erlaubt, unsere eigene Verantwortung nicht erkennen zu müssen (wie die Unterstützung Deutschlands für Slowenien oder Frankreichs für die Hutus).
Nichts beweist hingegen, daß die Berechnungen von Saddam Hussein, eines General Aidid oder des Doktor Karadzic irrational wären. Ganz im Gegenteil, die erbarmungslose Logik ihres Verhaltens ist beeindruckend. Saddam Hussein hat sich vor dem Golfkrieg einige Male verrechnet, aber seit seinem unglücklichen Abenteuer in Kuweit legt er eine überwältigende Rationalität an den Tag, um zu verhindern, daß ein militärisches Debakel seines Landes zum Sturz seines Regimes führt, was die unvermeidliche Konsequenz davon wäre. Aidid betrieb eine sehr vernünftige Politik, als er seine »technicals« der UNO und den Hilfsorganisationen lieh, um ihnen Geld zu ihrem »Schutz« aus der Tasche zu ziehen; daraufhin kooperierte er mit den Amerikanern, um Boutros-Ghali seines Amtes zu entheben, der im Verdacht stand, gegnerische Clans zu begünstigen. Als die amerikanischen Streitkräfte den somalischen Staat auf Kosten Aidids wiederherstellen wollten, bot er ihnen trotzig die Stirn. Karadzic führte eine systematische Eroberungspolitik, die in seiner Logik rationell erschien. Steht der Westen etwa nicht allein in der Annahme, daß die »Anderen« unvernünftig sind?
Das psycho-medizinische Argument dient als Rechtfertigung für den »Eingriff«. Das Wort wird vom Militär und von Chirurgen gleichermaßen benutzt, während Diplomaten und Juristen nur mit Vorsicht auf diesen Begriff zurückgreifen. Eine pathologische Definition des Krieges schreit nach

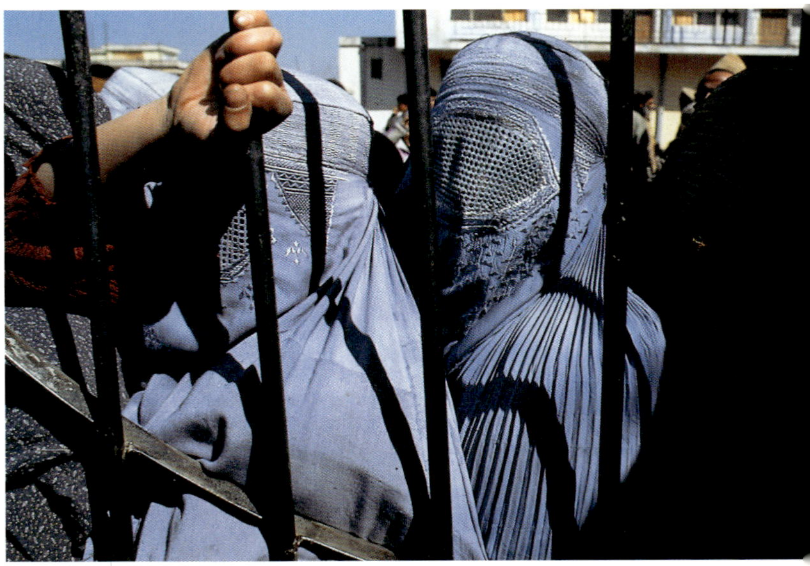

Kabul (Afghanistan)

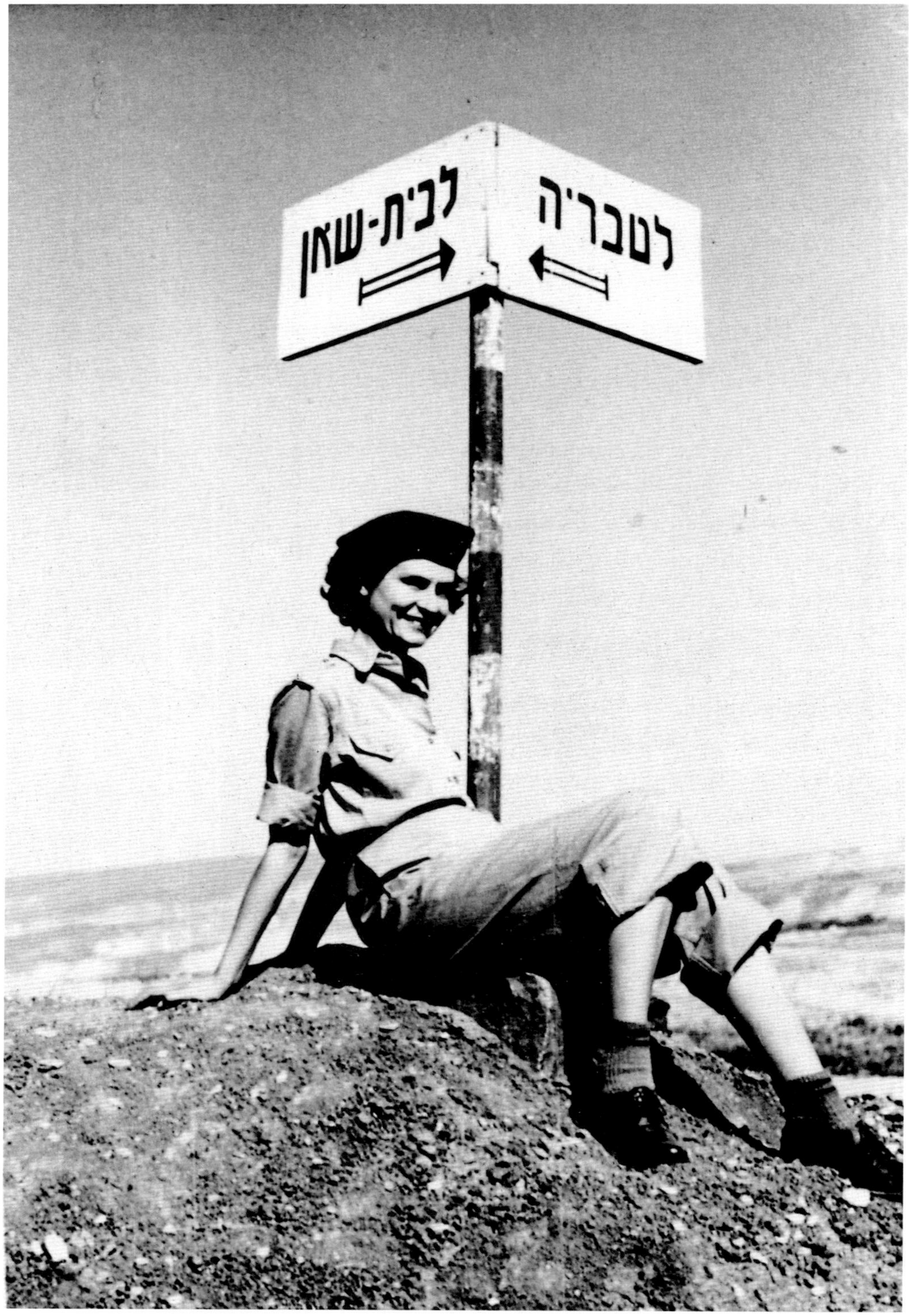

Michal Heiman, Michal Heiman Test (M.H.T.), 1997

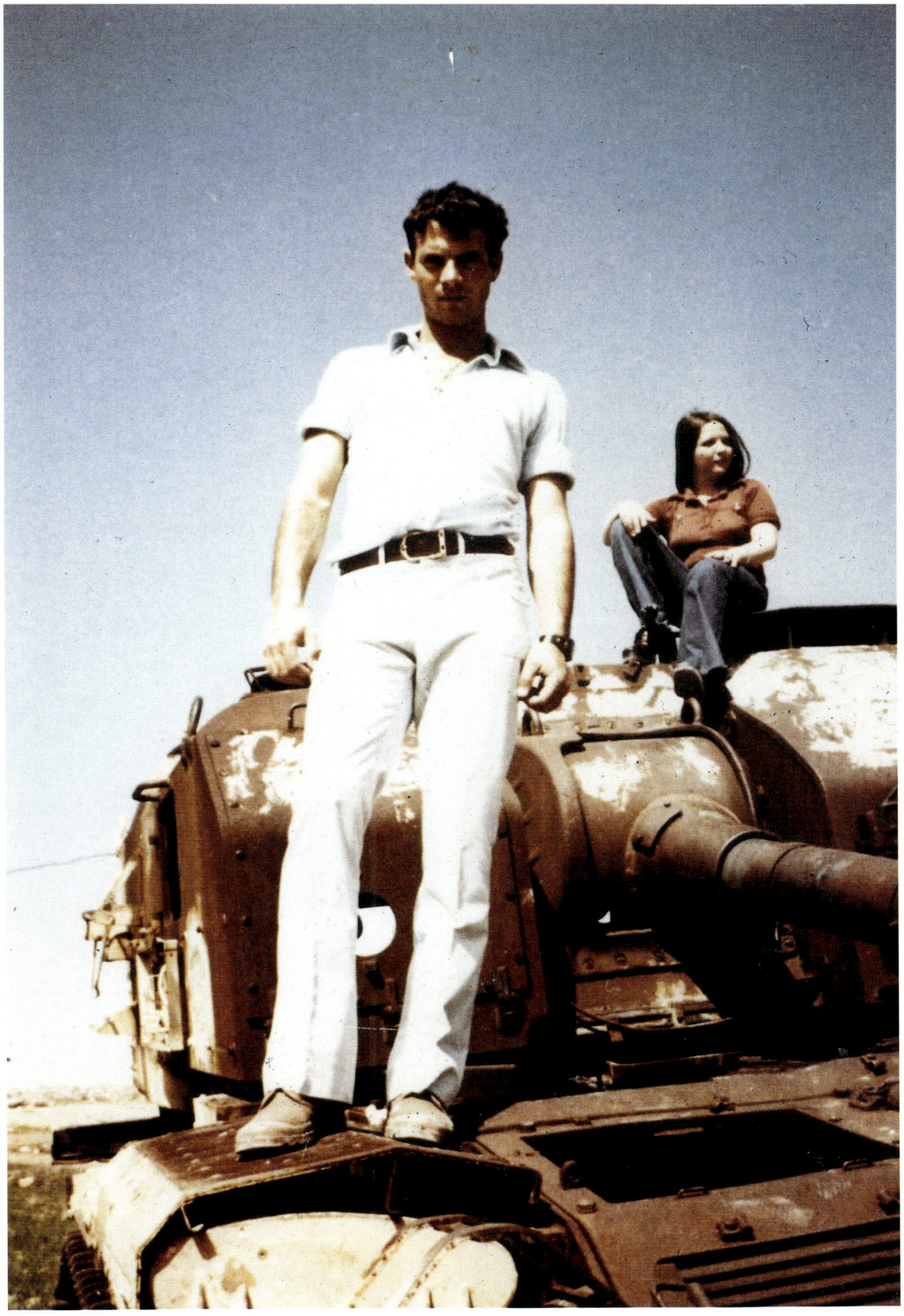

Michal Heiman, Michal Heiman Test (M.H.T.), 1997

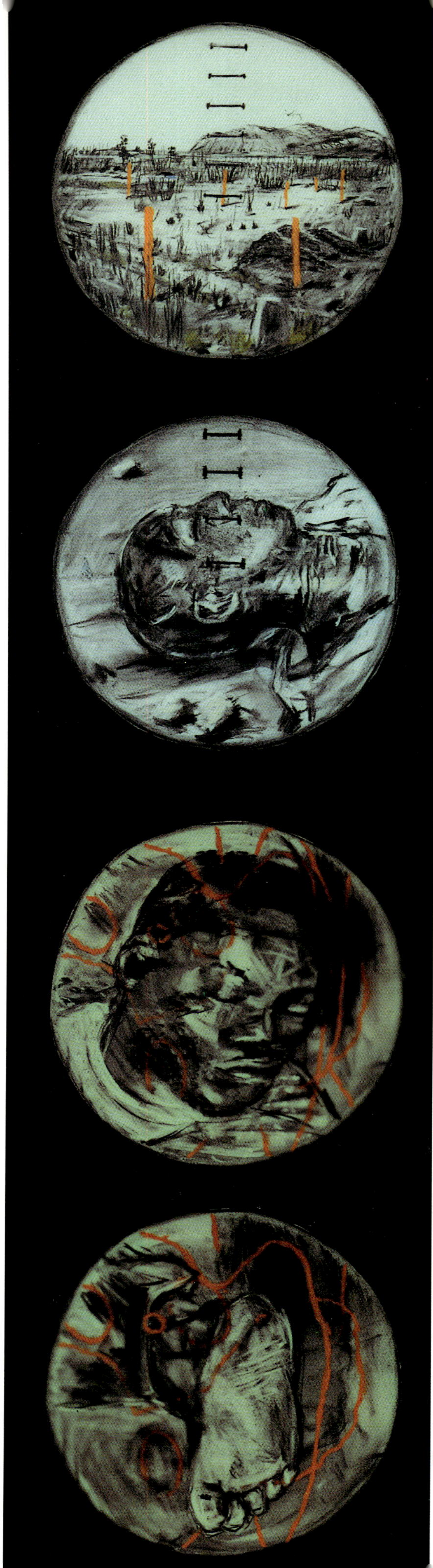

William Kentridge, Zeichnungen für den Film »Felix in Exile«, 1994

William Kentridge

Amnesty/Amnesia

Ich interessiere mich dafür, wie das Terrain seine eigene Geschichte verbirgt und wie dies nicht nur mit der Malerei (die Landschaftsgemälde meiner Kindheit und ihre Entfernung aus der Zeit), sondern auch damit korrespondiert, wie Erinnerung funktioniert.

Die Landschaft verbirgt ihre Geschichte. Ich meine dies auf sehr drastische Art. Orte, an denen sich etwas ereignet hat, an denen Massaker, Schlachten und Feste stattgefunden haben, zeigen nur noch wenige Spuren davon. Der Name Sharpeville beschwört ein Wissen über das Massaker vor der Polizeistation herauf. Und vielleicht Bilder aus Photographien und Dokumentarfilmen, die man gesehen haben könnte. Aber an dem Ort selbst gibt es fast keine Spur von dem, was dort geschehen ist. Das ist natürlich. Es ist ein Gebiet, das noch immer genutzt wird, ein Gebiet, in dem Menschen leben und zur Arbeit gehen. Es ist kein Museum. Es gibt dort keine Blutflecken. In den Straßen wandeln keine Geister von Menschen umher. Szenen von Schlachten, großen und kleinen, verschwinden, werden absorbiert durch das Terrain, außer an den wenigen Orten, an denen besondere Denkmäler errichtet wurden, Monumente, die als Vorposten, als Verteidigung gegen diesen Prozeß des Vergessens und Absorbierens dienen.

Ebenso wie es einen menschlichen Akt des Vergessens sowohl der unmittelbaren als auch der weiter zurückliegenden Vergangenheit gibt, deren Bedeutung durch schriftliche Aufzeichnungen, Erziehung, Museen, Lieder und andere Prozesse bewahrt werden muß, mit denen wir versuchen, uns zur Bewahrung der Bedeutung von Ereignissen zu zwingen, gibt es in der Landschaft einen natürlichen Prozeß, der durch Erosion, Wachstum und Verwitterung gleichermaßen versucht, Erinnerungen auszulöschen.

In Südafrika hat dieser Prozeß andere Dimensionen. Schon der Begriff »New South Africa« impliziert die Idee eines Gemäldes, unter dem sich das Alte, der natürliche Prozeß des Vergessens und der Naturalisierung neuer Dinge verbirgt.

In *Felix in Exile* sind die Körper in der Landschaft mit diesem Prozeß verbunden. Ich wollte die Menschen dokumentieren; diese anonymen Figu-

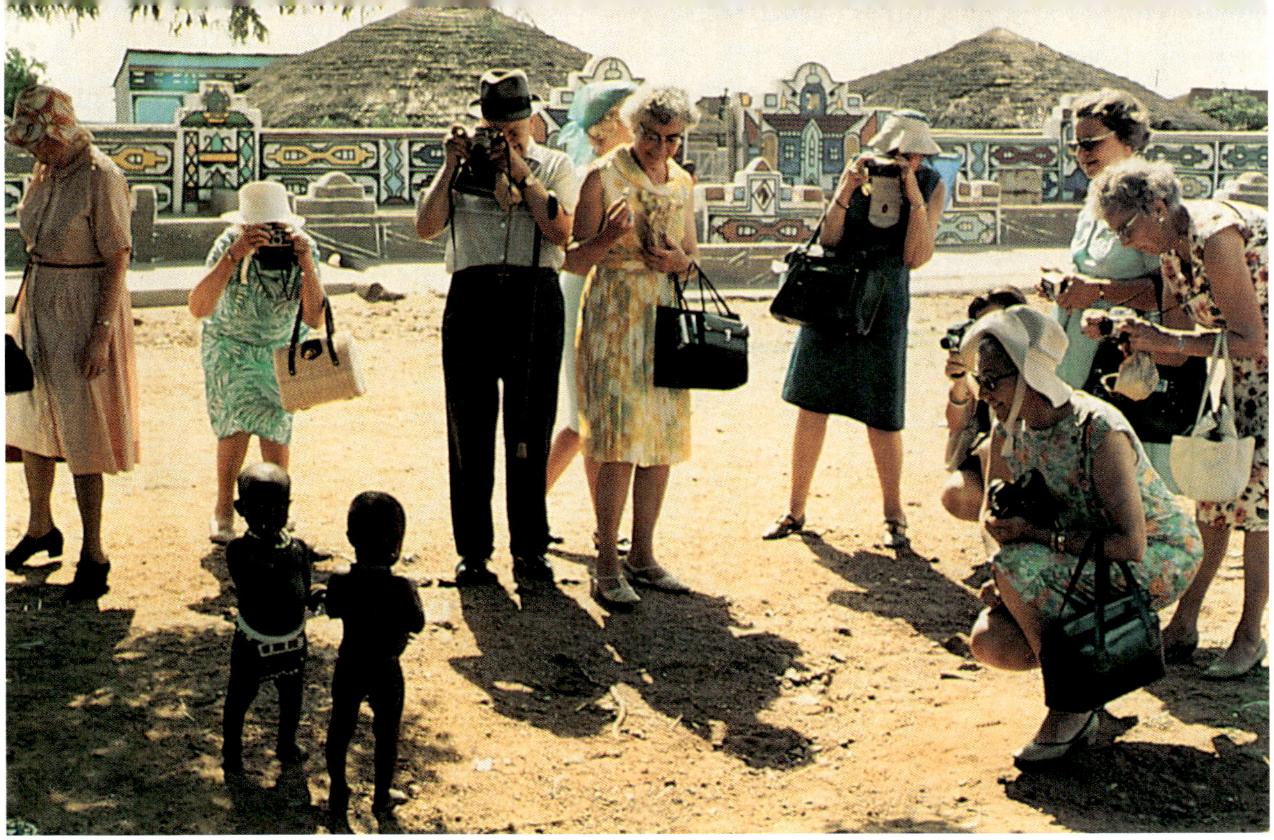

Ed van der Elsken, Südafrika, 1968

Erklärung von Steve Biko, 1977

Das BC (»black consciousness« – schwarzes Bewußtsein) will jetzt die Möglichkeiten gewaltfreier Mittel innerhalb des Landes erforschen, und davon wird unser Leben bestimmt. Aber es gibt nicht wenige Menschen in diesem Land, die den Glauben an die Wirksamkeit der Gewaltfreiheit als Methode verloren haben. Sie sind der Ansicht, daß die derzeitige nationalistische Regierung nur von Menschen gestürzt werden kann, die mit militärischen Mitteln operieren. Zukünftige Veränderungen können nur das Ergebnis eines von schwarzen Menschen erarbeiteten Programms sein. Und damit schwarze Menschen ein Programm erstellen können, müssen sie das entscheidende Element in der Politik besiegen, das gegen sie arbeitet, nämlich das psychologische Gefühl der Minderwertigkeit.

Wir glauben zum Beispiel nicht an die sogenannten Garantien der Rechte von Minderheiten, weil die Garantie von Rechten für Minderheiten die Trennung der Gemeinden auf der Grundlage der Rassenzugehörigkeit einschließt. Wir glauben, daß es in unserem Land keine Minderheiten und keine Mehrheiten geben wird, sondern nur Menschen. Und diese Menschen werden vor dem Gesetz denselben Status und dieselben politischen Rechte haben. In gewisser Hinsicht wird es eine vollkommen nicht-rassische, egalitäre Gesellschaft sein.

Zitiert nach dem Dokumentarfilm *Apartheid* von Jean-Michel Meurice, 1992.

ren auf den Photos begraben; und ein Mahnmal gegen den Prozeß errichten, durch den wir den Zugang zu unserer jüngsten Vergangenheit verlieren. Es ist auch eine Form des Kampfes gegen das Gefühl des Schwindels, das man empfindet, wenn man sich umschaut und all die vertrauten Meilensteine und Kampflinien erblickt, die so sehr verschoben und verändert worden sind.

Felix in Exile, der frühere Film, entstand kurz vor den ersten freien Wahlen in Südafrika und stellte die Frage, wie man sich der Menschen, die auf der Reise in dieses neue System gestorben waren, erinnern würde; die Landschaft diente als Metapher für den Prozeß des Erinnerns oder Vergessens. (Claude Lanzmanns Film *Shoah* hatte wegen seiner Darstellung der Natur und der Landschaft großen Einfluß).

History of the main complaint entstand etwa 18 Monate später, zu der Zeit, als hier die Kommission für »Wahrheit und Versöhnung« zur Untersuchung der Verantwortlichkeiten der Vergangenheit ins Leben gerufen wurde. Also lag die Frage nach kollektiver oder individueller Verantwortung für vergangene Mißstände in der Luft. Nicht, daß ich eine einzige schlüssige Erklärung für die Entstehungswege des Films hätte – aber vermutlich stimmt es, daß Soho nur aus seinem Koma erweckt werden kann, wenn er die unmittelbare Verantwortung (für den Tod eines Menschen bei dem Autounfall) anerkennt. Ein Fall, in dem es vielleicht keine Schuld, aber Verantwortung gibt. Aber diese Verantwortung bringt Soho natürlich nicht um – er kann sie sogar einbauen (verdichtet und verlagert in die Objekte auf seinem Schreibtisch). In dem Film gibt es eine gewisse Annäherung zwischen Soho und Felix. Der Fahrer des Wagens ist Soho, die Augen im Rückspiegel sind die von Felix.

Während der Arbeit an dem Film war ich auch fasziniert von den neuen Möglichkeiten, den Körper mit Hilfe von Röntgenaufnahmen, Computertomographie, Kernspintomographie, Ultraschall etc. betrachten zu können. Was verbirgt sich unter der Haut, und hat unsere Blindheit dafür Ähnlichkeit mit unserer Blindheit für die Folgen unseres Handelns?

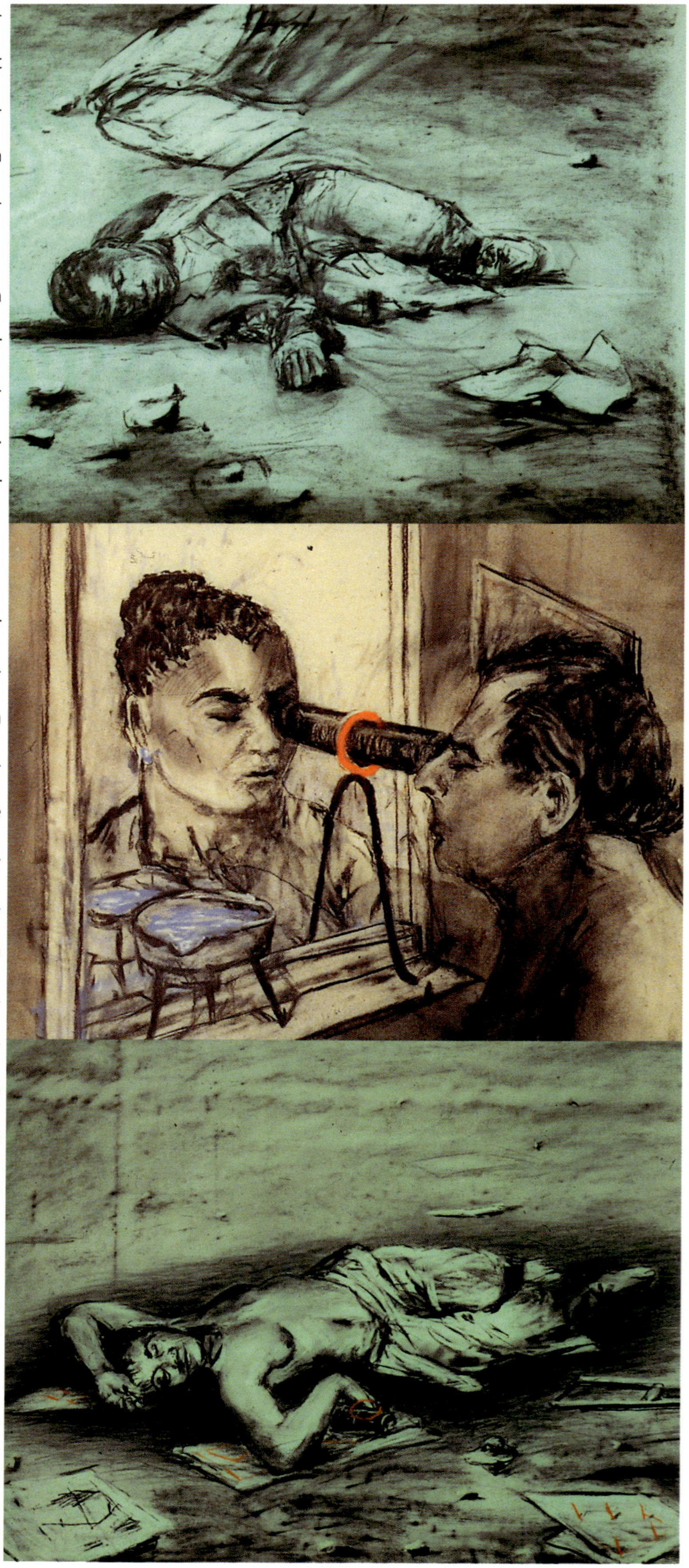

William Kentridge, Zeichnungen für den Film »Felix in Exile«, 1994

David Harvey

Die Situation in Korea

Das koreanische Entwicklungsmodell war ein ausgeprägt fordistisches, so daß es sich bei den gegenwärtigen Arbeitsauseinandersetzungen um für den Fordismus typische Auseinandersetzungen handelt; es ist kein Zufall, daß sie in Korea und nicht in Taiwan oder Singapur stattfinden, die einem völlig anderen Entwicklungsmodell gefolgt sind. Aber die Auseinandersetzungen beschränken sich keineswegs nur auf den industriellen Sektor, sondern es gibt ausgedehnte Kämpfe in den Bereichen Wohnen, Stadtumbau, Landenteignung und anderen. Die Kämpfe in Korea stehen mit der außerordentlichen Schnelligkeit sozioökonomischen Wandels in Zusammenhang. Die koreanische Gesellschaft war vor zwanzig Jahren im Wesentlichen eine ländliche und ist heute eine massiv industrialisierte, proletarisierte und urbanisierte. Die politischen Fragestellungen sind auf die Stellung Koreas innerhalb des internationalen Kapitalismus zurückzuführen und – was von grundlegender Bedeutung ist – auf die Beziehungen zu Nordkorea. Wenn sich aus der gegenwärtigen Bewegung eine Alternative ergeben sollte, so unter den Bedingungen einer starken Abhängigkeit Koreas vom weltweiten Handel, einer starken Internationalisierung und damit zusammenhängendem internationalen Druck. Mein augenblicklicher Eindruck (15. Januar 1997) ist, daß sich die Dynamik der Auseinandersetzungen bedeutend verändert hat. Der Kampf gegen die Diktatur wurde von Intellektuellen und Studenten geführt, wobei die Organisierung der Arbeit nur ein Teil eines umfangreichen Prozesses der Durchsetzung demokratischer Rechte war. Die gegenwärtige Bewegung bezieht meinem Eindruck nach die Studenten nicht wieder in gleicher Weise mit ein. Diese stehen abseits, und die Intellektuellen sind vermutlich mehr darüber entzweit, ob sie nun Bürgerrechte, freie Meinungsäußerung und so weiter erreicht haben oder ob sie diese Bewegungen, die stärker durch die Arbeiter beeinflußt sind, unterstützen sollen. Dies ist eine bekannte Geschichte. Und ich glaube, daß die politischen Debatten in Studenten- und Intellektuellenkreisen ziemlich kritisch sind gegenüber den Ereignissen, die mit dieser Arbeiterbewegung in Zusammenhang stehen, und zwar erstens, ob sie gewinnen wird, und zweitens, – falls dies zutrifft – was sich weiter aus dieser Situation ergibt. Dies ist ein vertrautes Problem von Klassenallianzen. Viele der Personen, die sich sehr stark im Kampf gegen die Diktatur engagiert haben, sind nun – wenn ich es richtig verstehe – mehr damit beschäftigt, wie sie ein Auto kaufen kön-

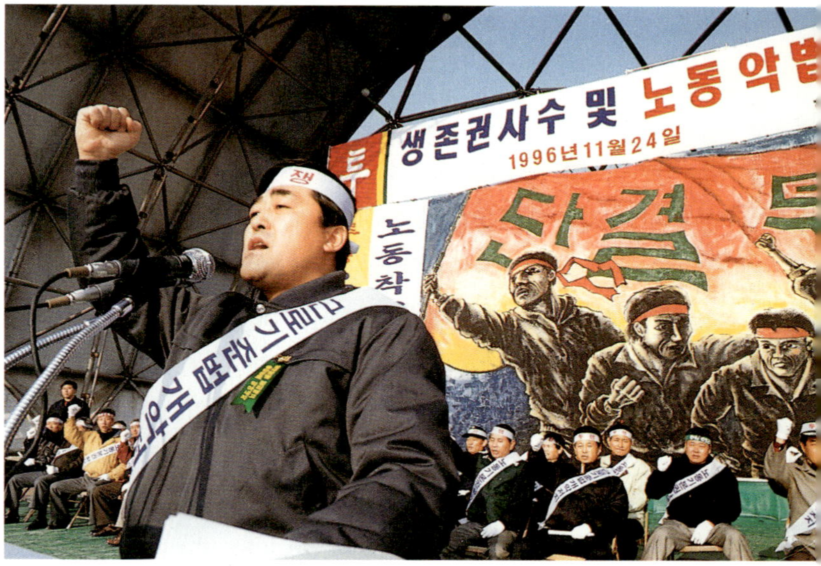

Seoul, Generalstreik, Januar 1997

nen; sie verfügen nun über bestimmte Konsumprivilegien und sind nicht mehr so sehr politisch engagiert wie einst. Wir haben es hier nicht nur mit Bündnissen zwischen geographischen Entitäten mit verschiedenen Traditionen, Geschichten und Ideen zu tun, sondern ebenso mit unterschiedlichen Klassenkonfigurationen, und damit, wie verschiedene Bündnisse zwischen Klassen verschiedener Umstände geformt werden können. In Korea mag die Möglichkeit einer starken Klassenallianz zwischen – wie man sie nennen könnte – radikalen Bürgerlichen und den Arbeitern nun nicht mehr gegeben sein. Die Entzweiung scheint sich zu verstärken, aber dies ist lediglich die Beobachtung eines Außenstehenden. Ich möchte nicht großes Fachwissen vorgeben, aber ich glaube, wir können eine Menge aus der Betrachtung von Dynamiken dieser Art lernen. Dies gibt uns einen Anstoß, über uns selbst nachzudenken, wie wir uns in diesen Klassenbündnissen positionieren, welche Bündnisse wir mit der Arbeiterklasse und anderen Bevölkerungsgruppen schmieden und um welche Arten von Politik es sich handelt.

Serge Daney – Vor und nach dem Bild

1. Die Unterscheidung, die ich zwischen dem »Bild« und dem »Visuellen« vornehme, ist pragmatischer Natur. Es erschien mir einfach nur praktisch, mich auf zwei verschiedene Worte zu beziehen. Das Wort »visuell« taucht oft im Wortschatz der Presse und der »Chef-Layouter« von Zeitungen auf. Das Visuelle bedeutet lesen und sehen in einem: es bedeutet zu sehen, was es zu lesen gibt. Jemand versteht die Presse zu lesen, sobald er das Visuelle einer Zeitung sehr schnell zu entschlüsseln versteht, selbst wenn es sich wie bei *Le Monde* um eine Zeitung ohne Photos handelt. Vielleicht gehen wir Gesellschaften entgegen, die immer mehr zu lesen verstehen (das heißt entschlüsseln, dekodieren, in einen Lesefluß kommen) und immer weniger zu sehen fähig sind. Ein »Bild« nenne ich etwas, das sich noch immer auf eine Seherfahrung stützt, und »visuell« nenne ich die optische Bestätigung des Vorgehens von Mächten (technologischer, politischer, militärischer Art oder in der Werbung), das als Kommentar nur ein »Alles kapiert!« hervorrufen will. Offensichtlich betrifft das Visuelle die Sehnerven, jedoch entsteht dabei nicht sogleich ein Bild. Die Andersheit ist, so denke ich, unerläßliche Bedingung für ein Bild. In sämtlichen Kulturen wird dieses mehr oder weniger leere Feld besetzt, das Feld des »Gibts 'n anderen« – um Lacan zu umschreiben. Sicher führt man Kriege, um dieses Feld in einem bestimmten Moment nur mit einem zu besetzen: mit dem Feind. So ist es leichter. Als der sogenannte »Golfkrieg« unabwendbar schien, glaubte man, den Anderen sehen zu können, oder wenigstens »das zu sehen, was man sehen würde«. Selbst wenn man den Krieg nicht allzusehr mag, weiß man, daß er zur menschlichen Gleichung gehört und eine »Sichtweise« ist.
Einige erwarteten wahrscheinlich einen Krieg aus Bildern zu Gesicht zu bekommen, andere einen Krieg der Bilder und seien es Propagandabilder. Um es vereinfacht zu sagen: einerseits war da die Dritte Welt mit ihren Waffen, ihrer Denkweise, ihrer List und ihrer Naivität, einer etwas schwerfälligen Art, die Propaganda des 20. Jahrhunderts zu beerben (vor allem auf Seiten der ehemaligen UdSSR, der Einheitspartei usw.). Andererseits gab es das erste Land der ersten Welt, das auch propagandistische Methoden verwendet, aber mehr im direkten Anschluß an Vietnam (Verteidigung der Demokratie der freien Welt usw.). Eigentlich erwartete das Publikum ein Ost-West-Spektakel, aber es bekam es nicht.

Statt dessen haben wir dem unglaublichen Zusammentreffen zweier Methoden »beigewohnt«, kein Bild zu machen (so wie man sagt: keinen Wind machen). Wir wurden Zeuge einer recht unerwarteten (irakischen) und einer äußerst unerwarteten (amerikanischen) Vorgehensweise. Über Jahre hinweg haben die Iraker viel Geld und Energie aufgebracht, um die arabischen Intellektuellen der Welt zu kaufen. Das hat wohl nicht geklappt, denn als diese vor den Augen der Welt auftraten, verzichteten sie darauf, auch nur irgendein Bild vom irakischen Nationalstaat zu geben. Man muß vermuten, daß andererseits auch den Amerikanern ein Bild von Amerika fehlte, da sie den Krieg entschlossen führten und gewannen, indem sie gleichzeitig die Spuren verwischten. Der Koproduktion von George Bush und Saddam Hussein ist es vollständig gelungen, jegliches Bild des Irak und der Iraker auszublenden.

In gewissem Sinne scheinen die Iraker unter und die Amerikaner über die »Bildlinie« gelangt zu sein. Diese Linie markiert das Andere. Es ist der Andere als gerade noch Sichtbarer, egal wie böse er auch sein mag. Es ist das Gesicht, das letztendlich den Anderen als Sichtbaren existieren läßt. Levinas erinnert daran, daß es nicht leicht ist, den zu töten, dessen Gesicht ich sehe. Es fiel den Henkern immer schwer, in das Gesicht ihrer Opfer zu sehen. Dies ist weiß Gott nicht unmöglich – es wird immer Perverse und Brutale geben –, aber dennoch schwierig. Sicher erinnern sie sich an die Stelle bei Rousseau: Es bleibt immer einfach, auf einen Knopf zu drücken, der außerhalb des Blickfelds den Tod eines Menschen am anderen Ende der Welt verursacht. Da sind wir nun einmal angelangt.

Das Gesicht des Anderen ist in stillschweigendem Einverständnis verschwunden. Saddam Hussein hat sich mit einem unscharfen und gefühlsbeladenen, für alles mögliche tauglichen Bild der »arabischen Welt« begnügt. Zu unserer großen Überraschung scheinen die Amerikaner aus Vietnam gelernt zu haben und in ein neues Stadium ihrer Macht gelangt zu sein, in dem sie keine Kriege mehr führen, sondern als Weltpolizei eingreifen. Nun zeigt man bei Polizeiaktionen weder die Fresse der Leute, die ins Gefängnis gesteckt werden, noch die der mutigen Gendarmen. Man tut dies nur in Kriegszeiten, da im Krieg Reste von Gleichberechtigung zwischen den

Kämpfern geblieben sind. Es ist möglich, daß auf irakischer Seite etwas von dieser Gleichheit aufrechterhalten wurde, als ein Überbleibsel des Duells zwischen Saladin und Richard Löwenherz. Aber auch wenn dies so ist, auf amerikanischer Seite entspricht nichts dieser puren Einbildung (Kreuzzüge sind nicht Sache der Amerikaner). Mich überraschte die Art der Amerikaner, kampflos vom Bild zum Visuellen überzugehen. Und das Visuelle bestand diesmal aus einer Führung durch das Kommissariat oder durch die Militärausstellung von Le Bourget. Sechs Monate lang zeigte man uns diese Führung, ohne daß wir ihre Bedeutung richtig begriffen hätten. Tag für Tag sahen wir, wie 500 000 Soldaten sich mit Mengen von Kriegsgerät in Saudi-Arabien einrichteten. Wir glaubten, darin den Vorspann eines fürchterlichen Monumentalfilmes zu erblicken, dabei war das schon der Hauptfilm!

Als die westlichen Medien entschieden, sich dem Iraker, dem Anderen, zuzuwenden, war dies beinahe unmöglich geworden. Hatten sie doch – sechs Monate! – auf den Kriegsausbruch gewartet, bevor sie sich für dieses Land interessierten, über das sie bislang nur keusch hinweggehuscht waren. In der Zeit, in der der Waffenhandel mit dem Irak mehrere Hunderttausende in Frankreich beschäftigte, sendete man im Fernsehen kein einziges Mal einen freundschaftlichen Bericht über dieses schicksalsvolle Land. Und als Saddam den Krieg verlor, kann ich mich an keine große Welle der Fernsehneugier für die Iraker erinnern. Vorher wie nachher bestand kein wirkliches Interesse, von sich aus ein wenig genauer hinzuschauen. Statt dessen gab es das kurdische Bild. Durch die Medien haben wir das Nicht-Bild des irakischen Anderen mit dem Überbild des kurdischen Anderen vertauscht. Als ob der Kurde akzeptiert hätte, einen zu widerspenstigen Schauspieler aus dem Stegreif (und gratis) zu ersetzen. Heute ist einem übel vor so viel schönem menschlichen Leid, das um so ergreifender ist, als die Sache der Kurden hoffnungslos ist, und die Kurden, von allen verraten, wirklich besiegt wurden. Währenddessen kennt man die Zahl der im Krieg getöteten Iraker immer noch nicht, und in Bagdad wird, entsprechend der arabischen Gewohnheit leider Gottes nur Niederlagen davonzutragen, offiziell vom Sieg der Iraker gesprochen. Wozu also Bilder, wenn von nun an nichts mehr gezeigt werden muß, nichts mehr »bewiesen« werden kann?

2. Es war recht ungeschickt von Saddam Hussein, die Art und Weise zu unterschätzen, mit der er sein Ansehen verlor. Jedoch ist das Ansehen eben nicht das Gesicht, und die Fragestellung muß vielleicht zwischen diesen beiden Worten gesehen werden. In der arabischen Welt existiert ausschließlich das Bild des Chefs. Frankreich bleibt Marianne, die etwas anderes ist als ein Chef oder ein Photo des Präsidenten – aber nur in Rathäusern, als Rest. Die arabische Welt hat uns langsam an ihr Verliebtsein in den Chef gewöhnt, vor allem in Krisenzeiten, wenn der Chef sich als Verlierer herausstellt. Ein schlecht plazierter Stolz, der aus geblähtem Bizeps und versteckten Opfern besteht, der durch die masochistische Identifikation der Opfer mit dem Muskelspiel beendet wird. Wenn nun die Opfer gezeigt, einzeln aufgezählt und bei ihrem Namen gerufen werden, erkennt man sie dennoch als Menschen an und spricht ihnen das Recht auf ein Gesicht zu, so zugeschwollen es auch sein mag.
Diese Frage stellt sich nicht nur diesem Teil der Welt. Ohne Zweifel ist es schlicht und ergreifend die Frage nach dem Feudalismus. So zu fragen ärgert uns, weil wir alle an den Marxismus glaubten, der uns abfällig vom Feudalismus als einer aus der Mode gekommenen und überholten Produktionsweise erzählte. Heute ist in den reichen Ländern die Mafia der moderne Nachfolger des Feudalismus: in den USA, in Italien, in Japan usw. In den aus der »Vereisung« gelösten Ländern stellt sie bereits eine bekannte Größe dar: in der UdSSR und in China. In den armen Ländern ist die Mafia noch der Clan, der die politische Macht kidnappt und mit Waffen und Ehrencodices herumspielt. Gewöhnlich besitzt diese Mafia kein anderes Bild als das ihres momentanen Führers und sie identifiziert sich mehr recht als schlecht mit dessen Unglück, und nur mit diesem. Tragisch ist zum Beispiel, daß keiner der arabischen Führer der antiirakischen Koalition auch nur proforma ein Wort über das Kurdenschicksal verlor. Noch tragischer ist, daß sie keine Sekunde daran denken, daß dieses Wort indirekt die beste Werbung für palästinensische Belange wäre. Masochismus ist weit davon entfernt, das Gegenteil von Egoismus zu sein.

3. Noch erstaunlicher ist die Position der Amerikaner. Man könnte sagen, daß ihr Land in diesem Krieg eine neue Selbstbestimmung erprobt hat. Eine Selbstbestim-

mung, die nicht mehr so sehr auf der Überindividualisierung des durchschnittlichen Amerikaners basiert, des GI Joe oder John Doe, die »den Mann von der Straße« vergessen läßt, und sich direkt auf General Schwarzkopf oder Colin Powell zubewegt. Man ist ganz weit entfernt von den zwiespältigen und blutigen, aber dennoch menschlich berührenden Erinnerungen der Vietnamsoldaten und ebenso von den fünfzehn Jahren Kino, die manchen sehr schönen Film über dieses Kriegstrauma hervorbrachten. Niemand dachte, daß die amerikanische Identität derart zusammengeflickt war. Angesichts der wirklichen Probleme dieses Landes fragt man sich nach dem Preis, den diese öffentliche Vernarbung kostet.
Bislang haben die Amerikaner zwei Kriege gewonnen. Der wirkliche Krieg, der Polizeieingriff, verlief nach Plan. Aber es gibt auch den Krieg der Bilder. Während eines Roundtable im französischen Fernsehen, einer abscheulichen Runde, in der jeder jeden beglückwünschte, äußerte eine CNN-Journalistin ihr Bedauern über eine in den Vereinigten Staaten veröffentlichte Umfrage. Dort wurde ein Gefühl des Überdrusses an Kriegsbildern festgestellt, diese, so wurde geäußert, würden dem Feind nützen, und es wäre gar nicht nötig, so viel zu sehen. Amerika gelang, was Saddam versuchte: das blinde Zusammenrotten seiner Bewohner zu einem Stamm, zusammen mit den traditionellen Gegnern, den Schwarzen und Latinos, die entzückt waren, einmal zu den Siegern gehören zu dürfen, siehe Colin Powell – wahrscheinlich der nächste Mitkandidat Bushs.

4. Kommen wir auf die Unterscheidung von Bild und Visuellem zurück. Mit dem Visuellen wird überprüft, wie etwas funktioniert. In diesem Sinne sind Klischees und Stereotype visuell. Zum Beispiel ist die Visage des Ausländers das visuelle Minimum arabischer Präsenz in Frankreich. Aber über dieses »Gesicht« hinaus ist niemand fähig, die besondere Geschichte eines einzelnen Ausländers aus der ersten oder zweiten Generation zu erzählen. Sobald es um die »Araberstraße« geht, spricht immer die Gruppe, die gefilmt wird. Ihrerseits wollen die Araber als Gruppe aufgenommen werden. Als Teil eines Kollektivs sind sie geschützt und können vor ihrem rassistischen Nachbarn bestehen oder auf der Polizeistation, wo sie bedrängt werden. Folglich ist

ihr Diskurs uninteressant, es ist eine verkaterte, sentimentale Sprache, in der phantastische Geschichten immer der Information vorgezogen werden. Da die Bewohner der »Araberstraße immer bereit« sind, Dummheiten über Saddam oder die Palästinenser zu äußern, spielen sie den Medien in die Hände.
Offensichtlich haben sich die Leute vom Fernsehen während des Kriegs gesagt: wir müssen aufmerksam sein, wir müssen in der Araberstraße drehen, die »Beurs«[1] und all das. Man bekam also eine ganze Litanei von ziemlich traurigen Bildern der Massenhysterie hauptsächlich in maghrebinischen Straßen zu sehen. Als ob der Begriff der »Massen«, der zeitgleich mit den kommunistischen Idealen aufgegeben wurde, heute nur noch auf die Araber angewendet würde. Als ob das linke Erbe und das der Dritten-Welt-Ideologie dort und nirgendwo anders zu finden wäre. Als wären die Sackgassen der Identität (die nur zur Infantilisierung dienen und zur Freude über dieselbe) zum arabischen Monopol geworden. Als hätte man vergessen, daß diese arabische Welt, seit langem unsere Cousinen und Nachbarn, eher gewaltlos war, trotz ihres übertriebenen Hangs zur Rhetorik. Schließlich ist die maghrebinische Immigration seit fünfzig Jahren die friedfertigste in Frankreich! Denke ich an den Identitätswahn anderer, fürchte ich den Fundamentalismus der Hindus, das Stammesdenken der Serben, jedoch nicht die arabische Neurose.
Dennoch kommt der Moment, in dem jemand wie ich sich gezwungen sieht, von der Art und Weise Abstand zu nehmen, mit der sowohl die französischen Medien, als auch die »arabischen Massen« ein massiv bedrohliches Bild der arabischen Welt abgeben, das auf »Erniedrigung« gründet. Was sich seit den fernen Zeiten geändert hat, in denen wir Linke waren, ist, daß ich im Namen von Werten meiner Kultur handle, ohne mir sicher sein zu können, daß diese Werte nicht wieder Attribute von Randgruppen sein werden. Aber ich bin für Kompromisse zu alt, und das Wenige, das ich in diesen dreißig Jahren Demagogie gemischt mit Hysterie gelernt habe, läuft auf Folgendes hinaus: Jedes Individuum, das sich aus der Masse hervorhebt, ist ein Sieg über die faszinierenden (und faschistoiden) Sirenen der Gemeinschaft. Braucht ein französisch sprechender arabischer Intellektueller Montesquieu, um seine individuelle Stimme zu Gehör zu bringen? Wenn ja, um so besser. Erreicht er dies auf einer ausschließ-

lich arabischen Grundlage, mit Ibn Khaldoun oder Ibn Arabi? Eigentlich will ich es nicht wissen. Aber was soll man sonst erwarten?
Das Verhältnis zu den ältesten arabischen Freunden wird schwierig, weil man ihnen sagen möchte, daß es ihnen nicht erspart bleiben wird, den Mut zu haben, »ich« zu sagen, den Mut zu haben, sich gegen den Druck der Gemeinschaft von allen materiellen und anderen Vorteilen loszusagen, die man hat, solange man verstohlen zwischen zwei Welten lebt. Ich erinnere mich an meine Trauer über den Tod von Kateb Yacine: Als es in Algerien wirklich schlecht lief, hat man immer nur ihn zu erreichen versucht und keinen anderen, weil er frei zu sprechen vermochte. Das ist nicht so einfach, auch nicht für uns. Der Westen rekonstruiert sehr ungeschickt Formen sozialer Bande, des Zusammenlebens und der heimlichen Eingeständnisse, die den auf Marktwirtschaft basierenden, individualistischen Gesellschaften eigen sind. Das geht nicht ohne Mühe und ohne Unmut. Oft scheint uns die dadurch abgesonderte Mittelmäßigkeit zu deprimieren, und auf einmal geht es nicht mehr ohne die verdrängte Nostalgie nach einer organischeren Vergangenheit, die nicht so weit von uns entfernt ist und von der man nichtige Reste im heutigen National-Lepenismus findet (und gestern noch in der Kommunistischen Partei Frankreichs, der PCF).
Die Arabische Welt, diese wunderbare Sozial-Ökologie, die Jahrhunderte des politischen Niedergangs überlebte, war lange Zeit für manche von uns ein sehr lebendiges Konservatorium für eine bestimmte soziale Emotionalität. Nirgends denkt man den Anderen besser, vorausgesetzt er ist konkret, er ist dieser Fremde, dem man Achtung schuldet. Ein Drama, und angesichts der ökonomischen Situation der Welt sogar ein unabwendbares Drama, ist die Tatsache, daß man dort den »Anderen« nie »abstrakt« denkt. Anscheinend ist der Universalismus auf der Strecke geblieben, und diese auf die Umkehr ins Dorf gerichteten Kräfte, mit ihrer grauenvollen Ignoranz gegenüber dem Rest der Welt, zeigen uns Westlern, daß wir mit unserem Universalismus – voll Eroberungswillen, aber oftmals leer – allein bleiben.

5. Es ist erstaunlich zu beobachten, wie die Selbstbezogenheit der Amerikaner die Geschichte der Kreuzzüge als unser Problem (das der Europäer) freisetzt, diese Ge-

schichte, die, wie ich mir manchmal sage, für die Araber vielleicht unvergeßlich ist. Es ist eine enttäuschte Liebesgeschichte zwischen den ehemals Besiegten (die Kreuzritter waren doch weniger zivilisiert und wurden letztlich vertrieben) und den neuerdings Besiegten (die Araber haben der modernen Welt zur Geburt verholfen, sie jedoch nicht auf ihren Abenteuerzügen begleitet). Unter der Erniedrigung, von der heute manchmal gesprochen wird, verstehe ich die Tatsache, daß die Araber vom einzigen Gesprächspartner nicht anerkannt wurden, der jemals für sie existierte, dem alten europäisch-christlichen Weggefährten, der es »im Leben« zu etwas brachte. Das Verhältnis zu Amerika erscheint mir wesentlich oberflächlicher: Amerika ist gleichzeitig das begehrenswerteste und mächtigste Land. Als mächtigstes Land macht man aus ihm den großen Satan, den einzigen, der es Wert wäre, daß man durch ihn besiegt würde. Besäßen die Ostarabischen Länder ein wirkliches Geschichtsgedächtnis, dürften sie den Engländern auf den Tod nicht verzeihen. In Sachen hinterlistiger und wirkungsvoller Politik bleibt das Foreign Office unschlagbar!

6. Ist das Fernsehen demokratisch? Das Demokratische an ihm ist, so glaube ich, in diesen kollektiven Spiegel zu schauen und zu unterscheiden zwischen dem Machbaren, dem, was man tun könnte (die Informationstechnologien sind leistungsstärker, als sie es jemals waren), und dem, was nicht gesendet wird, was schwierig ist. Es stört mich nicht, daß man im Fernsehen sagt, Saddam Husseins Widerstand wäre der Grund dafür, daß man keine Journalisten in den Irak senden konnte. Aber es muß so gesagt werden, daß der Fernsehzuschauer realisiert: »Siehst du, es fehlt ein Bild«, und dies nicht vergißt. Godard hat mir das beigebracht. Vor zehn Jahren hat er uns für eine Ausgabe von *Cahiers du Cinéma* gebeten, ein Gespräch mit ihm durch große Leerflächen zu illustrieren, die von Linien umrahmt und mit folgender Bildlegende versehen sein sollten: »Hier das übliche Photo«. Dies war eine Möglichkeit, zu sagen, daß man Photos zur Verschleierung der Leere einsetzt, zur Dekoration, um das zu tun, was ich heute als »visuell« bezeichne, nicht um zu zeigen.
Indem Godard Raum frei ließ, wies er eine Möglichkeit auf, nicht zu verschleiern. Heute habe ich das Gefühl, daß wir verloren haben, daß Godard verloren hat, und daß die

Medien mit dem Fernsehen an der Spitze, uns zu denken verbieten: »Schau mal, es fehlt ein Bild, lassen wir das Feld offen und warten wir damit, es auszufüllen«. Die Angst vor der Leere ergreift auch uns, so stark ist sie. Die Leere ist nicht mehr ein dialektischer Moment zwischen zwei angefüllten Stellen, sie ist, was man »vergessen machen« muß. Wie ich weiter oben schon sagte, haben wir deshalb »vergessen«, Reportagen über den besiegten Irak einzufordern, so wie wir vergaßen, die kleinen Beurs der Pariser Vororte nach dem zu fragen, was sie jetzt über Saddam Hussein denken.

In einem Text versuchte ich folgende Metapher: Information ist künftig eine Art Maschine, die jede Sache einzeln beleuchtet und auf dem fluktuierenden Markt aus ihr eine Objektkette erzeugt, die wie zwei Wassertropfen der Art ähnelt, wie elektronische Bilder hergestellt werden: durch Auflaufen und nicht mehr durch den Blick. In diesem Prozeß gibt es keine Leere. Eine Überwachungskamera beklagt sich nicht, wenn sie kein Ereignis aufgenommen hat. Das ist die Dummheit der Direktübertragung an und für sich. Sie vermischt das Tagesgeschehen mit der Information. Was hielt der Durchschnittsfranzose für Information? Daß der Irak nicht Saudi-Arabien ist. Das ist wenig, aber immerhin. Und für uns, die wir das schon wußten? Nichts.

Am 31. Dezember sah ich mir eine sehr kurze Reportage über Bagdad an. Nachtclubs, Whiskytrinker, unverschleierte Mädchen – Leute, die anscheinend nicht an den Krieg glaubten und sich offensichtlich amüsierten. Es war genau wie hier. Warum macht man daraus ein so kleines, fast folkloristisches Thema? Man könnte doch die ganze Nacht des 31. eine richtige Konferenzschaltung mit Bagdad einrichten? Möglicherweise sieht man so den Unterschied zwischen dem Irak und Kuweit, zerstört man vorgefertigte Denkweisen, Klischees, das déjà-vu.

Und wieso sah man bei Kriegsbeginn nichts über die Ausgrabungsstätten, über Ur, eine der Wiegen der Menschheit, und seine Gefährdung? Man muß kein journalistisches Genie sein, um auf die bescheidene Idee zu kommen (es gibt noch hundert weitere), vom Irak zu sprechen, indem man die Leidenschaft eines französischen Assyrologens zeigt, der sich um diese Stätten sorgt. Beim Fernsehen denkt man nicht so, man wartet, bis es zu spät ist, die Studios miteinander zu verbinden, und stellt diese ganze

unnütze Logistik zur Schau, die sich sehr schnell in Händen der Militärs und der Politiker befinden könnte.
Gut, es gibt sechs Programme in Frankreich, und man konnte das populärste, TF1, einfach zum gefügigen Echo aller Mächte werden lassen. Aber selbst die informierten Leute, selbst die Intellektuellen (ebenso naiv wie alle anderen) benötigten mehr Informationen, und sei es durch »la Sept«. Wieso hätten die Filmliebhaber nicht die Propagandafilme sehen sollen, die Tawfiq Saleh oder Salah Abou Seif (die besten ägyptischen Filmemacher) in einer bestimmten Zeit zum Ruhm des Irak gedreht haben? Die Schlacht von Qadisiyyah als Großproduktion wäre interessant gewesen, um die Paranoia Saddams zu verstehen.

7. Das Problem mit dem Bild vom Palästinenser hängt mit der Zersplitterung des realen Palästinensers zusammen. In meinem Kopf bringe ich sehr brillante Amerikaner wie Edward Saïd nicht zusammen mit den Kindern der Intifada, den Geschäftsmännern und Führungskräften der Wirtschaft Kuweits, den libanesischen Kämpfern, den Flüchtlingen Jordaniens oder meinem alten Freund Soufian Ramahi. Es gelingt mir nicht, weil zwischen dem Wort und der Sache das Wort »Palästinenser« obsiegt hat. Es ist ein Wort, dem es gelang, als reiner Signifikant jedermann zu nützen, zugleich als Schutz und als Alibi. Nun weiß man, daß es einfacher ist, für ein Wort zu sterben, als am Bild einer Sache zu arbeiten. Im Grunde gibt es kein komplexes Bild der palästinensischen Wirklichkeit, und ich befürchte, daß diese Tatsache allen in die Hände arbeitet. Das Bild Arafats ist leer, es ist ein leerlaufendes Rad, unversenkbar. Es ist ein Klischee, also ein Bild, das nicht entwicklungsfähig ist. Dieses Klischee läßt sicher das Wort »Anliegen« überleben, jedoch funktioniert es kaum anders als ein Werbelabel.
Ich erinnere mich an einen Film, der 1976 von propalästinensischen Freunden gedreht wurde und *L'Olivier* (der Ölbaum) hieß. In diesem Film gab es ein Bild zu viel und ein Bild zu wenig. Das Bild zu viel war das, was die PLO ihnen von den »Jungen Löwen« bot, von in Lagern militarisierten Kindern. Die Filmemacher mußten erklären, daß dies im Westen kaum als Werbung wirken würde, im einzigen Teil der Welt, in dem man

seit langem aufgehört hat, sich für bewaffnete Kinder zu begeistern. Gut, die Leute von *L'Olivier* haben dieses Bild nicht beibehalten. Godard glaubte jedoch, bei den Dreharbeiten von *Jusqu'à la victoire* (Bis zum Sieg), schließlich *Ici et ailleurs* (Hier und Anderswo) genannt, das Bild eines Kindertrainings nicht zensieren zu müssen (Ich erinnere mich an ein kleines Mädchen, das eine falsche Bewegung macht und für eine Sekunde vor Entsetzen erstarrt. Dieses Bild ist mir unvergeßlich). Aber dieses Bild sagt Tote voraus, und daß es bereits davon weiß.

Was das fehlende Bild in *L'Olivier* betrifft: Marius Schattner erklärt mit sehr sanfter Stimme, daß unter der israelischen Kolonie (die man sieht) versteckt und überdeckt ein palästinensisches Dorf liegt (das man nicht sieht). Daran erinnere ich mich auch, da wir von den *Cahiers du Cinéma* zu den wenigen gehören, die immer schon wußten, daß die Liebe fürs Kino auch darin besteht zu wissen, was man mit den Bildern macht, die wirklich fehlen. Und das Bild der Palästinenser war schon schwierig. Die Palästinenser halfen auch nicht. Als die Filme von Michel Khleifi zu sehen waren, schöpfte man wieder Hoffnung: Man konnte konkrete Palästinenser und konkrete israelische Soldaten sehen, und man verstand, daß Israel die Fähigkeit verlor, ein Bild vorzustellen (das ebenso wirksam war, wie die der Kibbuz aus den 50er Jahren oder die des Exodus), da sich der israelische Nationalstaat zu sehr verhärtet hat, um das Risiko eines Bildes auf sich zu nehmen.

Wenn der Andere fehlt, zieht sich jedes Lager auf sein »Visuelles« zurück, der eine auf seinen wirklichen Staat, der andere »in all die Zustände« seines Imaginären.

[1] Beurs ist der Name der zweiten oder dritten Generation der maghrebinischen Immigranten in Frankreich.

Serge Daney hat dem Golfkrieg in *Libération* und im Radio zahlreiche Chroniken gewidmet. In der Zusammenfassung der Chroniken, die er im Aprilheft der *Cahiers du cinéma* 1991 veröffentlichte, sprach er von der notwendigen Unterscheidung zwischen den Begriffen des »Bildes« und des »Visuellen«. Die *Revue d'études palestiennes* bat ihn, diese Unterscheidung näher zu erläutern. Die Beiträge wurden von Samir Kassir und Elias Sanbar zusammengestellt.

Aus: *Revue d'études palestiniennes*, Nr. 40, 1991.

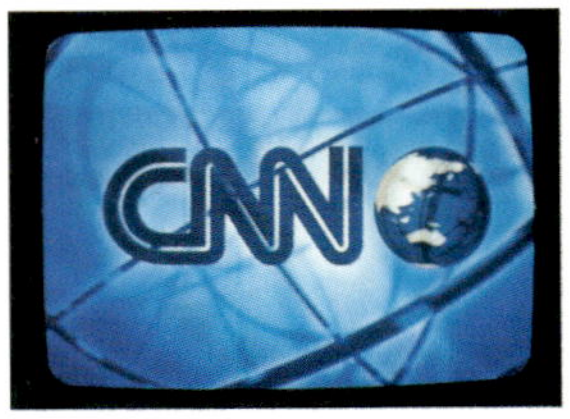
CNN

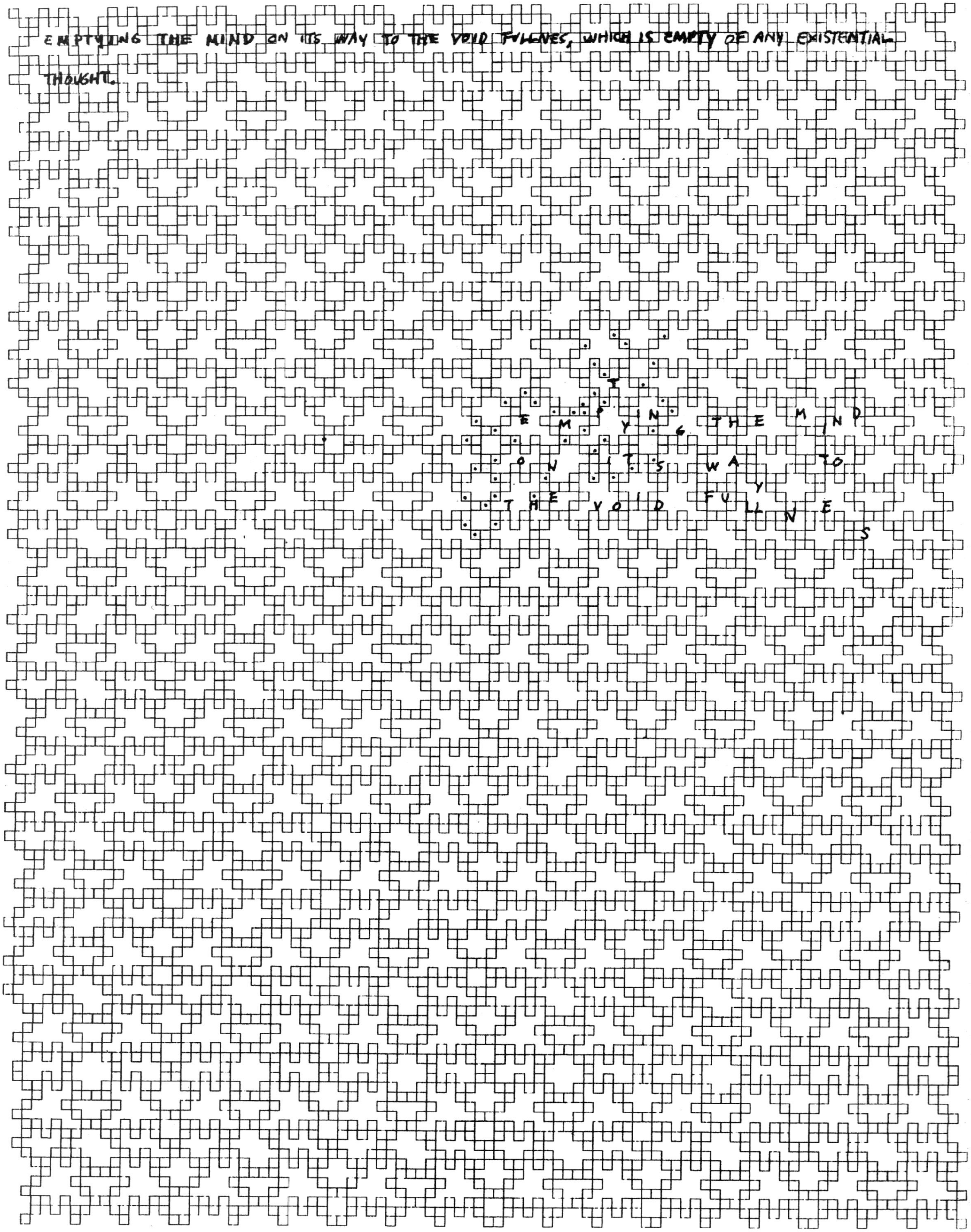
EMPTYING THE MIND ON ITS WAY TO THE VOID FULLNES, WHICH IS EMPTY OF ANY EXISTENTIAL THOUGHT.

14 2 97

DRAWING ON THOMAS:

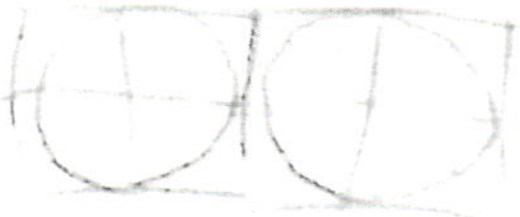

DIBUJAR SOBRE ESTRUCTURA ÓSEA DESCRIBIENDO EL OCIO TRIDIMENSIONAL. LÍNEA SOBRE VOLÚMEN. TOPOGRAFÍA DEL CRÁNEO. ENTRANDO EN LOS OJOS. PERDIÉNDOSE. RETRATO DE UN ESPACIO. ESPACIO QUE SUCEDE. SUCESIÓN DE LÍNEAS, ESPACIOS Y TIEMPO. MATAR EL TIEMPO.

RED DE PENSAMIENTO. CONEXIONES. CONCIENCIA COMO RETÍCULA DE PERCEPCIÓN.

DIBUJO DE LA NADA. EL VOLÚMEN DEL NO. RECIPIENTE VACÍO. COMO CAJA DE ZAPATOS.

MIRADA COMO ESPACIO. RECIBIENDO.

MIRADA COMO ESPACIO QUE RECIBE. COMO RECIPIENTE

PASAR EL TIEMPO CON LA NADA. PERDER EL TIEMPO.

RAYAS EN EL AGUA.

LAPICERO COMO BISTURÍ

SKULLPTURE.

CON EL DIBUJO APLANAMOS ~~LA IMAGE~~ EL OBJETO. VOLUMEN HECHO GRÁFICA.

OBJETO HECHO IMAGEN

PRIMERA SERIE DE FOTOGRAFÍAS.

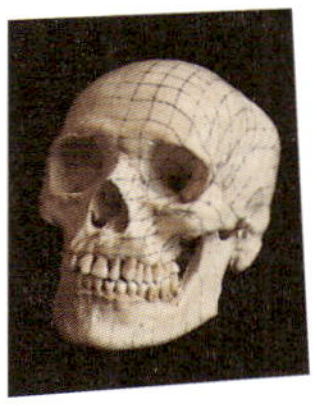
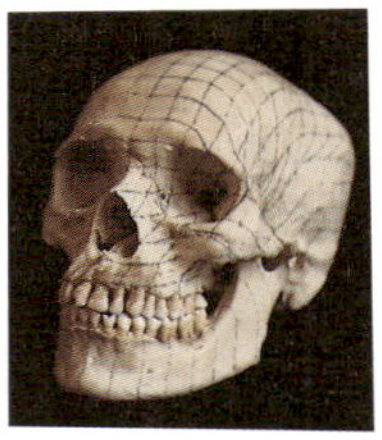
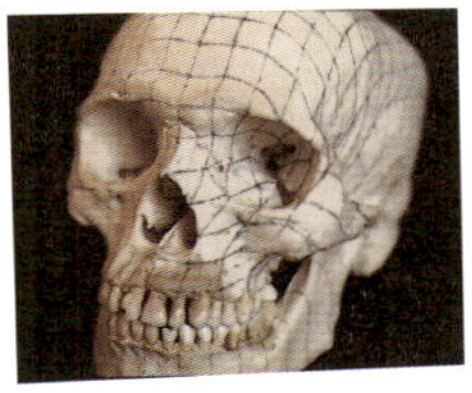
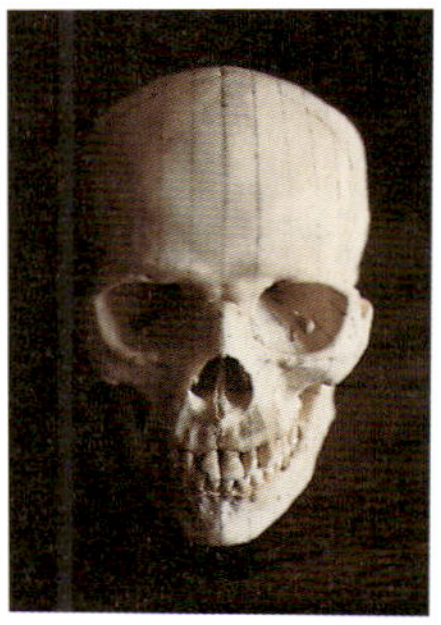
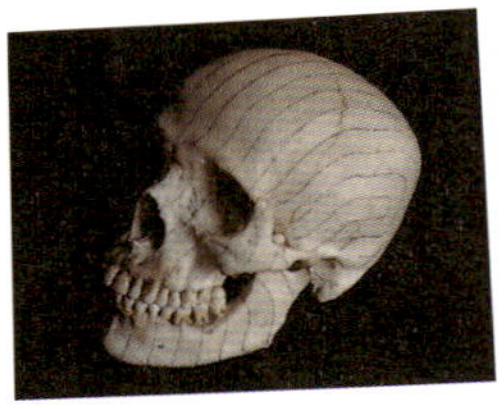
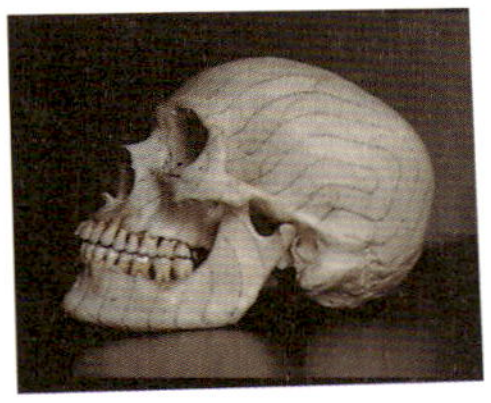
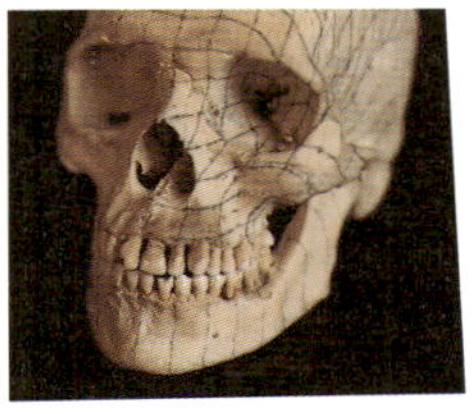
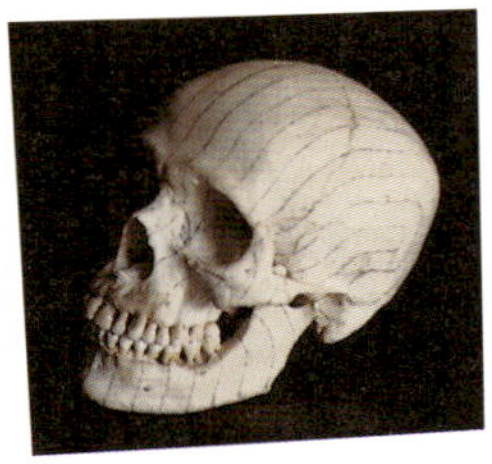
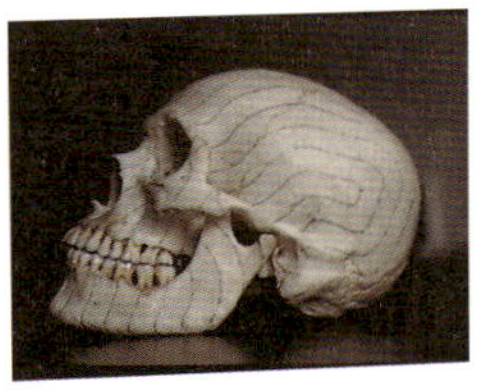
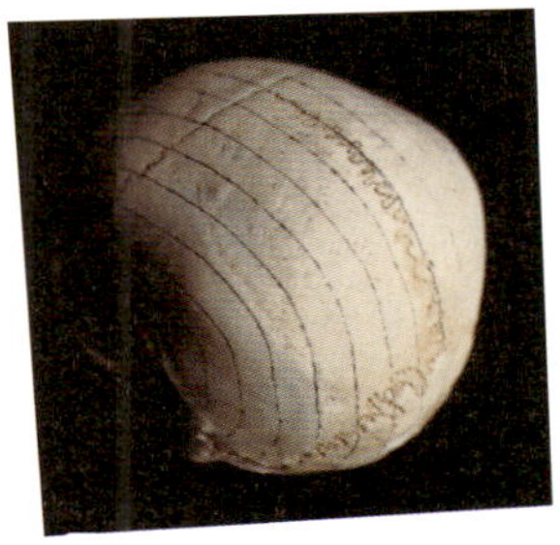
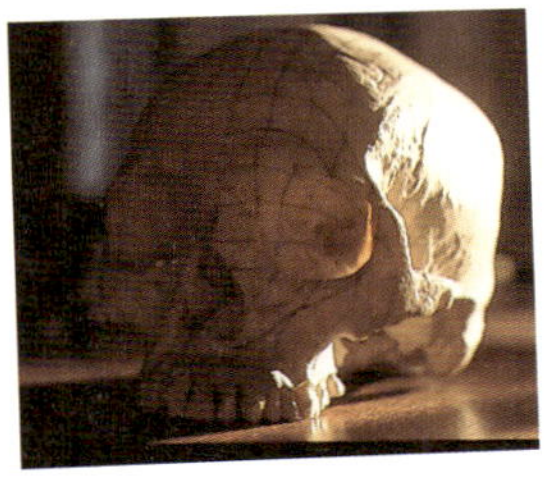
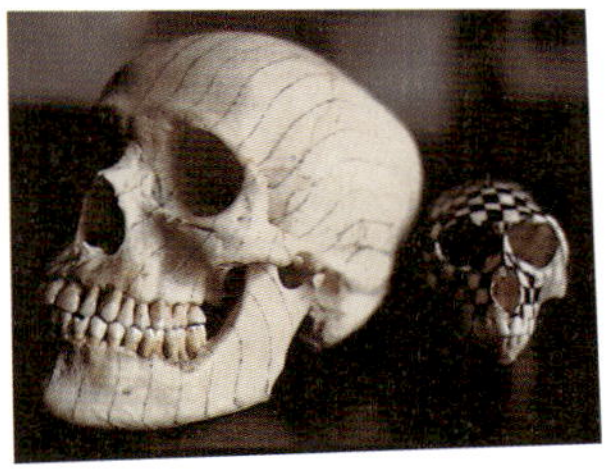
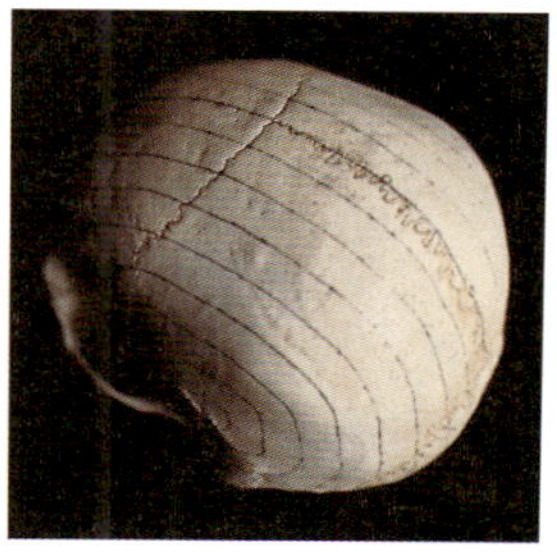
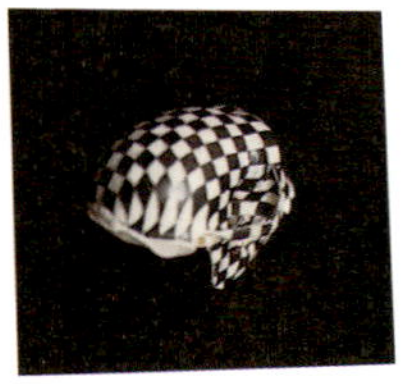
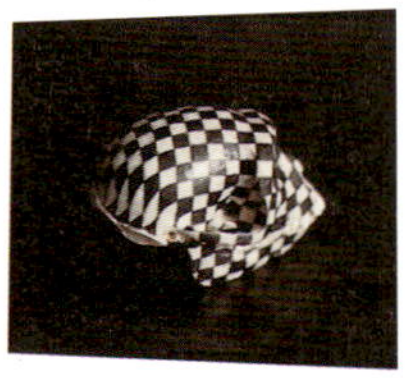

1960–1997 Das politische

Ein Gespräch zwischen
Benjamin Buchloh,
Catherine David und Jean-François Chevrier

Fortsetzung von Teil 1 (Seite 403)

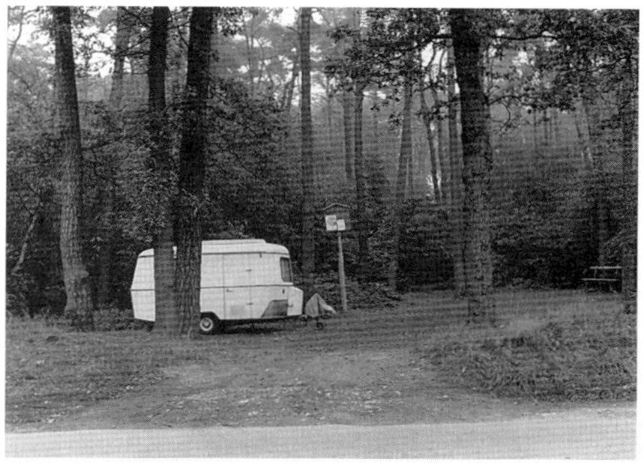

Michael Asher, Skulpturenausstellung in Münster 1977, Wohnwagen auf wechselnden Stellplätzen, Standort 15. Woche

JEAN-FRANÇOIS CHEVRIER Kehren wir zu Ihrer intellektuellen Biographie zurück; 1978 ist ein wichtiges Datum für Sie. Sie hatten gerade Deutschland verlassen. Können Sie uns sagen, aus welchem Grund?

BENJAMIN BUCHLOH Das Nova Scotia College hatte zahlreiche Konzeptkünstler nach Halifax gelockt, an einen völlig entlegenen Ort in Ostkanada. Da konnte man zeitgenössische Kunst mit konzeptuellem Schwerpunkt studieren, von Ryman und Richard Serra auf der einen Seite bis Dan Graham und Jeff Wall auf der anderen. In diesem Zusammenhang hatte Kasper König eine Publikationsreihe gegründet, *The Nova Scotia Series*: Quellenmaterial zur zeitgenössischen Kunst. Nachdem er innerhalb von vier Jahren zahlreiche wichtige Bücher herausgebracht hatte, verließ er die Schule, und sie suchten einen Nachfolger für ihn. Bei der ersten Skulpturenausstellung in Münster im Jahr 1976 nahm man mit mir Kontakt auf, und so wurde ich für 1977 nach Halifax eingeladen.

Das lag im absoluten Nichts, es war nicht einmal romantisch; aber ich hatte mir jahrelang gewünscht, in Amerika zu leben, und damals war ich so naiv, zu glauben, daß Kanada dasselbe wie die Vereinigten Staaten sei. Nach dieser ersten Reise war ich nicht mehr sicher, ob ich das Angebot annehmen sollte. Auf dem Rückweg nach Europa saß ich mit solchen Gedanken in einem Hotelzimmer in Toronto und hörte im Fernsehen, daß die Baader-Meinhof-Gruppe im Gefängnis vermutlich Selbstmord begangen hatte. Für mich war klar, daß sie umgebracht worden waren, was ich übrigens auch heute noch glaube, wenngleich es für diesen Verdacht keinerlei Beweise gibt. Der Tod der Baader-Meinhof-Gruppe einerseits und die Berufsverbote in Deutschland andererseits sowie der allgemeine Rechtsrutsch bedeuteten das endgültige Ende aller Hoffnungen auf eine linke Kultur in Deutschland. Da entschied ich mich wegzugehen.

Natürlich war das nicht der einzige Grund. Ich hoffte außerdem, in eine Institution zu kommen, die die Konzeptkunst ernsthaft unterstützte. Doch da ergab sich eine interessante Enttäuschung: Genau zu diesem Zeitpunkt nämlich war die starke Präsenz der Konzeptkunst an dieser Schule vorüber. In Halifax begegnete ich einem jungen Maler namens Eric Fischl, der Performances mit Kulissenpapier machte, auf das er Figuren zeichnete. Ein Jahr später verließ er die Schule, um der Star der neuen expressionistischen Gegenstandsmalerei in Amerika zu werden, die Reaktion auf dem rechten Flügel! Alles ging zu Ende und wendete sich zugleich. Sie können das an den Büchern ablesen, die ich herausgebracht habe. Die ersten Bücher setzten das Programm noch fort: Dan Graham, Carl Andre/Hollis Frampton und das große Projekt mit Michael Asher. Aber schon wenig später begann ich eine ganz andere Reihe in einer Richtung, die mir notwendig erschien.

JEAN-FRANÇOIS CHEVRIER Was bedeutete es für Sie, in Nordamerika zu leben?

BENJAMIN BUCHLOH Ich kam, wie gesagt, 1972 zum ersten Mal nach New York. Wie alle Europäer war ich fasziniert. Außerdem hatte ich zahlreiche Kontakte mit amerikanischen Künstlern und, was noch wichtiger ist, ich erkannte eines Tages, daß das meiste, was ich über zeitgenössische Kunst gelesen hatte, amerikanische Kritik und amerikanische Nachkriegskunstgeschichte gewesen war. Es gab kaum zeitgenössische deutsche Kunstkritik. Die meisten Künstler, die mich interessierten, waren Amerikaner, obwohl sich das später geändert hat. Ich ging in der Vorstellung – und vielleicht mit einer gewissen Naivität – nach Nordamerika, dort eine offene, universelle Kultur zu finden, die jedermann offensteht, der sich dafür interessiert. Das war der Mythos Amerika, den die Deutschen damals pflegten: eine postnationale Kultur, eine posttraditionelle Identität – obwohl ich doch eigentlich vor allem auf der Suche nach einer Transformation meiner eigenen deutschen Geschichte war!

CATHERINE DAVID Das muß ein ideologisches Trauma gewesen sein. Wegzugehen, weil es keine radikale linke Alternative mehr gibt, in einem Land und zu einer Zeit zu leben, wo es alles andere als eine radikale Linke gibt! Es muß dramatisch gewesen sein, einer hoffnungslosen Situation den Rücken zu kehren und dann in eine noch aussichtslosere Situation zu kommen.

BENJAMIN BUCHLOH Sie meinen, warum ich in ein Land ging, das die linke Tradition weit gründlicher zerschlagen hat als jedes andere? Natürlich gibt es immer noch eine Linke in den USA, aber keine offizielle, organisierte; es gibt linke Intellektuelle an den Universitäten, vielleicht mehr als in Europa. Das ist ein amerikanisches Paradox, das radikale und irgendwie in sich schlüssige linke Denken in gewissen künstlerischen Kreisen. Aber was mich angeht, so dachte ich, daß ich auf eine offene Situation treffen würde. Bei meinen früheren Besuchen hatte ich den Eindruck gewonnen, daß, wenn man in künstlerischen und kulturellen Kreisen etwas wirklich wollte, es auch erreichen konnte. Ich weiß nicht, ob das immer noch stimmt. Es ging nicht um irgendeinen akademischen Grad, nicht um Familienbande und auch nicht darum, zu irgendeiner Institution zu gehören. Wenn sich die Leute für Ihr Vorhaben interessierten, gab es immer Möglichkeiten, es zu verwirklichen. Damals schien mir das ein echter Unterschied zur Düsseldorfer Akademie, wo für mich offensichtlich nichts mehr zu erreichen war. Das Nova Scotia College war hingegen damals immer noch eine aufregende Institution, mit vielen interdisziplinären Tätigkeiten, einem Klima wirklicher Offenheit zwischen den verschiedenen Abteilungen, den Künstlern und der Gastfakultät.

JEAN-FRANÇOIS CHEVRIER Hatten Sie den Eindruck, ein Land zu entdecken, in dem der Mythos von der individuellen Erfüllung im Gegensatz zu den organischeren Aspekten europäischer Mythologien herrschte?

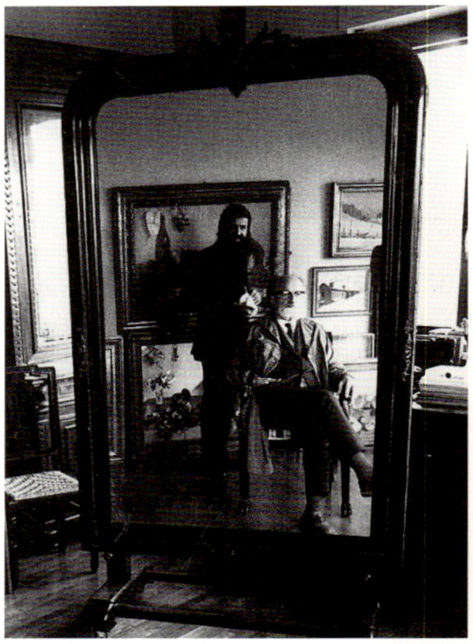

Michelangelo Pistoletto
Padre e Figlio (Vater und Sohn), 1973

BENJAMIN BUCHLOH Weil in den Vereinigten Staaten ein fundamentaler Mangel an traditioneller Kultur herrscht, kann ein zeitgenössischer Kulturschaffender dort immer eine Struktur mit einer gewissen Eindringlichkeit oder Notwendigkeit schaffen. Die Arbeit von Dan Graham oder Michael Asher, der damals sehr wichtig für mich war, ist niemals in einem ausschließlich institutionellen oder diskursiven Kontext angesiedelt, sondern versucht im Gegenteil, die Produktionsprozedur sichtbar zu machen. Es geht darum, sich selbst mit einer Praxis in die zeitgenössische Realität einzuführen – und nicht bloß ein Stück fürs Museum abzuliefern. Die Verbindung zwischen künstlerischen und kulturellen Praktiken scheint in den USA immer direkter zu sein als hier. In Europa scheint zum Beispiel der Feminismus oder eine gewisse Rezeption von amerikanischer Multikulturalität augenblicklich zum bloßen Kulturgegenstand zu werden. Dagegen strebt die Reflexion über Multikulturalität in Amerika eine Einflußnahme auf die politische Realität an, zumindest aber minimale Reformen. Auch wenn sie als kulturelle Praxis ursprünglich von der symbolischen Ebene ausgeht, so begreift sie sich selbst doch nie außerhalb der Realität politischer und kultureller Institutionen. Die deutsche Kulturstruktur schätzt sich glücklich, eine Künstlerin wie Renee Green in ihren Reihen zu haben, weil sie eigenartig, fremd und exotisch ist; aber die deutschen Kulturproduzenten machen sich keine Gedanken darüber, warum die deutsche Regierung 40 Millionen Mark ausgibt, um 4000 vietnamesische Gastarbeiter aus dem ehemaligen Ostdeutschland zu deportieren. Für mich ist das eine Form von ethnischer Säuberung mit finanziellen statt mit militärischen Mitteln. Es gibt keine Reflexion, keine Kritik zu diesen Fragen, dafür aber ein glühendes Interesse am Multikulturalismus amerikanischer Prägung auf der Ebene der Kulturproduktion.

CATHERINE DAVID Vielleicht wäre dem noch eine Nuance hinzuzufügen. Soweit ich weiß, gibt es in Deutschland zur Zeit keine dringende Notwendigkeit für eine Multikulturalismus-Diskussion. Im Gegenteil, man bereitet im Augenblick alles dafür vor, daß Türken in der dritten Generation deutsch sprechen und Deutsche werden. Das ist eine kleine Revolution.

JEAN-FRANÇOIS CHEVRIER Sie sagen, daß importierte Kulturpraktiken auf Produkte und Moden reduziert werden. Wie aber steht es mit der Dimension des Narrativen? Europa ist in jedem Fall jene Weltregion, in der sich der narrative Strang der Moderne herausgebildet hat, und es bleibt der Gral des Narrativen. Mit all seiner Ambiguität. Ich persönlich denke, daß bei aller durchdachten Raffinesse bestimmter einzelner Werke in Amerika das Narrative der Moderne in seiner amerikanischen Version vereinfachend ist, Moden hervorbringt und über keine – oder zumindest reichlich wenig – Ambiguität verfügt. Sie selbst haben gesagt, daß die Leute in Amerika die Ambiguität bei Broodthaers nicht erkennen. Dennoch sehen wir sie bei Dan Graham und Jeff Wall. Sie haben als erster festgestellt, daß Richters Ambiguität in Amerika nicht wahrgenommen wird. Wir dürfen diese Dimension zwischen einer radikal kritischen, modernen Position einerseits und dem Festhalten oder Aufrechterhalten von Traditionen, ja Archaismen andererseits nicht vergessen.

Michelangelo Pistoletto

BENJAMIN BUCHLOH Ich könnte jetzt boshaft sein und antworten, daß Anselm Kiefer seine Karriere immerhin in Amerika gemacht hat. Was bedeutet, daß Amerika sehr wohl in der Lage ist, diese Vielschichtigkeit zu erkennen oder anzustreben, auch wenn es sie selbst nicht hervorzubringen vermag... Aber ich stimme Ihnen zu. Wir müssen genauer sein. Der Gegensatz zwischen Warhol und Richter hat mich sehr fasziniert und tut es immer noch. Richter hat oft eingeräumt, daß Warhols Präsenz in Deutschland außerordentlich starken Einfluß auf sein Werk hatte. So wäre sein Beitrag zur Biennale in Venedig 1972 ohne Warhol nicht denkbar gewesen. Und doch entfernt Richter sich von Warhols Position genau aufgrund jener Ambiguität, die Sie beschreiben. Eine ähnliche Mehrdeutigkeit führt bei einigen Künstlern in eine fürchterliche Falle, bei Kounellis und Boltanski zum Beispiel. Eine Ambiguität, die mit der Geste der Erlösung oder der humanistischen Subjektivität wiederhergestellt werden soll, ist zum Scheitern verurteilt. Je größer die Anstrengung, je lauter die Behauptungen, desto mehr fällt die Sache eben jenen Mechanismen der Spektakularisierung zum Opfer, denen sie entgegenzutreten meint. Kounellis ist der tragischste Fall. Als er in den USA mit einer sieben Räume umfassenden Installation in Chicago den Gipfel seines Erfolgs erreichte, war das die Katastrophe eines großen italienischen Künstlers, der in die Falle der Spektakularisierung von Ambiguität, von Erinnerung, vom Begriff des mystischen Subjekts gegangen war.

JEAN-FRANÇOIS CHEVRIER Ich stimme vollkommen mit Ihnen überein. Man muß zwei Arten von Ambiguität unterscheiden. Sie erwähnten gerade Kounellis, ich nenne Pistoletto. Mit seinen sogenannten Spiegelbildern schuf er in den 60er Jahren eine Alternative zur amerikanischen Pop Art, ähnlich wie Richter. Pistoletto entdramatisierte die Figur des Nachkriegsmenschen, die Bacon fixiert hatte, und setzte sie wieder in Bewegung. In seinen Spiegelbildern kombinierte er die photographische Darstellung – den hieratischen Schnappschuß – mit der Zufälligkeit des beweglichen Betrachter- bzw. Besucherbildes. Er führte die Dinge vor, aber in der Zeit, und zwar in einer Zeit, die mit verschiedenen Geschwindigkeiten abläuft, eben nicht nur die ewige Gegenwart der Reproduktion. Und dann gibt es die zweite Phase in Pistolettos Kunst, die *Minus Objects*. Meiner Meinung nach liegen die Ursprünge der Arte povera in den *Minus Objects*, die eine Reaktion auf die Serialität sowohl der Pop Art als auch der Minimal Art in ihrer ideologischen Form sind.

Benjamin Buchloh: Die Arte povera, die ich sehr schätze, scheint mir mehr denn je, in ihren Anfängen zumal, ein Beispiel für eine künstlerische Praxis, die der Aushöhlung des Kultwerts in den frühen 60er Jahren entgegenzusteuern versucht. Das ist eines ihrer Paradoxe: In ihrem Antiamerikanismus versucht die Arte povera die Dimension des Kultes in eben jenem Augenblick aufrechtzuerhalten, in dem der Ausstellungswert exklusiven Charakter anzunehmen beginnt – insbesondere durch die Wahl von prä- oder nichtindustriellen Materialien. Im direkten Gegensatz zur Minimal Art konstruiert die Arte povera einen Diskurs des Natürlichen, des Prä- beziehungsweise Außerindustriellen. Ich verstehe das als eine Hoffnung, etwas wiederherzustellen, was man ironisch als Naturalisierung der Ästhetik der Collage bezeichnen könnte, als einen Versuch, die Assemblage außerhalb der Ästhetik der industriellen Objekte wiederzubeleben.

Jean-François Chevrier: Bei Pistoletto läßt sich die Ambiguität genauer festmachen. Es ist eine Ambiguität zwischen Handwerklichkeit und industrieller Produktion, zwischen Basteln und Maschinenfertigung. Die Herstellungsart der *Minus Objects* ist nachhandwerklich, aber noch nicht industriell. Pistolettos Vater war Handwerker. Und auch hier haben wir es wieder mit derselben Logik des Erhaltens, der Beibehaltung traditioneller, paraindustrieller Strukturen zu tun, die parallel zur tayloristischen Produktion des 20. Jahrhunderts geführt werden. An einigen verblüffenden Stücken beteiligte Pistoletto seinen Vater und integrierte so im genealogischen Sinn das handwerkliche Modell in eine Produktion, die in jeder Hinsicht mehrdeutig bleibt, weil sie zwischen Handwerk und moderner Norm, und auch zwischen zwei Generationen angesiedelt ist. Das ist Ambiguität im Gegensatz zum Minimalismus – und nicht die Ambiguität der Arte povera im allgemeinen.

Benjamin Buchloh: Mir scheint, die Tragödie der Arte povera liegt genau darin, daß sie die Bedingungen der Reproduzierbarkeit des modernen Kunstwerks nicht reflektiert hat. Statt dessen versuchte sie, wieder ein grundlegend auratisches Werk zu schaffen, einzigartig und paraindustriell, ohne die Tatsache zu reflektieren, daß genau diese Arbeit im Distributionssystem der Kulturindustrie reproduziert werden würde. Im Gegensatz dazu hat die Arbeit der Amerikaner, sei es Warhol oder Minimal Art, dieses Problem treffsicher antizipiert. Wiederholung, Reproduzierbarkeit oder Serienmäßigkeit der Werke Warhols behaupteten eben gerade nicht jene falsche Authentizität, die die Arte povera in ihrer eigenen Reproduktion auf den Plan rief. Ich finde nichts entsetzlicher, als durch europäische oder gar amerikanische Museen zu gehen und die soundsovielste Variante des Merz-Iglus oder eines Kounellis-Fragments zu sehen – serienmäßige Produktionen für die Museen.

Jean-François Chevrier: Generell stimme ich zu, aber Pistoletto ist eine Ausnahme; er hat die Dimension der Reproduzierbarkeit integriert. Mehr noch, er verkörpert sozusagen die Arte povera in ihrer reinsten Form und ist doch derjenige, der in den USA am wenigsten beachtet wird, weniger als Merz, Kounellis undsoweiter. Er wurde als erster in die amerikanische Spektakel-Maschinerie integriert, nachdem Castelli-Sonnabend ihn als Teil der Pop-Bewegung präsentierten. Aber das war ein Mißverständnis, von dem er sich distanzierte. Als er dann später etwas anderes machte, wurde er ausgeschlossen. Eindeutig zensiert und ausgeschlossen.

Benjamin Buchloh: Ich würde sagen, er wurde unentzifferbar und unpraktikabel!

Jean-François Chevrier: Zensiert und ausgeschlossen! Das wäre also nun diese Ausnahme. Ich finde es bezeichnend, da er als einziger Arte-povera-Künstler systematisch mit Photographie arbeitete, das heißt also mit einer Multiple-Kunstform. Aber könnte man Richters abstrakte Bilder nicht genau nach jenem Schema kritisieren, das Sie zu Recht für die Arte povera insgesamt skizziert haben?

Catherine David: Bei Richter sehe ich da weniger Probleme, weil er bewußt an der klassischen Form festgehalten hat, ein Bild nach dem anderen zu malen. Bei Pistoletto ergibt sich wie bei vielen anderen, die sich für eine bestimmte Tätigkeit entschieden haben, das Problem, wie man mit den Überresten umgeht. Hier stellt sich also die Frage nach der Institution, nach dem Museum in seinem gegenwärtigen Zustand, und da fürchte ich, daß wir an einen »unüberwindbaren historischen Horizont« stoßen. Für dieses Problem gibt es keine andere Lösung als einen mehr oder weniger subtilen und klaren Umgang mit den Werken. (In München war es beispielsweise bestürzend, die exzellente, voller Verständnis für dieses Werk eingerichtete Pistoletto-Retrospektive im Lenbachhaus zu sehen und nebenan die Galerie mit Spiegelscherben und dergleichen...) Das hat mit äußerst gewöhnlichen Problemen zu tun wie dem Überleben des Künstlers, dem Markt, aber auch mit dem Problem der Geschichte. Ich glaube, daß der Begriff der Ambiguität unmitttelbar an den Begriff der Geschichte gekoppelt ist. Und es besteht in den Vereinigten Staaten zur Zeit ein ganz anderes Verhältnis zur Geschichte als in Europa.

Benjamin Buchloh: Was meinen Sie, wenn Sie die Präsenz der Familienstruktur in der italienischen Ambiguität betonen, bei Pistoletto zumal?

Jean-François Chevrier: Einfach die Beibehaltung, ja Konservierung vorindustrieller Riten.

Benjamin Buchloh: Und das heben Sie positiv hervor?

Jean-François Chevrier: Natürlich würde es mich ärgern, wenn es sich als das herausstellte, was Max Weber als die typische Ernüchterung der Moderne bezeichnet. Aber bei Pistoletto liegt nichts im Verborgenen, so daß wir es mit Ambiguität zu tun haben. Es geht um zweierlei: die Erkenntnis des Ernüchterungsprozesses mitsamt der subversiven Entsublimierung, die Andreas Huyssen und Marcuse beschreiben, und dann die Integration – im psychologischen – der traditionellen Elemente durch Prozesse der genealogischen Reproduktion, wie sie bei Pistoletto explizit und ablesbar sind, ebenso wie bei Richter, denn Pistoletto arbeitet mit seinem Vater, erbt im psychologischen Sinn von seinem Vater, arbeitet mit ihm zusammen...

Michelangelo Pistoletto

(Ich spreche nicht von den Künstlern, sondern vom Minimalismus als Ideologie.) Bei Pistoletto kann man genau ablesen, wie die Ambiguität den ungelösten Konflikt zwischen den Forderungen der Moderne einerseits und den Reminiszenzen an eine traditionelle Struktur andererseits nutzt. In diesem Fall eines italienischen Künstlers ergibt sich die traditionelle Struktur sowohl aus einer Familienstruktur, die sich der modernen Versachlichung widersetzt und traditionelle Rituale lebendig hält, als auch aus dem Modell einer bürgerlichen Kultur, die bestimmte aristokratisch-populäre Lebensstile aufrechterhalten konnte. Bei Richter handelt es sich hingegen um eine andere Kultur, eine eher bürgerliche Struktur, so wie Habermas sie beschreibt

BENJAMIN BUCHLOH Ist »aristokratisch-populär« so etwas wie ein »poetisches Dokument«?

JEAN-FRANÇOIS CHEVRIER Nein, es ist eine historische Situation, kein Oxymoron! Wenn wir uns Europa am Ende des 18. Jahrhunderts ansehen, dann war die Aufklärung in Deutschland, Frankreich und Großbritannien stärker als in den Mittelmeerländern wie Italien oder gar Spanien. Aus dieser Zeit stammt die bürgerliche Gesellschaft, die Marktgesellschaft mit ihrer Ideologie und dem Ideal des öffentlichen Raums. Auf dieser neuen bürgerlichen Norm begründete sich ein System der Integration bzw. Ausschließung des Volkes. In Italien hingegen wird, basierend auf der urbanen Form, eine alte, urban-zivile Struktur fortgeführt, bürgerlich und aristokratisch, die einer anderen Art von Integration bzw. Ausschließung des Volkes Vorschub leistet. An der Stelle einer starken Zentralregierung wie in Frankreich, Deutschland oder Großbritannien steht hier eine zivile Struktur, in der die Bourgeoisie in weit stärkerem Maß unter der Herrschaft einer regionalen Aristokratie verbleibt.

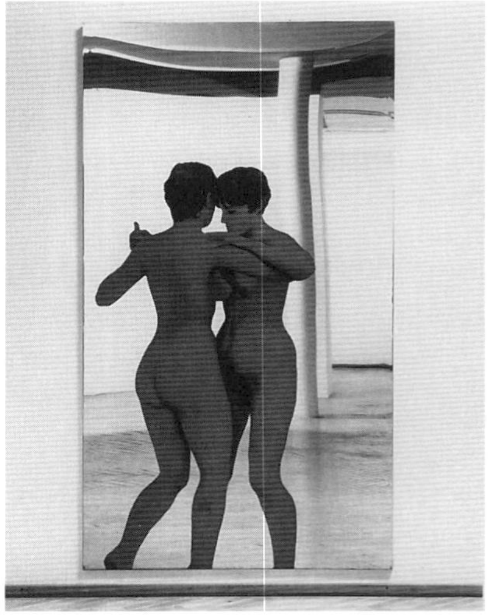

Michelangelo Pistoletto, Due donne nude che ballano (Zwei nackte Frauen, die tanzen), 1962–64

BENJAMIN BUCHLOH Welche anderen Beispiele für Ambiguität könnten Sie nennen? Mythos, nationale Kultur, nationale Identität, Geschichte?

JEAN-FRANÇOIS CHEVRIER Ich spreche von der Ambiguität als Dimension künstlerischer Tätigkeit, sofern sie von einer kritischen Haltung geprägt ist. Catherine hat auf das strukturelle Problem hingewiesen, mit den Spuren, den Überresten einer Kunst zu arbeiten, die die Tätigkeit über das Werk stellt. Wie werden diese Überreste in einem institutionalen, museographischen Raum präsentiert? Ich glaube, nach 1978 kann es keine Kunst der reinen Tätigkeit mehr geben, die nicht auch das Werk miteinschließt. Es sollte keine Verselbständigung der Tätigkeit gegenüber dem Werk, dem Objekt geben. Deshalb markieren Dan Grahams Pavillons einen ebenso wichtigen Wendepunkt wie die ersten Arbeiten von Jeff Wall, weil Graham an diesem Punkt erkannte, daß er die Dimension des Werkes an sich in seine künstlerische Produktion wieder miteinbeziehen mußte.

BENJAMIN BUCHLOH Was Acconci nicht gelungen ist...

JEAN-FRANÇOIS CHEVRIER Darin ist Graham Acconci weit voraus. Das gelang ihm mit Hilfe des Architekturmodells. 1978 veröffentlichte er *Art in Relation to Architecture*, einen sehr wichtigen Text, der die Synthese zwischen Venturi und Aldo Rossi herstellt. 1978 baute er auch seinen ersten Pavillon. Das ist ein deutlicher Bruch, ein Wendepunkt in seiner Entwicklung. Er überdenkt die Dauerhaftigkeit des Objekts, sogar des monumentalen Objekts und gibt seine frühere Praxis auf, in der er dem Monument den Moment entgegensetzte, wie wir in einem Artikel von 1977 nachlesen können. Er hatte über Oldenburg und Antiobjekthaftigkeit geschrieben, also auch über Antimonumentalität; und das Monument bedeutet Erinnerung. Wenn er also wieder für das Monument plädiert, so plädiert er damit für die Tiefe der Zeit. Es ist eine Methode, die Arbeit an der Erinnerung wieder aufzunehmen. Die Pavillons beinhalten psychische Arbeit, sie sind psychosoziale Objekte, und historische Objekte. Sie existieren im gesellschaftlichen Raum, sie enthüllen eine sozial-historisch-politische Situation, und sie sind zudem psychische Objekte.

BENJAMIN BUCHLOH Ich bin nicht sicher, ob Sie Recht haben, die Arbeit so unmittelbar als monumental zu bezeichnen; vielleicht sollte man sie lieber architektural oder urban nennen, weil es dabei doch eher um Fragen der Architektur als der Monumentalität geht. Darauf läuft es zwar hinaus, aber das kommt später.

JEAN-FRANÇOIS CHEVRIER Sie haben Recht, zu diesem Zeitpunkt dachte er noch nicht über Monumentalität nach. Dennoch ist das Monument der Schlüssel zu Aldo Rossis Denken in *The Architecture of the City*. Die Idee der Stadt – gemeint ist die griechische polis, und nicht der urbane Raum – manifestiert sich für Aldo Rossi im Monument. Aber verstehen Sie mich nicht falsch, ich spreche nicht von der simplen Rückkehr zum Monument. Grahams Denken bildet die Synthese aus Rossi und Venturi, aus der monumentalen, historischen Stadt und dem urbanen Raum der Zirkulation durch Zeichen. In diesem Sinne ist er ein Beispiel für die Ambiguität in der modernen Kunst. Wir sollten uns daran erinnern, daß Venturi den Begriff der Ambiguität seit 1966 ausdrücklich für sich in Anspruch genommen hat. Aber abgesehen von diesem spezifischen Kontext resultiert die in der kritischen, postkonzeptuellen amerikanischen Kunst auftauchende Ambiguität aus jener Ratlosigkeit über die anzuwendenden Kriterien, die sich aus der im Sinne der Aufklärung von der modernen Kunst behaupteten Autonomie ergab. Diese Autonomie ist genau in dem Maß Gegenstand der Kritik, in dem das Aufklärungsideal der individuellen Emanzipation eigentlich eine bürgerliche Ideologie darstellt, die zum Ausschluß bestimmter Klassen führt. Es gibt also zwei Paradigmen moderner Kunst. Das erste ist ein Kommentar zum Verhältnis von Werk und Präsentation, das man heute als traditionell bezeichnen mag, tatsächlich aber um 1750 auftauchte, zeitgleich mit dem modernen öffentlichen Raum und der Stärkung des autonomen Subjekts. Das zweite Paradigma tauchte zunächst in den 20er und dann wieder in den 60er Jahren auf und führt die Debatte um Tätigkeit und Information. Dieses zweite Paradigma resultiert aus dem Willen, die Widersprüche des Kriteriums der Autonomie zu überwinden. Seit 1978 wissen wir, daß das zweite Paradigma, wenn es vom ersten isoliert wird, genau jene Wirkung zeitigt, der es entgegensteuern sollte. Deshalb muß das erste Paradigma auf der Grundlage des zweiten integriert werden. Das ist Ambiguität.

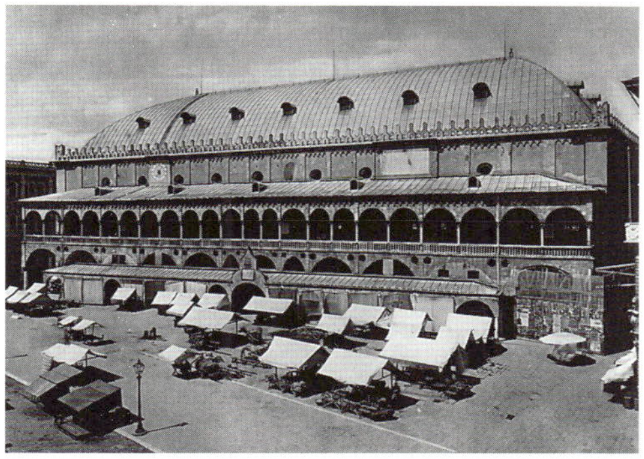

Padua, Palazzo della Ragione

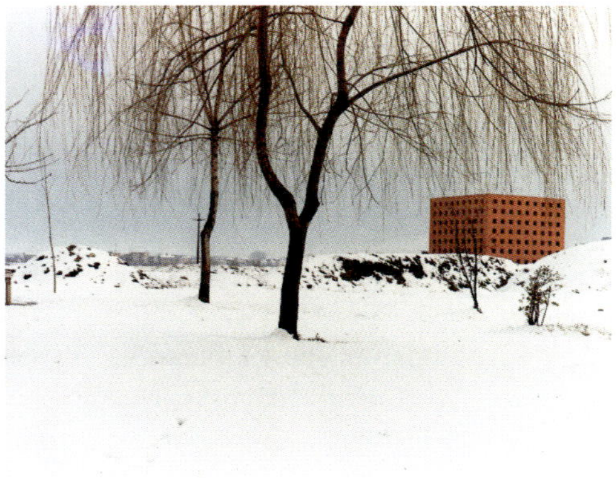

Aldo Rossi, Modena, Friedhof San Cataldo,1971

BENJAMIN BUCHLOH Genau das macht Richter mit den Mitteln der Malerei. Nicht einmal das einzelne Bild erhebt Anspruch darauf, ein einmaliges, auratisches Objekt zu sein: es ist bereits Teil einer Serialität. Ein großes abstraktes Bild, dann ein anderes, dann noch eines. Wiederholung und Serialisierung sind bei Richter nicht dasselbe wie bei Barnett Newman, bei dem es immer noch um die ursprüngliche Authentizität, um den Balanceakt geht. Bei Richter ist die Serialität bereits Teil der Konzeption eines Bildes, auch wenn er darüber nicht gern spricht. Damit schützt er seine Bilder. Er bewegt sich ständig hin und her zwischen dem Figurativen und dem sogenannten Abstrakten, und eben diese Bewegung ermöglicht ihm den Wechsel zwischen all den Möglichkeiten der Darstellung, der Photographie und der Malerei. In dieser ständi-

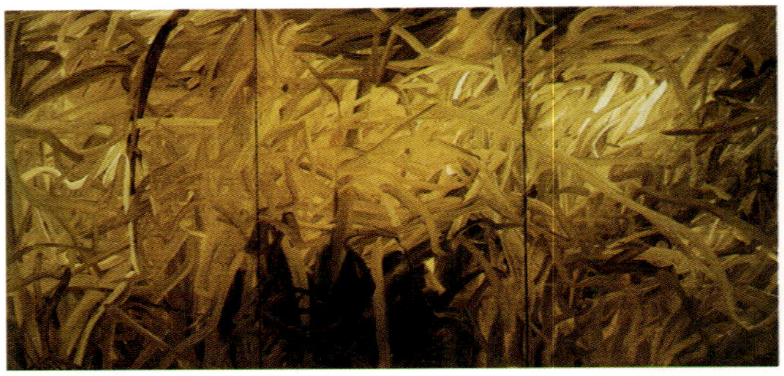
Gerhard Richter, Ohne Titel (grün), 1971

gen Bewegung erreicht er zwischen beiden Positionen jene Ambiguität, die Sie gerade beschrieben haben. Für Richter garantiert die Malerei die Vermittlung zwischen den beiden Lösungsansätzen, dem einen von 1750 – denn Richter ist ein zutiefst bürgerlicher Maler – und dem späteren von 1950, dem postbürgerlichen, postrevolutionären Ansatz. Ich glaube, Sie werfen die Avantgarde der 20er Jahre und die Avantgarde der Nachkriegszeit in einen Topf. Es gibt drei Positionen: 1750, 1920 mit der Erschließung eines proletarischen öffentlichen Raums durch Surrealismus und Konstruktivismus; und der Moment um 1950 mit der Bildung eines postproletarischen Bereichs, der eher abgeschlossen denn öffentlich ist.

CATHERINE DAVID Eine Anmerkung hierzu: Das erste Moment und das erste Paradigma haben ihren Ort, auch wenn er erweiterbar ist. Dieser Ort ist das Museum. Das zweite Paradigma hat keinen Ort.

BENJAMIN BUCHLOH Attackierung und Kritik des Ortes sind ja exakt das Anliegen von 1920: weg mit der Malerei, weg mit dem Rahmen, dem Subjekt, dem Museum.

CATHERINE DAVID Die Frage nach dem zweiten Paradigma und dessen Ortlosigkeit bleibt offen.

BENJAMIN BUCHLOH Deswegen nimmt Broodthaers ja immer Bezug auf den Ort des Museums. Immer verweist er auf die Abwesenheit des Ortes, wenn er die Kultur des Museums untersucht, oder wenn er sich mit der Avantgarde-Kultur im Hinblick auf ihren Ort im bürgerlich-öffentlichen Raum auseinandersetzt. Das ist keine Nostalgie, sondern eine retrospektive Reflexion auf die Entstehung von bürgerlich-öffentlichem Raum durch den Ort des Museums. Er erforscht den Sinn der Praxis zeitgenössischer Kunst außerhalb oder jenseits dieses Ortes.

JEAN-FRANÇOIS CHEVRIER Aber für Broodthaers ist die koloniale, exotische Dimension wichtig. Er verschiebt die Betrachtungsweise des bürgerlichen Ideals, weil er es, so wie Baudelaire, vom Standpunkt des Exotismus aus beurteilt. Broodthaers betreibt das, was wir heute als »Entkolonisierung des Subjekts« bezeichnen würden, und dazu gehört, daß bei der Einschätzung der Entstehung bürgerlicher Souveränität der Kolonisierungsprozeß in Betracht gezogen wird. Das fehlt übrigens bei Habermas vollkommen: Er läßt das neue Element, das durch die Kolonisierung ins Spiel gekommen ist, völlig außer acht.

BENJAMIN BUCHLOH Ist es der Kolonialismus, der Broodthaers interessiert, oder der bürgerliche Kapitalismus in seiner imperialistischen Phase?

JEAN-FRANÇOIS CHEVRIER Sie haben Recht. Aber diese kapitalistische Phase setzt den Kolonialismus voraus... Wie dem auch sei, ich glaube, wir sollten zum Wendepunkt von 1978 zurückkehren, und zum Übergang zwischen den beiden von Ihnen herausgegebenen Schriftreihen.

BENJAMIN BUCHLOH Ich übernahm eine von Kasper König begründete Schriftreihe; sie war der Geschichte der 60er Jahre, den minimalistischen und postminimalistischen Jahren gewidmet. Als einziger europäischer Künstler war Hans Haacke in dieser Reihe vertreten – und manche betrachten ihn ja ohnehin als Amerikaner. Anfangs führte ich augenscheinlich diese Richtung weiter: Dan Graham, Michael Asher. Aber im Austausch mit den Studenten wurde mir irgendwann klar, daß es immer mehr um eine Praxis lokaler Oppositionskultur ging. Wir empfanden es als schwierig, das Modell einer sogenannten Avantgarde auf unsere marginale Situation in der Provinz zu übertragen. Außerdem zeichnete sich ab, daß die Bestrebungen der Konzeptkunst mit der 1978 beginnenden Gegenbewegung ihr Ende gefunden hatten. Deshalb suchte beziehungsweise fand ich zufällig gewisse postkonzeptuelle Künstler, die das konzeptuelle Erbe zwar in ihre Arbeit integriert hatten, zugleich aber neue Instrumente politischer Kulturkritik entwickelt hatten. Zu diesem Zeitpunkt begann ich, mit Jenny Holzer, Dara Birnbaum, Martha Rosler und Alan Sekula zu arbeiten; mit ihnen entstanden Bücher zwischen 1978 und 1981. Aus der Distanz erscheint mir das als ein Versuch, aus der Sackgasse der akademischen Konzeptkunst herauszukommen und gleichzeitig gegen die Bildung einer neuen visuellen Kultur auf der Grundlage der Malerei anzutreten. Natürlich finde ich diese Kehrtwende heute zu einfach, weil man sie auch als eine Verlagerung auf andere Medien betrachten kann: Alle diese Künstler arbeiteten mit Sprache, Photographie und Fernsehen oder Video.

JEAN-FRANÇOIS CHEVRIER Können Sie den Unterschied zwischen den vier Künstlern, die Sie jetzt gerade erwähnten, und den Künstlern, mit denen sie früher arbeiteten, genau beschreiben?

BENJAMIN BUCHLOH Der ersichtlichste Fall ist Jenny Holzer; sie hat mich von Anfang an, seit 1978, fasziniert. Sie hatte das Sprachmodell der Konzeptkünstler radikal auf den Kopf gestellt: den analytischen Ansatz von Joseph Kosuth oder das Modell der strukturalistischen Linguisten bei Lawrence Weiner. Obwohl die Sprachmodelle der konzeptuellen Praxis die Sprache als Gegensatz zur modernistischen Visualität auffassen, sind sie paradoxerweise immer noch selbstreflexive Modelle. Jenny Holzer schien mir sofort näher an Althussers Sprachmodell zu sein, weil sie die Sprache als ideologische Praxis definierte. In dem Buch, das ich mit ihr gemacht habe, hat jeder Satz eine Struktur, die den Strukturen der Konzeptkunst entspricht; zugleich aber funktionieren diese Strukturen auf sämtlichen Ebenen und schlagen immer wieder um in die von Althusser so genannte »Interpellation«. Damals hatte ich bereits begonnen, Althusser in der englischen Rezeption seines Werkes zu lesen, vor allem im *Screen-Magazin*. Dan Graham hat die Auswahl meiner Lektüre immer beeinflußt, und er war damals schon mit einem großen Teil des französischen Poststrukturalismus in englischer Rezeption vertraut. Diese Althussersche Perspektive hat mich an Holzer interessiert, denn ich war der Meinung, daß es ihr wirklich gelungen war, die sogenannte Neutralität des konzeptualistischen Sprachmodells hinter sich zu lassen und die Sprache als integrales ideologisches System zu betrachten. Vielleicht habe ich es falsch verstanden...

Dieselben Argumente gelten auch für Dara Birnbaum, die ich durch Dan Graham kennenlernte. Bei ihr sah ich eine ähnliche Radikalität und Intelligenz wie bei Graham, aber auf einer anderen Ebene. In zahlreichen Arbeiten aus den 70er Jahren begreift Dan die Architektur als semiotisches und ideologisches System, aber die Sprache der Populärkultur im Fernsehen ließ er außen vor. In Dara Birnbaums Arbeit sah ich den ernsthaften Versuch, sich der Mittel der amerikanischen Pop Art zu bedienen – jener Strukturen der Serialisierung und Wiederholung, wie sie durch das Vermächtnis Warhols und das formale Erbe des Minimalismus geprägt worden waren –, um damit eine kritische Praxis zu führen, die sich einerseits mit der Massenikonographie auseinandersetzt und andererseits jene Mechanismen durchschaubar macht, die im ideologischen Instrument des Fernsehens am Werk sind.

Ein wenig anders, aber doch vergleichbar ist die Situation in den Büchern mit Rosler und Sekula, die von der Westküste kamen und bei Marcuse studiert hatten, als dieser noch in San Diego war. Sie arbeiteten mit David Antin und Allan Kaprow und hatten einen ungewöhnlichen Zugriff auf die künstlerische Produktion entwickelt. Dieser schien den Standards von Minimalismus und Konzeptualismus in New York zuwiderzulaufen, weshalb es für manche Leute bis auf den heutigen Tag schwierig ist, die Arbeiten zu verstehen. Auf den Ebenen der Theorie und der Kritik, der Photographiegeschichte, aber auch

Jean-François Chevrier: Wir interessieren uns beide sehr für Heartfield. Ich finde seine Position mehrdeutig, weil er ein Dada-Künstler ist, der von einer anarchistischen Position der Revolte ausging, dann aber der kommunistischen Partei beitrat – was nicht unbedingt ein Widerspruch sein muß, zumindest nicht im Berlin der damaligen Zeit. Auch weil er sich nicht auf Preußen, sondern auf Amerika bezog und seinen Namen im Ersten Weltkrieg anglisierte. Es gibt eine gewisse Ähnlichkeit mit Grosz; allerdings überquerte dieser den Atlantik und sang am Ende das Lob Amerikas, während Heartfield über London am Schluß seines Lebens nach Ostdeutschland kam. Die Ausstellung *Montage and Modern Life* in Boston sowie zur gleichen Zeit die kleine Ausstellung über Arbeiterphotographie haben mir gezeigt, daß er im Rahmen einer Propaganda arbeitete, die von Münzenberg geleitet und von Moskau ferngesteuert wurde. Das war damals gerade jener Augenblick, als die kommunistische Partei versuchte, eine Struktur der Informationsproduktion durch die Arbeiter aufzubauen und Publikationen aller Art erschienen, um die Arbeiter anzuregen, ihre eigene Information zu produzieren. Aber Heartfield machte Photomontagen und keine Dokumentationen. Er gestaltete den Umschlag der *Arbeiter Illustrierten Zeitung*; und die Ausstellung in Hannover zeigt die ungewöhnliche Weise, in der er die Seite der Photomontage als Bildraum auffaßte, ganz im Gegensatz zur Dokumentarphotographie. Als ich die »Originale« sah, war ich verblüfft, wie eigenständig diese Titelseiten waren. Sie enthielten etwas ganz anderes als die von den Dokumentarphotographen angewendete deskriptiv-logische Aufeinanderfolge der Bilder. Heartfield widerspricht der Norm einer sequentiellen Dokumentarphotographie. Insofern ist er mit Rodtschenko vergleichbar. Ich glaube, diese Ambiguität ist heutzutage notwendig, man braucht die bildnerische Einheit des Tableaus. An Alan Sekula könnte man bemängeln, daß er sich mit dieser Einheit des Bildes niemals beschäftigt hat.

Benjamin Buchloh: Warum favorisieren Sie das Tableau als zeitgenössische Praxis? Um dadurch das Modell der Druckseite zu ersetzen?

Jean-François Chevrier: Ich glaube, man muß im Rahmen einer sequentiellen Montage-Praxis die bildnerische Einheit erhalten. Das Modell des Tableaus vermeidet die Voraussetzung einer Tätigkeit, einer radikalen Alternative zum Werk, die Illusion eines radikal anderen öffentlichen Raums, der nicht bürgerlich wäre. Diese Naivität war das große Mißgeschick der Avantgarde.

Benjamin Buchloh: Denken Sie, daß Jeff Wall diese Naivität vermeidet?

Jean-François Chevrier: Ja, indem er das Handlungsmodell auf der Basis des Tableaus wiedereinführt und mit der Ambiguität dieser beiden Modelle spielt. Er vermeidet die Naivität, die in den 70er Jahren äußerst produktiv war, heute aber nicht mehr funktioniert...

Benjamin Buchloh: Ist da nicht ein kleiner Widerspruch, wenn

Sie erklären, daß eine Arbeit wie die von Wall den unveränderten Wert der Institution Museum oder des Museumsraums bestätigt – nachdem wir doch gerade festgestellt haben, daß der Museumsraum nicht länger existiert? Eine von Jeff Wall in bildnerische Konvention transformierte Photographie setzt voraus, daß die Wertigkeit des Museumsraumes auch weiterhin unverändert besteht!

Jean-François Chevrier: Es stimmt, daß Jeff Walls Leuchtkästen das Museum voraussetzen. Aber deswegen sind ja Heartfield und Rodtschenko so wichtig, weil die bildnerische Einheit nicht unbedingt das Tableau sein muß, es kann auch die Druckseite sein, und wenn es nicht die Druckseite ist, dann ist es das Museum. Das Heartfield-Rodtschenko-Modell macht eine bildnerische Einheit vorstellbar, die in dialektischem Bezug zum sequentiellen Montage-Modell steht.

Benjamin Buchloh: Ich glaube, das beschreibt sehr gut, was Alan Sekula macht. Es ist das Modell des Archivs als Substitut der bildnerischen Einheit auf der Grundlage der Bilderfolge, oder, wie Rodtschenko es nannte, der Photoakte; diese bezeichnete er als den einzigen Weg, der Bildgesetzlichkeit zu entkommen. Die Sequenz, das Archiv erfordert Quantität, um die Relationen zwischen Subjekt und Objekt, zwischen Subjekt und Subjekt und damit die Vielfalt der Bezüge im historischen Prozeß selbst herzustellen. Dies ist die berühmte Photographie-Debatte von 1926–1928.

Jean-François Chevrier: Was sagt Rodtschenko in dieser Debatte? Er sagt, daß selbst das photographische Abbild gleichzeitig als autonomes Bild, als Tableau betrachtet werden kann – und er weiß um die Komplexität und Reichhaltigkeit des Staffeleibildes, von dem er mit der Ausstellung der drei Monochromen die reine Form des Tableaus isolierte – und daß das photographische Abbild zugleich vervielfältigt, reproduziert, auf der Druckseite veröffentlicht und für die Montage verwendet werden kann. Er postuliert eine Ambivalenz beziehungsweise Bivalenz des photographischen Abbilds, wobei er zugleich jeden von ihm so genannten Fetischismus ablehnt. Diese Position ist nie wieder genauso aufgegriffen worden. Das ist deshalb wichtig, weil die proletarischen Ideologen Rodtschenko vorwerfen, ein Bourgeois zu sein. Darauf antwortet er, daß man beides gleichzeitig sein muß: Man muß für die proletarische Kultur arbeiten und zugleich den von der Bourgeoisie erzielten Fortschritt erhalten.

Benjamin Buchloh: Als Rodtschenko von Kushner in dieser berühmten Debatte unter Druck gesetzt wurde, erwiderte er, daß man den Schnappschuß zunehmend als photographische Ästhetik aufgreifen sollte. Das steht in unmittelbarem Widerspruch zum photographischen Handwerk oder dem Photographiekonzept innerhalb einer bildnerischen Konvention. Vor kurzem wurde der Schnappschuß als einheimische Tradition bezeichnet, die bis in die 60er Jahre hineinreicht, als Dan Graham beispielsweise die Möglichkeit vertrat, man könne

ihrer eigenen Praxis trieben sie in meinen Augen eine echte Weiterentwicklung auf der Basis der Konzeptkunst voran. Sekula versucht, den Gebrauch der Sprache zu entneutralisieren und zugleich die Ikonographie der Pop Art zu politisieren. Mit Rosler und Sekula verband mich sofort das Interesse für John Heartfield. Der zweite Punkt war, daß auch nach ihrem Verständnis die Pop Art ausschließlich mit dem Bild des Konsums arbeitete, wohingegen sie auf der Suche nach populären Strategien der Bildproduktion waren; und die fanden sie bei dem »Straßenphotographen« Garry Winogrand und bei Larry Clark, dem Photographen der Subkultur. Beide zeichneten Bilder einer populären, einheimischen Alltagskultur. Sie betrachteten diese photographischen Praktiken als linguistische Konventionen, analysierten sie und transformierten sie in ihrer Arbeit. Für mich ist das immer noch eine interessante Position, vor allem wenn man sie nicht nur im Zusammenhang mit der Entwicklung einer kritischen Photographiegeschichte sieht, sondern auch als künstlerische Praxis im Augenblick des Postkonzeptualismus, die sich mit dem Verständnis der Produktionsformen und des massenhaften Bildvertriebs auseinandersetzt. Diese Künstlergeneration betreibt eine kritische Analyse der Repräsentationssysteme und der Kultur im Sinne der Produktion und des Konsums von Alltagskultur. Und das ist ein enormer Unterschied zur ebenso reinen wie simplen Affirmation der Pop Art.

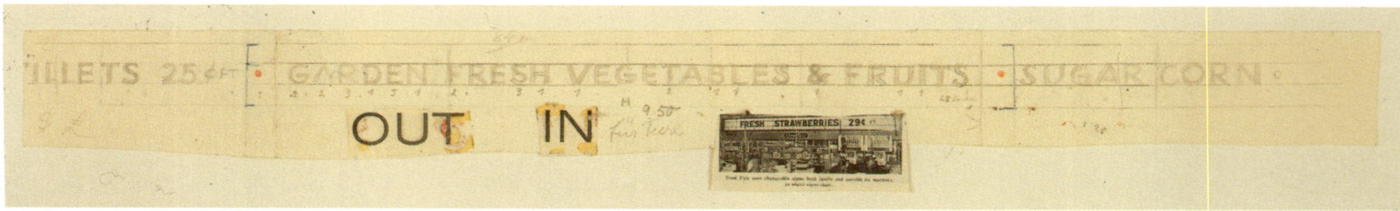

David Berg, Mutter Riba. Deutsche Theater-Kammerspiele, Berlin 1955, Bühnenbild John Heartfield
Schriftentwurf für Schaufensterfront mit beigeklebter Abbildung der Fensterfront eines Supermarktes

Mein letztes Projekt an der Schule sagt noch mehr über die Situation dort: die Veröffentlichung der Archive eines einheimischen Photographen aus den 40er und 50er Jahren, auf die wir mehr oder weniger zufällig in der Kohleregion Cape Breton stießen. Es war dies eine Methode, die lokale Volkskultur in ihren widersprüchlichen Formen zu erkennen und sich zugleich von einer vermeintlich internationalistischen Sichtweise zu lösen, die völlig auf New York geeicht war. Für dieses letzte Projekt habe ich noch einmal Alan Sekula engagiert. Er zögerte zunächst, schrieb dann aber einen sehr langen Text

Photos ohne spezifisch photographische Kenntnisse machen. Rodtschenko beharrt darauf, daß eine historische Persönlichkeit durch die Ansammlung zufälliger Schnappschüsse, die in einer Photoakte zusammengefaßt sind, rekonstruierbar sein müsse; allerdings sagt er nicht, wie das Archiv strukturiert sein muß, um es lesen zu können. Wenn man die bürgerliche Seite Rodtschenkos hervorhebt, die es ja tatsächlich gibt, dann sollte man sich auch jener Dimension bewußt sein, die der Ästhetik der Montage – von der er sich zu diesem Zeitpunkt abwendet – ebenso wie der bildnerischen Ästhetik entgegengesetzt ist.

Jean-François Chevrier: Vielleicht kann ich Ihnen zustimmen, was den Schnappschuß angeht, aber ich würde gern noch auf etwas anderes eingehen. Ich sehe im Archiv keine Lösung. Es gibt überhaupt keine Lösungen, es gibt nur historische Augenblicke, in denen ein Künstler eine hinreichend entwickelte Komplexität formuliert. Es kommt darauf an, eine exemplarische Position auszumachen, die bestimmte Künstler zu einem bestimmten Zeitpunkt in einer progressiven Geschichte erreicht haben, und das für die Identifizierung einer progressiven Praxis heute zu nutzen.

Benjamin Buchloh: Tatsächlich sehe ich gerade da den Widerspruch zwischen Sekula und Wall: im Versuch, die Dialektik der 20er Jahre ohne falsche Nostalgie zu reklamieren und sie mit den Strukturen der zeitgenössischen Kunst in Einklang zu bringen; denn sowohl Wall als auch Sekula geht es um eine Reflexion der Geschichte aus den 60er und 70er Jahren, von Pop, Minimal und Konzeptkunst, und nicht bloß der Photographie in den 20er Jahren. Es steht immer noch aus, die unterschiedlichen Arten des Umgangs mit Photographie in der Konzeptkunst zu analysieren. Jeff Wall ist das in seinem Text, den er jüngst im Katalog zur Ausstellung in Los Angeles veröffentlichte, nicht gelungen.

Catherine David: Hier wäre eine Anmerkung zu machen: Zur Zeit von Rodtschenko und Heartfield waren die Bildstrategien äußerst subtil, ein Austausch zwischen den verschiedenen Bildkategorien war möglich, weil sich die Praktiken an unterschiedlichen Orten abspielten.

Jean-François Chevrier: Könnten wir nicht sagen, daß die Schwierigkeit, mit der jene Künstler es heute zu tun haben, die diese progressiven Praktiken aufgreifen oder wiederbeleben wollen, darin besteht, nicht einfach den traditionellen Ort des Museums nutzen zu können, aber auch keine alternativen Orte mehr zu haben, keine ständige Delokalisierung betreiben zu können – was umso ironischer ist, als der Begriff Delokalisierung einen Teil der gegenwärtig gültigen kapitalistischen Struktur bezeichnet?

Benjamin Buchloh: Ebenso schwerwiegend scheint mir die mangelnde Einsicht in die Tatsache, daß eine Rückkehr zum Ort des Museums genauso heikel ist wie die Rückkehr zu Massenvertriebssystemen, die auch nicht mehr funktionieren. Das ist ein unlösbares Dilemma.

über die Entdeckung eines lokalen Photoarchivs in einer verborgenen Kultur und die Verwandlung des Photographen in einen »auteur«. Danach verließ ich 1981 das College und ging nach Los Angeles, um am California Institute of the Arts zeitgenössische Kunst zu unterrichten; auch dort war Konzeptkunst ein Schwerpunkt, wobei es eine Abteilung mit dem Titel Poststudio Art gab. Das war das Ende meiner Tätigkeit als Herausgeber, mit Ausnahme des Buches über Marcel Broodthaers, das ich für die Zeitschrift *October* herausbrachte.

JEAN-FRANÇOIS CHEVRIER Ich habe den Eindruck, daß in dieser Phase der späten 70er und frühen 80er Jahre jene riesige Welle regressiver Praktiken, die Sie beschrieben oder verurteilten, Sie letztendlich gegen Ihren eigenen Willen in eine Position des Widerstands zwang. In dieser Position des Widerstands sind Sie Verbindungen mit Künstlern und Intellektuellen eingegangen, die meines Erachtens ganz anders dachten als Sie.

BENJAMIN BUCHLOH Es stimmt, daß 1978 die neue Hegemonie der Malerei mich in eine Opposition oder Position des Widerspruchs brachte, ohne daß ich andere Mittel hätte dagegen setzen können. Aber was hätte ich tun sollen?

JEAN-FRANÇOIS CHEVRIER Es geht nicht darum, daß Sie dies oder jenes hätten tun sollen. Heute müssen wir uns jedoch die Frage stellen, was man tun kann, um wieder progressives Denken anzuregen. Wie kann man beispielsweise eine documenta auf die Beine stellen, die nicht einfach nur ein weiteres spektakuläres Ereignis ist, sondern ein Augenblick der Neuformulierung progressiven Denkens?

BENJAMIN BUCHLOH Das ist allerdings dringend notwendig.

JEAN-FRANÇOIS CHEVRIER In dieser Situation muß man Verbindungen eingehen. Ich kann die Frage also provokanter stellen: Welche Verbindungen sind Sie eingegangen, als Sie nach 1978 zu einer Strategie des Widerstands verurteilt waren, und wie haben Sie es angestellt?

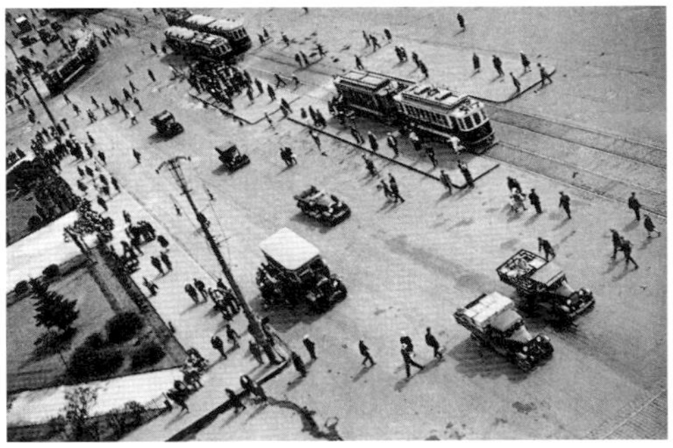

Rodtschenko

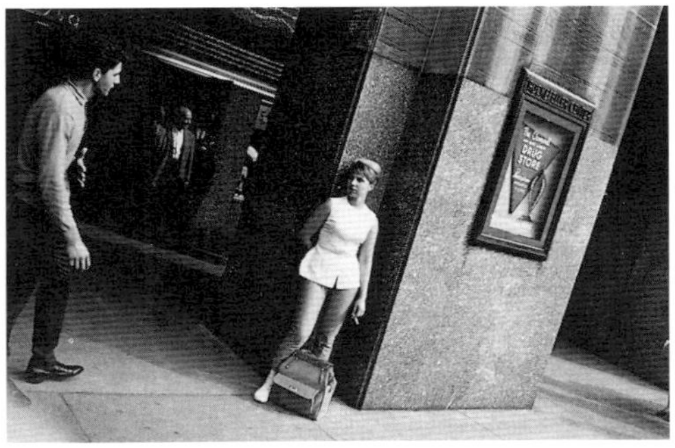

Garry Winogrand, Radio City, 1961

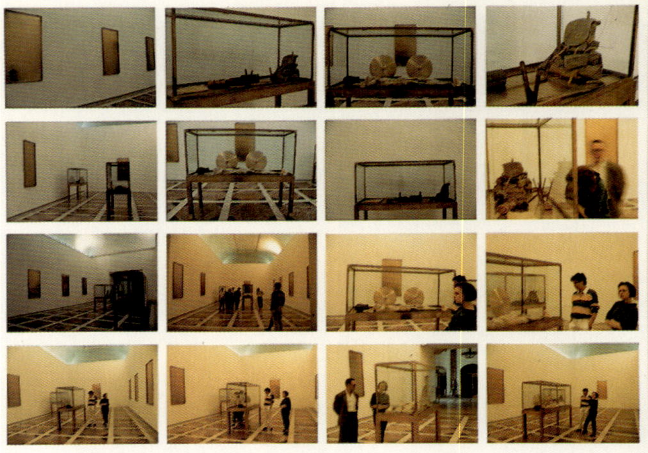
Gerhard Richter, Atlas, Neapel, 1986

BENJAMIN BUCHLOH Nachdem ich 1982 Kalifornien verlassen hatte und nach New York gezogen war, gehörte zu meinen ersten Unternehmungen die Herausgabe der *October*-Sondernummer über Broodthaers. Dahinter stand sicherlich mein Wunsch, an ein historisches Projekt anzuschließen, das damals in den USA vergessen oder unbekannt geblieben war, und durch den Blick auf Broodthaers' Werk eine retrospektive Kritik der Konzeptkunst zu entwickeln.

JEAN-FRANÇOIS CHEVRIER Was bedeutet die Zeitschrift *October* für Sie? Sie wurden Mitherausgeber.

BENJAMIN BUCHLOH Ursprünglich hatte man mir nur angeboten, eine Sondernummer zu machen; erst 1992 oder 93 wurde ich dann Mitherausgeber. *October* hat verschiedene Aspekte, vor allem ist es ein Ort des Widerstands, weshalb es manchmal ein bißchen trocken gerät. Das Magazin versucht, sich aus den institutionellen Kompromissen herauszuhalten, die andere Zeitschriften in diesen Zeiten der rapiden Industrialisierung unserer akademischen Avantgarde eingehen. Der Preis ist eine gewisse Trockenheit, eine bestimmte Distanz und Altertümlichkeit. Aber die Zeitschrift ist Monat für Monat in Gefahr, bankrott zu machen. Zuerst zogen sich die privaten Sponsoren zurück, dann sagte der Staat New York, daß es eine privilegierte weiße Zeitschrift sei, die keine multikulturellen Fragen behandelt – dabei war es das erste Blatt, das Homi Bhabha veröffentlichte. Trotz der angespannten Finanzlage und gewisser interner Auseinandersetzungen halten wir es für notwendig, diesen Raum des Widerstands zu erhalten, weil dort bestimmte Arten von Kunst und Text gedruckt werden, die anderswo vielleicht keine Veröffentlichung fänden. Wenn das *Artforum* immer noch das wäre, was es in den 60er Jahren war, dann gäbe es für *October* keine Notwendigkeit. Und was die Modelle des Widerstands angeht: Wenn man akzeptiert, daß kulturelle Praktiken immer im Rahmen politischer Erwartungen beziehungsweise einer bestimmten Vorstellung von gesellschaftlichem oder kulturellem Wandel angesiedelt sein müssen, wenn man davon ausgeht, daß alle zeitgenössische Kulturproduktion Teil einer Kultur des Spektakels oder eines ideologischen Apparates ist, dann gibt es keinerlei gesellschaftlichen Raum für die Praktiken der Negation, so wie es traditionellerweise der Raum der Avantgarde war. Was ist zu tun, wenn man von dem ausgeht, was Warhol bereits in den 60er Jahren sagte? Ich habe keine Antwort, schon gar nicht aus der Sicht des Kritikers oder Historikers. Aber ich habe immerhin ein paar Beispiele bestimmter zeitgenössischer Künstler, die für die Definition dessen, was als zeitgenössisch zu bezeichnen wäre, von Interesse sind, und die offensichtlich nicht mehr der Vorstellung anhängen, daß kulturelle Praxis in jedem Falle negativ oder subversiv zu sein hat. Sie alle sind Teil des kulturindustriellen Apparats, ohne deshalb uninteressant zu werden: Richter, Jeff Wall, Broodthaers vielleicht, obwohl ich da nicht so sicher bin... Ich bin bereit, mich ernsthaft zu fragen, welche Forderungen ein kritischer Historiker eigentlich an sich selbst stellen sollte. Ich sehe nicht, wie ein Historiker sich in der Gesellschaft des Spektakels positiv definieren kann. Das könnte bedeuten, daß wir keine Funktion in der Gesellschaft haben. Professionelle Funktionen werden häufig obsolet...

JEAN-FRANÇOIS CHEVRIER Aber man kann weiterhin faktische Kritik üben und darüber hinaus Normen vorschlagen. Das ist Habermas' Lösung vor dem Hintergrund der Position von Hannah Arendt. Das bedeutet, daß man die Forderung nach einer politischen Handlungsweise auf der Grundlage einer öffentlich geführten Debatte erhebt und sich dabei der Schwierigkeiten bewußt ist – und daß man gleichzeitig die Kluft zwischen der politischen Forderung einerseits und jenen künstlerischen Praktiken andererseits wahrnimmt, die seit den 60er Jahren produziert und theoretisiert wurden. Die politische Forderung ist im europäischen Kontext heute außerordentlich wichtig, vielleicht auch im amerikanischen Kontext.

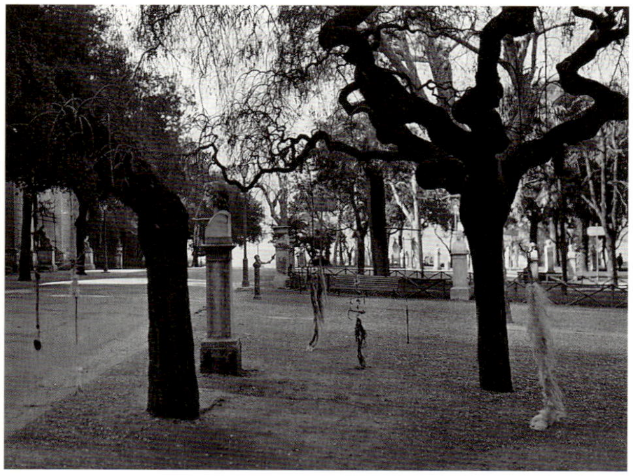
Robert Rauschenberg
Feticci Personali (Persönliche Fetische), ca. 1952
Pincio Garten, Rom, 1953

CATHERINE DAVID Halten Sie die multikulturellen Praktiken in den Vereinigten Staaten für oppositionelle Praktiken?

BENJAMIN BUCHLOH Der berühmte amerikanische Slogan »the personal is the political« ist das exakte Gegenteil von dem, was ich denke, weil meine Definition des Politischen grundsätzlich das Öffentliche meint. Was in der zeitgenössischen amerikanischen Kunst als multikulturell bezeichnet wird, ist oftmals eine allgemein akzeptable und unbedrohliche Praxis, der es an politischer Kritik mangelt. Tatsächlich läuft das auf eine außerordentliche Entpolitisierung der kulturellen Praktiken hinaus, weil sie eine Kompensation offerieren, die jedwede reale Kritik der Wirtschaftsordnung zu eliminieren vermag.

CATHERINE DAVID Es scheint notwendig, Arendts Paradigmen und die Tatsache, daß sie die Bedingungen einer Übertragung ihres Denkens auf die Vereinigten Staaten nicht reflektierte, zu überdenken. Auch in der gegenwärtigen europäischen Situation funktionieren diese Paradigmen nicht allzu gut.

JEAN-FRANÇOIS CHEVRIER In Frankreich erfuhr Arendts Werk eine beträchtliche Rezeption und Diskussion. Aber der Bezug zur Tradition wurde dort derart falsch interpretiert, daß dadurch jeder Versuch, die Politik vor dem Hintergrund der Avantgarde der 60er Jahre neu einzuschätzen, zunichte gemacht wird. Das ist eine echte Schwierigkeit, weil bei Arendt die ästhetische Dimension ausschließlich rund um das Werk angesiedelt ist, das sie als Permanenz begreift, im Gegensatz zur Reproduktion des Lebens durch endlose, sich wiederholende Arbeit. Darin unterschied sie sich auch von Marx. Für uns ist das ein Problem, weil diese Definition der auf das Werk zentrierten Ästhetik das exakte Gegenteil von dem ist, was sich in den Avantgarde-Praktiken seit den 60er Jahren abspielte.

BENJAMIN BUCHLOH Auch Warhol hat die Permanenz des Kunstwerks systematisch verneint und das Werk statt dessen als Produktion, als Prozeß begriffen.

JEAN-FRANÇOIS CHEVRIER Genau hier ist Entsublimierung notwendig, weil es darum geht, jenen Traditionalismus zu überwinden, der der Verehrung des Kunstwerks als zeitloser Permanenz innewohnt. Und eben das beinhaltet die Rückkehr zur alten Ordnung: Das Werk als Permanenz des Ewigen wird neuerlich zum Ideal erhoben. Arendts Hervorhebung des Werks kann dazu offensichtlich beitragen – wie man in Frankreich sieht, wo gewisse Philosophen mit einem neuerwachten Interesse für Kunst ihren Werkbegriff verwendet haben, um die zeitgenössische – »vom rechten Weg abgekommene« – Praxis zu verurteilen. Tatsächlich ist dieser Werkbegriff in seiner auch politischen Ausformulierung für uns insofern irritierend, als wir Zeugen all jener künstlerischen Experimente wurden, die einer gewissen Logik folgten. Die Autorität des Werks, wie Arendt sie versteht, scheint unvereinbar mit der, sagen wir, politischen Unruhe der Avantgarde. Aber wenn man Politik als durchgängige Organisation einer menschlichen Gruppe versteht, dann ist das Politische erst notwendig, wenn die Gruppe in der Lage ist, über die Begrenztheit ihrer eigenen Mitglieder hinauszudenken, ja sogar über ihre eigene Geschichte hinaus. Arendt verweist auf das Modell der Stadt in der klassischen Antike und betont die erinnernswerte Handlung des Bürgers, so wie sie in der öffentlichen Berichterstattung überliefert wird. Im Unterschied zum Gebrauchsgegenstand und mehr noch zum Konsumgegenstand (dem Produkt) erhält das Werk seine Bedeutung in bezug zur anhaltenden Erinnerung. Der Abstand zwischen dem Werk und dem Konsumgegenstand ist dem Abstand zwischen der denkwürdigen politischen Handlung und der Reproduktion des Lebens durch Arbeit vergleichbar, in jedem Sinn des Wortes. Die Permanenz des Werks als jener Schöpfung, durch die der Mensch Ewigkeit erlangt, trägt zur Unterscheidung der Politik von der reinen gesellschaftlichen Zufälligkeit bei. Nun, ich glaube, wir sind uns einig, daß diese Trennung des Politischen vom Gesellschaftlichen notwendig ist, damit die Politik nicht auf einen Austausch rein privater Interessen reduziert wird. Aber für uns, die wir einer Rückkehr zu alten Strukturen in der Kunst keinen Vorschub leisten wollen, ergeben sich enorme Schwierigkeiten, vor allem weil Arendt eines der wichtigsten Elemente in der Kunst der 60er Jahre ablehnt: den Prozeß.

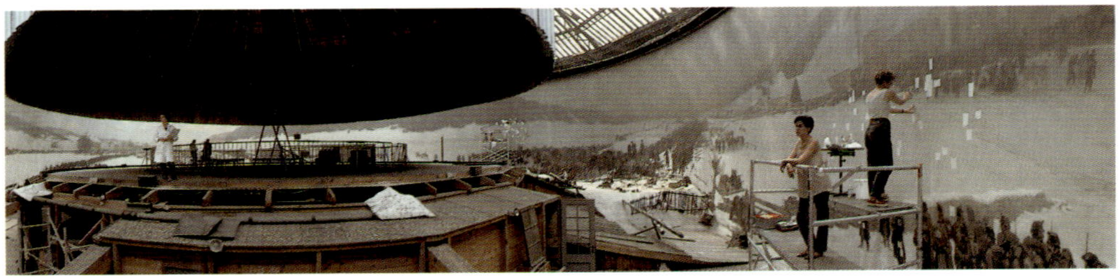

Jeff Wall, Restoration (Restaurierung), 1993

Die einzige Lösung besteht also darin, die Idee der Permanenz vom Werk auf etwas anderes zu verschieben, auf Tatsachen oder Bedingungen, die das künstlerische Experiment miteinschließen. Diese Bedingungen dürfen aber nicht ästhetischer Natur sein, weil der aus der Aufklärung übernommene Ästhetikbegriff unvermeidlich die von der zeitgenössischen Kunst eingeführten Veränderungen zu verwischen scheint, selbst wenn man, wie Lyotard, das Sublime bemüht. Da wir von Tätigkeit anstelle vom Werk mit seinen theologischen Konnotationen sprechen, sollten wir nach Permanenzen Ausschau halten, die transkulturell sein können, die uns durch die Unterschiedlichkeit heutiger Kulturen zu führen vermögen. Man könnte sie anthropologische Permanenzen nennen, wobei aber klar sein muß, daß ich nicht von universellen Formen oder Konzepten spreche. Welche Arten von Permanenz haben alle zeitgenössischen Kulturen gemeinsam? Ich sehe nur zwei: die Sprache und das Urbane. Mit Sprache meine ich ihre signifikante Funktion im Sinne Lacans, das Symbolische als konstituierende Tätigkeit, und nicht Sprache im Sinne ihrer Worte (parole) oder die Verschiedenartigkeit der Sprachen; und natürlich keinesfalls Sprache als Basis einer exklusiven Gruppenidentität. Mit dem Urbanen meine ich nicht etwas, das sich auf den Begriff der Stadt reduzieren ließe, auf ihre Morphologie oder ihre historischen Besonderheiten, sondern etwas, das man vielleicht als konstruierten Beziehungsraum bezeichnen könnte. Ich betone, daß es sich bei diesen anthropologischen Permanenzen weder um etwas Absolutes noch um unveränderliche Größen handelt, weil sie fallspezifisch sind. Mit anderen Worten, es gibt außerhalb der unterschiedlichen Sprachen keine Sprachgemeinschaft, außerhalb bestimmter urbanisierter Territorien keine urbane Realität. In beiden Fällen ist die Permanenz nicht in einem Ding und noch weniger in einem Gebrauchsgegenstand zu fassen. Sie kann lediglich – im jeweils speziellen Fall – erfahren werden und läßt sich nicht auf einen Prozeß reduzieren. Mit anderen Worten, ich schlage vor, daß wir Permanenz nicht in der Betrachtung des Unbeweglichen, des Ewigen, des Transzendenten ansiedeln, sondern in einer Erfahrung der Kontinuität von Immanenz – einem Fluß von Handlungen, in dem Sprache und urbane Relationen wechselnde Form annehmen.

BENJAMIN BUCHLOH Das Thema der Permanenz berührt eines meiner eigenen Anliegen: Warum hat die Kunst nach dem Krieg sofort versucht, eine neo-avantgardistische Praxis in jener modernistischen Tradition zu etablieren, die das historische Erinnern meidet? In der Diskussion der Nachkriegskultur ist das eine wichtige Frage für mich. In der deutschen Literatur gibt es beispielsweise zu Beginn der 50er Jahre einen Diskurs über die Geschichte des Holocaust. Dasselbe gilt für das Kino. Im Gegensatz dazu gibt es nichts Vergleichbares in der bildenden Kunst, abgesehen von Beuys' berühmtem Vorschlag für ein Auschwitz-Denkmal im Jahre 1953. Richter greift die Frage in seinem *Atlas* wieder auf, aber in sehr unterschwelliger Art, und dann taucht sie auf äußerst problematische Weise noch einmal bei Kiefer auf.

JEAN-FRANÇOIS CHEVRIER Ein Filmemacher oder Schriftsteller beginnt mit Bildern und setzt sie in Bewegung, er stellt sie in einen narrativen Zusammenhang. Ein Maler kann dem Bild nichts außer dem Material hinzufügen, er ist ein Gefangener seiner Bilderküche, was angesichts der Macht des Bildes einfach obszön erscheint.

BENJAMIN BUCHLOH Wenn Sie von Bilderküche reden, denken Sie an die Photomontage. Nach dem Krieg hätte man eine lange Geschichte der Avantgarde-Photographie rekonstruieren können; aber statt dessen wurde alles überdeckt und unterdrückt.

JEAN-FRANÇOIS CHEVRIER Die Bewegung der subjektiven Photographie in Deutschland führte zur Ablehnung, ja Unterdrückung des beschreibenden oder dokumentarischen Bildes und begünstigte ein idealisiertes, experimentelles Bild im Unterschied zu funktionalen Praktiken.

BENJAMIN BUCHLOH Interessanterweise reklamiert die bildende Kunst für sich größere Genauigkeit und eine phänomenologische Sonderstellung in der Analyse des Blickes – und rechtfertigt damit ihre Unfähigkeit, Geschichte darzustellen. Aber anders als der Film oder die Literatur ist das Kunstobjekt auch eine Ware, und es ist unmöglich, den Holocaust durch den Charakter einer Ware zu verstehen. Dies ist eines der Probleme der Neo-Avantgarde unmittelbar nach dem Krieg.

JEAN-FRANÇOIS CHEVRIER Wenn man mit einem traumatischen Bild konfrontiert wird, das fasziniert, dann muß man sich selbst in Bewegung setzen. In Blanchots *L'Espace Litéraire gibt* es einen Text über das Werk als Raum der Faszination. Das war das Problem der Nachkriegszeit: Faszination vor traumatischen Bildern, psychische Erstarrung, das Syndrom des undarstellbaren Ereignisses, vergleichbar der Wirkung vom Kopf der Medusa. Bacon gab auf dieses undarstellbare Ereignis eine dramatische Antwort. Bezeichnenderweise arbeitete er mit Bildern von erstarrter Bewegung, Muybridge beispielsweise, oder Stills aus Eisenstein-Filmen. Er

James Coleman

Benjamin Buchloh: Die visuelle Kultur scheitert in der Nachkriegsperiode offensichtlich an der Notwendigkeit der Repräsentation, die zugleich auch deren Unmöglichkeit ist. Adorno sprach bekanntlich von der Unmöglichkeit, nach Auschwitz noch Gedichte zu schreiben. In einem anderen Text erwähnt er die Unmöglichkeit, Geschichte zu repräsentieren: Die Behauptung, sie zu repräsentieren, sei obszön, sagt er, weil Geschichte nicht gemacht worden ist. Geschichte ist jenes andere, das sich selbst nicht repräsentieren kann. Dies ist ein modernes Verdikt aus dem Munde Adornos. Für ihn ist Heartfield nicht einmal der Erwähnung wert. Aber mich interessiert es, diese Frage noch einmal in bezug auf Richters Arbeit zu stellen; denn ihr gelingt ja eine widersprüchliche Praxis, welche einerseits den malerischen Diskurs aufrechthält und andererseits dessen Auflösung betreibt. Oder die Arbeit von Jeff Wall: Auf welche Weise plaziert er sich zugleich innerhalb und außerhalb des historisch Narrativen, im integrierten bildnerischen Objekt und doch auch in einer kritischen Position, innerhalb und außerhalb des Museums?

Jean-François Chevrier: Eben diese Formulierungen sehen Sie heute in der Arbeit von James Coleman. Was hat Ihr Interesse für ihn geweckt? Ist das ein Entwicklungsschritt in Ihrer Position des Widerstands? Allgemeiner gefragt, welche neuen Allianzen sind Sie eingegangen? Worin sehen Sie eine Möglichkeit, die Position des Widerstands in bediente sich der filmischen Metapher, weil sie die Metapher des in Bewegung gesetzten Bildes ist. Die Einbeziehung der Psyche, die vom traumatischen Bild blockiert war, mußte neuerlich in Gang kommen. Aber es lassen sich Parallelen ziehen zwischen diesem Moment und dem, was nach 1978 passierte, insbesondere im deutschen Neo-Expressionismus. Oder sogar zu der Rückkehr zur Malerei, wie sie sich gerade in Frankreich vollzieht.

BENJAMIN BUCHLOH Mit Combas hatten Sie in Frankreich Ende der 70er Jahre schon einmal eine solche Situation.

CATHERINE DAVID Ja, aber da ging es weniger um Malerei, als um die Formulierung einer »Jugendkultur«. Barceló ist hingegen eine echte Rückkehr zur Küche, zur traditionellen Vorstellung von Verkörperung. Auf diese Weise können die Leute sich der Täuschung hingeben, daß ein Medium, ein Bestandteil den Sinn ersetzen könne. Sie verweigern sich der Erkenntnis, daß die Beziehungen der Malerei zur Metaphysik, zur Transzendenz, zur Geschichte und zum wahrnehmbaren Raum allesamt demontiert sind. Sie glauben, daß das bißchen Schnulze alles wieder gut macht und setzen sich in einen lächerlichen Widerspruch zur Technologie! Dagegen hat Rossellini den Körper schon nach 1945 wieder miteinbezogen und dabei religiöse Dimensionen aufgetan, wie man sie in der zeitgenössischen Malerei selten findet.

JEAN-FRANÇOIS CHEVRIER Außerdem noch Pasolini mit einer anderen, ebenfalls ungewöhnlich starken Vision des Körpers, und zwischen den beiden Antonioni. Seit Rossellini hat das italienische Kino eine Geschichte des Körpers hervorgebracht, der sich in einem vom Menschen bewohnten Raum bewegt: Der Körper beginnt wieder zu sprechen und erliegt nicht länger der Faszination. Die heutige neuerliche Rückkehr zum bildnerischen »métier« will eine Reinkarnation sein, verharrt aber im Raum der Faszination.

CATHERINE DAVID Ein solches Verhältnis zur Malerei ignoriert die Geschichte der Avantgarde, wie beispielsweise Palermos und Oiticicas Arbeit über die raumbezogene Bildhaftigkeit, die von einem radikaleren und anspruchsvolleren Geschichtsbild ausgeht. Aber natürlich kann man Veränderlichkeit und Kontingenz in der Sprache und im Urbanen leichter wahrnehmen als bei der schon fast religiösen Präsenz des Objekts. Da sind unser Diskurs und gewissermaßen auch unsere

eine Wiederbelebung des progressiven Denkens zu transformieren?

Benjamin Buchloh: Seit nunmehr drei oder vier Jahren erscheinen mir all jene Ansätze, die mich früher einmal interessiert haben, zunehmend ungenügend. Eine Art Revision meiner eigenen Methodik brachte mich auf die Probleme des Narrativen als historischer Erinnerung. Am dramatischsten war der Wandel in meiner Beziehung zum Minimalismus, der in meiner intellektuellen Entwicklung eine entscheidende Rolle spielte und plötzlich zu einem schwerwiegenden Problem wurde – auch wenn ich immer noch vom Minimalismus fasziniert bin. An diesem Punkt entdeckte ich die Arbeit von James Coleman. Dan Graham hatte mich über Jahre hinweg immer wieder auf diese Arbeit hingewiesen, aber ich sagte, daß ich mich für eine Kunst, die in Richtung Theater, Narrativität und Literatur geht, nicht interessiere. Auch weil ich mich ernsthaft mit Broodthaers beschäftigt hatte, begann ich mich zu fragen, ob es im Endstadium der Spektakularisierung künstlerischer Praktiken und der Institution Museum nicht sinnvoll wäre, die Konstruktionsbedingungen eines historischen Gedächtnisses im Gegensatz zum Spektakel als Reservoir kritischer Aktivität und Distanz zu analysieren. Wie kann man ein mnemonisches Kunstwerk herstellen, eine Erinnerungspraxis unter den Bedingungen der Spektakularisierung, ohne in Essentialismus und Neubildung fundamentaler Mythen der Permanenz zu verfallen, und ohne weiterhin den Avantgarde-Raum außerhalb des Raumes des Spektakels zu billigen? All diese Fragen stellt Colemans Werk auf eindringliche Weise, denn es gelingt ihm, sehr tiefe Widersprüche zu konstruieren. Nehmen Sie beispielsweise seinen Bezug zur irischen Geschichte: Die Frage nach einer irischen Identität stellt er als Kritik am fundamentalistischen Identitätsbegriff. Zugleich aber entledigt er sich nicht einfach der Frage, weicht ihr nicht aus. Im Gegenteil, er analysiert, wie man einerseits die Auflösung oder Dekonstruktion einer solchen Identität betreiben und doch andererseits eine künstlerische Position beibehalten kann, deren Definition des Subjekts sich nicht der Spektakel-Gesellschaft anpaßt.

Catherine David: Würden Sie die Strategie der Subjektkonstituierung, die Sie bei Coleman interessiert, als Reprise oder Verlagerung dessen beschreiben, was Sie in Birnbaums Arbeit ausgemacht haben?

Benjamin Buchloh: In meinem ersten Text über Coleman habe ich diese wunderbare Passage aus Blanchots Buch, wo es heißt, daß das Subjekt nicht wirklich verschwindet, sondern sich auflöst. Bei Coleman finden Sie das Resultat der Auflösung. Er ist kein simplistischer Poststrukturalist, der wie so viele in Amerika die einfache Dekonstruktion des humanistischen Subjekts zelebriert. Er untersucht die Auflösung der Subjektivität mit zentralem, durchgängigem

Bezug zur Theatertradition, aber auch zu Photographie, Malerei, Film und Fernsehen. Ich glaube, das ist die Dialektik, die er konstruiert, indem er theatralische Konstruktionen präsentiert, die so komplex wie Filme, tatsächlich aber Diaschauen sind. Seine Bilder beziehen sich außerdem auf die Malerei, ein wichtiges Element in ihrer Konstruktion. In einem allegorischen Diskurs werden die Kultur des Museums und die rhetorischen Konventionen der bildlichen Darstellung wiederbelebt. Er sieht sich nicht als Teil einer kontinuierlichen Malereitradition. Er arbeitet im Sinne Benjamins und praktiziert ein allegorisches Modell, das einen Diskurs des Verlustes und der Unzugänglichkeit von Geschichte konstruiert. Darin sehe ich den Unterschied zwischen Coleman und Jeff Wall: Wall behauptet, daß Manet mit den Mitteln der Photographie in die Gegenwart transferiert werden kann. Er konstruiert bestimmte Elemente der Kontinuität. Coleman problematisiert sie.

Catherine David: Wall vertraut zu sehr auf das historische Erinnerungsvermögen, beurteilt die Bedingungen der zeitgenössischen Kultur zu optimistisch?

Benjamin Buchloh: Genau. Er geht von einer Interpretation durch den zeitgenössischen Betrachter aus, die auf privilegierten Erfahrungsvoraussetzungen beruht, welche aber nicht mehr verfügbar sind.

Jean-François Chevrier: Ich würde es nicht ganz so formulieren. Er glaubt an den Modernismus als Geschichte der modernen Kunst – das ist der Rahmen seines Denkens, seine Gußform. Er ist sich durchaus bewußt, daß dieser Modernismus über eine dogmatische Dimension verfügt, aber er hält daran fest wie an einem Anker. Es ist sein subjektiver Anker.

Catherine David: Aber seine Bilder sind stärker, wenn sie eine Spannung beinhalten, einen Bruch.

Jean-François Chevrier: Absolut. Sein Vertrauen erlaubt es ihm auch, den Anker zu lichten – und das tut er oft! Aber Coleman wäre mit seinem aufgelösten Subjekt für Foucault vielleicht, was Wall für Habermas ist, weil es bei Habermas ebenso wie bei Jeff Wall ein sehr starkes Subjekt gibt. Können Sie auf dieses Thema der Auflösung ausführlicher eingehen? Ich glaube, es ist genau das, was jene schwachen Subjektivitäten – schwach im Sinne – definiert, denen wir in der Arbeit junger Künstler heute immer wieder begegnen. Die Kritiker, die diese jungen Künstler unterstützen, beziehen sich oft auf Vatimo. Was unterscheidet Coleman von dieser schwachen Subjektivität, die letztendlich Gefahr läuft, die Möglichkeiten der Kritik zu schwächen?

Benjamin Buchloh: Das kann ich im Moment nicht beantworten! Daran arbeite ich gerade. Durch die Betrachtung früherer Formen von Subjektivität gewinnt das aufgelöste Subjekt an Stärke bzw. es konstituiert sich. Hier sehe ich eine Entsprechung zwischen Coleman, Richter und Broodthaers. Alle drei beschäftigen sich mit den gleichen zentralen Fragen. So ist Coleman beispielsweise ein Künstler des Museums, er sucht seinen Platz ausdrücklich in den Traditionen der figurativen Kunst, des Narrativen und der Rhetorik der Bildlichkeit. Er ist eindeutig Teil der großen Tradition europäischer Malerei. Indem er sie beschwört, zerstört er sie. Er beschwört sie jedoch nicht als Präsenz, sondern als unzugänglichen Raum allegorischer Erinnerung.

Jean-François Chevrier: Die wenig überzeugende Denkweise Vatimos beruht auf der Idee der Entfundamentierung, (fondamento), der Idee der Dekonstruktion, auf Auslöschung der Grundlagen. Die Haltung, die Sie beschreiben, scheint aber komplexer zu sein.

Benjamin Buchloh: Den Begriff der Permanenz beispielsweise behandelt Coleman auf äußerst widersprüchliche Weise. In seiner Arbeit finden wir keinerlei italianità, wie sie die neo-expressionistischen Maler in Italien beschwören – sei es ironisch, zynisch oder einfach naiv, egal wie. Wenn Coleman untersucht, was irische Kultur oder Identität am Ende des 20. Jahrhunderts sein könnte, dann ist das eine historische Untersuchung, die die Identität mit der Absicht erforscht, ein Moment des Widerstands auf der Basis der Auflösung zu konstruieren, anstatt einfach eine traditionelle Identität oder aber deren Auflösung zu bestätigen. Er stellt sich zwischen beide Positionen.

Jean-François Chevrier: Eine weitere Ambiguität!

Benjamin Buchloh: Und damit schafft er ein Werk von beträchtlichem Widerstand. Denn der fundamentalistische Diskurs über die Identitäten kann die Krise des Subjekts nicht lösen, und die endgültige Auflösung des Subjekts unter dem Einfluß der Spektakel-Gesellschaft bietet keinerlei Quellen des Widerstands oder der Kritik. Zwischen beiden konstituiert Coleman sich als Künstler.

Um diese Antwort mit einer recht schwierigen Frage abzuschließen: Ich finde Adornos Strategie der doppelten Negativität in einer solchen Situation immer noch gültig; eine Strategie, die die Spektakularisierung verwirft, bekämpft und systematisch zerstört, indem sie sich auf eine in Trümmern liegende Geschichte, auf die Auflösung des Subjekts bezieht. Auch die Auflösung des Subjekts ist eine Quelle des Widerstands. Genau das geschieht, wenn Coleman das Theater als Repräsentationssystem einsetzt, wenngleich ich noch nicht genau sagen kann, was das Theater für ihn ist. Um das herauszufinden, scheint es mir notwendig, Benjamins Auffassung vom Barock oder expressionistischen Theater zu Rate zu ziehen, die er vor seiner Ästhetik der Reproduzierbarkeit entwickelte. Die Dialektik zwischen ihnen ist meines Wissens bislang unerforscht. Letztendlich ist es eine Frage jener großen Dialektik zwischen der Authentizität des Körpers, der Präsenz, und dem Endstadium der technischen Reproduzierbarkeit, die sich ab den 20er Jahren durch Benjamins gesamtes Denken zieht. Und sie setzt sich in Colemans Werk mit einer außerordentlichen Dialektik der Reproduzierbarkeit, der Fragmentierung des Narrativen und der Auflösung des Subjekts fort.

Ausstellungen notwendigerweise ungerecht, weil das Museum nicht gerade der Ort für diese Veränderlichkeit, für die sogenannte Entmaterialisierung ist... Das Objekt zerfällt, entledigt sich der eigenen Formulierung – und angesichts von Praktiken der Veränderlichkeit und Ubiquität, bei denen Bedeutung sich weniger aus Dingen denn aus Beziehungen herstellt, wissen die Museumsleute nicht, was sie tun sollen.

BENJAMIN BUCHLOH Hier würde ich gern eine Frage an Sie beide richten: Welches sind die Grundlagen für eine politische Analyse des Museums heute? Sind die kritischen Standpunkte von 1968 – Buren oder Haackes Text über *Museen, Manager des Bewußtseins* – wirklich nicht mehr gültig?

JEAN-FRANÇOIS CHEVRIER Ich bin nicht sicher, ob der hochanalytische Ansatz dieser beiden Künstler heute noch ausreicht. Ich frage mich, ob die Analyse nicht andere Möglichkeiten überdeckt, die wir ja gerade propagieren: die Rekonstruktion von Permanenzen, für die das Museum nur einer von verschiedenen möglichen Orten ist. Diese anderen Orte müssen noch formuliert werden, was natürlich die Arbeit mit dem Urbanen impliziert, wobei das Urbane als eine Beziehung von Orten verstanden werden muß. Aber das kann man in einer solchen Ausstellung nicht leisten, dazu fehlt die Zeit. Das hier ist eine Ausstellung mit Übergangscharakter. Wir bezeichnen nur ein kritisches Ziel, unsere kritische Position ist ein Anspruch. Catherine ist nicht bloß da, um eine Bilanz der Gegenwartskunst zu ziehen; ein Kritiker kann auch eine Erwartung formulieren. Andernfalls ist der Kritiker nichts als ein Funktionär der Kulturindustrie.

CATHERINE DAVID Außerdem sind es die Erwartungen, die Beobachtungen möglich machen. Ansonsten ist es nichts als Fließbandarbeit...

JEAN-FRANÇOIS CHEVRIER Man sammelt, man geht einkaufen wie ein Kunstliebhaber... Würden Sie mir zustimmen, daß das Buch ein vieldeutiger Raum sein kann zwischen Ausstellung und Zeitschriftenseite – ein ideeller Raum, in dem eine Kombination zwischen Ausstellungsraum und Medienraum möglich wird?

BENJAMIN BUCHLOH Ja, aber man kann ihn mit dem traditionellen Raum des Buches oder Katalogs kombinieren. *S,M,L,XL* von Rem Koolhaas interessiert mich gerade aufgrund dieses erosiven Moments im traditionellen Charakter des Buches, das auf das Spektakel und den Raum der Ausstellung übertragen wird. Es beginnt wieder mit Warhols *Index Book*, wo der traditionelle Raum des Buches zum ersten Mal dem Raum der Spektakularisierung gewidmet ist. Und es ist eine Reminiszenz an Benjamins Idee von der in Plakaten senkrecht gestellten Sprache – der Buchstabe ist nicht mehr eingebettet in die horizontale Lage des Buches, sondern wird herausgelöst und erscheint nun im vertikalen Raum der Architekturfassade. Der Raum des Buches verschwindet.
Zugleich aber können Ausstellungen vielschichtiger werden, weil sie gleichzeitig ganz unterschiedliche Gegenstände einführen können: Sie können ein auratisches Objekt der Arte povera zusammen mit Dara Birnbaums Werk zeigen, das mit dem Fernsehen arbeitet. Eine Ausstellung kann alle Positionen gleichzeitig vorführen, das kann ein Buch nicht.

CATHERINE DAVID Aber das Buch gibt die Möglichkeit, Distanz zu halten. In einer großen Ausstellung besteht die spektakuläre Wirkung darin, daß Distanzen abgebaut werden... Vielleicht sollten wir unsere Diskussion auf aktuellere Fragen richten: auf die Debatte um Ort und Objekt, in situ und ex situ, wir sollten uns Gedanken machen über die virtuellen Praktiken und das, was sie in der Phantasie auslösen, was sie für die Projektion, für die Sehgewohnheiten und die Lebensart der Menschen bedeuten. Das scheint mir bei den Stärken und Schwächen der 90er Jahre eine entscheidende Rolle zu spielen. Der Bezug zu Orten könnte von fast ideologischer Bedeutung sein: Wenn etwas an einem Ort angesiedelt ist, der mehr oder weniger mit einer bestimmten Biographie verbunden ist, dann ergibt sich daraus eine ganz andere Haltung als aus der Beziehung zu einer Welt, die sich ständig in einem Übergangsstadium befindet. Wir sind in einem Dreieck. Coleman befindet sich sicherlich auf der Kippe, aber Wall und Richter reichen nicht ganz an die zeitgenössische Situation heran. Die jungen Künstler heute haben ein Problem mit dem Objekt, das die Fragen der 60er und 70er Jahre erneut aufwirft und doch auch darüber hinausgeht. Jenseits dieser Beziehung zum Objekt erweist sich die Beziehung zum Ort als mehr oder weniger zufällig, außer bei jenen, in deren Praxis der Umgang mit der Stadt eine gewisse Rolle spielt. Wenn Sie diese Situation in Gedanken durchzuspielen versuchen, erscheinen die Arbeiten von Richter und Wall zugleich sehr stark und nicht unmittelbar ins Bild passend. Sie sind in einem anderen Raum.

BENJAMIN BUCHLOH Ich glaube es gibt einen entscheidenden Gegensatz, mit dem wir arbeiten müssen. Da ist einerseits das Modell des Museums, das uns immer noch als eine Institution des demokratischen öffentlichen Raums gilt. Es ist verführerisch, zu behaupten, daß dieser Ort nicht mehr funktioniert, nicht mehr existiert, aber wir sind uns einig, daß die Geschichte dieser Auflösung komplizierter ist. Und dann gibt es noch einen anderen Bereich, dessen Entwicklung wir seit nunmehr zwanzig Jahren verfolgen können – ich weiß nicht, ob man es einen öffentlichen Raum nennen kann, heutzutage heißt es meist Spektakel-Gesellschaft oder Kulturindustrie. Dieser Bereich ersetzt das Museum, verleibt es sich ein. Der Künstler muß sich mit dieser Situation auseinandersetzen, und an Coleman interessiert mich, daß er diesen Übergang

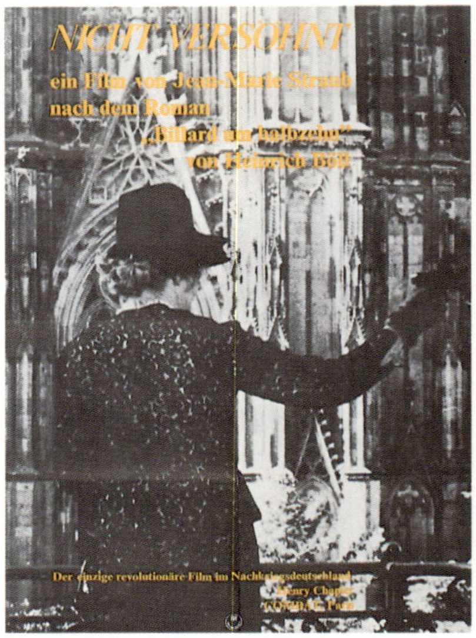

Jean-Marie Straub
Nicht versöhnt oder Es hilft nur Gewalt, wo Gewalt herrscht, 1965

formuliert, ohne einerseits das Museum in futuristischer Manier völlig aufzugeben oder zu zerstören und ohne andererseits auf dessen Wiederbelebung zu plädieren und traditionelle Arbeiten fürs Museum zu produzieren. Wie kann man eine solche Position einnehmen, ohne reaktionär oder konservativ zu sein? In all den Ansätzen, über die wir hier reden, sehe ich Fallen: das Narrative, das Figurative, das Aufgreifen fundamentaler Prozeduren zur Bildung der Subjektivität. Aber zugleich sehe ich keine andere Vorgehensweise, die zur Zeit möglich wäre...

JEAN-FRANÇOIS CHEVRIER Wenn ich Ihnen so zuhöre, kann ich mich des Eindrucks nicht erwehren, daß Sie die Notwendigkeit kritischer Wachsamkeit an eine Art subjektiver Grenze treiben, die Ihre eigene Subjektivität zu unterbinden droht. Ich plädiere eher für eine Wachsamkeit, die von der Norm des Mißtrauens ein bißchen abrückt, weil diese Norm zu gewichtig geworden ist und die experimentellen Möglichkeiten der Subjektkonstituierung blockiert, welche ein Kritiker heutzutage ebenso freisetzen sollte wie ein Künstler. Das ist schwierig! Dazu muß man einerseits wachsam bleiben, aber andererseits die Last des Mißtrauens mindern.

BENJAMIN BUCHLOH Wenn Sie in den Vereinigten Staaten lebten, würden Sie das nicht sagen. Mißtrauen ist notwendiger denn je! Was vor fünf Jahren noch als gesichert erschien, löst sich in beängstigender Geschwindigkeit auf. Unter diesen Umständen ist Mißtrauen...

JEAN-FRANÇOIS CHEVRIER ...das Mindeste!

CATHERINE DAVID Wovon sprechen Sie, gesellschaftliche Phänomene, kulturelle Praktiken?

BENJAMIN BUCHLOH Von der einzigen Welt, die ich kenne, Hochschulen, Kunstgeschichte, zeitgenössische Kunst, Museen... Wenn die Leute in New York für eine Damien-Hirst-Ausstellung eine Kollaboration mit David Bowie vorschlagen können – und das meinen die ernst, da lacht niemand – dann wissen Sie, daß es vorbei ist. Sie haben verloren! Jemand wie David Geffen, der mit Musikproduktionen Geld gemacht hat, mit Rock und Rap und so weiter, kann das Museum für zeitgenössische Kunst in Los Angeles für fünf Millionen Dollar kaufen und es David-Geffen-Museum nennen. Da bleibt nichts mehr zu verteidigen. Es regt sich nicht der geringste Widerstand. Zumindest nicht in Amerika. Wie Sie sehen, ist der erste Teil meiner Argumentation, daß das Museum immer noch als ein Ort des Selbstbezugs und der Selbstkritik für die Bildung eines bürgerlichen Bewußtseins dient, bereits ein Traum geworden, die Nostalgie eines linken Intellektuellen! Gott sei dank ist die Situation in Europa noch anders.

JEAN-FRANÇOIS CHEVRIER Es steht Beträchtliches auf dem Spiel – und deshalb meine ich, daß in diesem neuen Kontext der Globalisierung, in dem der ökonomische Aspekt entscheidend ist, und unter den Bedingungen des von Debord beschriebenen integralen Spektakels eine denkbare Antwort darin bestünde, neue anthropologische Permanenzen zu entwerfen, ohne in jedwede Form von vorkritischem Essentialismus zurückzufallen oder das Universelle zu bemühen. Denn das Universelle hat ja gerade dazu hergehalten, eben jene Situation der Globalisierung zu schaffen, in der wir uns heute befinden. Das Mißtrauen gegenüber dem Universellen sollte sehr groß bleiben. Wir brauchen anthropologische Permanenzen in globalem Ausmaß als starke Alternative zum Kriterium der Universalität, welches ausgedient hat, weil es zur ökonomischen Globalisierung und zum integralen Spektakel beigetragen hat. Aus diesem Grund begegne ich mit Skepsis jenen Intellektuellen, die sich ausschließlich auf ein universalistisches Ideal der Menschenrechte kaprizieren, zumal in Frankreich mit seiner frankozentristischen Vorstellung vom Universellen. Andererseits meine ich, daß wir verpflichtet sind, über die Radikalität des Mißtrauens hinauszugehen und eine neue anthropologische Permanenz zu entwerfen, mit der wir das Mittel zu mehr als bloßem Widerstand in der Hand haben.

BENJAMIN BUCHLOH Das wäre ein schönes Schlußwort, aber ich habe noch etwas hinzuzufügen! Es gibt einen Unterschied zwischen uns. Ich stelle mir noch einmal die Frage, warum anthropologische Permanenzen? Und warum nicht eine konkrete, spezifische Analyse der Mittel der Globalisierung selbst? Auch das ist eine Praxis, die über den bloßen Widerstand hinausgeht. Ich denke, die konkrete Analyse des Global-Universellen, das zu einem regelrechten Mythos wird, ist ein fundamentales kulturelles Anliegen. Und ich glaube nicht, daß das im Widerspruch zu den anthropologischen Gegebenheiten steht; im Gegenteil, da gibt es eine direkte Verbindung.

JEAN-FRANÇOIS CHEVRIER Ich schlage eine progressive Perspektive vor, die sich nicht um die kritische Analyse der Globalisierung herumdrücken kann. Es geht nicht darum, ein neues Ideal zu entwerfen, eine neue Utopie, das Universelle in Tarnkappe... Doch eine Analyse der Globalisierung, so relevant und spezifisch sie auch sein mag, selbst wenn sie auf autobiographischen Elementen basiert, ist notwendig, aber nicht hinreichend. Wir sind zu diesem Schluß gekommen, nachdem wir uns die kritischen Modelle der 60er Jahre genau angesehen haben. Öyvind Fahlström zum Beispiel ist heute ein extrem wichtiger Künstler, wenngleich seine analytischen Prozeduren nicht so rigoros sind wie beispielsweise die von Hans Haacke. Es besteht die Gefahr, durch einen allzu analytischen Zugriff den Prozeß der Subjektkonstituierung zu blockieren, und deshalb komme ich auf das surrealistische Unbewußte sowie auf die Frage der Intimität zurück. Die öffentliche/private Dialektik ist erstarrt und war nicht in der Lage, neue Formen auszubilden. Wenn sie sich außerhalb ihrer bürgerlichen Definition und auf einem anderen Feld neu konstituieren soll, dann müssen wir das Denken der Subjektivität, bis hin zu den Dimensionen des Unbewußten und der Intimität, wieder einführen.

BENJAMIN BUCHLOH Ich frage mich, ob Sie da nicht das Unmögliche verlangen. Sie konstruieren totalisierende Forderungen: die Reintegration der Subjektivität und die Analyse der globalen Transformation zugleich. Bei Jeff Wall sehen Sie diesen Anspruch partiell erfüllt, und Sie geben zu, daß die andere Dimension fehlt, doch das finden Sie akzeptabel. Aber eine Analyse ohne die subjektive Dimension hat in Ihren Augen das Ziel verfehlt. Das dürfte schon in den 20er Jahren ein Problem gewesen sein, denn ich bin nicht sicher, daß die beiden Ansätze jemals miteinander in Einklang gebracht wurden. Vielleicht sollte man sie als zwei Notwendigkeiten auffassen, die voneinander getrennt bleiben. Wir kennen keinen Roman, keine literarische Praxis, die uns eine Möglichkeit aufzeigt, wie sie zusammenzubringen wären.

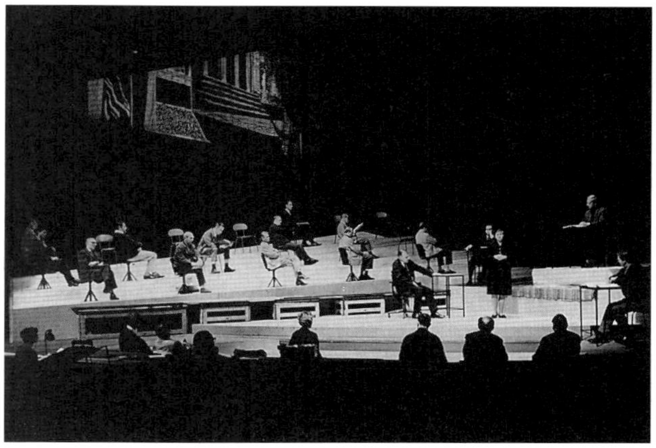

Peter Weiss, Die Ermittlung
Freie Volksbühne Berlin, 1965, Regie: Erwin Piscator

JEAN-FRANÇOIS CHEVRIER Ich stimme Ihnen zu, daß es besser ist, die Dinge voneinander getrennt zu belassen, anstatt sie auf autoritäre Weise zusammenzuzwingen.

BENJAMIN BUCHLOH Andernfalls wird daraus eine Lukácssche Perspektive, ein bürgerlicher Realismus, den es nicht mehr gibt...

JEAN-FRANÇOIS CHEVRIER Aber es gibt immer noch eine Forderung, die niemand unbedingt erfüllen muß. Heutzutage besteht ein kulturelles und politisches Bedürfnis nach Dimensionen der Subjektkonstituierung und Intimität, die vom Subjekt auf ein Feld intersubjektiver Beziehungen verlagert werden sollten. Und da haben künstlerische Prozeduren viel beizusteuern. Auf der Ebene der Analyse besteht hingegen die Tendenz, die Position des Künstlers der des Experten anzugleichen, sei es nach archaisch-aufklärerischer Art als Autonomie-Experte – das wäre der klassisch-moderne Künstler, zu dem ein gewisser reaktionärer Kritizismus derzeit gern zurückkehren würde – oder auf zeitgemäße Weise als Experte für Spektakel, wofür Warhol ein perfektes Beispiel abgibt. Ich glaube nicht, daß der Künstler seine intellektuelle Tätigkeit als Experte ausüben kann, indem er das Expertenwissen in einer dieser beiden gegensätzlichen, gleichwohl komplementären Weisen einsetzt. Deshalb kommen in diesem Buch auch keine Kunstkritiker zu Wort, außer Ihnen selbst, weil wir glauben, daß Ihre Tätigkeit keine Expertentätigkeit war. Unsere Frage ist eine politische: Wie soll man sich heute eine künstlerische Tätigkeit ohne das Volk vorstellen? Mir scheint diese Frage unbeantwortbar. Ich habe zwei Permanenzen vorgeschlagen, die Sprache und das Urbane, aber das ist zweifelsohne auch wieder nur eine Methode, etwas im Sinne des Volkes zu definieren.

CATHERINE DAVID Wie soll man sich in einem Raum, der nolens volens ein Raum des kulturellen Konsums ist, ein sachkundiges Publikum vorstellen? Wenn das Publikum heute eine Ausstellung besucht, betritt es einen spektakularisierten Raum.

BENJAMIN BUCHLOH Sie würden also ein sachkundiges Publikum einem Publikum des Spektakels vorziehen?

JEAN-FRANÇOIS CHEVRIER Was für eine grauenhafte Alternative!

BENJAMIN BUCHLOH Die Alternative ist real. Das Publikum, das heute eine Beuys-Installation in Deutschland besucht, ist nicht sachkundig; es ist das Publikum einer nationalen Kultur, die im Zeichen des Spektakels wiederauferstanden ist... Sie scheinen von der Hypothese auszugehen, der große Fortschritt des Surrealismus habe darin bestanden, daß die Erfahrung des Mythos einer tiefgehenden Reflexion zugänglich gemacht wurde – des Mythos in Form von Mythologie und in der individuellen Form von Unbewußtem und Traum. Dagegen suchte die internationalistische Kultur des Bauhauses und des Konstruktivismus nicht länger die Präsenz und Permanenz des Mythos in der Erfahrung. Im Kontext von Weimar und vor allem nach Weimar wurde der Mythos zum Äquivalent der faschistischen Kultur: Das ist die Erklärung dafür, daß der Zugang zum Surrealismus in all jenen Kulturen versperrt ist, die mit dem Faschismus oder stalinistischen Totalitarismus des 20. Jahrhunderts in Berührung kamen. Nach dem Krieg wurde uns allmählich klar, daß der Bereich des Unbewußten zunehmend von der Kulturindustrie erobert und beherrscht wurde. Der Surrealismus hat es versäumt, sich mit dieser Frage auseinanderzusetzen. Deshalb sind Weimar und der sowjetische Konstruktivismus für mich so wichtig: Sie stellen die Frage, wie innerhalb der Kulturindustrie eine industrielle Kultur geschaffen werden kann. Wenn man diese Frage wieder aufgeworfen hat, steht man vor neuen Problemen, denen man sich durch das Werk eines Künstlers wie Coleman

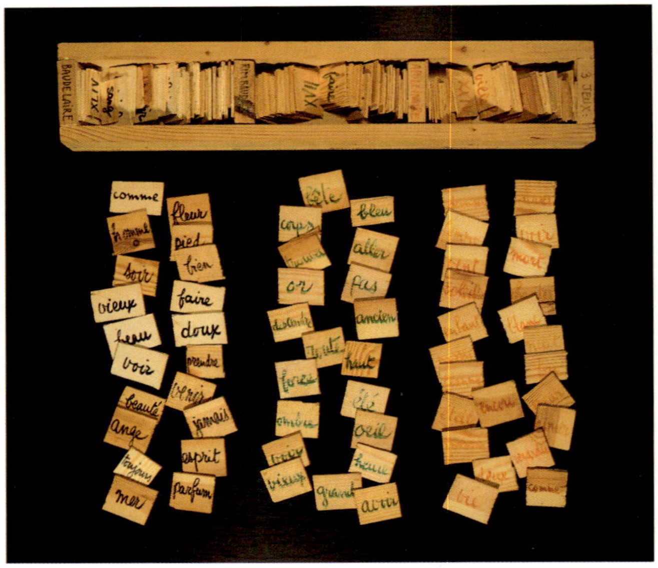

Robert Filliou, Trois Jeux, Apollinaire, Rimbaud, Baudelaire (Drei Spiele, Apollinaire, Rimbaud, Baudelaire), 1961

nähern kann: Wie soll man sich die Bildung von Erinnerungsvermögen, einer kulturellen mnemonischen Praxis vorstellen, ohne sich mit der Frage nationaler Strukturen zu beschäftigen? Noch dazu gleichzeitig und ohne damit nationalistische Vorstellungen zu bestärken? Colemans großartiger Gegenvorschlag strebt an, mit dem Begriff der Identität zu arbeiten, ohne damit einer Wiederbelebung oder Rezentralisierung des nationalstaatlichen Modells Vorschub zu leisten.

JEAN-FRANÇOIS CHEVRIER Ich verstehe Ihr profundes Interesse am Internationalismus der Moderne – aber ich glaube, damit ist es seit den 70er Jahren vorbei, und zwar aus Gründen, die mit einem radikalen Wandel im Kapitalismus zu tun haben: mit der Überkommenheit des Fordschen Modells und dem Übergang in eine Phase der flexiblen Akkumulation, was ich für die beste Definition der postmodernen Phase halte, oder des Endes des Projekts der Moderne, nicht im Sinne von Habermas, sondern im industriellen Sinn des Wortes. Wenn es heute den Entwurf einer sozialen Konstruktion gibt, dann ist er nicht international, sondern lokal/global, dann ist er eher finanziell denn industriell und impliziert subjektive Veränderungen in einem Ausmaß, daß das taylorisierte, Fordsche Vertragssubjekt aus der Entwicklung des Nationalstaates im 20. Jahrhundert nicht mehr haltbar ist. Wir beobachten in der Kunst Prozesse der Subjektkonstituierung, die Teil eines Minderheitendenkens sind, weit entfernt von jedweder nationalen Identität. In diesem Zusammenhang erscheint mir das Interesse am internationalistischen Modell nun nicht mehr gewichtiger als das an der surrealistischen Alternative. Das internationalistische Modell der Moderne einem archaisch-mythologischen Surrealismus entgegenzusetzen, hieße, an einer Benjaminschen Dialektik festzuhalten, die ihre Gültigkeit verloren hat.

BENJAMIN BUCHLOH Sie begreifen das Volk jenseits von Nation und Klasse. Das kann ich nicht.

JEAN-FRANÇOIS CHEVRIER Auf jeden Fall »fehlt das Volk« – um an den Satz von Deleuze zu erinnern. Ich versuche das Volk anhand seiner Minderheiten zu begreifen, um es nicht länger auf der Grundlage einer Mehrheit zu definieren, die seine Normen diktiert. Hier kommen wir auf ein beinahe brasilianisches Modell von Heterogenität zurück. Die beiden Permanenzen von Sprache und Urbanem sind meine Art, außerhalb eines Schemas zu denken, das das Volk auf die Identität eines Nationalstaates reduziert, die heute ohnehin nicht mehr vertretbar ist. Natürlich läßt sich dagegenhalten, daß eine Minderheitenposition für die wichtigste Gruppe in jedweder europäischen Gesellschaft nicht zutrifft, weil sie nämlich genau die Mehrheit darstellt. Aber stimmt das auch in der gegenwärtigen Krise? Ich halte es für hochinteressant, beispielsweise Technologiemuseen und industriegeschichtliche Museen zu betrachten, denn dort werden die Fragen der nationalen Identität heutzutage am nachhaltigsten behandelt. Dort findet sich ein unglaubliches kritisches Potential. Bürger, die mit der Aushebelung jener Balance konfrontiert sind, welche zwischen Kapital und Arbeit in der Vergangenheit erarbeitet wurde, finden in solchen Museen das Instrumentarium, um ihre Kämpfe zu bestehen. Aus diesem Grund habe ich mich immer für die Arbeit der Bechers interessiert, weil sie mit der Erinnerung lokaler Varianten von industrieller Tradition weit mehr zu tun hat als mit der kosmopolitischen, minimalistischen Ästhetik, die ihnen angedichtet wurde. Wenn die Besucher mit ihrer eigenen Erinnerung konfrontiert werden, ihrer eigenen Geschichte, wenn die lokale Variante dem globalen Projekt der Industrialisierung begegnet, dann entsteht ein Raum der Subjektkonstituierung, der in gewissem Sinne universell zu nennen ist. Und diese Konfrontation ist an sich eine permanente menschliche Tätigkeit. Zwar besteht hier, wie immer, wenn es um anthropologische Permanenzen geht, die Gefahr einer Historisierung, doch lohnt es sich, das Risiko einzugehen. In einer Zeit, in der die Erfahrung der Gegenwart eine Erfahrung von Tatsächlichem kontra Virtuellem ist, geht es darum, einem breiten Publikum das Gefühl zu geben, daß das Historische aktualisierbar sei. Die Aktualisierung historischer Virtualitäten ist eine existentielle Dimension. Und etwas anderes ist daran auch noch interessant für uns: Diese Museen beherbergen nicht nur Dokumente und Archive, sondern auch Kunstwerke, und eben hier wird die Beziehung zwischen beiden sichtbar, nicht in Museen für zeitgenössische Kunst. Wir können das für unsere Arbeit in Museen als Modell benutzen, als Gegenmodell. Ich glaube, es ist heute wichtig, die Institution neu anzulegen, in den bereits existierenden Institutionen einen wirklich politischen Raum zu eröffnen. Nicht als Lobgesang auf die Institution, aber auch nicht als rein kritische Praxis, die sie anderen mit weit weniger Verständnis für die politische Dimension überläßt.

BENJAMIN BUCHLOH Das Museum wurde schon in den 20er Jahren als Archiv definiert, vor allem von Stepanova und Lissitzky. Aber sie stellten sich niemals die theoretische Frage, welches Publikum eigentlich in diesem Museum vertreten ist. Heute haben wir das Problem, daß wir es entweder mit einem Expertenpublikum oder mit einem Spektakelpublikum zu tun haben. Sie schlagen vor, die Frage nach dem Volk neu zu stellen. Aber ist Volk der richtige Begriff? Kann man es nicht anders ausdrücken: das Allgemeingut, das Universelle? In Ästhetikdiskussionen gibt es immer auch eine universelle Dimension. Ihrer Meinung nach ist sie durch das Expertentum ausgeschlossen worden. Was ist in Ihren Augen das Gegenmodell zum Expertentum?

JEAN-FRANÇOIS CHEVRIER Ein historisches Gegenmodell wäre der kritische Intellektualismus. Ein anderes historisches Gegenmodell wäre der organisch an seine Klasse gekoppelte Intellektualismus, wie Gramsci ihn beschrieb. Beides sind Modelle aus den 20er und 30er Jahren, und es ist vollkommen in Ordnung, ein anderes Modell zu erfinden; dazu haben wir Sie ja heute hierher eingeladen. Foucault hat als letzter europäischer Intellektueller versucht, eine kritische Haltung zu beschreiben; er definierte sie einerseits als Aussetzung des disziplinarischen Expertentums und andererseits als Prozeß der Subjektkonstituierung. Er erfand den Begriff des spezifischen Intellektuellen, der sein Wissen einer Minderheit zur Verfügung stellt, die weiß, was sie will. Das Problem der Repräsentation im politischen Wortsinn spielt für die intellektuelle Praxis eine zentrale Rolle. So ist es durchaus möglich, daß ein Ausstellungskurator heute nicht als Manipulator fungiert, sondern als Katalysator, als jemand, der in anderen einen bestimmten Prozeß auslöst. Und die Ausstellung wäre dann eine Collage aus diesen Prozessen: kein universeller Raum mehr, sondern ein Raum der Collage/Montage; dieser beherbergt Situationen, die unter Beteiligung des monteur/Repräsentanten, das heißt des Kurators, erarbeitet wurden. Die fortschrittlichsten postkolonialen Anthropologen beschreiben so ihre Arbeit. Die Prozesse der 70er Jahre bleiben solche der individuellen Subjektkonstituierung; sie träumen vom Kollektiv und erschließen doch keine reale Chance zu einer solchen Erfahrung, außer bei ein paar Theaterexperimenten. Heute können wir uns Prozesse vorstellen, die, wo nicht kollektiv, so doch zumindest intersubjektiv wären.

CATHERINE DAVID Ich glaube, daß das, was Sie da beschreiben, in den komplexesten – um nicht zu sagen konfusesten – zeitgenössischen Praktiken am Werk ist. Der Begriff der Autorenschaft wird völlig neu definiert – wiewohl ich nie vom »Tod des Autors« spreche, einem Ausdruck, – unrichtigerweise – der aus den 70er Jahren stammt. Eine ganz neue Auslegung von Autorenschaft tut not, Transaktionen zwischen Subjektivitäten.

BENJAMIN BUCHLOH Was mir an der Orozco-Ausstellung neulich in Zürich gefallen hat, war die Tatsache, daß sie weder mit dem Objekt, noch mit dem Prozeß in dem Sinne arbeitete, wie er in den 60er Jahren definiert wurde, sondern beiden eine neue Richtung gab. Die *Tables*, für mich der interessanteste Teil, präsentieren sich als vertrautes Repertoire. Diese Sachen springen ständig zwischen Objekt, Prozeß und Skulptur hin und her, ohne jemals eines davon zu sein. Sie siedeln in den Zwischenräumen und unterscheiden sich ganz wesentlich von der Expertenhaftigkeit der Prozesse in den 60er Jahren.

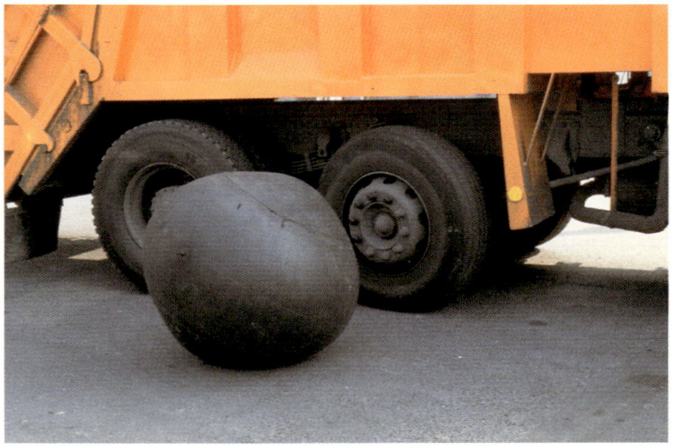

Gabriel Orozco, Recaptured Nature (Wiedereroberte Natur), 1990

CATHERINE DAVID Viele zeitgenössische Praktiken kaprizieren sich weniger auf die reale Präsenz, als vielmehr auf alles, was mit Bewegung, Energie, Dynamik, Durchgang zu tun hat. Oft mögen diese Arbeiten als Symptome erscheinen, und vielleicht sind sie es auch, sogar darin, daß wir sie nicht verstanden haben. Vielleicht muß man nicht immer unbedingt verstehen. Zur Zeit favorisiere ich störende, unpassende Haltungen, fast an der Grenze zur Konfusion, anstatt irgendeinen Konformismus zu verstärken. Das bringt uns zurück zum Fall Brasilien, wo die Kodifizierungsprozeduren extrem fließend sind. Ein Brasilianer sagte einmal zu mir: »Hier mußt du entweder entschlüsseln, oder du stirbst.« Wenn die Leute nicht in der Lage sind, die Codes, die sich permanent verändern, extrem schnell zu begreifen, kommen sie um.

JEAN-FRANÇOIS CHEVRIER Ohne in krassen Wirtschaftsdeterminismus verfallen zu wollen, würde ich sagen, daß wir uns in einer Phase der flexiblen Akkumulation befinden: Alles wird ständig umgedreht und von einem anderen Standpunkt aus betrachtet.

BENJAMIN BUCHLOH Und das gehört nicht zu unserer üblichen Kulturtheorie.

JEAN-FRANÇOIS CHEVRIER Nein, und deshalb haben wir eine objektive Schwierigkeit. Wenn eine Kultur nach monumentalen Symbolen verlangt, wenn eine Kultur das Bedürfnis hat, sich in die Ewigkeit zu projizieren, dann befindet sie sich immer in Gefahr, mit all den regressiven Auswirkungen, die derlei Sentimentalität mit sich bringen kann. Wir wissen, daß das heute unser größtes Problem ist.

Jeff Wall

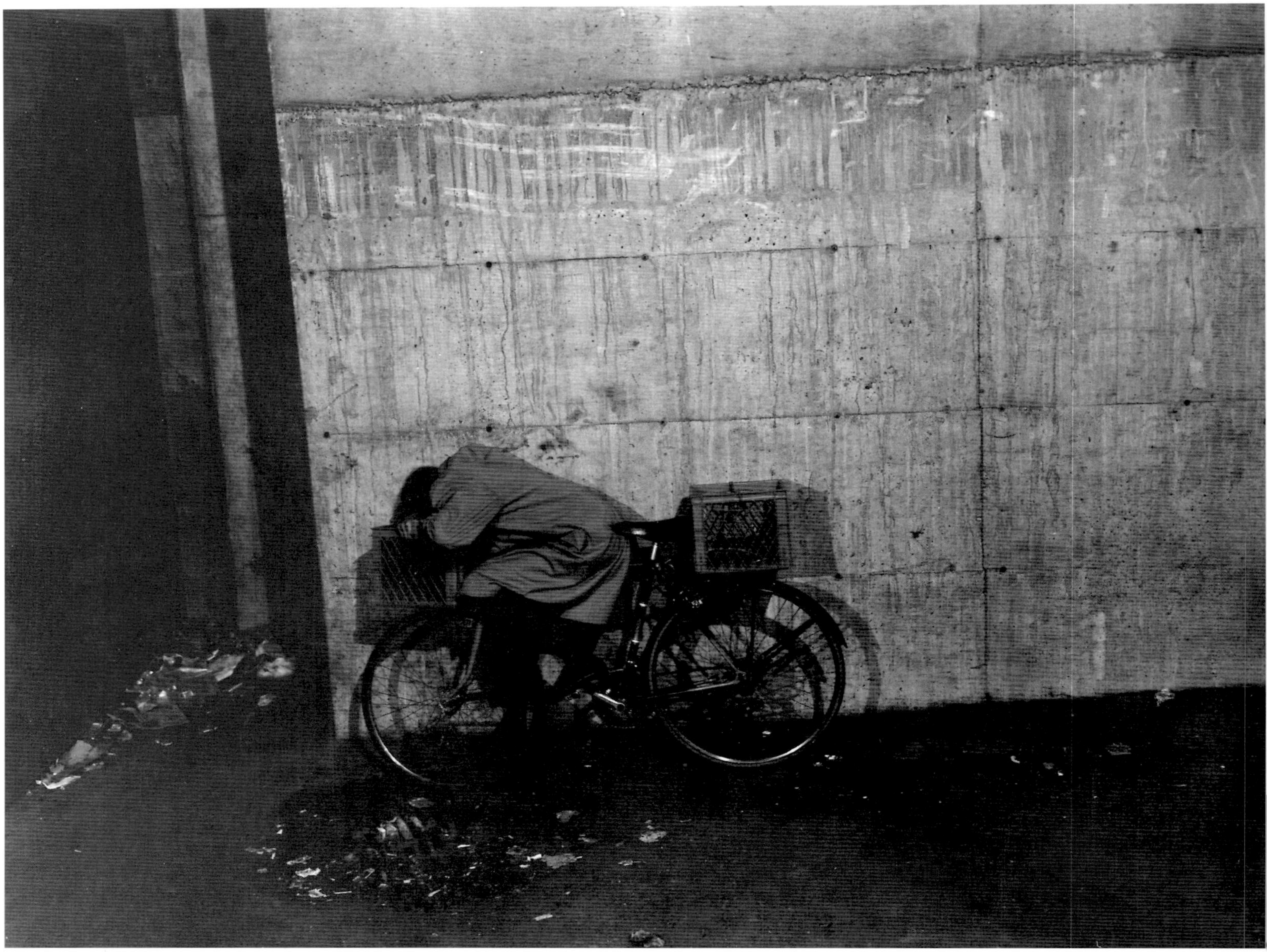

Cyclist (Radfahrer), 1996

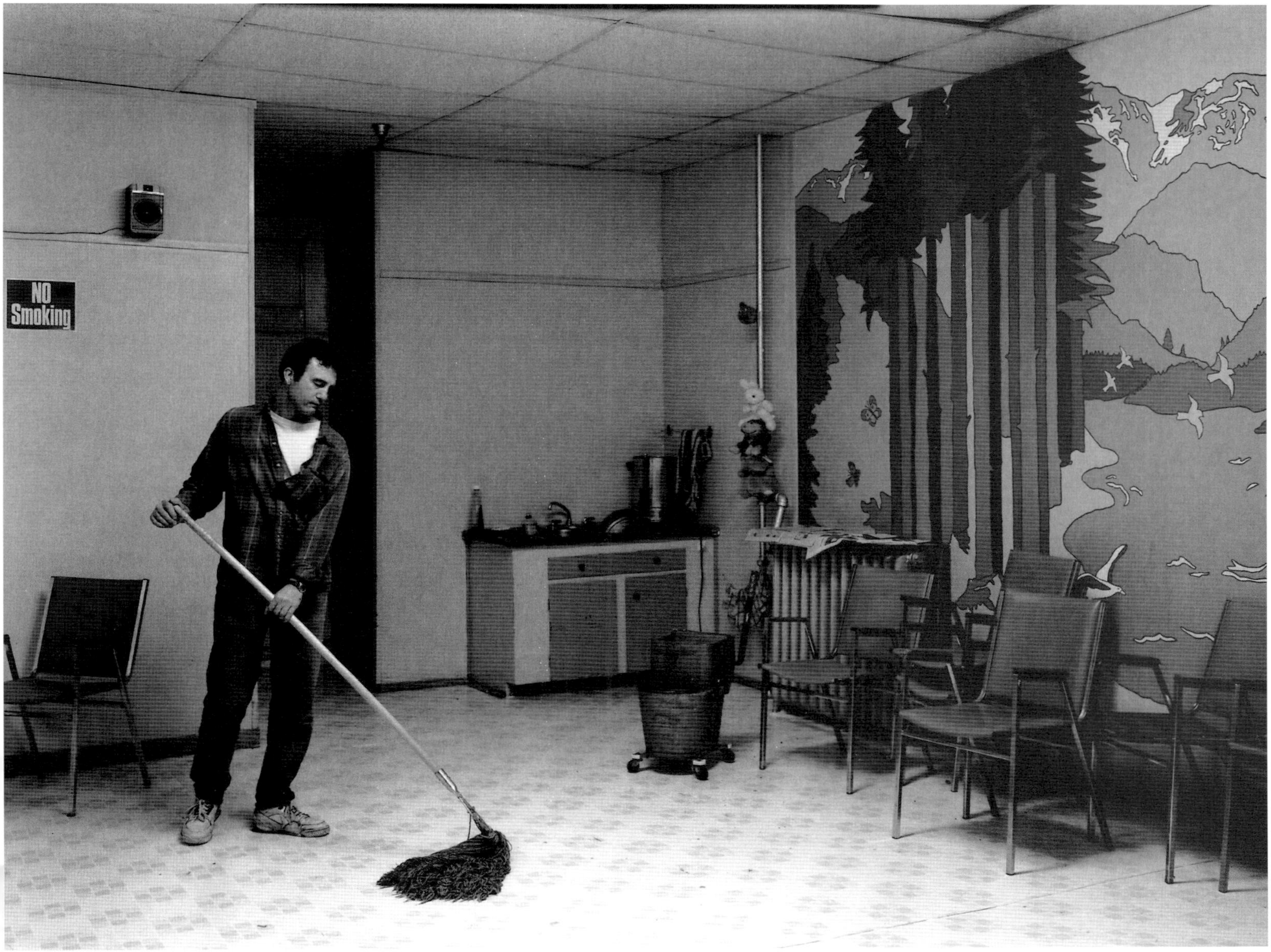

Volunteer (Freiwilliger), 1996

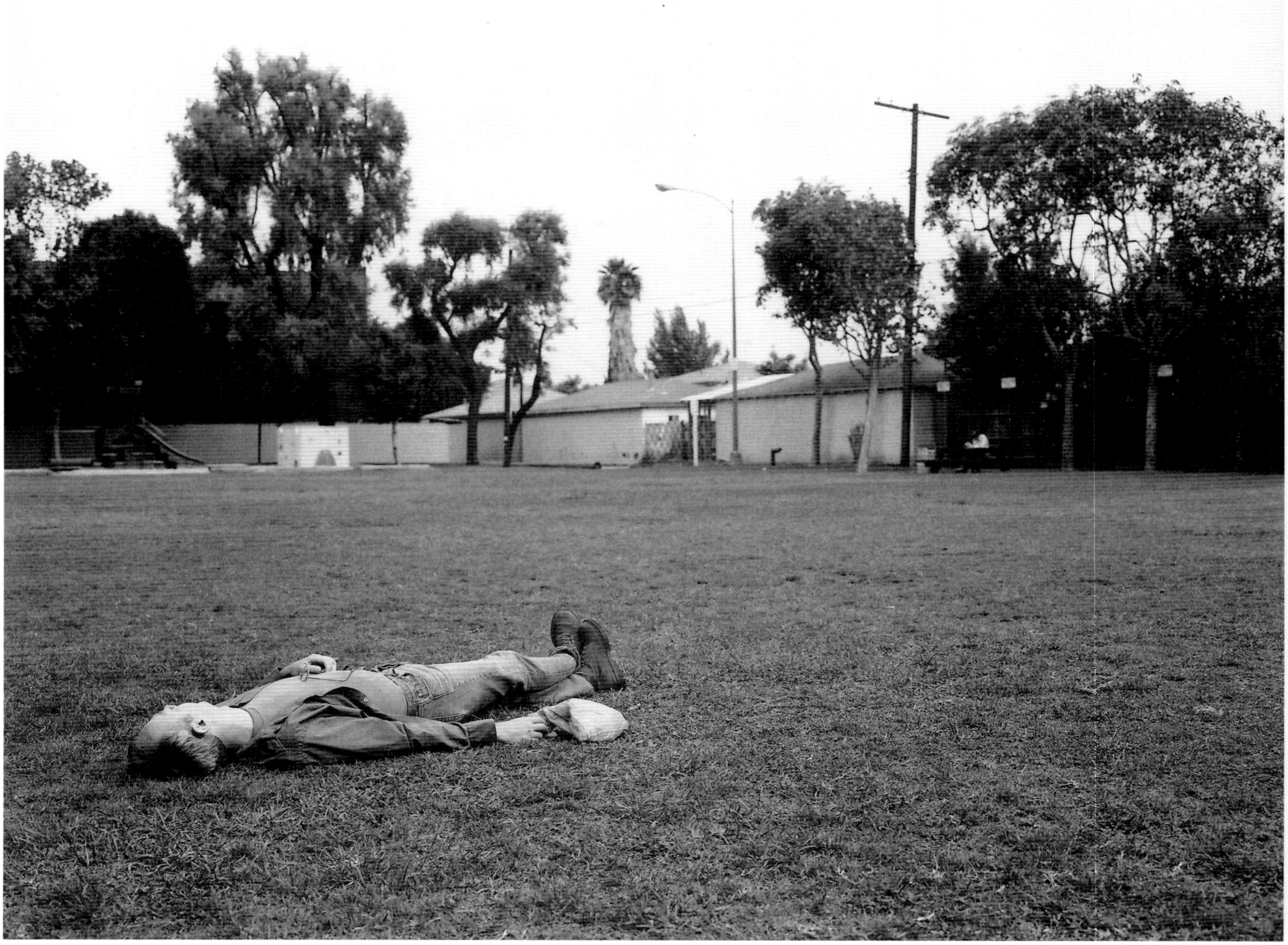

Citizen (Bürger), 1996

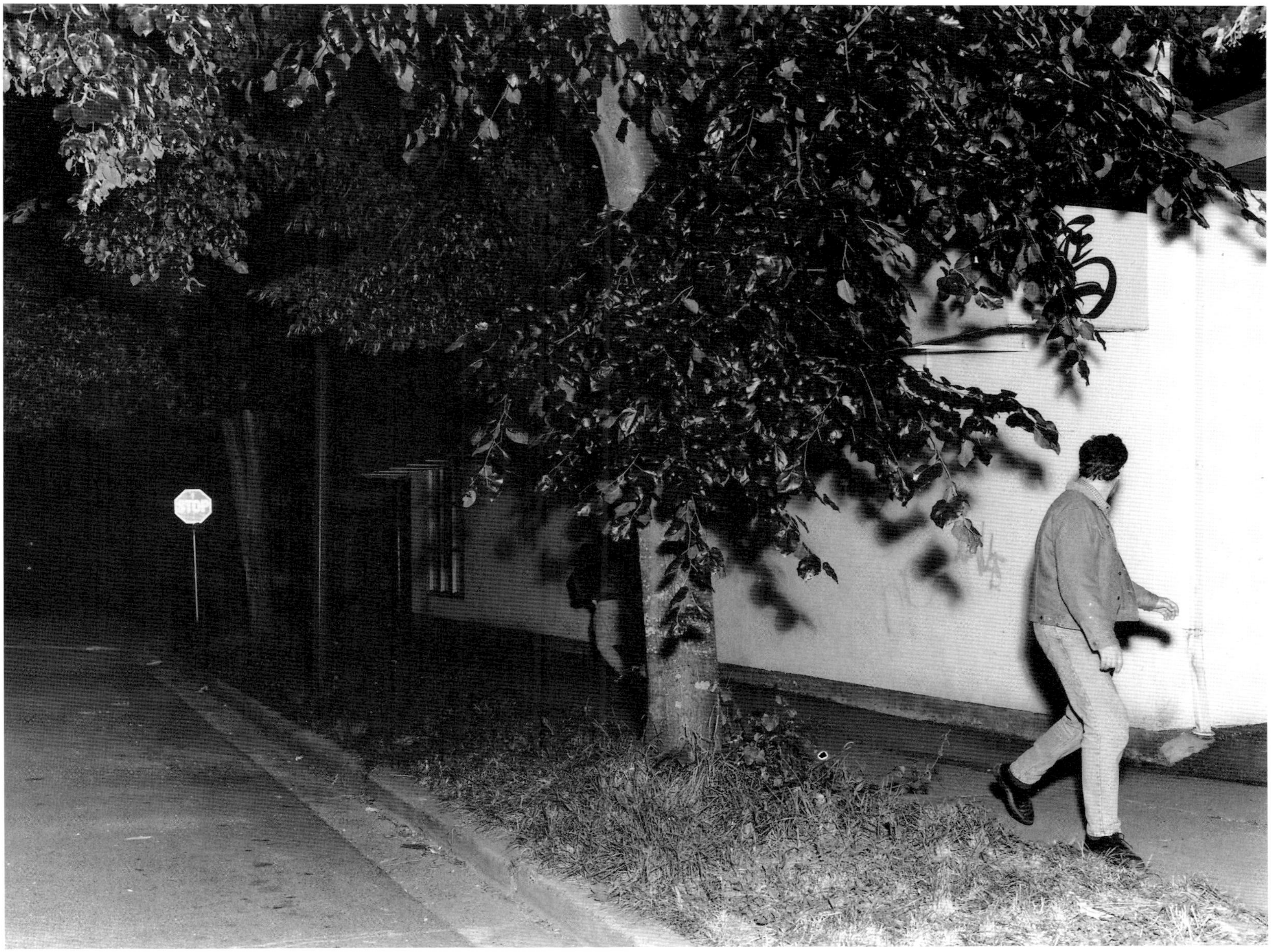

Passerby (Passant), 1996

Hans-Joachim Ruckhäberle

Jean-Marie Straub und Danièle Huillet inszenieren die *Antigone* von Sophokles, Hölderlin, Brecht für das Theater, die Schaubühne in Berlin, und machen einen Film, in Sizilien (1991/92).

»Der Text, den wir benutzen, ist ein Drehbuch, das aus 147 Einstellungen besteht.«

»Der Ausgangspunkt war ein Ort. Eine Topographie.« In der Wirklichkeit und im Film: »Segesta, ein griechisches Theater, ein Loch zwischen den Hügeln, mit einer Lücke zum Meer.« Im Theater: »... die gleiche Aufstellung. Wir

Antigone

haben drei Leinwände, die genauso angeordnet sind wie die Perspektiven, die wir beim Filmen haben werden.«

Wahrnehmung ist die zentrale politische und ästhetische Kategorie dieser Arbeit. Die Kamera ist für den Film an einem Punkt installiert, aber in unterschiedlichen Höhen. Sie bildet so einen Ort, von dem aus Räume durch die Bewegung der Sprache wie der Körper gebildet werden. Der »starre« Blick bestimmt die Räume. Es sind drei: der Antigones, der Kreons, der des Chores. Unterschiedlich beziehen sie die Umgebung, die Natur, ein; unterschiedlich ergreifen sie von ihr Besitz: »Obwohl das Ganze keinem gehört. Während des Drehens gibt es eine Fläche, die kein Mensch betreten darf, und die wird am Ende des Films ganz gezeigt werden.« (Jean-Marie Straub, 1991)

Straub und Huillet arbeiten in der *Antigone* mit dem Ort und dem Raum wie vor ihnen, wenn auch anders, nur Brecht und Neher. Sie betonen die Grenze zwischen den Räumen.

Die Wahrnehmung wird aber noch auf etwas anderes gerichtet: die Sprache. Die Verse und Versenden des Textes werden deutlich akzentuiert. (Das Antigonemodell 1948 dazu: »Frage: Wie wurden die Verse gesprochen?

Antwort: Vor allem wurde die Unsitte vermieden, nach der die Schauspieler sich vor größeren Verseinheiten sozusagen mit einer das Ganze ungefähr deckenden Emotion vollpumpen. Es soll keine Leidenschaftlichkeit bevor oder hinter Sprechen und Agitieren sein. Es wird von Vers zu Vers geschritten und jeder von ihnen aus dem Gestus der Figur geholt.

Frage: Wie ist es mit dem Technischen?

Antwort: Wo die Verszeilen enden, soll eine Cäsur sein, oder es soll eine Heraushebung des nächsten Versanfangs stattfinden.«)

Bei Straub/Huillet findet die Akzentuierung der Sprache ihren Ausdruck in dem, was ihre Gegner und Befürworter als Laiendeklamation, Laienspiel bezeichnen. »... das rhythmische Stocken, Vers um Vers, kommt aus der beherrschten Aufregung.« (Peter Handke)

Straub/Huillet kommen so dem »tödlich Faktischen« der Sprache des Dramas am nächsten, durch die Technik des Stockens und der Plötzlichkeit. Der vermeintliche Dilettantismus der Laienschauspieler, die Straub und Huillet häufig besetzen, ist einer der Gründe, warum die deutsche Theaterkritik der *Antigone* nicht gerecht wird. Die Maßstäbe sind ausschließlich die des »professionellen« Theaters, das an keiner Stelle als Teil, zumindest als möglicher Teil des künstlerischen Prozesses außerhalb des Theaters gesehen wird. Die Problematisierung oder Aufgabe der Perspektive, die Verlagerung von Inhalten in Wahrnehmungsstrukturen, das gesamte Problem der »Verräumlichung« der Kunst wie ihres Realitätsbezuges, im Antigonefilm der Blick auf die Autobahnbrücke oder die Verkehrsgeräusche im Ohr, entgehen der Fixierung auf das »professionelle« Theater.

Zu der Frage des Realitätsbezuges, oder seines Mythos, gehört der politische Kommentar. Straub widmet die Berliner Theaterinszenierung dem »ermordeten (Terroristen) Georg von Rauch und den 100 000 Irakern, die wir ermordet haben«. Beides wird damit berührt, die Ausgrenzung des »Widerstandes« gegen den Staat wie der »Imperialismus« des neuen wiedervereinigten Deutschland. In Anlehnung an Brechts Charakterisierung Kreons als »Führer« bezeichnet Straub den amerikanischen Präsidenten als »neuen Führer«.

Im Nachspann des Films wird Brecht mit einer Erklärung von 1952 zitiert: »Das Gedächtnis der Menschheit an erduldete Leiden ist erstaunlich kurz. Ihre Vorstellungskraft für kommende Leiden ist fast noch geringer...«

Handke sieht die politischen Kommentare als Ausdruck »expliziten Denkens« negativ, dagegen setzt er den völlig anderen Geist der Bilder und der Sprache des Films.
Mit Handkes sehr genauer und doch sehr subjektiver Beschreibung schließt sich der Kreis. Seine Abwehr des »Sekundären«, seine Sehnsucht, Unmittelbarkeit, Elementares zu finden, führt zurück zu der Geschichte der Antigonen George Steiners. Weil er Ursprung finden will, schätzt er Hölderlins und Brechts »Eingriffe« falsch als mehr oder minder bedeutungslos ein. Was er sucht und findet, ist die »Elementarstufe des Machens und Montierens«, ist Film als »Kunst«. Handke nimmt die *Antigone* von Straub/Huillet heraus aus ihrer Zeit, heraus aus dem politischen Kommentar. »Das Straubsche Kino und das alte griechische Drama sind für mich geradezu einesgleichen, formgleich; beide stehen, oder stocken, am Anfang und verharren da, beharren auf diesem, ganz einerlei, ob Anfang des Kinos oder des Theaters.«

»... Ich sage Euch, daß wir seit dem griechischen Theater keine ausdrucksstärkere Form gekannt hatten als den Film.« Ausgehend von dieser Feststellung Louis Dellucs sieht Laurence Giavarini *Antigone* in Zusammenhang mit Clint Eastwoods Western *Unforgiven*. Ihm geht es dabei um den Ursprung, aber nicht um einen allgemeinen Ursprungsmythos, sondern er untersucht, wo die Grenze zwischen neuer und alter Welt verläuft, wie sie in den Filmen dargestellt wird: Wie verhält sich Zivilisation zur Wildnis? Wie Recht zur Gewalt? Wie bildet sich Stadt, das heißt Gesellschaft? Nicht so sehr um Recht oder Unrecht geht es dabei, sondern um die Grenze, von der her Gesellschaften ihre Glaubwürdigkeit gewinnen oder verlieren.

In der zeitgenössischen Kunst findet diese Auseinandersetzung als Auseinandersetzung des Bildes im öffentlichen Raum statt; die ästhetische und politische Problematik ist bestimmt durch den totalen Verlust jeglicher Utopie (François Furet), sie ist zu sehen als ein Zurück zu den »starken« Anfängen, zu der »Geschichts-Stätte« (Heidegger), oder in der politischen und ästhetischen Figur der »vaterländischen Umkehr«, »wo die ganze Gestalt der Dinge sich ändert«. (Hölderlin)

Hölderlin, 1823

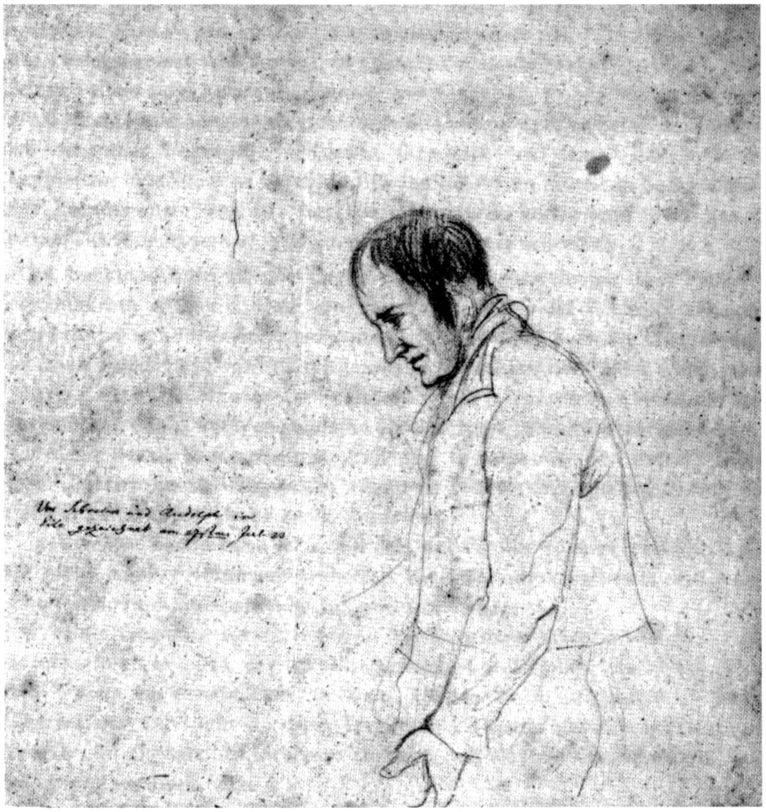

RICHARD SHUSTERMAN: A HOUSE DIVIDED

"A litter of pigs", writes Emerson (in his essay "Art"), "satisfies and is a reality not less than the frescoes of Angelo." The archaic fantasies of an American *inculte* who fails to recognize the essential distinction between Art and Reality? Pigs are surely real, and satisfy – in an impressive variety of culinary forms. But just as surely they cannot, in their real living presence, satisfy as art. Of course, one can make an artwork composed of pigs (or anything else), but then (according to established aesthetic theory) they are no longer simply real pigs but ontologically transfigured objects belonging to a separate artworld.

Pragmatist aesthetics, in the tradition I develop from Emerson and John Dewey, is devoted to challenging this crusty old dogma that firmly divides art from real life and praxis.[1] Not only a concretely embodied reality in itself, art can play a powerful role in changing other realities by changing our perceptions, attitudes, and consequent actions. The notion of art as a distinctive ideal realm was once extremely useful. Central to modernity's process of secularization, it provided a locus outside religion for our habits of sacralization and our need for spiritual expression. Religious sentiments were displaced toward art, whose works are now the closest things we have to sacred texts and relics. The idea of art's autonomy from real life and praxis was also extremely useful in liberating art from exploitative control by its traditional conservative patrons, the aristocracy and Church.

By now, however, this idea has lost its usefulness, erecting a false barrier between art and action, that trivializes art and robs its power for positive praxis. For art's highest aim is not to make a few admirable objects in a world filled with misery, but to create a better world through the work such objects can generate. Art has won its autonomy by losing its purpose and consequently its public. Contrasting itself to the real, it can hardly claim to present or create truth. Disdaining concrete social aims as vulgar functionalism or propaganda, while likewise scorning the simple goal of pleasure as too base and utilitarian, art seems best appreciated when it is good for nothing. Its function, affirms Adorno, is "to have no function" and thus to protest our functionalist society.[2] Emptied of purpose, art displays its pure autonomy in the vacant frame of gallery space, a clean white box increasingly devoid of public. Boxed in this sacralized space of compartmentalized art, the artist is boxed out from the power to enlighten and move the multitudes toward the creation of a better world.[3]

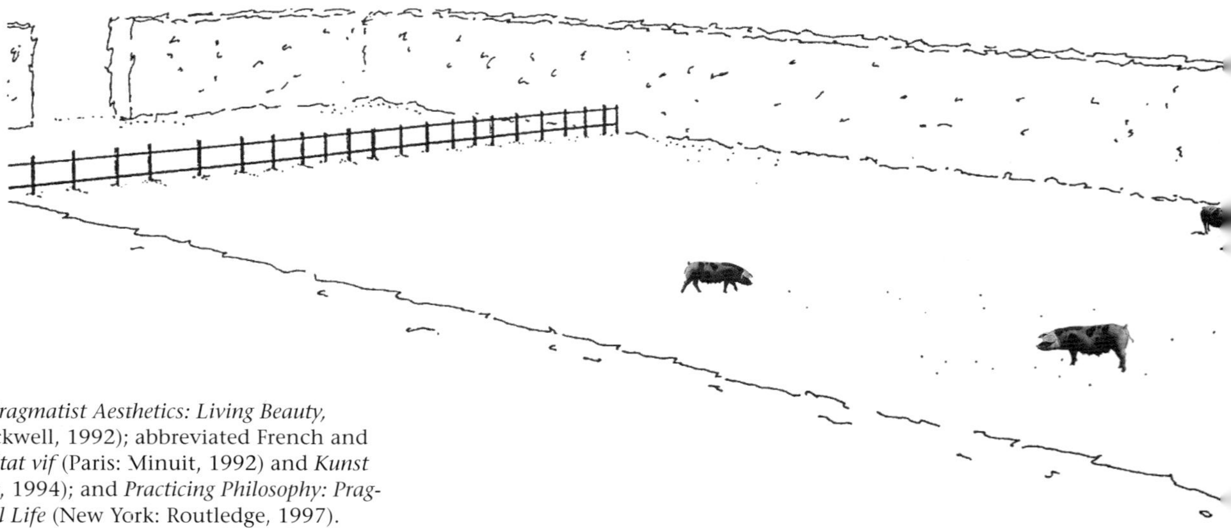

1. See Richard Shusterman, *Pragmatist Aesthetics: Living Beauty, Rethinking Art* (Oxford: Blackwell, 1992); abbreviated French and German versions: *L'art à l'état vif* (Paris: Minuit, 1992) and *Kunst Leben* (Frankfurt/M: Fischer, 1994); and *Practicing Philosophy: Pragmatism and the Philosophical Life* (New York: Routledge, 1997).

2. T. W. Adorno, *Aesthetic Theory* (London: Routledge, 1984); 322

3. I developed this box metaphor for art in an essay, "Art in a Box" in Mark Rollins (ed.), *Danto and His Critics* (Oxford: Blackwell, 1993), 161- 74; and in an interview with Suzi Gablik, "Breaking Out of the White Cube", in her *Conversations before the end of time* (London: Thames and Hudson, 1995), 247-65.

4. See G. W. F. Hegel, *Die Vernunft in der Geschichte* (Hamburg: Felix Meiner, 1955), 202.

Carsten Höller and Rosemarie Trockel have constructed a monument that both exemplifies and protests art's boxed-in/boxed-out state. Evoking art's potential for real-world improvement, their *Haus für Schweine und Menschen* also embodies art's actual limits and impotence. A real concrete edifice where Documenta visitors can lie down to rest their weary legs and escape inclement weather, *Haus* obviously offers the practical function of shelter. It also offers a visual relief from the inanimate *objets d'art*, the sight of real "livestock". In all too human self-absorption, we forget a more crucial function: its being a haven for pigs in a society where they are brutally bred, systematically slaughtered, and greedily devoured by their human neighbors. Many of us have been introduced, as children, to the functional demands of the art of architecture through the old tale of "The Three Little Pigs". Should we see our culture, ourselves, as the viciously blood-thirsty wolf keen on destroying the pigs' refuge so as to devour them?

Höller and Trockel's *Haus* reminds us that our pork products are made from living creatures with whom we share a world, as we share this house. In *Haus*, we can literally see through the line dividing humans as bearers of "rights to life" from animals without such rights, though here exceptionally enjoying the best imaginable living conditions. But can we really see these fellow animals in the deeper sense of recognition? There can never be recognition's communicative meeting of the eyes, since the thick one-way glass allows only observation by the humans. The pigs are thus rendered mere visual objects (we can neither hear nor smell them, nor touch them, of course), and thus a deeper sense of identification is frustrated. Even when art strives to reveal a living reality worth engaging, it blocks real engagement by the limiting, one-directional, visual modality of its involvement. For real contact with the pigs, one must leave the boxed artwork and approach them from the back garden. Even when art tries to do something for pigs (as *Haus* implies), it is only doing it for a few lucky "art" pigs, and only for one brief charmed moment of the "Exhibition" or "Show".

There are also many human pigs in our social world: races and ethnicities that fail to gain our recognition because they are seen through the one-way glass of sociocultural privilege. Very often such despised ethnicities are denigrated as pigs, though Hegel in denying the African's humanity, compared him not to a pig but a dog.[4] Like the division of *Haus*, the barriers that still divide the races of the world are clearly artificial and can easily be seen

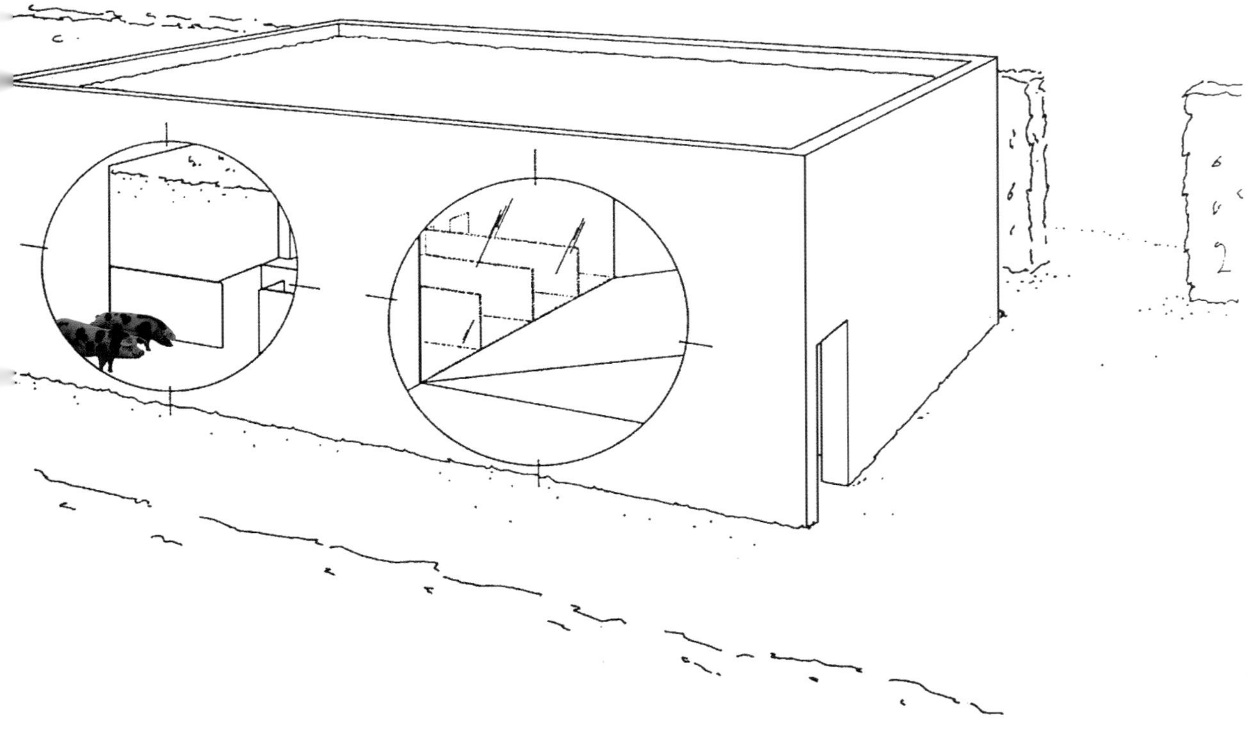

through, but they remain nonetheless powerfully binding and blinding.

The partitioned house is not only a metaphor of ecological and social division, but an epistemological critique. Too rigidly we divide mind from body, privileging mind as the *human* observer that must police the base, slovenly flesh involved in its own piggish desires. Every intellectual hides a partitioned pig whose enjoyments cannot be affirmatively relished in full-bodied experience, but only seen through a thick barrier and at a distance implied by the visual. The same distanced visuality attenuates our experience of art, eviscerated by the aesthetic ideology of distanced, disinterested autonomy.

We return, then, to the divided *Haus* as a critical image of fine art's compartmentalization from life and forms of popular (piggish?) culture. We make and use this particular artwork together with the pigs. If we observers are the work's real agency, art seems an idle voyeurism cut-off from the real business and full sensorium of living. If, on the other hand, we view the pigs as the work's principal makers, the one-way glass provides a telling metaphor for the contemporary artist's inability to see the public who observes his work, thus making him revert in blindness to the mirror vision of self-absorption, to the Muppet model of Miss Piggy asserting "Moi!".

Haus is equally provocative with respect to aesthetic experience. If it remains for us a merely visual, distanced experience of autonomous art, is our enjoyment of this work as good as the pigs'? Is the art of living not better than the art of observing, and are not all conventional artworks best seen as promises or steps toward the highest art: that of living better in a world enobled by greater beauty and justice? This was Emerson's view. "There is higher work for Art than the arts... it is impatient with lame or tied hands, and of making cripples and monsters, such as all pictures and statues are. Nothing less than the creation of man and nature is its end."

Today's pragmatist aesthetics, as I construe it, remains consecrated to that supreme end, and remains impatient. But it insists on two further points: that valuing an end implies respecting the means needed to accomplish it; and that artworks can be provocative means to spur us toward noble ends not only by making them visible but by making it clear that art, in its compartmentalized form, is impotent to achieve them. Art should never rest complacent with this impotence that *Haus* succeeds in demonstrating. Mere aesthetic satisfaction with this success would be the worst of failures.

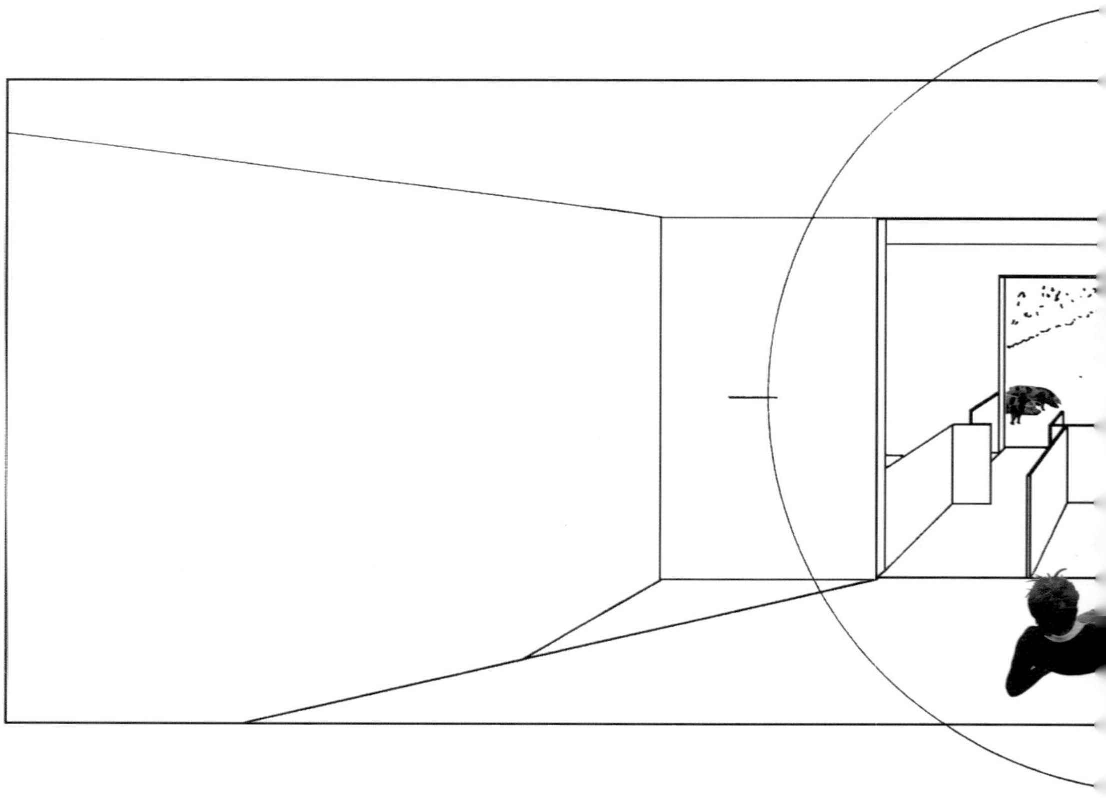

DETLEF B. LINKE: FROM ISOLATION TO IMPLOSION

Turning the pig into a work of art could provide a new reservoir for artistic creativity, while giving it a new refuge – something that could otherwise prove hard to find, following its demise as an intensively-bred farm animal. Art as an evolutionary niche in the wake of the ecological and vegetarian emancipation of homeless swine.

Even if existentialist demons do invade the pig, it's not about to jump into the Lake of Gerasa. But it could well take a dip in our own common gene pool, animal and human. UNESCO, too, sees a common thread between the genetic reserves of the Amazonian plant kingdom, works of art in the Louvre and the human genome – the organisation defines them all as the "heritage of mankind". This could be a metaphoric clue as to what the future holds in store: a market placing equal values on genes and works of art.

The constructivistic extension of evolution still can be reflected for a moment in the House of Trockel and Höller. The bicamerality of the House plays with the projective mechanisms of our psyche and demonstrates the one-way glass in the settings of the family therapist observer. Mutation and selection set together with the evolutionary principle of isolation – a short insight just before implosion, an opportunity for the reposing observer to visualize the distance between viewer and object, before the genes inexorably mix. On the other side of the glass we feel safe, protected by ethical principles on gene research and the safety barrier we have erected around the human genome. A zone difficult for animal genes to penetrate – actually, science now implants human genes into sheep to increase their performance. So the thought that this genetic conquest could be reversed, and victory still go to the other side must at least put a flicker of fear into our eyes – the experience of which Höller and Trockel have thoughtfully, with their one-way glass, kept at bay from the pigs.

Ein Haus für Schweine und Menschen entstand in Zusammenarbeit mit: Rolf Bandus (Architekturbüro, Mitarbeiter Miles Dutton), Christel Simantke (Beratung artgerechte Tierhaltung), Ottmar Holstein, Ulrich Rodewald (Landwirte), Winfried Waldeyer und Heinrich Schröder (Documenta)

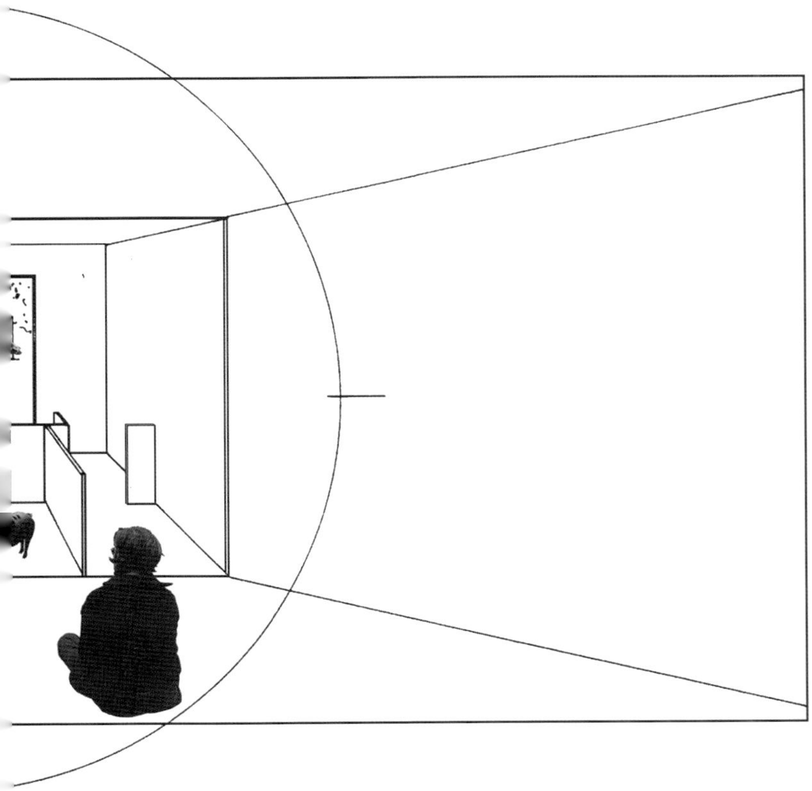

Dominique Lecourt

Ist das Denken programmierbar?

Die Frage steht heute im Mittelpunkt jenes großen internationalen und multidisziplinären Geschäfts, das man als »Kognitionswissenschaften« bezeichnet. Ich möchte im folgenden zeigen, wie eine – nicht allzu mühsame – Art zu philosophieren – oder, wie manche sagen, »Philosophie zu machen« – zu erklären vermag, was bei jenen scheinbar sehr technischen Debatten auf dem Spiel steht, an denen die Philosophen – mit wenigen nennenswerten Ausnahmen wie zum Beispiel John Searle (*Geist, Hirn und Wissenschaft*) – allzu selten beteiligt sind. Was hier »auf dem Spiel steht«, betrifft sowohl die Entwicklung bestimmter Forschungsrichtungen – vor allem in der Biologie – als auch verschiedene sozio-ökonomische, ethische und politische Merkmale der modernen Welt. Die Art und Weise, wie sich die Debatten mit ihren so eingängigen »Gegenständen« wie dem Computer, dem Gehirn, der Sprache oder der Evolution im einzelnen abspielen, hat sicher schon die Aufmerksamkeit

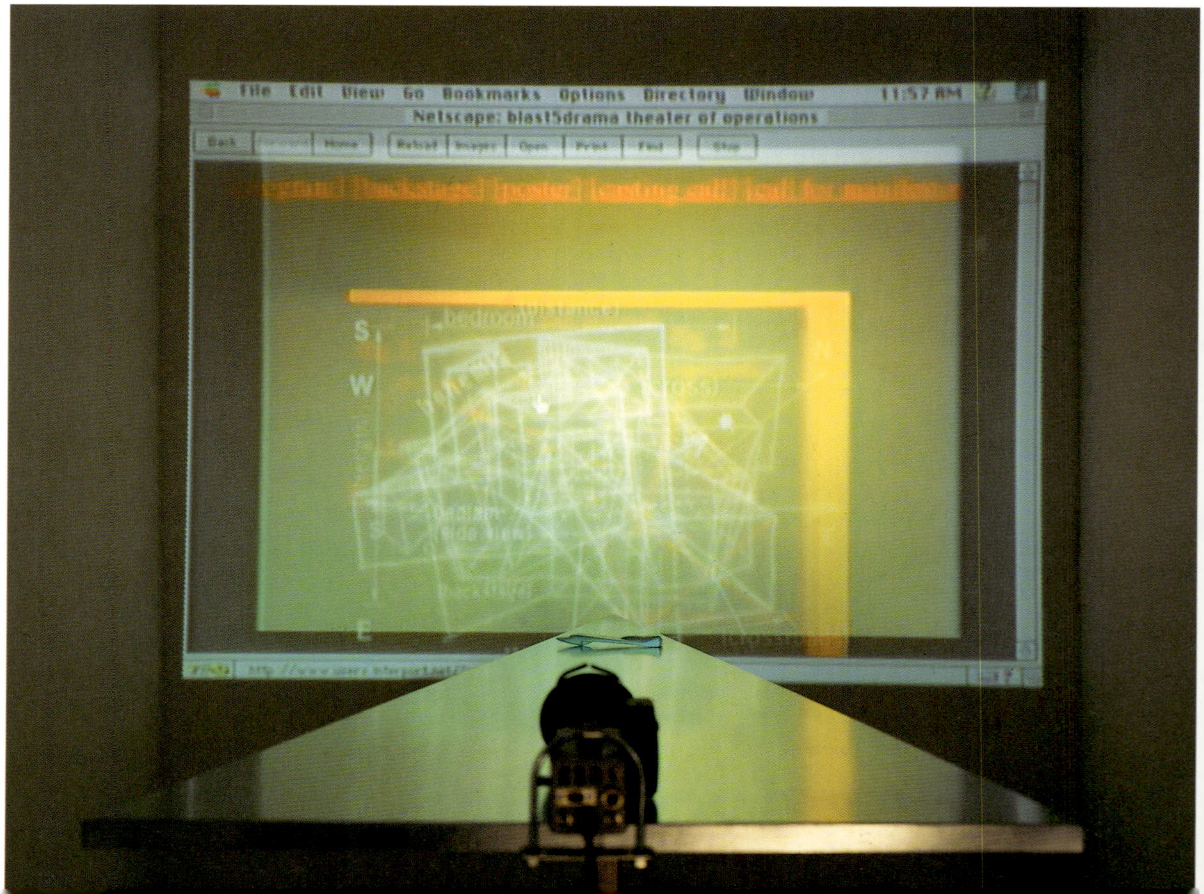

Jordan Crandall, Blast

Ihrer Schüler auf sich gezogen; und ein Philosophieunterricht, der diesen Namen wirklich verdient, wird diese Debatten kaum umgehen können[1]. Wenn man sich jedoch damit begnügen wollte, hierbei nur auf Texte der klassischen Philosophie zurückzugreifen (Descartes oder Kant, Plato oder Hegel), so würden die Studenten dies zu Recht als unbefriedigend empfinden. Sie würden uns mit Recht die Diskrepanz zwischen dem Analyseinstrument und dem Untersuchungsgegenstand vorwerfen, besonders wenn sie sich erst einmal bewußtmachen würden, daß schon Descartes, um nur ein Beispiel zu nennen, zu seiner Zeit besser als jeder andere wußte, woran er sich halten sollte – oder besser gesagt: woran er sich nicht halten sollte –, als er Automaten zum Gegenstand seines Denkens machte oder als er mit seinen Mitteln versuchte, ein Schema des Zentralnervensystems zu entwickeln.

Betrachten wir also die Frage, wie sie sich von unserem Standpunkt darstellt. Der Ausdruck »Programm« wurde, nachdem er in der Vergangenheit fast ausschließlich in bezug auf das Theater verwendet worden war, im Jahre 1936 von dem englischen Mathematiker Alan Turing in die Wissenschaftssprache eingeführt, und zwar in dem berühmten Aufsatz über die »berechenbaren Zahlen«, der in seinen philosophischen Prämissen Laplace verpflichtet ist. Seither hat sich der Ausdruck immer mehr eingebürgert und verbreitet: Die wissenschaftliche Disziplin, die man als »Informatik« bezeichnet, hat sich ausgehend von dem Konzept der »Turing-Maschine« entwickelt, einer universellen abstrakten Rechenmaschine, die in der Lage sein sollte, jegliche maschinelle Aufgabe auszuführen. Als dann konkrete Maschinen – die Computer – hervorgebracht und in breitem Umfang von der Industrie genutzt wurden, traten die »Programmierer« in Erscheinung, und die »Computerprogramme« wurden immer vielfältiger und komplexer. Ein Programm bezeichnet die Gesamtheit von ad hoc in sprachliche Zeichen umgesetzten Anweisungen, die von der Maschine verarbeitet werden müssen, um eine bestimmte Aufgabe auszuführen.

Turing hatte die These aufgestellt, daß »alles, was ein Mensch fähig sei zu berechnen, ebenso von einer Maschine berechnet werden könne«, und davon geträumt, eine Maschine zu konstruieren, die die Geistesleistungen eines Menschen reproduzierte. Dieser Traum wurde weitergesponnen und nahm zwanzig Jahre später noch größere Dimensionen an, als man am Dartmouth College das, was man fortan »künstliche Intelligenz« nennen sollte, entwickelte und euphorisch feierte: erstmals ein Programm konzipiert zu haben, mit dem einige einfache aus der Aussagenlogik stammende Theoreme dargestellt werden konnten. Der Computer erwies sich als fähig, sowohl Zahlen als auch Symbole zu verarbeiten; die Vorstellung, daß die menschliche Intelligenz wie ein solcher Computer, das heißt auf der Basis der Verarbeitung symbolischer Zeichen, funktionieren könnte, nahm konkrete Gestalt an... Searle liefert eine gute Zusammenfassung der sich unmittelbar anschließenden Weiterentwicklung dieser Vorstellung in der Philosophie, wenn er definiert: Der Geist verhält sich zum Gehirn wie das Programm zur »Hardware«. Es wurde anscheinend eine direkte Verbindungslinie gezogen, was man schlicht als nachdrückliches Insistieren auf einem Traum ansehen kann. Hierfür fallen einem rasch eine Reihe mehr oder weniger weit zurückliegender Vorläufer ein: von dem berühmten englischen Mathematiker Charles Babbage, dem Autor der ersten ökonomischen Abhandlung über Manufakturen (*On the economy of machinery and manufactures*, 1832; deutsch: *Ueber Maschinen- und Fabrikenwesen*, 1833), die von Marx im ersten Band des Kapitals gerühmt und ausgewertet wurde, bis hin zum 18. Gesang der Ilias, wo Hephaistos Frauen aus Gold schafft, die mit Vernunft ausgestattet sind, damit sie ihn unterstützen können...!

Diese Kontinuität darf jedoch nicht darüber hinwegtäuschen, daß sich zwischen 1936 und 1956 ein Prozeß von herausragender wissenschaftlicher Bedeutung vollzog: die Entwicklung der »Molekularbiologie«. Die Interpretationen dieses Prozesses haben unserem Traum eine magische Kraft und eine völlig neue Wendung gegeben. Nur eine sorgfältige Analyse dieser Interpretationen scheint mir die gegenwärtigen Debatten über die sogenannten »Kognitionswissenschaften« erhellen zu können.

Die Geschichte der »biologischen Revolution«, wie man sie immer wieder neu erzählt, begann jenen Interpretationen zufolge mit einem abrupten Geniestreich und einer geradezu wundersamen doppelten Koinzidenz. Ich rufe sie gemäß der »Vulgata« in Erinnerung, die besagt, daß der Geniestreich von dem berühmten österreichischen Physiker Erwin Schrödinger zustande gebracht wurde, als er 1944 im Dubliner Exil das kleine Buch *Was ist Leben?* veröffentlichte. Es handelte sich um ein wahres Manifest, in dem in später als richtungsweisend betrachteter Weise eine Beziehung zwischen Atomphysik, statistischer Mechanik und biologischer Realität hergestellt wurde. Schrödinger knüpfte an Max Delbrück an, der schon 1935 versucht hatte, die von Mendel entdeckten formalen Gesetzmäßigkeiten der Vererbungsgänge von Merkmalen mit der physischen Beschaffenheit der Zellbestandteile in Verbindung zu bringen.

Schrödinger zeigte, daß die Analyse des Trägers der Vererbung auf molekularer Ebene stattfinden muß. Besser gesagt: er nahm an, daß die »Atome« der Vererbung in ihrem Aufbau einer aperiodischen kristallinen Struktur ähneln.

Es handelte sich um eine Annahme und eine Metapher, doch ein Physiker wie Francis Crick konnte hier, wie D. J. Watson in *Die Doppel-Helix* dargelegt hat, den Ausgangspunkt für jene Forschungen finden, die Watson und Crick zur Entdeckung der räumlichen Struktur der DNS führen sollten. Es sei hinzugefügt, daß Schrödinger seine Untersuchungen noch weiter trieb, bis hin zu der Frage, wie die Grundstrukturen des Vererbungsträgers in verschiedene Lebenshandlungen (sich bewegen, sich fortpflanzen, mit der jeweiligen Umgebung Stoffe austauschen...) umgesetzt werden. Dabei kam er schließlich dazu, in juristischem Sinne und Bezug nehmend auf Laplace, das Wort »Code« zu verwenden!

»Aber der Ausdruck Code ist natürlich zu eng. Die Chromosomenstrukturen setzen eine Entwicklung in Gang, die sie gleichzeitig symbolisieren. Sie sind sowohl Legislative als auch Exekutive – oder um eine andere Analogie zu verwenden, sie sind zugleich der architektonische Entwurf wie auch das zu gestaltende Kunstwerk.«

Schrödinger nahm also, wie Antoine Danchin anschaulich ausgeführt hat, an, daß der Plan, der der Entwicklung des Organismus zugrunde liegt, selbst von den durch ihn spezifizierten Gesetzmäßigkeiten manipuliert wird. Er bediente sich freilich noch nicht jener linguistischen Metapher, mit der später die stoffliche Substanz des Gens beschrieben werden sollte, als eine lineare Sequenz von vier Basen, deren Reihenfolge die genetische Information bestimmt. Sobald die Metapher des Codes aber einmal in einem linguistischen Sinne verwendet wurde, ging man, ausgehend von Turing, der sich auch schon mit Codes beschäftigt hatte, rasch dazu über, vom »genetischen Programm« zu sprechen.

Ernst Mayr hat in seinem großen Werk über die Entwicklung der biologischen Gedankenwelt eine wahre Hymne auf die Genetik verfaßt. Sie verlieh der Biologie seiner Ansicht nach Einheit, wobei diese Einheit auf der Vorstellung beruhte, daß das »genetische Programm« der wichtigste Aspekt der Vererbung sei.

Kommen wir nun zu den Koinzidenzen. Erstens: eben-

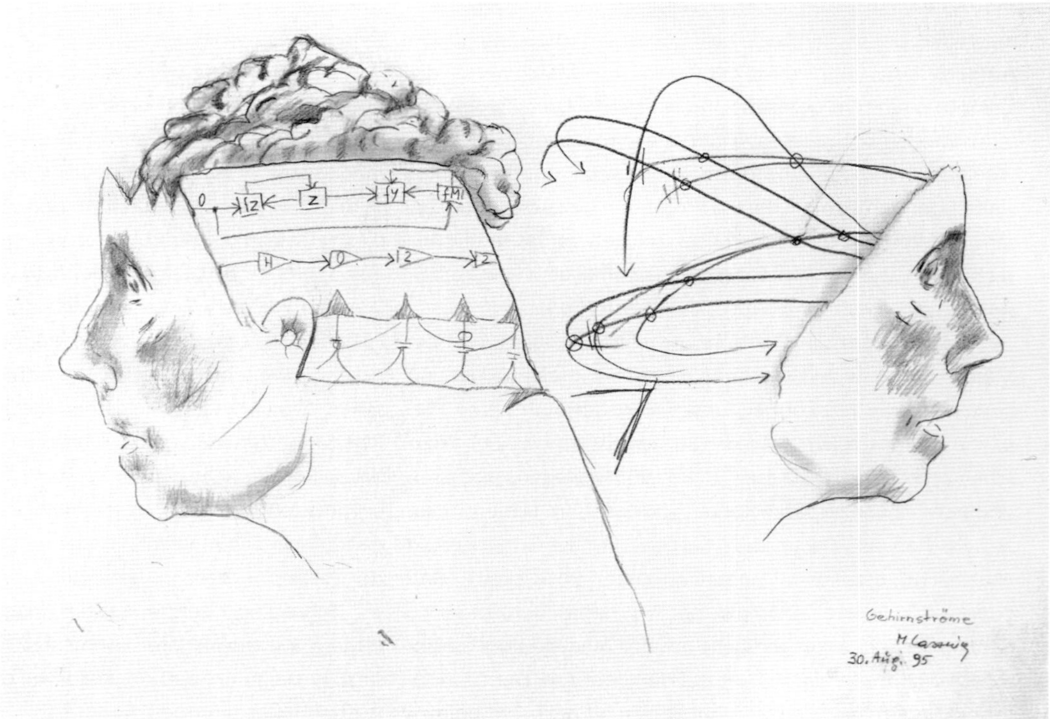

Maria Lassnig, Gehirnströme,1995 (links); Koordinatenvernetzung der Gesichtsoberfläche, 1993 (rechts);

falls im Jahr 1944 konnte Oswald Theodore Avery (1877–1955) bei seinen Transformationsversuchen mit dem bakteriellen Erreger der Lungenentzündung nachweisen, daß es sich bei der DNS (die zu diesem Zeitpunkt schon lange bekannt war) um jenen Träger handelte, den Schrödinger in spekulativer Form beschrieben hatte. Er leitete – wie Erwin Chargaff es rückblickend formuliert hat – eine »Lawine« von Untersuchungen über die Nukleinsäuren ein, obwohl mehrere bedeutende Wissenschaftler wie zum Beispiel Richard Goldschmidt eine ausdrückliche und beharrliche Skepsis an den Tag legten.

Die genannte Koinzidenz hat die Rolle und die spekulativen Theorien Schrödingers sozusagen »geheiligt« und dazu beigetragen, daß die Vorstellung aufkam, es gebe eine historische Kontinuität zwischen den Untersuchungen der Physiker des frühen 20. Jahrhunderts und den Biologen. Dabei bestand kein Zweifel, daß die Recherchen von Avery und seinen Mitarbeitern nichts mit Schrödinger zu tun hatten!

Es gibt freilich noch eine andere, wesentlich gewichtigere Konsequenz. Wir leben bis heute mit den Nachwirkungen der durch sie hervorgerufenen Verdrängungen und Verwirrungen. Im Jahre 1937 wurde mit der Veröffentlichung von Claude Shannons Aufsatz *Eine symbolische Analyse der Relais und Schaltungen von Stromkreisen* der Grundstein für die Entwicklung der »Informationstheorie« gelegt. Shannon stellte in diesem Aufsatz eine Verbindung her zwischen den binären Zahlen, der symbolischen Logik und der Funktionsweise von Stromkreisen. Seine Perspektive war streng »technologisch«. Er zeigte, daß der Urteilskalkül genutzt werden konnte, um zu beschreiben, daß die Funktionsweise elektromechanischer Relais auf dem Unterschied zwischen zwei Zuständen – offen oder geschlossen – basiert. Ja/nein, offen/geschlossen, richtig/falsch, null/eins – es war immer das gleiche Spiel. Zum ersten Mal wurde »Information« als eine meßbare und beliebig manipulierbare Einheit begriffen. In den 40er Jahren fand dies in Großbritannien und in den USA großen Anklang, was auch mit der Begegnung von Mathematikern (Norbert Wiener und

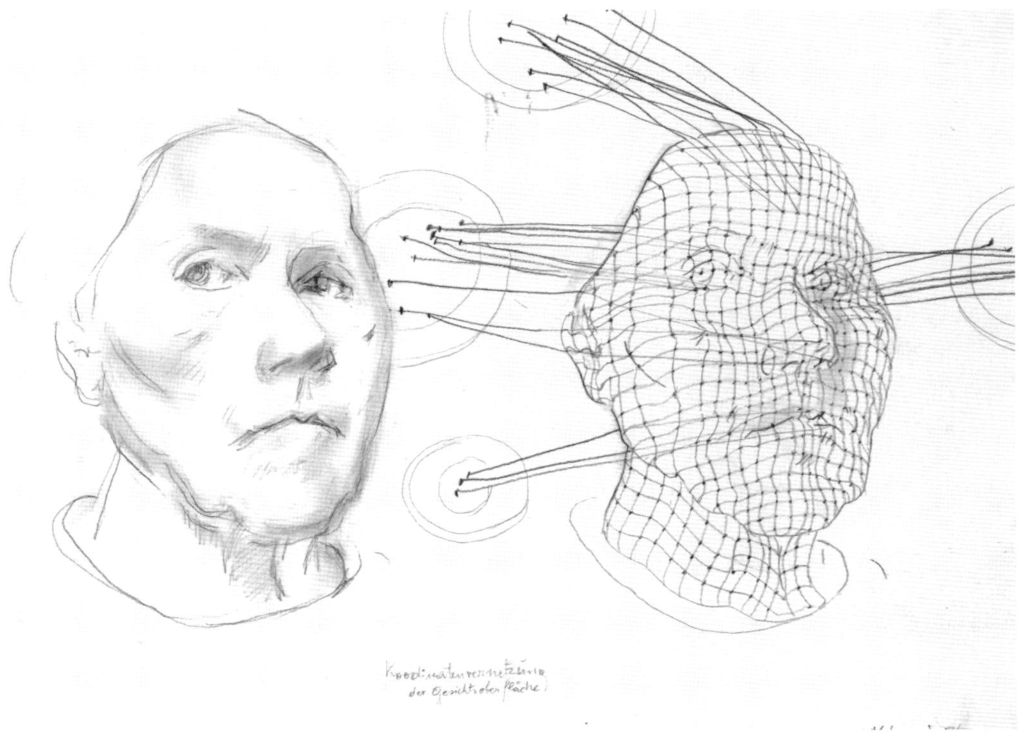

„Aus dem, was ich bisher angemerkt habe“, sagte Ellison, „werden Sie verstehen, daß ich die hier vorgetragene Ansicht von der Besinnung auf die ursprüngliche Schönheit des Landes ablehne. Die ursprüngliche Schönheit ist niemals so groß wie jene, welche noch hinzugefügt werden kann...“ *Edgar Allan Poe, Der Park von Arnheim (1846)*
I am sealed in a cottage of glass that is completely airtight. Inside I breathe my exhalations. Yet the air is fresh, blown by fans. My urine and excrement are recycled by a system of ducts, pipes, wires, plants, and marsh-microbes, and redeemed into water and food which I can eat. Tasty food. Good water. Last night it snowed outside. Inside this experimental capsule it is warm, humid, and cozy. This morning the thick interior windows drip with heavy condensation… I am in a test module for living in space. My atmosphere is fully recycled by the plants and the soil they are rooted in, and by the labyrinth of noisy ductwork and pipes strung through the foliage. Neither the green plants alone nor the heavy machines alone are sufficient to keep me alive. Rather it is the *union* of sun-fed life and

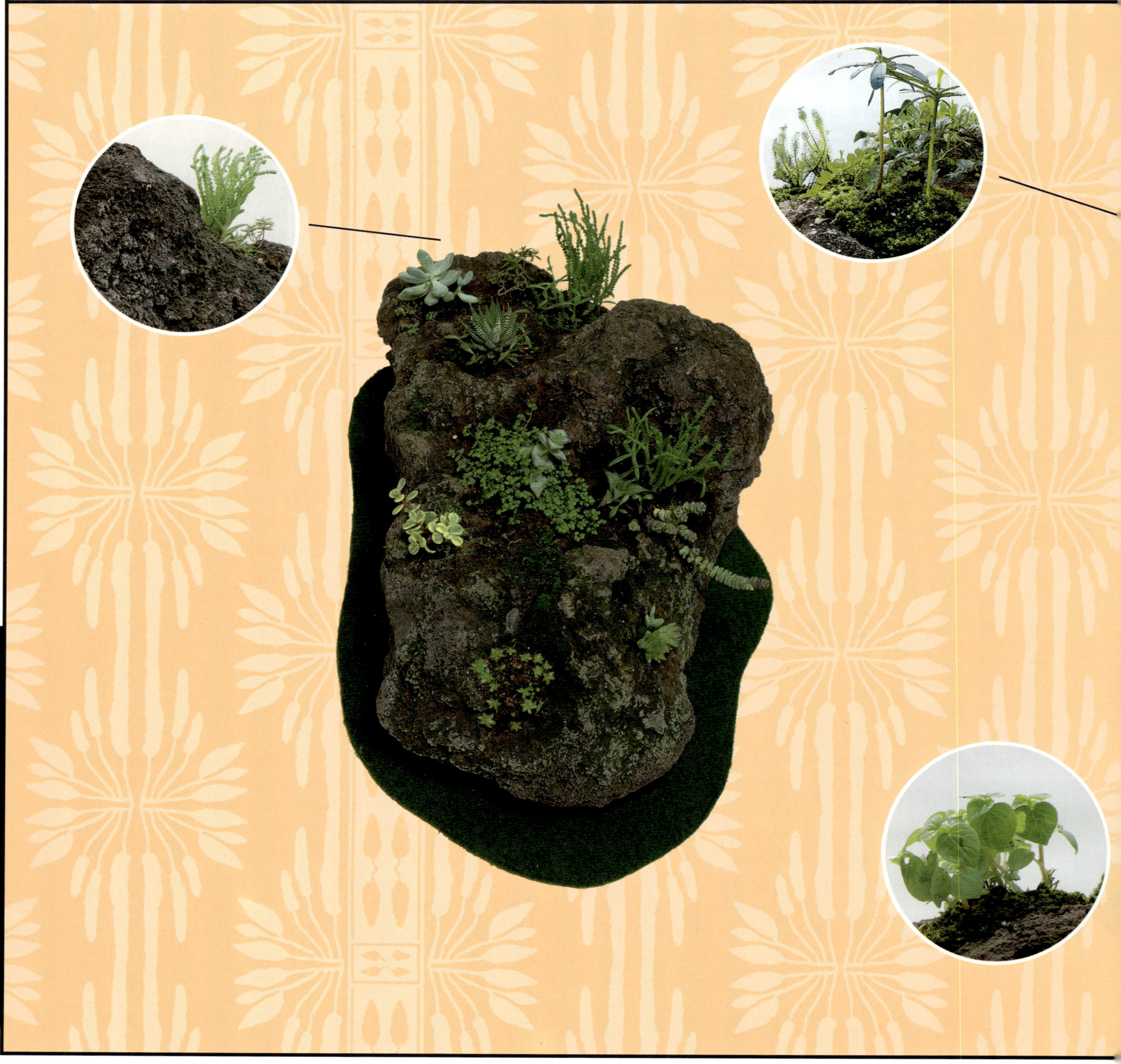

oil-fed machinery that keeps me going. Within this shed the living and the manufactured have been unified into one robust system, whose purpose is to nurture further complexities – at the moment, me. What is clearly happening inside this glass capsule is happening less clearly at the great scale on Earth in the closing years of this millennium. The realm of the *born* – all that is nature – and the realm of the *made* – all that is humanly constructed – are becoming one. Machines are becoming biological and the biological is becoming engineered... This marriage between life and machines is one of convenience, because, in part, it has been forced by our current technical limitations. For the world of our own making has become so complicated that we must turn to the world of the born to understand how to manage it. That is, the more mechanical we make our fabricated environment, the more biological it will eventually have to be if it is to work at all. Our future is technological; but it will not be a world of gray steel. Rather our technological future is headed toward a neo-biological civilization. *Kevin Kelly, Out of Control (1994)*

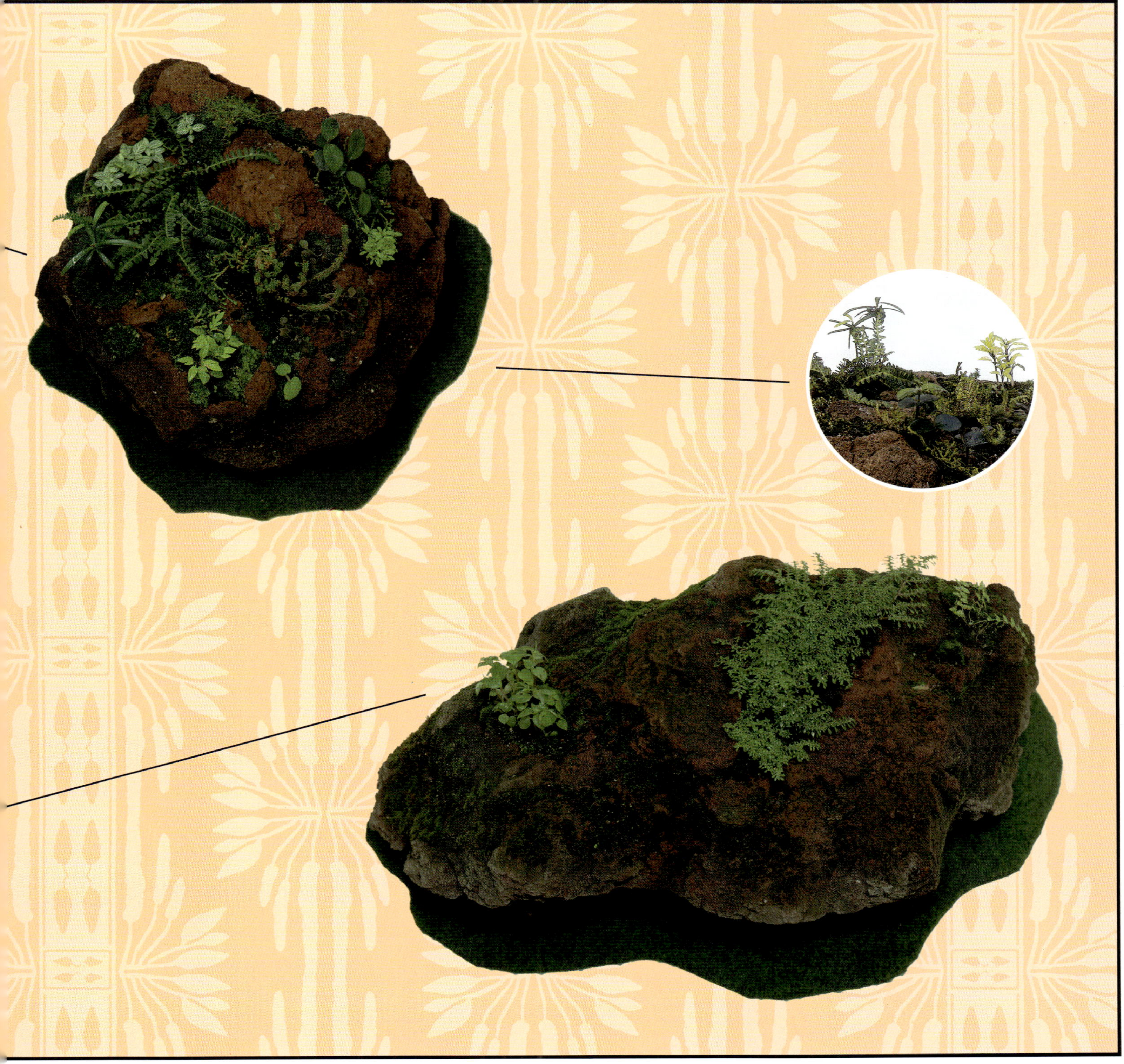

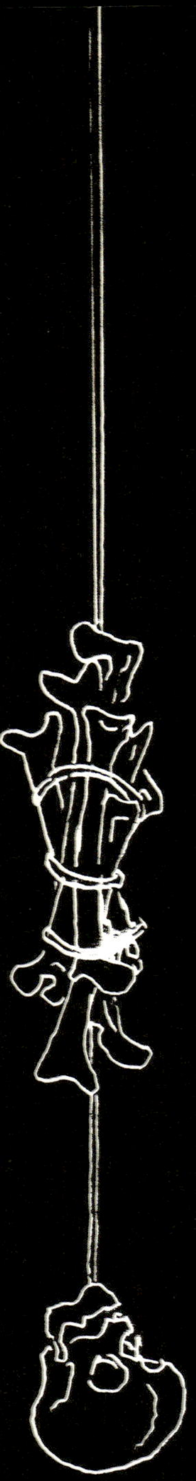

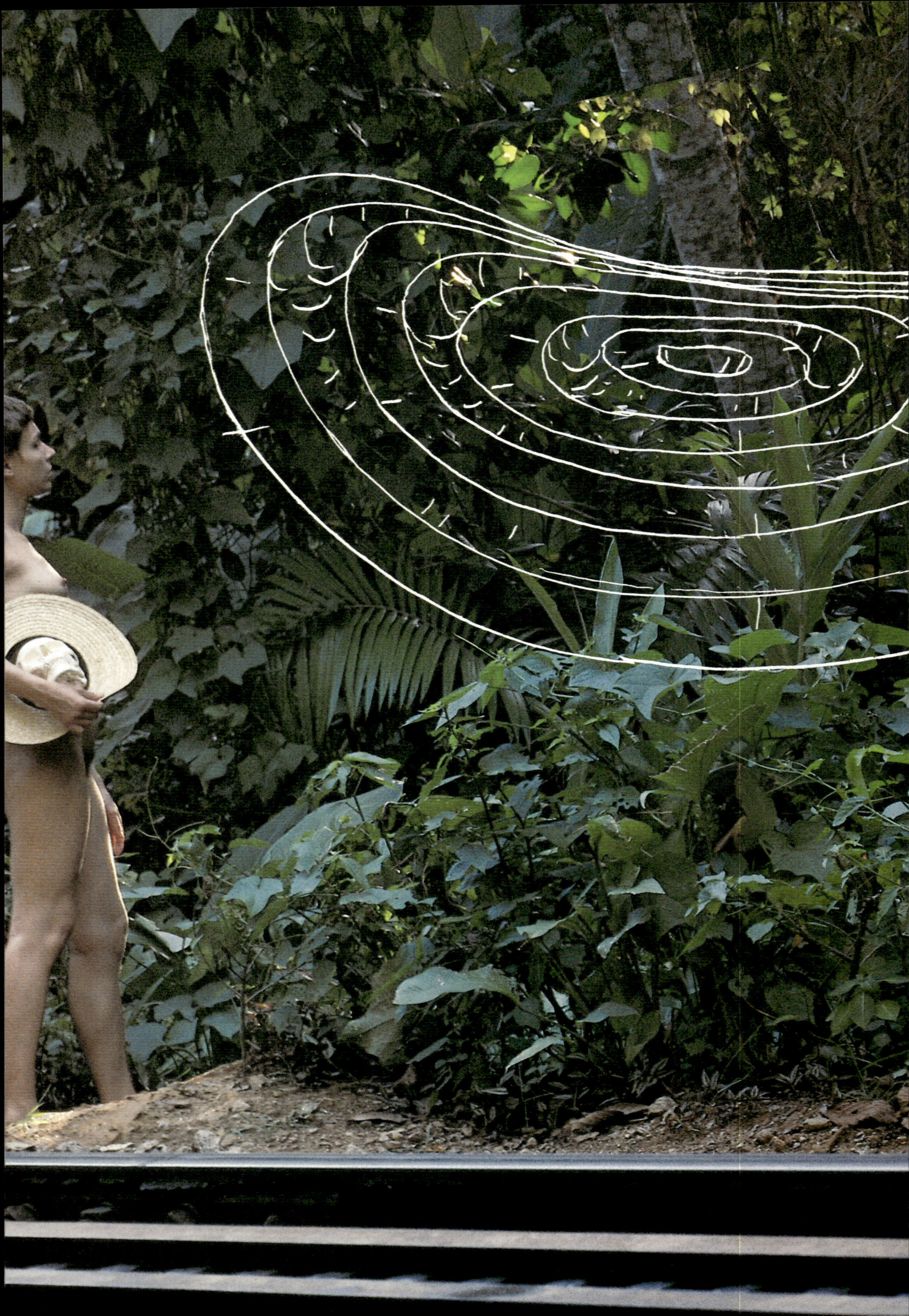

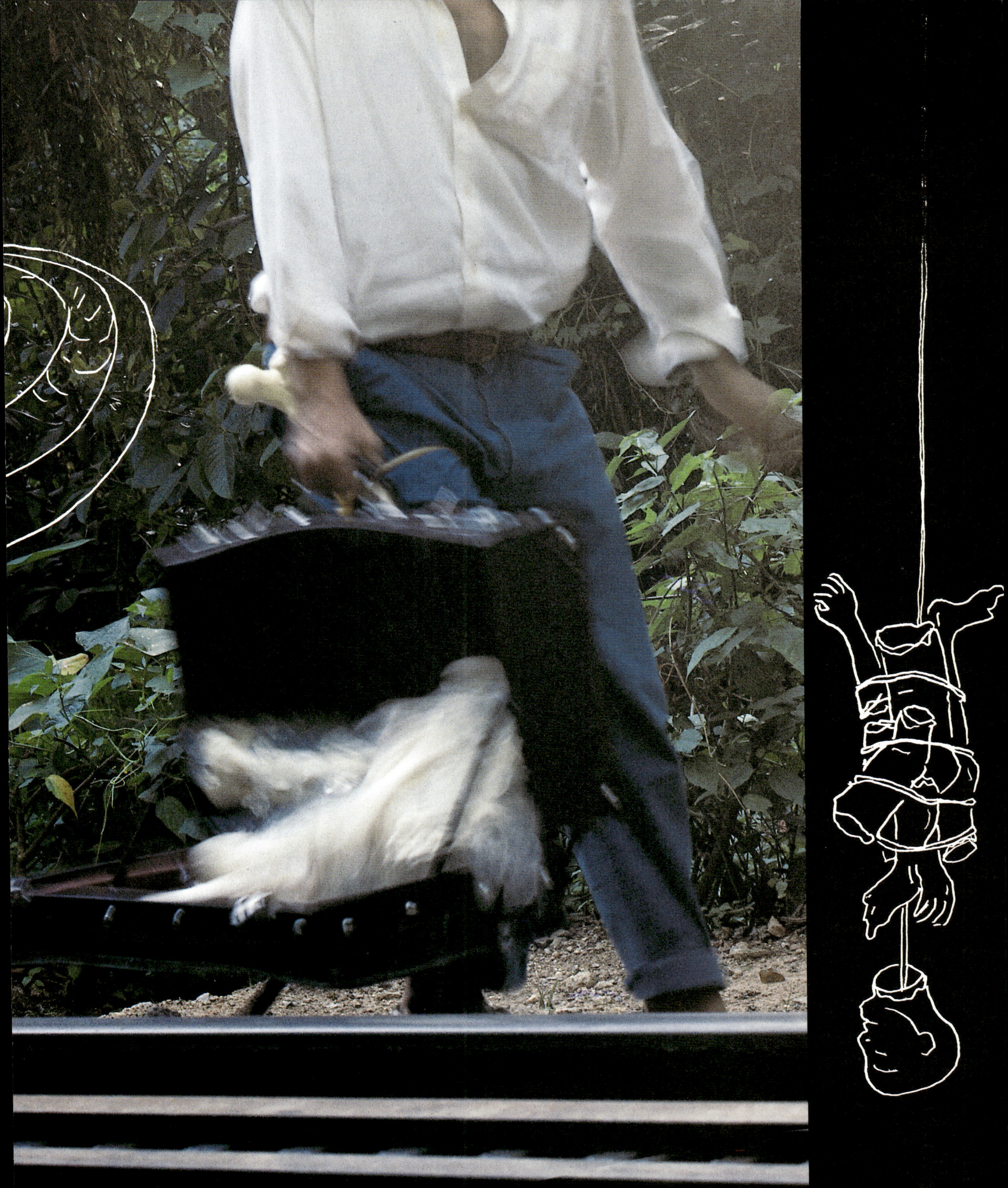

Johann von Neumann), Physikern und Technikern (V. Bush, Bigelow) und Physiologen (MacCulloch, W.B. Cannon) zusammenhing.

In seinem 1954 entstandenen Hauptwerk, *La cybernétique et l'origine de l'information*, zeigt Raymond Ruyer, daß die inzwischen allgemein verbreitete Vorstellung von Information als »Steigerung eines Zustands effizienter Ordnungsstrukturen« den Vorteil hatte, die von Shannon beschriebene Einheit meßbar zu machen. In der Tat bezeichnet diese Vorstellung das Gegenteil einer »Zerstörung«, einer Verminderung des Ordnungszustands. Es sei gleich hinzugefügt, daß in der Physik seit Clausius und vor allem seit Boltzmann die Verminderung eines Ordnungszustands »Entropie« genannt wird. Information würde demnach als das Gegenteil von Entropie definiert und als in gleicher Weise meßbar angesehen. Die Zielrichtung der kybernetischen Forschungen war jedoch keineswegs spekulativ, sondern zuallererst technologisch: Man wollte immer bessere Rechenautomaten und -maschinen herstellen, auch auf die Gefahr hin, daß dadurch alte Mythen und Technophobien wieder zum Leben erweckt werden, die von der Angst beherrscht sind, daß eine mechanische Logik dem Menschen zum Verhängnis wird. Seit Beginn der 50er Jahre werden die aus der Kybernetik hervorgegangenen Automaten – man verwendet nun das von dem tschechischen Science-fiction-Autor Karel Capek geprägte Wort »Roboter«, welches eigentlich »Fronarbeit« bedeutet – für wichtige Funktionen in der Industrie eingesetzt: Es werden reflexgesteuerte Automaten entwickelt, bei denen automatische Mechanismen durch Manipulationen ersetzt werden sollen. Dabei wird behauptet, daß mit solchen Automaten eines Tages ein Baconsches und Cartesianisches Ideal verwirklicht werden kann: »Daß die Naturkräfte selbsttätig arbeiten wie Handwerker und die Handwerker ersetzen.«

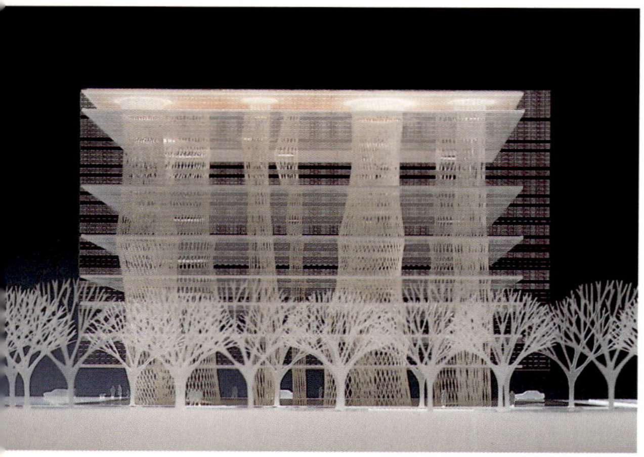

Toyo Ito, Projekt für eine Mediathek in Sendai, Japan

Ernst Mayr schreibt mit einer gewissen Zurückhaltung: »Der Durchbruch der Molekularbiologie in den 40er und 50er Jahren fiel zusammen mit der Entwicklung der Informatik, und einige Schlüsselwörter dieses neuen Fachgebiets fanden Eingang in die Molekulargenetik.« Als Beispiel führt er den Begriff des »Programms« an. Diese Entlehnung trug dazu bei, den Verlauf der Forschungen zu beeinflussen, da das Wort bei seinem Transfer in einen anderen Bereich einen wesentlichen Teil jener theoretischen Überlegungen transportierte, in deren Zusammenhang es ursprünglich geprägt worden war: der Erklärung der Funktionsweise reflexgesteuerter Automaten. Dabei wurde der Transfer dadurch erleichtert, daß die Physiologen anfangs viel von den Untersuchungen der Kybernetiker lernen konnten: Vor allem hatte es der Mechanismus reflexgesteuerter Automaten erlaubt, Rückkopplungsmechanismen im Nervensystem zu erhellen. Am Beispiel des Begriffs »Programm« bzw. seiner Variante »genetisches Programm« kann man beobachten, wie die Grundlagen eines mechanischen Modells bestimmter physiologischer Prozesse auf die gesamte Biologie übertragen wurden und darüber hinaus ein Zeichen setzten im Hinblick auf ein Forschungsgebiet, das später als »Neurowissenschaften« bezeichnet werden sollte.

Dies führt uns zu einem »Dogma«, das die Biologie – wie François Gros in *La civilisation du gène* feststellt – im Laufe der 60er Jahre in eine Sackgasse führte: Gemeint ist die Vorstellung, daß sich der ganze Organismus von einem genetischen Organigramm ableiten läßt, daß alle entwickelten Formen in kodierter Form schon in der genetischen Information der Keimzelle enthalten sind und daß verschiedene kybernetische Steuerungsmechanismen den Übergang von der genetischen Information zur entwickelten Form, vom Programm zu seiner Verwirklichung sicherstellen. Dieses Dogma war so stark, so fest verankert, daß die Embryologen nach kurzer Zeit kaum noch Gehör fanden: Der Begriff des Programms »verdrängte« den der »Entwicklung«. Es setzte sich die Simplifizierung durch, daß es reicht, das Programm zu »starten«, damit sich von Anfang bis Ende alles so abspielt wie vorgeschrieben. Es ist, als ob man sagen würde, Auguste Comte habe gesiegt: Fortschritt ist nichts anderes als die Entfaltung einer Ordnung, und diese Entfaltung wird durch die »ursprünglich gegebene« Ordnung genau determiniert. Die Epigenese, die vor allem beim Menschen für die embryogenetische Entwicklung von grundlegender Bedeutung ist, wurde somit auf ein Nichts reduziert. Die Molekulargenetik erhob den Anspruch, nur sie allein könne die Makrostrukturen des entwickelten Organismus erklären.

Mehr noch, auf dem Umweg über die statistische Thermodynamik und die Informationstheorie gelang es, die Molekulargenetik in die neodarwinistische Evolutionstheorie zu integrieren: Ihre Anhänger konnten also noch einen Schritt weiter gehen und die Molekulargenetik zum vorherrschenden Erklärungsprinzip für die Gesamtheit des Lebens machen, von der DNS bis zum Nachdenken über die DNS. In Frankreich hatte vor allem Michel Serres einen entscheidenden Anteil an der Verbreitung dieser allumfassenden, heute jedoch überholten Sichtweise. Das bezeugt seine merkwürdige Einführung zu Jacques Monod: »Die Biochemie ist ein Zweig der Chemie wie jeder andere, zumindest im Hinblick auf ihre Methoden und ihre Epistemologie; die Chemie ist, spätestens seit Perrin, eine der Physik eng verwandte Wissenschaft; und die Informationstheorie ist die Philosophie der Physik. Wenn also ein Biochemiker erklärt, er wolle eine naturphilosophische Abhandlung schreiben, heißt dies nichts anderes, als daß er die Informationstheorie (die Naturphilosophie der Naturphilosophie) auf ihr eigentliches Fachgebiet anwendet.«

Man sieht, wie die von den Kybernetikern nach der Veröffentlichung eines berühmten Aufsatzes von MacCulloch im Jahre 1937 immer wieder nachdrücklich hervorgehobenen Analogien zwischen den Strukturen des Zentralnervensystems, insbesondere der Nervenstränge, und den Stromkreisen eine neue Würde erhielten. Diese Analogien, die zunächst zurückhaltend, ja sogar skeptisch verwendet worden waren, schienen durch die Natur bestätigt worden zu sein! Als die Neurowissenschaften entwickelt wurden, leitete man daraus zwei unmittelbar miteinander verknüpfte Fragen ab, die noch heute virulent sind: Ist das Gehirn ein (komplexer) Computer? Können Computer denken? Jean-Pierre Changeux bricht in seinen neueren Schriften eine Lanze für einen »starken Materialismus« und legt – einstweilen – eine positive Antwort auf die erste Frage nahe. Gleichzeitig legen einige Spezialisten für künstliche Intelligenz, mit Hinweis auf die Turing-Maschine, eine positive Antwort auf die zweite Frage nahe.

Man muß freilich sehen, daß der vor unseren Augen hergestellte Zusammenhang, der auf einem »wissenschaftlichen Totalitarismus« (Ruyer) beruht, ohne Unterstützung von seiten der Psychologie undenkbar wäre. Ich möchte hier nicht die spannende, aber komplizierte Entstehungsgeschichte der »wissenschaftlichen Psychologie« nachvollziehen, wie sie sich im 19. Jahrhundert abgespielt hat, als die Philosophie in diesem Bereich Terrain verloren hat. An dieser Stelle sei lediglich festgehalten, daß der Behaviorismus und die Gestalttheorie, die in den Nachkriegsjahren eine Blütezeit erlebten, kybernetischen Spekulationen, die auf der Informationstheorie basierten, beträchtlichen Beistand leisteten: Wenn das Verstehen einer Botschaft heißt, effizient auf diese Botschaft zu reagieren, läßt sich das sowohl vom Menschen als auch von der Maschine sagen. Auch die Kritik am Begriff des »Geistes«, wie sie in der Philosophie von Gilbert Ryle formuliert wurde, hat bei dieser abenteuerlichen Entwicklung eine nicht unerhebliche Rolle gespielt.

Heute müßte man die ganze Geschichte neu schreiben. Der Neurobiologe Alain Prochiantz hat bereits begonnen, uns wesentliche Elemente hierfür zu liefern. Er konstatiert, es gehe weder darum, den bedeutsamen Einfluß der Physik auf die Biowissenschaften abzustreiten, noch darum, den durch die Entdeckung der Doppelhelix-Struktur der DNS markierten Einschnitt zu unterschätzen. Paradoxerweise, so Prochiantz, führten die Physiker, nachdem sie ein Jahrhundert lang den »Mechanismus« in der Physik selbst bekämpft hatten, eine mechanistische Philosophie in das Studium der belebten Natur ein, die schon lange die Träume der Technologen beflügelt hatte. Da diese Philosophie bereits nach kurzer Zeit eine dominierende Stellung einnahm, wurde die Geschichte – wenn auch in trügerischer Art und Weise – neu geschrieben. Die Folge war, daß eine ganze Reihe zentraler Fragen der Biowissenschaften in Vergessenheit geriet und von vielen Forschern beziehungsweise Forschungseinrichtungen vernachlässigt wurden: Gemeint sind all jene Fragen, die die Entwicklung der Formen lebender Organismen betreffen. Man ging davon aus, daß das Konzept des »Programms« hierfür eine definitive Antwort geliefert habe. Ein überaus komplexer Formalismus bemächtigte sich der belebten Natur und erfaßte alle Bereiche der Kultur (bis hin zur Literatur), was in der praktischen Forschung einem grenzenlosen Empirismus zum direkten Vorteil gereichte. Man sollte sich aber noch einmal den Schriften jener Biologen zuwenden, die sich mit der Evolution und der Vererbung befaßten, bevor von Shannon und Wiener übernommene Konzepte mit Gewalt in diese Wissensgebiete eindrangen und bevor der »Geniestreich« Schrödingers stattfand. Dann zeigt sich nämlich, besonders bei Hugo de Vries, daß sowohl auf mikroskopischer als auch auf makroskopischer Ebene ein Prozeß der Annäherung an die belebte Natur eingeleitet wurde, der auf einer dynamischen Sichtweise der Genese der Formen basierte. Hier sollte man ansetzen, wenn man, anknüpfend an Arcy Thomson und seine 1917 veröffentlichte Studie *On Growth and Form*, eine überzeugende mathematische Theorie des Lebens entwickeln möchte; die – anderweitig unerläßliche – Auswertung von Statistiken, die den eigentlichen Gegenstand der Biologie nicht berühren, ist in diesem Zusammenhang irrelevant.

Bevor man das Gehirn – formalistisch und oberflächlich – als Maschine betrachtet, die mit Hilfe eines außerordentlich komplexen elektronischen Leitungsnetzes Informationen verarbeitet, sollte man sich vergegenwärtigen, daß das Gehirn eine lebendige Realität ist und daß diese Realität das Resultat der stammesgeschichtlichen wie auch der individuellen Entwicklung des Menschen ist. Man sollte also betrachten, was die Besonderheit des menschlichen Gehirns ausmacht, und diese Besonderheit zur Evolution und zur Entwicklung des Einzelwesens in Beziehung setzen. Die sich daraus ergebenden Fragen, die heute in den »Neurowissenschaften« behandelt werden, bilden ein Gegengewicht zum kybernetischen Formalismus. Die entsprechenden Forschungen unterstreichen die zentrale Rolle, die beim Menschen die Epigenese spielt: Diese bewirkt durch die Selektion bestimmter Nervenstränge innerhalb eines praktisch unbegrenzten Repertoires an Möglichkeiten, daß die Entwicklung des Individuums eine spezifische (familiäre, soziale, kulturelle...) Geschichte erhält. Hier kommt die Kontingenz – die als eine absolut zwingende Notwendigkeit erscheinen kann – zum Tragen und macht dem »genetischen« Programm die Herrschaft streitig. Und da das Zentralnervensystem, wie auf spektakuläre Art und Weise im Hinblick auf das Immunsystem nachgewiesen wurde, keineswegs von den anderen großen Systemen des Organismus isoliert ist – ganz im Gegenteil –, kann auch der »Träger« menschlichen Denkens nicht auf das Zentralnervensystem beschränkt sein. Gewiß kann es ohne das Gehirn kein Denken geben; aber man denkt auch mit den Füßen, wie Lacan es einmal provokativ ausgedrückt hat.

Die genannten Forschungen veranschaulichen zugleich die Notwendigkeit, sich von einer »monadischen« Konzeption des Individuums zu lösen. Wie Gilbert Simondon unlängst herausgearbeitet hat, ist der Mensch einem kontinuierlichen doppelten Prozeß der (biologischen) Individuation und der

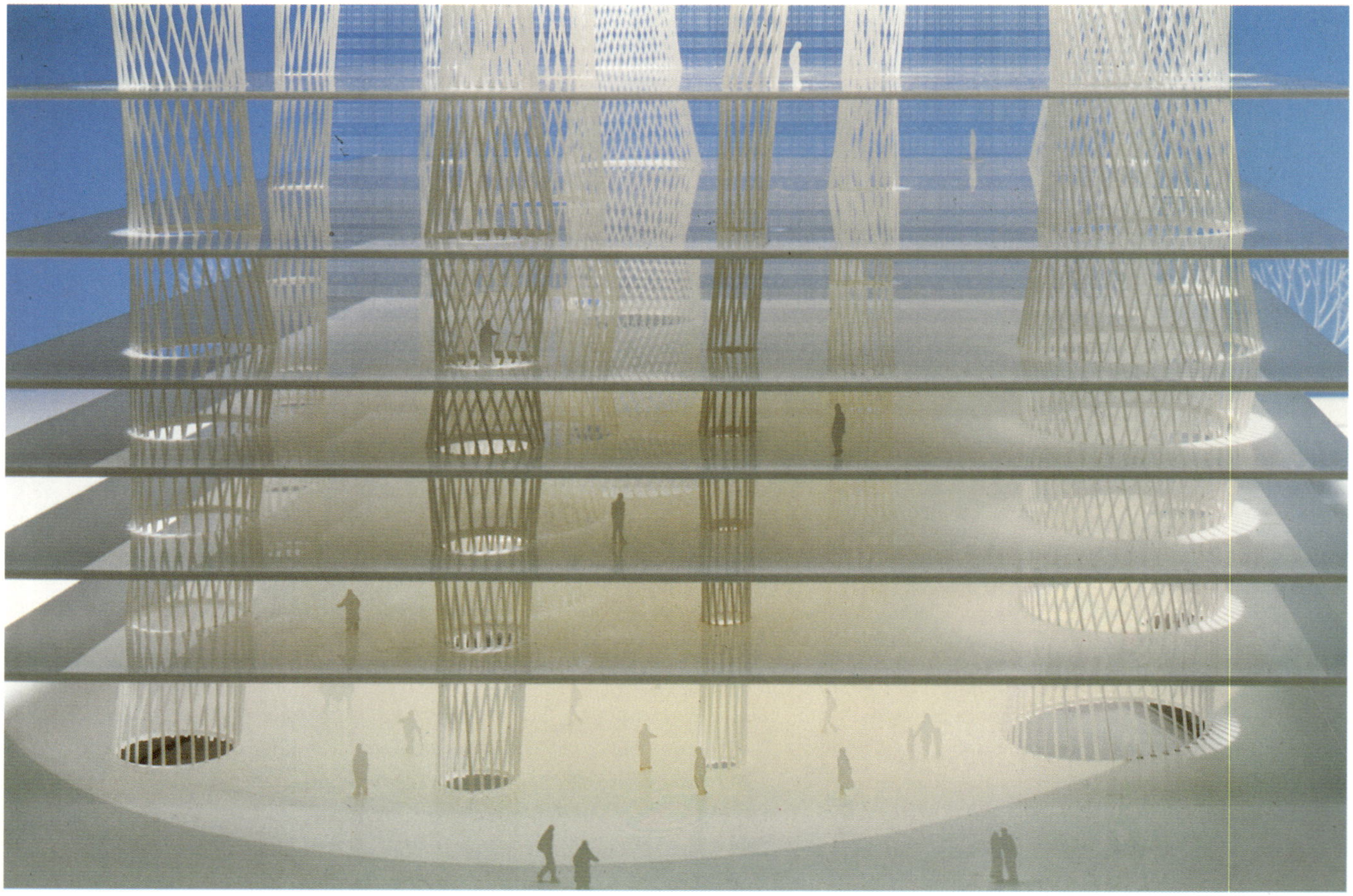

Toyo Ito, Projekt für eine Mediathek in Sendai, Japan

(kulturellen) Individualisierung unterworfen, so daß er sich gewissermaßen permanent in einem Feld trans-individueller und prä-individueller Spannungen befindet, wo das »Unbewußte« seinen Platz hat und seine Wirkung entfaltet. Das durch die Sprache unterstützte Denken erweist sich daher ebenfalls als eine trans-individuelle, von unbewußten Regungen geprägte Realität. Diese Theorie wird durch gezielte Untersuchungen untermauert, die in den letzten Jahren von Humanethologen durchgeführt wurden und die die These der Informatiker in Frage stellen, daß menschliches Denken programmiert werden könne. Das freie Spiel menschlichen Denkens läßt sich nur verstehen auf der Basis des Ausbruchs der Kontingenz in die Verwirklichung des Programms, eines Ausbruchs, der durch die Durchlässigkeit des Programms selbst ermöglicht wird, welche ihrerseits als Folge der Stammesgeschichte erscheint.

Warum aber gibt es weiterhin den Ehrgeiz, unter dem Zeichen der »Kognitionswissenschaften« den Begriff des »Programms« auf das Denken anzuwenden? Sicher nicht einfach aus philosophischer Naivität. Es reicht nicht, hier nur – wie F. Vaucla es durchaus zu Recht macht – auf die bei den fraglichen Wissenschaftlern allgemein akzeptierte Vorstellung zu verweisen, daß das Denken eine »Repräsentation der Welt« sei, oder, wie Searle und Dennett es in unterschiedlicher Weise tun, auf den Begriff der Intentionalität zurückzugreifen. Es gibt vielmehr ein Bündel von Gründen, von denen aus philosophischer Sicht der wichtigste schon in dem berühmten Text von Schrödinger genannt wird, als der Autor eine juristische Definition des »Codes« gibt: Der Begriff des Programms umfaßt immer auch den Begriff der Ordnung. Er ist gut geeignet, in scheinbar moderner Form jedwede Ordnungsideologie dadurch zu festigen, daß er mit dem Ordnen der Gedanken beginnt. Er entspricht einer Technologie-orientierten Weltsicht, die die Wissenschaftsgläubigkeit des 19. Jahrhunderts abgelöst und das Saint-Simonsche Thema der Organisation wiederbelebt hat; er ergänzt diese Weltsicht durch eine neue metaphysische Komponente, die eine abgeschwächte Variante der Vorstellung des »absoluten Wissens« einschließt.

Gleichzeitig scheint der technologische Nutzen der Untersuchungen, die sich dem Aufschwung dieses Mythos verdanken (Untersuchungen über Mustererkennung, automatische Übersetzungen und so weiter), einen so beträchtlichen wirtschaftlichen Gewinn zu versprechen, daß man massiv in sie investiert. Die Organisation der Forschungstätigkeit erledigt den Rest: Eine Angebotsausschreibung zieht die nächste nach sich...

Wir Philosophen sind weder dazu verpflichtet, auf den fahrenden Zug aufzusteigen, noch müssen wir ihn vorbeifahren lassen; wir haben aber zumindest die Aufgabe, laut über seine Herkunft wie auch sein Ziel nachzudenken.

Erlauben Sie mir, daß ich mit zwei Zitaten eines »klassischen« Gelehrten schließe, auf den die Spezialisten für künstliche Intelligenz gern Bezug nehmen: Blaise Pascal. Jeder kennt die ersten Zeilen seines 1618 entstandenen Werks *De l'esprit géométrique et de l'art de persuader*: »Man kann bei der Suche nach der Wahrheit drei Hauptziele haben: zum einen, daß man sie entdeckt, wenn man sie sucht; zum anderen, daß man sie beweist, wenn man sie besitzt; und schließlich, daß man sie vom Irrtum unterscheidet, wenn man sie untersucht.« Pascal zeigt, daß die zweite Möglichkeit die letzte einschließt: »Denn wenn man die Methode kennt, um die Wahrheit zu beweisen, kennt man zugleich die Methode, wie man sie unterscheiden kann: Wenn man nämlich untersucht, ob der Beweis, den man anführt, den bekannten Regeln entspricht, weiß man auch, ob die Wahrheit exakt bewiesen wurde.« Mir scheint, daß die »künstliche Intelligenz« aus erkenntnistheoretischer Sicht mit beispielloser Macht dieses Programm erfüllen und daß kein Spezialist dies abstreiten kann.

Pascal fügt hinzu: »Aber was die Kunst betrifft, die Wahrheit zu entdecken, wenn man sie sucht, so bietet die Geometrie eine Erklärung; es ist das, was sie Analyse nennt, aber es wäre müßig, davon zu sprechen, nachdem schon so viele ausgezeichnete Untersuchungen darüber gemacht worden sind.« Die Anspielung auf Descartes enthält eine kaum hinter der Hommage verborgene Ironie: Die »Kunst« widersetzt sich einer »Methode«, die voraussetzt, daß man von vornherein das Ende des Weges kennt, damit man »die Vernunft auf den rechten Weg bringen« kann; die Kunst bezeichnet vielmehr die Fähigkeit, sich auf das Unbekannte einzulassen, sie erklärt, entfaltet und zeigt sich anhand von Beispielen, die einer Praxis entnommen sind, welche bewußt das Risiko des Unvorhersehbaren eingeht.

Das Denken ist nicht programmierbar... Und genau darin liegt seine Größe, wenn man dem Autor der *Pensées* Glauben schenkt: »Die Menschen sind so notwendig Toren, daß es auf eine andere Art töricht sein würde, kein Tor zu sein.« Dies ist die Wahrheit, die die Programme all derjenigen, die partout nichts davon wissen wollen, zum Glück immer vereiteln werden.

Aus: *A quoi sert donc la philosophie*? Paris 1993

[1] Diesem Text liegt ein Vortrag zugrunde, den Dominique Lecourt vor Philosophielehrern 1991 in Paris hielt.

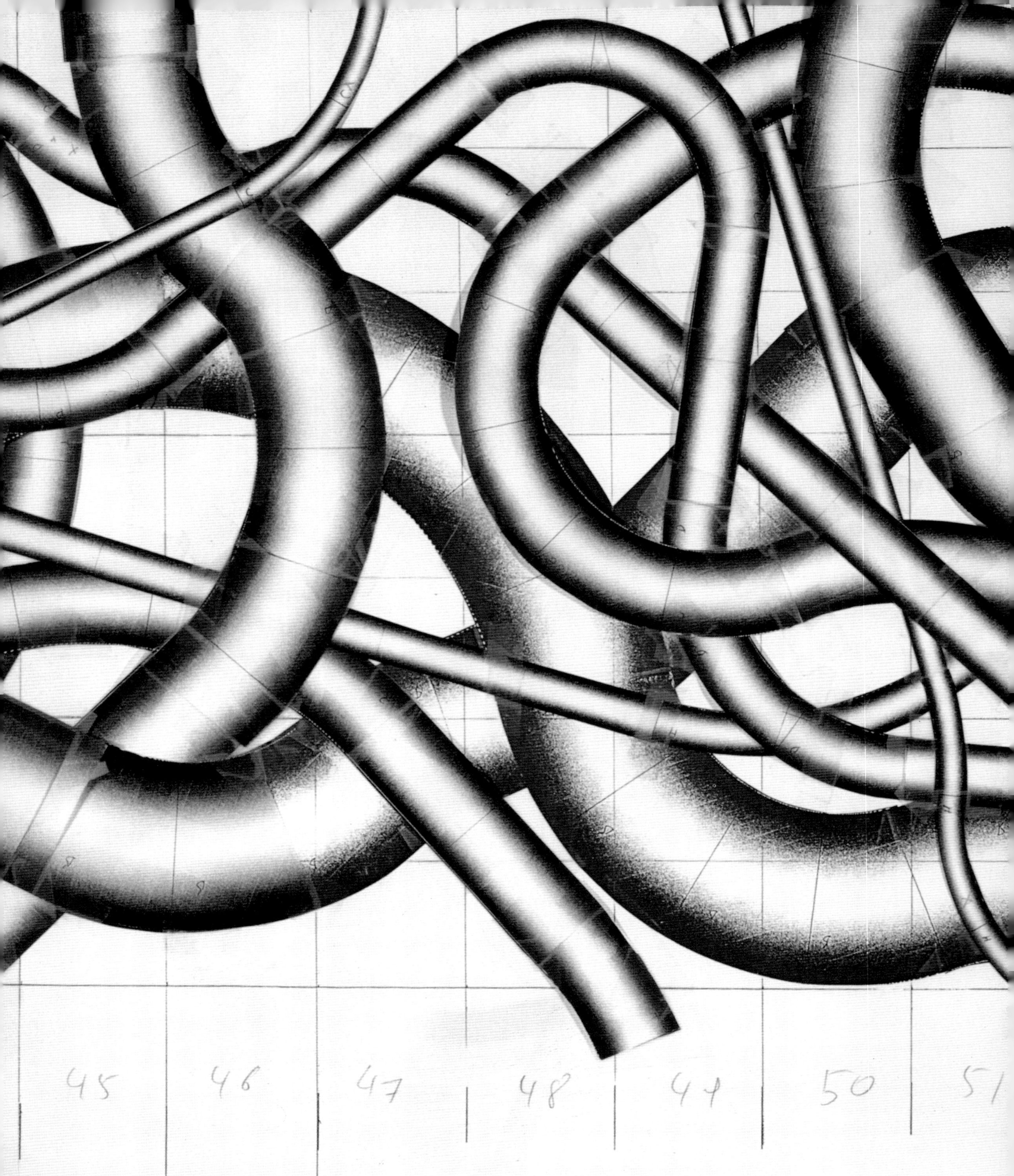

Peter Kogler, documenta X, 1997

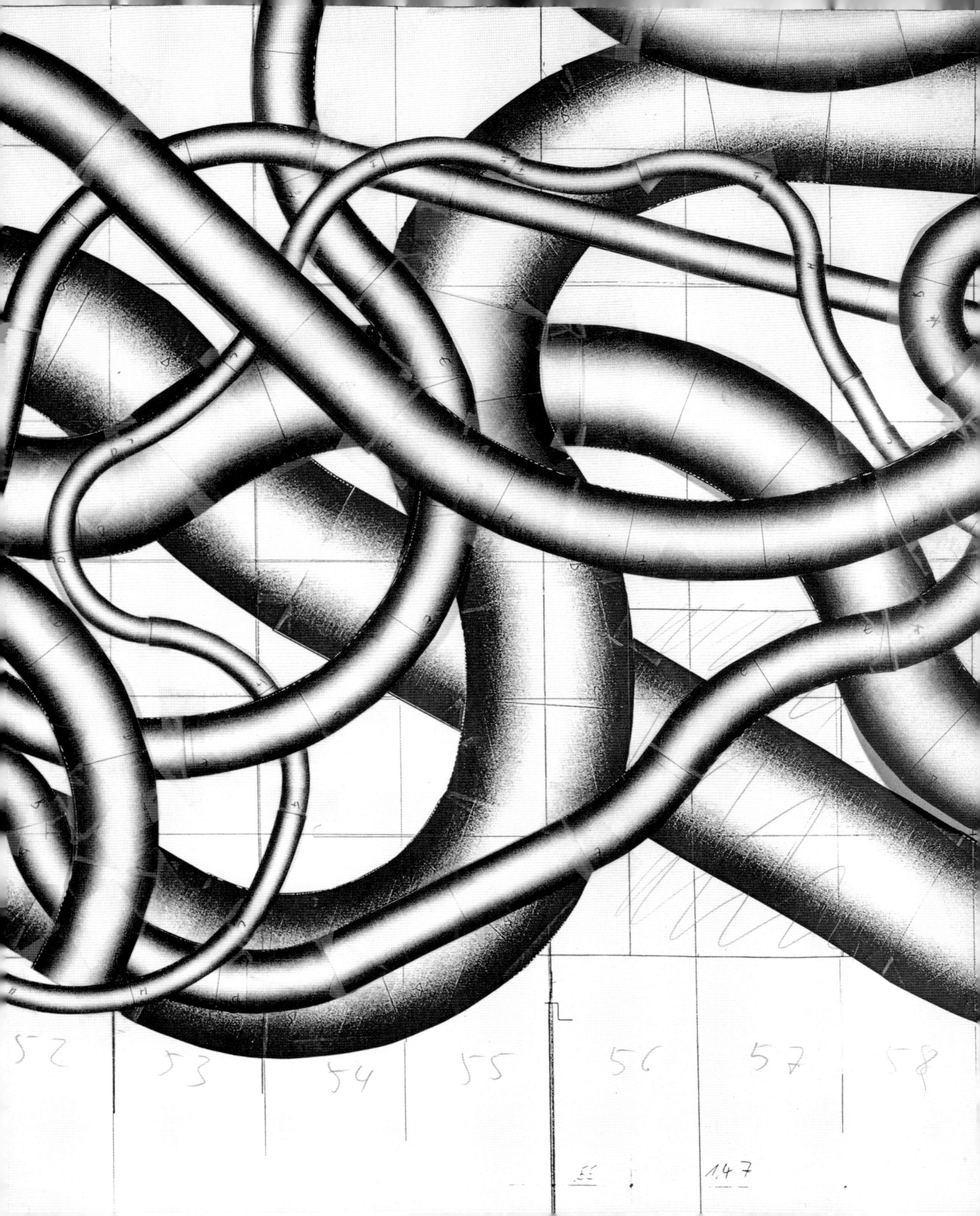
52
53
54
55
56
57
58
1,4 7

<body bgcolor="#000000" text="#00aa00">
<pre>IJ 0.0b1 initializing, wait...

get the routing warm...$?=0
checking permissions...$?=0
opening ICMP ports...$?=0
scanning TCP/UDP ports...$?=0
done!

stay tuned while connecting to $* ...

x.
x.x.
x.x.x.
x.x.x.x.
x.x.x.x.x.
x.x.x.x.x.x.
punt!
Sun Jan 26 17:44:52 UTC 1997
<PRE>
traceroute to XTAC-FTHUACHUCA.NIPR.mil (198.26.80.66), 30 hops max
1 RTRBONE.NET.CMU.EDU (128.2.1.2) 3 ms 2 ms 2 ms
2 nss5.psc.edu (192.88.114.254) 3 ms 2 ms 2 ms
3 border4-hssi1-0.WillowSprings.mci.net (204.70.108.5) 193 ms 204 ms 14 ms

X-From_: wenz@arch.ethz.ch Sat Nov 9 12:48:13 1996 X-Sender: wenz@grey.ethz.ch

its saturday morning, i just got out of bed and my brain seems to be working at 150MHZ ... let me dump some <core> on you

<environment> address the core issues of networked culture ... which is already HARDCORE reality. <scan> <sample> and <display> do not invent fiction.

<header01> personal expression is individual perception transformed to a communication signal, which goes from analog (high res, diffuse) to digital (low res, discrete).

<header02> a person is really not more than an online database of <01> and its existence is directly related to attributes, keywords, tags, indexes.

authors:
>Judy Elkan
>Felix Stephan Huber
>Judith Mastai
>Udo Noll
>Philip Pocock
>Walter van der Cruijsen
>Otherselves
>Florian Wenz
>Norah Mary Wheating
>Florian Wuest
>John Zinsser

http://www.documenta.de/equator

To: equator@king.dom.de
Subject: Pre-Majordomo EMAIL for Comment VII

[Charset iso-8859-1 unsupported, filtering to ASCII...]

>Sampling and moving in a game-like, dramaturgical pattern through gateways and codings and then linked down to the spaces at lower altitude.

again 4am, just back from l0pht & really 'mudged'... game-like... Mudge @ l0pht's heavy industries obviously decided to link himself down to the lower altitudes of 'nano-networks'. This guy's gateways... he's moving in system's memory like apes in trees.

Leave the subject line blank, fill in the message body.

Date: Mon, 17 Feb 1997
From: jmastai@istar.ca
Subject: stuff

My constant travels on the airbus have led me to a space in which notions of the family have become psychic
rather than geographic, so I've come to think of the project as the
equators of my mind which brings up moments of heat in every sense - war, sex, fear

Parameters
Author
Time Stamp
Keyword
No. of User Responses
HTML LINKS TO FUTURE
(i.e. A DEBATE SOMEWHERE ELSE)

Code Warrior

63:12:11 ag

A Description of the Equator and Some

OtherLands

Philip Pocock

Florian Wenz

Udo Noll

Felix Stephan Huber

> code is the current language of culture and the internet is coded metacode.

Date: Thu, 30 Jan 1997 15:42:21 +0100

<h1>The <author> goes home with the audience.</h1>

X-Sender: equator@mail.dom.de

To: zinsser@pw.cahners.com

<scenario01>

<01.1> supply them with technology to sample their brain waves

hi John

<Mairead> How we talk shows that we know.

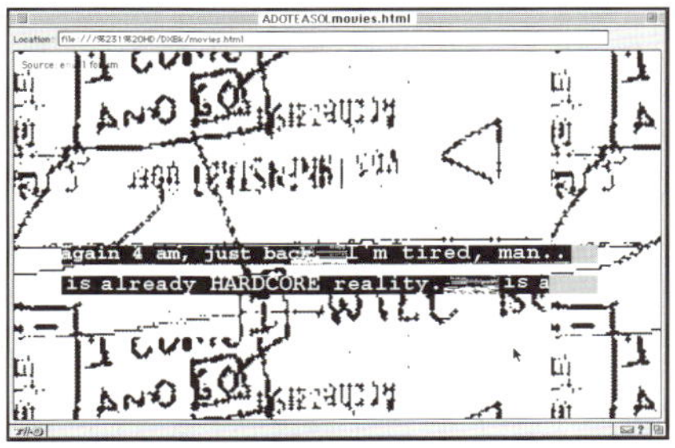

It's turning out that the actual physical travel to the Equator is not so important. I mean what we're doing right here on motherboard earth is remapping or rewiring it the whole time. It's always 12 hours of night and 12 hours of day on-line. And there are lots of bugs, topical disease, etc.

<01.2> download these samples into the system

The <story line> ends in a fray.

Yes, then the <screen play> resumes.

So... *characters in search of an author* in a way. We use a sort of neural net. We post a script on the Web http://www.documenta.de, one that thinks in question/answer, action/reaction, bush-like forms of SHOT DESCRIPTIONS, DIALOGUE, and some short lofi VIDEO and SOUND LOOPS.

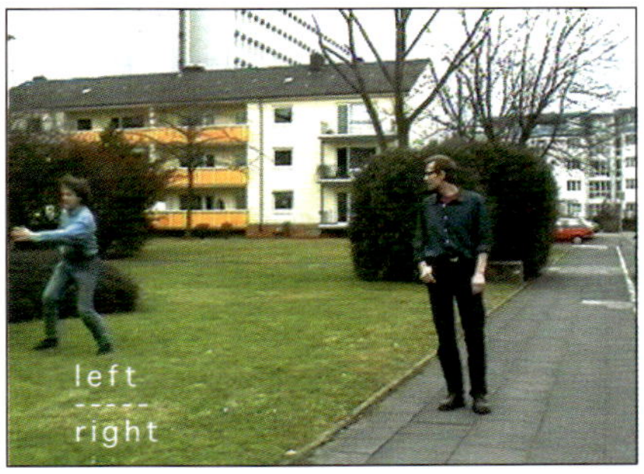

<01.3> index them into an database of signals

Read me in. EXTERIOR.AIRPORT NIGHT.

Four or five disembark. FREEZE.

It goes like this, first, we seed the script. Then we respond selectively along with others out there. So a screen PLAY rather than a storyline develops. When the difference is so blurred between author, audience and even story, well is it a movie or a game? It's impossible, like swimming and flying at the same time. © Geo. Lucas

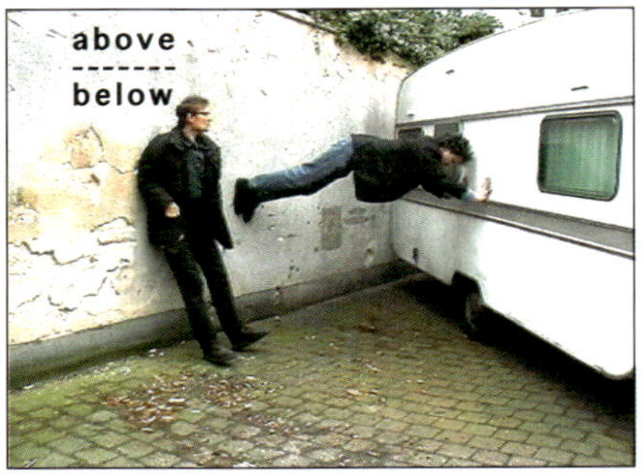

<01.4> code a display that generates rules, feedback among the actors

Display me.

"CUT OUT FRAMES of skipping,

EXCEPT when both feet are off the ground."

I mean if it moves, then its a movie, no? And words move me more than anything these days. Cinema is no longer architecture, it is the USER.

<01.5> dump this process to the visitors at the documenta ...

Print me out. "Turn off your computer.

Look out a window.

Click here."

Here's how the neural-like net comes in. The system core monitors responses, which authors get the most, and a screenplay develops accordingly and continuously. When a user gets lots of hits, he or she could the way its programmed crack the system and take over our eworld.

>preparing to connect to host

Alain Lipietz

Nachhaltige Entwicklung. Geschicht

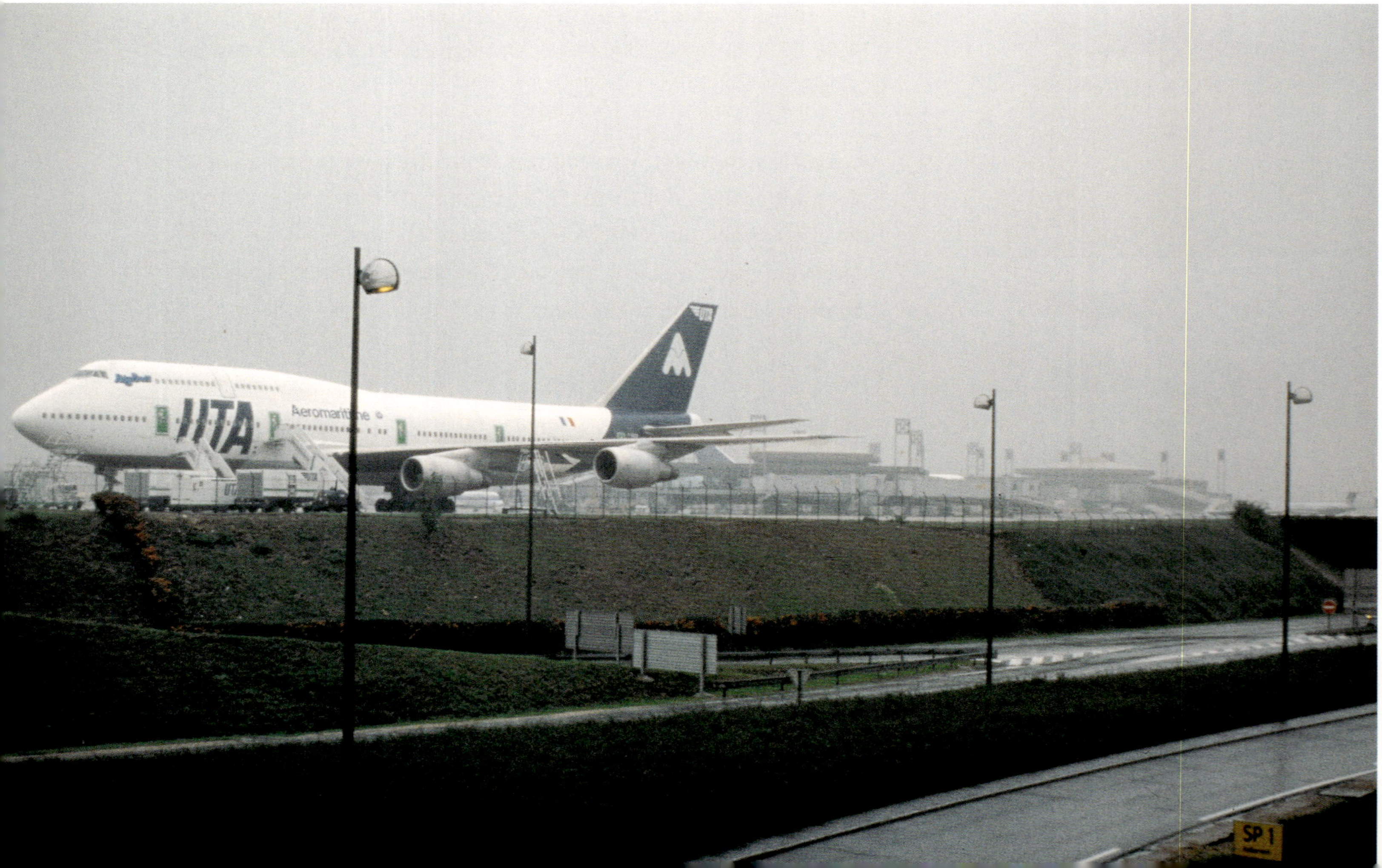

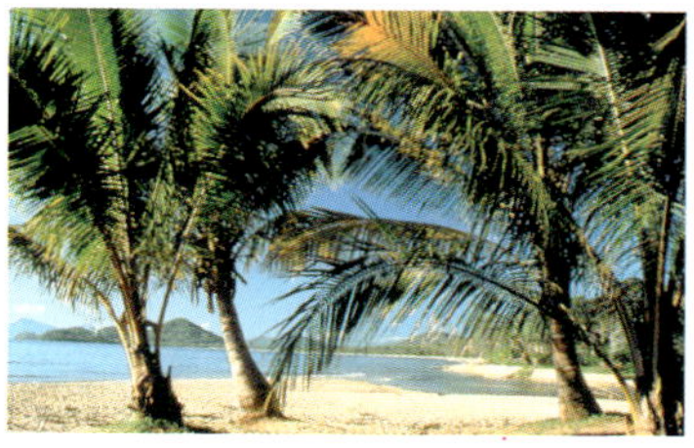

Mein Interesse für das, was man allgemein als »Lebensumstände« bezeichnet, was später dann zur »Umwelt« geworden ist, ist sehr alt. Es ist ein berufliches Interesse: Ich bin Ingenieur für Straßen- und Brückenbau, verantwortlich für die Raumplanung, beauftragt mit der Zähmung einer bestimmten räumlichen Umwelt im Dienste der Menschen. Wenn heute von Ökologie gesprochen wird, dann hat man stark den Eindruck, als ginge es darum, Blumen und kleine Vögel gegen die Aktivitäten der Menschen zu schützen. Die Dinge sind aber viel komplizierter: Ist ein Landschaftsarchitekt jemand, der die Natur attackiert oder degradiert? Die älteste französische »Ökologen«-Zeitschrift, die sich zum Zeitpunkt ihrer Gründung *Revue des voies et chemins* (Zeitschrift für Wege und Straßen) nannte und heute *Environnement magazine* (Umweltmagazin) heißt, feiert gerade ihr 50jähriges Bestehen: Es ist eine Zeitschrift von Ingenieuren des öffentlichen, staatlichen Bausektors, eine wirklich professionelle Zeitschrift von Raum- und Stadtplanern. Kurzum, Ökologie ist ein sehr alter Aspekt staatlicher Politik, und sie nimmt auch nicht nur den Schutz der unberührten Natur gegen eine rücksichtslose Menschheit in Anspruch. Was also ist Ökologie oder besser, was ist das Verhältnis zwischen der Ökologie als Naturwissenschaft, angewandt auf die menschliche Spezies, und dem, was man heute »politische Ökologie« nennt? Und was versteht man dabei unter dem, was das Ideal sowohl für die wissenschaftliche Ökologie als auch die politischen Ökologen zu sein scheint: »nachhaltige Entwicklung«? Dies sind die ersten Fragen, die wir zu beantworten versuchen. Wir werden dann einen kurzen Blick auf die Geschichte der nachhaltigen Entwicklungen der menschlichen Gattung werfen, auf ihre Krisen und ihre Probleme, bevor wir uns die großen Herausforderungen des 21. Jahrhunderts vor Augen führen, in dem die politische Ökologie ohne Zweifel die Idee des Fortschritts verkörpert.

nd Herausforderungen

Von der Ökologie zur nachhaltigen Entwicklung

Die wissenschaftliche Ökologie ist die Wissenschaft des dreiseitigen Verhältnisses zwischen einer Spezies (und den Individuen dieser Spezies), ihrer Aktivität und der Umwelt dieser Aktivität. Die Umwelt ist dabei zugleich das Produkt und die Bedingung dieser Aktivität wie des Überlebens dieser Spezies – das Dreieck ist geschlossen. Typischerweise stellt das Problem der Jagd eines der klassischen Probleme der Ökologie dar: Wie viele Quadratkilometer Gelände sind nötig, damit zehn Füchse existieren können? Und wie hoch muß die Dichte der Kaninchen innerhalb dieses Gebietes sein, damit sich die Füchse reproduzieren können? Offensichtlich wird sich die Anzahl der Kaninchen in dem Maße verringern, wie die Füchse die Kaninchen fressen, aber die Population der vom Aushungern bedrohten Füchse wird ihrerseits ebenfalls geringer, was ein Wiederanwachsen der Kaninchenpopulation hervorruft und so weiter.

Betrachten wir nun die sozialen Spezies. Sozial werden alle jene Spezies genannt, in denen es eine soziale Arbeitsteilung gibt (zum Beispiel Ameisen, Termiten, Biber). Die Spezies selbst wird so zu einem Teil der Umwelt jedes einzelnen Individuums, und die Ethologie, das heißt die Verhältnisse von Individuen derselben Spezies untereinander werden genau Teil der Ökologie.

Berücksichtigen wir darüber hinaus, daß diese Spezies politisch ist, daß sie also nicht rein genetisch zum Leben in Horden, Stämmen, in Clans oder ähnlichem bestimmt ist, sondern daß diese Horden, Stämme und Clans sich auch noch in Gemeinwesen organisieren: Die Individuen dieser Spezies bestimmen also ihre Verhaltensweisen und ihre Aktivitäten durch Beratung. Sie entscheiden gemeinsam darüber, was gut und was böse ist. Aus diesem Grunde sind sie auch verantwortlich für ihre Handlungen, für die Auswirkungen ihrer Aktivität auf das Territorium und für die Art und Weise, wie sie Generation für Generation die Möglichkeit gewährleisten, ihr Leben auf dem gleichen Territorium und im gleichen Stil fortzuführen. Mit anderen Worten, aus der besonderen Natur der menschlichen Spezies als einziger sozialer und politischer Spezies resultiert eine besondere Ökologie, eine politische Ökologie. Die politische Ökologie ist die Wissenschaft dieser besonderen, der menschlichen Spezies.

Sie werden mir vielleicht entgegenhalten, daß die politische Ökologie vielmehr die Ökologie derjenigen ist, die die Ökologie in Politik transformieren. Dies ist in der Tat fast das gleiche. Vor 25 Jahren sagte man: »Wenn Du Dich nicht um die Politik kümmerst, kümmert sich die Politik um Dich.« Und heute nach der gleichen Manier: »Wenn man sich nicht um die Ökologie, die Politik kümmert, wird sich die politische Ökologie der Wirklichkeit um uns kümmern.« Wenn die Städtebaupolitik, die Umweltpolitik, die Agrarpolitik, die Arbeitspolitik, die internationale Politik sich nicht um die ökologischen Probleme – also um die dreiseitigen Beziehungen zwischen Spezies, deren Aktivitäten und ihrer Umwelt – kümmert, dann wird diese Politik perverse Auswirkungen haben, Auswirkungen, die sich bald für ihr Fortbestehen als »unnachhaltig« erweisen. Und »unnachhaltige« Politik bedroht irgendwann auch das Überleben der Spezies. Man merkt hier, wie eines der möglichen Objekte jeglicher Politik die Frage der nachhaltigen Entwicklung ist. Und in der Tat sind die Menschen nicht dazu verpflichtet, für eine nachhaltige Entwicklung einzutreten: Die Entscheidung zwischen Gut und Böse stellt sich ihnen immer wieder neu, wie bereits Sophokles feststellte. Aber eine Entscheidung für das Leben und das Überleben der Menschen ist eine Entscheidung für eine nachhaltige Entwicklung.

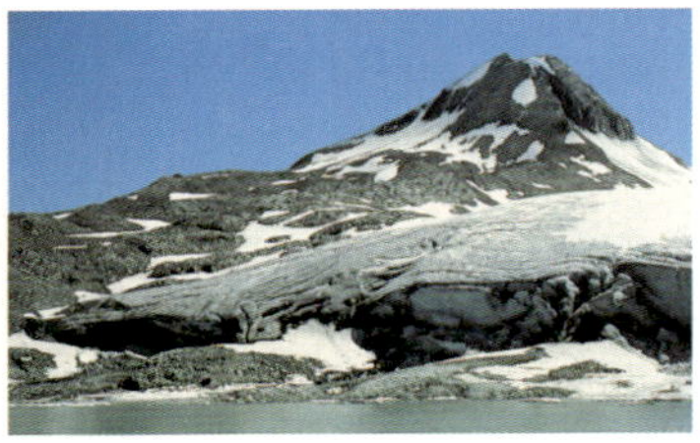

Was genau bedeutet dieses Adjektiv »nachhaltig«? »Nachhaltig« hat eine doppelte Dimension: synchronisch, im Raum (damit ein Entwicklungsmodell nachhaltig sein kann, muß es auf der ganzen Welt dazu geeignet sein, die Bedürfnisse aller zu befriedigen) und diachronisch, in der Zeit (das Entwicklungsmodell muß auf Dauer möglich sein). Zum Beispiel verfolgten die entwickelten Länder nach 1945 ein Entwicklungsmodell, das ihre Kaufkraft sehr schnell, parallel zum Rhythmus der Produktivität ansteigen ließ (was die Vollbeschäftigung und den Anstieg materiellen Reichtums pro Kopf garantierte). Aber es war ein unnachhaltiges Entwicklungsmodell. Wenn man so weitergemacht hätte, wenn man dieses Entwicklungsmodell auf die ganze Menschheit ausgedehnt hätte, so hätte man sämtliche Ressourcen der Erde erschöpft und hätte beispielsweise die Sättigung der Atmosphäre mit Kohlenstoffen extrem zugenommen.

Die Definition eines nachhaltigen Entwicklungsmodells, die künftig von allen Instanzen der UNO angenommen wird, lautet folgendermaßen: »ein Entwicklungsmodell, das die Befriedigung aller Bedürfnisse einer Generation gestattet, ohne die Möglichkeit für die folgenden Generationen aufs Spiel zu setzen, die ihren zu befriedigen«. Offensichtlich ist die Formulierung »die Bedürfnisse aller Menschen befriedigen« extrem doppeldeutig, denn Reiche und Arme beanspruchen nicht die Befriedigung der gleichen Bedürfnisse – die gegenwärtige Welt ist durch schreiende Ungleichheiten zwischen den Menschen zerrissen. Darüber hinaus beinhaltet die Definition eine Gewichtung: »die Bedürfnisse aller Individuen befriedigen, angefangen bei den Mittellosen«. In der englischen Fassung wird es noch deutlicher: da wird von den Ärmsten gesprochen. Das Kriterium ist das Kriterium der Mindestgerechtigkeit, was nicht unbedingt meines ist, doch das von John Rawls, wie er es in seiner Theorie der Gerechtigkeit entwickelt. Das vorrangige Problem sei nicht, die Ungleichheiten genau zu kennen: Gewisse Ungleichheiten sind akzeptierbar, wenn sie es gestatten, die Verhältnisse der am meisten Benachteiligten zu verbessern. Anders gesagt, entscheidend für den Vergleich zwischen zwei Verhältnissen ist, daß man das Niveau derjenigen miteinander vergleicht, die am wenigsten profitieren. Diese Definition hat in der UNO Einstimmigkeit erzielt, offensichtlich deshalb, weil es selbst die Reichsten zufriedenstellte.

Dies ist also die offizielle Definition der nachhaltigen Entwicklung, wie sie in den Korpus der Menschenrechte bei den großen internationalen Konferenzen aufgenommen wurde, die im letzten Jahrzehnt des zweiten Jahrtausends nach Jesus Christus auf sich aufmerksam gemacht haben: Rio, Kopenhagen, Kairo, Peking... Man sieht: Diese Definition ist ein Minimalkonsens, sie ist extrem formalistisch und abstrakt und stellt einen Rückschritt hinter die Dichte dessen dar, was die Pioniere der 70er Jahre damals »ökologische Entwicklung« nannten.

Die einfache Idee der ökologischen Entwicklung ging von der Feststellung aus, daß das Entwicklungsmodell der 70er Jahre zu viele Rohstoffe verbrauchte und zu viele Abfälle produzierte. Die erste große Umweltkonferenz der Vereinten Nationen in Stockholm 1972 setzte auf eine ökologische Entwicklung, bei der die lokalen Gemeinschaften darauf achten sollten, daß diese beiden Fehler nicht mehr begangen werden. Der Ausdruck »ökologische Entwicklung« gestattete dabei ohne weiteres, die Dynamik des ökonomischen Liberalismus mit einer zwingenden Kritik zu konnotieren. Doch diese erste Konferenz hatte keineswegs die Ambition, Verpflichtungen irgendeiner Art zu erlassen. Darauf folgte die zweite große Konferenz, die 1992 in Rio stattfand und von einer Reihe von Zusammenkünften vorbereitet wurde. Dieses Mal ging es darum, feste Vereinbarungen zu treffen. Eines dieser Vorbereitungstreffen wurde von der Umweltkommission der Vereinten Nationen durchgeführt, der die sozialdemokratische Premierministerin von Norwegen, Frau Brundtland, vorsaß. Sie war es auch, die in ziemlich schroffer Opposition zu den USA die Rede vom ökologischen Wachstum zurückwies. Es sei

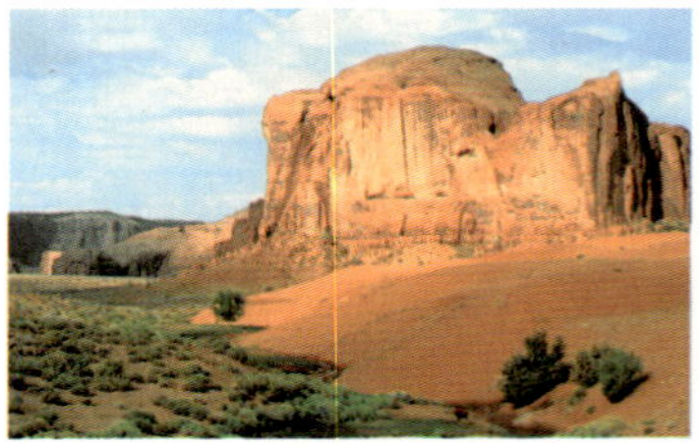

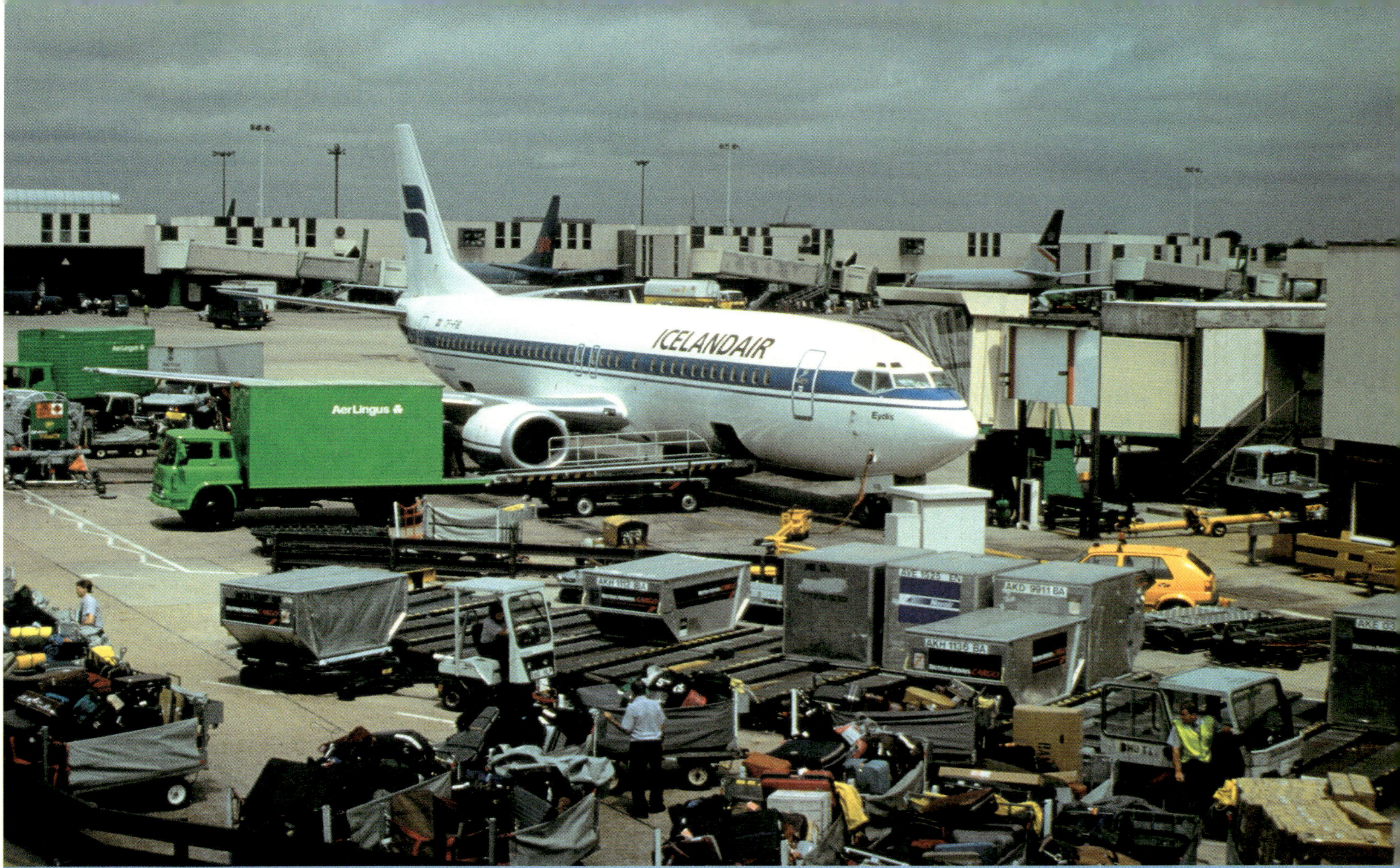
ICELANDAIR
AerLingus

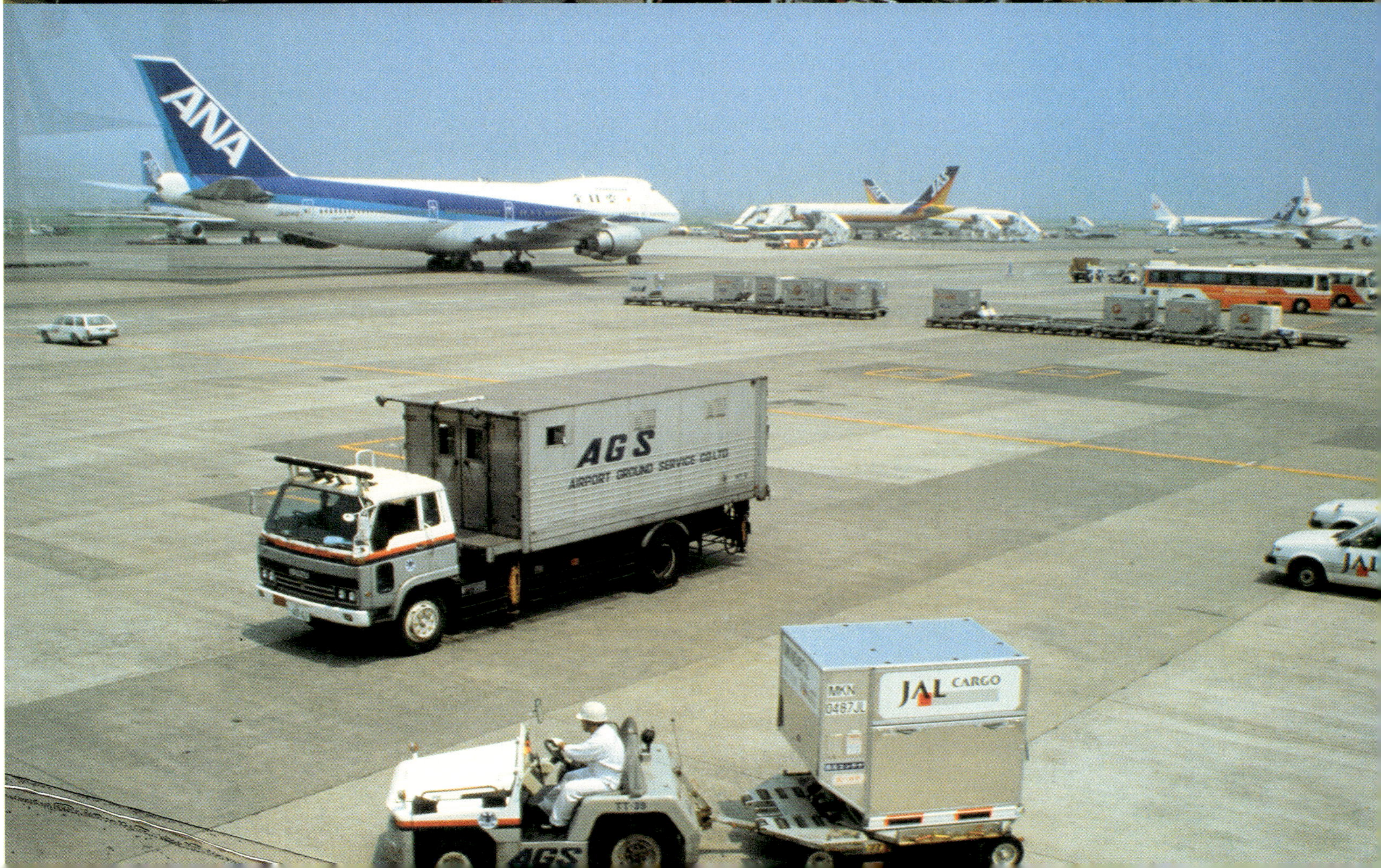
ANA
AGS
AIRPORT GROUND SERVICE CO.LTD
JAL CARGO

vielmehr richtig, davon zu reden, daß die Bedürfnisse der gegenwärtigen Generation ohne Beeinträchtigung derjenigen der künftigen befriedigt werden müssen, und diese Forderung als »nachhaltig« zu kennzeichnen. Doch der Begriff »ökologische Entwicklung« war tabu, soweit dieser das Ende des wilden Freihandels, das Verbot der Ausbeutung eines Landes durch ein anderes und ähnliches implizierte. Im Grunde ist die »nachhaltige Entwicklung« der politisch korrekte Euphemismus der »ökologischen Entwicklung«.

Indem sie heuchlerisch die früheren Mängel in Tugendhaftigkeit verwandelt, gestattet diese Beschönigung nun, das Problem der Nachhaltigkeit anzugehen, ohne sich dabei groß um Lösungswege (ökologische Entwicklung) Sorgen zu machen. Wie ich bereits gesagt habe, verpflichtet nichts die Menschen dazu, für eine nachhaltige Entwicklung einzutreten. In der Tat werden zahlreiche Länder durch Eliten regiert, die eine unnachhaltige Entwicklung bevorzugen – unnachhaltig für ihr eigenes Volk, unnachhaltig für andere Völker oder unnachhaltig für nachfolgende Generationen. Malaysia ist beispielsweise ein Land, das sich dadurch entwickelt, daß es seine indigenen Völker massakriert und seine Wälder zerstört, und obendrein auch noch die Forderung erhebt, für weitere 150 Jahre so weiterzumachen, indem es die Umtriebe der USA und Europas zum Präzendenzfall erhebt. Eine nachhaltige Entwicklung zu verfolgen, heißt nicht, eine »ausgewogene Interessensregelung« zu finden, sondern ist ein kategorischer Imperativ, der gerade dabei ist, sich im Prozeß der offiziellen internationalen Debatten zu behaupten, aber noch nicht mit der Kraft (alles ist relativ) des »Du sollst nicht töten!« anerkannt ist.

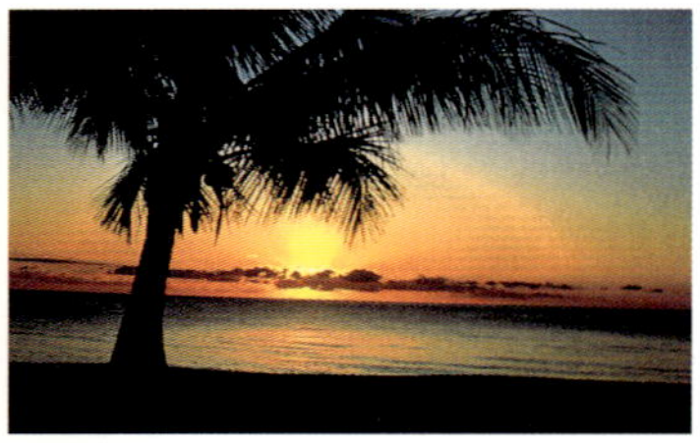

Davon ausgehend ergibt sich tatsächlich eine rein politische beziehungsweise ideologische Definition der Verteidiger der politischen Ökologie, derjenigen, die sich in der Politik für eine nachhaltige Entwicklung einsetzen. Es ist eine von der Anfangsdefinition abgeleitete Definition: Wir sind Teil der Frage dessen, was Ökologie für irgendeine Spezies bedeutet und haben gesehen, warum eine soziale und politische Spezies eine nachhaltige Entwicklung verfolgen muß, wenn sie vom Gesichtspunkt ihres langfristigen Interesses als Spezies aus vernünftig ist. Auf politischem Feld sind es die politischen Ökologen, die sich für die Durchsetzung einer nachhaltigen Entwicklung einsetzen. Sie kämpfen im Namen einer bestimmten Konzeption des menschlichen Allgemeininteresses gegen die politischen und sozialen Kräfte, die sich nicht darum kümmern. Warum konnten sich die Eliten aus Malaysia auf der Rio-Konferenz vehement gegen die Imperative der nachhaltigen Entwicklung aussprechen? Aus den gleichen Gründen, die den französischen Adel des »Ancien Régime« und Ludwig XV. sagen ließen: »Nach uns die Sintflut!«. Im Bemühen, die Tragweite der Konferenz von Rio zu minimieren, verbündete sich George Bush faktisch mit Malaysia, wenn er damals seinerseits erklärte: »Unser Entwicklungsmodell ist nicht übertragbar.«

Und in der Tat: Wenn die Gesellschaft der Menschen in der Zukunft genauso ungleich bleibt wie heute, dann werden nicht alle Individuen ein Bedürfnis nach nachhaltiger Entwicklung haben – wenn die Lebensbedingungen gut sind. Und die Generation von heute wird kein Interesse daran haben, daß nachfolgende Generationen ihre Bedürfnisse befriedigen können. Doch die Mehrheit der Menschen hofft seit Generationen auf eine nachhaltige Entwicklung. Diesen Konflikt gibt es deshalb, weil sich bei einer politischen und sozialen Spezies soziale Verhältnisse entwickeln: Geschlechterverhältnisse, Klassenverhältnisse, Bürgerverhältnisse. Einige dieser sozialen Verhältnisse sind widersprüchlich: Die Interessen der einen sind nicht die Interessen der anderen. Und selbst wenn man davon ausginge, daß alle menschlichen Gruppierungen an einer Verständigung interessiert wären, so ist der individuelle Lebenshorizont doch begrenzt, so daß ein Individuum weiterhin zum Schluß kommen könnte: »Nach mir die Sintflut!«. Daraus ergibt sich, daß die sozialen Verhältnisse, die die Art und Weise bilden, in der eine Spezies ihre Aktivität organisiert, und die determinieren, wie sich diese Spezies derart organisiert ihre Umwelt aneignet (die selbst das Produkt früherer Arbeit ist), daß diese sozialen Verhältnisse folglich auf strukturelle Weise die menschliche Ökologie gestalten. Anders gesagt hängen die ökologischen Probleme von den sozialen Verhältnissen ab: die ökologischen Krisen einer Epoche sind die Krisen der sozialen Verhältnisse dieser Epoche.

Für eine Geschichte der ökologischen Krisen

Nehmen wir die Gesellschaft vor der neolithischen (jungsteinzeitlichen) Revolution. In diesem Prozeß, der 12000 Jahre dauerte, lernten die menschlichen Wesen Pflanzenanbau, Viehzucht, Schreiben und Städtebau. Die Gesellschaften der Vorjungsteinzeit waren bereits Gesellschaften, allerdings Gesellschaften des Jagens und Sammelns. Die Menschen betrachteten ihre Umwelt als etwas Äußerliches, das ihnen potentielle Ernährung bot, und sie mußten kämpfen, um etwas von dieser natürlichen Umwelt zu bekommen, das sie essen und als Kleidung verwenden konnten. Ihre Situation unterschied sich also nicht wesentlich von den

Füchsen im Verhältnis zu den Kaninchen. Ihre Ökologie gehorchte dem gleichen Gesetz von »Räuber und Beute«: es war eine Ökologie, die von der Belastbarkeit des betreffenden Territoriums abhängt, das heißt von der Anzahl der Menschen, die ein Territorium bei gegebenen Jagd- und Sammeltechniken ernähren kann. Bringen sie viel heim, sinkt die Belastbarkeit des Territoriums – sei es, daß sie gezwungen sind auszuwandern, sei es, daß sie durch Hunger dezimiert werden. Die Verbesserung der Jagdtechniken erlaubt eine Annäherung an die Belastungsgrenze des Territoriums seitens der Menschen, allerdings mit dem Risiko der Überschreitung, denn sie erhöhen nicht die Anzahl des Hochwilds in diesem Gebiet. Daraus ergibt sich für diese Völker die Notwendigkeit, Nomaden zu sein.

Das Beispiel der vorjungsteinzeitlichen Gesellschaft zeigt auf sehr einfache Weise, wie der Typ einer ökologischen Krise einer bestimmten gesellschaftlichen Organisation entspricht. In einer solchen Gesellschaft verdankt sich die Hungersnot der Tatsache, daß es nicht genügend Wild zu jagen und Früchte zu sammeln gibt, so daß die Migration auf der Suche nach anderen Territorien eine Lösung bietet. Wie alle menschliche Organisation in sozialen Verhältnissen strukturiert ist, so regelt sich diese sehr spezifische politische Ökologie durch Krisen. Krise meint dabei eine Situation, in der es nicht mehr möglich ist, so weiterzumachen wie bisher, in der man aber auch noch nicht die Lösung kennt – also das, was Gramsci auf eine schöne Formel bringt: »das Alte stirbt und das Neue kann noch nicht zur Welt kommen«.[1] Jede Organisation regelt sich entweder durch kleine Krisen (das Alte stirbt, doch ist man dem Neuen schon sehr nahe und der Ausweg aus der Krise ist bekannt; in unserem Beispiel genügt die Migration) oder durch große Krisen: das Neue ist völlig unvorhersehbar. Die großen Krisen sind zerstörerischer, aber auch interessanter, weil sie nur durch das Mittel der Erfindung zu lösen sind.

In der Folge gab es eine Reihe von immer größer werdenden Krisen, die den Übergang zum Neolithikum bewirkten. Anbau von Pflanzen und Aufzucht von Haustieren waren die beiden Speerspitzen des Neolithikums. Sie bedeuteten den Übergang von der Vorstellung, das bloße »Einbringen der Umwelt« reiche aus, zu der Vorstellung, man müsse die »Umwelt verbessern« – und zwar auf eine Weise, daß sie produktiver wird: Verbesserung des Viehs, damit es mehr Milch gibt und seinen Nachwuchs in Herden aufzieht; Verbesserung der Pflanzen, damit sie ertragreicher werden. Es ging also um die Belastbarkeit des Territoriums selbst, die es zu stärken galt.

Überdies verstärkte diese Revolution die Fähigkeit der menschlichen Gesellschaft, sich zu differenzieren, und erlaubte die Ausweitung des Städtischen, das Zutagetreten von Untereinheiten der menschlichen Gemeinschaft, wo Leute sich anderen Tätigkeiten widmen als dem Ackerbau: Rechnen, Anordnen, Opfer darbringen und ähnliches. Diese soziale Differenzierung unterscheidet sich von derjenigen der Vorjungsteinzeit (in der derjenige das Oberhaupt war, der der Beste bei der Jagd war). Bestimmte Klassen, die von der Produktionstätigkeit befreit waren, konnten von den Produkten fremder Arbeit leben, im Austausch gegen häufig wirkliche Dienste (der Staat tauchte auf, weil er der Gesellschaft Leistungen zur Verfügung stellte: Verteilen von Wasser, Einrichten von Katastern und ähnlichem), die aber diesen Klassen Rechte verliehen, die oftmals eine eher mißbräuchliche Aneignung von Produkten der Gemeinschaft einschlossen. Infolgedessen entwickelte sich ein zweiter Typ ökologischer Probleme, der nicht mehr von der Belastbarkeit eines Territoriums abhing (die dank neuer Techniken gesteigert werden konnte), sondern der sich aus der steigenden (und diese Belastbarkeit beeinträchtigenden) Entnahme für diejenigen Leute herleitet, die nichts herstellen.

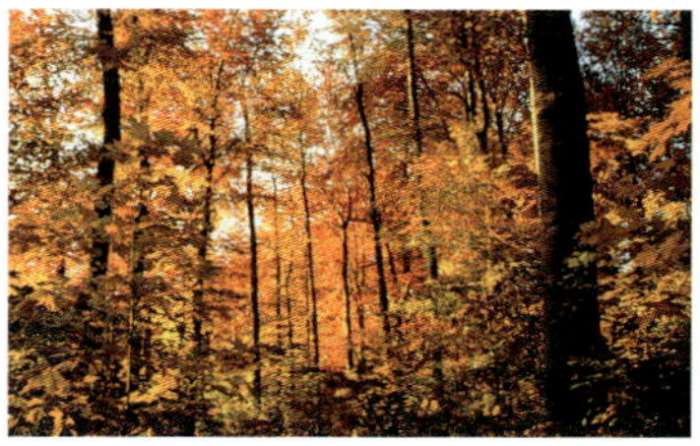

Die ökologischen Krisen werden also komplexer. Typisch dafür ist die »Große Europäische Krise«, die um 1340 in Europa ausbrach und 200 Jahre dauerte. Diese Krise setzte ein mit der Großen Pestepidemie, genau zu dem Augenblick, als Europa die Grenze seiner Belastbarkeit erreicht hatte – unter Berücksichtigung der verfügbaren Agrartechniken und der Abgaben für die Nicht-Arbeitenden (in unserem Fall derjenigen Herren, die ihre Zeit mit Kriegführen verbrachten). Diese Große Pest traf eine Bauernschaft, die durch physische Grenzen sehr geschwächt und einer hohen Abgabenlast an ihre Herren unterworfen war. In dieser Zeit verlor Europa mehr als die Hälfte seiner Bevölkerung und es brauchte zwei Jahrhunderte, um das Bevölkerungsniveau von 1340 wieder zu erreichen. Dies ist ein Beispiel für eine ökonomisch-ökologisch-demographische Krise. Für die gegebenen Produktionsverhältnisse (Feudalismus mit seiner Naturalrente und Lehnarbeit), für die bekannten Techniken (Schwingpflug, Brandkultur) war die Belastbarkeit der Äcker überschritten – mit dem Ergebnis, daß die extrem geschwächte menschliche Spezies unter dem Effekt der Aggressionen einer anderen Spezies (der Pestbakterie) zusammenbrach. Sterben ist im übrigen eine schreckliche Form der Reaktion auf die Krise: die Bevölkerung nimmt bis zu dem Punkt ab, an dem sich die Pest nicht weiter ausweiten kann und an dem man mit der Belastbarkeit der Böden Europas wieder auskommt.

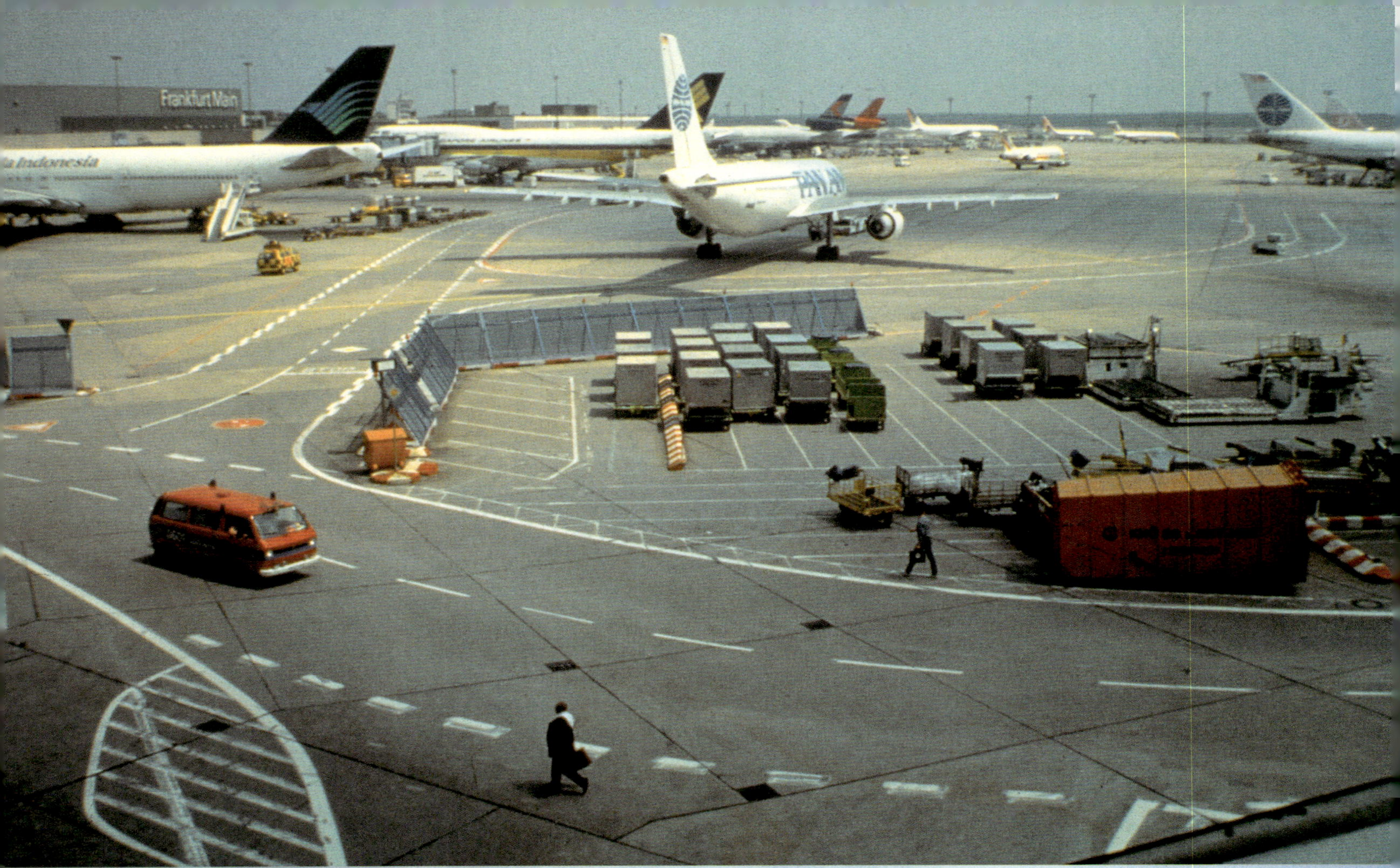
Frankfurt Main

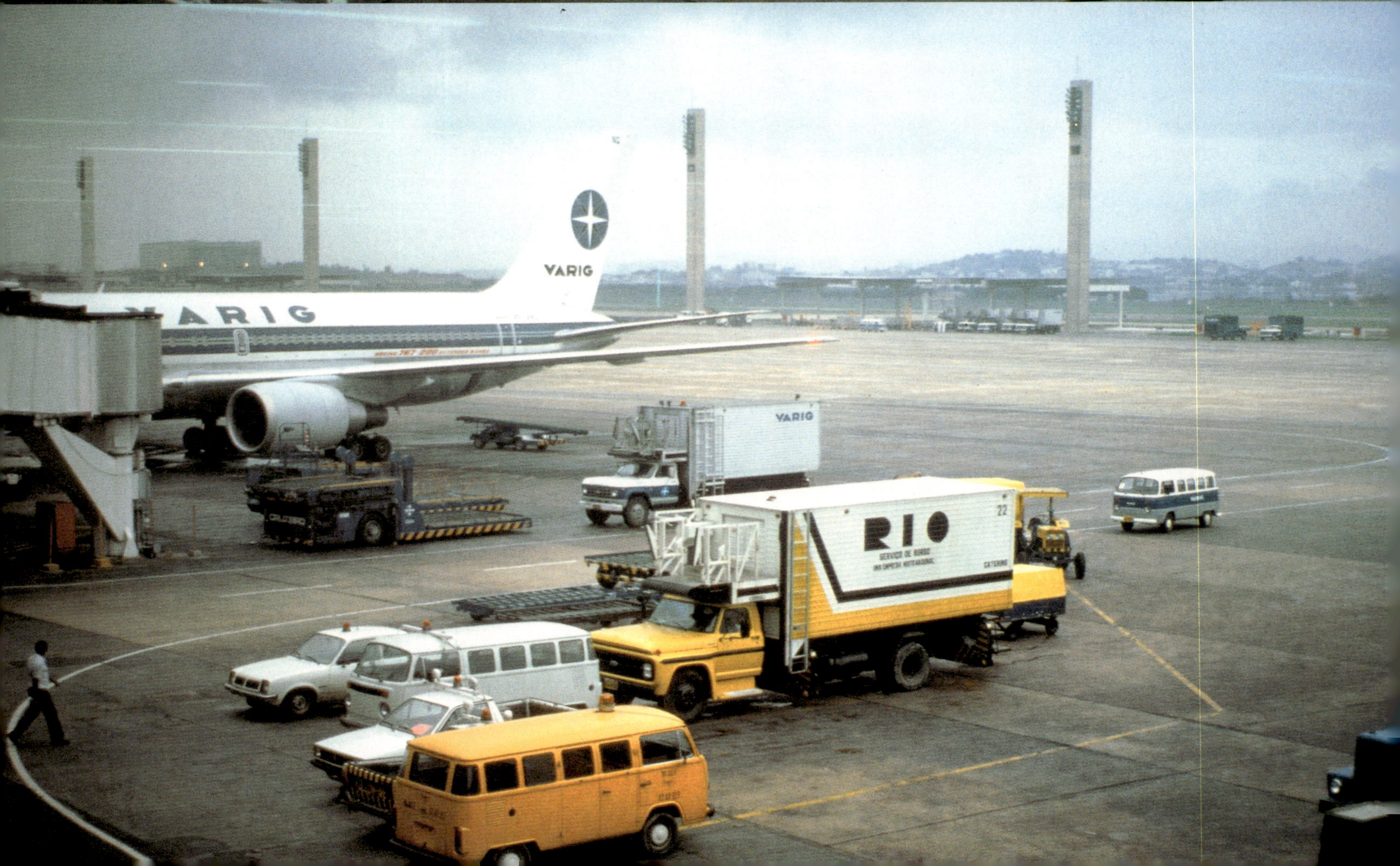
VARIG
VARIG
VARIG
RIO

Diese Große Krise hat die Produktionstechniken und die sozialen Verhältnisse grundlegend verändert: Die Dreifelderwirtschaft, der Zusammenhang zwischen Mischkultur und Aufzucht (die Abfälle vom Vieh dienten als Dünger für das Getreide) ebenso wie die beträchtlichen Fortschritte, die sich in der Form der Arbeit niederschlagen, die zur Verbesserung des Bodens selbst aufgewandt wurde. Ein Teil der zur »Verbesserung« der Umwelt aufgewandten Arbeit beziehungsweise das Verhältnis von Arbeit und Umwelt ist »nachhaltiger« geworden. Aber die Entwicklung dieser Techniken, die eine Art neolithischer Revolution zweiten Grades darstellt (Arbeit wird verausgabt zugunsten des Bodens), setzt voraus, daß die Bauern sicher sein können, daß die erbrachte Arbeit ihnen in einer anderen Form zugute kommt: daß sie einen größeren Anteil der Produktion konsumieren oder kaufen können. Das aber impliziert eine Begrenzung der Abgaben an die Herren. Und in der Tat impliziert die Revolution der Renaissance den Übergang von der Naturalrente und der Lehnarbeit zur Pacht, den Übergang von der Teilpacht hin zur Pachtwirtschaft. Dies ist das Phänomen, das den kontinuierlichen Fortschrittsprozeß bis ins 19. Jahrhundert in Gang setzt: die »Agrarrevolution« der Neuzeit.

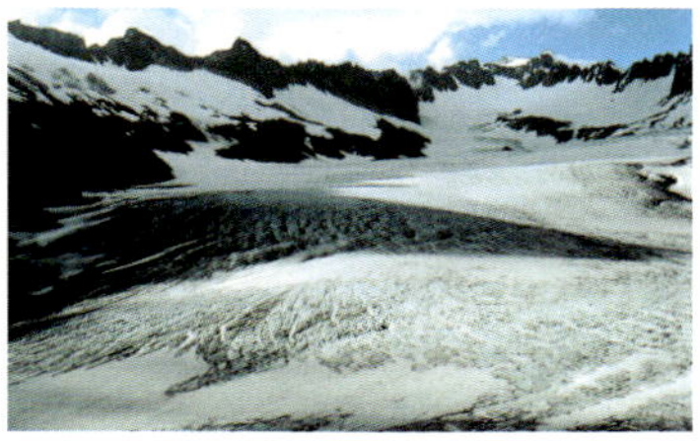

Ich wollte Ihnen jedoch nicht nur die Sonnenseite dieser Dinge vorführen: die Vorderseite dieser Revolution, die sich gegen die Lehnsherren, gegen die Zehnträuber richtete. Oft vergißt man, daß sie sich auch gegen die Bauern selbst richtete. Denn die Bauern der feudalen Epoche bearbeiteten zwei Arten von Böden: die Böden der Lehnsherren und die Böden der Dorfgemeinschaft (Allmende). Nun ist es klar, daß Bauern, die zu einer Verbesserung des Bodens bereit sind, nach einigen Jahren fordern, auch diejenigen zu sein, die das Land bebauen. Von daher war es nötig, mit der Idee des Gemeindelandes zu brechen. Die Bauern, die die Agrarrevolution der Neuzeit machten, waren jene Leute, die dafür kämpften, das Gemeindeland abzuschaffen und »einzufrieden«. Offenbar sind es die Reichsten, die die Mittel zur Verbesserung des Bodens haben und die das Gemeindeland zu ihren Gunsten einfrieden wollen. Was die anderen betrifft, so dürfen diese anfangs bei den reichen Bauern arbeiten gehen: Das ist die Bildung der »Landarbeiterschaft«. Doch je mehr sich die Produktivität der Landarbeit entwickelte, desto weniger Landarbeiter brauchten die Pächter, um ihr Land zu bearbeiten. Es entwickelte sich also nicht nur ein ländliches, sondern auch ein städtisches Proletariat. Die Händler und Handwerker begannen, »Proletarier« anzustellen, die nichts anderes zu verkaufen hatten als ihre Arbeitskraft: sie hatten weder Land noch Webstuhl, doch konnte man über sie verfügen. Die Art und Weise, in der diese 200 Jahre dauernde große europäische Krise, diese große ökologische Krise, gelöst wurde, hat Europa ein neues Schicksal eingebracht, nämlich das der »kapitalistischen Revolution«, zuerst in der Landwirtschaft, später in der Industrie (hier zunächst in der Textilindustrie und in der Bauwirtschaft).

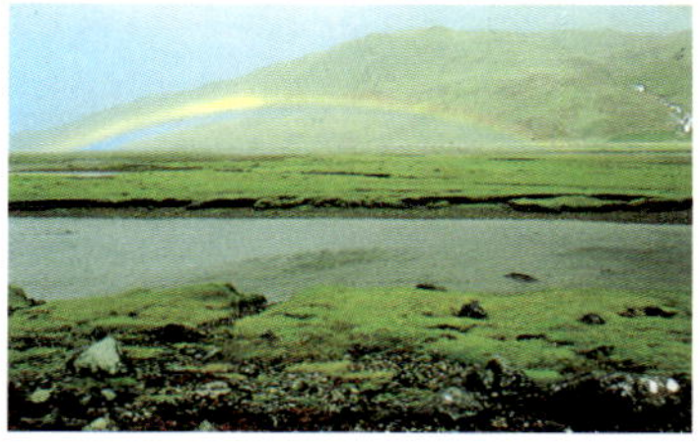

Kapitalismus konstituiert sich durch komplexe soziale Verhältnisse. Die Unternehmer haben das Geld, mit Hilfe dessen sie die Proletarier anstellen können. Also tauschen sie ihr Geld gegen Arbeit ein und übernehmen überdies den Verkauf der Produkte. Der Unternehmer garantiert die Vermittlung zwischen den unmittelbaren Produzenten und den Kunden. Er übernimmt das Risiko des Verkaufs beziehungsweise des Nichtverkaufs, beansprucht im Gegenzug dazu aber das Recht, den Lohn festzusetzen und die Arbeit zu organisieren. Der Kapitalismus ist demzufolge zu noch schnelleren und aufsehenerregenderen Evolutionen imstande als der Feudalismus. Wie wir gesehen haben hat der Feudalismus mehrere Etappen durchgemacht: den Frondienst, die Naturalrentme, die Pacht. Der Kapitalismus kannte jedoch in zwei Jahrhunderten je nach Land und Phase weit mehr und unterschiedlichere Entwicklungsmodelle.

Zu Anfang sind die Verhältnisse immer gleich: die Reichen ziehen die völlig Mittellosen an, die sie in ihre Dienste nehmen. Dies entspricht der ursprünglichen Akkumulation, bei der die mächtigen Händler und Handwerker die beschäftigten Proletarier schamlos überausbeuten können. Wenn es ein Überangebot an Arbeit gibt – das die Ökonomen der Dritten Welt in Würdigung des Theoretikers Arthur Lewis »lewisianisch« nennen –, das heißt ein schier unendliches Angebot an Handarbeitern, wird der Lohn zum Kauf dieser Arbeitskraft eine lächerliche Größe. Der erste Typus ökologischer Krise, die die menschliche Spezies unter der Regie des Frühkapitalismus erlebte, bestand darin, daß der Lohn für die meisten Lohnabhängigen nicht ausreichte, um sich menschenwürdig reproduzieren zu können. Überdies waren die ersten, die den Kapitalismus anklagten, nicht diese Arbeiter (die das gar nicht konnten), sondern die Rekrutierungsoffiziere in England. Sie wiesen darauf hin, daß in manchem Bezirk der Druck der Unternehmen auf den Arbeitsmarkt so groß sei, daß – um das Bild der Belastbarkeit der Jäger gegenüber den Tierherden wieder aufzunehmen – die jungen Burschen von 17 oder 18 Jahren nicht in der Lage seien, die Waffen zu tragen. Der Kapitalismus gefährde also die Möglichkeit, eine effiziente englische Armee zu re-

Die politische Ökologie stützt sich wie die vom Marxismus inspirierte Arbeiterbewegung auf eine Kritik und folglich auf eine Analyse, eine theoretische Erkenntnis der »Ordnung der existierenden Dinge«. Genauer gesagt fokussieren Marx und die Grünen einen ganz bestimmten Bereich des Realen: das Verhältnis Mensch – Natur, und noch genauer: das Verhältnis der Menschen unter sich gegenüber der Natur, das, was die Marxisten »Produktivkräfte« nennen. Selbstverständlich stehen sie sich radikal gegenüber, wenn es um die Gesamtwahrnehmung dieses Verhältnisses geht: positiv die einen, negativ die anderen. Das ist eine wesentliche Differenz, die man aber nicht überschätzen sollte: denn für Marx sind die Produktivkräfte an diesem Punkt überdeterminiert, so daß die Kritik, die er gegen diese führt, auch jene trifft: die Produktivkräfte des Kapitals sind entfremdete, weil das Verhältnis Kapital – Arbeit entfremdet ist.

Marxismus und Ökologie

Die Grünen sind ebenso wie die Marxisten der Überzeugung, daß sie in der Stunde auf die Bühne treten, in der die Eule der Minerva ihren Flug beginnt, in dem Moment, wo eine bestimmte Ordnung der Dinge uns so nahe an die Katastrophe führt, daß sich die große Veränderung durchsetzt: die Revolution, der Paradigmawechsel, der Epochenwandel... Die große Form, die es abzuschaffen gilt, nennt die Arbeiterschaft »Kapitalismus«, die politische Ökologie »Produktivismus«. Diese Differenz ist bei weitem nicht neutral, zeigt aber, daß der »Produktivismus« für die Grünen genau die gleiche Rolle spielt wie der »Kapitalismus« für die Roten: er ist das, was abgeschafft werden muß, um das Leben zu ändern. Produktivismus oder Kapitalismus führen beide das Spannungsverhältnis zwischen den Menschen, zwischen ihnen und der Natur auf den Höhepunkt. Die »Schwelle« ist überschritten: das ist der Grund, warum heute die Bewegung der politischen Ökologie entsteht, wie damals die Arbeiterbewegung entstand.

Insgesamt zeigt die politische Ökologie sehr starke Ähnlichkeiten mit dem Marxismus. Beides »Hoffnungsmodelle« gemäß der selben Matrix: materialistisch (man geht von einem kritischen Bewußtsein des Wirklichen aus), dialektisch (man setzt darauf, daß diese Wirklichkeit ihre eigene materielle Kritik hervorbringen wird), historisch (»es ist an der Zeit!«) und fortschrittlich.

Das grüne Paradigma ist sicherlich politisch fortschrittlich, allerdings ist es kein »Progressismus« in dem Sinne, daß seine Geschichtsvision die einer Geschichte des Fortschritts ist. In der Tat gibt es in ihm überhaupt keine Vision der zielgerichteten Geschichte. Wenn Geschichte eine Tendenz hätte, dann äußerstenfalls im Sinne des zweiten Hauptsatzes der Thermodynamik: die Geschichte eines unausweichlichen Anwachsens der Entropie, die Geschichte eines Verfalls. Nur das selbstkritische Bewußtsein der Menschen kann diesen Verfall verlangsamen oder umkehren. Die politische Ökologie kann den Fortschritt nur als Richtung definieren, die durch eine bestimmte Anzahl von ethischen und ästhetischen Werten bestimmt ist (Solidarität, Autonomie, Verantwortung, Demokratie, Übereinstimmung...) – ohne irgendeine materielle Garantie dafür, daß die Welt tatsächlich so werden wird (durch die »Vergesellschaftung der Produktivkräfte«). Der historische und dialektische Materialismus der Grünen ist nicht-teleologisch und eher pessimistisch.

Ich möchte hier nicht behaupten, daß die politische Ökologie die Zukunft des Marxismus bedeutet. Viele sind davon bereits überzeugt. Ich möchte jenen nur sagen: so wie der Kommunismus die Antwort Marx' auf die Grenzen der Französischen Revolution und die Theorie von Marx die Antwort auf die großen Probleme des 19. Jahrhunderts war, so stellt die politische Ökologie die Antwort auf die Tragödie des Kommunismus des 20. Jahrhunderts und die Ausarbeitung eines Denkens und einer ökologischen Politik die Antwort der Menschheit auf die großen Probleme des 21. Jahrhunderts dar. Um den Marx der krutieren! Recht schnell, nämlich in der ersten Hälfte des 19. Jahrhunderts, wurden die Rekrutierungsoffiziere mit den Militärärzten zusammengeführt, die das Ende der Überausbeutung, vor allem die der Kinder in den Kohlebergwerken sowie die Wiederherstellung der Familienbande verlangten. In gewisser Weise wurden diese philanthropischen Ärzte und »Hygieniker« zu den ersten Aktivisten der Arbeiterbewegung, waren sie die »Ökologen« der ersten industriellen Revolution. Es gibt hier einen sehr interessanten Punkt, auf den ich heute wieder in der Dritten Welt stoße: Wenn ich mich als »Ökologe« einem Bürgermeister einer Stadt in Mexiko, Peru oder in Brasilien vorstelle, dann ist dieser oftmals ein Arzt und sein Gemeinderat ist vorwiegend aus Gewerkschaftern zusammengesetzt.

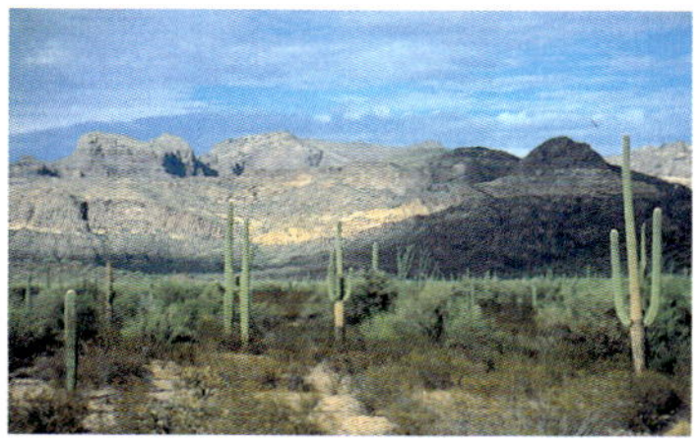

Wenn also der Kapitalismus auf diese Weise zur dominanten Produktionsweise wird, stößt er auf eine sehr spezifische Krise: Er hat es unterlassen, sich Regeln aufzuerlegen, die den Unternehmer verpflichten, mindestens soviel an seine Beschäftigten zu zahlen, daß sie sich und ihre Familien reproduzieren können. Angesichts dieser Krise greift die Gesellschaft ein: Man beginnt, das Recht auf Kinderarbeit zu begrenzen, und zwar so, daß die Unternehmer gezwungen werden, die Eltern ausreichend zu bezahlen, bis ihre Kinder herangewachsen sind. Das ist eindeutig ein Kampf von Kapitalisten, die nach Nachhaltigkeit des Kapitalismus streben, und von Gewerkschaftern, die die Nachhaltigkeit der Beschäftigten erreichen wollen.

Im Zuge der Kämpfe führte diese Entwicklung nach dem Zweiten Weltkrieg zu einem Entwicklungsmodell, das man »Fordismus« nennt. Diese Gesellschaft ist ein außergewöhnlicher Fall, wo man infolge der gewerkschaftlichen Kämpfe und der sehr klugen Reflexionen von Kapitalisten, Industriellen und Bankiers (Ford, Keynes) schließlich doch begriffen hat, daß man, um das Hauptziel in der kapitalistischen Logik zu erreichen, nämlich Waren zu verkaufen, eine möglichst große Anzahl von Kunden schaffen muß. Oder nach den Worten von Henri Ford: »Wenn die Arbeiterklasse zahlenmäßig die größte Klasse ist, dann ist es notwendig, daß sie zu einer wohlhabenden Klasse wird, die uns den Abfluß unserer Massenproduktion gestattet«. Fords Idee, die natürlich von Gewerkschaftern breit geteilt wird, war, daß die Löhne der Arbeiter erhöht werden müßten. Es ist diese systematische Erhöhung der Kaufkraft der Lohnabhängigen, die die Entwicklung der Nachkriegszeit hervorrief.

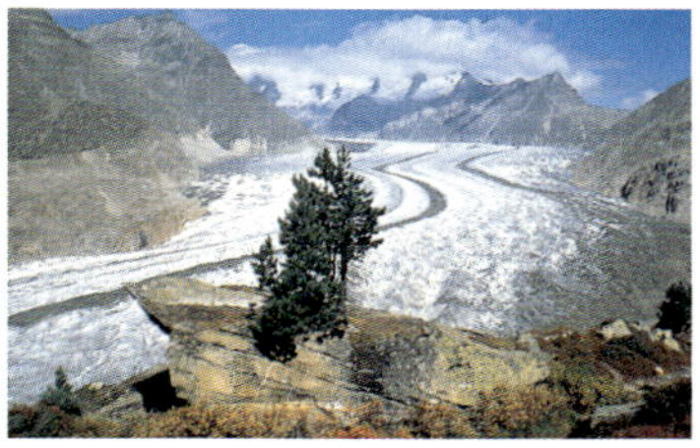

Die ökologischen Krisen unserer Zeit

Aus diesem Grunde kam es zu einer neuen großen Krise. Dank der Allianz der Hygieniker mit den Gewerkschaftern setzte sich mit dem Verbot der Kinderarbeit und allgemeiner noch mit der Begrenzung der Arbeitszeit die physische Nachhaltigkeit der Lohnarbeiterschaft und der Kampf gegen die ungesunden Elendsquartiere durch – die beiden großen Kampflinien zwischen 1840 und 1920 in Europa. In den Jahren zwischen 1930 und 1950 ging es um die Garantie des Staates, nicht nur überleben zu können, sondern auch gut zu leben, wobei das »gute Leben« auf »viel konsumieren« reduziert wurde. Dieses »gut leben« ist möglicherweise ein »schlecht leben«: es impliziert eine Zerstörung der populären Gemeinschaften, wie sie das Kino der »realistischen Poetik« rühmt, die Destruktion jeglicher Arbeiterkultur, in der man »nicht so schlecht« lebte. Doch dank der »sozialen Errungenschaften« der Nachkriegszeit sind die Zeiten der Tanzsäle durch die Zeiten des Fernsehens ersetzt. Es ist zur Gewohnheit geworden, die Steigerung der Kaufkraft zum Maßstab des guten Lebens zu nehmen. Diese neue Revolution erlaubt es, eines der grundlegenden Probleme des Kapitalismus zu lösen, das des Verbrauchers, da von nun an die kapitalistische Produktion im wesentlichen an die lohnabhängig Beschäftigten verkauft wird.

Doch mündet diese große Revolution in einen neuen Typus der ökologischen Krisen: die Krisen der Überkonsumtion, dessen Symbole der Verkehrsstau und die Zerstörung der Umwelt sind. Dieser Diskurs der »Umwelt«, der von anderen Leuten als den Gewerkschaftern geführt wird, ist ein neuer Diskurs. Am Anfang des Kapitalismus bildeten Fachleute für Hygiene und Gewerkschafter ein natürliches Bündnis. Sobald ein Mindestmaß erreicht ist (Verbot der Kinderarbeit, Abschaffung der Elendsviertel) und sobald die Entscheidung immer deutlicher zwischen »weniger arbeiten« und »mehr verdienen«, zwischen »weniger riskieren« und »eine Risikoprämie kassieren« und ähnlichem fällt, desto mehr trennen sie sich: auf der einen Seite die Ärzte, die Hygieniker, die Ökologen, auf der anderen ein bestimmter Typus der Gewerkschaftsbewegung – ein »Syndikalismus der Lohnabrechnung«, dazu bereit, im Austausch gegen ein Mehr an Kaufkraft einen Rückschritt in der Lebensqualität in Kauf zu nehmen. Dies ist auch der Grund, warum sich um 1970, mit dem Höhepunkt der fordistischen Epoche, nicht nur unabhängig von der Arbeiterbewegung, sondern oftmals auch gegen sie, eine politische Ökologie entwickelt. In den Vereinigten Staaten, in Westdeutschland, in Frankreich, in Italien entwickelt sich eine bedeutsame Differenz zwischen denen, die für eine bessere Entlohnung kämpfen, und

Kritik der Hegelschen Rechtsphilosophie und der Polemik gegen Feuerbach zu paraphrasieren: Es reicht nicht aus, die Dialektik wieder auf die Füße zu stellen – man muß sie auch wieder auf die Erde stellen. Und weiter: Die Marxisten haben die Welt nur verschieden transformiert, es kommt heute darauf an, keine Dummheiten mehr zu machen.

Das Kernproblem ist weniger die Schwäche des Denkens der Politik bei Marx (jenseits der irrigen Debatte »Reform oder Revolution«). Über diese Schwäche wurde viel geschrieben und ganz gewiß ist sie weitgehend verantwortlich für die kriminelle Dynamik, die im 20. Jahrhundert zu einem beträchtlichen Teil vom Marxismus ausging. Doch diese Schwäche findet sich in gleicher Weise in der gegenwärtigen politischen Ökologie wieder. Wir können die Beziehung zwischen einer Kritik der Ordnung der existierenden Dinge und einer wirklich humanen und a fortiori ökologischen politischen Praxis, die diese Dinge abschafft nicht einfach denken, geschweige denn herstellen. Wir können nicht einfach Materialismus, Ethik und Politik miteinander verbinden. Das haben wir nicht als Marxisten gekonnt und das können wir nicht als Ökologen.

Genaugenommen möchte ich die Antwort von Marx auf diese Frage einer Verbindung von Materialismus und Politik verdeutlichen: das Paradigma der Produktion. Erinnern wir uns an den bekannten Brief vom 5. März 1852 an Weydemeyer, der eine Definition des Marxismus in seiner Gesamtlogik von Marx enthält:

»Was ich neu tat, war 1. nachzuweisen, daß die Existenz der Klassen bloß an bestimmte Entwicklungsphasen der Produktion gebunden ist; 2. daß der Klassenkampf notwendig zur Diktatur des Proletariats führt; 3. daß diese Diktatur selbst nur den Übergang zur Aufhebung aller Klassen und zu einer klassenlosen Gesellschaft bildet.« (MEW 28, 508)

Marxismus und Ökologie

Natürlich wagt niemand zu behaupten, daß Marx dies alles wirklich »bewiesen« hat. Ein Marxist kann sich übrigens – rein wissenschaftlich und nicht eschatologisch – auf die erste Etappe des Forschungsprogramms von Marx beschränken: die Analyse der Widersprüche jeder Produktionsweise. Was Probleme aufwirft, ist das Programm selbst und seine eine Achse: der zentrale Status der Produktion sowie der Status der Produktion im Denken von Marx, daß heißt die Transformation der Natur durch den Produzenten, die entsprechend den mehr oder weniger entfremdeten sozialen Verhältnissen organisiert sind. Diese Achse wirkt strukturierend, da sie gestattet, in der gleichen Bewegung den Feind (den Kapitalismus), den revolutionären Akteur (das Proletariat) und das Ziel der politischen Bewegung (den Kommunismus) zu bestimmen.

Denn diese tendenzielle Reduktion der natürlichen Geschichte der Menschheit auf die transformatorische Aktivität des Menschen ist genau das gleiche, wie den Marxismus die menschliche Ökologie überragend (theoretisch, ethisch oder politisch) hinzustellen. Ted Benton hat auf bemerkenswerte Weise gezeigt, wie dieses Überragen sich aus der Engstirnigkeit des marxistischen Begriffs des Produktionsprozesses herleitet (»des Zimmermanns«, sagt Benton, aber er hätte es genauer sagen können, wie Marx uns vorschlägt, »des Baumeisters« – im Gegensatz zum Produktionsprozeß der Ameise). Wie Benton zeigt, sieht Marx die Geschichte als eine fortschreitende Verkünstlichung der Welt, wodurch sich die Menschheit von äußerlichen Zwängen befreit, die sich ihm als Folge ungenügender Kontrolle über die Natur auferlegen. Dies führt ihn und ihm nachfolgend die Marxisten dazu, den irreduziblen Charakter dieser äußerlichen Zwänge, und dabei vor allem der ökologischen, tendenziell zu mißachten. Von seinem Standpunkt aus teilt Marx vollständig die biblisch-cartesianische Ideologie der Eroberung der Natur, so wie diese auf den Höhepunkt getrieben wurde durch die »erobernden Bourgeois« und später die Stalinschen Zauberlehrlinge Sibiriens und der kasachstanischen Steppen.

Ich plädiere hier nicht für eine radikale Version der Fundamentalökologie. Viel früher als der große Häuptling Seattle erinnerte uns Blaise Pascal daran, daß die menschliche Gattung nur ein Glied in dem enormen Gewebe der Natur ist, sie ist jedoch die einzige, die die Natur durch Denken begreifen kann und sie ist die einzige Spezies auf der Erde mit Verantwortung für die Erde, mit der Möglichkeit, sie zum Bes-

jenen, die für bessere Arbeitsbedingungen kämpfen, zwischen denen, die mehr Prämien fordern, und jenen, die weniger Mühsal möchten, zwischen denen, die »Arbeit egal zu welchem Preis« fordern, und jenen, die eine umweltzerstörende Fabrik ablehnen.

Diese Divergenz ist sehr interessant, weil sie es im Gegensatz zu den gemeinsamen Kämpfen der Hygieniker und der Gewerkschafter ermöglicht, die beiden Aspekte der Nachhaltigkeit zu unterscheiden. Man beginnt, sich der Tatsache bewußt zu werden, daß eine Gesellschaft, die ihre Bedürfnisse unmittelbar und berechtigterweise befriedigt, gefährlich sein kann, weil sie ihr Grundwasser vergiftet, weil sie das Wachstum der Städte nicht aufhalten kann, weil sie innerhalb weniger Generationen das Überleben von kostbaren Spezies unmöglich macht, weil sie das Schicksal der Menschen in Tausenden Kilometern Entfernung mit Füßen tritt. Diese ökologischen Krisen der Überkonsumtion haben vor allem lokale Auswirkungen (Verkehrsstaus, Luftverschmutzung, Lärm und ähnliches), gegen die die politische Ökologie als soziale Bewegung bereits seit den 60er Jahren mobil macht. In den 80er Jahren traten dann »globale« Krisen ins Bewußtsein: Zerstörung der Ozonschicht, die auf den Treibhauseffekt zurückgeht. In diesen globalen Krisen leben die »Verantwortlichen« eines unnachhaltigen Entwicklungsmodells in der einen Gesellschaft (in Europa und den USA am Ende des 20. Jahrhunderts), während die »Opfer« in einer anderen leben (in Bangladesh in der Mitte des 21. Jahrhunderts).

Dieses Bewußtwerden führt uns dazu, den Erfolg der »sozialen Marktwirtschaft«, die uns die Christ- und Sozialdemokraten im Europa der Nachkriegszeit versprochen hatten, selbst zu relativieren. Dieses Entwicklungsmodell, diese europäische Variante des Fordismus, war ein »guter« Kompromiß zwischen Kapital und Arbeit, ungeachtet aller Kritiken, die sich auf seinem Höhepunkt gegen ihn richteten. Man könnte meinen, daß er es verdient hätte, nur »verbessert« zu werden, doch erkennt man heute, daß er strenggenommen unhaltbar war. Obwohl es seit einigen Jahren verboten ist, FCKW in die Atmosphäre freizusetzen, findet zum Beispiel die Zerstörung der Ozonschicht heute statt; die Moleküle dieses chlorierten Gases haben sich 20 Jahre zuvor vorwiegend in der nördlichen Hemisphäre ausgebreitet. Und was das Gas betrifft, das den Treibhauseffekt hervorruft: sein Hauptbestandteil ist Kohlendioxid, es bleibt im Durchschnitt 150 Jahre in der Atmosphäre. Alles Kohlendioxid, das nach der industriellen Revolution emittiert wurde, befindet sich noch dort; das zwischen 1945 und 1975 emittierte Gas wird etwa bis zum Jahr 2100 in der Atmosphäre bleiben. Entscheidend ist aber nicht der Zufluß, sondern der Anteil von Kohlendioxid in der Atmosphäre: Die Verdopplung der Kohlendioxidkonzentration führt zu einer durchschnittlichen Erhöhung der Temperatur um 2 Grad auf dem Planeten und zu einem Anstieg des Meeresspiegels um 30 bis 60 cm. Beim gegenwärtigen Tempo bedeuten diese beiden Veränderungen, daß das Leben in Bangladesh im Jahr 2050 unmöglich wird. Wenn man weiß, daß Bangladesh dann etwa 200 Millionen Einwohner hat, kann man sich den Umfang einer Evakuierung der Bengalis nach Indien vorstellen. Reden wir erst gar nicht davon, was eine Evakuierung Ägyptens und des Maghreb in Richtung Europa nach der Überschwemmung des Nildeltas und dem Verschwinden des nordafrikanischen Küstenstreifens bedeuten würde.

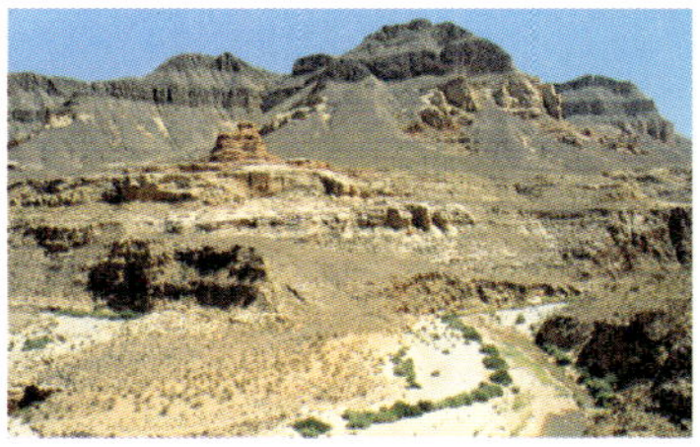

Das also sind die ökologischen Probleme, die in den sozialen und ökonomischen Errungenschaften der Jahre 1950-1970 wurzeln. Heute, wo der Kompromiß dieser vergangenen Jahre auf der ganzen Welt in die Krise gekommen ist, versuchen bestimmte Eliten, die Arbeitnehmerschaft wieder in eine Lage zurückzudrängen, in der sie in den 30er Jahren war, ja sogar in Verhältnisse des 19. Jahrhunderts – das, was man eine »Sanduhrgesellschaft« nennt. Aus diesem Grunde werden alle Typen ökologischer Krisen, wie sie seit den Anfängen des Kapitalismus aufeinanderfolgten, reaktiviert: Es summieren sich die globalen ökologischen Krisen (man produziert weiter Treibhausgase, und zwar immer mehr), die lokalen ökologischen Krisen der Überkonsumtion (weil die oberen Gesellschaftsschichten in Brasilien wie in Europa mehr und mehr konsumieren), die Arbeitsunfälle am Anfang des 20. Jahrhunderts und sogar die Krise des Frühkapitalismus. Auf der Bildfläche erscheint wieder der Hunger (in Großbritannien beginnt die Lebenserwartung des ärmsten Drittels zu sinken) und es tauchen wieder jene Krankheiten auf, die mit gesundheitlichen Mißständen zusammenhängen wie die Bleivergiftung in Paris.

Gehen wir also einer neuen Konvergenz zwischen politischer Ökologie und den Bewegungen der Einkommensverteidigung oder gar allgemeiner der »Armen« entgegen? Das ist sehr wahrscheinlich. Wir müssen aber noch ein wenig über die Spaltung nachdenken, die sich zwischen der Arbeiterbewegung und der ökologischen Bewegung entwickelt hat, nachdem sich im Laufe des 20. Jahrhunderts die Arbeiterbewegung ein Minimum an Rechten erkämpft hat, das ihnen Löhne für ein erträgliches Leben und sogar eine Teilnahme am Fortschritt eingebracht hat. Dies ist der Moment, an dem sich eine bestimmte, durch den Kommunismus und die Sozialdemokratie repräsentierte Konzeption der »Fortseren oder zum Schlechteren zu verändern. Oder wie es der berühmte Chor der *Antigone* von Sophokles ausdrückt: sie ist die große tellurische Kraft der Natur, sie kann sich jedoch für den guten oder für den bösen Weg entscheiden. Was ich hier sagen will, ist nur, daß die von Marx vorgenommene, a priori positive Betonung der demiurgischen Fähigkeit der menschlichen Gattung sowie die Beschränkung seiner Kritik der existierenden Ordnung auf die Form der Beziehungen zwischen den Menschen, vor allem in der Produktion, ohne bis zur Kritik des Inhaltes zu gehen, den Weg zu einem Bruch zwischen Marxismus und demokratischer Politik, zwischen Marxismus und Ökologie eröffnete.

Marxismus und Ökologie

Den Marxismus an einer zentralen Stelle zu überarbeiten und gleichzeitig seine Reichhaltigkeit zu bewahren, ist nicht gerade leicht. Wie immer bei paradigmatischen Revolutionen eröffnen sich uns zwei Wege. Der erste ist der einer zurückhaltenden Evolution: die abgestorbenen oder kranken Äste herausschneiden, die starken Hypothesen belassen, nachgeordnete Verbesserungen um einen unveränderten harten Kern anreichern. Der zweite ist der einer radikalen Substitution des Paradigmas: den Materialismus um einen anderen Stamm herum rekonstruieren mit Elementen, die aus den Ruinen des alten marxistischen Paradigmas recycelt sind.

Im Gegensatz zu den Analysen von Marx braucht das Kapital nicht mehr das ganze Proletariat zu seiner Verfügung (daß heißt vor allem jene nicht, die keine Arbeitsmöglichkeit haben, die sich nicht eigenständig in die Warenproduktion einschreiben können). Die Vorstellung, daß die Proletarier dazu berufen seien, Lohnabhängige zu werden, eine »industrielle Reservearmee« zu sein, ist nur in einem vorwiegend extensiven Akkumulationsregime berechtigt. Wenn die Akkumulation vorwiegend intensiv wird und die Produktionszuwächse nicht mehr umverteilt werden, hat die kapitalistische Produktion keinen Grund mehr, ihre Entwicklung nach dem Angebot des Arbeitsmarktes auszurichten. Der fordistische Weg des unendlichen Wachstums des Massenkonsums ist ebenso durch die Zwänge der Internationalisierung wie durch die Aufblähung der organischen Zusammensetzung des Kapitals und die ökologische Krise versperrt. Schließlich machen die gegenwärtigen Entwicklungen der Lohnarbeiterschaft eine immer bedeutendere Fraktion des Proletariats mangels Qualifikation überflüssig, wie gering ihr Lohn auch sein mag. Neben der Lohnarbeiterschaft, und nicht notwendig auf ihre Kosten, erscheint die Figur der Exklusion.

In dieser »lewisianischen« Situation des unendlichen Überangebots von Arbeit – seit langem bekannt in der Dritten Welt, nun aber in den entwickelten kapitalistischen Ländern um sich greifend – gilt das keynesianische Argument »Für Lohn kämpfen heißt für Beschäftigung kämpfen« nicht mehr. »Lohnabhängige« und »Ausgeschlossene« können nicht mehr ohne weiteres als ein gemeinsamer Block gegenüber den »anderen«, den Kapitalisten betrachtet werden. Das Spiel wird (mindestens) zu dritt gespielt und Kompromisse zwischen Kapital und qualifizierten Beschäftigten auf dem Rücken der Ausgeschlossenen, sind sehr gut denkbar geworden. Von daher die Schärfe der Debatten, die von den Ökologen über die »Aufteilung der Arbeit« geführt werden, was Kämpfe und Kompromisse nicht nur zwischen »denen und uns«, sondern auch innerhalb dessen, was bislang als »Proletariat« bezeichnet wurde, impliziert. Denn die messianische Rolle des Proletariats bei Marx war in der Tatsache begründet, daß es »keine besonderen Interessen zu verteidigen« hat, daß es »nichts zu verlieren hat als seine Ketten« und »eine Welt zu gewinnen«. Heute ist die Welt, auf die die Ausgeschlossenen hoffen, diejenige der Beschäftigten (die ihre Löhne zu verlieren haben), und sie haben aufgrund der Tatsache, daß sie ausgeschlossen sind, keine Handhabe gegen das Kapital.

Aus: »L'écologie politique et l'avenir du marxisme«. In: *Congrès Marx International*, Paris 1996.

schrittlichkeit« verfestigt, und an dem die politische Ökologie ihre Autonomie erkämpfen muß.

Die politische Ökologie: Fortschrittsidee des 21. Jahrhunderts?

Weil sie die gleichen Ursprünge haben (den Widerstand gegen die Exzesse des Kapitalismus), ähneln sich die politische Ökologie und der Sozialismus als soziale Bewegungen anfangs. Erstens führen sie beide materialistische Diskurse: »Da ist ein Stand der Produktivkräfte, ein Zustand der menschlichen Produktionsverhältnisse, die sind gegeben und von denen ausgehend stellen wir unsere Überlegungen an.« Genauer gesagt sind sie historische Materialisten: Die Marxisten sind die höchstentwickelten Theoretiker der Arbeiterbewegung und konstruieren eine Geschichte der Produktionsweisen, vergleichbar mit der Freske, die ich hinsichtlich einer Geschichte der Beziehung zwischen den Menschen und der Umwelt kurz skizziert habe. Zweitens sind die ökologischen und marxistischen Diskurse historizistisch: »wenn man in der Lage ist, heute von der einen oder anderen Sache zu sprechen, dann deshalb, weil man einen bestimmten Punkt der Geschichte erreicht hat«. Der Historizismus ist diese außergewöhnlich Tendenz zu glauben – wie Hegel sagt –, daß »die Eule der Minerva erst mit der einbrechenden Dämmerung ihren Flug beginnt«.[2] Das bedeutet nur: Ist erst einmal alles vollendet, dann ist es bereits zu spät, das zu begreifen, was gerade passiert. Die Arbeiterbewegung und die Ökologie finden sich also in ihren alarmistischen und katastrophistischen Tönen zusammen. Doch drittens (und das kompensiert ihren Historizismus) sind diese beiden Diskurse dialektisch: Sie denken in Begriffen der Spannungen in einem System, und nicht in Begriffen von Stellungen in einem System. Es sind die sozialen Spannungen, die sich aus der Ausbeutung der Proletarier ergeben und die die sozialen Bewegungen auslösen, dank derer es zu Regulationsweisen kommt, die es der Lohnarbeiterschaft ermöglichen, im Kapitalismus zu leben. In gleicher Weise gibt es Spannungen, die auf der kapitalistischen Respektlosigkeit gegenüber der Umwelt beruhen und ökologische Bewegungen auslösen, die Schutzmaßnahmen durchsetzen. Viertens sind beide »fortschrittlich«: Sie stellen eine Weiterentwicklung der Solidarität und der Nachhaltigkeit dar gegen diejenigen, die das Motto hochhalten: »Nach mir die Sintflut«.

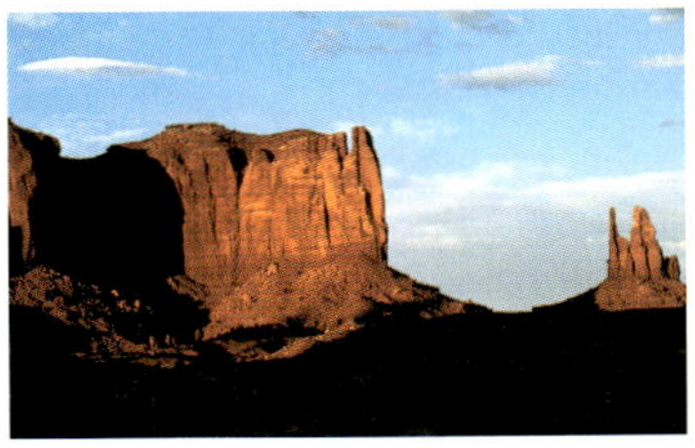

Bleiben wir beim letzten Punkt. Manchmal wird gesagt, die Ökologie sei eine Sache der Reichen – diese These wurde zum Beispiel während der Rio-Konferenz geäußert. Die Ökologie sei ein Luxus, der nur zu gewähren sei, wenn erst einmal »der ganze Rest« befriedigt ist. Nun ist aber das Problem, daß »der ganze Rest« (das heißt die unmittelbaren Bedürfnisse) bereits auf ökologischen Voraussetzungen aufbaut, es sei denn, man nennt das anders. In der Sahelwüste oder im Nordosten Brasiliens kennt man keinen Unterschied zwischen »Umwelt« und »Entwicklung«. Denn für einen sehr armen Bauern bedeutet gerade die Verbesserung seiner Umwelt, sich zu entwickeln. Und das gilt auch für eine Wellblechhüttensiedlung: Ist die Installation von Abwasserleitungen und die Versorgung mit Trinkwasser eine Maßnahme der städtischen Ökologie oder der sozialen Entwicklung? In Wirklichkeit haben sich die gleichen Nichtregierungsorganisationen auf der Konferenz von Rio (zur Umwelt) und von Kopenhagen (zur sozialen Entwicklung) getroffen. Doch in den reicheren Ländern wird sich ein Großteil der Mittelklassen gegen eine Ökologie stellen, die als eine Gefährdung ihrer Wohlstandsentwicklung betrachtet wird, weil die Rücksichtnahme auf die Umwelt als eine Begrenzung ihrer Kaufkraft erscheint! Tatsächlich fasziniert heute die Ökologie die ganz Armen und die ganz Reichen, während sie die Mittelklassen (und das schließt die Lohnarbeiterschaft ein) der Schwellenländer irritiert. Wir gelangen daher zu der Ansicht, daß sich die Ökologie und die sozialistische Bewegung des 20. Jahrhunderts seit deren Erscheinen innerhalb des Kapitalismus über die Möglichkeiten eines Kompromisses zwischen Kapital und Arbeit, die nicht nachhaltig sind, auseinanderentwickelt haben – diese Differenzen sind von sehr grundlegender Art.

Die erste Differenz besteht darin, daß der ökologische Materialismus nicht mehr teleologisch ist, während die theoretischen Prinzipien des Sozialismus und die Marxisten die These teilen, daß die Entwicklung der Produktivkräfte jedem sozialen und moralischen Fortschritt zugrunde liegen. Das heißt je mehr man über die Aneignung der Natur wisse, desto besser könne man leben. Darauf antworten die moderaten Ökologen »das hängt davon ab« und die radikalen Ökologen erwidern »im Gegenteil verschärft die Entwicklung der Produktivkräfte nur die Lage«. Ich für meinen Teil bin ein moderater Ökologe. Die Ökologen teilen nicht die Vorstellung von einer Geschichte, in der die Entwicklung der Produktivkräfte – oder mit anderen Worten die Einwirkungsmöglichkeit auf die Natur – unmittelbar den Fortschritt determiniert. Da kann es Abzweigungen und Kehrtwendungen geben, Fortschritte auf dem einen und Rückschritte auf dem anderen Gebiet, Fortschritte in der einen Epoche, die Rückschritte in einer anderen hervorrufen.

Die zweite Differenz bezieht sich auf den Historizismus. Wir können nicht mehr der Auffassung sein, daß es einen bestimmten Moment gibt, an dem die Eule der Minerva ihren Flug beginnt. Es gibt keinen archimedischen Punkt, auch keinen allerletzten, an dem sich die Vergangenheit oder die Zukunft aufklären. Heute weiß man, daß selbst die Definition des »guten Lebens«, daß das, was man zum guten Leben braucht, Gegenstand einer permanenten Auseinandersetzung ist, die ohne Zweifel niemals gelöst sein wird – nicht allein deshalb, weil es etwa immer Unterdrückte und Unterdrücker gäbe, sondern weil die Probleme komplex und oft unentscheidbar sind. Zum Beispiel wurden die Verhältnisse zwischen Männern und Frauen als natürlich und konsequenterweise als außerhalb des Feldes politischer Verhandlung liegend betrachtet. Die Griechen hielten Rat unter Männern und dachten nicht im Traum an die Möglichkeit, das Stimmrecht auch den Frauen zu gewähren. Warum haben die Frauen das Stimmrecht erst erhalten, nachdem die Lohnarbeiterschaft die Anerkennung freier Gewerkschaften durchgesetzt hat? Die Ordnung, in denen soziale Bewegungen es schaffen, ihre Bestrebungen zur Geltung zu bringen, ist eine ziemlich chaotische und unvorhersehbare Sache!

Außerdem spricht nichts dafür, daß die Menschheit eines Tages einen Zustand völliger Transparenz ihrer selbst erreichen wird, wo jede und jeder wüßte, was er oder sie will und wo es möglich sein würde, eine Lösung zu finden, die von der ganzen Gemeinschaft akzeptiert werden könnte. Man kann sogar zeigen, daß es niemals ein Verfahren gibt, um Individuen in Übereinstimmung zu bringen, und seien sie noch so vernünftig - die Psychoanalyse erinnert uns daran, daß es ein rein vernünftiges Individuum nicht geben kann. Ist also die Verwandlung eines Dickichts in einen Garten gut oder schlecht? Wir wissen es nicht: Alles hängt von den Wünschen, der Menge der Dickichte, der Dschungel oder der Gärten um uns herum ab. Die Ästhetik ist nicht Gegenstand der Demokratie. Begreifen wir endlich, daß es niemals einen Moment geben wird, an dem sich die Geschichte wiederholt!

Wir wissen, daß jede Definition von »Fortschritt« die Forderung nach Nachhaltigkeit nach sich zieht, das heißt daß der Imperativ »Du sollst nicht töten!« gegenwärtig zu »Handle so, daß Du nicht den Tod eines Individuums in Kauf nimmst, weder über mehrere Generationen hinweg noch am anderen Ende der Welt« wird. Darüber hinaus fordert man von jedem und jeder: »Was Du nicht willst, daß man Dir tu, das füg' auch keinem anderen zu.« Dieses Gebot führt zu einer komplexeren Problemstellung, die auch in der Kantischen Formulierung nicht völlig deutlich wird, obwohl sie den christlichen Imperativ aus dem religiösen Kontext herauslöst (»Handle so, daß die Maxime deines Willens jederzeit zugleich als Prinzip einer allgemeinen Gesetzgebung gelten könne.«[3]) Denn was an Gutem können die Einwohner von Bangladesh in zwei Generationen verlangen, was man ihnen heute nicht schon läßt? Wenn die Definition des Fortschritts im Jahrhundert der Aufklärung bedeutete, mit der jüdisch-christlichen Tradition zu brechen, versetze man sich in das Bild, das der Prophet Jesaja dem Paradies zuschreibt: »die Täler werden zugeschüttet und die Berge abgetragen sein«. Ein Ökologe, der sein Tal in den Pyrenäen verteidigt, wird nicht ohne weiteres diesen Satz als Definition des Paradieses akzeptieren!

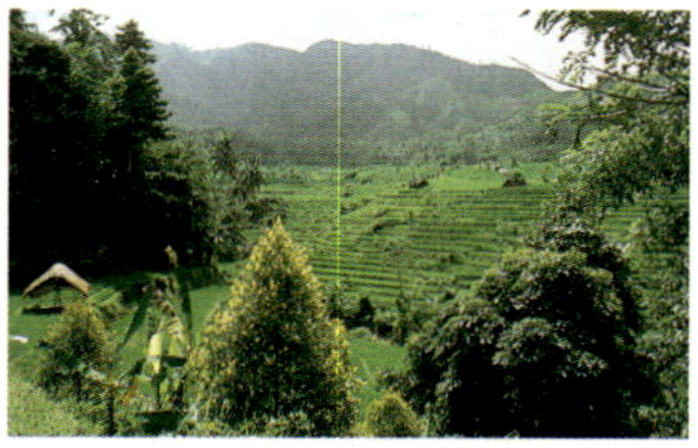

Wir wissen also selbst nicht mehr, was künftigen Generationen als »besser« gilt. Es ist daher notwendig, auf demokratische Weise, das heißt durch offene Beratung, den evolutiven Inhalt des Fortschritts zu bestimmen. Sind wir deshalb völlig orientierungslos? Nein, denn eine bestimmte Reihe von Werten gilt uns als gesichert, sei es das Prinzip der Diskussion (im Sinne von Habermas), sei es im Hinblick auf das, was sich uns im Angesicht des Anderen zeigt (wie Lévinas das meint). Welche Werte sind dies? Der Wert der Autonomie: zu einer Situation zu kommen, in der jede und jeder möglichst auf seine Art und Weise die Entscheidungen trifft. Der Fortschritt bestünde in einer Gemeinschaft, in der die Individuen danach streben, mehr und mehr die Folgen ihrer Handlungen zu sehen. Der Wert der Solidarität, erster Ansatz der Nachhaltigkeit: Niemand darf außer Acht gelassen werden, die Befriedigung der menschlichen Bedürfnisse mißt sich an der Befriedigung derjenigen, die am meisten von den Menschen vernachlässigt wurden. Der Wert der Verantwortlichkeit, zweiter Ansatz der Nachhaltigkeit: Was heute für uns gut ist, muß auch für morgen geschützt werden. Das sind die Werte, die eine erneuerte Fortschrittsidee umreißen könnten. Werte, die die menschliche Gattung braucht, um dem furchterregenden 21. Jahrhundert die Stirn zu bieten.

Diesem Text liegt ein Vortrag zugrunde, der im November 1996 im Seminar von Jean-François Chevrier in der ENSBA in Paris gehalten wurde.

[1] Gramsci, Antonio: *Gefängnishefte*. Bd. 2, S. 354 (Heft 3, § 34), Hamburg 1991.
[2] Hegel, G.W.F: *Grundlinien der Philosophie des Rechts*. Werke in zwanzig Bänden, Bd. 7, Frankfurt am Main 1970, S. 28.
[3] Kant, Immanuel: *Kritik der praktischen Vernunft*. Frankfurt am Main 1980. (A 54, S. 140).

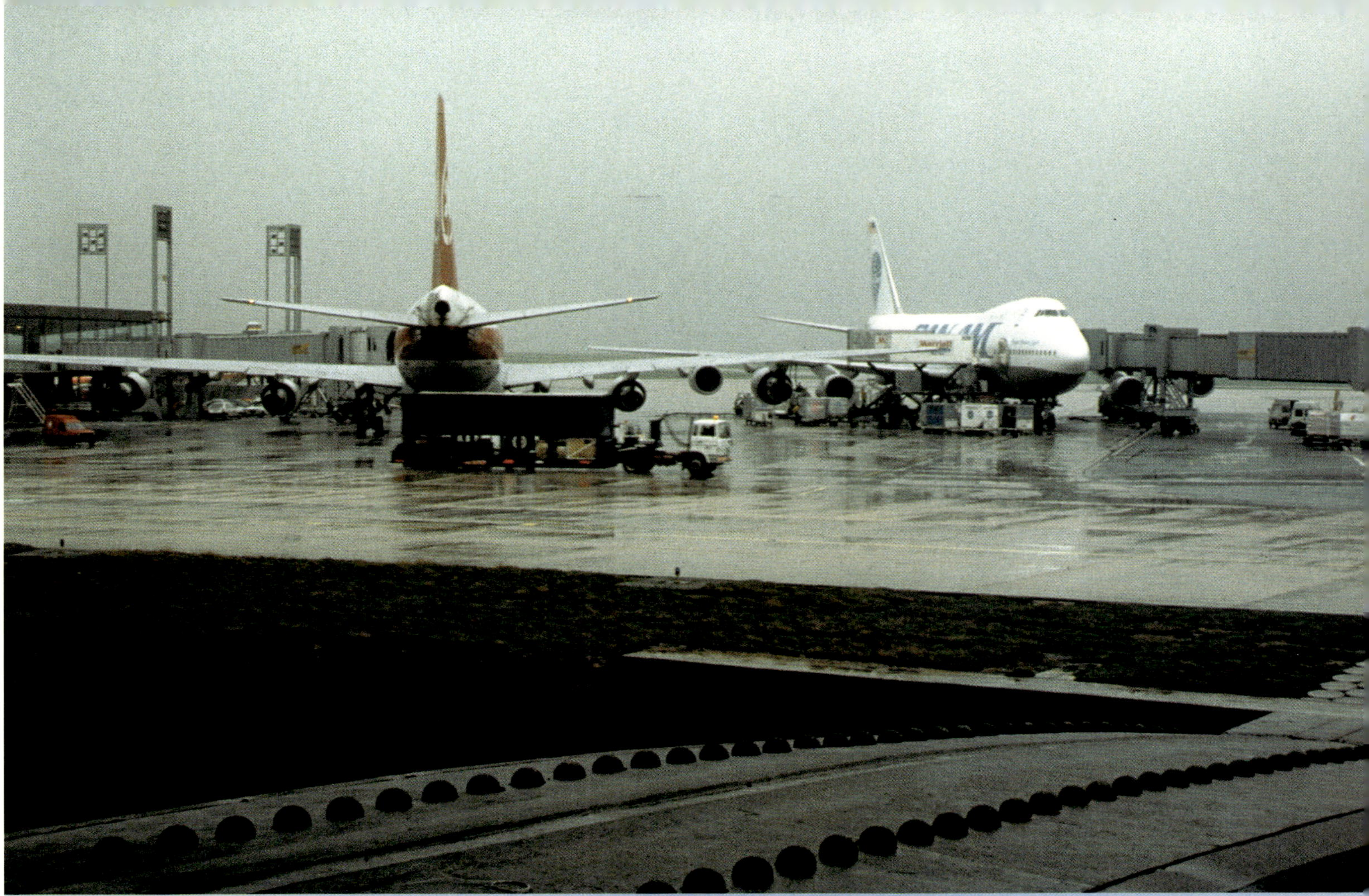

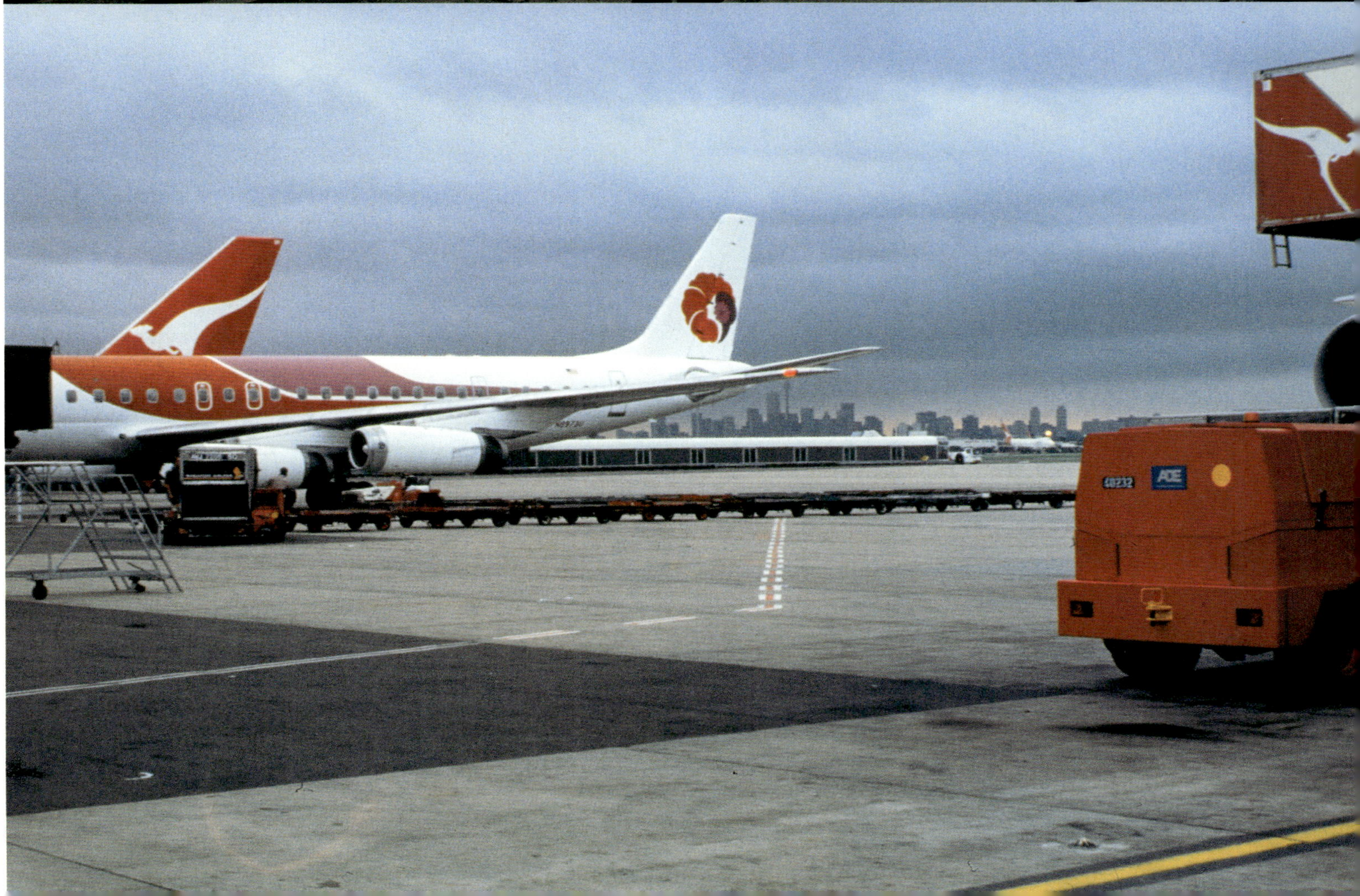

Alle Photographien in diesem Kapitel: Peter Fischli und David Weiss.

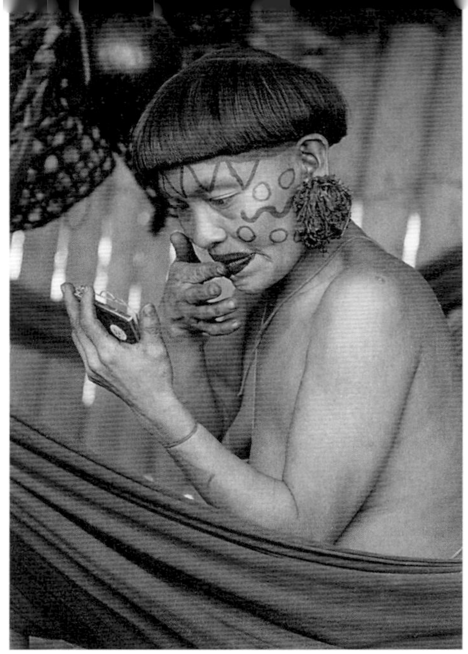
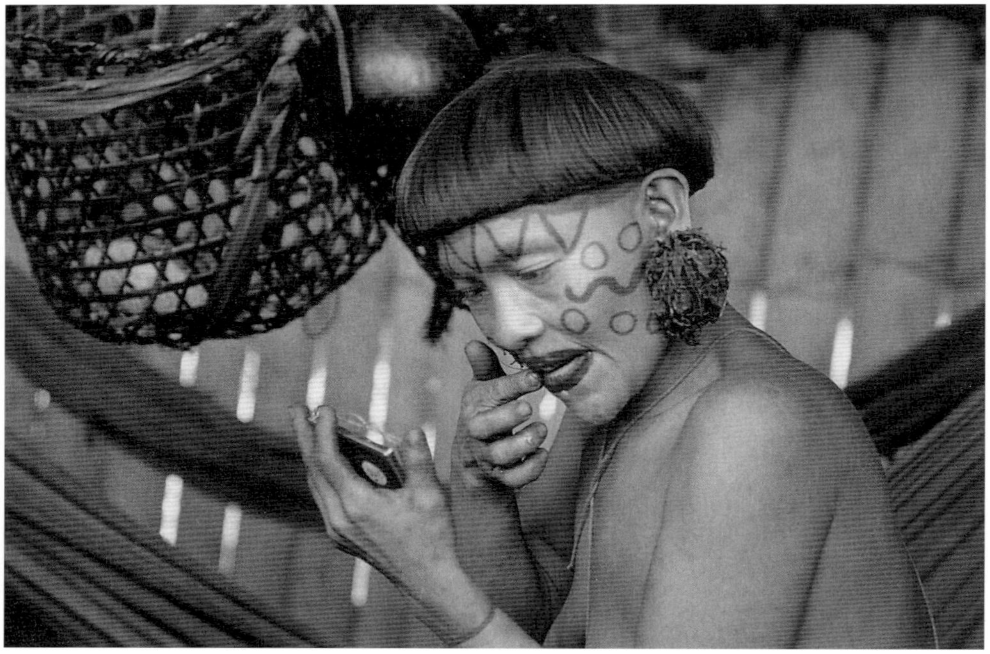
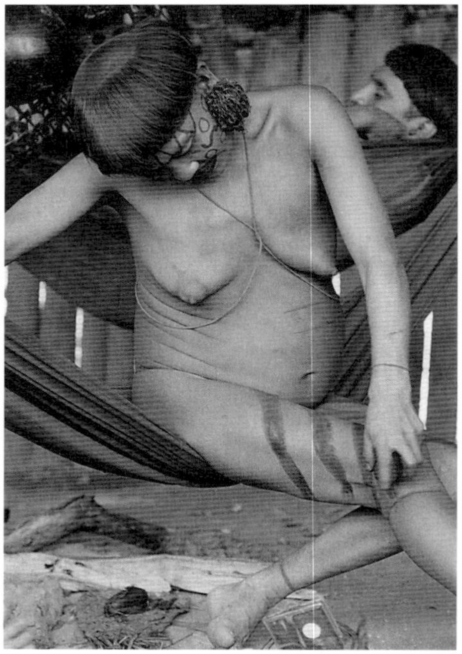
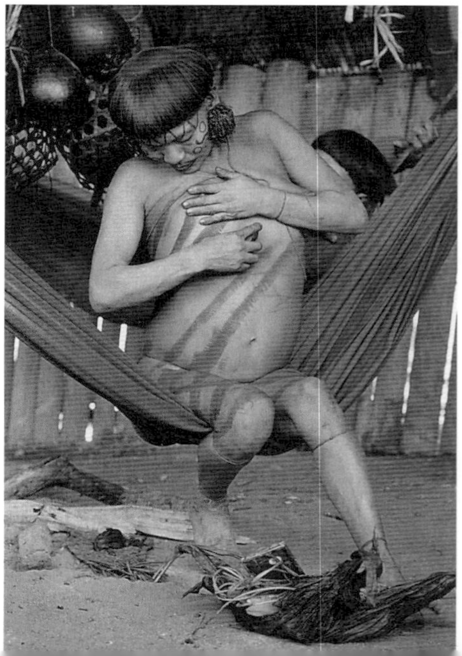

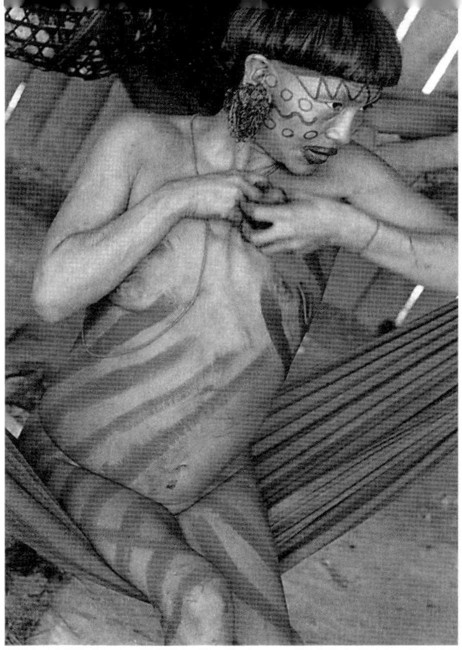

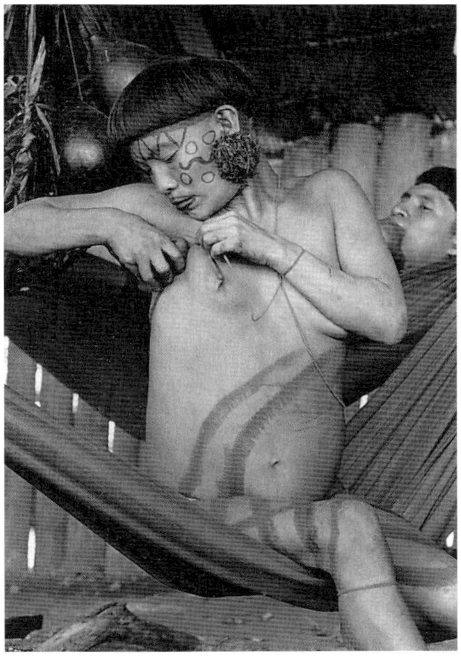

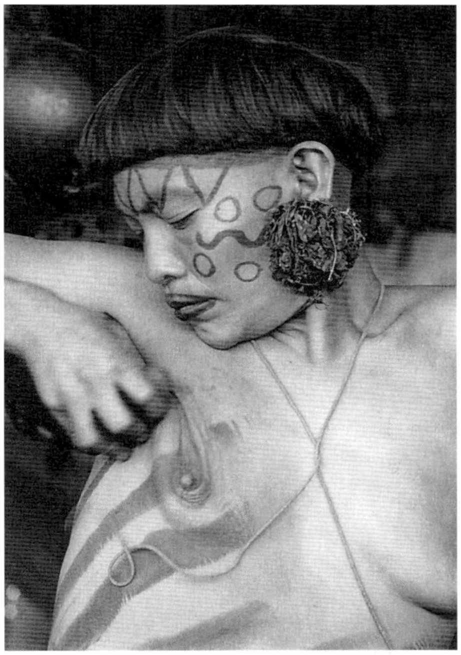

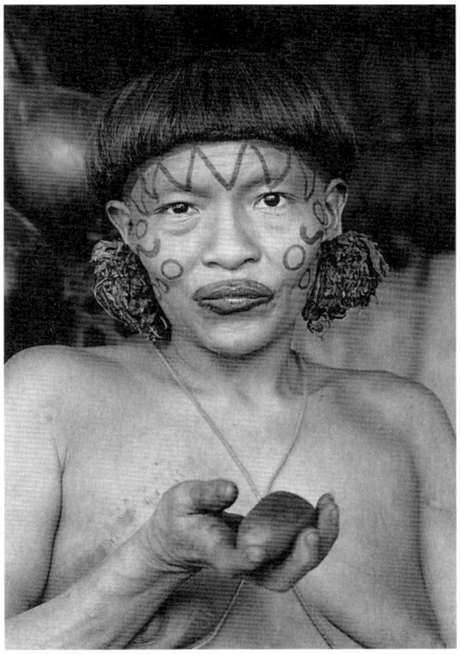

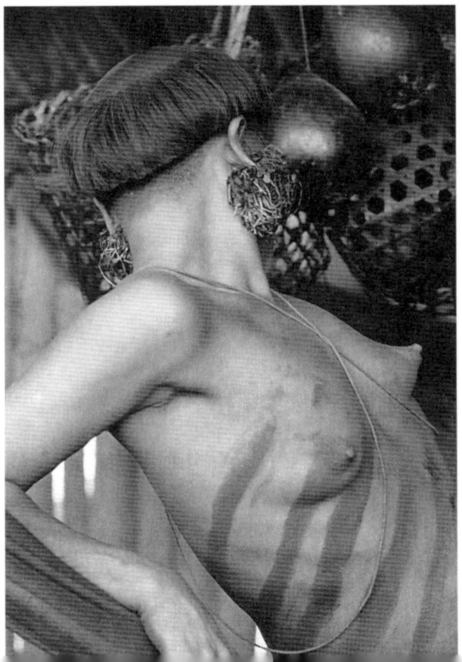

'ya onibraréma' – 'ich bemale mich'

Natoma aus Kashorawë-t^{h}eri
bemalt sich mit Nana rot Gesicht und Körper

'Wenn sie nicht allzeit bemalt ist,
wird sie schnell altern'

Yanomamɨ, Alto Orinoco, Venezuela, 1978

Max Welch Guerra

Berlin

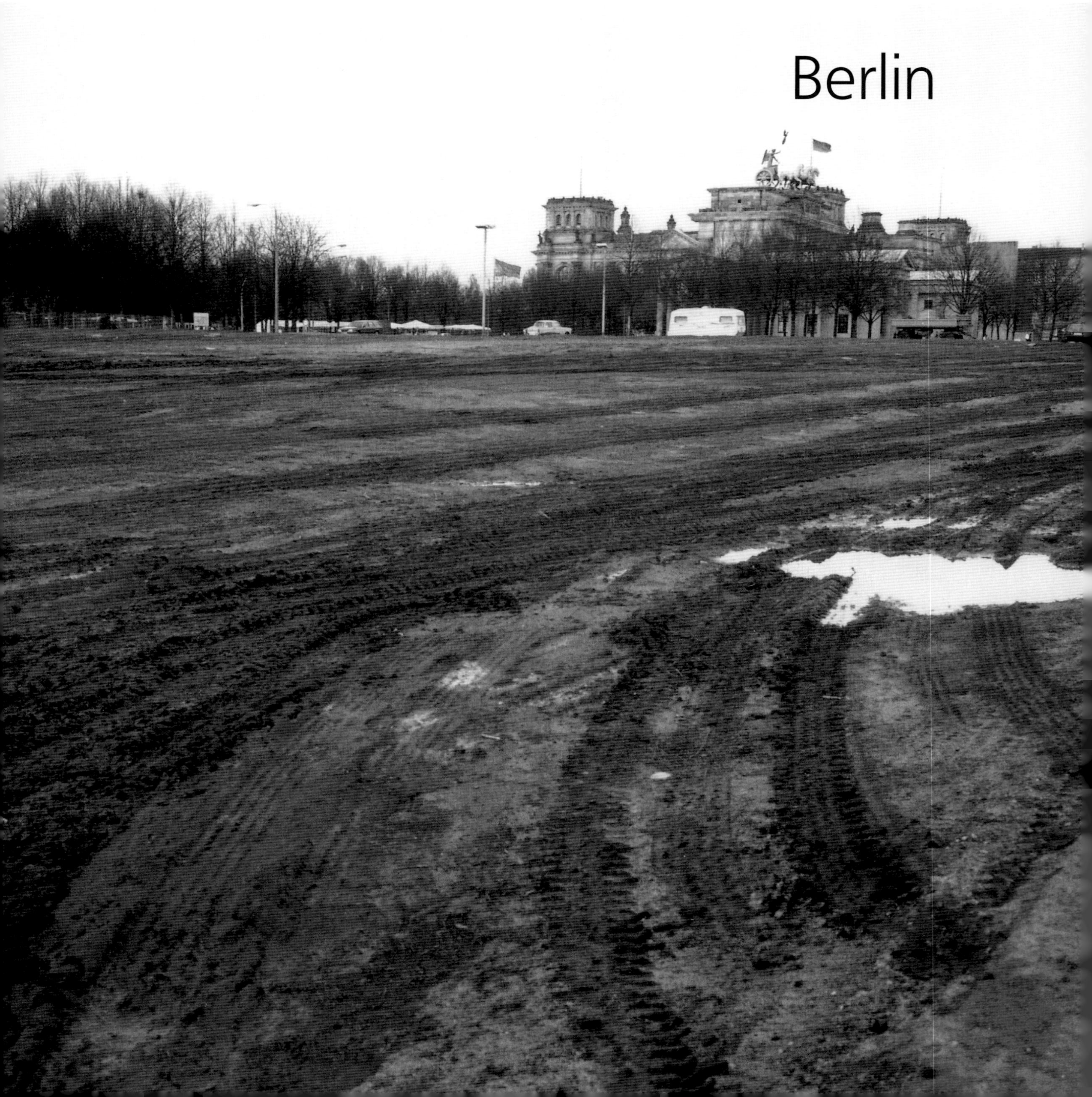

Zwischenbilanz

Der Umzug von Bonn nach Berlin stellt den bundesrepublikanischen Staat vor eine neue Aufgabe: die angemessene Neubesetzung einer Stadtmitte voller Stadträume und Bauten, die an die heikelsten Phasen deutscher Vergangenheit erinnern. In Bonn hatte sich das Parlaments- und Regierungsviertel in einer spärlich bebauten Villengegend außerhalb der eigentlichen Stadt ausgebreitet, die eifrig bemühte Manifestation kultureller und politischer Westorientierung stützte sich baulich-räumlich vor allem auf Neubauten; die bewußte Auseinandersetzung mit der architektonischen Hinterlassenschaft der häßlichen Vergangenheit, die auch am Rhein möglich gewesen wäre, wurde weitgehend vermieden. In Berlin lassen sich hingegen in den 90er Jahren der »Kern der Regierungsfunktionen« und der Bundestag in einer von der politischen Geschichte eindringlich gezeichneten Stadt nieder. Die Umgestaltung des Alten, dies war abzusehen, würde an der Spree nicht im Schatten der Formgebung des Neuen stehen.

Schon sehr früh – Mitte 1990 – entschieden sich der Ostberliner Magistrat und der Westberliner Senat, für den Umzug der Regierung nach Berlin zu werben, indem sie reichlich verfügbare Gebäude und Flächen in repräsentativer Stadtlage vor allem am Spreebogen im Westbezirk Tiergarten und im Bereich Spreeinsel im Ostbezirk Mitte nachwiesen. Freilich sahen viele damals diese Areale gerade wegen ihrer geschichtlichen Assoziationen eher als ein Motiv, das gegen Berlin sprach. Aber weder vor noch nach der Entscheidung des Bundestags für Berlin als neuem Sitz der Regierung im Juni 1991 ist an der Spree eine grundsätzliche Alternative diskutiert worden.

Wieviele von den symbolträchtigen Bauten und Ensembles vor allem aus dem Kaiserreich, dem Nazi-Regime und der DDR sollte die bundesdeutsche Hauptstadt übernehmen, wie stark durfte das Berliner Zentrum überformt werden? Nach sieben Jahren Hauptstadtplanung läßt sich eine erste Zwischenbilanz ziehen.

Das Begehren von Stadt und Geschichte

Nach anfänglichen Versuchen, sich nahtlos über das alte Zentrum auszubreiten, hat der Bund das aus Berlin vorgeschlagene Muster für die Verteilung der zentralstaatlichen Funktionen im Grundsatz angenommen. Hohe und höchste Bundespolitiker begannen nun eine Reihe von Auseinandersetzungen um die symbolische Aneignung von Stadt und Geschichte. 1990 beanspruchte Bundespräsident von Weizsäcker das Kronprinzen- und das Prinzessinnenpalais an der Straße Unter den Linden als Amtssitz – ohne die Folgen zu bedenken, die eine derartig sicherheitsbedürftige Funktion mitten im alten Zentrum nach sich ziehen würde. 1991 erhob das Auswärtige Amt den Anspruch auf die feine Adresse Wilhelmstraße, wo dessen Vorgänger einst residiert hatten – ohne von sich aus zu erkennen, daß zwei Weltkriege von hier aus in die Wege geleitet worden waren und »Wilhelmstraße« in den Ohren des Auslands nicht nach guter alter Zeit, sondern nach deutscher Eroberungslust klingt.

Die gewichtigen Ministerien für Auswärtiges, Inneres, Finanzen und Wirtschaft begehrten indes 1992 Standorte im Bereich Spreeinsel. Hier war Berlin einst gegründet worden, hier hatten die Hohenzollern ihr Stadtschloß, bis es 1950 auf Beschluß der DDR-Regierung als Symbol für Militarismus und Imperialismus abgerissen wurde. Bis in die 70er Jahre entstand hier das repräsentative Regierungsviertel der DDR mit dem Ensemble Staatsratsgebäude (1962–1964), Außenministerium (1963–1966) und Palast der Republik (1973–1976), der unter anderem die Volkskammer beherbergte, sowie dem Zentralkomitee der SED im Gebäude der Reichsbank (1934–1938) auf dem benachbarten Friedrichswerder. Eine Plazierung von vier Bundesministerien mit circa 200 000 Quadratmetern an dieser Stelle hätte bedeutet, die erst unter der DDR erfolgte Verstaatlichung dieses Teils der Altstadt fortzuführen. Es wäre auch – zumal unweit des Bundespräsidenten – mitten in Berlin eine kaum permeable Zone hoher Sicherheitsanforderungen entstanden.

Ende 1992 wurde bekannt, die Bundesregierung beabsichtige, fünf der wichtigsten vorhandenen Staatsbauten abzureißen: Neben dem Staatsratsgebäude, dem Außenministerium und dem Palast der Republik auch die Reichsbank und Goerings Reichsluftfahrtministerium (1935–1936) an der Wilhelmstraße. Mittlerweile erhoben sich in Berlin jedoch viele Stimmen der Kritik, die eine geschichtsbewußtere und stadtverträglichere Baupolitik forderten. Im Dezember 1992 machte die Bundesregierung einen ersten Rückzug: Die beiden Bauten aus der Nazizeit sollten stehenbleiben, die DDR-Bauten nicht.

Spreebogen

Einen wesentlichen Schritt weiter kam die Hauptstadtplanung im Februar 1993, als aus dem »Städtebaulichen Ideenwettbewerb« für das Regierungsviertel am Spreebogen der Entwurf von Axel Schultes und Charlotte Frank als Sieger hervorging. Die Aufgabe war nicht einfach, ging es doch hier um die Verortung der Verfassungsorgane Kanzleramt und Bundestag auf einem historisch komplizierten Terrain. Hier steht das weltweit bekannteste deutsche Staatsgebäude, der Reichstag (1894), ein einzigartiges Symbol deutscher Geschichte: eine monumentale Lobpreisung der 1871 erkämpften deutschen Einheit und ein gebauter Ausdruck des Parlamentarismus unter der Herrschaft der Hohenzollern. Als die Verkörperung des deutschen Faschismus war das Haus von der Roten Armee 1945 eingenommen worden. Nachdem in der Nachkriegszeit die beschädigte Kuppel gesprengt worden war, war das Gebäude in den 60er Jahren im Auftrag der Bundesrepublik entkernt und unter der Leitung von Paul Baumgarten der Formensprache der Bonner Republik angepaßt worden. Die Rollenzuweisung für den Reichstag war eine zentrale Aufgabe des 1992 ausgeschriebenen Wettbewerbs, die andere der Umgang mit der Planungsgeschichte des Spreebogens, vor allem mit der gigantischen Nord-Süd-Achse Albert Speers, die aus dem Spreebogen das Herzstück Germanias, der Hauptstadt eines deutschen Weltreiches hatte machen wollen.

Schultes und Frank machen das Reichstagsgebäude gleichsam zum Anker der Gesamtfigur; Hauptgestaltungsmittel des Entwurfs und städtebauliches Markenzeichen der neuen bundesrepublikanischen Hauptstadt ist indes eine elegante, bandartige Aneinanderreihung von Gebäuden quer über den Spreebogen. Die prägende Gestalt läßt sich als bewußte Entgegnung auf die nationalistischen Planungen lesen: statt der Einschüchterung einer monumentalen Nord-Süd-Achse nunmehr ein zum Spazierengehen einladendes Ost-West-Band. Die Rückkehr zum belasteten Ort wird nicht als Anknüpfung an frühere Machtherrlichkeit gestaltet, sondern als symbolischer Neubeginn. Die Figur läßt sich auch als Ost-West-Spange interpretieren und kommt somit der bemühten Sinnstiftung der Kanzlerschaft Kohls als dem »Kanzler der Deutschen Einheit« entgegen.

Aus dem gleichzeitig laufenden Wettbewerb für den Umbau des Reichstags zum Haus des Deutschen Bundestags ging im Juni 1993 der Brite Sir Norman Foster als Sieger hervor. Nach vielen Überarbeitungen steht die neue Planung fest, die Arbeiten sind im Gange. Die Umbauten der 60er Jahre werden ohne Rücksicht abgetragen, um den Plenarsaal herum entsteht ein großer öffentlicher Bereich. Das Parlamentshaus soll baulich transparent und zugänglich sein. Konservative Politiker versuchten, im nachhinein die Wiederherstellung der alten Reichstags-Kuppel durchzusetzen. Der Bundestag beschloß im Juni 1994 eine Kompromißlösung: Es soll eine neue Kuppel entstehen, deren Gestaltung an die Bonner Formensprache der Transparenz als dem Symbol der Demokratie anknüpft und außerdem durch die Übernahme von energiesparenden Belichtungs- und Belüftungsfunktionen ein neues Symbol setzt: Die junge Prinzessin Ökologie wird als Motiv nationaler Repräsentation auf den Thron gehoben.

Mit den Entscheidungen für den Entwurf von Schultes und Frank beim Architekturwettbewerb Bundeskanzleramt 1994/95 sowie für Stephan Braunfels beim Wettbewerb Alsenblock (Bundestagsbüros nördlich des Reichstagsgebäudes) 1994 ist das Ost-West-Band mit einer eindeutig der späten Nachkriegsmoderne zuzuordnenden Formensprache konkretisiert worden, die Abwendung von den klassischen Mitteln der Machtdemonstration ist architektonisch nachvollzogen. Als Makel der Spreebogenplanung erscheint die Bildung einer verkehrsarmen Staatsinsel auf Kosten der restlichen Stadt sowie übertriebene Sicherheitsmaßnahmen – um das Bundeskanzleramt herum wird das elegante Ost-West-Band zur ungemütlichen Sperrzone!

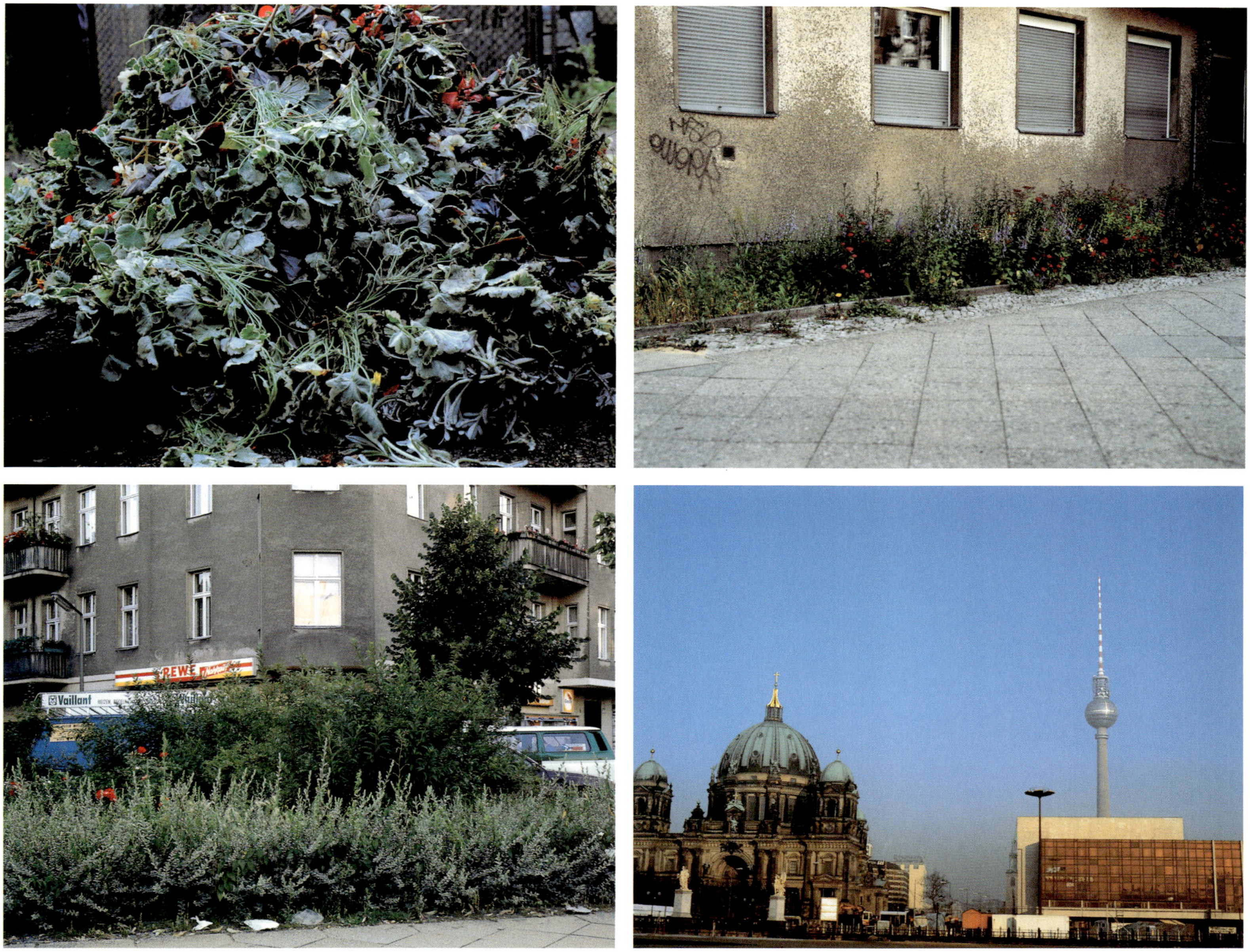

Jean-Luc Moulène, Berlin 1996–97

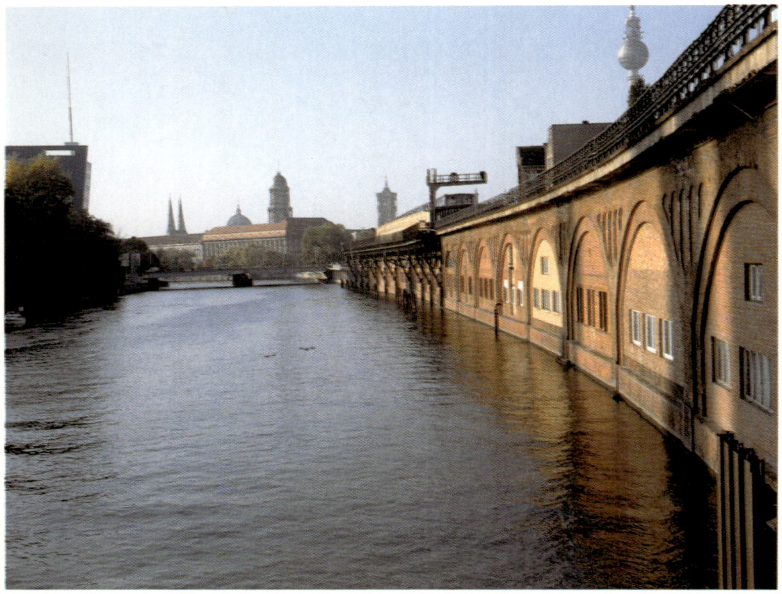

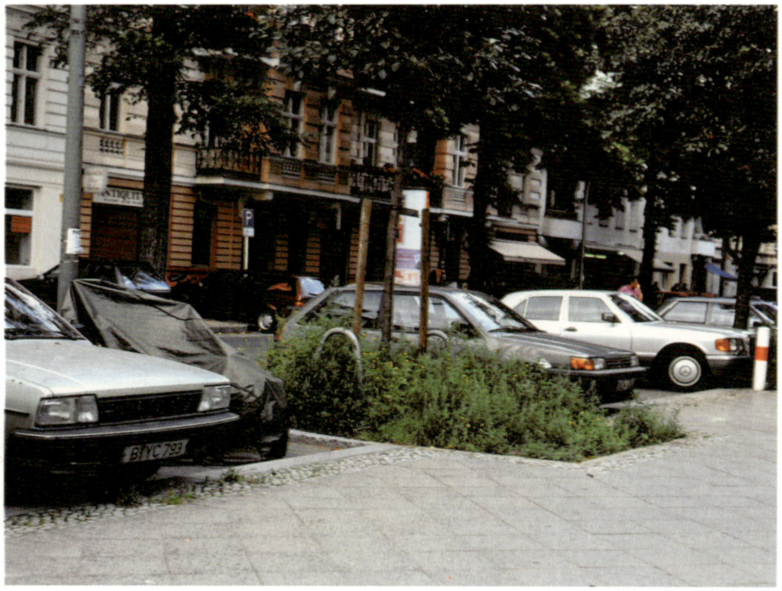

Jean-Luc Moulène, Berlin 1996-97

Bereich Spreeinsel

Während der städtebauliche Wettbewerb Spreebogen zu durchsetzbaren Lösungen führte, endete der Wettbewerb für den Bereich Spreeinsel in einer Sackgasse. Schon vor der Ausschreibung hatten zwei Gruppen aus der Bevölkerung sich über die städtebauliche Zukunft der Insel ausgesprochen. Die erste Gruppe, vor allem aus älteren DDR-Bürgern bestehend, organisierte eine Reihe von Protestaktionen gegen die Pläne, den Palast der Republik abzureißen, und argumentierte, das Gebäude sei in erster Linie kein Staatsgebäude, sondern ein großes, offenes Kulturhaus gewesen. Eine andere, professionell und überaus öffentlichkeitswirksam arbeitende Gruppe westlicher Provenienz, setzte sich für den originalgetreuen Wiederaufbau des alten Schlosses ein. Mit der Unterstützung großer Unternehmen gelang es dieser Gruppe, eine spektakuläre Schloßfassade im Maßstab 1:1 an Ort und Stelle zu errichten. Der Wettbewerb Spreeinsel wurde im August 1993 vor diesem kontroversenreichen Hintergrund ausgeschrieben. Die Aufgabe bestand vor allem darin, das Gebiet neu zu ordnen, um nunmehr zwei Ministerien dort zu installieren, das Außen- und das Innenministerium.

Der erste Preis ging im Mai 1994 an Bernd Niebuhr, der den Straßengrundriß der Vorkriegszeit zur Richtschnur machte und als Angelpunkt seines Entwurfs einen großdimensionierten Bau zu Kulturzwecken auf der Fläche des alten Schlosses vorschlug. Die Entscheidung der Jury löste einen breiten Protest aus, die Architektenkammer kritisierte etwa, der Siegerentwurf beinhalte den Abriß des denkmalgeschützten Staatsratsgebäudes. Doch Niebuhr war mit seinem Entwurf Wortlaut und Geist der Auslobung gefolgt und hatte damit in der Tat eine bemerkenswerte Konstellation offenkundig gemacht: Während ein Gebäude der Nazizeit, die Reichsbank – mit einem neuen Kopfbau –, Sitz des Auswärtigen Amtes werden sollte, waren die Bauten der DDR zum Abriß verurteilt worden. Als wollten die überraschten Gewinner des Kalten Krieges, sich ihres Sieges nicht ganz gewiß, alles auslöschen, was an diese gerade zu Ende gegangene Phase deutscher Geschichte erinnern könnte.

Der Fortbestand des Staatsratsgebäudes ist nun gesichert. Viele Fachleute haben im Juni 1994 mit einer kritischen Stellungnahme die Wende hin zu der Würdigung dieses politisch und architektonisch herausragenden Gebäudes eingeleitet. Das Haus wurde zu einem Informationszentrum für die Hauptstadtplanung und zum Sitz des Umzugsbeauftragten der Bundesregierung; es ist das öffentlichste Haus der neuen Hauptstadt in Berlin. Mittlerweile steht fest, daß der Bundeskanzler das Haus beziehen wird, bis das Kanzleramtsgebäude am Spreebogen fertig ist.

Das Außenministerium der DDR wurde hingegen im Herbst 1995 abgerissen, obwohl bis heute der Wiederaufbau der Bauakademie (1832–1836) an seiner Stelle nicht gesichert und auch deren Nutzung offen ist. Der Palast der Republik soll Gegenstand eines kalten Abrisses werden: Die gewählte Technik für die Asbestsanierung wird zunächst nur skelettartige Strukturen hinterlassen. Ein auch nur ungefährer gesellschaftlicher Konsens ist hier nicht gefunden.

Für die weiteren Ereignisse hatte eine bundespolitische Entscheidung von Anfang 1994 große Bedeutung: Die gesamte Hauptstadtplanung darf nicht über 20 Milliarden Mark kosten. Neubauten sollen die Ausnahme bleiben, wichtiger sei der Umbau von vorhandenen Gebäuden. Damit eröffnete sich eine große Chance für eine denkmalpflegerischen Ansprüchen genügende Übernahme von Altbauten, auch eine größere Streuung der Ministerien im Stadtraum war so vorgegeben.

Den vorläufig neuesten Stand der Auseinandersetzung mit den Bauten vergangener Herrschaftssysteme illustriert die Umgestaltung der Reichsbank zum Sitz des Auswärtigen Amtes. Dieses Gebäude ist das erste wichtige Bauvorhaben der Nazizeit. Mit ausgeprägt modernen Zügen im Innern und einer hermetischen, ernsten Fassade ist die Reichsbank ein Beispiel für die erste Phase der Nazi-Hauptstadtarchitektur. Das Zentralkomitee der SED hat das kaum kriegsbeschädigte, zentral gelegene und gut abzusichernde Haus Ende der 50er Jahre übernommen. Die circa 1000 Büroräume wurden im Laufe der Zeit nach pragmatischen Gesichtspunkten umgestaltet, die moderne Transparenz der Innenräume ging verloren. Die Embleme des Nationalsozialismus wurden entfernt und statt dessen ein großes Parteiabzeichen der SED an der Fassade befestigt.

Die Bundesrepublik läßt das Haus nun doch stehen und bringt hier mit dem Auswärtigen Amt eines der wichtigsten Ministerien unter. Der Kopfbau soll publikumsrelevante Funktionen aufnehmen und auch die monumentalistische Wirkung der Fassade des Altbaus mindern. 1996 wurde der bei einem Realisierungswettbewerb zweitplazierte Entwurf von Thomas Müller und Ivan Reimann zur Ausführung ausgesucht, ein Entwurf, der durch Gliederung und Gestaltung eine offen wirkende Repräsentativität ausstrahlt und ein weiteres Mal späte Nachkriegsmoderne hervorbringt. Die Umgestaltung des Altbaus wurde – ebenfalls 1996 – dem Büro Hans Kollhoff übertragen. Dessen Konzept läuft darauf hinaus, die modernen Züge der ursprünglichen Gestaltung wieder sichtbar zu machen. Dies heißt vor allem ein Rückbau von Umgestaltungen der DDR-Zeit, nur wenige Innenräume dieser Periode bleiben zur Anschauung erhalten. Die Fassade wird sich durch die Rückkehr zum ursprünglichen Bild eher verdüstern: Die weißen Fenstersprossen der DDR werden durch die braunen der Nazizeit ausgetauscht. Die bundesrepublikanische Aneignung des Gebäudes wird zusätzlich gleichsam plakativ signalisiert: Große monochrome Bilder von Gerhard Merz sollen im Innern des Gebäudes den Bruch der neuen Raumaneignung deutlich aufzeigen.

Die Bundesregierung hat sich vor allem in den ersten Jahren als ein zuweilen erschütternd hilfloser, ja ignoranter Hauptakteur der Hauptstadtplanung in Berlin gezeigt. Daß die Standorte der zentralstaatlichen Funktionen sich nun leidlich über den Berliner Stadtraum verteilen, die Stadt nicht durch die Regierung erstickt wird, daß die Auseinandersetzung mit der politischen Geschichte auch in diesem Stadtraum nachvollziehbar und nicht nur in Bilderbüchern nachzuschlagen sein wird – dies verdanken wir in erster Linie der öffentlichen Diskussion, die allerdings größtenteils eine Berliner Veranstaltung war. So paradox es klingen mag: ausgerechnet der Regierungsumzug vom Westen in den Osten hat die Hauptstadt der Bundesrepublik den westeuropäischen Vorbildern angenähert, die sich die baulichen Zeugnisse und räumlichen Bezüge der unterschiedlichen Herrschaftsepochen selbstbewußt angeeignet haben.

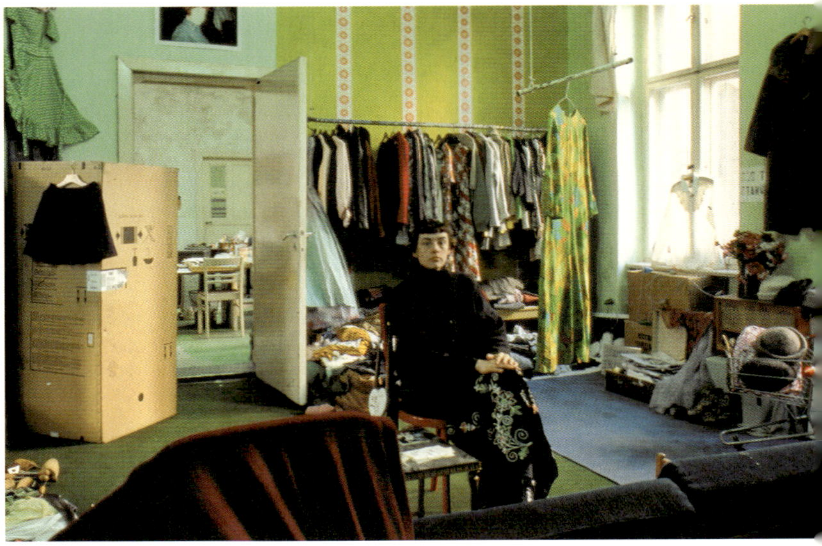

Christine Hill, Volksboutique, 1997

Rem Koolhaas

Die Jury des kürzlich veranstalteten Bauwettbewerbs für den Potsdamer und Leipziger Platz in Berlin gibt aus drei Gründen Anlaß zur Sorge über die Zukunft Berlins. Erstens wurden die Beratungen der Jury dadurch zu einer Farce, daß diese ganz eindeutig von Senats-Baudirektor Hans Stimmann dominiert wurde, was der Vorsitzende Thomas Sieverts stillschweigend duldete. Auf äußerst lautstarke und taktlose Weise bezeichnete Stimmann Projekte als »dumm«, »wirklichkeitsfremd« oder »kindisch«. Dadurch kam sein Auftritt in der Jury dem eines Staatsanwaltes in einer Gerichtsverhandlung gleich. Über einzelne Urteile von Juroren setzt er sich allzu oft im Namen des »typischen« oder sogar »normalen« Berliners hinweg. Einer seiner stärksten Ausdrücke der Mißbilligung war, daß er einzelne Entwürfe als bloße »Literatur« disqualifizierte. Das macht peinlich deutlich, daß hier jemand für die Zukunft Berlins verantwortlich ist, der den Bau eines neuen Zentrums äußerst engstirnig, ja sogar naiv sieht, ohne die anderen Aspekte zu berücksichtigen, die zusammenwirken müssen, um die erforderliche Dichte einer wirklichen Stadt zu schaffen.

Zweitens wurden Projekte mit intelligentem und unternehmerischem Potential gleich zu Beginn zugunsten von Entwürfen ausgeschlossen, die für »normaler« gehalten wurden. So ist der Ausschluß der Arbeit von Hans Kollhoff ein primitiver Versuch, die Frage des Hochhausbaus lebendig zu begraben, die Untersuchung der möglichen Vorteile einer Konzentration abzubrechen und die Erörterung von »Dichte« zu vermeiden. Das Projekt von Daniel Libeskind war ein beeindruckender Versuch, den Gedanken des Zentrums – trotz aller Kräfte, die sein Konzept untergraben würden – neu zu durchdenken. Und der Entwurf der Architekten Alsop&Lyall steckte voller neuer, jedoch realistischer Typologien und schlug eine kompromißlose Verbindung der Friedrichstadt mit dem Kulturforum vor.

Dagegen weisen die von der Jury bevorzugten Projekte dieselben Schwächen auf, weil sie der klassischen Morphologie aus dem 19. Jahrhundert auf der Grundlage des »normalen« Stadt-

Der Ort ist kein Bauplatz, sondern ein Abgrund. Im Umkreis von nur wenigen hundert Metern um den verwüsteten Potsdamer und Leipziger Platz in Berlin standen einst Volksgerichtshof, Reichskanzlei, Führerbunker, Luftfahrtministerium, SS- und Gestapo-Quartier und Reichssicherheitshauptamt. Danach lag das Gelände 28 Jahre lang mitten im Todesstreifen. Jetzt soll es zur Drehscheibe zweier zerrissener Welten werden und international den besseren Geist Deutschlands repräsentieren. Nicht Architekten, sondern Hexenmeister wären nötig, um hier die politische Geschichte zu begraben und dennoch nicht zu verleugnen, um das urbanistische Erbe zu bewahren und dennoch ein Zeichen des Berliner Aufbruchs zu setzen. Der ideale Planer für diesen Ort müßte über eine Mischung aus französischem Stolz, holländischer Zurückhaltung und amerikanischer Durchsetzungfähigkeit verfügen.
Michael Mönninger: »Weitermachen wie gewohnt. Deutschlands neue Mitte: Der Entwurf für den Potsdamer und Leipziger Platz in Berlin.« In: *Frankfurter Allgemeine Zeitung*, 5. Oktober 1991

Der Holländer Rem Koolhaas kann weder als Juror noch als Architekt am Bauwettbewerb für den Potsdamer Platz in Berlin teilnehmen. Der Rotterdamer Architekt war im Sommer einer der Preisrichter im vorangegangenen Ideenwettbewerb des Berliner Senats für die künftige Gestaltung des Berliner Zentrums (...). Die Arbeit der Jury hatte Koolhaas danach in einem offenen Brief heftig kritisiert (...). Er sprach dabei von einem »Massaker der Ideen«, weil wichtige Entwürfe ignoriert worden seien. Berliner Baufachleute hatten aus Empörung über Koolhaas' öffentliche Schelte gefordert, der Holländer solle »Stadtverbot« erhalten. Als jetzt Daimler-Benz gemeinsam mit dem Berliner Senat die Architekten und Preisrichter für den Bauwettbewerb am Potsdamer Platz auswählte, mußte der zunächst vom Bauherrn favorisierte Koolhaas, der zu den angesehensten internationalen Planern gehört, auf Wunsch der Berliner Bauverwaltung wieder ausgeladen werden. Mit dem doppelten Rauswurf als Preisrichter und Entwerfer ist das »Stadtverbot« jetzt durchgesetzt worden.
»Geächtet. Strafe für kritischen Architekten«. In: *Frankfurter Allgemeine Zeitung*, 2. April 1992

Ästhetik und Realität gehen in den Köpfen eine merkwürdige Verbindung ein. Die Ökonomie der Metropole - all die nachholenden Schübe und Sprünge des verspäteten Berlin - stiftet dort eine lähmende Verwirrung: die Angst vor dem Umbruch in der Arbeit äußert sich in der Lust, ihre künftigen Gehäuse unbedingt herkömmlich zu gestalten. Zur Rechtfertigung ihrer Entscheidungen stützt sich vor allem die Senatsverwaltung für Bau- und Wohnungswesen, aber auch die Senatsverwaltung für Stadtentwicklung und Umweltschutz auf das von Josef Paul Kleihues entwickelte Konzept der »Kritischen Rekonstruktion«. Ursprünglich war es ein Leitbild, mit welchem Planungsdirektor Kleihues die im Schatten der Mauer darbende (...) südliche Friedrichstadt wiederbeleben wollte. Ziel war die reflektierte Wiederaneignung, nicht die exakte Wiederherstellung der durch Weltkrieg und Nachkrieg vernichteten barocken Straßenzüge und Baufluchten. (...) Im Herbst 1991 übernahm die Senatsbaudirektion das für die Friedrichstadt fruchtbare Leitbild, vulgarisierte es aber rasch zum Handgebrauch der Verwaltung. Die Kritische Rekonstruktion verlor ihr Adjektiv; das Karree wurde Dogma, der Block nicht mehr interpretiert, sondern kodifiziert. Hörte man zunächst noch, das altneue Leitbild wolle die Vielfalt des zu Bauenden nicht behindern, so gibt es spätestens seit Sommer 1993 ein architektonisches Äquivalent zur Kritischen Rekonstruktion. Das Ding heißt »Steinernes Haus« und möchte die Tradition des preußischen Klassizismus, also der Schinkel-Schule, aufgreifen und fortsetzen.
Rudolf Stegers: »Aus dem Geist von Block und Stein«. In: *Die Zeit* Nr. 11 (11. März 1994)

Das strikte Beharren auf dem ausschließlichen Vorrecht des wahrhaftigen Bauens der Moderne verweigert das Grundrecht, in Städten heimisch zu sein. Es war Ernst Bloch, der im *Prinzip Hoffnung*, einem der Manifeste des »Projekts Moderne«, zeitgemäße Architektur als »vorweggebaute Heimat« forderte. Den Bauten des Funktionalismus, die ihrer unsteten Epoche Ausdruck gaben, warf er »reisefertiges« Aussehen vor. Bloch sagte voraus, diese apodiktische Aufbruchsbereitschaft werde einen ebenso irrigen Gegenschlag befördern, der dann Bauten »zu Bunkern« mache.
Solche Bunker baut Berlin zur Zeit. Doch die meisten von ihnen sind nicht am NS-Stil orientiert, sondern an Großbauten aus dem Chicago und New York der dreißiger Jahre. Flankiert wird ihre Rückschau vom anhal-

blocks verpflichtet sind. Sie führen zu einem eindeutigen Konflikt zwischen Nutzung und Architektur. Eigentlich soll am Potsdamer Platz und Leipziger Platz ein Hyperzentrum von enormer Dichte und Komplexität entstehen. Doch um im Rahmen der Blockstruktur zu bleiben, hat der preisgekrönte Entwurf das herkömmliche Stadtraster bis jenseits der Belastbarkeit erweitert: Die vorgesehenen Blockrandbauten sollen zehn bis zwölf Stockwerke bekommen, was keinesfalls mehr dem historischen Stadtmuster entspricht. Die Benutzer werden in ein »Prokustes-Bett« gespannt und müssen, wie etwa Daimler-Benz, unter absurd unerfreulichen Bedingungen ihre Verwaltungen auf fünf Blöcke verteilen. Drittens wird durch den Wettbewerb ein grausamer Widerspruch deutlich: Berlin ist in genau dem Augenblick Hauptstadt geworden, in dem es politisch, ideologisch und künstlerisch am wenigsten in der Lage ist, diese Verantwortung zu übernehmen.

Das Schicksal, das sich dadurch und durch die brutale Art und Weise der Auswahl ankündigt, ist ein kleinbürgerliches, altmodisches, reaktionäres, unrealistisches, banales, provinzielles und vor allem dilettantisches Bild der Stadt: eine schreckliche Vergeudung einer im 20. Jahrhundert europaweit einzigartigen Unternehmung. Was ein Höhepunkt hätte sein können, ist dazu verdammt, eine Enttäuschung zu werden.

Für mich als jemand, der stets ein besonderes Gefühl für die mögliche Größe dieser Stadt hatte, war die Teilnahme als Juror an diesem Wettbewerb – einem bewußten Massaker an architektonischer Intelligenz, Vorstellungskraft und auch Realismus – die schmerzlichste Erfahrung in meinem bisherigen Berufsleben. Daß eine solche selbstzerstörerische Voreingenommenheit den Vorwand eines internationalen Wettbewerbs mit ausländischen Beobachtern braucht, kann nur als äußerste Arroganz, wenn nicht gar Schamlosigkeit verstanden werden.

Aus: *Frankfurter Allgemeine Zeitung*, 16. Oktober 1991.

tenden Rekonstruktionsfieber, das Schinkels Berlin beschwört und mit Zitatbauten ergänzt, die »preußischen Klassizismus« zeitgemäß variieren wollen.
Dieter Bartetzko: »Architektur täuscht immer. Nach Stimmanns Rücktritt: Welche Wahrheit will Berlin bauen?«. In: *Frankfurter Allgemeine Zeitung*, 25. Januar 1996

So liegen denn auch die Ursachen für das drohende Scheitern der »kritischen Rekonstruktion« deutlich zutage, von der nichts bleibt als das Verbot von Hochhäusern in der südlichen Friedrichstadt. Am Anfang stand das Versagen einer Politik, die unter dem Druck der Hauptstadt-Investoren die tragfähige, kleinteilige Parzellenstruktur rasch preisgegeben hat. Während die vielzitierte europäische Stadt in einem jahrhundertelangen Prozeß aus unübersichtlichen Eigentumsverhältnissen wuchs, gilt für die Brachflächen Berlins das genaue Gegenteil: Wider besseres Wissen wurden die Grundstücke im Herzen der Hauptstadt gleich blockweise verscherbelt. (...)
Doch letztlich diktiert der standardisierte Geschmack von Grundstücksspekulanten, Immobilienkonzernen und Developern die Gestaltung: Nicht umsonst müssen die Architekten beim debis-Projekt am Potsdamer Platz den Grundriß jedes einzelnen Apartments dem Makler zur Gegenzeichnung vorlegen, der mit der Alleinvermietung beauftragt ist. Die Architektur, die dabei entsteht, ist nichts als gerastertes, spiegelverglastes und versteinertes Geld.
Heinrich Wefing: »Die toten Augen der Architektur«. In: *Frankfurter Allgemeine Zeitung*, 23. September 1996

Das »Planwerk Berlin Innenstadt« (...) stellt in vielfacher Hinsicht eine Zäsur dar. Es ist der Versuch, aus dem Planungschaos von Wettbewerbsgebieten, Bauplänen, Bereichsentwicklungsplänen und Tiefbauprojekten ein Ganzes zu formen. Die Innenstadt von Westberlin und Ostberlin wurde im Zusammenhang entwickelt. Hier wie dort sollen die Rollbahnen des Durchgangsverkehrs gestrichen und Innenstadtverkehr durchgesetzt werden. Das Problem: Westberlin besitzt noch den gründerzeitlichen Kontext, während in Ostberlin erst das historische Straßenmuster wieder ausgegraben werden muß. Aber hier wie dort sollen aus den innerstädtischen Randräumen wieder Verhältnisse urbaner Dichte entstehen.
Weiterhin: Politisch gewollt ist eine Trendwende in der Wohnungspoltik – Wohnen in der Innenstadt gegen die wachsende Stadtflucht. (...) Die Prinzipien des Planwerkes: Kein Abriß, sondern Rückbau, nicht Liquidierung der Moderne, sondern Kompromiß mit der geschichtlichen Struktur.
Klaus Hartung: »Der Hauptstadt-Plan: Operation am offenen Herzen«. In: *Die Zeit*, 29. November 1996

Kein Stadtplaner denkt gern an sein Gekritzel von gestern oder an das seiner Kollegen von vorgestern. Lässig werden Pläne gleich für Jahrzehnte gemacht, obwohl doch schon heute alle Entwürfe von 1960 hoffnungslos überholt erscheinen. Statt geduldig Straße für Straße zu bearbeiten, triumphiert die Sehnsucht nach dem Gesamtkunstwerk. Von dem renommierten Stadthistoriker Dieter Hoffmann-Axthelm beraten, schlägt Stimmann (Staatssekretär für Stadtentwicklung, Anm. d. Red.) nun für ganz Berlin vor, was er schon 1987 bei der Internationalen Bauausstellung und in der Friedrichstadt propagiert hatte: Er will Blockränder bebauen, Lücken schließen, Straßen verengen, kurz, das ramponierte Gewebe der Stadt stopfen und fortspinnen, das traditionelle Muster aber behalten. Dementsprechend kommt der »Masterplan« ohne große Abrisse aus, zaubert aber aus dem Archiv der Baugeschichte lang vergessene historische Grundrisse hervor und bläst zum Angriff des Barock auf die übrige Zeit. Von der Moderne, speziell vom Städtebau der DDR, bleibt da auf der Blaupause nicht viel übrig. Nirgendwo sonst in Deutschland hat die architektonische Moderne derzeit so offenkundig alles Ansehen verloren wie in ihrer Geburtsstadt Berlin. Was dort als soziale Utopie begonnen hatte, die gegen die unmenschlichen Wohnverhältnisse in lichtlosen Hinterhöfen und feuchten Kellern aufbegehrte, endete in der Realität eines seriellen Wohnungsbaus, dem in Marzahn wie im Märkischen Viertel Proportion, Maß und Gestalt anhanden gekommen sind. Was als Traum einer luftigen, durchgrünten Stadtlandschaft Generationen von Architekten begeisterte, wurde zum Albtraum der autogerechten Siedlung. Der flammende Protest gegen die Mißstände des wilhelminischen Berlin ist umgeschlagen in das Unbehagen an der Unwirtlichkeit der modernen Stadt.
Heinrich Wefing: »Zurück aus der Zukunft. Angriff des Barock auf die übrige Zeit: Berlins Masterplan«. In: *Frankfurter Allgemeine Zeitung*, 18. Dezember 1996

YANA MILEV

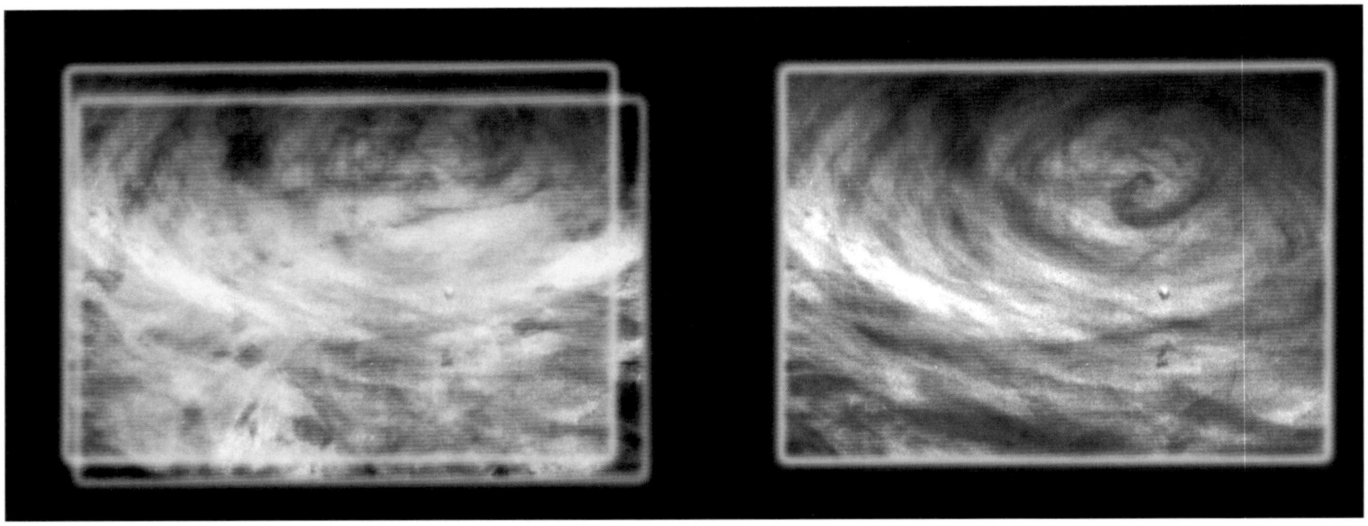

DIE GRENZE IST EIN IMPLANTAT EINE KÜNSTLICHE UNTERBRECHUNG DER SCHÖPFUNG

DIE GRENZE IST EINE ÖFFNUNG EINE SICH ENTFALTENDE AUSDEHNUNG DES ZWEIFELS

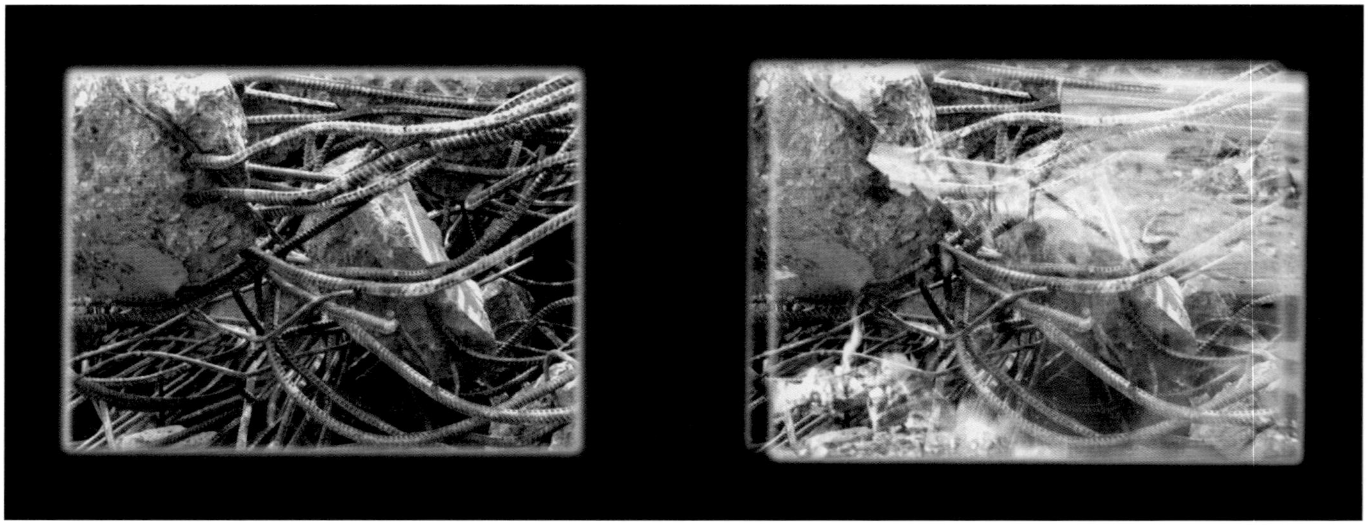

A.O.B.B.M.E.
RESEARCH <- URBAN -> INTERVENTION

Diskursive Verhältnisgleichung

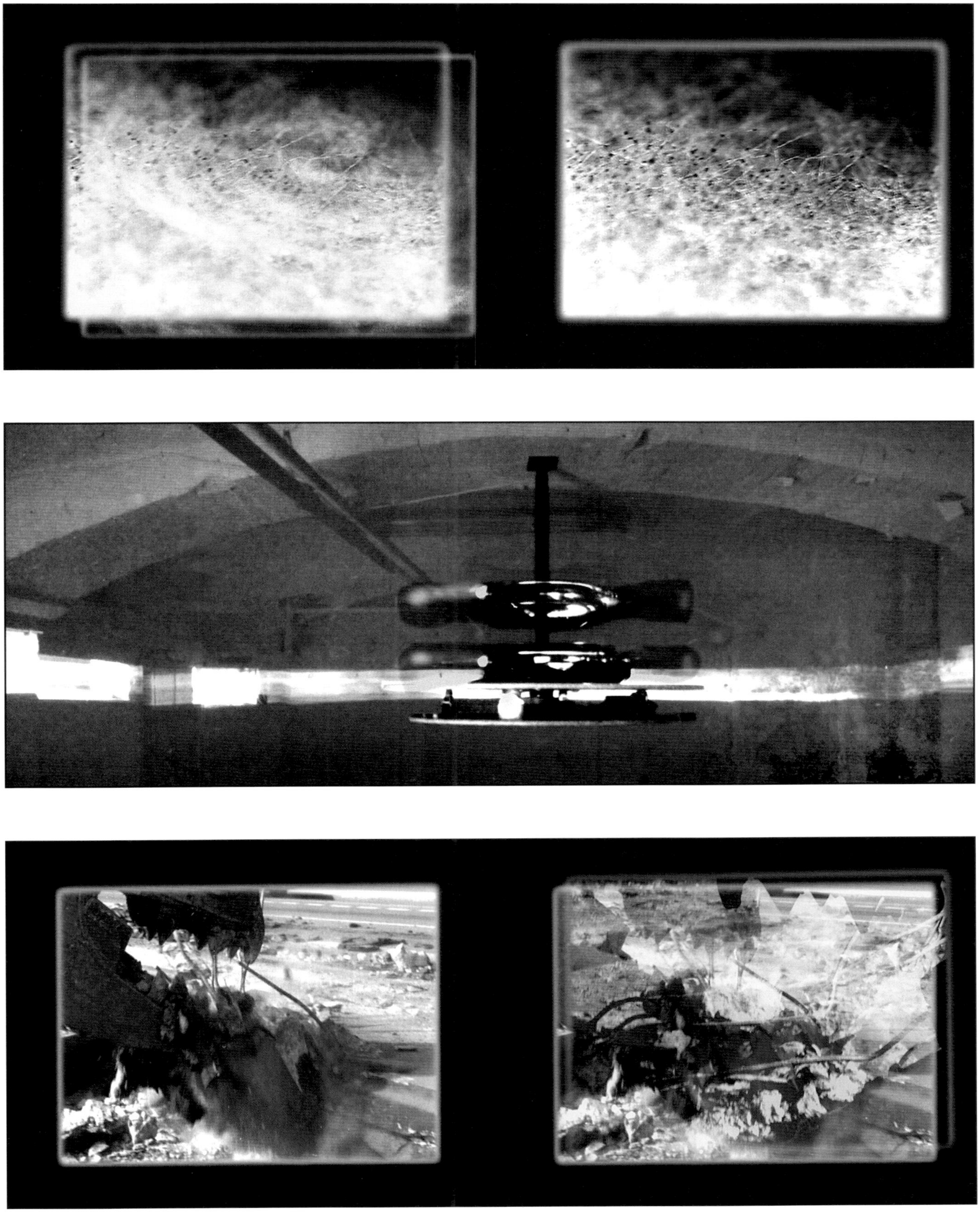

EXPEDITIONEN - EXKURSIONEN, Berlin 1996/97

Projektionsforum mit Material aus -Kinetisches Archiv-

YANA MILEV

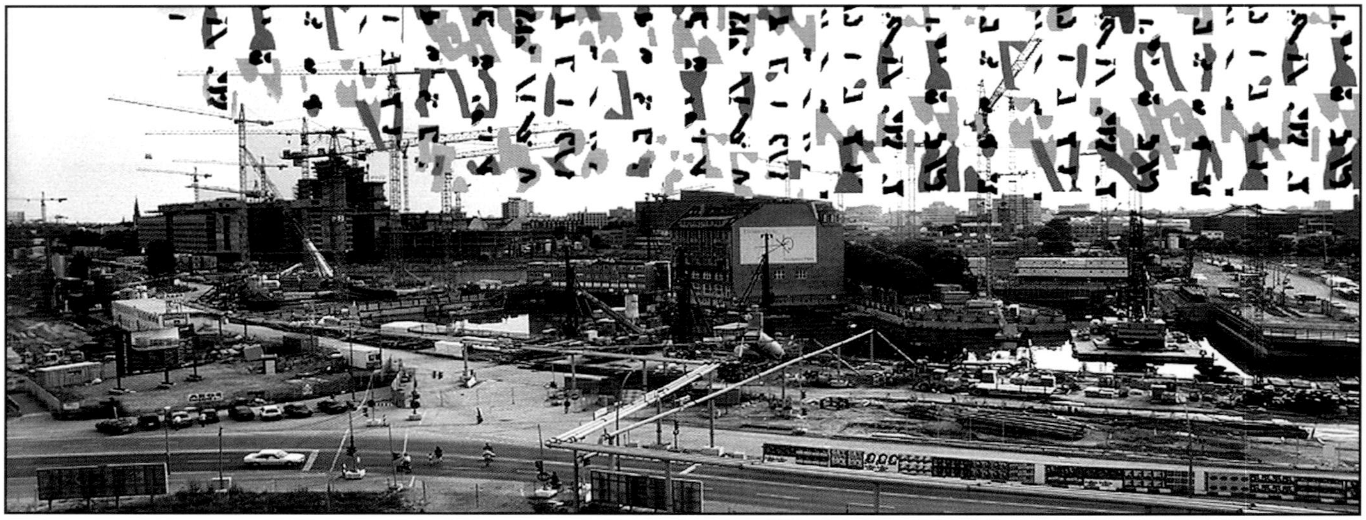

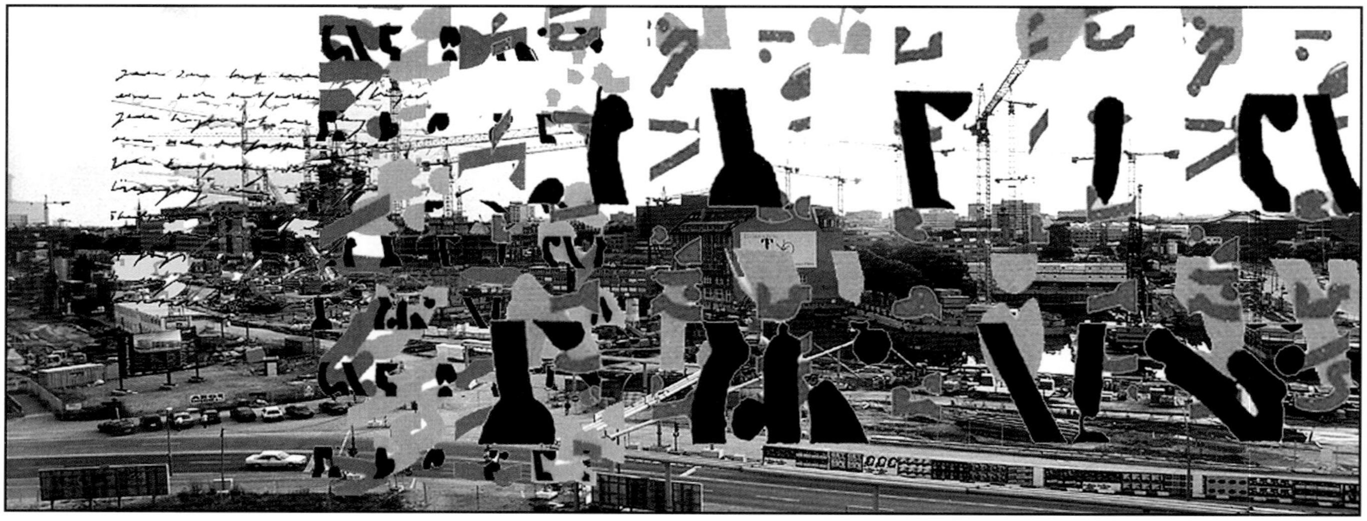

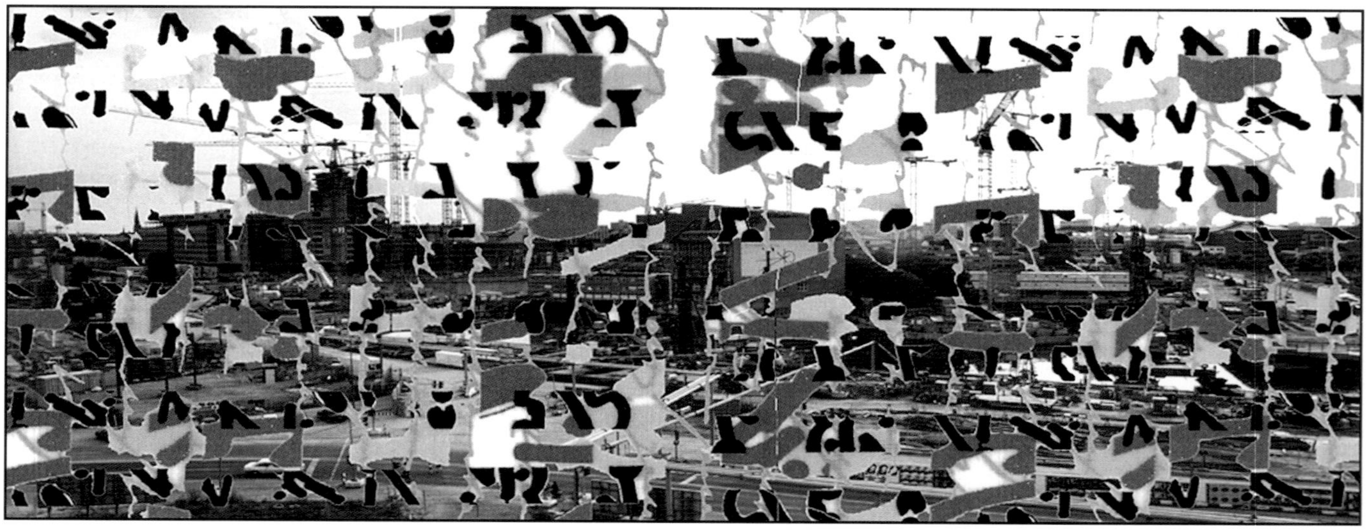

A.O.B.B.M.E.
RESEARCH <- URBAN -> INTERVENTION

Skulptur des Übergangs

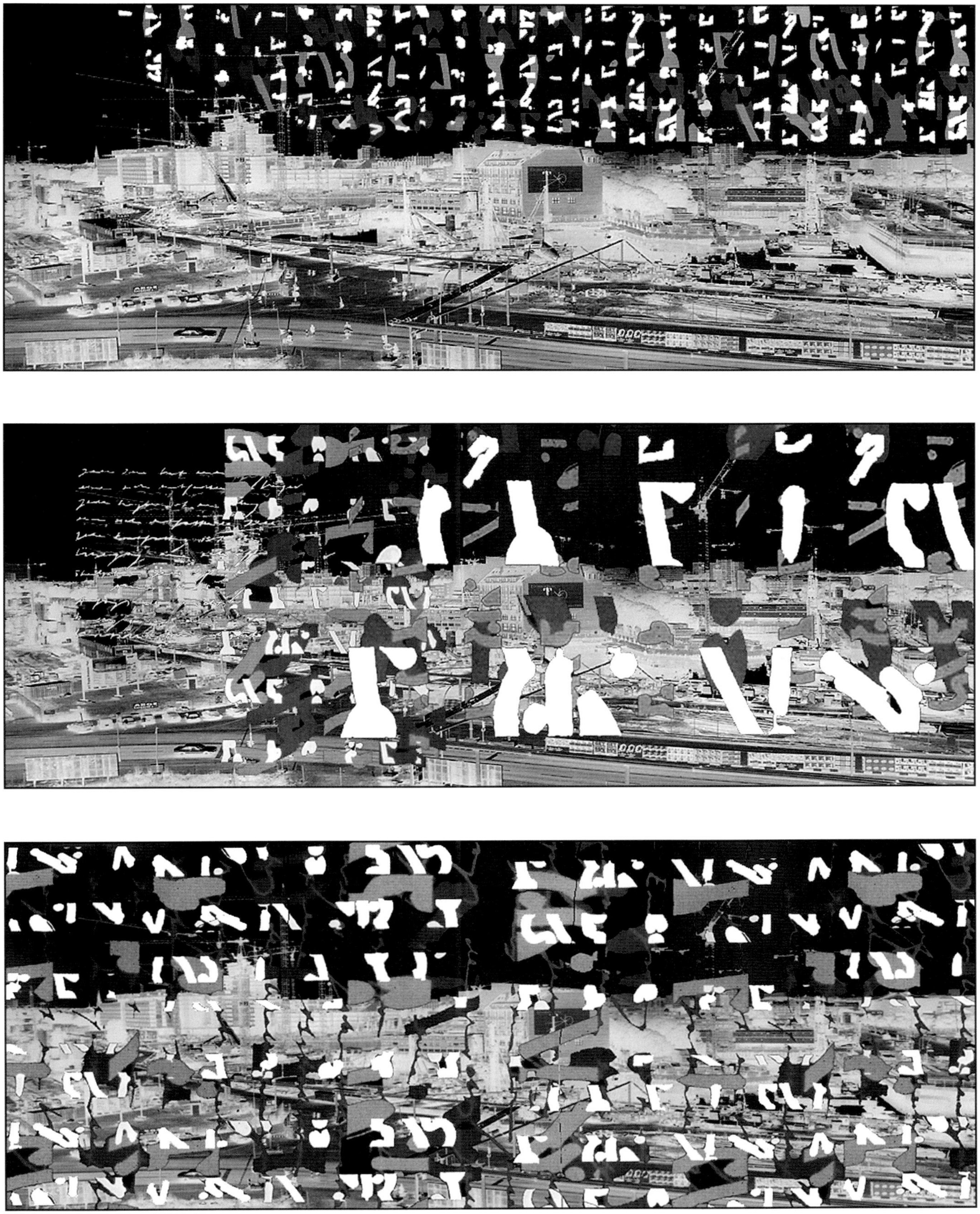

EXPEDITIONEN - EXKURSIONEN, Berlin 1996

Entwurf Potsdamer Platz

Stan Douglas

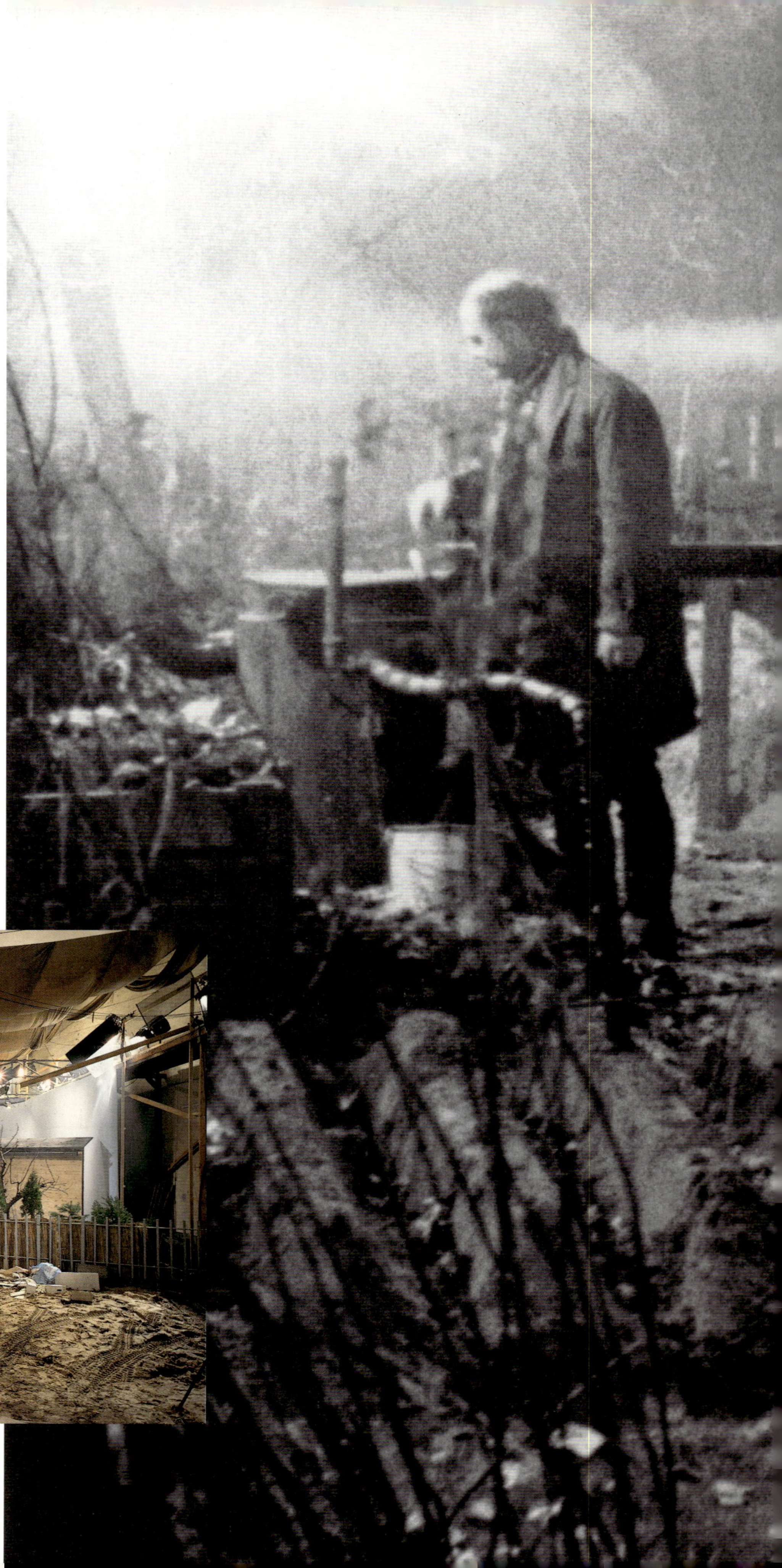

Der Sandmann (Filmstills), 1995

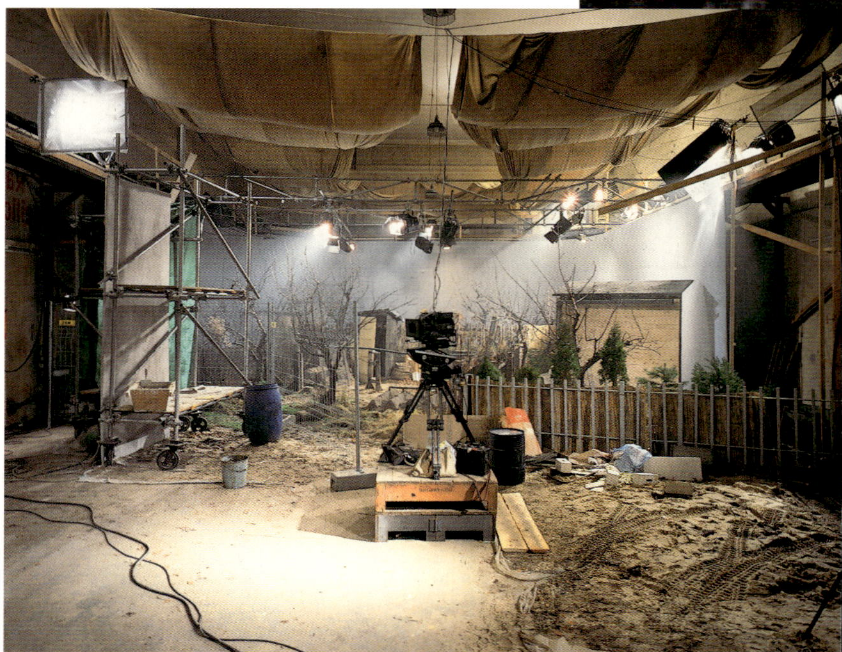

Contemporary, Set für Der Sandmann, DOKFILM Studios, Potsdam, Babelsberg, 1994

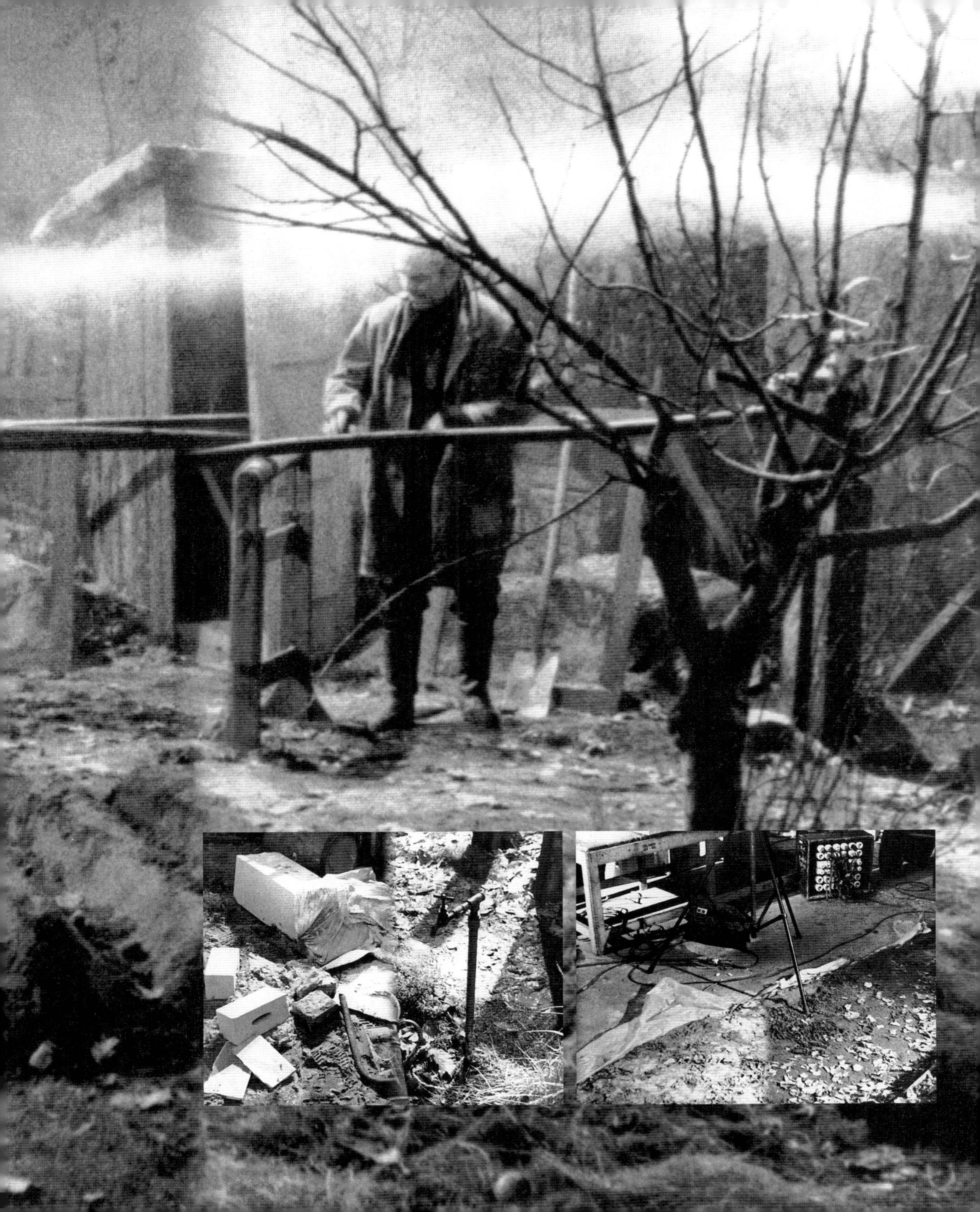

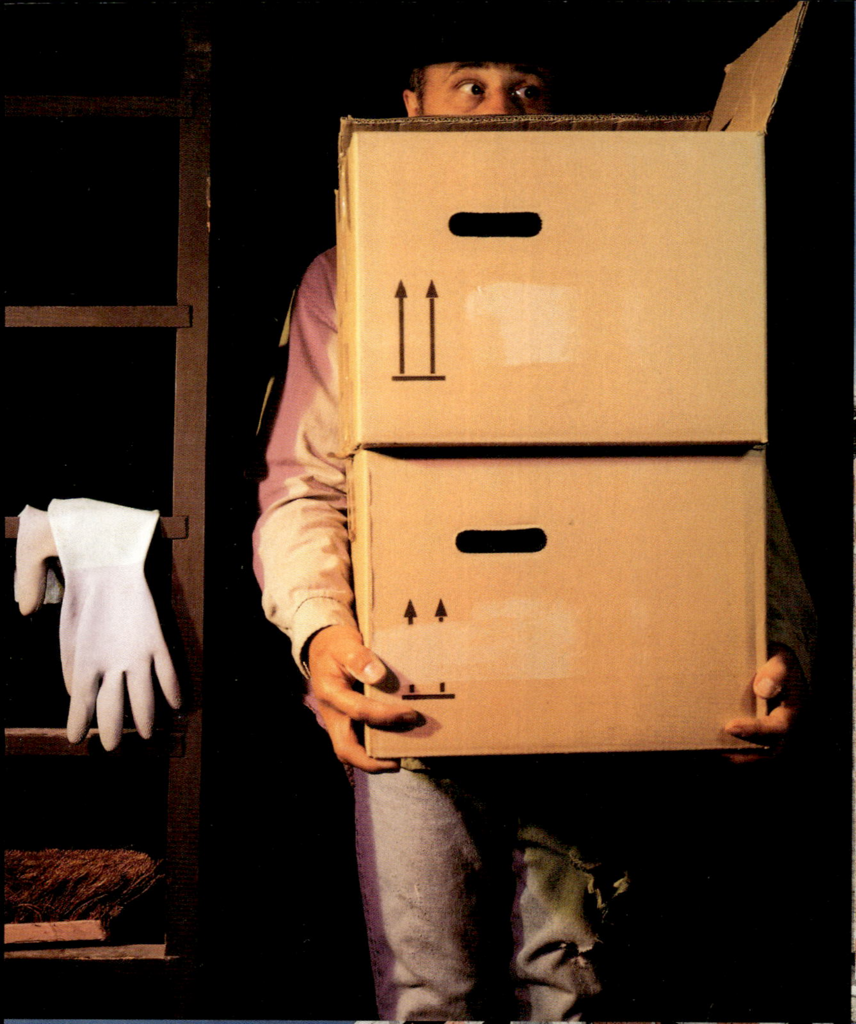
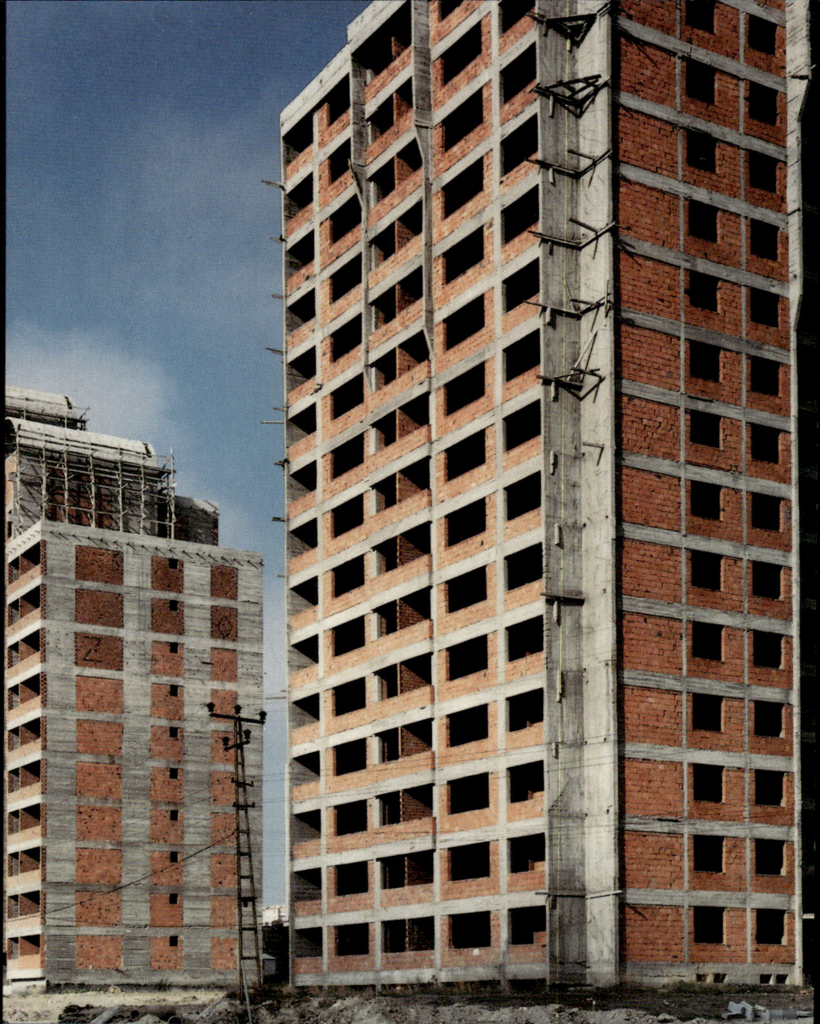
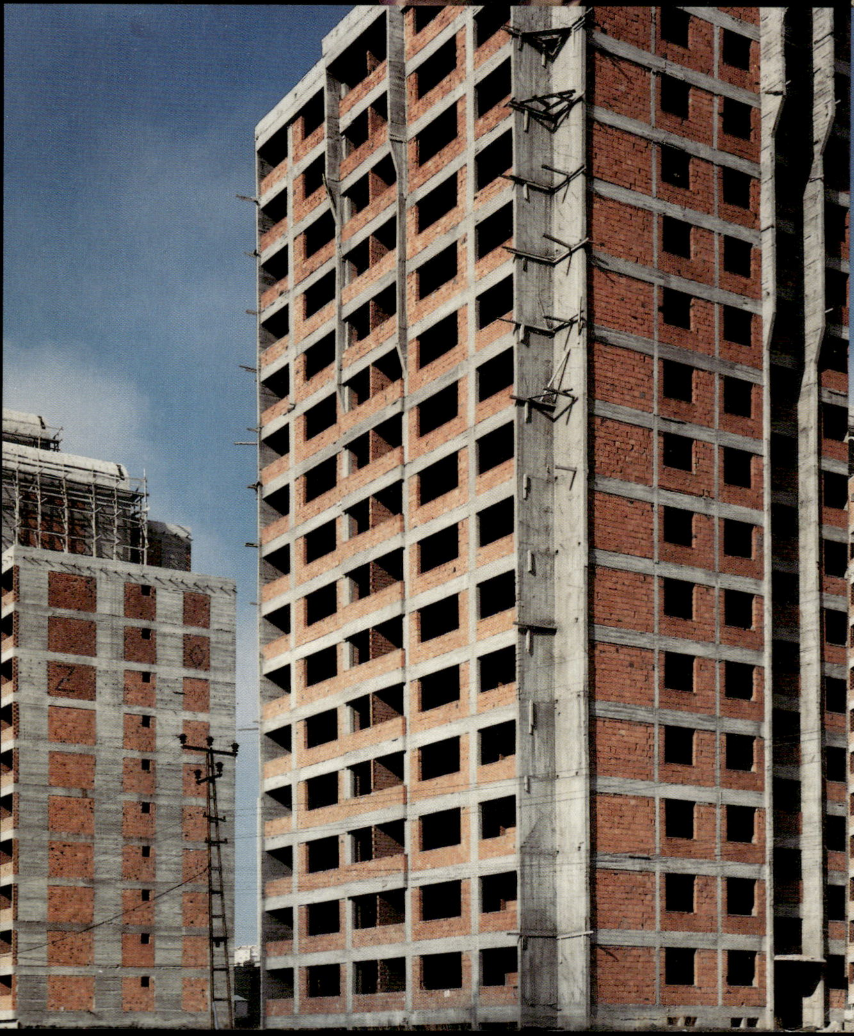
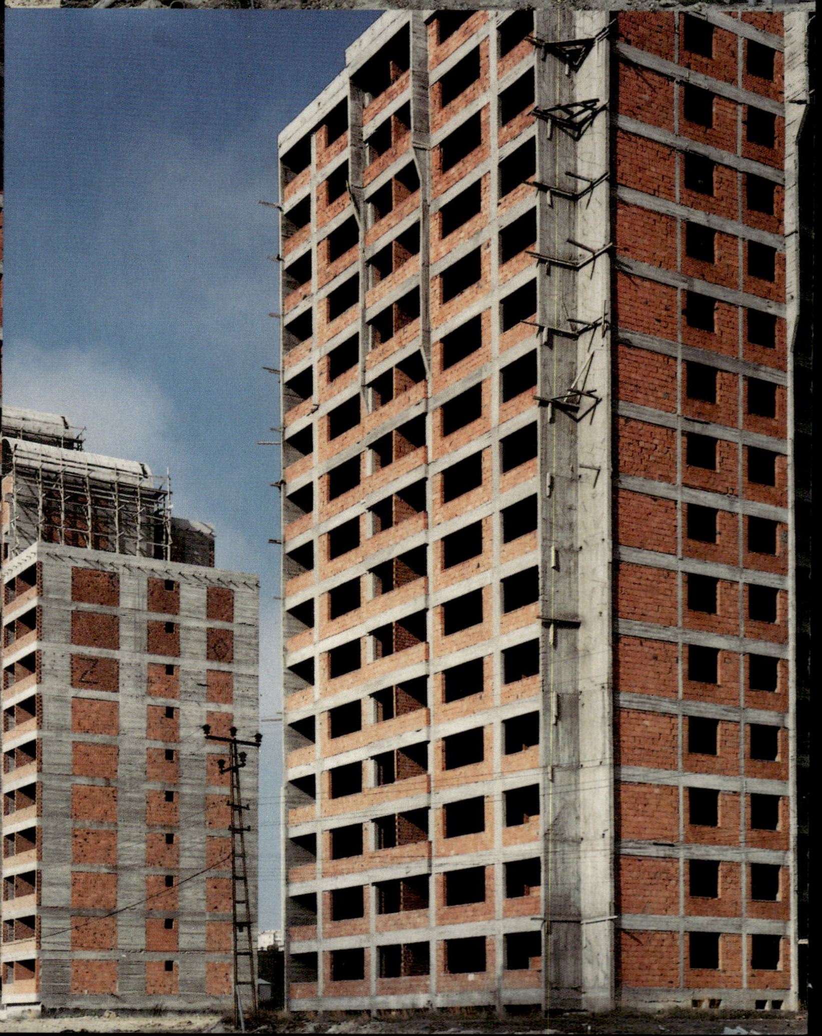

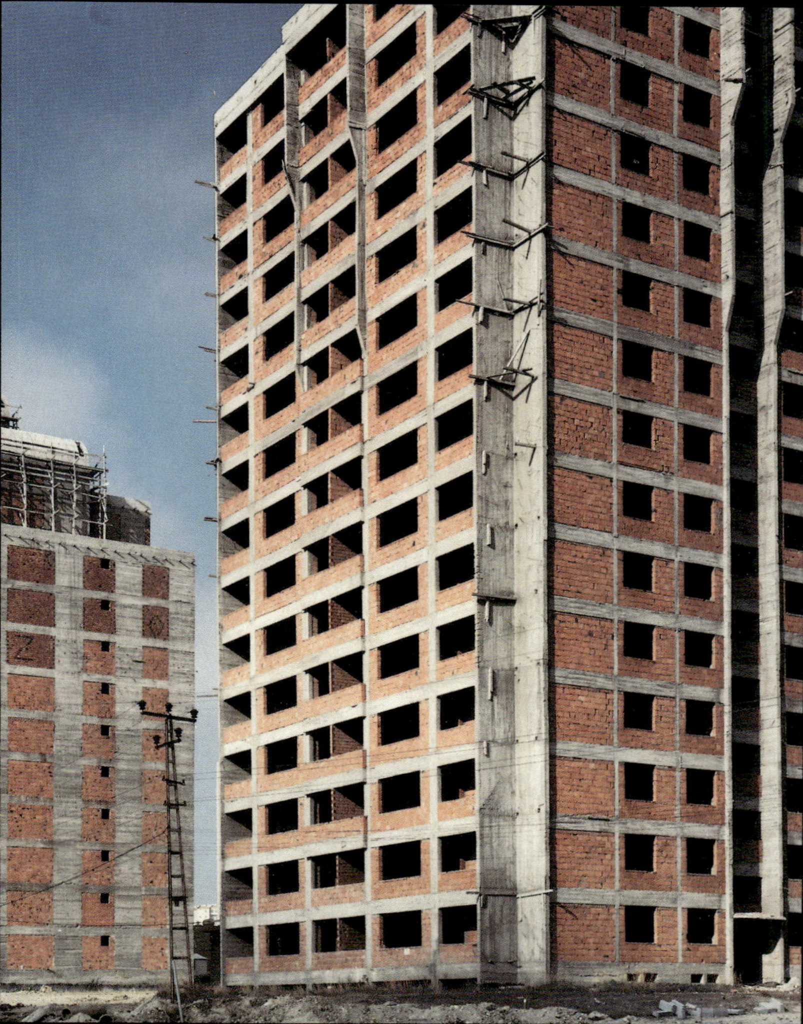

ISTANBUL

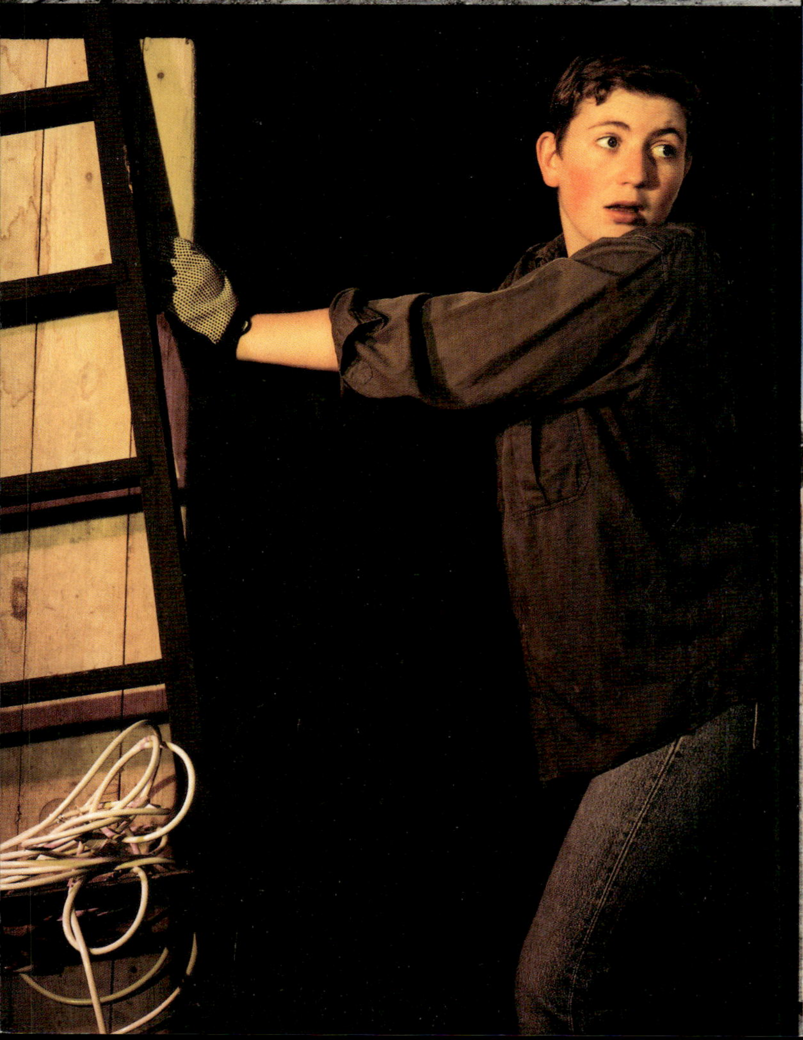

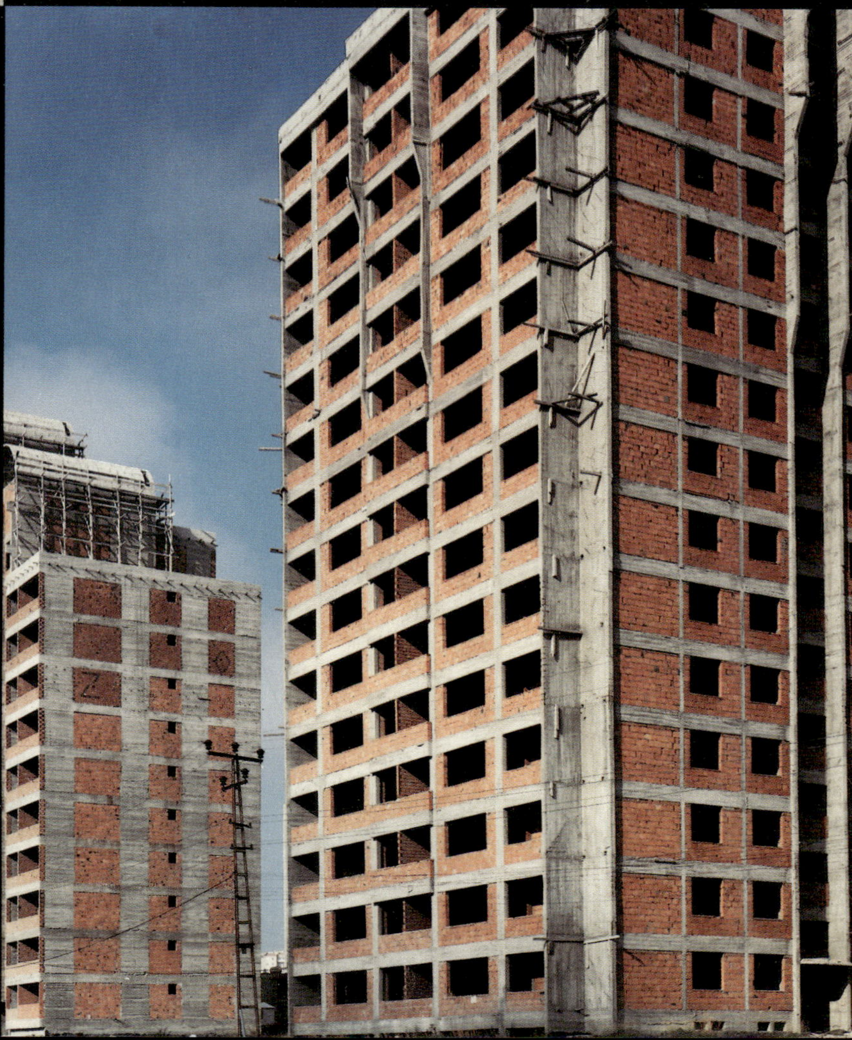

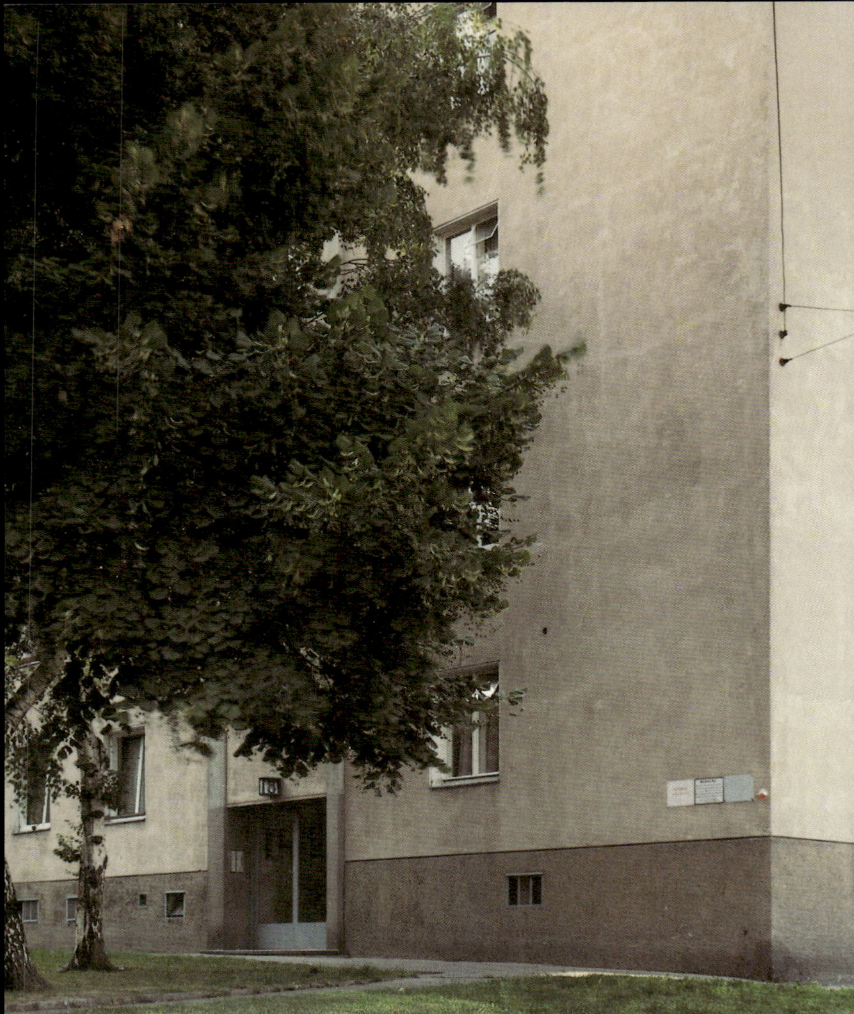

WIEN

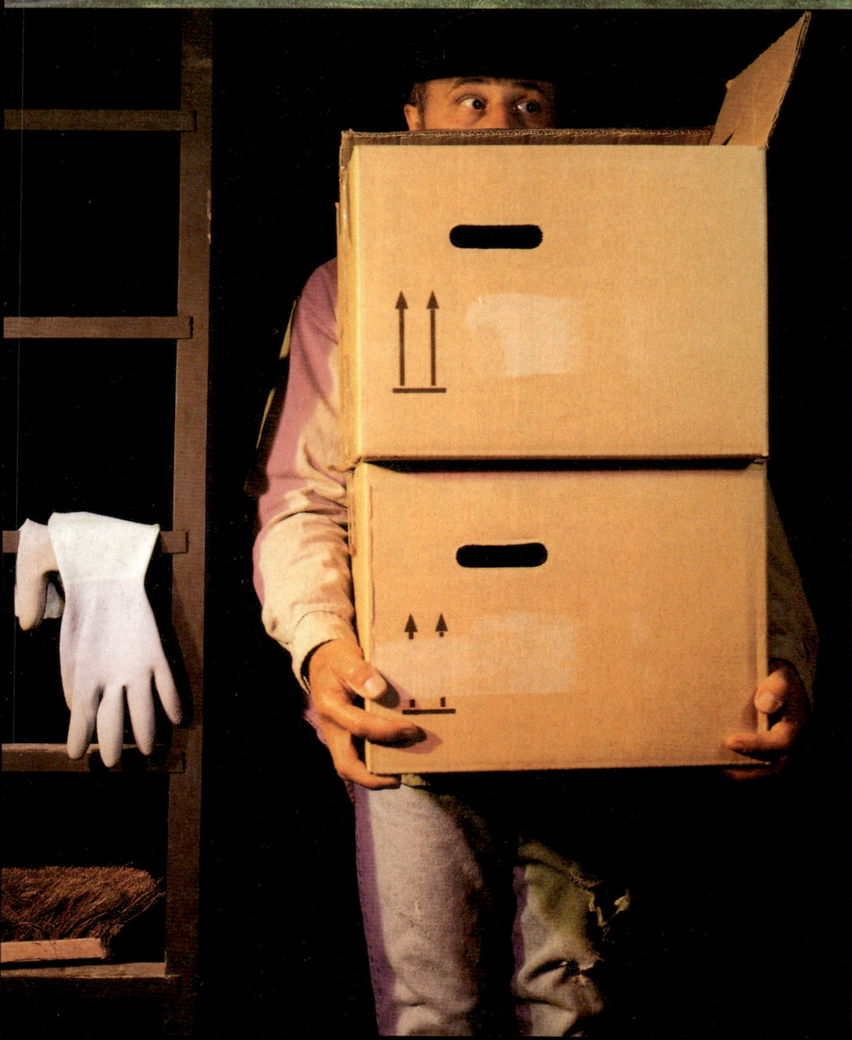

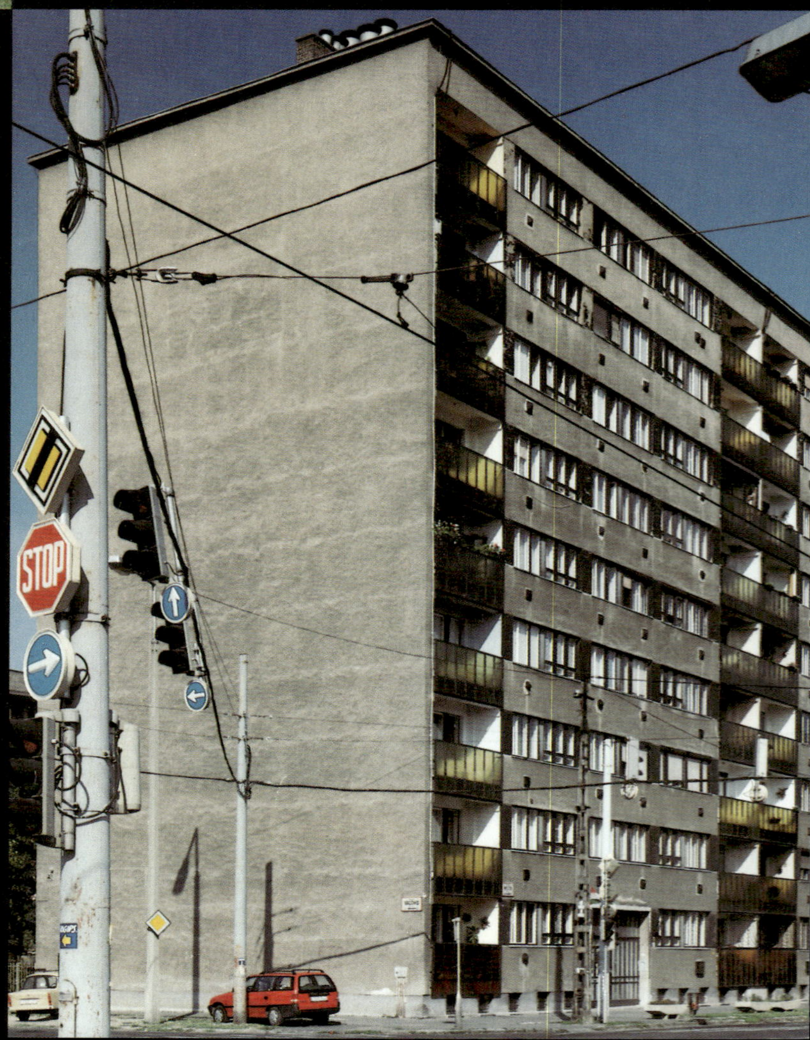

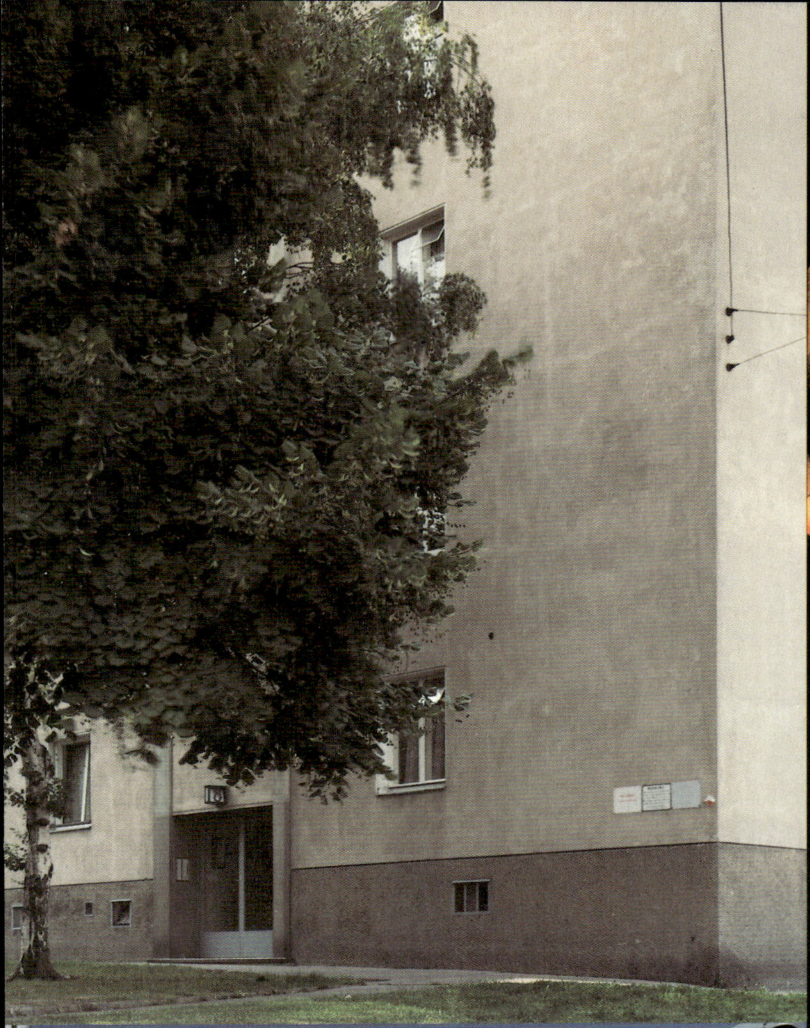

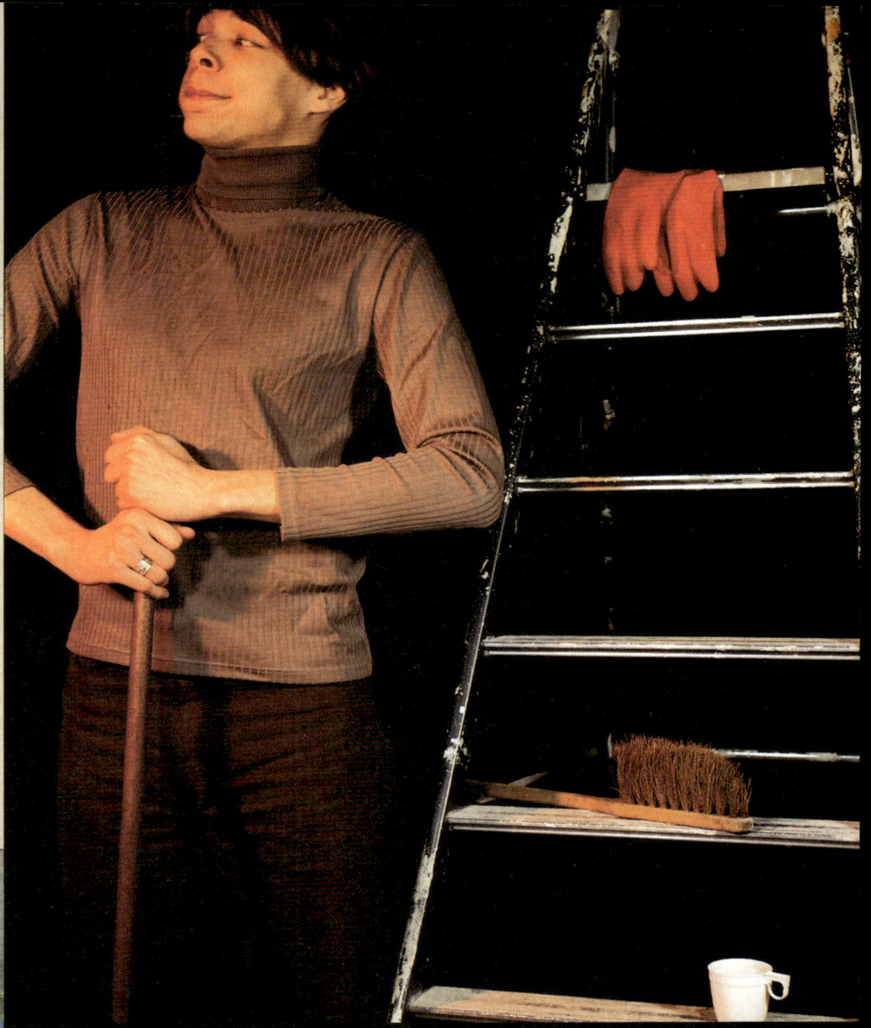

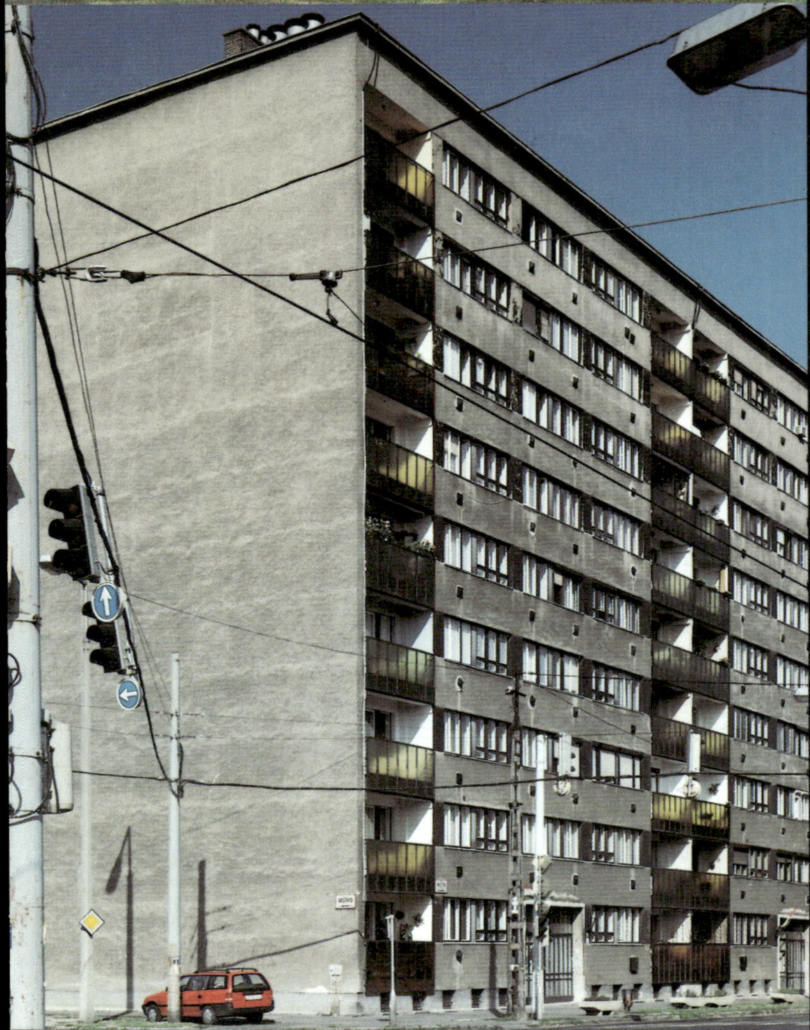

BUDAPEST

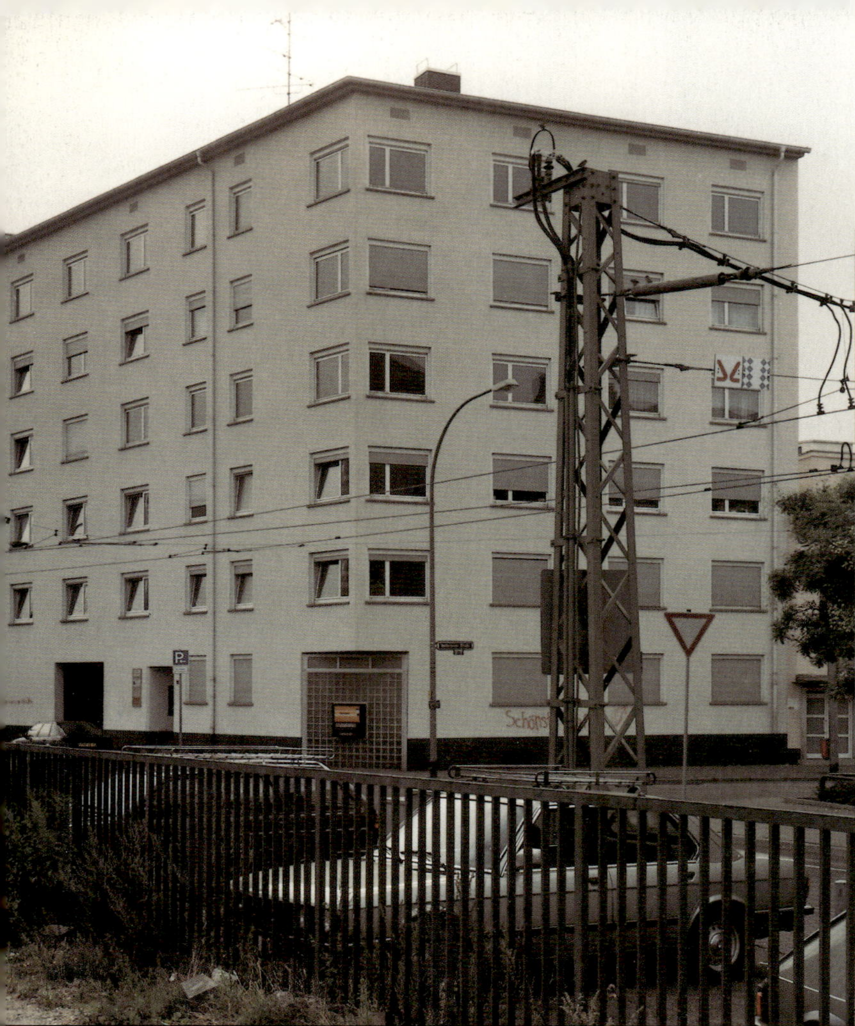

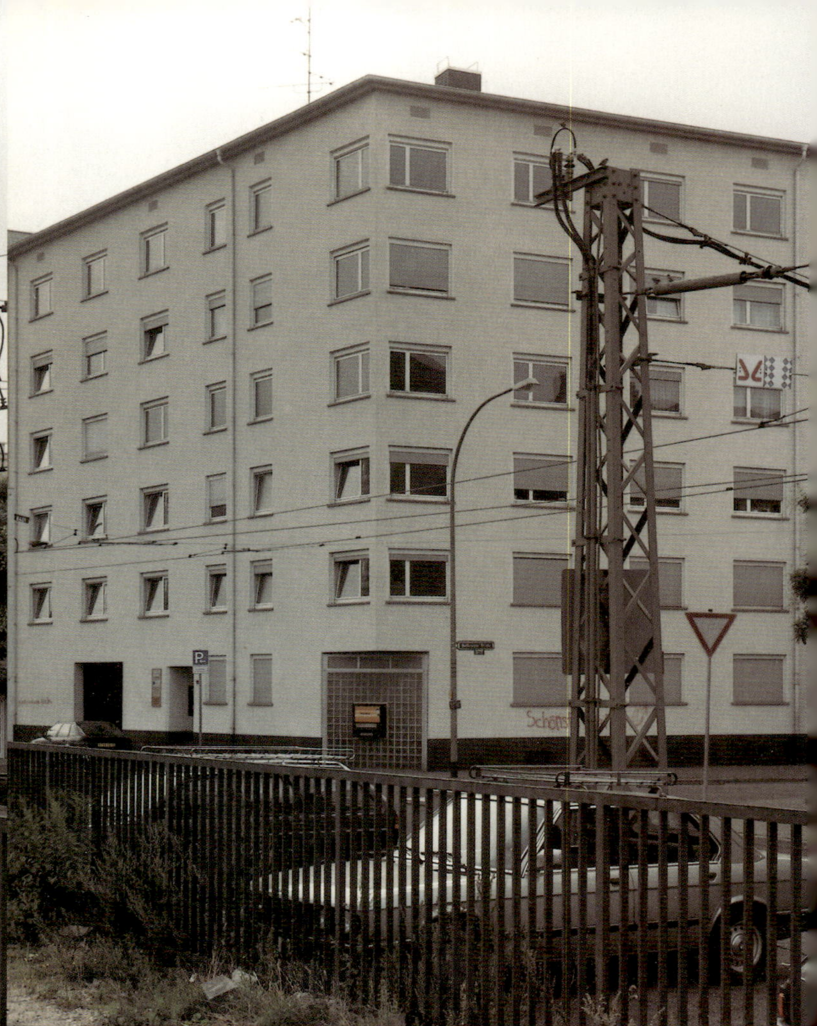

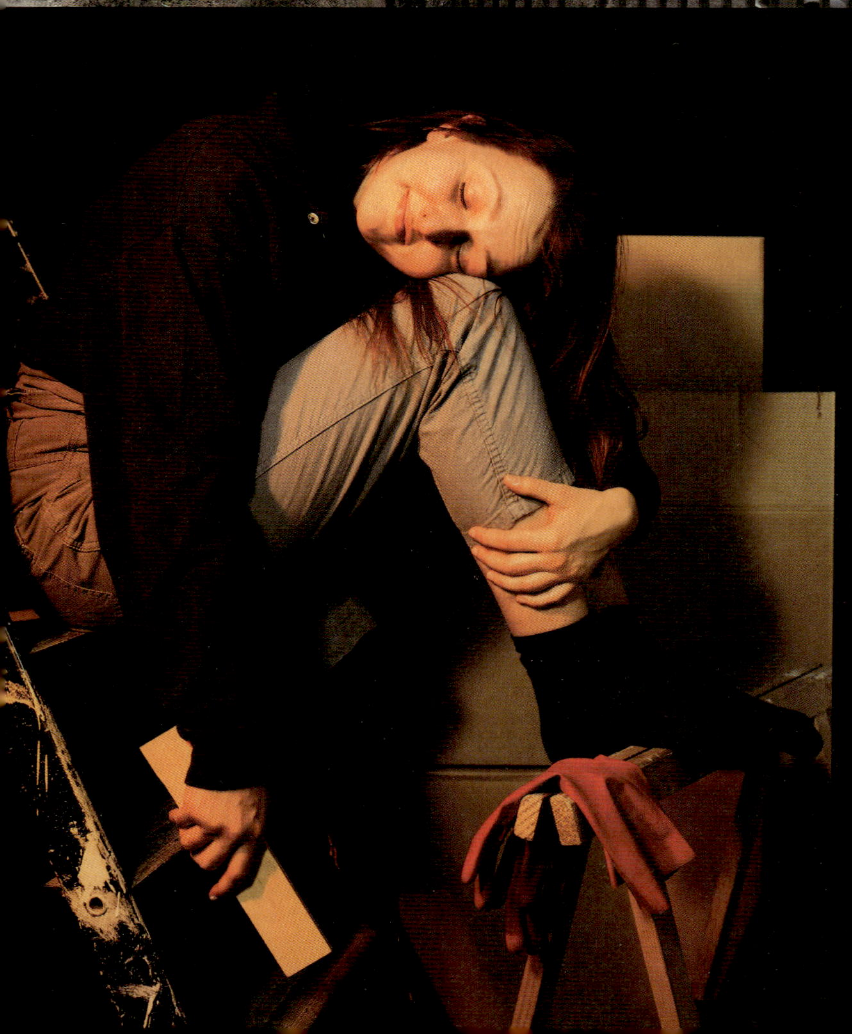

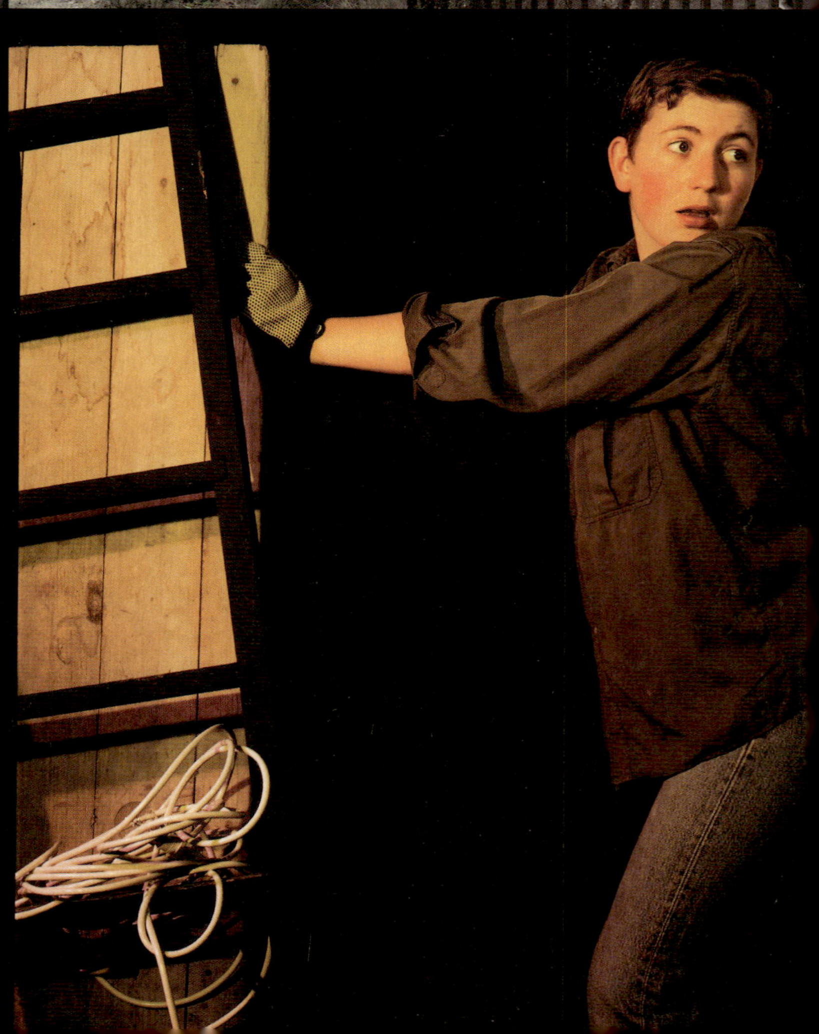

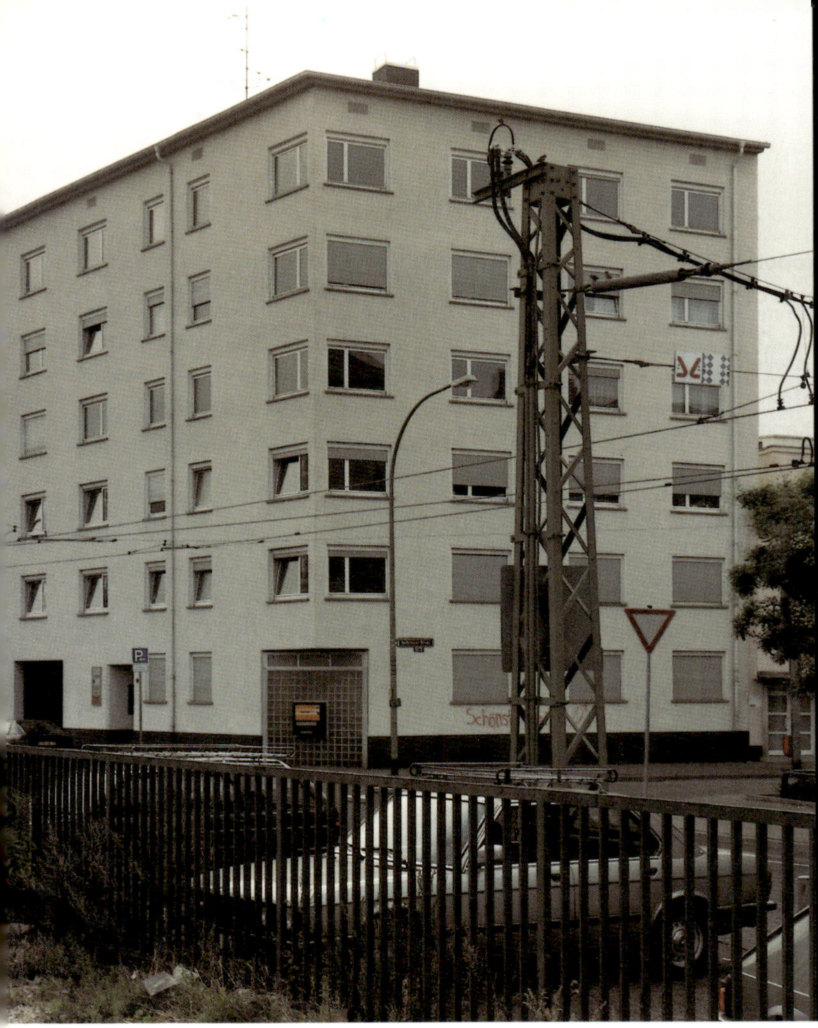

FRANKFURT

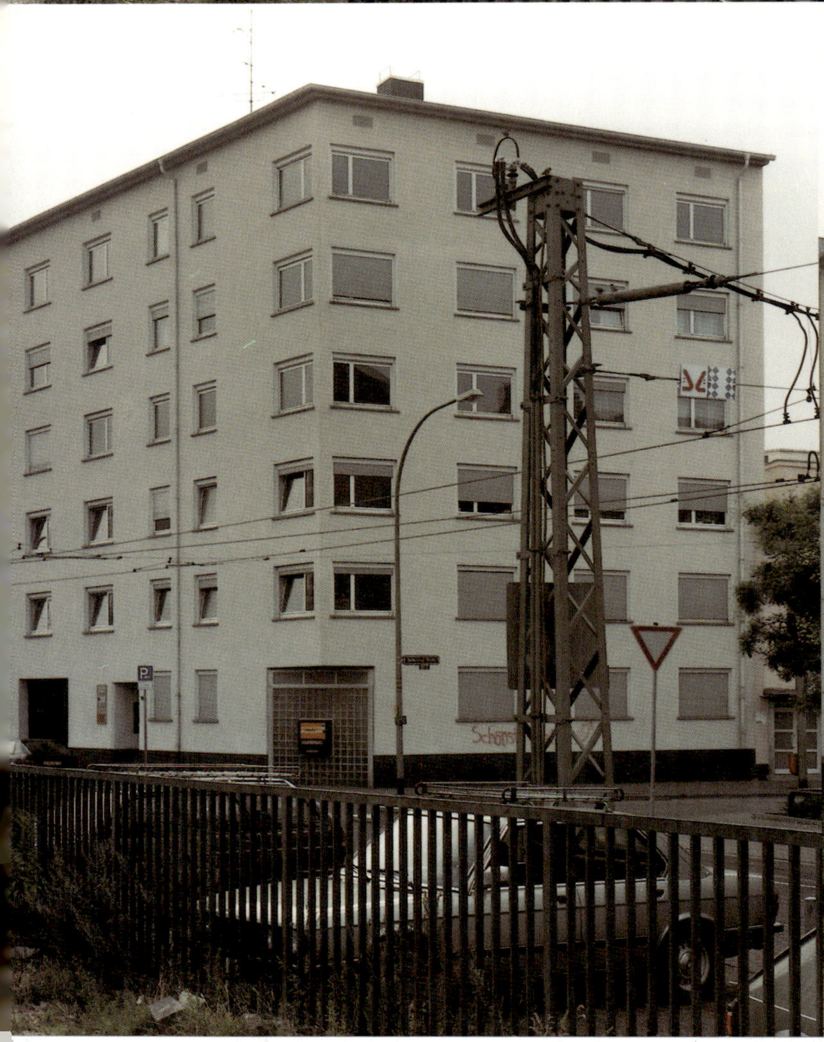

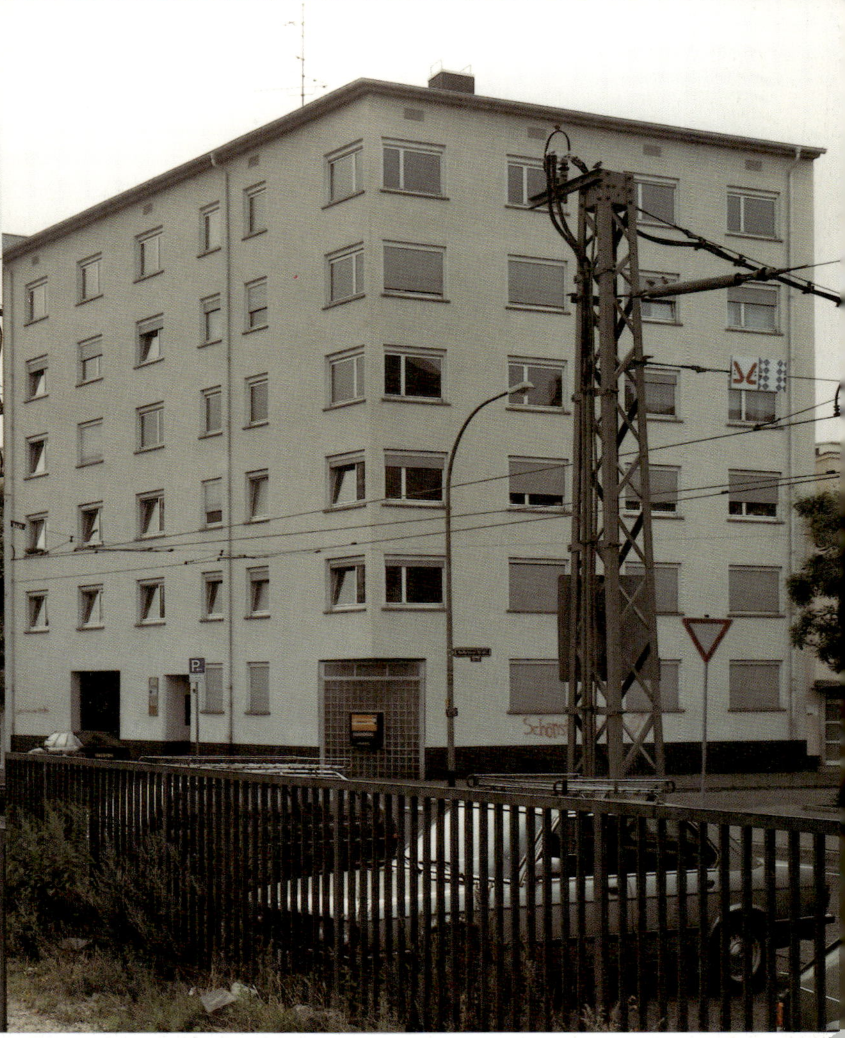

Aufwertung von Stadtvierteln, die Umwandlung altindustrieller Gewerbeflächen und Festivalisierungsprojekte wie Messen oder Weltausstellungen (Harvey 1985). Zugleich sind die wirtschaftspolitischen Aktivitäten der lokalen Administration mit dem Abbau öffentlicher Dienstleistungen und der Förderung marktförmiger Konsumtionsweisen verbunden. Angesichts des massiven Abbaus industrieller Arbeitsplätze, des Rückgangs der Gewerbesteuern und wachsender Sozialausgaben werden solche Bestrebungen gegenwärtig forciert.

Postmoderne Imagestrategien

Mit der verschärften Städtekonkurrenz nimmt auch die Bedeutung von Imagestrategien zu. Großstädte waren stets favorisierte Objekte der Mythenbildung, eine beständige Quelle für Fiktionen und Erzählungen. Planerische Entwürfe, politische Konzepte und populäre Darstellungsweisen tragen dazu bei, den städtischen Raum zu kennzeichnen und ein lokales Selbstverständnis herzustellen beziehungsweise zu verstärken. Bilder, Erzählungen und Visionen konstituieren das Urbane als imaginäres Objekt und halten so den fragmentierten Raum zusammen. Diese Ideologien oder – in der Terminologie von Roland Barthes – »Mythen des Städtischen« entwerfen ein Bild von der Stadt als kohärente Einheit, das die unterschiedlichen Praxisformen der Individuen und Kollektive synthetisiert und zugleich formiert.

Der Mythos der »Dienstleistungsmetropole« erfüllte in den letzten Jahrzehnten eine solche Funktion. Er vereinheitlicht den Umbruch der Produktions- und Konsumtionsweisen im Bild der »postindustriellen Stadt«. Viele Städte versuchen, sich als Tertiär- und Konsumräume darzustellen und die Bedeutung der industriellen Produktion herunterzuspielen. Die »Weißkragen-Ökonomie« gilt als Garant für Prosperität und für die Zunahme gut ausgebildeter und einkommensstarker Arbeitskräfte. Zugleich entwickelt sich mit dem Niedergang der lokalen Industrie und der Expansion des finanzindustriellen Komplexes in den Metropolen der »quartäre« Sektor (Prigge 1995) – die Verbindung von Dienstleistung, neuen Technologien und Kulturproduktion – zu einem wichtigen wirtschaftlichen Faktor. Das Wachstum der »symbolischen Ökonomie« (Zukin 1995) im Finanz-, Medien- und Unterhaltungsbereich veranlaßt das städtische Management, verstärkt auf den Ausbau der kulturellen Konsumtion und der dazugehörigen Industrie zu setzen.

Die Imagestrategie der postmodernen Urbanisierung operiert nach Christine Boyer (1995) vor allem mit zwei scheinbar widersprüchlichen Elementen: der Betonung von Unterschiedlichkeit (gegenüber anderen Städten) und der Garantie räumlicher Homogenität. Einerseits sollen die hochentwickelten Archipele der Stadt – Bürotürme, Kaufhäuser, Erholungszentren, Waterfronts – ihre Unverwechselbarkeit und eine attraktive urbane Lebensweise belegen. Andererseits werden diese Orte selbst zunehmend als austauschbare konstruiert, den international sich angleichenden Standards von Luxus und Entspannung entsprechend. Dieser gestaltete Raum der »self-enclosed places« (Boyer) separiert sich von seiner direkten Umgebung; er erhält seine Funktion aus seiner jeweiligen Stellung in der Global-Ökonomie und bezieht seinen symbolischen Wert aus dem hochbewerteten Architekturdesign. Die Räume, die zwischen diesen Archipelen liegen – etwa altindustrielle Gewerbegebiete oder Wohnquartiere der subalternen Klassen – werden dagegen vernachlässigt oder sich selbst überlassen. Die »Dienstleistungsstadt« offeriert den städtischen Raum als exklusives Angebot: einzelne Produkte beziehungsweise Konsumtionsstätten bürgen hier für die Qualität des Ganzen. Von den Orten des gehobenen Konsums soll sich der Mythos des Postindustriellen über die gesamte Stadt ausdehnen.

Im Gegensatz dazu verdichtete sich nach Boyer der Mythos der industriellen Stadt in der Maschinenmetapher. Man stellte sich die Stadt als gut funktionierende, mechanische Einheit vor – wie eine Fabrik mit gut geölten Maschinen. Da die infrastrukturellen Anforderungen der Industrie den städtischen Raum als Ganzes benötigten, waren die verschiedenen städtebaulichen Disziplinen bestrebt, einen homogenen Raum zu erzeugen, der über funktionale Trennungen (Arbeiten, Wohnen, Verkehr) zusammengehalten wurde. Mit der Flexibilisierung der Ökonomie und den Dezentralisierungseffekten der Kommunikationstechnologien erweist sich dieser homogene Raum zunehmend als Hindernis für die mobilen Kapital- und Informationsströme. Das neue Netz der privilegierten Knotenpunkte legt sich über die alten Raumstrukturen der industriellen Stadt und reißt deren großräumigen Zusammenhang auseinander (Banik-Schweitzer/Kohoutek 1996).

Sozialräumliche Heterogenisierung

Mit dem Ausbau der Headquarter Economy kommt es in den Metropolen zu einer Dualisierung und Segmentierung des Arbeitsmarktes in einen hochqualifizierten Sektor und einen Niedriglohnbereich. Die ökonomische Restrukturierung dieser Städte produziert sowohl das Anwachsen einer einkommensstarken Schicht von professionellen Dienstleistern, die in Verbindung mit den Kontroll- und Leitungsfunktionen stehen, als auch – parallel dazu verlaufend – schlecht bezahlten Jobs im unteren Produktions- und Dienstleistungsbereich. Der finanzindustrielle Komplex benötigt auch Wartungsmonteure, Lastwagenfahrer, Sicherheitsdienste, Putzkolonnen, Pizzaverkäufer et cetera.

So entsteht eine wachsende »soziale Polarisierung« beziehungsweise »Dualisierung« der Besitz- und Einkommensverhältnisse innerhalb der städtischen Bevölkerung. Allerdings sind die sozialräumlichen Polarisierungsprozesse in der Bundesrepublik nicht vergleichbar mit der sozialen Segregation in den USA. Die deutschen Städte verfügen über ein weitaus umfassenderes sozialstaatliches Sicherungssystem, um dessen Abbau es jedoch seit einiger Zeit geht.

Zugleich verstärkt die Expansion der Headquarter Economy die Hierarchisierung des städtischen Raums. Banken, Versicherungsfonds und transnationale Konzerne legen einen Teil ihres überschüssigen Kapitals in global gestreuten Immobilienbesitz an und nutzen die Grundstücksmärkte als reine Finanzanlage (Ronneberger/ Keil 1995). Nicht zuletzt aufgrund der spekulativen Verwertung von Immobilien, deren Wert sich weniger nach regionalen als nach globalen Maßstäben bemißt, zeichnen sich die Zentren der Metropolen durch eine Monostruktur von internationalen Ladenketten und Boutiquen aus. Die Kernstädte werden zu Konsum- und Erlebnisräumen geformt, die Einkaufsmöglichkeiten, Restaurants und Museen ebenso wie öffentliche Kunstausstellungen, Theateraufführungen und Straßenfeste umfassen.

In den Metropolen etabliert sich ein neuer Raumtypus, der in der angloamerikanischen Diskussion mit dem Begriff »public-private liminal spaces« umschrieben wird. Gemeint sind damit Orte wie Einkaufszentren (»Malls«) oder Themen- beziehungsweise Erlebnisparks, in denen sich kommerzielle und nichtmarktförmige Aktivitäten überlagern. Solche Archipele eines kontrollierten Erlebens versuchen die Atmosphäre und das Image eines traditionellen Stadtplatzes zu erzeugen, der gemeinhin mit Kommunikation, Öffentlichkeit und Spektakel gleichgesetzt wird. Diese Räume stehen für die Dominanz der Märkte über die Orte und für die Leugnung der Trennung von privatem und öffentlichem Raum.

Die klassischen Orte der Öffentlichkeit – Straßen, Plätze und Parks – werden, zumindest in den USA, durch Malls und Themenparks ersetzt. Es handelt sich dabei um reale »Festungsstädte«, gebaut für Menschen vornehmlich aus den suburbanen Mittelklassen, die den »Gefahren der Großstadt« zu entkommen suchen. Die Malls und Themenparks produzieren eine Art von Öffentlichkeit, die sich am Mythos der heilen Kleinstadt orientiert: keine Gewalt, keine Obdachlosen, keine Drogen (Ronneberger 1996). Visuelle

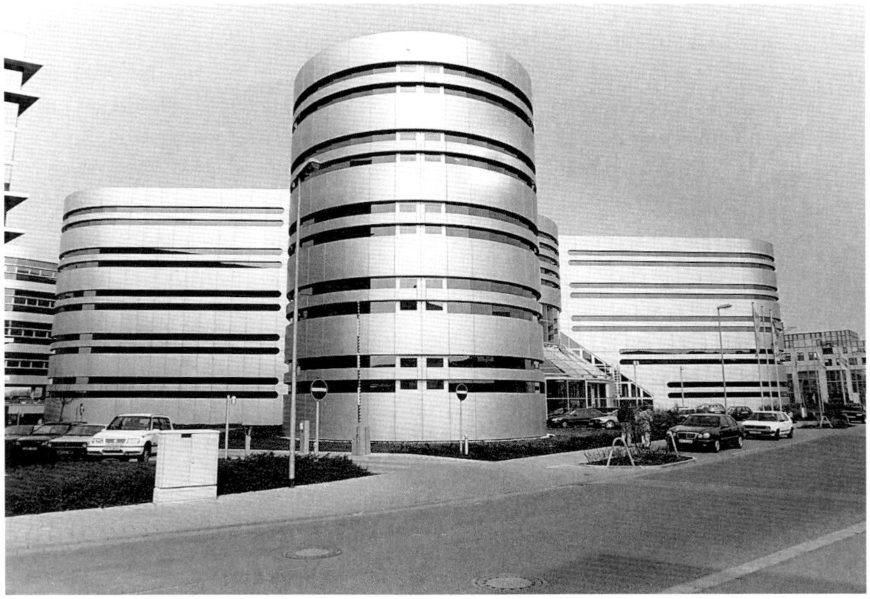

Dienstleistungszentrum in Neu-Isenburg, südlich von Frankfurt

Kohärenz, räumliche Kontrolle und privates Management lassen die Malls und Themenparks als Idealtypen eines neuen öffentlichen Raumes erscheinen, der der Mittelklasse-Norm einer »cleanen« Erlebniswelt entspricht.

Dieses Urbanisierungsmodell zielt nicht nur auf eine Exklusion, die unter anderem über das Medium Geld vermittelt ist, die gesicherten Archipele des Konsums fungieren auch zunehmend als Vorbild für die gesamte Stadtentwicklung. So nimmt die Bereitschaft der städtischen Behörden zu, Bereiche des öffentlichen Raums in einer Weise zu organisieren, wie sie für Themenparks und Malls typisch ist. Da die neue städtische Armut der Vorstellung einer »relaxten« Konsumatmosphäre entgegensteht, sollen deshalb die verschiedenen Submilieus aus diesen Räumen vertrieben werden. Die Betreiber der Kaufhäuser und Ladenketten in der City sind bestrebt, die Innenstadt dem suburbanen Mall-Modell anzupassen, dessen Erfolg auch auf der Garantie des gesicherten Konsums basiert. Eine profitable Immobilienverwertung und die Steigerung des Warenumsatzes werden nun in direkte Beziehung zu Sicherheit und Ordnung gesetzt. Zentrale Bereiche der Städte geraten so unter privatwirtschaftliche Kontrolle und damit auch unter die Aufsicht privater Sicherheitsdienste (Voß 1993).

Polarisierung zwischen Kernstadt und Umland

Auch wenn die europäischen Städte nicht den ausgeprägten Dualismus amerikanischer Stadtlandschaften kennen, polarisieren sich auch hier die Beziehungen zwischen Kernstadt und Umland zunehmend. Dieser Vorgang soll exemplarisch am Beispiel der Rhein-Main-Region dargestellt werden.

Seit den 80er Jahren zeichnet sich in Frankfurt eine Verdrängung bestehender Industrie- und Gewerbestandorte durch den anhaltenden Tertiarisierungsprozeß und die Dominanz der global orientierten Finanzindustrie ab. Der lokale Arbeitsmarkt polarisiert sich zusehends sowohl durch den Abbau des produzierenden Gewerbes als auch durch die spezifischen Anforderungen der Headquarter Economy. So gehört Frankfurt zu den Städten in der Bundesrepublik mit dem höchsten Rückgang von gering qualifizierten Arbeitsplätzen. Im statistischen Durchschnitt sind die Beschäftigten mit Wohn- und Arbeitsort Frankfurt beruflich weniger mobil, schlechter qualifiziert, verdienen unterdurchschnittlich und tragen ein höheres Arbeitsmarktrisiko als die Bevölkerung in den Umlandgemeinden. Die Stadt verzeichnet die zweithöchste Arbeitslosenquote in der Region und zugleich neben Offenbach und Wiesbaden den höchsten Anteil an Sozialhilfeempfängern (Bartelheimer 1995). Der Ausbau Frankfurts zur internationalen Finanz- und Dienstleistungsmetropole und der Niedergang des industriellen Sektors verändern vor allem die Lebensbedingungen der Migranten. Einerseits sind gerade diese Bevölkerungsgruppen stärker von der Krise im industriellen Sektor betroffen, andererseits profitieren sie nur unzureichend vom Ausbau der Dienstleistungsökonomie. Insgesamt läßt sich festhalten, daß die Kernstadt nicht nur den wichtigsten Arbeitsmarkt für die Region darstellt, sondern auch eine größere soziale Integrationsleistung als das Umland zu erbringen hat.

Der Ausbau der Global City-Funktionen erzeugt einen doppelten Peripherisierungsprozeß im Zentrum: Während sich die Mittelklassen und bestimmte ökonomische Aktivitäten in die suburbane Peripherie zurückziehen, bildet die Kernstadt das »umkämpfte Terrain« (Sassen 1996) für jene Menschen, die die »bad jobs« des Dienstleistungsgewerbes erledigen und damit ebenso wie die Finanzindustrie struktureller Bestandteil der Zitadellenökonomie sind. In diesem Sinne stellen »Zentrum« und »Peripherie« keine geographische Begriffe dar, vielmehr handelt es sich um soziale Verhältnisse, die – vermittelt über die Ökonomie des Bodenmarktes und die Dominanz bestimmter gesellschaftlicher Nutzergruppen – territorialisiert werden.

Während in bestimmten innerstädtischen Lagen soziale Brennpunkte entstehen, entwickeln sich in den peripheren Räumen prosperierende Wohlstandsgebiete. Auf diese Weise hat sich ein regionaler »Speckgürtel« um Frankfurt herausgebildet. Allerdings läßt sich auch im Umland eine verstärkte soziale Polarisierung feststellen. Nachdem sich in der Main-Metropole bereits in den 80er Jahren ein hoher Armutssockel unter der deutschen wie der nichtdeutschen Wohnbevölkerung herausbildete, beschleunigt sich gegenwärtig die sozialräumliche Polarisierung in der Region. So wachsen gegenwärtig Migration und Armutsentwicklung in den Landkreisen schneller an als in den Städten (Barthelheimer 1995).

Grundsätzlich lassen sich somit mehrere Dynamiken im Rhein-Main-Raum ausmachen: Eine punktuelle Zentralisierung der Region und eine Peripherisierung von Teilen der Innenstädte; eine verstärkte soziale Hierarchisierung innerhalb der Kernstädte und eine Polarisierung zwischen dem Zentrum und der Peripherie; eine wachsende Marginalisierung von Migranten; eine Entwertung der industriellen Arbeitskultur und schließlich eine schnell anwachsende Armutsentwicklung in den Umlandgemeinden.

Regionale Identität?

Die Dynamik der gegenwärtigen Urbanisierung führt auch zu einer Auflösung alltagsweltlicher Kohärenzen. Immer weniger stimmen die Wahrnehmungs- und Handlungsweisen der Agglomerationsbewohner mit den herkömmlichen Dispositiven des urbanen Raumes – »Quartier« oder »Stadt« – überein. Die sozio-kulturelle Zersplitterung wird zusätzlich noch durch das Patchwork der bestehenden politisch-territorialen Strukturen verstärkt. Die urbanen Großregionen erstrecken sich mittlerweile über eine Vielzahl von Gemeinden und überschreiten auch die Grenzen von Bundesländern. Damit ergeben sich die unterschiedlichsten Möglichkeiten für territoriale Exklusions- und Formierungsstrategien (Ronneberger/Schmid 1995). So wird beispielsweise die administrativ zersplitterte Struktur des Wirtschaftsraumes Rhein-Main von vielen ökonomischen und politischen Akteuren als ein entscheidendes Hemmnis im Konkurrenzkampf mit anderen europäischen Wirtschaftsräumen angesehen. Deshalb rückt nun die Metropolisierung der Region in den Vordergrund.

Die globale Restrukturierung von Frankfurt-Rhein-Main artikuliert sich vor allem als Diskurs der Regionalisierung. Dieser Diskurs folgt der gegenwärtigen Stadtentwicklung: der Metropolisierung des Umlandes, im umgekehrten Gefälle von Zentrum und Peripherie, also »Speckgürtel« einerseits und Peripherisierungstendenzen des Zentrums andererseits. Nach einem Jahrzehnt der »Urbanität«, der Konzentration auf die globale Restrukturierung des Städtischen in Frankfurt selbst, folgen die Diskurse der Stadtentwicklung nun den Problemen der Auflösung der Stadt in die Region.

In diesem Kontext wird die Herstellung eines Regionalbewußtseins als wichtiges Instrument angesehen, lokale Partikularismen zu überwinden und damit die Weiterentwicklung des Wirtschaftsraumes zu garantieren. Mit Hilfe einer Corporate Identity-Politik, symbolischen Aktionen und planerischen Aktivitäten (zum Beispiel dem Regionalpark) soll der Rhein-Main-Raum nach außen als geschlossene Einheit präsentiert werden. In groß angelegten Werbeaktionen wird immer wieder das Bild einer »menschlichen Region« beschworen, die mehr und mehr zusammenwachse. Dem steht jedoch die polyzentrische Struktur der Region entgegen. Die unterschiedliche Geschichte der einzelnen Landschaften und Städte, das Fehlen einer gemeinsamen Vergangenheit, wie sie etwa das Ruhrgebiet mit seiner spezifischen Industriegeschichte besitzt, hat bislang im Rhein-Main-Gebiet eine übergreifende Regionalidentität verhindert.

Eng damit verknüpft sind auch die Bemühungen um eine effizientere strategische Planung auf regionaler Ebene. Im Kontext des verschärften globalen Wettbewerbs zwischen den Regionen besteht somit die Tendenz, die notwendige Verbesserung der lokalen Kooperation an einen technokratischen Zentralismus zu koppeln und kleinräumige Entscheidungsstrukturen auszuhebeln (Ronneberger/Keil 1995). Allerdings bestehen viele Umlandgemeinden – angesichts der knapper werdenden Ressourcen – auf dem kommunalen Prinzip der Eigenständigkeit und lehnen eine übergreifende Neuformierung des Rhein-Main-Gebietes ab. Offensichtlich stellt die auf Metropolisierung ausgerichtete Strategie der Vereinheitlichung und die Modernisierung von Verwaltungsstrukturen den Status quo bestehender Machtbalancen in Frage und produziert neue Konflikfelder.

Die enge wirtschaftliche Verflechtung ist zwar allen Akteuren bekannt, aber der Versuch, die lokale Bevölkerung auf eine gemeinsame regionale Identität einzustimmen, widerspricht ganz offensichtlich den bestehenden politischen und sozio-kulturellen Realitäten. Das Postulat eines Gefühl der Gemeinsamkeit, wie sie etwa von Planern oder von der Industrie- und Handelskammer konstruiert und auf die Region projiziert wird, muß deshalb fehlschlagen. Gegen das Argument der Ineffizienz und der Angebotsverdopplungen, wird von den Umlandgemeinden gerade die Polyzentralität des regionalen Raumes als seine wesentliche Stärke herausgestellt. In der Tat kann man die Regionalisierungskonzepte auch als eine Kampagne gegen die kommunale Selbständigkeit der Städte verstehen (Hoffmann-Axthelm 1996: 44).

Ungleichheit im Raum

Der ökonomische Standortdiskurs ist gekoppelt an die kulturelle Formierung regionaler Identität. Diese Position repräsentiert das »wir« in der Region – in Konkurrenz zu anderen Städten in Europa. Dazu bedarf es der Vereinheitlichung der Region. Dem folgen politische Konzepte der Verwaltungsreform im Gestrüpp der Parteienpolitik. Diskutiert werden Modelle der Strukturreform bestehender und die Neugründung von Institutionen der regionalen Planung und Verwaltung. Ziel ist die Verschlankung und Flexibilisierung der Administration, um Planung, Entwicklung und Einbindung der Ressourcen in die ökonomische, von Frankfurt ausgehende Entwicklungsrichtung »Metropolisierung der Region« effektiver zu koordinieren. Beide Positionen ergänzen sich und beherrschen den Diskurs über die Region. Sie sind bezogen auf ökonomische Globalisierung und kulturelle Vereinheitlichung des Wirtschaftsraumes: Zentralität, Effektivität und Identität lauten die Ansatzpunkte für die Regionalisierung des Stadtentwicklungsprozesses. In der Standortkonkurrenz wird »die Metropole« das räumliche Dispositiv, mit dem die Region von oben konstituiert werden soll (Prigge/Ronneberger 1995).

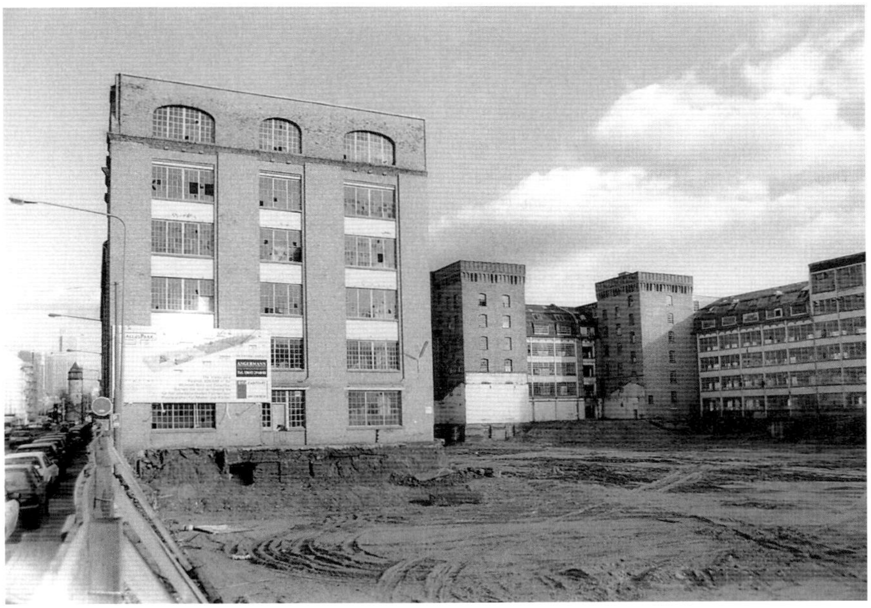

Die ehemaligen Adlerwerke im Frankfurter Gallus-Viertel

Dagegen stehen die Diskurse des regionalen Populismus. Sie sind lokal orientiert, gegen die Zentrale Frankfurt – nach dem Motto »Not in My Backyard«. Gegen den Anspruch der regionalen Regulation und die hegemoniale Stellung Frankfurts verteidigen sie das kommunale Prinzip der

Eigenständigkeit in der intraregionalen Konkurrenz um die Wohlstandseffekte der Globalisierung. Die »Suburbanen« zeigen wenig Verständnis dafür, die Kernstadt mitzufinanzieren, obwohl ein Teil der Kosten nicht zuletzt durch die Zentrumsnutzung der Peripherie verursacht wird. Die vorherrschende Haltung zum kommunalen Finanzausgleich zugunsten von Frankfurt ist »nein danke«: Die letzten Jahre habe Frankfurt über seine Verhältnisse gelebt, nun müsse es auch die hausgemachten Finanzprobleme selber lösen; »nein danke« zu Drogenkonsumenten, Obdachlosen und Sozialempfängern, die die städtische Administration aus Frankfurt herauszudrängen versucht. »Nein danke« zum sozialen Wohnungsbau, den Frankfurt in den Umlandgemeinden mit Belegungsrechten finanzieren will: Das bedeutet Export sozialer »Unterschichten«, der die soziale Mischung in den Umlandgemeinden verändert.

Obwohl ein Großteil der »Suburbanen« beruflich und materiell von der Wirtschaftskraft der Kernstadt profitiert und selbst entscheidend zur Urbanisierung des »Hinterlandes« beigetragen hat, bilden sich gerade in der Peripherie wachstumskritische Bewegungen heraus, wenn die sozialen und ökologischen Folgelasten der Metropole die lokale Lebensqualität bedrohen. Solche Protestformen lassen sich zunächst als Ausdruck einer wachsenden Fähigkeit bestimmter sozialer Milieus zur Selbstorganisation verstehen. Heute üben die unterschiedlichsten Gruppen öffentlichen Druck aus, um Einfluß auf die Verteilung von Ressourcen zu erlangen oder ihre spezifischen Lebensweisen zur Geltung zu bringen. Im Gegensatz zu den sozialen Bewegungen der 70er Jahre steht jedoch gegenwärtig die Absicherung des eigenen sozialen Status quo im Vordergrund. Im Wechselspiel von territorialer Abgrenzung und Erosion des Solidargedankens dominiert ein Partikularismus, der sich durch Ausschließungsprozesse auszeichnet und die Ungleichgewichte zwischen den verschiedenen Räumen verstärkt. Zugleich transformiert sich der Widerstand gegen den bürokratischen Zentralstaat zu einer populistischen Bewegung, die die Ansprüche einzelner sozialer Gruppen durch die Schaffung neuer Ungleichheiten zufriedenstellen will.

Die Globalisierung Frankfurts fordert ihren sozialräumlichen Tribut, der nun regionalisiert werden soll. Die populistischen Diskurse der Umlandgemeinden kritisieren dabei die Hegemonie des Zentrums: Im Kampf um Wohlstandseffekte der Globalisierung artikuliert sich das wachsende Selbstbewußtsein der reicher werdenden Kommunen im Umland als sozialökonomischer Lokalismus. Es heißt nicht mehr: Die Großstadt saugt die Region aus, sondern die durch zunehmende Betriebsverlagerungen reich gewordenen Umlandgemeinden versuchen, ihren Wohlstand gegen die großstädtischen Probleme abzuschotten (vgl. Prigge/ Ronneberger 1995).

Angesichts der Polarisierungen im Diskurs des Regionalen erscheint ein regionaler Ausgleich sozialökonomischer Probleme wenig wahrscheinlich: Ein territorialer Kompromiß für die widersprüchlichen Verflechtungen von Stadt und Region wird nicht formuliert, regionale Solidarität nicht artikuliert.

Literatur:

Renate und Rudolf Kohoutek Banik-Schweitzer: »Thema ›Öffentlicher Raum‹«. In: *News Letter*, 7, Wien 1996.

Peter Bartelheimer: *Frankfurter Sozialberichterstattung. Muster sozialräumlicher Polarisierung. Zwischenbericht.* Frankfurt am Main 1995.

Christine Boyer: »The Great Frame-Up: Fantastic Appearances in Contemporary Spatial Politics«. In: Helen Liggett und David C. Perry (Hg.): *Spatial Practices.* London/ New Delhi 1995

David Harvey: *The Urban Experience.* Baltimore 1985.

Dieter Hoffmann-Axthelm: *Anleitung zum Stadtumbau.* Frankfurt am Main und New York 1996.

Peter Noller und Klaus Ronneberger: *Die neue Dienstleistungsstadt. Berufsmilieus in Frankfurt am Main.* Frankfurt am Main und New York 1995.

Walter Prigge: »Urbi et orbi – zur Epistemologie des Städtischen«. In: Hitz, Hansruedi u. a. (Hg.): *Capitales Fatales.* Zürich 1995.

Walter Prigge und Klaus Ronneberger: »Globalisierung und Regionalisierung. Zur Auflösung Frankfurts in die Region«. In: Ipsen, Detlef (Hg.): *Stadt-Region.* Frankfurt am Main 1995.

Klaus Ronneberger: »Die neue Stadt: profitable Immobilienverwertung, Umsatzsteigerung, Sicherheit und Ordnung«. In: Peter Neitzke u. a. (Hg.): *CENTRUM.* Jahrbuch Architektur und Stadt 1996. Braunschweig und Wiesbaden 1996.

Klaus Ronneberger und Roger Keil: »Ausser Atem – Frankfurt nach der Postmoderne«. In: Hitz, Hansruedi u. a. (Hg.): *Capitales Fatales.* Zürich 1995.

Klaus Ronneberger und Christian Schmid: »Globalisierung und Metropolenpolitik: Überlegungen zum Urbanisierungsprozeß der 90er Jahre«. In: Hitz, Hansruedi u. a. (Hg.): *Capitales Fatales.* Zürich 1995.

Saskia Sassen: »Global City – Hierarchie, Massstab, Zentrum«. In: Hitz, Hansruedi u. a. (Hg.): *Capitales Fatales.* Zürich 1995.

Saskia Sassen: *Metropolen des Weltmarktes. Die neue Rolle der Global Cities.* Frankfurt am Main und New York 1996.

Christian Schmid: »Urbane Region und Territorialverhältnis – Zur Regulation des Urbanisierungsprozesses«. In: Michael Bruch und Hans-Peter Krebs (Hg.): *Unternehmen Globus.* Münster 1996.

Michael Voß: »Privatisierung öffentlicher Sicherheit.« In: Detlev Frehsee u. a. (Hg.): *Strafrecht, soziale Kontrolle, soziale Disziplinierung.* Opladen 1993.

Sharon Zukin: *The Cultures of Cities.* Cambridge/ Oxford 1995.

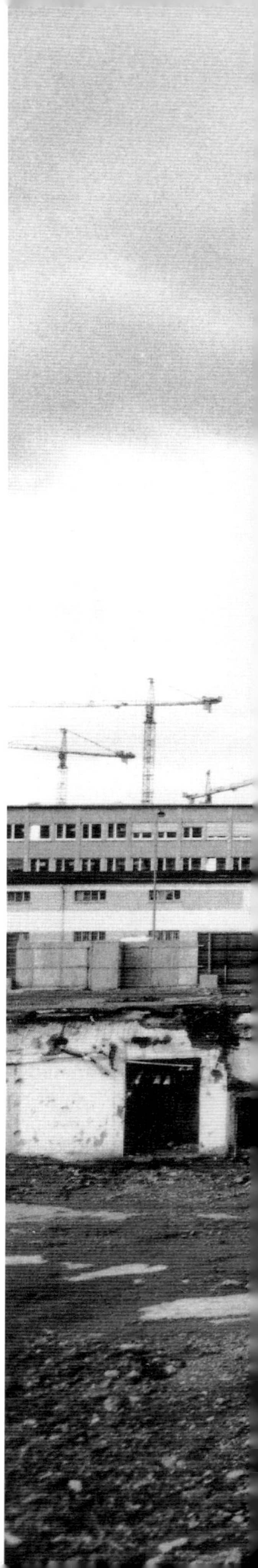

Der Messeturm in Frankfurt

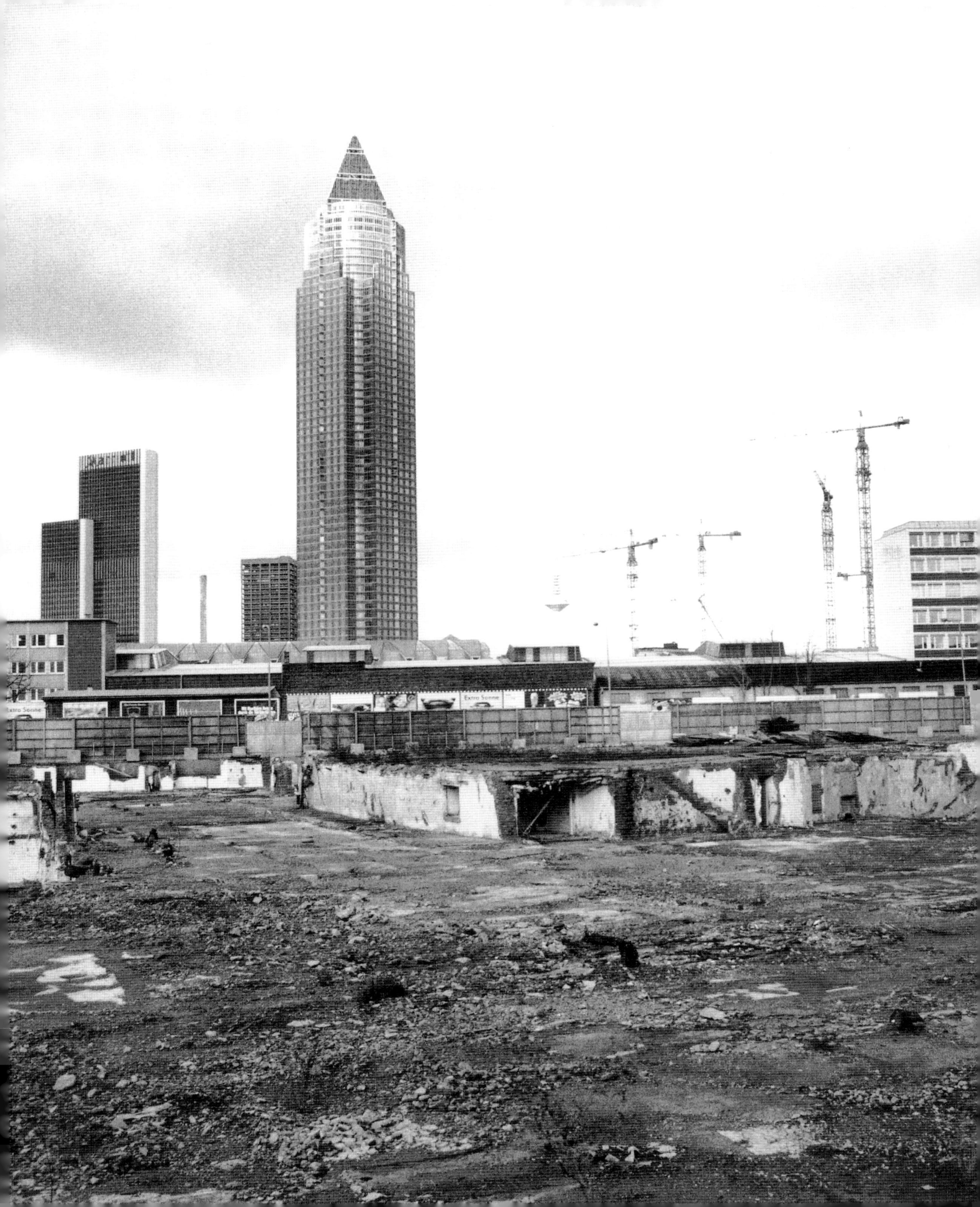
Extra Sonne
Extra Sonne

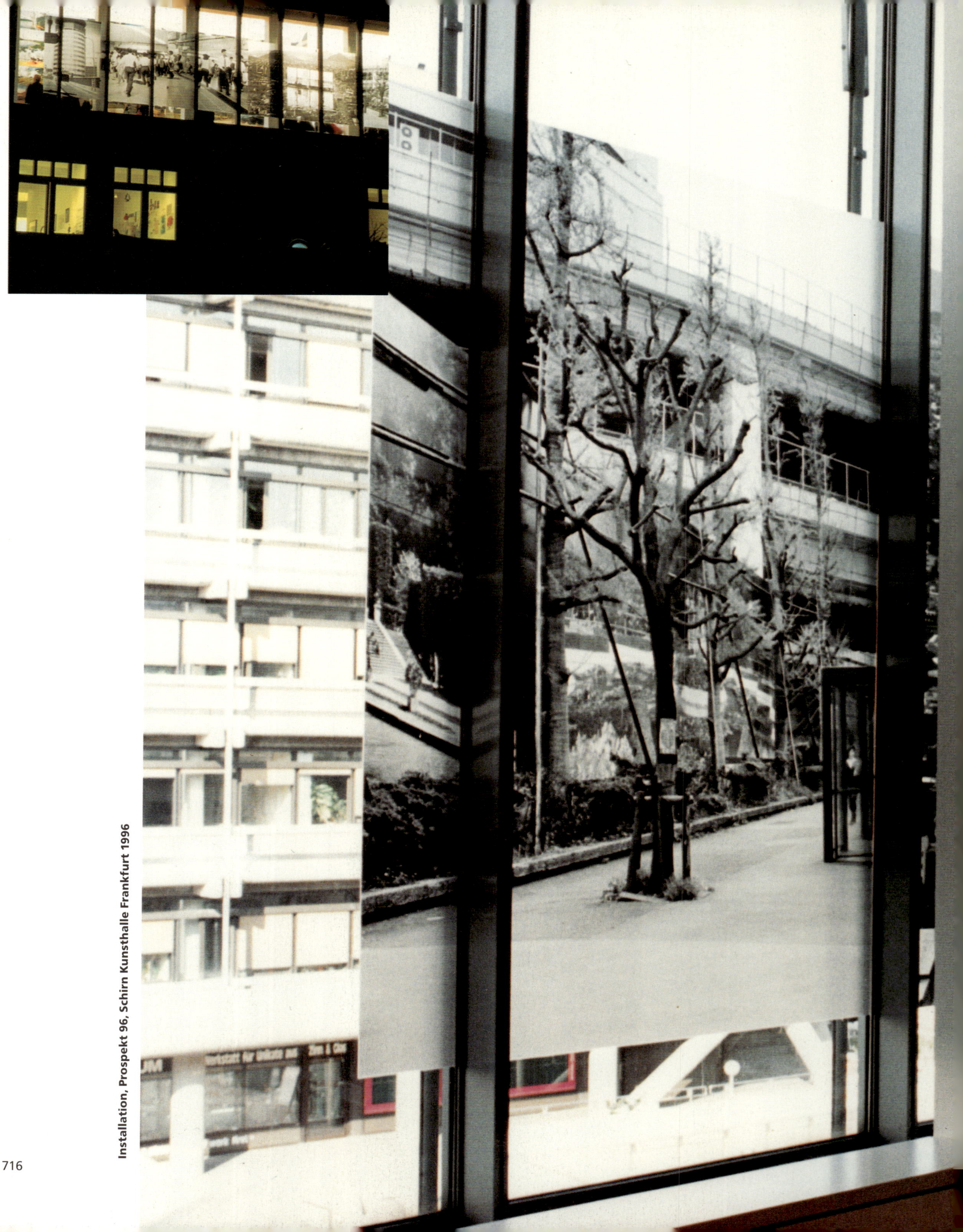

Installation, Prospekt 96, Schirn Kunsthalle Frankfurt 1996

Aglaia Konrad

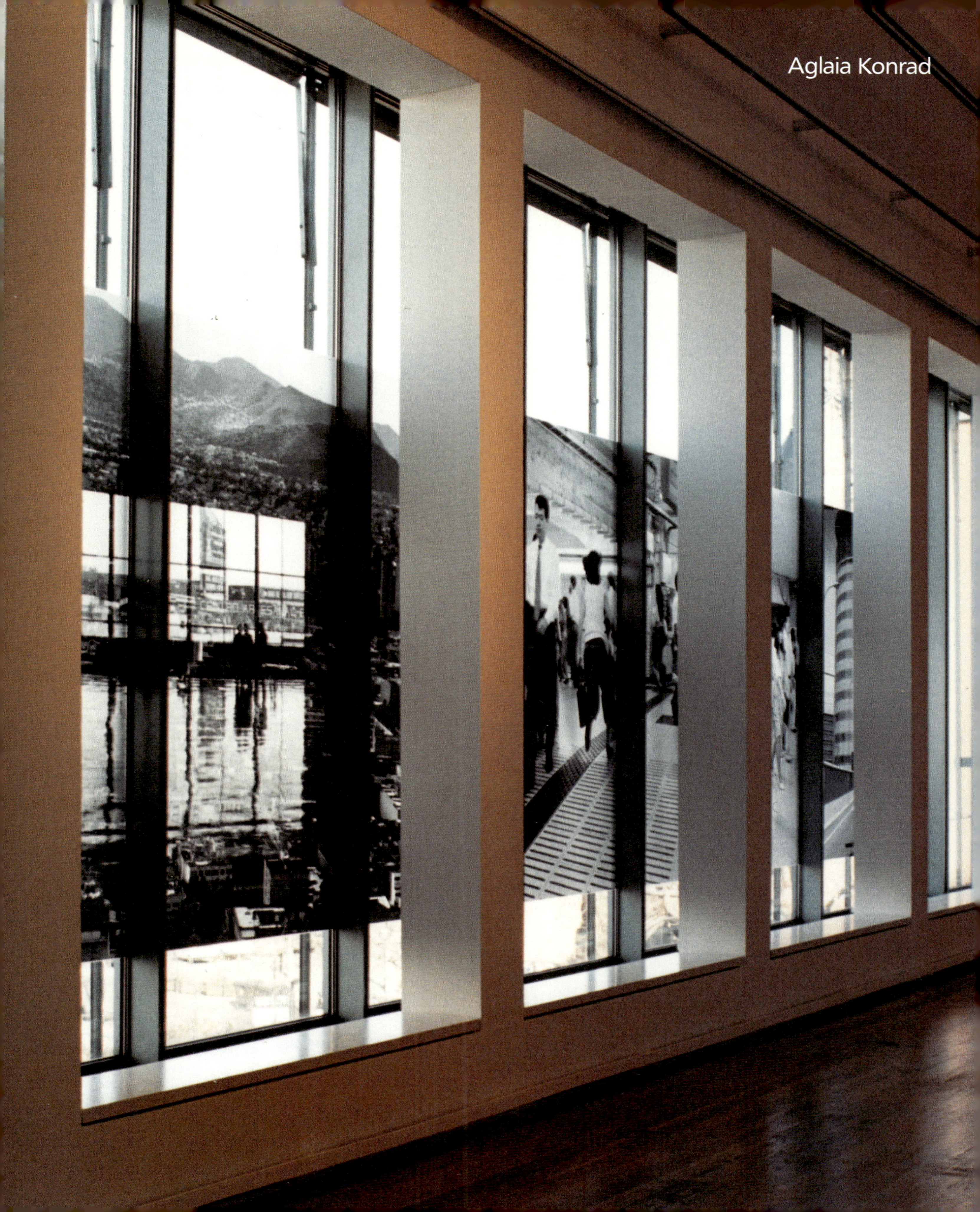

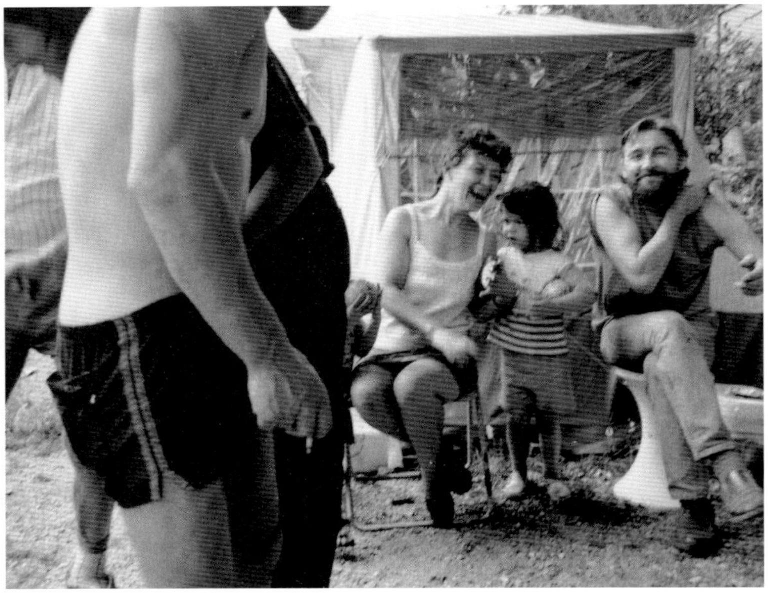

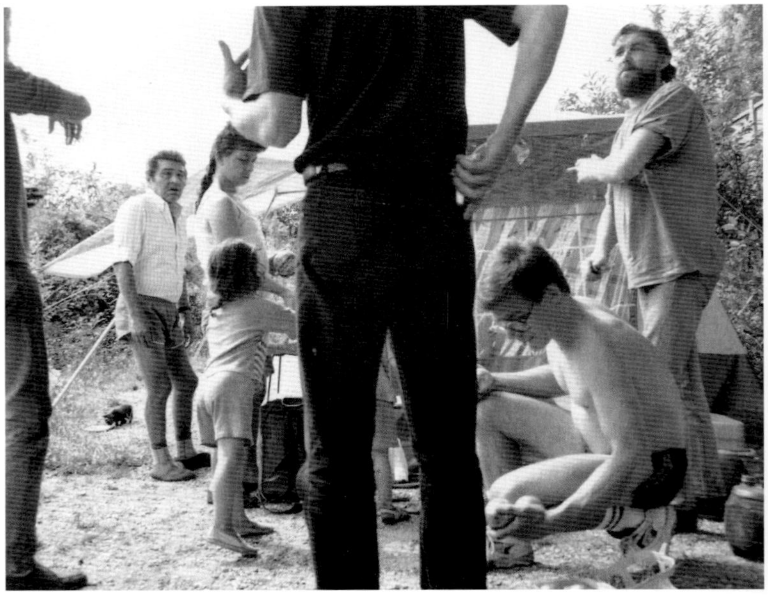

Projet du Grand Stade, Plaine Saint-Denis

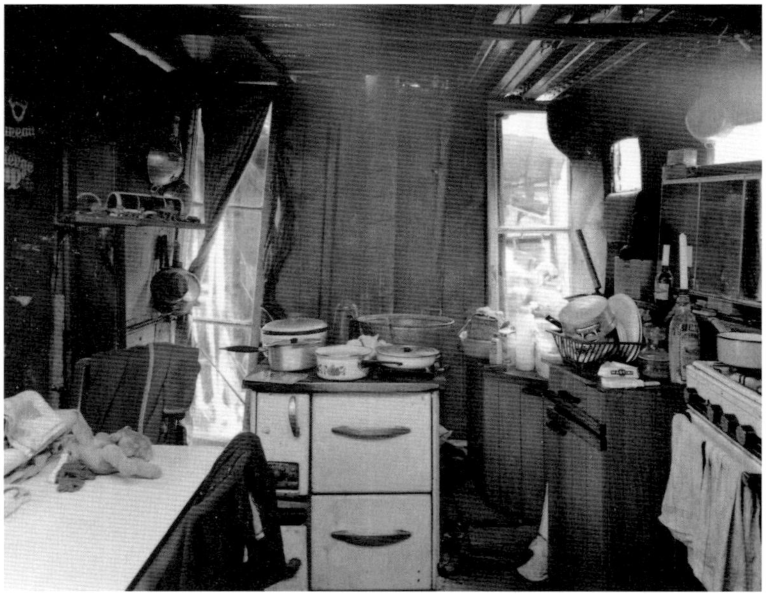

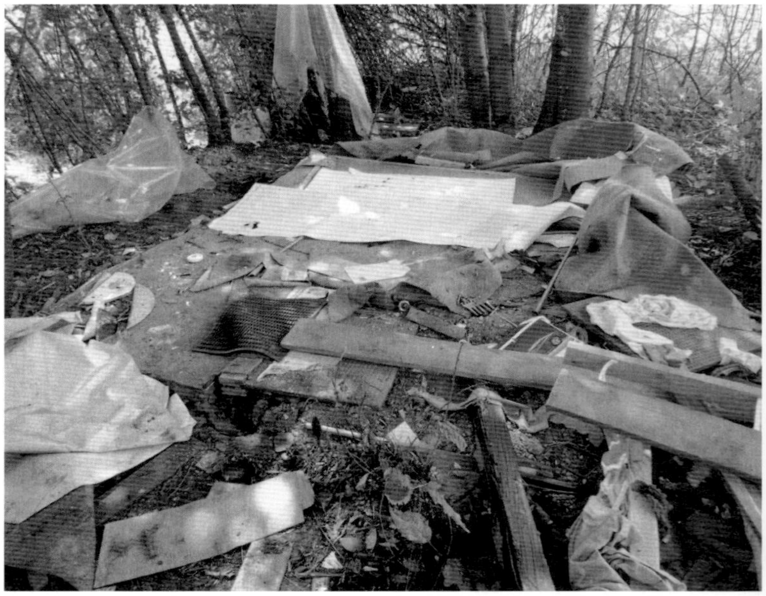

Marc Pataut

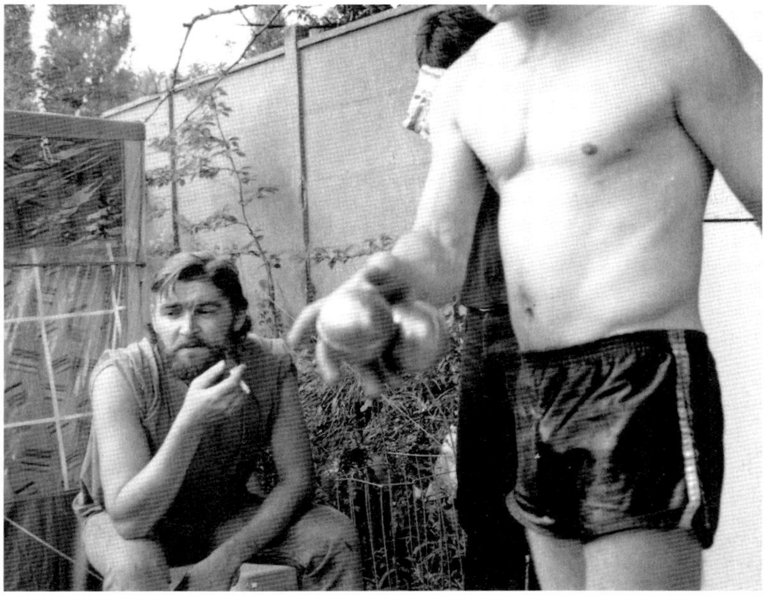

Die Fußballweltmeisterschaft 1998 wird in Frankreich stattfinden. In Saint-Denis, vor den nord-östlichen Toren der Hauptstadt, auf einem Gelände von 700 Hektar, der sogenannten »plaine Saint-Denis«, wird das »große Stadion« gebaut. Dieser Ort, der am Anfang dieses Jahrhunderts eine sehr starke Industrialisierung erlebte (Metallindustrie, Chemie...), ist jetzt leer und ohne Substanz, die Industrie hat den Ort verlassen und die Arbeit auch. Es blieben nur diejenigen, die keine andere Wahl hatten. Die »plaine« verwandelte sich in Brachland. Auf einem dieser brachliegenden Grundstücke, »Le Cornillon«, auf dem das Stadion errichtet wird, lebte eine kleine Gemeinschaft Obdachloser, einige davon seit dreizehn Jahren. Für fast alle war das keine Notlösung, sondern eine richtige Installation. Eine Entscheidung. Hütten bauen, sich ein Leben organisieren, allein oder mit anderen, ein eigenes Leben, ein würdiges alltägliches Leben. Zwei Jahre lang, zwischen der offiziellen Ankündigung der Konstruktion des Stadions am 3. November 1993, und der letzten Abschiebung im Mai 1995, im Laufe der Jahreszeiten, habe ich auf diesem Terrain eine geduldige photographische Arbeit durchgeführt und die Intimität dieses Ortes geteilt sowie die der prekären Gemeinschaft, die sie sich erkämpft hatte.

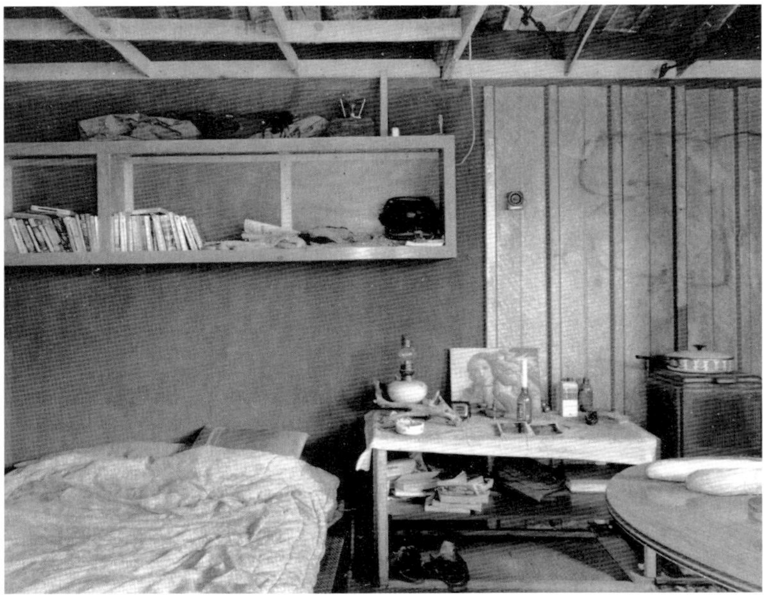

***Standortkultur*, 1997**
Hans Haacke

Plakat, 350 x 175cm

Zur Eröffnung der documenta X auf Plakatsäulen der Deutschen Städte-Reklame (DSR) in Berlin, Bonn, Bremen, Dresden, Düsseldorf, Frankfurt/Main, Hamburg, Hannover, Kassel, Leipzig, Wien, Zürich.
In Kassel auch auf Flächen der Deutschen Bahn (DB).

Computer-Assistenz: Dennis Thomas

Sponsoring wird im Rahmen der Image und Sympathiewerbung gezielt eingesetzt.
Hans J. Baumgart (Daimler-Benz). »Daimler-Benz.« *Corporate Collecting und Corporate Sponsoring.* Hg. Christoph Graf Douglas, Regensburg: Lindinger + Schmid, 1994, S. 60.

Man kommt damit an Zielgruppen heran, die der klassischen Werbung eher zurückhaltend gegenüber stehen.
Hagen Gmelin (Generaldirektion, Deutsche Bundespost/Telekom). Interview. *Kunstsponsoring: Situation und Perspektiven. Eine ART Studie.* Hamburg: artDas Kunstmagazin, Oktober 1994, S. 108.

Wir sind kein Mäzen. Wir wollen etwas von dem Geld haben, das wir ausgeben. Und das schaffen wir auch.
Peter Littmann (Vorstandsvorsitzender Hugo Boss). »Warum lohnt es sich, Kunst zu sponsern, Herr Littmann?« Interview von Michael Freitag mit Peter Littmann. *Frankfurter Allgemeine Zeitung / Magazin,* (23. Februar 1996), S. 51.

Diese Programme bringen uns soviel Akzeptanz, daß wir bei wichtigen Fragen grob werden können.
Raymond D'Arganio (Manager Public Relations, Mobil Oil). »Farewell to the Low Profile.« Vortrag bei der Eastern Annual Conference der American Association of Advertising Agencies, New York, 18. November 1975. (Masch.-schr. Manuskript), S. 3.

Für spezifische Marketingziele bieten sie oft kreative und kosteneffektive Lösungen, besonders wenn es um internationale Beziehungen und das Verhältnis zur Regierung und zu Verbrauchern geht.
Metropolitan Museum of Art, New York. *The Business of Art knows the Art of Good Business.* Faltblatt des Metropolitan Museum. Mitte der 80er Jahre.

Es ist ein Instrument zur Verführung der öffentlichen Meinung.
Alain-Dominique Perrin (Vorstandsvorsitzender, Cartier). »Le Mécénat français: La fin d'un préjugé.« Interview von Sandra d'Aboville mit Alain-Dominique Perrin. *Galeries Magazine.* Jahrg. 15 (Oktober/November 1986), S. 74.

Es ist eine heimtückische, versteckte Form der Zensur.
Philippe de Montebello (Director des Metropolitan Museum, New York). »A Word from our Sponsor.« *Newsweek* (25. November 1985), S. 98.

Wer das Geld gibt, kontrolliert.
Hilmar Kopper (Vorstandssprecher Deutsche Bank). »Die Kultur und das Kapital.« *Süddeutsche Zeitung* (18. Mai 1995), S. 13.

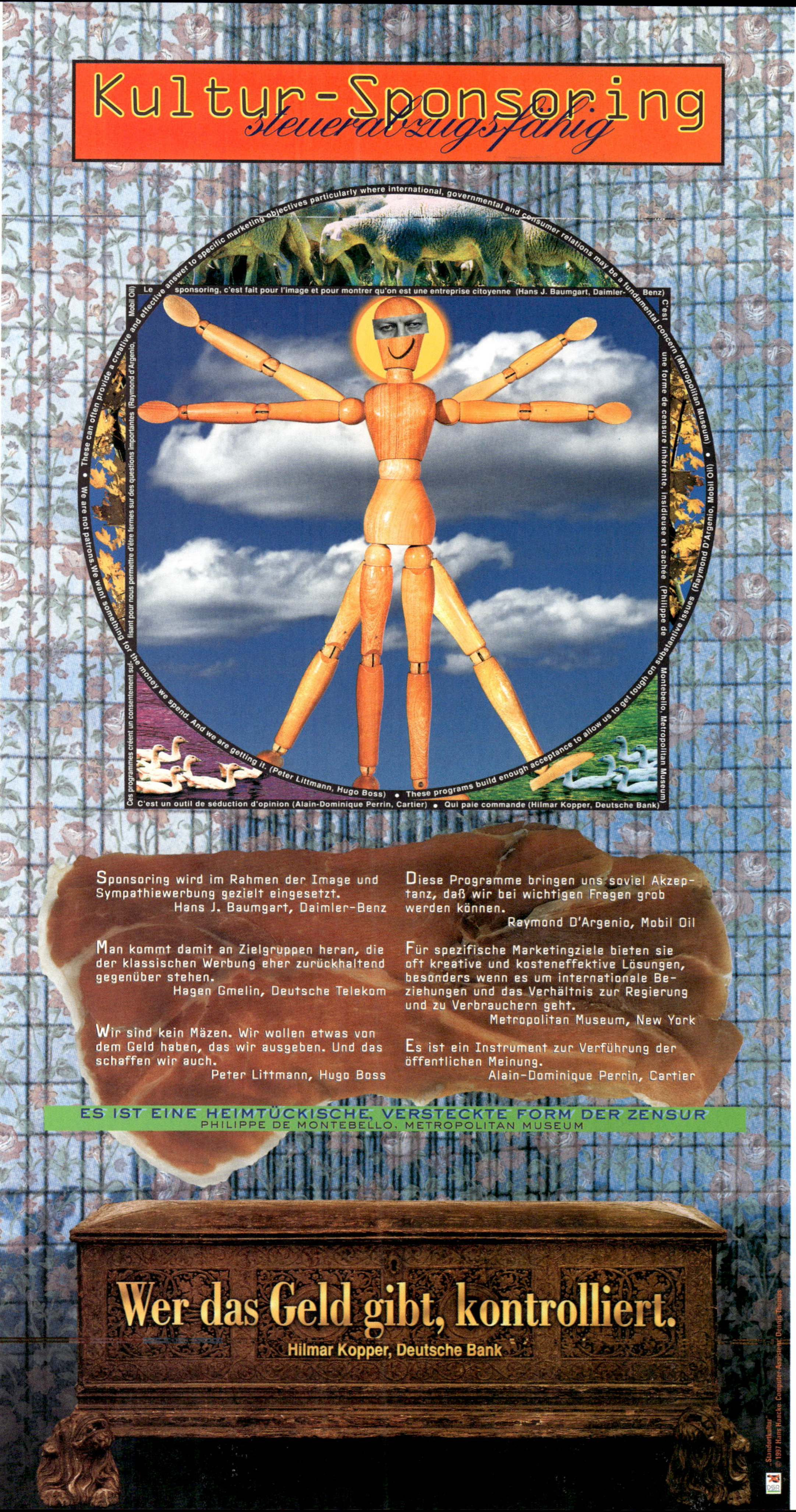
Kultur-Sponsoring
steuerabzugsfähig
These can often provide a creative and effective answer to specific marketing objectives particularly where international, governmental and consumer relations may be a fundamental concern (Metropolitan Museum) • These programs build enough acceptance to allow us to get tough on substantive issues (Raymond D'Argenio, Mobil Oil) • We are not patrons. We want something for the money we spend. And we are getting it. (Peter Littmann, Hugo Boss) •
Le sponsoring, c'est fait pour l'image et pour montrer qu'on est une entreprise citoyenne (Hans J. Baumgart, Daimler Benz)
C'est une forme de censure inhérente, insidieuse et cachée (Philippe de Montebello, Metropolitan Museum)
C'est un outil de séduction d'opinion (Alain-Dominique Perrin, Cartier) • Qui paie commande (Hilmar Kopper, Deutsche Bank)
Ces programmes créent un consentement suffisant pour nous permettre d'être fermes sur des questions importantes (Raymond D'Argenio, Mobil Oil)
Sponsoring wird im Rahmen der Image und Sympathiewerbung gezielt eingesetzt.
Hans J. Baumgart, Daimler-Benz
Man kommt damit an Zielgruppen heran, die der klassischen Werbung eher zurückhaltend gegenüber stehen.
Hagen Gmelin, Deutsche Telekom
Wir sind kein Mäzen. Wir wollen etwas von dem Geld haben, das wir ausgeben. Und das schaffen wir auch.
Peter Littmann, Hugo Boss
Diese Programme bringen uns soviel Akzeptanz, daß wir bei wichtigen Fragen grob werden können.
Raymond D'Argenio, Mobil Oil
Für spezifische Marketingziele bieten sie oft kreative und kosteneffektive Lösungen, besonders wenn es um internationale Beziehungen und das Verhältnis zur Regierung und zu Verbrauchern geht.
Metropolitan Museum, New York
Es ist ein Instrument zur Verführung der öffentlichen Meinung.
Alain-Dominique Perrin, Cartier
ES IST EINE HEIMTÜCKISCHE, VERSTECKTE FORM DER ZENSUR
PHILIPPE DE MONTEBELLO, METROPOLITAN MUSEUM
Wer das Geld gibt, kontrolliert.
Hilmar Kopper, Deutsche Bank
„Standortkultur"
© 1997 Hans Haacke Computer-Assistenz: Dennis Thomas
DSR

TGV-Bahnhof Euralille, Lille

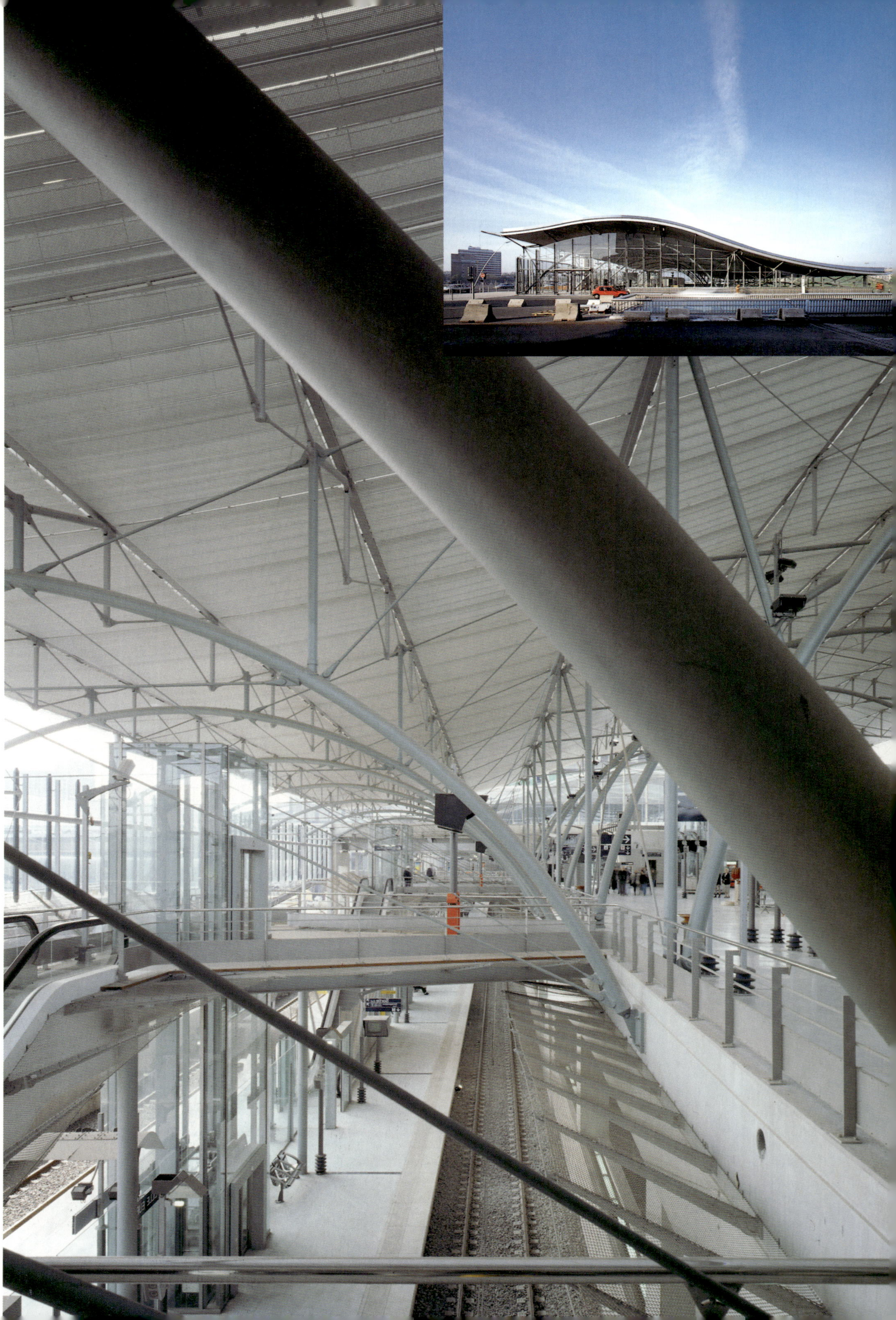

Architekten: Jean-Marie Duthilleul, Etienne Tricaud

TGV-Bahnhof Lyon-Satolas

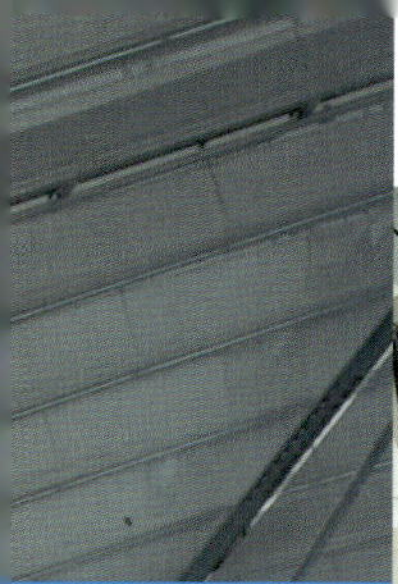

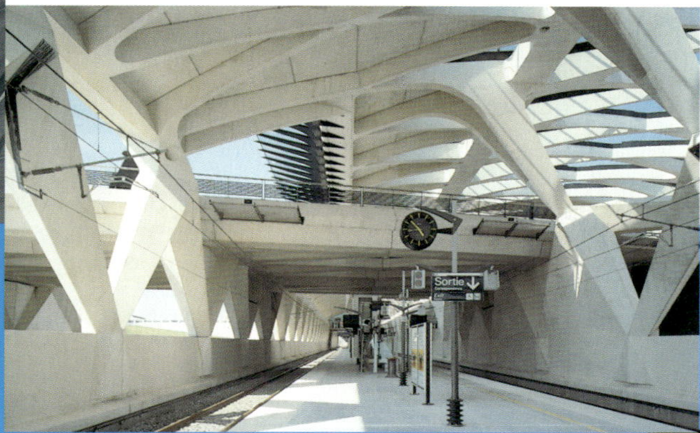

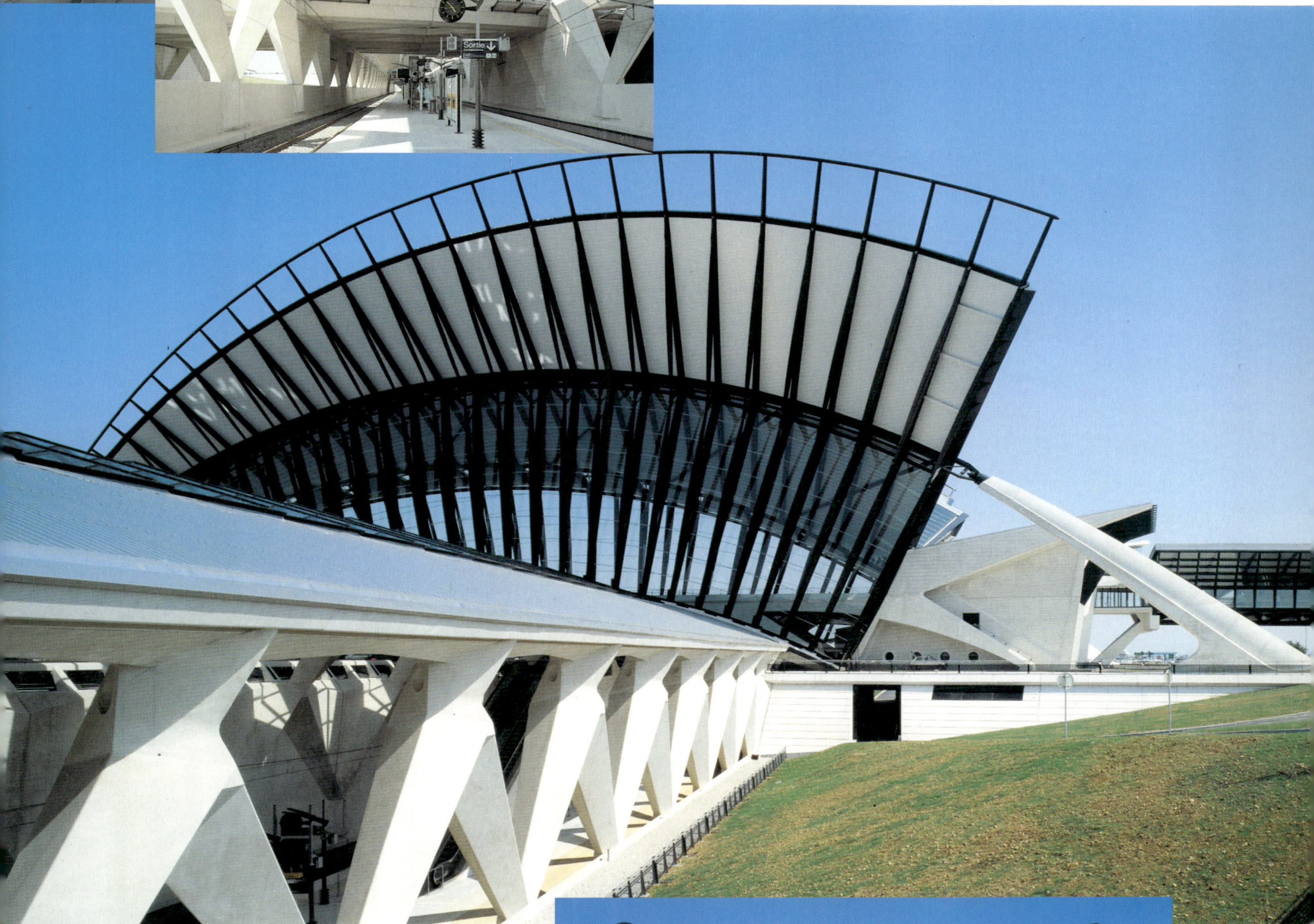

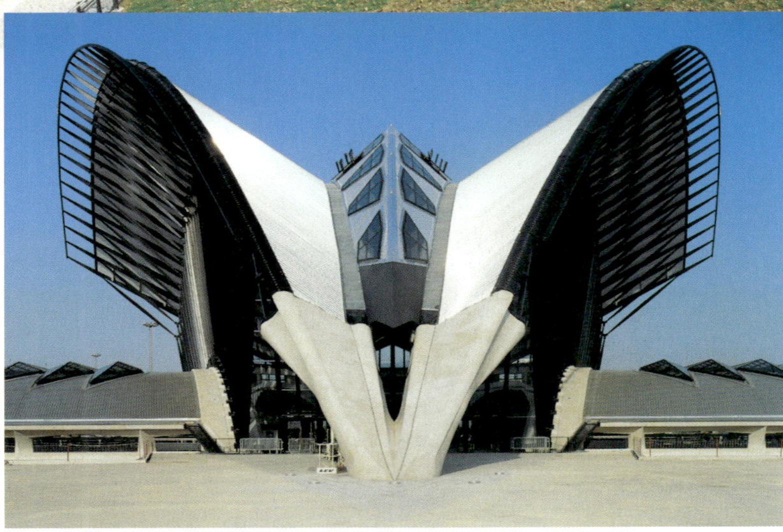

Architekt: Santiago Calatrava Valls

Waterloo International Station London

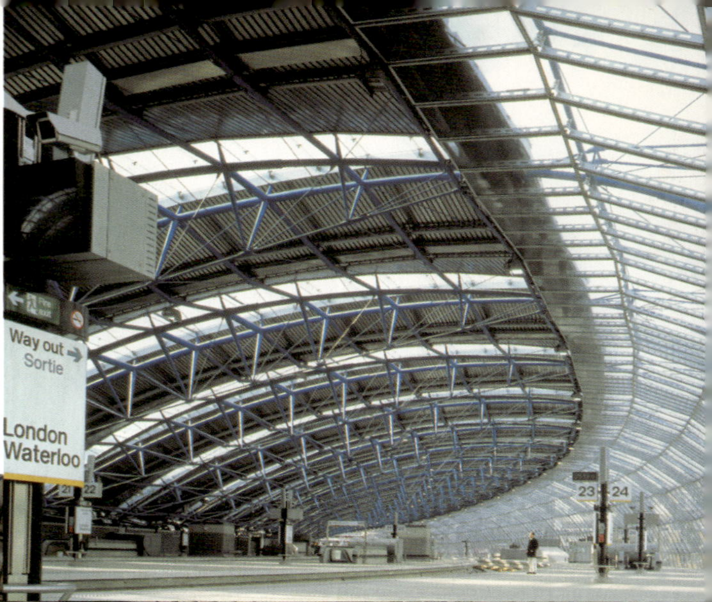

Architekt: Nicholas Grimshaw

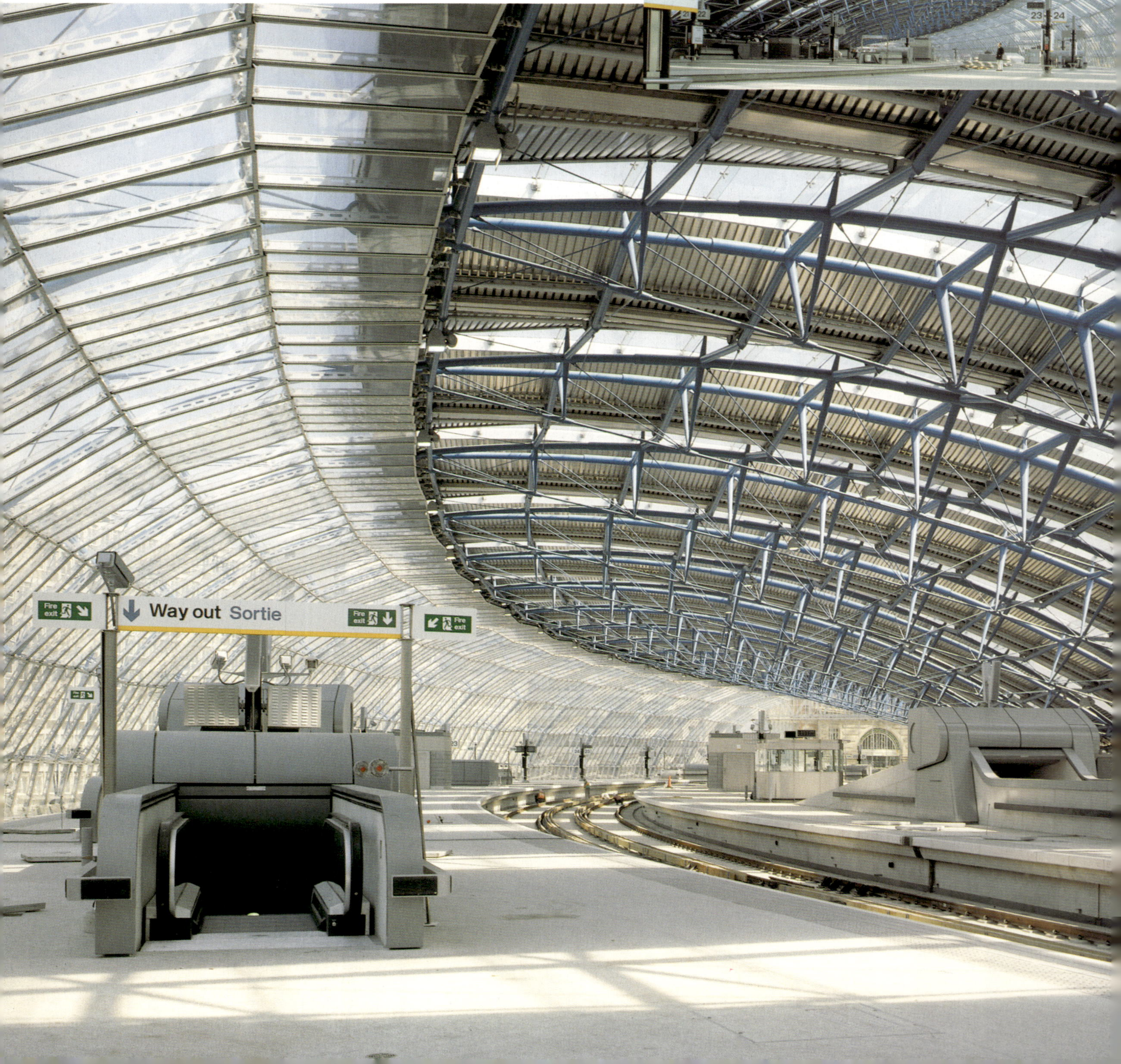

ICE-Bahnhof Kassel-Wilhelmshöhe

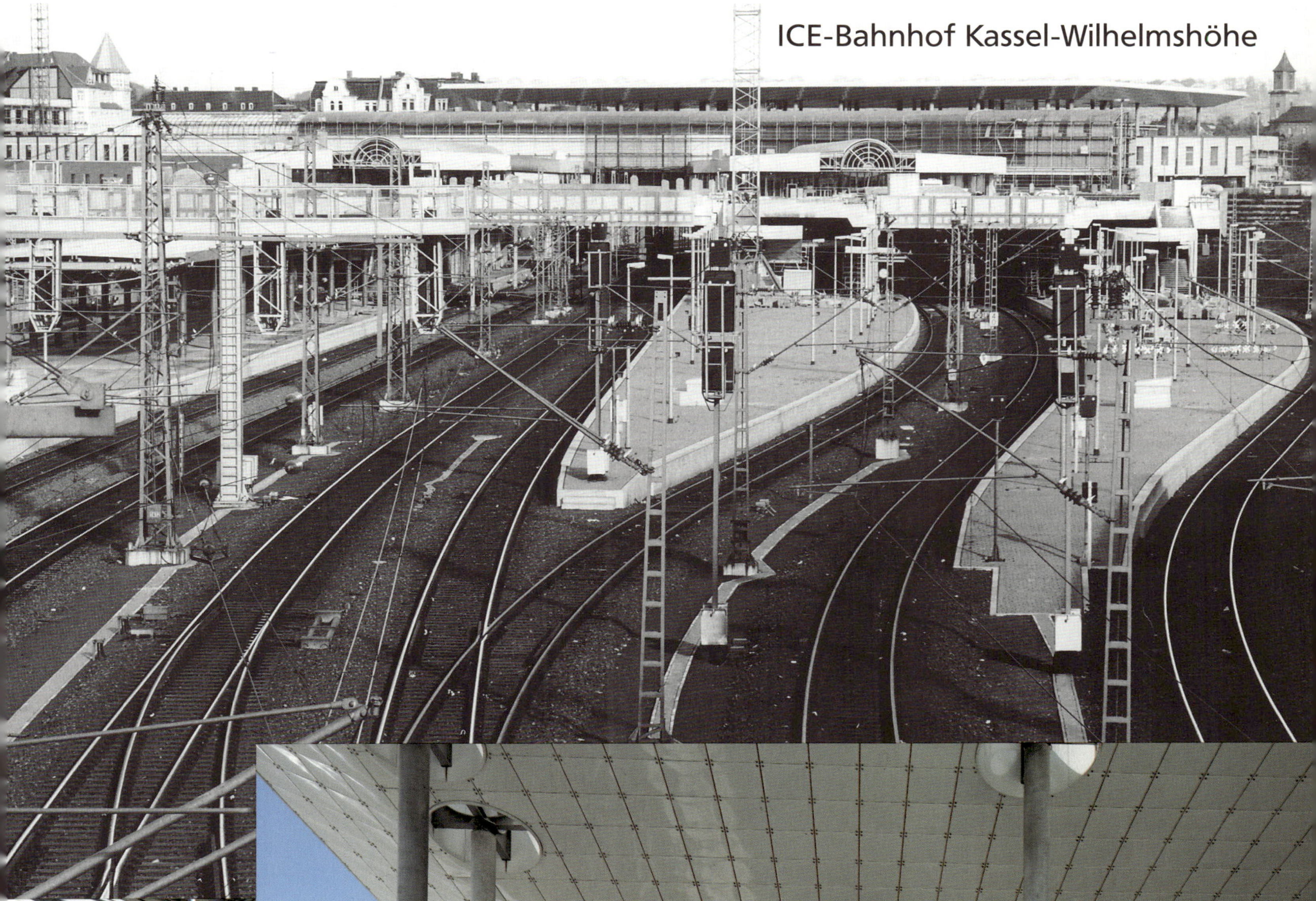

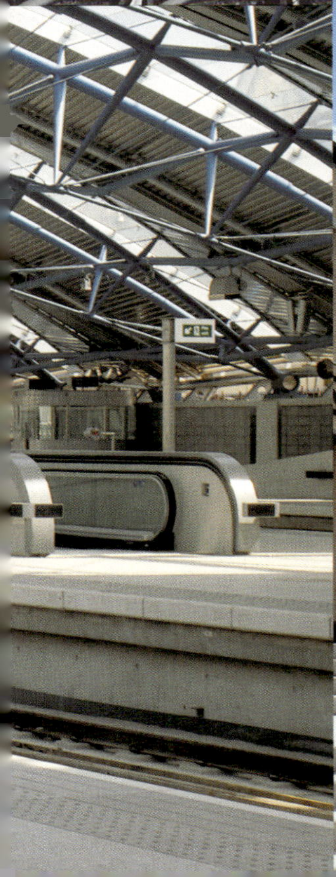

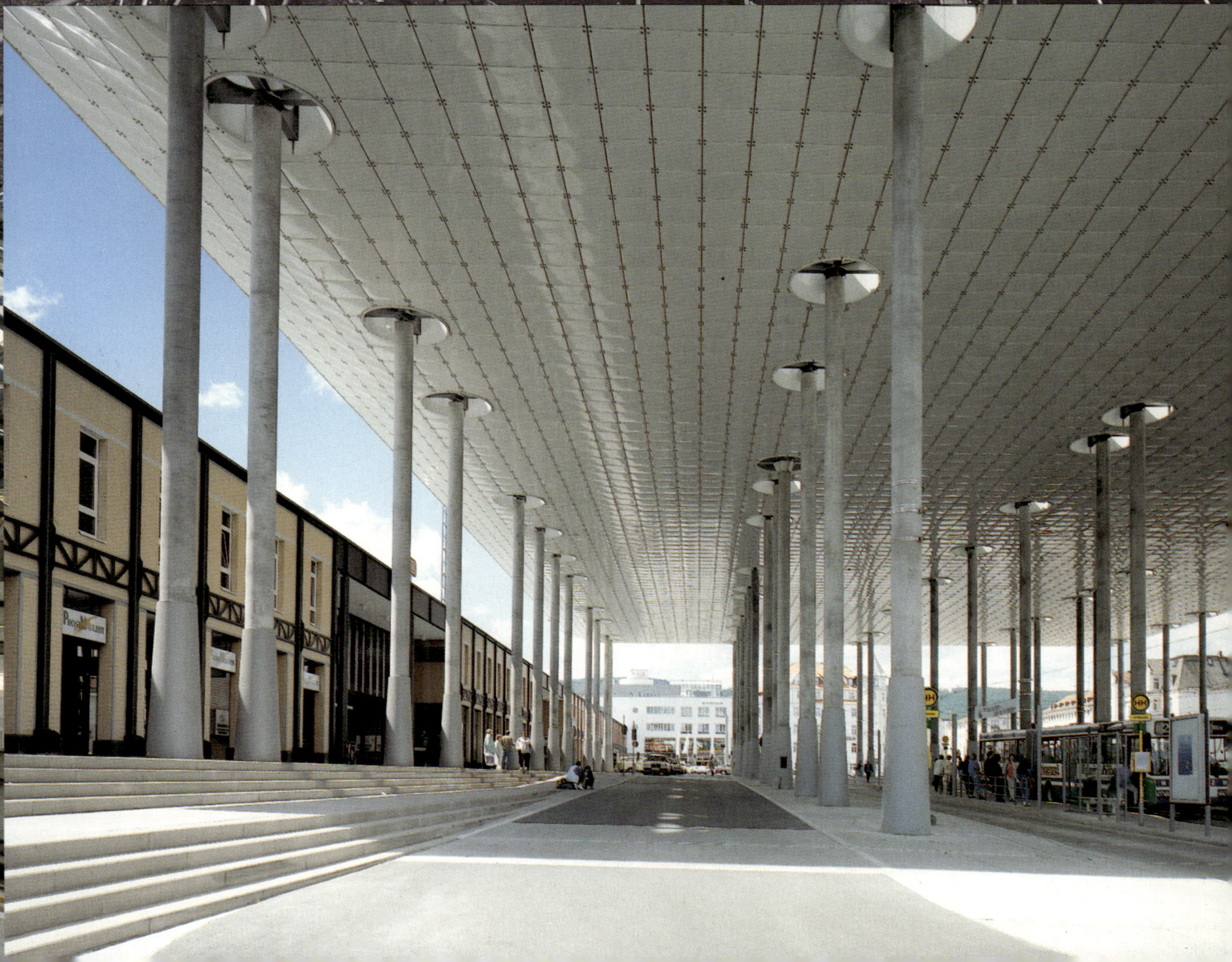

Kassel-Wilhelmshöhe

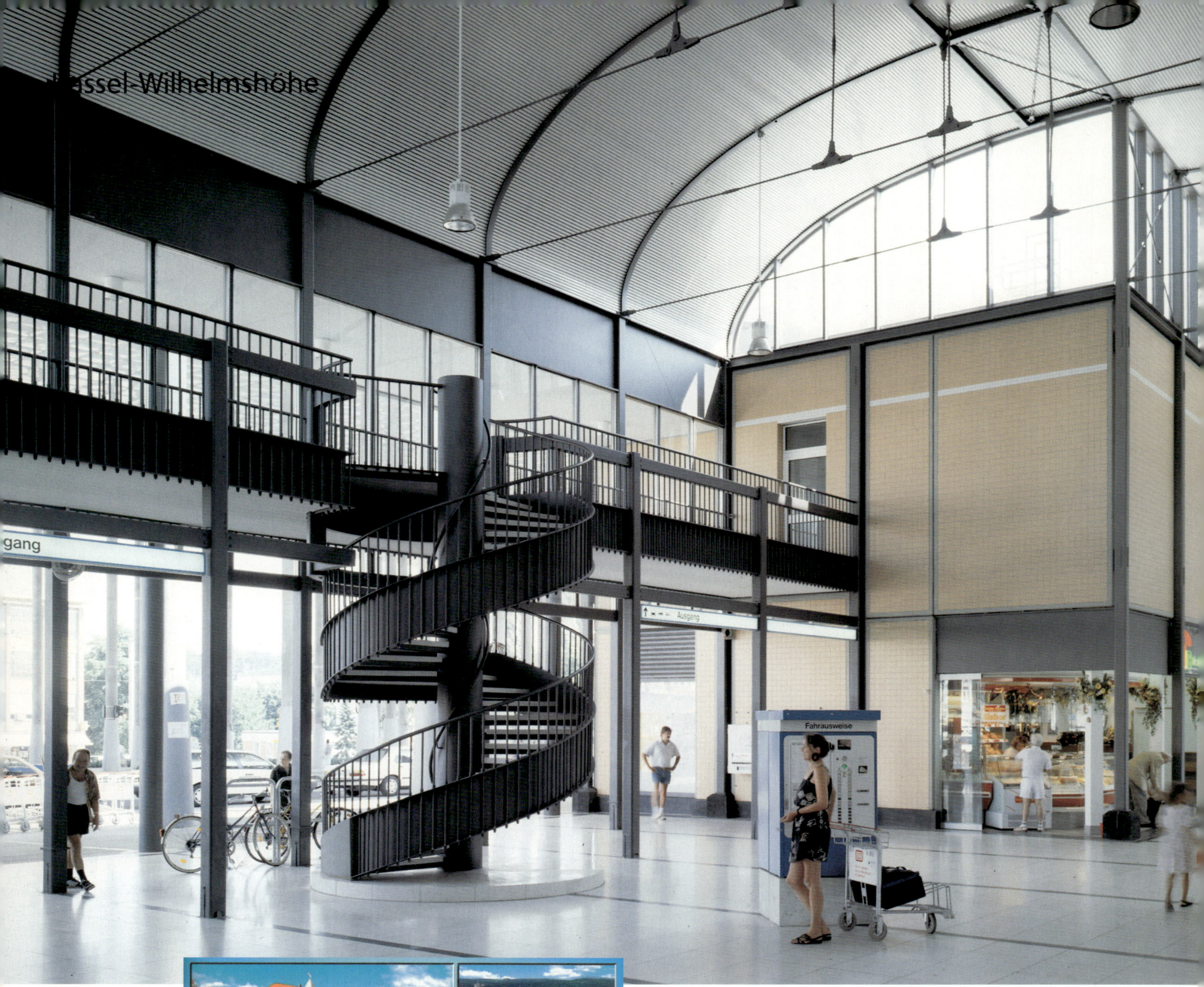

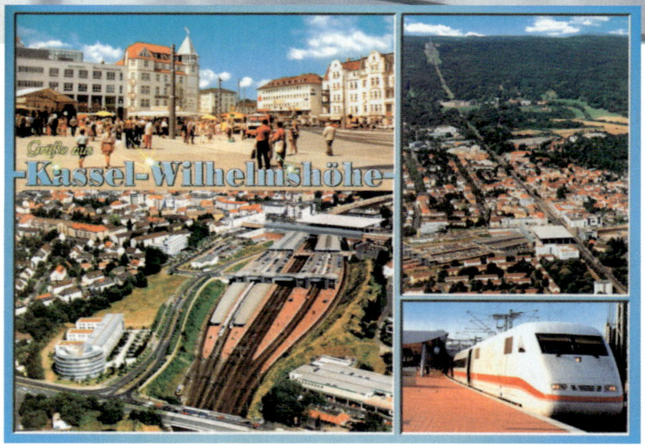

Architekten: Andreas Brandt und Rudolf Böttcher, Peter Schuck

Kassel Königsgalerie

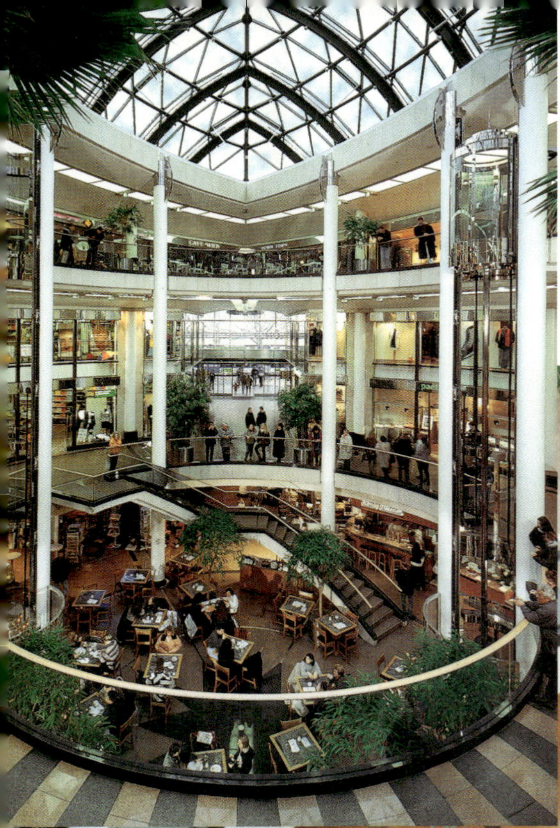

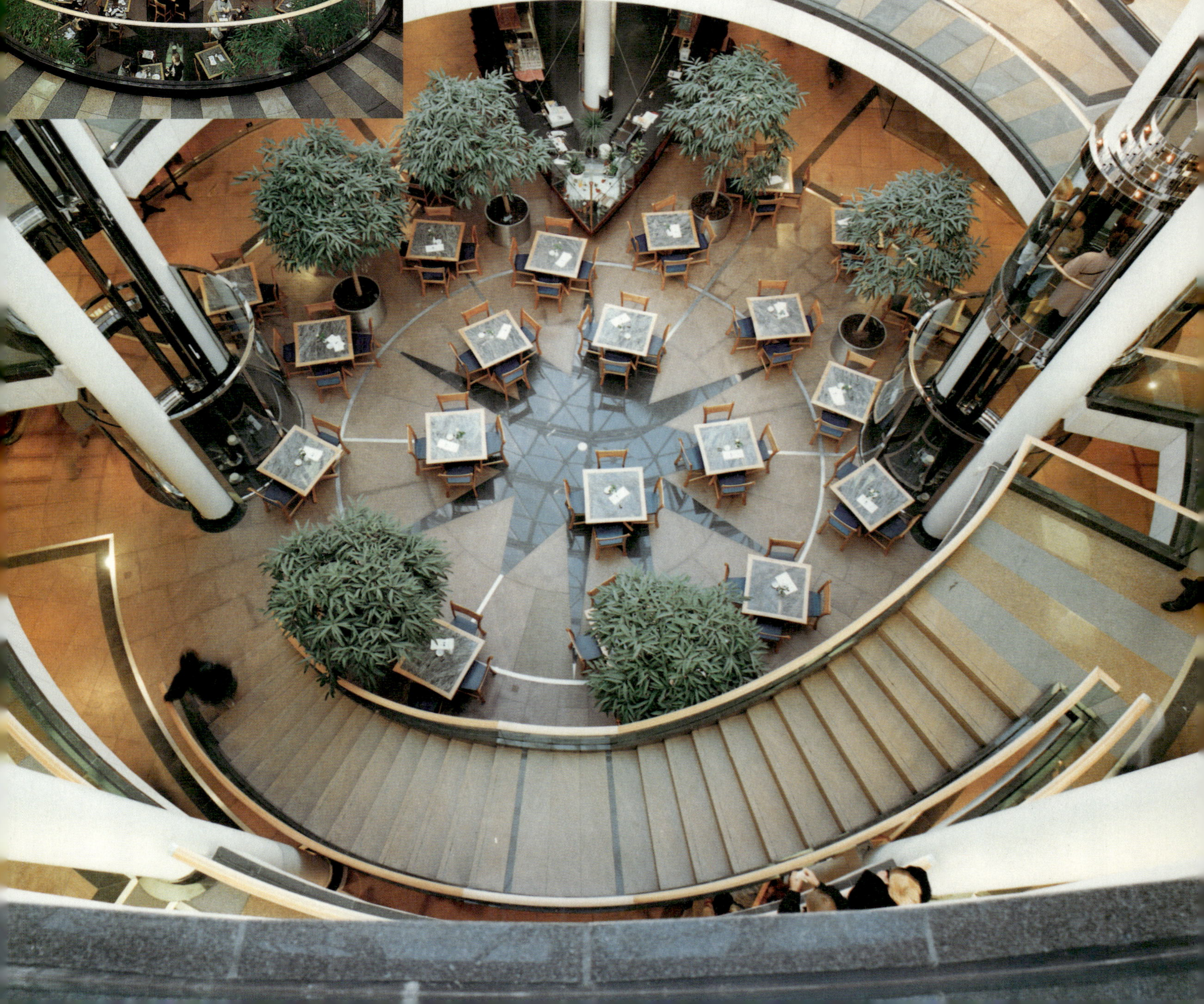

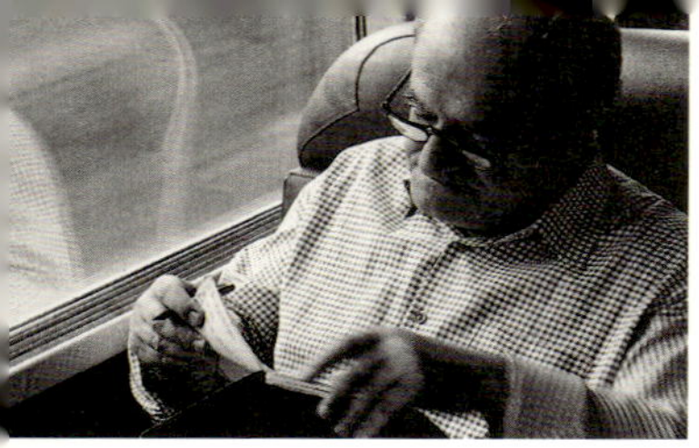

Kassel ['kasəl] F **ab nach ~!** F file(z) *bzw.* filons!; décampe(z) *bzw.* décampons!; fiche(z) *bzw.* fichons le camp!; P barre-toi *bzw.* barrez-vous *bzw.* barrons-nous!; **~er(in) I** *m* ⟨**~s**; ~⟩ (*f*) ⟨~; **~nen**⟩ habitant(e) *m* (*f*) de Kassel; **II ~er** *adj.* ⟨*inv.*⟩ de Kassel; *cuis.* **~ Rippe(n)speer** côtelette de porc salée et fumée.

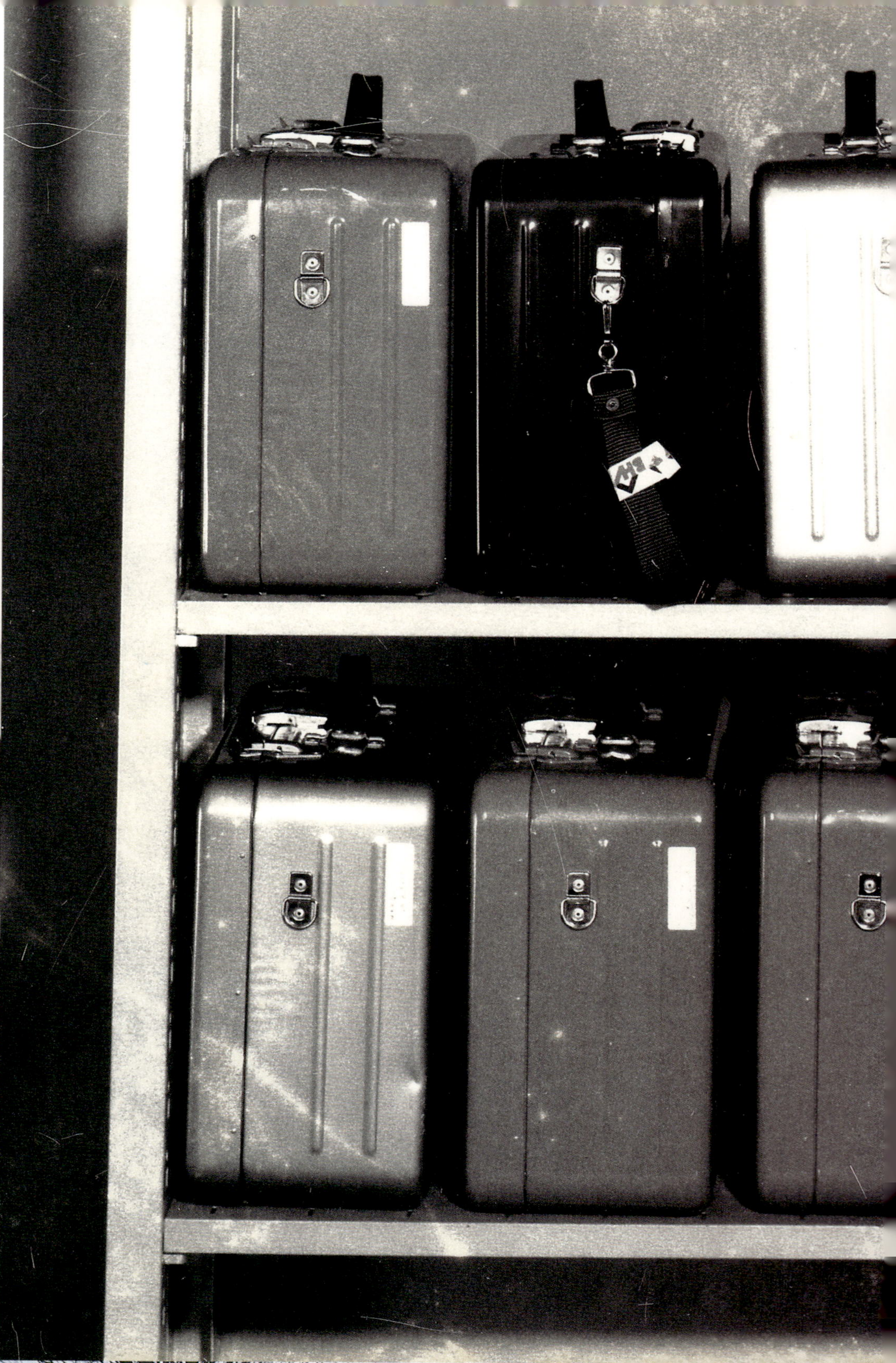

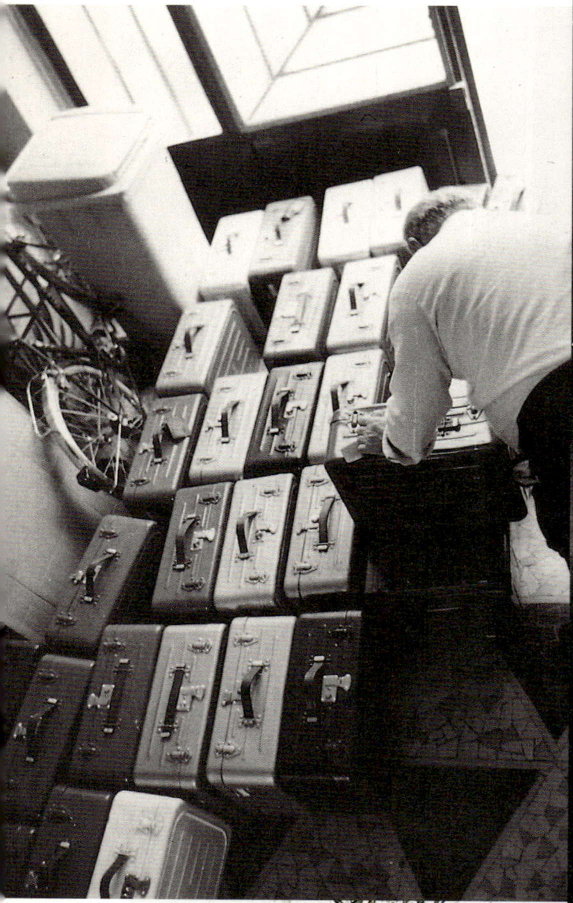

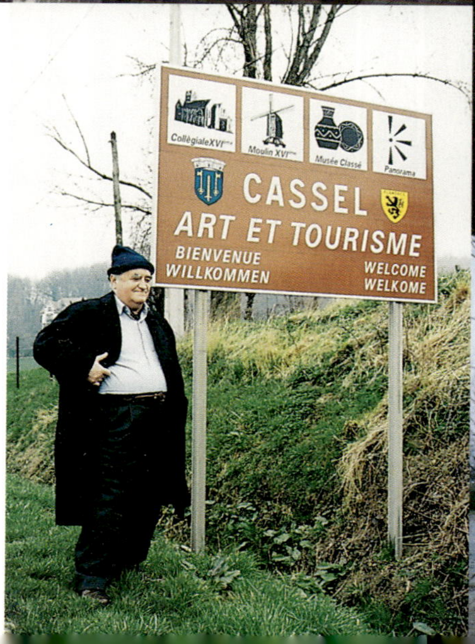

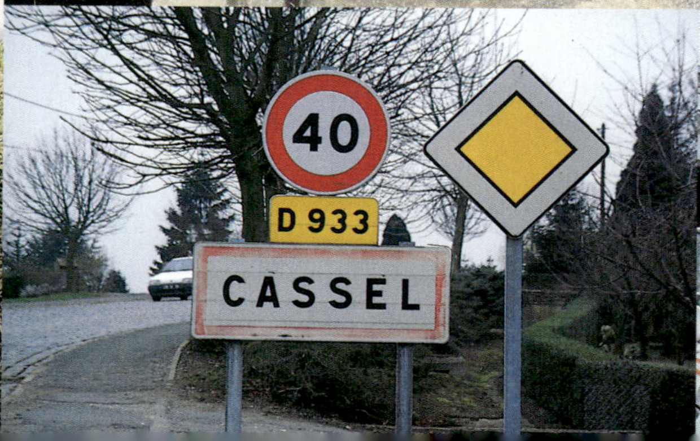

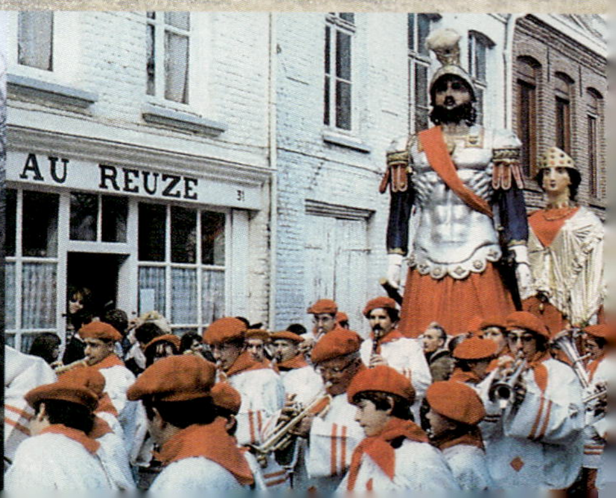

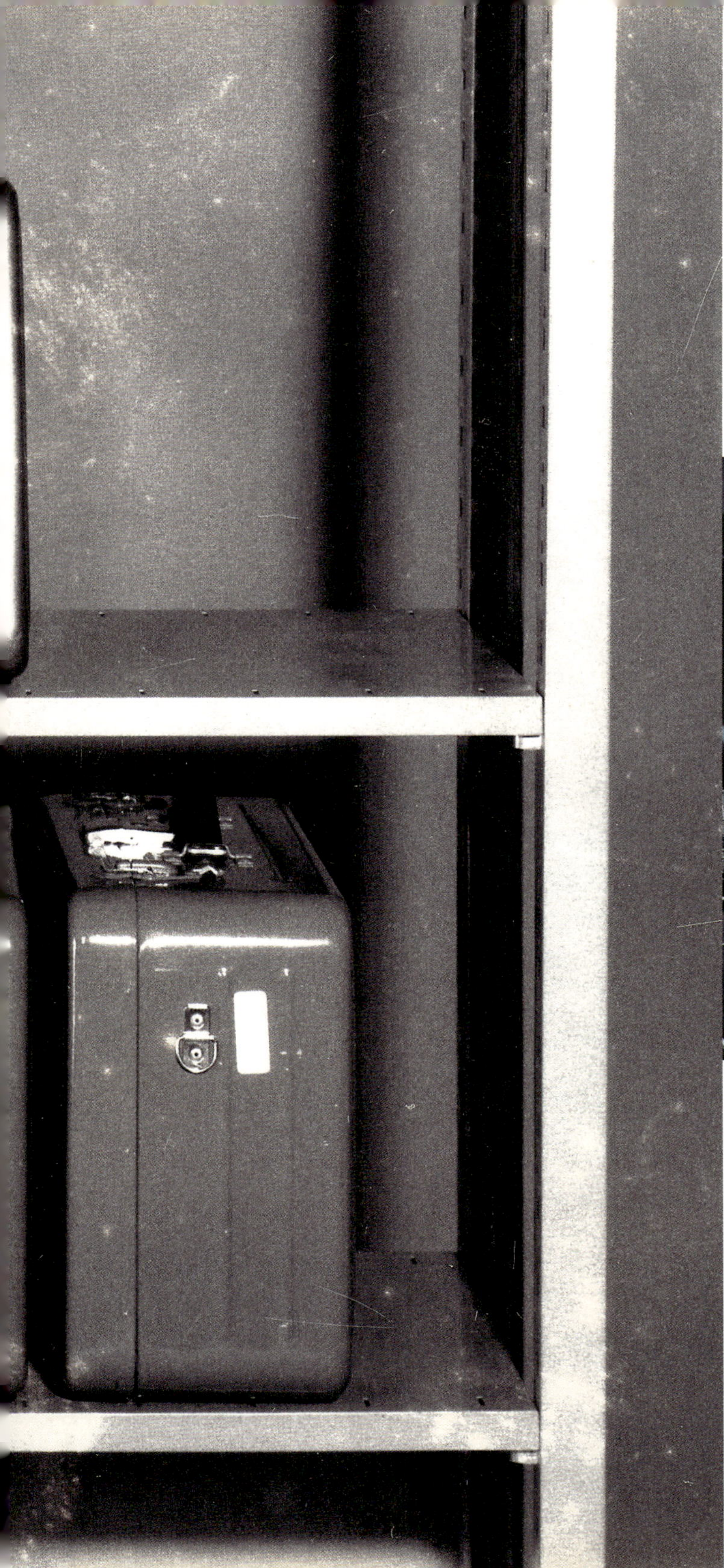

Kasseler Braun [nach der Stadt Kassel] (Kasseler Erde, Van-Dyk-Braun),
dunkel- bis tiefbraunes organ. Malpigment; eine feinstgemahlene, Mangan und Huminsäuren enthaltende Erde aus Braunkohlenlagern.

TRADUCTION :

BRUN de KASSEL [PRÈS de KASSEL]
(TERRE de KASSEL , BRUN VAN-DYK),
PIGMENT ORGANIQUE UTILISÉ PAR
LES PEINTRES , DE COULEUR SOMBRE.
BRUN PROFOND (TRÈS FONCÉ) :
UNE TERRE QUI PROVIENT DES COUCHES
DE CHARBON BRUN , FINEMENT BROYÉ
CONSTITUÉE DE MANGANÈSE et d'ACIDE
HUMIQUE.

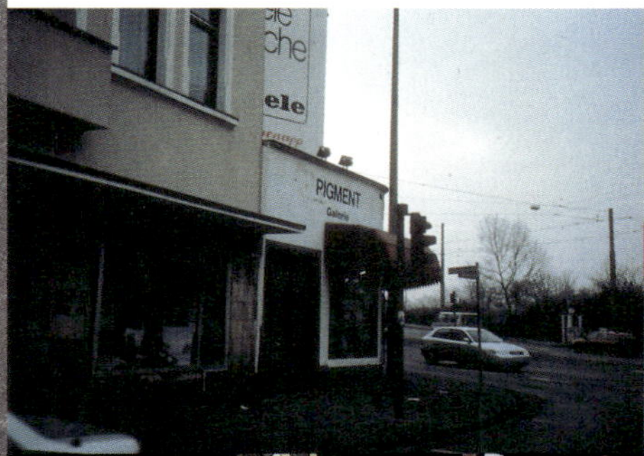

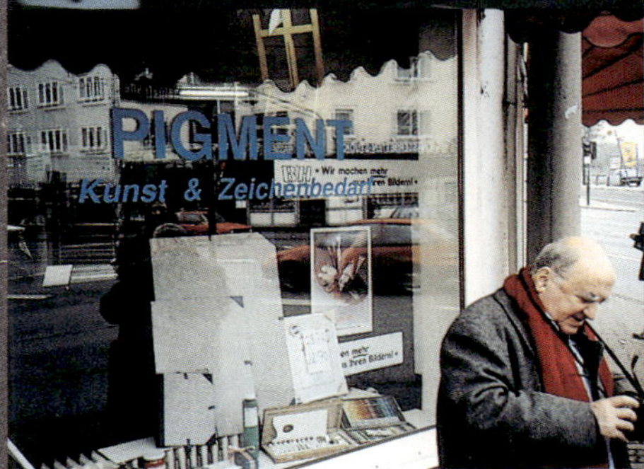

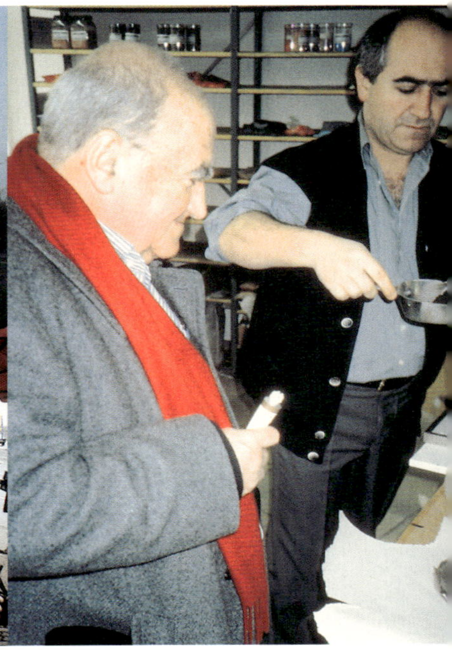

Raymond Hains documentaliste (Cassettes pour Kassel)

Le Robert Noms propres p. 1668

KASSEL (en fr. **Cassel**). ♦ V. de la République fédérale d'Allemagne et anc. cap. de la Hesse, auj. ch.-l. de distr., dans le *bassin de Kassel,* sur les deux rives de la Fulda. 186 100 hab. (1984). Château de *Wilhelmshöhe,* construit au XVIIIe s. en style baroque au milieu d'un beau parc ; galerie de tableaux, riche en œuvres de primitifs flamands et hollandais, et de Rembrandt, Dürer, Cranach. — Kassel est un grand axe routier et ferroviaire et un centre industriel actif, spécialisé dans la construction mécanique (locomotives, wagons, automobiles), la chimie (colorants), les textiles (jute, rayonne, fibranne), les papeteries, le matériel de précision et les instruments d'optique. — ***Hist.*** Mentionnée au IXe s. sous le nom de *Chassala,* la ville obtint une charte au XIIe s. et devint au XIIIe s. résidence des landgraves de Thuringe, puis de Hesse. Occupée par les Français au milieu du XVIIIe s. (guerre de Sept Ans), elle devint au XIXe s. (1807-1813) capitale du royaume de Westphalie, puis passa à la Prusse en 1866.

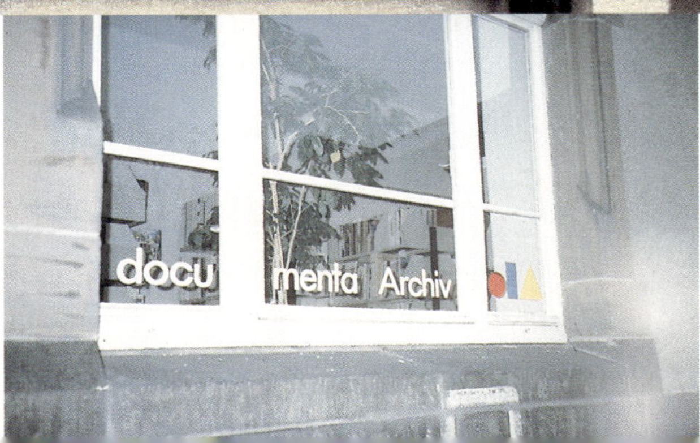

Terre de Cassel ou terre de Cologne
sorte de lignite d'un brun noir existant
en dépôts considérables aux environs de
Cologne utilisé pour la préparation de
peintures brunes très solides.

Dictionnaire encyclopédique Quillet

KINO

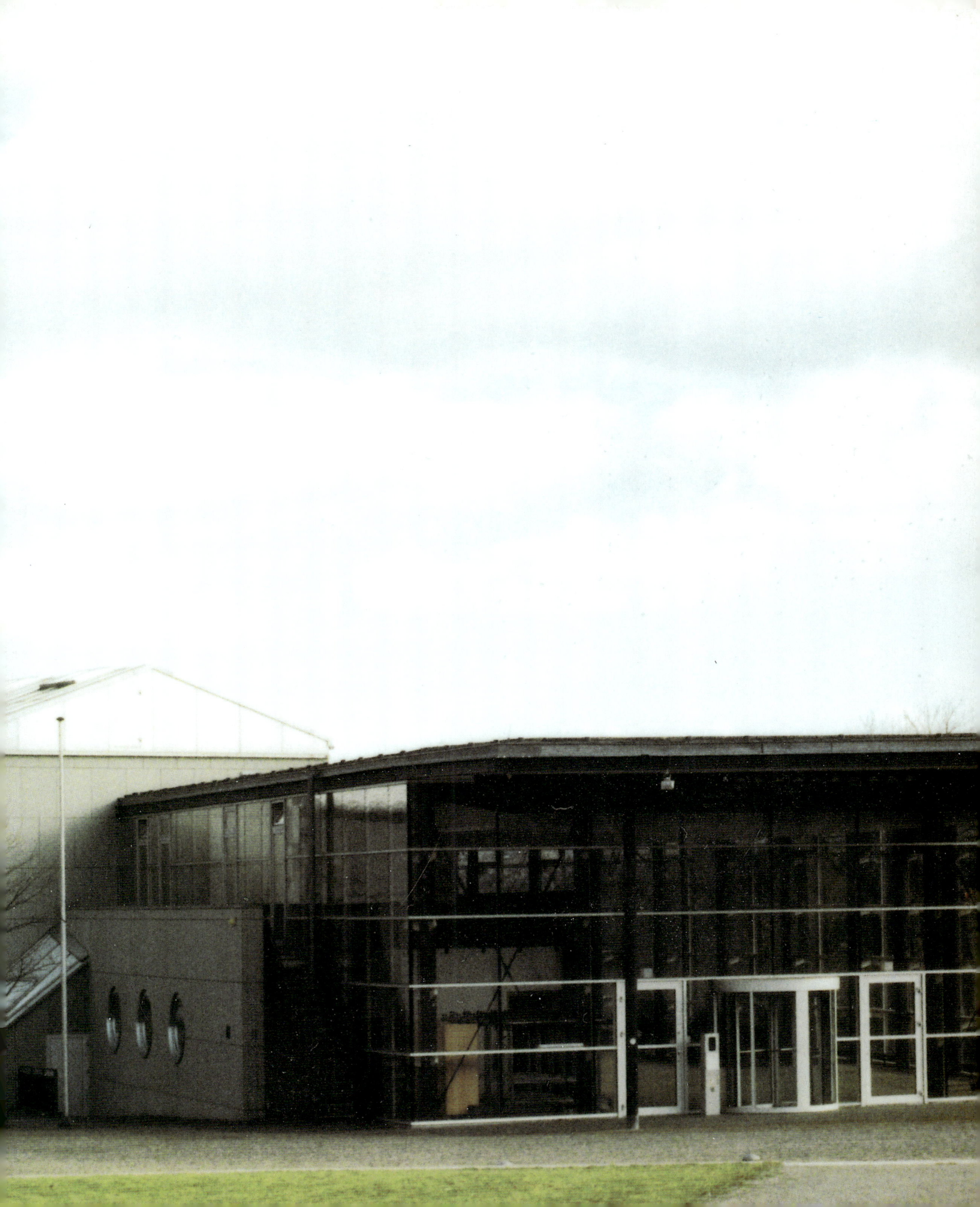

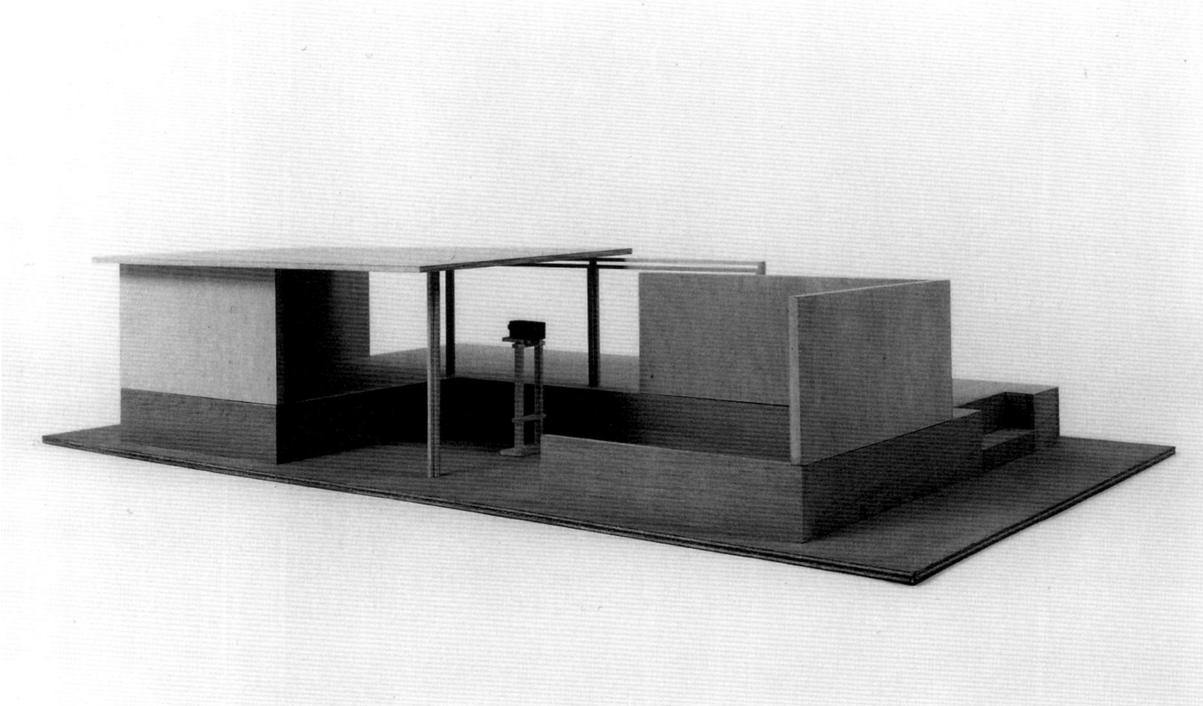

My work for documenta X in kassel is a model Scale 1:2.
The actual full Scale pavilion is meant also to work as one part model and part full Scale room.
The concept of the pavilion is so, that when viewed from one Side it appears to have the dimensions of a huge model which Seems to be resting on a platform. This platform is actualy part of the pavilion. when approached from the other Side then the pavilion opens into a full Scale room, which is possible to enter, and which is bordered by the platform.
This form is for me in one Sense a metaphor for the exhibition.
The concept for the pavilion derived from my interest in the form and the history of the Treppen Straße in Kassel. A Street designed and built by the Albert Speer Architecture office during the 2nd world war.
The pavilion evolved also as projection Space around the idea to make a film within certain premises along the Treppen Str and on the Street itself.
This film projection corresponds to the fluctuating Scale of the pavilion.

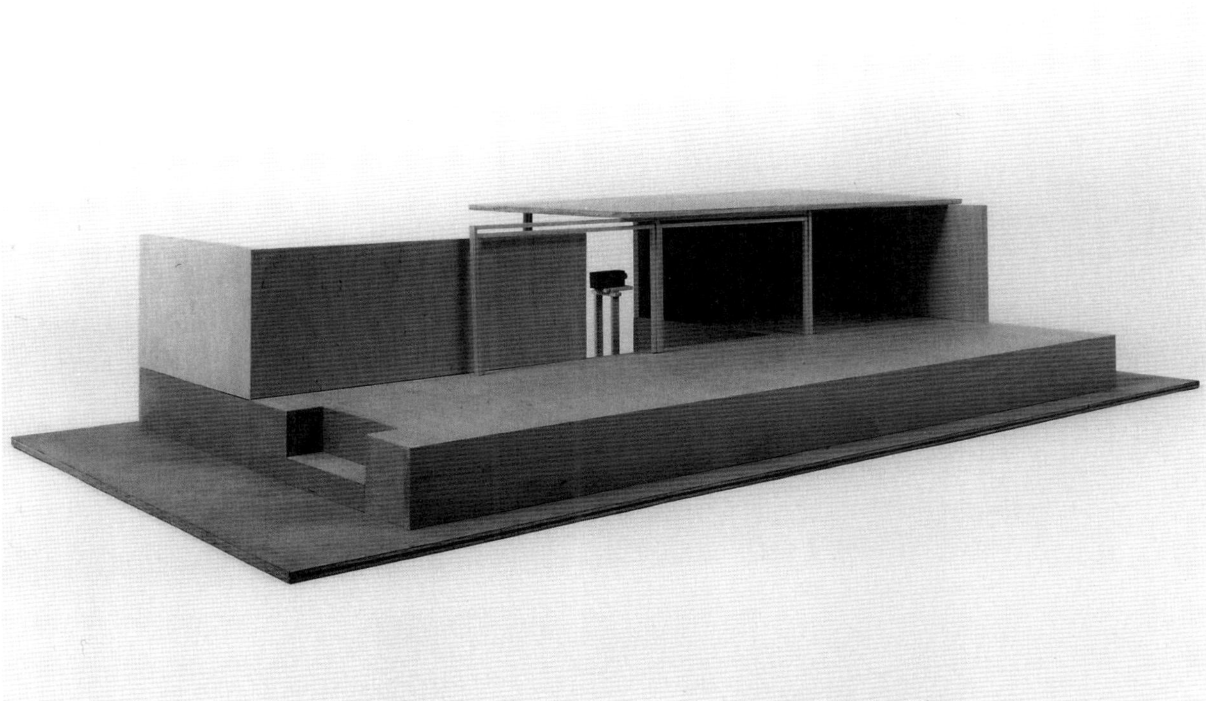

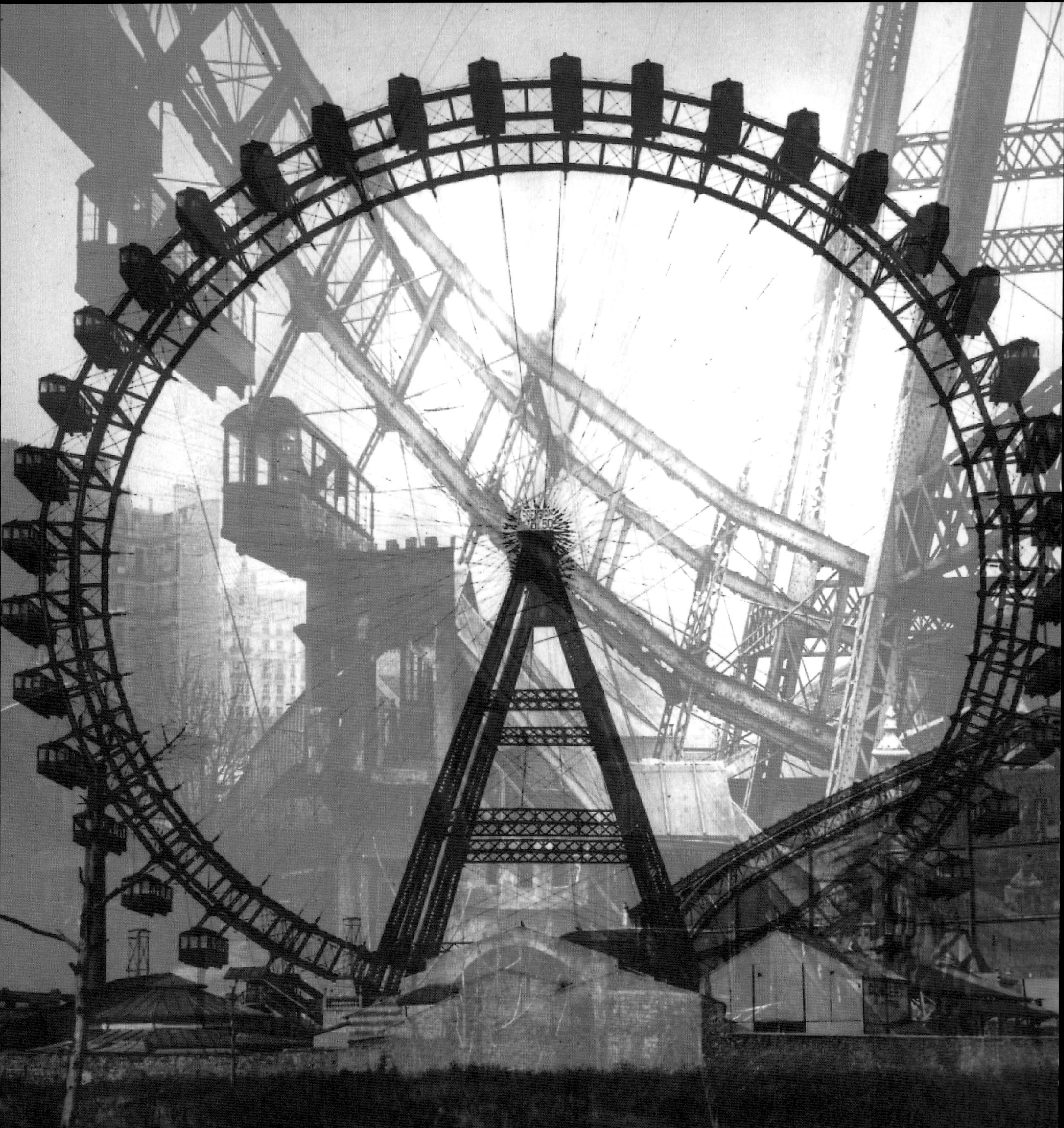

sans autre projet; tourner, pas d'utilité par avance , l'autonomie de quoi, pas de promenade initiatique ou introspective - c'est tout de même bidimensionnel, panoramique et circulaire. Quelle est la différence entre Tintin et Milou? Milou n'a pas de chien. Court-circuits de l'espace, machines sans frontières, les amusement parks ont clairement une frontière - closed loop, looping ; a city machine. Est-ce que ça fait une chose pour en effectuer une autre? Le cabinet du docteur Caligari a pour origine un fait divers violent dans un parc d'attractions - la proximité de l'expérience simulée, comme l'exotisme. Les parcs à thèmes sont localisés; ils produisent et diffusent tant de choses sur leur propre réalité, qu'il n'est plus tout à fait nécessaire de les visiter pour les connaître; John Woo, Bruce Lee: réel et imaginaire dans les combats sont indissociables; la limite entre les effets spéciaux, la composition de la mise en scène et la réalité est très floue. C'est la différence entre la mécanique et la dynamique. Le cours des évènements; room in the city. N'importe quel état de faits constitue une image. Il n'y a aucune spécificité de l'image. C'est dans la vie normale, dans la quotidienneté qu'il faut chercher la diabolicité. Nous produisons du temps. C' est ce qui nous engage. Le parc clos déborde, près de lui, loin de lui. Les parcs se dispersent; des éléments urbains sont une de leurs structures, leurs éléments spécifiques se retrouvent, essaiment dans la ville. Il y a; il était - quel est le commencement? il faut bien commencer - à l'entrée? dans ce qui est déjà dans la ville? dans les dessins animés, les comics, les mangas? Y a-t-il un point de départ à partir duquel on construit? un accident, une monstruosité à l'intérieur de quelque chose qui aurait mal tourné; il faut commencer quelque part sans trop savoir où. Y a-t-il du ciel, contempler du haut du ciel, aller vers la lune; est-ce-que c'est déjà vendre l'espace, comme vendre un espace.

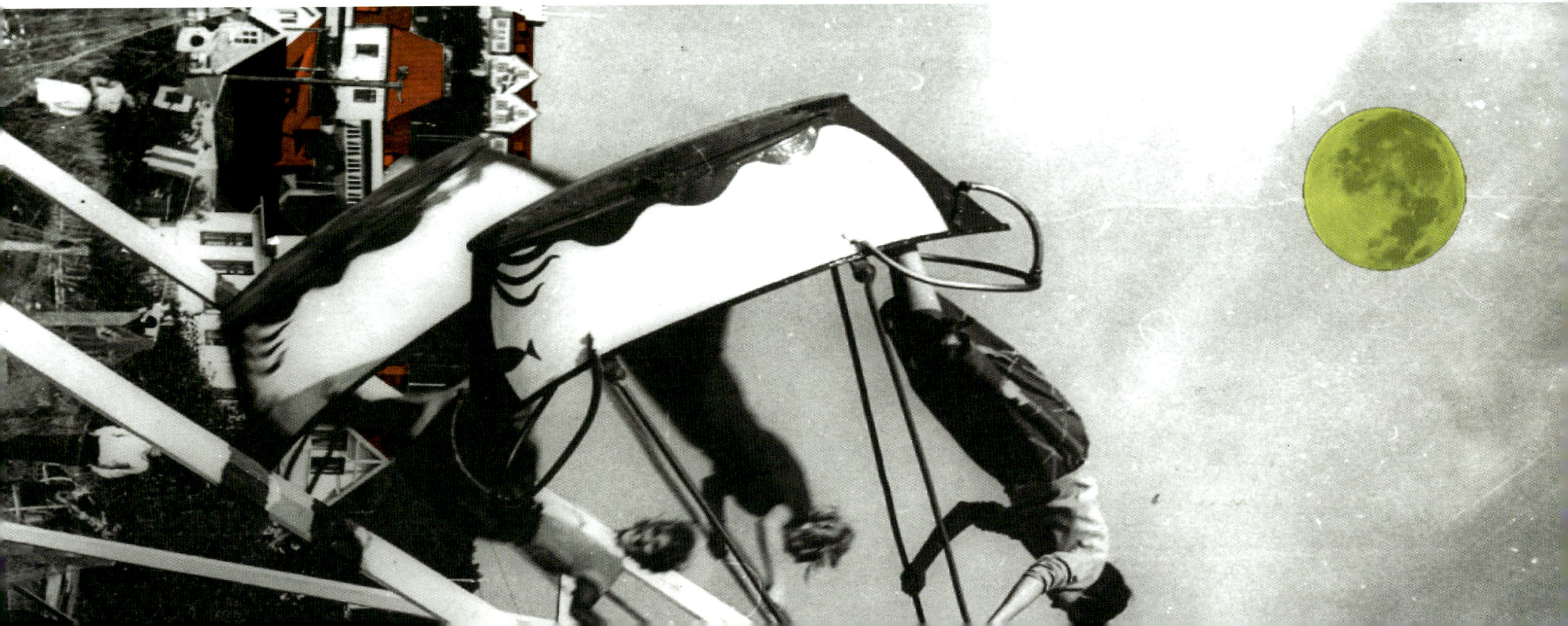

Saskia Sassen

Konturen des ökonomisch-elektronischen Raums:
Global Cities und global

Die mit Hilfe des elektronischen Raums implementierte neue ökonomische Topographie ist ein Moment bzw. Fragment einer ausgedehnten ökonomischen Kette, die zu einem Großteil im nicht-elektronischen Raum eingebunden ist. Es gibt kein völlig virtualisiertes Unternehmen und keine vollständig digitalisierte Industrie. Auch die fortgeschrittensten Informationsindustrien, wie z. B. die Finanzwirtschaft, sind nur teilweise im elektronischen Raum eingebunden. Das gleiche gilt für Industrien, die digitale Produkte wie z.B. Software herstellen. Die wachsende Digitalisierung der Wirtschaftsaktivitäten hat die großen internationalen Geschäfts- und Finanzzentren und die dort konzentrierten materiellen Ressourcen, von hochentwickelter Telekommunikationsinfrastruktur bis hin zu kreativen Talenten, nicht eliminiert.[1]

Trotzdem sind Telekommunikation und Globalisierung zu fundamentalen Kräften im Prozeß der Neugestaltung der Organisation des ökonomischen Raums geworden. Diese Neugestaltung reicht von der räumlichen Virtualisierung einer wachsenden Zahl von Wirtschaftsaktivitäten bis zur Rekonfiguration der Geographie der baulichen Umwelt für diese Wirtschaftsaktivitäten. Mit der Neugestaltung ergeben sich organisatorische und strukturelle Veränderungen, sei es nun im elektronischen Raum oder in der Geographie der baulichen Umwelt. Die Telekommunikation maximiert das Potential für geographische Streuung, und mit der Globalisierung ist eine ökonomische Logik verbunden, die die Attraktivität bzw. Profitabilität einer solchen Streuung maximiert.

Ein Ergebnis dieser Transformationen sind Vorstellungen der geographischen Streuung im globalen Maßstab und der Neutralisierung von Ort und Distanz durch die Telekommunikation für eine wachsende Anzahl von Wirtschaftsaktivitäten. Es ist jedoch genau die Kombination von räumlicher Streuung zahlreicher ökonomischer Aktivitäten und der globalen Integration durch die Telekommunikation, welche zur strategischen Rolle der großen Städte in der gegenwärtigen Phase der Weltwirtschaft beigetragen hat. Neben ihrer teils langen Geschichte als Zentren des Welthandels und der Banken fungieren diese Städte heute als Kommandopunkte für die Organisierung der Weltwirtschaft, als zentrale Orte und Marktplätze der führenden Industrien dieser Periode (Finanzwesen und spezialisierte, unternehmensorientierte Dienstleistungen) sowie als Standort der Generierung von Innovationen in diesen Industrien. Die anhaltende und oft sogar wachsende Konzentration und Spezialisierung von Finanz- und unternehmensorientierten Dienstleistungsfunktionen in den wichtigsten Städten der hochentwickelten Länder ist zu einem großen Teil eine strategische Entwicklung. Die territoriale Streuung, die durch die Fortschritte im Bereich der Telekommunikation ermöglicht wurde, führte erst dazu, daß die Agglomeration zentralisierender Aktivitäten immens zunahm.[2] Dies bedeutet kein Fortdauern alter Agglomerationsmuster, sondern, wie ich meine, eine neue Logik der Agglomeration. Es ist eine Logik, die überwiegend zugunsten strategischer Sektoren wirkt; die Mehrzahl von Firmen und Wirtschaftsaktivitäten haben an diesen großen Zentren keinen Standort.

Zentralität bleibt somit eine entscheidende Eigenschaft des ökonomischen Systems, aber die räumlichen Entsprechungen der Zentralität wurden durch die neuen Technologien und durch die Globalisierung grundlegend verändert. Dies erfordert ein neues Verständnis, wie sich Zentralität heute konstituiert in einem ökonomischen System, in dem einerseits ein Teil der Transaktionen durch Technologien erfolgt, die Distanz und Ort neutralisieren – und zwar im globalen Maßstab –, und in dem andererseits die Zentralität sich historisch in einer typischen baulichen Infrastruktur und urbanen Form verkörpert. Die ökonomische Globalisierung und die neuen Informationstechnologien haben die Zentralität und ihre räumlichen Entsprechungen nicht nur neu konfiguriert, sie haben auch neue Räume für Zentralität geschaffen.

In Bezug auf die politische Ökonomie, die an der räumlichen Organisation der Wirtschaft und an den räumlichen Entsprechungen von ökonomischer Macht interessiert sein sollte, eröffnet ein Fokus auf Ort und Infrastruktur der neuen

Wertschöpfungen

globalen Informationswirtschaft einen konzeptuellen und praktischen Ausgangspunkt für Fragen über die Eingebundenheit des elektronischen Raums. Er ermöglicht uns, den Punkt der Überschneidung von Materialität von Örtlichkeit/Infrastruktur und Technologien bzw. organisatorischen Formen, die Raum und Materialität neutralisieren, herauszuarbeiten. Dies zieht eine Ausarbeitung des elektronischen Raums nach sich bzw. des Umstandes, daß sich dieser Raum nicht nur in Übertragungskapazitäten erschöpft, sondern einen Raum darstellt, wo sich neue Strukturen der ökonomischen Aktivitäten und der wirtschaftlichen Macht konstituieren.

Eine neue Architektur der Zentralität

Aber die Hierarchie im ökonomischen System, die in der Vergangenheit in der Architektur und urbanen Form ziemlich transparente Entsprechungen hatte, wurde durch die räumliche Virtualisierung der ökonomischen Schlüsselaktivitäten teilweise entmaterialisiert. Die ökonomische Globalisierung und die neuen Informationstechnologien haben Zentralität und ihre räumlichen Entsprechungen nicht nur neu konfiguriert, sie haben auch neue Räume für Zentralität geschaffen. Es gibt neue Formen wirtschaftlicher Macht, die im elektronischen Raum gebildet wird. Einige neue Formen der Zentralität kann man nicht als gelebte Zentralität erfahren, in der Art, wie dies ein zentrales Geschäftszentrum einer Stadt vermittelt.[3] In dem Maße, in dem ein hoher Anteil der Wirtschaftstransaktionen in den elektronischen Raum verlagert wird, wird es zunehmend schwieriger, die Dichte der Wirtschaftsaktivitäten so wie im Falle des traditionellen Straßenhandels zu erfahren. Worin besteht die Architektur dieser entmaterialisierten Formen von Zentralität?

Wie könnte die neue Architektur der Zentralität aussehen? Vor allem, wenn man bedenkt, daß es keinen ausschließlich digitalen, ökonomischen Sektor und keinen vollständig virtuellen Betrieb gibt: sie sind in Teilen immer in die materielle bauliche Umwelt eingebunden. Das Digitale stellt einen oder mehrere Momente in Organisationsketten dar, die immer wieder auf jeweils vorhandene materiell-bauliche Umwelt rückgreifen müssen. Welche baulichen Formen nimmt die fortgesetzte Artikulation sogar der virtualisiertesten Wirtschaftsaktivitäten an? Etwas hat sich grundlegend geändert, aber es handelt sich nicht um eine absolute Virtualisierung, wie dies die Metaphorik über die globale Informationswirtschaft nahelegt. Nach meiner Ansicht könnte das Konzept eines »electrotecture«[4] um bestimmte Strukturen der wirtschaftlichen Aktivitäten und Zentralisation von Kontrolle erweitert werden. Das Beispiel von Devisenmärkten oder des Aktienhandels zeigt, daß diese Aktivitäten zum Teil im elektronischen Raum »hergestellt« werden.

Ein Fokus auf Zentralität im ökonomischen System und die zahlreichen Formen der gegenwärtigen Zentralität können zu einer Spezifizierung des ökonomischen Kontexts der Architektur beitragen. Eine diesbezügliche Anstrengung könnte ein Set spezifischer Zugänge zu Fragen der Architektur liefern. Dies sind Zugänge, die aus anderen Bereichen als der Architektur stammen, und folglich unterscheiden sie sich von dem der Architektur per se.

Neue Formen der Zentralität

Die Telekommunikationstechnologien und das Wachstum der globalen Ökonomie, beide untrennbar miteinander verbunden, haben zu einer neuen Geographie von Zentralität (und Marginalität) beigetragen. Gemäß einer anderen Untersuchung (Sassen 1996), die hier vereinfacht wiedergegeben werden soll, lassen sich vier Formen, die Zentralität heute einnimmt, identifizieren.

Erstens: obwohl es inzwischen kein klares, eindeutiges Verhältnis zwischen Zentralität und solchen geographischen Einheiten wie der Innenstadt oder dem Geschäftszentrum mehr gibt, bleibt das Geschäftszentrum eine Schlüsselform der Zentralität. Allerdings wurden die Geschäftszentren von internationalem Rang durch den technologischen und ökonomischen Wandel grundlegend neu konfiguriert.

[1] Für detailliertere Ausführungen vgl. folgende Veröffentlichungen der Autorin: *Losing Control? Sovereignty in an Age of Globalization*. New York 1996; *Metropolen des Weltmarkts*. Frankfurt am Main 1996; *The Global City*. Princeton, NJ. 1991.

[2] Dies läßt sich sehr gut am Beispiel der weltweit führenden Telekommunikationsfirmen darstellen. Die Kombination von globaler Reichweite von Unternehmungen und Mangel an einem nahtlosen Kommunikationsnetzwerk im globalen Maßstab bedeutete, daß es für multinationale Firmen billiger und einfacher wurde, das Management ihrer Kommunikationsnetzwerke auszulagern. J. P. Morgan zum Beispiel, einer der größten US-amerikanischen Finanzdienstleister, vereinbarte mit British Telecom North America die Organisation ihres Netzes an überseeischen Servern. Und BT North America bekam von Gillette Co den Auftrag, ihre Telekommunikationsoperationen in 180 Ländern zu organisieren. AT&T stellt für General Electric Netzwerkverbindungen in 16 Ländern zur Verfügung. Diese Liste ließe sich noch verlängern. Das expandierende Dienstleistungsnetzwerk erhöhte in einem signifikanten Ausmaß die Komplexität und Bedeutung zentraler Funktionen in allen diesen großen Telekommunikationsfirmen.

[3] In diesem Zusammenhang finde ich es amüsant, daß eine der beliebtesten Formen, die man virtuellen Räumen gibt, welche z. B. Dienstleistungen anbieten, die der Stadt ist. Es gibt Hunderte von Web-Seiten, die nichts anderes als „digital cities“ der einen oder anderen Art sind.

Zweitens: das Zentrum kann sich über den städtischen Raum in der Form eines Rasters von Knotenpunkten mit intensiver Geschäftstätigkeit erstrecken. Man könnte sich fragen, ob eine räumliche Organisation, die durch dichte, über eine größere Region strategisch verteilte Knotenpunkte charakterisiert ist, eine neue Form der Organisierung des Territoriums des Zentrums darstellt, oder ob es sich dabei, aus einem eher konventionellen Blickwinkel heraus betrachtet, nicht um Beispiele für Suburbanisierung oder geographische Streuung handelt. Insofern sich diese verschiedenen Knotenpunkte mittels Cyber-Routes bzw. digitalen Highways artikulieren, repräsentieren sie eine neue geographische Entsprechung des am weitesten fortgeschrittenen Typs des »Zentrums«. Die Orte, die aus diesem neuen Raster von digitalen Highways herausfallen, werden zur Peripherie. Eine solche Analyse eines regionalen Rasters aus Knotenpunkten impliziert ein Wiederaufleben des Konzepts der Regionen. Weit davon entfernt, Geographie zu neutralisieren, ist das regionale Raster eher in konventionelle Formen der Kommunikationsinfrastruktur wie schnelle Bahn- und Autobahnverbindungen zu Flughäfen eingebettet. Ironischerweise scheint die konventionelle Infrastruktur die ökonomischen Vorteile, die von den Telekommunikationstechnologien herrühren, zu maximieren. Ich glaube, daß dies ein wichtiges Thema ist, welches in der Diskussion über die Neutralisierung von Geographie durch die Telekommunikationstechnologien verlorengegangen ist.

Drittens: wir sind Zeugen einer Formierung eines transterritorialen »Zentrums«, das sich durch Telekommunikationstechnologien und intensive, wirtschaftliche Transaktionen konstituiert (Sassen 1991). Die mächtigste dieser neuen, zentralisierten Geographien auf interurbanem Niveau verbindet die wichtigsten internationalen Finanz- und Geschäftszentren wie New York, London, Tokio, Paris, Frankfurt, Zürich, Amsterdam, Los Angeles, Sydney und Hongkong. Neuerdings schließt diese Geographie auch Städte wie São Paulo und Mexiko City mit ein. Die Intensität der Transaktionen unter diesen Städten, insbesondere im Bereich von Finanzmärkten, Handel mit Dienstleistungen und Investment, hat immens zugenommen. Dies zeigt sich an dem damit verbundenen, enormen Umfang an Aufträgen.[5] Gleichzeitig verschärfte sich die Ungleichheit hinsichtlich der Konzentration strategischer Ressourcen und Aktivitäten zwischen diesen Städten und anderen Städten im gleichen Land.[6] Beispielsweise konzentriert Paris gegenwärtig einen größeren Anteil führender ökonomischer Sektoren und Reichtum in Frankreich als noch vor fünfzehn Jahren, während Marseille – einst ein bedeutender wirtschaftlicher Mittelpunkt – Anteile verlor und unter schwerem Niedergang leidet.

Viertens: im elektronisch erzeugten Raum werden neue Formen der Zentralität hergestellt. Elektronischer Raum wird häufig als ein rein technologisches Ereignis und in diesem Sinne als ein Raum der Reinheit verstanden. Wenn man zum Beispiel aber bedenkt, daß strategische Komponenten der Finanzindustrie in diesem Raum operieren, kann man erkennen, daß hier Profite erwirtschaftet werden und infolgedessen Macht konstituiert wird. Insofern diese Technologien die Möglichkeiten zur Profitsteigerung im Finanzwesen verbessern und die Hypermobilität des Finanzkapitals ermöglichen, tragen sie auch bei zu den oft verheerenden Auswirkungen, die der Aufstieg des Finanzwesens auf andere Industrien, auf einzelne Teile der Bevölkerung und auf ganze Ökonomien hat. Der Cyberspace kann, wie jeder andere Raum auch, in einer Vielzahl von Arten in eine Gesellschaft eingeschrieben werden, einige davon unterstützend und aufklärend, andere wiederum nicht. Meiner Meinung nach werden Strukturen der ökonomischen Macht im elektronischen Raum hergestellt, und ihre hochkomplexen Konfigurationen enthalten Punkte der Koordination und Zentralisierung.

In den nächsten Abschnitten werde ich verschiedene Aspekte dieser vier Formen von Zentralität diskutieren, mit einem besonderen Augenmerk auf Städte und die entstehenden Formen der Segmentierung im elektronischen Raum. Damit soll auf die Logik hingewiesen werden, die Zentralität in einer globalen Informationswirtschaft erzeugt.

Agglomeration und Konzentration in einer globalen Informationswirtschaft

Eine der fest umrissensten Formen von Zentralität besteht in der anhaltenden und oftmals wachsenden Konzentration und Spezialisierung der Funktionen der Finanz- und unternehmensorientierten Dienstleistungen in großen Städten der hochentwickelten Länder. Zu einer Zeit, da die Entwick-

[4] Bei dem Begriff »electrotecture« handelt es sich um einen Neologismus aus den Begriffen »Architektur« und »Elektronik«. Umschrieben wird damit die Etablierung einer neuen Architektur im und durch den elektronischen Raum (A. d. Ü.).

[5] Die starke Orientierung am Weltmarkt, die in diesen Städten offensichtlich ist, wirft Fragen hinsichtlich der Artikulation mit ihren Nationalstaaten, ihren Regionen und der ökonomischen und sozialen Struktur dieser Städte auf. Städte waren üblicherweise stark in die Ökonomie ihrer Regionen eingebunden, in der Regel spiegelten sie deren Charakteristiken wider; und sie tun dies noch heute. Doch Städte, die strategisch wichtige Standorte in der globalen Ökonomie darstellen, tendieren teilweise dazu, sich von ihrer Region abzulösen. Dies konfligiert mit einer Grundannahme der traditionellen Sichtweise urbaner Systeme, nämlich daß diese Systeme die territoriale Integration der regionalen und nationalen Ökonomie fördern.

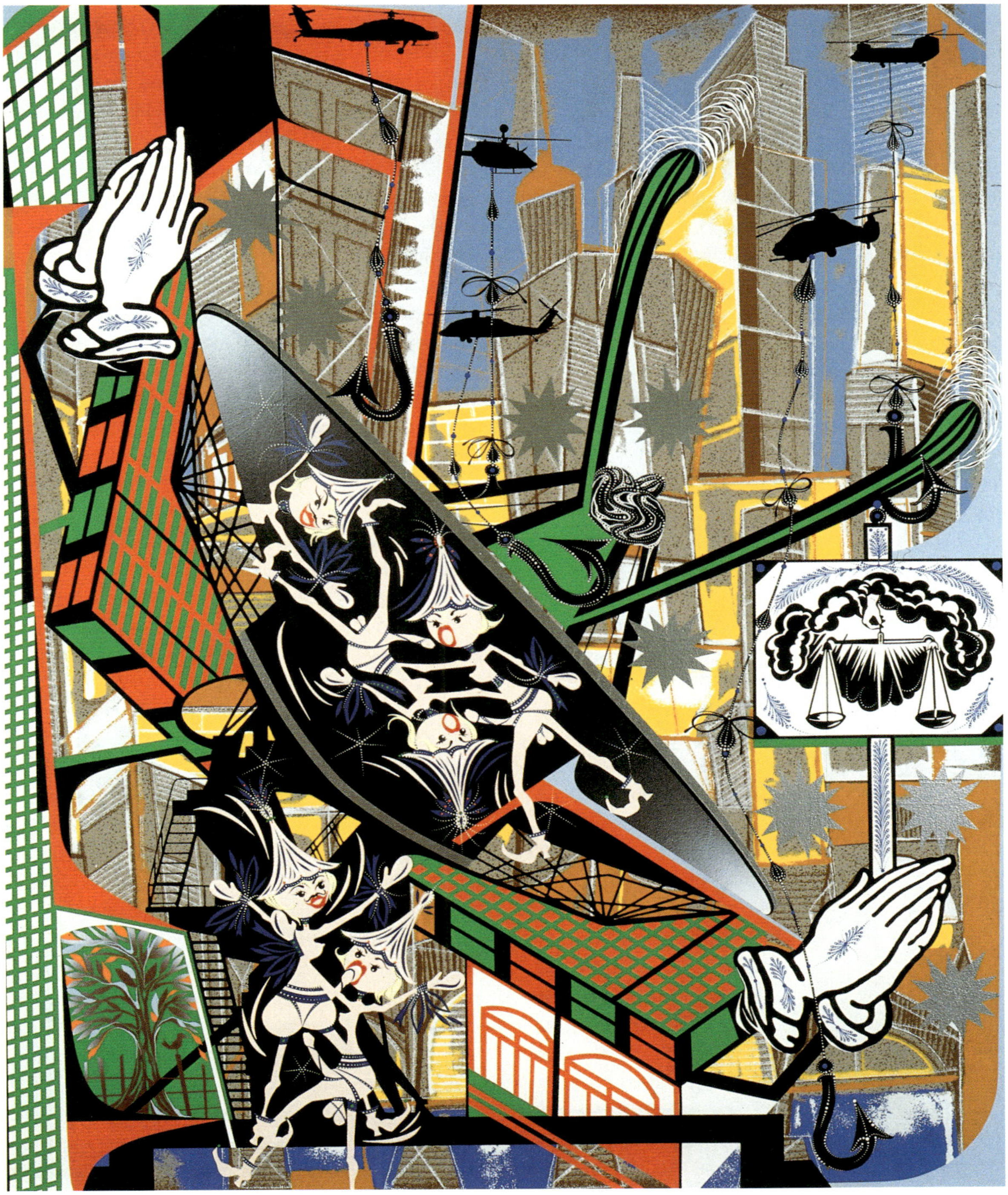

Lari Pittman, Like you, hoping and wanting but not liking, 1995

lung der Telekommunikationstechnologie das Potential für eine breitere Streuung maximiert, ist dies in vielerlei Hinsicht ein Paradox. Dies steht im Gegensatz zu den Expertenprognosen, die den Niedergang der Städte als ökonomische Einheit postulierten.

Es ist gerade die Kombination von räumlicher Streuung zahlreicher Wirtschaftsaktivitäten und globaler Integration via Telekommunikation, was zu der strategischen Rolle, die die großen Städte in der gegenwärtigen Phase der Weltwirtschaft einnehmen, geführt hat. Neben ihrer teils langen Geschichte als Zentren für Welthandel und Bankgeschäfte fungieren diese Städte heute als Kommandozentralen für die Organisation der Weltwirtschaft, als Schlüsselstandort und Marktplatz für die führenden Industrien dieser Periode (Finanzwesen und spezialisierte, unternehmensorientierte Dienstleistungen) sowie als Standort für die Erzeugung von Innovationen in diesen Industrien. Diese Städte konzentrieren bis heute enorme Ressourcen, und die führenden Industrien üben einen solch massiven Einfluß auf die wirtschaftliche und soziale Ordnung dieser Städte aus, daß sich die Möglichkeit eines neuen Typs von Stadt ergibt.

Die Formation und Kontinuität eines ökonomischen Zentrums in einem Typ von Stadt, den ich global nenne, beruht auf der Überschneidung zweier Prozesse: zum einen die wachsende Dienstleistungsintensität in der Organisation aller Industrien, was einen entscheidenden, aber bisher vielfach vernachlässigten Aspekt darstellt. Und zum anderen die Globalisierung der ökonomischen Aktivitäten. Wachsende Dienstleistungsintensität und Globalisierung sind sowohl auf die neuen Informationstechnologien angewiesen als auch davon geprägt, und beide hatten bzw. werden auch weiterhin einen deutlichen Einfluß auf den urbanen Raum haben. Die allgemein wachsende Dienstleistungsintensität in der ökonomischen Organisation sowie die spezifischen Bedingungen, unter denen Informationstechnologien zugänglich sind, machen Städte wieder zu strategischen »Produktions«standorten; eine Rolle, die sie verloren hatten, als die Massenproduktion zum dominanten ökonomischen Sektor wurde. Zentralität wird durch diese auf Informationen basierende Produktionsprozesse hergestellt.

Ein Ziel meiner Arbeit war und ist es, Städte als Produktionsstandorte der führenden Dienstleistungsindustrien der heutigen Zeit zu begreifen, also die Infrastruktur der wirtschaftlichen Aktivitäten, Unternehmen und Beschäftigungsverhältnisse offenzulegen, die für das Funktionieren einer entwickelten unternehmerisch verfaßten Wirtschaft (corporate economy) notwendig sind. Spezialisierte Dienstleistungen werden gewöhnlich eher als spezialisierte Arbeitsleistungen denn als im Produktionsprozeß involvierte verstanden. Lenkt man das Augenmerk aber auf den Produktionsprozeß dieser Dienstleistungsindustrien, so lassen sich einerseits einige den Standort betreffende Charakteristika dieser Industrien erfassen, andererseits die Hypothese überprüfen, daß es eine neue Dynamik zur Agglomeration im Bereich der fortgeschrittenen produktionsorientierten Dienstleistungen gibt, weil sie als Produktionskomplex fungieren – einem Komplex, der die Konzernzentralen bedient und dennoch andere Charakteristika bezüglich des Standorts und der Produktion aufweist. Dieser Komplex von produktionsorientierten Dienstleistungen profitiert mehr noch als die Konzernzentralen von einem städtischen Standort und ist häufig auf ihn angewiesen.

Diese Agglomerationsdynamik wirkt wie auf den unterschiedlichen Ebenen der Städtehierarchie, von der globalen bis zur regionalen Ebene. Auf der globalen Ebene sind in einigen Städten die Infrastruktur und Dienstleistungen konzentriert, die die Möglichkeit einer globalen Kontrolle bedingen. Letzteres ist entscheidend, wenn geographische Streuung wirtschaftlicher Aktivitäten – seien es Fabriken, Büros oder Finanzmärkte – mit gleichzeitiger Konzentration der Eigentumsverhältnisse und Profitaneignung einhergeht. Diese Fähigkeit globaler Kontrolle kann nicht einfach unter die strukturellen Aspekte der Globalisierung der Wirtschaftsaktivitäten subsumiert werden, sie muß vielmehr hergestellt werden. Es ist also unzureichend, wie selbstverständlich von einer ehrfurchtgebietenden Macht großer Konzerne oder von irgendeinem »internationalen, ökonomischen System« auszugehen.

Indem wir das Augenmerk auf die Erzeugung einer solchen Fähigkeit zu globaler Kontrolle legen, fügen wir der altbekannten Frage nach der Macht großer Konzerne eine bisher vernachlässigte Dimension hinzu. Die Betonung verschiebt sich hin zu den Praktiken globaler Kontrolle: zum

[6] Im Fall einer komplexen Landschaft wie der von Europa lassen sich in der Tat verschiedene Geographien der Zentralität ausmachen: eine globale, mehrere kontinentale sowie regionale. Eine Hierarchie der zentralen Städte verbindet die wichtigen Städte, von denen viele wiederum eine zentrale Rolle im weiteren, globalen Städtesystem einnehmen: Paris, London, Frankfurt, Amsterdam, Zürich. Diese Städte sind auch Teil eines umfassenderen Netzwerks der europäischen Finanz-, Kultur- und Dienstleistungsmetropolen; manche mit nur einer, andere mit mehreren dieser Funktionen. Sie artikulieren die Region Europas und sind etwas weniger an der globalen Ökonomie orientiert als Paris, Frankfurt oder London. Auf der anderen Seite gibt es verschiedene Geographien der Marginalität: die Ost-West-Teilung, das Nord-Süd-Gefälle sowie einige neuere Teilungen. In Osteuropa sind bestimmte Städte und Regionen, insbesondere Budapest, ziemlich attraktiv für europäische als auch nicht-europäische Investitionen, wohingegen andere zunehmend zurückfallen, insbesondere Rumänien, Jugoslawien sowie Albanien. Im südlichen Europa können wir ähnliche Unterschiede beobachten: Madrid, Barcelona und Mailand steigen im Unterschied zu Neapel, Rom und Marseille in der europäischen Hierarchie auf.

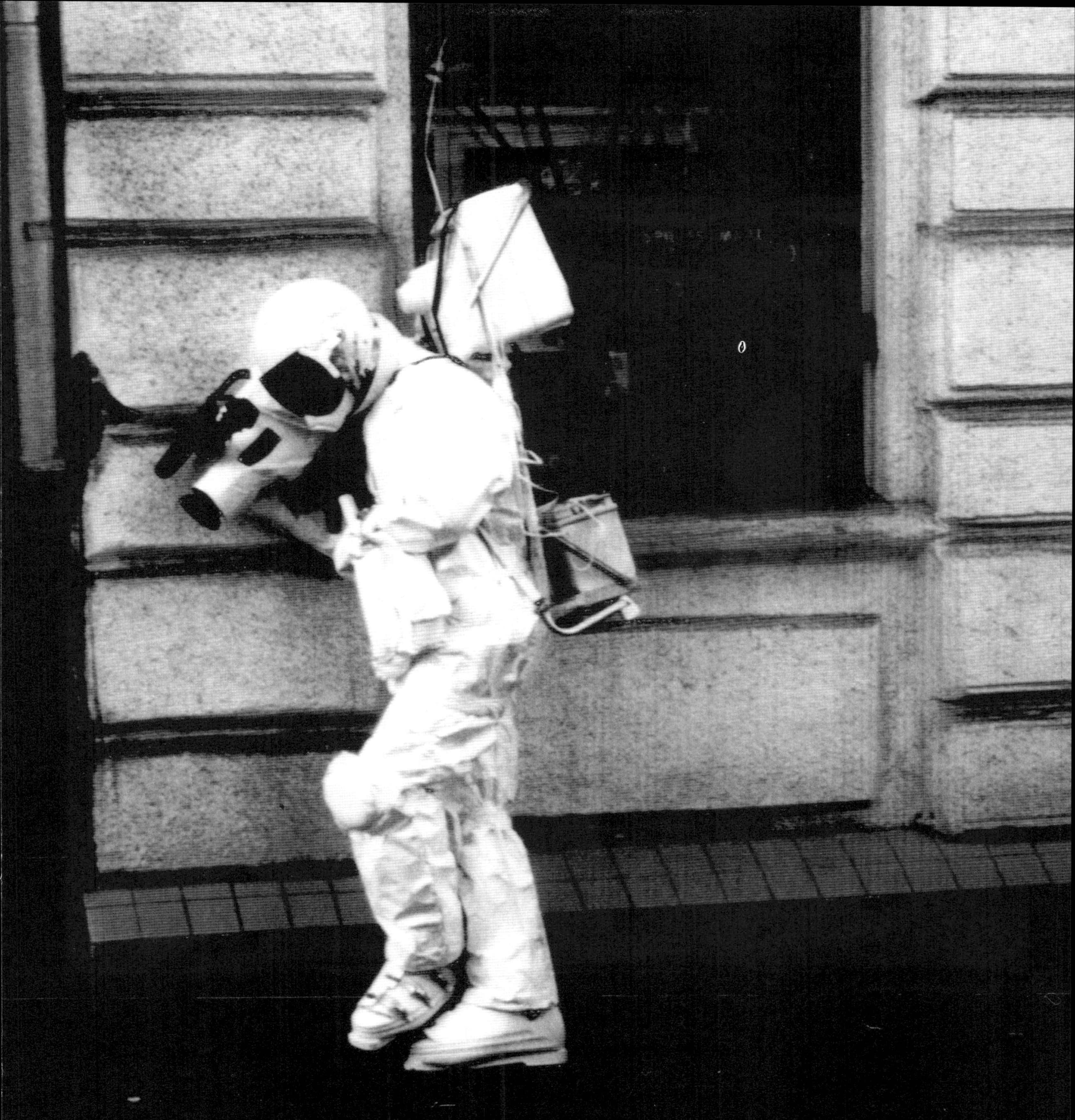

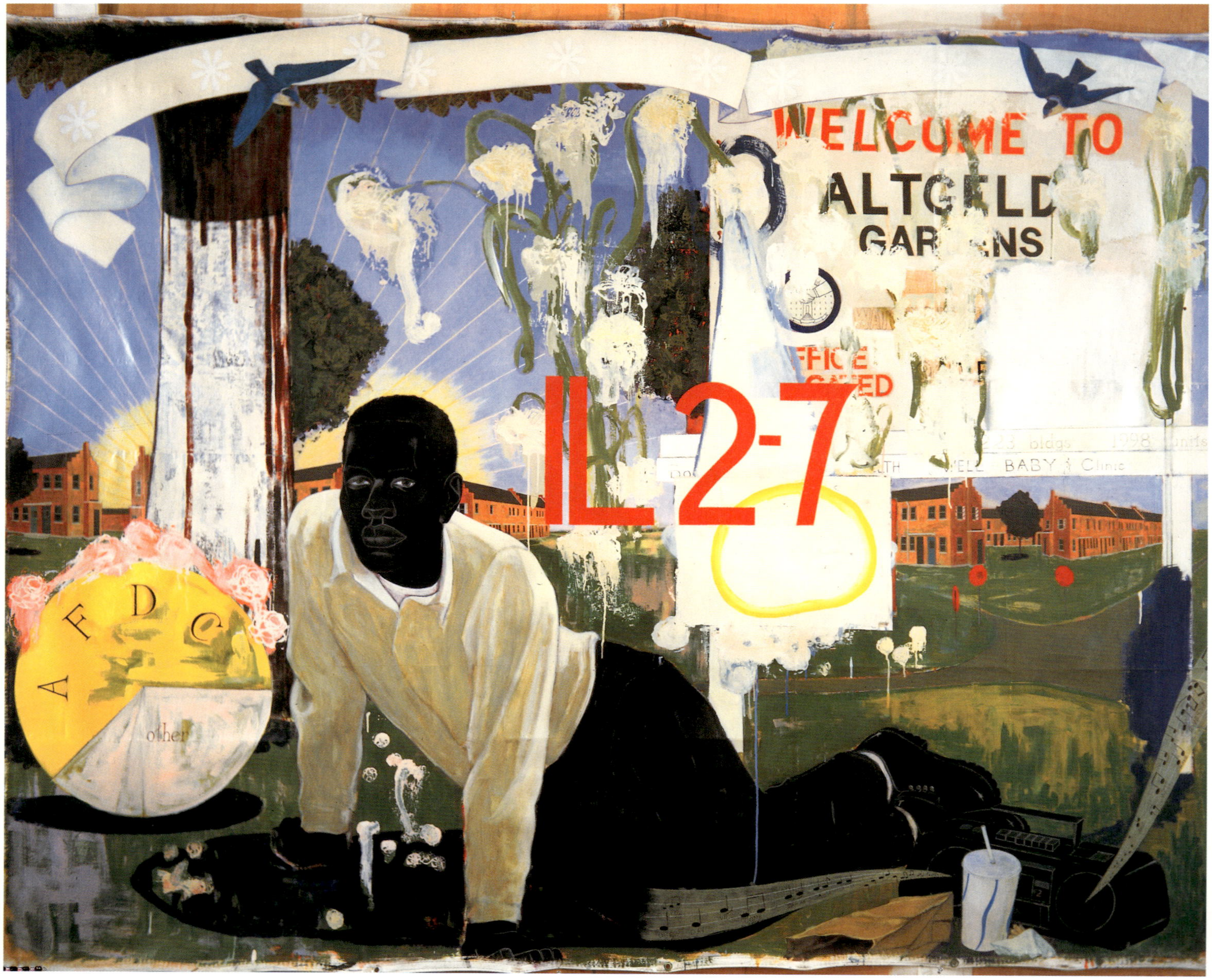

Untitled (Altgeld Gardens), 1995

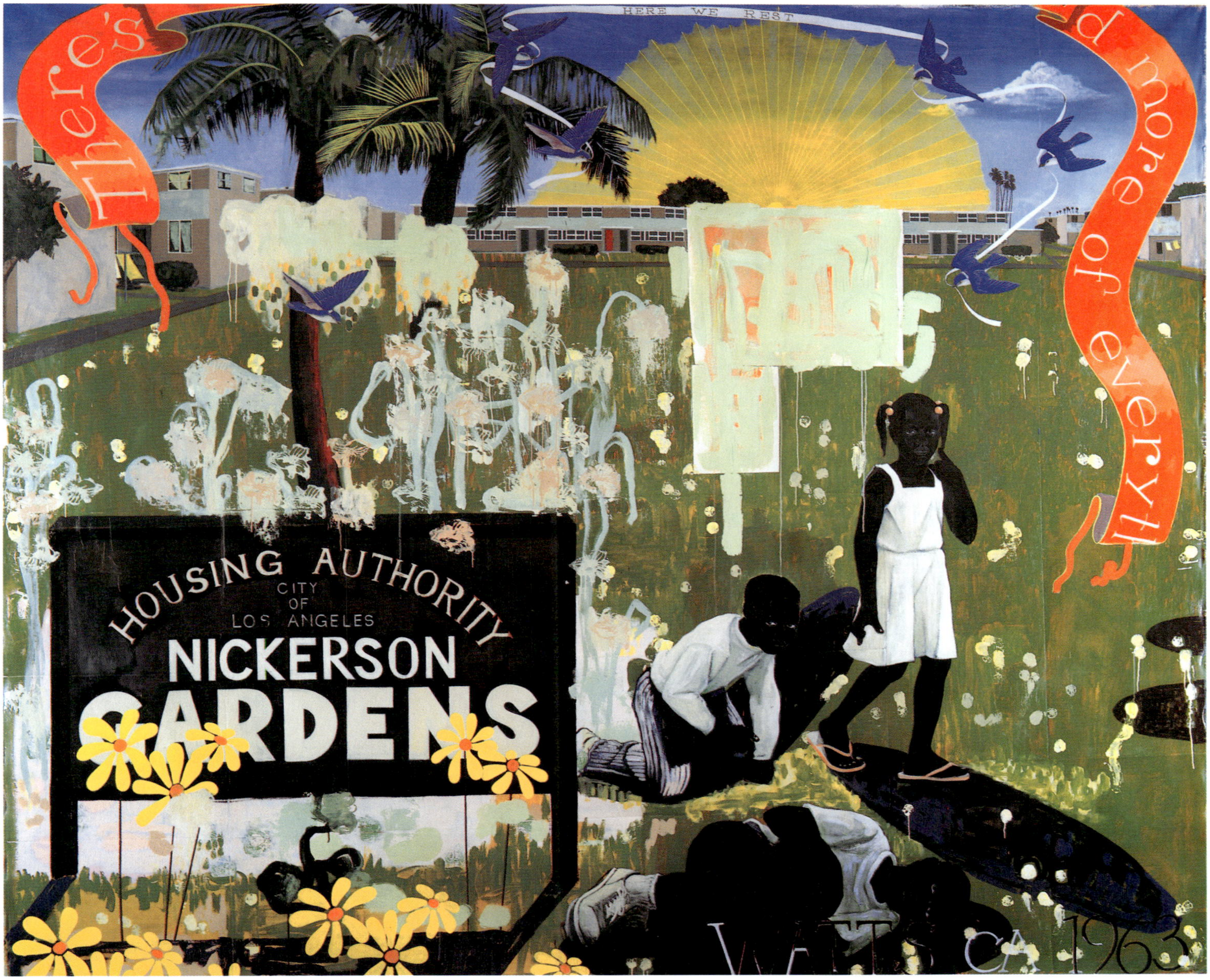

Watts 1965, 1995

Vorgang der Produktion und Reproduktion der Organisation und des Managements eines globalen Produktionssystems und eines globalen Finanzmarktes – jeweils unter den Bedingungen wirtschaftlicher Konzentration. Macht ist entscheidend für die Organisierung der Weltwirtschaft, aber auch deren Erzeugung – einschließlich der Erzeugung solcher Inputs, die die Fähigkeit zur globalen Kontrolle begründen und der Infrastruktur von Beschäftigungsverhältnissen, die in diese Produktion einbezogen sind. Diese Herangehensweise erlaubt es, unser Augenmerk auf Städte sowie auf deren soziale Ordnung zu lenken, die mit diesen Aktivitäten verbunden ist. Die grundlegende Dynamik ist nach meiner Ansicht folgende: je stärker die Globalisierung der Ökonomie voranschreitet, desto höher ist in global cities die Agglomeration der zentralen Funktionen. Die während der 80er Jahre in den Geschäftsbezirken zu beobachtende, enorme Verdichtung an Bürogebäuden ist der räumliche Ausdruck dieser Logik. Die in weiten Kreisen vertretene Ansicht, daß Agglomeration in dem Maße obsolet sei, in dem die Fortschritte in der globalen Telekommunikationstechnologie eine maximale Streuung erlauben, ist nur zum Teil korrekt. Daß die Agglomeration der zentralisierenden Aktivitäten so immens angewachsen ist, erfolgte, wie ich meine, genau wegen der durch die Telekommunikation ermöglichten, territorialen Streuung. Dies ist keine reine Verlängerung alter Agglomerationsmuster, sondern eine neue Logik der Agglomeration. Die Frage ist dann, wann die Fortschritte der Telekommunikation auch auf diese zentralisierenden Funktionen angewandt werden.

Kurz gesagt, mit dem Potential zur globalen Kontrolle werden bestimmte Städte zu Knotenpunkten in einem ausgedehnten Kommunikations- und Marktsystem. Fortschritte in der Elektronik und Telekommunikation haben geographisch weit abgeschlagene Städte in Zentren von globaler Kommunikation und raumübergreifendem Management verwandelt. Aber zentralisierte Kontrolle und Management über geographisch verstreute Fabriken, Büros und Niederlassungen entsteht nicht zwangsläufig als Teil eines »Weltsystems«. Es erfordert die Entwicklung eines umfangreichen Angebots an hochspezialisierten Dienstleistungen, Top-Management sowie Kontrollfunktionen.

Viele Analysen und allgemeine Kommentare über die Weltwirtschaft und die neuen Wachstumsbranchen haben diese vielfältigen Dimensionen nicht eingeschlossen. An anderer Stelle habe ich darauf hingewiesen, daß die vorherrschende Redeweise oder Hauptrichtung der Beiträge über die wirtschaftliche Globalisierung eine Redeweise des Ausklammerns (narrative of eviction) ist (Sassen 1996). Schlüsselbegriffe wie Globalisierung, Informationswirtschaft und Telekommunikationstechnologien suggerieren alle, daß der Raum seine Bedeutung verloren habe und daß der hochqualifizierte Spezialist mit hohem Bildungsniveau der einzige Typus von Arbeiter sei, der weiterhin von Bedeutung ist. Eine solche Herangehensweise privilegiert die Fähigkeiten zu globalen Informationsübermittlungen gegenüber der Konzentration von baulicher Infrastruktur, die Informationsübermittlungen erst ermöglicht; die Erzeugung von Informationen gegenüber den ArbeiterInnen, die diese Leistungen hervorbringen – von SpezialistInnen bis hin zu SekretärInnen –; die neue transnationale Unternehmenskultur gegenüber der Vielzahl kultureller Umgebungen, einschließlich der reterritorialisierten Kultur von MigrantInnen, innerhalb derer viele der »anderen« Beschäftigungsverhältnisse der globalen Informationswirtschaft stattfinden. Zusammengefaßt heißt dies, daß sich die vorherrschende Redeweise mit den höheren Kapitalkreisläufen – im Gegensatz zu den darunterliegenden – und mit den globalen Fähigkeiten der wichtigsten Wirtschaftsakteure beschäftigt, im Gegensatz zu der Infrastruktur von Einrichtungen und Beschäftigungsverhältnissen, die die Grundlage solcher Fähigkeiten sind. Die Folge dieser eingeschränkten Sichtweise ist das Ausklammern der räumlichen Gebundenheit bedeutsamer Komponenten der globalen Informationswirtschaft.

Die Frage der Zentralität im elektronischen Raum

Wirken diese Tendenzen zur Zentralität bzw. Konzentration im elektronischen Raum? Gängigerweise stellt man sich den Netzwerkraum als einen mit gleichmäßig verteilter Macht und ohne Hierarchien vor. Das bekannteste und am meisten wahrgenommene ist inzwischen das Internet. Seine besonderen Eigenschaften – wie Dezentralität, Offenheit, Möglichkeit der Expansion, ohne Hierarchie, ohne Zentrum, keine Voraussetzungen für autoritäre oder monopolistische Kontrolle – haben den Eindruck von verteilter Macht erzeugt.

Man muß aber wahrnehmen, daß diese Netzwerke auch andere Arten der Macht erst ermöglichen. Die Finanzmärkte, die zu großen Teilen durch elektronische Netzwerke arbeiten, sind ein gutes Beispiel für andere Formen der Macht. Die drei Eigenschaften der elektronischen Netzwerke, nämlich Geschwindigkeit, Simultanität sowie Verbundenheit, führten zu so umfangreichen Aufträgen, was alles, was es je auf den Finanzmärkten gegeben hat, in den Schatten stellte. Als Konsequenz haben die globalen Kapitalmärkte nunmehr die Macht, nationale Regierungen zu disziplinieren, wie dies bei der Mexikokrise im Dezember 1994 geschah. Desweiteren haben die gleichen Eigenschaften der elektronischen Netzwerke Elemente einer Kontrollkrise innerhalb der Institutionen der Finanzindustrie hervorgebracht. Es gibt eine Reihe von Beispielen, die dies illustrieren wie der Börsenkrach von 1987, herbeigeführt durch telekommunikationsvermittelte Geschäfte oder die Pleite der Barings Bank, verursacht von einem jungen Broker, der enorme Kapitalmengen in verschiedenen Märkten in einem Zeitraum von sechs Wochen mobilisieren konnte.[7]

Während die Form der Netzwerkmacht, beispielhaft vorgeführt vom internationalen Finanzwesen, potentiell subversive Charakterzüge aufweist – insofern sie bestehende Kontrollhierarchien destabilisiert (wie zum Beispiel Zentralbanken oder mächtige Institutionen, die weit mehr wirtschaftliche Kontrolle gewohnt sind) –, ist sie dennoch eine Form hierarchischer Macht. Diese Macht des Netzwerkes erzeugt eine ungeheure Konzentration von Macht und Profit.

Es ist auch signifikant, daß, obwohl die Macht dieser elektronischen Finanznetzwerke in gewisser Weise eine verteilte ist, d.h. Millionen von Investoren und ihre Millionen über Millionen Entscheidungen, das Ergebnis eine konzentrierte Macht ist. Der Weg, der als eine Form verteilter Macht begann, kann viele Formen annehmen; in diesem Fall eine, die sich radikal von der des Internets unterscheidet.

Dies deutet die Möglichkeit an, daß die Netzwerkmacht nicht notwendig gleichmäßig verteilt ist. Ihre Organisation kann durch intervenierende Mechanismen neu geformt werden. Sie als eine Form verteilter Macht zu erhalten, erfordert eine Einbindung in eine besondere Struktur. Im Falle des Internets, einmal abgesehen von seiner Charakteristik als Netzwerk der Netzwerke und seiner Offenheit – zwei entscheidende Eigenschaften –, hat vermutlich die fehlende Kommerzialisierung zu dem Weg, den es gegangen ist, beigetragen.

Es besteht kein Zweifel, daß das Internet ein Raum der verteilten Macht ist, der die Möglichkeiten autoritärer und monopolistischer Kontrolle limitiert. Über die letzten zwei Jahre hinweg wurde aber auch offensichtlich, daß es ein umkämpfter und segmentierter Raum ist.[8] Wenn man umfassender die Macht der Netzwerke überdenkt, muß man erkennen, daß es heute etwa 40000 Netzwerke gibt, die IP-kompatibel sind, und daß das Internet sich aus etwa 12000 zusammensetzt. Damit bleibt eine Menge an Netzwerkkapazität zurück, welche nicht notwendigerweise die Eigenschaften und Attribute des Internets aufweist. Tatsächlich ist viel davon konzentrierte Macht und reproduziert Hierarchien anstatt gleichmäßig verteilte Macht.

Zusammenfassung: Die Einbettung des elektronischen Raums

Insofern der elektronische Raum eingebettet ist, kann man ihn nicht als rein technologisches Ereignis und in Begriffen von rein technischer Kapazität fassen. Er wird festgelegt durch die Strukturen und Dynamiken, innerhalb derer er eingebunden ist: das Internet wird geformt durch die Strukturen und Dynamiken, in die es eingebettet ist: es ist ein anderer Typ von Raum als die privaten Netzwerke der Finanzindustrie; und die hochsicherheitsgeschützten Unternehmensadressen im Web sind anders als die öffentlichen Anteile des Webs. Neben dieser Frage nach Intentionalität und Gebrauch stellt sich die Frage nach der Infrastruktur: der elektronische Raum wird in den hochindustrialisierten Ländern weit mehr präsent sein als in der weniger entwickelten Welt; und er wird weiterhin in Haushalten der Mittelschicht in den reichen Ländern präsenter sein als in armen desselben Landes.

[7] Dies wiederum erzeugt Zustände, die von denen, die am meisten von den neuen elektronischen Möglichkeiten zu profitieren hoffen, nicht ständig kontrolliert werden können. Die bestehenden Regulationsmechanismen offenbaren Krisenelemente, da sie mit den Eigenschaften der elektronischen Märkte nicht mithalten können. Besonders wegen ihrer tiefen Eingebundenheit in die Telekommunikationstechnologien werfen die fortgeschrittensten Informationsindustrien Fragen der Kontrolle innerhalb der globalen Ökonomie auf. Diese gehen nicht nur über den Staat, sondern ebenso über Vorstellungen nichtstaatlicher Koordinationssysteme – vorherrschend in der Literatur über »Governance« – hinaus. Es handelt sich hierbei um Fragen der Kontrolle, die sich um das Ausmaß der Aufträge drehen, die dank der Transaktionsschnelligkeit – als Ergebnis der neuen Technologien – auf den Finanzmärkten erreicht werden können. Das beste Beispiel sind vielleicht die Devisenmärkte, die überwiegend im elektronischen Raum stattfinden und einen Umfang erreicht haben, der die Zentralbanken unfähig werden läßt, einen solchen Einfluß auf die Wechselkurse auszuüben, wie man es erwartet. Für eine ausführliche Behandlung dieser Themen siehe Sassen (1996): *Loosing control?*

[8] Damit das Internet als Raum verteilter Macht auch gegen wachsende Kommerzialisierung erfolgreich bestehen kann, muß seine Repräsentation als universeller Raum möglicherweise erneut erfunden werden. De facto kann es weiterhin (wenn auch nicht unbedingt in bewußter Weise) ein Raum für demokratische Praktiken sein. Dies kann jedoch nur gelingen, wenn es neben der Selbstrepräsentation als Raum unbegrenzter Freiheit eine Form des Widerstands gegen übergreifende, wirtschaftliche und hierarchische Mächte annimmt. Während der letzten zwei Jahre gab es genug Veränderungen, so daß es angebracht scheint, die Repräsentation des Internets einer kritischen Untersuchung zu unterziehen. Vielleicht müssen die Vorstellungen, die dieser Repräsentation hinzugefügt werden müssen, mehr mit Herausforderung und Widerstand zu tun haben als nur mit der Romantik von Freiheit, vielfältiger Verbundenheit und einer neuen Front (obgleich gesagt werden muß, daß das Front-Bild Gegenstand einer erneuten kritischen Untersuchung war, welche die dem Internet anhaftende Romantik von Freiheit und Befreiung von Unterdrückung und Armut verabschiedet). Desweiteren ist die energische Nutzung des Internets durch die Zivilgesellschaft eines seiner wichtigen Kennzeichen; doch dies bedeutet auch, daß eine ganze Reihe von sozialen Kräften das Netz benutzt, angefangen von Umweltschutzgruppen bis hin zu fundamentalistischen Verbindungen wie die Christian Coalition in den Vereinigten Staaten. Es wird zum demokratischen Raum für gegensätzliche Standpunkte und Bestrebungen.

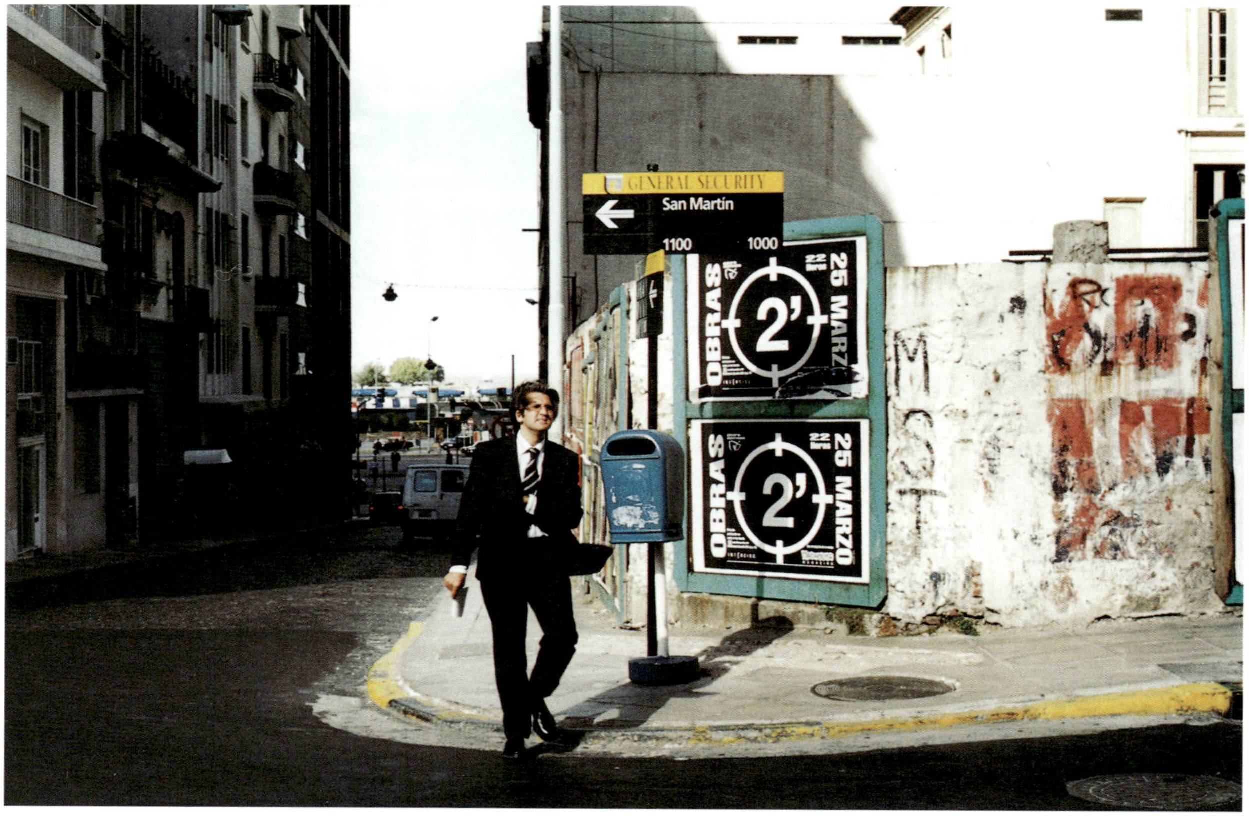

Amandes amères

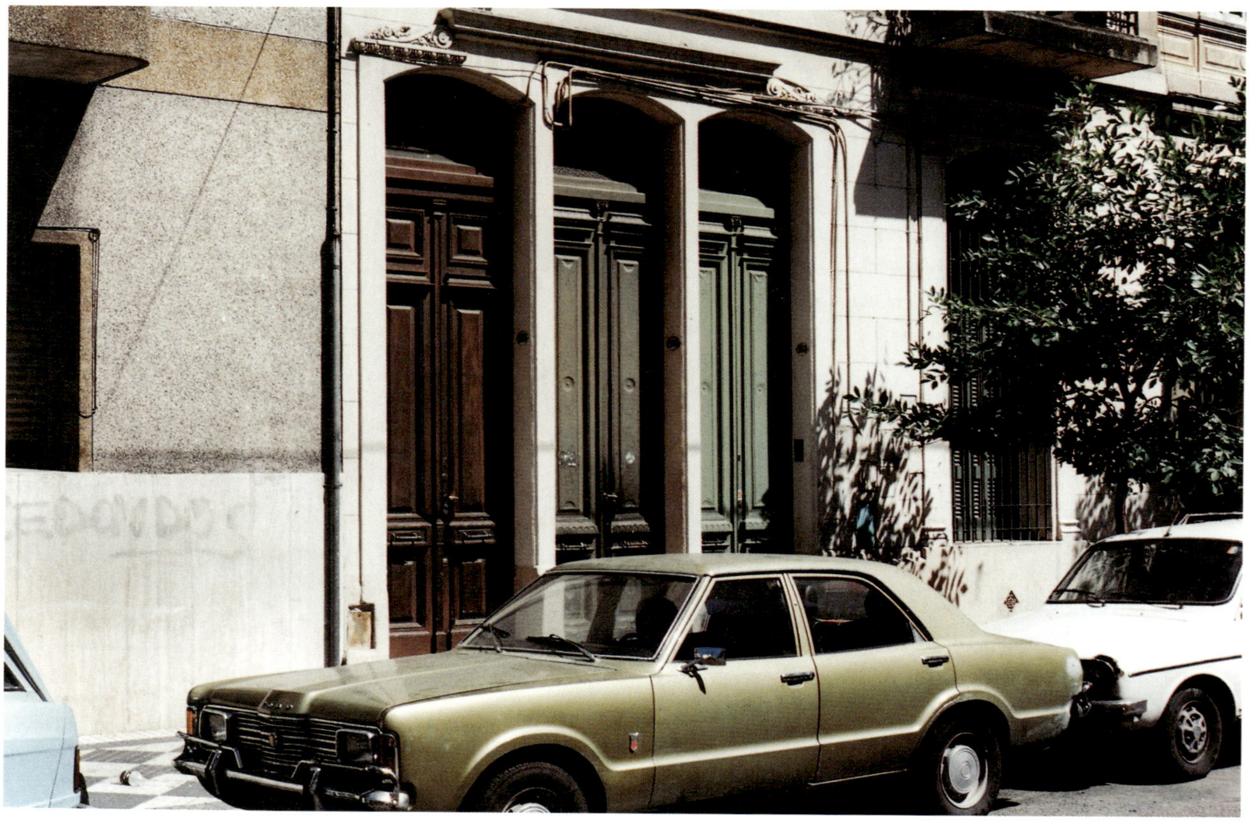

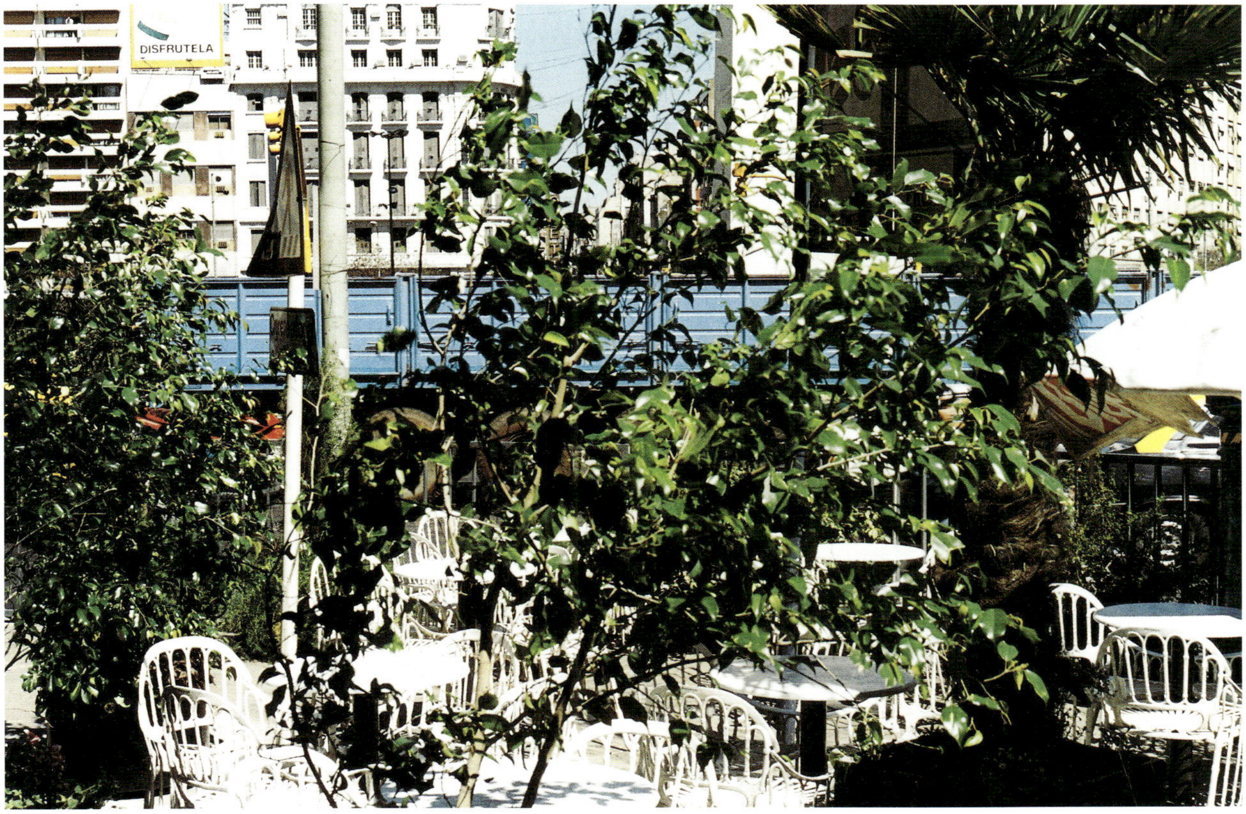

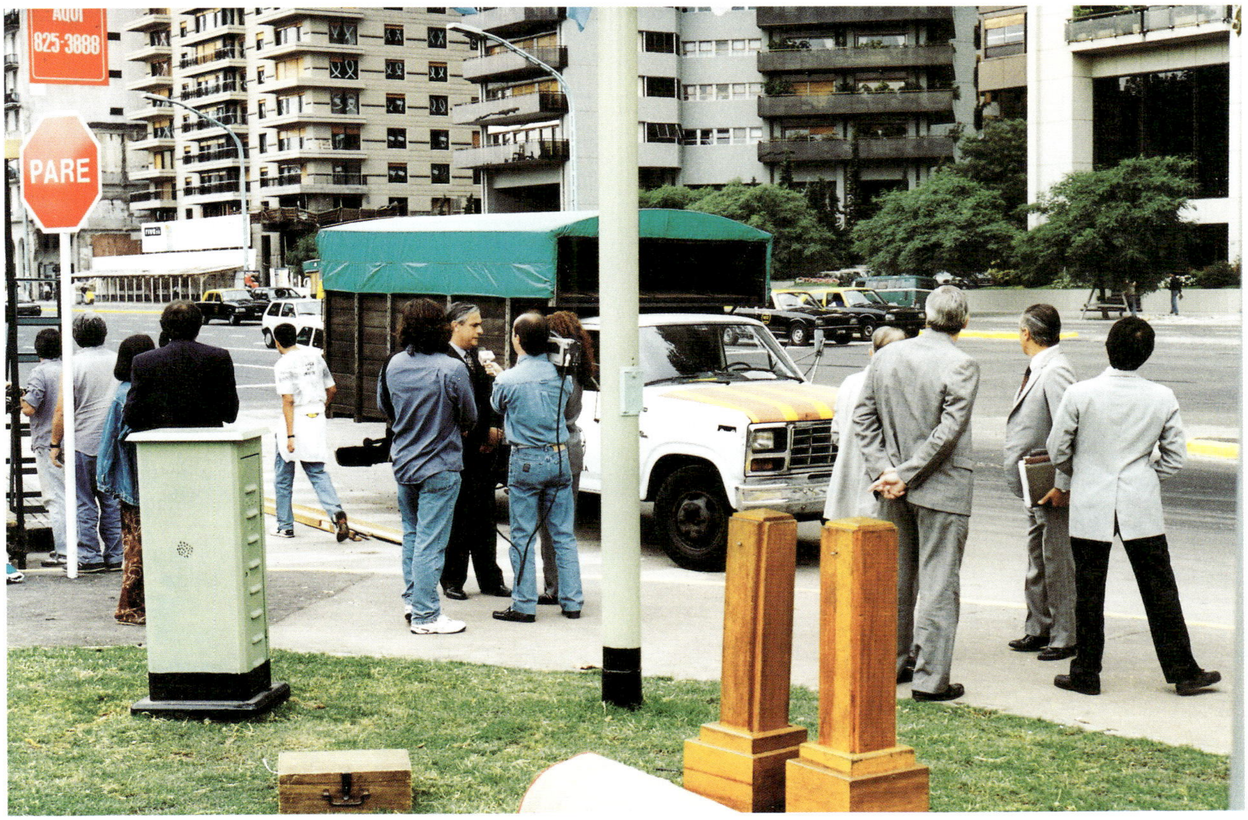

Jean-Marc Bustamante

Emilio Prini

1984

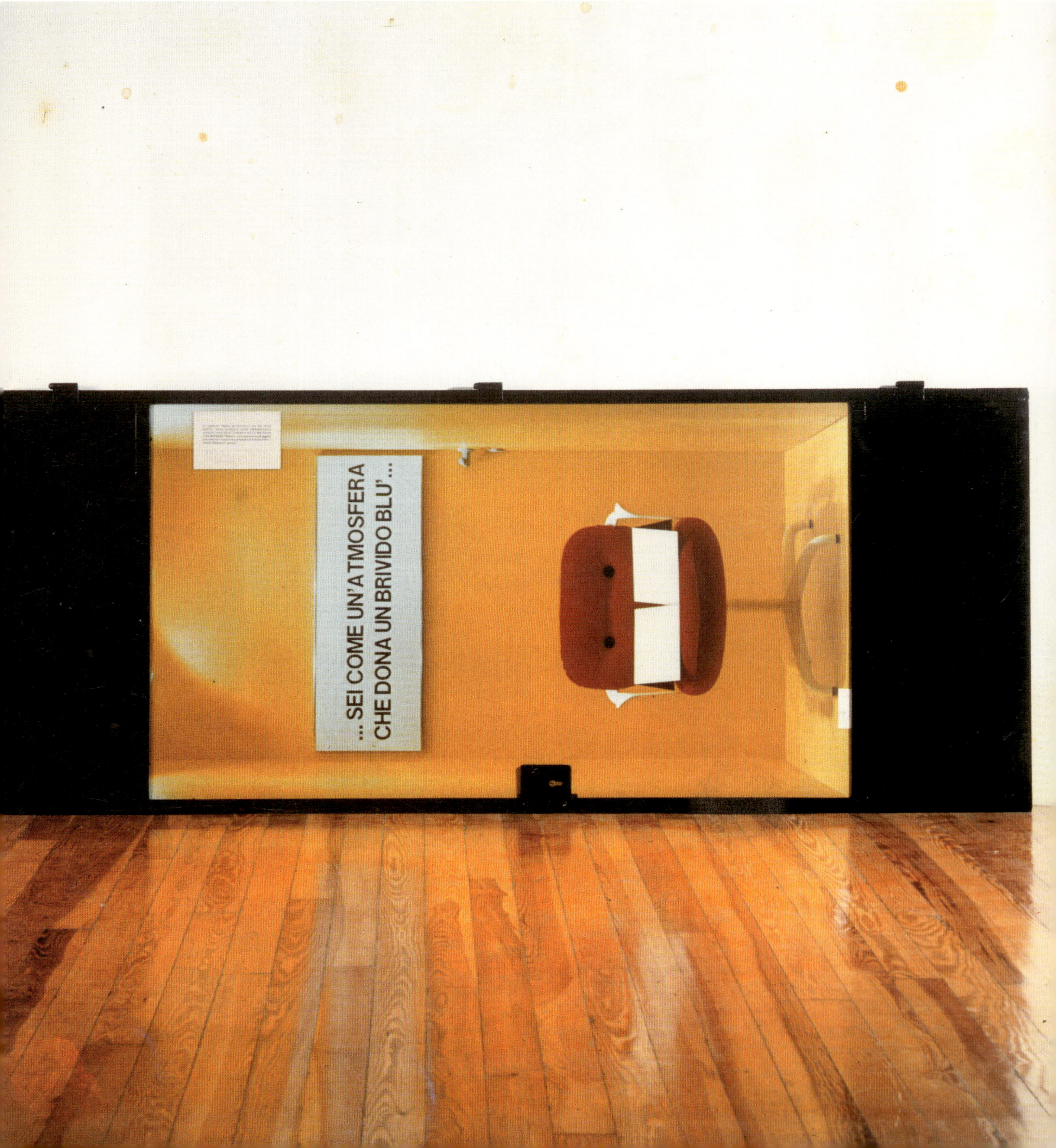

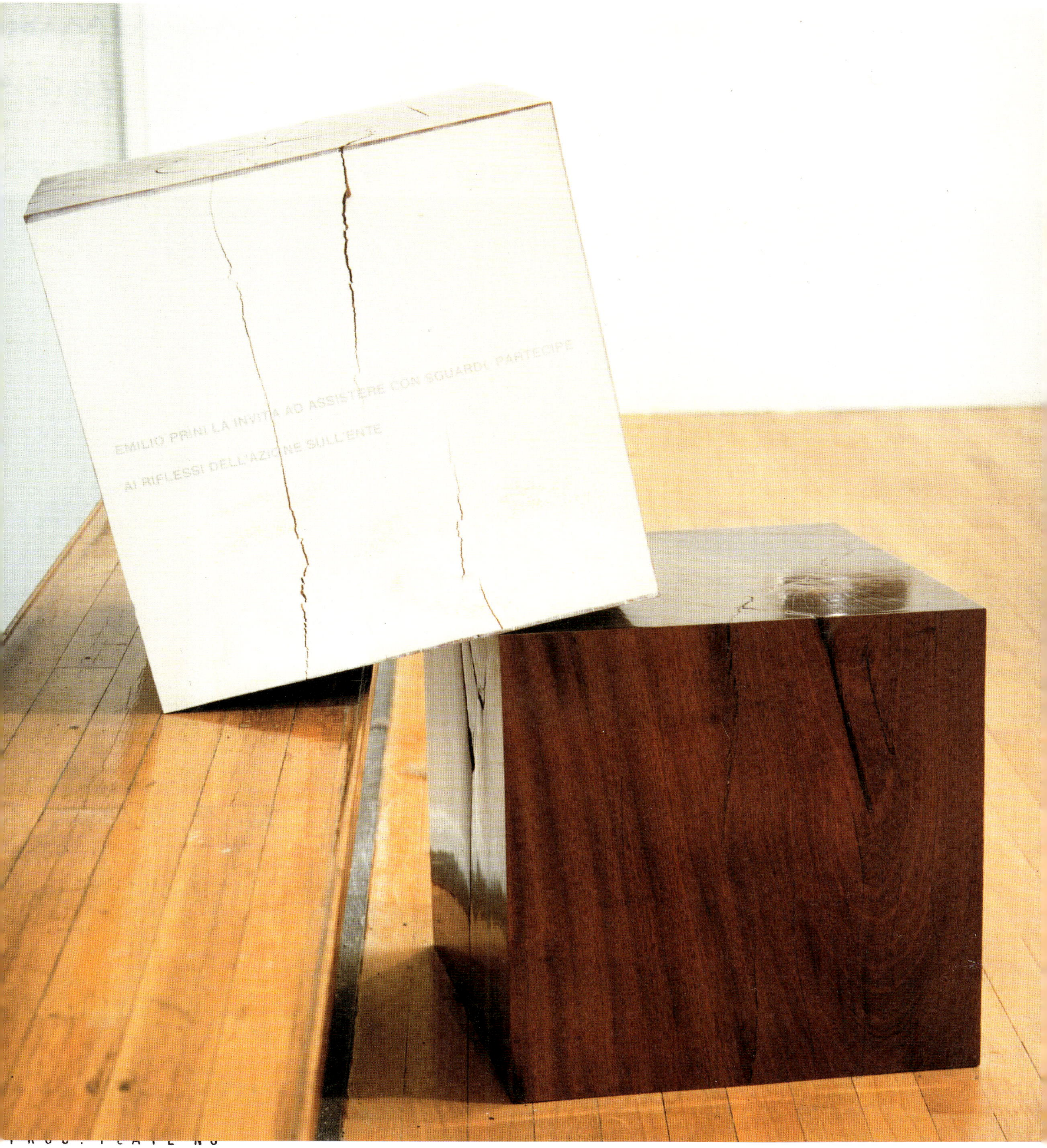
EMILIO PRINI LA INVITA AD ASSISTERE CON SGUARDO PARTECIPE
AI RIFLESSI DELL'AZIONE SULL'ENTE

COLLECTIVE

La ciutat de la gent (The City of the People)

Is a project by Valèria Bergallí, Josep Bonilla, Manuel J. Borja-Villel, Eduard Bru, Jean-François Chevrier, Miren Etxezarreta, Juan de la Haba, Craigie Horsfield, Juan José Lahuerta, Carles Martí, Lucas Martínez, Antonio Pizza, Maurici Pla, Albert Recio, Rosa Saíz, Isabel Sametier, Antonio Vargas i Lourdes Viladomiu.

La ciutat de la gent borrows its title from a well-known slogan used by the city of Barcelona, a city where in recent years consensus has been engineered to an extent unparalleled almost anywhere else, making it appear that no action can be taken. Although Barcelona is no different from many other cities in the industrially developed world, in the past fifteen years it has evolved so rapidly into a model of an outwardly focused city that it has somehow become a paradigm.

We all know that modernity has not brought demystification, a total enlightenment of the world. Modern society has instead taken new conditions and shaped a new mythology, casting a new spell over our relationships. On the pretext of rationalizing city planning, modern architects and city planners have produced a mythical architecture par excellence: the new labyrinth that is the city of today. In this context, art can be a source of regeneration whose objective is not so much to depict a collective dream as to liberate us from it.

The image depicted here is not the product of an individual: it is collective, an image that does not dissolve history in myth but instead places the myth in its historical perspective. Logically enough, this project is the outcome of close cooperation between representatives of the museum and a number of groups whose knowledge of, and research and actions in, the city include a variety of viewpoints: economic, social, anthropological and, of course, political. It is these groups which have helped us enter a particular human community, acting as our interpreters. Their subjective viewpoints, their own individual actions are, of course, also a part of our project.

La ciutat de la gent was an exhibition and a book published as part of the Fundació Antoni Tàpies, Barcelona project of a collective. It was developed as a platform for dialogue and for the building of models that could be effective in this changed world, to speak about how we think and live within the public sphere and the private space, of what community may be and how we may conceive self: the individual and the social world. The project was developed over three years and is being continued in Rotterdam, Berlin, Kraków and Ghent.

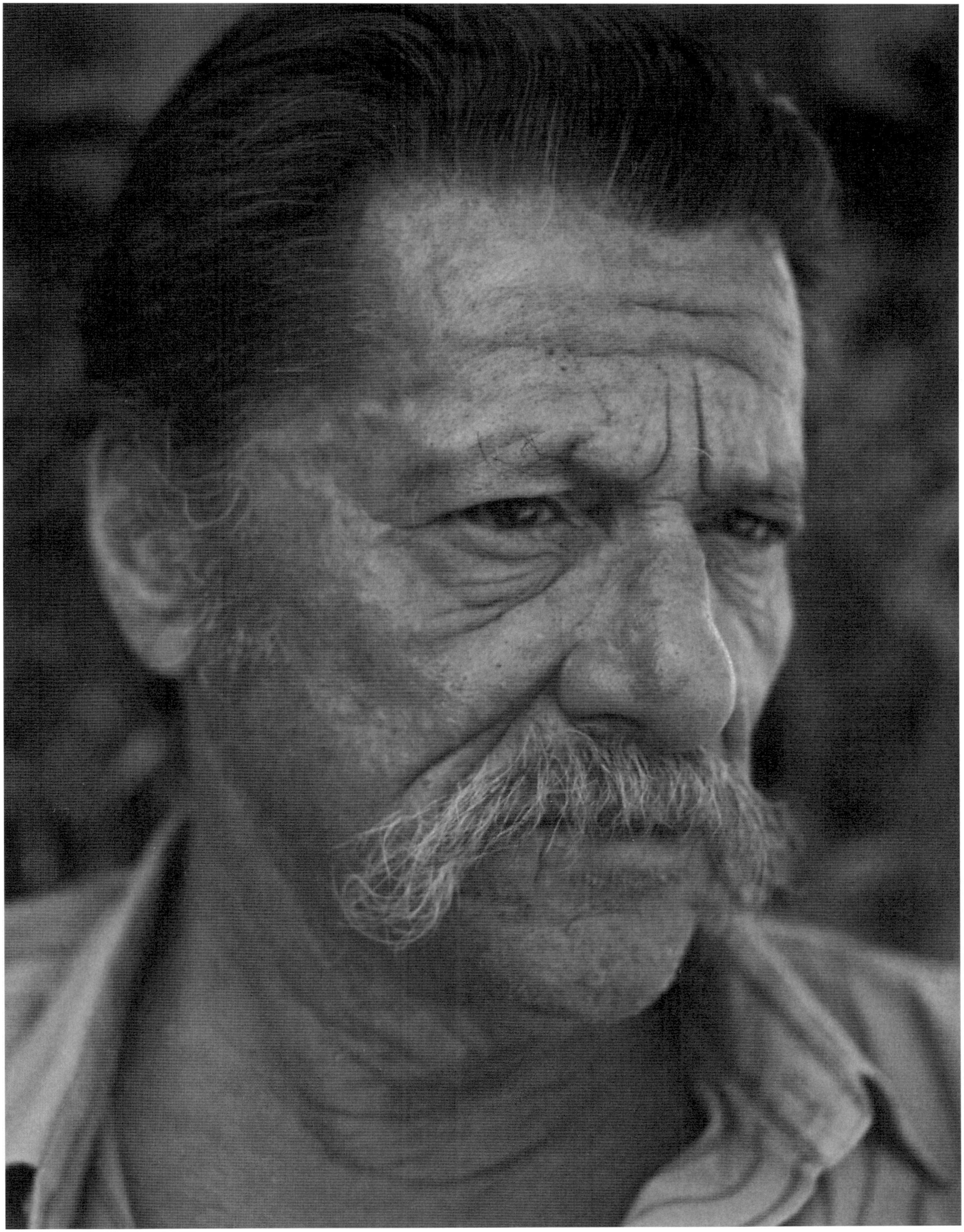

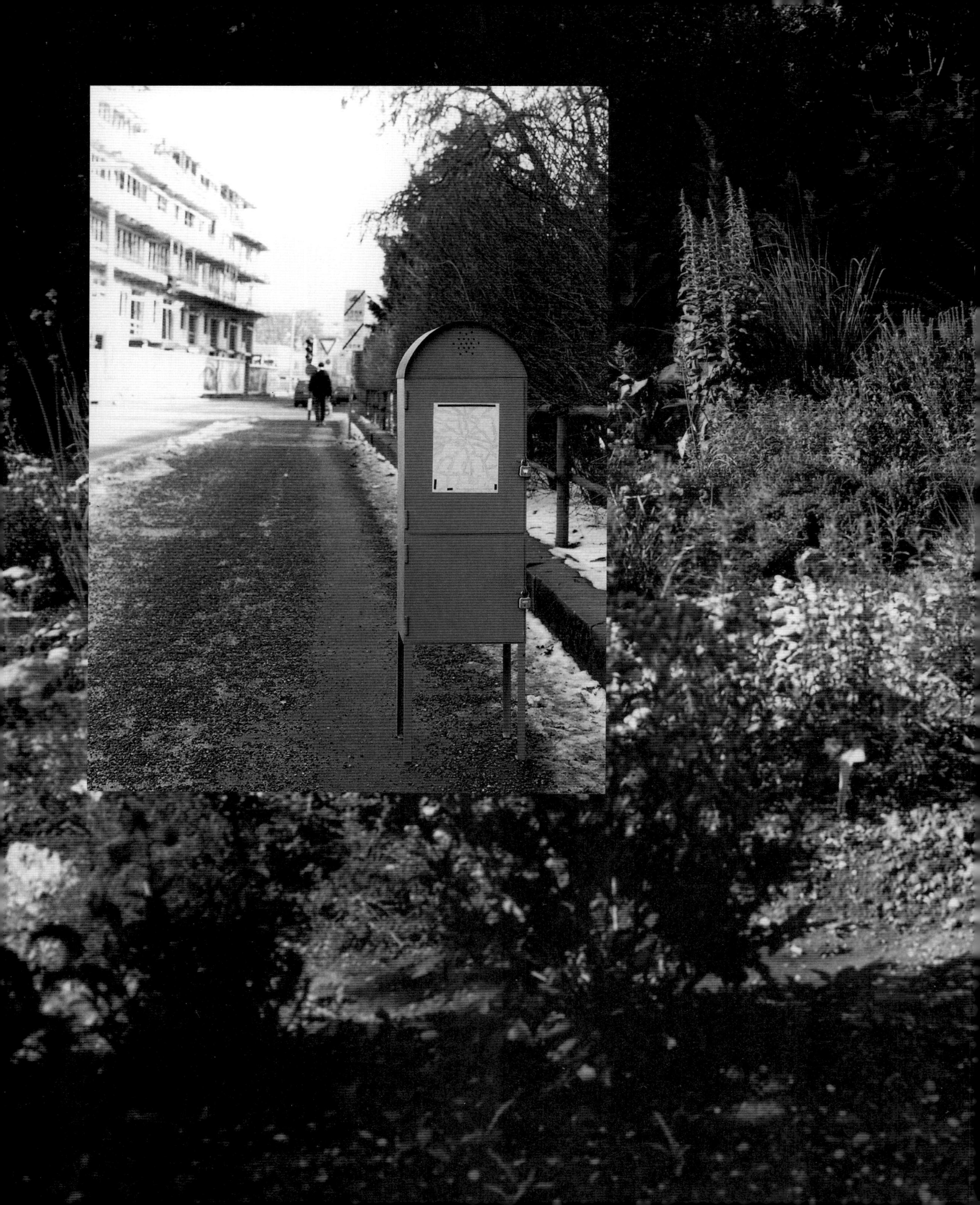

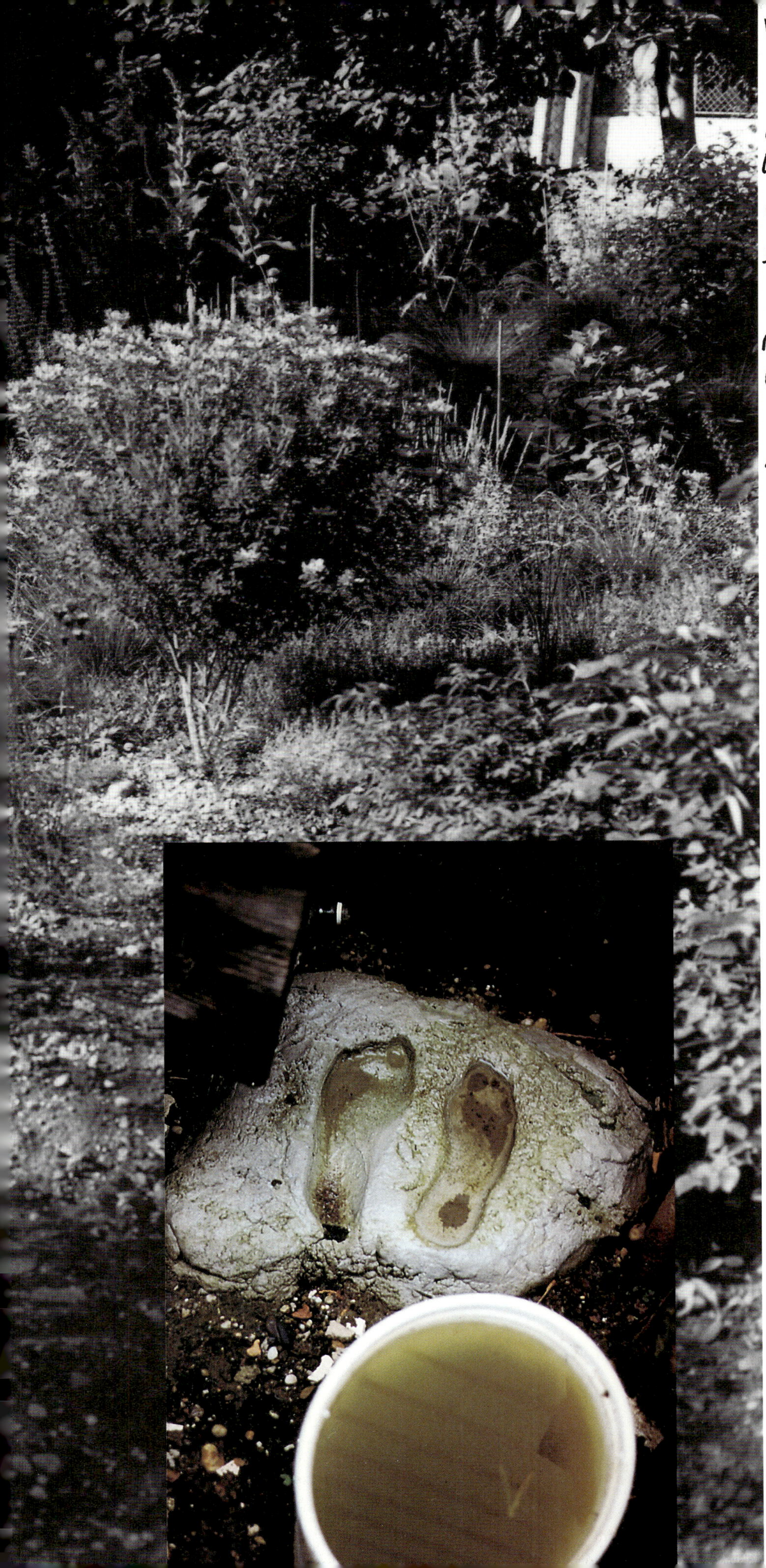

Verbindungen – die uns
von der Natur trennen
jene Konstruktionen /
welche die Grenze über
die aus sich selbst
entwickelnden Möglich-
keiten der Natur ent-
stehen läßt / sind
ästhetisch / wenn
darunter ein Netz
wächst der angewandten
Kultur den Verbindenden
auffängt / wirksamer
verwandelt wird. Die
Blüten der Wegwarte
öffnen sich etwa
um 6 Uhr früh und
schließen sich gegen
Mittag hin.
So ist Natur / und
das natürliche
Leben / in ihrem
sicheren Erwachen
nicht idealisierbar /
doch dort / wo ihre
Inhaltlichkeit ein un-
vermeidbar zierliche
Stärke erleuchtet /
animiert sie an
Farben der Verbindung
und deren Gegenteil-
ausdrücke in
Gleichnis 96

Ulrike Grossarth

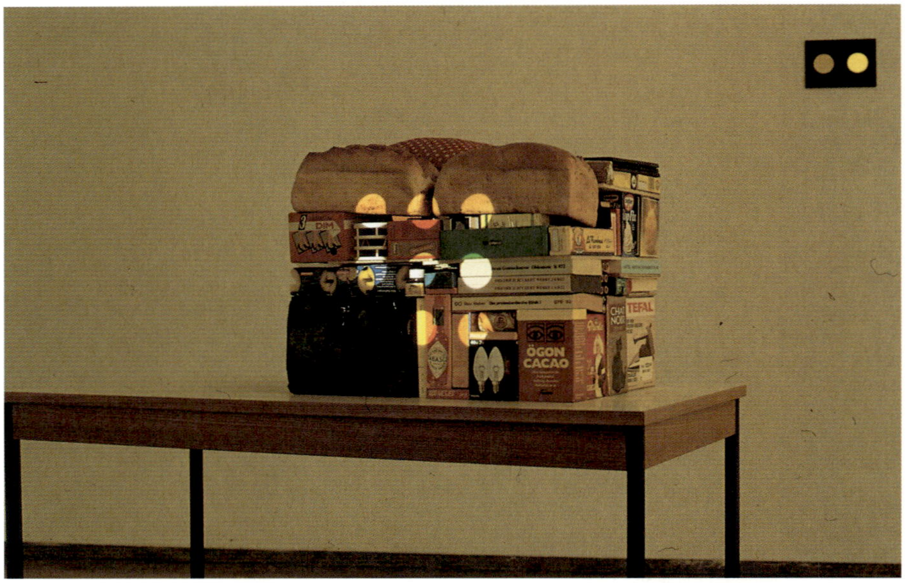

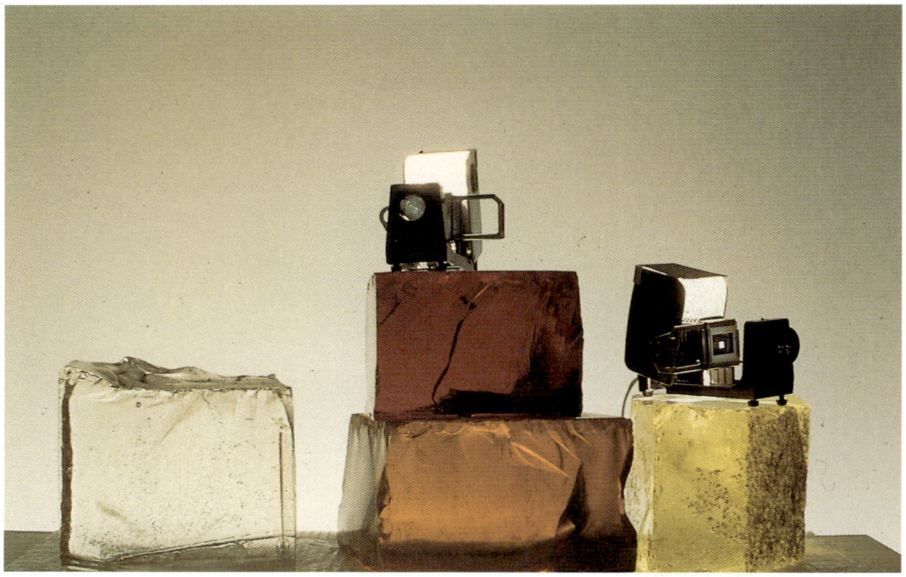

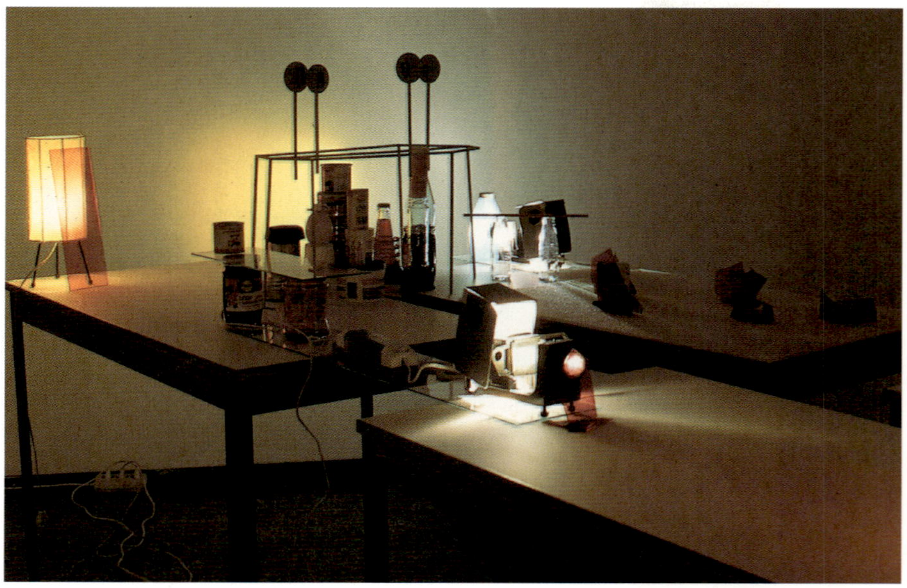

Portikus
Frankfurt, 1996

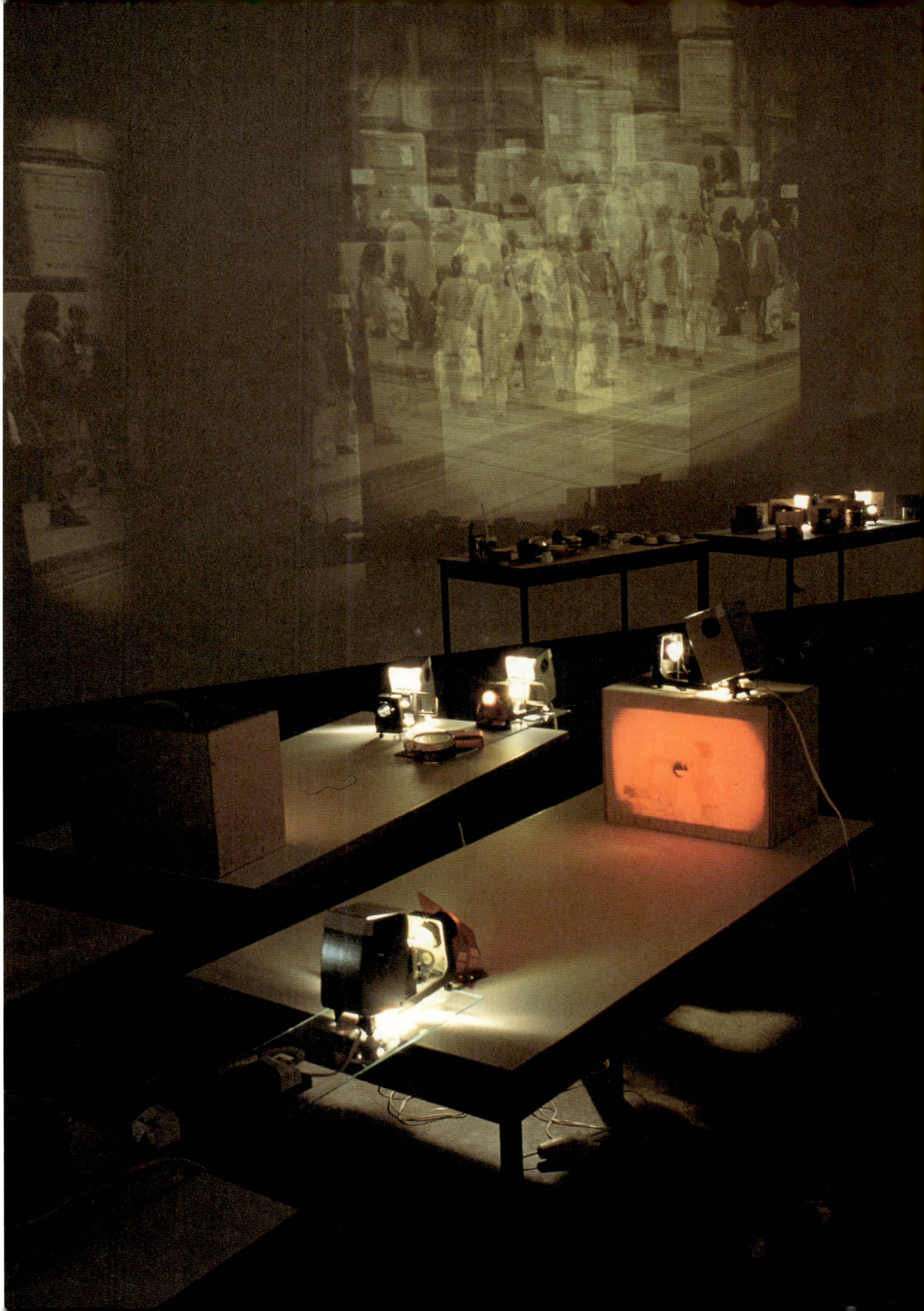

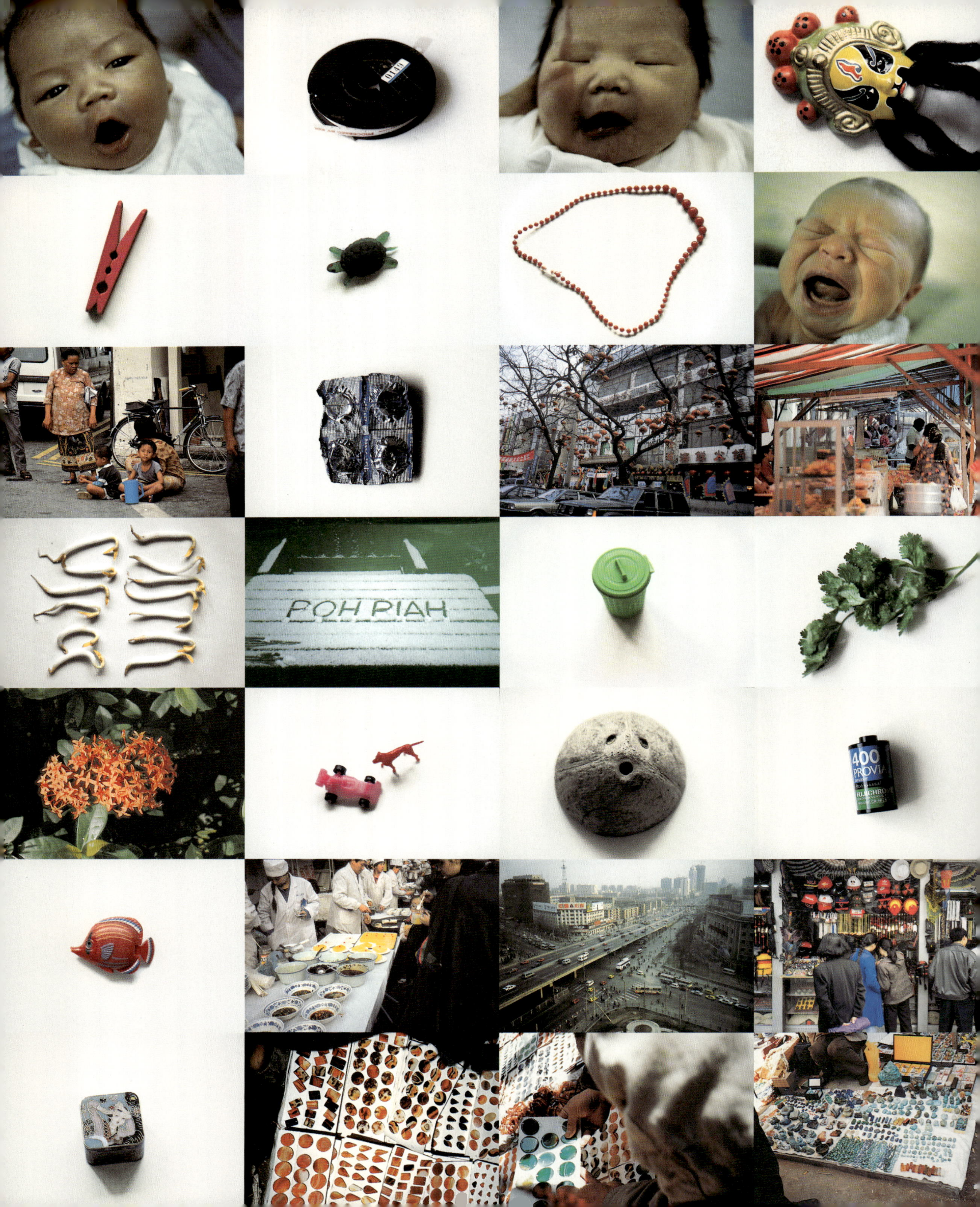
POH PIAH
400
PROVIA

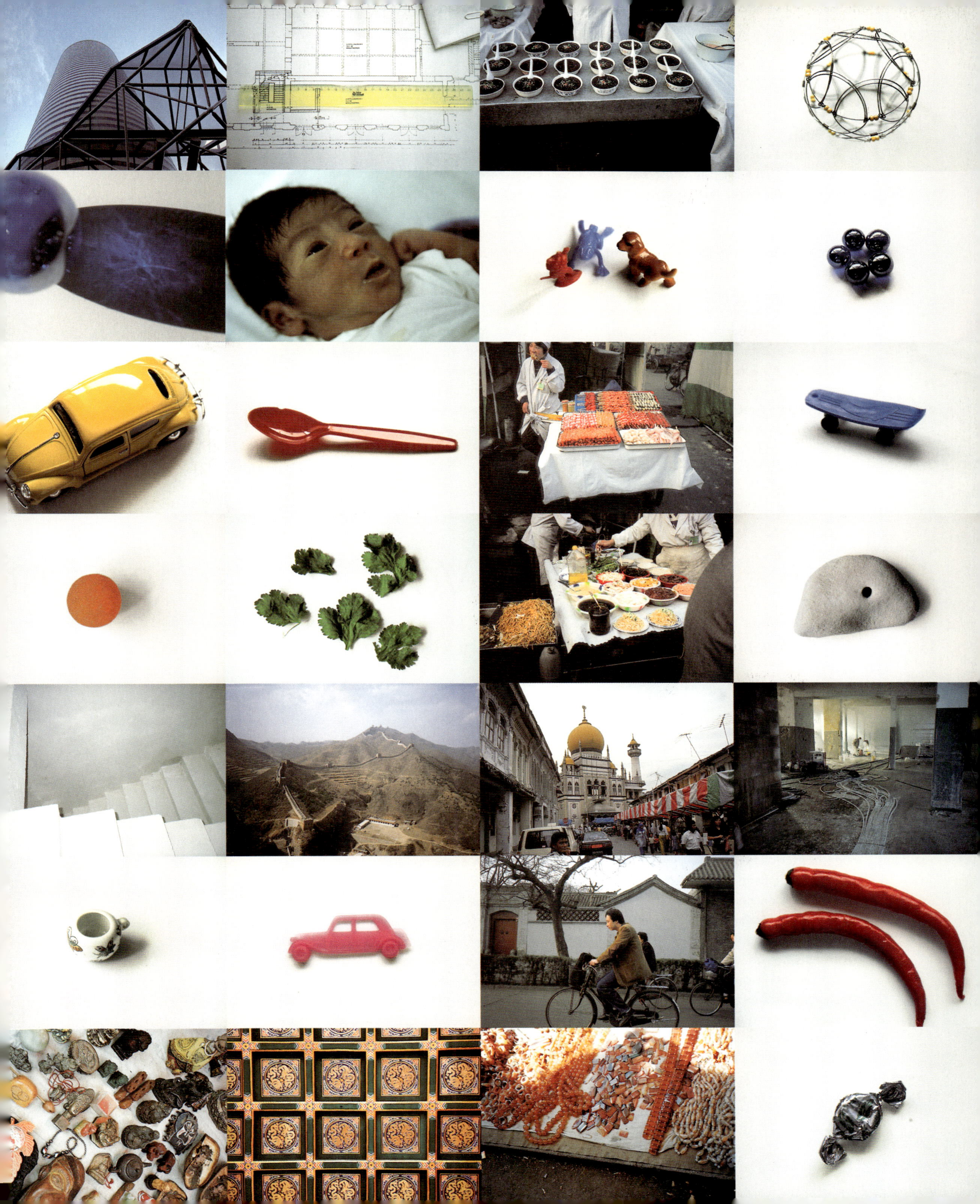

JEAN-FRANÇOIS CHEVRIER Identität, Anderssein, Differenzen: das sind die Begriffe, die den Diskurs durchziehen, den wir heute »postkolonial« nennen. Wir wollten uns mit Ihnen unterhalten, um zu erfahren, wo Sie Ihren Platz im Labyrinth dieses Diskurses sehen, und Sie bitten, uns etwas über Ihren Werdegang zu erzählen, darüber, wie er zu Ihrer heutigen Position geführt hat – wobei wir natürlich wissen, daß jede »Position« durch Umstände und Umfeld beeinflußt wird und sich in jeder Situation, bei jeder Wendung des Labyrinths neu definieren muß.
Ihre Publikationen machen deutlich, daß Sie stets die Institutionen im Blick behalten, in deren Kontext Ihre Arbeiten wirken und dadurch ja eine Art Autorität ausüben. Diese Bewußtheit entspricht offenbar Ihrer eigenen Erfahrung der Lücken und Diskrepanzen in Status und Anerkennung, die man täglich zu erleben hat, wenn man aus der »dritten Welt«, in Ihrem Falle vom indischen Subkontinent, als Ausländerin oder Ausländer in ein hegemoniales Land wie die Vereinigten Staaten gekommen ist. Als wir uns in New York trafen, bemühten Sie sich eben, Ihr Visum für Europa zu bekommen; es war Ihnen wichtig, mir ganz konkret vor Augen zu führen, daß es einen Bruch oder »Riß« zwischen Ihrem Status als Intellektuelle, die Ansehen im akademischen Establishment genießt, und Ihrem Status als Nicht-Amerikanerin gibt, die dem alltäglichen Rassismus der Einwanderungsbehörden ausgesetzt ist.

Vom Politischen und

Gayatri Chakravorty Spivak, Jean-François Chevrier und Françoise Joly im Gespräch

Auch von einem anderen Riß sprachen wir, dem zwischen Ihrer Lehrtätigkeit an einer amerikanischen Universität und Ihren Unternehmungen in Ihrem Geburtsland, wo Sie mithelfen, ein Erziehungswesen für die sogenannten »subalternen« Gruppen aufzubauen. Sie wollten diese Einrichtungen von dem unterschieden wissen, was man gemeinhin »Schulen« nennt, um auf die prekäre Stellung dieser Art von Einrichtungen in Indien und auch auf die Unsicherheit hinzuweisen, in der die Menschen leben, mit denen Sie dort zusammenarbeiten und die keinerlei offizielle Ausbildungsmöglichkeiten haben. Ich wollte den Hintergrund dieser ersten Begegnung noch einmal ins Gedächtnis rufen, denn wir werden sicher darauf zurückkommen.
Ein guter Ausgangspunkt für unser Gespräch wäre Ihre eigene Position an einer amerikanischen Universität und die Frage, wie es kam, daß an die Stelle Ihres ursprünglichen Forschungsgebietes, der Literatur, etwas anderes getreten ist. Sehen Sie eine Verbindung zwischen dem Umstand, daß jemand die analytische Arbeit, mit der ein Kritiker sich seinem Gegenstand nähert, einstellt oder zumindest suspendiert und seiner Beschäftigung mit den Prozessen, in denen Dinge thematisiert werden, die das charakterisieren, was ich »das Literarische« nennen würde, das heißt das intime und doch soziale Experimentieren mit Sprache außerhalb des etablierten Literaturbetriebs? Ich will damit zu einer Frage überleiten, die Sie in Ihrem Aufsatz *Can the Subaltern Speak?* (Kann der Subalterne sprechen?) aufgeworfen haben.
GAYATRI CHAKRAVORTY SPIVAK Ja, da sehe ich eine Verbindung. Aber man darf auch nicht zu rasch ja sagen, denn schließlich hat sich das Literatur-Establishment ungeheure Macht angeeignet –

Macht, die Geschichte umzuschreiben. Es ist wahr, daß ich große Anstrengungen unternommen habe, diesen sogenannten Subalternen gerecht zu werden, indem ich gelernt habe, wie ich ihnen eine Reaktion entlocken kann, so daß eine Art Antwort, eine Verantwortung entstehen kann und so weiter. Diese Aufgabe hat natürlich mit dem Literarischen zu tun. Aber das Literarische, wie wir es verstehen, muß eine Beziehung zur Literatur im engeren Sinne finden, der Institution der Literatur, wenn es nicht zur reinen Beschimpfung werden soll. Bei unserer Unterhaltung in New York haben Sie gesagt, ich gebrauche das Wort »Aporie« zu empirisch. Da würde ich dagegenhalten. Das liegt, wenn Sie so wollen, an meiner Freundschaft mit Marx – die heterogene Dialektik, Wissen und Tun, Philosophie und Empirie. Diese Beziehung bestimmt den Platz der Aporie. Natürlich kann man Aporie definieren als den Geist des Unentscheidbaren, der in jeder Entscheidung verborgen ist; aber der zweite Wortsinn besagt, daß es zwei eindeutige Entscheidungen gibt, von denen jeweils eine die andere unmöglich macht. Diese Aporie müssen wir überwinden. Die Aporie enthüllt sich also in ihrer eigenen Überwindung. Ich glaube, so muß man sich auch die Beziehung zwischen dem Literarischen und der institutionellen Literatur vorstellen, denn jedesmal, wenn davon die Rede ist, wird die Aporie überwunden – indem das Literarische zum Schweigen gebracht wird.

JEAN-FRANÇOIS CHEVRIER Lassen Sie uns über Foucault reden. Foucault hat ja nun wirklich versucht,

Poetischen

über die institutionelle Literatur hinauszugehen, und sein Ansatz war ausgesprochen persönlich und trotzdem analytisch, als er in den Archiven der Bastille arbeitete und sich bemühte, das Archiv zum Sprechen zu bringen. Ich meine den 1982 erschienenen Band *Le désordre des familles*, der eine Auswahl von Briefen publiziert, die Privatleute an den König von Frankreich geschrieben haben und in denen sie die Verhaftung von Ehepartnern und Familienangehörigen forderten. Diese Briefe erzählen vom täglichen Leben und den »Verbrechen« einfacher Menschen. Ein solcher Versuch, die Archive zum Reden zu bringen, läßt sich nicht auf das reduzieren, was Foucault im Interview mit Deleuze gesagt hat und was Sie in Ihrem Artikel zitieren; schließlich ist Foucault nicht Deleuze, und es war nur ein Interview. Foucault wollte dem Archiv etwas entlocken, was sich nicht einfach durch Kommentar vermitteln ließ, gerade mit den Erfahrungen, über Wahnsinn zu schreiben, die er hatte – und das ist eine wirkliche Aporie. Ich gebe zu, die Vorstellung, der Subalterne könne einfach reden, ist naiv. Aber wie sehen Sie Foucaults Position heute?

GAYATRI CHAKRAVORTY SPIVAK Wenn er über den subindividuellen Bereich des »énoncé« spricht, den Ort, an dem die Vergegenständlichungen wirklich stattfinden, da fehlen ihm beinahe die Worte. Aber im heutigen Amerika und mit Sicherheit auch in Indien und bisweilen in Großbritannien – über die Situation auf dem europäischen Kontinent bin ich nicht so informiert – hat man aus diesem sehr empfindlichen Begriff der Vergegenständlichung nur eine Art Beichte gemacht. Deshalb habe ich ja auch in *Can the Subaltern Speak?* gesagt, daß die meisten von uns, wenn wir uns mit den Feinheiten der Philosophie beschäftigen, sie uns mittels Travestie verständlich machen, zum Beispiel Kants

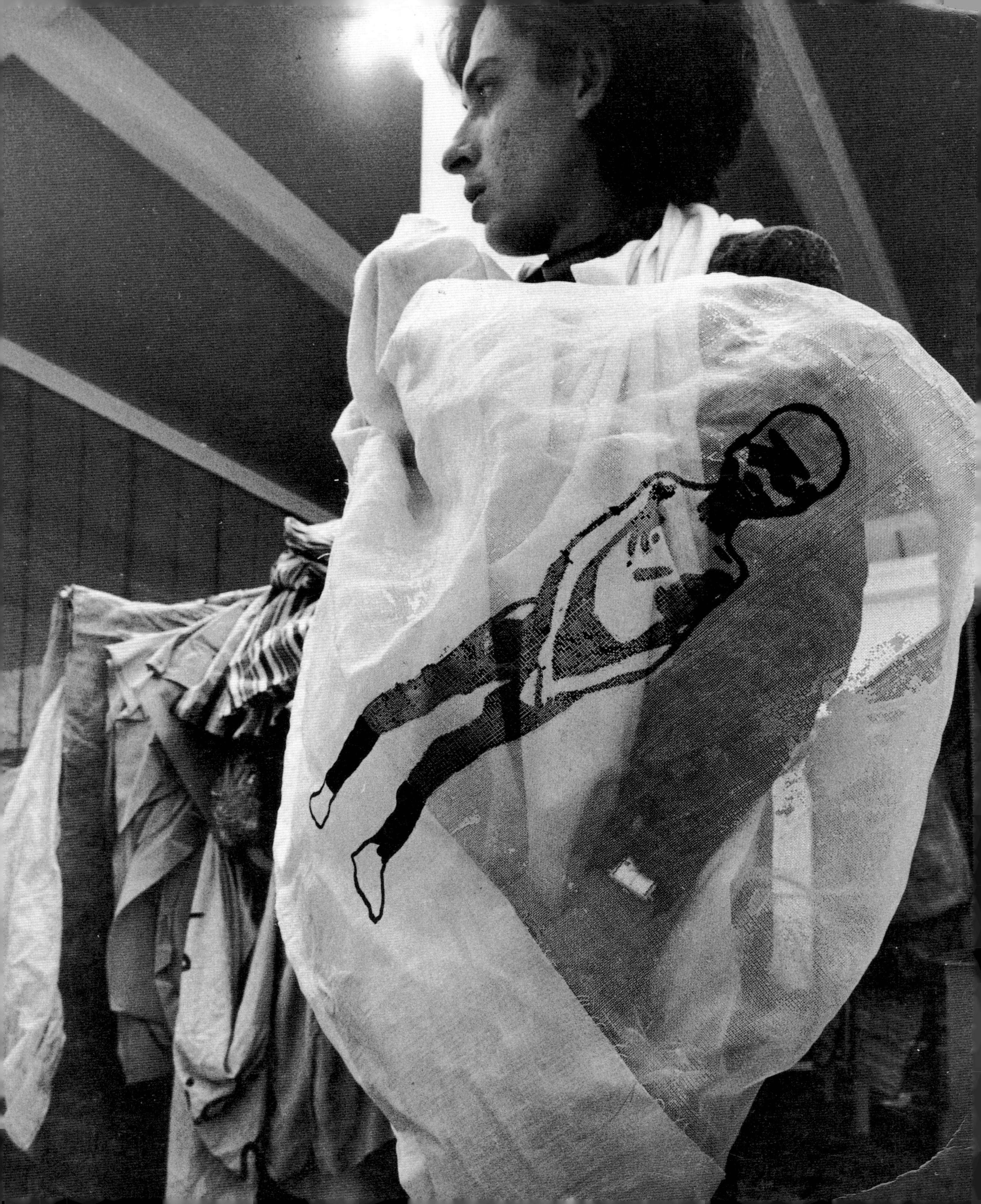

öffentliche Vernunft auf die Welthandelsorganisation übertragen und dergleichen. Deshalb wollte ich herausbekommen, was die Philosophen sagen, wenn sie miteinander reden, im Gegensatz zu dem, was wir in ihren Vorlesungen und Schriften zu hören bekommen. Sie sagen, Foucault ist nicht Deleuze, aber genauso wenig ist er einer seiner hunderttausend Leser, und die Unterhaltungen zwischen denen sind noch unpräziser als Foucault im Gespräch mit Deleuze. Wir müssen die Verantwortung für das übernehmen, was wir sagen. Darum ging es mir. Ich finde, was man aus Foucaults Versuchen, die Archive zum Reden zu bringen, erfährt, ist einfach unglaublich. Aber sehen Sie sich die großen amerikanischen Foucault-Gelehrten an, wie sie ihn für den Humanismus gezähmt haben. Und das gilt ebenso für die Fürsprecher der Subalternen, die Regierungsformen und dergleichen analysieren – sie haben ihn auf jemanden reduziert, der über diese Themen spricht.

JEAN-FRANÇOIS CHEVRIER Sicher, das liegt auf der Hand. Aber es gibt da etwas tiefer Sitzendes, seine Einstellung zum Dialogischen im Verhältnis zu seinem Material. Ich finde es hochinteressant, daß Foucault, als er dieses Material veröffentlichen wollte, mit einer Historikerin zusammenarbeitete, Arlette Farge, und daß diese Historikerin ihm erklärte, er müsse die Texte kommentieren, sonst mache er das Archiv zum Fetisch. Am Ende haben sie es doppelt kommentiert, so daß ein Spannungsverhältnis zwischen den beiden Kommentaren entstand.

GAYATRI CHAKRAVORTY SPIVAK Ich bin ganz Ihrer Meinung. Aber ich bin froh, daß ich *Can the Subaltern Speak?* geschrieben habe, denn wenn ich heute zurückblicke, dann waren es die Jahre zwischen 1981 und 1984, in denen ich in gewisser Weise erwachsen wurde. Ohne Frage bin ich von den gewaltigen Veränderungen beeinflußt, die Edward Saïds *Orientalism* mit sich brachte, allerdings nicht unmittelbar, denn ich habe meine Lehrtätigkeit ja schon 1965 begonnen; und natürlich war Derrida ein gewaltiger Einfluß, doch auch da habe ich, weil ich schon 1965 anfing, nie zur Yale-Schule gehört. So wie die Dinge standen, mußte ich mich weitgehend als Autodidaktin bilden, und ich wollte einfach mehr sein als nur eine Frau aus einer ehemaligen Kolonie, die eine gewisse Erziehung genossen hat, eine Mimin, die nur alles nachplappert. Und dann plötzlich, bei der Lektüre von *Jane Eyre* – einem Buch, das ich schon viele Male gelesen hatte –, machte es »Klick« in meinem Kopf. Also schrieb ich *Three Women's Texts and a Critique of Imperialism* (Drei Frauentexte und eine Kritik des Imperialismus) mit seiner oberflächlichen Botschaft, daß »alles faul ist im britischen Empire« – eine alberne Einstellung. Aber die Leute denken ja heute noch so. Alle wollen vom Rassismus der Weißen hören, das ist so schön einfach. Dann kam *French Feminism in an International Frame* (Französischer Feminismus im internationalen Kontext) und meine erste Übersetzung von Mahasweta Devi – auch wieder der Versuch, mehr zu sein als nur ein dressiertes Äffchen. Aber auch diese beiden Sachen genügten noch nicht.

Bei *Can the Subaltern Speak?* hatte ich einen gewaltigen »writer's block«, denn es geht um eine junge Frau aus meiner Familie, die sich umgebracht hat, ich nehme sie als Text und stelle sie den großen Philosophen gegenüber. Leute aus meiner Familie fragten: »Wirst du auch ihren Namen nennen?« Ich war ja zynisch genug zu wissen, daß niemand ihr auch nur die geringste Aufmerksamkeit schenken würde, und genau so ist es gekommen. Niemand hat verstanden, daß das, was ich zu sagen hatte, sich auf diesen speziellen Fall bezog. Aber für mich war es ein Schlüsselerlebnis. Daraus erklärt sich auch, daß ich damals gewiß Foucault und Deleuze Unrecht getan habe – es war eine Zeit, ungerecht zu sein, damit ich endlich von dem Dressurakt loskam, den das brave Äffchen gelernt hatte. Und eines muß ich noch sagen: Ich schreibe dort über Sanskrit-Texte, obwohl ich eigentlich kaum etwas darüber weiß. Bis zu einem gewissen Grad kann ich Sanskrit lesen, Epen und dergleichen. Aber in diesem Aufsatz war ich sehr rüde zu den Sanskrit-Gelehrten. Was hat denn diese Gayatri Spivak mit ihrem Magister in Englisch, mit Ihrem Doktortitel in Französisch, Deutsch und Englisch, die in der Abteilung für englische Literatur einer amerikanischen Universität unterrichtet, für ein Recht, über Sanskrit-Literatur zu schreiben? Ich bin Bimal Krishna Matilal und Peter Van der Veer sehr dankbar dafür, daß sie erkannt haben, daß es eine gewagte Sache war, die ich da machte. Selbst die indischen Feministen haben es nicht verstanden, sie dachten, ich sei nur wie die Engländer, ich sei ein brahma-

Hélio Oiticica, Torquato Neto mit Parangolé P 22, Cape 18, 1968 nischer Textualist. Ich bin auch dem Historiker Sumit Sarker von der Universität in Dehli dankbar: er hat erkannt, daß dieser Text der einzige ist, in dem ernsthaft über vorkoloniale Texte als psychobiographisch regulierende Texte gesprochen wird; alles andere scheint mit dem Kolonialismus anzufangen. Ich habe mir also eine Menge in diesem Essay aufgeladen, der für mich eine Art Wendepunkt war. Sie haben mir eben selbst das richtige Bild geliefert: Da zeigte sich der Riß.

FRANÇOISE JOLY Ich würde diese Frage des Subalternen gern auch im Hinblick auf Frauen zur Sprache bringen. Eine sehr engstirnige Richtung des Feminismus hat ihren Gegner oft als monolithischen Block, als ein männliches System aufgefaßt, das in allen kulturellen und historischen Kontexten gleich bleibt. Diese frühe Form des Feminismus, von der in Deutschland besonders starke Nachwirkungen zurückgeblieben sind, war nicht in der Lage, verschiedene Formen und Modi der Unterdrückung und Emanzipation zu unterscheiden; sie hatte eine Neigung, im Kampf gegen das Phantom eines weltweiten männlichen Imperialismus kulturelle Unterschiede einzuebnen und andere Frauen sozusagen zu »rekolonialisieren«. Wie versuchen Sie, bei Ihrer Arbeit innerhalb des feministischen Diskurses andere Frauenthemen zu dekolonialisieren?

GAYATRI CHAKRAVORTY SPIVAK Die Zeichen stehen schlecht für eine Entkolonialisierung des Feminismus in den westlichen Industrieländern. Seit dem Ende des Kalten Krieges herrscht in den Vereinigten Staaten Triumphstimmung. Die »Demokratisierung«, das Schlagwort für die Umwandlung der (funktionierenden, ineffizienten oder völlig chaotischen) staatlichen Wirtschaftssysteme und ihrer Kolonien in Zuträger eines straffer organisierten globalen Finanzsystems, tritt mit dem gleichen missionarischen Sendungsbewußtsein auf wie der Kolonialismus früherer Zeiten. Die Rationalisierung der Sexualität, die gewaltsame Umgestaltung der Beziehungen zwischen den Geschlechtern, die großzügige Vergabe von sogenannten Existenzgründungskrediten an arme Frauen ohne begleitende Investitionen in die Infrastruktur, der Wandel der Vorstellung von der »Weiterentwicklung der Frau« (Modernisierung) zur Vorstellung von »Geschlecht und Entwicklung« (Neue ökonomische Weltordnung) – all das läuft unter dem Etikett der weltweiten Verschwisterung. Eine begeisterte schwangere Karrierefrau – in leitender Position bei der Frauenweltbank –, die kürzlich bei einer Tagung dem Publikum im Namen ihres ungeborenen Sohnes dafür dankte, daß sie im Sitzen sprechen durfte, sprach ganz ungeniert davon, daß die Bewohnerinnen ländlicher Regionen in den Entwicklungsländern einen »gewaltigen unerschlossenen Markt« darstellten, auf dessen Existenz die Wirtschaft aufmerksam gemacht werden müsse. Es ist schon erschreckend, wenn man sieht, wie überall auf der Welt im Namen des Feminismus die Unterdrückten aktiv auf den Fortbestand ihrer Unterdrückung durch die internationale Finanzpolitik hinarbeiten, und zumindest in den Vereinigten Staaten ist dieses Phänomen völlig losgelöst von innenpolitischen oder Rechtsfragen wie Minderheitenschutz und Bürgerrechte. Die Erfolgsgeschichten über Frauen aus Minderheitengruppen werden instrumentalisiert und treten in den Dienst der Globalisierung. Und die Kultur dient als Mittel, das all diese Verbindungen zementiert. Wenn man es wagt, auf diese Tatsache hinzuweisen, wird man behandelt wie eine Aussätzige, man wird geschnitten und des kulturellen Konservatismus bezichtigt, als jemand, der den gesellschaftlichen Konsens untergräbt, als notorischer Neinsager hingestellt. Ich bin keine Neinsagerin. Ich sage »Ja und nochmals Ja« zu jenen Frauenbewegungen, die in der westlichen Industriegesellschaft unbemerkt bleiben, selbst dann noch, wenn sie Opfer bringen oder Widerstand leisten. Ich arbeite in der Hoffnung, daß ich die eine oder andere Frau hierzulande dazu bewegen kann, gemeinsam mit mir die Stimme zu erheben.

JEAN-FRANÇOIS CHEVRIER In einem Interview, das 1989 in *Polygraph 2* erschien und in *The Post-Colonial Critic* nachgedruckt wurde, haben Sie gesagt: »Ich mag das Wort subaltern, und zwar aus folgendem Grund: es beschreibt wirklich eine Situation. Das Wort bezeichnete zunächst einen bestimmten militärischen Rang. Gramsci hat es benutzt, um der Zensur zu entgehen – er nannte den Marxismus einen Monismus, und den Proletarier verkleidete er als Subalternen. Dieses Wort, das er unter Zwang gebraucht, ist zu einer Bezeichnung für alles geworden, was nicht zu einer Analyse der Klassenverhältnisse im engeren Sinne gehört. Das gefällt mir, weil es nicht so streng theoretisch ist.«

Ich glaube, das ist das Präziseste, was ich je über den Subalternen gelesen habe. Die Idee des Subalternen ist postmarxistisch, schafft eine Zuordnung, aber sie ist auch ein Mittel, eine Unbestimmtheit ins Spiel zu bringen. Das wäre meine nächste Frage, denn ich habe den Eindruck, Unbestimmtheiten spielen in Ihren Arbeiten eine große Rolle.

GAYATRI CHAKRAVORTY SPIVAK Aber welche Art von Unbestimmtheit?

JEAN-FRANÇOIS CHEVRIER Ich glaube, das hat etwas mit dem Riß zu tun, von dem wir vorhin gesprochen haben. Es geht nicht darum, Eindeutigkeiten zu unterbinden, sondern ein freies Spiel zwischen Elementen herbeizuführen, die sonst nur zu rasch wieder in eine hierarchische Ordnung geraten.

GAYATRI CHAKRAVORTY SPIVAK Für Gramsci bot die Zensur ein Schlupfloch. In seinem Essay über die Probleme des italienischen Südens ist »Subalterner« mehr als nur ein Aesopscher Ausdruck für den Proletarier. Der Ausdruck hat sein eigenes Leben. Er ist nicht postmarxistisch, sondern paramarxistisch, und er ist ein Parasit des Marxismus. Er existiert neben dem Marxismus, an einem anderen Ort. Heute wissen wir (damals habe ich es vielleicht anders gesehen), wenn man die Frage nach der Klassengesellschaft aufgibt, kann man getrost alles aufgeben. Aber wenn man Fragen nach der Kultur und Fragen nach der Klasse streng voneinander scheidet, dann begreift man nicht, daß man die Unbestimmtheit braucht, und zwar gerade im Mittelpunkt des marxistischen Gedankengebäudes, im Begriff der Klasse. Das Kapitel über die Klassen am Ende des dritten Bands des *Kapitals* bricht einfach ab. Wir wissen natürlich, daß es nicht von Marx stammt; Engels hat es zusammengestellt. Seither sagen wir: »Karl, wir warten immer noch auf dein abschließendes Wort zum Thema Klassengesellschaft.« Aber genau so sollte es sein. Das Ende ist offen, es ist nur eine Station auf dem Wege. Marx sagt, der Begriff der Klasse ist vollkommen nutzlos, wenn man ihn aus dem analytischen Kontext herauslöst, denn dann müßte man von einer Schneiderklasse sprechen, einer Fischerklasse – und so endet das Buch, mit den Fischern! Der Begriff des Subalternen eröffnet uns also innerhalb gewisser Grenzen die Möglichkeit, dem Konzept der Klasse eine Art Unbestimmtheit zu geben, aus dem Konzept eine Metapher zu machen, die ganz anders wirkt. Problematisch ist dabei nur, daß in der ersten Veröffentlichung der *Subaltern Studies Group* dieser Begriff als Bezeichnung für die Kultur des Kolonialismus überhaupt verwendet wurde. Es war ein Ort, an dem die Grenzen noch nicht gezogen waren. Heute ist das natürlich anders. Heute argumentieren die Leute da, wo ich Widerstand sehe, innerhalb kulturell differenzierter Grenzen; in diesem Sinne sind sie subaltern. Aus genau diesem Grunde arbeiten sie auch außerhalb des Kulturbetriebs. In dem Bereich, von dem ich hier spreche, gibt es keinen Kulturbetrieb. Andererseits würde die erforderliche Infrastruktur eine kulturelle Differenzierung hervorbringen – und sie natürlich im gleichen Atemzug kompromittieren. Der Subalterne ist also als der Andere per se immer in Bewegung, wie die lebendige Kultur, die ja auch nie stillsteht. Und das ist gut so. Und schließlich (ich komme mit meinen Antworten nie zum Ende) ist es ja auch mir zuzuschreiben, daß das Wort jetzt nicht mehr so starr gebraucht wird. Zunächst einmal, weil ich nicht genug über die Historiographie Indiens wußte, als ich mich theoretisch dazu äußern sollte. Zum zweiten, weil die *Selected Subaltern Studies* – und das war ja bis vor kurzem das einzige, was Leute, die sich nicht gerade mit der Geschichte Südasiens beschäftigten, von der *Subaltern Studies Group* gelesen hatten – schlecht redigiert waren, und zwar von mir. Und zum dritten wurde dieses Wort, als das Buch im Westen, vor allem in den Vereinigten Staaten, bekannt wurde, aufgegriffen als Beschreibung für – um eine Formulierung Fredric Jamesons zu zitieren – »jeden, der sich unterlegen fühlt«. Ich hoffe, daß ich diese Schwächen im zweiten Band der *Selected Subaltern Studies*, der demnächst erscheint, mit leichter Hand korrigiert habe. Weil ich den Ausdruck flexibler gebrauche – das sollte ich noch hinzufügen –, habe ich mich in den Augen vieler schuldig gemacht und dieses Wort travestiert und vulgarisiert, habe ihm seine Kraft genommen, einfach indem ich gewagt habe, am Konzept des Subalternen zu rühren, genau wie ich vor Jahren den Dekonstruktivismus travestiert und popularisiert und vulgarisiert habe, als ich die Einleitung zur *Grammatologie* von Derrida schrieb. Und ich muß sagen, das gefällt mir. Ich treibe nützlichen Begriffen gern den »rigor mortis« aus, in den sie durch die Verwendung im akademischen Betrieb gefallen sind.

JEAN-FRANÇOIS CHEVRIER Sie haben gesagt, der Ausdruck kam zu Zeiten der Zensur auf. Ich glaube, das ist ein Schlüsselpunkt, denn das bringt uns zurück zu Fragen von Subjektivität und Macht. Es gibt einen wunderbaren Text von Coetzee, in *Doubling the Point*, in dem er sagt, daß Zensur nicht nur Unterdrückung ist, sondern für einen Schriftsteller auch ein Mittel ist, seine Sprache zu formen, nicht nur in Auseinandersetzung mit dem Zensor, sondern als Reaktion auf die Tatsache, daß überhaupt zensiert wird. Wo steht der Begriff des Subalternen im Verhältnis zu diesen Strukturen der Subjektivität und Macht?

GAYATRI CHAKRAVORTY SPIVAK Das sind zwei verschiedene Dinge. Ein Subalterner beschreibt sich nicht als solcher.

JEAN-FRANÇOIS CHEVRIER Aber das kann er doch tun.

GAYATRI CHAKRAVORTY SPIVAK Sicher, warum nicht. Aber es ist die Krise, die überhaupt erst zur Anerkennung des Subalternen führt. Darum geht es bei den Subalternen-Studien.

JEAN-FRANÇOIS CHEVRIER Und wie ist das mit Ihnen – sind Sie je einer Zensur ausgesetzt gewesen?

GAYATRI CHAKRAVORTY SPIVAK Da ich nie ein braver Anhänger einer Lehre gewesen bin, weiß ich auch nicht, wie man sich als solcher fühlt. Ich gehöre ja nicht zum marxistischen Establishment, ich gelte als zu elitär, zu theoretisch, zu kulturbewußt, was weiß ich. Und zum dekonstruktivistischen Establishment gehöre ich ganz bestimmt nicht. Nicht daß sie mich abweisen, aber ich gehöre nicht zum Politbüro, verstehen Sie. Ich gehöre auch nicht zum feministischen Establishment. In all diesen Zirkeln werden Sie jemanden finden, der Ihnen erzählt, warum man mir nicht trauen kann. Mit Sicherheit kann man mir auch in indischen Angelegenheiten nicht trauen, und zum Establishment der Literaturkritik gehöre ich auch nicht; auch mein Ansehen als sogenannte Theoretikerin des postkolonialen Zeitalters ist im Schwinden begriffen. Und ich bin auch noch froh darüber: Es ist, als gäbe es eine Art Zensur, die mir die Möglichkeit nimmt, für radikale Gruppen zu sprechen. Das finde ich hochinteressant. Ich bin auch keine Aktivistin, ich bin nur eine Amateurin, gehöre zu keinem Kampftrupp. Sie haben ja am Anfang von Rissen gesprochen. Ich würde sagen, ich habe mit der Vorstellung von einem kaleidoskopischen Wechsel der Aufmerksamkeit begonnen. Das ist nicht immer geplant, und manchmal bekomme ich die letzte Spivak noch bei den Rockschößen zu fassen, wie sie gerade um die Ecke flieht: Ich vergesse, daß ich selbst ja die jeweils aktuelle bin. Je älter ich werde, desto mehr habe ich das Gefühl, daß das gut so ist. Da hat man doch wenigstens Beschäftigung! Ich muß sagen, ich wäre gern eine Radikale des Establishments. Ich beneide viele meiner Freunde, die wirklich etablierte Radikale sind. Ich bin nichts weiter als ein Kaleidoskop!

JEAN-FRANÇOIS CHEVRIER Auch hier erinnert mich die Situation, die Sie da gerade beschrieben haben, sehr an die Lage des Schriftstellers. Sie haben ja gerade Ihren eigenen Namen genannt, und das kann bei jemandem, der von Lacan und Derrida herkommt, nicht unbeabsichtigt gewesen sein. Was mich bei »Autoren« wie Ihnen interessiert – und ich wähle den Ausdruck mit Bedacht–, das ist das Neuerfinden des Literarischen, das notgedrungen viel mit der Tradition der Literatur zu tun hat, sich aber nicht auf die Literatur reduzieren läßt. Ich glaube, dieses Neuerfinden des Literarischen ist heute von großer politischer Bedeutung. Mir scheint, daß das Unbestimmte in der Situation, die Sie eben beschrieben haben – in der Ihr Name nie einer Funktion oder Rolle entspricht und wo es eine Kluft zwischen Namen und Rolle gibt – gerade das Literarische ist. Dieser Bruch zwischen Namen und Rolle hält die Bedeutung der Literatur in der Schwebe.

GAYATRI CHAKRAVORTY SPIVAK Dieser Bruch ist ja gerade die einzige Stelle, an der wir das Literarische entfliehen sehen. Wir sehen es entfliehen!

JEAN-FRANÇOIS CHEVRIER Wieso nur Flucht?

GAYATRI CHAKRAVORTY SPIVAK Genau so stellt es sich dar. Es stellt sich dar, indem es sich entzieht, aber es hat spezifische Schwächen, an denen man es erkennt. Da bin ich nicht besonders originell – wie Sie schon sagen, habe ich Lacan und Derrida gelesen. Es ist ja genau dieses Bruches wegen, daß wir dem Entfliehen dessen zusehen, was wir in Ermangelung eines besseren Ausdrucks das Literarische nennen. Das ist der Punkt, an dem die Vorstellung eines Textes hineinkommt, die Vorstellung von der Textualisierung des Zufälligen. Aber man darf auch nicht glauben, Textualität sei das letzte

Wort. Und ebensowenig ist das Literarische das letzte Wort. Das Literarische ist ein »lieu tenant«, der uns ermöglicht, dorthin zu blicken, wo wir eigentlich nichts sehen. Es ist eine Metapher für die Erfahrung des Unmöglichen. Wenn wir nun auf den Namen Spivak zurückkommen, dann trifft das natürlich in diesem Falle zu – aber damit sind nur die herrschenden Verhältnisse beschrieben. Es geht nur darum, wieviel von dieser – verzeihen Sie den furchtbar altmodischen Ausdruck – wieviel von dieser »condition humaine« jeweils zu sehen ist. Als Sie vorhin sagten, daß Sie mit Derrida und Foucault den Schauplatz des anderen suchen und daß Sie mich deswegen befragen – nun, das ist genau das, worauf ich auch komme. Ich bin selbst überrascht, daß die Stelle, an der diese sogenannten Theorien ihre Rolle spielen, nicht hier, nicht an den Universitäten, sondern an Orten ist, wo – höchst unvollkommen und historisch gesehen aus ganz falschen Gründen – die Anfänge einer kritischen Darstellung dessen liegen, was wir wieder einmal verkürzt die europäische Aufklärung nennen können. Es ist nicht hier. Und von diesem Punkt aus betrachtet würde ich sagen, was dabei sichtbar wird, sind die Dinge, wie sie nun einmal leider sind. Was meine kaleidoskopische Literarität an den Tag fördert, sind Leute, wie sie sind. Das ist es, nicht etwas Besonderes an meiner Person.

JEAN-FRANÇOIS CHEVRIER Nun habe ich eine sehr schwierige Frage, eine, bei der ich nicht einmal weiß, ob ich sie korrekt formulieren kann. Ich muß eine Art Geschichte erzählen. Als ich mich in Los Angeles mit Masao Miyoshi traf, sagte er mir, daß er Romane haßt. Er will keine Romane lesen. Warum sagt er so etwas? Miyoshi kommt ja von den Geisteswissenschaften her, aber er ist jemand, der soziale und ökonomische Prozesse, diese Dinge, wirklich verstehen will. Ich kann mir die Bemerkung nur als Ausdruck seines – um es verkürzt auszudrücken – Strebens nach Realismus erklären. Es geht nicht darum, daß er effektiv sein will, denn nach seiner Einschätzung sind Universitätsprofessoren nicht effektiv – sondern es ist eher ein Bedürfnis nach Klarheit.

Damals habe ich nicht nachgefragt. Aber seither habe ich einen Text von ihm gelesen, *Outside Architecture* in dem 1996 erschienenen Band *Anywise*, und dort sagt Miyoshi, daß Intellektuelle und Künstler letzten Endes Angestellte der Kulturindustrie sind und daß sie alle – besser gesagt, wir alle, denn ich glaube nicht, daß er sich ausschließt – Anspruch auf jene kleine Machtsphäre erheben, zu der wir, strukturell gesehen, überhaupt keinen Zugang haben. Ein Mittel, wie wir die Brosamen auflesen und ein wenig von dieser Macht abbekommen können, ist der große Wert, den wir auf das legen, was er »Sprachspiele« nennt. Eine Vielzahl von Intellektuellen entwickelt sich zu Experten in bestimmten Sprachspielen, und sie erhalten – natürlich nur innerhalb gewisser Grenzen – Zugang zu den Kreisen der Mächtigen, als Anerkennung dieser Fähigkeiten. Er sagt, die Intellektuellen »kriechen vor den Mächtigen und hofieren sie, in der Hoffnung, daß die Angestellten der Kultur einen Teil von den Gewinnen der Firma abbekommen«. Meine Frage wäre: Wo wir heute ja nun nicht mehr in der Ära Sartres leben, nicht mehr in einer Ära, in der die Intellektuellen eine wirkliche Gegenkraft bilden, und wo nun die Sprache zumindest in der westlichen Welt als ein Machtinstrument erkannt ist, andererseits aber auch als ein alternativer Bereich, in dem Experten bestimmte Spiele spielen – wie können wir da, wenn eine Rückkehr zu Sartre nicht zur Debatte steht, diese Situation ändern? Paradoxerweise wendet sich ja Miyoshis Mißtrauen gegen ihn selbst, so daß gerade durch diese Zweiteilung, in der eine Sprache unmittelbar mit der Macht verknüpft ist, und eine andere eine Alternative dazu darstellt und trotzdem einen Anteil an der Macht hat, für meine Begriffe für die Sprache wirklich viel auf dem Spiel steht. Der Einsatz kann nur subjektiv sein, und es wird um Vergegenständlichung gehen.

Ich frage mich, wieweit es, wenn man heute etwas auf die politische Ordnung setzt, nicht um Sprachspiele im herkömmlichen Sinne geht – willkürlich festgelegt, von Regeln bestimmt –, sondern eher um eine komplexere Art des Spiels mit der Sprache. Ich kann dieses Spiel mit einem kurzen Verweis auf Marcel Broodthaers illustrieren; er schreibt »Carte du monde politique«, streicht das »li« aus und ersetzt es durch ein »é«, und es heißt »Carte du monde poétique«. Worauf es, glaube ich, ankommt, das ist, daß er das »li« nicht löscht, wenn er es ausstreicht: das »l« und das »i« bleiben immer sichtbar, es kommt nur noch ein »é« dazu. Vielleicht ist die poetische Sprache das Mittel, das

Politische sichtbar zu machen, es hervorzubringen. Ende der 60er, Anfang der 70er Jahre ging es darum, einen Ausweg aus der Gleichförmigkeit des politischen Imperativs zu finden und die Politik zu poetisieren. In dem neuen Kontext, den Miyoshi entwickelt, bleibt das eine Aufgabe, die ansteht.

GAYATRI CHAKRAVORTY SPIVAK Ich will gar nicht erst versuchen, Ihre Frage zu beantworten, denn das würde sehr, sehr lange dauern. Ich will statt dessen erklären, wie ich diese Frage verstehe. Und dazu will ich zunächst einmal über einen ganz anderen Masao Miyoshi sprechen. Ich kann natürlich nicht wissen, warum er das gesagt hat. Aber ich denke mir, daß er und ich, so unterschiedlich wir auch sind, uns in groben Zügen ähnlich sind. Wir sind beide Asiaten, die sich zu einer Zeit – er ist ein wenig älter als ich – anschickten, Englisch zu lehren, als man nicht anders als die »native speakers« sein durfte, wenn man damit Erfolg haben wollte. Multikulturelles gab es nicht, als wir heranwuchsen, es gab keinen Feminismus und so weiter. Und bei Romanen denke ich mir: Wir können sie den Leuten nicht so beibringen, wie wir das auf den Lehrerseminaren gelernt haben. Vielleicht ist es mehr als nur der Wunsch, mehr Klarheit hineinzubringen. Da spielt auch wieder das hinein, wovon wir vorhin gesprochen haben, die Macht, die das Literatur-Establishment gewonnen hat.

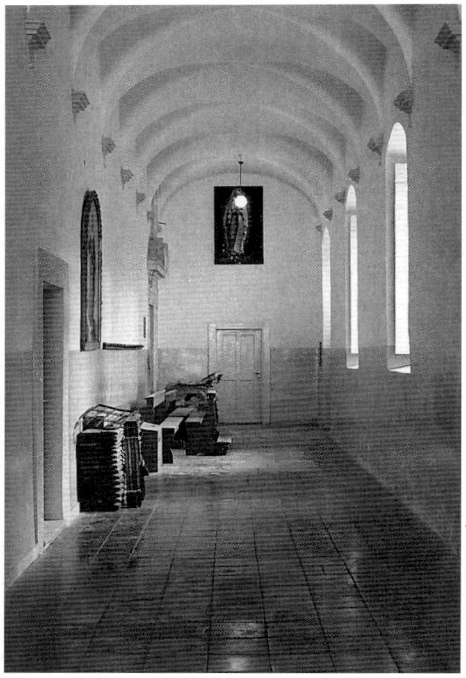

Slaven Tolj, Ohne Titel, 1997

JEAN-FRANÇOIS CHEVRIER Das verstehe ich schon. Davon bin ich ausgegangen, und es ist gut, daß Sie mich darauf hinweisen, daß meine Formulierung mißverständlich war. Aber davon bin ich ausgegangen, und ich glaube, als er sagte, er wolle keine Romane lesen, wollte er mehr sagen als das.

GAYATRI CHAKRAVORTY SPIVAK Also gut. Wie ich Ihre Frage verstehe, ist folgendermaßen, und ich rolle sie dabei vom Ende her auf. Für meine Begriffe ist das Politische innerhalb gewisser Grenzen schon immer eine Sache der Sprache gewesen. So gesehen besteht nicht unbedingt ein Bruch. Aber wovon Sie sprechen, das Politische und das Poetische, das würde ich als genau den Unterschied zwischen dem rein gesetzesmäßigen Kalkül und dem geheimnisvollen, offenen Terrain verstehen, in dem man lernt, auf den anderen einzugehen, und zwar so, daß man ihm eine Antwort entlockt. Das erste ist Kalkül, Politik ist Kalkül, das dürfen wir nie vergessen. Deshalb geht es ja auch nicht ohne den Klassenbegriff. Aber man muß ihn zum Spielen bringen, und wenn man ihn zum Spielen bringt, dann kommt das »e« hinein. Das ist der Punkt, an dem wir nicht einfach nur Rechte lockern, sondern dazu Verantwortung in einem ganz konkreten Sinne übernehmen: wir müssen auf den anderen eingehen, bis wir eine Antwort bekommen. Dazu in der Lage zu sein, das will ich vorerst das Poetische nennen, denn das bringt eine weitere unmögliche Dimension ins Spiel, die notwendige Dimension des Politischen. Das ist für mich heute das wichtigste. Deshalb kann ich auch davon sprechen, daß das Analytische aufgehoben wird – nicht daß es fortgeworfen wird, sondern daß man einen neuen Weg zum Dialog findet. Dazu will ich drei Dinge sagen. Das erste ist ein kleines Beispiel. Wenn ich mit den Lehrern spreche, mit denen ich in Indien zusammenarbeite, dann bin ich eine Frau aus der Oberschicht, ich bin in eine hohe Kaste geboren, lebe in den Vereinigten Staaten und so weiter. Deshalb ist es möglich, daß diese Lehrer einen Vorschlag von mir als Anordnung auffassen und tun, was ich sage, nur weil ich es gesagt habe. Aber dann habe ich überhaupt nichts erreicht. Weil ich ja eine Art zu lehren mit ihnen teilen möchte, die ich meinerseits daraus erlerne, daß ich mit den Kindern und ihnen zusammensitze. Wenn sie also am Ende nur einfach befolgen, was ich sage, dann ist das ganze Projekt mißlungen. Nun frage ich Sie, wer bedenkt denn so etwas bei den Erziehungsprogrammen, die Regierungen und ihre Strategen entwerfen? Niemand. Da hätten wir den Unterschied zwischen dem Kalkül des Politikers und dem nach allen Seiten offenen Poeten. Denn bei dem, was wir poetisch nennen, gibt es keine Garantien. Das zweite ist, daß ich den Kulturbetrieb verabscheue, gerade wenn man von mir erwartet, daß ich dabei mitmache: wenn ich die Anthropologin herauskehren und für einen stereotypen indischen Kulturbetrieb sprechen soll, ist mir das ein Greuel. Deshalb will ich Ihnen auch die schnelle Antwort sagen, vor der man auf der Hut sein muß. In der indischen Tradition wird das Wort »govi« – das ist der heute gebräuchliche Ausdruck für einen Dichter, zumindest in den moderneren nördlichen Landesteilen – für weitaus mehr als für den Dichter im engeren Wortsinne gebraucht: er ist ein Seher, ein Prophet, jemand, der Ratschläge für richtiges Verhalten erteilen kann und so weiter. Kurz gesagt, ein ziemlich umfassender Begriff für den Dichter, ähnlich umfassend, wie Sie das Wort »poetisch« gebrauchen. Jemand aus dem Kulturbetrieb hätte da rasch ein Sanskrit-Wort parat: »Des Dichters Pfad ist schmal wie des Messers Schneide und schwer zu gehen. So sagen die Dichter.« Es ist eine Redewendung, so etwas wie »ut pictura poesis«. Aber Sie können ja kein Sanskrit. Wenn ich es Ihnen nicht gesagt hätte, hätten Sie geglaubt, es sei eine Weisheit, die ich aus den tiefsten Tiefen meiner Sanskrit-Gelehrsamkeit hervorgeholt hätte. Wenn ich Ihnen das als Antwort gegeben hätte, geheimnisvoll verpackt in ein bißchen Sanskrit, das in Indien jeder einigermaßen »Gebildete« kennt, und Ihnen erzählt hätte, daß dies ein Grundsatz sei, den in Indien jeder beherzigt (wobei ich natürlich vergessen hätte, daß es nur die Hindus sind, und so weiter) – tja, so funktioniert Kulturvermittlung heute, und so sollte es eben auf keinen Fall sein. Zum Schluß möchte ich noch etwas zur Frage der internationalen Kunst sagen. Für meine Begriffe ist man in dem Augenblick, in dem man »internationale Kunst« sagt, schon Teil ihrer Problematik geworden. Nehmen wir doch nur die westliche Welt, in der es keine Einwanderergruppe geben kann, die nicht die Bürgerrechte fordert, unabhängig davon, was sie an kulturellen Rechten vielleicht sonst noch wollen. Ein gewisser Standard an gesellschaftlicher Entwicklung wird also vorausgesetzt. Auch darüber habe ich geschrieben: wie einmal in einer Siedlerkolonie in Australien die Aborigines gefragt wurden, welche Art von Erziehung sie wollten, und sie antworteten, sie wollten Allgemeinbildung, aber mit Kultur dazu, und sie solle gelehrt werden wie europäische Geschichte. Das hieß also, auch wenn die Kultur nicht mehr die universale Trägerin der Erziehung war – die Software –, sollten die Kinder aber doch die Informationen haben, damit sie sich aus zweiter Hand bilden können: museale Kultur. Das ist eine hochinteressante Lektion, die ich von den Aborigines gelernt habe. Und es scheint, daß man, wenn man nach der musealen Kultur fragt, bereits davon ausgeht, daß es sie im aktiven Leben nicht mehr gibt. Wir müssen also, wenn ich diese Bemerkung riskieren darf, die Macht der Zensur in Coetzees Sinne anerkennen. Unter dem Zeichen dieses Zensors beginnen wir immer und immer wieder internationale Kunstprojekte, denen das Scheitern vorbestimmt ist – wir beginnen sie trotzdem, weil man eben an der Zensur nicht nur scheitern, sondern sich auch bewähren kann.

Frankfurt, im November 1996

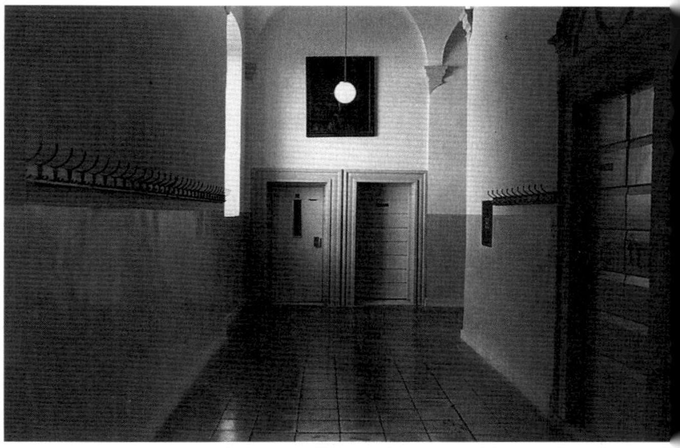

Slaven Tolj, Ohne Titel, 1997

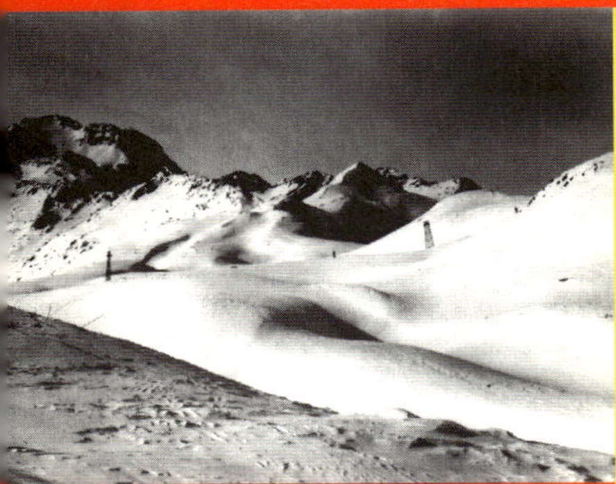

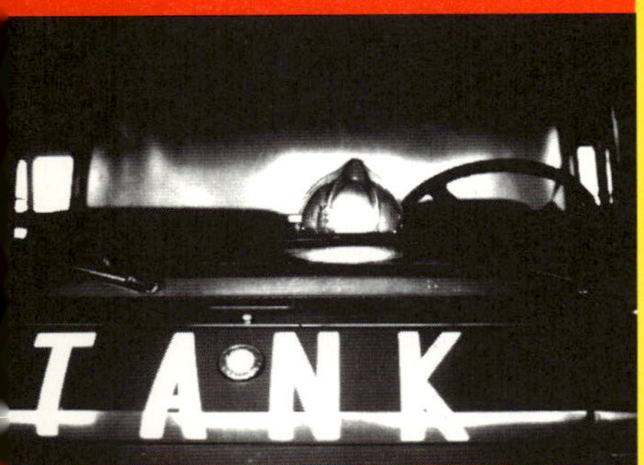

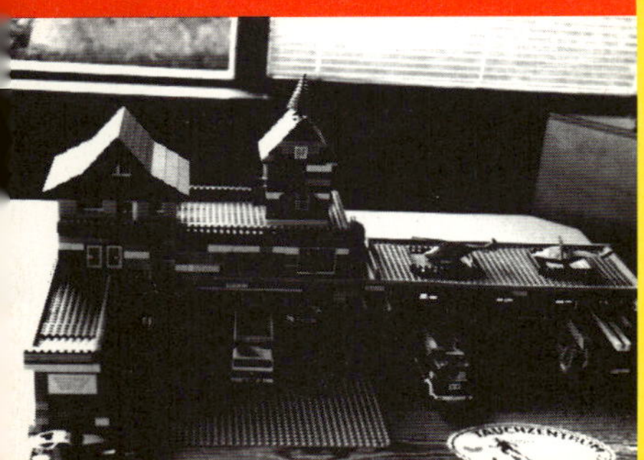

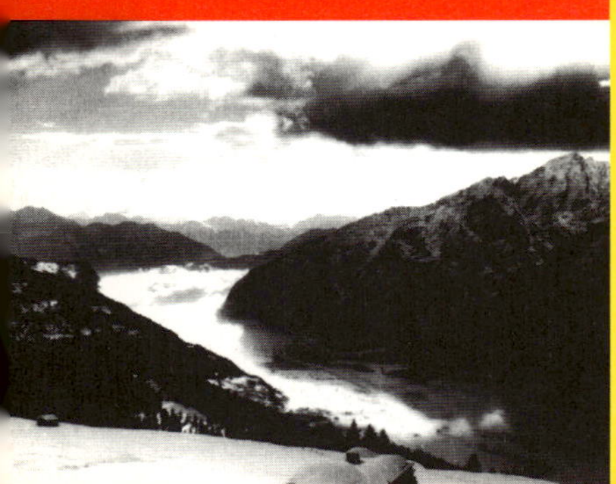

Klaus Altstätter
Kurt Baluch
Thomas Baumgartner
Andi Brunner
Clemens Erlsbacher
Mario Gander
Dietmar Geppert
Andreas Hofmann
Christine Hohenbüchler
Irene Hohenbüchler
Rudi Ingruber
Andrea Mariacher
Sylvia Manfredaa
Georg Obkirchner
Maria Patterer
Hildegard Pranter
Veronika Pichler
Elfriede Skramovsky
Günther Steiner
Helmut Trojer
Ferdinand Wieser
Christian Wurnitsch

multiple

au
TOR
en
sch
aft

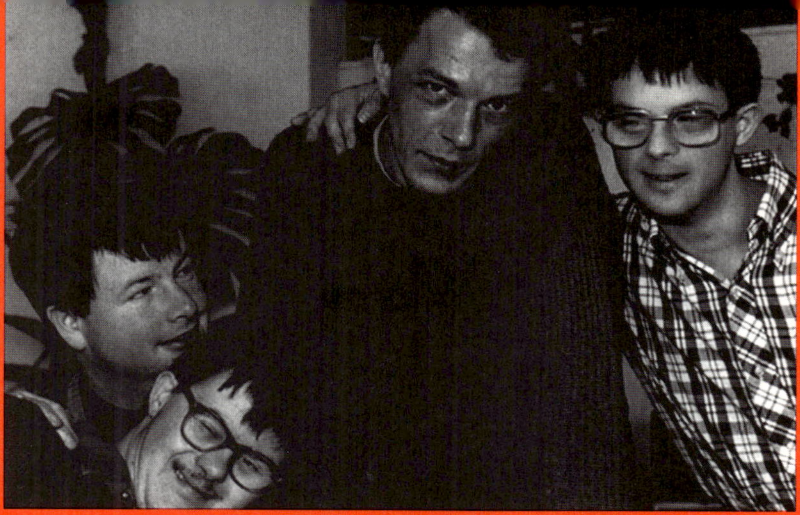

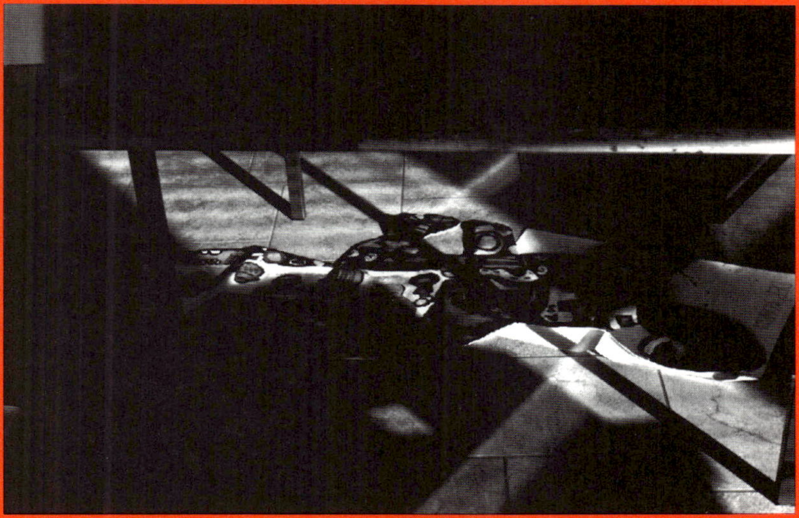

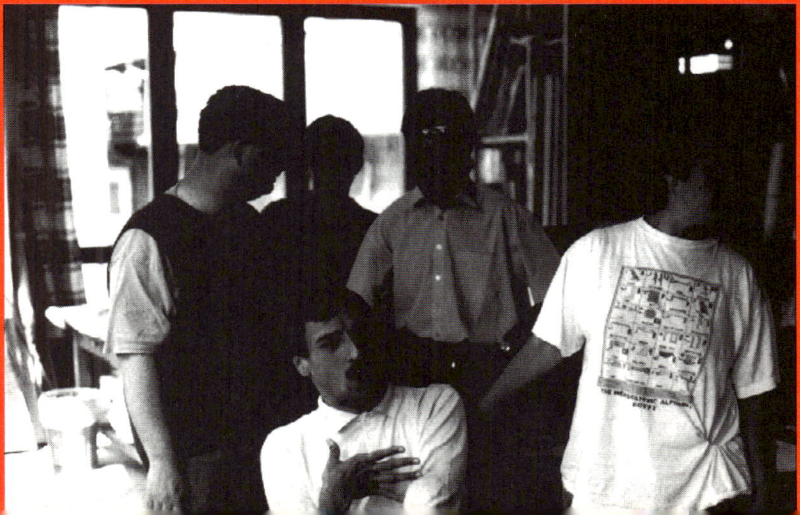

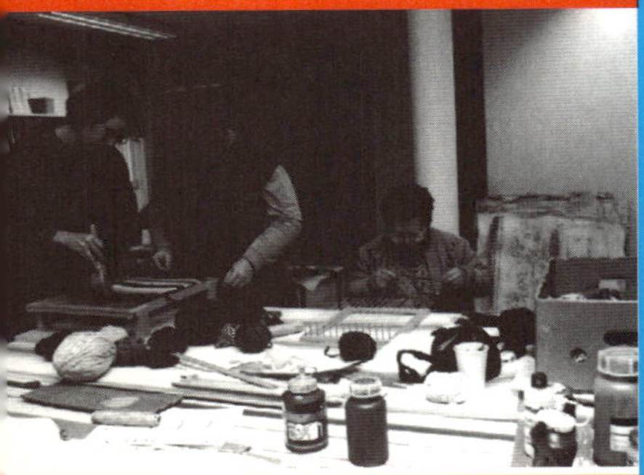
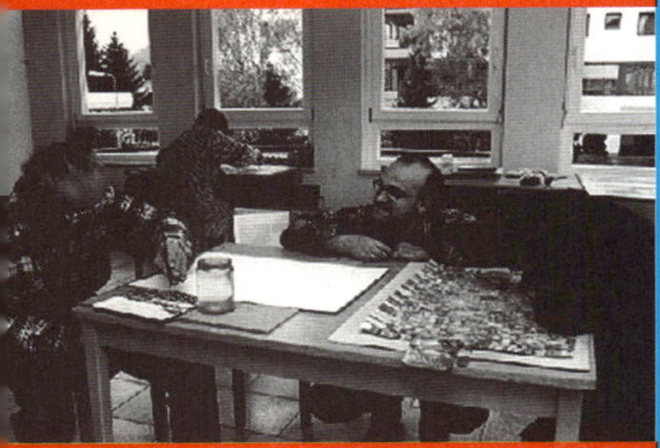
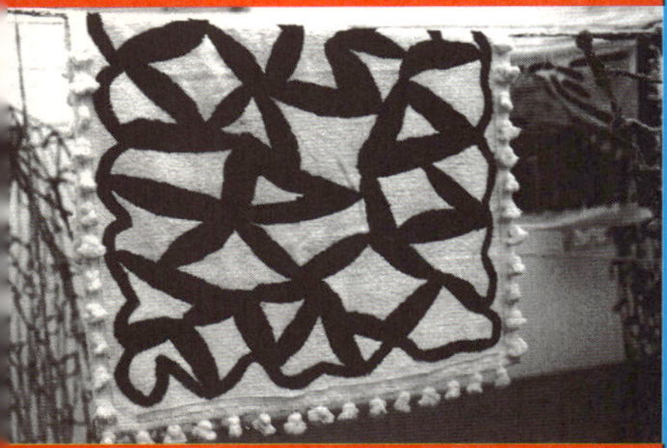
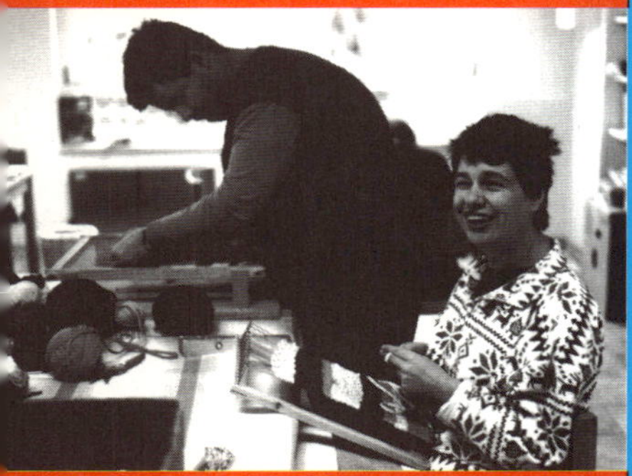
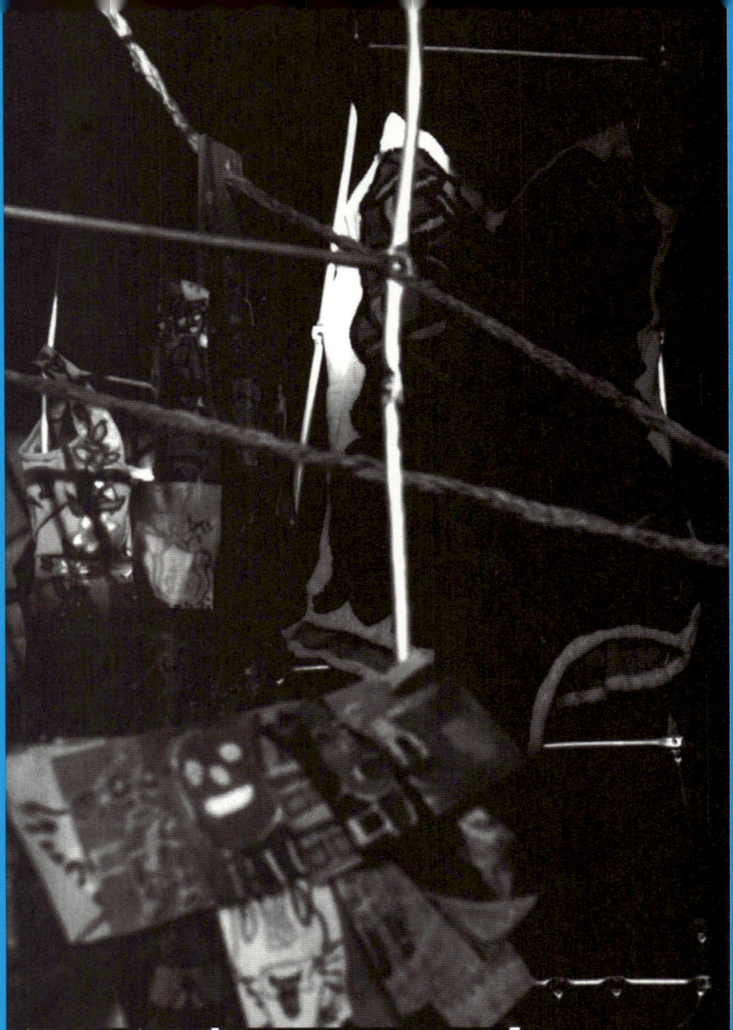
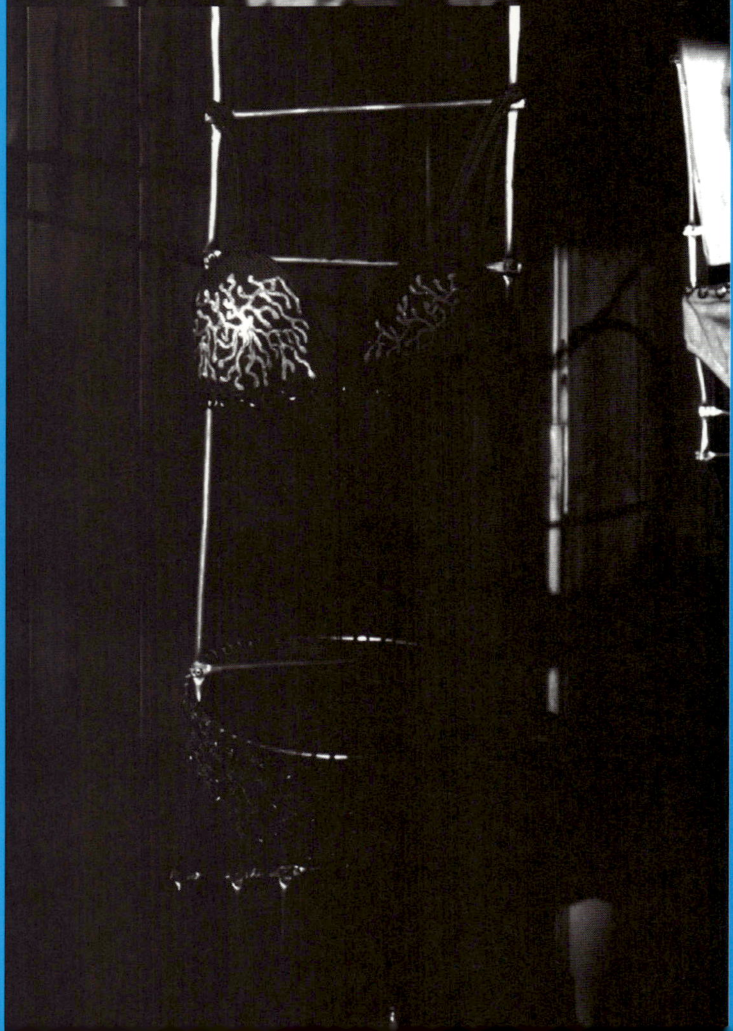

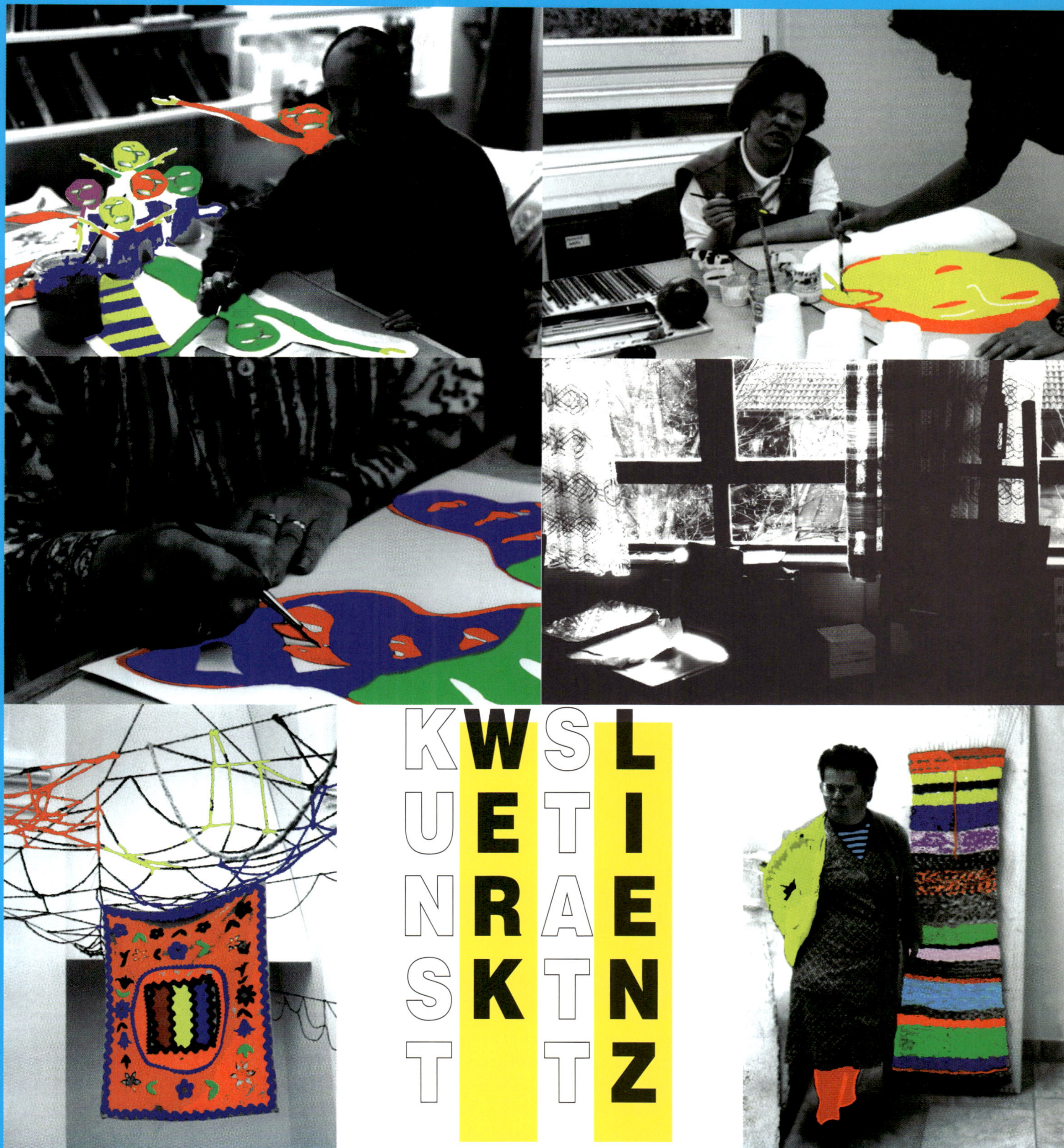
KUNST
WERK
STATT
LIENZ

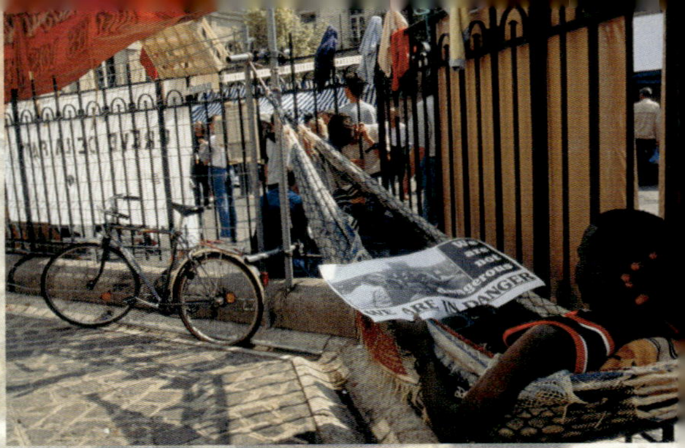

Globalisierung

Etienne Balibar, Jean-François Chevrier, Catherine Da

JEAN-FRANÇOIS CHEVRIER Wie ist ein Philosoph wie Sie, der aus einer marxistischen und wesentlich deutsch-französischen Tradition kommt, der sich über die Bedeutung des Staates Gedanken macht und mit der Braudelschen Problematik vertraut ist (die die geopolitischen, demographischen Gegebenheiten einbezieht), dazu gekommen, die Frage nach den Bürgerrechten (»citoyenneté«) zu stellen? Sie haben vorgeschlagen, die Bürgerrechte von der nationalen Identität zu trennen, nachdem Sie festgestellt haben, daß es im Nationalstaat eine rassistische Komponente gibt.

ETIENNE BALIBAR Ich will einen theoretischen und politisch-biographischen Sachverhalt in Erinnerung rufen: Ich war in der Schule von Althusser. Althusser ist nicht der einzige, der sich gefragt hat, wie der Marxismus konstituiert ist, aber diese Frage hat ihn doch sehr stark umgetrieben. Er hat uns gesagt: »Betreibt die Epistemologie des Marxismus, wie andere die der Physik oder der Biologie ...« Diese Epistemologie geht nach folgendem Modell vor: Wenn es ein bestimmtes Begriffssystem gibt, was kann dieses Begriffssystem dann denken, und was kann es nicht denken? Wo liegen seine inneren Grenzen? Kurz, kein Herumbasteln. Also, um zur Sache zu kommen, wir haben einige Zeit gebraucht, um – gegen unsere politischen Interessen – zu begreifen, daß der Staat, die Politik, die Bürgerrechte oder das Verhältnis der Bürgerrechte zur Nationalität keine Objekte sind, die sich aus der marxistischen Theorie ergeben, sondern daß es im Gegenteil Objekte sind, die für diese Theorie unzugänglich sind; daß es also nicht bloß momentane blinde Flecken waren, sondern die absoluten Grenzen jeder möglichen marxistischen Theoriebildung. Und zwar nicht eines bestimmten ökonomischen Reduktionismus wegen, der im Marxismus immer wieder beschworen wird, sondern wegen seiner anarchistischen Komponente.

Ich bin kein Anarchist. Ich bin im Gegenteil der Meinung, daß Marx allzusehr einer war und daß die Marxisten nach ihm sehr teuer dafür bezahlt haben, daß sie das Absterben des Staates ins Auge gefaßt haben. Marx hielt sich sogar für noch anarchistischer als Bakunin. Wenn Bakunin den Staat mit Worten stürzte, indem er »Nieder mit dem Staat!« rief, so hat Marx gesagt, er würde ihn auf der Ebene der Fakten stürzen, und zwar durch den Klassenkampf. Aber jeder weiß, was dann in der Praxis passiert ist: Der Diskurs vom Absterben des Staates hat Praktiken hervorgerufen, die im Effekt zur Allmacht des Staates beigetragen haben. Ich bin inzwischen versucht zu sagen, daß der Staat in der Tat keine gesellschaftliche Gegebenheit, sondern eine Institution ist; daß er das Produkt – im Sinne einer Verdichtung, einer Kristallisierung nach der Auffassung von Poulantzas (1978) – des Zusammenspiels von ganz verschiedenen Faktoren ist: auf der einen Seite der ökonomischen Einflüsse, auf der anderen des Symbolischen und des Imaginären, das der Marxismus unter dem Begriff der Ideologie »einfangen« wollte und das durchaus nicht die bloße Widerspiegelung der ökonomischen Aktivität ist. Wir haben es da, wie Freud sagte, mit einem »anderen Schauplatz« zu tun, mit einer anderen Kausalität, die genauso stark ist wie jene. Tatsächlich läßt sich in der Geschichte beobachten, daß jede der beiden Kausalketten auf dem Schauplatz der jeweils anderen ihre Wirkungen hervorruft. Die ökonomischen Tendenzen setzen sich durch, bringen aber niemals die Wirkungen hervor, die eine rein ökonomische Ableitung erwarten ließe; sie sind nur wirksam, weil die ideologischen Kräfte ins Spiel kommen. Umgekehrt sind es nicht die Ideen, von denen die Welt beherrscht wird; die ideologischen Kräfte sind nicht durch sich selbst wirksam, sondern weil sie in bestimmte Konstellationen des Klassenkampfs eingehen. Ein Marxismus, der diese kausale Vielschichtigkeit verkürzt, ist notwendigerweise falsch, so wie ein Antimarxismus falsch ist, der die ökonomischen Ursachen leugnet. Ich habe gemerkt, daß man nach subtilen Verfahren der Diagnose suchen muß, statt systematisch mit Ableitungen zu operieren.

Kurz und gut, der Marxismus erlaubt nicht, die Bürgerrechte zu denken, weil er den Staat nicht denkt. Die »citoyenneté« hat ein »aufständisches« Gesicht und ein »verfassungsmäßiges«, so wie sie ein untrennbar individuelles und kollektives Gesicht hat. Sie ist immer ein instabiles Gleichgewicht von Opposition gegen den Staat (zum Beispiel im zivilen Ungehorsam) und Demokratisierung des Staates, Kontrolle der Gewalten durch die Institution. Dafür denkt der Marxismus die Weltökonomie mit Wallerstein, einem Freund und Gesprächspartner von Braudel (vergleiche Balibar/Wallerstein 1990). Das ist sogar eines der stärksten Motive bei Marx: die Idee, daß die Entwicklung des Kapitalismus ein weltweiter Prozeß ist, dessen Formen es zu beschreiben gilt und den man in diesem Maßstab zu untersuchen hat. Natürlich benutzt man heute bis zum Überdruß den Begriff der Globalisierung, aber diese Idee bedeutet bezüglich des Marxismus keine Umkehrung. Wir, die wir heute zwischen fünfzig und sechzig sind, hatten das Glück, unsere intellektuelle Prägung in der anti-imperialistischen Bewegung zu erwerben. Das war die Solidarität mit der algerischen Unabhängigkeitsbewegung oder dem Kampf von Vietnam. Und man weiß nicht erst seit heute, daß die Arena der Weltpolitik, sofern diese von den kapitalistischen und antikapitalistischen Kräften bestimmt wird, das Weltsystem ist (vergleiche dazu die Arbeiten von Immanuel Wallerstein).

JEAN-FRANÇOIS CHEVRIER Die Frage der Bürgerrechte in ihrem ganzen Ausmaß zu denken, heißt, wie mir scheint, zur Kenntnis zu nehmen, daß wir mit zwei Erscheinungen konfrontiert sind. Auf der einen Seite erleben wir ein Anschwellen des Rassismus in den alten Nationalstaaten, über das wir uns nicht allzusehr wundern dürfen, seit Sie die rassistische Komponente im Nationalstaat aufgezeigt haben – und deshalb ja die von Ihnen skizzierte Notwendigkeit einer Neudefinition der Bürgerrechte –, auf der anderen Seite wird die Hegemonie des europäisch-westlichen Modells schwächer, wenn dessen Ausdehnung dazu führt, daß eine bestimmte Norm der kapitalistischen Entwicklung sich von den Prinzipien der sozio-politischen Regulation ablöst. Marx kannte den Kapitalismus und den Nationalstaat, aber er kannte nicht den Unternehmerstaat (»Etat entrepreneurial«). Wir kennen aber heute diese neue Gestalt des Staates, der oft in antidemokratischen oder vordemokratischen Formen funktioniert, die offenbar mit Zustimmung der Bevölkerungen hingenommen und durchgesetzt werden. Ich denke insbesondere an die asiatischen Drachen[1]. Und da sieht nun unser europäisches Modell sehr alt aus. Wie sind Sie ihrerseits dazu gebracht worden, die Frage der Bürgerrechte neu zu denken?

...ivilisierung 1

...nd Nadia Tazi im Gespräch

ETIENNE BALIBAR Sicher ist, daß ich bis Anfang der 80er Jahre nicht viel von »citoyenneté« gesprochen habe. Tatsächlich bin ich darangegangen, über die Bürgerrechte nachzudenken, weil zwei Faktoren zusammengekommen sind.

Der erste verdankt meiner persönlichen Initiative nichts: Es war die Bewegung der jungen »beurs« in den Jahren 1983–1984. Die Werte, auf die sich diese französischen Jugendlichen arabischer Abstammung beriefen, und die Terminologie, die sie benutzten, waren ganz wesentlich die der Bürgerrechte – eine Kombination, die der damaligen Konjunktur von Freiheit und Gleichheit entsprach, wobei die Freiheit in diesem Fall die Form dessen annahm, was man das Recht auf den Unterschied nennt (»droit à la différence«), das Recht, anders zu sein. Gleichwohl war es für mich frappierend gewesen, daß dieses Recht nie exklusiv und abstrakt beansprucht wurde, sondern wie eine öffentliche Anerkennung, daß man existiert: »on existe«, es gibt uns. Was bei alledem aber auch besagte: »Wir lehnen das republikanische politische System ab. Wir wollen uns in unserer Kultur einschließen.« Es galt aus dieser »Kultur« einen Ausdruck und eine Anrufung zu machen, ein Instrument, um mit anderen zu kommunizieren. Man hätte nun also sagen können, als bornierter Marxist, daß alle diese Parolen an einer politischen Illusion teilhatten, an einer ideologischen Sprache. Aber ich war davon überzeugt, daß man nichts damit gewonnen hätte, wenn man versuchte, in eine andere, angeblich richtigere und wissenschaftlichere Sprache zu übersetzen, was sich damals in der Sprache der »citoyenneté« ausdrückte.

Der andere bestimmende Faktor kam aus dem Nachdenken über den Kommunismus, über seine historische Rolle, und zwar nicht generell in der Welt, sondern eben in einem Land wie Frankreich. Ich hatte damals das Gefühl, diese Reflexion müßte eine Neudefinition der Bürgerrechte einschließen, die die machiavellische Idee der »Tribunenfunktion«[2] aufnehmen würde, wobei diese aber – mit gewissen Vorbehalten – auf den Klassenkampf und die Arbeiterbewegung insgesamt ausgeweitet wird. In der Tat hat die Arbeiterbewegung diese Rolle des »Volkstribunen« ebensowohl in Frankreich gespielt, in der von der anarchosyndikalistischen Tradition beeinflußten kommunistischen Sprache, wie auch, in einer ganz anderen Sprache, in England. Die Idee ist, daß das System unter dem Druck des Klassenkampfes eine Form der kollektiven Teilhabe und des politischen Bewußtseins von der Art schafft, daß bestimmte Personen, die nicht Mitglieder der herrschenden Klasse sind, an der demokratischen Institution des Politischen teilnehmen, allerdings wie im Spiel »Wer gewinnt, verliert«. In diesem Spiel führt man tatsächlich die Revolution im Mund, hat aber die Reform im Auge: Man setzt die Anerkennung einer gewissen Anzahl materieller Interessen (Rente, Sozialversicherung) und das Recht durch, auf einer bestimmten Ebene als gleich zu gelten. Marx verachtete diesen Diskurs: die Arbeiter glauben zu machen, sie seien gleich, war, wie er sagte, eine Form, sie zu täuschen und zu kaufen. Aber Marx hatte Unrecht, denn heute sieht man, daß das Fehlen eines solchen Diskurses darauf hinausläuft, seiner Rechte und seiner Würde beraubt, auf kollektive Machtlosigkeit zurückgeworfen zu werden. Natürlich hätte man von hierher versucht sein können – und ich bin es gewesen, das ist der Grund, warum ich *Die Grenzen der Demokratie* (französisch: 1992) geschrieben habe –, die Thematik des Klassenkampfs mit derjenigen der Bürgerrechte zu verknüpfen, und zwar ohne die eine auf die andere zu reduzieren, sondern indem man aufzeigt, daß der Grad von Bürgerrechten, der in einer bestimmten historischen Konstellation errungen oder erzwungen werden konnte, nie außerhalb bestimmter Formen des Klassenkampfs errungen oder erzwungen worden wäre, und daß der Klassenkampf wiederum ein politischer und nicht nur ein sozialer Kampf ist. Man erinnert sich an den Satz von Engels, die Arbeiter seien von Natur aus politisch, ein Satz, der sich an der aristotelischen Definition des Politischen orientiert und nichts anderes bedeutet als: «Die Arbeiter sind von Natur aus Staatsbürger«. Ich denke natürlich nach wie vor, daß die Bürgerrechte ein sehr wichtiges Thema sind, aber ich bin heute nicht mehr so sicher, daß dies der einzige Aspekt des Problems der Politik ist. Die Gewalt, die Identitätskonflikte und vor allem deren Verbindung zwingen uns, über andere Dimensionen nachzudenken. Neben dem Problem der gesellschaftlichen und politischen Bürgerrechte gibt es, wie ich denke, ein Problem der Zivilität, auch wenn beide eng miteinander verknüpft sind.

JEAN-FRANÇOIS CHEVRIER Ja, denn die Relativierung der Nationalstaatsmodelle und die neuen, durch die Weltökonomie herbeigeführten Formen bringen uns dazu, radikaler die Frage nach den Identitäten zu stellen.

CATHERINE DAVID Man kann übrigens daran erinnern, daß sich die Frage der Identität im großen und ganzen an zwei Modellen ausrichtet. Es gibt auf der einen Seite die angelsächsische Tendenz, die Identität wie ein Paket aufzufassen, wie eine Sammlung von »items«, von Merkmalen, die man geerbt hat (die Hautfarbe, die soziale Klasse usw.), und auf der anderen Seite die traditionelle Tendenz, die Identität als einen Prozeß zu betrachten. Man hat auch versucht, die Frage neu zu stellen, indem man von der des Subjekts in der Psychoanalyse ausgeht, um zu zeigen, daß das Problem der Minderheiten ins Intersubjektive verlagert werden müßte und daß die allzu vorherbestimmten Prägungen nicht unbedingt die zwingendsten noch auch die wirksamsten waren.

ETIENNE BALIBAR Jedenfalls ist die Frage der Identität objektiv schwierig, denn sie wäre weder durch einen Identitätsdiskurs noch durch einen der Gegenidentität zu regeln. Die abstrakte Alternative von Kulturalismus und Universalismus, die heute in aller Munde ist, ist ganz unfruchtbar. Sogar die Arbeiten von Deleuze, den ich gern zitiere, dessen enorme Intelligenz sich darin äußert, daß er nicht das Wort Identität, wohl aber die Termini der Minderheit und des Werdens bearbeitet – selbst in ihnen spukt das Phantasma der Auflösung der Identitäten oder das ihrer Flüssigkeit herum (Deleuze/Guattari 1992). Die kulturellen oder ethnisch-kulturellen Identitäten, an deren bestehende Modellierungen Sie erinnern, sind übrigens nicht die einzigen, an die ich denke. Die Religion entspricht als solche weder genau der Kultur noch der Bildung. Auch die Nationalität nicht. Es sind dies sowohl objektive wie subjektive Identitäten, die dem Symbolischen näherstehen, während die Kultur im großen und ganzen zum Imaginären gehört. Im übrigen ist die Frage, warum eine bestimmte Gruppe über alle anderen die Oberhand gewinnt und warum sie diese domestiziert, eine historische Frage: sie läßt sich nicht deduktiv beantworten. Ich neige zu der Ansicht, daß unsere diversen Wahrnehmungen dieses Problems beständig verfälscht sind durch ethnozentrische Verzerrungen: die Zuschreibung von Identitäten unterliegt ganz und gar einer Projektion; man sieht sie in der überwältigenden Mehrzahl der Fälle, aber eben nicht bei sich selbst, man sieht sie beim anderen, es sei denn, man wechselt in das Stadium, in dem man eine Identität reklamiert, ein Identitätsanspruch, der dann wiederum aggressiv, defensiv oder beides ist. Die Extremform ist hier die »Selbstrassisierung«. Ich bin völlig einverstanden, wenn Sie von Identifikation sprechen; ich denke im übrigen, daß es nur Phänomene der Identifikation gibt, daß es aber nicht nur ethnische Identifikationen gibt.

NADIA TAZI Glauben Sie nicht, daß die Art und Weise, in der man die Identitätsfrage stellt, gerade durch die Krise bestimmt wird? Gibt es nicht eine Analogie zwischen der Frage der Identität und der des Körpers, und zwar in dem Sinne, daß man sich beim Körper nicht das Problem stellt, was Gesundheit ist, solange man nicht mit der Krankheit konfrontiert ist...

ETIENNE BALIBAR Ohne daß ich jetzt Dekonstruktion treiben will, müßte man sich zunächst fragen, was man unter Krise versteht. Was funktioniert nicht? Wann weiß man, daß es nicht funktioniert? Sicher, das Leiden, das Unbehagen, die Krankheit kommen zum Ausdruck, ob stumm oder heftig, und man kann sie nicht abstreiten, man kann sie nicht leugnen. Dafür muß man sich aber im Bereich des sozialen und kollektiven Lebens, unter Einschluß seiner kulturellen und ästhetischen Dimensionen, sehr wohl fragen, wer ein Unbehagen äußert, in welcher Sprache, aus welchen Gründen usw. Und für wen diese Diagnosen formuliert werden.

Sicher ist, daß die »Normalität« ununterscheidbar ist von der Hierarchisierung der Identitäten. Die großen hegemonialen, rationalen, politisch-philosophischen Maschinen, die mit dem Konsens einer Gruppe eben Normalität herstellen – nehmen wir beispielsweise die großen Religionen, den republikanischen Laizismus –, sind keine totalitären Maschinen. Wenn man jede Herrschaft mit Totalitarismus verwechselt, ist man am Ende dem einen wie dem anderen gegenüber hilflos. Aber es stimmt, wenn diese Maschinen in die Krise geraten, dann ist eines der Dinge, die die Vorstellung der Geschichte umwälzen, das Bewußtsein, daß das Schema der zyklischen Abfolge von Krisen und organischen Phasen, oder Phasen der »Normalität«, nicht mehr paßt. Die Globalisierung selbst zwingt uns dazu, uns bewußt zu werden, daß der religiöse Universalismus immerzu in der Krise ist (er hat nie aufgehört, es zu sein, und wird wohl nie aufhören, es zu sein), daß aber der laizistische Universalismus – das heißt eine wesentlich politische Universalität oder eine juristisch-politische, die den Nationalstaat und die Formierung der Individuen durch das Recht, die Wissenschaft, die Schulbildung oder die Bürgerrechte zum Prinzip hat – genauso in der Krise ist.

Kurz und gut, eine der zwei Krisen fängt an und die andere geht weiter; und beide überlagern sich. Die einen suchen der einen Krise zu entgehen, indem sie die andere leugnen: Wir würden mit dem Zusammenbruch der Politik die Wiederkehr des Religiösen erleben. Dafür orientieren andere sich auf einen republikanischen Fundamentalismus, weil das Religiöse bedrohlich ist. Aber ein Hauptaspekt des Problems der individuellen Identität liegt sicherlich darin, daß diese Maschinen vor allem Maschinen der Konstruktion von kollektiven Identitäten sind. Und auf die Gefahr hin, als Konservativer zu gelten, würde ich sagen, daß die absolute Fluktuation oder die Anarchie der Identitäten für die Subjekte genausowenig lebbar ist wie der Totalitarismus oder der absolute Zwang.

Nach meiner Meinung ist der Identifikationsmechanismus immer derselbe, geht die Idealisierung der nationalen oder quasi-nationalen Gemeinschaft immer auf dieselbe Weise vor sich. Und man darf nicht glauben, den mörderischsten, den barbarischsten oder den unterdrückerischsten Formen sei der Idealismus fremd, den man gewohnheitsmäßig mit dem Ausdruck des Patriotismus verbindet. Ich möchte all die Phänomene von Patriotismus, Nationalismus, Ethnozentrismus oder »Kulturalismus« nicht zusammenwerfen, als hätten sie immer und überall dieselben Wirkungen. Gleichwohl muß man sagen, daß es zwischen »Gut« und »Böse« keine Demarkationslinie gibt, die ein für allemal festliegt. Es ist doch erstaunlich zu sehen, wie vor allem die Historiker, aber auch die politischen Philosophen allesamt die essentialistische Denkweise praktizieren: Der Nationalismus wäre demnach das eine, der Patriotismus etwas anderes, und man darf sie vor allem nicht verwechseln – ein besonders in Frankreich verbreiteter Gedanke, weil hier der Patriotismus sehr von seinem eigenen Universalismus durchdrungen ist, seiner Verbindung mit dem »Vaterland der Menschenrechte«. Aber was unmittelbar den Stoff unserer politischen Reflexion ausmacht, ist nicht das theoretische Schema als solches, es ist die Analyse der konkreten Umstände. Denn sie sind es, die die hegemonialen Identitäten bestimmen, die die Grenze zwischen einem Patriotismus oder Nationalismus der Befreiung und einem der Unterdrückung ziehen. »Alles hängt von den Bedingungen ab«, sagt Althusser.

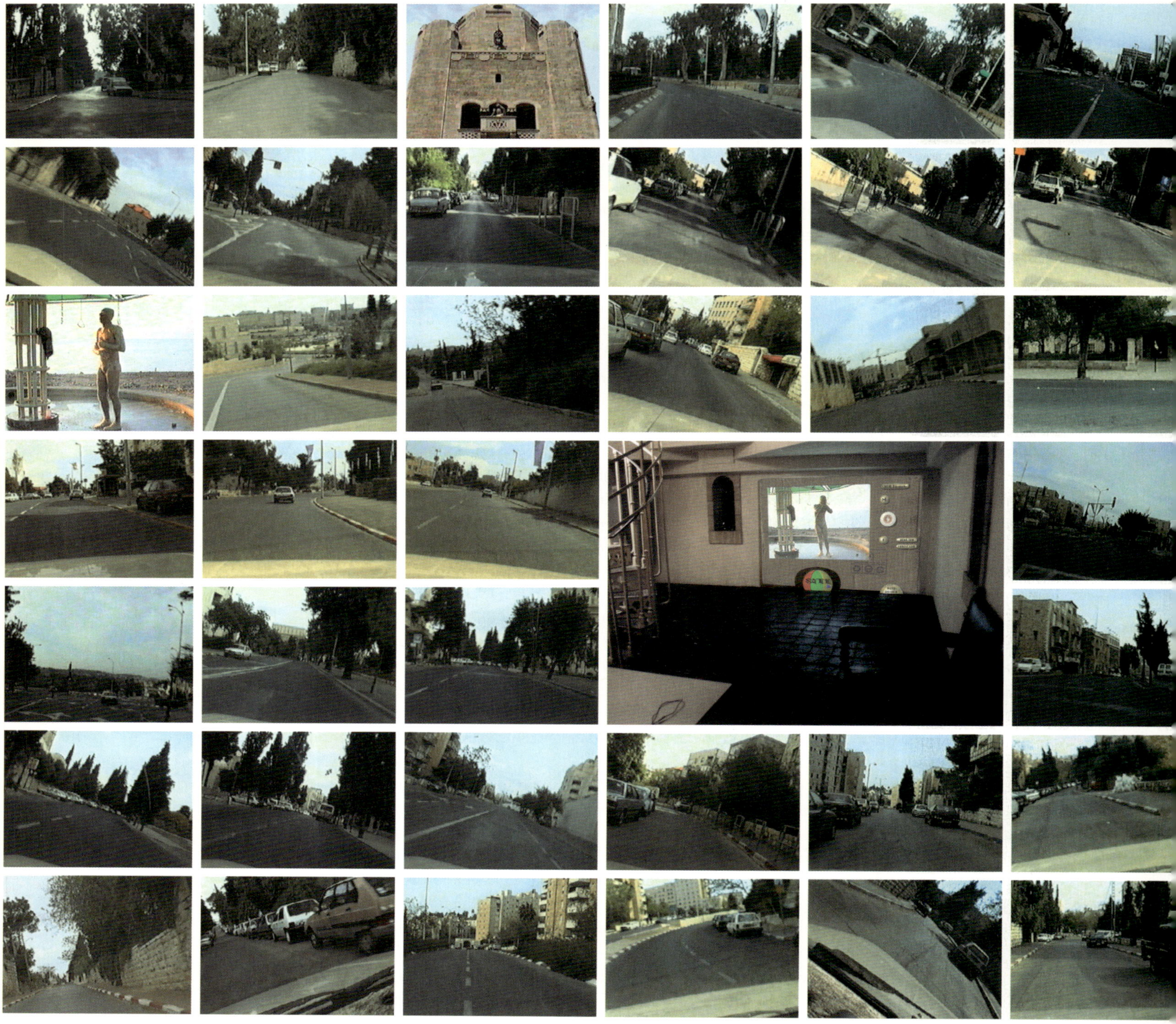

AYA & GAL MIDDLE EAST The naturalize / Local Observation Point

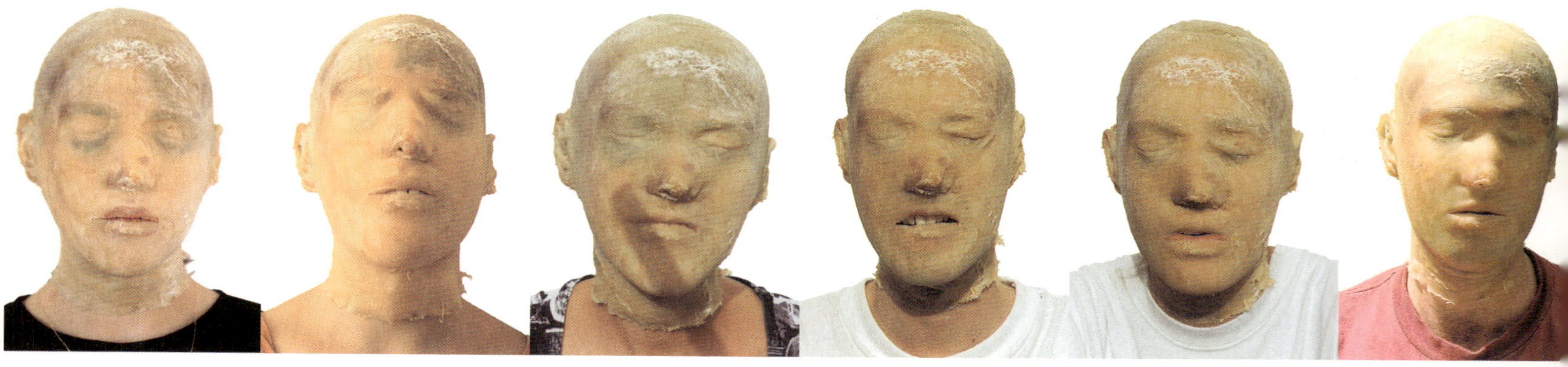

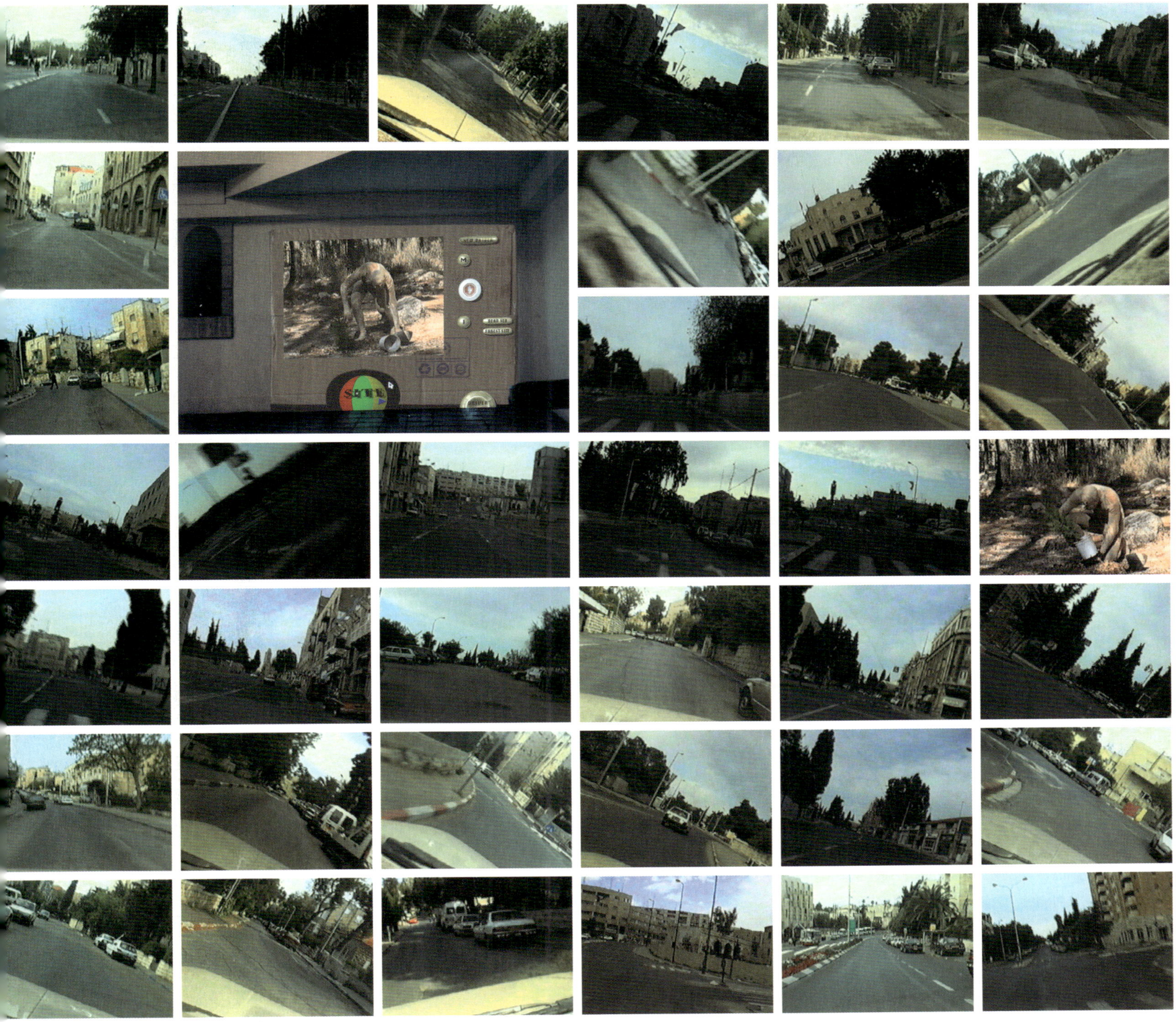

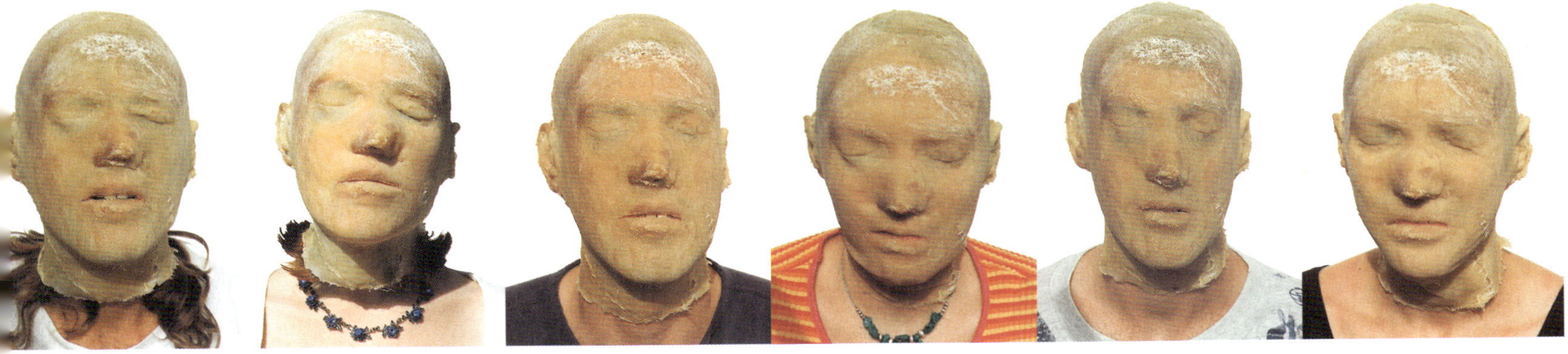

In diesem Sinne hat Wallerstein recht, daß er Braudelsche Modelle übernimmt, die von vornherein globalistisch sind, in denen man die politische Form nicht isoliert für sich untersucht, sondern soweit sie das Produkt von bestimmten konkreten Bedingungen ist. Der Nationalstaat europäischen Typs ist eine politische Form, die sich unter bestimmten Bedingungen hat durchsetzen können, weil sie anderswo (in den beherrschten Regionen des Weltsystems) unmöglich war. Sie war strukturell verknüpft mit der »ungleichen Entwicklung«. Das politische Dogma des Kolonialismus oder des Postkolonialismus ist aber zu sagen: Wenn er an einer Stelle möglich war, dann war er überall möglich. Vielleicht hat sich die Situation heute tendenziell umgekehrt: der Nationalstaat wird »peripher«.

JEAN-FRANÇOIS CHEVRIER Aber die Form des Nationalstaats wird doch gerade im Kontext der Globalisierung tendenziell relativiert. Wir erleben die machtvolle Wiederkehr der Stadtstaaten, des Regionalismus. Es entsteht ein Gewebe von allen möglichen neuen Einheiten, von neuen Dimensionen, die sich vor allem in den asiatischen Ländern entwickeln. Damit zusammenhängend erfährt die Definition des Staates eine objektive Verschiebung von der Art, daß der Begriff des Staates sich mehr und mehr von dem der Nation entfernt, aber dabei keineswegs auf ein Nichts reduziert wird – man muß sich nur Singapur ansehen, das ist ein wirklicher Staat. Nehmen wir im übrigen das Beispiel von Los Angeles, wo die »amerikanische« Chinesen-Community – amerikanisch nicht mehr im Sinne einer Zugehörigkeit zur US-amerikanischen Nation – in einem ökonomischen Netzwerk mit Hongkong oder Singapur zusammenwirkt, nicht anders als mit anderen Orten auf dem nationalen Territorium. Die Identität dieser Community ist amerikanisch im kulturellen Sinne. Und in Wirklichkeit konstituiert sie sich überhaupt nicht im formalen Schema des Nationalstaats, sondern in einem Netzwerk von ökonomischen Interessen und kulturellen Identifikationen. Gibt es da nicht eine bedeutsame Verschiebung der Frage nach den Identitäten, und haben wir die Mittel, mit der philosophischen Sprache, die wir hier im Westen haben, darauf zu antworten? Kann ein westliches und zunächst einmal europäisches Modell des Staatsbürgers, der offen für den anderen ist, diese Realität überhaupt erfassen?

ETIENNE BALIBAR Die Schwierigkeit, die ich habe, Ihnen zu antworten, liegt darin, daß ich wie alle anderen, die sich zur Einwanderung und zur Krise des Nationalstaats äußern, über die augenblicklich zu beobachtende Tendenz nur Meinungen abgeben kann. Freilich ruft jede Tendenz »Gegentendenzen« hervor. Eine einfache Tendenz verwirklicht sich nie; man könnte fast sagen, das ist ein Gesetz der Geschichte, das ein »Materialist« nie vergessen sollte. Ich glaube nicht, daß ich in dieser Sache über besondere Mittel der Diagnose oder der Vorhersage verfüge, und ich arbeite sekundär, dekonstruktiv, beinahe »talmudistisch« an den Kategorien, die man um uns herum benutzt, um diese Art von Problemen zu behandeln. Frappierend ist an diesem Punkt, daß die asiatischen Communities in Kalifornien schon in der postnationalen Ära sind, und zwar in dem Sinne, daß der Raum, in dem sie sich befinden, der sie bestimmt und ihnen eine Funktion zuweist, nicht der amerikanische, der nationale Raum ist, sondern ein transpazifischer Raum. Das soll nicht heißen, daß uns ihre eigentümliche Stellung weltweit die eigene Zukunft vor Augen führt. Aber es ist eines von vielen Indizien, daß die nationalen Identitäten nicht mehr hegemonial sind, daß nicht mehr nur sie das System der Gemeinschaftszugehörigkeiten »regulieren«.

JEAN-FRANÇOIS CHEVRIER Trotzdem gibt es, was immer man an grundlegenden Neuaufteilungen betrachtet, weiter eine europäische Dimension, in der die ethnisch-politische Identität ebenfalls am Werk ist.

ETIENNE BALIBAR Ich habe vor kurzem an einer Diskussion mit Soziologen und politisch aktiven Maghreb-Franzosen teilgenommen (u. a. Bouamama 1992), deren Thema die »nouvelle citoyenneté« ist, also die Neuen Bürgerrechte, die über den rein staatlichen und damit auch über den rein nationalen Rahmen hinausgehen, indem sie ihn gleichzeitig unter- und überschreiten. Einerseits findet sich die Idee der Bürgerinitiativen[3], übersetzt in eine französische Sprache, das heißt das Leben der Bewegung der Assoziation, der Zivilgesellschaft. Und andererseits die europäischen Bürgerrechte. Natürlich habe ich aus verschiedenen Gründen versucht, die europäische »citoyenneté« theoretisch zu untersuchen: Ist sie möglich, unter welchen Bedingungen ist sie möglich, und was sind ihre Widersacher (Theret 1995)? Der Widersacher der europäischen »citoyenneté« ist der Nationalismus in jedem der europäischen Länder. Ich habe versucht, zu zeigen, daß man, wenn der Nationalismus nicht wankt, wenn man sich mit dem Status quo begnügt, erstens die »Apartheid« auf europäischer Ebene produzieren und zweitens auf ein Desaster zusteuern wird. Ich bin nach wie vor bereit, über das Wahlrecht der Einwanderer Texte von der Art zu verfassen, wie ich sie 1980 geschrieben habe, aber ich bin in der Tat nicht sicher, ob das Problem der Öffentlichkeit oder des Politischen auf europäischer Ebene einzig und allein eines der Bürgerrechte ist, selbst wenn man mehr darunter versteht als die Fragen von Wahlrecht und Personalausweis. Ich wollte die im schlechten Sinne »gramscianischen« Platitüden vermeiden, die dem die übliche Ergänzung hinzufügen würden, es sei nicht nur ein politisches Problem, sondern auch ein kulturelles.

Aber in diesem Fall ist der Philosoph ein »bricoleur«, ein Eklektiker, der herumbastelt. Er sucht alte Begriffe auf eine neue Konstellation einzustellen. Ich versuche derzeit von der Idee auszugehen, daß das Kulturelle und das Ökonomische nicht unbedingt zusammengehen. Nehmen wir das oben angesprochene Beispiel: Die asiatischen Communities in Kalifornien leben in einem transpazifischen Raum. Die asiatische Zivilisation ist nun aber eine der mächtigsten, die die Weltgeschichte hervorgebracht hat. Sie erweist sich als fähig, die Symbole eines bestimmten gesellschaftlichen Bandes aufrechtzuerhalten, und was derzeit ein Mittel des Widerstands oder des inneren Zusammenhalts ist, kann ein Mittel der ökonomischen Anpassung und Expansion werden. Dies gilt für alle möglichen Gemeinschaften quer durch die Geschichte. Was für polnische Bergarbeiter gilt, die in den 30er Jahren in Lothringen lebten, in einem bestimmten europäischen Kontext und mit bestimmten Zielen der Klassensolidarität, das gilt genauso, oder mehr noch, für Chinesen, die im Rahmen der Internationalisierung des Handels im pazifischen Raum aus- und einwandern und damit bestimmte Abschottungen im amerikanischen Raum aufsprengen. Aber dies macht es um so nötiger, zu klären, was wir unter »kulturell« verstehen.

Im Grunde dient das Wort »kulturell« dazu, die Nähe der Lebensarten und der Vorstellungen zu denken, in denen sich eine Gruppe spiegelt und wiedererkennt. Aus diesem Grunde spricht man von der »kulturellen Distanz«, von der »kulturellen Krise«, der »kulturellen Explosion« usw. Ich neige aber zu der Auffassung, daß dieser Weg nicht weiterführt, und ich versuche eher, theoretisch mit einem Modell herumzuspielen, das sich an den drei Funktionen von Lacan inspiriert: dem Realen, dem Symbolischen und dem Imaginären. Gewiß ist der Klassenkampf nicht verschwunden – vielleicht ist er relativ in den Hintergrund getreten; aber das wichtigste Phänomen im »Realen« ist heutzutage die Globalisierung. Es gibt mehr und mehr Minderheiten; die mächtigen Umstrukturierungen transformieren die kollektiven Interessen von Gruppen, die sich nicht mehr in erster Linie innerhalb der Staaten, sondern weiträumiger situieren. Die einen sind der Transnationalisierung gut angepaßt, andere nicht; man kann sich darauf gefaßt machen, daß diese letzteren extrem gewalttätig reagieren.

Anderseits gibt es sogenannte »kulturelle« Phänomene, und an der Stelle scheinen mir begriffliche Unterscheidungen unabdingbar. Wenn man beispielsweise von Amerikanisierung spricht, liegen die stärksten Reibungspunkte nicht auf kultureller Ebene, denn es gibt ja auch eine europäische Kultur oder eine amerikanische.

JEAN-FRANÇOIS CHEVRIER Aber was die Amerikaner die Pop-Kultur nennen – nicht die Pop Art –, also die Medien und eine bestimmte Lebensweise, die durch die Identifikation mit den medialen Normen bestimmt ist?

ETIENNE BALIBAR Ja, das nenne ich in »meinem kleinen tragbaren Lacan« das Imaginäre, die Identifikationen. Aber die blutigsten Dinge kommen nicht aus dem Imaginären, sondern aus dem Symbolischen. Also aus den Grundbestimmungen zur Definition des menschlichen Subjekts, das immer einen universellen Anspruch hat, aber nicht als einzigartiges existiert. Ich habe zum Beispiel einen Text über die »Grenzen Europas« (1995) geschrieben, als in England ein aufsehenerregender Prozeß stattfand, in dem zwei sechs- und siebenjährige Kinder wegen Mordes an einem dritten, noch kleineren Kind zu lebenslanger Haft verurteilt wurden. Ich unterstreiche, daß dieser Prozeß sich ausdrücklich einschreibt in das Verhältnis zwischen einer bestimmten Auffassung der menschlichen Subjektivität und ebenso grundsätzlichen Fragen wie »Was heißt, ein Kind sein?«, »Was heißt erziehen?«, »Was heißt strafen?« – alles Fragen, bei denen die britische Rechtstradition und die herrschende Tradition in Frankreich Gefahr laufen, aufeinander mit völligem Unverständnis zu reagieren. Das nenne ich nun nicht eine »kulturelle«, sondern eine »symbolische Differenz« oder ein differentielles »Zivilisationsmerkmal«. Ich denke, es gibt noch weitere Beispiele dieser Art, die es letztlich undenkbar machen, die Rechtssysteme – und insbesondere das Strafrecht, auf der einen Seite das angelsächsische und auf der anderen das deutsch-französische – vereinheitlichen zu wollen. Man wird trotz aller unbestreitbaren Schwierigkeiten auf jeden Fall dazu gelangen, das Handelsrecht zu vereinheitlichen; viel schwieriger ist es, in zwei sich gegenüberstehenden Moraltraditionen zu einer gemeinsamen Auffassung zu kommen, was eigentlich »Verbrechen« und was »Strafen« sind. Es gibt Spaltungen sogar innerhalb des Universellen selbst, und die haben nichts mit der »kulturellen Distanz« zu tun, von der in den Diskursen über Einwanderung, Vermischung, Multikulturalität usw. die Rede ist, weil man von diesem Standpunkt seinem »Nächsten« nicht »nahe« ist; wir sind da im Gegenteil an dem Punkt, wo die Konflikte unversöhnlich sind. Das Problem muß also auf einer anderen Ebene begriffen werden. Es sieht so aus, als sei die Frage, wie man zum Beispiel die Geschlechterverhältnisse definiert, unter diesem Gesichtspunkt absolut entscheidend. Wenn männliche Herrschaft universell verbreitet ist, gibt es offenbar auf der Welt, ja selbst in Europa nicht nur eine einzige Auffassung oder eine eindeutige Definition des Geschlechts.

Kurz und gut, wenn das Problem der Identitäten eines der schwierigsten ist, dann deshalb, weil es Fragen ins Spiel bringt, die auf unterschiedlichen Ebenen angesiedelt sind: Wie sind wir materiell eingeordnet in eine sozio-politische Hegemonie (zum Beispiel den Staat)? Wie definiert oder begreift man die kulturellen Gruppentraditionen? Wie beziehen wir bewußt, und vor allem unbewußt, Position zu solch entscheidenden symbolischen Fragen wie etwa der Frage, »was Empörung hervorruft«, um mit Spinoza zu sprechen, was man grausam findet oder wofür man bereit ist, ein Opfer zu bringen?

JEAN-FRANÇOIS CHEVRIER Viele Beobachter vermischen die zwei Ebenen, die Sie unterscheiden, indem sie die Idee einer Zivilisationskrise vorbringen oder, wie Huntington (1996), die eines Konflikts der Zivilisationen: der Westen gegen die – insbesondere asiatischen – anderen.

ETIENNE BALIBAR Das hört sich nicht in allen Sprachen gleich an, nicht einmal in den am engsten verwandten. Ich habe zum Beispiel in Italien einen Textauszug zum Übersetzen gegeben, der drei politische Begriffe behandelt: Emanzipation (»émancipation«), Veränderung (»transformation«) und Zivilität (»civilité«). Der Gebrauch des Wortes »civilité« unterstreicht noch mehr als der von »citoyenneté«, daß der Begriff nicht unmittelbar an die Existenz des Staates oder an bestimmte Staatsformen geknüpft werden darf, sondern an eine Praxis der politischen Sache, die weder Emanzipation ist – die Erklärung der Menschenrechte, die »Bill of Rights« – noch Veränderung – also der Klassenkampf nach Marx oder die Strategien der Befreiung nach Art von Foucault. Im Italienischen heißt aber »civiltà« gleichzeitig »Zivilität« (»civilité«) und »Zivilisation«. Der Ausdruck ist übrigens sehr interessant, weil er an eine aus der Renaissance herkommende Tradition erinnert, in der deutlich geworden ist, daß das Problem sowohl das Gleichgewicht von Institutionen und gesellschaftlichen Kräften betrifft wie auch den Gebrauch einer bestimmten Kunst. Eine Ausübung von Macht und eine schöpferische Aktivität.

Ich würde fast sagen, daß das, was unser Verständnis in den Debatten über die »Kultur« ganz allgemein prägt, mit den Problemen der »civiltà« gar nichts zu tun hat. Die Kultur ist eine Idee, die mit der zentral organisierten Bildung einhergeht, mit einer Hierarchie von Gebildeten und Unwissenden, mit einem System der direkten oder indirekten staatlichen Kontrolle über die Aus- und Herausbildung der Individuen, ihres Geschmacks, und schließlich mit dem kulturellen Markt und damit auch dem Konsum von Kulturgütern. Sicher, es gibt verschiedene nationale Traditionen, und so läßt sich über das Wort Kultur auch trefflich streiten. Die kulturelle Differenz und Gleichförmigkeit sind Zeichen der Anerkennung und des Wiedererkennens, die auf dem Feld der politischen Ideologie heutzutage sehr mächtig sind. Aber es handelt sich hier weder um Zivilisation noch um Kunst (ob nun im Sinne der bildenden Kunst oder der literarischen oder politischen Kunst).

JEAN-FRANÇOIS CHEVRIER Die Identitätsfixierungen suchen nach symbolischen und monumentalen Darstellungen. Die Nationalismen haben immer protzige Monumente hervorgebracht. Zumindest seit dem Dadaismus hat die subversive Dimension der avantgardistischen Kunst mit diesen Symbolen und Fixierungen gespielt. Aber man könnte auch über das gesamte Spiel mit der Identität sprechen, sei es sozial, sexuell usw. Bedienen Sie sich in einer bestimmten Weise dieser Modelle des Spiels mit der Identität?

ETIENNE BALIBAR Ich bin hier immer sehr stark Brechtianer, oder vielmehr, ich würde das Modell von Brecht hier zweifach hineinbringen. Erstens ist die Frage von Identifikation und Verfremdung nicht nur ein Problem des Theaters, sondern sie betrifft alle Künste; zweitens ist es nicht nur ein Problem des Schauspiels und des Zuschauers. Brecht und der ihn interpretierende Althusser (französisch 1965; vergleiche Guenoun) gehen aus von der Frage, ob der Schauspieler so spielt, daß sich die Zuschauer mit den von ihm verkörperten Personen identifizieren müssen. Ihr Gedanke ist vielmehr, daß das Theaterereignis als solches – jedenfalls in der westlichen Tradition – sowohl die Trennung enthält, die bildlich-distanzierte Darstellung, wie auch die gemeinsame

Verwicklung des Schauspielers und des Zuschauers in ein und dasselbe Szenario oder »Moment« des Bewußtseins. Daß der Schauspieler darin verwickelt ist, zeigt er ja gerade, aber von einer nicht rein konsumierenden Praxis kann man erwarten, daß auch der Zuschauer darin verwickelt ist. Die Theoretiker haben immer erklärt, die Kunst als Kommunikationsweise sei ein Umgang mit dem Problem der Gewalt oder der Angst oder des Terrors, und die Frage ist, warum diese Aktivität Formen haben muß, die sich seit der frühesten Antike erhalten haben, die es aber immer wieder neu zu erfinden und zu revolutionieren gilt. Dies gerade deshalb, weil es nicht Kultur ist, aufgefaßt im Sinne einer kulturellen Zutat, einer Prothese des »gesellschaftlichen Zusammenhalts«.

JEAN-FRANÇOIS CHEVRIER Was Sie hier in der Kunst aufzeigen, ist nicht die künstlerische Institution, nicht das formelle Kunstwerk, es ist eher das Auftauchen der Kunst, das künstlerische Ereignis, die Erfindung von etwas, das man Kunst nennt.

ETIENNE BALIBAR Das künstlerische Ereignis und gleichzeitig die Tatsache, daß die Kunst als Objekt oder als Produkt oder als Praxis innerhalb einer Institution zum Ereignis wird, das heißt: auf widerspruchsvolle Weise Versammlung und Bruch, Gemeinschaft und Zwietracht, oder zumindest Diskussion.

CATHERINE DAVID Was hat es heute noch mit diesem Auftauchen auf sich, wenn es doch eine solche Macht der Institution und der Kulturindustrie gibt?

JEAN-FRANÇOIS CHEVRIER Es ist bezeichnend, daß politische Philosophen wie Sie dazu kommen, von Kunst zu sprechen. Schon Foucault hatte gesagt, was ihn interessiere, sei nicht die künstlerische Institution, sondern im Gegenteil der Prozeß der Subjektivierung.

ETIENNE BALIBAR Es gibt vieles, was uns in der Produktion von Kunst interessiert: die Unmöglichkeit, die Künste zu einer Synthese zu bringen, und die Unmöglichkeit, daß jede von ihnen für sich genommen zur Autonomie gelangt. Zum Beispiel die Tatsache, daß das Kino und das Theater so nahe verwandt und gleichzeitig in ihren Abläufen so gegensätzlich sind, so sehr, daß man sagen kann, daß das eine dem jeweils anderen fehlt. Wir sind in einigen wenigen Jahren von der Frage der Entfremdung übergegangen zur Frage der Andersheit, des Anderen; das Zeichen hat sich umgekehrt. Es geht nicht mehr darum, sich zu entfremden oder die Entfremdung zu überwinden; wir wollen wissen, wie wir mit der Andersheit umgehen. Die ganze nachnietzscheanische Tradition – ich denke besonders an den Deleuze der *Présentation de Sacher-Masoch* (1967) – suggeriert, daß man mit der Andersheit spielen muß, aber dann stellt sich auch die Frage, wer mit der Andersheit spielt, wie man mit ihr spielt und mit welchen Mitteln. Diese Mittel sind notwendigerweise und im weitesten Sinne die der Repräsentation.

5. Oktober 1996

[1] Gemeint sind die aufstrebenden »Schwellenländer« Südkorea, Singapur, Taiwan und Hongkong (A. d. Ü.).

[2] Diese Idee ist dem Buch von Georges Lavau (1981) entnommen, der hier von Machiavelli inspiriert ist (*Abhandlungen über die ersten zehn Bücher des Titus Livius*).

[3] Im Original deutsch (A. d. Ü.)

Literaturverzeichnis

Althusser, Louis: »Das ›Piccolo, Bertolazzi und Brecht« (1965). In: *Alternative*, 97, (1974), S. 130–141; wiederveröff. in: Barck, Karlheinz und Brigitte Burmeister (Hg.): *Ideologie – Literatur – Kritik*. Berlin/DDR 1977, S. 187-208.

Balibar, Étienne: *Die Grenzen der Demokratie* (1992). Berlin, Hamburg 1993.

ders.: »Les frontières de l'Europe« (1995), in: Étienne Balibar, *La Crainte des masses*. Paris 1997.

ders., und Immanuel Wallerstein: *Rasse, Klasse, Nation. Ambivalente Identitäten* (1988). Berlin, Hamburg 1990

Bouamama, Saïd, Albano Cordeiro und Michel Roux: *La citoyenneté dans tous ses états: de l'immigration à la nouvelle citoyenneté*. Paris 1992.

Deleuze, Gilles: *Présentation de Sacher-Masoch*. Paris 1967.

ders., und Félix Guattari: *Tausend Plateaus. Kapitalismus und Schizophrenie* (1980). Berlin 1992.

Guenoun, Denis: *Le théâtre est-il nécessaire?* Paris (i.Vorb.)

Huntington, Samuel P.: *Kampf der Kulturen. Die Neugestaltung der Weltpolitik im 21. Jahrhundert*. München 1996.

Lavau, Georges: *A quoi sert le parti communiste français?* Paris 1981.

Poulantzas, Nicos: *Staatstheorie* (1977). Hamburg 1978.

Theret, Bruno: *L'État, la finance et le social. Souveraineté nationale et construction européenne*. Paris 1995

Wallerstein, Immanuel: *Der historische Kapitalismus* (1983). Berlin 1984.

ders.: *The Capitalist World-Economy*. Cambridge 1979.

ders.: *The Politics of the World-Economy*, Cambridge 1984.

ders.: *The Modern World-System*, Bd. III: *The Second Era of Great Expansion of the Capitalist World-Economy, 1730–1840's*. New York 1988.

makrola

projekt atol

1997

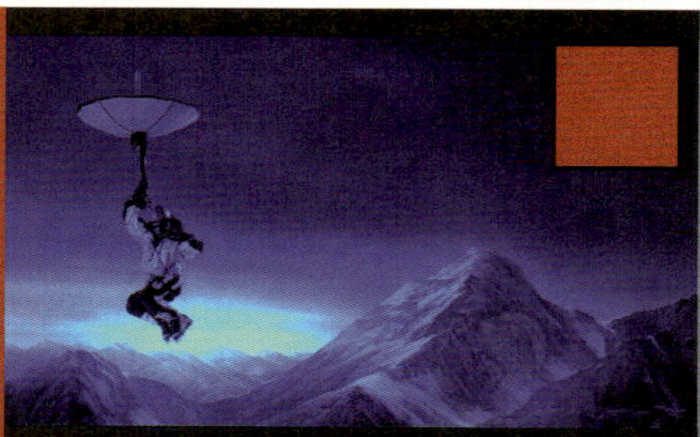

1996

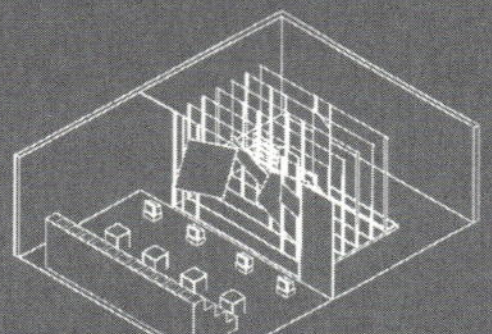

SKYBOOKS

In the public squares laid out near the garden where the workers or (creators, as they had begun to c ation, high while books opened against the dark sky. The squares were always full of crowds, and commune brought the latest news to the public by means of shadow printing on shadow books, pr ow text by means of the projector's dazzling eye. Newsflashes about Planet Earth, the activities of tha munes known as the United Encampments of Asia, poetry and the instantaneous inspirations of m ence, notifications for relatives and next of kin, directives from the soviets. Those who were inspirec munications were able to go off for a moment, write down their own inspirations, and half an hour jected onto those walls in shadow letters by means of the light lens. In cloudy weather the clouds ther the latest news projected directly onto them. Many people requested that news of their deaths be fl

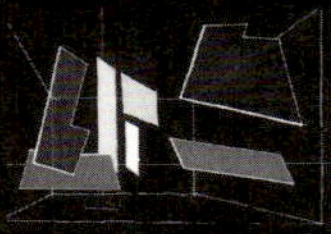

1995

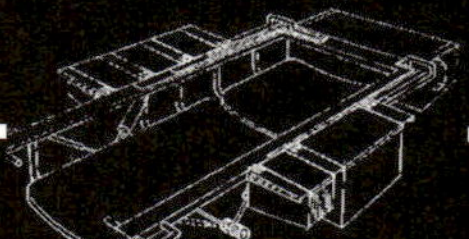

SCIENCE OF THE INDIVIDUAL - MAPPING OF LADOMIR

The redefinition of social and individual terms and the subsequent materialisation of their redefined status in new evolutionary conditions, demands appropriate physical, psychic and material preparation.

PROJEKT ATOL tries to enable the creative communication of individual forces to converge into a scientific/psychic entity, that would in its last stage result in the creation of an insulated/isolated environment - space/time. Insulation/isolation is understood as a vehicle to achieve independence from, and reflection of the actual entropic social conditions. The environment will serve as a development surface for the further formation of new, creative social, spiritual and economic relations, based solely on integral individuality.

LADOMIR-ФAKTYPA is the first, training stage of the project pointing the way towards the achievement of final PROJEKT ATOL goals.

- Communication will be developed through technological, representational (awareness of fiction/non fiction) and pedagogical systems.
- Insulation/isolation autonomy (a new category) will be achieved through energy/material and space/time autonomy and independence.
- The de-materialisation of logos will be replaced by the logozication of the material.
- Methods for the augmentation of maximum sensory awareness and sensory connection will be used throughout the work.

LADOMIR-ФAKTYPA is not only a work of art (with the limitations of that term) but progressive activity in time, based on the belief that ritualization of utopian conditions and forms and their projection in real space/time leads to concrete social evolution in the intermediate environment. This can then overcome the ever-actual discontinuity between

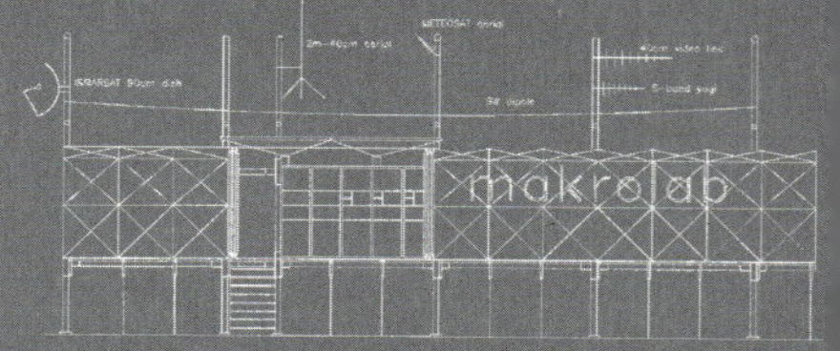

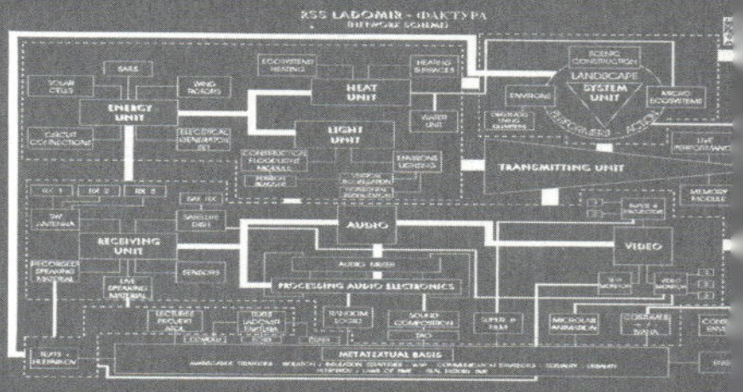

COMMUNICATION SUITE

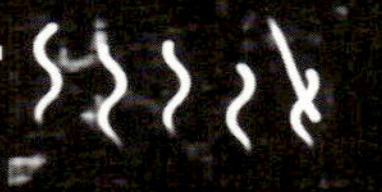

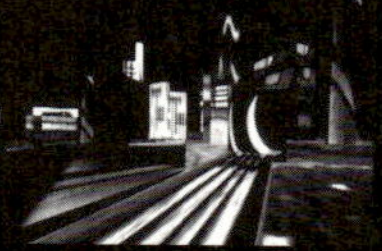

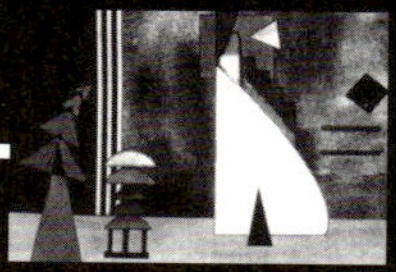

1994

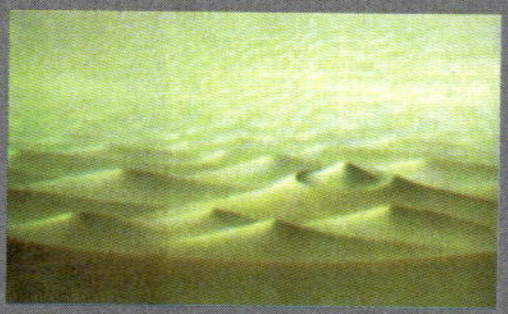

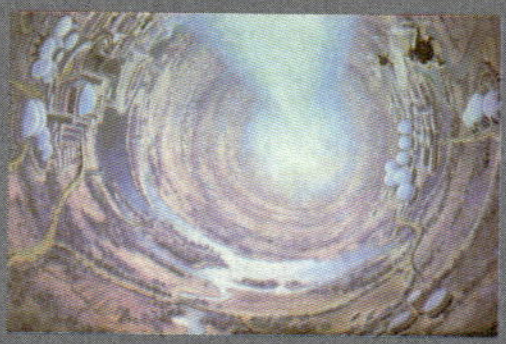

Fly, human constellation
Ever farther into space
And pour the earth's dialects
together
Into a single dialogue of mortals.
Where a blast of the heavens is
like a swarm of stars,
Like the breast of the last
Romanov,
A tramp of thought and friend of
rakes
Forges the constellation anew.
This is the creatocracy marching
(Having substituted C for A)
The gatherhood of Ladomir

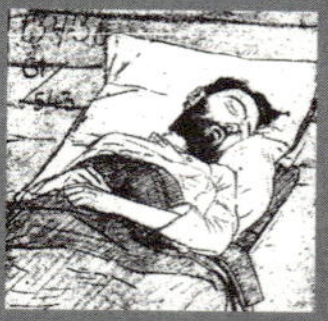

With the workingworld at the helm.
This is Razin's rebellionFlying into
the sky over Nevsky,
It allures both the sketch
And the space of Lobachevsky.
Let Lobachevsky's level curves
Adorn the cities
Like an arc over the toiling neck
Of Worldwide labor.
And lightning will sob
That is scurries like a servant,
And there will be no one to sell
A tight sack of gold to.
Death's death will know
The hour of its return
And the earth's repetitious
prophets
Will banish the redundant letter.

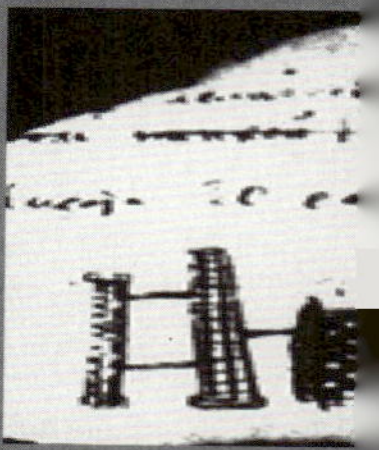

1922

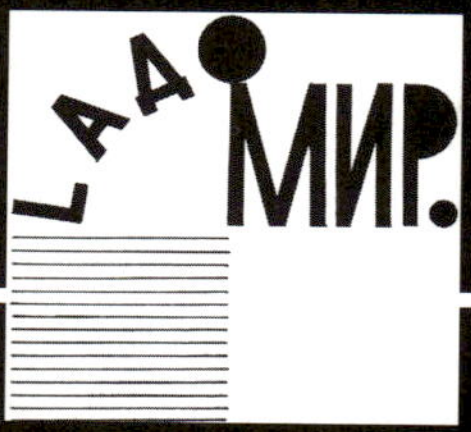

1916

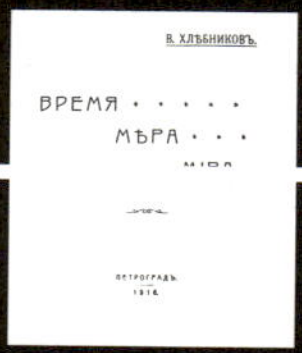

I discovered the pure Laws of Time in 1920 in Baku, the land of fires in a tall building that housed the naval dormitory where I was living date was December seventeenth. I first resolved to search out the Laws of Time on the day after the battle of Tsushima, when news of th district where I was then living, in the village of Burnakino, at Kuznetsov's.

I wanted to discover the reason for all those deaths. The first truths about space sought the force of social law in the surveyor's art, in orde

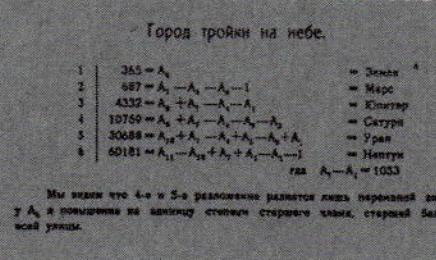

circular or triangular plots, or to make an equitable division among the inheritors of a piece of land. Th points of support or the equitable demarcation of generations, and transfer the desire for equity and law time. But in this case as well, the motivating force is that same old desire for equity, the division of Humanity, as a phenomenon caught up in the flow of time, was aware of the power of time's pure laws, b strengthened by recurring and opposed dogmas, all attempting to depict the essence of time with the pa

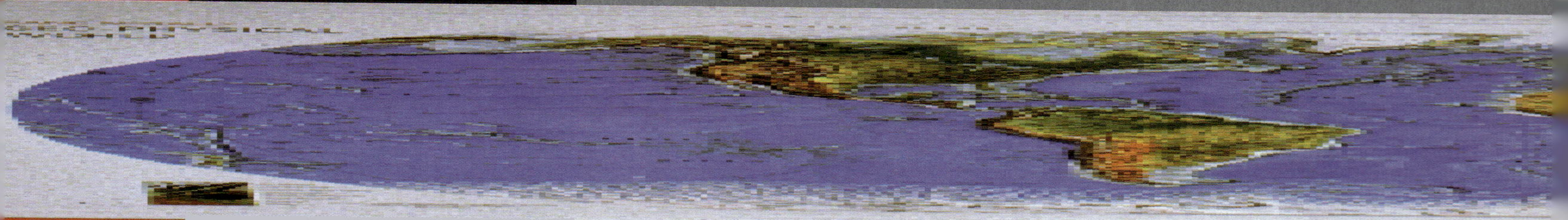

LIVING QUARTERS

ENERGY MODULE

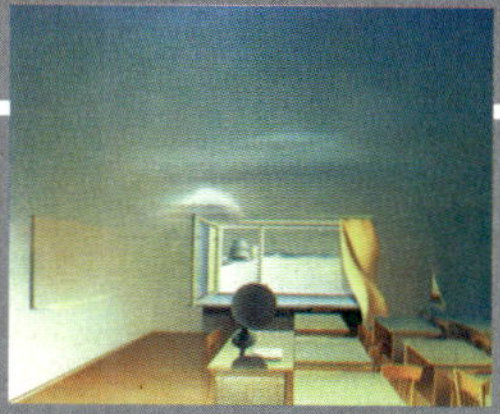

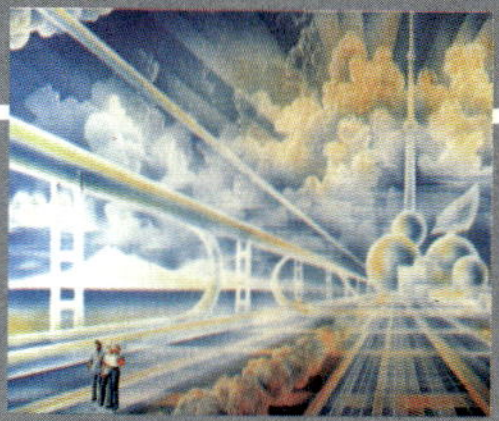

HYGIENE SYSTEMS

STORAGE

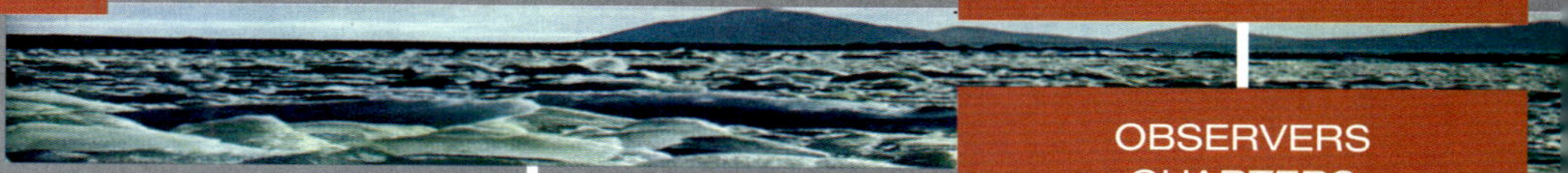

OBSERVERS QUARTERS

went for recre-
at the creators'
propriate shad-
f workers' com-
hroughs in sci-
dow-book com-
messages pro-
sed as screens,
clouds. **VH**

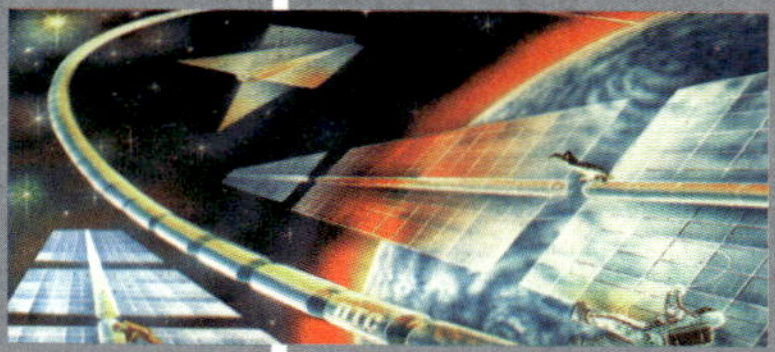

MICRO-ECOSYSTEMS

TERRITORY MAPPING SYSTEM

ategories of art and natural, social and spiritual sciences and in turn
erge in a wider definition, an optimal landscape of free creativity and
ral individuality.
work is being developed in three stages:
first stage consists of the engineering and projecting process
ucture planning, construction of instruments and gears, construc-
planning, artistic material planning, historical research, program-
g).
second stage is the particular materialisation of these processes
ng and taking advantage of different media, (performance, lectures,
sentations, data media, publications, video) with the purpose of
ablishing a dialogue with a wider context.
third stage is the materialisation of the LADOMIR-ФАКТУРА mod-
autonomous constructions and environments in nature, with open
nmunication lines and memorisation and reflection modules.
it, the mapping of LADOMIR will begin in real space/time and the
rvation and evolution of the science of the individual will take place.
4)

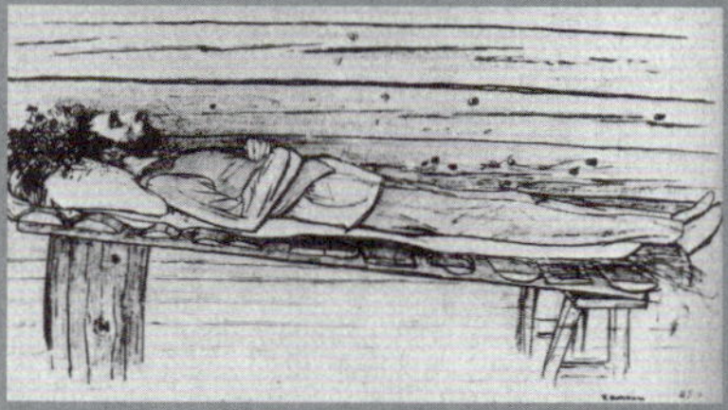

* Grow edible microscopic organisms in lakes. Every lake will become a kettle of ready-made soup that only needs to be heated. Contented people will lie about on the shores, swimming and having dinner. The food of the future.
* Effect the exchange of labor and services by means of an exchange of heartbeats. Estimate every task in terms of heartbeats-the monetary unit of the future, in which all individuals are equally wealthy. Take 365 times 317 as the median number of heartbeats in any twenty-four-hour period.
* Use this same unit of exchange to compute international trade.
* Let air travel and wireless communication be the two legs humanity stands on. And let's see what the consequences will be.
* Devise the art of waking easily from dreams.
* Remembering that n with zero exponent is the sign for a point, n with exponent one the sign for straight line, n with exponent two and n with exponent three the signs for area and volume, find the space of the fractional powers: n with exponent one half, n with exponent two thirths, n with exponent one thirth. Where are they? Understand forces as the powers of space, proceeding from the fact that a force is the reason for the movement of a point, the movement of a point creates a straight line, the movement of a line creates area, and the conversion of point to line and line to area is accomplished by the increase of the power from zero to one and from one to two.
* Usher in everywhere, instead of the concept of space, the concept of time. For instance, wars on Planet Earth between generations, wars in the trenches of time.
* Reform of the housing laws and relations, the right to have a room of your own in any city whatsoever and the right to move where ever you want (the right to a domicile without restrictions in space). Humanity in the age of air travel cannot place limits on the right of its members to a private, personal space.
* Establish recognized classes of geagogues and superstates.
* Effect an innovation in land ownership, recognizing that the amount of land required for individual ownership cannot be less that the total surface of Planet Earth. Conflicts between governments will thus be resolved.
* Use heartbeats as the units of measurement for the rights and obligations of human labor. The heartbeat is the monetary unit of the future. Doctors are the paymasters of the future. Hunger and health are account books, and bright eyes and happiness are the receipts.
* Base a new system of measurement on these principles: the dimensions of Planet Earth in time, space, and energy to be recognized as the initial unit, with a chain of quantities diminished 365 times by the derivatives a, a divided by 365, a divided by 365 square. This method eliminates the stupidity of seconds and minutes, while preservng the solar day, divided now into 365 parts; each of these "day days" will equal 237 seconds ; the next smaller unit will be 0.65 seconds.

The unit of area will be 59 square centimenters, or K divided by 365 exponented with 7, where K equals the earth's surface.

The unit of length will be R divided by 365 exponented with 3, or 13 centimeters, where R equals the earth's radius. Similarly for weight and energy. What will happen is that many quantities will be expressed by the unit number.
* Arrange for the gradual transfer of power to the starry sky...
* Let the oriental carpet of names. and governments dissolve into the ray of humanity.
* The universe considered as a ray. You are a construct of space. We are a construct of time.**VH**

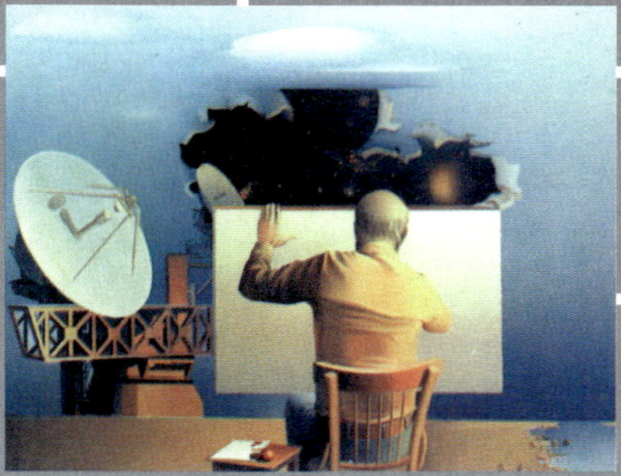

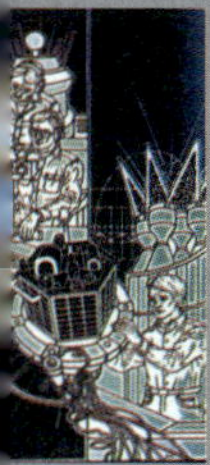

SENSORS

TELEMETRY

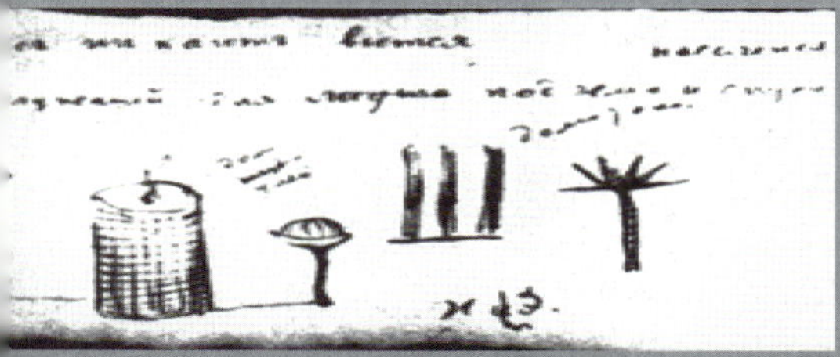

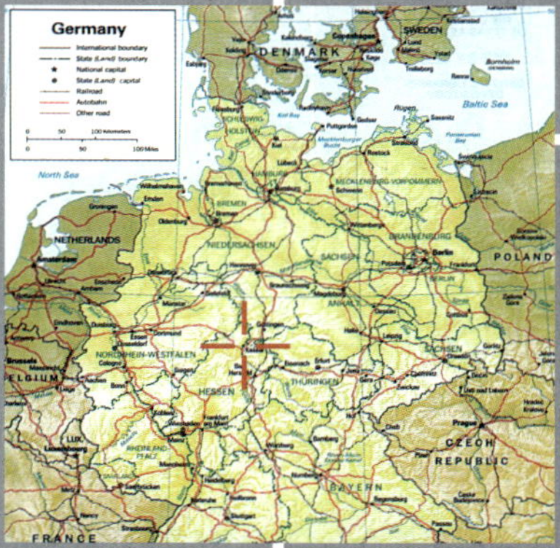

sky. The exact
d the Yaroslavl

he taxes upon
bout time seek
ension, that of
l time-estates.
ationality were
H

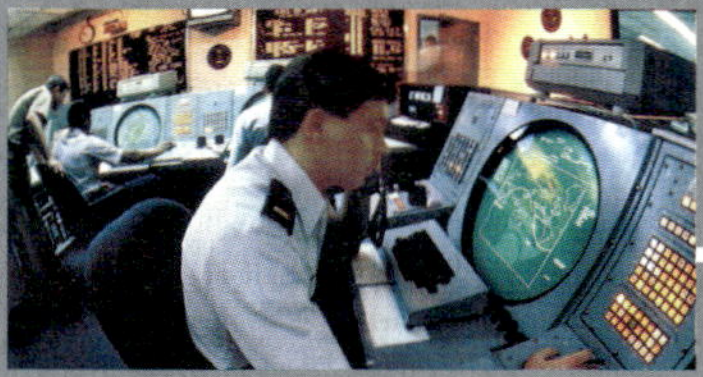

CONTROL CONSOLE

DOC21069974007RFP108109B111069ATMARKOPELJHAN

velimir hlebnikov ■ boštjan hvala ■ borja jelič ■ jurij krpan ■ brian springer
manakyan t.g. ■ valius s.v. ■ geta s.a. ■ sokolov a.k. ■ sivukha v.n. ■ utenkov d.m.
m. sterligova ■ projekt atol communication technologies ■ ljudmila ■ christian mass
paintings © mmk ■ english translation: paul schmidt ■ http://makrolab.ljudmila.org

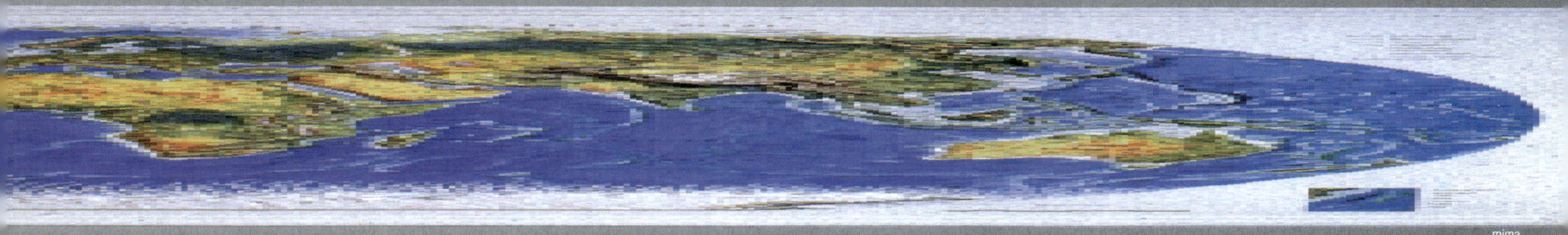

Etienne Balibar

Globalisierung/Zivilisierung 2

Nach den Vorbemerkungen über meine intellektuelle Biographie schälen sich in unserem vorangegangenen Gespräch drei Momente heraus, die ich so betiteln will: »Bürgerrechte (citoyenneté) und Nationalität«, »Identität und Politik«, »Kunst, Kultur und Zivilisation«. Ich werde diese drei theoretischen, politischen und philosophischen Problemkerne betrachten, die so etwas wie eine fortschreitende Abfolge bilden.

Bürgerrechte und Nationalität

Welche Verhältnisse verknüpfen diese zwei Begriffe? Seit ungefähr fünfzehn Jahren stellen wir uns auf eine Evidenz ein, die im französischen und generell im europäischen Rahmen ihre Gültigkeit hat. Bürgerrechte und Nationalität haben eine gemeinsame und untrennbare institutionelle Grundlage. Beide organisieren sich in Abhängigkeit voneinander als ein Ensemble von Institutionen, von Rechten und Verpflichtungen, von denen die einen sehr alltäglich und die anderen allgemeiner und abstrakter sind. Das Gewebe der Verpflichtungen umfaßt Zeichen der Anerkennung, Symbole, Gedenkstätten wie das Pantheon – ein Hauptsymbol von Bürgerrechten und Nationalität, das besonders für die französische Tradition typisch ist. Die für uns frappierende Evidenz ist nun die folgende: Diese enge historische Solidarität zwischen Bürgerrechten und Nationalität ist problematisch geworden. Jede unserer nationalen geistigen Traditionen mußte sich daher die Frage stellen, aus welchen Gründen und zu welchen Zwecken diese beiden Begriffe so eng miteinander identifiziert worden waren. Infolgedessen hat sich auch die Frage gestellt, wie man sich ihre weitere Entwicklung vorzustellen hätte. Es gibt Katastrophenszenarien, die davon ausgehen, daß die zwei Begriffe nicht zu trennen sind, so daß die Krise der Nationalität auch eine der Bürgerrechte wäre. Es gibt differenziertere Visionen, die sich in erster Linie Gedanken machen, was aus der Politik wird: was sie gewesen ist und was sie in der »verwelteten Welt« (»monde mondialisé«) – das ist meine persönliche Überset-

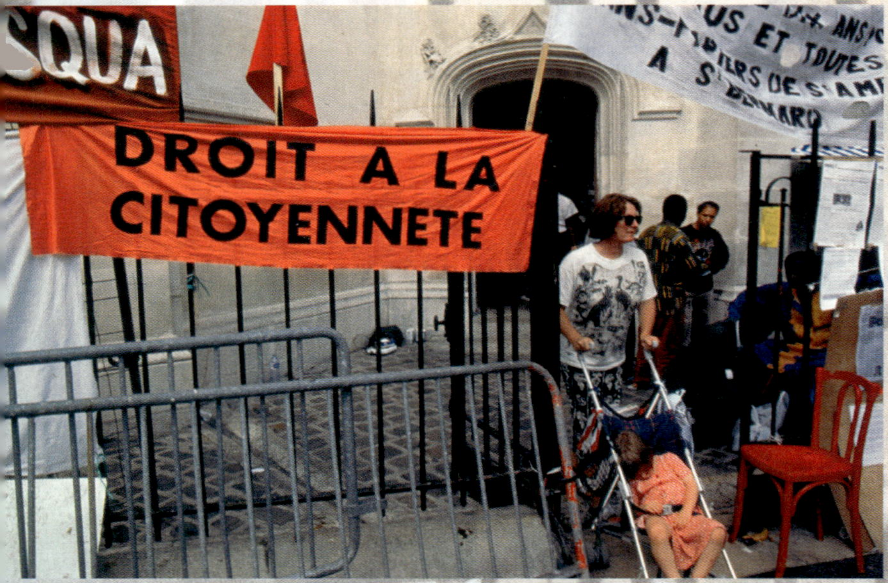

Demonstration für Bürgerrechte. Paris, August 1996

Diesen Vortrag mit anschließender Diskussion hielt Etienne Balibar am 6. Januar 1997 im Seminar von Jean-François Chevrier in der Ecole Nationale Supérieure des Beaux-Arts in Paris. Im Vortrag wurden Fragen wieder aufgegriffen, die im Gespräch (Teil 1) angesprochen worden waren. Beide Texte wurden von Valérie Picaudé transkribiert und von Etienne Balibar überarbeitet.

zung des angelsächsischen Ausdrucks »globalization« (Globalisierung) – sein könnte.

Natürlich muß diese Frage prinzipieller Natur sein, sie muß aber auch konkreten Gegenständen Rechnung tragen, um die es dabei geht, zu denen man sich verhalten muß und die Konflikte hervorrufen dürften. Nehmen wir das Beispiel der Einwanderung. Die Frage nach den Bürgerrechten der Einwanderer, der Fremden – hat sie einen Sinn, und wenn ja, welchen? Diese Frage ist nicht nur eine theoretische, sondern auch eine strategische und taktische: Die Forderung nach Bürgerrechten, die transnational, postnational oder ultranational wären, muß diskutiert werden, sie muß einen klar definierten Inhalt bekommen. So sucht man eine demokratische Antwort auf reaktionäre Tendenzen, die hier und da schon gewaltsame Formen annehmen und dem Rassismus entspringen oder sich in jener entscheidenden Grauzone ansiedeln, die der Übergang vom Nationalismus zum Rassismus schafft und die sich in Schlagworten wie der »nationalen Präferenz«[1] ausdrückt. Das heißt, ich glaube nicht, daß nur die Einwanderung der Ort der konkreten Probleme ist, von wo aus sich – im Rahmen dieser zu analysierenden Globalisierung – die Frage einer Reorganisation der Beziehungen zwischen Bürgerrechten und Nationalität stellt.

In den letzten Jahren kam ich, wie übrigens auch andere, auf den Gedanken, daß der Status der Grenze eine neuralgische Frage ist: Wie wird sie gelebt? Welche Art von Zwängen erlegt sie auf? Wie wird sie institutionell definiert? Worin liegt ihr demokratischer oder undemokratischer Charakter? Welche Kontrolle können wir über das staatliche Grenzregime ausüben, darüber, wie die Staaten sich der Grenzen zur Kontrolle der Bevölkerungen bedienen? Dieses Problem ist natürlich nicht ohne Bezug zu dem der Einwanderung, aber es führt uns zu anderen Überlegungen. Ich erinnere mich an den schönen Titel einer Zeitschrift, die in den 80er Jahren hilfreich in die Debatten über die Veränderungen der französischen Gesellschaft eingriff: *Sans Frontières* (Ohne Grenzen). Dieser Titel, der eine kosmopolitische, eher libertäre denn internationalistische Tradition aufnahm, hat auch als Losung gedient. Selbst wenn ich nicht glaube, daß wir auf dem Weg sind zu einer Welt ohne Grenzen, zu einer »postnationalen« Menschheit (wie Habermas und andere denken), bin ich doch überzeugt, daß der gegenwärtige Status der Grenzen ein unhaltbarer Anachronismus ist, dreht sich doch alles um die Frage, wohin die Entwicklung denn gehen soll. In der Tat verschärft sich die Spannung zwischen polizeilichen und demokratischen Logiken. An der Stellung der Familie oder am Asylrecht entscheidet sich ganz konkret das Schicksal dessen, was einmal Kosmopolitismus oder Internationalismus hieß.

Dieser erste Kern von Problemen kann in einer geschichtlichen Perspektive befragt werden: Woher kommen seine aktuellen Formen? Was sind seine Ursachen, was ist seine mögliche Entwicklung? Was sind die Alternativen? Und andererseits: wie läßt sich die Gewalt eindämmen, die die verschiedenen Manifestationen dieser Probleme begleitet?

Die Identitäten

Inwiefern bildet der Konflikt der Identitäten eine grundlegende Dimension der Politik? Wir sind hier zwei Hauptrichtungen nachgegangen.

1. Soll man von Identitäten oder von Identifikationsprozessen sprechen? Dazu will ich feststellen, daß sich die Teilnehmer an der vorangegangenen Diskussion implizit, aber vielleicht zu schnell darauf geeinigt haben, daß die Identitäten nichts Gegebenes, nichts Natürliches sind – auch nicht im Sinne jener Pseudo-Natur namens »Geschichte«. Dieses Einverständnis rührt daher, daß wir uns vom Fetischismus der Identitäten freizumachen wünschen, der bewirkt, daß jeder sich tautologisch mit seinen Identitäten oder mit einigen seiner Identitäten identifiziert. Kritisieren läßt sich dieser Fetischismus sowohl durch die Tradition der Kritik der politischen Ökonomie, wie sie Marx gedacht hat, als auch durch die Kritik der Kultur oder des etablierten Wertesystems, wie sie uns Nietzsche vermacht hat. Von Interesse sind jedoch die Identifikationsprozesse, die ein doppeltes Gesicht haben – ein institutionelles: es gibt keine Identifikation, die nicht in einem institutionellen Rahmen vor sich geht; es geht darum, sich in Riten und Überzeugungen wiederzuerkennen, zu verbinden und, im Kern, die Identität und die Vielfalt der Zugehörigkeiten aufeinander zu beziehen, was die »Ambivalenz der Identitäten« ausmacht – und ein subjektives: die Identifikation ist immer auch Subjektivierung; eine Weise, in der das Subjekt sich selbst wählt, sich orientiert oder konstruiert, sich akzeptiert oder ablehnt.
2. Es gibt andererseits das, was ich die Frage der Hegemonie genannt habe, was Bourdieu das symbolische Kapital nennt, oder auch das, was die deutsche soziologische Tradition von Max Weber bis Habermas die Frage der Rationalität nennt. In dieser Tradition nimmt man an, daß es Modelle von Rationalität gibt, das heißt Modelle des Verhaltens, die gleichzeitig solche des Denkens und des Weisens sind, um die Kommunikation, die Darstellung und Vorstellung der Welt kollektiv zu begründen. Ich benutze meinerseits den Ausdruck Hegemonie, den ich von Gramsci, aber auch aus der heutigen angelsächsischen Pluralismusdebatte übernehme, weil ich die heftige Spannung hervorheben will, die da-

her rührt, daß die Konstruktion der kollektiven Identitäten immer gewaltsam oder jedenfalls mit Zwang operiert; es ist der Konstruktionsprozeß einer ideologischen Hegemonie. Alle historischen Gesellschaften, in denen es Staaten, Zivilisationen, kulturelle Normen gab, kennen diese Art von Zwang.

Das heißt nicht, daß es weder Aufstände noch Häresien, sondern nur absolute Uniformität gab. Wir stellen sogar das Gegenteil fest: Gerade weil der erzieherische Zwang oder der normalisierende Druck der Kultur so stark ist, kommt es gelegentlich zum Aufstand. Ich lege aber entgegen der von Marcuse entwickelten Kritik der bürgerlichen Kultur Wert darauf, daß die Hegemonie nicht mit der Welt des Totalitären zu verwechseln ist. Der Patriotismus oder der Nationalismus, ohne den die Nationalstaaten nicht bestehen würden, ist eine »totale« Ideologie von Zwang und Gewalt, aber in der Regel kein Totalitarismus. Die großen universalistischen Religionen, das Christentum oder der Islam, waren nach ihrer hegemonialen Seite extrem gewalttätig, aber nicht im strengen Sinne totalitär. Der Mechanismus der Hegemonie ist eher die Ein- und Ausrichtung des Pluralismus, das heißt, die Konstruktion einer Welt, in der Platz für Differenzen ist.

In der Diskussion mündeten diese Fragen in einen Abriß von Überlegungen zu Krise und Normalität. Meine Gesprächspartner fragten mich, genauer gesagt, was denn passiert, wenn eine Hegemonie in die Krise kommt. Ich neige dazu, die Frage zu verschieben, und zwar von der Krise hin zur Normalität, denn das Gefühl der Krise entsprang nicht nur der politischen und institutionellen Ebene, der Tatsache also, daß die Hegemonien oder die »totalen Ideologien« aufeinanderfolgen und sich gegenseitig verändern (der nationale Laizismus hat die traditionelle religiöse Ideologie abgelöst), es entspringt auch der Tatsache, daß die Hegemonie immer ein System der Normierung des Verhaltens und des »Selbst« ist. Aber wir waren gezwungen, das problematische Verhältnis zwischen dem Politischen und dem Religiösen vorläufig beiseitezulassen, das heißt: Ist die Wiederkehr des Religiösen das Symptom einer sehr alten Krise oder ganz im Gegenteil der Ausdruck einer neuen? Hier stellen sich die Fragen, die am meisten Rätsel aufwerfen und die unsere Gesprächspartner am interessantesten fanden. Tatsächlich hat es die Hegemonie der religiösen Welt gegeben, dann kam die des Staates – hauptsächlich in der nationalen Form, auch wenn es nach wie vor alternative Staatsformen gibt –, und schließlich herrscht heutzutage die Hegemonie des Marktes. Ist auch diese Hegemonie eine neue Normalität, ein institutioneller Prozeß der Normalisierung, oder ist sie das Fortdauern der Krise und der Instabilität der Identitäten? Es könnte sein, daß das Gefühl der Krise gleichermaßen und auf paradoxe Weise von der Art herrührt, in der die Allmacht des Marktes die alten Hegemonien zersetzt, und von dessen eigener Unfähigkeit, eine hegemoniale Kultur, eine Totalisierung des »Sinns« zu stiften.

Kunst, Kultur und Zivilisation

Ich bin hier unsicher, welcher Sprache man sich am besten bedient. Nach meinem Gefühl ist unsere Untersuchung an dieser Stelle zunächst terminologisch. Ich will in einem ersten Abriß versuchsweise den Begriff der Differenz dekonstruieren. Also nicht die Differenz als ein Werkzeug der Dekonstruktion benutzen – das ist in der philosophischen Diskussion seit Jahren vielfach getan worden: überall, wo scheinbar Identität herrscht, wird sie übertroffen von der Universalität der Differenz –, sondern den Differenzbegriff selbst kritisieren. Das Problem ist in Wirklichkeit, was eine Kultur ist und was man damit bezeichnet. Gehen wir von einem negativen Anfangssatz aus, auf den man sich versuchsweise einigen kann: Die Ökonomie ist nicht alles, selbst wenn ihr Gewicht überwältigend ist, auch im Auftauchen von Formen der nationalen oder transnationalen Kommunikation. Die Ökonomie wirkt sich, genauer gesagt, nur unter der formellen Bedingung aus, daß sie sich in Sätze, Erfindungen usw. übersetzt, die auf einem anderen Schauplatz zum Zuge kommen. Wie nennen wir nun diesen »anderen Schauplatz«? Das Zauberwort ist das der Kultur; wir diskutieren deshalb in Begriffen der »kulturellen« Homogenisierung oder Differenzierung, der »kulturellen« Gleichförmigkeit oder Vielfalt. Ist die Globalisierung ein großer Uniformierungsprozeß der Kultur, oder ist sie im Gegenteil das Aufbrechen der Differenzen?

Im Grunde läßt mich diese Problematik unbefriedigt, weshalb meine Frage auf die operativen Begriffe selbst zielt: »Kultur« und »Differenz«. Vielleicht sind ja all diese Differenzen nicht kulturell, vielleicht gibt es in den sogenannten kulturellen Differenzen tiefgreifende Antithesen. Die politischen Einsätze liegen auf der Hand, und sei es nur in den Diskursen über die »kulturelle Distanz« zwischen ethnischen oder sozialen Gruppen – in Wirklichkeit sind viele Gruppen immer sowohl ethnisch wie auch sozial charakterisiert, was insbesondere für die eingewanderten Arbeiter gilt (für die es im Deutschen jenen denkwürdigen Euphemismus des »Gastarbeiters« gibt). Ich bediene mich einer von Lacan herkommenden Terminologie und unterscheide das Imaginäre vom Symbolischen. Das Imaginäre ist die Ebene der Projektion des Selbst auf den anderen, der Faszination und des Abscheus, der Anziehung und Abstoßung. Auf diesem Terrain gibt es in der Tat »Distanzen«, die um so größer oder konfliktreicher erscheinen, als sie durch historische Erinnerungen konstruiert werden, die mehr oder weniger mythisch und gelegentlich manipuliert sind. Beispielsweise ist das Bild der Distanz zwischen Orient und Okzident, dem Europäischen und dem Arabischen oder zwischen dem Französischen und dem Algerischen das Produkt all dieser Fabrikationen des Imaginären und ihrer Manipulationen, wie Edward Saïd in seinem Orientalismus-Buch (1978) sehr schön gezeigt hat. Die Tatsache, daß man sich nur für diese Art von Differenzen interessiert, verschleiert aber andere Fragen, die eventuell größere Schwierigkeiten machen würden und für die ich die Ausdrücke des Symbolischen und der Zivilisationsmerkmale reserviert habe. Für mich sind die Differenzen nicht immer kulturell charakterisiert, sondern auch durch die Zivilisation. Zum Beispiel sind die Differenzen zwischen dem französischen und dem angelsächsischen Rechtssystem hinsichtlich des Ideals der Humanität und der individuellen Autonomie viel unversöhnlicher als die kulturellen Differenzen, die zwischen maghrebinischen Einwanderern und den Nord- oder Südfranzosen in der Frage der Kochkunst und, allgemeiner, des Lebensstils bestehen. Man trifft auf Punkte, wo die Auffassungen über das Vergehen, über Erziehung und Kindheit (ist das Kind immer ein Opfer, oder ist es auch potentiell verantwortlich?) radikal auseinandergehen.

Jeder kollektive, sowohl intellektuelle wie politische, Umgang mit dieser Art von symbolischen Problemen muß über die Kunst gehen und nicht über die Kultur, sofern nämlich die Kunst nie auf die Kultur reduzierbar ist: als ein Ereignis, das nicht zu verdauen ist, das einen Bruch mit den kulturellen Tendenzen und Institutionen darstellt. Ich denke an *Antigone*, aber das Theater nimmt in diesem Fall keine absolute Sonderstellung ein. Auch Rembrandt oder Klee sind schwer verdaulich. Das Wichtige in der Kunst liegt darin, daß sie den Konflikt dialektisiert, wie es eine ganze, von Hegel herkommende Tradition ausdrückt, die bis Brecht und darüber hinaus reicht, bis hin zu Godard. Besser: daß sie das Unversöhnliche des Konflikts präsentiert oder repräsentiert (aber da liegt vielleicht der Kern dessen, was Marx die »kritische und revolutionäre« Seite der Dialektik nannte). Der entscheidende, zu dialektisierende Konflikt ist indes nicht der kulturelle. Für weniger wichtig halte ich deshalb die Filme oder Theaterstücke, die uns, zunächst in drei Akten, die kulturellen Konflikte zwischen Arabern und Franzosen, dann die Begegnung und schließlich die Versöhnung in der Entdeckung ihrer gemeinsamen Humanität vorspiegeln. Unentbehrlich sind dagegen die Antigones unserer Zeit, die zu den wirklich unversöhnlichen Punkten in der Darstellung des Menschen oder des Menschlichen vorzudringen suchen, den Stellen, die die Zivilisationen voneinander trennen und innerlich spalten (abgesehen davon, daß diese Zivilisationen mit geographischen Räumen und Imperien zu identifizieren sind), und sie haben auch eine politische Dimension – eine, die sich weder auf die Sozial- oder Wirtschaftspolitik noch auf die Frage der Bürgerrechte zurückführen läßt. Was für das Beispiel der Kindheit gilt, gilt auch für die Geschlechterdifferenz. Was für Verbrechen und Strafe gilt, gilt auch für Gesundheit und Krankheit.

BRIAN HOLMES Können Sie genauer sagen, was für Sie der Unterschied zwischen einem kulturellen Faktum und einem zivilisatorischen Faktum ist?

ETIENNE BALIBAR Ich habe Ihnen ja gestanden, daß ich beim Gebrauch dieser Terminologie unsicher bin. Ich würde nicht sagen: kulturelles Faktum und zivilisatorisches Faktum, sondern kulturelles »Merkmal« und zivilisatorisches »Merkmal«. Natürlich sind die beiden Merkmale praktisch nicht voneinander zu isolieren, so als würden sie nie zusammentreffen. Was ich ein kulturelles Merkmal nenne, bezeichnet einfach das Gemeinschaftliche, das, was bewirkt, daß die Individuen Gruppen bilden und daß sie sich subjektiv mehr oder weniger stark über gemeinsame Stereotype mit einer Gruppenzugehörigkeit identifizieren. Aber das Material dieser Zugehörigkeit ist heterogen, konstituiert durch Überzeugungen, durch Interessen, dadurch, wie man sich eine gemeinsame Geschichte vorstellt; es ist durch Symbole, Rituale, Gebräuche, Künste und Volkstraditionen gebildet. Im allgemeinen wird all dies spontan gelebt, aber in der Praxis entdeckt man, wie es konstruiert ist und wie es sich mit der Zeit entwickelt.

Es geht nicht darum, so zu tun, als könnten die menschlichen Gemeinschaften ohne gemeinsame Stereotype, ohne gemeinsame Kulturmerkmale leben, sondern verständlich zu machen, daß sich gerade diese wahrscheinlich am schnellsten verändern. Zum Beispiel haben die britischen und französischen Historiker in den letzten Jahren viel über »die Erfindung der Tradition« gearbeitet, wie sie das in einer bewußt paradoxen Formulierung genannt haben (vgl. Hobsbawm/Ranger 1983). Ich glaube, die Erfindung der Tradition ist ein Kernelement der kulturellen Differenz; etwa alle Merkmale, die man als typisch für die französischen Regionen betrachtet, die regionalen Differenzen, die ausmachen, daß man sich – sehr wichtig im französischen Nationalbewußtsein – nicht nur durch einen abstrakten Bezug auf die nationale Einheit als Franzose oder Französin identifiziert, sondern vermittelt über die Provinz oder die Region und ihre Differenzen im Verhältnis zu Paris. All dieses »Echte«, das auf eine tiefe Vergangenheit zurückgeführt wird, ist im wesentlichen

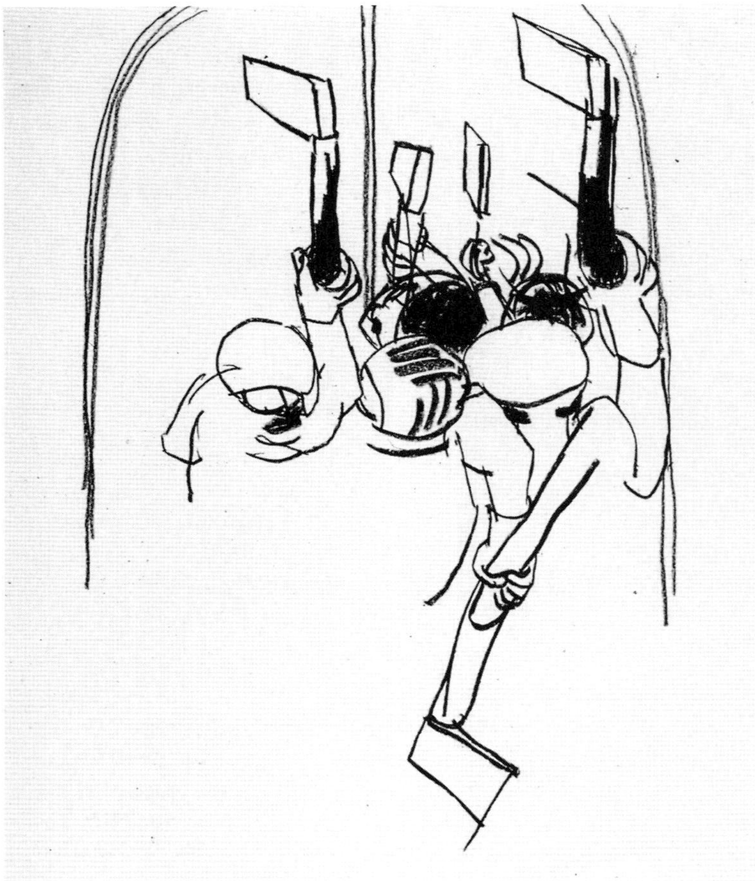

Anne-Marie Schneider, Paris, Saint-Bernard, 23 août 1996

in der zweiten Hälfte des 19. Jahrhunderts fabriziert und erfunden worden. Es sind kollektive Erfindungen von Schriftstellern, von regionalistischen Bewegungen und zuweilen auch von Nationalisten. Wir konstatieren heute beständig Veränderungen, die aus der kulturellen Differenz in diesem Sinne herrühren, und ich stelle die Idee zur Diskussion, daß die Diskurse über das Unkommunizierbare der Kulturen, die Wahrnehmung der Fremden als nicht assimilierbar und so weiter, sich größtenteils in dieses Feld hineinprojizieren.

Doch sind die Situationen gerade auf diesem Gebiet am wenigsten blockiert: Sie können lokal sehr konfliktgeladen sein, vor allem, wenn sie durch Klassenkonflikte überdeterminiert oder durch politische und soziale Interessen instrumentalisiert sind. Die »verweltete« Welt (»monde mondialisé«) ist eine Welt, in der die Metropolen des kapitalistischen »Zentrums« nach und nach gelernt haben werden, die Erfahrung dessen zu machen, was nie aufgehört hat, sich überall sonst zu entwickeln, besonders in der kolonialen Gesellschaft, das heißt, die Hybridisierung der Kulturen, das Auftreten von neuen kulturellen Formen. Aus diesem Grunde sind, wie ich denke, die Soziologen, die sich für die Mischlingsgesellschaften Lateinamerikas interessiert haben – Bastide in Brasilien oder Leiris auf Martinique –, oder auch diejenigen, die über die religiösen Synkretismen in Afrika oder über die Ursprünge der Rasta-Bewegung gearbeitet haben, für uns alle heute sehr interessant. Im Prinzip sind dies Neuschöpfungen von Symbolen der kulturellen Zugehörigkeit, die dazu dienen, sich innerhalb der Gruppe wiederzuerkennen und ihre Differenz zu anderen zu markieren. Im Grunde sind die »global cities«, in denen wir leben, der beständige Ort dieses Phänomens.

Was hat es also mit dem Zivilisationsmerkmal auf sich? Ich bin mir bewußt, daß ich hier eine Gratwanderung unternehme, denn was ich vorbringe, könnte gewissen Exklusions-Diskursen über die wechselseitige Unvereinbarkeit der großen Zivilisationen Nahrung geben. Ein Teilnehmer erwähnt den von Huntington (1996) angekündigten »Krieg der Zivilisationen«[2]. Ich möchte diese globalisierenden Visionen zurückweisen und doch zu bedenken geben, daß es sehr wohl unversöhnliche Zivilisationsmerkmale gibt. Ich sage aber nicht, daß diese Merkmale wesensmäßig zu bestimmten Gruppen gehören, ich wäre im Gegenteil geneigt zu denken, daß sie virtuell überall präsent sind. Worum drehen sich diese Differenzen, die dem vergleichbar sind, was die Religionen einstmals Häresien nannten – frappierend übrigens, daß sie mit dem Verlust ihrer hegemonialen Stellung zunehmend darauf verzichtet haben, diesen Ausdruck zu verwenden –, und auf die man immer wieder zurückkommt und immer wieder stößt? Es sind die metaphysischen Fragen: an Gott glauben oder nicht, oder im Kern die Art und Weise, wie man sich den Unterschied von Leben und Tod vorstellt, die Art, wie man sein Leben bewertet, und in der die großen anthropologischen Differenzen anklingen, von denen ich eben sprach. Es ist klar, daß die sogenannten westlichen Zivilisationen – von diesem Standpunkt gibt es keinen Unterschied zwischen Christentum und Islam – nicht dieselbe Vorstellung vom Verhältnis zwischen dem Leben, dem Denken und der Natur haben wie die östlichen. Warum hat die Idee der Seelenwanderung, des großen Kreislaufs der Geister, die in der Natur ein- und ausgehen, im Westen existiert, um schließlich eliminiert und durch den grundlegenden Dualismus von Geist und Materie ersetzt zu werden? Bestimmte technologische Veränderungen, die wir

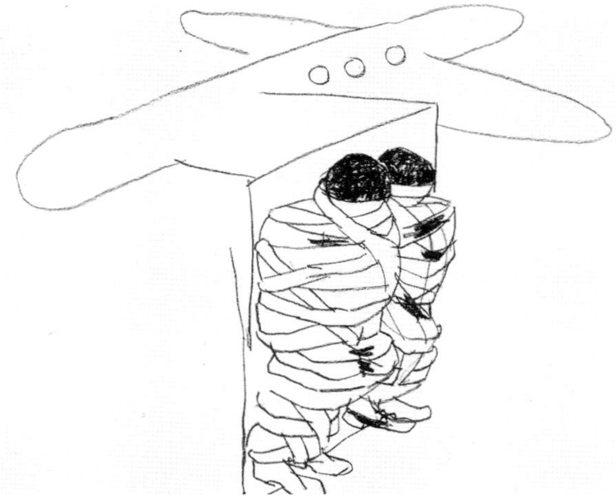

Anne-Marie Schneider, Sans titre (Ohne Titel), 1996

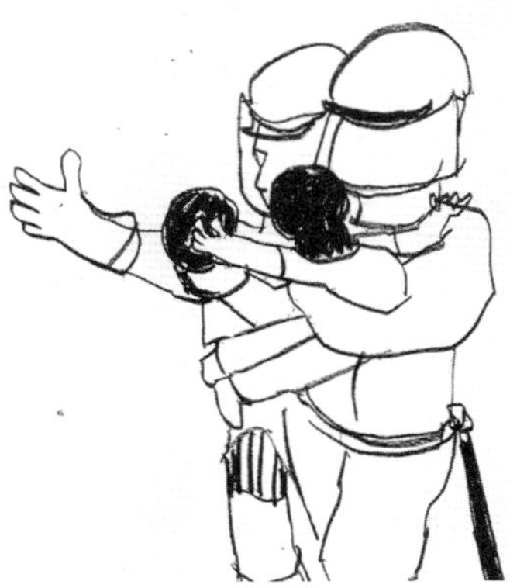

Anne-Marie Schneider, Paris, Saint-Bernard, 23 août 1996

heute kennen und an die die Möglichkeit geknüpft ist, menschliche Körperorgane über den Tod hinaus zu benutzen und die Grenze, die einen individuellen Körper vom anderen trennt, zu überschreiten, sind zweifellos geeignet, die durch den Westen entwickelte Vorstellung vom Leben, dem Tod oder dem Individuum von Grund auf zu erschüttern. Die Geschlechterdifferenz ist ein anderes Beispiel. Ich würde sagen: Die Frage ist, ob es zwei oder mehr Geschlechter gibt, ob der Geschlechtsunterschied zusammenfällt mit dem Unterschied der Sexualitäten. Probleme wie die von Verantwortung und Schuld, vom Recht zu strafen, die Frage, ob die Strafe jemanden unschädlich machen oder im Gegenteil das Individuum umerziehen und letztlich vor sich selbst schützen soll, machen in diesem Sinne äußerst empfindliche Zivilisationsunterschiede aus. Oder auch die Frage, ob es eine Grenze zwischen Gesundheit und Krankheit, zwischen dem »Normalen« und dem »Abnormen« gibt.

Im Grunde wollte ich gleichzeitig Huntington widerlegen. Es gibt überhaupt gar keine Chance, daß sich um solche Differenzen, die fetischisiert und wie eine Fahne aufgestellt werden, Weltreiche bilden; das ist eine paranoide Vision, ein banalisierter und pervertierter Orwell, weil die drei Weltreiche, die er unterschied, nicht auf verschiedenen Weltauffassungen beruhten, sondern alle in gleicher Weise Machtgebilde waren. Huntington erklärt im Gegenteil, daß wir einem Krieg der Zivilisationen entgegengehen, der den christlichen Westen dem Islam oder dem Fernen Osten gegenüberstellt, was eine reine politische Manipulation der kulturellen Differenz ist. Vielleicht eine bewußte Provokation.

Hingegen steht die Frage nach dem Status der Frauen und nach dem Verhältnis zwischen der Geschlechterdifferenz und dem religiösen Glauben im Zentrum, wenn es um das Problem des islamischen Schleiers und der gegenseitigen Wahrnehmung von Nord und Süd im Mittelmeerraum geht; und diese Fragen beschränken sich nicht auf solche der Gemeinschaftszugehörigkeit. Man kommt um das symbolische Problem, das dem zugrunde liegt, nicht herum: Was ist ein Mann, was ist eine Frau? Wie hat jede der großen Zivilisationen diese nicht (oder so wenig) »natürliche« Differenz entwickelt? In solch einem Fall kann man auf die Kunst nicht verzichten, wohingegen man den kulturellen Differenzen durch Erziehung, Politik und gesellschaftliche Praxis Rechnung tragen kann.

BRIAN HOLMES Sie sagen, das Kulturelle sei das Ungedachte der Ökonomie und umgekehrt; und man müsse ihr Verhältnis diagnostizieren. Für mich besteht eine erste Diagnose darin, sich klarzumachen, daß die Ökonomie, wie sie heute in liberalen Termini gedacht wird, immer weniger einen Regulationstyp akzeptiert, der das Ungedachte dieser Ökonomie offenbar von Grund auf verrät, das heißt, ein kulturelles Element. Könnte man spezifische Orte diagnostizieren, wo der rein liberale Wirtschaftsmechanismus im Konflikt liegt mit gewissen kulturellen Elementen, die durch das Ökonomische zwar nicht gedacht werden, aber den wirtschaftlichen Mechanismus trotzdem beeinflußt haben und weiter beeinflussen? Wo liegt das Ungedachte?

ETIENNE BALIBAR Hier vermischen sich mehrere Sprachen, die uneinheitlich sind und deren Konflikt insofern aufschlußreich ist, als er dazu zwingt, uns über die Grenzen eines jeden funktionalistischen Diskurses klarzuwerden, in dem sich Ökonomie und Kultur direkt »entsprechen«, sich einander anpassen. Auf der einen Seite drückt sich da ein gewaltsamer Reduktionismus aus, der in vieler Hinsicht wohl-

Sigalit Landau

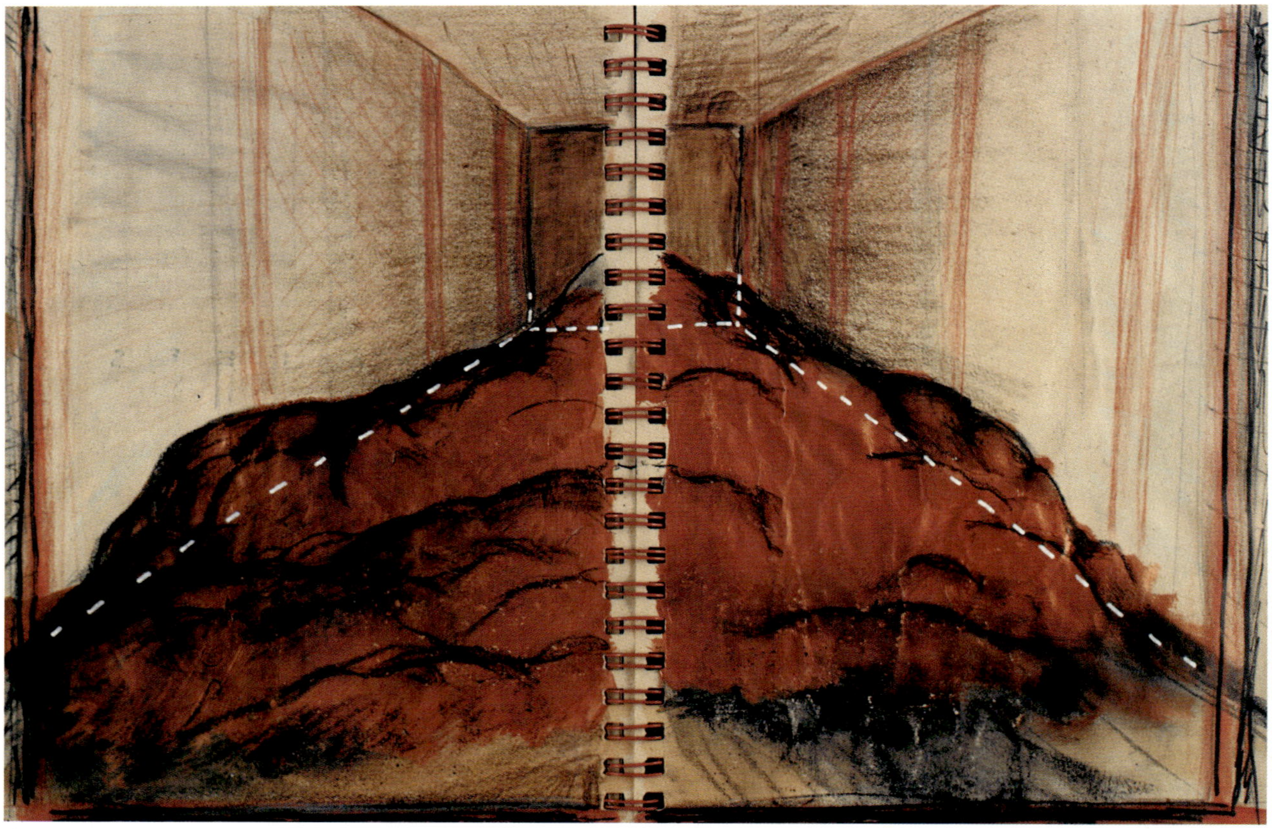

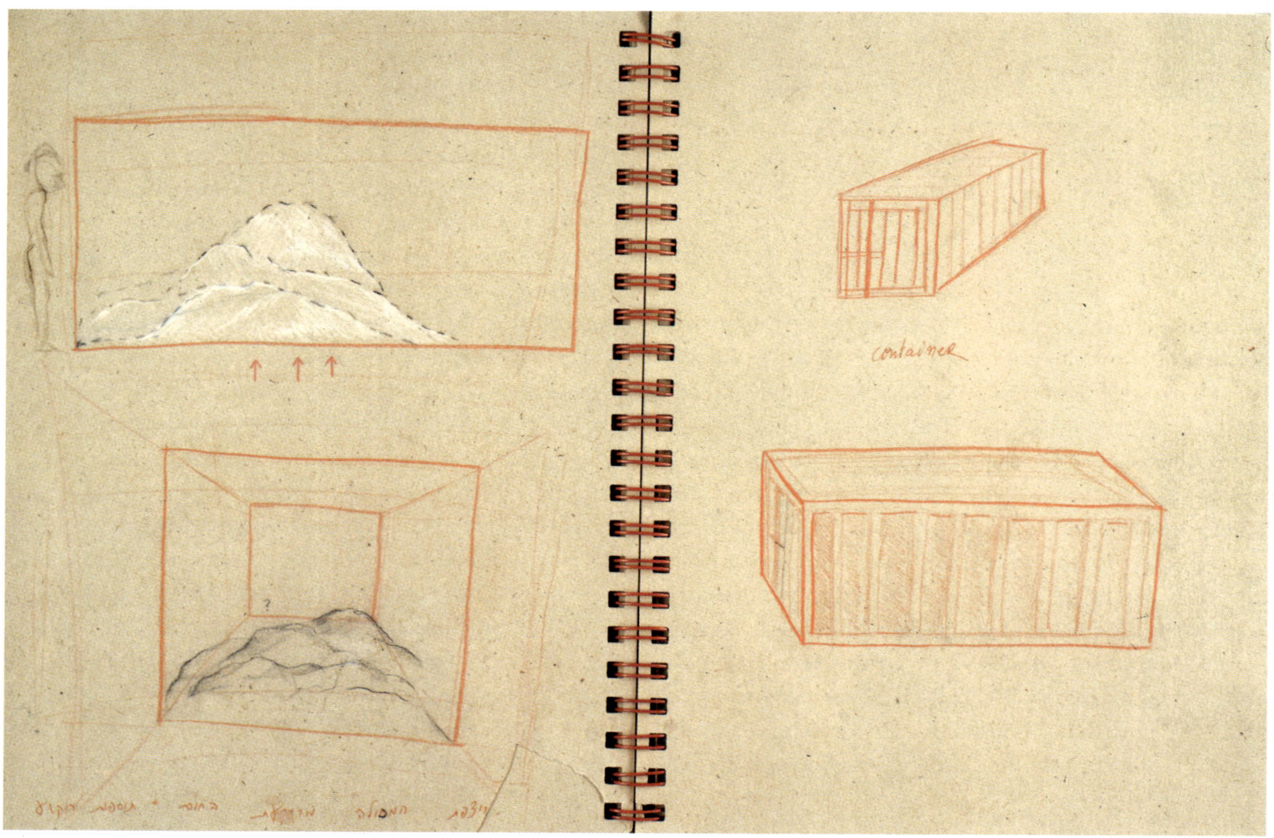

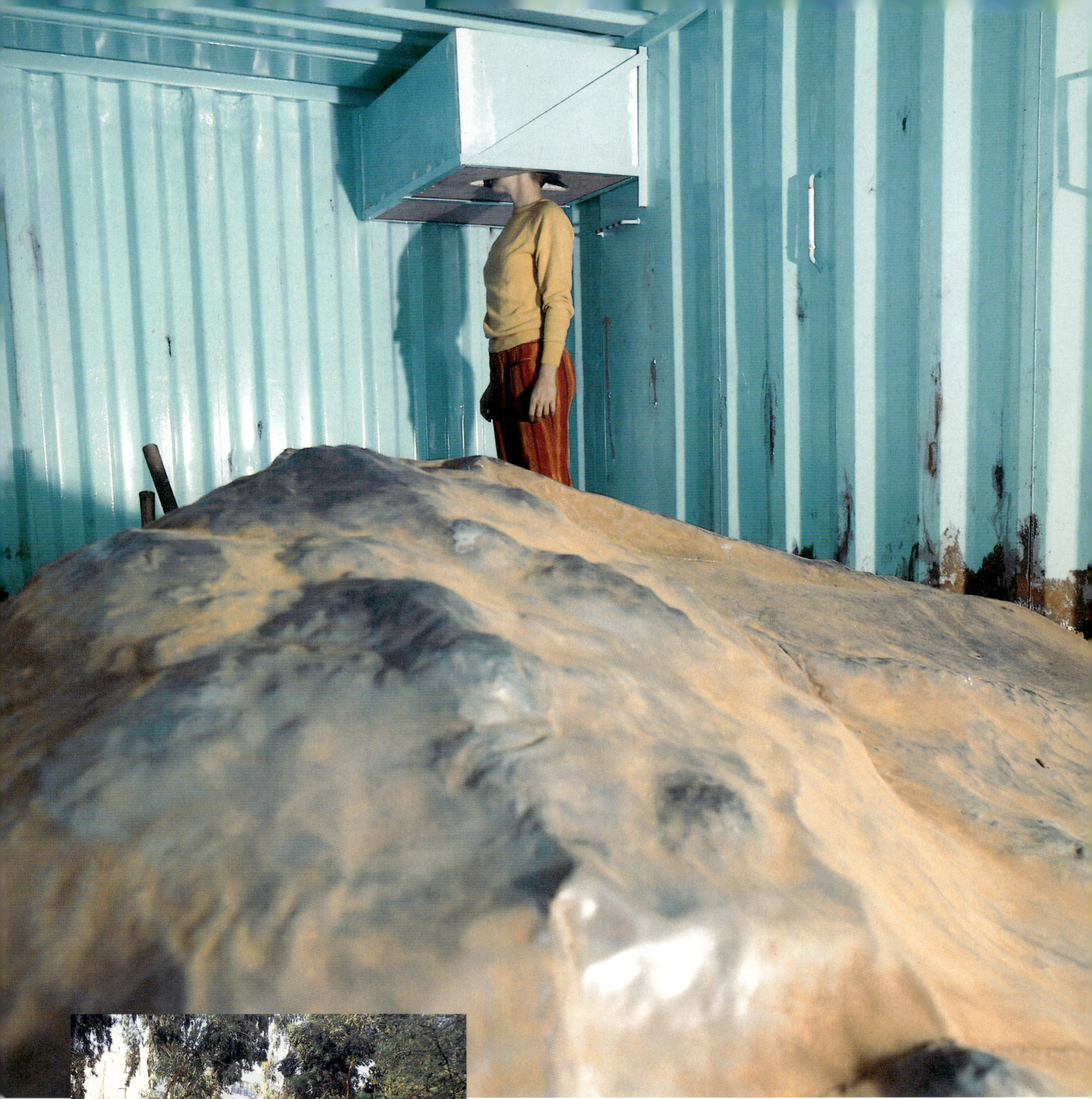

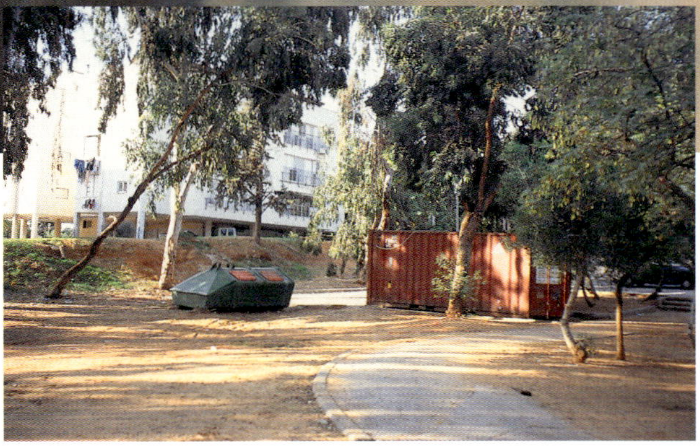

Resident Alien, 1996

tuend ist. Ich habe nichts dagegen, ganz im Gegenteil, daß ein bestimmter Ökonomismus hier mit Gewalt auf den Plan tritt. Diese Gewalt liegt nicht in der Theorie, sondern in den Tatsachen – was besonders sichtbar ist, wenn man es unternimmt zu erklären, daß das ganze System dessen, was das Französische »différenciation ethnique« nennt, ethnische Differenzierung, und das Englische als »race relation« und »race difference« bezeichnet, als Rassenverhältnis und Rassenunterschied, von Grund auf »arbiträr«, historisch ist und auf eine nur mythische Weise biologisch oder genealogisch fundiert wird. In Wirklichkeit ist das eine Weise, Klassen- und Kastenunterschiede, soziale Statusdifferenzen dahingehend zu kodieren, daß man sie sich im Weltmaßstab vorstellen kann. Es ist dies ein sehr gewaltsamer Reduktionismus, denn ein solcher Diskurs läuft auf die Erklärung hinaus, der Kolonialismus plus der Kapitalismus plus der Imperialismus hätten das ganze Vorstellungssystem der Rassenunterschiede erfunden und konstruiert, um die Differenzierung der Arbeitskraft zu organisieren (und insbesondere die Differenz zwischen der »freien« und der »Zwangs«-Arbeitskraft, die der Sklaverei oder anderen Typen körperlichen Zwangs unterworfen ist). Sei es, um sie zu deportieren, sei es, um sie zu stabilisieren und lokal einzupferchen. Jeder weiß, daß ein Schwarzer im Süden der USA anders definiert ist als ein Schwarzer auf den Antillen. Das ist das Spannungsmoment in diesem wunderbaren Roman von Faulkner, *Absalom! Absalom!* Wallerstein zitiert diesbezüglich immer den berühmten Satz von Genet in *Les Nègres*: »Was ist ein Schwarzer, und zuerst: welche Farbe hat er?« (Balibar/Wallerstein 1990) In der Tat sind die Systeme der rassischen Differenzierung Kastensysteme, konstruiert durch die Geschichte des Kapitalismus und seiner Expansion. Dies ist also eine gewaltsam reduktionistische These, denn faktisch wird die symbolische Dimension des Rassenunterschieds vollständig instrumentalisiert.

Daneben gibt es weitere Thesen, manchmal bei denselben Autoren, und zwar besonders die, daß die Reklamation der kulturellen Differenz weltweit die eigentliche Form ist, in der sich der Widerstand gegen das System ausdrückt. Letzten Endes kann diese Reklamation fürchterliche Formen annehmen, es gibt »Ausrutscher« – und ich bin mir bewußt, wie obszön die Worte sind, die ich benutze –, die ethnische Säuberung ist ein abscheulicher »Ausrutscher«, aber grundsätzlich wäre die Reklamation der kulturellen Identität eine Funktion des Widerstands gegen die Hegemonie des Weltkapitalismus. Gleichzeitig sagt Wallerstein allerdings etwas anderes, was in die umgekehrte Richtung zu gehen scheint: Je mehr die Reklamationen kultureller Identität sich im Rahmen der Globalisierung vervielfachen – aber vielleicht sollte man hier lieber von der postkolonialen Welt sprechen, die vor fünfzig Jahren begonnen hat, sich zu etablieren –, desto mehr werden sie zum obligaten Medium für die Strategien des Widerstands oder einfach der Autonomie, desto mehr werden ihre Differenzen oberflächlich und in Wirklichkeit ununterscheidbar. Überall blühen die lokalen Forderungen nach der Besonderheit und der »eigentlichen« Identität gegen die großen gleichmacherischen Systeme, seien sie national oder supranational: die indianische Identität in den USA, die regionalen Identitäten in Frankreich, der große weltweite Aufstand gegen die uniformierenden Institutionen (seien es sprachliche oder künstlerische etc.) ... Tatsächlich ist aber der Inhalt überall gleich: Was eine nationale oder regionale Autonomieforderung im postkolonialen Rahmen als solche unterscheidet, löst sich in einer Art von Anti-Modernität auf. Nichts ist banaler als die Formen der Rückkehr zu den »Traditionen« – die übrigens ganz und gar modern ist.

Sie sagen, daß das Ungedachte der Ökonomie ihre eigene kulturelle Grundlage sei ... Zweifellos ja, wie alles, was auf den »anderen Schauplatz« verweist. Aber mir scheint, man muß hier auf genaue historische Fakten und Institutionen verweisen. Wo manche vom Wohlfahrtsstaat reden – ein eigentlich apologetischer Begriff, aus dem Sie zu Recht einen christlichen Bezug heraushören[3] –, sprechen andere realistischer vom Sozialstaat, und ich meinerseits gehöre zu denen, die sagen, der Sozialstaat ist ein nationalsozialer Staat. Ich bin mir bewußt, daß die Formel für Irritation sorgt: Sie ist nicht so zu verstehen, daß der »nationalsoziale« Staat ein »nationalsozialistischer« Staat ist, sondern der Gedanke ist, daß man die zwei unterschiedlich gangbaren und akzeptablen Wege zusammen untersucht, die von der politisch-ökonomischen Entwicklung der europäischen Gesellschaften um die Mitte des 19. Jahrhunderts eingeschlagen wurden, als es darum ging, eine – wie Sie es nennen – sowohl ökonomische wie kulturelle Regulation zu installieren. (Ich sage zwei, aber mit den »sozialistischen« Staaten, die bekanntlich immer stärker nationalistisch geworden sind, sind es zumindest drei.) Was ich damit sagen wollte, ist, daß es eine rein liberale Ökonomie nicht gibt und nie gegeben hat. Was wir heute erleben, ist also sicher nicht die revanchistische Wiederkehr des Liberalismus im Sozialstaat mit seiner Dimension der kulturellen Integration. Gewiß gibt es einen liberalen Diskurs, und sogar einen fundamentalistischen und puristischen, der seine Theoretiker und Ideologen hat, aber dieser Diskurs darf nicht mit dem Vorgang selbst verwechselt werden. Ein Teil der Ökonomen interessiert sich übrigens in Wirklichkeit für eine andere Thematik, die der Institutionen und Konventionen; auch das sind Weisen, um zu bezeichnen, was Sie das Kulturelle genannt haben. Es sind dies ebenso viele Weisen, zu sagen, daß das Ökonomische sich nie auf den Tausch- oder Akkumulationsmechanismus stützt, sondern ein Ensemble von gesellschaftlichen Formen ist. Für uns stellt sich heute das Problem, daß der nationalsoziale Staat sowohl vorherrschend war – indem er sich in derjenigen Region etabliert hat, die ökonomisch die Welt beherrschte, im »Zentrum« oder im »Norden« –, und gleichzeitig die Ausnahme, überhaupt nicht verallgemeinerbar. Vielleicht beruhte der große Mythos von der Entwicklung, wie er der Dritten Welt unterbreitet und von dieser selbst akzeptiert wurde, auf der Idee, daß diese Form verallgemeinerbar war, während sie in Wirklichkeit das Produkt besonderer und lokaler Kräfte war.

Ich habe kein Problem damit, diese Ausnahmebedingungen mit dem Imperialismus in Verbindung zu bringen, wenn man nicht vergißt, daß die imperialistischen Länder auch die sind, in denen sich soziale Bewegungen einstellten, in denen sich die Klassenkämpfe entwickelten. Zu befürchten steht, daß der Moment, wo man gewahr wird, daß diese Formen der Regulation und des sozialen Kompromisses hinter uns liegen, mit einer Liquidation der Idee zusammenfällt, daß es keine Wirtschaft ohne Gesellschaft, ohne soziale Bürgerrechte gibt. Auf die Wirklichkeit des Sozialstaates (oder des nationalsozialen Staates) folgt dann die wirtschaftliche Utopie der »reinen Marktgesetze« in ihrer verheerendsten Form.

BRIAN HOLMES Ich würde gern einen extremen Fall untersuchen: Wenn nämlich das, was ich die modernste Modernität nennen würde, das heißt, das Gegenteil einer regressiven Modernität, gegen die derzeit ablaufenden ökonomisch-sozialen Veränderungen revoltiert. Sie sagen, daß der Marxismus und verschiedene Sozialismus-Varianten selbst zur Entstehung des Sozialstaats beigetragen haben. Ist das nicht ein kulturelles Erfordernis, das als Gegengewicht zu anderen Kräften gedient hat, die in Wirklichkeit nicht liberal zu nennen sind? Legitimiert dies nicht, was ich den Aufstand dessen genannt habe, was in der Moderne am modernsten ist, nämlich die politische Reklamation der Bedingungen, die Gleichheit ermöglichen?

ETIENNE BALIBAR Dazu läßt sich zweierlei sagen, und weil ich nicht in der Lage bin, auf diesem Gebiet Prognosen abzugeben, lassen wir alles das beiseite, was die Entwicklung des internationalen Kapitalismus betrifft, das heißt, die Art und Weise, wie sich die Regierungen und andere organisierte Mächte auf der Ebene des Staates neu organisieren können. Niemand glaubt ernsthaft, denke ich, daß wir es mit einer linearen Entwicklung zu tun haben, in der die Rolle der Staaten beständig schwächer werden muß, während sich ein Netz von multinationalen Privatfirmen fortschreitend an ihre Stelle setzt. Die Autoren drücken das unterschiedlich aus. Die einen sprechen von der Konkurrenz der Kapitale und der Territorien (Giraud 1996), andere, die mehr auf Finanzfragen spezialisiert sind, erklären, daß es einen rein »privaten« Kapitalismus nie gegeben hat und deshalb auch morgen nicht geben wird (Brunhoff 1986). Ich möchte dazu nur abstrakt feststellen, daß diese Debatten unvollständig sind. Es sieht so aus, als ob sich das Problem nur als eines der Konfrontation zwischen dem privaten Kapital und der staatlichen Regulation, oder, in marxistischer Terminologie, den zwei Weisen der bürgerlichen Herrschaft stellen würde. In der Tat ist es wichtig, sich darüber klarzuwerden, daß sich die Bourgeoisie nie um ein einziges »Zentrum« herum organisiert hat, sondern immer um zwei Zentren, das staatliche und das ökonomische. Tatsächlich hat es zwischen beiden immer ein Spannungsverhältnis gegeben, Kooperation und Rivalität, indem die Politik innerhalb der bürgerlichen Klasse ihren Gegenstand nie einfach zugunsten der Ökonomie preisgegeben hat. Das ist, nebenbei gesagt, ein Punkt, der Marx sehr irritiert und ihn zu offensichtlich irrigen Antizipationen geführt hat. Die klassischen Theoretiker der Politik seit Machiavelli sind immer noch aktuell, denn die politische Philosophie und Wissenschaft beruht darauf, daß es mehrere Gewalten gibt und daß sie nicht automatisch vereinheitlicht werden. Trotzdem fehlt in dieser Art, die Dinge zu präsentieren, etwas Wesentliches – nennen Sie es das Volk, die ausgebeutete Klasse oder das Proletariat oder auch die Beherrschten. Wenn man Wirtschaftswissenschaftler und Politologen liest, sieht es manchmal so aus, als ob das strategische »Spiel«, von dem die Machtverteilung und die Gestaltung der Institutionen abhängt, einzig und allein auf dem Gipfel, zwischen den »Mächtigen«, abläuft und als sei die Masse des Volkes, der gewöhnlichen Individuen, die regiert werden, arbeiten oder arbeitslos sind, nichts weiter als eine Manövriermasse. Dieser Eindruck wird durch zynische Diskurse wie den vom »Krieg der Zivilisationen« ebenso bestärkt wie durch nostalgische Diskurse, zu denen wir neigen, weil wir das Gefühl haben, daß die politischen Kräfte, in denen sich die Gleichheitsforderung radikal ausdrückte, heute mit der alten Welt, gegen die sie opponiert und in der sie recht und schlecht ihren Platz gefunden hatten, hinweggefegt werden.

Das führt uns auf den anderen Aspekt Ihrer Frage, welchen Ort die Gleichheit heute in der Politik hat. In dem politischen Prozeß, aus dem das hervorgegangen ist, was wir den nationalsozialen Staat genannt haben, hat die Gleichheitsforderung natürlich eine entscheidende Rolle gespielt. Ich würde sagen, der Marxismus gehört hierhin, wobei er nie dieselbe Rolle gespielt hat wie das christliche Kulturerbe.

Das ist keine Frage der Konfession: Es geht nicht darum, ob unsere Sympathien uns eher zur CFDT oder zur CGT führen[4], weil in Wirklichkeit jeder weiß, daß die Dinge viel gemischter sind. Was den sozialen Kompromiß nach und nach ermöglicht hat, ist zum einen das wohlverstandene Interesse des Kapitals in den Ländern des Nordens oder des Zentrums, das die lokale Möglichkeit nutzt, einen Tugendkreis[5] zu etablieren (Anhebung des Konsums der Arbeiterklasse, ihres Qualifikationsniveaus und ihrer Produktivität, um den Preis der Anerkennung einer gewissen Anzahl grundlegender sozialer Rechte, die zu Aspekten der Bürgerrechte selbst geworden sind), unter Hinzufügung eines in christlicher Tradition stehenden Reformismus, dessen Dreh- und Angelpunkt für mich die Frage des Rechts ist.

Man sagt uns heute, die Krise dieses Systems führe zu Phänomenen der Ausschließung (»exclusion«). Robert Castel (1995) hat recht, wenn er sagt, dies sei ein sehr vieldeutiger Begriff, aber die von ihm vorgeschlagenen Begriffe sind noch radikaler: Es sei kein Problem der »Ausschließung« – ein Allerweltsbegriff, der sehr unterschiedliche Situationen zusammenwirft –, sondern eines der Ausgliederung (»désaffiliation«), das heißt der Auflösung von Gemeinschaftsbindungen, die durch die fortschreitende Institutionalisierung der sozialen Rechte und durch die Inkorporierung der Lohnarbeit in die Bürgerrechte, die »citoyenneté«, selbst ermöglicht wurden (vgl. Castel 1996). Deshalb ist es nun interessant, sich zu fragen, weshalb die Sprache des Klassenkampfes relativ ohnmächtig gegenüber der Ausschließung oder der Ausgliederung ist, während die des Rechts, die eine Dimension der Anerkennung des anderen (bis hin zur Nächstenliebe oder Wohltätigkeit) enthält, dem offenbar besser angepaßt ist.

Im übrigen glaube ich nicht, daß die wohlverstandenen Interessen des Kapitals zuzüglich des christlichen Rechtsgedankens ausreichend waren, um das zu schaffen, was wir den Sozialstaat genannt haben. Ich denke, dazu war ein Klassenkampf nötig, der die Sprache des Antagonismus sprach und der sich nicht auf dem Terrain des Rechts organisiert hat, sondern auf dem der Gleichheit. Genau das hat ihn dazu geführt, direkt gegen diesen Aspekt des Kapitalismus Front zu machen, der sich ebenfalls in der Sprache der Gleichheit rationalisiert und ausdrückt. Zwei antagonistische Gleichheitsauffassungen standen gegeneinander. Eben das sagt Marx, und es gibt keinen Grund, seine Feststellung nicht in diesem Sinne aufzugreifen. Wenn Marx die Sprache der Gleichheit als die der Warenzirkulation anprangert, als Sprache der Bourgeoisie, die die gesellschaftlichen Verhältnisse als reine Marktverhältnisse formalisiert, bezeichnet er damit die Grundlage des Antagonismus. Aber der Antagonismus stellt nicht die, welche die Sprache der Gleichheit sprechen, die Kapitalisten, denen gegenüber, die sie ablehnen würden, den Proletariern. Es gibt dazu einen berühmten Text von Engels im *Anti-Dühring,* der erklärt, daß sich der Forderung nach individueller Gleichheit die Forderung nach sozialer Gleichheit entgegenstellt, die als Abschaffung der Klassenunterschiede verstanden wird. Also eine Auffassung und Praxis der Gleichheit gegen eine andere. Das Ungedachte dieser Konfrontation, die nach langer Abwesenheit im Zentrum des Interesses der heutigen politischen Philosophie wieder auftaucht, ist die Frage der Menschenrechte. Genauer gesagt ist es die Frage der »Menschen- und Bürgerrechte« insofern, als es sich nicht nur um ein Ideal oder um einen symbolischen Bezug handelt, sondern auch um wirkliche – und letztlich politische – Institutionen und Rechte, denn es geht in diesem Antagonismus um den Begriff der Menschenrechte selbst. Ich bin übrigens zutiefst überzeugt, daß der Bezug auf die Menschenrechte als politische Rechte (die individuell und kollektiv sind), nachdem er hauptsächlich zur Kritik der totalitären Abweichungen des Sozialismus gedient hat, im Begriff ist, aufs neue die Seiten zu wechseln.

JEAN-FRANÇOIS CHEVRIER Sie haben Ihre Ausführungen über die Frage der Kunst beendet. Ich kann mich nicht des Gedankens erwehren, daß die Philosophen sich oft in die Ästhetik flüchten, als sei dies eine Lösung. Gibt es hier nicht die Gefahr einer Rückkehr zu dem, was Schiller im sechsten Brief *Über die ästhetische Erziehung des Menschen* in bezug auf die emanzipatorische Funktion, die Bildung – sei es die kulturelle oder die künstlerische – des Subjekts sagt?

ETIENNE BALIBAR Was sich mit Schiller vollzogen hat, ist gerade die Identifikation der Idee der Kunst mit derjenigen der Kultur, diesmal verstanden im Sinne von Bildung[6]. Natürlich war das die Kultur im Sinne einer kollektiven Erziehungsbewegung, einer kollektiven Emanzipationsbewegung, die durch Erziehung erfolgt und von der Zivilisation unterschieden ist.

JEAN-FRANÇOIS CHEVRIER Die ganze Kritik der Frankfurter Schule läßt sich im Grunde an die von Schiller eröffnete Tradition anschließen. Und heute gibt es unzählige Philosophen, die sich in Situationen theoretischer und insbesondere politischer Unsicherheit an die Kunst in Gestalt der Ästhetik klammern. Wenn man von der Philosophie her über Kunst spricht, muß man sehr genau sein: Wovon spricht man eigentlich? Wie definiert man die Kunst im Verhältnis zur Kultur und zur Ästhetik als ästhetische Kategorien? Wie jeder weiß, hat die Ästhetik seit dem 18. Jahrhundert eine – sehr problematische – Komplementärfunktion im Verhältnis zur Politik gehabt.

ETIENNE BALIBAR Ja, aber – entschuldigen Sie diese einfachen Fragen – sind denn Kunst und Ästhetik absolut untrennbar?

JEAN-FRANÇOIS CHEVRIER Für mich sind sie völlig trennbar. Allerdings muß man die Trennung vollziehen!

ETIENNE BALIBAR Alles, was ich zu diesem Punkt vorgebracht habe, beruht zugegebenermaßen auf einem brechtschen Modell, dessen Fragen meiner Ansicht nach wieder relevant werden. Deshalb habe ich, wenn auch sehr andeutungsweise, versucht, diesen Bezug auf die Kunst an die Idee einer Praxis zu knüpfen, die mit Identifikation und Verfremdung zugleich operieren würde oder die sich der Identifikation bedienen würde, um eine Verfremdung zu bewirken. Mir scheint, daß es hier mehr als nur ein Wortspiel gibt, sofern nämlich das Identitätsproblem im Zentrum unseres politischen Tagesgeschehens steht. Eine künstlerische Praxis, die sich explizit die Frage stellt, wie ein Verfremdungseffekt, eine Distanzierung nicht nur für die Individuen im Verhältnis zu ihren Lebensbedingungen, sondern im Verhältnis zu ihrem Bewußtsein zu bewirken ist, muß für uns lehrreich sein. Diese Praxis, die Brecht nur in bezug auf das Theater gedacht hat – was eine Einschränkung ist, aber ihre Wirkungsbedingung bildete –, war eher eine des Machens als einer der Wahrnehmung, des Konsumierens oder der Rezeption. In diesem Sinne distanziert sie sich, wie mir scheint, von der Kategorie der Ästhetik.

JEAN-FRANÇOIS CHEVRIER Kommen wir auf Ihren Werdegang zurück, auf ihren althusserianischen und dann der althusserianischen Ausbildung gegenüber kritischen. Ich war über das Loblied überrascht, das Sie auf Deleuze singen. Vor zwanzig Jahren haben Sie Deleuze kritisiert und ihm eine Abfuhr erteilt. Mir scheint, daß Ihre Berufung auf die Kunst am Ende des Durchgangs, in dem Sie nacheinander die Begriffe der »citoyenneté« und der Identität untersuchten und schließlich zur Dekonstruktion der Dichotomie von Kultur und Zivilisation gelangt sind, uns genau auf ihren Entwicklungsgang zurückführt. Die Identität steht in Frage, und diese Identität ist auch die Identität dessen, der spricht, der sich einordnet in einen Subjektivierungsprozeß, in eine dialogische Struktur und gleichermaßen in eine Praxis. Sie erinnern daran, daß Althusser anordnete: »Betreibt die Epistemologie des Marxismus, wie andere die der Physik oder der Biologie. Kein Herumbasteln!« Ein paar Seiten weiter sagen Sie: »Wir betreiben Philosophie, wir basteln herum.« Ich glaube, klarer kann man es nicht sagen ... Andererseits ist der Untertitel des Buches, das Sie mit Wallerstein veröffentlicht haben, *Die ambivalenten Identitäten*. Mir scheint, der Hauptpunkt ist gerade die Entdeckung der Ambivalenz. Würde man nun von der Geschichte der Kunst und der praktischen künstlerischen Tätigkeiten sprechen, so würde man bemerken, daß sich dort das gleiche ergeben hat. Man würde bemerken, daß das, was sich Ende der 70er Jahre abgespielt hat, gerade die Entdeckung der Ambivalenz ist. Kurz und gut, Ihr philosophischer Werdegang ist der Entwicklung der künstlerischen Avantgarde-Praktiken seit den 60er Jahren absolut homolog. Avantgarden, in denen sich ein Radikalismus der gesellschaftlichen Alternative ausdrückte, und in der Kunst das, was man die »Große Weigerung« nannte. Ende der 70er Jahre hat man entdeckt, daß dies alles aus verschiedenen Gründen nicht funktionierte, vor allem wegen der zu großen Naivität dieser Suche nach Alternativen, deshalb in der Kunst die Hinwendung zu einer Politik der Ambivalenz. Ich glaube deshalb, Ihr Entwicklungsgang ist in dieser Hinsicht ganz und gar exemplarisch.

ETIENNE BALIBAR Ich bin nicht sicher, ob es diesen heftigen Übergang gegeben hat, oder genauer, ich denke, daß diejenigen unter den Künstlern der Jahre zuvor, aus Theater oder Kino, Malerei oder Musik, die die interessantesten Wirkungen erzielt haben im Ausdruck des Kampfes oder des gesellschaftlichen Antagonismus oder des unversöhnlichen Charakters von bestimmten Widersprüchen unserer Zeit, gerade diejenigen sind, die die Dimension der Ambivalenz, von der Sie sprechen, in der Praxis nicht ignoriert haben. Man kann nicht sagen, daß Godard sie ignoriert hat, man kann nicht sagen, daß Antonioni sie ignoriert hat (man sehe sich nur noch einmal das Ende von *La Notte* an), man kann nicht sagen, daß das Beste, was aus der Brecht-Tradition kommt, sie ignoriert hat (man denke nur an *Leben des Galilei*). Vielleicht ist das für uns heute das Faszinierende, daß man Brecht wieder lesen oder wieder spielen sehen kann, indem man sich von bestimmten Analysen von Deleuze inspirieren läßt, das heißt, indem man im Theater von Brecht eine Masken-Funktion am Werk sieht, eine Dimension der Ironie, die bewirkt, daß die Desidentifikation nicht nur im kritischen Verhältnis zur herrschenden Ideologie liegt, sondern auch in der Art und Weise, wie der Aktive, der Zuschauer oder der Zuschauer-Aktive sich zu seinem eigenen sozialen Kampf verhält. Vor dreißig Jahren wäre die Idee, man könne versuchen, die Brechtsche Analyse der »Verfremdung« und die Deleuzesche Analyse der »Konvention« miteinander reagieren zu lassen, völlig absurd erschienen, weil diese zwei Analysen eine Alternative bildeten. Heute kann man sich zumindest die Frage stellen.

JEAN-FRANÇOIS CHEVRIER Man kann das Ende dieser Alternative sehr genau um 1978 datieren. Sie sprachen von der Erfindung der Tradition, diese Erfindung datiert aber genau von 1978. Diese Hinwendung zur Ambivalenz läßt sich durch die Namen zeitgenössischer Künstler illustrieren. Sie ist übrigens zeitgenössisch mit einer regressiven Bewegung, die

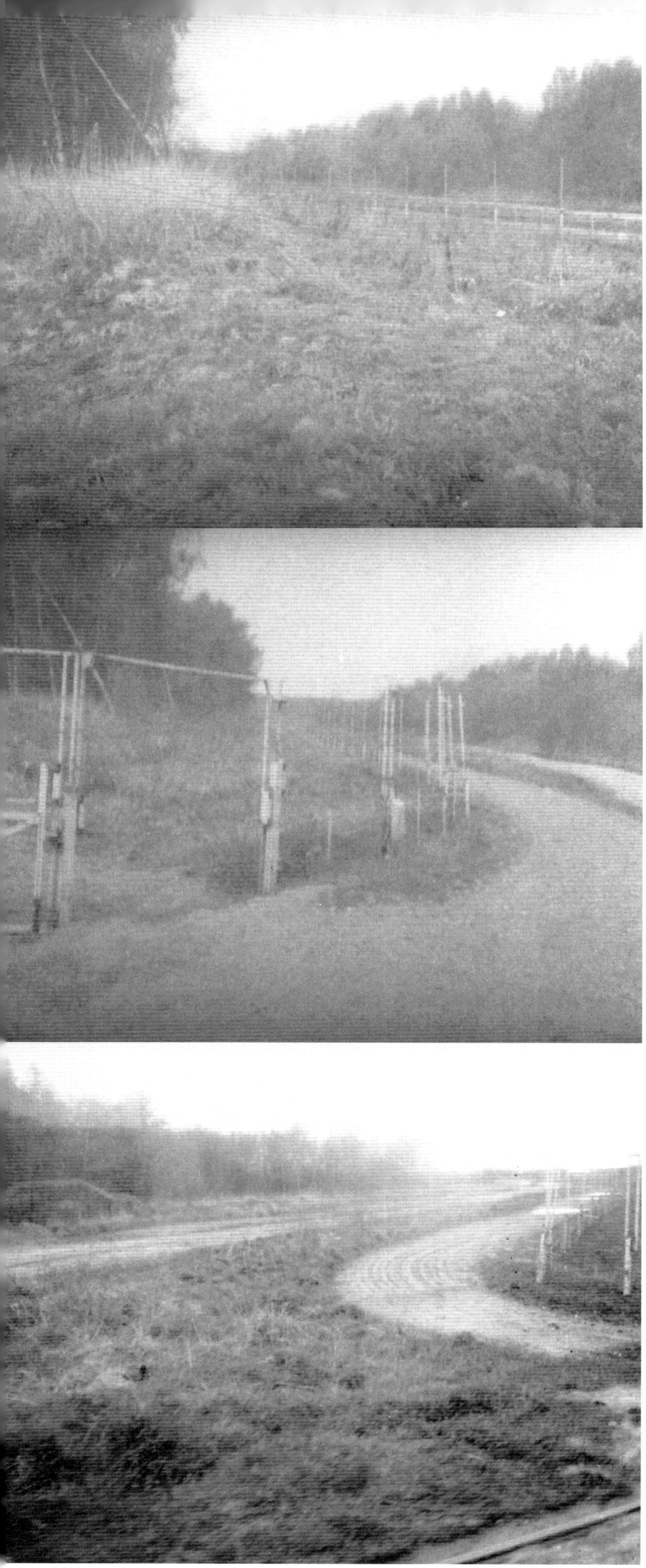

Carl Michael von Hausswolff, Nordgrenze Polen/Rußland, zwischen Gdansk und Kaliningrad, 1996

in eine vorkritische Pseudotradition zurückfällt und sich dabei an einem Unternehmen der Restauration beteiligt – wohl zu unterscheiden von der kritischen Erfindung der Tradition. Mir scheint, daß Ihr philosophischer Entwicklungsgang genau zeitgenössisch ist. Wenn Sie sich auf die Kunst berufen, berufen Sie sich auf eine Geschichte der Kunst, die tatsächlich mit einer Geschichte der Politik konvergiert.

ETIENNE BALIBAR Ich könnte zwischen dem politisch-philosophischen Diskurs und der künstlerischen Praxis, die auch immer eine politisch-philosophische Dimension hat, selbst keine Analogien oder Berührungspunkte angeben oder ausmachen. Was Deleuze angeht, so bin ich erst vor kurzem darangegangen, diese Art von Begegnung zu erkunden. Ich halte mich einfach an den Satz, den Althusser liebte und den er Napoleon zugeschrieben hat: »Erst vorrücken und dann weitersehen.« Man muß nicht von vornherein über eine vollständige Theorie verfügen, bevor man Sätze formuliert. Das Umgekehrte soll man tun: Formulierungen versuchen. Sicher ist, daß sich in meinem Kopf nach und nach ein Gedankengang hergestellt hat, der vom Problem der Identifikation ausging, vor allem aber von der gleichzeitigen Hinwendung zum Identitäts- und zum Gewaltproblem. Die Identitätsfrage führt zur Idee einer demokratischen Politik, einer zugleich individuellen wie kollektiven, die auch eine Praxis der Desidentifikation wäre.

Das ist nicht nur meine Idee: Jacques Rancière hat sie kürzlich in einem Buch entwickelt (1995; vgl. 1997), allerdings in einer ganz anderen Sprache. Die Frage, wie man aus der Alternative von Gewaltlosigkeit und Gegengewalt herauskommt, hat mich nach und nach auf das Gebiet der »Zivilität«, der »Zivilisation« geführt – auch durch das kritische Wiederlesen von Norbert Elias. Ich finde ihn zugleich interessant und sehr frustrierend, weil die normative Sicht trotz der historisierenden Dimension doch sehr stark ist. Man findet bei ihm immer wieder das soziologische Postulat, daß eine Gesellschaft funktionieren muß und das Verhalten der Individuen deshalb an die gesellschaftlichen Erfordernisse angepaßt ist, auch wenn die Individuen dazu beitragen, sich selbst konform zu machen. Es schien mir nötig, hier eine Dimension der praktischen Politik anzusprechen und nicht nur eine Beschreibung der Tendenzen heutiger Gesellschaften und der Anpassung der Individuen an die gesellschaftliche Norm. Also Verfremdung einerseits, und andererseits Zivilität.

An der Schnittstelle dieser beiden Interessen ergibt sich notwendig eine Reflexion über die Institution. Was ist eine Institution? Radikaler gefragt, was heißt Institutionalisieren? Nun hat die Institution in der marxistischen Tradition eine sehr schlechte Presse, weil sie von Marx wesentlich den starken – und sei es historischen und gesellschaftlichen – Naturalismus geerbt hat. Bestimmend sind die Produktivkräfte, die gesellschaftlichen Verhältnisse, die gesellschaftliche Praxis, aber nicht die institutionelle Praxis. Um es anders zu sagen, es gibt in der marxistischen Tradition einen starken Rousseauismus und deshalb ein großes Mißtrauen gegen alles Artifizielle. In der Tat kommt hier mein Wiederlesen von Deleuze zum Zuge. Deleuze ist, glaube ich, kein einfacher oder widerspruchsfreier Philosoph. Ich habe sogar den Eindruck, daß er sehr weit auseinanderliegende philosophische Tendenzen zusammenzuhalten sucht: einen kräftigen, bildhaften Vitalismus und Pantheismus, dazu die Thematik des Vertrags, des Spiels, des minoritären Werdens, diese ganze Weiterführung von Nietzsche, die zu dem Gedanken führt, daß die Befreiung, weil sie dazu tendiert, die Singularitäten zu bejahen, nicht die Bejahung ihres eigenen Wesens ist, nicht die Identität oder die Eigentlichkeit, sondern das Artifizielle, die Mobilität. Gewiß ist das überhaupt nicht »dialektisch« in dem Sinne, in dem es in der Hegelschen oder marxistischen Dialektik immer die Idee eines Erziehungsprozesses gibt. Die Deutschen sagen das sehr treffend: einen »Lernprozeß«. Das Klassenbewußtsein der Marxisten ist in typischer Weise der Prozeß der Selbsterziehung, der zugleich individuell und kollektiv ist. Tatsächlich habe ich mir vor kurzem gesagt, daß ich Deleuze noch nicht richtig gelesen hatte. Seine sehr originellen Interpretationen, die aus der Philosophiegeschichte, waren für mich in der Tat sehr rätselhaft. Ich denke daran, wie er erklärt, daß der Vertrag etwas anderes als eine Rechtsform sein kann. Man muß Deleuze neu lesen, indem man sich fragt: Wie läßt sich eine gemischte Sprache hervorbringen, die gleichermaßen eine von Spiel und Kritik, von Erfindung und Revolution ist, und in der man zumindest anfangen könnte, eine Politik der Zivilisierung der gewaltsamen Identitäten zu reflektieren.

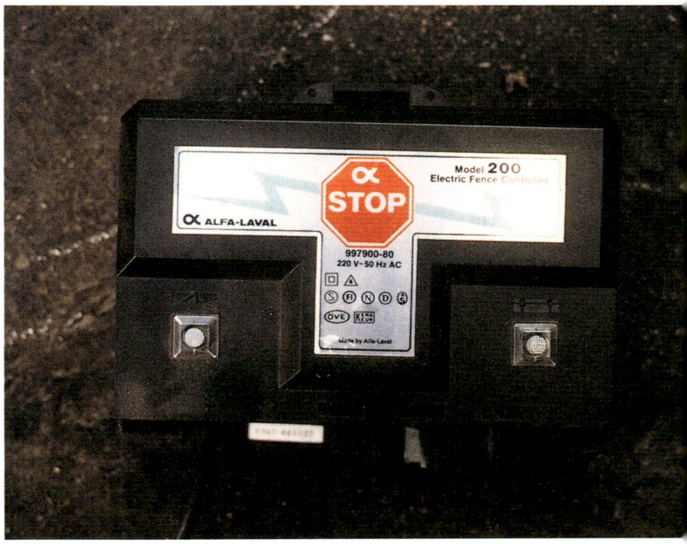

Carl Michael von Hausswolff
Electric Fence Controller, 1988–97

Anmerkungen des Übersetzers

[1] Die »préférence nationale« (die Bevorzugung der »Einheimischen« bei der Vergabe von Arbeitsplätzen, Wohnungen etc.) gehört zum Forderungskatalog der französischen Rechten.

[2] Das Buch von Huntington (deutscher Titel: *Kampf der Kulturen*) heißt im Original *The Clash of Civilizations*. New York 1996.

[3] Das bezieht sich auf die französische Bezeichnung »État-Providence«, Vorsehungsstaat.

[4] Die CFDT ging aus der christlichen Gewerkschaftsbewegung hervor, die CGT ist kommunistisch orientiert.

[5] Französisch »cercle vertueux«, Wortspiel mit »cercle vicieux«, Teufelskreis.

[6] Im Original deutsch.

Literaturverzeichnis

Balibar, Étienne und Immanuel Wallerstein: *Rasse, Klasse, Nation. Ambivalente Identitäten* (1988). Berlin, Hamburg 1990.

Brunhoff, Suzanne de: *L'heure du marché. Critique du libéralisme*. Paris 1986.

Castel, Robert: *Les métamorphoses de la question sociale*. Paris 1995.

ders.: »Nicht Exklusion, sondern Desaffiliation«. In: *Das Argument*, 38 (1996), Nr. 217, S. 775-780

Giraud, Pierre-Noël: *L'inégalité du monde*. Paris 1996.

Hobsbawm, Eric. J. und Terence Ranger (Hg.): *The Invention of Tradition*. Cambridge 1983.

Huntington, Samuel P.: *Kampf der Kulturen. Die Neugestaltung der Weltpolitik im 21. Jahrhundert*. München 1996.

Rancière, Jacques: *La mésentente*. Paris 1995.

ders.: In: *Lignes* (Sonderheft Algérie, France: regards croisés), Nr. 30 (1997)

Saïd, Edward W.: *Orientalism*. New York 1978.

Jacques Rancière, Jean-François Chevrier, Sophie Wahnich

JEAN-FRANÇOIS CHEVRIER In *La Mésentente*[1] stellen Sie die Demokratie in Gegensatz zur Polizei, die, wie schon Foucault gezeigt hatte, das Volk auf die Bevölkerung reduziert. Damit entsteht ein doppeltes System von Gegensätzen: Demokratie/Polizei, Volk/Bevölkerung.

JACQUES RANCIÈRE Ja, bei diesen zwei Aussagen handelt es sich durchaus um den-

Die Demokratie als politische Form

selben Gegensatz. Aber Foucault dachte die Polizei wesentlich als Kontrollinstanz, während ich damit eine Form des Aufteilens der gewöhnlichen Welt bezeichne, wo es nur gesellschaftliche Gruppen, »objektive« Funktionen und eine Regelung des Gleichgewichts zwischen diesen Gruppen und Funktionen gibt. Die Polizei ist diejenige Art der Aufteilung des sinnlich Wahrnehmbaren, die weder die Leere noch ein Zusätzliches gelten läßt. Dagegen ist die Politik der Akt, der das Wirkliche von sich selbst trennt, der das ins Spiel bringt, was ich den Anteil der Anteillosen (»la part des sans part«) genannt habe, die Rechnung der Nichtzählenden (»le compte des incomptés«), das heißt: das Volk als politisches Subjekt im Unterschied zur Summe der Bevölkerungsteile. Für die Polizei gibt es immer nur die Bevölkerung, und das Volk ist identisch mit der Summe der Bevölkerungsteile. Die Politik fängt an, wenn das Volk – in der Form des griechischen »demos« oder des modernen Volkes – als das erscheint, was die Bevölkerung von sich selbst dissoziiert. Die Demokratie ist für mich deshalb kein besonderes politisches System, erst recht keine gesellschaftliche Lebensweise. Sie ist gerade die Institution der Politik. Und die Anteillosen sind nicht die Armen und Unglücklichen. Die Rechnung der Nichtzählenden sprengt jede exakte Berechnung, jede Gleichung zwischen Teilen der Gesellschaft und politischen Instanzen.

JEAN-FRANÇOIS CHEVRIER In ein auf dem Kalkül begründetes System der Verwaltung des Sozialen führen Sie eine Dimension des Nichtkalküls, des Unkalkulierbaren ein. Aber wie unterscheiden Sie die Anteillosen (»sans-part«) von den Ausgeschlossenen (»exclus«)?

JACQUES RANCIÈRE Die »sans-part« bilden keine wirkliche Gruppe, sondern eine symbolische Funktion. Der Begriff bezeichnet keine benachteiligte Schicht, er verweist auf das Verhältnis zweier antagonistischer Strukturierungen des Gemeinwesens. So definierte sich der griechische »demos«: Diejenigen, die keinen Anteil hatten, keinen Anspruch auf die Regierung des Gemeinwesens, keinen dieser Rechtstitel namens Adel oder Wissen, Tugend oder Reichtum. Genauso ist es mit dem Proletarier des 19. Jahrhunderts: das ist nicht der Fabrikarbeiter, es ist derjenige, der einfach nur geboren ist und der – in der traditionellen Ordnung – in der Regierung des Gemeinwesens nichts zu suchen hat. Die Kategorie des Ausgeschlossenen wiederum beruht auf der Verkennung dieser symbolischen Funktion des Anteillosen oder Nichtzählenden. Sie beruht auf der polizeilichen Fiktion einer Gesellschaft, in der angeblich alle eingeschlossen sind, eines Volkes, das sich aus einem Ensemble von Gruppen mit kalkulierbaren Interessen und Meinungen zusammensetzt, deren Gleichgewicht der Staat herstellt. Die Ausgeschlossenen sind gewissermaßen die Restmenge dieser Einschließung, die Wiederkehr der verleugneten Spaltung in der Form einer nackten Andersheit. Die Paradoxie dessen, was man gegenwärtig »Ausschließung« nennt, ist gerade die Unmöglichkeit, die Schranke zu symbolisieren. Der Proletarier beispielsweise war die symbolisierte Schranke: die Ordnung sprach sich damals in der Tat so aus, daß sie auf Grenzen begründet war, die diejenigen definierten, die drinnen und die draußen waren. Diese strukturierende Schranke ist nun beseitigt worden. Der politische Anteil der Anteillosen ist nur mehr das soziale Unglück der Ausgeschlossenen, die Sozialmediziner sind aufgerufen, die Ausgeschlossenen mit einzuschließen. Aber nur der politische Kampf hat die Macht, die Ausgeschlossenen mit

Ein Gespräch

einzuschließen. Wo er verschwindet, bleibt diese Einschließung eine unlösbare Paradoxie.

SOPHIE WAHNICH Setzt nicht diese Definition der Politik als symbolische Intervention des Trennenden eine wesentlich diskontinuierliche Auffassung der Politik voraus?

JACQUES RANCIÈRE Ja, die Politik ist ein seltsamer Zufall, der im Verlauf der menschlichen Angelegenheiten aufgetreten ist, eine ungewöhnliche und stets prekäre Ausnahme von den Logiken der Herrschaft. Die »normale« Ordnung der Gesellschaften ist, daß sie von denen regiert werden, die den Anspruch haben, zu regieren, wobei diese Ansprüche durch die Tatsache bestätigt werden, daß sie regieren. Zu diesem logischen Zirkel der Herrschaft ist die Demokratie die Ausnahme oder die Paradoxie einer Regierung, die gerade auf der Abwesenheit des Herrschaftsanspruchs begründet ist. Die gesellschaftlichen Verwaltungspraktiken sind normalerweise Praktiken, die dazu tendieren, die Politik zu unterdrücken. Diese verhindert, gut zu regieren, eine Gesellschaft in Ruhe zu verwalten. Es gibt immer Macht. Es gibt aber nicht immer Politik, es gibt sie sogar selten. Es gibt mehr oder weniger lange Zeitläufe, in denen die Formen politischen Handels der normalen polizeilichen Ordnung der Gesellschaft ihren Streit aufzwingen. Zwischen polizeilicher und politischer Ordnung gibt es Berührungspunkte, aber diese Berührungen sind im Kern diskontinuierlich.

SOPHIE WAHNICH Bei der sozialen Bewegung in Frankreich vom November und Dezember 1995 haben die Gegner der Streikenden diese mit dem Vorwurf verunglimpft, sie würden sich mit realen korporativen Interessen, mit Statusfragen identifizieren und deswegen die Dimension der Allgemeinheit eines politischen Projekts vergessen. Wie kann man mit der Definition der Politik, die Sie vorschlagen, die Perspektive der Allgemeinheit artikulieren, das heißt, wie kann man diese grundlegende symbolische Arbeit mit einer konkreten Situation verknüpfen? Muß sich diese Fähigkeit des Symbolisierens nicht auf etwas stützen, was in der Realität aufzuzeigen ist?

JACQUES RANCIÈRE Jedes politische Handeln ist eine Inszenierung der Allgemeinheit durch ein Subjekt, die man zweideutig nennen kann. Als die deutschen Demonstranten 1989 in Leipzig sagten »Wir sind das Volk«, glaubte das niemand, sie glaubten es auch nicht, aber es war eine Art, der Regierung zu sagen: das Volk ist nicht das, was ihr verwaltet. Jedes politische Handeln erfolgt durch diese Formen der Subjektivierung, die polemische Identitäten herausstellen, in denen das aussprechende Subjekt (wir) und das ausgesprochene Subjekt (das Volk, die Arbeiter, die Frauen ...) voneinander dissoziiert sind. Dieses Verhältnis dissoziierter Identität zwischen dem aussprechenden und dem benannten Subjekt stellt eine Subjektivierung dar. Sie bringt ein singuläres Allgemeines ins Spiel. So hat »Proletarier« nicht ein »allgemeines Opfer« definiert, sondern eine Subjektivierung eines Allgemeinen des Unrechts. Es gibt hier zwei Gefahren, daß nämlich die zwei Subjekte miteinander identifiziert werden: das ist die identitätsförmige Konzeption der

Politik, oder daß sich im Gegenteil kein verallgemeinerndes Subjekt benennen läßt. Das ist der Fall der sozialen Bewegungen 1995 in Frankreich oder der Bewegung gegen die Anti-Einwanderungsgesetze, die von Protestaktionen von Filmemachern und Schriftstellern ausgingen. Es ist deswegen nicht richtig, diese Bewegungen als korporatistisch zu bezeichnen. Die betreffenden Künstler oder Schriftsteller repräsentierten nicht ihre Korporation – in der sich leicht ebenso viele Namen zur Verteidigung der Anti-Einwanderungsgesetze finden ließen. Sie repräsentierten Kollektive der Sensibilität, mit einer gemeinsamen Geschichte, einer politischen Tradition, die in den Studentenbewegungen der 60er und 70er Jahre wurzelt. Diese Sensibilitätsgruppen sind wie Bruchstücke einer öffentlichen Meinung, sie können ein öffentliches Diskussionsforum herstellen, aber sie können keine politische Subjektivität im vollen Sinne des Wortes hervorbringen. Was fehlt, ist die Fähigkeit, ein Wir zu bilden, das einen Massenstreik an die Rentenfrage knüpft und eine Solidaritätsbewegung an die illegalen Einwanderer. Trotz der Träume alternativer Politik hat sich keine Form ergeben, um das definitive Versagen der vermeintlich demokratischen Parteien zu kompensieren. Es gibt regelrechte symbolische Aufstände, die aufs Neue die für die Politik konstitutive Gleichheit auf den Plan treten lassen. Diese Aufstandsbewegungen ziehen sich durch Individuen und Gruppen, die sich darin wiedererkennen, ohne deswegen eine Macht zu bilden, die ein Unrecht verallgemeinert.

JEAN-FRANÇOIS CHEVRIER Ist die Opposition gegen das neue französische Einwanderungsgesetz Zeichen des Widerstands gegen eine formelle Einschränkung der Demokratie? Ausdruck einer konkreten Neudefinition der demokratischen Form?

JACQUES RANCIÈRE Die Demokratieformen sind für mich keine verfassungsmäßigen »Rechts«-Formen, wie sie die marxistische Tradition dem wirklichen Inhalt der Gesellschaft gegenüberstellte. Es sind Konstitutionsformen einer polemischen Öffentlichkeit, Demonstrations- und subjektive Äußerungsweisen eines Streits. Und der grundlegende politische Streit betrifft gerade die Berücksichtigung derer, die zum Gemeinwesen gehören. In diesem Sinne sind die Demonstrationen zur Lage der illegalen Einwanderer oder gegen die Anti-Einwanderungsgesetze eminent demokratisch, denn sie drehen sich um die Aufteilung zwischen denen, die von hier sind, und denen, die es nicht sind, und sie wenden sich gegen die identitätsförmige Definition des Gemeinwesens, gegen die Identifikation von Volk und Bevölkerung, deren verheerende Wirkungen sie aufzeigen. Der Kern der Anti-Einwanderungsgesetze ist die Rechtskonstruktion eines fiktiven Gegenstands, das »Einwanderer«-Subjekt. Was immer die tatsächlichen Probleme sein mögen, die viele Leute möglicherweise mit Leuten schwarzer oder arabischer Herkunft haben, all das macht kein Einwandererproblem aus. Der Einwanderer ist ein nichtkonstituierbares Subjekt. Man will einen Begriff und einen Gegenstand dieses Begriffs dazu zwingen, zu existieren. Da gibt es etwas, was nicht bloß mit Ungerechtigkeit zu tun hat, sondern mit Verrücktheit, eine Art von verrückter Logik. Die »aufgeklärten« Regierungen, die diese Verrücktheit angeblich rationalisieren, liefern nur zusätzliche Munition für die Extremisten, die die Verrücktheit auch als Verrücktheit einsetzen.

JEAN-FRANÇOIS CHEVRIER In *La Mésentente* stellen Sie die Frage nach der Demokratie heute als eine der Postdemokratie. Warum von »Post« sprechen, wenn dieser Ausdruck doch heute offenbar jeder Spezifik entbehrt?

JACQUES RANCIÈRE Postdemokratie ist kein beschreibender Ausdruck, sondern ein polemischer. Das bezeichnet eine doppelte Distanz; zunächst im Verhältnis zu dem der Postmoderne, als dem Ende des Zeitalters der modernen »großen Erzählung«, und zweitens im Verhältnis zur liberalen Demokratie, wie diese sich ausspricht: als das Ende des Zeitalters der Revolutionen und Spaltungen, als die Vollendung der Demokratie als eines politischen Systems, das mit einer spontanen Regulationsweise der Gesellschaft in einem bestimmten Entwicklungsstadium zusammenfällt: die Herrschaft der Meinung als die Konsumentenherrschaft im Supermarkt. Der postmoderne und der gewöhnliche »liberale« Diskurs binden sich in der Assimilation der vollendeten Demokratie an einen Zustand der gesellschaftlichen Verhältnisse, der als das Ende des heroischen Zeitalters von Unrecht und Konflikt begriffen wird. Der »Postmodernismus« ist die enttäuschte intellektuelle Version der Bejahung einer Demokratie, die die zwei großen Hypotheken aufgehoben hat, die auf ihr lasten: die Alternative einer »wirklichen Demokratie«, die mit der Berliner Mauer endgültig zusammengebrochen ist, und den Begriff des Volkes selbst, der durch den gegenwärtigen Zustand der gesellschaftlichen Verhältnisse annulliert ist. Der Zusammenbruch des Sowjetsystems hat keine Erneuerung der Idee der Demokratie als politischer Form nach sich gezogen. Der liberale Staat hat im Gegenteil seinerseits die Dogmen des Ökonomismus und der historischen Notwendigkeit übernommen. So etwas wie ein platter Marxismus der ökonomischen Notwendigkeit, der Entwicklung der Produktivkräfte, der Demokratie als eines Stadiums der Entwicklung ist zur offiziellen Doktrin des liberalen Staates geworden.

JEAN-FRANÇOIS CHEVRIER Sie sagen auch: je mehr die formale Demokratie triumphiert, desto weniger investieren die Leute in die institutionellen Formen dieser Demokratie...

JACQUES RANCIÈRE Wieder ist die Frage die, was Form bedeutet. Die politischen Formen sind nicht die verfassungsmäßigen Formen. Es sind Tätigkeitsformen von Subjekten, polemische Strukturierungen der Alltagswelt. Was ich Postdemokratie nenne, ist eine Pseudodemokratie, die so tut, als könne sie ohne ihr Subjekt auskommen. Es ist der Diskurs, der uns sagt, daß »Volk«, »Proletarier«, kurz: all die polemischen Subjekte Gespenster der Vergangenheit sind und daß die Demokratie nur dann funktioniert, wenn sie von jedem Subjekt entleert und einfach die Selbstregulierung der Gesellschaft in einem gewissen Stadium der Produktivkraftentwicklung ist. Diese Praxis reduziert das Volk auf die Summe der durchaus berechenbaren Bevölkerungsteile, der Interessen- und Meinungsgruppen, deren Gleichgewicht durch einen Staat hergestellt würde, der selbst als bloßer lokaler Repräsentant einer Art von imaginärer Weltregierung dastünde, kurz: die vollendete Identität von Demokratie und Kapitalismus.

JEAN-FRANÇOIS CHEVRIER Sie assoziieren einerseits Politik und Demokratie und andererseits Postdemokratie und Konsens. Die Postdemokratie wäre demnach die Einschränkung der Demokratie auf das Konsensförmige. Allerdings ist bei Gramsci der Konsens konfliktförmig und abhängig von der Hegemonie, die sich in einer Gewaltsituation etabliert. Welchen Status hat in Ihren Überlegungen der gramscianische Konsensbegriff?

JACQUES RANCIÈRE Mir fehlt die gramscianische Bildung, um darauf zu antworten. Aber man muß sich darüber verständigen, was man unter Konsens versteht. Das kann heißen, daß man mit seinen Kampfgefährten einig ist über die Formen des Kampfes. Das kann heißen, daß man sich zwischen gegnerischen Parteien darüber einig ist, daß man gemeinsame Sache macht. Aber heute ist das, was man Konsens nennt, weder eine durchdachte Übereinstimmung über ein Gemeinsames noch eine Einwilligung, daß man sich trotz der Konflikte arrangiert. Es ist die Unterdrückung des Dissenses, das heißt, der Politik, sofern diese gerade die zur Wahrnehmung gebrachte Unruhe ist, und zwar durch das zusätzliche Subjekt namens »Volk«. Der Konsens ist der angenommene Zustand, in dem das Volk mit sich identisch, mit der Summe der Teile einer Gesellschaft identisch ist. Das ist eine ontologische Auffassung, wonach die Gesellschaft in sich konsistent und mit sich identisch ist. Ich habe keinen Konsensbegriff entwickelt, ich habe zu analysieren versucht, was sich hinter dem Thema des Konsensus, so wie damit operiert wird, verbirgt: ein Zustand, in dem der Konflikt unsichtbar ist, in dem die um die Macht konkurrierenden Parteien erkennen müssen, daß die Gegebenheiten im wesentlichen dieselben sind und die Lösungen auch.

JEAN-FRANÇOIS CHEVRIER: Stimmen Sie mit der langen Tradition überein, den produktiven Konflikt zu denken, wie zum Beispiel bei Albert O. Hirschman?

JACQUES RANCIÈRE: Ich bewege mich auf einer anderen Ebene, die ich definitorisch nennen würde. Der Konflikt ist nicht einfach produktiv, er ist konstitutiv: Politik gibt es nur und gerade über den Streit, was »gegeben« ist. Es war lange eine Gegebenheit, daß die Arbeiter oder die Frauen nicht zum politischen Körper gehörten. Die Bejahung einer vereinten Gemeinschaftlichkeit ist für die Politik konstitutiv. Aber es stimmt, daß sie auch eine soziologische Funktion hat, die »zivilisierend« ist. Im 19. Jahrhundert fragte man sich, wie man es anstellen soll, die »Barbaren« von Arbeitern zu zivilisieren, diejenigen, die von weit draußen vom Lande kamen, die kaum die Nationalsprache sprachen. Man zählte auf die Erziehung als Element sozialer Integration, zur Bildung eines gemeinsamen Geflechts. Aber der Klassenkampf ist ein ebenso wichtiges Element der sozialen Integration gewesen. Die Arbeiterklasse hat sich nicht auf die einfache Weise der Zähmung und Erziehung des Volkes in die Gesellschaft integriert, sondern dadurch, daß sie im Konflikt und für diesen Konflikt eine bestimmte Fähigkeit und Intelligenz entwickelt hat. Der Klassenkonflikt ist zivilisierend gewesen, weil er eine Symbolisierung von Formen des Andersseins gewesen ist. Was an dieser Stelle erscheint, wenn der Konflikt widerrufen wird, sind Formen von nacktem, nicht symbolisierbarem Haß auf den Anderen.

JEAN-FRANÇOIS CHEVRIER Wo soll man das ansiedeln, was man als Neofaschismus zu identifizieren sucht?

JACQUES RANCIÈRE Was ich sehe, sind rassistische, fremdenfeindliche Formen des Wiederauflebens von Identitätsbehauptungen, für mich die strikte Konsequenz der konsensuellen Definition von Demokratie, die die Identität von Volk und Bevölkerung postuliert. Da haben wir den Effekt der totalen Entsymbolisierung des Feldes der Politik. Die Demokratie kann nicht ohne Volk auskommen. Sobald man die demokratische Idee des Volkes widerruft, wird es ein anderes Volk geben, ein Volk, das in Begriffen von Identität statt von Teilung definiert wird. Die Zielscheibe des neuen Rassismus oder der neuen Fremdenfeindlichkeit ist ein bestimmter Teil der Bevölkerung, der zu einer bestimmten Epoche als Arbeiterklasse oder Proletariat identifiziert worden wäre, und der nach dem Verlust dieser Form der politischen Subjektivierung nur mehr eine rein anthropologische Identität hat: der Einwanderer, der Schwarze, der Araber, der nackte Andere, der bloßes Haßobjekt ist. Der Rassismus behandelt Identitäten so, wie sie übrigbleiben, wenn es keine Politik mehr gibt. Aber das Paradox ist, daß der französische »Front national« auch darauf setzt, daß er sich als die einzige Kraft geben kann, die dem Konsens opponiert, als die einzige Kraft, die die politische Tradition des Konflikts aufrechterhält.

JEAN-FRANÇOIS CHEVRIER: Wo siedeln Sie Ihre Überlegungen im Verhältnis zu Etienne Balibar an, wenn dieser von Zivilität spricht?

JACQUES RANCIÈRE: Zivilität nennt Etienne Balibar die Politik insofern, wie sie die Formen der Identität und Andersheit regelt, die die Möglichkeit des Zusammenlebens definieren. Dies scheint mir dem, was ich zu denken versuche, zu entsprechen. Die »unpolitischen« Formen des gemeinsamen Lebens selbst sind abhängig von einer politischen Bestimmung des Selben und des Anderen. Diese Idee der Zivilität opponiert derjenigen einer Regulation des gemeinsamen Lebens durch die Formen der technischen und ökonomischen Entwicklung; der Idee zum Beispiel, daß die Warenwelt der gemischten Vergnügungen und des standardisierten Konsums oder die Welt der verallgemeinerten Kommunikation ein befriedetes soziales Band hervorbringen würde. Dieser Glaube an eine aus dem Reich der Waren hervorgegangene Zivilität ist dumm. Die Zivilität ist der stets provisorische Effekt des Verhältnisses von Polizei und Politik. Man braucht eine politische und keine anthropologische Auffassung von Zivilität. Der konsensuelle Staat begünstigt die Zivilität nicht, ganz im Gegenteil. Die Unterdrückung des Volkes als politische Teilung der Gemeinschaft hat die Wiederkehr des verdrängten Volkes in wilder Form zur Folge: die Äußerungen des Rassismus und der Fremdenfeindlichkeit.

[1] Jacques Rancière: *La Mésentente. Politique et Philosophie.* Paris 1995

Das Gespräch wurde am 6. März 1997, von Jean-François Chevrier und Sophie Wahnich geführt und von Sophie Wahnich bearbeitet.

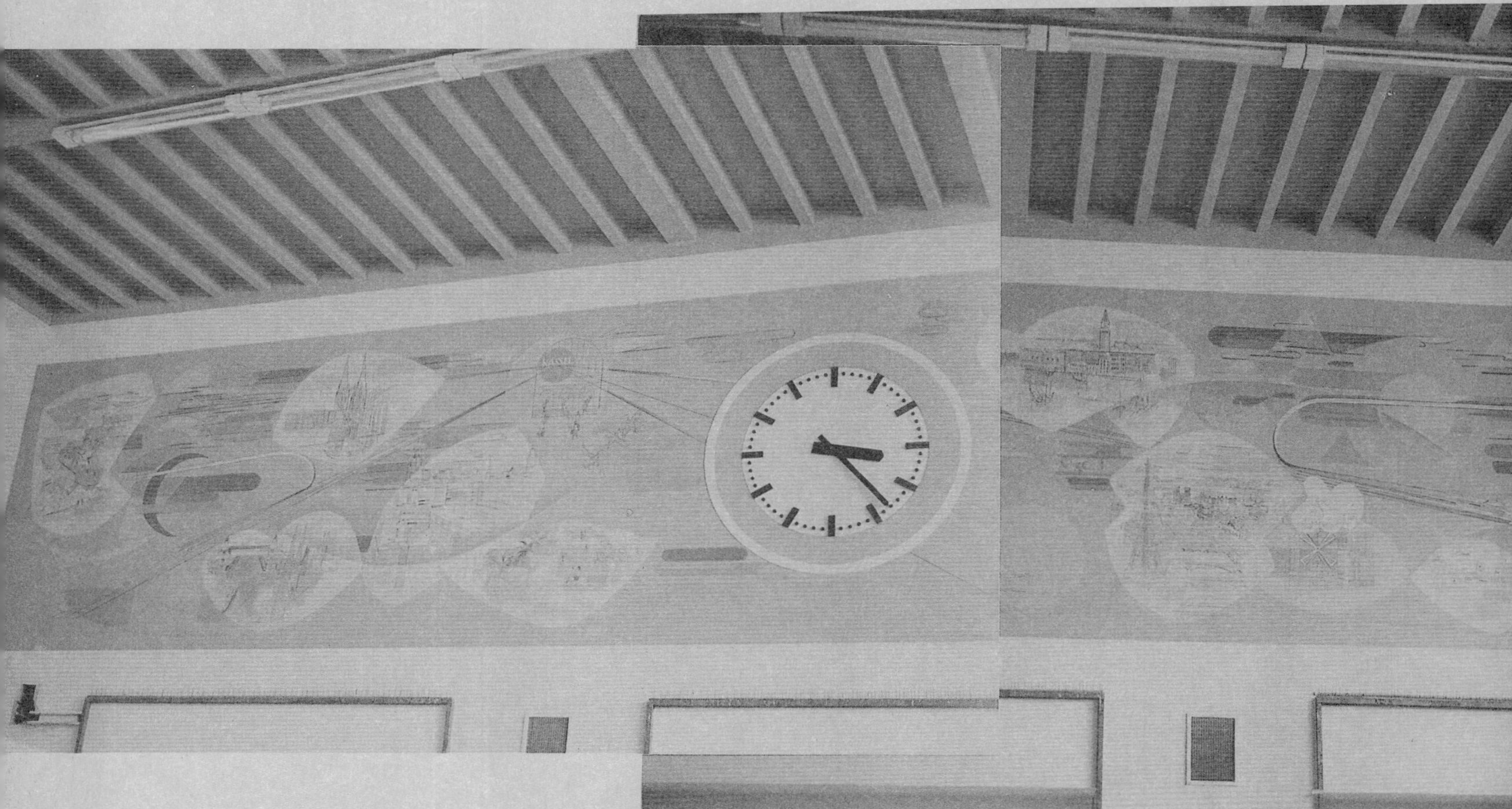

documenta X 21. Juni – 28. September 1997

Träger der Ausstellung
documenta und Museum Fridericianum Veranstaltungs-GmbH

Gesellschafter
Land Hessen, Stadt Kassel

Geschäftsführer
Bernd Leifeld

Prokurist
Frank Petri

Aufsichtsrat
Oberbürgermeister Georg Lewandowksi, Kassel, Vorsitzender
Dr. Christine Hohmann-Dennhardt, Staatsministerin, Wiesbaden, stellvertr. Vorsitzende
Prof. Dr. Hans Brinckmann, Präsident GhK, Kassel
Jürgen Fechner, Stadtverordneter, Kassel
Wilfried Gerke, Stadtverordneter, Kassel
Bertram Hilgen, Regierungspräsident, Kassel
Horst Kuhley, Stadtverordneter, Kassel
Dr. Harald Noack, Staatssekretär, Wiesbaden
Dr. Hans Ottomeyer, Ltd. Museumsdirektor, Kassel
Wolfgang Windfuhr, Stadtrat, Kassel

Hauptsponsoren
Deutsche Bahn AG
SONY Deutschland GmbH
Unternehmen der Sparkassen-Finanzgruppe

Sponsoren
Binding-Brauerei AG
Deutsche Städte-Reklame GmbH
IBM Deutschland Informationssysteme GmbH
SBK Software + Systeme GmbH
Volkswagen

Medienpartner
arte, Der Europäische Kulturkanal
bundmedia

Förderer
Arbeitsamt Kassel
Centre pour l'image contemporaine Saint-Gervais, Genf
Coutts Contemporary Art Foundation, Zürich
documenta-Foundation, Kassel
Forum Bahnhof, Geschäftsbereich Personenbahnhöfe der Deutschen Bahn AG
Francotyp-Postalia GmbH
Goethe-Institut
Hübner Gummi- und Kunststoff GmbH, Kassel
Koch Hightex GmbH, Rimsting
Mannesmann Arcor
Mövenpick Hotel Kassel
MVS Miete Vertrieb Service AG, Berlin
pro-bike, Kassel
Röhm Chemische Fabrik GmbH, Darmstadt
Stahlbau Simon GmbH, Kassel
Bernhard Starke GmbH, Kassel
Volkswagen Coaching GmbH Niederlassung Kassel
Zumtobel Licht GmbH, Usingen

für das Orangerie-Projekt
Eberhard Mayntz, Berlin

Koproduzenten
Cantz Verlag, Ostfildern-Ruit
Edition Schellmann für documenta X, München - New York
Hebbel-Theater, Berlin
Hessischer Rundfunk, hr 2, Frankfurt
Theater am Turm, Frankfurt

Länderzuschüsse
Gefördert durch die Kulturstiftung der Länder aus Mitteln des Bundesministeriums des Innern
Australia Council for the Arts, Sydney, Australien
Bundesamt für Kultur, Bern, Schweiz
Bundesministerium für Wissenschaft, Verkehr und Kunst, Wien, Österreich
Department of Foreign Affairs, Dublin, Irland
Department of Foreign Affairs and International Trade of Canada, Ottawa, Canada
Embassy of the Republic of South Africa, Bonn
Foundation SPES, Belgien
Fundação Bienal de São Paulo, São Paulo, Brasilien
Italienische Botschaft, Bonn
Kanadische Botschaft, Bonn
Mestna Obcina Ljbuljana, Oddelek za Kulturo in Raziskovalno Dejavnost, Ljubljana, Slowenien
Ministère des Affaires étrangères, Paris, Frankreich;
AFAA - Association Française d'Action Artistique;
sous-direction de la politique du livre et des bibliothèques;
Service culturel de l'Ambassade de France, Bonn
Ministerium der Flämischen Gemeinschaft, Brüssel, Belgien
Ministry of Education and Culture, Jerusalem, Israel
Ministrstvo za Kulturo, Ljubljana, Slowenien
Mondriaan Foundation, Amsterdam, Holland
National Arts Council, Singapur
Soros Center for Contemporary Arts - Warschau, Polen
Soros Center for Contemporary Arts - Zagreb, Kroatien
Stimuleringsfonds voor Architectuur, Rotterdam, Holland
The British Council, Köln
The Fund for U.S. Artists at International Festivals and Exhibitions: United States Information Agency; National Endowment for the Arts; Rockefeller Foundation; Pew Charitable Trusts, with administrative support by Arts International, Institute of International Education
The International Programme of Moderna Museet, Stockholm, Schweden
The Henry Moore Foundation, Hertfordshire, Großbritannien
United States Information Service, Embassy of the United States of America

Association Française d'Action Artistique AFAA
Ministère des Affaires Étrangères

The British Council

Gefördert von der KulturStiftung der Länder
aus Mitteln des Bundesministeriums des Innern

Künstlerische Leitung
Catherine David
General Assistant
Hortensia Völckers
Berater
Jean-François Chevrier
Ausstellungsassistenz
Véronique Dabin
Thomas Mulcaire
Mitarbeit
Isabelle Merly
Sekretariat Künstlerische Leitung
Julia Drost
Susanne Müller
"Mission Impossible"
Andreas Seiler

Besonderer Dank an
Ariella Azoulay
Benjamin Buchloh
Bartomeu Marí
Dank für langjährigen intellektuellen Austausch
Corinne Diserens
Remo Guidieri

Verwaltung
Gisela Artzt
Karin Balzer-Meyer
Johanna Martina Debik
Bernd Enderes
Kati Fischer
Gabriele Göb
Sylvia Hempelmann
Brigitte Kraußer
Marie-Louise Moj
Sabine Ondracek
Matthias Sauer
Frauke Stehl
Anja Thimme
Ingeborg Wohlrab
Annette Wolter-Janssen
Sigrid Zintl
Carol Rio, Paris

Architektur
Christian Jabornegg
András Pálffy
Mitarbeit
Hilmar Bauer
Martin Gaudenzi
Andrea Konzett
Organisation 100 Tage - 100 Gäste
Thomas Köhler
Beratung
Nadia Tazi
Assistenz
Barbara Großhaus
Mitarbeit
Marina Filippova
Juliane Heise
Elke Pfeil
Eberhard Weyel
Theresia Wienk
Website
Kurator
Simon Lamunière
Assistenz
Ralf Knecht
Mitarbeit
Maren Köpp
Antje Weitzel
Theaterskizzen
Kurator
Tom Stromberg
Mitarbeit
Jens Hoffmann
Filmproducer
Brigitte Kramer
Pressesprecherin
Maribel Königer
Marketing und Öffentlichkeitsarbeit
Andreas Knierim
Mitarbeit
Ellen Blumenstein
Bettina Lange
Veronika Rost
Nicola Schäfer
Martina Schütz
Marion Sprenger
Ursula Tanneberger
Publikationen
Redaktion und Koordination
Françoise Joly
Redaktion
Cornelia Barth
Assistenz
Jutta Buness
Englisches Lektorat
Brian Holmes
Gestaltung
Lothar Krauss

Technische Leitung und Logistik
Winfried Waldeyer
Barbara Heinrich
Martin Müller
Carolin Rath
Organisation der Ausstellungsgebäude
Dieter Fuchs
Ralf Mahr
Christian Rattemeyer
Knut Sippel
H.P. Tewes
Aufbauteam
Pablo Alonso
Volker Andresen
Elena Caravajal Diaz
José de Quadros
Tatiana Echeverri Diaz
Martina Fischer
Heino Goeb
Ulrich Göbel
Hartmut Glock
Daniel Graffé
Peter Graulich
Olaf Hackl
Sidi Hamedi
Martin Hast
Masin Idriss
Sonia Karle
Christiane Krüger
Peter Limpinsel
Britta Lorch
Uwe Richter
Hartmut Schmidt
Katja Schneider
Heinrich Schröder
Eva Tenschert
Anette Zindel
Künstlerassistenz
Stefan Biedner
Rosa Brückl
Daniel Congdon
Stephen Franck
Colin Griffiths
Jim Kanter
Thomas Kaufhold
Peter Lütje
Willem Oorebeck
Paul Petritsch
Georg Schecklinksi
Gregor Schnoll
Reinald Schuhmacher
Richard Sigmund
Phil Smith
Michael Staab
Rony Vissers

Restauratoren
Jesús del Pozo-Sáiz
Bärbel Otterbeck
Assistenz
Carolin Bohlmann
Tilmann Daiber
Ulrich Lang
Haustechnik
Klaus Dunckel
Wolfgang Schulze
Hans-Jörg Weiser
Detlef Laube
Helmut Lottis
Hausreinigung
Angela Damm
Elke Restifo
Technische Beratung
Jens Lange (Video)
Frank Thöner (Projektion)
Walter Prause (Bauphysik)
Betreuung Hard- und Software
Wolfgang Jung
Uwe Bergmann
Photograph
Werner Maschmann
Evaluation
Gerd-Michael Hellstern
Versicherung
AON Artscope, Monheim
Mund & Fester, Hamburg
Transport
hasenkamp Internationale Transporte

Graphik
Corporate Design
Büro X, Hamburg
Lo Breier
Sophie Herfurth
Tom Leifer
Barbara Schiess
Gunter Schwarzmeier
Logo
Büro X / Carl van Ommen
Betreuung in Kassel
Design machbar

Dank

Führungsdienst / Besucherbetreuung

Matthias Arndt
Ulrike Kremeier

GhK-Seminar

Ursula Panhans-Bühler
Michael Wetzel

Moderation Seminar

Christoph Tannert

Dank für besondere Zusammenarbeit

Carlos Basualdo, Clémentine Deliss, Ery Camara Thiam, Paul Sztulman

Mitarbeit Organisation

Sonya Bouyakhf
Regina Caspers
Paul Galvez
Natalija Gavranovic
Mark Kiekheben
Tanja Möller

Führungen

Marvin Altner, Jens Asthoff, Seyhan Baris, Holger Birkholz, Annette Brausch, Sabine Brox, Jutta Buness, Simone Buuck, Dominique Busch, Rika Colpaert, Winnie Decroos, Berit Fischer, Sabine Flach, Christine Fuchs, Elke Grützmacher, Anja Helmbrecht, Stefanie Heraeus, Carine Herring, Katrin Jaquet, Benita Joswig, Elisabeth Kenter, Anahita Krzyzanowski, Holger Kube-Ventura, Karin Langsdorf, Evelyn Lehmann, Vera Leuschner, Iris Mahnke, Ulrike Massely, Christiane Mennicke, Tabea Metzel, Viola Michely, Carmen Mörsch, Katrin Nölle, Barbara Otto, Karin Rebbert, Petra Reichensperger, Barbara Richardz-Riedl, Klaus Röhring, Andreas Rollmann, Claudia Schmähl, Ulrich Schötker, Iris Schröder, Heike Schüppel, Stefanie Sembill, Heike Sinning, Ursula Tax, Regina Thein, Axel Tönnies, Eveline Valtink, Hannie Verwoert, Tobias Vogt, Stephan Waldorf, Hilke Wagner, Tanja Wetzel, Ernst Wittekindt

ABC Buchladen, Kassel
A.C.P. Collection, Turin
äda'web, New York
Laura Agnesi, Triennale di Milano, Mailand
Nelson Aguilar, Fundaçao Bienal de São Paulo, São Paulo
Akademie Schloß Solitude, Stuttgart
Sandra Alvarez de Toledo, Paris
Ammann Verlag, Zürich
Andréhn-Schiptjenko Gallery, Stockholm
Paul Andriesse, Amsterdam
Antartica Artes com a Folha, São Paulo
Anthony d'Offay Gallery, London
Anthony Reynolds Gallery, London
Arche-Hof Rodewald, Hess. Lichtenau
Architektur- und Ingenieurbüro Reiser, Engelhard, Frauenkron, Kassel
Archiv des Hessischen Rundfunks, Frankfurt am Main
Archivio Contemporaneo del Gabinetto Vieusseux, Florenz
Argument Verlag, Hamburg
The Art Institute of Chicago, Chicago
Atria, Andrée Davanture, Annabel Thomas, Paris
Marina Ballo-Charmet, Mailand
Rolf Bandhus, Köln
Edek Bartz, Wien
Adam Baruch, Camera Obscura School of Photography, Tel Aviv
Daniel Baumann, Genf
Bernd Behrens, Kassel
Dieter Beine, Kassel
Raymond Bellour, Paris
Luc Béranger, Cinésud, Paris
Beratung artgerechte Tierhaltung e.V., Harald Bürger, Christel Simantke, Witzenhausen
Bereichsbibliothek Kunst + Gestaltung, Regina Frindt, Kassel
Berliner Festspiele GmbH, Berlin
Beatrice von Bismarck, Lüneburg
Iwona Blazwick, Phaidon Press, London
Stefano Boeri, Mailand
Jean-Louis Boissier, Paris
Manuel J. Borja-Villel, Fundació Antoni Tàpies, Barcelona
Wieslaw Borowski, Galeria Foksal, Warschau
Brandschutzamt Kassel
Sabine Breitwieser, E.A. Generali Foundation, Wien
Guy Brett, London
Buchhandlung am Bebelplatz, Kassel
Buchhandlung an der Hochschule Fischlein KG, Kassel
Buchhandlung Habel, Kassel
Buchhandlung Vaternahm, Kassel
Die Bücherstube, Kassel
Christoph Buggert, Hessischer Rundfunk, Frankfurt am Main
Ery Camara Thiam, Mexico City
Campus Verlag, Frankfurt am Main
Corinne Castel, Musée national d'art moderne, Centre Georges Pompidou, Paris
Centre National du Cinéma, Paris
Centro Studi e Archivio della Communicazione, Parma
Carolyn Christov-Bagarkiev, Rom
Yan Ciret, Paris
City secretariat for culture and research, Ljubljana
Noemí Cohen, Fundació Antoni Tàpies, Barcelona
Collection Sharon Avery-Fahlström, New York
Collection Lygia Neta Clark, Rio de Janeiro
Collection Andrea Rosen, New York
Collection Lia Rumma, Neapel
Collège International de Philosophie, Paris
Paolo Colombo, Centre d'Art Contemporain, Genf
Jane Crawford, The Gordon Matta-Clark Trust, Weston
Anne und Anthony d'Offay, London
Ildiko Dao, Genf
Gitty Darugar, Ruvigliana
Pascale Dauman, Paris
Karen Davidson, New York
Steef Davidson, Amsterdam
Monica S. de Carvalho, Fundaçao Bienal de São Paulo, São Paulo
Hugues de Cointet, Paris
Jean-René de Fleurieu, Paris
Colin de Land, New York
Marco De Michelis, Venedig
Dirk de Wit, Brüssel
Cathy de Zegher, Kanaal Art Foundation, Kortrijk
The Denver Art Museum, Denver
Kirsten Derwanz, Kassel
Deutsch-Französisches Institut, Ludwigsburg
Deutsches Architektur-Museum, Frankfurt am Main
Jean Digne, AFAA, Paris
dipa Verlag, Frankfurt am Main
Corinne Diserens, Musées de Marseille, Marseille
DOCK 4, Axel Kolodziej, Ingrid Roberts, Volker Sparr, Kassel
documenta-Archiv, Kassel
Martin Dörbaum, Berlin
Fa. Döring, Kassel
Na'illa Dollie, Johannesburg
Druckerei Schreckhase, Spangenberg
Heinz Dürr, Frankfurt am Main
Joel Edelstein, Rio de Janeiro

edition Salzgeber, Björn Knoll,
Kurt Kupferschmidt, Berlin
Editions P.O.L., Paris
Carlo Eleuteri, Antique Jewellery, Italien
Manfred Eicher, ECM Records, München
David Elliott, Moderna Museet, Stockholm
Nuria Enguita, IVAM, Valencia
Nathalie Ergino, FRAC Champagne Ardennes, Reims
Christine Ewen-Fiedler, Frankfurt am Main
Eric Fabre, Galerie de Paris, Paris
Lorna Ferguson, Johannesburg
Edemar Cid Feirrera, Fundaçao Bienal de São Paulo, São Paulo
Luciano Figueiredo, Rio de Janeiro
Filmladen Kassel, Frank Thöner, Gerhard Wissner
Bob Fiore, The Gordon Matta-Clark Trust, Weston
S. Fischer Verlag, Frankfurt am Main
Jean Fisher, London
Yona Fisher, Tel Aviv
Robert Fleck, Paris
Katharina von Flotow, Black Movie, Genf
Fondation Cartier, Hervé Chandès, Dorothée Charles, Hélène Kelmachter, Gracia Quaroni, Paris
Fondazione Mudima, Gino di Maggio, Gianluca Ranzi, Mailand
Fonds national d'Art contemporain, Ministère de la culture, Paris
Fonds Régional d'Art Contemporain des Pays de la Loire, Nantes
Walter Fraatz, Lutterberg
Fraenkel Gallery, San Francisco
Fraenkel Gallery, Amanda Doenitz, Jeffrey Fraenkel, Amy R. Whiteside, San Francisco
Eric Franck, London
Stefan Franck, De andere Film, Brüssel
Andrea Frank, New York
Freunde der Deutschen Kinemathek, Milena Gregor, Stefanie Schulte-Strathaus, Berlin
Helmut Friedel, Städtische Galerie im Lenbachhaus, München
Fundació Antoni Tàpies, Barcelona
Galeria Kaufhof AG Kassel, Ernst F. Gerner, Dieter Giese
Galerie Baudoin-Lebon, Paris
Galerie Gisela Capitain, Köln
Galerie Anne de Villepoix, Paris
Galerie des Archives, Christophe Durand-Ruel, Fabienne Leclerc, Paris
Galerie Foksal, Joanna Mytkowska, Andrzej Przywara, Warschau
Galerie Franck & Schulte, Berlin
Galerie Rudolf Kicken, Köln
Galerie Kienzle & Gmeiner, Berlin
Galerie Christian Nagel, Köln
Galerie Nelson, Paris
Galerie van Gelder, Amsterdam
Galerie Barbara Weiss, Berlin
Galerie Barbara Wimmer, Wien
Galleri Nicolai Wallner, Kopenhagen
Ulrike Gauss, Graphische Sammlung, Staatsgalerie Stuttgart
Gemeinde Staufenberg
Peter Gente, Berlin
Heiner Georgsdorf, Kassel
Gesellschaft zur Förderung der Literatur aus Asien, Afrika und Lateinamerika, Peter Ripkin, Frankfurt am Main
Maria Gilissen, Brüssel
Linda Givon, Goodman Gallery, Johannesburg
Givon Art Gallery, Tel Aviv
Steven Glaser, rainy day productions, London
Goethe Institut London, Albert Wassener, Helga Wildeotter-Ikonomou
Goethe Institut Madrid, Sabine Belz
Goethe Institut München, Wolfger Pöhlmann, Regina Wyrwoll
Goethe Institut New York, Reinhard und Judith Maiworm, Stephan Nobbe
Goethe Institut Paris, Klaus Peter Roos, Marc Tallet, Michael Thoss
Goethe Institut Stockholm, Rita L. Stetter, Christoph Werr
Goethe Institut Turin, Inge Schladen, Heribert Uschtrin
Daniela Göller, Stuttgart
Arthur und Carol Goldberg, New York
Marian Goodman, Marian Goodman Gallery, New York
The Gordon Matta-Clark Trust, Weston
Barbara Grässlin, Galerie Grässlin, Frankfurt am Main
Frieda Grafe, München
Barbara Gross, Galerie Barbara Gross, München
Felix Grüninger, Paris
Laurent Guillaut, Musée de Bailleul, Cassel
Martin Hagemann, Zero-Film, Berlin
Hans-Dieter Hahn, Stuttgart
Kay Heymer, Essen
Sharon Helgason Gallagher, New York
Claudia Herstatt, Hamburg
Sabine Heymann, Giessen
Barbara Higgs, Frankfurt am Main
Eitan Hillel, Tel Aviv
Theo Hinz, Maxfilm, München
HIT, Nova Gorica
Jean-Jacques Hocquard, La Parole Errante, Paris
Klaus Höppner, Berlin
Chrissie Illes, Museum of Modern Art Oxford, Oxford
IHK Kassel, Walter Lohmeier, Herbert Marschelke
Institut français de Stuttgart
Institut für romanische Literaturen I, Universität Stuttgart
International City Federation, Berlin
Internationale Stadt, Berlin
ISET e. V., Kassel
The Israel Museum, Jerusalem
André Iten, Centre pour l'image contemporaine Saint Gervais, Genf
Dagmar Jacobsen, Berlin
Thierry Jacoby, Office for Metropolitan Architecture, Rotterdam
Angelika Jaenicke, Offener Kanal, Kassel
Lutz Jahre, Bonn
Gavin Jantjes, INIVA, London
Jörg Jeshel, Berlin
Jochinger Bau-Consulting + Projektmanagement GmbH, Kassel
The Johnson County Community College, Overland Park
Jean-Baptiste Joly, Stuttgart
Dave Jones, New York
Andrea Joosten, Stiftung Museum Schloß Moyland Joseph Beuys Archiv
Simone Kahle-Göttel, Mainz
Benno Kalev, Tel Aviv
Christoph Kalter, Stuttgart
Kara Burun Tours, Kaufungen
Kassel Service, Gesellschaft für Tourismus und Marketing mbH, Kassel
Kasseler Sparkasse, Kassel
Kasseler Verkehrs-Gesellschaft AG (KVG)
Rolf Kehlenbach, SONY, Köln
Clive Kellner, Johannesburg
Kiepenheuer und Witsch, Köln
Henner Kimm, Schreinerei Kimm, Bad Emstal-Sand
Udo Kittelmann, Kölnischer Kunstverein, Köln
Frank-Roland Klaube, Stadtarchiv Kassel
Frank Koeditz, Nachrichtentechnik, Kassel
Christine König, Galerie Christine König & Franziska Lettner, Wien
Klaus Krimmel, Hessischer Rundfunk, Kassel
Ursula Krinzinger, Galerie Krinzinger, Wien
Michael Krüger, Carl Hanser Verlag, München
Thomas Kufus, Zero-Film, Berlin
Kulturministerium der Republik Slowenien, Ljubljana
Kunst - Werke Berlin e.V.
Lamuv Verlag, Göttingen
Lange & Co., Dieter Eisler, Kassel
Joerg Lankseirt, Böblingen
Laurence Miller Gallery, New York
Lebenshilfe Lienz, Lienz
Le Feutre S.A., Mouzon, Frankreich

Yongwoo Lee, Kwangju Biennale, Seoul
Leffers AG, Kassel
Rachel und Jean-Pierre Lehmann, Genf
Lehmann Maupin, New York
Michel Leiner, Stroemfeld Verlag, Frankfurt am Main
Jean-Yves Leloup-Barbichon, Eric Pajot, Radio Mentale
Janick Le Naour, Cinémathèque du Ministère de la Coopération, Paris
Wolfgang Lepenies, Wissenschaftskolleg zu Berlin
Franziska Lettner, Galerie Christine König & Franziska Lettner, Wien
Dalia Levin, Herzliya Museum of Art, Herzliya
Yang Lian, London
Librairie Arthème Fayard, Paris
Dr. Alexander Link, Stadtmuseum Kassel
Werner Lippert, Projects, Düsseldorf
Karsten Lisker, Kassel
LJUDMILA, Ljubljana
LoGING d.o.o., Novo Mesto
Regina Lorenz, Sipa Press, Paris
Agnieszka Lulinska, Bonn
Svenrobert Lundquist, Konsthall, Göteborg
Judy Lybke, Galerie EIGEN + ART, Berlin / Leipzig
Roland Mahle, Stuttgart
Maison de France, Berlin
MAK Center for Architecture, Los Angeles
Evelyne Massoutre, Paris
Eberhard Mayntz, Berlin
Carol McMichael Reese, MAK Center for Art and Architecture, Los Angeles
Jean-Michel Meurice, Paris
Christian Milovanoff, Arles
Miuccia Prada, Mailand
Robert Miniachi, Vancouver
Mobitel d.d., Ljubljana
Bruno Mocci, Botschaft der Republik Italien, Bonn
Stefan Mosetter, Frankfurt am Main
Max Moulin, AFAA, Paris
Movimento Production, Christian Baute, Pierre Hanau, Paris
Carrie Mullen, University of Minnesota Press, Minneapolis
Musée d'art moderne, Saint-Etienne
Musée national d'art moderne, Centre Georges Pompidou, Paris
Museu de Arte Moderna do Rio de Janeiro, Rio de Janeiro
Museum Overholland, Nieuwersluis
MVS Miete Vertrieb Service AG, Kaufungen
Aymeric Nager
Manfred Neukirchen, Kassel
Peter Noever, Museum für Angewandte Kunst, Wien
Nordhessischer VerkehrsVerbund (NVV)
Götz Ohlendorf, Kassel
Claudio Oiticica, Miami
Willem Oorebeek, Brüssel
OPAK, Frankfurt am Main
Alfred Pacquement, énsb-a, Paris
Peter Pakesch, Kunsthalle Basel, Basel
Enno Patalas, München
Patrick Painter Editions, Vancouver
Sylvain Pelly, Paris
Reinhard Penzel, SONY, Köln
Giuliano und Anna Perezzani, Sanguinetto
Alan Phelan, Dublin
Jean-Michel Phéline, Institut français de Cologne, Köln
The Philadelphia Museum of Art, Philadelphia
Mario Pieroni und Dora Stiefelmeier, Zerynthia Associazione per l'Arte Contemporanea, Rom
Albert Pinkvohs, Kassel
Marc Pottier, New York
Prentenkabinet Rijksuniversiteit, Leiden
Projeto Hélio Oiticica, Rio de Janeiro
pro nordhessen e.V., Renate Fricke, Kassel
Regen Projects, Los Angeles
Heitor Reis, Museu de Arte Moderna, Salvador de Bahia
Judith Reuter, SONY, Köln
Ulrich Rodewald, Hess. Lichtenau
Sabine Rollberg, arte, Straßburg
Tim Rollins, New York
Shirley Ross Davis, San Francisco
Rotbuch Verlag, Hamburg
Anda Rottenberg, National Gallery of Contemporary Art Zacheta, Warschau
Jean-Christophe Royoux, Paris
Yves Roussel, Archives Michel Foucault, Paris
Caroline Ruppert, SONY, Köln
Doron Sabag, Tel Aviv
The Saint Louis Art Museum, St. Louis
Sammlung Generali Foundation, Wien
Sammlung Hauser & Wirth, Zürich
Sandra Gering Gallery, New York
Savaprojekt d.d., Krško
Nicolaus Schafhausen, Stuttgart
Aurel Scheibler, Köln
Manfred Schiedermair, Frankfurt am Main
Bärbel Schirrmacher, Kassel
Romana Schneider, Frankfurt am Main
Heinrich Schröder, Wildeck
Ulle Schröder, arte, Straßburg
Martin Schüttpelz, Stuttgart
Schuhhaus Feist-Fashion, Kassel
Hans-Jürgen Schwarz, Kassel
Schwarze Risse, Buchladen- und Verlags GmbH, Berlin
Dieter Schwerdtle, Kassel
Senatsverwaltung für Wissenschaft, Forschung und Kultur, Berlin
Marie-Paule Serre, AFAA, Paris
Robert J. Shiffler Collection and Archive, Greenville
Amos Shoken, Tel Aviv
Mark Sladen, Entwistle Gallery, London
Phil Smith, Vancouver
Dirk Snauwaert, Kunstverein München, München
Juan-Carlos Soler, Paris
Spiel + Hobby Krüger, Kassel
Sporthaus Kajulä, Kassel
SRC Computers d.o.o., Ljubljana
St. Louis Art Museum, St. Louis
Michael Staab, Köln
Stadt- und Kreisbildstelle, Kassel
Städtische Galerie im Lenbachhaus, München
Stahlbau Simon GmbH, Kassel
José Lebrero Stals, MACBA, Barcelona
Bernhard Starke, Kassel
Cecile Starr, New York
Steirischer Herbst, Christine Frisinghelli, Sabine Reisner, Graz
Karin Stengel, documenta-Archiv, Kassel
Liliana Stepancic, Open Society Institute Slovenia - SCCA, New York
Stiftung Deutsche Klassenlotterie, Berlin
Süddeutscher Rundfunk, Uwe Bork, Stuttgart
Jean-François Taddei, FRAC des Pays de la Loire, Nantes
David Tartakover, Tel Aviv
Gilane Tawadros, INIVA, London
Sophia Telles, São Paulo
The Thing, New York / Wien
Dennis Thomas, New York
Pieter Tjabbes, Fundaçao Bienal de São Paulo, São Paulo
Triennale di Milano, Mailand
Jean-Pierre Tritz, Abder Bengmah, Echap'Mode, Chapeaux, Paris
Andrea Überbacher, E.A. Generali Foundation, Wien
Siegfried Unseld, Suhrkamp Verlag, Frankfurt am Main
Dean Valentine, Beverly Hills
Christine van Assche, Musée national d'art moderne, Centre Georges Pompidou, Paris
Anneke van der Elsken, Warder
Peter van Vogelpoel, Amsterdam
Verlag Westfälisches Dampfboot, Münster
Verwaltung der staatlichen Schlößer und Gärten, Michael Boßdorf, Nikolaus Backes, Kassel
Giorgio Verzotti, Castello di Rivoli, Turin
VHT GmbH, Enger
Jean-Jacques Victor, Französische

Botschaft, Bonn
Klaus Voss, Mövenpick Hotel, Kassel
Robin Vousden, Anthony d'Offay Gallery, London
Janka Vukmir, SCCA Zagreb, Zagreb
Kerstin Wahala, Galerie EIGEN + ART, Berlin
Peter Waibel, Steirischer Herbst, Graz
Olaf Weber, Kassel
Kurt Weidemann, Stuttgart
Heinz Weidner, Potsdam
Hans-Jochem Weikert, Kassel
Rainer Weiss, Suhrkamp Verlag, Frankfurt am Main
Peter Wien, arte, Straßburg
Wiener Secession, Wien
Ulrich Wilmes, Städtische Galerie im Lenbachhaus, München
Melanie Wilson, Anthony d'Offay Gallery, London
Karl Winter, Kino Arsenal, Berlin
Witte de With Center for Contemporary Art, Rotterdam
Johannes Wohnseifer, Köln
Virginie Zabriskie, New York
ZDF / arte, Anne Even, Doris Hepp, Mainz
ZDF / Das Kleine Fernsehspiel, Eckart Stein, Claudia Tronnler, Mainz
Beti Zerovc, Moderna Galerija Ljubljana, Ljubljana
David Zwirner, David Zwirner Gallery, New York

Die documenta X dankt ihren Sponsoren

Deutsche Bahn DB

SONY

Finanzgruppe
Sparkasse Landesbank LBS SparkassenVersicherung

SEIT 1870

BINDING

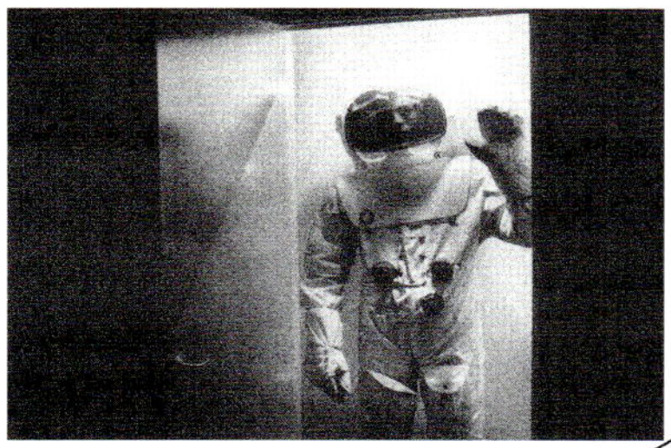

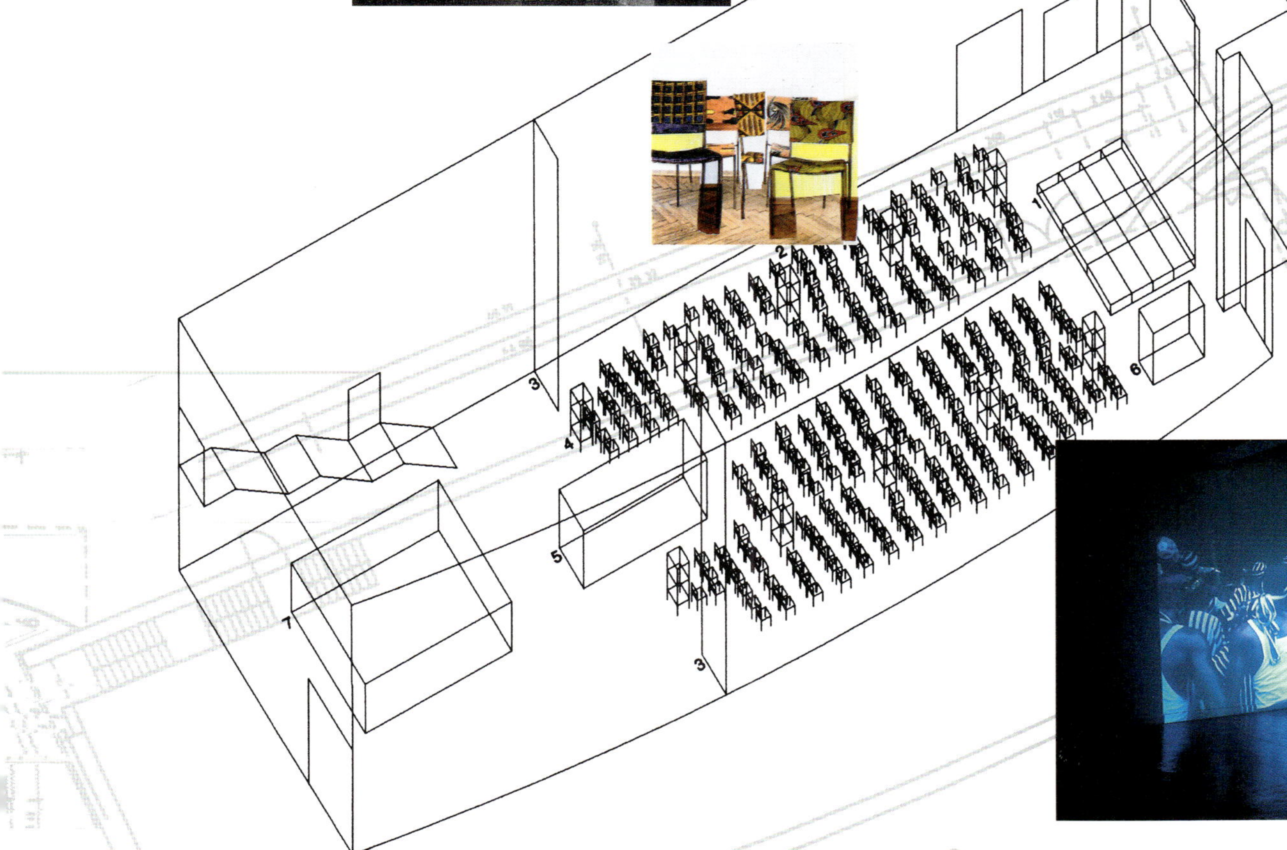

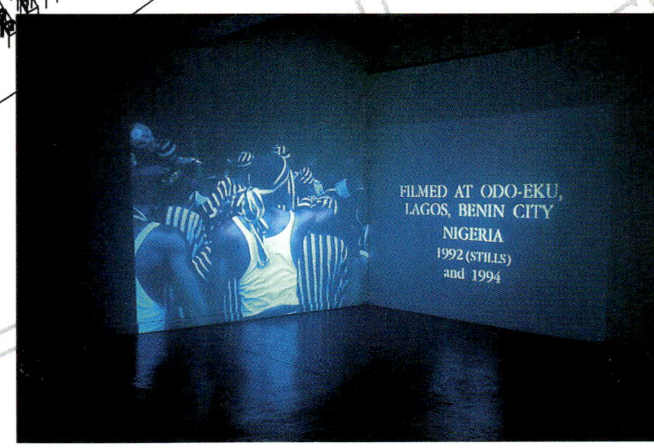
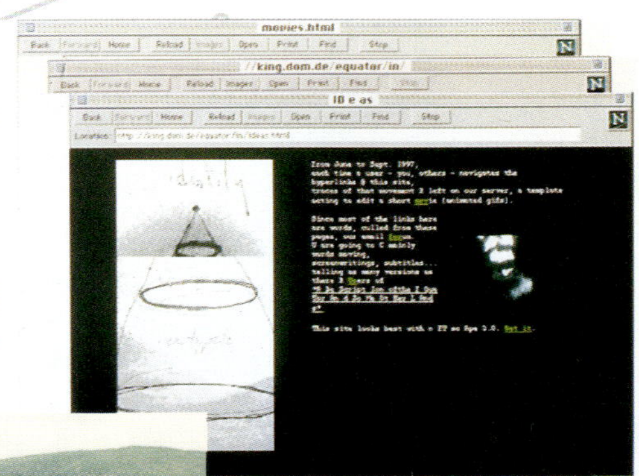

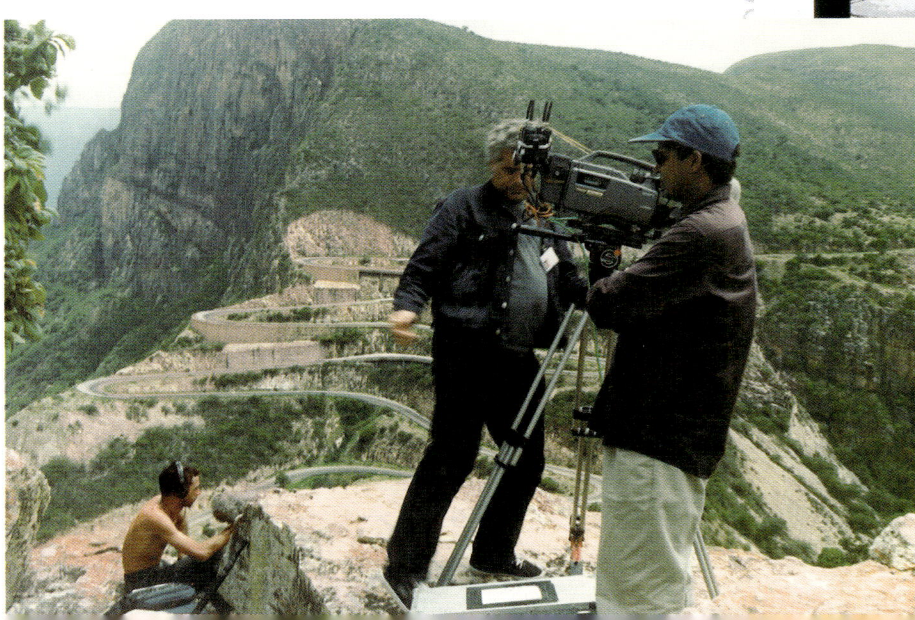

Luftbild Innenstadt

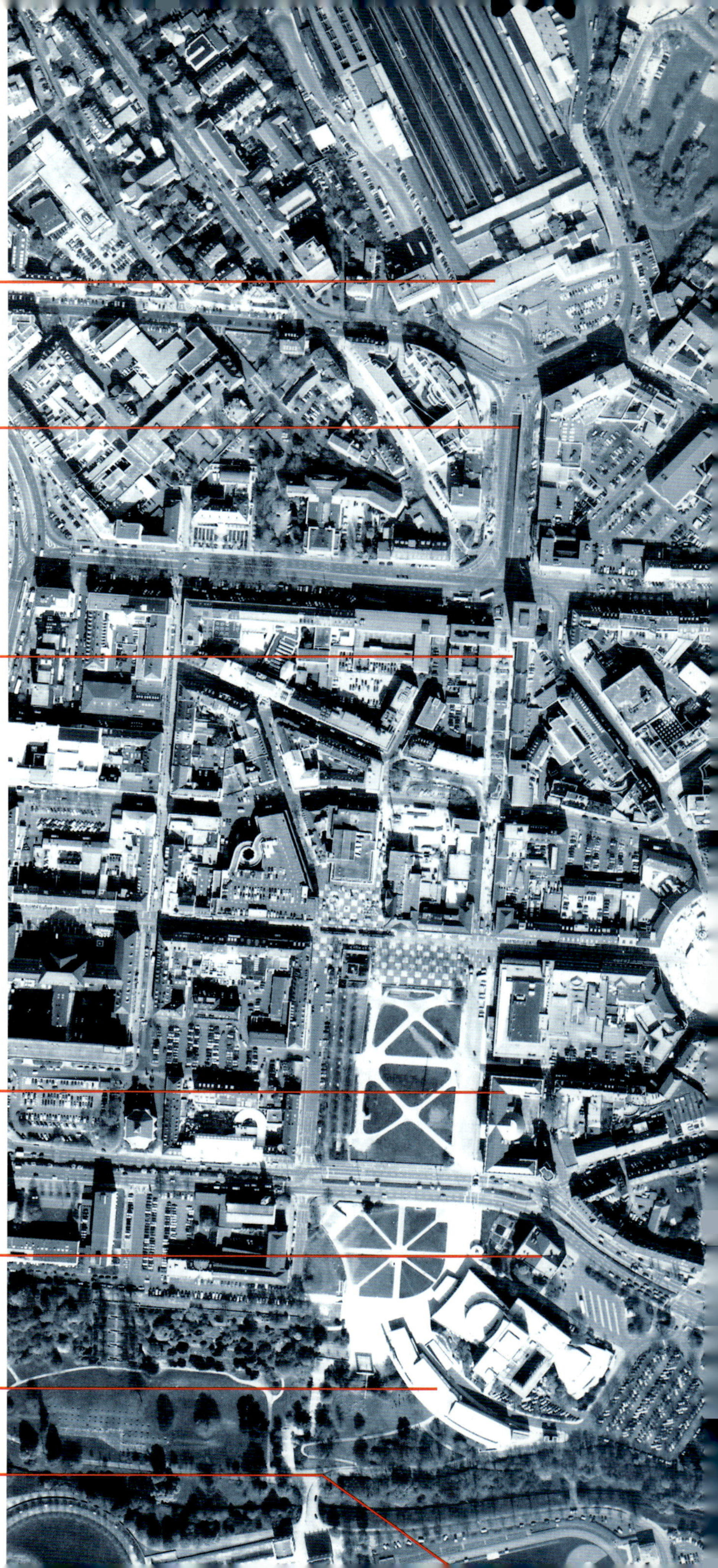

Hauptbahnhof

S-Bahnhof Unterführung

Treppenstraße

Fridericianum

Ottoneum

documenta Halle

Fulda

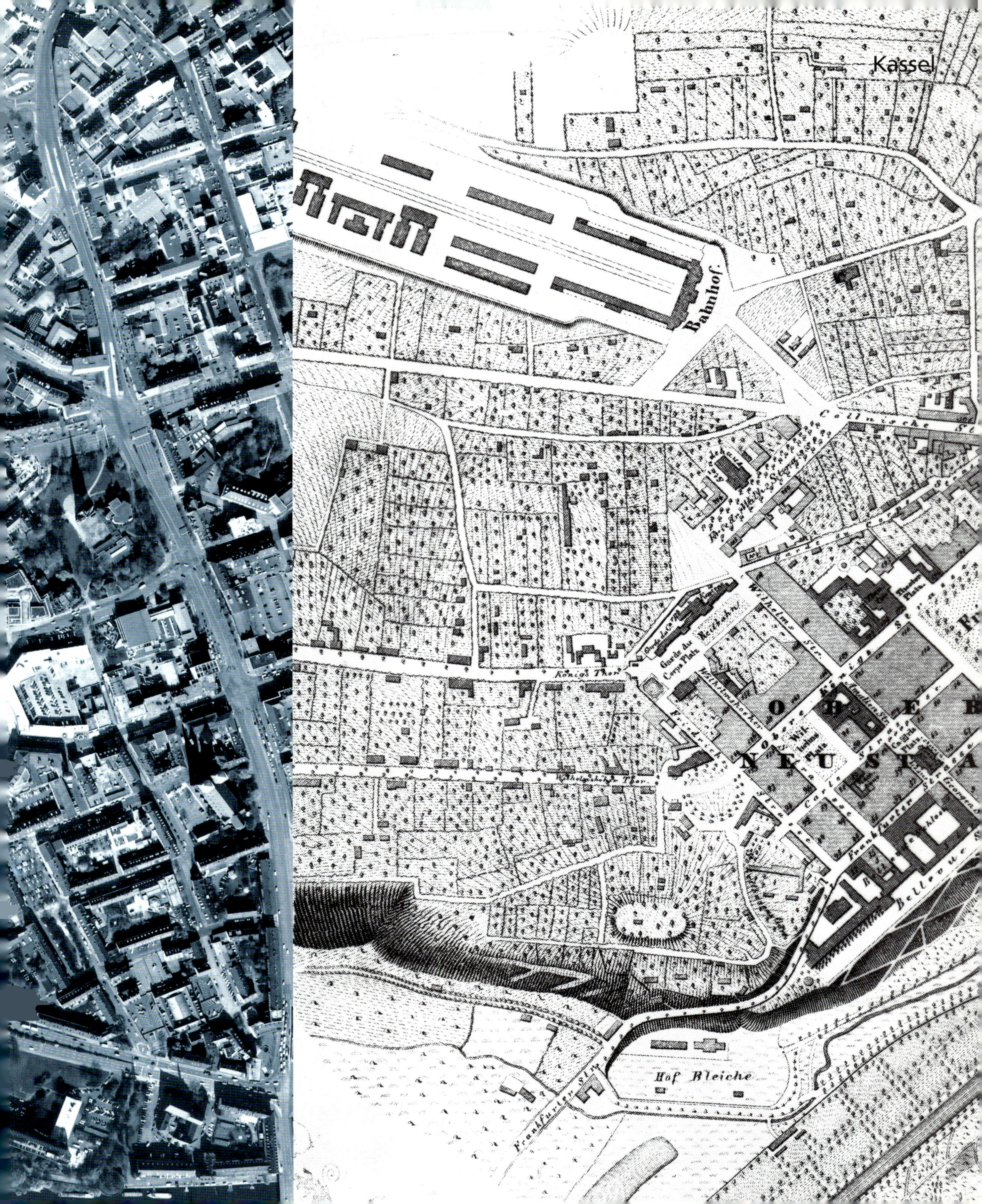

Kassel
Bahnhof
Königs Thor
Hof Bleiche

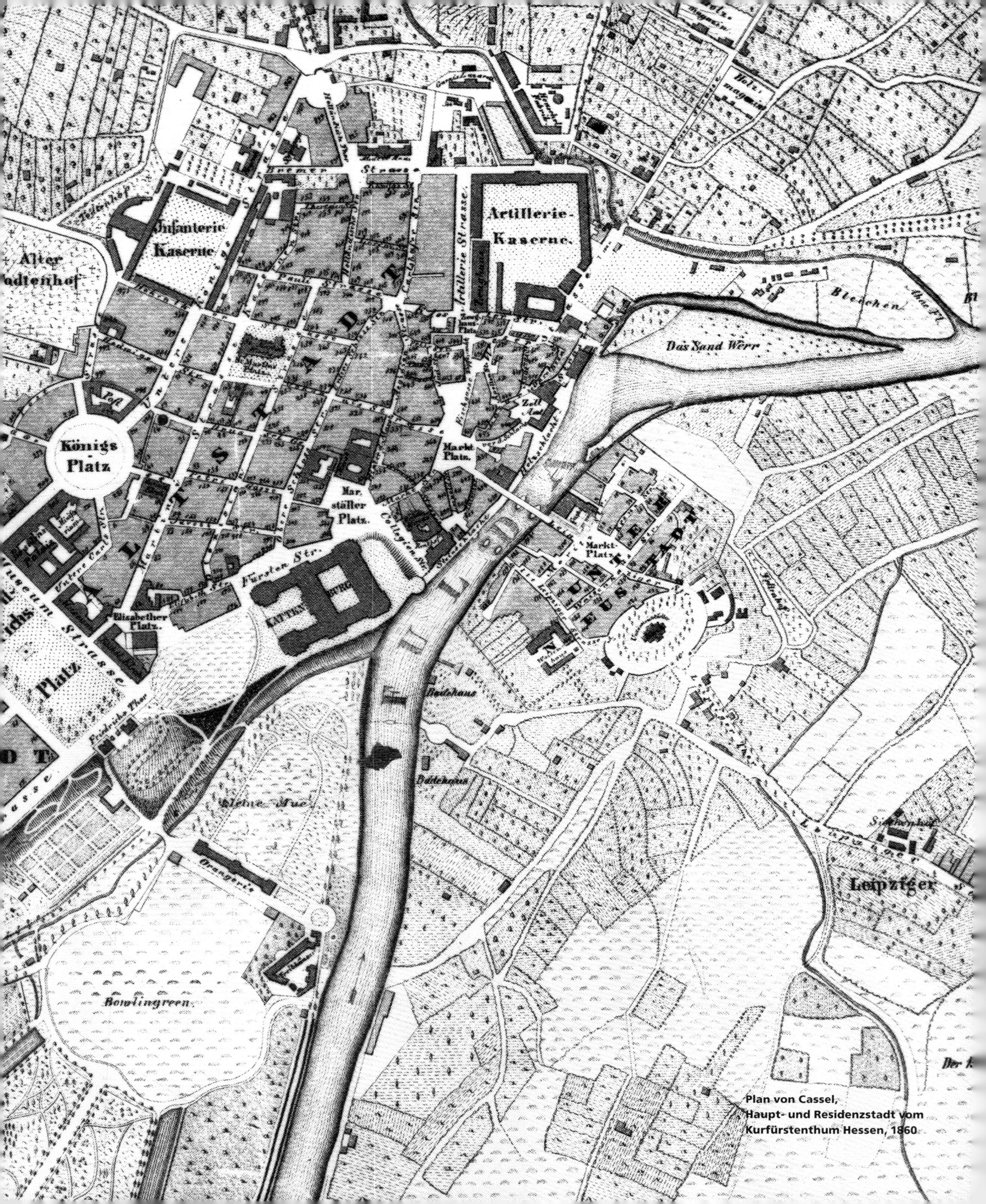

Artillerie-Kaserne.
Infanterie Kaserne
Alter Todtenhof
Königs-Platz
Post
Markt Platz.
Mar-ställer Platz.
Fürsten Str.
Elizabether Platz.
Das Sand Werr
Bleichen
Markt-Platz
Orangerie
Bowlingreen.
Leipziger
Plan von Cassel,
Haupt- und Residenzstadt vom
Kurfürstenthum Hessen, 1860

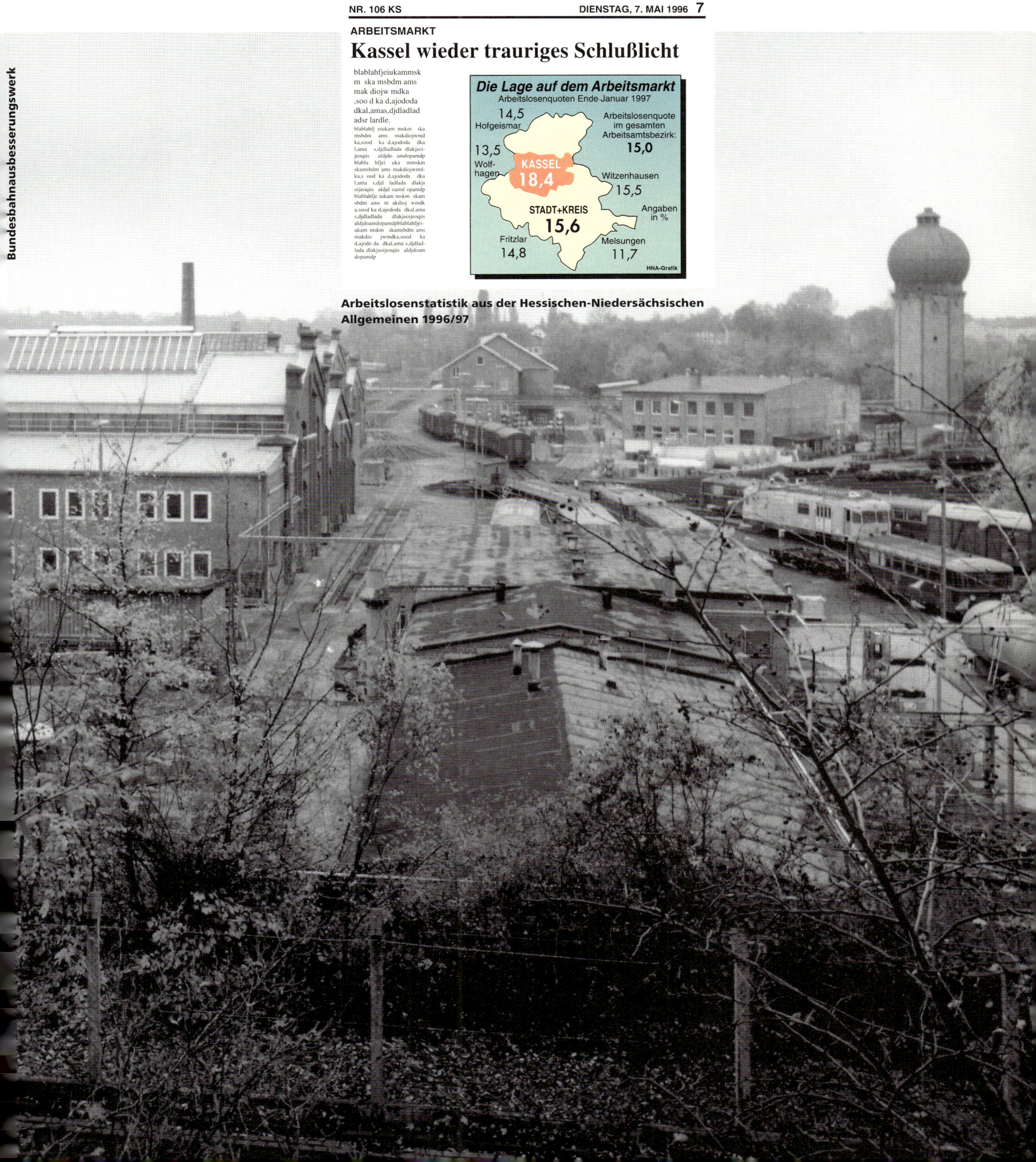

L'idée enfin
d'inventer quelque
chose d'insincère
me traversa
l'esprit et je me
mis aussitôt au
travail. Au bout
de trois mois, je
montrai ma
production à Ph.
Edouard Toussaint
le propriétaire
de la galerie

Saint Laurent.
Mais, c'est de l'Art,
dit-il
et j'exposerais
volontiers tout ça.
D'accord
lui répondis-je.
Si je vends
quelque chose
il prendra 30 %,
Ce sont, paraît-il
des conditions
normales

LE SKI GRAND SOLEIL

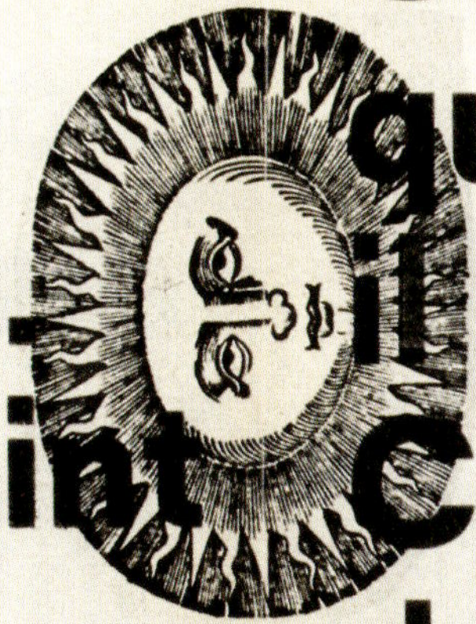

A Pâques, au lieu d'aller à la mer, la campagne, pourquoi ne pas partir en haute montagne ? Chaque année, le ski « grand soleil » est plus confor- …

1967

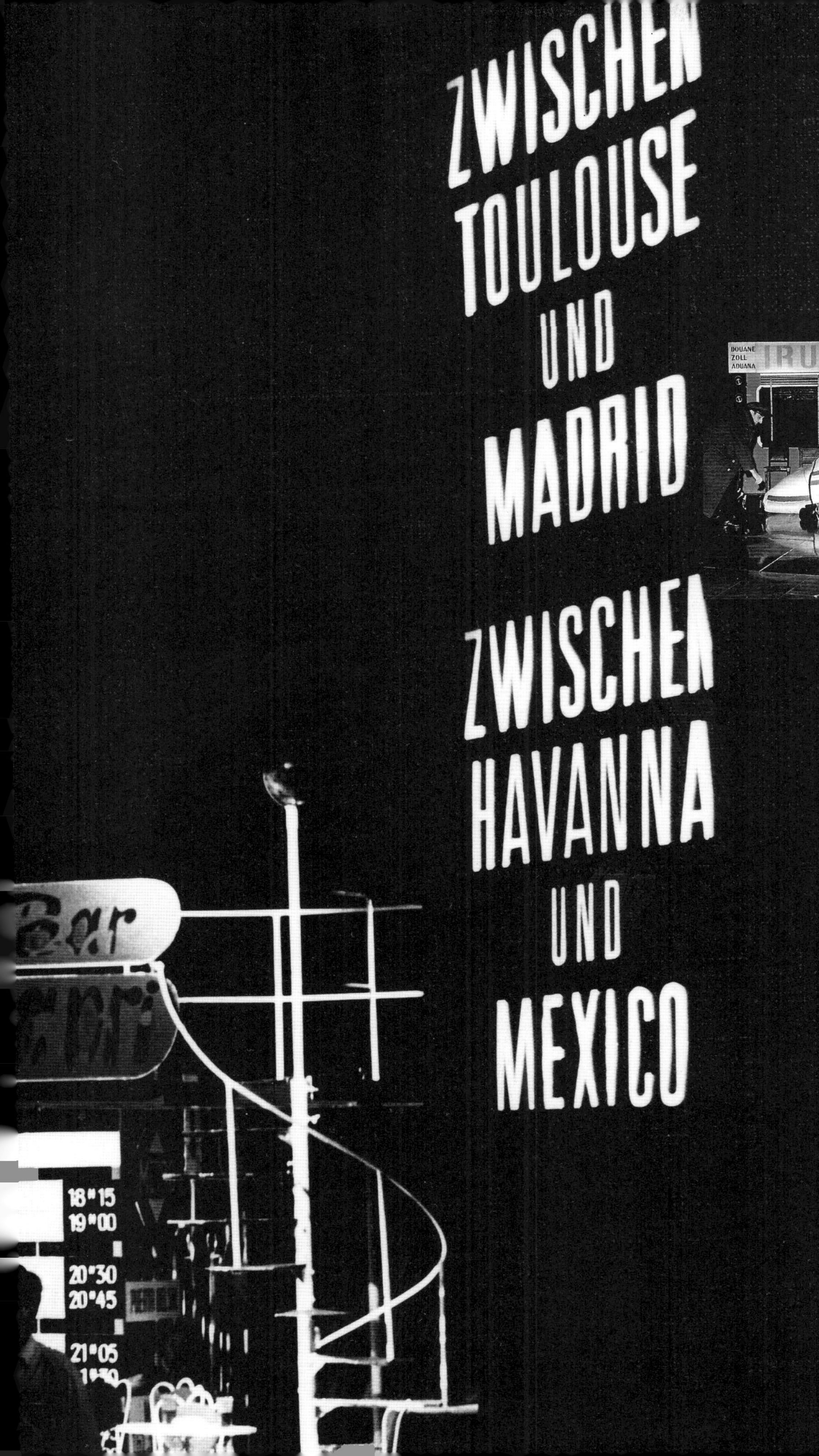
ZWISCHEN
TOULOUSE
UND
MADRID
ZWISCHEN
HAVANNA
UND
MEXICO
Bar
18"15
19"00
20"30
20"45
21"05

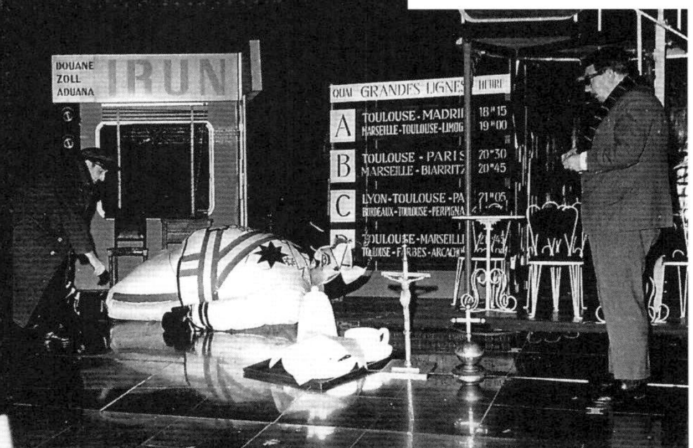
DOUANE
ZOLL
ADUANA
IRUN
QUAI GRANDES LIGNES
A
B
C
TOULOUSE - PARIS
MARSEILLE - BIARRITZ
20"30
20"45
18"15
19"00
21"05

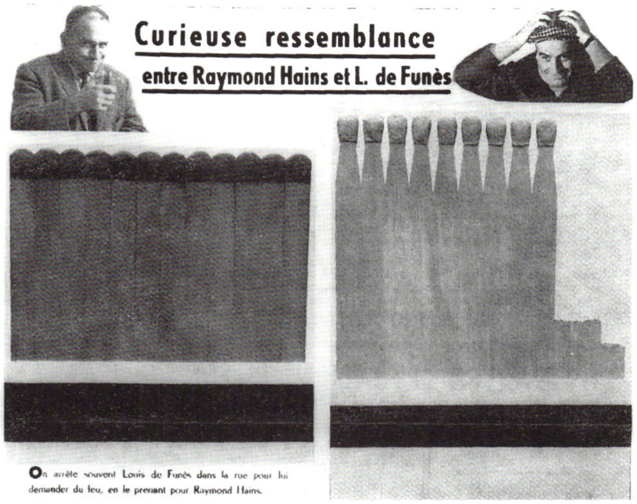

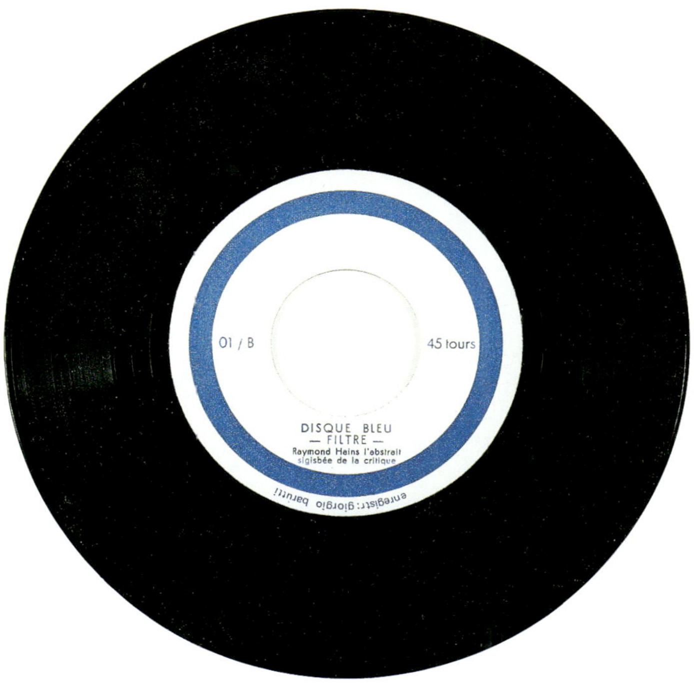

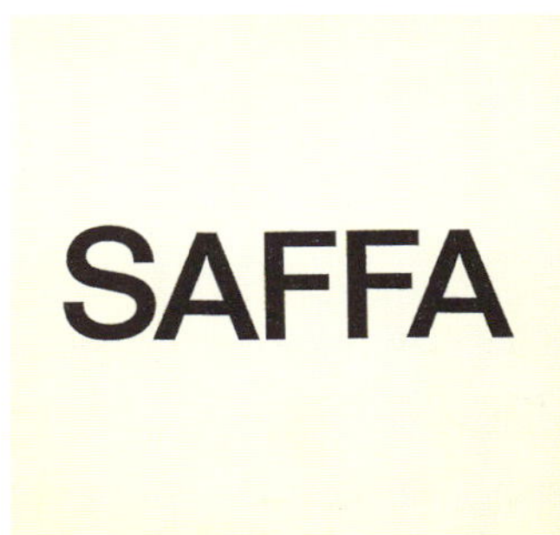

logische Unterstützung, und sie mußten nicht nur ein politisches Defizit ausgleichen, sondern auch ein soziales. Politisch gesehen war die Nationale Befreiungsfront keineswegs bloß die gewalttätige Form einer schon vorher existierenden nationalistischen Organisation, im Gegenteil, sie war das gewaltsame Mittel, das diese Organisation erst ins Leben rufen sollte.

Aus: »Le contenu social de la lutte algérienne« (1959–1960). In: *La guerre des Algériens*, Paris 1989.

Claude Lefort

Man versuchte es so darzustellen, als ob am Ende der zweiten Woche des Aufstands eine bedeutende konterrevolutionäre Bewegung in Gang gewesen wäre und die Errungenschaften der Arbeiter in Gefahr gewesen wären, liquidiert zu werden. Kádár kam im weiteren Verlauf auf diese Lüge zurück und erklärte, es hätte sich bloß um eine Bedrohung gehandelt, die von den reaktionären Banden ausgegangen sei, und die Regierung hätte deren Aktionen zuvorkommen müssen. Aber das war eine weitere Lüge. Die Ereignisse beweisen das, denn die Arbeiterklasse kämpfte in ganz Ungarn hartnäckig weiter, der Streik weitete sich zum Generalstreik aus und die Fabriken wurden erneut zu Bastionen des Aufstands. Was die Russen nicht tolerieren konnten und mit der Hilfe einer Marionettenregierung zerschlagen wollten, das waren gerade die neuen Errungenschaften der Arbeiterklasse – die Räte und die Bewaffnung der Arbeiter (...) Wenn eine Revolution ausbricht, dann ist ihr Ausgang natürlich nicht von vornherein garantiert. Bei der ungarischen Revolution stand das Proletariat nicht allein; an seiner Seite kämpften die Bauern, die Intellektuellen und die Kleinbürger gegen die Diktatur der Bürokratie, die die ganze Bevölkerung ausbeutete und knechtete. Die demokratischen und nationalen Forderungen einten während einer ersten Phase die gesamte Bevölkerung; theoretisch war zu diesem Zeitpunkt vorstellbar, daß dies zu einer Neubildung eines neben den Räten existierenden und ihnen gegenüberstehenden Staatsapparats, zur Entstehung einer sich der Unterstützung der Bauern und des Kleinbürgertums erfreuenden parlamentarischen »Demokratie« führen könnte. In einer zweiten Phase der Revolution wurde die Widersprüchlichkeit des Inhalts der Forderungen deutlich; zu diesem Zeitpunkt war nur noch eine Lösung möglich, die brutal das eine auf Kosten des anderen durchsetzt, also entweder ein Parlament bürgerlichen Typs oder die Räte, entweder Armee und Polizei als Spezialeinheiten zur Durchführung von Zwangsmaßnahmen oder eine bewaffnete Organisation der Arbeiterklasse. Zu Beginn trug der Aufstand die Keime zweier völlig verschiedener Regierungsformen in sich. (...)

icht des Ersten Sekretärs N. Chruschtschow über die Stalin-Ära. Unabhängigkeit Krise.

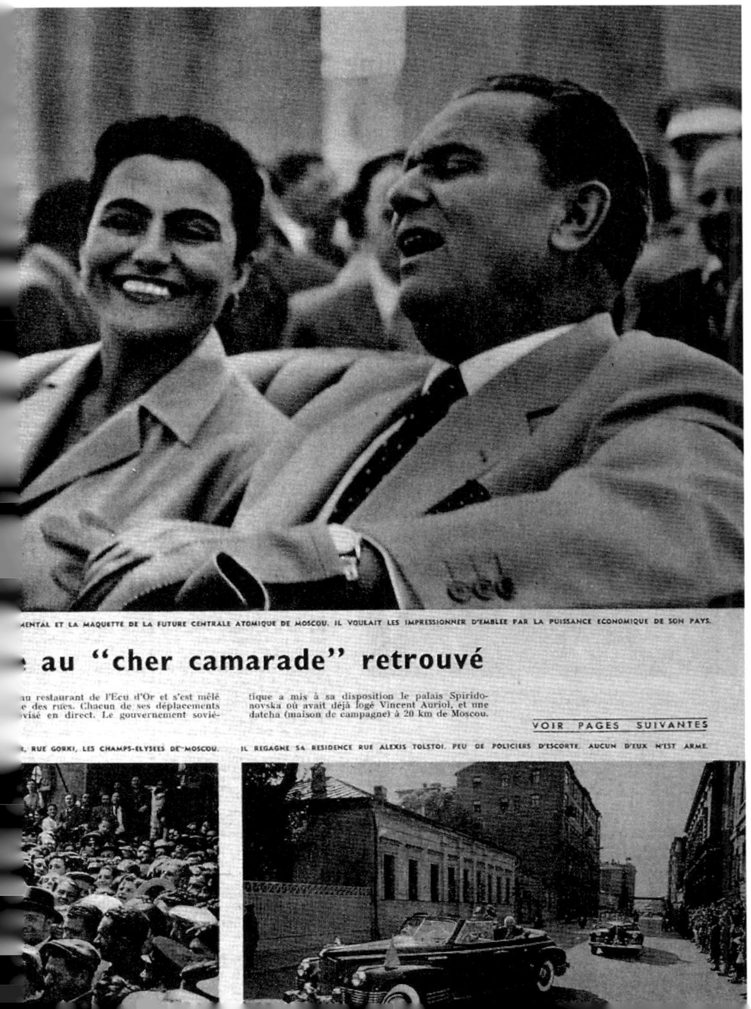
ENTAL ET LA MAQUETTE DE LA FUTURE CENTRALE ATOMIQUE DE MOSCOU. IL VOULAIT LES IMPRESSIONNER D'EMBLEE PAR LA PUISSANCE ECONOMIQUE DE SON PAYS.

au "cher camarade" retrouvé

au restaurant de l'Ecu d'Or et s'est mêlé e des rues. Chacun de ses déplacements visé en direct. Le gouvernement soviétique a mis à sa disposition le palais Spiridonovska où avait déjà logé Vincent Auriol, et une datcha (maison de campagne) à 20 km de Moscou.

VOIR PAGES SUIVANTES

R, RUE GORKI, LES CHAMPS-ELYSEES DE MOSCOU.

IL REGAGNE SA RESIDENCE RUE ALEXIS TOLSTOI. PEU DE POLICIERS D'ESCORTE. AUCUN D'EUX N'EST ARME.

Es ist fatal, daß sich gleich alle politischen Richtungen zu Wort melden, kaum daß es mit einem diktatorischen Regime zu Ende geht. Es hat fatale Folgen, daß die Politiker des Regimes, kaum dem Gefängnis entronnen, wieder Versammlungen abhalten, Reden schwingen, Artikel schreiben, Programme entwerfen; daß das Publikum in der Euphorie des gemeinsamen Sieges bereit ist, jedem Phrasendrescher zu applaudieren, der seine Freiheitsliebe verkündet. Der Bedrohung, die diese politischen Tendenzen darstellen, steht noch keine organisierte gesellschaftliche Kraft gegenüber, die ihr gewachsen wäre.

In dieser Zeit bestanden die Arbeiterräte weiter fort; die Arbeiter standen weiterhin Gewehr bei Fuß. Die Räte und die bewaffneten Arbeiter waren die einzige wirkliche Kraft, die einzige organisierte Macht im Land – abgesehen von den Russen.

Diese Macht konnte von der russischen Bürokratie keinesfalls geduldet werden. Mit den Tildys und Kovács, selbst mit den Mindszentys konnte man Kompromisse eingehen, ihnen Konzessionen machen und weiter die Herrschaft ausüben. Die Russen hatten in Ungarn wie auch in allen anderen volksdemokratischen Ländern bereits Zugeständnisse gemacht – auch in Frankreich, wo sich Thorez und Genossen nicht genierten, sich zwischen 1945 und 1947 gemeinsam mit Bidault an mehreren Regierungsbildungen zu beteiligen. Die Organisation von Räten durch die bewaffneten Arbeiter hingegen war für die russische Bürokratie gleichbedeutend mit einer totalen Niederlage. Aus diesem Grund setzte sie, unter dem Vorwand der »reaktionären Gefahr«, am Sonntag, dem 4. November, ihre Panzer gegen die Räte ein, deren Sieg immense Auswirkungen zu haben und ihre eigene Herrschaft zu erschüttern drohte.

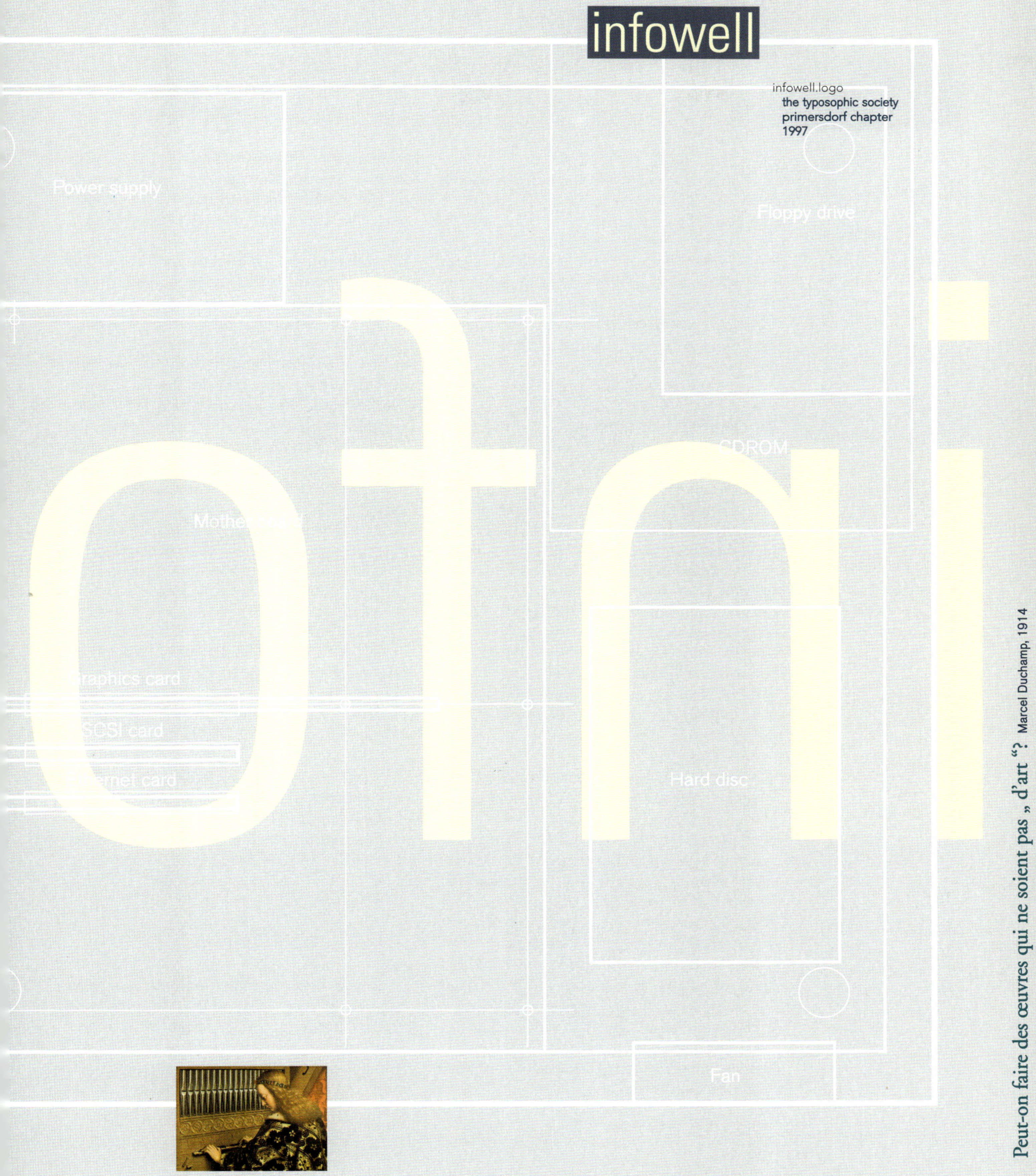

196719781989

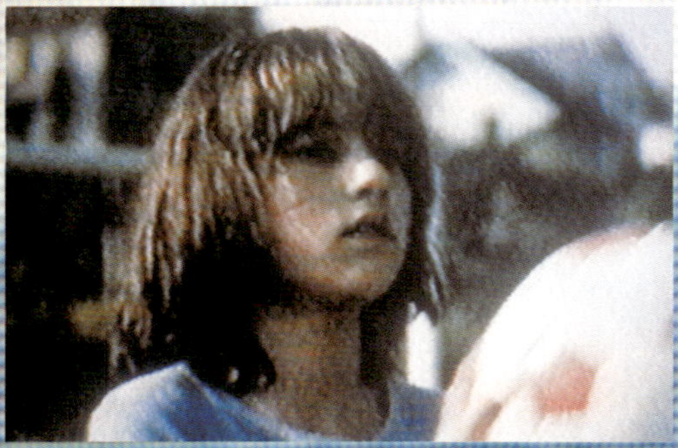

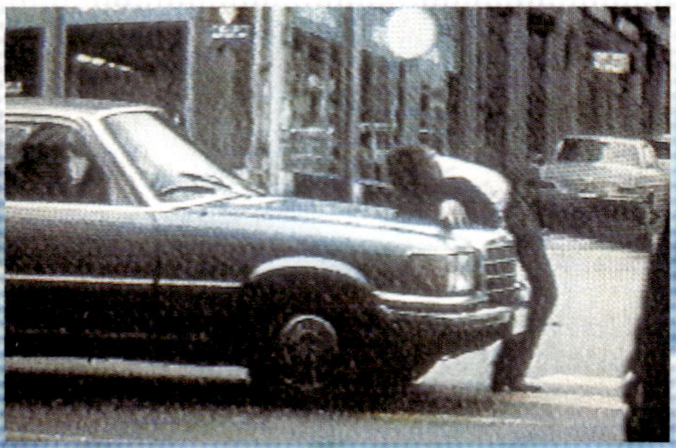

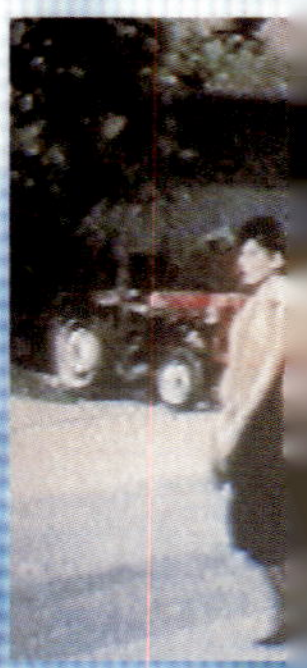

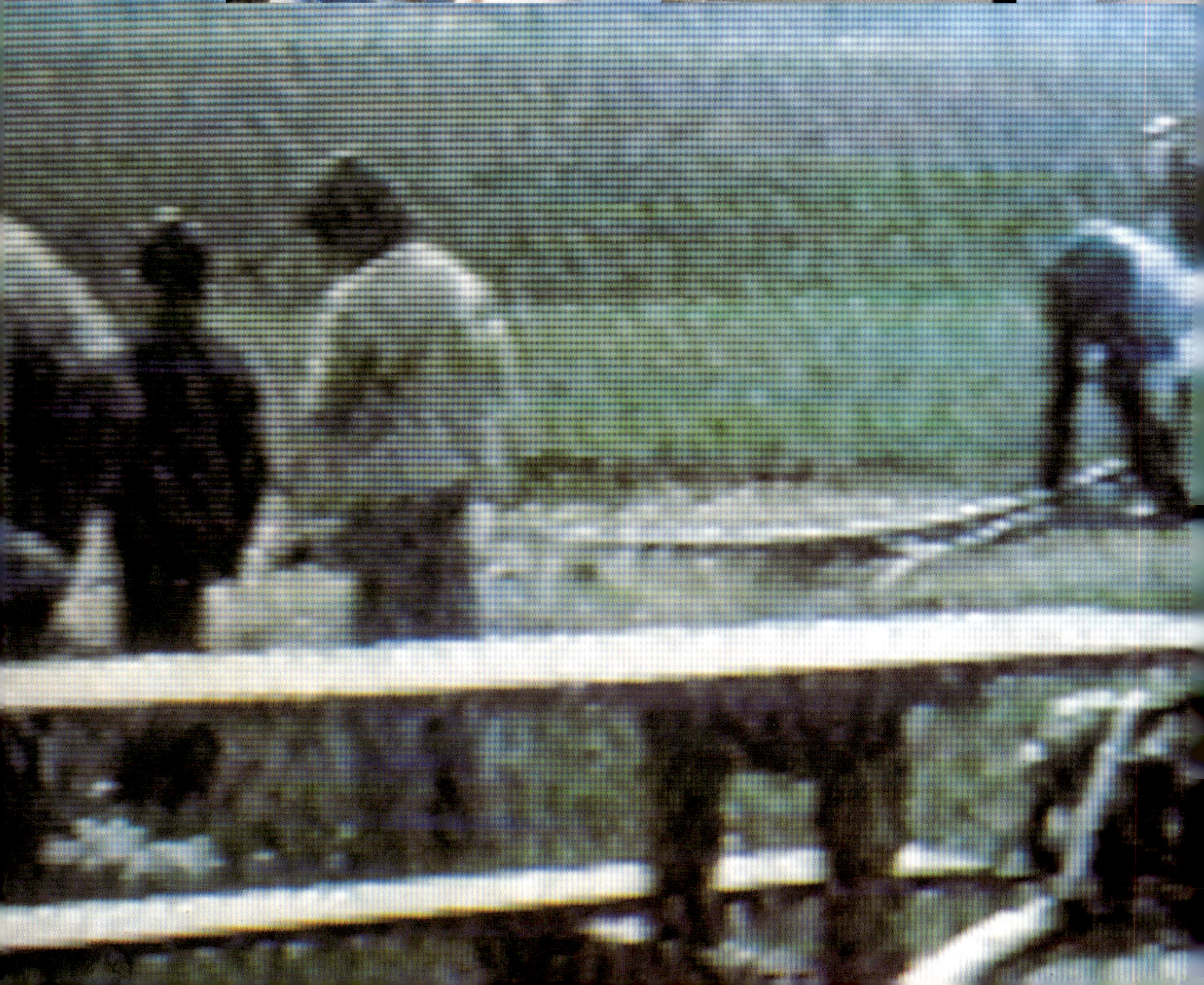

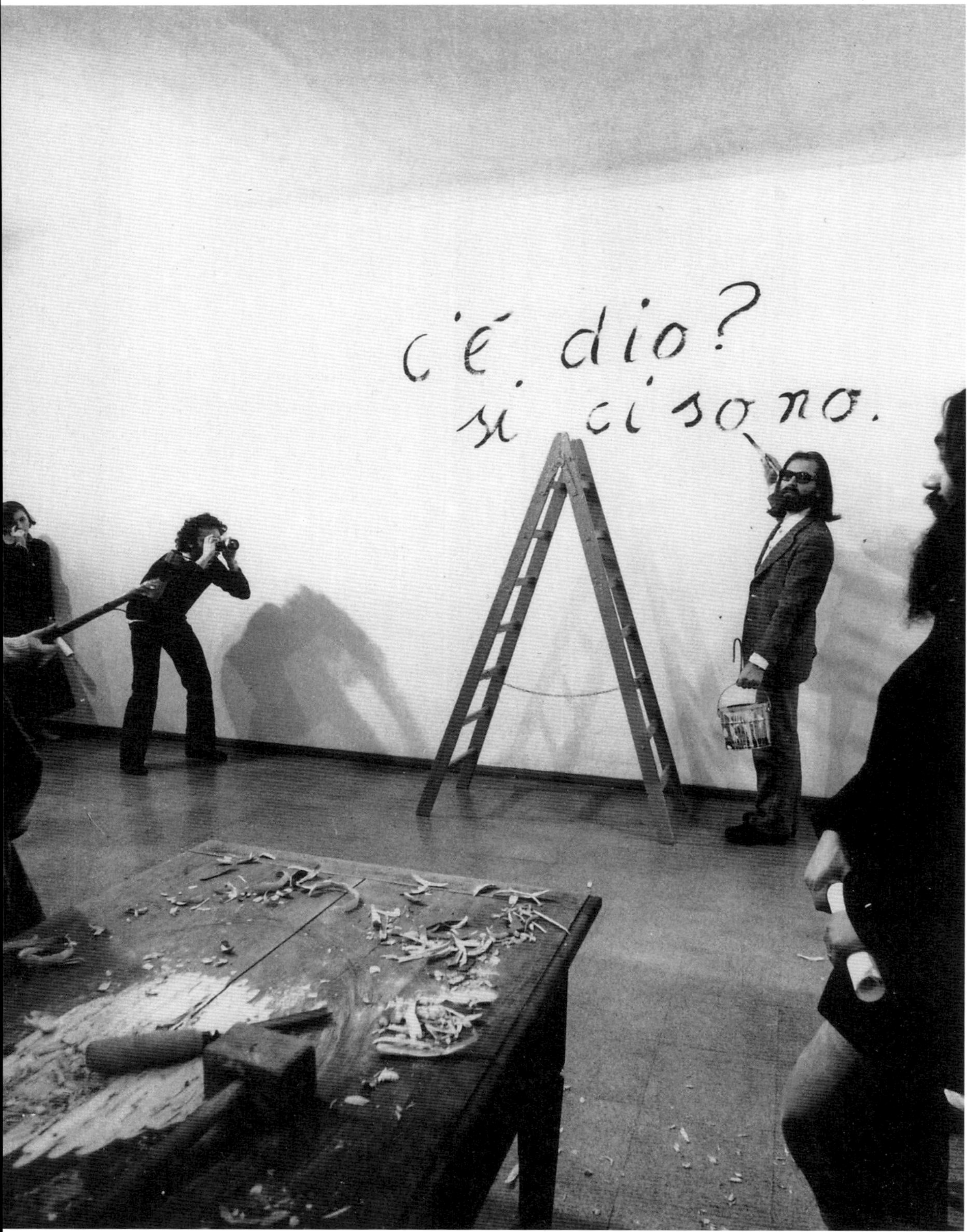

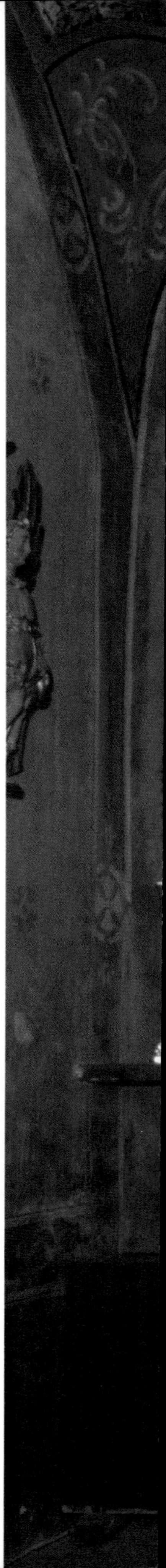

BLANK GENERATION

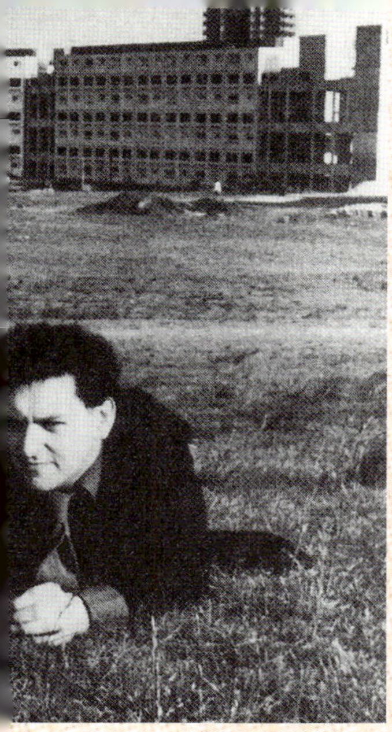

The Buzzcocks, Collyhurst, August 1977

Vielleicht war es ein von Malcolm McLaren und den »Sex Pistols« vorausgeplantes Vorhaben, auf das wirkliche Verhältnis von Rock und Medien die destruktive Kraft anzuwenden, die vom Rock symbolisiert wird. Damit warben sie für die Gruppe. Sie benützten die Medien, um berühmt zu werden und um sie danach mit der so erzeugten Berühmtheit zu zerstören. Anders gesagt, sie zeigten sich, wie sie sind, indem sie die Widersprüche im Mediensystem bezwangen (und ihre Widersprüche in der Rockmusik), die sie vor aller Augen enthüllten: Das war das höchste Ziel der »Sex Pistols«.

Dan Graham. In: *Punk Political Pop*, 1979.

Lipstick Killers/ Brachen die »New York Dolls« mit der rituellen Bestätigung männlicher Identität, so kennt der Punk ähnlich wirkende Musen. Dazu gehören: Patti Smith, Blondie, Lydia Lunch, Polly Styrene, Siouxsie Sioux.

Oh! Bondage Up Yours, 1977/ »Da waren diese Mädchen, die sich mit Handschellen und so Zeug aneinanderketteten… Ich benutzte diese Dinge nur, um die Unterdrückung auszudrücken. Wenn die Leute andere mit Ketten sehen, denken sie, daß sie für die Sklaverei sind – das ist aber nicht der Fall. Wenn du Ketten trägst und das zum Thema deiner Lieder machst, lehnst du dich jedoch dagegen auf. Du gibst so nicht vor, unangekettet zu sein usw., du gibst damit zu, unterdrückt zu sein«. Polly Styrene von den »X-Ray Spex«.

No More Heroes, 1977/ Die zweite Platte der »Stranglers« kommt auf den zweiten Platz der Charts.

Holiday in Cambodia/ Während 1977 mehrere amerikanische Punk-Platten erscheinen (die dritte von »Iggy Pop«, die erste von »Suicide«, die erste der »Voidoids«), tauchen außerhalb von New York neue Gruppen auf. Insbesondere die »Hartbreakers« (die neue Gruppe von Johnny Thunders), »Cramps«, »Devo« und die »Dead Kennedys«. Ihre 1979 erschienene Single *California über alles* wird direkt zur Punk-Legende.

The Great Rock'n Roll Swindle/ Ein Jahr nach Johnny Rottens Abgang erscheint ein Film, in dem er zum letzten Mal die Künstlichkeit sozialer Produkte und Konsumgüter anprangert: »Hast Du jemals das Gefühl gehabt, betrogen worden zu sein?«, fragte er beim letzten Konzert der »Sex Pistols« am 18. Januar 1978.

I'm alive. She's dead. I'm yours/ Steht auf dem von McLaren entworfenen T-Shirt zur raschen Freilassung von Sid Vicious, dem Bassisten der »Sex Pistols«, der seine Lebensgefährtin Nancy Sprungen im Oktober 1978 ermordet hatte. Sid Vicious stirbt 1979 an einer Überdosis.

Too much, too soon/ sangen einige Jahre zuvor die »Dolls«. 1978: Der sich in John Lydon zurückbenannte Johnny Rotten bildet eine neue Gruppe. Bei ihrer ersten Vorstellung zeigen sie sich hinter einem weißen Schirm. Der Name der neuen Gruppe John Lydons: »Public Image Limited«!

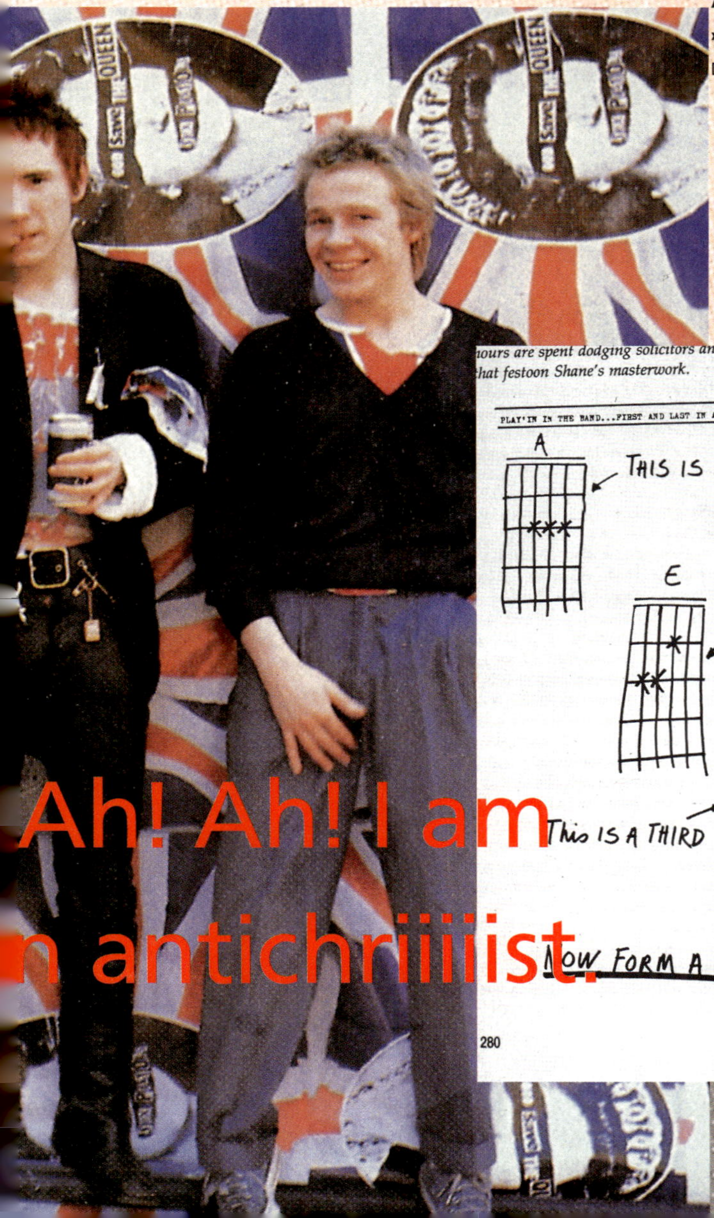

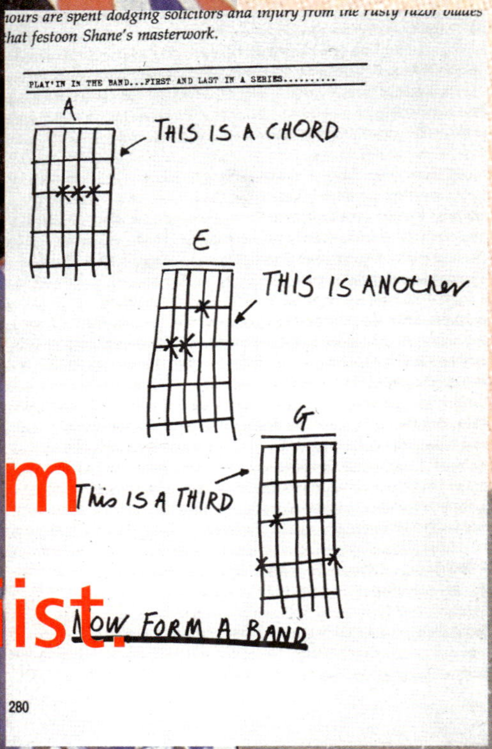

…hours are spent dodging solicitors and injury from the rusty razor blades …hat festoon Shane's masterwork.

PLAY'IN IN THE BAND...FIRST AND LAST IN A SERIES..........

A — THIS IS A CHORD

E — THIS IS ANOTHER

G — This IS A THIRD

NOW FORM A BAND

280

Ah! Ah! I am
n antichriiiiist.

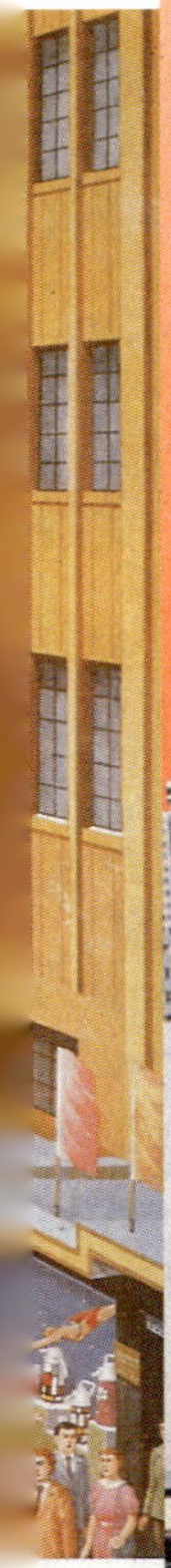

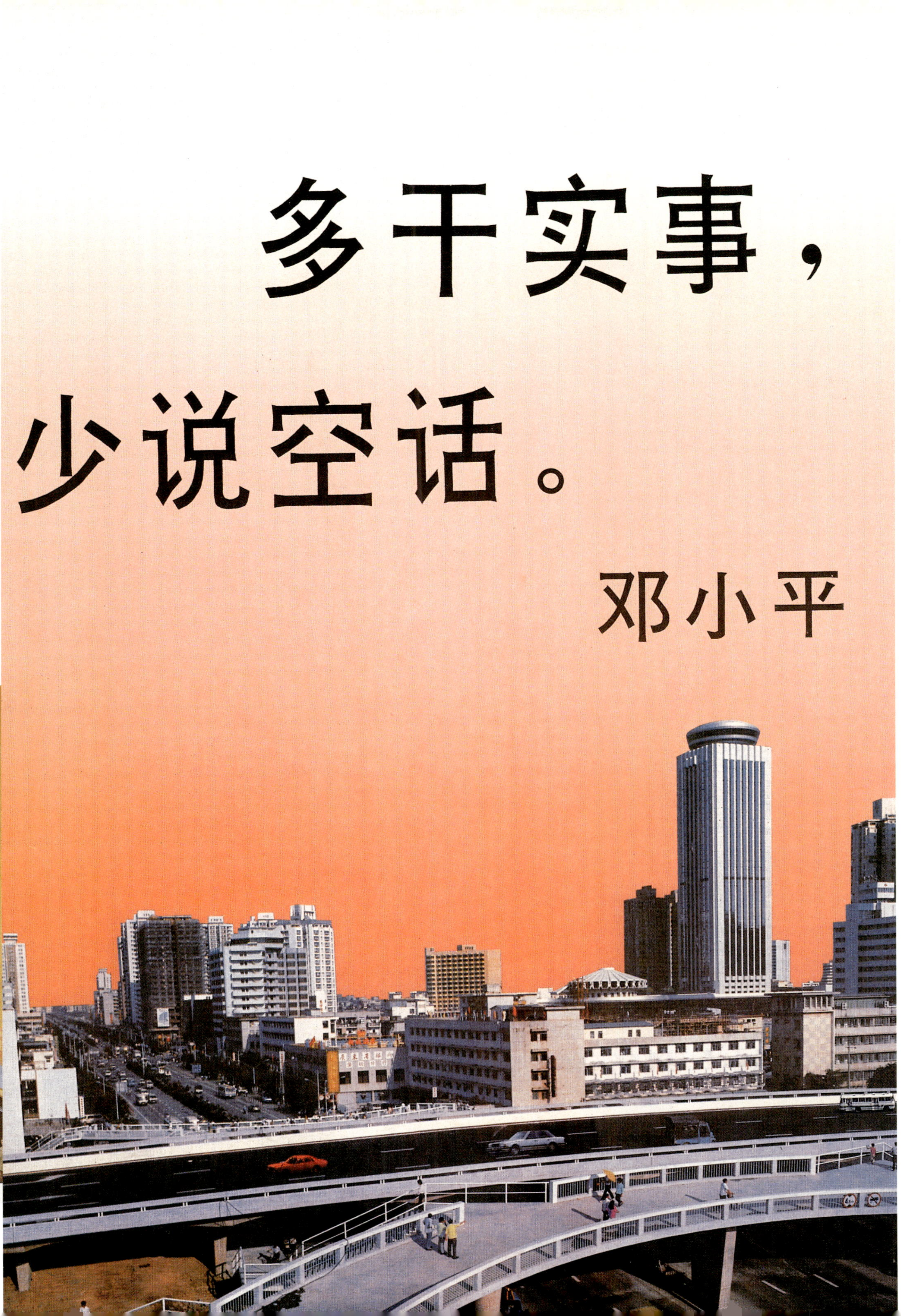

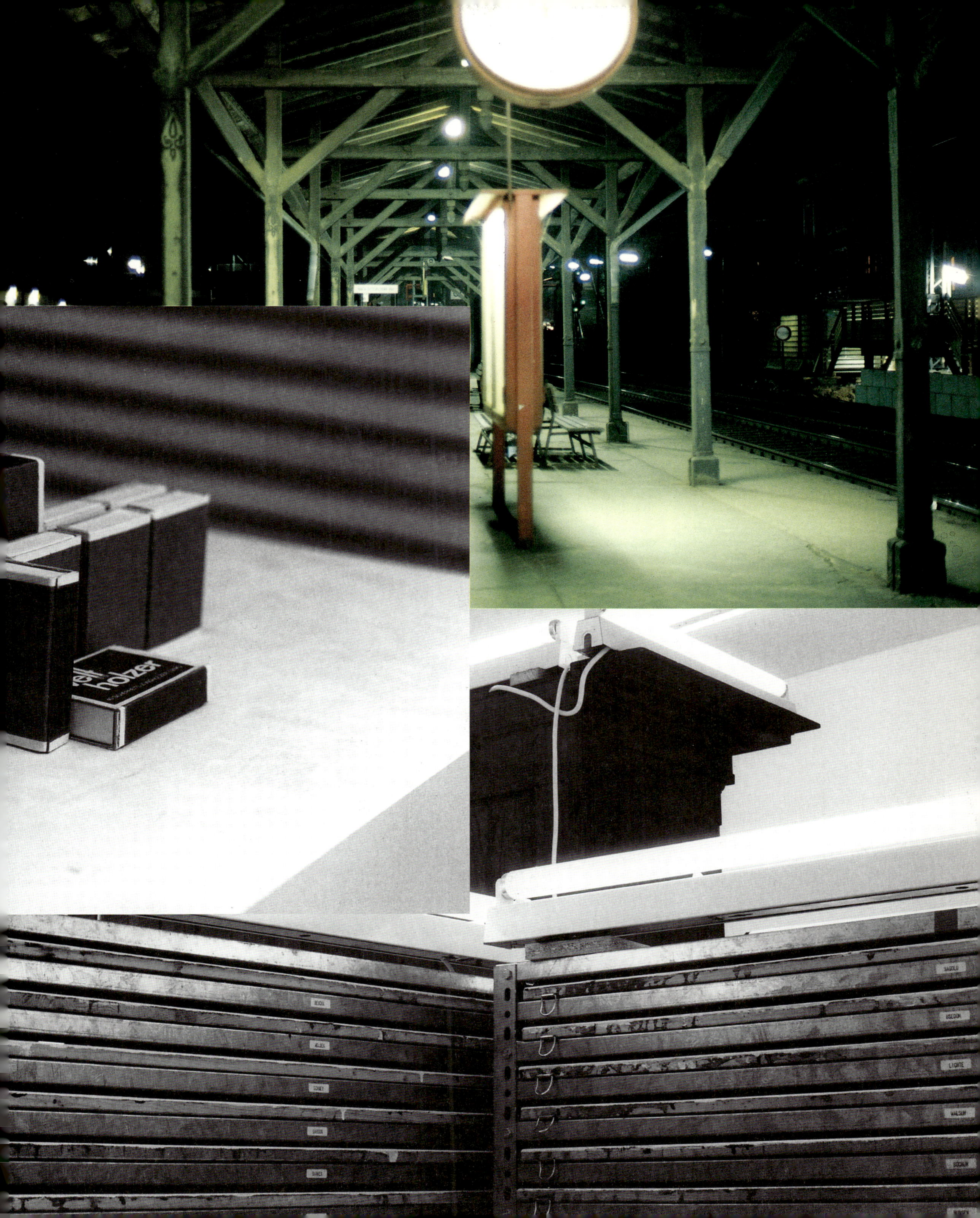
holzer

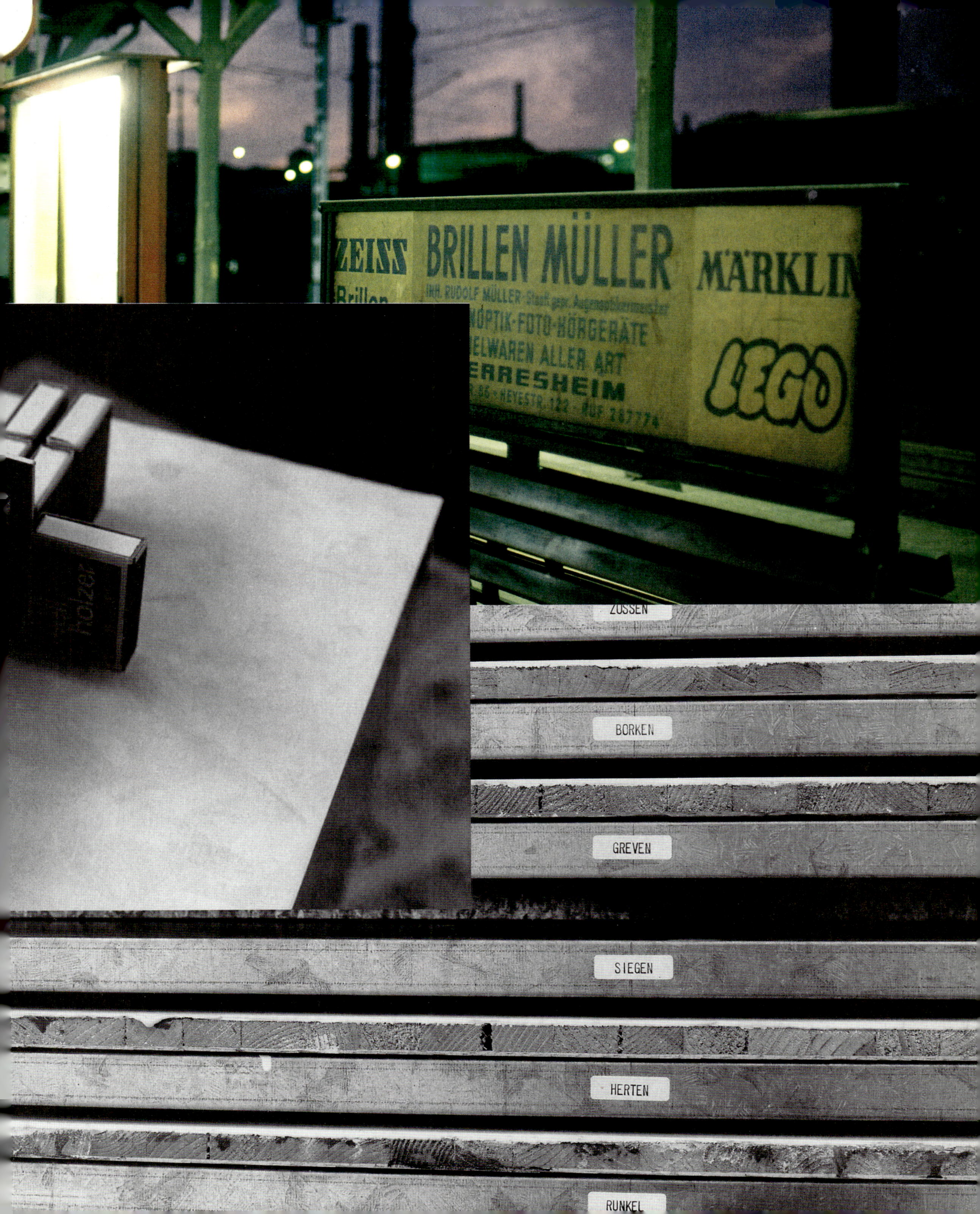
ZEISS
Brillen
BRILLEN MÜLLER
INH. RUDOLF MÜLLER
NOPTIK-FOTO-HÖRGERÄTE
ELWAREN ALLER ART
ERRESHEIM
HEYESTR. 122
MÄRKLIN
LEGO
hölzer
ZOSSEN
BORKEN
GREVEN
SIEGEN
HERTEN
RUNKEL

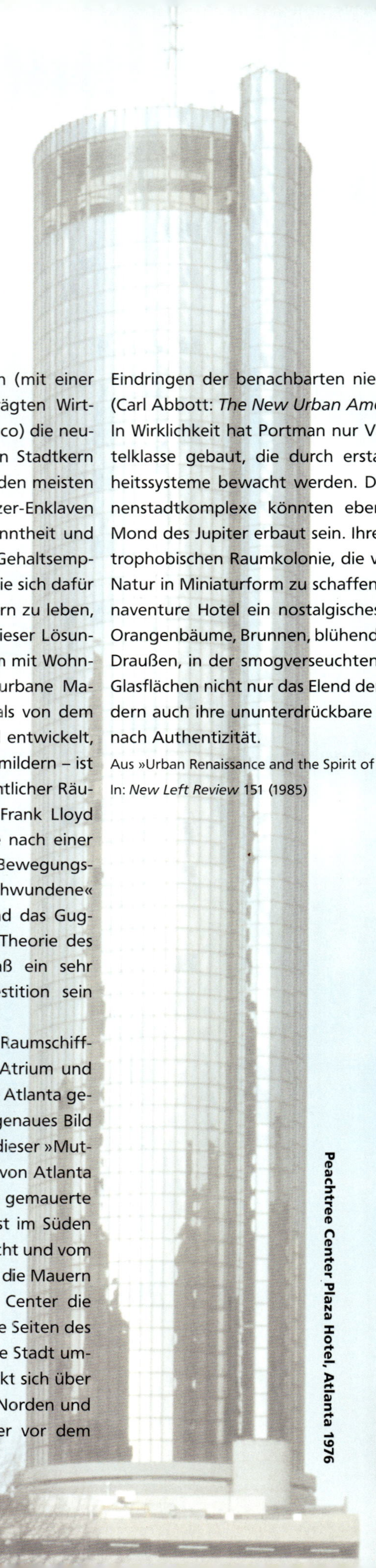

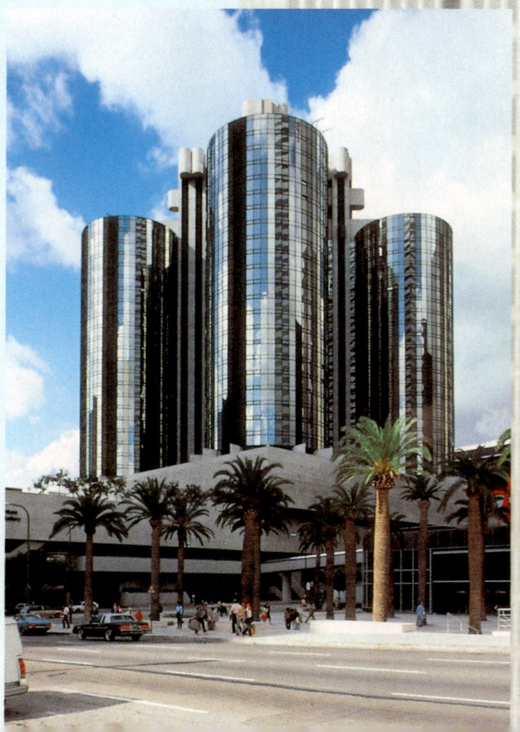

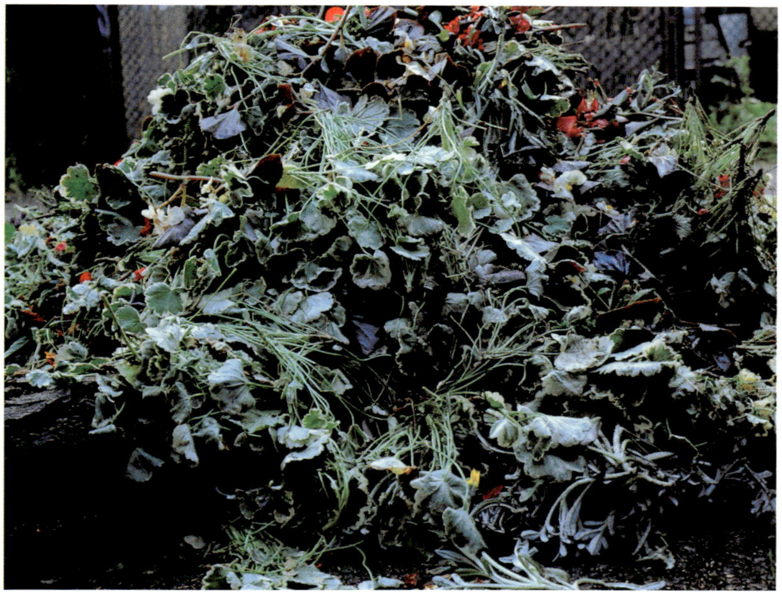

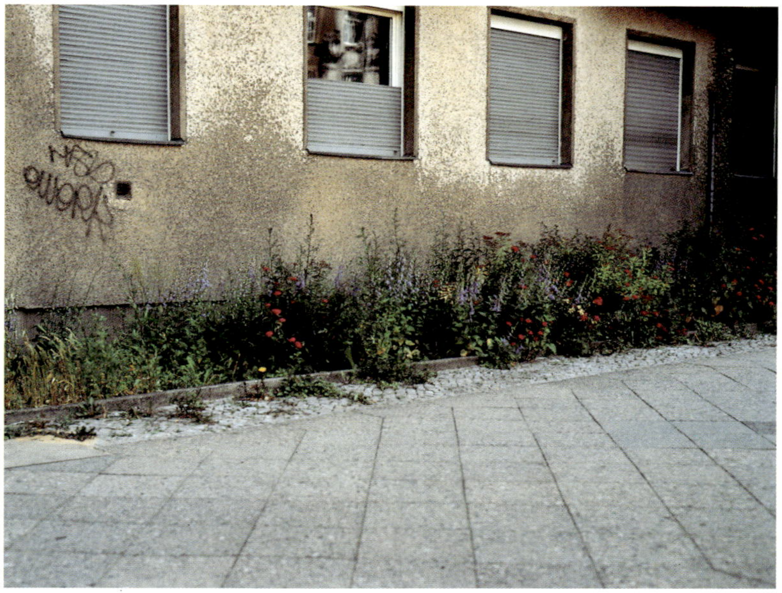

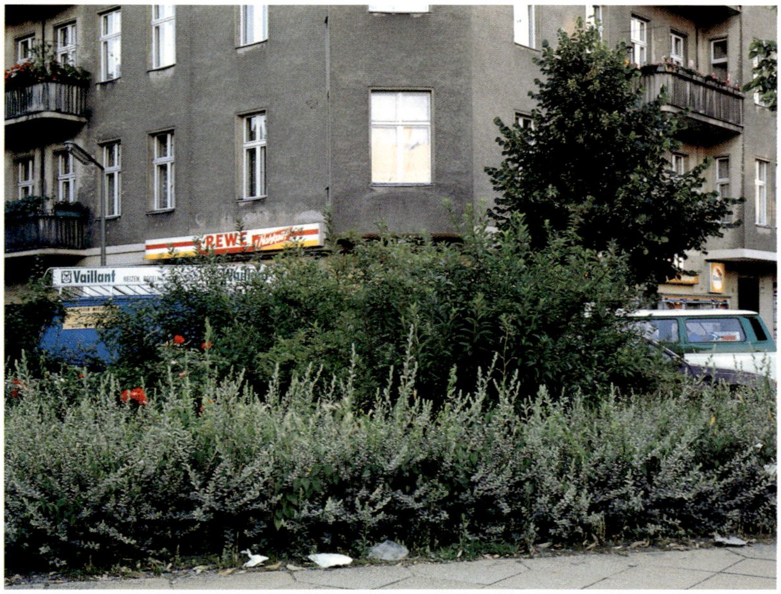

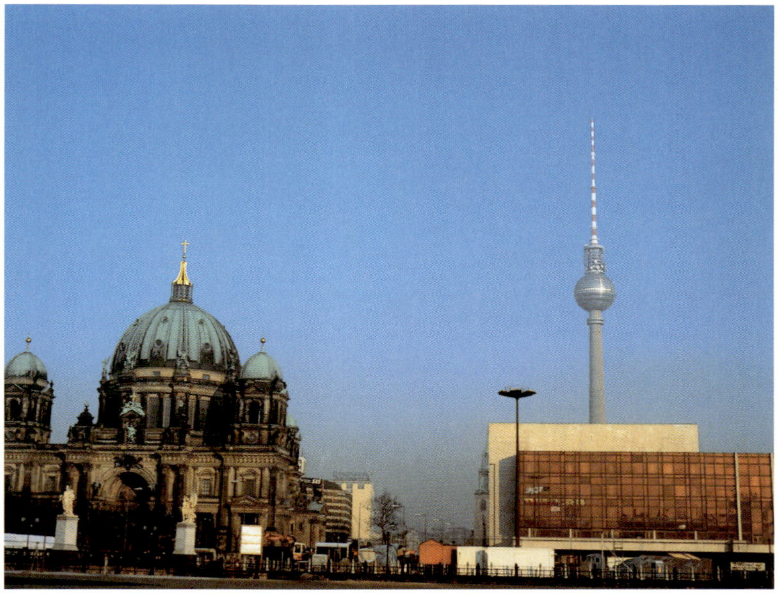

Kerry James Marshall

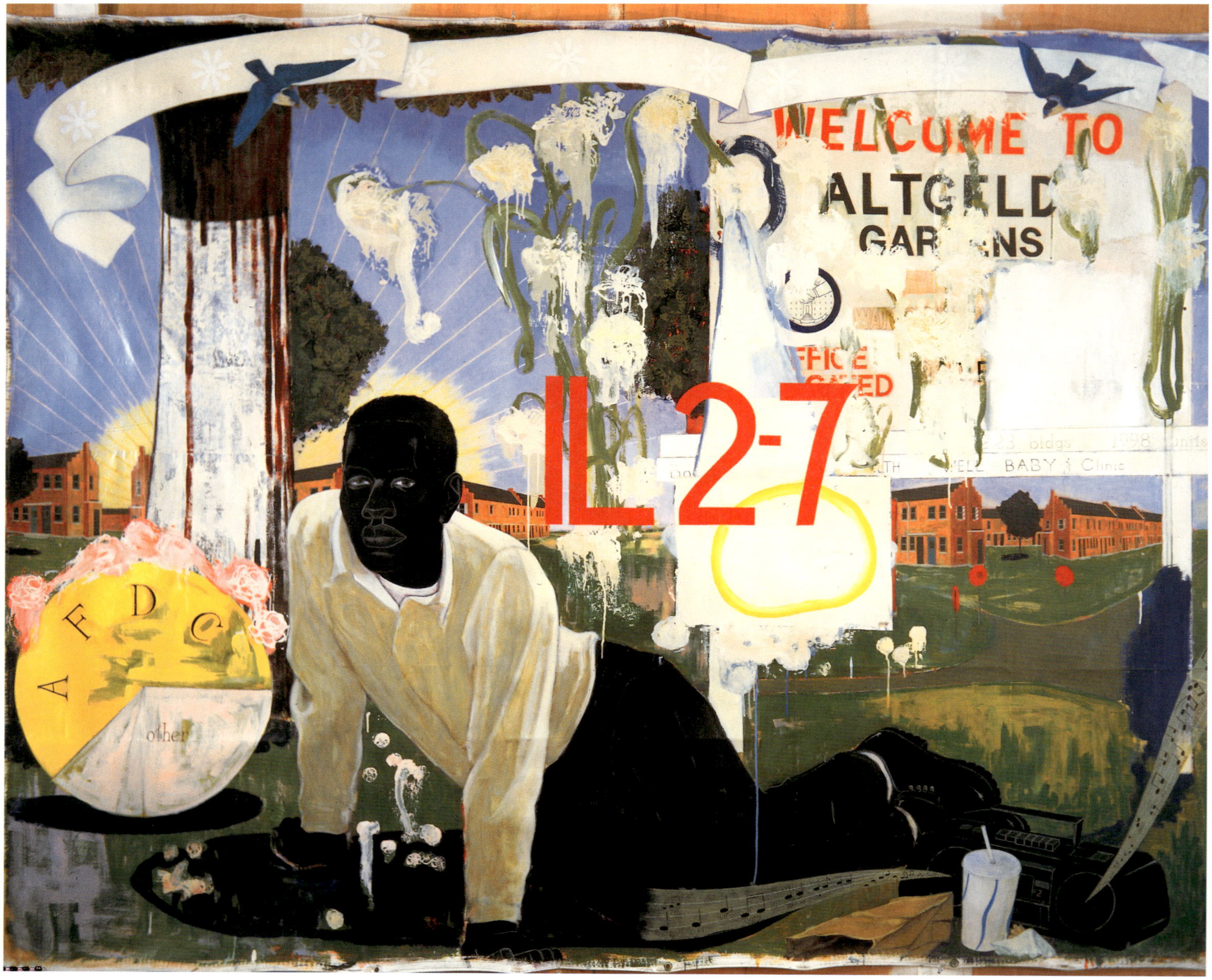

Untitled (Altgeld Gardens), 1995

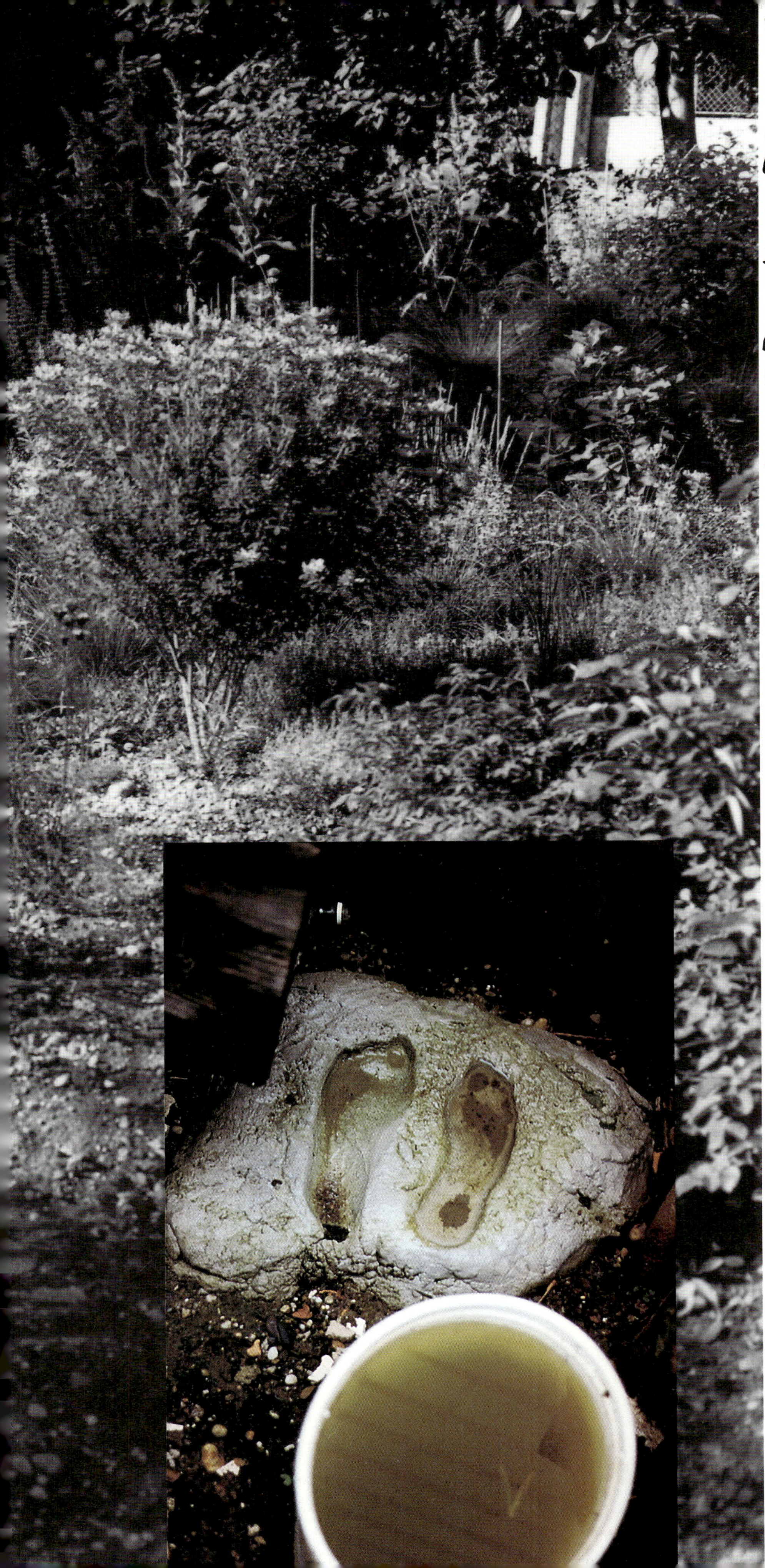

Verbindungen – die nur
von der Natur kennen
jene Konstruktionen /
welche die Sprache über
die aus sich selbst
entwickelnden Möglich-
keiten der Natur ent-
stehen läßt / wird
ästhetisch / wenn
Sommer ein Netz
webt der angewandten
Kultur den Verbindenden
auffängt / wiederum
verwandelt wird. Die
Blüten der Wegwarte
öffnen sich etwa
um 6 Uhr früh und
schließen sich gegen
Mittag hin.
So ist Natur / und
das natürliche
Leben / in ihrem
sicheren Erwachen
nicht i Realisation
doch dort / wo ihre
Inhaltlichkeit ein un-
vermeidbar & zierliche
Stellen erleuchtet /
animiert sie zu
Taten der Verheimlichung
und deren Gegenteil-
ausdrücklich ein
Gleichnis 96

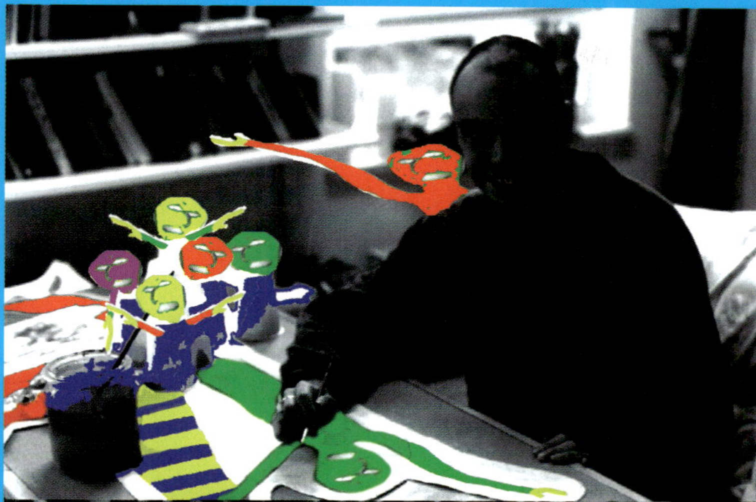

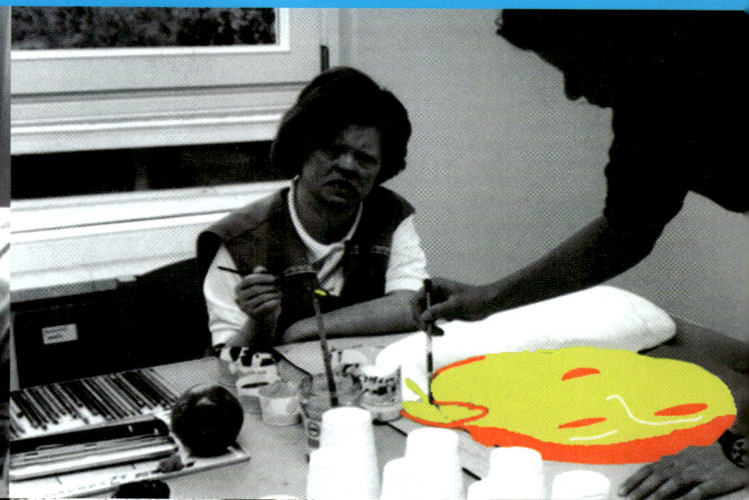

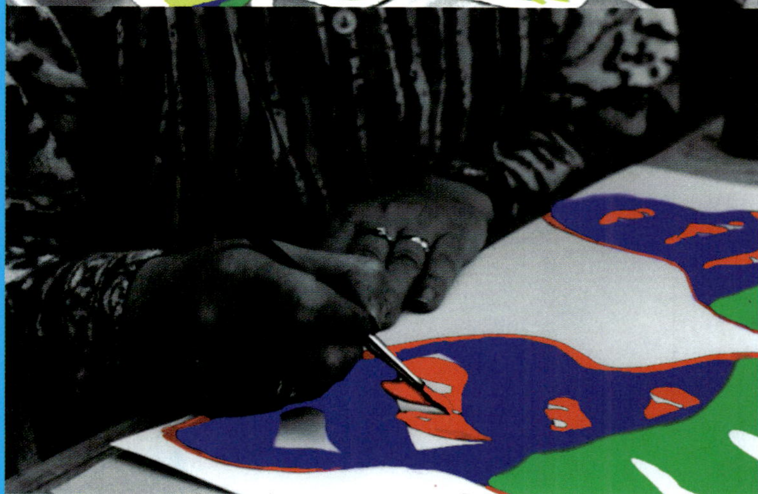

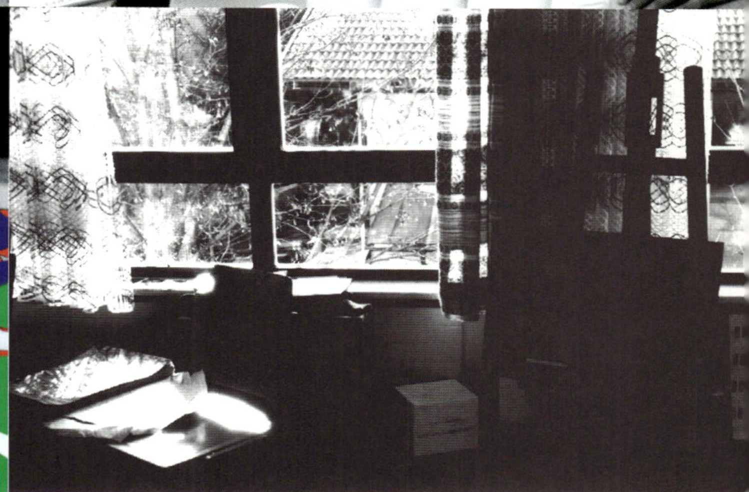

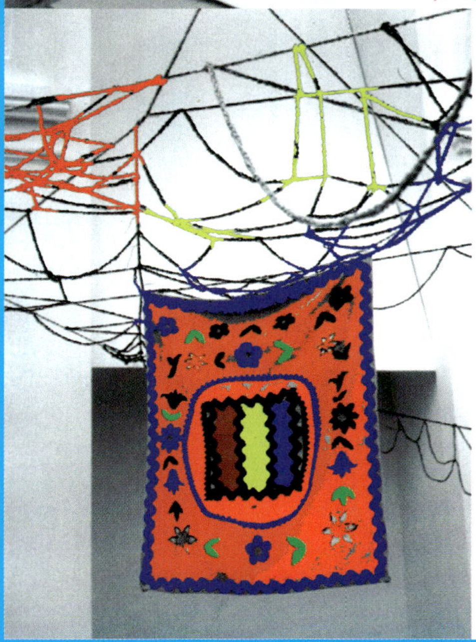

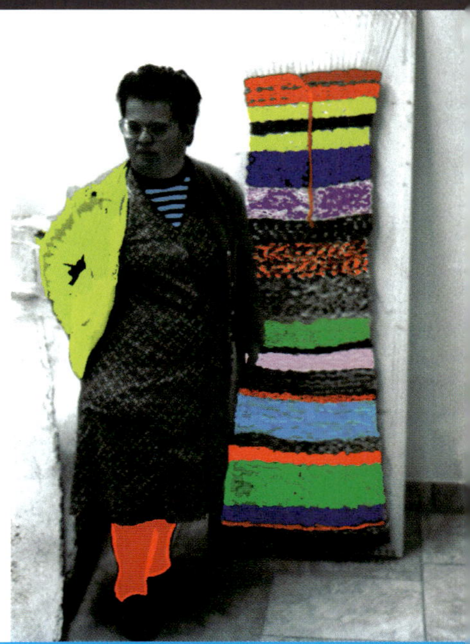

DSR

Deutsche
Städte-Reklame
GmbH

IBM

Software made by

SBK

34127 Kassel • http://www.sbk-ks.de

S. 2/3 Stadtbildstelle Kassel
S. 6 Museum Ludwig Köln; Photo: Rheinisches Bildarchiv Köln
S. 7 Collection International Institute of Social History, Amsterdam
S. 8/9 Aglaia Konrad
S. 9 Paula Cooper Gallery, New York / Collection Aldo van Eyck, Amsterdam / Rem Koolhaas / Phil Johnson
S. 10 Sipa Press, Paris
S. 11 Sipa Press, Paris; Photo: A. Facelly / Cesar Pelli & Associates
S. 26 documenta Archiv, Photo: Günther Becker / Agentur für geistige Gastarbeit, Harald Szeemann, Tegna; Photo: Balthasar Burkhard
S. 27 Photo: Winfried Waldeyer / Photo: Dieter Schwerdtle / Musée national d'art moderne, Centre Georges Pompidou, Paris / Oladélé Ajimboyé Bamgboyé
S. 28 Sipa Press, Paris, Photo: A. Facelly
S. 29 Filmmuseum München, Photos: Gerhard Ullmann / Sipa Press, Paris / Evangelisches Zentrum für entwicklungs-bezogene Filmarbeit, Stuttgart / Archiv Abisag Tüllmann, Frankfurt am Main / Cahiers du Cinéma, Paris
S. 30 Chris Marker / Aglaia Konrad
S. 30/31 Rem Koolhaas; The China Group at the Graduate School of Design at Harvard University
S. 31 Collection Projeto Hélio Oiticica, Rio de Janeiro; Photo: Desdémone Bardin, Paris
S. 33 Peter Kogler, Photo: Walter Breitinger
S. 34 Franz West, Photo: Werner Maschmann / Felix Stephan Huber, Philip Pocock, Udo Noll & Florian Wenz / Abderrahmane Sissako; Movimento Pictures, Paris / Heimo Zobernig / Gob Squad
S. 38 Musée national d'art moderne, Centre Georges Pompidou, Paris; Photo: Ch. Bahier, Ph. Migeat
S. 39 Museums Department Yad Vashem Museum, The Holocaust Martyrs' and Heroes Remembrance Authority, Jerusalem, Israel; Photo: Muzeum Sztuki, Lodz
S. 41 Musée national d'art moderne, Centre Georges Pompidou, Paris
S. 48 Photo: Bernhard Borchert
S. 50-53 Photos: Ruth Berlau
S. 62 Photo: Cesare Colombo
S. 64 VG Bild-Kunst, Bonn 1997
S. 66 Collection BDIC, Paris
S. 68 Photo: Santo Vito Di Micheli
S. 76-78 Vermessungsamt Stadt Kassel
S. 79 Maria Gilissen, Estate Marcel Broodthaers / Photo: Dieter Schwerdtle
S. 80 Stadtarchiv Kassel, Photo: Heinz Pauly / Photo: Dieter Schwerdtle
S. 81 Claes Oldenburg / Photo: Dieter Schwerdtle
S. 82 Vermessungsamt Stadt Kassel / Photo: Dieter Schwerdtle
S. 83 Stadtmuseum Kassel; Photo: Walter Tieme / Photo: Dieter Schwerdtle
S. 84/85 Stadtarchiv Kassel; Photo: Heinz Pauly
S. 86 Stadtmuseum Kassel
S. 86/87 Stadtmuseum Kassel; Photo: Dieter Schwerdtle
S. 87 Photo: Dieter Schwerdtle
S. 88 Photo: Dieter Schwerdtle
S. 89 Photo: Dieter Schwerdtle
S. 90 Vermessungsamt Stadt Kassel / Stadtarchiv Kassel / Stadtmuseum Kassel / Photo: Dieter Schwerdtle
S. 91 Stadtmuseum Kassel, Photo: Dieter Schwerdtle / Stadtarchiv Kassel; Photo: Werner Mentel
S. 92 Photo: Hans-Joachim Baron
S. 93 Photo: Dieter Schwerdtle / Theatre Arts Collection, Harry Ransom Humanities Research Center, The University of Austin, Texas
S. 94 Photo: Dieter Schwerdtle / Theatre Arts Collection, Harry Ransom Humanities Research Center, The University of Austin, Texas
S. 95 Theatre Arts Collection, Harry Ransom Humanities Research Center, The University of Austin, Texas, Photo: Margret Bourke-White/ Time inc./interTOPICS
S. 96 Stadtarchiv Kassel / Photo: Dieter Schwerdtle
S. 98 Photo: Dieter Schwerdtle
S. 99 Photo: Monika Nikolic
S. 100 Photo: Werner Maschmann
S. 107 SDO Wifredo Lam
S. 111 Helen Levitt. All rights reserved. Courtesy Laurence Miller Gallery / Collection Carol Willis
S. 113 Collection Gilberte Brassaï. All rights reserved. / Helen Levitt. All rights reserved; Courtesy Laurence Miller Gallery, New York / Helen Levitt. All rights reserved. Courtesy Fraenkel Gallery, San Francisco / Helen Levitt. All rights reserved. Collection Sandra Alvarez de Toledo, Paris
S. 114 VG Bild-Kunst, Bonn 1997 / Helen Levitt. All rights reserved; Courtesy Laurence Miller Gallery, New York / Collection Sandra Alvarez de Toledo, Paris
S. 115 Helen Levitt. All rights reserved; Courtesy Fraenkel Gallery, San Francisco / Collection Sandra Alvarez de Toledo, Paris
S. 116 Photographs and Prints Devision, Schomburg Center for Research in Black Culture, The New York Public Library; Astor, Lenox and Tilden Foundations / Architecture d'aujourd'hui
S. 117 Helen Levitt. All rights reserved. Courtesy Fraenkel Gallery, San Francisco / Helen Levitt. All rights reserved. / Helen Levitt. All rights reserved. Courtesy Laurence Miller Gallery, New York / Helen Levitt. All rights reserved. Courtesy Fraenkel Gallery, San Francisco
S. 118 Photographs and Prints Devision, Schomburg Center for Research in Black Culture, The New York Public Library, Astor, Lenox and Tilden Foundation
S. 119 Helen Levitt. All rights reserved. Courtesy Laurence Miller Gallery New York
S. 120 Helen Levitt. All rights reserved. Courtesy Laurence Miller Gallery, New York / Fondation Le Corbusier
S. 121 Courtesy Musée d'Art Moderne de Saint-Etienne
S. 122 Courtesy Estate of Nigel Henderson / Musée national d'art moderne, Centre National d'Art et de Culture Georges Pompidou, Paris
S. 132/133 Maria Gilissen, Estate Marcel Broodthaers
S. 140/141 Maria Gilissen, Estate Marcel Broodthaers. Photo: Maria Gillissen / Maria Gilissen, Estate Marcel Broodthaers, Courtesy Wide White Space Gallery, Photo: R. Van den Bempt / Maria Gilissen/Estate Marcel Broodthaers
S. 142-145 Centro de Documentação, Museo de Arte Moderna de Rio de Janeiro; Photo: Beto Felicio (142); Photo: Sergio Zalis (145)
S. 146/147 Anneke van der Elsken
S. 148/149 Collection Sandra Alvarez de Toledo
S. 150/151 Sharon Avery-Fahlström, New York, Estate of Öyvind Fahlström; Courtesy Aurel Scheibler, Köln; Photo: Boris Becker / Louisiana Museum, Humlebaek
S. 152/153 Archiv des Staatstheaters Kassel
S. 154/157 Film Bild Fundus Robert Fischer, München
S. 158/159 Collection Daled, Brüssel; Photo: Paula Goldmann
S. 158 Courtesy Marian Goodman Gallery, New York
S. 159 Courtesy Marian Goodman Gallery, New York
S. 160/161 Hans Haacke; VG Bild-Kunst; 2 Photos: Hans Haacke; Photo: Wolfgang Neeb (161 u.)
S. 163 Collection Ginette Dufrène; Photo: Joël Audebert
S.164/165 Sammlung des Künstlers
S.166/167 Sammlung der Künstlerin; Photos: Franz Schachinger
S.168-171 Projeto Hélio Oiticica, Rio de Janeiro
S. 172 A.C.P. Collection, Turin; Photo: P. Bressano
S. 173 Photo: P. Bressano
S. 174 A.C.P. Collection, Turin; Photo: P. Bressano
S. 175 A.C.P. Collection, Turin / Collection Lia Rumma, Neapel; Photo: Paolo Pellion / A.C.P. Collection, Turin; Photo: Paolo Pellion / A.C.P. Collection, Turin; Photo: Paolo Pellion
S. 176/177 Gerhard Richter
S. 178/179 Collection Nancy Spero; Photo: David Reynolds
S. 180/181 Courtesy Fraenkel Gallery, San Francisco / Courtesy Fraenkel Gallery, San Francisco
S. 183 Privatsammlung; Photo: Tom Powell
S. 189/190 Sammlung der Künstlerin
S. 203/203 Centro de Documentaçao, Museu de Arte Moderna do Rio de Janeiro
S. 197 Courtesy Galerie van Gelder, Amsterdam; Photo: Tom Haartsen
S. 204-206 Paris Match; Photo: Michel Simon (206)
S. 209-211 M.I.T. - Sipa Press, Paris
S. 217 Evangelisches Zentrum für entwicklungsbezogene Filmarbeit, Stuttgart
S. 226-229 Danièle Huillet, Jean-Marie Straub
S. 231-236 Collection Cahiers du Cinéma, Paris
S. 239 Privatsammlung, New York; Courtesy McKee Gallery, New York
S. 240 Franz Mon, Frankfurt am Main
S. 243 Staatliche Museen zu Berlin - Preußischer Kulturbesitz Nationalgalerie; Photo: Jörg P. Anders
S. 245 Privatsammlung Japan, The Estate of Eva Hesse; Courtesy: Robert Miller Gallery, New York
S. 256 Sammlung Froehlich, Stuttgart; Photo: Uwe H. Seyl
S. 249 VG Bild-Kunst, Bonn 1997; Anny De Decker, Antwerpen
S. 252 Galerie Konrad Fischer, Düsseldorf
S. 256/257 Aurel Scheibler, Köln
S. 258 Collection of Des Moines Art Center, The Estate of Eva Hesse, Courtesy Robert Miller Gallery, New York
S. 282 The Werner and Elaine Dannheiser Collection, Museum of Modern Art, New York / Andrea Rosen Gallery, New York; Photo: Peter Moscato
S. 294 Musée national d'art moderne, Centre Georges Pompidou, Paris
S. 296 Deutsches Architektur-Museum Frankfurt am Main, Archiv
S. 297 Photo: Cesare Colombo / Collection of Andrea Rosen New York
S. 298 Sammlung der Künstlers, Courtesy Entwistle Gallery, London
S. 300/301 Collection Andrea Branzi
S. 302-303 Sammlung des Künstlers
S. 304 Basilico Fine Arts, New York

S. 305 Dorothee Golz; Photo: August Lechner
S. 318 Courtesy Rhona Hoffman Gallery, Chicago; Photo: David Reynolds
S. 324 Sammlung Ger C. Bout und Riitta Bout-Saari und VG Bild-Kunst, Bonn 1997
S. 326 Abisag Tüllmann Archiv, Frankfurt am Main
S. 330 Sammlung des Künstlers
S. 334/335 Fraenkel Gallery, San Francisco
S. 336-339 Sammlung der Künstler; Courtesy: Lisson Gallery, London
S. 340/341 Sammlung des Künstlers
S. 334/335 Courtesy of James Coleman and Marian Goodman Gallery, New York
S. 342/343 Courtesy of James Coleman and Marian Goodman Gallery, New York
S. 346 documenta Archiv, Kassel / Courtesy Gallery Durand-Dessert, Paris
S. 347 documenta-Archiv, Kassel
S. 348 Photo: Adam Rzepka
S. 349 Sammlung des Künstlers; Photo: Adam Rzepka, Centre Georges Pompidou, Paris
S. 350/351 Hans Haacke; VG Bild-Kunst, Bonn 1997
S. 352/353 Rita Donagh, Northend
S. 354/355 Sammlung des Künstlers
S. 356/357 Helen Levitt. All rights reserved. Courtesy Laurence Miller Gallery, New York
S. 358/359 Galerie Frank + Schulte, Berlin
S. 360/361 Photos: Paolo Pellion
S. 362/363 Städtische Galerie im Lenbachhaus, München Photo: Lenbachhaus, Jank/Koopmann
S. 364/365 VG Bild-Kunst, Bonn 1997
S. 366 Collection National Gallery of Canada, Ottawa
S. 367 Courtesy Nova Gallery, Vancouver
S. 378 Film Bild Fundus Robert Fischer, München / Deutsches Theatermuseum, München, Archiv Willy Saeger
S. 386 Sammlung Grässlin, St. Georgen; Photo: Hermann Haid
S. 387 Sipa-Press, Paris/Photo: Alpay
S. 388 Maria Gilissen, Estate Marcel Broodthaers / Photo: Harald Szeemann
S. 396 Collection of the Whitney Museum of American Art, New York The Estate of Eva Hesse; Courtesy: Robert Miller Gallery
S. 401 Marianne und Pierre Nahon, Galerie Beaubourg, Paris
S. 402 Groeningenmuseum, Bruges, Galerie Jos Jamar, Knocke
S. 403 Museum Moderner Kunst, Stiftung Ludwig, Wien, ehem. Sammlung Hahn, Köln; Photo: Dr. Parisini
S. 407 Photo: Claude Gassian
S. 429 Sammlung des Künstlers
S. 432 Collection International Institute of Social History, Amsterdam / Collection S. Davidson; Photo: Willem Jaarzon Morel (2)
S. 434 Collection International Institute of Social History, Amsterdam / Collection S. Davidson; Photo: Willem Jaarzon Morel
S. 435 Anneke van der Elsken
S. 436 Collection S. Davidson; Photo: Willem Jaarzon Morel / Collection Landsberger, International Institute of Social History, Amsterdam
S. 437 Sipa Press, Paris; Photo: Huffschmitt (2) / Anneke van der Elsken
S. 444 Stedelijk Museum, Amsterdam
S. 455-457 Photos: Marian Stefanowski
S. 472-474 Collection International Institute of Social History, Amsterdam
S. 475 Sipa Press, Paris
S. 476 Collection International Institute of Social History, Amsterdam
S. 477 Collection Landsberger, International Institute of Social History, Amsterdam
S. 480/481 Film Bild Fundus Robert Fischer, München
S. 483 Film Bild Fundus Robert Fischer, München
S. 486/487 Photos: Friedrich Rosenstiel
S. 489 Film Bild Fundus Robert Fischer, München
S. 488 Stiftung Archiv der Akademie der Künste; Photos: Rambow
S. 490-492 Photos: Masao Miyoshi
S. 506 Salzgeber & Co. Medien GmbH
S. 522-535 Collection Aldo van Eyck, Amsterdam; Photo: Pieter Boersma (S. 523); Photo: Violette Cornelius
S. 536 King Air Luftfoto, Biewer, Ahnatal / Photos: Albert Pinkvohs, Kassel (2)
S. 537 Photos: Herman Hertzberger; Ger van der Vlugt, I.A.P./Photography
S. 540 Collection of the artist
S. 542-545 Sammlung des Künstlers
S. 548/549 Photos: Nelson Kon
S. 550 Photo: Brian Gassel / Photo: Sexton/Matrix
S. 552/553 Sammlung Generali Foundation; Photos: Werner Kalligowsky
S. 557-592 The China Group at the Graduate School of Design at Harvard University
S. 593 Filmmuseum München; Photos: Gerhard Ullmann
S. 594 Sipa Press, Paris; Photo: Delahaye
S. 595 Sipa Press, Paris; Photo: Charlie Cole
S. 597 Sipa Press, Paris; Photo: Marc Fallanda (2) / Sipa Press, Paris; Photo: Malanca
S. 600/601 Sammlung des Künstlers, Tel Aviv
S. 602/603 Sipa Press, Paris; Photos: Albert Facelly
S. 605/606 Sammlung der Künstlerin
S. 607 Anneke van der Elsken
S. 606-608 Sammlung des Künstlers; Courtesy Marian Goodman Gallery, New York
S. 609 Sipa Press, Paris; Photo: Lee Yong Ho
S. 625 Westfälisches Landesmuseum für Kunst und Kulturgeschichte Münster
S. 626 Photo: P. Mussat
S. 628 Beatrice Monti Collection, Mailand; Photo: A. Maranzano
S. 629 Bildarchiv Photo Marburg / Photo: Daniele de Lonti
S. 630 Gerhard Richter, Köln
S. 632 John Heartfield Archiv, Berlin; Photo: Roman März
S. 633 Fraenkel Gallery, San Francisco, and The Estate of Garry Winogrand
S. 634 Städtische Galerie im Lenbachhaus, München; Photo: Lenbachhaus, Jank/Koopmann / Robert Rauschenberg; Courtesy PaceWildensteinMcGill, New York
S. 635 Kunstmuseum Luzern
S. 640 Film Bild Fundus Robert Fischer, München
S. 641 Archiv des Deutschen Theatermuseums München
S. 642 Neues Museum Weserburg Bremen, Sammlung Karl Gerstner; Photo: Jörg Michaelis
S. 643 Courtesy Marian Goodman Gallery, New York
S. 644-647 Collection Jeff Wall, Vancouver; Courtesy Marian Goodman Gallery, New York und Galerie Johnen und Schöttle, Köln
S. 656 Musée national d'art moderne, Centre Georges Pompidou, Paris
S. 657 Sammlung des Künstlerin; Photo: Franz Schachinger
S. 670-685 Sammlung der Künstler
S. 688 Sammlung des Künstlers
S. 691/692 Sammlung des Künstlers
S. 693 Sammlung der Künstlerin, Copyright 1996/97 Artslut, Photo: Jens Ziehe
S. 700/701 Sammlung Hauser und Wirth, Zürich / David Zwirner, New York
S. 702-707 Sammlung der Künstlerin
S. 708-715 Photo: SEHsternFilm, Reiner Krausz
S. 718/719 Galerie Sylviane de Decker Heftler, Paris
S. 720/721 Hans Haacke; VG Bild-Kunst, Bonn 1997
S. 722 Photos: Christian Richters
S. 723 Photos: Paola De Pietri
S. 724 Photo: Richard Bryant/Arcaid / Photo: John Edward Linden/Arcaid
S. 725 Photo: Monika Nikolic / Photo: Dieter Schwerdtle
S. 726 Photo: Monika Nikolic / King Air Luftfoto, Biewer, Ahnatal
S. 727 Photos: Erhard J. Scherpf
S. 728/729 Photo: Joël Audebert / Photo: Ph.Gh. Duhot / Photo: Joël Audebert / Photos: Thomas Mulcaire (4)
S. 734/735 Roger Viollet, Paris
S. 742 Coll. Johnson County Community College, Overland Park, Kansas; Courtesy Jack Shainman Gallery, New York
S. 743 The Saint Louis Art Museum
S. 739 Sammlung des Künstlers; Regen Projects, Los Angeles
S. 741 Sammlung des Künstlers; Foksal Gallery
S. 748/749 Photos: S. Licitra
S. 756/757 Photos: Kathrin Schilling
S. 762 Projeto Hélio Oiticica, Rio de Janeiro; Photo: John Goldblatt
S. 768/769 Sammlung des Künstlers; Photos: Ana Opalic (1+2)
S. 774 Sipa Press, Paris
S. 786 Sipa Press, Paris
S. 792/793 Collection Sigalit Landau, Jerusalem / Courtesy: Contemporary Fine Art, Berlin
S. 790/791 Sammlung der Künstlerin
S. 798/799 Courtesy: Andréhn-Schiptjenko, Stockholm

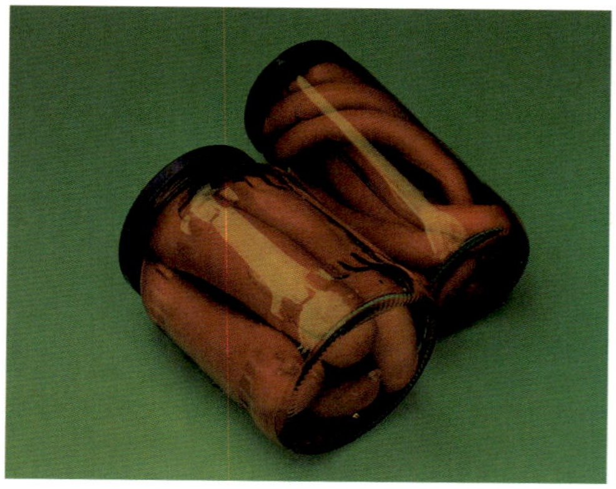

Theodor W. Adorno, Noten zur Literatur II
© Suhrkamp Verlag Frankfurt am Main 1961
Theodor W. Adorno, Minima moralia
© Suhrkamp Verlag Frankfurt am Main 1969
Henri Alleg, Die Folter. La Question
© Verlag Kurt Desch München Wien Basel 1958
Robert Antelme, Das Menschengeschlecht
Aus dem Französischen von Eugen Helmlé
© Carl Hanser Verlag München Wien 1987
Hannah Arendt, Zur Zeit. Politische Essays
Hg. Marie Luise Knott
Aus dem Amerikanischen von Eike Geisel
© Rotbuch Verlag Berlin 1986
André Bazin, Le Cinéma de la Cruauté
© Editions Flammarion Paris 1975
Samuel Beckett, Molloy
Aus dem Englischen übersetzt von Erich Franzen
© Suhrkamp Verlag Frankfurt am Main 1954
Walter Benjamin, Illuminationen
© Suhrkamp Verlag Frankfurt am Main 1955
Maurice Blanchot, L'Espace Littéraire
© Editions Gallimard Paris 1968
Fernand Braudel, Die Dynamik des Kapitalismus
© Klett Cotta Stuttgart 1991
Bertolt Brecht, Arbeitsjournal II
© Suhrkamp Verlag Frankfurt am Main 1993
Paul Celan, Todesfuge
© Deutsche Verlags-Anstalt GmbH Stuttgart 1952
Paul Celan, Der Meridian. Rede anläßlich der Verleihung des Georg-Bücher-Preises 1960
© S. Fischer Verlag GmbH, Frankfurt am Main 1961
Louis-Ferdinand Céline, Rigodon
© Editions Gallimard Paris 1969
Gérard Chaliand, Les Faubourgs de l'Histoire
© Calmann-Lévy Paris 1984
Gérard Chaliand, Voyage dans Vingt ans de Guérilla
© Editions de l'Aube, 1988
Jean-Marie Chauvier, L'URSS, une société en mouvement
© Editions de l'Aube, 1990
Pierre Clastres, Staatsfeinde.
Aus dem Französischen von Eva Moldenhauer
© Suhrkamp Verlag Frankfurt am Main 1976
Connaissance du Tiers-Monde, Cahiers Jussieu/4 université Paris 7
© 10/18 Christian Bourgois Editeur 1978
Stig Dagerman, Deutscher Herbst
Übersetzung Jörg Scherzer
© Suhrkamp Verlag Frankfurt am Main 1987
Serge Daney, La Rampe
© Cahiers du cinéma / Editions Gallimard 1983
Gilles Deleuze, Francis Bacon. Logik der Sensation
© Wilhelm Fink Verlag München 1995
Gilles Deleuze, Félix Guattari, Mille Plateaux. Capitalisme et Schizophrénie
© Editions de Minuit 1980
Gilles Deleuze Félix Guattari, Tausend Plateaus. Kapitalismus und Schizophrenie
© Merve Verlag Berlin 1992
Marguerite Duras, Der Schmerz
Aus dem Französischen von Eurgen Helmlé
© Carl Hanser Verlag München Wien 1986
H. Magnus Enzensberger Museum der modernen Poesie
© Suhrkamp Verlag Frankfurt am Main 1960
Frantz Fanon, Les Damnés de la Terre
© François Maspero Editeur 1961
© Editions Gallimard 1991 pour la présentation
Frantz Fanon, Die Verdammten dieser Erde
Aus dem Französischen von Traugott König
© Suhrkamp Verlag Frankfurt am Main 1966
Frantz Fanon, Schwarze Haut, weiße Masken
Aus dem Französischen von Eva Moldenhauer
© Syndikat Autoren- und Verlagsgesellschaft, Frankfurt am Main 1980
Clifford Geertz, Stir Crazy
© New York Review of Books New York 1978
Edouard Glissant, Zersplitterte Welten. Der Diskurs der Antillen
Aus dem Französischen von Beate Thill
© 1986 Verlag Das Wunderhorn Heidelberg
Witold Gombrowicz, Trans-Atlantik
In: Gesammelte Werke Bd. 2
Aus dem Polnischen von Rolf Fieguth
© Carl Hanser Verlag München Wien 1987
Frieda Grafe, Enno Patalas, Im Off. Filmartikel
© Carl Hanser Verlag München Wien 1974
Jürgen Habermas, Kleine politische Schriften (I-IV)
© Suhrkamp Verlag Frankfurt am Main 1966
David Harvey, The Condition of Postmodernity
© Blackwell Cambridge Mass. and Oxford 1990
Ideen-Orte-Entwürfe. Katalog zur Ausstellung „Bauen in der BRD"
© Ernst&Sohn Verlag für Architektur und technische Wissenschaften Berlin 1990
Youssef Ishagpour, D'une image l'autre
© Editions Denoël-Gonthier Paris 1982
Wei Jingsheng, La Cinquième Modernisation.
Traduit du chinois par Huang San & Angel Pino
© Christian Bourgois Editeur 1997
Uwe Johnson, Mutmaßungen über Jakob
© Suhrkamp Verlag Frankfurt am Main 1959
Dominique Lecourt, A quoi sert donc la philosophie?
© Presses Universitaires de France 1993
Claude Lefort, L'Invention démocratique
© Librairie Arthème Fayard 1981
Primo Levi, Ist das ein Mensch?
Aus dem Italienischen von Heinz Riedt, Barbara und Robert Picht.
© Carl Hanser Verlag München Wien 1991
Mikael Levin, Suche
© Gina Kehayoff Verlag München 1996
Claude Levi-Strauss, "Primitive" und „Zivilisierte". Nach Gesprächen aufgezeichnet von Georges Charbonnier
© Verlag Der Arche Zürich, 1972
Jean-François Lyotard, La Guerre des Algériens
© Editions Galilée Paris 1989
Kevin McDonald, Mark Cousins ed., Imagining Reality. The Faber Book of Documentary
© Faber and Faber London 1996
Masao Miyoshi, A Borderless World? From Colonialism to Transnationalism and the Decline of the Nation-State
© Critical Inquiry, University of Chicago Press 1993
Heiner Müller, Gesammelte Werke
© Suhrkamp Verlag Frankfurt am Main 1997
Pier Paolo Pasolini, Storie della Cittá di Dio
© Giulio Einaudi editore s.p.a. Torino 1995
Pier Paolo Pasolini, Storia Indiana
© Graziella Chiarossi und Cinema Zero, Pordenone (Andrea Crozzoli)
Cahier spécial Roberto Rosellini
© Editions de l'Etoile/Cahiers du cinéma Paris 1990
Ousmane Sembene, Xala
© Présence africaine Paris 1973
Ghassam Salamé, Appels d'Empire
© Librairie Arthème Fayard 1996
Edward Said, Kultur und Imperialismus
© Edward Said 1993.
Aus dem Amerikanischen von Hans-Horst Henschen
© S. Fischer Verlag GmbH, Frankfurt am Main 1994
Tadao Sato, Currents in Japanese cinema
Tr. by Gregory Barret
© Kodansha International LDT, Washington/Tokyo 1982
Arno Schmidt, Brand's Haide
© Rowohlt Verlag GmbH, Hamburg 1951
Alle Rechte vorbehalten S. Fischer Verlag GmbH, Frankfurt am Main
Nwachukwu Frank Ukadike, Black african cinema
© University of California Press 1994
Pierre Vidal-Naquet, La Torture dans la République. Essai d'histoire et de politique contemporaine (1954-1962)
© Editions de Minuit Paris 1972
Paul Virilio, Rasender Stillstand
Aus dem Französischen von Bernd Wilczek
© Carl Hanser Verlag München Wien 1992
W. C. Williams, Gedichte
© Suhrkamp Verlag Frankfurt am Main 1962

Alle Rechte vorbehalten.
Wenn es, trotz Recherchen, nicht möglich gewesen ist, hier alle Copyrightangaben korrekt aufzuführen, bitten wir die betroffenen Rechtsträger sich beim Cantz Verlag zu melden.

Sandra Alvarez de Toledo, geboren 1954 in Fedala (Marokko). Kunsthistorikerin und Spezialistin für Photographie.

Etienne Balibar, geboren 1942. Philosoph, Professor für Philosophie an der *Universität Paris X*. Autor zahlreicher Studien zur Epistemologie des Marxismus – unter anderen auch mit Louis Althusser – in den 70er Jahren. In seinen jüngst veröffentlichten Büchern befaßt er sich mit den Grenzen der Demokratie, mit den Fragen des Nationalstaates und der Bürgerrechte.

Andrea Branzi, Mailänder Architekt und Designer, von 1964 bis 1974 Mitglied der Architektenvereinigung *Archizoom Associati*. Branzis Tätigkeitsbereiche sind Industriedesign, experimentelles Design, Architektur und Stadtplanung.

Benjamin Buchloh, Professor für zeitgenössische Kunst und Kunst des 20. Jahrhunderts am *Barnard College der Columbia University* in New York. Autor zahlreicher Aufsätze über zeitgenössische Kunst und Herausgeber der Zeitschrift *October*.

Peter Bürger, geboren 1936 in Hamburg. Seit 1971 Professor für Literaturwissenschaft und ästhetische Theorie an der *Universität Bremen*. Autor zahlreicher Bücher zwischen Philosophie und Literatur, deren bekanntestes die Theorie der Avantgarde 1974 ist.

Jean-Marie Chauvier, geboren 1941 in Brüssel. Studierte in Berlin und Moskau. Journalist, spezialisiert in Ost-Fragen. In den 80er und 90er Jahren Sonderkorrespondent von *Le Monde Diplomatique* und dem belgischen Fernsehen RTBF in Moskau. Autor zahlreicher Bücher über die Sowjetunion.

Daniel Defert, Professor für Soziologie der Medizin an der *Universität Paris VIII Saint-Denis*. Mitherausgeber von Texten Michel Foucaults, dessen Nachlaß er mit François Ewald verwaltet. Darüberhinaus ist er Gründer der international agierenden Aids-Organisation AIDES.

Werner Durth, geboren 1949. Architekt und Soziologe. Seit 1993 Professor am *Institut für Grundlagen moderner Architektur und Entwerfen* an der *Universität Stuttgart*. Autor zahlreicher Aufsätze und Bücher zu Stadtgestaltung und Urbanismus.

Fabrizio Gallanti, geboren 1969 in Genua. Studierte Architektur an der *Universität Genua*. Gründete 1993 die *Gruppo A 12*, die Veranstaltungen im Bereich Architektur und Stadtplanung organisiert. Nach seinem Abschluß 1995 erhielt er den ersten Preis der Biennale junger Künstler des Mittelmeerraums.

Serge Gruzinski, geboren 1949 in Tourcoing. Forschungsdirektor am *Centre National de La Recherche Scientifique*, Professor an der *Ecole des Hautes Etudes en Sciences Sociales* in Paris. Einer seiner Forschungsschwerpunkte ist die prä- und postkoloniale Geschichte und Kultur Mexikos.

David Harvey, Geograph. Professor an der *John Hopkins University*, Baltimore (USA). Entwickelte eine marxistische Analyse der räumlich-geographischen Beziehungen in ihrem Verhältnis zur Ökonomie.

Andreas Huyssen, Professor für deutsche und vergleichende Literaturwissenschaft an der *Columbia University*, New York. Mitbegründer und Herausgeber der Zeitschrift *New German Critique* und Mitherausgeber von *October, Critical Studies* und *Germanic Review* an.

Benjamin Joly, geboren 1971 in Lyon. Studiert Germanistik und Philosophie an der *Ecole Normale Supérieure* in Paris.

Philippe Lacoue-Labarthe, geboren 1940 in Tours. Professor für Philosophie an der *Universität Straßburg* und in Berkeley, Kalifornien. Autor von zahlreichen Büchern zur deutschen Philosophie und Literatur.

Dominique Lecourt, Professor für Philosophie an der *Universität Paris VII*. Autor zahlreicher Bücher unter anderen zur Philosophie der Wissenschaften.

Alain Lipietz, geboren 1947, Wirtschaftswissenschaftler am *Centre d'Etudes Prospectives d'Economie Mathématique Appliquées à la Planification* (CEPREMAP) in Paris. Mitglied des Vorstands der französischen ökologischen Partei *Les Verts*, Lipietz vereinbart seine militante politische Aktivität mit seiner wissenschaftlichen Arbeit als Ökonomist.

Masao Miyoshi, geboren 1928 in Japan. Professor für englische, japanische und vergleichende Literaturwissenschaft an der *University of California* in San Diego. Autor zahlreicher Studien zur Kulturtheorie und Kulturwissenschaft.

Peter Noller, geboren 1949. Studierte Soziologie und Philosophie in Heidelberg, London und Frankfurt. Seit 1986 Mitarbeiter am *Institut für Sozialforschung* in Frankfurt am Main. Autor zahlreicher Publikationen zum Thema Kultur- und Stadtsoziologie und Lebensstilforschung.

Jacques Rancière, geboren 1940. Professor für Ästhetik an der *Universität Paris VIII Saint-Denis*. In vielen Aufsätzen und Büchern befaßt er sich mit Politik und Philosophie, mit einer Theorie der politischen Ästhetik.

Klaus Ronneberger, geboren 1950. Studierte Kulturanthropologie, Soziologie und Politologie. Wissenschaftlicher Mitarbeiter am *Institut für Sozialforschung* in Frankfurt am Main. Autor zahlreicher Publikationen zum Thema Stadtforschung sowie Kultur- und Techniksoziologie.

Hans-Joachim Ruckhäberle, geboren 1947. Dramaturg und Regisseur, Professor für Regie und Dramaturgie an der *Kunsthochschule Berlin-Weißensee*. Von 1983 bis 1993 Chefdramaturg und Mitglied der künstlerischen Leitung der Münchner Kammerspiele.

Saskia Sassen, Professorin für Stadtplanung an der *Columbia University* in New York. Autorin einer Vielzahl von Artikeln und Büchern zum Urbanismus und zur globalen Ökonomie.

Gayatri Chakravorty Spivak, geboren 1942 in Indien. Professorin für englische und vergleichende Literaturwissenschaft an der *Columbia University* in New York. Ihr Themenbereich ist die Dekonstruktion neo-kolonialer Diskurse mit einem feministisch-marxistischen Ansatz.

Paul Sztulman, geboren 1969 in Toulouse. Studierte Photographie an der *Ecole Nationale de la Photographie* in Arles, und Kunstgeschichte in Paris.

Francis Strauven, geboren 1942. Professor für Architekturgeschichte und Architekturtheorie an der *Hochschule für Wissenschaft und Kunst* in Brüssel. Autor zahlreicher Publikationen zur Architektur, unter anderen einer Monographie über Aldo van Eyck.

Max Welch Guerra, geboren 1956. Studierte Politische Wissenschaft an der *FU Berlin*. Seit 1987 wissenschaftlicher Assistent am *Institut für Stadt- und Regionalplanung der TU Berlin*. Autor verschiedener Studien über Berlin, Moskau, Rom, Bonn u. dergl.

arte Medienpartner der documenta X

Impressum

Herausgeber
documenta
und Museum Fridericianum
Veranstaltungs-GmbH

Idee und Konzeption
Catherine David
und Jean-François Chevrier

Redaktion und Koordination
Françoise Joly

Redaktion
Cornelia Barth

Redaktionsassistenz
Jutta Buness

Englisches Lektorat
Brian Holmes

Gestaltung
Lothar Krauss

Konzeptionelle Mitarbeit
Charlotte Schröner

Layout
Klaus Chmielewski
Lothar Krauss
Saskia H. Rothfischer
Charlotte Schröner
und Julien Boitias, Paris

Übersetzungen

Aus dem Englischen
Manfred Allié
Jürgen Blasius
Susanne Heeg
Birgit Herbst
Nansen
Sabine Schmidt

Aus dem Französischen
Gerlinde Beck
Jürgen Blasius
Frieda Grafe
Eberhard Gruber
Hans Hartje
Barbara Honrath
Hans-Peter Krebs
Jürg Laederach
Thomas Laugstien
Susanne Marten
Olaf Probst
Katja Simon

Aus dem Italienischen
Sabine Heymann
Reinhard Renger

Aus dem Schwedischen
Jutta Westmeyer

Für die englische Ausgabe
Pauline Cumbers
Ishbel Flett
Brian Holmes
Stephen Locke
Charles Penwarden
Judith Rosenthal

Transkriptionen
Carol Johnson
Valérie Picaudé
Sophie Wahnich

Filmrecherchen
Brigitte Kramer
Christian Milovanoff

Verlagslektorat
Maria Platte
und
Silke Egelhoff
Christiane Wagner
Eva Wolf

Produktion
Stefan Illing-Finné

Lithographie
C+S Repro, Filderstadt

Satz und Reinzeichnung
Michael Gahrtz
Christian Kramer-Kugelstadt

Druck
Werbedruck Schreckhase,
Spangenberg

Gesamtherstellung
Dr. Cantz'sche Druckerei,
Ostfildern bei Stuttgart

© 1997 Cantz Verlag, documenta
und Museum Fridericianum
Veranstaltungs-GmbH, Kassel, Autoren und Künstler
© der abgedruckten Texte s. Textnachweis
© 1997 für die abgebildeten Werke bei den Künstlern
oder ihren Rechtsnachfolgern
© VG Bild-Kunst, Bonn 1997 für
Carl Andre, Antonin Artaud, Lothar Baumgarten,
Joseph Beuys, Marcel Broodthaers,
Jean-Marc Bustamante, Carlfriedrich Claus,
Jean Dubuffet, Öyvind Fahlström, Dorothee Golz,
Dan Graham, Toni Grand, Hans Haacke,
Raymond Hains, Richard Hamilton, Felix S. Huber,
Wifredo Lam, Carsten Nicolai, Olaf Nicolai, Muntadas,
Dirk Paesmans, Philip Pocock, Robert Rauschenberg,
August Sander, Thomas Schütte, Rosemarie Trockel,
Danielle Vallet Kleiner, Heimo Zobernig

Alle Rechte vorbehalten

Printed in Germany

Cet ouvrage, publié dans le cadre du programme de participation à la publication, bénéficie du soutien du Ministère des Affaires Etrangères, représenté par le Service culturel de l'Ambassade de France à Bonn.

Dieses Buch, veröffentlicht im Rahmen des Förderungs programms für Publikationen, wurde unterstützt vom Französischen Außenministerium, vertreten durch die Kulturabteilung der Französischen Botschaft in Bonn.

Erschienen im

Cantz Verlag
Senefelderstraße 12
73760 Ostfildern-Ruit
Telefon (0)711 / 4405-0
Telefax (0)711 / 4405-255

ISBN 3-89322-909-4 (Deutsche Buchhandelsausgabe)
ISBN 3-89322-911-6 (Englische Buchhandelsausgabe)

Vertrieb in den USA
DAP, Distributed Art Publishers
155 Avenue of the Americas, Second Floor
New York, N.Y. 10013
T. (001) 212 627 19 99
F. (001) 212 627 94 84

Vertrieb in Großbritannien und Commonwealth
Thames & Hudson Ltd.
30–34 Bloomsbury Street
London WC 1B3QP
T. (171) 636 16 95
F. (171) 636 54 88

Die Deutsche Bibliothek-CIP Einheitsaufnahme
Documenta <10, 1997, Kassel>: Das Buch zur Documenta X = politics-poetics / [Hrsg. Documenta-und-Museum-Fridericianum-Veranstaltungs-GmbH. Idee und Konzeption Catherine David und Jean-François Chevrier. Aus dem Engl. Manfred Allié ...]. – Ostfildern: Cantz-Verl., 1997
Engl. Ausg. u. d. T.: Documenta X – The book = politics-poetics
ISBN 3-89322-909-4